D1736770

NUEVO TESTAMENTO INTERLINEAL GRIEGO-ESPAÑOL

Con el texto griego de Nestle.
Traducción literal al castellano
y notas lingüísticas marginales

por

Francisco Lacueva

CLIE

Libros CLIE
Misión Cristiana Evangélica HOREB
Galvani, 113
TERRASSA (Barcelona - ESPAÑA)

NUEVO TESTAMENTO INTERLINEAL
GRIEGO-ESPAÑOL
© 1984 por CLIE.

ISBN 84-7228-877-3
Depósito Legal: B. 23.785-1984

Impreso en los Talleres Gráficos de la M.C.E. Horeb, A.C. n.º 265 S.G.
Polígono Industrial «Can Trias», calles 5 y 8
VILADECAVALLS (Barcelona - ESPAÑA)

Printed in Spain

PROLOGO

No nos cabe duda de que la lectura del Nuevo Testamento en sus distintas versiones y paráfrasis castellanas se está incrementando en estos últimos años. Parece como si el pueblo cristiano de hoy tuviera un interés especial en descubrir con todo detalle sus raíces espirituales, es decir, aquellos fundamentos sobre los cuales descansa su fe. Para ello no tenemos mejor fuente que la Palabra divinamente inspirada por Dios, y en la presente obra ofrecemos aquella porción de la misma que denominamos Nuevo Testamento.

A través de los siglos, los estudiosos del texto bíblico se han dedicado con todo esmero y siempre a la luz de los manuscritos mejores y más antiguos y fidedignos, a comparar, revisar y mejorar el texto del Nuevo Testamento para que en todo momento, tengamos un texto griego, tan fiel como nos sea posible, a aquellos manuscritos originales que desgraciadamente no poseemos.

Desde las primeras versiones castellanas de la Biblia hasta el momento actual, innumerables descubrimientos han arrojado mucha luz a pasajes oscuros en aquellos textos griegos que antaño utilizaran nuestros antepasados. Aun después de la Revisión 1960 de las Sagradas Escrituras, se ha podido compilar un sustancioso caudal de materiales de orden textual que han añadido y mejorado el trabajo ya famoso de Nestle. Debemos señalar aquí la excelente edición del texto griego hecha bajo la dirección del doctor Bruce Metzger. Por esto, para la presente edición del texto griego que presentamos, hemos adaptado más bien una edición del griego de estilo ecléctico, recogiendo con esmero todo aquello que consideramos de importancia primordial para nuestros estudiosos del Nuevo Testamento.

La obra del doctor Francisco Lacueva, al preparar la presente transliteración castellana del texto griego, ha sido hecha con sumo cuidado y gran esmero, y la calificamos sin titubeos de una obra maestra y de un valor incalculable para todos los estudiantes del Nuevo Testamento griego. Aun aquellos que tienen solo un conocimiento rudimentario del griego hallarán aquí un valioso auxiliar que les permitirá ver el significado literal de las palabras, y apreciar tanto la Versión Antigua de Reina Valera como las revisiones posteriores hechas en 1960 por las Sociedades Bíblicas, y después en 1977, por la Editorial CLIE.

El predicador hallará aquí la palabra exacta castellana equivalente al vocablo griego que le interesa, y al preparar su mensaje podrá apreciar significados que de otra forma le habrían sido inaccesibles.

Resulta imposible hacer resaltar en estas breves líneas todos los pormenores de lucidez lingüística, semántica y exegética que hacen de esta obra una herramienta indispensable para todos los amantes de la Sagrada Escritura, tanto aquellos que dan sus primeros pasos en el estudio del griego como los que ya llevan años enseñando tal materia. Les recomendamos a todos la lectura de las instrucciones del doctor Lacueva para sacar mayor provecho del Nuevo Testamento Interlineal, y sobre todo de las múltiples notas y comentarios tanto de carácter lingüísticos como exegético que dan a esta obra aún un mayor valor que el que habría tenido de habernos contentado en hacer meramente una simple transliteración de los vocablos griegos al castellano.

Insistimos en que, en las páginas que siguen tenemos el feliz resultado de un largo proceso de investigación textual y exegética, y su interpretación al mejor lenguaje castellano, hecha por un especialista que domina exhaustivamente el conocimiento del griego del Nuevo Testamento.

Quiera Dios bendecir este esfuerzo para que Su Palabra inspirada sea comprendida y predicada con poder en todos los países de habla castellana.

DAVID VILA

PARA SACAR MAYOR PROVECHO DEL NUEVO TESTAMENTO INTERLINEAL

El Nuevo Testamento fue escrito originalmente en el griego llamado *koiné*, por ser el dialecto *común* usado en el primer siglo de nuestra era. Las diferencias con el griego clásico de los siglos anteriores no son, sin embargo, tan grandes que impidan un estudio provechoso de los escritos de Platón, de Aristóteles, etc., así como de los escritores eclesiásticos orientales de los primeros siglos de la Cristiandad. No es nuestro intento hacer aquí un resumen del griego bíblico, lo cual puede llevarse a cabo con las gramáticas de Davis, Hale y otros, sino dar unas breves instrucciones que faciliten la inteligencia de las más importantes expresiones de nuestro *Interlineal Griego/Español*.

Comencemos por el alfabeto, que es como sigue:

Nombre	Mayúscula	Minúscula	Sonido	Transcripción
Alfa	A	α	a	a
Beta	B	β	b	b
Gamma	Γ	γ	g (en *ga*)	g
Delta	Δ	δ	d	d
Épsilon	E	ε	e	e
Dseta	Z	ζ	ds	z
Eta	H	η	e larga	e
Zeta (o Theta)	Θ	θ (o, ϑ)	z	th
Iota	I	ι	i	i
Kappa	K	$\varkappa$	c (en *ca*)	k
Lambda	Λ	λ	l	l
My	M	μ	m	m
Ny	N	ν	n	n
Xi	Ξ	ξ	x	x
Ómicron	O	o	o	o
Pi	Π	π	p	p
Rho	P	ρ	r (en *raro*)	r (o *rh*)
Sigma	Σ	σ (al final, ς)	s	s
Tau	T	τ	t	t
Ypsilon	Y	υ	u francesa	y (o *u*)
Fi (o Phi)	Φ	φ	f	ph
Ji	X	χ	j	kh
Psi	Ψ	ψ	ps	ps
Omega	Ω	ω	o larga	o

Además, hay ocho diptongos, que damos juntamente con su pronunciación:

$$\alpha\iota = \text{ai} \qquad \alpha\upsilon = \text{au} \qquad \varepsilon\iota = \text{ei} \qquad \varepsilon\upsilon = \text{eu} \qquad \eta\upsilon \ \text{eu} \qquad o\iota = \text{oi}$$
$$o\upsilon = \text{ou (o } u) \qquad \upsilon\iota = \text{ui.}$$

La pronunciación que damos aquí es la adoptada por Erasmo y Nebrija; sin embargo, la pronunciación auténtica del griego se caracteriza por lo que se llama *iotacismo*; es decir, el predominio del sonido *i*. Además de la *iota*, se pronuncian como *i* larga la *eta* y los diptongos *ei* y *oi*; el diptongo *ai* se pronuncia *e*; *au* se pronuncia *o*; *ou* se pronuncia como en el inglés *out*; *eu* y *eu* se pronuncian *iu* como en el inglés *Europe*.

1. Una marquita en forma de coma, encima de una vocal con que comience una palabra (o de la segunda, si comienza por diptongo), se llama *espíritu suave* y no se pronuncia; pero si la marquita tiene la forma de una coma con el arco a la inversa = (, se llama *espíritu áspero* y se pronuncia como una *hache* aspirada (como en el inglés *house*).

2. En griego hay tres acentos: agudo, grave y circunflejo; se escriben y pronuncian como en francés. Si la primera sílaba comienza por vocal o diptongo y está acentuada, se coloca el espíritu delante del acento agudo o grave, pero debajo del circunflejo.

3. A veces, se halla una *iota* pequeñita debajo de una vocal *(alfa, eta, omega)*; sirve para denotar el caso dativo, pero no se pronuncia.

4. El griego tiene tres voces: activa, media y pasiva. La media, que no existe en español, indica que el sujeto es, a la vez, el término indirecto de la acción, como cuando decimos: *«yo me peino* el cabello».

5. Los modos y tiempos suelen corresponder a los del español, pero hemos de hacer las siguientes observaciones: A) el presente suele tener un sentido *continuativo* (a veces, incoativo); B) el aoristo (término que significa «indefinido») denota una acción pasada, hecha de una vez por todas; si hay dos en la misma frase, denotan una secuencia lógica del 2.º respecto del 1.º, sin que necesariamente haga falta un lapso de tiempo entre ambos; C) el pretérito perfecto denota una acción pasada *cuyo efecto continúa*; D) el participio se traduce por gerundio o como una oración de relativo. Ejemplos:

A) Ef. 5:18: *«plerousthe»* = continuad siendo llenos (presente continuo).

B) 1 Co. 12:13: *«ebaptísthemen* = fuimos bautizados (aoristo pasivo, de una vez por todas).

C) He. 10:14: *«teteleíoken»* = ha perfeccionado (pretérito perfecto; la acción es pasada, pero su efecto continúa).

D) Ef. 5:21: *«hypotassómenoi»* = sometiéndoos (participio de presente de la voz media-pasiva; acción continua).

6. Algo muy importante para una mejor comprensión del texto sagrado es el estudio de las preposiciones, no sólo por el papel que desempeñan por separado, sino también por el sentido que añaden a las palabras cuando se unen a ellas en forma de prefijo. Damos sólo el significado primordial, que varía algún tanto en las preposiciones impropias (que sirven también como adverbio y no se usan como prefijos). Son las siguientes:

amphí = a ambos lados de...; *aná* = hacia arriba; *antí* = opuesto a... (o, en lugar de...); *apó* = de, desde (en sentido de alejamiento); *diá* = por medio de... (o, a través de); *eis* = hacia (en sentido de entrar); *ek* o *ex* = de (en sentido de salir); *en* = en (en sentido de estar dentro); *epí* (*eph'*, ante vocal aspirada) = sobre (inmediatamente encima); *katá* = hacia abajo, según... (*kath'*, ante vocal aspirada); *metá* (*meth'*, ante vocal aspirada)= con (en sentido de compañía), o entre varias cosas (de ahí, el sentido de transformación; por ejemplo: *metánoia* = cambio de mentalidad); *perí* = alrededor de... (por eso, también, significa acerca de...); *pará* = al lado de, yuxtapuesto a, obstaculizando a... (raras veces en este sentido, pero tenemos un ejemplo en *paraké* = desobediencia); *pro* = antes de..., delante de...; *pros* = en dirección a..., con relación...; *syn* = con (en sentido de unión); *hypér* = encima de... (sentido de superioridad); *hypó* = debajo de... (sentido de inferioridad = *hyph'*, ante vocal aspirada).

7. La *gamma* se pronuncia como *ny* cuando va delante de *gamma*, *kappa*, *xi* o *ji*.

8. En griego no existe el artículo indeterminado (un, una); por eso, se suple en las versiones. Pero sí existe el objetivo indeterminado *tis*, *ti* (sin acento, para distinguirlo del pronombre interrogativo *tís* —¿quién?—) que significa *un cierto*...; por ejemplo = *ánthropos tis* = un cierto hombre.

9. El artículo determinado es *ho*, *he*, *to* = el, la, lo. Es frecuente la repetición de este artículo en una misma frase; por ejemplo, *egó eimi ho poimén ho kalós* = yo soy el pastor, el bueno (en sentido de excelente, de adecuado), como cuando decimos: es miel, de la buena.

10. Es sorprendente el número de vocablos que Pablo inventó, por no hallar en el léxico griego los términos apropiados para expresar lo que deseaba. Destacan los verbos compuestos de *syn* = juntamente con, en Ef. 2:5-6; así como las irregularidades gramaticales, pero muy expresivas: *emoí to elakhistotéro* (comparativo ¡de un superlativo!) = a mí (que soy) el más mínimo (Ef. 3:8); *polló mállon kreísson* = mucho más mejor (¡!), en Filp. 1:23.

11. Finalmente, no queremos pasar por alto algo que desconcierta a exegetas y teólogos en los escritos de Juan, especialmente en Apocalipsis: los paréntesis, notorios algunos, como en Jn. 4:2 y 9; otros, menos obvios, como Ap. 20:5b «*Ésta es la primera resurrección*» —que se refiere a la del versículo 4; impresión de que «*el Cordero fue inmolado desde la fundación del mundo*», cuando lo de «*desde la fundación del mundo*» se refiere a *los nombres que no están escritos en el libro de la vida* (ver el lugar paralelo 17:8).

El Evangelio según
SAN MATEO

1 Βίβλος   γενέσεως   Ἰησοῦ   Χριστοῦ
Libro   de la ¹generación   de Jesucristo,
υἱοῦ Δαυὶδ υἱοῦ Ἀβραάμ.
hijo de David,   hijo   de Abraham.

2 Ἀβραὰμ ἐγέννησεν τὸν Ἰσαάκ, Ἰσαὰκ δὲ
Abraham   engendró —   a Isaac,   e Isaac
ἐγέννησεν τὸν Ἰακώβ, Ἰακὼβ δὲ ἐγέννησεν τὸν
engendró —   a Jacob,   y Jacob   engendró —
Ἰούδαν καὶ τοὺς ἀδελφοὺς αὐτοῦ, **3** Ἰούδας δὲ
a Judá   y a los   hermanos   de él,   y Judá
ἐγέννησεν τὸν Φάρες καὶ τὸν Ζάρα ἐκ τῆς
engendró —   a Fares   y —   a Zara de —
Θαμάρ, Φάρες δὲ ἐγέννησεν τὸν Ἐσρώμ,
Tamar,   y Fares   engendró —   a Hesrom,
Ἐσρὼμ δὲ ἐγέννησεν τὸν Ἀράμ, **4** Ἀρὰμ δὲ
y Hesrom   engendró —   a Aram,   y Aram
ἐγέννησεν τὸν Ἀμιναδάβ, Ἀμιναδὰβ δὲ
engendró —   a Aminadab,   y Aminadab
ἐγέννησεν τὸν Ναασσών, Ναασσὼν δὲ ἐγέννησεν
engendró —   a Naasón,   y Naasón   engendró
τὸν Σαλμών, **5** Σαλμὼν δὲ ἐγέννησεν τὸν Βόες
—   a Salmón,   y Salmón   engendró —   a Booz
ἐκ τῆς Ῥαχάβ, Βόες δὲ ἐγέννησεν τὸν Ἰωβὴδ
de —   Rahab,   y Booz   engendró —   a Obed
ἐκ τῆς Ῥούθ, Ἰωβὴδ δὲ ἐγέννησεν τὸν Ἰεσσαί,
de —   Rut,   y Obed   engendró —   a ²Isay,
6 Ἰεσσαὶ δὲ ἐγέννησεν τὸν Δαυὶδ τὸν βασιλέα.
e ²Isay   engendró —   a David   el   rey.
Δαυὶδ δὲ ἐγέννησεν τὸν Σολομῶνα ἐκ τῆς
Y David   engendró —   a Salomón   de   la

τοῦ Οὐρίου, **7** Σολομὼν δὲ ἐγέννησεν
(que fue mujer) —   de Urías,   y Salomón   engendró
τὸν Ῥοβοάμ, Ῥοβοὰμ δὲ ἐγέννησεν τὸν
—   a Roboam,   y Roboam   engendró —
Ἀβιά, Ἀβιὰ δὲ ἐγέννησεν τὸν Ἀσάφ, **8** Ἀσὰφ
a Abiyá,   y Abiyá   engendró —   a Asá,   y Asá
δὲ ἐγέννησεν τὸν Ἰωσαφάτ, Ἰωσαφὰτ δὲ
engendró —   a Josafat,   y Josafat
ἐγένιησεν τὸν Ἰωράμ, Ἰωρὰμ δὲ ἐγέννησεν τὸν
engendró —   a Joram,   y Joram   engendró —
Ὀζίαν, **9** Ὀζίας δὲ ἐγέννησεν τὸν Ἰωαθάμ,
a Uzías,   y Uzías   engendró —   a Joatam,
Ἰωαθὰμ δὲ ἐγέννησεν τὸν Ἀχάζ, Ἀχὰζ δὲ
y Joatam   engendró —   a Acaz,   y Acaz

1. GENERACIÓN. O *genealogía.*
2
5 y 6. ISAY. O *Jesé.*

ἐγέννησεν τὸν Ἐζεκίαν, 10 Ἐζεκίας δὲ
engendró — a Ezequías, y Ezequías

ἐγέννησεν τὸν Μανασσῆ, Μανασσῆς δὲ ἐγέννησεν
engendró — a Manasés, y Manasés engendró

τὸν Ἀμώς, Ἀμὼς δὲ ἐγέννησεν τὸν Ἰωσίαν,
— a Amós, y Amós engendró — a Josías,

11 Ἰωσίας δὲ ἐγέννησεν τὸν Ἰεχονίαν καὶ
y Josías engendró — a Jeconías y

τοὺς ἀδελφοὺς αὐτοῦ ἐπὶ τῆς μετοικεσίας
a los hermanos de él en tiempo de la deportación

Βαβυλῶνος. 12 Μετὰ δὲ τὴν μετοικεσίαν
de Babilonia. Y después de la deportación

Βαβυλῶνος Ἰεχονίας ἐγέννησεν τὸν Σαλαθιήλ,
de Babilonia, Jeconías engendró — a Salatiel,

Σαλαθιὴλ δὲ ἐγέννησεν τὸν Ζοροβαβέλ,
y Salatiel engendró — a Zorobabel,

13 Ζοροβαβὲλ δὲ ἐγέννησεν τὸν Ἀβιούδ,
y Zorobabel engendró — a Abiud,

Ἀβιοὺδ δὲ ἐγέννησεν τὸν Ἐλιακίμ, Ἐλιακὶμ δὲ
y Abiud engendró — a Eliaquim, y Eliaquim

ἐγέννησεν τὸν Ἀζώρ, 14 Ἀζὼρ δὲ ἐγέννησεν
engendró — a Azor, y Azor engendró

τὸν Σαδώκ, Σαδὼκ δὲ ἐγέννησεν τὸν Ἀχίμ,
— a Sadoc, y Sadoc engendró — a Aquim,

Ἀχὶμ δὲ ἐγέννησεν τὸν Ἐλιούδ, 15 Ἐλιοὺδ δὲ
y Aquim engendró — a Eliud, y Eliud

ἐγέννησεν τὸν Ἐλεαζάρ, Ἐλεαζὰρ δὲ ἐγέννησεν
engendró — a Eleazar, y Eleazar engendró

τὸν Ματθάν, Ματθὰν δὲ ἐγέννησεν τὸν Ἰακώβ,
— a Matán, y Matán engendró — a Jacob,

16 Ἰακὼβ δὲ ἐγέννησεν τὸν Ἰωσὴφ τὸν ἄνδρα
y Jacob engendró — a José el marido

Μαρίας, ἐξ ἧς ἐγεννήθη Ἰησοῦς ὁ λεγόμενος
de María, de la que ¹fue engendrado Jesús el que es llamado

Χριστός.
Cristo.

17 Πᾶσαι οὖν αἱ γενεαὶ ἀπὸ Ἀβραὰμ
Así pues, todas las generaciones desde Abraham

ἕως Δαυὶδ γενεαὶ δεκατέσσαρες, καὶ ἀπὸ
hasta David (fueron) generaciones catorce, y desde

Δαυὶδ ἕως τῆς μετοικεσίας Βαβυλῶνος γενεαὶ
David hasta la deportación de Babilonia generaciones

δεκατέσσαρες, καὶ ἀπὸ τῆς μετοικεσίας Βαβυ-
²catorce, y desde la deportación de Babi-

λῶνος ἕως τοῦ Χριστοῦ γενεαὶ δεκατέσσαρες.
lonia hasta el Cristo generaciones ²catorce.

18 Τοῦ δὲ Ἰησοῦ Χριστοῦ ἡ γένεσις
— ³Y de Jesucristo el nacimiento

---

¹
16. FUE ENGENDRADO... O *nació...*

²
17. CATORCE. Se trata de una distribución simbólica (quizá porque las letras hebreas de "David" suman 14), pues Mateo pasa por alto tres generaciones en la 2.ª serie y una en la 3.ª

³
18. Y DE... O *Ahora bien...*

οὕτως   ἦν.   μνηστευθείσης   τῆς   μητρὸς   αὐτοῦ
así   era: estando prometida en   la   madre de él
              matrimonio

Μαρίας   τῷ   Ἰωσήφ,   πρὶν   ἢ   συνελθεῖν   αὐτοὺς
María   —   a José,   antes de 1convivir   ellos

εὑρέθη   ἐν   γαστρὶ   ἔχουσα   ἐκ   πνεύματος
fue hallada 2encinta   estando   del   Espíritu

ἁγίου.   19 Ἰωσὴφ   δὲ   ὁ   ἀνὴρ   αὐτῆς,
Santo.   Y José   —   el   marido de ella,

δίκαιος   ὢν   καὶ   μὴ   θέλων   αὐτὴν   δειγμα-
justo   siendo y   no   queriéndola   3denun-

τίσαι,   ἐβουλήθη   λάθρα   ἀπολῦσαι   αὐτήν.
ciar,   tuvo intención de a ocultas   repudiarla.

20 ταῦτα   δὲ   αὐτοῦ   ἐνθυμηθέντος,   ἰδοὺ
Mas estas cosas él   cuando pensaba,   he ahí

ἄγγελος   κυρίου   κατ'   ὄναρ   ἐφάνη
un ángel del Señor en   un sueño se apareció

αὐτῷ   λέγων·   Ἰωσὴφ   υἱὸς   Δαυίδ,   μὴ
a él   diciendo: José   hijo   de David,   no

φοβηθῇς   παραλαβεῖν   Μαρίαν   τὴν
temas   recibir   a María   la

γυναῖκά   σου·   τὸ   γὰρ   ἐν   αὐτῇ   γεννηθὲν
mujer   de ti; porque lo   en   ella   engendrado

ἐκ   πνεύματός   ἐστιν   ἁγίου.   21 τέξεται   δὲ
de   (el) Espíritu es   Santo.   Y dará a luz

υἱόν,   καὶ   καλέσεις   τὸ   ὄνομα   αὐτοῦ
un hijo, y   llamarás   el   nombre   de él

Ἰησοῦν·   αὐτὸς   γὰρ   σώσει   τὸν   λαὸν
Jesús;   porque él   salvará   al   pueblo

αὐτοῦ   ἀπὸ   τῶν   ἁμαρτιῶν   αὐτῶν.   22 Τοῦτο δὲ
de él   de los   pecados   de ellos.   Y esto

ὅλον   γέγονεν   ἵνα   πληρωθῇ   τὸ   ῥηθὲν
todo   aconteció para que fuese cumplido lo   dicho

ὑπὸ   κυρίου   διὰ   τοῦ   προφήτου   λέγοντος·
por   el Señor por medio del   profeta   cuando dice:

23 ἰδοὺ   ἡ   παρθένος   ἐν   γαστρὶ   ἔξει
4Mira   que la   virgen   5en   el vientre   tendrá

καὶ   τέξεται   υἱόν,   καὶ   καλέσουσιν   τὸ
y   dará a luz un hijo, y   llamarán   el

ὄνομα   αὐτοῦ   Ἐμμανουήλ,   ὃ   ἐστιν
nombre de él   Emanuel,   lo que   es

μεθερμηνευόμενον   μεθ'   ἡμῶν   ὁ   θεός.
siendo interpretado   con   nosotros   —   Dios.

24 ἐγερθεὶς   δὲ   [ὁ]   Ἰωσὴφ   ἀπὸ   τοῦ
Y levantado   —   José   del

ὕπνου   ἐποίησεν   ὡς   προσέταξεν   αὐτῷ   ὁ
sueño   hizo   como ordenó antes   a él   el

1
18. CONVIVIR. O *reunirse juntos.*
2
18. ENCINTA ESTANDO. Lit. *en el vientre teniendo.*
3
19. DENUNCIAR. Lit. *exponer a la pública vergüenza.*
4
23. MIRA... *O He ahí...*
5
23. EN EL VIENTRE TENDRÁ. *O encinta estará.*

ἄγγελος κυρίου, καὶ παρέλαβεν τὴν
ángel del Señor, y tomó la

γυναῖκα αὐτοῦ· **25** καὶ οὐκ ἐγίνωσκεν
esposa de él; y no [1]conocía

αὐτὴν ἕως [οὗ] ἔτεκεν υἱόν· καὶ ἐκάλεσεν
a ella hasta que ella dio a luz un hijo; y llamó

τὸ ὄνομα αὐτοῦ Ἰησοῦν.
el nombre de él Jesús.

2 Τοῦ δὲ Ἰησοῦ γεννηθέντος ἐν Βηθλέεμ
— Habiendo Jesús nacido en Belén

τῆς Ἰουδαίας ἐν ἡμέραις Ἡρώδου τοῦ
de Judea en (los) días de Herodes el

βασιλέως, ἰδοὶ μάγοι ἀπὸ ἀνατολῶν
rey, he aquí magos de(l) oriente

παρεγένοντο εἰς Ἱεροσόλυμα **2** λέγοντες·
llegaron a Jerusalén, diciendo:

ποῦ ἐστιν ὁ τεχθεὶς βασιλεὺς τῶν
¿Dónde está el (uno) nacido rey de los

Ἰουδαίων; εἴδομεν γὰρ αὐτοῦ τὸν ἀστέρα
judíos? Porque [2]hemos visto de él su estrella

ἐν τῇ ἀνατολῇ, καὶ ἤλθομεν προσκυνῆσαι
en el oriente, y [3]venimos a adorarle

αὐτῷ. **3** ἀκούσας δὲ ὁ βασιλεὺς Ἡρώδης
a él. Oyendo esto el rey Herodes

ἐταράχθη, καὶ πᾶσα Ἱεροσόλυμα μετ᾽
fue turbado, y todo Jerusalén con

αὐτοῦ, **4** καὶ συναγαγὼν πάντας τοὺς
él, y habiendo juntado todos los

ἀρχιερεῖς καὶ γραμματεῖς τοῦ λαοῦ
sumos sacerdotes y escribas del pueblo,

ἐπυνθάνετο παρ᾽ αὐτῶν ποῦ ὁ χριστὸς
[4]preguntaba de ellos dónde el Cristo

γεννᾶται. **5** οἱ δὲ εἶπαν αὐτῷ· ἐν
sería nacido. Y ellos dijeron a él: En

Βηθλέεμ τῆς Ἰουδαίας· οὕτως γὰρ
Belén — de Judea; por cuanto así

γέγραπται διὰ τοῦ προφήτου· **6** καὶ
ha sido escrito por medio del profeta: Y

σὺ Βηθλέεμ, γῆ Ἰούδα, οὐδαμῶς ἐλαχίστη
tú, Belén, tierra de Judá, de ningún modo [5]menor

εἶ ἐν τοῖς ἡγεμόσιν Ἰούδα. ἐκ σοῦ γὰρ
eres entre los gobernadores de Judá. Porque de ti

ἐξελεύσεται ἡγούμενος, ὅστις ποιμανεῖ
saldrá un gobernador, quien apacentará

τὸν λαόν μου τὸν Ἰσραήλ.
el pueblo [6]mío — Israel.

1
25. CONOCÍA... El pretérito imperfecto señala aquí con toda precisión el lapso de tiempo durante el cual José *no tenía trato marital con ella.*
2
2. HEMOS VISTO. Lit. *vimos.*
3
2. VENIMOS. Lit. *vinimos.*
4
4. PREGUNTABA. El pretérito imperfecto denota aquí la insistencia de Herodes.
5
6. MENOR. Lit. *mínima.*
6
6. MÍO. Lit. *de mí.*

7 Τότε   'Ηρώδης   λάθρα   καλέσας   τοὺς
Entonces   Herôdes,   secretamente   habiendo llamado   a los

μάγους   ἠκρίβωσεν   παρ'   αὐτῶν.   τὸν
magos,   inquirió diligentemente   de   ellos   el

χρόνον   τοῦ   φαινομένου   ἀστέρος,   **8** καὶ
tiempo   de la   que estaba apareciendo   estrella,   y

πέμψας   αὐτοὺς   εἰς   Βηθλέεμ   εἶπεν·
enviando   a ellos   a   Belén   dijo:
(habiendo enviado)

πορευθέντες   ἐξετάσατε   ἀκριβῶς   περὶ   τοῦ
Yendo,   investigad   diligentemente   acerca   del
(Habiendo ido)

παιδίου·   ἐπὰν   δὲ   εὕρητε,   ἀπαγγείλατέ
niñito;   y tan pronto como (lo) hayáis encontrado   notificad(lo)

μοι,   ὅπως   κἀγὼ   ἐλθὼν   προσκυνήσω   αὐτῷ.
a mí, para que así también yo   viniendo   me prosterne   ante él.

9 οἱ   δὲ   ἀκούσαντες   τοῦ   βασιλέως   ἐπορεύθησαν·
Y ellos   habiendo oído   al   rey   se marcharon;

καὶ   ἰδοὺ   ὁ   ἀστήρ,   ὃν   εἶδον   ἐν   τῇ
y   he aquí que la   estrella,   que   vieron   en   el

ἀνατολῇ,   προῆγεν   αὐτοὺς   ἕως   ἐλθὼν
oriente,   precedía   a ellos   hasta que   habiendo
(iba delante)   llegado

ἐστάθη   ἐπάνω   οὗ   ἦν   τὸ   παιδίον.   **10** ἰδόντες
se paró   sobre   donde estaba   el   niñito.   Al ver
(Habiendo visto)

δὲ   τὸν   ἀστέρα   ἐχάρησαν   χαρὰν   μεγάλην
—   la   estrella   se alegraron   con alegría   grande

σφόδρα.   **11** καὶ   ἐλθόντες   εἰς   τὴν   οἰκίαν
sobremanera.   Y   llegando   a   la   casa
(habiendo llegado)

εἶδον   τὸ   παιδίον   μετὰ   Μαρίας   τῆς   μητρὸς
vieron   al   niñito   con   María   la   madre

αὐτοῦ,   καὶ   πεσόντες   προσεκύνησαν   αὐτῷ,
de él,   y   caídos (en tierra)   se prosternaron   ante él,

καὶ   ἀνοίξαντες   τοὺς   θησαυροὺς   αὐτῶν
y abriendo (habiendo abierto)   los   cofres   de ellos

προσήνεγκαν   αὐτῷ   δῶρα,   χρυσὸν   καὶ
[1]ofrecieron   a él   regalos,   oro   e

λίβανον   καὶ   σμύρναν.   **12** καὶ   χρηματισθέντες
incienso   y   mirra.   Y   avisados

κατ'   ὄναρ   μὴ   ἀνακάμψαι   πρὸς   'Ηρώδην,
en un   sueño   que no   volviesen   a   Herodes,

δι'   ἄλλης   ὁδοῦ   ἀνεχώρησαν   εἰς   τὴν
por   otro   camino   regresaron   al

χώραν   αὐτῶν.
país   de ellos.

13 'Αναχωρησάντων   δὲ   αὐτῶν,   ἰδοὺ
Y habiendo regresado   ellos,   he ahí que

ἄγγελος   κυρίου   φαίνεται   κατ'   ὄναρ   τῷ
un ángel   del Señor   se aparece   en un   sueño   —

'Ιωσὴφ   λέγων·   ἐγερθεὶς   παράλαβε   τὸ
a José,   diciendo: Levantado,   toma   al

1
11. OFRECIERON. Es decir,
presentaron.

παιδίον καὶ τὴν μητέρα αὐτοῦ, καὶ φεῦγε
niñito   y   a la madre   de él,   y   huye

εἰς Αἴγυπτον, καὶ ἴσθι ἐκεῖ ἕως ἂν εἴπω
a Egipto,   y estate allí hasta que yo diga

σοι· μέλλει γὰρ Ἡρῴδης ζητεῖν τὸ παιδίον τοῦ
a ti; porque va Herodes a buscar al niñito —

ἀπολέσαι αὐτό. **14** ὁ δὲ ἐγερθεὶς παρέλαβεν
para destruirlo.   Y él, levantándose, tomó
(habiéndose levantado),

τὸ παιδίον καὶ τὴν μητέρα αὐτοῦ
al niñito   y   a la madre   de él

νυκτὸς καὶ ἀνεχώρησεν εἰς Αἴγυπτον,
de noche   y   se marchó   a   Egipto,

15 καὶ ἦν ἐκεῖ ἕως τῆς τελευτῆς Ἡρῴδου·
y estaba allí hasta [1]la muerte de Herodes;

ἵνα πληρωθῇ τὸ ῥηθὲν ὑπὸ κυρίου
para que se cumpliese lo dicho por el Señor

διὰ τοῦ προφήτου λέγοντος· ἐξ
por medio del   profeta   cuando dice: De

Αἰγύπτου ἐκάλεσα τὸν υἱόν μου.
Egipto   llamé   al hijo   de mí.

16 Τότε Ἡρῴδης ἰδὼν ὅτι ἐνεπαίχθη
Entonces Herodes, viendo que fue burlado
(habiendo visto)

ὑπὸ τῶν μάγων ἐθυμώθη λίαν, καὶ
por los magos, se enfureció muchísimo, y

ἀποστείλας ἀνεῖλεν πάντας τοὺς παῖδας
habiendo enviado asesinó a todos los niños

τοὺς ἐν Βηθλέεμ καὶ ἐν πᾶσι τοῖς
que (había) en Belén   y   en todos   los

ὁρίοις αὐτῆς ἀπὸ διετοῦς καὶ κατωτέρω,
contornos de ella desde dos años y para abajo,

κατὰ τὸν χρόνον ὃν ἠκρίβωσεν παρὰ τῶν
conforme al tiempo que había inquirido de los
diligentemente

μάγων. **17** τότε ἐπληρώθη τὸ ῥηθὲν διὰ
magos.   Entonces se cumplió lo dicho por medio

Ἰερεμίου τοῦ προφήτου λέγοντος· **18** φωνὴ
de Jeremías el   profeta   cuando dice: Una voz

ἐν Ῥαμὰ ἠκούσθη, κλαυθμὸς καὶ ὀδυρμὸς
en Ramá fue oída, llanto y lamento

πολύς· Ῥαχὴλ κλαίουσα τὰ τέκνα αὐτῆς,
grande Raquel que llora a los hijos de ella,
(mucho); (está llorando)

καὶ οὐκ ἤθελεν παρακληθῆναι, ὅτι
y   no   quería   ser consolada,   pues

οὐκ εἰσίν.
[2]no existen.

19 Τελευτήσαντος δὲ τοῦ Ἡρῴδου, ἰδοὺ
Mas habiendo muerto — Herodes, he ahí que
(finado)

[1]
15. LA MUERTE. Lit. *el final.*
[2]
18. NO EXISTEN. Es decir, *han perecido.*

ἄγγελος κυρίου φαίνεται κατ᾽ ὄναρ τῷ
un ángel del Señor se aparece en un sueño —

Ἰωσὴφ ἐν Αἰγύπτῳ **20** λέγων· ἐγερθεὶς
a José en Egipto, diciendo: Levantado
(Habiéndote levantado),

παράλαβε τὸ παιδίον καὶ τὴν μητέρα
toma al niño y a la madre

αὐτοῦ, καὶ πορεύου εἰς γῆν Ἰσραήλ·
de él, y marcha a (la) tierra de Israel;

τεθνήκασιν γὰρ οἱ ζητοῦντες τὴν ψυχὴν
porque han muerto los que buscaban la vida

τοῦ παιδίου. **21** ὁ δὲ ἐγερθεὶς παρέλαβεν
del niño. Y él, levantándose tomó
(habiéndose levantado),

τὸ παιδίον καὶ τὴν μητέρα αὐτοῦ καὶ
al niño y a la madre de él y

εἰσῆλθεν εἰς γῆν Ἰσραήλ. **22** ἀκούσας δὲ
¹vino a tierra de Israel. Mas habiendo oído

ὅτι Ἀρχέλαος βασιλεύει τῆς Ἰουδαίας
que Arquelao está reinando en Judea

ἀντὶ τοῦ πατρὸς αὐτοῦ Ἡρώδου ἐφοβήθη
en lugar del padre de él, Herodes, temió

ἐκεῖ ἀπελθεῖν· χρηματισθεὶς δὲ κατ'
allá ir; y avisado en

ὄναρ ἀνεχώρησεν εἰς τὰ μέρη τῆς
un sueño, marchó a las partes
(la región)

Γαλιλαίας, **23** καὶ ἐλθὼν κατῴκησεν εἰς
de Galilea, y, llegado, puso su residencia en

πόλιν λεγομένην Ναζαρέθ· ὅπως πληρωθῇ
una ciudad llamada Nazaret; para que así se cumpliese

τὸ ῥηθὲν διὰ τῶν προφητῶν ὅτι
lo dicho por medio de los ²profetas:

Ναζωραῖος κληθήσεται.
Nazareno será llamado.

3 Ἐν δὲ ταῖς ἡμέραις ἐκείναις παραγίνεται
En — los días aquellos llega

Ἰωάννης ὁ βαπτιστὴς κηρύσσων ἐν τῇ
Juan el Bautista predicando en el

ἐρήμῳ τῆς Ἰουδαίας, **2** λέγων· μετανοεῖτε·
desierto — de Judea, diciendo: ³Arrepentíos;

ἤγγικεν γὰρ ἡ βασιλεία τῶν οὐρανῶν.
porque se ha acercado el reino de los cielos.
(está al alcance)

3 οὗτος γὰρ ἐστιν ὁ ῥηθεὶς διὰ Ἡσαΐου
Porque éste es el dicho por medio de Isaías
(anunciado)

τοῦ προφήτου λέγοντος· φωνὴ βοῶντος
el profeta, cuando dice: Voz de uno que
está gritando

ἐν τῇ ἐρήμῳ· ἑτοιμάσατε τὴν ὁδὸν
en el desierto; preparad el camino

κυρίου, εὐθείας ποιεῖτε τὰς τρίβους
del Señor, rectas haced las sendas

¹
22. VINO A... Lit. *entró en...*
²
23. PROFETAS. Se discute mucho dónde se halla tal profecía. Opino que en Is. 11:1, donde para "retoño", el hebreo dice *nétser*. Dice "los profetas", porque Isaías figuraba a la cabeza del rollo.
³
2. ARREPENTÍOS. Lit. *cambiad de mentalidad.*

αὐτοῦ.   **4** Αὐτὸς   δὲ   ὁ   Ἰωάννης·   εἶχεν
de él.   Y el mismo   Juan   tenía

τὸ   ἔνδυμα   αὐτοῦ   ἀπὸ   τριχῶν   καμήλου
la   indumentaria   de él (hecha)   de   crines   de camello

καὶ   ζώνην   δερματίνην   περὶ   τὴν   ὀσφὺν
y   un cinturón   de cuero   en torno   de la   cadera

αὐτοῦ·   ἡ   δὲ   τροφὴ   ἦν   αὐτοῦ   ἀκρίδες
de él;   y el   alimento   era   de él   saltamontes

καὶ   μέλι   ἄγριον.   **5** Τότε   ἐξεπορεύετο   πρὸς
y   miel   silvestre.   Entonces   salía   a
(a donde estaba)

αὐτὸν   Ἱεροσόλυμα   καὶ   πᾶσα   ἡ   Ἰουδαία
él   Jerusalén,   y   toda   —   Judea

καὶ   πᾶσα   ἡ   περίχωρος   τοῦ   Ἰορδάνου,
y   toda   la   región de alrededor   del   Jordán,

6 καὶ   ἐβαπτίζοντο   ἐν   τῷ   Ἰορδάνῃ   ποταμῷ
y   eran bautizados   en   el   Jordán   río

ὑπ'   αὐτοῦ   ἐξομολογούμενοι   τὰς   ἁμαρτίας
por   él   confesando (al mismo tiempo)   los   pecados

αὐτῶν.   **7** Ἰδὼν   δὲ   πολλοὺς   τῶν
de ellos.   Cuando vio   a muchos   de los

Φαρισαίων   καὶ   Σαδδουκαίων   ἐρχομένους
fariseos   y   saduceos   que venían

ἐπὶ   τὸ   βάπτισμα   εἶπεν   αὐτοῖς·   γεννήματα
a   el   bautismo   dijo   les: Engendros
(hacia)

ἐχιδνῶν,   τίς   ὑπέδειξεν   ὑμῖν   φυγεῖν   ἀπὸ
de víboras,   ¿quién   informó   os   para huir   de

τῆς   μελλούσης   ὀργῆς;   **8** ποιήσατε   οὖν
la   inminente   ira?   [1]Haced,   pues,
(que está a punto de venir)

καρπὸν   ἄξιον   τῆς   μετανοίας·   **9** καὶ
fruto   que corresponde   al   arrepentimiento,   y

μὴ   δόξητε   λέγειν   ἐν   ἑαυτοῖς   πατέρα
no   penséis   decir   dentro de   vosotros mismos: Por padre

ἔχομεν   τὸν   Ἀβραάμ·   λέγω   γὰρ   ὑμῖν   ὅτι
tenemos   —   a Abraham;   porque digo   os   que

δύναται   ὁ   θεὸς   ἐκ   τῶν   λίθων   τούτων
es poderoso   —   Dios   [2]de   las   piedras   estas

ἐγεῖραι   τέκνα   τῷ   Ἀβραάμ.   **10** ἤδη   δὲ
para levantar   hijos   —   a Abraham.   Y ya

ἡ   ἀξίνη   πρὸς   τὴν   ῥίζαν   τῶν   δένδρων
el   hacha   junto   a la   raíz   de los   árboles

κεῖται·   πᾶν   οὖν   δένδρον   μὴ   ποιοῦν
está colocada;   todo,   pues,   árbol   que no   está
produciendo

καρπὸν   καλὸν   ἐκκόπτεται   καὶ   εἰς   πῦρ
fruto   [3]bueno   [4]es cortado   y   a(l)   fuego

βάλλεται.   **11** ἐγὼ   μὲν   ὑμᾶς   βαπτίζω
es arrojado.   Yo,   es cierto,   os   estoy bautizando

ἐν   ὕδατι   εἰς   μετάνοιαν·   ὁ   δὲ
en   agua   para   arrepentimiento;   mas el que

---

[1]
8. HACED. El verbo está en aoristo, indicando la urgencia de tomar una decisión rotunda, de una vez por todas.

[2]
9. DE. Nótese la preposición de procedencia.

[3]
10. BUENO. O de buena calidad.

[4]
10. ES CORTADO. Presente de anticipación o inminencia.

ὀπίσω μου ἐρχόμενος ἰσχυρότερός μού
detrás de mí está viniendo más fuerte que yo

ἐστιν, οὗ οὐκ εἰμὶ ἱκανὸς τὰ ὑποδήματα
es, del cual no ¹soy digno el calzado

βαστάσαι· αὐτὸς ὑμᾶς βαπτίσει ἐν πνεύματι
de llevar; él os bautizará en Espíritu
                                   (con)

ἁγίῳ καὶ πυρί· 12 οὗ τὸ πτύον ἐν τῇ
Santo y fuego; del cual el aventador en la

χειρὶ αὐτοῦ, καὶ διακαθαριεῖ τὴν ἅλωνα
mano de él (está), y limpiará completamente la era

αὐτοῦ, καὶ συνάξει τὸν σῖτον αὐτοῦ
de él, y recogerá el trigo de él

εἰς τὴν ἀποθήκην, τὸ δὲ ἄχυρον κατα-
en el granero, y la paja quemará

καύσει πυρὶ ἀσβέστῳ.
totalmente con fuego inextinguible.

13 Τότε παραγίνεται ὁ Ἰησοῦς ἀπὸ τῆς
Entonces llega — Jesús desde —

Γαλιλαίας ἐπὶ τὸν Ἰορδάνην πρὸς τὸν
Galilea a (la orilla del) Jordán a donde (estaba) —

Ἰωάννην τοῦ βαπτισθῆναι ὑπ’ αὐτοῦ.
Juan para ser bautizado por él.

14 ὁ δὲ διεκώλυεν αὐτὸν λέγων· ἐγὼ
Mas él impedía a él diciendo: Yo

χρείαν ἔχω ὑπὸ σοῦ βαπτισθῆναι, καὶ σὺ
necesidad tengo por ti de ser bautizado, ¿y tú

ἔρχῃ πρὸς μέ; 15 ἀποκριθεὶς δὲ ὁ
vienes a mí? Y respondiendo —
                 (habiendo respondido)

Ἰησοῦς εἶπεν αὐτῷ· ἄφες ἄρτι· οὕτως γὰρ
Jesús dijo le: Permite(lo) ahora; pues así

πρέπον ἐστὶν ἡμῖν πληρῶσαι πᾶσαν
conveniente es nos ²cumplir toda

δικαιοσύνην. τότε ἀφίησιν αὐτόν.
justicia. Entonces permite a él.

16 βαπτισθεὶς δὲ ὁ Ἰησοῦς εὐθὺς ἀνέβη
Y, después que fue bautizado — Jesús, inmediatamente subió

ἀπὸ τοῦ ὕδατος· καὶ ἰδοὺ ἠνεῴχθησαν
del agua; y he ahí que fueron abiertos

οἱ οὐρανοί, καὶ εἶδεν πνεῦμα θεοῦ
los cielos, y vio al Espíritu de Dios

καταβαῖνον ὡσεὶ περιστεράν, ἐρχόμενον ἐπ’
que descendía como una paloma, viniendo sobre
(o descendiendo)

αὐτόν· 17 καὶ ἰδοὺ φωνὴ ἐκ τῶν
él; y ¡he ahí! (hubo) una voz de los

οὐρανῶν λέγουσα· οὗτός ἐστιν ὁ υἱός
cielos que decía: éste es el hijo

μου ὁ ἀγαπητός, ἐν ᾧ εὐδόκησα.
de mí, el amado, en quien ³estoy muy complacido.

1
11. SOY DIGNO... Lit. estoy al nivel debido para...
2
15. CUMPLIR TODA JUSTICIA. Es decir, hacer lo que Dios quiere. En este caso, que Jesús se identificara con los pecadores, sin ser él pecador.
3
17. ESTOY MUY COMPLACIDO. Lit. me complací.

4 Τότε   ὁ   Ἰησοῦς   ἀνήχθη   εἰς   τὴν
Entonces —   Jesús   fue llevado   al

ἔρημον   ὑπὸ   τοῦ   πνεύματος   πειρασθῆναι
desierto   por   el   Espíritu   para ser tentado

ὑπὸ   τοῦ   διαβόλου.   **2** καὶ   νηστεύσας   ἡμέρας
por   el   diablo.   Y   habiendo ayunado   días

τεσσεράκοντα   καὶ   τεσσεράκοντα   νύκτας
cuarenta   y   cuarenta   noches,

ὕστερον   ἐπείνασεν.   **3** καὶ   προσελθὼν   ὁ
al final   tuvo hambre.   Y   1viniendo   el

πειράζων   εἶπεν   αὐτῷ·   εἰ   υἱὸς   εἶ   τοῦ
tentador,   dijo   le: Si   Hijo   eres   —

θεοῦ,   εἰπὲ   ἵνα   οἱ   λίθοι   οὗτοι   ἄρτοι
de Dios,   di   que   las   piedras   estas   panes

γένωνται.   **4** ὁ   δὲ   ἀποκριθεὶς   εἶπεν·
se conviertan en.   Mas él,   respondiendo,   dijo:

γέγραπται·   οὐκ   ἐπ᾽   ἄρτῳ   μόνῳ   ζήσεται
Está escrito: No   de   pan   2solo   vivirá

ὁ   ἄνθρωπος,   ἀλλ᾽   ἐπὶ   παντὶ   ῥήματι
el   hombre,   sino   3de   toda   palabra

ἐκπορευομένῳ   διὰ   στόματος   θεοῦ.   **5** Τότε
que sale   por   (la) boca   de Dios.   Entonces

παραλαμβάνει   αὐτὸν   ὁ   διάβολος   εἰς   τὴν
toma consigo   a él   el   diablo   hasta   la

ἁγίαν   πόλιν,   καὶ   ἔστησεν   αὐτὸν   ἐπὶ   τὸ
santa   ciudad,   y   puso en pie   a él   sobre   el

πτερύγιον   τοῦ   ἱεροῦ,   **6** καὶ   λέγει   αὐτῷ·
pináculo   del   templo   y   dice   le:

εἰ   υἱὸς   εἶ   τοῦ   θεοῦ,   βάλε   σεαυτὸν
Si   Hijo   eres   —   de Dios,   echa   a ti mismo

κάτω·   γέγραπται   γὰρ   ὅτι   τοῖς   ἀγγέλοις
abajo;   porque está escrito   que   a los   ángeles

αὐτοῦ   ἐντελεῖται   περὶ   σοῦ καὶ ἐπὶ χειρῶν
de él   encargará   acerca   de ti y en (sus) manos

ἀροῦσίν   σε,   μήποτε   προσκόψῃς   πρὸς
llevarán   te,   para que jamás   tropieces (golpees)   contra

λίθον   τὸν   πόδα   σου.   **7** ἔφη   αὐτῷ   ὁ
una piedra (con) el   pie   de ti.   Dijo   le   —

Ἰησοῦς·   πάλιν   γέγραπται·   οὐκ   ἐκπειράσεις
Jesús: Otra vez   está escrito: No   4tentarás

κύριον   τὸν   θεόν   σου.   **8** Πάλιν   παρα-
a(l) Señor   el   Dios   de ti.   De nuevo   toma

λαμβάνει   αὐτὸν   ὁ   διάβολος   εἰς   ὄρος
consigo   a él   el   diablo   hasta   un monte

ὑψηλὸν   λίαν,   καὶ   δείκνυσιν   αὐτῷ   πάσας
alto   en gran manera,   y   muestra   le   todos

τὰς   βασιλείας   τοῦ   κόσμου   καὶ   τὴν
los   reinos   del   mundo   y   la

1
3. VINIENDO. Lit. *habiéndose llegado hasta* (él).
2
4. SOLO. Es decir, *únicamente*.
3
4. DE TODA PALABRA... Es
decir, *de todo lo que Dios
dispone*. La preposición *epí*
nos da la idea de depen-
dencia; el participio de presente, la continuidad.
4
7. TENTARÁS. La preposición
componente *ek* añade la
idea de exploración prohi-
bida.

δόξαν αὐτῶν, 9 καὶ εἶπεν αὐτῷ· ταῦτά
gloria de ellos, y dijo le: Estas cosas

σοι πάντα δώσω, ἐὰν πεσὼν προσκυνήσῃς
a ti todas daré, si caído (en tierra) te prosternas

μοι. 10 τότε λέγει αὐτῷ ὁ Ἰησοῦς·
ante mí. Entonces dice le — Jesús:

ὕπαγε, σατανᾶ· γέγραπται γάρ· κύριον
[1]¡Largo de aquí, Satanás!, pues está escrito: A(l) Señor

τὸν θεόν σου προσκυνήσεις καὶ αὐτῷ
el Dios de ti adorarás postrado y a él

μόνῳ λατρεύσεις. 11 Τότε ἀφίησιν αὐτὸν
solo [2]servirás. Entonces deja le

ὁ διάβολος, καὶ ἰδοὺ ἄγγελοι προσῆλθον
el diablo, y he ahí que unos ángeles se acercaron

καὶ διηκόνουν αὐτῷ.
y [3]servían le.

12 Ἀκούσας δὲ ὅτι Ἰωάννης παρεδόθη
Y habiendo oído que Juan había sido encarcelado,

ἀνεχώρησεν εἰς τὴν Γαλιλαίαν. 13 καὶ
se marchó a Galilea. Y

καταλιπὼν τὴν Ναζαρὰ ἐλθὼν κατώκησεν
dejando — a Nazaret, venido, habitó
(habiendo dejado)

εἰς Καφαρναοὺμ τὴν παραθαλασσίαν ἐν
en Capernaúm — de junto al mar en

ὁρίοις Ζαβουλὼν καὶ Νεφθαλίμ· 14 ἵνα
(los) confines de Zabulón y Neftalí; para que

πληρωθῇ τὸ ῥηθὲν διὰ Ἡσαΐου
se cumpliese lo dicho por medio de Isaías

τοῦ προφήτου λέγοντος· 15 γῆ Ζαβουλὼν
el profeta, cuando dice: Tierra de Zabulón

καὶ γῆ Νεφθαλίμ, ὁδὸν θαλάσσης,
y tierra de Neftalí, [4]camino del mar,

πέραν τοῦ Ἰορδάνου, Γαλιλαία τῶν ἐθνῶν,
más allá del Jordán, Galilea de los gentiles,

16 ὁ λαὸς ὁ καθήμενος ἐν σκοτίᾳ φῶς
el pueblo que estaba asentado en tinieblas una luz

εἶδεν μέγα, καὶ τοῖς καθημένοις ἐν
vio grande, y a los sentados en

χώρᾳ καὶ σκιᾷ θανάτου, φῶς ἀνέτειλεν
región y sombra de muerte, una luz amaneció

αὐτοῖς.
para ellos.

17 Ἀπὸ τότε ἤρξατο ὁ Ἰησοῦς κηρύσσειν
Desde entonces comenzó — Jesús a predicar

καὶ λέγειν· μετανοεῖτε· ἤγγικεν γὰρ
y decir: [5]Arrepentíos; pues se ha acercado

ἡ βασιλεία τῶν οὐρανῶν.
el reino de los cielos.

[1] 10. ¡Largo de aquí! Lit. ¡Apártate! La preposición hypó añade la idea de humillación en el acto de apartarse.
[2] 10. Servirás. Lit. rendirás culto.
[3] 11. Servían. Es decir, le prestaban sus servicios.
[4] 15. Camino. El griego está en acusativo, como dependiendo de un verbo (implícito) de movimiento.
[5] 17. Arrepentíos. (V. 3:2.)

18 Περιπατῶν δὲ παρὰ τὴν θάλασσαν
Y cuando ¹paseaba   junto   al   mar

τῆς Γαλιλαίας εἶδεν δύο ἀδελφούς, Σίμωνα
—   de Galilea,   vio   dos hermanos,   Simón

τὸν λεγόμενον Πέτρον καὶ Ἀνδρέαν τὸν
el llamado   Pedro   y   Andrés   el

ἀδελφὸν αὐτοῦ, βάλλοντας ἀμφίβληστρον εἰς
hermano de él, que echaban   ²una red   al

τὴν θάλασσαν· ἦσαν γὰρ ἀλεεῖς. **19** καὶ
mar;   porque eran pescadores.   Y

λέγει αὐτοῖς· δεῦτε ὀπίσω μου, καὶ
dice   les: Venid en pos de mí,   y

ποιήσω ὑμᾶς ἀλεεῖς ἀνθρώπων. **20** οἱ
haré   os   pescadores de hombres.   Y ellos

δὲ εὐθέως ἀφέντες τὰ δίκτυα ἠκολούθη-
al instante dejando las ³redes,   siguieron
        (habiendo dejado)

σαν αὐτῷ. **21** Καὶ προβὰς ἐκεῖθεν εἶδεν
le.   Y pasando adelante de allí,   vio

ἄλλους δύο ἀδελφούς, Ἰάκωβον τὸν τοῦ
otros   dos hermanos,   Jacobo el (hijo) del

Ζεβεδαίου καὶ Ἰωάννην τὸν ἀδελφὸν
Zebedeo   y   Juan   el   hermano

αὐτοῦ, ἐν τῷ πλοίῳ μετὰ Ζεβεδαίου τοῦ
de él, en la barca con Zebedeo   el

πατρὸς αὐτῶν καταρτίζοντας τὰ δίκτυα
padre de ellos, que remendaban las redes

αὐτῶν· καὶ ἐκάλεσεν αὐτούς. **22** οἱ δὲ
de ellos; y llamó   a ellos.   Y ellos

εὐθέως ἀφέντες τὸ πλοῖον καὶ τὸν
al punto dejando la barca   y   al

πατέρα αὐτῶν ἠκολούθησαν αὐτῷ.
padre de ellos, siguieron   le.

23 Καὶ περιῆγεν ἐν ὅλῃ τῇ Γαλιλαίᾳ,
Y recorría — toda la Galilea,

διδάσκων ἐν ταῖς συναγωγαῖς αὐτῶν
⁴enseñando en las sinagogas   de ellos

καὶ κηρύσσων τὸ εὐαγγέλιον τῆς βασιλείας
y predicando el evangelio del reino

καὶ θεραπεύων πᾶσαν νόσον καὶ πᾶσαν
y sanando   toda enfermedad y toda

μαλακίαν ἐν τῷ λαῷ. **24** καὶ ἀπῆλθεν ἡ
dolencia en el pueblo.   Y se difundió la

ἀκοὴ αὐτοῦ εἰς ὅλην τὴν Συρίαν· καὶ
fama   de él por toda la Siria;   y

προσήνεγκαν αὐτῷ πάντας τοὺς κακῶς
trajeron   le a todos los malamente

ἔχοντας ποικίλαις νόσοις καὶ βασάνοις
que se   con diversas enfermedades y con tormentos
encontraban   (sufrimientos)

1
18. PASEABA. O *andaba.*
2
18. UNA RED. La preposición *amphí* indica una red que se echaba a ambos lados de la barca.
3
20. REDES. En griego es nombre genérico (todas).
4
23. ENSEÑANDO... Los tres participios de este versículo están en presente continuativo.

συνεχομένους, δαιμονιζομένους καὶ σεληνιαζ-
afligidos,　　endemoniados　　y　　luná-

ομένους καὶ παραλυτικούς, καὶ ἐθεράπευσεν
ticos　y　paralíticos,　y　curó

αὐτούς. **25** καὶ ἠκολούθησαν αὐτῷ ὄχλοι
a ellos.　Y　siguieron　le　turbas

πολλοὶ ἀπὸ τῆς Γαλιλαίας καὶ Δεκαπόλεως
muchas desde　—　Galilea　y　Decápolis

καὶ Ἱεροσολύμων καὶ Ἰουδαίας καὶ πέραν
y　Jerusalén　y　Judea　y　más allá

τοῦ Ἰορδάνου.
del　Jordán.

5 Ἰδὼν δὲ τοὺς ὄχλους ἀνέβη εἰς
Al ver　las　turbas,　subió　al

τὸ ὄρος· καὶ καθίσαντος αὐτοῦ προσῆλθαν
monte;　y,　sentado　él　se acercaron

αὐτῷ οἱ μαθηταὶ αὐτοῦ· **2** καὶ ἀνοίξας τὸ
a él　los　discípulos　de él,　y　[1]abriendo　la
　　　　　　　　　　　　　　(habiendo abierto)

στόμα αὐτοῦ ἐδίδασκεν αὐτοὺς λέγων·
boca　de él　[2]enseñaba　les,　diciendo:

3 Μακάριοι οἱ πτωχοὶ τῷ πνεύματι,
Dichosos　los　pobres　en el　espíritu,

ὅτι αὐτῶν ἐστιν ἡ βασιλεία τῶν οὐρανῶν.
pues　de ellos　es　el　reino　de los　cielos.

4 μακάριοι οἱ πενθοῦντες, ὅτι αὐτοὶ
Dichosos　los　afligidos,　pues　ellos

παρακληθήσονται. **5** μακάριοι οἱ πραεῖς,
serán consolados.　Dichosos　los　apacibles,

ὅτι αὐτοὶ κληρονομήσουσιν τὴν γῆν.
pues　ellos　heredarán　la　tierra.

6 μακάριοι οἱ πεινῶντες καὶ διψῶντες
Dichosos　los　hambrientos　y　sedientos

τὴν δικαιοσύνην, ὅτι αὐτοὶ χορτασ-
—　de justicia,　pues　ellos　serán

θήσονται. **7** μακάριοι οἱ ἐλεήμονες, ὅτι
saciados.　Dichosos　los　compasivos,　pues

αὐτοὶ ἐλεηθήσονται. **8** μακάριοι οἱ καθαροὶ
ellos　[3]hallarán compasión.　Dichosos　los　puros

τῇ καρδίᾳ, ὅτι αὐτοὶ τὸν θεὸν ὄψονται.
de　corazón,　pues　ellos　—　a Dios　[4]verán.

9 μακάριοι οἱ εἰρηνοποιοί, ὅτι [αὐτοὶ]
Dichosos　los　pacificadores,　pues　ellos

υἱοὶ θεοῦ κληθήσονται. **10** μακάριοι οἱ
hijos　de Dios　serán llamados.　Dichosos　los

δεδιωγμένοι ἕνεκεν δικαιοσύνης, ὅτι αὐτῶν
perseguidos　por causa　de la justicia,　pues de ellos

---

[1]
2. ABRIENDO LA BOCA. Hebraísmo indicando la importancia de lo que va a decir.
[2]
2. ENSEÑABA. Es decir, *se puso a enseñar.*
[3]
7. HALLARÁN COMPASIÓN. Lit. *serán compadecidos.*
[4]
8. VERÁN. El verbo indica una experiencia espiritual de las cosas divinas.

ἐστιν ἡ βασιλεία τῶν οὐρανῶν. **11** μακάριοί
es   el reino   de los   cielos.   Dichosos

ἐστε ὅταν ὀνειδίσωσιν ὑμᾶς καὶ διώξωσιν
sois cuando vituperen   os   y   persigan

καὶ εἴπωσιν πᾶν πονηρὸν καθ' ὑμῶν
y   digan   toda maldad contra vosotros

ψευδόμενοι ἕνεκεν ἐμοῦ. **12** χαίρετε
mintiendo por causa de mí;   [1]alegraos

καὶ ἀγαλλιᾶσθε, ὅτι ὁ μισθὸς ὑμῶν
y   regocijaos, pues el galardón de vosotros

πολὺς ἐν τοῖς οὐρανοῖς· οὕτως γὰρ
(es) mucho en los cielos;   porque así

ἐδίωξαν τοὺς προφήτας τοὺς πρὸ
persiguieron a los profetas —   antes de

ὑμῶν.
vosotros.

13 Ὑμεῖς ἐστε τὸ ἅλας τῆς γῆς· ἐὰν δὲ
Vosotros sois la sal de la tierra; mas si

τὸ ἅλας μωρανθῇ, ἐν τίνι ἁλισθήσεται;
la sal [2]pierde su sabor, ¿con qué será salada?

εἰς οὐδὲν ἰσχύει ἔτι εἰ μὴ βληθὲν ἔξω
Para nada [3]es buena ya sino arrojada fuera

καταπατεῖσθαι ὑπὸ τῶν ἀνθρώπων. **14** Ὑμεῖς
para ser pisoteada por los hombres.   Vosotros

ἐστε τὸ φῶς τοῦ κόσμου. οὐ δύναται
sois la luz del mundo; no puede

πόλις κρυβῆναι ἐπάνω ὄρους κειμένη·
una ciudad ser escondida sobre un monte situada;

15 οὐδὲ καίουσιν λύχνον καὶ τιθέασιν
ni   encienden una lámpara y   ponen

αὐτὸν ὑπὸ τὸν μόδιον, ἀλλ' ἐπὶ τὴν
la debajo del almud,   sino sobre el

λυχνίαν, καὶ λάμπει πᾶσιν τοῖς ἐν τῇ
candelero, y alumbra a todos los (que hay) la en

οἰκίᾳ. **16** οὕτως λαμψάτω τὸ φῶς ὑμῶν
casa.   Así   alumbre la luz de vosotros

ἔμπροσθεν τῶν ἀνθρώπων, ὅπως ἴδωσιν
delante de los hombres, de modo que vean

ὑμῶν τὰ καλὰ ἔργα καὶ δοξάσωσιν
de vosotros las [4]buenas obras y glorifiquen

τὸν πατέρα ὑμῶν τὸν ἐν τοῖς οὐρανοῖς.
al padre de vosotros que (está) en los cielos.

17 Μὴ νομίσητε ὅτι ἦλθον καταλῦσαι
No   penséis   que vine a destruir

τὸν νόμον ἢ τοὺς προφήτας· οὐκ ἦλθον
la ley   o los   profetas; no vine

καταλῦσαι ἀλλὰ πληρῶσαι. **18** ἀμὴν γὰρ
[5]a destruir, sino [6]a completar. Porque de cierto

1
12. ALEGRAOS... Los dos verbos están en presente continuativo.
2
13. PIERDE SU SABOR. Lit. *se vuelve necia.*
3
13. ES BUENA. Lit. *tiene fuerza.*
4
16. BUENAS. Lit. *hermosas, de buena calidad* (en Ef. 2:10 se usa otro adjetivo que significa "buenas" en sentido moral).
5
17. A DESTRUIR. Lit. *a disolver, abolir.*
6
17. A COMPLETAR. O *dar cumplimiento.*

λέγω ὑμῖν, ἕως ἂν παρέλθῃ ὁ οὐρανὸς
digo   os,   hasta que pase   el cielo

καὶ ἡ γῆ, ἰῶτα ἓν ἢ μία κεραία οὐ
y la tierra, jota una sola o una sola tilde 1no

μὴ   παρέλθῃ   ἀπὸ τοῦ νόμου, ἕως ἂν
jamás pasará   de la ley, hasta que

πάντα γένηται. 19 ὃς ἐὰν οὖν λύσῃ
todas las se realicen.   Cualquiera, por tanto, que
cosas   quebrante

μίαν τῶν ἐντολῶν τούτων τῶν ἐλαχίστων
uno solo de los mandamientos estos, (aun) de los más pequeños,

καὶ διδάξῃ οὕτως τοὺς ἀνθρώπους, ἐλάχιστος
y enseñe así a los hombres, muy pequeño

κληθήσεται ἐν τῇ βασιλείᾳ τῶν οὐρανῶν·
será llamado en el reino de los cielos;

ὃς δ' ἂν ποιήσῃ καὶ διδάξῃ, οὗτος
mas cualquiera que 2haga y enseñe, éste

μέγας κληθήσεται ἐν τῇ βασιλεια τῶν
grande será llamado en el reino de los

οὐρανῶν. 20 λέγω γὰρ ὑμῖν ὅτι ἐὰν μὴ
cielos.   Porque digo os que si no

περισσεύσῃ ὑμῶν ἡ δικαιοσύνη πλεῖον
abunda de vosotros la justicia más que

τῶν γραμματέων καὶ Φαρισαίων, οὐ μὴ
(la) de los escribas y fariseos, de ningún modo

εἰσέλθητε εἰς τὴν βασιλείαν τῶν οὐρανῶν.
entraréis en el reino de los cielos.

21 Ἠκούσατε ὅτι ἐρρέθη τοῖς ἀρχαίοις·
Oísteis que fue dicho 3a los antiguos:

οὐ φονεύσεις· ὃς δ' ἂν φονεύσῃ,
No cometerás homicidio; y cualquiera que cometa homicidio,

ἔνοχος ἔσται τῇ κρίσει. 22 ἐγὼ δὲ
4culpable será del juicio.   Mas yo

λέγω ὑμῖν ὅτι πᾶς ὁ ὀργιζόμενος τῷ
digo   os que todo el que se enoja con el

ἀδελφῷ αὐτοῦ ἔνοχος ἔσται τῇ κρίσει·
hermano de él 5culpable será del juicio;

ὃς δ' ἂν εἴπῃ τῷ ἀδελφῷ αὐτοῦ ρακά,
y cualquiera que diga al hermano de él: Insensato,

ἔνοχος ἔσται τῷ συνεδρίῳ· ὃς δ' ἂν εἴπῃ
6culpable será ante el sanedrín; y cualquiera que diga:

μωρέ, ἔνοχος ἔσται εἰς τὴν γέενναν
7Loco, 8culpable será para el infierno

τοῦ πυρός. 23 ἐὰν οὖν προσφέρῃς τὸ
— de fuego.   Por tanto, si estás presentando la

δῶρόν σου ἐπὶ τὸ θυσιαστήριον κἀκεῖ
ofrenda de ti sobre el altar y allí

μνησθῇς ὅτι ὁ ἀδελφός σου ἔχει τι
te acuerdas de que el hermano de ti tiene algo

1
18. No jamás. Siempre que van juntas *oú* y *mè*, indican énfasis en la negación.
2
19. Haga y enseñe. Nótese el orden: primero, haga; después, enseñe.
3
21. A los. O *por los*.
4
21. Culpable será. O *expuesto estará al*.
5, 6 y 8
22. Culpable será. O *expuesto estará al*.
7
22. Loco. O, mejor, *renegado*.

κατὰ σοῦ, **24** ἄφες ἐκεῖ τὸ δῶρόν σου
contra ti, 1deja allí la ofrenda de ti

ἔμπροσθεν τοῦ θυσιαστηρίου, καὶ ὕπαγε
delante del altar, y 2vete,

πρῶτον διαλλάγηθι τῷ ἀδελφῷ σου, καὶ
primero reconcíliate con el hermano de ti, y

τότε ἐλθὼν πρόσφερε τὸ δῶρόν σου.
entonces viniendo presenta la ofrenda de ti.
(habiendo venido),

25 ἴσθι εὐνοῶν τῷ ἀντιδίκῳ σου
Estate bien dispuesto con el adversario de ti
(Ponte) (de acuerdo) (ante los tribunales)

ταχὺ ἕως ὅτου εἶ μετ' αὐτοῦ ἐν τῇ
pronto mientras estás con él en el

ὁδῷ· μήποτέ σε παραδῷ ὁ ἀντίδικος τῷ
camino; no sea que a ti entregue el adversario al

κριτῇ καὶ ὁ κριτὴς τῷ ὑπηρέτῃ, καὶ
juez y el juez al alguacil, y

εἰς φυλακὴν βληθήσῃ· **26** ἀμὴν λέγω
en (la) 3prisión seas echado. De cierto digo

σοι, οὐ μὴ ἐξέλθῃς ἐκεῖθεν ἕως ἂν
te, de ningún modo saldrás de allí hasta que

ἀποδῷς τὸν ἔσχατον κοδράντην.
abones el último cuadrante (cuarto).

27 Ἠκούσατε ὅτι ἐρρέθη· οὐ μοιχεύσεις.
Oísteis que fue dicho: No cometerás adulterio;

28 ἐγὼ δὲ λέγω ὑμῖν ὅτι πᾶς ὁ βλέπων
Mas yo digo os que todo el que mira

γυναῖκα πρὸς τὸ ἐπιθυμῆσαι [αὐτὴν]
a una mujer con — intención de codiciar la,

ἤδη ἐμοίχευσεν αὐτὴν ἐν τῇ καρδίᾳ
ya cometió adulterio con ella en el corazón

αὐτοῦ. **29** εἰ δὲ ὁ ὀφθαλμός σου ὁ δεξιὸς
de él. Y si el ojo de ti el derecho

σκανδαλίζει σε, ἔξελε αὐτὸν καὶ βάλε
es causa de tropiezo te, 4saca lo y arroja(lo)

ἀπὸ σοῦ· συμφέρει γάρ σοι ἵνα ἀπόληται
de ti; porque es ventajoso te que sea destruido

ἐν τῶν μελῶν σου καὶ μὴ ὅλον τὸ
uno de los miembros de ti y no que todo el
solo

σῶμά σου βληθῇ εἰς γέενναν. **30** καὶ
cuerpo de ti sea echado en (el) infierno. Y

εἰ ἡ δεξιά σου χεὶρ σκανδαλίζει σε, ἔκκοψον
si la derecha de ti mano es causa de tropiezo te, 5corta

αὐτὴν καὶ βάλε ἀπὸ σοῦ· συμφέρει γάρ
la y echa(la) de ti; porque es ventajoso

σοι ἵνα ἀπόληται ἐν τῶν μελῶν σου
te que sea destruido uno solo de los miembros de ti

καὶ μὴ ὅλον τὸ σῶμά σου εἰς γέενναν
y no que todo el cuerpo de ti a(l) infierno

1
24. DEJA. El verbo es aquí muy expresivo: deja atrás, no te preocupes de...

2
24. VETE. (V. 4:10.)

3
25. PRISIÓN. O cárcel.

4
29. SACA... Y ARROJA. Los dos aoristos indican acción urgente y drástica: saca. El sentido es: arráncalo de cuajo (no es extracción física).

5
30. CORTA. La preposición componente indica cortar por lo sano; el aoristo, decisión rotunda.

ἀπέλθῃ. **31** Ἐρρέθη δέ· ὃς ἂν ἀπολύσῃ
se vaya.   Y fue dicho: Cualquiera que   repudie

τὴν γυναῖκι αὐτοῦ, δότω αὐτῇ ἀποστάσιον.
a la   mujer   de él,   dé   a ella   carta de divorcio.

32 ἐγὼ δὲ λέγω ὑμῖν ὅτι πᾶς ὁ ἀπολύων
Mas yo   digo   os   que todo el que repudia

τὴν γυναῖκα αὐτοῦ παρεκτὸς λόγου
a la   mujer   de él,   excepto   caso

πορνείας ποιεῖ αὐτὴν μοιχευθῆναι,
1de fornicación,   hace   que ella   cometa adulterio,

καὶ ὃς ἐὰν ἀπολελυμένην γαμήσῃ,
y   cualquiera que   con una repudiada   se case,

μοιχᾶται. **33** Πάλιν ἠκούσατε ὅτι ἐρρέθη
comete adulterio.   De nuevo   oísteis   que fue dicho
                    (También)

τοῖς ἀρχαίοις· οὐκ ἐπιορκήσεις, ἀποδώσεις
2a los   antiguos: No   perjurarás,   sino que pagarás

δὲ τῷ κυρίῳ τοὺς ὅρκους σου. **34** ἐγὼ δὲ
al   Señor   los   juramentos de ti;   mas yo

λέγω ὑμῖν μὴ ὀμόσαι ὅλως· μήτε ἐν τῷ
digo   os: No   jurar 3de ningún modo; ni   por el

οὐρανῷ, ὅτι θρόνος ἐστὶν τοῦ θεοῦ·
cielo,   pues   (el) trono   es   —   de Dios;

35 μήτε ἐν τῇ γῇ, ὅτι ὑποπόδιόν
ni   por   la tierra, pues   (el) estrado

ἐστιν τῶν ποδῶν αὐτοῦ· μήτε εἰς
es   de los   pies   de él;   ni   4en

Ἰεροσόλυμα, ὅτι πόλις ἐστὶν τοῦ μεγάλου
Jerusalén,   pues ciudad   es   del   gran

βασιλέως· **36** μήτε ἐν τῇ κεφαλῇ σου
rey;   ni   por la   cabeza   de ti

ὀμόσῃς, ὅτι οὐ δύνασαι μίαν τρίχα
jures,   pues   no   puedes   un solo cabello

λευκὴν ποιῆσαι ἢ μέλαιναν. **37** ἔστω
5blanco   hacer   o   negro.   Sino que sea

δὲ ὁ λόγος ὑμῶν ναὶ ναί, οὒ οὔ·
6el   hablar   de vosotros sí,   sí;   no,   no;

τὸ δὲ περισσὸν τούτων ἐκ τοῦ πονηροῦ
y lo que   exceda   de estas cosas del   maligno

ἐστιν. **38** Ἠκούσατε ὅτι ἐρρέθη· ὀφθαλμὸν
es   Oísteis   que fue dicho: 7Ojo
(procede).

ἀντὶ ὀφθαλμοῦ καὶ ὀδόντα ἀντὶ ὀδόντος.
en lugar de   ojo,   y   diente en lugar de diente.
(por)   (por)

39 ἐγὼ δὲ λέγω ὑμῖν μὴ ἀντιστῆναι
Mas yo   digo   os: No   resistir

τῷ πονηρῷ· ἀλλ' ὅστις σε ῥαπίζει εἰς
al   malvado;   sino que cualquiera que te golpea   en

τὴν δεξιὰν σιαγόνα [σου], στρέψον αὐτῷ
la   derecha mejilla   de ti,   vuelve   a él (le)

1
32. DE FORNICACIÓN. El sentido más probable de este debatidísimo vocablo es: *unión ilegítima* (en grado prohibido por la ley).

2
33. A LOS. O *por los*.

3
34. DE NINGÚN MODO. Lit. *totalmente.*

4
35. EN. Lit. *hacia.*

5
36. BLANCO... NEGRO. Se puede teñir, pero no cambiar el color de raíz, y de una vez (aoristo).

6
37. EL HABLAR. Lit. *la palabra.*

7
38. OJO POR OJO. La llamada "ley del talión" suele entenderse mal. No significa que había que sacarle un ojo, etc., sino que tenía que pagar el precio de un ojo, etc.

καὶ τὴν ἄλλην· **40** καὶ τῷ θέλοντί
también la otra; y al que quiera

σοι κριθῆναι καὶ τὸν χιτῶνά σου λαβεῖν,
contigo entablar pleito y la túnica de ti llevarse,

ἄφες αὐτῷ καὶ τὸ ἱμάτιον· **41** καὶ
1deja le también la capa; y

ὅστις σε ἀγγαρεύσει μίλιον ἕν, ὕπαγε
cualquiera te obligue a llevar carga una milla, ve
que

μετ' αὐτοῦ δύο. **42** τῷ αἰτοῦντί
con él dos. Al que pida

σε δός, καὶ τὸν θέλοντα ἀπὸ σοῦ
te, da, y al que quiera de ti

δανείσασθαι μὴ ἀποστραφῇς. **43** Ἠκούσατε
tomar prestado, no (lo) 2desatiendas. Oísteis

ὅτι ἐρρέθη· ἀγαπήσεις τὸν πλησίον σου
que fue dicho: Amarás al prójimo de ti

καὶ μισήσεις τὸν ἐχθρόν σου. **44** ἐγὼ
3y aborrecerás al enemigo de ti. Mas yo

δὲ λέγω ὑμῖν· ἀγαπᾶτε τοὺς ἐχθροὺς
digo os: Amad a los enemigos

ὑμῶν καὶ προσεύχεσθε ὑπὲρ τῶν
de vosotros y orad por los

διωκόντων ὑμᾶς· **45** ὅπως γένησθε υἱοὶ
que persiguen os; para que así 4seáis hijos

τοῦ πατρὸς ὑμῶν τοῦ ἐν οὐρανοῖς,
del Padre de vosotros, el que (está) en (los cielos,

ὅτι τὸν ἥλιον αὐτοῦ ἀνατέλλει ἐπὶ
pues el sol de él hace salir sobre

πονηροὺς καὶ ἀγαθοὺς καὶ βρέχει ἐπὶ
malvados y buenos, y 5llueve sobre

δικαίους καὶ ἀδίκους. **46** ἐὰν γὰρ
justos e inicuos. Porque si

ἀγαπήσητε τοὺς ἀγαπῶντας ὑμᾶς, τίνα
amáis a los que aman os, ¿qué

μισθὸν ἔχετε; οὐχὶ καὶ οἱ τελῶναι τὸ
galardón tenéis?; ¿acaso no también los 6publicanos lo

αὐτὸ ποιοῦσιν; **47** καὶ ἐὰν ἀσπάσησθε
mismo hacen? Y si saludáis

τοὺς ἀδελφοὺς ὑμῶν μόνον, τί περισσὸν
a los hermanos de vosotros solamente, qué de más

ποιεῖτε; οὐχὶ καὶ οἱ ἐθνικοὶ τὸ αὐτὸ
hacéis?; ¿acaso no también 7los gentiles lo mismo

ποιοῦσιν; **48** Ἔσεσθε οὖν ὑμεῖς τέλειοι
hacen? Seréis pues, vosotros 8perfectos
(Sed),

ὡς ὁ πατὴρ ὑμῶν ὁ οὐράνιος τέλειός
como el Padre de vosotros (el) celestial perfecto

ἐστιν.
es.

1
40. DEJA. (V. vers. 24.)
2
42. DESATIENDAS. Lit. *vuelvas la espalda.*
3
43. Y ABORRECERÁS... Esta frase era una añadidura antibíblica de los escribas.
4
45. SEÁIS. Lit. *os hagáis, lleguéis a ser.*
5
45. LLUEVE. Es decir, *hace llover.*
6
46. PUBLICANOS. Es decir, *cobradores de impuestos,* que eran tenidos por traidores a la patria.
7
47. LOS GENTILES. Es decir, *los no judíos.*
8
48. PERFECTOS. No significa libres de todo pecado, sino maduros espiritualmente en esto de amar a todos.

6 Προσέχετε   δὲ   τὴν   δικαιοσύνην   ὑμῶν
Y cuidaos de   la   justicia   de vosotros

μὴ   ποιεῖν   ἔμπροσθεν   τῶν   ἀνθρώπων   πρὸς
no   hacer   delante   de los   hombres   con miras a

τὸ   θεαθῆναι   αὐτοῖς·   εἰ   δὲ   μή   γε,   μισθὸν
—   ser vistos   por ellos;   de lo contrario,   galardón

οὐκ   ἔχετε   παρὰ   τῷ   πατρὶ   ὑμῶν   τῷ
no   tenéis   ¹con   el   Padre   de vosotros el que

ἐν   τοῖς   οὐρανοῖς.   2 Ὅταν   οὖν   ποιῇς
(está) en los   cielos.   Por tanto,   cuando hagas

ἐλεημοσύνην,   μὴ   σαλπίσῃς   ἔμπροσθέν   σου,
limosna,   no   toques trompeta   delante   de ti,

ὥσπερ   οἱ   ὑποκριταὶ   ποιοῦσιν   ἐν   ταῖς
como   los   hipócritas   hacen   en   las

συναγωγαῖς   καὶ   ἐν   ταῖς   ῥύμαις,   ὅπως
sinagogas   y   en   las   calles,   para que así

δοξασθῶσιν   ὑπὸ   τῶν   ἀνθρώπων·   ἀμὴν
sean glorificados   por   los   hombres;   de cierto

λέγω   ὑμῖν,   ἀπέχουσιν   τὸν   μισθὸν   αὐτῶν.
digo   os,   están recibiendo entera la   recompensa   de ellos.

3 σοῦ   δὲ   ποιοῦντος   ἐλεημοσύνην   μὴ
Pero cuando tú   ²hagas   limosna,   no

γνώτω   ἡ   ἀριστερά   σου   τί   ποιεῖ   ἡ
conozca   la   (mano) izquierda   de ti   qué está haciendo   la

δεξιά   σου,   4 ὅπως   ᾖ   σου   ἡ   ἐλεημοσύνη
derecha   de ti,   para que así   sea   de ti   la   limosna

ἐν   τῷ   κρυπτῷ·   καὶ   ὁ   πατήρ   σου
en   —   secreto;   y   el   Padre   de ti

ὁ   βλέπων   ἐν   τῷ   κρυπτῷ   ἀποδώσει   σοι.
que   ve   en   lo   secreto,   recompensará   te.

5 Καὶ   ὅταν   προσεύχησθε,   οὐκ   ἔσεσθε
Y   cuando   ³oréis,   no   seréis
                                                    (seáis)

ὡς   οἱ   ὑποκριταί·   ὅτι   φιλοῦσιν   ἐν   ταῖς
como   los   hipócritas;   pues   aman   en   las
                                                (les gusta)

συναγωγαῖς   καὶ   ἐν   ταῖς   γωνίαις   τῶν
sinagogas   y   en   las   esquinas   de las

πλατειῶν   ἑστῶτες   προσεύχεσθαι,   ὅπως
plazas   de pie   orar,   para así

φανῶσιν   τοῖς   ἀνθρώποις·   ἀμὴν   λέγω
exhibirse ante   los   hombres;   de cierto   digo

ὑμῖν,   ἀπέχουσιν   τὸν   μισθὸν   αὐτῶν.   6 σὺ
os,   están recibiendo entera la   recompensa   de ellos.   Mas tú,

δὲ   ὅταν   προσεύχῃ,   εἴσελθε   εἰς   τὸ   ταμιεῖόν
cuando   ores,   entra   en   el aposento interior

σου   καὶ   κλείσας   τὴν   θύραν   σου   πρόσευξαι
de ti   y, tras cerrar con llave la   puerta   de ti,   ⁴ora

τῷ   πατρί   σου   τῷ   ἐν   τῷ   κρυπτῷ·
al   Padre   de ti   que (está) en   —   secreto;

1
1. CON. Lit. *junto a.*
2
3. HAGAS. Lit. *estés haciendo* (presente de simultaneidad).
3
5. ORÉIS. Lit. *estéis orando.*
4
6. ORA. Es decir, *ponte a orar* (aoristo incoativo).

καὶ   ὁ   πατήρ   σου   ὁ   βλέπων   ἐν   τῷ
y   el   Padre   de ti   el   que ve   en   lo

κρυπτῷ   ἀποδώσει   σοι.   7 Προσευχόμενοι δὲ
secreto,   recompensará   te.   Y cuando estéis orando

μὴ   βατταλογήσητε   ὥσπερ   οἱ   ἐθνικοί·
no   parloteéis sin medida   como   los   gentiles;

δοκοῦσιν   γὰρ   ὅτι   ἐν   τῇ   πολυλογίᾳ   αὐτῶν ·
porque les parece   que   en   el   mucho hablar   de ellos

εἰσακουσθήσονται.   8 μὴ   οὖν   ὁμοιωθῆτε
[1]serán escuchados.   Por tanto,   no   [2]seáis como

αὐτοῖς·   οἶδεν   γὰρ   [ὁ θεὸς]   ὁ   πατὴρ
ellos;   porque [3]sabe   Dios   el   Padre

ὑμῶν   ὧν   χρείαν   ἔχετε   πρὸ   τοῦ   ὑμᾶς
de vosotros de qué cosas necesidad   tenéis   antes   — de vosotros

αἰτῆσαι   αὐτόν.   9 οὕτως   οὖν   προσεύχεσθε
pedir   le.   Así   pues,   orad

ὑμεῖς·   Πάτερ   ἡμῶν   ὁ   ἐν   τοῖς   οὐρανοῖς·
vosotros: Padre   de nosotros el   (que está)   en   los   cielos;

Ἁγιασθήτω   τὸ   ὄνομά   σου·   10 ἐλθάτω
sea Santificado   el   nombre   de ti;   venga

ἡ   βασιλεία   σου·   γενηθήτω   τὸ   θέλημά σου,
el   reino   de ti;   sea hecha   la   voluntad   de ti;

ὡς   ἐν   οὐρανῷ   καὶ   ἐπὶ   γῆς·   11 Τὸν
como   en   (el) cielo,   también   sobre   (la) tierra.   El
(en)

ἄρτον   ἡμῶν   τὸν   ἐπιούσιον   δὸς   ἡμῖν
pan   de nosotros   —   [4]diario   da   nos

σήμερον·   12 καὶ   ἄφες   ἡμῖν   τὰ   ὀφειλή-
hoy;   y   perdona   nos   las   deudas

ματα   ἡμῶν,   ὡς   καὶ   ἡμεῖς   ἀφήκαμεν
de nosotros,   como   también   nosotros   [5]perdonamos

τοῖς   ὀφειλέταις   ἡμῶν·   13 καὶ   μὴ   εἰσενέγκῃς
a los   deudores   de nosotros;   y   no   [6]lleves

ἡμᾶς   εἰς   πειρασμόν,   ἀλλὰ   ῥῦσαι   ἡμᾶς   ἀπὸ
nos   a   tentación,   [7]sino   libra   nos   del

τοῦ   πονηροῦ.   14 Ἐὰν   γὰρ   ἀφῆτε   τοῖς
—   maligno.   Porque si   perdonáis   a los

ἀνθρώποις   τὰ   παραπτώματα   αὐτῶν,   ἀφήσει
hombres   las   transgresiones   de ellos,   perdonará

καὶ   ὑμῖν   ὁ   πατὴρ   ὑμῶν   ὁ   οὐράνιος·
también   os   el   Padre   de vosotros   el   celestial;

15 ἐὰν   δὲ   μὴ   ἀφῆτε   τοῖς   ἀνθρώποις,
mas si   no   perdonáis a los   hombres,

οὐδὲ   ὁ   πατὴρ   ὑμῶν   ἀφήσει   τὰ   παραπτώ-
[8]ni   el   Padre   de vosotros   perdonará   las   transgre-
(tampoco)

ματα   ὑμῶν.   16 Ὅταν   δὲ   νηστεύητε,
siones   de vosotros.   Y cuando   estéis ayunando,

μὴ   γίνεσθε   ὡς   οἱ   ὑποκριταὶ   σκυθρωποί·
no   os hagáis   como   los   hipócritas   sombríos;
(seáis)

1
7. SERÁN ESCUCHADOS. La preposición componente indica la ilusión de que Dios les concedería lo que pedían.
2
8. NO SEÁIS COMO. Lit. os asemejéis.
3
8. SABE. El verbo griego indica conocimiento empírico seguro y profundo. (Véase 1 Jn. 5:13.)
4
11. DIARIO. Significa, probablemente: del día inminente (mañana).
5
12. PERDONAMOS. Es una acción pasada, completa (aoristo).
6
13. LLEVES. Es aoristo ingresivo: comiences a llevar...
7
13. SINO LIBRA. Esta es la alternativa: En cambio, presérvanos del maligno.
8
15. NI EL PADRE, ETC. No se trata de "condenación", sino de pérdida de comunión.

ἀφανίζουσιν   γὰρ   τὰ   πρόσωπα   αὐτῶν
porque desfiguran   los   rostros   de ellos

ὅπως   φανῶσιν   τοῖς   ἀνθρώποις   νηστεύοντες·
para que aparezcan   los   hombres   estando ayunando;
así   ante

ἀμὴν   λέγω   ὑμῖν,   ἀπέχουσιν   τὸν   μισθὸν
de cierto digo   os,   están recibiendo entera la   recompensa

αὐτῶν.   17 σὺ   δὲ   νηστεύων   ἄλειψαί   σου
de ellos.   Mas tú, cuando estás ayunando, unge   de ti

τὴν   κεφαλὴν   καὶ   τὸ   πρόσωπόν   σου   νίψαι,
la   cabeza   y   el   rostro   de ti   lava,

18 ὅπως   μὴ   φανῇς   τοῖς   ἀνθρώποις   νηστεύων
para que así no aparezcas ante los   hombres   ayunando,

ἀλλὰ   τῷ   πατρί   σου   τῷ   ἐν   τῷ   κρυφαίῳ·
sino ante el   Padre   de ti el que (está) en —   secreto;

καὶ   ὁ   πατήρ   σου   ὁ   βλέπων   ἐν   τῷ
y   el   Padre   de ti que   ve   en   lo

κρυφαίῳ   ἀποδώσει   σοι.
secreto   [1]recompensará a ti.

19 Μὴ   θησαυρίζετε   ὑμῖν   θησαυροὺς
No   atesoréis   para vosotros   tesoros

ἐπὶ   τῆς   γῆς,   ὅπου   σὴς   καὶ   βρῶσις
sobre la   tierra,   donde   polilla   y   herrumbre
(en)

ἀφανίζει,   καὶ   ὅπου   κλέπται   διορύσσουσιν
hace desaparecer, y   donde   ladrones   perforan

καὶ   κλέπτουσιν·   20 θησαυρίζετε   δὲ   ὑμῖν
y   roban;   atesorad, más bien, para vosotros

θησαυροὺς   ἐν   οὐρανῷ,   ὅπου   οὔτε   σὴς
tesoros   en   (el) cielo,   donde   ni   polilla

οὔτε   βρῶσις   ἀφανίζει,   καὶ   ὅπου   κλέπται
ni   herrumbre hace desaparecer, y   donde   ladrones

οὐ   διορύσσουσιν   οὐδὲ   κλέπτουσιν·   21 ὅπου
no   perforan   ni   roban;   porque donde

γὰρ   ἐστιν   ὁ   θησαυρός   σου,   ἐκεῖ
        está   el   tesoro   de ti,   [2]allí

ἔσται   καὶ   ἡ   καρδία   σου.   22 Ὁ   λύχνος
estará también el   corazón   de ti.   La   lámpara

τοῦ   σώματός   ἐστιν   ὁ   ὀφθαλμός.   ἐὰν   οὖν
del   cuerpo   es   el   ojo;   así que si

ᾖ   ὁ   ὀφθαλμός   σου   ἁπλοῦς,   ὅλον   τὸ   σῶμά
es el   ojo   de ti   sencillo   todo   el   cuerpo
(sin visión doble),

σου   φωτεινὸν   ἔσται·   23 ἐὰν   δὲ   ὁ
de ti   lleno de luz estará;   mas si   el

ὀφθαλμός   σου   πονηρὸς   ᾖ,   ὅλον   τὸ   σῶμά
ojo   de ti   maligno   es,   todo   el   cuerpo
(en mala condición)

σου   σκοτεινὸν   ἔσται.   εἰ   οὖν   τὸ   φῶς
de ti sumido en tinieblas estará. Si,   pues,   la   luz

τὸ   ἐν   σοὶ   σκότος   ἐστιν,   τὸ   σκότος
que (hay) en ti   oscuridad   es,   la   oscuridad

1
18. RECOMPENSARÁ. Lit. abo-
nará, devolverá, restituirá.
2
21. ALLÍ ESTARÁ... El corazón es atraído, como por
un imán, hacia aquello que
constituye su centro de interés.

πόσον. **24** Οὐδεὶς δύναται δυσὶ κυρίοις
cuán grande (será). Nadie puede a dos señores

δουλεύειν· ἢ γὰρ τὸν ἕνα μισήσει καὶ
servir; porque o al uno odiará y

τὸν ἕτερον ἀγαπήσει, ἢ ἑνὸς ἀνθέξεται
al otro amará, o al uno se adherirá

καὶ τοῦ ἑτέρου καταφρονήσει. οὐ δύνασθε
y al otro menospreciará; no podéis

θεῷ δουλεύειν καὶ μαμωνᾷ. **25** Διὰ
a Dios servir y 1a Mamón Por
(riqueza idolatrada).

τοῦτο λέγω ὑμῖν· μὴ μεριμνᾶτε τῇ
esto digo os: No estéis ansiosos por la

ψυχῇ ὑμῶν τί φάγητε [ἢ τί πίητε],
vida de vosotros, qué habéis de comer o qué habéis de beber,

μηδὲ τῷ σώματι ὑμῶν τί ἐνδύσησθε.
ni por el cuerpo de vosotros, qué habéis de vestiros.

οὐχὶ ἡ ψυχὴ πλεῖόν ἐστιν τῆς τροφῆς καὶ τὸ
¿Acaso la vida más es que el alimento y el

σῶμα τοῦ ἐνδύματος; **26** ἐμβλέψατε εἰς
cuerpo (más) que el vestido? Fijaos bien en

τὰ πετεινὰ τοῦ οὐρανοῦ, ὅτι οὐ σπείρουσιν
las aves del cielo que no siembran
(aire)

οὐδὲ θερίζουσιν οὐδὲ συνάγουσιν εἰς
ni cosechan ni recogen en

ἀποθήκας, καὶ ὁ πατὴρ ὑμῶν ὁ οὐράνιος
graneros, y el Padre de vosotros el celestial

τρέφει αὐτά· οὐχ ὑμεῖς μᾶλλον διαφέρετε
alimenta a ellas; ¿acaso no vosotros más aventajáis
(sois importantes)

αὐτῶν; **27** τίς δὲ ἐξ ὑμῶν μεριμνῶν
a ellas? ¿Y quién de vosotros, afanándose,

δύναται προσθεῖναι ἐπὶ τὴν ἡλικίαν αὐτοῦ
puede añadir 2sobre la estatura de él

πῆχυν ἕνα; **28** καὶ περὶ ἐνδύματος τί
un solo codo? ¿Y acerca del vestido por qué

μεριμνᾶτε; καταμάθετε τὰ κρίνα τοῦ ἀγροῦ,
estáis ansiosos? Aprended bien de los lirios del campo,
(Considerad atentamente)

πῶς αὐξάνουσιν· οὐ κοπιῶσιν οὐδὲ
cómo crecen; no trabajan con fatiga ni

νήθουσιν· **29** λέγω δὲ ὑμῖν ὅτι οὐδὲ Σολομὼν
hilan; mas digo os que ni Salomón

ἐν πάσῃ τῇ δόξῃ αὐτοῦ περιεβάλετο ὡς
en todo el esplendor de él se cubría como

ἓν τούτων. **30** εἰ δὲ τὸν χόρτον τοῦ
uno solo de éstos. Y si a la hierba del

ἀγροῦ σήμερον ὄντα καὶ αὔριον εἰς
campo hoy existente y mañana al

κλίβανον βαλλόμενον ὁ θεὸς οὕτως
horno que es echada — Dios así

1
24. MAMÓN. Voz aramea,
del verbo *amán* = "sustentar" (la riqueza personificada, convertida en base de la fe y del afecto servil de alguien).
2
27. SOBRE LA ESTATURA...
O, probablemente, *a su edad una sola hora.*

ἀμφιέννυσιν,   οὐ   πολλῷ   μᾶλλον   ὑμᾶς,
reviste,   ¿no   mucho   más   a vosotros,

ὀλιγόπιστοι;   31 μὴ   οὖν   μεριμνήσητε
(hombres) de poca fe?   Por tanto, no   os angustiéis

λέγοντες·   τί   φάγωμεν;   ἤ·   τί
diciendo: ¿Qué   comeremos?,   o: ¿Qué

πίωμεν;   ἤ·   τί περιβαλώμεθα;   32 πάντα
beberemos?,   o: ¿Con qué   [1]nos vestiremos?   Porque

γὰρ   ταῦτα   τὰ   ἔθνη   ἐπιζητοῦσιν·   οἶδεν
todas   esas cosas   los   gentiles   buscan con afán;   pues sabe

γὰρ   ὁ   πατὴρ   ὑμῶν   ὁ   οὐράνιος   ὅτι
el   Padre   de vosotros   el   celestial   que

χρῄζετε   τούτων   ἁπάντων.   33 ζητεῖτε δὲ
necesitáis   estas cosas.   de todas   Mas buscad

πρῶτον   τὴν   βασιλείαν   καὶ   τὴν   δικαιοσύνην
primero   el   reino   y   la   justicia

αὐτοῦ,   καὶ   ταῦτα   πάντα   προστεθήσεται
de él,   y   estas cosas   todas   serán añadidas

ὑμῖν.   34 μὴ   οὖν   μεριμνήσητε   εἰς   τὴν
a vosotros.   Por tanto, no   estéis ansiosos   [2]por   el
(os)

αὔριον,   ἡ   γὰρ   αὔριον   μεριμνήσει
mañana,   porque el   mañana   [3]se preocupará

ἑαυτῆς·   ἀρκετὸν   τῇ   ἡμέρᾳ   ἡ   κακία   αὐτῆς.
de sí mismo;   (es) suficiente para el   día   [4]el   mal   de él.

7 Μὴ   κρίνετε,   ἵνα   μὴ   κριθῆτε·   2 ἐν   ᾧ
No   juzguéis,   para que   no   seáis juzgados;   porque con el

γὰρ   κρίματι   κρίνετε   κριθήσεσθε,   καὶ
juicio   con que juzgáis   seréis juzgados,   y

ἐν   ᾧ   μέτρῳ   μετρεῖτε   μετρηθήσεται   ὑμῖν.
con   la   medida   con que medís,   será medido   os.

3 τί   δὲ   βλέπεις   τὸ   κάρφος   τὸ   ἐν
¿Y por qué   miras   la   brizna   la que (está) en

τῷ   ὀφθαλμῷ   τοῦ   ἀδελφοῦ   σου,   τὴν
el   ojo   del   hermano   de ti,   y la

δὲ   ἐν   τῷ   σῷ   ὀφθαλμῷ   δοκὸν   οὐ   κατα-
(que está) en el   tuyo   ojo   viga   no   consi-

νοεῖς;   4 ἢ   πῶς   ἐρεῖς   τῷ   ἀδελφῷ   σου·
deras?   ¿O   cómo   dirás   al   hermano   de ti:

ἄφες   ἐκβάλω   τὸ κάρφος ἐκ τοῦ ὀφθαλμοῦ
Deja   que extraiga   la   brizna   del   ojo

σου,   καὶ   ἰδοὺ   ἡ   δοκὸς   ἐν   τῷ   ὀφθαλμῷ
de ti,   y   ¡mira!   la   viga   en   el   ojo

σου;   5 ὑποκριτά,   ἔκβαλε   πρῶτον   ἐκ   τοῦ
de ti?   ¡Hipócrita!   Extrae   primero   del

ὀφθαλμοῦ   σου   τὴν   δοκόν,   καὶ   τότε
ojo   de ti   la   viga,   y   entonces

[1]
31. NOS VESTIREMOS? Lit.
nos cubriremos?
[2]
34. POR. La preposición
griega indica dirección o
propósito.
[3]
34. SE PREOCUPARÁ. Chocante personificación del mañana.
[4]
34. EL MAL. Es decir, *cada
día tiene sus problemas;* angustiarse por el mañana es
como duplicar la ansiedad.

διαβλέψεις   ἐκβαλεῖν   τὸ   κάρφος   ἐκ
verás claramente para extraer la   brizna   del

τοῦ   ὀφθαλμοῦ   τοῦ   ἀδελφοῦ   σου.   6 Μὴ
        ojo   del   hermano   de ti.   No

δῶτε   τὸ   ἅγιον   τοῖς   κυσίν,   μηδὲ   βάλητε
deis   lo   1santo   a los 2perros,   ni   echéis

τοὺς   μαργαρίτας   ὑμῶν   ἔμπροσθεν   τῶν
las   perlas   de vosotros   delante   de los

χοίρων,   μήποτε   καταπατήσουσιν   αὐτοὺς
3cerdos,   no sea que   pisoteen   las

ἐν   τοῖς   ποσὶν   αὐτῶν   καὶ   στραφέντες
con   los   pies   de ellos   y   volviéndose

ῥήξωσιν   ὑμᾶς.   7 Αἰτεῖτε,   καὶ   δοθήσεται
despedacen   os.   4Pedid,   y   será dado

ὑμῖν·   ζητεῖτε,   καὶ   εὑρήσετε·   κρούετε,
os;   buscad;   y   hallaréis;   llamad a la puerta,

καὶ   ἀνοιγήσεται   ὑμῖν.   8 πᾶς   γὰρ   ὁ   αἰτῶν
y.   será abierto   os.   Porque todo el que pide,

λαμβάνει,   καὶ   ὁ   ζητῶν   εὑρίσκει,   καὶ
recibe,   y   el que busca,   encuentra,   y

τῷ   κρούοντι   ἀνοιγήσεται.   9 ἢ   τίς   ἐστιν
al que llama a la puerta, (le) será abierto.   ¿O   qué   hay

ἐξ   ὑμῶν   ἄνθρωπος,   ὃν   αἰτήσει   ὁ   υἱὸς
de   vosotros   hombre,   al que   pedirá   el   hijo

αὐτοῦ   ἄρτον,   μὴ   λίθον   ἐπιδώσει   αὐτῷ;
de él   un pan, acaso   una piedra   dará   le?

10 ἢ   καὶ   ἰχθὺν   αἰτήσει,   μὴ   ὄφιν   ἐπιδώσει
   O (si) también un pez   pedirá,   ¿acaso una serpiente   dará

αὐτῷ;   11 εἰ   οὖν   ὑμεῖς   πονηροὶ   ὄντες
le?'   Si,   pues,   vosotros   malvados   siendo

οἴδατε· δόματα   ἀγαθὰ   διδόναι   τοῖς   τέκνοις
sabéis   regalos   buenos   dar   a los   hijos
          (dádivas)

ὑμῶν,   πόσῳ   μᾶλλον   ὁ   πατὴρ   ὑμῶν   ὁ
de vosotros, ¡cuánto   más   el   Padre   de vosotros   el

ἐν   τοῖς   οὐρανοῖς   δώσει   ἀγαθὰ   τοῖς
(que está) en los cielos   dará   cosas buenas   a los

αἰτοῦσιν   αὐτόν.   12 Πάντα   οὖν   ὅσα   ἐὰν
que piden   le!   Así que todo   cuanto

θέλητε   ἵνα   ποιῶσιν   ὑμῖν   οἱ   ἄνθρωποι,
queráis   que   hagan   os   los   hombres,

οὕτως   καὶ   ὑμεῖς   ποιεῖτε   αὐτοῖς·   οὗτος
así   también vosotros   5haced   les;   porque ésta

γάρ   ἐστιν   ὁ   νόμος   καὶ   οἱ   προφῆται.
es   la   ley   y   los   profetas.

13 Εἰσέλθατε   διὰ   τῆς   στενῆς   πύλης·
   Entrad   por   la   estrecha   puerta;
                (a través de)

ὅτι   πλατεῖα   [ἡ   πύλη]   καὶ   εὐρύχωρος
pues   ancha   (es) la   puerta   y   espacioso

1
6. SANTO. Lo que es *sagra-do* (aquí: las profundidades del evangelio).
2
6. PERROS. El griego significa los perros callejeros, en busca de basura inmunda (V. Ap. 22:15), no los perrillos caseros (V. Mt. 15: 26, 27).
3
6. CERDOS. Perros y cerdos eran animales inmundos. Son metáforas indicadoras de personas impermeables a la invitación del evangelio.
4
7. PEDID... BUSCAD... LLAMAD. Tanto los imperativos de este vers., como los participios del vers. siguiente, están en presente, lo que indica acción continua.
5
12. HACED. El verbo está en presente continuativo.

ἡ ὁδὸς ἡ ἀπάγουσα εἰς τὴν ἀπώλειαν,
el camino — 1que conduce a la destrucción,

καὶ πολλοί εἰσιν οἱ εἰσερχόμενοι δι'
y muchos son los que están entrando por
(a través de)

αὐτῆς· 14 ὅτι στενὴ ἡ πύλη καὶ ˙τεθλιμ-
él; pues 2estrecha (es) la puerta y angosto

μένη ἡ ὁδὸς ἡ ἀπάγουσα εἰς τὴν ζωήν,
el camino — 1que conduce a la vida,

καὶ ὀλίγοι εἰσὶν οἱ εὑρίσκοντες αὐτήν.
y pocos son los que están encontrando lo.

15 Προσέχετε ἀπὸ τῶν ψευδοπροφητῶν,
Guardaos de los falsos profetas,

οἵτινες ἔρχονται πρὸς ὑμᾶς ἐν ἐνδύμασι
los cuales vienen hasta vosotros con ropa

προβάτων, ἔσωθεν δέ εἰσιν λύκοι ἅρπαγες.
de ovejas, mas por dentro son lobos rapaces.

16 ἀπὸ τῶν καρπῶν αὐτῶν ἐπιγνώσεσθε
Por los frutos de ellos reconoceréis

αὐτούς. μήτι συλλέγουσιν ἀπὸ ἀκανθῶν σταφυλὰς
los. ¿Acaso recogen de (los) espinos racimos de uva,

ἢ ἀπὸ τριβόλων σῦκα; 17 οὕτως πᾶν
o de (los) abrojos higos? Así, todo

δένδρον ἀγαθὸν καρποὺς καλοὺς ποιεῖ,
árbol bueno frutos de buena calidad produce,

τὸ δὲ σαπρὸν δένδρον καρποὺς πονηροὺς
mas el echado a perder árbol frutos malos

ποιεῖ. 18 οὐ δύναται δένδρον ἀγαθὸν
produce. No puede un árbol bueno

καρποὺς πονηροὺς ἐνεγκεῖν, οὐδὲ δένδρον
frutos malos llevar, ni un árbol

σαπρὸν καρποὺς καλοὺς ἐνεγκεῖν. 19 πᾶν
dañado frutos de buena calidad llevar. Todo

δένδρον μὴ ποιοῦν καρπὸν καλὸν ἐκκόπτεται
árbol que no produce fruto de buena calidad es cortado

καὶ εἰς πῦρ βάλλεται. 20 ἄρα γε ἀπὸ
y al fuego es echado. Por consiguiente, 3por

τῶν καρπῶν αὐτῶν ἐπιγνώσεσθε αὐτούς.
los frutos de ellos reconoceréis los.

21 Οὐ πᾶς ὁ λέγων μοι κύριε κύριε,
No todo el que 4dice me: ¡Señor, Señor!

εἰσελεύσεται εἰς τὴν βασιλείαν τῶν οὐρανῶν,
entrará en el reino de los cielos,

ἀλλ' ὁ ποιῶν τὸ θέλημα τοῦ πατρός
sino el que hace 5la voluntad del Padre

μου, τοῦ ἐν τοῖς οὐρανοῖς. 22 πολλοὶ
de mí, el (que está) en los cielos. Muchos

ἐροῦσίν μοι ἐν ἐκείνῃ τῇ ἡμέρᾳ· κύριε
dirán me 6en aquel día: ¡Señor,

1
13 y 14. QUE CONDUCE. La preposición componente denota un distanciamiento.
2
14. ESTRECHA... ANGOSTO... No se trata del número de los que se salvan, sino de la necesidad de encontrarla, pues el hombre natural no la percibe.
3
20. POR... La preposición indica aquí una inferencia: a base de los frutos se reconoce la calidad del árbol.
4
21. DICE. Es un presente continuativo.
5
21. LA VOLUNTAD DEL PADRE. Es decir, lo que el Padre quiere. (V. Ro. 12:2.)
6
22. EN AQUEL DÍA. El día del juicio de 25:31-46.

κύριε, οὐ τῷ σῷ ὀνόματι ἐπροφητεύσαμεν,
Señor!,   ¿no —   en tu   nombre   profetizamos,

καὶ τῷ σῷ ὀνόματι δαιμόνια ἐξεβάλομεν,
y   —   en tu   nombre   demonios   expulsamos,

καὶ τῷ σῷ ὀνόματι δυνάμεις πολλὰς
y   —   en tu   nombre   obras poderosas   muchas
                     (milagros)

ἐποιήσαμεν;   23 καὶ   τότε   ὁμολογήσω
hicimos?   Y   entonces   [1]declararé

αὐτοῖς ὅτι οὐδέποτε ἔγνων ὑμᾶς· ἀπο-
les: —   Nunca   [2]conocí   os;   mar-

χωρεῖτε ἀπ᾽ ἐμοῦ οἱ ἐργαζόμενοι τὴν
chaos lejos   de   mí   (los)   [3]obradores   de la

ἀνομίαν.
iniquidad.

24 Πᾶς οὖν ὅστις ἀκούει μου τοὺς
Por tanto, todo   el que   [4]oye   de mí   las
                        (me)

λόγους τούτους καὶ ποιεῖ αὐτούς,
palabras   estas   y   [4]hace   las,

ὁμοιωθήσεται ἀνδρὶ φρονίμῳ, ὅστις ᾠκοδό-
será comparado   a un varón   prudente,   el cual   edi-

μησεν αὐτοῦ τὴν οἰκίαν ἐπὶ τὴν πέτραν.
ficó   de él   la   casa   sobre   la   roca.

25 καὶ κατέβη ἡ βροχὴ καὶ ἦλθον οἱ
   Y   bajó   la   lluvia   y   vinieron   los

ποταμοὶ καὶ ἔπνευσαν οἱ ἄνεμοι καὶ
ríos   y   soplaron   los   vientos   y
(torrentes)

προσέπεσαν τῇ οἰκίᾳ ἐκείνῃ, καὶ οὐκ
golpearon contra   la   casa   aquella,   y   no

ἔπεσεν· τεθεμελίωτο γὰρ ἐπὶ τὴν
cayó;   porque había sido fundada   sobre   la

πέτραν.   26 καὶ πᾶς ὁ ἀκούων μου
roca.   Y   todo   el que   escucha   me

τοὺς λόγους τούτους καὶ μὴ ποιῶν
las   palabras   estas   y   no   haciendo

αὐτοὺς ὁμοιωθήσεται ἀνδρὶ μωρῷ, ὅστις
las,   será comparado   a un varón   insensato,   el cual

ᾠκοδόμησεν αὐτοῦ τὴν οἰκίαν ἐπὶ τὴν
edificó   de él   la   casa   sobre   la

ἄμμον.   27 καὶ κατέβη ἡ βροχὴ καὶ
arena.   Y   bajó   la   lluvia   y

ἦλθον οἱ ποταμοὶ καὶ ἔπνευσαν οἱ
vinieron   los   ríos   y   soplaron   los
              (torrentes)

ἄνεμοι καὶ προσέκοψαν τῇ οἰκίᾳ ἐκείνῃ
vientos   y   [5]golpearon contra   la   casa   aquella,

καὶ ἔπεσεν, καὶ ἦν ἡ πτῶσις αὐτῆς
y   cayó,   y   era   la   caída   de ella
           (fue)

μεγάλη.
grande.

---

[1] 23. DECLARARÉ. Lit. *profesaré.*

[2] 23. CONOCÍ. No se trata de conocimiento mental, sino de comunión experimental.

[3] 23. OBRADORES DE LA. Lit. *que estáis obrando.*

[4] 24. OYE... HACE... Los verbos indican una continuidad. *Hace:* Es decir, *las pone por obra.*

[5] 27. GOLPEARON CONTRA... A pesar de que lo traducimos como en el vers. 25, el verbo griego no es el mismo; aquí, la embestida prevalece (V. *proskopé* = "causa de caída"), pero en el vers. 25, la embestida fracasa.

28 Καὶ   ἐγένετο   ὅτε   ἐτέλεσεν   ὁ   Ἰησοῦς
Y   sucedió   ¹cuando   acabó   —   Jesús

τοὺς   λόγους   τούτους,   ἐξεπλήσσοντο   οἱ
las   palabras   estas,   se quedaban atónitas   las

ὄχλοι   ἐπὶ   τῇ   διδαχῇ   αὐτοῦ·   **29** ἦν   γὰρ
turbas   sobre   la   doctrina   de él;   porque estaba
                    (de)

διδάσκων   αὐτοὺς   ὡς   ἐξουσίαν   ἔχων,   καὶ
enseñando   les   como   autoridad   el que tiene,   y

οὐχ   ὡς   οἱ   γραμματεῖς   αὐτῶν.
no   como   los   escribas   de ellos.

8 Καταβάντος   δὲ   αὐτοῦ   ἀπὸ   τοῦ   ὄρους
Y después de bajar   él   del   monte,

ἠκολούθησαν   αὐτῷ   ὄχλοι   πολλοί.   **2** καὶ
siguieron   le   turbas   muchas   Y
                    (numerosas).

ἰδοὺ   λεπρὸς   προσελθὼν   προσεκύνει   αὐτῷ
he ahí   un leproso,   acercándose,   se prosternaba   ante él
que   (habiéndose acercado),

λέγων·   κύριε,   ἐὰν   θέλῃς,   δύνασαί   με
diciendo: Señor,   si   quieres,   puedes   me

καθαρίσαι.   **3** καὶ   ἐκτείνας   τὴν   χεῖρα
limpiar.   Y   extendiendo   la   mano
                    (habiendo extendido)

ἥψατο   αὐτοῦ   λέγων·   θέλω,   καθαρίσθητι.
tocó   le   diciendo: Quiero;   sé limpiado.

καὶ   εὐθέως   ἐκαθαρίσθη   αὐτοῦ   ἡ   λέπρα.
Y   al instante   fue limpiada   de él   la   lepra.

4 καὶ   λέγει   αὐτῷ   ὁ   Ἰησοῦς·   ὅρα   μηδενὶ
Y   dice   le   —   Jesús: Mira,   ²a nadie

εἴπῃς,   ἀλλὰ   ὕπαγε   σεαυτὸν   δεῖξον   τῷ
(lo) digas,   sino   ve,   a ti mismo   muestra   al

ἱερεῖ   καὶ   προσένεγκον   τὸ   δῶρον   ὃ
sacerdote   y   presenta   la   ofrenda   que

προσέταξεν   Μωϋσῆς,   εἰς   μαρτύριον   αὐτοῖς.
ordenó   Moisés,   ³para   testimonio   a ellos.

5 Εἰσελθόντος   δὲ   αὐτοῦ   εἰς   Καφαρναοὺμ
Y después de entrar   él   en   Capernaúm,

προσῆλθεν   αὐτῷ   ἑκατόνταρχος   παρακαλῶν
se acercó   a él   un centurión   rogando

αὐτὸν   **6** καὶ   λέγων·   κύριε,   ὁ   παῖς   μου
le   y   diciendo: Señor,   el   siervo   de mí

βέβληται   ἐν   τῇ   οἰκίᾳ   παραλυτικός,
está ⁴postrado   en   la   casa   paralítico,

δεινῶς   βασανιζόμενος.   **7** λέγει   αὐτῷ·
gravemente   siendo atormentado.   Dice   le:

ἐγὼ   ἐλθὼν   θεραπεύσω   αὐτόν.   **8** ἀποκριθεὶς
Yo,   tras ir,   curaré   le.   Mas respondiendo
                    (Habiendo respondido)

1
28. CUANDO ACABÓ. Nótese la finísima observación de Mateo: *Sólo cuando Jesús acabó de hablar, se relajó la tensión de los oyentes y sobrevino el asombro intenso* (de ahí el pretérito imperfecto) *de los presentes.*
2
4. A NADIE LO DIGAS. Por los inconvenientes que la divulgación del hecho podía causar al ministerio de Jesús. (V. Mr. 1:45.)
3
4. PARA TESTIMONIO. Al declarar legalmente limpio al leproso, los sacerdotes quedaban sin excusa respecto al Mesías.
4
6. POSTRADO. Lit. *arrojado, derribado.*

δὲ ὁ ἐκατόνταρχος ἔφη· κύριε, οὐκ εἰμὶ
el   centurión,   dijo: Señor,   no soy

ἱκανὸς ἵνα μου ὑπὸ τὴν στέγην εἰσέλθῃς·
apto para de mí bajo el techo entres;
que

ἀλλὰ μόνον εἰπὲ λόγῳ, καὶ ἰαθήσεται ὁ παῖς
pero sólo di(lo) de palabra, y será sanado el siervo

μου. 9 καὶ γὰρ ἐγὼ ἄνθρωπός εἰμι
de mí. Porque también yo un hombre soy

ὑπὸ ἐξουσίαν, ἔχων ὑπ᾽ ἐμαυτὸν στρατιώτας,
bajo autoridad, teniendo bajo mí mismo soldados,

καὶ λέγω τούτῳ· πορεύθητι, καὶ πορεύεται,
y digo a éste: ¡Marcha!, y va,

καὶ ἄλλῳ· ἔρχου, καὶ ἔρχεται, καὶ τῷ
y a otro: ¡Ven!, y viene, y al

δούλῳ μου· ποίησον τοῦτο, καὶ ποιεῖ.
esclavo de mí: Haz esto, y (lo) hace.

10 ἀκούσας δὲ ὁ Ἰησοῦς ἐθαύμασεν
Y oyendo (esto) — Jesús, [1]se admiró
(habiendo oído)

καὶ εἶπεν τοῖς ἀκολουθοῦσιν· ἀμὴν λέγω
y dijo a los que seguían(le): De cierto digo

ὑμῖν, παρ᾽ οὐδενὶ τοσαύτην πίστιν ἐν τῷ
os, en nadie tan grande fe en —

Ἰσραὴλ εὗρον. 11 λέγω δὲ ὑμῖν ὅτι
Israel hallé. Y digo os que

πολλοὶ ἀπὸ ἀνατολῶν καὶ δυσμῶν ἥξουσιν
muchos de(l) oriente y de(l) occidente vendrán

καὶ ἀνακλιθήσονται μετὰ Ἀβραάμ καὶ
y [2]se reclinarán a la mesa con Abraham e

Ἰσαὰκ καὶ Ἰακὼβ ἐν τῇ βασιλείᾳ τῶν
Isaac y Jacob en el reino de los

οὐρανῶν· 12 οἱ δὲ υἱοὶ τῆς βασιλείας
cielos; mas los [3]hijos del reino

ἐκβληθήσονται εἰς τὸ σκότος τὸ ἐξώτερον·
serán expulsados a la oscuridad — de afuera;

ἐκεῖ ἔσται ὁ κλαυθμὸς καὶ ὁ βρυγμὸς
allí será el llanto y el rechinar

τῶν ὀδόντων. 13 καὶ εἶπεν ὁ Ἰησοῦς τῷ
de los dientes. Y dijo — Jesús al

ἑκατοντάρχῃ· ὕπαγε, ὡς ἐπίστευσας γενη-
centurión: Ve, como creíste, sea

θήτω σοι. καὶ ἰάθη ὁ παῖς ἐν τῇ
hecho te. Y fue sanado el siervo en la

ὥρᾳ ἐκείνῃ.
hora aquella.

14 Καὶ ἐλθὼν ὁ Ἰησοῦς εἰς τὴν οἰκίαν
Y viniendo — Jesús a la casa
(venido)

Πέτρου εἶδεν τὴν πενθερὰν αὐτοῦ βεβλη-
de Pedro, vio a la [4]suegra de él que había

1
10. SE ADMIRÓ. Es una prueba de que Jesús era verdadero hombre.
2
11. SE RECLINARÁN... Con
esto, anuncia Jesús la futu-
ra participación de los gentiles en el reino. (V. Lc. 14:
15-24.)
3
12. HIJOS DEL REINO. Es decir, sus naturales herederos.
(V. Ro. 11:21, 24.)
4
14. SUEGRA. Los apóstoles
no eran célibes. (V. 1 Co.
9:5.)

μένην   καὶ   πυρέσσουσαν·   **15** καὶ   ἥψατο
sido acostada y   que tenía fiebre;   y   tocó

τῆς   χειρὸς   αὐτῆς,   καὶ   ἀφῆκεν   αὐτὴν   ὁ
la   mano   de ella,   y   dejó   a ella   la

πυρετός·   καὶ   ἠγέρθη,   καὶ   διηκόνει   αὐτῷ.
fiebre;   y   [1]se levantó,   y   [2]se puso a servir   a él.

16 Ὀψίας   δὲ   γενομένης   προσήνεγκαν
Y la tarde   llegada   trajeron

αὐτῷ   δαιμονιζομένους   πολλούς·   καὶ   ἐξέβαλεν
le   endemoniados   muchos;   y   expulsó

τὰ   πνεύματα   λόγῳ,   καὶ   πάντας   τοὺς
los   espíritus   con (su) palabra,   y   a todos   los

κακῶς   ἔχοντας   ἐθεράπευσεν·   **17** ὅπως
mal   que tenían   sanó;   para que así
(que estaban enfermos)

πληρωθῇ   τὸ   ῥηθὲν   διὰ   Ἡσαΐου   τοῦ
fuese cumplido   lo   dicho   por medio de   Isaías   el

προφήτου   λέγοντος·   αὐτὸς   τὰς   ἀσθενείας
profeta   cuando dice: Él   [3]las   debilidades

ἡμῶν   ἔλαβεν   καὶ   τὰς   νόσους   ἐβάστασεν.
de nosotros tomó   y   las   enfermedades   llevó.

18 Ἰδὼν   δὲ   ὁ   Ἰησοῦς   ὄχλον   περὶ
Y viendo   —   Jesús   una multitud en torno

αὐτὸν   ἐκέλευσεν   ἀπελθεῖν   εἰς   τὸ   πέραν.
de él,   mandó   pasar   a   la orilla opuesta.

19 Καὶ   προσελθὼν   εἷς   γραμματεὺς   εἶπεν
Y   acercándose   un   escriba,   dijo
(habiéndose acercado)

αὐτῷ·   διδάσκαλε,   ἀκολουθήσω   σοι
le: Maestro,   seguiré   te

ὅπου   ἐὰν   ἀπέρχῃ.   **20** καὶ   λέγει   αὐτῷ
adondequiera   que vayas.   Y   dice   le

ὁ   Ἰησοῦς·   αἱ   ἀλώπεκες   φωλεοὺς   ἔχουσιν
—   Jesús: Los   zorros   madrigueras   tienen

καὶ   τὰ   πετεινὰ   τοῦ   οὐρανοῦ   κατα-
y   las   aves   del   cielo   nidos,
                  (aire)

σκηνώσεις,   ὁ   δὲ   υἱὸς   τοῦ   ἀνθρώπου
        mas el   Hijo   del   Hombre

οὐκ   ἔχει   ποῦ   τὴν   κεφαλὴν   κλίνῃ.
no   tiene   dónde   la   cabeza   recueste.

21 ἕτερος   δὲ   τῶν   μαθητῶν   εἶπεν
[4]Y otro   de los   discípulos   dijo

αὐτῷ·   κύριε,   ἐπίτρεψόν   μοι   πρῶτον
le: Señor,   permite   me   primero

ἀπελθεῖν   καὶ   θάψαι   τὸν   πατέρα   μου.
marchar   y   [5]enterrar   al   padre   de mí.

22 ὁ   δὲ   Ἰησοῦς   λέγει   αὐτῷ·   ἀκολούθει
Mas   Jesús   dice   le: Sigue

---

[1] 15. SE LEVANTÓ. Lit. *fue levantada.*

[2] 15. SE PUSO A SERVIR. Lit. *servía.*

[3] 17. LAS DEBILIDADES. El texto de la versión LXX dice *los pecados,* cometiendo así un error. El Espíritu Santo guió a Mateo para que tradujese directamente del hebreo (cosa insólita), evitando así el error.

[4] 21. Y OTRO. El griego *héteros* significa "diferente", en contraste con *állos* = "otro de la misma especie o clase".

[5] 21. ENTERRAR. Significa, muy probablemente, *cuidar a mi anciano padre hasta que muera.*

μοι, καὶ ἄφες τοὺς νεκροὺς θάψαι τοὺς
me,   y   deja   ¹que los   muertos   entierren   a los

ἑαυτῶν νεκρούς.
de ellos mismos   muertos.

23 Καὶ ἐμβάντι αὐτῷ εἰς τὸ πλοῖον,
Y   después que   él   en   la   barca,
entró

ἠκολούθησαν αὐτῷ οἱ μαθηταὶ αὐτοῦ.
siguieron   le   los   discípulos   de él.

24 καὶ ἰδοὺ σεισμὸς μέγας ἐγένετο ἐν
Y   he aquí que una ²tormenta   grande   se levantó   en

τῇ θαλάσσῃ, ὥστε τὸ πλοῖον καλύπτ-
el   mar,   tanto que   la   barca   era cubierta

εσθαι ὑπὸ τῶν κυμάτων· αὐτὸς δὲ ἐκάθευδεν.
por   las   olas;   mas él   dormía.

25 καὶ προσελθόντες ἤγειραν αὐτὸν λέγοντες·
Y,   acercándose,   despertaron   le   dciendo:

κύριε, σῶσον, ἀπολλύμεθα. **26** καὶ λέγει
¡Señor, salva(nos),   estamos pereciendo!   Y   dice

αὐτοῖς· τί δειλοί ἐστε, ὀλιγόπιστοι;
les: ¿Por qué temerosos   estáis,   (hombres) de poca fe?

τότε ἐγερθεὶς ἐπετίμησεν τοῖς ἀνέμοις καὶ
Entonces, levantado,   reprendió   a los   vientos   y

τῇ θαλάσσῃ, καὶ ἐγένετο γαλήνη μεγάλη.
al   mar,   y   se hizo   una calma   grande.

27 οἱ δὲ ἄνθρωποι ἐθαύμασαν λέγοντες·
Y los   ³hombres   se admiraron,   diciendo:

ποταπός ἐστιν οὗτος, ὅτι καὶ οἱ ἄνεμοι
⁴¿De qué clase   es   éste,   que   hasta   los   vientos

καὶ ἡ θάλασσα αὐτῷ ὑπακούουσιν;
y   el   mar   le   obedecen?

28 Καὶ ἐλθόντος αὐτοῦ εἰς τὸ πέραν εἰς
Y   llegado   él   a   la   orilla   a
opuesta,

τὴν χώραν τῶν Γαδαρηνῶν ὑπήντησαν
la   región   de los   gadarenos,   salieron al encuentro

αὐτῷ δύο δαιμονιζόμενοι ἐκ τῶν μνημείων
de él·   dos   endemoniados   de   las   tumbas

ἐξερχόμενοι, χαλεποὶ λίαν, ὥστε μὴ
que salían,   feroces   sobremanera,   tanto   que no

ἰσχύειν τινὰ παρελθεῖν διὰ τῆς ὁδοῦ
podía   alguien   pasar   por   el   camino
(tenía fuerza)

ἐκείνης. **29** καὶ ἰδοὺ ἔκραξαν λέγοντες·
aquel.   Y   he ahí que   gritaron   diciendo:

τί ἡμῖν καὶ σοί, υἱὲ τοῦ θεοῦ; ἦλθες
⁵¿Qué a nosotros y   a ti,   hijo —   de Dios?   ¿Viniste

ὧδε πρὸ καιροῦ βασανίσαι ἡμᾶς; **30** ἦν
acá   ⁶antes   de tiempo   para atormentar   nos?   Y estaba

1
22. QUE LOS MUERTOS... Es decir, *que los muertos, espiritualmente, cumplan con los físicamente difuntos.*

2
24. TORMENTA. Lit. *agitación* (y, por eso, también, terremoto o sismo = seísmo).

3
27. HOMBRES. Quizá, *para incluir a otros que iban con los apóstoles.*

4
27. ¿DE QUÉ CLASE...? Lit. *¿De qué lugar...?* (tan extraordinario —comp. 1 Jn. 3:1).

5
29. QUÉ A NOSOTROS Y A TI...? Es decir, *¿Qué tienes tú que ver con nosotros?* (Comp. Jn. 2:4: *¿Qué a mí y a ti?*)

6
29. ANTES DE TIEMPO. Lit. *antes de sazón.* (V. Ap. 12: 12.)

δὲ   μακρὰν   ἀπ'   αὐτῶν   ἀγέλη   χοίρων
lejos   de   ellos   una piara   de cerdos

πολλῶν   βοσκομένη.   **31** οἱ   δὲ   δαίμονες
muchos   siendo apacentados.   Y los   demonios

παρεκάλουν   αὐτὸν   λέγοντες·   εἰ   ἐκβάλλεις
rogaban   le   diciendo: Si   arrojas fuera

ἡμᾶς,   ἀπόστειλον   ἡμᾶς   εἰς   τὴν   ἀγέλην
nos,   ¹envía   nos   a   la   piara

τῶν   χοίρων.   **32** καὶ   εἶπεν   αὐτοῖς·
de los   cerdos.   Y   dijo   les:

ὑπάγετε.   οἱ   δὲ   ἐξελθόντες   ἀπῆλθον   εἰς
²Id.   Y ellos   saliendo   se fueron   a
   (salidos)

τοὺς   χοίρους·   καὶ   ἰδοὺ   ὥρμησεν   πᾶσα   ἡ
los   cerdos;   y   he aquí que se precipitó   toda   la

ἀγέλη   κατὰ   τοῦ   κρημνοῦ   εἰς   τὴν   θάλασσαν,
piara   por   el   barranco   al   mar,

καὶ   ἀπέθανον   ἐν   τοῖς   ὕδασιν.   **33** οἱ
y   perecieron   en   las   aguas.   Mas los

δὲ   βόσκοντες   ἔφυγον,   καὶ   ἀπελθόντες
que estaban apacentando   huyeron,   y   llegados

εἰς   τὴν   πόλιν   ἀπήγγειλαν   πάντα   καὶ
a   la   ciudad   contaron   todas las cosas   y

τὰ   τῶν   δαιμονιζομένων.   **34** καὶ   ἰδοὺ
lo   de los   endemoniados.   Y he ahí que

πᾶσα   ἡ   πόλις   ἐξῆλθεν   εἰς   ὑπάντησιν
toda   la   ciudad   salió.   a(l)   encuentro

τῷ   Ἰησοῦ,   καὶ   ἰδόντες   αὐτὸν   παρεκάλεσαν
de Jesús,   y   cuando vieron   le   (le) rogaron

ὅπως   μεταβῇ   ἀπὸ   τῶν   ὁρίων   αὐτῶν.
a fin de que se desplazase   de   las   fronteras   de ellos.

9 Καὶ   ἐμβὰς   εἰς   πλοῖον   διεπέρασεν,
Y   entrado   en   una barca,   pasó a la otra orilla

καὶ   ἦλθεν   εἰς   τὴν   ἰδίαν   πόλιν.   **2** Καὶ
y   vino   ³a   la   (su) propia   ciudad.   Y

ἰδοὺ   προσέφερον   αὐτῷ   παραλυτικὸν   ἐπὶ
he ahí que   traían hasta   él   un paralítico   sobre

κλίνης   βεβλημένον.   καὶ   ἰδὼν   ὁ   Ἰησοῦς
una camilla   acostado.   Y   cuando vio —   Jesús

τὴν   πίστιν   αὐτῶν   εἶπεν   τῷ   παραλυτικῷ
la   fe   de ellos,   dijo   af   paralítico:

θάρσει,   τέκνον,   ἀφίενταί   σου   αἱ   ἁμαρτίαι.
¡Ten ánimo,   hijo!   Son perdonados   de ti   los   pecados.

3 καὶ   ἰδού   τινες   τῶν   γραμματέων   εἶπαν
Y   he ahí que   algunos   de los   escribas   dijeron

ἐν   ἑαυτοῖς·   οὗτος   βλασφημεῖ.   **4** καὶ
entre   ellos mismos: Éste   está blasfemando.   Y

---

¹
31. ENVÍANOS... ¿Por qué a la piara? Mejor que al "abismo". (Comp. Lc. 8:31; Ap. 9:1; 20:3.)

²
32. ID. ¿Por qué permitió Jesús este perjuicio? No se olvide que cuidar cerdos era cosa inmunda para un judío. ¡Justo castigo!

³
1. A SU... CIUDAD. Es decir, a Capernaúm, donde residía entonces. (V. 4:13.)

εἰδὼς   ὁ   Ἰησοῦς   τὰς   ἐνθυμήσεις   αὐτῶν
sabiendo   —   Jesús   los   [1]pensamientos   de ellos,

εἶπεν·   ἱνατί   ἐνθυμεῖσθε   πονηρὰ   ἐν   ταῖς
dijo: [2]¿Con qué   estáis pensando   cosas malvadas   en   los
           objeto

καρδίαις   ὑμῶν;   5 τί   γάρ   ἐστιν   εὐκοπώ-
corazones   de vosotros?   Porque, ¿qué   es   más fácil,

τερον,   εἰπεῖν·   ἀφίενταί   σου   αἱ   ἁμαρτίαι,   ἢ
decir: Son perdonados   de ti   los   pecados,   o

εἰπεῖν·   ἔγειρε   καὶ   περιπάτει;   6 ἵνα   δὲ
decir: Levántate   y   anda?   Mas para que

εἰδῆτε   ὅτι   ἐξουσίαν   ἔχει   ὁ   υἱὸς   τοῦ
sepáis   que   autoridad   tiene   el   Hijo   del

ἀνθρώπου   ἐπὶ   τῆς   γῆς   ἀφιέναι   ἁμαρτίας
Hombre   sobre   la   tierra   para perdonar   pecados

τότε   λέγει   τῷ   παραλυτικῷ·   ἔγειρε   ἆρόν
(entonces   dice   al   paralítico):   Levántate,   toma

σου   τὴν   κλίνην   καὶ   ὕπαγε   εἰς   τὸν   οἶκόν
de ti   la   camilla   y   vete   a   la   casa

σου.   7 καὶ   ἐγερθεὶς   ἀπῆλθεν   εἰς   τὸν
de ti.   Y habiendo sido levantado, marchó   a   la

οἶκον   αὐτοῦ.   8 ἰδόντες   δὲ   οἱ   ὄχλοι
casa   de él.   Y al ver(lo)   las   turbas,

ἐφοβήθησαν   καὶ   ἐδόξασαν   τὸν   θεὸν   τὸν
[3]temieron   y   glorificaron   —   a Dios   el

δόντα   ἐξουσίαν   τοιαύτην   τοῖς   ἀνθρώποις.
que dio   autoridad   tal   a los   hombres.

9 Καὶ   παράγων   ὁ   Ἰησοῦς   ἐκεῖθεν   εἶδεν
Y   cuando pasaba   —   Jesús   de allí,   vio

ἄνθρωπον   καθήμενον   ἐπὶ   τὸ   τελώνιον,
a un hombre   sentado   en   la   oficina de pago
           de tributos,

Μαθθαῖον   λεγόμενον,   καὶ   λέγει   αὐτῷ·
[4]Mateo   llamado,   y   dice   le:

ἀκολούθει   μοι.   καὶ   ἀναστὰς   ἠκολούθησεν
Sigue   me.   Y   levantándose   siguió
         (levantado)

αὐτῷ.   10 Καὶ   ἐγένετο   αὐτοῦ   ἀνακει-
le.   Y   sucedió que   él,   estando
         reclinado

μένου   ἐν   τῇ   οἰκίᾳ,   καὶ   ἰδοὺ   πολλοὶ
a la mesa   en   la   casa,   — he aquí que   muchos

τελῶναι   καὶ   ἁμαρτωλοὶ   ἐλθόντες   συνανέκειντο
cobradores   y   pecadores,   venidos,   estaban reclinados
de impuestos   a la mesa, con

τῷ   Ἰησοῦ   καὶ   τοῖς   μαθηταῖς   αὐτοῦ.
—   Jesús   y   los   discípulos   de él.

11 καὶ   ἰδόντες   οἱ   Φαρισαῖοι   ἔλεγον   τοῖς
Y   al ver(lo)   los   fariseos,   decían   a los

μαθηταῖς   αὐτοῦ·   διὰ   τί   μετὰ   τῶν   τελωνῶν
discípulos   de él: ¿Por qué   con   los   cobradores
         de impuestos

καὶ   ἁμαρτωλῶν   ἐσθίει   ὁ   διδάσκαλος   ὑμῶν;
y   pecadores   come   el   Maestro   de vosotros?

---

[1]
4. PENSAMIENTOS. Tanto este nombre como el verbo siguiente (de la mima raíz) indican algo recóndito.

[2]
4. ¿CON QUÉ OBJETO...? O ¿a qué fin...?

[3]
8. TEMIERON. El temor bíblico no es miedo, sino respeto.

[4]
9. MATEO. Capernaúm era puesto aduanero, donde se exigían impuestos muy vejatorios. Mateo-Leví sería así un publicano de los peores. ¡Y lo narra él mismo!

12 ὁ δὲ ἀκούσας εἶπεν· οὐ χρείαν
Mas él, al oírlo, dijo: No necesidad

ἔχουσιν οἱ ἰσχύοντες ἰατροῦ ἀλλ' οἱ
tienen los que están fuertes de médico, sino los

κακῶς ἔχοντες. **13** πορευθέντες δὲ μάθετε
mal que se encuentran. Mas, yendo, aprended

τί ἐστιν· ἔλεος θέλω καὶ οὐ θυσίαν· οὐ
qué es Misericordia quiero y no sacrificio; porque
(significa):

γὰρ ἦλθον καλέσαι δικαίους ἀλλὰ
no vine a llamar a justos sino

ἀμαρτωλούς.
[1]a pecadores.

14 Τότε προσέρχονται αὐτῷ οἱ μαθηταὶ
Entonces vienen hasta él los discípulos

'Ιωάννου λέγοντες· διὰ τί ἡμεῖς καὶ οἱ
de Juan, diciendo: ¿Por qué nosotros y los

Φαρισαῖοι νηστεύομεν, οἱ δὲ μαθηταί
fariseos ayunamos, mas los discípulos

σου οὐ νηστεύουσιν; **15** καὶ εἶπεν
de ti no ayunan? Y dijo

αὐτοῖς ὁ 'Ιησοῦς· μὴ δύνανται οἱ
les — Jesús: ¿Acaso pueden [2]los

υἱοὶ τοῦ νυμφῶνος πενθεῖν, ἐφ' ὅσον
hijos del tálamo nupcial estar de duelo durante el que
tiempo

μετ' αὐτῶν ἐστιν ὁ νυμφίος; ἐλεύσονται
con ellos está el novio? Mas vendrán

δὲ ἡμέραι ὅταν ἀπαρθῇ ἀπ' αὐτῶν ὁ
días cuando sea quitado de ellos el

νυμφίος, καὶ τότε νηστεύσουσιν. **16** οὐδεὶς
novio, y entonces ayunarán. Y nadie

δὲ ἐπιβάλλει ἐπίβλημα ῥάκους ἀγνάφου
sobrepone un remiendo de paño [3]nuevo

ἐπὶ ἱματίῳ παλαιῷ· αἴρει γὰρ τὸ
sobre un vestido viejo; porque tira el

πλήρωμα αὐτοῦ ἀπὸ τοῦ ἱματίου, καὶ
relleno de él del vestido, y

χεῖρον σχίσμα γίνεται. **17** οὐδὲ
peor un desgarrón se hace. Ni

βάλλουσιν οἶνον νέον εἰς ἀσκοὺς
echan un vino nuevo en odres

παλαιούς· εἰ δὲ μή γε, ῥήγνυνται
viejos; pues, de lo contrario, se revientan

οἱ ἀσκοί, καὶ ὁ οἶνος ἐκχεῖται καὶ
los odres, y el vino se derrama y

οἱ ἀσκοὶ ἀπόλλυνται. ἀλλὰ βάλλουσιν
los odres se echan a perder. Sino que echan

1
13. A PECADORES. (Comp.
Lc. 19:10; Jn. 9:41, etc.)
2
15. LOS HIJOS DEL TÁLAMO
NUPCIAL. Hebraísmo, para
indicar los asistentes del
novio.
3
16. NUEVO. Lit. *burdo, no
abatanado.*

οἶνον   νέον   εἰς   ἀσκοὺς   καινούς,   καὶ
un vino 1nuevo en   odres   nuevos   y
                                (recientes),

ἀμφότεροι   συντηροῦνται.
ambos   son preservados juntamente.

18 Ταῦτα   αὐτοῦ   λαλοῦντος   αὐτοῖς,
      Estas cosas   él   mientras hablaba   les

ἰδοὺ   ἄρχων   [εἰς]   προσελθὼν   προσ-
he ahí que 2un jefe   acercándose   se proster-

εκύνει   αὐτῷ   λέγων   ὅτι   ἡ   θυγάτηρ
naba ante   él   diciendo: —   La   hija

μου   ἄρτι   ἐτελεύτησεν·   ἀλλὰ   ἐλθὼν
de mí justamente ahora ha muerto;   pero,   venido,

ἐπίθες   τὴν   χεῖρά   σου   ἐπ'   αὐτήν,
impón   la   mano   de ti   sobre   ella,

καὶ   ζήσεται.   **19** καὶ   ἐγερθεὶς   ὁ   Ἰησοῦς
y   vivirá.   Y,   levantado   Jesús,

ἠκολούθει   αὐτῷ   καὶ   οἱ   μαθηταὶ   αὐτοῦ.
seguía   le   y   los   discípulos   de él.

20 Καὶ   ἰδοὺ   γυνὴ   αἱμορροοῦσα
      Y   he aquí que una mujer que padecía de un flujo de sangre

δώδεκα   ἔτη   προσελθοῦσα   ὄπισθεν   ἥψατο
doce   años,   acercándose   por detrás,   tocó

τοῦ   κρασπέδου   τοῦ   ἱματίου   αὐτοῦ·
el   borde   del   manto   de él.

21 ἔλεγεν   γὰρ   ἐν   ἑαυτῇ·   ἐὰν   μόνον
      porque decía   entre   sí misma: Si   sólo

ἅψωμαι   τοῦ   ἱματίου   αὐτοῦ,   σωθήσομαι.
toco   el   manto   de él,   seré sanada.

22 ὁ   δὲ   Ἰησοῦς   στραφεὶς   καὶ   ἰδὼν
      Mas   Jesús,   vuelto   y   viendo

αὐτὴν   εἶπεν·   θάρσει,   θύγατερ·   ἡ
a ella,   dijo: ¡Ten ánimo,   hija!   La

πίστις   σου   σέσωκέν   σε.   καὶ   ἐσώθη
fe   de ti   ha sanado   te.   Y   fue sanada

ἡ   γυνὴ   ἀπὸ   τῆς   ὥρας   ἐκείνης.   **23** Καὶ
la   mujer   desde   la   hora   aquella.   Y

ἐλθὼν   ὁ   Ἰησοῦς   εἰς   τὴν   οἰκίαν   τοῦ   ἄρχοντος
llegado — Jesús   a   la   casa   del   principal

καὶ   ἰδὼν   τοὺς   αὐλητὰς   καὶ   τὸν   ὄχλον
y   al ver   a los   flautistas   y   a   la turba

θορυβούμενον   **24** ἔλεγεν·   ἀναχωρεῖτε·   οὐ
que hacía alboroto   decía: Marchaos;   porque

γὰρ   ἀπέθανεν   τὸ   κοράσιον   ἀλλὰ   καθεύδει.
no   murió   la   muchacha,   sino   que duerme.

καὶ   κατεγέλων   αὐτοῦ.   **25** ὅτε   δὲ
Y   se burlaban   de él.   Mas cuando

ἐξεβλήθη   ὁ   ὄχλος,   εἰσελθὼν   ἐκράτησεν
fue echada fuera la   turba,   entrado,   sujetó
                                              (tomó)

1
17. NUEVO... NUEVOS. El griego nos presenta dos vocablos distintos: el primero pone de relieve la "novedad"; el segundo, la de "recién fabricado".
2
18. UN JEFE. Un principal de la sinagoga.

τῆς χειρὸς αὐτῆς, καὶ ἠγέρθη τὸ κορα-
la   mano   de ella,   y ¹fue levantada la mucha-

σιον.   26 καὶ   ἐξῆλθεν   ἡ   φήμη   αὕτη
cha.   Y   salió   la   fama   esta
                         (se difundió)
εἰς ὅλην τὴν γῆν ἐκείνην.   27 Καὶ
a   toda   la   tierra   aquella.   Y
(por)
παράγοντι ἐκεῖθεν τῷ Ἰησοῦ ἠκολούθησαν
cuando pasaba de allí — Jesús,   (le) siguieron

δύο τυφλοὶ κράζοντες καὶ λέγοντες· ἐλέησον
dos ciegos ²gritando   y   diciendo: ¡Ten compasión

ἡμᾶς, υἱὸς Δαυίδ.   28 ἐλθόντι δὲ εἰς
de nosotros, ³hijo de David!   Y llegado   a

τὴν οἰκίαν προσῆλθον αὐτῷ οἱ τυφλοί,
la   casa,   vinieron   hasta él los ciegos,

καὶ λέγει αὐτοῖς ὁ Ἰησοῦς· πιστεύετε
y   dice   les   —   Jesús: ¿Creéis

ὅτι δύναμαι τοῦτο ποιῆσαι; λέγουσιν
que puedo   esto   hacer?   Dicen

αὐτῷ· ναί, κύριε.   29 τότε ἥψατο τῶν
le: Sí, Señor.   Entonces tocó   los

ὀφθαλμῶν αὐτῶν λέγων· κατὰ τὴν
ojos   de ellos, diciendo: Conforme a la

πίστιν ὑμῶν γενηθήτω ὑμῖν.   30 καὶ
fe   de vosotros, sea hecho a vosotros.   Y

ἠνεῴχθησαν αὐτῶν οἱ ὀφθαλμοί. καὶ
fueron abiertos de ellos los   ojos.   Y

ἐνεβριμήθη αὐτοῖς ὁ Ἰησοῦς λέγων·
advirtió severamente les — Jesús,   diciendo:

ὁρᾶτε μηδεὶς γινωσκέτω.   31 οἱ δὲ
Mirad que nadie (lo) conozca.   Mas ellos,

ἐξελθόντες διεφήμισαν αὐτὸν ἐν ὅλῃ
salidos, divulgaron (la fama de) a él en toda

τῇ γῇ ἐκείνῃ.   32 Αὐτῶν δὲ ἐξερχομένων,
la tierra aquella.   Y cuando ellos   salían,

ἰδοὺ προσήνεγκαν αὐτῷ κωφὸν δαι-
he ahí que trajeron hasta   él   un mudo ende-

μονιζόμενον.   33 καὶ ἐκβληθέντος τοῦ
moniado.   Y   echado fuera   el

δαιμονίου ἐλάλησεν ὁ κωφός. καὶ ἐθαύμασαν
demonio,   habló   el mudo.   Y se maravillaron

οἱ ὄχλοι λέγοντες· οὐδέποτε ἐφάνη οὕτως
las turbas, diciendo: Nunca apareció así
                                    (se vio tal cosa)
ἐν τῷ Ἰσραήλ.   34 οἱ δὲ Φαρισαῖοι
en — Israel.   Mas los   fariseos

---

¹
25. FUE LEVANTADA. Es decir, *resucitó*.

²
27. GRITANDO Y DICIENDO. Esto es, *diciendo a gritos*. El verbo "gritar" muestra la intensidad de su emoción.

³
27. ¡... HIJO DE DAVID! Es un título mesiánico. También puede verse el uso del nominativo en lugar del vocativo. (Comp. Jn. 20:28; He. 1:8, etc.)

ἔλεγον· ἐν τῷ ἄρχοντι τῶν δαιμονίων
decían: En el príncipe de los demonios
(Por)

ἐκβάλλει τὰ δαιμόνια.
echa fuera los demonios.

35 Καὶ περιῆγεν ὁ Ἰησοῦς τὰς
Y recorría — Jesús las

πόλεις πάσας καὶ τὰς κώμας, διδάσκων
ciudades todas y las aldeas, enseñando

ἐν ταῖς συναγωγαῖς αὐτῶν καὶ κηρύσσων
en las sinagogas de ellos y proclamando
(predicando)

τὸ εὐαγγέλιον τῆς βασιλείας καὶ θεραπεύων
el evangelio del reino y sanando

πᾶσαν νόσον καὶ πᾶσαν μαλακίαν.
toda enfermedad y toda dolencia.

36 Ἰδὼν δὲ τοὺς ὄχλους ἐσπλαγχνίσθη
Y al ver las turbas, ¹fue movido a compasión

περὶ αὐτῶν, ὅτι ἦσαν ἐσκυλμένοι καὶ
respecto de ellas, pues estaban ²extenuadas y

ἐρριμμένοι ὡσεὶ πρόβατα μὴ ἔχοντα
dispersadas como ovejas no teniendo
(que no tienen)

ποιμένα. **37** τότε λέγει τοῖς μαθηταῖς
pastor. Entonces dice a los discípulos

αὐτοῦ· ὁ μὲν θερισμὸς πολύς, οἱ δὲ
de él: Es cierto que la cosecha (es) mucha, mas los

ἐργάται ὀλίγοι· **38** δεήθητε οὖν τοῦ κυρίου
obreros pocos; orad pues, al Señor
(rogad),

τοῦ θερισμοῦ ὅπως ἐκβάλῃ
de la cosecha a fin de que saque fuera

ἐργάτας εἰς τὸν θερισμὸν αὐτοῦ. **10** Καὶ
obreros a la cosecha de él. Y

προσκαλεσάμενος τοὺς δώδεκα μαθητὰς
tras llamar hacia sí a los doce discípulos
(convocar)

αὐτοῦ ἔδωκεν αὐτοῖς ἐξουσίαν πνευμάτων
de él dio les autoridad sobre (los) espíritus

ἀκαθάρτων ὥστε ἐκβάλλειν αὐτά, καὶ
inmundos, de manera que echasen fuera los y

θεραπεύειν πᾶσαν νόσον καὶ πᾶσαν μαλα-
sanasen toda enfermedad y toda dolen-

κίαν. **2** Τῶν δὲ δώδεκα ἀποστόλων
cia. De los doce apóstoles

τὰ ὀνόματά ἐστιν ταῦτα· πρῶτος Σίμων
los nombres son éstos: primero Simón

ὁ λεγόμενος Πέτρος καὶ Ἀνδρέας ὁ
el llamado Pedro y Andrés el

ἀδελφὸς αὐτοῦ, καὶ Ἰάκωβος ὁ τοῦ
hermano de él, y Jacobo el (hijo) del

¹ 36. FUE MOVIDO A COMPA-SIÓN. Lit. *se le enternecie-ron las entrañas.*
² 36. EXTENUADAS. Lit. *explo-tadas* (nótese el parecido con "esquilmar").

Ζεβεδαίου   καὶ   Ἰωάννης   ὁ   ἀδελφὸς   αὐτοῦ,
Zebedeo   y   Juan   el   hermano   de él,

3 Φίλιππος   καὶ   Βαρθολομαῖος,   Θωμᾶς
Felipe   y   [1]Bartolomé,   Tomás

καὶ   Μαθθαῖος   ὁ   τελώνης,   Ἰάκωβος
y   Mateo   [2]el cobrador de impuestos,   Jacobo

ὁ   τοῦ   Ἀλφαίου   καὶ   Θαδδαῖος,   4 Σίμων
el (hijo) —   de Alfeo   y   Tadeo,   Simón

ὁ   Καναναῖος   καὶ   Ἰούδας   ὁ   Ἰσκαριώτης
el   [3]Celador   y   Judas   —   [4]Iscariote

ὁ   καὶ   παραδοὺς   αὐτόν.   5 Τούτους
el que (también)   entregó   le.   A estos

τοὺς   δώδεκα   ἀπέστειλεν   ὁ   Ἰησοῦς
—   doce   envió   —   Jesús

παραγγείλας   αὐτοῖς   λέγων·
encargando   les,   diciendo:

Εἰς   ὁδὸν   ἐθνῶν   μὴ   ἀπέλθητε,   καὶ
A   un camino   de gentiles   no   vayáis,   y

εἰς   πόλιν   Σαμαριτῶν   μὴ   εἰσέλθητε·
en   una ciudad   de samaritanos   no   entréis;

6 πορεύεσθε   δὲ   μᾶλλον   πρὸς   τὰ   πρόβατα
sino marchad   más bien   hasta   [5]las   ovejas

τὰ   ἀπολωλότα   οἴκου   Ἰσραήλ.   7 πορευ-
las   perdidas   de la casa   de Israel.   Y mientras

ὅμενοι   δὲ   κηρύσσετε   λέγοντες   ὅτι   ἤγγικεν
marcháis,   proclamad   diciendo: —   Se ha acercado
          (predicad)

ἡ   βασιλεία   τῶν   οὐρανῶν.   8 ἀσθενοῦντας
el   reino   de los   cielos.   A los que estén enfermos

θεραπεύετε,   νεκροὺς   ἐγείρετε,   λεπροὺς
sanad,   a (los) muertos   levantad   leprosos
                         (resucitad),

καθαρίζετε,   δαιμόνια   ἐκβάλλετε·   δωρεὰν
limpiad,   demonios   expulsad;   gratis

ἐλάβετε,   δωρεὰν   δότε.   9 Μὴ   κτήσησθε
recibisteis,   gratis   dad.   No   os proveáis

χρυσὸν   μηδὲ   ἄργυρον   μηδὲ   χαλκὸν   εἰς
de oro   ni   de plata   ni   de cobre   en

τὰς   ζώνας   ὑμων,   10 μὴ   πήραν   εἰς   ὁδὸν
los   cintos   de vosotros,   ni   de morral   para (el) camino

μηδὲ   δύο   χιτῶνας   μηδὲ   ὑποδήματα   μηδὲ
ni   de dos   túnicas   [6]ni   de calzado   ni

ῥάβδον·   ἄξιος   γὰρ   ὁ   ἐργάτης   τῆς
de bastón;   porque digno (es)   el   obrero   del

τροφῆς   αὐτοῦ.   11 εἰς   ἣν   δ'   ἂν   πόλιν
alimento   de él.   Y a cualquier   ciudad

ἢ   κώμην   εἰσέλθητε,   ἐξετάσατε   τίς   ἐν
o   aldea   que entréis,   inquirid   quién   en

αὐτῇ   ἄξιός   ἐστιν·   κἀκεῖ   μείνατε   ἕως   ἂν
ella   [7]digno   es;   y allí   permaneced   hasta   que

---

3. BARTOLOMÉ. *Bar* es "hijo" en arameo. Es, sin duda, el apellido patronímico de Natanael (el hijo de Tolomeo).

3. EL COBRADOR... Nótese que sólo Mateo hace esta observación, al presentar la lista de los apóstoles.

4. CELADOR. Es decir, *del partido nacionalista radical* (los "zelotas"). El griego *kananaios* viene de la raíz aramea *kanán* = "defender".

4. ISCARIOTE. Al parecer, nativo de Kerioth, una ciudad de Judea. (De ahí, *Ish* —hebreo para "varón"—, y *kerioth.*)

6. LAS OVEJAS... (V. 15:24.) El encargo de Jesús no se debía a prejuicios raciales (V. Jn. 4:7ss.), ni era perpetuo (V. Hch. 1:8); pero era el mensaje del reino (V. 3:2; 4:23; Mr. 1:15), del que sólo los judíos eran herederos naturales.

10. NI DE CALZADO. Se entiende: *de repuesto*. (V. en Lc. 22:33-36, el cambio de situación.)

11. DIGNO. Es decir, *bien dispuesto.*

ἐξέλθητε. **12** εἰσερχόμενοι δὲ εἰς τὴν
salgáis.   Y cuando estéis entrando   en   la

οἰκίαν ἀσπάσασθε αὐτήν· **13** καὶ ἐὰν μὲν
casa,   saludad   la;   y   si de   veras

ᾖ ἡ οἰκία ἀξία, ἐλθάτω ἡ εἰρήνη ὑμῶν
es la   casa   1digna,   venga   la   paz   de vosotros

ἐπ' αὐτήν· ἐὰν δὲ μὴ ᾖ ἀξία, ἡ εἰρήνη
sobre   ella;²   mas si   no es   1digna,   la   paz

ὑμῶν πρὸς ὑμᾶς ἐπιστραφήτω. **14** καὶ
de vosotros hasta   vosotros   retorne.   Y

ὃς ἂν μὴ δέξηται ὑμᾶς μηδὲ ἀκούσῃ
cualquiera que no   reciba   os   ni   oiga

τοὺς λόγους ὑμῶν, ἐξερχόμενοι ἔξω
las   palabras   de vosotros,   cuando estéis saliendo   fuera

τῆς οἰκίας ἢ τῆς πόλεως ἐκείνης ἐκτινά-
de la   casa   o   de la   ciudad   aquella,   sacu-

ξατε τὸν κονιορτὸν τῶν ποδῶν ὑμῶν.
did   el   polvo   de los   pies   de vosotros.

15 ἀμὴν λέγω ὑμῖν, ἀνεκτότερον ἔσται
De cierto   digo   os,   más tolerable   será

γῇ Σοδόμων καὶ Γομόρρων ἐν ἡμέρᾳ κρίσεως
para la tierra de Sodoma   y   de Gomorra   en   (el) día   del juicio

ἢ τῇ πόλει ἐκείνῃ. **16** Ἰδοὺ ἐγὼ
que   para la   ciudad   aquella.   He aquí que   yo

ἀποστέλλω ὑμᾶς ὡς πρόβατα ἐν μέσῳ
envío   os   como   ovejas   en   medio

λύκων· γίνεσθε οὖν φρόνιμοι ὡς οἱ
de lobos;   haceos,   pues,   2prudentes   como   las

ὄφεις καὶ ἀκέραιοι ὡς αἱ περιστεραί.
serpientes   y   sencillos   como   las   palomas.
              (inofensivos)

17 Προσέχετε δὲ ἀπὸ τῶν ἀνθρώπων·
Mas guardaos   de   los   hombres;

παραδώσουσιν γὰρ ὑμᾶς εἰς συνέδρια,
porque entregarán   os   a   (los) Consejos,

καὶ ἐν ταῖς συναγωγαῖς αὐτῶν μαστιγώ-
y   en   las   sinagogas   de ellos   azota-

σουσιν ὑμᾶς· **18** καὶ ἐπὶ ἡγεμόνας δὲ καὶ
rán   os;   Y aun   ante   gobernadores   y

βασιλεῖς ἀχθήσεσθε ἕνεκεν ἐμοῦ, εἰς
reyes   seréis conducidos   por causa   de mí,   para

μαρτύριον αὐτοῖς καὶ τοῖς ἔθνεσιν.
testimonio   a ellos   y   a los   gentiles.

19 ὅταν δὲ παραδῶσιν ὑμᾶς, μὴ μεριμνή-
Mas cuando   entreguen   os,   3no os preocu-

σητε πῶς ἢ τί λαλήσητε· δοθήσεται
péis   de cómo   o   qué   habéis de hablar;   porque será dado

γὰρ ὑμῖν ἐν ἐκείνῃ τῇ ὥρᾳ τί λαλήσητε·
·   os   en   aquella   —   hora   qué habéis de hablar;

1
13. DIGNA. (V. vers. 11.)
2
16. PRUDENTES. Es decir,
precavidos. El siervo de
Dios no debe exponerse sin
necesidad al peligro.
3
19. No os PREOCUPÉIS...
Atiéndase al contexto. Jesús no insinúa que hay que
subir al púlpito sin prepa-
rarse.

20 οὐ γὰρ ὑμεῖς ἐστε οἱ λαλοῦντες,
porque no vosotros sois los que estáis hablando,

ἀλλὰ τὸ πνεῦμα τοῦ πατρὸς ὑμῶν τὸ
sino el Espíritu del Padre de vosotros [1]el

λαλοῦν ἐν ὑμῖν. **21** παραδώσει δὲ
que habla en vosotros. Y entregará

ἀδελφὸς • ἀδελφὸν εἰς θάνατον καὶ πατὴρ
un hermano a (su) hermano a (la) muerte y un padre

τέκνον, καὶ ἐπαναστήσονται τέκνα ἐπὶ
a (su) hijo, y se levantarán (los) hijos contra

γονεῖς καὶ θανατώσουσιν αὐτούς. **22** καὶ
(los) [2]padres y harán morir a ellos. Y

ἔσεσθε μισούμενοι ὑπὸ πάντων διὰ
estaréis siendo odiados por todos por causa

τὸ ὄνομά μου· ὁ δὲ ὑπομείνας εἰς
del nombre de mí; mas él que haya aguantado hasta

τέλος, οὗτος σωθήσεται. **23** ὅταν δὲ
(el) final, éste [3]será salvado. Y cuando

διώκωσιν ὑμᾶς ἐν τῇ πόλει ταύτῃ,
persigan os en — ciudad esta,

φεύγετε εἰς τὴν ἑτέραν· ἀμὴν γὰρ
huid a — otra; porque de cierto

λέγω ὑμῖν, οὐ μὴ τελέσητε τὰς πόλεις
digo os, de ningún modo acabaréis las ciudades

[τοῦ] Ἰσραὴλ ἕως ἔλθῃ ὁ υἱὸς τοῦ ἀν-
de Israel [4]hasta que venga el Hijo del Hom-

θρώπου. **24** Οὐκ ἔστιν μαθητὴς ὑπὲρ
bre. No está un discípulo por encima

τὸν διδάσκαλον οὐδὲ δοῦλος ὑπὲρ τὸν
del maestro, ni un esclavo por encima del

κύριον αὐτοῦ. **25** ἀρκετὸν τῷ μαθητῇ
señor de él. (Es) bastante para el discípulo

ἵνα γένηται ὡς ὁ διδάσκαλος αὐτοῦ,
que llegue a ser como el maestro de él,

καὶ ὁ δοῦλος ὡς ὁ κύριος αὐτοῦ. εἰ
y el esclavo como el señor de él. Si

τὸν οἰκοδεσπότην Βεεζεβοὺλ ἐπεκάλεσαν,
al amo de la casa [5]Beelzebú apellidaron
(llamaron),

πόσῳ μᾶλλον τοὺς οἰκιακοὺς αὐτοῦ.
¡cuánto más a los de la casa de él!

26 μὴ οὖν φοβηθῆτε αὐτούς· οὐδὲν γὰρ
Así pues, no temáis a ellos; porque nada

ἐστιν κεκαλυμμένον ὃ οὐκ ἀποκαλυφ-
hay [6]encubierto que no haya de ser

θήσεται, καὶ κρυπτὸν ὃ οὐ γνωσθήσεται.
descubierto, y oculto que no haya de ser dado
a conocer.

27 ὃ λέγω ὑμῖν ἐν τῇ σκοτίᾳ, εἴπατε
Lo que digo os en la oscuridad, decid(lo)

1
20. EL QUE HABLA... En tal situación, no siempre.

2
21. PADRES. El griego significa *progenitores* (como en Ef. 6:1); es decir, *padre y madre*.

3
22. SERÁ SALVADO. No se trata de salvación eterna, sino de salvar la vida. (Comp. con Stg. 5:11.)

4
23. HASTA QUE VENGA... Sólo puede entenderse de la Segunda Venida de Cristo. (Comp. 26:64.)

5
25. BEELZEBÚ. Nombre dado al "príncipe de los demonios". (V. 12:24; Lc. 11:15.)

6
26. ENCUBIERTO. En griego es participio de pretérito perfecto (*habiendo sido encubierto*) en voz media-pasiva, o perfecto pasivo perifrástico (*ha sido encubierto*).

ἐν τῷ φωτί· καὶ ὃ εἰς τὸ οὖς ἀκούετε,
en la luz; y lo que al oído oís,

κηρύξατε ἐπὶ τῶν δωμάτων. **28** καὶ
¹proclamadlo sobre las azoteas.   Y

μὴ φοβεῖσθε ἀπὸ τῶν ἀποκτεννόντων
no temáis a los que matan

τὸ σῶμα, τὴν δὲ ψυχὴν μὴ δυναμένων
el cuerpo, mas el (de) alma que no pueden

ἀποκτεῖναι· φοβεῖσθε δὲ μᾶλλον τὸν
matar; mas temed más bien al

δυνάμενον καὶ ψυχὴν καὶ σῶμα ἀπολέσαι
que puede tanto (el) alma como (el) cuerpo ²destruir

ἐν γεέννῃ. **29** οὐχὶ δύο στρουθία ἀσσα-
en (el) infierno; ¿Por ventura no dos gorriones por un

ρίου πωλεῖται; καὶ ἓν ἐξ αὐτῶν οὐ
cuarto son vendidos? y uno solo de ellos no

πεσεῖται ἐπὶ τὴν γῆν ἄνευ τοῦ πατρὸς
caerá a la tierra ³sin el Padre

ὑμῶν. **30** ὑμῶν δὲ καὶ αἱ τρίχες τῆς
de vosotros. Mas de vosotros hasta los cabellos de la

κεφαλῆς πᾶσαι ἠριθμημέναι εἰσίν. **31** μὴ
cabeza todos habiendo sido contados están.   No,

οὖν φοβεῖσθε· πολλῶν στρουθίων διαφέρετε
por tanto, temáis; que muchos gorriones sois de más valor

ὑμεῖς. **32** Πᾶς οὖν ὅστις ὁμολογήσει
vosotros. Todo, pues, el que ⁴confiese

ἐν ἐμοὶ ἔμπροσθεν τῶν ἀνθρώπων,
a mí delante de los hombres,

ὁμολογήσω κἀγὼ ἐν αὐτῷ ἔμπροσθεν
⁴confesaré también yo a él delante

τοῦ πατρός μου τοῦ ἐν τοῖς οὐρανοῖς·
del Padre de mí el que (está) en los cielos;

33 ὅστις δ' ἂν ἀρνήσηται με ἔμπροσθεν
mas cualquiera que ⁵niegue me delante de

τῶν ἀνθρώπων, ἀρνήσομαι κἀγὼ αὐτὸν
los hombres, negaré también yo a él

ἔμπροσθεν τοῦ πατρός μου τοῦ ἐν
delante del Padre de mí (que está) — en

τοῖς οὐρανοῖς. **34** Μὴ νομίσητε ὅτι
los cielos. No penséis que

ἦλθον βαλεῖν εἰρήνην ἐπὶ τὴν γῆν· οὐκ ἦλθον
vine a echar paz sobre la tierra; no vine
     (traer)

βαλεῖν εἰρήνην ἀλλὰ μάχαιραν. **35** ἦλθον γὰρ
a echar paz, sino ⁶espada.   Porque vine a
  (traer)

διχάσαι ἄνθρωπον κατὰ τοῦ πατρὸς
poner en discusión a un hombre contra el padre

αὐτοῦ καὶ θυγατέρα κατὰ τῆς μητρὸς
de él y a una hija contra la madre

1
27. Proclamadlo... El mensaje que han recibido en privado, han de proclamarlo en público y sin miedo.
2
28. Destruir. El verbo griego no significa jamás aniquilación, sino ruina.
3
29. Sin el Padre. Es decir, *sin que lo permita el Padre.*
4
32. Confiese. El griego significa, etimológicamente, *decir lo mismo que...* La preposición griega *en* señala el objeto ("Cristo") sobre el que hay que estar de acuerdo "con Dios" (V. Gá. 1: 24; 1 Jn. 1:9): En que Jesús es el Señor y Salvador.
5
33. Niegue. Es un aoristo constativo, que no se refiere a un momento de debilidad (como el de Pedro), sino a un estilo de vida (V. 2 Ti. 2:12), por el que alguien prefiere no aparecer asociado con Cristo.
6
34. Espada. Esto no contradice a numerosos textos. (V., por ej., Is. 9:6; Lc. 2: 14.) No es Cristo quien provoca el conflicto, sino los enemigos del evangelio, como ocurre en muchas familias cuando uno de los miembros se convierte.

αὐτῆς   καὶ   νύμφην   κατὰ   τῆς   πενθερᾶς
de ella   y   a (la) nuera   contra   la   suegra

αὐτῆς,   36 καὶ   ἐχθροὶ   τοῦ   ἀνθρώπου   οἱ
de ella,   y (son)   (los) enemigos   —   de un hombre   los

οἰκιακοὶ   αὐτοῦ.   37 Ὁ   φιλῶν   πατέρα
miembros de la casa   de él.   El que   ama   a padre

ἢ   μητέρα   ὑπὲρ   ἐμὲ   οὐκ   ἔστιν   μου   ἄξιος·
o   madre   ¹más que   a mí,   no   es   de mí   digno;

καὶ   ὁ   φιλῶν   υἱὸν   ἢ   θυγατέρα   ὑπὲρ
y   el que   ama   a hijo   o   a hija   más que

ἐμὲ   οὐκ   ἔστιν   μου   ἄξιος·   38 καὶ   ὃς
a mí   no   es   de mí   digno;   y   el que

οὐ   λαμβάνει   τὸν   σταυρὸν   αὐτοῦ   καὶ
no   ²toma   la   cruz   de él   y

ἀκολουθεῖ   ὀπίσω   μου,   οὐκ   ἔστιν   μου
sigue   detrás   de mí,   no   es   de mí

ἄξιος.   39 ὁ   εὑρὼν   τὴν   ψυχὴν   αὐτοῦ
digno.   El que   ³halla   la   vida   de él,

ἀπολέσει   αὐτήν,   καὶ   ὁ   ἀπολέσας   τὴν
perderá   a ella,   y   el que   pierde   la

ψυχὴν   αὐτοῦ   ἕνεκεν   ἐμοῦ   εὑρήσει   αὐτήν.
vida   de él   por causa   de mí,   hallará   a ella.

40 Ὁ   δεχόμενος   ὑμᾶς   ἐμὲ   δέχεται,   καὶ
El que   recibe   a vosotros,   a mí   recibe,   y

ὁ   ἐμὲ   δεχόμενος   δέχεται   τὸν
el   a mí   que recibe,   recibe   al

ἀποστείλαντά   με.   41 ὁ   δεχόμενος   προ-
que envió   me.   El que   recibe   a un pro-

φήτην   εἰς   ὄνομα   προφήτου   μισθὸν
feta   por   (el) nombre   de profeta,   recompensa

προφήτου   λήμψεται,   καὶ   ὁ   δεχόμενος
de profeta   recibirá,   y   el que   recibe

δίκαιον   εἰς   ὄνομα   δικαίου   μισθὸν
a un justo   por   (el) nombre   de justo,   recompensa

δικαίου   λήμψεται.   42 καὶ   ὃς   ἐὰν   ποτίσῃ
de justo   recibirá.   Y cualquiera que dé   de beber

ἕνα   τῶν   μικρῶν   τούτων   ποτήριον   ψυχροῦ
a uno   de los   pequeños   estos   una copa   de agua fría

μόνον   εἰς   ὄνομα   μαθητοῦ,   ἀμὴν   λέγω   ὑμῖν,
solamente   por   (el) nombre   de discípulo,   de cierto   digo   os,

οὐ   μὴ   ἀπολέσῃ   τὸν   μισθὸν   αὐτοῦ.
de ningún modo   perderá   la   recompensa   de él.

1
37. MÁS QUE A MÍ. Los afectos naturales han de estar supeditados al seguimiento de Cristo. Y, a la larga, un buen testimonio, sin mengua del afecto, es la mejor prueba de un genuino amor a los familiares.
2
38. TOMA LA CRUZ. No se trata de aguantar con resignación las pruebas (éstas no se "toman"), sino en adoptar un estilo de vida que concita acerba oposición de parte del mundo. (V. Jn. 15:20; 16:33). Nótese que los tres verbos de este vers. están en presente continuativo.
3
39. HALLA LA VIDA. Es decir, salva el pellejo, como suele decirse (psykhé es aquí la vida terrenal), negando a Cristo. Aquí, los dos participios están en aoristo, indicando algo irreversible.

11 Καὶ   ἐγένετο   ὅτε   ἐτέλεσεν   ὁ
   Y   sucedió   cuando   acabó   —

'Ιησοῦς   διατάσσων   τοῖς   δώδεκα   μαθηταῖς
Jesús   de dar órdenes   a los   doce   discípulos

αὐτοῦ,   μετέβη   ἐκεῖθεν   τοῦ   διδάσκειν
de él,   1pasó   de allí   —   a enseñar

καὶ   κηρύσσειν   ἐν   ταῖς   πόλεσιν   αὐτῶν.
y   proclamar   en   las   ciudades   de ellos.

2 Ὁ   δὲ   'Ιωάννης   ἀκούσας   ἐν   τῷ
  — Mas   Juan,   habiendo oído   en   la

δεσμωτηρίῳ   τὰ   ἔργα   τοῦ   Χριστοῦ,
cárcel   las   obras   —   de Cristo,

πέμψας   διὰ   τῶν   μαθητῶν   αὐτοῦ   **3** εἶπεν
enviando por medio de los   discípulos   de él,   dijo

αὐτῷ·   σὺ   εἶ   ὁ   ἐρχόμενος,   ἢ   ἕτερον
le: ¿Tú   eres 2el que   viene,   o   a otro

προσδοκῶμεν;   **4** καὶ   ἀποκριθεὶς   ὁ
esperamos?   Y   respondiendo   —

'Ιησοῦς   εἶπεν   αὐτοῖς·   πορευθέντες   ἀπαγ-
Jesús,   dijo   le: Yendo,   infor-

γείλατε   'Ιωάννῃ   ἃ   ἀκούετε   καὶ   βλέπετε·
mad   a Juan   de las cosas   que oís   y   veis:

5 τυφλοὶ   ἀναβλέπουσιν   καὶ   χωλοὶ
  3(Los) ciegos   recobran la vista   y   (los) cojos

περιπατοῦσιν,   λεπροὶ   καθαρίζονται   καὶ   κωφοὶ
andan,   (los) leprosos   son limpiados   y   (los) sordos

ἀκούουσιν,   καὶ   νεκροὶ   ἐγείρονται   καὶ
oyen,   y   (los) muertos   son levantados   y

πτωχοὶ   εὐαγγελίζονται·   **6** καὶ   μακάριός
(los) pobres   son evangelizados;   y   dichoso

ἐστιν   ὃς   ἐὰν   μὴ   σκανδαλισθῇ   ἐν   ἐμοι.
es   cualquiera que   4no   sufre tropiezo   en   mí.

7 Τούτων   δὲ   πορευομένων   ἤρξατο   ὁ
  Y éstos   cuando se marchaban   comenzó   —

'Ιησοῦς   λέγειν   τοῖς   ὄχλοις   περὶ   'Ιωάννου·
Jesús   a decir   a las   turbas   acerca   de Juan:

τί   ἐξήλθατε   εἰς   τὴν   ἔρημον   θεάσασθαι;
¿Qué   salisteis   al   desierto   a ver?

κάλαμον   ὑπὸ   ἀνέμου   σαλευόμενον;   **8** ἀλλὰ
¿Una caña   por   (el) viento   que es sacudida?   ¿Sino

τί   ἐξήλθατε   ἰδεῖν;   ἄνθρωπον   ἐν   μαλακοῖς
qué   salisteis   a ver?   ¿A un hombre   de   ropaje fino

ἠμφιεσμένον;   ἰδοὺ   οἱ   τὰ   μαλακὰ
cubierto?   He ahí que   los   las   ropas finas

φοροῦντες   ἐν   τοῖς   οἴκοις   τῶν   βασιλέων.   **9** ἀλλὰ
que llevan,   en   las   casas   de los reyes (están).   Pero

τί   ἐξήλθατε;   προφήτην   ἰδεῖν;   ναὶ   λέγω
¿por qué salisteis?   ¿Un profeta   a ver?   Sí,   digo

1
1. PASÓ. Es decir, se trasladó.
2
3. EL QUE VIENE. Epíteto
mesiánico. Las dudas del
Bautista se debieron a no
distinguir las dos distintas
sazones implícitas en Is. 61:
2. Dicha confusión se nota
ya en Mt. 3:10-12.
3
5. LOS CIEGOS... Para sacar
al Bautista de su duda, Jesús cita aquí Is. 35:5-6 y
61:1, pasajes clave para
identificar al Mesías.
4
6. NO SUFRE TROPIEZO. No
se decepciona por la gran
bondad de Jesús, que así
pospone Su ira. (V. Ap. 6:
16-17.)

MATEO 11

ὑμῖν, καὶ περισσότερον προφήτου. **10** οὗτός
os, y mucho más que un profeta. Éste

ἐστιν περὶ οὗ γέγραπται· ἰδοὺ ἐγὼ
es acerca del que ha sido escrito: 1He ahí que yo

ἀποστέλλω τὸν ἄγγελόν μου πρὸ προσώπου
envío el mensajero de mí delante del rostro

σου, ὃς κατασκευάσει τὴν ὁδόν σου
de ti, el cual preparará el camino de ti

ἔμπροσθέν σου. **11** ἀμὴν λέγω ὑμῖν,
delante de ti. De cierto digo os,

οὐκ ἐγήγερται ἐν γεννητοῖς γυναικῶν
no ha sido levantado entre los engendrados de mujeres

μείζων Ἰωάννου τοῦ βαπτιστοῦ· ὁ δὲ
(uno) mayor que Juan el Bautista; mas el

μικρότερος ἐν τῇ βασιλείᾳ τῶν οὐρανῶν
2menor en el reino de los cielos

μείζων αὐτοῦ ἐστιν. **12** ἀπὸ δὲ τῶν
mayor que él es. Mas desde los

ἡμερῶν Ἰωάννου τοῦ βαπτιστοῦ ἕως
días de Juan el Bautista hasta

ἄρτι ἡ βασιλεία τῶν οὐρανῶν βιάζεται,
ahora el reino de los cielos 3sufre violencia,

καὶ βιασταὶ ἁρπάζουσιν αὐτήν. **13** πάντες γὰρ
y (los) violentos toman por la fuerza lo. Porque todos
(esforzados)

οἱ προφῆται καὶ ὁ νόμος ἕως
los profetas y la ley hasta

Ἰωάννου ἐπροφήτευσαν· **14** καὶ εἰ θέλετε
Juan profetizaron; y si queréis

δέξασθαι, αὐτός ἐστιν Ἠλίας ὁ μέλλων
recibir(lo), 4él es Elías el que iba

ἔρχεσθαι. **15** ὁ ἔχων ὦτα ἀκουέτω.
a venir. El que tenga oídos, oiga.

16 Τίνι δὲ ὁμοιώσω τὴν γενεὰν ταύτην;
Mas ¿a qué compararé la generación esta?

ὁμοία ἐστὶν παιδίοις καθημένοις ἐν ταῖς
Semejante es a niños sentados en las

ἀγοραῖς ἃ προσφωνοῦντα τοῖς ἑτέροις
plazas que, dando voces a los otros,

17 λέγουσιν· ηὐλήσαμεν ὑμῖν καὶ οὐκ
dicen: Tocamos 5os y no

ὠρχήσασθε· ἐθρηνήσαμεν καὶ οὐκ ἐκόψασθε.
bailasteis; hicimos lamentación y no os golpeasteis
el pecho,

18 ἦλθεν γὰρ Ἰωάννης μήτε ἐσθίων μήτε
Porque vino Juan ni comiendo ni

πίνων, καὶ λέγουσιν· δαιμόνιον ἔχει.
bebiendo, y dicen: (Un) demonio tiene.

19 ἦλθεν ὁ υἱὸς τοῦ ἀνθρώπου ἐσθίων καὶ
Vino el Hijo del Hombre comiendo y

1
10. HE AQUÍ QUE... Jesús cita de Mal. 3:1. Esta profecía implica dos niveles de cumplimiento, como es evidente por Mal. 3:2; 4:5-6.
2
11. MENOR. Jesús no hace aquí comparación entre individuos, sino entre situaciones. A pesar de su grandeza sin par como precursor del Mesías, el Bautista condujo al "novio" a la cámara nupcial, pero no entró en ella, porque era la "novia". (V. Jn. 3:29.)
3
12. SUFRE VIOLENCIA. La interpretación más probable es que no admite cobardías ni "medias tintas"; exige coraje y determinación rotunda.
4
14. ÉL ES ELÍAS. No hay contradicción con Jn. 1:21. Juan no era Elías en persona, sino en el espíritu. (V. Lc. 1:17.)
5
17. Os. Es decir, *para que bailarais*. Jesús usa el símil de un juego de niños, para poner de relieve la falta de respuesta de aquella generación al mensaje, en cualquier forma que les fuese expuesto.

πίνων,   καὶ   λέγουσιν·   ἰδοὺ   ἄνθρωπος
bebiendo,   y   dicen: He aquí   un hombre

φάγος   καὶ   οἰνοπότης,   τελωνῶν   φίλος   καὶ
comilón   y   bebedor de vino,   de cobradores   amigo   y
                        de impuestos

ἁμαρτωλῶν.   καὶ   ἐδικαιώθη   ἡ   σοφία   ἀπὸ
de pecadores.   Y   [1]fue justificada   la   sabiduría   [2]por
                  (vindicada)

τῶν   ἔργων   αὐτῆς.
las   obras   de ella.

20 Τότε   ἤρξατο   ὀνειδίζειν   τὰς   πόλεις
    Entonces   comenzó   a reprochar   a las   ciudades

ἐν   αἷς   ἐγένοντο   αἱ   πλεῖσται   δυνάμεις
en   las que   [3]se habían hecho   los   más   de los milagros

αὐτοῦ,   ὅτι   οὐ   μετενόησαν·   **21** οὐαί   σοι,
de él,   pues   no se arrepintieron (diciendo):   ¡Ay   de ti,

Χοραζίν·   οὐαί   σοι,   Βηθσαϊδά·   ὅτι   εἰ
Corazín!   ¡Ay   de ti,   Betsaidá!;   pues   si

ἐν   Τύρῳ   καὶ   Σιδῶνι   ἐγένοντο   αἱ   δυνάμεις
en   Tiro   y   en Sidón   se hubieran hecho los   milagros

αἱ   γενόμεναι   ἐν   ὑμῖν,   πάλαι   ἂν
que   se hicieron   en   vosotras,   hace tiempo   que

ἐν   σάκκῳ   καὶ   σποδῷ   μετενόησαν.
en   saco   y   en ceniza   se habrían arrepentido.

22 πλὴν   λέγω   ὑμῖν,   Τύρῳ   καὶ   Σιδῶνι
    Pero   digo   os,   para Tiro   y   para Sidón

ἀνεκτότερον   ἔσται   ἐν   ἡμέρᾳ   κρίσεως   ἢ
[4]más tolerable   será   en   (el) día   del juicio   que

ὑμῖν.   **23** καὶ   σύ,   Καφαρναούμ,   μὴ
para vosotros.   Y   tú,   [5]Capernaúm,   ¿acaso

ἕως   οὐρανοῦ   ὑψωθήσῃ;   ἕως   ᾅδου
hasta   (el) cielo   serás levantada?   Hasta   (el) Hades

καταβήσῃ·   ὅτι   εἰ   ἐν   Σοδόμοις   ἐγενήθησαν
descenderás;   pues   si en   Sodoma   se hubieran hecho

αἱ   δυνάμεις   αἱ   γενόμεναι   ἐν   σοί,
los   milagros   —   hechos   en   ti,

ἔμεινεν   ἂν   μέχρι   τῆς   σήμερον.   **24** πλὴν
habrían permanecido   hasta   —   hoy.   Pero

λέγω   ὑμῖν   ὅτι   γῇ   Σοδόμων   ἀνεκτότερον
digo   os   que   para (la) tierra   de Sodoma   más tolerable

ἔσται   ἐν   ἡμέρᾳ   κρίσεως   ἢ   σοί.
será   en   (el) día   de(l) juicio   que   para ti.

25 Ἐν   ἐκείνῳ   τῷ   καιρῷ   ἀποκριθεὶς
    En   aquella   —   ocasión,   tomando la palabra

ὁ   Ἰησοῦς   εἶπεν·   ἐξομολογοῦμαί   σοι,
—   Jesús,   dijo: [6]Doy gracias   a ti,
               (Confieso)

πάτερ,   κύριε   τοῦ   οὐρανοῦ   καὶ   τῆς   γῆς,
Padre,   Señor   del   cielo   y   de la   tierra,

ὅτι   ἔκρυψας   ταῦτα   ἀπὸ   σοφῶν   καὶ   συνε-
porque   ocultaste   estas cosas   fuera de sabios,   y   enten-
                   del alcance

---

[1]
19. FUE JUSTIFICADA. Es decir, *la actitud* (la "filosofía") *de cada uno se prueba por los resultados que produce.*

[2]
19. POR = *a partir de...*

[3]
20. SE HABÍAN HECHO. Lit. *se hicieron.*

[4]
22. MÁS TOLERABLE. Hay grados en la condenación, como los hay en el pecado (V. Jn. 19:11) y en la responsabilidad. (V. 23:14 y paral.)

[5]
23. CAPERNAÚM. Esta ciudad, donde Jesús había residido, había desaprovechado las mejores oportunidades.

[6]
25. DOY GRACIAS. El verbo griego (aquí, en voz media) denota reconocimiento, mezclado con alabanza.

τῶν,   καὶ   ἀπεκάλυψας   αὐτὰ   νηπίοις·
didos,   y   revelaste   las   [1] a los niños
                                           pequeños;

26 ναί,   ὁ   πατήρ,   ὅτι   οὕτως   εὐδοκία
sí,   —   Padre,   porque   así   (el) beneplácito

ἐγένετο   ἔμπροσθέν   σου.   **27** Πάντα   μοι
fue   delante   de ti.   Todas las cosas   me

παρεδόθη   ὑπὸ   τοῦ   πατρός   μου,   καὶ
fueron entregadas por   el   Padre   de mí,   y

οὐδεὶς   ἐπιγινώσκει   τὸν   υἱὸν   εἰ   μὴ   ὁ
nadie   conoce plenamente al   Hijo   sino   el

πατήρ,   οὐδὲ   τὸν   πατέρα   τις   ἐπιγινώσκει
Padre,   ni   al   Padre   alguien   conoce plenamente

εἰ   μὴ   ὁ   υἱὸς   καὶ   ᾧ   ἐὰν   βούληται   ὁ
sino   el   Hijo   y   al que   quiera   el

υἱὸς   ἀποκαλύψαι.   **28** Δεῦτε   πρός   με
Hijo   revelar.   [2] Venid   hasta   mí

πάντες   οἱ   κοπιῶντες   καὶ   πεφορτισμένοι,
todos   los que trabajáis duramente y   habéis sido cargados,

κἀγὼ   ἀναπαύσω   ὑμᾶς.   **29** ἄρατε   τὸν
y yo   daré reposo   os.   Tomad   el

ζυγόν   μου   ἐφ᾽   ὑμᾶς   καὶ   μάθετε   ἀπ᾽
yugo   de mí   sobre   vosotros   y   aprended   de

ἐμοῦ,   ὅτι   πραΰς   εἰμι   καὶ   ταπεινὸς   τῇ
mí,   pues   manso   soy   y   pequeño   (humilde)

καρδίᾳ,   καὶ   εὑρήσετε   ἀνάπαυσιν   ταῖς
de corazón,   y   hallaréis   descanso   para

ψυχαῖς   ὑμῶν·   **30** ὁ   γὰρ   ζυγός   μου
las almas   de vosotros;   porque el   [3] yugo   de mí

χρηστὸς   καὶ   τὸ   φορτίον   μου   ἐλαφρόν
suave   y   la   carga   de mí   ligera

ἐστιν.
es.

12 Ἐν   ἐκείνῳ   τῷ   καιρῷ   ἐπορεύθη   ὁ
En   aquella   —   ocasión,   fue   —

Ἰησοῦς   τοῖς   σάββασιν   διὰ   τῶν   σπορίμων·
Jesús   en   sábado   a través de los   sembrados;

οἱ   δὲ   μαθηταὶ   αὐτοῦ   ἐπείνασαν,   καὶ
y los   discípulos   de él   tuvieron hambre,   y

ἤρξαντο   τίλλειν   στάχυας   καὶ   ἐσθίειν.
comenzaron   a arrancar   espigas   y   a comer.

2 οἱ   δὲ   Φαρισαῖοι   ἰδόντες   εἶπαν   αὐτῷ·
Mas los   fariseos   al ver(lo),   dijeron   le:

ἰδοὺ   οἱ   μαθηταί   σου   ποιοῦσιν   ὃ   οὐκ
Mira que los   discípulos   de ti   están haciendo   lo que   no

ἔξεστιν   ποιεῖν   ἐν   σαββάτῳ.   **3** ὁ   δὲ
es lícito   hacer   en   sábado.   Mas él

[1]
25. A LOS NIÑOS PEQUEÑOS.
No en edad, sino en hu-
mildad. Entre los "sabios y
entendidos" del mundo se
hallan los mayores incrédulos. (V. Ro. 1:22; 1 Co. 1:
17-29.)

[2]
28. VENID A MÍ... ¡Gran
consuelo para todo el que
se acoge a Jesús! (V. Jn.
6:35, 37.)

[3]
30. YUGO... SUAVE. El amor
hace ligeras todas las cargas. (V. 1 Co. 13:7; Gá.
5:13; 6:2, 5: Jn. 5:3.)

εἶπεν αὐτοῖς· οὐκ ἀνέγνωτε τί ἐποίησεν
dijo les: ¿No leísteis qué hizo

Δαυίδ, ὅτε ἐπείνασεν καὶ οἱ μετ'
David, cuando tuvo hambre y los que con

αὐτοῦ; 4 πῶς εἰσῆλθεν εἰς τὸν οἶκον
él (estaban)? ¿Cómo entró en la casa

τοῦ θεοῦ καὶ τοὺς ἄρτους τῆς προ-
de Dios y los panes de la propo-

θέσεως ἔφαγον, ὃ οὐκ ἐξὸν ἦν αὐτῷ
sición comieron, lo cual no lícito era a él

φαγεῖν οὐδὲ τοῖς μετ' αὐτοῦ, εἰ μὴ
comer ni a los (que) con él (estaban), sino

τοῖς ἱερεῦσιν μόνοις; 5 ἢ οὐκ ἀνέγνωτε
a los sacerdotes solos? ¿O no leísteis

ἐν τῷ νόμῳ ὅτι τοῖς σάββασιν οἱ
en la ley que en los sábados los

ἱερεῖς ἐν τῷ ἱερῷ τὸ σάββατον βεβηλοῦ-
sacerdotes en el templo el sábado [1]profanan

σιν καὶ ἀναίτιοί εἰσιν; 6 λέγω δὲ
y sin reproche son? Mas digo

ὑμῖν ὅτι τοῦ ἱεροῦ μεῖζόν ἐστιν ὧδε.
os que que el templo una cosa mayor hay aquí.

7 εἰ δὲ ἐγνώκειτε τί ἐστιν· ἔλεος
Pero si hubieseis conocido qué es: Misericordia

θέλω καὶ οὐ θυσίαν, οὐκ ἂν κατε-
quiero y [2]no sacrificio, no habríais con-

δικάσατε τοὺς ἀναιτίους. 8 κύριος γάρ
denado a los inculpables. Porque Señor

ἐστιν τοῦ σαββάτου ὁ υἱὸς τοῦ ἀνθρώπου.
es del sábado el Hijo del Hombre.

9 Καὶ μεταβὰς ἐκεῖθεν ἦλθεν εἰς τὴν
Y [3]pasando de allí, vino a la

συναγωγὴν αὐτῶν. 10 καὶ ἰδοὺ ἄνθρωπος
sinagoga de ellos. Y he ahí un hombre

χεῖρα ἔχων ξηράν· καὶ ἐπηρώτησαν αὐτὸν
una mano que tenía [4]seca; y preguntaron le

λέγοντες· εἰ ἔξεστιν τοῖς σάββασιν
diciendo: ¿Si es lícito en sábado

θεραπεῦσαι; ἵνα κατηγορήσωσιν αὐτοῦ.
curar?, para acusar le.

11 ὁ δὲ εἶπεν αὐτοῖς· τίς ἔσται ἐξ
Mas él dijo les: ¿Qué habrá de

ὑμῶν ἄνθρωπος ὃς ἕξει πρόβατον ἕν,
vosotros hombre, que tendrá oveja una,

καὶ ἐὰν ἐμπέσῃ τοῦτο τοῖς σάββασιν
y si se cae ésta en sábado

εἰς βόθυνον, οὐχὶ κρατήσει αὐτὸ καὶ
a un hoyo, no echará mano de ella y

1
5. PROFANAN. Es decir, *no guardan el descanso sabático.*
2
7. NO SACRIFICIO. Jesús no prohíbe el sacrificio, sino "la cáscara sin nuez". El núcleo de la genuina religiosidad puede verse en Miq. 6:8; Stg. 1:27; 2:13.
3
9. PASANDO. Es decir, *trasladándose.*
4
10. SECA. Es decir, *encogida por parálisis.*

ἐγερεῖ; **12** πόσῳ οὖν διαφέρει ἄνθρωπος
(la) levantará? ¡En cuánto más, pues, aventaja un hombre

προβάτου. ὥστε ἔξεστιν τοῖς σάββασιν
a una oveja! De modo que es lícito en sábado

καλῶς ποιεῖν. **13** τότε λέγει τῷ ἀνθρώπῳ·
bien obrar. Entonces dice al hombre:

ἔκτεινόν σου τὴν χεῖρα. καὶ ἐξέτεινεν,
Extiende de ti la mano. Y (la) extendió,

καὶ ἀπεκατεστάθη ὑγιὴς ὡς ἡ ἄλλη.
y fue restaurada sana como la otra.

14 ἐξελθόντες δὲ οἱ Φαρισαῖοι συμβούλιον
Mas ¹saliendo los fariseos ²consejo

ἔλαβον κατ᾽ αὐτοῦ, ὅπως αὐτὸν ἀπολέ-
tomaron contra él, a fin de le destruir.

σωσιν. **15** Ὁ δὲ Ἰησοῦς γνοὺς ἀνε-
— Mas Jesús, conociendo(lo),

χώρησεν ἐκεῖθεν. καὶ ἠκολούθησαν αὐτῷ
se marchó de allí. Y siguieron le

πολλοί, καὶ ἐθεράπευσεν αὐτοὺς πάντας,
muchos, y curó los a todos,

16 καὶ ἐπετίμησεν αὐτοῖς ἵνα μὴ φανερὸν
y advirtió les ³que no manifiesto

αὐτὸν ποιήσωσιν· **17** ἵνα πληρωθῇ τὸ
a él hiciesen; para que fuese cumplido lo

ῥηθὲν διὰ Ἠσαΐου τοῦ προφήτου
dicho por medio de Isaías el profeta

λέγοντος· **18** ἰδοὺ ὁ παῖς μου ὃν
cuando dijo: He aquí el siervo de mí al que

ἡρέτισα, ὁ ἀγαπητός μου ὃν εὐδόκησεν
escogí, el amado de mí, en quien se complació

ἡ ψυχή μου· θήσω τὸ πνεῦμα μου ἐπ᾽
el alma de mí; ⁴pondré el espíritu de mí sobre

αὐτόν, καὶ κρίσιν τοῖς ἔθνεσιν ἀπαγγελεῖ.
él, y ⁵juicio a los gentiles anunciará.

19 οὐκ ἐρίσει οὐδὲ κραυγάσει, οὐδὲ
No disputará ni gritará, ni

ἀκούσει τις ἐν ταῖς πλατείαις τὴν
oirá alguien en las plazas la

φωνὴν αὐτοῦ. **20** κάλαμον συντετριμμένον
voz en alto de él. Una caña cascada

οὐ κατεάξει καὶ λίνον τυφόμενον οὐ
no quebrará y un pábilo que humea no

σβέσει, ἕως ἂν ἐκβάλῃ εἰς νῖκος τὴν
apagará, ⁶hasta que saque a victoria el

κρίσιν. **21** καὶ τῷ ὀνόματι αὐτοῦ ἔθνη
juicio. Y en el nombre de él los gentiles

ἐλπιοῦσιν.
esperarán.

1
14. SALIENDO. Esto es, *tan pronto como salieron* (aoristo).

2
14. CONSEJO TOMARON. Es decir, *se reunieron para trazar un plan.*

3
16. QUE NO MANIFIESTO. *Que no le descubriesen.*

4
18. PONDRÉ... En esto (con el contexto anterior) conoció Juan que Jesús era el Mesías. (V. Jn. 1:32-33.)

5
18. JUICIO. Es decir, *lo que es justo y recto.*

6
20. HASTA QUE... Esto es, *hasta que haga triunfar la justicia.*

22 Τότε προσηνέχθη αὐτῷ δαιμονιζ-
Entonces   fue traído hasta   él   un ende-

όμενος τυφλὸς καὶ κωφός· καὶ ἐθεράπευσεν
moniado   ciego   y   mudo;   y   sanó

αὐτόν, ὥστε τὸν κωφὸν λαλεῖν καὶ
le,   de modo que   el   mudo   hablaba   y

βλέπειν. **23** καὶ ἐξίσταντο πάντες οἱ
veía.   Y   quedaron atónitas   todas   las

ὄχλοι καὶ ἔλεγον· μήτι οὗτός ἐστιν ὁ
turbas   y   decían: ¿Acaso   éste   es   el

υἱὸς Δαυίδ; **24** οἱ δὲ Φαρισαῖοι ἀκού-
Hijo   de David?   Mas los   fariseos,   al oír-

σαντες εἶπον· οὗτος οὐκ ἐκβάλλει τὰ
(lo),   dijeron: Éste   no   echa fuera   los

δαιμόνια εἰ μὴ ἐν τῷ Βεεζεβοὺλ ἄρχοντι
demonios   sino   ¹en —   Beelzebú,   príncipe
              (por)

τῶν δαιμονίων. **25** εἰδὼς δὲ τὰς ἐνθυμήσεις
de los   demonios.   Mas sabiendo   los   pensamientos

αὐτῶν εἶπεν αὐτοῖς· πᾶσα βασιλεία
de ellos,   dijo   les: Todo   reino

μερισθεῖσα καθ’ ἑαυτῆς ἐρημοῦται,
dividido   contra   sí mismo   es desolado,

καὶ πᾶσα πόλις ἢ οἰκία μερισθεῖσα καθ’
y   toda   ciudad   o   casa   dividida   contra

ἑαυτῆς οὐ σταθήσεται. **26** καὶ εἰ
sí misma   no   quedará en pie.   Y   si

ὁ σατανᾶς τὸν σατανᾶν ἐκβάλλει, ἐφ’
—   Satanás —   a Satanás   echa fuera,   contra

ἑαυτὸν ἐμερίσθη· πῶς οὖν σταθή-
sí mismo   se dividió.   ¿Cómo,   pues,   se tendrá

σεται ἡ βασιλεία αὐτοῦ; **27** καὶ εἰ
en pie   el   reino   de él?   Y   si

ἐγὼ ἐν Βεεζεβοὺλ ἐκβάλλω τὰ δαιμόνια,
yo   por   Beelzebú   echo fuera   los   demonios,

οἱ υἱοὶ ὑμῶν ἐν τίνι ἐκβάλλουσιν;
²¿los   hijos   de vosotros   por   quién   los echan fuera?

διὰ τοῦτο αὐτοὶ κριταὶ ἔσονται ὑμῶν.
Por   esto,   ellos   jueces   serán   de vosotros.

28 εἰ δὲ ἐν πνεύματι θεοῦ ἐγὼ
Mas si   por   (el) Espíritu   de Dios   yo

ἐκβάλλω τὰ δαιμόνια, ἄρα ἔφθασεν
echo fuera   los   demonios,   entonces   llegó

ἐφ’ ὑμᾶς ἡ βασιλεία τοῦ θεοῦ. **29** ἢ
hasta   vosotros   el   reino —   de Dios.   ¿O

πῶς δύναταί τις εἰσελθεῖν εἰς τὴν
cómo   puede   alguien   entrar   en   la

οἰκίαν τοῦ ἰσχυροῦ καὶ τὰ σκεύη αὐτοῦ
casa   del   (hombre) fuerte   y   los   bienes   de él

¹
24. EN BEELZEBÚ. Es decir, en unión con Beelzebú.
²
27. LOS HIJOS... Esto es, *los exorcistas instruidos por los fariseos.*

ἁρπάσαι,   ἐὰν   μὴ   πρῶτον   δήσῃ   τὸν
arrebatar,   si   no   primero   ata   al

ἰσχυρόν;   καὶ   τότε   τὴν   οἰκίαν   αὐτοῦ
(hombre) fuerte?   Y   entonces   la   casa   de él

διαρπάσει.   30 ὁ   μὴ   ὢν   μετ᾽   ἐμοῦ
saqueará.   El que   no   está   conmigo,

κατ᾽   ἐμοῦ   ἐστιν,   καὶ   ὁ   μὴ   συνάγων   μετ᾽
contra   mí   está,   y   el que   no   recoge   con-

ἐμοῦ   σκορπίζει.   31 Διὰ   τοῦτο   λέγω
migo,   desparrama.   Por   esto,   digo

ὑμῖν,   πᾶσα   ἁμαρτία   καὶ   βλασφημία
os: Todo   pecado   y   blasfemia

ἀφεθήσεται   τοῖς   ἀνθρώποις,   ἡ   δὲ   τοῦ
será perdonado   a los   hombres,   mas la   del
(contra el)

πνεύματος   βλασφημία   οὐκ   ἀφεθήσεται.
Espíritu   blasfemia   [1]no   será perdonada.

32 καὶ   ὃς   ἐὰν   εἴπῃ   λόγον   κατὰ   τοῦ
Y   cualquiera que   diga   una palabra   contra   el

υἱοῦ   τοῦ   ἀνθρώπου,   ἀφεθήσεται   αὐτῷ·
Hijo   del   Hombre,   será perdonada   le;

ὃς   δ᾽   ἂν   εἴπῃ   κατὰ   τοῦ   πνεύματος
mas cualquiera que   diga   contra   el   Espíritu

τοῦ   ἁγίου,   οὐκ   ἀφεθήσεται   αὐτῷ
—   Santo,   no   será perdonado   a él

οὔτε   ἐν   τούτῳ   τῷ   αἰῶνι   οὔτε   ἐν   τῷ
ni   en   esta   —   época   ni   en   [2]la

μέλλοντ:.   33 Ἢ   ποιήσατε   τὸ   δένδρον
que viene.   O   haced   el   árbol

καλὸν   καὶ   τὸν   καρπὸν   αὐτοῦ   καλόν,
de buena   y   el   fruto   de él   de buena
calidad   calidad,

ἢ   ποιήσατε   τὸ   δένδρον   σαπρὸν   καὶ   τὸν
o   haced   el   árbol   enfermizo   y   el

καρπὸν   αὐτοῦ   σαπρόν·   ἐκ   γὰρ   τοῦ
fruto   de él   corrompido;   porque a base   del

καρποῦ   τὸ   δένδρον   γινώσκεται.   34 γεννή-
fruto   el   árbol   es conocido.   Engen-

ματα   ἐχιδνῶν,   πῶς   δύνασθε   ἀγαθὰ   λαλεῖν
dros   de víboras,   ¿cómo   podéis   cosas buenas   hablar

πονηροὶ   ὄντες;   ἐκ   γὰρ   τοῦ   περισ-
malvados   siendo?   porque de   lo   que

σεύματος   τῆς   καρδίας   τὸ   στόμα   λαλεῖ.
rebosa   del   corazón   la   boca   habla.

35 ὁ   ἀγαθὸς   ἄνθρωπος   ἐκ   τοῦ   ἀγαθοῦ
El   buen   hombre   del   buen

θησαυροῦ   ἐκβάλλει   ἀγαθά,   καὶ   ὁ   πονηρὸς
tesoro   saca   cosas buenas,   y   el   malvado
(depósito)

ἄνθρωπος   ἐκ   τοῦ   πονηροῦ   θησαυροῦ
hombre   del   maligno   tesoro
(depósito)

[1]
31. No SERÁ PERDONADA. Es función del Espíritu hacer receptivo a la invitación de Cristo. El que la rechaza se cierra a sí mismo la puerta del perdón. (V. Jn. 3:36.)

[2]
32. LA QUE VIENE. No es "la otra vida", sino la que había de seguir a la Segunda Venida del Mesías, según el concepto judío (V. Jl. 3:12), ya que el juicio fija el destino eterno.

ἐκβάλλει   πονηρά.   **36** λέγω   δὲ
saca   cosas malvadas.   Mas digo

ὑμῖν   ὅτι   πᾶν   ῥῆμα   ἀργὸν   ὃ   λαλήσουσιν
os   que   toda   palabra   1ociosa   que   hablarán
                                            (inútil)

οἱ   ἄνθρωποι,   ἀποδώσουσιν   περὶ   αυτοῦ
los   hombres,   rendirán   acerca   de ella

λόγον   ἐν   ἡμέρᾳ   κρίσεως·   **37** ἐκ   γὰρ
cuenta   en   (el) día   de(l) juicio;   porque a base

τῶν   λόγων   σου   δικαιωθήσῃ,   καὶ   ἐκ
de las   palabras   de ti   2serás justificado   y   a base

τῶν   λόγων   σου   καταδικασθήσῃ.
de las   palabras   de ti,   serás condenado.

38 Τότε   ἀπεκρίθησαν   αὐτῷ   τινες   τῶν
Entonces   respondieron   le   algunos   de los

γραμματέων   καὶ   Φαρισαίων   λέγοντες·
escribas   y   fariseos   diciendo:

διδάσκαλε,   θέλομεν   ἀπὸ   σοῦ   σημεῖον   ἰδεῖν.
Maestro,   queremos   de parte   de ti   una señal   ver.

39 ὁ   δὲ   ἀποκριθεὶς   εἶπεν   αὐτοῖς·
Mas él,   contestando,   dijo   les:

γενεὰ   πονηρὰ   καὶ   μοιχαλὶς   σημεῖον
Una generación malvada   y   3adúltera   una señal

ἐπιζητεῖ,   καὶ   σημεῖον   οὐ   δοθήσεται
está buscando,   y   señal   no   será dada

αὐτῇ   εἰ   μὴ   τὸ   σημεῖον   Ἰωνᾶ   τοῦ
le   sino   la   señal   de Jonás   el

προφήτου.   **40** ὥσπερ   γὰρ   ἦν   Ἰωνᾶς
profeta.   Porque 4exactamente como   estaba   Jonás

ἐν   τῇ   κοιλίᾳ   τοῦ   κήτους   τρεῖς   ἡμέρας
en   el   vientre   del   monstruo marino   tres   días

καὶ   τρεῖς   νύκτας,   οὕτως   ἔσται   ὁ   υἱὸς
y   tres   noches,   así   estará   el   Hijo

τοῦ   ἀνθρώπου   ἐν   τῇ   καρδίᾳ   τῆς   γῆς
del   Hombre   en   el   corazón   de la   tierra

τρεῖς   ἡμέρας   καὶ   τρεῖς   νύκτας.   **41** ἄνδρες
5tres   días   y   tres   noches.   Varones

Νινευῖται   ἀναστήσονται   ἐν   τῇ   κρίσει
ninivitas   se levantarán   in   el   juicio

μετὰ   τῆς   γενεᾶς   ταύτης   καὶ   κατα-
con   la   generación   esta   y   conde-

κρινοῦσιν   αὐτήν·   ὅτι   μετενόησαν   εἰς   τὸ
narán   a ella;   porque   se arrepintieron   a   la

κήρυγμα   Ἰωνᾶ,   καὶ   ἰδοὺ   πλεῖον   Ἰωνᾶ
predicación   de Jonás,   y   he aquí   (algo) más   que Jonás

ὧδε.   **42** βασίλισσα   νότου   ἐγερθήσεται
aquí.   (La) reina   6de(l) sur   será levantada

ἐν   τῇ   κρίσει   μετὰ   τῆς   γενεᾶς   ταύτης
en   el   juicio   con   la   generación   esta

1
36. Ociosa. Lit. *que no trabaja* (V. 2 P. 1:8); esto es, *inútil, sin provecho.*
2
37. Serás justificado. Es decir, *será manifiesta tu buena condición interior.*
3
39. Adúltera. Es decir, *espiritualmente infiel a Dios, el "marido" de Israel.* (V. Is. 54:5; Jer. 3:20.)
4
40. Exactamente. He aquí una prueba contundente de la historicidad de Jonás.
5
40. Tres días... Los judíos contaban como días enteros los fragmentos de día a partir de la puesta del sol.
6
42. Del sur. Esto es, *de Sebá.* (V. 1 Ro. 10:1-13.)

καὶ κατακρινεῖ αὐτήν· ὅτι ἦλθεν ἐκ
y condenará a ella; pues vino desde

τῶν περάτων τῆς γῆς ἀκοῦσαι τὴν σοφίαν
los confines de la tierra a oír la sabiduría

Σολομῶνος, καὶ ἰδοὺ πλεῖον Σολομῶνος
de Salomón, y he aquí (algo) más que Salomón

ὧδε. 43 Ὅταν δὲ τὸ ἀκάθαρτον πνεῦμα
aquí. Mas cuando el inmundo espíritu

ἐξέλθῃ ἀπὸ τοῦ ἀνθρώπου, διέρχεται δι'
salió de — un hombre, va pasando a través de

ἀνύδρων τόπων ζητοῦν ἀνάπαυσιν, καὶ
1sin agua lugares, buscando reposo, y

οὐχ εὑρίσκει. 44 τότε λέγει· εἰς τὸν
no (lo) encuentra. Entonces dice: A la

οἶκόν μου ἐπιστρέψω ὅθεν ἐξῆλθον·
casa de mí me volveré de donde salí;

καὶ ἐλθὸν εὑρίσκει σχολάζοντα [καὶ]
y, venido, (la) encuentra desocupada y

σεσαρωμένον καὶ κεκοσμημένον. 45 τότε
habiendo sido barrida y 2puesta en orden. Entonces

πορεύεται καὶ παραλαμβάνει μεθ' ἑαυτοῦ
se va y toma con él mismo

ἑπτὰ ἕτερα πνεύματα πονηρότερα ἑαυτοῦ,
siete otros espíritus más malvados que él mismo,

καὶ εἰσελθόντα κατοικεῖ ἐκεῖ· καὶ
y, entrados, residen allí; y

γίνεται τὰ ἔσχατα τοῦ ἀνθρώπου ἐκείνου
resultan las condiciones finales del hombre aquel

χείρονα τῶν πρώτων. οὕτως ἔσται
3peores que las primeras. Así será
(sucederá)

καὶ τῇ γενεᾷ ταύτῃ τῇ πονηρᾷ.
también a la generación esta — malvada.

46 Ἔτι αὐτοῦ λαλοῦντος τοῖς ὄχλοις,
Cuando todavía él estaba hablando a las turbas,

ἰδοὺ ἡ μήτηρ καὶ οἱ ἀδελφοὶ αὐτοῦ
he ahí que la madre y los hermanos de él

εἱστήκεισαν ἔξω ζητοῦντες αὐτῷ λαλῆσαι.
se habían situado fuera procurando le hablar.

47 [εἶπεν δέ τις αὐτῷ· ἰδοὺ ἡ μήτηρ
Y dijo alguien a él: Mira que la madre

σου καὶ οἱ ἀδελφοί σου ἔξω ἑστήκασιν
de ti y los hermanos de ti fuera se han parado

ζητοῦντές σοι λαλῆσαι.] 48 ὁ δὲ
procurando te hablar. Mas él,

ἀποκριθεὶς εἶπεν τῷ λέγοντι αὐτῷ· τίς
respondiendo, dijo al que decía(lo) a él: ¿Quién

ἐστιν ἡ μήτηρ μου, καὶ τίνες εἰσίν οἱ
es la madre de mí, y quiénes son los

1
43. SIN AGUA. Los lugares áridos y desiertos eran considerados como morada de seres malignos. (V. Is. 13: 21; 34:14.)
2
44. PUESTA EN ORDEN. Esto es, *lista para ser habitada*.
3
45. PEORES. Nadie se marcha igual que vino, tras un mensaje. El rechazo empeora la condición anterior.

ἀδελφοί   μου;   **49** καὶ   ἐκτείνας   τὴν
hermanos   de mí?   Y   extendiendo   la
                                   (habiendo extendido)

χεῖρα   [αὐτοῦ]   ἐπὶ   τοὺς   μαθητὰς   αὐτοῦ
mano   de él   1hacia   los   discípulos   de él,

εἶπεν·   ἰδοὺ   ἡ   μήτηρ   μου   καὶ   οἱ   ἀδελφοί
dijo: He ahí   la   madre   de mí   y   los   hermanos

μου.   **50** ὅστις   γὰρ   ἂν   ποιήσῃ   τὸ   θέλημα
de mí.   Porque cualquiera que   haga   la   voluntad

τοῦ   πατρός   μου   τοῦ   ἐν   οὐρανοῖς,   αὐτός
del   Padre   de mí, el (que está) en   (los) cielos,   él

μου   ἀδελφὸς   καὶ   ἀδελφὴ   καὶ   μήτηρ   ἐστίν.
de mí   2hermano   y   hermana   y   madre   es.

13 Ἐν   τῇ   ἡμέρᾳ   ἐκείνῃ   ἐξελθὼν   ὁ
En   el   día   aquel,   salido   —

Ἰησοῦς   τῆς   οἰκίας   ἐκάθητο   παρὰ   τὴν
Jesús   de la   casa,   se sentaba   junto   al

θάλασσαν·   **2** καὶ   συνήχθησαν   πρὸς   αὐτὸν
mar;   y   se juntaron   hacia   él

ὄχλοι   πολλοί,   ὥστε   αὐτὸν   εἰς   πλοῖον
turbas   muchas,   hasta el punto   él   a   una barca
                      de que

ἐμβάντα   καθῆσθαι,   καὶ   πᾶς   ὁ   ὄχλος
subido   (tuvo que) sentarse,   y   toda   la   turba

ἐπὶ   τὸν   αἰγιαλὸν   εἱστήκει.   **3** καὶ   ἐλάλησεν
sobre   la   playa   se había situado.   Y   habló

αὐτοῖς   πολλὰ   ἐν   παραβολαῖς   λέγων·
les   muchas cosas   en   parábolas   diciendo:

Ἰδοὺ   ἐξῆλθεν   ὁ   σπείρων   τοῦ   σπείρειν.
He ahí que   salió   el   sembrador   —   a sembrar.

4 καὶ   ἐν   τῷ   σπείρειν   αὐτὸν   ἃ   μὲν
Y   mientras   sembraba   él,   unas   cierta-
                                      (semillas)   mente

ἔπεσεν   παρὰ   τὴν   ὁδόν,   καὶ   ἐλθόντα   τὰ
cayeron   junto   al   camino,   y   venidas   las

πετεινὰ   κατέφαγεν   αὐτά.   **5** ἄλλα   δὲ
aves   devoraron   a ellas.   Mas otras

ἔπεσεν   ἐπὶ   τὰ   πετρώδη   ὅπου   οὐκ
cayeron   sobre   los   pedregales,   donde   no

εἶχεν   γῆν   πολλήν,   καὶ   εὐθέως   ἐξανέτειλεν
tenían   tierra   mucha,   y   en seguida   brotaron

διὰ   τὸ   μὴ   ἔχειν   βάθος   γῆς·   **6** ἡλίου
a causa del   no   tener   profundidad de tierra;   mas el sol

δὲ   ἀνατείλαντος   ἐκαυματίσθη,   καὶ   διὰ
una vez salido,   3se agostaron,   y   a causa del

1
49. HACIA. Lit. *sobre* (en sentido de apuntar directamente hacia un objeto).
2
50. HERMANO... Jesús pone el parentesco espiritual por encima del natural.
3
6. SE AGOSTARON. Lit. *fueron quemadas*.

τὸ μὴ ἔχειν ρίζαν ἐξηράνθη. **7** ἄλλα δὲ
no tener raíz, se marchitaron. Mas otras

ἔπεσεν ἐπὶ τὰς ἀκάνθας, καὶ ἀνέβησαν
cayeron sobre los espinos, y subieron
(crecieron)

αἱ ἄκανθαι καὶ ἀπέπνιξαν αὐτά. **8** ἄλλα δὲ
los espinos y ahogaron a ellas. Mas otras

ἔπεσεν ἐπὶ τὴν γῆν τὴν καλὴν καὶ
cayeron sobre la tierra — de buena calidad y

ἐδίδου καρπόν, ὃ μὲν ἑκατόν, ὃ δὲ
daban fruto, una ciento, otra

ἐξήκοντα, ὃ δὲ τριάκοντα. **9** ὁ ἔχων
sesenta, otra treinta. El que tiene

ὦτα ἀκουέτω. **10** Καὶ προσελθόντες οἱ
oídos,* oiga. Y acercándose los

μαθηταὶ εἶπαν αὐτῷ· διὰ τί ἐν παρα-
discípulos, dijeron le: ¿Por qué en pará-

βολαῖς λαλεῖς αὐτοῖς; **11** ὁ δὲ
bolas hablas les? Y él,

ἀποκριθεὶς εἶπεν· ὅτι ὑμῖν δέδοται
respondiendo, dijo: Porque a vosotros ha sido dado

γνῶναι τὰ μυστήρια τῆς βασιλείας τῶν
conocer los misterios del reino de los

οὐρανῶν, ἐκείνοις δὲ οὐ δέδοται. **12** ὅστις
cielos, mas a ellos ¹no ha sido dado. Porque

γὰρ ἔχει, δοθήσεται αὐτῷ καὶ περισ-
aquel que tiene, será dado le y sobrará;

σευθήσεται· ὅστις δὲ οὐκ ἔχει, καὶ
mas aquel que no tiene, aun

ὃ ἔχει ἀρθήσεται ἀπ' αὐτοῦ. **13** διὰ
lo que tiene, será quitado de él. ²Por

τοῦτο ἐν παραβολαῖς αὐτοῖς λαλῶ, ὅτι
esto en parábolas les hablo, pues

βλέποντες οὐ βλέπουσιν καὶ ἀκούοντες
viendo no ven, y oyendo

οὐκ ἀκούουσιν οὐδὲ συνιοῦσιν. **14** καὶ
no oyen ni entienden. Y

ἀναπληροῦται αὐτοῖς ἡ προφητεία Ἡσαΐου
se cumple para ellos la profecía de Isaías,

ἡ λέγουσα· ἀκοῇ ἀκούσετε καὶ οὐ μὴ
la que dice: Con oído oiréis y de ningún
(Oyendo) modo

συνῆτε, καὶ βλέποντες βλέψετε
entendáis y viendo veréis
(entenderéis)

καὶ οὐ μὴ ἴδητε. **15** ἐπαχύνθη γὰρ
y de ningún modo percibáis Porque ³se engrosó
(percibiréis).

ἡ καρδία τοῦ λαοῦ τούτου, καὶ τοῖς
el corazón del pueblo este, y con los

*
9. Muchos MSS. añaden *para oír*. Hoy diríamos *para leer entre líneas*, descubriendo el sentido de la parábola.

1
11. NO HA SIDO DADO. Esto no era debido a falta de oportunidades de parte de Dios, sino a la mala disposición de ellos.

2
13. POR ESTO... Es decir, porque una explicación directa era contraproducente para esta clase de gente "dura de cerviz". (V. Hch. 7:51.)

3
15. SE ENGROSÓ. Hebraísmo que indica insensibilidad del corazón (por estar recubierto de grasa).

ὦσὶν βαρέως ἤκουσαν, καὶ τοὺς ὀφθαλμοὺς
oídos [1]pesadamente oyeron,   y   los   ojos

αὐτῶν ἐκάμμυσαν· μήποτε ἴδωσιν τοῖς
de ellos   cerraron;   no sea que   vean   con los

ὀφθαλμοῖς καὶ τοῖς ὦσὶν ἀκούσωσιν
ojos   y   con los   oídos   oigan

καὶ τῇ καρδίᾳ συνῶσιν καὶ ἐπιστρέψωσιν,
y   con el   corazón   entiendan   y   se conviertan,

καὶ ἰάσομαι αὐτούς. **16** ὑμῶν δὲ μακάριοι
[2]y   yo sane   a ellos.   Mas de vosotros   dichosos

οἱ ὀφθαλμοὶ ὅτι βλέπουσιν, καὶ τὰ
los   ojos,   pues   ven,   y   los

ὦτα [ὑμῶν] ὅτι ἀκούουσιν. **17** ἀμὴν
oídos   de vosotros,   pues   oyen.   Porque de cierto

γὰρ λέγω ὑμῖν ὅτι πολλοὶ προφῆται καὶ
digo   os   que   muchos   profetas   y

δίκαιοι ἐπεθύμησαν ἰδεῖν ἃ
justos   anhelaron   ver   las cosas que

βλέπετε καὶ οὐκ εἶδαν, καὶ ἀκοῦσαι
veis   y   no   vieron,   y   oír

ἃ ἀκούετε καὶ οὐκ ἤκουσαν.
las cosas que   oís   y   no   oyeron.

18 Ὑμεῖς οὖν ἀκούσατε τὴν παραβολὴν
Vosotros,   pues,   oíd   la   parábola

τοῦ σπείραντος. **19** Παντὸς ἀκούοντος
del   que sembró.   Todo el que está   oyendo

τὸν λόγον τῆς βασιλείας καὶ μὴ συνιέντος
la palabra   del   reino   y   no   entendiendo,
(el mensaje)

ἔρχεται ὁ πονηρὸς καὶ ἁρπάζει τὸ
viene   el   Maligno   y   arrebata   lo que

ἐσπαρμένον ἐν τῇ καρδίᾳ αὐτοῦ· οὗτός
ha sido sembrado   en   el   corazón   de él;   éste

ἐστιν ὁ παρὰ τὴν ὁδὸν σπαρείς. **20** ὁ
es   el   junto   al camino que fue sembrado.   Mas el

δὲ ἐπὶ τὰ πετρώδη σπαρείς, οὗτός ἐστιν
sobre   los   pedregales que fue sembrado,   éste   es

ὁ τὸν λόγον ἀκούων καὶ εὐθὺς μετὰ
el   la   palabra que está oyendo   y   al momento   con

χαρᾶς λαμβάνων αὐτόν· **21** οὐκ ἔχει δὲ
gozo   que está recibiendo   a ella;   mas no tiene

ῥίζαν ἐν ἑαυτῷ ἀλλὰ πρόσκαιρός ἐστιν,
raíz   en   sí mismo,   sino que   temporero   es,

γενομένης δὲ θλίψεως ἢ διωγμοῦ
mas venida   (la) aflicción   o   (la) persecución

διὰ τὸν λόγον εὐθὺς σκανδαλίζεται.
por causa de   la   palabra,   al momento   se siente ofendido.

[1]
15. PESADAMENTE. Esto es, *difícilmente*, por haberse endurecido el "tímpano" espiritual.

[2]
15. Y YO SANE A ELLOS. Así como el mismo sol que ablanda la cera, endurece el barro, así también los mensajes que llegan a un corazón obstinado, sólo sirven para endurecerlo más. (V. Éx. 7:3, 13.)

22 ὁ δὲ εἰς τὰς ἀκάνθας σπαρείς, οὗτός
Mas el a(entre) los espinos que fue sembrado, éste

ἐστιν ὁ τὸν λόγον ἀκούων, καὶ ἡ
es el la palabra que está oyendo, y la

μέριμνα τοῦ αἰῶνος καὶ ἡ ἀπάτη
preocupación del siglo(mundo) y ¹el engaño

τοῦ πλούτου συμπνίγει τὸν λόγον, καὶ
de la riqueza ahoga la palabra, e

ἄκαρπος γίνεται. **23** ὁ δὲ ἐπὶ τὴν
infructuoso se hace. Mas el sobre la

καλὴν γῆν σπαρείς, οὗτός ἐστιν ὁ
de buena tierra que fue sembrado, éste es el
calidad

τὸν λόγον ἀκούων καὶ συνιείς, ὃς
la palabra que está oyendo y entendiendo, el cual

δὴ καρποφορεῖ καὶ ποιεῖ ὃ μὲν ἑκατόν,
de veras lleva fruto y produce, uno ciento,

ὃ δὲ ἑξήκοντα, ὃ δὲ τριάκοντα.
otro sesenta, y otro treinta.

24 Ἄλλην παραβολὴν παρέθηκεν αὐτοῖς
Otra parábola propuso les

λέγων· ὡμοιώθη ἡ βασιλεία τῶν
diciendo: Fue comparado el reino de los

οὐρανῶν ἀνθρώπῳ σπείραντι καλὸν σπέρμα
cielos a un hombre que sembró de buena calidad semilla

ἐν τῷ ἀγρῷ αὐτοῦ. **25** ἐν δὲ τῷ
en el campo de él. Mas durante el(mientras)

καθεύδειν τοὺς ἀνθρώπους ἦλθεν αὐτοῦ
dormir(dormían) los hombres, vino de él

ὁ ἐχθρὸς καὶ ἐπέσπειρεν ζιζάνια ἀνὰ μέσον
el enemigo y ²sembraba encima cizaña en medio

τοῦ σίτου καὶ ἀπῆλθεν. **26** ὅτε δὲ
del trigo y se marchó. Mas cuando

ἐβλάστησεν ὁ χόρτος καὶ καρπὸν
brotó la hierba y fruto

ἐποίησεν, τότε ἐφάνη καὶ τὰ ζιζάνια.
produjo, entonces apareció también la cizaña.

27 προσελθόντες δὲ οἱ δοῦλοι τοῦ οἰκο-
Y acercándose los siervos del dueño

δεσπότου εἶπον αὐτῷ· κύριε, οὐχὶ καλὸν
de la casa, dijeron le: Señor, ¿acaso no de buena calidad

σπέρμα ἔσπειρας ἐν τῷ σῷ ἀγρῷ;
semilla sembraste en el tú campo?

πόθεν οὖν ἔχει ζιζάνια; **28** ὁ δὲ ἔφη
¿De dónde, pues, tiene cizaña? Mas él dijo

αὐτοῖς· ἐχθρὸς ἄνθρωπος τοῦτο ἐποίησεν.
les: Un enemigo hombre esto hizo.

---

¹ 22. EL ENGAÑO... Quien sirve a Mamón, sólo escucha la voz de su amo (V. 6:24), que es engañosa (V. 1 Ti. 6:17).

² 25. SEMBRABA. El pretérito imperfecto indica acción continua. Satán no "duerme".

οἱ δὲ δοῦλοι αὐτῷ λέγουσιν· θέλεις
Mas los   siervos   le   dicen: ¿Quieres,

οὖν ἀπελθόντες συλλέξωμεν αὐτά; 29 ὁ
pues,   1habiendo ido   que recojamos   a ella?   Mas él

δέ φησιν· οὔ, μήποτε συλλέγοντες τὰ
dice: No,   no sea que,   al recoger   la

ζιζάνια ἐκριζώσητε ἅμα αὐτοῖς τὸν
cizaña,   arranquéis   juntamente   con ella   el

σῖτον. 30 ἄφετε συναυξάνεσθαι ἀμφότερα
trigo.   Dejad   que vayan creciendo   ambos juntos

ἕως τοῦ θερισμοῦ· καὶ ἐν καιρῷ τοῦ
hasta   la   recolección;   y   en   tiempo   de la

θερισμοῦ ἐρῶ τοῖς θερισταῖς· συλλέξατε
recolección,   diré   a los   segadores: Recoged

πρῶτον τὰ ζιζάνια καὶ δήσατε αὐτὰ
2primero   la   cizaña   y   atad   a ella

εἰς δέσμας πρὸς τὸ κατακαῦσαι αὐτά,
en   manojos   a fin de   —   quemar totalmente   a ella,

τὸν δὲ σῖτον συναγάγετε εἰς τὴν ἀποθήκην
mas el   trigo   llevad(lo) juntamente   al   granero

μου. 31 Ἄλλην παραβολὴν παρέθηκεν
de mí.   Otra   parábola   propuso

αὐτοῖς λέγων· ὁμοία ἐστὶν ἡ βασιλεία
les   diciendo: Semejante   es   el   reino

τῶν οὐρανῶν κόκκῳ σινάπεως, ὃν
de los   cielos   a un grano   de mostaza,   al cual

λαβὼν ἄνθρωπος ἔσπειρεν ἐν τῷ ἀγρῷ
habiendo tomado   un hombre,   sembró   en   el   campo

αὐτοῦ· 32 ὃ μικρότερον μέν ἐστιν
de él;   el cual   más pequeño   —   es

πάντων τῶν σπερμάτων, ὅταν δὲ
que todas   las   semillas,   mas cuando

αὐξηθῇ, μεῖζον τῶν λαχάνων ἐστὶν
ha crecido,   más grande   que las   hortalizas   es

καὶ γίνεται δένδρον, ὥστε ἐλθεῖν τὰ
y   3se hace   árbol,   hasta el punto de venir   las

πετεινὰ τοῦ οὐρανοῦ καὶ κατασκηνοῦν
aves   del   cielo   y   alojarse

ἐν τοῖς κλάδοις αὐτοῦ. 33 Ἄλλην
en   las   ramas   de él.   Otra

παραβολὴν ἐλάλησεν αὐτοῖς· ὁμοία
parábola   habló   les: Semejante

ἐστὶν ἡ βασιλεία τῶν οὐρανῶν ζύμη,
es   el   reino   de los   cielos a una 4levadura,

ἣν λαβοῦσα γυνὴ ἐνέκρυψεν εἰς ἀλεύρου
que habiendo tomado una mujer   escondió   en   de harina

σάτα τρία, ἕως οὗ ἐζυμώθη ὅλον.
medidas   tres,   hasta que   fue fermentado   todo.

1
28. HABIENDO IDO = yendo. Es decir, que vayamos a recogerla.

2
30. PRIMERO. Éstos son tomados para juicio, mientras los otros son dejados para bendición. (V. 24:40-42.)

3
32. SE HACE ÁRBOL. Tal fenómeno de gigantismo es siniestro, como se ve por el sentido de "aves" en el contexto (verss. 4, 19).

4
33. LEVADURA. En la Biblia es siempre símbolo de corrupción.

34 Ταῦτα πάντα ἐλάλησεν ὁ Ἰησοῦς ἐν
Estas cosas todas habló — Jesús en
παραβολαῖς τοῖς ὄχλοις, καὶ χωρὶς παραβολῆς
parábolas a las turbas, y sin parábola
οὐδὲν ἐλάλει αὐτοῖς· **35** ὅπως πληρωθῇ
nada hablaba les; (aparte de) para que así se cumpliera
τὸ ῥηθὲν διὰ τοῦ προφήτου λέγοντος·
lo dicho por medio del profeta diciendo
ἀνοίξω ἐν παραβολαῖς τὸ στόμα μού,
Abriré en parábolas la boca de mí, (cuando dice):
ἐρεύξομαι κεκρυμμένα ἀπὸ καταβολῆς.
proferiré cosas que han estado desde (la) fundación
escondidas (del mundo)
36 Τότε ἀφεὶς τοὺς ὄχλους ἦλθεν
Entonces, tras dejar (irse) a las turbas, entró
εἰς τὴν οἰκίαν. Καὶ προσῆλθον αὐτῷ
en la casa. Y se acercaron a él
οἱ μαθηταὶ αὐτοῦ λέγοντες· διασάφησον
los discípulos de él, diciendo: Declara
ἡμῖν τὴν παραβολὴν τῶν ζιζανίων τοῦ
nos la parábola de la cizaña del
ἀγροῦ. **37** ὁ δὲ ἀποκριθεὶς εἶπεν· ὁ
campo. Mas él, respondiendo, dijo: El
σπείρων τὸ καλὸν σπέρμα ἐστὶν ὁ
que siembra la de buena calidad semilla es el
υἱὸς τοῦ ἀνθρώπου· **38** ὁ δὲ ἀγρός
Hijo del Hombre; y el campo
ἐστιν ὁ κόσμος· τὸ δὲ καλὸν σπέρμα,
[1]es el mundo; y la de buena calidad semilla,
οὗτοί εἰσιν οἱ υἱοὶ τῆς βασιλείας· τὰ δὲ
éstos son los hijos del reino; mas la
ζιζάνιά εἰσιν οἱ υἱοὶ τοῦ πονηροῦ, **39** ὁ
cizaña son los hijos del Maligno, y el
δὲ ἐχθρὸς ὁ σπείρας αὐτά ἐστιν ὁ
enemigo — que sembró a ella es el
διάβολος· ὁ δὲ θερισμὸς συντέλεια
diablo; y la recolección consumación
αἰῶνός ἐστιν, οἱ δὲ θερισταὶ ἄγγελοί
del siglo es, y los segadores ángeles
εἰσιν. **40** ὥσπερ οὖν συλλέγεται τὰ
son. Por tanto, así como es recogida la
ζιζάνια καὶ πυρὶ κατακαίεται, οὕτως
cizaña y con fuego es consumida, así
ἔσται ἐν τῇ συντελείᾳ τοῦ αἰῶνος·
será en la consumación del siglo;
41 ἀποστελεῖ ὁ υἱὸς τοῦ ἀνθρώπου
enviará el Hijo del Hombre
τοὺς ἀγγέλους αὐτοῦ, καὶ συλλέξουσιν
a los ángeles de él, y recogerán

[1] 38. ES EL MUNDO. Está bien claro; no es la Iglesia. En ésta se puede (y se debe) hacer separación. (V. 1 Co. 5:8-13.)

ἐκ   τῆς   βασιλείας   αὐτοῦ   πάντα
de (fuera de) el   reino   de él   todas las cosas

τὰ   σκάνδαλα   καὶ   τοὺς   ποιοῦντας
que   induzcan al pecado   y   a los   que hacen

τὴν   ἀνομίαν,   42 καὶ   βαλοῦσιν   αὐτοὺς   εἰς
—   iniquidad,   y   echarán   a ellos   al

τὴν   κάμινον   τοῦ   πυρός·   ἐκεῖ   ἔσται   ὁ
—   horno   de fuego;   allí   será   el

κλαυθμὸς   καὶ   ὁ   βρυγμὸς   τῶν   ὀδόντων.
llanto   y   el   rechinar   de los   dientes.

43 τότε   οἱ   δίκαιοι   ἐκλάμψουσιν   ὡς   ὁ
Entonces   los   justos   [1]resplandecerán   como   el

ἥλιος   ἐν   τῇ   βασιλείᾳ   τοῦ   πατρὸς
sol   en   el   reino   del   Padre

αὐτῶν.   ὁ   ἔχων   ὦτα   ἀκουέτω.
de ellos.   El   que tiene   oídos,   oiga.

44 Ὁμοία   ἐστὶν   ἡ   βασιλεία   τῶν
Semejante   es   el   reino   de los

οὐρανῶν   θησαυρῷ   κεκρυμμένῳ   ἐν   τῷ
cielos   [2]a un tesoro   que ha sido escondido   en   el

ἀγρῷ,   ὃν   εὑρὼν   ἄνθρωπος   ἔκρυψεν,   καὶ
campo,   al que, habiendo hallado, un hombre   escondió,   y

ἀπὸ   τῆς   χαρᾶς   αὐτοῦ   ὑπάγει   καὶ   πωλεῖ
por   la   alegría   de él,   se va   y   vende

ὅσα   ἔχει   καὶ   ἀγοράζει   τὸν   ἀγρὸν
cuantas cosas   tiene   y   compra   el   campo

ἐκεῖνον.   45 Πάλιν   ὁμοία   ἐστὶν   ἡ
aquel.   De nuevo   semejante   es   el

βασιλεία   τῶν   οὐρανῶν   ἐμπόρῳ   ζητοῦντι
reino   de los   cielos   a un mercader   que busca

καλοὺς   μαργαρίτας·   46 εὑρὼν   δὲ   ἕνα   πολύτιμον
de buena calidad   perlas;   y habiendo encontrado una   de mucho valor

μαργαρίτην   ἀπελθὼν   πέπρακεν   πάντα
perla,   habiendo marchado,   ha vendido   todo

ὅσα   εἶχεν   καὶ   ἠγόρασεν   αὐτόν.
cuanto   tenía   y   compró   a ella.

47 Πάλιν   ὁμοία   ἐστὶν   ἡ   βασιλεία   τῶν
De nuevo   semejante   es   el   reino   de los

οὐρανῶν   σαγήνῃ   βληθείσῃ   εἰς   τὴν   θάλασσαν
cielos   [3]a una red   arrojada   al   mar

καὶ   ἐκ   παντὸς   γένους   συναγαγούσῃ·
y   de   toda   clase (de peces)   que ha recogido;

48 ἦν   ὅτε   ἐπληρώθη   ἀναβιβάσαντες   ἐπὶ
a la que, cuando   se llenó,   sacando   a
                    (habiendo sacado)

τὸν   αἰγιαλὸν   καὶ   καθίσαντες   συνέλεξαν
la   orilla   y,   sentados,   recogieron

τὰ   καλὰ   εἰς   ἄγγη,   τὰ   δὲ   σαπρὰ   ἔξω
los de buena calidad en   cestos,   mas los   de mala calidad fuera

---

[1]
43. RESPLANDECERÁN. (Véase Dan. 12:3.)

[2]
44. A UN TESORO. La diferencia entre esta parábola y la siguiente es que en ésta se encuentra, con sorpresa, lo que no se buscaba; en la siguiente, la búsqueda es coronada por el éxito. En los dos casos, es algo que merece la pena de desprenderse de todo lo demás por conseguirlo. No se trata de comprar la salvación.

[3]
47. A UNA RED. El griego significa la red grande, que se dejaba por algún tiempo en el agua. Parece indicar que no todos los que responden a la invitación son nacidos de nuevo.

ἔβαλον. **49** οὕτως ἔσται ἐν τῇ συντελείᾳ
echaron.   Así   será   en   la   consumación

τοῦ αἰῶνος· ἐξελεύσονται οἱ ἄγγελοι καὶ
del   siglo;   saldrán   los   ángeles   y

ἀφοριοῦσιν τοὺς πονηροὺς ἐκ μέσου
separarán   a los   malvados   [1]de   en medio

τῶν δικαίων, **50** καὶ βαλοῦσιν αὐτοὺς
de los   justos,   y   echarán   a ellos

εἰς τὴν κάμινον τοῦ πυρός· ἐκεῖ
al   horno   —   de fuego;   allí

ἔσται ὁ κλαυθμὸς καὶ ὁ βρυγμὸς τῶν
será   el   llanto   y   el   rechinar   de los

ὀδόντων. **51** Συνήκατε ταῦτα πάντα;
dientes.   ¿Entendisteis   estas cosas   todas?

λέγουσιν αὐτῷ· ναί. **52** ὁ δὲ εἶπεν
Dicen   le: Sí.   Y él   dijo

αὐτοῖς· διὰ τοῦτο πᾶς γραμματεὺς
les: Por   esto,   todo   escriba

μαθητευθεὶς τῇ βασιλείᾳ τῶν οὐρανῶν
que ha sido instruido   en el   reino   de los   cielos

ὅμοιός ἐστιν ἀνθρώπῳ οἰκοδεσπότῃ,
semejante   es   a un hombre   (que es) amo de casa,

ὅστις ἐκβάλλει ἐκ τοῦ θησαυροῦ
el cual   [2]está sacando   del   tesoro

αὐτοῦ καινὰ καὶ παλαιά.
de él   cosas nuevas   y   cosas viejas.
(recientes)

53 Καὶ ἐγένετο ὅτε ἐτέλεσεν ὁ
Y   sucedió   cuando   terminó   —

Ἰησοῦς τὰς παραβολὰς ταύτας, μετῆρεν
Jesús   las   parábolas   estas,   se trasladó

ἐκεῖθεν. **54** καὶ ἐλθὼν εἰς τὴν πατρίδα
de allí.   Y   venido   a   la   tierra
(patria chica),

αὐτοῦ ἐδίδασκεν αὐτοὺς ἐν τῇ συνα-
de él,   enseñaba   les   en   la   sina-

γωγῇ αὐτῶν, ὥστε ἐκπλήσσεσθαι αὐτοὺς
goga   de ellos,   hasta el   quedarse atónitos   ellos
punto de

καὶ λέγειν· πόθεν τούτῳ ἡ σοφία αὕτη
y   decir: ¿De dónde   (a) éste   la   sabiduría   esta
(le viene o tiene)

καὶ αἱ δυνάμεις; **55** οὐχ οὗτός ἐστιν
y   los   milagros?   ¿No   éste   es

ὁ τοῦ τέκτονος υἱός; οὐχ ἡ μήτηρ
el   del   [3]carpintero   hijo?   ¿No   la   madre

αὐτοῦ λέγεται Μαριὰμ καὶ οἱ ἀδελφοὶ
de él   es llamada   María   y   [4]los   hermanos

αὐτοῦ Ἰάκωβος καὶ Ἰωσὴφ καὶ Σίμων
de él   Jacobo   y   José   y   Simón

καὶ Ἰούδας; **56** καὶ αἱ ἀδελφαὶ αὐτοῦ
y   Judas?   Y   las   hermanas   de él

1
49. DE EN MEDIO. (Comp. con 1 Jn. 2:19.)

2
52. ESTÁ SACANDO. El griego implica ir echando continuamente (el verbo está en presente) de lo que se va sacando: nuevo y viejo (de toda la Biblia). El buen discípulo se siente constreñido a comunicar. (V. Jer. 20:9; 1 Co. 9:16.)

3
55. CARPINTERO. Propiamente, *constructor con material de madera.*

4
55. No existe razón bíblica para afirmar que se trata de primos o hijos de un anterior matrimonio de José. Jacobo y Judas son, con la mayor probabilidad, escritores, respectivamente, de las epístolas que llevan sus nombres.

οὐχὶ πᾶσαι πρὸς ἡμᾶς εἰσιν; πόθεν
¿acaso no todas frente a nosotros están? ¿De dónde,
(con)

οὖν τούτῳ ταῦτα πάντα; 57 καὶ
pues, (tiene) éste estas cosas todas? Y

ἐσκανδαλίζοντο ἐν αὐτῷ. ὁ δὲ Ἰησοῦς
¹se sentían ofendidos en él. — Mas Jesús

εἶπεν αὐτοῖς· οὐκ ἔστιν προφήτης
dijo les: No es un profeta

ἄτιμος εἰ μὴ ἐν τῇ πατρίδι καὶ
sin honor excepto en la tierra (suya) ²y
(patria chica)

ἐν τῇ οἰκίᾳ αὐτοῦ. 58 καὶ οὐκ ἐποίησεν ἐκεῖ
en la casa de él. Y no hizo allí

δυνάμεις πολλὰς διὰ τὴν ἀπιστίαν αὐτῶν.
milagros muchos a causa de la incredulidad de ellos.

14 Ἐν ἐκείνῳ τῷ καιρῷ ἤκουσεν
En aquel — tiempo· oyó
(Por entonces)

Ἡρῴδης ὁ τετραάρχης τὴν ἀκοὴν Ἰησοῦ,
Herodes el tetrarca ³la fama de Jesús,

2 καὶ εἶπεν τοῖς παισὶν αὐτοῦ· οὗτός
y dijo a los siervos de él: Éste

ἐστιν Ἰωάννης ὁ βαπτιστής· αὐτὸς
es Juan el Bautista; él

ἠγέρθη ἀπὸ τῶν νεκρῶν, καὶ διὰ τοῦτο
fue levantado de los muertos, y por esto
(ha sido)

αἱ δυνάμεις ἐνεργοῦσιν ἐν αὐτῷ.
los poderes milagrosos actúan en él.

3 Ὁ γὰρ Ἡρῴδης κρατήσας τὸν Ἰωάννην
— Porque Herodes, tras arrestar — a Juan,

ἔδησεν καὶ ἐν φυλακῇ ἀπέθετο διὰ
(lo) ató y en prisión ⁴puso a causa de
(encadenó)

Ἡρῳδιάδα τὴν γυναῖκα Φιλίππου τοῦ
Herodías la mujer de Felipe el

ἀδελφοῦ αὐτοῦ· **4** ἔλεγεν γὰρ ὁ Ἰωάννης
hermano de él; porque decía — Juan

αὐτῷ· οὐκ ἔξεστίν σοι ἔχειν αὐτήν.
le: No es lícito te tener a ella.

5 καὶ θέλων αὐτὸν ἀποκτεῖναι ἐφοβήθη
Y, queriendo le matar, temió

τὸν ὄχλον, ὅτι ὡς προφήτην αὐτὸν
a la gente, pues como profeta le
(por)

εἶχον. **6** γενεσίοις δὲ γενομένοις τοῦ
tenían. Mas el cumpleaños venido
(llegado)

Ἡρῴδου ὠρχήσατο ἡ θυγάτηρ τῆς
de Herodes, bailó la hija

Ἡρῳδιάδος ἐν τῷ μέσῳ καὶ ἤρεσεν
de Herodías ⁵en el medio y agradó

1
57. SE SENTÍAN OFENDIDOS. Como dice Broadus, "tropezaban en su origen humilde y su falta de instrucción en las escuelas rabínicas".
2
57. Y ¡EN LA CASA DE ÉL. (V. Jn. 7:5.) Los que vienen de lejos no suscitan celos, porque no amenazan nuestro prestigio.
3
1. LA FAMA DE JESÚS. Lit. lo que se oía de Jesús.
4
3. PUSO. La preposición componente indica el propósito de Herodes de alejar de su presencia a Juan.
5
6. EN EL MEDIO. Es decir, a la vista de todos los convidados. (Comp. Jn. 8:9.)

τῷ Ἡρῴδῃ, 7 ὅθεν μεθ' ὅρκου ὡμολόγησεν
— a Herodes,   por lo cual con   juramento   [1]prometió

αὐτῇ δοῦναι ὃ ἐὰν αἰτήσηται. 8 ἡ δὲ
a ella   dar   cualquier cosa que   pidiese.   Y ella

προβιβασθεῖσα ὑπὸ τῆς μητρὸς αὐτῆς·
[2]instigada   por   la   madre   de ella:

δός μοι, φησίν, ὧδε ἐπὶ πίνακι τὴν
[3]Da me,   dice,   aquí   en   una bandeja   la

κεφαλὴν Ἰωάννου τοῦ βαπτιστοῦ. 9 καὶ
cabeza   de Juan   el   Bautista.   Y (aunque)

λυπηθεὶς ὁ βασιλεὺς διὰ τοὺς
apenado   el   rey   a causa de   los

ὅρκους καὶ τοὺς συνανακειμένους
juramentos   y   de los   [4]juntamente reclinados a
                                                    la mesa,

ἐκέλευσεν δοθῆναι, 10 καὶ πέμψας
mandó   que fuese dada (a ella),   y   [5]habiendo enviado

ἀπεκεφάλισεν Ἰωάννην ἐν τῇ φυλακῇ.
decapitó   a Juan   en   la   cárcel.

11 καὶ ἠνέχθη ἡ κεφαλὴ αὐτοῦ ἐπὶ
Y   fue traída   la   cabeza   de él   en

πίνακι καὶ ἐδόθη τῷ κορασίῳ, καὶ
una bandeja   y   fue dada   a la   muchacha,   y

ἤνεγκεν τῇ μητρὶ αὐτῆς. 12 καὶ
(ella la) llevó   a la   madre   de ella.   Y

προσελθόντες οἱ μαθηταὶ αὐτοῦ ἦραν τὸ
llegados   los   discípulos   de él,   [6]tomaron   el

πτῶμα καὶ ἔθαψαν αὐτόν, καὶ ἐλθόντες
cadáver   y   sepultaron   a él,   y   venidos,

ἀπήγγειλαν τῷ Ἰησοῦ. 13 Ἀκούσας δὲ
informaron   — a Jesús.   Al oír(lo)

ὁ Ἰησοῦς ἀνεχώρησεν ἐκεῖθεν ἐν
— Jesús   se marchó   de allí   en

πλοίῳ εἰς ἔρημον τόπον κατ' ἰδίαν·
una barca   a   desierto   un lugar   en privado;

καὶ ἀκούσαντες οἱ ὄχλοι ἠκολούθησαν
Y   habiendo(lo) oído   las   turbas,   siguieron

αὐτῷ πεζῇ ἀπὸ τῶν πόλεων. 14 Καὶ
le   a pie   desde   las   ciudades.   Y

ἐξελθὼν εἶδεν πολὺν ὄχλον, καὶ
salido,   vio   mucha   gente,   y

ἐσπλαγχνίσθη ἐπ' αὐτοῖς καὶ
[7]fue movido a compasión   hacia   ellos   y

ἐθεράπευσεν τοὺς ἀρρώστους αὐτῶν.
sanó   a los   enfermos   de ellos.

15 ὀψίας δὲ γενομένης προσῆλθον αὐτῷ
Y la tarde   llegada,   se acercaron   a él

οἱ μαθηταὶ λέγοντες· ἔρημός ἐστιν ὁ
los   discípulos,   diciendo: Desierto   es   el

---

[1]
7. PROMETIÓ. El verbo griego expresa la idea de que estaba de acuerdo en concederle lo que le pidiera.

[2]
8. INSTIGADA. Lit. *empujada hacia delante.*

[3]
8. DAME... AQUÍ. Nótese la urgencia del aoristo: aquí y ahora mismo; quizá temía Herodías que se volviese atrás el rey.

[4]
9. Es decir, *comensales.* Comían recostados en divanes, apoyándose en la mesa y con los pies hacia fuera. (V. Jn. 13:5; 21:20.)

[5]
10. HABIENDO ENVIADO (aoristo). Esto es, *envió a decapitar.*

[6]
12. TOMARON. Lit. *Levantaron y se llevaron* (el mismo verbo de Jn. 1:29).

[7]
14. FUE MOVIDO A COMPASIÓN. Lit. *se le enternecieron las entrañas* (Jesús no era un estoico).

τόπος καὶ ἡ ὥρα ἤδη παρῆλθεν·
lugar   y   la   hora   ¹ya   pasó;

ἀπόλυσον οὖν τοὺς ὄχλους, ἵνα ἀπελθόντες
²despide,   pues,   a las   turbas,   para que   marchando

εἰς τὰς κώμας ἀγοράσωσιν ἑαυτοῖς
a   las   aldeas,   compren   para sí mismos

βρώματα.   16 ὁ δὲ Ἰησοῦς εἶπεν αὐτοῖς·
alimentos.   — Mas   Jesús   dijo   les:

οὐ χρείαν ἔχουσιν ἀπελθεῖν· δότε
No   necesidad   tienen   de marcharse;   dad

αὐτοῖς ὑμεῖς φαγεῖν.   17 οἱ δὲ λέγουσιν
les   vosotros   de comer.   Mas ellos   dicen

αὐτῷ· οὐκ ἔχομεν ὧδε εἰ μὴ πέντε
le: No   tenemos   aquí   sino   cinco

ἄρτους καὶ δύο ἰχθύας.   18 ὁ δὲ εἶπεν·
panes   y   dos   peces.   Mas él   dijo:

φέρετέ μοι ὧδε αὐτούς.   19 καὶ κελεύσας
Traed   me   acá   a ellos.   Y,   tras ordenar

τοὺς ὄχλους ἀνακλιθῆναι ἐπὶ τοῦ χόρτου,
a las   multitudes   recostarse   sobre   la   hierba,

λαβὼν τοὺς πέντε ἄρτους καὶ τοὺς δύο
tomando   los   cinco   panes   y   los   dos

ἰχθύας, ἀναβλέψας εἰς τὸν οὐρανὸν
peces,   habiendo levantado los ojos hacia   el   cielo,

εὐλόγησεν, καὶ κλάσας ἔδωκεν τοῖς
pronunció la bendición   y,   tras partir(los),   dio   a los

μαθηταῖς τοὺς ἄρτους, οἱ δὲ μαθηταὶ
discípulos   los   panes,   y los   discípulos

τοῖς ὄχλοις.   20 καὶ ἔφαγον πάντες καὶ
a las   multitudes.   Y   comieron   todos   y

ἐχορτάσθησαν· καὶ ἦραν τὸ περισσεῦον
quedaron saciados;   y   ³levantaron   lo   sobrante
                                (se llevaron)

τῶν κλασμάτων, δώδεκα κοφίνους πλήρεις.
de los   fragmentos,   doce   ⁴canastos   llenos.

21 οἱ δὲ ἐσθίοντες ἦσαν ἄνδρες ὡσεὶ
Y los   que comían   eran   varones   como
                              (aproximadamente)

πεντακισχίλιοι χωρὶς γυναικῶν καὶ
cinco mil   aparte de   mujeres   y

παιδίων.   22 Καὶ [εὐθέως] ἠνάγκασεν
niños.   Y   en seguida   ⁵obligó
                              (ordenó)

τοὺς μαθητὰς ἐμβῆναι εἰς τὸ πλοῖον
a los   discípulos   a subir   a   la   barca

καὶ προάγειν αὐτὸν εἰς τὸ πέραν,
e   ir delante   de él   a   la   orilla opuesta,

ἕως οὗ ἀπολύσῃ τοὺς ὄχλους.   23 Καὶ
hasta   que   despidiese   a las   turbas,   Y
                          (multitud).

ἀπολύσας τοὺς ὄχλους ἀνέβη εἰς τὸ
tras despedir   a las   turbas,   subió   a   la

---

¹
15. YA PASÓ. Es decir, *ya es avanzada.*

²
15. DESPIDE. Esto es, *deja partir* (como en Hch. 13:3). Compárese la actitud de los discípulos con la de Jesús.

³
20. LEVANTARON. Es el mismo vocablo griego del versículo 12.

⁴
20. CANASTOS. Cestas pequeñas, distintas de los grandes cestos de 15:37. Quizá las tenían los apóstoles (¡doce!) para llevar sus vituallas.

⁵
22. OBLIGÓ. Lit. *forzó.* Un verbo cuyo sentido se comprende a la vista de Jn. 6:15.

ὄρος κατ' ἰδίαν προσεύξασθαι. ὀψίας
montaña   en privado   [1]a orar.   Y la tarde

δὲ γενομένης μόνος ἦν ἐκεῖ. 24 τὸ δὲ
llegada,   solo estaba allí.   Mas la

πλοῖον ἤδη σταδίους πολλοὺς ἀπὸ τῆς
barca   ya   estadios muchos   de   la

γῆς ἀπεῖχεν, βασανιζόμενον ὑπὸ τῶν
tierra distaba,   siendo azotada   por las

κυμάτων, ἦν γὰρ ἐναντίος ὁ ἄνεμος.
olas,   porque era contrario el viento.

25 τετάρτῃ δὲ φυλακῇ τῆς νυκτὸς
Mas durante [2]la cuarta vigilia de la noche

ἦλθεν πρὸς αὐτοὺς περιπατῶν ἐπὶ τὴν
vino hacia ellos   andando sobre el

θάλασσαν. 26 οἱ δὲ μαθηταὶ ἰδόντες
mar.   Mas los discípulos cuando vieron

αὐτὸν ἐπὶ τῆς θαλάσσης περιπατοῦντα
le   sobre el   mar   andando

ἐταράχθησαν λέγοντες ὅτι φάντασμά
se asustaron, diciendo: —   ¡Un fantasma

ἐστιν, καὶ ἀπὸ τοῦ φόβου ἔκραξαν.
es!, y [3]a causa del miedo, gritaron.

27 εὐθὺς δὲ ἐλάλησεν [ὁ Ἰησοῦς]
Mas en seguida   habló   —   Jesús

αὐτοῖς λέγων· θαρσεῖτε, ἐγώ εἰμι·
les diciendo: ¡Tened ánimo!, ¡yo soy!;

μὴ φοβεῖσθε. 28 ἀποκριθεὶς δὲ αὐτῷ ὁ
no sigáis teniendo miedo. Respondiendo le —

Πέτρος εἶπεν· κύριε, εἰ σὺ εἶ, κέλευσόν
Pedro, dijo: Señor, si tú eres, ordena

με ἐλθεῖν πρὸς σὲ ἐπὶ τὰ ὕδατα. 29 ὁ
que yo vaya hasta ti sobre las aguas.   Y él

δὲ εἶπεν· ἐλθέ. καὶ καταβὰς ἀπὸ τοῦ
dijo: Ven. Y bajando de la

πλοίου Πέτρος περιπάτησεν ἐπὶ τὰ ὕδατα
barca, Pedro   anduvo   sobre las aguas

καὶ ἦλθεν πρὸς τὸν Ἰησοῦν. 30 βλέπων δὲ
y fue hacia —   Jesús.   Mas [4]viendo

τὸν ἄνεμον ἐφοβήθη, καὶ ἀρξάμενος
el viento, tuvo miedo, y habiendo comenzado

καταποντίζεσθαι ἔκραξεν λέγων·
a hundirse,   gritó   diciendo:

κύριε, σῶσόν με. 31 εὐθέως δὲ ὁ
Señor, salva me.   Y al instante —

Ἰησοῦς ἐκτείνας τὴν χεῖρα ἐπελάβετο
Jesús, extendiendo la mano, agarró

αὐτοῦ, καὶ λέγει αὐτῷ· ὀλιγόπιστε,
le   y dice le: ¡Tú, de poca fe!

1
23. A ORAR. El aoristo nos indica la urgencia, ante una tentación similar a la de 4:8-9.

2
25. LA CUARTA VIGILIA. Es decir, *entre las 3 y las 6 de la madrugada*.

3
26. A CAUSA DEL MIEDO. Se comprende el pánico y la turbación de los discípulos, exhaustos, ante un furioso oleaje, y sin Jesús al lado.

4
30. VIENDO EL VIENTO. Es decir, *los efectos del viento*. Las cosas comenzaron a ponerse mal tan pronto como Pedro dejó de tener "puestos los ojos en Jesús" (He. 12:2).

εἰς τί ἐδίστασας;   32 καὶ ἀναβάντων
¿A qué 1dudaste?   Y   cuando subieron

αὐτῶν εἰς τὸ πλοῖον ἐκόπασεν ὁ ἄνεμος.
ellos a la barca, cesó el viento.
(amainó)

33 οἱ δὲ ἐν τῷ πλοίῳ προσεκύνησαν αὐτῷ
Y los (que estaban) en la barca 2se prosternaron ante él,

λέγοντες· ἀληθῶς θεοῦ υἱὸς εἶ. 34 Καὶ
diciendo: Verdaderamente de Dios Hijo eres. Y

διαπεράσαντες ἦλθον ἐπὶ τὴν γῆν εἰς
habiendo marchado a llegaron sobre la tierra a
través hasta la otra orilla, (a poner pie en) (en)

Γεννησαρέτ. 35 καὶ ἐπιγνόντες αὐτὸν
Genesaret. Y cuando reconocieron le

οἱ ἄνδρες τοῦ τόπου ἐκείνου ἀπέστειλαν
los varones del lugar aquel, 3enviaron

εἰς ὅλην τὴν περίχωρον ἐκείνην, καὶ
a toda la comarca circunvecina aquella, y

προσήνεγκαν αὐτῷ πάντας τοὺς κακῶς
trajeron hasta él a todos los mal

ἔχοντας, 36 καὶ παρεκάλουν αὐτὸν ἵνα
que se encontraban, y rogaban le que

μόνον ἅψωνται τοῦ κρασπέδου τοῦ
al menos pudieran tocar el borde del

ἱματίου αὐτοῦ· καὶ ὅσοι ἥψαντο διεσώθησαν.
manto de él; y cuantos (lo) tocaron, quedaron
completamente sanos.

15 Τότε προσέρχονται τῷ Ἰησοῦ
Entonces llegaron hasta Jesús

ἀπὸ Ἰεροσολύμων Φαρισαῖοι καὶ γραμματεῖς
de Jerusalén unos fariseos y escribas
(desde)

λέγοντες· 2 διὰ τί οἱ μαθηταί σου
diciendo: 4¿Por qué los discípulos de ti

παραβαίνουσιν τὴν παράδοσιν τῶν
transgreden la tradición de los

πρεσβυτέρων; οὐ γὰρ νίπτονται τὰς χεῖρας
ancianos? Porque no se lavan las manos

ὅταν ἄρτον ἐσθίωσιν. 3 ὁ δὲ ἀπο-
cuando pan comen. Mas él, contes-

κριθεὶς εἶπεν αὐτοῖς· διὰ τί καὶ ὑμεῖς
tando, dijo les: 5¿Por qué también vosotros

παραβαίνετε τὴν ἐντολὴν τοῦ θεοῦ
transgredís el mandamiento — de Dios

διὰ τὴν παράδοσιν ὑμῶν; 4 ὁ γὰρ
por causa de la tradición de vosotros? — Porque

θεὸς εἶπεν· τίμα τὸν πατέρα καὶ τὴν
Dios dijo: Honra al padre y a la

μητέρα, καὶ· ὁ κακολογῶν πατέρα
madre, y: El que hable mal de (su) padre

1
31. DUDASTE. Como lo muestra su etimología (en griego, latín, castellano), dudar es moverse en dos direcciones contrarias (Stg. 1:6), en oposición a la firmeza de la fe (He. 11:1: *hypóstasis*).
2
33. SE PROSTERNARON. (Compárese con Ap. 22:9.) Alcanzaron un conocimiento del Divino Salvador, más profundo que antes (Jn. 1: 41, 49).
3
35. ENVIARON. Es decir, *despacharon enviados que divulgasen la noticia*.
4
2. ¿POR QUÉ...? Dirigen la pregunta al Maestro, como diciendo: ¡Qué mal enseñados los tienes!
5
3. ¿POR QUÉ...? Jesús replica indicando la supremacía de la Palabra de Dios sobre cualquier tradición.

ἢ μητέρα θανάτῳ τελευτάτω. 5 ὑμεῖς δὲ
o de (su) madre, con muerte muera (muera sin remedio) Mas vosotros

λέγετε· ὃς ἂν εἴπῃ τῷ πατρὶ ἢ
decís: Cualquiera que diga al padre o

τῇ μητρί· δῶρον ὃ ἐὰν ἐξ ἐμοῦ
a la madre: (Es) ofrenda todo lo que de mí
(a Dios)

ὠφελήθης, 6 οὐ μὴ τιμήσει τὸν
puedas sacar provecho, de ningún modo honrará al
(tendrá que honrar)

πατέρα αὐτοῦ ἢ τὴν μητέρα αὐτοῦ·
padre de él o a la madre de él;

καὶ ἠκυρώσατε τὸν λόγον τοῦ θεοῦ
y 1habéis dejado sin efecto la palabra — de Dios

διὰ τὴν παράδοσιν ὑμῶν. 7 ὑποκρι-
a causa de la tradición de vosotros. ¡Hipócri-

ταί, καλῶς ἐπροφήτευσεν περὶ ὑμῶν
tas! Bien profetizó acerca de vosotros

Ἡσαΐας λέγων· 8 ὁ λαὸς οὗτος τοῖς
Isaías, al decir: El pueblo este con los

χείλεσίν με τιμᾷ, ἡ δὲ καρδία αὐτῶν
labios me honra, mas el corazón de ellos

πόρρω ἀπέχει ἀπ᾽ ἐμοῦ· 9 μάτην δὲ
lejos dista de mí; y en vano

σέβονται με, διδάσκοντες διδασκαλίας
2adoran me, enseñando (como) doctrinas

ἐντάλματα ἀνθρώπων. 10 Καὶ προσκαλε-
preceptos de hombres. Y habiendo llama-

σάμενος τὸν ὄχλον εἶπεν αὐτοῖς·
do hacia sí a la multitud, dijo les:

ἀκούετε καὶ συνίετε· 11 οὐ τὸ εἰσερχ-
Oíd y entended: No lo que está

όμενον εἰς τὸ στόμα κοινοῖ τὸν ἄνθρωπον,
entrando en la boca hace 3profano al hombre,
(contamina)

ἀλλὰ τὸ ἐκπορευόμενον ἐκ τοῦ στόματος,
sino lo que está saliendo de la boca,

τοῦτο κοινοῖ τὸν ἄνθρωπον. 12 Τότε
esto hace profano al hombre. Entonces,
(contamina)

προσελθόντες οἱ μαθηταὶ λέγουσιν αὐτῷ·
acercándose los discípulos, dicen le:

οἶδας ὅτι οἱ Φαρισαῖοι ἀκούσαντες τὸν
¿Sabes que los fariseos cuando oyeron la
(tu)

λόγον ἐσκανδαλίσθησαν; 13 ὁ δὲ ἀπο-
palabra se ofendieron? Mas él, respon-

κριθεὶς εἶπεν· πᾶσα φυτεία ἣν οὐκ
diendo, dijo: Toda planta que no

ἐφύτευσεν ὁ πατήρ μου ὁ οὐράνιος ἐκριζω-
plantó el Padre de mí — celestial, 4será arran-

θήσεται. 14 ἄφετε αὐτούς· τυφλοί εἰσιν
cada de raíz. Dejad los; ciegos son

1
6. HABÉIS DEJADO SIN EFEC-
TO. Lit. habéis despojado de
su autoridad coercitiva.
2
9. ADORAN. Es decir, rinden
culto. (Nótese que el original no usa el verbo latreuo
= "servir", de 4:10.)
3
11. PROFANO. Lit. común.
Jesús no abroga aquí los
preceptos del Levítico (eso
vendrá después —V. Hch.
10:15), sino que los deja
en su debido contexto, y se
refiere a la contaminación
espiritual.
4
13. SERÁ ARRANCADA DE RAÍZ.
El único sentido correcto de
esta frase es escatológico.
(Comp. 13:19, 38.) Toda
doctrina que no viene de
Dios será expuesta y juz-
gada cuando el Señor venga.

ὁδηγοὶ τυφλῶν· τυφλὸς δὲ τυφλὸν
guías   de ciegos;   y un ciego   a otro ciego

ἐὰν ὁδηγῇ, ἀμφότεροι εἰς βόθυνον πεσοῦνται.
si   guía,   ambos   a un hoyo   caerán.

15 Ἀποκριθεὶς δὲ ὁ Πέτρος εἶπεν αὐτῷ·
Y respondiendo   —   Pedro,   dijo   le:

φράσον ἡμῖν τὴν παραβολήν. **16** ὁ δὲ
Explica   nos   la   parábola.   Y él

εἶπεν· ἀκμὴν καὶ ὑμεῖς ἀσύνετοί
dijo: ¿Todavía   también   vosotros   [1]sin entendimiento

ἐστε; **17** οὐ νοεῖτε ὅτι πᾶν τὸ
sois?   ¿No   entendéis   que   todo   lo

εἰσπορευόμενον εἰς τὸ στόμα εἰς τὴν
que va entrando   en   la   boca   al

κοιλίαν χωρεῖ καὶ εἰς ἀφεδρῶνα ἐκβάλλεται;
vientre   va   y   a   la cloaca   es echado?

18 τὰ δὲ ἐκπορευόμενα ἐκ τοῦ
Mas las cosas   que van saliendo   [2]de   la

στόματος ἐκ τῆς καρδίας ἐξέρχεται,
boca,   del   corazón   provienen,

κἀκεῖνα κοινοῖ τὸν ἄνθρωπον. **19** ἐκ
y ésas   profanan   al   hombre.   Porque del
     (contaminan)

γὰρ τῆς καρδίας ἐξέρχονται διαλογισμοὶ
   —   corazón   proceden   (los) [3]pensamientos

πονηροί, φόνοι, μοιχεῖαι, πορνεῖαι, κλοπαί,
malvados, (los) homicidios, (los) adulterios, (las) inmoralidades (los) robos,
                            sexuales,

ψευδομαρτυρίαι, βλασφημίαι. **20** ταῦτά
(los) falsos testimonios,   (las) difamaciones.   Estas cosas

ἐστιν τὰ κοινοῦντα τὸν ἄνθρωπον·
son   las   que profanan   al   hombre;
          (contaminan)

τὸ δὲ ἀνίπτοις χερσὶν φαγεῖν οὐ
mas el   no lavadas   con manos   comer   no

κοινοῖ τὸν ἄνθρωπον.
profana   al   hombre.
(contamina)

21 Καὶ ἐξελθὼν ἐκεῖθεν ὁ Ἰησοῦς
   Y   saliendo   de allí   —   Jesús,

ἀνεχώρησεν εἰς τὰ μέρη Τύρου καὶ
se marchó   [4]a   la   región   de Tiro   y
               (las partes)

Σιδῶνος. **22** καὶ ἰδοὺ γυνὴ Χαναναία
Sidón.   Y   he aquí que una mujer   cananea

ἀπὸ τῶν ὁρίων ἐκείνων ἐξελθοῦσα
de   los   confines   aquellos   salida

ἔκραζεν λέγουσα· ἐλέησόν με, κύριε
gritaba   diciendo: Ten compasión   de mí,   Señor,

υἱὸς Δαυίδ· ἡ θυγάτηρ μου κακῶς
[5]Hijo   de David;   la   hija   de mí   malamente
                            (terriblemente)

δαιμονίζεται. **23** ὁ δὲ οὐκ ἀπεκρίθη
está endemoniada.   Mas él   no   respondió

[1]
16. SIN ENTENDIMIENTO. Esto muestra el poder de los prejuicios colectivos. Pedro no lo entendía ni aun después de Pentecostés (Hch. 10:14).

[2]
18. DE LA BOCA. (Comp. con Ef. 4:29 y Stg. 3:6.) Por la boca sale lo que el corazón rebosa (12:34), y el corazón es engañoso y perverso por naturaleza (Jer. 17:9).

[3]
19. PENSAMIENTOS. El griego indica cavilaciones de mala intención (el mismo vocablo que en Ro. 1:21).

[4]
21. A LA REGIÓN. Comparando con Mr. 7:31, se ve que entró en la región, aunque no con la intención de ejercer su ministerio allí (vers. 24).

[5]
22. HIJO DE DAVID. Estando cerca de Israel, esta mujer estaba enterada de las promesas mesiánicas y de la identidad de Jesús.

αὐτῇ λόγον.   καὶ προσελθόντες οἱ μαθηταὶ
a ella una palabra.   Y   acercándose   los   discípulos

αὐτοῦ ἠρώτων αὐτὸν λέγοντες·   ἀπόλυσον
de él,   rogaban   le   diciendo: Despide

αὐτήν, ὅτι κράζει ὄπισθεν ἡμῶν.   24 ὁ
la,   pues   va gritando   detrás   de nosotros.   Y él

δὲ ἀποκριθεὶς εἶπεν·   οὐκ ἀπεστάλην
respondiendo,   dijo: No   fui enviado

εἰ μὴ εἰς τὰ πρόβατα τὰ ἀπολωλότα
sino   a   las   ovejas   —   perdidas

οἴκου Ἰσραήλ.   25 ἡ δὲ ἐλθοῦσα
de (la) casa   de Israel.   Mas ella,   llegada,

προσεκύνει αὐτῷ λέγουσα·   κύριε, βοήθει
se prosternaba   ante él,   diciendo: Señor,   [1]ayuda

μοι.   26 ὁ δὲ ἀποκριθεὶς εἶπεν·   οὐκ
me.   Mas él,   respondiendo,   dijo: No

ἔστιν καλὸν λαβεῖν τὸν ἄρτον τῶν τέκνων
está   bien   tomar   el   pan   de los   hijos

καὶ βαλεῖν τοῖς κυναρίοις.   27 ἡ δὲ
y   echar(lo)   a los   [2]perrillos.   Mas ella

εἶπεν·   ναί, κύριε·   καὶ γὰρ τὰ κυνάρια
dijo: [3]Es cierto, Señor;   pero hasta   los   perrillos

ἐσθίει ἀπὸ τῶν ψιχίων τῶν πιπτόντων
comen   de   las   migajas   —   que van cayendo

ἀπὸ τῆς τραπέζης τῶν κυρίων αὐτῶν.
de   la   mesa   de los   amos   de ellos.

28 τότε ἀποκριθεὶς ὁ Ἰησοῦς εἶπεν αὐτῇ·
Entonces,   respondiendo   —   Jesús,   dijo   a ella:

ὦ γύναι, μεγάλη σου ἡ πίστις·   γενηθήτω
Oh   mujer,   grande   de ti   la   fe (es);   que suceda

σοι ὡς θέλεις.   καὶ ἰάθη ἡ
a ti   como   deseas.   Y   [4]fue sanada   la

θυγάτηρ αὐτῆς ἀπὸ τῆς ὥρας ἐκείνης.
hija   de ella   desde   la   hora   aquella.

29 Καὶ μεταβὰς ἐκεῖθεν ὁ Ἰησοῦς
Y   pasando   de allí   —   Jesús,

ἦλθεν παρὰ τὴν θάλασσαν τῆς Γαλιλαίας,
vino   junto   al   mar   —   de Galilea,

καὶ ἀναβὰς εἰς τὸ ὄρος ἐκάθητο ἐκεῖ.
y   subiendo   a   la   montaña, estaba sentado   allí.

30 καὶ προσῆλθον αὐτῷ ὄχλοι πολλοὶ ἔχοντες
Y   se acercaron   a él   gentes   muchas   teniendo

μεθ' ἑαυτῶν χωλούς, κυλλούς, τυφλούς,
con   ellos mismos   cojos,   lisiados,   ciegos,

κωφούς, καὶ ἑτέρους πολλούς, καὶ ἔρριψαν
mudos,   y   otros   muchos,   y   tendieron
              (diversos)

αὐτοὺς παρὰ τοὺς πόδας αὐτοῦ·   καὶ
a ellos   a   los   pies   de él;   y

[1]
25. AYÚDAME. Nótese que el amor maternal la hace identificarse con la hija. (Comp. Hch. 9:5.)
[3]
26. PERRILLOS. El vocablo griego designa perros domésticos, con lo que la frase de Jesús no resulta demasiado dura.
[3]
27. ES CIERTO. Lit. Sí. Son admirables la fe, la humildad, la constancia y la perspicacia de esta mujer.
[4]
28. FUE SANADA. El verbo griego especifica la acción medicinal, y es el médico Lucas quien más lo usa.

ἐθεράπευσεν αὐτούς·   31 ὥστε τὸν ὄχλον
curó   a ellos;   de modo que la   gente

θαυμάσαι βλέποντας κωφοὺς λαλοῦντας,
se maravilló   viendo   a (los) mudos   hablando,

κυλλοὺς ὑγιεῖς καὶ χωλοὺς περιπατοῦντας
a (los) lisiados sanos y a (los) cojos   andando

καὶ τυφλοὺς βλέποντας· καὶ ἐδόξασαν
y   a (los) ciegos   viendo;   y   glorificaron

τὸν θεὸν Ἰσραήλ.   32 Ὁ δὲ Ἰησοῦς
al   Dios de Israel.   — Y   Jesús,

προσκαλεσάμενος τοὺς μαθητὰς αὐτοῦ
llamando hacia sí   a los   discípulos   de él,

εἶπεν· σπλαγχνίζομαι ἐπὶ τὸν ὄχλον,
dijo: Siento gran ternura por   la muchedumbre,

ὅτι ἤδη ἡμέραι τρεῖς προσμένουσίν
pues (ya) hace   días   tres   (que) permanecen

μοι καὶ οὐκ ἔχουσιν τί φάγωσιν·
junto a mí y   no   tienen   qué puedan comer;
(conmigo)

καὶ ἀπολῦσαι αὐτοὺς νήστεις οὐ θέλω,
y   despedir   a ellos   ayunos   no   quiero,

μήποτε ἐκλυθῶσιν ἐν τῇ ὁδῷ.   33 καὶ
no sea que desfallezcan en   el   camino.   Y

λέγουσιν αὐτῷ οἱ μαθηταί·   πόθεν
dicen   le   los discípulos: [1]¿De dónde

ἡμῖν ἐν ἐρημίᾳ ἄρτοι τοσοῦτοι ὥστε
a nosotros en (un) despoblado panes   tantos   como para

χορτάσαι ὄχλον τοσοῦτον;   34 καὶ λέγει
satisfacer a una multitud tan grande?   Y   dice

αὐτοῖς ὁ Ἰησοῦς· πόσους ἄρτους ἔχετε;
les   —   Jesús: ¿Cuántos panes   tenéis?

οἱ δὲ εἶπαν· ἑπτά, καὶ ὀλίγα ἰχθύδια.
Y ellos   dijeron: Siete, y   unos pocos pececillos.

35 καὶ παραγγείλας τῷ ὄχλῳ ἀναπεσεῖν
Y, después de encargar a la   multitud   recostarse

ἐπὶ τὴν γῆν   36 ἔλαβεν τοὺς ἑπτὰ
sobre el   suelo,   tomó   los   siete

ἄρτους καὶ τοὺς ἰχθύας καὶ εὐχαριστήσας
panes   y   los   peces   y, después de dar gracias,

ἔκλασεν καὶ ἐδίδου τοῖς μαθηταῖς, οἱ δὲ
(los) partió y   daba   a los discípulos,   y los
               (comenzó a dar[los])

μαθηταὶ τοῖς ὄχλοις.   37 καὶ ἔφαγον πάντες
discípulos a las turbas.   Y   comieron   todos

καὶ ἐχορτάσθησαν, καὶ τὸ περισσεῦον τῶν
y   quedaron saciados,   y   lo   sobrante   de los

κλασμάτων ἦραν, ἑπτὰ σπυρίδας πλήρεις.
fragmentos se llevaron, siete [2]cestas   llenas.

38 οἱ δὲ ἐσθίοντες ἦσαν τετρακισχίλιοι
Y los   que comían   eran   cuatro mil

[1]
33. ¿DE DÓNDE...? No es que hubiesen olvidado el milagro anterior, sino que no se atrevían a pedirle otro. (Comp. Mr. 9:32, a la vista de Jn. 6:26.)

[2]
37. CESTAS. Grandes. (Véase Hch. 9:25.) El vocablo es distinto del usado en 14:20. Todos los datos (así como 16:9-10) dan a entender que se trata de dos milagros diferentes.

ἄνδρες χωρὶς γυναικῶν καὶ παιδίων.
varones   aparte de   (las) mujeres   y   (los) niños.

39 Καὶ ἀπολύσας τοὺς ὄχλους ἐνέβη εἰς
Y, después de despedir a las multitudes, entró   en

τὸ πλοῖον, καὶ ἦλθεν εἰς τὰ ὅρια Μαγαδάν.
la   barca   y   llegó   a   las proximidades de Magadán.

16 Καὶ προσελθόντες οἱ Φαρισαῖοι καὶ
Y   acercándose   los   fariseos   y

Σαδδουκαῖοι πειράζοντες ἐπηρώτησαν αὐτὸν
saduceos,   tentándo(le)   pidieron   le

σημεῖον ἐκ τοῦ οὐρανοῦ ἐπιδεῖξαι
una señal   del   cielo   que mostrara

αὐτοῖς. **2** ὁ δὲ ἀποκριθεὶς εἶπεν αὐτοῖς·
les.   Mas él, respondiendo,   dijo   les:

[ὀψίας γενομένης λέγετε· εὐδία,
[1]Cuando la tarde   llega,   decís: (Hará) buen tiempo,

πυρράζει γὰρ ὁ οὐρανός· **3** καὶ πρωΐ·
porque está rojizo   el   cielo;   y   por la mañana:

σήμερον χειμών, πυρράζει γὰρ στυγνάζων
Hoy   tempestad, porque está rojizo   sombrío

ὁ οὐρανός. τὸ μὲν πρόσωπον τοῦ
el   cielo.   De modo que   la faz   del

οὐρανοῦ γινώσκετε διακρίνειν, τὰ δὲ
cielo   sabéis   discernir,   ¿y las

σημεῖα τῶν καιρῶν οὐ δύνασθε;] **4** γενεὰ
señales [2]de los tiempos   no   podéis?   Una generación

πονηρὰ καὶ μοιχαλὶς σημεῖον ἐπιζητεῖ,
malvada   y   adúltera   una señal   va en busca de

καὶ σημεῖον οὐ δοθήσεται αὐτῇ εἰ μὴ
y   señal   no   será dada   le   sino

τὸ σημεῖον Ἰωνᾶ. καὶ καταλιπὼν αὐτοὺς
la   señal   de Jonás.   Y   [3]dejando   a ellos

ἀπῆλθεν. **5** Καὶ ἐλθόντες οἱ μαθηταὶ εἰς
se fue.   Y   llegados   los   discípulos   a

τὸ πέραν ἐπελάθοντο ἄρτους λαβεῖν.
la   orilla opuesta se olvidaron   panes   de tomar.

ὁ δὲ Ἰησοῦς εἶπεν αὐτοῖς· **6** ὁρᾶτε καὶ
— Y   Jesús   dijo   les: Cuidaos   y

προσέχετε ἀπὸ τῆς ζύμης τῶν Φαρισαίων
guardaos   de   la   levadura de los   fariseos

καὶ Σαδδουκαίων. **7** οἱ δὲ διελογίζοντο
y   saduceos.   Mas ellos   razonaban

ἐν ἑαυτοῖς λέγοντες ὅτι ἄρτους οὐκ
entre ellos mismos diciendo: —   Panes   no

ἐλάβομεν. **8** γνοὺς δὲ ὁ Ἰησοῦς εἶπεν·
tomamos   Mas conociendo(lo) —   Jesús,   dijo:
(trajimos).   (dándose cuenta)

[1]
2. CUANDO... Lo encerrado entre corchetes indica siempre que falta en los MSS. de mayor antigüedad.
[2]
3. DE LOS TIEMPOS. Lit. de las sazones u oportunidades.
[3]
4. DEJANDO. La preposición componente añade la idea de poner punto final a la conversación. Hoy diríamos "dejándolos plantados".

τί διαλογίζεσθε ἐν ἑαυτοῖς, ὀλιγόπιστοι,
¿Qué estáis discutiendo entre vosotros mismos, (hombres) de poca fe,

ὅτι ἄρτους οὐκ ἔχετε; **9** οὔπω νοεῖτε,
de que panes no tenéis? ¿Aún no entendéis,

οὐδὲ μνημονεύετε τοὺς πέντε ἄρτους τῶν
ni recordáis los cinco panes de los

πεντακισχιλίων καὶ πόσους κοφίνους
cinco mil y cuántas canastas

ἐλάβετε; **10** οὐδὲ τοὺς ἑπτὰ ἄρτους τῶν
recogisteis? ¿Ni los siete panes de los

τετρακισχιλίων καὶ πόσας σπυρίδας
cuatro mil y cuántas cestas

ἐλάβετε; **11** πῶς οὐ νοεῖτε ὅτι οὐ
recogisteis? ¿Cómo no entendéis que no

περὶ ἄρτων εἶπον ὑμῖν; προσέχετε δὲ ἀπὸ
acerca de panes dije os? Mas guardaos de
(hablé)

τῆς ζύμης τῶν Φαρισαίων καὶ Σαδ-
la levadura de los fariseos y sadu-

δουκαίων. **12** τότε συνῆκαν ὅτι οὐκ
ceos. Entonces [1]entendieron que no

εἶπεν προσέχειν ἀπὸ τῆς ζύμης [τῶν
dijo que se guardasen de la levadura de los

ἄρτων], ἀλλὰ ἀπὸ τῆς διδαχῆς τῶν
panes, sino de la enseñanza de los

Φαρισαίων καὶ Σαδδουκαίων.
fariseos y saduceos.

13 Ἐλθὼν δὲ ὁ Ἰησοῦς εἰς τὰ μέρη
Y cuando llegó — Jesús a las partes
(la región)

Καισαρείας τῆς Φιλίππου ἠρώτα τοὺς
de Cesarea [2]la de Filipo, preguntaba a los
(comenzó a preguntar)

μαθητὰς αὐτοῦ λέγων· τίνα λέγουσιν οἱ
discípulos de él, diciendo: [3]¿Quién dicen los

ἄνθρωποι εἶναι τὸν υἱὸν τοῦ ἀνθρώπου;
hombres que es el Hijo del Hombre?

14 οἱ δὲ εἶπαν· οἱ μὲν Ἰωάννην τὸν
Y ellos dijeron: Unos, (que) Juan el

βαπτιστήν, ἄλλοι δὲ Ἠλίαν, ἕτεροι δὲ
Bautista, otros (que) Elías, otros
(diferentes)

Ἰερεμίαν ἢ ἕνα τῶν προφητῶν. **15** λέγει
(que) Jeremías o uno de los profetas. Dice

αὐτοῖς· ὑμεῖς δὲ τίνα με λέγετε εἶναι;
les: ¿Y vosotros quién que yo decís soy?

16 ἀποκριθεὶς δὲ Σίμων Πέτρος εἶπεν·
Y respondiendo Simón Pedro, dijo:

17 σὺ εἶ ὁ χριστὸς ὁ υἱὸς τοῦ θεοῦ
Tú eres el Cristo el Hijo — de Dios

τοῦ ζῶντος. ἀποκριθεὶς δὲ ὁ Ἰησοῦς
el viviente. Y contestando — Jesús

[1] 12. ENTENDIERON. Lit. *se dieron cuenta.*

[2] 13. LA DE FILIPO. Para distinguirla de su homónima de junto al Mar Mediterráneo.

[3] 13. ¿QUIÉN DICEN...? No hay pregunta tan acuciante como ésta, ni respuesta tan decisiva como la que hay que darle.

εἶπεν   αὐτῷ·   μακάριος   εἶ,   Σίμων
dijo   le: Dichoso   eres,   Simón

Βαριωνά,   ὅτι   σὰρξ   καὶ   αἷμα   οὐκ   ἀπεκά-
hijo de Jonás, pues   1carne   y   sangre   no   reveló

λυψέν   σοι   ἀλλ'   ὁ   πατήρ   μου   ὁ   ἐν
te,   sino   el   Padre   de mí   —   en

τοῖς   οὐρανοῖς.   18 κἀγὼ   δέ   σοι   λέγω
los   cielos.   Y yo también   te   digo

ὅτι   σὺ   εἶ   Πέτρος,   καὶ   ἐπὶ   ταύτῃ   τῇ
que   tú   eres   2Pedro,   y   sobre   esta   —

πέτρᾳ   οἰκοδομήσω   μου   τὴν   ἐκκλησίαν,
roca   edificaré   de mí   la   iglesia,

καὶ   πύλαι   ᾅδου   οὐ   κατισχύσουσιν
y   3(las) puertas del Hades   no   prevalecerán

αὐτῆς.   19 δώσω   σοι   τὰς   κλεῖδας   τῆς
contra ella.   Daré   te   las   llaves   del

βασιλείας   τῶν   οὐρανῶν,   καὶ   ὃ   ἐὰν
reino   de los   cielos,   y   todo lo   que

δήσῃς   ἐπὶ   τῆς   γῆς   ἔσται   δεδεμένον   ἐν   τοῖς
ates   4en   la   tierra, 5habrá   sido atado   en   los

οὐρανοῖς,   καὶ   ὃ   ἐὰν   λύσῃς   ἐπὶ   τῆς
cielos,   y   todo lo   que   6sueltes   en   la

γῆς   ἔσται   λελυμένον   ἐν   τοῖς   οὐρανοῖς.
tierra   5habrá   sido soltado   en   los   cielos.

20 τότε   ἐπετίμησεν   τοῖς   μαθηταῖς   ἵνα
Entonces   advirtió   a los   discípulos   que

μηδενὶ   εἴπωσιν   ὅτι   αὐτός   ἐστιν   ὁ
a nadie   dijeran   que   él   es   el

χριστός.
Cristo.

21 Ἀπὸ   τότε   ἤρξατο   Ἰησοῦς   Χριστὸς
Desde   entonces   comenzó   Jsucristo

δεικνύειν   τοῖς   μαθηταῖς   αὐτοῦ   ὅτι   δεῖ
a 7declarar   a los   discípulos   de él   que   debía

αὐτὸν   εἰς   Ἱεροσόλυμα   ἀπελθεῖν   καὶ
él   a   Jerusalén   marchar   y

πολλὰ   παθεῖν   ἀπὸ   τῶν   πρεσβυτέρων   καὶ
muchas cosas sufrir   8de   los   ancianos   y

ἀρχιερέων   καὶ   γραμματέων   καὶ   ἀποκτανθῆναι
de los principales y   de los escribas   y   ser matado
sacerdotes

καὶ   τῇ   τρίτῃ   ἡμέρᾳ   ἐγερθῆναι.   22 καὶ
y   al   tercer   día   9ser levantado.   Y

προσλαβόμενος   αὐτὸν   ὁ   Πέτρος   ἤρξατο
tomando aparte   le   el   Pedro,   comenzó

ἐπιτιμᾶν   αὐτῷ   λέγων·   ἵλεώς   σοι,
a reprender   le   diciendo: 10¡(Dios) sea propicio te,

κύριε·   οὐ   μὴ   ἔσται   σοι   τοῦτο.   23 ὁ   δὲ
Señor!   De ningún modo 11sucederá   te   esto.   Pero él,

1
17. CARNE Y SANGRE... Una declaración tan explícita de la Deidad de Cristo sólo podía ser producto de revelación sobrenatural.
2
18. PEDRO... ROCA. Hablando en arameo, no hay duda de que Jesús repitió la palabra *kepha,* por poner, con su confesión, el fundamento de la Iglesia. (Comp. 1 Co. 3:11; Ef. 2:20; 1 P. 2:4-8.)
3
18. LAS PUERTAS DEL HADES. Es decir, *el poder de la muerte.* La Iglesia no es infalible, pero es inmortal. (Para vers. 19, ver Broadus.)
4
19. EN. Lit. *sobre.*
5
19. HABRÁ SIDO... HABRÁ SIDO. O *quedará... quedará.*
6
19. SUELTES. O *desates.*
7
21. DECLARAR. Lit. *mostrar.*
8
21. DE. Lit. *de parte de.*
9
21. SER LEVANTADO. Es decir, *ser resucitado.*
10
22. ¡(DIOS) SEA PROPICIO! Es decir, ¡Dios no lo permita!
11
23. SUCEDERÁ. Lit. *será.*

στραφεὶς εἶπεν τῷ Πέτρῳ· ὕπαγε ὀπίσω
vuelto,   dijo   —   a Pedro: [1]¡Vete   de mi

μου, σατανᾶ· σκάνδαλον εἶ ἐμοῦ,
vista,   [2]Satanás!;   tropiezo   eres   de mí (me),

ὅτι οὐ φρονεῖς τὰ τοῦ θεοῦ
pues   no   [3]estás pensando en las (cosas)   —   de Dios,

ἀλλὰ τὰ τῶν ἀνθρώπων. 24 Τότε ὁ
sino   en las   de los   hombres.   Entonces —

Ἰησοῦς εἶπεν τοῖς μαθηταῖς αὐτοῦ· εἴ
Jesús   dijo   a los   discípulos   de él: Si

τις θέλει ὀπίσω μου ἐλθεῖν, ἀπαρνησάσθω
alguno   quiere   en pos   de mí   venir,   [4]niegue

ἑαυτὸν καὶ ἀράτω τὸν σταυρὸν αὐτοῦ,
a sí mismo   y   tome   la   cruz   de él

καὶ ἀκολουθείτω μοι. 25 ὃς γὰρ ἐὰν
y   siga continuamente   me.   Porque cualquiera que

θέλῃ τὴν ψυχὴν αὐτοῦ σῶσαι, ἀπολέσει
quiera   la   vida   de él   salvar,   perderá

αὐτήν· ὃς δ' ἂν ἀπολέσῃ τὴν ψυχὴν
a ella;   mas cualquiera que   pierda   la   vida

αὐτοῦ ἕνεκεν ἐμοῦ, εὑρήσει αὐτήν. 26 τί
de él   por causa   de mí,   encontrará   a ella.   Porque ¿en

γὰρ ὠφεληθήσεται ἄνθρωπος, ἐὰν τὸν
qué   será beneficiado   un hombre,   si   el

κόσμον ὅλον κερδήσῃ, τὴν δὲ ψυχὴν
mundo   entero   ganase,   mas [5]el   alma

αὐτοῦ ζημιωθῇ; ἢ τί δώσει ἄνθρωπος
de él   echó a perder?   ¿O   qué   dará   un hombre

ἀντάλλαγμα τῆς ψυχῆς αὐτοῦ; 27 μέλλει
como intercambio   [6]del   alma   de él?   Porque va

γὰρ ὁ υἱὸς τοῦ ἀνθρώπου ἔρχεσθαι ἐν τῇ
el   hijo   del   Hombre   a venir   en   la

δόξῃ τοῦ πατρὸς αὐτοῦ μετὰ τῶν ἀγγέλων
gloria   del   Padre   de él   con   los   ángeles

αὐτοῦ, καὶ τότε ἀποδώσει ἑκάστῳ
de él,   y   entonces   recompensará   a cada uno

κατὰ τὴν πρᾶξιν αὐτοῦ. 28 ἀμὴν λέγω
según   la   conducta   de él.   De cierto digo

ὑμῖν ὅτι εἰσίν τινες τῶν ὧδε ἑστώτων
os   que   hay   algunos   de los   aquí   [7]presentes

οἵτινες οὐ μὴ γεύσωνται θανάτου ἕως ἂν
los cuales   de ningún modo   [8]probarán   (la) muerte   hasta que

ἴδωσιν τὸν υἱὸν τοῦ ἀνθρώπου ἐρχόμενον
vean   al   Hijo   del   Hombre   [9]viniendo

ἐν τῇ βασιλείᾳ αὐτοῦ.
en   el   reino   de él.

---

[1] 23. ¡VETE DE MI VISTA...! Lit. ¡Ponte detrás de mí...!

[2] 23. SATANÁS. ¡Qué contraste con el vers. 18! Como Satanás en las tentaciones, ahora Pedro quería apartar a Jesús del plan divino de la salvación.

[3] 23. ESTÁS PENSANDO... Lit. tienes la mente orientada hacia...

[4] 24. NIEGUE... Negarse a sí mismo no es borrar la identidad personal, sino matar el egoísmo.

[5] 26. EL ALMA. O la vida.

[6] 26. DEL ALMA. O de la vida.

[7] 28. PRESENTES. Lit. que están en pie.

[8] 28. PROBARÁN. Lit. degustarán.

[9] 28. VINIENDO EN EL REINO. La única intepretación aceptable es que Jesús se refería a la Transfiguración, que fue como un anticipo de su reino glorioso. (Comp. 2 P. 1:16-18.)

17 Καὶ μεθ' ἡμέρας ἓξ παραλαμβάνει ὁ
Y   después de   días   [1]seis,   toma consigo   —

Ἰησοῦς τὸν Πέτρον καὶ Ἰάκωβον καὶ
Jesús   —   a Pedro   y   a Jacobo   y

Ἰωάννην τὸν ἀδελφὸν αὐτοῦ, καὶ ἀναφέρει
a Juan   el   hermano   de él,   y   [2]trae

αὐτοὺς εἰς ὄρος ὑψηλὸν κατ' ἰδίαν. **2** καὶ
a ellos   a un monte   muy alto   en   privado.   Y

μετεμορφώθη ἔμπροσθεν αὐτῶν, καὶ
[3]fue transfigurado   delante   de ellos,   y

ἔλαμψεν τὸ πρόσωπον αὐτοῦ ὡς ὁ ἥλιος,
brilló   el   rostro   de él   como el   sol,

τὰ δὲ ἱμάτια αὐτοῦ ἐγένετο λευκὰ ὡς
y las   vestiduras   de él   se hicieron   blancas   como

τὸ φῶς. **3** καὶ ἰδοὺ ὤφθη αὐτοῖς Μωϋσῆς
la   luz.   Y   he aquí [4]se aparecieron a ellos   Moisés

καὶ Ἠλίας συλλαλοῦντες μετ' αὐτοῦ.
y   Elías   que conversaban   con   él.

4 ἀποκριθεὶς δὲ ὁ Πέτρος εἶπεν τῷ
Y tomando la palabra   —   Pedro,   dijo   —

Ἰησοῦ· κύριε, καλόν ἐστιν ἡμᾶς ὧδε
a Jesús: Señor,   cosa excelente   es   que nosotros   aquí

εἶναι· εἰ θέλεις, ποιήσω ὧδε τρεῖς
estemos;   si   quieres,   haré   aquí   tres

σκηνάς, σοὶ μίαν καὶ Μωϋσεῖ
tabernáculos,   para ti   uno   y   para Moisés

μίαν καὶ Ἠλίᾳ μίαν. **5** ἔτι αὐτοῦ
uno   y   para Elías   uno.   Aún   él

λαλοῦντος, ἰδοὺ νεφέλη φωτεινὴ ἐπεσκίασεν
estando hablando,   he ahí que una nube   luminosa   [5]cubrió de sombra

αὐτούς, καὶ ἰδοὺ φωνὴ ἐκ τῆς νεφέλης
les,   y   he aquí   una voz   [6]de   la   [7]nube

λέγουσα· οὗτός ἐστιν ὁ υἱός μου ὁ
diciendo: Éste   es   el   Hijo   de mí   el

ἀγαπητός, ἐν ᾧ εὐδόκησα· ἀκούετε
Amado,   [8]en   quien   me complací;   escuchad

αὐτοῦ. **6** καὶ ἀκούσαντες οἱ μαθηταὶ
le.   Y   [9]oyendo(lo)   los   discípulos,

ἔπεσαν ἐπὶ πρόσωπον αὐτῶν καὶ
[10]cayeron   sobre   el rostro   de ellos   y

ἐφοβήθησαν σφόδρα. **7** καὶ προσῆλθεν ὁ
temieron   sobremanera.   Y   se acercó   —

Ἰησοῦς καὶ ἁψάμενος αὐτῶν εἶπεν·
Jesús   y   [11]tocando   a ellos,   dijo:

ἐγέρθητε καὶ μὴ φοβεῖσθε. **8** ἐπάραντες δὲ
Levantaos   y   no   sigáis temiendo.   Y   [12]levantando

τοὺς ὀφθαλμοὺς αὐτῶν οὐδένα εἶδον εἰ
los   ojos   de ellos,   a nadie   vieron,   sino

1
1. SEIS. Mr. 9:2 da el mismo número. Lc. 9:28 dice *como ocho*, porque cuenta, al estilo latino, el día de entrada y el de salida, además del intervalo.
2
1. TRAE. Lit. *trae hacia arriba*.
3
2. FUE TRANSFIGURADO. Lit. *fue transformado*.
4
3. SE APARECIERON. Lit. *fue visto*.
5
5. CUBRIÓ DE SOMBRA. El verbo es el mismo de Lc. 1:35.
6
5. DE. Lit. *procedente de*.
7
5. NUBE. La nube era símbolo de la presencia divina. (Hebreo *shekhinah*.)
8
5. EN QUIEN ME COMPLACÍ. Es decir, *de quien estoy satisfecho*.
9
6. OYENDO(LO). Lit. *habiendo oído*.
10
6. CAYERON SOBRE... Es decir, *se postraron en tierra*.
11
7. TOCANDO. Lit. *habiendo tocado*.
12
8. LEVANTANDO. Lit. *habiendo levantado*.

μὴ   αὐτὸν   Ἰησοῦν   μόνον.   9 Καὶ   κατα-
al mismo   Jesús   solo.   Y   cuando

βαινόντων   αὐτῶν   ἐκ   τοῦ   ὄρους   ἐνετείλατο
bajaban   ellos   del   monte,   encargó

αὐτοῖς   ὁ   Ἰησοῦς   λέγων·   μηδενὶ   εἴπητε
les   —   Jesús,   diciendo: A nadie   digáis

τὸ   ὅραμα   ἕως   οὗ   ὁ   υἱὸς   τοῦ   ἀνθρώπου
la   visión   hasta   que   el   Hijo   del   Hombre

ἐκ   νεκρῶν   ἐγερθῇ.   10 Καὶ   ἐπηρώτησαν
de   (los) muertos   [1]resucite.   Y   preguntaron

αὐτὸν   οἱ   μαθηταὶ   λέγοντες·   τί   οὖν
le   los   discípulos,   diciendo: ¿Por qué, pues,

οἱ   γραμματεῖς   λέγουσιν   ὅτι   Ἠλίαν   δεῖ
los   escribas   dicen   que   Elías   debe

ἐλθεῖν   πρῶτον;   11 ὁ   δὲ   ἀποκριθεὶς   εἶπεν·
venir   primero?   Mas él,   contestando,   dijo:

Ἠλίας   μὲν   ἔρχεται   καὶ   ἀποκαταστήσει
Es cierto que Elías   viene   y   [2]restaurará

πάντα·   12 λέγω   δὲ   ὑμῖν   ὅτι   Ἠλίας
todas las cosas;   mas digo   os   que   [3]Elías

ἤδη   ἦλθεν,   καὶ   οὐκ   ἐπέγνωσαν
ya   vino,   y   no   reconocieron

αὐτόν,   ἀλλ᾽   ἐποίησαν   ἐν   αὐτῷ   ὅσα
le,   sino que   hicieron   —   [4]le   todo cuanto

ἠθέλησαν·   οὕτως   καὶ   ὁ   υἱὸς   τοῦ   ἀνθρώπου
quisieron;   así   también el   Hijo   del   Hombre

μέλλει   πάσχειν   ὑπ᾽   αὐτῶν.   13 τότε
va a   sufrir   [5]a manos   de ellos.   Entonces

συνῆκαν   οἱ   μαθηταὶ   ὅτι   περὶ
entendieron   los   discípulos   que   acerca de

Ἰωάννου   τοῦ   βαπτιστοῦ   εἶπεν   αὐτοῖς.
Juan   el   Bautista   [6]había hablado   les:

14 Καὶ   ἐλθόντων   πρὸς   τὸν   ὄχλον   προσ-
Y   cuando llegaron   al   gentío,   se

ἦλθεν   αὐτῷ   ἄνθρωπος   γονυπετῶν   αὐτὸν
acercó   a él   un hombre   arrodillándose   ante él

15 καὶ   λέγων·   κύριε,   ἐλέησόν   μου   τὸν
y   diciendo: Señor,   ten compasión   de mí   del

υἱόν,   ὅτι   σεληνιάζεται   καὶ   κακῶς   ἔχει·
hijo,   pues   [7]es epiléptico   y   [8]está muy enfermo.

πολλάκις   γὰρ   πίπτει   εἰς   τὸ   πῦρ   καὶ
Porque muchas veces   cae   al   fuego   y

πολλάκις   εἰς   τὸ   ὕδωρ.   16 καὶ   προσήνεγκα
muchas veces   al   agua.   Y   traje

αὐτὸν   τοῖς   μαθηταῖς   σου,   καὶ   οὐκ
le   a los   discípulos   de ti,   y   no

ἠδυνήθησαν   αὐτὸν   θεραπεῦσαι.   17 ἀπο-
pudieron   le   sanar.   Y

[1]
9. RESUCITE. Lit. *haya sido levantado.*

[2]
11. RESTAURARÁ. Jesús declara aquí explícitamente, después de la muerte de Juan, que Mal. 4:5 espera su cumplimiento final.

[3]
12. ELÍAS YA VINO. En espíritu, en la persona del Bautista.

[4]
12. LE. Lit. *en él.*

[5]
12. A MANOS DE ELLOS. Lit. *por ellos* (genitivo agente).

[6]
13. HABÍA HABLADO(LES). Lit. *dijo.*

[7]
15. ES EPILÉPTICO. Lit. *lunático.*

[8]
15. ESTÁ MUY ENFERMO. Lit. *se encuentra mal.*

κριθεὶς   δὲ   ὁ   Ἰησοῦς   εἶπεν·   ὦ   γενεὰ
contestando — Jesús,   dijo: ¡Oh generación

ἄπιστος   καὶ   διεστραμμένη,   ἕως   πότε
[1]incrédula y   [2]perversa!,   ¿hasta cuándo

μεθ'   ὑμῶν   ἔσομαι;   ἕως   πότε
con   vosotros estaré?   ¿Hasta cuándo

ἀνέξομαι   ὑμῶν;   φέρετέ   μοι   αὐτὸν
soportaré   os?   Traed   me   a él

ὧδε.   18 καὶ   ἐπετίμησεν   αὐτῷ   ὁ   Ἰησοῦς,
acá.   Y   [3]reprendió   le   —   Jesús,

καὶ   ἐξῆλθεν   ἀπ'   αὐτοῦ   τὸ   δαιμόνιον,
y   salió   de   él   el   demonio,

καὶ   ἐθεραπεύθη   ὁ   παῖς   ἀπὸ   τῆς   ὥρας
y   fue sanado   el muchacho desde la   hora

ἐκείνης.   19 Τότε   προσελθόντες   οἱ   μαθηταὶ
aquella.   Entonces acercándose   los discípulos

τῷ   Ἰησοῦ   κατ'   ἰδίαν   εἶπον·   διὰ
—   a Jesús   en   privado, dijeron: ¿Por

τί   ἡμεῖς   οὐκ   ἠδυνήθημεν   ἐκβαλεῖν   αὐτό;
qué nosotros no   pudimos   expulsar   lo?

20 ὁ   δὲ   λέγει   αὐτοῖς·   διὰ   τὴν   ὀλιγο-
Y él   dice   les: A causa de la pequeña

πιστίαν   ὑμῶν·   ἀμὴν   γὰρ   λέγω   ὑμῖν,   ἐὰν
fe   de vosotros; porque de cierto digo   os,   si

ἔχητε   πίστιν   ὡς   κόκκον   σινάπεως,
tenéis   fe   como un grano de mostaza,

ἐρεῖτε   τῷ   ὄρει   τούτῳ·   μετάβα
diréis   al   monte   este: Pásate

ἔνθεν   ἐκεῖ,   καὶ   μεταβήσεται,   καὶ   οὐδὲν
de aquí allá,   y   será trasladado, y   [4]nada

ἀδυνατήσει   ὑμῖν.
será imposible os.

22 Συστρεφομένων   δὲ   αὐτῶν   ἐν   τῇ
Y [5]mientras se reunían   ellos   en

Γαλιλαίᾳ   εἶπεν   αὐτοῖς   ὁ   Ἰησοῦς·   μέλλει
Galilea,   dijo   les   —   Jesús: Va

ὁ   υἱὸς   τοῦ   ἀνθρώπου   παραδίδοσθαι   εἰς
el Hijo   del   Hombre   a ser entregado   en

χεῖρας   ἀνθρώπων,   23 καὶ   ἀποκτενοῦσιν
manos   de hombres,   y   matarán

αὐτόν,   καὶ   τῇ   τρίτῃ   ἡμέρᾳ   ἐγερθήσεται.
le,   y   al   tercer   día   [6]resucitará.

καὶ   ἐλυπήθησαν   σφόδρα.
Y   se entristecieron sobremanera.

24 Ἐλθόντων   δὲ   αὐτῶν   εἰς   Καφαρναοὺμ
Y cuando llegaron   ellos   a   Capernaúm,

προσῆλθον   οἱ   τὰ   δίδραχμα   λαμβάνοντες
se acercaron [7]los cobradores del   impuesto

---

[1]
17. INCRÉDULA. Lit. infiel.
[2]
17. PERVERSA. Lit. totalmente extraviada (o pervertida).
[3]
18. REPRENDIÓ. No al muchacho, sino al demonio.
[4]
20. NADA OS SERÁ IMPOSIBLE. La fe empalma con la omnipotencia divina, cuando se somete a la voluntad de Dios.
[5]
22. MIENTRAS SE REUNÍAN... Lit. volviéndose juntamente.
[6]
23. RESUCITARÁ. Lit. será levantado.
[7]
24. LOS COBRADORES DEL IMPUESTO. Lit. los que reciben (el impuesto de) las dos dracmas.

τῷ   Πέτρῳ   καὶ   εἶπαν·   ὁ   διδάσκαλος
—   a Pedro   y   dijeron: ¿El   maestro

ὑμῶν   οὐ   τελεῖ   δίδραχμα;   λέγει·   ναί.
de vosotros   no   paga   las dos dracmas?   Dice: Sí.

25 καὶ   ἐλθόντα   εἰς   τὴν   οἰκίαν   προ-
Y   cuando (él) entró   en   la   casa   se

ἔφθασεν   αὐτὸν   ὁ   Ἰησοῦς   λέγων·   τί   σοι
adelantó   a él   —   Jesús,   diciendo: ¿Qué   te

δοκεῖ,   Σίμων;   οἱ   βασιλεῖς   τῆς   γῆς
parece,   Simón?   Los   reyes   de la   tierra,

ἀπὸ   τίνων   λαμβάνουσιν   τέλη   ἢ   κῆνσον;
¿de   quiénes   ¹cobran   impuestos   o   tributo?

ἀπὸ   τῶν   υἱῶν   αὐτῶν   ἢ   ἀπὸ   τῶν   ἀλλοτρίων;
¿De   los   hijos   de ellos   o   de   los   extraños?

26 εἰπόντος   δέ·   ἀπὸ   τῶν   ἀλλο-
Y cuando dijo: De   los   ex-

τρίων,   ἔφη   αὐτῷ   ὁ   Ἰησοῦς·   ἄρα   γε
traños,   dijo   le   —   Jesús: Pues entonces

ἐλεύθεροί   εἰσιν   οἱ   υἱοί.   **27** ἵνα   δὲ   μὴ
²exentos   están   los   hijos.   Mas para que   no

σκανδαλίσωμεν   αὐτούς,   πορευθεὶς   εἰς
³ofendamos   les,   ⁴ve   al

θάλασσαν   βάλε   ἄγκιστρον   καὶ   τὸν
mar,   echa   un anzuelo   y   al

ἀναβάντα   πρῶτον   ἰχθὺν   ἆρον,   καὶ   ἀνοίξας
que suba   primero   pez,   toma(lo)   y,   tras abrir

τὸ   στόμα   αὐτοῦ   εὑρήσεις   στατῆρα·
la   boca   de él,   hallarás   ⁵una estatera;

ἐκεῖνον   λαβὼν   δὸς   αὐτοῖς   ἀντὶ   ἐμοῦ   καὶ
⁶tómala   y da(la)   a ellos   a cargo   de mí   y

σοῦ.
de ti.

18 Ἐν   ἐκείνῃ   τῇ   ὥρᾳ   προσῆλθον   οἱ
En   aquella   hora   se acercaron   los

μαθηταὶ   τῷ   Ἰησοῦ   λέγοντες·   τίς   ἄρα
discípulos   a Jesús,   diciendo: ¿Quién,   pues,

μείζων   ἐστὶν   ἐν   τῇ   βασιλείᾳ   τῶν   οὐρανῶν;
mayor   es   en   el   reino   de los   cielos?

2 καὶ   προσκαλεσάμενος   παιδίον   ἔστησεν
Y,   tras llamar hacia sí   a un niñito,   ⁷puso

αὐτὸ   ἐν   μέσῳ   αὐτῶν   **3** καὶ   εἶπεν·   ἀμὴν
a él   en   medio   de ellos   y   dijo: De cierto

λέγω   ὑμῖν,   ἐὰν   μὴ   στραφῆτε   καὶ
digo   os: ⁸Si   no   ⁹os volvéis   y

γένησθε   ὡς   τὰ   παιδία,   οὐ   μὴ
os hacéis   ¹⁰como   los   niñitos,   de ningún modo

1
25. COBRAN. Lit. *reciben.*
2
26. EXENTOS ESTÁN. Lit. *libres son.*
3
27. OFENDAMOS(LES). Lit. *demos ocasión de tropiezo.*
4
27. VE. Lit. *después de ir.*
5
27. UNA ESTATERA. Es decir, *un siclo* (moneda de cuatro dracmas).
6
27. TÓMALA. Lit. *después de tomar aquélla.*
7
2. PUSO. Lit. *puso de pie.*
8
3. SI NO OS VOLVÉIS... Lit. *a no ser que os hayáis vuelto y os hagáis...*
9
3. OS VOLVÉIS. Es decir, *de vuestra ambición.*
10
3. COMO LOS NIÑITOS. En ser conscientes de su pequeñez. (V. Lc. 1:48.)

εἰσέλθητε   εἰς   τὴν   βασιλείαν   τῶν
entraréis   en   el   reino   de los

οὐρανῶν.   4 ὅστις   οὖν   ταπεινώσει   ἑαυτὸν
cielos.   Así que cualquiera que   humille   a sí mismo

ὡς   τὸ   παιδίον   τοῦτο,   οὗτός   ἐστιν   ὁ
como   el   niñito   este,   ése   es   el

μείζων   ἐν   τῇ   βασιλείᾳ   τῶν   οὐρανῶν.
mayor   en   el   reino   de los   cielos.

5 καὶ   ὃς   ἐὰν   δέξηται   ἓν   παιδίον
Y   el que   ¹reciba   a un solo   niñito

τοιοῦτο   ἐπὶ   τῷ   ὀνόματί   μου,   ἐμὲ   δέχεται·
cual éste   en   el   nombre   de mí,   a mí   ²recibe.

6 ὃς   δ'   ἂν   σκανδαλίσῃ   ἕνα   τῶν
Mas   el   que   haga tropezar   a uno solo   de los

μικρῶν   τούτων   τῶν   πιστευόντων   εἰς   ἐμέ,
³pequeños   estos   —   que creen   en   mí,

συμφέρει   αὐτῷ   ἵνα   κρεμασθῇ   μύλος
es mejor   para él   que   sea colgada   ⁴una piedra

ὀνικὸς   περὶ   τὸν   τράχηλον   αὐτοῦ   καὶ
de molino   en torno   al   cuello   de él   y

καταποντισθῇ   ἐν   τῷ   πελάγει   τῆς   θαλάσσης.
que sea ahogado   en   lo   profundo   del   mar.

7 Οὐαὶ   τῷ   κόσμῳ   ἀπὸ   τῶν   σκανδάλων·
¡Ay   del   mundo   por   las   piedras de tropiezo!

ἀνάγκη   γὰρ   ἐλθεῖν   τὰ   σκάνδαλα,   πλὴν
⁵(Es) inevitable   que vengan   las   piedras de tropiezo,   ⁶pero

οὐαὶ   τῷ   ἀνθρώπῳ   δι'   οὗ   τὸ   σκάνδαλον
¡ay   del   hombre   por medio de   quien   el   tropiezo

ἔρχεται.   8 Εἰ   δὲ   ἡ   χείρ   σου   ἢ   ὁ
viene!   Mas si   la   mano   de ti   o   el

πούς   σου   σκανδαλίζει   σε,   ἔκκοψον   αὐτὸν
pie   de ti   hace tropezar   te,   corta   a él

καὶ   βάλε   ἀπὸ   σοῦ·   καλόν   σοί   ἐστιν
y   écha(lo)   de   ti;   ⁷preferible   te   es

εἰσελθεῖν   εἰς   τὴν   ζωὴν   κυλλὸν   ἢ   χωλόν,
entrar   en   la   vida   manco   o   cojo,

ἢ   δύο χεῖρας   ἢ   δύο   πόδας   ἔχοντα   βληθῆναι
que   dos manos   o   dos   pies   teniendo,   ser echado

εἰς   τὸ   πῦρ   τὸ   αἰώνιον.   9 καὶ   εἰ   ὁ
al   fuego   —   eterno.   Y   si   el

ὀφθαλμός   σου   σκανδαλίζει   σε,   ἔξελε   αὐτὸν
ojo   de ti   hace tropezar   te,   sáca(te)   lo

καὶ   βάλε   ἀπὸ   σοῦ·   καλόν   σοί   ἐστιν
y   écha(lo)   de   ti;   ⁸preferible   te   es

μονόφθαλμον   εἰς   τὴν   ζωὴν   εἰσελθεῖν,   ἢ
con un solo ojo   en   la   vida   entrar,   que

δύο   ὀφθαλμοὺς   ἔχοντα   βληθῆναι   εἰς
dos   ojos   teniendo,   ser echado   en

1
5. RECIBA. Lit. *acoja.*
2
5. RECIBE. Lit. *acoge.*
3
6. PEQUEÑOS. No en edad, sino en humildad.
4
6. UNA PIEDRA DE MOLINO... Lit. *una piedra de molino de las que mueve un asno.*
5
7. (ES) INEVITABLE QUE... Lit. *Porque* (es) *necesario que...*
6
7. PERO. Lit. *empero.*
7
8. PREFERIBLE. Lit. *es bueno* (de buena calidad).
8
9. PREFERIBLE. Lit. *es bueno* (de buena calidad).

τὴν γέενναν τοῦ πυρός.   **10** Ὁρᾶτε μὴ
[1]el infierno — de fuego.   Mirad que no

καταφρονήσητε ἑνὸς τῶν μικρῶν τούτων·
menospreciéis a uno solo de los pequeños estos;

λέγω γὰρ ὑμῖν ὅτι οἱ ἄγγελοι αὐτῶν
porque digo os que [2]los ángeles de ellos

ἐν οὐρανοῖς διὰ παντὸς βλέπουσι τὸ
en (los) cielos siempre ven el

πρόσωπον τοῦ πατρός μου τοῦ ἐν οὐρανοῖς.*
rostro del Padre de mí — en (los) cielos.*

12 Τί ὑμῖν δοκεῖ; ἐὰν γένηταί τινι
¿Qué os parece? Si llega a (poseer) [3]cierto

ἀνθρώπῳ ἑκατὸν πρόβατα καὶ πλανηθῇ
hombre cien ovejas y se extravió

ἐν ἐξ αὐτῶν, οὐχὶ ἀφήσει τὰ ἐνενήκοντα
una de ellas, ¿no dejará las noventa y

σola ,entre,
ἐννέα ἐπὶ τὰ ὄρη καὶ πορευθεὶς ζητεῖ τὸ
nueve en las montañas [4]e irá a buscar la

πλανώμενον;   **13** καὶ ἐὰν γένηται
extraviada? Y si llega a

εὑρεῖ αὐτό, ἀμὴν λέγω ὑμῖν ὅτι
encontrar a ella, de cierto digo os que

χαίρει ἐπ' αὐτῷ μᾶλλον ἢ ἐπὶ τοῖς
se alegra por ésta más que por las

ἐνενήκοντα ἐννέα τοῖς μὴ πεπλανημένοις.
noventa y nueve — que no se han extraviado.

14 οὕτως οὐκ ἔστιν θέλημα ἔμπροσθεν
Del mismo modo no es un deseo delante

τοῦ πατρὸς ὑμῶν τοῦ ἐν οὐρανοῖς ἵνα
del Padre de vosotros — en (los) cielos el que

ἀπόληται ἐν τῶν μικρῶν τούτων.
[5]se pierda uno solo de los pequeños estos.

15 Ἐὰν δὲ ἁμαρτήσῃ ὁ ἀδελφός σου,
Mas si [6]peca el hermano de ti,

ὕπαγε ἔλεγξον αὐτὸν μεταξὺ σοῦ καὶ
anda, redarguye le entre ti y

αὐτοῦ μόνου. ἐάν σου ἀκούσῃ, ἐκέρδησας
él solo; si te escucha, [7]has ganado

τὸν ἀδελφόν σου·   **16** ἐὰν δὲ μὴ
al hermano de ti. Mas si no

ἀκούσῃ, παράλαβε μετὰ σοῦ ἔτι ἕνα ἢ
escucha, toma contigo aún uno o

δύο, ἵνα ἐπὶ στόματος δύο μαρτύρων
dos, para que por boca de dos testigos

ἢ τριῶν σταθῇ πᾶν ῥῆμα·   **17** ἐὰν δὲ
o de tres [8]quede zanjado todo asunto; mas si

παρακούσῃ αὐτῶν, εἰπὸν τῇ ἐκκλησίᾳ
desoye a ellos, di(lo) a la [9]iglesia,

1
9. EL INFIERNO. Lit. *la gehenna*. Este vocablo corresponde al hebreo *ge-hinnom* = "valle de Hinnom" (Jos. 15:8; 18:16). También se llama "Tófet" (2 R. 23:10) y "lago de fuego" (Ap. 19: 20, etc.).

2
10. LOS ÁNGELES... (V. Hch. 12:15; He. 1:14.)

*
3. Se omite el vers. 11, por ser interpolación de Lc. 19: 10.

3
12. CIERTO HOMBRE. En griego (como en latín) es frecuente el dativo de poseedor con el verbo *ser* y su suplente *llegar a ser*. Lo poseído pasa al caso nominativo.

4
12. E IRÁ A BUSCAR. Lit. *habiendo marchado, busca*.

5
14. SE PIERDA. Es decir, *se arruine espiritualmente*.

6
15. PECA. Lit. *llega a errar culpablemente*.

7
15. HAS GANADO... ¡Cada hermano es algo "nuestro"! (1 Co. 12:12ss.).

8
16. QUEDE ZANJADO TODO ASUNTO. Lit. *sea establecida toda palabra*.

9
17. IGLESIA. Es decir, *congregación*.

ἐὰν δὲ καὶ τῆς ἐκκλησίας παρακούσῃ,
y si también a la iglesia desoye,

ἔστω σοι ὥσπερ ὁ ἐθνικὸς καὶ
sea para ti como el ¹gentil y

ὁ τελώνης. 18 Ἀμὴν λέγω ὑμῖν,
el ²publicano. De cierto digo os,

ὅσα ἐὰν δήσητε ἐπὶ τῆς γῆς ἔσται
todo cuanto ³atéis en la tierra, ⁴habrá

δεδεμένα ἐν οὐρανῷ, καὶ ὅσα ἐὰν
sido atado en (el) cielo, y todo cuanto

λύσητε ἐπὶ τῆς γῆς ἔσται λελυμένα
⁵desatéis en la tierra, ⁶habrá sido desatado

ἐν οὐρανῷ. 19 Πάλιν [ἀμὴν] λέγω
en (el) cielo. De nuevo ciertamente digo

ὑμῖν ὅτι ἐὰν δύο συμφωνήσωσιν ἐξ
os que si dos ⁷están acordes de entre

ὑμῶν ἐπὶ τῆς γῆς περὶ παντὸς πράγ-
vosotros en la tierra sobre toda cosa

ματος οὗ ἐὰν αἰτήσωνται, γενήσεται
que pidan, será hecho

αὐτοῖς παρὰ τοῦ πατρός μου τοῦ ἐν
les de parte del Padre de mí — en

οὐρανοῖς. 20 οὗ γάρ εἰσιν δύο ἢ τρεῖς
(los) cielos. Porque donde hay dos o tres

συνηγμένοι εἰς τὸ ἐμὸν ὄνομα, ἐκεῖ εἰμι
que se han reunido ⁸en — mi nombre, allí estoy

ἐν μέσῳ αὐτῶν.
en medio de ellos.

21 Τότε προσελθὼν ὁ Πέτρος εἶπεν
Entonces, acercándose — Pedro, dijo

αὐτῷ· κύριε, ποσάκις ἁμαρτήσει εἰς
le: Señor, ¿cuántas veces pecará contra

ἐμὲ ὁ ἀδελφός μου καὶ ἀφήσω αὐτῷ;
mí el hermano de mí y perdonaré le?

ἕως ἑπτάκις; 22 λέγει αὐτῷ ὁ Ἰησοῦς·
¿Hasta siete veces? Dice le — Jesús:

οὐ λέγω σοι ἕως ἑπτάκις, ἀλλὰ
No digo te hasta siete veces, sino

ἕως ἑβδομηκοντάκις ἑπτά. 23 Διὰ τοῦτο
hasta ⁹setenta veces siete. Por esto

ὡμοιώθη ἡ βασιλεία τῶν οὐρανῶν
ha sido comparado el reino de los cielos

ἀνθρώπῳ βασιλεῖ, ὃς ἠθέλησεν συνᾶραι
a un hombre rey, que quiso ajustar

λόγον μετὰ τῶν δούλων αὐτοῦ. 24 ἀρξα-
cuenta(s) con los siervos de él. Y habiendo

μένου δὲ αὐτοῦ συναίρειν, προσήχθη
comenzado él a ajustar(las), fue traído

1
17. GENTIL. Es decir, *pagano* (ajeno al pueblo de Israel).
2
17. PUBLICANO. Es decir, *cobrador de impuestos.*
3
18.ATÉIS. Es decir, *prohibáis.*
4
18. HABRÁ SIDO... O *quedará...*
5
18. DESATÉIS. Es decir, *permitáis.*
6
18. HABRÁ SIDO... O *quedará...*
7
19. ESTÁN ACORDES. *Acorde* y *acuerdo* brotan de la misma raíz (*cor* = "corazón"). Del vocablo griego usado aquí, viene *sinfonía.* Las oraciones "suenan bien" a Dios si nuestros corazones están en armonía.
8
20. EN. La preposición griega indica un centro dinámico de reunión.
9
22. SETENTA VECES SIETE. 490 no es un tope, sino símbolo de *siempre.* (Comp. Col. 3:13.)

εἷς   αὐτῷ   ὀφειλέτης   μυρίων   ταλάντων.
uno   le   deudor   de [1]diez mil   talentos.

25 μὴ   ἔχοντος   δὲ   αὐτοῦ   ἀποδοῦναι,   ἐκελευσεν
Mas no   teniendo   él   (con qué) pagar,   mandó

αὐτὸν   ὁ   κύριος   πραθῆναι   καὶ   τὴν
que él   el   señor   fuese vendido   y   la

γυναῖκα   καὶ   τὰ   τέκνα   καὶ   πάντα   ὅσα
mujer   y   los   hijos   y   todo   cuanto

ἔχει,   καὶ   ἀποδοθῆναι.   **26** πεσὼν   οὖν   ὁ
tiene,   y [2]que fuera saldada la cuenta.   Cayendo,   pues,   el

δοῦλος   προσεκύνει   αὐτῷ   λέγων·   μακρο-
siervo,   se postraba   ante él,   diciendo: Ten

θύμησον   ἐπ᾽   ἐμοί,   καὶ   πάντα   ἀποδώσω
[3]paciencia   conmigo,   y   todo   pagaré

σοι.   **27** σπλαγχνισθεὶς   δὲ   ὁ   κύριος   τοῦ
te.   Y movido a compasión   el   señor   del

δούλου   ἐκείνου   ἀπέλυσεν   αὐτόν,   καὶ   τὸ
siervo   aquel,   soltó   le,   y   la

δάνειον   ἀφῆκεν   αὐτῷ.   **28** ἐξελθὼν   δὲ
deuda   perdonó   le.   Mas cuando salió

ὁ   δοῦλος   ἐκεῖνος   εὗρεν   ἕνα   τῶν
el   siervo   aquel   halló   a uno   de los

συνδούλων   αὐτοῦ,   ὃς   ὤφειλεν   αὐτὸν   ἑκατὸν
consiervos   de él,   que   debía   le   [4]cien

δηνάρια,   καὶ   κρατήσας   αὐτὸν   ἔπνιγεν
denarios,   y   agarrando   le,   (le) sofocaba

λέγων·   ἀπόδος   εἴ   τι   ὀφείλεις.
diciendo: [5]Págame   lo   que me   debes.

29 πεσὼν   οὖν   ὁ   σύνδουλος   αὐτοῦ   παρε-
Cayendo,   pues,   el   consiervo   de él,   roga-

κάλει   αὐτὸν   λέγων·   μακροθύμησον   ἐπ᾽
ba   le,   diciendo: Ten [6]paciencia   con-

ἐμοί,   καὶ   ἀποδώσω   σοι.   **30** ὁ   δὲ   οὐκ
migo,   y   pagaré   te.   Mas él   no

ἤθελεν,   ἀλλὰ   ἀπελθὼν   ἔβαλεν   αὐτὸν   εἰς
quiso,   sino que,   marchando,   echó   le   en

φυλακὴν   ἕως   ἀποδῷ   τὸ   ὀφειλόμενον.
(la) cárcel   hasta   que pagase   lo   que estaba debiendo.

31 ἰδόντες   οὖν   οἱ   σύνδουλοι   αὐτοῦ   τὰ
Viendo,   pues,   los   consiervos   de él   lo

γενόμενα   ἐλυπήθησαν   σφόδρα,   καὶ
sucedido,   se entristecieron   muchísimo,   y

ἐλθόντες   διεσάφησαν   τῷ   κυρίῳ   ἑαυτῶν
viniendo,   [7]refirieron   al   señor de ellos mismos

πάντα   τὰ   γενόμενα.   **32** τότε   προσ-
todo   lo   sucedido.   Entonces   lla-

καλεσάμενος   αὐτὸν   ὁ   κύριος   αὐτοῦ   λέγει
mando   le   el   señor   de él,   dice

---

[1] 24. DIEZ MIL TALENTOS. Una suma fabulosa, que ningún esclavo (*doulos* en griego) podría pagar.

[2] 25. QUE FUERA SALDADA. Lit. *que fuese pagado*.

[3] 26. PACIENCIA. Lit. *longanimidad*. El término griego se usa para aguantar a las personas, mientras que *hypomoné* significa "perseverar bajo el peso" de las circunstancias.

[4] 28. CIEN DENARIOS. Un denario era el salario de un día de un trabajador manual. (V. 20:2.)

[5] 28. PÁGAME LO QUE ME DEBES. Lit. *paga, si algo debes*.

[6] 29. PACIENCIA. (V. nota 3.)

[7] 31. REFIRIERON. El verbo griego indica un informe claro, completo y detallado.

αὐτῷ· δοῦλε πονηρέ, πᾶσαν τὴν ὀφειλὴν
le: Siervo malvado, toda la deuda

ἐκείνην ἀφῆκά σοι, ἐπεὶ παρεκάλεσάς με·
aquella perdoné te, ya que rogaste me;

33 οὐκ ἔδει καὶ σὲ ἐλεῆσαι τὸν
¿no era obligado también que tú tuvieses compasión del

σύνδουλόν σου, ὡς κἀγὼ σὲ ἠλέησα;
consiervo de ti, como yo también de ti tuve compasión?

34 καὶ ὀργισθεὶς ὁ κύριος αὐτοῦ
Y encolerizado el señor de él,

παρέδωκεν αὐτὸν τοῖς βασανισταῖς ἕως οὗ
entregó le a los verdugos hasta que

ἀποδῷ πᾶν τὸ ὀφειλόμενον αὐτῷ.
pagase todo lo que era debido a él.

35 Οὕτως καὶ ὁ πατήρ μου ὁ οὐράνιος
Así también el Padre de mí — celestial

ποιήσει ὑμῖν, ἐὰν μὴ ἀφῆτε ἕκαστος
hará os, si no perdonáis 1cada uno

τῷ ἀδελφῷ αὐτοῦ ἀπὸ τῶν καρδιῶν
al hermano de él 2desde los corazones
(suyo)

ὑμῶν.
de vosotros.

19 Καὶ ἐγένετο ὅτε ἐτέλεσεν ὁ
Y sucedió (que) cuando terminó —

Ἰησοῦς τοὺς λόγους τούτους, μετῆρεν
Jesús las palabras estas, se trasladó

ἀπὸ τῆς Γαλιλαίας καὶ ἦλθεν εἰς τὰ
desde — Galilea y vino a los

ὅρια τῆς Ἰουδαίας πέραν τοῦ Ἰορδάνου.
confines — de Judea, a la orilla opuesta del Jordán.

2 καὶ ἠκολούθησαν αὐτῷ ὄχλοι πολλοί,
Y siguieron le multitudes grandes,

καὶ ἐθεράπευσεν αὐτοὺς ἐκεῖ.
y sanó les allí.

3 Καὶ προσῆλθον αὐτῷ Φαρισαῖοι
Y se acercaron a él unos fariseos

πειράζοντες αὐτὸν καὶ λέγοντες· εἰ ἔξεστιν
tentando le y diciendo: ¿Si es lícito

ἀπολῦσαι τὴν γυναῖκα αὐτοῦ κατὰ πᾶσαν
repudiar a la mujer de él por cualquier
(suya)

αἰτίαν; 4 ὁ δὲ ἀποκριθεὶς εἶπεν· οὐκ
causa? Mas el respondiendo, dijo: ¿No

ἀνέγνωτε ὅτι ὁ κτίσας ἀπ'
leísteis que el que creó(los) desde

ἀρχῆς ἄρσεν καὶ θῆλυ ἐποίησεν αὐτούς;
(el) principio varón y hembra hizo a ellos?

1
35. CADA UNO... Se trata de una relación muy personal.
2
35. DESDE LOS CORAZONES... Tal perdón sólo puede brotar de un corazón regenerado. (V. Ef. 4:32.)

5 καὶ εἶπεν·   ἔνεκα   τούτου   καταλείψει
  Y   dijo: A causa de esto   dejará
                              (se despedirá de)

ἄνθρωπος   τὸν   πατέρα   καὶ   τὴν   μητέρα
un hombre   al   padre   y   a la   madre

καὶ   κολληθήσεται   τῇ   γυναικὶ   αὐτοῦ,
y   1quedará unido   a   la mujer   de él,

καὶ   ἔσονται   οἱ   δύο   εἰς   σάρκα   μίαν·
y 2serán   los   dos   una sola carne;

6 ὥστε   οὐκέτι   εἰσὶν   δύο   ἀλλὰ   σὰρξ   μία.
de modo que ya no son dos,   sino carne una sola.

ὃ   οὖν   ὁ   θεὸς   συνέζευξεν,   ἄνθρωπος
Por tanto, lo que — Dios   3ha unido,   un hombre

μὴ   χωριζέτω.   **7** λέγουσιν   αὐτῷ·   τί   οὖν
no (lo) separe.   Dicen   le: ¿Por qué, pues,

Μωϋσῆς   ἐνετείλατο   δοῦναι   βιβλίον   ἀπο-
4Moisés   mandó   dar   documento   de

στασίου   καὶ   ἀπολῦσαι;   **8** λέγει   αὐτοῖς·
divorcio   y repudiar(la)?   Dice   les:

ὅτι   Μωϋσῆς   πρὸς   τὴν   σκληροκαρδίαν
—   Moisés, en vista de la   dureza de corazón

ὑμῶν   ἐπέτρεψεν   ὑμῖν   ἀπολῦσαι   τὰς
de vosotros, 5permitió   os   repudiar   a las

γυναῖκας   ὑμῶν·   ἀπ'   ἀρχῆς   δὲ   οὐ
mujeres   de vosotros; mas desde (el) principio no

γέγονεν   οὕτως.   **9** λέγω   δὲ   ὑμῖν   ὅτι
ha sido   así.   Mas digo   os   que

ὃς   ἂν   ἀπολύσῃ   τὴν   γυναῖκα   αὐτοῦ
cualquiera que repudie a la   mujer   de él,

μὴ   ἐπὶ   πορνείᾳ   καὶ   γαμήσῃ   ἄλλην,
6excepto por 7fornicación,   y se casa   con otra,

μοιχᾶται.   **10** λέγουσιν   αὐτῷ   οἱ   μαθηταί·
comete adulterio.   Dicen   le   los   discípulos:

εἰ   οὕτως   ἐστὶν   ἡ   αἰτία   τοῦ   ἀνθρώπου
Si   así   está la causa   del   hombre

μετὰ   τῆς   γυναικός,   οὐ   συμφέρει   γαμῆσαι.
con   la mujer,   no conviene   casarse.

11 ὁ   δὲ   εἶπεν   αὐτοῖς·   οὐ   πάντες   χωροῦσιν
  Mas él dijo les: No todos 8tienen capacidad

τὸν   λόγον   τοῦτον,   ἀλλ'   οἷς   δέδοται.
la palabra   esta, sino (aquellos) a quienes ha sido dado.
                                            para

12 εἰσὶν   γὰρ   εὐνοῦχοι   οἵτινες   ἐκ   κοιλίας
  Porque hay   eunucos los cuales desde (el) vientre

μητρὸς   ἐγεννήθησαν   οὕτως,   καὶ   εἰσὶν
de (su) madre   nacieron   así,   y   hay

εὐνοῦχοι   οἵτινες   εὐνουχίσθησαν   ὑπὸ   τῶν
eunucos los cuales fueron hechos eunucos por   los

ἀνθρώπων,   καὶ   εἰσὶν   εὐνοῦχοι   οἵτινες
hombres,   y   hay   eunucos los cuales

1
5. QUEDARÁ UNIDO. Lit. *será adherido.*
2
5. SERÁN LOS DOS... Lit. *llegarán a ser una sola carne.*
3
6. HA UNIDO. Lit. *ha uncido al mismo yugo.*
4
7. MOISÉS MANDÓ... Nótese que los fariseos citan Dt. 24:1ss. maliciosamente. Tal documento tenía por objeto la protección de las mujeres, no la satisfacción de los caprichos de los maridos.
5
8. PERMITIÓ. Jesús corrige así el *mandó* de los fariseos.
6
9. EXCEPTO. Lit. *no sobre* (por causa de) *fornicación.*
7
9. FORNICACIÓN. Con la mayor probabilidad, la palabra griega *porneia* indica aquí *concubinato*: unión en grado prohibido por la Ley.
8
11. TIENEN CAPACIDAD PARA... Es decir, *no son capaces de practicar este precepto.*

εὐνούχισαν   ἐαυτοὺς   διὰ   τὴν
¹hicieron eunucos   a sí mismos   a causa   del

βασιλείαν   τῶν   οὐρανῶν.   ὁ   δυνάμενος
reino   de los   cielos.   El que   pueda

χωρεῖν   χωρείτω.
aceptar(lo),   que lo acepte.

13 Τότε   προσηνέχθησαν   αὐτῷ   παιδία,
Entonces   fueron traídos   le   unos niñitos,

ἵνα   τὰς   χεῖρας   ἐπιθῇ   αὐτοῖς   καὶ
para que   las   manos   pusiera sobre   ellos   y

προσεύξηται·   οἱ   δὲ   μαθηταὶ   ἐπετίμησαν
orara;   mas los   discípulos   reprendieron

αὐτοῖς.   **14** ὁ   δὲ   Ἰησοῦς   εἶπεν·   ἄφετε
les.   — Mas   Jesús   dijo: Dejad

τὰ   παιδία   καὶ   μὴ   κωλύετε   αὐτὰ   ἐλθεῖν
a los   niñitos   y   no   impidáis   les   venir

πρός   με·   τῶν   γὰρ   τοιούτων   ἐστὶν   ἡ
hasta   mí;   porque   ²de los   tales   es   el

βασιλεία   τῶν   οὐρανῶν.   **15** καὶ   ἐπιθεὶς
reino   de los   cielos.   Y después de poner

τὰς   χεῖρας   αὐτοῖς   ἐπορεύθη   ἐκεῖθεν.
las   manos   sobre ellos,   marchó   de allí.

16 Καὶ   ἰδοὺ   εἷς   προσελθὼν   αὐτῷ   εἶπεν·
Y he aquí que uno,   acercándose   le,   dijo:

διδάσκαλε,   τί   ἀγαθὸν   ποιήσω   ἵνα
Maestro,   ¿qué cosa   buena   (debo) hacer   para que

σχῶ   ζωὴν   αἰώνιον;   ὁ   δὲ   εἶπεν   αὐτῷ·
tenga   vida   eterna?   Mas él   dijo   le:

17 τί   με   ἐρωτᾷς   περὶ   τοῦ   ἀγαθοῦ;
¿Por qué   me   preguntas   acerca de   lo   bueno?

εἷς   ἐστιν   ὁ   ἀγαθός·   εἰ   δὲ   θέλεις   εἰς
Uno solo es   ³el   bueno;   mas si   quieres   en

τὴν   ζωὴν   εἰσελθεῖν,   τήρει   τὰς   ἐντολάς.
la   vida   entrar,   ⁴guarda   los   mandamientos.

18 λέγει   αὐτῷ·   ποίας;   ὁ   δὲ   Ἰησοῦς
Dice   le: ¿Cuáles?   — Y   Jesús

ἔφη·   τὸ   οὐ   φονεύσεις,   οὐ   μοιχεύσεις,
dijo: Lo de   no cometerás homicidio,   no cometerás adulterio,

οὐ   κλέψεις,   οὐ   ψευδομαρτυρήσεις,
no   hurtarás,   no   dirás falso testimonio,

19 τίμα   τὸν   πατέρα   καὶ   τὴν   μητέρα,
honra   al   padre   y   a la   madre,

καὶ   ἀγαπήσεις   τὸν   πλησίον   σου   ὡς
y   amarás   al   prójimo   de ti   como

σεαυτόν.   **20** λέγει   αὐτῷ   ὁ   νεανίσκος·
a ti mismo.   Dice   le   el   joven:

ταῦτα   πάντα   ἐφύλαξα·   τί   ἔτι   ὑστερῶ;
Estas cosas   todas   ⁵guardé;   ¿qué   aún   me falta?

---

¹
12. HICIERON... Esto es, *se quedaron célibes.* (V. 1 Co. 7:7, 8, 26, 32-35.) Es un don que no hace de menos el matrimonio. (V. 1 Ti. 3: 2; He. 13:4.)

²
14. DE LOS TALES. Es decir, *de los que son como ellos.*

³
17. EL BUENO. Es decir, *Dios,* la bondad absoluta y esencial.

⁴
17. GUARDA... Nótese que el verbo está en presente de imperativo, lo que indica continuidad.

⁵
20. GUARDÉ. Nótese que este verbo no es el mismo del vers. 17. *Tereo* implica una obediencia de corazón (como en Sal. 119:9), mientras que *phylasso* puede indicar una observancia exterior.

21 ἔφη αὐτῷ ὁ Ἰησοῦς· εἰ θέλεις τέλειος
Dijo le — Jesús: Si quieres ¹perfecto

εἶναι, ὕπαγε πώλησόν σου τὰ ὑπάρχοντα
ser, anda, vende de ti las posesiones

καὶ δὸς πτωχοῖς, καὶ ἕξεις
y da(lo) a (los) menesterosos, y tendrás

θησαυρὸν ἐν οὐρανοῖς, καὶ δεῦρο ἀκολούθει
un tesoro en (los) cielos, y ¡hala! sigue
                                        (ven),

μοι. **22** ἀκούσας δὲ ὁ νεανίσκος τὸν
me. Mas al oír el joven la

λόγον [τοῦτον] ἀπῆλθεν λυπούμενος·
palabra esta, ²se marchó entristecido;

ἦν γὰρ ἔχων κτήματα πολλά. **23** Ὁ
porque era poseedor de bienes muchos. —

δὲ Ἰησοῦς εἶπεν τοῖς μαθηταῖς αὐτοῦ·
Y Jesús dijo a los discípulos de él:

ἀμὴν λέγω ὑμῖν ὅτι πλούσιος δυσκόλως
De cierto digo os que un rico difícilmente

εἰσελεύσεται εἰς τὴν βασιλείαν τῶν
entrará en el reino de los

οὐρανῶν. **24** πάλιν δὲ λέγω ὑμῖν,
cielos. Y de nuevo digo os,

εὐκοπώτερόν ἐστιν κάμηλον διὰ τρήματος
(que) más factible es que un camello a través de(l) ojo

ραφίδος εἰσελθεῖν ἢ πλούσιον εἰς τὴν
de una aguja entre, que un rico en el

βασιλείαν τοῦ θεοῦ. **25** ἀκούσαντες δὲ
reino de Dios. Mas al oír(lo)

οἱ μαθηταὶ ἐξεπλήσσοντο σφόδρα
los discípulos, se quedaban atónitos sobremanera,

λέγοντες· τίς ἄρα δύναται σωθῆναι;
diciendo: Entonces, ¿quién puede ser salvo?

26 ἐμβλέψας δὲ ὁ Ἰησοῦς εἶπεν
Mas mirándo(los) — Jesús, dijo

αὐτοῖς· παρὰ ἀνθρώποις τοῦτο ἀδύνατόν
les: ³Entre hombres, esto imposible

ἐστιν, παρὰ δὲ θεῷ πάντα δυνατά.
es, mas ⁴con Dios, todo (es) posible.

27 Τότε ἀποκριθεὶς ὁ Πέτρος εἶπεν αὐτῷ·
Entonces, ⁵respondiendo — Pedro, dijo le:

ἰδοὺ ἡμεῖς ἀφήκαμεν πάντα καὶ
Mira, nosotros ⁶dejamos todo y

ἠκολουθήσαμέν σοι· τί ἄρα ἔσται
seguimos te; ¿qué, pues, ⁷habrá

ἡμῖν; **28** ὁ δὲ Ἰησοῦς εἶπεν αὐτοῖς·
para nosotros? — Mas Jesús dijo les:

ἀμὴν λέγω ὑμῖν ὅτι ὑμεῖς οἱ ἀκολουθή-
De cierto digo os que vosotros ⁸los que seguisteis

1
21. PERFECTO SER. Es decir, *estar completo.*
2
22. SE MARCHÓ... Jesús había puesto "el dedo en la llaga", como se suele decir. (V. 6:24 y 1 Ti. 6:10.)
3
26. ENTRE HOMBRES. Es decir, *a nivel humano,* o con *fuerzas humanas.*
4
26. CON DIOS. Aquí, como en Mr. 10:27; Lc. 18:27, la preposición griega *pará* con dativo (no con genitivo —Lc. 1:37), no significa *para Dios,* sino *junto a Dios,* esto es, con el poder que Dios da. (Comp. Flp. 4:13.)
5
27. RESPONDIENDO. Es decir, *tomando la palabra.*
6
27. DEJAMOS. El verbo está en aoristo (pasado).
7
27. HABRÁ PARA NOSOTROS? O *tendremos nosotros?*
8
28. LOS QUE SEGUISTEIS. Nótese que Jesús no responde a lo de dejarlo todo. No salva el dejar todo, sino el seguir a Cristo.

σαντές   μοι,   ἐν   τῇ   παλιγγενεσίᾳ,   ὅταν
          me,   [1]en   la   regeneración,   cuando

καθίσῃ   ὁ   υἱὸς   τοῦ   ἀνθρώπου   ἐπὶ   θρόνου
se siente el   Hijo   del   Hombre   en   (el) trono

δόξης   αὐτοῦ,   καθήσεσθε   καὶ   αὐτοὶ   ἐπὶ
de gloria de él,   os sentaréis también (vosotros) mismos en

δώδεκα   θρόνους   κρίνοντες   τὰς   δώδεκα
doce   tronos   para ir juzgando a las   doce

φυλὰς   τοῦ   Ἰσραήλ.   29 καὶ   πᾶς   ὅστις
tribus   —   de Israel.   Y   todo   el que

ἀφῆκεν   οἰκίας   ἢ   ἀδελφοὺς   ἢ   ἀδελφὰς   ἢ
dejó   casas   o   hermanos   o   hermanas   o

πατέρα   ἢ   μητέρα   ἢ   τέκνα   ἢ   ἀγροὺς
padre   o   madre   o   hijos   o   campos

ἕνεκεν   τοῦ   ἐμοῦ   ὀνόματος,   πολλαπλα-
por causa   —   de mi   nombre,   [2]muchas veces

σίονα   λήμψεται   καὶ   ζωὴν   αἰώνιον
más   recibirá   y   vida   eterna

κληρονομήσει.   30 Πολλοὶ   δὲ   ἔσονται   πρῶτοι
heredará.   Mas [3]muchos   primeros   serán

ἔσχατοι   καὶ   ἔσχατοι   πρῶτοι.
últimos,   y   últimos   (serán) primeros.

20 Ὁμοία   γάρ   ἐστιν   ἡ   βασιλεία   τῶν
   Porque semejante es   el   reino   de los

οὐρανῶν   ἀνθρώπῳ   οἰκοδεσπότῃ,   ὅστις
cielos   a un hombre   amo de casa,   el cual

ἐξῆλθεν   ἅμα   πρωῒ   μισθώσασθαι
salió   temprano de mañana   a contratar

ἐργάτας   εἰς   τὸν   ἀμπελῶνα   αὐτοῦ.   2 συμ-
obreros   para   la   viña   de él.   Y puesto

φωνήσας   δὲ   μετὰ   τῶν   ἐργατῶν   ἐκ   δηναρίου
de acuerdo   con   los   obreros   [4]por   un denario

τὴν   ἡμέραν   ἀπέστειλεν   αὐτοὺς   εἰς   τὸν
al   día,   envió   los   a   la

ἀμπελῶνα   αὐτοῦ.   3 καὶ   ἐξελθὼν   περὶ
viña   de él.   Y   saliendo   hacia

τρίτην   ὥραν   εἶδεν   ἄλλους   ἑστῶτας
(la) [5]tercera hora,   vio   otros   [6]parados

ἐν   τῇ   ἀγορᾷ   ἀργούς,   4 καὶ   ἐκείνοις
en   la   plaza   desocupados,   y   a ellos

εἶπεν·   ὑπάγετε   καὶ   ὑμεῖς   εἰς   τὸν
dijo: Id   también vosotros   a   la

ἀμπελῶνα,   καὶ   ὃ   ἐὰν   ᾖ   δίκαιον   δώσω
viña,   y   cuanto sea   justo   daré

ὑμῖν.   οἱ   δὲ   ἀπῆλθον.   5 πάλιν   [δὲ]
os.   Y ellos   fueron.   Y de nuevo

1
28. EN LA REGENERACIÓN.
No se refiere al "nuevo
nacimiento" (Tito 3:5), sino
a la restauración mesiánica
(Hch. 3:21; Ro. 8:19).
2
29. MUCHAS VECES MÁS. Esto
es, multiplicadas bendiciones.
3
30. MUCHOS PRIMEROS. Para
Cristo, no cuenta la vete-
ranía, sino la dedicación.
4
2. POR UN DENARIO. Lit. a
base de un denario.
5
3. TERCERA HORA. Hacia las
nueve de la mañana.
6
3. PARADOS. Lit. que estaban de pie.

ἐξελθὼν περὶ ἕκτην καὶ ἐνάτην ὥραν
saliendo hacia (la) ¹sexta y (la) ²novena hora

ἐποίησεν ὡσαύτως. 6 περὶ δὲ τὴν
hizo igualmente. Mas hacia la (hora)

ἐνδεκάτην ἐξελθὼν εὗρεν ἄλλους ἐστῶτας,
³undécima saliendo encontró a otros parados,

καὶ λέγει αὐτοῖς· τί ὧδε ἐστήκατε
y dice les: ¿Por qué aquí habéis estado

ὅλην τὴν ἡμέραν ἀργοί; 7 λέγουσιν αὐτῷ·
todo el día desocupados? Dicen le:

ὅτι οὐδεὶς ἡμᾶς ἐμισθώσατο. λέγει αὐτοῖς·
Porque nadie nos contrató. Dice les:

ὑπάγετε καὶ ὑμεῖς εἰς τὸν ἀμπελῶνα.
Id también vosotros a la viña.

8 ὀψίας δὲ γενομένης λέγει ὁ κύριος
Y (el) ⁴atardecer llegado, dice el señor

τοῦ ἀμπελῶνος τῷ ἐπιτρόπῳ αὐτοῦ·
de la viña al encargado de él:

κάλεσον τοὺς ἐργάτας καὶ ἀπόδος τὸν
Llama a los obreros y paga(les) el

μισθόν, ἀρξάμενος ἀπὸ τῶν ἐσχάτων
jornal, comenzando desde los últimos

ἕως τῶν πρώτων. 9 ἐλθόντες δὲ οἱ
hasta los primeros. Y cuando llegaron los (de)

περὶ τὴν ἐνδεκάτην ὥραν ἔλαβον ἀνὰ
hacia la undécima hora, recibieron cada uno

δηνάριον. 10 καὶ ἐλθόντες οἱ πρῶτοι
un denario. Y cuando llegaron los primeros,

ἐνόμισαν ὅτι πλεῖον λήμψονται· καὶ
pensaron que más ⁵recibirían. Y

ἔλαβον τὸ ἀνὰ δηνάριον καὶ αὐτοί.
recibieron el ⁶respectivo denario también ellos.

11 λαβόντες δὲ ἐγόγγυζον κατὰ τοῦ
Y cuando recibieron(lo) refunfuñaban contra el

οἰκοδεσπότου λέγοντες· 12 οὗτοι οἱ ἔσχατοι
amo de casa, diciendo: Estos — últimos

μίαν ὥραν ἐποίησαν, καὶ ἴσους αὐτοὺς
una sola hora hicieron, e iguales les

ἡμῖν ἐποίησας τοῖς βαστάσασι τὸ
a nosotros hiciste, los que hemos soportado el

βάρος τῆς ἡμέρας καὶ τὸν καύσωνα.
peso del día y el calor abrasador.

13 ὁ δὲ ἀποκριθεὶς ἑνὶ αὐτῶν εἶπεν·
Mas él, respondiendo a uno de ellos, dijo:

ἑταῖρε, οὐκ ἀδικῶ σε· οὐχὶ
Compañero, no hago injusticia te; ¿no

δηναρίου συνεφώνησάς μοι; 14 ἆρον
por un denario te pusiste de acuerdo conmigo? Toma

1
5. SEXTA. *Las doce del mediodía.*
2
5. NOVENA. *Las tres de la tarde.*
3
6. UNDÉCIMA. *Las cinco de la tarde.*
4
8. ATARDECER. *Cerca de la puesta del sol.* (V. Dt. 24: 15.)
5
10. RECIBIRÍAN. Lit. *recibirán.*
6
10. RESPECTIVO. Lit. *cada uno.*

τὸ   σὸν   καὶ   ὕπαγε·   θέλω   δὲ
lo   tuyo   y   vete;   mas quiero

τούτῳ   τῷ   ἐσχάτῳ   δοῦναι   ὡς   καὶ
a este   —   último   dar   como   también

σοί·   **15** οὐκ   ἔξεστίν   μοι   ὃ   θέλω
a ti.   ¿No   es lícito   me   lo que   quiero

ποιῆσαι   ἐν   τοῖς   ἐμοῖς;   ἢ   ὁ
hacer   en   las (cosas)   mías?   ¿O   el

ὀφθαλμός   σου   πονηρός   ἐστιν   ὅτι   ἐγὼ
ojo   de ti   ¹malo   es   porque   yo

ἀγαθός   εἰμι;   **16** Οὕτως   ἔσονται   οἱ   ἔσχατοι
²bueno   soy?   Así   serán   los   últimos

πρῶτοι   καὶ   οἱ   πρῶτοι   ἔσχατοι.
primeros;   y   los   primeros,   últimos.

17 Μέλλων   δὲ   ἀναβαίνειν   Ἰησοῦς   εἰς
Y estando para   subir   Jesús   a

Ἰεροσόλυμα   παρέλαβεν   τοὺς   δώδεκα   κατ'
Jerusalén,   tomó   a los   doce   aparte

ἰδίαν,   καὶ   ἐν   τῇ   ὁδῷ   εἶπεν   αὐτοῖς·
y   en   el   camino   dijo   les:

18 ἰδοὺ   ἀναβαίνομεν   εἰς   Ἰεροσόλυμα,   καὶ
Mirad   que estamos subiendo   a   Jerusalén,   y

ὁ   υἱὸς   τοῦ   ἀνθρώπου   παραδοθήσεται   τοῖς
el   Hijo   del   Hombre   será entregado   a los

ἀρχιερεῦσιν   καὶ   γραμματεῦσιν,   καὶ   κατα-
principales sacerdotes   y   escribas,   y   conde-

κρινοῦσιν   αὐτὸν   εἰς   θάνατον,   **19** καὶ
narán   le   a   muerte,   y

παραδώσουσιν   αὐτὸν   τοῖς   ἔθνεσιν   εἰς
entregarán   le   ³a los   gentiles   para

τὸ   ἐμπαῖξαι   καὶ   μαστιγῶσαι   καὶ
—   burlarse (de él)   y   azotar(le)   y

σταυρῶσαι,   καὶ   τῇ   τρίτῃ   ἡμέρᾳ   ἐγερθή-
crucificar(le),   y   al   tercer   día   ⁴resu-

σεται.
citará.

20 Τότε   προσῆλθεν   αὐτῷ   ἡ   μήτηρ   τῶν
Entonces   se acercó   a él   la   madre   de los

υἱῶν   Ζεβεδαίου   μετὰ   τῶν   υἱῶν   αὐτῆς
hijos   de Zebedeo   con   los   hijos   de ella,

προσκυνοῦσα   καὶ   αἰτοῦσά   τι   ἀπ'   αὐτοῦ.
postrándose   y   pidiendo   ⁵algo   de   él.

21 ὁ   δὲ   εἶπεν   αὐτῇ·   τί   θέλεις;   λέγει
Mas él   dijo   a ella: ¿Qué   deseas?   Dice

αὐτῷ·   εἰπὲ   ἵνα   καθίσωσιν   οὗτοι   οἱ
le: Di   ⁶que   se sienten   estos   los

δύο   υἱοί   μου   εἷς   ἐκ   δεξιῶν   καὶ   εἷς
dos   hijos   de mí,   (el) uno   a   (la) derecha   y   (el) otro

---

1
15. MALO. Es decir, *envidioso.*

2
15. BUENO. Esto es, *generoso.*

3
19. A LOS GENTILES. *A Pilato y a los soldados romanos.* (V. Hch. 2:23.)

4
19. RESUCITARÁ. Lit. *será levantado.*

5
20. ALGO DE ÉL. Es decir, *que le concediera algo.*

6
21. QUE SE SIENTEN... ¡Qué contraste! Habla Jesús de ser crucificado, y ellos sólo piensan en los tronos de 19:28.

ἐξ   εὐωνύμων   σου   ἐν   τῇ   βασιλείᾳ
a   (la) izquierda   de ti   en   el   reino

σου.   22 ἀποκριθεὶς   δὲ   ὁ   Ἰησοῦς
de ti.   Y respondiendo   —   Jesús,

εἶπεν·   οὐκ   οἴδατε   τί   αἰτεῖσθε.
dijo: 1No   sabéis   qué   estáis pidiendo.

δύνασθε   πιεῖν   τὸ   ποτήριον   ὃ   ἐγὼ
¿Podéis   beber   la   2copa   que   yo

μέλλω   πίνειν;   λέγουσιν   αὐτῷ·   δυνάμεθα.
voy   a beber?   Dicen   le: Podemos.

23 λέγει   αὐτοῖς·   τὸ   μὲν   ποτήριόν   μου
Dice   les: A la   verdad,   la copa   de mí

πίεσθε,   τὸ   δὲ   καθίσαι   ἐκ   δεξιῶν
beberéis,   mas el   sentarse   a (la)   derecha

μου   καὶ   ἐξ   εὐωνύμων   οὐκ   ἔστιν
de mí   y   a   (la) izquierda   no   es

ἐμὸν   τοῦτο   δοῦναι,   ἀλλ᾽   οἷς   ἡτοί-
mío   esto   dar,   sino   a los que   ha sido

μασται   ὑπὸ   τοῦ   πατρός   μου.   24 καὶ
preparado   por   el   Padre   de mí.   Y cuando

ἀκούσαντες   οἱ   δέκα   ἠγανάκτησαν   περὶ
oyeron(lo)   los   diez,   se indignaron   acerca

τῶν   δύο   ἀδελφῶν.   25 ὁ   δὲ   Ἰησοῦς
de los   dos   hermanos.   — Mas   Jesús

προσκαλεσάμενος   αὐτοῖς   εἶπεν·   οἴδατε
llamando hacia sí   les,   dijo: Sabéis

ὅτι   οἱ   ἄρχοντες   τῶν   ἐθνῶν   κατακυριεύουσιν
que   los   gobernantes   3de los   gentiles   4se enseñorean

αὐτῶν   καὶ   οἱ   μεγάλοι   κατεξουσιάζουσιν
de ellos   y   los   magnates   tienen bajo su autoridad

αὐτῶν.   26 οὐχ   οὕτως   ἐστὶν   ἐν   ὑμῖν·
les.   No   así   5es   entre vosotros;

ἀλλ᾽   ὃς   ἐὰν   θέλῃ   ἐν   ὑμῖν   μέγας   γενέσθαι,
sino que   cualquiera   que desee   entre vosotros   grande   hacerse,

ἔσται   ὑμῶν   διάκονος,   27 καὶ   ὃς   ἂν
será   de vosotros   sirviente,   y   cualquiera que

θέλῃ   ἐν   ὑμῖν   εἶναι   πρῶτος,   ἔσται   ὑμῶν
desee   entre vosotros   ser   primero,   será de vosotros

δοῦλος·   28 ὥσπερ   ὁ   υἱὸς   τοῦ   ἀνθρώπου
esclavo;   así como   el   Hijo   del   Hombre

οὐκ   ἦλθεν   διακονηθῆναι,   ἀλλὰ   διακο-
no   vino   a ser servido,   sino   a servir

νῆσαι   καὶ   δοῦναι   τὴν   ψυχὴν   αὐτοῦ
y   a dar   la   vida   de él

λύτρον   ἀντὶ   πολλῶν.
(como) rescate   6por   muchos.

29 Καὶ   ἐκπορευομένων   αὐτῶν   ἀπὸ   Ἰεριχὼ
Y   cuando iban marchando   ellos   7desde   Jericó

1
22. No SABÉIS. Por aquí vemos que fueron ellos los que incitaron a su madre. (V. Mr. 10:35ss.) No sabían que, para reinar con Cristo, tenían que padecer con él.
2
23. LA COPA. (V. 26:39, 42.)
3
25. DE LOS GENTILES. O de las naciones.
4
25. SE ENSEÑOREAN. El verbo griego es el mismo de 1 P. 5:3. ¡También los ministros de Dios corren este peligro!
5
26. ES. Muchos MSS. dicen será (griego éstai, en vez de estìn).
6
28. POR MUCHOS. Lit. en favor de —y en lugar de— muchos.
7
29. DESDE JERICÓ. Lc. 18:35 dice: Al acercarse él a Jericó. Téngase en cuenta que, además de la ciudad vieja, donde vivían los más pobres, estaba a unos 1.600 metros la nueva Jericó, donde vivía Zaqueo. Para Lucas, la segunda era más importante.

ἠκολούθησεν αὐτῷ ὄχλος πολύς. **30** καὶ
siguió   le   una multitud grande.   Y

ἰδοὺ δύο τυφλοὶ καθήμενοι παρὰ τὴν
he aquí, 1dos ciegos   sentados   junto al

ὁδόν, ἀκούσαντες ὅτι Ἰησοῦς παράγει,
camino, al oír   que Jesús está pasando,

ἔκραξαν λέγοντες· κύριε, ἐλέησον ἡμᾶς,
gritaron, diciendo: Señor, ten compasión de nosotros,

υἱὸς Δαυίδ. **31** ὁ δὲ ὄχλος ἐπετίμησεν
hijo de David. Mas el gentío   reprendió

αὐτοῖς ἵνα σιωπήσωσιν· οἱ δὲ μεῖζον
les para que se callaran; mas ellos   más

ἔκραξαν λέγοντες· κύριε, ἐλέησον ἡμᾶς,
gritaron, diciendo: Señor, ten compasión de nosotros,

υἱὸς Δαυίδ. **32** καὶ στὰς ὁ Ἰησοῦς
hijo de David.   Y parándose — Jesús,

ἐφώνησεν αὐτοὺς καὶ εἶπεν· τί θέλετε
dio voces   les   y dijo: ¿Qué queréis

ποιήσω ὑμῖν; **33** λέγουσιν αὐτῷ· κύριε,
que haga os?   Dicen   le: Señor,

ἵνα ἀνοιγῶσιν οἱ ὀφθαλμοὶ ἡμῶν.
que sean abiertos los ojos   de nosotros.

34 σπλαγχνισθεὶς δὲ ὁ Ἰησοῦς ἥψατο
Y movido a compasión — Jesús, tocó

τῶν ὀμμάτων αὐτῶν, καὶ εὐθέως ἀνέβλεψαν
los ojos   de ellos y en seguida recobraron la vista

καὶ ἠκολούθησαν αὐτῷ.
y   siguieron   le.

21 Καὶ ὅτε ἤγγισαν εἰς Ἰεροσόλυμα
Y cuando se acercaron a Jerusalén

καὶ ἦλθον εἰς Βηθφαγὴ εἰς τὸ ὄρος τῶν
y llegaron a Betfagé,   al monte de los

ἐλαιῶν, τότε Ἰησοῦς ἀπέστειλεν δύο
Olivos, entonces Jesús envió   dos

μαθητὰς **2** λέγων αὐτοῖς· πορεύεσθε εἰς
discípulos, diciendo les: Id   a

τὴν κώμην τὴν κατέναντι ὑμῶν, καὶ εὐθὺς
la aldea — que está enfrente de vosotros, y al instante

εὑρήσετε ὄνον δεδεμένην καὶ πῶλον μετ'
hallaréis un asna atada   y un pollino con

αὐτῆς· λύσαντες ἀγάγετέ μοι. **3** καὶ ἐάν
ella; desatando traed me(los).   Y si

τις ὑμῖν εἴπῃ τι, ἐρεῖτε ὅτι ὁ
alguien os dice algo, diréis que el

κύριος αὐτῶν χρείαν ἔχει· εὐθὺς δὲ
Señor, de ellos 2necesidad tiene; y al instante

1
30. Dos. Mr. 10:46ss. y Lc.
18:35ss. sólo mencionan
uno, quizás el más conocido o el que más gritaba.
2
3. NECESIDAD. Para que se
cumpliera Zac. 9:9, aunque
los discípulos no caían entonces en la cuenta de ello.
(V. Jn. 12:16.)

ἀποστελεῖ   αὐτούς.   **4** *Τοῦτο*   *δὲ*   *γέγονεν*
enviará   los.   Y esto   sucedió

ἵνα   πληρωθῇ   τὸ   ῥηθὲν   διὰ   τοῦ
para que   se cumpliese   lo   dicho   por medio   del

προφήτου   λέγοντος·   **5** *εἴπατε*   *τῇ*   *θυγατρὶ*
profeta,   cuando decía: Decid   a la   ¹hija

Σιών·   ἰδοὺ   ὁ   βασιλεύς   σου   ἔρχεταί   σοι
de Sión: Mira,   el   rey   de ti   viene   a ti

πραῢς   καὶ   ἐπιβεβηκὼς   ἐπὶ   ὄνον   καὶ   ἐπὶ
manso   y   montado   en   un asno   y   en

πῶλον   υἱὸν   ὑποζυγίου.   **6** *πορευθέντες*   *δὲ*
pollino,   hijo   ²de bestia de carga.   Y tras ir

οἱ   μαθηταὶ   καὶ   ποιήσαντες   καθὼς   συνέταξεν
los   discípulos   y   hacer   tal como   ordenó

αὐτοῖς   ὁ   Ἰησοῦς   *1*   ἤγαγον   τὴν   ὄνον   καὶ
les   —   Jesús,   trajeron   el   asna   y

τὸν   πῶλον,   καὶ   ἐπέθηκαν   ἐπ᾽   αὐτῶν
el   pollino,   y   pusieron encima   sobre   ellos

τὰ   ἱμάτια,   καὶ   ἐπεκάθισεν   ἐπάνω   αὐτῶν.
los   mantos,   y   se montó   encima   de ellos.

8 *ὁ*   *δὲ*   *πλεῖστος*   *ὄχλος*   *ἔστρωσαν*   *ἑαυτῶν*
Y la   mayoría   del gentío   extendieron de ellos mismos

τὰ   ἱμάτια   ἐν   τῇ   ὁδῷ,   ἄλλοι   δὲ   ἔκοπτον
los   mantos   en   el   camino,   y otros   cortaban

κλάδους   ἀπὸ   τῶν   δένδρων   καὶ   ἐστρών-
ramas   de   los   árboles   y   (las) tendían

νυον   ἐν   τῇ   ὁδῷ.   **9** *οἱ*   *δὲ*   *ὄχλοι*   *οἱ*
en   el   camino.   Y las   gentes   que

προάγοντες   αὐτὸν   καὶ   οἱ   ἀκολουθοῦντες
iban delante   de él   y   los   que seguían

ἔκραζον   λέγοντες·   ὡσαννὰ   τῷ   υἱῷ   Δαυίδ·
gritaban,   diciendo: ³Hosanná   al   Hijo   de David.

εὐλογημένος   ὁ   ἐρχόμενος   ἐν   ὀνόματι
Bendito   el   que viene   en   nombre

κυρίου·   ὡσαννὰ   ἐν   τοῖς   ὑψίστοις.   **10** *καὶ*
de(l) Señor;   hosanná   ⁴en   los   lugares más altos.   Y

εἰσελθόντος   αὐτοῦ   εἰς   Ἱεροσόλυμα   ἐσείσθη
cuando entró   él   en   Jerusalén,   se estremeció

πᾶσα   ἡ   πόλις   λέγουσα·   τίς   ἐστιν   οὗτος;
toda   la   ciudad,   diciendo: ¿Quién   es   éste?

11 *οἱ*   *δὲ*   *ὄχλοι*   *ἔλεγον·*   *οὗτός*   *ἐστιν*   *ὁ*
Y las   multitudes   decían: Éste   es   el

προφήτης   Ἰησοῦς   ὁ   ἀπὸ   Ναζαρὲθ   τῆς
profeta   Jesús,   el   de   Nazaret   —

Γαλιλαίας.
de Galilea.

12 *Καὶ*   *εἰσῆλθεν*   *Ἰησοῦς*   *εἰς*   *τὸ*   *ἱερὸν*
Y   entró   Jesús   en   el   templo

---

¹
5. HIJA DE SIÓN. Es un hebraísmo para designar a Jerusalén.

²
5. DE BESTIA DE CARGA. Lit. *de debajo del yugo.*

³
9. HOSANNÁ. Es un vocablo hebreo que significa *salva ahora.* Es como decir "¡Dios salve al rey!". (Expresión mesiánica. V. Sal. 118:25-26.)

⁴
9. EN LOS LUGARES MÁS ALTOS. Esto es, *en los cielos*, adonde se dirige el ruego de la multitud.

καὶ   ἐξέβαλεν   πάντας   τοὺς   πωλοῦντας   καὶ
y   1expulsó   a todos   los   que vendían   y

ἀγοράζοντας   ἐν   τῷ   ἱερῷ,   καὶ   τὰς   τραπέζας
los que compraban   en   el   templo,   y   las   mesas

τῶν   κολλυβιστῶν   κατέστρεψεν   καὶ   τὰς
de los   cambistas   volcó   y   los

καθέδρας   τῶν   πωλούντων   τὰς   περιστεράς,
asientos   de los   que vendían   las   palomas,

13 καὶ   λέγει   αὐτοῖς·   γέγραπται·   ὁ   οἶκός
y   dice   les: Ha sido escrito: La   casa

μου   οἶκος   προσευχῆς   κληθήσεται,   ὑμεῖς
de mí,   2casa   de oración   será llamada,   mas vosotros

δὲ   αὐτὸν   ποιεῖτε   σπήλαιον   λῃστῶν.   14 Καὶ
a ella   estáis haciendo   una cueva   de ladrones.   Y

προσῆλθον   αὐτῷ   τυφλοὶ   καὶ   χωλοὶ   ἐν   τῷ
se acercaron   a él   (los) ciegos   y   (los) cojos   en   el

ἱερῷ,   καὶ   ἐθεράπευσεν   αὐτούς.   15 ἰδόντες
3templo   y   sanó   a ellos.   Mas cuando

δὲ   οἱ   ἀρχιερεῖς   καὶ   οἱ   γραμματεῖς   τὰ
vieron   los principales sacerdotes   y   los   escribas   las

θαυμάσια   ἃ   ἐποίησεν   καὶ   τοὺς   παῖδας
maravillas   que   4había hecho   y   a los   niños

τοὺς   κράζοντας   ἐν   τῷ   ἱερῷ   καὶ   λέγοντας·
—   que gritaban   en   el   templo   y   decían:

ὡσαννὰ   τῷ   υἱῷ   Δαυίδ,   ἠγανάκτησαν,   16 καὶ
Hosanná   al   Hijo   de David,   se encendieron de ira   y

εἶπαν   αὐτῷ·   ἀκούεις   τί   οὗτοι   λέγουσιν;
dijeron   le: ¿Estás oyendo   qué   éstos   están diciendo?

ὁ   δὲ   Ἰησοῦς   λέγει   αὐτοῖς·   ναί·   οὐδέποτε
— Mas   Jesús   dice   les: Sí;   ¿nunca

ἀνέγνωτε   ὅτι   ἐκ   στόματος   νηπίων   καὶ
leísteis   que   de   (la) boca   de 5niñitos   y

θηλαζόντων   κατηρτίσω   αἶνον;   17 Καὶ
de los lactantes   preparaste   alabanza?   Y

καταλιπὼν   αὐτοὺς   ἐξῆλθεν   ἔξω   τῆς
dejando   a ellos,   salió   fuera   de la

πόλεως   εἰς   Βηθανίαν,   καὶ   ηὐλίσθη   ἐκεῖ.
ciudad   a   Betania,   y   6se hospedó   allí.

18 Πρωῒ   δὲ   ἐπαναγαγὼν   εἰς   τὴν   πόλιν
De mañana temprano,   cuando subía   a   la   ciudad,

ἐπείνασεν.   19 καὶ   ἰδὼν   συκῆν   μίαν   ἐπὶ   τῆς
tuvo hambre.   Y   al ver   una higuera   sola   junto   al

ὁδοῦ   ἦλθεν   ἐπ᾽   αὐτήν,   καὶ   οὐδὲν   εὗρεν
camino,   fue   hacia   ella,   y   nada   encontró

ἐν   αὐτῇ   εἰ   μὴ   φύλλα   μόνον,   καὶ   λέγει
en   ella,   7excepto   hojas   sólo,   y   dice

αὐτῇ·   οὐ   μηκέτι   ἐκ   σοῦ   καρπὸς   γένηται
a ella: Nunca   jamás   de   ti   fruto   haya

1
12. EXPULSÓ... Esta limpieza del templo es distinta de
la que refiere Jn. 2:14ss.
2
13. CASA DE ORACIÓN. El altar de los perfumes (comp.
con Ap. 8:3) era de oro y
estaba mucho más cerca del
Lugar Santísimo que el altar de los holocaustos.
3
14. TEMPLO. El griego *hie-
rón* designa aquí el recinto
exterior; *naós,* en cambio,
designa el santuario interior.
(Comp. 1 Co. 3:16-17.)
4
15. HABÍA HECHO. Lit. *hizo.*
5
16. NIÑITOS. Lit. *infantes*
(niños que aún no saben
hablar).
6
17. SE HOSPEDÓ. Lit. *pasó
la noche.*
7
19. EXCEPTO HOJAS. Esto era
una anomalía, pues el fruto
de la higuera aparece antes,
o con las hojas. ¡Buen símbolo de los fariseos! (Comp.
con 2 Ti. 3:5.)

εἰς τὸν αἰῶνα. καὶ ἐξηράνθη παραχρῆμα
[1]hasta el   siglo.   Y   se secó   al instante

ἡ συκῆ.   20 καὶ ἰδόντες οἱ μαθηταὶ
la higuera.   Y   al ver(lo) los discípulos,

ἐθαύμασαν λέγοντες· πῶς παραχρῆμα
se admiraron,   diciendo: ¿Cómo   al instante

ἐξηράνθη ἡ συκῆ; 21 ἀποκριθεὶς δὲ ὁ
se secó   la higuera?   Y respondiendo   —

'Ιησοῦς εἶπεν αὐτοῖς· ἀμὴν λέγω ὑμῖν,
Jesús,   dijo   les: De cierto   digo   os,

ἐὰν ἔχητε πίστιν καὶ μὴ διακριθῆτε,
si   tenéis   fe   y   [2]no   dudáis,

οὐ μόνον τὸ τῆς συκῆς ποιήσετε, ἀλλὰ
no   sólo   lo de la higuera   haréis,   sino que

κἂν τῷ ὄρει τούτῳ εἴπητε· ἄρθητι
aun si   al   monte   este   decís: Sé quitado

καὶ βλήθητι εἰς τὴν θάλασσαν, γενήσεται·
y   sé echado   al   mar,   sucederá.

22 καὶ πάντα ὅσα ἂν αἰτήσητε ἐν τῇ
Y   [3]todo   cuanto   pidáis   en   la

προσευχῇ πιστεύοντες λήμψεσθε.
oración   [4]creyendo,   (lo) recibiréis.

23 Καὶ ἐλθόντος αὐτοῦ εἰς τὸ ἱερὸν
Y   cuando entró   él   en   el   templo,

προσῆλθον αὐτῷ διδάσκοντι οἱ ἀρχιερεῖς
se acercaron   a él   mientras enseñaba   los   principales
                                                        sacerdotes

καὶ οἱ πρεσβύτεροι τοῦ λαοῦ λέγοντες·
y   los   ancianos   del   pueblo,   diciendo:

ἐν ποίᾳ ἐξουσίᾳ ταῦτα ποιεῖς; καὶ
[5]¿Con qué clase de autoridad estas cosas estás haciendo? ¿Y

τίς σοι ἔδωκεν τὴν ἐξουσίαν ταύτην;
[6]quién te   dio   —   autoridad   esta?

24 ἀποκριθεὶς δὲ ὁ 'Ιησοῦς εἶπεν αὐτοῖς·
Mas contestando   —   Jesús,   dijo   les:

ἐρωτήσω ὑμᾶς κἀγὼ λόγον ἕνα, ὃν
[7]Preguntaré   os   yo también [8]una cosa, la cual

ἐὰν εἴπητέ μοι, κἀγὼ ὑμῖν ἐρῶ ἐν ποίᾳ
si   decís   me,   también yo   os   diré con qué clase

ἐξουσίᾳ ταῦτα ποιῶ· 25 τὸ βάπτισμα
de autoridad estas cosas estoy haciendo: ¿El   bautismo

τὸ 'Ιωάννου πόθεν ἦν; ἐξ οὐρανοῦ ἢ
— de Juan [9]de dónde era? ¿De(l)   cielo   o

ἐξ ἀνθρώπων; οἱ δὲ διελογίζοντο ἐν
de (los) hombres?   Mas ellos   razonaban   entre

ἑαυτοῖς λέγοντες· ἐὰν εἴπωμεν· ἐξ οὐρανοῦ,
sí mismos, diciendo: Si   decimos: De(l)   cielo,

ἐρεῖ ἡμῖν· διὰ τί οὖν οὐκ ἐπιστεύσατε
dirá   nos: ¿Por qué, pues,   no   creísteis

[1]
19. HASTA EL SIGLO. Es decir, *para sempre*.
[2]
21. NO DUDÁIS. (V. Stg. 1:6, donde aparece el mismo verbo.)
[3]
22. TODO. No por capricho, sino para *fruto*. (V. Jn. 15:16.)
[4]
22. CREYENDO. El verbo está en participio de presente, lo que indica continuidad.
[5]
23. ¿CON QUÉ CLASE...? Esto es, ¿*mesiánica?, ¿profética?*, etc.
[6]
23. ¿QUIÉN...? Es decir, ¿*Dios?, ¿el sumo sacerdote?*, etc.
[7]
24. PREGUNTARÉ... Jesús nos enseña una importante lección de ética cristiana, para saber ocultar una verdad comprometedora, sin tener que decir una mentira.
[8]
24. UNA COSA. Lit. *palabra una sola*.
[9]
25. ¿... DE DÓNDE ERA? Es decir, ¿quién dio autoridad a Juan?

αὐτῷ; **26** ἐὰν δὲ εἴπωμεν· ἐξ ἀνθρώπων,
le? Y si decimos: De (los) hombres,

φοβούμεθα τὸν ὄχλον· πάντες γὰρ ὡς
tememos a la multitud; porque todos por

προφήτην ἔχουσιν τὸν Ἰωάννην. **27** καὶ
profeta tienen — a Juan. Y

ἀποκριθέντες τῷ Ἰησοῦ εἶπαν· οὐκ
respondiendo — a Jesús, dijeron: No

οἴδαμεν. ἔφη αὐτοῖς καὶ αὐτός· οὐδὲ
sabemos. Dijo les también él: Ni

ἐγὼ λέγω ὑμῖν ἐν ποίᾳ ἐξουσίᾳ ταῦτα
yo digo os con qué clase de autoridad estas cosas

ποιῶ. **28** Τί δὲ ὑμῖν δοκεῖ; ἄνθρωπος
estoy haciendo. Mas ¿qué os parece? Un hombre

εἶχεν τέκνα δύο· προσελθὼν τῷ πρώτῳ
tenía ¹hijos dos; acercándose al primero,

εἶπεν· τέκνον, ὕπαγε σήμερον ἐργάζου ἐν
(le) dijo: Hijo, ve hoy, trabaja en

τῷ ἀμπελῶνι. **29** ὁ δὲ ἀποκριθεὶς εἶπεν·
la viña. Mas él, respondiendo, dijo:

ἐγὼ κύριε, καὶ οὐκ ἀπῆλθεν. **30** προσ-
Yo (voy), señor, y no fue. Mas acercán-

ελθὼν δὲ τῷ δευτέρῳ εἶπεν ὡσαύτως.
dose al segundo, dijo igualmente.

ὁ δὲ ἀποκριθεὶς εἶπεν· οὐ θέλω, ὕστερον
Mas él, respondiendo dijo: No quiero; más tarde,

μεταμεληθεὶς ἀπῆλθεν. **31** τίς ἐκ τῶν δύο
cambiando de parecer, fue. ¿Quién de los dos

ἐποίησεν τὸ θέλημα τοῦ πατρός; λέγουσιν·
hizo la voluntad del padre? Dicen:

ὁ ὕστερος. λέγει αὐτοῖς ὁ Ἰησοῦς· ἀμὴν
El último. Dice les — Jesús: De cierto

λέγω ὑμῖν ὅτι οἱ τελῶναι καὶ αἱ πόρναι
digo os que los ²publicanos y las rameras

προάγουσιν ὑμᾶς εἰς τὴν βασιλείαν τοῦ
van delante de vosotros al reino de

θεοῦ. **32** ἦλθεν γὰρ Ἰωάννης πρὸς ὑμᾶς
Dios. Porque vino Juan hasta vosotros

ἐν ὁδῷ δικαιοσύνης, καὶ οὐκ ἐπιστεύσατε
en camino de justicia, y no creísteis

αὐτῷ· οἱ δὲ τελῶναι καὶ αἱ πόρναι
le; mas los ³publicanos y las rameras

ἐπίστευσαν αὐτῷ· ὑμεῖς δὲ ἰδόντες οὐδὲ
creyeron le; mas vosotros al ver(lo) ni

μετεμελήθητε ὕστερον τοῦ πιστεῦσαι αὐτῷ.
cambiasteis de parecer más tarde — para creer le.

33 Ἄλλην παραβολὴν ἀκούσατε. Ἄνθρωπος
Otra parábola oíd. Un hombre

¹ 28. Hijos. El vocablo griego, aquí como en Hch. 2: 39, significa *nacido de*, no precisamente *niño*.
² 31. PUBLICANOS. Es decir, *cobradores de impuestos*.
³ 32. PUBLICANOS. Es decir, *cobradores de impuestos*.

ἦν οἰκοδεσπότης ὅστις ἐφύτευσεν ἀμπελῶνα,
había   amo de casa,   el cual   ¹plantó   una viña,

καὶ φραγμὸν αὐτῷ περιέθηκεν καὶ ὤρυξεν
y   una cerca   le   puso alrededor   y   cavó

ἐν αὐτῷ ληνὸν καὶ ᾠκοδόμησεν πύργον,
en   ella   un lagar   y   edificó   una torre,

καὶ ἐξέδοτο αὐτὸν γεωργοῖς, καὶ ἀπεδή-
y   arrendó   la   a unos labradores,   y   ²se fue

μησεν. **34** ὅτε δὲ ἤγγισεν ὁ καιρὸς τῶν
de viaje.   Y cuando   se acercó   el   tiempo   de los

καρπῶν, ἀπέστειλεν τοὺς δούλους αὐτοῦ
frutos,   envió   ³los   siervos   de él

πρὸς τοὺς γεωργοὺς λαβεῖν τοὺς καρποὺς
a   los   labradores   para recibir   los   frutos

αὐτοῦ. **35** καὶ λαβόντες οἱ γεωργοὶ
⁴de él.   Y   tomando   los   labradores

τοὺς δούλους αὐτοῦ ὃν μὲν ἔδειραν, ὃν
a los   siervos   de él,   al   uno   ⁵golpearon,   al

δὲ ἀπέκτειναν, ὃν δὲ ἐλιθοβόλησαν. **36** πάλιν
otro   mataron   y al otro   apedrearon.   De nuevo

ἀπέστειλεν ἄλλους δούλους πλείονας τῶν
envió   a otros   siervos   ⁶más   que los

πρώτων, καὶ ἐποίησαν αὐτοῖς ὡσαύτως.
primeros,   e   hicieron   les   igualmente.

37 ὕστερον δὲ ἀπέστειλεν πρὸς αὐτοὺς
Y finalmente   envió   adonde   ellos

τὸν υἱὸν αὐτοῦ λέγων· ἐντραπήσονται
al   hijo   de él,   diciendo: Respetarán

τὸν υἱόν μου. **38** οἱ δὲ γεωργοὶ ἰδόντες
al   hijo   de mí.   Mas los   labradores,   al ver

τὸν υἱὸν εἶπον ἐν ἑαυτοῖς· οὗτός ἐστιν
al   hijo,   dijeron   entre ellos mismos: Éste   es

ὁ κληρονόμος· δεῦτε ἀποκτείνωμεν αὐτὸν
el   heredero;   venid,   ⁷matemos   le

καὶ σχῶμεν τὴν κληρονομίαν αὐτοῦ·
y   poseamos   la   herencia   de él;

39 καὶ λαβόντες αὐτὸν ἐξέβαλον ἔξω τοῦ
y   tomando   le,   (le) echaron   ⁸fuera   de la

ἀμπελῶνος καὶ ἀπέκτειναν. **40** ὅταν οὖν
viña   y   (le) mataron.   Cuando,   pues,

ἔλθῃ ὁ κύριος τοῦ ἀμπελῶνος, τί ποιήσει
venga   el   ⁹dueño   de la   viña,   ¿qué   hará

τοῖς γεωργοῖς ἐκείνοις; **41** λέγουσιν αὐτῷ·
a los   labradores   aquellos?   Dicen   le:

κακοὺς κακῶς ἀπολέσει αὐτούς, καὶ τὸν
A (esos) malos   malamente   ¹⁰destruirá   los,   y   la

ἀμπελῶνα ἐκδώσεται ἄλλοις γεωργοῖς,
viña   arrendará   a otros   labradores,

1 33. PLANTÓ UNA VIÑA... Por Is. 5:1-7, era fácil de entender el sentido de esta parábola.
2 33. SE FUE DE VIAJE. Lit. *se ausentó del pueblo.*
3 34. LOS SIERVOS. Esto es, *los profetas.*
4 34. DE ÉL. Es decir, *del amo;* o quizá, *de ella* (de la viña).
5 35. GOLPEARON. Lit. *golpearon su piel* (o *despellejaron*).
6 35. MÁS QUE LOS PRIMEROS. Es decir, *en mayor número.*
7 38. MATÉMOSLE... Estos sentimientos son notorios en Jn. 11:47-50. No sabían que es imposible ser herederos de Dios sin ser coherederos con Cristo. (V. Ro. 8:17.)
8 39. FUERA DE LA VIÑA. (Comp. con He. 13:12.)
9 40. DUEÑO. Lit. *señor.*
10 41. DESTRUIRÁ... ¡Qué ceguera! Estaban pronunciando la sentencia contra sí mismos.

οἵτινες   ἀποδώσουσιν   αὐτῷ   τοὺς   καοποὺς
los cuales   pagarán   le   los   frutos

ἐν τοῖς καιροῖς αὐτῶν. **42** λέγει αὐτοῖς ὁ
en los   ¹tiempos de ellos.   Dice   les   —

Ἰησοῦς·   οὐδέποτε   ἀνέγνωτε   ἐν   ταῖς
Jesús: ¿Nunca   leísteis   en   las

γραφαῖς·   λίθον   ὃν   ἀπεδοκίμασαν   οἱ
Escrituras: (La) piedra que   ²rechazaron   los

οἰκοδομοῦντες,   οὗτος   ἐγενήθη   εἰς   κεφαλὴν
constructores,   ésta   ³se ha convertido en   piedra

γωνίας·   παρὰ   κυρίου   ἐγένετο   αὕτη,   καὶ
angular;   de parte de(l) Señor ⁴ha sido   esto,   y

ἔστιν θαυμαστὴ ἐν ὀφθαλμοῖς ἡμῶν; **43** διὰ
es   ⁵maravilloso a   (los) ojos   de nosotros?   Por

τοῦτο   λέγω   ὑμῖν   ὅτι   ἀρθήσεται   ἀφ᾽   ὑμῶν
esto   digo   os   que   será quitado   de   vosotros

ἡ   βασιλεία   τοῦ   θεοῦ   καὶ   δοθήσεται
el   reino   de   Dios   y   será dado

ἔθνει   ποιοῦντι   τοὺς   καρποὺς   αὐτῆς.
⁶a una nación ⁷que produzca   los   frutos   ⁸de él.

44 [καὶ   ὁ   πεσὼν   ἐπὶ   τὸν   λίθον   τοῦτον
Y   el   que caiga   sobre   la   piedra   esta

συνθλασθήσεται·   ἐφ᾽   ὃν   δ᾽   ἂν   πέσῃ,
será hecho pedazos;   mas   sobre todo el   que (ella) caiga,

λικμήσει   αὐτόν.] **45** Καὶ ἀκούσαντες οἱ
⁹reducirá a polvo   le.   Y   al oír   los

ἀρχιερεῖς καὶ οἱ Φαρισαῖοι τὰς παραβολὰς
principales   y   los   fariseos   las   parábolas
sacerdotes

αὐτοῦ   ἔγνωσαν   ὅτι   περὶ   αὐτῶν   λέγει·
de él,   conocieron   que   acerca   de ellos   ¹⁰hablaba;

46 καὶ ζητοῦντες αὐτὸν κρατῆσαι ἐφοβήθησαν
y cuando procuraban   le   prender,   temieron

τοὺς ὄχλους, ἐπεὶ εἰς προφήτην αὐτὸν εἶχον.
a las multitudes, puesto que por profeta   le   tenían.

22 Καὶ   ἀποκριθεὶς   ὁ   Ἰησοῦς   πάλιν
Y   tomando la palabra   —   Jesús   de nuevo,

εἶπεν   ἐν   παραβολαῖς   αὐτοῖς   λέγων·
¹¹habló   en   parábolas   les,   diciendo:

2 ὡμοιώθη   ἡ   βασιλεία   τῶν   οὐρανῶν
Fue hecho semejante el   reino   de los   cielos

ἀνθρώπῳ   βασιλεῖ,   ὅστις   ἐποίησεν   γάμους
a un hombre   rey,   el cual   hizo banquete de bodas

τῷ   υἱῷ   αὐτοῦ.   **3** καὶ   ἀπέστειλεν   τοὺς
para el hijo de él.   Y   envió   los

δούλους   αὐτοῦ   καλέσαι   τοὺς   κεκλημένους
siervos   de él   a llamar   a los   que habían sido
invitados

1
41. TIEMPOS. Lit. *sazones* (estaciones del año, etc.).
2
42. RECHAZARON. Lit. *rechazaron de sí como inadecuada* (inservible, inútil, etc.).
3
42. SE HA CONVERTIDO... Lit. *llegó a ser cabeza de ángulo.*
4
42. HA SIDO ESTO. Lit. *llegó a ser (o se hizo) ésta.*
5
42. MARAVILLOSO. Lit. *maravillosa.*
6
43. A UNA NACIÓN. Esto es, *a la Iglesia.* Que esto no significa un rechazo perpetuo de Israel, es evidente por Ro. 11:25-29, en consonancia con todos los profetas.
7
43. QUE PRODUZCA. Lit. *que hace (o haga) continuamente.*
8
43. DE ÉL. Es decir, *del reino.*
9
44. REDUCIRÁ(LE) A POLVO. Lit. *esparcirá como polvo.*
10
45. HABLABA. Lit. *dice.*
11
1. HABLÓ. Lit. *dijo.*

εἰς τοὺς γάμους, καὶ οὐκ ἤθελον ἐλθεῖν.
al banquete de bodas, y [1]no querían venir.

4 πάλιν ἀπέστειλεν ἄλλους δούλους λέγων·
De nuevo envió otros siervos, diciendo:

εἴπατε τοῖς κεκλημένοις· ἰδοὺ τὸ
Decid a los que han sido invitados: He aquí que el

ἄριστόν μου ἡτοίμακα, οἱ ταῦροί μου
[2]banquete de mí he preparado, los novillos de mí

καὶ τὰ σιτιστὰ τεθυμένα, καὶ πάντα
y las reses cebadas [3]están matadas, y todo

ἕτοιμα· δεῦτε εἰς τοὺς γάμους. **5** οἱ δὲ
(está) aparejado; venid al banquete de bodas. Mas ellos,

ἀμελήσαντες ἀπῆλθον, ὃς μὲν εἰς τὸν
no haciendo caso, se fueron, el uno a (su) —

ἴδιον ἀγρόν, ὃς δὲ ἐπὶ τὴν ἐμπορίαν
propio campo, el otro [4]al negocio

αὐτοῦ· **6** οἱ δὲ λοιποὶ κρατήσαντες
de él; y los restantes echando mano

τοὺς δούλους αὐτοῦ ὕβρισαν καὶ ἀπέκτειναν.
de los siervos de él, (les) [5]insultaron y mataron.

7 ὁ δὲ βασιλεὺς ὠργίσθη, καὶ πέμψας
(Entonces) el rey se enfureció, y enviando

τὰ στρατεύματα αὐτοῦ ἀπώλεσεν τοὺς
los ejércitos de él, destruyó a los

φονεῖς ἐκείνους καὶ τὴν πόλιν αὐτῶν
asesinos aquellos y la ciudad de ellos

ἐνέπρησεν. **8** τότε λέγει τοῖς δούλοις
[6]incendió. Entonces dice a los siervos

αὐτοῦ· ὁ μὲν γάμος ἕτοιμός ἐστιν, οἱ δὲ
de él: Es cierto que la boda preparada está, mas los

κεκλημένοι οὐκ ἦσαν ἄξιοι· **9** πορεύεσθε
que habían sido no eran [7]dignos; id,
invitados

οὖν ἐπὶ τὰς διεξόδους τῶν ὁδῶν, καὶ
pues, a las encrucijadas de los caminos, y

ὅσους ἐὰν εὕρητε καλέσατε εἰς τοὺς
a cuantos encontréis llamad al banquete

γάμους. **10** καὶ ἐξελθόντες οἱ δοῦλοι
de bodas. Y [8]saliendo los siervos

ἐκεῖνοι εἰς τὰς ὁδοὺς συνήγαγον πάντας
aquellos a los caminos, reunieron a todos

οὓς εὗρον, πονηρούς τε καὶ ἀγαθούς·
los que encontraron, [9]tanto malos como buenos;

καὶ ἐπλήσθη ὁ νυμφὼν ἀνακειμένων.
y se llenó el salón de bodas [10]de comensales.

11 εἰσελθὼν δὲ ὁ βασιλεὺς θεάσασθαι
Mas cuando entró el rey [11]a ver

τοὺς ἀνακειμένους εἶδεν ἐκεῖ
a los [12]comensales, vio allí

---

3. NO QUERÍAN VENIR. (V. Is. 65:2; Jn. 1:11; Ro. 10: 21.)

4. BANQUETE. Lit. óptimo. Indicaba una comida al mediodía, mientras que el vocablo *deipnon* significa "cena".

4. ESTÁN MATADAS. Lit. *habiendo sido sacrificadas*.

5. AL NEGOCIO. Es curiosa la diferencia entre esta preposición (*epi*), que denota el enorme interés en el negocio, y la de la frase anterior (*eis*), que indica dirección, sin más.

6. INSULTARON. O *maltrataron*.

7. INCENDIÓ. Es una predicción de la destrucción de Jerusalén el año 70.

8. DIGNOS. (V. Hch. 13:46.)

10. SALIENDO. Lit. *habiendo salido*.

10. TANTO MALOS COMO BUENOS. Esto es, *tanto los pecadores notorios, como los moralmente irreprochables*. (Comp. Flp. 3:6.)

10. DE COMENSALES. Lit. *de reclinados* (a la mesa).

11. A VER. Lit. *a contemplar*.

11. COMENSALES. Lit. *reclinados* (a la mesa).

ἄνθρωπον οὐκ ἐνδεδυμένον ἔνδυμα γάμου·
a un hombre no ¹vestido con traje de boda.

12 καὶ λέγει αὐτῷ· ἑταῖρε, πῶς
Y dice le: Compañero, ¿cómo

εἰσῆλθες ὧδε μὴ ἔχων ἔνδυμα γάμου;
entraste acá no teniendo traje de boda?

ὁ δὲ ἐφιμώθη. **13** τότε ὁ βασιλεὺς
Mas él ²se calló. Entonces el rey

εἶπεν τοῖς διακόνοις· δήσαντες αὐτοῦ
dijo a los sirvientes: ³Atando de él

πόδας καὶ χεῖρας ἐκβάλετε αὐτὸν
(los) pies y (las) manos, expulsad le

εἰς τὸ σκότος τὸ ἐξώτερον· ἐκεῖ ἔσται
a ⁴la oscuridad — de afuera; allí será

ὁ κλαυθμὸς καὶ ὁ βρυγμὸς τῶν
el ⁵llanto y el crujir de los

ὀδόντων. **14** Πολλοὶ γάρ εἰσιν κλητοί,
dientes. Porque ⁶muchos son llamados,

ὀλίγοι δὲ ἐκλεκτοί.
mas pocos (son) escogidos.

15 Τότε πορευθέντες οἱ Φαρισαῖοι συμ-
Entonces, ⁷yendo los fariseos, ⁸celebra-

βούλιον ἔλαβον ὅπως αὐτὸν παγιδεύσωσιν
ron reunión (para ver) cómo le tenderían una trampa

ἐν λόγῳ. **16** καὶ ἀποστέλλουσιν αὐτῷ
en una palabra. Y envían le

τοὺς μαθητὰς αὐτῶν μετὰ τῶν Ἡρῳ-
los discípulos de ellos con los hero-

διανῶν λέγοντας· διδάσκαλε, οἴδαμεν
dianos, diciendo: Maestro, sabemos

ὅτι ἀληθὴς εἶ καὶ τὴν ὁδὸν τοῦ
que veraz eres y el camino —

θεοῦ ἐν ἀληθείᾳ διδάσκεις, καὶ οὐ
de Dios ⁹con verdad enseñas, y no

μέλει σοι περὶ οὐδενός, οὐ γὰρ
importa te acerca de nadie, porque ¹⁰no

βλέπεις εἰς πρόσωπον ἀνθρώπων·
miras a(l) rostro de (los) hombres;

17 εἰπὸν οὖν ἡμῖν, τί σοι δοκεῖ;
di, pues, nos, ¿qué te parece?

ἔξεστιν δοῦναι κῆνσον Καίσαρι ἢ οὔ;
¿Es lícito dar tributo a César o no?

18 γνοὺς δὲ ὁ Ἰησοῦς τὴν πονηρίαν
Y como conoció — Jesús la malicia

αὐτῶν εἶπεν· τί με πειράζετε, ὑποκριταί;
de ellos, dijo: ¿Por qué me ¹¹estáis tentando, hipócritas?

19 ἐπιδείξατέ μοι τὸ νόμισμα τοῦ κήνσου.
Mostrad me la moneda del tributo.

---

11. VESTIDO. Lit. *que no se había vestido el traje...*

12. SE CALLÓ. Lit. *fue silenciado.* No tenía excusa, porque el traje de boda, que simboliza la justicia imputada de Cristo, les era entregado gratis, pues se habían encontrado "por sorpresa" (comp. Ro. 9:30; 10: 20) con la invitación.

13. ATANDO. Lit. *Después de atar.*

13. LA OSCURIDAD DE AFUERA. Las calles no estaban entonces iluminadas como ahora.

13. LLANTO Y EL CRUJIR DE LOS DIENTES. Designan aquí, como en 8:12 y 25:30, el *infierno o gehenna.* (Comp. con 13:50.)

14. MUCHOS... ¿Pocos los que se salvan, cuando se llenó la sala y sólo uno es despedido? Opino que, aquí, *los escogidos* representan a Israel (los primeros invitados) y *los llamados* son salvos. (V. 1 Co. 1:26.)

15. YENDO. Lit. *habiendo ido.*

15. CELEBRARON REUNIÓN. Lit. *tomaron deliberación conjunta.*

16. CON. Lit. *en.*

16. NO MIRAS A(L) ROSTRO... Es decir, *no te dejas influir por el exterior de las personas.*

18. ESTÁIS TENTANDO. Lit. *estáis sometiendo a prueba.*

οἱ δὲ προσήνεγκαν αὐτῷ δηνάριον. 20 καὶ
Y ellos   trajeron   le   un denario.   Y

λέγει αὐτοῖς· τίνος ἡ εἰκὼν αὕτη
dice   les: ¿De quién (es) — imagen   esta

καὶ ἡ ἐπιγραφή; 21 λέγουσιν· Καίσαρος.
y — (esta) inscripción?   Dicen: De César.

τότε λέγει αὐτοῖς· ἀπόδοτε οὖν τὰ
Entonces dice les: 1Pagad,   pues,   lo

Καίσαρος Καίσαρι καὶ τὰ τοῦ θεοῦ
de César   a César,   y lo   de Dios

τῷ θεῷ. 22 καὶ ἀκούσαντες ἐθαύμασαν,
— a Dios.   Y   cuando oyeron(lo), se maravillaron,

καὶ ἀφέντες αὐτὸν ἀπῆλθαν.
y   dejando   le,   se fueron.

23 Ἐν ἐκείνῃ τῇ ἡμέρᾳ προσῆλθον
En   aquel   —   día   se acercaron

αὐτῷ Σαδδουκαῖοι, λέγοντες μὴ εἶναι
le   (unos) saduceos,   que dicen que no hay

ἀνάστασιν, καὶ ἐπηρώτησαν αὐτὸν
resurrección,   y   preguntaron   le,

24 λέγοντες· διδάσκαλε, Μωϋσῆς εἶπεν·
diciendo: Maestro,   Moisés   dijo:

ἐάν τις ἀποθάνῃ μὴ ἔχων τέκνα,
Si alguno   muere   no teniendo hijos,

ἐπιγαμβρεύσει ὁ ἀδελφὸς αὐτοῦ τὴν
2se casará   el   hermano   de él   con la

γυναῖκα αὐτοῦ καὶ ἀναστήσει σπέρμα
mujer   de él   y   levantará 3descendencia

τῷ ἀδελφῷ αὐτοῦ. 25 ἦσαν δὲ παρ'
al hermano   de él.   Ahora bien, había entre

ἡμῖν ἑπτὰ ἀδελφοί· καὶ ὁ πρῶτος
nosotros siete hermanos;   y   el primero,

γήμας ἐτελεύτησεν, καὶ μὴ ἔχων
tras casarse,   murió,   y   no teniendo

σπέρμα ἀφῆκεν τὴν γυναῖκα αὐτοῦ τῷ
descendencia, dejó   la   esposa   de él   al

ἀδελφῷ αὐτοῦ· 26 ὁμοίως καὶ ὁ δεύτερος
hermano de él;   4así también el   segundo

καὶ ὁ τρίτος, ἕως τῶν ἑπτά. 27 ὕστερον
y el tercero, hasta los siete.   Y al final

δὲ πάντων ἀπέθανεν ἡ γυνή. 28 ἐν τῇ
de todos,   murió   la mujer.   En la

ἀναστάσει οὖν τίνος τῶν ἑπτὰ ἔσται
resurrección, pues, ¿de cuál de los siete   será

γυνή; πάντες γὰρ ἔσχον αὐτήν. 29 ἀπο-
esposa? Porque todos tuvieron a ella.   Mas res-

κριθεὶς δὲ ὁ Ἰησοῦς εἶπεν αὐτοῖς·
pondiendo — Jesús,   dijo   les:

1
21. PAGAD. Lit. *Devolved.* La imagen de un jefe de estado en una moneda significaba que los súbditos le reconocían como el Señor por cuyo favor subsistían.

2
24. SE CASARÁ. Lit. *tomará por esposa a la viuda.*

3
24. DESCENDENCIA. Lit. *simiente.*

4
26. ASÍ TAMBIÉN. Lit. *de manera semejante.*

πλανᾶσθε μὴ εἰδότες τὰς γραφὰς μηδὲ
¹Estáis en error no siendo sabedores de las Escrituras ni

τὴν δύναμιν τοῦ θεοῦ. 30 ἐν γὰρ τῇ
del poder — de Dios. Porque en la

ἀναστάσει οὔτε γαμοῦσιν οὔτε γαμίζονται,
resurrección ni se casan ni se dan en casamiento,

ἀλλ' ὡς ἄγγελοι ἐν τῷ οὐρανῷ εἰσιν.
sino que ²como ángeles en el cielo son.

31 περὶ δὲ τῆς ἀναστάσεως τῶν νεκρῶν
Mas acerca de la resurrección de los muertos,

οὐκ ἀνέγνωτε τὸ ῥηθὲν ὑμῖν ὑπὸ
¿no leísteis lo dicho a vosotros por

τοῦ θεοῦ λέγοντος· 32 ἐγώ εἰμι ὁ θεὸς
— Dios, cuando dice: Yo soy el Dios

Ἀβραὰμ καὶ ὁ θεὸς Ἰσαὰκ καὶ ὁ θεὸς
de Abraham y el Dios de Isaac y el Dios

Ἰακώβ; οὐκ ἔστιν [ὁ] θεὸς νεκρῶν
de Jacob? No es el Dios de muertos,

ἀλλὰ ζώντων. 33 καὶ ἀκούσαντες οἱ ὄχλοι
sino de los que viven. Y cuando (lo) oyeron las multitudes,

ἐξεπλήσσοντο ἐπὶ τῇ διδαχῇ αὐτοῦ.
se quedaban atónitas ³de la enseñanza de él.

34 Οἱ δὲ Φαρισαῖοι ἀκούσαντες ὅτι
Mas los fariseos, cuando oyeron que

ἐφίμωσεν τοὺς Σαδδουκαίους, συνήχθησαν
⁴había dejado callados a los saduceos, se reunieron

ἐπὶ τὸ αὐτό, 35 καὶ ἐπηρώτησεν εἷς
⁵de común acuerdo, y (le) preguntó uno

ἐξ αὐτῶν νομικὸς πειράζων αὐτόν· 36 δι-
de ellos, experto en la ley, ⁶para tentar le: Maes-

δάσκαλε, ποία ἐντολὴ μεγάλη ἐν τῷ
tro, ¿cuál (es) mandamiento (el) grande en la

νόμῳ; 37 ὁ δὲ ἔφη αὐτῷ· ἀγαπήσεις
ley? Y él dijo le: Amarás

κύριον τὸν θεόν σου ἐν ὅλῃ τῇ καρδίᾳ
a(l) Señor el Dios de ti con todo el corazón

σου καὶ ἐν ὅλῃ τῇ ψυχῇ σου καὶ ἐν
de ti y con toda el alma de ti y con

ὅλῃ τῇ διανοίᾳ σου. 38 αὕτη ἐστὶν ἡ
toda la mente de ti. Éste es el

μεγάλη καὶ πρώτη ἐντολή. 39 δευτέρα
grande y primer mandamiento. (El) segundo

ὁμοία αὐτῇ· ἀγαπήσεις τὸν πλησίον σου
(es) semejante a éste: Amarás al prójimo de ti

ὡς σεαυτόν. 40 ἐν ταύταις ταῖς δυσὶν ἐντολαῖς
como a ti mismo. ⁷De estos — dos mandamientos

ὅλος ὁ νόμος κρέμαται καὶ οἱ προφῆται.
toda la ley ⁸pende y los profetas.

1
29. ESTÁIS EN ERROR. El verbo está en presente continuativo. La ignorancia de la Palabra de Dios es la fuente de todo error.
2
30. COMO ÁNGELES. En cuanto a este punto de casarse.
3
33. DE. Lit. sobre.
4
34. HABÍA DEJADO CALLADOS. Lit. silenció.
5
34. DE COMÚN ACUERDO. Lit. sobre (o hacia) lo mismo.
6
35. PARA TENTAR(LE). Lit. poniendo a prueba.
7
40. DE. Lit. En.
8
40. PENDE. Es decir, estos dos son como el soporte de todos los demás mandamientos.

41 Συνηγμένων   δὲ   τῶν   Φαρισαίων
Y habiéndose reunido   los   fariseos,

ἐπηρώτησεν αὐτοὺς ὁ Ἰησοῦς **42** λέγων· τι
preguntó   les   —   Jesús,   diciendo: 1¿Qué

ὑμῖν δοκεῖ περὶ τοῦ χριστοῦ; τίνος
os   parece   acerca 2del   Cristo?   ¿De quién

υἱός ἐστιν; λέγουσιν αὐτῷ· τοῦ Δαυίδ.
hijo   es?   Dicen   le: — De David.

43 λέγει αὐτοῖς· πῶς οὖν Δαυὶδ ἐν
Dice   les: ¿Cómo, pues,   David   3en

πνεύματι καλεῖ αὐτὸν κύριον λέγων·
espíritu   llama   le   Señor,   diciendo:

44 εἶπεν κύριος τῷ κυρίῳ μου·
Dijo   (el) Señor   al   Señor   de mí:

κάθου ἐκ δεξιῶν μου ἕως ἂν θῶ τοὺς
Siéntate a (la) derecha de mí hasta que ponga a los

ἐχθρούς σου ὑποκάτω τῶν ποδῶν σου;
enemigos de ti debajo de los pies de ti?

45 εἰ οὖν Δαυὶδ καλεῖ αὐτὸν κύριον, πῶς
Si, pues, David llama le Señor, ¿cómo

υἱὸς αὐτοῦ ἐστιν; **46** καὶ οὐδεὶς ἐδύνατο
hijo de él es? Y 4nadie podía

ἀποκριθῆναι αὐτῷ λόγον οὐδὲ ἐτόλμησέν
contestar le palabra ni se atrevió

τις ἀπ' ἐκείνης τῆς ἡμέρας ἐπερωτῆσαι
alguien desde aquel día 5a preguntar

αὐτὸν οὐκέτι.
le jamás.

23 Τότε ὁ Ἰησοῦς ἐλάλησεν τοῖς ὄχλοις
Entonces — Jesús habló a las multitudes

καὶ τοῖς μαθηταῖς αὐτοῦ **2** λέγων· ἐπὶ
y a los discípulos de él, diciendo: En

τῆς Μωϋσέως καθέδρας ἐκάθισαν οἱ
la de Moisés cátedra 6se sentaron los

γραμματεῖς καὶ οἱ Φαρισαῖοι. **3** πάντα
escribas y los fariseos. 7Todo,

οὖν ὅσα ἐὰν εἴπωσιν ὑμῖν ποιήσατε
pues, cuanto digan os, haced

καὶ τηρεῖτε, κατὰ δὲ τὰ ἔργα αὐτῶν
y 8guardad, mas conforme a las obras de ellos

μὴ ποιεῖτε· λέγουσιν γὰρ καὶ οὐ ποιοῦσιν.
no hagáis; porque dicen y no hacen.

4 δεσμεύουσιν δὲ φορτία βαρέα καὶ
Y atan 9cargas 10pesadas y (las)

ἐπιτιθέασιν ἐπὶ τοὺς ὤμους τῶν ἀνθρώπων,
ponen encima sobre los hombros de los hombres,

1
42. ¿QUÉ OS PARECE...? Prácticamente la misma pregunta de 16:15.
2
42. DEL CRISTO. Esto es, del Mesías. Tanto el hebreo *Mashiaj*, como el griego *Khristós*, significan "Ungido". (V. Is. 61:1.)
3
43. EN ESPÍRITU. Es decir, por inspiración divina.
4
46. NADIE PODÍA CONTESTAR. Porque la única respuesta correcta es la de 16:16.
5
46. A PREGUNTAR. Se entiende, con ánimo de tentarle.
6
2. SE SENTARON. Equivale a: *se han sentado.*
7
3. TODO. Es decir, lo que era conforme a la ley de Moisés.
8
3. GUARDAD. Lit. *seguid guardando.* (Nótese que todos los verbos, desde éste hasta el *thélusin* del v. 4, están en presente continuativo.)
9
4. CARGAS. En el griego aparece el mismo vocablo de Gá. 6:5, no el de Gá. 6:2 (que otros pueden llevar).
10
4. PESADAS. Esto es, *preceptos* (tradiciones) *insoportables.*

αὐτοὶ   δὲ   τῷ   δακτύλῳ   αὐτῶν   οὐ
Mas ellos   1con el   dedo   de ellos   no

θέλουσιν   κινῆσαι   αὐτά.   5 πάντα   δὲ
quieren   mover   las.   Sino que todas

τὰ   ἔργα   αὐτῶν   ποιοῦσιν   πρὸς   τὸ   θεαθῆναι
las   obras   de ellos   hacen   a fin de —   ser vistos

τοῖς   ἀνθρώποις·   πλατύνουσιν   γὰρ   τὰ
por los   hombres;   porque ensanchan   las

φυλακτήρια   αὐτῶν   καὶ   μεγαλύνουσιν   τὰ
2filacterias   de ellos   y   3agrandan   los

κράσπεδα,   6 φιλοῦσιν   δὲ   τὴν   πρωτο-
flecos,   y aman   el   primer

κλισίαν   ἐν   τοῖς   δείπνοις   καὶ   τὰς   πρωτο-
diván   en   los   banquetes   y   los   4primorosos

καθεδρίας   ἐν   ταῖς   συναγωγαῖς   7 καὶ   τοὺς
asientos   en   las   sinagogas   y   los

ἀσπασμοὺς   ἐν   ταῖς   ἀγοραῖς   καὶ
saludos aparatosos   en   las   plazas   y

καλεῖσθαι   ὑπὸ   τῶν   ἀνθρώπων   ῥαββί.
ser llamados   por   los   hombres   5Rabí.

8 ὑμεῖς   δὲ   μὴ   κληθῆτε   ῥαββί·   εἷς   γάρ
Mas vosotros   no   seáis llamados   Rabí;   porque uno

ἐστιν   ὑμῶν   ὁ   διδάσκαλος,   πάντες   δὲ   ὑμεῖς
solo es   de vosotros el   maestro,   y todos   vosotros

ἀδελφοί   ἐστε.   9 καὶ   πατέρα   μὴ   καλέσητε
hermanos   sois.   Y   6padre   no   llaméis

ὑμῶν   ἐπὶ   τῆς   γῆς·   εἷς   γάρ   ἐστιν
de vosotros   en   la   tierra;   porque uno solo   es

ὑμῶν   ὁ   πατὴρ   ὁ   οὐράνιος.   10 μηδὲ
de vosotros el   Padre,   el   celestial.   Ni

κληθῆτε   καθηγηταί,   ὅτι   καθηγητὴς
seáis llamados   7guías,   pues   8guía

ὑμῶν   ἐστιν   εἷς   ὁ   Χριστός.   11 ὁ   δὲ
de vosotros   es   uno solo, el   Cristo.   Y el

μείζων   ὑμῶν   ἔσται   ὑμῶν   διάκονος.
mayor   de vosotros   será   de vosotros   sirviente.

12 Ὅστις   δὲ   ὑψώσει   ἑαυτὸν   ταπεινωθήσεται,
Y el que   enaltecerá   a sí mismo,   será humillado,

καὶ   ὅστις   ταπεινώσει   ἑαυτὸν   ὑψωθήσεται.
y   el que   humillará   a sí mismo,   será enaltecido.

13 Οὐαὶ   δὲ   ὑμῖν,   γραμματεῖς   καὶ   Φαρισαῖοι
Mas 9¡ay   de vosotros,   escribas   y   fariseos

ὑποκριταί,   ὅτι   κλείετε   τὴν   βασιλείαν
hipócritas!,   pues   estáis cerrando   el   reino

τῶν   οὐρανῶν   ἔμπροσθεν   τῶν   ἀνθρώπων·
de los   cielos   delante   de los   hombres,

ὑμεῖς   γὰρ   οὐκ   εἰσέρχεσθε,   οὐδὲ   τοὺς
porque vosotros   no   entráis,   ni   a los

1
4. CON EL DEDO. Esto es, *no prestan ni la mínima ayuda para cumplir las cargas impuestas.*
2
5. FILACTERIAS. Tomaban Éx. 13:9, 16 en sentido material y ataban con cintas esos y otros pasajes en la frente y en el brazo izquierdo.
3
5. AGRANDAN. Los flecos que también Cristo llevaba (9:20; 14:36), de acuerdo con Nm. 15:38; Dt. 22:12, los fariseos los ensanchaban por ostentación.
4
6. PRIMOROSOS. Más confortables y más cercanos a los rollos de la ley.
5
7. RABÍ. Del hebreo *rab* = "mucho, grande", equivalente al "excelentísimo" de hoy.
6
9. PADRE. Este epíteto no es contra la Biblia (V. 2 R. 2: 12; Hch. 7:2; 1 Co. 4:15), cuando no es título de superioridad. (V. 1 Co. 4:6.)
7
10. GUÍAS. En sentido de *caudillos absolutos.*
8
10. GUÍA. En sentido de *caudillo absoluto.* (Nótese la diferencia entre el *katheguetes* de aquí y los *hodegoí* = "guías" del v. 16, así como los *hegumenois* = "guías", de He. 13:17.)
9
13. ¡AY...! Vienen 7 ayes de Jesús contra escribas y fariseos. Isaías pronunció 6 contra sus coetáneos (Is. 5: 8, 11, 18, 20, 21, 22), pero el séptimo lo tuvo que reservar para sí mismo (Is. 6:5).

εἰσερχομένους ἀφίετε εἰσελθεῖν. **15** Οὐαὶ
que están entrando　dejáis　　entrar.*　　　¡Ay

ὑμῖν, γραμματεῖς καὶ Φαρισαῖοι ὑποκριταί,
de vosotros,　escribas　y　fariseos　hipócritas!,

ὅτι περιάγετε τὴν θάλασσαν καὶ τὴν
pues　recorréis　el　mar　y　la

ξηρὰν ποιῆσαι ἕνα προσήλυτον, καὶ ὅταν
1tierra　para hacer　un solo　prosélito,　y　cuando

γένηται, ποιεῖτε αὐτὸν υἱὸν γεέννης διπλό-
llega a ser(lo), estáis haciendo　lo　hijo　2del infierno　dos veces

τερον ὑμῶν. **16** Οὐαὶ ὑμῖν, ὁδηγοὶ τυφλοὶ
más　que vosotros.　　¡Ay de vosotros,　guías　ciegos

οἱ λέγοντες· ὃς ἂν ὀμόσῃ ἐν τῷ ναῷ,
que　vais diciendo:　Todo el que　jure　3por　el santuario,

οὐδέν ἐστιν· ὃς δ' ἂν ὀμόσῃ ἐν τῷ χρυσῷ
4nada　es;　mas todo el que　jure　5por　el　oro

τοῦ ναοῦ, ὀφείλει. **17** μωροὶ καὶ τυφλοί,
del　santuario,　6debe.　　¡Insensatos　y　ciegos!,

τίς γὰρ μείζων ἐστιν, ὁ χρυσὸς ἢ ὁ ναὸς
porque ¿quién　mayor　es,　el　oro　o　el santuario

ὁ ἁγιάσας τὸν χρυσόν; **18** καὶ· ὃς ἂν
—　que santificó　al　oro?　Y:　Todo el que

ὀμόσῃ ἐν τῷ θυσιαστηρίῳ, οὐδέν ἐστιν·
jure　7por　el　altar,　8nada　es;

ὃς δ' ἂν ὀμόσῃ ἐν τῷ δώρῳ τῷ ἐπάνω
mas todo el que　jure　9por　la　ofrenda　encima
　　　　　　　　　　　　　　(que está)

αὐτοῦ, ὀφείλει. **19** τυφλοί, τί γὰρ μεῖζον,
de él,　10debe.　　¡Ciegos!,　porque ¿qué (es) mayor,

τὸ δῶρον ἢ τὸ θυσιαστήριον τὸ
la　ofrenda　o　el　altar

ἁγιάζον τὸ δῶρον; **20** ὁ οὖν ὀμόσας
que está　a la　ofrenda?　　Así pues,　el que juró
santificando

ἐν τῷ θυσιαστηρίῳ ὀμνύει ἐν αὐτῷ
11por　el　altar,　jura　12por　el　y

ἐν πᾶσι τοῖς ἐπάνω αὐτοῦ· **21** καὶ ὁ
13por　todo lo (que hay) encima　de él;　　Y　el

ὀμόσας ἐν τῷ ναῷ ὀμνύει ἐν αὐτῷ
que juró　14por　el　santuario,　juró　15por　él

καὶ ἐν τῷ κατοικοῦντι αὐτόν· **22** καὶ
y　16por　el　que 17habita　en él;　y

ὁ ὀμόσας ἐν τῷ οὐρανῷ ὀμνύει ἐν τῷ
el　que juró　18por　el　cielo,　jura　19por　el

θρόνῳ τοῦ θεοῦ καὶ ἐν τῷ καθημένῳ
trono　—　de Dios　y　20por　el　que está sentado

ἐπάνω αὐτοῦ. **23** Οὐαὶ ὑμῖν, γραμματεῖς
encima　de él.　　¡Ay　de vosotros,　escribas

καὶ Φαρισαῖοι ὑποκριταί, ὅτι ἀποδεκατοῦτε
y　fariseos　hipócritas!,　pues　diezmáis

---

*
El vers. 14 falta en los más antiguos y fidedignos MSS.
1
15. TIERRA. Lit. *seca*. (Véase Gn. 1:10.)
2
15. DE(L) INFIERNO. Lit. *de gehenna*.
3
16. POR. Lit. *en*.
4
16. NADA ES. Es decir, *es nulo el juramento*.
5
16. POR. Lit. *en*.
6
16. DEBE. Es decir, *queda obligado*.
7
18. POR. Lit. *en*.
8
18. NADA ES. Es decir, *es nulo el juramento*.
9
18. POR. Lit. *en*.
10
18. DEBE. Es decir, *queda obligado*.
11, 12 y 13
20. POR. Lit. *en*.
14, 15 y 16
21. POR. Lit. *en*.
17
21. HABITA. La preposición *katá*, componente del verbo griego, añade el matiz de residencia "fija, estable" (como en Ef. 3:17 y Col. 2:9, entre otros lugares).
18, 19 y 20
22. POR. Lit. *en*.

τὸ   ἡδύοσμον   καὶ   τὸ   ἄνηθον   καὶ   τὸ
la   menta,   y   el   eneldo   y   el

κύμινον,   καὶ   ἀφήκατε   τὰ   βαρύτερα
comino,   y   habéis dejado   lo   [1]más importante

τοῦ   νόμου,   τὴν   κρίσιν   καὶ   τὸ   ἔλεος
de la   ley,   [2]la   justicia   y   la misericordia

καὶ   τὴν   πίστιν·   ταῦτα   δὲ   ἔδει   ποιῆσαι
y   la   [3]fidelidad;   mas esto   se debía   hacer

κἀκεῖνα   μὴ   ἀφεῖναι.   24 ὁδηγοὶ   τυφλοί,
y aquello   no   dejar.   ¡Guías   ciegos,

οἱ   διϋλίζοντες   τὸν   κώνωπα,   τὴν   δὲ
—   que estáis colando   el   mosquito,   y el

κάμηλον   καταπίνοντες.   25 Οὐαὶ   ὑμῖν,
camello   estáis tragando!   ¡Ay   de vosotros,

γραμματεῖς   καὶ   Φαρισαῖοι   ὑποκριταί,   ὅτι
escribas   y   fariseos   hipócritas!,   pues

καθαρίζετε   τὸ   ἔξωθεν   τοῦ   ποτηρίου   καὶ
limpiáis   lo   de afuera   de la   copa   y

τῆς   παροψίδος,   ἔσωθεν   δὲ   γέμουσιν   ἐξ
del   plato,   mas por dentro   están llenos   de

ἁρπαγῆς   καὶ   ἀκρασίας.   26 Φαρισαῖε   τυφλέ,
rapiña   y   de [4]intemperancia.   ¡Fariseo   ciego!,

καθάρισον   πρῶτον   τὸ   ἐντὸς   τοῦ   ποτηρίου
limpia   primero   lo   de dentro   de la   copa,

ἵνα   γένηται   καὶ   τὸ   ἐκτὸς   αὐτοῦ   καθαρόν.
para que   sea   también   lo   de fuera   de ella   limpio.

27 Οὐαὶ   ὑμῖν,   γραμματεῖς   καὶ   Φαρισαῖοι
¡Ay   de vosotros,   escribas   y   fariseos

ὑποκριταί,   ὅτι   παρομοιάζετε   τάφοις   κεκονια-
hipócritas!,   pues   os parecéis   a sepulcros   que han

μένοις,   οἵτινες   ἔξωθεν   μὲν   φαίνονται
sido [5]blanqueados, los cuales   por fuera,   es cierto,   aparecen

ὡραῖοι,   ἔσωθεν   δὲ   γέμουσιν   ὀστέων
hermosos,   mas por dentro   están llenos   de huesos

νεκρῶν   καὶ   πάσης   ἀκαθαρσίας.   28 οὕτως
de muertos   y   de toda   inmundicia.   Así

καὶ   ὑμεῖς   ἔξωθεν   μὲν   φαίνεσθε   τοῖς
también   vosotros   por fuera,   es cierto,   aparecéis   ante los

ἀνθρώποις   δίκαιοι,   ἔσωθεν   δέ   ἐστε   μεστοὶ
hombres   (como) justos,   mas por dentro   estáis   [6]llenos

ὑποκρίσεως   καὶ   ἀνομίας.   29 Οὐαὶ   ὑμῖν,
de hipocresía   e   iniquidad.   ¡Ay   de vosotros,

γραμματεῖς   καὶ   Φαρισαῖοι   ὑποκριταί,
escribas   y   fariseos   hipócritas!,

ὅτι   οἰκοδομεῖτε   τοὺς   τάφους   τῶν   προφητῶν
pues   edificáis   los   sepulcros   de los   profetas

καὶ   κοσμεῖτε   τὰ   μνημεῖα   τῶν   δικαίων,
y   adornáis   los   monumentos   de los   justos,

[1] 23. MÁS IMPORTANTE. Lit. *más grave* (de más peso).
[2] 23. LA JUSTICIA. Lit. *el juicio.*
[3] 23. FIDELIDAD. Lit. *fe.*
[4] 25. INTEMPERANCIA. O *falta de dominio propio.* El griego *akrasía* viene a ser lo opuesto a *enkráteia* de Gá. 5:23; 2 P. 1:6.
[5] 27. BLANQUEADOS. Para hacerlos más visibles, de suerte que nadie se contaminase al tocarlos sin darse cuenta.
[6] 28. LLENOS. El original no tiene la misma raíz que en el vers. 27. La razón es que el griego *gemo* tiene sentido pasivo, mientras que *mestóo* lo tiene activo; los sepulcros no eran culpables de estar llenos, pero los escribas y fariseos, sí.

30 καὶ λέγετε· εἰ ἤμεθα ἐν ταῖς ἡμέραις
y decís: Si [1]estuviéramos en los días

τῶν πατέρων ἡμῶν, οὐκ ἂν ἤμεθα
de los padres de nosotros, no habríamos sido

αὐτῶν κοινωνοὶ ἐν τῷ αἵματι τῶν προ-
de ellos cómplices en la sangre de los pro-

φητῶν. **31** ὥστε μαρτυρεῖτε ἑαυτοῖς ὅτι
fetas. De modo que dais testimonio a vosotros mismos de que

υἱοί ἐστε τῶν φονευσάντων τοὺς προφήτας.
[2]hijos sois de los que mataron a los profetas.

32 καὶ ὑμεῖς πληρώσατε τὸ μέτρον τῶν
También vosotros [3]llenad la medida de los

πατέρων ὑμῶν. **33** ὄφεις, γεννήματα ἐχιδνῶν,
padres de vosotros. Serpientes, engendros de víboras,

πῶς φύγητε ἀπὸ τῆς κρίσεως τῆς γεέννης;
¿cómo escaparéis del juicio [4]del infierno?

34 διὰ τοῦτο ἰδοὺ ἐγὼ ἀποστέλλω πρὸς
Por eso, he aquí que yo envío a

ὑμᾶς προφήτας καὶ σοφοὺς καὶ γραμ-
vosotros profetas y sabios y es-

ματεῖς· ἐξ αὐτῶν ἀποκτενεῖτε καὶ
cribas; [5]de ellos mataréis y

σταυρώσετε, καὶ ἐξ αὐτῶν μαστιγώσετε
crucificaréis, y de ellos azotaréis

ἐν ταῖς συναγωγαῖς ὑμῶν καὶ διώξετε
en las sinagogas de vosotros y perseguiréis

ἀπὸ πόλεως εἰς πόλιν· **35** ὅπως ἔλθῃ
de ciudad en ciudad; de modo que venga

ἐφ᾽ ὑμᾶς πᾶν αἷμα δίκαιον ἐκχυννόμενον
sobre vosotros toda sangre justa que va siendo derramada

ἐπὶ τῆς γῆς ἀπὸ τοῦ αἵματος Ἄβελ τοῦ
sobre la tierra desde la sangre de Abel el

δικαίου ἕως τοῦ αἵματος Ζαχαρίου υἱοῦ
justo hasta la sangre de [6]Zacarías hijo

Βαραχίου, ὃν ἐφονεύσατε μεταξὺ τοῦ ναοῦ
de [7]Baraquías, a quien matasteis entre el santuario

καὶ τοῦ θυσιαστηρίου. **36** ἀμὴν λέγω
y el altar. De cierto digo

ὑμῖν, ἥξει ταῦτα πάντα ἐπὶ τὴν
os, vendrá esto todo sobre la

γενεὰν ταύτην. **37** Ἰερουσαλὴμ Ἰερουσαλήμ,
generación esta. ¡Jerusalén, Jerusalén,

ἡ ἀποκτείνουσα τοὺς προφήτας καὶ
la que [8]matas a los profetas y

λιθοβολοῦσα τοὺς ἀπεσταλμένους πρὸς αὐτήν,
[9]apedreas a los que han sido enviados a ella!

ποσάκις ἠθέλησα ἐπισυναγαγεῖν τὰ τέκνα
¡Cuántas veces quise [10]juntar a los hijos

1
30. ESTUVIÉRAMOS. Es decir, *si hubiéramos vivido.*

2
31. HIJOS. Parecidos a sus padres, aunque aparentasen lo contrario.

3
32. LLENAD LA MEDIDA. (Comp. con Gn. 15:16; Jn. 13:27.)

4
33. DEL INFIERNO. Lit. *de la gehenna.*

5
34. DE ELLOS... DE ELLOS. La preposición indica, aquí, *de entre,* como en Ro. 4:24 y otros lugares.

6
35. ZACARÍAS. (V. 2 Cr. 24: 20-22. Este libro es el último en la Biblia hebrea.)

7
35. BARAQUÍAS. No hay que confundirlo con el padre del profeta del mismo nombre (Zac. 1:1). Hay seguridad casi absoluta de que Joyadá, muerto a los 130 años mucho antes del asesinato de Zacarías, no era el padre, sino el abuelo, conforme al uso corriente de la Biblia hebrea. Aunque el texto del A.T. no menciona a este Baraquías, Mateo debió de tener acceso a la documentación pertinente.

8
37. MATAS. El verbo está en presente continuativo.

9
37. APEDREAS. El verbo está en presente continuativo.

10
37. JUNTAR. Lit. *reunir desde arriba.*

σου, ὃν τρόπον ὄρνις ἐπισυνάγει τὰ
de ti, de la misma manera que ¹una gallina ²junta los

νοσσία [αὐτῆς] ὑπὸ τὰς πτέρυγας, καὶ
polluelos de ella bajo las alas, y

οὐκ ἠθελήσατε. 38 ἰδοὺ ἀφίεται ὑμῖν ὁ
no quisisteis! Mirad que ³es dejada os la

οἶκος ὑμῶν. 39 λέγω γὰρ ὑμῖν, οὐ μή
casa de vosotros. Porque digo os, que de ningún modo·

με ἴδητε ἀπ᾽ ἄρτι ἕως ἂν εἴπητε·
me veréis desde ahora ⁴hasta que digáis:

εὐλογημένος ὁ ἐρχόμενος ἐν ὀνόματι
Bendito el que viene en (el) nombre

κυρίου.
de(l) Señor.

24 Καὶ ἐξελθὼν ὁ Ἰησοῦς ἀπὸ τοῦ
Y tras salir — Jesús del

ἱεροῦ ἐπορεύετο, καὶ προσῆλθον οἱ μαθηταὶ
templo, se iba, y se acercaron los discípulos

αὐτοῦ ἐπιδεῖξαι αὐτῷ τὰς οἰκοδομὰς
de él para mostrar le los edificios

τοῦ ἱεροῦ. **2** ὁ δὲ ἀποκριθεὶς εἶπεν
del templo. Mas él, respondiendo, dijo

αὐτοῖς· οὐ βλέπετε ταῦτα πάντα; ἀμὴν
les: ¿No veis esto todo? De cierto

λέγω ὑμῖν, οὐ μὴ ἀφεθῇ ὧδε λίθος ἐπὶ
digo os, de ningún modo ⁵quedará aquí piedra sobre

λίθον ὃς οὐ καταλυθήσεται. **3** Καθημένου
piedra que no será derribada. Y estando sentado

δὲ αὐτοῦ ἐπὶ τοῦ ὄρους τῶν ἐλαιῶν,
él en el monte de los Olivos,

προσῆλθον αὐτῷ οἱ μαθηταὶ κατ᾽ ἰδίαν
se acercaron le los discípulos en privado,

λέγοντες· εἰπὲ ἡμῖν, πότε ταῦτα ἔσται,
diciendo: Di nos, ¿cuándo esto será,

καὶ τί τὸ σημεῖον τῆς σῆς παρουσίας
y cuál (será) la señal de tu venida

καὶ συντελείας τοῦ αἰῶνος; **4** καὶ ἀπο-
y de la consumación ⁶de esta era? Y, respon-

κριθεὶς ὁ Ἰησοῦς εἶπεν αὐτοῖς· βλέπετε
diendo Jesús, dijo les: Mirad

μή τις ὑμᾶς πλανήσῃ. **5** πολλοὶ γὰρ
que no alguien os engañe. Porque muchos

ἐλεύσονται ἐπὶ τῷ ὀνόματί μου λέγοντες·
vendrán en el nombre de mí, diciendo:

ἐγώ εἰμι ὁ χριστός, καὶ πολλοὺς πλανή-
⁷Yo soy el Cristo, y a muchos enga-

1 37. UNA GALLINA. Lit. *un ave.*
2 37. JUNTA. Lit. *reúne desde arriba.*
3 38. ES DEJADA. Es decir, *queda desolada.*
4 39. HASTA QUE... En la Segunda Venida de Cristo. (V. 24:30.) En 21:9, sólo algunos lo habían dicho.
5 2. QUEDARÁ AQUÍ. Lit. *será dejada.*
6 3. DE ESTA ERA? Lit. *del siglo?*
7 5. YO SOY EL CRISTO. H. A. Kent hace notar la semejanza entre los verss. 5-9 y Ap. 6:1-11.

σουσιν. **6** μελλήσετε δὲ ἀκούειν πολέ-
ñarán.   Mas estaréis a punto de   oír   (de) gue-

μους καὶ ἀκοὰς πολέμων· ὁρᾶτε μὴ
rras   y   rumores   de guerras;   ved   de no

θροεῖθε· δεῖ γὰρ γενέσθαι, ἀλλ'
alarmaros;   porque debe   suceder,   pero

οὔπω ἐστὶν τὸ τέλος. **7** ἐγερθήσεται γὰρ
aún no   es   el   final.   Porque se levantará

ἔθνος ἐπὶ ἔθνος καὶ βασιλεία ἐπὶ βασιλείαν,
nación contra nación   y   reino   contra   reino,

καὶ ἔσονται λιμοὶ καὶ σεισμοὶ
y   habrá   hambres   y   terremotos

κατὰ τόπους· **8** πάντα δὲ ταῦτα ἀρχὴ
en diversos lugares;   mas todo   esto (es) principio

ὠδίνων. **9** τότε παραδώσουσιν ὑμᾶς
de dolores de parto. Entonces   entregarán   os

εἰς θλῖψιν καὶ ἀποκτενοῦσιν ὑμᾶς,
a   tribulación   y   matarán   os,

καὶ ἔσεσθε μισούμενοι ὑπὸ πάντων
y   estaréis   siendo odiados   por   todas

τῶν ἐθνῶν διὰ τὸ ὄνομά μου.
las   naciones   a causa   del   nombre   de mí.

10 καὶ τότε σκανδαλισθήσονται πολλοὶ καὶ
Y   entonces   sufrirán tropiezo   muchos   y

ἀλλήλους παραδώσουσιν καὶ μισήσουσιν
unos a otros   entregarán   y   odiarán

ἀλλήλους· **11** καὶ πολλοὶ ψευδοπροφῆται
unos a otros;   y   muchos   falsos profetas

ἐγερθήσονται καὶ πλανήσουσιν πολλούς·
se levantarán   y   engañarán   a muchos;

12 καὶ διὰ τὸ πληθυνθῆναι τὴν
y   a causa de   —   ser aumentada   la

ἀνομίαν ψυγήσεται ἡ ἀγάπη τῶν
iniquidad,   se enfriará   el   amor   [1]de la

πολλῶν. **13** ὁ δὲ ὑπομείνας εἰς τέλος,
mayoría.   [2]Mas el que   haya aguantado   hasta   (el) fin,

οὗτος σωθήσεται. **14** καὶ κηρυχθήσεται
éste   será salvado.   Y   será proclamado

τοῦτο τὸ εὐαγγέλιον τῆς βασιλείας
este   —   evangelio   del   reino

ἐν ὅλῃ τῇ οἰκουμένῃ εἰς μαρτύριον
en   toda   la   tierra habitada   para   testimonio

πᾶσιν τοῖς ἔθνεσιν, καὶ τότε ἥξει τὸ
a   las   naciones,   y   entonces   vendrá   el

τέλος. **15** Ὅταν οὖν ἴδητε τὸ
fin.   Cuando,   pues,   veáis   [3]la

βδέλυγμα τῆς ἐρημώσεως τὸ ῥηθὲν διὰ
abominación   de la   desolación   —   dicha por medio

---

[1]
12. DE LA MAYORÍA. Lit. *de los muchos.*

[2]
13. MAS EL QUE... (V. nota a 10:22.)

[3]
15. LA ABOMINACIÓN. (Véase Dan. 9:27.)

Δανιὴλ τοῦ προφήτου ἑστὸς ἐν τόπῳ
de Daniel   el   profeta   estando en pie   en   lugar

ἁγίῳ, ὁ ἀναγινώσκων νοείτω,
santo   1(el)   que esté leyendo,   entienda),

16 τότε οἱ ἐν τῇ Ἰουδαίᾳ φευγέτωσαν
entonces los que en   Judea,   huyan

εἰς τὰ ὄρη, **17** ὁ ἐπὶ τοῦ δώματος μὴ
(estén)
a   las   montañas, el que (esté) en   la   azotea,   no

καταβάτω ἆραι τὰ ἐκ τῆς οἰκίας αὐτοῦ,
baje   a sacar las cosas   de   la   casa   de él,

18 καὶ ὁ ἐν τῷ ἀγρῷ μὴ ἐπιστρεψάτω
y el que (esté) en   el   campo,   no   se vuelva

ὀπίσω ἆραι τὸ ἱμάτιον αὐτοῦ. **19** οὐαὶ
atrás   a llevar   la   capa   de él.   Y 2 ¡ay

δὲ ταῖς ἐν γαστρὶ ἐχούσαις καὶ ταῖς
de las   que   estén   encintas   y   de las que

θηλαζούσαις ἐν ἐκείναις ταῖς ἡμέραις.
estén amamantando   en   aquellos   —   días!

20 προσεύχεσθε δὲ ἵνα μὴ γένηται ἡ
Y orad   para que   no   suceda   la

φυγὴ ὑμῶν χειμῶνος μηδὲ σαββάτῳ·
huida   de vosotros   3en invierno   ni   en sábado;

21 ἔσται γὰρ τότε θλῖψις μεγάλη, οἵα οὐ
porque habrá   entonces 4una tribulación grande,   cual   no

γέγονεν ἀπ' ἀρχῆς κόσμου ἕως
ha sucedido   desde   (el) principio   de(l) mundo   hasta

τοῦ νῦν οὐδ' οὐ μὴ γένηται. **22** καὶ
—   ahora   ni   jamás   (la) 5habrá.   Y

εἰ μὴ ἐκολοβώθησαν αἱ ἡμέραι ἐκεῖναι,
si   no   6hubiesen sido acortados los   días   aquellos,

οὐκ ἂν ἐσώθη πᾶσα σάρξ· διὰ δὲ τοὺς
no   7se   salvaría   toda   carne;   mas a causa   de los

ἐκλεκτοὺς κολοβωθήσονται αἱ ἡμέραι ἐκεῖναι.
escogidos,   serán acortados   los   días   aquellos.

23 τότε ἐάν τις ὑμῖν εἴπῃ· ἰδοὺ ὧδε
Entonces   si   alguien   os   dijese: Mira,   aquí

ὁ χριστός, ἤ· ὧδε, μὴ πιστεύσητε·
(está) el Cristo,   o: Aquí,   no   (le) creáis;

24 ἐγερθήσονται γὰρ ψευδόχριστοι καὶ
porque se levantarán   falsos cristos   y

ψευδοπροφῆται, καὶ δώσουσιν σημεῖα μεγάλα
falsos profetas,   y   darán   señales   grandes

καὶ τέρατα, ὥστε πλανῆσαι, εἰ δυνατόν,
y   prodigios, hasta el punto de   engañar,   si (fuese) posible,

καὶ τοὺς ἐκλεκτούς. **25** ἰδοὺ προείρηκα
incluso   a los   escogidos.   Mirad que (lo) he dicho de antemano

ὑμῖν. **26** ἐὰν οὖν εἴπωσιν ὑμῖν· ἰδοὺ
os.   Si,   pues,   dijesen   os: Mira,

1
15. EL QUE ESTÉ LEYENDO... Se exhorta al lector a escudriñar el sentido de la profecía de Daniel.
2
19. ¡AY DE LAS QUE...! Esta huida precipitada implicará especiales dificultades para estas mujeres.
3
20. EN INVIERNO. Lit. *de invierno*.
4
21. UNA TRIBULACIÓN GRANDE. La referencia a Dan. 12:1 parece inevitable.
5
21. HABRÁ. Lit. *sucederá*.
6
22. HUBIESEN SIDO ACORTADOS. Lit. *fueron acortados*.
7
22. SE SALVARÍA. Lit. *fue salvada*.

ἐν τῇ ἐρήμῳ ἐστίν, μὴ ἐξέλθητε· ἰδοὺ
en el desierto está, no salgáis; Mira,

ἐν τοῖς ταμιείοις, μὴ πιστεύσητε·
en los aposentos interiores, no (les) creáis;

27 ὥσπερ γὰρ ἡ ἀστραπὴ ἐξέρχεται ἀπὸ
porque así como el relámpago sale de(l)

ἀνατολῶν καὶ φαίνεται ἕως δυσμῶν,
este y brilla hasta (el) oeste,

οὕτως ἔσται ἡ παρουσία τοῦ υἱοῦ
así será la ¹venida del Hijo

τοῦ ἀνθρώπου· **28** ὅπου ἐὰν ᾖ τὸ
del Hombre; dondequiera que esté el

πτῶμα, ἐκεῖ συναχθήσονται οἱ ἀετοί.
cadáver, ²allí se juntarán ³los buitres.

29 Εὐθέως δὲ μετὰ τὴν θλῖψιν τῶν
Mas inmediatamente después de la tribulación de los

ἡμερῶν ἐκείνων ὁ ἥλιος σκοτισθήσεται,
días aquellos, el sol se oscurecerá,

καὶ ἡ σελήνη οὐ δώσει τὸ φέγγος
y la luna no dará la luz

αὐτῆς, καὶ οἱ ἀστέρες πεσοῦνται ἀπὸ τοῦ
de ella, y las estrellas caerán del

οὐρανοῦ, καὶ αἱ δυνάμεις τῶν οὐρανῶν
cielo, y los poderes de los cielos

σαλευθήσονται. **30** καὶ τότε φανήσεται
serán sacudidos. Y entonces aparecerá

τὸ σημεῖον τοῦ υἱοῦ τοῦ ἀνθρώπου ἐν
la señal del Hijo del Hombre en

οὐρανῷ, καὶ τότε κόψονται πᾶσαι αἱ
(el) cielo, y entonces ⁴harán duelo todas las

φυλαὶ τῆς γῆς καὶ ὄψονται τὸν υἱὸν
tribus de la tierra y ⁵verán al Hijo

τοῦ ἀνθρώπου ἐρχόμενον ἐπὶ τῶν
del Hombre que viene sobre las

νεφελῶν τοῦ οὐρανοῦ μετὰ δυνάμεως καὶ
nubes del cielo con poder y

δόξης πολλῆς· **31** καὶ ἀπʘστελεῖ τοὺς
gloria mucha; y ⁶enviará a los

ἀγγέλους αὐτοῦ μετὰ σάλπιγγος μεγάλης,
ángeles de él con trompeta grande,

καὶ ἐπισυνάξουσιν τοὺς ἐκλεκτοὺς αὐτοῦ
y ⁷reunirán a los escogidos de él

ἐκ τῶν τεσσάρων ἀνέμων ἀπʼ ἄκρων
desde los cuatro vientos desde ⁸un extremo

οὐρανῶν ἕως [τῶν] ἄκρων αὐτῶν. **32** Ἀπὸ
de (los) cielos hasta ⁹el otro extremo de ellos. Mas

δὲ τῆς συκῆς μάθετε τὴν παραβολήν·
de la higuera aprended la parábola:

1
27. VENIDA. Lit. *presencia.*
2
28. ALLÍ... (Comp. con Ap. 19:17-18.)
3
28. LOS BUITRES. Lit. *las águilas.*
4
30. HARÁN DUELO... (Comp. con Zac. 12:10-12.)
5
30. VERÁN... (Comp. con 26:64.)
6
31. ENVIARÁ... (Comp. 13: 30, 41-43.)
7
31. REUNIRÁN A LOS ESCOGIDOS. Lit. *juntarán desde arriba.*
8
31. UN EXTREMO. Lit. *extremos.*
9
31. EL OTRO EXTREMO. Lit. *los extremos de ellos.*

ὅταν ἤδη ὁ κλάδος αὐτῆς γένηται ἀπαλὸς
Cuando ya la rama de ella se hace tierna

καὶ τὰ φύλλα ἐκφύῃ, γινώσκετε ὅτι
y las hojas hace brotar, conocéis que

ἐγγὺς τὸ θέρος· 33 οὕτως καὶ ὑμεῖς
cercano (está) el verano; así también vosotros,

ὅταν ἴδητε πάντα ταῦτα, γινώσκετε ὅτι
cuando veáis todo esto, conoced que

ἐγγύς ἐστιν ἐπὶ θύραις. 34 ἀμὴν λέγω
(él) cercano está, a (las) puertas. De cierto digo

ὑμῖν ὅτι οὐ μὴ παρέλθῃ ἡ γενεὰ
os que de ningún modo pasará ¹la generación

αὕτη ἕως ἂν πάντα ταῦτα γένηται.
esta hasta que todo esto suceda.

35 ὁ οὐρανὸς καὶ ἡ γῆ παρελεύσεται, οἱ
El cielo y la tierra pasarán, mas

δὲ λόγοι μου οὐ μὴ παρέλθωσιν. 36 Περὶ
las palabras de mí de ningún modo pasarán. Mas acerca

δὲ τῆς ἡμέρας ἐκείνης καὶ ὥρας οὐδεὶς
del día aquel y de (la) hora nadie

οἶδεν, οὐδὲ οἱ ἄγγελοι τῶν οὐρανῶν
sabe, ni los ángeles de los cielos

οὐδὲ ὁ υἱός, εἰ μὴ ὁ πατὴρ μόνος.
²ni el Hijo, sino el Padre solo.

37 ὥσπερ γὰρ αἱ ἡμέραι τοῦ Νῶε, οὕτως
Porque así como los días — de Noé, así

ἔσται ἡ παρουσία τοῦ υἱοῦ τοῦ ἀνθρώπου.
será la venida del Hijo del Hombre.

38 ὡς γὰρ ἦσαν ἐν ταῖς ἡμέραις
Porque como estaban en los días

[ἐκείναις] ταῖς πρὸ τοῦ κατακλυσμοῦ
aquellos, los de antes del diluvio

τρώγοντες καὶ πίνοντες, γαμοῦντες καὶ
comiendo y bebiendo, casándose y

γαμίζοντες, ἄχρι ἧς ἡμέρας εἰσῆλθεν
dándose en casamiento, hasta el día en que entró

Νῶε εἰς τὴν κιβωτόν, 39 καὶ οὐκ ἔγνωσαν
Noé en el arca, y no ³comprendieron

ἕως ἦλθεν ὁ κατακλυσμὸς καὶ ἦρεν
hasta que vino el diluvio y se llevó

ἅπαντας, οὕτως ἔσται καὶ ἡ παρουσία
a todos, así será también la venida

τοῦ υἱοῦ τοῦ ἀνθρώπου 40 τότε ἔσονται
del Hijo del Hombre. Entonces estarán

δύο ἐν τῷ ἀγρῷ, εἷς παραλαμβάνεται
dos en el campo, uno ⁴será tomado

καὶ εἷς ἀφίεται· 41 δύο ἀλήθουσαι
y uno ⁵será dejado; dos (mujeres estarán) moliendo

1
34. LA GENERACIÓN ESTA. Caben pocas dudas de que el griego *geneá* indica, como en 11:16; 12:39ss.; 23:36; Hch. 2:10 y otros lugares, la raza judía, en su protervia como nación, que sobrevive milagrosamente hasta el final de Ro. 11:25-27.
2
36. NI EL HIJO. En cuanto hombre; en cuanto Dios, es tan omnisciente como el Padre.
3
39. COMPRENDIERON. Lit. *conocieron.*
4
40. SERÁ TOMADO. Lit. *es tomado.*
5
40. SERÁ DEJADO. Lit. *es dejado.*

ἐν τῷ μύλῳ, μία παραλαμβάνεται καὶ
en   el   molino,   una   ¹será tomada   y

μία ἀφίεται.   42 γρηγορεῖτε οὖν, ὅτι
una   ²será dejada.   Velad,   pues,   ya que

οὐκ οἴδατε ποίᾳ ἡμέρᾳ ὁ κύριος
no   conocéis   en cuál   día   el   Señor

ὑμῶν ἔρχεται.   43 Ἐκεῖνο δὲ γινώσκετε
de vosotros   viene.   Mas ³esto   ⁴comprended,

ὅτι εἰ ᾔδει ὁ οἰκοδεσπότης ποίᾳ
que   si   supiera   el   amo de casa   en cuál

φυλακῇ ὁ κλέπτης ἔρχεται, ἐγρηγόρησεν
⁵vigilia   el   ladrón   viene,   velaría

ἂν καὶ οὐκ ἂν εἴασεν διορυχθῆναι
y   no   permitiría   que fuese perforada

τὴν οἰκίαν αὐτοῦ.   44 διὰ τοῦτο καὶ
la   casa   de él.   Por   esto,   también

ὑμεῖς γίνεσθε ἕτοιμοι, ὅτι ᾗ οὐ δοκεῖτε
vosotros   ⁶estad   preparados,   pues   a la que ⁷no   pensáis

ὥρᾳ ὁ υἱὸς τοῦ ἀνθρώπου ἔρχεται.   45 Τίς
hora,   el   Hijo   del   hombre   viene.   ¿Quién,

ἄρα ἐστιν ὁ πιστὸς δοῦλος καὶ φρόνιμος
pues,   es   el   fiel   siervo   y   prudente

ὃν κατέστησεν ὁ κύριος ἐπὶ τῆς οἰκετείας
al que   constituyó   el   Señor   sobre   ⁸los   de la casa

αὐτοῦ τοῦ δοῦναι αὐτοῖς τὴν τροφὴν ἐν
de él   para   dar   les   el   alimento   en

καιρῷ;   46 μακάριος ὁ δοῦλος ἐκεῖνος ὃν
(su) tiempo?   Dichoso   el   siervo   aquel a quien

ἐλθὼν ὁ κύριος αὐτοῦ εὑρήσει οὕτως
cuando venga el   señor   de él   encontrará   así

ποιοῦντα·   47 ἀμὴν λέγω ὑμῖν ὅτι ἐπὶ
haciendo;   de cierto   digo   os   que   sobre

πᾶσιν τοῖς ὑπάρχουσιν αὐτοῦ καταστήσει
todas   las   posesiones   de él   constituirá

αὐτόν.   48 ἐὰν δὲ εἴπῃ ὁ κακὸς δοῦλος
le.   Mas si   dice   el   malo   siervo

ἐκεῖνος ἐν τῇ καρδίᾳ αὐτοῦ· χρονίζει
aquel   en   el   corazón   de él;   tarda (en venir)

μου ὁ κύριος,   49 καὶ ἄρξηται τύπτειν
de mí   el   señor,   y   comienza   a golpear

τοὺς συνδούλους αὐτοῦ, ἐσθίῃ δὲ καὶ
a los   consiervos   de él,   y come   y

πίνῃ μετὰ τῶν μεθυόντων,   50 ἥξει ὁ
bebe   con   los   que se emborrachan,   vendrá   el

κύριος τοῦ δούλου ἐκείνου ἐν ἡμέρᾳ ᾗ
señor   del   siervo   aquel   en   (el) día   en que

οὐ προσδοκᾷ καὶ ἐν ὥρᾳ ᾗ οὐ
no   (lo) espera   y   en   (la) hora   en que   no

1
41. Será tomada. Lit. *es tomada.*
2
41. Será dejada. Lit. *es dejada.*
3
43. Esto. Lit. *aquello.*
4
43. Comprended. Lit. *id conociendo.*
5
43. Vigilia. Es decir, *una de las guardias* (de tres horas) *de la noche.*
6
44. Estad preparados. Lit. *haceos* (o *llegad a estar*) *preparados.*
7
44. No pensáis. Lit. *no os parece.*
8
45. Los de la casa. Lit. *de la servidumbre.*

γινώσκει, **51** καὶ διχοτομήσει αὐτόν,
conoce, y [1]castigará severamente le,

καὶ τὸ μέρος αὐτοῦ μετὰ τῶν
y [2]la parte de él con los

ὑποκριτῶν θήσει· ἐκεῖ ἔσται ὁ
hipócritas pondrá; allí será el

κλαυθμὸς καὶ ὁ βρυγμὸς τῶν ὀδόντων.
llanto y el crujir de los dientes.

25 Τότε ὁμοιωθήσεται ἡ βασιλεία
Entonces será semejante el reino

τῶν οὐρανῶν δέκα παρθένοις, αἵτινες
de los cielos a [3]diez vírgenes, las cuales,

λαβοῦσαι τὰς λαμπάδας ἑαυτῶν ἐξῆλθον
tras tomar las lámparas de ellas mismas, salieron

εἰς ὑπάντησιν τοῦ νυμφίου. **2** πέντε δὲ
a(l) encuentro del novio Mas cinco
(desposado).

ἐξ αὐτῶν ἦσαν μωραὶ καὶ πέντε φρόνιμοι.
de ellas eran insensatas y cinco prudentes.

3 αἱ γὰρ μωραὶ λαβοῦσαι τὰς λαμπάδας
Porque las insensatas, cuando tomaron las lámparas,

οὐκ ἔλαβον μεθ' ἑαυτῶν ἔλαιον.
no tomaron con ellas mismas [4]aceite.

4 αἱ δὲ φρόνιμοι ἔλαβον ἔλαιον ἐν
Mas las prudentes tomaron aceite en

τοῖς ἀγγείοις μετὰ τῶν λαμπάδων ἑαυτῶν.
los frascos con las lámparas de ellas mismas.

5 χρονίζοντος δὲ τοῦ νυμφίου ἐνύσταξαν
Mas tardándose el novio cabecearon
(esposo),

πᾶσαι καὶ ἐκάθευδον. **6** μέσης δὲ
todas y [5]se durmieron. Y a media-

νυκτὸς κραυγὴ γέγονεν· ἰδοὺ ὁ
noche un clamor se hizo: [6]Ya viene el

νυμφίος, ἐξέρχεσθε εἰς ἀπάντησιν. **7** τότε
novio, salid a (su) encuentro. Entonces

ἠγέρθησαν πᾶσαι αἱ παρθένοι ἐκεῖναι
se levantaron todas las vírgenes aquellas

καὶ ἐκόσμησαν τὰς λαμπάδας ἑαυτῶν.
y arreglaron las lámparas de ellas mismas.

8 αἱ δὲ μωραὶ ταῖς φρονίμοις εἶπαν·
Mas las insensatas a las prudentes dijeron:

δότε ἡμῖν ἐκ τοῦ ἐλαίου ὑμῶν, ὅτι
Dad nos del aceite de vosotras, pues

αἱ λαμπάδες ἡμῶν σβέννυνται. **9** ἀπεκρί-
las lámparas de nosotras se están apagando. Mas contes-

1
51. CASTIGARÁ SEVERAMENTE. Lit. *partirá por medio.*
2
51. LA PARTE DE ÉL... Hebraísmo para expresar que le dará el mismo castigo que a los hipócritas. (Comp. Ap. 21:8: "... *tendrán su parte".*)
3
1. DIEZ VÍRGENES... No son la "esposa", sino invitadas. (Comp. con Lc. 12:35-36; Ap. 19:7-9.) Adviértase que todo lo de este cap. 25 es posterior a la tribulación del cap. 24:21ss.
4
3. ACEITE. Símbolo del Espíritu Santo. (Aquí, en conexión con Zac. 12:10.)
5
5. SE DURMIERON. Lit. *se dormían.* No se reprocha el dormir, sino el no proveerse de aceite.
6
6. YA VIENE EL NOVIO. Lit. *he aquí el novio.*

θησαν δὲ αἱ φρόνιμοι λέγουσαι· μήποτε
taron las prudentes, diciendo: No sea que

οὐ μὴ ἀρκέσῃ ἡμῖν καὶ ὑμῖν·
de ningún modo haya suficiente para nosotras, y para vosotras,

πορεύεσθε μᾶλλον πρὸς τοὺς πωλοῦντας
id más bien a los vendedores

καὶ ἀγοράσατε ἑαυταῖς. 10 ἀπερχομένων
1y comprad para vosotras mismas. Y mientras iban

δὲ αὐτῶν ἀγοράσαι ἦλθεν ὁ νυμφίος,
ellas a comprar, vino el novio,

καὶ αἱ ἕτοιμοι εἰσῆλθον μετ᾽ αὐτοῦ
y las preparadas entraron con él

εἰς τοὺς γάμους, καὶ ἐκλείσθη ἡ
al banquete de bodas, y fue cerrada la

θύρα. 11 ὕστερον δὲ ἔρχονται καὶ αἱ
puerta. Y por fin llegan también las

λοιπαὶ παρθένοι λέγουσαι· κύριε κύριε,
restantes vírgenes, diciendo: Señor, Señor,

ἄνοιξον ἡμῖν. 12 ὁ δὲ ἀποκριθεὶς εἶπεν·
abre nos. Mas él, contestando, dijo:

ἀμὴν λέγω ὑμῖν, οὐκ οἶδα ὑμᾶς.
De cierto digo os, no 2conozco os.

13 Γρηγορεῖτε οὖν, ὅτι οὐκ οἴδατε
3Velad, pues, ya que no sabéis

τὴν ἡμέραν οὐδὲ τὴν ὥραν. 14 Ὥσπερ
el día ni la hora. Porque 4(es)

γὰρ ἄνθρωπος ἀποδημῶν ἐκάλεσεν
como un hombre (que), al irse de viaje, llamó

τοὺς ἰδίους δούλους καὶ παρέδωκεν αὐτοῖς
— a (sus) propios siervos y entregó les

τὰ ὑπάρχοντα αὐτοῦ, 15 καὶ ᾧ μὲν ἔδωκεν
los bienes de él, y a uno dio

πέντε τάλαντα, ᾧ δὲ δύο, ᾧ δὲ
cinco talentos, a otro dos, a otro

ἕν, ἑκάστῳ κατὰ τὴν ἰδίαν δύναμιν,
uno, a cada uno según 5la propia capacidad,

καὶ ἀπεδήμησεν. 16 (su) εὐθέως πορευθεὶς
y se fue de viaje. En seguida yendo

ὁ τὰ πέντε τάλαντα λαβὼν ἠργάσατο
el que los cinco talentos recibió, negoció

ἐν αὐτοῖς καὶ ἐκέρδησεν ἄλλα
con ellos y ganó otros

πέντε· 17 ὡσαύτως ὁ τὰ δύο ἐκέρδησεν
cinco; asimismo el (de) los dos, ganó

ἄλλα δύο. 18 ὁ δὲ τὸ ἓν λαβὼν
otros dos. Mas el que el uno recibió,

1
9. Y COMPRAD. El Espíritu Santo no se compra, pero véase Is. 55:1. Tampoco se puede prestar a otros; la salvación es algo personal. Por eso, no puede tildarse de egoístas a estas doncellas prudentes.
2
12. CONOZCO(os). Lit. sé. (V. 7:23.)
3
13. VELAD. Aquí, como en 24:42, el verbo griego está en presente continuativo.
4
14. (ES) COMO UN HOMBRE... Se sobreentiende: el reino de los cielos.
5
15. LA PROPIA CAPACIDAD. Lit. el propio poder. Compárese esta parábola con la de las "minas" de Lc. 19:11-27. Allí se pone de relieve que dones iguales, usados con desigual diligencia, obtienen premios desiguales. Aquí se enfatiza que dones desiguales, usados con igual diligencia, reciben premios iguales.

ἀπελθὼν   ὤρυξεν   γῆν   καὶ   ἔκρυψεν
yendo,   excavó   tierra   y   escondió
τὸ   ἀργύριον   τοῦ   κυρίου   αὐτοῦ.
el   dinero   del   señor   de él.
19 μετὰ   δὲ   πολὺν   χρόνον   ἔρχεται   ὁ
Y después de   mucho   tiempo   viene   el
κύριος   τῶν   δούλων   ἐκείνων   καὶ   συναίρει
señor   de los   siervos   aquellos   y   ajusta
λόγον   μετ'   αὐτῶν.   **20** καὶ   προσελθὼν
cuentas   con   ellos.   Y   acercándose
ὁ   τὰ   πέντε   τάλαντα   λαβὼν   προσ-
el que   los   cinco   talentos   recibió,   [1]trajo
ἤνεγκεν   ἄλλα   πέντε   τάλαντα   λέγων·   κύριε,
           otros   cinco   talentos   diciendo: Señor,
πέντε   τάλαντά   μοι   παρέδωκας·   ἴδε   ἄλλα
cinco   talentos   me   entregaste;   mira,   otros
πέντε   τάλαντα   ἐκέρδησα.   **21** ἔφη   αὐτῷ
cinco   talentos   gané.   Dijo   le
ὁ   κύριος   αὐτοῦ·   εὖ,   δοῦλε   ἀγαθὲ   καὶ
el   señor   de él.   Bien,   siervo   bueno   y
πιστέ,   ἐπὶ   ὀλίγα   ἦς   πιστός,
fiel,   sobre   pocas cosas   [2]has sido   fiel,
ἐπὶ   πολλῶν   σε   καταστήσω·   εἴσελθε
sobre   muchas   te   constituiré;   [3]entra
εἰς   τὴν   χαρὰν   τοῦ   κυρίου   σου.   **22** προσ-
en   el   gozo   del   señor   de ti.   Acercán-
ελθὼν   καὶ   ὁ   τὰ   δύο   τάλαντα
dose   también   el que   los   dos   talentos
                                        (recibió),
εἶπεν·   κύριε,   δύο   τάλαντά   μοι
dijo: Señor,   dos   talentos   me
παρέδωκας·   ἴδε   ἄλλα   δύο   τάλαντα
entregaste;   mira,   otros   dos   talentos
ἐκέρδησα.   **23** ἔφη   αὐτῷ   ὁ   κύριος   αὐτοῦ·
gané.   Dijo   le   el   señor   de él:
εὖ,   δοῦλε   ἀγαθὲ   καὶ   πιστέ,   ἐπὶ
Bien,   siervo   bueno   y   fiel,   sobre
ὀλίγα   ἦς   πιστός,   ἐπὶ   πολλῶν
pocas cosas [4]has sido   fiel,   sobre   muchas
σε   καταστήσω·   εἴσελθε   εἰς   τὴν
te   constituiré;   entra   en   el
χαρὰν   τοῦ   κυρίου   σου.   **24** προσ-
gozo   del   señor   de ti.   Y acercán-
ελθὼν   δὲ   καὶ   ὁ   τὸ   ἓν   τάλαντον
dose   también   el que   el   un   talento
εἰληφὼς   εἶπεν·   κύριε,   ἔγνων   σε
había recibido,   dijo: Señor,   (yo) conocía   te
ὅτι   σκληρὸς   εἶ   ἄνθρωπος,   θερίζων
que   duro   eres   hombre,   que siegas

[1] 20. TRAJO. Lit. *presentó.*
[2] 21. HAS SIDO. Lit. *eras.*
[3] 21. ENTRA EN EL GOZO: *Ven a compartir mi felicidad.* Si el gozo de Cristo entrase en nosotros, se haría a la medida de nuestro pequeño vaso. Pero, si entramos en él, nos abismamos en el océano de su gloria.
[4] 23. HAS SIDO. Lit. *eras.*

ὅπου   οὐκ   ἔσπειρας,   καὶ   συνάγων
donde   no   sembraste,   y   recoges

ὅθεν   οὐ   διεσκόρπισας·   25 καὶ   φοβηθεὶς
de donde   no   esparciste;   y, teniendo miedo,

ἀπελθὼν   ἔκρυψα   τὸ   τάλαντόν   σου
¹yendo,   escondí   el   talento   de ti

ἐν   τῇ   γῇ·   ἴδε   ἔχεις   τὸ   σόν.
en   la   tierra: mira,   tienes   lo   tuyo.

26 ἀποκριθεὶς   δὲ   ὁ   κύριος   αὐτοῦ   εἶπεν
Y respondiendo   el   señor   de él,   dijo

αὐτῷ·   πονηρὲ   δοῦλε   καὶ   ὀκνηρέ,
le: ²Malo   siervo   y   holgazán,

ἤδεις   ὅτι   θερίζω   ὅπου   οὐκ   ἔσπειρα,
¿sabías   que   siego   donde   no   sembré,

καὶ   συνάγω   ὅθεν   οὐ   διεσκόρπισα;
y   recojo   de donde   no   esparcí?

27 ἔδει   σε   οὖν   βαλεῖν   τὰ   ἀργύριά
Era lo debido que tú,   pues,   ³llevaras   los   dineros

μου   τοῖς   τραπεζίταις,   καὶ   ἐλθὼν   ἐγὼ
de mí   a los   banqueros,   y   al venir   yo

ἐκομισάμην   ἂν   τὸ   ἐμὸν   σὺν   τόκῳ.
hubiera recibido   lo   mío   con   (el) interés.

28 ἄρατε   οὖν   ἀπ᾽   αὐτοῦ   τὸ   τάλαντον
Quitad,   pues,   de   él   el   talento

καὶ   δότε   τῷ   ἔχοντι   τὰ   δέκα   τάλαντα·
y   dad(lo)   al   que tiene   los   diez   talentos;

29 τῷ   γὰρ   ἔχοντι   παντὶ   δοθήσεται   καὶ
porque a   todo el que tiene   será dado   y

περισσευθήσεται·   τοῦ   δὲ   μὴ   ἔχοντος
tendrá en abundancia;   mas ⁴al que   no   tiene,

καὶ   ὃ   ἔχει   ἀρθήσεται   ἀπ᾽   αὐτοῦ.
aun   lo que tiene   será quitado   de   él.

30 καὶ   τὸν   ἀχρεῖον   δοῦλον   ἐκβάλετε   εἰς
Y   al   inútil   siervo   expulsad   ⁵a

τὸ   σκότος   τὸ   ἐξώτερον·   ἐκεῖ   ἔσται   ὁ
la   oscuridad   —   exterior;   allí   será   el

κλαυθμὸς   καὶ   ὁ   βρυγμὸς   τῶν   ὀδόντων
llanto   y   el   crujir   de los   dientes.

31 Ὅταν   δὲ   ἔλθῃ   ὁ   υἱὸς   τοῦ   ἀνθρώπου
Mas cuando   venga   el   Hijo   del   Hombre

ἐν   τῇ   δόξῃ   αὐτοῦ   καὶ   πάντες   οἱ   ἄγγελοι
en   la   gloria   de él   y   todos   los   ángeles

μετ᾽   αὐτοῦ,   τότε   καθίσει   ἐπὶ   θρόνου
con   él,   entonces   se sentará   en   (el) trono

δόξης   αὐτοῦ·   32 καὶ   συναχθήσονται
de gloria   de él;   y   serán reunidas

ἔμπροσθεν   αὐτοῦ   πάντα   τὰ   ἔθνη,   καὶ
delante   de él   todas   las   naciones,   y

---

¹
25. YENDO, ESCONDÍ. Esto es, *fui a esconder.*

²
26. MALO. Lit. *malvado.* No por hacer el mal (no malgastó el dinero), sino por no hacer el bien. (V. Stg. 4:17.)

³
27. LLEVARAS. Lit. *echaras.*

⁴
29. AL QUE NO TIENE. Esto es, *aquel cuyos dones no han dado fruto.*

⁵
30. A LA OSCURIDAD... (V. notas a 22:13.)

ἀφορίσει   αὐτοὺς   ἀπ'   ἀλλήλων,   ὥσπερ
apartará   1a ellos   a los   unos de los otros,   como

ὁ   ποιμὴν   ἀφορίζει   τὰ   πρόβατα   ἀπὸ
el   pastor   aparta   las   ovejas   de

τῶν   ἐρίφων,   33 καὶ   στήσει   τὰ   μὲν
las   cabras,   y   situará   a las

πρόβατα   ἐκ   δεξιῶν   αὐτοῦ,   τὰ δὲ   ἐρίφια
ovejas   a (la) 2derecha   de él,   mas a las   cabras

ἐξ   εὐωνύμων.   34 τότε   ἐρεῖ   ὁ
a   (la) izquierda.   Entonces   dirá   3el

βασιλεὺς   τοῖς   ἐκ   δεξιῶν   αὐτοῦ·
Rey   a los   de   (la) derecha   de él:

δεῦτε   οἱ   εὐλογημένοι   τοῦ   πατρός   μου,
Venid,   los   benditos   del   Padre   de mí,

κληρονομήσατε   τὴν   ἡτοιμασμένην   ὑμῖν
heredad   el   que había sido preparado para vosotros

βασιλείαν   ἀπὸ   καταβολῆς   κόσμου.
reino   desde   (la) 4fundación   de(l) mundo.

35 ἐπείνασα   γὰρ   καὶ   ἐδώκατέ   μοι
Porque tuve hambre   y   disteis   me

φαγεῖν,   ἐδίψησα   καὶ   ἐποτίσατέ   με,
de comer,   tuve sed   y   disteis de beber   me,

ξένος   ἤμην   καὶ   συνηγάγετέ   με,
forastero   era   y   acogisteis   me,

36 γυμνὸς   καὶ   περιεβάλετέ   με,   ἠσθένησα
desnudo   y   cubristeis   me,   estuve enfermo

καὶ   ἐπεσκέψασθέ   με,   ἐν   φυλακῇ   ἤμην
y   visitasteis   me,   en   prisión   estaba

καὶ   ἤλθατε   πρός   με.   37 τότε   ἀποκριθή-
y   vinisteis   a   mí.   Entonces   responde-

σονται   αὐτῷ   οἱ   δίκαιοι   λέγοντες·   κύριε,
rán   le   los   justos,   diciendo: Señor,

πότε   σε   εἴδομεν   πεινῶντα   καὶ   ἐθρέψαμεν,
¿cuándo   te   vimos   pasando hambre   y   te alimentamos,

ἢ   διψῶντα   καὶ   ἐποτίσαμεν;   38 πότε   δέ
o   teniendo sed   y   (te) dimos de beber?   ¿Y cuándo

σε   εἴδομεν   ξένον   καὶ   συνηγάγομεν,
te   vimos   forastero   y   te acogimos,

ἢ   γυμνὸν   καὶ   περιεβάλομεν;   39 πότε   δέ
o   desnudo   y   te cubrimos?   ¿Y cuándo

σε   εἴδομεν   ἀσθενοῦντα   ἢ   ἐν   φυλακῇ   καὶ
te   vimos   estando enfermo   o   en   prisión   y

ἤλθομεν   πρὸς   σέ;   40 καὶ   ἀποκριθεὶς   ὁ
vinimos   a   ti?   Y   contestando   el

βασιλεὺς   ἐρεῖ   αὐτοῖς·   ἀμὴν   λέγω
Rey,   dirá   les: De cierto   digo

ὑμῖν,   ἐφ'   ὅσον   ἐποιήσατε   ἑνὶ   τούτων
os,   en la medida en que   (lo) hicisteis   a uno   de estos

32. A ELLOS... El cambio repentino de género (ethne —neutro) al masculino autoús = "ellos", muestra que son juzgados individualmente.

33. DERECHA... IZQUIERDA. No se han de confundir con lo que los hombres llaman "derechas" e "izquierdas".

34. EL REY. Es la única vez que Cristo se aplica este título.

34. FUNDACIÓN. De las once veces que el vocablo katabolé ocurre en el N.T., todas menos una (He. 11:11) se refieren al comienzo del mundo. Puesto que katá significa "abajo", y bolé = "arrojada", el término expresa la súbita "posición en órbita" de la Tierra "desde arriba" = ¡por Dios!

τῶν ἀδελφῶν μου τῶν ἐλαχίστων, ἐμοὶ
—   hermanos   de mí,   de ¹los   más pequeños,   ²a mí

ἐποιήσατε.   **41** τότε   ἐρεῖ   καὶ   τοῖς   ἐξ
(lo) hicisteis.   Entonces   dirá   también   a los   de

εὐωνύμων·   πορεύεσθε   ἀπ᾽   ἐμοῦ   κατ-
(la) izquierda: ³Apartaos   de   mí,   mal-

ηραμένοι   εἰς   τὸ   πῦρ   τὸ   αἰώνιον
ditos,   al   fuego   —   eterno,

τὸ   ἡτοιμασμένον   τῷ   διαβόλῳ   καὶ   τοῖς
—   que ha sido preparado   ⁴para el   diablo   y   para los

ἀγγέλοις   αὐτοῦ.   **42** ἐπείνασα   γὰρ   καὶ
ángeles   de él.   Porque tuve hambre   y

οὐκ   ἐδώκατέ   μοι   φαγεῖν,   ἐδίψησα
no   disteis   me   de comer,   tuve sed

καὶ   οὐκ   ἐποτίσατέ   με,   **43** ξένος
y   no   disteis de beber   me,   forastero

ἤμην   καὶ   οὐ   συνηγάγετέ   με,   γυμνὸς
era   y   no   acogisteis   me,   desnudo

καὶ   οὐ   περιεβάλετέ   με,   ἀσθενὴς   καὶ   ἐν
y   no   cubristeis   me,   enfermo   y   en

φυλακῇ   καὶ   οὐκ   ἐπεσκέψασθέ   με.   **44** τότε
prisión   y   no   visitasteis   me.   Entonces

ἀποκριθήσονται   καὶ   αὐτοὶ   λέγοντες·   κύριε,
responderán   también   ellos,   diciendo: Señor,

πότε   σε   εἴδομεν   πεινῶντα   ἢ   διψῶντα   ἢ
¿cuándo   te   vimos   pasando hambre   o   teniendo sed   o

ξένον   ἢ   γυμνὸν   ἢ   ἀσθενῆ   ἢ   ἐν   φυλακῇ
forastero   o   desnudo   o   enfermo   o   en   prisión

καὶ   οὐ   διηκονήσαμέν   σοι;   **45** τότε
y   no   servimos   te?   Entonces

ἀποκριθήσεται   αὐτοῖς   λέγων·   ἀμὴν   λέγω
responderá   les,   diciendo: De cierto   digo

ὑμῖν,   ἐφ᾽   ὅσον   οὐκ   ἐποιήσατε   ἑνὶ
os,   en la medida en que   no   (lo) hicisteis   a uno

τούτων   τῶν   ἐλαχίστων,   οὐδὲ   ἐμοὶ
de estos   —   más pequeños,   ni   a mí

ἐποιήσατε.   **46** καὶ   ἀπελεύσονται   οὗτοι   εἰς
(lo) hicisteis.   Y   marcharán   éstos   a(l)

κόλασιν   αἰώνιον,   οἱ   δὲ   δίκαιοι   εἰς
⁵castigo   eterno,   mas los   justos   a (la)

ζωὴν   αἰώνιον.
vida   eterna.

---

¹
40. LOS MÁS PEQUEÑOS. Esto es, *los más humildes y necesitados*, como en 5:3ss.

²
40. A MÍ. (V. 10:42; Hch. 9:5.)

³
41. APARTAOS. Lit. *Id*.

⁴
41. PARA EL DIABLO. Nótese que el Infierno no fue creado para el hombre.

⁵
46. CASTIGO ETERNO. Nótense dos cosas: 1.ª, no sólo se habla de "fuego", sino de "castigo eterno"; 2.ª, el mismo adjetivo (*aiónion*) se aplica al castigo que a la vida. (V. Ap. 20:10.)

26 Καὶ ἐγένετο ὅτε ἐτέλεσεν ὁ
Y   sucedió que cuando   terminó   —

Ἰησοῦς πάντας τοὺς λόγους τούτους,
Jesús   todas   las   palabras   estas,

εἶπεν τοῖς μαθηταῖς αὐτοῦ· **2** οἴδατε
dijo   a los discípulos de él: Sabéis

ὅτι μετὰ δύο ἡμέρας τὸ πάσχα γίνεται,
que después de dos días la Pascua [1]se celebra,

καὶ ὁ υἱὸς τοῦ ἀνθρώπου παραδίδοται εἰς
y el Hijo del   Hombre   es entregado para

τὸ σταυρωθῆναι. **3** Τότε συνήχθησαν οἱ
— ser crucificado.   Entonces se reunieron los

ἀρχιερεῖς καὶ οἱ πρεσβύτεροι τοῦ λαοῦ
[2]principales y los   ancianos   del pueblo

εἰς τὴν αὐλὴν τοῦ ἀρχιερέως τοῦ
sacerdotes en el atrio   del sumo sacerdote —

λεγομένον Καϊαφᾶ, **4** καὶ συνεβουλεύ-
[3]llamado Caifás,   y   celebraron con-

σαντο ἵνα τὸν Ἰησοῦν δόλῳ κρατή-
sejo para que — a Jesús con engaño pren-

σωσιν καὶ ἀποκτείνωσιν· **5** ἔλεγον δέ·
diesen y   matasen;   mas decían:

μὴ ἐν τῇ ἑορτῇ, ἵνα μὴ θόρυβος
No en la fiesta, para que no tumulto

γένηται ἐν τῷ λαῷ.
[4]se produzca en el pueblo.

6 Τοῦ δὲ Ἰησοῦ γενομένου ἐν Βηθανίᾳ
— [5]Y cuando Jesús estaba   en Betania

ἐν οἰκίᾳ Σίμωνος τοῦ λεπροῦ,
en casa de Simón el   leproso,

7 προσῆλθεν αὐτῷ γυνὴ ἔχουσα ἀλάβαστρον
se acercó a él [6]una mujer teniendo un frasco de alabastro

μύρου βαρυτίμου καὶ κατέχεεν ἐπὶ
de ungüento muy caro y   (lo) derramó sobre

τῆς κεφαλῆς αὐτοῦ ἀνακειμένου. **8** ἰδόντες
la cabeza de él [7]cuando estaba a la mesa. Mas cuando

δὲ οἱ μαθηταὶ ἠγανάκτησαν λέγοντες·
vieron(lo) los discípulos se indignaron, diciendo:

εἰς τί ἡ ἀπώλεια αὕτη; **9** ἐδύνατο γὰρ
¿Para qué [8]el derroche este?   Porque podía

τοῦτο πραθῆναι πολλοῦ καὶ δοθῆναι
esto ser vendido por mucho (precio) y ser dado

πτωχοῖς. **10** γνοὺς δὲ ὁ Ἰησοῦς εἶπεν
a los pobres. Mas conociendo(lo) — Jesús, dijo:

αὐτοῖς· τί κόπους παρέχετε τῇ γυναικί;
les: ¿Por qué molestias causáis a la mujer?

ἔργον γὰρ καλὸν ἠργάσατο εἰς ἐμέ·
Porque una obra [9]buena ha obrado [10]conmigo;

1
2. SE CELEBRA. Lit. *se hace.*
2
3. LOS PRINCIPALES... Desde 2:4, se repite con frecuencia esta expresión. Indica no sólo el sumo sacerdote, sino los jefes de las 24 clases sacerdotales.
3
3. LLAMADO. Lit. *dicho.*
4
5. SE PRODUZCA. Lit. *se haga.*
5
6. Y CUANDO JESÚS ESTABA... Lit. *encontrándose (llegando a estar) Jesús.*
6
7. UNA MUJER. (V. Jn. 12:3.)
7
7. CUANDO ESTABA A LA MESA. Lit. *estando reclinado a la mesa.*
8
8. EL DERROCHE ESTE? Lit. *la destrucción esta?*
9
10. BUENA. Es decir, *de buena calidad.*
10
10. CONMIGO. Lit. *hacia mí.*

11 πάντοτε γὰρ τοὺς πτωχοὺς ἔχετε μεθ᾽
porque ¹siempre a los pobres tenéis con

ἑαυτῶν, ἐμὲ δὲ οὐ πάντοτε ἔχετε·
vosotros mismos, mas a mí no siempre tenéis;

12 βαλοῦσα γὰρ αὕτη τὸ μύρον τοῦτο
porque al echar ésta el ungüento este

ἐπὶ τοῦ σώματός μου πρὸς τὸ ἐνταφιάσαι
sobre el cuerpo de mí, con miras a ser sepultado

με ἐποίησεν. **13** ἀμὴν λέγω ὑμῖν, ὅπου
yo (lo) hizo. De cierto digo os, dondequiera

ἐὰν κηρυχθῇ τὸ εὐαγγέλιον τοῦτο ἐν
que se proclame el evangelio este en

ὅλῳ τῷ κόσμῳ, λαληθήσεται καὶ ὃ
todo el mundo, será referido también lo que

ἐποίησεν αὕτη εἰς μνημόσυνον αὐτῆς.
hizo ésta como ²un memorial de ella.

14 Τότε πορευθεὶς εἰς τῶν δώδεκα, ὁ
Entonces yendo uno de los doce, el

λεγόμενος Ἰούδας Ἰσκαριώτης, πρὸς
llamado Judas Iscariote, a

τοὺς ἀρχιερεῖς **15** εἶπεν· τί θέλετε μοι
los principales sacerdotes, dijo: ¿Qué queréis me

δοῦναι, κἀγὼ ὑμῖν παραδώσω αὐτόν;
dar, y yo os entregaré le?

οἱ δὲ ἔστησαν αὐτῷ τριάκοντα ἀργύρια.
Y ellos pesaron le treinta piezas de plata.

16 καὶ ἀπὸ τότε ἐζήτει εὐκαιρίαν ἵνα
Y desde entonces buscaba una oportunidad para

αὐτὸν παραδῶ.
le entregar.

17 Τῇ δὲ πρώτῃ τῶν ἀζύμων
Ahora bien, en el primer (día) de los ³ázimos,

προσῆλθον οἱ μαθηταὶ τῷ Ἰησοῦ
se acercaron los discípulos — a Jesús,

λέγοντες· ποῦ θέλεις ἑτοιμάσωμέν
diciendo: ¿Dónde quieres que preparemos

σοι φαγεῖν τὸ πάσχα; **18** ὁ δὲ
te para comer la pascua? Mas él

εἶπεν· ὑπάγετε εἰς τὴν πόλιν πρὸς
dijo: Id a la ciudad a

τὸν δεῖνα καὶ εἴπατε αὐτῷ· ὁ
⁴cierto hombre y decid le: El

διδάσκαλος λέγει· ὁ καιρός μου
Maestro dice: El tiempo de mí

ἐγγύς ἐστιν· πρὸς σὲ ποιῶ τὸ πάσχα
cercano está; ⁵en tu casa ⁶voy a celebrar la pascua

μετὰ τῶν μαθητῶν μου. **19** καὶ ἐποίησαν
con los discípulos de mí. E hicieron

---

¹
11. SIEMPRE... Jesús no está insinuando, como piensan muchos, que es necesario que haya pobres, sino que es necesario socorrer a los pobres cuando ya no se le puede hacer a él personalmente el servicio que esta mujer le prestó.

²
13. UN MEMORIAL. El griego indica un recuerdo objetivo, en contraste con la "memoria" (*anámnesis*) de Lc. 22:10; 1 Co. 11:24, 25.

³
17. ÁZIMOS. Es decir, *los panes sin levadura.*

⁴
18. CIERTO HOMBRE. Lit. *Fulano de Tal.*

⁵
18. EN TU CASA. Lit. *junto a ti.*

⁶
18. VOY A CELEBRAR. Lit. *hago.*

οἱ   μαθηταὶ   ὡς   συνέταξεν   αὐτοῖς   ὁ
los   discípulos   como   ordenó   les   —

Ἰησοῦς, καὶ ἡτοίμασαν τὸ πάσχα.   20 Ὀψίας
Jesús   y   prepararon   la pascua.   Y (el) atardecer

δὲ   γενομένης   ἀνέκειτο   μετὰ   τῶν   δώδεκα
llegado,   ¹estaba a la   con   los   doce
mesa

[μαθητῶν].   21 καὶ   ἐσθιόντων   αὐτῶν   εἶπεν·
discípulos.   Y   estando comiendo   ellos,   dijo:

ἀμὴν   λέγω   ὑμῖν   ὅτι   εἷς   ἐξ   ὑμῶν   παρα-
De cierto   digo   os   que   uno   de   vosotros   entre-

δώσει   με.   22 καὶ   λυπούμενοι   σφόδρα
gará   me.   Y   poniéndose tristes   sobremanera,

ἤρξαντο   λέγειν   αὐτῷ   εἷς   ἕκαστος·
comenzaron   a decir   le   uno   por uno:

μήτι   ἐγώ   εἰμι,   κύριε;   23 ὁ   δὲ   ἀποκριθεὶς
²¿Acaso   yo   soy,   Señor?   Mas él,   respondiendo,

εἶπεν·   ὁ   ἐμβάψας   μετ'   ἐμοῦ   τὴν
dijo: ³El   que metió   conmigo   la

χεῖρα   ἐν   τῷ   τρυβλίῳ,   οὗτός   με   παρα-
mano   en   el   plato,   éste   me   entre-

δώσει.   24 ὁ   μὲν   υἱὸς   τοῦ   ἀνθρώπου
gará.   Es cierto que el   Hijo   del   Hombre

ὑπάγει   καθὼς   γέγραπται   περὶ   αὐτοῦ,
se va   conforme   ha sido escrito   acerca   de él,

οὐαὶ   δὲ   τῷ   ἀνθρώπῳ   ἐκείνῳ   δι'
mas ¡ay   del   hombre   aquel   por medio

οὗ   ὁ   υἱὸς   τοῦ   ἀνθρώπου   παραδίδοται·
del cual el   Hijo   del   Hombre   es entregado!

καλὸν   ἦν   αὐτῷ   εἰ   οὐκ   ἐγεννήθη
⁴Mejor   era   le   si   no   hubiera nacido

ὁ   ἄνθρωπος   ἐκεῖνος.   25 ἀποκριθεὶς   δὲ
el   hombre   ⁵ese.   Y contestando

Ἰούδας   ὁ   παραδιδοὺς   αὐτὸν   εἶπεν·
Judas   el   que entregaba   le,   dijo:

μήτι   ἐγώ   εἰμι,   ῥαββί;   λέγει   αὐτῷ·
⁶¿Acaso   yo   soy,   Rabí?   Dice   le:

σὺ   εἶπας.   26 Ἐσθιόντων   δὲ   αὐτῶν
⁷Tú   (lo) dijiste.   Y estando comiendo   ellos,

λαβὼν   ὁ   Ἰησοῦς   ἄρτον   καὶ   εὐλογήσας
tomando   —   Jesús   un pan   y   ⁸bendiciendo,

ἔκλασεν   καὶ   δοὺς   τοῖς   μαθηταῖς   εἶπεν·
(lo) partió   y,   tras dar(lo)   a los   discípulos,   dijo:

λάβετε   φάγετε·   τοῦτό   ἐστιν   τὸ   σῶμά
Tomad,   comed;   esto   es   el   cuerpo

μου.   27 καὶ   λαβὼν   ποτήριον   καὶ   εὐχαρι-
de mí.   Y   tras tomar   la copa   y   dar

---

¹
20. ESTABA A LA MESA. Lit. *estaba reclinado a la mesa.*

²
22. ¿ACASO YO SOY...? Aun cuando todos, menos Judas, no tenían tal intención (el griego indica que esperaban respuesta negativa), eran, sin embargo, conscientes de su debilidad.

³
23. EL QUE METIÓ... (V. Mr. 14:20, a la luz de Sal. 41:9.) Jesús no identifica aquí al traidor. Jn. 13:22-26 da otros detalles.

⁴
24. MEJOR. Lit. *bueno* (preferible).

⁵
24. ESE. Lit. *aquel.*

⁶
25. ¿ACASO...? Judas hace también la pregunta para disimular.

⁷
25. TÚ LO DIJISTE. Esto es, *tú has dicho la verdad.* Por Jn. 13.28-29, vemos que los discípulos no lo entendieron.

⁸
26. BENDICIENDO. Lit. *habiendo proferido la bendición.*

στήσας ἔδωκεν αὐτοῖς λέγων· πίετε ἐξ
gracias,   dio(la)   les,   diciendo: Bebed   de

αὐτοῦ πάντες· **28** τοῦτο γάρ ἐστιν τὸ
ella   todos;   porque esto   es   la

αἷμά μου τῆς διαθήκης τὸ περὶ πολλῶν
sangre de mí   del ¹pacto   la   ²por   muchos

ἐκχυννόμενον εἰς ἄφεσιν ἁμαρτιῶν. **29** λέγω
³que es derramada para perdón de pecados.   Y digo

δὲ ὑμῖν, οὐ μὴ πίω ἀπ ἄρτι ἐκ
os, de ningún modo beberé desde ahora de

τούτου τοῦ γενήματος τῆς ἀμπέλου ἕως
este   —   fruto   de la   vid   hasta

τῆς ἡμέρας ἐκείνης ὅταν αὐτὸ πίνω μεθ'
el   día   aquel ⁴cuando lo beba con

ὑμῶν καινὸν ἐν τῇ βασιλείᾳ τοῦ πατρός
vosotros nuevo en el reino del Padre

μου.
de mí.

30 Καὶ ὑμνήσαντες ἐξῆλθον εἰς τὸ
Y después de cantar un himno, salieron   al

ὄρος τῶν ἐλαιῶν. **31** Τότε λέγει αὐτοῖς ὁ
monte de los Olivos.   Entonces dice les —

Ἰησοῦς· πάντες ὑμεῖς σκανδαλισθήσεσθε
Jesús: Todos   vosotros   sufriréis tropiezo

ἐν ἐμοὶ ἐν τῇ νυκτὶ ταύτῃ· γέγραπται
en mí en la noche esta; porque ha sido

γάρ· πατάξω τὸν ποιμένα, καὶ δια-
escrito: Heriré al pastor, y serán

σκορπισθήσονται τὰ πρόβατα τῆς ποίμνης·
dispersadas las ovejas del rebaño;

32 μετὰ δὲ τὸ ἐγερθῆναί με προάξω
mas después que ⁵resucite yo, iré delante

ὑμᾶς εἰς τὴν Γαλιλαίαν. **33** ἀποκριθεὶς
de vosotros a — Galilea. Mas respondiendo

δὲ ὁ Πέτρος εἶπεν αὐτῷ· εἰ πάντες
— Pedro, dijo le: Si todos

σκανδαλισθήσονται ἐν σοί, ἐγὼ οὐδέποτε
sufrirán tropiezo en ti, yo nunca

σκανδαλισθήσομαι. **34** ἔφη αὐτῷ ὁ Ἰησοῦς·
sufriré tropiezo.   Dijo le — Jesús:

ἀμὴν λέγω σοι ὅτι ἐν ταύτῃ τῇ νυκτὶ
De cierto digo te que en esta — noche

πρὶν ἀλέκτορα φωνῆσαι τρὶς ἀπαρνήσῃ
antes que un gallo ⁶cante, tres veces negarás

με. **35** λέγει αὐτῷ ὁ Πέτρος· κἂν
me. Dice le — Pedro: Aunque sea

δέῃ με σὺν σοὶ ἀποθανεῖν, οὐ μή σε
menester que yo contigo muera, de ningún modo te

1
28. Pacto. El griego *diathéke* no implica un convenio con otro (sería *synthéke*), sino hecho mediante (*diá*) algo. Sólo Dios es el pactante, sólo el hombre es el beneficiario, y el pacto se formaliza mediante la sangre de la víctima. (Comp. Gn. 15:8-18.)
2
28. Por muchos. Lit. *concerniente a muchos.*
3
28. Que es derramada. Presente de anticipación.
4
29. Cuando lo beba... En el reino mesiánico. (Comp. Ap. 19:9, a la luz de Lc. 22:29-30.)
5
32. Resucite. Lit. *sea levantado.*
6
34. Cante. Lit. *dé voces.*

ἀπαρνήσομαι. ὁμοίως καὶ πάντες οἱ
negaré.   1Igualmente también   todos   los

μαθηταὶ εἶπαν.
discípulos   dijeron.

36 Τότε ἔρχεται μετ' αὐτῶν ὁ Ἰησοῦς
    Entonces llega   con   ellos —   Jesús

εἰς χωρίον λεγόμενον Γεθσημανί, καὶ λέγει
a   un terreno llamado   2Getsemaní,   y   dice

τοῖς μαθηταῖς· καθίσατε αὐτοῦ ἕως οὗ
a los discípulos: Sentaos   aquí   mientras

ἀπελθὼν ἐκεῖ προσεύξωμαι. **37** καὶ παρα-
3tras ir   allá   (yo) oraré.   Y   tomando

λαβὼν τὸν Πέτρον καὶ τοὺς δύο υἱοὺς
consigo — a Pedro   y   a los   dos   hijos

Ζεβεδαίου ἤρξατο λυπεῖσθαι καὶ ἀδημονεῖν.
de Zebedeo, comenzó a entristecerse y   angustiarse.

38 τότε λέγει αὐτοῖς· περίλυπός ἐστιν
  Entonces dice   les: 4Sobremanera triste   está

ἡ ψυχή μου ἕως θανάτου· μείνατε
el alma de mí hasta   la muerte;   permaneced

ὧδε καὶ γρηγορεῖτε μετ' ἐμοῦ. **39** καὶ
aquí y   velad   conmigo.   Y

προελθὼν μικρὸν ἔπεσεν ἐπὶ πρόσωπον
  yendo un poco más adelante, cayó sobre (el) rostro

αὐτοῦ προσευχόμενος καὶ λέγων· πάτερ
de él,   orando insistentemente y   diciendo: Padre

μου, εἰ δυνατόν ἐστιν, παρελθάτω ἀπ'
de mí, si posible   es,   5pase   de

ἐμοῦ τὸ ποτήριον τοῦτο· πλὴν οὐχ
mí   6la   copa   esta; con todo, no

ὡς ἐγὼ θέλω ἀλλ' ὡς σύ. **40** καὶ
(sea) como yo quiero, sino como tú.   Y

ἔρχεται πρὸς τοὺς μαθητὰς καὶ εὑρίσκει
viene   a   los   discípulos   y   encuentra

αὐτοὺς καθεύδοντας, καὶ λέγει τῷ Πέτρῳ·
les   durmiendo,   y   dice — a Pedro:

οὕτως οὐκ ἰσχύσατε μίαν ὥραν
¿Así que   no   7pudisteis por una sola hora

γρηγορῆσαι μετ' ἐμοῦ; **41** γρηγορεῖτε καὶ
velar   conmigo?   Velad   y

προσεύχεσθε, ἵνα μὴ εἰσέλθητε εἰς
orad,   para que no   entréis   en

πειρασμόν· τὸ μὲν πνεῦμα πρόθυμον,
tentación; — es cierto que el espíritu (está) animoso,

ἡ δὲ σὰρξ ἀσθενής. **42** πάλιν ἐκ
mas la   carne (es) débil.   De nuevo por

δευτέρου ἀπελθὼν προσηύξατο λέγων·
segunda (vez) yendo   oró   diciendo:

1
35. IGUALMENTE. Lit. *de modo semejante*.
2
36. GETSEMANÍ. Significa "prensa de aceite".
3
36. TRAS IR... Es decir, *foy allá para orar*.
4
38. SOBREMANERA TRISTE ESTÁ. Es decir, *estoy sobrecogido de una tristeza mortal*. *Perílypos* da la idea de rodeado, o cubierto, de tristeza.
5
39. PASE. Esto es, *se aleje de mi lado*.
6
39. LA COPA. Aquí, es amarga, de ira (V. Sal. 75:8), de maldición (V. Gá. 3:13).
7
40. PUDISTEIS. Lit. *tuvisteis fuerzas*.

πάτερ μου, εἰ οὐ δύναται τοῦτο παρελθεῖν
Padre de mí, si no puede esto pasar

ἐὰν μὴ αὐτὸ πίω, γενηθήτω τὸ θέλημά
sin que lo beba, hágase la voluntad

σου. **43** καὶ ἐλθὼν πάλιν εὗρεν αὐτοὺς
de ti. Y viniendo de nuevo encontró les

καθεύδοντας, ἦσαν γὰρ αὐτῶν οἱ ὀφθαλμοὶ
durmiendo, ¹porque estaban de ellos los ojos

βεβαρημένοι. **44** καὶ ἀφεὶς αὐτοὺς πάλιν
habiendo sido cargados. Y dejando les de nuevo,

ἀπελθὼν προσηύξατο ἐκ τρίτου, τὸν
²yéndose, oró por tercera (vez), ³la

αὐτὸν λόγον εἰπὼν πάλιν. **45** τότε ἔρχεται
misma palabra diciendo de nuevo. Entonces viene

πρὸς τοὺς μαθητὰς καὶ λέγει αὐτοῖς·
a los discípulos y dice les:

καθεύδετε λοιπὸν καὶ ἀναπαύεσθε·
⁴Dormid lo restante (de tiempo) y descansad;

ἰδοὺ ἤγγικεν ἡ ὥρα καὶ ὁ υἱὸς τοῦ
mirad que se ha acercado la hora y el Hijo del

ἀνθρώπου παραδίδοται εἰς χεῖρας
Hombre es entregado en manos

ἁμαρτωλῶν. **46** ἐγείρεσθε, ἄγωμεν· ἰδοὺ
⁵de pecadores. ¡Levantaos!, ¡vámonos!; mirad

ἤγγικεν ὁ παραδιδούς με.
que ya está cerca el que entrega me.

47 Καὶ ἔτι αὐτοῦ λαλοῦντος, ἰδοὺ
Y aún él estando hablando, he aquí

Ἰούδας εἷς τῶν δώδεκα ἦλθεν, καὶ μετ'
que Judas, uno de los doce, vino, y con

αὐτοῦ ὄχλος πολὺς μετὰ μαχαιρῶν καὶ
él gente mucha con ⁶espadas y

ξύλων ἀπὸ τῶν ἀρχιερέων καὶ πρεσβυτέρων
garrotes de parte de los principales sacerdotes y ancianos

τοῦ λαοῦ. **48** ὁ δὲ παραδιδοὺς αὐτὸν ἔδωκεν
del pueblo. Y el que entregaba le, dio

αὐτοῖς σημεῖον λέγων· ὃν ἂν φιλήσω
les ⁷una señal, diciendo: Al que (yo) bese,

αὐτός ἐστιν· κρατήσατε αὐτόν. **49** καὶ
él es; prended le. Y

εὐθέως προσελθὼν τῷ Ἰησοῦ εἶπεν· χαῖρε,
en seguida acercándose — a Jesús, dijo: Saludos,

ῥαββί, καὶ κατεφίλησεν αὐτόν. **50** ὁ
Rabí, y ⁸besó aparatosamente le. — Mas

δὲ Ἰησοῦς εἶπεν αὐτῷ· ἑταῖρε,
Jesús dijo le: ⁹Compañero,

ἐφ' ὃ πάρει. τότε προσελθόντες ἐπέβαλον
¹⁰a lo que vienes. Entonces acercándose, pusieron

1
43. PORQUE ESTABAN... HABIENDO SIDO CARGADOS. O habían sido cargados.
2
44. YÉNDOSE, ORÓ. Esto es, se fue a orar.
3
44. LA MISMA PALABRA. Es decir, repitiendo las mismas expresiones.
4
45. DORMID LO RESTANTE... El sentido de la frase es incierto.
5
45. DE PECADORES. Esto es, de gentiles. (Comp. Hch. 2: 23.)
6
47. ESPADAS. Se trata de la espada corta (daga o machete).
7
48. UNA SEÑAL. Es decir, una contraseña.
8
49. BESÓ(LE) APARATOSAMENTE. O besó repetidamente (en un contexto favorable, diríamos efusivamente).
9
50. COMPAÑERO. Traducir amigo no es exacto y causa confusión (comp. con el filus = "amigos" de veras, de Jn. 15:15).
10
50. A LO QUE VIENES. Es decir, haz lo que has venido a hacer. O ¡a lo que has venido!

τὰς χεῖρας ἐπὶ τὸν Ἰησοῦν καὶ ἐκράτησαν
las   manos   sobre   —   Jesús   y   prendieron

αὐτόν.   **51** καὶ ἰδοὺ εἷς τῶν μετὰ
le.   Y   he aquí, [1]uno de los (que estaban) con

Ἰησοῦ ἐκτείνας τὴν χεῖρα ἀπέσπασεν
Jesús,   extendiendo   la   mano,   sacó

τὴν μάχαιραν αὐτοῦ, καὶ πατάξας τὸν
la   espada   de él,   e   hiriendo   al

δοῦλος τοῦ ἀρχιερέως ἀφεῖλεν αὐτοῦ τὸ
siervo   del   sumo sacerdote,   [2]cortó   de él   la

ὠτίον.   **52** τότε λέγει αὐτῷ ὁ Ἰησοῦς·
oreja.   Entonces   dice   le   —   Jesús:

ἀπόστρεψον τὴν μάχαιράν σου εἰς τὸν
Vuelve   la   espada   de ti   al

τόπον αὐτῆς· πάντες γὰρ οἱ λαβόντες
lugar   de ella;   porque todos   los   que toman

μάχαιραν ἐν μαχαίρῃ ἀπολοῦνται.   **53** ἢ
espada,   a   espada   [3]perecerán.   ¿O

δοκεῖς ὅτι οὐ δύναμαι παρακαλέσαι
te parece   que   no   puedo   invocar

τὸν πατέρα μου, καὶ παραστήσει μοι
al   Padre   de mí,   y   pondrá a disposición   de mí

ἄρτι πλείω δώδεκα λεγιῶνας ἀγγέλων;
ahora   más de   doce   [4]legiones   de ángeles?

54 πῶς οὖν πληρωθῶσιν αἱ γραφαὶ ὅτι
¿Cómo,   pues,   se cumplirían   las   Escrituras   que

οὕτως δεῖ γενέσθαι;   **55** Ἐν ἐκείνῃ τῇ ὥρᾳ
así   debe   suceder?   En   aquella   —   hora

εἶπεν ὁ Ἰησοῦς τοῖς ὄχλοις· ὡς ἐπὶ
dijo   —   Jesús   al   gentío: ¿Como   contra

λῃστὴν ἐξήλθατε μετὰ μαχαιρῶν καὶ
un bandido   salisteis   con   espadas   y

ξύλων συλλαβεῖν με; καθ᾽ ἡμέραν ἐν
garrotes   a [5]prender   me?   Día a día   en

τῷ ἱερῷ ἐκαθεζόμην διδάσκων, καὶ οὐκ
el   templo   me sentaba   enseñando,   y   no

ἐκρατήσατέ με.   **56** τοῦτο δὲ ὅλον
prendisteis   me.   Mas esto   todo

γέγονεν ἵνα πληρωθῶσιν αἱ γραφαὶ
ha sucedido   para que   se cumplan   las   Escrituras

τῶν προφητῶν. Τότε οἱ μαθηταὶ πάντες
de los   profetas.   Entonces los   discípulos   todos

ἀφέντες αὐτὸν ἔφυγον.
dejando   le,   huyeron.

57 Οἱ δὲ κρατήσαντες τὸν Ἰησοῦν
Mas los que   apresaron   a Jesús,

ἀπήγαγον πρὸς Καϊάφαν τὸν ἀρχιερέα,
se (lo) llevaron   a   Caifás   el   sumo sacerdote,

1
51. UNO. Por Jn. 18:10, sabemos que fue Pedro. Mt., Mr. y Lc. no lo nombran, quizá porque aún vivía Pedro cuando ellos escribían, y eso le comprometía.
2
51. CORTÓ. Lit. *quitó* (o *amputó*).
3
52. PERECERÁN. Los "matones" suelen ser blanco de otros matones.
4
53. LEGIONES. Una legión romana constaba de unos seis mil hombres.
5
55. PRENDER. El verbo griego es más fuerte que el simple *krateo* = "arrestar", de la frase posterior y de los verss. 48 y 50. Connota la idea de *llevarse consigo bien sujeto.*

ὅπου οἱ γραμματεῖς καὶ οἱ πρεσβύτεροι
1donde los escribas y los ancianos

συνήχθησαν. 58 ὁ δὲ Πέτρος ἠκολούθει
estaban reunidos. —X Pedro seguía

αὐτῷ [ἀπὸ] μακρόθεν ἕως τῆς αὐλῆς
le a distancia hasta el atrio

τοῦ ἀρχιερέως, καὶ εἰσελθὼν ἔσω ἐκάθητο
del sumo sacerdote, y entrando adentro, se sentó

μετὰ τῶν ὑπηρετῶν ἰδεῖν τὸ τέλος.
con los 2sirvientes para ver el final.

59 Οἱ δὲ ἀρχιερεῖς καὶ τὸ συνέδριον
Mas los principales sacerdotes y el sanedrín

ὅλον ἐζήτουν ψευδομαρτυρίαν κατὰ τοῦ
entero buscaban un testimonio falso contra —

Ἰησου ὅπως αὐτὸν θανατώσωσιν, 60 καὶ
Jesús para así le darle muerte, y

οὐχ εὗρον πολλῶν προσελθόντων
no (lo) encontraron 3a pesar de acercarse

ψευδομαρτύρων. ὕστερον δὲ προσελθόντες
muchos falsos testigos. Por fin, acercándose

δύο 61 εἶπαν· οὗτος ἔφη· δύναμαι κατα-
dos, dijeron: Éste dijo: Puedo de-

λῦσαι τὸν ναὸν τοῦ θεοῦ καὶ διὰ τριῶν
moler el santuario — de Dios y 4en tres

ἡμερῶν οἰκοδομῆσαι. 62 καὶ ἀναστὰς
días construirlo. Y levantándose

ὁ ἀρχιερεὺς εἶπεν αὐτῷ· οὐδὲν
el sumo sacerdote, dijo le: ¿Nada

ἀποκρίνῃ, τί οὗτοί σου κατα-
respondes? ¿Qué éstos contra ti están

μαρτυροῦσιν; 63 ὁ δὲ Ἰησοῦς ἐσιώπα.
testificando? — Mas Jesús callaba.

καὶ ὁ ἀρχιερεὺς εἶπεν αὐτῷ· ἐξορκίζω
Y el sumo sacerdote dijo le: Conjuro

σε κατὰ τοῦ θεοῦ τοῦ ζῶντος ἵνα ἡμῖν
te por — Dios el viviente que nos

εἴπῃς εἰ σὺ εἶ ὁ χριστὸς ὁ υἱὸς τοῦ
digas si tú eres el Cristo, el Hijo —

θεοῦ. 64 λέγει αὐτῷ ὁ Ἰησοῦς· σὺ εἶπας·
de Dios. Dice le — Jesús: Tú (lo) dijiste.

πλὴν λέγω ὑμῖν, ἀπ᾽ ἄρτι ὄψεσθε τὸν
Con todo, digo os, 5desde ahora veréis al

υἱὸν τοῦ ἀνθρώπου καθήμενον ἐκ
Hijo del Hombre sentado a (la)

δεξιῶν τῆς δυνάμεως καὶ ἐρχόμενον
derecha del 6Poder y viniendo

ἐπὶ τῶν νεφελῶν τοῦ οὐρανοῦ. 65 τότε
7en las nubes del cielo. Entonces

1
57. DONDE. Es decir, *en cuya casa.*
2
58. SIRVIENTES. Es decir, *guardias u oficiales.*
3
60. A PESAR DE ACERCARSE MUCHOS FALSOS TESTIGOS. Lit. *muchos acercándose falsos testigos.*
4
61. EN TRES DÍAS. O *después de tres días.* (Lit. *a través de 3 días.*)
5
64. DESDE AHORA. Esto es, *en adelante.* Jesús se refiere a su Segunda Venida.
6
64. PODER. O *Majestad* (un modo de aludir a Dios sin expresar su sagrado nombre).
7
64. EN. Lit. *sobre.*

ὁ ἀρχιερεὺς διέρρηξεν τὰ ἱμάτια αὐτοῦ
el sumo sacerdote ¹rasgó las vestiduras de él,

λέγων· ἐβλασφήμησεν· τί ἔτι χρείαν ἔχομεν
diciendo ¡Blasfemó! ¿Qué ya necesidad tenemos

μαρτύρων; ἴδε νῦν ἠκούσατε τὴν βλασφη-
de testigos? Mira, ahora oísteis la blasfe-

μίαν· 66 τί ὑμῖν δοκεῖ; οἱ δὲ ἀπο-
mia; ¿qué os parece? Y ellos, respon-

κριθέντες εἶπαν· ἔνοχος θανάτου ἐστίν.
diendo, dijeron: Reo de muerte es.

67 Τότε ἐνέπτυσαν εἰς τὸ πρόσωπον αὐτοῦ
Entonces escupieron al rostro de él

καὶ ἐκολάφισαν αὐτόν, οἱ δὲ
y dieron de puñetazos le, y otros (le)

ἐρράπισαν 68 λέγοντες· προφήτευσον ἡμῖν,
abofetearon, diciendo: ²Profetiza nos,

χριστέ, τίς ἐστιν ὁ παίσας σε;
Cristo, ¿quién es el que golpeó te?

69 Ὁ δὲ Πέτρος ἐκάθητο ἔξω ἐν
— Y Pedro estaba sentado afuera en

τῇ αὐλῇ· καὶ προσῆλθεν αὐτῷ μία
el atrio; y se acercó a él una

παιδίσκη λέγουσα· καὶ σὺ ἦσθα μετὰ
³muchacha, diciendo: Y tú estabas con

Ἰησοῦ τοῦ Γαλιλαίου. 70 ὁ δὲ ἠρνήσατο
Jesús el galileo. Mas él (lo) negó

ἔμπροσθεν πάντων λέγων· οὐκ οἶδα
delante de todos, diciendo: No sé

τί λέγεις. 71 ἐξελθόντα δὲ εἰς τὸν
qué estás diciendo. Y cuando salió al

πυλῶνα εἶδεν αὐτὸν ἄλλη καὶ λέγει
portal, vio le otra y dice

τοῖς ἐκεῖ· οὗτος ἦν μετὰ Ἰησοῦ τοῦ
a los allí: Éste estaba con Jesús el
(que estaban)

Ναζωραίου. 72 καὶ πάλιν ἠρνήσατο
nazareno. Y de nuevo (lo) negó

μετὰ ὅρκου ὅτι οὐκ οἶδα τὸν ἄνθρωπον.
con juramento: — ¡No ⁴conozco ⁵a ese hombre!

73 μετὰ μικρὸν δὲ προσελθόντες οἱ
Y después de ⁶poco, acercándose los

ἑστῶτες εἶπον τῷ Πέτρῳ· ἀληθῶς καὶ
que ⁷estaban, dijeron — a Pedro: ⁸De seguro también

σὺ ἐξ αὐτῶν εἶ, καὶ γὰρ ἡ λαλιά σου
tú de ellos eres, porque aun la manera de hablar de ti

δῆλόν σε ποιεῖ. 74 τότε ἤρξατο καταθε-
⁹manifiesto te hace. Entonces comenzó a ¹⁰mal-

ματίζειν καὶ ὀμνύειν ὅτι οὐκ οἶδα τὸν
decir y jurar: — ¡No ¹¹conozco ¹²a ese

1
65. RASGÓ... Esta costum-
bre, no exclusiva de los judíos, era una manifestación
de horror o de duelo.
2
68. PROFETIZA. Es decir,
adivina.
3
69. MUCHACHA. O sirvienta.
4
72. CONOZCO. Lit. sé.
5
72. A ESE HOMBRE. Lit. al
hombre.
6
73. POCO. Lit. pequeño (espacio de tiempo).
7
73. ESTABAN. Lit. estaban
de pie.
8
73. DE SEGURO. Lit. Verdaderamente.
9
73. MANIFIESTO. Le delata-
ba el acento galileo.
10
74. MALDECIR. El griego significa pedir que cayeran
maldiciones sobre sí.
11
74. CONOZCO. Lit. sé.
12
74. A ESE HOMBRE. Lit. al
hombre.

ἄνθρωπον. καὶ εὐθὺς ἀλέκτωρ ἐφώνησεν
hombre!   Y   al instante   un gallo   [1]cantó.

75 καὶ ἐμνήσθη ὁ Πέτρος τοῦ ῥήματος
Y   se acordó   —   Pedro   de la   palabra

Ἰησοῦ εἰρηκότος ὅτι πρὶν ἀλέκτορα
de Jesús,   que había dicho: —   de que   un gallo

φωνῆσαι τρὶς ἀπαρνήσῃ με· καὶ
[2]cante,   tres veces   negarás   me;   y
                          ,Antes

ἐξελθὼν ἔξω ἔκλαυσεν πικρῶς.
saliendo   afuera,   lloró   amargamente.

27 Πρωΐας δὲ γενομένης συμβούλιον
Y de mañana temprano   cuando se hizo,   consejo

ἔλαβον πάντες οἱ ἀρχιερεῖς καὶ οἱ
tomaron   todos   los   principales sacerdotes   y   los

πρεσβύτεροι τοῦ λαοῦ κατὰ τοῦ
ancianos   del   pueblo   contra   —

Ἰησοῦ ὥστε θανατῶσαι αὐτόν· 2 καὶ
Jesús   [3]de modo que   diesen muerte   le;   y

δήσαντες αὐτὸν ἀπήγαγον καὶ παρ-
después de atar   le,   (le) llevaron   y   (se lo) en-

έδωκαν Πιλάτῳ τῷ ἡγεμόνι. 3 Τότε
tregaron   a Pilato   el   gobernador.   Entonces

ἰδὼν Ἰούδας ὁ παραδοὺς αὐτὸν
al ver   Judas,   el que   entregó   a él,

ὅτι κατεκρίθη, μεταμεληθεὶς ἔστρεψεν τὰ
que [4]había sido condenado, sintiendo [5]remordimiento, devolvió   las

τριάκοντα ἀργύρια τοῖς ἀρχιερεῦσιν
treinta piezas   de plata   a los   principales sacerdotes

καὶ πρεσβυτέροις 4 λέγων· ἥμαρτον
y   (a los) ancianos   diciendo: Pequé

παραδοὺς αἷμα ἀθῷον. οἱ δὲ εἶπαν·
entregando   sangre   inocente.   Mas ellos   dijeron:

τί πρὸς ἡμᾶς; σὺ ὄψῃ. 5 καὶ ῥίψας
¿Qué (nos va) a nosotros?   [6]¡Allá tú!   Y   arrojando

τὰ ἀργύρια εἰς τὸν ναὸν ἀν-
las   piezas de plata   al   santuario,   se

εχώρησεν, καὶ ἀπελθὼν ἀπήγξατο. 6 οἱ
marchó,   y   [7]yendo,   se ahorcó.   Mas los

δὲ ἀρχιερεῖς λαβόντες τὰ ἀργύρια εἶπαν·
principales sacerdotes,   tomando   las piezas de plata,   dijeron:

οὐκ ἔξεστιν βαλεῖν αὐτὰ εἰς τὸν
[8]No   es lícito   echar   las   en   el

κορβανᾶν, ἐπεὶ τιμὴ αἵματός ἐστιν.
tesoro (del templo), puesto que   precio   de sangre   es.

7 συμβούλιον δὲ λαβόντες ἠγόρασαν ἐξ
Y después de   deliberar,   compraron   [9]con

1
74. CANTÓ. Lit. *dio voces.*
2
75. CANTE. Lit. *dé voces.*
3
1. DE MODO QUE... Esto es, *para que.* El uso, aparentemente anormal, de *hoste* como conjunción final, da a entender "hasta qué punto" llevaron su decisión.
4
3. HABÍA SIDO CONDENADO. Lit. *fue condenado.*
5
3. REMORDIMIENTO. Pero no arrepentimiento (el verbo es distinto —V. 3:2; 4:17; 11: 20-21; 12:41, etc.). Quizá pensó Judas que la cosa no llegaría tan lejos.
6
4. ¡ALLÁ TÚ! Lit. *¡Tú verás!*
7
5. YENDO... Esto es, *fue a ahorcarse.*
8
6. NO ES LÍCITO. Los que no tuvieron escrúpulo en pagar a Judas ni en condenar a muerte a Cristo, lo tienen ahora de profanar el tesoro del templo.
9
7. CON. Lit. *de.*

αὐτῶν   τὸν   ἀγρὸν   τοῦ   κεραμέως   εἰς   ταφὴν
ellas   el   campo   del   alfarero   para cementerio

τοῖς   ξένοις.   8 διὸ   ἐκλήθη   ὁ   ἀγρὸς
para los forasteros. Por lo cual fue llamado el   campo

ἐκεῖνος   ἀγρὸς   αἵματος   ἕως   τῆς   σήμερον.
aquel   campo   de sangre hasta —   hoy.

9 τότε   ἐπληρώθη   τὸ   ῥηθὲν   διὰ
Entonces se cumplió lo   dicho   por medio

Ἰερεμίου   τοῦ   προφήτου   λέγοντος·   καὶ
de ¹Jeremías el   profeta,   diciendo: Y

ἔλαβον   τὰ   τριάκοντα   ἀργύρια,   τὴν
tomaron las   treinta piezas de plata,   el

τιμὴν   τοῦ   τετιμημένου   ὃν   ἐτιμήσαντο
precio de aquel a quien se había   al que pusieron precio
               puesto precio,

ἀπὸ   υἱῶν   Ἰσραήλ,   10 καὶ   ἔδωκαν
de parte de (los) hijos de Israel,   y   dieron

αὐτὰ   εἰς   τὸν   ἀγρὸν   τοῦ   κεραμέως,   καθὰ
las   para el   campo   del   alfarero,   como

συνέταξέν   μοι   κύριος.   11 Ὁ   δὲ
ordenó   me   (el) Señor.   —   Y

Ἰησοῦς   ἐστάθη   ἔμπροσθεν   τοῦ   ἡγεμόνος·
Jesús   ²compareció delante   del   gobernador;

καὶ   ἐπηρώτησεν   αὐτὸν   ὁ   ἡγεμὼν   λέγων·
y   preguntó   le   el   gobernador, diciendo:

σὺ   εἶ   ὁ   βασιλεὺς   τῶν   Ἰουδαίων;   ὁ   δὲ
¿Tú eres el   rey   de los   judíos?   — Y

Ἰησοῦς   ἔφη·   σὺ   λέγεις.   12 καὶ   ἐν
Jesús   dijo: ³Tú (lo) dices.   Y   al

τῷ   κατηγορεῖσθαι   αὐτὸν   ὑπὸ   τῶν
     ser acusado   él   por   los

ἀρχιερέων   καὶ   πρεσβυτέρων   οὐδὲν
principales sacerdotes y   ancianos,   nada

ἀπεκρίνατο.   13 τότε   λέγει   αὐτῷ   ὁ   Πιλᾶτος·
contestaba.   Entonces dice   le   —   Pilato:

οὐκ   ἀκούεις   πόσα   σου   κατα-
¿No   oyes   cuántas cosas contra ti testi-

μαρτυροῦσιν;   14 καὶ   οὐκ   ἀπεκρίθη   αὐτῷ
fican?   Y   no   respondió   le

πρὸς   οὐδὲ   ἓν   ῥῆμα,   ὥστε   θαυμάζειν
a   ni   una sola palabra, hasta el punto de asombrarse

τὸν   ἡγεμόνα   λίαν.   15 Κατὰ   δὲ   ἑορτὴν
el   gobernador sobremanera. Ahora bien, en cada fiesta

εἰώθει   ὁ   ἡγεμὼν   ἀπολύειν   ἕνα   τῷ   ὄχλῳ
acostumbraba el gobernador soltar   uno   al   gentío

δέσμιον   ὃν   ἤθελον.   16 εἶχον   δὲ   τότε
preso,   el que querían.   Y tenían   entonces

δέσμιον   ἐπίσημον   λεγόμενον   Βαραββᾶν
un preso   famoso   llamado   Barrabás.

9. JEREMÍAS. El texto es de Zac. 11:13, pero parece ser que, en otro tiempo, Jer. encabezaba la sección de los profetas.

11. COMPARECIÓ. Lit. *fue puesto en pie.*

11. TÚ LO DICES. (V. nota a 26:25.)

17 συνηγμένων   οὖν   αὐτῶν   εἶπεν   αὐτοῖς
¹Reunidos,   pues,   ellos,   dijo   les

ὁ   Πιλᾶτος·   τίνα   θέλετε   ἀπολύσω
—   Pilato: ¿A quién   queréis   que suelte

ὑμῖν,   [τὸν]   Βαραββᾶν   ἢ   Ἰησοῦν   τὸν
os,   —   a Barrabás   o   a Jesús,   el

λεγόμενον   χριστόν;   **18** ᾔδει   γὰρ   ὅτι
llamado   Cristo?   Porque sabía   que

διὰ   φθόνον   παρέδωκαν   αὐτόν.   **19** Καθη-
por   envidia   ²habían entregado   le.   Y estando

μένου   δὲ   αὐτοῦ   ἐπὶ   τοῦ   βήματος
sentado   él   en   el   tribunal,

ἀπέστειλεν   πρὸς   αὐτὸν   ἡ   γυνὴ   αὐτοῦ
envió   a   él   la   mujer   de él

λέγουσα·   μηδὲν   σοὶ   καὶ   τῷ   δικαίῳ
³a decir(le):   ⁴Nada   tengas   que   ver   con ese

ἐκείνῳ·   πολλὰ   γὰρ   ἔπαθον   σήμερον   κατ'
justo;   porque mucho   sufrí   hoy   en

ὄναρ   δι'   αὐτόν.   **20** Οἱ   δὲ   ἀρχιερεῖς
un sueño   por causa   de él.   Mas los principales sacerdotes

καὶ   οἱ   πρεσβύτεροι   ἔπεισαν   τοὺς
y   los   ancianos   persuadieron   a las

ὄχλους   ἵνα   αἰτήσωνται   τὸν   Βαραββᾶν,
multitudes   a que   pidieran   —   a Barrabás,

τὸν   δὲ   Ἰησοῦν   ἀπολέσωσιν.   **21** ἀπο-
— y   a Jesús   hicieran perecer.   Y res-

κριθεὶς   δὲ   ὁ   ἡγεμὼν   εἶπεν   αὐτοῖς·
pondiendo   el   gobernador,   dijo   les:

τίνα   θέλετε   ἀπὸ   τῶν   δύο   ἀπολύσω
¿A quién   queréis   de   los   dos   que suelte

ὑμῖν;   οἱ   δὲ   εἶπαν·   τὸν   Βαραββᾶν.
os?   Y ellos   dijeron: A Barrabás.

22 λέγει   αὐτοῖς   ὁ   Πιλᾶτος·   τί   οὖν
Dice   les   —   Pilato: ¿Qué,   pues,

ποιήσω   Ἰησοῦν   τὸν   λεγόμενον   χριστόν;
voy a hacer   a Jesús   el   llamado   Cristo?

λέγουσιν   πάντες·   σταυρωθήτω.   **23** ὁ   δὲ
Dicen   todos: ¡Sea crucificado!   Mas él

ἔφη·   τί   γὰρ   κακὸν   ἐποίησεν;   οἱ   δὲ
dijo: ¿Pues   qué   cosa mala   hizo?   Mas ellos

περισσῶς   ἔκραζον   λέγοντες·   σταυρω-
⁵más fuerte   gritaban,   diciendo: ¡Sea cruci-

θήτω.   **24** ἰδὼν   δὲ   ὁ   Πιλᾶτος   ὅτι   οὐδὲν
ficado!   Y al ver   —   Pilato   que   nada

ὠφελεῖ   ἀλλὰ   μᾶλλον   θόρυβος   γίνεται,
se gana,   sino que   más bien   un tumulto   se hace,

λαβὼν   ὕδωρ   ἀπενίψατο   τὰς   χεῖρας
tomando   agua,   ⁶se lavó   las   manos

---

¹
17. REUNIDOS. Lit. *habiéndose reunido*.
²
18. HABÍAN ENTREGADO. Lit. *entregaron*.
³
19. A DECIR(LE). Lit. *diciendo*.
⁴
19. NADA TENGAS QUE VER CON ESE JUSTO. Lit. *¡Nada a ti y al justo aquel!* (Para una construcción semejante, V. 8:29.)
⁵
23. MÁS FUERTE. Lit. *excedentemente*. (Es decir, las voces de ellos sobresalían por encima de la de Pilato.)
⁶
24. SE LAVÓ. Así creyó sacudirse la responsabilidad, de acuerdo con Dt. 21:6. La preposición componente (*apó*) añade este matiz de alejar de sí la culpabilidad.

κατέναντι   τοῦ   ὄχλου   λέγων·   ἀθῷός
delante de   la   multitud,   diciendo: 1Inocente

εἰμι   ἀπὸ   τοῦ   αἵματος   τούτου·   ὑμεῖς
soy   de   la   sangre   de éste;   2vosotros

ὄψεσθε.   25 καὶ   ἀποκριθεὶς   πᾶς   ὁ   λαὸς
veréis.   Y   respondiendo   todo   el   pueblo,

εἶπεν·   τὸ   αἷμα   αὐτοῦ   ἐφ'   ἡμᾶς   καὶ
dijo: La   sangre   de él   (sea)   3sobre nosotros   y

ἐπὶ   τὰ   τέκνα   ἡμῶν.   26 τότε   ἀπέλυσεν
sobre   los   hijos   de nosotros.   Entonces   soltó

αὐτοῖς   τὸν   Βαραββᾶν,   τὸν   δὲ   Ἰησοῦν
les   —   a Barrabás,   —   mas   a Jesús,

φραγελλώσας   παρέδωκεν   ἵνα   σταυρωθῇ.
tras azotarle,   (le) entregó   para que   fuese crucificado.

27 Τότε   οἱ   στρατιῶται   τοῦ   ἡγεμόνος
Entonces   los   soldados   del   gobernador,

παραλαβόντες   τὸν   Ἰησοῦν   εἰς   τὸ   πραιτώ-
tomando consigo   —   a Jesús   hasta dentro del   preto-

ριον   συνήγαγον   ἐπ'   αὐτὸν   ὅλην   τὴν
rio,   reunieron   contra   él   a toda   la

σπεῖραν.   28 καὶ   ἐκδύσαντες   αὐτὸν   χλαμίδα
4cohorte.   Y   desvistiendo   le,   un manto

κοκκίνην   περιέθηκαν   αὐτῷ,   29 καὶ
de púrpura   pusieron en torno   a él,   y

πλέξαντες   στέφανον   ἐξ   ἀκανθῶν   ἐπέθηκαν
habiendo trenzado   5una corona (hecha) de   espinas, (la) pusieron encima

ἐπὶ   τῆς   κεφαλῆς   αὐτοῦ   καὶ   κάλαμον
sobre   la   cabeza   de él   y   una caña

ἐν   τῇ   δεξιᾷ   αὐτοῦ,   καὶ   γονυπετή-
en   la   mano derecha   de él,   y   arrodillán-

σαντες   ἔμπροσθεν   αὐτοῦ   ἐνέπαιξαν   αὐτῷ
dose   delante   de él,   se burlaron   de él,

λέγοντες·   χαῖρε,   βασιλεῦ   τῶν   Ἰουδαίων,
diciendo: ¡Salud,   rey   de los   judíos!

30 καὶ   ἐμπτύσαντες   εἰς   αὐτὸν   ἔλαβον
Y   escupiendo   at   le,   tomaron

τὸν   κάλαμον   καὶ   ἔτυπτον   εἰς   τὴν   κεφαλὴν
la   caña   y   6golpeaban   en   la   cabeza

αὐτοῦ.   31 καὶ   ὅτε   ἐνέπαιξαν   αὐτῷ,
de él.   Y   cuando   7se habían burlado   de él,

ἐξέδυσαν   αὐτὸν   τὴν   χλαμίδα   καὶ   ἐνέδυσαν
desvistieron   le   del   manto   y   vistieron

αὐτὸν   τὰ   ἱμάτια   αὐτοῦ,   καὶ   ἀπήγαγον
le   con las   ropas   de él,   y   se llevaron

αὐτὸν   εἰς   τὸ   σταυρῶσαι.   32 Ἐξερχόμενοι
a él   para   —   crucificar(le).   Y cuando salían,

δὲ   εὗρον   ἄνθρωπον   Κυρηναῖον,   ὀνό-
hallaron   a un hombre,   un cireneo,   por

1
24. INOCENTE. Lit. *Sin* (a) *culpa* (thoié).
2
24. VOSOTROS VERÉIS. Es decir, *¡allá vosotros!*
3
25. SOBRE NOSOTROS. Es decir, *nosotros y nuestros descendientes* (*tekna*, como en 2:18; 3:9; 22:24; Hch. 2:39 y muchos otros lugares) *cargamos con la responsabilidad.*
4
27. COHORTE. Es decir, *la compañía romana de tropas.*
5
29. UNA CORONA. Sería más bien como un capacete, más fácil de trenzar que una guirnalda. (Nótese que las espinas brotaron como maldición de la tierra —Gn. 3:18.)
6
30. GOLPEABAN. El pretérito imperfecto indica una acción repetida.
7
31. SE HABÍAN BURLADO. Lit. *se burlaron.*

ματι   Σίμωνα·   τοῦτον   ἠγγάρευσαν   ἵνα
nombre   Simón;   a éste   [1]forzaron   a que

ἄρῃ   τὸν   σταυρὸν   αὐτοῦ.   33 Καὶ
llevase   la   cruz   de él.   Y

ἐλθόντες   εἰς   τόπον   λεγόμενον   Γολγοθά,
cuando llegaron   a   un lugar   llamado   [2]Gólgota,

ὅ   ἐστιν   κρανίου   τόπος   λεγόμενος,
el cual   es   de una Calavera   un lugar   llamado,

34 ἔδωκαν   αὐτῷ   πιεῖν   οἶνον   μετὰ
dieron   le   a beber   vino   con

χολῆς   μεμιγμένον·   καὶ   γευσάμενος   οὐκ
hiel   mezclado;   y   habiéndolo probado,   [3]no

ἠθέλησεν   πιεῖν.   35 σταυρώσαντες   δὲ
quiso   beber.   Y después de crucificar

αὐτὸν   διεμερίσαντο   τὰ   ἱμάτια   αὐτοῦ
le,   se repartieron   las   ropas   de él

βάλλοντες   κλῆρον,   36 καὶ   καθήμενοι   ἐτήρουν
echando   suertes,   y   sentados   [4]guardaban

αὐτὸν   ἐκεῖ.   37 καὶ   ἐπέθηκαν   ἐπάνω
le   allí.   Y   pusieron   encima

τῆς   κεφαλῆς   αὐτοῦ   τὴν   αἰτίαν   αὐτοῦ
de la   cabeza   de él   [5]la   causa   de él

γεγραμμένην·   ΟΥΤΟΣ ΕΣΤΙΝ ΙΗΣΟΥΣ
que había sido escrita: ÉSTE   ES   JESÚS,

Ο ΒΑΣΙΛΕΥΣ ΤΩΝ ΙΟΥΔΑΙΩΝ.   38 Τότε
EL   REY   DE LOS   JUDÍOS.   Entonces

σταυροῦνται   σὺν   αὐτῷ   δύο   λῃσταί,
son crucificados   con   él   dos   bandidos,

εἷς   ἐκ   δεξιῶν   καὶ   εἷς   ἐξ   εὐωνύμων.
uno   a   (su) derecha   y   uno   a   (su) izquierda.

39 Οἱ   δὲ   παραπορευόμενοι   ἐβλασφήμουν
Y los   que pasaban cerca,   [6]insultaban

αὐτὸν   κινοῦντες   τὰς   κεφαλὰς   αὐτῶν
le   moviendo   las   cabezas   de ellos

40 καὶ   λέγοντες·   ὁ   καταλύων   τὸν   ναὸν
y   diciendo: ¡El   que destruye   el   santuario

καὶ   ἐν   τρισὶν   ἡμέραις   οἰκοδομῶν,
y   en   tres   días   (lo) construye!

σῶσον   σεαυτόν,   εἰ   υἱὸς   εἶ   τοῦ   θεοῦ,
¡Salva   a ti mismo,   si   Hijo   eres   —   de Dios,

καὶ   κατάβηθι   ἀπὸ   τοῦ   σταυροῦ.   41 ὁμοίως
y   baja   de   la   cruz!   De modo semejante

[καὶ]   οἱ   ἀρχιερεῖς   ἐμπαίζοντες   μετὰ
también   los   principales sacerdotes,   burlándose   con

τῶν   γραμματέων   καὶ   πρεσβυτέρων   ἔλεγον
los   escribas   y   ancianos,   decían:

42 ἄλλους   ἔσωσεν,   ἑαυτὸν   οὐ   δύναται
A otros   salvó,   [7]a sí mismo   no   puede

---

[1]
32. FORZARON. El verbo griego (el mismo de 5:41) significa *obligar a uno a que preste un servicio.*

[2]
33. GÓLGOTA. Lit. *Golgotá* (del hebreo *gulgoleth* = "cráneo", o calavera, por su forma).

[3]
34. NO QUISO BEBER. Porque era una mezcla que aminoraba el dolor.

[4]
36. GUARDABAN. El verbo indica que le observaban atentamente. (V. 19:17; 23:3.)

[5]
37. LA CAUSA DE ÉL. Es decir, *el cargo de que se le acusaba.*

[6]
39. INSULTABAN. Lit. *blasfemaban.*

[7]
42. A SÍ MISMO NO... Inconscientemente, decían una verdad muy grande. (Comp. 2 Co. 5:21; Gá. 3:13.)

σῶσαι· βασιλεὺς Ἰσραὴλ ἐστιν,
salvar; ¡rey de Israel es!

καταβάτω νῦν ἀπὸ τοῦ σταυροῦ καὶ
¡Que baje ahora de la cruz y

πιστεύσομεν ἐπ' αὐτόν. **43** πέποιθεν
creeremos en él! Ha confiado

ἐπὶ τὸν θεόν, ῥυσάσθω νῦν εἰ θέλει
en — Dios, ¡rescáte(le) ahora si quiere

αὐτόν· εἶπεν γὰρ ὅτι θεοῦ εἰμι υἱός.
a él! Porque dijo: — De Dios soy Hijo.

44 τὸ δ' αὐτὸ καὶ οἱ λῃσταὶ οἱ συσταυρω-
Y lo mismo también [1]los bandidos los que fueron cruci-

θέντες σὺν αὐτῷ ὠνείδιζον αὐτόν. **45** Ἀπὸ
ficados [2]con él injuriaban le. Y desde

δὲ ἕκτης ὥρας σκότος ἐγένετο ἐπὶ
(la) [3]sexta hora oscuridad [4]hubo sobre

πᾶσαν τὴν γῆν ἕως ὥρας ἐνάτης.
toda [5]la tierra hasta (la) hora [6]novena.

46 περὶ δὲ τὴν ἐνάτην ὥραν ἀνεβόησεν ὁ
Y alrededor de la novena hora [7]exclamó —

Ἰησοῦς φωνῇ μεγάλῃ λέγων· ἠλὶ ἠλὶ
Jesús con voz grande, diciendo: Elí, Elí,

λεμὰ σαβαχθάνι; τοῦτ' ἔστιν· θεέ μου,
lemá sabactani? Esto es: ¡Dios mío,

θεέ μου, ἱνατί με ἐγκατέλιπες; **47** τινὲς
Dios mío!, [8]¿por qué me [9]desamparaste? Y algunos

δὲ τῶν ἐκεῖ ἑστηκότων ἀκούσαντες
de los que allí estaban en pie, al oír(lo),

ἔλεγον ὅτι Ἠλίαν φωνεῖ οὗτος.
decían: — A Elías está llamando éste.

48 καὶ εὐθέως δραμὼν εἷς ἐξ αὐτῶν καὶ
Y al instante, corriendo uno de ellos y

λαβὼν σπόγγον πλήσας τε ὄξους καὶ
tomando una esponja, tras empaparla en vinagre y

περιθεὶς καλάμῳ ἐπότιζεν αὐτόν.
ponerla en torno a una caña, [10]dio a beber a él.

49 οἱ δὲ λοιποὶ εἶπαν· ἄφες ἴδωμεν
Mas los demás dijeron: Deja que veamos

εἰ ἔρχεται Ἠλίας σώσων αὐτόν. **50** ὁ
si viene Elías [11]a salvar le. — Y

δὲ Ἰησοῦς πάλιν κράξας φωνῇ
Jesús, de nuevo habiendo gritado con voz

μεγάλῃ ἀφῆκεν τὸ πνεῦμα. **51** Καὶ
grande, [12]entregó el espíritu. Y

ἰδοὺ τὸ καταπέτασμα τοῦ ναοῦ ἐσχίσθη
he aquí que el velo del santuario [13]se rasgó

[ἀπ'] ἄνωθεν ἕως κάτω εἰς δύο, καὶ ἡ
de arriba hasta abajo en dos, y la

1
44. Los bandidos. Por este lugar y por Mr. 15:32, vemos que ambos, en un principio, le insultaban.

2
44. Con. La fuerte preposición griega *syn* habla del común suplicio que ligaba a los tres ajusticiados. (V. Lc. 23:40.)

3
45. Sexta hora. *Las doce del día.*

4
45. Hubo. Lit. *se hizo.*

5
45. La tierra. Es decir, *la región aquella.*

6
45. Novena. *Las tres de la tarde.*

7
46. Exclamó. La preposición componente *aná* podría indicar dirección ("hacia arriba") más bien que repetición.

8
46. ¿Por qué...? Lit. *¿Para qué...?*

9
46. Desamparaste. El verbo griego es muy expresivo; se compone de tres partes: *en* = "dentro", *katá* = "abajo", y *élipes* = "dejaste". Y está en aoristo, indicando que la acción ya pasó.

10
48. Dio. Lit. *daba.*

11
49. A salvar. Lit. *salvando.*

12
50. Entregó. Lit. *dejó.*

13
51. Se rasgó. Lit. *fue rasgado.*

γῆ ἐσείσθη, καὶ αἱ πέτραι ἐσχίσ-
tierra fue sacudida, y las rocas se par-

θησαν, **52** καὶ τὰ μνημεῖα ἀνεῴχθησαν
tieron, y los sepulcros se abrieron

καὶ πολλὰ σώματα τῶν κεκοιμημένων
y muchos cuerpos de los que habían dormido

ἁγίων ἠγέρθησαν· **53** καὶ ἐξελθόντες
santos, ¹resucitaron; y saliendo

ἐκ τῶν μνημείων μετὰ τὴν ἔγερσιν
de los sepulcros después de la resurrección

αὐτοῦ εἰσῆλθον εἰς τὴν ἁγίαν πόλιν καὶ
de él, entraron en la santa ciudad y

ἐνεφανίσθησαν πολλοῖς. **54** Ὁ δὲ ἑκατόν-
²se aparecieron a muchos. Y el centu-

ταρχος καὶ οἱ μετ' αὐτοῦ τηροῦντες
rión y los (que) con él estaban guardando

τὸν Ἰησοῦν ἰδόντες τὸν σεισμὸν καὶ
— a Jesús, al ver el terremoto y

τὰ γινόμενα ἐφοβήθησαν σφόδρα,
lo que estaba sucediendo, temieron sobremanera,

λέγοντες· ἀληθῶς θεοῦ υἱὸς ἦν οὗτος.
diciendo: Verdaderamente de Dios Hijo era éste.

55 Ἦσαν δὲ ἐκεῖ γυναῖκες πολλαὶ
Y había allí mujeres muchas

ἀπὸ μακρόθεν θεωροῦσαι, αἵτινες ἠκολού-
desde lejos que estaban mirando, las cuales ³habían

θησαν τῷ Ἰησοῦ ἀπὸ τῆς Γαλιλαίας
seguido — a Jesús desde Galilea

διακονοῦσαι αὐτῷ· **56** ἐν αἷς ἦν
sirviendo le; entre las que estaba

Μαρία ἡ Μαγδαληνή, καὶ Μαρία ἡ
María la Magdalena, y María la

τοῦ Ἰακώβου καὶ Ἰωσὴφ μήτηρ, καὶ ἡ
— de Jacobo y de José madre, y la

μήτηρ τῶν υἱῶν Ζεβεδαίου.
madre de los hijos de Zebedeo.

57 Ὀψίας δὲ γενομένης ἦλθεν ἄνθρωπος
⁴Y cuando el atardecer llegó, vino un hombre

πλούσιος ἀπὸ Ἀριμαθαίας, τοὔνομα Ἰωσήφ,
rico de Arimatea, cuyo nombre (era) José,

ὃς καὶ αὐτὸς ἐμαθητεύθη τῷ Ἰησοῦ·
el cual también él mismo ⁵se había hecho discípulo — de Jesús;

58 οὗτος προσελθὼν τῷ Πιλάτῳ ἠτήσατο
éste, acercándose a Pilato, pidió

τὸ σῶμα τοῦ Ἰησοῦ. τότε ὁ Πιλᾶτος
el cuerpo de Jesús. Entonces Pilato

ἐκέλευσεν ἀποδοθῆναι. **59** καὶ λαβὼν
mandó que (le) fuese dado. Y tomando

---

¹ 52. RESUCITARON. Lit. *fueron levantados.*
² 53. SE APARECIERON. La preposición componente (*en*) añade evidencia, ya que el verbo se usa para significar *comparecer* (ante un tribunal, etc.).
³ 55. HABÍAN SEGUIDO. Lit. *siguieron.*
⁴ 57. Y CUANDO EL ATARDECER LLEGÓ. Lit. *Y el atardecer llegado.*
⁵ 57. SE HABÍA HECHO DISCÍPULO. Lit. *fue hecho discípulo.*

τὸ σῶμα ὁ Ἰωσὴφ ἐνετύλιξεν αὐτὸ [ἐν]
el   cuerpo — José,   envolvió   lo   en

σινδόνι καθαρᾷ, 60 καὶ ἔθηκεν αὐτὸ ἐν
una sábana limpia,   y   puso   lo   en

τῷ καινῷ αὐτοῦ μνημείῳ ὃ ἐλατό-
el nuevo de él sepulcro que [1]había

μησεν ἐν τῇ πέτρᾳ, καὶ προσκυλίσας
excavado en la roca,   y   tras hacer rodar

λίθον μέγαν τῇ θύρᾳ τοῦ μνημείου
una piedra grande a la puerta del sepulcro,

ἀπῆλθεν.   61 Ἦν δὲ ἐκεῖ Μαριὰμ
se fue.   Y estaba allí María

ἡ Μαγδαληνὴ καὶ ἡ ἄλλη Μαρία,
la Magdalena y la otra María,

καθήμεναι ἀπέναντι τοῦ τάφου. 62 Τῇ
sentadas enfrente del sepulcro. Y al

δὲ ἐπαύριον, ἥτις ἐστὶν μετὰ τὴν παρα-
día siguiente, el cual es [2]después de la prepa-

σκευήν, συνήχθησαν οἱ ἀρχιερεῖς
ración, se reunieron los principales sacerdotes

καὶ οἱ Φαρισαῖοι πρὸς Πιλᾶτον 63 λέ-
y los fariseos [3]donde Pilato, di-

γοντες· κύριε, ἐμνήσθημεν ὅτι ἐκεῖνος
ciendo: Señor, recordamos que aquel

ὁ πλάνος εἶπεν ἔτι ζῶν· μετὰ τρεῖς
— engañador dijo aún estando vivo: Después de tres

ἡμέρας ἐγείρομαι.   64 κέλευσον οὖν
días   [4]resucito. Manda, pues,

ἀσφαλισθῆναι τὸν τάφον ἕως τῆς
que sea asegurado el sepulcro hasta el

τρίτης ἡμέρας, μήποτε ἐλθόντες οἱ μαθηταὶ
tercer día, no sea que viniendo los discípulos

κλέψωσιν αὐτὸν καὶ εἴπωσιν τῷ λαῷ·
roben lo y digan al pueblo:

ἠγέρθη ἀπὸ τῶν νεκρῶν, καὶ ἔσται
[5]Resucitó de los muertos, y será

ἡ ἐσχάτη πλάνη χείρων τῆς πρώτης.
el último engaño peor que el primero.

65 ἔφη αὐτοῖς ὁ Πιλᾶτος· ἔχετε κου-
Dijo les — Pilato: Tenéis una

στωδίαν· ὑπάγετε ἀσφαλίσασθε ὡς οἴδατε.
guardia; id, asegurad(lo) [6]como sabéis.

66 οἱ δὲ πορευθέντες ἠσφαλίσαντο τὸν
Y ellos, yendo, aseguraron el

τάφον σφραγίσαντες τὸν λίθον μετὰ τῆς
sepulcro, [7]sellando la piedra [8]con la

κουστωδίας.
guardia.

1
60. HABÍA EXCAVADO. Lit. excavó.
2
62. DESPUÉS DE LA PREPARACIÓN. Es decir, del viernes.
3
62. DONDE PILATO. Lit. en dirección a Pilato. Es decir, marcharon juntamente hasta donde vivía Pilato.
4
63. RESUCITO. Lit. soy levantado.
5
64. RESUCITÓ. Lit. fue levantado.
6
65. COMO SABÉIS. Es decir, como mejor podáis.
7
66. SELLANDO. Lit. habiendo sellado. Pero este aoristo es simultáneo con aseguraron, expresando el modo eficaz de asegurar.
8
66. CON LA GUARDIA. Es decir, en compañía de la guardia.

28 ᾿Οψὲ δὲ σαββάτων, τῇ ἐπιφωσκούσῃ
[1]Y después   del sábado,   [2]al   amanecer

εἰς μίαν σαββάτων, ἦλθεν Μαριὰμ ἡ
del   primer   de la semana,   vino   María   la
día

Μαγδαληνὴ καὶ ἡ ἄλλη Μαρία θεωρῆσαι
Magdalena   y   la   otra   María   [3]a ver

τὸν τάφον. 2 καὶ ἰδοὺ σεισμὸς ἐγένετο
el   sepulcro.   Y   he aquí que   un terremoto   [4]hubo

μέγας· ἄγγελος γὰρ κυρίου καταβὰς
grande;   porque un ángel   del Señor   bajado

ἐξ οὐρανοῦ καὶ προσελθὼν ἀπεκύλισεν
del   cielo   y   acercándose,   hizo rodar de allí

τὸν λίθον καὶ ἐκάθητο ἐπάνω αὐτοῦ.
la   piedra   y   se sentó   encima   de ella.

3 ἦν δὲ ἡ εἰδέα αὐτοῦ ὡς ἀστραπή,
Y era   el   aspecto   de él   como   relámpago,

καὶ τὸ ἔνδυμα αὐτοῦ λευκὸν ὡς χιών.
y   la   indumentaria   de él   blanca   como nieve.

4 ἀπὸ δὲ τοῦ φόβου αὐτοῦ ἐσείσθησαν
Y a causa   del   miedo   a él,   temblaron

οἱ τηροῦντες καὶ ἐγενήθησαν ὡς
los   que estaban guardando   y   [5]quedaron   como

νεκροί. 5 ἀποκριθεὶς δὲ ὁ ἄγγελος
muertos.   Y tomando la palabra   el   ángel

εἶπεν ταῖς γυναιξίν· μὴ φοβεῖσθε ὑμεῖς·
dijo   a las   mujeres: Dejad   de temer   vosotras;

οἶδα γὰρ ὅτι ᾿Ιησοῦν τὸν ἐσταυρω-
porque sé   que   a Jesús   el que   [6]fue crucifi-

μένον ζητεῖτε· 6 οὐκ ἔστιν ὧδε·
cado   estáis buscando;   no   está   aquí;

ἠγέρθη γὰρ καθὼς εἶπεν· δεῦτε ἴδετε τὸν
porque [7]resucitó   conforme   dijo;   venid,   ved   el

τόπον ὅπου ἔκειτο. 7 καὶ ταχὺ πορευθεῖσαι
lugar   donde   yacía.   Y   pronto   [8]yendo,

εἴπατε τοῖς μαθηταῖς αὐτοῦ ὅτι ἠγέρθη
decid   a los   discípulos   de él   que   [9]resucitó

ἀπὸ τῶν νεκρῶν, καὶ ἰδοὺ προάγει ὑμᾶς
de   los   muertos,   y   he aquí,   va delante de vosotros

εἰς τὴν Γαλιλαίαν, ἐκεῖ αὐτὸν ὄψεσθε.
a   —   Galilea,   allí   le   veréis.

ἰδοὺ εἶπον ὑμῖν. 8 καὶ ἀπελθοῦσαι ταχὺ
Mirad (que) os   [10]lo he dicho.   Y   marchándose   pronto

ἀπὸ τοῦ μνημείου μετὰ φόβου καὶ χαρᾶς
del   sepulcro   [11]con   temor   y   gozo

μεγάλης ἔδραμον ἀπαγγεῖλαι τοῖς
grande,   corrieron   a anunciar(lo)   a los

μαθηταῖς αὐτοῦ. 9 καὶ ἰδοὺ ᾿Ιησοῦς
discípulos   de él.   Y   he ahí (que)   Jesús

1
1. Y DESPUÉS DEL SÁBADO. Lit. *Y al final de los sábados* (acabada la semana).
2
1. AL AMANECER... Lit. *al comienzo del amanecer...*
3
1. A VER. Lit. *a observar.*
4
2. HUBO. Lit. *se hizo.*
5
4. QUEDARON. Lit. *fueron hechos.*
6
5. FUE CRUCIFICADO. Lit. *ha sido crucificado.* El perfecto expresa aquí un acto pasado, pero de efectos permanentes, como en Mr. 16:6; 1 Co. 1:23; 2:2; Gá. 3:1; Ap. 5:6.
7
6. RESUCITÓ. Lit. *fue levantado.*
8
7. YENDO... DECID. Los dos verbos están en aoristo.
9
7. RESUCITÓ. Lit. *fue levantado.*
10
7. OS LO HE DICHO. Lit. *dije.*
11
8. CON TEMOR Y GOZO. ¡Emociones mezcladas! El temor que produce lo sobrenatural va siendo superado ya por el gran gozo ante la grandiosa noticia de la resurrección del Maestro amado.

ὑπήντησεν αὐταῖς λέγων· χαίρετε. αἱ δὲ
salió al encuentro de ellas, diciendo: Salud. Y ellas

προσελθοῦσαι ἐκράτησαν αὐτοῦ τοὺς πόδας
acercándose, 1asieron de él los pies

καὶ προσεκύνησαν αὐτῷ. 10 τότε λέγει
y se postraron ante él. Entonces dice

αὐταῖς ὁ Ἰησοῦς· μὴ φοβεῖσθε· ὑπάγετε
les — Jesús: Cesad de temer; id,

ἀπαγγείλατε τοῖς ἀδελφοῖς μου ἵνα
anunciad a los hermanos de mí que

ἀπέλθωσιν εἰς τὴν Γαλιλαίαν, κἀκεῖ
vayan a — Galilea, y allí

με ὄψονται. 11 Πορευομένων δὲ αὐτῶν
me verán. Y mientras iban ellas,

ἰδού τινες τῆς κουστωδίας ἐλθόντες εἰς
he aquí que algunos de la guardia, viniendo a

τὴν πόλιν ἀπήγγειλαν τοῖς ἀρχιερεῦσιν
la ciudad, anunciaron a los principales sacerdotes

ἅπαντα τὰ γενόμενα. 12 καὶ συν-
2todo lo sucedido. Y, tras reu-

αχθέντες μετὰ τῶν πρεσβυτέρων συμβούλιόν
nirse con los ancianos y consejo

τε λαβόντες ἀργύρια ἱκανὰ ἔδωκαν τοῖς
además tomar, piezas de plata abundantes dieron a los

στρατιώταις, 13 λέγοντες· εἴπατε ὅτι οἱ
soldados, diciendo: Decid: — Los

μαθηταὶ αὐτοῦ νυκτὸς ἐλθόντες ἔκλεψαν
discípulos de él, de noche viniendo, robaron

αὐτὸν ἡμῶν κοιμωμένων. 14 καὶ ἐὰν
lo cuando 3estábamos dormidos. Y 4si
nosotros

ἀκουσθῇ τοῦτο ἐπὶ τοῦ ἡγεμόνος,
fuese oído esto ante el gobernador,

ἡμεῖς πείσομεν καὶ ὑμᾶς ἀμερίμνους
nosotros (le) persuadiremos y 5os libraremos de

ποιήσομεν. 15 οἱ δὲ λαβόντες ἀργύρια
preocupaciones. Y ellos, tomando el dinero,

ἐποίησαν ὡς ἐδιδάχθησαν. Καὶ διεφη-
hicieron como habían sido enseñados. Y fue divul-

μίσθη ὁ λόγος οὗτος παρὰ Ἰουδαίοις
gado el dicho este entre los judíos

μέχρι τῆς σήμερον [ἡμέρας]. 16 Οἱ δὲ
hasta 6el de hoy día. Así que los

ἔνδεκα μαθηταὶ ἐπορεύθησαν εἰς τὴν
once discípulos fueron a —

Γαλιλαίαν, εἰς τὸ ὄρος οὗ ἐτάξατο
Galilea, al monte que 7había designado

αὐτοῖς ὁ Ἰησοῦς, 17 καὶ ἰδόντες αὐτὸν
les — Jesús, y al ver le

9. ASIERON. Esto no está en contradicción con Jn. 20:17, donde la verdadera traducción es: *Cesa de tocarme.*

11. TODO. El griego *hápanta* da a entender un informe detallado.

13. ESTÁBAMOS DORMIDOS. Dice agudamente Agustín de Hipona: "Presentas testigos dormidos. ¡Tú sí que dormías cuando te faltó el juicio al inventar tales cosas!"

14. SI FUESE OÍDO... Esto es, *si fuese presentado el caso ante el gobernador.*

14. OS LIBRAREMOS DE PREOCUPACIONES. Lit. *os haremos sin preocupaciones.*

15. EL DÍA DE HOY. *El día en que Mateo escribía esto.*

16. HABÍA DESIGNADO. Lit. *ordenó.*

προσεκύνησαν, οἱ δὲ ἐδίστασαν. **18** καὶ
(lo) adoraron,   mas algunos ¹dudaron.   Y

προσελθὼν ὁ Ἰησοῦς ἐλάλησεν αὐτοῖς
acercándose — Jesús, habló les,

λέγων· ἐδόθη μοι πᾶσα ἐξουσία ἐν
diciendo: ²Ha sido dada me toda autoridad en

οὐρανῷ καὶ ἐπὶ [τῆς] γῆς. **19** πορευθέντες
(el) cielo y en la tierra. ³Yendo,

οὖν μαθητεύσατε πάντα τὰ ἔθνη, βαπτίζ-
pues, haced discípulos ⁴de todas las naciones, bauti-

οντες αὐτοὺς εἰς τὸ ὄνομα τοῦ πατρὸς
zando les ⁵en el nombre del Padre

καὶ τοῦ υἱοῦ καὶ τοῦ ἁγίου πνεύματος,
y del Hijo y del Santo Espíritu,

20 διδάσκοντες αὐτοὺς τηρεῖν πάντα
enseñando les a guardar todo

ὅσα ἐνετειλάμην ὑμῖν· καὶ ἰδοὺ ἐγὼ
cuanto mandé os; y mirad, yo

μεθ' ὑμῶν εἰμι πάσας τὰς ἡμέρας ἕως
con vosotros estoy todos los días ⁶hasta

τῆς συντελείας τοῦ αἰῶνος.
la consumación del siglo.

1
17. DUDARON. (V. Jn. 20: 25.) Sus dudas confirman nuestra fe, pues muestran que no estaban predispuestos a la autosugestión.
2
18. HA SIDO DADA. Lit. *fue dada.*
3
19. YENDO... HACED DISCÍPULOS. Los dos verbos están en aoristo, indicando la urgencia. Por supuesto, el primero indica anterioridad respecto del segundo. Por contraste, los gerundios (participios, en griego) *bautizando* y *enseñando* están en presente continuativo.
4
19. DE TODAS LAS NACIONES. Lit. *a todas las naciones.*
5
19. EN EL NOMBRE. Lit. *hacia* 'el nombre.' La preposición indica una dedicación a la Trina Deidad. EQUIVOCADO
6
20. HASTA LA CONSUMACIÓN DEL SIGLO. Esto es, *hasta el fin del mundo.*

HECHOS 2:38 / 8:16 / 10:48

"5" EL NOMBRE DE DIOS ES: DE PRIMERA IMPORTANCIA.
SALMO. 138:2.   ZACARIAS 14:9
ISAIAS 9:6   ISAIAS 7:14   HECHOS. 4:12
MATEO 1:21   MATEO 1:23.
MARCOS 16:17

El Evangelio según
SAN MARCOS

1 Ἀρχὴ τοῦ εὐαγγελίου Ἰησοῦ Χριστοῦ.
Principio   del   evangelio   de Jesucristo.[1]

2 Καθὼς γέγραπται ἐν τῷ Ἠσαΐᾳ τῷ
Conforme   ha sido escrito   en   —   Isaías   el

προφήτῃ· ἰδοὺ ἀποστέλλω τὸν ἄγγελόν μου
profeta: He aquí,   yo envío   al   ángel   de mí

πρὸ προσώπου σου, ὃς κατασκευάσει τὴν ὁδὸν
delante   de(l) rostro   de ti, el cual   preparará   el   camino

σου· **3** φωνὴ βοῶντος ἐν τῇ ἐρήμῳ· ἑτοιμάσατε
de ti.   Voz   de uno que grita   en el   desierto: Preparad

τὴν ὁδὸν κυρίου, εὐθείας ποιεῖτε τὰς τρίβους
el   camino   del Señor,   derechas   haced   las   sendas

αὐτοῦ, **4** ἐγένετο Ἰωάννης ὁ βαπτίζων ἐν τῇ
de él.   Surgió   Juan   el que bautizaba   en el

ἐρήμῳ κηρύσσων βάπτισμα μετανοίας εἰς
desierto,   proclamando   un bautismo   de arrepentimiento   para

ἄφεσιν ἁμαρτιῶν. **5** καὶ ἐξεπορεύετο πρὸς
perdón   de pecados.   Y   salía   adonde

αὐτὸν πᾶσα ἡ Ἰουδαία χώρα καὶ οἱ Ἱεροσο-
él   toda   la   de Judea   región   y   los de Jerusa-

λυμῖται πάντες, καὶ ἐβαπτίζοντο ὑπ᾽ αὐτοῦ
lén   todos,   y   eran bautizados   por   él

ἐν τῷ Ἰορδάνῃ ποταμῷ ἐξομολογούμενοι τὰς
en   el   Jordán   río   mientras iban confesando   los

ἁμαρτίας αὐτῶν. **6** καὶ ἦν ὁ Ἰωάννης
pecados   de ellos.   Y   estaba   —   Juan

ἐνδεδυμένος τρίχας καμήλου καὶ ζώνην
[2]vestido   de crines   de camello   y   un cinto

δερματίνην περὶ τὴν ὀσφὺν αὐτοῦ, καὶ ἔσθων
de cuero   en torno a los   lomos   de él,   y   comiendo

ἀκρίδας καὶ μέλι ἄγριον. **7** καὶ ἐκήρυσσεν
[3]langostas   y   miel   silvestre.   Y   [4]predicaba,

λέγων· ἔρχεται ὁ ἰσχυρότερός μου ὀπίσω
diciendo: Viene   el (que es) más fuerte   que yo   después

[μου], οὗ οὐκ εἰμὶ ἱκανὸς κύψας λῦσαι
de mí,   [5]de quien   no   soy   competente para inclinarme a desatar

τὸν ἱμάντα τῶν ὑποδημάτων αὐτοῦ. **8** ἐγὼ
la   correa   de las   sandalias   de él.   Yo

ἐβάπτισα ὑμᾶς ὕδατι, αὐτὸς δὲ βαπτίσει ὑμᾶς
bautice   os   con agua,   mas él   bautizará   os

πνεύματι ἁγίῳ.
con (el) Espíritu Santo.

9 Καὶ ἐγένετο ἐν ἐκείναις ταῖς ἡμέραις
Y   sucedió   en   aquellos   días (que)

ἦλθεν Ἰησοῦς ἀπὸ Ναζαρὲθ τῆς Γαλιλαίας
vino   Jesús   desde   Nazaret   —   de Galilea

1. Muchos MSS (aunque no los principales) añaden *Hijo de Dios.*

6. VESTIDO. Lit. *habiéndose vestido.*

6. LANGOSTAS. Es decir, *saltamontes.*

7. PREDICABA. Lit. *proclamaba.*

7. DE QUIEN. O *del cual.*

καὶ   ἐβαπτίσθη   εἰς   τὸν   Ἰορδάνην   ὑπὸ
y   fue bautizado 1en   el   Jordán   por

Ἰωάννου.   10 καὶ   εὐθὺς   ἀναβαίνων   ἐκ   τοῦ
Juan.   Y   al instante, cuando subía   del

ὕδατος   εἶδεν   σχιζομένους   τοὺς   οὐρανοὺς
agua,   vio   2que se abrían   los   cielos

καὶ   τὸ   πνεῦμα   ὡς   περιστερὰν   καταβαῖνον
y   al   Espíritu como   paloma   que descendía

εἰς αὐτόν·   11 καὶ   φωνὴ   [ἐγένετο]   ἐκ   τῶν
hacia él;   y   una voz   vino   de   los

οὐρανῶν·   σὺ   εἶ   ὁ   υἱός   μου   ὁ   ἀγαπητός,
cielos: Tú eres el Hijo   de mí, el   Amado,

ἐν   σοὶ   εὐδόκησα.   12 Καὶ   εὐθὺς   τὸ
en   ti   3me complazco.   Y   en seguida   el

πνεῦμα   αὐτὸν   ἐκβάλλει   εἰς   τὴν   ἔρημον.
Espíritu   le   impulsa   hacia   el   desierto.

13 καὶ   ἦν   ἐν   τῇ   ἐρήμῳ   τεσσεράκοντα
   Y   estaba en   el   desierto   cuarenta

ἡμέρας   πειραζόμενος   ὑπὸ   τοῦ   σατανᾶ,   καὶ
días   siendo tentado   por   —   Satanás,   y

ἦν   μετὰ   τῶν   θηρίων,   καὶ   οἱ   ἄγγελοι
estaba con   las bestias salvajes, y   los   ángeles

διηκόνουν   αὐτῷ.
servían   le.

14 Καὶ   μετὰ   τὸ   παραδοθῆναι   τὸν
   Y   después   de(l)   ser entregado   —

Ἰωάννην   ἦλθεν   ὁ   Ἰησοῦς   εἰς   τὴν   Γαλιλαίαν
Juan,   vino   —   Jesús   a   —   Galilea

κηρύσσων   τὸ   εὐαγγέλιον   τοῦ   θεοῦ   15 [καὶ
proclamando el   evangelio   de   Dios   y

λέγων],   ὅτι   πεπλήρωται   ὁ   καιρὸς   καὶ
diciendo: —   Se ha cumplido 4el   tiempo   y

ἤγγικεν   ἡ   βασιλεία   τοῦ   θεοῦ·   μετανοεῖτε
se ha acercado el reino   de   Dios;   arrepentíos

καὶ   πιστεύετε   ἐν   τῷ   εὐαγγελίῳ.   16 Καὶ
y   creed   en   el   evangelio.   Y

παράγων   παρὰ   τὴν   θάλασσαν   τῆς   Γαλιλαίας
mientras pasaba junto   al   mar   de Galilea,

εἶδεν   Σίμωνα   καὶ   Ἀνδρέαν   τὸν   ἀδελφὸν
vio   a Simón   y   a Andrés   el   hermano

Σίμωνος   ἀμφιβάλλοντας   ἐν   τῇ   θαλάσσῃ·
de Simón   5echando una red   en   el   mar;

ἦσαν   γὰρ   ἁλεεῖς.   17 καὶ   εἶπεν   αὐτοῖς
pues eran   pescadores.   Y   dijo   les

ὁ   Ἰησοῦς·   δεῦτε   ὀπίσω   μου,   καὶ   ποιήσω
—   Jesús: Venid   en pos   de mí,   y   haré

ὑμᾶς   γενέσθαι   ἁλεεῖς   ἀνθρώπων.   18 καὶ
que vosotros lleguéis a ser pescadores   de hombres.   Y

1
9. La preposición griega indica entrar en el río.
2
10. QUE SE ABRÍAN. Lit. que se rasgaban.
3
11. ME COMPLAZCO. Lit. me complací mucho.
4
15. EL TIEMPO. Lit. la sazón u oportunidad.
5
16. ECHANDO... Lit. echando alrededor.

εὐθὺς ἀφέντες τὰ δίκτυα ἠκολούθησαν
al instante   dejando   las   redes,   siguieron

αὐτῷ. **19** Καὶ προβὰς ὀλίγον εἶδεν
le.   Y   avanzando   un poco,   vio

'Ιάκωβον τὸν τοῦ Ζεβεδαίου καὶ 'Ιωάννην
a Jacobo   el (hijo) —   de Zebedeo   y   a Juan

τὸν ἀδελφὸν αὐτοῦ καὶ αὐτοὺς ἐν τῷ
el   hermano   de él   también   ellos   en   la

πλοίῳ καταρτίζοντας τὰ δίκτυα. **20** καὶ
barca   remendando   las   redes.   Y

εὐθὺς ἐκάλεσεν αὐτούς· καὶ ἀφέντες τὸν
al instante   llamó   los;   y   dejando   al

πατέρα αὐτῶν Ζεβεδαῖον ἐν τῷ πλοίῳ
padre   de ellos,   Zebedeo,   en   la   barca

μετὰ τῶν μισθωτῶν ἀπῆλθον ὀπίσω αὐτοῦ.
con   los   jornaleros,   se fueron   en pos   de él.

21 Καὶ εἰσπορεύονται εἰς Καφαρναούμ·
Y   entran   en   Capernaúm;

καὶ εὐθὺς τοῖς σάββασιν εἰσελθὼν
y   en seguida,   en el   sábado   entrando

εἰς τὴν συναγωγὴν ἐδίδασκεν. **22** καὶ
en   la   sinagoga,   enseñaba.   Y

ἐξεπλήσσοντο ἐπὶ τῇ διδαχῇ αὐτοῦ· ἦν
se asombraban   de   la   enseñanza   de él;   porque

γὰρ διδάσκων αὐτοὺς ὡς ἐξουσίαν ἔχων,
estaba enseñando   les   como   autoridad   teniendo,

καὶ οὐχ ὡς οἱ γραμματεῖς. **23** Καὶ εὐθὺς
y   no como los   escribas.   E inmediatamente

ἦν ἐν τῇ συναγωγῇ αὐτῶν ἄνθρωπος
había   en   la   sinagoga   de ellos   un hombre

ἐν πνεύματι ἀκαθάρτῳ, καὶ ἀνέκραξεν
[1]con   un espíritu   inmundo,   y   [2]gritó,

24 λέγων· τί ἡμῖν καὶ σοί, 'Ιησοῦ
diciendo: [3]¿Qué   tenemos   que ver   contigo,   Jesús

Ναζαρηνέ; ἦλθες ἀπολέσαι ἡμᾶς; οἶδά
nazareno?   ¿Viniste   a destruir   nos?   [4]Sé

σε τίς εἶ, ὁ ἅγιος τοῦ θεοῦ. **25** καὶ
tú   quién   eres,   el   Santo   —   de Dios.   Y

ἐπετίμησεν αὐτῷ ὁ 'Ιησοῦς [λέγων]·
reprendió   le   —   Jesús,   diciendo:

φιμώθητι καὶ ἔξελθε [ἐξ αὐτοῦ]. **26** καὶ
[5]Cállate   y   sal   de   él.   Y

σπαράξαν αὐτὸν τὸ πνεῦμα τὸ ἀκάθαρτον
después de   le   el   espíritu   —   inmundo
atormentar

καὶ φωνῆσαν φωνῇ μεγάλῃ ἐξῆλθεν ἐξ
y   de gritar   con voz   grande,   salió   de

αὐτοῦ. **27** καὶ ἐθαμβήθησαν ἅπαντες, ὥστε
él.   Y   quedaron atónitos   todos,   tanto que

[1]
23. CON. Lit. *en.*
[2]
23. GRITÓ. Lit. *chilló.*
[3]
24. ¿QUÉ TENEMOS...? Lit.
¿Qué a nosotros y a ti...?
[4]
24. SÉ TÚ QUIÉN ERES. Lit.
Te sé quién eres.
[5]
25. CÁLLATE. Lit. *Sé silenciado.*

συζητεῖν αὐτοὺς λέγοντας· τί ἐστιν τοῦτο;
discutían   ellos,   diciendo: ¿Qué   es   esto?

διδαχὴ καινὴ κατ' ἐξουσίαν· καὶ τοῖς
¡Una enseñanza nueva   con   autoridad!   ¡Hasta   a los

πνεύμασι τοῖς ἀκαθάρτοις ἐπιτάσσει, καὶ
espíritus   —   inmundos   da órdenes,   y

ὑπακούουσιν αὐτῷ. 28 καὶ ἐξῆλθεν ἡ
obedecen   le.   Y   salió   la

ἀκοὴ αὐτοῦ εὐθὺς πανταχοῦ εἰς ὅλην
fama   de él   en seguida   por todas partes   por   toda

τὴν περίχωρον τῆς Γαλιλαίας. 29 Καὶ
la   [1]comarca   —   de Galilea.   Y

εὐθὺς ἐκ τῆς συναγωγῆς ἐξελθόντες ἦλθον
luego,   de la   sinagoga   al salir,   vinieron

εἰς τὴν οἰκίαν Σίμωνος καὶ Ἀνδρέου
a   la   casa   de Simón   y   de Andrés,

μετὰ Ἰακώβου καὶ Ἰωάννου. 30 ἡ δὲ
con   Jacobo   y   Juan.   Ahora bien, la

πενθερὰ Σίμωνος κατέκειτο πυρέσσουσα,
suegra   de Simón   yacía   enferma de fiebre,

καὶ εὐθὺς λέγουσιν αὐτῷ περὶ αὐτῆς.
y   en seguida   dicen   le   acerca   de ella.

31 καὶ προσελθὼν ἤγειρεν αὐτὴν κρατήσας
Y   acercándose,   levantó   la   tomando(la)

τῆς χειρός· καὶ ἀφῆκεν αὐτὴν ὁ πυρετός,
de la   mano;   y   dejó   a ella   la   fiebre,

καὶ διηκόνει αὐτοῖς. 32 Ὀψίας δὲ γενο-
y   servía   les.   Y el atardecer   al

μένης, ὅτε ἔδυσεν ὁ ἥλιος, ἔφερον πρὸς
llegar,   [2]cuando   se puso   el   sol,   llevaban

αὐτὸν πάντας τοὺς κακῶς ἔχοντας καὶ
le   todos   los   [3]enfermos   que estaban   y

τοὺς δαιμονιζομένους· 33 καὶ ἦν ὅλη ἡ
los   que estaban endemoniados;   y   estaba   toda   la

πόλις ἐπισυνηγμένη πρὸς τὴν θύραν.
ciudad   congregada   junto a   la   puerta.

34 καὶ ἐθεράπευσεν πολλοὺς κακῶς ἔχοντας
Y   sanó   a muchos   [4]enfermos   que estaban

ποικίλαις νόσοις, καὶ δαιμόνια πολλὰ
con diversas   enfermedades,   y   demonios   muchos

ἐξέβαλεν, καὶ οὐκ ἤφιεν λαλεῖν τὰ δαιμόνια,
expulsó,   y   no   dejaba que hablaran los   demonios,

ὅτι ᾔδεισαν αὐτόν. 35 Καὶ πρωῒ ἔννυχα
pues   [5]conocían   le.   Y muy temprano,   [6]estando

λίαν ἀναστὰς ἐξῆλθεν καὶ ἀπῆλθεν εἰς
aún oscuro, levantándose,   salió   y   se fue   a

[1]
28. COMARCA. Lit. *región circunvecina.*
[2]
32. CUANDO SE PUSO... Es decir, *pasado el día de reposo.*
[3]
32. ENFERMOS QUE ESTABAN. Lit. *mal encontrándose.*
[4]
34. ENFERMOS QUE ESTABAN. Lit. *mal encontrándose.*
[5]
34. CONOCÍAN LE. Lit. *sabían le.*
[6]
35. ESTANDO AÚN OSCURO. Lit. *muy de noche.*

ἔρημον τόπον, κἀκεῖ προσηύχετο. **36** καὶ
un solitario   lugar,   y allí   oraba.   Y

κατεδίωξεν αὐτὸν Σίμων καὶ οἱ μετ'
[1]buscaron ansiosamente le   Simón   y   los   con
(que estaban)

αὐτοῦ, καὶ εὗρον αὐτὸν καὶ λέγουσιν
él,   y encontraron   le   y   dicen

αὐτῷ **37** ὅτι πάντες ζητοῦσίν σε. **38** καὶ
le: — Todos están   buscando   te.   Y

λέγει αὐτοῖς· ἄγωμεν ἀλλαχοῦ εἰς τὰς
dice   les: Vayamos   a otro lugar a   los

ἐχομένας κωμοπόλεις,· ἵνα καὶ ἐκεῖ
vecinos   [2]pueblos,   para que también allí

κηρύξω· εἰς τοῦτο γὰρ ἐξῆλθον. **39** καὶ
(yo) predique; porque para esto   salí.   Y

ἦλθεν κηρύσσων εἰς τὰς συναγωγὰς αὐτῶν
vino   [3]predicando a   las   sinagogas   de ellos

εἰς ὅλην τὴν Γαλιλαίαν καὶ τὰ δαιμόνια
[4]por toda   la   Galilea   y   los   demonios

ἐκβάλλων.
expulsando.

40 Καὶ ἔρχεται πρὸς αὐτὸν λεπρὸς
      Y   viene   hasta   él   un leproso

παρακαλῶν αὐτὸν καὶ γονυπετῶν λέγων
rogando   le   y   arrodillándose, diciendo

αὐτῷ ὅτι ἐὰν θέλῃς δύνασαί με καθαρίσαι.
le: — Si quieres,   puedes   me   limpiar.

41 καὶ σπλαγχνισθεὶς ἐκτείνας τὴν
      Y   movido a compasión, extendiendo   la

χεῖρα αὐτοῦ ἥψατο καὶ λέγει αὐτῷ· θέλω,
mano   le   tocó   y   dice   le: Quiero;

καθαρίσθητι. **42** καὶ εὐθὺς ἀπῆλθεν ἀπ'
sé limpio.   Y   en seguida se marchó   de

αὐτοῦ ἡ λέπρα, καὶ ἐκαθαρίσθη. **43** καὶ
él   la   lepra,   y   fue limpiado.   Y

ἐμβριμησάμενος αὐτῷ εὐθὺς ἐξέβαλεν αὐτόν,
habiendo advertido   le, en seguida despidió   le,
seriamente

44 καὶ λέγει αὐτῷ· ὅρα μηδενὶ μηδὲν
      y   dice   le: Mira (que) a nadie [5]nada

εἴπῃς, ἀλλὰ ὕπαγε σεαυτὸν δεῖξον τῷ
digas,   sino   vete,   a ti mismo   muestra   al

ἱερεῖ καὶ προσένεγκε περὶ τοῦ καθαρισμοῦ σου
sacerdote y   ofrece   respecto a la   limpieza   de ti

ἃ προσέταξεν Μωϋσῆς, εἰς μαρτύριον
las cosas que ordenó   Moisés,   para [6]testimonio

αὐτοῖς. **45** ὁ δὲ ἐξελθὼν ἤρξατο κηρύσσειν
a ellos.   Mas él,   saliendo,   comenzó   a proclamar

πολλὰ καὶ διαφημίζειν τὸν λόγον, ὥστε
muchas cosas y   a divulgar   el   asunto,   hasta el
punto de

[1]
36. BUSCARON. Lit. *persi-guieron.*
[2]
38. PUEBLOS. Es decir, po-
blados intermedios entre
ciudad y aldea (villas).
[3]
39. PREDICANDO. Lit. *procla-mando.*
[4]
39. POR TODA. Lit. *a toda.*
[5]
44. NADA DIGAS. Jesús no
quería excitar curiosidad
malsana.
[6]
44. TESTIMONIO. De cura-
ción verdadera y de respeto
a la ley.

μηκέτι αὐτὸν δύνασθαι φανερῶς εἰς πόλιν
ya no   él   poder   1públicamente   en una ciudad

εἰσελθεῖν, ἀλλ' ἔξω ἐπ' ἐρήμοις τόποις
entrar,   sino que   afuera   en   despoblados   lugares

ἦν· καὶ ἤρχοντο πρὸς αὐτὸν πάντοθεν.
estaba;   y   venían   a   él   de todas partes.

2 Καὶ εἰσελθὼν πάλιν εἰς Καφαρναοὺμ
Y   cuando entró   de nuevo   en   Capernaúm

δι' ἡμερῶν ἠκούσθη ὅτι ἐν οἴκῳ ἐστίν.
días más tarde,   fue oído   que   en   una casa   está.

2 καὶ συνήχθησαν πολλοί, ὥστε μηκέτι
Y   se reunieron   muchos,   tanto que   ya no

χωρεῖν μηδὲ τὰ πρὸς τὴν θύραν, καὶ
había sitio   ni   —   junto   a la   puerta,   y

ἐλάλει αὐτοῖς τὸν λόγον. **3** καὶ ἔρχονται
hablaba   les   la   palabra.   Y   vienen (unos)

φέροντες πρὸς αὐτὸν παραλυτικὸν αἰρόμενον
trayendo   adonde (estaba) él   un paralítico   llevado

ὑπὸ τεσσάρων. **4** καὶ μὴ δυνάμενοι
por   cuatro.   Y   no   pudiendo

προσενέγκαι αὐτῷ διὰ τὸν ὄχλον
acercar(lo)   a él   a causa   del   gentío,

ἀπεστέγασαν τὴν στέγην ὅπου ἦν, καὶ
destecharon   el   techo   donde estaba,   y

ἐξορύξαντες χαλῶσι τὸν κράβατον ὅπου ὁ
tras hacer la abertura,   bajan   la   camilla   donde   el

παραλυτικὸς κατέκειτο. **5** καὶ ἰδὼν ὁ
paralítico   yacía.   Y   al ver   —

Ἰησοῦς τὴν πίστιν αὐτῶν λέγει τῷ
Jesús   la   fe   de ellos,   dice   al

παραλυτικῷ· τέκνον, ἀφίενταί σου αἱ
paralítico: Hijo,   son perdonados   de ti   los

ἁμαρτίαι. **6** ἦσαν δέ τινες τῶν γραμματέων
pecados.   Mas había   algunos   de los   escribas

ἐκεῖ καθήμενοι καὶ διαλογιζόμενοι ἐν ταῖς
allí   sentados   y   razonando   en   los

καρδίαις αὐτῶν· **7** τί οὗτος οὕτως λαλεῖ;
corazones   de ellos   ¿Por qué   éste   así   habla?

βλασφημεῖ· τίς δύναται ἀφιέναι ἁμαρτίας
Está blasfemando;   ¿quién   puede   perdonar   pecados,

εἰ μὴ εἷς ὁ θεός; **8** καὶ εὐθὺς ἐπιγνοὺς
excepto   uno,   —   Dios?   Y en seguida conociendo bien

ὁ Ἰησοῦς τῷ πνεύματι αὐτοῦ ὅτι οὕτως
—   Jesús   en el   espíritu   de él   que   así

διαλογίζονται ἐν ἑαυτοῖς, λέγει αὐτοῖς·
están razonando   entre   sí mismos,   dice   les:

1
45. PÚBLICAMENTE. Lit. *manifiestamente*.

τί ταῦτα διαλογίζεσθε ἐν ταῖς καρδίαις
¿Por qué estas cosas estáis razonando   en   los   corazones

ὑμῶν; 9 τί ἐστιν εὐκοπώτερον, εἰπεῖν
de vosotros?   ¿Qué   es   más fácil,   decir

τῷ παραλυτικῷ· ἀφίενταί σου αἱ ἁμαρτίαι,
al   paralítico: Son perdonados de ti los   pecados,

ἢ εἰπεῖν· ἔγειρε καὶ ἆρον τὸν κράβατόν
o   decir: Levántate   y   toma   la   camilla

σου καὶ περιπάτει; 10 ἵνα δὲ εἰδῆτε
de ti   y   echa a andar?   Mas para que   sepáis

ὅτι ἐξουσίαν ἔχει ὁ υἱὸς τοῦ ἀνθρώπου
que   autoridad   tiene   el   Hijo   del   Hombre

ἀφιέναι ἁμαρτίας ἐπὶ τῆς γῆς,—λέγει τῷ
para perdonar   pecados   en   la   tierra,—   dice   al

παραλυτικῷ· 11 σοὶ λέγω, ἔγειρε ἆρον
paralítico —:   A ti te   digo,   levántate,   toma

τὸν κράβατόν σου καὶ ὕπαγε εἰς τὸν
la   camilla   de ti   y   vete   a   la

οἶκόν σου. 12 καὶ ἠγέρθη καὶ εὐθὺς
casa   de ti.   Y   se levantó,   y   en seguida

ἄρας τὸν κράβατον ἐξῆλθεν ἔμπροσθεν
tomando   la   camilla,   salió   en presencia

πάντων, ὥστε ἐξίστασθαι πάντας καὶ
de todos,   así que   estaban atónitos   todos   y

δοξάζειν τὸν θεὸν λέγοντας ὅτι οὕτως
glorificaban   —   a Dios,   diciendo: —   [1]Como esto

οὐδέποτε εἴδαμεν.
jamás   vimos.

13 Καὶ ἐξῆλθεν πάλιν παρὰ τὴν θάλασσαν·
Y   salió   de nuevo   a junto   el   mar;

καὶ πᾶς ὁ ὄχλος ἤρχετο πρὸς αὐτόν,
y   toda   la   multitud   venía   a   él,

καὶ ἐδίδασκεν αὐτούς. 14 Καὶ παράγων
y   enseñaba   les.   Y   al pasar,

εἶδεν Λευὶν τὸν τοῦ Ἀλφαίου καθήμενον
vio   a Leví   el (hijo)   —   de Alfeo,   sentado

ἐπὶ τὸ τελώνιον, καὶ λέγει αὐτῷ· ἀκολούθει
en   la oficina de tributos, y   dice   le: Sigue

μοι. καὶ ἀναστὰς ἠκολούθησεν αὐτῷ.
me.   Y   levantándose,   siguió   le.

15 Καὶ γίνεται κατακεῖσθαι αὐτὸν ἐν τῇ
Y   [2]sucedió   que estando reclinado   él   en   la
a la mesa

οἰκίᾳ αὐτοῦ, καὶ πολλοὶ τελῶναι καὶ
casa   [3]de él,   también   muchos   [4]publicanos   y

ἁμαρτωλοὶ συνανέκειντο τῷ Ἰησοῦ καὶ
pecadores   estaban reclinados a la mesa —   con Jesús   y

12. COMO ESTO. Lit. *Así.*

15. SUCEDIÓ. Lit. *sucede.*

15. DE ÉL. Es decir, *de Leví* (Mateo).

15. PUBLICANOS. Es decir, *cobradores de impuestos.*

τοῖς   μαθηταῖς   αὐτοῦ·   ἦσαν   γὰρ   πολλοί,
los   discípulos   de él;   porque había   muchos,

καὶ ἠκολούθουν αὐτῷ. 16 καὶ οἱ γραμματεῖς
y   seguían   le.   Y   los   escribas

τῶν   Φαρισαίων   ἰδόντες   ὅτι   ἐσθίει
¹de los   fariseos   viendo   que   come

μετὰ τῶν ἁμαρτωλῶν καὶ τελωνῶν ἔλεγον
con   los   pecadores   y   publicanos,   decían

τοῖς   μαθηταῖς   αὐτοῦ·   ὅτι   μετὰ   τῶν
a los   discípulos   de él: —   ¿Con   los

τελωνῶν καὶ ἁμαρτωλῶν ἐσθίει; 17 καὶ
publicanos   y   pecadores   está comiendo?   Y

ἀκούσας ὁ Ἰησοῦς λέγει αὐτοῖς [ὅτι] οὐ
oyendo(lo) —   Jesús,   dice   les: —   No

χρείαν ἔχουσιν οἱ ἰσχύοντες ἰατροῦ ἀλλ'
necesidad   tienen   los que están fuertes de médico,   sino

οἱ κακῶς ἔχοντες· οὐκ ἦλθον καλέσαι
los que ²enfermos   están;   no   vine   a llamar

δικαίους ἀλλὰ ἁμαρτωλούς. 18 Καὶ ἦσαν
a justos,   sino   a pecadores.   Y   estaban

οἱ μαθηταὶ Ἰωάννου καὶ οἱ Φαρισαῖοι
los   discípulos   de Juan   y   los   fariseos

νηστεύοντες. καὶ ἔρχονται καὶ λέγουσιν
ayunando.   Y   vienen   y   dicen

αὐτῷ· διὰ τί οἱ μαθηταὶ Ἰωάννου καὶ
le: ¿Por qué los   dscípulos   de Juan   y

οἱ μαθηταὶ τῶν Φαρισαίων νηστεύουσιν,
los discípulos   de los   fariseos   ayunan,

οἱ δὲ σοὶ μαθηταὶ οὐ νηστεύουσιν; 19 καὶ
mas   tus   discípulos   no   ayunan?   Y

εἶπεν αὐτοῖς ὁ Ἰησοῦς· μὴ δύνανται οἱ
dijo   les   —   Jesús: ¿Acaso   pueden   ³los

υἱοὶ τοῦ νυμφῶνος, ἐν ᾧ ὁ νυμφίος
acompa-   —   del novio,   mientras   el   novio
ñantes

μετ' αὐτῶν ἐστιν, νηστεύειν; ὅσον χρόνον
con   ellos   está,   ayunar?   ⁴Todo   el tiempo

ἔχουσιν τὸν νυμφίον μετ' αὐτῶν, οὐ
en que tienen   al   novio   con   ellos,   no

δύνανται νηστεύειν. 20 ἐλεύσονται δὲ ἡμέραι
pueden   ayunar.   Mas vendrán   días

ὅταν ἀπαρθῇ ἀπ' αὐτῶν ὁ νυμφίος, καὶ
cuando sea quitado lejos de ellos   el   novio,   y

τότε νηστεύσουσιν ἐν ἐκείνῃ τῇ ἡμέρᾳ.
entonces ayunarán   en   aquel   —   día.

21 Οὐδεὶς ἐπίβλημα ῥάκους ἀγνάφου ἐπιράπτει
Nadie   ⁵un remiendo de tela   nueva   cose sobre

ἐπὶ ἱμάτιον παλαιόν· εἰ δὲ μή, αἴρει
un vestido   viejo;   de otro   modo,   tira

¹
16. DE LOS FARISEOS. Es decir, *del partido de los fariseos.*
²
17. ENFERMOS ESTÁN. Lit. *mal se encuentran.*
³
19. LOS ACOMPAÑANTES DEL NOVIO. Lit. *los hijos del tálamo nupcial.*
⁴
19. TODO EL TIEMPO. Lit. *Cuanto tiempo.*
⁵
21. UN REMIENDO. Lit. *un parche de trapo no abatanado.*

τὸ   πλήρωμα   ἀπ'   αὐτοῦ   τὸ   καινὸν   τοῦ
¹el remiendo   de   él,   lo   nuevo   de lo

παλαιοῦ,   καὶ   χεῖρον   σχίσμα   γίνεται.   22 καὶ
viejo,   y   peor   rotura   se hace.   Y

οὐδεὶς   βάλλει   οἶνον   νέον   εἰς   ἀσκοὺς   παλαιούς·
nadie   echa   vino   nuevo   en   odres   viejos;

εἰ   δὲ   μή,   ῥήξει   ὁ   οἶνος   τοὺς   ἀσκούς,
de otro modo, reventará el   vino   los   odres,

καὶ   ὁ   οἶνος   ἀπόλλυται   καὶ   οἱ   ἀσκοί.
y   el   vino   perece   ²así como los   odres.

[ἀλλὰ   οἶνον   νέον   εἰς   ἀσκοὺς   καινούς.]
Sino   vino   nuevo   en   odres   recientes.

23 Καὶ   ἐγένετο   αὐτὸν   ἐν   τοῖς   σάββασιν
     Y   sucedió   que él   en   —   sábado

παραπορεύεσθαι   διὰ   τῶν   σπορίμων,   καὶ
estaba pasando   por entre los   sembrados,   y

οἱ   μαθηταὶ   αὐτοῦ   ἤρξαντο   ὁδὸν   ποιεῖν
los discípulos   de él   comenzaron ³a   pasar

τίλλοντες   τοὺς   στάχυας.   24 καὶ   οἱ   Φαρισαῖοι
arrancando   las   (sus)espigas.   Y   los   fariseos

ἔλεγον   αὐτῷ·   ἴδε   τί   ποιοῦσιν   τοῖς   σάββασιν
decían   le: Mira, ¿por qué hacen   en el   sábado

ὃ   οὐκ   ἔξεστιν;   25 καὶ   λέγει   αὐτοῖς·
lo que no es lícito?   Y   dice   les:

οὐδέποτε   ἀνέγνωτε   τί   ἐποίησεν   Δαυίδ,
¿Nunca   leísteis   qué   hizo   David,

ὅτε   χρείαν   ἔσχεν   καὶ   ἐπείνασεν   αὐτὸς
cuando necesidad tuvo   y   tuvo hambre   él

καὶ   οἱ   μετ'   αὐτοῦ;   26 [πῶς]   εἰσῆλθεν
y   los que con   él?   ¿Cómo   entró
        (estaban)

εἰς   τὸν   οἶκον   τοῦ   θεοῦ   ἐπὶ   'Αβιαθὰρ
en   la   casa   —   de Dios en (tiempo de) Abiatar,

ἀρχιερέως   καὶ   τοὺς   ἄρτους   τῆς   προθέσεως
sumo sacerdote, y   los   panes   de la   ⁴proposición

ἔφαγεν,   οὓς   οὐκ   ἔξεστιν   φαγεῖν   εἰ   μὴ
comió,   los que no   es lícito   comer   excepto

τοὺς   ἱερεῖς,   καὶ   ἔδωκεν   καὶ   τοῖς   σὺν
a los   sacerdotes,   y   dio   también a los   con

αὐτῷ   οὖσιν;   27 καὶ   ἔλεγεν   αὐτοῖς·
él   que estaban?   Y   decía   les:

τὸ   σάββατον   διὰ   τὸν   ἄνθρωπον   ἐγένετο,
El   sábado   por razón del   hombre   fue hecho,

καὶ   οὐχ   ὁ   ἄνθρωπος   διὰ   τὸ   σάββατον·
y   no   el   hombre   por razón del   sábado;

28 ὥστε   κύριός   ἐστιν   ὁ   υἱὸς   τοῦ   ἀνθρώπου
de modo que señor   es   el   Hijo   del   Hombre

καὶ   τοῦ   σαββάτου.
aun   del   sábado.

1
21. EL REMIENDO. Lit. *lo que llena*.
2
22. ASÍ COMO LOS ODRES. Lit. *y los odres*.
3
23. A PASAR ARRANCANDO LAS ESPIGAS. Lit. *a hacer camino*.
4
26. PROPOSICIÓN. O *presentación* (dedicación a Dios en el santuario).

3 Καὶ εἰσῆλθεν πάλιν εἰς συναγωγήν.
　　Y　　entró　de nuevo　en　　una sinagoga.

καὶ ἦν ἐκεῖ ἄνθρωπος ἐξηραμμένην ἔχων
y　habia　alli　　un hombre que se había quedado seca [1]teniendo

τὴν χεῖρα· **2** καὶ παρετήρουν αὐτὸν εἰ
la　　mano;　　y　vigilaban atentamente　le　(por) si

τοῖς σάββασιν θεραπεύσει αὐτόν, ἵνα
en el　sábado　　iba a sanar　　le,　para

κατηγορήσωσιν αὐτοῦ. **3** καὶ λέγει τῷ
poder acusar　　le.　　　Y　dice　al

ἀνθρώπῳ τῷ τὴν χεῖρα ἔχοντι ξηράν·
hombre　—　la　mano　[2]teniendo　seca:

ἔγειρε εἰς τὸ μέσον. **4** καὶ λέγει αὐτοῖς·
[3]Levántate en — medio.　Y　dice　les:
(y ponte)

ἔξεστιν τοῖς σάββασιν ἀγαθὸν ποιῆσαι
¿Es lícito　en el　sábado　bien　hacer

ἢ κακοποιῆσαι, ψυχὴν σῶσαι ἢ ἀποκτεῖναι;
o　hacer mal,　una vida　salvar　o　matar?

οἱ δὲ ἐσιώπων. **5** καὶ περιβλεψάμενος
Mas ellos　callaban.　Y después de echar una mirada alrededor

αὐτοὺς μετ᾽ ὀργῆς, συλλυπούμενος ἐπὶ
les　con　enojo,　contristado　por

τῇ πωρώσει τῆς καρδίας αὐτῶν, λέγει
la　dureza　del　corazón　de ellos,　dice

τῷ ἀνθρώπῳ· ἔκτεινον τὴν χεῖρα. καὶ
al　hombre:　Extiende　la　mano.　Y

ἐξέτεινεν, καὶ ἀπεκατεστάθη ἡ χεὶρ αὐτοῦ.
(la) extendió,　y　quedó restaurada　la　mano　de él.

6 καὶ ἐξελθόντες οἱ Φαρισαῖοι εὐθὺς μετὰ
Y　saliendo　los　fariseos　en seguida　con

τῶν Ἡρῳδιανῶν συμβούλιον ἐδίδουν κατ᾽
los　herodianos,　[4]comenzaron　a tramar　contra

αὐτοῦ, ὅπως αὐτὸν ἀπολέσωσιν.
él,　cómo　le　[5]harían perecer.

7 Καὶ ὁ Ἰησοῦς μετὰ τῶν μαθητῶν
Y　—　Jesús　con　los　discípulos

αὐτοῦ ἀνεχώρησεν πρὸς τὴν θάλασσαν·
de él　se retiró　al　mar;
(sus)

καὶ πολὺ πλῆθος ἀπὸ τῆς Γαλιλαίας
y　[6]gran　multitud　de　　　Galilea

ἠκολούθησεν· καὶ ἀπὸ τῆς Ἰουδαίας **8** καὶ
siguió(le);　y (también de　　　Judea,　　y

ἀπὸ Ἱεροσολύμων καὶ ἀπὸ τῆς Ἰδουμαίας
de　Jerusalén　y　de　—　Idumea

καὶ πέραν τοῦ Ἰορδάνου καὶ περὶ Τύρον
y　de más allá del　Jordán　y　de en torno　a Tiro

καὶ Σιδῶνα, πλῆθος πολύ, ἀκούοντες ὅσα
y　Sidón,　multitud　[7]grande,　al ir oyendo　cuanto

1
1. TENIENDO. O que tenía.
2
3. TENIENDO. O que tenía.
3
3. LEVÁNTATE (Y PONTE) EN MEDIO. Lit. Levántate hasta el medio.
4
6. COMENZARON A TRAMAR. Lit. consejo daban.
5
6. HARÍAN PERECER. Lit. destruirían.
6
7. GRAN. Lit. mucha.
7
8. GRANDE. Lit. mucha.

ποιεῖ, ἦλθον πρὸς αὐτόν. 9 καὶ εἶπεν
hacía,   vinieron   a   él.   Y   dijo

τοῖς μαθηταῖς αὐτοῦ ἵνα πλοιάριον προσκαρτέρῃ
a los discípulos de él que una barca estuviese a punto

αὐτῷ διὰ τὸν ὄχλον, ἵνα μὴ θλίβωσιν
para él a causa de la multitud, para que no   apretujaran

αὐτόν· 10 πολλοὺς γὰρ ἐθεράπευσεν, ὥστε
le;   porque a muchos   sanó,   tanto que

ἐπιπίπτειν αὐτῷ ἵνα αὐτοῦ ἅψωνται
[1]caían sobre él   para   le   tocar

ὅσοι εἶχον μάστιγας. 11 καὶ τὰ πνεύματα
cuantos tenían [2]dolencias graves. Y los espíritus

τὰ ἀκάθαρτα, ὅταν αὐτὸν ἐθεώρουν, προσέπιπτον
— inmundos, cuando le veían,   caían ante

αὐτῷ καὶ ἔκραζον λέγοντα ὅτι σὺ εἶ ὁ
él   y   gritaban diciendo: — Tú eres el

υἱὸς τοῦ θεοῦ. 12 καὶ πολλὰ ἐπετίμα
Hijo   —   de Dios.   Y   mucho   reprendía

αὐτοῖς ἵνα μὴ αὐτὸν φανερὸν ποιήσωσιν.
les [3]para que no le manifiesto hiciesen.

13 Καὶ ἀναβαίνει εἰς τὸ ὄρος, καὶ
   Y   sube   al   monte,   y

προσκαλεῖται οὓς ἤθελεν αὐτός, καὶ
llama hacia (sí) a los que quería   él,   y

ἀπῆλθον πρὸς αὐτόν. 14 καὶ ἐποίησεν δώδεκα
fueron hacia él.   Y   [4]designó   doce

ἵνα ὦσιν μετ᾽ αὐτοῦ, καὶ ἵνα ἀποστέλλῃ
para que estuviesen con él, y para enviar

αὐτοὺς κηρύσσειν 15 καὶ ἔχειν ἐξουσίαν
los   a predicar   y   tener   autoridad

ἐκβάλλειν τὰ δαιμόνια· 16 καὶ ἐποίησεν
de expulsar los demonios;   y   [5]designó

τοὺς δώδεκα, καὶ ἐπέθηκεν ὄνομα τῷ
los   doce,   e   impuso por nombre

Σίμωνι Πέτρον· 17 καὶ Ἰάκωβον τὸν τοῦ
a Simón(,) Pedro;   y   Jacobo   el (hijo) —

Ζεβεδαίου καὶ Ἰωάννην τὸν ἀδελφὸν τοῦ
de Zebedeo y   Juan   el   hermano   —

Ἰακώβου, καὶ ἐπέθηκεν αὐτοῖς ὄνομα
de Jacobo,   e   impuso   les   por nombre

Βοανηργές, ὃ ἐστιν υἱοὶ βροντῆς· 18 καὶ
Boanerges, que [6]significa hijos de(l) trueno;   y

Ἀνδρέαν καὶ Φίλιππον καὶ Βαρθολομαῖον
Andrés   y   Felipe   y   [7]Bartolomé

καὶ Ματθαῖον καὶ Θωμᾶν καὶ Ἰάκωβον
y   Mateo   y   Tomás   y   Jacobo

τὸν τοῦ Ἀλφαίου καὶ Θαδδαῖον καὶ
el (hijo) — de Alfeo   y   Tadeo   y

---

[1]
10. CAÍAN SOBRE ÉL. O *se le echaban encima.*

[2]
10. DOLENCIAS GRAVES. Lit. *azotes* (es decir, dolencias tenidas como castigo de Dios).

[3]
12. PARA QUE NO LE MANIFIESTO HICIESEN. Es decir, *para que no declarasen quién era.*

[4]
14. DESIGNÓ. Lit. *hizo.*

[5]
16. DESIGNÓ. Lit. *hizo.*

[6]
17. SIGNIFICA. Lit. *es.*

[7]
18. BARTOLOMÉ. Sin duda, el apellido de *Natanael.*

Σίμωνα τὸν Καναναῖον 19 καὶ Ἰούδαν
Simón   el   ¹cananista   y   Judas

Ἰσκαριώθ, ὃς καὶ παρέδωκεν αὐτόν.
Iscariote,   el cual, ²por cierto,   entregó   le.

20 Καὶ ἔρχεται εἰς οἶκον· καὶ συνέρχεται
Y   viene   a   una casa;   y   se agolpa

πάλιν [ὁ] ὄχλος, ὥστε μὴ δύνασθαι
de nuevo   el   gentío,   tanto que   no   podían

αὐτοὺς μηδὲ ἄρτον φαγεῖν. 21 καὶ ἀκούσαντες
ellos   ni   ³tomar   bocado.   Y cuando oyeron(lo)

οἱ παρ' αὐτοῦ ἐξῆλθον κρατῆσαι αὐτόν·
⁴sus allegados,   salieron   ⁵a hacerse cargo   de él;

ἔλεγον γὰρ ὅτι ἐξέστη. 22 καὶ οἱ
porque decían: — Está fuera de sí.   Y   los

γραμματεῖς οἱ ἀπὸ Ἱεροσολύμων καταβάντες
escribas   — de   Jerusalén   que bajaban,

ἔλεγον ὅτι Βεεζεβοὺλ ἔχει, καὶ ὅτι ἐν
decían: — A Beelzebú tiene,   y: — Por

τῷ ἄρχοντι τῶν δαιμονίων ἐκβάλλει τὰ
el   jefe   de los   demonios   expulsa   los

δαιμόνια. 23 καὶ προσκαλεσάμενος αὐτοὺς
demonios.   Y,   tras llamar hacia (sí)   les,

ἐν παραβολαῖς ἔλεγεν αὐτοῖς· πῶς δύναται
en   parábolas   decía   les: ¿Cómo puede

σατανᾶς σατανᾶν ἐκβάλλειν; 24 καὶ ἐὰν
Satanás   a Satanás   expulsar?   Y   si

βασιλεία ἐφ' ἑαυτὴν μερισθῇ, οὐ δύναται
un reino   contra   sí mismo   se divide,   no   puede

σταθῆναι ἡ βασιλεία ἐκείνη· 25 καὶ ἐὰν
quedar en pie   el   reino   aquel;   y   si

οἰκία ἐφ' ἑαυτὴν μερισθῇ, οὐ δυνήσεται
una casa   contra   sí misma   se divide,   no   podrá

ἡ οἰκία ἐκείνη στῆναι. 26 καὶ εἰ ὁ
la   casa   aquella   estar en pie.   Y   si   el

σατανᾶς ἀνέστη ἐφ' ἑαυτὸν καὶ ἐμερίσθη,
Satanás   se levantó   contra   sí mismo   y   se dividió,

οὐ δύναται στῆναι ἀλλὰ τέλος ἔχει.
no   puede   estar en pie,   sino que   ⁶(su) fin ha llegado.

27 ἀλλ' οὐ δύναται οὐδεὶς εἰς τὴν οἰκίαν
Pero   no   puede   nadie   en   la   casa

τοῦ ἰσχυροῦ εἰσελθὼν τὰ σκεύη αὐτοῦ
del   (hombre) fuerte   entrando,   los   bienes   de él

διαρπάσαι, ἐὰν μὴ πρῶτον τὸν ἰσχυρὸν
saquear,   si   no   primero   al (hombre) fuerte

δήσῃ, καὶ τότε τὴν οἰκίαν αὐτοῦ διαρπάσει.
ata,   y   entonces   la   casa   de él   saqueará.

28 Ἀμὴν λέγω ὑμῖν ὅτι πάντα ἀφεθήσεται
De cierto   digo   os   que   todo   será perdonado

1
18. CANANISTA. O *zelote* o *celoso* = *patriota fanático* (hebr. *qana'*).
2
19. POR CIERTO. Lit. *también*.
3
20. TOMAR BOCADO. Lit. *pan comer*.
4
21. SUS ALLEGADOS. Lit. *los de junto a él*.
5
21. A HACERSE CARGO. Lit. *echarle mano*.
6
26. (SU) FIN HA LLEGADO. Lit. *fin tiene*.

τοῖς   υἱοῖς   τῶν   ἀνθρώπων   τὰ   ἁμαρτήματα
a los   hijos   de los   hombres   los   pecados

καὶ   αἱ   βλασφημίαι,   ὅσα   ἐὰν   βλασφημήσωσιν·
y   las   blasfemias,   cuantas   blasfemen;

29 ὃς   δ'   ἂν   βλασφημήσῃ   εἰς   τὸ   πνεῦμα
mas   cualquiera   que blasfeme   contra   el   Espíritu

τὸ   ἅγιον,   οὐκ   ἔχει   ἄφεσιν   εἰς   τὸν   αἰῶνα,
Santo,   no   tiene   perdón   [1]jamás,

ἀλλὰ   ἔνοχός   ἐστιν   αἰωνίου   ἁμαρτήματος.
sino que   reo   es   de un eterno   pecado.

30 ὅτι   ἔλεγον·   πνεῦμα   ἀκάθαρτον   ἔχει.
Pues   decían: Un espíritu   inmundo   tiene.

31 Καὶ   ἔρχονται   ἡ   μήτηρ   αὐτοῦ   καὶ   οἱ
Y   vienen   la   madre   de él   y   los
(su)

ἀδελφοὶ   αὐτοῦ,   καὶ   ἔξω   στήκοντες   ἀπέστειλαν
hermanos   de él   y   afuera   quedándose,   enviaron
(sus)

πρὸς   αὐτὸν   καλοῦντες   αὐτόν.   **32** καὶ
(recado) a   él,   llamando   le.   Y

ἐκάθητο   περὶ   αὐτὸν   ὄχλος,   καὶ   λέγουσιν
estaba sentada en torno   a él   una multitud,   y   dicen

αὐτῷ·   ἰδοὺ   ἡ   μήτηρ   σου   καὶ   οἱ   ἀδελφοί
le: Mira,   la   madre   de ti   y   los   hermanos

σου   καὶ   αἱ   ἀδελφαί   σου   ἔξω   ζητοῦσίν   σε.
de ti   y   las   hermanas   de ti   afuera   están buscando   te.

33 καὶ   ἀποκριθεὶς   αὐτοῖς   λέγει·   τίς   ἐστιν
Y   respondiendo   les,   dice: ¿Quién   es

ἡ   μήτηρ   μου   καὶ   οἱ   ἀδελφοί;   **34**·καὶ
la   madre   de mí   y   los   hermanos?   Y

περιβλεψάμενος   τοὺς   περὶ   αὐτὸν   κύκλῳ
mirando alrededor   a los   en torno   a él   en círculo
(que estaban)

καθημένους   λέγει·   ἴδε   ἡ   μήτηρ   μου
sentados,   dice: Mira   la   madre   de mí

καὶ   οἱ   ἀδελφοί   μου.   **35** ὃς   ἂν   ποιήσῃ   τὸ
y   los   hermanos   de mí.   Cualquiera que   hace   la

θέλημα   τοῦ   θεοῦ,   οὗτος   ἀδελφός   μου
voluntad   —   de Dios,   éste   hermano   de mí

καὶ   ἀδελφὴ   καὶ   μήτηρ   ἐστίν.
y   hermana   y   madre   es.

4 Καὶ   πάλιν   ἤρξατο   διδάσκειν   παρὰ   τὴν
Y   de nuevo   comenzó   a enseñar   junto   al

θάλασσαν·   καὶ   συνάγεται   πρὸς   αὐτὸν   ὄχλος
mar;   y   se reúne   ante   él   una multitud

πλεῖστος,   ὥστε   αὐτὸν   εἰς   πλοῖον   ἐμβάντα
[2]grandísima,   tanto que   él   en   una barca   [3]entrando,

καθῆσθαι   ἐν   τῇ   θαλάσσῃ,   καὶ   πᾶς   ὁ
estaba sentado   en   el   mar,   y   toda   la

1
29. JAMÁS. Lit. *hasta el siglo.*
2
1. GRANDÍSIMA. Lit. *muchísima.*
3
1. ENTRANDO. Lit. *habiendo entrado.*

ὄχλος πρὸς τὴν θάλασσαν ἐπὶ τῆς γῆς
multitud cara al mar en la ¹orilla

ἦσαν. 2 καὶ ἐδίδασκεν αὐτοὺς ἐν παραβολαῖς
estaba. Y enseñaba les en parábolas

πολλά, καὶ ἔλεγεν αὐτοῖς ἐν τῇ διδαχῇ
muchas cosas, y decía les en la enseñanza

αὐτοῦ· 3 ἀκούετε. ἰδοὺ ἐξῆλθεν ὁ σπείρων
de él: Oíd. He aquí, salió el que siembra

σπεῖραι. 4 καὶ ἐγένετο ἐν τῷ σπείρειν
(su)
a sembrar. Y sucedió que, al ir sembrando,

ὃ μὲν ἔπεσεν παρὰ τὴν ὁδόν, καὶ ἦλθεν
parte cayó junto al camino, y vinieron

τὰ πετεινὰ καὶ κατέφαγεν αὐτό. 5 καὶ
las aves y devoraron lo. Y

ἄλλο ἔπεσεν ἐπὶ τὸ πετρῶδες ὅπου οὐκ
otra parte cayó en los (lugares) rocosos donde no

εἶχεν γῆν πολλήν, καὶ εὐθὺς ἐξανέτειλεν
tenía tierra mucha, y en seguida brotó

διὰ τὸ μὴ ἔχειν βάθος γῆς·
a causa de — no tener profundidad de tierra;

6 καὶ ὅτε ἀνέτειλεν ὁ ἥλιος ἐκαυματίσθη, καὶ
y cuando salió el sol, ²se agostó, y

διὰ τὸ μὴ ἔχειν ῥίζαν ἐξηράνθη. 7 καὶ
a causa de — no tener raíz, se marchitó. Y

ἄλλο ἔπεσεν εἰς τὰς ἀκάνθας, καὶ ἀνέβησαν
otra parte cayó ³entre los abrojos, y ⁴crecieron

αἱ ἄκανθαι καὶ συνέπνιξαν αὐτό, καὶ
los abrojos y ahogaron la, y

καρπὸν οὐκ ἔδωκεν. 8 καὶ ἄλλα ἔπεσεν
fruto no dio. Y otras (semillas) cayeron

εἰς τὴν γῆν τὴν καλὴν καὶ ἐδίδου καρπὸν
en la tierra — de buena calidad y daban fruto

ἀναβαίνοντα καὶ αὐξανόμενα καὶ ἔφερεν
⁵creciendo y desarrollándose y ⁶producían

εἰς τριάκοντα καὶ ἐν ἑξήκοντα καὶ ἐν
hasta treinta y (en) sesenta y (en)

ἑκατόν. 9 καὶ ἔλεγεν· ὃς ἔχει ὦτα
cien. Y decía: El que tiene oídos

ἀκούειν ἀκουέτω. 10 Καὶ ὅτε ἐγένετο
para oír, oiga. Y cuando se quedó

κατὰ μόνας, ἠρώτων αὐτὸν οἱ περὶ
a solas, preguntaban le los en torno
(que estaban)

αὐτὸν σὺν τοῖς δώδεκα τὰς παραβολάς.
a él con los doce las parábolas.

11 καὶ ἔλεγεν αὐτοῖς· ὑμῖν τὸ μυστήριον
Y decía les: A vosotros el misterio

1
1. ORILLA. Lit. *tierra.*
2
6. SE AGOSTÓ. Lit. *se quemó.*
3
7. ENTRE LOS ABROJOS. Lit.
a los abrojos (o *espinos*).
4
7. CRECIERON. Lit. *subieron.*
5
8. CRECIENDO... Lit. *subiendo y aumentando.*
6
8. PRODUCÍAN. Lit. *llevaban.*

δέδοται   τῆς βασιλείας τοῦ θεοῦ· ἐκείνοις δὲ
ha sido dado   del   reino   — de Dios; mas a aquellos

τοῖς   ἔξω   ἐν   παραβολαῖς   τὰ   πάντα
los   (de) afuera, en   parábolas   —   todo

γίνεται, 12 ἵνα βλέποντες βλέπωσιν καὶ
se hace,   para que viendo   vean   y

μὴ ἴδωσιν, καὶ ἀκούοντες ἀκούωσιν καὶ
no   perciban, y   oyendo   oigan   y

μὴ συνιῶσιν, μήποτε ἐπιστρέψωσιν καὶ
no   entiendan, no sea que   se vuelvan   y

ἀφεθῇ   αὐτοῖς. 13 καὶ λέγει αὐτοῖς·
sea perdonado   les.   Y   dice   les:

οὐκ οἴδατε τὴν παραβολὴν ταύτην, καὶ πῶς
¿No ¹entendéis la   parábola   esta,   y   cómo

πάσας τὰς παραβολὰς γνώσεσθε; 14 ὁ
todas las   parábolas   conoceréis?   El

σπείρων τὸν λόγον σπείρει. 15 οὗτοι δέ εἰσιν
que siembra, la   palabra siembra.   Y éstos   son

οἱ   παρὰ   τὴν   ὁδόν, ὅπου σπείρεται ὁ
los   (de) junto   al   camino, donde   es sembrada   la

λόγος, καὶ ὅταν ἀκούσωσιν, εὐθὺς ἔρχεται
palabra, y   cuando   oyen,   en seguida   viene

ὁ σατανᾶς καὶ αἴρει τὸν λόγον τὸν
—   Satanás   y   quita   la   palabra   —

ἐσπαρμένον εἰς αὐτούς. 16 καὶ οὗτοί εἰσιν
que ha sido sembrada en   ellos.   Y   éstos   son

ὁμοίως οἱ ἐπὶ τὰ πετρώδη σπειρόμενοι,
asimismo   los   en   los (sitios) pedregosos que son sembrados,

οἳ ὅταν ἀκούσωσιν τὸν λόγον εὐθὺς
que   cuando   oyen   la   palabra, en seguida

μετὰ χαρᾶς λαμβάνουσιν αὐτόν, 17 καὶ
con   gozo   reciben   la,   y

οὐκ ἔχουσιν ῥίζαν ἐν ἑαυτοῖς ἀλλὰ
no   tienen   raíz   en   sí mismos, sino que

πρόσκαιροί εἰσιν, εἶτα γενομένης θλίψεως
temporales   son;   después, al ocurrir   una aflicción

ἢ διωγμοῦ διὰ τὸν λόγον εὐθὺς
o   persecución por causa de la   palabra, en seguida

σκανδαλίζονται. 18 καὶ ἄλλοι εἰσὶν οἱ   εἰς
reciben tropiezo.   Y   otros   son   los   en

τὰς ἀκάνθας σπειρόμενοι· οὗτοί εἰσιν   οἱ
los   abrojos   que son sembrados; éstos   son   los que

τὸν λόγον ἀκούσαντες, 19 καὶ αἱ μέριμναι
la   palabra   oyeron,   y   las preocupaciones

τοῦ αἰῶνος καὶ ἡ ἀπάτη τοῦ πλούτου
del   ²mundo   y   el   engaño   de la   riqueza

13. ENTENDÉIS. Lit. sabéis.
19. MUNDO. Lit. siglo.

καὶ αἱ περὶ τὰ λοιπὰ ἐπιθυμίαι
y   los   acerca de las   restantes cosas   deseos

εἰσπορευόμεναι συμπνίγουσιν τὸν λόγον, καὶ
entrando, ahogan la palabra e

ἄκαρπος γίνεται. 20 καὶ ἐκεῖνοί εἰσιν
infructuosa se hace. Y aquellos son

οἱ ἐπὶ τὴν γῆν τὴν καλὴν σπαρέντες,
los que en la tierra — buena sembrados,

οἵτινες ἀκούουσιν τὸν λόγον καὶ παραδέχονται
los cuales oyen la palabra y (la) acogen

καὶ καρποφοροῦσιν ἐν τριάκοντα καὶ ἐν
y llevan fruto en treinta y en

ἑξήκοντα καὶ ἐν ἑκατόν. 21 Καὶ ἔλεγεν
sesenta y en ciento. Y decía

αὐτοῖς ὅτι μήτι ἔρχεται ὁ λύχνος ἵνα
les — ¿Acaso ¹se trae la lámpara para que

ὑπὸ τὸν μόδιον τεθῇ ἢ ὑπὸ τὴν
debajo del almud sea puesta o debajo de la

κλίνην; οὐχ ἵνα ἐπὶ τὴν λυχνίαν
cama? ¿No (es) para que sobre el candelero

τεθῇ; 22 οὐ γάρ ἐστίν τι κρυπτόν,
sea puesta? Porque no hay algo oculto,

ἐὰν μὴ ἵνα φανερωθῇ· οὐδὲ ἐγένετο
a no ser para que sea manifestado; ni se hizo

ἀπόκρυφον, ἀλλ' ἵνα ἔλθῃ εἰς φανερόν.
encubierto, sino para ²salir a (la) luz pública.

23 εἴ τις ἔχει ὦτα ἀκούειν ἀκουέτω.
Si alguien tiene oídos para oír, oiga.

24 Καὶ ἔλεγεν αὐτοῖς· βλέπετε τί
Y decía les: ³Poned atención a lo que

ἀκούετε. ἐν ᾧ μέτρῳ μετρεῖτε
oís. ⁴Con la medida con que medís,

μετρηθήσεται ὑμῖν, καὶ προστεθήσεται ὑμῖν.
será medido os, y será añadido os.

25 ὃς γὰρ ἔχει, δοθήσεται αὐτῷ· καὶ ὃς
Porque al que tiene, será dado le; y el que

οὐκ ἔχει, καὶ ὃ ἔχει ἀρθήσεται ἀπ'
no tiene, aun lo que tiene será quitado de

αὐτοῦ. 26 Καὶ ἔλεγεν· οὕτως ἐστὶν ἡ
él. Y decía: Así es el

βασιλεία τοῦ θεοῦ, ὡς ἄνθρωπος βάλῃ
reino — de Dios, como un hombre ⁵que echa

τὸν σπόρον ἐπὶ τῆς γῆς, 27 καὶ καθεύδῃ
la semilla en la tierra, y se acuesta

καὶ ἐγείρηται νύκτα καὶ ἡμέραν, καὶ ὁ
y se levanta, noche y día, y la

σπόρος βλαστᾷ καὶ μηκύνηται ὡς οὐκ
semilla brota y ⁶crece como no

οἶδεν αὐτός. 28 αὐτομάτη ἡ γῆ καρποφορεῖ,
sabe él. Por sí misma la tierra lleva fruto,

1
21. SE TRAE. Lit. viene.
2
22. SALIR. Lit. que venga.
3
24. PONED ATENCIÓN A LO
QUE OÍS. Lit. Ved qué oís.
4
24. CON LA MEDIDA CON QUE
MEDÍS. Lit. Con la cual medida medís.
5
26. QUE ECHA. Lit. echaría.
6
27. CRECE. Lit. se alarga.

πρῶτον χόρτον, εἶτεν στάχυν, εἶτεν πλήρης
primero   hierba,   después   espiga,   después   lleno

σῖτος ἐν τῷ στάχυϊ. 29 ὅταν δὲ παραδοῖ
grano   en   la   espiga.   Y cuando   (lo) permite

ὁ καρπός, εὐθὺς ἀποστέλλει τὸ δρέπανον,
el   fruto,   en seguida   ¹envía   la   hoz,

ὅτι παρέστηκεν ὁ θερισμός. 30 Καὶ ἔλεγεν·
pues   ha llegado   la   recolección.   Y   decía:

πῶς ὁμοιώσωμεν τὴν βασιλείαν τοῦ θεοῦ,
¿Cómo   compararemos   el   reino   —   de Dios,

ἢ ἐν τίνι αὐτὴν παραβολῇ θῶμεν; 31 ὡς
o   en   qué   parábola lo   pondremos?   Como

κόκκῳ σινάπεως, ὃς ὅταν σπαρῇ ἐπὶ τῆς
a un grano   de mostaza,   el cual cuando se siembra   en   la

γῆς, μικρότερον ὂν πάντων τῶν σπερμάτων
tierra,   más pequeño   ²es   que todas   las   semillas

τῶν ἐπὶ τῆς γῆς, 32 καὶ ὅταν σπαρῇ,
—   en   la   tierra,   y   cuando   se siembra,

ἀναβαίνει καὶ γίνεται μεῖζον πάντων τῶν
³crece   y   se hace   mayor   que todas   las

λαχάνων, καὶ ποιεῖ κλάδους μεγάλους,
hortalizas,   y   ⁴echa   ramas   grandes,

ὥστε δύνασθαι ὑπὸ τὴν σκιὰν αὐτοῦ τὰ
hasta   poder   bajo   la   sombra   de él   las
                                        (su)

πετεινὰ τοῦ οὐρανοῦ κατασκηνοῦν. 33 Καὶ
aves   del   cielo   anidar.   Y

τοιαύταις παραβολαῖς πολλαῖς ἐλάλει αὐτοῖς
con tales   parábolas   muchas   hablaba   les

τὸν λόγον, καθὼς ἠδύναντο ἀκούειν·
la   palabra,   ⁵según   podían   oír;

34 χωρὶς δὲ παραβολῆς οὐκ ἐλάλει αὐτοῖς,
y sin   parábola   no   hablaba   les,

κατ᾽ ἰδίαν δὲ τοῖς ἰδίοις μαθηταῖς ἐπέλυεν
mas   en privado   a los   propios   discípulos   explicaba
                  (sus)

πάντα.
todo.

35 Καὶ λέγει αὐτοῖς ἐν ἐκείνῃ τῇ
      Y   dice   les   en   aquel   —

ἡμέρᾳ ὀψίας γενομένης· διέλθωμεν εἰς τὸ
día   el atardecer   llegado: Pasemos   al

πέραν. 36 καὶ ἀφέντες τὸν ὄχλον
otro lado.   Y   dejando   a la   multitud,

παραλαμβάνουσιν αὐτὸν ὡς ἦν ἐν τῷ
toman consigo   le   como estaba   en   la

πλοίῳ, καὶ ἄλλα πλοῖα ἦν μετ᾽ αὐτοῦ.
barca,   y   otras   barcas   había   con   él.

37 καὶ γίνεται λαῖλαψ μεγάλη ἀνέμου,
      Y   ocurre   una tormenta   grande   de viento,

1
29. ENVÍA. Es decir, *mete*.
2
31. ES. Lit. *siendo*.
3
32. CRECE. Lit. *sube*.
4
32. ECHA. Lit. *hace*.
5
33. SEGÚN PODÍAN OÍR. Es decir, *según la capacidad que tenían para entender*.

καὶ τὰ κύματα ἐπέβαλλεν εἰς τὸ πλοῖον,
y   las   olas   embestían contra la   barca,

ὥστε ἤδη γεμίζεσθαι τὸ πλοῖον. 38 καὶ
tanto que ya se estaba llenando la barca.   Y

αὐτὸς ἦν ἐν τῇ πρύμνῃ ἐπὶ τὸ
él   estaba en la popa   sobre el

προσκεφάλαιον καθεύδων. καὶ ἐγείρουσιν
cabezal   durmiendo. Y   1despiertan

αὐτὸν καὶ λέγουσιν αὐτῷ· διδάσκαλε, οὐ μέλει
le   y   dicen   le: Maestro, ¿no importa

σοι ὅτι ἀπολλύμεθα; 39 καὶ διεγερθεὶς
te que estamos pereciendo?   Y   levantado,

ἐπετίμησεν τῷ ἀνέμῳ καὶ εἶπεν τῇ
reprendió al viento y   dijo   al

θαλάσσῃ· σιώπα, πεφίμωσο. καὶ ἐκόπασεν
mar: ¡Calla, 2sosiégate! Y   amainó

ὁ ἄνεμος, καὶ ἐγένετο γαλήνη μεγάλη.
el viento, y   se hizo una calma grande.

40 καὶ εἶπεν αὐτοῖς· τί δειλοί ἐστε
  Y   dijo   les: ¿Por qué miedosos estáis

οὕτως; πῶς οὐκ ἔχετε πίστιν; 41 καὶ
así? ¿Cómo no tenéis fe?   Y

ἐφοβήθησαν φόβον μέγαν, καὶ ἔλεγον πρὸς
temieron (con) temor grande, y   decían unos

ἀλλήλους· τίς ἄρα οὗτός ἐστιν, ὅτι καὶ
a otros: ¿Quién, pues, éste es,   que aun

ὁ ἄνεμος καὶ ἡ θάλασσα ὑπακούει αὐτῷ;
el viento y el mar   obedecen le?

5 Καὶ ἦλθον εἰς τὸ πέραν τῆς θαλάσσης
  Y vinieron al otro lado del   mar

εἰς τὴν χώραν τῶν Γερασηνῶν. 2 καὶ
a la región de los gerasenos.   Y

ἐξελθόντος αὐτοῦ ἐκ τοῦ πλοίου, [εὐθὺς]
cuando salió él de la barca,   en seguida

ὑπήντησεν αὐτῷ ἐκ τῶν μνημείων ἄνθρωπος
salió al encuentro le de entre los sepulcros un hombre

ἐν πνεύματι ἀκαθάρτῳ, 3 ὃς τὴν κατοίκησιν
con un espíritu inmundo, que la morada

εἶχεν ἐν τοῖς μνήμασιν, καὶ οὐδὲ ἁλύσει
tenía en los sepulcros, y   ni con una 3cadena

οὐκέτι οὐδεὶς ἐδύνατο αὐτὸν δῆσαι, 4   διὰ
ya no nadie podía   le   atar,   por cuanto

τὸ αὐτὸν πολλάκις πέδαις καὶ ἁλύσεσιν
— él muchas veces con grillos y   cadenas

1
38. DESPIERTAN. Lit. *levantan*.
2
39. SOSIÉGATE. Lit. *enmudece*.
3
3. CADENA. El vocablo griego es el mismo en Ap. 20:1, y significa una cadena muy fuerte.

δεδέσθαι,   καὶ διεσπάσθαι ὑπ' αὐτοῦ τὰς
había estado atado,   y   habían sido rotas   por   él   las

ἁλύσεις καὶ τὰς πέδας συντετρῖφθαι, καὶ
cadenas   y   los   grillos   habían sido destrozados,   y

οὐδεὶς ἴσχυεν αὐτὸν δαμάσαι·   5 καὶ
nadie   tenía fuerza   le   para domar.   Y

διὰ παντὸς νυκτὸς καὶ ἡμέρας ἐν τοῖς μνήμασιν
continuamente,   noche   y   día,   en   los   sepulcros

καὶ ἐν τοῖς ὄρεσιν ἦν κράζων καὶ
y   en   las   montañas   estaba   gritando   y

κατακόπτων ἑαυτὸν λίθοις.   6 καὶ ἰδὼν
haciéndose muchos   a sí mismo   con piedras.   Y   al ver

cortes

τὸν Ἰησοῦν ἀπὸ μακρόθεν ἔδραμεν καὶ
—   a Jesús   desde   lejos,   corrió   y

προσεκύνησεν αὐτόν, 7 καὶ κράξας φωνῇ
se postró ante   él,   y   gritando   con voz

μεγάλῃ λέγει· τί ἐμοὶ καὶ σοί, Ἰησοῦ
grande,   dice: [1]¿Qué   tengo   que ver contigo,   Jesús,

υἱὲ τοῦ θεοῦ τοῦ ὑψίστου; ὁρκίζω σε
Hijo   —   de Dios   el   Altísimo?   Conjuro   te

τὸν θεόν, μή με βασανίσῃς.   8 ἔλεγεν
—   por Dios,   no   me   atormentes.   Porque decía

γὰρ αὐτῷ· ἔξελθε τὸ πνεῦμα τὸ ἀκάθαρτον
le: Sal,   —   espíritu   —   inmundo

ἐκ τοῦ ἀνθρώπου. 9 καὶ ἐπηρώτα αὐτόν·
del   hombre.   Y   preguntaba   le:

τί ὄνομά σοι; καὶ λέγει αὐτῷ· λεγιὼν
¿Qué nombre   tienes?   Y   dice   le: Legión

ὄνομά μοι, ὅτι πολλοί ἐσμεν.   10 καὶ
(es) [2]mi nombre,   pues   muchos   somos.   Y

παρεκάλει αὐτὸν πολλὰ ἵνα μὴ αὐτὰ
rogaba   le   mucho   para que   no   les

ἀποστείλῃ ἔξω τῆς χώρας. 11 ἦν δὲ
enviara   fuera   de la   región.   Y había

ἐκεῖ πρὸς τῷ ὄρει ἀγέλη χοίρων μεγάλη
allí   cerca   del   monte   una piara   de cerdos   grande

βοσκομένη· 12 καὶ παρεκάλεσαν αὐτὸν
paciendo;   y   rogaron   le,

λέγοντες· πέμψον ἡμᾶς εἰς τοὺς χοίρους,
diciendo: Envía   nos   a   los   cerdos,

ἵνα εἰς αὐτοὺς εἰσέλθωμεν. 13 καὶ ἐπέτρεψεν
para que en   ellos   entremos.   Y   permitió(lo)

αὐτοῖς. καὶ ἐξελθόντα τὰ πνεύματα τὰ
les.   Y   saliendo   los   espíritus   —

ἀκάθαρτα εἰσῆλθον εἰς τοὺς χοίρους, καὶ
inmundos,   entraron   en   los   cerdos,   y

ὥρμησεν ἡ ἀγέλη κατὰ τοῦ κρημνοῦ εἰς
se precipitó   la   piara   por   el   acantilado   al

1
7. ¿QUÉ TENGO QUE VER CON-
TIGO...? Lit. ¿Qué a mí y
a ti?
2
9. (ES) MI NOMBRE. Lit. tengo por nombre.

τὴν θάλασσαν, ὡς δισχίλιοι, καὶ ἐπνίγοντο
mar,   como   (unos) dos mil,   y   [1]se ahogaron

ἐν τῇ θαλάσσῃ. 14 καὶ οἱ βόσκοντες
en   el   mar.   Y   los   que apacentaban

αὐτοὺς ἔφυγον καὶ ἀπήγγειλαν εἰς τὴν
los,   huyeron   y   (lo) contaron   por   la

πόλιν καὶ εἰς τοὺς ἀγρούς· καὶ ἦλθον
ciudad   y   por   [2]los   campos;   y   vinieron

ἰδεῖν τί ἐστιν τὸ γεγονός. 15 καὶ
a ver   qué   [3]era   lo   sucedido.   Y

ἔρχονται πρὸς τὸν Ἰησοῦν, καὶ θεωροῦσιν τὸν
vienen   a   —   Jesús,   y   contemplan   al

δαιμονιζόμενον καθήμενον ἱματισμένον καὶ
endemoniado   sentado,   vestido   y

σωφρονοῦντα, τὸν ἐσχηκότα τὸν λεγιῶνα,
en su sano juicio,   al que   había tenido   la   legión,

καὶ ἐφοβήθησαν. 16 καὶ διηγήσαντο αὐτοῖς οἱ
y   tuvieron miedo.   Y refirieron en detalle   les   los que

ἰδόντες πῶς ἐγένετο τῷ δαιμονιζομένῳ
(lo) vieron,   cómo   [4]había ocurrido   al   endemoniado
                             (aquello)

καὶ περὶ τῶν χοίρων. 17 καὶ ἤρξαντο
y   acerca de   los   cerdos.   Y   comenzaron

παρακαλεῖν αὐτὸν ἀπελθεῖν ἀπὸ τῶν ὁρίων
a rogar   le   que se marchara   de   los   confines

αὐτῶν. 18 καὶ ἐμβαίνοντος αὐτοῦ εἰς τὸ
de ellos.   Y   [5]al entrar   él   en   la

πλοῖον παρεκάλει αὐτὸν ὁ δαιμονισθεὶς
barca,   rogaba   le   el   que había estado
                            endemoniado

ἵνα μετ' αὐτοῦ ᾖ. 19 καὶ οὐκ ἀφῆκεν
que   con   él   pudiese estar.   Y   [6]no   lo permitió

αὐτόν, ἀλλὰ λέγει αὐτῷ· ὕπαγε εἰς τὸν
a él,   sino   dice   le: Ve   a   la

οἶκόν σου πρὸς τοὺς σούς, καὶ ἀπάγγειλον
casa   de ti   a   los   tuyos,   y   refiere
     (tu)

αὐτοῖς ὅσα ὁ κύριός σοι πεποίηκεν καὶ
les   cuán grandes el   Señor   te   ha hecho   y
       cosas

ἠλέησέν σε. 20 καὶ ἀπῆλθεν καὶ ἤρξατο
tuvo compasión de ti.   Y   se fue   y   comenzó

κηρύσσειν ἐν τῇ Δεκαπόλει ὅσα ἐποίησεν
a proclamar   en   la   Decápolis   cuán grandes   hizo
                               cosas

αὐτῷ ὁ Ἰησοῦς, καὶ πάντες ἐθαύμαζον.
le   —   Jesús,   y   todos   se admiraban.

21 Καὶ διαπεράσαντος τοῦ Ἰησοῦ ἐν τῷ
Y   después que cruzó   —   Jesús   en   la

πλοίῳ πάλιν εἰς τὸ πέραν συνήχθη ὄχλος
barca   de nuevo   a   la   otra orilla,   se reunió una multitud

---

1
13. SE AHOGARON. Lit. *se ahogaban.*
2
14. LOS CAMPOS. Es decir, *las alquerías.*
3
14. ERA. Lit. *es.*
4
16. HABÍA OCURRIDO. Lit. *ocurrió.*
5
18. AL ENTRAR. Lit. *cuando estaba entrando.*
6
19. NO LO PERMITIÓ. Lit. *no le dejó.*

πολὺς   ἐπ’ αὐτόν, καὶ   ἦν   παρὰ τὴν θάλασσαν.
1grande 2junto a él,   y (él) estaba junto   al   mar.

22 Καὶ   ἔρχεται   εἰς   τῶν   ἀρχισυναγώγων,
Y   viene   uno   de los   jefes de la sinagoga,

ὀνόματι   Ἰάϊρος,   καὶ   ἰδὼν   αὐτὸν   πίπτει
de nombre   Jairo,   y   al ver   le,   cae

πρὸς   τοὺς   πόδας   αὐτοῦ,   **23** καὶ   παρακαλεῖ
a   los   pies   de él,   y   ruega

αὐτὸν   πολλὰ   λέγων   ὅτι   τὸ   θυγάτριόν   μου
le   mucho   diciendo: — La   hijita   de mí
                                                   (mi)

ἐσχάτως   ἔχει,   ἵνα   ἐλθὼν   ἐπιθῇς
en las últimas   está;   para que, viniendo,   impongas

τὰς   χεῖρας   αὐτῇ,   ἵνα   σωθῇ   καὶ   ζήσῃ.
las   manos   le,   para   que sea sanada y   viva.

24 καὶ ἀπῆλθεν μετ’ αὐτοῦ. καὶ ἠκολούθει αὐτῷ
Y   se fue   con   él.   Y   seguía   le

ὄχλος   πολύς,   καὶ   συνέθλιβον αὐτόν.   **25** Καὶ
gentío   mucho,   y   apretujaban   le.   Y

γυνὴ   οὖσα   ἐν   ῥύσει   αἵματος   δώδεκα
una mujer 3que padecía de   un flujo   de sangre   por doce

ἔτη,   **26** καὶ   πολλὰ   παθοῦσα   ὑπὸ   πολλῶν
años,   y   mucho   que había sufrido 4a manos de   muchos

ἰατρῶν   καὶ   δαπανήσασα   τὰ   παρ’   αὐτῆς
médicos   y   que había gastado   5lo   que   tenía

πάντα,   καὶ   μηδὲν   ὠφεληθεῖσα   ἀλλὰ   μᾶλλον
todo,   y   ningún   provecho había sacado, sino que   más bien

εἰς   τὸ   χεῖρον   ἐλθοῦσα,   **27** ἀκούσασα   τὰ
a   lo   peor   había venido,   cuando oyó   lo (de)

περὶ   τοῦ   Ἰησοῦ,   ἐλθοῦσα   ἐν   τῷ   ὄχλῳ
acerca —   Jesús,   viniendo   entre   la   multitud

ὄπισθεν ἥψατο τοῦ ἱματίου αὐτοῦ· **28** ἔλεγεν
por detrás   tocó   el   manto   de él;   porque decía:

γὰρ   ὅτι   ἐὰν   ἅψωμαι   κἂν   τῶν   ἱματίων
—   Si   toco   tan sólo   las   vestiduras

αὐτοῦ, σωθήσομαι.   **29** καὶ   εὐθὺς   ἐξηράνθη
de él,   seré sanada.   Y   al instante   se secó

ἡ   πηγὴ   τοῦ   αἵματος   αὐτῆς,   καὶ   ἔγνω
6el   flujo   de la   sangre   de ella,   y   conoció

τῷ   σώματι   ὅτι   ἴαται   ἀπὸ   τῆς
en el   cuerpo   que   había sido sanada   de   la
(su)

μάστιγος.   **30** καὶ   εὐθὺς   ὁ Ἰησοῦς ἐπιγνοὺς ἐν
7aflicción.   Y   en seguida —   Jesús,   percatado en

ἑαυτῷ   τὴν   ἐξ   αὐτοῦ   δύναμιν   ἐξελθοῦσαν,
sí mismo   8del   poder que había salido de él,

ἐπιστραφεὶς ἐν τῷ ὄχλῳ ἔλεγεν· τίς μου ἥψατο τῶν
dándose la vuelta en de la gente,   decía: ¿Quién de mí   tocó   las
                          medio
ἱματίων;   **31** καὶ   ἔλεγον   αὐτῷ   οἱ   μαθηταὶ
vestiduras?   Y   decían   le   los   discípulos

1
21. GRANDE. Lit. *mucha.*
2
21. JUNTO A ÉL. Lit. *sobre él,* lo que comporta la idea de aglomeración en torno suyo.
3
25. QUE PADECÍA DE UN FLUJO. Lit. *estando en un flujo.*
4
26. A MANOS DE MUCHOS MÉDICOS. Lit. *por muchos médicos.*
5
26. LO QUE TENÍA TODO. Lit. *lo que [había] a disposición de ella todo.*
6
29. EL FLUJO DE LA SANGRE. Lit. *la fuente de la sangre.*
7
29. AFLICCIÓN. Lit. *plaga o azote.*
8
30. DEL PODER QUE HABÍA SALIDO DE ÉL. Lit. *del, de él, poder salido.*

αὐτοῦ· βλέπεις τὸν ὄχλον συνθλίβοντά σε,
de él.   Ves que   la   multitud   está apretujando   te,

καὶ λέγεις· τίς μου ἥψατο; 32 καὶ
y   dices: ¿Quién   me   tocó?   Y

περιεβλέπετο ἰδεῖν τὴν τοῦτο ποιήσασαν.
miraba en torno suyo para ver   a la que   esto   había hecho.

33 ἡ δὲ γυνὴ φοβηθεῖσα καὶ τρέμουσα,
Y la   mujer,   temiendo   y   temblando,

εἰδυῖα ὃ γέγονεν αὐτῇ, ἦλθεν καὶ προσέ-
sabiendo lo que había sucedido   le,   vino   y   cayó

πεσεν αὐτῷ καὶ εἶπεν αὐτῷ πᾶσαν τὴν ἀλήθειαν.
ante   él   y   dijo   le   toda   la   verdad.

34 ὁ δὲ εἶπεν αὐτῇ· θυγάτηρ, ἡ πίστις
Y él   dijo   le: Hija,   la   fe

σου σέσωκέν σε· ὕπαγε εἰς εἰρήνην, καὶ
de ti   ha sanado   te;   vete   en   paz,   y

ἴσθι ὑγιὴς ἀπὸ τῆς μάστιγός σου. 35 Ἔτι
sé   sana [1]de   la   aflicción   de ti.   Aún

αὐτοῦ λαλοῦντος ἔρχονται ἀπὸ τοῦ
él   estando hablando,   vienen   de (casa)   del

ἀρχισυναγώγου λέγοντες ὅτι ἡ θυγάτηρ
jefe de la sinagoga,   diciendo: —   La   hija

σου ἀπέθανεν· τί ἔτι σκύλλεις τὸν διδάσκαλον;
de ti   murió;   ¿por qué aún   molestas   al   Maestro?

36 ὁ δὲ Ἰησοῦς παρακούσας τὸν λόγον
— Mas   Jesús,   no haciendo caso   de la   palabra

λαλούμενον λέγει τῷ ἀρχισυναγώγῳ· μὴ
que estaba siendo   dice   al   jefe de la sinagoga: Cesa
hablada,

φοβοῦ, μόνον πίστευε. 37 καὶ οὐκ ἀφῆκεν
de temer,   sólo   sigue creyendo.   Y   no   dejó

οὐδένα μετ᾽ αὐτοῦ συνακολουθῆσαι εἰ μὴ
que nadie   con   él   acompañase   excepto

τὸν Πέτρον καὶ Ἰάκωβον καὶ Ἰωάννην
—   Pedro   y   Jacobo   y   Juan

τὸν ἀδελφὸν Ἰακώβου. 38 καὶ ἔρχονται
el   hermano   de Jacobo.   Y   vienen

εἰς τὸν οἶκον τοῦ ἀρχισυναγώγου, καὶ
a   la   casa   del   jefe de la sinagoga,   y

θεωρεῖ θόρυβον, καὶ κλαίοντάς καὶ
observa   un alboroto,   y   a los que lloraban   y

ἀλαλάζοντας πολλά, 39 καὶ εἰσελθὼν λέγει
[2]lamentaban   mucho,   y,   entrando,   dice

αὐτοῖς· τί θορυβεῖσθε καὶ κλαίετε; τὸ
les: ¿Por qué hacéis alboroto   y   llanto?   La

παιδίον οὐκ ἀπέθανεν ἀλλὰ καθεύδει.
niña   no   murió,   sino que   duerme,

40 καὶ κατεγέλων αὐτοῦ. αὐτὸς δὲ ἐκβαλὼν
y   se burlaban   de él.   Mas él,   tras expulsar

1
34. DE LA AFLICCIÓN. Lit.
de la plaga (o azote).
2
38. LAMENTABAN MUCHO. Lit.
emitían repetidos gritos (de
lamento).

πάντας παραλαμβάνει τὸν πατέρα τοῦ
a todos, toma consigo al padre de la

παιδίου καὶ τὴν μητέρα καὶ τοὺς μετ'
niña y a la madre y los que con
(estaban)

αὐτοῦ, καὶ εἰσπορεύεται ὅπου ἦν τὸ
él, y entra adonde estaba la

παιδίον. 41 καὶ κρατήσας τῆς χειρὸς
niña. Y asiendo la mano

τοῦ παιδίου λέγει αὐτῇ· ταλιθὰ κούμ, ὃ
de la niña, dice le: Talitá cum, lo cual

ἐστιν μεθερμηνευόμενον· τὸ κοράσιον, σοὶ
es, siendo traducido: — Muchacha, a ti

λέγω, ἔγειρε. 42 καὶ εὐθὺς ἀνέστη τὸ
digo, levántate. Y al instante se levantó la

κοράσιον καὶ περιεπάτει· ἦν γὰρ
muchacha y [1]se puso a caminar; pues era

ἐτῶν δώδεκα. καὶ ἐξέστησαν εὐθὺς
de años doce. Y quedaron atónitos en seguida

ἐκστάσει μεγάλη. 43 καὶ διεστείλατο
con asombro grande. Y [2]les dio órdenes

αὐτοῖς πολλὰ ἵνα μηδεὶς γνοῖ τοῦτο, καὶ
estrictas de que nadie conociera esto, y

εἶπεν δοθῆναι αὐτῇ φαγεῖν.
dijo que fuera dado le de comer.

6 Καὶ ἐξῆλθεν ἐκεῖθεν, καὶ ἔρχεται εἰς
Y salió de allí, y viene al

τὴν πατρίδα αὐτοῦ, καὶ ἀκολουθοῦσιν
lugar nativo de él, y van siguiendo

αὐτῷ οἱ μαθηταὶ αὐτοῦ. 2 καὶ γενομένου
le los discípulos de él. Y llegado
(sus).

σαββάτου ἤρξατο διδάσκειν ἐν τῇ συναγωγῇ·
(el) sábado, comenzó a enseñar en la sinagoga;

καὶ οἱ πολλοὶ ἀκούοντες ἐξεπλήσσοντο
y los muchos que estaban oyendo, se asombraban

λέγοντες· πόθεν τούτῳ ταῦτα, καὶ τίς ἡ
diciendo: ¿De dónde a éste estas cosas, y cuál la
(le vienen)

σοφία ἡ δοθεῖσα τούτῳ; καὶ αἱ δυνάμεις
sabiduría — que ha sido dada le? ¿Y los [3]milagros

τοιαῦται διὰ τῶν χειρῶν αὐτοῦ γινόμεναι;
tales por medio de las manos de él que son hechos?

3 οὐχ οὗτός ἐστιν ὁ τέκτων, ὁ υἱὸς
¿No éste es el [4]carpintero, el hijo

τῆς Μαρίας καὶ ἀδελφὸς Ἰακώβου καὶ
— de María y hermano de Jacobo y

1
42. SE PUSO A CAMINAR. Lit. *andaba.*
2
43. LES DIO ÓRDENES ESTRIC-TAS. Lit. *ordenóles severa y repetidamente.*
3
2. MILAGROS. Lit. *poderes* (es decir, *hechos poderosos*).
4
3. CARPINTERO. El vocablo griego significa, en primer lugar, *albañil.*

'Ιωσῆτος καὶ 'Ιούδα καὶ Σίμωνος; καὶ
de [1]José   y   de Judas   y   de Simón?   ¿Y

οὐκ εἰσὶν αἱ ἀδελφαὶ αὐτοῦ ὧδε πρὸς
no   están   las   hermanas   de él   aquí   ante

ἡμᾶς; καὶ ἐσκανδαλίζοντο ἐν αὐτῷ. 4 καὶ
nosotros? Y encontraban causa de tropiezo en   él.   Y

ἔλεγεν αὐτοῖς ὁ 'Ιησοῦς ὅτι οὐκ ἔστιν
decía   les   —   Jesús: —   No   hay

προφήτης ἄτιμος εἰ μὴ ἐν τῇ πατρίδι
profeta   sin honor   sino   en   el   lugar nativo

αὐτοῦ καὶ ἐν τοῖς συγγενεῦσιν αὐτοῦ
de él   y   entre   los   parientes   de él

καὶ ἐν τῇ οἰκίᾳ αὐτοῦ. 5 καὶ οὐκ
y   en   la   casa   de él.   Y   no

ἐδύνατο ἐκεῖ ποιῆσαι οὐδεμίαν δύναμιν,
podía   allí   hacer   ningún   [2]milagro,

εἰ μὴ ὀλίγοις ἀρρώστοις ἐπιθεὶς τὰς
excepto que   a unos pocos   enfermos,   tras imponer   las

χεῖρας ἐθεράπευσεν. 6 καὶ ἐθαύμασεν διὰ
manos,   sanó.   Y   se asombró   a causa

τὴν ἀπιστίαν αὐτῶν.
de la   incredulidad   de ellos.

Καὶ περιῆγεν τὰς κώμας κύκλῳ
Y   recorría   las   aldeas   en torno

διδάσκων. 7 Καὶ προσκαλεῖται τοὺς δώδεκα,
enseñando.   Y   llama hacia sí   a los   doce,

καὶ ἤρξατο αὐτοὺς ἀποστέλλειν δύο δύο,
y   comenzó   a les   enviar   de dos en dos,

καὶ ἐδίδου αὐτοῖς ἐξουσίαν τῶν πνευμάτων
y   daba   les   autoridad   [3]sobre los   espíritus

τῶν ἀκαθάρτων, 8 καὶ παρήγγειλεν αὐτοῖς
—   inmundos,   y   encargó   les

ἵνα μηδὲν αἴρωσιν εἰς ὁδὸν εἰ μὴ ῥάβδον
que   nada   llevasen   para (el) camino   excepto   un bordón

μόνον, μὴ ἄρτον, μὴ πήραν, μὴ εἰς τὴν
solo,   no   pan,   no   alforja   no   en   el

ζώνην χαλκόν, 9 ἀλλὰ ὑποδεδεμένους σανδάλια,
cinto   [4]dinero,   sino   calzados (con)   sandalias,

καὶ μὴ ἐνδύσησθε δύο χιτῶνας. 10 καὶ
y   no   os pongáis   dos   túnicas.   Y

ἔλεγεν αὐτοῖς· ὅπου ἐὰν εἰσέλθητε εἰς
decía   les: Dondequiera que   entréis   en

οἰκίαν, ἐκεῖ μένετε ἕως ἂν ἐξέλθητε
una casa,   allí   [5]permaneced   hasta   que   salgáis

ἐκεῖθεν. 11 καὶ ὃς ἂν τόπος μὴ δέξηται
de allí.   Y   cualquier   lugar   que no   acoja

ὑμᾶς μηδὲ ἀκούσωσιν ὑμῶν, ἐκπορευόμενοι
os   ni   escuchen   os,   cuando estéis saliendo

1
3. JOSÉ. Lit. *Josés*.
2
5. MILAGRO. Lit. *poder*.
3
7. SOBRE LOS ESPÍRITUS. Lit. *de los espíritus.*
4
8. DINERO. Lit. *cobre.*
5
10. PERMANECED... Es decir, *posad* (u *hospedaos*) *allí*. Como si dijera: no vayáis hospedándoos de una parte para otra.

ἐκεῖθεν ἐκτινάξατε τὸν χοῦν τὸν ὑποκάτω
de allí,   sacudid   el   polvo   —   de debajo

τῶν ποδῶν ὑμῶν εἰς μαρτύριον αὐτοῖς.
de los   pies   de vosotros en   testimonio ¹contra ellos.

12 Καὶ ἐξελθόντες ἐκήρυξαν ἵνα μετανοῶσιν,
Y   saliendo,   ²predicaron que   se arrepintiesen,

13 καὶ δαιμόνια πολλὰ ἐξέβαλλον, καὶ
y   demonios   muchos   arrojaban,   y

ἤλειφον ἐλαίῳ πολλοὺς ἀρρώστους καὶ
ungían   con aceite a muchos   enfermos   y

ἐθεράπευον.
(los) sanaban.

14 Καὶ ἤκουσεν ὁ βασιλεὺς Ἡρῴδης,
Y   (lo) oyó   el   rey   Herodes,

φανερὸν γὰρ ἐγένετο τὸ ὄνομα αὐτοῦ, καὶ
porque manifiesto ³se había hecho el   nombre   de él,   y

ἔλεγον ὅτι Ἰωάννης ὁ βαπτίζων ἐγήγερται
decían: Juan   el   Bautista   ⁴ha resucitado

ἐκ νεκρῶν, καὶ διὰ τοῦτο ἐνεργοῦσιν αἱ
de (los) muertos, y   por   eso   actúan   ⁵estos

δυνάμεις ἐν αὐτῷ. **15** ἄλλοι δὲ ἔλεγον
poderes milagrosos en él.   Mas otros   decían:

ὅτι Ἡλίας ἐστίν· ἄλλοι δὲ ἔλεγον ὅτι
—   Elías   es;   mas otros   decían: —

προφήτης ὡς εἷς τῶν προφητῶν. **16** ἀκούσας δὲ
Un profeta como uno de los   profetas.   Mas cuando (lo) oyó

ὁ Ἡρῴδης ἔλεγεν· ὃν ἐγὼ ἀπεκεφάλισα
—   Herodes,   decía: Al que yo   decapité

Ἰωάννην, οὗτος ἠγέρθη. **17** Αὐτὸς γὰρ ὁ
Juan,   éste   ⁶resucitó.   Porque el mismo —

Ἡρῴδης ἀποστείλας ἐκράτησεν τὸν Ἰωάννην
Herodes,   enviando,   prendió   —   a Juan

καὶ ἔδησεν αὐτὸν ἐν φυλακῇ διὰ Ἡρῳδιάδα
y ⁷encadenó   le   en (la) cárcel a causa de Herodías

τὴν γυναῖκα Φιλίππου τοῦ ἀδελφοῦ αὐτοῦ,
la   mujer   de Felipe   el   hermano   de él,

ὅτι αὐτὴν ἐγάμησεν· **18** ἔλεγεν γὰρ ὁ
pues ⁸se había casado con ella; porque decía —

Ἰωάννης τῷ Ἡρῴδῃ ὅτι οὐκ ἔξεστίν
Juan   —   a Herodes: —   No   es lícito

σοι ἔχειν τὴν γυναῖκα τοῦ ἀδελφοῦ σου.
te   tener   la   mujer   del   hermano   de ti.

19 ἡ δὲ Ἡρῳδιὰς ἐνεῖχεν αὐτῷ καὶ
— ⁹Y   Herodías guardaba rencor   le   y

ἤθελεν αὐτὸν ἀποκτεῖναι, καὶ οὐκ ἠδύνατο
deseaba   le   matar,   y   no   podía

20 ὁ γὰρ Ἡρῴδης ἐφοβεῖτο τὸν Ἰωάννην,
—   porque Herodes   temía   —   a Juan,

1
11. CONTRA ELLOS. Lit. *a ellos.*
2
12. PREDICARON. Lit. *proclamaron.*
3
14. SE HABÍA HECHO. Lit. *se hizo.*
4
14. HA RESUCITADO. Lit. *ha sido levantado.*
5
14. ESTOS PODERES MILAGROSOS EN ÉL. Lit. *los poderes en él.*
6
16. RESUCITÓ. Lit. *fue levantado.*
7
17. ENCADENÓ. Lit. *ató.*
8
17. SE HABÍA CASADO CON ELLA. Lit. *se casó con ella.*
9
19. Y HERODÍAS... Es decir, *por su parte Herodías...*

εἰδὼς αὐτὸν ἄνδρα δίκαιον καὶ ἅγιον, καὶ
sabiendo que él (era) un varón   justo   y   santo,   y

συνετήρει αὐτόν, καὶ ἀκούσας αὐτοῦ πολλὰ
guardaba seguro   le,   y   cuando oía   le,   en gran manera

ἠπόρει,   καὶ ἡδέως αὐτοῦ ἤκουεν. 21 καὶ
se quedaba   ¹con todo,   le gustaba   oírle.   Y
perplejo;

γενομένης ἡμέρας εὐκαίρου ὅτε Ἡρῴδης
llegado   un día   oportuno   cuando   Herodes

τοῖς γενεσίοις αὐτοῦ δεῖπνον ἐποίησεν τοῖς
en el   cumpleaños   de él   un banquete   hizo   a los
                           (su)

μεγιστᾶσιν αὐτοῦ καὶ τοῖς χιλιάρχοις καὶ
magnates   de él   y   a los   ²tribunos   y
               (sus)

τοῖς πρώτοις τῆς Γαλιλαίας, 22 καὶ
a los   principales   —   de Galilea,   y

εἰσελθούσης τῆς θυγατρὸς αὐτῆς τῆς
cuando entró   la   hija   de la misma   —

Ἡρῳδιάδος καὶ ὀρχησαμένης, ἤρεσεν τῷ
Herodías   y   danzó,   agradó   —

Ἡρῴδη καὶ τοῖς συνανακειμένοις. ὁ δὲ
a Herodes   y   a los que se reclinaban a la mesa con él.   Y el

βασιλεὺς εἶπεν τῷ κορασίῳ· αἴτησόν με
rey   dijo   a la   muchacha: Pide   me

ὃ ἐὰν θέλῃς, καὶ δώσω σοι· 23 καὶ
cualquier cosa que desees,   y   (la) daré   te;   y

ὤμοσεν αὐτῇ ὅτι ὃ ἐὰν αἰτήσῃς δώσω
juró   le: —   Cualquier cosa   que pidas   (la) daré

σοι ἕως ἡμίσους τῆς βασιλείας μου.
te,   hasta   (la) mitad   del   reino   de mí.

24 καὶ ἐξελθοῦσα εἶπεν τῇ μητρὶ αὐτῆς·
  Y   (ella) saliendo,   dijo   a la   madre   de ella:
                                         (su)

τί αἰτήσωμαι; ἡ δὲ εἶπεν· τὴν κεφαλὴν
¿Qué   pediría?   Y ella   dijo: La   cabeza

Ἰωάννου τοῦ βαπτίζοντος. 25 καὶ
de Juan   el   ³Bautista.   Y

εἰσελθοῦσα εὐθὺς μετὰ σπουδῆς πρὸς τὸν
entrando   al instante   con   prisa   ante   el

βασιλέα ᾐτήσατο λέγουσα· θέλω ἵνα ἐξαυτῆς
rey,   pidió,   diciendo: Quiero   que   ahora mismo

δῶς μοι ἐπὶ πίνακι τὴν κεφαλὴν Ἰωάννου
des   me   en una fuente   la   cabeza   de Juan

τοῦ βαπτιστοῦ. 26 καὶ περίλυπος γενόμενος
el   Bautista.   ⁴Y   aunque se puso   muy triste

ὁ βασιλεὺς διὰ τοὺς ὅρκους καὶ τοὺς
el   rey,   por causa   de los   juramentos   y   de los

ἀνακειμένους οὐκ ἠθέλησεν ἀθετῆσαι αὐτήν.
reclinados a la mesa   no   quiso   ⁵desatender   la.

---

¹
20. CON TODO, LE GUSTABA OÍRLE. Lit. *y con gusto le oía.*
²
21. TRIBUNOS. Lit. *jefes de mil* (soldados).
³
24. BAUTISTA. Lit. *que bautiza.*
⁴
26. Y AUNQUE SE PUSO MUY TRISTE... Lit. *Y muy triste poniéndose...*
⁵
26. DESATENDER(LA). Es decir, *negarle lo que ella le pedía.*

27 καὶ   εὐθὺς   ἀποστείλας   ὁ   βασιλεὺς
Y   al instante,   enviando   el   rey

σπεκουλάτορα   ἐπέταξεν   ἐνέγκαι   τὴν   κεφαλὴν
a un verdugo,   ordenó   traer   la   cabeza

αὐτοῦ.   καὶ   ἀπελθὼν   ἀπεκεφάλισεν   αὐτὸν
de él.   Y   yendo,   decapitó   le

ἐν   τῇ   φυλακῇ,   **28** καὶ   ἤνεγκεν   τὴν   κεφαλὴν
en   la   cárcel,   y   trajo   la   cabeza

αὐτοῦ   ἐπὶ   πίνακι   καὶ   ἔδωκεν   αὐτὴν   τῷ
de él   en   una fuente   y   dio   la   a la

κορασίῳ,   καὶ   τὸ   κοράσιον   ἔδωκεν   αὐτὴν
muchacha,   y   la   muchacha   dio   la

τῇ   μητρὶ   αὐτῆς.   **29** καὶ   ἀκούσαντες   οἱ
a la   madre   de ella.   Y   cuando oyeron(lo)   los

μαθηταὶ   αὐτοῦ   ἦλθαν   καὶ   ἦραν   τὸ   πτῶμα
discípulos   de él,   vinieron   y   se llevaron el   cadáver

αὐτοῦ   καὶ   ἔθηκαν   αὐτὸ   ἐν   μνημείῳ.
de él   y   pusieron   lo   en   un sepulcro.

30 Καὶ   συνάγονται   οἱ   ἀπόστολοι   πρὸς
Y   se reúnen   los   apóstoles   ¹en torno

τὸν   Ἰησοῦν,   καὶ   ἀπήγγειλαν   αὐτῷ   πάντα
—   a Jesús,   y   refirieron   le   todo

ὅσα   ἐποίησαν   καὶ   ὅσα   ἐδίδαξαν.   **31** καὶ
cuanto   ²habían hecho   y   cuanto   ³habían enseñado.   Y

λέγει   αὐτοῖς·   δεῦτε   ὑμεῖς   αὐτοὶ   κατ’
dice   les: Venid   vosotros   mismos   en

ἰδίαν   εἰς   ἔρημον   τόπον   καὶ   ἀναπαύσασθε   ὀλίγον.
privado a un   desierto   lugar   y   descansad   un poco.

ἦσαν   γὰρ   οἱ   ἐρχόμενοι   καὶ   οἱ
Porque eran   los   que venían   y   los

ὑπάγοντες   πολλοί,   καὶ   οὐδὲ   φαγεῖν
que iban   muchos,   y   ni   de comer

εὐκαίρουν.   **32** καὶ   ἀπῆλθον   ἐν   τῷ   πλοίῳ
tenían oportunidad.   Y   se fueron   en   la   barca

εἰς   ἔρημον   τόπον   κατ’   ἰδίαν.   **33** καὶ
a   un desierto   lugar   en   privado.   Y

εἶδον   αὐτοὺς   ὑπάγοντας   καὶ   ἐπέγνωσαν
vieron   les   irse   y   (les) reconocieron

πολλοί,   καὶ   πεζῇ   ἀπὸ   πασῶν   τῶν   πόλεων
muchos,   y   a pie   desde   todas   las   ciudades

συνέδραμον   ἐκεῖ   καὶ   προῆλθον   αὐτούς.
corrieron juntos   hacia allí   y   llegaron antes   que ellos.

34 Καὶ   ἐξελθὼν   εἶδεν   πολὺν   ὄχλον,   καὶ
Y   ⁴al desembarcar,   vio   mucho   gentío,   y

ἐσπλαγχνίσθη   ἐπ’   αὐτοὺς   ὅτι   ἦσαν   ὡς
fue movido a compasión   sobre   ellos,   pues   eran   como

πρόβατα   μὴ   ἔχοντα   ποιμένα,   καὶ   ἤρξατο
ovejas   que no   tienen   pastor,   y   comenzó

1
30. EN TORNO A. O *junto a.*
2
30. HABÍAN HECHO. Lit. *hicieron.*
3
30. HABÍAN ENSEÑADO. Lit. *enseñaron.*
4
34. AL DESEMBARCAR. Lit. *al salir.*

διδάσκειν αὐτοὺς πολλά. **35** Καὶ ἤδη ὥρας
a enseñar   les   muchas cosas.   Y como ya ¹se

πολλῆς γενομένης προσελθόντες αὐτῷ οἱ
había hecho muy tarde, acercándose le   los

μαθηταὶ αὐτοῦ ἔλεγον ὅτι ἔρημός ἐστιν
discípulos de él, decían: — Desierto es

ὁ τόπος καὶ ἤδη ὥρα πολλή· **36** ἀπόλυσον
el lugar y ya ²(es) muy tarde;   despacha

αὐτούς, ἵνα ἀπελθόντες εἰς τοὺς κύκλῳ
los, para que, yendo a los en torno

ἀγροὺς καὶ κώμας ἀγοράσωσιν ἑαυτοῖς τί
³campos y aldeas, compren para sí mismos ⁴algo

φάγωσιν. **37** ὁ δὲ ἀποκριθεὶς εἶπεν αὐτοῖς·
que comer.   Mas él, respondiendo, dijo les:

δότε αὐτοῖς ὑμεῖς φαγεῖν. καὶ λέγουσιν
Dad les vosotros de comer. Y dicen

αὐτῷ· ἀπελθόντες ἀγοράσωμεν δηναρίων
le: ⁵¿Iremos a comprar por doscientos

διακοσίων ἄρτους, καὶ δώσομεν αὐτοῖς
denarios panes, y daremos les

φαγεῖν; **38** ὁ δὲ λέγει αὐτοῖς· πόσους
de comer? Y él dice les: ¿Cuántos

ἔχετε ἄρτους; ὑπάγετε ἴδετε. καὶ γνόντες
panes tenéis? Id (y) ved Y ⁶cuando lo supieron,

λέγουσιν· πέντε, καὶ δύο ἰχθύας. **39** καὶ
dicen: Cinco, y dos peces.   Y

ἐπέταξεν αὐτοῖς ἀνακλιθῆναι πάντας συμπόσια
ordenó les que se recostaran todos, grupos

συμπόσια ἐπὶ τῷ χλωρῷ χόρτῳ. **40** καὶ
por grupos, sobre la verde hierba.   Y

ἀνέπεσαν πρασιαὶ πρασιαὶ κατὰ ἑκατὸν
se echaron grupos por grupos de a ciento

καὶ κατὰ πεντήκοντα. **41** καὶ λαβὼν τοὺς
y de a cincuenta.   Y tomando los

πέντε ἄρτους καὶ τοὺς δύο ἰχθύας,
cinco panes y los dos peces,

ἀναβλέψας εἰς τὸν οὐρανὸν εὐλόγησεν καὶ
alzando los ojos al cielo, pronunció la bendición y

κατέκλασεν τοὺς ἄρτους καὶ ἐδίδου τοῖς
partió los panes y (los) iba dando a los

μαθηταῖς ἵνα παρατιθῶσιν αὐτοῖς, καὶ
discípulos para que (los) pusiesen delante de ellos, y

τοὺς δύο ἰχθύας ἐμέρισεν πᾶσιν. **42** καὶ
los dos peces dividió para todos.   Y

1
35. SE HABÍA HECHO MUY TARDE. Lit. *había llegado mucha hora.*
2
35. (ES) MUY TARDE. Lit. *mucha hora.*
3
36. CAMPOS. Es decir, *alquerías.*
4
36. ALGO QUE COMER. Lit. *qué coman.*
5
37. ¿IREMOS A COMPRAR...? Lit. *Habiendo ido, ¿compraremos...?*
6
38. CUANDO LO SUPIERON. Lit. *cuando lo conocieron.*

ἔφαγον πάντες καὶ ἐχορτάσθησαν, **43** καὶ
comieron todos y quedaron satisfechos, y

ἦραν κλάσματα δώδεκα κοφίνων πληρώματα
[1]levantaron doce canastas llenas de pedazos

καὶ ἀπὸ τῶν ἰχθύων **44** καὶ ἦσαν οἱ
y de los peces. Y eran los

φαγόντες τοὺς ἄρτους πεντακισχίλιοι ἄνδρες.
que comieron los panes cinco mil varones.

45 Καὶ εὐθὺς ἠνάγκασεν τοὺς μαθητὰς
Y en seguida obligó a los discípulos

αὐτοῦ ἐμβῆναι εἰς τὸ πλοῖον καὶ προάγειν
de él a entrar en la barca e ir delante

εἰς τὸ πέραν πρὸς Βηθσαϊδάν, ἔως αὐτὸς
a la otra orilla, a Betsaida, mientras él

ἀπολύει τὸν ὄχλον. **46** καὶ ἀποταξάμενος
despacha a la multitud. Y tras despedirse

αὐτοῖς ἀπῆλθεν εἰς τὸ ὄρος προσεύξασθαι.
de ellos, se fue al monte a orar.

47 καὶ ὀψίας γενομένης ἦν τὸ πλοῖον ἐν
Y el atardecer llegado, estaba la barca en

μέσῳ τῆς θαλάσσης, καὶ αὐτὸς μόνος ἐπὶ
medio del mar, y él solo en

τῆς γῆς. **48** καὶ ἰδὼν αὐτοὺς βασανιζομένους
— tierra. Y cuando vio les [2]fatigados

ἐν τῷ ἐλαύνειν, ἦν γὰρ ὁ ἄνεμος ἐναντίος
de remar, porque era el viento contrario

αὐτοῖς, περὶ τετάρτην φυλακὴν τῆς νυκτὸς
les, hacia (la) cuarta vigilia de la noche

ἔρχεται πρὸς αὐτοὺς περιπατῶν ἐπὶ τῆς
viene hacia ellos caminando sobre el

θαλάσσης· καὶ ἤθελεν παρελθεῖν αὐτούς.
mar; y quiso adelantarse les.

49 οἱ δὲ ἰδόντες αὐτὸν ἐπὶ τῆς θαλάσσης
Mas ellos, cuando vieron le sobre el mar

περιπατοῦντα ἔδοξαν ὅτι φάντασμά ἐστιν,
andando, pensaron: — ¡Un fantasma es!,

καὶ ἀνέκραξαν· **50** πάντες γὰρ αὐτὸν εἶδαν
y gritaron; porque todos le vieron

καὶ ἐταράχθησαν. ὁ δὲ εὐθὺς ἐλάλησεν
y [3]se turbaron. Mas él al instante habló

μετ᾽ αὐτῶν, καὶ λέγει αὐτοῖς· θαρσεῖτε,
con ellos, y dice les: ¡Tened ánimo,

ἐγώ εἰμι· μὴ φοβεῖσθε. **51** καὶ ἀνέβη
yo soy; no sigáis temiendo! Y subió

πρὸς αὐτοὺς εἰς τὸ πλοῖον, καὶ ἐκόπασεν
junto a ellos a la barca, y se calmó

ὁ ἄνεμος· καὶ λίαν ἐκ περισσοῦ ἐν ἑαυτοῖς
el vento; y muy extraordinariamente en sí mismos

[1]
43. LEVANTARON DOCE CA-
NASTOS... Lit. *se llevaron
plenitudes de pedazos de
doce canastas.*
[2]
48. FATIGADOS DE REMAR.
Lit. *atormentados en el remar.*
[3]
50. SE TURBARON. Lit. *fueron agitados* (se echaron a
temblar).

ἐξίσταντο·　52 οὐ　γὰρ　συνῆκαν　ἐπὶ
estaban atónitos;　　　porque no　habían entendido　lo de

τοῖς　ἄρτοις　ἀλλ' ἦν　αὐτῶν　ἡ　καρδία
los　panes,　sino que estaba　de ellos　el　corazón

πεπωρωμένη.　53 Καὶ　διαπεράσαντες　ἐπὶ
embotado.　　　Y　después de cruzar (el mar)　a

τὴν　γῆν　ἦλθον　εἰς　Γεννησαρὲτ　καὶ
la　tierra,　vinieron　a　Genesaret　y

προσωρμίσθησαν.　54 καὶ　ἐξελθόντων　αὐτῶν
echaron anclas.　　　Y　cuando salieron　ellos

ἐκ　τοῦ　πλοίου　εὐθὺς　ἐπιγνόντες　αὐτὸν
de　la　barca,　al instante　reconociendo　le,

55 περιέδραμον　ὅλην　τὴν　χώραν　ἐκείνην
fueron corriendo por　toda　la　región　aquella

καὶ　ἤρξαντο　ἐπὶ　τοῖς　κραβάτοις　τοὺς
y　comenzaron　en　las　camillas　a los

κακῶς　ἔχοντας　περιφέρειν,　ὅπου　ἤκουον
[1]que estaban enfermos　a traer　adonde　oían

ὅτι　ἐστίν.　56 καὶ　ὅπου　ἂν　εἰσεπορεύετο
que　está.　　Y　adondequiera　que entraba

εἰς　κώμας　ἢ　εἰς　πόλεις　ἢ　εἰς　ἀγρούς,
en　aldeas　o　en　ciudades　o　en　[2]alquerías,

ἐν　ταῖς　ἀγοραῖς　ἐτίθεσαν　τοὺς　ἀσθενοῦντας,
en　las　plazas　ponían　a los　enfermos,

καὶ　παρεκάλουν　αὐτὸν　ἵνα　κἂν　τοῦ
y　rogaban　le　que　al menos　el

κρασπέδου　τοῦ　ἱματίου　αὐτοῦ　ἅψωνται·
borde　del　manto　de él　pudieran tocar;

καὶ　ὅσοι　ἂν　ἥψαντο　αὐτοῦ　ἐσῴζοντο.
y　cuantos　tocaban　le,　eran sanados.

7 Καὶ　συνάγονται　πρὸς　αὐτὸν　οἱ　Φαρισαῖοι
Y　se reúnen　junto a　él　los　fariseos

καὶ　τινες　τῶν　γραμματέων　ἐλθόντες　ἀπὸ
y　algunos　de los　escribas　venidos　de

Ἱεροσολύμων.　2 καὶ　ἰδόντες　τινὰς　τῶν
Jerusalén.　　　Y　cuando vieron　a algunos　de los

μαθητῶν　αὐτοῦ　ὅτι　κοιναῖς　χερσίν,　τοῦτ'
discípulos　de él　que　[3]con inmundas　manos,　esto

ἔστιν　ἀνίπτοις,　ἐσθίουσιν　τοὺς　ἄρτους,
es,　no lavadas,　comen　los　panes,

3 — οἱ　γὰρ　Φαρισαῖοι　καὶ　πάντες　οἱ
—　porque los　fariseos　y　todos　los

Ἰουδαῖοι　ἐὰν　μὴ　πυγμῇ　νίψωνται　τὰς
judíos,　a no ser que　[4]hasta el codo　se laven　las

1
55. QUE ESTABAN ENFERMOS.
Lit. *que se encontraban mal.*
2
56. ALQUERÍAS. Lit. *campos.*
3
2. CON INMUNDAS MANOS.
Lit. *con comunes manos.*
4
3. HASTA EL CODO. Lit. *con
[el] puño.*

χεῖρας   οὐκ   ἐσθίουσιν,   κρατοῦντες   τὴν
manos,   no   comen,   aferrándose   a la

παράδοσιν   τῶν   πρεσβυτέρων,   4 καὶ   ἀπ'
tradición   de los   ancianos,   y (cuando vienen) de

ἀγορᾶς   ἐὰν   μὴ   ῥαντίσωνται   οὐκ   ἐσθίουσιν,   καὶ
(la) plaza,   a no ser   que se rocíen,   no   comen,   y

ἄλλα   πολλά   ἐστιν   ἃ   παρέλαβον   κρατεῖν,
otras   muchas cosas   hay   1que   recibieron   para retener,

βαπτισμοὺς   ποτηρίων   καὶ   ξεστῶν   καὶ
2lavamientos   de copas   y   de cántaros   y

χαλκίων,   — 5 καὶ   ἐπερωτῶσιν   αὐτὸν   οἱ
de utensilios de   — y   preguntan   le   los
bronce,

Φαρισαῖοι   καὶ   οἱ   γραμματεῖς·   διὰ   τί
fariseos   y   los   escribas: ¿Por   qué

οὐ περιπατοῦσιν   οἱ   μαθηταί   σου   κατὰ   τὴν
3no   andan   los   discípulos   de ti   conforme   a la

παράδοσιν   τῶν   πρεσβυτέρων,   ἀλλὰ   κοιναῖς
tradición   de los   ancianos,   sino que 4con inmundas

χερσὶν   ἐσθίουσιν   τὸν   ἄρτον;   6 ὁ   δὲ   εἶπεν
manos   comen   el   pan?   Mas él   dijo

αὐτοῖς·   καλῶς   ἐπροφήτευσεν   Ἡσαΐας   περὶ
les: Bien   profetizó   Isaías   acerca de

ὑμῶν   τῶν   ὑποκριτῶν,   ὡς   γέγραπται   ὅτι
vosotros   los   hipócritas,   como   5está escrito: —

οὗτος   ὁ   λαὸς   τοῖς   χείλεσίν   με   τιμᾷ,
Este   —   pueblo   con los   labios   me   honra,

ἡ   δὲ   καρδία   αὐτῶν   πόρρω   ἀπέχει   ἀπ'
pero el   corazón   de ellos   lejos   dista   de

ἐμοῦ·   7 μάτην   δὲ   σέβονταί   με,   διδάσκοντες
mí;   mas en vano   dan culto   a mí,   enseñando

διδασκαλίας   ἐντάλματα   ἀνθρώπων.   8 ἀφέντες
(como) doctrinas   preceptos   de hombres.   Dejando

τὴν   ἐντολὴν   τοῦ   θεοῦ   κρατεῖτε   τὴν
el   mandamiento   —   de Dios,   os aferráis   a la

παράδοσιν   τῶν   ἀνθρώπων.   9 καὶ   ἔλεγεν
tradición   de los   hombres.   Y   decía

αὐτοῖς·   καλῶς   ἀθετεῖτε   τὴν   ἐντολὴν   τοῦ
les: 6Bonitamente   desatendéis   el   mandamiento

θεοῦ,   ἵνα   τὴν   παράδοσιν   ὑμῶν   τηρήσητε.
de Dios,   para la   tradición   de vosotros   guardar.

10 Μωϋσῆς   γὰρ   εἶπεν·   τίμα   τὸν   πατέρα   σου
Porque Moisés   dijo: Honra   al   padre   de ti
(tu)

καὶ   τὴν   μητέρα   σου,   καὶ·   ὁ   κακολογῶν
y   a la   madre   de ti   y: El que   hable mal
(tu)

πατέρα   ἢ   μητέρα   θανάτῳ   τελευτάτω.   11 ὑμεῖς
de padre   o   madre,   7sin remedio   muera.   Mas vosotros

δὲ   λέγετε·   ἐὰν   εἴπῃ   ἄνθρωπος   τῷ   πατρὶ
decís: Si   dijese   un hombre   al   padre

1
4. QUE RECIBIERON PARA RE-
TENER. Es decir, a las que
se aferran por tradición.
2
4. LAVAMIENTOS DE COPAS.
Lit. bautismos.
3
5. NO ANDAN... Es decir, no
se comportan...
4
5. CON INMUNDAS MANOS.
Lit. con comunes manos.
5
6. ESTÁ ESCRITO. Lit. ha
sido escrito.
6
9. BONITAMENTE DESATENDÉIS
EL MANDAMIENTO. Es decir,
astutamente os desatendéis
del mandamiento.
7
10. SIN REMEDIO MUERA. Lit.
muera con muerte.

ἢ τῇ μητρί· κορβᾶν, ὅ ἐστιν δῶρον,
o a la madre: Corbán, es decir, ofrenda (a Dios),

ὃ ἐὰν ἐξ ἐμοῦ ὠφεληθῇς, 12 οὐκέτι ἀφίετε
cualquier que de mí puedas obtener ya no dejáis
cosa provecho,

αὐτὸν οὐδὲν ποιῆσαι τῷ πατρὶ ἢ τῇ
le nada hacer al padre o a la

μητρί, 13 ἀκυροῦντες τὸν λόγον τοῦ θεοῦ
madre, invalidando la palabra — de Dios

τῇ παραδόσει ὑμῶν ᾗ παρεδώκατε· καὶ
con la tradición de vosotros que transmitisteis; y

παρόμοια τοιαῦτα πολλὰ ποιεῖτε. 14 Καὶ
cosas semejantes como estas muchas hacéis. Y

προσκαλεσάμενος πάλιν τὸν ὄχλον ἔλεγεν
llamando hacia sí de nuevo a la multitud, decía

αὐτοῖς· ἀκούσατέ μου πάντες καὶ σύνετε.
les: Oíd me todos y entended.

15 οὐδέν ἐστιν ἔξωθεν τοῦ ἀνθρώπου
Nada hay de fuera del hombre

εἰσπορευόμενον εἰς αὐτὸν ὃ δύναται κοινῶσαι
que entra en él que puede hacer inmundo

αὐτόν· ἀλλὰ τὰ ἐκ τοῦ ἀνθρώπου ἐκπο-
le; sino que lo que del hombre sale

ρευόμενά ἐστιν τὰ κοινοῦντα τὸν ἄνθρωπον.
es lo que hace inmundo al hombre.*

17 Καὶ ὅτε εἰσῆλθεν εἰς οἶκον ἀπὸ τοῦ
Y cuando entró en casa desde la

ὄχλου, ἐπηρώτων αὐτὸν οἱ μαθηταὶ αὐτοῦ
multitud, preguntaban le los discípulos de él

τὴν παραβολήν. 18 καὶ λέγει αὐτοῖς·
la parábola. Y dice les:

οὕτως καὶ ὑμεῖς ἀσύνετοί ἐστε; οὐ
¿Así que también vosotros sin discernimiento sois? ¿No

νοεῖτε ὅτι πᾶν τὸ ἔξωθεν εἰσπορευόμενον
entendéis que todo lo que de fuera entra

εἰς τὸν ἄνθρωπον οὐ δύναται αὐτὸν
en el hombre no puede le

κοινῶσαι, 19 ὅτι οὐκ εἰσπορεύεται αὐτοῦ
hacer inmundo, pues no entra de él

εἰς τὴν καρδίαν ἀλλ' εἰς τὴν κοιλίαν,
en el corazón, sino en el vientre,

καὶ εἰς τὸν ἀφεδρῶνα ἐκπορεύεται, καθα-
y a la cloaca marcha, purifi-

ρίζων πάντα τὰ βρώματα; 20 ἔλεγεν δὲ
cando todos los alimentos? Y decía:

ὅτι τὸ ἐκ τοῦ ἀνθρώπου ἐκπορευόμενον
Lo que del hombre sale,

ἐκεῖνο κοινοῖ τὸν ἄνθρωπον. 21 ἔσωθεν
eso hace inmundo al hombre. Porque

* 15. El vers. 16 falta en los mejores MSS.

γὰρ ἐκ τῆς καρδίας τῶν ἀνθρώπων
de dentro del corazón de los hombres

οἱ διαλογισμοὶ οἱ κακοὶ ἐκπορεύονται,
[1]los razonamientos — malos salen,

πορνεῖαι, κλοπαί, φόνοι, 22 μοιχεῖαι,
inmoralidades sexuales, hurtos, homicidios, adulterios,

πλεονεξίαι, πονηρίαι, δόλος, ἀσέλγεια, ὀφθαλμὸς
avaricias, maldades, engaño, lascivia, [2]ojo

πονηρός, βλασφημία, ὑπερηφανία, ἀφροσύνη·
maligno, maledicencia, arrogancia, insensatez;

23 πάντα ταῦτα τὰ πονηρὰ ἔσωθεν ἐκπορεύεται
Todas estas cosas malas de dentro salen

καὶ κοινοῖ τὸν ἄνθρωπον.
y hacen inmundo al hombre.

24 Ἐκεῖθεν δὲ ἀναστὰς ἀπῆλθεν εἰς τὰ ὅρια
Y de allí levantándose, se fue a la región

Τύρου. Καὶ εἰσελθὼν εἰς οἰκίαν οὐδένα ἤθελεν
de Tiro. Y entrando en una casa que nadie quería

γνῶναι, καὶ οὐκ ἠδυνάσθη λαθεῖν· 25 ἀλλ'
(lo) [3]supiera, [4]pero no pudo quedar oculto; sino

εὐθὺς ἀκούσασα γυνὴ περὶ αὐτοῦ, ἧς
que, al instante, al oír una mujer acerca de él, [5]cuya

εἶχεν τὸ θυγάτριον αὐτῆς πνεῦμα ἀκάθαρτον,
hija — tenía de ella un espíritu inmundo,

ἐλθοῦσα προσέπεσεν πρὸς τοὺς πόδας αὐτοῦ·
viniendo se arrojó a los pies de él;

26 ἡ δὲ γυνὴ ἦν Ἑλληνίς, Συροφοινίκισσα
y la mujer era [6]gentil, sirofenicia

τῷ γένει· καὶ ἠρώτα αὐτὸν ἵνα τὸ
de raza; y pedía le que al

δαιμόνιον ἐκβάλῃ ἐκ τῆς θυγατρὸς αὐτῆς.
demonio expulsase de la hija de ella.

27 καὶ ἔλεγεν αὐτῇ· ἄφες πρῶτον
Y decía a ella: Deja primero

χορτασθῆναι τὰ τέκνα· οὐ γάρ ἐστιν καλὸν
que sean saciados los hijos; porque no está bien

λαβεῖν τὸν ἄρτον τῶν τέκνων καὶ τοῖς
tomar el pan de los hijos y a los

κυναρίοις βαλεῖν. 28 ἡ δὲ ἀπεκρίθη καὶ
perrillos echar(lo) Mas ella respondió y

λέγει αὐτῷ· ναί, κύριε· καὶ τὰ κυνάρια
dice le: Sí, señor; (pero) también los perrillos

ὑποκάτω τῆς τραπέζης ἐσθίουσιν ἀπὸ τῶν
debajo de la mesa comen de las

ψιχίων τῶν παιδίων. 29 καὶ εἶπεν αὐτῇ·
migajas de los niños. Y dijo a ella:

διὰ τοῦτον τὸν λόγον ὕπαγε, ἐξελήλυθεν
A causa de esta — [7]respuesta, vete; ha salido

[1]
21. LOS RAZONAMIENTOS MA-
LOS. Es decir, *las maquina-
ciones perversas*.
[2]
22. OJO MALIGNO. Es decir,
envidia.
[3]
24. SUPIERA. Lit. *conociera*.
[4]
24. PERO NO... Lit. *y no...*
[5]
25. CUYA HIJA TENÍA... Lit.
*de la cual tenía la hija de
ella un espíritu inmundo*.
[6]
26. GENTIL. Lit. *griega*.
[7]
29. RESPUESTA. Lit. *palabra*.

ἐκ τῆς θυγατρός σου τὸ δαιμόνιον. 30 καὶ
de la hija de ti el demonio. Y

ἀπελθοῦσα εἰς τὸν οἶκον αὐτῆς εὗρεν τὸ
cuando fue a la casa de ella, encontró a la

παιδίον βεβλημένον ἐπὶ τὴν ^(su)κλίνην καὶ τὸ
niña echada en la cama y (que) el

δαιμόνιον ἐξεληλυθός. 31 Καὶ πάλιν ἐξελθὼν
demonio había salido. Y de nuevo saliendo

ἐκ τῶν ὁρίων Τύρου ἦλθεν διὰ Σιδῶνος
de la región de Tiro, vino a través de Sidón

εἰς τὴν θάλασσαν τῆς Γαλιλαίας ἀνὰ
al mar — de Galilea en

μέσον τῶν ὁρίων Δεκαπόλεως. 32 Καὶ
medio de la región de Decápolis. Y

φέρουσιν αὐτῷ κωφὸν καὶ μογιλάλον, καὶ
traen le un sordo y que hablaba con dificultad, y

παρακαλοῦσιν αὐτὸν ἵνα ἐπιθῇ αὐτῷ τὴν
ruegan le que imponga le la

χεῖρα. 33 καὶ ἀπολαβόμενος αὐτὸν ἀπὸ
mano. Y tomando aparte le de

τοῦ ὄχλου κατ᾽ ἰδίαν ἔβαλεν τοὺς δακτύλους
la multitud en privado, metió los dedos

αὐτοῦ εἰς τὰ ὦτα αὐτοῦ καὶ πτύσας
de él en los oídos de él y, escupiendo,

ἥψατο τῆς γλώσσης αὐτοῦ, 34 καὶ
tocó la lengua de él, y

ἀναβλέψας εἰς τὸν οὐρανὸν ἐστέναξεν,
alzando los ojos to al cielo, lanzó un suspiro,

καὶ λέγει αὐτῷ· ἐφφαθά, ὅ ἐστιν διανοίχθητι.
y dice le: ¡Efatá!, que significa: ¡Ábrete!

35 καὶ ἠνοίγησαν αὐτοῦ αἱ ἀκοαί, καὶ
Y fueron abiertos de él los oídos, y

εὐθὺς ἐλύθη ὁ δεσμὸς τῆς γλώσσης αὐτοῦ,
al instante fue suelto [1]el impedimento de la lengua de él,

καὶ ἐλάλει ὀρθῶς. 36 καὶ διεστείλατο
y hablaba correctamente. Y ordenó

αὐτοῖς ἵνα μηδενὶ λέγωσιν· ὅσον δὲ
les que a nadie (lo) dijesen; pero cuanto más

αὐτοῖς διεστέλλετο, αὐτοὶ μᾶλλον περισσότερον
les ordenaba, ellos más abundantemente

ἐκήρυσσον. 37 καὶ ὑπερπερισσῶς ἐξεπλήσσοντο
(lo) proclamaban. Y sobremanera quedaban atónitos,

λέγοντες· καλῶς πάντα πεποίηκεν, καὶ
diciendo: Bien todo ha hecho, lo mismo

τοὺς κωφοὺς ποιεῖ ἀκούειν καὶ ἀλάλους
a los sordos hace oír que a los mudos

λαλεῖν.
hablar.

1
35. EL IMPEDIMENTO. Lit. *la atadura.*

8 Ἐν ἐκείναις ταῖς ἡμέραις πάλιν πολλοῦ
En   aquellos   —   días,   de nuevo   mucho

ὄχλου ὄντος καὶ μὴ ἐχόντων τί φάγωσιν,
gentío habiendo y   no   teniendo   qué   comiesen,

προσκαλεσάμενος τοὺς μαθητὰς λέγει αὐτοῖς·
llamando   a los discípulos, dice les:

2 σπλαγχνίζομαι ἐπὶ τὸν ὄχλον, ὅτι ἤδη
[1]Siento gran compasión de la multitud, pues ya

ἡμέραι τρεῖς προσμένουσίν μοι καὶ οὐκ
días tres (hace que) permanecen conmigo y no

ἔχουσιν τί φάγωσιν· **3** καὶ ἐὰν ἀπολύσω
tienen   qué   comer;   Y si   despido

αὐτοὺς νήστεις εἰς οἶκον αὐτῶν, ἐκλυθήσονται
les   en ayunas a   casa de ellos   desfallecerán
                                      (sus),

ἐν τῇ ὁδῷ· καί τινες αὐτῶν ἀπὸ μακρόθεν
en el camino; y algunos de ellos de   lejos

εἰσίν. **4** καὶ ἀπεκρίθησαν αὐτῷ οἱ μαθηταὶ
son.   Y   respondieron   le   los discípulos

αὐτοῦ ὅτι πόθεν τούτους δυνήσεταί τις
de él: — ¿De dónde a éstos   podrá   alguien

ὧδε χορτάσαι ἄρτων ἐπ' ἐρημίας; **5** καὶ
aquí satisfacer de panes en un desierto?   Y

ἠρώτα αὐτούς· πόσους ἔχετε ἄρτους;
preguntaba les: ¿Cuántos   panes tenéis?

οἱ δὲ εἶπαν· ἑπτά. **6** καὶ παραγγέλλει τῷ
Y ellos dijeron: Siete.   Y   encarga   a la

ὄχλῳ ἀναπεσεῖν ἐπὶ τῆς γῆς· καὶ λαβὼν
multitud recostarse en el suelo; y tomando

τοὺς ἑπτὰ ἄρτους εὐχαριστήσας ἔκλασεν
los siete   panes,   tras dar gracias, (los) partió

καὶ ἐδίδου τοῖς μαθηταῖς αὐτοῦ ἵνα
y (los) daba a los   discípulos de él para que

παρατιθῶσιν, καὶ παρέθηκαν τῷ ὄχλῳ.
(los) pusieran delante, y (los) sirvieron a la multitud.

7 καὶ εἶχον ἰχθύδια ὀλίγα· καὶ εὐλογήσας
Y tenían pececillos unos pocos; y tras bendecir

αὐτὰ εἶπεν καὶ ταῦτα παρατιθέναι. **8** καὶ
los, dijo que también éstos fueran servidos.   Y

ἔφαγον καὶ ἐχορτάσθησαν, καὶ ἦραν
comieron y   quedaron satisfechos, y [2]recogieron

περισσεύματα κλασμάτων, ἑπτὰ σπυρίδας.
de lo sobrante de los pedazos, siete   cestas.

9 ἦσαν δὲ ὡς τετρακισχίλιοι. καὶ ἀπέλυσεν
Y había como unos cuatro mil.   Y   despidió

αὐτούς. **10** Καὶ εὐθὺς ἐμβὰς εἰς τὸ
los.   Y   al instante entrando en la

πλοῖον μετὰ τῶν μαθητῶν αὐτοῦ
barca   con   los   discípulos   de él

1
2. SIENTO GRAN COMPASIÓN.
Lit. *se me enternecen las
entrañas.*

2
8. RECOGIERON. Lit. *levantaron (o se llevaron).*

ἦλθεν   εἰς   τὰ   μέρη   Δαλμανουθά.
vino   a   la   región   de Dalmanuta.

11 Καὶ   ἐξῆλθον   οἱ   Φαρισαῖοι   καὶ   ἤρξαντο
Y   salieron   los   fariseos   y   comenzaron

συζητεῖν   αὐτῷ,   ζητοῦντες   παρ'   αὐτοῦ
a discutir   con él,   buscando   de parte   de él

σημεῖον   ἀπὸ   τοῦ   οὐρανοῦ,   πειράζοντες
una señal   del   cielo   para poner a prueba

αὐτόν.   **12** καὶ   ἀναστενάξας   τῷ   πνεύματι
le.   Y   suspirando profundamente en el   espíritu

αὐτοῦ   λέγει·   τί   ἡ   γενεὰ   αὕτη   ζητεῖ
de él,   dice: ¿Por qué la   generación   esta   busca

σημεῖον;   ἀμὴν   λέγω   ὑμῖν,   εἰ   δοθήσεται
una señal?   De cierto   digo   os,   si   será dada

τῇ   γενεᾷ   ταύτῃ   σημεῖον.   **13** καὶ   ἀφεὶς
a la   generación   esta   una señal.   Y   dejando

αὐτοὺς   πάλιν   ἐμβὰς   ἀπῆλθεν   εἰς   τὸ
los,   de nuevo   embarcado,   se fue   a   la

πέραν.   **14** Καὶ   ἐπελάθοντο   λαβεῖν   ἄρτους,
orilla opuesta.   Y   se olvidaron   de tomar   panes,

καὶ   εἰ   μὴ   ἕνα   ἄρτον   οὐκ   εἶχον   μεθ'
y   excepto   un solo   pan   no   tenían   con

ἑαυτῶν   ἐν   τῷ   πλοίῳ.   **15** καὶ   διεστέλλετο
ellos mismos   en   la   barca.   Y   encargaba

αὐτοῖς   λέγων·   ὁρᾶτε,   βλέπετε   ἀπὸ   τῆς
les,   diciendo: Mirad,   [1]tened cuidado   de   la

ζύμης   τῶν   Φαρισαίων   καὶ   τῆς   ζύμης
levadura   de los   fariseos   y   de la   levadura

Ἡρῴδου.   **16** καὶ   διελογίζοντο   πρὸς   ἀλλήλους
de Herodes.   Y   razonaban   unos   con otros

ὅτι   ἄρτους   οὐκ   ἔχουσιν.   **17** καὶ   γνοὺς
que   panes   no   tienen.   Y conociendo(lo),

λέγει   αὐτοῖς·   τί   διαλογίζεσθε   ὅτι   ἄρτους
dce   les: ¿Por qué estáis razonando   que   panes

οὐκ   ἔχετε;   οὔπω   νοεῖτε   οὐδὲ   συνίετε;
no   tenéis?   ¿Aún no   entendéis   ni   os dais cuenta?

πεπωρωμένην   ἔχετε   τὴν   καρδίαν   ὑμῶν;
¿Embotado   tenéis   el   corazón   de vosotros?

18 ὀφθαλμοὺς   ἔχοντες   οὐ   βλέπετε,   καὶ
¿Ojos   teniendo,   no   veis,   y

ὦτα   ἔχοντες   οὐκ   ἀκούετε;   καὶ
oídos   teniendo,   no   oís?   ¿Y

οὐ   μνημονεύετε,   **19** ὅτε   τοὺς   πέντε   ἄρτους
no   recordáis,   cuando   los   cinco   panes

ἔκλασα   εἰς   τοὺς   πεντακισχιλίους,   πόσους
partí   para   los   cinco mil,   cuántas

κοφίνους   κλασμάτων   πλήρεις   ἤρατε;   λέγουσιν
cestas   de pedazos   llenas   [2]recogisteis?   Dicen

[1]
15. TENED CUIDADO. Lit. *ved*.
[2]
19. RECOGISTEIS. Lit. *os llevasteis* (o *levantasteis*).

αὐτῷ· δώδεκα. **20** ὅτε τοὺς ἑπτὰ εἰς
le: Doce.   Cuando   los   siete   para

τοὺς τετρακισχιλίους, πόσων σπυρίδων
los   cuatro mil,   1¿cuántos   cestos

πληρώματα κλασμάτων ἤρατε; καὶ λέγουσιν·
llenos   de pedazos   recogisteis?   Y   dicen:

ἑπτά. **21** καὶ ἔλεγεν αὐτοῖς· οὔπω συνίετε;
Siete.   Y   decía   les: ¿Aún no   entendéis?

22 Καὶ ἔρχονται εἰς Βηθσαϊδάν. Καὶ
Y   vienen   a   Betsaida.   Y

φέρουσιν αὐτῷ τυφλόν, καὶ παρακαλοῦσιν
traen   le   un ciego,   y   ruegan

αὐτὸν ἵνα αὐτοῦ ἅψηται. **23** καὶ ἐπιλαβόμενος
le   que   le   toque.   Y   tomando

τῆς χειρὸς τοῦ τυφλοῦ ἐξήνεγκεν αὐτὸν
la   mano   del   ciego,   sacó   le

ἔξω τῆς κώμης, καὶ πτύσας εἰς τὰ
fuera de la   aldea,   y,   tras escupir   a   los

ὄμματα αὐτοῦ, ἐπιθεὶς τὰς χεῖρας αὐτῷ,
ojos   de él,   (e) imponer   las   manos   le,

ἐπηρώτα αὐτόν· εἴ τι βλέπεις; **24** καὶ
preguntaba   le: 2¿Ves algo?   Y

ἀναβλέψας ἔλεγεν· βλέπω τοὺς ἀνθρώπους,
alzando los ojos,   decía: Veo   los   hombres,

ὅτι ὡς δένδρα ὁρῶ περιπατοῦντας.
3pero 4como árboles   (los) veo   que están caminando.

25 εἶτα πάλιν ἐπέθηκεν τὰς χεῖρας ἐπὶ
Entonces de nuevo   impuso   las   manos   sobre

τοὺς ὀφθαλμοὺς αὐτοῦ, καὶ διέβλεψεν καὶ
los   ojos   de él,   y   miró fijamente   y

ἀπεκατέστη, καὶ ἐνέβλεπεν τηλαυγῶς ἅπαντα.
fue restaurado,   y   veía   claramente   todo.

26 καὶ ἀπέστειλεν αὐτὸν εἰς οἶκον αὐτοῦ
Y   envió   le   a   casa   de él,

λέγων· μηδὲ εἰς τὴν κώμην εἰσέλθῃς.
diciendo: Ni   en   la   aldea   entres.

27 Καὶ ἐξῆλθεν ὁ Ἰησοῦς καὶ οἱ μαθηταὶ
Y   salió   —   Jesús   y   los   discípulos

αὐτοῦ εἰς τὰς κώμας Καισαρείας τῆς
de él   a   las   aldeas   de Cesarea   —

Φιλίππου· καὶ ἐν τῇ ὁδῷ ἐπηρώτα τοὺς
de Filipo;   y   en   el   camino   preguntaba   a los

μαθητὰς αὐτοῦ λέγων αὐτοῖς· τίνα με
discípulos   de él,   diciendo   les: ¿Quién yo
                    (sus)

λέγουσιν οἱ ἄνθρωποι εἶναι; **28** οἱ δὲ
dicen   los   hombres   que soy?   Y ellos

εἶπαν αὐτῷ λέγοντες ὅτι Ἰωάννην τὸν
5respondieron le,   diciendo   —   Juan   el

1
20. ¿CUÁNTOS CESTOS LLE-
NOS DE PEDAZOS RECOGIS-
TEIS? Lit. ¿De cuántos cestos plenitudes de pedazos
os llevasteis?
2
23. ¿VES ALGO? Lit. ¿Si algo
ves?
3
24. PERO... Lit. pues... (porque, que).
4
24. COMO ÁRBOLES. Al pri-
mer toque, recibió la visión
invertida.
5
28. RESPONDIERON. Lit. dijeron.

βαπτιστήν, καὶ ἄλλοι Ἠλίαν, ἄλλοι δὲ
Bautista;   y   otros,   Elías;   y otros,

ὅτι εἷς τῶν προφητῶν. **29** καὶ αὐτὸς
que   uno   de los   profetas.   Y   él

ἐπηρώτα αὐτούς· ὑμεῖς δὲ τίνα με λέγετε
preguntaba   les: Y vosotros, ¿quién yo decís

εἶναι; ἀποκριθεὶς ὁ Πέτρος λέγει αὐτῷ·
que soy?   Contestando —   Pedro,   dice   le:

σὺ εἶ ὁ χριστός. **30** καὶ ἐπετίμησεν
Tú eres el   Cristo.   Y   encargó seriamente

αὐτοῖς ἵνα μηδενὶ λέγωσιν περὶ αὐτοῦ.
les   que   ¹a nadie   dijesen   acerca   de él.

31 Καὶ ἤρξατο διδάσκειν αὐτοὺς ὅτι δεῖ
Y   comenzó   a enseñar   les   que   debe

τὸν υἱὸν τοῦ ἀνθρώπου πολλὰ παθεῖν,
el   Hijo   del   Hombre   muchas cosas   padecer,

καὶ ἀποδοκιμασθῆναι ὑπὸ τῶν πρεσβυτέρων
y   ²ser rechazado   por   los   ancianos

καὶ τῶν ἀρχιερέων καὶ τῶν γραμματέων
y   los principales sacerdotes y   los   escribas

καὶ ἀποκτανθῆναι καὶ μετὰ τρεῖς ἡμέρας
y   ser matado   y   después   de tres   días

ἀναστῆναι· **32** καὶ παῤῥησίᾳ τὸν λόγον
resucitar;   y   ³con franqueza   la   palabra

ἐλάλει. καὶ προσλαβόμενος ὁ Πέτρος
hablaba.   Y   tomando aparte —   Pedro

αὐτὸν ἤρξατο ἐπιτιμᾶν αὐτῷ. **33** ὁ δὲ
le,   comenzó   a reprender   le.   Mas él,

ἐπιστραφεὶς καὶ ἰδὼν τοὺς μαθητὰς αὐτοῦ
volviéndose   y   viendo   a los   discípulos   de él,

ἐπετίμησεν Πέτρῳ καὶ λέγει· ὕπαγε ὀπίσω
reprendió   a Pedro   y   dice: ⁴¡Quítate   de mi

μου, σατανᾶ, ὅτι οὐ φρονεῖς τὰ τοῦ
vista,   Satanás!,   pues   no tienes en mente las cosas   de

θεοῦ ἀλλὰ τὰ τῶν ἀνθρώπων. **34** Καὶ
Dios,   sino   las   de los   hombres.   Y

προσκαλεσάμενος τὸν ὄχλον σὺν τοῖς μαθηταῖς
llamando   a la multitud   con   los   discípulos

αὐτοῦ εἶπεν αὐτοῖς· εἴ τις θέλει ὀπίσω
de él,   dijo   les: Si   alguien   desea   en pos

μου ἐλθεῖν, ἀπαρνησάσθω ἑαυτὸν καὶ ἀράτω
de mí   venir,   ⁵niéguese   a sí mismo   y   tome

τὸν σταυρὸν αὐτοῦ, καὶ ἀκολουθείτω μοι.
la   cruz   de él,   y   vaya siguiendo   me.

35 ὃς γὰρ ἐὰν θέλῃ τὴν ψυχὴν αὐτοῦ σῶ-
Porque cualquiera que   desee   la   vida   de él   sal-
(su)

σαι, ἀπολέσει αὐτήν· ὃς δ' ἂν ἀπολέσει
var,   ⁶perderá   la;   mas cualquiera que   ⁷pierda

1
30. A NADIE. Para evitar que la gente se formara ideas falsas. (V. Jn. 6:15.)
2
31. SER RECHAZADO... Lit. *ser reprobado...* (como indigno o incompetente).
3
32. CON FRANQUEZA... Es decir, *se expresaba sin tapujos.*
4
33. ¡QUÍTATE DE MI VISTA...! Lit. *Ponte detrás de mí.*
5
34. NIÉGUESE A SÍ MISMO. Es decir, *renuncie a las exigencias de su propio "yo".*
6
35. PERDERÁ. Lit. *destruirá* (o *echará a perder*).
7
35. PIERDA LA VIDA. Es decir, *que esté dispuesto incluso a perder la vida.*

τὴν ψυχὴν αὐτοῦ ἕνεκεν ἐμοῦ καὶ τοῦ
la   vida   de él   por causa   de mí   y   del

εὐαγγελίου, σώσει αὐτήν. 36 τί γὰρ ὠφελεῖ
evangelio,   salvará   la.   Porque ¿qué   aprovecha

ἄνθρωπον κερδῆσαι τὸν κόσμον ὅλον καὶ
a un hombre   ganar   el   mundo   entero   y

ζημωθῆναι τὴν ψυχὴν αὐτοῦ; 37 τί γὰρ
que sea perjudicada [1]el   alma   de él?   Porque ¿qué

δοῖ ἄνθρωπος ἀντάλλαγμα τῆς ψυχῆς αὐτοῦ;
puede dar   un hombre   a cambio   [2]del   alma   de él?

38 ὃς γὰρ ἐὰν ἐπαισχυνθῇ με καὶ
Porque cualquiera que   se avergüence   de mí   y

τοὺς ἐμοὺς λόγους ἐν τῇ γενεᾷ ταύτῃ
—   de mis   palabras   en   —   generación   esta

τῇ μοιχαλίδι καὶ ἁμαρτωλῷ, καὶ ὁ
—   adúltera   y   pecadora,   también   el

υἱὸς τοῦ ἀνθρώπου ἐπαισχυνθήσεται αὐτόν,
Hijo   del   Hombre   se avergonzará   de él,

ὅταν ἔλθῃ ἐν τῇ δόξῃ τοῦ πατρὸς
cuando   venga   en   la   gloria   del   Padre

αὐτοῦ μετὰ τῶν ἀγγέλων τῶν ἁγίων.
de él   con   los   ángeles   —   santos.
(su)

9 καὶ ἔλεγεν αὐτοῖς· ἀμὴν λέγω ὑμῖν
Y   decía   les: De cierto   digo   os

ὅτι εἰσίν τινες ὧδε τῶν ἑστηκότων
que   hay   algunos   aquí   de los   que están,

οἵτινες οὐ μὴ γεύσωνται θανάτου ἕως ἂν
los cuales en modo alguno [3]probarán   (la) muerte   hasta

ἴδωσιν τὴν βασιλείαν τοῦ θεοῦ ἐληλυθυῖαν
que vean   el   reino   —   de Dios,   cuando haya
venido

ἐν δυνάμει.
[4]con   poder.

2 Καὶ μετὰ ἡμέρας ἓξ παραλαμβάνει
Y   después   de días   seis,   toma consigo

ὁ Ἰησοῦς τὸν Πέτρον καὶ τὸν Ἰάκωβον
—   Jesús   a Pedro   y   —   a Jacobo

καὶ Ἰωάννην, καὶ ἀναφέρει αὐτοὺς εἰς
y   a Juan,   y   conduce arriba   les   a

ὄρος ὑψηλὸν κατ' ἰδίαν μόνους. καὶ
un monte   alto   en   privado   solos.   Y

μετεμορφώθη ἔμπροσθεν αὐτῶν, 3 καὶ τὰ
[5]se transfiguró   delante   de ellos,   y   las

ἱμάτια αὐτοῦ ἐγένετο στίλβοντα λευκὰ λίαν,
vestiduras   de él   se hicieron resplandecientes (y) blancas   en gran
manera,

οἷα γναφεὺς ἐπὶ τῆς γῆς οὐ δύναται
cuales   un batanero   en   la   tierra   no   puede

1
36. EL ALMA. O la vida.
2
37. DEL ALMA. O de la vida.
3
1. PROBARÁN. Es decir, gustarán.
4
1. CON PODER. Lit. en poder.
5
2. SE TRANSFIGURÓ. Lit. se transformó.

οὕτως λευκᾶναι. 4 καὶ ὤφθη αὐτοῖς Ἡλίας
así   blanquear.   Y se apareció a ellos   Elías

σὺν Μωϋσεῖ, καὶ ἦσαν συλλαλοῦντες τῷ
con   Moisés,   y estaban conversando   con

Ἰησοῦ. 5 καὶ ἀποκριθεὶς ὁ Πέτρος λέγει
Jesús.   Y tomando la palabra — Pedro,   dice

τῷ Ἰησοῦ· ῥαββί, καλόν ἐστιν ἡμᾶς ὧδε
— a Jesús: Rabí, ¹bueno es que nosotros aquí

εἶναι, καὶ ποιήσωμεν τρεῖς σκηνάς, σοὶ
estemos, y hagamos   tres ²tiendas, para ti

μίαν καὶ Μωϋσεῖ μίαν καὶ Ἡλίᾳ μίαν.
una y para Moisés una y para Elías una.

6 οὐ γὰρ ᾔδει τί ἀποκριθῇ· ἔκφοβοι γὰρ
Porque no sabía qué responder,   pues aterrados

ἐγένοντο. 7 καὶ ἐγένετο νεφέλη ἐπισκιάζουσα
³estaban.   Y ⁴se formó una nube que hacía sombra

αὐτοῖς, καὶ ἐγένετο φωνὴ ἐκ τῆς νεφέλης·
les,   y ⁵salió una voz de la nube:

οὗτός ἐστιν ὁ υἱός μου ὁ ἀγαπητός,
Éste   es   el Hijo de mí, el Amado,

ἀκούετε αὐτοῦ. 8 καὶ ἐξάπινα περιβλεψάμενοι
⁶oíd   le.   Y de repente mirando en derredor,

οὐκέτι οὐδένα εἶδον εἰ μὴ τὸν Ἰησοῦν
ya no a nadie vieron excepto — a Jesús

μόνον μεθ' ἑαυτῶν. 9 Καὶ καταβαινόντων
solo con ellos.   Y cuando bajaban

αὐτῶν ἐκ τοῦ ὄρους διεστείλατο αὐτοῖς
ellos   del monte, encargó seriamente les

ἵνα μηδενὶ ἃ εἶδον διηγήσωνται,
que a nadie lo que ⁷habían visto refiriesen,

εἰ μὴ ὅταν ὁ υἱὸς τοῦ ἀνθρώπου ἐκ νεκρῶν
excepto cuando el Hijo del Hombre de (los) muertos

ἀναστῇ. 10 καὶ τὸν λόγον ἐκράτησαν πρὸς
resucitase.   Y la palabra retuvieron para

ἑαυτοὺς συζητοῦντες τί ἐστιν τὸ ἐκ
sí mismos debatiendo juntos qué es lo (de) de

νεκρῶν ἀναστῆναι. 11 Καὶ ἐπηρώτων αὐτὸν
(los) muertos resucitar.   Y preguntaban le,

λέγοντες· ὅτι λέγουσιν οἱ γραμματεῖς ὅτι
diciendo: ⁸¿Por qué dicen los escribas que

Ἡλίαν δεῖ ἐλθεῖν πρῶτον; 12 ὁ δὲ ἔφη
Elías debe venir primero?   Y él dijo

αὐτοῖς· Ἡλίας μὲν ἐλθὼν πρῶτον
les: Elías, es cierto, cuando venga primero,

ἀποκαθιστάνει πάντα· καὶ πῶς γέγραπται
restaura   todo;   ¿y cómo ⁹está escrito

ἐπὶ τὸν υἱὸν τοῦ ἀνθρώπου, ἵνα πολλὰ
sobre el Hijo del Hombre, que muchas cosas

1
5. BUENO... En sentido de *excelente, hermoso.*
2
5. TIENDAS. Es decir, *tabernáculos* o *tiendas de campaña sagradas.*
3
6. ESTABAN. Lit. *se hicieron.*
4
7. SE FORMÓ. Lit. *se hizo.*
5
7. SALIÓ. Lit. *se hizo* u *ocurrió.*
6
7. OÍD(LE). El verbo está en presente, por lo que equivale a *escuchadle constantemente.*
7
9. HABÍAN VISTO. Lit. *vieron.*
8
11. ¿POR QUÉ...? Literalmente ¿*Qué...?*
9
12. ESTÁ ESCRITO. Lit. *ha sido escrito.*

πάθη   καὶ ἐξουδενηθῇ;   13 ἀλλὰ λέγω ὑμῖν
ha de sufrir   y ser tenido en nada?   Pero   digo   os

ὅτι καὶ Ἠλίας ἐλήλυθεν, καὶ ἐποίησαν
que, ¹en realidad, Elías   ha venido,   e   hicieron

αὐτῷ ὅσα   ἤθελον,   καθὼς   γέγραπται
le   cuanto quisieron,   según   ²estaba escrito

ἐπ'   αὐτόν.
acerca de   él.

14 Καὶ   ἐλθόντες   πρὸς   τοὺς   μαθητὰς
      Y   llegados   junto   a los   dsicípulos,

εἶδον ὄχλον   πολὺν   περὶ   αὐτοὺς καὶ
vieron gentío   mucho   en torno   de ellos   y

γραμματεῖς συζητοῦντας πρὸς αὐτούς.
(unos) escribas   que discutían   con   ellos.

15 καὶ εὐθὺς πᾶς ὁ ὄχλος ἰδόντες αὐτὸν
      Y   al instante todo el gentío,   al ver   le,

ἐξεθαμβήθησαν,   καὶ προστρέχοντες ἠσπάζοντο
quedaron atónitos,   y   corriendo hacia (él)   saludaban

αὐτόν.   16 καὶ   ἐπηρώτησεν   αὐτούς· τί
le.   Y   preguntó   les: ¿Qué

συζητεῖτε πρὸς αὐτούς; 17 καὶ ἀπεκρίθη
discutís   con   ellos?   Y   respondió

αὐτῷ εἷς ἐκ τοῦ ὄχλου· διδάσκαλε,
le   uno de entre el   gentío: Maestro,

ἤνεγκα τὸν υἱόν μου πρὸς σέ, ἔχοντα
traje   el   hijo de mí   a   ti,   que tiene
              (mi)

πνεῦμα ἄλαλον· 18 καὶ ὅπου ἐὰν αὐτὸν
³un espíritu   mudo;   y   dondequiera que   de él

καταλάβῃ, ῥήσσει αὐτόν, καὶ ἀφρίζει καὶ
se apodera,   ⁴derriba   le,   y echa espumarajos y

τρίζει τοὺς ὀδόντας καὶ ξηραίνεται· καὶ
cruje   los   dientes   y   se está ⁵consumiendo;   y

εἶπα τοῖς μαθηταῖς σου ἵνα αὐτὸ
dije   a los   discípulos   de ti   que   lo
                       (tus)

ἐκβάλωσιν, καὶ οὐκ ἴσχυσαν. 19 ὁ δὲ
expulsasen,   y   no ⁶fueron capaces.   Mas él,

ἀποκριθεὶς αὐτοῖς λέγει· ὦ γενεὰ ἄπιστος,
contestando   les,   dice: ¡Oh generación   incrédula!

ἕως πότε πρὸς ὑμᾶς ἔσομαι; ἕως πότε
¿Hasta cuándo ⁷ante vosotros   estaré? ¿Hasta cuándo

ἀνέξομαι ὑμῶν; φέρετε αὐτὸν πρός με.
soportaré   os?   Traed   le   a   mí.

20 καὶ ἤνεγκαν αὐτὸν πρὸς αὐτόν. καὶ
      Y   trajeron   le   a   él.   Y

ἰδὼν αὐτὸν τὸ πνεῦμα εὐθὺς συνεσπάραξεν
al ver   le   el   espíritu   al instante ⁸sacudió con violencia

αὐτόν, καὶ πεσὼν ἐπὶ τῆς γῆς ἐκυλίετο
⁹le,   y   cayendo   al   suelo,   se revolcaba

1
13. EN REALIDAD. Lit. Y (o *También*).
2
13. ESTABA ESCRITO. Lit. *ha sido escrito.*
3
17. UN ESPÍRITU MUDO. Es decir, *un demonio que atormentaba con mudez.*
4
18. DERRIBA. Lit. *golpea con los pies* (o *patea*).
5
18. CONSUMIENDO. O *secando.*
6
18. FUERON CAPACES. Lit. *tuvieron fuerzas.*
7
19. ANTE VOSOTROS... O *junto a vosotros...*
8
20. SACUDIÓ CON VIOLENCIA. O *produjo convulsiones.*
9
20. LE. Es decir, *al muchacho.*

ἀφρίζων. **21** καὶ ἐπηρώτησεν τὸν πατέρα
echando espumarajos. Y   preguntó   al   padre

αὐτοῦ· πόσος χρόνος ἐστὶν ὡς τοῦτο
de él: ¿Cuánto   tiempo   [1]hace   que   esto

γέγονεν αὐτῷ; ὁ δὲ εἶπεν· ἐκ παιδιόθεν·
sucede   le?   Y él   dijo: Desde   la niñez;

22 καὶ πολλάκις καὶ εἰς πῦρ αὐτὸν
y   muchas veces   aun   a(l)   fuego   le

ἔβαλεν καὶ εἰς ὕδατα ἵνα ἀπολέσῃ αὐτόν· ἀλλ'
[2]arroja   y   a (las) aguas para   destruir   le;   pero

εἴ τι δύνῃ, βοήθησον ἡμῖν σπλαγχνισθεὶς
si algo   puedes,   ayuda   nos   [3]movido a compasión

ἐφ' ἡμᾶς. **23** ὁ δὲ Ἰησοῦς εἶπεν αὐτῷ· τὸ εἰ
de nosotros.   — Y   Jesús   dijo   le: Lo (de) si

δύνῃ, πάντα δυνατὰ τῷ πιστεύοντι.
puedes,   todo   (es) posible   al   que cree.

24 εὐθὺς κράξας ὁ πατὴρ τοῦ παιδίου
Al instante   gritando   el   padre   del   muchacho,

ἔλεγεν· πιστεύω· βοήθει μου τῇ ἀπιστίᾳ.
decía: Creo;   ayuda   de mí   a la   incredulidad.
                     (mi)

25 ἰδὼν δὲ ὁ Ἰησοῦς ὅτι ἐπισυντρέχει
Y al ver   —   Jesús   que   se agolpa rápidamente

ὄχλος, ἐπετίμησεν τῷ πνεύματι τῷ ἀκαθάρτῳ
una multitud, reprendió   al   espíritu   —   inmundo,

λέγων αὐτῷ· τὸ ἄλαλον καὶ κωφὸν
diciendo   le: —   Mudo   y   sordo

πνεῦμα, ἐγὼ ἐπιτάσσω σοι, ἔξελθε ἐξ
espíritu,   yo   ordeno   te,   sal   de

αὐτοῦ καὶ μηκέτι εἰσέλθῃς εἰς αὐτόν.
él   y   jamás   entres   en   él.

26 καὶ κράξας καὶ πολλὰ σπαράξας
Y   después de gritar   y   muchas   producir(le) convulsiones,

ἐξῆλθεν· καὶ ἐγένετο ὡσεὶ νεκρός, ὥστε
salió;   y   [4]quedó   como   muerto,   tanto que

τοὺς πολλοὺς λέγειν ὅτι ἀπέθανεν. **27** ὁ
los   más   decían: —   Murió.   — Mas

δὲ Ἰησοῦς κρατήσας τῆς χειρὸς αὐτοῦ
  Jesús   asiendo   de la   mano   de él,

ἤγειρεν αὐτόν, καὶ ἀνέστη. **28** καὶ
irguió   le,   y   se levantó.   Y

εἰσελθόντος αὐτοῦ εἰς οἶκον οἱ μαθηταὶ
cuando entró   [5]él   en   casa,   los   discípulos

αὐτοῦ κατ' ἰδίαν ἐπηρώτων αὐτόν· ὅτι
de él   en   privado   preguntaban   le: [6]¿Por qué
(sus)

ἡμεῖς οὐκ ἠδυνήθημεν ἐκβαλεῖν αὐτό;
nosotros   no   pudimos   expulsar   lo?

29 καὶ εἶπεν αὐτοῖς· τοῦτο τὸ γένος ἐν
Y   dijo   les: Esta   —   clase   con

[1]
21. HACE QUE ESTO LE SUCE-
DE? Lit. *es mientras esto ha
sucedido le?*

[2]
22. ARROJA. Lit. *arrojó.*

[3]
22. MOVIDO A COMPASIÓN.
(V. 8:2.)

[4]
26. QUEDÓ. Lit. *se hizo.*

[5]
28. ÉL. Es decir, *Jesús.*

[6]
28. ¿POR QUÉ...? Literal-
mente ¿*Qué...?*

οὐδενὶ δύναται ἐξελθεῖν εἰ μὴ ἐν προσευχῇ.
nada   puede   salir   sino con   oración.

30 Κἀκεῖθεν ἐξελθόντες παρεπορεύοντο διὰ
Y de allí   saliendo,   iban pasando   a través

τῆς Γαλιλαίας, καὶ οὐκ ἤθελεν ἵνα
—   de Galilea,   y   no   quería   que

τις γνοῖ· **31** ἐδίδασκεν γὰρ τοὺς μαθητὰς
alguien (lo) [1]supiese;   porque enseñaba a los   discípulos

αὐτοῦ, καὶ ἔλεγεν αὐτοῖς ὅτι ὁ υἱὸς τοῦ
de él y   decía   les: — El Hijo del
(sus),

ἀνθρώπου παραδίδοται εἰς χεῖρας ἀνθρώπων,
Hombre   es entregado   en manos de (los) hombres,

καὶ ἀποκτενοῦσιν αὐτόν, καὶ ἀποκτανθεὶς
y   matarán   le,   y después de ser matado,

μετὰ τρεῖς ἡμέρας ἀναστήσεται. **32** οἱ
después de tres   días   [2]resucitará.   Mas ellos

δὲ ἠγνόουν τὸ ῥῆμα, καὶ ἐφοβοῦντο
[3]no entendían — este dicho, y   [4]tenían miedo de

αὐτὸν ἐπερωτῆσαι.
le   preguntar.

33 Καὶ ἦλθον εἰς Καφαρναούμ. Καὶ
Y   vinieron a   Capernaúm.   Y

ἐν τῇ οἰκίᾳ γενόμενος ἐπηρώτα αὐτούς·
en la   casa   hallándose,   preguntaba les:

τί ἐν τῇ ὁδῷ διελογίζεσθε; **34** οἱ δὲ
¿Qué en el camino   discutíais?   Mas ellos

ἐσιώπων· πρὸς ἀλλήλους γὰρ διελέχθησαν
[5]callaban; porque entre ellos   discutieron

ἐν τῇ ὁδῷ τίς μείζων. **35** καὶ καθίσας
en el camino quién (era) mayor.   Y   sentándose,

ἐφώνησεν τοὺς δώδεκα καὶ λέγει αὐτοῖς·
[6]llamó   a los doce   y   dice   les:

εἴ τις θέλει πρῶτος εἶναι, ἔσται πάντων
Si alguno desea (el) primero ser,   será   de todos

ἔσχατος καὶ πάντων διάκονος. **36** καὶ
(el) último y de todos   servidor.   Y

λαβὼν παιδίον ἔστησεν αὐτὸ ἐν μέσῳ
tomando a un niño, colocó   le   en medio

αὐτῶν, καὶ ἐναγκαλισάμενος αὐτὸ εἶπεν
de ellos,   y   tomando en brazos   le,   dijo

αὐτοῖς· **37** ὃς ἂν ἐν τῶν τοιούτων παιδίων
les: Cualquiera que a uno — de tales   niños

δέξηται ἐπὶ τῷ ὀνόματί μου, ἐμὲ δέχεται·
acoja   en el   nombre de mí, a mí me acoge;
(mi)

καὶ ὃς ἂν ἐμὲ δέχηται, οὐχ ἐμὲ δέχεται
y cualquiera que a mí acoja,   no a mí   acoge,

ἀλλὰ τὸν ἀποστείλαντά με. **38** Ἔφη αὐτῷ
sino al   que envió   me.   Dijo   le

1
30. SUPIESE. Lit. *conociese.*
2
31. RESUCITARÁ. Lit. *será levantado.*
3
32. NO ENTENDÍAN ESTE DICHO. Lit. *desconocían la palabra.*
4
32. TENÍAN MIEDO. Les entristecía y confundía esta declaración de Jesús.
5
34. CALLABAN. Porque, mientras Jesús habla de humillación, ellos piensan en exaltación.
6
35. LLAMÓ. Lit. *dio voces.*

ὁ 'Ιωάννης· διδάσκαλε, εἴδομέν τινα ἐν
   — Juan: Maestro,   vimos   a uno   en

τῷ ὀνόματί σου ἐκβάλλοντα δαιμόνια, ὃς
el   nombre   de ti   que expulsaba   demonios,   quien

οὐκ ἀκολουθεῖ ἡμῖν, καὶ ἐκωλύομεν αὐτόν,
no   sigue   nos,   y   (lo) impedíamos   le,

ὅτι οὐκ ἠκολούθει ἡμῖν. **39** ὁ δὲ 'Ιησοῦς
pues   no   seguía   nos.   — Mas   Jesús

εἶπεν· μὴ κωλύετε αὐτόν· οὐδεὶς γάρ
dijo: No   (lo) impidáis   le;   porque nadie

ἐστιν ὃς ποιήσει δύναμιν ἐπὶ τῷ ὀνόματί
hay   que   hará   [1]un milagro   en   el   nombre

μου καὶ δυνήσεται ταχὺ κακολογῆσαί με·
de mí   y   podrá   rápidamente   hablar mal   de mí;

40 ὃς γὰρ οὐκ ἔστιν καθ' ἡμῶν, ὑπὲρ
porque el que   no   está   contra   nosotros,   a favor

ἡμῶν ἐστιν. **41** Ὃς γὰρ ἂν ποτίσῃ
de nosotros   está.   Porque cualquiera que   dé a beber

ὑμᾶς ποτήριον ὕδατος ἐν ὀνόματι, ὅτι
os   [2]un vaso   de agua   en   (el) nombre,   porque

Χριστοῦ ἐστε, ἀμὴν λέγω ὑμῖν ὅτι
de Cristo   sois,   de cierto   digo   os   que

οὐ μὴ ἀπολέσῃ τὸν μισθὸν αὐτοῦ. **42** Καὶ
de ningún modo perderá   la   recompensa   de él.   Y
                                    (su)

ὃς ἂν σκανδαλίσῃ ἕνα τῶν μικρῶν τούτων
cualquiera que sirva de tropiezo a uno solo de los   pequeños   estos

τῶν πιστευόντων, καλόν ἐστιν αὐτῷ μᾶλλον
  —   que creen,   [3]bueno   es   le   más bien

εἰ περίκειται μύλος ὀνικὸς περὶ τὸν
si   ponen   [4]una muela   [5]de asno   en torno   al

τράχηλον αὐτοῦ καὶ βέβληται εἰς τὴν
cuello   de él   y   [6]es sumergido   en   el

θάλασσαν. **43** Καὶ ἐὰν σκανδαλίσῃ σε ἡ
mar.   Y   si   causa tropiezo   te   la

χείρ σου, ἀπόκοψον αὐτήν· καλόν ἐστίν
mano   de ti,   corta   la;   [7]mejor   es

σε κυλλὸν εἰσελθεῖν εἰς τὴν ζωήν, ἢ τὰς
que tú manco   entres   en   la   vida,   que   las

δύο χεῖρας ἔχοντα ἀπελθεῖν εἰς τὴν
dos   manos   teniendo,   ir   [8]al

γέενναν, εἰς τὸ πῦρ τὸ ἄσβεστον. **45** καὶ
infierno,   al   fuego   —   inextinguible.*   Y

ἐὰν ὁ πούς σου σκανδαλίζῃ σε, ἀπόκοψον
si   el   pie   de ti   causa tropiezo   te,   corta

αὐτόν· καλόν ἐστίν σε εἰσελθεῖν εἰς τὴν
lo;   [9]mejor   es   que tú   entres   en   la

ζωὴν χωλόν, ἢ τοὺς δύο πόδας ἔχοντα
vida   cojo,   que   los   dos   pies   teniendo,

---

[1]
39. UN MILAGRO. Lit. *un poder.*

[2]
41. UN VASO. O *una copa.*

[3]
42. BUENO ES LE MÁS BIEN. Es decir, *más le valdría que le ataran.*

[4]
42. UNA MUELA. Es decir, *una rueda de molino.*

[5]
42. DE ASNO. Es decir, *de las que mueve un asno* (de las grandes).

[6]
42. ES SUMERGIDO. Lit. *ha sido echado.*

[7]
43. MEJOR. Lit. *bueno* (excelente).

[8]
43. AL INFIERNO. Lit. *a la gehenna.*

*
43. Los verss. 44 y 46 faltan en los mejores MSS.

[9]
45. MEJOR. Lit. *bueno.*

βληθῆναι εἰς τὴν γέενναν. **47** καὶ ἐὰν ὁ
ser arrojado   ¹al   infierno.   Y   si   el

ὀφθαλμός σου σκανδαλίζῃ σε, ἔκβαλε αὐτόν·
ojo   de ti   causa tropiezo   te,   sácate   lo;

καλόν σέ ἐστιν μονόφθαλμον εἰσελθεῖν εἰς
²mejor   te   es   con un solo ojo   entrar   en

τὴν βασιλείαν τοῦ θεοῦ, ἢ δύο ὀφθαλμοὺς
el   reino   —   de Dios,   que   dos   ojos

ἔχοντα βληθῆναι εἰς τὴν γέενναν, **48** ὅπου
teniendo,   ser echado   ³al   infierno,   donde

ὁ σκώληξ αὐτῶν οὐ τελευτᾷ καὶ τὸ
el   gusano   de ellos   no   muere   y   el

πῦρ οὐ σβέννυται. **49** Πᾶς γὰρ πυρὶ
fuego   no   se apaga.   Porque todo (hombre) ⁴con fuego

ἁλισθήσεται. **50** καλὸν τὸ ἅλας· ἐὰν δὲ
será salado.   Buena (es)   la   sal;   mas si

τὸ ἅλας ἄναλον γένηται, ἐν τίνι αὐτὸ
la   sal   insípida   se hace,   ¿con   qué   la

ἀρτύσετε; ἔχετε ἐν ἑαυτοῖς ἅλα καὶ
sazonaréis?   Tened   en   vosotros mismos   sal   y

εἰρηνεύετε ἐν ἀλλήλοις.
estad en paz   los   unos con los otros.

10 Καὶ ἐκεῖθεν ἀναστὰς ἔρχεται εἰς τὰ
Y   de allí   levantándose,   viene   a   la

ὅρια τῆς Ἰουδαίας καὶ πέραν τοῦ
región   —   de Judea   y   al otro lado   del

Ἰορδάνου, καὶ συμπορεύονται πάλιν ὄχλοι
Jordán,   y   se reúnen   de nuevo las multitudes

πρὸς αὐτόν, καὶ ὡς εἰώθει πάλιν ἐδίδασκεν
junto   a él   y   como acostumbraba, de nuevo   enseñaba

αὐτούς. **2** Καὶ προσελθόντες Φαρισαῖοι
les.   Y   acercándose   unos fariseos,

ἐπηρώτων αὐτὸν εἰ ἔξεστιν ἀνδρὶ γυναῖκα
preguntaban   le   si   es lícito   a un hombre a (su) mujer

ἀπολῦσαι, πειράζοντες αὐτόν. **3** ὁ δὲ
repudiar,   poniendo a prueba   le.   Y él

ἀποκριθεὶς εἶπεν αὐτοῖς· **4** τί ὑμῖν ἐνετείλατο
respondiendo,   dijo   les: ¿Qué os   mandó

Μωϋσῆς; οἱ δὲ εἶπαν· ἐπέτρεψεν Μωϋσῆς
Moisés?   Y ellos   dijeron: Permitió   Moisés

βιβλίον ἀποστασίου γράψαι καὶ ἀπολῦσαι.
⁵certificado   de divorcio   escribir   y   repudiar(la).

5 ὁ δὲ Ἰησοῦς εἶπεν αὐτοῖς· πρὸς τὴν
—   Y   Jesús   dijo   les: Ante   la

σκληροκαρδίαν ὑμῶν ἔγραψεν ὑμῖν τὴν
dureza de corazón   de vosotros   escribió   os   el

<hr>

1
45. AL INFIERNO. Lit. *a la gehenna.*
2
47. MEJOR. Lit. *bueno.*
3
47. AL INFIERNO. Lit. *a la gehenna.*
4
49. CON FUEGO SERÁ SALADO. El mismo poder divino sirve, como la sal, para dos efectos distintos: conserva eternamente en el infierno al impío, y sazona al creyente preservándole de corrupción.
5
4. CERTIFICADO. Lit. *librito* (o *rollo*).

ἐντολὴν ταύτην. 6 ἀπὸ δὲ ἀρχῆς κτίσεως
mandamiento este.   Mas desde (el) principio de (la) creación

ἄρσεν καὶ θῆλυ ἐποίησεν αὐτούς· 7 ἕνεκεν
varón   y   hembra   hizo   los;   Por causa

τούτου καταλείψει ἄνθρωπος τὸν πατέρα
de esto,   dejará atrás   un hombre   al   padre

αὐτοῦ καὶ τὴν μητέρα, 8 καὶ ἔσονται
de él
(su)   y   a la   madre,   y   vendrán a ser

οἱ δύο εἰς σάρκα μίαν· ὥστε οὐκέτι
los dos   —   carne   una sola; de modo que ya no

εἰσὶν δύο ἀλλὰ μία σάρξ. 9 ὃ οὖν ὁ
son   dos,   sino una sola carne.   Lo que, pues, —

θεὸς συνέζευξεν, ἄνθρωπος μὴ χωριζέτω.
Dios   [1]unió,   un hombre   no   (lo) separe.

10 καὶ εἰς τὴν οἰκίαν πάλιν οἱ μαθηταὶ
Y (llegados) a la   casa,   de nuevo los discípulos

περὶ τούτου ἐπηρώτων αὐτόν. 11 καὶ
acerca de esto   preguntaban   le.   Y

λέγει αὐτοῖς· ὃς ἂν ἀπολύσῃ τὴν γυναῖκα
dice   les: Cualquiera que repudie   a la   mujer

αὐτοῦ καὶ γαμήσῃ ἄλλην, μοιχᾶται ἐπ'
de él
(su)   y   se case con otra, comete adulterio con

αὐτήν· 12 καὶ ἐὰν αὐτὴ ἀπολύσασα τὸν
ella;   y   si   ella,   tras divorciarse del

ἄνδρα αὐτῆς γαμήσῃ ἄλλον, μοιχᾶται.
marido   de ella, se casa con otro,   comete adulterio.

13 Καὶ
(su) προσέφερον αὐτῷ παιδία ἵνα
Y   traían   le   niños para que

αὐτῶν ἅψηται· οἱ δὲ μαθηταὶ ἐπετίμησαν
los   tocase;   mas los discípulos   reprendieron

αὐτοῖς. 14 ἰδὼν δὲ ὁ Ἰησοῦς ἠγανάκτησεν
les.   Mas cuando vio(lo) — Jesús,   se indignó

καὶ εἶπεν αὐτοῖς· ἄφετε τὰ παιδία
y   dijo   les: Dejad que los niños

ἔρχεσθαι πρός με, μὴ κωλύετε αὐτά·
vengan   a   mí, no (lo) impidáis   les;

τῶν γὰρ τοιούτων ἐστὶν ἡ βασιλεία τοῦ
porque de [2]quienes son así es el reino   de

θεοῦ. 15 ἀμὴν λέγω ὑμῖν, ὃς ἂν
Dios.   De cierto digo   os, cualquiera que

μὴ δέξηται τὴν βασιλείαν τοῦ θεοῦ ὡς
no   acoja   el   reino   — de Dios como

παιδίον, οὐ μὴ εἰσέλθῃ εἰς αὐτήν. 16 καὶ
un niño, de ningún modo entrará   en   él.   Y tras

ἐναγκαλισάμενος αὐτὰ κατευλόγει τιθεὶς τὰς
tomar en brazos   les, (les) bendecía, poniendo las

χεῖρας ἐπ' αὐτά.
manos sobre ellos.

1
9. Unió. Lit. *unió en matri-monio.*
2
14. Quienes son así. Lit. *tales (de los que son como ellos —en humildad e inocencia).*

17 Καὶ ἐκπορευομένου αὐτοῦ εἰς ὁδὸν
Y   cuando salía   él   a(l) camino,

προσδραμὼν εἷς καὶ γονυπετήσας αὐτὸν
corriendo a (él) uno y   arrodillándose   ante él,

ἐπηρώτα αὐτόν· διδάσκαλε ἀγαθέ, τί ποιήσω
preguntaba le: Maestro   bueno,   ¿qué haría

ἵνα ζωὴν αἰώνιον κληρονομήσω; **18** ὁ δὲ
para vida eterna   heredar?   — Y

'Ιησοῦς εἶπεν αὐτῷ· τί με λέγεις ἀγαθόν;
Jesús   dijo   le: ¿Por qué me ¹llamas   bueno?

οὐδεὶς ἀγαθὸς εἰ μὴ εἷς ὁ θεός. **19** τὰς ἐντολὰς
Nadie (es) bueno, excepto uno — Dios.   Los   mandamientos

οἶδας· μὴ φονεύσῃς, μὴ μοιχεύσῃς,
sabes: No cometas homicidio, no cometas adulterio,

μὴ κλέψῃς, μὴ ψευδομαρτυρήσῃς, μὴ
no   hurtes,   no   des falso testimonio,   no

ἀποστερήσῃς, τίμα τὸν πατέρα σου καὶ
defraudes,   honra   al   padre   de ti   y

τὴν μητέρα. **20** ὁ δὲ ἔφη αὐτῷ· διδάσκαλε,
a la madre.   Y él   dijo   le: Maestro,

ταῦτα πάντα ἐφυλαξάμην ἐκ νεότητός μου.
estas cosas todas ²he guardado desde (la) juventud de mí
                                                    (mi).

21 ὁ δὲ 'Ιησοῦς ἐμβλέψας αὐτῷ ἠγάπησέν
— Mas   Jesús,   mirando   le,   ³amó

αὐτὸν καὶ εἶπεν αὐτῷ· ἕν σε ὑστερεῖ·
le   y   dijo   le: Una cosa te   falta;

ὕπαγε, ὅσα ἔχεις πώλησον καὶ δὸς [τοῖς]
anda   cuanto tienes   vende   y   da(lo) a los

πτωχοῖς, καὶ ἕξεις θησαυρὸν ἐν οὐρανῷ,
pobres,   y   tendrás un tesoro en (el) cielo,

καὶ δεῦρο ἀκολούθει μοι. **22** ὁ δὲ στυγνάσας
y   ven,   sigue me.   Mas él, poniéndose triste

ἐπὶ τῷ λόγῳ ἀπῆλθεν λυπούμενος, ἦν
por ⁴esta palabra,   se fue   apesadumbrado, porque

γὰρ ἔχων κτήματα πολλά. **23** Καὶ
era ⁵dueño de muchas posesiones.   Y

περιβλεψάμενος ὁ 'Ιησοῦς λέγει τοῖς
mirando alrededor —   Jesús,   dice   a los

μαθηταῖς αὐτοῦ· πῶς δυσκόλως οἱ τὰ
discípulos de él: ¡Cuán difícilmente los que —

χρήματα ἔχοντες εἰς τὴν βασιλείαν τοῦ
posesiones   tienen, en   el   reino   —

θεοῦ εἰσελεύσονται. **24** οἱ δὲ μαθηταὶ
de Dios   entrarán.   Y los   discípulos

ἐθαμβοῦντο ἐπὶ τοῖς λόγοις αὐτοῦ. ὁ δὲ
se asombraban de las palabras de él. — Mas

'Ιησοῦς πάλιν ἀποκριθεὶς λέγει αὐτοῖς·
Jesús de nuevo ⁶tomando la palabra, dice   les:

¹
18. LLAMAS. Lit. *dices.*
²
20. HE GUARDADO. Lit. *guardé* (u *observé*).
³
21. AMÓ LE. Jesús reconoció esta honestidad del joven.
⁴
22. ESTA PALABRA. Lit. *la palabra.*
⁵
22. DUEÑO DE MUCHAS POSESIONES. Lit. *teniendo muchas posesiones.*
⁶
24. TOMANDO LA PALABRA. Lit. *respondiendo.*

τέκνα, πῶς δύσκολόν ἐστιν εἰς τὴν
Hijos, ¡cuán difícil es en el

βασιλείαν τοῦ θεοῦ εἰσελθεῖν· **25** εὐκοπώτερόν
reino — de Dios entrar! Más fácil

ἐστιν κάμηλον διὰ τῆς τρυμαλιᾶς τῆς
es que un camello a través del ojo

ῥαφίδος διελθεῖν ἢ πλούσιον εἰς τὴν
de una aguja pase que el que un rico en el

βασιλείαν τοῦ θεοῦ εἰσελθεῖν. **26** οἱ δὲ
reino — de Dios entre. Mas ellos

περισσῶς ἐξεπλήσσοντο λέγοντες πρὸς
[1]más aún se quedaban atónitos, diciendo entre

ἑαυτούς· καὶ τίς δύναται σωθῆναι;
ellos mismos: ¿Y quién puede ser salvo?

27 ἐμβλέψας αὐτοῖς ὁ 'Ιησοῦς λέγει· παρὰ
Mirando les, — Jesús dice: Entre

ἀνθρώποις ἀδύνατον, ἀλλ' οὐ παρὰ θεῷ·
hombres (es) imposible, pero no con Dios;

πάντα γὰρ δυνατὰ παρὰ τῷ θεῷ. **28** Ἤρξατο
porque todo (es) posible [2]con Dios. Comenzó

λέγειν ὁ Πέτρος αὐτῷ· ἰδοὺ ἡμεῖς ἀφήκαμεν
a decir — Pedro le: Mira, nosotros [3]hemos dejado

πάντα καὶ ἠκολουθήκαμέν σοι. **29** ἔφη ὁ
todo y hemos seguido te. Dijo —

'Ιησοῦς· ἀμὴν λέγω ὑμῖν, οὐδείς ἐστιν
Jesús: De cierto digo os, nadie hay

ὃς ἀφῆκεν οἰκίαν ἢ ἀδελφοὺς ἢ ἀδελφὰς
que dejó casa o hermanos o hermanas

ἢ μητέρα ἢ πατέρα ἢ τέκνα ἢ ἀγροὺς
o madre o padre o hijos o campos

ἕνεκεν ἐμοῦ καὶ ἕνεκεν τοῦ εὐαγγελίου,
por causa de mí y por causa del evangelio,

30 ἐὰν μὴ λάβῃ ἑκατονταπλασίονα νῦν
[4]y que no reciba [5]cien veces más ahora

ἐν τῷ καιρῷ τούτῳ οἰκίας καὶ ἀδελφοὺς
en el tiempo este, casas y hermanos

καὶ ἀδελφὰς καὶ μητέρας καὶ τέκνα καὶ
y hermanas y madres e hijos y

ἀγροὺς μετὰ διωγμῶν, καὶ ἐν τῷ αἰῶνι
campos con persecuciones, y en la época

τῷ ἐρχομένῳ ζωὴν αἰώνιον. **31** πολλοὶ δὲ
— que viene vida eterna. Mas muchos

ἔσονται πρῶτοι ἔσχατοι καὶ οἱ ἔσχατοι
serán [6]primeros últimos y los últimos

πρῶτοι.
primeros.

32 Ἦσαν δὲ ἐν τῇ ὁδῷ ἀναβαίνοντες
Y estaban en el camino subiendo

---

[1]
26. MÁS AÚN. Lit. *sobre-abundantemente.*

[2]
27. CON DIOS. Esto es, *en compañía* o *comunión con Dios.*

[3]
28. HEMOS DEJADO. Lit. *dejamos* (pretérito).

[4]
30. Y QUE NO RECIBA. Lit. *si no recibe.*

[5]
30. CIEN VECES MÁS. No literalmente, sino en sentido espiritual.

[6]
31. PRIMEROS ÚLTIMOS. Tratándose de "gracia", no llevan ventaja los primeros en obrar. (V. Mt. 20:1-16; Ro. 9:16.)

εἰς Ἱεροσόλυμα, καὶ ἦν προάγων αὐτοὺς
a   Jerusalén,   y   estaba yendo delante de ellos

ὁ Ἰησοῦς, καὶ ἐθαμβοῦντο, οἱ δὲ
—   Jesús,   y   estaban atónitos,   y los

ἀκολουθοῦντες ἐφοβοῦντο. καὶ παραλαβὼν
que seguían   tenían miedo.   Y   tomando consigo

πάλιν τοὺς δώδεκα ἤρξατο αὐτοῖς λέγειν
de nuevo   a los   doce,   comenzó a   les   decir

τὰ μέλλοντα αὐτῷ συμβαίνειν, 33 ὅτι ἰδοὺ
lo   que iba a   le   suceder, (diciendo):   — Mirad

ἀναβαίνομεν εἰς Ἱεροσόλυμα, καὶ ὁ υἱὸς
que estamos subiendo a   Jerusalén,   y   el Hijo

τοῦ ἀνθρώπου παραδοθήσεται τοῖς
del   hombre   será entregado   a los

ἀρχιερεῦσιν καὶ τοῖς γραμματεῦσιν, καὶ
principales sacerdotes y a los   escribas,   y

κατακρινοῦσιν αὐτὸν θανάτῳ καὶ παραδώσουσιν
condenarán   le   a muerte   y   entregarán

αὐτὸν τοῖς ἔθνεσιν 34 καὶ ἐμπαίξουσιν
le   a los   gentiles,   y   se burlarán

αὐτῷ καὶ ἐμπτύσουσιν αὐτῷ καὶ μαστι-
de él   y   escupirán   le   y   azota-

γώσουσιν αὐτὸν καὶ ἀποκτενοῦσιν, καὶ
rán   le   y   matarán(le),   y

μετὰ τρεῖς ἡμέρας ἀναστήσεται.
después de tres   días   [1]resucitará.

35 Καὶ προσπορεύονται αὐτῷ Ἰάκωβος
Y   se acercan   a él   Jacobo

καὶ Ἰωάννης οἱ [δύο] υἱοὶ Ζεβεδαίου
y   Juan,   los   dos   hijos   de Zebedeo,

λέγοντες αὐτῷ· διδάσκαλε, θέλομεν ἵνα ὃ ἐὰν
diciendo   le: Maestro,   queremos   que   lo que

αἰτήσωμέν σε ποιήσῃς ἡμῖν. 36 ὁ
pidamos   te   hagas(lo)   nos.   Y él

δὲ εἶπεν αὐτοῖς· τί θέλετέ με ποιήσω
dijo   les: ¿Qué   queréis   que yo   haga

ὑμῖν; 37 οἱ δὲ εἶπαν αὐτῷ· δὸς ἡμῖν
os?   Y ellos   dijeron   le: [2]Concede nos

ἵνα εἷς σου ἐκ δεξιῶν καὶ εἷς ἐξ
que uno   de ti   a   (la) diestra   y   [3]otro a

ἀριστερῶν καθίσωμεν ἐν τῇ δόξῃ σου.
(la) izquierda   nos sentemos   en   la   gloria   de ti.

38 ὁ δὲ Ἰησοῦς εἶπεν αὐτοῖς· οὐκ οἴδατε
— Y   Jesús   dijo   les: No   sabéis

τί αἰτεῖσθε. δύνασθε πιεῖν τὸ ποτήριον
qué estáis pidiendo.   ¿Podéis   beber   la   copa

ὃ ἐγὼ πίνω, ἢ τὸ βάπτισμα ὃ ἐγὼ
que yo   bebo,   o (con) el [4]bautismo (con) que yo

1
34. RESUCITARÁ. Lit. será levantado.
2
37. CONCEDE. Lit. Da.
3
37. OTRO. Lit. uno.
4
38. BAUTISMO. De sangre, en
su Pasión y muerte.

βαπτίζομαι βαπτισθῆναι; **39** οἱ δὲ εἶπαν
soy bautizado ser bautizados? Y ellos dijeron

αὐτῷ· δυνάμεθα. ὁ δὲ Ἰησοῦς εἶπεν
le: Podemos. — Y Jesús dijo

αὐτοῖς· τὸ ποτήριον ὃ ἐγὼ πίνω πίεσθε,
les: La copa que yo bebo beberéis,

καὶ τὸ βάπτισμα ὃ ἐγὼ βαπτίζομαι
y (con) el bautismo (con) que yo soy bautizado

βαπτισθήσεσθε· **40** τὸ δὲ καθίσαι ἐκ δεξιῶν
seréis bautizados; mas el sentarse a (la) derecha

μου ἢ ἐξ εὐωνύμων οὐκ ἔστιν ἐμὸν
de mí o a (la) izquierda no es mío

δοῦναι, ἀλλ' οἷς ἡτοίμασται. **41** Καὶ
[1]conceder(lo), sino para los que ha sido preparado. Y

ἀκούσαντες οἱ δέκα ἤρξαντο ἀγανακτεῖν
cuando oyeron(lo) los diez, comenzaron a indignarse

περὶ Ἰακώβου καὶ Ἰωάννου. **42** καὶ
acerca de Jacobo y de Juan. Y

προσκαλεσάμενος αὐτοὺς ὁ Ἰησοῦς λέγει
llamando hacia sí les — Jesús, dice

αὐτοῖς· οἴδατε ὅτι οἱ δοκοῦντες ἄρχειν
les: Sabéis que los que parecen gobernar

τῶν ἐθνῶν κατακυριεύουσιν αὐτῶν καὶ
a los gentiles, se enseñorean de ellos, y

οἱ μεγάλοι αὐτῶν κατεξουσιάζουσιν αὐτῶν.
los magnates de ellos ejercen (su) autoridad sobre ellos.

43 οὐχ οὕτως δέ ἐστιν ἐν ὑμῖν· ἀλλ'
Mas no así es entre vosotros; sino que

ὃς ἂν θέλῃ μέγας γενέσθαι ἐν ὑμῖν,
quienquiera que desee grande llegar a ser entre vosotros,

ἔσται ὑμῶν διάκονος, **44** καὶ ὃς ἂν
será de vosotros sirviente, y quienquiera que

θέλῃ ἐν ὑμῖν εἶναι πρῶτος, ἔσται πάντων
desee entre vosotros ser primero, será de todos

δοῦλος· **45** καὶ γὰρ ὁ υἱὸς τοῦ ἀνθρώπου
esclavo; porque también el Hijo del Hombre

οὐκ ἦλθεν διακονηθῆναι ἀλλὰ διακονῆσαι
no vino a ser servido, sino a servir

καὶ δοῦναι τὴν ψυχὴν αὐτοῦ λύτρον ἀντὶ
y a dar la vida de él (como) rescate [2]por

πολλῶν.
muchos.

46 Καὶ ἔρχονται εἰς Ἰεριχώ. Καὶ
Y vienen a Jericó. Y

ἐκπορευομένου αὐτοῦ ἀπὸ Ἰεριχὼ καὶ τῶν
cuando salía él de Jericó y los

[1]
40. CONCEDER. Lit. *dar.*
[2]
45. POR MUCHOS. Lit. *en lugar de muchos.*

μαθητῶν αὐτοῦ καὶ ὄχλου ἱκανοῦ ὁ υἱὸς
discípulos de él y una multitud considerable, el hijo

Τιμαίου   Βαρτιμαῖος,   τυφλὸς   προσαίτης.
Timeo,   Bartimeo,   ciego,   mendigo,

ἐκάθητο   παρὰ   τὴν   ὁδόν.   47 καὶ   ἀκούσας
estaba sentado junto   al   camino.   Y   cuando oyó

ὅτι   Ἰησοῦς   ὁ   Ναζαρηνός   ἐστιν   ἤρξατο
que   Jesús   el   nazareno   es,   comenzó

κράζειν   καὶ   λέγειν·   υἱὲ   Δαυὶδ   Ἰησοῦ,
a gritar   y   a decir: Hijo   de David,   Jesús,

ἐλέησόν   με.   48 καὶ   ἐπετίμων   αὐτῷ   πολλοὶ
ten compasión de mí.   Y   reprendían   le   muchos

ἵνα   σιωπήσῃ·   ὁ   δὲ   πολλῷ   μᾶλλον   ἔκραζεν·
para que se callara;   mas él   mucho   más   gritaba:

υἱὲ   Δαυίδ,   ἐλέησόν   με.   49 καὶ   στὰς
Hijo   de David,   ten compasión de mí.   Y   parándose

ὁ   Ἰησοῦς   εἶπεν·   φωνήσατε   αὐτόν.   καὶ
—   Jesús,   dijo: [1]Llamad   le.   Y

φωνοῦσιν   τὸν   τυφλὸν   λέγοντες   αὐτῷ·
[2]llaman   al   ciego,   diciendo   le:

θάρσει,   ἔγειρε,   φωνεῖ   σε.   50 ὁ   δὲ
¡Ánimate,   levántate,   [3]llama   te!   Y él

ἀποβαλὼν   τὸ   ἱμάτιον   αὐτοῦ   ἀναπηδήσας   ἦλθεν
arrojando de sí   el   manto   de él,   dando un salto   vino

πρὸς   τὸν   Ἰησοῦν.   51 καὶ   ἀποκριθεὶς   αὐτῷ   ὁ
hasta   —   Jesús.   Y   preguntando   le   —

Ἰησοῦς   εἶπεν·   τί   σοι   θέλεις   ποιήσω;
Jesús,   dijo: ¿Qué   a ti   quieres   que haga?

ὁ   δὲ   τυφλὸς   εἶπεν   αὐτῷ·   ῥαββουνί,   ἵνα
Y el   ciego   dijo   le: [4]Rabuní,   que

ἀναβλέψω.   52 καὶ   ὁ   Ἰησοῦς   εἶπεν   αὐτῷ·
recobre la vista.   Y   —   Jesús   dijo   le:

ὕπαγε,   ἡ   πίστις   σου   σέσωκέν   σε.   καὶ
Vete,   la   fe   de ti   [5]ha sanado   te.   Y

εὐθὺς   ἀνέβλεψεν,   καὶ   ἠκολούθει   αὐτῷ   ἐν
al punto   recobró la vista,   y   seguía   le   en

τῇ   ὁδῷ.
el   camino.

11 *Καὶ   ὅτε   ἐγγίζουσιν   εἰς   Ἱεροσόλυμα*
Y   cuando   se acercan   a   Jerusalén,

εἰς   Βηθφαγὴ   καὶ   Βηθανίαν   πρὸς   τὸ
a   Betfagé   y   a Betania,   junto   al

ὄρος   τῶν   ἐλαιῶν,   ἀποστέλλει   δύο   τῶν
monte   de los   Olivos,   envía   dos   de los

μαθητῶν   αὐτοῦ   2 καὶ   λέγει   αὐτοῖς·   ὑπάγετε
discípulos   de él   y   dice   les: Id

εἰς   τὴν   κώμην   τὴν   κατέναντι   ὑμῶν,   καὶ
a   la   aldea,   la (que está)   enfrente   de vosotros,   y

1
49. LLAMAD. Lit. *dad voces.*
2
49. LLAMAN. Lit. *dan voces.*
3
49. LLAMA. Lit. *da voces.*
4
51. RABUNÍ. Es decir, *Maestro.* (V. Jn. 20:16.)
5
52. HA SANADO. Lit. *ha salvado.*

εὐθὺς   εἰσπορευόμενοι   εἰς   αὐτὴν   εὑρήσετε
al punto   cuando estéis entrando   en   ella,   hallaréis

πῶλον   δεδεμένον   ἐφ'   ὃν   οὐδεὶς   οὔπω
un pollino   atado,   sobre   el que   nadie   aún

ἀνθρώπων   ἐκάθισεν·   λύσατε   αὐτὸν   καὶ
de (los) hombres   se sentó;   soltad   lo   y

φέρετε.   3 καὶ   ἐάν   τις   ὑμῖν   εἴπῃ·   τί
traed(lo).   Y   si   alguien   os   dijese: ¿Por qué

ποιεῖτε   τοῦτο;   εἴπατε·   ὁ   κύριος   αὐτοῦ
hacéis   esto?,   decid: El   Señor,   de él

χρείαν   ἔχει,   καὶ   εὐθὺς   αὐτὸν   ἀποστέλλει
necesidad   tiene,   y   en seguida   lo   envía

πάλιν   ὧδε.   4 καὶ   ἀπῆλθον   καὶ   εὗρον
de nuevo   acá.   Y   fueron   y   encontraron

πῶλον   δεδεμένον   πρὸς   θύραν   ἔξω   ἐπὶ
un pollino   atado   a   una puerta   afuera   en

τοῦ   ἀμφόδου,   καὶ   λύουσιν   αὐτόν.   5 καὶ
—   plena calle,   y   desatan   lo.   Y

τινες   τῶν   ἐκεῖ   ἑστηκότων   ἔλεγον   αὐτοῖς·
algunos   de los que   allí   [1]estaban,   decían   les:

τί   ποιεῖτε   λύοντες   τὸν   πῶλον;   6 οἱ   δὲ
¿Qué   hacéis   desatando   el   pollino?   Y ellos

εἶπαν   αὐτοῖς   καθὼς   εἶπεν   ὁ   Ἰησοῦς·
dijeron   les   tal como   [2]había dicho —   Jesús;

καὶ   ἀφῆκαν   αὐτούς.   7 καὶ   φέρουσιν   τὸν
y   dieron permiso   les.   Y   traen   el

πῶλον   πρὸς   τὸν   Ἰησοῦν,   καὶ   ἐπιβάλλουσιν
pollino   a   —   Jesús,   y   echan encima

αὐτῷ   τὰ   ἱμάτια   αὐτῶν,   καὶ   ἐκάθισεν
de él   los   mantos   de ellos,   y   se sentó

ἐπ' αὐτόν.   8 καὶ   πολλοὶ   τὰ   ἱμάτια   αὐτῶν
sobre   él.   Y   muchos   los   mantos   de ellos (sus)

ἔστρωσαν   εἰς   τὴν   ὁδόν,   ἄλλοι   δὲ   στιβάδας,
tendieron   en   el   camino;   y otros,   ramas,

κόψαντες   ἐκ   τῶν   ἀγρῶν.   9 καὶ   οἱ
habiendo cortado(las)   de   los   campos.   Tanto   los que

προάγοντες   καὶ   οἱ   ἀκολουθοῦντες   ἔκραζον·
iban delante   como   los   que seguían,   gritaban:

ὡσαννά·   εὐλογημένος   ὁ   ἐρχόμενος   ἐν
[3]Hosanná;   bendito   el   que viene   en

ὀνόματι   κυρίου·   10 εὐλογημένη   ἡ   ἐρχομένη
nombre   de(l) Señor;   bendito   el   que viene

βασιλεία   τοῦ   πατρὸς   ἡμῶν   Δαυίδ·   ὡσαννὰ
reino   del   padre   de nosotros   David;   hosanná

ἐν   τοῖς   ὑψίστοις.   11 Καὶ   εἰσῆλθεν   εἰς
en   los   más altos (lugares).   Y   entró   en

Ἰεροσόλυμα   εἰς   τὸ   ἱερόν·   καὶ   περιβλεψάμενος
Jerusalén   en   el   templo;   y después de mirar alrededor

[1]
5. ESTABAN. Lit. estaban de pie (o estaban parados).
[2]
6. HABÍA DICHO. Lit. dijo.
[3]
9. HOSANNÁ. Del hebreo hoshiah na = "salva ahora". (V. Sal. 118:25-26.)

πάντα, ὀψὲ ἤδη οὔσης τῆς ὥρας, ἐξῆλθεν
todo, tarde ya siendo la hora, salió

εἰς Βηθανίαν μετὰ τῶν δώδεκα.
hacia Betania con los doce.

12 Καὶ τῇ ἐπαύριον ἐξελθόντων αὐτῶν
Y al día siguiente, cuando habían salido ellos

ἀπὸ Βηθανίας ἐπείνασεν. **13** καὶ ἰδὼν
de Betania, tuvo hambre. Y al ver

συκῆν ἀπὸ μακρόθεν ἔχουσαν φύλλα ἦλθεν
una higuera a lo lejos que tenía hojas, vino

εἰ ἄρα τι εὑρήσει ἐν αὐτῇ, καὶ ἐλθὼν
por si algo podía encontrar en ella, y cuando llegó

ἐπ' αὐτὴν οὐδὲν εὗρεν εἰ μὴ φύλλα·
junto a ella, nada encontró, excepto hojas;

ὁ γὰρ καιρὸς οὐκ ἦν σύκων. **14** καὶ
porque el tiempo no era ¹de higos. Y

ἀποκριθεὶς εἶπεν αὐτῇ· μηκέτι εἰς τὸν
²tomando la palabra, dijo le: ³Que nunca jamás

αἰῶνα ἐκ σοῦ μηδεὶς καρπὸν φάγοι.
de ti nadie fruto coma.

καὶ ἤκουον οἱ μαθηταὶ αὐτοῦ. **15** Καὶ
y (le) oían los discípulos de él. Y

ἔρχονται εἰς Ἱεροσόλυμα. Καὶ εἰσελθὼν
llegan a Jerusalén. Y entrando

εἰς τὸ ἱερὸν ἤρξατο ἐκβάλλειν τοὺς
en el templo, comenzó a expulsar a los

πωλοῦντας καὶ τοὺς ἀγοράζοντας ἐν τῷ
que vendían y a los que compraban en el

ἱερῷ, καὶ τὰς τραπέζας τῶν κολλυβιστῶν
templo, y las mesas de los cambistas

καὶ τὰς καθέδρας τῶν πωλούντων τὰς
y los asientos de los que vendían las

περιστερὰς κατέστρεψεν, **16** καὶ οὐκ ἤφιεν
palomas volcó, y no permitía

ἵνα τις διενέγκῃ σκεῦος διὰ τοῦ
que alguien transportara ⁴objetos a través del

ἱεροῦ, **17** καὶ ἐδίδασκεν καὶ ἔλεγεν αὐτοῖς· οὐ
templo, y enseñaba y decía les: ¿No

γέγραπται ὅτι ὁ οἶκός μου οἶκος προσευχῆς
⁵está escrito que la casa de mí, casa de oración

κληθήσεται πᾶσιν τοῖς ἔθνεσιν; ὑμεῖς δὲ
será llamada para todas las naciones? Mas vosotros

πεποιήκατε αὐτὸν σπήλαιον λῃστῶν. **18** καὶ
habéis hecho a ella una cueva de ladrones. Y

ἤκουσαν οἱ ἀρχιερεῖς καὶ οἱ γραμματεῖς,
(lo) oyeron los principales sacerdotes y los escribas,

καὶ ἐζήτουν πῶς αὐτὸν ἀπολέσωσιν·
y buscaban cómo le destruirían;

1
14. DE HIGOS. Es decir, *de brevas de verano, pero sí de higos tempranos*.
2
14. TOMANDO LA PALABRA. Lit. *respondiendo*.
3
14. QUE NUNCA JAMÁS. Lit. *Ya no por siempre* (o *por el siglo*).
4
16. OBJETOS. Lit. *una vasija* (cosas que no eran para el servicio del templo).
5
17. ESTÁ ESCRITO. Lit. *ha sido escrito*.

ἐφοβοῦντο γὰρ αὐτόν, πᾶς γὰρ ὁ ὄχλος
porque temían   le,   pues toda   la   multitud
ἐξεπλήσσετο ἐπὶ τῇ διδαχῇ αὐτοῦ. 19 Καὶ
estaba asombrada   de   la   enseñanza   de él.   Y
ὅταν ὀψὲ ἐγένετο, ἐξεπορεύοντο ἔξω τῆς
cuando tarde se hizo,   salían   fuera de la
πόλεως. 20 Καὶ παραπορευόμενοι πρωῒ
ciudad.   Y   cuando pasaban de madrugada
εἶδον τὴν συκῆν ἐξηραμμένην ἐκ ῥιζῶν.
vieron la higuera que se había secado desde (las) raíces.
21 καὶ ἀναμνησθεὶς ὁ Πέτρος λέγει αὐτῷ·
  Y   acordándose — Pedro,   dice   le:
ῥαββί, ἴδε ἡ συκῆ ἣν κατηράσω
Rabí,   mira,   la   higuera   que   maldijiste,
ἐξήρανται. 22 καὶ ἀποκριθεὶς ὁ Ἰησοῦς λέγει
se ha secado.   Y   respondiendo — Jesús,   dice
αὐτοῖς· ἔχετε πίστιν θεοῦ. 23 ἀμὴν λέγω ὑμῖν
les: Tened   fe   [1]en Dios.   De cierto digo   os
ὅτι ὃς ἂν εἴπῃ τῷ ὄρει τούτῳ· ἄρθητι
que cualquiera que diga al monte   este: [2]Quítate
καὶ βλήθητι εἰς τὴν θάλασσαν, καὶ μὴ
y   arrójate   al   mar,   y   no
διακριθῇ ἐν τῇ καρδίᾳ αὐτοῦ ἀλλὰ πιστεύῃ
dude en el corazón de él,   sino   crea
  (su)
ὅτι ὃ λαλεῖ γίνεται, ἔσται αὐτῷ. 24 διὰ
que lo que está sucede,   [3]lo tendrá.   Por
hablando
τοῦτο λέγω ὑμῖν, πάντα ὅσα προσεύχεσθε
esto   digo   os,   todo   cuanto   oráis
καὶ αἰτεῖσθε, πιστεύετε ὅτι ἐλάβετε, καὶ
y   pedís,   creed   que (lo) [4]habéis recibido, y
ἔσται ὑμῖν, 25 καὶ ὅταν στήκετε
[5]lo tendréis.   Y   cuando   [6]estéis
προσευχόμενοι, ἀφίετε εἴ τι ἔχετε κατά
orando,   perdonad si algo tenéis contra
τινος, ἵνα καὶ ὁ πατὴρ ὑμῶν ὁ ἐν τοῖς
alguien, para que también el Padre de vosotros — en los
οὐρανοῖς ἀφῇ ὑμῖν τὰ παραπτώματα ὑμῶν.
cielos perdone os las transgresiones de vosotros.*
27 Καὶ ἔρχονται πάλιν εἰς Ἱεροσόλυμα.
  Y   vienen   de nuevo a Jerusalén.
καὶ ἐν τῷ ἱερῷ περιπατοῦντος αὐτοῦ
Y   en   el   templo   cuando andaba   él,
ἔρχονται πρὸς αὐτὸν οἱ ἀρχιερεῖς καὶ οἱ
vienen   a   él los principales sacerdotes y los
γραμματεῖς καὶ οἱ πρεσβύτεροι, 28 καὶ
escribas   y   los   ancianos,   y

[1] 22. EN DIOS. Lit. *de Dios.*
[2] 23. QUÍTATE Y ARRÓJATE. Lit. *sé quitado y sé arrojado.*
[3] 23. LO TENDRÁ. Lit. *será para él.*
[4] 24. HABÉIS RECIBIDO. Lit. *recibisteis.*
[5] 24. LO TENDRÉIS. Lit. *será para vosotros.*
[6] 25. ESTÉIS ORANDO. Lit. *os pongáis en pie para orar.*
* 25. El v. 26 falta en los mejores MSS.

ἔλεγον αὐτῷ· ἐν ποίᾳ ἐξουσίᾳ ταῦτα
decían   le: ¿Con   cuál   autoridad   esto

ποιεῖς; ἢ τίς σοι ἔδωκεν τὴν ἐξουσίαν
haces? ¿O quién te dio   la   autoridad

ταύτην ἵνα ταῦτα ποιῇς; 29 ὁ δὲ Ἰησοῦς
esta para que esto hagas? — Y Jesús

εἶπεν αὐτοῖς· ἐπερωτήσω ὑμᾶς ἕνα λόγον,
dijo les: Preguntaré   os una sola ¹cosa,

καὶ ἀποκρίθητέ μοι, καὶ ἐρῶ ὑμῖν ἐν
y   responded me, y   diré os con

ποίᾳ ἐξουσίᾳ ταῦτα ποιῶ. 30 τὸ βάπτισμα
cuál autoridad esto hago. El bautismo

τὸ Ἰωάννου ἐξ οὐρανοῦ ἦν ἢ ἐξ ἀνθρώπων;
— de Juan, ¿de(l) cielo era o de (los) hombres?

ἀποκρίθητέ μοι. 31 καὶ διελογίζοντο πρὸς
Responded me.   Y   razonaban   entre

ἑαυτοὺς λέγοντες· ἐὰν εἴπωμεν· ἐξ οὐρανοῦ,
ellos mismos, diciendo: Si decimos: De(l) cielo,

ἐρεῖ· διὰ τί οὖν οὐκ ἐπιστεύσατε αὐτῷ;
dirá: ¿Por qué, pues, no   creísteis   le?

32 ἀλλὰ εἴπωμεν· ἐξ ἀνθρώπων;—ἐφοβοῦντο
Pero ¿vamos a decir: De (los) hombres? — Temían

τὸν ὄχλον· ἄπαντες γὰρ εἶχον τὸν Ἰωάννην
a la gente;   porque todos   tenían — a Juan

ὄντως ὅτι προφήτης ἦν. 33 καὶ
realmente (como) que un profeta era.   Y

ἀποκριθέντες τῷ Ἰησοῦ λέγουσιν· οὐκ
respondiendo — a Jesús,   dicen: No

οἴδαμεν. καὶ ὁ Ἰησοῦς λέγει αὐτοῖς·
sabemos. Y — Jesús   dice   les:

οὐδὲ ἐγὼ λέγω ὑμῖν ἐν ποίᾳ ἐξουσίᾳ
Ni yo digo os con cuál autoridad

ταῦτα ποιῶ. 12 Καὶ ἤρξατο αὐτοῖς ἐν
esto hago.   Y comenzó les   en

παραβολαῖς λαλεῖν. ἀμπελῶνα ἄνθρωπος
parábolas a hablar. Una viña   un hombre

ἐφύτευσεν, καὶ περιέθηκεν φραγμὸν καὶ ὤρυξεν
plantó, y puso en torno una cerca y   excavó

ὑπολήνιον καὶ ᾠκοδόμησεν πύργον, καὶ
²debajo del lagar y   construyó   una torre,   y

ἐξέδοτο αὐτὸν γεωργοῖς, καὶ ἀπεδήμησεν.
arrendó   la a unos labradores, y   se fue de viaje.

2 καὶ ἀπέστειλεν πρὸς τοὺς γεωργοὺς τῷ
Y   envió   adonde los   labradores   al

καιρῷ δοῦλον, ἵνα παρὰ τῶν γεωργῶν
tiempo a un siervo, para que de parte de los - labradores

λάβῃ ἀπὸ τῶν καρπῶν τοῦ ἀμπελῶνος·
tomara de los frutos de la   viña;

¹
29. COSA. Lit. palabra.
²
1. DEBAJO DEL LAGAR. Lit.
una cantina (o tanque) debajo del lagar.

3 καὶ λαβόντες αὐτὸν ἔδειραν καὶ ἀπέστειλαν
y (ellos) tomando le, golpearon(le) y enviaron(le)

κενόν. **4** καὶ πάλιν ἀπέστειλεν πρὸς αὐτοὺς
[1]de vacío. Y de nuevo envió adonde ellos

ἄλλον δοῦλον· κἀκεῖνον ἐκεφαλαίωσαν καὶ
otro siervo; y a él hirieron en la cabeza y

ἠτίμασαν. **5** καὶ ἄλλον ἀπέστειλεν· κἀκεῖνον
(le) [2]insultaron. Y a otro envió; y a él

ἀπέκτειναν, καὶ πολλοὺς ἄλλους, οὓς μὲν
mataron; y a muchos otros, a unos

δέροντες, οὓς δὲ ἀποκτέννοντες. **6** ἔτι ἕνα
golpeando, a otros, matando. Aún uno

εἶχεν, υἱὸν ἀγαπητόν· ἀπέστειλεν αὐτὸν
tenía, un hijo amado; envió le

ἔσχατον πρὸς αὐτοὺς λέγων ὅτι ἐντραπήσονται
(el) último a ellos, diciendo: — Respetarán

τὸν υἱόν μου. **7** ἐκεῖνοι δὲ οἱ γεωργοὶ
al hijo de mí. Mas aquellos — labradores
            (mi)

πρὸς ἑαυτοὺς εἶπαν ὅτι οὗτός ἐστιν ὁ
entre ellos mismos dijeron: — Éste es el

κληρονόμος· δεῦτε ἀποκτείνωμεν αὐτόν, καὶ
heredero; venid, matemos le, y

ἡμῶν ἔσται ἡ κληρονομία. **8** καὶ λαβόντες
de nosotros será la herencia. Y tomando(le),

ἀπέκτειναν αὐτόν, καὶ ἐξέβαλον αὐτὸν
mataron le, y arrojaron le

ἔξω τοῦ ἀμπελῶνος. **9** τί ποιήσει ὁ
fuera de la viña. ¿Qué hará el

κύριος τοῦ ἀμπελῶνος; ἐλεύσεται καὶ
[3]dueño de la viña? Vendrá y

ἀπολέσει τοὺς γεωργούς, καὶ δώσει τὸν
destruirá a los ladradores, y dará la

ἀμπελῶνα ἄλλοις. **10** οὐδὲ τὴν γραφὴν
viña a otros. ¿Ni la escritura

ταύτην ἀνέγνωτε· λίθον ὃν ἀπεδοκίμασαν
esta leísteis: Una piedra que [4]rechazaron

οἱ οἰκοδομοῦντες, οὗτος ἐγενήθη εἰς κεφαλὴν
los constructores, ésta vino a ser [5]piedra

γωνίας· **11** παρὰ κυρίου ἐγένετο αὐτη,
angular; de parte de(l) Señor se hizo ésta,

καὶ ἔστιν θαυμαστὴ ἐν ὀφθαλμοῖς ἡμῶν;
y es maravillosa en (los) ojos de nosotros?

12 Καὶ ἐζήτουν αὐτὸν κρατῆσαι, καὶ
Y [6]procuraban le prender, y

ἐφοβήθησαν τὸν ὄχλον· ἔγνωσαν γὰρ
temían a la gente; porque conocieron

ὅτι πρὸς αὐτοὺς τὴν παραβολὴν
que con relación a ellos la parábola

1
3. DE VACÍO. Lit. *vacío.*
2
4. INSULTARON. O *trataron deshonrosamente.*
3
9. DUEÑO. Lit. *señor.*
4
10. RECHAZARON. Lit. *reprobaron (tuvieron por indigna o inútil).*
5
10. PIEDRA ANGULAR. Lit. *cabeza de ángulo.*
6
12. PROCURABAN. Lit. *buscaban.*

εἶπεν. καὶ ἀφέντες αὐτὸν ἀπῆλθον.
¹había dicho. Y dejando le, se fueron.

13 Καὶ ἀποστέλλουσιν πρὸς αὐτόν τινας τῶν
Y envían hasta él a unos de los

Φαρισαίων καὶ τῶν Ἡρῳδιανῶν ἵνα αὐτὸν
fariseos y de los herodianos para le

ἀγρεύσωσιν λόγῳ. **14** καὶ ἐλθόντες
cazar ²en alguna palabra. Y una vez venidos,

λέγουσιν αὐτῷ· διδάσκαλε, οἴδαμεν ὅτι
dicen le: Maestro, sabemos que

ἀληθὴς εἶ καὶ οὐ μέλει σοι περὶ
veraz eres y ³no te inclinas a favor de

οὐδενός· οὐ γὰρ βλέπεις εἰς πρόσωπον
nadie; porque no miras ⁴la apariencia

ἀνθρώπων, ἀλλ᾽ ἐπ᾽ ἀληθείας τὴν ὁδὸν
de los hombres, sino que a base de verdad el camino

τοῦ θεοῦ διδάσκεις· ἔξεστιν δοῦναι κῆνσον
— de Dios enseñas. ¿Es lícito dar impuesto

Καίσαρι ἢ οὔ; δῶμεν ἢ μὴ δῶμεν;
a César, o no? ⁵¿Pagaremos o no pagaremos?

15 ὁ δὲ εἰδὼς αὐτῶν τὴν ὑπόκρισιν εἶπεν
Mas él, sabiendo de ellos la hipocresía, dijo

αὐτοῖς· τί με πειράζετε; φέρετέ μοι
les: ¿Por qué me ponéis a prueba? Traed me

δηνάριον ἵνα ἴδω. **16** οἱ δὲ ἤνεγκαν. καὶ
un denario para que vea(lo). Y ellos trajeron(lo). Y

λέγει αὐτοῖς· τίνος ἡ εἰκὼν αὕτη καὶ ἡ
dice les: ¿De quién (es) la imagen esta y la

ἐπιγραφή; οἱ δὲ εἶπαν αὐτῷ· Καίσαρος.
inscripción? Y ellos dijeron le: De César.

17 ὁ δὲ Ἰησοῦς εἶπεν αὐτοῖς· τὰ Καίσαρος
Y Jesús dijo les: Lo de César

ἀπόδοτε Καίσαρι καὶ τὰ τοῦ θεοῦ τῷ
pagad a César, y lo — de Dios, —

θεῷ. καὶ ἐξεθαύμαζον ἐπ᾽ αὐτῷ.
a Dios. Y se asombraban de él.

18 Καὶ ἔρχονται Σαδδουκαῖοι πρὸς αὐτόν,
Y vienen unos saduceos hasta él,

οἵτινες λέγουσιν ἀνάστασιν μὴ εἶναι, καὶ
los cuales dicen que resurrección no hay, y

ἐπηρώτων αὐτὸν λέγοντες· **19** διδάσκαλε,
preguntaban le, diciendo: Maestro,

Μωϋσῆς ἔγραψεν ἡμῖν ὅτι ἐάν τινος
Moisés escribió para nosotros que si de alguno

ἀδελφὸς ἀποθάνῃ καὶ καταλίπῃ γυναῖκα
un hermano muriese y dejase mujer

καὶ μὴ ἀφῇ τέκνον, ἵνα λάβῃ ὁ ἀδελφὸς
y no dejase hijo, debe tomar el hermano

1
12. HABÍA DICHO. Lit. *dijo.*
2
13. EN ALGUNA PALABRA. Lit. *en una palabra (o con una palabra).*
3
14. NO TE INCLINAS... Lit. *no te importa de nadie.*
4
14. LA APARIENCIA DE LOS HOMBRES. Lit. *a rostro de hombres.*
5
14. ¿PAGAREMOS O NO PAGAREMOS? Lit. *¿daríamos o no daríamos?*

αὐτοῦ   τὴν   γυναῖκα   καὶ   ἐξαναστήσῃ   σπέρμα
de él   a la   mujer   y   hacer surgir   descendencia

τῷ   ἀδελφῷ   αὐτοῦ.   20 ἑπτὰ   ἀδελφοὶ   ἦσαν·
para el hermano   de él.   Siete   hermanos   había;

καὶ   ὁ   πρῶτος   ἔλαβεν   γυναῖκα,   καὶ
y   el   primero   tomó   mujer,   y

ἀποθνῆσκων   οὐκ   ἀφῆκεν   σπέρμα·   21 καὶ
al morir   no   dejó   descendencia;   y

ὁ   δεύτερος   ἔλαβεν   αὐτήν,   καὶ   ἀπέθανεν   μὴ
el   segundo   tomó   la,   y   murió   no

καταλιπὼν   σπέρμα·   καὶ   ὁ   τρίτος   ὡσαύτως·
dejando   descendencia;   y   el   tercero   [1]asimismo;

22 καὶ   οἱ   ἑπτὰ   οὐκ   ἀφῆκαν   σπέρμα.
y   los   siete   no   dejaron   descendencia.

ἔσχατον   πάντων   καὶ   ἡ   γυνὴ   ἀπέθανεν.
[2]Por último,   también la   mujer   murió.

23 ἐν   τῇ   ἀναστάσει,   ὅταν   ἀναστῶσιν,
En   la   resurrección,   cuando   se levanten,

τίνος   αὐτῶν   ἔσται   γυνή;   οἱ   γὰρ   ἑπτὰ
¿de quién   de ellos   será   mujer?   Porque los   siete

ἔσχον   αὐτὴν   γυναῖκα.   24 ἔφη   αὐτοῖς   ὁ
tuvieron   la   (por) mujer.   Dijo   les   —

Ἰησοῦς·   οὐ   διὰ   τοῦτο   πλανᾶσθε   μὴ
Jesús: ¿No   (es) por   esto   (por lo que) erráis   no

εἰδότες   τὰς   γραφὰς   μηδὲ   τὴν   δύναμιν
[3]entendiendo   las   Escrituras   ni   el   poder

τοῦ   θεοῦ;   25 ὅταν   γὰρ   ἐκ   νεκρῶν
—   de Dios?   Porque cuando   de   (los) muertos

ἀναστῶσιν,   οὔτε   γαμοῦσιν   οὔτε   γαμίζονται,
se levanten,   ni   se casan   ni   se dan en
matrimonio,

ἀλλ'   εἰσὶν   ὡς   ἄγγελοι   ἐν   τοῖς   οὐρανοῖς.
sino que   son   como   ángeles   en   los   cielos.

26 περὶ   δὲ   τῶν   νεκρῶν   ὅτι   ἐγείρονται,
Mas acerca   de los   muertos,   de que   [4]resucitan,

οὐκ   ἀνέγνωτε   ἐν   τῇ   βίβλῳ   Μωϋσέως   ἐπὶ
¿no   leísteis   en   el   libro   de Moisés   en (lo de)

τοῦ   βάτου   πῶς   εἶπεν   αὐτῷ   ὁ   θεὸς   λέγων·
la   zarza,   cómo   [5]habló   le   —   Dios,   diciendo:

ἐγὼ   ὁ   θεὸς   Ἀβραὰμ   καὶ   θεὸς   Ἰσαὰκ
Yo (soy)   el   Dios   de Abraham   y   (el) Dios   de Isaac

καὶ   θεὸς   Ἰακώβ;   27 οὐκ   ἔστιν   θεὸς
y   (el) Dios   de Jacob?   No   es   Dios

νεκρῶν   ἀλλὰ   ζώντων.   πολὺ   πλανᾶσθε.
de muertos,   sino   de vivos.   Mucho   erráis.

28 Καὶ   προσελθὼν   εἷς   τῶν   γραμματέων,
Y   acercándose   uno   de los   escribas,

ἀκούσας   αὐτῶν   συζητούντων,   εἰδὼς   ὅτι
que oyó   les   discutiendo,   [6]al ver   que

[1]
21. ASIMISMO. Lit. de un
modo similar.
[2]
22. POR ÚLTIMO. Lit. lo último de todos.
[3]
24. ENTENDIENDO. Lit. sa-
biendo.
[4]
26. RESUCITAN. Lit. son levantados.
[5]
26. HABLÓ. Lit. dijo.
[6]
28. AL VER. Lit. sabiendo
(o reconociendo).

καλῶς ἀπεκρίθη αὐτοῖς, ἐπηρώτησεν αὐτόν·
bien ¹había respondido les, preguntó le:

ποία ἐστὶν ἐντολὴ πρώτη πάντων;
¿Cuál es (el) mandamiento primero de todos?

29 ἀπεκρίθη ὁ Ἰησοῦς ὅτι πρώτη ἐστίν·
Respondió — Jesús: — (El) primero es:

ἄκουε, Ἰσραήλ, κύριος ὁ θεὸς ἡμῶν κύριος
Oye, Israel, (el) Señor — Dios de nosotros, Señor

εἷς ἐστιν, **30** καὶ ἀγαπήσεις κύριον τὸν
uno es, y amarás a(l) Señor

θεόν σου ἐξ ὅλης τῆς καρδίας σου καὶ
Dios de ti de todo el corazón de ti y
(tu) (con) (tu)

ἐξ ὅλης τῆς ψυχῆς σου καὶ ἐξ ὅλης
de toda el alma de ti y de toda
(con) (tu) (con)

τῆς διανοίας σου καὶ ἐξ ὅλης τῆς ἰσχύος
la mente de ti y de toda la fuerza
(su) (con)

σου. **31** δευτέρα αὕτη· ἀγαπήσεις τὸν
de ti. (El) segundo (es) éste: Amarás al
(tu)

πλησίον σου ὡς σεαυτόν. μείζων τούτων
prójimo de ti como a ti mismo. Mayor que éstos
(tu)

ἄλλη ἐντολὴ οὐκ ἔστιν. **32** καὶ εἶπεν
otro mandamiento no hay. Y dijo

αὐτῷ ὁ γραμματεύς· καλῶς, διδάσκαλε, ἐπ᾽
le el escriba: Bien, Maestro, con

ἀληθείας εἶπες ὅτι εἷς ἐστιν καὶ οὐκ
verdad dijiste que uno es y no

ἔστιν ἄλλος πλὴν αὐτοῦ· **33** καὶ τὸ
hay otro además de él; y (que) —

ἀγαπᾶν αὐτὸν ἐξ ὅλης τῆς καρδίας καὶ ἐξ
amar le de todo el corazón y de
(con) (con)

ὅλης τῆς συνέσεως καὶ ἐξ ὅλης τῆς
todo el entendimiento y de toda ya
(con)

ἰσχύος, καὶ τὸ ἀγαπᾶν τὸν πλησίον ὡς
fuerza, y — amar al prójimo como

ἑαυτὸν περισσότερόν ἐστιν πάντων τῶν
a sí mismo más importante es que todos los

ὁλοκαυτωμάτων καὶ θυσιῶν. **34** καὶ ὁ
holocaustos y sacrificios. Y —

Ἰησοῦς, ἰδὼν αὐτὸν ὅτι νουνεχῶς ἀπεκρίθη,
Jesús, al ver le que sensatamente ²había respondido,

εἶπεν αὐτῷ· οὐ μακρὰν εἶ ἀπὸ τῆς
dijo le: No lejos estás del

βασιλείας τοῦ θεοῦ. καὶ οὐδεὶς οὐκέτι
reino — de Dios. Y nadie ³desde entonces

ἐτόλμα αὐτὸν ἐπερωτῆσαι.
se atrevía a le preguntar.

35 Καὶ ἀποκριθεὶς ὁ Ἰησοῦς ἔλεγεν
Y ⁴tomando la palabra — Jesús, decía

1
28. HABÍA RESPONDIDO. Lit. *respondió.*
2
34. HABÍA RESPONDIDO. Lit. *respondió.*
3
34. DESDE ENTONCES. Lit. *ya no.*
4
35. TOMANDO LA PALABRA. Lit. *respondiendo.*

διδάσκων ἐν τῷ ἱερῷ· πῶς λέγουσιν οἱ
mientras enseñaba en el templo: ¿Cómo dicen los

γραμματεῖς ὅτι ὁ χριστὸς υἱὸς Δαυίδ
escribas que el Cristo hijo de David

ἐστιν; 36 αὐτὸς Δαυὶδ εἶπεν ἐν τῷ πνεύματι
es? David mismo dijo en el Espíritu

τῷ ἁγίῳ· εἶπεν κύριος τῷ κυρίῳ μου·
— Santo: Dijo (el) Señor al Señor de mí:

κάθου ἐκ δεξιῶν μου ἕως ἂν θῶ τοὺς
Siéntate a (la) derecha de mí hasta que (yo) ponga a los
              (mi)

ἐχθρούς σου ὑποκάτω τῶν ποδῶν σου.
enemigos de ti debajo de los pies de ti.
        (tus)

37 αὐτὸς Δαυὶδ λέγει αὐτὸν κύριον, καὶ
David mismo 1llama le Señor, ¿y

πόθεν αὐτοῦ ἐστιν υἱός;
2cómo de él es hijo?

Καὶ ὁ πολὺς ὄχλος ἤκουεν αὐτοῦ
Y la 3gran multitud oía le

ἡδέως. 38 Καὶ ἐν τῇ διδαχῇ αὐτοῦ
con gusto. Y en la enseñanza de él
                                (su)

ἔλεγεν· βλέπετε ἀπὸ τῶν γραμματέων
decía: Cuidaos de los escribas

τῶν θελόντων ἐν στολαῖς περιπατεῖν καὶ
que desean en largas ropas caminar y
    (anhelan)   (con)

ἀσπασμοὺς ἐν ταῖς ἀγοραῖς 39 καὶ
los saludos respetuosos en las plazas, y

πρωτοκαθεδρίας ἐν ταῖς συναγωγαῖς καὶ
los primeros asientos en las sinagogas y

πρωτοκλισίας ἐν τοῖς δείπνοις· 40 οἱ
los lugares de honor en los banquetes; los

κατέσθοντες τὰς οἰκίας τῶν χηρῶν καὶ
que devoran las casas de las viudas y

προφάσει μακρὰ προσευχόμενοι, οὗτοι
4con ostentación largamente están orando; éstos

λήμψονται περισσότερον κρίμα. 41 Καὶ
recibirán una mayor condenación. Y

καθίσας κατέναντι τοῦ γαζοφυλακείου ἐθεώρει
sentado enfrente de la tesorería, contemplaba

πῶς ὁ ὄχλος βάλλει χαλκὸν εἰς τὸ
cómo la gente echa 5dinero en la

γαζοφυλακεῖον· καὶ πολλοὶ πλούσιοι ἔβαλλον
tesorería; y muchos ricos echaban

πολλά· 42 καὶ ἐλθοῦσα μία χήρα πτωχὴ
mucho; y viniendo una viuda pobre,

ἔβαλεν λεπτὰ δύο, ὅ ἐστιν κοδράντης.
echó moneditas dos de cobre, que es 6un cuadrante.

43 καὶ προσκαλεσάμενος τοὺς μαθητὰς αὐτοῦ
Y llamando hacia sí a los discípulos de él,

1
37. LLAMA. Lit. dice.
2
37. CÓMO. Lit. de dónde.
3
37. GRAN. Lit. mucha.
4
40. CON OSTENTACIÓN. Es
decir, por amor a las apariencias.
5
41. DINERO. Lit. cobre.
6
42. UN CUADRANTE. Equiva-
lente a la 64.ª parte de un
denario.

εἶπεν αὐτοῖς· ἀμὴν λέγω ὑμῖν ὅτι
dijo   les: De cierto digo   os   que

ἡ χήρα αὕτη ἡ πτωχὴ πλεῖον πάντων
la viuda esta —   pobre   más   que todos

ἔβαλεν τῶν βαλλόντων εἰς τὸ γαζοφυλακεῖον·
echó   de los que echan en la   tesorería;

44 πάντες γὰρ ἐκ τοῦ περισσεύοντος αὐτοῖς
porque todos de lo [1]que sobra   les

ἔβαλον, αὕτη δὲ ἐκ τῆς ὑστερήσεως αὐτῆς
echaron, mas ésta [2]de la pobreza   de ella

πάντα ὅσα εἶχεν ἔβαλεν, ὅλον τὸν βίον
todo cuanto tenía echó, todas las subsis-
                                    tencias

αὐτῆς.
de ella.

13 Καὶ ἐκπορευομένου αὐτοῦ ἐκ τοῦ
     Y   cuando salía   él   del

ἱεροῦ λέγει αὐτῷ εἷς τῶν μαθητῶν αὐτοῦ·
templo, dice le   uno de los discípulos de él:

διδάσκαλε, ἴδε ποταποὶ λίθοι καὶ ποταπαὶ
Maestro, ¡mira qué grandes piedras y qué grandes

οἰκοδομαί. **2** καὶ ὁ Ἰησοῦς εἶπεν αὐτῷ·
edificios.   Y — Jesús   dijo   le:

βλέπεις ταύτας τὰς μεγάλας οἰκοδομάς;
¿Ves   estos   — grandes   edificios?

οὐ μὴ ἀφεθῇ λίθος ἐπὶ λίθον ὃς οὐ
De ningún modo [3]quedará piedra sobre piedra que no

μὴ καταλυθῇ. **3** Καὶ καθημένου αὐτοῦ
sea derribada.   Y   estando sentado él

εἰς τὸ ὄρος τῶν ἐλαιῶν κατέναντι τοῦ
en el monte de los Olivos, enfrente   del

ἱεροῦ, ἐπηρώτα αὐτὸν κατ᾽ ἰδίαν Πέτρος
templo, preguntaba le   en privado Pedro

καὶ Ἰάκωβος καὶ Ἰωάννης καὶ Ἀνδρέας·
y   Jacobo   y   Juan   y   Andrés:

4 εἰπὸν ἡμῖν, πότε ταῦτα ἔσται, καὶ τί
   Di   nos, ¿cuándo esto   será   y cuál

τὸ σημεῖον ὅταν μέλλῃ ταῦτα συντελεῖσθαι
la señal cuando esté para cumplirse

πάντα; **5** ὁ δὲ Ἰησοῦς ἤρξατο λέγειν
todo esto?   — Y Jesús comenzó a decir

αὐτοῖς· βλέπετε μή τις ὑμᾶς πλανήσῃ.
les: Mirad que no alguien os   engañe.

6 πολλοὶ ἐλεύσονται ἐπὶ τῷ ὀνόματί μου
Muchos vendrán   en   el nombre de mí

[1]
44. QUE SOBRA. O *abundan-te*.
[2]
44. DE LA POBREZA. Lit. *de la necesidad*.
[3]
2. QUEDARÁ PIEDRA SOBRE PIEDRA. Lit. *ha de ser dejada*.

λέγοντες ὅτι ἐγώ εἰμι, καὶ πολλοὺς
diciendo: — Yo soy, y a muchos
πλανήσουσιν. 7 ὅταν δὲ ἀκούσητε πολέμους
engañarán. Mas cuando oigáis (de) guerras
καὶ ἀκοὰς πολέμων, μὴ θροεῖσθε· δεῖ
y rumores de guerras, no os asustéis; debe
γενέσθαι, ἀλλ' οὔπω τὸ τέλος. 8 ἐγερθήσεται
suceder, pero aún no (es) el fin. Porque se levantará
γὰρ ἔθνος ἐπ' ἔθνος καὶ βασιλεία ἐπὶ
nación contra nación, y reino contra
βασιλείαν. ἔσονται σεισμοὶ κατὰ τόπους,
reino. Habrá terremotos en varios sitios,
ἔσονται λιμοί· ἀρχὴ ὠδίνων ταῦτα.
habrá hambres; principio de dolores de parto (es) esto.
9 Βλέπετε δὲ ὑμεῖς ἑαυτούς· παραδώσουσιν
Mas ¹velad vosotros por vosotros mismos; entregarán
ὑμᾶς εἰς συνέδρια καὶ εἰς συναγωγὰς
os a (los) ²concilios y en (las) sinagogas
δαρήσεσθε καὶ ἐπὶ ἡγεμόνων καὶ βασιλέων
seréis golpeados, y ante gobernadores y reyes
σταθήσεσθε ἕνεκεν ἐμοῦ, εἰς μαρτύριον
³compareceréis por causa de mí, en testimonio
αὐτοῖς. 10 καὶ εἰς πάντα τὰ ἔθνη πρῶτον
a ellos. Y a todas las naciones primero
δεῖ κηρυχθῆναι τὸ εὐαγγέλιον. 11 καὶ ὅταν
debe ⁴ser predicado el evangelio. Y cuando
ἄγωσιν ὑμᾶς παραδιδόντες, μὴ προμεριμνᾶτε
conduzcan os entregando(os), no os angustiéis de antemano (sobre)
τί λαλήσητε, ἀλλ' ὃ ἐὰν δοθῇ ὑμῖν ἐν
qué hablaréis, sino que lo que sea dado os en
ἐκείνῃ τῇ ὥρᾳ, τοῦτο λαλεῖτε· οὐ γάρ
aquella — hora, eso hablad; porque no
ἐστε ὑμεῖς οἱ λαλοῦντες ἀλλὰ τὸ πνεῦμα
seréis vosotros los que estéis hablando, ⁵sino el Espíritu
τὸ ἅγιον. 12 καὶ παραδώσει ἀδελφὸς
— Santo. Y entregará un hermano a
ἀδελφὸν εἰς θάνατον καὶ πατὴρ τέκνον, καὶ
(otro) hermano a (la) muerte y (un) padre a (su) hijo, y
ἐπαναστήσονται τέκνα ἐπὶ γονεῖς καὶ
se rebelarán (los) hijos contra (sus) progenitores y
θανατώσουσιν αὐτούς· 13 καὶ ἔσεσθε
harán morir les; y ⁶seréis
μισούμενοι ὑπὸ πάντων διὰ τὸ ὄνομά
odiados por todos a causa del nombre
μου· ὁ δὲ ὑπομείνας εἰς τέλος, οὗτος
de mí; mas el que haya soportado hasta (el) fin, ⁷éste
σωθήσεται. 14 Ὅταν δὲ ἴδητε τὸ βδέλυγμα
será salvo. Mas cuando veáis la abominación

1
9. VELAD. Lit. *mirad.*
2
9. CONCILIOS. O *consejos religiosos.*
3
9. COMPARECERÉIS. Lit. *seréis puestos en pie.*
4
10. SER PREDICADO. Lit. *ser proclamado.*
5
11. SINO EL ESPÍRITU SANTO. La promesa es para los que son llevados a los tribunales por causa del evangelio.
6
13. SERÉIS ODIADOS. Lit. *estaréis siendo odiados.*
7
13. ÉSTE SERÁ SALVO. La perseverancia no es *causa* de la salvación, pero sí es una clara *señal.*

τῆς ἐρημώσεως ἑστηκότα ὅπου οὐ δεῖ, ὁ
de la   desolación   ¹puesta   donde no debe (el

ἀναγινώσκων νοείτω, τότε οἱ ἐν τῇ
que esté leyendo,   entienda),   entonces los que en   —

'Ιουδαίᾳ φευγέτωσαν εἰς τὰ ὄρη, (estén) 15 ὁ ἐπὶ
Judea,   huyan   a las montañas,   el que en

τοῦ δώματος μὴ καταβάτω μηδὲ εἰσελθάτω
la   azotea,   no   baje   ni   entre a

τι ἆραι ἐκ τῆς οἰκίας αὐτοῦ, 16 καὶ ὁ
algo llevar de la casa de él,   y   el que

εἰς τὸν ἀγρὸν μὴ ἐπιστρεψάτω εἰς τὰ
en el   campo ²no   regrese

ὀπίσω ἆραι τὸ ἱμάτιον αὐτοῦ. 17 οὐαὶ
para tomar el manto de él.   Mas ¡ay

δὲ ταῖς ἐν γαστρὶ ἐχούσαις καὶ ταῖς
de las que encintas se hallen y de las

θηλαζούσαις ἐν ἐκείναις ταῖς ἡμέραις.
que estén amamantando en aquellos — días!

18 προσεύχεσθε δὲ ἵνα μὴ γένηται χειμῶνος·
Mas orad   para que no suceda   en invierno;

19 ἔσονται γὰρ αἱ ἡμέραι ἐκεῖναι θλῖψις, οἷα
porque serán los días aquellos tribulación, cual

οὐ γέγονεν τοιαύτη ἀπ' ἀρχῆς κτίσεως
no ha sucedido ³tal desde (el) principio de (la) creación

ἣν ἔκτισεν ὁ θεὸς ἕως τοῦ νῦν καὶ οὐ
que creó — Dios hasta — ahora y jamás

μὴ γένηται. 20 καὶ εἰ μὴ ἐκολόβωσεν
sucederá.   Y si no hubiese acortado

κύριος τὰς ἡμέρας, οὐκ ἂν ἐσώθη πᾶσα
(el) Señor los días, no sería salva toda

σάρξ· ἀλλὰ διὰ τοὺς ἐκλεκτοὺς οὓς
carne; pero por causa de los escogidos que

ἐξελέξατο ἐκολόβωσεν τὰς ἡμέρας. 21 καὶ
eligió, acortó los días.   Y

τότε ἐάν τις ὑμῖν εἴπῃ· ἴδε ὧδε ὁ
entonces si alguno os dice: Mira, aquí (está) el

χριστός, ἴδε ἐκεῖ, μὴ πιστεύετε· 22 ἐγερθή-
Cristo; mira, allí (está), no creáis(le);   pues se

σονται δὲ ψευδόχριστοι καὶ ψευδοπροφῆται
levantarán falsos cristos y falsos profetas

καὶ ποιήσουσιν σημεῖα καὶ τέρατα πρὸς
y harán señales y prodigios a fin

τὸ ἀποπλανᾶν, εἰ δυνατόν, τοὺς ἐκλεκτούς.
— de desviar, si (fuese) posible, a los escogidos.

23 ὑμεῖς δὲ βλέπετε· προείρηκα ὑμῖν πάντα.
Mas vosotros ⁴estad alerta; he dicho de antemano os todo.

24 'Αλλὰ ἐν ἐκείναις ταῖς ἡμέραις μετὰ
Pero en aquellos — días después

1
14. Puesta donde no debe.
Lit. situada en pie.
2
16. No regrese para... Lit.
no se vuelva a las cosas de
atrás.
3
19. Tal. Es decir, de tal
magnitud.
4
23. Estad alerta. Lit. mirad.

τὴν θλῖψιν ἐκείνην ὁ ἥλιος σκοτισθήσεται,
de la tribulación aquella, el sol se oscurecerá,

καὶ ἡ σελήνη οὐ δώσει τὸ φέγγος αὐτῆς,
y la luna no dará la ¹luz de ella,

25 καὶ οἱ ἀστέρες ἔσονται ἐκ τοῦ οὐρανοῦ
y las estrellas estarán del cielo

πίπτοντες, καὶ αἱ δυνάμεις αἱ ἐν τοῖς
cayendo, y ²las potencias — (que están) en los

οὐρανοῖς σαλευθήσονται. **26** καὶ τότε ὄψονται
cielos serán sacudidas. Y entonces verán

τὸν υἱὸν τοῦ ἀνθρώπου ἐρχόμενον ἐν
al Hijo del Hombre que viene en

νεφέλαις μετὰ δυνάμεως πολλῆς καὶ δόξης.
(las) nubes con poder ³grande y gloria.

27 καὶ τότε ἀποστελεῖ τοὺς ἀγγέλους καὶ
Y entonces enviará a los ángeles y

ἐπισυνάξει τοὺς ἐκλεκτοὺς [αὐτοῦ] ἐκ τῶν
reunirá a los escogidos de él de los

τεσσάρων ἀνέμων ἀπ᾽ ἄκρου γῆς ἕως
cuatro vientos desde (el) extremo de (la) tierra hasta

ἄκρου οὐρανοῦ. **28** Ἀπὸ δὲ τῆς συκῆς
(el) extremo de(l) cielo. — De la higuera

μάθετε τὴν παραβολήν· ὅταν ἤδη ὁ
aprended la parábola: Cuando ya la

κλάδος αὐτῆς ἁπαλὸς γένηται καὶ ἐκφύῃ
rama de ella tierna se hace y hace brotar

τὰ φύλλα, γινώσκετε ὅτι ἐγγὺς τὸ θέρος
las hojas, conocéis que cerca el verano

ἐστίν· **29** οὕτως καὶ ὑμεῖς, ὅταν ἴδητε
está; así también vosotros, cuando veáis

ταῦτα γινόμενα, γινώσκετε ὅτι ἐγγύς ἐστιν
que esto sucede, conoced que cerca está,

ἐπὶ θύραις. **30** ἀμὴν λέγω ὑμῖν ὅτι οὐ
a (las) puertas. De cierto digo os que de ningún

μὴ παρέλθῃ ἡ γενεὰ αὕτη μέχρις οὗ
modo pasará ⁴la generación esta hasta que

ταῦτα πάντα γένηται. **31** ὁ οὐρανὸς καὶ
estas cosas todas sucedan. El cielo y

ἡ γῆ παρελεύσονται, οἱ δὲ λόγοι μου
la tierra pasarán, mas las palabras de mí (mis)

οὐ παρελεύσονται. **32** Περὶ δὲ τῆς ἡμέρας
no pasarán. Mas acerca del día

ἐκείνης ἢ τῆς ὥρας οὐδεὶς οἶδεν, οὐδὲ
aquel o de la hora nadie sabe, ni

οἱ ἄγγελοι ἐν οὐρανῷ οὐδὲ ὁ υἱός, εἰ
los ángeles en (el) cielo ⁵ni el Hijo, sino

μὴ ὁ πατήρ. **33** Βλέπετε, ἀγρυπνεῖτε·
sólo el Padre. ⁶¡Estad alerta, estad en vela!;

1
24. Luz. Lit. *claridad nocturna.*

2
25. Las potencias. Lit. *los poderes.* La Segunda Venida del Señor será precedida de disturbios siderales.

3
26. Grande. Lit. *mucho.*

4
30. La generación esta. Se refiere, con toda probabilidad, a la pervivencia, hasta el fin, de la raza judía.

5
32. Ni el Hijo. Jesús no lo sabía con su mente humana.

6
33. ¡Estad alerta...! Lit. *¡Mirad...!*

οὐκ οἴδατε γὰρ πότε ὁ καιρός ἐστιν.
porque no sabéis   cuándo   el tiempo (fijado)   es.

34 ὡς ἄνθρωπος ἀπόδημος ἀφεὶς τὴν οἰκίαν
(Es) como   un hombre   de viaje   que dejó   la   casa

αὐτοῦ καὶ δοὺς τοῖς δούλοις αὐτοῦ τὴν
de él   y   que dio   a los   siervos   de él   la

ἐξουσίαν, ἑκάστῳ τὸ ἔργον αὐτοῦ, καὶ
autoridad,   a cada uno   la   tarea   de él,   y

                                            (su)
τῷ θυρωρῷ ἐνετείλατο ἵνα γρηγορῇ.
al   portero   encargó   que   vigilara.

35 γρηγορεῖτε οὖν· οὐκ οἴδατε γὰρ πότε
Velad,   pues;   porque no sabéis   cuándo

ὁ κύριος τῆς οἰκίας ἔρχεται, ἢ ὀψὲ ἢ
el Señor   de la   casa   viene,   o al atardecer o

μεσονύκτιον ἢ ἀλεκτοροφωνίας ἢ πρωΐ·
a medianoche   o   al canto del gallo   o de madrugada;

36 μὴ ἐλθὼν ἐξαίφνης εὕρη ὑμᾶς καθεύδ-
no sea que viniendo   de repente   halle   os   durmien-

οντας. **37** ὃ δὲ ὑμῖν λέγω, πᾶσιν λέγω,
do.   Y lo que   a vosotros   digo,   a todos   digo:

γρηγορεῖτε.
¡Velad!

14 Ἦν δὲ τὸ πάσχα καὶ τὰ ἄζυμα
Era (ya)   la Pascua   y   los   [1]ázimos

μετὰ δύο ἡμέρας. καὶ ἐζήτουν οἱ ἀρχιερεῖς
después   de dos   días.   Y   buscaban los   principales
                                              sacerdotes
καὶ οἱ γραμματεῖς πῶς αὐτὸν ἐν δόλῳ
y   los   escribas   cómo   le   con   engaño

κρατήσαντες ἀποκτείνωσιν. **2** ἔλεγον γάρ·
prendiendo   matar(le).   Porque decían:

μὴ ἐν τῇ ἑορτῇ, μήποτε ἔσται θόρυβος
No en   la   fiesta,   no sea que vaya a haber   un tumulto

τοῦ λαοῦ.
del   pueblo.

3 Καὶ ὄντος αὐτοῦ ἐν Βηθανίᾳ ἐν τῇ
Y   estando   él   en   Betania,   en   la

οἰκίᾳ Σίμωνος τοῦ λεπροῦ, κατακειμένου
casa   de Simón   el   leproso,   [2]estando a la mesa

αὐτοῦ ἦλθεν γυνὴ ἔχουσα ἀλάβαστρον
él,   vino   una mujer   que tenía   un frasco de alabastro

μύρου νάρδου πιστικῆς πολυτελοῦς·
de perfume   de nardo   [3]puro   muy caro;

συντρίψασα τὴν ἀλάβαστρον κατέχεεν αὐτοῦ
[4](y) quebrando   el   frasco de alabastro,   (lo) derramó todo   de él

---

1
1. ÁZIMOS. Es decir, *panes sin levadura.*
2
3. ESTANDO A LA MESA. Lit. *estando reclinado a la mesa.*
3
3. PURO. Lit. *confiable, genuino* (del mejor).
4
3. QUEBRANDO... Sólo Marcos refiere este detalle del don *total* ("santo" derroche).

τῆς κεφαλῆς.   **4** ἦσαν δέ τινες ἀγανακτοῦντες
sobre la cabeza.   Mas había   algunos indignados (que decían)

πρὸς ἑαυτούς·   εἰς τί ἡ ἀπώλεια αὕτη
entre   sí mismos: ¿Para   qué   ¹el   desperdicio   este

τοῦ μύρου γέγονεν;   **5** ἠδύνατο γὰρ τοῦτο
del   perfume   se ha hecho?   Porque podía   este

τὸ μύρον πραθῆναι ἐπάνω δηναρίων
—   perfume   haber sido vendido ²por más de   denarios

τριακοσίων καὶ δοθῆναι τοῖς πτωχοῖς·
trescientos   y   ser dado   a los   pobres;

καὶ ἐνεβριμῶντο αὐτῇ.   **6** ὁ δὲ Ἰησοῦς
y   estaban irritados   contra ella.   — Mas   Jesús

εἶπεν· ἄφετε αὐτήν· τί αὐτῇ κόπους
dijo: Dejad   la;   ¿por qué   le   molestias

παρέχετε; καλὸν ἔργον ἠργάσατο ἐν ἐμοί.
causáis?   Una bella   obra   realizó   ³conmigo.

7 πάντοτε γὰρ τοὺς πτωχοὺς ἔχετε μεθ᾽
Porque siempre   a los   pobres   tenéis   con

ἑαυτῶν, καὶ ὅταν θέλητε δύνασθε αὐτοῖς
vosotros mismos, y   cuando   queráis,   podéis   les

εὖ ποιῆσαι, ἐμὲ δὲ οὐ πάντοτε ἔχετε.
bien   hacer,   mas a mí   no   siempre   tenéis.

8 ὃ ἔσχεν ἐποίησεν· προέλαβεν μυρίσαι τὸ
Lo que   tenía,   hizo;   se anticipó   a ungir   el

σῶμά μου εἰς τὸν ἐνταφιασμόν.   **9** ἀμὴν
cuerpo   de mí   para   el   sepelio.   Y de cierto

δὲ λέγω ὑμῖν, ὅπου ἐὰν κηρυχθῇ τὸ
   digo   os: Dondequiera   —   ⁴sea predicado   el

εὐαγγέλιον εἰς ὅλον τὸν κόσμον, καὶ ὃ
evangelio   en   todo   el   mundo,   también   lo

ἐποίησεν αὕτη λαληθήσεται εἰς μνημόσυνον
que hizo   ésta   será referido   ⁵en   recuerdo

αὐτῆς.   **10** Καὶ Ἰούδας Ἰσκαριώθ, ὁ εἷς
de ella.   Y   Judas   Iscariote,   —   uno

τῶν δώδεκα, ἀπῆλθεν πρὸς τοὺς ἀρχιερεῖς
de los   doce,   se fue   hasta   los   principales
                                                 sacerdotes

ἵνα αὐτὸν παραδοῖ αὐτοῖς.   **11** οἱ δὲ
para   le   entregar   a ellos.   Y ellos,

ἀκούσαντες ἐχάρησαν καὶ ἐπηγγείλαντο αὐτῷ
al oírle,   se alegraron   y   prometieron   le

ἀργύριον δοῦναι. καὶ ἐζήτει πῶς αὐτὸν
dinero   dar.   Y   buscaba   cómo   le

εὐκαίρως παραδοῖ.
oportunamente   entregar.

12 Καὶ τῇ πρώτῃ ἡμέρα τῶν ἀζύμων,
   Y   el   primer   día   de los   ⁶ázimos,

ὅτε τὸ πάσχα ἔθυον, λέγουσιν αὐτῷ οἱ
cuando la   Pascua   sacrificaban,   dicen   le   los

1
4. EL DESPERDICIO. Lit. *la destrucción.*
2
5. POR MÁS DE... Lit. *por encima de...*
3
6. CONMIGO. Lit. *en mí.*
4
9. SEA PREDICADO. Lit. *sea proclamado.*
5
9. EN RECUERDO. Lit. *como memorial.*
6
12. ÁZIMOS. Es decir, *panes sin levadura.*

μαθηταὶ   αὐτοῦ·   ποῦ   θέλεις   ἀπελθόντες
discípulos   de él: ¿Dónde   quieres   1que vayamos

ἑτοιμάσωμεν   ἵνα   φάγῃς   τὸ   πάσχα;   13 καὶ
a preparar   para que   comas   la   Pascua?   Y

ἀποστέλλει   δύο   τῶν   μαθητῶν   αὐτοῦ   καὶ
envía   dos   de los   discípulos   de él   y

λέγει   αὐτοῖς·   ὑπάγετε   εἰς   τὴν   πόλιν,   καὶ
dice   les: Id   a   la   ciudad,   y

ἀπαντήσει   ὑμῖν   ἄνθρωπος   κεράμιον   ὕδατος
saldrá al encuentro   os   un hombre   un cántaro   de agua

βαστάζων·   ἀκολουθήσατε   αὐτῷ,   14 καὶ   ὅπου
llevando;   seguid   le,   y dondequiera

ἐὰν   εἰσέλθῃ   εἴπατε   τῷ   οἰκοδεσπότῃ   ὅτι   ὁ
que   entre,   decid   al   amo de la casa   que   el

διδάσκαλος   λέγει·   ποῦ   ἐστιν   τὸ   κατάλυμά
Maestro   dice: ¿Dónde   está   el   2aposento

μου,   ὅπου   τὸ   πάσχα   μετὰ   τῶν   μαθητῶν
de mí,   donde   la   Pascua   con   los   discípulos

μου   φάγω;   15 καὶ   αὐτὸς   ὑμῖν   δείξει
de mí   pueda comer?   Y   él   os   mostrará

ἀνάγαιον   μέγα   ἐστρωμένον   ἕτοιμον·   καὶ
3una sala alta   grande   4alfombrada   preparada;   y

ἐκεῖ   ἑτοιμάσατε   ἡμῖν.   16 καὶ   ἐξῆλθον   οἱ
allí   preparad   para nosotros.   Y   salieron   los

μαθηταὶ   καὶ   ἦλθον   εἰς   τὴν   πόλιν   καὶ
discípulos   y   llegaron   a   la   ciudad   y

εὗρον   καθὼς   εἶπεν   αὐτοῖς,   καὶ   ἡτοίμασαν
encontraron tal como   5había dicho   les,   y   prepararon

τὸ   πάσχα.   17 Καὶ   ὀψίας   γενομένης   ἔρχεται
la   Pascua.   Y   el atardecer   llegado,   viene

μετὰ   τῶν   δώδεκα.   18 καὶ   ἀνακειμένων
con   los   doce.   Y   estando reclinados a la mesa

αὐτῶν   καὶ   ἐσθιόντων   ὁ   Ἰησοῦς   εἶπεν·
ellos   y   comiendo,   —   Jesús   dijo:

ἀμὴν   λέγω   ὑμῖν   ὅτι   εἷς   ἐξ   ὑμῶν   παραδώσει
De cierto   digo   os   que   uno   de vosotros   entregará

με,   ὁ   ἐσθίων   μετ'   ἐμοῦ.   19 ἤρξαντο
me,   el (que) está comiendo   conmigo.   Comenzaron

λυπεῖσθαι   καὶ   λέγειν   αὐτῷ   εἷς   κατὰ   εἷς·
a ponerse tristes   y   a decir   le   uno   por   uno:

μήτι   ἐγώ;   20 ὁ   δὲ   εἶπεν   αὐτοῖς·   εἷς   τῶν
¿Acaso   yo?   Y él   dijo   les: Uno   de los

δώδεκα,   ὁ   ἐμβαπτόμενος   μετ'   ἐμοῦ   εἰς
doce,   el que   moja   conmigo   en

τὸ   [ἐν]   τρύβλιον.   21 ὅτι   ὁ   μὲν   υἱὸς   τοῦ
la   6misma   fuente.   Pues, es cierto, el   Hijo   del

ἀνθρώπου   ὑπάγει   καθὼς   γέγραπται   περὶ
Hombre   se va,   conforme   7está escrito   acerca

1
12. QUE VAYAMOS A PREPARAR... Lit. que, yendo, preparemos...
2
14. APOSENTO. Lit. habitación de huéspedes.
3
15. UNA SALA ALTA. Es decir, en el piso superior.
4
15. ALFOMBRADA. O tapizada.
5
16. HABÍA DICHO. Lit. dijo.
6
20. MISMA. Lit. una sola.
7
21. ESTÁ ESCRITO. Lit. ha sido escrito.

αὐτοῦ· οὐαὶ δε τῷ ἀνθρώπῳ ἐκείνῳ δι'
de él;   mas ¡ay   del   hombre   aquel   por medio

οὗ ὁ υἱὸς τοῦ ἀνθρώπου παραδίδοται·
del cual el   Hijo   del   Hombre   es entregado;

καλὸν αὐτῷ εἰ οὐκ ἐγεννήθη ὁ ἄνθρωπος
[1]mejor   le (sería)   si   no   [2]hubiese nacido el   hombre

ἐκεῖνος. 22 Καὶ ἐσθιόντων αὐτῶν λαβὼν
aquel.   Y   estando comiendo   ellos,   tomando

ἄρτον εὐλογήσας ἔκλασεν καὶ ἔδωκεν αὐτοῖς
un pan, habiendo bendecido,   partió(lo)   y   dio(lo)   a ellos

καὶ εἶπεν· λάβετε· τοῦτό ἐστιν τὸ σῶμά
y   dijo: Tomad;   esto   es   el   cuerpo

μου. 23 καὶ λαβὼν ποτήριον εὐχαριστήσας
de mí.   Y   tomando   una copa,   tras dar gracias,

ἔδωκεν αὐτοῖς, καὶ ἔπιον ἐξ αὐτοῦ πάντες.
(la) dio   a ellos,   y   bebieron   de ella   todos.

24 καὶ εἶπεν αὐτοῖς· τοῦτό ἐστιν τὸ αἷμά
Y   dijo   les: Esto   es   la   sangre

μου τῆς διαθήκης τὸ ἐκχυννόμενον ὑπὲρ
de mí   del   pacto,   la (que)   es derramada   a favor de
(mi)

πολλῶν. 25 ἀμὴν λέγω ὑμῖν ὅτι οὐκέτι
muchos.   De cierto   digo   os   que   ya no

οὐ μὴ πίω ἐκ τοῦ γενήματος τῆς ἀμπέλου
en modo   beberé   del   fruto   de la   vid
alguno

ἕως τῆς ἡμέρας ἐκείνης ὅταν αὐτὸ πίνω
hasta   el   día   aquel   cuando   lo   beba

καινὸν ἐν τῇ βασιλείᾳ τοῦ θεοῦ.
nuevo   en   el   reino   —   de Dios.

26 Καὶ ὑμνήσαντες ἐξῆλθον εἰς τὸ
Y   después de cantar [3]un himno,   salieron   al

ὄρος τῶν ἐλαιῶν. 27 Καὶ λέγει αὐτοῖς ὁ
monte   de los   Olivos.   Y   dice   les   —

Ἰησοῦς ὅτι πάντες σκανδαλισθήσεσθε, ὅτι
Jesús: —   Todos   sufriréis tropiezo,   pues

γέγραπται· πατάξω τὸν ποιμένα, καὶ τὰ
[4]está escrito: Heriré   al   pastor,   y   las

πρόβατα διασκορπισθήσονται. 28 ἀλλὰ μετὰ
ovejas   se dispersarán.   Pero   después de

τὸ ἐγερθῆναί με προάξω ὑμᾶς εἰς τὴν
—   ser resucitado   yo,   iré delante   de vosotros   a   —

Γαλιλαίαν. 29 ὁ δὲ Πέτρος ἔφη αὐτῷ·
Galilea.   — Y   Pedro   dijo   le:

εἰ καὶ πάντες σκανδαλισθήσονται, ἀλλ'
[5]Aunque   todos   lleguen a sufrir tropiezo,   pero

οὐκ ἐγώ. 30 καὶ λέγει αὐτῷ ὁ Ἰησοῦς·
no   yo.   Y   dice   le   —   Jesús:

[1]
21. MEJOR. Lit. bueno.
[2]
21. HUBIESE NACIDO. Lit. nació.
[3]
26. UN HIMNO. Era costumbre, en tal ocasión, cantar los salmos 116, 117 y 118.
[4]
27. ESTÁ ESCRITO. Lit. ha sido escrito.
[5]
29. AUNQUE TODOS LLEGUEN A SUFRIR TROPIEZO... Lit. Si incluso todos sufrirán tropiezo...

ἀμὴν λέγω σοι ὅτι σὺ σήμερον ταύτῃ τῇ
De cierto digo te que tú hoy en esta —

νυκτὶ πρὶν ἢ δὶς ἀλέκτορα φωνῆσαι τρίς
noche, antes que ¹dos veces un gallo cante, tres veces

με ἀπαρνήσῃ. **31** ὁ δὲ ἐκπερισσῶς ἐλάλει·
me negarás. Mas él con más ahínco ²decía:

ἐὰν δέῃ με συναποθανεῖν σοι, οὐ μή
Si es preciso que yo muera contigo, de ningún modo

σε ἀπαρνήσομαι. ὡσαύτως [δὲ] καὶ πάντες
te negaré. Y de modo semejante también todos

ἔλεγον.
decían.

32 Καὶ ἔρχονται εἰς χωρίον οὗ τὸ
Y llegan a un terreno cuyo

ὄνομα Γεθσημανί, καὶ λέγει τοῖς μαθηταῖς
nombre (es) Getsemaní, y dice a los discípulos

αὐτοῦ· καθίσατε ὧδε ἕως προσεύξωμαι.
de él: Sentaos aquí hasta que haya orado.

33 καὶ παραλαμβάνει τὸν Πέτρον καὶ τὸν
(sus)
Y toma consigo — a Pedro y —

Ἰάκωβον καὶ τὸν Ἰωάννην μετ' αὐτοῦ,
a Jacobo y — a Juan con él,

καὶ ἤρξατο ἐκθαμβεῖσθαι καὶ ἀδημονεῖν,
y comenzó ³a sentir pavor y ⁴tedio angustioso,

34 καὶ λέγει αὐτοῖς· περίλυπός ἐστιν ἡ
y dice les: profundamente triste está el

ψυχή μου ἕως θανάτου· μείνατε ὧδε καὶ
alma de mí hasta muerte; permaneced aquí y
(el borde de)

γρηγορεῖτε. **35** καὶ προελθὼν μικρὸν ἔπιπτεν
velad. Y yendo más adelante un poco, caía

ἐπὶ τῆς γῆς, καὶ προσηύχετο ἵνα εἰ
en — tierra, y oraba que, si

δυνατόν ἐστιν παρέλθῃ ἀπ' αὐτοῦ ἡ ὥρα,
posible es, pasara de él ⁵aquella hora,

36 καὶ ἔλεγεν· ἀββὰ ὁ πατήρ, πάντα
y decía: Abbá, — Padre, todo

δυνατά σοι· παρένεγκε τὸ ποτήριον τοῦτο
(es) posible te; aparta la copa esta

ἀπ' ἐμοῦ· ἀλλ' οὐ τί ἐγὼ θέλω ἀλλὰ
de mí; pero no lo que yo quiero, sino

τί σύ. **37** καὶ ἔρχεται καὶ εὑρίσκει
lo que tú. Y viene y encuentra

αὐτοὺς καθεύδοντας, καὶ λέγει τῷ Πέτρῳ·
los durmiendo, y dice a Pedro:

Σίμων, καθεύδεις; οὐκ ἴσχυσας μίαν ὥραν
Simón, ¿duermes? ¿No tuviste fuerzas una sola hora

γρηγορῆσαι; **38** γρηγορεῖτε καὶ προσεύχεσθε,
para velar? Velad y orad,

¹
30. DOS VECES. Esta precisión de Marcos muestra que se lo había oído al mismo Pedro.
²
31. DECÍA. Lit. *hablaba*.
³
33. A SENTIR PAVOR. El verbo griego expresa una emoción intensa, mezcla de asombro y horror.
⁴
33. TEDIO ANGUSTIOSO. El verbo griego significa una sensación muy molesta, como de encontrarse desvalido "fuera de casa".
⁵
35. AQUELLA HORA. Lit. *la hora*.

ἵνα μὴ ἔλθητε εἰς πειρασμόν· τὸ μὲν
para que no 1caigáis en tentación; el

πνεῦμα πρόθυμον, ἡ δὲ σὰρξ ἀσθενής.
espíritu, sí, (está) animoso, mas la carne (es) débil.

39 καὶ πάλιν ἀπελθὼν προσηύξατο τὸν
Y de nuevo yendo, oró 2las

αὐτὸν λόγον εἰπών. **40** καὶ πάλιν ἐλθὼν
mismas frases diciendo: Y de nuevo viniendo,

εὗρεν αὐτοὺς καθεύδοντας, ἦσαν γὰρ αὐτῶν
halló los durmiendo, porque estaban de ellos

οἱ ὀφθαλμοὶ καταβαρυνόμενοι, καὶ οὐκ
los ojos muy cargados (de sueño), y no

ᾔδεισαν τί ἀποκριθῶσιν αὐτῷ. **41** καὶ
sabían qué responder le. Y

ἔρχεται τὸ τρίτον καὶ λέγει αὐτοῖς·
viene la tercera vez y dice les:

καθεύδετε τὸ λοιπὸν καὶ ἀναπαύεσθε·
Dormid lo que resta y descansad;

ἀπέχει· ἦλθεν ἡ ὥρα, ἰδοὺ παραδίδοται ὁ
¡Basta! Llegó la hora, mirad, es entregado el

υἱὸς τοῦ ἀνθρώπου εἰς τὰς χεῖρας τῶν
Hijo del Hombre en las manos de los

ἁμαρτωλῶν. **42** ἐγείρεσθε, ἄγωμεν· ἰδοὺ ὁ
pecadores. ¡Levantaos, vamos! Mirad, el

παραδιδούς με ἤγγικεν. **43** Καὶ εὐθὺς ἔτι
que entrega me 3ya está aquí. Y al punto aún

αὐτοῦ λαλοῦντος παραγίνεται [ὁ] Ἰούδας
él estando se presenta — Judas
hablando,

εἷς τῶν δώδεκα, καὶ μετ᾽ αὐτοῦ ὄχλος
uno de los doce, y con él una multitud

μετὰ μαχαιρῶν καὶ ξύλων παρὰ τῶν
con espadas y garrotes de parte de los

ἀρχιερέων καὶ τῶν γραμματέων καὶ τῶν
principales y de los escribas y de los
sacerdotes

πρεσβυτέρων. **44** δεδώκει δὲ ὁ παραδιδοὺς
ancianos. Y había dado el que entregaba

αὐτὸν σύσσημον αὐτοῖς λέγων· ὃν ἂν
le una contraseña les, diciendo: Al que

φιλήσω αὐτός ἐστιν· κρατήσατε αὐτὸν καὶ
yo bese, él es: prended le y

ἀπάγετε ἀσφαλῶς. **45** καὶ ἐλθὼν εὐθὺς
llevóos(lo) con seguridad. Y llegando, al punto

προσελθὼν αὐτῷ λέγει· ῥαββί, καὶ
acercándose a él, dice: Rabí, y

κατεφίλησεν αὐτόν· **46** οἱ δὲ ἐπέβαλαν τὰς
4besó efusivamente le; y ellos echaron las

χεῖρας αὐτῷ καὶ ἐκράτησαν αὐτόν. **47** εἰς
manos sobre él y prendieron le. Mas uno,

1
38. CAIGÁIS. Lit. vengáis.
2
39. LAS MISMAS FRASES. Lit.
la misma palabra.
3
42. YA ESTÁ AQUÍ. Lit. al
alcance de la mano (como
en 1:15).
4
45. BESÓ EFUSIVAMENTE. O
aparatosamente (o repetidamente).

δέ τις τῶν παρεστηκότων σπασάμενος
[1]alguien de los que estaban junto (a él), desenvainando

τὴν μάχαιραν ἔπαισεν τὸν δοῦλον τοῦ ἀρχιερέως
la espada, golpeó al siervo del sumo sacerdote

καὶ ἀφεῖλεν αὐτοῦ τὸ ὠτάριον. 48 καὶ
y [2]cortó de él la oreja. Y

ἀποκριθεὶς ὁ Ἰησοῦς εἶπεν αὐτοῖς· ὡς
[3]tomando la palabra — Jesús, dijo les: ¿Como

ἐπὶ λῃστὴν ἐξήλθατε μετὰ μαχαιρῶν καὶ
contra un bandido [4]habéis salido con espadas y

ξύλων συλλαβεῖν με; 49 καθ᾽ ἡμέραν ἤμην
garrotes a arrestar me? Cada día estaba

πρὸς ὑμᾶς ἐν τῷ ἱερῷ διδάσκων, καὶ οὐκ
ante vosotros en el templo enseñando, y no

ἐκρατήσατέ με· ἀλλ᾽ ἵνα πληρωθῶσιν αἱ
prendisteis me; pero [5]para que se cumplan las

γραφαί. 50 καὶ ἀφέντες αὐτὸν ἔφυγον
Escrituras. Y dejando le, huyeron

πάντες. 51 Καὶ νεανίσκος τις συνηκολούθει
[6]todos. Y [7]cierto joven seguía

αὐτῷ περιβεβλημένος σινδόνα ἐπὶ γυμνοῦ,
le cubierto con una sábana sobre (su cuerpo) desnudo,

καὶ κρατοῦσιν αὐτόν· 52 ὁ δὲ καταλιπὼν
y prenden le. Mas él, abandonando

τὴν σινδόνα γυμνὸς ἔφυγεν.
la sábana, desnudo huyó.

53 Καὶ ἀπήγαγον τὸν Ἰησοῦν πρὸς τὸν
Y se llevaron — a Jesús ante el

ἀρχιερέα, καὶ συνέρχονται πάντες οἱ
sumo sacerdote, y se reúnen todos los

ἀρχιερεῖς καὶ οἱ πρεσβύτεροι καὶ οἱ
principales sacerdotes y los ancianos y los

γραμματεῖς. 54 καὶ ὁ Πέτρος ἀπὸ μακρόθεν
escribas. Y — Pedro a distancia

ἠκολούθησεν αὐτῷ ἕως ἔσω εἰς τὴν αὐλὴν
siguió le hasta dentro [8]del patio

τοῦ ἀρχιερέως, καὶ ἦν συγκαθήμενος μετὰ
del sumo sacerdote, y estaba juntamente sentado con

τῶν ὑπηρετῶν καὶ θερμαινόμενος πρὸς τὸ
los [9]ordenanzas y calentándose junto a la

φῶς. 55 Οἱ δὲ ἀρχιερεῖς καὶ ὅλον τὸ
lumbre. Mas los principales sacerdotes y todo el

συνέδριον ἐζήτουν κατὰ τοῦ Ἰησοῦ
sanedrín buscaban contra — Jesús

μαρτυρίαν εἰς τὸ θανατῶσαι αὐτόν, καὶ
un testimonio a fin de dar muerte le, y

οὐχ ηὕρισκον· 56 πολλοὶ γὰρ ἐψευδομαρτύρουν
no encontraban; porque muchos daban falso testimonio

1
47. ALGUIEN. Sólo Juan (18: 10) dice que fue Pedro. Los demás, al escribir cuando aún vivía Pedro, no quisieron comprometerle.
2
47. CORTÓ. Lit. quitó.
3
48. TOMANDO LA PALABRA. Lit. respondiendo.
4
48. HABÉIS SALIDO. Lit. salisteis.
5
49. PARA QUE SE CUMPLAN... Hay que suplir: esto ha sucedido.
6
50. TODOS. Es decir, los discípulos.
7
51. CIERTO JOVEN. Con toda probabilidad, el propio Marcos. Sólo él relata este episodio.
8
54. DEL PATIO. Lit. al patio.
9
54. ORDENANZAS. O asistentes (o guardias).

κατ' αὐτοῦ, καὶ ἴσαι αἱ μαρτυρίαι οὐκ
contra él, e iguales los testimonios no

ἦσαν. 57 καί τινες ἀναστάντες ἐψευδομαρτύρουν
eran. Y algunos, levantándose, daban falso testimonio

κατ' αὐτοῦ λέγοντες 58 ὅτι ἡμεῖς ἠκούσαμεν
contra él, diciendo: — Nosotros oímos

αὐτοῦ λέγοντος ὅτι ἐγὼ καταλύσω τὸν
le decir: — Yo demoleré el

ναὸν τοῦτον τὸν χειροποίητον καὶ διὰ
santuario este — hecho a mano y en el término

τριῶν ἡμερῶν ἄλλον ἀχειροποίητον οἰκο-
de tres días otro no hecho a mano edi-

δομήσω. 59 καὶ οὐδὲ οὕτως ἴση ἦν ἡ
ficaré. Y ni así igual era el

μαρτυρία αὐτῶν. 60 καὶ ἀναστὰς ὁ
testimonio de ellos. Y levantándose el

ἀρχιερεὺς εἰς μέσον ἐπηρώτησεν τὸν Ἰησοῦν
sumo sacerdote [1]hacia el medio, preguntó — a Jesús,

λέγων· οὐκ ἀποκρίνῃ οὐδὲν τί οὗτοί σου
diciendo: ¿No respondes nada a lo que éstos contra ti

καταμαρτυροῦσιν; 61 ὁ δὲ ἐσιώπα καὶ
testifican? Mas él callaba y

οὐκ ἀπεκρίνατο οὐδέν. πάλιν ὁ ἀρχιερεὺς
no respondía nada. De nuevo el sumo sacerdote

ἐπηρώτα αὐτὸν καὶ λέγει αὐτῷ· σὺ εἶ ὁ
preguntaba le y dice le: ¿Tú eres el

χριστὸς ὁ υἱὸς τοῦ εὐλογητοῦ; 62 ὁ δὲ
Cristo, el Hijo [2]del Bendito? — Y

Ἰησοῦς εἶπεν· ἐγώ εἰμι, καὶ ὄψεσθε
Jesús dijo: Yo soy, y veréis

τὸν υἱὸν τοῦ ἀνθρώπου ἐκ δεξιῶν καθήμενον
al Hijo del Hombre a (la) diestra sentado

τῆς δυνάμεως καὶ ἐρχόμενον μετὰ τῶν
del [3]Poder y viniendo con las

νεφελῶν τοῦ οὐρανοῦ. 63 ὁ δὲ ἀρχιερεὺς
nubes del cielo. Y el sumo sacerdote

διαρήξας τοὺς χιτῶνας αὐτοῦ λέγει· τί
rasgando los vestidos de él, dice: ¿Qué

ἔτι χρείαν ἔχομεν μαρτύρων; 64 ἠκούσατε
más necesidad tenemos de testigos? Oísteis

τῆς βλασφημίας· τί ὑμῖν φαίνεται; οἱ δὲ
la blasfemia; ¿qué os parece? Y ellos

πάντες κατέκριναν αὐτὸν ἔνοχον εἶναι
todos condenaron le (diciendo) que reo era

θανάτου. 65 Καὶ ἤρξαντό τινες ἐμπτύειν
de muerte. Y comenzaron algunos a escupir

αὐτῷ καὶ περικαλύπτειν αὐτοῦ τὸ πρόσωπον
le y a cubrir de él el rostro

[1]
60. HACIA EL MEDIO. Es decir, *adelantándose hasta el centro.*

[2]
61. DEL BENDITO. Es decir, *de Dios.* (V. Mt. 26:63.)

[3]
62. PODER. Lo mismo que el "Bendito" del v. 61, es vocablo reverencial, para no pronunciar el sagrado nombre de Dios.

καὶ κολαφίζειν αὐτὸν καὶ λέγειν αὐτῷ·
y   a dar puñetazos le   y   a decir   le:

προφήτευσον, καὶ οἱ ὑπηρέται ῥαπίσμασιν
1 ¡Profetiza!   Y   los 2 ordenanzas a bofetadas

αὐτὸν ἔλαβον. 66 Καὶ ὄντος τοῦ Πέτρου
le   recibieron.   Y   estando —   Pedro

κάτω ἐν τῇ αὐλῇ ἔρχεται μία τῶν
abajo en el patio, llega una de las

παιδισκῶν τοῦ ἀρχιερέως, 67 καὶ ἰδοῦσα
criadas   del sumo sacerdote, y   viendo

τὸν Πέτρον θερμαινόμενον ἐμβλέψασα αὐτῷ
— a Pedro que se calentaba, después de mirar le
                                    fijamente,

λέγει· καὶ σὺ μετὰ τοῦ Ναζαρηνοῦ ἦσθα
dice: Y tú con el   Nazareno estabas

τοῦ Ἰησοῦ. 68 ὁ δὲ ἠρνήσατο λέγων· οὔτε
— Jesús;   mas él negó, diciendo: Ni

οἶδα οὔτε ἐπίσταμαι σὺ τί λέγεις. καὶ
sé ni entiendo tú qué 3dices.   Y

ἐξῆλθεν ἔξω εἰς τὸ προαύλιον· 69 καὶ ἡ
salió afuera a la   entrada;   y   la

παιδίσκη ἰδοῦσα αὐτὸν ἤρξατο πάλιν λέγειν
criada viendo le, comenzó de nuevo a decir

τοῖς παρεστῶσιν ὅτι οὗτος ἐξ αὐτῶν ἐστιν.
a los que estaban en pie: — Éste de ellos es.

70 ὁ δὲ πάλιν ἠρνεῖτο. καὶ μετὰ μικρὸν
Mas él de nuevo negaba.   Y después de un poco,

πάλιν οἱ παρεστῶτες ἔλεγον τῷ Πέτρῳ·
de nuevo los que estaban en pie decían — a Pedro:

ἀληθῶς ἐξ αὐτῶν εἶ· καὶ γὰρ Γαλιλαῖος
Verdaderamente de ellos eres; porque también galileo

εἶ. 71 ὁ δὲ ἤρξατο ἀναθεματίζειν καὶ
eres.   Mas él comenzó a maldecir y

ὀμνύναι ὅτι οὐκ οἶδα τὸν ἄνθρωπον
a jurar: — No 4conozco al hombre

τοῦτον ὃν λέγετε. 72 καὶ εὐθὺς ἐκ
este que decís.   Y al instante por

δευτέρου ἀλέκτωρ ἐφώνησεν. καὶ ἀνεμνήσθη
segunda vez un gallo 5cantó.   Y   recordó

ὁ Πέτρος τὸ ῥῆμα ὡς εἶπεν αὐτῷ ὁ
— Pedro la frase como 6había dicho le —

Ἰησοῦς ὅτι πρὶν ἀλέκτορα δὶς φωνῆσαι
Jesús: — Antes que un gallo dos veces 7cante,

τρίς με ἀπαρνήσῃ· καὶ ἐπιβαλὼν ἔκλαιεν.
tres veces me negarás; y pensando, lloraba.
                             (en ello)

1
65. ¡PROFETIZA! Es decir,
¡Adivina!
2
65. ORDENANZAS. O asistentes (o guardias).
3
68. DICES. Lit. estás diciendo.
4
71. CONOZCO. Lit. sé.
5
72. CANTÓ. Lit. dio voces.
6
72. HABÍA DICHO. Lit. dijo.
7
72. CANTE. Lit. dé voces.

15 Καὶ εὐθὺς πρωῒ συμβούλιον ἑτοιμάσαντες
Y   en seguida temprano una reunión   tras preparar

οἱ ἀρχιερεῖς μετὰ τῶν πρεσβυτέρων καὶ
los principales sacerdotes con los ancianos   y

γραμματέων καὶ ὅλον τὸ συνέδριον, δήσαντες
escribas y   todo el   sanedrín,   tras atar

τὸν Ἰησοῦν ἀπήνεγκαν καὶ παρέδωκαν
— a Jesús, (lo) llevaron de allí y (lo) entregaron

Πιλάτῳ. **2** καὶ ἐπηρώτησεν αὐτὸν ὁ
a Pilato. Y   preguntó   le —

Πιλᾶτος· σὺ εἶ ὁ βασιλεὺς τῶν Ἰουδαίων;
Pilato: ¿Tú eres el rey de los judíos?

ὁ δὲ ἀποκριθεὶς αὐτῷ λέγει· σὺ λέγεις.
Y él contestando le, dice: ¹Tú dices.

3 καὶ κατηγόρουν αὐτοῦ οἱ ἀρχιερεῖς πολλά.
Y acusaban   le los principales de muchas
                        sacerdotes,   cosas.

4 ὁ δὲ Πιλᾶτος πάλιν ἐπηρώτα αὐτόν [λέγων]·
— Mas Pilato de nuevo preguntaba le, diciendo:

οὐκ ἀποκρίνῃ οὐδέν; ἴδε πόσα
¿No respondes nada? Mira de cuántas cosas

σου κατηγοροῦσιν. **5** ὁ δὲ Ἰησοῦς οὐκ-
te estan acusando. — Mas Jesús ya

έτι οὐδὲν ἀπεκρίθη, ὥστε θαυμάζειν
no nada contestó, hasta el punto de asombrarse

τὸν Πιλᾶτον. **6** Κατὰ δὲ ἑορτὴν ἀπέλυεν
— Pilato.   Y cada fiesta soltaba

αὐτοῖς ἕνα δέσμιον ὃν παρῃτοῦντο. **7** ἦν δὲ
les a un preso que pedían. Y estaba

ὁ λεγόμενος Βαραββᾶς μετὰ τῶν
el ²llamado Barrabás con los

στασιαστῶν δεδεμένος, οἵτινες ἐν τῇ στάσει
sediciosos ³encarcelado, los cuales en la revuelta

φόνον πεποιήκεισαν. **8** καὶ ἀναβὰς ὁ ὄχλος
un homicidio habían cometido. Y subiendo la multitud

ἤρξατο αἰτεῖσθαι καθὼς ἐποίει αὐτοῖς.
comenzó a pedir(le) conforme hacía les.

9 ὁ δὲ Πιλᾶτος ἀπεκρίθη αὐτοῖς λέγων·
— Mas Pilato contestó les, diciendo:

θέλετε ἀπολύσω ὑμῖν τὸν βασιλέα τῶν
¿Queréis que suelte os al rey de los

Ἰουδαίων; **10** ἐγίνωσκεν γὰρ ὅτι διὰ φθόνον
judíos? Porque conocía que por envidia

παραδεδώκεισαν αὐτὸν οἱ ἀρχιερεῖς. **11** οἱ
habían entregado le los principales sacerdotes. Mas los

δὲ ἀρχιερεῖς ἀνέσεισαν τὸν ὄχλον ἵνα
principales sacerdotes soliviantaron a la multitud para que

μᾶλλον τὸν Βαραββᾶν ἀπολύσῃ αὐτοῖς.
más bien — a Barrabás soltase les.

12 ὁ δὲ Πιλᾶτος πάλιν ἀποκριθεὶς ἔλεγεν
— Y   Pilato   de nuevo dirigiéndose (a ellos)   decía

αὐτοῖς· τί οὖν ποιήσω [ὃν] λέγετε τὸν
les: ¿Qué, pues,   haré   al que ¹llamáis   el

βασιλέα τῶν Ἰουδαίων; **13** οἱ δὲ πάλιν
rey   de los   judíos?   Y ellos   de nuevo

ἔκραξαν· σταύρωσον αὐτόν. **14** ὁ δὲ
gritaron: ¡Crucifíca   le!   — Mas

Πιλᾶτος ἔλεγεν αὐτοῖς· τί γὰρ ἐποίησεν
Pilato   decía   les: ¿Pues qué ²ha hecho

κακόν; οἱ δὲ περισσῶς ἔκραξαν· σταύρωσον
malo?   Y ellos   con más fuerza gritaban: ¡Crucifíca

αὐτόν. **15** ὁ δὲ Πιλᾶτος βουλόμενος τῷ
le!   — Y   Pilato   resolviendo ³a la

ὄχλῳ τὸ ἱκανὸν ποιῆσαι ἀπέλυσεν αὐτοῖς
multitud   satisfacer,   soltó   les

τὸν Βαραββᾶν, καὶ παρέδωκεν τὸν Ἰησοῦν
— a Barrabás   y   entregó   —   a Jesús,

φραγελλώσας ἵνα σταυρωθῇ.
tras azotar(le) para que fuese crucificado.

16 Οἱ δὲ στρατιῶται ἀπήγαγον αὐτὸν
Entonces los   soldados   condujeron   le

ἔσω τῆς αὐλῆς, ὅ ἐστιν πραιτώριον, καὶ
adentro del   atrio,   esto es,   al pretorio,   y

συγκαλοῦσιν ὅλην τὴν σπεῖραν. **17** καὶ
convocan   a toda   la   cohorte.   Y

ἐνδιδύσκουσιν αὐτὸν πορφύραν καὶ περιτιθέασιν
visten   le   de púrpura   y   colocan en derredor

αὐτῷ πλέξαντες ἀκάνθινον στέφανον· **18** καὶ
le, tras trenzar(la) de espinas una corona;   y

ἤρξαντο ἀσπάζεσθαι αὐτόν· χαῖρε, βασιλεῦ
comenzaron a saludar ceremoniosamente le: ¡Salud, rey

τῶν Ἰουδαίων· **19** καὶ ἔτυπτον αὐτοῦ τὴν
de los   judíos!   Y   golpeaban de él   la

κεφαλὴν καλάμῳ καὶ ἐνέπτυον αὐτῷ, καὶ
cabeza   con una caña y   escupían   le,   y

τιθέντες τὰ γόνατα προσεκύνουν αὐτῷ.
⁴doblando   las rodillas, se prosternaban   ante él.

20 καὶ ὅτε ἐνέπαιξαν αὐτῷ, ἐξέδυσαν
Y   cuando ⁵se habían burlado de él, desvistieron

αὐτὸν τὴν πορφύραν καὶ ἐνέδυσαν αὐτὸν
le   de la   púrpura   y   vistieron   le

τὰ ἱμάτια αὐτοῦ. Καὶ ἐξάγουσιν αὐτὸν
de las ropas   de él.   Y   conducen fuera   le

ἵνα σταυρώσωσιν αὐτόν. **21** καὶ ἀγγαρεύουσιν
para   crucificar   le.   Y   obligan

παράγοντά τινα Σίμωνα Κυρηναῖον ἐρχόμενον
que pasaba   a un tal Simón   de Cirene,   que venía

¹
12. LLAMÁIS. Lit. *decís.*
²
14. HA HECHO. Lit. *hizo.*
³
15. A LA MULTITUD SATISFA-
CER. Lit. *hacer lo bastante
para la multitud.*
⁴
19. DOBLANDO LAS RODILLAS.
Lit. *poniendo las rodillas
(en tierra).*
⁵
20. SE HABÍAN BURLADO. Lit.
Se burlaron.

ἀπ' ἀγροῦ, τὸν πατέρα Ἀλεξάνδρου καὶ
del   campo,   el   padre   de Alejandro   y

Ῥούφου, ἵνα ἄρῃ τὸν σταυρὸν αὐτοῦ.
1Rufo,   a que   lleve   la   cruz   de él.

22 καὶ φέρουσιν αὐτὸν ἐπὶ τὸν Γολγοθὰν
Y   llevan   le   al (llamado)   Gólgota

τόπον, ὅ ἐστιν μεθερμηνευόμενος κρανίου
lugar,   que   es,   siendo traducido,   de la Calavera

τόπος. **23** καὶ ἐδίδουν αὐτῷ ἐσμυρνισμένον
lugar.   Y   daban   le   mezclado con mirra

οἶνον· ὃς δὲ οὐκ ἔλαβεν. **24** καὶ σταυροῦσιν
vino;   mas él   2no   tomó(lo).   Y   crucifican

αὐτόν, καὶ διαμερίζονται τὰ ἱμάτια αὐτοῦ,
le,   y   se reparten   las   vestiduras   de él,

βάλλοντες κλῆρον ἐπ' αὐτὰ τίς τί ἄρῃ.
echando   suertes   sobre   ellas   3(para ver)   cada   se llevaría.
                                                       lo que   cual

25 ἦν δὲ ὥρα τρίτη καὶ ἐσταύρωσαν
Era   la hora   4tercera   y   crucificaron

αὐτόν. **26** καὶ ἦν ἡ ἐπιγραφὴ τῆς αἰτίας
le.   Y   era   la   inscripción   de la   causa

αὐτοῦ ἐπιγεγραμμένη· *Ο ΒΑΣΙΛΕΥΣ ΤΩΝ*
de él   escrita encima: EL   REY   DE LOS

ΙΟΥΔΑΙΩΝ. **27** Καὶ σὺν αὐτῷ σταυροῦσιν
JUDIOS   Y   con   él   crucifican

δύο λῃστάς, ἕνα ἐκ δεξιῶν καὶ ἕνα ἐξ
a dos   salteadores,   uno   a (la) derecha   y   uno   a

εὐωνύμων αὐτοῦ. **29** Καὶ οἱ παραπορευόμενοι
(la) izquierda   de él.*   Y   los   que pasaban

ἐβλασφήμουν αὐτὸν κινοῦντες τὰς κεφαλὰς
5injuriaban   le   moviendo   las   cabezas

αὐτῶν καὶ λέγοντες· οὐὰ ὁ καταλύων
de ellos   y   diciendo: ¡Ah!,   6tú que   destruyes

τὸν ναὸν καὶ οἰκοδομῶν [ἐν] τρισὶν
el   santuario   y   (lo) edificas   en   tres

ἡμέραις, **30** σῶσον σεαυτὸν καταβὰς ἀπὸ
días,   salva   a ti mismo   bajando   de

τοῦ σταυροῦ. **31** ὁμοίως καὶ οἱ ἀρχιερεῖς
la   cruz.   De manera   también   los   principales
               semejante,   sacerdotes

ἐμπαίζοντες πρὸς ἀλλήλους μετὰ τῶν
burlándose   entre   ellos   con   los

γραμματέων ἔλεγον· ἄλλους ἔσωσεν, ἑαυτὸν
escribas,   decían: A otros   salvó,   a sí mismo

οὐ δύναται σῶσαι· **32** ὁ χριστὸς ὁ βασιλεὺς
no   puede   salvar;   ¡el   Cristo,   el   rey

Ἰσραὴλ καταβάτω νῦν ἀπὸ τοῦ σταυροῦ,
de Israel!,   que baje   ahora   de   la   cruz,

ἵνα ἴδωμεν καὶ πιστεύσωμεν. καὶ οἱ
para que   veamos   y   creamos.   Y   los

1
21. RUFO. Quizás es el mismo que Pablo menciona en Ro. 16:13. En este caso, la molestia causada a Simón pudo resultar en la conversión de esta familia.
2
23. NO TOMÓ. Era una mezcla que adormecía. Jesús quería morir sin soporíferos.
3
24. (PARA VER) LO QUE CADA CUAL... Lit. *quién se llevaría qué.*
4
25. TERCERA. Es decir, *pasadas las nueve de la mañana.*
*
27. Los mejores MSS omiten el v. 28.
5
29. INJURIABAN. Lit. *blasfemaban.*
6
29. TÚ QUE DESTRUYES EL SANTUARIO... Lit. *el que disuelve el santuario y (lo) edifica en tres días.*

συνεσταυρωμένοι σὺν αὐτῷ ὠνείδιζον αὐτόν.
con-crucificados   con   él   insultaban   le.

33 Καὶ γενομένης ὥρας ἕκτης σκότος
Y   llegada   la hora   ¹sexta   oscuridad

ἐγένετο ἐφ' ὅλην τὴν γῆν ἕως ὥρας
se hizo   sobre   toda   la   tierra   hasta   la hora

ἐνάτης. **34** καὶ τῇ ἐνάτῃ ὥρᾳ ἐβόησεν ὁ
²novena.   Y a la   novena   hora   gritó   —

Ἰησοῦς φωνῇ μεγάλῃ· ἐλωῒ ἐλωῒ λαμὰ
Jesús   con voz   grande: Eloí,   Eloí,   lamá

σαβαχθάνι; ὅ ἐστιν μεθερμηνευόμενον· ὁ
sabactani?   Lo que   es,   traducido: —

θεός μου ὁ θεός μου, εἰς τί ἐγκατέλιπές
Dios   de mí, — Dios   de mí, ¿a qué fin   desamparaste

με; **35** καί τινες τῶν παρεστηκότων
me?   Y   algunos   de los que   estaban en pie cerca,

ἀκούσαντες ἔλεγον· ἴδε Ἠλίαν φωνεῖ.
al oír(lo),   decían: Mira,   a Elías   ³llama.

36 δραμὼν δέ τις γεμίσας σπόγγον ὄξους
Y corriendo   uno,   tras llenar   una esponja   de vinagre,

περιθεὶς καλάμῳ ἐπότιζεν αὐτόν, λέγων·
poniendo(la)   de una caña,   dio a beber   le,   diciendo:

ἄφετε ἴδωμεν εἰ ἔρχεται Ἠλίας ·καθελεῖν
Dejad,   veamos   si   viene   Elías   a descolgar

αὐτόν. **37** ὁ δὲ Ἰησοῦς ἀφεὶς φωνὴν
le.   — Mas   Jesús,   ⁴emitiendo   una voz

μεγάλην ἐξέπνευσεν. **38** Καὶ τὸ καταπέτασμα
grande,   expiró.   Y   el   velo

τοῦ ναοῦ ἐσχίσθη εἰς δύο ἀπ' ἄνωθεν
del   santuario   se rasgó   en   dos   desde   arriba

ἕως κάτω. **39** Ἰδὼν δὲ ὁ κεντυρίων ὁ
hasta   abajo.   Y al ver   el   centurión   —

παρεστηκὼς ἐξ ἐναντίας αὐτοῦ ὅτι οὕτως
que estaba en pie   enfrente   de él   que   así
cerca

ἐξέπνευσεν, εἶπεν· ἀληθῶς οὗτος ὁ ἄνθρωπος
⁵había expirado,   dijo: Verdaderamente   este   —   hombre

υἱὸς θεοῦ ἦν. **40** Ἦσαν δὲ καὶ γυναῖκες
Hijo   de Dios   era.   Había   también unas mujeres

ἀπὸ μακρόθεν θεωροῦσαι, ἐν αἷς καὶ
desde   lejos   contemplando,   entre las cuales   tanto

Μαρία ἡ Μαγδαληνὴ καὶ Μαρία ἡ
María   la   Magdalena   como   María   la

Ἰακώβου τοῦ μικροῦ καὶ Ἰωσῆτος μήτηρ
(madre) de Jacobo el   Menor   y   de Josés   madre

καὶ Σαλώμη, **41** αἱ ὅτε ἦν ἐν τῇ Γαλιλαίᾳ
y   Salomé,   las cuales cuando estaba en   —   Galilea,

ἠκολούθουν αὐτῷ καὶ διηκόνουν αὐτῷ, καὶ
seguían   le   y   servían   le   y

1
33. SEXTA = las doce del mediodía.
2
33. NOVENA = las tres de la tarde.
3
35. LLAMA. Lit. da voces.
4
37. EMITIENDO UNA VOZ. Lit. dejando (salir).
5
39. HABÍA EXPIRADO. Lit. expiró.

ἄλλαι   πολλαὶ   αἱ   συναναβᾶσαι   αὐτῷ   εἰς
otras   muchas   —   que 1habían subido con   él   a

'Ιεροσόλυμα.
Jerusalén.

42 Καὶ   ἤδη   ὀψίας   γενομένης,   ἐπεὶ   ἦν
Y   ya   el atardecer   llegado,   puesto que   era

παρασκευή,   ὅ ἐστιν προσάββατον,   **43** ἐλθὼν
la preparación,   que   es el día anterior al sábado,   viniendo

'Ιωσὴφ   ὁ   ἀπὸ   'Αριμαθαίας,   εὐσχήμων
José   el   de   Arimatea,   un honorable

βουλευτής,   ὃς   καὶ   αὐτὸς   ἦν   προσδεχόμενος
miembro del   que también   él   estaba   esperando
sanedrín,

τὴν   βασιλείαν   τοῦ   θεοῦ,   τολμήσας   εἰσῆλθεν
el   reino   —   de Dios,   teniendo valor   entró

πρὸς   τὸν   Πιλᾶτον   καὶ   ἠτήσατο   τὸ   σῶμα
adonde   —   Pilato   y   pidió   el   cuerpo

τοῦ   'Ιησοῦ.   **44** ὁ   δὲ   Πιλᾶτος   ἐθαύμασεν
—   de Jesús.   — Y   Pilato   se asombró

εἰ   ἤδη   τέθνηκεν,   καὶ   προσκαλεσάμενος   τὸν
de que ya 2hubiese muerto,   y   haciendo llamar   al

κεντυρίωνα   ἐπηρώτησεν   αὐτὸν   εἰ   πάλαι
centurión,   preguntó   le   si hacía tiempo

ἀπέθανεν·   **45** καὶ   γνοὺς   ἀπὸ   τοῦ   κεντυρίωνος
que 3había muerto;   e   4informado   por   el   centurión,

ἐδωρήσατο   τὸ   πτῶμα   τῷ   'Ιωσήφ.   **46** καὶ
otorgó   el   cadáver   —   a José.   Y

ἀγοράσας   σινδόνα   καθελὼν   αὐτὸν   ἐνείλησεν
tras comprar   una sábana, (y) tras descolgar,   le   (lo) envolvió

τῇ   σινδόνι   καὶ   κατέθηκεν   αὐτὸν   ἐν   μνήματι
en la   sábana   y   colocó   le   en   un sepulcro

ὃ   ἦν   λελατομημένον   ἐκ   πέτρας,   καὶ
que   estaba   excavado   en   una roca,   e

προσεκύλισεν   λίθον   ἐπὶ   τὴν   θύραν   τοῦ
hizo rodar   una piedra   sobre   la   puerta   del
(entrada)

μνημείου.   **47** ἡ   δὲ   Μαρία   ἡ   Μαγδαληνὴ
sepulcro.   — Y   María   la   Magdalena

καὶ   Μαρία   ἡ   'Ιωσῆτος   ἐθεώρουν   ποῦ
y   María   la (madre)   de Josés,   contemplaban   dónde

τέθειται.
5era puesto.

16 Καὶ   διαγενομένου   τοῦ   σαββάτου   [ἡ]
Y   pasado   el   sábado,   —

Μαρία   ἡ   Μαγδαληνὴ   καὶ   Μαρία   ἡ   [τοῦ]
María   la   Magdalena   y   María   la (madre)   —

1
41. HABÍAN SUBIDO. Lit. *su-bieron.*
2
44. HUBIESE MUERTO. Lit. *ha muerto.*
3
44. HABÍA MUERTO. Lit. *murió.*
4
45. INFORMADO... Lit. *habiendo conocido...*
5
47. ERA PUESTO. Lit. *ha sido puesto.*

Ἰακώβου καὶ Σαλώμη ἠγόρασαν ἀρώματα
de Jacobo   y   Salomé   compraron especias aromáticas

ἵνα ἐλθοῦσαι ἀλείψωσιν αὐτόν. 2 καὶ λίαν
para   ¹ir a   embalsamar   le.   Y   muy

πρωῒ [τῇ] μιᾷ τῶν σαββάτων ἔρχονται
temprano,   el   primer (día) de la   semana,   vienen

ἐπὶ τὸ μνῆμα, ἀνατείλαντος τοῦ ἡλίου.
al   sepulcro,   luego que salió   el   sol.

3 καὶ ἔλεγον πρὸς ἑαυτάς· τίς ἀποκυλίσει
Y   decían   entre   ellas: ¿Quién   hará rodar para

ἡμῖν τὸν λίθον ἐκ τῆς θύρας τοῦ μνημείου;
nosotras   la   piedra   de   la   entrada   del   sepulcro?

4 καὶ ἀναβλέψασαι θεωροῦσιν ὅτι ἀνακεκύλισται
Y   alzando los ojos,   observan   que   ²ha sido rodada de

ὁ λίθος· ἦν γὰρ μέγας σφόδρα. 5 καὶ
la   piedra;   pues era   grande   sobremanera.   nuevo   Y

εἰσελθοῦσαι εἰς τὸ μνημεῖον εἶδον νεανίσκον
entrando   en   el   sepulcro,   vieron   a un joven

καθήμενον ἐν τοῖς δεξιοῖς περιβεβλημένον
sentado   a   la   derecha,   cubierto

στολὴν λευκήν, καὶ ἐξεθαμβήθησαν. 6 ὁ δὲ
con una túnica blanca,   y   quedaron atónitas de espanto.   Mas él

λέγει αὐταῖς· μὴ ἐκθαμβεῖσθε· Ἰησοῦν
dice   les: Dejad   de asustaros;   a Jesús

ζητεῖτε τὸν Ναζαρηνὸν τὸν ἐσταυρωμένον·
estáis buscando el   Nazareno   el   crucificado;

ἠγέρθη, οὐκ ἔστιν ὧδε· ἴδε ὁ τόπος
³resucitó,   no   está   aquí;   mira   el   lugar

ὅπου ἔθηκαν αὐτόν. 7 ἀλλὰ ὑπάγετε εἴπατε
donde   pusieron   le.   Pero   id,   decid

τοῖς μαθηταῖς αὐτοῦ καὶ τῷ Πέτρῳ ὅτι
a los   discípulos   de él   y   —   a Pedro   que

προάγει ὑμᾶς εἰς τὴν Γαλιλαίαν· ἐκεῖ
va delante   de vosotros   a   —   Galilea;   allí

αὐτὸν ὄψεσθε, καθὼς εἶπεν ὑμῖν. 8 καὶ
le   veréis,   conforme   dijo   os.   Y

ἐξελθοῦσαι ἔφυγον ἀπὸ τοῦ μνημείου, εἶχεν
saliendo   huyeron   del   sepulcro,   pues

γὰρ αὐτὰς τρόμος καὶ ἔκστασις· καὶ
⁴estaban llenas   de temblor   y   espanto;   y

οὐδενὶ οὐδὲν εἶπαν· ἐφοβοῦντο γάρ.
a nadie   nada   dijeron: porque tenían miedo.

9 Ἀναστὰς δὲ πρωῒ πρώτη σαββάτου
⁵Y habiendo resucitado   temprano el primer (día)   de la semana,

ἐφάνη πρῶτον Μαρίᾳ τῇ Μαγδαληνῇ, παρ'
se apareció   primero   a María   la   Magdalena,   de

ἧς ἐκβεβλήκει ἑπτὰ δαιμόνια. 10 ἐκείνη
la que   había expulsado   siete   demonios.   Ella

1
1. IR A EMBALSAMAR(LE). Lit. *para que, yendo, ungiesen (le)*.
2
4. HA SIDO RODADA. Es decir, *ha sido retirada*.
3
6. RESUCITÓ. Lit. *fue levantado*.
4
8. ESTABAN LLENAS DE TEMBLOR Y ESPANTO. Lit. *las tenía un gran temblor y espanto*.
5
9. Es necesario advertir que desde este v. hasta el final, toda la porción falta en los MSS más fidedignos.

πορευθεῖσα ἀπήγγειλεν τοῖς μετ' αὐτοῦ
marchando, (lo) anunció a los que con él

γενομένοις πενθοῦσι καὶ κλαίουσιν· 11 κἀκεῖνοι
habían estado, que estaban y llorando; y ellos,

ἀκούσαντες ὅτι ζῇ καὶ ἐθεάθη ὑπ' αὐτῆς
al oír que vive y fue visto por ella,

ἠπίστησαν. 12 Μετὰ δὲ ταῦτα δυσὶν ἐξ
no (lo) creyeron. Y después de esto, [1]a dos de

αὐτῶν περιπατοῦσιν ἐφανερώθη ἐν ἑτέρᾳ
ellos que caminaban fue manifestado [2]en diferente

μορφῇ πορευομένοις εἰς ἀγρόν· 13 κἀκεῖνοι
forma, cuando iban a la campiña. Y ellos

ἀπελθόντες ἀπήγγειλαν τοῖς λοιποῖς· οὐδὲ
yendo (lo) anunciaron a los demás; ni

ἐκείνοις ἐπίστευσαν. 14 Ὕστερον [δὲ]
a ellos creyeron. Por último,

ἀνακειμένοις αὐτοῖς τοῖς ἔνδεκα ἐφανερώθη,
estando reclinados ellos, a los once fue manifestado,
a la mesa

καὶ ὠνείδισεν τὴν ἀπιστίαν αὐτῶν καὶ
y echó(les) en cara la incredulidad de ellos y

σκληροκαρδίαν ὅτι τοῖς θεασαμένοις αὐτὸν
dureza de corazón porque a los que habían contemplado le

ἐγηγερμένον οὐκ ἐπίστευσαν. 15 καὶ εἶπεν
resucitado no creyeron. Y dijo

αὐτοῖς· πορευθέντες εἰς τὸν κόσμον ἅπαντα
les: Yendo al mundo entero,

κηρύξατε τὸ εὐαγγέλιον πάσῃ τῇ κτίσει.
proclamad el evangelio a toda — criatura.

16 ὁ πιστεύσας καὶ βαπτισθεὶς σωθήσεται,
El que crea y sea bautizado, será salvo,

ὁ δὲ ἀπιστήσας κατακριθήσεται. 17 σημεῖα
mas el que no crea, será condenado. Señales

δὲ τοῖς πιστεύσασιν ταῦτα παρακολουθήσει·
a los que hayan creído estas acompañarán:

ἐν τῷ ὀνόματί μου δαιμόνια ἐκβαλοῦσιν,
En el nombre de mí demonios expulsarán,

γλώσσαις λαλήσουσιν καιναῖς, 18 ὄφεις
en lenguas hablarán nuevas, serpientes

ἀροῦσιν κἂν θανάσιμόν τι πίωσιν
[3]tomarán y si mortífero algo beben,
(en sus manos),

οὐ μὴ αὐτοὺς βλάψῃ, ἐπὶ ἀρρώστους χεῖρας
de ningún modo les hará daño, sobre enfermos (las) manos

ἐπιθήσουσιν καὶ καλῶς ἕξουσιν. 19 Ὁ μὲν
impondrán y [4]se pondrán bien. Y así el

οὖν κύριος [Ἰησοῦς] μετὰ τὸ λαλῆσαι
Señor Jesús, después de hablar

1
12. A DOS. Por Lc. 24:13-35, sabemos todos los detalles de este episodio.
2
12. EN DIFERENTE FORMA. Parece ser que Cristo cambió de apariencia tras la resurrección. (Comp. con Lc. 24:16; Jn. 20:15; 21:12.)
3
18. TOMARÁN. Lit. *levantarán* (*tomarán* o *quitarán*).
4
18. SE PONDRÁN BIEN. Lit. *bien tendrán*.

αὐτοῖς   ἀνελήμφθη   εἰς   τὸν   οὐρανὸν   καὶ
les,   fue tomado arriba   al   cielo   y

ἐκάθισεν   ἐκ   δεξιῶν   τοῦ   θεοῦ.   20 ἐκεῖνοι
se sentó   a   (la) derecha   —   de Dios.   Y ellos

δὲ   ἐξελθόντες   ἐκήρυξαν   πανταχοῦ,   τοῦ
      saliendo   predicaron   en todas partes,   el

κυρίου   συνεργοῦντος   καὶ   τὸν   λόγον
Señor   colaborando   y   la   palabra
          (con ellos)

βεβαιοῦντος   διὰ   τῶν   ἐπακολουθούντων
afianzando   por medio   de las   que acompañaban

σημείων.
señales.

El Evangelio según
SAN LUCAS

1 Ἐπειδήπερ πολλοὶ ἐπεχείρησαν ἀνατάξασθαι
Puesto que   muchos tomaron entre manos   compilar

διήγησιν   περὶ   τῶν   πεπληροφορημένων
un relato   acerca   de las   llevadas a cabo completamente

ἐν   ἡμῖν πραγμάτων, **2** καθὼς παρέδοσαν ἡμῖν
entre   nosotros   cosas,   conforme transmitieron(las)   nos

οἱ   ἀπ'   ἀρχῆς   αὐτόπται καὶ ὑπηρέται
los que   desde el   principio   testigos de vista   y   servidores

γενόμενοι   τοῦ   λόγου, **3** ἔδοξε   κἀμοὶ
fueron   de la   palabra,   pareció (bien) también a mí

παρηκολουθηκότι   ἄνωθεν   πᾶσιν   ἀκριβῶς
después de haber investigado   desde sus   todas las   con todo
         fuentes   cosas   esmero

καθεξῆς σοι γράψαι, κράτιστε Θεόφιλε,
ordenadamente   te   escribir,   excelentísimo   Teófilo,

4 ἵνα   ἐπιγνῷς   περὶ   ὧν
para que   te percates bien (de)   respecto   a las cosas
                                       en que

κατηχήθης   λόγων   τὴν   ἀσφάλειαν.
fuiste instruido,   ¹de (las) enseñanzas   la   solidez.

5 Ἐγένετο   ἐν   ταῖς   ἡμέραις
Hubo   en   los   días

Ἡρῴδου βασιλέως τῆς Ἰουδαίας ἱερεύς
de Herodes   rey   —   de Judea   un sacerdote

τις   ὀνόματι Ζαχαρίας ἐξ ἐφημερίας Ἀβιά,
    por nombre   Zacarías   del ²turno   de Abías,

καὶ γυνὴ αὐτῷ ἐκ τῶν θυγατέρων Ἀαρών,
y   tenía   mujer   de   las   hijas   de Aarón,

καὶ τὸ ὄνομα αὐτῆς Ἐλισάβετ. **6** ἦσαν δὲ
y   el   nombre   de ella   Elisabet.   Y eran

δίκαιοι ἀμφότεροι ἐναντίον τοῦ θεοῦ,
justos   ambos   delante   —   de Dios,

πορευόμενοι ἐν πάσαις ταῖς ἐντολαῖς καὶ
andando   en   todos   los   mandamientos   y

δικαιώμασιν τοῦ κυρίου ἄμεμπτοι. **7** καὶ
ordenanzas   del   Señor   irreprochables.   Y

οὐκ   ἦν   αὐτοῖς   τέκνον, καθότι   ἦν   ἡ
no   tenían   hijo,   puesto que   era   —

Ἐλισάβετ στεῖρα, καὶ ἀμφότεροι προβεβηκότες
Elisabet   estéril,   y   ambos   avanzados

ἐν ταῖς ἡμέραις αὐτῶν ἦσαν. **8** Ἐγένετο
en   los   días   de ellos   eran.   Sucedió

δὲ ἐν τῷ ἱερατεύειν αὐτὸν ἐν τῇ τάξει
que ³estando como sacerdote   él   en   el   turno
   sirviendo

¹
4. DE (LAS) ENSEÑANZAS. Lit.
de (las) palabras. Una vez
puesto en orden, el vers. 4
dice: *para que te percates
de la solidez de las enseñanzas respecto a las cosas
en que fuiste instruido.*
²
5. TURNO. Lit. *tarea diaria.*
Es decir, el desempeño diario del oficio sacerdotal.
³
8. ESTANDO SIRVIENDO COMO
SACERDOTE. Lit. *en el (acto
mismo de) oficiar como
sacerdote.*

τῆς ἐφημερίας αὐτοῦ ἔναντι τοῦ θεοῦ,
del ¹grupo de él delante — de Dios,

9 κατὰ τὸ ἔθος τῆς ἱερατείας ἔλαχε τοῦ
conforme a la costumbre del sacerdocio, le tocó en —
suerte

θυμιᾶσαι εἰσελθὼν εἰς τὸν ναὸν τοῦ κυρίου,
quemar incienso ²entrando al santuario del Señor,

10 καὶ πᾶν τὸ πλῆθος ἦν τοῦ λαοῦ
y toda la multitud estaba del pueblo

προσευχόμενον ἔξω τῇ ὥρᾳ τοῦ θυμιάματος.
orando afuera a la hora del incienso.

11 ὤφθη δὲ αὐτῷ ἄγγελος κυρίου ἑστὼς
³Y se apareció a él un ángel del Señor en pie

ἐκ δεξιῶν τοῦ θυσιαστηρίου τοῦ θυμιάματος.
a (la) derecha del altar del incienso.

12 καὶ ἐταράχθη Ζαχαρίας ἰδών, καὶ φόβος
Y se turbó Zacarías al ver(lo), y (el) miedo

ἐπέπεσεν ἐπ᾽ αὐτόν. **13** εἶπεν δὲ πρὸς
cayó sobre él. Mas dijo a

αὐτὸν ὁ ἄγγελος· μὴ φοβοῦ, Ζαχαρία,
él el ángel: Cesa de temer, Zacarías,

διότι εἰσηκούσθη ἡ δέησίς σου, καὶ ἡ
porque fue escuchada la petición de ti, y la

γυνή σου Ἐλισάβετ γεννήσει υἱόν σοι,
mujer de ti, Elisabet, engendrará un hijo te,

καὶ καλέσεις τὸ ὄνομα αὐτοῦ Ἰωάννην·
y llamarás el nombre de él Juan;

14 καὶ ἔσται χαρά σοι καὶ ἀγαλλίασις,
y tendrás gozo y júbilo,

καὶ πολλοὶ ἐπὶ τῇ γενέσει αὐτοῦ χαρή-
y muchos por el nacimiento de él se ale-

σονται. **15** ἔσται γὰρ μέγας ἐνώπιον
grarán. Porque será grande a los ojos

κυρίου, καὶ οἶνον καὶ σίκερα οὐ μὴ
del Señor, y vino y licor de ningún modo

πίῃ, καὶ πνεύματος ἁγίου πλησθήσεται
beberá, y de(l) Espíritu Santo ⁴será llenado

ἔτι ἐκ κοιλίας μητρὸς αὐτοῦ, **16** καὶ
aun desde (el) vientre de (la) madre de él, y

πολλοὺς τῶν υἱῶν Ἰσραὴλ ἐπιστρέψει ἐπὶ κύριον
a muchos de los hijos de Israel hará volver a(l) Señor

τὸν θεὸν αὐτῶν· **17** καὶ αὐτὸς προελεύσεται
el Dios de ellos; y él mismo irá delante

ἐνώπιον αὐτοῦ ἐν πνεύματι καὶ δυνάμει
en presencia de él en (el) espíritu y poder

Ἠλίου, ἐπιστρέψαι καρδίας πατέρων ἐπὶ
de Elías, para hacer volver (los) corazones de (los) padres a

τέκνα καὶ ἀπειθεῖς ἐν φρονήσει
(los) hijos y a (los) desobedientes a (la) sensatez

¹
8. GRUPO. Lit. *tarea diaria.*
²
9. ENTRANDO. Esto es, *tras entrar.* (Es un aoristo que precede, lógicamente, al infinitivo *quemar incienso.*)
³
11. Y SE APARECIÓ A ÉL. Lit. *Y fue visto por él.*
⁴
15. SERÁ LLENADO. No se trata aquí de la *llenura* de Ef. 5:18, ni aun de la *regeneración* espiritual, sino de la *capacitación* para su futuro ministerio. (Comp. con Jer. 1:5; Gá. 1:15.)

δικαίων,   ἑτοιμάσαι   κυρίῳ   λαὸν   κατεσκευασ-
de (los) justos,   a preparar   para el Señor   un pueblo   bien dispues-

μένον. 18 καὶ εἶπεν Ζαχαρίας πρὸς τὸν ἄγγελον·
to.   Y dijo Zacarías   al   ángel:

κατὰ   τί   γνώσομαι   τοῦτο;   ἐγὼ   γάρ   εἰμι
¹¿En   qué   conoceré   esto?   Porque yo   soy

πρεσβύτης   καὶ   ἡ   γυνή   μου   προβεβηκυῖα
anciano   y   la   mujer   de mí   (es) avanzada

ἐν   ταῖς   ἡμέραις   αὐτῆς.   19 καὶ   ἀποκριθεὶς
en   los   días   de ella.   Y   respondiendo

ὁ   ἄγγελος   εἶπεν   αὐτῷ·   ἐγώ   εἰμι   Γαβριὴλ
el   ángel   dijo   le: Yo   soy   Gabriel

ὁ   παρεστηκὼς   ἐνώπιον   τοῦ   θεοῦ,   καὶ
el que   estoy de continuo   en la presencia   —   de Dios,   y

ἀπεστάλην   λαλῆσαι   πρὸς   σὲ   καὶ   εὐαγ-
fui enviado   a hablar   contigo   y   a anun-

γελίσασθαι   σοι   ταῦτα·   20 καὶ   ἰδοὺ
ciar buenas nuevas   te   estas;   y   ²ahora

ἔσῃ   σιωπῶν   καὶ   μὴ   δυνάμενος   λαλῆσαι
estarás   silencioso   y   ³sin   poder   hablar

ἄχρι   ἧς   ἡμέρας   γένηται   ταῦτα,   ἀνθ'   ὧν   οὐκ
hasta   el   día   que suceda   esto,   por cuanto   no

ἐπίστευσας   τοῖς   λόγοις   μου,   οἵτινες   πληρω-
creíste   a las   palabras   de mí,   las cuales   serán

θήσονται   εἰς   τὸν   καιρὸν   αὐτῶν.   21 καὶ   ἦν
cumplidas   al   debido tiempo   de ellas.   Y   estaba

ὁ   λαὸς   προσδοκῶν   τὸν   Ζαχαρίαν,   καὶ
el   pueblo   aguardando   —   a Zacarías,   y

ἐθαύμαζον   ἐν   τῷ   χρονίζειν   ἐν   τῷ   ναῷ
se extrañaban   del   demorarse   en   el   santuario

αὐτόν.   22 ἐξελθὼν   δὲ   οὐκ   ἐδύνατο   λαλῆσαι
él.   Y saliendo   no   podía   hablar

αὐτοῖς   καὶ   ἐπέγνωσαν   ὅτι   ὀπτασίαν   ἑώρακεν
les   y   se dieron cuenta de que   una visión   ⁴había visto

ἐν   τῷ   ναῷ·   καὶ   αὐτὸς   ἦν   διανεύων
en   el   santuario;   y   él   estaba   haciendo señas

αὐτοῖς,   καὶ   διέμενεν   κωφός.   23 καὶ
les,   y   permanecía   mudo.   Y

ἐγένετο   ὡς   ἐπλήσθησαν   αἱ   ἡμέραι   τῆς
sucedió que,   cuando   se cumplieron   los   días   del

λειτουργίας   αὐτοῦ,   ἀπῆλθεν   εἰς   τὸν   οἶκον
servicio sagrado   de él,   se fue   a   la   casa

αὐτοῦ.   24 Μετὰ   δὲ   ταύτας   τὰς   ἡμέρας
de él.   Y después   de estos   —   días,

συνέλαβεν   Ἐλισάβετ   ἡ   γυνὴ   αὐτοῦ,   καὶ
concibió   Elisabet   la   mujer   de él,   y

περιέκρυβεν   ἑαυτὴν   μῆνας   πέντε,   λέγουσα
mantuvo oculta   a sí misma   por meses   cinco,   diciendo:

1
18. ¿EN QUÉ...? Lit. ¿Según qué...? Es decir, ¿Cómo...?
2
20. AHORA... Lit. mira que...
3
20. SIN PODER. Lit. no pudiendo.
4
22. HABÍA VISTO. Lit. ha visto.

25 ὅτι οὕτως μοι πεποίηκεν κύριος ἐν
— Así me ha hecho (el) Señor en

ἡμέραις αἷς ἐπεῖδεν ἀφελεῖν ὄνειδός
(los) días en que se fijó (en mí) para quitar ¹(la) afrenta

μου ἐν ἀνθρώποις.
de mí entre (los) hombres.

26 Ἐν δὲ τῷ μηνὶ τῷ ἕκτῳ ἀπεστάλη
En el mes — sexto, fue enviado

ὁ ἄγγελος Γαβριὴλ ἀπὸ τοῦ θεοῦ εἰς
el ángel Gabriel por — Dios a

πόλιν τῆς Γαλιλαίας ᾗ ὄνομα Ναζαρέθ,
una ciudad — de Galilea cuyo nombre (es) Nazaret,

27 πρὸς παρθένον ἐμνηστευμένην ἀνδρὶ ᾧ ὄνομα
a una virgen comprometida para con un cuyo nombre
casarse varón

Ἰωσήφ, ἐξ οἴκου Δαυίδ, καὶ τὸ ὄνομα
(era) José, de (la) casa de David, y el nombre

τῆς παρθένου Μαριάμ. **28** καὶ εἰσελθὼν
de la virgen (era) María. Y entrando

πρὸς αὐτὴν εἶπεν· χαῖρε, κεχαριτωμένη, ὁ
adonde ella, dijo: ²Saludos, muy favorecida, el

κύριος μετὰ σοῦ. **29** ἡ δὲ ἐπὶ τῷ λόγῳ
Señor (está) contigo. Mas ella ante la expresión
(esta)

διεταράχθη, καὶ διελογίζετο ποταπὸς εἴη
se quedó muy turbada, y consideraba de qué clase sería

ὁ ἀσπασμὸς οὗτος. **30** καὶ εἶπεν ὁ ἄγγελος
el saludo este. Y dijo el ángel

αὐτῇ· μὴ φοβοῦ, Μαριάμ· εὗρες γὰρ
le: Deja de temer, María; porque hallaste

χάριν παρὰ τῷ θεῷ. **31** καὶ ἰδοὺ συλλήμψῃ
gracia ante — Dios. Y mira, concebirás

ἐν γαστρὶ καὶ τέξῃ υἱόν, καὶ καλέσεις τὸ
en (tu) vientre y darás a luz un hijo, y llamarás el

ὄνομα αὐτοῦ Ἰησοῦν. **32** οὗτος ἔσται μέγας
nombre de él Jesús. Éste será grande

καὶ υἱὸς ὑψίστου κληθήσεται, καὶ δώσει
e Hijo de(l) Altísimo será llamado, y dará

αὐτῷ κύριος ὁ θεὸς τὸν θρόνον Δαυίδ
le (el) Señor — Dios el trono de David

τοῦ πατρὸς αὐτοῦ, **33** καὶ βασιλεύσει ἐπὶ
el padre de él, y reinará sobre

τὸν οἶκον Ἰακὼβ εἰς τοὺς αἰῶνας, καὶ
la casa de Jacob por los siglos, y

τῆς βασιλείας αὐτοῦ οὐκ ἔσται τέλος.
del reino de él no habrá fin.

34 εἶπεν δὲ Μαριὰμ πρὸς τὸν ἄγγελον·
Y dijo María al ángel:

---

¹
25. AFRENTA. Por tal era tenida la esterilidad.
²
28. SALUDOS. Lit. *alégrate* (forma griega de saludar).

πῶς ἔσται τοῦτο, ἐπεὶ ἄνδρα οὐ γινώσκω;
1¿Cómo   será   esto,   ya que varón no   conozco?

35 καὶ ἀποκριθεὶς ὁ ἄγγελος εἶπεν αὐτῇ·
Y   respondiendo   el   ángel,   dijo   le:

πνεῦμα ἅγιον ἐπελεύσεται ἐπὶ σέ, καὶ
(El) Espíritu Santo descenderá sobre ti,   y

δύναμις ὑψίστου ἐπισκιάσει σοι·   διὸ
el poder   del Altísimo cubrirá con (su) sombra te; por lo cual

καὶ τὸ γεννώμενον ἅγιον κληθήσεται υἱὸς θεοῦ.
también lo 2engendrado santo, será llamado Hijo de Dios.

36 καὶ ἰδοὺ Ἐλισάβετ ἡ συγγενίς σου καὶ
Y mira,   Elisabet 3la   parienta de ti, también

αὐτὴ συνείληφεν υἱὸν ἐν γήρει αὐτῆς, καὶ
ella ha concebido un hijo en (la) vejez de ella, y

οὗτος μὴν ἕκτος ἐστὶν αὐτῇ τῇ καλουμένῃ
éste (el) mes sexto es para ella, la llamada

στεῖρα· 37 ὅτι οὐκ ἀδυνατήσει παρὰ τοῦ
estéril; pues no será imposible 4para —

θεοῦ πᾶν ῥῆμα. 38 εἶπεν δὲ Μαριάμ· ἰδοὺ ἡ
Dios 5ninguna cosa.   Y dijo   María: He aquí la

δούλη κυρίου· γένοιτό μοι κατὰ
esclava de(l) Señor; hágase me   conforme

τὸ ῥῆμά σου. καὶ ἀπῆλθεν ἀπ' αὐτῆς
a la palabra de ti. Y se marchó de ella

ὁ ἄγγελος. 39 Ἀναστᾶσα δὲ Μαριὰμ ἐν
el ángel.   Y levantándose María en

ταῖς ἡμέραις ταύταις ἐπορεύθη εἰς τὴν
los días   estos,   marchó a la

ὀρεινὴν μετὰ σπουδῆς εἰς πόλιν Ἰούδα,
región montañosa con presura, a una ciudad de Judá,

40 καὶ εἰσῆλθεν εἰς τὸν οἶκον Ζαχαρίου
Y entró   en la casa de Zacarías

καὶ ἠσπάσατο τὴν Ἐλισάβετ. 41 καὶ
y saludó   a Elisabet.   Y

ἐγένετο ὡς ἤκουσεν τὸν ἀσπασμὸν τῆς
sucedió que en cuanto oyó el saludo

Μαρίας ἡ Ἐλισάβετ, ἐσκίρτησεν τὸ βρέφος
de María — Elisabet, saltó el bebé

ἐν τῇ κοιλίᾳ αὐτῆς, καὶ ἐπλήσθη πνεύματος
en el vientre de ella, y 6fue llena de(l) Espíritu

ἁγίου ἡ Ἐλισάβετ, 42 καὶ ἀνεφώνησεν
Santo — Elisabet,   y   exclamó

κραυγῇ μεγάλῃ καὶ εἶπεν· εὐλογημένη
con grito grande y dijo: Bendita (eres)

σὺ ἐν γυναιξίν, καὶ εὐλογημένος ὁ καρπὸς
tú entre (las) mujeres, y bendito (es) el fruto

τῆς κοιλίας σου. 43 καὶ πόθεν μοι τοῦτο
del vientre de ti. Y ¿de dónde a mí esto,

1
34. ¿CÓMO SERÁ ESTO? No
duda del hecho, sino que
pregunta sobre el modo,
pues no convivía aún con
José.
2
35. ENGENDRADO. Lit. lo que
es siendo engendrado.
3
36. LA PARIENTA. Era fre-
cuente el caso de emparen-
tar entre la tribu de Leví y
la de Judá.
4
37. PARA DIOS. Lit. de parte de Dios.
5
37. NINGUNA COSA. Lit. toda
palabra.
6
41. FUE LLENA. Es decir, ca-
pacitada para profetizar.

ἵνα   ἔλθῃ   ἡ   μήτηρ   τοῦ   κυρίου   μου   πρὸς
que   venga   la   madre   del   Señor   de mí   a

ἐμέ;   44 ἰδοὺ   γὰρ   ὡς   ἐγένετο   ἡ   φωνὴ   τοῦ
mí?   Porque mira, en cuanto   llegó   el   sonido   del

ἀσπασμοῦ   σου   εἰς   τὰ   ὦτά   μου,   ἐσκίρτησεν
saludo   de ti   a   los   oídos   de mí,   saltó

ἐν   ἀγαλλιάσει   τὸ   βρέφος   ἐν   τῇ   κοιλίᾳ
de   júbilo   el   bebé   en   el   vientre

μου.   45 καὶ   μακαρία   ἡ   πιστεύσασα   ὅτι
de mí.   Y   dichosa   la   que creyó   que

ἔσται   τελείωσις   τοῖς   λελαλημένοις   αὐτῇ
habrá   cumplimiento   para las   que han sido   le
                  cosas   habladas

παρὰ   κυρίου.   46 Καὶ   εἶπεν   Μαριάμ·
de parte   de(l) Señor.   Y   dijo   María:

Μεγαλύνει   ἡ   ψυχή   μου   τὸν   κύριον,   47 καὶ
Engrandece   el   alma   de mí   al   Señor,   y

ἠγαλλίασεν   τὸ   πνεῦμά   μου   ἐπὶ   τῷ   θεῷ
saltó de júbilo   el   espíritu   de mí   en   —   Dios

τῷ   σωτῆρί   μου·   48 ὅτι   ἐπέβλεψεν   ἐπὶ   τὴν
el   Salvador   de mí;   pues   puso sus ojos   sobre   la

ταπείνωσιν   τῆς   δούλης   αὐτοῦ.   ἰδοὺ   γὰρ
pequeñez   de la   esclava   de él.   Porque mira,

ἀπὸ   τοῦ   νῦν   μακαριοῦσίν   με   πᾶσαι   αἱ
desde   —   ahora   tendrán por dichosa   me   todas   las

γενεαί·   49 ὅτι   ἐποίησέν   μοι   μεγάλα   ὁ
generaciones;   pues   hizo   me   cosas grandes   el

δυνατός.   καὶ   ἅγιον   τὸ   ὄνομα   αὐτοῦ,
Poderoso.   Y   santo   el   nombre   de él,

50 καὶ   τὸ   ἔλεος   αὐτοῦ   εἰς   γενεὰς   καὶ
y   la   misericordia   de él   por   generaciones   y

γενεὰς   τοῖς   φοβουμένοις   αὐτόν.   51 Ἐποίησεν
generaciones para los   que temen   le.   Hizo

κράτος   ἐν   βραχίονι   αὐτοῦ,   διεσκόρπισεν
[1]proezas   con   (el) brazo   de él,   esparció

ὑπερηφάνους   διανοίᾳ   καρδίας   αὐτῶν·
a (los) arrogantes   en el pensamiento   de(l) corazón   de ellos;

52 καθεῖλεν   δυνάστας   ἀπὸ   θρόνων   καὶ   ὕψω-
abatió   a (los) potentados   de   (sus) solios   y   exaltó

σεν   ταπεινούς,   53 πεινῶντας   ἐνέπλησεν
a (los) pequeños,   a (los) hambrientos   colmó

ἀγαθῶν   καὶ   πλουτοῦντας   ἐξαπέστειλεν
de bienes   y   a (los) ricos   despidió

κενούς.   54 ἀντελάβετο   Ἰσραὴλ   παιδὸς   αὐτοῦ,
vacíos.   Socorrió   a Israel   siervo   de él,

μνησθῆναι   ἐλέους,   55 καθὼς   ἐλάλησεν
para recordar   misericordia,   conforme   habló

πρὸς   τοὺς   πατέρας   ἡμῶν,   τῷ   Ἀβραὰμ
a   los   padres   de nosotros,   —   Abraham
                        para con

<hr>

1
51. PROEZAS. Lit. *vigor* (o
dominio).

καὶ τῷ σπέρματι αὐτοῦ εἰς τὸν αἰῶνα.
y   la   simiente   de él   ¹por siempre.

56 Ἔμεινεν δὲ Μαριὰμ σὺν αὐτῇ ὡς
Y se quedó   María   con   ella   como

μῆνας τρεῖς, καὶ ὑπέστρεψεν εἰς τὸν
meses   tres,   y   regresó   a   la

οἶκον αὐτῆς.
casa   de ella.

57 Τῇ δὲ Ἐλισάβετ ἐπλήσθη ὁ χρόνος
— Y   a Elisabet   se (le) cumplió   el   tiempo

τοῦ τεκεῖν αὐτήν, καὶ ἐγέννησεν υἱόν.
— de dar a   ella,   y   dio a luz   un hijo.
    luz

58 καὶ ἤκουσαν οἱ περίοικοι καὶ οἱ
Y   oyeron   los   vecinos   y   los

συγγενεῖς αὐτῆς ὅτι ἐμεγάλυνεν κύριος τὸ
parientes   de ella   que   ²había engrandecido   (el) Señor   la

ἔλεος αὐτοῦ μετ᾽ αὐτῆς, καὶ συνέχαιρον
misericordia   de él   con   ella,   y   se regocijaban con

αὐτῇ. **59** Καὶ ἐγένετο ἐν τῇ ἡμέρᾳ τῇ
ella.   Y   sucedió que   en   el   día   —

ὀγδόῃ ἦλθον περιτεμεῖν τὸ παιδίον, καὶ
octavo   vinieron   a circuncidar   al   niño,   y

ἐκάλουν αὐτὸ ἐπὶ τῷ ὀνόματι τοῦ πατρὸς
llamaban   le   con   el   nombre   del   padre

αὐτοῦ Ζαχαρίαν. **60** καὶ ἀποκριθεῖσα ἡ
de él   Zacarías.   Y   tomando la palabra   la

μήτηρ αὐτοῦ εἶπεν· οὐχί, ἀλλὰ κληθήσεται
madre   de él,   dijo: No,   sino que   será llamado

Ἰωάννης. **61** καὶ εἶπαν πρὸς αὐτὴν ὅτι
Juan.   Y   decían   a   ella: —

οὐδείς ἐστιν ἐκ τῆς συγγενείας σου ὃς
Nadie   hay   de   la   parentela   de ti   que

καλεῖται τῷ ὀνόματι τούτῳ. **62** ἐνένευον
se llame   con el   nombre   este.   E hicieron señas

δὲ τῷ πατρὶ αὐτοῦ τὸ τί ἂν θέλοι
  al   padre   de él   —   sobre qué   desearía

καλεῖσθαι αὐτό. **63** καὶ αἰτήσας πινακίδιον
que fuese llamado   el.   Y   pidiendo   una tablilla,

ἔγραψεν λέγων· Ἰωάννης ἐστὶν ὄνομα
escribió   diciendo: Juan   es   (el) nombre

αὐτοῦ. καὶ ἐθαύμασαν πάντες. **64** ἀνεῴχθη δὲ
de él.   Y   se asombraron   todos.   Y se abrió

τὸ στόμα αὐτοῦ παραχρῆμα καὶ ἡ
la   boca   de él   instantáneamente   y   la

γλῶσσα αὐτοῦ, καὶ ἐλάλει εὐλογῶν τὸν
lengua   de él,   y   hablaba   bendiciendo   —

θεόν. **65** Καὶ ἐγένετο ἐπὶ πάντας φόβος
a Dios.   Y   vino   sobre   todos   temor

1
55. POR SIEMPRE. Lit. *hacia el siglo.*
2
58. HABÍA ENGRANDECIDO. Lit. *engrandeció.*

τοὺς   περιοικοῦντας   αὐτούς,   καὶ   ἐν   ὅλῃ   τῇ
los   vecinos   de ellos,   y   en   toda   la

ὀρεινῇ   τῆς   Ἰουδαίας   διελαλεῖτο   πάντα
región montañosa —   de Judea   se comentaban   todas

τὰ   ῥήματα   ταῦτα,   66 καὶ   ἔθεντο   πάντες
1las   cosas   estas,   y   (las) pusieron   todos

οἱ   ἀκούσαντες   ἐν   τῇ   καρδίᾳ   αὐτῶν,
los que   habían oído   en   el   corazón   de ellos,

λέγοντες·   τί   ἄρα   τὸ   παιδίον   τοῦτο   ἔσται;
diciendo: ¿Qué, pues, el   niño   este   será?

καὶ   γὰρ   χεὶρ   κυρίου   ἦν   μετ'   αὐτοῦ.
Porque ciertamente (la) mano de(l) Señor estaba con   él.

67 Καὶ   Ζαχαρίας   ὁ   πατὴρ   αὐτοῦ   ἐπλήσθη
Y   Zacarías   el   padre   de él   fue lleno

πνεύματος   ἁγίου   καὶ   ἐπροφήτευσεν   λέγων·
de(l) Espíritu   Santo   y   profetizó,   diciendo:

68 Εὐλογητὸς   κύριος   ὁ   θεὸς   τοῦ   Ἰσραήλ,
Bendito   (el) Señor   —   Dios   —   de Israel,

ὅτι   ἐπεσκέψατο   καὶ   ἐποίησεν   λύτρωσιν   τῷ
pues   visitó   e   hizo   redención   al

λαῷ   αὐτοῦ,   69 καὶ   ἤγειρεν   κέρας   σωτηρίας
pueblo   de él,   y   levantó   2cuerno   de salvación

ἡμῖν   ἐν   οἴκῳ   Δαυὶδ   παιδὸς   αὐτοῦ,   70 καθὼς
para en   casa   de David   siervo   de él,   conforme
nosotros

ἐλάλησεν   διὰ   στόματος   τῶν   ἁγίων   ἀπ'
habló   mediante   la boca   de los   santos   desde

αἰῶνος   προφητῶν   αὐτοῦ,   71 σωτηρίαν   ἐξ
antiguo   profetas   de él,   3que (nos) salvaría de

ἐχθρῶν   ἡμῶν   καὶ   ἐκ   χειρὸς   πάντων   τῶν
(los) enemigos de nosotros y   de   mano   de todos   los

μισούντων   ἡμᾶς,   72 ποιῆσαι   ἔλεος   μετὰ
que odian   nos,   para hacer   misericordia con

τῶν   πατέρων   ἡμῶν   καὶ   μνησθῆναι   διαθήκης
los   padres   de nosotros y   recordar   (el) pacto

ἁγίας   αὐτοῦ,   73 ὅρκον   ὃν   ὤμοσεν   πρὸς   Ἀβραὰμ
santo   de él,   (el) juramento que juró   a   Abraham

τὸν   πατέρα   ἡμῶν,   74 τοῦ   δοῦναι   ἡμῖν
el   padre   de nosotros,   4dar   nos

ἀφόβως   ἐκ   χειρὸς   ἐχθρῶν   ῥυσθέντας
sin miedo   de   mano   de (nuestros)   rescatados,
                          enemigos

λατρεύειν   αὐτῷ   75 ἐν   ὁσιότητι   καὶ   δικαιοσύνῃ
servir   le   en   santidad   y   justicia

ἐνώπιον   αὐτοῦ   πάσαις   ταῖς   ἡμέραις   ἡμῶν.
delante   de él   todos   los   días   de nosotros.

76 Καὶ   σὺ   δέ,   παιδίον,   προφήτης   ὑψίστου
Y tú, por tu parte, niño,   profeta   (del) Altísimo

κληθήσῃ·   προπορεύσῃ   γὰρ   ἐνώπιον   κυρίου
serás llamado; porque irás delante en la presencia de(l) Señor

---

1
65. LAS COSAS. Lit. *las palabras.*
2
69. CUERNO. Símbolo de *fuerza victoriosa.*
3
71. QUE (NOS) SALVARÍA... Lit. *salvación de enemigos de nosotros.*
4
74. DARNOS. Este vers., una vez ordenado, dice: *darnos servirle sin miedo, rescatados de mano de (nuestros) enemigos...*

ἑτοιμάσαι   ὁδοὺς   αὐτοῦ,   **77** τοῦ   δοῦναι
para preparar   (los) caminos   de él,   —   para dar

γνῶσιν   σωτηρίας   τῷ   λαῷ   αὐτοῦ   ἐν
conocimiento   de salvación   al   pueblo   de él   [1]por

ἀφέσει   ἁμαρτιῶν   αὐτῶν,   **78** διὰ   σπλάγχνα·
(el) perdón   de (los) pecados   de ellos,   [2]por las   entrañas

ἐλέους   θεοῦ   ἡμῶν,   ἐν   οἷς   ἐπισκέψεται
de misericordia de(l)   Dios   de nosotros,   [3]con las que   visitará

ἡμᾶς   ἀνατολὴ   ἐξ   ὕψους,   **79** ἐπιφᾶναι   τοῖς
nos   un amanecer   desde   (lo) alto,   para brillar sobre   los

ἐν   σκότει   καὶ   σκιᾷ   θανάτου   καθημένοις,
en   oscuridad   y   sombra   de muerte   que están sentados,

τοῦ   κατευθῦναι   τοὺς   πόδας   ἡμῶν   εἰς   ὁδὸν
—   para guiar   los   pies   de nosotros hacia un   [4]camino

εἰρήνης.
de paz.

80 Τὸ   δὲ   παιδίον   ηὔξανεν   καὶ   ἐκραταιοῦτο
Y el   niño   crecía   y   se robustecía

πνεύματι,   καὶ   ἦν   ἐν   ταῖς   ἐρήμοις   ἕως
en espíritu,   y   estaba en   los   lugares desiertos   hasta

ἡμέρας   ἀναδείξεως   αὐτοῦ   πρὸς   τὸν   Ἰσραήλ.
(el) día   de la presentación   de él   a   —   Israel.

2 Ἐγένετο   δὲ   ἐν   ταῖς   ἡμέραις   ἐκείναις
Y sucedió   en   los   días   aquellos

ἐξῆλθεν   δόγμα   παρὰ   Καίσαρος   Αὐγούστου
(que) salió   un decreto   de parte   de César   Augusto

ἀπογράφεσθαι   πᾶσαν   τὴν   οἰκουμένην.   **2** αὕτη
de que fuese censada   toda   la   tierra habitada.   Este

ἀπογραφὴ   πρώτη   ἐγένετο   ἡγεμονεύοντος   τῆς
censo   primero   ocurrió   gobernando   —

Συρίας   Κυρηνίου.   **3** καὶ   ἐπορεύοντο   πάντες
Siria   Cirenio.   E   iban   todos

ἀπογράφεσθαι,   ἕκαστος   εἰς   τὴν   ἑαυτοῦ
a empadronarse,   cada uno   a   la   de él mismo

πόλιν.   **4** Ἀνέβη   δὲ   καὶ   Ἰωσὴφ   ἀπὸ   τῆς
ciudad.   Y subió   también   José   desde

Γαλιλαίας   ἐκ   πόλεως   Ναζαρὲθ   εἰς   τὴν
Galilea,   de   (la) ciudad   de Nazaret   a

Ἰουδαίαν   εἰς   πόλιν   Δαυὶδ   ἥτις   καλεῖται   Βηθλέεμ,
Judea,   a una ciudad de David,   la cual   se llama   Belén,

διὰ   τὸ   εἶναι   αὐτὸν   ἐξ   οἴκου   καὶ
por   —   ser   él   de   (la) casa   y

[1]
77. Por. Lit. *en* (mediante).
[2]
78. Por. Lit. *a causa de.*
[3]
78. Con. Lit. *en* (mediante).
[4]
79. Camino de paz. Esto es, el bienestar que hallamos en Pr. 3:13-17.

πατριᾶς   Δαυίδ,   **5** ἀπογράψασθαι   σὺν   Μαριὰμ
de (la) familia de David,   para ser empadronado   con   María

τῇ   ἐμνηστευμένῃ   αὐτῷ,   οὔσῃ   ἐγκύῳ.
la que   había sido desposada   con él,   que estaba   encinta.

6 Ἐγένετο δὲ ἐν τῷ εἶναι αὐτοὺς ἐκεῖ
Y sucedió   al   estar   ellos   allí

ἐπλήσθησαν αἱ ἡμέραι τοῦ τεκεῖν αὐτήν,
(que) se cumplieron los días — de dar a luz ella,

7 καὶ ἔτεκεν τὸν υἱὸν αὐτῆς τὸν πρωτότοκον,
y dio a luz al hijo de ella el primogénito,

καὶ ἐσπαργάνωσεν αὐτὸν καὶ ἀνέκλινεν
y   envolvió en pañales lo   y recostó

αὐτὸν ἐν φάτνῃ, διότι οὐκ ἦν αὐτοῖς
lo   en un pesebre, porque no había para ellos

τόπος ἐν τῷ καταλύματι. **8** Καὶ ποιμένες
lugar en el mesón.   Y unos pastores

ἦσαν ἐν τῇ χώρᾳ τῇ αὐτῇ ἀγραυλοῦντες
había en la comarca, en la misma, que vivían en los
                                         campos

καὶ φυλάσσοντες φυλακὰς τῆς νυκτὸς ἐπὶ
y   guardaban sus turnos de vela de la noche sobre

τὴν ποίμνην αὐτῶν. **9** καὶ ἄγγελος κυρίου
el rebaño de ellos.   Y un ángel de(l) Señor

ἐπέστη αὐτοῖς καὶ δόξα κυρίου περιέλαμψεν
se presentó ante ellos y (la) gloria de(l) Señor brilló en derredor

αὐτούς, καὶ ἐφοβήθησαν φόβον μέγαν.
de ellos, y [1]tuvieron   gran temor.

10 καὶ εἶπεν αὐτοῖς ὁ ἄγγελος· μὴ
Y dijo les el ángel: No

φοβεῖσθε· ἰδοὺ γὰρ εὐαγγελίζομαι ὑμῖν
temáis más; porque mirad que anuncio buenas nuevas os

χαρὰν μεγάλην, ἥτις ἔσται παντὶ τῷ λαῷ,
de gozo grande, el cual será para todo el pueblo,

11 ὅτι ἐτέχθη ὑμῖν σήμερον σωτήρ, ὃς
que [2]ha nacido os hoy un Salvador, que

ἐστιν χριστὸς κύριος, ἐν πόλει Δαυίδ.
es Cristo (el) Señor, en (la) ciudad de David.

12 καὶ τοῦτο ὑμῖν σημεῖον, εὑρήσετε βρέφος
Y esto (será) os (por) señal, encontraréis a(l) niñito

ἐσπαργανωμένον καὶ κείμενον ἐν φάτνῃ.
envuelto en pañales y recostado en un pesebre.

13 καὶ ἐξαίφνης ἐγένετο σὺν τῷ ἀγγέλῳ
Y de repente [3]apareció con el ángel

πλῆθος στρατιᾶς οὐρανίου αἰνούντων τὸν
una multitud del ejército celestial que alababan —

θεὸν καὶ λεγόντων· **14** δόξα ἐν ὑψίστοις
a Dios y decían: ¡Gloria en (lo) más alto

θεῷ καὶ ἐπὶ γῆς εἰρήνη ἐν ἀνθρώποις
a Dios y sobre (la) tierra paz entre (los) hombres

εὐδοκίας. **15** Καὶ ἐγένετο ὡς ἀπῆλθον
[4]de (su) buena voluntad! Y sucedió que en cuanto se marcharon

---

[1]
9. TUVIERON GRAN TEMOR. Lit. *temieron un temor grande.*

[2]
11. HA NACIDO. Lit. *fue dado a luz.*

[3]
13. APARECIÓ. Lit. *fue (surgió o llegó).*

[4]
14. DE BUENA VOLUNTAD. Esto es, *de la benevolencia de Dios* (no de los hombres).

ἀπ' αὐτῶν εἰς τὸν οὐρανὸν οἱ ἄγγελοι,
de ellos al cielo los ángeles,

οἱ ποιμένες ἐλάλουν πρὸς ἀλλήλους·
los pastores 1decían unos a otros:

διέλθωμεν δὴ ἕως Βηθλέεμ καὶ ἴδωμεν
Pasemos, pues, hasta Belén y veamos

τὸ ῥῆμα τοῦτο τὸ γεγονὸς ὃ ὁ κύριος
2la cosa esta — sucedida que el Señor

ἐγνώρισεν ἡμῖν. 16 καὶ ἦλθαν σπεύσαντες,
dio a conocer nos. Y vinieron a toda prisa,

καὶ ἀνεῦραν τήν τε Μαριὰμ καὶ τὸν
y encontraron — juntamente a María y —

Ἰωσὴφ καὶ τὸ βρέφος κείμενον ἐν τῇ
a José y al niñito recostado en el

φάτνῃ· 17 ἰδόντες δὲ ἐγνώρισαν περὶ τοῦ
pesebre; y cuando (lo) vieron, dieron a conocer acerca de la

ῥήματος τοῦ λαληθέντος αὐτοῖς περὶ τοῦ
palabra — hablada a ellos sobre el

παιδίου τούτου. 18 καὶ πάντες οἱ ἀκούσαντες
niño este. Y todos los que oyeron

ἐθαύμασαν περὶ τῶν λαληθέντων ὑπὸ τῶν
se asombraron de 3lo dicho por los

ποιμένων πρὸς αὐτούς· 19 ἡ δὲ Μαρία
pastores a ellos; — mas María

πάντα συνετήρει τὰ ῥήματα ταῦτα συμβάλλουσα
todas guardaba consigo las 4cosas estas, ponderándo(las)

ἐν τῇ καρδίᾳ αὐτῆς. 20 καὶ ὑπέστρεψαν
en el corazón de ella. Y regresaron

οἱ ποιμένες δοξάζοντες καὶ αἰνοῦντες τὸν
los pastores glorificando y alabando a

θεὸν ἐπὶ πᾶσιν οἷς ἤκουσαν καὶ εἶδον
a Dios por todo lo que oyeron y vieron

καθὼς ἐλαλήθη πρὸς αὐτούς.
conforme fue hablado a ellos.

21 Καὶ ὅτε ἐπλήσθησαν ἡμέραι ὀκτὼ
Y cuando se cumplieron días ocho

τοῦ περιτεμεῖν αὐτόν, καὶ ἐκλήθη τὸ
— para circuncidar le, 5entonces fue llamado el

ὄνομα αὐτοῦ Ἰησοῦς, τὸ κληθὲν ὑπὸ τοῦ
nombre de él Jesús, el llamado por el

ἀγγέλου πρὸ τοῦ συλλημφθῆναι αὐτὸν ἐν
ángel antes de — ser concebido él en

τῇ κοιλίᾳ.
el vientre.

22 Καὶ ὅτε ἐπλήσθησαν αἱ ἡμέραι τοῦ
Y cuando se cumplieron los días de la

καθαρισμοῦ αὐτῶν κατὰ τὸν νόμον
purificación de ellos, conforme a la ley

15. DECÍAN. Lit. *hablaban.*
15. LA COSA ESTA. Lit. *la palabra esta.*
18. LO DICHO. Lit. *las (cosas) dichas.*
19. COSAS. Lit. *palabras.*
21. ENTONCES. Lit. *también.*

Μωϋσέως, ἀνήγαγον αὐτὸν εἰς Ἰεροσόλυμα
de Moisés,   1trajeron   le   a   Jerusalén

παραστῆσαι τῷ κυρίῳ, 23 καθὼς γέγραπται
a presentar(lo) al Señor, conforme está escrito

ἐν νόμῳ κυρίου ὅτι πᾶν ἄρσεν διανοῖγον
en (la) ley de(l) Señor: — Todo varón que abra

μήτραν ἅγιον τῷ κυρίῳ κληθήσεται, 24 καὶ
(la) matriz, santo para el Señor será llamado,   y

τοῦ δοῦναι θυσίαν κατὰ τὸ εἰρημένον ἐν
— para ofrecer (en) sacrificio, conforme a lo dicho en

τῷ νόμῳ κυρίου, ζεῦγος τρυγόνων ἢ δύο
la ley de(l) Señor, un par de tórtolas o dos

νοσσοὺς περιστερῶν. 25 Καὶ ἰδοὺ ἄνθρωπος
polluelos de palomas. Y he aquí que un hombre

ἦν ἐν Ἰερουσαλὴμ ᾧ ὄνομα Συμεών, καὶ
había en Jerusalén, cuyo nombre Simeón, y
                          (era)

ὁ ἄνθρωπος οὗτος δίκαιος καὶ εὐλαβής,
el hombre este (era) justo y devoto,

προσδεχόμενος παράκλησιν τοῦ Ἰσραήλ, καὶ
que aguardaba (la) consolación — de Israel, y

πνεῦμα ἦν ἅγιον ἐπ᾽ αὐτόν· 26 καὶ ἦν
(el) Espíritu estaba Santo sobre él; y había

αὐτῷ κεχρηματισμένον ὑπὸ τοῦ πνεύματος
le sido comunicado por el Espíritu

τοῦ ἁγίου μὴ ἰδεῖν θάνατον πρὶν ἢ ἂν
— Santo que no vería (la) muerte antes que

ἴδῃ τὸν χριστὸν κυρίου. 27 καὶ ἦλθεν
viese al Cristo de(l) Señor. Y vino

ἐν τῷ πνεύματι εἰς τὸ ἱερόν· καὶ ἐν τῷ
por el Espíritu al templo; y cuando

εἰσαγαγεῖν τοὺς γονεῖς τὸ παιδίον Ἰησοῦν
introducían los padres al niño Jesús

τοῦ ποιῆσαι αὐτοὺς κατὰ τὸ εἰθισμένον
— para hacer ellos conforme a lo prescrito

τοῦ νόμου περὶ αὐτοῦ, 28 καὶ αὐτὸς
por la ley acerca de él,   él

ἐδέξατο αὐτὸ εἰς τὰς ἀγκάλας καὶ
tomó lo en los brazos y

εὐλόγησεν τὸν θεὸν καὶ εἶπεν· 29 νῦν
bendijo — a Dios y dijo: Ahora

ἀπολύεις τὸν δοῦλόν σου, δέσποτα, κατὰ
2sueltas al esclavo de ti, 3Dueño, conforme

τὸ ῥῆμά σου ἐν εἰρήνῃ· 30 ὅτι εἶδον οἱ
a la palabra de ti en paz; pues vieron los

ὀφθαλμοί μου τὸ σωτήριόν σου, 31 ὃ
ojos de mí la salvación de ti, la cual

1
22. TRAJERON. Lit. hicieron subir.
2
29. SUELTAS. Es decir, dejas partir hacia el sepulcro.
3
29. DUEÑO. Esto es, Señor Soberano (como en Hch. 4: 24).

ἡτοίμασας κατὰ πρόσωπον πάντων τῶν
preparaste   ante   (el) rostro   de todos   los

λαῶν, 32 φῶς εἰς ἀποκάλυψιν ἐθνῶν καὶ
pueblos,   luz   para   revelación   1a los gentiles   y

δόξαν λαοῦ σου Ἰσραήλ. 33 καὶ ἦν
gloria   de(l) pueblo   de ti,   Israel.   Y   estaban

ὁ πατὴρ αὐτοῦ καὶ ἡ μήτηρ θαυμάζοντες
el   padre   de él   y   la   madre   asombrándose

ἐπὶ τοῖς λαλουμένοις περὶ αὐτοῦ. 34 καὶ
de   las cosas que eran habladas acerca   de él.   Y

εὐλόγησεν αὐτοὺς Συμεὼν καὶ εἶπεν πρὸς
bendijo   les   Simeón   y   dijo   a

Μαριὰμ τὴν μητέρα αὐτοῦ· ἰδοὺ οὗτος
María   la   madre   de él: Mira,   éste

κεῖται εἰς πτῶσιν καὶ ἀνάστασιν πολλῶν
está puesto para   caída   y   levantamiento   de muchos

ἐν τῷ Ἰσραὴλ καὶ εἰς σημεῖον ἀντιλεγ-
en   —   Israel   y   para   señal   que es contra-

όμενον — 35 καὶ σοῦ δὲ αὐτῆς τὴν ψυχὴν
dicha   —   y   de ti también   misma   el   alma

διελεύσεται ῥομφαία—, ὅπως ἂν ἀποκαλυφθῶσιν
pasará a través   una espada —, de modo que así   sean revelados

ἐκ πολλῶν καρδιῶν διαλογισμοί. 36 Καὶ
de   muchos   corazones   (los) pensamientos.   Y

ἦν Ἄννα προφῆτις, θυγάτηρ Φανουήλ, ἐκ
estaba allí Ana   profetisa,   hija   de Fanuel,   de

φυλῆς Ἀσήρ· αὕτη προβεβηκυῖα ἐν ἡμέραις
(la) tribu   de Aser;   ésta,   avanzada   en   días

πολλαῖς, ζήσασα μετὰ ἀνδρὸς ἔτη ἑπτὰ
muchos,   habiendo vivido   con   (su) marido   años   siete

ἀπὸ τῆς παρθενίας αὐτῆς, 37 καὶ αὐτὴ
2desde   el   matrimonio   de ella,   y   ella

χήρα ἕως ἐτῶν ὀγδοήκοντα τεσσάρων, ἣ
(era) viuda hasta   años   ochenta y cuatro,   la cual

οὐκ ἀφίστατο τοῦ ἱεροῦ νηστείαις καὶ
no   se apartaba   del   templo   con ayunos   y

δεήσεσιν λατρεύουσα νύκτα καὶ ἡμέραν.
peticiones   3sirviendo   noche   y   día.

38 καὶ αὐτῇ τῇ ὥρᾳ ἐπιστᾶσα ἀνθωμολογεῖτο
Y   en la misma   hora   4llegada, expresaba su reconocimiento

τῷ θεῷ καὶ ἐλάλει περὶ αὐτοῦ πᾶσιν τοῖς
—   a Dios   y   hablaba   acerca   de él   a todos   los

προσδεχομένοις λύτρωσιν Ἰερουσαλήμ. 39 Καὶ
que aguardaban   (la) redención   de Jerusalén.   Y

1
32. A LOS. Lit. *de los.*
2
36. DESDE... Lit. *desde la virginidad.*
3
37. SIRVIENDO. Lit. *dando culto* (de adoración).
4
38. LLEGADA. Lit. *presentándose.*

ὡς ἐτέλεσαν πάντα τὰ κατὰ τὸν νόμον
cuando ¹terminaron todo   lo conforme a la   ley

κυρίου, ἐπέστρεψαν εἰς (que era) τὴν Γαλιλαίαν εἰς
de(l) Señor, regresaron   a   —   Galilea,   a

πόλιν ἑαυτῶν Ναζαρέθ.
(la) ciudad de ellos mismos Nazaret.

40 Τὸ δὲ παιδίον ηὔξανεν καὶ ἐκραταιοῦτο
      Y el   niño   crecía   y   se fortalecía

πληρούμενον σοφίᾳ, καὶ χάρις θεοῦ ἦν ἐπ'
siendo llenado de sabiduría, y   (la) gracia de Dios estaba sobre

αὐτό.
él.

41 Καὶ ἐπορεύοντο οἱ γονεῖς αὐτοῦ κατ'
        E   iban   los padres   de él   cada

ἔτος εἰς Ἰερουσαλὴμ τῇ ἑορτῇ τοῦ πάσχα.
año   a   Jerusalén   ²a la fiesta de la Pascua.

42 Καὶ ὅτε ἐγένετο ἐτῶν δώδεκα, ἀναβαινόντων
        Y   cuando fue   de años doce,   al subir

αὐτῶν κατὰ τὸ ἔθος τῆς ἑορτῆς, **43** καὶ
ellos conforme a la costumbre de la fiesta,   y

τελειωσάντων τὰς ἡμέρας, ἐν τῷ ὑποστρέφειν
haber terminado los días,   al   regresar

αὐτοὺς ὑπέμεινεν Ἰησοῦς ὁ παῖς ἐν
ellos,   se quedó   Jesús   el muchacho en

Ἰερουσαλήμ, καὶ οὐκ ἔγνωσαν οἱ γονεῖς
Jerusalén,   y   no ³se dieron cuenta los padres

αὐτοῦ. **44** νομίσαντες δὲ αὐτὸν εἶναι ἐν
de él,   mas suponiendo   que él estaba en

τῇ συνοδίᾳ ἦλθον ἡμέρας ὁδὸν καὶ ἀνεζήτουν
la caravana, ⁴anduvieron de un día camino y   ⁵buscaban

αὐτὸν ἐν τοῖς συγγενεῦσιν καὶ τοῖς
le   entre los   parientes   y   los

γνωστοῖς, **45** καὶ μὴ εὑρόντες ὑπέστρεψαν
conocidos,   y   no   hallándole,   se volvieron

εἰς Ἰερουσαλὴμ ἀναζητοῦντες αὐτόν. **46** καὶ
a   Jerusalén   buscando   le.   Y

ἐγένετο μετὰ ἡμέρας τρεῖς εὗρον αὐτὸν
sucedió después de días tres (que) encontraron le

ἐν τῷ ἱερῷ καθεζόμενον ἐν μέσῳ τῶν
en el templo   sentado   en medio de los

διδασκάλων καὶ ἀκούοντα αὐτῶν καὶ
maestros,   no sólo escuchando   les, sino también

ἐπερωτῶντα αὐτούς· **47** ἐξίσταντο δὲ πάντες
preguntando les;   y se quedaban atónitos todos

οἱ ἀκούοντες αὐτοῦ ἐπὶ τῇ συνέσει καὶ
los que oían   le   del entendimiento y

ταῖς ἀποκρίσεσιν αὐτοῦ. **48** καὶ ἰδόντες
de las respuestas   de él.   Y   cuando vieron

1
39. TERMINARON TODO. Es decir, *terminaron de cumplir.*
2
41. A LA FIESTA. Lit. *en la fiesta.*
3
43. SE DIERON CUENTA. Lit. *conocieron.*
4
44. ANDUVIERON. Lit. *fueron.*
5
44. BUSCABAN. El griego indica una búsqueda diligente y esmerada.

αὐτὸν ἐξεπλάγησαν, καὶ εἶπεν πρὸς αὐτὸν
le quedaron asombrados, y dijo a él

ἡ μήτηρ αὐτοῦ· τέκνον, τί ἐποίησας ἡμῖν
la madre de él: Hijo, ¿por qué hiciste nos

οὕτως; ἰδοὺ ὁ πατήρ σου κἀγὼ ὀδυνώμενοι
así? Mira, el padre de ti y yo angustiados

ζητοῦμέν σε. 49 καὶ εἶπεν πρὸς αὐτούς·
estamos buscando te. Y dijo a ellos:

τί ὅτι ἐζητεῖτέ με; οὐκ ᾔδειτε ὅτι ἐν
¿Por (es) que buscabais me? ¿No sabíais que en
qué

τοῖς τοῦ πατρός μου δεῖ εἶναί με;
las cosas del Padre de mí es que yo esté?
menester

50 καὶ αὐτοὶ οὐ συνῆκαν τὸ ῥῆμα ὃ
Y ellos ¹no entendieron la palabra que

ἐλάλησεν αὐτοῖς. 51 καὶ κατέβη μετ’
²decía les. Y bajó con

αὐτῶν καὶ ἦλθεν εἰς Ναζαρέθ, καὶ ἦν
ellos y vino a Nazaret, y estaba

ὑποτασσόμενος αὐτοῖς. καὶ ἡ μήτηρ
siendo sumiso a ellos. Y la madre

αὐτοῦ διετήρει πάντα τὰ ῥήματα ἐν τῇ
de él guardaba todas las ³cosas en el
cuidadosamente

καρδίᾳ αὐτῆς. 52 Καὶ Ἰησοῦς προέκοπτεν
corazón de ella. Y Jesús progresaba

ἐν τῇ σοφίᾳ καὶ ἡλικίᾳ καὶ χάριτι παρὰ
en la sabiduría y estatura y gracia ante

θεῷ καὶ ἀνθρώποις.
Dios y (los) hombres.

3 Ἐν ἔτει δὲ πεντεκαιδεκάτῳ τῆς
En (el) año decimoquinto del

ἡγεμονίας Τιβερίου Καίσαρος, ἡγεμονεύοντος
imperio de Tiberio César, siendo gobernador

Ποντίου Πιλάτου τῆς Ἰουδαίας, καὶ
Poncio Pilato — de Judea, y

τετρααρχοῦντος τῆς Γαλιλαίας Ἡρῴδου,
siendo tetrarca — de Galilea Herodes,

Φιλίππου δὲ τοῦ ἀδελφοῦ αὐτοῦ τετρα-
y Felipe el hermano de él siendo

αρχοῦντος τῆς Ἰτουραίας καὶ Τραχωνίτιδος
tetrarca — de Iturea y de Traconítide

χώρας, καὶ Λυσανίου τῆς Ἀβιληνῆς
de (la) región, y Lisanias — de Abilene

τετρααρχοῦντος, 2 ἐπὶ ἀρχιερέως Ἄννα
siendo tetrarca, en el tiempo del sumo sacerdote Anás

1
50. NO ENTENDIERON. Es decir, *no comprendieron estas expresiones de independencia del Hijo de Dios.* (Comp. con Jn. 2:4.)
2
50. DECÍA. Lit. *habló.*
3
51. COSAS. Lit. *palabras.*

καὶ Καϊαφᾶ, ἐγένετο ῥῆμα θεοῦ ἐπὶ Ἰωάννην
y   Caifás,   1vino palabra de Dios sobre   Juan

τὸν Ζαχαρίου υἱὸν ἐν τῇ ἐρήμῳ. 3 καὶ
el   de Zacarías hijo en el desierto.   Y

ἦλθεν εἰς πᾶσαν τὴν περίχωρον τοῦ
vino   a   toda   la región circunvecina del

Ἰορδάνου κηρύσσων βάπτισμα μετανοίας
Jordán, proclamando un bautismo de arrepentimiento

εἰς ἄφεσιν ἁμαρτιῶν, 4 ὡς γέγραπται ἐν
para perdón de pecados, como 2está escrito en

βίβλῳ λόγων Ἡσαΐου τοῦ προφήτου·
(el) libro de (las) palabras de Isaías el   profeta:

φωνὴ βοῶντος ἐν τῇ ἐρήμῳ· ἑτοιμάσατε
Voz de uno que clama en el desierto: Preparad

τὴν ὁδὸν κυρίου, εὐθείας ποιεῖτε τὰς
el camino de(l) Señor, derechas haced las

τρίβους αὐτοῦ· 5 πᾶσα φάραγξ πληρωθήσεται
sendas de él; todo valle será rellenado

καὶ πᾶν ὄρος καὶ βουνὸς ταπεινωθήσεται,
y todo monte y collado será rebajado

καὶ ἔσται τὰ σκολιὰ εἰς εὐθείας καὶ αἱ
y serán los lugares (convertidos) lugares y los
tortuosos en derechos

τραχεῖαι εἰς ὁδοὺς λείας· 6 καὶ ὄψεται
lugares ásperos en caminos llanos; y   verá

πᾶσα σὰρξ τὸ σωτήριον τοῦ θεοῦ.
toda carne la salvación — de Dios.

7 Ἔλεγεν οὖν τοῖς ἐκπορευομένοις ὄχλοις
Decía, pues, a las que salían multitudes

βαπτισθῆναι ὑπ' αὐτοῦ· γεννήματα ἐχιδνῶν,
para ser bautizadas por él: Engendros de víboras,

τίς ὑπέδειξεν ὑμῖν φυγεῖν ἀπὸ τῆς
¿quién mostró os (cómo) huir de la

μελλούσης ὀργῆς; 8 ποιήσατε οὖν καρποὺς
inminente ira? Haced, pues, frutos

ἀξίους τῆς μετανοίας· καὶ μὴ ἄρξησθε
3dignos del arrepentimiento; y no comencéis

λέγειν ἐν ἑαυτοῖς· πατέρα ἔχομεν τὸν
a decir entre vosotros mismos: Por padre tenemos

Ἀβραάμ· λέγω γὰρ ὑμῖν ὅτι δύναται ὁ
a Abraham; porque digo os que puede —

θεὸς ἐκ τῶν λίθων τούτων ἐγεῖραι τέκνα
Dios de las piedras estas levantar hijos

τῷ Ἀβραάμ. 9 ἤδη δὲ καὶ ἡ ἀξίνη πρὸς
— a Abraham. Y ya también el hacha junto

τὴν ῥίζαν τῶν δένδρων κεῖται· πᾶν οὖν
a la raíz de los árboles está puesta; todo, pues,

δένδρον μὴ ποιοῦν καρπὸν καλὸν
árbol que no hace fruto de buena calidad

2. VINO. Lit. *hubo* o *surgió.*
(Comp. con Jn. 1:6.)
2
4. ESTÁ ESCRITO. Lit. *ha sido escrito.*
3
8. DIGNOS DEL ARREPENTIMIENTO. Es decir, *que correspondan a un arrepentimiento sincero.*

ἐκκόπτεται καὶ εἰς πῦρ βάλλεται. 10 Καὶ
es cortado   y   a(l) fuego   es echado.   Y

ἐπηρώτων αὐτὸν οἱ ὄχλοι λέγοντες· τί
preguntaban le   las multitudes, diciendo: ¿Qué,

οὖν ποιήσωμεν; 11 ἀποκριθεὶς δὲ ἔλεγεν
pues, haremos?   Y contestando,   decía

αὐτοῖς· ὁ ἔχων δύο χιτῶνας μεταδότω
les: El que tenga dos túnicas, comparta

τῷ μὴ ἔχοντι, καὶ ὁ ἔχων βρώματα
con el que no tenga,   y el que tenga alimentos,

ὁμοίως ποιείτω. 12 ἦλθον δὲ καὶ τελῶναι
¹igualmente haga.   Vinieron también unos cobrado-
                                        res de impuestos

βαπτισθῆναι καὶ εἶπαν πρὸς αὐτόν·
para ser bautizados y   dijeron   a   él:

διδάσκαλε, τί ποιήσωμεν; 13 ὁ δὲ εἶπεν
Maestro,   ¿qué haremos?   Y él dijo

πρὸς αὐτούς· μηδὲν πλέον παρὰ τὸ
a   ellos: Nada   más   de lo que

διατεταγμένον ὑμῖν πράσσετε. 14 ἐπηρώτων δὲ
ha sido ordenado   os ²exijáis.   Preguntaban

αὐτὸν καὶ στρατευόμενοι λέγοντες· τί
le   también unos soldados, diciendo: ¿Qué

ποιήσωμεν καὶ ἡμεῖς; καὶ εἶπεν αὐτοῖς·
haremos también nosotros? Y dijo   les:

μηδένα διασείσητε μηδὲ συκοφαντήσητε,
A nadie intimidéis   ni denunciéis falsamente,

καὶ ἀρκεῖσθε τοῖς ὀψωνίοις ὑμῶν.
y contentaos con los emolumentos de vosotros.

15 Προσδοκῶντος δὲ τοῦ λαοῦ καὶ
Y como estaba a la el   pueblo   y
expectativa

διαλογιζομένων πάντων ἐν ταῖς καρδίαις
estaban debatiendo todos en los corazones

αὐτῶν περὶ τοῦ Ἰωάννου, μήποτε αὐτὸς
de ellos acerca —   de Juan, si tal vez él

εἴη ὁ χριστός, 16 ἀπεκρίνατο λέγων πᾶσιν
sería el Cristo,   respondió diciendo a todos

ὁ Ἰωάννης· ἐγὼ μὲν ὕδατι βαπτίζω ὑμᾶς·
— Juan: Yo, en verdad, con agua bautizo os;

ἔρχεται δὲ ὁ ἰσχυρότερός μου, οὗ οὐκ
mas viene el que (es) más fuerte que yo, del cual no

εἰμὶ ἱκανὸς λῦσαι τὸν ἱμάντα τῶν ὑποδημά-
soy competente para desatar la correa de las sandalias

των αὐτοῦ· αὐτὸς ὑμᾶς βαπτίσει ἐν
de él;   él   os bautizará con

πνεύματι ἁγίῳ καὶ πυρί· 17 οὗ τὸ πτύον
(el) Espíritu Santo y fuego; del cual el aventador

ἐν τῇ χειρὶ αὐτοῦ διακαθᾶραι τὴν ἅλωνα
en la mano de él para limpiar la era
        (está),   con esmero

¹
11. IGUALMENTE. Lit. de manera parecida.
²
13. EXIJÁIS. Lit. pongáis en
práctica (cobréis).

αὐτοῦ καὶ συναγαγεῖν τὸν σῖτον εἰς τὴν
de él   y   recoger   el   trigo   en   el

ἀποθήκην αὐτοῦ, τὸ δὲ ἄχυρον κατακαύσει
granero   de él,   mas la   paja   ¹consumirá

πυρὶ ἀσβέστῳ. 18 Πολλὰ μὲν οὖν καὶ
con fuego inextinguible.   Y así ²con muchas   y

ἕτερα παρακαλῶν εὐηγγελίζετο τὸν λαόν·
variadas   exhortaciones,   anunciaba la Buena Nueva   al   pueblo;

19 ὁ δὲ Ἡρῴδης ὁ τετραάρχης, ἐλεγχόμενος
— mas   Herodes   el   tetrarca,   siendo redargüido

ὑπ' αὐτοῦ περὶ Ἡρῳδιάδος τῆς γυναικὸς
por   él   acerca de   Herodías   la   mujer

τοῦ ἀδελφοῦ αὐτοῦ καὶ περὶ πάντων ὧν
del   hermano   de él   y   acerca de   todas   las que

ἐποίησεν πονηρῶν ὁ Ἡρῴδης, 20 προσέθηκεν
³había hecho   maldades   —   Herodes,   añadió

καὶ τοῦτο ἐπὶ πᾶσιν, κατέκλεισεν τὸν
también   esto   a   todas: (que) encerró   —

Ἰωάννην ἐν φυλακῇ.
a Juan   en   (la) cárcel.

21 Ἐγένετο δὲ ἐν τῷ βαπτισθῆναι ἅπαντα
Y sucedió   cuando —   era bautizado   todo

τὸν λαὸν καὶ Ἰησοῦ βαπτισθέντος καὶ
el   pueblo,   y   tras ser Jesús   bautizado   y

προσευχομένου ἀνεῳχθῆναι τὸν οὐρανὸν 22 καὶ
estar orando,   que fue abierto   el   cielo   y

καταβῆναι τὸ πνεῦμα τὸ ἅγιον σωματικῷ
descendió   el   Espíritu   —   Santo   en corporal

εἴδει ὡς περιστερὰν ἐπ' αὐτόν, καὶ φωνὴν
figura   como   una paloma   sobre   él,   y   una voz

ἐξ οὐρανοῦ γενέσθαι· σὺ εἶ ὁ υἱός μου
del   cielo   surgió: Tú   eres   el   Hijo   de mí

ὁ ἀγαπητός, ἐν σοὶ εὐδόκησα. 23 Καὶ
el   Amado,   en   ti   tuve complacencia.   Y

αὐτὸς ἦν Ἰησοῦς ἀρχόμενος ὡσεὶ ἐτῶν
el mismo   era   Jesús,   al comenzar,   como de   años

τριάκοντα, ὢν υἱός, ὡς ἐνομίζετο, Ἰωσήφ,
treinta,   siendo hijo,   según   se suponía,   de José,

τοῦ Ἡλὶ 24 τοῦ Ματθὰτ τοῦ Λευὶ τοῦ
(el hijo) de Elí,   —   de Matat,   —   de Leví,   —

Μελχὶ τοῦ Ἰανναὶ τοῦ Ἰωσὴφ 25 τοῦ
de Melquí,   —   de Jannay,   —   de José,   —

Ματταθίου τοῦ Ἀμὼς τοῦ Ναοὺμ τοῦ
de Matatías,   —   de Amós,   —   de Nahúm,   —

Ἐσλὶ τοῦ Ναγγαὶ 26 τοῦ Μάαθ τοῦ
de Heslí,   —   de Nangay,   —   de Máat,   —

1
17. CONSUMIRÁ. Lit. *quemará por completo.*
2
18. CON MUCHAS... Lit. *muchas y variadas cosas exhortando.*
3
19. HABÍA HECHO. Lit. *hizo.*

Ματταθίου τοῦ Σεμεῖν τοῦ Ἰωσὴχ τοῦ
de Matatías, — de Semeín, — de Josec, —

Ἰωδὰ 27 τοῦ Ἰωανὰν τοῦ Ῥησὰ τοῦ
de Judá, — de Joanán, — de Resá, —

Ζοροβαβὲλ τοῦ Σαλαθιὴλ τοῦ Νηρὶ 28 τοῦ
de Zorobabel, — de Salatiel, — de Nerí, —

Μελχὶ τοῦ Ἀδδὶ τοῦ Κωσὰμ τοῦ
de Melquí, — de Adí, — de Cosam, —

Ἐλμαδὰμ τοῦ Ἤρ 29 τοῦ Ἰησοῦ τοῦ
de Elmadam, — de Er, — de Jesús, —

Ἐλιέζερ τοῦ Ἰωρὶμ τοῦ Μαθθὰτ τοῦ
de Eliezer, — de Jorim, — de Matat, —

Λευὶ 30 τοῦ Συμεὼν τοῦ Ἰούδα τοῦ
de Leví, — de Simeón, — de Judá, —

Ἰωσὴφ τοῦ Ἰωνὰμ τοῦ Ἐλιακὶμ 31 τοῦ
de José, — de Jonam, — de Eliaquim, —

Μελεὰ τοῦ Μεννὰ τοῦ Ματταθὰ τοῦ
de Meleá, — de Menná, — de Matatá, —

Ναθὰμ τοῦ Δαυὶδ 32 τοῦ Ἰεσσαὶ τοῦ
de Natán, — de David, — de Jessé, —

Ἰωβὴδ τοῦ Βόος τοῦ Σάλα τοῦ Ναασσὼν
de Obed, — de Booz, — de Salmón, — de Naasón,

33 τοῦ Ἀμιναδὰβ τοῦ Ἀδμὶν τοῦ Ἀρνὶ
— de Aminadab, — [1]de Admín, — de Arní,

τοῦ Ἐσρὼμ τοῦ Φάρες τοῦ Ἰούδα
— de Esrom, — de Fares, — de Judá,

34 τοῦ Ἰακὼβ τοῦ Ἰσαὰκ τοῦ Ἀβραὰμ
— de Jacob, — de Isaac, — de Abraham,

τοῦ Θάρα τοῦ Ναχὼρ 35 τοῦ Σεροὺχ
— de Taré, — de Nacor, — de Serug,

τοῦ Ῥαγαὺ τοῦ Φάλεκ τοῦ Ἔβερ τοῦ
— de Ragáu, — de Fálek, — de Eber, —

Σάλα 36 τοῦ Καϊνὰμ τοῦ Ἀρφαξὰδ τοῦ
de Sala, — de Cainán, — de Arfaxad, —

Σὴμ τοῦ Νῶε τοῦ Λάμεχ 37 τοῦ Μαθουσάλα
de Sem, — de Noé, — de Lamec, — de Matusalén,

τοῦ Ἐνὼχ τοῦ Ἰάρετ τοῦ Μαλελεὴλ
— de Enoc, — de Járed, — de Malaleel,

τοῦ Καϊνὰμ 38 τοῦ Ἐνὼς τοῦ Σὴθ τοῦ
— de Cainán, — de Enós, — de Set, —

Ἀδὰμ τοῦ θεοῦ.
de Adam, — de Dios.

---

[1]
33. DE ADMÍN, DE ARNÍ. Los MSS más fiables dicen de Ram. (Comp. con Mt. 1:3, 4.)

---

4 Ἰησοῦς δὲ πλήρης πνεύματος ἁγίου
Y Jesús, lleno de(l) Espíritu Santo,

ὑπέστρεψεν ἀπὸ τοῦ Ἰορδάνου, καὶ ἤγετο
regresó del Jordán, y era conducido

ἐν τῷ πνεύματι ἐν τῇ ἐρήμῳ 2 ἡμέρας
[1]por el Espíritu en el desierto, por días

τεσσεράκοντα πειραζόμενος ὑπὸ τοῦ διαβόλου.
cuarenta siendo tentado por el diablo.

Καὶ οὐκ ἔφαγεν οὐδὲν ἐν ταῖς ἡμέραις
Y no comió nada en los días

ἐκείναις, καὶ συντελεσθεισῶν αὐτῶν ἐπεί-
aquellos, y cuando fueron ellos, tuvo
acabados

νασεν. 3 εἶπεν δὲ αὐτῷ ὁ διάβολος·
hambre. Y dijo le el diablo:

εἰ υἱὸς εἶ τοῦ θεοῦ, εἰπὲ τῷ λίθῳ
Si Hijo eres — de Dios, di a la piedra

τούτῳ ἵνα γένηται ἄρτος. 4 καὶ ἀπεκρίθη
esta que se vuelva un pan. Y respondió

πρὸς αὐτὸν ὁ Ἰησοῦς· γέγραπται ὅτι
a él — Jesús: [2]Está escrito que

οὐκ ἐπ᾽ ἄρτῳ μόνῳ ζήσεται ὁ ἄνθρωπος.
no de pan solo vivirá el hombre.

5 Καὶ ἀναγαγὼν αὐτὸν ἔδειξεν αὐτῷ πάσας
Y [3]conduciendo le, mostró le todos

τὰς βασιλείας τῆς οἰκουμένης ἐν στιγμῇ
los reinos de la tierra habitada en un momento

χρόνου. 6 καὶ εἶπεν αὐτῷ ὁ διάβολος·
de tiempo. Y dijo le el diablo:

σοὶ δώσω τὴν ἐξουσίαν ταύτην ἅπασαν καὶ
Te daré la autoridad esta toda y

τὴν δόξαν αὐτῶν, ὅτι ἐμοὶ παραδέδοται
la gloria de ellos, pues me ha sido entregada

καὶ ᾧ ἐὰν θέλω δίδωμι αὐτήν· 7 σὺ οὖν
y a quien quiero, doy la; tú, pues,

ἐὰν προσκυνήσῃς ἐνώπιον ἐμοῦ, ἔσται σοῦ
si te prosternas ante mí, será de ti

πᾶσα. 8 καὶ ἀποκριθεὶς ὁ Ἰησοῦς εἶπεν
toda. Y respondiendo — Jesús, dijo

αὐτῷ· γέγραπται· προσκυνήσεις κύριον τὸν
le: [4]Está escrito: [5]Adorarás a(l) Señor —

θεόν σου καὶ αὐτῷ μόνῳ λατρεύσεις.
Dios de ti y a él solo [6]servirás.

9 Ἤγαγεν δὲ αὐτὸν εἰς Ἰερουσαλὴμ καὶ
Y condujo le a Jerusalén y

ἔστησεν ἐπὶ τὸ πτερύγιον τοῦ ἱεροῦ, καὶ
(le) colocó sobre el alero del templo, y

εἶπεν αὐτῷ· εἰ υἱὸς εἶ τοῦ θεοῦ, βάλε
dijo le: Si Hijo eres — de Dios, echa

σεαυτὸν ἐντεῦθεν κάτω· 10 γέγραπται γὰρ ὅτι
a ti mismo de aquí abajo; porque [7]está escrito que

τοῖς ἀγγέλοις αὐτοῦ ἐντελεῖται περὶ
a los ángeles de él [8]mandará respecto

1
1. POR. Lit. en.
2
4. ESTÁ ESCRITO. Lit. ha sido escrito.
3
5. CONDUCIENDO. Lit. haciendo subir.
4
8. ESTÁ ESCRITO. Lit. ha sido escrito.
5
8. ADORARÁS. Lit. te prostrarás ante.
6
8. SERVIRÁS. Lit. darás culto (de adoración).
7
10. ESTÁ ESCRITO. Lit. ha sido escrito.
8
10. MANDARÁ. Es decir, dará orden.

σοῦ τοῦ διαφυλάξαι σε, **11** καὶ ὅτι ἐπὶ
de ti   —   que preserven   te,   y   —   sobre

χειρῶν ἀροῦσίν σε, μήποτε προσκόψῃς
(sus) manos   llevarán   te,   para que no   hagas tropezar

πρὸς λίθον τὸν πόδα σου. **12** καὶ
contra   una piedra   el   pie   de ti.   Y

ἀποκριθεὶς εἶπεν αὐτῷ ὁ Ἰησοῦς ὅτι
respondiendo,   dijo   le   —   Jesús: —

εἴρηται· οὐκ ἐκπειράσεις κύριον τὸν
Ha sido dicho: No   tentarás   a(l) Señor   —

θεόν σου. **13** Καὶ συντελέσας πάντα πειρασμὸν
Dios   de ti.   Y   cuando acabó   toda   tentación

ὁ διάβολος ἀπέστη ἀπ' αὐτοῦ ἄχρι καιροῦ.
el   diablo,   se fue   de   él   hasta   ¹un tiempo oportuno.

14 Καὶ ὑπέστρεψεν ὁ Ἰησοῦς ἐν τῇ
  Y   regresó   —   Jesús   en   el

δυνάμει τοῦ πνεύματος εἰς τὴν Γαλιλαίαν·
poder   del   Espíritu   a   la   Galilea;

καὶ φήμη ἐξῆλθεν καθ' ὅλης τῆς περιχώρου
y   un rumor   salió   por   toda   la   comarca

περὶ αὐτοῦ. **15** καὶ αὐτὸς ἐδίδασκεν ἐν
acerca   de él.   Y   él   enseñaba   en

ταῖς συναγωγαῖς αὐτῶν, δοξαζόμενος ὑπὸ
las   sinagogas   de ellos,   siendo glorificado   por

πάντων.
todos.

16 Καὶ ἦλθεν εἰς Ναζαρά, οὗ ἦν
  Y   vino   a   Nazaret,   donde   había

τεθραμμένος, καὶ εἰσῆλθεν κατὰ τὸ εἰωθὸς
sido criado,   y   entró,   conforme   a la   costumbre

αὐτῷ ἐν τῇ ἡμέρᾳ τῶν σαββάτων εἰς τὴν
de él,   en   el   día   del   sábado   en   la

συναγωγήν, καὶ ἀνέστη ἀναγνῶναι. **17** καὶ
sinagoga,   y   se levantó   a leer.   Y

ἐπεδόθη αὐτῷ βιβλίον τοῦ προφήτου
fue dado   le   un rollo   del   profeta

Ἡσαΐου, καὶ ἀνοίξας τὸ βιβλίον εὗρεν
Isaías,   y   tras abrir   el   rollo,   encontró

[τὸν] τόπον οὗ ἦν γεγραμμένον· **18** πνεῦμα
el   lugar   donde había   sido escrito: (El) Espíritu

κυρίου ἐπ' ἐμέ, οὗ εἵνεκεν ἔχρισέν με
de(l) Señor   (está) sobre   mí,   por   lo cual   ungió   me

εὐαγγελίσασθαι πτωχοῖς, ἀπέσταλκέν με
para evangelizar   a (los) pobres,   ha enviado   me

κηρῦξαι αἰχμαλώτοις ἄφεσιν καὶ τυφλοῖς
a proclamar   a (los) cautivos   libertad   y   a (los) ciegos

ἀνάβλεψιν, ἀποστεῖλαι τεθραυσμένους ἐν
recuperación de   para enviar   a (los) oprimidos   en
la vista,

¹
13. UN TIEMPO OPORTUNO.
(Véanse 22:53 y Jn. 14:30.)

ἀφέσει, **19** κηρῦξαι ἐνιαυτὸν κυρίου δεκτόν.
libertad,   a proclamar [1]un año de(l) Señor   aceptable.

20 καὶ πτύξας τὸ βιβλίον ἀποδοὺς τῷ
Y,   tras enrollar el   volumen, devolviéndo(lo) al

ὑπηρέτῃ ἐκάθισεν· καὶ πάντων οἱ ὀφθαλμοὶ
asistente,   se sentó;   y   de todos los   ojos

ἐν τῇ συναγωγῇ ἦσαν ἀτενίζοντες αὐτῷ.
en la   sinagoga estaban   [2]fijos   en él.

21 ἤρξατο δὲ λέγειν πρὸς αὐτοὺς ὅτι
Y comenzó   a decir   a   ellos: —

σήμερον πεπλήρωται ἡ γραφὴ αὕτη ἐν
Hoy   se ha cumplido la Escritura esta en

τοῖς ὠσὶν ὑμῶν. **22** καὶ πάντες ἐμαρτύρουν
los oídos de vosotros.   Y   todos   daban testimonio

αὐτῷ καὶ ἐθαύμαζον ἐπὶ τοῖς λόγοις τῆς
de él   y   se maravillaban de las palabras   —

χάριτος τοῖς ἐκπορευομένοις ἐκ τοῦ στόματος
de gracia   —   que salían   de la   boca

αὐτοῦ, καὶ ἔλεγον· οὐχὶ υἱός ἐστιν Ἰωσὴφ
de él,   y   decían: ¿No hijo es   de José

οὗτος; **23** καὶ εἶπεν πρὸς αὐτούς· πάντως
éste?   Y   dijo   a   ellos: De seguro

ἐρεῖτέ μοι τὴν παραβολὴν ταύτην· ἰατρέ,
diréis me [3]el   refrán   este: Médico,

θεράπευσον σεαυτόν· ὅσα ἠκούσαμεν γεν-
cura   a ti mismo; [4]las cosas que hemos oído suce-

όμενα εἰς τὴν Καφαρναούμ, ποίησον καὶ
didas   en   Capernaúm,   haz(las) también

ὧδε ἐν τῇ πατρίδι σου. **24** εἶπεν δέ·
aquí en el   pueblo   de ti.   Y (él) dijo:

ἀμὴν λέγω ὑμῖν ὅτι οὐδεὶς προφήτης
De cierto digo   os   que ningún   profeta

δεκτός ἐστιν ἐν τῇ πατρίδι αὐτοῦ. **25** ἐπ'
persona grata es en el pueblo de él.   Mas en

ἀληθείας δὲ λέγω ὑμῖν, πολλαὶ χῆραι ἦσαν
verdad   digo   os: Muchas viudas había

ἐν ταῖς ἡμέραις Ἠλίου ἐν τῷ Ἰσραήλ,
en los   días   de Elías en   —   Israel,

ὅτε ἐκλείσθη ὁ οὐρανὸς ἐπὶ ἔτη τρία καὶ
cuando fue cerrado el   cielo por años tres y

μῆνας ἕξ, ὡς ἐγένετο λιμὸς μέγας ἐπὶ
meses   seis, cuando vino un hambre grande sobre

πᾶσαν τὴν γῆν, **26** καὶ πρὸς οὐδεμίαν
toda   la   tierra,   y   a   ninguna

αὐτῶν ἐπέμφθη Ἠλίας εἰ μὴ εἰς Σάρεπτα
de ellas fue enviado Elías excepto a   Sarepta,

τῆς Σιδωνίας πρὸς γυναῖκα χήραν. **27** καὶ
—   de Sidón   a   una mujer viuda.   Y

---

[1]
19. Un año aceptable. Como un gran jubileo. (Véase Lv. 25:10.)

[2]
20. Fijos en él. Lit. *mirándole fijamente.*

[3]
23. El refrán. Lit. *la parábola.*

[4]
23. Las cosas que hemos oído... Lit. *cuantas cosas oímos sucedidas.*

πολλοὶ λεπροὶ ἦσαν ἐν τῷ Ἰσραὴλ ἐπὶ
muchos leprosos había en — Israel en tiempo

Ἐλισαίου τοῦ προφήτου, καὶ οὐδεὶς αὐτῶν
de Eliseo el profeta, y ninguno de ellos

ἐκαθαρίσθη εἰ μὴ Ναιμὰν ὁ Σύρος.
fue limpiado, excepto Naamán el sirio.

28 καὶ ἐπλήσθησαν πάντες θυμοῦ ἐν τῇ
Y se llenaron todos de furor en la

συναγωγῇ ἀκούοντες ταῦτα, **29** καὶ ἀναστάντες
sinagoga al oír esto, y levantándose,

ἐξέβαλον αὐτὸν ἔξω τῆς πόλεως, καὶ
echaron le fuera de la ciudad, y

ἤγαγον αὐτὸν ἕως ὀφρύος τοῦ ὄρους ἐφ᾽
condujeron le hasta un borde escarpado del monte sobre

οὗ ἡ πόλις ᾠκοδόμητο αὐτῶν, ὥστε
el que la ciudad estaba edificada de ellos, con el fin

κατακρημνίσαι αὐτόν· **30** αὐτὸς δὲ διελθὼν
de despeñar le; mas él, pasando

διὰ μέσου αὐτῶν ἐπορεύετο.
por medio de ellos, [1]se fue.

31 Καὶ κατῆλθεν εἰς Καφαρναοὺμ πόλιν
Y descendió a Capernaúm, ciudad

τῆς Γαλιλαίας. καὶ ἦν διδάσκων αὐτοὺς
— de Galilea. Y estaba enseñando les

ἐν τοῖς σάββασιν· **32** καὶ ἐξεπλήσσοντο
en los sábados; y se quedaban atónitos

ἐπὶ τῇ διδαχῇ αὐτοῦ, ὅτι ἐν ἐξουσίᾳ
de la enseñanza de él, pues con autoridad

ἦν ὁ λόγος αὐτοῦ. **33** καὶ ἐν τῇ συναγωγῇ
era la palabra de él. Y en la sinagoga

ἦν ἄνθρωπος ἔχων πνεῦμα δαιμονίου
había un hombre que tenía un espíritu de demonio

ἀκαθάρτου, καὶ ἀνέκραξεν φωνῇ μεγάλῃ·
inmundo, y gritó con voz grande:

34 ἔα, τί ἡμῖν καὶ σοί, Ἰησοῦ Ναζαρηνέ;
¡Ah! [2]¿Qué tenemos — contigo, Jesús Nazareno?
(que ver)

ἦλθες ἀπολέσαι ἡμᾶς; οἶδά σε τίς εἶ,
¿Viniste a destruir nos? [3]Sé tú quién eres,

ὁ ἅγιος τοῦ θεοῦ. **35** καὶ ἐπετίμησεν αὐτῷ
el Santo — de Dios. Y reprendió le

ὁ Ἰησοῦς λέγων· φιμώθητι καὶ ἔξελθε
— Jesús, diciendo: [4]¡Cállate y sal

ἀπ᾽ αὐτοῦ. καὶ ῥῖψαν αὐτὸν τὸ δαιμόνιον
de él! Y arrojando le el demonio

εἰς τὸ μέσον ἐξῆλθεν ἀπ᾽ αὐτοῦ μηδὲν
en — medio (de ellos), salió de él en nada

βλάψαν αὐτόν. **36** καὶ ἐγένετο θάμβος
dañando le. Y [5]vino asombro

1
30. SE FUE. Lit. *se iba.*
2
34. ¿QUÉ TENEMOS CONTIGO? Lit. *¿Qué a nosotros y a ti?*
3
34. SÉ TÚ. Lit. *Sé te.*
4
35. ¡CÁLLATE...! Lit. *¡Sé silenciado...!*
5
36. VINO. Lit. *se hizo.*

ἐπὶ πάντας, καὶ συνελάλουν πρὸς ἀλλήλους
sobre todos,   y   conversaban   entre   ellos,

λέγοντες· τίς ὁ λόγος οὗτος, ὅτι ἐν
diciendo: ¿Qué — mensaje (es) éste, pues con

ἐξουσίᾳ καὶ δυνάμει ἐπιτάσσει τοῖς
autoridad y   poder   ordena   a los

ἀκαθάρτοις πνεύμασιν καὶ ἐξέρχονται; 37 καὶ
inmundos   espíritus   y   salen?   Y

ἐξεπορεύετο ἦχος περὶ αὐτοῦ εἰς πάντα
salía   un rumor sobre   él   a   todo

τόπον τῆς περιχώρου. 38 Ἀναστὰς δὲ
lugar de la región circunvecina.   Y levantándose

ἀπὸ τῆς συναγωγῆς εἰσῆλθεν εἰς τὴν
de   la   sinagoga,   entró   en   la

οἰκίαν Σίμωνος. πενθερὰ δὲ τοῦ Σίμωνος
casa   de Simón.   Y (la) suegra —   de Simón

ἦν συνεχομένη πυρετῷ μεγάλῳ, καὶ
estaba siendo ¹sujetada por una fiebre grande,   y

ἠρώτησαν αὐτὸν περὶ αὐτῆς. 39 καὶ
rogaron   le   acerca de ella.   E

ἐπιστὰς ἐπάνω αὐτῆς ἐπετίμησεν τῷ πυρετῷ,
inclinado sobre ella, reprendió a la fiebre,

καὶ ἀφῆκεν αὐτήν· παραχρῆμα δὲ ἀναστᾶσα
y (la fiebre) dejó la;   y al instante, levantada,

διηκόνει αὐτοῖς. 40 Δύνοντος δὲ τοῦ
servía   les.   Y cuando se estaba el
                      poniendo

ἡλίου ἅπαντες ὅσοι εἶχον ἀσθενοῦντας
sol,   todos cuantos tenían   enfermos

νόσοις ποικίλαις ἤγαγον αὐτοὺς πρὸς αὐτόν·
de enfermedades diversas, trajeron los   a   él;

ὁ δὲ ἑνὶ ἑκάστῳ αὐτῶν τὰς χεῖρας
y él   a cada uno de ellos las   manos

ἐπιτιθεὶς ἐθεράπευεν αὐτούς. 41 ἐξήρχετο
imponiendo,   sanaba   los.   Y salían

δὲ καὶ δαιμόνια ἀπὸ πολλῶν, κραυγάζοντα
también demonios de   muchos,   gritando

καὶ λέγοντα ὅτι σὺ εἶ ὁ υἱὸς τοῦ θεοῦ.
y diciendo: — Tú eres el Hijo — de Dios.

καὶ ἐπιτιμῶν οὐκ εἴα αὐτὰ λαλεῖν, ὅτι
Y reprendiéndo(les) no permitía les hablar, pues

ᾔδεισαν τὸν χριστὸν αὐτὸν εἶναι. 42 Γενομένης
sabían que el Cristo   él   era.   Y al hacerse

δὲ ἡμέρας ἐξελθὼν ἐπορεύθη εἰς ἔρημον
de día,   saliendo,   se fue   a un solitario

τόπον· καὶ οἱ ὄχλοι ἐπεζήτουν αὐτόν, καὶ
lugar;   y las multitudes buscaban   le,   y

¹ 38. SUJETADA. Es decir, pos-
trada en cama.

ἦλθον ἔως αὐτοῦ, καὶ κατεῖχον αὐτὸν
venían   hasta   él,   y   detenían   le

τοῦ μὴ πορεύεσθαι ἀπ' αὐτῶν. 43 ὁ δὲ
para   que no   se fuera   de   ellos.   Mas él

εἶπεν πρὸς αὐτοὺς ὅτι καὶ ταῖς ἑτέραις
dijo   a   ellos: —   [1]También a las   otras

πόλεσιν εὐαγγελίσασθαί με δεῖ τὴν
ciudades   predique las buenas nuevas   que yo es menester   del

βασιλείαν τοῦ θεοῦ, ὅτι ἐπὶ τοῦτο ἀπεστάλην.
reino   — de Dios, pues para   esto   fui enviado.

44 καὶ ἦν κηρύσσων εἰς τὰς συναγωγὰς
Y   estaba   proclamando   en   las   sinagogas
(predicando)

τῆς Ἰουδαίας.
—   de Judea.

5 Ἐγένετο δὲ ἐν τῷ τὸν ὄχλον ἐπικεῖσθαι
Sucedió que   al   agolparse la multitud sobre

αὐτῷ καὶ ἀκούειν τὸν λόγον τοῦ θεοῦ,
él   y   escuchar   la   palabra   —   de Dios,

καὶ αὐτὸς ἦν ἑστὼς παρὰ τὴν λίμνην
y   él   estaba   de pie   junto   al   lago

Γεννησαρέτ, 2 καὶ εἶδεν δύο πλοιάρια
de Genesaret,   y   vio   dos   barcas

ἑστῶτα παρὰ τὴν λίμνην· οἱ δὲ ἁλεεῖς
que estaban   junto   al   lago;   mas los   pescadores

ἀπ' αὐτῶν ἀποβάντες ἔπλυνον τὰ δίκτυα.
de   ellas   [2]marchados,   lavaban   las   redes.

3 ἐμβὰς δὲ εἰς ἓν τῶν πλοίων, ὃ ἦν
Y entrando   en   una   de las   barcas,   que era

Σίμωνος, ἠρώτησεν αὐτὸν ἀπὸ τῆς γῆς
de Simón,   pidió   le   de   la   tierra

ἐπαναγαγεῖν ὀλίγον· καθίσας δὲ ἐκ τοῦ
apartarse   un poco;   y sentado,   desde   la

πλοίου ἐδίδασκεν τοὺς ὄχλους. 4 ὡς δὲ
barca   enseñaba   a las   multitudes.   Y cuando

ἐπαύσατο λαλῶν, εἶπεν πρὸς τὸν Σίμωνα·
cesó   de hablar,   dijo   a   —   Simón:

ἐπανάγαγε εἰς τὸ βάθος, καὶ χαλάσατε
Boga   hacia lo   hondo,   y   echad abajo

τὰ δίκτυα ὑμῶν εἰς ἄγραν. 5 καὶ
las   redes   de vosotros   para   una captura.   Y

ἀποκριθεὶς Σίμων εἶπεν· ἐπιστάτα, δι'
respondiendo   Simón,   dijo: [3]Maestro,   durante

ὅλης νυκτὸς κοπιάσαντες οὐδὲν ἐλάβομεν·
toda   (la) noche   después de bregar,   nada   pescamos;

ἐπὶ δὲ τῷ ῥήματί σου χαλάσω τὰ δίκτυα.
mas   [4]a la   palabra   de ti   echaré abajo   las   redes.

[1]
43. TAMBIÉN, etc. El orden de la frase es: *Es menester que yo predique las buenas nuevas del reino de Dios también a las otras ciudades.*
[2]
2. MARCHADOS, LAVABAN. Es decir, *se habían marchado a lavar.*
[3]
5. MAESTRO. El término griego (sólo usado por Lucas) es típicamente helénico, pues significa *comandante* o *superintendente.*
[4]
5. A LA PALABRA. Lit. *sobre la palabra.*

6 καὶ τοῦτο ποιήσαντες συνέκλεισαν πλῆθος
Y   esto   cuando hicieron,   encerraron   una cantidad

ἰχθύων πολύ· διερρήσσετο δὲ τὰ δίκτυα
de peces grande;   y se rompían   las   redes

αὐτῶν. **7** καὶ κατένευσαν τοῖς μετόχοις
de ellos.   E   hicieron señas   a los   compañeros

ἐν τῷ ἑτέρῳ πλοίῳ τοῦ ἐλθόντας
(que la   otra   barca   para que,   viniendo,
estaban) en

συλλαβέσθαι αὐτοῖς· καὶ ἦλθαν, καὶ ἔπλησαν
ayudaran   les;   y vinieron, y   llenaron

ἀμφότερα τὰ πλοῖα ὥστε βυθίζεσθαι αὐτά.
ambas   — barcas, hasta el punto se hundían   ellas.
                        de que

8 ἰδὼν δὲ Σίμων Πέτρος προσέπεσεν τοῖς
Y al ver(lo) Simón   Pedro,   cayó junto   a las

γόνασιν Ἰησοῦ λέγων· ἔξελθε ἀπ' ἐμοῦ,
rodillas de Jesús, diciendo: ¡Apártate de   mí,

ὅτι ἀνὴρ ἁμαρτωλός εἰμι, κύριε. **9** θάμβος
pues varón pecador   soy, Señor!   Porque (el)

γὰρ περιέσχεν αὐτὸν καὶ πάντας τοὺς
asombro se apoderó   de él   y   de todos los (que)

σὺν αὐτῷ ἐπὶ τῇ ἄγρα τῶν ἰχθύων ᾗ
con él (estaban), por la captura de los peces   que

συνέλαβον, **10** ὁμοίως δὲ καὶ Ἰάκωβον καὶ
recogieron,   e igualmente también de Jacobo   y

Ἰωάννην υἱοὺς Ζεβεδαίου, οἳ ἦσαν κοινωνοὶ
de Juan, hijos de Zebedeo, que eran   socios

τῷ Σίμωνι. καὶ εἶπεν πρὸς τὸν Σίμωνα
— de Simón.   Y   dijo   a   — Simón

ὁ Ἰησοῦς· μὴ φοβοῦ· ἀπὸ τοῦ νῦν
— Jesús: No sigas temiendo; desde   ahora

ἀνθρώπους ἔσῃ ζωγρῶν. **11** καὶ καταγαγόντες
[1]de hombres serás pescador.   Y   después de arrimar

τὰ πλοῖα ἐπὶ τὴν γῆν, ἀφέντες πάντα
las barcas a   la [2]playa, dejando   todo

ἠκολούθησαν αὐτῷ.
siguieron   le.

12 Καὶ ἐγένετο ἐν τῷ εἶναι αὐτὸν ἐν
Y   sucedió   que — estando   él   en

μιᾷ τῶν πόλεων καὶ ἰδοὺ ἀνὴρ πλήρης
una de las ciudades, [3]había allí un hombre lleno

λέπρας· ἰδὼν δὲ τὸν Ἰησοῦν, πεσὼν ἐπὶ
de lepra; y al ver   — a Jesús, cayendo sobre

πρόσωπον ἐδεήθη αὐτοῦ λέγων· κύριε,
(su) rostro, rogó   le, diciendo: Señor,

ἐὰν θέλῃς, δύνασαί με καθαρίσαι. **13** καὶ
si quieres, puedes me limpiar   Y

1
10. DE HOMBRES SERÁS PES-
CADOR. Lit. a hombres estarás pescando vivos.
2
11. PLAYA. Lit. tierra.
3
12. HABÍA ALLÍ UN HOMBRE.
Lit. y he aquí un varón.

ἐκτείνας   τὴν   χεῖρα   ἥψατο   αὐτοῦ   λέγων·
extendiendo   la   mano,   tocó   le,   diciendo:

θέλω,   καθαρίσθητι·   καὶ   εὐθέως   ἡ   λέπρα
Quiero,   sé limpiado;   y   en seguida   la   lepra

ἀπῆλθεν   ἀπ᾽   αὐτοῦ.   **14**   καὶ   αὐτὸς   παρήγγειλεν
se fue   de   él.   Y   él   encargó

αὐτῷ   μηδενὶ   εἰπεῖν,   ἀλλὰ   ἀπελθὼν   δεῖξον
le   a nadie   decir(lo),   sino: Yendo,   muestra

σεαυτὸν   τῷ   ἱερεῖ,   καὶ   προσένεγκε   περὶ
a ti mismo   al   sacerdote,   y   haz ofrenda   por

τοῦ   καθαρισμοῦ   σου   καθὼς   προσέταξεν
la   purificación   de ti   conforme   ordenó

Μωϋσῆς,   εἰς   μαρτύριον   αὐτοῖς.   **15**   διήρχετο
Moisés,   para   testimonio   a ellos.   Mas se difundía

δὲ   μᾶλλον   ὁ   λόγος   περὶ   αὐτοῦ,   καὶ
   más   [1]la   fama   de   él,   y

συνήρχοντο   ὄχλοι   πολλοὶ   ἀκούειν   καὶ
concurrían   multitudes   [2]grandes   para oír(le)   y

θεραπεύεσθαι   ἀπὸ   τῶν   ἀσθενειῶν   αὐτῶν·
ser sanadas   de   las   enfermedades   de ellos;

16   αὐτὸς   δὲ   ἦν   ὑποχωρῶν   ἐν   ταῖς   ἐρήμοις
   mas él   estaba   retirándose   a   los   lugares solitarios

καὶ   προσευχόμενος.
y   orando.

17   Καὶ   ἐγένετο   ἐν   μιᾷ   τῶν   ἡμερῶν   καὶ
   Y   sucedió   en   uno   de los   días   (que)

αὐτὸς   ἦν   διδάσκων,   καὶ   ἦσαν   καθήμενοι
él   estaba   enseñando,   y   estaban   sentados

Φαρισαῖοι   καὶ   νομοδιδάσκαλοι   οἳ   ἦσαν
unos fariseos   y   maestros de la ley   que   habían

ἐληλυθότες   ἐκ   πάσης   κώμης   τῆς   Γαλιλαίας
venido   de   toda   aldea   —   de Galilea

καὶ   Ἰουδαίας   καὶ   Ἰερουσαλήμ·   καὶ   δύναμις
y   de Judea   y   de Jerusalén;   y   (el) poder

κυρίου   ἦν   εἰς   τὸ   ἰᾶσθαι   αὐτόν.   **18**   καὶ
de(l) Señor   estaba   para que   sanara   él.   Y

ἰδοὺ   ἄνδρες   φέροντες   ἐπὶ   κλίνης   ἄνθρωπον
en esto,   unos hombres   trayendo   sobre una camilla   a un hombre

ὃς   ἦν   παραλελυμένος,   καὶ   ἐζήτουν   αὐτὸν
que   estaba   paralítico,   y   trataban de   le

εἰσενεγκεῖν   καὶ   θεῖναι   [αὐτὸν]   ἐνώπιον
meter   y   poner   le   delante

αὐτοῦ.   **19**   καὶ   μὴ   εὑρόντες   ποίας   εἰσ-
de él.   Y   no   encontrando de qué manera   in-

ενέγκωσιν   αὐτὸν   διὰ   τὸν   ὄχλον,   ἀναβάντες
troducir   le   a causa del   gentío,   subiendo

ἐπὶ   τὸ   δῶμα   διὰ   τῶν   κεράμων   καθῆκαν
a   la   azotea,   a través de las   losas   descolgaron

αὐτὸν σὺν τῷ κλινιδίῳ εἰς τὸ μέσον
le   con   la   camilla   hacia — en medio

ἔμπροσθεν τοῦ Ἰησοῦ. 20 καὶ ἰδὼν τὴν
delante   —   de Jesús.   Y   al ver   la

πίστιν αὐτῶν εἶπεν· ἄνθρωπε, ἀφέωνταί
fe   de ellos,   dijo: Hombre, han sido perdonados

σοι αἱ ἁμαρτίαι σου. 21 καὶ ἤρξαντο
te   los   pecados   de ti.   Y   comenzaron

διαλογίζεσθαι οἱ γραμματεῖς καὶ οἱ Φαρισαῖοι
a razonar   los   escribas   y los fariseos,

λέγοντες· τίς ἐστιν οὗτος ὃς λαλεῖ
diciendo: ¿Quién es éste que habla

βλασφημίας; τίς δύναται ἁμαρτίας ἀφεῖναι
blasfemias? ¿Quién puede   pecados   perdonar,

εἰ μὴ μόνος ὁ θεός; 22 ἐπιγνοὺς δὲ ὁ
sino solo   Dios?   Mas dándose cuenta —

Ἰησοῦς τοὺς διαλογισμοὺς αὐτῶν, ἀποκριθεὶς
Jesús   de los pensamientos de ellos, tomando la palabra,

εἶπεν πρὸς αὐτούς· τί διαλογίζεσθε ἐν
dijo   a   ellos: ¿Qué estáis cavilando en

ταῖς καρδίαις ὑμῶν; 23 τί ἐστιν εὐκοπώτερον,
los   corazones de vosotros? ¿Qué es   más fácil,

εἰπεῖν· ἀφέωνταί σοι αἱ ἁμαρτίαι σου, ἢ
decir: Han sido perdonados te los pecados de ti, o

εἰπεῖν· ἔγειρε καὶ περιπάτει; 24 ἵνα δὲ
decir: Levántate y   anda?   Mas para que

εἰδῆτε ὅτι ὁ υἱὸς τοῦ ἀνθρώπου ἐξουσίαν
sepáis que el Hijo del Hombre   autoridad

ἔχει ἐπὶ τῆς γῆς ἀφιέναι ἁμαρτίας, —
tiene en   la tierra de perdonar pecados, —

εἶπεν τῷ παραλελυμένῳ· σοὶ λέγω, ἔγειρε
dijo   al   paralítico: A ti digo, levántate

καὶ ἄρας τὸ κλινίδιόν σου πορεύου εἰς
y, tomando la camilla de ti, vete   a

τὸν οἶκόν σου. 25 καὶ παραχρῆμα ἀναστὰς
la   casa de ti.   Y   al instante levantándose

ἐνώπιον αὐτῶν, ἄρας ἐφ’ ὃ κατέκειτο,
a la vista de ellos, tomando (aquello) en lo que estaba acostado,

ἀπῆλθεν εἰς τὸν οἶκον αὐτοῦ δοξάζων τὸν
se fue   a   la   casa de él glorificando —

θεόν. 26 καὶ ἔκστασις ἔλαβεν ἅπαντας, καὶ
a Dios.   Y (el) ¹asombro se apoderó de todos, y

ἐδόξαζον τὸν θεόν, καὶ ἐπλήσθησαν φόβου
glorificaban — a Dios, y   se llenaron de temor,

λέγοντες ὅτι εἴδομεν παράδοξα σήμερον.
diciendo: — Vimos cosas ²extraordinarias hoy.

27 Καὶ μετὰ ταῦτα ἐξῆλθεν, καὶ ἐθεάσατο
Y, después de esto, salió   y   observó

1
26. ASOMBRO. El vocablo griego es aquí muy fuerte y equivale a *estupor*.
2
26. EXTRAORDINARIAS. Lit. *increíbles*.

τελώνην   ὀνόματι   Λευὶν   καθήμενον   ἐπὶ   τὸ
a un cobrador   de nombre   Leví,   sentado   en   la
de impuestos

τελώνιον,   καὶ   εἶπεν   αὐτῷ·   ἀκολούθει   μοι.
oficina de   y   dijo   le: Sigue   me.
impuestos,

28 καὶ   καταλιπὼν   πάντα   ἀναστὰς   ἠκολούθει
Y   dejando   todo,   levantándose,   1comenzó a seguir

αὐτῷ.   29 Καὶ   ἐποίησεν   δοχὴν   μεγάλην
le.   E   hizo   un banquete   grande

Λευὶς   αὐτῷ   ἐν   τῇ   οἰκίᾳ   αὐτοῦ·   καὶ   ἦν
Leví   le   en   la   casa   de él;   y   había

ὄχλος   πολὺς   τελωνῶν   καὶ   ἄλλων   οἳ   ἦσαν
una multitud 2grande   de cobradores   y   de otros   que   estaban
de impuestos

μετ᾽   αὐτῶν   κατακείμενοι.   30 καὶ   ἐγόγγυζον
con   ellos   reclinados (a la mesa).   Y   refunfuñaban

οἱ   Φαρισαῖοι   καὶ   οἱ   γραμματεῖς   αὐτῶν
los   fariseos   y   los   escribas   de ellos

πρὸς   τοὺς   μαθητὰς   αὐτοῦ   λέγοντες·   διὰ
ante   los   discípulos   de él,   diciendo: ¿Por

τί   μετὰ   τῶν   τελωνῶν   καὶ   ἁμαρτωλῶν
qué   con   los   cobradores de   y   pecadores
impuestos

ἐσθίετε   καὶ   πίνετε;   31 καὶ   ἀποκριθεὶς   ὁ
coméis   y   bebéis?   Y   respondiendo   —

Ἰησοῦς   εἶπεν   πρὸς   αὐτούς·   οὐ   χρείαν
Jesús,   dijo   a   ellos: No   necesidad

ἔχουσιν   οἱ   ὑγιαίνοντες   ἰατροῦ   ἀλλὰ   οἱ
tienen   los que   están sanos   de médico,   sino   los que

κακῶς   ἔχοντες·   32 οὐκ   ἐλήλυθα   καλέσαι
mal   se encuentran;   no   he venido   a llamar

δικαίους   ἀλλὰ   ἁμαρτωλοὺς   εἰς   μετάνοιαν.
a justos,   sino   a pecadores   a(l)   arrepentimiento.

33 Οἱ   δὲ   εἶπαν   πρὸς   αὐτόν·   οἱ   μαθηταὶ
Mas ellos   dijeron   a   él: Los   discípulos

Ἰωάννου   νηστεύουσιν   πυκνὰ   καὶ   δεήσεις
de Juan   ayunan   a menudo   y   plegarias

ποιοῦνται,   ὁμοίως   καὶ   οἱ   τῶν   Φαρισαίων,
hacen,   igualmente   también   los   de los   fariseos,

οἱ   δὲ   σοὶ   ἐσθίουσιν   καὶ   πίνουσιν.   34 ὁ
mas los   tuyos   comen   y   beben.   — Y

δὲ   Ἰησοῦς   εἶπεν   πρὸς   αὐτούς·   μὴ   δύνασθε
    Jesús   dijo   a   ellos: ¿Acaso   podéis

τοὺς   υἱοὺς   τοῦ   νυμφῶνος,   ἐν   ᾧ   ὁ   νυμφίος
3a los acompa-   del   novio,   mientras   el   novio
ñantes

μετ᾽   αὐτῶν   ἐστιν,   ποιῆσαι   νηστεῦσαι;
con   ellos   está,   hacer   ayunar?

35 ἐλεύσονται   δὲ   ἡμέραι,   καὶ   ὅταν   ἀπαρθῇ
Mas vendrán   días,   y   cuando   sea quitado

ἀπ᾽   αὐτῶν   ὁ   νυμφίος,   τότε   νηστεύσουσιν
de   ellos   el   novio,   entonces   ayunarán

1
28. COMENZÓ A SEGUIR. Lit.
seguía(le).
2
29. GRANDE. Lit. mucha.
3
34. A LOS ACOMPAÑANTES
DEL NOVIO. Lit. los hijos del
tálamo nupcial.

ἐν ἐκείναις ταῖς ἡμέραις. 36 Ἔλεγεν δὲ
en   aquellos — días.   Y decía

καὶ παραβολὴν πρὸς αὐτοὺς ὅτι οὐδεὶς
también una parábola   a   ellos: —   Nadie

ἐπίβλημα ἀπὸ ἱματίου καινοῦ σχίσας
un retazo de un manto nuevo rasgando,

ἐπιβάλλει ἐπὶ ἱμάτιον παλαιόν· εἰ δὲ μή γε,
lo pone sobre un manto viejo; de lo contrario,

καὶ τὸ καινὸν σχίσει καὶ τῷ παλαιῷ
no sólo al nuevo rasgará, sino que al viejo

οὐ συμφωνήσει τὸ ἐπίβλημα τὸ ἀπὸ τοῦ
no estará a tono el retazo procedente del

καινοῦ. 37 καὶ οὐδεὶς βάλλει οἶνον νέον
nuevo.   Y nadie echa un vino nuevo

εἰς ἀσκοὺς παλαιούς· εἰ δὲ μή γε, ῥήξει
en odres viejos; de lo contrario, reventará

ὁ οἶνος ὁ νέος τοὺς ἀσκούς, καὶ αὐτὸς
el vino — nuevo los odres, y él

ἐκχυθήσεται καὶ οἱ ἀσκοὶ ἀπολοῦνται.
se derramará y los odres se echarán a perder.

38 ἀλλὰ οἶνον νέον εἰς ἀσκοὺς καινοὺς
   Sino que un vino nuevo en odres nuevos

βλητέον. 39 καὶ οὐδεὶς πιὼν παλαιὸν
debe echarse. [1]Y nadie que bebió de(l) viejo

θέλει νέον· λέγει γάρ· ὁ παλαιὸς χρηστός
desea (el) nuevo; porque dice: El viejo bueno

ἐστιν.
es.

6 Ἐγένετο δὲ ἐν σαββάτῳ διαπορεύεσθαι
   Y sucedió que en sábado pasaba

αὐτὸν διὰ σπορίμων, καὶ ἔτιλλον οἱ
él por entre unos sembrados, y arrancaban los

μαθηταὶ αὐτοῦ καὶ ἤσθιον τοὺς στάχυας
discípulos de él y comían las espigas

ψώχοντες ταῖς χερσίν. 2 τινὲς δὲ τῶν
restregando con las manos. Mas algunos de los

Φαρισαίων εἶπαν· τί ποιεῖτε ὃ οὐκ ἔξεστιν
fariseos dijeron: ¿Por qué hacéis lo que no es lícito

τοῖς σάββασιν; 3 καὶ ἀποκριθεὶς πρὸς
en los sábados?   Y respondiendo a

αὐτοὺς εἶπεν ὁ Ἰησοῦς· οὐδὲ τοῦτο ἀνέγνωτε
ellos, dijo — Jesús: ¿Ni esto leísteis

ὃ ἐποίησεν Δαυίδ, ὁπότε ἐπείνασεν αὐτὸς
que hizo David, cuando tuvo hambre él

καὶ οἱ μετ' αὐτοῦ ὄντες; 4 ὡς εἰσῆλθεν
y los que con él estaban? ¿Cómo entró

1
39. Y NADIE... Jesús expone
los prejuicios que impedían
a los escribas y fariseos
aceptar el Evangelio.

εἰς τὸν οἶκον τοῦ θεοῦ καὶ τοὺς ἄρτους
a   la   casa   —   de Dios   y   los   panes

τῆς προθέσεως λαβὼν ἔφαγεν καὶ ἔδωκεν
de la   proposición   tomando,   comió   y   dio

τοῖς μετ᾽ αὐτοῦ, οὓς οὐκ ἔξεστιν φαγεῖν
a los que   con él (estaban), los cuales   no   es lícito   comer

εἰ μὴ μόνους τοὺς ἱερεῖς; 5 καὶ ἔλεγεν
excepto   a solos   los   sacerdotes?   Y   decía

αὐτοῖς· κύριός ἐστιν τοῦ σαββάτου ὁ
les: Señor   es   del   sábado   el

υἱὸς τοῦ ἀνθρώπου. 6 Ἐγένετο δὲ ἐν
Hijo   del   Hombre.   Y sucedió   en

ἑτέρῳ σαββάτῳ εἰσελθεῖν αὐτὸν εἰς τὴν
otro   sábado   que entró   él   en   la

συναγωγὴν καὶ διδάσκειν· καὶ ἦν ἄνθρωπος
sinagoga   y   enseñaba;   y   había   un hombre

ἐκεῖ καὶ ἡ χεὶρ αὐτοῦ ἡ δεξιὰ ἦν ξηρά·
allí   y   la   mano   de él   —   derecha estaba   [1]seca;

7 παρετηροῦντο δὲ αὐτὸν οἱ γραμματεῖς
y observaban atentamente   le   los   escribas

καὶ οἱ Φαρισαῖοι εἰ ἐν τῷ σαββάτῳ
y   los   fariseos   (por) si   en   el   sábado

θεραπεύει, ἵνα εὕρωσιν κατηγορεῖν αὐτοῦ.
[2]sanaba,   para   encontrar   (de qué) acusar   le.

8 αὐτὸς δὲ ᾔδει τοὺς διαλογισμοὺς αὐτῶν,
Mas él   sabía   los   pensamientos   de ellos,

εἶπεν δὲ τῷ ἀνδρὶ τῷ ξηρὰν ἔχοντι τὴν
y dijo   al   hombre   que   seca   tenía   la

χεῖρα· ἔγειρε καὶ στῆθι εἰς τὸ μέσον·
mano: Levántate   y   ponte   en   —   medio;

καὶ ἀναστὰς ἔστη. 9 εἶπεν δὲ ὁ Ἰησοῦς
y   levantándose, se puso de pie.   Y dijo   —   Jesús

πρὸς αὐτούς· ἐπερωτῶ ὑμᾶς εἰ ἔξεστιν
a   ellos: Pregunto   os   ¿si   es lícito

τῷ σαββάτῳ ἀγαθοποιῆσαι ἢ κακοποιῆσαι,
en el   sábado   hacer el bien   o   hacer el mal,

ψυχὴν σῶσαι ἢ ἀπολέσαι; 10 καὶ περι-
una vida   salvar   o   destruir(la)?   Y   paseando

βλεψάμενος πάντας αὐτοὺς εἶπεν αὐτῷ·
la mirada sobre   todos   ellos,   dijo   le:

ἔκτεινον τὴν χεῖρά σου. ὁ δὲ ἐποίησεν,
Extiende   la   mano   de ti.   Y él   (lo) hizo,

καὶ ἀπεκατεστάθη ἡ χεὶρ αὐτοῦ. 11 αὐτοὶ
y   fue restaurada   la   mano   de él.   Mas ellos

δὲ ἐπλήσθησαν ἀνοίας, καὶ διελάλουν πρὸς
se llenaron   [3]de rabia,   y   discutían   entre

ἀλλήλους τί ἂν ποιήσαιεν τῷ Ἰησοῦ.
ellos   qué   harían   —   contra Jesús.

[1]
6. SECA. Es decir, *contraída e inmovilizada.*

[2]
7. SANABA. Lit. *sana.*

[3]
11. DE RABIA. Lit. *de insensatez.*

12 Ἐγένετο δὲ ἐν ταῖς ἡμέραις ταύταις
Sucedió   en   los   días   estos

ἐξελθεῖν αὐτὸν εἰς τὸ ὄρος προσεύξασθαι,
que salió   él   a   la   montaña   a orar,

καὶ ἦν διανυκτερεύων ἐν τῇ προσευχῇ τοῦ
y estaba   pasando la noche   en   la   oración   —

θεοῦ. **13** καὶ ὅτε ἐγένετο ἡμέρα, προσεφώνησεν
[1] a Dios.   Y cuando   se hizo   de día,   llamó a sí

τοὺς μαθητὰς αὐτοῦ, καὶ ἐκλεξάμενος ἀπ᾽
a los   discípulos   de él,   y   escogiendo   de

αὐτῶν δώδεκα, οὓς καὶ ἀποστόλους ὠνόμασεν,
ellos   doce,   a los que también   de apóstoles   puso el nombre,

14 Σίμωνα, ὃν καὶ ὠνόμασεν Πέτρον, καὶ
a Simón,   al que también puso por nombre   Pedro,   y

Ἀνδρέαν τὸν ἀδελφὸν αὐτοῦ, καὶ Ἰάκωβον
Andrés   el   hermano   de él,   y   Jacobo

καὶ Ἰωάννην, καὶ Φίλιππον καὶ Βαρθο-
y   Juan,   y   Felipe   y   Barto-

λομαῖον, **15** καὶ Μαθθαῖον καὶ Θωμᾶν,
lomé,   y   Mateo   y   Tomás,

[καὶ] Ἰάκωβον Ἀλφαίου καὶ Σίμωνα τὸν
y   Jacobo (el hijo)   de Alfeo   y   Simón   el

καλούμενον ζηλωτήν, **16** καὶ Ἰούδαν Ἰακώβου,
llamado   Zelote,   y Judas (el hijo)   de Jacobo,

καὶ Ἰούδαν Ἰσκαριώθ, ὃς ἐγένετο προδότης,
y   Judas   Iscariote,   que   llegó a ser   traidor,

17 καὶ καταβὰς μετ᾽ αὐτῶν ἔστη ἐπὶ
y   bajando   con   ellos,   se detuvo   en

τόπου πεδινοῦ, καὶ ὄχλος πολὺς μαθητῶν
un lugar   llano   y   una multitud [2] grande   de discípulos

αὐτοῦ, καὶ πλῆθος πολὺ τοῦ λαοῦ ἀπὸ
de él,   y una muchedumbre [3] grande   del   pueblo   de

πάσης τῆς Ἰουδαίας καὶ Ἰερουσαλὴμ καὶ
toda   —   Judea   y   de Jerusalén   y

τῆς παραλίου Τύρου καὶ Σιδῶνος, **18** οἳ
de la   zona costera   de Tiro   y   Sidón,   que

ἦλθον ἀκοῦσαι αὐτοῦ καὶ ἰαθῆναι ἀπὸ
vinieron   a oír   le   y   ser sanados   de

τῶν νόσων αὐτῶν, καὶ οἱ ἐνοχλούμενοι
las   enfermedades   de ellos,   y   los que   estaban siendo atormentados

ἀπὸ πνευμάτων ἀκαθάρτων ἐθεραπεύοντο.
por   espíritus   inmundos   eran sanados.

19 καὶ πᾶς ὁ ὄχλος ἐζήτουν ἅπτεσθαι
Y   toda   la   gente   trataba de   tocar

αὐτοῦ, ὅτι δύναμις παρ᾽ αὐτοῦ ἐξήρχετο
le,   pues   un poder   de   él   salía

καὶ ἰᾶτο πάντας. **20** Καὶ αὐτὸς ἐπάρας
y   sanaba   a todos.   Y   él   levantando

1
12. A Dios. Lit. *de Dios.*
2 y 3
17. Grande. Lit. *mucha.*

τοὺς   ὀφθαλμοὺς   αὐτοῦ   εἰς   τοὺς   μαθητὰς
los   ojos   de él   hacia   los   discípulos

αὐτοῦ   ἔλεγεν·
de él,   decía:

Μακάριοι   οἱ   πτωχοί,   ὅτι   ὑμετέρα   ἐστὶν
Dichosos   los   pobres,   pues   vuestro   es

ἡ   βασιλεία   τοῦ   θεοῦ.   21 μακάριοι   οἱ
el   reino   —   de Dios.   Dichosos   los

πεινῶντες   νῦν,   ὅτι   χορτασθήσεσθε.   μακάριοι
que pasáis   ahora,   pues   quedaréis satisfechos.   Dichosos
hambre

οἱ   κλαίοντες   νῦν,   ὅτι   γελάσετε.   22 μακάριοί
los   que lloráis   ahora,   pues   reiréis.   Dichosos

ἐστε   ὅταν   μισήσωσιν   ὑμᾶς   οἱ   ἄνθρωποι,
sois   cuando   odien   os   los   hombres,

καὶ   ὅταν   ἀφορίσωσιν   ὑμᾶς   καὶ   ὀνειδίσωσιν
y   cuando   aparten de sí   os   e   injurien

καὶ   ἐκβάλωσιν   τὸ   ὄνομα   ὑμῶν   ὡς   πονηρὸν
y   arrojen de sí   el   nombre   de vosotros como   maligno

ἕνεκα   τοῦ   υἱοῦ   τοῦ   ἀνθρώπου.   23 χάρητε
por causa   del   Hijo   del   Hombre.   Alegraos

ἐν   ἐκείνῃ   τῇ   ἡμέρᾳ   καὶ   σκιρτήσατε·
en   aquel   —   día   y   saltad de gozo;

ἰδοὺ   γὰρ   ὁ   μισθὸς   ὑμῶν   πολὺς   ἐν   τῷ
porque mirad que la recompensa de vosotros mucha (es)   en   el

οὐρανῷ·   κατὰ   τὰ   αὐτὰ   γὰρ   ἐποίουν   τοῖς
cielo;   porque del mismo modo   hacían   a los

προφήταις   οἱ   πατέρες   αὐτῶν.
profetas   los   padres   de ellos.

24 Πλὴν   οὐαὶ   ὑμῖν   τοῖς   πλουσίοις,   ὅτι
Por el contrario, ¡ay   de vosotros   los   ricos,   pues

ἀπέχετε   τὴν   παράκλησιν   ὑμῶν.   25 οὐαὶ   ὑμῖν,
ya tenéis   todo   el consuelo   de vosotros!   ¡Ay de vosotros,

οἱ   ἐμπεπλησμένοι   νῦν,   ὅτι   πεινάσετε.
los que   estáis saciados   ahora,   pues   pasaréis hambre!

οὐαί,   οἱ   γελῶντες   νῦν,   ὅτι   πενθήσετε
¡Ay,   los que   reís   ahora,   pues   haréis duelo

καὶ   κλαύσετε.   26 οὐαὶ   ὅταν   καλῶς   ὑμᾶς
y   lloraréis!   ¡Ay   cuando   bien   de vosotros

εἴπωσιν   πάντες   οἱ   ἄνθρωποι·   κατὰ   τὰ
digan   todos   los   hombres!   Porque del

αὐτὰ   γὰρ   ἐποίουν   τοῖς   ψευδοπροφήταις   οἱ
mismo modo   hacían   a los   falsos profetas   los

πατέρες   αὐτῶν.   27 Ἀλλὰ   ὑμῖν   λέγω
padres   de ellos.   Pero   a vosotros   digo

τοῖς   ἀκούουσιν·   ἀγαπᾶτε   τοὺς   ἐχθροὺς
los que   estáis oyendo: Amad   a los   enemigos

ὑμῶν,   καλῶς   ποιεῖτε   τοῖς   μισοῦσιν   ὑμᾶς,
de vosotros,   ¹el bien   haced   a los que   odian   os,

1
27. EL BIEN. Lit. *bellamente*
(excelentemente).

28 εὐλογεῖτε   τοὺς   καταρωμένους   ὑμᾶς,
bendecid   a los que   maldicen   os,

προσεύχεσθε περὶ τῶν ἐπηρεαζόντων ὑμᾶς.
orad   por   los que   maltratan   os.

29 τῷ   τύπτοντί σε ἐπὶ τὴν σιαγόνα
Al que   golpee   te   en   la   mejilla,

πάρεχε καὶ τὴν ἄλλην, καὶ ἀπὸ τοῦ
presénta(le) también   la   otra,   y   al que

αἴροντός σου τὸ ἱμάτιον καὶ τὸν χιτῶνα
quite   te   el   manto,   también la   túnica

μὴ κωλύσῃς. **30** παντὶ αἰτοῦντί σε δίδου,
no (le) ¹rehúses.   A todo   el que pida te, da(le),

καὶ ἀπὸ τοῦ αἴροντος τὰ σὰ μὴ ἀπαίτει.
y   al que   (te) quite   lo tuyo, no (se lo) reclames.

31 καὶ καθὼς θέλετε ἵνα ποιῶσιν ὑμῖν
Y   conforme deseáis   que   hagan   os

οἱ ἄνθρωποι, ποιεῖτε αὐτοῖς ὁμοίως. **32** καὶ
los hombres,   haced   les   igualmente.   Y

εἰ ἀγαπᾶτε τοὺς ἀγαπῶντας ὑμᾶς, ποία
si   amáis   a los   que aman   os, ²¿qué clase

ὑμῖν χάρις ἐστίν; καὶ γὰρ οἱ ἁμαρτωλοὶ
de favor es el vuestro?   Porque también los   pecadores

τοὺς ἀγαπῶντας αὐτοὺς ἀγαπῶσιν. **33** καὶ
a los   que aman   les,   aman.   Porque si

γὰρ ἐὰν ἀγαθοποιῆτε τοὺς ἀγαθοποιοῦντας
también hacéis   el bien   a los   que hacen el bien

ὑμᾶς, ποία ὑμῖν χάρις ἐστίν; καὶ οἱ
os,   ³¿qué clase de favor es el vuestro?   También los

ἁμαρτωλοὶ τὸ αὐτὸ ποιοῦσιν. **34** καὶ ἐὰν
pecadores   lo mismo   hacen.   Y   si

δανείσητε παρ᾽ ὧν ἐλπίζετε λαβεῖν, ποία
prestáis   de los que   esperáis   recibir, ⁴¿qué clase
(a aquellos)

ὑμῖν χάρις [ἐστίν]; καὶ ἁμαρτωλοὶ
de favor es el vuestro?   También   (los) pecadores

ἁμαρτωλοῖς δανείζουσιν ἵνα ἀπολάβωσιν τὰ
a (los) pecadores   prestan   para   recuperar   la

ἴσα. **35** πλὴν ἀγαπᾶτε τοὺς ἐχθροὺς ὑμῶν
misma   Por el   amad   a los   enemigos de vosotros
(cantidad).   contrario,

καὶ ἀγαθοποιεῖτε καὶ δανείζετε μηδὲν
y   haced el bien   y   prestad,   nada

ἀπελπίζοντες· καὶ ἔσται ὁ μισθὸς ὑμῶν
esperando a cambio;   y   será   la recompensa de vosotros

πολύς, καὶ ἔσεσθε υἱοὶ ὑψίστου, ὅτι
mucha,   y   seréis   hijos   del Altísimo,   pues

αὐτὸς χρηστός ἐστιν ἐπὶ τοὺς ἀχαρίστους
él   bondadoso   es   con   los   ingratos

1
29. REHÚSES. Lit. *impidas*.
2
32. ¿QUÉ CLASE DE FAVOR ES EL VUESTRO? O *¿qué agradecimiento tenéis?*
3
33. ¿QUÉ CLASE DE FAVOR ES EL VUESTRO? O *¿qué agradecimiento tenéis?*
4
34. ¿QUÉ CLASE DE FAVOR ES EL VUESTRO? O *¿qué agradecimiento tenéis?*

καὶ πονηρούς. **36** Γίνεσθε οἰκτίρμονες,
y malvados. Haceos compasivos,

καθὼς ὁ πατὴρ ὑμῶν οἰκτίρμων ἐστίν.
así como el padre de vosotros compasivo es.

37 καὶ μὴ κρίνετε, καὶ οὐ μὴ κριθῆτε· καὶ
Y no juzguéis, y de ningún seréis juzgados; y
modo

μὴ καταδικάζετε, καὶ οὐ μὴ καταδικασθῆτε.
no condenéis, y de ningún modo seréis condenados.

ἀπολύετε, καὶ ἀπολυθήσεσθε· **38** δίδοτε, καὶ
1Perdonad, y seréis perdonados; dad, y

δοθήσεται ὑμῖν· μέτρον καλὸν πεπιεσμένον
será dado os; una medida excelente, apretada,

σεσαλευμένον ὑπερεκχυννόμενον δώσουσιν εἰς
remecida, rebosante, darán al

τὸν κόλπον ὑμῶν· ᾧ γὰρ μέτρῳ μετρεῖτε
regazo de vosotros; porque con la medida con que 2midáis,

ἀντιμετρηθήσεται ὑμῖν. **39** Εἶπεν δὲ καὶ
será medido a cambio os. Y dijo también

παραβολὴν αὐτοῖς· μήτι δύναται τυφλὸς
(esta) parábola les: ¿Acaso puede un ciego

τυφλὸν ὁδηγεῖν; οὐχὶ ἀμφότεροι εἰς βόθυνον
a un ciego guiar? ¿No ambos en un hoyo

ἐμπεσοῦνται; **40** οὐκ ἔστιν μαθητὴς ὑπὲρ
caerán? No está un discípulo sobre

τὸν διδάσκαλον· κατηρτισμένος δὲ πᾶς
el maestro; mas cuando ha sido 3perfeccionado 4todo,

ἔσται ὡς ὁ διδάσκαλος αὐτοῦ. **41** Τί δὲ
será como el maestro de él. ¿Y por qué

βλέπεις τὸ κάρφος τὸ ἐν τῷ ὀφθαλμῷ
ves la mota que (está) en el ojo

τοῦ ἀδελφοῦ σου, τὴν δὲ δοκὸν τὴν ἐν
del hermano de ti, mas la viga que (está) en

τῷ ἰδίῳ ὀφθαλμῷ οὐ κατανοεῖς; **42** πῶς
tu propio ojo no adviertes? ¿Cómo

δύνασαι λέγειν τῷ ἀδελφῷ σου· ἀδελφέ,
puedes decir al hermano de ti: Hermano,

ἄφες ἐκβάλω τὸ κάρφος τὸ ἐν τῷ
deja que saque la mota que (hay) en el

ὀφθαλμῷ σου, αὐτὸς τὴν ἐν τῷ ὀφθαλμῷ
ojo de ti, tú mismo la (que hay) en el ojo

σου δοκὸν οὐ βλέπων; ὑποκριτά, ἔκβαλε
de ti viga no viendo? ¡Hipócrita! Saca

πρῶτον τὴν δοκὸν ἐκ τοῦ ὀφθαλμοῦ σου,
primero la viga del ojo de ti,

καὶ τότε διαβλέψεις τὸ κάρφος τὸ ἐν τῷ
y entonces verás claro la mota que (hay) en el

1
37. PERDONAD, Y SERÉIS PERDONADOS. Lit. *Soltad, y seréis soltados.*
2
38. MIDÁIS. Lit. *medís.*
3
40. PERFECCIONADO. Literalmente *equipado (con toda enseñanza).*
4
40. TODO. Es decir, *todo discípulo* que ha llegado a ser un experto.

ὀφθαλμῷ τοῦ ἀδελφοῦ σου ἐκβαλεῖν. 43 Οὐ
ojo   del   hermano   de ti   para sacar. Porque no

γάρ ἐστιν δένδρον καλὸν ποιοῦν καρπὸν
    hay   árbol de buena 1que produzca fruto
                    calidad

σαπρόν, οὐδὲ πάλιν δένδρον σαπρὸν ποιοῦν
inservible, ni, 2a su vez, un árbol inservible 3que produzca

καρπὸν καλόν. 44 ἕκαστον γὰρ δένδρον
fruto   de buena calidad. Porque cada   árbol

ἐκ τοῦ ἰδίου καρποῦ γινώσκεται· οὐ γὰρ
por su   propio   fruto   es conocido.   Porque no

ἐξ ἀκανθῶν συλλέγουσιν σῦκα, οὐδὲ ἐκ
de espinos   recogen   higos,   ni   de

βάτου σταφυλὴν τρυγῶσιν. 45 ὁ ἀγαθὸς
una zarza un racimo de uva vendimian.   El buen

ἄνθρωπος ἐκ τοῦ ἀγαθοῦ θησαυροῦ τῆς
hombre   del   buen   tesoro   del

καρδίας προφέρει τὸ ἀγαθόν, καὶ ὁ
corazón   saca   lo   bueno,   y   el

πονηρὸς ἐκ τοῦ πονηροῦ προφέρει τὸ
malvado   del   malvado   saca   lo

πονηρόν· ἐκ γὰρ περισσεύματος καρδίας
malvado; porque de (la) abundancia de(l) corazón

λαλεῖ τὸ στόμα αὐτοῦ. 46 Τί δέ με καλεῖτε·
habla la boca de él.   ¿Y por qué me llamáis:

κύριε κύριε, καὶ οὐ ποιεῖτε ἃ
Señor, Señor,   y   no   hacéis   lo que

λέγω; 47 Πᾶς ὁ ἐρχόμενος πρός με καὶ
digo?   Todo el que viene   a mí y

ἀκούων μου τῶν λόγων καὶ ποιῶν αὐτούς,
oye   de mí las palabras y 4pone por obra las,

ὑποδείξω ὑμῖν τίνι ἐστὶν ὅμοιος. 48 ὅμοιός
mostraré   os a quién es semejante.   Semejante

ἐστιν ἀνθρώπῳ οἰκοδομοῦντι οἰκίαν, ὃς
es   a un hombre   que edifica   una casa, el cual

ἔσκαψεν καὶ ἐβάθυνεν καὶ ἔθηκεν θεμέλιον
cavó   y   ahondó   y   puso un fundamento

ἐπὶ τὴν πέτραν· πλημμύρης δὲ γενομένης
sobre la roca;   y cuando una   ocurrió,
                   inundación

προσέρρηξεν ὁ ποταμὸς τῇ οἰκίᾳ ἐκείνῃ,
embistió   el   torrente contra la casa   aquella,

καὶ οὐκ ἴσχυσεν σαλεῦσαι αὐτὴν διὰ
y   no   pudo   sacudir   la   por

τὸ καλῶς οἰκοδομῆσθαι αὐτήν. 49 ὁ δὲ
lo bien que estaba edificada ella.   Mas el que

ἀκούσας καὶ μὴ ποιήσας ὅμοιός ἐστιν
ha oído   y   no ha hecho, semejante es

1
43. QUE PRODUZCA. Lit. *que haga.*
2
43. A SU VEZ. Lit. *de nuevo.*
3
43. QUE PRODUZCA. Lit. *que haga.*
4
47. PONE POR OBRA. Lit. *hace.*

ἀνθρώπῳ οἰκοδομήσαντι οἰκίαν ἐπὶ τὴν
a un hombre que ha edificado una casa sobre la

γῆν χωρὶς θεμελίου, ᾗ προσέρρηξεν ὁ
tierra sin fundamento, contra la cual embistió el

ποταμός, καὶ εὐθὺς συνέπεσεν, καὶ ἐγένετο
torrente, y al instante se derrumbó, y fue

τὸ ῥῆγμα τῆς οἰκίας ἐκείνης μέγα.
la ruina de la casa aquella grande.

7 Ἐπειδὴ ἐπλήρωσεν πάντα τὰ ῥήματα
Cuando completó todas las palabras

αὐτοῦ εἰς τὰς ἀκοὰς τοῦ λαοῦ, εἰσῆλθεν
de él a los oídos del pueblo, entró

εἰς Καφαρναούμ. 2 Ἑκατοντάρχου δέ
en Capernaúm. Y de un centurión

τινος δοῦλος κακῶς ἔχων ἤμελλεν τελευτᾶν,
cierto un siervo que mal se encontraba iba a morirse,

ὃς ἦν αὐτῷ ἔντιμος. 3 ἀκούσας δὲ περὶ
el cual era para él estimado. Y al oír acerca

τοῦ Ἰησοῦ ἀπέστειλεν πρὸς αὐτὸν πρε-
— de Jesús, envió a él unos

σβυτέρους τῶν Ἰουδαίων, ἐρωτῶν αὐτὸν
ancianos de los judíos, a pedir le

ὅπως ἐλθὼν διασώσῃ τὸν δοῦλον αὐτοῦ.
que, viniendo, sanase totalmente al siervo de él.

4 οἱ δὲ παραγενόμενοι πρὸς τὸν Ἰησοῦν
Y ellos, cuando se presentaron ante — Jesús,

παρεκάλουν αὐτὸν σπουδαίως, λέγοντες ὅτι ἄξιός
rogaban le con insistencia, diciendo: — Digno

ἐστιν ᾧ παρέξῃ τοῦτο· 5 ἀγαπᾷ γὰρ
es de que le concedas esto; porque ama

τὸ ἔθνος ἡμῶν καὶ τὴν συναγωγὴν
a la nación de nosotros y la sinagoga

αὐτὸς ᾠκοδόμησεν ἡμῖν. 6 ὁ δὲ Ἰησοῦς
él edificó nos. — Y Jesús

ἐπορεύετο σὺν αὐτοῖς. ἤδη δὲ αὐτοῦ οὐ
iba con ellos. Mas cuando ya él no

μακρὰν ἀπέχοντος ἀπὸ τῆς οἰκίας, ἔπεμψεν
mucho distaba de la casa, envió

φίλους ὁ ἑκατοντάρχης λέγων αὐτῷ· κύριε,
unos amigos el centurión, diciendo le: Señor,

μὴ σκύλλου· οὐ γὰρ ἱκανός εἰμι ἵνα ὑπὸ
no te molestes más; porque no ¹digno soy de que bajo

τὴν στέγην μου εἰσέλθῃς· 7 διὸ οὐδὲ
el techo de mí entres; por lo cual ni

ἐμαυτὸν ἠξίωσα πρὸς σὲ ἐλθεῖν· ἀλλὰ εἰπὲ
a mí mismo me tuve por digno a ti de ir; pero di

6. DIGNO. Lit. *competente.*

λόγῳ, καὶ ἰαθήτω ὁ παῖς μου. 8 καὶ
de palabra, y   sea sanado el ¹siervo de mí.   Porque

γὰρ ἐγὼ ἄνθρωπός εἰμι ὑπὸ ἐξουσίαν
también yo   un hombre soy bajo autoridad

τασσόμενος, ἔχων ὑπ' ἐμαυτὸν στρατιώτας,
establecido, teniendo bajo mí mismo   soldados,

καὶ λέγω τούτῳ· πορεύθητι, καὶ πορεύεται,
y   digo a éste: ¡Ve!,   y   va,

καὶ ἄλλῳ· ἔρχου, καὶ ἔρχεται, καὶ τῷ
y   a otro: ¡Ven!, y   viene,   y   al

δούλῳ μου· ποίησον τοῦτο, καὶ ποιεῖ.
²siervo de mí: ¡Haz esto!,   y   (lo) hace.

9 ἀκούσας δὲ ταῦτα ὁ Ἰησοῦς ἐθαύμασεν
Y al oír   esto — Jesús, se maravilló

αὐτόν, καὶ στραφεὶς τῷ ἀκολουθοῦντι αὐτῷ
de él,   y   vuelto   a la   que seguía   le

ὄχλῳ εἶπεν· λέγω ὑμῖν, οὐδὲ ἐν τῷ
multitud, dijo: Digo os, (que) ni en —

Ἰσραὴλ τοσαύτην πίστιν εὗρον. 10 καὶ
Israel tan gran   fe   encontré.   Y

ὑποστρέψαντες εἰς τὸν οἶκον οἱ πεμφθέντες
cuando regresaron a la casa los que habían sido enviados

εὗρον τὸν δοῦλον ὑγιαίνοντα. 11 Καὶ
encontraron al ³siervo   sano.   Y

ἐγένετο ἐν τῷ ἐξῆς ἐπορεύθη εἰς πόλιν
ocurrió al   día siguiente que fue a una ciudad

καλουμένην Ναΐν, καὶ συνεπορεύοντο αὐτῷ
llamada Naín,   e   iban con   él

οἱ μαθηταὶ αὐτοῦ καὶ ὄχλος πολύς.
los discípulos de él y   multitud ⁴grande.

12 ὡς δὲ ἤγγισεν τῇ πύλῃ τῆς πόλεως, καὶ
Y según se fue acercando a la puerta de la ciudad, —

ἰδοὺ ἐξεκομίζετο τεθνηκὼς μονογενὴς
he aquí que era sacado habiendo muerto un unigénito
(a enterrar)

υἱὸς τῇ μητρὶ αὐτοῦ, καὶ αὕτη ἦν χήρα,
hijo ⁵de la madre de él,   y   ella era viuda,

καὶ ὄχλος τῆς πόλεως ἱκανὸς ἦν σὺν
y   una multitud de la ciudad considerable estaba con

αὐτῇ. 13 καὶ ἰδὼν αὐτὴν ὁ κύριος
ella.   Y   al ver la   el Señor

ἐσπλαγχνίσθη ἐπ' αὐτῇ καὶ εἶπεν αὐτῇ·
fue movido a compasión sobre ella y   dijo   le:

μὴ κλαῖε. 14 καὶ προσελθὼν ἥψατο τῆς
¡No llores más!   Y   acercándose   tocó   el

σοροῦ, οἱ δὲ βαστάζοντες ἔστησαν, καὶ
féretro, y los que (lo) llevaban se detuvieron, y

εἶπεν· νεανίσκε, σοὶ λέγω, ἐγέρθητι. 15 καὶ
dijo: Joven, a ti digo, levántate.   Y

1
7. SIERVO. Lit. *muchacho.*
2
8. SIERVO. Lit. *esclavo.*
3
10. SIERVO. Lit. *esclavo.*
4
11. GRANDE. Lit. *mucha.*
5
12. DE LA MADRE. Lit. *a la madre.*

ἀνεκάθισεν ὁ νεκρὸς καὶ ἤρξατο λαλεῖν,
se incorporó el muerto y comenzó a hablar,

καὶ ἔδωκεν αὐτὸν τῇ μητρὶ αὐτοῦ.
y dio lo a la madre de él.

16 ἔλαβεν δὲ φόβος πάντας, καὶ ἐδόξαζον
Y se apoderó (el) temor de todos, y glorificaban

τὸν θεὸν λέγοντες ὅτι προφήτης μέγας
— a Dios, diciendo: — Un profeta grande

ἠγέρθη ἐν ἡμῖν, καὶ ὅτι ἐπεσκέψατο ὁ
se levantó entre nosotros, y: — Visitó

θεὸς τὸν λαὸν αὐτοῦ. **17** καὶ ἐξῆλθεν ὁ
Dios al pueblo de él. Y salió

λόγος οὗτος ἐν ὅλῃ τῇ Ἰουδαίᾳ περὶ
palabra esta por toda — Judea acerca

αὐτοῦ καὶ πάσῃ τῇ περιχώρῳ.
de él y por toda la región circunvecina.

18 Καὶ ἀπήγγειλαν Ἰωάννῃ οἱ μαθηταὶ
E informaron a Juan los discípulos

αὐτοῦ περὶ πάντων τούτων. καὶ
de él acerca de todas estas cosas. Y

προσκαλεσάμενος δύο τινὰς τῶν μαθητῶν
llamando a dos ciertos de los discípulos

αὐτοῦ ὁ Ἰωάννης **19** ἔπεμψεν πρὸς τὸν
de él — Juan, (los) envió al

κύριον λέγων· σὺ εἶ ὁ ἐρχόμενος, ἢ ἄλλον
Señor, diciendo: ¿Tú eres el que viene, o a otro

προσδοκῶμεν; **20** παραγενόμενοι δὲ πρὸς
hemos de aguardar? Y presentándose a

αὐτὸν οἱ ἄνδρες εἶπαν· Ἰωάννης ὁ βαπτιστὴς
él los varones, dijeron: Juan el Bautista

ἀπέστειλεν ἡμᾶς πρὸς σὲ λέγων· σὺ εἶ ὁ
envió nos a ti, diciendo: ¿Tú eres el

ἐρχόμενος, ἢ ἄλλον προσδοκῶμεν; **21** ἐν
que viene, o a otro hemos de aguardar? En

ἐκείνῃ τῇ ὥρᾳ ἐθεράπευσεν πολλοὺς ἀπὸ
aquella — hora sanó a muchos de

νόσων καὶ μαστίγων καὶ πνευμάτων πονηρῶν,
enfermedades y plagas y de espíritus malignos,

καὶ τυφλοῖς πολλοῖς ἐχαρίσατο βλέπειν.
y a ciegos muchos otorgó ver.

22 καὶ ἀποκριθεὶς εἶπεν αὐτοῖς· πορευθέντες
Y respondiendo, dijo les: Yendo,

ἀπαγγείλατε Ἰωάννῃ ἃ εἴδετε καὶ
informad a Juan de lo que visteis y

ἠκούσατε· τυφλοὶ ἀναβλέπουσιν, χωλοὶ
oísteis: (Los) ciegos recobran la vista, (los) cojos

περιπατοῦσιν, λεπροὶ καθαρίζονται, καὶ κωφοὶ
andan, (los) leprosos son limpiados, y (los) sordos

ἀκούουσιν,   νεκροὶ   ἐγείρονται,   πτωχοὶ
oyen,   (los) muertos son resucitados, (los) pobres

εὐαγγελίζονται· 23 καὶ μακάριός ἐστιν ὃς ἐὰν
son evangelizados;   y   dichoso   es cualquiera que

μὴ σκανδαλισθῇ ἐν ἐμοί. 24 Ἀπελθόντων δὲ
[1]no encuentre motivo en mí.   Y cuando se marcharon
de tropiezo

τῶν ἀγγέλων Ἰωάννου ἤρξατο λέγειν πρὸς
los mensajeros de Juan, comenzó a decir   a

τοὺς ὄχλους περὶ Ἰωάννου· τί ἐξήλθατε
las multitudes acerca de Juan: ¿Qué salisteis

εἰς τὴν ἔρημον θεάσασθαι; κάλαμον ὑπὸ
al   desierto   a contemplar? ¿Una caña   por

ἀνέμου σαλευόμενον; 25 ἀλλὰ τί ἐξήλθατε
(el) viento   sacudida?   [2]Entonces, ¿qué salisteis

ἰδεῖν; ἄνθρωπον ἐν μαλακοῖς ἱματίοις
a ver? ¿A un hombre de   finas   vestiduras

ἠμφιεσμένον; ἰδοὺ οἱ ἐν ἱματισμῷ ἐνδόξῳ
que está cubierto? Mirad los que con vestidura espléndida
que

καὶ τρυφῇ ὑπάρχοντες ἐν τοῖς βασιλείοις
y   en lujo [3]están,   en   los   palacios reales

εἰσίν. 26 ἀλλὰ τί ἐξήλθατε ἰδεῖν; προφήτην;
están.   Pero ¿qué salisteis a ver? ¿A un profeta?

ναὶ λέγω ὑμῖν, καὶ περισσότερον προφήτου.
Sí,   digo   os,   y   [4]más que   un profeta.

27 οὗτός ἐστιν περὶ οὗ γέγραπται· ἰδοὺ
Éste es (aquel) de quien [5]está escrito: Mira

ἀποστέλλω τὸν ἄγγελόν μου πρὸ προσώπου
que envío   al   mensajero de mí delante del rostro

σου, ὃς κατασκευάσει τὴν ὁδόν σου
de ti, quien preparará   el   camino   de ti

ἔμπροσθέν σου. 28 λέγω ὑμῖν, μείζων
delante   de ti.   Digo   os,   (que) mayor

ἐν γεννητοῖς γυναικῶν Ἰωάννου οὐδείς
entre (los) nacidos de mujeres que Juan   nadie

ἐστιν· ὁ δὲ μικρότερος ἐν τῇ βασιλείᾳ τοῦ
hay; pero el más pequeño en el   reino   de

θεοῦ μείζων αὐτοῦ ἐστιν. 29 καὶ πᾶς ὁ
Dios, [6]mayor que él   es.   Y   todo el

λαὸς ἀκούσας καὶ οἱ τελῶναι ἐδικαίωσαν
pueblo, al oír,   y   los cobradores de [7]justificaron
impuestos,

τὸν θεόν, βαπτισθέντες τὸ βάπτισμα
—   a Dios, habiendo sido bautizados (con) el bautismo

Ἰωάννου· 30 οἱ δὲ Φαρισαῖοι καὶ οἱ
de Juan;   mas los   fariseos   y   los

νομικοὶ τὴν βουλὴν τοῦ θεοῦ ἠθέτησαν εἰς
intérpretes el propósito — de Dios rechazaron para
de la ley   con

[1]
23. NO ENCUENTRE MOTIVO
DE TROPIEZO EN MÍ. O no
sufra tropiezo en mí.
[2]
25. ENTONCES. Lit. Pero.
[3]
25. ESTÁN. El verbo griego
indica una posición de honor, opulencia o mando.
(Comp. con Flp. 2:6.)
[4]
26. MÁS QUE UN PROFETA.
Lit. superior a un profeta.
[5]
27. ESTÁ ESCRITO. Lit. ha
sido escrito.
[6]
28. MAYOR. No en santidad
personal, sino en privilegios,
gracias y dones.
[7]
29. JUSTIFICARON A DIOS. Es
decir, reconocieron la justicia de Dios.

ἑαυτούς, μὴ βαπτισθέντες ὑπ' αὐτοῦ. 31 Τίνι
ellos mismos, no habiendo sido bautizados por   él.   ¿A qué,

οὖν ὁμοιώσω τοὺς ἀνθρώπους τῆς γενεᾶς
pues,   compararé   los   hombres   de la generación

ταύτης, καὶ τίνι εἰσὶν ὅμοιοι; 32 ὅμοιοί εἰσιν
esta,   y a qué son semejantes?   Semejantes son

παιδίοις τοῖς ἐν ἀγορᾷ καθημένοις καὶ
a muchachos — en (la) plaza   sentados   y

προσφωνοῦσιν ἀλλήλοις ἃ λέγει· ηὐλήσαμεν
que dan voces   unos a otros, que dicen: Tocamos flauta

ὑμῖν καὶ οὐκ ὠρχήσασθε· ἐθρηνήσαμεν καὶ
os   [1]y   no   bailasteis;   hicimos duelo   y

οὐκ ἐκλαύσατε. 33 ἐλήλυθεν γὰρ Ἰωάννης
no   llorasteis.   Porque ha venido   Juan

ὁ βαπτιστὴς μὴ ἐσθίων ἄρτον μήτε πίνων
el Bautista no comiendo pan ni bebiendo

οἶνον, καὶ λέγετε· δαιμόνιον ἔχει.
vino,   y   decís: Un demonio   tiene.

34 ἐλήλυθεν ὁ υἱὸς τοῦ ἀνθρώπου ἐσθίων
Ha venido el Hijo del Hombre comiendo

καὶ πίνων, καὶ λέγετε· ἰδοὺ ἄνθρωπος
y   bebiendo, y decís: Mirad, un hombre

φάγος καὶ οἰνοπότης, φίλος τελωνῶν καὶ
glotón y bebedor de vino, amigo de cobradores de y
                                           impuestos

ἁμαρτωλῶν. 35 καὶ ἐδικαιώθη ἡ σοφία
de pecadores.   Y   fue justificada la sabiduría

ἀπὸ πάντων τῶν τέκνων αὐτῆς.
por   todos   [2]los   hijos de ella.

36 Ἠρώτα δέ τις αὐτὸν τῶν Φαρισαίων
Y pedía   uno le de los fariseos

ἵνα φάγῃ μετ' αὐτοῦ· καὶ εἰσελθὼν εἰς
que comiese con   él; y entrando en

τὸν οἶκον τοῦ Φαρισαίου κατεκλίθη. 37 καὶ
la casa del fariseo, se recostó a la mesa. Y

ἰδοὺ γυνὴ ἥτις ἦν ἐν τῇ πόλει ἁμαρτωλός,
en esto, una mujer la cual era en la ciudad pecadora,

καὶ ἐπιγνοῦσα ὅτι κατάκειται ἐν τῇ
— habiéndose enterado de que está reclinado a en la
                                  la mesa

οἰκίᾳ τοῦ Φαρισαίου, κομίσασα ἀλάβαστρον
casa   del   fariseo, trayendo un frasco de alabastro

μύρου 38 καὶ στᾶσα ὀπίσω παρὰ τοὺς
de perfume, y situándose detrás a los

πόδας αὐτοῦ κλαίουσα, τοῖς δάκρυσιν
pies   de él,   llorando, con lágrimas

ἤρξατο βρέχειν τοὺς πόδας αὐτοῦ, καὶ
comenzó a humedecer los pies de él, y

ταῖς θριξὶν τῆς κεφαλῆς αὐτῆς ἐξέμασσεν,
con los cabellos de la cabeza de ella (los) enjugaba,

1

32. Y NO BAILASTEIS. Es decir, *no actuasteis conforme lo demandaba el mensaje musical* (la aplicación está clara).

2

35. LOS HIJOS DE ELLA. Los que se ajustan a los sabios planes de Dios prueban con su conducta que el método de Dios es correcto.

καὶ κατεφίλει τοὺς πόδας αὐτοῦ καὶ
y besaba afectuosamente los pies de él y

ἤλειφεν τῷ μύρῳ. **39** ἰδὼν δὲ ὁ Φαρισαῖος
(los) ungía con el perfume. Mas viéndo(lo) el fariseo

ὁ καλέσας αὐτὸν εἶπεν ἐν ἑαυτῷ λέγων·
que había invitado le, dijo dentro de sí mismo, diciendo:

οὗτος εἰ ἦν [ὁ] προφήτης, ἐγίνωσκεν ἂν
Si éste fuese el profeta, conocería

τίς καὶ ποταπὴ ἡ γυνὴ ἥτις ἅπτεται
quién y qué clase la mujer que toca
(de persona es)

αὐτοῦ, ὅτι ἁμαρτωλός ἐστιν. **40** καὶ
le, pues una pecadora es. Y

ἀποκριθεὶς ὁ Ἰησοῦς εἶπεν πρὸς αὐτόν·
respondiendo — Jesús, dijo a él:

Σίμων, ἔχω σοί τι εἰπεῖν. ὁ δέ· διδάσκαλε,
Simón, tengo te algo que decir. Y él: Maestro,

εἰπέ, φησίν. **41** δύο χρεοφειλέται ἦσαν
di, ¹dijo. Dos deudores tenía

δανειστῇ τινι· ὁ εἷς ὤφειλεν δηνάρια
cierto prestamista; el uno debía denarios

πεντακόσια, ὁ δὲ ἕτερος πεντήκοντα. **42** μὴ
quinientos, y el otro cincuenta. No

ἐχόντων αὐτῶν ἀποδοῦναι ἀμφοτέροις
teniendo ellos (con qué) pagar, a ambos

ἐχαρίσατο. τίς οὖν αὐτῶν πλεῖον ἀγαπήσει
perdonó de gracia. ¿Quién, pues, de ellos más amará

αὐτόν; **43** ἀποκριθεὶς Σίμων εἶπεν·
le? Respondiendo Simón, dijo:

ὑπολαμβάνω ὅτι ᾧ τὸ πλεῖον ἐχαρίσατο.
Supongo que aquel a quien lo más perdonó.

ὁ δὲ εἶπεν αὐτῷ· ὀρθῶς ἔκρινας. **44** καὶ
Y él dijo le: Correctamente juzgaste. Y

στραφεὶς πρὸς τὴν γυναῖκα τῷ Σίμωνι
vuelto hacia la mujer, — a Simón

ἔφη· βλέπεις ταύτην τὴν γυναῖκα; εἰσῆλθόν
dijo: ¿Ves esta — mujer? Cuando entré

σου εἰς τὴν οἰκίαν, ὕδωρ μοι ἐπὶ πόδας
de ti en la casa, agua me en (los) pies

οὐκ ἔδωκας· αὕτη δὲ τοῖς δάκρυσιν
no diste; mas ésta con las lágrimas

ἔβρεξέν μου τοὺς πόδας καὶ ταῖς θριξὶν
mojó de mí los pies y con los cabellos

αὐτῆς ἐξέμαξεν. **45** φίλημά μοι οὐκ ἔδωκας·
de ella enjugó(los). Beso me no diste;

αὕτη δὲ ἀφ' ἧς εἰσῆλθον οὐ διέλειπεν
mas ésta desde que entré ²no dejó de

¹
40. DIJO. Lit. *dice*.
²
45. NO DEJÓ DE. Lit. *no dejaba de*.

καταφιλοῦσά   μου   τοὺς   πόδας.   46 ἐλαίῳ
besar efusivamente de mí   los   pies.   Con aceite

τὴν   κεφαλήν   μου   οὐκ   ἤλειψας·   αὕτη   δὲ
la   cabeza   de mí   no   ungiste;   mas ésta

μύρῳ   ἤλειψεν   τοὺς   πόδας   μου.   47   οὗ
con perfume ungió   los   pies   de mí.   Por lo

χάριν   λέγω σοι,   ἀφέωνται   αἱ   ἁμαρτίαι
cual   digo te   (que) han sido   los   pecados
                   perdonados

αὐτῆς   αἱ   πολλαί,   ὅτι   ἠγάπησεν   πολύ·
de ella   —   muchos,   pues   1amó   mucho;

ᾧ   δὲ   ὀλίγον   ἀφίεται,   ὀλίγον   ἀγαπᾷ.
mas al que poco es perdonado,   poco   ama.

48 εἶπεν   δὲ   αὐτῇ·   ἀφέωνταί   σου   αἱ
Y dijo   a ella: Han sido perdonados de ti   los

ἁμαρτίαι. 49 καὶ   ἤρξαντο   οἱ   συνανακείμενοι
pecados.   Y   comenzaron los   que estaban reclinados
                                      a la mesa con él,

λέγειν   ἐν   ἑαυτοῖς·   τίς   οὗτός   ἐστιν,   ὃς   καὶ
a decir entre sí mismos: ¿Quién éste   es,   que hasta

ἁμαρτίας   ἀφίησιν;   50 εἶπεν   δὲ   πρὸς   τὴν
pecados   perdona?   Y dijo   a   la

γυναῖκα·   ἡ   πίστις   σου   σέσωκέν   σε·
mujer: La   fe   de ti   ha salvado   te;

πορεύου   εἰς   εἰρήνην.
vete   en   paz.

8 Καὶ   ἐγένετο   ἐν   τῷ   καθεξῆς   καὶ   αὐτὸς
   Y   sucedió   después que   —   él

διώδευεν   κατὰ   πόλιν   καὶ   κώμην   κηρύσσων
recorría   una por las ciudades y   aldeas, proclamando
                                  una
καὶ   εὐαγγελιζόμενος   τὴν   βασιλείαν   τοῦ
y   anunciando como buenas nuevas el   reino

θεοῦ,   καὶ   οἱ   δώδεκα   σὺν   αὐτῷ,   2 καὶ
de Dios, y   los   doce   con   él,   y

γυναῖκές   τινες   αἱ   ἦσαν   τεθεραπευμέναι   ἀπὸ
unas mujeres   que   habían   sido sanadas   de

πνευμάτων   πονηρῶν   καὶ   ἀσθενειῶν,   Μαρία
espíritus   malignos   y   enfermedades,   María

ἡ   καλουμένη   Μαγδαληνή,   ἀφ᾽   ἧς   δαιμόνια
la   llamada   Magdalena,   de   la que demonios

ἑπτὰ   ἐξεληλύθει, 3 καὶ   Ἰωάννα   γυνὴ   Χουζᾶ
siete   habían salido,   y   Juana   mujer   de Cuza,

ἐπιτρόπου   Ἡρώδου   καὶ   Σουσάννα   καὶ
mayordomo   de Herodes,   y   Susana   y

ἕτεραι   πολλαί,   αἵτινες   διηκόνουν   αὐτοῖς
otras   muchas,   las cuales   servían   les

ἐκ   τῶν   ὑπαρχόντων   αὐταῖς.
de   las   posesiones   de ellas.

1
47. AMÓ MUCHO. Es decir, su mucho amor demostró que era consciente de que se le había perdonado mucho.

4 Συνιόντος δὲ ὄχλου πολλοῦ καὶ τῶν
　　Y cuando se congregó una multitud ¹grande　y　los que

κατὰ πόλιν ἐπιπορευομένων πρὸς αὐτὸν
de cada　ciudad　acudían　　　　a　él,

εἶπεν διὰ παραβολῆς· **5** ἐξῆλθεν ὁ σπείρων
dijo　por　de una parábola:　Salió　el que siembra
　　　medio

τοῦ σπεῖραι τὸν σπόρον αὐτοῦ. καὶ ἐν τῷ
a sembrar　la　semilla　de él.　Y　al

σπείρειν αὐτὸν ὃ μὲν ἔπεσεν παρὰ τὴν
sembrar　él,　una (parte)　cayó　a lo largo　del

ὁδὸν καὶ κατεπατήθη, καὶ τὰ πετεινὰ τοῦ
camino　y　fue pisoteada,　y　las　aves　del

οὐρανοῦ κατέφαγεν αὐτό. **6** καὶ ἕτερον
cielo　devoraron　la.　Y　otra (parte)

κατέπεσεν ἐπὶ τὴν πέτραν, καὶ φυὲν
cayó　sobre　— (terreno) pedregoso, y cuando creció

ἐξηράνθη διὰ τὸ μὴ ἔχειν ἰκμάδα.
se secó　a causa de　—　no　tener　humedad.

7 καὶ ἕτερον ἔπεσεν ἐν μέσῳ τῶν ἀκανθῶν, καὶ
　　Y otra (parte) cayó en medio de los espinos, y

συμφυεῖσαι αἱ ἄκανθαι ἀπέπνιξαν αὐτό.
al crecer juntamente los　espinos,　ahogaron　la.

8 καὶ ἕτερον ἔπεσεν εἰς τὴν γῆν τὴν
　　Y otra (parte) cayó en la tierra —

ἀγαθὴν καὶ φυὲν ἐποίησεν καρπὸν
buena　y　creciendo,　²produjo　fruto

ἑκατονταπλασίονα. ταῦτα λέγων ἐφώνει· ὁ
al ciento por uno.　Esto diciendo, clamaba: El que

ἔχων ὦτα ἀκούειν ἀκουέτω. **9** Ἐπηρώτων δὲ
tiene oídos para oír,　oiga.　Y preguntaban

αὐτὸν οἱ μαθηταὶ αὐτοῦ τίς αὕτη εἴη ἡ
le　los　discípulos　de él　³qué quería decir esta

παραβολή. **10** ὁ δὲ εἶπεν· ὑμῖν δέδοται
parábola.　Y él　dijo: A vosotros　ha sido dado

γνῶναι τὰ μυστήρια τῆς βασιλείας τοῦ
conocer los　misterios　del　reino　—

θεοῦ, τοῖς δὲ λοιποῖς ἐν παραβολαῖς, ἵνα
de Dios,　mas a los　demás　en　parábolas, ⁴para que

βλέποντες μὴ βλέπωσιν καὶ ἀκούοντες μὴ
viendo　no　vean,　y　oyendo　no

συνιῶσιν. **11** ἔστιν δὲ αὕτη ἡ παραβολή.
entiendan.　Ahora bien, es ésta la parábola.

ὁ σπόρος ἐστὶν ὁ λόγος τοῦ θεοῦ.
La semilla　es　la　palabra　—　de Dios.

1
4. GRANDE. Lit. *mucha*.
2
8. PRODUJO. Lit. *hizo*.
3
9. QUÉ QUERÍA DECIR ESTA
PARÁBOLA. Lit. *qué esta sería la parábola*.
4
10. PARA QUE VIENDO NO
VEAN. Sólo los bien dispuestos espiritualmente pueden
captar el mensaje directo
del Evangelio. (V. 1.ª Co.
2:14.)

12 οἱ δὲ παρὰ τὴν ὁδόν εἰσιν οἱ ἀκούσαντες,
Y los de a lo largo del camino son los que, tras oír,

εἶτα ἔρχεται ὁ διάβολος καὶ αἴρει τὸν
entonces viene el diablo y quita la

λόγον ἀπὸ τῆς καρδίας αὐτῶν, ἵνα μὴ
palabra del corazón de ellos, para que [1]no

πιστεύσαντες σωθῶσιν. **13** οἱ δὲ ἐπὶ τῆς
creyendo, sean salvos. Y los de sobre el

πέτρας οἳ ὅταν ἀκούσωσιν μετὰ χαρᾶς
(terreno) los que cuando oyen, con gozo
pedregoso (son)

δέχονται τὸν λόγον· καὶ οὗτοι ῥίζαν
reciben la palabra; y éstos raíz

οὐκ ἔχουσιν, οἳ πρὸς καιρὸν πιστεύουσιν
no tienen, los cuales por un tiempo creen,

καὶ ἐν καιρῷ πειρασμοῦ ἀφίστανται. **14** τὸ
y en tiempo de prueba, se retiran. Y el

δὲ εἰς τὰς ἀκάνθας πεσόν, οὗτοί εἰσιν
en los espinos que cayó, éstos son

οἱ ἀκούσαντες, καὶ ὑπὸ μεριμνῶν καὶ
los que oyeron, y por preocupaciones y

πλούτου καὶ ἡδονῶν τοῦ βίου πορευόμενοι
riqueza y placeres de la vida, al ir caminando

συμπνίγονται καὶ οὐ τελεσφοροῦσιν. **15** τὸ
son ahogados y no traen (fruto) a la madurez. Y el que

δὲ ἐν τῇ καλῇ γῇ, οὗτοί εἰσιν οἵτινες ἐν
en la de buena tierra, éstos son los que con
calidad

καρδίᾳ καλῇ καὶ ἀγαθῇ ἀκούσαντες τὸν
corazón excelente y bueno habiendo oído la

λόγον κατέχουσιν καὶ καρποφοροῦσιν ἐν
palabra, (la) retienen y llevan fruto con

ὑπομονῇ. **16** Οὐδεὶς δὲ λύχνον ἅψας
paciencia. Ahora bien, nadie una lámpara habiendo encendido,

καλύπτει αὐτὸν σκεύει ἢ ὑποκάτω κλίνης
esconde la con una vasija o debajo de una cama

τίθησιν, ἀλλ' ἐπὶ λυχνίας τίθησιν, ἵνα οἱ
(la) pone, sino que sobre [2]un candelero (la) pone, para que los

εἰσπορευόμενοι βλέπωσιν τὸ φῶς. **17** οὐ
que vayan entrando vean la luz. Porque no

γάρ ἐστιν κρυπτὸν ὃ οὐ φανερὸν
(nada) hay oculto que no manifiesto

γενήσεται, οὐδὲ ἀπόκρυφον ὃ οὐ μὴ
haya de ser, ni secreto que en absoluto no

γνωσθῇ καὶ εἰς φανερὸν ἔλθῃ. **18** βλέπετε
sea conocido y [3]a la luz salir. Ved,

οὖν πῶς ἀκούετε· ὃς ἂν γὰρ ἔχῃ,
pues, cómo oís; porque cualquiera que tenga,

δοθήσεται αὐτῷ· καὶ ὃς ἂν μὴ ἔχῃ,
será dado le; y cualquiera que no tenga,

1
12. No. Este *no* afecta a lo de *sean salvos.*
2
16. UN CANDELERO. O *una repisa.*
3
17. A LA LUZ SALIR. Lit. *a manifiesto venir.*

καὶ ὃ δοκεῖ ἔχειν ἀρθήσεται ἀπ' αὐτοῦ.
hasta lo que parece   tener,   será quitado   de   él.

19 Παρεγένετο δὲ πρὸς αὐτὸν ἡ μήτηρ
Y se presentó   ante   él   la madre

καὶ οἱ ἀδελφοὶ αὐτοῦ, καὶ οὐκ ἠδύναντο
y los hermanos de él,   y   no   podían

συντυχεῖν αὐτῷ διὰ τὸν ὄχλον. **20** ἀπηγγέλη δὲ
llegar   a él a causa de la multitud.   Y se informó

αὐτῷ· ἡ μήτηρ σου καὶ οἱ ἀδελφοί σου
le: La madre de ti y los hermanos de ti

ἑστήκασιν ἔξω ἰδεῖν θέλοντές σε. **21** ὁ δὲ
están   afuera ¹deseando verte.   Mas él

ἀποκριθεὶς εἶπεν πρὸς αὐτούς· μήτηρ μου
contestando dijo   a   ellos: (La) madre de mí

καὶ ἀδελφοί μου οὗτοί εἰσιν οἱ τὸν λόγον
y (los) hermanos de mí éstos son los (que) la palabra

τοῦ θεοῦ ἀκούοντες καὶ ποιοῦντες.
— de Dios ²oyen   y   hacen.

22 Ἐγένετο δὲ ἐν μιᾷ τῶν ἡμερῶν καὶ
Y sucedió   en uno de los días (aquellos) que

αὐτὸς ἐνέβη εἰς πλοῖον καὶ οἱ μαθηταὶ
él   entró en una barca y los discípulos

αὐτοῦ, καὶ εἶπεν πρὸς αὐτούς· διέλθωμεν
de él,   y   dijo   a   ellos: Pasemos

εἰς τὸ πέραν τῆς λίμνης· καὶ ἀνήχθησαν.
al otro lado del lago;   y se hicieron a la mar.

23 πλεόντων δὲ αὐτῶν ἀφύπνωσεν. καὶ
Mas mientras navegaban ellos,   se durmió.   Y

κατέβη λαῖλαψ ἀνέμου εἰς τὴν λίμνην, καὶ
descendió una tempestad de viento al   lago,   y

συνεπληροῦντο καὶ ἐκινδύνευον. **24** προσ-
estaban anegándose y   en peligro.   Y acer-

ελθόντες δὲ διήγειραν αὐτὸν λέγοντες·
cándose   despertaron   le,   diciendo:

ἐπιστάτα ἐπιστάτα, ἀπολλύμεθα. ὁ δὲ
¡Maestro, Maestro, estamos pereciendo! Mas él,

διεγερθεὶς ἐπετίμησεν τῷ ἀνέμῳ καὶ τῷ
despertado, reprendió al viento y al

κλύδωνι τοῦ ὕδατος· καὶ ἐπαύσαντο, καὶ ἐγένετο
oleaje del agua;   y cesaron,   y se hizo

γαλήνη. **25** εἶπεν δὲ αὐτοῖς· ποῦ ἡ πίστις ὑμῶν;
(la) calma.   Entonces dijo les: ¿Dónde la fe de vosotros?

φοβηθέντες δὲ ἐθαύμασαν, λέγοντες πρὸς
Y, atemorizados, se maravillaron, diciéndose

ἀλλήλους· τίς ἄρα οὗτός ἐστιν, ὅτι καὶ
unos a otros: ¿Quién, pues, éste es,   que aun

τοῖς ἀνέμοις ἐπιτάσσει καὶ τῷ ὕδατι, καὶ
a los vientos ordena   y ³al mar,   y

¹
20. DESEANDO VERTE. Lit. *ver deseándo(te)*.
²
21. OYEN Y HACEN. Los dos verbos están en tiempo presente (continuativo).
³
25. AL MAR. Lit. *al agua*.

ὑπακούουσιν αὐτῷ; 26 Καὶ κατέπλευσαν εἰς
obedecen le? Y bajaron navegando . a

τὴν χώραν τῶν Γερασηνῶν, ἥτις ἐστὶν
la región de los ¹gerasenos, la cual está

ἀντιπέρα τῆς Γαλιλαίας. 27 ἐξελθόντι δὲ
al lado opuesto — de Galilea. Y cuando salía

αὐτῷ ἐπὶ τὴν γῆν ὑπήντησεν ἀνήρ τις
él a la tierra, (le) salió al encuentro cierto hombre

ἐκ τῆς πόλεως ἔχων δαιμόνια, καὶ χρόνῳ
de la ciudad, que tenía demonios, y por tiempo

ἱκανῷ οὐκ ἐνεδύσατο ἱμάτιον, καὶ ἐν οἰκίᾳ
considerable ²no se había puesto ropa, y en una casa

οὐκ ἔμενεν ἀλλ' ἐν τοῖς μνήμασιν. 28 ἰδὼν
no moraba, sino entre los sepulcros. Y al ver

δὲ τὸν Ἰησοῦν ἀνακράξας προσέπεσεν αὐτῷ
— a Jesús, dando chillidos, cayó ante él

καὶ φωνῇ μεγάλῃ εἶπεν· τί ἐμοὶ καὶ σοί,
y con voz grande dijo: ³¿Qué tengo yo que ver contigo,

Ἰησοῦ υἱὲ τοῦ θεοῦ τοῦ ὑψίστου; δέομαί
Jesús, Hijo — de Dios — Altísimo? Ruego

σου, μή με βασανίσῃς. 29 παρήγγελλεν
te, no me atormentes. Porque encargaba

γὰρ τῷ πνεύματι τῷ ἀκαθάρτῳ ἐξελθεῖν
al espíritu — inmundo que saliera

ἀπὸ τοῦ ἀνθρώπου. πολλοῖς γὰρ χρόνοις
del hombre. Porque ⁴muchas veces

συνηρπάκει αὐτόν, καὶ ἐδεσμεύετο ἁλύσεσιν
se había apoderado de él, y estaba atado con cadenas

καὶ πέδαις φυλασσόμενος, καὶ διαρήσσων
y grilletes, estando bajo guardia, y rompiendo

τὰ δεσμὰ ἠλαύνετο ἀπὸ τοῦ δαιμονίου εἰς
las ataduras, era impelido por el demonio hacia

τὰς ἐρήμους. 30 ἐπηρώτησεν δὲ αὐτὸν ὁ
los lugares desiertos. Y preguntó le —

Ἰησοῦς· τί σοι ὄνομά ἐστιν; ὁ δὲ εἶπεν·
Jesús: ¿Qué nombre tienes? Y él dijo:

λεγιών, ὅτι εἰσῆλθεν δαιμόνια πολλὰ εἰς
Legión, pues ⁵habían entrado demonios muchos en

αὐτόν. 31 καὶ παρεκάλουν αὐτὸν ἵνα μὴ
él. Y rogaban le que no

ἐπιτάξῃ αὐτοῖς εἰς τὴν ἄβυσσον ἀπελθεῖν.
ordenara les al abismo marchar.

32 ἦν δὲ ἐκεῖ ἀγέλη χοίρων ἱκανῶν
Y había allí una piara de cerdos bastantes

βοσκομένη ἐν τῷ ὄρει· καὶ παρεκάλεσαν
que estaba paciendo en el monte; y rogaron

αὐτὸν ἵνα ἐπιτρέψῃ αὐτοῖς εἰς ἐκείνους
le que permitiera les en aquellos (cerdos)

1
26. GERASENOS. O gadarenos.
2
27. NO SE HABÍA PUESTO ROPA. Lit. no se vistió manto.
3
28. ¿QUÉ TENGO YO QUE VER CONTIGO? Lit. ¿Qué a ti y a mí? (La misma frase que en Jn. 2:4.)
4
29. MUCHAS VECES. Lit. en muchos tiempos (o durante mucho tiempo).
5
30. HABÍAN ENTRADO. Lit. entraron.

εἰσελθεῖν· καὶ ἐπέτρεψεν αὐτοῖς. 33 ἐξελθόντα
entrar; y permitió les. Así pues, saliendo

δὲ τὰ δαιμόνια ἀπὸ τοῦ ἀνθρώπου εἰσῆλθον
los demonios del hombre, entraron

εἰς τοὺς χοίρους, καὶ ὥρμησεν ἡ ἀγέλη
en los cerdos, y se precipitó la piara

κατὰ τοῦ κρημνοῦ εἰς τὴν λίμνην καὶ
por el despeñadero al lago y

ἀπεπνίγη. 34 ἰδόντες δὲ οἱ βόσκοντες
se ahogó. Y al ver los que apacentaban

τὸ γεγονὸς ἔφυγον καὶ ἀπήγγειλαν εἰς
lo sucedido, huyeron y (lo) refirieron en

τὴν πόλιν καὶ εἰς τοὺς ἀγρούς. 35 ἐξῆλθον
la ciudad y ¹por los campos. Y salieron

δὲ ἰδεῖν τὸ γεγονός, καὶ ἦλθον πρὸς τὸν
a ver lo sucedido, y vinieron hasta —

Ἰησοῦν, καὶ εὗρον καθήμενον τὸν ἄνθρωπον
Jesús, y hallaron sentado al hombre

ἀφ' οὗ τὰ δαιμόνια ἐξῆλθεν ἱματισμένον
del que los demonios salieron, vestido

καὶ σωφρονοῦντα παρὰ τοὺς πόδας τοῦ
y en sus cabales, a los pies —

Ἰησοῦ, καὶ ἐφοβήθησαν. 36 ἀπήγγειλαν δὲ
de Jesús, y tuvieron miedo. Y refirieron

αὐτοῖς οἱ ἰδόντες πῶς ἐσώθη ὁ δαιμο-
les los que (lo) habían visto cómo ²fue sanado el endemo-

νισθείς. 37 καὶ ἠρώτησεν αὐτὸν ἅπαν τὸ
niado. Y pidió le toda la

πλῆθος τῆς περιχώρου τῶν Γερασηνῶν
multitud de la región circunvecina de los ³gerasenos

ἀπελθεῖν ἀπ' αὐτῶν, ὅτι φόβῳ μεγάλῳ
que se marchase de ellos, pues de un temor grande

συνείχοντο· αὐτὸς δὲ ἐμβὰς εἰς πλοῖον
estaban poseídos; y él, entrando en una barca,

ὑπέστρεψεν. 38 ἐδεῖτο δὲ αὐτοῦ ὁ ἀνὴρ
se volvió. Y rogaba le el hombre

ἀφ' οὗ ἐξεληλύθει τὰ δαιμόνια εἶναι σὺν
del que habían salido los demonios estar con

αὐτῷ· ἀπέλυσεν δὲ αὐτὸν λέγων· 39 ὑπόστρεφε
él; mas despidió le, diciendo: Vuelve

εἰς τὸν οἶκόν σου, καὶ διηγοῦ ὅσα σοι
a la casa de ti, y refiere cuánto te

ἐποίησεν ὁ θεός. καὶ ἀπῆλθεν καθ' ὅλην
hizo — Dios. Y marchó por toda

<hr />

1
34. POR LOS CAMPOS. Es decir, *por las alquerías.*

2
36. FUE SANADO. Lit. *fue salvado.*

3
37. GERASENOS. O *gadarenos.*

τὴν πόλιν κηρύσσων ὅσα ἐποίησεν αὐτῷ
la ciudad proclamando cuánto hizo le

ὁ Ἰησοῦς.
— Jesús.

40 Ἐν δὲ τῷ ὑποστρέφειν τὸν Ἰησοῦν
Y cuando — estaba regresando — Jesús,

ἀπεδέξατο αὐτὸν ὁ ὄχλος· ἦσαν γὰρ
acogió le la multitud; porque estaban

πάντες προσδοκῶντες αὐτόν. **41** καὶ ἰδοὺ
todos aguardando le. Y [1]en esto

ἦλθεν ἀνὴρ ᾧ ὄνομα Ἰάϊρος, καὶ οὗτος
vino un hombre cuyo nombre (era) Jairo, y éste

ἄρχων τῆς συναγωγῆς ὑπῆρχεν· καὶ πεσὼν
un jefe de la sinagoga era; y cayendo

παρὰ τοὺς πόδας Ἰησοῦ παρεκάλει αὐτὸν
a los pies de Jesús, rogaba le

εἰσελθεῖν εἰς τὸν οἶκον αὐτοῦ, **42** ὅτι
que entrase en la casa de él, pues

θυγάτηρ μονογενὴς ἦν αὐτῷ ὡς ἐτῶν
una hija [2]única tenía como de años

δώδεκα καὶ αὕτη ἀπέθνησκεν. Ἐν δὲ τῷ
doce y ésta se estaba muriendo. Y mientras —

ὑπάγειν αὐτὸν οἱ ὄχλοι συνέπνιγον αὐτόν.
iba él, las multitudes apretujaban le.

43 καὶ γυνὴ οὖσα ἐν ῥύσει αἵματος ἀπὸ
Y una mujer [3]que tenía un flujo de sangre desde (hacía)

ἐτῶν δώδεκα, ἥτις οὐκ ἴσχυσεν ἀπ᾽
años doce, la cual no fue capaz por

οὐδενὸς θεραπευθῆναι, **44** προσελθοῦσα ὄπισθεν
nadie de ser sanada, acercándose por detrás

ἥψατο τοῦ κρασπέδου τοῦ ἱματίου αὐτοῦ,
tocó la orla del manto de él,

καὶ παραχρῆμα ἔστη ἡ ῥύσις τοῦ αἵματος
y al instante se paró el flujo de la sangre

αὐτῆς. **45** καὶ εἶπεν ὁ Ἰησοῦς· τίς ὁ
de ella. Y dijo — Jesús: ¿Quién (es) el

ἁψάμενός μου; ἀρνουμένων δὲ πάντων
que tocó me? Y negándo(lo) todos,

εἶπεν ὁ Πέτρος· ἐπιστάτα, οἱ ὄχλοι
dijo — Pedro: Maestro, las multitudes

συνέχουσίν σε καὶ ἀποθλίβουσιν. **46** ὁ δὲ
apretujan te y oprimen. — Mas

Ἰησοῦς εἶπεν· ἥψατό μού τις· ἐγὼ γὰρ
Jesús dijo: Tocó me alguien; porque yo

ἔγνων δύναμιν ἐξεληλυθυῖαν ἀπ᾽ ἐμοῦ.
noté que un poder ha salido de mí.

1
41. EN ESTO. Lit. *he aquí.*
2
42. ÚNICA. Lit. *unigénita.*
3
43. QUE TENÍA UN FLUJO DE
SANGRE. Lit. *que estaba en
un flujo de sangre.*

47 ἰδοῦσα δὲ ἡ γυνὴ ὅτι οὐκ ἔλαθεν,
Y al ver   la   mujer   que   no   [1]pasó
                                        inadvertida,

τρέμουσα ἦλθεν καὶ προσπεσοῦσα αὐτῷ δι'
temblando vino   y   cayendo ante   él,   por

ἣν αἰτίαν ἥψατο αὐτοῦ ἀπήγγειλεν ἐνώπιον
qué motivo tocó   le   refirió   en presencia

παντὸς τοῦ λαοῦ, καὶ ὡς ἰάθη παραχρῆμα.
de todo el pueblo, y cómo fue sanada al instante.

48 ὁ δὲ εἶπεν αὐτῇ· θυγάτηρ, ἡ πίστις
Y él   dijo a ella: Hija,   la   fe

σου σέσωκέν σε· πορεύου εἰς εἰρήνην.
de ti [2]ha sanado te;   vete   en   paz.

49 Ἔτι αὐτοῦ λαλοῦντος ἔρχεταί τις παρὰ
Aún   él   estando hablando, viene uno de casa

τοῦ ἀρχισυναγώγου λέγων ὅτι τέθνηκεν
del jefe de la sinagoga, diciendo: — Ha muerto

ἡ θυγάτηρ σου· μηκέτι σκύλλε τὸν
la hija   de ti; ya no   molestes   al

διδάσκαλον. **50** ὁ δὲ Ἰησοῦς ἀκούσας
Maestro.   — Mas   Jesús,   al oír(lo),

ἀπεκρίθη αὐτῷ· μὴ φοβοῦ· μόνον πίστευσον,
respondió le: Cesa de temer; solamente cree,

καὶ σωθήσεται. **51** ἐλθὼν δὲ εἰς τὴν
y   [3]será sanada.   Y cuando llegó a   la

οἰκίαν οὐκ ἀφῆκεν εἰσελθεῖν τινα σὺν
casa   no   permitió   entrar   a nadie con

αὐτῷ εἰ μὴ Πέτρον καὶ Ἰωάννην καὶ
él,   excepto a Pedro y   a Juan   y

Ἰάκωβον καὶ τὸν πατέρα τῆς παιδὸς καὶ
a Jacobo y   al padre de la niña   y

τὴν μητέρα. **52** ἔκλαιον δὲ πάντες καὶ
a la madre.   Y lloraban   todos   y

ἐκόπτοντο αὐτήν. ὁ δὲ εἶπεν· μὴ κλαίετε·
hacían duelo por ella. Mas él dijo: No lloréis más;

οὐκ ἀπέθανεν ἀλλὰ καθεύδει. **53** καὶ
no   murió,   sino que duerme.   Y

κατεγέλων αὐτοῦ, εἰδότες ὅτι ἀπέθανεν.
se burlaban de él, sabiendo que [4]había muerto.

54 αὐτὸς δὲ κρατήσας τῆς χειρὸς αὐτῆς
Mas él, agarrando la mano de ella,

ἐφώνησεν λέγων· ἡ παῖς, ἔγειρε. **55** καὶ
(la) llamó, diciendo: — ¡Muchacha, levántate! Y

ἐπέστρεψεν τὸ πνεῦμα αὐτῆς, καὶ ἀνέστη
volvió   el espíritu de ella, y se levantó

παραχρῆμα, καὶ διέταξεν αὐτῇ δοθῆναι
al instante,   y   ordenó que a ella fuera dado

φαγεῖν. **56** καὶ ἐξέστησαν οἱ γονεῖς
de comer.   Y   se maravillaron los padres

1
47. PASÓ INADVERTIDA. Lit.
quedó oculta.
2
48. HA SANADO. Lit. ha salvado.
3
50. SERÁ SANADA. Lit. será
salvada.
4
53. HABÍA MUERTO. Lit. murió.

αὐτῆς· ὁ δὲ παρήγγειλεν αὐτοῖς μηδενὶ
de ella;   mas él   encargó   les   que a nadie

εἰπεῖν τὸ γεγονός.
dijesen   lo   sucedido.

9 Συγκαλεσάμενος δὲ τοὺς δώδεκα ἔδωκεν
Y habiendo convocado   a los   doce,   dio

αὐτοῖς δύναμιν καὶ ἐξουσίαν ἐπὶ πάντα τὰ
les   poder   y   autoridad   sobre   todos   los

δαιμόνια καὶ νόσους θεραπεύειν· **2** καὶ
demonios   y para enfermedades   sanar;   y

ἀπέστειλεν αὐτοὺς κηρύσσειν τὴν βασιλείαν
envió   los   a proclamar   el   reino

τοῦ θεοῦ καὶ ἰᾶσθαι, **3** καὶ εἶπεν πρὸς
—   de Dios   y   a sanar,   y   dijo   a

αὐτούς· μηδὲν αἴρετε εἰς τὴν ὁδόν, μήτε
ellos: Nada   toméis   para   el   camino,   ni

ῥάβδον μήτε πήραν μήτε ἄρτον μήτε
bordón,   ni   alforja,   ni   pan,   ni

ἀργύριον μήτε ἀνὰ δύο χιτῶνας ἔχειν.
dinero,   ni   cada uno   dos   túnicas   para tener.

4 καὶ εἰς ἦν ἂν οἰκίαν εἰσέλθητε, ἐκεῖ
Y   a   cualquier   casa   que entréis,   [1]allí

μένετε καὶ ἐκεῖθεν ἐξέρχεσθε. **5** καὶ
permaneced   y   de allí   salid.   Y

ὅσοι ἂν μὴ δέχωνται ὑμᾶς, ἐξερχόμενοι
cuantos   no   acojan   os,   al salir

ἀπὸ τῆς πόλεως ἐκείνης τὸν κονιορτὸν
de   la   ciudad   aquella,   el   polvo

ἀπὸ τῶν ποδῶν ὑμῶν ἀποτινάσσετε εἰς
de   los   pies   de vosotros   sacudid   para

μαρτύριον ἐπ᾽ αὐτούς. **6** ἐξερχόμενοι δὲ
testimonio   contra   ellos.   Y saliendo,

διήρχοντο κατὰ τὰς κώμας εὐαγγελιζόμενοι
recorrían   una por una   las   aldeas   anunciando las buenas nuevas

καὶ θεραπεύοντες πανταχοῦ. **7** Ἤκουσεν
y   sanando   en todas partes.   Y oyó

δὲ Ἡρῴδης ὁ τετραάρχης τὰ γινόμενα
Heródes   el   tetrarca   lo que   estaba ocurriendo

πάντα, καὶ διηπόρει διὰ τὸ λέγεσθαι
todo,   y   estaba muy perplejo   porque   —   se decía

ὑπό τινων ὅτι Ἰωάννης ἠγέρθη ἐκ νεκρῶν,
por   algunos   que   Juan   [2]había resucitado de   (los) muertos,

8 ὑπό τινων δὲ ὅτι Ἡλίας ἐφάνη, ἄλλων
y por otros   que   Elías   [3]se había   (por) otros aparecido,

---

1
4. ALLÍ PERMANECED... Es decir, *quedaos en la misma casa hasta que salgáis de la localidad.*
2
7. HABÍA RESUCITADO. Lit. *fue resucitado.*
3
8. SE HABÍA APARECIDO. Lit. *se apareció.*

δὲ ὅτι προφήτης τις τῶν ἀρχαίων ἀνέστη.
que   un profeta   de los   antiguos [1]había resucitado.

9 εἶπεν δὲ [ὁ] Ἡρῴδης· Ἰωάννην ἐγὼ
Y dijo   —   Herodes: A Juan   yo (lo)

ἀπεκεφάλισα· τίς δέ ἐστιν οὗτος περὶ οὗ
decapité;   ¿quién, pues,   es   éste   del   que

ἀκούω τοιαῦτα; καὶ ἐζήτει ἰδεῖν αὐτόν.
oigo   tales cosas?   Y   procuraba   ver   le.

10 Καὶ ὑποστρέψαντες οἱ ἀπόστολοι
Y   cuando regresaron   los   apóstoles

διηγήσαντο αὐτῷ ὅσα ἐποίησαν. Καὶ
refirieron   le   cuanto   [2]habían hecho.   Y

παραλαβὼν αὐτοὺς ὑπεχώρησεν κατ' ἰδίαν
tomando   los,   se retiró   en   privado

εἰς πόλιν καλουμένην Βηθσαϊδά. **11** οἱ δὲ
a   una ciudad   llamada   Betsaida.   Mas las

ὄχλοι γνόντες ἠκολούθησαν αὐτῷ· καὶ
multitudes, al darse cuenta,   siguieron   le;   y

ἀποδεξάμενος αὐτοὺς ἐλάλει αὐτοῖς περὶ
acogiendo   les,   hablaba   les   del

τῆς βασιλείας τοῦ θεοῦ, καὶ τοὺς χρείαν
reino   —   de Dios,   y   a los que   necesidad

ἔχοντας θεραπείας ἰᾶτο. **12** Ἡ δὲ ἡμέρα
tenían   de curación   sanaba.   Y el   día

ἤρξατο κλίνειν· προσελθόντες δὲ οἱ δώδεκα
comenzaba   a declinar;   y acercándose   los   doce,

εἶπαν αὐτῷ· ἀπόλυσον τὸν ὄχλον, ἵνα
dijeron   le: Despide   a la   multitud, para que

πορευθέντες εἰς τὰς κύκλῳ κώμας καὶ
yendo   a   las   en derredor   aldeas   y

ἀγροὺς καταλύσωσιν καὶ εὕρωσιν ἐπισιτισμόν,
alquerías,   hallen hospedaje   y   encuentren   provisiones,

ὅτι ὧδε ἐν ἐρήμῳ τόπῳ ἐσμέν. **13** εἶπεν
pues   aquí   en un solitario   lugar   estamos.   Y dijo

δὲ πρὸς αὐτούς· δότε αὐτοῖς φαγεῖν
a   ellos: Dad   les   de comer

ὑμεῖς. οἱ δὲ εἶπαν· οὐκ εἰσὶν ἡμῖν
vosotros.   Mas ellos   dijeron: No   tenemos

πλεῖον ἢ ἄρτοι πέντε καὶ ἰχθύες δύο, εἰ
más   que   panes   cinco   y   peces   dos,   a

μήτι πορευθέντες ἡμεῖς ἀγοράσωμεν εἰς
no ser que,   yendo,   nosotros   compremos   para

πάντα τὸν λαὸν τοῦτον βρώματα. **14** ἦσαν
todo   el   pueblo   éste   alimentos.   Porque había

γὰρ ὡσεὶ ἄνδρες πεντακισχίλιοι. εἶπεν δὲ
como   varones   cinco mil.   Y dijo

πρὸς τοὺς μαθητὰς αὐτοῦ· κατακλίνατε
a   los   discípulos   de él: Haced que se recuesten

1
8. HABÍA RESUCITADO. Lit. *se levantó.*

2
10. HABÍAN HECHO. Lit. *hicieron.*

αὐτοὺς κλισίας ὡσεὶ ἀνὰ πεντήκοντα.
ellos (en) grupos como de a cincuenta.

15 καὶ ἐποίησαν οὕτως καὶ κατέκλιναν
Y (lo) hicieron así e hicieron recostarse

ἅπαντας. **16** λαβὼν δὲ τοὺς πέντε ἄρτους
a todos. Y tomando los cinco panes

καὶ τοὺς δύο ἰχθύας, ἀναβλέψας εἰς τὸν
y los dos peces, alzando los ojos al

οὐρανὸν εὐλόγησεν αὐτοὺς καὶ κατέκλασεν,
cielo, bendijo los y (los) partió,

καὶ ἐδίδου τοῖς μαθηταῖς παραθεῖναι τῷ
¹y comenzó a a los discípulos para que los pusieran de la
dar(los) delante

ὄχλῳ. **17** καὶ ἔφαγον καὶ ἐχορτάσθησαν
multitud. Y comieron y quedaron saciados

πάντες· καὶ ἤρθη τὸ περισσεῦσαν αὐτοῖς
todos; y fue recogido lo que sobró les

κλασμάτων κόφινοι δώδεκα.
de pedazos canastas doce.

18 Καὶ ἐγένετο ἐν τῷ εἶναι αὐτὸν
Y sucedió que al estar él

προσευχόμενον κατὰ μόνας συνῆσαν αὐτῷ
orando en solitario, estaban con él

οἱ μαθηταί, καὶ ἐπηρώτησεν αὐτοὺς λέγων·
los discípulos, y preguntó les, diciendo:

τίνα με οἱ ὄχλοι λέγουσιν εἶναι; **19** οἱ δὲ
¿Quién que yo las multitudes dicen soy? Y ellos

ἀποκριθέντες εἶπαν· Ἰωάννην τὸν βαπτιστήν,
respondiendo, dijeron: (Unos) que Juan el Bautista,

ἄλλοι δὲ Ἠλίαν, ἄλλοι δὲ ὅτι προφήτης
y otros, que Elías, y otros que un profeta

τις τῶν ἀρχαίων ἀνέστη. **20** εἶπεν δὲ
de los antiguos ²ha resucitado. Y dijo

αὐτοῖς· ὑμεῖς δὲ τίνα με λέγετε εἶναι;
les: Y vosotros, ¿quién que yo decís soy?

Πέτρος δὲ ἀποκριθεὶς εἶπεν· τὸν χριστὸν
Y Pedro, respondiendo, dijo: El Cristo

τοῦ θεοῦ. **21** ὁ δὲ ἐπιτιμήσας αὐτοῖς
— de Dios. Mas él, advirtiendo les,

παρήγγειλεν μηδενὶ λέγειν τοῦτο, **22** εἰπὼν
(les) encargó que a nadie dijesen esto, diciendo:

ὅτι δεῖ τὸν υἱὸν τοῦ ἀνθρώπου πολλὰ
— Es menester que el Hijo del Hombre muchas cosas

παθεῖν καὶ ἀποδοκιμασθῆναι ἀπὸ τῶν
padezca y sea rechazado por los

πρεσβυτέρων καὶ ἀρχιερέων καὶ γραμματέων
ancianos y (los) principales y (los) escribas
sacerdotes

1
16. Y COMENZÓ A DAR(LOS).
Lit. y daba.
2
20. HA RESUCITADO. Lit. se
levantó.

καὶ   ἀποκτανθῆναι   καὶ   τῇ   τρίτῃ   ἡμέρᾳ
y   que sea matado   y   (que) al tercer   día

ἐγερθῆναι.   23 Ἔλεγεν   δὲ   πρὸς   πάντας·
sea resucitado.   Y decía   a   todos:

εἴ   τις   θέλει   ὀπίσω   μου   ἔρχεσθαι,   ἀρνησάσθω
Si alguno quiere en pos de mí   venir,   niegue

ἑαυτὸν   καὶ   ἀράτω   τὸν   σταυρὸν
a sí mismo   y   tome   la   cruz

αὐτοῦ   καθ᾽   ἡμέραν,   καὶ   ἀκολουθείτω   μοι.
de él   cada   día,   y   siga   me.

24 ὃς   γὰρ   ἐὰν   θέλῃ   τὴν   ψυχὴν   αὐτοῦ
Porque todo el que quiera   la   vida   de él

σῶσαι,   ἀπολέσει   αὐτήν·   ὃς   δ᾽   ἂν   ἀπολέσῃ
salvar,   perderá   la;   pero todo el que   pierda

τὴν   ψυχὴν   αὐτοῦ   ἕνεκεν   ἐμοῦ,   οὗτος
la   vida   de él   por causa   de mí,   éste

σώσει   αὐτήν.   25 τί   γὰρ   ὠφελεῖται
salvará   la.   Porque ¿qué   provecho saca

ἄνθρωπος   κερδήσας   τὸν   κόσμον   ὅλον   ἑαυτὸν
un hombre   ganando   el   mundo   entero,   pero a sí
                                                                                    mismo,
δὲ   ἀπολέσας   ἢ   ζημιωθείς;   26 ὃς   γὰρ   ἂν
perdiendo   o   perjudicando?   Porque todo el que

ἐπαισχυνθῇ   με   καὶ   τοὺς   ἐμοὺς   λόγους,
se avergüence   de mí   y   —   de mis   palabras,

τοῦτον   ὁ   υἱὸς   τοῦ   ἀνθρώπου   ἐπαι-
de éste   el   Hijo   del   Hombre   se

σχυνθήσεται,   ὅταν   ἔλθῃ   ἐν   τῇ   δόξῃ
avergonzará,   cuando   venga   en   la   gloria

αὐτοῦ   καὶ   τοῦ   πατρὸς   καὶ   τῶν   ἁγίων
de él   y   del   Padre   y   de los   santos

ἀγγέλων.   27 λέγω   δὲ   ὑμῖν   ἀληθῶς,
ángeles.   Pero digo   os   verdaderamente

εἰσίν   τινες   τῶν   αὐτοῦ   ἑστηκότων   οἳ
(que) hay algunos de los que   aquí   están (en pie),   que

οὐ   μὴ   γεύσωνται   θανάτου   ἕως   ἂν   ἴδωσιν
de ningún modo gustarán   (la) muerte   hasta   que   vean

τὴν   βασιλείαν   τοῦ   θεοῦ.
el   reino   —   de Dios.

28 Ἐγένετο   δὲ   μετὰ   τοὺς   λόγους   τούτους
Y sucedió   después de las   palabras   estas

ὡσεὶ   ἡμέραι   ὀκτώ,   καὶ   παραλαβὼν   Πέτρον
como   días   1ocho,   2que   tomando   a Pedro

καὶ   Ἰωάννην   καὶ   Ἰάκωβον   ἀνέβη   εἰς   τὸ
y   a Juan   y   a Jacobo,   subió   al

ὄρος   προσεύξασθαι.   29 καὶ   ἐγένετο   ἐν   τῷ
monte   a orar.   Y   se hizo   3mientras

προσεύχεσθαι   αὐτὸν   τὸ ·   εἶδος   τοῦ προσώπου
oraba   él   el   aspecto   del   rostro

1
28. OCHO. Mt. 17:1 y Mr.
9:2 dicen *seis* porque sólo
cuentan los días interme-
dios entre los dos episodios,
mientras que Lucas incluye
también el comienzo y el
final.
2
28. QUE. Lit. *y.*
3
29. MIENTRAS ORABA ÉL. Lit.
en el orar él.

αὐτοῦ ἕτερον καὶ ὁ ἱματισμὸς αὐτοῦ
de él ¹diferente y la vestimenta de él

λευκὸς ἐξαστράπτων. 30 καὶ ἰδοὺ ἄνδρες
blanca resplandeciente. Y he ahí que varones

δύο συνελάλουν αὐτῷ, οἵτινες ἦσαν Μωϋσῆς
dos conversaban con él, los cuales eran Moisés

καὶ Ἠλίας, 31 οἱ ὀφθέντες ἐν δόξῃ ἔλεγον
y Elías, los que, siendo vistos en gloria, ²hablaban

τὴν ἔξοδον αὐτοῦ, ἣν ἤμελλεν πληροῦν
la partida de él, que iba a cumplir

ἐν Ἰερουσαλήμ. 32 ὁ δὲ Πέτρος καὶ οἱ
en Jerusalén. — Mas Pedro y los que
             (estaban)

σὺν αὐτῷ ἦσαν βεβαρημένοι ὕπνῳ· δια-
con él, habían sido cargados de sueño; y al

γρηγορήσαντες δὲ εἶδαν τὴν δόξαν αὐτοῦ
despertar totalmente, vieron la gloria de él

καὶ τοὺς δύο ἄνδρας τοὺς συνεστῶτας
y a los dos varones — que estaban (en pie)

αὐτῷ. 33 καὶ ἐγένετο ἐν τῷ διαχωρίζεσθαι
con él. Y sucedió al marcharse

αὐτοὺς ἀπ' αὐτοῦ εἶπεν ὁ Πέτρος πρὸς
ellos de él (que) dijo — Pedro a

τὸν Ἰησοῦν· ἐπιστάτα, καλόν ἐστιν ἡμᾶς
— Jesús: Maestro, bueno es que nosotros

ὧδε εἶναι, καὶ ποιήσωμεν σκηνὰς τρεῖς,
aquí estemos, y hagamos ³tiendas tres,

μίαν σοὶ καὶ μίαν Μωϋσεῖ καὶ μίαν
una para ti y una para Moisés y una

Ἠλίᾳ, μὴ εἰδὼς ὃ λέγει. 34 ταῦτα δὲ
para Elías, no sabiendo lo que dice. Y estas cosas

αὐτοῦ λέγοντος ἐγένετο νεφέλη καὶ
él mientras vino una nube y
  decía,

ἐπεσκίαζεν αὐτούς· ἐφοβήθησαν δὲ ἐν τῷ
⁴cubría con su les; y temieron al
sombra

εἰσελθεῖν αὐτοὺς εἰς τὴν νεφέλην. 35 καὶ
entrar ellos en la nube. Y

φωνὴ ἐγένετο ἐκ τῆς νεφέλης λέγουσα·
una voz ⁵vino de la nube, diciendo:

οὗτός ἐστιν ὁ υἱός μου ὁ ἐκλελεγμένος,
Éste es el Hijo de mí, el escogido,

αὐτοῦ ἀκούετε, 36 καὶ ἐν τῷ γενέσθαι
a él oíd, y al haber venido

τὴν φωνὴν εὑρέθη Ἰησοῦς μόνος. καὶ
la voz, fue hallado Jesús solo. Y

αὐτοὶ ἐσίγησαν καὶ οὐδενὶ ἀπήγγειλαν ἐν ἐκείναις
ellos callaron y a nadie refirieron en aquellos

1
29. DIFERENTE. (Comp. con Mr. 16:12.)

2
31. HABLABAN... DE ÉL. Lit. *decían la salida de él.*

3
33. TIENDAS (de campaña).

4
34. CUBRÍA, etc. (V. 1:35.)

5
35. VINO. Lit. *se hizo* o *surgió.*

ταῖς   ἡμέραις   οὐδὲν   ὧν   ἑώρακαν.
—   días   nada   de lo que   han visto.

37 Ἐγένετο   δὲ   τῇ   ἐξῆς   ἡμέρᾳ   κατελ-
Y sucedió   al   siguiente   día,   al

θόντων   αὐτῶν   ἀπὸ   τοῦ   ὄρους   συνήντησεν
bajar   ellos   del   monte,   (que) salió al encuentro

αὐτῷ   ὄχλος   πολύς.   **38** καὶ   ἰδοὺ   ἀνὴρ
de él   gente   mucha.   Y he ahí que un hombre

ἀπὸ   τοῦ   ὄχλου   ἐβόησεν   λέγων·   διδάσκαλε,
desde   la   gente   clamó   diciendo: Maestro,

δέομαί   σου   ἐπιβλέψαι   ἐπὶ   τὸν   υἱόν   μου,
ruego   te   que te fijes   en   el   hijo   de mí,

ὅτι   μονογενής   μοί   ἐστιν,   **39** καὶ   ἰδοὺ
pues   unigénito   me   es,   y   mira que

πνεῦμα   λαμβάνει   αὐτόν,   καὶ   ἐξαίφνης
un espíritu   toma   le,   y   de repente

κράζει   καὶ   σπαράσσει   αὐτὸν   μετὰ   ἀφροῦ,
grita   y   convulsiona   le   con   espumarajo,

καὶ   μόλις   ἀποχωρεῖ   ἀπ᾽   αὐτοῦ   συντρῖβον
y   a duras penas   se marcha   de   él,   quebrantando

αὐτόν·   **40** καὶ   ἐδεήθην   τῶν   μαθητῶν   σου
le;   y   rogué   a los   discípulos   de ti

ἵνα   ἐκβάλωσιν   αὐτό,   καὶ   οὐκ   ἠδυνήθησαν.
que   expulsaran   lo,   y   no   pudieron.

41 ἀποκριθεὶς   δὲ   ὁ   Ἰησοῦς   εἶπεν·   ὦ
Y respondiendo   —   Jesús,   dijo: Oh

γενεὰ   ἄπιστος   καὶ   διεστραμμένη,   ἕως   πότε
generación   incrédula   y   ¹pervertida,   ¿hasta cuándo

ἔσομαι   πρὸς   ὑμᾶς   καὶ   ἀνέξομαι   ὑμῶν;
estaré   con   vosotros   y   soportaré   os?

προσάγαγε   ὧδε   τὸν   υἱόν   σου.   **42** ἔτι
Tráeme   acá   al   hijo   de ti.   Pero aún

δὲ   προσερχομένου   αὐτοῦ   ἔρρηξεν   αὐτὸν   τὸ
estando acercándose   él,   quebrantó   le   el

δαιμόνιον   καὶ   συνεσπάραξεν·   ἐπετίμησεν   δὲ
demonio   y   convulsionó;   pero increpó

ὁ   Ἰησοῦς   τῷ   πνεύματι   τῷ   ἀκαθάρτῳ,   καὶ
—   Jesús   al   espíritu   —   inmundo,   y

ἰάσατο   τὸν   παῖδα   καὶ   ἀπέδωκεν   αὐτὸν   τῷ
sanó   al   muchacho   y   devolvió   lo   al

πατρὶ   αὐτοῦ.   **43** ἐξεπλήσσοντο   δὲ   πάντες
padre   de él.   Y estaban atónitos   todos

ἐπὶ   τῇ   μεγαλειότητι   τοῦ   θεοῦ.
ante   la   grandeza   —   de Dios.

Πάντων   δὲ   θαυμαζόντων   ἐπὶ   πᾶσιν   οἷς
Y mientras todos   se maravillaban   de todas las cosas que

¹ 41. PERVERTIDA. Lit. *extraviada*.

ἐποίει εἶπεν πρὸς τοὺς μαθητὰς αὐτοῦ·
hacía, dijo a los discípulos de él:

44 θέσθε ὑμεῖς εἰς τὰ ὦτα ὑμῶν τοὺς
Poneos vosotros en los oídos de vosotros las

λόγους τούτους· ὁ γὰρ υἱὸς τοῦ ἀνθρώπου
palabras estas; porque el Hijo del Hombre

μέλλει παραδίδοσθαι εἰς χεῖρας ἀνθρώπων.
va a ser entregado en manos de hombres.

45 οἱ δὲ ἠγνόουν τὸ ῥῆμα τοῦτο, καὶ ἦν
Pero ellos ¹no entendían la palabra esta, y había

παρακεκαλυμμένον ἀπ' αὐτῶν ἵνα μὴ
sido velada de ellos para que no

αἴσθωνται αὐτό, καὶ ἐφοβοῦντο ἐρωτῆσαι
percibiesen la, y temían preguntar

αὐτὸν περὶ τοῦ ῥήματος τούτου. **46** Εἰσῆλθεν
le acerca de la palabra esta. Y ²surgió

δὲ διαλογισμὸς ἐν αὐτοῖς, τὸ τίς ἂν εἴη
una discusión entre ellos, — quién sería
(sobre)

μείζων αὐτῶν. **47** ὁ δὲ Ἰησοῦς εἰδὼς τὸν
(el) mayor de ellos. — Y Jesús, sabiendo la

διαλογισμὸν τῆς καρδίας αὐτῶν, ἐπιλαβόμενος
discusión del corazón de ellos, tomando a

παιδίον ἔστησεν αὐτὸ παρ' ἑαυτῷ, **48** καὶ
un niñito, puso (en pie) lo junto a sí mismo, y

εἶπεν αὐτοῖς· ὃς ἐὰν δέξηται τοῦτο τὸ
dijo les: Todo el que acoja a este —

παιδίον ἐπὶ τῷ ὀνόματί μου, ἐμὲ δέχεται·
niño en el nombre de mí, me acoge;

καὶ ὃς ἂν ἐμὲ δέξηται, δέχεται τὸν
y todo el que me acoge, acoge al

ἀποστείλαντά με· ὁ γὰρ μικρότερος ἐν
que envió me; porque el que menor entre

πᾶσιν ὑμῖν ὑπάρχων, οὗτός ἐστιν μέγας.
todos vosotros es, éste es grande.

49 Ἀποκριθεὶς δὲ ὁ Ἰωάννης εἶπεν· ἐπιστάτα,
Y ³respondiendo — Juan, dijo: Maestro,

εἴδομέν τινα ἐν τῷ ὀνόματί σου ἐκβάλλοντα
vimos a uno en el nombre de ti expulsando

δαιμόνια, καὶ ἐκωλύομεν αὐτόν, ὅτι
demonios, e impedíamos le, pues

οὐκ ἀκολουθεῖ μεθ' ἡμῶν. **50** εἶπεν δὲ πρὸς
no sigue con nosotros. Y dijo a

αὐτὸν Ἰησοῦς· μὴ κωλύετε· ὃς γὰρ οὐκ
él Jesús: No impidáis; porque quien no

ἔστιν καθ' ὑμῶν, ὑπὲρ ὑμῶν ἐστιν.
está contra vosotros, a favor de vosotros está.

51 Ἐγένετο δὲ ἐν τῷ συμπληροῦσθαι
— Y sucedió, ⁴al cumplirse

1
45. NO ENTENDÍAN. Lit. *desconocían*.
2
46. SURGIÓ. Lit. *entró*.
3
49. RESPONDIENDO. Es decir, *tomando la palabra*.
4
51. AL CUMPLIRSE. Lit. *al estar cumpliéndose*.

τὰς ἡμέρας τῆς ἀναλήμψεως αὐτοῦ καὶ
los   días   1de la   asunción   de él,   2que

αὐτὸς τὸ πρόσωπον ἐστήρισεν τοῦ
él   3el   rostro   fijó   —

πορεύεσθαι εἰς Ἰερουσαλήμ, 52 καὶ ἀπέστειλεν
para ir   a   Jerusalén,   y   envió

ἀγγέλους πρὸ προσώπου αὐτοῦ. καὶ
mensajeros delante   de(l) rostro   de él.   Y

πορευθέντες εἰσῆλθον εἰς κώμην Σαμαριτῶν,
yendo,   entraron   en   una aldea   de samaritanos,

ὥστε ἑτοιμάσαι αὐτῷ· 53 καὶ οὐκ ἐδέξαντο
a fin de   preparar   para él;   y   4no   acogieron

αὐτόν, ὅτι τὸ πρόσωπον αὐτοῦ ἦν
le,   pues   el   rostro   de él   estaba

πορευόμενον εἰς Ἰερουσαλήμ. 54 ἰδόντες
yendo   a   Jerusalén.   Y al ver (esto)

δὲ οἱ μαθηταὶ Ἰάκωβος καὶ Ἰωάννης
los   discípulos   Jacobo   y   Juan,

εἶπαν· κύριε, θέλεις εἴπωμεν πῦρ κατα-
dijeron: Señor,   ¿quieres   que digamos   que fuego   des-

βῆναι ἀπὸ τοῦ οὐρανοῦ καὶ ἀναλῶσαι
cienda   del   cielo   y   destruya

αὐτούς; 55 στραφεὶς δὲ ἐπετίμησεν αὐτοῖς.
los?   Pero vuelto (a ellos)   reprendió   les.

56 καὶ ἐπορεύθησαν εἰς ἑτέραν κώμην.
Y   fueron   a   otra   aldea.

57 Καὶ πορευομένων αὐτῶν ἐν τῇ ὁδῷ
Y   yendo   ellos   en   el   camino,

εἶπέν τις πρὸς αὐτόν· ἀκολουθήσω σοι
dijo   uno   a   él: Seguiré   te

ὅπου ἐὰν ἀπέρχῃ. 58 καὶ εἶπεν αὐτῷ ὁ
adondequiera que vayas.   Y   dijo   le   —

Ἰησοῦς· αἱ ἀλώπεκες φωλεοὺς ἔχουσιν καὶ
Jesús: Las   zorras   guaridas   tienen,   y

τὰ πετεινὰ τοῦ οὐρανοῦ κατασκηνώσεις, ὁ
las   aves   del   cielo   nidos,   pero el

δὲ υἱὸς τοῦ ἀνθρώπου οὐκ ἔχει ποῦ τὴν
Hijo   del   Hombre   no   tiene   dónde   la

κεφαλὴν κλίνῃ. 59 Εἶπεν δὲ πρὸς ἕτερον·
cabeza   recline.   Y dijo   a   otro:

ἀκολούθει μοι. ὁ δὲ εἶπεν· ἐπίτρεψόν μοι
Sigue   me.   Pero él   dijo: Permite   me (que)

πρῶτον ἀπελθόντι θάψαι τὸν πατέρα μου.
primero   vaya   a sepultar   al   padre   de mí.

60 εἶπεν δὲ αὐτῷ· ἄφες τοὺς νεκροὺς
Y dijo   le: Deja   que los   muertos

1
51. DE LA ASUNCIÓN DE ÉL. Es decir, *cuando iba a ser ascendido al Cielo.* (Comp. con Hch. 1:2, 11, 22.)
2
51. QUE. Lit. *y.*
3
51. EL ROSTRO FIJÓ. Es decir, *tomó la firme decisión.*
4
53. NO ACOGIERON LE. Porque los que iban a Jerusalén no solían pasar por Samaria, a causa de la enemistad entre judíos y samaritanos. (V. Jn. 4:9.)

θάψαι τοὺς ἑαυτῶν νεκρούς, σὺ δὲ ἀπελθὼν
sepulten   a los   de sí mismos   muertos,   pero tú,   yendo,

διάγγελλε τὴν βασιλείαν τοῦ θεοῦ. **61** Εἶπεν
anuncia por   el   reino   — de Dios.   Y dijo

δὲ καὶ ἕτερος· ἀκολουθήσω σοι, κύριε·
doquier
también   otro: Seguiré   te,   Señor;

πρῶτον δὲ ἐπίτρεψόν μοι ἀποτάξασθαι τοῖς
pero primero   permite   me   despedirme   de los

εἰς τὸν οἶκόν μου. **62** εἶπεν δὲ [πρὸς
(que están)
en   la   casa   de mí.   Pero dijo   a

αὐτὸν] ὁ Ἰησοῦς· οὐδεὶς ἐπιβαλὼν τὴν
él]   —   Jesús: Nadie   que puso   la

χεῖρα ἐπ' ἄροτρον καὶ βλέπων εἰς τὰ
mano   en   un arado   y   mira   hacia las cosas

ὀπίσω εὔθετός ἐστιν τῇ βασιλείᾳ τοῦ θεοῦ.
de atrás,   apto   es   para el   reino   — de Dios.

10 Μετὰ δὲ ταῦτα ἀνέδειξεν ὁ κύριος
Después de   estas cosas,   designó   el   Señor

ἑτέρους ἑβδομήκοντα [δύο], καὶ ἀπέστειλεν
a otros   setenta   [y dos],   y   envió

αὐτοὺς ἀνὰ δύο πρὸ προσώπου αὐτοῦ εἰς
los   de dos en dos   delante   del rostro   de él   a

πᾶσαν πόλιν καὶ τόπον οὗ ἤμελλεν αὐτὸς
toda   ciudad   y   lugar   adonde   iba   él

ἔρχεσθαι. **2** ἔλεγεν δὲ πρὸς αὐτούς· ὁ
a venir.   Y decía   a   ellos: La

μὲν θερισμὸς πολύς, οἱ δὲ ἐργάται ὀλίγοι·
cosecha, sí,   mucha (es);   pero los   obreros,   pocos;

δεήθητε οὖν τοῦ κυρίου τοῦ θερισμοῦ
rogad,   pues,   al   Señor   de la   cosecha

ὅπως ἐργάτας ἐκβάλῃ εἰς τὸν θερισμὸν
que   obreros   lance   a   la   cosecha

αὐτοῦ. **3** ὑπάγετε· ἰδοὺ ἀποστέλλω ὑμᾶς
de él.   Id;   mirad que   envío   os

ὡς ἄρνας ἐν μέσῳ λύκων. **4** μὴ βαστάζετε
como corderos   en   medio   de lobos.   No carguéis (con)

βαλλάντιον, μὴ πήραν, μὴ ὑποδήματα· καὶ
bolsa,   ni   alforja,   ni   [1]calzado;   y

μηδένα κατὰ τὴν ὁδὸν ἀσπάσησθε. **5** εἰς
a nadie   por   el   camino   [2]saludéis.   Y a

ἣν δ' ἂν εἰσέλθητε οἰκίαν, πρῶτον λέγετε·
toda,   que   entréis,   casa,   primero   decid:

εἰρήνη τῷ οἴκῳ τούτῳ. **6** καὶ ἐὰν ἐκεῖ
Paz   a la   casa   esta.   Y   si   allí

ᾖ υἱὸς εἰρήνης, ἐπαναπαήσεται ἐπ' αὐτὸν
hay   un [3]hijo   de paz,   reposará   sobre   él

[1]
4. CALZADO (de repuesto).
[2]
4. SALUDÉIS. Se refiere a los saludos prolongados que se usaban entre los orientales.
[3]
6. HIJO DE PAZ. Es decir, *hombre de espíritu pacífico.* (V. 6:35.)

ἡ εἰρήνη ὑμῶν· εἰ δὲ μή γε, ἐφ' ὑμᾶς
la   paz   de vosotros;   pero si   no,   sobre   vosotros

ἀνακάμψει. 7 ἐν αὐτῇ δὲ τῇ οἰκίᾳ μένετε,
se volverá.   Y en la misma   casa   quedad,

ἔσθοντες καὶ πίνοντες τὰ παρ' αὐτῶν·
comiendo   y   bebiendo   lo que (sea) de parte   de ellos;

ἄξιος γὰρ ὁ ἐργάτης τοῦ μισθοῦ αὐτοῦ.
porque digno (es)   el   obrero   del   salario   de él.

μὴ μεταβαίνετε ἐξ οἰκίας εἰς οἰκίαν.
No   estéis pasando   de   casa   en   casa.

8 καὶ εἰς ἣν ἂν πόλιν εἰσέρχησθε καὶ
    Y   en   cualquier   ciudad   que entréis   y

δέχωνται ὑμᾶς, ἐσθίετε τὰ παρατιθέμενα
acojan   os,   comed   lo   puesto delante de

ὑμῖν, 9 καὶ θεραπεύετε τοὺς ἐν αὐτῇ
vosotros,   y   sanad   a los (que)   en ella (haya)

ἀσθενεῖς, καὶ λέγετε αὐτοῖς· ἤγγικεν ἐφ'
enfermos,   y   decid   les: Se ha acercado   a

ὑμᾶς ἡ βασιλεία τοῦ θεοῦ. 10 εἰς ἣν δ'
vosotros el   reino   — de Dios.   Pero en cualquier

ἂν πόλιν εἰσέλθητε καὶ μὴ δέχωνται ὑμᾶς,
ciudad   que entréis   y   no   acojan   os,

ἐξελθόντες εἰς τὰς πλατείας αὐτῆς εἴπατε·
saliendo   a las   calles   de ella,   decid:

11 καὶ τὸν κονιορτὸν τὸν κολληθέντα ἡμῖν
    Aun   el   polvo   que   se adhirió   nos

ἐκ τῆς πόλεως ὑμῶν εἰς τοὺς πόδας
de   la   ciudad   de vosotros,   a   los   pies,

ἀπομασσόμεθα ὑμῖν· πλὴν τοῦτο γινώσκετε,
sacudimos(lo)   os;   no obstante,   esto   conoced,

ὅτι ἤγγικεν ἡ βασιλεία τοῦ θεοῦ. 12 λέγω
que   se ha acercado   el   reino   — de Dios.   Digo

ὑμῖν ὅτι Σοδόμοις ἐν τῇ ἡμέρᾳ ἐκείνῃ
os   que   para Sodoma   en el   día   aquel,

ἀνεκτότερον ἔσται ἢ τῇ πόλει ἐκείνῃ.
más soportable   será   que   para la   ciudad   aquella.

13 Οὐαί σοι, Χοραζίν, οὐαί σοι, Βηθσαϊδά·
¡Ay   de ti,   Corazín!   ¡Ay   de ti,   Betsaida!

ὅτι εἰ ἐν Τύρῳ καὶ Σιδῶνι ἐγενήθησαν αἱ
Pues   si   en   Tiro   y   en Sidón   se hubieran hecho   los

δυνάμεις αἱ γενόμεναι ἐν ὑμῖν, πάλαι ἂν ἐν
[1]milagros   que   se han hecho   en vosotras,   hace tiempo que   [2]en

σάκκῳ καὶ σποδῷ καθήμενοι μετενόησαν.
saco   y   ceniza   sentados,   se habrían arrepentido.

[1]
13. MILAGROS. Lit. poderes.
[2]
13. EN SACO. Es decir, vestidos de paño burdo.

14 πλὴν Τύρῳ καὶ Σιδῶνι ἀνεκτότερον
Empero,   para Tiro   y   Sidón   más soportable

ἔσται ἐν τῇ κρίσει ἢ ὑμῖν. **15** καὶ σύ,
será   en   el   juicio   que para vosotros.   Y   tú,

Καφαρναούμ, μὴ ἕως οὐρανοῦ ὑψωθήσῃ;
[1]Capernaúm,   ¿acaso hasta   (el) cielo   serás exaltada?

ἕως τοῦ ᾄδου καταβήσῃ. **16** Ὁ ἀκούων
¡Hasta el Hades   descenderás!   El que   oye

ὑμῶν ἐμοῦ ἀκούει, καὶ ὁ ἀθετῶν ὑμᾶς
os,   me   oye,   y el que   rechaza   os,

ἐμὲ ἀθετεῖ· ὁ δὲ ἐμὲ ἀθετῶν ἀθετεῖ τὸν
me   rechaza;   y el que   me   rechaza,   rechaza   al

ἀποστείλαντά με. **17** Ὑπέστρεψαν δὲ οἱ
que envió   me.   Y regresaron   los

ἑβδομήκοντα [δύο] μετὰ χαρᾶς λέγοντες·
setenta   [y dos]   con   gozo,   diciendo:

κύριε, καὶ τὰ δαιμόνια ὑποτάσσεται ἡμῖν
Señor,   aun los   demonios   se someten   nos

ἐν τῷ ὀνόματί σου. **18** εἶπεν δὲ αὐτοῖς·
en   el   nombre   de ti.   Y dijo   les:

ἐθεώρουν τὸν σατανᾶν ὡς ἀστραπὴν ἐκ
Observaba (yo) —   a Satanás   como   un relámpago

τοῦ οὐρανοῦ πεσόντα. **19** ἰδοὺ δέδωκα
del   cielo   cayendo.   Mirad que   he dado

ὑμῖν τὴν ἐξουσίαν τοῦ πατεῖν ἐπάνω
os   la   autoridad   de   hollar   sobre

ὄφεων καὶ σκορπίων, καὶ ἐπὶ πᾶσαν τὴν
serpientes   y   escorpiones,   y   sobre   todo   el

δύναμιν τοῦ ἐχθροῦ, καὶ οὐδὲν ὑμᾶς οὐ μὴ
poder   del   enemigo,   y   nada   os   de ningún
                                                    modo

ἀδικήσει. **20** πλὴν ἐν τούτῳ μὴ χαίρετε
dañará.   Con todo, en   esto   no   os regocijéis

ὅτι τὰ πνεύματα ὑμῖν ὑποτάσσεται, χαίρετε
de que los   espíritus   os   se someten,   sino regocijaos

δὲ ὅτι τὰ ὀνόματα ὑμῶν ἐγγέγραπται ἐν
de que los   nombres   de vosotros   han sido inscritos   en

τοῖς οὐρανοῖς. **21** Ἐν αὐτῇ τῇ ὥρᾳ
los   cielos.   En aquella misma   hora,

ἠγαλλιάσατο τῷ πνεύματι τῷ ἁγίῳ καὶ
exultó (él)   en el   Espíritu   —   Santo   y

εἶπεν· ἐξομολογοῦμαί σοι, πάτερ, κύριε
dijo: [2]Alabo   te,   Padre,   Señor

τοῦ οὐρανοῦ καὶ τῆς γῆς, ὅτι ἀπέκρυψας
del   cielo   y   de la tierra,   pues   ocultaste

ταῦτα ἀπὸ σοφῶν καὶ συνετῶν, καὶ
estas cosas   [3]a   sabios   y   entendidos,   y

ἀπεκάλυψας αὐτὰ νηπίοις· ναί, ὁ πατήρ,
revelaste   las   a niños pequeños;   sí,   —   Padre,

1
15. CAPERNAÚM. Lit. *Cafarnaúm.*
2
21. ALABO TE. El verbo griego indica alabanza fuertemente cargada de reverencia y reconocimiento.
3
21. A. Lit. *de.*

ὅτι οὕτως εὐδοκία ἐγένετο ἔμπροσθέν σου.
pues así (el) beneplácito fue delante de ti.

22 πάντα μοι παρεδόθη ὑπὸ τοῦ πατρός
Todas las cosas me fueron entregadas por el Padre

μου, καὶ οὐδεὶς γινώσκει τίς ἐστιν ὁ
de mí, y nadie conoce quién es el

υἱὸς εἰ μὴ ὁ πατήρ, καὶ τίς ἐστιν ὁ πατὴρ
Hijo sino el Padre, y quién es el Padre

εἰ μὴ ὁ υἱὸς καὶ ᾧ ἐὰν βούληται
sino el Hijo y a quienquiera que tenga a bien

ὁ υἱὸς ἀποκαλύψαι. **23** Καὶ στραφεὶς
el Hijo revelar(lo). Y volviéndose

πρὸς τοὺς μαθητὰς κατ᾽ ἰδίαν εἶπεν·
a los discípulos en privado, dijo:

μακάριοι οἱ ὀφθαλμοὶ οἱ βλέποντες ἃ
Dichosos los ojos que ven las cosas que

βλέπετε. **24** λέγω γὰρ ὑμῖν ὅτι πολλοὶ
veis. Porque digo os que muchos

προφῆται καὶ βασιλεῖς ἠθέλησαν ἰδεῖν ἃ
profetas y reyes desearon ver las cosas que

ὑμεῖς βλέπετε καὶ οὐκ εἶδαν, καὶ ἀκοῦσαι
vosotros veis, y no (las) vieron, y oír

ἃ ἀκούετε καὶ οὐκ ἤκουσαν.
las cosas que oís, y no (las) oyeron.

25 Καὶ ἰδοὺ νομικός τις ἀνέστη
Y he aquí que un experto en la ley se levantó

ἐκπειράζων αὐτὸν λέγων· διδάσκαλε, τί
para ¹tentar le, diciendo: Maestro, ²¿qué

ποιήσας ζωὴν αἰώνιον κληρονομήσω; **26** ὁ
haciendo, vida eterna heredaré? Y él

δὲ εἶπεν πρὸς αὐτόν· ἐν τῷ νόμῳ τί
dijo a él: ¿En la ley qué

γέγραπται; πῶς ἀναγινώσκεις; **27** ὁ δὲ
ha sido escrito? ¿Cómo lees? Y él,

ἀποκριθεὶς εἶπεν· ἀγαπήσεις κύριον τὸν
respondiendo, dijo: Amarás a(l) Señor el

θεόν σου ἐξ ὅλης τῆς καρδίας σου καὶ
Dios de ti, desde todo el corazón de ti y

ἐν ὅλῃ τῇ ψυχῇ σου καὶ ἐν ὅλῃ τῇ
con toda el alma de ti y con toda la

ἰσχύϊ σου καὶ ἐν ὅλῃ τῇ διανοίᾳ σου,
fuerza de ti y con toda la mente de ti,

καὶ τὸν πλησίον σου ὡς σεαυτόν. **28** εἶπεν
y al prójimo de ti como a ti mismo. Dijo

δὲ αὐτῷ· ὀρθῶς ἀπεκρίθης· τοῦτο ποίει
le: Correctamente respondiste; esto ³haz

καὶ ζήσῃ. **29** ὁ δὲ θέλων δικαιῶσαι ἑαυτὸν
y vivirás. Pero él, queriendo justificar a sí mismo,

¹
25. TENTARLE. Esto es, po-
nerle a prueba.
²
25. ¿QUÉ HACIENDO...? Es
decir, ¿qué haré para heredar la vida eterna?
³
28. HAZ. El verbo está en
presente continuativo.

εἶπεν πρὸς τὸν Ἰησοῦν· καὶ τίς ἐστίν
dijo   a   —   Jesús: ¿Y   quién   es

μου πλησίον; 30 ὑπολαβὼν ὁ Ἰησοῦς
de mí   prójimo?   Tomando pie (de esto) —   Jesús,

εἶπεν· ἄνθρωπός τις κατέβαινεν ἀπὸ
dijo: Un hombre   descendía   de

Ἰερουσαλὴμ εἰς Ἰεριχώ, καὶ λησταῖς
Jerusalén   a   Jericó,   y   de salteadores

περιέπεσεν, οἳ καὶ ἐκδύσαντες αὐτὸν καὶ
cayó en manos, quienes tras   despojar   le   y además

πληγὰς ἐπιθέντες ἀπῆλθον ἀφέντες ἡμιθανῆ.
golpes   infligir(le),   se fueron   dejándo(le)   medio muerto.

31 κατὰ συγκυρίαν δὲ ἱερεύς τις κατέβαινεν
Por una coincidencia,   un sacerdote   descendía

ἐν τῇ ὁδῷ ἐκείνῃ, καὶ ἰδὼν αὐτὸν
en   el   camino   aquel,   y   al ver   le,

ἀντιπαρῆλθεν. 32 ὁμοίως δὲ καὶ Λευίτης
se fue por el lado opuesto.   E igualmente   también   un levita

κατὰ τὸν τόπον ἐλθὼν καὶ ἰδὼν
junto   al   lugar   viniendo   y   viéndo(le),

ἀντιπαρῆλθεν. 33 Σαμαρίτης δέ τις ὁδεύων
se fue por el lado opuesto.   Pero un samaritano   que iba de
                                                                camino,

ἦλθεν κατ᾽ αὐτὸν καὶ ἰδὼν ἐσπλαγχνίσθη,
vino   junto a él   y,   al verle, fue movido a compasión,

34 καὶ προσελθὼν κατέδησεν τὰ τραύματα
y   acercándose,   vendó   las   heridas

αὐτοῦ ἐπιχέων ἔλαιον καὶ οινον, ἐπιβιβάσας
de él   derramando sobre aceite   y   vino,   y montando
              (ellas)

δὲ αὐτὸν ἐπὶ τὸ ἴδιον κτῆνος ἤγαγεν
le   sobre   la propia (suya) cabalgadura,   trajo

αὐτὸν εἰς πανδοχεῖον καὶ ἐπεμελήθη αὐτοῦ.
le   a   un mesón   y   cuidó   de él.

35 καὶ ἐπὶ τὴν αὔριον ἐκβαλὼν δύο
Y   al   día siguiente,   sacando   dos

δηνάρια ἔδωκεν τῷ πανδοχεῖ καὶ εἶπεν·
denarios,   dio(los)   al   mesonero   y   dijo:

ἐπιμελήθητι αὐτοῦ, καὶ ὅ τι ἂν προσδα-
Cuida   de él,   y   todo lo   que   gastes

πανήσῃς ἐγὼ ἐν τῷ ἐπανέρχεσθαί με
de más,   yo,   cuando   vuelva a subir   yo,

ἀποδώσω σοι. 36 τίς τούτων τῶν τριῶν πλησίον
abonaré(lo)   te.   ¿Quién de estos   —   tres,   prójimo

δοκεῖ σοι γεγονέναι τοῦ ἐμπεσόντος
parece   te   que ha sido   del   que cayó

εἰς τοὺς λῃστάς; 37 ὁ δὲ εἶπεν· ὁ ποιήσας
en   los   salteadores?   Y él   dijo: El que   hizo
(manos de)

τὸ ἔλεος μετ᾽ αὐτοῦ. εἶπεν δὲ αὐτῷ ὁ
la misericordia con   él.   Dijo, entonces,   le   —

Ἰησοῦς· πορεύου καὶ σὺ ποίει ὁμοίως.
Jesús: Ve   y   tú   haz   igualmente.

38 Ἐν δὲ τῷ πορεύεσθαι αὐτοὺς αὐτὸς
Y mientras   iban   ellos,   él

εἰσῆλθεν εἰς κώμην τινά· γυνὴ δέ τις
entró   en   una aldea;   y una mujer

ὀνόματι Μάρθα ὑπεδέξατο αὐτὸν εἰς τὴν
de nombre Marta acogió   le   en   la

οἰκίαν. **39** καὶ τῇδε ἦν ἀδελφὴ καλουμένη
casa.   Y ésta tenía una hermana llamada

Μαριάμ, ἣ καὶ παρακαθεσθεῖσα πρὸς τοὺς
María, quien también sentada al lado a   los

πόδας τοῦ κυρίου ἤκουεν τὸν λόγον αὐτοῦ.
pies   del Señor, oía   la palabra de él.

40 ἡ δὲ Μάρθα περιεσπᾶτο περὶ πολλὴν
— Pero Marta estaba 1ocupada en mucho

διακονίαν· ἐπιστᾶσα δὲ εἶπεν· κύριε, οὐ
servicio; y 2llegándose (a él), dijo: Señor, ¿no

μέλει σοι ὅτι ἡ ἀδελφή μου μόνην με
importa te que la hermana de mí sola me

κατέλειπεν διακονεῖν; εἰπὸν οὖν αὐτῇ ἵνα
3haya dejado para servir? Di, pues, le que

μοι συναντιλάβηται. **41** ἀποκριθεὶς δὲ εἶπεν
me ayude.   Y respondiendo,   dijo

αὐτῇ ὁ κύριος· Μάρθα Μάρθα, μεριμνᾷς
le el Señor: Marta, Marta, estás ansiosa

καὶ θορυβάζῃ περὶ πολλά, **42** ὀλίγων δέ
e inquieta acerca de muchas cosas, pero de pocas cosas

ἐστιν χρεία ἢ ἑνός· Μαριὰμ γὰρ τὴν
hay necesidad o de una (sola); porque María la

ἀγαθὴν μερίδα ἐξελέξατο, ἥτις οὐκ
buena parte escogió,   la cual no

ἀφαιρεθήσεται αὐτῆς.
será quitada   de ella.

11 Καὶ ἐγένετο ἐν τῷ εἶναι αὐτὸν ἐν
Y sucedió que, estando él en

τόπῳ τινὶ προσευχόμενον, ὡς ἐπαύσατο,
cierto lugar orando,   cuando cesó,

εἶπέν τις τῶν μαθητῶν αὐτοῦ πρὸς
dijo uno de los discípulos de él a

αὐτόν· κύριε, δίδαξον ἡμᾶς προσεύχεσθαι,
él: Señor, enseña nos   a orar,

καθὼς καὶ Ἰωάννης ἐδίδαξεν τοὺς μαθητὰς
como también Juan enseñó a los discípulos

1
40. OCUPADA. Lit. *excesivamente atareada* o *preocupada.*

2
40. LLEGÁNDOSE. Lit. *sobreviniendo* o *presentándose repentinamente.*

3
40. HAYA DEJADO. Lit. *dejaba.*

αὐτοῦ.   2 εἶπεν   δὲ   αὐτοῖς·   ὅταν
de él.   Y dijo   a ellos: Cuando

προσεύχησθε, λέγετε· Πάτερ, ἁγιασθήτω τὸ
oréis,   decid: Padre,   santificado sea   el

ὄνομά σου· ἐλθάτω ἡ βασιλεία σου·
nombre 1tuyo;   venga   el   reino   1tuyo;

3 τὸν ἄρτον ἡμῶν τὸν ἐπιούσιον δίδου
el   pan   nuestro   diario   da

ἡμῖν τὸ καθ᾽ ἡμέραν· 4 καὶ ἄφες ἡμῖν τὰς
a nosotros el (de) cada   día;   y   perdona a nosotros los

ἁμαρτίας ἡμῶν, καὶ γὰρ αὐτοὶ ἀφίομεν
pecados   2nuestros, porque también nosotros perdonamos

παντὶ ὀφείλοντι ἡμῖν· καὶ μὴ εἰσενέγκῃς
3a todos deudores   nuestros; y   no   metas

ἡμᾶς εἰς πειρασμόν. 5 Καὶ εἶπεν πρὸς
a nosotros en   tentación.   Y   dijo   a

αὐτούς· τίς ἐξ ὑμῶν ἕξει φίλον, καὶ
ellos: ¿Quién de vosotros 4que tenga un amigo, y

πορεύσεται πρὸς αὐτὸν μεσονυκτίου καὶ
5venga   a   él   a medianoche   y

εἴπῃ αὐτῷ· φίλε, χρῆσόν μοι τρεῖς ἄρτους,
6dice a él: Amigo, presta me tres   panes,

6 ἐπειδὴ φίλος μου παρεγένετο ἐξ ὁδοῦ
porque un amigo mío   7llegó   de viaje

πρός με καὶ οὐκ ἔχω ὃ παραθήσω αὐτῷ·
hacia mí y no tengo que   ofrecer   le;

7 κἀκεῖνος ἔσωθεν ἀποκριθεὶς εἴπῃ· μή
y él,   desde dentro respondiendo, dice: No

μοι κόπους πάρεχε· ἤδη ἡ θύρα κέκλεισται,
me molestias des; ya la puerta se ha cerrado,

καὶ τὰ παιδία μου μετ᾽ ἐμοῦ εἰς τὴν
y   los muchachos míos   conmigo   en   el

κοίτην εἰσίν· οὐ δύναμαι ἀναστὰς δοῦναί
lecho   están; no puedo levantándome dar

σοι.   8 λέγω ὑμῖν, εἰ καὶ οὐ δώσει
a ti?   Digo a vosotros, si aunque no dará

αὐτῷ ἀναστὰς διὰ τὸ εἶναι φίλον αὐτοῦ,
a él levantándose por él ser amigo de él,

διά γε τὴν ἀναίδειαν αὐτοῦ ἐγερθεὶς
sin embargo, a causa de la importunidad de él levantado

δώσει αὐτῷ ὅσων χρῄζει. 9 Κἀγὼ ὑμῖν
le dará a él cuantos necesite.   Y yo   os

λέγω, αἰτεῖτε, καὶ δοθήσεται ὑμῖν· ζητεῖτε,
digo: Pedid,   y   será dado a vosotros; buscad;

καὶ εὑρήσετε· κρούετε, καὶ ἀνοιγήσεται
y   hallaréis;   golpead, y   se abrirá

ὑμῖν. 10 πᾶς γὰρ ὁ αἰτῶν λαμβάνει, καὶ
a vosotros.   Todo porque el que pide,   recibe,   y

1
2. TUYO... TUYO. Lit. de
ti... de ti.
2
4. NUESTROS. Lit. de nos-
otros.
3
4. A TODOS DEUDORES NUES-
TROS. Lit. a todo el que
debe nos.
4
5. QUE TENGA. Lit. tendrá.
5
5. VENGA. Lit. vendrá.
6
5. DICE. Lit. diga.
7
6. LLEGÓ DE VIAJE. Lit. se
presentó de camino.

ὁ   ζητῶν   εὑρίσκει,   καὶ   τῷ   κρούοντι
el que   busca,   halla,   y   al que llama a golpes,

ἀνοιγήσεται.   11 τίνα   δὲ   ἐξ   ὑμῶν   τὸν
se abrirá.   ¿A quién, por el contrario, de   vosotros   el
                                              (que, sea)

πατέρα   αἰτήσει ὁ υἱὸς ἰχθύν, μὴ
padre   pedirá el hijo pescado, acaso

ἀντὶ   ἰχθύος   ὄφιν   αὐτῷ   ἐπιδώσει;   12 ἢ
en lugar de pescado una serpiente a él   dará?   ¿O

καὶ   αἰτήσει   ᾠόν,   ἐπιδώσει αὐτῷ σκορπίον;
si   pedirá   un huevo,   dará   a él   un escorpión?

13 εἰ οὖν ὑμεῖς πονηροὶ ὑπάρχοντες οἴδατε δόματα
Si, pues, vosotros, malos   siendo,   sabéis   regalos

ἀγαθὰ   διδόναι   τοῖς   τέκνοις ὑμῶν,   πόσῳ
buenos   dar   a los   hijos vuestros,   cuánto

μᾶλλον   ὁ   πατὴρ   ὁ   ἐξ   οὐρανοῦ   δώσει
más   el   Padre   el   del   cielo   dará

πνεῦμα αγιον τοῖς αἰτοῦσιν αὐτόν.
(el) Espíritu Santo   a los que   (lo) pidan   a él.

14 Καὶ ἦν ἐκβάλλων δαιμόνιον, καὶ αὐτὸ
Y   estaba echando   un demonio,   y   ése

ἦν   κωφόν·   ἐγένετο   δὲ   τοῦ   δαιμονίου
era   mudo;   sucedió entonces,   el   demonio

ἐξελθόντος ἐλάλησεν ὁ   κωφός·   καὶ
salido,   (que) habló el   mudo;   y

ἐθαύμασαν   οἱ   ὄχλοι·   15 τινὲς   δὲ   ἐξ
se maravillaron   las   turbas;   algunos, entonces,   de

αὐτῶν   εἶπαν·   ἐν   Βεελζεβοὺλ τῷ   ἄρχοντι
los mismos   dijeron: Por   Beelzebú   el   príncipe

τῶν   δαιμονίων   ἐκβάλλει   τὰ   δαιμόνια·
de los   demonios,   echa fuera   los   demonios.

16 ἕτεροι   δὲ   πειράζοντες σημεῖον ἐξ οὐρανοῦ
Otros, mientras,   tentando,   una señal del   cielo

ἐζήτουν   παρ᾽   αὐτοῦ.   17 αὐτὸς   δὲ   εἰδὼς
requerían   de   él.   Él, empero, [1]conociendo

αὐτῶν   τὰ   διανοήματα εἶπεν αὐτοῖς· πᾶσα
de ellos   los   pensamientos,   dijo   a ellos: Todo

βασιλεία ἐφ᾽ ἑαυτὴν διαμερισθεῖσα ἐρημοῦται,
reino   contra sí mismo   dividido,   es desolado,

καὶ   οἶκος   ἐπὶ   οἶκον   πίπτει.   18 εἰ   δὲ
y   casa   contra   casa   cae.   Si, empero,

καὶ   ὁ σατανᾶς   ἐφ᾽   ἑαυτὸν   διεμερίσθη,
también —   Satanás   contra   sí mismo [2]estuviese dividido,

πῶς   σταθήσεται   ἡ   βασιλεία   αὐτοῦ;   ὅτι
¿cómo   se sostendrá   el   reino   de él?,   pues

λέγετε   ἐν   Βεελζεβοὺλ   ἐκβάλλειν   με   τὰ
decís (que)   por   Beelzebú   lanzar   yo   los

δαιμόνια.   19 εἰ   δὲ   ἐγὼ   ἐν   Βεελζεβοὺλ
demonios.   Si, pues,   yo   por   Beelzebú

[1]
17. CONOCIENDO. Lit. sabiendo.
[2]
18. ESTUVIESE DIVIDIDO. Lit. fue dividido.

ἐκβάλλω τὰ δαιμόνια, οἱ υἱοὶ ὑμῶν ἐν
lanzo los demonios, ¿los hijos vuestros por

τίνι ἐκβάλλουσιν; διὰ τοῦτο αὐτοὶ ὑμῶν
quién (los) lanzan? Por esto, ellos vuestros

κριταὶ ἔσονται. **20** εἰ δὲ ἐν δακτύλῳ
jueces serán. Si, empero, por (el) dedo

θεοῦ [ἐγὼ] ἐκβάλλω τὰ δαιμόνια, ἄρα
de Dios yo lanzo los demonios, entonces

ἔφθασεν ἐφ' ὑμᾶς ἡ βασιλεία τοῦ θεοῦ.
llegó a vosotros el reino — de Dios.

21 ὅταν ὁ ἰσχυρὸς καθωπλισμένος φυλάσσῃ
Cuando el hombre robusto bien armado defiende

τὴν ἑαυτοῦ αὐλήν, ἐν εἰρήνῃ ἐστὶν τὰ
la propia casa, en paz están los

ὑπάρχοντα αὐτοῦ· **22** ἐπὰν δὲ ἰσχυρότερος
bienes suyos. Cuando, empero, uno más robusto

αὐτοῦ ἐπελθὼν νικήσῃ αὐτόν, τὴν πανοπλίαν
que él viniendo vence a él, la armadura

αὐτοῦ αἴρει, ἐφ' ᾗ ἐπεποίθει, καὶ τὰ
suya quita, en la cual había confiado, y los

σκῦλα αὐτοῦ διαδίδωσιν. **23** Ὁ μὴ ὢν
despojos suyos reparte. Quien no está

μετ' ἐμοῦ κατ' ἐμοῦ ἐστιν, καὶ ὁ μὴ
conmigo, contra mí está, y quien no

συνάγων μετ' ἐμοῦ σκορπίζει. **24** Ὅταν
recoge conmigo, desparrama. Cuando

τὸ ἀκάθαρτον πνεῦμα ἐξέλθῃ ἀπὸ τοῦ
el inmundo espíritu ha salido del

ἀνθρώπου, διέρχεται δι' ἀνύδρων τόπων
hombre, anda a través de áridos lugares

ζητοῦν ἀνάπαυσιν, καὶ μὴ εὑρίσκον λέγει·
buscando reposo, y no hallando, dice:

ὑποστρέψω εἰς τὸν οἶκόν μου ὅθεν ἐξῆλθον·
Volveré a la casa mía de donde salí;

25 καὶ ἐλθὸν εὑρίσκει σεσαρωμένον καὶ
y llegando, hálla(la) barrida y

κεκοσμημένον. **26** τότε πορεύεται καὶ
¹amueblada. Entonces vase y

παραλαμβάνει ἕτερα πνεύματα πονηρότερα
toma consigo otros espíritus peores

ἑαυτοῦ ἑπτά, καὶ εἰσελθόντα κατοικεῖ
que él siete, y entrando, moran

ἐκεῖ· καὶ γίνεται τὰ ἔσχατα τοῦ ἀνθρώπου
allí; y resultan las postrimerías del hombre

ἐκείνου χείρονα τῶν πρώτων. **27** Ἐγένετο
ese peor (que) los principios. Aconteció

¹
25. AMUEBLADA. Lit. *puesta en orden* o *adornada.*
²
27. CIERTA. Se refiere a *mujer*, no a *voz.*

δὲ ἐν τῷ λέγειν αὐτὸν ταῦτα ἐπάρασά τις
— en el decir él esto, alzando ²cierta

φωνὴν   γυνὴ ἐκ τοῦ ὄχλου εἶπεν αὐτῷ·
(la) voz mujer de la turba dijo le:
μακαρία ἡ κοιλία ἡ βαστάσασά σε καὶ
Bienaventurado el vientre que trajo te, y
μαστοὶ   οὓς ἐθήλασας. 28 αὐτὸς δὲ εἶπεν·
(los) pechos que mamaste.   Él, empero, dijo:
μενοῦν μακάριοι οἱ ἀκούοντες τὸν λόγον
Más bien bienaventurados los que escuchan la palabra
τοῦ θεοῦ καὶ φυλάσσοντες.
— de Dios, y   (la) ¹guardan.
29 Τῶν δὲ ὄχλων ἐπαθροιζομένων ἤρξατο
Entonces las turbas apiñándose, empezó

λέγειν· ἡ γενεὰ αὕτη γενεὰ πονηρά ἐστιν·
a decir: La generación esta, una generación perversa es;
σημεῖον ζητεῖ, καὶ σημεῖον οὐ δοθήσεται
una señal busca, y una señal no se dará
αὐτῇ εἰ μὴ τὸ σημεῖον Ἰωνᾶ. 30 καθὼς
le, sino la señal de Jonás. Porque
γὰρ ἐγένετο [ὁ] Ἰωνᾶς τοῖς Νινευίταις
así como fue hecho — Jonás para los ninivitas
σημεῖον, οὕτως ἔσται καὶ ὁ υἱὸς τοῦ
una señal, así será también el hijo del
ἀνθρώπου τῇ γενεᾷ ταύτῃ. 31 βασίλισσα
hombre para la generación esta. (La) reina
νότου ἐγερθήσεται ἐν τῇ κρίσει μετὰ τῶν
del Sur se levantará en el juicio contra los
ἀνδρῶν τῆς γενεᾶς ταύτης καὶ κατακρινεῖ
hombres de la generación esta y condenará
αὐτούς· ὅτι ἦλθεν ἐκ τῶν περάτων τῆς
los; porque vino de los confines de la
γῆς ἀκοῦσαι τὴν σοφίαν Σολομῶνος, καὶ
tierra para oír la sabiduría de Salomón, y
ἰδοὺ πλεῖον Σολομῶνος ὧδε. 32 ἄνδρες
mirad algo más que Salomón aquí. Hombres
Νινευῖται ἀναστήσονται ἐν τῇ κρίσει μετὰ
ninivitas se levantarán en el juicio ²contra
τῆς γενεᾶς ταύτης καὶ κατακρινοῦσιν αὐτήν·
la generación esta y condenarán la;
ὅτι μετενόησαν εἰς τὸ κήρυγμα Ἰωνᾶ, καὶ
porque se arrepintieron ³por la predicación de Jonás, y
ἰδοὺ πλεῖον Ἰωνᾶ ὧδε. 33 Οὐδεὶς λύχνον
mirad algo más que Jonás aquí. Nadie una lámpara
ἅψας εἰς κρύπτην τίθησιν οὐδὲ ὑπὸ τὸν
enciende (y) en oculto la pone, ni debajo del
μόδιον, ἀλλ' ἐπὶ τὴν λυχνίαν, ἵνα οἱ
almud, sino sobre el candelero, para que los
εἰσπορευόμενοι τὸ φέγγος βλέπωσιν. 34 ὁ
(que) entran la luz vean. La

1
28. GUARDAN. El verbo está en presente continuativo.
2
32. CONTRA. Lit. con.
3
32. POR. Lit. en relación con.

λύχνος τοῦ σώματός ἐστιν ὁ ὀφθαλμός σου.
lámpara   del   cuerpo   es   el   ojo   tuyo.

ὅταν ὁ ὀφθαλμός σου ἁπλοῦς ᾖ, καὶ
Cuando el   ojo   tuyo   sencillo   es,   también

ὅλον τὸ σῶμά σου φωτεινόν ἐστιν· ἐπὰν
todo el   cuerpo   tuyo   iluminado   está;   cuando,

δὲ πονηρὸς ᾖ, καὶ τὸ σῶμά σου σκοτεινόν.
empero, malo   es, también el   cuerpo   tuyo   (es) tenebroso.

35 σκόπει οὖν μὴ τὸ φῶς τὸ ἐν σοὶ
Mira, por tanto, que no la   luz (que hay) en   ti

σκότος ἐστίν. 36 εἰ οὖν τὸ σῶμά σου
oscuridad   sea.   Si, por tanto, el   cuerpo   tuyo

ὅλον φωτεινόν, μὴ ἔχον μέρος τι σκοτεινόν,
totalmente iluminado (está), no teniendo parte alguna   oscura,

ἔσται φωτεινὸν ὅλον ὡς ὅταν ὁ λύχνος
estará   iluminado   [1]enteramente como cuando la   lámpara

τῇ ἀστραπῇ φωτίζῃ σε.
con el   fulgor   ilumina   te.

37 Ἐν δὲ τῷ λαλῆσαι ἐρωτᾷ αὐτὸν
Y   al   haber hablado,   ruega   le

Φαρισαῖος ὅπως ἀριστήσῃ παρ' αὐτῷ·
un fariseo   que   coma   con   él;

εἰσελθὼν δὲ ἀνέπεσεν. 38 ὁ δὲ Φαρισαῖος
y habiendo entrado, [2]se puso a la mesa.   Entonces el   fariseo,

ἰδὼν ἐθαύμασεν ὅτι οὐ πρῶτον ἐβαπτίσθη
viéndo(lo), se maravilló porque no previamente   se lavó

πρὸ τοῦ ἀρίστου. 39 εἶπεν δὲ ὁ κύριος
antes de la   comida.   Dijo entonces el   Señor

πρὸς αὐτόν· νῦν ὑμεῖς οἱ Φαρισαῖοι τὸ
a   él: Ahora   vosotros   los   fariseos   el

ἔξωθεν τοῦ ποτηρίου καὶ τοῦ πίνακος
exterior de la   copa   y   del   plato

καθαρίζετε, τὸ δὲ ἔσωθεν ὑμῶν γέμει
limpiáis,   mas el   interior   vuestro repleto está

ἁρπαγῆς καὶ πονηρίας. 40 ἄφρονες, οὐχ
de rapiña   y   perversidad.   Insensatos, ¿no

ὁ ποιήσας τὸ ἔξωθεν καὶ τὸ ἔσωθεν
quien hizo   el   exterior   también el   interior

ἐποίησεν; 41 πλὴν τὰ ἐνόντα δότε
hizo?   Sin embargo, de lo (que) hay dentro   dad

ἐλεημοσύνην, καὶ ἰδοὺ πάντα καθαρὰ ὑμῖν
limosna,   entonces he aquí que todo   limpio para vosotros

ἐστιν. 42 ἀλλὰ οὐαὶ ὑμῖν τοῖς Φαρισαίοις,
es.   Pero   ¡ay de vosotros los   fariseos,

ὅτι ἀποδεκατοῦτε τὸ ἡδύοσμον καὶ τὸ
porque   dais el diezmo   por la   menta   y   por la

πήγανον καὶ πᾶν λάχανον, καὶ παρέρχεσθε
ruda   y   por toda   hortaliza,   y   desatendéis

1
36. ENTERAMENTE. Lit. entero.
2
37. SE PUSO A LA MESA. Lit. se recostó.

τὴν κρίσιν καὶ τὴν ἀγάπην τοῦ θεοῦ·
la ¹justicia y el amor — de Dios!

ταῦτα δὲ ἔδει ποιῆσαι κἀκεῖνα μὴ
Estas cosas era menester hacer y aquéllas no
empero,

παρεῖναι. 43 οὐαὶ ὑμῖν τοῖς Φαρισαίοις,
omitir. ¡Ay de vosotros los fariseos,

ὅτι ἀγαπᾶτε τὴν πρωτοκαθεδρίαν ἐν ταῖς
porque amáis la primera silla en las

συναγωγαῖς καὶ τοὺς ἀσπασμοὺς ἐν ταῖς
sinagogas y las salutaciones en las

ἀγοραῖς. 44 οὐαὶ ὑμῖν, ὅτι ἐστὲ ὡς τὰ
plazas! ¡Ay de vosotros, porque sois como los

μνημεῖα τὰ ἄδηλα, καὶ οἱ ἄνθρωποι οἱ
sepulcros — disimulados, y los hombres que

περιπατοῦντες ἐπάνω οὐκ οἴδασιν.
pasan por encima no (lo) saben!

45 Ἀποκριθεὶς δέ τις τῶν νομικῶν λέγει
Respondiendo, entonces, uno de los legistas, dice

αὐτῷ· διδάσκαλε, ταῦτα λέγων καὶ ἡμᾶς
le: Maestro, esas cosas diciendo, también a nosotros

ὑβρίζεις. 46 ὁ δὲ εἶπεν· καὶ ὑμῖν τοῖς
ofendes. Él, entonces, dijo: ¡También de vosotros los

νομικοῖς οὐαί, ὅτι φορτίζετε τοὺς ἀνθρώπους
legistas, ay, porque abrumáis a los hombres

φορτία δυσβάστακτα, καὶ αὐτοὶ ἑνὶ τῶν
con cargas insoportables, y vosotros mismos con uno de los

δακτύλων ὑμῶν οὐ προσψαύετε τοῖς φορτίοις.
dedos vuestros no tocáis las cargas!

47 οὐαὶ ὑμῖν, ὅτι οἰκοδομεῖτε τὰ μνημεῖα
¡Ay de vosotros, porque edificáis los sepulcros

τῶν προφητῶν, οἱ δὲ πατέρες ὑμῶν
de los profetas, y los padres vuestros

ἀπέκτειναν αὐτούς. 48 ἄρα μάρτυρές ἐστε
mataron a los mismos! Así pues, testigos sois

καὶ συνευδοκεῖτε τοῖς ἔργοις τῶν πατέρων
y sois consentidores de las obras de los padres

ὑμῶν, ὅτι αὐτοὶ μὲν ἀπέκτειναν αὐτούς,
vuestros, porque ellos, es cierto, mataron a los mismos,

ὑμεῖς δὲ οἰκοδομεῖτε. 49 διὰ τοῦτο καὶ
mas vosotros (les) levantáis monumentos. Por esto también

ἡ σοφία τοῦ θεοῦ εἶπεν· ἀποστελῶ εἰς
la sabiduría — de Dios dijo: Enviaré a

αὐτοὺς προφήτας καὶ ἀποστόλους, καὶ ἐξ
ellos profetas y apóstoles, y de

αὐτῶν ἀποκτενοῦσιν καὶ διώξουσιν, 50 ἵνα
ellos matarán y perseguirán, para que

ἐκζητηθῇ τὸ αἷμα πάντων τῶν προφητῶν
sea demandada la sangre de todos los profetas

τὸ ἐκκεχυμένον ἀπὸ καταβολῆς κόσμου
la cual derramada desde la fundación del mundo

ἀπὸ τῆς γενεᾶς ταύτης, 51 ἀπὸ αἵματος
a la generación esta, desde (la) sangre

Ἀβελ ἕως αἵματος Ζαχαρίου τοῦ
de Abel a (la) sangre de Zacarías, [1]el que

ἀπολομένου μεταξὺ τοῦ θυσιαστηρίου καὶ
pereció entre el altar de los sacrificios y

τοῦ οἴκου· ναὶ λέγω ὑμῖν, ἐκζητηθήσεται
el edificio sí, digo a vosotros, será demandada
(del templo);

ἀπὸ τῆς γενεᾶς ταύτης. 52 οὐαὶ ὑμῖν τοῖς
de la generación esta. ¡Ay de vosotros los

νομικοῖς, ὅτι ἤρατε τὴν κλεῖδα τῆς
legistas, porque quitasteis la llave del

γνώσεως· αὐτοὶ οὐκ εἰσήλθατε καὶ τοὺς
conocimiento; vosotros mismos no entrasteis, y a los

εἰσερχομένους ἐκωλύσατε. 53 Κἀκεῖθεν ἐξελ-
que [2]querían entrar estorbasteis! Y de allí como hubo

θόντος αὐτοῦ ἤρξαντο οἱ γραμματεῖς καὶ
salido él, comenzaron los escribas y

οἱ Φαρισαῖοι δεινῶς ἐνέχειν καὶ ἀποστοματίζειν
los fariseos en gran a estrechar y a provocar a que
               manera   hablase,

αὐτὸν περὶ πλειόνων, 54 ἐνεδρεύοντες
a él acerca de muchas cosas, tendiendo lazos

αὐτὸν θηρεῦσαί τι ἐκ τοῦ στόματος αὐτοῦ.
a él para cazar algo de la boca de él.
(de)

12 Ἐν οἷς ἐπισυναχθεισῶν τῶν μυριάδων
    [3]Entretanto, habiéndose aglomerado los millares

τοῦ ὄχλου, ὥστε καταπατεῖν ἀλλήλους,
de la multitud, hasta pisarse unos a otros,

ἤρξατο λέγειν πρὸς τοὺς μαθητὰς αὐτοῦ
comenzó a decir a los discípulos suyos

πρῶτον· προσέχετε ἑαυτοῖς ἀπὸ τῆς ζύμης,
en primer lugar: Guardaos a vosotros mismos de la levadura,

ἥτις ἐστὶν ὑπόκρισις, τῶν Φαρισαίων.
que es (la) hipocresía de los fariseos.

2 οὐδὲν δὲ συγκεκαλυμμένον ἐστὶν ὃ οὐκ
Nada, empero, encubierto está que no

ἀποκαλυφθήσεται, καὶ κρυπτὸν ὃ οὐ γνωσθήσεται.
se descubrirá, ni oculto que no será conocido.

3 ἀνθ᾽ ὧν ὅσα ἐν τῇ σκοτίᾳ εἴπατε ἐν
Por lo cual, cuanto en la oscuridad dijisteis, en

τῷ φωτὶ ἀκουσθήσεται, καὶ ὃ πρὸς τὸ
la luz será oído, y lo que al

---

[1]
51. EL QUE PERECIÓ. Lit. *el perecido.*
[2]
52. QUERÍAN ENTRAR. Lit. *estaban entrando.*
[3]
1. ENTRETANTO. Lit. *Entre lo cual.*

οὓς ἐλαλήσατε ἐν τοῖς ταμιείοις κηρυχθήσεται
oído   hablasteis en las   recámaras,   será pregonado

ἐπὶ τῶν δωμάτων. 4 Λέγω δὲ ὑμῖν τοῖς
desde los tejados.   Digo, empero, a vosotros los

φίλοις μου, μὴ φοβηθῆτε ἀπὸ τῶν
amigos míos,   no temáis   de los   que

ἀποκτεννόντων τὸ σῶμα καὶ μετὰ ταῦτα
matan   el cuerpo   y después de eso

μὴ ἐχόντων περισσότερόν τι ποιῆσαι.
no tienen   más   algo (que) hacer.

5 ὑποδείξω δὲ ὑμῖν τίνα φοβηθῆτε·
Mostraré, pero, a vosotros a quién debéis temer:

φοβήθητε τὸν μετὰ τὸ ἀποκτεῖναι ἔχοντα
Temed al que después de   matar   tiene

ἐξουσίαν ἐμβαλεῖν εἰς τὴν γέενναν. ναὶ
potestad para arrojar en la   gehena.   Sí,

λέγω ὑμῖν, τοῦτον φοβήθητε. 6 οὐχὶ
digo   os, a éste   temed.   Por ventura, ¿no

πέντε στρουθία πωλοῦνται ἀσσαρίων δύο;
cinco gorriones se venden   por cuartos dos?;

καὶ ἐν ἐξ αὐτῶν οὐκ ἔστιν ἐπιλελησμένον
y uno solo de ellos   no   está   olvidado

ἐνώπιον τοῦ θεοῦ. 7 ἀλλὰ καὶ αἱ τρίχες
en la presencia — de Dios.   Pero también los cabellos

τῆς κεφαλῆς ὑμῶν πᾶσαι ἠρίθμηνται.
de la cabeza   vuestra todos han sido contados.

μὴ φοβεῖσθε· πολλῶν στρουθίων διαφέρετε.
No temáis; más que muchos gorriones   [1]valéis.

8 λέγω δὲ ὑμῖν, πᾶς ὃς ἂν ὁμολογήσῃ
Digo, empero, a vosotros, todo aquel que   se declare

ἐν ἐμοὶ ἔμπροσθεν τῶν ἀνθρώπων, καὶ ὁ
por mí   delante de los hombres,   también el

υἱὸς τοῦ ἀνθρώπου ὁμολογήσει ἐν αὐτῷ
Hijo del   Hombre   se declarará por   él

ἔμπροσθεν τῶν ἀγγέλων τοῦ θεοῦ· 9 ὁ δὲ
delante de los ángeles — de Dios;   el que, pero,

ἀρνησάμενός με ἐνώπιον τῶν ἀνθρώπων
negase   me   delante de los hombres,

ἀπαρνηθήσεται ἐνώπιον τῶν ἀγγέλων τοῦ
será negado   delante de los ángeles —

θεοῦ. 10 καὶ πᾶς ὃς ἐρεῖ λόγον εἰς τὸν
de Dios.   Y [2]a todo el que dijese una palabra contra el

υἱὸν τοῦ ἀνθρώπου, ἀφεθήσεται αὐτῷ· τῷ
Hijo del   Hombre,   se perdonará a él;   al que,

δὲ εἰς τὸ ἅγιον πνεῦμα βλασφημήσαντι
pero, contra el Santo   Espíritu   blasfemase,

οὐκ ἀφεθήσεται. 11 ὅταν δὲ εἰσφέρωσιν
no (le)   será perdonado.   Y cuando   conduzcan

7. VALÉIS. El verbo indica
una diferencia a favor de
los hombres.

10. A TODO EL QUE DIJESE.
Lit. *todo el que dirá*.

ὑμᾶς ἐπὶ τὰς συναγωγὰς καὶ τὰς ἀρχὰς
a vosotros delante de las   sinagogas   y   los magistrados

καὶ τὰς ἐξουσίας, μὴ μεριμνήσητε πῶς ἢ
y   las   autoridades,   no   os preocupéis   cómo   o

τί ἀπολογήσησθε ἢ τί εἴπητε· 12 τὸ γὰρ
qué responderéis   o qué diréis;   porque el

ἅγιον πνεῦμα διδάξει ὑμᾶς ἐν αὐτῇ τῇ
Santo Espíritu enseñará a vosotros en   la misma

ὥρᾳ ἃ δεῖ εἰπεῖν. 13 Εἶπεν δέ τις
hora lo que se debe decir.   Dijo entonces   uno

ἐκ τοῦ ὄχλου αὐτῷ· διδάσκαλε, εἰπὲ τῷ
de la   turba   a él: Maestro,   di   al

ἀδελφῷ μου μερίσασθαι μετ' ἐμοῦ τὴν
hermano mío   reparta   conmigo   la

κληρονομίαν. 14 ὁ δὲ εἶπεν αὐτῷ· ἄνθρωπε,
herencia.   Él, entonces, dijo   le: Hombre,

τίς με κατέστησεν κριτὴν ἢ μεριστὴν ἐφ'
¿quién me constituyó   juez   o repartidor sobre

ὑμᾶς; 15 εἶπεν δὲ πρὸς αὐτούς· ὁρᾶτε
vosotros?   Dijo, entonces, a   ellos: Mirad

καὶ φυλάσσεσθε ἀπὸ πάσης πλεονεξίας,
y   guardaos   de   toda   codicia,

ὅτι οὐκ ἐν τῷ περισσεύειν τινὶ ἡ ζωὴ
porque ¹no en el abundar(le) a alguien, la vida

αὐτοῦ ἐστιν ἐκ τῶν ὑπαρχόντων αὐτῷ.
de él   está,   de los   bienes   suyos.

16 Εἶπεν δὲ παραβολὴν πρὸς αὐτοὺς λέγων·
Dijo, entonces, una parábola   a   ellos,   diciendo:

ἀνθρώπου τινὸς πλουσίου εὐφόρησεν ἡ
De un hombre cierto   rico   produjo mucho   la

χώρα. 17 καὶ διελογίζετο ἐν ἑαυτῷ λέγων·
tierra.   Y   ²razonando dentro de él,   se dijo:

τί ποιήσω, ὅτι οὐκ ἔχω ποῦ συνάξω τοὺς
¿Qué haré, porque no tengo donde recoger los

καρπούς μου; 18 καὶ εἶπεν· τοῦτο ποιήσω·
frutos míos?   Y   dijo: Esto   haré:

καθελῶ μου τὰς ἀποθήκας καὶ μείζονας
derribaré mis los   graneros   y   mayores

οἰκοδομήσω, καὶ συνάξω ἐκεῖ πάντα τὸν
edificaré,   y   recogeré   allí   todo   el

σῖτον καὶ τὰ ἀγαθά μου, 19 καὶ ἐρῶ τῇ
trigo y los bienes míos,   y   diré   al

ψυχῇ μου· ψυχή, ἔχεις πολλὰ ἀγαθὰ
alma mía: Alma, tienes muchos   bienes

κείμενα εἰς ἔτη πολλά· ἀναπαύου, φάγε,
guardados para años muchos; descansa (satisfecho), come,

πίε, εὐφραίνου. 20 εἶπεν δὲ αὐτῷ ὁ
bebe,   alégrate.   Dijo entonces   a él   el

¹
15. NO EN EL ABUNDAR(LE)...
Puesto en orden, dice: *la
vida de él —alguien— no
está en el abundar(le) de los
bienes suyos.*
²
17. RAZONANDO DENTRO DE
ÉL, SE DIJO... Lit. *razonaba
dentro de sí mismo, diciendo...*

θεός· ἄφρων, ταύτῃ τῇ νυκτὶ τὴν ψυχήν
Dios: Insensato,   en esta   la   noche   el   alma

σου ἀπαιτοῦσιν ἀπὸ σοῦ·   ἃ δὲ
tuya   reclamarán   de   ti;   las cosas entonces que

ἡτοίμασας, τίνι ἔσται; 21 οὕτως ὁ
preparaste,   ¿de quién   serán?   De la misma   el que
                                         manera,

θησαυρίζων αὐτῷ καὶ μὴ εἰς θεὸν πλουτῶν.
atesora   para sí,   ¹y   no   para   Dios   rico es.

22 Εἶπεν δὲ πρὸς τοὺς μαθητὰς [αὐτοῦ]·διὰ τοῦτο
Dijo entonces   a   los   discípulos   suyos: Por esta razón

λέγω ὑμῖν· μὴ μεριμνᾶτε τῇ ψυχῇ τί
digo   os: No estéis ansiosos   por la   vida por lo que

φάγητε, μηδὲ τῷ σώματι [ὑμῶν] τί
comeréis,   ni   por el   cuerpo   vuestro   por qué

ἐνδύσησθε. 23 ἡ γὰρ ψυχὴ πλεῖόν ἐστιν
vestiréis.   Porque la   vida   más   es

τῆς τροφῆς καὶ τὸ σῶμα τοῦ ἐνδύματος.
(que) el   alimento,   y   el   cuerpo, (más) que el   vestido.

24 κατανοήσατε τοὺς κόρακας, ὅτι οὔτε
Considerad   los   cuervos,   que   ni

σπείρουσιν οὔτε θερίζουσιν, οἷς οὐκ ἔστιν
siembran   ni   siegan,   para los que no   hay

ταμιεῖον οὐδὲ ἀποθήκη, καὶ ὁ θεὸς τρέφει
granero   ni   despensa,   y — Dios   sustenta

αὐτούς· πόσῳ μᾶλλον ὑμεῖς διαφέρετε τῶν
los;   ¡cuánto   más   vosotros   valéis   (que) las

πετεινῶν. 25 τίς δὲ ἐξ ὑμῶν μεριμνῶν
aves!   ¿Quién, empero,   de   vosotros,   acongojándose,

δύναται ἐπὶ τὴν ἡλικίαν αὐτοῦ προσθεῖναι
puede   sobre   la   ²estatura   suya   añadir

πῆχυν; 26 εἰ οὖν οὐδὲ ἐλάχιστον δύνασθε,
un codo?   Si,   pues,   ni   lo mínimo   podéis,

τί περὶ τῶν λοιπῶν μεριμνᾶτε; 27 κατα-
¿por qué acerca   de lo   demás   estáis apurados?   Con-

νοήσατε τὰ κρίνα, πῶς οὔτε νήθει οὔτε
siderad   los   lirios,   cómo   no   hilan   ni

ὑφαίνει· λέγω δὲ ὑμῖν, οὐδὲ Σολομὼν ἐν
tejen;   digo, empero,   a vosotros,   (que) ni   Salomón   en

πάσῃ τῇ δόξῃ αὐτοῦ περιεβάλετο ὡς ἓν
toda   la   gloria   suya   se vistió   como   uno

τούτων. 28 εἰ δὲ ἐν ἀγρῷ τὸν χόρτον
de ellos.   Si, entonces,   en   un campo   la   hierba

ὄντα σήμερον καὶ αὔριον εἰς κλίβανον
que está   hoy   y   mañana   a   un horno

βαλλόμενον ὁ θεὸς οὕτως ἀμφιάζει, πόσῳ
se arroja, — Dios de este modo   viste,   ¿cuánto

μᾶλλον ὑμᾶς, ὀλιγόπιστοι. 29 καὶ ὑμεῖς
más   a vosotros, (hombres) de poca fe?   Y   vosotros

1
21. Y NO PARA DIOS RICO
ES. Es decir, *y sus riquezas
no están dirigidas hacia lo
que Dios quiere.*

2
25. ESTATURA. La palabra
griega *élikían* tiene una ga-
ma de significados que hace
difícil la traducción en este
pasaje. Así, en algunos lugares significa —como probablemente en éste— *estatura*
(Lc. 19:3; Mt. 6:27). En
otros significa *duración* de
la vida (Jn. 9:21, 23; He.
11:11) o *madurez* (Ef. 4:13).

μὴ ζητεῖτε τί φάγητε καὶ τί πίητε, καὶ
no ¹busquéis qué comer   y qué beber, y

μὴ μετεωρίζεσθε· 30 ταῦτα γὰρ πάντα τὰ
no   estéis ansiosos.   Porque todas estas cosas las

ἔθνη τοῦ κόσμου ἐπιζητοῦσιν· ὑμῶν δὲ
gentes del mundo   buscan con afán; vuestro, pero,

ὁ πατὴρ οἶδεν ὅτι χρήζετε τούτων·
— Padre sabe que necesitáis de ellas;

31 πλὴν ζητεῖτε τὴν βασιλείαν αὐτοῦ, καὶ
más bien, buscad el reino de él, y

ταῦτα προστεθήσεται ὑμῖν. 32 Μὴ φοβοῦ,
estas cosas   se añadirán   a vosotros.   No temas,

τὸ μικρὸν ποίμνιον· ὅτι εὐδόκησεν ὁ
— pequeño ²rebaño; porque tuvo a bien el

πατὴρ ὑμῶν δοῦναι ὑμῖν τὴν βασιλείαν.
Padre vuestro dar a vosotros el reino.

33 Πωλήσατε τὰ ὑπάρχοντα ὑμῶν καὶ
Vended las posesiones vuestras y

δότε ἐλεημοσύνην· ποιήσατε ἑαυτοῖς βαλ-
dad limosna; haced para vosotros bol-

λάντια μὴ παλαιούμενα, θησαυρὸν ἀνέκλειπτον
sas (que) no envejecen, tesoro inagotable

ἐν τοῖς οὐρανοῖς, ὅπου κλέπτης οὐκ
en los cielos; donde ladrón no

ἐγγίζει οὐδὲ σὴς διαφθείρει· 34 ὅπου γάρ
se acerca, ni polilla arruina.   Porque donde

ἐστιν ὁ θησαυρὸς ὑμῶν, ἐκεῖ καὶ ἡ
está el tesoro vuestro, allí también el

καρδία ὑμῶν ἔσται. 35 Ἔστωσαν ὑμῶν αἱ
corazón vuestro estará.   Estén vuestros los

ὀσφύες περιεζωσμέναι καὶ οἱ λύχνοι
lomos ceñidos y las lámparas

καιόμενοι· 36 καὶ ὑμεῖς ὅμοιοι ἀνθρώποις
ardiendo; y vosotros (sed) semejantes a hombres

προσδεχομένοις τὸν κύριον ἑαυτῶν, πότε
que aguardan al Señor de ellos, cuando

ἀναλύσῃ ἐκ τῶν γάμων, ἵνα ἐλθόντος
vuelva de las bodas, para que, llegando

καὶ κρούσαντος εὐθέως ἀνοίξωσιν αὐτῷ.
y llamando inmediatamente, abran a él.

37 μακάριοι οἱ δοῦλοι ἐκεῖνοι, οὓς ἐλθὼν
Bienaventurados los siervos aquellos a los que, viniendo

ὁ κύριος εὑρήσει γρηγοροῦντας· ἀμὴν λέγω
el Señor, hallará velando; en verdad digo

ὑμῖν ὅτι περιζώσεται καὶ ἀνακλινεῖ αὐτοὺς
os que se ceñirá, y pondrá a la mesa a ellos,

καὶ παρελθὼν διακονήσει αὐτοῖς. 38 κἂν
y ³llegando a cada uno, servirá les.   Y aunque

---

¹
29. BUSQUÉIS. El verbo está en presente, indicando una preocupación continua.
²
32. REBAÑO. Lit. *rebañito* o *manada.*
³
37. LLEGANDO A CADA UNO. Lit. *pasando junto a* (ellos).

ἐν τῇ δευτέρᾳ κἂν ἐν τῇ τρίτῃ φυλακῇ
en la segunda, y aunque en la tercera vigilia

ἔλθῃ καὶ εὕρῃ οὕτως, μακάριοί εἰσιν
viniese y hallase así, bienaventurados son

ἐκεῖνοι. **39** τοῦτο δὲ γινώσκετε, ὅτι εἰ
ellos. Esto, entonces, conoced, que si

ᾔδει ὁ οἰκοδεσπότης ποίᾳ ὥρᾳ ὁ κλέπτης
supiese el amo de casa en cuál hora el ladrón

ἔρχεται, οὐκ ἂν ἀφῆκεν διορυχθῆναι τὸν
viene, no — permitiría que se perforase la

οἶκον αὐτοῦ. **40** καὶ ὑμεῖς γίνεσθε ἕτοιμοι,
casa suya. Y vosotros estad apercibidos,

ὅτι ᾗ ὥρᾳ οὐ δοκεῖτε ὁ υἱὸς τοῦ
porque en la hora que no pensáis el Hijo del

ἀνθρώπου ἔρχεται. **41** Εἶπεν δὲ ὁ Πέτρος·
Hombre ¹vendrá. Dijo entonces — Pedro:

κύριε, πρὸς ἡμᾶς τὴν παραβολὴν ταύτην
Señor, ¿para nosotros la parábola esta

λέγεις ἢ καὶ πρὸς πάντας; **42** καὶ εἶπεν
dices, o también para todos? Y dijo

ὁ κύριος· τίς ἄρα ἐστὶν ὁ πιστὸς
el Señor: ¿Quién, entonces, es el fiel

οἰκονόμος ὁ φρόνιμος, ὃν καταστήσει ὁ
administrador (y) el prudente, a quien constituirá el

κύριος ἐπὶ τῆς θεραπείας αὐτοῦ τοῦ
señor sobre la servidumbre suya para que

διδόναι ἐν καιρῷ [τὸ] σιτομέτριον;
distribuya en (su) tiempo la ración?

43 μακάριος ὁ δοῦλος ἐκεῖνος, ὃν ἐλθὼν
Bienaventurado el siervo aquel, al que, viniendo

ὁ κύριος αὐτοῦ εὑρήσει ποιοῦντα οὕτως.
el señor suyo, encontrará obrando así.

44 ἀληθῶς λέγω ὑμῖν ὅτι ἐπὶ πᾶσιν τοῖς
En verdad digo a vosotros que sobre todos los

ὑπάρχουσιν αὐτοῦ καταστήσει αὐτόν. **45** ἐὰν
bienes suyos constituirá a él. Si entonces

δὲ εἴπῃ ὁ δοῦλος ἐκεῖνος ἐν τῇ καρδίᾳ
dijera el siervo aquel en el corazón

αὐτοῦ· χρονίζει ὁ κύριός μου ἔρχεσθαι,
suyo: Tarda el señor mío en venir,

καὶ ἄρξηται τύπτειν τοὺς παῖδας καὶ τὰς
y comienza a golpear ²a los muchachos y a las

παιδίσκας, ἐσθίειν τε καὶ πίνειν καὶ
muchachas, a comer no solamente y a beber, sino

μεθύσκεσθαι, **46** ἥξει ὁ κύριος τοῦ δούλου
a embriagarse, vendrá el señor del criado

ἐκείνου ἐν ἡμέρᾳ ᾗ οὐ προσδοκᾷ καὶ ἐν
aquel en un día en el que no aguarda y en

1
40. VENDRÁ. Lit. *viene.*
2
45. A LOS MUCHACHOS Y A
LAS MUCHACHAS. Es decir, *a*
los criados y a las criadas.

ὥρᾳ ᾗ οὐ γινώσκει, καὶ διχοτομήσει
una hora en que no sabe, y ¹partirá por medio

αὐτόν, καὶ τὸ μέρος αὐτοῦ μετὰ τῶν
a él, y la porción suya con los

ἀπίστων θήσει. 47 ἐκεῖνος δὲ ὁ δοῦλος
infieles pondrá. Aquel, entonces, — siervo

ὁ γνοὺς τὸ θέλημα τοῦ κυρίου αὐτοῦ
que conociera la voluntad del amo suyo

καὶ μὴ ἑτοιμάσας ἢ ποιήσας πρὸς τὸ θέλημα
y no se preparase o obrase según la voluntad

αὐτοῦ δαρήσεται πολλάς· 48 ὁ δὲ
de él, recibirá azotes muchos. El que, empero,

μὴ γνούς, ποιήσας δὲ ἄξια πληγῶν,
no conociendo, ²cometió, sin embargo, lo digno de azotes,

δαρήσεται ὀλίγας. παντὶ δὲ ᾧ
recibirá azotes pocos. Pues a todo aquel a quien

ἐδόθη πολύ, πολὺ ζητηθήσεται παρ' αὐτοῦ, καὶ
se ha dado mucho, mucho se exigirá de él, y

ᾧ παρέθεντο πολύ, περισσότερον αἰτήσουσιν
a quien se ha encomendado mucho, en gran medida pedirán

αὐτόν. 49 Πῦρ ἦλθον βαλεῖν ἐπὶ τὴν γῆν,
le. Fuego vine a echar sobre la tierra,

καὶ τί θέλω εἰ ἤδη ἀνήφθη. 50 βάπτισμα
y ³¡cuánto deseo si ya prendiese! Con bautismo, empero,

δὲ ἔχω βαπτισθῆναι, καὶ πῶς συνέχομαι
tengo que ser bautizado, y ¡cómo paso angustias

ἕως ὅτου τελεσθῇ. 51 δοκεῖτε ὅτι εἰρήνην
hasta que se cumpla! ¿Pensáis que paz

παρεγενόμην δοῦναι ἐν τῇ γῇ; οὐχί, λέγω
vine a dar en la tierra? No, digo

ὑμῖν, ἀλλ' ἢ διαμερισμόν. 52 ἔσονται γὰρ
os, sino división. Habrá, ciertamente,

ἀπὸ τοῦ νῦν πέντε ἐν ἑνὶ οἴκῳ διαμεμε-
desde ahora cinco en una casa divi-

ρισμένοι, τρεῖς ἐπὶ δυσὶν καὶ δύο ἐπὶ
didos, tres contra dos y dos contra

τρισὶν 53 διαμερισθήσονται, πατὴρ ἐπὶ υἱῷ
tres. Se dividirán padre contra hijo

καὶ υἱὸς ἐπὶ πατρί, μήτηρ ἐπὶ θυγατέρα
e hijo contra padre, madre contra hija

καὶ θυγάτηρ ἐπὶ τὴν μητέρα, πενθερὰ
e hija contra la madre, suegra

ἐπὶ τὴν νύμφην αὐτῆς καὶ νύμφη ἐπὶ
contra la nuera suya y nuera contra

τὴν πενθεράν. 54 Ἔλεγεν δὲ καὶ τοῖς
la suegra. Decía también — a las

ὄχλοις· ὅταν ἴδητε νεφέλην ἀνατέλλουσαν
turbas: Cuando veis una nube que surge

1
46. PARTIRÁ POR MEDIO. Es decir, le separará de su servidumbre. (Comp. con Nm. 15:30.)
2
48. COMETIÓ. Lit. habiendo hecho.
3
49. ¡CUÁNTO DESEO SI YA PRENDIESE! Lit. ¡qué deseo si ya fue encendido!

ἐπὶ δυσμῶν, εὐθέως λέγετε ὅτι ὅμβρος
en occidente, inmediatamente decís que lluvia

ἔρχεται, καὶ γίνεται οὕτως· 55 καὶ ὅταν
viene, y sucede así; y cuando

νότον πνέοντα, λέγετε ὅτι καύσων ἔσται,
un viento meridional soplando, decís que [1]calor habrá,

καὶ γίνεται. 56 ὑποκριταί, τὸ πρόσωπον
también sucede. ¡Hipócritas!, el semblante

τῆς γῆς καὶ τοῦ οὐρανοῦ οἴδατε δοκιμάζειν,
de la tierra y del cielo sabéis averiguar,

τὸν καιρὸν δὲ τοῦτον πῶς οὐ δοκιμάζετε;
¿el tiempo, empero, este cómo no averiguáis?

57 Τί δὲ καὶ ἀφ' ἑαυτῶν οὐ κρίνετε
¿Y por qué también de vosotros mismos no juzgáis

τὸ δίκαιον; 58 ὡς γὰρ ὑπάγεις μετὰ τοῦ
lo justo? Cuando, pues, vas con el

ἀντιδίκου σου ἐπ' ἄρχοντα, ἐν τῇ ὁδῷ
adversario tuyo donde el magistrado, en el camino

δὸς ἐργασίαν ἀπηλλάχθαι ἀπ' αὐτοῦ, μήποτε
[2]ingéniate para [3]librarte de él, para que no

κατασύρῃ σε πρὸς τὸν κριτήν, καὶ ὁ
arrastre a ti ante el juez, y el

κριτής σε παραδώσει τῷ πράκτορι, καὶ ὁ
juez te entregará al alguacil, y el

πράκτωρ σε βαλεῖ εἰς φυλακήν. 59 λέγω
alguacil te echará en cárcel. Digo

σοι, οὐ μὴ ἐξέλθῃς ἐκεῖθεν ἕως
te, ciertamente no saldrás de allí hasta que

καὶ τὸ ἔσχατον λεπτὸν ἀποδῷς.
aun el último céntimo hayas pagado.

13 Παρῆσαν δέ τινες ἐν αὐτῷ τῷ
Se presentaban entonces algunos en mismo el

καιρῷ ἀπαγγέλλοντες αὐτῷ περὶ τῶν
tiempo refiriendo le acerca de los

Γαλιλαίων ὧν τὸ αἷμα Πιλᾶτος ἔμιξεν
galileos cuya — sangre Pilato [4]había mezclado

μετὰ τῶν θυσιῶν αὐτῶν. 2 καὶ ἀποκριθεὶς
con los sacrificios de ellos. Y, respondiendo,

εἶπεν αὐτοῖς· δοκεῖτε ὅτι οἱ Γαλιλαῖοι
dijo a ellos: ¿Pensáis que los galileos

οὗτοι ἁμαρτωλοὶ παρὰ πάντας τοὺς Γαλι-
estos pecadores más que todos los gali-

λαίους ἐγένοντο, ὅτι ταῦτα πεπόνθασιν;
leos fueron, porque esto [5]padecieron?

3 οὐχί, λέγω ὑμῖν, ἀλλ' ἐὰν μὴ μετανοῆτε,
No, digo a vosotros; sino que si no os arrepentís,

[1]
55. CALOR. Lit. abrasador.
[2]
58. INGÉNIATE. Lit. da esfuerzo.
[3]
58. LIBRARTE DE ÉL. El verbo griego indica que ha de hacerse mediante reconciliación o arreglo.
[4]
1. HABÍA MEZCLADO. Lit. mezcló.
[5]
2. PADECIERON. Lit. han padecido.

πάντες ὁμοίως ἀπολεῖσθε. 4 ἢ ἐκεῖνοι οἱ
todos   igualmente pereceréis.   O aquellos los

δεκαοκτὼ ἐφ' οὓς ἔπεσεν ὁ πύργος ἐν
dieciocho sobre quienes cayó la torre en

τῷ Σιλωὰμ καὶ ἀπέκτεινεν αὐτούς, δοκεῖτε
el Siloé y   mató   los,   ¿pensáis

ὅτι αὐτοὶ ὀφειλέται ἐγένοντο παρὰ πάντας
que ellos deudores ¹eran más que todos

τοὺς ἀνθρώπους τοὺς κατοικοῦντας Ἰερου-
los hombres los habitantes de Jeru-

σαλήμ; 5 οὐχί, λέγω ὑμῖν, ἀλλ' ἐὰν μὴ
salén? No, digo a vosotros; sino que si no

μετανοήσητε, πάντες ὡσαύτως ἀπολεῖσθε.
os arrepentís, todos igualmente pereceréis.

6 Ἔλεγεν δὲ ταύτην τὴν παραβολήν. συκῆν
²Propuso entonces esta la parábola. Una higuera

εἶχέν τις πεφυτευμένην ἐν τῷ ἀμπελῶνι
tenía cierto (hombre) plantada en la viña

αὐτοῦ, καὶ ἦλθεν ζητῶν καρπὸν ἐν αὐτῇ
suya, y   vino buscando fruto en ella

καὶ οὐχ εὗρεν. 7 εἶπεν δὲ πρὸς τὸν
y no   halló. Y dijo entonces al

ἀμπελουργόν· ἰδοὺ τρία ἔτη ἀφ' οὗ
viñador: He aquí tres años desde que

ἔρχομαι ζητῶν καρπὸν ἐν τῇ συκῇ ταύτῃ
³vine buscando fruto en la higuera esta

καὶ οὐχ εὑρίσκω· ἔκκοψον αὐτήν· ἱνατί
y no   encuentro; córta la; ¿por qué
                                   razón

καὶ τὴν γῆν καταργεῖ; 8 ὁ δὲ ἀποκριθεὶς
aún la tierra ⁴echa a perder? Él, entonces, respondiendo,

λέγει αὐτῷ· κύριε, ἄφες αὐτὴν καὶ τοῦτο
dice le· Señor, deja la todavía este

τὸ ἔτος, ἕως ὅτου σκάψω περὶ αὐτὴν καὶ
— año, hasta que cave en torno a ella y

βάλω κόπρια, 9 κἂν μὲν ποιήσῃ καρπὸν
eche estiércol, y si hiciese fruto

εἰς τὸ μέλλον· εἰ δὲ μή γε, ἐκκόψεις
⁵en el futuro; y si no, cortarás

αὐτήν.
a ella.

10 Ἦν δὲ διδάσκων ἐν μιᾷ τῶν συναγωγῶν
Estaba entonces enseñando en una de las sinagogas

ἐν τοῖς σάββασιν. 11 καὶ ἰδοὺ γυνὴ
en el sábado. Y he aquí una mujer

πνεῦμα ἔχουσα ἀσθενείας ἔτη δεκαοκτώ,
espíritu teniendo de enfermedad por años diéciocho,

καὶ ἦν συγκύπτουσα καὶ μὴ δυναμένη
y estaba encorvada y no podía

1
4. ERAN. Lit. *fueron.*
2
6. PROPUSO. Lit. *decía.*
3
7. VINE. Lit. *vengo.*
4
7. ECHA A PERDER. Lit. *inutiliza.*
5
9. EN EL FUTURO. La frase queda en suspenso por la figura llamada "reticencia", pero se sobreentiende "*bien*".

ἀνακύψαι εἰς τὸ παντελές. **12** ἰδὼν δὲ
enderezarse — enteramente. Viendo, entonces,

αὐτὴν ὁ Ἰησοῦς προσεφώνησεν καὶ εἶπεν
a ella — Jesús, llamó y dijo

αὐτῇ· γύναι, ἀπολέλυσαι τῆς ἀσθενείας
a ella: Mujer, [1]estás libre de la enfermedad

σου, **13** καὶ ἐπέθηκεν αὐτῇ τὰς χεῖρας·
tuya, y puso sobre ella las manos;

καὶ παραχρῆμα ἀνωρθώθη, καὶ ἐδόξαζεν
y al instante se enderezó, y alababa

τὸν θεόν. **14** ἀποκριθεὶς δὲ ὁ ἀρχι-
a Dios. Respondiendo entonces [2]el archi-

συνάγωγος, ἀγανακτῶν ὅτι τῷ σαββάτῳ
sinagogo, enojado de que en el sábado

ἐθεράπευσεν ὁ Ἰησοῦς, ἔλεγεν τῷ ὄχλῳ
[3]hubiera curado — Jesús, decía a la turba:

ὅτι ἓξ ἡμέραι εἰσὶν ἐν αἷς δεῖ ἐργάζεσθαι·
— Seis días hay en los cuales se debe trabajar;

ἐν αὐταῖς οὖν ἐρχόμενοι θεραπεύεσθε καὶ
en ellos, pues, viniendo, sed curados y

μὴ τῇ ἡμέρᾳ τοῦ σαββάτου. **15** ἀπεκρίθη δὲ
no en el día del sábado. Respondió entonces

αὐτῷ ὁ κύριος καὶ εἶπεν· ὑποκριταί,
a él el Señor y dijo: Hipócritas,

ἕκαστος ὑμῶν τῷ σαββάτῳ οὐ λύει τὸν
¿cada uno de vosotros en el sábado no desata al

βοῦν αὐτοῦ ἢ τὸν ὄνον ἀπὸ τῆς φάτνης
buey suyo o al asno del pesebre

καὶ ἀπαγαγὼν ποτίζει; **16** ταύτην δὲ
y conduciendo hace beber? Ésta, empero,

θυγατέρα Ἀβραὰμ οὖσαν, ἣν ἔδησεν ὁ
hija de Abraham que es, a quien ató —

σατανᾶς ἰδοὺ δέκα καὶ ὀκτὼ ἔτη, οὐκ ἔδει
Satanás he aquí hace dieciocho años, ¿no convenía

λυθῆναι ἀπὸ τοῦ δεσμοῦ τούτου τῇ
que fuese librada del vínculo este en el

ἡμέρᾳ τοῦ σαββάτου; **17** καὶ ταῦτα λέγοντος
día del sábado? Y estas cosas diciendo

αὐτοῦ κατῃσχύνοντο πάντες οἱ ἀντικείμενοι
él, se avergonzaban todos los adversarios

αὐτῷ, καὶ πᾶς ὁ ὄχλος ἔχαιρεν ἐπὶ
ante él, y toda la muchedumbre se regocijaba por

πᾶσιν τοῖς ἐνδόξοις τοῖς γινομένοις ὑπ᾽
todos los [4]milagros — que sucedían por

αὐτοῦ. **18** Ἔλεγεν οὖν· τίνι ὁμοία ἐστὶν ἡ
él. Decía, pues: ¿A qué semejante es el

βασιλεία τοῦ θεοῦ, καὶ τίνι ὁμοιώσω
reino — de Dios, y a qué compararé

1
12. ESTÁS LIBRE. Lit. *has quedado libre*.
2
14. EL ARCHISINAGOGO. Es decir, *el jefe de la sinagoga*.
3
14. HUBIERA CURADO. Lit. *curó*.
4
17. MILAGROS. Lit. *hechos gloriosos*.

αὐτήν; **19** ὁμοία ἐστὶν κόκκῳ σινάπεως, ὃν
lo?   Semejante   es   a un grano   de mostaza,   que

λαβὼν ἄνθρωπος ἔβαλεν εἰς κῆπον ἑαυτοῦ,
tomando   un hombre   arrojó   en   campo   [1]suyo,

καὶ ηὔξησεν καὶ ἐγένετο εἰς δένδρον, καὶ
y   creció   y   llegó a ser   un árbol,   y

τὰ πετεινὰ τοῦ οὐρανοῦ κατεσκήνωσεν
las   aves   del   cielo   se cobijaron

ἐν τοῖς κλάδοις αὐτοῦ. **20** Καὶ πάλιν
en   las   ramas   de él.   Y   de nuevo

εἶπεν· τίνι ὁμοιώσω τὴν βασιλείαν τοῦ
dijo: ¿A qué   compararé   el   reino   —

θεοῦ; **21** ὁμοία ἐστὶν ζύμῃ, ἣν λαβοῦσα
de Dios?   Semejante   es   a levadura,   que   tomándo(la)

γυνὴ ἔκρυψεν εἰς ἀλεύρου σάτα τρία,
una mujer   escondió   en   de harina   [2]satos   tres,

ἕως οὗ ἐζυμώθη ὅλον.
hasta   que   fue fermentado   todo.

22 Καὶ διεπορεύετο κατὰ πόλεις καὶ
Y   pasaba   a través de   ciudades   y
cada una de (las)

κώμας διδάσκων καὶ πορείαν ποιούμενος
aldeas   enseñando   y   camino   haciendo

εἰς Ἱεροσόλυμα. **23** Εἶπεν δέ τις αὐτῷ·
hacia   Jerusalén.   Y dijo   uno   a él:

κύριε, εἰ ὀλίγοι οἱ σῳζόμενοι; ὁ δὲ εἶπεν
Señor, ¿si pocos (son) los que se   salvan?   Él, entonces,   dijo

πρὸς αὐτούς· **24** ἀγωνίζεσθε εἰσελθεῖν διὰ
a   ellos: Esforzaos por   entrar   por

τῆς στενῆς θύρας, ὅτι πολλοί, λέγω ὑμῖν,
la   estrecha   puerta,   porque   muchos,   digo a vosotros,

ζητήσουσιν εἰσελθεῖν καὶ οὐκ ἰσχύσουσιν.
procurarán   entrar   y   no   podrán.

25 ἀφ᾽ οὗ ἂν ἐγερθῇ ὁ οἰκοδεσπότης καὶ
Después que   se   levante   el   amo de la casa   y

ἀποκλείσῃ τὴν θύραν, καὶ ἄρξησθε ἔξω
cierre   la   puerta,   y   empezáis   fuera

ἑστάναι καὶ κρούειν τὴν θύραν λέγοντες·
a permanecer   y   a golpear   la   puerta   diciendo:

κύριε, ἄνοιξον ἡμῖν, καὶ ἀποκριθεὶς ἐρεῖ
Señor,   abre   nos,   y   respondiendo,   dirá

ὑμῖν· οὐκ οἶδα ὑμᾶς πόθεν ἐστέ. **26** τότε
a vosotros: No   sé   vosotros   de dónde   sois.   Entonces

ἄρξεσθε λέγειν· ἐφάγομεν ἐνώπιόν σου καὶ
empezaréis   a decir: Comimos   delante   de ti   y

ἐπίομεν, καὶ ἐν ταῖς πλατείαις ἡμῶν
bebimos,   y   en   las   plazas   nuestras

ἐδίδαξας· **27** καὶ ἐρεῖ λέγων ὑμῖν· οὐκ
enseñaste;   y   [3]hablará   diciendo a vosotros: No

---

[1]
19. Suyo. Lit. *de él mismo.*

[2]
21. Satos. Medida de áridos, de unos 13 litros.

[3]
27. Hablará diciendo. Lit. *dirá diciendo* (hebraísmo).

οἶδα πόθεν ἐστέ· ἀποστητε ἀπ' ἐμοῦ
sé   de dónde sois;   apartaos   de   mí
πάντες ἐργάται ἀδικίας. 28 ἐκεῖ ἔσται ὁ
todos, hacedores de iniquidad. Allí será el
κλαυθμὸς καὶ ὁ βρυγμὸς τῶν ὀδόντων,
llanto   y el rechinar de los dientes,
ὅταν ὄψησθε ᾿Αβραὰμ καὶ ᾿Ισαὰκ καὶ
cuando veréis a Abraham y a Isaac y
᾿Ιακὼβ καὶ πάντας τοὺς προφήτας ἐν τῇ
a Jacob y a todos los profetas en el
βασιλείᾳ τοῦ θεοῦ, ὑμᾶς δὲ ἐκβαλλομένους
reino   — de Dios, vosotros, empero, arrojados
ἔξω. 29 καὶ ἥξουσιν ἀπὸ ἀνατολῶν καὶ
fuera.   Y vendrán del oriente y
δυσμῶν καὶ ἀπὸ βορρᾶ καὶ νότου, καὶ
del poniente y del norte y del sur y
ἀνακλιθήσονται ἐν τῇ βασιλείᾳ τοῦ θεοῦ.
[1]serán admitidos en el reino — de Dios.
30 καὶ ἰδοὺ εἰσὶν ἔσχατοι οἳ ἔσονται
   Y he aquí están los últimos que serán
πρῶτοι, καὶ εἰσὶν πρῶτοι οἳ ἔσονται
primeros, y están primeros que serán
ἔσχατοι. 31 ᾿Εν αὐτῇ τῇ ὥρᾳ προσῆλθάν
últimos.   En aquella — hora se acercaron
τινες Φαρισαῖοι λέγοντες αὐτῷ· ἔξελθε καὶ
algunos fariseos diciendo le: [2]Retírate y
πορεύου ἐντεῦθεν, ὅτι ῾Ηρῴδης θέλει σε
marcha de aquí, porque Herodes quiere a ti
ἀποκτεῖναι. 32 καὶ εἶπεν αὐτοῖς· πορευθέντες
matar.   Y dijo a ellos: Yendo,
εἴπατε τῇ ἀλώπεκι ταύτῃ· ἰδοὺ ἐκβάλλω
decid al zorro ese: He aquí lanzo
δαιμόνια καὶ ἰάσεις ἀποτελῶ σήμερον καὶ
demonios y curaciones hago hoy y
αὔριον, καὶ τῇ τρίτῃ τελειοῦμαι. 33 πλὴν
mañana, y el tercer (día) [3]soy conducido al fin. Sin embargo,
δεῖ με σήμερον καὶ αὔριον καὶ τῇ ἐχομένῃ
es que yo hoy y mañana y en el siguiente
necesario   (día)
πορεύεσθαι, ὅτι οὐκ ἐνδέχεται προφήτην
viaje, porque no es posible (que) un profeta
ἀπολέσθαι ἔξω ᾿Ιερουσαλήμ. 34 ᾿Ιερουσαλὴμ
muera fuera de Jerusalén. ¡Jerusalén,
᾿Ιερουσαλήμ, ἡ ἀποκτείνουσα τοὺς προφήτας
Jerusalén, la que mata a los profetas
καὶ λιθοβολοῦσα τοὺς ἀπεσταλμένους πρὸς
y apedrea a los enviados a
αὐτήν, ποσάκις ἠθέλησα ἐπισυνάξαι τὰ
ella, cuántas veces quise reunir los

[1] 29. SERÁN ADMITIDOS. Lit. se reclinarán en el banquete.
[2] 31. RETÍRATE. Lit. Sal.
[3] 32. TERCER (DÍA). Este verbo indica tanto el fin como la glorificación de Cristo; es decir, que en el tercer día la obra sería hecha perfecta.

τέκνα   σου   ὃν   τρόπον   ὄρνις   τὴν   ἑαυτῆς
hijos   tuyos   al   modo como   una clueca   la   suya

νοσσιὰν   ὑπὸ   τὰς   πτέρυγας,   καὶ   οὐκ
pollada   bajo   las   alas,   y   no

ἠθελήσατε.   35 ἰδοὺ   ἀφίεται   ὑμῖν   ὁ   οἶκος
quisisteis!   He aquí   es abandonada   a vosotros   la   casa

ὑμῶν.   λέγω   [δὲ]   ὑμῖν,   οὐ   μὴ   ἴδητέ   με
vuestra.   Digo   —   a vosotros,   no   me   veréis   a mí
                     ciertamente

ἕως   ἥξει   ὅτε   εἴπητε·   εὐλογημένος   ὁ
hasta   que vendrá   cuando   digáis: Bendito   el que

ἐρχόμενος   ἐν   ὀνόματι   κυρίου.
viene   en   nombre   del Señor.

14 Καὶ   ἐγένετο   ἐν   τῷ   ἐλθεῖν   αὐτὸν   εἰς
     Y   sucedió   en   el   entrar   él   en

οἶκόν   τινος   τῶν   ἀρχόντων   τῶν   Φαρισαίων
casa   de uno   de los   jefes   de los   fariseos

σαββάτῳ   φαγεῖν   ἄρτον,   καὶ   αὐτοὶ   ἦσαν
en sábado   para comer   pan,   y   ellos   estaban

παρατηρούμενοι   αὐτόν.   2 καὶ   ἰδοὺ   ἄνθρωπός
observando   a él.   Y   he aquí   un hombre

τις   ἦν   ὑδρωπικὸς   ἔμπροσθεν   αὐτοῦ.   3 καὶ
cierto   estaba   hidrópico   delante   de él.   Y

ἀποκριθεὶς   ὁ   Ἰησοῦς   εἶπεν   πρὸς   τοὺς
respondiendo   —   Jesús,   habló   a   los

νομικοὺς   καὶ   Φαρισαίους   λέγων·   ἔξεστιν
escribas   y   fariseos,   diciendo: ¿Es permitido

τῷ   σαββάτῳ   θεραπεῦσαι   ἢ   οὔ;   4 οἱ   δὲ
en el   sábado   curar,   o   no?   Ellos, entonces,

ἡσύχασαν.   καὶ   ἐπιλαβόμενος   ἰάσατο   αὐτὸν
callaron.   Y   tomando   curó   a él

καὶ   ἀπέλυσεν.   5 καὶ   πρὸς   αὐτοὺς   εἶπεν·
e   hizo salir.   Y   a   ellos   dijo:

τίνος   ὑμῶν   υἱὸς   ἢ   βοῦς   εἰς   φρέαρ   πεσεῖται,
¿De quién de vosotros   un hijo   o   un buey   en   un pozo   caerá,

καὶ   οὐκ   εὐθέως   ἀνασπάσει   αὐτὸν   ἐν
y   no   inmediatamente   sacará   a él   en

ἡμέρα   τοῦ   σαββάτου;   6 καὶ   οὐκ   ἴσχυσαν
día   de   sábado?   Y   no   podían

ἀνταποκριθῆναι   πρὸς   ταῦτα.   7 Ἔλεγεν   δὲ
replicar   a   estas cosas.   Decía entonces

πρὸς   τοὺς   κεκλημένους   παραβολήν,   ἐπέχων
a   los   convidados   una parábola,   1viendo

πῶς   τὰς   πρωτοκλισίας   ἐξελέγοντο,   λέγων
cómo   los   primeros asientos   escogían,   diciendo

πρὸς   αὐτούς·   8 ὅταν   κληθῇς   ὑπό   τινος   εἰς
a   ellos: Cuando seas invitado   por   alguien   a

1
7. VIENDO. Lit. *observando
atentamente.*

γάμους,   μὴ κατακλιθῇς εἰς τὴν πρωτοκλισίαν,
bodas,   no te   sientes   en   el   primer puesto,

μήποτε   ἐντιμότερός σου ᾖ κεκλημένος ὑπ᾽
no sea que   uno más honorable   que tú sea   invitado   por

αὐτοῦ, 9 καὶ ἐλθὼν   ὁ σὲ καὶ αὐτὸν καλέσας
él,   y   viniendo   el que a ti   y   a él   invitó

ἐρεῖ σοι· δὸς τούτῳ τόπον, καὶ τότε
dirá   a ti: Da   a éste   (el) lugar,   y   entonces

ἄρξῃ   μετὰ αἰσχύνης τὸν ἔσχατον τόπον
comiences   con   vergüenza   el   último   lugar

κατέχειν.   10 ἀλλ᾽ ὅταν κληθῇς, πορευθεὶς
a ocupar.   Sino que   cuando fueres invitado,   ¹ve,

ἀνάπεσε εἰς τὸν ἔσχατον τόπον, ἵνα ὅταν ἔλθῃ
recuéstate   en   el   último   lugar, para que cuando   venga

ὁ   κεκληκώς   σε   ἐρεῖ   σοι·   φίλε,
el que   ha convidado   a ti,   dirá   te: Amigo,

προσανάβηθι ἀνώτερον· τότε   ἔσται   σοι   δόξα
sube   más arriba;   entonces   será   para ti   gloria

ἐνώπιον πάντων τῶν συνανακειμένων σοι.
delante   de todos   los   comensales   contigo.

11 ὅτι   πᾶς ὁ ὑψῶν ἑαυτὸν ταπεινωθήσεται,
Porque   todo el que exalta a sí mismo,   será humillado,

καὶ   ὁ   ταπεινῶν   ἑαυτὸν   ὑψωθήσεται.
y   el que   humilla   a sí mismo,   será ensalzado.

12 Ἔλεγεν δὲ καὶ τῷ κεκληκότι αὐτόν·
Decía, entonces,   también   al   que había invitado   a él:

ὅταν ποιῇς ἄριστον ἢ δεῖπνον, μὴ φώνει
Cuando   hagas   una comida   o   cena,   no   llames

τοὺς   φίλους   σου   μηδὲ   τοὺς   ἀδελφούς
a los   amigos   tuyos   ni   a los   hermanos

σου   μηδὲ   τοὺς   συγγενεῖς   σου   μηδὲ
tuyos   ni   a los   familiares   tuyos   ni

γείτονας πλουσίους, μήποτε καὶ αὐτοὶ
a vecinos   ricos,   no sea que   también   ellos

ἀντικαλέσωσίν σε καὶ γένηται ἀνταπόδομά
inviten a su vez   a ti   ²y   suceda   una recompensa

σοι. 13 ἀλλ᾽ ὅταν δοχὴν ποιῇς, κάλει
para ti.   Sino que,   cuando   un convite   hagas,   invita

πτωχούς, ἀναπήρους, χωλούς, τυφλούς·
pobres,   mancos,   cojos,   ciegos;

14 καὶ μακάριος ἔσῃ,   ὅτι οὐκ ἔχουσιν
y   bienaventurado   serás,   porque no   tienen

ἀνταποδοῦναί σοι· ἀνταποδοθήσεται γάρ σοι
para recompensar   a ti;   será dada recompensa entonces   a ti

ἐν τῇ ἀναστάσει τῶν δικαίων. 15 Ἀκούσας
en   la   resurrección   de los   justos.   Oyendo, entonces,

δέ τις τῶν συνανακειμένων ταῦτα εἶπεν
uno   de los   comensales   estas cosas,   dijo

10. VE. Lit. *yendo.*
2
12. Y SUCEDA UNA RECOM-
PENSA PARA TI. Es decir, *y
tengas ya tu recompensa.*

αὐτῷ· μακάριος ὅστις φάγεται ἄρτον ἐν
a él: Bienaventurado cualquiera   que comerá   pan   en

τῇ βασιλείᾳ τοῦ θεοῦ. 16 ὁ δὲ εἶπεν
el   reino   —   de Dios.   Él, entonces,   dijo

αὐτῷ· ἄνθρωπός τις ἐποίει δεῖπνον μέγα,
a él: Un hombre   cierto   [1]hizo   una cena   grande,

καὶ ἐκάλεσεν πολλούς, 17 καὶ ἀπέστειλεν
e   invitó   a muchos,   y   mandó

τὸν δοῦλον αὐτοῦ τῇ ὥρᾳ τοῦ δείπνου
al   criado   suyo   en la   hora   de la   cena

εἰπεῖν τοῖς κεκλημένοις· ἔρχεσθε, ὅτι ἤδη
para decir   a los   convidados: Venid,   porque ya

ἕτοιμά ἐστιν. 18 καὶ ἤρξαντο ἀπὸ μιᾶς
preparado   está.   Y   comenzaron   [2]por   igual

πάντες παραιτεῖσθαι. ὁ πρῶτος εἶπεν
todos   a excusarse.   El   primero   dijo

αὐτῷ· ἀγρὸν ἠγόρασα, καὶ ἔχω ἀνάγκην
a él: Un campo   compré,   y   tengo   necesidad

ἐξελθὼν ἰδεῖν αὐτόν· ἐρωτῶ σε, ἔχε με
[3]de ir   a ver   lo;   ruego   te   ten   a mí

παρῃτημένον. 19 καὶ ἕτερος εἶπεν· ζεύγη
(por) excusado.   Y   otro   dijo: Yuntas

βοῶν ἠγόρασα πέντε, καὶ πορεύομαι
de bueyes   compré   cinco,   y   voy

δοκιμάσαι αὐτά· ἐρωτῶ σε, ἔχε με
a probar   las;   ruego   te   ten   a mí

παρῃτημένον. 20 καὶ ἕτερος εἶπεν· γυναῖκα
(por) excusado.   Y   otro   dijo: Una mujer

ἔγημα, καὶ διὰ τοῦτο οὐ δύναμαι ἐλθεῖν.
esposé,   y   por   tanto   no   puedo   ir.

21 καὶ παραγενόμενος ὁ δοῦλος ἀπήγγειλεν
Y   [4]llegando   el   siervo,   contó

τῷ κυρίῳ αὐτοῦ ταῦτα. τότε ὀργισθεὶς ὁ
al   señor   de él   esto.   Entonces,   enojado   el

οἰκοδεσπότης εἶπεν τῷ δούλῳ αὐτοῦ· ἔξελθε
amo de casa,   dijo   al   siervo   de él: Sal

ταχέως εἰς τὰς πλατείας καὶ ῥύμας τῆς
presto   por   las   avenidas   y   calles   de la

πόλεως, καὶ τοὺς πτωχοὺς καὶ ἀναπήρους
ciudad,   y   a los   pobres   y   mancos

καὶ τυφλοὺς καὶ χωλοὺς εἰσάγαγε ὧδε.
y   cojos   y   ciegos   [5]trae   aquí.

22 καὶ εἶπεν ὁ δοῦλος· κύριε, γέγονεν ὃ
Y   dijo   el   siervo: Señor,   se ha hecho lo que

ἐπέταξας, καὶ ἔτι τόπος ἐστίν. 23 καὶ
ordenaste,   y todavía   lugar   hay.   Y

εἶπεν ὁ κύριος πρὸς τὸν δοῦλον· ἔξελθε εἰς
dijo   el   señor   al   siervo: Sal   por

---

[1]
16. HIZO. Lit. *hacía.* (Es decir, *estaba haciendo.*)
[2]
18. POR IGUAL. Lit. *a una.*
[3]
18. DE IR A VERLO. Lit. *de, saliendo, ver lo.*
[4]
21. LLEGANDO. Lit. *presentándose.*
[5]
21. TRAE. Lit. *introduce.*

τὰς ὁδοὺς καὶ φραγμοὺς καὶ ἀνάγκασον
los caminos y vallados y obliga

εἰσελθεῖν, ἵνα γεμισθῇ μου ὁ οἶκος·
a entrar, para que se llene mi — casa.

24 λέγω γὰρ ὑμῖν ὅτι οὐδεὶς τῶν ἀνδρῶν
Porque digo a vosotros que ninguno de los hombres

ἐκείνων τῶν κεκλημένων γεύσεταί μου
esos los que habían sido convidados gustará de mi

τοῦ δείπνου.
— cena.

25 Συνεπορεύοντο δὲ αὐτῷ ὄχλοι πολλοί,
Caminaban entonces con él muchedumbres 1muchas,

καὶ στραφεὶς εἶπεν πρὸς αὐτούς· **26** εἴ τις
y vuelto, dijo a ellas: Si uno

ἔρχεται πρός με καὶ οὐ μισεῖ τὸν πατέρα
viene a mí y 2no odia al padre

αὐτοῦ καὶ τὴν μητέρα καὶ τὴν γυναῖκα
suyo y a la madre y la mujer

καὶ τὰ τέκνα καὶ τοὺς ἀδελφοὺς καὶ τὰς
y los hijos y los hermanos y las

ἀδελφάς, ἔτι τε καὶ τὴν ψυχὴν ἑαυτοῦ,
hermanas, y aun también la vida suya,

οὐ δύναται εἶναί μου μαθητής. **27** ὅστις
no puede ser mi discípulo. Quien

οὐ βαστάζει τὸν σταυρὸν ἑαυτοῦ καὶ
no carga la cruz suya y

ἔρχεται ὀπίσω μου, οὐ δύναται εἶναί μου
viene detrás de mí, no puede ser mi

μαθητής. **28** Τίς γὰρ ἐξ ὑμῶν θέλων
discípulo. ¿Quién, pues, de vosotros, queriendo

πύργον οἰκοδομῆσαι οὐχὶ πρῶτον καθίσας
una torre edificar, no primeramente sentándose

ψηφίζει τὴν δαπάνην, εἰ ἔχει εἰς ἀπαρ-
calcula el gasto, si tiene para com-

τισμόν; **29** ἵνα μή ποτε θέντος αὐτοῦ
pletar?, para que no, cuando habiendo puesto él

θεμέλιον καὶ μὴ ἰσχύοντος ἐκτελέσαι πάντες
fundamento y no pudiendo terminar, todos

οἱ θεωροῦντες ἄρξωνται αὐτῷ ἐμπαίζειν
los que lo contemplen comiencen a de él hacer burla,

30 λέγοντες ὅτι οὗτος ὁ ἄνθρωπος ἤρξατο
diciendo: — Este — hombre empezó

οἰκοδομεῖν καὶ οὐκ ἴσχυσεν ἐκτελέσαι.
a edificar y no pudo terminar.

31 Ἢ τίς βασιλεὺς πορευόμενος ἑτέρῳ βασιλεῖ
¿O qué rey, marchando para con otro rey

συμβαλεῖν εἰς πόλεμον οὐχὶ καθίσας πρῶτον
enfrentarse en guerra, no 3se sienta primeramente

1
25. MUCHAS. Es decir, *grandes.*
2
26. NO ODIA. Es decir, *no pone en segundo lugar, detrás del Señor.*
3
31. SE SIENTA. Lit. *sentado.*

βουλεύσεται εἰ δυνατός ἐστιν ἐν δέκα
(y) deliberará si capaz es con diez

χιλιάσιν ὑπαντῆσαι τῷ μετὰ εἴκοσι χιλιάδων
mil para afrontar al que con veinte mil

ἐρχομένῳ ἐπ᾽ αὐτόν; 32 εἰ δὲ μή γε, ἔτι
viene sobre él? De lo contrario, aún

αὐτοῦ πόρρω ὄντος πρεσβείαν ἀποστείλας
él lejos estando, una delegación 1envía

ἐρωτᾷ τὰ πρὸς εἰρήνην. 33 οὕτως οὖν
para pedir — condiciones para paz. Así, pues,

πᾶς ἐξ ὑμῶν ὃς οὐκ ἀποτάσσεται πᾶσιν
todo de entre vosotros que no renuncia a todos

τοῖς ἑαυτοῦ ὑπάρχουσιν οὐ δύναται εἶναί
los suyos bienes no puede ser

μου μαθητής. 34 Καλὸν οὖν τὸ ἅλας·
mi discípulo. Buena, por tanto, la sal;

ἐὰν δὲ καὶ τὸ ἅλας μωρανθῇ, ἐν τίνι
pero si también la sal se hace sosa, ¿con qué

ἀρτυθήσεται; 35 οὔτε εἰς γῆν οὔτε εἰς
se salará? Ni para tierra ni para

κοπρίαν εὔθετόν ἐστιν· ἔξω βάλλουσιν
estercolero idónea es; fuera arrojarán

αὐτό. ὁ ἔχων ὦτα ἀκούειν ἀκουέτω.
a ella. Quien tiene oídos para oír, oiga.

15 Ἦσαν δὲ αὐτῷ ἐγγίζοντες πάντες
Estaban entonces a él acercándose todos

οἱ τελῶναι καὶ οἱ ἁμαρτωλοὶ ἀκούειν
los recaudadores y los pecadores para oír

αὐτοῦ. 2 καὶ διεγόγγυζον οἵ τε Φαρισαῖοι
a él. Y 2murmuraban tanto los fariseos

καὶ οἱ γραμματεῖς λέγοντες ὅτι οὗτος
como los escribas, diciendo: — Éste

ἁμαρτωλοὺς προσδέχεται καὶ συνεσθίει αὐ-
a pecadores acoge y come con

τοῖς. 3 εἶπεν δὲ πρὸς αὐτοὺς τὴν παρα-
ellos. Dijo entonces a ellos la pará-

βολὴν ταύτην λέγων· 4 τίς ἄνθρωπος ἐξ
bola esta, diciendo: ¿Qué hombre de

ὑμῶν ἔχων ἑκατὸν πρόβατα καὶ ἀπολέσας
vosotros, teniendo cien ovejas, y perdiendo

ἐξ αὐτῶν ἓν οὐ καταλείπει τὰ ἐνενήκοντα
de ellas una, no deja las noventa y

ἐννέα ἐν τῇ ἐρήμῳ καὶ πορεύεται ἐπὶ
nueve en el desierto y va detrás

τὸ ἀπολωλὸς ἕως εὕρῃ αὐτό; 5 καὶ
a la perdida hasta que halla a ella? Y

1
32. ENVÍA PARA PEDIR CONDICIONES PARA PAZ. Lit. enviando, pide lo que (respecta) a (la) paz.
2
2. MURMURABAN. Lit. refunfuñaban.

εὑρὼν ἐπιτίθησιν ἐπὶ τοὺς ὤμους αὑτοῦ
hallando, pone sobre los hombros a ella

χαίρων, 6 καὶ ἐλθὼν εἰς τὸν οἶκον
alegre, y llegando a la casa,

συγκαλεῖ τοὺς φίλους καὶ τοὺς γείτονας,
congrega a los amigos y a los vecinos,

λέγων αὐτοῖς· συγχάρητέ μοι, ὅτι εὗρον
diciendo a ellos: Alegraos conmigo, porque encontré

τὸ πρόβατόν μου τὸ ἀπολωλός. 7 λέγω
la oveja mía — perdida. Digo

ὑμῖν ὅτι οὕτως χαρὰ ἐν τῷ οὐρανῷ
a vosotros que así gozo en el cielo

ἔσται ἐπὶ ἑνὶ ἁμαρτωλῷ μετανοοῦντι ἢ
habrá sobre un pecador que se arrepiente, más que

ἐπὶ ἐνενήκοντα ἐννέα δικαίοις οἵτινες οὐ
por noventa y nueve justos que no

χρείαν ἔχουσιν μετανοίας. 8 Ἢ τίς γυνὴ
necesidad tienen de arrepentimiento. ¿O qué mujer

δραχμὰς ἔχουσα δέκα, ἐὰν ἀπολέσῃ
dracmas teniendo diez, si pierde

δραχμὴν μίαν, οὐχὶ ἅπτει λύχνον καὶ
dracma una, no enciende lámpara y

σαροῖ τὴν οἰκίαν καὶ ζητεῖ ἐπιμελῶς
barre la casa y busca cuidadosamente

ἕως οὗ εὕρῃ; 9 καὶ εὑροῦσα συγκαλεῖ
hasta que halla? Y hallando, congrega

τὰς φίλας καὶ γείτονας λέγουσα· συγχάρητέ
a las amigas y vecinas, diciendo: Alegraos

μοι, ὅτι εὗρον τὴν δραχμὴν ἣν ἀπώλεσα.
conmigo, porque hallé la dracma que perdí.

10 οὕτως, λέγω ὑμῖν, γίνεται χαρὰ ἐνώπιον
Así, digo a vosotros, hay gozo delante

τῶν ἀγγέλων τοῦ θεοῦ ἐπὶ ἑνὶ ἁμαρτωλῷ
de los ángeles — de Dios por un pecador

μετανοοῦντι. 11 Εἶπεν δέ· ἄνθρωπός τις
arrepentido. Dijo también: Un hombre cierto

εἶχεν δύο υἱούς. 12 καὶ εἶπεν ὁ νεώτερος
tenía dos hijos. Y dijo el más joven

αὐτῶν τῷ πατρί· πάτερ, δός μοι τὸ
de ellos al padre: Padre, da me la

ἐπιβάλλον μέρος τῆς οὐσίας. ὁ δὲ διεῖλες
que me parte de la hacienda. Él, entonces, dividió
corresponde

αὐτοῖς τὸν βίον. 13 καὶ μετ᾽ οὐ πολλὰς
a ellos 1el sustento. Y después de no muchos

ἡμέρας συναγαγὼν πάντα ὁ νεώτερος υἱὸς
días, recogiendo todo el más joven hijo,

ἀπεδήμησεν εἰς χώραν μακράν, καὶ ἐκεῖ
partió para un país lejano, y allí

1
12. EL SUSTENTO. Es decir, los bienes que sirven para sustento. (Comp. con 1.ª Jn. 3:17.)

διεσκόρπισεν τὴν οὐσίαν αὐτοῦ ζῶν ἀσώτως.
dilapidó　la　hacienda　suya viviendo licenciosamente.

14 δαπανήσαντος δὲ αὐτοῦ πάντα ἐγένετο
¹Gastando, entonces,　　　　él　todo,　　se hizo

λιμὸς ἰσχυρὰ κατὰ τὴν χώραν ἐκείνην,
un hambre aguda　en　la　tierra　aquella,

καὶ αὐτὸς ἤρξατο ὑστερεῖσθαι. **15** καὶ
y　él　comenzó　a sentir necesidad.　　　Y

πορευθεὶς ἐκολλήθη ἑνὶ τῶν πολιτῶν τῆς
yendo,　se arrimó a uno de los ciudadanos de la

χώρας ἐκείνης, καὶ ἔπεμψεν αὐτὸν εἰς
región aquella,　y　envió　a él　a

τοὺς ἀγροὺς αὐτοῦ βόσκειν χοίρους· **16** καὶ
los campos suyos a apacentar puercos;　y

ἐπεθύμει γεμίσαι τὴν κοιλίαν αὐτοῦ ἐκ
ansiaba llenar el estómago suyo de

τῶν κερατίων ὧν ἤσθιον οἱ χοῖροι, καὶ
las algarrobas que comían los puercos,　y

οὐδεὶς ἐδίδου αὐτῷ. **17** εἰς ἑαυτὸν δὲ
nadie daba a él.　En sí mismo entonces

ἐλθὼν ἔφη· πόσοι μίσθιοι τοῦ πατρός μου
entrando, dijo: ¡Cuántos jornaleros del padre mío

περισσεύονται ἄρτων, ἐγὼ δὲ λιμῷ ὧδε
abundan ²de pan,　yo, empero, de hambre aquí

ἀπόλλυμαι. **18** ἀναστὰς πορεύσομαι πρὸς
perezco!　³(Me) levantaré (e) iré al

τὸν πατέρα μου καὶ ἐρῶ αὐτῷ· πάτερ,
padre mío y diré a él: Padre,

ἥμαρτον εἰς τὸν οὐρανὸν καὶ ἐνώπιόν σου,
pequé contra el cielo y delante de ti,

19 οὐκέτι εἰμὶ ἄξιος κληθῆναι υἱός σου·
no más soy digno de llamarme hijo tuyo;

ποίησόν με ὡς ἕνα τῶν μισθίων σου.
haz me como a uno de los jornaleros tuyos.

20 καὶ ἀναστὰς ἦλθεν πρὸς τὸν πατέρα
Y levantándose, vino hacia el padre

ἑαυτοῦ. ἔτι δὲ αὐτοῦ μακρὰν ἀπέχοντος
suyo.　Y aún él lejos estando distante,

εἶδεν αὐτὸν ὁ πατὴρ αὐτοῦ καὶ ἐσπλαγχνίσθη,
vio a él el padre suyo y se conmovió,

καὶ δραμὼν ἐπέπεσεν ἐπὶ τὸν τράχηλον
y corriendo, echóse sobre el cuello

αὐτοῦ καὶ κατεφίλησεν αὐτόν. **21** εἶπεν δὲ
de él y besó con efusión a él.　Dijo, entonces,

ὁ υἱὸς αὐτῷ· πάτερ, ἥμαρτον εἰς τὸν
el hijo a él: Padre, pequé contra el

¹
14. GASTANDO. Lit. *después de gastar.*
²
17. DE PAN. Lit. *de panes.*
³
18. ME LEVANTARÉ E IRÉ. Lit. *levantándome, iré.*

οὐρανὸν καὶ ἐνώπιόν σου, οὐκέτι εἰμὶ
cielo y delante de ti, no más soy

ἄξιος κληθῆναι υἱός σου. **22** εἶπεν δὲ
digno de ser llamado hijo tuyo. Dijo, entonces,

ὁ πατὴρ πρὸς τοὺς δούλους αὐτοῦ· ταχὺ
el padre a los siervos suyos: Pronto

ἐξενέγκατε στολὴν τὴν πρώτην καὶ ἐνδύσατε
sacad un vestido ¹el mejor y vestid

αὐτόν, καὶ δότε δακτύλιον εἰς τὴν χεῖρα
a él, y dad una sortija para la mano

αὐτοῦ καὶ ὑποδήματα εἰς τοὺς πόδας,
de él y sandalias para los pies,

23 καὶ φέρετε τὸν μόσχον τὸν σιτευτόν,
y traed el novillo — cebado,

θύσατε, καὶ φαγόντες εὐφρανθῶμεν, **24** ὅτι
matad, y comiendo, estemos alegres, porque

οὗτος ὁ υἱός μου νεκρὸς ἦν καὶ ἀνέζησεν,
éste el hijo mío muerto estaba y revivió,

ἦν ἀπολωλὼς καὶ εὑρέθη. καὶ ἤρξαντο
estaba perdido y fue hallado. Y comenzaron

εὐφραίνεσθαι. **25** ἦν δὲ ὁ υἱὸς αὐτοῦ
a festejar. Estaba entonces el hijo de él

ὁ πρεσβύτερος ἐν ἀγρῷ· καὶ ὡς ἐρχόμενος
el mayor en un campo; y como viniendo,

ἤγγισεν τῇ οἰκίᾳ, ἤκουσεν συμφωνίας καὶ
se acercó a la casa, oyó música y

χορῶν, **26** καὶ προσκαλεσάμενος ἕνα τῶν
danza, y llamando a uno ²de los

παίδων ἐπυνθάνετο τί ἂν εἴη ταῦτα.
muchachos, preguntaba ³qué podían ser esas cosas.

27 ὁ δὲ εἶπεν αὐτῷ ὅτι ὁ ἀδελφός σου
Él, entonces, dijo a él: — El hermano tuyo

ἥκει, καὶ ἔθυσεν ὁ πατήρ σου τὸν μόσχον τὸν
ha venido, y mató el padre tuyo el novillo —

σιτευτόν, ὅτι ὑγιαίνοντα αὐτὸν ἀπέλαβεν.
cebado, porque sano a él recuperó.

28 ὠργίσθη δὲ καὶ οὐκ ἤθελεν εἰσελθεῖν·
Enojóse, empero, y no quería entrar;

ὁ δὲ πατὴρ αὐτοῦ ἐξελθὼν παρεκάλει
entonces, el padre suyo, saliendo, rogaba

αὐτόν. **29** ὁ δὲ ἀποκριθεὶς εἶπεν τῷ
a él. Él, empero, respondiendo, dijo al

πατρί· ἰδοὺ τοσαῦτα ἔτη δουλεύω σοι καὶ
padre: He aquí tantos años sirvo a ti y

οὐδέποτε ἐντολήν σου παρῆλθον, καὶ ἐμοὶ
nunca mandato tuyo transgredí, y a mí

οὐδέποτε ἔδωκας ἔριφον ἵνα μετὰ τῶν
nunca diste un cabrito para que con los

¹
22. EL MEJOR. Lit. *el primero*.
²
26. DE LOS MUCHACHOS. Es decir, *de los criados*.
³
26. QUÉ PODÍAN SER. Lit. *qué serían*.

φίλων μου εὐφρανθῶ· **30** ὅτε δὲ ὁ υἱός
amigos míos me regocijase.　　　Mas, cuando el hijo

σου οὗτος ὁ καταφαγών σου τὸν βίον
tuyo este, el que consumió tuya la hacienda

μετὰ πορνῶν ἦλθεν, ἔθυσας αὐτῷ τὸν
con rameras, vino, mataste para él el

σιτευτὸν μόσχον. **31** ὁ δὲ εἶπεν αὐτῷ·
cebado novillo.　　Él, entonces, dijo a él:

τέκνον, σὺ πάντοτε μετ' ἐμοῦ εἶ, καὶ
Hijo, tú siempre conmigo estás, y

πάντα τὰ ἐμὰ σά ἐστιν· **32** εὐφρανθῆναι
todas las cosas mías tuyas son;　　holgarse,

δὲ καὶ χαρῆναι ἔδει, ὅτι ὁ ἀδελφός
pues, y alegrarse convenía, porque el hermano

σου οὗτος νεκρὸς ἦν καὶ ἔζησεν, καὶ ἀπο-
tuyo este muerto estaba y revivió, y per-

λωλὼς καὶ εὑρέθη.
dido y fue hallado.

16 Ἔλεγεν δὲ καὶ πρὸς τοὺς μαθητάς·
Decía, entonces, también a los discípulos:

ἄνθρωπός τις ἦν πλούσιος ὃς εἶχεν
Un hombre cierto había rico, el cual tenía

οἰκονόμον, καὶ οὗτος διεβλήθη αὐτῷ ὡς
un mayordomo, y éste fue acusado ante él como que

διασκορπίζων τὰ ὑπάρχοντα αὐτοῦ. **2** καὶ
dilapidaba los bienes suyos.　　Y

φωνήσας αὐτὸν εἶπεν αὐτῷ· τί τοῦτο
habiéndolo llamado a él, dijo le: ¿Qué (es) esto

ἀκούω περὶ σοῦ; ἀπόδος τὸν λόγον τῆς
(que) oigo de ti? Rinde la cuenta de la

οἰκονομίας σου· οὐ γὰρ δύνῃ ἔτι οἰκονομεῖν.
administración tuya; porque no puedes más administrar.

3 εἶπεν δὲ ἐν ἑαυτῷ ὁ οἰκονόμος· τί
Dijo, entonces, 1en sí el mayordomo: ¿Qué

ποιήσω, ὅτι ὁ κύριός μου ἀφαιρεῖται τὴν
haré, porque el señor mío quita la

οἰκονομίαν ἀπ' ἐμοῦ; σκάπτειν οὐκ ἰσχύω,
administración de mí? Cavar 2no puedo,

ἐπαιτεῖν αἰσχύνομαι. **4** ἔγνων τί ποιήσω,
de mendigar tengo vergüenza. 3Sé qué hacer

ἵνα ὅταν μετασταθῶ ἐκ τῆς οἰκονομίας
para que cuando sea removido de la administración

δέξωνταί με εἰς τοὺς οἴκους ἑαυτῶν.
reciban me en las casas de ellos.

5 καὶ προσκαλεσάμενος ἕνα ἕκαστον τῶν
Y llamando a cada uno de los

1
3. EN SÍ. Es decir, *para sí mismo* o *dentro de sí mismo.*
2
3. NO PUEDO. Lit. *no tengo fuerzas.*
3
4. SÉ. Lit. *conocí* (es decir, *ya he caído en la cuenta*).

χρεοφειλετῶν τοῦ κυρίου ἑαυτοῦ ἔλεγεν τῷ
deudores   del   señor   suyo,   decía   al

πρώτῳ· πόσον ὀφείλεις τῷ κυρίῳ μου;
primero: ¿Cuánto debes al señor mío?

6 ὁ δὲ εἶπεν· ἑκατὸν βάτους ἐλαίου. ὁ δὲ
Él, entonces, dijo: Cien ¹batos de aceite. Él, entonces,

εἶπεν αὐτῷ· δέξαι σου τὰ γράμματα καὶ
dijo a él: Toma tuya la factura y,

καθίσας ταχέως γράψον πεντήκοντα. **7** ἔπειτα
sentado rápidamente, escribe cincuenta. Luego

ἑτέρῳ εἶπεν· σὺ δὲ πόσον ὀφείλεις; ὁ δὲ
a otro dijo: Y tú, ¿cuánto debes? Él, entonces,

εἶπεν· ἑκατὸν κόρους σίτου. λέγει αὐτῷ·
dijo: Cien ²coros de trigo. Dice a él:

δέξαι σου τὰ γράμματα καὶ γράψον
Toma tuya la factura y escribe

ὀγδοήκοντα. **8** καὶ ἐπήνεσεν ὁ κύριος τὸν
ochenta. Y alabó el amo al

οἰκονόμον τῆς ἀδικίας ὅτι φρονίμως
mayordomo ³el infiel porque ⁴prudentemente

ἐποίησεν· ὅτι οἱ υἱοὶ τοῦ αἰῶνος τούτου
⁵había obrado; porque los hijos del siglo este

φρονιμώτεροι ὑπὲρ τοὺς υἱοὺς τοῦ φωτὸς
más astutos que los hijos de la luz

εἰς τὴν γενεὰν τὴν ἑαυτῶν εἰσιν. **9** Καὶ
en la generación — de ellos son. Y

ἐγὼ ὑμῖν λέγω, ἑαυτοῖς ποιήσατε φίλους
yo a vosotros digo: Para vosotros haced amigos

ἐκ τοῦ μαμωνᾶ τῆς ἀδικίας, ἵνα ὅταν
de la ⁶riqueza de iniquidad, para que cuando

ἐκλίπῃ δέξωνται ὑμᾶς εἰς τὰς αἰωνίους
falte, reciban a vosotros en las eternas

σκηνάς. **10** ὁ πιστὸς ἐν ἐλαχίστῳ καὶ ἐν
moradas. El fiel en lo mínimo, también en

πολλῷ πιστός ἐστιν, καὶ ὁ ἐν ἐλαχίστῳ
(lo) mucho fiel es, y el en (lo) mínimo

ἄδικος καὶ ἐν πολλῷ ἄδικός ἐστιν. **11** εἰ
injusto, también en (lo) mucho injusto es. Si

οὖν ἐν τῷ ἀδίκῳ μαμωνᾷ πιστοὶ οὐκ
entonces en la inicua riqueza fieles no

ἐγένεσθε, τὸ ἀληθινὸν τίς ὑμῖν πιστεύσει;
fuisteis, lo verdadero ¿quién a vosotros confiará?

12 καὶ εἰ ἐν τῷ ἀλλοτρίῳ πιστοὶ οὐκ
Y si en lo ajeno fieles no

ἐγένεσθε, τὸ ἡμέτερον τίς δώσει ὑμῖν;
fuisteis, lo ⁷vuestro ¿quién entregará a vosotros?

13 Οὐδεὶς οἰκέτης δύναται δυσὶ κυρίοις
Ningún siervo puede a dos señores

1
6. BATOS. Es decir, *barriles* (de unos 37 litros cada uno).
2
7. COROS. Medida de áridos, de unos 370 litros cada una.
3
8. EL INFIEL. Lit. *de la injusticia.*
4
8. PRUDENTEMENTE. Esto es, *sagazmente.* (No alabó su maldad, sino su astucia.)
5
8. HABÍA OBRADO. Lit. *hizo.*
6
9. RIQUEZA DE INIQUIDAD. *Mamón* es la personificación idolátrica del dinero. (V. Mt. 6:24 y vers. 13 de este mismo cap.)
7
12. VUESTRO. Lit. *nuestro.*

δουλεύειν· ἢ γὰρ τὸν ἕνα μισήσει καὶ τὸν
servir: o bien al   uno aborrecerá y   al

ἕτερον ἀγαπήσει, ἢ ἑνὸς ἀνθέξεται καὶ
otro   amará,   o a uno se adherirá   y

τοῦ ἑτέρου καταφρονήσει.   οὐ δύνασθε
al   otro   despreciará.   No   podéis

θεῷ δουλεύειν καὶ μαμωνᾷ. 14 Ἤκουον
a Dios servir   y   al dinero.   Oían,

δὲ ταῦτα πάντα οἱ Φαρισαῖοι φιλάργυροι
pero, estas cosas los fariseos, amantes del dinero

ὑπάρχοντες, καὶ ἐξεμυκτήριζον αὐτόν. 15 καὶ
que eran,   y   se mofaban   de él.   Y

εἶπεν αὐτοῖς· ὑμεῖς ἐστε οἱ δικαιοῦντες
dijo   a ellos: Vosotros sois los que justificáis

ἑαυτοὺς ἐνώπιον τῶν ἀνθρώπων, ὁ δὲ
a vosotros mismos delante de los hombres,   — pero

θεὸς γινώσκει τὰς καρδίας ὑμῶν· ὅτι τὸ
Dios   conoce los corazones vuestros; porque   lo

ἐν ἀνθρώποις ὑψηλὸν βδέλυγμα ἐνώπιον
delante de los hombres   alto,   una abominación   delante

τοῦ θεοῦ. 16 Ὁ νόμος καὶ οἱ προφῆται
— de Dios (es). La ley   y   los profetas,

μέχρι Ἰωάννου· ἀπὸ τότε ἡ βασιλεία τοῦ
hasta   Juan;   desde entonces el   reino

θεοῦ εὐαγγελίζεται καὶ πᾶς εἰς αὐτὴν
de Dios es anunciado   y   [1]todos en   él

βιάζεται. 17 εὐκοπώτερον δέ ἐστιν τὸν οὐρανὸν
[2]quieren entrar. Más fácil, empero, es que el   cielo

καὶ τὴν γῆν παρελθεῖν ἢ τοῦ νόμου μίαν
y   la tierra   pasen   que de la ley   una

κεραίαν πεσεῖν. 18 Πᾶς ὁ ἀπολύων τὴν
tilde   caiga.   Todo el que repudia   la

γυναῖκα αὐτοῦ καὶ γαμῶν ἑτέραν μοιχεύει,
mujer   suya   y se casa con otra,   comete adulterio;

καὶ ὁ ἀπολελυμένην ἀπὸ
y   el que   con la repudiada   por

ἀνδρὸς γαμῶν μοιχεύει. 19 Ἄνθρωπος δέ
(el) marido se casa, comete adulterio.   Un hombre

τις ἦν πλούσιος, καὶ ἐνεδιδύσκετο πορφύραν
cierto había rico,   y   vestía   púrpura

καὶ βύσσον εὐφραινόμενος καθ' ἡμέραν
y lino finísimo, banqueteando   cada   día

λαμπρῶς. 20 πτωχὸς δέ τις ὀνόματι
espléndidamente. Por el contrario, un mendigo cierto por nombre

Λάζαρος ἐβέβλητο πρὸς τὸν πυλῶνα αὐτοῦ
Lázaro, estaba echado junto a la   puerta   suya

1
16. TODOS. Lit. *todo* (hombre).

2
16. QUIEREN ENTRAR. El verbo *biádsetai* no connota la idea de fuerza que constriñe a entrar como en *anágkason* de Lc. 14:23, donde se ordena que *se haga entrar por la fuerza* a individuos que ocuparán los puestos despreciados por los invitados descorteses. En la LXX, *biadsomai* tiene el sentido de "rogar insistentemente". (V. Gn. 33:11: Jacob a Esaú.) En un papiro de la mitad del siglo I de nuestra era (PQxy.XI 294, 16), *biadsomai* designa la "afectuosa insistencia de la amistad" (cf. Lc. 24:29; Hch. 16:15). El sentido, pues, de la traducción debería ser: *cada uno es invitado insistentemente por la predicación del evangelio a entrar en el reino de Dios.*

εἱλκωμένος   **21** καὶ ἐπιθυμῶν   χορτασθῆναι
lleno de llagas,   y   deseando   [1]satisfacerse

ἀπὸ   τῶν   πιπτόντων   ἀπὸ   τῆς   τραπέζης
con   lo   que caía   de   la   mesa

τοῦ   πλουσίου·   ἀλλὰ   καὶ   οἱ   κύνες   ἐρχόμενοι
del   rico;   pero   aun   los   perros   viniendo,

ἐπέλειχον   τὰ   ἕλκη   αὐτοῦ.   **22** ἐγένετο   δὲ
lamían   las   llagas   de él.   Sucedió entonces

ἀποθανεῖν   τὸν   πτωχὸν   καὶ   ἀπενεχθῆναι
morir   el   pobre   y   ser llevado

αὐτὸν   ὑπὸ   τῶν   ἀγγέλων   εἰς   τὸν   κόλπον
él   por   los   ángeles   al   seno

Ἀβραάμ·   ἀπέθανεν   δὲ   καὶ   ὁ   πλούσιος   καὶ
de Abraham;   murió   también el   rico,   y

ἐτάφη.   **23** καὶ   ἐν   τῷ   ᾅδῃ   ἐπάρας   τοὺς
fue sepultado.   Y   en   el   hades   alzando   los

ὀφθαλμοὺς   αὐτοῦ,   ὑπάρχων   ἐν   βασάνοις,
ojos   suyos,   [2]estando   en   tormentos,

ὁρᾷ   Ἀβραὰμ   ἀπὸ   μακρόθεν   καὶ   Λάζαρον
ve   a Abraham   desde   lejos   y   a Lázaro

ἐν   τοῖς   κόλποις   αὐτοῦ.   **24** καὶ   αὐτὸς
en   el   seno   suyo.   Entonces   él,

φωνήσας   εἶπεν·   πάτερ   Ἀβραάμ,   ἐλέησόν
llamando,   dijo: Padre   Abraham,   apiádate

με   καὶ   πέμψον   Λάζαρον   ἵνα   βάψῃ   τὸ
de mí   y   envía   a Lázaro   para que   moje   la

ἄκρον   τοῦ   δακτύλου   αὐτοῦ   ὕδατος   καὶ
punta   del   dedo   suyo   con agua   y

καταψύξῃ   τὴν   γλῶσσάν   μου,   ὅτι   ὀδυνῶμαι
refresque   la   lengua   mía,   porque estoy angustiado

ἐν   τῇ   φλογὶ   ταύτῃ.   **25** εἶπεν   δὲ   Ἀβραάμ·
en   la   llama   esta.   Dijo entonces   Abraham:

τέκνον,   μνήσθητι   ὅτι   ἀπέλαβες   τὰ   ἀγαθά
Hijo,   recuerda   que   recibiste   los   bienes

σου   ἐν   τῇ   ζωῇ   σου,   καὶ   Λάζαρος   ὁμοίως
tuyos   en   la   vida   tuya,   y   Lázaro,   asimismo,

τὰ   κακά·   νῦν   δὲ   ὧδε   παρακαλεῖται,   σὺ   δὲ
los   males;   ahora, empero, aquí   es confortado;   mas tú

ὀδυνᾶσαι.   **26** καὶ   ἐν   πᾶσι   τούτοις   μεταξὺ
eres atormentado.   Y   [3]a   todo   esto   entre

ἡμῶν   καὶ   ὑμῶν   χάσμα   μέγα   ἐστήρικται,
nosotros   y   vosotros   sima   grande   [4]se interpone,

ὅπως   οἱ   θέλοντες   διαβῆναι   ἔνθεν   πρὸς
de modo que los que   quieren   pasar   de aquí   a

ὑμᾶς   μὴ   δύνωνται,   μηδὲ   ἐκεῖθεν   πρὸς
vosotros   no   puedan,   ni   de allí   hasta

ἡμᾶς   διαπερῶσιν.   **27** εἶπεν   δέ·   ἐρωτῶ
nosotros   [5]pasen.   Dijo entonces: Ruego

[1]
21. SATISFACERSE CON LO QUE CAÍA. Lit. *saciarse de las* (migajas) *que caían.*

[2]
23. ESTANDO. El verbo griego indica que ése era el lugar que le pertenecía.

[3]
26. A TODO ESTO. Lit. *entre todas estas cosas.*

[4]
26. SE INTERPONE. Lit. *ha sido establecida.*

[5]
26. PASEN. Lit. *crucen* o *atraviesen.*

σε οὖν, πάτερ, ἵνα πέμψῃς αὐτὸν εἰς
a ti, pues, padre, que envíes a él a

τὸν οἶκον τοῦ πατρός μου· 28 ἔχω γὰρ
la casa del padre mío; porque tengo

πέντε ἀδελφούς· ὅπως διαμαρτύρηται αὐτοῖς,
cinco hermanos; para que [1]amoneste a ellos,

ἵνα μὴ καὶ αὐτοὶ ἔλθωσιν εἰς τὸν τόπον
para que no también ellos vengan al lugar

τοῦτον τῆς βασάνου. 29 λέγει δὲ Ἀβραάμ·
este de tormento. Dice entonces Abraham:

ἔχουσι Μωϋσέα καὶ τοὺς προφήτας·
Tienen a Moisés y a los profetas;

ἀκουσάτωσαν αὐτῶν. 30 ὁ δὲ εἶπεν·
escuchen a ellos. Él, entonces, dijo:

οὐχί, πάτερ Ἀβραάμ, ἀλλ᾽ ἐάν τις ἀπὸ
No, padre Abraham; pero si alguno [2]de

νεκρῶν πορευθῇ πρὸς αὐτούς, μετανοήσουσιν.
los muertos fuere a ellos, se arrepentirán.

31 εἶπεν δὲ αὐτῷ· εἰ Μωϋσέως καὶ τῶν
Dijo, entonces, a él: Si a Moisés y a los

προφητῶν οὐκ ἀκούουσιν, οὐδὲ ἐάν τις
profetas no escuchan, tampoco si alguno

ἐκ νεκρῶν ἀναστῇ πεισθήσονται.
de entre los muertos resucitare se persuadirán.

17 Εἶπεν δὲ πρὸς τοὺς μαθητὰς αὐτοῦ·
Dijo entonces a los discípulos suyos:

ἀνένδεκτόν ἐστιν τοῦ τὰ σκάνδαλα μὴ ἐλθεῖν,
Imposible es que los escándalos no vengan;

οὐαὶ δὲ δι᾽ οὗ ἔρχεται· 2 λυσιτελεῖ
¡ay, empero, de por quien vienen! Más útil es

αὐτῷ εἰ λίθος μυλικὸς περίκειται περὶ
para él si una rueda de molino es colgada alrededor

τὸν τράχηλον αὐτοῦ καὶ ἔρριπται εἰς τὴν
del cuello suyo y es precipitado en el

θάλασσαν, ἢ ἵνα σκανδαλίσῃ τῶν μικρῶν
mar, — [3]que escandalizar de los pequeños

τούτων ἕνα. 3 προσέχετε ἑαυτοῖς. ἐὰν
estos a uno. Mirad por vosotros. Si

ἁμάρτῃ ὁ ἀδελφός σου, ἐπιτίμησον αὐτῷ,
pecare el hermano tuyo, reprende a él,

καὶ ἐὰν μετανοήσῃ, ἄφες αὐτῷ. 4 καὶ
y si se arrepintiese, perdona a él. Y

ἐὰν ἑπτάκις τῆς ἡμέρας ἁμαρτήσῃ εἰς σὲ
si siete veces del día pecase contra ti

καὶ ἑπτάκις ἐπιστρέψῃ πρὸς σὲ λέγων·
y siete veces volviese a ti diciendo:

---

[1]
28. AMONESTE. Lit. *testifique seriamente.*

[2]
30. DE LOS MUERTOS. Es decir, *resucitado de los muertos.*

[3]
2. QUE ESCANDALIZAR. Lit. *que el que escandalice.*

μετανοῶ, ἀφήσεις αὐτῷ. 5 Καὶ εἶπαν οἱ
Me arrepiento, perdonarás   a él.   Y   dijeron los

ἀπόστολοι τῷ κυρίῳ· πρόσθες ἡμῖν πίστιν.
apóstoles   al   Señor: Aumenta a nosotros (la) fe.

6 εἶπεν δὲ ὁ κύριος· εἰ ἔχετε πίστιν ὡς
Dijo entonces el   Señor: Si tenéis   fe   como

κόκκον σινάπεως, ἐλέγετε ἂν τῇ συκαμίνῳ
un grano de mostaza,   diríais   al   sicómoro

ταύτῃ· ἐκριζώθητι καὶ φυτεύθητι ἐν τῇ
este: Arráncate   y   plántate   en   el

θαλάσσῃ· καὶ ὑπήκουσεν ἂν ὑμῖν. 7 Τίς
mar;   y   obedecería   a vosotros. ¿Quién, em-

δὲ ἐξ ὑμῶν δοῦλον ἔχων ἀροτριῶντα ἢ
pero, de vosotros un siervo teniendo labrando   o

ποιμαίνοντα, ὃς εἰσελθόντι ἐκ τοῦ ἀγροῦ
pastoreando   que al llegar   del   campo,

ἐρεῖ αὐτῷ· εὐθέως παρελθὼν ἀνάπεσε,
dirá   a él: Pronto   llegándote, ponte a la mesa?

8 ἀλλ’ οὐχὶ ἐρεῖ αὐτῷ· ἑτοίμασον τί
Mas   ¿no   dirá a él: Prepara   algo

δειπνήσω, καὶ περιζωσάμενος διακόνει μοι
que yo cene, y   ciñéndote,   sirve   a mí

ἕως φάγω καὶ πίω, καὶ μετὰ ταῦτα
hasta que coma y   beba,   y después de esto

φάγεσαι καὶ πίεσαι σύ; 9 μὴ ἔχει χάριν
comerás   y   beberás tú? ¿Acaso da gracias

τῷ δούλῳ ὅτι ἐποίησεν τὰ διαταχθέντα;
al esclavo porque   hizo   los   mandados?

10 οὕτως καὶ ὑμεῖς, ὅταν ποιήσητε πάντα
Así también vosotros, cuando hagáis   todo

τὰ διαταχθέντα ὑμῖν, λέγετε ὅτι δοῦλοι
lo   mandado   a vosotros, decid: — Siervos

ἀχρεῖοί ἐσμεν, ὃ ὠφείλομεν ποιῆσαι
inútiles somos, lo que   debíamos   hacer

πεποιήκαμεν.
hemos hecho.

11 Καὶ ἐγένετο ἐν τῷ πορεύεσθαι εἰς
Y   sucedió   en   el   caminar   hacia

Ἰερουσαλήμ, καὶ αὐτὸς διήρχετο διὰ μέσον
Jerusalén,   y   él   pasaba   por   medio

Σαμαρείας καὶ Γαλιλαίας. 12 καὶ εἰσερχομένου
de Samaria y   Galilea.   Y   ¹entrando

αὐτοῦ εἰς τινα κώμην ἀπήντησαν δέκα
él   en cierta aldea,   ²vinieron   diez

λεπροὶ ἄνδρες, οἳ ἔστησαν πόρρωθεν, 13 καὶ
leprosos hombres, quienes se pararon a distancia,   y

1
12. ENTRANDO. Lit. cuando
estaba entrando.
2
12. VINIERON. Lit. vinieron
a su encuentro.

αὐτοὶ   ἦραν   φωνὴν   λέγοντες·   Ἰησοῦ
ellos   levantaron   la voz,   diciendo: ¡Jesús,

ἐπιστάτα,   ἐλέησον   ἡμᾶς.   14 καὶ   ἰδὼν   εἶπεν
maestro,   apiádate   de nosotros!   Y   viéndo(los),   dijo

αὐτοῖς·   πορευθέντες   ἐπιδείξατε   ἑαυτοὺς   τοῖς
a ellos: Yendo,   presentad   a vosotros   a los

ἱερεῦσιν.   καὶ   ἐγένετο   ἐν   τῷ   ὑπάγειν
sacerdotes.   Y   sucedió (que)   ¹en   el   irse

αὐτοὺς   ἐκαθαρίσθησαν.   15 εἷς   δὲ   ἐξ
ellos   fueron limpios.   Uno, entonces,   de

αὐτῶν,   ἰδὼν   ὅτι   ἰάθη,   ὑπέστρεψεν   μετὰ
ellos,   viendo   que   fue curado,   volvió atrás   con

φωνῆς   μεγάλης   δοξάζων   τὸν   θεόν,   16 καὶ
voz   grande   glorificando   —   a Dios,   y

ἔπεσεν   ἐπὶ   πρόσωπον   παρὰ   τοὺς   πόδας
cayó   sobre   (su) rostro   a   los   pies

αὐτοῦ   εὐχαριστῶν   αὐτῷ·   καὶ   αὐτὸς   ἦν
de él   dando gracias   a él;   y   él   era

Σαμαρίτης.   17 ἀποκριθεὶς   δὲ   ὁ   Ἰησοῦς
un samaritano.   Respondiendo entonces   —   Jesús,

εἶπεν·   οὐχ   οἱ   δέκα   ἐκαθαρίσθησαν;   οἱ   [δὲ]
dijo: ¿No   los   diez   fueron limpios?;   y los

ἐννέα   ποῦ;   18 οὐχ   εὑρέθησαν   ὑποστρέψαντες
nueve,   ¿dónde?   ¿No   se hallaron   regresando

δοῦναι   δόξαν   τῷ   θεῷ   εἰ   μὴ   ὁ   ἀλλογενὴς
para dar   gloria   a   Dios   sino   el   extranjero

οὗτος;   19 καὶ   εἶπεν   αὐτῷ·   ἀναστὰς   πορεύου·
este?   Y   dijo   a él: ²Levántate,   vete;

ἡ   πίστις   σου   σέσωκέν   σε.
la   fe   tuya   ³ha curado   a ti.

20 Ἐπερωτηθεὶς   δὲ   ὑπὸ   τῶν   Φαρισαίων
Interrogado entonces   por   los   fariseos

πότε   ἔρχεται   ἡ   βασιλεία   τοῦ   θεοῦ,
cuándo   viene   el   reino   —   de Dios,

ἀπεκρίθη   αὐτοῖς   καὶ   εἶπεν·   οὐκ   ἔρχεται
respondió   a ellos   y   dijo: No   viene

ἡ   βασιλεία   τοῦ   θεοῦ   μετὰ   παρατηρήσεως,
el   reino   —   de Dios   con   advertencia,

21 οὐδὲ   ἐροῦσιν·   ἰδοὺ   ὧδε   ἤ·   ἐκεῖ·   ἰδοὺ
ni   dirán: Mirad   aquí;   o: Allí;   ⁴mirad,

γὰρ   ἡ   βασιλεία   τοῦ   θεοῦ   ἐντὸς   ὑμῶν
porque   el   reino   —   de Dios   ⁵dentro de vosotros

ἐστιν.   22 Εἶπεν   δὲ   πρὸς   τοὺς   μαθητάς·
está.   Dijo entonces   a   los   discípulos:

ἐλεύσονται   ἡμέραι   ὅτε   ἐπιθυμήσετε   μίαν
Vendrán   días   cuando   desearéis   uno

τῶν   ἡμερῶν   τοῦ   υἱοῦ   τοῦ   ἀνθρώπου   ἰδεῖν
de los   días   del   Hijo   del   Hombre   ver

1
14. EN EL IRSE. Esto es, mientras iban.
2
19. LEVÁNTATE. Lit. tras levantarte.
3
19. HA CURADO. Lit. ha salvado. (También el cuerpo es objeto de salvación. Véase 1.ª Ts. 5:23.)
4
21. MIRAD, PORQUE... Lit. porque he aquí que...
5
21. DENTRO DE. O en medio de. (Esto último es más probable, teniendo en cuenta la condición de los interlocutores.)

καὶ   οὐκ   ὄψεσθε.   **23** καὶ   ἐροῦσιν   ὑμῖν·
y   no   veréis.   Y   dirán   a vosotros:

ἰδοὺ   ἐκεῖ,   ἰδοὺ   ὧδε·   μὴ   ἀπέλθητε   μηδὲ
Mirad   allí,   mirad   aquí;   no   vayáis   ni

διώξητε.   **24** ὥσπερ   γὰρ   ἡ   ἀστραπὴ
sigáis.   Porque como   el   relámpago

ἀστράπτουσα ἐκ   τῆς   ὑπὸ   τὸν   οὐρανὸν
al relampaguear ¹desde   —   debajo del   cielo

εἰς   τὴν   ὑπ᾽ οὐρανὸν   λάμπει,   οὕτως   ἔσται
hasta   —   sobre el   cielo   brilla,   así   será

ὁ   υἱὸς   τοῦ   ἀνθρώπου   ἐν   τῇ   ἡμέρᾳ   αὐτοῦ.
el   Hijo   del   Hombre   en   el   día   suyo.

25 πρῶτον   δὲ   δεῖ   αὐτὸν   πολλὰ   παθεῖν   καὶ
Primeramente, empero, ²conviene   a él   mucho   padecer   y

ἀποδοκιμασθῆναι   ἀπὸ   τῆς   γενεᾶς   ταύτης.
ser rechazado   por   la   generación   esta.

26 καὶ   καθὼς   ἐγένετο   ἐν   ταῖς   ἡμέραις
Y   como   sucedió   en   los   días

Νῶε,   οὕτως   ἔσται   καὶ   ἐν   ταῖς   ἡμέραις
de Noé,   así   será   también   en   los   días

τοῦ   υἱοῦ   τοῦ   ἀνθρώπου·   **27** ἤσθιον,   ἔπινον,
del   Hijo   del   Hombre;   comían,   bebían,

ἐγάμουν,   ἐγαμίζοντο,   ἄχρι   ἧς   ἡμέρας
se casaban,   se daban en matrimonio,   ³hasta   el que   día

εἰσῆλθεν   Νῶε   εἰς   τὴν   κιβωτόν,   καὶ
entró   Noé   en   el   arca,   y

ἦλθεν ὁ κατακλυσμὸς   καὶ   ἀπώλεσεν   πάντας.
vino   el   diluvio   y   destruyó   a todos.

28 ὁμοίως   καθὼς   ἐγένετο   ἐν   ταῖς   ἡμέραις
Asimismo   como   sucedió   en   los   días

Λώτ·   ἤσθιον,   ἔπινον,   ἠγόραζον,   ἐπώλουν,
de Lot;   comían,   bebían,   compraban,   vendían,

ἐφύτευον,   ᾠκοδόμουν·   **29** ᾗ δὲ ἡμέρᾳ ἐξῆλθεν
plantaban,   edificaban;   ⁴en el que, pero,   día   (que) salió

Λὼτ   ἀπὸ   Σοδόμων,   ἔβρεξεν   πῦρ   καὶ
Lot   de   Sodoma,   llovió   fuego   y

θεῖον   ἀπ᾽ οὐρανοῦ   καὶ   ἀπώλεσεν   πάντας.
azufre   desde   el cielo   y   destruyó   a todos.

30 κατὰ   τὰ   αὐτὰ   ἔσται   ᾗ   ἡμέρᾳ   ὁ   υἱὸς
⁵Lo mismo   será   en el   día   que el Hijo

τοῦ   ἀνθρώπου   ἀποκαλύπτεται.   **31** ἐν   ἐκείνῃ
del   Hombre   se revele.   En   ese

τῇ   ἡμέρᾳ   ὃς   ἔσται   ἐπὶ   τοῦ   δώματος   καὶ
—   día,   quien   ⁶esté   sobre   el   tejado   y

τὰ   σκεύη   αὐτοῦ   ἐν   τῇ   οἰκίᾳ,   μὴ   καταβάτω
los   bienes   suyos   en   la   casa,   no   baje

ἆραι   αὐτά,   καὶ   ὁ   ἐν   ἀγρῷ   ὁμοίως   μὴ
a recoger a ellos,   y   el que   en   el campo,   igualmente   no

1
24. DESDE DEBAJO DEL CIE-
LO... La expresión *tes ypò
tòn ouranòn* significa literalmente *el lugar donde el
cielo y la tierra se juntan,*
es decir, el horizonte.
2
25. CONVIENE A ÉL... PADE-
CER. Esto es, *es menester
que él padezca.*
3
27. HASTA EL QUE DÍA. Esto
es, *hasta el día en que.*
4
29. EN EL QUE, PERO, DÍA
(QUE) SALIÓ. Esto es, *pero
en el día en que salió.*
5
30. LO MISMO SERÁ. Lit.
*Conforme a las mismas co-
sas será.*
6
31. ESTÉ. Lit. *estará.*

ἐπιστρεψάτω εἰς τὰ ὀπίσω. **32** μνημονεύετε
¹se vuelva a tomar lo que queda.   Recordad

τῆς γυναικὸς Λώτ. **33** ὃς ἐὰν ζητήσῃ
la   mujer   de Lot.   Cualquiera que busque

τὴν ψυχὴν αὐτοῦ περιποιήσασθαι, ἀπολέσει
la   vida   suya   conservar,   perderá

αὐτήν, καὶ ὃς ἂν ἀπολέσει, ζῳογονήσει
a ella, y cualquiera que (la) perderá, conservará

αὐτήν. **34** λέγω ὑμῖν, ταύτῃ τῇ νυκτὶ
a ella.   Digo a vosotros, en esa — noche

ἔσονται δύο ἐπὶ κλίνης μιᾶς, ὁ εἷς
estarán dos sobre un lecho solo, el uno

παραλημφθήσεται καὶ ὁ ἕτερος ἀφεθήσεται·
será tomado   y   el otro   será dejado.

35 ἔσονται δύο ἀλήθουσαι ἐπὶ τὸ αὐτό, ἡ
Estarán dos   moliendo   juntas,   la

μία παραλημφθήσεται ἡ δὲ ἑτέρα ἀφεθήσεται.
una   será tomada,   mas la otra dejada.*

37 καὶ ἀποκριθέντες λέγουσιν αὐτῷ· ποῦ,
Y respondiendo,   dicen   a él: ¿Dónde,

κύριε; ὁ δὲ εἶπεν αὐτοῖς· ὅπου τὸ σῶμα,
Señor? él, entonces, dice a ellos: ²Donde el cuerpo,

ἐκεῖ καὶ οἱ ἀετοὶ ἐπισυναχθήσονται.
allí también las águilas   se juntarán.

18 Ἔλεγεν δὲ παραβολὴν αὐτοῖς πρὸς
³Contó, entonces, una parábola a ellos sobre

τὸ δεῖν πάντοτε προσεύχεσθαι αὐτοὺς καὶ
el convenir siempre   orar   ellos y

μὴ ἐγκακεῖν, **2** λέγων· κριτής τις ἦν ἔν
no desfallecer, diciendo: Un juez alguno había en

τινι πόλει τὸν θεὸν μὴ φοβούμενος καὶ
cierta ciudad — a Dios no   temiendo   y

ἄνθρωπον μὴ ἐντρεπόμενος. **3** χήρα δὲ ἦν
a hombre no   respetando.   Una viuda también había

ἐν τῇ πόλει ἐκείνῃ, καὶ ἤρχετο πρὸς
en la ciudad aquella, y ⁴venía   a

αὐτὸν λέγουσα· ἐκδίκησόν με ἀπὸ τοῦ
él,   diciendo: ⁵Defiende a mí del

ἀντιδίκου μου. **4** καὶ οὐκ ἤθελεν ἐπὶ
adversario mío.   Y   no   quería   por

χρόνον· μετὰ ταῦτα δὲ εἶπεν ἐν ἑαυτῷ·
un tiempo; después de estas cosas, entonces dijo en sí mismo:

εἰ καὶ τὸν θεὸν οὐ φοβοῦμαι οὐδὲ ἄνθρωπον
Aunque a Dios no   temo,   ni   hombre

1
31. SE VUELVA A TOMAR LO
QUE QUEDA. Lit. *se vuelva a
lo que* (dejó) *atrás.*
*
36. Este versículo, que las
Biblias modernas reprodu-
cen, no se encuentra en los
manuscritos de más autoridad, y dice así: *dyo en
agroi, eis paralemthésetai
kaì ho héteros afethésetai:*
"dos en un campo, uno será
tomado y el otro será de-
jado".
2
37. DONDE EL CUERPO, ALLÍ
TAMBIÉN LAS ÁGUILAS SE JUN-
TARÁN. Es decir, *los buitres
se juntarán donde estén los
cadáveres.*
3
1. CONTÓ. Lit. *decía.*
4
3. VENÍA. El imperfecto indica las repetidas visitas.
5
3. DEFIENDE A MÍ. Lit. *Haz-
me justicia.*

ἐντρέπομαι,   5 διά   γε   τὸ   παρέχειν
respeto,   por causa del   producir

μοι κόπον τὴν χήραν ταύτην ἐκδικήσω αὐτήν,
a mí molestia la   viuda   esta haré justicia a ella,

ἵνα μὴ εἰς τέλος ἐρχομένη ὑπωπιάζῃ με.
para que no ¹en fin   viniendo ²fastidie   a mí.

6 Εἶπεν δὲ ὁ κύριος· ἀκούσατε τί ὁ κριτὴς
Dijo entonces el Señor: Oíd   lo que el juez

τῆς ἀδικίας λέγει· 7 ὁ δὲ θεὸς οὐ μὴ
 —   injusto   dice: — ¿Y Dios —   no

ποιήσῃ τὴν ἐκδίκησιν τῶν ἐκλεκτῶν
hará   la   defensa   de los escogidos

αὐτοῦ τῶν βοώντων αὐτῷ ἡμέρας καὶ
de él de los clamantes a él   día   y

νυκτός, καὶ μακροθυμεῖ ἐπ᾽ αὐτοῖς; 8 λέγω
noche, y   será paciente con ellos?   Digo

ὑμῖν ὅτι ποιήσει τὴν ἐκδίκησιν αὐτῶν
a vosotros que hará   la   justicia   de ellos

ἐν τάχει. πλὴν ὁ υἱὸς τοῦ ἀνθρώπου ἐλθὼν
³sin tardar. Pero el Hijo del Hombre viniendo

ἄρα εὑρήσει τὴν πίστιν ἐπὶ τῆς γῆς;
entonces, ¿hallará la   fe   sobre la tierra?

9 Εἶπεν δὲ καὶ πρός τινας τοὺς
Dijo entonces también a   algunos (de) los que

πεποιθότας ἐφ᾽ ἑαυτοῖς ὅτι εἰσὶν
⁴confiaban en sí mismos que   eran

δίκαιοι καὶ ἐξουθενοῦντας τοὺς λοιποὺς
justos, y ⁵menospreciaban a los   demás,

τὴν παραβολὴν ταύτην. 10 Ἄνθρωποι δύο
la   parábola   esta: Hombres   dos

ἀνέβησαν εἰς τὸ ἱερὸν προσεύξασθαι, ὁ εἷς
subieron al templo para orar,   el uno

Φαρισαῖος καὶ ὁ ἕτερος τελώνης. 11 ὁ
fariseo   y el otro publicano.   El

Φαρισαῖος σταθεὶς ταῦτα πρὸς ἑαυτὸν
fariseo,   de pie,   esto para sí mismo

προσηύχετο· ὁ θεός, εὐχαριστῶ σοι ὅτι
oraba: — Dios, gracias doy a ti porque

οὐκ εἰμὶ ὥσπερ οἱ λοιποὶ τῶν ἀνθρώπων,
no soy como ⁶el resto de los hombres,

ἅρπαγες, ἄδικοι, μοιχοί, ἢ καὶ ὡς οὗτος
rapaces, injustos, adúlteros, o aun como este

ὁ τελώνης· 12 νηστεύω δὶς τοῦ σαββάτου,
el publicano; ayuno dos veces de la semana,

ἀποδεκατεύω πάντα ὅσα κτῶμαι. 13 ὁ δὲ
pago el diezmo por todas las cosas (que) adquiero. Pero el

τελώνης μακρόθεν ἐστὼς οὐκ ἤθελεν οὐδὲ
publicano, a distancia (y) de pie,   no quería   ni

1
5. EN FIN. Esto es, de continuo.
2
5. FASTIDIE. El verbo griego es muy fuerte. (V. 1.ª Co. 9:27.)
3
8. SIN TARDAR. Lit. con presteza. Es decir, la vindicación será rápida y completa, aunque se demore por algún tiempo.
4
9. CONFIABAN. Lit. habían puesto su confianza.
5
9. MENOSPRECIABAN. El griego indica una actitud constante.
6
11. EL RESTO. Lit. los demás.

τοὺς   ὀφθαλμοὺς   ἐπᾶραι   εἰς   τὸν   οὐρανόν,
los   ojos   alzar   al   cielo,

ἀλλ'   ἔτυπτεν   τὸ   στῆθος   αὐτοῦ   λέγων·   ὁ
sino que golpeaba   el   pecho   suyo,   diciendo: —

θεός,   ἱλάσθητί   μοι   τῷ   ἁμαρτωλῷ.   14 λέγω
Señor,   sé propicio a mí   el   pecador.   Digo

ὑμῖν,   κατέβη   οὗτος   δεδικαιωμένος   εἰς   τὸν
a vosotros, descendió   éste   justificado   a   la

οἶκον   αὐτοῦ   παρ'   ἐκεῖνον·   ὅτι   πᾶς   ὁ
casa   suya   más que   el otro;   porque todo el que

ὑψῶν   ἑαυτὸν   ταπεινωθήσεται,   ὁ   δὲ   ταπεινῶν
exalta a sí mismo,   será humillado,   mas el que   humilla

ἑαυτὸν   ὑψωθήσεται.
a sí mismo   será exaltado.

15 Προσέφερον   δὲ   αὐτῷ   καὶ   τὰ   βρέφη
Traían entonces   a él   también los   niños

ἵνα   αὐτῶν   ἅπτηται·   ἰδόντες   δὲ   οἱ   μαθηταὶ
para que a ellos   tocase;   viendo entonces los   discípulos,

ἐπετίμων   αὐτοῖς.   **16** ὁ   δὲ   Ἰησοῦς
reprendían   a ellos.   — Mas   Jesús

προσεκαλέσατο   αὐτὰ   λέγων·   ἄφετε   τὰ
llamó   a ellos,   diciendo: Dejad   a los

παιδία   ἔρχεσθαι   πρός   με   καὶ   μὴ   κωλύετε
niñitos   venir   a mí,   y   no   estorbéis

αὐτά·   τῶν   γὰρ   τοιούτων   ἐστὶν   ἡ   βασιλεία
a ellos; porque de los   tales   es   el   reino

τοῦ   θεοῦ.   **17** ἀμὴν   λέγω   ὑμῖν,   ὃς   ἂν
— de Dios.   En verdad digo   a vosotros, quien

μὴ   δέξηται   τὴν   βασιλείαν   τοῦ   θεοῦ   ὡς
no   reciba   el   reino   — de Dios como

παιδίον,   οὐ   μὴ   εἰσέλθῃ   εἰς   αὐτήν.
un niñito,   [1]no   entra   en   él.

18 Καὶ   ἐπηρώτησέν   τις   αὐτὸν   ἄρχων
Y   preguntó   un cierto a él   principal,

λέγων·   διδάσκαλε   ἀγαθέ,   τί   ποιήσας   ζωὴν
diciendo: Maestro   bueno, [2]¿qué he de hacer para vida

αἰώνιον   κληρονομήσω;   **19** εἶπεν   δὲ   αὐτῷ
eterna   poseer?   Dijo entonces   a él

ὁ   Ἰησοῦς·   τί   με   λέγεις   ἀγαθόν;   οὐδεὶς
— Jesús: ¿Por qué me llamas   bueno?   Nadie

ἀγαθὸς   εἰ   μὴ   εἷς   [ὁ]   θεός.   **20** τὰς   ἐντολὰς
(hay) bueno sino   uno solo: Dios.   Los   mandamientos

οἶδας·   μὴ   μοιχεύσῃς,   μὴ   φονεύσῃς,
[3]conoces: No   adulteres,   no   mates,

μὴ   κλέψῃς,   μὴ   ψευδομαρτυρήσῃς,   τίμα
no   robes,   no   des falso testimonio,   honra

τὸν   πατέρα   σου   καὶ   τὴν   μητέρα.   **21** ὁ   δὲ
al   padre   tuyo   y   a la   madre.   Él entonces

[1]
17. ou mè es una doble negación para reforzar la negativa: *de ningún modo puede entrar.*

[2]
18. ¿QUÉ HE DE HACER PARA VIDA ETERNA POSEER? Lit. *¿qué haciendo, vida eterna heredaré?*

[3]
20. CONOCES. Lit. *sabes.*

εἶπεν· ταῦτα πάντα ἐφύλαξα ἐκ νεότητος.
dijo: Estas cosas todas guardé desde (mi) juventud.

22 ἀκούσας δὲ ὁ Ἰησοῦς εἶπεν αὐτῷ· ἔτι
Oyendo, pero, — Jesús, dijo a él: Todavía

ἕν σοι λείπει· πάντα ὅσα ἔχεις
una cosa a ti falta: Todo cuanto tienes

πώλησον καὶ διάδος πτωχοῖς, καὶ ἕξεις
vende y reparte a pobres, y tendrás

θησαυρὸν ἐν [τοῖς] οὐρανοῖς, καὶ δεῦρο
un tesoro en los cielos, y ven,

ἀκολούθει μοι. **23** ὁ δὲ ἀκούσας ταῦτα
sigue a mí. Él, entonces, oyendo esto

περίλυπος ἐγενήθη, ἦν γὰρ πλούσιος σφόδρα.
muy triste se puso; porque era rico en gran manera.

24 ἰδὼν δὲ αὐτὸν ὁ Ἰησοῦς εἶπεν· πῶς
Viendo entonces — Jesús, dijo: ¡Cuán

δυσκόλως οἱ τὰ χρήματα ἔχοντες εἰς τὴν
difícilmente los que las riquezas poseen en el

βασιλείαν τοῦ θεοῦ εἰσπορεύονται· **25** εὐκο-
reino — de Dios entran! Porque

πώτερον γάρ ἐστιν κάμηλον διὰ τρήματος
más fácil es que un camello por un ojo

βελόνης εἰσελθεῖν ἢ πλούσιον εἰς τὴν
de aguja entre que un rico en el

βασιλείαν τοῦ θεοῦ εἰσελθεῖν. **26** εἶπαν
reino — de Dios entre. Dijeron entonces

δὲ οἱ ἀκούσαντες· καὶ τίς δύναται
los que oían: Y ¿quién puede

σωθῆναι; **27** ὁ δὲ εἶπεν· τὰ ἀδύνατα παρὰ
salvarse? Él, entonces, dijo: Lo imposible con

ἀνθρώποις δυνατὰ παρὰ τῷ θεῷ ἐστιν.
hombres, posible con — Dios es.

28 Εἶπεν δὲ ὁ Πέτρος· ἰδοὺ ἡμεῖς ἀφέντες
Dijo entonces — Pedro: Mira que nosotros, dejando

τὰ ἴδια ἠκολουθήσαμέν σοι. **29** ὁ δὲ
lo nuestro, seguimos a ti. Él entonces

εἶπεν αὐτοῖς· ἀμὴν λέγω ὑμῖν ὅτι οὐδείς
dijo a ellos: En verdad digo a vosotros, — nadie

ἐστιν ὃς ἀφῆκεν οἰκίαν ἢ γυναῖκα ἢ
hay que dejó casa o mujer o

ἀδελφοὺς ἢ γονεῖς ἢ τέκνα εἵνεκεν τῆς
hermanos o padres o hijos por causa del

βασιλείας τοῦ θεοῦ, **30** ὃς οὐχὶ μὴ λάβῃ
reino — de Dios, que no reciba

πολλαπλασίονα ἐν τῷ καιρῷ τούτῳ καὶ ἐν
muchas veces más en el tiempo este y en

τῷ αἰῶνι τῷ ἐρχομένῳ ζωὴν αἰώνιον.
el siglo — 1que vendrá vida eterna.

30. QUE VENDRÁ. Lit. *que viene.*

31 Παραλαβὼν δὲ τοὺς δώδεκα εἶπεν πρὸς
　　　Y ¹tomando　a los　doce,　²dijo　a

αὐτούς· ἰδοὺ ἀναβαίνομεν εἰς Ἰερουσαλήμ,
ellos:　He aquí (que) estamos subiendo　a　Jerusalén,

καὶ τελεσθήσεται πάντα τὰ γεγραμ-
y　se cumplirán　todas　las (cosas)　que han sido

μένα διὰ τῶν προφητῶν τῷ υἱῷ τοῦ
escritas mediante los　profetas　para el Hijo del

ἀνθρώπου· **32** παραδοθήσεται γὰρ τοῖς ἔθνεσιν
Hombre;　　porque será entregado　a los　gentiles

καὶ ἐμπαιχθήσεται καὶ ὑβρισθήσεται καὶ
y　será escarnecido　y　será afrentado　y

ἐμπτυσθήσεται,　**33** καὶ　μαστιγώσαντες
será escupido,　　y　después de azotar(le)

ἀποκτενοῦσιν αὐτόν, καὶ τῇ ἡμέρᾳ τῇ
matarán　le,　y　al　día　

τρίτῃ ἀναστήσεται. **34** καὶ αὐτοὶ οὐδὲν
tercero　será levantado　Y　ellos　nada
　　　(resucitará).

τούτων συνῆκαν, καὶ ἦν τὸ ῥῆμα τοῦτο
de estas cosas　entendieron,　y estaba ³la palabra　esta

κεκρυμμένον ἀπ᾽ αὐτῶν, καὶ οὐκ ἐγίνωσκον
⁴encubierta　de　ellos,　y　no　conocían
　(lejos)　　　　　　　　　　(comprendían)
τὰ　λεγόμενα.
las cosas　que eran dichas.

35 Ἐγένετο δὲ ἐν τῷ ἐγγίζειν αὐτὸν εἰς
　　Sucedió　al　acercarse　él　a
　　(que)

Ἰεριχὼ τυφλός τις ἐκάθητο παρὰ τὴν ὁδὸν
Jericó,　un ciego　estaba sentado　junto　al camino

ἐπαιτῶν. **36** ἀκούσας δὲ ὄχλου διαπορευομένου
mendigando.　Y al oír　gentío　que transitaba,

ἐπυνθάνετο τί εἴη τοῦτο. **37** ἀπήγγειλαν
⁵preguntó　qué sería　eso.　E informaron

δὲ αὐτῷ ὅτι (era) Ἰησοῦς ὁ Ναζωραῖος
le:　Jesús　el　nazareno

παρέρχεται. **38** καὶ ἐβόησεν λέγων· Ἰησοῦ
está pasando cerca.　Y　clamó,　diciendo: ¡Jesús,

υἱὲ Δαυίδ, ἐλέησόν με. **39** καὶ οἱ
hijo de David,　ten compasión de mí!　Y　los

προάγοντες ἐπετίμων αὐτῷ ἵνα σιγήσῃ.
que iban delante　reprendían　le para que　callara.

αὐτὸς δὲ πολλῷ μᾶλλον ἔκραζεν· υἱὲ
Mas él　mucho　más　gritaba:　¡Hijo

Δαυίδ, ἐλέησόν με. **40** σταθεὶς δὲ ὁ
de David,　ten compasión de mí!　Parándose entonces

Ἰησοῦς ἐκέλευσεν αὐτὸν ἀχθῆναι πρὸς
Jesús,　mandó　que él fuese conducido　a
　　　　　　　　　　　　　　　　(la presencia de)
αὐτόν. ἐγγίσαντος δὲ αὐτοῦ ἐπηρώτησεν
él.　Y acercándose　él,　preguntó

---

1 y 2
31. Aunque los dos verbos están en aoristo, el primero es, lógicamente, anterior al segundo.
3
34. LA PALABRA. Es decir, este asunto.
4
34. en kekrymménon = había sido encubierta.
5
36. PREGUNTÓ. Lit. preguntaba.

αὐτόν· **41** τί σοι θέλεις ποιήσω; ὁ δὲ
le: ¿Qué para ti quieres (que)   haga?   Y él

εἶπεν· κύριε, ἵνα ἀναβλέψω. **42** καὶ ὁ Ἰησοῦς
dijo: Señor, que recobre la vista.   Y —   Jesús

εἶπεν αὐτῷ· ἀνάβλεψον· ἡ πίστις σου
dijo   le: ¡Recobra la vista!;   la   fe   de ti

σέσωκέν σε. **43** καὶ παραχρῆμα ἀνέβλεψεν,
ha sanado te.   Y   al instante   recobró la vista,

καὶ ἠκολούθει αὐτῷ δοξάζων τὸν θεόν.
y   seguía   le   glorificando — a Dios.
                     (repetidamente)

καὶ πᾶς ὁ λαὸς ἰδὼν ἔδωκεν αἶνον τῷ
Y   todo el pueblo, al ver dio   alabanza —
                     (aquello),

θεῷ.
a Dios.

19 Καὶ εἰσελθὼν διήρχετο τὴν Ἰεριχώ.
Y   [1]entrando, iba a través de — Jericó.

2 Καὶ ἰδοὺ ἀνὴρ ὀνόματι καλούμενος
Y   he ahí (un) varón por nombre llamado

Ζακχαῖος, καὶ αὐτὸς ἦν ἀρχιτελώνης, καὶ
Zaqueo,   y   él   era jefe de cobradores y
                           de impuestos,

αὐτὸς πλούσιος· **3** καὶ ἐζήτει ἰδεῖν τὸν
él (era) rico;   y [2]trataba de ver

Ἰησοῦν τίς ἐστιν, καὶ οὐκ ἠδύνατο ἀπὸ
a Jesús quién es,   y   no   podía   a causa

τοῦ ὄχλου, ὅτι τῇ ἡλικίᾳ μικρὸς ἦν.
de la multitud, pues — de estatura pequeño era.

4 καὶ προδραμὼν εἰς τὸ ἔμπροσθεν ἀνέβη
Y   corriendo adelante hacia el   frente,   subió

ἐπὶ συκομορέαν, ἵνα ἴδῃ αὐτόν, ὅτι
a   (un) sicómoro,   para ver   le,   pues

ἐκείνης ἤμελλεν διέρχεσθαι. **5** καὶ ὡς
(por) allí   iba a   pasar.   Y cuando

ἦλθεν ἐπὶ τὸν τόπον, ἀναβλέψας ὁ Ἰησοῦς
llegó   al   lugar, mirando hacia arriba, — Jesús

εἶπεν πρὸς αὐτόν· Ζακχαῖε, σπεύσας
dijo   a   él: Zaqueo, [3]apresurándote,

κατάβηθι· σήμερον γὰρ ἐν τῷ οἴκῳ σου
baja;   porque hoy   en la casa   de ti

δεῖ με μεῖναι. **6** καὶ σπεύσας κατέβη,
es menester [4]me quede. Y   apresurándose,   bajó,
que yo

καὶ ὑπεδέξατο αὐτὸν χαίρων. **7** καὶ
y   acogió   le   alegrándose.   Y

ἰδόντες πάντες διεγόγγυζον λέγοντες ὅτι
[5]al ver(lo),   todos [6]refunfuñaban,   diciendo: —

παρὰ ἁμαρτωλῷ ἀνδρὶ εἰσῆλθεν καταλῦσαι.
Junto a (un) pecador   varón   entró   a hospedarse.

1. ENTRANDO. O *tras entrar.*

3. TRATABA DE VER. Es decir, *procuraba ver quién era Jesús.*

5. APRESURÁNDOTE, BAJA. Es decir, *apresúrate a bajar.*

5. ME QUEDE. Es decir, *me hospede.*

7. AL VER(LO). O *viendo.*

7. REFUNFUÑABAN. Este es el verbo que mejor expresa la onomatopeya del original.

8 σταθεὶς   δὲ   Ζακχαῖος   εἶπεν   πρὸς   τὸν
Puesto en pie entonces   Zaqueo,   dijo   al

κύριον·   ἰδοὺ   τὰ   ἡμίση   μου   τῶν   ὑπαρχόντων,
Señor: Mira,   la   mitad   de mis   —   bienes,

κύριε,   τοῖς   πτωχοῖς   δίδωμι,   καὶ   εἴ   τινός
Señor,   a los   pobres   1 daré,   y   si   a alguno

τι   ἐσυκοφάντησα,   ἀποδίδωμι   τετραπλοῦν.
algo   defraudé,   2 restituiré   3 cuadruplicado.

9 εἶπεν   δὲ   πρὸς   αὐτὸν   ὁ   Ἰησοῦς   ὅτι
Dijo entonces   a   él   —   Jesús:

σήμερον   σωτηρία   τῷ   οἴκῳ   τούτῳ   ἐγένετο,
Hoy   salvación   a la   casa   esta   vino,

καθότι   καὶ   αὐτὸς   υἱὸς   Ἀβραάμ   [ἐστιν]·
porque   también   él   hijo   de Abraham   es.

10 ἦλθεν   γὰρ   ὁ   υἱὸς   τοῦ   ἀνθρώπου   ζητῆσαι
Vino, en efecto,   el   hijo   del   hombre   a buscar

καὶ   σῶσαι   τὸ   ἀπολωλός.
y   salvar   lo que   había perecido.

11 Ἀκουόντων   δὲ   αὐτῶν   ταῦτα   προσθεὶς
Oyendo entonces   ellos   estas cosas,   añadiendo,

εἶπεν   παραβολήν,   διὰ   τὸ   ἐγγὺς   εἶναι
dijo   una parábola,   por   —   cerca   estar

Ἰερουσαλὴμ   αὐτὸν   καὶ   δοκεῖν   αὐτοὺς   ὅτι
de Jerusalén   él   y   creer   ellos   que

παραχρῆμα   μέλλει   ἡ   βασιλεία   τοῦ   θεοῦ
súbitamente   está a punto   el   reino   —   de Dios

ἀναφαίνεσθαι·   **12** εἶπεν   οὖν·   ἄνθρωπός   τις
de manifestarse.   Dijo,   pues: Un hombre   alguno

εὐγενὴς   ἐπορεύθη   εἰς   χώραν   μακρὰν   λαβεῖν
4 bien nacido   partió   para   un país   lejano   5 para obtener

ἑαυτῷ   βασιλείαν   καὶ   ὑποστρέψαι.   **13** καλέσας
para sí mismo   un reino   y   regresar.   Habiendo llamado

δὲ   δέκα   δούλους   ἑαυτοῦ   ἔδωκεν   αὐτοῖς
entonces a diez   siervos   suyos,   dio   a ellos

δέκα   μνᾶς,   καὶ   εἶπεν   πρὸς   αὐτούς·
diez   minas,   y   dijo   a   ellos:

πραγματεύσασθε   ἐν   ᾧ   ἔρχομαι.   **14** οἱ   δὲ
Negociad   en tanto que   vuelvo.   Mas los

πολῖται   αὐτοῦ   ἐμίσουν   αὐτόν,   καὶ   ἀπέστειλαν
ciudadanos   de él   aborrecían a   él,   y   enviaron

πρεσβείαν   ὀπίσω   αὐτοῦ   λέγοντες·   οὐ   θέλομεν
una embajada   tras   él,   diciendo: No   queremos

τοῦτον   βασιλεῦσαι   ἐφ᾽   ἡμᾶς.   **15** καὶ
que éste   reine   sobre   nosotros.   Y

1
8. DARÉ. Lit. *doy*. (El tiempo presente indica la firmeza de su resolución.)
2
8. RESTITUIRÉ. Lit. *restituyo*.
3
8. CUADRUPLICADO. Así cumplía con creces lo que la Ley exigía. (V. Nm. 5:6-7.)
4
12. BIEN NACIDO. Esto es, *de familia noble*.
5
12. PARA OBTENER. Esto es, *para tomar posesión*.

ἐγένετο   ἐν τῷ ἐπανελθεῖν αὐτὸν   λαβόντα
sucedió que   al   volver   él   de recibido

τὴν   βασιλείαν   καὶ   εἶπεν   φωνηθῆναι   αὐτῷ
el   reino   —   dijo   que llamaran   a sí

τοὺς   δούλους   τούτους   οἷς   δεδώκει   τὸ
a los   esclavos   aquellos a los que había entregado el

ἀργύριον,   ἵνα   γνοῖ   τίς   τί
dinero,   para   saber cada uno cuánto

διεπραγματεύσατο. 16 παρεγένετο δὲ ὁ πρῶτος
[1]había ganado.   Se presentó — el primero,

λέγων· κύριε, ἡ μνᾶ σου δέκα προσηργάσατο
diciendo: Señor, la mina tuya diez ha producido

μνᾶς. 17 καὶ εἶπεν αὐτῷ· εὖ γε, ἀγαθὲ δοῦλε,
minas.   Y   dijo   a él: Bien, buen siervo,

ὅτι   ἐν   ἐλαχίστῳ   πιστὸς   ἐγένου,   ἴσθι
porque en   cosa pequeña   fiel   fuiste,   sé

ἐξουσίαν ἔχων ἐπάνω δέκα πόλεων. 18 καὶ
autoridad teniendo sobre diez ciudades.   Y

ἦλθεν   ὁ   δεύτερος   λέγων·   ἡ   μνᾶ   σου,
vino   el   segundo,   diciendo: La   mina   tuya,

κύριε, ἐποίησεν πέντε μνᾶς. 19 εἶπεν δὲ
Señor, produjo cinco minas.   Dijo entonces

καὶ   τούτῳ·   καὶ   σὺ   ἐπάνω   γίνου   πέντε
también a éste: También tú [2]sobre hazte cinco

πόλεων.   20 καὶ   ὁ   ἕτερος   ἦλθεν   λέγων·
ciudades.   Y   el   otro   vino,   diciendo:

κύριε,   ἰδοὺ   ἡ   μνᾶ   σου,   ἣν   εἶχον
Señor,   he aquí la   mina   tuya,   que   tenía

ἀποκειμένην ἐν σουδαρίῳ· 21 ἐφοβούμην γάρ
guardada   en un pañuelo;   porque temía

σε, ὅτι ἄνθρωπος αὐστηρὸς εἶ, αἴρεις ὃ
a ti, porque hombre   severo eres, tomas lo que

οὐκ ἔθηκας, καὶ θερίζεις ὃ οὐκ ἔσπειρας.
no depositaste, y   siegas lo que no sembraste.

22 λέγει   αὐτῷ·   ἐκ   τοῦ   στόματός   σου
Dice   a él: De   la   boca   tuya

κρινῶ   σε, πονηρὲ δοῦλε. ᾔδεις ὅτι ἐγὼ
juzgaré a ti, perverso siervo. Sabías que   yo

ἄνθρωπος αὐστηρός εἰμι, αἴρων ὃ οὐκ
un hombre   severo   soy, tomando lo que no

ἔθηκα, καὶ θερίζων ὃ οὐκ ἔσπειρα; 23 καὶ
deposité, y   segando lo que no sembré;   y

διὰ τί οὐκ ἔδωκάς μου τὸ ἀργύριον ἐπὶ
¿por qué no diste mi — dinero en

τράπεζαν; κἀγὼ ἐλθὼν σὺν τόκῳ ἂν
un [3]banco; y yo viniendo con intereses —

αὐτὸ   ἔπραξα.   24 καὶ   τοῖς   παρεστῶσιν
lo   [4]habría cobrado?   Y   a los   presentes

[1]
15. Había ganado. Lit. *ganó en el negocio.*
[2]
19. Sobre hazte cinco. Es decir, *hazte cargo de cinco.*
[3]
23. Banco. Lit. *mesa de cambio.*
[4]
23. Habría cobrado. Lit. *cobré.*

εἶπεν· ἄρατε ἀπ' αὐτοῦ τὴν μνᾶν καὶ
dijo: Quitad   de   ése   la   mina   y

δότε τῷ τὰς δέκα μνᾶς ἔχοντι. 25 καὶ
dad   al   que las   diez   minas   tiene.   Y

εἶπαν αὐτῷ· κύριε, ἔχει δέκα μνᾶς.
dijeron   le: Señor,   tiene   diez   minas.

26 λέγω ὑμῖν ὅτι παντὶ τῷ ἔχοντι
Digo   a vosotros   que   a todo   el que   tiene,

δοθήσεται, ἀπὸ δὲ τοῦ μὴ ἔχοντος καὶ
se le dará;   mas de   el que   no   tiene,   aun

ὃ ἔχει ἀρθήσεται. **27** πλὴν τοὺς ἐχθρούς
lo que tiene   será quitado.   Pero   a los   enemigos

μου τούτους τοὺς μὴ θελήσαντάς με
míos   aquellos   los que   no   querían   que yo

βασιλεῦσαι ἐπ' αὐτοὺς ἀγάγετε ὧδε καὶ
reinara   sobre   ellos,   traed   aquí   y

κατασφάξατε αὐτοὺς ἔμπροσθέν μου.
degollad   a ellos   delante   de mí.

28 Καὶ εἰπὼν ταῦτα ἐπορεύετο ἔμπροσθεν
Y   diciendo   esto,   caminaba   delante,

ἀναβαίνων εἰς Ἱεροσόλυμα. **29** Καὶ ἐγένετο
subiendo   a   Jerusalén.   Y   sucedió

ὡς ἤγγισεν εἰς Βηθφαγὴ καὶ Βηθανίαν
mientras se acercaba   a   Betfagé   y   Betania,

πρὸς τὸ ὄρος τὸ καλούμενον ἐλαιών,
al   monte   —   llamado   de Olivos,

ἀπέστειλεν δύο τῶν μαθητῶν λέγων·
envió   dos   de los   discípulos,   diciendo:

30 ὑπάγετε εἰς τὴν κατέναντι κώμην, ἐν ᾗ
Id   a   la   de enfrente   aldea,   en donde

εἰσπορευόμενοι εὑρήσετε πῶλον δεδεμένον,
entrando,   hallaréis   un pollino   atado,

ἐφ' ὃν οὐδεὶς πώποτε ἀνθρώπων ἐκάθισεν,
sobre el cual   nadie   jamás   de los hombres   se sentó,

καὶ λύσαντες αὐτὸν ἀγάγετε. **31** καὶ ἐὰν
y   desatando   lo,   traed.   Y   si

τις ὑμᾶς ἐρωτᾷ· διὰ τί λύετε; οὕτως
alguno   os   pregunta: ¿Por   qué   desatáis?,   así

ἐρεῖτε· ὅτι ὁ κύριος αὐτοῦ χρείαν ἔχει.
diréis: Porque   el   Señor   de él   necesidad   tiene.

32 ἀπελθόντες δὲ οἱ ἀπεσταλμένοι εὗρον
Yendo entonces   los   enviados,   hallaron

καθὼς εἶπεν αὐτοῖς. **33** λυόντων δὲ
como   dijo   les.   [1]Desatando entonces

αὐτῶν τὸν πῶλον εἶπαν οἱ κύριοι αὐτοῦ
ellos   el   pollino,   dijeron   los   dueños   de él

πρὸς αὐτούς· τί λύετε τὸν πῶλον; **34** οἱ
a   ellos: ¿Por qué desatáis   el   pollino? Ellos entonces

δὲ εἶπαν· ὅτι ὁ κύριος αὐτοῦ χρείαν ἔχει.
dijeron: Porque el Señor de él necesidad tiene.

35 καὶ ἤγαγον αὐτὸν πρὸς τὸν Ἰησοῦν,
Y condujéron lo a — Jesús,

καὶ ἐπιρίψαντες αὐτῶν τὰ ἱμάτια ἐπὶ τὸν
y echando encima sus — mantos sobre el

πῶλον ἐπεβίβασαν τὸν Ἰησοῦν. **36** πορευ-
pollino, hicieron montar a Jesús. Mientras

ομένου δὲ αὐτοῦ ὑπεστρώννυον τὰ ἱμάτια
avanzaba él, tendían los mantos

ἑαυτῶν ἐν τῇ ὁδῷ. **37** ἐγγίζοντος δὲ
de ellos en el camino. Y cuando se acercaba

αὐτοῦ ἤδη πρὸς τῇ καταβάσει τοῦ ὄρους
él ya al descenso del monte

τῶν ἐλαιῶν ἤρξαντο ἅπαν τὸ πλῆθος τῶν
de los Olivos, empezaron toda la muchedumbre de los

μαθητῶν χαίροντες αἰνεῖν τὸν θεὸν φωνῇ
discípulos alegres a alabar a Dios con voz

μεγάλῃ περὶ πασῶν ὧν εἶδον δυνάμεων,
grande por todos los que [1]habían visto prodigios,

38 λέγοντες· εὐλογημένος ὁ ἐρχόμενος, ὁ
diciendo: ¡Bendito el que viene, el

βασιλεὺς ἐν ὀνόματι κυρίου· ἐν οὐρανῷ
rey en nombre del Señor; en (el) cielo

εἰρήνη καὶ δόξα ἐν ὑψίστοις. **39** καὶ
paz, y gloria en (las) alturas! Y

τινες τῶν Φαρισαίων ἀπὸ τοῦ ὄχλου
algunos de los fariseos desde la turba

εἶπαν πρὸς αὐτόν· διδάσκαλε, ἐπιτίμησον
decían a él: Maestro, reprende

τοῖς μαθηταῖς σου. **40** καὶ ἀποκριθεὶς
a los discípulos tuyos. Y respondiendo,

εἶπεν· λέγω ὑμῖν, ἐὰν οὗτοι σιωπήσουσιν,
dijo: Digo a vosotros, si éstos [2]callasen,

οἱ λίθοι κράξουσιν. **41** Καὶ ὡς ἤγγισεν,
las piedras gritarán. Y cuando estuvo cerca,

ἰδὼν τὴν πόλιν ἔκλαυσεν ἐπ’ αὐτήν,
viendo la ciudad lloró sobre ella,

42 λέγων ὅτι εἰ ἔγνως ἐν τῇ ἡμέρᾳ
diciendo: — ¡Si [3]supieras en el día

ταύτῃ καὶ σὺ τὰ πρὸς εἰρήνην· νῦν δὲ
éste también tú [4]las cosas para paz! Pero ahora

ἐκρύβη ἀπὸ ὀφθαλμῶν σου. **43** ὅτι ἥξουσιν
fueron ocultas de los ojos tuyos. Porque vendrán

ἡμέραι ἐπὶ σὲ καὶ παρεμβαλοῦσιν οἱ
días sobre ti y levantarán los

[1]
37. HABÍAN VISTO PRODIGIOS. Lit. *vieron poderes* (milagrosos).

[2]
40. CALLASEN. Lit. *callarán*.

[3]
42. SUPIERAS. Lit. *conocieras*.

[4]
42. LAS COSAS PARA PAZ. Es decir, *lo que podría traerte la paz* (fe y arrepentimiento).

ἐχθροί σου χάρακά σοι καὶ περικυκλώσουσίν
enemigos tuyos una valla a ti y rodearán

σε καὶ συνέξουσίν σε πάντοθεν, 44 καὶ
te y estrecharán te por todas partes, y

ἐδαφιοῦσίν σε καὶ τὰ τέκνα σου ἐν σοί,
arrasarán te, y los hijos tuyos en ti,

καὶ οὐκ ἀφήσουσιν λίθον ἐπὶ λίθον ἐν σοί,
y no dejarán piedra sobre piedra en ti,

ἀνθ᾽ ὧν οὐκ ἔγνως τὸν καιρὸν τῆς
por cuanto no conociste el tiempo de la

ἐπισκοπῆς σου. 45 Καὶ εἰσελθὼν εἰς τὸ
visitación tuya. Y entrando en el

ἱερὸν ἤρξατο ἐκβάλλειν τοὺς πωλοῦντας,
templo, comenzó a echar fuera a los que vendían,

46 λέγων αὐτοῖς· γέγραπται· καὶ ἔσται ὁ
diciendo a ellos: Escrito está: Y será la

οἶκός μου οἶκος προσευχῆς· ὑμεῖς δὲ
casa mía casa de oración; vosotros, empero,

αὐτὸν ἐποιήσατε σπήλαιον λῃστῶν.
la hicisteis una cueva de ladrones.

47 Καὶ ἦν διδάσκων τὸ καθ᾽ ἡμέραν ἐν
Y estaba enseñando todos los días en

τῷ ἱερῷ· οἱ δὲ ἀρχιερεῖς καὶ οἱ
el templo; los jefes de los sacerdotes y los

γραμματεῖς ἐζήτουν αὐτὸν ἀπολέσαι καὶ οἱ
escribas buscaban a él destruir y los

πρῶτοι τοῦ λαοῦ, 48 καὶ οὐχ εὕρισκον
principales del pueblo, y 1no atinaban

τὸ τί ποιήσωσιν· ὁ λαὸς γὰρ ἅπας
en lo que harían; porque el pueblo todo

ἐξεκρέματο αὐτοῦ ἀκούων.
pendiente estaba a él escuchando.

20 Καὶ ἐγένετο ἐν μιᾷ τῶν ἡμερῶν
Y sucedió en uno de los días

διδάσκοντος αὐτοῦ τὸν λαὸν ἐν τῷ ἱερῷ
que 2enseñando él al pueblo en el templo,

καὶ εὐαγγελιζομένου ἐπέστησαν οἱ ἀρχιερεῖς
y anunciando la buena nueva, 3vinieron los sumos sacerdotes

καὶ οἱ γραμματεῖς σὺν τοῖς πρεσβυτέροις,
y los escribas con los ancianos,

2 καὶ εἶπαν λέγοντες πρὸς αὐτόν· εἰπὸν
y 4hablaban diciendo a él: Di

ἡμῖν ἐν ποίᾳ ἐξουσίᾳ ταῦτα ποιεῖς, ἢ τίς
a nosotros: 5¿Con qué autoridad estas cosas haces, o quién

ἐστιν ὁ δοὺς σοι τὴν ἐξουσίαν ταύτην;
es el que dio a ti la autoridad esta?

1
48. NO ATINABAN EN LO QUE. Lit. *no hallaban el qué.*
2
1. ENSEÑANDO... ANUNCIANDO... Los verbos están en presente: *mientras enseñaba... y anunciaba...*
3
1. VINIERON. El griego significa importunidad y descaro: *asaltaron.*
4
2. HABLABAN DICIENDO. Lit. *dijeron diciendo* (hebraísmo).
5
2. ¿CON QUÉ...? Lit. *¿Con qué clase de...?*

3 ἀποκριθεὶς   δὲ   εἶπεν   πρὸς   αὐτούς·
¹Respondió entonces   diciendo   a   ellos:

ἐρωτήσω   ὑμᾶς   κἀγὼ   λόγον,   καὶ   εἴπατέ
Preguntaré   a vosotros   también yo   una palabra,   y   decid

μοι·   **4** τὸ   βάπτισμα   Ἰωάννου   ἐξ   οὐρανοῦ
me: El   bautismo   de Juan,   ¿(era) del   cielo

ἦν   ἢ   ἐξ   ἀνθρώπων;   **5** οἱ   δὲ   συνελογίσαντο
o   de los   hombres?   Ellos   entonces   discurrieron

πρὸς   ἑαυτοὺς   λέγοντες   ὅτι   ἐὰν   εἴπωμεν·
entre   ellos,   diciendo   que   si   decimos:

ἐξ   οὐρανοῦ,   ἐρεῖ·   διὰ   τί   οὐκ   ἐπιστεύσατε
Del   cielo,   dirá: ¿Por   qué   no   creísteis

αὐτῷ;   **6** ἐὰν   δὲ   εἴπωμεν·   ἐξ   ἀνθρώπων,   ὁ
a él?   Si   empero   decimos: De los   hombres,   el

λαὸς   ἅπας   καταλιθάσει   ἡμᾶς·   πεπεισμένος
pueblo   todo   apedreará   a nosotros;   persuadido

γάρ   ἐστιν   Ἰωάννην   προφήτην   εἶναι.   **7** καὶ
en verdad está   de que Juan   profeta   era.   Y

ἀπεκρίθησαν   μὴ   εἰδέναι   πόθεν.   **8** καὶ   ὁ
respondieron   no   saber   de dónde.   Y   —

Ἰησοῦς   εἶπεν   αὐτοῖς·   οὐδὲ   ἐγὼ   λέγω
Jesús   dijo   a ellos: Tampoco   yo   digo

ὑμῖν   ἐν   ποίᾳ   ἐξουσίᾳ   ταῦτα   ποιῶ.   **9** Ἤρξατο
a vosotros   con qué   autoridad   estas cosas   hago.   Empezó, entonces,

δὲ   πρὸς   τὸν   λαὸν   λέγειν   τὴν   παραβολὴν
al   pueblo   a decir   la   parábola

ταύτην.   ἄνθρωπος   ἐφύτευσεν   ἀμπελῶνα,
esta: Un hombre   plantó   una viña,

καὶ   ἐξέδοτο   αὐτὸν   γεωργοῖς,   καὶ   ἀπεδή-
y   arrendó   la   a labradores,   y   se au-

μησεν   χρόνους   ἱκανούς.   **10** καὶ   καιρῷ
sentó   un tiempo   suficiente.   Y   ²a (su) tiempo

ἀπέστειλεν   πρὸς   τοὺς   γεωργοὺς   δοῦλον,
envió   a   los   agricultores   un siervo

ἵνα   ἀπὸ   τοῦ   καρποῦ   τοῦ   ἀμπελῶνος
para que   del   fruto   de la   viña

δώσουσιν   αὐτῷ·   οἱ   δὲ   γεωργοὶ   ἐξαπέστειλαν
diesen   a él;   mas los   agricultores   enviaron

αὐτὸν   δείραντες   κενόν.   **11** καὶ   προσέθετο
le   tras golpear(le),   manivacío.   Y   ³tornó

ἕτερον   πέμψαι   δοῦλον·   οἱ   δὲ   κἀκεῖνον
otro   a enviar   siervo;   ellos, empero,   también a éste

δείραντες   καὶ   ἀτιμάσαντες   ἐξαπέστειλαν
maltratando   e   insultando,   echaron

κενόν.   **12** καὶ   προσέθετο   τρίτον   πέμψαι·
manivacío.   Y   ³tornó   un tercero   a enviar;

---

¹
3. RESPONDIÓ... DICIENDO.
Lit. *Respondiendo... dijo.*
²
10. A (SU) TIEMPO. Nótese
que el original usa aquí el
término *kairós* (sazón u
oportunidad), mientras que
en el vers. anterior usa
khrónos (el tiempo que va
pasando).
³
11 y 12. TORNÓ. Lit. *añadió.*

οἱ δὲ καὶ τοῦτον τραυματίσαντες ἐξέβαλον.
ellos también   a éste   hiriendo,   echaron fuera.
empero.

13 εἶπεν δὲ ὁ κύριος τοῦ ἀμπελῶνος· τί
Dijo entonces   el señor de la   viña: ¿Qué

ποιήσω; πέμψω τὸν υἱόν μου τὸν ἀγαπητόν·
haré?   Enviaré al hijo mío   el   amado;

ἴσως τοῦτον ἐντραπήσονται. **14** ἰδόντες δὲ
tal vez a éste   respetarán.   Mas viendo

αὐτὸν οἱ γεωργοὶ διελογίζοντο πρὸς
lo   los labradores,   debatían   entre

ἀλλήλους λέγοντες· οὗτός ἐστιν ὁ κληρονόμος·
sí,   diciendo: Éste es   el   heredero;

ἀποκτείνωμεν αὐτόν, ἵνα ἡμῶν γένηται
matemos   le,   para que nuestra llegue a ser

ἡ κληρονομία. **15** καὶ ἐκβαλόντες αὐτὸν
la herencia.   Y   echando   lo

ἔξω τοῦ ἀμπελῶνος ἀπέκτειναν. τί οὖν
[1]fuera de la viña,   matáron(le). ¿Qué, pues,

ποιήσει αὐτοῖς ὁ κύριος τοῦ ἀμπελῶνος;
hará   a ellos el señor de la   viña?

16 ἐλεύσεται καὶ ἀπολέσει τοὺς γεωργοὺς
Vendrá   y   destruirá a los agricultores

τούτους, καὶ δώσει τὸν ἀμπελῶνα ἄλλοις.
estos,   y dará   la   viña   a otros.

ἀκούσαντες δὲ εἶπαν· μὴ γένοιτο. **17** ὁ δὲ
Oyendo,   decían: ¡Que no suceda!   Él, entonces,

ἐμβλέψας αὐτοῖς εἶπεν· τί οὖν ἐστιν τὸ
mirando fijamente a ellos, dijo: ¿Qué, entonces, [2]significa lo que

γεγραμμένον τοῦτο· λίθον ὃν ἀπεδοκίμασαν
está escrito   esto: Piedra que   desecharon

οἱ οἰκοδομοῦντες, οὗτος ἐγενήθη εἰς κεφαλὴν
los albañiles,   ésta llegó a ser [3]para cabeza

γωνίας; **18** πᾶς ὁ πεσὼν ἐπ' ἐκεῖνον τὸν
de ángulo? Todo el que cayere sobre   esa   —

λίθον συνθλασθήσεται· ἐφ' ὃν δ' ἂν πέσῃ,
piedra,   se hará trizas;   y sobre quien   cayere,

λικμήσει αὐτόν. **19** Καὶ ἐζήτησαν οἱ
triturará   lo.   Y   trataron   los

γραμματεῖς καὶ οἱ ἀρχιερεῖς ἐπιβαλεῖν ἐπ'
escribas   y los sumos sacerdotes de poner sobre

αὐτὸν τὰς χεῖρας ἐν αὐτῇ τῇ ὥρᾳ, καὶ
él   las   manos en aquella la hora,   y

ἐφοβήθησαν τὸν λαόν· ἔγνωσαν γὰρ ὅτι
temieron   al pueblo; porque entendieron que

πρὸς αὐτοὺς εἶπεν τὴν παραβολὴν ταύτην.
[4]por ellos contó la   parábola   ésta.

20 Καὶ παρατηρήσαντες ἀπέστειλαν ἐγκαθέτους
Y   [5]acechando,   enviaron   espías

1
15. FUERA DE LA VIÑA, MA-
TÁRONLE. (Comp. con He.
13:12: "padeció fuera de la
puerta".)
2
17. SIGNIFICA. Lit. *es.*
3
17. PARA CABEZA DE ÁNGULO.
Es decir, *por piedra angular,* la cual, colocada en la
conjunción de dos paredes,
mantenía seguro todo el edificio.
4
19. POR ELLOS. Es decir, *re-
firiéndose a ellos.*
5
20. ACECHANDO. Esto es,
quedándose ellos al acecho.

ὑποκρινομένους ἑαυτοὺς δικαίους εἶναι, ἵνα
que aparentasen   ellos mismos   justos   ser,   para

ἐπιλάβωνται αὐτοῦ λόγου, ὥστε παραδοῦναι
tomar por sorpresa   a él (en) una palabra, a fin de   entregar

αὐτὸν τῇ ἀρχῇ καὶ τῇ ἐξουσίᾳ τοῦ
lo   al   poder   y   la   autoridad   del

ἡγεμόνος. 21 καὶ ἐπηρώτησαν αὐτὸν
gobernador.   Y   preguntaron   le,

λέγοντες· διδάσκαλε, οἴδαμεν ὅτι ὀρθῶς
diciendo: Maestro,   sabemos   que   rectamente

λέγεις καὶ διδάσκεις καὶ οὐ λαμβάνεις
hablas   y   enseñas,   y   ¹no tienes preferidos

πρόσωπον, ἀλλ' ἐπ' ἀληθείας τὴν ὁδὸν τοῦ
por el rostro,   sino   con   verdad   el   camino de

θεοῦ διδάσκεις· 22 ἔξεστιν ἡμᾶς Καίσαρι
Dios   enseñas.   ¿Es lícito   a nosotros   a César

φόρον δοῦναι ἢ οὔ; 23 κατανοήσας δὲ
tributo   pagar,   o   no?   Percibiendo entonces

αὐτῶν τὴν πανουργίαν εἶπεν πρὸς αὐτούς·
de ellos   la   astucia,   dijo   a   ellos:

24 δείξατέ μοι δηνάριον· τίνος ἔχει εἰκόνα
Mostrad   me   un denario: ¿De quién tiene   imagen

καὶ ἐπιγραφήν; οἱ δὲ εἶπαν· Καίσαρος.
e   inscripción?   Ellos entonces   dijeron: De César.

25 ὁ δὲ εἶπεν πρὸς αὐτούς· τοίνυν ἀπόδοτε
Él, entonces,   dijo   a   ellos: Así pues,   pagad

τὰ Καίσαρος Καίσαρι καὶ τὰ τοῦ θεοῦ
lo   de César   al César,   y   lo   de   Dios

τῷ θεῷ. 26 καὶ οὐκ ἴσχυσαν ἐπιλαβέσθαι
a   Dios.   Y   no   lograron   tomar por sorpresa

αὐτοῦ ῥήματος ἐναντίον τοῦ λαοῦ, καὶ
a él   en palabra   delante   del   pueblo,   y

θαυμάσαντες ἐπὶ τῇ ἀποκρίσει αὐτοῦ
maravillados   de   la   respuesta   suya,

ἐσίγησαν.
se callaron.

27 Προσελθόντες δέ τινες τῶν Σαδ-
Acercándose entonces   algunos   de los   sa-

δουκαίων, οἱ ἀντιλέγοντες ἀνάστασιν μὴ
duceos,   los que   objetan que   resurrección   no

εἶναι, ἐπηρώτησαν αὐτὸν 28 λέγοντες·
hay   preguntaron   le,   diciendo:

διδάσκαλε, Μωϋσῆς ἔγραψεν ἡμῖν, ἐάν
Maestro,   Moisés   escribió   para nosotros: Si

τινος ἀδελφὸς ἀποθάνῃ ἔχων γυναῖκα, καὶ
de uno   un hermano   muriere   teniendo   mujer,   y

οὗτος ἄτεκνος ᾖ, ἵνα λάβῃ ὁ ἀδελφὸς
él   sin hijos   fuere,   que   tome   el   hermano

¹
21. No TIENES PREFERIDOS
POR EL ROSTRO. Esto es, *no
haces acepción de personas*
(no tienes favoritismos, eres
imparcial).

αὐτοῦ τὴν γυναῖκα καὶ ἐξαναστήσῃ σπέρμα
de él   la   mujer   y   suscite   descendencia

τῷ ἀδελφῷ αὐτοῦ. 29 ἑπτὰ οὖν ἀδελφοὶ
al   hermano   de él.   Siete,   pues,   hermanos

ἦσαν· καὶ ὁ πρῶτος λαβὼν γυναῖκα
eran;   y   el   primero,   habiendo tomado   mujer,

ἀπέθανεν ἄτεκνος· 30 καὶ ὁ δεύτερος 31 καὶ
murió   sin hijos;   también el   segundo,   también

ὁ τρίτος ἔλαβεν αὐτήν, ὡσαύτως δὲ καὶ
el   tercero   tomaron   a ella   igualmente,   y

οἱ ἑπτὰ οὐ κατέλιπον τέκνα καὶ ἀπέθανον.
los   siete   no   dejaron   hijos   y   murieron.

32 ὕστερον καὶ ἡ γυνὴ ἀπέθανεν. 33 ἡ
Posteriormente también   la   mujer   murió.   La

γυνὴ οὖν ἐν τῇ ἀναστάσει τίνος αὐτῶν
mujer,   pues,   en   la   resurrección,   ¿de cuál   de ellos

γίνεται γυνή; οἱ γὰρ ἑπτὰ ἔσχον αὐτὴν
viene a ser   mujer?;   porque los   siete   tuvieron   a ella

γυναῖκα. 34 καὶ εἶπεν αὐτοῖς ὁ Ἰησοῦς·
por mujer.   Y   dijo   a ellos   —   Jesús:

οἱ υἱοὶ τοῦ αἰῶνος τούτου γαμοῦσιν καὶ
Los   hijos   del   siglo   este   toman mujer   y

γαμίσκονται, 35 οἱ δὲ καταξιωθέντες τοῦ
toman marido;   mas los que   son tenidos dignos   del

αἰῶνος ἐκείνου τυχεῖν καὶ τῆς ἀναστάσεως
siglo   aquel   de obtener también   la   resurrección

τῆς ἐκ νεκρῶν οὔτε γαμοῦσιν οὔτε
de   entre   (los) muertos,   ni   se casan,   ni

γαμίζονται· 36 οὐδὲ γὰρ ἀποθανεῖν ἔτι
se dan en matrimonio;   [1]pues ni   morir   ya más

δύνανται, ἰσάγγελοι γάρ εἰσιν, καὶ υἱοί
pueden,   porque como ángeles   son,   e   hijos

εἰσιν θεοῦ τῆς ἀναστάσεως υἱοὶ ὄντες.
son   de Dios   de la   resurrección   hijos   siendo.

37 ὅτι δὲ ἐγείρονται οἱ νεκροί, καὶ
En cuanto a que   resucitan   los   muertos,   también

Μωϋσῆς ἐμήνυσεν ἐπὶ τῆς βάτου, ὡς
Moisés   indicó   [2]en   la   zarza,   cuando

λέγει κύριον τὸν θεὸν Ἀβραὰμ καὶ θεὸν
llama   Señor   al   Dios   de Abraham   y   Dios

Ἰσαὰκ καὶ θεὸν Ἰακώβ· 38 θεὸς δὲ οὐκ
de Isaac   y   Dios   de Jacob.   Dios, empero,   no

ἔστιν νεκρῶν ἀλλὰ ζώντων· πάντες γὰρ
es   de muertos,   sino   de vivos;   [3]todos, en efecto,

αὐτῷ ζῶσιν. 39 ἀποκριθέντες δέ τινες
para él   viven.   Respondiendo entonces   algunos

τῶν γραμματέων εἶπαν· διδάσκαλε, καλῶς
de los   escribas,   dijeron: Maestro,   muy bien

[1]
36. PUES NI MORIR YA MÁS PUEDEN. Es decir, *siendo ya incapaces de morir, no necesitan procrear para poblar el mundo.*

[2]
37. EN LA ZARZA. Esto es, *en el pasaje de la zarza.* (V. ÉX. 3:6.)

[3]
38. TODOS, EN EFECTO, PARA ÉL VIVEN. Es decir, *aunque muertos para este mundo, viven en la presencia de Dios, en espera de la resurrección.*

εἶπας. 40 οὐκέτι γὰρ ἐτόλμων ἐπερωτᾶν
dijiste. Y no más se atrevían a preguntar

αὐτὸν οὐδέν.
le nada.

41 Εἶπεν δὲ πρὸς αὐτούς· πῶς λέγουσιν
Dijo entonces a ellos: ¿Cómo dicen

τὸν χριστὸν εἶναι Δαυὶδ υἱόν; 42 αὐτὸς
que el Cristo es de David hijo? Porque

γὰρ Δαυὶδ λέγει ἐν βίβλῳ ψαλμῶν·
el mismo David dice en (el) libro de Salmos:

εἶπεν κύριος τῷ κυρίῳ μου· κάθου ἐκ
Dijo (el) Señor al Señor mío: Siéntate a

δεξιῶν μου 43 ἕως ἂν θῶ τοὺς ἐχθρούς σου
(la) diestra mía hasta que ponga a los enemigos tuyos

ὑποπόδιον τῶν ποδῶν σου. 44 Δαυὶδ
por estrado de los pies tuyos. David,

οὖν αὐτὸν κύριον καλεῖ, καὶ πῶς αὐτοῦ
pues, a él Señor llama, y ¿cómo de él

υἱός ἐστιν;
hijo es?

45 Ἀκούοντος δὲ παντὸς τοῦ λαοῦ εἶπεν
Oyendo entonces todo el pueblo, dijo

τοῖς μαθηταῖς· 46 προσέχετε ἀπὸ τῶν
a los discípulos: Guardaos de los

γραμματέων τῶν θελόντων περιπατεῖν ἐν
escribas, los que gustan pasearse en

στολαῖς καὶ φιλούντων ἀσπασμοὺς ἐν ταῖς
ropaje y aman saludos en las
(suntuoso)

ἀγοραῖς καὶ πρωτοκαθεδρίας ἐν ταῖς
plazas y primeros asientos en las

συναγωγαῖς καὶ πρωτοκλισίας ἐν τοῖς
sinagogas y primeros lugares en los

δείπνοις, 47 οἳ κατεσθίουσιν τὰς οἰκίας
banquetes; los que devoran las casas

τῶν χηρῶν καὶ προφάσει μακρὰ προσεύχονται·
de las viudas y so color largamente oran;
(de piedad)

οὗτοι λήμψονται περισσότερον κρίμα.
éstos recibirán [1]más severa condenación.

21 Ἀναβλέψας δὲ εἶδεν τοὺς βάλλοντας
Alzando los ojos, vio a los que echaban

εἰς τὸ γαζοφυλακεῖον τὰ δῶρα αὐτῶν
en el tesoro los dones suyos

πλουσίους. 2 εἶδεν δέ τινα χήραν πενιχρὰν
[2]ricos. Vio también una viuda pobre

βάλλουσαν ἐκεῖ λεπτὰ δύο, 3 καὶ εἶπεν·
que echaba allí moneditas dos, y dijo:

1
47. MÁS SEVERA CONDENA-
CIÓN. Lit. más abundante
sentencia. (Kríma es la sentencia del juicio; krísis, el
juicio mismo.)
2
1. RICOS. (Concierta con vio
a los, de comienzo del vers.)

ἀληθῶς λέγω ὑμῖν ὅτι ἡ χήρα αὕτη ἡ
Verdaderamente digo a vosotros que la viuda esta —

πτωχὴ πλεῖον πάντων ἔβαλεν· 4 πάντες
pobre más que todos echó; todos, pues,

γὰρ οὗτοι ἐκ τοῦ περισσεύοντος αὐτοῖς
ésos de la abundancia de ellos

ἔβαλον εἰς τὰ δῶρα, αὕτη δὲ ἐκ τοῦ
echaron en los dones, ésta de la

ὑστερήματος αὐτῆς πάντα τὸν βίον ὃν
indigencia suya todo el sustento que

εἶχεν ἔβαλεν.
tenía echó.

5 Καί τινων λεγόντων περὶ τοῦ ἱεροῦ, ὅτι
Y algunos hablando acerca del templo, porque

λίθοις καλοῖς καὶ ἀναθήμασιν κεκόσμηται,
con piedras hermosas y ofrendas estaba adornado,

εἶπεν· 6 ταῦτα ἃ θεωρεῖτε, ἐλεύσονται
dijo: (De) estas cosas que contempláis, vendrán

ἡμέραι ἐν αἷς οὐκ ἀφεθήσεται λίθος ἐπὶ
días en que no quede piedra sobre

λίθῳ ὃς οὐ καταλυθήσεται. 7 ἐπηρώτησαν δὲ
piedra que no será destruida. Interrogaron

αὐτὸν λέγοντες· διδάσκαλε, πότε οὖν
lo, diciendo: Maestro, ¿cuándo, pues,

ταῦτα ἔσται; καὶ τί τὸ σημεῖον ὅταν
esto será?; y ¿cuál la señal cuando

μέλλῃ ταῦτα γίνεσθαι; 8 ὁ δὲ εἶπεν·
hayan de estas cosas suceder? Él entonces dijo:

βλέπετε μὴ πλανηθῆτε· πολλοὶ γὰρ
Mirad no seáis seducidos; porque muchos

ἐλεύσονται ἐπὶ τῷ ὀνόματί μου λέγοντες·
vendrán en el nombre mío, diciendo:

ἐγώ εἰμι, καί· ὁ καιρὸς ἤγγικεν· μὴ
Yo soy, y: El tiempo ha llegado; no

πορευθῆτε ὀπίσω αὐτῶν. 9 ὅταν δὲ
vayáis detrás de ellos. Cuando

ἀκούσητε πολέμους καὶ ἀκαταστασίας, μὴ
oigáis de guerras y revoluciones, no

πτοηθῆτε· δεῖ γὰρ ταῦτα γενέσθαι
os alarméis; porque conviene que estas cosas sucedan

πρῶτον, ἀλλ᾽ οὐκ εὐθέως τὸ τέλος. 10 Τότε
primero, pero no inmediatamente el fin (viene). Entonces

ἔλεγεν αὐτοῖς· ἐγερθήσεται ἔθνος ἐπ᾽ ἔθνος
decía a ellos: Se levantará nación contra nación

καὶ βασιλεία ἐπὶ βασιλείαν, 11 σεισμοί τε
y reino contra reino, terremotos no sólo

μεγάλοι καὶ κατὰ τόπους λοιμοὶ καὶ λιμοὶ
grandes,   y   por   lugares   pestilencias   y   hambres

ἔσονται, φόβητρά τε καὶ ἀπ᾽ οὐρανοῦ
habrá,   sino que terrores   también,   y del   cielo

σημεῖα μεγάλα ἔσται. 12 πρὸ δὲ τούτων
señales   grandes   habrá.   Antes, pero, de estas cosas

πάντων ἐπιβαλοῦσιν ἐφ᾽ ὑμᾶς τὰς χεῖρας
todas   echarán   sobre vosotros las   manos

αὐτῶν καὶ διώξουσιν, παραδιδόντες εἰς τὰς
de ellos   y   perseguirán,   entregándo(os)   a   las

συναγωγὰς καὶ φυλακάς, ἀπαγομένους ἐπὶ
sinagogas   y   prisiones,   llevándoos   delante

βασιλεῖς καὶ ἡγεμόνας ἕνεκεν τοῦ ὀνόματός
de reyes   y   gobernadores por causa   del   nombre

μου· 13 ἀποβήσεται ὑμῖν εἰς μαρτύριον.
mío;   será ocasión   para vosotros para   testimonio.

14 θέτε οὖν ἐν ταῖς καρδίαις ὑμῶν μὴ
Poned,   pues,   en   los   corazones   vuestros   no

προμελετᾶν ἀπολογηθῆναι· 15 ἐγὼ γὰρ
ensayar antes   a defenderos;   porque yo

δώσω ὑμῖν στόμα καὶ σοφίαν, ᾗ οὐ
daré   a vosotros   boca   y   sabiduría, a la que no

δυνήσονται ἀντιστῆναι ἢ ἀντειπεῖν ἅπαντες οἱ
podrán   resistir   o   contradecir   todos   los

ἀντικείμενοι ὑμῖν. 16 παραδοθήσεσθε δὲ καὶ
adversarios   vuestros.   Seréis entregados   también

ὑπὸ γονέων καὶ ἀδελφῶν καὶ συγγενῶν
por   padres   y   hermanos   y   parientes

καὶ φίλων, καὶ θανατώσουσιν ἐξ ὑμῶν,
y   amigos,   y   matarán   de   vosotros,

17 καὶ ἔσεσθε μισούμενοι ὑπὸ πάντων διὰ
y   seréis   aborrecidos   por   todos   por

τὸ ὄνομά μου. 18 καὶ θρὶξ ἐκ τῆς
el   nombre   mío.   Y   un cabello de   la

κεφαλῆς ὑμῶν οὐ μὴ ἀπόληται· 19 ἐν τῇ
cabeza   vuestra de ningún modo perecerá;   en   la

ὑπομονῇ ὑμῶν κτήσεσθε τὰς ψυχὰς ὑμῶν.
1constancia   vuestra   adquiriréis   2las   almas   vuestras.

20 Ὅταν δὲ ἴδητε κυκλουμένην ὑπὸ
Cuando   viereis   cercada   por

στρατοπέδων Ἰερουσαλήμ, τότε γνῶτε ὅτι
ejércitos   a Jerusalén,   entonces   conoced   que

ἤγγικεν ἡ ἐρήμωσις αὐτῆς. 21 τότε οἱ ἐν
llegada es   la   desolación   de ella.   Entonces los que   en

τῇ Ἰουδαίᾳ φευγέτωσαν εἰς τὰ ὄρη, καὶ
la   Judea (estén)   huyan   a   los   montes,   y

οἱ ἐν μέσῳ αὐτῆς ἐκχωρείτωσαν, καὶ
los que   en   medio   de ella   salgan de la región,   y
(estén)

1
19. CONSTANCIA. O *paciencia*. El vocablo *hypomoné* significa constancia bajo circunstancias adversas, mientras que la paciencia con las personas se llama en griego *makrothymía* = "longanimidad".

2
19. LAS ALMAS VUESTRAS. Es decir, *la perseverancia será señal de salvación.* (V. Mt. 10:22; 24:13.) O *conservaréis la vida, si tenéis paciencia.*

οἱ ἐν ταῖς χώραις μὴ εἰσερχέσθωσαν εἰς
los que en los campos no entren en
(estén)

αὐτήν, **22** ὅτι ἡμέραι ἐκδικήσεως αὗταί
ella, porque días de venganza éstos

εἰσιν τοῦ πλησθῆναι πάντα τὰ γεγραμμένα.
son — para que se cumpla todo lo escrito.

23 οὐαὶ ταῖς ἐν γαστρὶ ἐχούσαις καὶ ταῖς
¡Ay de las encintas mujeres y de las que

θηλαζούσαις ἐν ἐκείναις ταῖς ἡμέραις·
dan de mamar en aquellos los días!

ἔσται γὰρ ἀνάγκη μεγάλη ἐπὶ τῆς γῆς
Porque vendrá necesidad grande sobre la tierra

καὶ ὀργὴ τῷ λαῷ τούτῳ, **24** καὶ πεσοῦνται
y cólera al pueblo este, y caerán

στόματι μαχαίρης καὶ αἰχμαλωτισθή-
al filo de la espada y serán llevados cau-

σονται εἰς τὰ ἔθνη πάντα, καὶ Ἰερουσαλὴμ
tivos a las naciones todas, y Jerusalén

ἔσται πατουμένη ὑπὸ ἐθνῶν, ἄχρι οὗ
será pisoteada por gentiles, hasta que

πληρωθῶσιν καιροὶ ἐθνῶν. **25** Καὶ ἔσονται
se cumplan (los) tiempos de las gentes. Y habrá

σημεῖα ἐν ἡλίῳ καὶ σελήνῃ καὶ ἄστροις,
señales en sol y luna y estrellas,

καὶ ἐπὶ τῆς γῆς συνοχὴ ἐθνῶν ἐν ἀπορίᾳ
y sobre la tierra angustia de las gentes en perplejidad

ἤχους θαλάσσης καὶ σάλου, **26** ἀποψυχόντων
del bramido del mar y oleaje, desmayándose

ἀνθρώπων ἀπὸ φόβου καὶ προσδοκίας τῶν
(los) hombres por terror y ansiedad de lo

ἐπερχομένων τῇ οἰκουμένῃ· αἱ γὰρ δυνάμεις
que vendrá sobre el mundo habitado; [1] porque los poderes

τῶν οὐρανῶν σαλευθήσονται. **27** καὶ τότε
de los cielos [2] se agitarán. Y entonces

ὄψονται τὸν υἱὸν τοῦ ἀνθρώπου ἐρχόμενον
verán al Hijo del Hombre viniendo

ἐν νεφέλῃ μετὰ δυνάμεως καὶ δόξης
en una nube con poder y gloria

πολλῆς. **28** ἀρχομένων δὲ τούτων γίνεσθαι
grande. Cuando estén estas cosas a suceder,
comenzando

ἀνακύψατε καὶ ἐπάρατε τὰς κεφαλὰς ὑμῶν,
erguíos y levantad las cabezas vuestras,

διότι ἐγγίζει ἡ ἀπολύτρωσις ὑμῶν. **29** Καὶ
porque llega [3] la redención vuestra. Y

εἶπεν παραβολὴν αὐτοῖς· ἴδετε τὴν συκῆν
[4] contó una parábola a ellos: Ved la higuera

καὶ πάντα τὰ δένδρα· **30** ὅταν προβάλωσιν
y todos los árboles; cuando [5] echan hojas

1
26. PORQUE LOS PODERES DE
LOS CIELOS. Es decir, *las
fuerzas y leyes que rigen
el orden visible del Uni-
verso.*
2
26. SE AGITARÁN. Lit. *serán
sacudidas.*
3
28. LA REDENCIÓN. Esto es,
la liberación completa. (V.
Ro. 8:23; 13:11.)
4
29. CONTÓ. Lit. *dijo.*
5
30. ECHAN HOJAS. Lit. *brotan.*

ἤδη, βλέποντες ἀφ' ἑαυτῶν γινώσκετε ὅτι
ya   viéndo(lo),   por vosotros mismos conocéis   que

ἤδη ἐγγὺς τὸ θέρος ἐστίν· 31 οὕτως καὶ
ya cercano el verano está.   Así también

ὑμεῖς,   ὅταν   ἴδητε   ταῦτα   γινόμενα,
vosotros, cuando viereis estas cosas realizarse,

γινώσκετε ὅτι ἐγγύς ἐστιν ἡ βασιλεία
sabed   que cerca está el reino

τοῦ θεοῦ. 32 ἀμὴν λέγω ὑμῖν ὅτι οὐ μὴ
— de Dios.   En verdad digo a vosotros, que de ningún modo

παρέλθῃ ἡ γενεὰ αὕτη ἕως ἂν πάντα
pasará la generación esta hasta que todas las cosas

γένηται. 33 ὁ οὐρανὸς καὶ ἡ γῆ παρ-
sucedan.   El cielo y la tierra pa-

ελεύσονται, οἱ δὲ λόγοι μου οὐ μὴ παρελεύ-
sarán,   empero las palabras mías de ningún modo pa-

σονται. 34 Προσέχετε δὲ ἑαυτοῖς μήποτε
sarán.   Estad alerta, empero, por vosotros mismos, no sea

βαρηθῶσιν ὑμῶν αἱ καρδίαι ἐν κραιπάλῃ
que se emboten de vosotros los corazones con crápula

καὶ μέθῃ καὶ μερίμναις βιωτικαῖς, καὶ
y borrachera y ansiedades de la vida, y

ἐπιστῇ ἐφ' ὑμᾶς αἰφνίδιος ἡ ἡμέρα ἐκείνη
venga sobre vosotros repentino el día aquel

35 ὡς παγίς· ἐπεισελεύσεται γὰρ ἐπὶ πάντας
como lazo; porque sobrevendrá sobre todos

τοὺς καθημένους ἐπὶ πρόσωπον πάσης τῆς
los [1]sentados sobre (la) haz de toda la

γῆς. 36 ἀγρυπνεῖτε δὲ ἐν παντὶ καιρῷ
tierra.   Velad, pues, en todo tiempo

δεόμενοι ἵνα κατισχύσητε ἐκφυγεῖν ταῦτα
rogando que [2]logréis escapar de estas

πάντα τὰ μέλλοντα γίνεσθαι, καὶ σταθῆναι
todas las cosas que van a suceder, y manteneros
                                                en pie

ἔμπροσθεν τοῦ υἱοῦ τοῦ ἀνθρώπου.
delante   del Hijo del Hombre.

37 Ἦν δὲ τὰς ἡμέρας ἐν τῷ ἱερῷ
Y estaba [3]los días en el templo

διδάσκων, τὰς δὲ νύκτας ἐξερχόμενος
enseñando, y las noches saliendo

ηὐλίζετο εἰς τὸ ὄρος τὸ καλούμενον
pasaba en el monte — llamado

ἐλαιών. 38 καὶ πᾶς ὁ λαὸς ὤρθριζεν
de Olivos. Y todo el pueblo acudía temprano

πρὸς αὐτὸν ἐν τῷ ἱερῷ ἀκούειν αὐτοῦ.
a él en el templo para oír a él.

[1]
35. kathemênous, que literalmente se traduce por
"los que están sentados", es
un hebraísmo que significa
habitantes.
[2]
36. LOGRÉIS. Lit. tengáis
completa fuerza para...
[3]
37. LOS DÍAS. Esto es, de
día.

22 Ἤγγιζεν δὲ ἡ ἑορτὴ τῶν ἀζύμων ἡ
Acercábase entonces la fiesta de los ázimos, la

λεγομένη πάσχα. **2** καὶ ἐζήτουν οἱ ἀρχιερεῖς
llamada pascua. Y buscaban los sumos sacerdotes

καὶ οἱ γραμματεῖς τὸ πῶς ἀνέλωσιν
y los escribas el cómo destruir

αὐτόν· ἐφοβοῦντο γὰρ τὸν λαόν. **3** Εἰσῆλθεν δὲ
a él; temían, pero, al pueblo. Entró entonces

σατανᾶς εἰς Ἰούδαν τὸν καλούμενον
Satanás en Judas el llamado

Ἰσκαριώτην, ὄντα ἐκ τοῦ ἀριθμοῦ τῶν
Iscariote, que era del número de los

δώδεκα· **4** καὶ ἀπελθὼν συνελάλησεν τοῖς
doce; y yendo, habló con los

ἀρχιερεῦσιν καὶ στρατηγοῖς τὸ πῶς αὐτοῖς
principales sacerdotes y [1]prefectos el cómo a ellos

παραδῷ αὐτόν. **5** καὶ ἐχάρησαν, καὶ
entregaría a él. Y se alegraron, y

συνέθεντο αὐτῷ ἀργύριον δοῦναι. **6** καὶ
concertaron a él dinero dar. Y

ἐξωμολόγησεν, καὶ ἐζήτει εὐκαιρίαν τοῦ
se comprometió, y buscaba una ocasión —

παραδοῦναι αὐτὸν ἄτερ ὄχλου αὐτοῖς.
para entregar lo [2]sin turba a ellos.

7 Ἦλθεν δὲ ἡ ἡμέρα τῶν ἀζύμων, ᾗ
Llegó entonces el día de los ázimos, en el cual

ἔδει θύεσθαι τὸ πάσχα· **8** καὶ ἀπέστειλεν
se debía sacrificar la pascua; y envió

Πέτρον καὶ Ἰωάννην εἰπών· πορευθέντες
a Pedro y a Juan, diciendo: Yendo,

ἑτοιμάσατε ἡμῖν τὸ πάσχα, ἵνα φάγωμεν. **9** οἱ
preparad para nosotros la pascua, para que comamos. Ellos en-

δὲ εἶπαν αὐτῷ· ποῦ θέλεις ἑτοιμάσωμεν;
tonces dijeron le: ¿Dónde quieres que preparemos?

10 ὁ δὲ εἶπεν αὐτοῖς· ἰδοὺ εἰσελθόντων
Él, entonces, dijo a ellos: Ved, entrando

ὑμῶν εἰς τὴν πόλιν συναντήσει ὑμῖν
vosotros en la ciudad saldrá al encuentro de vosotros

ἄνθρωπος κεράμιον ὕδατος βαστάζων·
un hombre un cántaro de agua llevando;

ἀκολουθήσατε αὐτῷ εἰς τὴν οἰκίαν εἰς ἣν
seguid le hasta la casa en que

εἰσπορεύεται· **11** καὶ ἐρεῖτε τῷ οἰκοδεσπότῃ
entre; y diréis al amo

τῆς οἰκίας· λέγει σοι ὁ διδάσκαλος·
de casa: Dice a ti el Maestro:

ποῦ ἐστιν τὸ κατάλυμα ὅπου τὸ πάσχα
¿Dónde está la estancia donde la pascua

1
4. PREFECTOS. Es decir, jefes de la guardia del templo.
2
6. SIN TURBA. Es decir, a es-
paldas del pueblo.

μετὰ   τῶν   μαθητῶν   μου   φάγω;   12 κἀκεῖνος
con   los   discípulos   míos   [1]comer?   Y él

ὑμῖν   δείξει   ἀνάγαιον   μέγα   ἐστρωμένον·
os   mostrará   un aposento   alto grande   ya dispuesto;

ἐκεῖ   ἑτοιμάσατε.   13 ἀπελθόντες   δὲ   εὗρον
allí   preparad.   Habiendo ido entonces, encontraron

καθὼς   εἰρήκει   αὐτοῖς,   καὶ   ἡτοίμασαν   τὸ
como   había dicho   a ellos,   y   prepararon   la

πάσχα.   14 Καὶ   ὅτε   ἐγένετο   ἡ   ὥρα,
pascua.   Y   cuando   fue   la   hora,

ἀνέπεσεν,   καὶ   οἱ   ἀπόστολοι   σὺν   αὐτῷ.
[2]se reclinó,   y   los   apóstoles   con   él.

15 καὶ   εἶπεν   πρὸς   αὐτούς·   ἐπιθυμίᾳ
Y   dijo   a   ellos: Con deseo

ἐπεθύμησα   τοῦτο   τὸ   πάσχα   φαγεῖν   μεθ’
deseé   esta   la   pascua   comer   con

ὑμῶν   πρὸ   τοῦ   με   παθεῖν·   16 λέγω   γὰρ
vosotros   antes   de   yo   padecer.   Porque digo

ὑμῖν   ὅτι   οὐκέτι   οὐ   μὴ   φάγω   αὐτὸ
a vosotros   que   no más   en absoluto   comeré   la

ἕως   ὅτου   πληρωθῇ   ἐν   τῇ   βασιλείᾳ   τοῦ   θεοῦ.
hasta   que   se cumpla   en   el   reino   de   Dios.

17 καὶ   δεξάμενος   ποτήριον   εὐχαριστήσας
And   tomando   una copa,   [3]dio gracias,

εἶπεν·   λάβετε   τοῦτο   καὶ   διαμερίσατε   εἰς
diciendo: Tomad   esto   y   dividid   entre

ἑαυτούς·   18 λέγω   γὰρ   ὑμῖν,   οὐ   μὴ   πίω
vosotros;   porque digo   a vosotros, de ningún modo   beberé

ἀπὸ   τοῦ   νῦν   ἀπὸ   τοῦ   γενήματος   τῆς
desde   ahora   del   producto   de la

ἀμπέλου   ἕως   οὗ   ἡ   βασιλεία   τοῦ   θεοῦ
vid   hasta   que   el   reino   —   de Dios

ἔλθῃ.   19 καὶ   λαβὼν   ἄρτον   εὐχαριστήσας
venga.   Y   tomando   un pan,   dando gracias,

ἔκλασεν   καὶ   ἔδωκεν   αὐτοῖς   λέγων·   τοῦτό
partió(lo)   y   dio   a ellos,   diciendo: Esto

ἐστιν   τὸ   σῶμά   μου,   [τὸ   ὑπὲρ   ὑμῶν
es   el   cuerpo   mío,   el   por   vosotros

διδόμενον·   τοῦτο   ποιεῖτε   εἰς   τὴν   ἐμὴν
[4]entregado;   esto   haced   en   la   mía

ἀνάμνησιν.   20 καὶ   τὸ   ποτήριον   ὡσαύτως
[5]memoria.   Y   la   copa   igualmente

μετὰ   τὸ   δειπνῆσαι,   λέγων·   τοῦτο   τὸ
después de   la   cena,   diciendo: Esta   la

ποτήριον   ἡ   καινὴ   διαθήκη   ἐν   τῷ   αἵματί
copa (es)   la   nueva   alianza   en   la   sangre

1
11. COMER. Lit. *coma* (yo).
2
14. SE RECLINÓ. Es decir, *se sentó a la mesa* (en la forma en que entonces se hacía: reclinados).
3
17. DIO GRACIAS, DICIENDO. Lit. *tras dar gracias, dijo.*
4
19. ENTREGADO. Lit. *que está siendo dado.* Es un presente de los llamados "incoativos". Cristo ve, en este símbolo, como si su cuerpo estuviese ya pendiendo de la cruz a favor (gr. *hyper*) de nosotros.
5
19. MEMORIA. Esto es, *recuerdo.*
6
20. DESPUÉS DE LA CENA. Lit. *después del cenar.*

μου, τὸ ὑπὲρ ὑμῶν ἐκχυννόμενον.] 21 πλὴν
mía, la (que) por vosotros es derramada. Mas

ἰδοὺ ἡ χεὶρ τοῦ παραδιδόντος με μετ'
he aquí la mano del que entrega me con-

ἐμοῦ ἐπὶ τῆς τραπέζης. 22 ὅτι ὁ υἱὸς μὲν
migo (está) sobre la mesa. Porque el Hijo, por cierto,

τοῦ ἀνθρώπου κατὰ τὸ ὡρισμένον
del Hombre según lo determinado

πορεύεται, πλὴν οὐαὶ τῷ ἀνθρώπῳ ἐκείνῳ
se va, mas ¡ay del hombre aquel

δι' οὗ παραδίδοται. 23 καὶ αὐτοὶ ἤρξαντο
[1]por quien es entregado! Y ellos empezaron

συζητεῖν πρὸς ἑαυτοὺς τὸ τίς ἄρα εἴη
a discutir entre ellos (sobre) quién entonces sería

ἐξ αὐτῶν ὁ τοῦτο μέλλων πράσσειν.
de ellos el que esto iba a hacer.

24 Ἐγένετο δὲ καὶ φιλονεικία ἐν αὐτοῖς,
[2]Sucedió también una rivalidad entre ellos,

τὸ τίς αὐτῶν δοκεῖ εἶναι μείζων. 25 ὁ δὲ
(sobre) quién de ellos [3]consideraba ser mayor. Él, pero,

εἶπεν αὐτοῖς· οἱ βασιλεῖς τῶν ἐθνῶν
dijo les: Los reyes de las naciones

κυριεύουσιν αὐτῶν, καὶ οἱ ἐξουσιάζοντες
señorean a ellas, y [4]las autoridades

αὐτῶν εὐεργέται καλοῦνται. 26 ὑμεῖς δὲ
de ellos benefactores son llamados. Vosotros, empero,

οὐχ οὕτως, ἀλλ' ὁ μείζων ἐν ὑμῖν
no así, sino que el mayor entre vosotros

γινέσθω ὡς ὁ νεώτερος, καὶ ὁ ἡγούμενος
hágase como el menor, y el que dirige

ὡς ὁ διακονῶν. 27 τίς γὰρ μείζων, ὁ
como el que sirve. Porque, ¿quién es mayor, el

ἀνακείμενος ἢ ὁ διακονῶν; οὐχὶ ὁ
reclinado a la mesa o el que sirve? ¿No el que

ἀνακείμενος; ἐγὼ δὲ ἐν μέσῳ ὑμῶν εἰμι
reclinado? Yo, pero, en medio de vosotros estoy

ὡς ὁ διακονῶν. 28 ὑμεῖς δέ ἐστε οἱ
como el que sirve. Vosotros, empero, sois los que

διαμεμενηκότες μετ' ἐμοῦ ἐν τοῖς πειρα-
habéis permanecido conmigo en las prue-

σμοῖς μου· 29 κἀγὼ διατίθεμαι ὑμῖν καθὼς
bas mías. Y yo dispongo para vosotros como

διέθετό μοι ὁ πατήρ μου βασιλείαν,
dispuso para mí el padre mío un reino,

30 ἵνα ἔσθητε καὶ πίνητε ἐπὶ τῆς τραπέζης
para (que) comáis y bebáis en la mesa

μου ἐν τῇ βασιλείᾳ μου, καὶ καθήσεσθε
mía en el reino mío, y os sentaréis

[1]
22. POR QUIEN. Lit. mediante el cual.
[2]
24. SUCEDIÓ. Esto es, se produjo.
[3]
24. CONSIDERABA. Lit. pa-
rece.
[4]
25. LAS AUTORIDADES. Lit.
los que ejercen autoridad.

ἐπὶ θρόνων τὰς δώδεκα φυλὰς κρίνοντες
en   tronos las   doce   tribus   juzgando

τοῦ Ἰσραήλ. **31** Σίμων Σίμων, ἰδοὺ ὁ
—   de Israel.   Simón, Simón,   mira que

σατανᾶς ἐξητήσατο ὑμᾶς τοῦ σινιάσαι ὡς
Satanás reclamó a vosotros — para zarandear como

τὸν σῖτον· **32** ἐγὼ δὲ ἐδεήθην περὶ σοῦ
al   trigo;   yo, empero, rogué   por   ti

ἵνα μὴ ἐκλίπῃ ἡ πίστις σου· καὶ σύ
para que no desfallezca la fe tuya; y tú,

ποτε ἐπιστρέψας στήρισον τοὺς ἀδελφούς
cuando ¹te conviertas, fortalece a los hermanos

σου. **33** ὁ δὲ εἶπεν αὐτῷ· κύριε, μετὰ
tuyos.   Él, pero, dijo le: Señor, con-

σοῦ ἕτοιμός εἰμι καὶ εἰς φυλακὴν καὶ εἰς
tigo listo estoy aun en cárcel y a

θάνατον πορεύεσθαι. **34** ὁ δὲ εἶπεν· λέγω
muerte   ir.   — Él dijo: Digo

σοι, Πέτρε, οὐ φωνήσει σήμερον ἀλέκτωρ
te, Pedro, no cantará hoy un gallo

ἕως τρίς με ἀπαρνήσῃ μὴ εἰδέναι. **35** Καὶ
hasta que tres veces me ²niegues no conocer. Y

εἶπεν αὐτοῖς· ὅτε ἀπέστειλα ὑμᾶς ἄτερ
dijo a ellos: Cuando envié a vosotros sin

βαλλαντίου καὶ πήρας καὶ ὑποδημάτων, μή
bolsa   y   alforja   y   sandalias, ¿acaso

τινος ὑστερήσατε; οἱ δὲ εἶπαν· οὐθενός.
de algo carecisteis? Ellos dijeron: De nada.

36 εἶπεν δὲ αὐτοῖς· ἀλλὰ νῦν ὁ ἔχων
  Dijo   les: ³Pero ahora, el que tenga

βαλλάντιον ἀράτω, ὁμοίως καὶ πήραν, καὶ
una bolsa, tóme(la), lo mismo también alforja, y

ὁ μὴ ἔχων πωλησάτω τὸ ἱμάτιον αὐτοῦ
quien no tenga, venda el manto suyo

καὶ ἀγορασάτω μάχαιραν. **37** λέγω γὰρ
y   compre   una espada.   Porque digo

ὑμῖν ὅτι τοῦτο τὸ γεγραμμένον δεῖ
os   que esto lo   escrito   debe

τελεσθῆναι ἐν ἐμοί, τό· καὶ μετὰ ἀνόμων
cumplirse en mí: — Y ⁴entre malhechores

ἐλογίσθη· καὶ γὰρ τὸ περὶ ἐμοῦ τέλος
fue contado; porque lo concerniente a mí ⁵un fin

ἔχει. **38** οἱ δὲ εἶπαν· κύριε, ἰδοὺ μάχαιραι
tiene.   Ellos dijeron: Señor, he aquí espadas (hay)

ὧδε δύο. ὁ δὲ εἶπεν αὐτοῖς· ἱκανόν ἐστιν.
aquí dos. Él dijo les: Suficiente es.

39 Καὶ ἐξελθὼν ἐπορεύθη κατὰ τὸ ἔθος
  Y saliendo, se dirigió, según la costumbre,

1
32. TE CONVIERTAS (de las negaciones próximas).
2
34. NIEGUES NO CONOCER. Es decir, *niegues que me conoces.*
3
36. PERO AHORA... Jesús no exhorta aquí a la violencia, sino que anuncia metafóricamente la cercanía de una situación de conflicto, en contraste con la misión de paz de 10:4. Parece ser que Pedro (vers. 38, comp. con Jn. 18:10) lo entendió al pie de la letra.
4
37. ENTRE MALHECHORES. Lit. *con inicuos.*
5
37. UN FIN TIENE. Esto es, *se acerca a su fin, a su consumación.*

εἰς τὸ ὄρος τῶν ἐλαιῶν· ἠκολούθησαν δὲ
· al   monte   de los   Olivos;   y siguieron

αὐτῷ καὶ οἱ μαθηταί. **40** γενόμενος δὲ
, le   también los   discípulos.   Y entrando

ἐπὶ τοῦ τόπου εἶπεν αὐτοῖς· προσεύχεσθε
:en   el   lugar,   dijo   les: Orad

μὴ εἰσελθεῖν εἰς πειρασμόν. **41** καὶ αὐτὸς
que no entréis   en   tentación.   Y   él,

ἀπεσπάσθη ἀπ᾽ αὐτῶν ὡσεὶ λίθου βολήν,
se apartó   de   ellos   como de una piedra un tiro,

καὶ θεὶς τὰ γόνατα προσηύχετο **42** λέγων·
y [1]habiendo puesto las rodillas,   oraba,   diciendo:

πάτερ, εἰ βούλει παρένεγκε τοῦτο τὸ
Padre,   si   quieres,   aleja   esta   la

ποτήριον ἀπ᾽ ἐμοῦ· πλὴν μὴ τὸ θέλημά
copa   de   mí;   mas   no   la   voluntad

μου ἀλλὰ τὸ σὸν γινέσθω. **43** [ὤφθη δὲ
mía,   sino   la   tuya   se haga.   [2]Apareció entonces

αὐτῷ ἄγγελος ἀπ᾽ οὐρανοῦ ἐνισχύων αὐτόν.
a él   un ángel   del   cielo   confortando   le.

44 καὶ γενόμενος ἐν ἀγωνίᾳ ἐκτενέστερον
Y   estando   en   agonía,   más intensamente

προσηύχετο· καὶ ἐγένετο ὁ ἱδρὼς αὐτοῦ
oraba;   y   se hizo   el   sudor   suyo

ὡσεὶ θρόμβοι αἵματος καταβαίνοντες ἐπὶ
como   [3]gotas   de sangre   que caían   en

τὴν γῆν.] **45** καὶ ἀναστὰς ἀπὸ τῆς
la tierra.   Y   levantándose   de   la

προσευχῆς, ἐλθὼν πρὸς τοὺς μαθητὰς
oración,   [4]vino   a   los   discípulos,

εὗρεν κοιμωμένους αὐτοὺς ἀπὸ τῆς λύπης,
halló   durmiendo   a ellos   por   la   tristeza,

46 καὶ εἶπεν αὐτοῖς· τί καθεύδετε;
y   dijo   a ellos: ¿Por qué   dormís?

ἀναστάντες προσεύχεσθε, ἵνα μὴ εἰσέλθητε
[5]Levantaos y   orad,   para que   no   entréis

εἰς πειρασμόν. **47** Ἔτι αὐτοῦ λαλοῦντος
en   tentación.   [6]Mientras   él   hablaba,

ἰδοὺ ὄχλος, καὶ ὁ λεγόμενος Ἰούδας εἷς
he aquí   una turba,   y   el   llamado   Judas,   uno

τῶν δώδεκα προήρχετο αὐτούς, καὶ ἤγγισεν
de los   doce,   iba delante   de ellos,   y   se llegó

τῷ Ἰησοῦ φιλῆσαι αὐτόν. **48** Ἰησοῦς δὲ
a Jesús   para besar   le.   Jesús, pero,

εἶπεν αὐτῷ· Ἰούδα, φιλήματι τὸν υἱὸν
dijo   le: Judas,   ¿con un beso   al   Hijo

τοῦ ἀνθρώπου παραδίδως; **49** ἰδόντες δὲ
del   Hombre   entregas?   Viendo entonces

[1]
41. HABIENDO PUESTO LAS RODILLAS. Se sobreentiende, *en tierra.*
[2]
43. APARECIÓ. Lit. *fue visto... por él.*
[3]
44. GOTAS. Lit. *grumos o cuajarones.* (De aquí —*thromboi*— se deriva el término "trombosis".)
[4]
45. VINO. Lit. *viniendo.*
[5]
46. LEVANTAOS Y ORAD. Lit. *tras levantaros, orad.*
[6]
47. MIENTRAS ÉL HABLABA. Lit. *Aún él estando hablando.*

οἱ περὶ αὐτὸν τὸ ἐσόμενον εἶπαν· κύριε,
los que ¹con él ²lo que iba a pasar, dijeron: Señor,
(estaban)

εἰ πατάξομεν ἐν μαχαίρη; 50 καὶ ἐπάταξεν
¿si herimos con espada? E hirió

εἷς τις ἐξ αὐτῶν τοῦ ἀρχιερέως τὸν
— uno de ellos del sumo sacerdote al

δοῦλον καὶ ἀφεῖλεν τὸ οὖς αὐτοῦ τὸ
siervo y cortó la oreja de él la

δεξιόν. 51 ἀποκριθεὶς δὲ ὁ Ἰησοῦς εἶπεν·
derecha. Respondiendo — Jesús, dijo:

ἐᾶτε ἕως τούτου· καὶ ἁψάμενος τοῦ
³¡Dejad hasta esto! Y tocando la

ὠτίου ἰάσατο αὐτόν. 52 Εἶπεν δὲ Ἰησοῦς
oreja, sanó le. Dijo entonces Jesús

πρὸς τοὺς παραγενομένους ἐπ᾽ αὐτὸν
a los que habían venido contra él

ἀρχιερεῖς καὶ στρατηγοὺς τοῦ ἱεροῦ καὶ
principales sacerdotes y oficiales del templo y

πρεσβυτέρους· ὡς ἐπὶ λῃστὴν ἐξήλθατε
ancianos: ¿Como contra un ⁴ladrón salisteis

μετὰ μαχαιρῶν καὶ ξύλων; 53 καθ᾽ ἡμέραν
con espadas y bastones? Cada día

ὄντος μου μεθ᾽ ὑμῶν ἐν τῷ ἱερῷ οὐκ
estando yo con vosotros en el templo, no

ἐξετείνατε τὰς χεῖρας ἐπ᾽ ἐμέ· ἀλλ᾽ αὕτη
extendisteis las manos contra mí; pero ésta

ἐστὶν ὑμῶν ἡ ὥρα καὶ ἡ ἐξουσία τοῦ
es vuestra hora y la autoridad de las

σκότους.
tinieblas.

54 Συλλαβόντες δὲ αὐτὸν ἤγαγον καὶ
Habiendo arrestado a él, llevaron e

εἰσήγαγον εἰς τὴν οἰκίαν τοῦ ἀρχιερέως·
introdujeron en la casa del sumo sacerdote;

ὁ δὲ Πέτρος ἠκολούθει μακρόθεν. 55 περι-
— y Pedro seguía de lejos. Y tras

αψάντων δὲ πῦρ ἐν μέσῳ τῆς αὐλῆς καὶ
encender fuego en medio del atrio, y

συγκαθισάντων ἐκάθητο ὁ Πέτρος μέσος
sentados juntos, se sentó Pedro en medio

αὐτῶν. 56 ἰδοῦσα δὲ αὐτὸν παιδίσκη τις
de ellos. Viendo le una muchacha alguna

καθήμενον πρὸς τὸ φῶς καὶ ἀτενίσασα
sentado junto ⁵al fuego, y mirando fijamente

αὐτῷ εἶπεν· καὶ οὗτος σὺν αὐτῷ ἦν. 57 ὁ
a él, dijo: También éste con él estaba. Él,

δὲ ἠρνήσατο λέγων· οὐκ οἶδα αὐτόν,
empero, negó, diciendo: No ⁶conozco a él,

1
49. CON ÉL. Lit. *en derredor de él.*
2
49. LO QUE IBA A PASAR. Lit. *lo que será.*
3
51. ¡DEJAD HASTA ESTO! Es decir, *sufrid aun esto, o permitidme hasta (hacer) esto.*
4
52. LADRÓN. Lit. *bandido* o *salteador.*
5
56. AL FUEGO. Lit. *a la lumbre.*
6
57. CONOZCO. Lit. *sé.*

γύναι. **58** καὶ μετὰ βραχὺ ἕτερος ἰδὼν
mujer.   Y   tras   un momento,   otro,   viendo

αὐτὸν ἔφη· καὶ σὺ ἐξ αὐτῶν εἶ. ὁ
le,   dijo: También   tú   de   ellos   eres. — Mas

δὲ Πέτρος ἔφη· ἄνθρωπε, οὐκ εἰμί.
Pedro   dijo: Hombre,   no   soy.

59 καὶ διαστάσης ὡσεὶ ὥρας μιᾶς ἄλλος
Y   pasada   cerca   de hora   una,   otro

τις διϊσχυρίζετο λέγων· ἐπ' ἀληθείας καὶ
cualquiera insistía,   diciendo: De   verdad   también

οὗτος μετ' αὐτοῦ ἦν, καὶ γὰρ Γαλιλαῖός
éste   con   él   estaba,   porque también   galileo

ἐστιν. **60** εἶπεν δὲ ὁ Πέτρος· ἄνθρωπε,
es.   Y dijo   —   Pedro: Hombre,

οὐκ οἶδα ὃ λέγεις. καὶ παραχρῆμα ἔτι
no   sé   lo que dices.   Y   al instante,   mientras

λαλοῦντος αὐτοῦ ἐφώνησεν ἀλέκτωρ. **61** καὶ
hablaba   él,   cantó   un gallo.   Y

στραφεὶς ὁ κύριος ἐνέβλεψεν τῷ Πέτρῳ,
volviéndose el Señor,   miró   a   Pedro,

καὶ ὑπεμνήσθη ὁ Πέτρος τοῦ λόγου τοῦ
y   recordó   —   Pedro   la   palabra   del

κυρίου, ὡς εἶπεν αὐτῷ ὅτι πρὶν ἀλέκτορα
Señor,   como   dijo   le,   que antes que   un gallo

φωνῆσαι σήμερον ἀπαρνήσῃ με τρίς. **62** καὶ
dé voces,   hoy   negarás   me tres veces.   Y

ἐξελθὼν ἔξω ἔκλαυσεν πικρῶς. **63** Καὶ οἱ
saliendo   fuera,   lloró   amargamente.   Y   los

ἄνδρες οἱ συνέχοντες αὐτὸν ἐνέπαιζον αὐτῷ
hombres   que   tenían preso   a él,   escarnecían   le

δέροντες, **64** καὶ περικαλύψαντες αὐτὸν
golpeando,   y   habiendo vendado   le,

ἐπηρώτων λέγοντες· προφήτευσον, τίς ἐστιν
preguntaban,   diciendo: Profetiza,   ¿quién es

ὁ παίσας σε; **65** καὶ ἕτερα πολλὰ
el que   golpeó   a ti?   Y   otras   muchas cosas

βλασφημοῦντες ἔλεγον εἰς αὐτόν.
blasfemando   decían   contra   él.

66 Καὶ ὡς ἐγένετο ἡμέρα, συνήχθη τὸ
Y   cuando   se hizo   día,   se reunió   el

πρεσβυτέριον τοῦ λαοῦ, ἀρχιερεῖς τε καὶ
1presbiterio   del   pueblo, principales sacerdotes y también

γραμματεῖς, καὶ ἀπήγαγον αὐτὸν εἰς τὸ
escribas,   y   llevaron   le   al

συνέδριον αὐτῶν, **67** λέγοντες· εἰ σὺ εἶ ὁ
sanedrín   de ellos,   diciendo: Si   tú   eres   el

1
66. PRESBITERIO. Es decir, *la asamblea de los ancianos.*

χριστός,   εἰπὸν   ἡμῖν.   εἶπεν   δὲ   αὐτοῖς·
Cristo,   di   nos.   Y dijo   a ellos:

ἐὰν ὑμῖν εἴπω, οὐ μὴ πιστεύσητε· 68 ἐὰν
Si os (lo) digo, 1no   creeréis;   si,

δὲ ἐρωτήσω, οὐ μὴ ἀποκριθῆτε. 69 ἀπὸ
por interrógo(os), 1no responderéis.   Pero desde
mi parte,

τοῦ νῦν δὲ ἔσται ὁ υἱὸς τοῦ ἀνθρώπου
— ahora estará el Hijo del Hombre

καθήμενος ἐκ δεξιῶν τῆς δυνάμεως τοῦ
sentado a (la) diestra del poder —

θεοῦ. 70 εἶπαν δὲ πάντες· σὺ οὖν εἶ ὁ
de Dios.   Dijeron todos: ¿Tú, entonces, eres el

υἱὸς τοῦ θεοῦ; ὁ δὲ πρὸς αὐτοὺς ἔφη·
Hijo — de Dios? — Él a ellos dijo:

ὑμεῖς λέγετε ὅτι ἐγώ εἰμι. 71 οἱ δὲ
2Vosotros decís que yo soy.   Ellos, entonces,

εἶπαν· τί ἔτι ἔχομεν μαρτυρίας χρείαν;
dijeron: ¿Por qué más tenemos de un testimonio necesidad?

αὐτοὶ γὰρ ἠκούσαμεν ἀπὸ τοῦ στόματος
Nosotros mismos oímos de la boca

αὐτοῦ.
suya.

23 Καὶ ἀναστὰν ἅπαν τὸ πλῆθος αὐτῶν
Y levantándose toda la turba de ellos,

ἤγαγον αὐτὸν ἐπὶ τὸν Πιλᾶτον. 2 ἤρξαντο
llevaron lo delante de — Pilato.   Comenzaron

δὲ κατηγορεῖν αὐτοῦ λέγοντες· τοῦτον
entonces a acusar le,   diciendo: A éste

εὕραμεν διαστρέφοντα τὸ ἔθνος ἡμῶν καὶ
encontramos 3pervirtiendo a la gente nuestra y

κωλύοντα φόρους Καίσαρι διδόναι, καὶ
prohibiendo tributo a César dar,   y

λέγοντα ἑαυτὸν χριστὸν βασιλέα εἶναι.
diciendo que él mismo Cristo rey es.

3 ὁ δὲ Πιλᾶτος ἠρώτησεν αὐτὸν λέγων·
Entonces Pilato interrogó le, diciendo:

σὺ εἶ ὁ βασιλεὺς τῶν Ἰουδαίων; ὁ δὲ
¿Tú eres el rey de los judíos? Él, entonces,

ἀποκριθεὶς αὐτῷ ἔφη· σὺ λέγεις. 4 ὁ δὲ
respondiendo, le dijo: 4Tú dices.   Entonces

Πιλᾶτος εἶπεν πρὸς τοὺς ἀρχιερεῖς καὶ
Pilato dijo a los principales sacerdotes y

τοὺς ὄχλους· οὐδὲν εὑρίσκω αἴτιον ἐν
a las turbas: Ningún encuentro delito en

1
67 y 68. No. Lit. *de ningún modo* (doble negación en griego).
2
70. VOSOTROS DECÍS. Esto es, *así es, como vosotros lo decís.*
3
2. PERVIRTIENDO. Lit. *descarriando.*
4
3. TÚ DICES. Esto es, *así es, como tú lo dices.*

τῷ ἀνθρώπῳ τούτῳ. **5** οἱ δὲ ἐπίσχυον λέγοντες
el hombre este. Mas ellos insistían diciendo:

ὅτι ἀνασείει τὸν λαόν, διδάσκων καθ᾽
— Amotina al pueblo, enseñando por

ὅλης τῆς Ἰουδαίας, καὶ ἀρξάμενος ἀπὸ
toda la Judea, y comenzando desde

τῆς Γαλιλαίας ἕως ὧδε. **6** Πιλᾶτος δὲ
la Galilea hasta aquí. Pilato entonces,

ἀκούσας ἐπηρώτησεν εἰ ὁ ἄνθρωπος
oyendo, preguntó si el hombre

Γαλιλαῖός ἐστιν, **7** καὶ ἐπιγνοὺς ὅτι ἐκ
galileo era, y enterado de que de

τῆς ἐξουσίας Ἡρῴδου ἐστίν, ἀνέπεμψεν
la potestad de Herodes [1]era, remitió

αὐτὸν πρὸς Ἡρῴδην, ὄντα καὶ αὐτὸν ἐν
lo a Herodes, estando también él en

Ἰεροσολύμοις ἐν ταύταις ταῖς ἡμέραις.
Jerusalén en aquellos — días.

8 ὁ δὲ Ἡρῴδης ἰδὼν τὸν Ἰησοῦν ἐχάρη
— Y Herodes, viendo a Jesús, se regocijó

λίαν· ἦν γὰρ ἐξ ἱκανῶν χρόνων θέλων
mucho; porque estaba desde bastante tiempo deseando

ἰδεῖν αὐτὸν διὰ τὸ ἀκούειν περὶ αὐτοῦ,
ver le por — oír acerca de él,

καὶ ἤλπιζέν τι σημεῖον ἰδεῖν ὑπ᾽ αὐτοῦ
y esperaba algún milagro ver por él

γινόμενον. **9** ἐπηρώτα δὲ αὐτὸν ἐν λόγοις
[2]hacer. Interrogaba le con palabras

ἱκανοῖς· αὐτὸς δὲ οὐδὲν ἀπεκρίνατο αὐτῷ.
muchas; él, empero, nada respondía le.

10 εἱστήκεισαν δὲ οἱ ἀρχιερεῖς καὶ οἱ
Estaban también los principales sacerdotes y los

γραμματεῖς εὐτόνως κατηγοροῦντες αὐτοῦ.
escribas pertinazmente acusándo lo.

11 ἐξουθενήσας δὲ αὐτὸν ὁ Ἡρῴδης σὺν
[3]Y menosprecio le — Herodes con

τοῖς στρατεύμασιν αὐτοῦ καὶ ἐμπαίξας,
los soldados de él y burlándose,

περιβαλὼν ἐσθῆτα λαμπρὰν ἀνέπεμψεν αὐτὸν
vistiéndo(le) un vestido espléndido, remitió lo

τῷ Πιλάτῳ. **12** ἐγένοντο δὲ φίλοι ὅ τε
a Pilato. E hicieron amigos —

Ἡρῴδης καὶ ὁ Πιλᾶτος ἐν αὐτῇ τῇ
Herodes y — Pilato en aquel —

ἡμέρᾳ μετ᾽ ἀλλήλων· προϋπῆρχον γὰρ ἐν
día ·el uno con el otro; porque antes estaban en

ἔχθρᾳ ὄντες πρὸς αὐτούς. **13** Πιλᾶτος δὲ
enemistad [4]siendo entre ellos. Pilato entonces,

[1]
7. estín = era. Lit. es.
[2]
8. HACER. Lit. siendo hecho.
[3]
11. Y MENOSPRECIÓ. Lit. tras menospreciar.
[4]
12. óntes = siendo. Construcción perifrástica que no requiere ser traducida al castellano.

συγκαλεσάμενος τοὺς ἀρχιερεῖς καὶ τοὺς
convocando   a los principales sacerdotes y   a los

ἄρχοντας καὶ τὸν λαὸν 14 εἶπεν πρὸς
jefes   y   al   pueblo,   dijo   a

αὐτούς· προσηνέγκατέ μοι τὸν ἄνθρωπον
ellos: Presentasteis   a mí   el   hombre

τοῦτον ὡς ἀποστρέφοντα τὸν λαόν, καὶ
este   como ¹amotinando   al   pueblo, y

ἰδοὺ ἐγὼ ἐνώπιον ὑμῶν ἀνακρίνας οὐθὲν
he aquí yo delante de vosotros ²examinando ningún

εὗρον ἐν τῷ ἀνθρώπῳ τούτῳ αἴτιον ὧν
encontré en el hombre   este crimen de los que

κατηγορεῖτε κατ' αὐτοῦ. 15 ἀλλ' οὐδὲ
acusáis   ³—   a él.   Pero   tampoco

'Ηρῴδης· ἀνέπεμψεν γὰρ αὐτὸν πρὸς ἡμᾶς·
Herodes;   porque remitió   le   a   nosotros;

καὶ ἰδοὺ οὐδὲν ἄξιον θανάτου ἐστὶν
y   he aquí nada digno de muerte ⁴es

πεπραγμένον αὐτῷ· 16 παιδεύσας οὖν αὐτὸν
hecho   por él; ⁵castigando, pues, a él

ἀπολύσω. 18 ἀνέκραγον δὲ παμπληθεὶ
soltaré.*   Pero gritaron   todos a una,

λέγοντες· αἶρε τοῦτον, ἀπόλυσον δὲ ἡμῖν
diciendo: ¡Quita a éste,   y suelta   nos

τὸν Βαραββᾶν· 19 ὅστις ἦν διὰ στάσιν
a   Barrabás!   El cual estaba por insurrección

τινὰ γενομένην ἐν τῇ πόλει καὶ φόνον
una   hecha   en la ciudad y un homicidio

βληθεὶς ἐν τῇ φυλακῇ. 20 πάλιν δὲ
echado   en la cárcel.   De nuevo

ὁ Πιλᾶτος προσεφώνησεν αὐτοῖς, θέλων
—   Pilato   ⁶llamó   los,   queriendo

ἀπολῦσαι τὸν 'Ιησοῦν. 21 οἱ δὲ ἐπεφώνουν
soltar   a   Jesús.   Pero ellos ⁷clamaban,

λέγοντες· σταύρου σταύρου αὐτόν. 22 ὁ δὲ
diciendo: ¡Crucifica, crucifica lo!   Él, empero,

τρίτον εἶπεν πρὸς αὐτούς· τί γὰρ κακὸν
por tercera vez dijo a   ellos: ¿Qué, pues, mal

ἐποίησεν οὗτος; οὐδὲν αἴτιον θανάτου
hizo   éste?   Ninguna causa   de muerte

εὗρον ἐν αὐτῷ· παιδεύσας οὖν αὐτὸν
hallé   en él;   ⁸azotando, pues, a él

ἀπολύσω. 23 οἱ δὲ ἐπέκειντο φωναῖς
soltaré.   Ellos, pero, insistían   con voces

μεγάλαις αἰτούμενοι αὐτὸν σταυρωθῆναι,
grandes   exigiendo   que él fuese crucificado,

1
14. AMOTINANDO. Lit. *desviando*.
2
14. EXAMINANDO. Lit. *tras examinar(le)*.
3
14. *kat' = kata*. Construcción pleonástica.
4
15. ES HECHO. Lit. *hay que haya sido hecho*.
5
16. CASTIGANDO. Lit. *después de castigar*.
*
17. Este versículo no está en los manuscritos más importantes, y dice así: *anánken dè eijen apolyein autois katà eortén hena*: "tenía, empero, necesidad de soltar(les) cada fiesta uno". Otros añaden *desmiòn = preso*.
6
20. LLAMÓ LOS. Lit. *Dio voces* (dirigiéndose) *a ellos*.
7
21. CLAMABAN. Lit. *seguían clamando*.
8
22. AZOTANDO. Lit. *después de castigar*.

καὶ κατίσχυον αἱ φωναὶ αὐτῶν. **24** καὶ
y   prevalecían   las   voces   de ellos.   Y

Πιλᾶτος ἐπέκρινεν γενέσθαι τὸ αἴτημα
Pilato   sentenció que   se efectuase   la   demanda

αὐτῶν· **25** ἀπέλυσεν δὲ τὸν διὰ στάσιν
de ellos;   y soltó   al   que por   motín

καὶ φόνον βεβλημένον εἰς φυλακήν, ὃν
y   homicidio   había sido echado   en   cárcel,   al que

ᾐτοῦντο, τὸν δὲ Ἰησοῦν παρέδωκεν τῷ
pedían,   — y   a Jesús   entregó   a la

θελήματι αὐτῶν.
voluntad   de ellos.

26 Καὶ ὡς ἀπήγαγον αὐτόν, ἐπιλαβόμενοι
Y   como   ¹se llevasen   a él,   echando mano

Σίμωνά τινα Κυρηναῖον ἐρχόμενον ἀπ'
a Simón   un cierto   Cireneo,   que venía   del

ἀγροῦ ἐπέθηκαν αὐτῷ τὸν σταυρὸν φέρειν
campo,   impusieron   le   la   cruz   llevar

ὄπισθεν τοῦ Ἰησοῦ. **27** Ἠκολούθει δὲ
detrás   de   Jesús.   Y seguía

αὐτῷ πολὺ πλῆθος τοῦ λαοῦ καὶ γυναικῶν
a él   mucha   turba   del   pueblo   y   de mujeres

αἳ ἐκόπτοντο καὶ ἐθρήνουν αὐτόν. **28** στρα-
que   se dolían   y   se lamentaban   de él.   Volvién-

φεὶς δὲ πρὸς αὐτὰς Ἰησοῦς εἶπεν·
dose entonces   a   ellas   Jesús,   dijo:

θυγατέρες Ἰερουσαλήμ, μὴ κλαίετε ἐπ'
Hijas   de Jerusalén,   no   lloréis   por

ἐμέ· πλὴν ἐφ' ἑαυτὰς κλαίετε καὶ ἐπὶ
mí;   sino   sobre   vosotras   llorad   y   sobre

τὰ τέκνα ὑμῶν, **29** ὅτι ἰδοὺ ἔρχονται
los   hijos   vuestros,   porque   he aquí   ²vendrán

ἡμέραι ἐν αἷς ἐροῦσιν· μακάριαι αἱ
días   en   los cuales   dirán: Dichosas   las

στεῖραι, καὶ αἱ κοιλίαι αἳ οὐκ ἐγέννησαν,
estériles,   y   los   vientres   que   no   engendraron,

καὶ μαστοὶ οἳ οὐκ ἔθρεψαν. **30** τότε
y   pechos   que   no   amamantaron.   Entonces

ἄρξονται λέγειν τοῖς ὄρεσιν· πέσατε ἐφ'
empezarán   a decir   a los   montes: Caed   sobre

ἡμᾶς, καὶ τοῖς βουνοῖς· καλύψατε ἡμᾶς·
nosotros,   y   a los   collados: Esconded   nos;

31 ὅτι εἰ ἐν ὑγρῷ ξύλῳ ταῦτα ποιοῦσιν,
porque   si   en   verde   leño   esto   hacen,

ἐν τῷ ξηρῷ τί γένηται; **32** Ἤγοντο δὲ
en   el   seco   ¿qué   se hará?   Eran conducidos entonces

1
26. SE LLEVASEN. Lit. *se lle-*
varon.
2
29. VENDRÁN. Lit. *vienen.*

καὶ   ἕτεροι   κακοῦργοι   δύο   σὺν   αὐτῷ
también ¹otros, malhechores dos con él

ἀναιρεθῆναι.   33 Καὶ   ὅτε   ἦλθον   ἐπὶ   τὸν
para ser muertos. Y cuando llegaron al

τόπον   τὸν   καλούμενον   Κρανίον,   ἐκεῖ   ἐσταύ-
lugar — llamado Cráneo, allí crucifi-

ρωσαν   αὐτὸν   καὶ   τοὺς   κακούργους,   ὃν   μὲν
caron a él y a los malhechores, uno —

ἐκ   δεξιῶν   ὃν   δὲ   ἐξ   ἀριστερῶν.   34 [ὁ   δὲ
a (la) derecha, y otro a (la) izquierda. Empero,

Ἰησοῦς   ἔλεγεν·   πάτερ,   ἄφες   αὐτοῖς·   οὐ
Jesús decía: Padre, perdona les; no,

γὰρ   οἴδασιν   τί   ποιοῦσιν.]   διαμεριζόμενοι
pues, saben lo que hacen. Dividiendo entonces

δὲ   τὰ   ἱμάτια   αὐτοῦ   ἔβαλον   κλήρους.
los vestidos de él, echaron suertes.

35 καὶ   εἱστήκει   ὁ   λαὸς   θεωρῶν.   ἐξεμυκ-
Y estaba el pueblo contemplándo(le). Burlá-

τήριζον   δὲ   καὶ   οἱ   ἄρχοντες   λέγοντες·
banse también los gobernantes, diciendo:

ἄλλους   ἔσωσεν,   σωσάτω   ἑαυτόν,   εἰ   οὗτός
A otros salvó, salve a sí mismo, si éste

ἐστιν   ὁ   χριστὸς   τοῦ   θεοῦ   ὁ   ἐκλεκτός.
es el Cristo — de Dios el escogido.

36 ἐνέπαιξαν   δὲ   αὐτῷ   καὶ   οἱ   στρατιῶται
Burlábanse de él también los soldados

προσερχόμενοι,   ὄξος   προσφέροντες   αὐτῷ
acercándose, vinagre ofreciendo le,

37 καὶ   λέγοντες·   εἰ   σὺ   εἶ   ὁ   βασιλεὺς
y diciendo: Si tú eres el Rey

τῶν   Ἰουδαίων,   σῶσον   σεαυτόν.   38 ἦν   δὲ
de los judíos, salva a ti mismo. Había entonces

καὶ   ἐπιγραφὴ   ἐπ᾽   αὐτῷ·   Ο ΒΑΣΙΛΕΥΣ
también una inscripción encima de él: EL REY

ΤΩΝ ΙΟΥΔΑΙΩΝ ΟΥΤΟΣ.   39 Εἷς   δὲ
DE LOS JUDÍOS ÉSTE. Uno

τῶν   κρεμασθέντων   κακούργων   ἐβλασφήμει
de los colgados malhechores blasfemaba

αὐτόν·   οὐχὶ   σὺ   εἶ   ὁ   χριστός;   σῶσον
de él, ¿No tú eres el Cristo? Salva
diciendo:

σεαυτὸν   καὶ   ἡμᾶς   40 ἀποκριθεὶς   δὲ   ὁ
a ti mismo y a nosotros. Respondiendo el

ἕτερος   ἐπιτιμῶν   αὐτῷ   ἔφη·   οὐδὲ   φοβῇ   σὺ
otro, ²increpaba lo diciendo: ¿Ni temes tú

τὸν   θεόν,   ὅτι   ἐν   τῷ   αὐτῷ   κρίματι   εἶ;
— a Dios, que en el mismo ³juicio estás?

1
32. OTROS. Lucas, en lugar de *alloi*, que obligaría a leer "dos más" de la misma calidad de Jesús, usa *héteroi* con el significado de *diferente*. Cristo no era un criminal; así la traducción correcta es: "Eran también llevados otros dos malhechores para ser ajusticiados con él."
2
40. INCREPABA LO, DICIENDO. Lit. *increpando le, dijo*.
3
40. JUICIO. Lit. *sentencia* (de condenación).

41 καὶ ἡμεῖς μὲν δικαίως, ἄξια γὰρ ὧν
Y   nosotros en verdad justamente, porque cosas dignas de lo que

ἐπράξαμεν ἀπολαμβάνομεν· οὗτος δὲ οὐδὲν
hicimos   ¹recibimos;   éste, empero,   nada

ἄτοπον ἔπραξεν. **42** καὶ ἔλεγεν Ἰησοῦ,
²malo   hizo.   Y   decía   a Jesús:

μνήσθητί μου ὅταν ἔλθῃς εἰς τὴν βασιλείαν
Acuérdate de mí cuando vengas en el reino

σου. **43** καὶ εἶπεν αὐτῷ· ἀμήν σοι λέγω,
tuyo.   Y   dijo   le: En verdad te   digo,

σήμερον μετ᾽ ἐμοῦ ἔσῃ ἐν τῷ παραδείσῳ.
hoy   conmigo   estarás en el   paraíso.

44 Καὶ ἦν ἤδη ὡσεὶ ὥρα ἕκτη καὶ
Y   era   ya   como ³(la) hora sexta   y

σκότος ἐγένετο ἐφ᾽ ὅλην τὴν γῆν ἕως
tinieblas ⁴vinieron sobre toda   la   tierra hasta (la)

ὥρας ἐνάτης **45** τοῦ ἡλίου ἐκλιπόντος·
⁵hora   nona.   El   sol   ⁶se oscureció;

ἐσχίσθη δὲ τὸ καταπέτασμα τοῦ ναοῦ
se rasgó   el   velo   del   templo

μέσον. **46** καὶ φωνήσας φωνῇ μεγάλῃ ὁ
por medio.   Y   clamando   con voz   grande, —

Ἰησοῦς εἶπεν· πάτερ, εἰς χεῖράς σου
Jesús   dijo: Padre,   en   manos   tuyas

παρατίθεμαι τὸ πνεῦμά μου. τοῦτο δὲ
encomiendo   el   espíritu   mío.   Y esto

εἰπὼν ἐξέπνευσεν. **47** ἰδὼν δὲ ὁ ἑκατον-
diciendo,   expiró.   Viendo   el   centu-

τάρχης τὸ γενόμενον ἐδόξαζεν τὸν θεὸν
rión   lo   acaecido,   glorificó — a Dios,

λέγων· ὄντως ὁ ἄνθρωπος οὗτος δίκαιος
diciendo: Verdaderamente el   hombre   éste   justo

ἦν. **48** καὶ πάντες οἱ συμπαραγενόμενοι
era.   Y   todas   las que   estaban reunidas

ὄχλοι ἐπὶ τὴν θεωρίαν ταύτην, θεωρήσαντες τὰ
turbas por el   espectáculo   este,   tras contemplar   lo

γενόμενα, τύπτοντες τὰ στήθη ὑπέστρεφον.
sucedido,   golpeando los   pechos   volvían.

49 εἱστήκεισαν δὲ πάντες οἱ γνωστοὶ αὐτῷ
Estaban   todos   los   conocidos   de él

ἀπὸ μακρόθεν, καὶ γυναῖκες αἱ συνακο-
a   bastante distancia, y   mujeres   que   se-

λουθοῦσαι αὐτῷ ἀπὸ τῆς Γαλιλαίας, ὁρῶσαι
guían   le   desde —   Galilea,   viendo

ταῦτα.
estas cosas.

50 Καὶ ἰδοὺ ἀνὴρ ὀνόματι Ἰωσὴφ
Y   he aquí un varón por nombre José,

1
41. RECIBIMOS. Lit. *estamos recibiendo*. (El verbo está en presente.)
2
41. MALO. Lit. *fuera de lugar*. Es decir, *nada impropio*.
3
44. (LA) HORA SEXTA. Esto es, *las doce del día*.
4
44. VINIERON. Lit. *se hicieron*.
5
44. HORA NONA. Esto es, *las tres de la tarde*.
6
45. SE OSCURECIÓ. Lit. *oscureciéndose*. Nótese que del término griego procede la voz "eclipse", lo cual se debió a una intervención sobrenatural de Dios, ya que un eclipse de sol es naturalmente imposible en luna llena.

βουλευτὴς ὑπάρχων, ἀνὴρ ἀγαθὸς καὶ
¹consejero   que era,   varón   bueno   y

δίκαιος, — 51 οὗτος οὐκ ἦν συγκατατεθειμένος
justo, —   éste   no había   consentido con

τῇ βουλῇ καὶ τῇ πράξει αὐτῶν, — ἀπὸ
el decreto y las acciones de ellos, — de

Ἀριμαθαίας πόλεως τῶν Ἰουδαίων, ὃς
Arimatea,   una ciudad de los judíos,   que

προσεδέχετο τὴν βασιλείαν τοῦ θεοῦ,
esperaba   el   reino   — de Dios,

52 οὗτος προσελθὼν τῷ Πιλάτῳ ᾐτήσατο
     éste   ²se acercó   a   Pilato,   y pidió

τὸ σῶμα τοῦ Ἰησοῦ, 53 καὶ καθελὼν
el cuerpo — de Jesús,   y   descolgando,

ἐνετύλιξεν αὐτὸ σινδόνι, καὶ ἔθηκεν αὐτὸν
envolvió   lo en una sábana, y depositó   lo

ἐν μνήματι λαξευτῷ, οὗ οὐκ ἦν οὐδεὶς
en un sepulcro cavado en la roca, en donde — había nadie

οὔπω κείμενος. 54 καὶ ἡμέρα ἦν παρασκευῆς,
todavía sido puesto.   Y día era de preparación,

καὶ σάββατον ἐπέφωσκεν. 55 Κατακολουθήσασαι
y   el sábado ³se acercaba.   Siguiendo de cerca

δὲ αἱ γυναῖκες, αἵτινες ἦσαν συνεληλυθυῖαι
las mujeres,   que   habían   venido

ἐκ τῆς Γαλιλαίας αὐτῷ, ἐθεάσαντο τὸ
desde — Galilea   con él,   vieron   el

μνημεῖον καὶ ὡς ἐτέθη τὸ σῶμα αὐτοῦ,
sepulcro y cómo fue puesto el cuerpo de él;

56 ὑποστρέψασαι δὲ ἡτοίμασαν ἀρώματα καὶ
regresando entonces, prepararon aromas   y

μύρα.
ungüentos.

Καὶ τὸ μὲν σάββατον ἡσύχασαν κατὰ
Y el — sábado descansaron según

τὴν ἐντολήν. 24 τῇ δὲ μιᾷ τῶν σαββάτων
el mandato.   En el primer (día) de la semana,

ὄρθρου βαθέως ἐπὶ τὸ μνῆμα ἦλθον φέρουσαι
⁴todavía oscuro sobre el sepulcro, vinieron trayendo

ἃ ἡτοίμασαν ἀρώματα. 2 εὗρον δὲ τὸν
⁵los preparados aromas.   Y encontraron la

λίθον ἀποκεκυλισμένον ἀπὸ τοῦ μνημείου,
piedra   corrida   de la tumba;

3 εἰσελθοῦσαι δὲ οὐχ εὗρον τὸ σῶμα
y entrando,   no encontraron el cuerpo

τοῦ κυρίου Ἰησοῦ. 4 καὶ ἐγένετο ἐν τῷ
del Señor Jesús.   Y sucedió en él

ἀπορεῖσθαι αὐτὰς περὶ τούτου καὶ ἰδοὺ
estar desconcertadas ellas por esto, y he aquí

1
50. CONSEJERO. Es decir, *miembro del sanedrín.*
2
52. SE ACERCÓ... Y PIDIÓ. Lit. *acercándose... pidió.*
3
54. SE ACERCABA. Lit. *alboreaba.*
4
1. TODAVÍA OSCURO. Literalmente *(siendo el) amanecer profundo.* Esto es, *muy de madrugada.*
5
1. LOS PREPARADOS AROMAS. Lit. *los que prepararon aromas.*

ἄνδρες δύο ἐπέστησαν αὐταῖς ἐν ἐσθῆτι
varones dos se pararon (cerca) de ellas en vestiduras

ἀστραπτούσῃ· 5 ἐμφόβων δὲ γενομένων
refulgentes; temerosas entonces poniéndose

αὐτῶν καὶ κλινουσῶν τὰ πρόσωπα εἰς τὴν
ellas, e inclinando los rostros por —

γῆν, εἶπαν πρὸς αὐτάς· τί ζητεῖτε τὸν
tierra, dijeron a ellas: ¿Por qué buscáis al

ζῶντα μετὰ τῶν νεκρῶν; 6 [οὐκ ἔστιν
viviente con los muertos? No está

ὧδε, ἀλλὰ ἠγέρθη.] μνήσθητε ὡς ἐλάλησεν
aquí, sino que resucitó. Recordad cómo habló

ὑμῖν ἔτι ὢν ἐν τῇ Γαλιλαίᾳ, 7 λέγων
os aún estando en — Galilea, diciendo:

τὸν υἱὸν τοῦ ἀνθρώπου ὅτι δεῖ παραδο-
El Hijo del Hombre — es menester que sea entre-

θῆναι εἰς χεῖρας ἀνθρώπων ἁμαρτωλῶν καὶ
gado en manos de hombres pecadores y

σταυρωθῆναι καὶ τῇ τρίτῃ ἡμέρᾳ ἀναστῆναι.
sea crucificado y en el tercer día resucite.

8 καὶ ἐμνήσθησαν τῶν ῥημάτων αὐτοῦ,
Y se acordaron de las palabras de él,

9 καὶ ὑποστρέψασαι ἀπὸ τοῦ μνημείου
y regresando del sepulcro,

ἀπήγγειλαν ταῦτα πάντα τοῖς ἕνδεκα καὶ
anunciaron esto todo a los once y

πᾶσιν τοῖς λοιποῖς. 10 ἦσαν δὲ ἡ
a todo el resto. Y eran —

Μαγδαληνὴ Μαρία καὶ Ἰωάννα καὶ Μαρία
de Magdala María y Juana y María

ἡ Ἰακώβου· καὶ αἱ λοιπαὶ σὺν αὐταῖς
la de Santiago, y las demás con ellas,

ἔλεγον πρὸς τοὺς ἀποστόλους ταῦτα. 11 καὶ
dijeron a los apóstoles esto. Y

ἐφάνησαν ἐνώπιον αὐτῶν ὡσεὶ λῆρος
parecieron delante de ellos como un delirio

τὰ ῥήματα ταῦτα, καὶ ἠπίστουν αὐταῖς. *
las palabras estas, y no creían a ellas. *

13 Καὶ ἰδοὺ δύο ἐξ αὐτῶν ἐν αὐτῇ τῇ
Y he aquí dos de ellos en el mismo —

ἡμέρᾳ ἦσαν πορευόμενοι εἰς κώμην ἀπέχουσαν
día iban caminando hacia una aldea distante

σταδίους ἑξήκοντα ἀπὸ Ἱερουσαλήμ, ᾗ
estadios sesenta de Jerusalén, ¹por

ὄνομα Ἐμμαοῦς, 14 καὶ αὐτοὶ ὡμίλουν
nombre Emaús, y ellos conversaban

12. Este versículo, que es omitido por los principales manuscritos más antiguos, a excepción del D, Codex de Beza, dice así: *Ho dè Pétros anastás édramen epì tò mnemeion, kaì parakypsas blépei tà óthonia móna; kaì apelthen pròs eautòn thaumadson tò gegonós:* "Y Pedro, levantándose, corrió hacia el sepulcro, y agachándose, vio los lienzos solos, y volvió a casa admirándose por lo acontecido."

13. POR NOMBRE. Lit. *la cual (tenía) por nombre.*

πρὸς ἀλλήλους περὶ πάντων τῶν συμβεβηκότων
entre   sí   acerca 1de todos los   acontecimientos

τούτων. 15 καὶ ἐγένετο ἐν τῷ ὁμιλεῖν
estos.   Y   sucedió   en   el   hablar

αὐτοὺς καὶ συζητεῖν, καὶ αὐτὸς Ἰησοῦς
ellos   y   discutir,   —   que el mismo Jesús,

ἐγγίσας συνεπορεύετο αὐτοῖς· 16 οἱ δὲ
acercándose,   iba   con ellos;   mas los

ὀφθαλμοὶ αὐτῶν ἐκρατοῦντο τοῦ μὴ
ojos   de ellos   estaban inhibidos para   no

ἐπιγνῶναι αὐτόν. 17 εἶπεν δὲ πρὸς αὐτούς·
reconocer   a él.   Dijo entonces a   ellos:

τίνες οἱ λόγοι οὗτοι οὓς ἀντιβάλλετε
¿Cuáles (son) las palabras estas   que   os intercambiáis

πρὸς ἀλλήλους περιπατοῦντες; καὶ ἐστάθησαν
entre   vosotros   mientras camináis?;   y   se pararon

σκυθρωποί. 18 ἀποκριθεὶς δὲ εἰς ὀνόματι
tristes.   Respondiendo entonces uno   2llamado

Κλεοπᾶς εἶπεν πρὸς αὐτόν· σὺ μόνος
Cleofas,   dijo   a   él: ¿Tú (eres el) único

παροικεῖς Ἰερουσαλὴμ καὶ οὐκ ἔγνως τὰ
extranjero   en Jerusalén   y   no   supiste   lo

γενόμενα ἐν αὐτῇ ἐν ταῖς ἡμέραις ταύταις;
sucedido   en   ella   en   los   días   estos?

19 καὶ εἶπεν αὐτοῖς· ποῖα; οἱ δὲ εἶπαν
Y   dijo   a ellos: ¿Cuáles? Y ellos entonces dijeron

αὐτῷ· τὰ περὶ Ἰησοῦ τοῦ Ναζαρηνοῦ, ὃς
le: Las cosas acerca de Jesús   el   nazareno,   quien

ἐγένετο ἀνὴρ προφήτης δυνατὸς ἐν ἔργῳ
fue   un varón   profeta   poderoso   en   obra

καὶ λόγῳ ἐναντίον τοῦ θεοῦ καὶ παντὸς
y   palabra   delante   —   de Dios   y   de todo

τοῦ λαοῦ, 20 ὅπως τε παρέδωκαν αὐτὸν οἱ
el   pueblo,   y cómo también   entregaron   lo   los

ἀρχιερεῖς καὶ οἱ ἄρχοντες ἡμῶν εἰς
principales sacerdotes y los   magistrados   nuestros   a

κρίμα θανάτου καὶ ἐσταύρωσαν αὐτόν.
sentencia   de muerte   y   crucificaron   lo.

21 ἡμεῖς δὲ ἠλπίζομεν ὅτι αὐτός ἐστιν
Nosotros, empero, esperábamos   que   él   3fuera

ὁ μέλλων λυτροῦσθαι τὸν Ἰσραήλ· ἀλλά
el que había   de libertar   a   Israel;   pero

γε καὶ σὺν πᾶσιν τούτοις τρίτην ταύτην
-    y   con   todo   esto,   tercer   este

ἡμέραν ἄγει ἀφ' οὗ ταῦτα ἐγένετο.
día   pasa   desde que   esto   sucedió.

22 ἀλλὰ καὶ γυναῖκές τινες ἐξ ἡμῶν
Mas   también   mujeres   algunas de entre nosotros

1
14. DE TODOS LOS ACONTECI-
MIENTOS ESTOS. Lit. de todas
las cosas que habían acontecido estas.
2
18. LLAMADO. Lit. de nom-
bre.
3
21. FUERA. Lit. es.

ἐξέστησαν ἡμᾶς, γενόμεναι ὀρθριναὶ ἐπὶ τὸ
asombraron nos,   habiendo ido muy temprano   al

μνημεῖον, 23 καὶ μὴ εὑροῦσαι τὸ σῶμα
sepulcro,   y   no encontrando el cuerpo

αὐτοῦ ἦλθον λέγουσαι καὶ ὀπτασίαν ἀγγέλων
de él,   vinieron diciendo también una visión de ángeles

ἑωρακέναι, οἳ λέγουσιν αὐτὸν ζῆν. 24 καὶ
haber visto, que decían   que él vive.   Y

ἀπῆλθόν τινες τῶν σὺν ἡμῖν ἐπὶ τὸ
fueron   algunos de los con nosotros al

μνημεῖον, καὶ εὗρον οὕτως καθὼς καὶ αἱ
sepulcro,   y encontraron tal como — las

γυναῖκες εἶπον, αὐτὸν δὲ οὐκ εἶδον.
mujeres   dijeron; a él, empero, no vieron.

25 καὶ αὐτὸς εἶπεν πρὸς αὐτούς· ὦ
Y   él dijo   a   ellos: 1 ¡Oh

ἀνόητοι καὶ βραδεῖς τῇ καρδίᾳ τοῦ πιστεύειν
insensatos y tardos de corazón para creer

ἐπὶ πᾶσιν οἷς ἐλάλησαν οἱ προφῆται·
en todo lo que hablaron los profetas!

26 οὐχὶ ταῦτα ἔδει παθεῖν τὸν χριστὸν καὶ
¿No esto convenía padecer el Cristo y

εἰσελθεῖν εἰς τὴν δόξαν αὐτοῦ; 27 καὶ
entrar en la gloria suya?   Y

ἀρξάμενος ἀπὸ Μωϋσέως καὶ ἀπὸ πάντων
comenzando desde Moisés — hasta todos

τῶν προφητῶν διηρμήνευσεν αὐτοῖς ἐν
los profetas, interpretó les en

πάσαις ταῖς γραφαῖς τὰ περὶ ἑαυτοῦ.
todas las Escrituras lo de acerca de él.

28 Καὶ ἤγγισαν εἰς τὴν κώμην οὗ
Y   se acercaron a la aldea adonde

ἐπορεύοντο, καὶ αὐτὸς προσεποιήσατο
se dirigían, y él 2 pretendió

πορρώτερον πορεύεσθαι. 29 καὶ παρε-
más lejos ir.   E 3 insis-

βιάσαντο αὐτὸν λέγοντες· μεῖνον μεθ᾽
tieron   le, diciendo: Permanece con

ἡμῶν, ὅτι πρὸς ἑσπέραν ἐστὶν καὶ κέκλικεν
nosotros, porque 4 hacia (la) tarde es y ha declinado

ἤδη ἡ ἡμέρα. καὶ εἰσῆλθεν τοῦ μεῖναι
ya el día.   Y entró para permanecer

σὺν αὐτοῖς. 30 καὶ ἐγένετο ἐν τῷ
con ellos.   Y sucedió en el

κατακλιθῆναι αὐτὸν μετ᾽ αὐτῶν λαβὼν τὸν
ponerse a la mesa él con ellos, tomando el

ἄρτον εὐλόγησεν καὶ κλάσας ἐπεδίδου
pan,   bendijo   y, partiéndo(lo), daba

1
25. OH. En el griego clásico —y también en este pa-
saje— indica vocativo de
afecto o cariño.
2
28. PRETENDIÓ MÁS LEJOS IR.
Esto es, *hizo como que iba
más lejos*.
3
29. E INSISTIERON... Nótese
el sentido de "insistencia
amigable" que aquí tiene el
verbo *parebiásanto*.
4
29. HACIA (LA) TARDE ES. Es
decir, *ya atardece*.

αὐτοῖς· **31** αὐτῶν δὲ διηνοίχθησαν οἱ
a ellos;   de ellos entonces   se abrieron   los

ὀφθαλμοί, καὶ ἐπέγνωσαν αὐτόν· καὶ αὐτὸς
ojos,   y   reconocieron   lo;   y   él

ἄφαντος ἐγένετο ἀπ᾽ αὐτῶν. **32** καὶ
invisible   se hizo   de   ellos.   Y

εἶπαν πρὸς ἀλλήλους· οὐχὶ ἡ καρδία
dijeron —   uno al otro: ¿No   el   corazón

ἡμῶν καιομένη ἦν ἐν ἡμῖν, ὡς ἐλάλει
nuestro   ardiente   estaba en   nosotros,   cuando   hablaba

ἡμῖν ἐν τῇ ὁδῷ, ὡς διήνοιγεν ἡμῖν τὰς
nos   en   el   camino,   cuando   abría   nos   las

γραφάς; **33** Καὶ ἀναστάντες αὐτῇ τῇ ὥρᾳ
Escrituras?   Y   levantándose   en misma   la   hora,

ὑπέστρεψαν εἰς Ἰερουσαλήμ, καὶ εὖρον
regresaron   a   Jerusalén,   y   encontraron

ἠθροισμένους τοὺς ἕνδεκα καὶ τοὺς σὺν
congregados   a los   once   y   los que   con

αὐτοῖς, **34** λέγοντας ὅτι ὄντως ἠγέρθη ὁ
ellos,   diciendo: —   Verdaderamente resucitó   el

κύριος καὶ ὤφθη Σίμωνι. **35** καὶ αὐτοὶ ἐξηγοῦντο
Señor   y ¹se apareció a Simón.   Y ellos mismos   contaban

τὰ ἐν τῇ ὁδῷ καὶ ὡς ἐγνώσθη
las cosas ²en   el   camino   y   cómo   ³conocieron

αὐτοῖς ἐν τῇ κλάσει τοῦ ἄρτου. **36** Ταῦτα
lo   en   la   partición   del   pan.   Estas cosas

δὲ αὐτῶν λαλούντων αὐτὸς ἔστη ἐν
entonces   ellos   diciendo,   él   se paró   en
            mismos

μέσῳ αὐτῶν. **37** πτοηθέντες δὲ καὶ
medio   de ellos.   Sobresaltados entonces   y

ἔμφοβοι γενόμενοι ἐδόκουν πνεῦμα θεωρεῖν.
aterrados   poniéndose,   creían   un espíritu   ver.

38 καὶ εἶπεν αὐτοῖς· τί τεταραγμένοι ἐστέ,
Y   dijo   les: ¿Por qué   turbados   estáis,

καὶ διὰ τί διαλογισμοὶ ἀναβαίνουσιν ἐν
y   por   qué   pensamientos   se levantan   en

τῇ καρδίᾳ ὑμῶν; **39** ἴδετε τὰς χεῖράς
el   corazón   vuestro?   Ved   las   manos

μου καὶ τοὺς πόδας μου, ὅτι ἐγώ εἰμι
mías   y   los   pies   míos,   porque   yo   soy

αὐτός· ψηλαφήσατέ με καὶ ἴδετε, ὅτι
el mismo;   palpad   me   y   vedme,   porque

πνεῦμα σάρκα καὶ ὀστέα οὐκ ἔχει καθὼς
un espíritu   carne   y   huesos   no   tiene   como

ἐμὲ θεωρεῖτε ἔχοντα. **41** ἔτι δὲ ἀπιστούντων
yo   veis   que tengo.*   Como, empero, aún no creyesen

αὐτῶν ἀπὸ τῆς χαρᾶς καὶ θαυμαζόντων,
ellos   por   el   gozo,   y   admirados,

¹
34. SE APARECIÓ A SIMÓN.
Lit. *fue visto por Simón.*
²
35. EN EL CAMINO. Esto es,
que les habían sucedido en
el camino.
³
35. CONOCIERON LO. Lit. *fue
conocido por ellos.*

*
40. Este versículo falta en
algunos manuscritos, si bien
los más importantes lo
traen, y dice así: *καὶ τοῦτο
εἰπὼν ἔδειξεν αὐτοῖς τὰς
χεῖρας καὶ τοὺς πόδας:* "y
esto diciendo, mostró(les)
las manos y los pies".

εἶπεν αὐτοῖς· ἔχετέ τι βρώσιμον ἐνθάδε;
dijo　　les:　　¿Tenéis　algún　　alimento　　aquí?

42 οἱ δὲ ἐπέδωκαν αὐτῷ ἰχθύος ὀπτοῦ
Ellos, entonces,　presentaron　le　de un pez　asado

μέρος· **43** καὶ λαβὼν ἐνώπιον αὐτῶν ἔφαγεν.
parte;　　y　　tomando　delante　de ellos,　comió.

44 Εἶπεν δὲ πρὸς αὐτούς· οὗτοι οἱ λόγοι
Dijo entonces　a　　ellos: Estas (son) las　palabras

μου οὓς ἐλάλησα πρὸς ὑμᾶς ἔτι ὢν σὺν
mías　que　hablé　a　vosotros　aún　estando con

ὑμῖν, ὅτι δεῖ πληρωθῆναι πάντα τὰ
vosotros,　que　convenía　ser cumplidas　todas　las cosas

γεγραμμένα ἐν τῷ νόμῳ Μωϋσέως καὶ
escritas　en　la　ley　de Moisés　y

τοῖς προφήταις καὶ ψαλμοῖς περὶ ἐμοῦ.
en los　profetas　y　en salmos　acerca　de mí.

45 τότε διήνοιξεν αὐτῶν τὸν νοῦν τοῦ
Entonces　abrió　les　la　mente　—

συνιέναι τὰς γραφάς· **46** καὶ εἶπεν αὐτοῖς
para entender　las　Escrituras;　y　dijo　les:

ὅτι οὕτως γέγραπται παθεῖν τὸν χριστὸν
Porque　así　está escrito　que padecería　el　Cristo

καὶ ἀναστῆναι ἐκ νεκρῶν τῇ τρίτῃ ἡμέρᾳ,
y　resucitaría　de entre (los muertos) en el · tercer　día,

47 καὶ κηρυχθῆναι ἐπὶ τῷ ὀνόματι αὐτοῦ
y　se proclamaría　en　el　nombre　suyo

μετάνοιαν εἰς ἄφεσιν ἁμαρτιῶν εἰς πάντα
arrepentimiento　para　perdón　de pecados　a　todas

τὰ ἔθνη, — ἀρξάμενοι ἀπὸ Ἰερουσαλήμ.
las　naciones, ——　empezando　desde　Jerusalén.

48 ὑμεῖς μάρτυρες τούτων. **49** καὶ ἰδοὺ
Vosotros　(sois) testigos　de estas cosas.　　Y　he aquí

ἐγὼ ἐξαποστέλλω τὴν ἐπαγγελίαν τοῦ
yo　envío　la　promesa　del

πατρός μου ἐφ᾽ ὑμᾶς· ὑμεῖς δὲ καθίσατε
Padre　mío　sobre　vosotros; vosotros, empero,　[1]sentaos

ἐν τῇ πόλει ἕως οὗ ἐνδύσησθε ἐξ ὕψους
en　la　ciudad　hasta　que　seáis investidos　desde　lo alto

δύναμιν.
de poder.

50 Ἐξήγαγεν δὲ αὐτοὺς ἕως πρὸς
Condujo entonces　a ellos　hasta　junto a

Βηθανίαν, καὶ ἐπάρας τὰς χεῖρας αὐτοῦ
Betania,　y　elevando　las　manos　suyas,

εὐλόγησεν αὐτούς. **51** καὶ ἐγένετο ἐν τῷ
bendijo　les.　Y　sucedió　en　el

εὐλογεῖν αὐτὸν αὐτοὺς διέστη ἀπ᾽ αὐτῶν.
bendecir　él　a ellos　(que) se separó de　[2]ellos.

---

[1] 49. SENTAOS. Lit. *estad sentados,* y tiene el contenido de "permaneced quietos".

[2] 51. La última parte del versículo que aparece en los principales manuscritos dice así: *kaì aneféreto eis tòn ouranón:* "y era llevado al cielo".

52 καὶ   αὐτοὶ   ὑπέστρεψαν   εἰς   'Ιερουσαλὴμ
¹Y   ellos   regresaron   a   Jerusalén

μετὰ χαρᾶς μεγάλης, **53** καὶ ἦσαν διὰ παντὸς
con   gozo   grande,   y   estaban   siempre

ἐν   τῷ   ἱερῷ   εὐλογοῦντες   τὸν   θεόν.
en   el   templo   bendiciendo   a   Dios.

1
52. La primera parte de
este versículo, que está en
los principales manuscritos,
dice así: *kaì autoi pros-
kynésantes autón:* "y ellos
adoráron(le)".

El Evangelio según
SAN JUAN

1 Ἐν ἀρχῇ ἦν ὁ λόγος, καὶ ὁ λόγος
En   principio   era   el   Verbo,   y   el   Verbo

ἦν πρὸς τὸν θεόν, καὶ θεὸς ἦν ὁ λόγος.
estaba [1]cerca de — Dios, [2]y Dios era el Verbo.

2 οὗτος ἦν ἐν ἀρχῇ πρὸς τὸν θεόν.
Éste   estaba en   principio   cabe   —   Dios.

3 πάντα δι' αὐτοῦ ἐγένετο, καὶ χωρὶς
Todas [3]por él fueron hechas, y sin
(las cosas)

αὐτοῦ ἐγένετο οὐδὲ ἓν ὃ γέγονεν. **4** ἐν
él fue hecha ni una que ha sido hecha. En

αὐτῷ ζωὴ ἦν, καὶ ἡ ζωὴ ἦν τὸ φῶς
él vida era, y la vida era la luz

τῶν ἀνθρώπων· **5** καὶ τὸ φῶς ἐν τῇ
de los hombres; y la luz en las

σκοτίᾳ φαίνει, καὶ ἡ σκοτία αὐτὸ οὐ
tinieblas brilla, y las tinieblas a ella no

κατέλαβεν. **6** Ἐγένετο ἄνθρωπος, ἀπεσταλμένος
[4]acogieron. Hubo un hombre, enviado

παρὰ θεοῦ, ὄνομα αὐτῷ Ἰωάννης· **7** οὗτος
de Dios, nombre [5]suyo Juan; éste

ἦλθεν εἰς μαρτυρίαν, ἵνα μαρτυρήσῃ περὶ
vino para testimonio, para dar testimonio acerca

τοῦ φωτός, ἵνα πάντες πιστεύσωσιν δι'
de la luz, para que todos creyesen [6]por

αὐτοῦ. **8** οὐκ ἦν ἐκεῖνος τὸ φῶς, ἀλλ' ἵνα
él. No era él la luz, sino para que

μαρτυρήσῃ περὶ τοῦ φωτός. **9** Ἦν τὸ φῶς
testimoniase acerca de la luz. Era la luz

τὸ ἀληθινόν, ὃ φωτίζει πάντα ἄνθρωπον,
(la) verdadera, que alumbra a todo hombre,

ἐρχόμενον εἰς τὸν κόσμον. **10** ἐν τῷ
[7]que viene al mundo. En el

κόσμῳ ἦν, καὶ ὁ κόσμος δι' αὐτοῦ
mundo estaba, y el mundo por él

ἐγένετο, καὶ ὁ κόσμος αὐτὸν οὐκ ἔγνω.
fue hecho, y el mundo a él no conoció.

11 εἰς τὰ ἴδια ἦλθεν, καὶ οἱ ἴδιοι αὐτὸν
A [8]los suyos vino, y los suyos a él

οὐ παρέλαβον. **12** ὅσοι δὲ ἔλαβον αὐτόν,
no recibieron. Cuantos empero recibieron lc,

ἔδωκεν αὐτοῖς ἐξουσίαν τέκνα θεοῦ γεν-
dio les potestad hijos de Dios de ser,

1
1. CERCA DE. La idea es que el Verbo estaba dirigido hacia Dios (el Padre), en comunión íntima y eterna con él.
2
1. Y DIOS ERA EL VERBO. Nótese que el sujeto tiene artículo y, en cambio, el predicado no lo tiene; entonces se debe traducir: *y el Verbo era Dios.*
3
3. POR ÉL FUERON HECHAS. Lit. *mediante él llegaron a ser.*
4
5. ACOGIERON. O, mejor, *apagaron.*
5
6. SUYO. Lit. *para él.*
6
7. POR ÉL. Lit. *mediante él.*
7
9. QUE VIENE. O *viniendo* (la luz).
8
11. Los SUYOS. Este plural neutro griego puede traducirse de muchas maneras al castellano: *sus propios, suyo, su casa, sus cosas, sus negocios.* Cristo vino a los que le pertenecían, al pueblo de Israel.

ἔσθαι, τοῖς πιστεύουσιν εἰς τὸ ὄνομα αὐτοῦ,
a los   creyentes   en el   nombre   suyo,

13 οἳ οὐκ ἐξ αἱμάτων οὐδὲ ἐκ θελήματος
quienes no de sangres ni de voluntad

σαρκὸς οὐδὲ ἐκ θελήματος ἀνδρὸς ἀλλ'
de carne ni de voluntad de hombre, sino

ἐκ θεοῦ ἐγεννήθησαν. **14** Καὶ ὁ λόγος
de Dios nacieron. Y el Verbo

σὰρξ ἐγένετο καὶ ἐσκήνωσεν ἐν ἡμῖν,
carne se hizo y fijó tabernáculo entre nosotros,

καὶ ἐθεασάμεθα τὴν δόξαν αὐτοῦ, δόξαν
y contemplamos la gloria suya, gloria

ὡς μονογενοῦς παρὰ πατρός, πλήρης χάριτος
cual del Unigénito del Padre, lleno de gracia

καὶ ἀληθείας. **15** Ἰωάννης μαρτυρεῖ περὶ
y de verdad. Juan testimonia acerca

αὐτοῦ καὶ κέκραγεν λέγων· οὗτος ἦν ὃν
de él y ha clamado diciendo: Éste era el que

εἶπον· ὁ ὀπίσω μου ἐρχόμενος ἔμπροσθέν
dije: El que detrás de mí viene, delante

μου γέγονεν, ὅτι πρῶτός μου ἦν. **16** ὅτι
de mí ¹ha llegado a ser, porque primero que yo era. Porque

ἐκ τοῦ πληρώματος αὐτοῦ ἡμεῖς πάντες
de la plenitud suya nosotros todos

ἐλάβομεν, καὶ χάριν ἀντὶ χάριτος· **17** ὅτι
recibimos, y gracia ²por gracia; porque

ὁ νόμος διὰ Μωϋσέως ἐδόθη, ἡ χάρις καὶ
la ley ³por Moisés fue dada, la gracia y

ἡ ἀλήθεια διὰ Ἰησοῦ Χριστοῦ ἐγένετο.
la verdad ³por Jesucristo fue hecha.

18 Θεὸν οὐδεὶς ἑώρακεν πώποτε· μονογενὴς
A Dios nadie ha visto nunca; ⁴(el) unigénito

θεὸς ὁ ὢν εἰς τὸν κόλπον τοῦ πατρός,
Dios el que está en el seno del Padre,

ἐκεῖνος ἐξηγήσατο.
él ⁵dio a conocer.

19 Καὶ αὕτη ἐστὶν ἡ μαρτυρία τοῦ
Y este es el testimonio de

Ἰωάννου, ὅτε ἀπέστειλαν πρὸς αὐτὸν οἱ
Juan, cuando enviaron a él los

Ἰουδαῖοι ἐξ Ἱεροσολύμων ἱερεῖς καὶ Λευίτας
judíos desde Jerusalén sacerdotes y levitas

ἵνα ἐρωτήσωσιν αὐτόν· σὺ τίς εἶ; **20** καὶ
para (que) interrogasen a él: ¿Tú quién eres? Y

ὡμολόγησεν καὶ οὐκ ἠρνήσατο, καὶ
confesó y no negó, y

ὡμολόγησεν ὅτι ἐγὼ οὐκ εἰμὶ ὁ χριστός.
confesó: — Yo no soy el Cristo.

---

¹
15. HA LLEGADO A SER DE-
LANTE DE MÍ. Es decir, *es
antes* (superior) *que yo.*
²
16. POR. O *sobre.*
³
17. POR... POR. Lit. *me-
diante.*
⁴
18. (EL) UNIGÉNITO DIOS.
Algunos MSS antiguos di-
cen *el unigénito Hijo de
Dios,* y otros solamente *el
unigénito.* Estas variantes,
si bien de menos autoridad,
indican, no obstante, la fe
en la consustancialidad del
Verbo, que, al ser de la
misma naturaleza del Padre,
es Dios.
⁵
18. DIO A CONOCER. Lit. *explicó, hizo la "exégesis".*

21 καὶ ἠρώτησαν αὐτόν· τί οὖν; Ἠλίας εἶ
E interrogaron le: ¿Qué, pues? ¿Elías eres

σύ; καὶ λέγει· οὐκ εἰμί. ὁ προφήτης εἶ σύ;
tú? Y [1]dijo: No soy. ¿El profeta eres tú?

καὶ ἀπεκρίθη· οὔ. **22** εἶπαν οὖν αὐτῷ·
Y respondió: No. Dijeron entonces a él:

τίς εἶ; ἵνα ἀπόκρισιν δῶμεν τοῖς
¿Quién eres?, para que una respuesta demos a los que

πέμψασιν ἡμᾶς· τί λέγεις περὶ σεαυτοῦ;
enviaron nos; ¿qué dices acerca de ti mismo?

23 ἔφη· ἐγὼ φωνὴ βοῶντος ἐν τῇ ἐρήμῳ·
Dijo: Yo (soy) una voz de uno que clama en el desierto:

εὐθύνατε τὴν ὁδὸν κυρίου, καθὼς εἶπεν
Enderezad el camino del Señor, como dijo

Ἠσαΐας ὁ προφήτης. **24** Καὶ ἀπεσταλμένοι
Isaías el profeta. Y (los) enviados

ἦσαν ἐκ τῶν Φαρισαίων. **25** καὶ ἠρώτησαν
eran de los fariseos. Y preguntaron

αὐτὸν καὶ εἶπαν αὐτῷ· τι οὖν βαπτίζεις
le y dijeron le: ¿Por qué entonces bautizas

εἰ σὺ οὐκ εἶ ὁ χριστὸς οὐδὲ Ἠλίας
si tú no eres el Cristo ni Elías

οὐδὲ ὁ προφήτης; **26** ἀπεκρίθη αὐτοῖς ὁ
ni el profeta? Respondió les —

Ἰωάννης λέγων· ἐγὼ βαπτίζω ἐν ὕδατι·
Juan diciendo: Yo bautizo en agua;

μέσος ὑμῶν στήκει ὃν ὑμεῖς οὐκ οἴδατε,
en medio de vosotros está el que vosotros no [2]conocéis,

27 ὁ ὀπίσω μου ἐρχόμενος, οὗ οὐκ εἰμὶ
el que después de mí [3]vendrá, de quien no soy

ἐγὼ ἄξιος ἵνα λύσω αὐτοῦ τὸν ἱμάντα
yo digno que desate de él la correa

τοῦ ὑποδήματος. **28** Ταῦτα ἐν Βηθανίᾳ
de la sandalia. Estas cosas en Betania

ἐγένετο πέραν τοῦ Ἰορδάνου, ὅπου ἦν ὁ
pasaron al otro lado del Jordán, donde estaba —

Ἰωάννης βαπτίζων. **29** Τῇ ἐπαύριον βλέπει
Juan bautizando. Al día siguiente vio

τὸν Ἰησοῦν ἐρχόμενον πρὸς αὐτόν, καὶ
a Jesús que venía hacia él, y

λέγει· ἴδε ὁ ἀμνὸς τοῦ θεοῦ ὁ αἴρων
dijo: Ved al Cordero — de Dios el que [4]quita

τὴν ἁμαρτίαν τοῦ κόσμου. **30** οὗτός ἐστιν
el pecado del mundo. Éste es

ὑπὲρ οὗ ἐγὼ εἶπον· ὀπίσω μου ἔρχεται
[5]por quien yo dije: Después de mí viene

ἀνὴρ ὃς ἔμπροσθέν μου γέγονεν, ὅτι
un varón que antes de mí fue puesto, porque

[1] 21. Dijo. Lit. *dice.*
[2] 26. Conocéis. Lit. *sabéis.*
[3] 27. Vendrá. Lit. *está viniendo.*
[4] 29. Quita. El verbo griego es muy expresivo, pues indica *quitar, levantar* y *llevarse consigo.*
[5] 30. Por. Lit. *acerca de.*

πρῶτός μου ἦν.   31 κἀγὼ οὐκ ᾔδειν
primero que yo   era.   Y yo   no   conocía

αὐτόν, ἀλλ᾽ ἵνα φανερωθῇ τῷ Ἰσραήλ,
le,   pero para (que) se manifieste a   Israel,

διὰ τοῦτο ἦλθον ἐγὼ ἐν ὕδατι βαπτίζων.
por   eso   vine   yo en agua   bautizando.

32 Καὶ ἐμαρτύρησεν Ἰωάννης λέγων ὅτι
   Y   testimonió   Juan,   diciendo:

τεθέαμαι τὸ πνεῦμα καταβαῖνον ὡς
He contemplado al Espíritu descendiendo como

περιστερὰν ἐξ οὐρανοῦ, καὶ ἔμεινεν ἐπ᾽
una paloma del cielo,   y   permaneció sobre

αὐτόν.   33 κἀγὼ οὐκ ᾔδειν αὐτόν, ἀλλ᾽
él.   Y yo   no conocía le,   pero

ὁ πέμψας με βαπτίζειν ἐν ὕδατι, ἐκεῖνός
el (que) envió me a bautizar en agua,   ése

μοι εἶπεν· ἐφ᾽ ὃν ἂν ἴδῃς τὸ πνεῦμα
me   dijo: Sobre quien veas el Espíritu

καταβαῖνον καὶ μένον ἐπ᾽ αὐτόν, οὗτός
descendiendo y   posando sobre él,   ése

ἐστιν ὁ βαπτίζων ἐν πνεύματι ἁγίῳ.
es el que bautiza   en   Espíritu Santo.

34 κἀγὼ ἑώρακα, καὶ μεμαρτύρηκα ὅτι
   Y yo he visto,   y   he dado testimonio de que

οὗτός ἐστιν ὁ υἱὸς τοῦ θεοῦ.
éste   es   el Hijo — de Dios.

35 Τῇ ἐπαύριον πάλιν εἱστήκει ὁ Ἰωάννης
Al día siguiente de nuevo estaba —   Juan

καὶ ἐκ τῶν μαθητῶν αὐτοῦ δύο, 36 καὶ
y   de los discípulos suyos   dos,   y

ἐμβλέψας τῷ Ἰησοῦ περιπατοῦντι λέγει·
viendo   a Jesús   caminando,   dice:

ἴδε ὁ ἀμνὸς τοῦ θεοῦ. 37 καὶ ἤκουσαν
Ved el Cordero — de Dios.   Y   oyeron

οἱ δύο μαθηταὶ αὐτοῦ λαλοῦντος καὶ
los dos discípulos   le   hablar   y

ἠκολούθησαν τῷ Ἰησοῦ. 38 στραφεὶς δὲ
siguieron   a Jesús.   Vuelto entonces

ὁ Ἰησοῦς καὶ θεασάμενος αὐτοὺς ἀκολουθοῦντας
— Jesús   y   viendo   les   que seguían,

λέγει αὐτοῖς· τί ζητεῖτε; οἱ δὲ εἶπαν
dijo   les: ¿Qué buscáis? Ellos entonces dijeron

αὐτῷ· ῥαββί (ὃ λέγεται μεθερμηνευόμενον
le: Rabí (que significa,   interpretado,

διδάσκαλε), ποῦ μένεις; 39 λέγει αὐτοῖς·
Maestro),   ¿dónde moras?   Dijo   les:

ἔρχεσθε καὶ ὄψεσθε. ἦλθαν οὖν καὶ εἶδαν
Venid   y   veréis.   Vinieron entonces y   vieron

ποῦ   μένει,   καὶ   παρ'   αὐτῷ   ἔμειναν   τὴν
donde   vivía,   y   con   él   permanecieron   en el

ἡμέραν   ἐκείνην·   ὥρα   ἦν   ὡς   δεκάτη.
día   aquel;   (la) hora   era   como   1décima.

40 Ἦν Ἀνδρέας ὁ ἀδελφὸς Σίμωνος Πέτρου
Era   Andrés   el   hermano   de Simón   Pedro

εἷς   ἐκ   τῶν   δύο   τῶν   ἀκουσάντων   παρὰ
uno   de   los   dos   que   oyeron   de

Ἰωάννου   καὶ   ἀκολουθησάντων   αὐτῷ·
Juan   y   siguieron   a él.

41 εὑρίσκει οὗτος πρῶτον τὸν ἀδελφὸν τὸν
Encontró   éste   primero   al   hermano   —

ἴδιον   Σίμωνα   καὶ   λέγει   αὐτῷ·   εὑρήκαμεν
suyo   Simón   y   dijo   le: Hemos hallado

τὸν   Μεσσίαν   (ὅ   ἐστιν   μεθερμηνευόμενον
al   Mesías   (lo que   es   interpretado:

χριστός).   **42** ἤγαγεν   αὐτὸν   πρὸς   τὸν
Cristo).   Llevó   le   a   —

Ἰησοῦν.   ἐμβλέψας   αὐτῷ   ὁ   Ἰησοῦς   εἶπεν·
Jesús.   Mirando   le   —   Jesús,   dijo:

σὺ   εἶ   Σίμων   ὁ   υἱὸς   Ἰωάννου,   σὺ   κληθήσῃ
Tú   eres   Simón   el   Hijo   de Juan,   tú   te llamarás

Κηφᾶς   (ὃ   ἑρμηνεύεται   Πέτρος).   **43** Τῇ
Cefas   (lo que es interpretado: Pedro).   Al

ἐπαύριον ἠθέλησεν ἐξελθεῖν εἰς τὴν Γαλιλαίαν,
día siguiente   quiso   salir   hacia   —   Galilea,

καὶ   εὑρίσκει   Φίλιππον.   καὶ   λέγει   αὐτῷ   ὁ
y   encuentra   a Felipe.   Y   dice   le   —

Ἰησοῦς·   ἀκολούθει   μοι.   **44** ἦν   δὲ   ὁ
Jesús: Sigue   me.   Era

Φίλιππος   ἀπὸ   Βηθσαϊδά,   ἐκ   τῆς   πόλεως
Felipe   de   Betsaida,   de   la   ciudad

Ἀνδρέου   καὶ   Πέτρου.   **45** εὑρίσκει   Φίλιππος
de Andrés   y   de Pedro.   Encuentra   Felipe

τὸν   Ναθαναὴλ   καὶ   λέγει   αὐτῷ·   ὃν   ἔγραψεν
a   Natanael   y   dice   le: De quien   escribió

Μωϋσῆς   ἐν   τῷ   νόμῳ   καὶ   οἱ   προφῆται
Moisés   en   la   ley   y   los   profetas

εὑρήκαμεν,   Ἰησοῦν   υἱὸν   τοῦ   Ἰωσὴφ   τὸν
hemos hallado   a Jesús,   hijo   de   José   el

ἀπὸ   Ναζαρέθ.   **46** καὶ   εἶπεν   αὐτῷ
de   Nazaret.   Y   dijo   le

Ναθαναήλ·   ἐκ   Ναζαρὲθ   δύναταί   τι   ἀγαθὸν
Natanael: ¿De   Nazaret   puede   algo   bueno

εἶναι;   λέγει   αὐτῷ   ὁ   Φίλιππος·   ἔρχου   καὶ
haber?   Dice   le   —   Felipe: Ven   y

ἴδε.   **47** εἶδεν   Ἰησοῦς   τὸν   Ναθαναὴλ
ve.   Vio   Jesús   a   Natanael

1
39. DÉCIMA. *Las diez de la mañana.* Juan adopta el cómputo romano, como ha demostrado W. Hendriksen.

ἐρχόμενον πρὸς αὐτὸν καὶ λέγει περὶ
que venía hacia él y dice de

αὐτοῦ· ἴδε ἀληθῶς Ἰσραηλίτης, ἐν ᾧ
él: ¹Ved un verdadero israelita, en quien

δόλος οὐκ ἔστιν. **48** λέγει αὐτῷ Ναθαναήλ·
engaño no hay. Dijo le Natanael:

πόθεν με γινώσκεις; ἀπεκρίθη Ἰησοῦς καὶ
¿De dónde me conoces? Respondió Jesús y

εἶπεν αὐτῷ· πρὸ τοῦ σε Φίλιππον φωνῆσαι
dijo le: Antes — a ti Felipe llamase
que

ὄντα ὑπὸ τὴν συκῆν εἶδόν σε. **49** ἀπεκρίθη
²estando bajo la higuera vi a ti. Respondió

αὐτῷ Ναθαναήλ· ῥαββί, σὺ εἶ ὁ υἱὸς τοῦ
le Natanael: Rabí, tú eres el Hijo —

θεοῦ, σὺ βασιλεὺς εἶ τοῦ Ἰσραήλ.
de Dios, tú rey eres — de Israel.

50 ἀπεκρίθη Ἰησοῦς καὶ εἶπεν αὐτῷ·
Respondió Jesús y dijo le:

ὅτι εἶπόν σοι ὅτι εἶδόν σε ὑποκάτω τῆς
¿Porque dije a ti que vi a ti debajo de la

συκῆς, πιστεύεις; μείζω τούτων ὄψῃ.
higuera, crees? Mayores cosas que éstas verás.

51 καὶ λέγει αὐτῷ· ἀμὴν ἀμὴν λέγω
Y dijo le: De cierto, de cierto digo

ὑμῖν, ὄψεσθε τὸν οὐρανὸν ἀνεῳγότα καὶ
a vosotros: Veréis el cielo abierto y

τοὺς ἀγγέλους τοῦ θεοῦ ἀναβαίνοντας καὶ
los ángeles de Dios subiendo y

καταβαίνοντας ἐπὶ τὸν υἱὸν τοῦ ἀνθρώπου.
bajando sobre el Hijo del Hombre.

2 Καὶ τῇ ἡμέρᾳ τῇ τρίτῃ γάμος ἐγένετο
Y al día — tercero una boda ³se celebró

ἐν Κανὰ τῆς Γαλιλαίας, καὶ ἦν ἡ μήτηρ
en Caná — de Galilea, y estaba la madre

τοῦ Ἰησοῦ ἐκεῖ· **2** ἐκλήθη δὲ καὶ ὁ
— de Jesús allí; fue invitado entonces también —

Ἰησοῦς καὶ οἱ μαθηταὶ αὐτοῦ εἰς τὸν
Jesús y los discípulos suyos a las

γάμον. **3** καὶ ὑστερήσαντος οἴνου λέγει ἡ
bodas. Y faltando vino, dijo la

μήτηρ τοῦ Ἰησοῦ πρὸς αὐτόν· οἶνον
madre — de Jesús a él: Vino

οὐκ ἔχουσιν. **4** καὶ λέγει αὐτῇ ὁ Ἰησοῦς·
no tienen. Y dijo le — Jesús:

τί ἐμοὶ καὶ σοί, γύναι; οὔπω ἥκει ἡ
¿Qué a mí y a ti, mujer? Todavía no llega la

1
47. VED UN VERDADERO IS-
RAELITA. Lit. *Ve verdaderamente un israelita*. Es decir: *¡Mira a un israelita de
verdad!*
2
48. ESTANDO. Esto es, *cuando estabas*.
3
1. SE CELEBRÓ. Lit. *hubo*.

ὥρα μου. **5** λέγει ἡ μήτηρ αὐτοῦ τοῖς
hora mía.　　Dijo　la　madre　suya　a los

διακόνοις· ὅ τι ἂν λέγῃ ὑμῖν, ποιήσατε.
servidores:　Lo que　dijere　a vosotros,　haced.

6 ἦσαν δὲ ἐκεῖ λίθιναι ὑδρίαι ἓξ κατὰ
Había entonces allí　pétreas　tinajas　seis　[1]según

τὸν καθαρισμὸν τῶν Ἰουδαίων κείμεναι,
la　purificación　de los　judíos　puestas,

χωροῦσαι ἀνὰ μετρητὰς δύο ἢ τρεῖς.
capaces　cada una　de [2]metretas　dos　o　tres.

7 λέγει αὐτοῖς ὁ Ἰησοῦς· γεμίσατε τὰς
Dice　les　—　Jesús:　Llenad　las

ὑδρίας ὕδατος. καὶ ἐγέμισαν αὐτὰς ἕως
tinajas　de agua.　Y　llenaron　las　hasta

ἄνω. **8** καὶ λέγει αὐτοῖς· ἀντλήσατε νῦν
arriba.　Y　dijo　les:　Sacad　ahora

καὶ φέρετε τῷ ἀρχιτρικλίνῳ. οἱ δὲ
y　llevad　al　maestresala.　Ellos entonces

ἤνεγκαν. **9** ὡς δὲ ἐγεύσατο ὁ ἀρχιτρίκλινος
llevaron.　Como　probase　el　maestresala

τὸ ὕδωρ οἶνον γεγενημένον, καὶ οὐκ ᾔδει
el　agua　vino　hecha,　y　no　sabía

πόθεν ἐστίν, οἱ δὲ διάκονοι ᾔδεισαν οἱ
de dónde　era,　los　servidores　sabían　los que

ἠντληκότες τὸ ὕδωρ, φωνεῖ τὸν νυμφίον
sacaron　el　agua,　llama　al　esposo

ὁ ἀρχιτρίκλινος **10** καὶ λέγει αὐτῷ· πᾶς
el　maestresala　y　dice　le:　Todo

ἄνθρωπος πρῶτον τὸν καλὸν οἶνον τίθησιν,
hombre　primero　el　buen　vino　pone,

καὶ ὅταν μεθυσθῶσιν τὸν ἐλάσσω· σὺ
y　cuando　están borrachos　el　peor;　tú

τετήρηκας τὸν καλὸν οἶνον ἕως ἄρτι.
has guardado　el　buen　vino　hasta　ahora.

11 Ταύτην ἐποίησεν ἀρχὴν τῶν σημείων ὁ
Este　hizo　principio　de los　[3]signos　—

Ἰησοῦς ἐν Κανὰ τῆς Γαλιλαίας καὶ
Jesús　en　Caná　de　Galilea　y

ἐφανέρωσεν τὴν δόξαν αὐτοῦ, καὶ ἐπίστευσαν
manifestó　la　gloria　suya,　y　creyeron

εἰς αὐτὸν οἱ μαθηταὶ αὐτοῦ.
en　él　los　discípulos　suyos.

12 Μετὰ τοῦτο κατέβη εἰς Καφαρναοὺμ
Después de　esto　descendió　a　Cafarnaúm

αὐτὸς καὶ ἡ μήτηρ αὐτοῦ καὶ
él　y　la　madre　de él　y

οἱ ἀδελφοὶ καὶ οἱ μαθηταὶ αὐτοῦ, καὶ
los　hermanos　y　los　discípulos　de él,　y

---

[1]
6. SEGÚN LA PURIFICACIÓN. Según la costumbre judía, se guardaba el agua en grandes vasijas para las abluciones rituales.

[2]
6. METRETAS. Medida de 35 litros cada una. Así que en cada tinaja cabían entre 70 y 105 litros.

[3]
11. SIGNOS. Es decir, *señales milagrosas.*

ἐκεῖ ἔμειναν οὐ πολλὰς ἡμέρας.
allí permanecieron no muchos días.

13 Καὶ ἐγγὺς ἦν τὸ πάσχα τῶν Ἰουδαίων,
Y cerca estaba la pascua de los judíos,

καὶ ἀνέβη εἰς Ἱεροσόλυμα ὁ Ἰησοῦς.
y ascendió a Jerusalén — Jesús.

14 καὶ εὗρεν ἐν τῷ ἱερῷ τοὺς πωλοῦντας
Y encontró en el templo los vendedores

βόας καὶ πρόβατα καὶ περιστερὰς καὶ τοὺς
(de) bueyes y ovejas y palomas y a los

κερματιστὰς καθημένους, **15** καὶ ποιήσας
cambistas sentados, y haciendo

φραγέλλιον ἐκ σχοινίων πάντας ἐξέβαλεν
un azote de cordeles, a todos echó

ἐκ τοῦ ἱεροῦ, τά τε πρόβατα καὶ τοὺς
del templo, con las ovejas y los

βόας, καὶ τῶν κολλυβιστῶν ἐξέχεεν τὰ
bueyes, y de los cambistas desparramó las

κέρματα καὶ τὰς τραπέζας ἀνέτρεψεν,
monedas y las mesas volcó,

16 καὶ τοῖς τὰς περιστερὰς πωλοῦσιν
y a los que las palomas vendían

εἶπεν· ἄρατε ταῦτα ἐντεῦθεν, μὴ ποιεῖτε
dijo: Quitad eso de aquí, no hagáis

τὸν οἶκον τοῦ πατρός μου οἶκον ἐμπορίου.
la casa del Padre mío casa de negocio.

17 ἐμνήσθησαν οἱ μαθηταὶ αὐτοῦ ὅτι
Recordaron los discípulos suyos que

γεγραμμένον ἐστίν· ὁ ζῆλος τοῦ οἴκου
escrito está: El celo de la casa

σου καταφάγεταί με. **18** ἀπεκρίθησαν οὖν
tuya ¹devoró me. Respondieron entonces

οἱ Ἰουδαῖοι καὶ εἶπαν αὐτῷ· τί σημεῖον
los judíos y dijeron le: ¿Qué señal

δεικνύεις ἡμῖν, ὅτι ταῦτα ποιεῖς;
muestras a nosotros, ya que todo esto haces?

19 ἀπεκρίθη Ἰησοῦς καὶ εἶπεν αὐτοῖς· λύσατε τὸν
Respondió Jesús y dijo les: Destruid el

ναὸν τοῦτον, καὶ ἐν τρισὶν ἡμέραις ἐγερῶ αὐτόν.
templo este, y en tres días levantaré lo.

20 εἶπαν οὖν οἱ Ἰουδαῖοι· τεσσεράκοντα
Dijeron entonces los judíos: En cuarenta

καὶ ἓξ ἔτεσιν οἰκοδομήθη ὁ ναὸς οὗτος,
y seis años se edificó el templo este,

καὶ σὺ ἐν τρισὶν ἡμέραις ἐγερεῖς αὐτόν;
¿y tú en tres días levantarás lo?

21 ἐκεῖνος δὲ ἔλεγεν περὶ τοῦ ναοῦ τοῦ
²Él, empero, hablaba acerca del templo del

1
17. DEVORÓ. Lit. *devorará*.
2
21. ÉL. Lit. *Aquél*.

σώματος αὐτοῦ. **22** ὅτε οὖν ἠγέρθη ἐκ
cuerpo   suyo.   Cuando, pues,   resucitó de entre

νεκρῶν, ἐμνήσθησαν οἱ μαθηταὶ αὐτοῦ
(los) muertos,   recordaron   los   discípulos   de él

ὅτι τοῦτο ἔλεγεν, καὶ ἐπίστευσαν τῇ
que   esto   ¹decía,   y   creyeron   a la

γραφῇ καὶ τῷ λόγῳ ὃν εἶπεν ὁ Ἰησοῦς.
Escritura y   a la palabra que   dijo   —   Jesús.

23 Ὡς δὲ ἦν ἐν τοῖς Ἱεροσολύμοις ἐν
Mientras estaba en —   Jerusalén   en

τῷ πάσχα ἐν τῇ ἑορτῇ, πολλοὶ ἐπίστευσαν
la pascua,   en la fiesta, muchos   creyeron

εἰς τὸ ὄνομα αὐτοῦ, θεωροῦντες αὐτοῦ τὰ
en el nombre suyo,   viendo   de él las

σημεῖα ἃ ἐποίει· **24** αὐτὸς δὲ Ἰησοῦς
señales que hacía;   el mismo, empero, Jesús

οὐκ ἐπίστευεν αὐτὸν αὐτοῖς διὰ τὸ αὐτὸν
no confiaba   sí mismo a ellos, porque —   él

γινώσκειν πάντας, **25** καὶ ὅτι οὐ χρείαν εἶχεν
conocía   a todos,   y porque no necesidad tenía

ἵνα τις μαρτυρήσῃ περὶ τοῦ ἀνθρώπου·
que uno testimoniase acerca del   hombre;

αὐτὸς γὰρ ἐγίνωσκεν τί ἦν ἐν τῷ ἀνθρώπῳ.
él mismo, en efecto, conocía qué había en el   hombre.

3 Ἦν δὲ ἄνθρωπος ἐκ τῶν Φαρισαίων,
Había   un hombre   de   los   fariseos,

Νικόδημος ὄνομα αὐτῷ, ἄρχων τῶν
Nicodemo   (por) nombre suyo,   magistrado de los

Ἰουδαίων· **2** οὗτος ἦλθεν πρὸς αὐτὸν νυκτὸς
judíos;   éste   vino   a   él   de noche

καὶ εἶπεν αὐτῷ· ῥαββί, οἴδαμεν ὅτι ἀπὸ
y   dijo   le: Maestro, sabemos que   de

θεοῦ ἐλήλυθας διδάσκαλος· οὐδεὶς γὰρ
Dios has venido (como) maestro;   nadie, en efecto,

δύναται ταῦτα τὰ σημεῖα ποιεῖν ἃ σὺ
puede   estas las señales   hacer las que tú

ποιεῖς, ἐὰν μὴ ᾖ ὁ θεὸς μετ' αὐτοῦ.
haces,   si no está — Dios con   él.

3 ἀπεκρίθη Ἰησοῦς καὶ εἶπεν αὐτῷ· ἀμὴν
Respondió Jesús   y   dijo   le: En verdad,

ἀμὴν λέγω σοι, ἐὰν μή τις γεννηθῇ
en verdad digo te, a menos que alguien nazca

ἄνωθεν, οὐ δύναται ἰδεῖν τὴν βασιλείαν
de lo alto, no puede   ver   el   reino

τοῦ θεοῦ. **4** λέγει πρὸς αὐτὸν ὁ Νικόδημος·
— de Dios. Dice   a   él   —   Nicodemo:

¹
22. DECÍA. Esto es, *había dicho.*

πῶς δύναται ἄνθρωπος γεννηθῆναι γέρων ὢν;
¿Cómo puede   un hombre   nacer   viejo siendo?

μὴ δύναται εἰς τὴν κοιλίαν τῆς μητρὸς
¿Acaso puede   en   el   vientre   de la   madre

αὐτοῦ δεύτερον εἰσελθεῖν καὶ γεννηθῆναι;
suya   segunda vez   entrar   y   nacer?

5 ἀπεκρίθη Ἰησοῦς· ἀμὴν ἀμὴν λέγω σοι,
Respondió   Jesús: En verdad, en verdad   digo   te,

ἐὰν μή τις γεννηθῇ ἐξ ὕδατος καὶ
a menos que   alguien   nazca   de   agua   y

πνεύματος, οὐ δύναται εἰσελθεῖν εἰς τὴν
del espíritu,   no   puede   entrar   en   el

βασιλείαν τοῦ θεοῦ. 6 τὸ γεγεννημένον ἐκ
reino   — de Dios.   Lo que   ha nacido   de

τῆς σαρκὸς σάρξ ἐστιν, καὶ τὸ γεγεννημένον
la   carne,   carne   es,   y   lo que   ha nacido

ἐκ τοῦ πνεύματος πνεῦμά ἐστιν. 7 μὴ
del   Espíritu,   espíritu   es.   No

θαυμάσῃς ὅτι εἶπόν σοι· δεῖ ὑμᾶς
(te) maravilles   porque   dije   te: Es necesario a vosotros

γεννηθῆναι ἄνωθεν. 8 τὸ πνεῦμα ὅπου θέλει
[1]nacer   de lo alto.   El   [2]espíritu   donde   quiere

πνεῖ, καὶ τὴν φωνὴν αὐτοῦ ἀκούεις, ἀλλ'
sopla,   y   la   voz   suya   oyes,   pero

οὐκ οἶδας πόθεν ἔρχεται καὶ ποῦ ὑπάγει·
no   sabes   de dónde   viene   y   adónde   va;

οὕτως ἐστὶν πᾶς ὁ γεγεννημένος ἐκ τοῦ
así   es   todo   el   nacido   del

πνεύματος. 9 ἀπεκρίθη Νικόδημος καὶ
Espíritu.   Respondió   Nicodemo   y

εἶπεν αὐτῷ· πῶς δύναται ταῦτα γενέσθαι;
dijo   le: ¿Cómo   pueden   estas cosas   hacerse?

10 ἀπεκρίθη Ἰησοῦς καὶ εἶπεν αὐτῷ· σὺ
Respondió   Jesús   y   dijo   le: ¿Tú

εἶ ὁ διδάσκαλος τοῦ Ἰσραὴλ καὶ ταῦτα
eres   el   maestro   —   de Israel   y   esto

οὐ γινώσκεις; 11 ἀμὴν ἀμὴν λέγω σοι ὅτι
no   [3]sabes?   En verdad, en verdad   digo   te,   que

ὃ οἴδαμεν λαλοῦμεν καὶ ὃ ἑωράκαμεν·
lo que   sabemos   hablamos   y   lo que   hemos visto

μαρτυροῦμεν, καὶ τὴν μαρτυρίαν ἡμῶν
testificamos,   y   el   testimonio   nuestro

οὐ λαμβάνετε. 12 εἰ τὰ ἐπίγεια εἶπον
no   recibís.   Si   las cosas   terrenas   dije

ὑμῖν καὶ οὐ πιστεύετε, πῶς ἐὰν εἴπω
a vosotros   y   no   creéis,   ¿cómo   si   digo

ὑμῖν τὰ ἐπουράνια πιστεύσετε; 13 καὶ
a vosotros las cosas   celestiales   creeréis?   Y

οὐδεὶς ἀναβέβηκεν εἰς τὸν οὐρανὸν εἰ μὴ
nadie   ha subido   al   cielo   sino

1
7. NACER DE LO ALTO. O nacer de nuevo.
2
8. Pneuma, que es la palabra griega que se traduce por "Espíritu", también significa en su original viento.
3
10. SABES. Lit. conoces.

ὁ ἐκ τοῦ οὐρανοῦ καταβάς, ὁ υἱὸς
el que desde el cielo descendió, el Hijo

τοῦ ἀνθρώπου. 14 Καὶ καθὼς Μωϋσῆς ὕψωσεν
del Hombre. Y como Moisés exaltó

τὸν ὄφιν ἐν τῇ ἐρήμῳ, οὕτως ὑψωθῆναι
la serpiente en el desierto, ¹así ser exaltado

δεῖ τὸν υἱὸν τοῦ ἀνθρώπου, 15 ἵνα πᾶς ὁ
debe el Hijo del Hombre, para que todo el

πιστεύων ἐν αὐτῷ ἔχῃ ζωὴν αἰώνιον.
que cree en él tenga vida eterna.

16 οὕτως γὰρ ἠγάπησεν ὁ θεὸς τὸν
Así, en efecto, amó — Dios al

κόσμον, ὥστε τὸν υἱὸν τὸν μονογενῆ
mundo, tanto que el Hijo el unigénito

ἔδωκεν, ἵνα πᾶς ὁ πιστεύων εἰς αὐτὸν
dio para que todo el que cree en él

μὴ ἀπόληται ἀλλ' ἔχῃ ζωὴν αἰώνιον.
no perezca sino tenga vida eterna.

17 οὐ γὰρ ἀπέστειλεν ὁ θεὸς τὸν υἱὸν
Porque no envió — Dios al Hijo

εἰς τὸν κόσμον ἵνα κρίνῃ τὸν κόσμον,
al mundo para juzgar al mundo,

ἀλλ' ἵνα σωθῇ ὁ κόσμος δι' αὐτοῦ.
mas para que sea salvo el mundo mediante él.

18 ὁ πιστεύων εἰς αὐτὸν οὐ κρίνεται·
El que cree en él no es juzgado;

ὁ μὴ πιστεύων ἤδη κέκριται, ὅτι
el que no cree ya está juzgado, porque

μὴ πεπίστευκεν εἰς τὸ ὄνομα τοῦ μονογενοῦς
no ha creído en el nombre del unigénito

υἱοῦ τοῦ θεοῦ. 19 αὕτη δέ ἐστιν ἡ
Hijo — de Dios. Este, empero, es el

κρίσις, ὅτι τὸ φῶς ἐλήλυθεν εἰς τὸν
juicio, que la luz ha venido al

κόσμον καὶ ἠγάπησαν οἱ ἄνθρωποι μᾶλλον
mundo y amaron los hombres más

τὸ σκότος ἢ τὸ φῶς· ἦν γὰρ αὐτῶν
las tinieblas que la luz; porque eran de ellos

πονηρὰ τὰ ἔργα. 20 πᾶς γὰρ ὁ φαῦλα
malas las obras. Porque todo el que cosas malas

πράσσων μισεῖ τὸ φῶς καὶ οὐκ ἔρχεται
está haciendo odia la luz y no viene

πρὸς τὸ φῶς, ἵνα μὴ ἐλεγχθῇ τὰ ἔργα
hacia la luz, para que no sean redargüidas las obras

αὐτοῦ· 21 ὁ δὲ ποιῶν τὴν ἀλήθειαν ἔρχεται
suyas; el que empero obra la verdad, viene

πρὸς τὸ φῶς, ἵνα φανερωθῇ αὐτοῦ τὰ
hacia la luz, para que se manifiesten de él las

¹
14. Así SER EXALTADO... Nótese el aspecto triunfal que para Juan presenta la crucifixión del Señor. (Comp. 8:28 y 12:32-33.)

ἔργα ὅτι ἐν θεῷ ἐστιν εἰργασμένα.
obras, porque en Dios han sido hechas.

22 Μετὰ ταῦτα ἦλθεν ὁ Ἰησοῦς καὶ οἱ
Después de esto vino — Jesús y los

μαθηταὶ αὐτοῦ εἰς τὴν Ἰουδαίαν γῆν, καὶ
discípulos suyos a la de Judea tierra, y

ἐκεῖ διέτριβεν μετ' αὐτῶν καὶ ἐβάπτιζεν.
allí se quedaba con ellos y bautizaba.

23 ἦν δὲ καὶ Ἰωάννης βαπτίζων ἐν
Estaba entonces también Juan bautizando en

Αἰνὼν ἐγγὺς τοῦ Σαλίμ, ὅτι ὕδατα
Enón cerca de Salim, porque aguas

πολλὰ ἦν ἐκεῖ, καὶ παρεγίνοντο καὶ
muchas había allí, y acudían y

ἐβαπτίζοντο· **24** οὔπω γὰρ ἦν βεβλημένος
se bautizaban; pues todavía no había sido echado

εἰς τὴν φυλακὴν Ἰωάννης. **25** Ἐγένετο
en la cárcel Juan. Se originó

οὖν ζήτησις ἐκ τῶν μαθητῶν Ἰωάννου
entonces una discusión de los discípulos de Juan

μετὰ Ἰουδαίου περὶ καθαρισμοῦ. **26** καὶ
con un judío ¹sobre purificaciones. Y

ἦλθον πρὸς τὸν Ἰωάννην καὶ εἶπαν αὐτῷ·
vinieron a — Juan y dijeron le:

ῥαββί, ὃς ἦν μετὰ σοῦ πέραν τοῦ
Maestro, el que estaba contigo allende el

Ἰορδάνου, ᾧ σὺ μεμαρτύρηκας, ἴδε
Jordán, de quien tú testimonio has dado, he aquí

οὗτος βαπτίζει καὶ πάντες ἔρχονται πρὸς
ése bautiza y todos acuden a

αὐτόν. **27** ἀπεκρίθη Ἰωάννης καὶ εἶπεν·
él. Respondió Juan y dijo:

οὐ δύναται ἄνθρωπος λαμβάνειν οὐδὲν ἐὰν μὴ
No puede un hombre recibir algo si no

ᾖ δεδομένον αὐτῷ ἐκ τοῦ οὐρανοῦ.
fuere dado a él desde el cielo.

28 αὐτοὶ ὑμεῖς μοι μαρτυρεῖτε ὅτι εἶπον·
Vosotros mismos ²me dais testimonio que dije:

οὐκ εἰμὶ ἐγὼ ὁ χριστός, ἀλλ' ὅτι
No soy yo el Cristo, sino que

ἀπεσταλμένος εἰμὶ ἔμπροσθεν ἐκείνου. **29** ὁ
he sido enviado delante de él. El que

ἔχων τὴν νύμφην νυμφίος ἐστίν· ὁ δὲ
tiene la esposa, esposo es; mas el

φίλος τοῦ νυμφίου, ὁ ἑστηκὼς καὶ ἀκούων
amigo del esposo, que asiste y oye

αὐτοῦ, χαρᾷ χαίρει διὰ τὴν φωνὴν τοῦ
le, con gozo se alegra ³por la voz del

1
25. Sobre purificaciones.
Es decir, sobre la eficacia
purificadora de los bautismos de Jesús y de Juan.
2
28. Me dais testimonio. Es
decir, *me sois testigos.*
3
29. Por. Lit. *a causa de.*

νυμφίου. αὕτη οὖν ἡ χαρὰ ἡ ἐμὴ
esposo. Éste, pues, — gozo — mío

πεπλήρωται. 30 ἐκεῖνον δεῖ αὐξάνειν, ἐμὲ
se ha cumplido. A él conviene crecer, a mí,

δὲ ἐλαττοῦσθαι. 31 Ὁ ἄνωθεν ἐρχόμενος
empero, disminuir. El que de arriba viene,

ἐπάνω πάντων ἐστίν· ὁ ὢν ἐκ τῆς γῆς
sobre todos está; ¹el que es de la tierra,

ἐκ τῆς γῆς ἐστιν καὶ ἐκ τῆς γῆς λαλεῖ.
de la tierra es y de la tierra habla.

ὁ ἐκ τοῦ οὐρανοῦ ἐρχόμενος ἐπάνω
El que del cielo viene, sobre

πάντων ἐστίν· 32 ὃ ἑώρακεν καὶ ἤκουσεν,
todos está; lo que ha visto y oyó,

τοῦτο μαρτυρεῖ, καὶ τὴν μαρτυρίαν αὐτοῦ
esto testifica, y el testimonio suyo

οὐδεὶς λαμβάνει. 33 ὁ λαβὼν αὐτοῦ τὴν
nadie acepta. El que acepta su

μαρτυρίαν ἐσφράγισεν ὅτι ὁ θεὸς ἀληθής
testimonio, ²selló que Dios veraz

ἐστιν. 34 ὃν γὰρ ἀπέστειλεν ὁ θεὸς τὰ
es. Porque (aquel) a quien envió — Dios, las

ῥήματα τοῦ θεοῦ λαλεῖ· οὐ γὰρ ἐκ
palabras — de Dios habla; pues no por

μέτρου δίδωσιν τὸ πνεῦμα. 35 ὁ πατὴρ
medida da el Espíritu. El Padre

ἀγαπᾷ τὸν υἱόν, καὶ πάντα δέδωκεν ἐν
ama al Hijo, y todo ha dado en

τῇ χειρὶ αὐτοῦ. 36 ὁ πιστεύων εἰς τὸν
la mano de él. El que cree en el

υἱὸν ἔχει ζωὴν αἰώνιον· ὁ δὲ ἀπειθῶν
Hijo, tiene vida eterna; el que ³rehúsa creer

τῷ υἱῷ οὐκ ὄψεται ζωήν, ἀλλ' ἡ ὀργὴ
al Hijo, no verá vida, sino la ira

τοῦ θεοῦ μένει ἐπ' αὐτόν.
— de Dios permanece sobre él.

1
31. EL QUE ES DE LA TIE-RRA, DE LA TIERRA ES. Es decir, *el que proviene de la tierra, es de condición terrenal.*

2
33. SELLÓ... Es decir, *ha puesto su sello, o cuño, de aprobación a lo que Dios nos dice de Jesús.* (Comp. con 1 Jn. 5:10.)

3
36. REHÚSA CREER. Lit. *desobedece.* (Comp. con He. 3:18.)

4
1. SE HABÍAN ENTERADO. Lit. *oyeron.*

---

4 Ὡς οὖν ἔγνω ὁ κύριος ὅτι ἤκουσαν
Como entonces supo el Señor que ⁴se habían enterado

οἱ Φαρισαῖοι ὅτι Ἰησοῦς πλείονας μαθητὰς
los fariseos que Jesús más discípulos

ποιεῖ καὶ βαπτίζει ἢ Ἰωάννης, — 2 καίτοι γε
hace y bautiza que Juan, —— aunque

Ἰησοῦς αὐτὸς οὐκ ἐβάπτιζεν ἀλλ' οἱ
Jesús mismo no bautizaba, sino los

μαθηταὶ αὐτοῦ, — 3 ἀφῆκεν τὴν Ἰουδαίαν
discípulos suyos, —— abandonó la Judea

καὶ   ἀπῆλθεν   πάλιν   εἰς   τὴν   Γαλιλαίαν.
y   marchó   de nuevo   a   la   Galilea.

4 Ἔδει   δὲ   αὐτὸν   διέρχεσθαι   διὰ   τῆς
Debía   él   pasar   por   la

Σαμαρείας.   **5** ἔρχεται   οὖν   εἰς   πόλιν   τῆς
Samaria.   Llegó,   pues, a (una) ciudad   de

Σαμαρείας   λεγομένην   Σύχαρ,   πλησίον   τοῦ
Samaria   llamada   Sicar,   cerca   de la

χωρίου   ὃ   ἔδωκεν   Ἰακὼβ   [τῷ]   Ἰωσὴφ
posesión   que   dio   Jacob   a(l)   José

τῷ   υἱῷ   αὐτοῦ·   **6** ἦν   δὲ   ἐκεῖ   πηγὴ   τοῦ
el   hijo   suyo;   estaba   allí una fuente de

Ἰακώβ.   ὁ   οὖν   Ἰησοῦς   κεκοπιακὼς   ἐκ
Jacob.   — Entonces   Jesús,   cansado   del

τῆς   ὁδοιπορίας   ἐκαθέζετο   οὕτως   ἐπὶ   τῇ
camino,   se sentó   así   junto a la

πηγῇ·   ὥρα   ἦν   ὡς   ἕκτη.   **7** ἔρχεται   γυνὴ
fuente;   hora   sería como [1]sexta.   Vino   una mujer

ἐκ   τῆς   Σαμαρείας   ἀντλῆσαι   ὕδωρ.   λέγει
de   la   Samaria   a sacar   agua.   Dice

αὐτῇ   ὁ   Ἰησοῦς·   δός   μοι   πεῖν.   **8** οἱ   γὰρ
a ella —   Jesús: Da   me   a beber.   Los

μαθηταὶ   αὐτοῦ   ἀπεληλύθεισαν   εἰς   τὴν
discípulos   suyos   habían ido   a   la

πόλιν,   ἵνα   τροφὰς   ἀγοράσωσιν.   **9** λέγει
ciudad   para   alimentos   comprar.   Dice

οὖν   αὐτῷ   ἡ   γυνὴ   ἡ   Σαμαρῖτις·   πῶς
entonces a él   la   mujer   —   samaritana: ¿Cómo

σὺ   Ἰουδαῖος   ὢν   παρ'   ἐμοῦ   πεῖν
tú,   judío   siendo,   a   mí   beber

αἰτεῖς   γυναικὸς   Σαμαρίτιδος   οὔσης;
pides,   una mujer   samaritana   siendo?

[οὐ   γὰρ   συγχρῶνται   Ἰουδαῖοι   Σαμαρίταις.]
(No, en efecto, [2]se tratan   judíos   con samaritanos.)

10 ἀπεκρίθη   Ἰησοῦς   καὶ   εἶπεν   αὐτῇ·   εἰ   ᾔδεις
Respondió   Jesús   y   dijo   le: Si   conocieses

τὴν   δωρεὰν   τοῦ   θεοῦ,   καὶ   τίς   ἐστιν   ὁ
el   don   —   de Dios,   y   quién   es   el que

λέγων   σοι·   δός   μοι   πεῖν,   σὺ   ἂν   ᾔτησας
dice   a ti: Da   me   a beber,   tú   pedirías

αὐτὸν   καὶ   ἔδωκεν   ἄν   σοι   ὕδωρ   ζῶν.
a él   y   daría   a ti   agua   viva.

11 λέγει   αὐτῷ·   κύριε,   οὔτε   ἄντλημα   ἔχεις
Dijo   le: Señor,   ni   vasija   tienes

καὶ   τὸ   φρέαρ   ἐστὶν   βαθύ·   πόθεν   οὖν
y   el   pozo   es   hondo;   ¿de dónde, entonces,

ἔχεις   τὸ   ὕδωρ   τὸ   ζῶν;   **12** μὴ   σὺ   μείζων
tienes   el   agua   —   viva?   ¿Acaso   tú   mayor

[1] 6. SEXTA. Esto es, *las seis de la tarde.* (V. nota a 1:39.)

[2] 9. SE TRATAN. Lit. *usan los mismos vasos, platos, etc.*

εἶ τοῦ πατρὸς ἡμῶν Ἰακώβ, ὃς ἔδωκεν
eres (que) el   Padre   nuestro   Jacob,   que   dio

ἡμῖν τὸ φρέαρ, καὶ αὐτὸς ἐξ αὐτοῦ
a nosotros el   pozo,   y   él mismo   de   él

ἔπιεν καὶ οἱ υἱοὶ αὐτοῦ καὶ τὰ θρέμματα
bebió   y   los hijos   suyos   y   los   ganados

αὐτοῦ; 13 ἀπεκρίθη Ἰησοῦς καὶ εἶπεν αὐτῇ·
suyos?   Respondió   Jesús   y   dijo   le:

πᾶς ὁ πίνων ἐκ τοῦ ὕδατος τούτου
Todo   el que   bebe   del   agua   ésta

διψήσει πάλιν· 14 ὃς δ' ἂν πίῃ ἐκ τοῦ
tendrá sed   de nuevo.   El que   empero   bebiere   del

ὕδατος οὗ ἐγὼ δώσω αὐτῷ, οὐ μὴ
agua   que   yo   daré   le,   [1]no

διψήσει εἰς τὸν αἰῶνα, ἀλλὰ τὸ ὕδωρ ὃ
tendrá sed   para siempre,   sino   el   agua   que

δώσω αὐτῷ γενήσεται ἐν αὐτῷ πηγὴ
daré   le   se hará   en   él   una fuente

ὕδατος ἀλλομένου εἰς ζωὴν αἰώνιον. 15 λέγει
de agua   borbotante   para vida   eterna.   Dice

πρὸς αὐτὸν ἡ γυνή· κύριε, δός μοι
a   él   la   mujer: Señor,   dame

τοῦτο τὸ ὕδωρ, ἵνα μὴ διψῶ μηδὲ
esa   —   agua,   para que   no   tenga sed   ni

διέρχωμαι ἐνθάδε ἀντλεῖν. 16 λέγει αὐτῇ·
venga   aquí   a sacar.   Dice   le:

ὕπαγε φώνησον τὸν ἄνδρα σου καὶ ἐλθὲ
Ve,   llama   al   marido   tuyo   y   ven

ἐνθάδε. 17 ἀπεκρίθη ἡ γυνὴ καὶ εἶπεν·
aquí.   Respondió   la   mujer   y   dijo:

οὐκ ἔχω ἄνδρα. λέγει αὐτῇ ὁ Ἰησοῦς·
No   tengo   marido.   Dice   le   —   Jesús:

καλῶς εἶπες ὅτι ἄνδρα οὐκ ἔχω· 18 πέντε
Bien   dijiste,   —   marido   no   tengo;   cinco,

γὰρ ἄνδρας ἔσχες, καὶ νῦν ὃν ἔχεις
en efecto, maridos   tuviste,   y   ahora   el que   tienes

οὐκ ἔστιν σου ἀνήρ· τοῦτο ἀληθὲς εἴρηκας.
no   es   tu   marido;   esto   verdadero   has dicho.

19 λέγει αὐτῷ ἡ γυνή· κύριε, θεωρῶ
Dice   le   la   mujer: Señor,   [2]considero

ὅτι προφήτης εἶ σύ. 20 οἱ πατέρες
que   profeta   eres   tú.   Los   padres

ἡμῶν ἐν τῷ ὄρει τούτῳ προσεκύνησαν·
nuestros   en   el   monte   este   adoraron;

καὶ ὑμεῖς λέγετε ὅτι ἐν Ἱεροσολύμοις
y   vosotros   decís   que   en   Jerusalén

ἐστὶν ὁ τόπος ὅπου προσκυνεῖν δεῖ.
es   el   lugar   donde   adorar   se debe.

---

[1]
14. NO. Aquí, como en otras porciones de *Juan,* la doble negación griega significa *de ningún modo.*

[2]
19. CONSIDERO. Lit. *contemplo, estoy viendo.*

21 λέγει   αὐτῇ   ὁ Ἰησοῦς·   πίστευέ   μοι,
Dice   le   —   Jesús: Cree   me,

γύναι,   ὅτι   ἔρχεται   ὥρα   ὅτε   οὔτε   ἐν
mujer,   que   viene   una hora   cuando   ni   en

τῷ   ὄρει   τούτῳ   οὔτε   ἐν   Ἱεροσολύμοις
el   monte   éste   ni   en   Jerusalén

προσκυνήσετε   τῷ   πατρί.   **22** ὑμεῖς   προσκυ-
adoraréis   al   Padre.   Vosotros   ado-

νεῖτε   ὃ   οὐκ   οἴδατε,   ἡμεῖς   προσκυνοῦμεν   ὃ
ráis   lo que   no   conocéis;   nosotros   adoramos   lo que

οἴδαμεν,   ὅτι   ἡ   σωτηρία   ἐκ   τῶν   Ἰουδαίων
conocemos,   porque [1]la   salud   de   los   judíos

ἐστίν·   **23** ἀλλὰ   ἔρχεται   ὥρα   καὶ   νῦν
es;   pero   vendrá   una hora,   y   ahora

ἐστιν,   ὅτε   οἱ   ἀληθινοὶ   προσκυνηταὶ   προσκυνή-
es,   cuando los   verdaderos   adoradores   adora-

σουσιν   τῷ   πατρὶ   ἐν   πνεύματι   καὶ   ἀληθείᾳ·
rán   al   Padre   en   espíritu   y   verdad;

καὶ   γὰρ   ὁ   πατὴρ   τοιούτους   ζητεῖ   τοὺς
y,   en efecto,   el   Padre   a tales   busca   que

προσκυνοῦντας   αὐτόν·   **24** πνεῦμα   ὁ   θεός,
adoren   a él;   [2]Espíritu (es)   —   Dios.

καὶ   τοὺς   προσκυνοῦντας   ἐν   πνεύματι   καὶ
y   los que   adoran,   en   espíritu   y

ἀληθείᾳ   δεῖ   προσκυνεῖν.   **25** λέγει   αὐτῷ
verdad   deben   adorar.   Dice   le

ἡ   γυνή·   οἶδα   ὅτι   Μεσσίας   ἔρχεται,   ὁ
la   mujer: Sé   que   (el) Mesías   viene,   el que

λεγόμενος   χριστός·   ὅταν   ἔλθῃ   ἐκεῖνος,
es llamado   Cristo;   cuando   venga   él,

ἀναγγελεῖ   ἡμῖν   ἅπαντα.   **26** λέγει   αὐτῇ
anunciará   nos   todas las cosas.   Dice   le

ὁ   Ἰησοῦς·   ἐγώ   εἰμι,   ὁ   λαλῶν   σοι.
—   Jesús: Yo   soy,   el que   habla   a ti.

27 Καὶ   ἐπὶ   τούτῳ   ἦλθαν   οἱ   μαθηταὶ
Y   en   esto   vinieron   los   discípulos

αὐτοῦ,   καὶ   ἐθαύμαζον   ὅτι   μετὰ   γυναικὸς
de él,   y   se admiraban   porque   con   una mujer

ἐλάλει·   οὐδεὶς   μέντοι   εἶπεν·   τί   ζητεῖς
hablaba;   nadie,   sin embargo,   dijo: ¿Qué   buscas

ἢ   τί   λαλεῖς   μετ'   αὐτῆς;   **28** ἀφῆκεν   οὖν
o   qué   hablas   con   ella?   Dejó   entonces

τὴν   ὑδρίαν   αὐτῆς   ἡ   γυνὴ   καὶ   ἀπῆλθεν
el   cántaro   suyo   la   mujer   y   marchó

εἰς   τὴν   πόλιν,   καὶ   λέγει   τοῖς   ἀνθρώποις·
a   la   ciudad,   y   dijo   a los   hombres:

---

[1]
22. LA SALUD DE LOS JUDÍOS
ES. Es decir, *la salvación
procede de los judíos, mediante el judío Jesús.*

[2]
24. ESPÍRITU DIOS. Espíritu
es Dios, traducción literal
que en buen castellano debe
ser: *Dios es espíritu.*

29 δεῦτε ἴδετε ἄνθρωπον ὃς εἶπέν μοι
Venid, ved a un hombre que dijo me

πάντα ἃ ἐποίησα· μήτι οὗτός ἐστιν ὁ
todo lo que hice; ¿no éste es el

χριστός; **30** ἐξῆλθον ἐκ τῆς πόλεως καὶ
Cristo? Salieron de la ciudad y

ἤρχοντο πρὸς αὐτόν. **31** Ἐν τῷ μεταξὺ
venían a él. En el intervalo

ἠρώτων αὐτὸν οἱ μαθηταὶ λέγοντες· ῥαββί,
rogaban le los discípulos, diciendo: Rabí,

φάγε. **32** ὁ δὲ εἶπεν αὐτοῖς· ἐγὼ βρῶσιν
come. Él, entonces, dijo les: Yo alimento

ἔχω φαγεῖν ἣν ὑμεῖς οὐκ οἴδατε. **33** ἔλεγον
tengo para comer que vosotros no conocéis. Decían

οὖν οἱ μαθηταὶ πρὸς ἀλλήλους· μή τις
entonces los discípulos uno al otro: ¿Acaso alguien

ἤνεγκεν αὐτῷ φαγεῖν; **34** λέγει αὐτοῖς ὁ
trajo a él para comer? Dice les

Ἰησοῦς· ἐμὸν βρῶμά ἐστιν ἵνα ποιῶ τὸ
Jesús: Mi alimento es que haga la

θέλημα τοῦ πέμψαντός με καὶ τελειώσω
voluntad de quien envió me y termine

αὐτοῦ τὸ ἔργον. **35** οὐχ ὑμεῖς λέγετε ὅτι
su — obra. ¿No vosotros decís que

ἔτι τετράμηνός ἐστιν καὶ ὁ θερισμὸς
todavía cuatro meses son y la siega

ἔρχεται; ἰδοὺ λέγω ὑμῖν, ἐπάρατε τοὺς
viene? He aquí digo a vosotros, levantad los

ὀφθαλμοὺς ὑμῶν καὶ θεάσασθε τὰς χώρας,
ojos vuestros y mirad los campos,

ὅτι λευκαί εἰσιν πρὸς θερισμόν. ἤδη
porque blancos están para cosecha. Ya

36 ὁ θερίζων μισθὸν λαμβάνει καὶ συνάγει
el segador jornal percibe y recoge

καρπὸν εἰς ζωὴν αἰώνιον, ἵνα ὁ σπείρων
fruto para vida eterna, para que quien siembra

ὁμοῦ χαίρῃ καὶ ὁ θερίζων. **37** ἐν γὰρ
juntamente se alegre y el que siega. Porque en

τούτῳ ὁ λόγος ἐστὶν ἀληθινὸς ὅτι ἄλλος
esto el [1]dicho es verdadero, que uno

ἐστὶν ὁ σπείρων καὶ ἄλλος ὁ θερίζων.
es el que siembra y otro el que siega.

38 ἐγὼ ἀπέστειλα ὑμᾶς θερίζειν ὃ οὐχ
Yo envié a vosotros a segar lo que no

ὑμεῖς κεκοπιάκατε· ἄλλοι κεκοπιάκασιν, καὶ
vosotros habéis trabajado; otros han trabajado, y

ὑμεῖς εἰς τὸν κόπον αὐτῶν εἰσεληλύθατε.
vosotros en la labor de ellos habéis entrado.

37. DICHO. Aquí, la palabra *lógos* obviamente tiene otro sentido, queriendo decir *palabra*, y más propiamente dicho, *proverbio*.

39 Ἐκ δὲ τῆς πόλεως ἐκείνης πολλοὶ
De la ciudad aquella muchos

ἐπίστευσαν εἰς αὐτὸν τῶν Σαμαριτῶν διὰ
creyeron en él de los samaritanos por

τὸν λόγον τῆς γυναικὸς μαρτυρούσης ὅτι
la palabra de la mujer, que testimoniaba: —

εἶπέν μοι πάντα ἃ ἐποίησα. **40** ὡς
Dijo me todo lo que hice. Como

οὖν ἦλθον πρὸς αὐτὸν οἱ Σαμαρῖται,
entonces viniesen a él los samaritanos,

ἠρώτων αὐτὸν μεῖναι παρ᾽ αὐτοῖς· καὶ
rogaron le permanecer con ellos; y

ἔμεινεν ἐκεῖ δύο ἡμέρας. **41** καὶ πολλῷ
permaneció allí dos días. Y muchos

πλείους ἐπίστευσαν διὰ τὸν λόγον αὐτοῦ,
más creyeron por la palabra suya,

42 τῇ τε γυναικὶ ἔλεγον ὅτι οὐκέτι διὰ
y a la mujer decían: — Ya no por

τὴν σὴν λαλιὰν πιστεύομεν· αὐτοὶ γὰρ
— tu charla creemos; nosotros mismos, en efecto,

ἀκηκόαμεν, καὶ οἴδαμεν ὅτι οὗτός ἐστιν
hemos oído, y sabemos que éste es

ἀληθῶς ὁ σωτὴρ τοῦ κόσμου.
verdaderamente el Salvador del mundo.

43 Μετὰ δὲ τὰς δύο ἡμέρας ἐξῆλθεν
Después de dos días salió

ἐκεῖθεν εἰς τὴν Γαλιλαίαν. **44** αὐτὸς γὰρ
de allí a la Galilea. Porque el mismo

Ἰησοῦς ἐμαρτύρησεν ὅτι προφήτης ἐν
Jesús testimonió que un profeta en

τῇ ἰδίᾳ πατρίδι τιμὴν οὐκ ἔχει. **45** ὅτε
la propia patria honor no tiene. Cuando,

οὖν ἦλθεν εἰς τὴν Γαλιλαίαν, ἐδέξαντο
pues, llegó a la Galilea, acogieron

αὐτὸν οἱ Γαλιλαῖοι, πάντα ἑωρακότες
lo los galileos, todo habiendo visto

ὅσα ἐποίησεν ἐν Ἱεροσολύμοις ἐν τῇ
lo que hizo en Jerusalén en la

ἑορτῇ· καὶ αὐτοὶ γὰρ ἦλθον εἰς τὴν
fiesta; también ellos, en efecto, fueron a la

ἑορτήν. **46** Ἦλθεν οὖν πάλιν εἰς τὴν
fiesta. Vino, entonces, otra vez a —

Κανὰ τῆς Γαλιλαίας, ὅπου ἐποίησεν τὸ
Caná — de Galilea, donde hizo el

ὕδωρ οἶνον. καὶ ἦν τις βασιλικὸς
agua vino. Y había un cierto [1]cortesano

 οὗ ὁ υἱὸς ἠσθένει ἐν Καφαρναούμ· **47** οὗτος
cuyo — hijo estaba enfermo en Cafarnaúm; éste,

1
46. CORTESANO. Funcionario o familiar de la casa real.

ἀκούσας ὅτι Ἰησοῦς ἥκει ἐκ τῆς Ἰουδαίας
oyendo que Jesús había venido de — Judea

εἰς τὴν Γαλιλαίαν, ἀπῆλθεν πρὸς αὐτὸν καὶ
a — Galilea, fue a él y

ἠρώτα ἵνα καταβῇ καὶ ἰάσηται αὐτοῦ
rogaba que bajara y sanase su

τὸν υἱόν· ἤμελλεν γὰρ ἀποθνῄσκειν. **48** εἶπεν
— hijo; porque estaba para morir. Dijo

οὖν ὁ Ἰησοῦς πρὸς αὐτόν· ἐὰν μὴ σημεῖα
entonces — Jesús a él: Si no señales

καὶ τέρατα ἴδητε, οὐ μὴ πιστεύσητε.
y prodigios veis, 1no creéis.

49 λέγει πρὸς αὐτὸν ὁ βασιλικός· κύριε,
Dice a él el cortesano: Señor,

κατάβηθι πρὶν ἀποθανεῖν τὸ παιδίον μου.
baja antes que muera el 2hijo mío.

50 λέγει αὐτῷ ὁ Ἰησοῦς· πορεύου, ὁ
Dice le — Jesús: Anda, el

υἱός σου ζῇ. ἐπίστευσεν ὁ ἄνθρωπος τῷ
hijo tuyo vive. Creyó el hombre la

λόγῳ ὃν εἶπεν αὐτῷ ὁ Ἰησοῦς, καὶ
palabra que dijo a él — Jesús, y

ἐπορεύετο. **51** ἤδη δὲ αὐτοῦ καταβαίνοντος
se marchó. Mientras él bajaba

οἱ δοῦλοι ὑπήντησαν αὐτῷ λέγοντες ὅτι
los siervos 3encontraron le, diciendo que

ὁ παῖς αὐτοῦ ζῇ. **52** ἐπύθετο οὖν τὴν
el hijo suyo vivía. Preguntó entonces la

ὥραν παρ’ αὐτῶν ἐν ᾗ κομψότερον ἔσχεν·
hora a ellos en que 4mejor tuviese;

εἶπαν οὖν αὐτῷ ὅτι ἐχθὲς ὥραν ἑβδόμην
dijeron entonces a él: — Ayer (a la) hora séptima

ἀφῆκεν αὐτὸν ὁ πυρετός. **53** ἔγνω οὖν
dejó lo la fiebre. Supo, pues,

ὁ πατὴρ ὅτι ἐκείνῃ τῇ ὥρᾳ ἐν ᾗ εἶπεν
el padre que 5aquella la hora en que dijo

αὐτῷ ὁ Ἰησοῦς· ὁ υἱός σου ζῇ· καὶ
le — Jesús: El hijo tuyo vive; y

ἐπίστευσεν αὐτὸς καὶ ἡ οἰκία αὐτοῦ ὅλη.
creyó él y la casa suya toda.

54 Τοῦτο [δὲ] πάλιν δεύτερον σημεῖον
Este de nuevo segundo milagro

ἐποίησεν ὁ Ἰησοῦς ἐλθὼν ἐκ τῆς Ἰουδαίας
hizo — Jesús viniendo de la Judea

εἰς τὴν Γαλιλαίαν.
a la Galilea.

1
48. No. (V. nota a 4:14.)
2
49. EL HIJO. Diminutivo: *el niñito.*
3
51. ENCONTRARON. Lit. *salieron al encuentro.*
4
52. MEJOR = *esbelto, elegante.* La expresión significa, en este caso: *había sentido mejoría.*
5
53. AQUELLA... Lit. *en aquella hora* (fue) *en la que dijo...*

5 Μετὰ   ταῦτα   ἦν   ἑορτὴ   τῶν Ἰουδαίων,
Después de   esto   era   fiesta   de los   judíos,

καὶ ἀνέβη Ἰησοῦς εἰς Ἱεροσόλυμα. **2** ἔστιν
y   ascendió   Jesús   a   Jerusalén.   Hay

δὲ ἐν τοῖς Ἱεροσολύμοις ἐπὶ τῇ προβατικῇ
en   —   Jerusalén   junto a   la puerta de las Ovejas

κολυμβήθρα, ἡ ἐπιλεγομένη Ἑβραϊστὶ
una piscina,   la   llamada   en hebreo

Βηθζαθά, πέντε στοὰς ἔχουσα. **3** ἐν
1 Bethsada,   cinco   pórticos   teniendo.   En

ταύταις κατέκειτο πλῆθος τῶν ἀσθενούντων,
éstos   yacían   multitud   de   enfermos,

τυφλῶν, χωλῶν, ξηρῶν. **5** ἦν δέ τις
ciegos,   cojos,   2 impedidos.*   Había   un cierto

ἄνθρωπος ἐκεῖ τριάκοντα καὶ ὀκτὼ ἔτη
hombre   allí   treinta   y   ocho   años

ἔχων ἐν τῇ ἀσθενείᾳ αὐτοῦ· **6** τοῦτον
teniendo   en   la   enfermedad   suya.   A éste

ἰδὼν ὁ Ἰησοῦς κατακείμενον, καὶ γνοὺς
viendo   —   Jesús   tendido,   y   sabiendo

ὅτι πολὺν ἤδη χρόνον ἔχει, λέγει αὐτῷ·
que   mucho   ya   tiempo   tiene,   dice   le:

θέλεις ὑγιὴς γενέσθαι; **7** ἀπεκρίθη αὐτῷ
¿Quieres   sano   ser hecho?   Respondió   le

ὁ ἀσθενῶν· κύριε, ἄνθρωπον οὐκ ἔχω,
el   enfermo: Señor,   un hombre   no   tengo,

ἵνα ὅταν ταραχθῇ τὸ ὕδωρ βάλῃ με εἰς
que   cuando   se agite   el   agua   meta   me   en

τὴν κολυμβήθραν· ἐν ᾧ δὲ ἔρχομαι ἐγώ,
la   piscina;   mientras   vengo   yo,

ἄλλος πρὸ ἐμοῦ καταβαίνει. **8** λέγει αὐτῷ
otro   antes   de mí   baja.   Dice   le

ὁ Ἰησοῦς· ἔγειρε ἆρον τὸν κράβατόν
—   Jesús: Levántate,   toma   la   camilla

σου καὶ περιπάτει. **9** καὶ εὐθέως ἐγένετο
tuya   y   anda.   E inmediatamente   quedó

ὑγιὴς ὁ ἄνθρωπος, καὶ ἦρεν τὸν κράβατον
sano   el   Hombre,   y   tomó   la   camilla

αὐτοῦ καὶ περιεπάτει. Ἦν δὲ σάββατον
suya   y   andaba.   Era, empero,   sábado

ἐν ἐκείνῃ τῇ ἡμέρᾳ. **10** ἔλεγον οὖν οἱ
en   aquel   día.   Decían,   entonces,   los

Ἰουδαῖοι τῷ τεθεραπευμένῳ· σάββατόν ἐστιν,
judíos   al que   había sido sanado: Sábado   es,

καὶ οὐκ ἔξεστίν σοι ἆραι τὸν κράβατον.
y   no   es lícito   a ti   cargar   la   camilla.

1
2. BETHSADA. Algunos MSS antiguos dicen *Bethzatha;* otros, *Bethsaida,* y los más, *Bethesda.*
2
3. IMPEDIDOS. Lit. *secos.* Esto es, *encogidos* o *paralíticos.*
*
3. Los mejores MSS omiten el final del vers. 3 y todo el 4.

11 ὃς δὲ ἀπεκρίθη αὐτοῖς· ὁ ποιήσας
El   respondió   les: El que   hizo

με ὑγιῆ, ἐκεῖνός μοι εἶπεν· ἆρον τὸν
me   sano,   aquél   me   dijo: Toma   la

κράβατόν σου καὶ περιπάτει. **12** ἠρώτησαν
camilla   tuya   y   anda.   Interrogaron

αὐτόν· τίς ἐστιν ὁ ἄνθρωπος ὁ εἰπών
le: ¿Quién   es   el   hombre   el que   dijo

σοί· ἆρον καὶ περιπάτει; **13** ὁ δὲ ἰαθεὶς
te: Toma   y   anda?   El que, pero, había sido
                                            sanado

οὐκ ᾔδει τίς ἐστιν· ὁ γὰρ Ἰησοῦς
no   sabía   quién   [1]es;   —   porque   Jesús

ἐξένευσεν ὄχλου ὄντος ἐν τῷ τόπῳ.
se esfumó   de la turba   que había   en   el   lugar.
                        (presente)

14 μετὰ ταῦτα εὑρίσκει αὐτὸν ὁ Ἰησοῦς
Después de   esto   halla   le   —   Jesús

ἐν τῷ ἱερῷ καὶ εἶπεν αὐτῷ· ἴδε ὑγιὴς
en   el   templo   y   dijo   le: Mira,   sano

γέγονας· μηκέτι ἁμάρτανε, ἵνα μὴ χεῖρόν
[2]estás;   no más   peques,   para que no   peor

σοί τι γένηται. **15** ἀπῆλθεν ὁ ἄνθρωπος
te   algo   suceda.   Se fue   el   hombre

καὶ εἶπεν τοῖς Ἰουδαίοις ὅτι Ἰησοῦς
y   dijo   a los   judíos   que   Jesús

ἐστιν ὁ ποιήσας αὐτὸν ὑγιῆ. **16** καὶ διὰ
[3]es   el que   hizo   le   sano.   Y   por

τοῦτο ἐδίωκον οἱ Ἰουδαῖοι τὸν Ἰησοῦν,
esto   perseguían   los   judíos   —   a Jesús,

ὅτι ταῦτα ἐποίει ἐν σαββάτῳ. **17** ὁ δὲ
porque   esto   hacía   en   sábado.   Él, pero,

ἀπεκρίνατο αὐτοῖς· ὁ πατήρ μου ἕως
respondía   les: El   Padre   de mí   hasta

ἄρτι ἐργάζεται, κἀγὼ ἐργάζομαι· **18** διὰ
ahora   trabaja,   y yo   trabajo;   por

τοῦτο οὖν μᾶλλον ἐζήτουν αὐτὸν οἱ
esto,   pues,   más   trataban   le   los

Ἰουδαῖοι ἀποκτεῖναι, ὅτι οὐ μόνον ἔλυεν
judíos   de matar,   pues   no   sólo   quebrantaba

τὸ σάββατον, ἀλλὰ καὶ πατέρα ἴδιον
el   sábado,   sino   también   Padre (suyo)   propio

ἔλεγεν τὸν θεόν, ἴσον ἑαυτὸν ποιῶν τῷ
[4]decía   —   a Dios,   igual   se   haciendo   —

θεῷ. **19** Ἀπεκρίνατο οὖν ὁ Ἰησοῦς καὶ
a Dios.   Respondía,   pues,   —   Jesús   y

ἔλεγεν αὐτοῖς· ἀμὴν ἀμὴν λέγω· ὑμῖν,
decía   les: De cierto,   de cierto   digo   os:

οὐ δύναται ὁ υἱὸς ποιεῖν ἀφ᾽ ἑαυτοῦ
No   puede   el   Hijo   hacer   de   sí mismo

---

[1]
13. Es. Esto es, *era*.
[2]
14. ESTÁS. Lit. *has llegado a ser.*
[3]
15. Es. Esto es, *era*.
[4]
18. DECÍA. Esto es, *llamaba*.

οὐδέν, ἂν μή τι βλέπῃ τὸν πατέρα
nada, excepto lo que ve al Padre

ποιοῦντα· ἃ γὰρ ἂν ἐκεῖνος ποιῇ, ταῦτα
haciendo; porque lo que — él hace, esto

καὶ ὁ υἱὸς ὁμοίως ποιεῖ. 20 ὁ γὰρ
también el Hijo igualmente hace. Porque el

πατὴρ φιλεῖ τὸν υἱὸν καὶ πάντα δείκνυσιν
Padre ama al Hijo y todo muestra

αὐτῷ ἃ αὐτὸς ποιεῖ, καὶ μείζονα τούτων
le lo que él hace, y mayores que éstas

δείξει αὐτῷ ἔργα, ἵνα ὑμεῖς θαυμάζητε.
mostrará le obras, para que vosotros os admiréis.

21 ὥσπερ γὰρ ὁ πατὴρ ἐγείρει τοὺς
Porque como el Padre levanta a los

νεκροὺς καὶ ζωοποιεῖ, οὕτως καὶ ὁ υἱὸς
muertos y vivifica, así también el Hijo

οὓς θέλει ζωοποιεῖ. 22 οὐδὲ γὰρ ὁ
a los que quiere vivifica. Porque ni el

πατὴρ κρίνει οὐδένα, ἀλλὰ τὴν κρίσιν
Padre juzga a nadie, sino que el juicio

πᾶσαν δέδωκεν τῷ υἱῷ, 23 ἵνα πάντες
todo ha dado al Hijo, para que todos

τιμῶσι τὸν υἱὸν καθὼς τιμῶσι τὸν πατέρα.
honren al Hijo como honran al Padre.

ὁ μὴ τιμῶν τὸν υἱὸν οὐ τιμᾷ τὸν πατέρα
El que no honra al Hijo, no honra al Padre

τὸν πέμψαντα αὐτόν. 24 Ἀμὴν ἀμὴν
— que envió le. De cierto, de cierto

λέγω ὑμῖν ὅτι ὁ τὸν λόγον μου ἀκούων
digo os, que el que la palabra de mí oye,

καὶ πιστεύων τῷ πέμψαντί με ἔχει
y cree al que envió me, tiene

ζωὴν αἰώνιον, καὶ εἰς κρίσιν οὐκ ἔρχεται
vida eterna, y a juicio no viene,

ἀλλὰ μεταβέβηκεν ἐκ τοῦ θανάτου εἰς
sino que ha pasado de la muerte a

τὴν ζωήν. 25 ἀμὴν ἀμὴν λέγω ὑμῖν ὅτι
la vida. De cierto, de cierto digo os, que

ἔρχεται ὥρα καὶ νῦν ἐστιν ὅτε οἱ νεκροὶ
viene (la) hora, y ahora es, cuando los muertos

ἀκούσουσιν τῆς φωνῆς τοῦ υἱοῦ τοῦ
oirán la voz del Hijo —

θεοῦ καὶ οἱ ἀκούσαντες ζήσουσιν. 26 ὥσπερ
de Dios, y los que oigan vivirán. Porque como

γὰρ ὁ πατὴρ ἔχει ζωὴν ἐν ἑαυτῷ, οὕτως
el Padre tiene vida en sí mismo, así

καὶ τῷ υἱῷ ἔδωκεν ζωὴν ἔχειν ἐν ἑαυτῷ.
también al Hijo dio vida tener en sí mismo.

27 καὶ ἐξουσίαν ἔδωκεν αὐτῷ κρίσιν ποιεῖν,
Y autoridad dio le juicio de hacer,

ὅτι υἱὸς ἀνθρώπου ἐστίν. **28** μὴ θαυμάζετε
pues (el) Hijo de(l) Hombre es. No os asombréis

τοῦτο, ὅτι ἔρχεται ὥρα ἐν ᾗ πάντες οἱ
de esto, pues viene (la) hora en que todos los que

ἐν τοῖς μνημείοις ἀκούσουσιν τῆς φωνῆς
(están) en las tumbas oirán la voz

αὐτοῦ **29** καὶ ἐκπορεύσονται οἱ τὰ ἀγαθὰ
de él; y saldrán los que lo bueno

ποιήσαντες εἰς ἀνάστασιν ζωῆς, οἱ τὰ
hicieron a resurrección de vida, los que lo

φαῦλα πράξαντες εἰς ἀνάστασιν κρίσεως.
malo practicaron a resurrección de juicio.

30 Οὐ δύναμαι ἐγὼ ποιεῖν ἀπ' ἐμαυτοῦ
No puedo yo hacer de mí mismo

οὐδέν· καθὼς ἀκούω κρίνω, καὶ ἡ κρίσις
nada; como oigo, juzgo, y el juicio

ἡ ἐμὴ δικαία ἐστίν, ὅτι οὐ ζητῶ τὸ
— mío justo es, pues no busco la

θέλημα τὸ ἐμὸν ἀλλὰ τὸ θέλημα τοῦ
voluntad — mía, sino la voluntad del que

πέμψαντός με. **31** Ἐὰν ἐγὼ μαρτυρῶ
envió me. Si yo testifico

περὶ ἐμαυτοῦ, ἡ μαρτυρία μου οὐκ ἔστιν
sobre mí mismo, el testimonio de mí no es

ἀληθής· **32** ἄλλος ἐστιν ὁ μαρτυρῶν περὶ
[1]verídico; otro hay que testifica sobre

ἐμοῦ, καὶ οἶδα ὅτι ἀληθής ἐστιν ἡ
mí, y sé que verídico es el

μαρτυρία ἣν μαρτυρεῖ περὶ ἐμοῦ. **33** ὑμεῖς
testimonio que testifica sobre mí. Vosotros

ἀπεστάλκατε πρὸς Ἰωάννην, καὶ μεμαρ-
habéis enviado a Juan, y ha testificado
(mensajeros)

τύρηκεν τῇ ἀληθείᾳ· **34** ἐγὼ δὲ οὐ παρὰ
a favor de la verdad; pero yo no de parte

ἀνθρώπου τὴν μαρτυρίαν λαμβάνω, ἀλλὰ
de hombre el testimonio recibo, pero

ταῦτα λέγω ἵνα ὑμεῖς σωθῆτε. **35** ἐκεῖνος
esto digo para que vosotros seáis salvos. Aquél

ἦν ὁ λύχνος ὁ καιόμενος καὶ φαίνων,
era la lámpara — que arde y brilla,

ὑμεῖς δὲ ἠθελήσατε ἀγαλλιαθῆναι πρὸς
y vosotros quisisteis regocijaros por

ὥραν ἐν τῷ φωτὶ αὐτοῦ. **36** Ἐγὼ δὲ
una hora en la luz de él. Pero yo

---

[1]
31. VERÍDICO. Esto es, *válido legalmente*.

ἔχω   τὴν   μαρτυρίαν   μείζω   τοῦ   Ἰωάννου·
tengo   el   testimonio   mayor   —   de Juan;

τὰ   γὰρ   ἔργα   ἃ   δέδωκέν   μοι (que el) ὁ   πατὴρ   ἵνα
porque las   obras   que   ha dado   me   el   Padre para que

τελειώσω   αὐτά,   αὐτὰ   τὰ   ἔργα   ἃ   ποιῶ,
lleve a cabo   las,   mismas   las   obras   que   hago,

μαρτυρεῖ   περὶ   ἐμοῦ   ὅτι   ὁ   πατήρ   με
testifican   sobre   mí   que   el   Padre   me

ἀπέσταλκεν.   37 καὶ   ὁ   πέμψας   με   πατήρ,
ha enviado.   Y el que   envió   me   Padre,

ἐκεῖνος   μεμαρτύρηκεν   περὶ   ἐμοῦ.   οὔτε
él   ha testificado   sobre   mí.   Ni

φωνὴν   αὐτοῦ   πώποτε   ἀκηκόατε   οὔτε   εἶδος
voz   de él   jamás   habéis oído,   ni   forma

αὐτοῦ   ἑωράκατε,   38 καὶ   τὸν   λόγον   αὐτοῦ
de él   habéis visto,   y   la   palabra   de él

οὐκ   ἔχετε   ἐν   ὑμῖν   μένοντα,   ὅτι   ὃν
no   tenéis   en   vosotros permaneciendo,   pues   al que

ἀπέστειλεν   ἐκεῖνος,   τούτῳ   ὑμεῖς   οὐ   πιστεύετε.
envió   él,   a éste   vosotros   no   creéis.

39 ἐρευνᾶτε   τὰς   γραφάς,   ὅτι   ὑμεῖς   δοκεῖτε
[1]Escudriñáis   las   Escrituras,   pues   vosotros   pensáis

ἐν   αὐταῖς   ζωὴν   αἰώνιον   ἔχειν·   καὶ   ἐκεῖναί
en   ellas   vida   eterna   tener;   y   ellas

εἰσιν   αἱ   μαρτυροῦσαι   περὶ   ἐμοῦ·   40 καὶ
son   las que   testifican   sobre   mí;   y

οὐ   θέλετε   ἐλθεῖν   πρός   με   ἵνα   ζωὴν
no   queréis   venir   a   mí   para que   vida

ἔχητε.   41 Δόξαν   παρὰ   ἀνθρώπων   οὐ
tengáis.   Gloria   de parte   de hombres   no

λαμβάνω,   42 ἀλλὰ   ἔγνωκα   ὑμᾶς   ὅτι   τὴν
recibo,   pero   he conocido   os   que   el

ἀγάπην   τοῦ   θεοῦ   οὐκ   ἔχετε   ἐν   ἑαυτοῖς.
amor   —   de Dios   no   tenéis   en vosotros mismos.

43 ἐγὼ   ἐλήλυθα   ἐν   τῷ   ὀνόματι   τοῦ   πατρός
Yo   he venido   en   el   nombre   del   Padre

μου,   καὶ   οὐ   λαμβάνετέ   με·   ἐὰν   ἄλλος
de mí,   y   no   recibís   me;   si   otro

ἔλθῃ   ἐν   τῷ   ὀνόματι   τῷ   ἰδίῳ,   ἐκεῖνον
viene   en   el   nombre (suyo)   —   propio,   a ése

λήμψεσθε.   44 πῶς   δύνασθε   ὑμεῖς   πιστεῦσαι,
recibiréis.   ¿Cómo   podéis   vosotros   creer,

δόξαν   παρὰ   ἀλλήλων   λαμβάνοντες,   καὶ
gloria   unos   de otros   recibiendo,   y

τὴν   δόξαν   τὴν   παρὰ   τοῦ   μόνου   θεοῦ
la   gloria   (que es) de parte   del   único   Dios

οὐ   ζητεῖτε;   45 μὴ   δοκεῖτε   ὅτι   ἐγὼ   κατηγορήσω
no   buscáis?   No   penséis   que   yo   acusaré

[1]
39. ESCUDRIÑÁIS. Más probable que Escudriñad.

ὑμῶν πρὸς τὸν πατέρα· ἐστιν ὁ κατηγορῶν
os   ante   el   Padre;   hay quien acusa

ὑμῶν Μωϋσῆς, εἰς ὃν ὑμεῖς ἠλπίκατε. 46 εἰ
os,   Moisés,   en quien vosotros habéis esperado.   Por-

γὰρ ἐπιστεύετε Μωϋσεῖ, ἐπιστεύετε ἂν
que si creyeseis   a Moisés,   creeríais

ἐμοί· περὶ γὰρ ἐμοῦ ἐκεῖνος ἔγραψεν.
a mí; porque sobre   mí   él   escribió.

47 εἰ δὲ τοῖς ἐκείνου γράμμασιν οὐ
Pero si a los de él   escritos   no

πιστεύετε, πῶς τοῖς ἐμοῖς ῥήμασιν
creéis,   ¿cómo a las mías palabras

πιστεύσετε;
creeréis?

6 Μετὰ ταῦτα ἀπῆλθεν ὁ Ἰησοῦς πέραν
Después de esto,   se fue — Jesús al otro lado

τῆς θαλάσσης τῆς Γαλιλαίας τῆς Τιβεριάδος.
del   mar   — de Galilea, — de Tiberias.

2 ἠκολούθει δὲ αὐτῷ ὄχλος πολύς, ὅτι
Y seguía   le multitud mucha, pues

ἑώρων τὰ σημεῖα ἃ ἐποίει ἐπὶ τῶν
veían las señales que hacía en   los

ἀσθενούντων. 3 ἀνῆλθεν δὲ εἰς τὸ ὄρος
enfermos.   Y subió   a   la montaña

Ἰησοῦς, καὶ ἐκεῖ ἐκάθητο μετὰ τῶν
Jesús,   y allí se sentó con   los

μαθητῶν αὐτοῦ. 4 ἦν δὲ ἐγγὺς τὸ πάσχα,
discípulos de él. Y estaba cerca la pascua,

ἡ ἑορτὴ τῶν Ἰουδαίων. 5 ἐπάρας οὖν
la fiesta de los judíos.   Alzando, pues,

τοὺς ὀφθαλμοὺς ὁ Ἰησοῦς καὶ θεασάμενος
los   ojos   — Jesús   y   viendo

ὅτι πολὺς ὄχλος ἔρχεται πρὸς αὐτόν,
que mucha multitud viene   a   él,

λέγει πρὸς Φίλιππον· πόθεν ἀγοράσωμεν
dice   a   Felipe: ¿De dónde compraremos

ἄρτους ἵνα φάγωσιν οὗτοι; 6 τοῦτο δὲ
panes para que coman éstos?   Y esto

ἔλεγεν πειράζων αὐτόν· αὐτὸς γὰρ ᾔδει
decía probando le;   porque él   sabía

τί ἔμελλεν ποιεῖν. 7 ἀπεκρίθη αὐτῷ ὁ
qué iba a hacer. Respondió   le —

Φίλιππος· διακοσίων δηναρίων ἄρτοι οὐκ
Felipe: De doscientos denarios panes no

ἀρκοῦσιν αὐτοῖς, ἵνα ἕκαστος βραχύ τι
bastarán les, para que cada uno un poco

λάβη. 8 λέγει αὐτῷ εἷς ἐκ τῶν μαθητῶν
tome.   Dice   le   uno   de los   discípulos

αὐτοῦ, Ἀνδρέας ὁ ἀδελφὸς Σίμωνος
de él,   Andrés   el   hermano   de Simón

Πέτρου· 9 ἔστιν παιδάριον ὧδε ὃς ἔχει
Pedro: Hay   un muchacho   aquí   que   tiene

πέντε ἄρτους κριθίνους καὶ δύο ὀψάρια·
cinco   panes   de cebada   y   dos   pescados;

ἀλλὰ ταῦτα τί ἐστιν εἰς τοσούτους;
pero   esto   ¿qué   es   para   tantos?

10 εἶπεν ὁ Ἰησοῦς· ποιήσατε τοὺς ἀνθρώπους
Dijo —   Jesús: Haced   a los   hombres

ἀναπεσεῖν. ἦν δὲ χόρτος πολὺς ἐν τῷ
recostarse.   Y había   hierba   mucha   en   el

τόπῳ. ἀνέπεσαν οὖν οἱ ἄνδρες τὸν ἀριθμὸν
lugar.   Se recostaron,   pues,   los   varones   (en) el   número

ὡς πεντακισχίλιοι. 11 ἔλαβεν οὖν τοὺς
como   cinco mil.   Tomó,   pues,   los

ἄρτους ὁ Ἰησοῦς καὶ εὐχαριστήσας
panes   —   Jesús   y   dando gracias

διέδωκεν τοῖς ἀνακειμένοις, ὁμοίως καὶ
(los) repartió   a los   recostados,   e igualmente

ἐκ τῶν ὀψαρίων ὅσον ἤθελον. 12 ὡς δὲ
de   los   pescados   cuanto   querían.   Y cuando

ἐνεπλήσθησαν, λέγει τοῖς μαθηταῖς αὐτοῦ·
fueron saciados,   dice   a los   discípulos   de él:

συναγάγετε τὰ περισσεύσαντα κλάσματα, ἵνα
Recoged   los   sobrantes   pedazos,   para que

μή τι ἀπόληται. 13 συνήγαγον οὖν, καὶ
no   algo   se pierda.   Recogieron,   pues,   y

ἐγέμισαν δώδεκα κοφίνους κλασμάτων ἐκ
llenaron   doce   cestos   de pedazos   de

τῶν πέντε ἄρτων τῶν κριθίνων ἃ ἐπερίσσευσαν
los   cinco   panes   —   de cebada   que   sobraron

τοῖς βεβρωκόσιν. 14 Οἱ οὖν ἄνθρωποι
a los   que habían comido.   Entonces los   hombres,

ἰδόντες ὃ ἐποίησεν σημεῖον ἔλεγον ὅτι
viendo   la que   hizo   señal,   decían: —

οὗτός ἐστιν ἀληθῶς ὁ προφήτης ὁ
Éste   es   verdaderamente   el   profeta   —

ἐρχόμενος εἰς τὸν κόσμον. 15 Ἰησοῦς
que viene   al   mundo.   Jesús,

οὖν γνοὺς ὅτι μέλλουσιν ἔρχεσθαι καὶ
pues,   conociendo que   van a   venir   y

ἁρπάζειν αὐτὸν ἵνα ποιήσωσιν βασιλέα,
apoderarse   de él   para   hacer(le)   rey,

ἀνεχώρησεν   πάλιν   εἰς   τὸ   ὄρος   αὐτὸς
se retiró   de nuevo   a   la   montaña   él

μόνος.   16 Ὡς   δὲ   ὀψία   ἐγένετο,   κατέβησαν
solo.   Y cuando   (la) noche   llegó,   bajaron

οἱ   μαθηταὶ   αὐτοῦ   ἐπὶ   τὴν   θάλασσαν,
los   discípulos   de él   al   mar,

17 καὶ   ἐμβάντες   εἰς   πλοῖον   ἤρχοντο   πέραν
y   entrando   en   una barca,   fueron   al otro lado

τῆς   θαλάσσης   εἰς   Καφαρναούμ.   καὶ
del   mar   a   Capernaúm.   Y

σκοτία   ἤδη   ἐγεγόνει   καὶ   οὔπω   ἐληλύθει
(la) oscuridad ya   había llegado   y   aún no   había venido

πρὸς   αὐτοὺς   ὁ   Ἰησοῦς,   18 ἥ   τε   θάλασσα
a   ellos   —   Jesús,   además el   mar,

ἀνέμου   μεγάλου   πνέοντος   διηγείρετο.
viento   grande   soplando,   se encrespaba.

19 ἐληλακότες   οὖν   ὡς   σταδίους   εἴκοσι
Habiendo remado,   pues,   como   estadios   veinti-

πέντε   ἢ   τριάκοντα   θεωροῦσιν   τὸν   Ἰησοῦν
cinco   o   treinta,   ven   —   a Jesús

περιπατοῦντα   ἐπὶ   τῆς   θαλάσσης   καὶ   ἐγγὺς
andando   sobre   el   mar   y   cercano

τοῦ   πλοίου   γινόμενον,   καὶ   ἐφοβήθησαν.
a la   barca   haciéndose,   y   temieron.

20 ὁ   δὲ   λέγει   αὐτοῖς·   ἐγώ   εἰμι·   μὴ
Pero él   dice   les: Yo   soy;   no

φοβεῖσθε.   21 ἤθελον   οὖν   λαβεῖν   αὐτὸν   εἰς
(más) temáis.   Querían,   pues,   recibir   le   en

τὸ   πλοῖον,   καὶ   εὐθέως   ἐγένετο   τὸ   πλοῖον
la   barca,   y   en seguida   llegó   la   barca

ἐπὶ   τῆς   γῆς   εἰς   ἣν   ὑπῆγον.
a   la   tierra   a   la que   iban.

22 Τῇ   ἐπαύριον   ὁ   ὄχλος   ὁ   ἑστηκὼς
Al   día siguiente,   la   turba   —   que estaba

πέραν   τῆς   θαλάσσης   εἶδον   ὅτι   πλοιάριον
al otro lado del   mar   vio   que   barca

ἄλλο   οὐκ   ἦν   ἐκεῖ   εἰ   μὴ   ἕν,   καὶ   ὅτι
otra   no   había   allí   excepto   una,   y   que

οὐ   συνεισῆλθεν   τοῖς   μαθηταῖς   αὐτοῦ   ὁ
no   había entrado   con los   discípulos   de él   —

Ἰησοῦς   εἰς   τὸ   πλοῖον   ἀλλὰ   μόνοι   οἱ
Jesús   en   la   barca,   sino que   solos   los

μαθηταὶ   αὐτοῦ   ἀπῆλθον·   23 ἄλλα   ἦλθεν
discípulos   de él   se fueron;   otras   vinieron

πλοιάρια   ἐκ   Τιβεριάδος   ἐγγὺς   τοῦ   τόπου
barcas   de   Tiberias   cerca   del   lugar

ὅπου   ἔφαγον   τὸν   ἄρτον   εὐχαριστήσαντος
donde   comieron   el   pan   habiendo dado gracias

τοῦ κυρίου.   **24** ὅτε οὖν εἶδεν ὁ ὄχλος
el   Señor.   Cuando, pues, vio la turba

ὅτι 'Ιησοῦς οὐκ ἔστιν ἐκεῖ οὐδὲ οἱ
que   Jesús   no   está   allí   ni   los

μαθηταὶ αὐτοῦ, ἐνέβησαν αὐτοὶ εἰς τὰ
discípulos   de él,   entraron   ellos   en   las

πλοιάρια καὶ ἦλθον εἰς Καφαρναοὺμ
barcas   y   vinieron   a   Capernaúm

ζητοῦντες τὸν 'Ιησοῦν.   **25** καὶ εὑρόντες
buscando   —   a Jesús.   Y   hallando

αὐτὸν πέραν τῆς θαλάσσης εἶπον αὐτῷ·
le   al otro lado del   mar,   dijeron   le:

ῥαββί, πότε ὧδε γέγονας;   **26** ἀπεκρίθη
Rabí,   ¿cuándo acá has llegado?   Respondió

αὐτοῖς ὁ 'Ιησοῦς καὶ εἶπεν· ἀμὴν ἀμὴν
les   —   Jesús   y   dijo: De cierto, de cierto

λέγω ὑμῖν, ζητεῖτέ με οὐχ ὅτι εἴδετε
digo   os,   buscáis   me   no   porque visteis

σημεῖα, ἀλλ' ὅτι ἐφάγετε ἐκ τῶν ἄρτων
señales,   sino porque comisteis de los panes

καὶ ἐχορτάσθητε.   **27** ἐργάζεσθε μὴ τὴν
y   fuisteis saciados.   Trabajad   no   por la

βρῶσιν τὴν ἀπολλυμένην, ἀλλὰ τὴν βρῶσιν
comida   —   que perece,   sino por la comida

τὴν μένουσαν εἰς ζωὴν αἰώνιον, ἦν ὁ
—   que permanece hasta (la) vida eterna, la que el

υἱὸς τοῦ ἀνθρώπου ὑμῖν δώσει· τοῦτον γὰρ
Hijo   del   Hombre   os   dará;   porque a éste

ὁ πατὴρ ἐσφράγισεν ὁ θεός.   **28** εἶπον
el   Padre   [1]selló   —   Dios.   Dijeron,

οὖν πρὸς αὐτόν· τί ποιῶμεν ἵνα ἐργαζ-
pues,   a   él: ¿Qué debemos hacer para   [2]reali-

ώμεθα τὰ ἔργα τοῦ θεοῦ;   **29** ἀπεκρίθη
zar   [3]las obras   de Dios?   Respondió

'Ιησοῦς καὶ εἶπεν αὐτοῖς· τοῦτό ἐστιν τὸ
Jesús   y   dijo   les: Ésta   es   la

ἔργον τοῦ θεοῦ, ἵνα πιστεύητε εἰς ὃν
obra   —   de Dios, que [4]creáis   en   el que

ἀπέστειλεν ἐκεῖνος.   **30** εἶπον οὖν αὐτῷ·
envió   él.   Dijeron, pues, le:

τί οὖν ποιεῖς σὺ σημεῖον, ἵνα ἴδωμεν
¿Qué, pues, haces tú   señal,   para que veamos

καὶ πιστεύσωμέν σοι; τί ἐργάζῃ;   **31** οἱ
y   creamos   te? ¿Qué obra haces?   Los

πατέρες ἡμῶν τὸ μάννα ἔφαγον ἐν τῇ
padres   de nosotros el   maná   comieron en el

ἐρήμῳ, καθώς ἐστιν γεγραμμένον· ἄρτον
desierto,   como   está   escrito: Pan

1
27. SELLÓ. Es decir, *acreditó*.
2
28. REALIZAR. Lit. *trabajar*.
3
28. LAS OBRAS DE DIOS. Esto es, *las obras que agradan a Dios*.
4
29. CREÁIS. Nótese que la fe *no es obra*, pero es *activa*. (Comp. Gá. 5:6; 1 Ts. 1:3.)

ἐκ τοῦ οὐρανοῦ ἔδωκεν αὐτοῖς φαγεῖν.
del cielo dio les a comer.

32 Εἶπεν οὖν αὐτοῖς ὁ Ἰησοῦς· ἀμὴν
Dijo entonces les — Jesús: De cierto,

ἀμὴν λέγω ὑμῖν, οὐ Μωϋσῆς δέδωκεν
de cierto digo os, no Moisés ha dado

ὑμῖν τὸν ἄρτον ἐκ τοῦ οὐρανοῦ, ἀλλ' ὁ
os el pan del cielo, sino el

πατήρ μου δίδωσιν ὑμῖν τὸν ἄρτον ἐκ
Padre de mí da os el pan del

τοῦ οὐρανοῦ τὸν ἀληθινόν· **33** ὁ γὰρ ἄρτος
cielo (el) verdadero; porque el pan

τοῦ θεοῦ ἐστιν ὁ καταβαίνων ἐκ τοῦ
— de Dios es el que baja del

οὐρανοῦ καὶ ζωὴν διδοὺς τῷ κόσμῳ.
cielo y vida da al mundo.

34 εἶπον οὖν πρὸς αὐτόν· κύριε, πάντοτε
Dijeron, pues, a él: Señor, siempre

δὸς ἡμῖν τὸν ἄρτον τοῦτον. **35** εἶπεν
da nos el pan este. Dijo

αὐτοῖς ὁ Ἰησοῦς· ἐγώ εἰμι ὁ ἄρτος τῆς
les — Jesús: Yo soy el pan de la

ζωῆς· ὁ ἐρχόμενος πρὸς ἐμὲ οὐ μὴ
vida; el que viene a mí de ningún modo

πεινάσῃ, καὶ ὁ πιστεύων εἰς ἐμὲ οὐ μὴ
tendrá hambre, y el que cree en mí de ningún modo

διψήσει πώποτε. **36** Ἀλλ' εἶπον ὑμῖν ὅτι
tendrá sed jamás. Pero dije os que

καὶ ἑωράκατέ [με] καὶ οὐ πιστεύετε.
también habéis visto me y no creéis.

37 πᾶν ὃ δίδωσίν μοι ὁ πατὴρ πρὸς
Todo lo que da me el Padre, a

ἐμὲ ἥξει, καὶ τὸν ἐρχόμενον πρός με
mí vendrá, y al que viene a mí,

οὐ μὴ ἐκβάλω ἔξω, **38** ὅτι καταβέβηκα
de ningún modo echaré fuera, pues he bajado

ἀπὸ τοῦ οὐρανοῦ οὐχ ἵνα ποιῶ τὸ θέλημα
del cielo no para hacer la voluntad

τὸ ἐμὸν ἀλλὰ τὸ θέλημα τοῦ πέμψαντός
— mía, sino la voluntad del que envió

με. **39** τοῦτο δέ ἐστιν τὸ θέλημα τοῦ
me. Y esta es la voluntad del

πέμψαντός με, ἵνα πᾶν ὃ δέδωκέν μοι
que envió me, que todo lo que ha dado me

μὴ ἀπολέσω ἐξ αὐτοῦ, ἀλλὰ ἀναστήσω
no pierda de ello, sino que resucite

αὐτὸ ἐν τῇ ἐσχάτῃ ἡμέρᾳ. **40** τοῦτο
lo en el último día. Porque esta

γάρ ἐστιν τὸ θέλημα τοῦ πατρός μου,
es   la   voluntad   del   Padre   de mí,

ἵνα πᾶς ὁ θεωρῶν τὸν υἱὸν καὶ πιστεύων
que   todo   el   que ve   al   Hijo   y   cree

εἰς αὐτὸν ἔχῃ ζωὴν αἰώνιον, καὶ ἀναστήσω
en   él,   tenga   vida   eterna,   y   resucitaré

αὐτὸν ἐγὼ ἐν τῇ ἐσχάτῃ ἡμέρᾳ. 41 Ἐγόγ-
le   yo   en el   último   día.   Refunfu-

γυζον οὖν οἱ Ἰουδαῖοι περὶ αὐτοῦ ὅτι
ñaban,   pues,   los   judíos   sobre   él   porque

εἶπεν· ἐγώ εἰμι ὁ ἄρτος ὁ καταβὰς ἐκ
dijo: Yo   soy   el   pan   —   que bajó   del

τοῦ οὐρανοῦ, 42 καὶ ἔλεγον· οὐχ οὗτός
cielo,   y   decían: ¿No   éste

ἐστιν Ἰησοῦς ὁ υἱὸς Ἰωσήφ, οὗ ἡμεῖς
es   Jesús   el   hijo   de José,   de quien nosotros

οἴδαμεν τὸν πατέρα καὶ τὴν μητέρα;
[1]conocemos   al   padre   y   a la   madre?

πῶς νῦν λέγει ὅτι ἐκ τοῦ οὐρανοῦ
¿Cómo   ahora   dice: —   Del   cielo

καταβέβηκα; 43 ἀπεκρίθη Ἰησοῦς καὶ εἶπεν
he bajado?   Respondió   Jesús   y   dijo

αὐτοῖς· μὴ γογγύζετε μετ᾽ ἀλλήλων.
les: No   refunfuñéis   unos con otros.

44 Οὐδεὶς δύναται ἐλθεῖν πρός με ἐὰν μὴ
Nadie   puede   venir   a   mí   a no ser que

ὁ πατὴρ ὁ πέμψας με ἑλκύσῃ αὐτόν,
el   Padre   que envió   me,   atraiga   le,

κἀγὼ ἀναστήσω αὐτὸν ἐν τῇ ἐσχάτῃ
y yo   resucitaré   le   en   el   último

ἡμέρᾳ. 45 ἔστιν γεγραμμένον ἐν τοῖς
día.   Está   escrito   en   los

προφήταις· καὶ ἔσονται πάντες διδακτοὶ
profetas: Y   serán   todos   enseñados

θεοῦ· πᾶς ὁ ἀκούσας παρὰ τοῦ πατρὸς
de Dios;   todo   el   que oyó   de parte   del   Padre

καὶ μαθὼν ἔρχεται πρὸς ἐμέ. 46 οὐχ
y   aprendió,   viene   a   mí.   No

ὅτι τὸν πατέρα ἑώρακέν τις, εἰ μὴ ὁ
que   al   Padre   haya visto   alguien,   excepto el que

ὢν παρὰ τοῦ θεοῦ, οὗτος ἑώρακεν τὸν
[2](vino) de parte   —   de Dios,   éste   ha visto   al

πατέρα. 47 ἀμὴν ἀμὴν λέγω ὑμῖν, ὁ
Padre.   De cierto,   de cierto   digo   os,   el

πιστεύων ἔχει ζωὴν αἰώνιον. 48 Ἐγώ
que cree,   tiene   vida   eterna.   Yo

εἰμι ὁ ἄρτος τῆς ζωῆς. 49 οἱ πατέρες
soy   el   pan   de la vida.   Los   padres

[1]
42. CONOCEMOS. Lit. *sabemos.*
[2]
46. (VINO). Lit. *es.*

ὑμῶν ἔφαγον ἐν τῇ ἐρήμῳ τὸ μάννα καὶ
de vosotros comieron   en   el   desierto   el   maná   y

ἀπέθανον· **50** οὗτός ἐστιν ὁ ἄρτος ὁ ἐκ
murieron.   Éste   es   el   pan   que   del

τοῦ οὐρανοῦ καταβαίνων, ἵνα τις ἐξ
cielo   baja,   para que   alguien   de

αὐτοῦ φάγῃ καὶ μὴ ἀποθάνῃ. **51** ἐγώ
él   coma   y   no   muera.   Yo

εἰμι ὁ ἄρτος ὁ ζῶν ὁ ἐκ τοῦ οὐρανοῦ
soy   el   pan   —   vivo   que   del   cielo

καταβάς· ἐάν τις φάγῃ ἐκ τούτου τοῦ
bajó;   si   alguien   come   de   este   —

ἄρτου, ζήσει εἰς τὸν αἰῶνα· καὶ ὁ ἄρτος
pan,   vivirá   para   siempre;   y   el pan cierta-

δὲ ὃν ἐγὼ δώσω ἡ σάρξ μού ἐστιν
mente que   yo   daré,   la   carne   de mí   es

ὑπὲρ τῆς τοῦ κόσμου ζωῆς. **52** Ἐμάχοντο
[1]por   la   del   mundo   vida.   Contendían,

οὖν πρὸς ἀλλήλους οἱ Ἰουδαῖοι λέγοντες·
pues,   unos con otros   los   judíos   diciendo:

πῶς δύναται οὗτος ἡμῖν δοῦναι τὴν
¿Cómo   puede   éste   nos   dar   la

σάρκα φαγεῖν; **53** εἶπεν οὖν αὐτοῖς ὁ
carne   a comer?   Dijo,   pues,   les   —

Ἰησοῦς· ἀμὴν ἀμὴν λέγω ὑμῖν, ἐὰν μὴ
Jesús: De cierto, de cierto   digo   os,   a no ser que

φάγητε τὴν σάρκα τοῦ υἱοῦ τοῦ ἀνθρώπου
comáis   la   carne   del   Hijo   del   Hombre

καὶ πίητε αὐτοῦ τὸ αἷμα, οὐκ ἔχετε
y   bebáis   de él   la   sangre,   no   tenéis

ζωὴν ἐν ἑαυτοῖς. **54** ὁ τρώγων μου τὴν
vida   en vosotros mismos.   [2]El que   come   de mí   la

σάρκα καὶ πίνων μου τὸ αἷμα ἔχει ζωὴν
carne   y   bebe   de mí   la   sangre,   tiene   vida

αἰώνιον, κἀγὼ ἀναστήσω αὐτὸν τῇ ἐσχάτῃ
eterna,   y yo   resucitaré   le   en el   último

ἡμέρᾳ. **55** ἡ γὰρ σάρξ μου ἀληθής
día.   Porque la   carne   de mí   verdadera

ἐστιν βρῶσις, καὶ τὸ αἷμά μου ἀληθής
es   comida,   y   la   sangre   de mí   verdadera

ἐστιν πόσις. **56** ὁ τρώγων μου τὴν
es   bebida.   El que   come   de mí   la

σάρκα καὶ πίνων μου τὸ αἷμα ἐν ἐμοὶ
carne   y   bebe   de mí   la   sangre   en   mí

μένει κἀγὼ ἐν αὐτῷ. **57** καθὼς ἀπέστειλέν
permanece   y yo   en   él.   Como   envió

με ὁ ζῶν πατὴρ κἀγὼ ζῶ διὰ τὸν
me   el   viviente   Padre   y yo   vivo   mediante   el

---

[1]
51. POR. Es decir, *en favor de.*

[2]
54. EL QUE COME... Y BEBE... No se trata de actos *fisiológicos*, sino *espirituales.* (V. vers. 63.)

πατέρα, καὶ ὁ τρώγων με κἀκεῖνος
Padre, también el que come me, también él

ζήσει δι' ἐμέ. 58 οὗτός ἐστιν ὁ ἄρτος ὁ
vivirá mediante mí. Éste es el pan que

ἐξ οὐρανοῦ καταβάς, οὐ καθὼς ἔφαγον
de(l) cielo bajó, no como comieron

οἱ πατέρες καὶ ἀπέθανον· ὁ τρώγων
los padres y murieron; el que come

τοῦτον τὸν ἄρτον ζήσει εἰς τὸν αἰῶνα.
este — pan, vivirá para siempre.

59 Ταῦτα εἶπεν ἐν συναγωγῇ διδάσκων ἐν
Estas cosas dijo en una sinagoga enseñando en

Καφαρναούμ. 60 Πολλοὶ οὖν ἀκούσαντες
Capernaúm. Muchos, pues, oyendo

ἐκ τῶν μαθητῶν αὐτοῦ εἶπαν· σκληρός
de los discípulos de él, dijeron: Duro

ἐστιν ὁ λόγος οὗτος· τίς δύναται αὐτοῦ
es [1]el mensaje este; ¿quién puede lo

ἀκούειν; 61 εἰδὼς δὲ ὁ Ἰησοῦς ἐν ἑαυτῷ
oír? Pero sabiendo — Jesús en sí mismo

ὅτι γογγύζουσιν περὶ τούτου οἱ μαθηταὶ
que refunfuñan sobre esto los discípulos

αὐτοῦ, εἶπεν αὐτοῖς· τοῦτο ὑμᾶς σκανδαλίζει;
de él, dijo les: ¿Esto os escandaliza?

62 ἐὰν οὖν θεωρῆτε τὸν υἱὸν τοῦ ἀνθρώπου
¿Si, pues, veis al Hijo del Hombre

ἀναβαίνοντα ὅπου ἦν τὸ πρότερον; 63 τὸ
subiendo adonde estaba — primero? El

πνεῦμά ἐστιν τὸ ζωοποιοῦν, ἡ σὰρξ οὐκ
espíritu es lo que vivifica, la carne no

ὠφελεῖ οὐδέν· τὰ ῥήματα ἃ ἐγὼ λελάληκα
aprovecha nada; las palabras que yo he hablado

ὑμῖν πνεῦμά ἐστιν καὶ ζωή ἐστιν. 64 ἀλλ'
os, espíritu son y vida son. Pero

εἰσὶν ἐξ ὑμῶν τινες οἳ οὐ πιστεύουσιν. ᾔδει
hay de vosotros algunos que no creen. Porque

γὰρ ἐξ ἀρχῆς ὁ Ἰησοῦς τίνες εἰσὶν
sabía desde (el) principio — Jesús quiénes son

οἱ μὴ πιστεύοντες καὶ τίς ἐστιν ὁ
los que no creen y quién es el que

παραδώσων αὐτόν. 65 καὶ ἔλεγεν·
entregará le. Y [2]decía:

διὰ τοῦτο εἴρηκα ὑμῖν ὅτι οὐδεὶς δύναται
Por esto he dicho os que nadie puede

ἐλθεῖν πρός με ἐὰν μὴ ᾖ δεδομένον
venir a mí a no ser que haya sido dado

αὐτῷ ἐκ τοῦ πατρός.
le del Padre.

[1]
60. EL MENSAJE. Lit. la palabra.
[2]
65. DECÍA. Esto es, continuó diciendo.

66 Ἐκ τούτου πολλοὶ τῶν μαθητῶν
Desde esto, muchos de los discípulos

αὐτοῦ ἀπῆλθον εἰς τὰ ὀπίσω καὶ οὐκέτι
de él se fueron 1a lo de atrás y ya no

μετ' αὐτοῦ περιεπάτουν. **67** εἶπεν οὖν ὁ
con él andaban. Dijo, pues, —

Ἰησοῦς τοῖς δώδεκα· μὴ καὶ ὑμεῖς
Jesús a los doce: ¿Acaso también vosotros

θέλετε ὑπάγειν; **68** ἀπεκρίθη αὐτῷ Σίμων
queréis iros? Respondió le Simón

Πέτρος· κύριε, πρὸς τίνα ἀπελευσόμεθα;
Pedro: Señor, ¿a quién nos marcharemos?

ῥήματα ζωῆς αἰωνίου ἔχεις· **69** καὶ ἡμεῖς
Palabras de vida eterna tienes; y nosotros

πεπιστεύκαμεν καὶ ἐγνώκαμεν ὅτι σὺ εἶ
hemos creído y conocido que tú eres

ὁ ἅγιος τοῦ θεοῦ. **70** ἀπεκρίθη αὐτοῖς ὁ
el Santo — de Dios. Respondió les —

Ἰησοῦς· οὐκ ἐγὼ ὑμᾶς τοὺς δώδεκα
Jesús: ¿No yo os a los doce

ἐξελεξάμην; καὶ ἐξ ὑμῶν εἷς διάβολός
escogí? Y de vosotros uno diablo

ἐστιν. **71** ἔλεγεν δὲ τὸν Ἰούδαν Σίμωνος
es. Y se refería — a Judas de Simón

Ἰσκαριώτου· οὗτος γὰρ ἔμελλεν παραδιδόναι
Iscariote; pues éste iba a entregar

αὐτόν, εἷς ἐκ τῶν δώδεκα.
le, uno de los doce.

7 Καὶ μετὰ ταῦτα περιεπάτει ὁ Ἰησοῦς
Y después de esto andaba — Jesús

ἐν τῇ Γαλιλαίᾳ· οὐ γὰρ ἤθελεν ἐν τῇ
en — Galilea; porque no quería en —

Ἰουδαίᾳ περιπατεῖν, ὅτι ἐζήτουν αὐτὸν οἱ
Judea andar, pues buscaban le los

Ἰουδαῖοι ἀποκτεῖναι. **2** ἦν δὲ ἐγγὺς ἡ
judíos para matar. Y estaba cerca la

ἑορτὴ τῶν Ἰουδαίων ἡ σκηνοπηγία. **3** εἶπον
fiesta de los judíos, la (de los) tabernáculos. Dijeron,

οὖν πρὸς αὐτὸν οἱ ἀδελφοὶ αὐτοῦ·
pues, a él los hermanos de él:

μετάβηθι ἐντεῦθεν καὶ ὕπαγε εἰς τὴν Ἰουδαίαν,
Pásate de aquí y vete a — Judea,

ἵνα καὶ οἱ μαθηταί σου θεωρήσουσιν τὰ
para que también los discípulos de ti vean las

ἔργα σου ἃ ποιεῖς· **4** οὐδεὶς γάρ τι ἐν
obras de ti que haces; porque nadie algo en

1
66. A LO DE ATRÁS. Esto es,
a su anterior manera de
vivir. (Comp. con Lc. 9:62.)

κρυπτῷ ποιεῖ καὶ ζητεῖ αὐτὸς ἐν παρρησίᾳ
secreto   hace   y   busca él mismo en publicidad

εἶναι. εἰ ταῦτα ποιεῖς, φανέρωσον σεαυτὸν
estar. Si estas cosas haces, manifiesta a ti mismo

τῷ κόσμῳ. 5 οὐδὲ γὰρ οἱ ἀδελφοὶ
al mundo.   Porque ni   los   hermanos

αὐτοῦ ἐπίστευον εἰς αὐτόν. 6 λέγει οὖν
de él   creían   en   él.   Dice, pues,

αὐτοῖς ὁ Ἰησοῦς· ὁ καιρὸς ὁ ἐμὸς
les   Jesús: El ²tiempo — mío

οὔπω πάρεστιν, ὁ δὲ καιρὸς ὁ ὑμέτερος
aún no ha llegado, pero el tiempo — vuestro

πάντοτέ ἐστιν ἕτοιμος. 7 οὐ δύναται ὁ
siempre está presto.   No   puede el

κόσμος μισεῖν ὑμᾶς, ἐμὲ δὲ μισεῖ, ὅτι
mundo odiar os, pero a mí odia, porque

ἐγὼ μαρτυρῶ περὶ αὐτοῦ ὅτι τὰ ἔργα
yo testifico sobre él   que las obras

αὐτοῦ πονηρά ἐστιν. 8 ὑμεῖς ἀνάβητε εἰς
de él   malas son.   Vosotros subid   a

τὴν ἑορτήν· ἐγὼ οὐκ ἀναβαίνω εἰς τὴν
la fiesta; ²yo no   subo   a la

ἑορτὴν ταύτην, ὅτι ὁ ἐμὸς καιρὸς οὔπω
fiesta esta, pues — mi tiempo aún no

πεπλήρωται. 9 ταῦτα δὲ εἰπὼν αὐτοῖς
ha sido cumplido.   Y esto diciendo les,

ἔμεινεν ἐν τῇ Γαλιλαίᾳ. 10 Ὡς δὲ
se quedaba en   Galilea.   Pero cuando

ἀνέβησαν οἱ ἀδελφοὶ αὐτοῦ εἰς τὴν ἑορτήν,
subieron los hermanos de él a la fiesta,

τότε καὶ αὐτὸς ἀνέβη, οὐ φανερῶς ἀλλὰ
entonces también él subió, no manifiestamente sino

ὡς ἐν κρυπτῷ. 11 οἱ οὖν Ἰουδαῖοι
como en secreto.   Por tanto, los judíos

ἐζήτουν αὐτὸν ἐν τῇ ἑορτῇ καὶ ἔλεγον·
buscaban le en la fiesta y decían:

ποῦ ἐστιν ἐκεῖνος; 12 καὶ γογγυσμὸς περὶ
¿Dónde está aquél?   Y murmullo sobre

αὐτοῦ ἦν πολὺς ἐν τοῖς ὄχλοις· οἱ μὲν
él había mucho entre las turbas; unos

ἔλεγον ὅτι ἀγαθός ἐστιν· ἄλλοι [δὲ]
decían: — Bueno es; otros

ἔλεγον· οὔ, ἀλλὰ πλανᾷ τὸν ὄχλον.
decían: No, sino que engaña a la gente.

13 οὐδεὶς μέντοι παρρησίᾳ ἐλάλει περὶ
Nadie, sin embargo, abiertamente hablaba acerca

αὐτοῦ διὰ τὸν φόβον τῶν Ἰουδαίων.
de él, por el miedo ³a los judíos.

1
6. TIEMPO. El griego significa *sazón, oportunidad,* como en Mr. 1:15; Hch. 1:8 ("tiempos o sazones"); Ef. 5:16; Col. 4:5.
2
8. YO NO SUBO. Se sobreentiende *ahora, al principio de la fiesta.* (V. vers. 14.)
3
13. A LOS JUDÍOS. Lit. *de los judíos.*

14 Ἤδη δὲ τῆς ἑορτῆς μεσούσης ἀνέβη
Pero ya la fiesta (estando) subió
en su mitad,

Ἰησοῦς εἰς τὸ ἱερὸν καὶ ἐδίδασκεν.
Jesús al templo y enseñaba.

15 ἐθαύμαζον οὖν οἱ Ἰουδαῖοι λέγοντες·
Por eso, se asombraban los judíos, diciendo:

πῶς οὗτος γράμματα οἶδεν μὴ μεμαθηκώς;
¿Cómo éste letras sabe no habiendo aprendido?

16 ἀπεκρίθη οὖν αὐτοῖς Ἰησοῦς καὶ εἶπεν·
Respondió, pues, les Jesús y dijo:

ἡ ἐμὴ διδαχὴ οὐκ ἔστιν ἐμὴ ἀλλὰ τοῦ
— Mi doctrina ¹no es mía, sino del que

πέμψαντός με· **17** ἐάν τις θέλῃ τὸ θέλημα
envió me; si alguien quiere la voluntad

αὐτοῦ ποιεῖν, γνώσεται περὶ τῆς διδαχῆς,
de él hacer, conocerá acerca de la doctrina

πότερον ἐκ τοῦ θεοῦ ἐστιν ἢ ἐγὼ ἀπ'
si de — Dios es o yo de

ἐμαυτοῦ λαλῶ. **18** ὁ ἀφ' ἑαυτοῦ λαλῶν
mí mismo hablo. El que de sí mismo habla,

τὴν δόξαν τὴν ἰδίαν ζητεῖ· ὁ δὲ ζητῶν
la gloria — propia busca; pero el que busca

τὴν δόξαν τοῦ πέμψαντος αὐτόν, οὗτος
la gloria del que envió le, éste

ἀληθής ἐστιν καὶ ἀδικία ἐν αὐτῷ οὐκ
veraz es e injusticia en él no

ἔστιν. **19** οὐ Μωϋσῆς ἔδωκεν ὑμῖν τὸν
hay. ¿No Moisés dio os la

νόμον; καὶ οὐδεὶς ἐξ ὑμῶν ποιεῖ τὸν
ley? Y ninguno de vosotros practica la

νόμον. τί με ζητεῖτε ἀποκτεῖναι;
ley. ¿Por qué me procuráis matar?

20 ἀπεκρίθη ὁ ὄχλος· δαιμόνιον ἔχεις·
Respondió la turba: Demonio tienes;

τίς σε ζητεῖ ἀποκτεῖναι; **21** ἀπεκρίθη
¿quién te procura matar? Respondió

Ἰησοῦς καὶ εἶπεν αὐτοῖς· ἓν ἔργον ἐποίησα
Jesús y dijo les: ²Una obra hice

καὶ πάντες θαυμάζετε. **22** διὰ τοῦτο
y todos os asombráis. Por esto

Μωϋσῆς δέδωκεν ὑμῖν τὴν περιτομήν, —
Moisés ha dado os la circuncisión,

οὐχ ὅτι ἐκ τοῦ Μωϋσέως ἐστὶν ἀλλ' ἐκ
no que de — Moisés es, sino de

τῶν πατέρων, — καὶ ἐν σαββάτῳ
los padres, y en sábado

περιτέμνετε ἄνθρωπον **23** εἰ περιτομὴν
circuncidáis a un hombre. Si circuncisión

¹ 16. No es mía. Esto es, *no me la invento yo.*

² 21. Una obra. Jesús se refiere en particular al milagro de 5:1-18, que dio ocasión al complot para matarle.

λαμβάνει [ὁ] ἄνθρωπος ἐν σαββάτῳ ἵνα
recibe (el) hombre en sábado para que

μὴ λυθῇ ὁ νόμος Μωϋσέως, ἐμοὶ χολᾶτε,
no sea quebrantada la ley de Moisés, ¿conmigo os enojáis

ὅτι ὅλον ἄνθρωπον ὑγιῆ ἐποίησα ἐν
porque entero un hombre sano hice en

σαββάτῳ; 24 μὴ κρίνετε κατ' ὄψιν, ἀλλὰ
sábado? No juzguéis según (el) aspecto, sino

τὴν δικαίαν κρίσιν κρίνατε. 25 Ἔλεγον
el justo juicio juzgad. Decían

οὖν τινες ἐκ τῶν Ἱεροσολυμιτῶν· οὐχ
entonces algunos de los de Jerusalén: ¿No

οὗτός ἐστιν ὃν ζητοῦσιν ἀποκτεῖναι; 26 καὶ
éste es a quien buscan para matar? Y

ἴδε παρρησίᾳ λαλεῖ, καὶ οὐδὲν αὐτῷ
mira, abiertamente habla, y nada le

λέγουσιν. μήποτε ἀληθῶς ἔγνωσαν οἱ
dicen. ¿Quizá de veras conocieron los

ἄρχοντες ὅτι οὗτός ἐστιν ὁ χριστός;
gobernantes que éste es el Cristo?

27 ἀλλὰ τοῦτον οἴδαμεν πόθεν ἐστίν· ὁ δὲ
Pero éste sabemos de dónde es; pero el

χριστὸς ὅταν ἔρχηται, οὐδεὶς γινώσκει
Cristo cuando venga, nadie conoce

πόθεν ἐστίν. 28 ἔκραξεν οὖν ἐν τῷ ἱερῷ
de dónde es. [1]Gritó, pues, en el templo

διδάσκων ὁ Ἰησοῦς καὶ λέγων· κἀμὲ
enseñando — Jesús y diciendo: Y a mí (me)

οἴδατε καὶ οἴδατε πόθεν εἰμί· καὶ ἀπ'
[2]conocéis y sabéis de dónde soy; y de

ἐμαυτοῦ οὐκ ἐλήλυθα, ἀλλ' ἔστιν ἀληθινὸς
mí mismo no he venido, sino que es verdadero

ὁ πέμψας με, ὃν ὑμεῖς οὐκ οἴδατε·
el que envió me, al que vosotros no [2]conocéis.

29 ἐγὼ οἶδα αὐτόν, ὅτι παρ' αὐτοῦ εἰμι
Yo [3]conozco le, pues de parte de él soy

κἀκεῖνός με ἀπέστειλεν. 30 Ἐζήτουν οὖν
y él me envió. Procuraban, pues,

αὐτὸν πιάσαι, καὶ οὐδεὶς ἐπέβαλεν ἐπ'
le arrestar, y nadie puso sobre

αὐτὸν τὴν χεῖρα, ὅτι οὔπω ἐληλύθει ἡ
él la mano, pues aún no había llegado la

ὥρα αὐτοῦ. 31 Ἐκ τοῦ ὄχλου δὲ πολλοὶ
hora de él. Pero de la gente muchos

ἐπίστευσαν εἰς αὐτόν, καὶ ἔλεγον· ὁ
creyeron en él, y decían: El

1
28. GRITÓ. Es decir, alzó la voz.
2
28. CONOCÉIS. Lit. sabéis.
3
29. CONOZCO. Lit. sé.

χριστὸς ὅταν ἔλθῃ, μὴ πλείονα σημεῖα
Cristo　cuando　venga,　¿acaso　más　señales

ποιήσει ὧν οὗτος ἐποίησεν; 32 ἤκουσαν
hará　que las que　éste　hizo?　Oyeron

οἱ Φαρισαῖοι τοῦ ὄχλου γογγύζοντος περὶ
los　fariseos　a la　gente　[1]murmurando　sobre

αὐτοῦ ταῦτα, καὶ ἀπέστειλαν οἱ ἀρχιερεῖς
él　estas cosas,　y　enviaron　los　principales sacerdotes

καὶ οἱ Φαρισαῖοι ὑπηρέτας ἵνα πιάσωσιν
y　los　fariseos　alguaciles　para　arrestar

αὐτόν. 33 εἶπεν οὖν ὁ Ἰησοῦς· ἔτι
le.　Dijo,　pues,　—　Jesús:　Aún

χρόνον μικρὸν μεθ᾽ ὑμῶν εἰμι καὶ ὑπάγω
tiempo　[2]un poco　con　vosotros　estoy　y　me voy

πρὸς τὸν πέμψαντά με. 34 ζητήσετέ με
al　que envió　me.　Buscaréis　me

καὶ οὐχ εὑρήσετε, καὶ ὅπου εἰμὶ ἐγὼ
y　no　hallaréis,　y　adonde　estoy　yo

ὑμεῖς οὐ δύνασθε ἐλθεῖν. 35 εἶπον οὖν
vosotros　no　podéis　venir.　Dijeron,　pues,

οἱ Ἰουδαῖοι πρὸς ἑαυτούς· ποῦ οὗτος
los　judíos　entre　ellos mismos:　¿Dónde　éste

μέλλει πορεύεσθαι, ὅτι ἡμεῖς οὐχ εὑρήσομεν
va a　irse,　que　nosotros　no　hallaremos

αὐτόν; μὴ εἰς τὴν διασπορὰν τῶν Ἑλλήνων
le?　¿Acaso　a　[3]la　dispersión　de los　griegos

μέλλει πορεύεσθαι καὶ διδάσκειν τοὺς
va a　irse,　y　enseñar　a los

Ἕλληνας; 36 τίς ἐστιν ὁ λόγος οὗτος
griegos?　¿Qué　es　la　palabra　ésta

ὃν εἶπεν· ζητήσετέ με καὶ οὐχ εὑρήσετε,
que　dijo:　Buscaréis　me　y　no　hallaréis,

καὶ ὅπου εἰμὶ ἐγὼ ὑμεῖς οὐ δύνασθε
y　adonde　estoy　yo,　vosotros　no　podéis

ἐλθεῖν;
venir?

37 Ἐν δὲ τῇ ἐσχάτῃ ἡμέρᾳ τῇ μεγάλῃ
Y en　el　último　día,　el　gran (día)

τῆς ἑορτῆς εἱστήκει ὁ Ἰησοῦς καὶ ἔκραξεν
de la　fiesta　se puso en pie　—　Jesús　y　[4]gritó,

λέγων· ἐάν τις διψᾷ, ἐρχέσθω πρός με
diciendo:　Si　alguno tiene sed,　venga　a　mí,

καὶ πινέτω. 38 ὁ πιστεύων εἰς ἐμέ,
y　beba.　El que　cree　en　mí

καθὼς εἶπεν ἡ γραφή, ποταμοὶ ἐκ τῆς
como　dijo　la　Escritura,　ríos　del

κοιλίας αὐτοῦ ῥεύσουσιν ὕδατος ζῶντος.
vientre　de él　fluirán　de agua　viva.

[1]
32. MURMURANDO. Es decir, comentando.
[2]
33. UN POCO. Lit. pequeño.
[3]
35. LA DISPERSIÓN DE LOS GRIEGOS. Es decir, los judíos dispersos en países de gentiles.
[4]
37. GRITÓ. Es decir, alzó la voz.

39 τοῦτο δὲ εἶπεν περὶ τοῦ πνεύματος
Pero esto dijo acerca del Espíritu

οὗ ἔμελλον λαμβάνειν οἱ πιστεύσαντες
que iban a recibir los que creyesen

εἰς αὐτόν· οὔπω γὰρ ἦν πνεῦμα, ὅτι
en él; porque ¹aún no había Espíritu, pues

'Ιησοῦς οὐδέπω ἐδοξάσθη. **40** 'Εκ τοῦ
Jesús aún no fue glorificado. (Algunos) de la

ὄχλου οὖν ἀκούσαντες τῶν λόγων τούτων
gente, pues, oyendo las palabras estas,

ἔλεγον [ὅτι]· οὗτός ἐστιν ἀληθῶς ὁ
decían: — Éste es verdaderamente el

προφήτης· **41** ἄλλοι ἔλεγον· οὗτός ἐστιν ὁ
profeta; otros decían: Éste es el

χριστός· οἱ δὲ ἔλεγον· μὴ γὰρ ἐκ τῆς
Cristo; pero otros decían: ¿Pues acaso de —

Γαλιλαίας ὁ χριστὸς ἔρχεται; **42** οὐχ ἡ
Galilea el Cristo viene? ¿No la

γραφὴ εἶπεν ὅτι ἐκ τοῦ σπέρματος Δαυίδ,
Escritura dijo que de la simiente de David,

καὶ ἀπὸ Βηθλέεμ τῆς κώμης ὅπου ἦν
y de Belén, la aldea donde estaba

Δαυίδ, ἔρχεται ὁ χριστός; **43** σχίσμα
David, viene el Cristo? División,

οὖν ἐγένετο ἐν τῷ ὄχλῳ δι' αὐτόν·
pues, se hizo en la gente a causa de él;

44 τινὲς δὲ ἤθελον ἐξ αὐτῶν πιάσαι αὐτόν,
y algunos querían de ellos arrestar le,

ἀλλ' οὐδεὶς ἐπέβαλεν ἐπ' αὐτὸν τὰς χεῖρας.
pero nadie puso sobre él las manos.

45 'Ηλθον οὖν οἱ ὑπηρέται πρὸς τοὺς
Vinieron, pues, los alguaciles a los

ἀρχιερεῖς καὶ Φαρισαίους, καὶ εἶπον αὐτοῖς
principales y fariseos, y dijeron les
sacerdotes

ἐκεῖνοι· διὰ τί οὐκ ἠγάγετε αὐτόν;
ellos: ¿Por qué no trajisteis le?

46 ἀπεκρίθησαν οἱ ὑπηρέται· οὐδέποτε
Respondieron los alguaciles: Nunca

ἐλάλησεν οὕτως ἄνθρωπος, ὡς οὗτος λαλεῖ
habló así (un) hombre, como este habla

ὁ ἄνθρωπος. **47** ἀπεκρίθησαν οὖν αὐτοῖς
— hombre. Respondieron, pues, les

οἱ Φαρισαῖοι· μὴ καὶ ὑμεῖς πεπλάνησθε;
los fariseos: ¿Acaso también vosotros habéis sido engañados?

48 μή τις ἐκ τῶν ἀρχόντων ἐπίστευσεν
¿Acaso alguno de los gobernantes creyó

εἰς αὐτὸν ἢ ἐκ τῶν Φαρισαίων; **49** ἀλλὰ
en él, o de los fariseos? Pero

1
39. AÚN NO HABÍA ESPÍRITU. Es decir, *aún no había sido derramado el Espíritu Santo.*

ὁ ὄχλος οὗτος ὁ μὴ γινώσκων τὸν
la gente esta que no conoce la

νόμον ἐπάρατοί εἰσιν. 50 λέγει Νικόδημος
ley, malditos son. Dice Nicodemo

πρὸς αὐτούς, ὁ ἐλθὼν πρὸς αὐτὸν πρότερον,
a ellos, el que vino a él primero,

εἷς ὢν ἐξ αὐτῶν· 51 μὴ ὁ νόμος ἡμῶν
uno siendo de ellos: ¿Acaso la ley de nosotros

κρίνει τὸν ἄνθρωπον ἐὰν μὴ ἀκούσῃ
juzga al hombre sin que oiga

πρῶτον παρ' αὐτοῦ καὶ γνῷ τί ποιεῖ;
primero de parte de él y conozca qué hace?

52 ἀπεκρίθησαν καὶ εἶπαν αὐτῷ· μὴ καὶ
Respondieron y dijeron le: ¿Acaso también

σὺ ἐκ τῆς Γαλιλαίας εἶ; ἐρεύνησον καὶ
tú de — Galilea eres? Escudriña y

ἴδε ὅτι ἐκ τῆς Γαλιλαίας προφήτης οὐκ
ve que de — Galilea (un) profeta no

ἐγείρεται.
¹surge.

53 Καὶ ἐπορεύθησαν ἕκαστος εἰς τὸν οἶκον
Y se fueron cada uno a la casa

αὐτοῦ, 8 Ἰησοῦς δὲ ἐπορεύθη εἰς τὸ
²de él, pero Jesús se fue al

Ὄρος τῶν Ἐλαιῶν. 2 Ὄρθρου δὲ πάλιν
Monte de los Olivos. Y al amanecer, de nuevo

παρεγένετο εἰς τὸ ἱερόν [, καὶ πᾶς ὁ
se presentó en el templo, y todo el

λαὸς ἤρχετο πρὸς αὐτόν, καὶ καθίσας
pueblo venía a él, y sentándose

ἐδίδασκεν αὐτούς]. 3 Ἄγουσιν δὲ οἱ
enseñaba les. Y conducen los

γραμματεῖς καὶ οἱ Φαρισαῖοι γυναῖκα ἐπὶ
escribas y los fariseos una mujer en

μοιχείᾳ κατειλημμένην, καὶ στήσαντες αὐτὴν
adulterio sorprendida, y situando la

ἐν μέσῳ 4 λέγουσιν αὐτῷ Διδάσκαλε,
en medio, dicen le: Maestro,

αὕτη ἡ γυνὴ κατείληπται ἐπ' αὐτοφώρῳ
esta — mujer ha sido sorprendida en (el) acto mismo

μοιχευομένη· 5 ἐν δὲ τῷ νόμῳ [ἡμῖν]
adulterando. Y en la ley nos

Μωυσῆς ἐνετείλατο τὰς τοιαύτας λιθάζειν·
Moisés mandó a las tales apedrear;

σὺ οὖν τί λέγεις; 6 [τοῦτο δὲ ἔλεγον
tú, pues, ¿qué dices? Pero esto decían

πειράζοντες αὐτόν, ἵνα ἔχωσιν κατηγορεῖν
tentando le, para tener (de qué) acusar

1
52. SURGE. Lit. *es levantado.*
Los sacerdotes y fariseos
se habían olvidado de Jonás. (V. 2 R. 14:25; Jon. 1:1.)

2
53. DE ÉL. Esto es, *cada uno a su casa.*

αὐτοῦ.] ὁ δὲ Ἰησοῦς κάτω κύψας τῷ
le.   Pero   Jesús   abajo   inclinado,   con el

δακτύλῳ κατέγραφεν εἰς τὴν γῆν. 7 ὡς δὲ
dedo   trazaba rasgos   en   el   suelo.   Y como

ἐπέμενον ἐρωτῶντες [αὐτόν], ἀνέκυψεν καὶ
insistían   preguntando   le,   se enderezó   y

εἶπεν [αὐτοῖς] Ὁ ἀναμάρτητος ὑμῶν
dijo   les: El que   (esté) sin pecado   de vosotros,

πρῶτος ἐπ' αὐτὴν βαλέτω λίθον· 8 καὶ
(el) primero   a   ella   arroje   una piedra.   Y

πάλιν κατακύψας ἔγραφεν εἰς τὴν γῆν.
de nuevo   inclinándose   escribía   en   el   suelo.

9 οἱ δὲ ἀκούσαντες ἐξήρχοντο εἷς καθ'
Y ellos,   al oírlo,   salían   uno   a

εἷς ἀρξάμενοι ἀπὸ τῶν πρεσβυτέρων, καὶ
uno,   comenzando   por   los   más viejos,   y

κατελείφθη μόνος, καὶ ἡ γυνὴ ἐν μέσῳ
fue dejado   solo,   y   la   mujer   en   medio

οὖσα. 10 ἀνακύψας δὲ ὁ Ἰησοῦς εἶπεν
que estaba.   Y enderezándose   —   Jesús,   dijo

αὐτῇ Γύναι, ποῦ εἰσιν; οὐδείς σε κατέκρινεν;
le: Mujer, ¿dónde están?   ¿Ninguno   te   condenó?

11 ἡ δὲ εἶπεν Οὐδείς, κύριε. εἶπεν δὲ
Y ella   dijo: Ninguno,   Señor.   Dijo entonces

ὁ Ἰησοῦς Οὐδὲ ἐγώ σε κατακρίνω·
—   Jesús: Ni   yo   te   condeno.

πορεύου, ἀπὸ τοῦ νῦν μηκέτι ἁμάρτανε.
Vete,   desde   —   ahora   no más   peques.

12 Πάλιν οὖν αὐτοῖς ἐλάλησεν ὁ Ἰησοῦς
Otra vez,   pues,   les   habló   —   Jesús,

λέγων· ἐγώ εἰμι τὸ φῶς τοῦ κόσμου·
diciendo: Yo   soy   la   luz   del   mundo;

ὁ ἀκολουθῶν μοι οὐ μὴ περιπατήσῃ ἐν
el que   sigue   me, de ningún modo   andará   en

τῇ σκοτίᾳ, ἀλλ' ἕξει τὸ φῶς τῆς ζωῆς.
la   oscuridad,   sino que   tendrá   ¹la   luz   de la   vida.

13 εἶπον οὖν αὐτῷ οἱ Φαρισαῖοι· σὺ περὶ
Dijeron,   pues,   le   los   fariseos: Tú   sobre

σεαυτοῦ μαρτυρεῖς· ἡ μαρτυρία σου οὐκ
ti mismo   testificas;   el   testimonio   de ti   no

ἔστιν ἀληθής. 14 ἀπεκρίθη Ἰησοῦς καὶ
es   verídico.   Respondió   Jesús   y

εἶπεν αὐτοῖς· κἂν ἐγὼ μαρτυρῶ περὶ
dijo   les: Aunque   yo   testifico   sobre

ἐμαυτοῦ, ἀληθής ἐστιν ἡ μαρτυρία μου,
mí mismo,   verídico   es   el   testimonio   de mí,

ὅτι οἶδα πόθεν ἦλθον καὶ ποῦ ὑπάγω·
pues   sé   de dónde   vine   y   dónde   voy;

---

¹
12. LA LUZ DE LA VIDA. Esto es, *la luz que es vida.* (V. 1:4.)

ὑμεῖς δὲ οὐκ οἴδατε πόθεν ἔρχομαι ἢ
pero vosotros no sabéis de dónde vengo o

ποῦ ὑπάγω. 15 ὑμεῖς κατὰ τὴν σάρκα
dónde voy. Vosotros según la carne

κρίνετε, ἐγὼ οὐ κρίνω οὐδένα. 16 καὶ
juzgáis, yo no juzgo a nadie. E incluso

ἐὰν κρίνω δὲ ἐγώ, ἡ κρίσις ἡ ἐμὴ
si juzgo yo, el juicio — mío

ἀληθινή ἐστιν, ὅτι μόνος οὐκ εἰμί, ἀλλ'
verdadero es, pues solo no estoy, sino

ἐγὼ καὶ ὁ πέμψας με. 17 καὶ ἐν τῷ
yo y el que envió me. Y en la

νόμῳ δὲ τῷ ὑμετέρῳ γέγραπται ὅτι δύο
ley misma — vuestra ha sido escrito que de dos

ἀνθρώπων ἡ μαρτυρία ἀληθής ἐστιν.
hombres el testimonio, verídico es.

18 ἐγώ εἰμι ὁ μαρτυρῶν περὶ ἐμαυτοῦ,
Yo soy el que testifico sobre mí mismo,

καὶ μαρτυρεῖ περὶ ἐμοῦ ὁ πέμψας με
y testifica sobre mí el que envió me

πατήρ. 19 ἔλεγον οὖν αὐτῷ· ποῦ ἐστιν ὁ
Padre. Decían, pues, le: ¿Dónde está el

πατήρ σου; ἀπεκρίθη Ἰησοῦς· οὔτε ἐμὲ
Padre de ti? Respondió Jesús: Ni me

οἴδατε οὔτε τὸν πατέρα μου· εἰ ἐμὲ
[1]conocéis ni al Padre de mí; si me

ᾔδειτε, καὶ τὸν πατέρα μου ἂν ᾔδειτε.
[2]conocieseis, también al Padre de mí [3]conoceríais.

20 · Ταῦτα τὰ ῥήματα ἐλάλησεν ἐν τῷ
Estas — palabras habló en el

γαζοφυλακείῳ διδάσκων ἐν τῷ ἱερῷ· καὶ
lugar de las ofrendas enseñando en el templo; y

οὐδεὶς ἐπίασεν αὐτόν, ὅτι οὔπω ἐληλύθει
nadie prendió le, pues aún no había llegado

ἡ ὥρα αὐτοῦ.
la hora de él.

21 Εἶπεν οὖν πάλιν αὐτοῖς· ἐγὼ ὑπάγω
Dijo, pues, de nuevo les: Yo me voy

καὶ ζητήσετέ με, καὶ ἐν τῇ ἁμαρτίᾳ
y buscaréis me, y en el pecado

ὑμῶν ἀποθανεῖσθε· ὅπου ἐγὼ ὑπάγω ὑμεῖς
de vosotros moriréis; adonde yo voy, vosotros

οὐ δύνασθε ἐλθεῖν. 22 ἔλεγον οὖν οἱ
no podéis venir. Decían, pues, los

Ἰουδαῖοι· μήτι ἀποκτενεῖ ἑαυτόν, ὅτι
judíos: ¿Acaso matará a sí mismo, pues

λέγει· ὅπου ἐγὼ ὑπάγω ὑμεῖς οὐ δύνασθε
dice: Adonde yo voy, vosotros no podéis

[1]
19. CONOCÉIS. Lit. sabéis.
[2]
19. CONOCIESEIS. Lit. supieseis.
[3]
19. CONOCERÍAIS. Lit. sabríais.

ἐλθεῖν; **23** καὶ ἔλεγεν αὐτοῖς· ὑμεῖς ἐκ
venir?   Y   decía   les: Vosotros   de

τῶν κάτω ἐστέ, ἐγὼ ἐκ τῶν ἄνω εἰμί·
las cosas de abajo   sois,   yo   de   las   de arriba soy;

ὑμεῖς ἐκ τούτου τοῦ κόσμου ἐστέ, ἐγὼ
vosotros de   este   —   mundo   sois,   yo

οὐκ εἰμὶ ἐκ τοῦ κόσμου τούτου. **24** εἶπον
no soy   del   mundo   este.   Dije

οὖν ὑμῖν ὅτι ἀποθανεῖσθε ἐν ταῖς ἁμαρτίαις
por eso os   que   moriréis   en los   pecados

ὑμῶν· ἐὰν γὰρ μὴ πιστεύσητε ὅτι ἐγώ
de vosotros; porque si no   creyereis   1que   yo

εἰμι, ἀποθανεῖσθε ἐν ταῖς ἁμαρτίαις ὑμῶν.
soy,   moriréis   en los   pecados   de vosotros.

25 ἔλεγον οὖν αὐτῷ· σὺ τίς εἶ; εἶπεν
Decían,   pues,   le: ¿Tú quién eres?   Dijo

αὐτοῖς ὁ Ἰησοῦς· τὴν ἀρχὴν ὅ τι καὶ
les   —   Jesús: 2Ante   todo, ¿por qué, en realidad,

λαλῶ ὑμῖν; **26** πολλὰ ἔχω περὶ ὑμῶν
hablo   os?   Muchas cosas tengo sobre vosotros

λαλεῖν καὶ κρίνειν· ἀλλ᾽ ὁ πέμψας με
que hablar y   juzgar;   pero el que envió   me

ἀληθής ἐστιν, κἀγὼ ἃ ἤκουσα παρ᾽
veraz   es,   y yo lo que   oí   de parte

αὐτοῦ, ταῦτα λαλῶ εἰς τὸν κόσμον.
de él,   3eso   hablo   al   mundo.

27 οὐκ ἔγνωσαν ὅτι τὸν πατέρα αὐτοῖς
No   conocieron que   4del   Padre   les

ἔλεγεν. **28** εἶπεν οὖν ὁ Ἰησοῦς· ὅταν
hablaba.   Dijo,   pues,   —   Jesús: Cuando

ὑψώσητε τὸν υἱὸν τοῦ ἀνθρώπου, τότε
levantéis   al   Hijo   del   Hombre,   entonces

γνώσεσθε ὅτι ἐγώ εἰμι, καὶ ἀπ᾽ ἐμαυτοῦ
conoceréis 1que yo   soy,   y   de   mí mismo

ποιῶ οὐδέν, ἀλλὰ καθὼς ἐδίδαξέν με ὁ
hago   nada,   sino que   como   enseñó   me   el

πατήρ, ταῦτα λαλῶ. **29** καὶ ὁ πέμψας
Padre,   3eso   hablo.   Y   el que   envió

με μετ᾽ ἐμοῦ ἐστιν· οὐκ ἀφῆκέν με
me,   conmigo   está;   no   dejó   me

μόνον, ὅτι ἐγὼ τὰ ἀρεστὰ αὐτῷ ποιῶ
solo,   pues,   yo   lo que   agrada   le,   hago

πάντοτε.
siempre.

30 Ταῦτα αὐτοῦ λαλοῦντος πολλοὶ ἐπίσ-
Estas cosas él   hablando,   muchos   cre-

τευσαν εἰς αὐτόν. **31** ἔλεγεν οὖν ὁ Ἰησοῦς
yeron   en   él.   Decía,   pues,   —   Jesús

1
24 y 28. QUE YO SOY. Esto es, *que yo soy el que reclamo ser.* (Comp. con Éx. 3: 14; Dt. 32:39; Is. 43:10.)
2
25. ANTE TODO. O *absolutamente.*
3
26. ESO. Lit. *estas cosas.*
4
27. DEL PADRE LES HABLABA. Lit. *al Padre les decía.*

πρὸς τοὺς πεπιστευκότας αὐτῷ Ἰουδαίους·
a los   que habían creído ¹¹e judíos:

ἐὰν ὑμεῖς μείνητε ἐν τῷ λόγῳ τῷ ἐμῷ,
Si vosotros permanecéis en la palabra — mía,

ἀληθῶς μαθηταί μού ἐστε, 32 καὶ γνώσεσθε
verdaderamente discípulos de mí sois, y conoceréis

τὴν ἀλήθειαν, καὶ ἡ ἀλήθεια ἐλευθερώσει
la verdad, y la verdad liberará

ὑμᾶς. 33 ἀπεκρίθησαν πρὸς αὐτόν· σπέρμα
os. Respondieron a él: Simiente

Ἀβραάμ ἐσμεν, καὶ οὐδενὶ δεδουλεύκαμεν
de Abraham somos, y a nadie hemos servido
(como esclavos)

πώποτε· πῶς σὺ λέγεις ὅτι ἐλεύθεροι
jamás; ¿cómo tú dices: — Libres

γενήσεσθε; 34 ἀπεκρίθη αὐτοῖς ὁ Ἰησοῦς·
llegaréis a ser? Respondió les — Jesús:

ἀμὴν ἀμὴν λέγω ὑμῖν ὅτι πᾶς ὁ ποιῶν
De cierto, de cierto digo os que todo el que practica

τὴν ἁμαρτίαν δοῦλός ἐστιν τῆς ἁμαρτίας.
el pecado, esclavo es del pecado.

35 ὁ δὲ δοῦλος οὐ μένει ἐν τῇ οἰκίᾳ
Pero el esclavo no permanece en la casa

εἰς τὸν αἰῶνα· ὁ υἱὸς μένει εἰς τὸν
para siempre; el hijo permanece para

αἰῶνα. 36 ἐὰν οὖν ὁ υἱὸς ὑμᾶς ἐλευθερώσῃ,
siempre. Si, pues, el hijo os liberare,

ὄντως ἐλεύθεροι ἔσεσθε. 37 Οἶδα ὅτι
realmente libres seréis. Sé que

σπέρμα Ἀβραάμ ἐστε· ἀλλὰ ζητεῖτέ με
simiente de Abraham sois; pero buscáis me

ἀποκτεῖναι, ὅτι ὁ λόγος ὁ ἐμὸς οὐ χωρεῖ
matar, pues la palabra — mía no halla sitio

ἐν ὑμῖν. 38 ἃ ἐγὼ ἑώρακα παρὰ τῷ
en vosotros. Lo que yo he visto junto al

πατρὶ λαλῶ· καὶ ὑμεῖς οὖν ἃ ἠκού-
Padre, hablo; y vosotros, por tanto, lo que oís-

σατε παρὰ τοῦ πατρὸς ποιεῖτε. 39 ἀπεκρί-
teis de parte del padre (vuestro) hacéis. Respon-

θησαν καὶ εἶπαν αὐτῷ· ὁ πατὴρ ἡμῶν Ἀβραάμ
dieron y dijeron le: El padre de nosotros Abraham

ἐστιν. λέγει αὐτοῖς ὁ Ἰησοῦς· εἰ τέκνα
es. Dice les — Jesús: Si hijos

τοῦ Ἀβραάμ ἐστε, τὰ ἔργα τοῦ Ἀβραὰμ
— de Abraham sois, las obras — de Abraham

ποιεῖτε· 40 νῦν δὲ ζητεῖτέ με ἀποκτεῖναι,
hacéis; pero ahora buscáis me matar,

ἄνθρωπον ὃς τὴν ἀλήθειαν ὑμῖν λελάληκα,
a un hombre que la verdad os he hablado,

¹ 31. LE. Nótese la construcción con dativo, distinta de la del vers. 30 ("en él"); aquéllos creyeron en él (le recibieron); éstos dieron crédito a lo que decía, pero no le recibieron, como lo muestra todo el contexto posterior.

ἣν ἤκουσα παρὰ τοῦ θεοῦ· τοῦτο Ἀβραὰμ
la que oí de parte — de Dios; esto Abraham

οὐκ ἐποίησεν. **41** ὑμεῖς ποιεῖτε τὰ ἔργα
no hizo. Vosotros hacéis las obras

τοῦ πατρὸς ὑμῶν. εἶπαν αὐτῷ· ἡμεῖς ἐκ
del padre de vosotros. Dijeron le: Nosotros de

πορνείας οὐκ ἐγεννήθημεν, ἕνα πατέρα
fornicación no fuimos engendrados, un padre

ἔχομεν τὸν θεόν. **42** εἶπεν αὐτοῖς ὁ
tenemos, Dios. Dijo les —

Ἰησοῦς· εἰ ὁ θεὸς πατὴρ ὑμῶν ἦν,
Jesús: Si — Dios padre de vosotros fuese,

ἠγαπᾶτε ἂν ἐμέ· ἐγὼ γὰρ ἐκ τοῦ θεοῦ
amaríais me; porque yo de — Dios

ἐξῆλθον καὶ ἥκω· οὐδὲ γὰρ ἀπ' ἐμαυτοῦ
salí y he venido; porque ni de mí mismo

ἐλήλυθα, ἀλλ' ἐκεῖνός με ἀπέστειλεν. **43** διὰ τί
he venido, sino que él me envió. ¿Por qué

τὴν λαλιὰν τὴν ἐμὴν οὐ γινώσκετε;
la conversación — mía [1]no conocéis?

ὅτι οὐ δύνασθε ἀκούειν τὸν λόγον τὸν
Porque no podéis oír la palabra —

ἐμόν. **44** ὑμεῖς ἐκ τοῦ πατρὸς τοῦ
mía. Vosotros del padre, del

διαβόλου ἐστὲ καὶ τὰς ἐπιθυμίας τοῦ
diablo sois y los deseos del

πατρὸς ὑμῶν θέλετε ποιεῖν. ἐκεῖνος
padre de vosotros queréis hacer. Él

ἀνθρωποκτόνος ἦν ἀπ' ἀρχῆς, καὶ ἐν
homicida era desde (el) principio, y en

τῇ ἀληθείᾳ οὐκ ἔστηκεν, ὅτι οὐκ ἔστιν
la verdad no se sostuvo, pues no hay

ἀλήθεια ἐν αὐτῷ. ὅταν λαλῇ τὸ ψεῦδος,
verdad en él. Cuando habla la mentira,

ἐκ τῶν ἰδίων λαλεῖ, ὅτι ψεύστης ἐστὶν
de lo suyo propio habla, pues mentiroso es

καὶ ὁ πατὴρ αὐτοῦ. **45** ἐγὼ δὲ ὅτι τὴν
y el padre [2]de ella. Pero yo porque la

ἀλήθειαν λέγω, οὐ πιστεύετέ μοι. **46** τίς
verdad digo, no creéis me. ¿Quién

ἐξ ὑμῶν ἐλέγχει με περὶ ἁμαρτίας; εἰ
de vosotros reprocha me acerca de pecado? Si

ἀλήθειαν λέγω, διὰ τί ὑμεῖς οὐ πιστεύετέ
verdad digo, ¿por qué vosotros no creéis

μοι; **47** ὁ ὢν ἐκ τοῦ θεοῦ τὰ ῥήματα
me? El que es de — Dios, las palabras

τοῦ θεοῦ ἀκούει· διὰ τοῦτο ὑμεῖς οὐκ
— de Dios oye; por esto vosotros no

[1]
43. No CONOCÉIS. Es decir, no comprendéis lo que yo hablo.
[2]
44. DE ELLA. Es decir, de la mentira.

ἀκούετε, ὅτι ἐκ τοῦ θεοῦ οὐκ ἐστέ.
οís, porque de — Dios no sois.

48 Ἀπεκρίθησαν οἱ Ἰουδαῖοι καὶ εἶπαν
Respondieron los judíos y dijeron

αὐτῷ· οὐ καλῶς λέγομεν ἡμεῖς ὅτι
le: ¿No bien decimos nosotros que

Σαμαρίτης εἶ σὺ καὶ δαιμόνιον ἔχεις;
samaritano eres tú y demonio tienes?

49 ἀπεκρίθη Ἰησοῦς· ἐγὼ δαιμόνιον οὐκ
Respondió Jesús: Yo demonio no

ἔχω, ἀλλὰ τιμῶ τὸν πατέρα μου, καὶ
tengo, sino que honro al Padre de mí, y

ὑμεῖς ἀτιμάζετέ με. **50** ἐγὼ δὲ οὐ ζητῶ
vosotros deshonráis me. Pero yo no busco

τὴν δόξαν μου· ἔστιν ὁ ζητῶν καὶ
la gloria de mí; hay quien (la) busca, y

κρίνων. **51** ἀμὴν ἀμὴν λέγω ὑμῖν, ἐάν
juzga. De cierto, de cierto digo os, si

τις τὸν ἐμὸν λόγον τηρήσῃ, θάνατον
alguno — mi palabra guardare, muerte

οὐ μὴ θεωρήσῃ εἰς τὸν αἰῶνα. **52** εἶπαν
de ningún modo verá para siempre. Dijeron

αὐτῷ οἱ Ἰουδαῖοι· νῦν ἐγνώκαμεν ὅτι
le los judíos: Ahora hemos conocido que

δαιμόνιον ἔχεις. Ἀβραὰμ ἀπέθανεν καὶ οἱ
demonio tienes. Abraham murió y los

προφῆται, καὶ σὺ λέγεις· ἐάν τις τὸν
profetas, y tú dices: Si alguno la

λόγον μου τηρήσῃ, οὐ μὴ γεύσηται
palabra de mí guardare, de ningún modo gustará

θανάτου εἰς τὸν αἰῶνα. **53** μὴ σὺ μείζων
(la) muerte para siempre. ¿Acaso tú mayor

εἶ τοῦ πατρὸς ἡμῶν Ἀβραάμ, ὅστις
eres que el padre de nosotros Abraham, el cual

ἀπέθανεν; καὶ οἱ προφῆται ἀπέθανον· τίνα
murió? También los profetas murieron; ¿quién

σεαυτὸν ποιεῖς; **54** ἀπεκρίθη Ἰησοῦς· ἐὰν
a ti mismo haces? Respondió Jesús: Si

ἐγὼ δοξάσω ἐμαυτόν, ἡ δόξα μου οὐδέν
yo glorificase a mí mismo, la gloria de mí nada

ἐστιν· ἔστιν ὁ πατήρ μου ὁ δοξάζων με,
es; es el Padre de mí el que glorifica me,

ὃν ὑμεῖς λέγετε ὅτι θεὸς ἡμῶν ἐστιν,
el que vosotros decís que Dios de vosotros es,

55 καὶ οὐκ ἐγνώκατε αὐτόν, ἐγὼ δὲ
y no habéis conocido le, pero yo

οἶδα αὐτόν. κἂν εἴπω ὅτι οὐκ οἶδα
¹conozco le. Y si dijese que no ¹conozco

αὐτόν, ἔσομαι ὅμοιος ὑμῖν ψεύστης· ἀλλὰ
le,   seré   semejante a vosotros mentiroso; pero

οἶδα αὐτὸν καὶ τὸν λόγον αὐτοῦ τηρῶ.
[1]conozco le y la palabra de él guardo.

56 Ἀβραὰμ ὁ πατὴρ ὑμῶν ἠγαλλιάσατο
Abraham el padre de vosotros se regocijó

ἵνα ἴδῃ τὴν ἡμέραν τὴν ἐμήν, καὶ εἶδεν
por ver el día — mío, y (lo) vio

καὶ ἐχάρη. 57 εἶπαν οὖν οἱ Ἰουδαῖοι
y se alegró.   Dijeron, entonces, los judíos

πρὸς αὐτόν· πεντήκοντα ἔτη οὔπω ἔχεις
a él: Cincuenta años aún no tienes,

καὶ Ἀβραὰμ ἑώρακας; 58 εἶπεν αὐτοῖς
¿y a Abraham has visto?   Dijo les

Ἰησοῦς· ἀμὴν ἀμὴν λέγω ὑμῖν, πρὶν
Jesús: De cierto, de cierto digo os, antes que

Ἀβραὰμ γενέσθαι ἐγὼ εἰμί. 59 ἦραν
Abraham llegase a ser, yo soy.   Tomaron,

οὖν λίθους ἵνα βάλωσιν ἐπ' αὐτόν·
pues, piedras para arrojar(las) a él;

Ἰησοῦς δὲ ἐκρύβη καὶ ἐξῆλθεν ἐκ τοῦ
pero Jesús [2]se escondió y salió del

ἱεροῦ.
templo.

9 Καὶ παράγων εἶδεν ἄνθρωπον τυφλὸν
Y al pasar, vio un hombre ciego

ἐκ γενετῆς. 2 καὶ ἠρώτησαν αὐτὸν οἱ
de nacimiento. Y preguntaron le los

μαθηταὶ αὐτοῦ λέγοντες· ῥαββί, τίς ἥμαρτεν,
discípulos de él, diciendo: Rabí, ¿quién pecó,

οὗτος ἢ οἱ γονεῖς αὐτοῦ, ἵνα τυφλὸς
éste o los padres de él, para que ciego

γεννηθῇ; 3 ἀπεκρίθη Ἰησοῦς· οὔτε οὗτος
naciera? Respondió Jesús: Ni éste

ἥμαρτεν οὔτε οἱ γονεῖς αὐτοῦ, ἀλλ' ἵνα
pecó ni los padres de él, sino para que

φανερωθῇ τὰ ἔργα τοῦ θεοῦ ἐν αὐτῷ.
sean manifestadas las obras — de Dios en él.

4 ἡμᾶς δεῖ ἐργάζεσθαι τὰ ἔργα τοῦ
[3]Nosotros debemos obrar las obras del

πέμψαντός με ἕως ἡμέρα ἐστίν· ἔρχεται
que envió me mientras día es; viene [4](la)

νὺξ ὅτε οὐδεὶς δύναται ἐργάζεσθαι. 5 ὅταν
noche cuando nadie puede trabajar. Cuando

ἐν τῷ κόσμῳ ὦ, φῶς εἰμι τοῦ κόσμου.
en el mundo estoy, luz soy del mundo.

[1]
55. CONOZCO. Lit. *sé.*
[2]
59. SE ESCONDIÓ. Lit. *fue escondido.*
[3]
4. NOSOTROS DEBEMOS OBRAR. Lit. *Nosotros es menester que obremos.*
[4]
4. (LA) NOCHE. Aquí significa la muerte.

6 ταῦτα εἰπὼν ἔπτυσεν χαμαὶ καὶ ἐποίησεν
Esto habiendo dicho, escupió en tierra e hizo

πηλὸν ἐκ τοῦ πτύσματος, καὶ ἐπέθηκεν
lodo de la saliva, y puso en

αὐτοῦ τὸν πηλὸν ἐπὶ τοὺς ὀφθαλμούς,
él el lodo sobre los ojos,

7 καὶ εἶπεν αὐτῷ· ὕπαγε νίψαι εἰς τὴν
y dijo le: Ve a lavar(te) a la

κολυμβήθραν τοῦ Σιλωάμ (ὃ ἑρμηνεύεται
piscina del Siloam (que se traduce

ἀπεσταλμένος). ἀπῆλθεν οὖν καὶ ἐνίψατο,
Enviado). Se fue, pues, y lavó(se),

καὶ ἦλθεν βλέπων. **8** Οἱ οὖν γείτονες
y vino viendo. Entonces los vecinos

καὶ οἱ θεωροῦντες αὐτὸν τὸ πρότερον,
y los que veían le — anteriormente,

ὅτι προσαίτης ἦν, ἔλεγον· οὐχ οὗτός
que mendigo era, decían: ¿No éste

ἐστιν ὁ καθήμενος καὶ προσαιτῶν; **9** ἄλλοι
es el que se sentaba y mendigaba? Otros

ἔλεγον ὅτι οὗτός ἐστιν· ἄλλοι ἔλεγον·
decían: Éste es; otros decían:

οὐχί, ἀλλὰ ὅμοιος αὐτῷ ἐστιν. ἐκεῖνος
No, sino que parecido a él es. Él

ἔλεγεν ὅτι ἐγώ εἰμι. **10** ἔλεγον οὖν
decía: — Yo soy. Decían, pues,

αὐτῷ· πῶς [οὖν] ἠνεῴχθησάν σου οἱ
le: ¿Cómo pues, fueron abiertos de ti los

ὀφθαλμοί; **11** ἀπεκρίθη ἐκεῖνος· ὁ ἄνθρωπος
ojos? Respondió él: El hombre

ὁ λεγόμενος Ἰησοῦς πηλὸν ἐποίησεν καὶ
que es llamado Jesús lodo hizo y

ἐπέχρισέν μου τοὺς ὀφθαλμοὺς καὶ εἶπέν
untó de mí los ojos y dijo

μοι ὅτι ὕπαγε εἰς τὸν Σιλωὰμ καὶ
me: — Ve al Siloam y

νίψαι· ἀπελθὼν οὖν καὶ νιψάμενος ἀνέβλεψα.
lávate; fui, pues, y habiéndome lavado, vi.

12 καὶ εἶπαν αὐτῷ· ποῦ ἐστιν ἐκεῖνος;
Y dijeron le: ¿Dónde está él?

λέγει· οὐκ οἶδα. **13** Ἄγουσιν αὐτὸν
Dice: No sé. Conducen le

πρὸς τοὺς Φαρισαίους, τόν ποτε τυφλόν.
a los fariseos, al otrora ciego.

14 ἦν δὲ σάββατον ἐν ᾗ ἡμέρᾳ τὸν
Y era sábado en el cual día el

πηλὸν ἐποίησεν ὁ Ἰησοῦς καὶ ἀνέῳξεν
lodo hizo — Jesús y abrió

αὐτοῦ   τοὺς   ὀφθαλμούς.   **15** πάλιν   οὖν
de él   los   ojos.   De nuevo,   pues,

ἠρώτων   αὐτὸν   καὶ   οἱ   Φαρισαῖοι   πῶς
preguntaban   le   también   los   fariseos   cómo

ἀνέβλεψεν.   ὁ   δὲ   εἶπεν   αὐτοῖς·   πηλὸν
vio.   Y él   dijo   les: Lodo

ἐπέθηκέν   μου   ἐπὶ   τοὺς   ὀφθαλμούς,   καὶ
puso   de mí   sobre   los   ojos,   y

ἐνιψάμην,   καὶ   βλέπω.   **16** ἔλεγον   οὖν   ἐκ
me lavé,   y   veo.   Decían,   pues,   de

τῶν   Φαρισαίων   τινές·   οὐκ   ἔστιν   οὗτος
los   fariseos   algunos: No   es   este

παρὰ   θεοῦ   ὁ   ἄνθρωπος,   ὅτι   τὸ   σάββατον
de parte   de Dios   —   hombre,   pues   el   sábado

οὐ   τηρεῖ.   ἄλλοι   [δὲ]   ἔλεγον·   πῶς   δύναται
no   guarda.   Pero otros   decían: ¿Cómo   puede

ἄνθρωπος   ἁμαρτωλὸς   τοιαῦτα   σημεῖα   ποιεῖν;
un hombre   pecador   tales   señales   hacer?

καὶ   σχίσμα   ἦν   ἐν   αὐτοῖς.   **17** λέγουσιν
Y   división   había   entre   ellos.   Dicen,

οὖν   τῷ   τυφλῷ   πάλιν·   τί   σὺ   λέγεις
pues,   al   ciego   otra vez: ¿Qué   tú   dices

περὶ   αὐτοῦ,   ὅτι   ἠνέῳξέν   σου   τοὺς
acerca   de él,   pues   abrió   de ti   los

ὀφθαλμούς;   ὁ   δὲ   εἶπεν   ὅτι   προφήτης   ἐστίν.
ojos?   Y él   dijo: —   Un profeta   es.

18 οὐκ   ἐπίστευσαν   οὖν   οἱ   Ἰουδαῖοι   περὶ
No   creyeron,   entonces,   los   judíos   acerca

αὐτοῦ   ὅτι   ἦν   τυφλὸς   καὶ   ἀνέβλεψεν,
de él   1que   era   ciego   y   vio,

ἕως   ὅτου   ἐφώνησαν   τοὺς   γονεῖς   αὐτοῦ
hasta   que   llamaron   a los   padres   del mismo

τοῦ   ἀναβλέψαντος   **19** καὶ   ἠρώτησαν   αὐτούς,
que   había visto   y   preguntaron   les,

λέγοντες·   οὗτός   ἐστιν   ὁ   υἱὸς   ὑμῶν,   ὃν
diciendo: ¿Éste   es   el   hijo   de vosotros,   el cual

ὑμεῖς   λέγετε   ὅτι   τυφλὸς   ἐγεννήθη;   πῶς
vosotros   decís   que   ciego   nació?   ¿Cómo,

οὖν   βλέπει   ἄρτι;   **20** ἀπεκρίθησαν   οὖν   οἱ
pues,   ve   ahora?   Respondieron,   pues,   los

γονεῖς   αὐτοῦ   καὶ   εἶπαν·   οἴδαμεν   ὅτι
padres   de él   y   dijeron: Sabemos   que

οὗτός   ἐστιν   ὁ   υἱὸς   ἡμῶν   καὶ   ὅτι   τυφλὸς
éste   es   el   hijo   de nosotros   y   que   ciego

ἐγεννήθη·   **21** πῶς   δὲ   νῦν   βλέπει   οὐκ
nació;   pero cómo   ahora   ve   no

¹
18. QUE ERA. Esto es, *que*   οἴδαμεν,   ἢ   τίς   ἤνοιξεν   αὐτοῦ   τοὺς   ὀφθαλμοὺς
había sido.   sabemos,   o   quién   abrió   de él   los   ojos

ἡμεῖς οὐκ οἴδαμεν· αὐτὸν ἐρωτήσατε,
nosotros no sabemos; a él preguntad,

ἡλικίαν ἔχει, αὐτὸς περὶ ἑαυτοῦ λαλήσει.
edad tiene, él acerca de sí mismo hablará.

22 ταῦτα εἶπαν οἱ γονεῖς αὐτοῦ ὅτι ἐφο-
Estas cosas dijeron los padres de él porque te-

βοῦντο τοὺς Ἰουδαίους· ἤδη γὰρ συνετέθειντο
mían a los judíos; porque ya habían acordado

οἱ Ἰουδαῖοι ἵνα ἐάν τις αὐτὸν ὁμολογήσῃ
los judíos que si alguno le confesase (ser)

χριστόν, ἀποσυνάγωγος γένηται.
Cristo, expulsado de la sinagoga fuese.

23 διὰ τοῦτο οἱ γονεῖς αὐτοῦ εἶπαν ὅτι —
Por esto, los padres de él dijeron: —

ἡλικίαν ἔχει, αὐτὸν ἐπερωτήσατε. **24** Ἐφώνησαν
Edad tiene, a él preguntad. Llamaron,

οὖν τὸν ἄνθρωπον ἐκ δευτέρου ὃς ἦν
pues, al hombre por segunda vez, que era (antes)

τυφλός, καὶ εἶπαν αὐτῷ· δὸς δόξαν τῷ
ciego, y dijeron le: Da gloria —

θεῷ· ἡμεῖς οἴδαμεν ὅτι οὗτος ὁ ἄνθρωπος
a Dios; nosotros sabemos que este — hombre

ἁμαρτωλός ἐστιν. **25** ἀπεκρίθη οὖν ἐκεῖνος·
pecador es. Respondió, pues, él:

εἰ ἁμαρτωλός ἐστιν οὐκ οἶδα· ἓν οἶδα,
Si pecador es, no sé; una cosa sé,

ὅτι τυφλὸς ὢν ἄρτι βλέπω. **26** εἶπαν
que ciego siendo, ahora veo. Dijeron,

οὖν αὐτῷ· τί ἐποίησέν σοι; πῶς ἤνοιξέν
pues, le: ¿Qué hizo te? ¿Cómo abrió

σου τοὺς ὀφθαλμούς; **27** ἀπεκρίθη αὐτοῖς·
de ti los ojos? Respondió les:

εἶπον ὑμῖν ἤδη καὶ οὐκ ἠκούσατε· τί
Dije os(lo) ya y no oísteis; ¿por qué

πάλιν θέλετε ἀκούειν; μὴ καὶ ὑμεῖς
de nuevo queréis oír(lo)? ¿Acaso también vosotros

θέλετε αὐτοῦ μαθηταὶ γενέσθαι; **28** καὶ
queréis de él discípulos llegar a ser? E

ἐλοιδόρησαν αὐτὸν καὶ εἶπαν· σὺ μαθητὴς
insultaron le y dijeron: Tú discípulo

εἶ ἐκείνου, ἡμεῖς δὲ τοῦ Μωϋσέως ἐσμὲν
eres de él, pero nosotros — de Moisés somos

μαθηταί· **29** ἡμεῖς οἴδαμεν ὅτι Μωϋσεῖ
discípulos. Nosotros sabemos que a Moisés

λελάληκεν ὁ θεός, τοῦτον δὲ οὐκ οἴδαμεν
ha hablado — Dios, pero éste no sabemos

πόθεν ἐστίν. **30** ἀπεκρίθη ὁ ἄνθρωπος
de dónde es. Respondió el hombre

καὶ εἶπεν αὐτοῖς· ἐν τούτῳ γὰρ τὸ
y dijo les: Pues en esto lo

θαυμαστόν ἐστιν, ὅτι ὑμεῖς οὐκ οἴδατε
asombroso está, que vosotros no sabéis

πόθεν ἐστίν, καὶ ἤνοιξέν μου τοὺς
de dónde es, y abrió de mí los

ὀφθαλμούς. 31 οἴδαμεν ὅτι ὁ θεὸς
ojos. Sabemos que — Dios

ἁμαρτωλῶν οὐκ ἀκούει, ἀλλ’ ἐάν τις
a pecadores no oye, pero si alguno

θεοσεβὴς ᾖ καὶ τὸ θέλημα αὐτοῦ ποιῇ,
temeroso de Dios es y la voluntad de él hace,

τούτου ἀκούει. 32 ἐκ τοῦ αἰῶνος οὐκ
a éste oye. [1]Desde el siglo no

ἠκούσθη ὅτι ἠνέῳξέν τις ὀφθαλμοὺς τυφλοῦ
fue oído que abriese alguno (los) ojos de (un) ciego

γεγεννημένου· 33 εἰ μὴ ἦν οὗτος παρὰ
habiendo nacido; si no fuese éste de parte

θεοῦ, οὐκ ἠδύνατο ποιεῖν οὐδέν. 34 ἀπεκρίθησαν
de Dios, no podría hacer nada. Respondieron

καὶ εἶπαν αὐτῷ· ἐν ἁμαρτίαις σὺ ἐγεννήθης
y dijeron le: En pecados tú naciste

ὅλος, καὶ σὺ διδάσκεις ἡμᾶς; καὶ ἐξέβαλον
entero, ¿y tú enseñas nos? Y arrojaron

αὐτὸν ἔξω. 35 Ἤκουσεν Ἰησοῦς ὅτι
le fuera. Oyó Jesús que

ἐξέβαλον αὐτὸν ἔξω, καὶ εὑρὼν αὐτὸν
arrojaron le fuera, y hallando le

εἶπεν· σὺ πιστεύεις εἰς τὸν υἱὸν τοῦ
dijo: ¿Tú crees en el Hijo del

ἀνθρώπου; 36 ἀπεκρίθη ἐκεῖνος καὶ εἶπεν·
Hombre? Respondió él y dijo:

καὶ τίς ἐστιν, κύριε, ἵνα πιστεύσω εἰς
¿Y quién es, Señor, para que crea en

αὐτόν; 37 εἶπεν αὐτῷ ὁ Ἰησοῦς· καὶ
él? Dijo le — Jesús: No sólo

ἑώρακας αὐτὸν καὶ ὁ λαλῶν μετὰ σοῦ
has visto le, sino que el que habla contigo,

ἐκεῖνός ἐστιν. 38 ὁ δὲ ἔφη· πιστεύω, κύριε·
él es. Y él dijo: Creo, Señor;

καὶ προσεκύνησεν αὐτῷ. 39 καὶ εἶπεν ὁ
y adoró le. Y dijo —

Ἰησοῦς· εἰς κρίμα ἐγὼ εἰς τὸν κόσμον
Jesús: Para juicio yo al mundo

τοῦτον ἦλθον, ἵνα οἱ μὴ βλέποντες
este vine, para que los que no ven,

βλέπωσιν καὶ οἱ βλέποντες τυφλοὶ γένωνται.
vean, y los que ven, ciegos lleguen a ser.

[1]
32. Desde el siglo. Es decir, jamás.

40 Ἤκουσαν ἐκ τῶν Φαρισαίων ταῦτα
Oyeron   de   los   fariseos   estas cosas

οἱ μετ' αὐτοῦ ὄντες, καὶ εἶπαν αὐτῷ·
los que con   él   estaban,   y   dijeron   le:

μὴ καὶ ἡμεῖς τυφλοί ἐσμεν; **41** εἶπεν
¿Acaso también   nosotros   ciegos   somos?   Dijo

αὐτοῖς ὁ Ἰησοῦς· εἰ τυφλοὶ ἦτε, οὐκ
les   —   Jesús: Si   ciegos   fueseis,   no

ἂν εἴχετε ἁμαρτίαν· νῦν δὲ λέγετε ὅτι
tendríais   pecado;   pero ahora   decís: —

βλέπομεν· ἡ ἁμαρτία ὑμῶν μένει.
Vemos;   el   pecado   de vosotros   permanece.

10 Ἀμὴν ἀμὴν λέγω ὑμῖν, ὁ μὴ
De cierto,   de cierto   digo   os,   el que   no

εἰσερχόμενος διὰ τῆς θύρας εἰς τὴν
entra   por   la   puerta   en   el

αὐλὴν τῶν προβάτων ἀλλὰ ἀναβαίνων
redil   de las   ovejas,   sino que   sube

ἀλλαχόθεν, ἐκεῖνος κλέπτης ἐστὶν καὶ
por otra parte,   ése   ladrón   es   y

λῃστής· **2** ὁ δὲ εἰσερχόμενος διὰ τῆς
salteador;   pero el que   entra   por   la

θύρας ποιμήν ἐστιν τῶν προβάτων. **3** τούτῳ
puerta,   pastor   es   de las   ovejas.   A éste

ὁ θυρωρὸς ἀνοίγει, καὶ τὰ πρόβατα τῆς
el   portero   abre,   y   las   ovejas   la

φωνῆς αὐτοῦ ἀκούει, καὶ τὰ ἴδια πρόβατα
voz   de él   oyen,   y   a las   propias   ovejas

φωνεῖ κατ' ὄνομα καὶ ἐξάγει αὐτά.
llama   por   (su) nombre   y   saca   las.

4 ὅταν τὰ ἴδια πάντα ἐκβάλῃ, ἔμπροσθεν
Cuando   las   propias   todas   saca,   delante

αὐτῶν πορεύεται, καὶ τὰ πρόβατα αὐτῷ
de ellas   va,   y   las   ovejas   le

ἀκολουθεῖ, ὅτι οἴδασιν τὴν φωνὴν αὐτοῦ·
siguen,   pues   1conocen   la   voz   de él;

5 ἀλλοτρίῳ δὲ οὐ μὴ ἀκολουθήσουσιν,
pero a un extraño   de ningún modo   seguirán,

ἀλλὰ φεύξονται ἀπ' αὐτοῦ, ὅτι οὐκ
sino que   huirán   de   él,   pues   no

οἴδασιν τῶν ἀλλοτρίων τὴν φωνήν.
1conocen   de los   extraños   la   voz.

6 Ταύτην τὴν παροιμίαν εἶπεν αὐτοῖς ὁ
Esta   —   parábola   dijo   les   —

Ἰησοῦς· ἐκεῖνοι δὲ οὐκ ἔγνωσαν τίνα
Jesús;   pero ellos   no   conocieron   qué cosas

1
4 y 5. CONOCEN. Lit. *saben*.

ἦν   ἃ ἐλάλει αὐτοῖς. 7 Εἶπεν οὖν πάλιν
eran   las que hablaba les.   Dijo, pues, de nuevo

ὁ Ἰησοῦς· ἀμὴν ἀμὴν λέγω ὑμῖν ὅτι
Jesús: De cierto, de cierto digo   os   que

ἐγώ εἰμι ἡ θύρα τῶν προβάτων. 8 πάντες
yo soy la puerta de las   ovejas.   1Todos

ὅσοι ἦλθον πρὸ ἐμοῦ κλέπται εἰσὶν καὶ
cuantos vinieron antes de mí, ladrones son   y

λησταί· ἀλλ' οὐκ ἤκουσαν αὐτῶν τὰ
salteadores; pero   no   oyeron   les   las

πρόβατα. 9 ἐγώ εἰμι ἡ θύρα· δι' ἐμοῦ
ovejas.   Yo soy la puerta; a través de mí

ἐάν τις εἰσέλθη, σωθήσεται, καὶ εἰσελεύ-
si alguno entra,   será salvo,   y   entrará

σεται καὶ ἐξελεύσεται καὶ νομὴν εὑρήσει.
       y   saldrá   y   pasto hallará.

10 ὁ κλέπτης οὐκ ἔρχεται εἰ μὴ ἵνα
El   ladrón   no   viene   sino para

κλέψη καὶ θύση καὶ ἀπολέση· ἐγὼ ἦλθον
hurtar   y matar y   destruir; yo   vine

ἵνα ζωὴν ἔχωσιν καὶ περισσὸν ἔχωσιν.
para que vida tengan   y   abundante tengan.

COMPARE SALMOS 23:1

11 Ἐγώ εἰμι ὁ ποιμὴν ὁ καλός. ὁ
Yo soy el pastor — 2bueno. El

ποιμὴν ὁ καλὸς τὴν ψυχὴν αὐτοῦ τίθησιν
pastor — bueno la   vida   de él   pone

ὑπὲρ τῶν προβάτων· 12 ὁ μισθωτὸς καὶ
en favor de las   ovejas;   el asalariado   y

οὐκ ὢν ποιμήν, οὗ οὐκ ἔστιν τὰ πρόβατα
que no es pastor, cuyas no son las ovejas

ἴδια, θεωρεῖ τὸν λύκον ἐρχόμενον καὶ
propias, ve   al   lobo   que viene   y

ἀφίησιν τὰ πρόβατα καὶ φεύγει, — καὶ
deja   las   ovejas   y   huye, —   y

ὁ λύκος ἁρπάζει αὐτὰ καὶ σκορπίζει· —
el lobo arrebata las   y   dispersa; —

13 ὅτι μισθωτός ἐστιν καὶ οὐ μέλει
pues   asalariado   es   y   no importa

αὐτῷ περὶ τῶν προβάτων. 14 ἐγώ εἰμι
le   acerca de las ovejas.   Yo   soy

ὁ ποιμὴν ὁ καλός, καὶ γινώσκω τὰ
el pastor — bueno, y   conozco las

ἐμὰ καὶ γινώσκουσί με τὰ ἐμά, 15 καθὼς
mías y   conocen me las mías,   como

γινώσκει με ὁ πατὴρ κἀγὼ γινώσκω τὸν
conoce me el Padre y yo   conozco al

πατέρα, καὶ τὴν ψυχήν μου τίθημι ὑπὲρ
Padre,   y   la   vida de mí pongo en favor

1
8. TODOS CUANTOS... Jesús
se refiere a los líderes religiosos de aquel tiempo.

2
11. BUENO. Lit. excelente.
(El pastor ideal o el modelo de pastores.)

τῶν προβάτων. **16** καὶ ἄλλα πρόβατα
de las ovejas. Y otras ovejas

ἔχω ἃ οὐκ ἔστιν ἐκ τῆς αὐλῆς ταύτης·
tengo que no son del redil este;

κἀκεῖνα δεῖ με ἀγαγεῖν, καὶ τῆς φωνῆς
también es menester que yo traiga, y la voz

μου ἀκούσουσιν, καὶ γενήσεται μία ποίμνη,
de mí oirán, y llegará a ser un rebaño,

εἷς ποιμήν. **17** διὰ τοῦτό με ὁ πατὴρ
(y) un pastor. Por esto me el Padre

ἀγαπᾷ ὅτι ἐγὼ τίθημι τὴν ψυχήν μου,
ama, porque yo pongo la vida de mí,

ἵνα πάλιν λάβω αὐτήν. **18** οὐδεὶς ἦρεν
para de nuevo tomar la. Nadie quitó

αὐτὴν ἀπ᾽ ἐμοῦ, ἀλλ᾽ ἐγὼ τίθημι αὐτὴν
la de mí, sino que yo pongo la

ἀπ᾽ ἐμαυτοῦ. ἐξουσίαν ἔχω θεῖναι αὐτήν,
de mí mismo. Autoridad tengo para poner la,

καὶ ἐξουσίαν ἔχω πάλιν λαβεῖν αὐτήν·
y autoridad tengo de nuevo para tomar la;

ταύτην τὴν ἐντολὴν ἔλαβον παρὰ τοῦ
este — mandamiento recibí de parte del

πατρός μου. **19** Σχίσμα πάλιν ἐγένετο ἐν
Padre de mí. División de nuevo se hizo entre

τοῖς Ἰουδαίοις διὰ τοὺς λόγους τούτους.
los judíos a causa de las palabras estas.

20 ἔλεγον δὲ πολλοὶ ἐξ αὐτῶν· δαιμόνιον
Y decían muchos de ellos: Demonio

ἔχει καὶ μαίνεται· τί αὐτοῦ ἀκούετε;
tiene y está fuera de sí; ¿por qué le oís?

21 ἄλλοι ἔλεγον· ταῦτα τὰ ῥήματα οὐκ
Otros decían: Estas — palabras no

ἔστιν δαιμονιζομένου· μὴ δαιμόνιον δύναται
son de endemoniado; ¿acaso un demonio puede

τυφλῶν ὀφθαλμοὺς ἀνοῖξαι;
de ciegos (los) ojos abrir?

22 Ἐγένετο τότε τὰ ἐγκαίνια ἐν τοῖς
Llegó entonces la Dedicación en

Ἰεροσολύμοις· χειμὼν ἦν· **23** καὶ περιεπάτει
Jerusalén; invierno era; y se paseaba

ὁ Ἰησοῦς ἐν τῷ ἱερῷ ἐν τῇ στοᾷ τοῦ
— Jesús en el templo en el pórtico —

Σολομῶνος. **24** ἐκύκλωσαν οὖν αὐτὸν οἱ
de Salomón. Rodearon, pues, le los

Ἰουδαῖοι καὶ ἔλεγον αὐτῷ· ἕως πότε
judíos y decían le: ¿Hasta cuándo

τὴν ψυχὴν ἡμῶν αἴρεις; εἰ σὺ εἶ
el alma de nosotros ¹tienes en vilo? Si tú eres

1
24. TIENES EN VILO. Lit.
quitas. (V. nota a 1:29.)

ὁ χριστός, εἰπὸν ἡμῖν παρρησίᾳ. **25** ἀπεκρίθη
el   Cristo,   di   nos(lo)   abiertamente.   Respondió

αὐτοῖς   ὁ   Ἰησοῦς·   εἶπον   ὑμῖν,   καὶ
les   —   Jesús: Dije   os(lo),   y

οὐ πιστεύετε· τὰ ἔργα ἃ ἐγὼ ποιῶ ἐν τῷ
no   creéis;   las obras que yo hago en el

ὀνόματι τοῦ πατρός μου, ταῦτα μαρτυρεῖ
nombre   del   Padre   de mí,   éstas   testifican

περὶ ἐμοῦ· **26** ἀλλὰ ὑμεῖς οὐ πιστεύετε,
acerca de mí;   pero   vosotros   no   creéis,

ὅτι οὐκ ἐστὲ ἐκ τῶν προβάτων τῶν
porque no   sois   de   las   ovejas   —

ἐμῶν. **27** τὰ πρόβατα τὰ ἐμὰ τῆς φωνῆς
mías.   Las   ovejas   —   mías   la   voz

μου ἀκούουσιν, κἀγὼ γινώσκω αὐτά, καὶ
de mí   oyen,   y yo   conozco   las,   y

ἀκολουθοῦσίν μοι, **28** κἀγὼ δίδωμι αὐτοῖς
siguen   me,   y yo   doy   les

ζωὴν αἰώνιον, καὶ οὐ μὴ ἀπόλωνται εἰς
vida   eterna,   y de ningún modo perecen para

τὸν αἰῶνα, καὶ οὐχ ἁρπάσει τις αὐτὰ
—   siempre,   y   no   arrebatará alguno las

ἐκ τῆς χειρός μου. **29** ὁ πατήρ μου ὁ
de la   mano   de mí.   El   Padre   de mí que

δέδωκέν μοι πάντων μεῖζόν ἐστιν, καὶ
(las) ha dado me, que todos mayor   es,   y

οὐδεὶς δύναται ἁρπάζειν ἐκ τῆς χειρὸς
nadie   puede   arrebatar(las) de la   mano

τοῦ πατρός. **30** ἐγὼ καὶ ὁ πατὴρ ἕν
del   Padre.   Yo   y   el   Padre   [1]uno

ἐσμεν. **31** Ἐβάστασαν πάλιν λίθους οἱ
somos.   Agarraron   de nuevo   piedras   los

Ἰουδαῖοι ἵνα λιθάσωσιν αὐτόν. **32** ἀπ-
judíos   para   apedrear   le.   Respon-

εκρίθη αὐτοῖς ὁ Ἰησοῦς· πολλὰ ἔργα
dió   les   —   Jesús: Muchas   obras

ἔδειξα ὑμῖν καλὰ ἐκ τοῦ πατρός· διὰ
mostré   os   buenas   [2]del   Padre;   ¿por

ποῖον αὐτῶν ἔργον ἐμὲ λιθάζετε;
cuál   de ellas   obra   [3]me   apedreáis?

33 ἀπεκρίθησαν αὐτῷ οἱ Ἰουδαῖοι· περὶ
Respondieron   le   los   judíos: Acerca de

καλοῦ ἔργου οὐ λιθάζομέν σε ἀλλὰ περὶ
una buena   obra   no   apedreamos   te,   sino   acerca de

βλασφημίας, καὶ ὅτι σὺ ἄνθρωπος ὢν
(la) blasfemia,   y   porque tú   hombre   siendo,

ποιεῖς σεαυτὸν θεόν. **34** ἀπεκρίθη αὐτοῖς
haces   a ti mismo Dios.   Respondió   les

[1] **30.** UNO. Es decir, *un solo ser* (neutro), no *una persona* (masculino).

[2] **32.** DE MI PADRE. Es decir, *procedentes de mi Padre.*

[3] **32.** ME APEDREÁIS. Es decir, *me vais a apedrear.*

ὁ Ἰησοῦς· οὐκ ἔστιν γεγραμμένον ἐν τῷ
— Jesús: ¿No está   escrito en la

νόμῳ ὑμῶν ὅτι ἐγὼ εἶπα· θεοί ἐστε;
ley de vosotros: — Yo dije: Dioses sois?

35 εἰ ἐκείνους εἶπεν θεοὺς πρὸς οὓς ὁ
Si a aquellos llamó dioses a los que la

λόγος τοῦ θεοῦ ἐγένετο, καὶ οὐ δύναται
palabra — de Dios [1]vino, y no puede

λυθῆναι ἡ γραφή, 36 ὃν ὁ πατὴρ
ser quebrantada la Escritura, ¿al que el Padre

ἡγίασεν καὶ ἀπέστειλεν εἰς τὸν κόσμον
[2]santificó y envió al mundo

ὑμεῖς λέγετε ὅτι βλασφημεῖς, ὅτι εἶπον·
vosotros decís: — Blasfemas, porque dije:

υἱὸς τοῦ θεοῦ εἰμι; 37 εἰ οὐ ποιῶ τὰ ἔργα
Hijo — de Dios soy? Si no hago las obras

τοῦ πατρός μου, μὴ πιστεύετέ μοι· 38 εἰ δὲ
del Padre de mí, no creáis me; pero si

ποιῶ, κἂν ἐμοὶ μὴ πιστεύητε, τοῖς ἔργοις
(las) hago, aunque a mí no creáis, a las obras

πιστεύετε, ἵνα γνῶτε καὶ γινώσκητε
creed, para que conozcáis y sigáis conociendo

ὅτι ἐν ἐμοὶ ὁ πατὴρ κἀγὼ ἐν τῷ πατρί.
que en mí el Padre (está) y yo en el Padre.

39 Ἐζήτουν οὖν αὐτὸν πάλιν πιάσαι· καὶ
Buscaban, pues, le de nuevo prender; y

ἐξῆλθεν ἐκ τῆς χειρὸς αὐτῶν.
salió de la mano de ellos.

40 Καὶ ἀπῆλθεν πάλιν πέραν τοῦ
Y se fue de nuevo al otro lado del

Ἰορδάνου εἰς τὸν τόπον ὅπου ἦν Ἰωάννης
Jordán al lugar donde estaba Juan

τὸ πρῶτον βαπτίζων, καὶ ἔμενεν ἐκεῖ.
al principio bautizando, y [3]permaneció allí.

41 καὶ πολλοὶ ἦλθον πρὸς αὐτὸν καὶ
Y muchos vinieron a él y

ἔλεγον ὅτι Ἰωάννης μὲν σημεῖον ἐποίησεν
decían: — Juan, a la verdad, señal hizo

οὐδέν, πάντα δὲ ὅσα εἶπεν Ἰωάννης περὶ
ninguna, pero todo cuanto dijo Juan sobre

τούτου ἀληθῆ ἦν. 42 καὶ πολλοὶ ἐπίστευσαν
éste, verídico era. Y muchos creyeron

εἰς αὐτὸν ἐκεῖ.
en él allí.

[1]
35. VINO. Lit. llegó a ser (o fue).
[2]
36. SANTIFICÓ. Esto es, consagró y cualificó para ser el Salvador. (V. 17:19.)
[3]
40. PERMANECIÓ. Lit. permanecía.

11 Ἦν δέ τις ἀσθενῶν, Λάζαρος ἀπὸ
Y había uno que estaba enfermo, Lázaro de

Βηθανίας, ἐκ τῆς κώμης Μαρίας καὶ
Betania,   de   la   aldea   de María   y

Μάρθας τῆς ἀδελφῆς αὐτῆς. **2** ἦν δὲ
Marta   la   hermana   de ella.   Y era

Μαριὰμ ἡ ἀλείψασα τὸν κύριον μύρῳ
María   la que   ungió   al   Señor   [1]con perfume

καὶ ἐκμάξασα τοὺς πόδας αὐτοῦ ταῖς
y   enjugó   los   pies   de él   con los

θριξὶν αὐτῆς, ἧς ὁ ἀδελφὸς Λάζαρος
cabellos   de ella,   cuyo   —   hermano   Lázaro

ἠσθένει. **3** ἀπέστειλαν οὖν αἱ ἀδελφαὶ
estaba enfermo.   Enviaron,   pues,   las   hermanas

πρὸς αὐτὸν λέγουσαι· κύριε, ἴδε ὃν
a   él   a decir(le):   Señor,   mira,   al que

φιλεῖς ἀσθενεῖ. **4** ἀκούσας δὲ ὁ Ἰησοῦς
[2]amas,   está enfermo.   Y oyendo(lo)   Jesús

εἶπεν· αὕτη ἡ ἀσθένεια οὐκ ἔστιν πρὸς
dijo: Esta   —   enfermedad   no   es   [3]para

θάνατον ἀλλ' ὑπὲρ τῆς δόξης τοῦ θεοῦ,
muerte,   sino   [4]para   la   gloria   —   de Dios,

ἵνα δοξασθῇ ὁ υἱὸς τοῦ θεοῦ δι' αὐτῆς.
para que sea glorificado el   Hijo   —   de Dios mediante   ella.

5 ἠγάπα δὲ ὁ Ἰησοῦς τὴν Μάρθαν καὶ
Y amaba   —   Jesús   —   a Marta   y

τὴν ἀδελφὴν αὐτῆς καὶ τὸν Λάζαρον.
a la   hermana   de ella   y   —   a Lázaro.

6 ὡς οὖν ἤκουσεν ὅτι ἀσθενεῖ, τότε μὲν
Cuando, pues,   oyó   que   está enfermo,   entonces precisamente

ἔμεινεν ἐν ᾧ ἦν τόπῳ δύο ἡμέρας·
se quedó   en   el que estaba   lugar   dos   días;

7 ἔπειτα μετὰ τοῦτο λέγει τοῖς μαθηταῖς·
luego,   después de   esto,   dice   a los   discípulos:

ἄγωμεν εἰς τὴν Ἰουδαίαν πάλιν. **8** λέγουσιν
Vayamos   a   —   Judea   de nuevo.   Dicen

αὐτῷ οἱ μαθηταί· ῥαββί, νῦν ἐζήτουν
le   los   discípulos: Rabí,   ahora   [5]buscaban

σε λιθάσαι οἱ Ἰουδαῖοι, καὶ πάλιν ὑπάγεις
te   apedrear   los   judíos,   ¿y   de nuevo   vas

ἐκεῖ; **9** ἀπεκρίθη Ἰησοῦς· οὐχὶ δώδεκα
allá?   Respondió   Jesús: ¿No   doce

ὧραί εἰσιν τῆς ἡμέρας; ἐάν τις περιπατῇ
horas   hay   del   día?   Si   alguno   anda

ἐν τῇ ἡμέρᾳ, οὐ προσκόπτει, ὅτι τὸ φῶς
en el   día,   no   tropieza,   pues   la   luz

τοῦ κόσμου τούτου βλέπει· **10** ἐὰν δὲ
del   mundo   este   ve;   pero si

τις περιπατῇ ἐν τῇ νυκτί, προσκόπτει,
alguno   anda   en   la   noche,   tropieza,

---

[1]
2. CON PERFUME. Lit. *con ungüento oloroso.*

[2]
3. AMAS. Nótese el verbo griego, diferente del "*amaba*" del vers. 5. (V. notas a 21:15-17.)

[3]
4. PARA. Lit. *hacia.*

[4]
4. PARA. Lit. *en favor de.*

[5]
8. BUSCABAN. Esto es, *intentaban.*

ὅτι τὸ φῶς οὐκ ἔστιν ἐν αὐτῷ. 11 ταῦτα
porque la luz no está en él.   Estas cosas

εἶπεν, καὶ μετὰ τοῦτο λέγει αὐτοῖς·
dijo, y después de esto, dice les:

Λάζαρος ὁ φίλος ἡμῶν κεκοίμηται· ἀλλὰ
Lázaro el amigo de nosotros se ha dormido; pero

πορεύομαι ἵνα ἐξυπνίσω αὐτόν. 12 εἶπαν
voy para despertar le.   Dijeron,

οὖν οἱ μαθηταὶ αὐτῷ· κύριε, εἰ κεκοίμηται,
pues, los discípulos le: Señor, si se ha dormido,

σωθήσεται. 13 εἰρήκει δὲ ὁ Ἰησοῦς περὶ
será sanado.   Pero [1]había hablado — Jesús acerca

τοῦ θανάτου αὐτοῦ· ἐκεῖνοι δὲ ἔδοξαν ὅτι
de la muerte de él; pero ellos pensaron que

περὶ τῆς κοιμήσεως τοῦ ὕπνου λέγει.
acerca del reposo del sueño dice.

14 τότε οὖν εἶπεν αὐτοῖς ὁ Ἰησοῦς
Entonces, pues, dijo les — Jesús

παρρησίᾳ· Λάζαρος ἀπέθανεν, 15 καὶ χαίρω
abiertamente; Lázaro murió, y me alegro

δι᾽ ὑμᾶς, ἵνα πιστεύσητε, ὅτι οὐκ ἤμην
a causa de vosotros, para que creáis, de que no estaba (yo)

ἐκεῖ· ἀλλὰ ἄγωμεν πρὸς αὐτόν. 16 εἶπεν
allí; pero vayamos hacia él.   Dijo,

οὖν Θωμᾶς ὁ λεγόμενος Δίδυμος τοῖς
pues, Tomás el llamado Mellizo a los

συμμαθηταῖς· ἄγωμεν καὶ ἡμεῖς ἵνα
condiscípulos: Vayamos también nosotros para

ἀποθάνωμεν μετ᾽ αὐτοῦ. 17 Ἐλθὼν οὖν
morir [2]con él. Viniendo, pues,

ὁ Ἰησοῦς εὗρεν αὐτὸν τέσσαρας ἤδη
— Jesús, halló le por cuatro ya

ἡμέρας ἔχοντα ἐν τῷ μνημείῳ. 18 ἦν δὲ
días estando en la tumba. Y estaba

Βηθανία ἐγγὺς τῶν Ἱεροσολύμων ὡς ἀπὸ
Betania cerca — de Jerusalén como de

σταδίων δεκαπέντε. 19 πολλοὶ δὲ ἐκ τῶν
[3]estadios quince. Y muchos (a distancia) de los

Ἰουδαίων ἐληλύθεισαν πρὸς τὴν Μάρθαν
judíos habían venido a Marta

καὶ Μαριάμ, ἵνα παραμυθήσωνται αὐτὰς
y María, para [4]consolar las

περὶ τοῦ ἀδελφοῦ. 20 ἡ οὖν Μάρθα ὡς
acerca del hermano. — Así pues, Marta cuando

ἤκουσεν ὅτι Ἰησοῦς ἔρχεται, ὑπήντησεν
oyó que Jesús viene, salió al encuentro

αὐτῷ· Μαριὰμ δὲ ἐν τῷ οἴκῳ ἐκαθέζετο.
de él; pero María en la casa permanecía sentada.

1
13. HABÍA HABLADO. Lit. había dicho.
2
16. CON ÉL. Es decir, con Jesús. (V. vers. 8.)
3
18. ESTADIOS QUINCE. Unos tres kilómetros.
4
19. CONSOLAR. Lit. dar ánimo.

21 εἶπεν οὖν ἡ Μάρθα πρὸς Ἰησοῦν·
Dijo, pues, — Marta a Jesús:

κύριε, εἰ ἦς ὧδε, οὐκ ἂν ἀπέθανεν ὁ
Señor, ¹si estuvieses aquí, no habría muerto el

ἀδελφός μου. **22** καὶ νῦν οἶδα ὅτι ὅσα ἂν
hermano de mí. Y ahora sé que todo lo que

αἰτήσῃ τὸν θεὸν δώσει σοι ὁ θεός.
pidas — a Dios, dará te — Dios.

23 λέγει αὐτῇ ὁ Ἰησοῦς· ἀναστήσεται ὁ
Dice le — Jesús: Resucitará el

ἀδελφός σου. **24** λέγει αὐτῷ ἡ Μάρθα·
hermano de ti. Dice le — Marta:

οἶδα ὅτι ἀναστήσεται ἐν τῇ ἀναστάσει
Sé que resucitará en la resurrección

ἐν τῇ ἐσχάτῃ ἡμέρᾳ. **25** εἶπεν αὐτῇ ὁ
en el último día. Dijo le —

Ἰησοῦς· ἐγώ εἰμι ἡ ἀνάστασις καὶ ἡ
Jesús: Yo soy la resurrección y la

ζωή· ὁ πιστεύων εἰς ἐμὲ κἂν ἀποθάνῃ
vida; el que cree en mí, aunque muera,

ζήσεται, **26** καὶ πᾶς ὁ ζῶν καὶ πιστεύων
vivirá, y todo el que vive y cree

εἰς ἐμὲ οὐ μὴ ἀποθάνῃ εἰς τὸν αἰῶνα·
en mí, de ningún modo ha de morir para siempre;

πιστεύεις τοῦτο; **27** λέγει αὐτῷ· ναί, κύριε·
¿crees esto? Dice le: Sí, Señor;

ἐγὼ πεπίστευκα ὅτι σὺ εἶ ὁ χριστὸς ὁ
Yo he creído que tú eres el Cristo, el

υἱὸς τοῦ θεοῦ ὁ εἰς τὸν κόσμον ἐρχόμενος.
Hijo — de Dios, el que al mundo viene.

28 καὶ τοῦτο εἰποῦσα ἀπῆλθεν καὶ ἐφώνησεν
Y esto diciendo, se fue y llamó

Μαριὰμ τὴν ἀδελφὴν αὐτῆς λάθρα εἰποῦσα·
a María la hermana de ella en secreto, diciendo:

ὁ διδάσκαλος πάρεστιν καὶ φωνεῖ σε.
El Maestro está aquí y llama te.

29 ἐκείνη δὲ ὡς ἤκουσεν, ἐγείρεται ταχὺ
Y ella, cuando (lo) oyó, se levanta de prisa

καὶ ἤρχετο πρὸς αὐτόν· **30** οὔπω δὲ
y ²vino a él; todavía no

ἐληλύθει ὁ Ἰησοῦς εἰς τὴν κώμην, ἀλλ'
había venido — Jesús a la aldea, sino que

ἦν ἔτι ἐν τῷ τόπῳ ὅπου ὑπήντησεν
estaba aún en el lugar donde salió al encuentro

αὐτῷ ἡ Μάρθα. **31** οἱ οὖν Ἰουδαῖοι
le — Marta. Entonces los judíos

οἱ ὄντες μετ' αὐτῆς ἐν τῇ οἰκίᾳ καὶ
que estaban con ella en la casa y

---

¹
21. SI ESTUVIESES. Es decir,
si hubieses estado.
²
29. VINO. Lit. *venía.*

παραμυθούμενοι αὐτήν, ἰδόντες τὴν Μαριὰμ
consolando   la,   viendo   —   a María

ὅτι   ταχέως   ἀνέστη   καὶ   ἐξῆλθεν,
que   tan aprisa   se levantó   y   salió,

ἠκολούθησαν αὐτῇ, δόξαντες ὅτι ὑπάγει
siguieron   la,   pensando: —   Se va

εἰς τὸ μνημεῖον ἵνα κλαύσῃ ἐκεῖ. 32 ἡ
a   la   tumba   para   llorar   allí.   —

οὖν   Μαριὰμ ὡς ἦλθεν ὅπου ἦν Ἰησοῦς,
Entonces María, cuando vino adonde estaba Jesús,

ἰδοῦσα αὐτὸν ἔπεσεν αὐτοῦ πρὸς τοὺς
viendo   le,   cayó   de él   a   los

πόδας, λέγουσα αὐτῷ· κύριε, εἰ ἦς ὧδε,
pies,   diciendo   le: Señor, si ¹estuvieses aquí,

οὐκ   ἂν   μου   ἀπέθανεν   ὁ   ἀδελφός.
no   —   de mí   habría muerto   el   hermano.

33 Ἰησοῦς οὖν ὡς εἶδεν αὐτὴν κλαίουσαν
Jesús,   pues, cuando vio   la   llorando

καὶ   τοὺς   συνελθόντας   αὐτῇ   Ἰουδαίους
y   a los   que vinieron   con ella   judíos

κλαίοντας, ἐνεβριμήσατο τῷ πνεύματι καὶ
llorando,   ²se conmovió   en el   espíritu   y

ἐτάραξεν ἑαυτόν, 34 καὶ εἶπεν· ποῦ
estremeció   a sí mismo,   y   dijo: ¿Dónde

τεθείκατε αὐτόν; λέγουσιν αὐτῷ· κύριε,
habéis puesto   le?   Dicen   le: Señor,

ἔρχου καὶ ἴδε. 35 ἐδάκρυσεν ὁ Ἰησοῦς.
ven   y   ve.   Lloró   —   Jesús.

36 ἔλεγον οὖν οἱ Ἰουδαῖοι· ἴδε πῶς
Decían,   pues,   los   judíos: Mira   cómo

ἐφίλει αὐτόν. 37 τινὲς δὲ ἐξ αὐτῶν
amaba   le.   Pero algunos   de   ellos

εἶπαν· οὐκ ἐδύνατο οὗτος ὁ ἀνοίξας
dijeron: ¿No   podía   éste   el que   abrió

τοὺς ὀφθαλμοὺς τοῦ τυφλοῦ ποιῆσαι ἵνα
los   ojos   del   ciego   hacer   que

καὶ οὗτος μὴ ἀποθάνῃ; 38 Ἰησοῦς οὖν
también   éste   no   muriera?   Jesús,   pues,

πάλιν ἐμβριμώμενος ἐν ἑαυτῷ ἔρχεται
de nuevo   ³conmovido   en   sí mismo   viene

εἰς τὸ μνημεῖον· ἦν δὲ σπήλαιον, καὶ
a   la   tumba;   y era   una cueva,   y

λίθος ἐπέκειτο ἐπ' αὐτῷ. 39 λέγει ὁ
una piedra   estaba puesta   sobre   ella.   Dice   —

Ἰησοῦς· ἄρατε τὸν λίθον. λέγει αὐτῷ
Jesús: Quitad   la   piedra.   Dice   le

ἡ ἀδελφὴ τοῦ τετελευτηκότος Μάρθα·
la   hermana   del   que había muerto,   Marta:

---

¹
32. ESTUVIESES. (V. nota al vers. 21.)
²
33. SE CONMOVIÓ. O se irritó.
³
38. CONMOVIDO. O irritado.

κύριε, ἤδη ὄζει· τεταρταῖος γάρ ἐστιν.
Señor,   ya   hiede; porque de cuatro (días) es.

40 λέγει αὐτῇ ὁ Ἰησοῦς· οὐκ εἶπόν
Dice   le   —   Jesús: ¿No   dije

σοι ὅτι ἐὰν πιστεύσῃς ὄψῃ τὴν δόξαν
te   que si   crees,   verás la   gloria

τοῦ θεοῦ; **41** ἦραν οὖν τὸν λίθον. ὁ
—   de Dios? Quitaron, pues, la   piedra. —

δὲ Ἰησοῦς ἦρεν τοὺς ὀφθαλμοὺς ἄνω
Y   Jesús   alzó   los   ojos   arriba

καὶ εἶπεν· πάτερ, εὐχαριστῶ σοι ὅτι
y   dijo: Padre, doy gracias te   porque

ἤκουσάς μου. **42** ἐγὼ δὲ ᾔδειν ὅτι
oíste   me.   Y yo   sabía   que

πάντοτέ μου ἀκούεις· ἀλλὰ διὰ τὸν
siempre me   oyes;   pero a causa de la

ὄχλον τὸν περιεστῶτα εἶπον, ἵνα
turba   que está alrededor dije(lo), para que

πιστεύσωσιν ὅτι σύ με ἀπέστειλας.
crean   que tú   me   enviaste.

43 καὶ ταῦτα εἰπὼν φωνῇ μεγάλῃ
Y   esto diciendo, con voz grande

ἐκραύγασεν· Λάζαρε, δεῦρο ἔξω. **44** ἐξῆλθεν
clamó: ¡Lázaro, ¹sal fuera!   Salió

ὁ τεθνηκὼς δεδεμένος τοὺς πόδας καὶ
el que había muerto, atado de los pies   y

τὰς χεῖρας κειρίαις, καὶ ἡ ὄψις αὐτοῦ
de las manos con vendas, y   el rostro de él

σουδαρίῳ περιεδέδετο. λέγει αὐτοῖς ὁ
con un sudario había sido envuelto. Dice les —

Ἰησοῦς· λύσατε αὐτὸν καὶ ἄφετε αὐτὸν ὑπάγειν.
Jesús: Desatad le   y   dejad   le   ir.

45 Πολλοὶ οὖν ἐκ τῶν Ἰουδαίων, οἱ
Muchos, pues, de los judíos,   los que

ἐλθόντες πρὸς τὴν Μαριὰμ καὶ θεασάμενοι
vinieron   a   María   y   vieron

ὃ ἐποίησεν, ἐπίστευσαν εἰς αὐτόν· **46** τινὲς δὲ
lo que hizo, creyeron   en   él;   pero algunos

ἐξ αὐτῶν ἀπῆλθον πρὸς τοὺς Φαρισαίους
de ellos   fueron   a   los   fariseos

καὶ εἶπαν αὐτοῖς ἃ ἐποίησεν Ἰησοῦς.
y   dijeron les lo que hizo   Jesús.

47 συνήγαγον οὖν οἱ ἀρχιερεῖς καὶ οἱ
Reunieron, pues, los principales sacerdotes y los

Φαρισαῖοι συνέδριον, καὶ ἔλεγον· τί
fariseos   (el) sanedrín, y   decían: ¿Qué

1
43. ¡SAL FUERA! Lit. ¡ea!, ¡fuera!

ποιοῦμεν, ὅτι οὗτος ὁ ἄνθρωπος πολλὰ
hacemos, pues este — hombre   muchas

ποιεῖ σημεῖα; **48** ἐὰν ἀφῶμεν αὐτὸν οὕτως,
hace señales?   Si   dejamos   le   así,

πάντες πιστεύσουσιν εἰς αὐτόν, καὶ
todos   creerán   en   él,   y

ἐλεύσονται οἱ Ῥωμαῖοι καὶ ἀροῦσιν ἡμῶν
vendrán   los romanos   y   quitarán de nosotros

καὶ τὸν τόπον καὶ τὸ ἔθνος. **49** εἷς
tanto ¹el lugar como la nación.   Pero uno,

δέ τις ἐξ αὐτῶν Καϊαφᾶς, ἀρχιερεὺς
alguien de ellos,   Caifás,   sumo sacerdote

ὢν τοῦ ἐνιαυτοῦ ἐκείνου, εἶπεν αὐτοῖς·
siendo del   año   aquel,   dijo   les:

ὑμεῖς οὐκ οἴδατε οὐδέν, **50** οὐδὲ λογίζεσθε
Vosotros no sabéis nada,   ni   tenéis en cuenta

ὅτι συμφέρει ὑμῖν ἵνα εἷς ἄνθρωπος
que conviene nos que un hombre

ἀποθάνῃ ὑπὲρ τοῦ λαοῦ καὶ μὴ ὅλον
muera ²por el pueblo y   no que toda

τὸ ἔθνος ἀπόληται. **51** τοῦτο δὲ ἀφ'
la nación perezca.   Pero esto   de

ἑαυτοῦ οὐκ εἶπεν, ἀλλὰ ἀρχιερεὺς ὢν
sí mismo no (lo) dijo, sino que sumo sacerdote siendo

τοῦ ἐνιαυτοῦ ἐκείνου ἐπροφήτευσεν ὅτι
del   año   aquel,   profetizó   que

ἔμελλεν Ἰησοῦς ἀποθνήσκειν ὑπὲρ τοῦ
iba   Jesús   a morir   por   la

ἔθνους, **52** καὶ οὐχ ὑπὲρ τοῦ ἔθνους
nación,   y   no   por   la   nación

μόνον, ἀλλ' ἵνα καὶ τὰ τέκνα τοῦ θεοῦ
sólo, sino para también los hijos — de Dios

τὰ διεσκορπισμένα συναγάγῃ εἰς ἕν.
—   dispersados   congregar ³en uno.

53 ἀπ' ἐκείνης οὖν τῆς ἡμέρας ἐβουλεύσαντο
Desde aquel, por tanto, la día   resolvieron

ἵνα ἀποκτείνωσιν αὐτόν. **54** Ὁ οὖν
—   matar   le.   Por tanto,

Ἰησοῦς οὐκέτι παρρησίᾳ περιεπάτει ἐν
Jesús   ya no abiertamente andaba entre

τοῖς Ἰουδαίοις, ἀλλὰ ἀπῆλθεν ἐκεῖθεν εἰς
los judíos, sino que se fue de allí   a

τὴν χώραν ἐγγὺς τῆς ἐρήμου, εἰς Ἐφράϊμ
la región cerca del desierto, a Efraín

λεγομένην πόλιν, κἀκεῖ ἔμεινεν μετὰ τῶν
llamada una ciudad, y allí permaneció con los

μαθητῶν.
discípulos.

55 Ἦν δὲ ἐγγὺς τὸ πάσχα τῶν
Y estaba   cerca la pascua de los

¹
48. EL LUGAR. Es decir, *el Templo*.
²
50. POR. Lit. *a favor de*, o *en lugar de*.
³
52. EN UNO. Lit. *hacia una sola cosa*.

Ἰουδαίων,   καὶ   ἀνέβησαν   πολλοὶ   εἰς
judíos,   y   subieron   muchos   a

Ἱεροσόλυμα   ἐκ   τῆς   χώρας   πρὸ   τοῦ
Jerusalén   de   la   región   antes   de la

πάσχα,   ἵνα   ἁγνίσωσιν   ἑαυτούς.
pascua,   para   purificar   a sí mismos.

56 ἐζήτουν   οὖν   τὸν   Ἰησοῦν   καὶ   ἔλεγον
Buscaban,   pues,   —   a Jesús   y   decían

μετ'   ἀλλήλων   ἐν   τῷ   ἱερῷ   ἑστηκότες·
unos   a otros   en   el   templo   estando:

τί   δοκεῖ   ὑμῖν;   ὅτι   οὐ   μὴ   ἔλθῃ   εἰς
¿Qué   parece   os?   ¿Que   de ningún modo   viene   a

τὴν   ἑορτήν;   **57** δεδώκεισαν   δὲ   οἱ   ἀρχιερεῖς
la   fiesta?   Y habían dado   los   principales
                                                          sacerdotes

καὶ   οἱ   Φαρισαῖοι   ἐντολὰς   ἵνα   ἐάν   τις
y   los   fariseos   órdenes   para que   si   alguno

γνῷ   ποῦ   ἐστιν   μηνύσῃ,   ὅπως   πιάσωσιν
conocía   dónde   está,   informase,   a fin de   prender

αὐτόν.   **12** Ὁ   οὖν   Ἰησοῦς   πρὸ   ἓξ   ἡμερῶν
le.   — Por tanto,   Jesús,   antes de seis   días

τοῦ   πάσχα   ἦλθεν   εἰς   Βηθανίαν,   ὅπου
de la   pascua,   vino   a   Betania,   donde

ἦν   Λάζαρος,   ὃν   ἤγειρεν   ἐκ   νεκρῶν
estaba   Lázaro,   al que   levantó   de   (los) muertos

Ἰησοῦς.   **2** ἐποίησαν   οὖν   αὐτῷ   δεῖπνον   ἐκεῖ,
Jesús.   Hicieron, por tanto,   le   una cena   allí,

καὶ   ἡ   Μάρθα   διηκόνει,   ὁ   δὲ   Λάζαρος   εἷς
y   —   Marta   servía,   — y   Lázaro   uno

ἦν   ἐκ   τῶν   ἀνακειμένων   σὺν   αὐτῷ·   **3** ἡ
era   de   los   reclinados   con   él;

οὖν   Μαριὰμ   λαβοῦσα   λίτραν   μύρου
entonces   María,   tomando   una libra   de perfume

νάρδου   πιστικῆς   πολυτίμου   ἤλειψεν   τοὺς
de nardo   ¹puro   de mucho precio   enjugó   los

πόδας   τοῦ   Ἰησοῦ   καὶ   ἐξέμαξεν   ταῖς
pies   —   de Jesús   y   enjugó   con los

θριξὶν   αὐτῆς   τοὺς   πόδας   αὐτοῦ·   ἡ   δὲ
cabellos   de ella   los   pies   de él;   y la

οἰκία   ἐπληρώθη   ἐκ   τῆς   ὀσμῆς   τοῦ
casa   fue llena   del   olor   del

μύρου.   **4** λέγει   δὲ   Ἰούδας   ὁ   Ἰσκαριώτης
perfume.   Y dice   Judas   el   Iscariote

εἷς   τῶν   μαθητῶν   αὐτοῦ,   ὁ   μέλλων
uno   de los   discípulos   de él,   el que   iba

αὐτὸν   παραδιδόναι·   **5** διὰ   τί   τοῦτο   τὸ
le   a entregar: ¿Por   qué   este   —

μύρον   οὐκ   ἐπράθη   τριακοσίων   δηναρίων
perfume   no   fue vendido   por trescientos   denarios

1
3. PURO. Lit. *genuino, de
fiar* por su calidad.

καὶ ἐδόθη πτωχοῖς; **6** εἶπεν δὲ τοῦτο
y   dado   a (los) pobres?   Pero dijo   esto

οὐχ ὅτι περὶ τῶν πτωχῶν ἔμελεν αὐτῷ,
no porque acerca de los pobres importase le,

ἀλλ' ὅτι κλέπτης ἦν καὶ τὸ γλωσσόκομον
sino porque ladrón era y la   bolsa

ἔχων τὰ βαλλόμενα ἐβάσταζεν.
teniendo, lo que se echaba se llevaba.

7 εἶπεν οὖν ὁ Ἰησοῦς· ἄφες αὐτήν,
Dijo, pues, — Jesús: Deja la,

ἵνα εἰς τὴν ἡμέραν τοῦ ἐνταφιασμοῦ
a fin de que para el día de la sepultura

μου τηρήσῃ αὐτό· **8** τοὺς πτωχοὺς γὰρ
de mí ¹guarde lo; porque a (los) pobres

πάντοτε ἔχετε μεθ' ἑαυτῶν, ἐμὲ δὲ
siempre (los) tenéis con vosotros, pero a mí

οὐ πάντοτε ἔχετε. **9** Ἔγνω οὖν ὁ ὄχλος
no siempre tenéis. Conoció, pues, la turba

πολὺς ἐκ τῶν Ἰουδαίων ὅτι ἐκεῖ ἐστιν,
mucha de los judíos que allí está,

καὶ ἦλθον οὐ διὰ τὸν Ἰησοῦν μόνον,
y vinieron no a causa — de Jesús sólo,

ἀλλ' ἵνα καὶ τὸν Λάζαρον ἴδωσιν ὃν
sino para también — a Lázaro ver, al que

ἤγειρεν ἐκ νεκρῶν. **10** ἐβουλεύσαντο δὲ
resucitó de (los) muertos. Pero resolvieron

οἱ ἀρχιερεῖς ἵνα καὶ τὸν Λάζαρον
los principales sacerdotes — también — a Lázaro

ἀποκτείνωσιν, **11** ὅτι πολλοὶ δι' αὐτὸν
matar, porque muchos a causa de él

ὑπῆγον τῶν Ἰουδαίων καὶ ἐπίστευον εἰς
se iban de los judíos y creían en

τὸν Ἰησοῦν.
— Jesús.

12 Τῇ ἐπαύριον ὁ ὄχλος πολὺς ὁ
Al día siguiente la turba mucha que

ἐλθὼν εἰς τὴν ἑορτήν, ἀκούσαντες ὅτι
vino a la fiesta, oyendo que

ἔρχεται Ἰησοῦς εἰς Ἱεροσόλυμα, **13** ἔλαβον
viene Jesús a Jerusalén, tomaron

τὰ βαΐα τῶν φοινίκων καὶ ἐξῆλθον εἰς
las ramas de las palmeras y salieron a(l)

ὑπάντησιν αὐτῷ, καὶ ἐκραύγαζον· ὡσαννά,
encuentro de él, y gritaban: Hosanná,

εὐλογημένος ὁ ἐρχόμενος ἐν ὀνόματι
bendito el que viene en nombre

1
7. GUARDASE. Esto es, *guardó*.

κυρίου, καὶ ὁ βασιλεὺς τοῦ Ἰσραήλ.
de(l) Señor, y el rey — de Israel.

14 εὑρὼν δὲ ὁ Ἰησοῦς ὀνάριον ἐκάθισεν
Y hallando — Jesús un asnillo, se sentó

ἐπ᾽ αὐτό, καθώς ἐστιν γεγραμμένον·
sobre él, como está escrito:

15 μὴ φοβοῦ, θυγάτηρ Σιών· ἰδοὺ ὁ
No temas, hija de Sión; mira, el

βασιλεύς σου ἔρχεται, καθήμενος ἐπὶ
Rey de ti viene, sentado sobre

πῶλον ὄνου. **16** ταῦτα οὐκ ἔγνωσαν
un pollino de asna. Estas cosas no (las) [1]comprendieron

αὐτοῦ οἱ μαθηταὶ τὸ πρῶτον, ἀλλ᾽ ὅτε
de él los discípulos al principio, pero cuando

ἐδοξάσθη Ἰησοῦς, τότε ἐμνήσθησαν ὅτι
fue glorificado Jesús, entonces recordaron que

ταῦτα ἦν ἐπ᾽ αὐτῷ γεγραμμένα καὶ
estas cosas estaban sobre él escritas y (que)

ταῦτα ἐποίησαν αὐτῷ. **17** ἐμαρτύρει οὖν
estas cosas hicieron le. Testificaba, pues,

ὁ ὄχλος ὁ ὢν μετ᾽ αὐτοῦ ὅτε τὸν
la turba que estaba con él cuando —

Λάζαρον ἐφώνησεν ἐκ τοῦ μνημείου καὶ
a Lázaro llamó de la tumba y

ἤγειρεν αὐτὸν ἐκ νεκρῶν. **18** διὰ τοῦτο
resucitó le de (los) muertos. Por esto

καὶ ὑπήντησεν αὐτῷ ὁ ὄχλος, ὅτι
también salió al encuentro le la gente, porque

ἤκουσαν τοῦτο αὐτὸν πεποιηκέναι τὸ
oyeron que esta él había hecho la

σημεῖον. **19** οἱ οὖν Φαρισαῖοι εἶπαν
señal. Por tanto, los fariseos dijeron

πρὸς ἑαυτούς· θεωρεῖτε ὅτι οὐκ ὠφελεῖτε
a sí mismos: Veis que no conseguís

οὐδέν· ἴδε ὁ κόσμος ὀπίσω αὐτοῦ ἀπῆλθεν.
nada; mira, el mundo tras él se fue.

20 Ἦσαν δὲ Ἕλληνές τινες ἐκ τῶν
Y había griegos algunos de los

ἀναβαινόντων ἵνα προσκυνήσωσιν ἐν τῇ
que subían para adorar en la

ἑορτῇ· **21** οὗτοι οὖν προσῆλθον Φιλίππῳ
fiesta; éstos, pues, se acercaron a Felipe

τῷ ἀπὸ Βηθσαϊδὰ τῆς Γαλιλαίας. καὶ
al de Betsaida — de Galilea, y

ἠρώτων αὐτὸν λέγοντες· κύριε, θέλομεν
rogaban le, diciendo: Señor, queremos

τὸν Ἰησοῦν ἰδεῖν. **22** ἔρχεται ὁ Φίλιππος
— a Jesús ver. Viene — Felipe

1
16. COMPRENDIERON. Lit. *co-nocieron*.

καὶ λέγει τῷ Ἀνδρέᾳ· ἔρχεται Ἀνδρέας
y   (lo) dice   —   a Andrés;   viene(n)   Andrés

καὶ Φίλιππος καὶ λέγουσιν τῷ Ἰησοῦ.
y   Felipe   y   (lo) dicen   —   a Jesús.

23 ὁ δὲ Ἰησοῦς ἀποκρίνεται αὐτοῖς λέγων·
— Y   Jesús   responde   les   diciendo:

ἐλήλυθεν ἡ ὥρα ἵνα δοξασθῇ ὁ υἱὸς τοῦ
Ha llegado   la   hora   para que sea glorificado   el   Hijo   del

ἀνθρώπου. 24 ἀμὴν ἀμὴν λέγω ὑμῖν,
Hombre.   De cierto, de cierto   digo   os,

ἐὰν μὴ ὁ κόκκος τοῦ σίτου πεσὼν εἰς
si   no   el   grano   —   de trigo   cayendo   en

τὴν γῆν ἀποθάνῃ, αὐτὸς μόνος μένει·
la   tierra,   muere,   él   solo   permanece;

ἐὰν δὲ ἀποθάνῃ, πολὺν καρπὸν φέρει.
pero si   muere,   mucho   fruto   lleva.

25 ὁ φιλῶν τὴν ψυχὴν αὐτοῦ ἀπολλύει
El que   ama   la   vida   de él,   pierde

αὐτήν, καὶ ὁ μισῶν τὴν ψυχὴν αὐτοῦ
la,   y   el que   odia   la   vida   de él

ἐν τῷ κόσμῳ τούτῳ εἰς ζωὴν αἰώνιον
en   el   mundo   este,   para   vida   eterna

φυλάξει αὐτήν. 26 ἐάν ἐμοί τις διακονῇ,
guardará   la.   Si   me   alguno   sirve,

ἐμοὶ ἀκολουθείτω, καὶ ὅπου εἰμὶ ἐγώ,
me   siga,   y   donde   estoy   yo,

ἐκεῖ καὶ ὁ διάκονος ὁ ἐμὸς ἔσται·
allí   también   el   servidor   —   mío   estará;

ἐάν τις ἐμοὶ διακονῇ, τιμήσει αὐτὸν
si   alguno   me   sirve,   honrará   le

ὁ πατήρ. 27 νῦν ἡ ψυχή μου τετάρακται,
el   Padre.   Ahora el   alma   de mí   se ha turbado,

καὶ τί εἴπω; πάτερ, σῶσόν με ἐκ
¿y   qué   he de decir?   Padre,   salva   me   de

τῆς ὥρας ταύτης. ἀλλὰ διὰ τοῦτο ἦλθον
la   hora   esta.   Pero   por   esto   vine

εἰς τὴν ὥραν ταύτην. 28 πάτερ, δόξασόν
a   la   hora   esta.   Padre,   glorifica

σου τὸ ὄνομα. ἦλθεν οὖν φωνὴ ἐκ
de ti   el   nombre.   Vino   entonces   una voz

τοῦ οὐρανοῦ· καὶ ἐδόξασα καὶ πάλιν
del   cielo: Ya   (lo) glorifiqué   y   de nuevo

δοξάσω. 29 ὁ οὖν ὄχλος ὁ ἑστὼς καὶ
(lo) glorificaré.   Por tanto, la   gente   que   estaba   y

ἀκούσας ἔλεγεν βροντὴν γεγονέναι· ἄλλοι
oyó,   decía   que un trueno   había sido;   otros

ἔλεγον· ἄγγελος αὐτῷ λελάληκεν.
decían: Un ángel   le   ha hablado.

30 ἀπεκρίθη Ἰησοῦς καὶ εἶπεν· οὐ δι' ἐμὲ
Respondió   Jesús   y   dijo: No por causa de mí

ἡ φωνὴ αὕτη γέγονεν ἀλλὰ δι' ὑμᾶς.
la   voz   esta   ha sucedido,   sino por causa de vosotros.

31 νῦν κρίσις ἐστὶν τοῦ κόσμου τούτου·
Ahora   (el) juicio   es   del   mundo   este;

νῦν ὁ ἄρχων τοῦ κόσμου τούτου
ahora   el   gobernante   del   mundo   este

ἐκβληθήσεται ἔξω· **32** κἀγὼ ἐὰν ὑψωθῶ
será echado   fuera;   y yo   si   soy levantado

ἐκ τῆς γῆς, πάντας ἑλκύσω πρὸς
de   la   tierra,   a todos   atraeré   a

ἐμαυτόν. **33** τοῦτο δὲ ἔλεγεν σημαίνων
mí mismo.   Y esto   decía   significando

ποίῳ θανάτῳ ἤμελλεν ἀποθνῄσκειν.
[1]de cuál   muerte   iba a   morir.

34 ἀπεκρίθη οὖν αὐτῷ ὁ ὄχλος· ἡμεῖς
Respondió,   pues,   le   la   gente: Nosotros

ἠκούσαμεν ἐκ τοῦ νόμου ὅτι ὁ χριστὸς
[2]hemos oído   de   la   ley   que   el   Cristo

μένει εἰς τὸν αἰῶνα, καὶ πῶς λέγεις
permanece   para   siempre,   ¿y   cómo   dices

σὺ ὅτι δεῖ ὑψωθῆναι τὸν υἱὸν τοῦ
tú   que   es menester que sea levantado   el   Hijo   del

ἀνθρώπου; τίς ἐστιν οὗτος ὁ υἱὸς τοῦ
Hombre?   ¿Quién   es   este —   Hijo   del

ἀνθρώπου; **35** εἶπεν οὖν αὐτοῖς ὁ Ἰησοῦς·
Hombre?   Dijo,   pues,   les —   Jesús:

ἔτι μικρὸν χρόνον τὸ φῶς ἐν ὑμῖν
Aún   [3]por poco   tiempo   la   luz   entre   vosotros

ἐστιν. περιπατεῖτε ὡς τὸ φῶς ἔχετε,
está.   Andad   mientras   la   luz   tenéis,

ἵνα μὴ σκοτία ὑμᾶς καταλάβῃ· καὶ
para que no   (la) oscuridad   os   sorprenda;   y

ὁ περιπατῶν ἐν τῇ σκοτίᾳ οὐκ οἶδεν
el que   anda   en   la   oscuridad   no   sabe

ποῦ ὑπάγει. **36** ὡς τὸ φῶς ἔχετε,
adónde   va.   Mientras la   luz   tenéis,

πιστεύετε εἰς τὸ φῶς, ἵνα υἱοὶ φωτὸς
creed   en   la   luz,   para que hijos   de (la) luz

γένησθε.
lleguéis a ser.

Ταῦτα ἐλάλησεν Ἰησοῦς, καὶ ἀπελθὼν
Estas cosas   habló   Jesús,   y   yéndose

ἐκρύβη ἀπ' αὐτῶν. **37** Τοσαῦτα δὲ αὐτοῦ
fue ocultado   de   ellos.   Pero tan grandes   él

σημεῖα πεποιηκότος ἔμπροσθεν αὐτῶν οὐκ
señales   habiendo hecho   delante   de ellos,   no

1
33. DE CUÁL. Es decir, *de qué clase.*
2
34. HEMOS OÍDO. Lit. *oímos* (pret.).
3
35. POR POCO. Lit. *por pequeño.*

ἐπίστευον   εἰς   αὐτόν,   **38** ἵνα   ὁ   λόγος
creían   en   él,   para que   la   palabra

Ἡσαΐου   τοῦ   προφήτου   πληρωθῇ   ὃν
de Isaías   el   profeta   se cumpliese,   la que

εἶπεν·   κύριε,   τίς   ἐπίστευσεν   τῇ   ἀκοῇ
dijo: Señor,   ¿quién   creyó   al   anuncio

ἡμῶν;   καὶ   ὁ   βραχίων   κυρίου   τίνι
de nosotros?   ¿Y   el   brazo   de(l) Señor   a quién

ἀπεκαλύφθη;   **39** διὰ   τοῦτο   οὐκ   ἠδύναντο
fue revelado?   Por   esto   no   podían

πιστεύειν,   ὅτι   πάλιν   εἶπεν   Ἡσαΐας·
creer,   pues   de nuevo   dijo   Isaías:

40 τετύφλωκεν   αὐτῶν   τοὺς   ὀφθαλμοὺς   καὶ
Ha cegado   de ellos   los   ojos   y

ἐπώρωσεν   αὐτῶν   τὴν   καρδίαν,   ἵνα
endureció   de ellos   el   corazón,   para que

μὴ   ἴδωσιν   τοῖς   ὀφθαλμοῖς   καὶ   νοήσωσιν
no   vean   con los   ojos   y   entiendan

τῇ   καρδίᾳ   καὶ   στραφῶσιν,   καὶ   ἰάσομαι
con el   corazón   y   se vuelvan,   y   (yo) sane

αὐτούς.   **41** ταῦτα   εἶπεν   Ἡσαΐας   ὅτι
los.   Estas cosas   dijo   Isaías   porque

εἶδεν   τὴν   δόξαν   αὐτοῦ,   καὶ   ἐλάλησεν
vio   la   gloria   de él,   y   habló

περὶ   αὐτοῦ.   **42** ὅμως   μέντοι   καὶ   ἐκ
acerca   de él.   A pesar de eso sin embargo, aun   de

τῶν   ἀρχόντων   πολλοὶ   ἐπίστευσαν   εἰς   αὐτόν,
los   gobernantes   muchos   creyeron   en   él,

ἀλλὰ   διὰ   τοὺς   Φαρισαίους   οὐχ   ὡμολόγουν,
pero a causa de   los   fariseos   no   (lo) confesaban,

ἵνα   μὴ   ἀποσυνάγωγοι   γένωνται·
para   no   expulsados de la sinagoga   ser;

43 ἠγάπησαν   γὰρ   τὴν   δόξαν   τῶν   ἀνθρώπων
porque amaban   la   gloria   de los   hombres

μᾶλλον   ἤπερ   τὴν   δόξαν   τοῦ   θεοῦ.
más   que   la   gloria   —   de Dios.

44 Ἰησοῦς   δὲ   ἔκραξεν   καὶ   εἶπεν·   ὁ
Pero Jesús   clamó   y   dijo: El

πιστεύων   εἰς   ἐμὲ   οὐ   πιστεύει   εἰς   ἐμὲ
que cree   en   mí,   [1]no   cree   en   mí,

ἀλλὰ   εἰς   τὸν   πέμψαντά   με,   **45** καὶ   ὁ
sino   en   el   que envió   me,   y   el

θεωρῶν   ἐμὲ   θεωρεῖ   τὸν   πέμψαντά   με.
que ve   me,   ve   al   que envió   me.

46 ἐγὼ   φῶς   εἰς   τὸν   κόσμον   ἐλήλυθα,
Yo   (como) luz   al   mundo   he venido,

ἵνα   πᾶς   ὁ   πιστεύων   εἰς   ἐμὲ   ἐν   τῇ
para que todo   el   que cree   en   mí,   en   la

[1] 44. NO CREE EN MÍ. Es decir, *no cree sólo en mí.*

σκοτίᾳ μὴ μείνῃ. **47** καὶ ἐάν τίς μου
oscuridad no permanezca.   Y si alguno de mí

ἀκούσῃ τῶν ῥημάτων καὶ μὴ φυλάξῃ,
oye las palabras y no (las) guarda,

ἐγὼ οὐ κρίνω αὐτόν· οὐ γὰρ ἦλθον
yo no juzgo le; porque no vine

ἵνα κρίνω τὸν κόσμον, ἀλλ' ἵνα σώσω
para juzgar al mundo, sino para salvar

τὸν κόσμον. **48** ὁ ἀθετῶν ἐμὲ καὶ μὴ
al mundo. El que rechaza me y no

λαμβάνων τὰ ῥήματά μου ἔχει τὸν
recibe las palabras de mí, tiene al

κρίνοντα αὐτόν· ὁ λόγος ὃν ἐλάλησα,
que juzga le: La palabra que hablé,

ἐκεῖνος κρινεῖ αὐτὸν ἐν τῇ ἐσχάτῃ ἡμέρᾳ.
ella juzgará le en el último día.

49 ὅτι ἐγὼ ἐξ ἐμαυτοῦ οὐκ ἐλάλησα,
Porque yo de mí mismo no hablé,

ἀλλ' ὁ πέμψας με πατὴρ αὐτός μοι
sino que el que envió me Padre, él me

ἐντολὴν δέδωκεν τί εἴπω καὶ τί
mandamiento ha dado (de) qué he de decir y qué

λαλήσω. **50** καὶ οἶδα ὅτι ἡ ἐντολὴ
he de hablar. Y sé que el mandamiento

αὐτοῦ ζωὴ αἰώνιός ἐστιν. ἃ οὖν ἐγὼ
de él [1]vida eterna es. Lo que, pues, yo

λαλῶ, καθὼς εἴρηκέν μοι ὁ πατήρ,
hablo, como (lo) ha dicho me el Padre,

οὕτως λαλῶ.
así (lo) hablo.

13 Πρὸ δὲ τῆς ἑορτῆς τοῦ πάσχα
Y antes de la fiesta de la pascua,

εἰδὼς ὁ Ἰησοῦς ὅτι ἦλθεν αὐτοῦ ἡ
sabiendo — Jesús que vino de él la

ὥρα ἵνα μεταβῇ ἐκ τοῦ κόσμου τούτου
hora para que pasase del mundo este

πρὸς τὸν πατέρα, ἀγαπήσας τοὺς ἰδίους
al Padre, habiendo amado a los suyos

τοὺς ἐν τῷ κόσμῳ, εἰς τέλος ἠγάπησεν
los en el mundo, [2]hasta (el) fin amó
(que estaban)

αὐτούς. **2** καὶ δείπνου γινομένου, τοῦ
los. Y (la) cena teniendo lugar, el

διαβόλου ἤδη βεβληκότος εἰς τὴν καρδίαν
diablo ya habiendo puesto en el corazón

ἵνα παραδοῖ αὐτὸν Ἰούδας Σίμωνος
que entregase le Judas (hijo) de Simón,

1
50. VIDA ETERNA ES. El sentido es: *Jesús recibió del Padre el mandamiento de revelarnos y darnos vida eterna.* (Comp. con 10:18.)
2
1. HASTA (EL) FIN. Es decir, *hasta el extremo.*

'Ισκαριώτης, 3 εἰδὼς ὅτι πάντα ἔδωκεν
Iscariote,		sabiendo	que	todas las cosas	dio

αὐτῷ ὁ πατὴρ εἰς τὰς χεῖρας, καὶ
le	el	Padre	en	las	manos,	y

ὅτι ἀπὸ θεοῦ ἐξῆλθεν καὶ πρὸς τὸν
que	de	Dios	salió	y	a	—

θεὸν ὑπάγει, 4 ἐγείρεται ἐκ τοῦ δείπνου
Dios	va,	se levanta	de	la	cena

καὶ τίθησιν τὰ ἱμάτια, καὶ λαβὼν
y	pone (aparte)	[1]el	manto,	y	tomando

λέντιον διέζωσεν ἑαυτόν· 5 εἶτα βάλλει
una toalla,	ciñó	a sí mismo;	luego	echa

ὕδωρ εἰς τὸν νιπτῆρα, καὶ ἤρξατο νίπτειν
agua	en	la	palangana,	y	comenzó	a lavar

τοὺς πόδας τῶν μαθητῶν καὶ ἐκμάσσειν
los	pies	de los	discípulos	y	a enjugar(los)

τῷ λεντίῳ ᾧ ἦν διεζωσμένος.
con la	toalla	con que	estaba	ceñido.

6 ἔρχεται οὖν πρὸς Σίμωνα Πέτρον·
Viene,	pues,	a	Simón	Pedro;

λέγει αὐτῷ· κύριε, σύ μου νίπτεις τοὺς
dice	le:	Señor,	¿tú	de mí	lavas	los

πόδας; 7 ἀπεκρίθη 'Ιησοῦς καὶ εἶπεν αὐτῷ·
pies?	Respondió	Jesús	y	dijo	le:

ὃ ἐγὼ ποιῶ σὺ οὐκ οἶδας ἄρτι,
Lo que	yo	hago,	tú	no	sabes	aún,

γνώσῃ δὲ μετὰ ταῦτα. 8 λέγει αὐτῷ
pero	[2](lo) conocerás	después de estas cosas.	Dice	le:

Πέτρος· οὐ μὴ νίψῃς μου τοὺς πόδας
Pedro:	De ningún modo	lavarás	de mí	los	pies

εἰς τὸν αἰῶνα. ἀπεκρίθη 'Ιησοῦς αὐτῷ·
para	siempre.	Respondió	Jesús	le:

ἐὰν μὴ νίψω σε, οὐκ ἔχεις μέρος μετ'
Si	no	lavo	te,	no	tienes	parte	con-

ἐμοῦ. 9 λέγει αὐτῷ Σίμων Πέτρος·
migo.	Dice	le	Simón	Pedro:

κύριε, μὴ τοὺς πόδας μου μόνον ἀλλὰ
Señor,	no	los	pies	de mí	sólo,	sino

καὶ τὰς χεῖρας καὶ τὴν κεφαλήν. 10 λέγει
también las	manos	y	la	cabeza.	Dice

αὐτῷ 'Ιησοῦς· ὁ λελουμένος οὐκ ἔχει
le	Jesús:	El que	se ha bañado	no	tiene

χρείαν [εἰ μὴ τοὺς πόδας] νίψασθαι,
necesidad	excepto	los	pies	de lavarse,

ἀλλ' ἔστιν καθαρὸς ὅλος· καὶ ὑμεῖς
sino que	está	limpio	todo;	y	vosotros

καθαροί ἐστε, ἀλλ' οὐχὶ πάντες. 11 ᾔδει
limpios	estáis,	pero	no	todos.	Porque sabía

---

[1]
4. EL MANTO. Lit. *los vesti-dos exteriores.*

[2]
7. (LO) CONOCERÁS. Es de-cir, *lo entenderás.*

γὰρ   τὸν   παραδιδόντα   αὐτόν·   διὰ   τοῦτο
        al   que entregaba   le;   por   esto
εἶπεν   ὅτι   οὐχὶ   πάντες   καθαροί   ἐστε.
dijo;   —   No   todos   limpios   estáis.

12 Ὅτε   οὖν   ἔνιψεν   τοὺς   πόδας   αὐτῶν
Cuando,   pues,   lavó   los   pies   de ellos
καὶ   ἔλαβεν   τὰ   ἱμάτια   αὐτοῦ   καὶ   ἀνέπεσεν
y   tomó   el   manto   de él   y   se reclinó
πάλιν,   εἶπεν   αὐτοῖς·   γινώσκετε   τί   πε-
de nuevo,   dijo   les: ¿Conocéis   qué   he
ποίηκα   ὑμῖν;   **13** ὑμεῖς   φωνεῖτέ   με·   ὁ
hecho   os?   Vosotros   llamáis   me: El
διδάσκαλος   καὶ   ὁ   κύριος,   καὶ   καλῶς
Maestro   y   el   Señor,   y   bien
λέγετε·   εἰμὶ   γάρ.   **14** εἰ   οὖν   ἐγὼ   ἔνιψα
decís;   porque (lo) soy.   Si,   pues,   yo   lavé
ὑμῶν   τοὺς   πόδας   ὁ   κύριος   καὶ   ὁ
de vosotros   los   pies,   el   Señor   y   el
διδάσκαλος,   καὶ   ὑμεῖς   ὀφείλετε   ἀλλήλων
Maestro,   también   vosotros   debéis   unos de otros
νίπτειν   τοὺς   πόδας·   **15** ὑπόδειγμα   γὰρ
lavar   los   pies;   pues ejemplo
ἔδωκα   ὑμῖν   ἵνα   καθὼς   ἐγὼ   ἐποίησα
di   os   para que   como   yo   hice
ὑμῖν   καὶ   ὑμεῖς   ποιῆτε.   **16** ἀμὴν   ἀμὴν
os,   también   vosotros   hagáis.   De cierto,   de cierto
λέγω   ὑμῖν,   οὐκ   ἔστιν   δοῦλος   μείζων
digo   os,   no   es   un siervo   mayor
τοῦ   κυρίου   αὐτοῦ,   οὐδὲ   ἀπόστολος   μείζων
que el   señor   de él,   ni   un enviado   mayor
τοῦ   πέμψαντος   αὐτόν.   **17** εἰ   ταῦτα
que el   que envió   le.   Si   estas cosas
οἴδατε,   μακάριοί   ἐστε   ἐὰν   ποιῆτε   αὐτά.
sabéis,   dichosos   sois   si   hacéis   las.
18 Οὐ   περὶ   πάντων   ὑμῶν   λέγω·   ἐγὼ
No   acerca   de todos   vosotros   [1]hablo;   yo
οἶδα   τίνας   ἐξελεξάμην·   ἀλλ᾽   ἵνα   ἡ
sé   a quiénes   escogí;   pero   para que   la
γραφὴ   πληρωθῇ·   ὁ   τρώγων   μου   τὸν
Escritura   se cumpla: El que   come   de mí   el
ἄρτον   ἐπῆρεν   ἐπ᾽   ἐμὲ   τὴν   πτέρναν   αὐτοῦ.
pan,   levantó   contra   mí   el   talón   de él.
19 ἀπ᾽   ἄρτι   λέγω   ὑμῖν   πρὸ   τοῦ   γενέσθαι,
Desde   ahora   digo   os   antes de que   suceda,
ἵνα   πιστεύητε   ὅταν   γένηται   ὅτι   ἐγώ
para que   creáis,   cuando   suceda,   que   yo
εἰμι.   **20** ἀμὴν   ἀμὴν   λέγω   ὑμῖν,   ὁ
soy.   De cierto,   de cierto   digo   os,   el

1
18. HABLO. Lit. *digo.*

λαμβάνων ἄν τινα πέμψω ἐμὲ λαμβάνει,
que recibe a quienquiera que (yo) envíe, me recibe,

ὁ δὲ ἐμὲ λαμβάνων λαμβάνει τὸν
y el que me recibe, recibe al

πέμψαντά με. 21 ταῦτα εἰπὼν Ἰησοῦς
que envió me. Estas cosas habiendo dicho Jesús,

ἐταράχθη τῷ πνεύματι καὶ ἐμαρτύρησεν
[1]se turbó en el espíritu y testificó

καὶ εἶπεν· ἀμὴν ἀμὴν λέγω ὑμῖν ὅτι
y dijo: De cierto, de cierto digo os que

εἷς ἐξ ὑμῶν παραδώσει με. 22 ἔβλεπον
uno de vosotros entregará me. Miraban

εἰς ἀλλήλους οἱ μαθηταὶ ἀπορούμενοι περὶ
unos a otros los discípulos estando perplejos acerca

τίνος λέγει. 23 ἦν ἀνακείμενος εἷς ἐκ
de quién [2]habla. Estaba reclinado uno de

τῶν μαθητῶν αὐτοῦ ἐν τῷ κόλπῳ τοῦ
los discípulos de él en el seno —

Ἰησοῦ, ὃν ἠγάπα ὁ Ἰησοῦς· 24 νεύει
de Jesús, al que amaba — Jesús; hace señas,

οὖν τούτῳ Σίμων Πέτρος καὶ λέγει
pues, a éste Simón Pedro y dice

αὐτῷ· εἰπὲ τίς ἐστιν περὶ οὗ λέγει.
le: Di(le) quién es acerca del que [3]habla.

25 ἀναπεσὼν ἐκεῖνος οὕτως ἐπὶ τὸ
Recostándose él así en el

στῆθος τοῦ Ἰησοῦ λέγει αὐτῷ· κύριε,
pecho — de Jesús, dice le: Señor,

τίς ἐστιν; 26 ἀποκρίνεται οὖν ὁ Ἰησοῦς·
¿quién es? Responde, pues, — Jesús:

ἐκεῖνός ἐστιν ᾧ ἐγὼ βάψω τὸ ψωμίον
Aquél es a quien yo moje el bocado

καὶ δώσω αὐτῷ. βάψας οὖν [τὸ]
y (lo) dé a él. Mojando, pues, el

ψωμίον λαμβάνει καὶ δίδωσιν Ἰούδα
bocado, (lo) toma y (lo) da a Judas

Σίμωνος Ἰσκαριώτου. 27 καὶ μετὰ τὸ
(hijo) de Simón Iscariote. Y después del

ψωμίον τότε εἰσῆλθεν εἰς ἐκεῖνον ὁ
bocado entonces entró en él —

σατανᾶς. λέγει οὖν αὐτῷ Ἰησοῦς· ὃ
Satanás. Dice, pues, le Jesús: Lo que

ποιεῖς ποίησον τάχιον. 28 τοῦτο [δὲ]
haces, haz(lo) [4]más pronto. Pero esto

οὐδεὶς ἔγνω τῶν ἀνακειμένων πρὸς τί
ninguno [5]entendió de los reclinados (a la mesa) en relación a qué

εἶπεν αὐτῷ· 29 τινὲς γὰρ ἐδόκουν, ἐπεὶ
dijo le (eso); porque algunos pensaban, puesto que

1
21. SE TURBÓ. Es decir, *se estremeció.*
2
22. HABLA. Lit. *dice.*
3
24. HABLA. Lit. *dice.*
4
27. MÁS PRONTO. Es decir, *cuanto antes.*
5
28. ENTENDIÓ. Lit. *conoció.*

τὸ   γλωσσόκομον   εἶχεν   Ἰούδας,   ὅτι   λέγει
la   bolsa   tenía   Judas,   que   dice

αὐτῷ   Ἰησοῦς·   ἀγόρασον   ὧν   χρείαν
le   Jesús: Compra   las cosas de las que   necesidad

ἔχομεν   εἰς   τὴν   ἑορτήν,   ἢ   τοῖς   πτωχοῖς
tenemos   para   la   fiesta,   o   a los   pobres

ἵνα   τι   δῷ.   30 λαβὼν   οὖν   τὸ
que   algo   diese.   Habiendo tomado,   pues,   el

ψωμίον   ἐκεῖνος   ἐξῆλθεν   εὐθύς·   ἦν   δὲ
bocado   él,   salió   en seguida;   y era

νύξ.
(de) noche.

31 Ὅτε   οὖν   ἐξῆλθεν,   λέγει   Ἰησοῦς·
Cuando,   pues,   salió,   dice   Jesús:

νῦν   ἐδοξάσθη   ὁ   υἱὸς   τοῦ   ἀνθρώπου,
Ahora   fue glorificado   el   Hijo   del   Hombre,

καὶ   ὁ   θεὸς   ἐδοξάσθη   ἐν   αὐτῷ·   32 εἰ
y   —   Dios   fue glorificado   en   él;   Si

ὁ   θεὸς   ἐδοξάσθη   ἐν   αὐτῷ,   καὶ   ὁ   θεὸς
—   Dios   fue glorificado   en   él,   también   —   Dios

δοξάσει   αὐτὸν   ἐν   αὐτῷ,   καὶ   εὐθὺς
glorificará   le   en   él,   y   en seguida

δοξάσει   αὐτόν.   33 τεκνία,   ἔτι   μικρὸν
glorificará   le.   Hijitos,   aún   [1]un poco

μεθ᾽   ὑμῶν   εἰμι·   ζητήσετέ   με,   καὶ   καθὼς
con   vosotros   estoy;   buscaréis   me,   y   como

εἶπον   τοῖς   Ἰουδαίοις   ὅτι   ὅπου   ἐγὼ
dije   a los   judíos: —   Adonde   yo

ὑπάγω   ὑμεῖς   οὐ   δύνασθε   ἐλθεῖν,   καὶ
voy,   vosotros   no   podéis   venir,   también

ὑμῖν   λέγω   ἄρτι.   34 Ἐντολὴν   καινὴν
a vosotros (lo) digo   ahora.   Un mandamiento   nuevo

δίδωμι   ὑμῖν,   ἵνα   ἀγαπᾶτε   ἀλλήλους,
doy   os,   que   améis   unos a otros,

καθὼς   ἠγάπησα   ὑμᾶς   ἵνα   καὶ   ὑμεῖς
como   amé   os,   que   también   vosotros

ἀγαπᾶτε   ἀλλήλους.   35 ἐν   τούτῳ   γνώσονται
améis   unos a otros.   En   esto   conocerán

πάντες   ὅτι   ἐμοὶ   μαθηταί   ἐστε,   ἐὰν
todos   que   mis   discípulos   sois,   si

ἀγάπην   ἔχητε   ἐν   ἀλλήλοις.   36 Λέγει
amor   tenéis   entre   unos con otros.   Dice

αὐτῷ   Σίμων   Πέτρος·   κύριε,   ποῦ   ὑπάγεις;
le   Simón   Pedro: Señor,   ¿adónde   vas?

ἀπεκρίθη   Ἰησοῦς·   ὅπου   ὑπάγω   οὐ   δύνασαί
Respondió   Jesús: Adonde   voy,   no   puedes

μοι   νῦν   ἀκολουθῆσαι,   ἀκολουθήσεις   δὲ
me   ahora   seguir,   pero seguirás

1
33. UN POCO. Lit. *un pe-*
queño (tiempo).

ὕστερον.   **37** λέγει   αὐτῷ   [ὁ]   Πέτρος·
más tarde.   Dice   le   —   Pedro:

κύριε,   διὰ   τί   οὐ   δύναμαί   σοι   ἀκολουθῆσαι
Señor,   ¿por   qué   no   puedo   te   seguir

ἄρτι;   τὴν   ψυχήν   μου   ὑπὲρ   σοῦ   θήσω.
ahora?   La   vida   de mí   [1]por   ti   pondré.

38 ἀποκρίνεται   Ἰησοῦς·   τὴν   ψυχήν   σου
   Responde   Jesús: ¿La   vida   de ti

ὑπὲρ   ἐμοῦ   θήσεις;   ἀμὴν   ἀμὴν   λέγω
por   mí   pondrás?   De cierto, de cierto   digo

σοι,   οὐ   μὴ   ἀλέκτωρ   φωνήσῃ   ἕως   οὗ
te,   de ningún modo   un gallo   ha de cantar   hasta   que

ἀρνήσῃ   με   τρίς.   **14** Μὴ   ταρασσέσθω
niegues   me   tres veces.   No   se turbe

ὑμῶν   ἡ   καρδία·   πιστεύετε   εἰς   τὸν   θεόν,   καὶ
de vosotros el   corazón;   [2]creed   en   —   Dios, también

εἰς   ἐμὲ   πιστεύετε.   **2** ἐν   τῇ   οἰκίᾳ   τοῦ
en   mí   creed.   En   la   casa   del

πατρός   μου   μοναὶ   πολλαί   εἰσιν·   εἰ   δὲ   μή,
Padre   de mí   mansiones   muchas   hay;   y si   no,

εἶπον   ἂν   ὑμῖν·   ὅτι   πορεύομαι   ἑτοιμάσαι
habría dicho   os (lo);   pues   voy   a preparar

τόπον   ὑμῖν·   **3** καὶ   ἐὰν   πορευθῶ   καὶ
lugar   para vosotros;   y   si   voy   y

ἑτοιμάσω   τόπον   ὑμῖν,   πάλιν   ἔρχομαι   καὶ
preparo   lugar   os,   de nuevo   vengo   y

παραλήμψομαι   ὑμᾶς   πρὸς   ἐμαυτόν,   ἵνα
recogeré   os   hacia   mí mismo,   para que

ὅπου   εἰμὶ   ἐγὼ   καὶ   ὑμεῖς   ἦτε.   **4** Καὶ
donde   estoy   yo,   también   vosotros   estéis.   Y

ὅπου   ἐγὼ   ὑπάγω   οἴδατε   τὴν   ὁδόν.
adonde   yo   voy,   sabéis   el   camino.

5 λέγει   αὐτῷ   Θωμᾶς·   κύριε,   οὐκ   οἴδαμεν
Dice   le   Tomás: Señor,   no   sabemos

ποῦ   ὑπάγεις·   πῶς   οἴδαμεν   τὴν   ὁδόν;
adónde   vas;   ¿cómo   sabemos   el   camino?

6 λέγει   αὐτῷ   Ἰησοῦς·   ἐγώ   εἰμι   ἡ   ὁδὸς
Dice   le   Jesús: Yo   soy   el   camino

καὶ   ἡ   ἀλήθεια   καὶ   ἡ   ζωή·   οὐδεὶς   ἔρχεται
y   la   verdad   y   la   vida;   nadie   viene

πρὸς   τὸν   πατέρα   εἰ   μὴ   δι᾽   ἐμοῦ.   **7** εἰ
al   Padre,   sino   mediante mí.   Si

ἐγνώκειτέ   με,   καὶ   τὸν   πατέρα   μου
hubieseis conocido   me,   también   al   Padre   de mí

ἂν   ᾔδειτε.   ἀπ᾽   ἄρτι   γινώσκετε   αὐτὸν
[3]habríais conocido.   Desde   ahora   conocéis   le

καὶ   ἑωράκατε.   **8** Λέγει   αὐτῷ   Φίλιππος·
y   (le) habéis visto.   Dice   le   Felipe:

---

[1]
37. POR TI. Lit. *a favor de ti.*

[2]
1. CREED. O *creéis.*

[3]
7. HABRÍAIS CONOCIDO. Lit. *habríais sabido.*

κύριε,   δεῖξον   ἡμῖν   τὸν   πατέρα,   καὶ
Señor,   muestra   nos   el   Padre,   y

ἀρκεῖ   ἡμῖν.   9 λέγει   αὐτῷ   ὁ   Ἰησοῦς·
basta   nos.   Dice   le   —   Jesús:

τοσοῦτον   χρόνον   μεθ᾽   ὑμῶν   εἰμι   καὶ
¿Por tanto   tiempo   con   vosotros   estoy   y

οὐκ   ἔγνωκάς   με,   Φίλιππε;   ὁ   ἑωρακὼς
no   has conocido   me,   Felipe?   El que   ha visto

ἐμὲ   ἑώρακεν   τὸν   πατέρα·   πῶς   σὺ   λέγεις·
me,   ha visto   al   Padre;   ¿cómo   tú   dices:

δεῖξον   ἡμῖν   τὸν   πατέρα;   10 οὐ   πιστεύεις
Muestra   nos   el   Padre?   ¿No   crees

ὅτι   ἐγὼ   ἐν   τῷ   πατρὶ   καὶ   ὁ   πατὴρ
que   yo   en   el   Padre (estoy)   y   el   Padre

ἐν   ἐμοί   ἐστιν;   τὰ   ῥήματα   ἃ   ἐγὼ   λέγω
en   mí   está?   Las   palabras   que   yo   digo

ὑμῖν   ἀπ᾽   ἐμαυτοῦ   οὐ   λαλῶ·   ὁ   δὲ   πατὴρ
os,   de   mí mismo   no   hablo;   pero el   Padre

ἐν   ἐμοὶ   μένων   ποιεῖ   τὰ   ἔργα   αὐτοῦ.
en   mí   que mora,   hace   las   obras   de él.

11 πιστεύετέ   μοι   ὅτι   ἐγὼ   ἐν   τῷ   πατρὶ
Creed   me   que   yo   en   el Padre (estoy)

καὶ   ὁ   πατὴρ   ἐν   ἐμοί·   εἰ   δὲ   μή,   διὰ
y   el   Padre   en   mí;   y si   no,   a causa

τὰ   ἔργα   αὐτὰ   πιστεύετε.   12 ἀμὴν   ἀμὴν
de las   obras   mismas   creed.   De cierto, de cierto

λέγω   ὑμῖν,   ὁ   πιστεύων   εἰς   ἐμὲ   τὰ
digo   os,   el que   cree   en   mí,   las

ἔργα   ἃ   ἐγὼ   ποιῶ   κἀκεῖνος   ποιήσει,
obras   que   yo   hago,   también él   hará,

καὶ   μείζονα   τούτων   ποιήσει,   ὅτι   ἐγὼ
y   mayores   que éstas   hará,   porque   yo

πρὸς   τὸν   πατέρα   πορεύομαι·   13 καὶ   ὅ τι
al   Padre   voy;   y   cualquier

ἂν   αἰτήσητε   ἐν   τῷ   ὀνόματί   μου,   τοῦτο
cosa que   pidáis   en   el   nombre   de mí,   eso

ποιήσω,   ἵνα   δοξασθῇ   ὁ   πατὴρ   ἐν   τῷ
haré,   para que   sea glorificado   el   Padre   en   el

υἱῷ.   14 ἐάν   τι   αἰτήσητέ   με   ἐν   τῷ
Hijo.   Si   algo   pedís   me   en   el

ὀνόματί   μου,   ἐγὼ   ποιήσω.   15 Ἐὰν
nombre   de mí,   yo   (lo) haré.   Si

ἀγαπᾶτέ   με,   τὰς   ἐντολὰς   τὰς   ἐμὰς
amáis   me,   los   mandamientos   —   míos

τηρήσετε.   16 κἀγὼ   ἐρωτήσω   τὸν   πατέρα
guardaréis.   Y yo   rogaré   al   Padre

καὶ   ἄλλον   παράκλητον   δώσει   ὑμῖν,   ἵνα
y   otro   Consolador   dará   os,   para que

ἦ   μεθ' ὑμῶν εἰς τὸν αἰῶνα,   **17** τὸ
esté   con vosotros para   siempre,   el

πνεῦμα τῆς ἀληθείας, ὃ   ὁ κόσμος
Espíritu de la   verdad, al que el mundo

οὐ δύναται λαβεῖν, ὅτι οὐ θεωρεῖ αὐτὸ
no puede recibir, porque no ve   le

οὐδὲ   γινώσκει· ὑμεῖς γινώσκετε αὐτό,
ni   conoce; vosotros conocéis   le,

ὅτι παρ' ὑμῖν μένει καὶ ἐν ὑμῖν ἔσται.
porque [1]con vosotros permanece y en vosotros estará.

18 Οὐκ ἀφήσω ὑμᾶς ὀρφανούς, ἔρχομαι
No   dejaré os   huérfanos,   vengo

πρὸς ὑμᾶς. **19** ἔτι μικρὸν καὶ ὁ κόσμος
a vosotros.   Aún [2]un poco y el mundo

με   οὐκέτι θεωρεῖ, ὑμεῖς δὲ θεωρεῖτέ
me   no más   verá,   pero vosotros veis

με, ὅτι ἐγὼ ζῶ καὶ ὑμεῖς ζήσετε.
me; porque yo vivo, también vosotros viviréis.

20 ἐν ἐκείνῃ τῇ ἡμέρᾳ γνώσεσθε ὑμεῖς
En aquel   —   día   conoceréis vosotros

ὅτι ἐγὼ ἐν τῷ πατρί μου καὶ ὑμεῖς
que yo en el Padre de mí (estoy) y   vosotros

ἐν ἐμοὶ κἀγὼ ἐν ὑμῖν. **21** Ὁ ἔχων
en mí   y yo en vosotros.   El que tiene

τὰς ἐντολάς μου καὶ τηρῶν αὐτάς,
los mandamientos de mí y   guarda   los,

ἐκεῖνός ἐστιν ὁ ἀγαπῶν με· ὁ δὲ ἀγαπῶν
ése   es el que ama   me; y el que ama

με ἀγαπηθήσεται ὑπὸ τοῦ πατρός μου,
me,   será amado por el Padre de mí,

κἀγὼ ἀγαπήσω αὐτὸν καὶ ἐμφανίσω αὐτῷ
y yo   amaré   le   y   manifestaré a él

ἐμαυτόν. **22** λέγει αὐτῷ Ἰούδας, οὐχ
me.   Dice le   Judas,   no

ὁ Ἰσκαριώτης· κύριε, καὶ τί γέγονεν
el Iscariote: Señor, ¿y qué ha sucedido

ὅτι ἡμῖν μέλλεις ἐμφανίζειν σεαυτὸν καὶ
que a nosotros vas   a manifestar a ti mismo y

οὐχὶ τῷ κόσμῳ; **23** ἀπεκρίθη Ἰησοῦς
no   al   mundo?   Respondió   Jesús

καὶ εἶπεν αὐτῷ· ἐάν τις ἀγαπᾷ με,
y   dijo le: Si alguno ama   me,

τὸν λόγον μου τηρήσει, καὶ ὁ πατήρ
la palabra de mí guardará, y el Padre

μου ἀγαπήσει αὐτόν, καὶ πρὸς αὐτὸν
de mí amará   le,   y   a   él

ἐλευσόμεθα   καὶ   μονὴν   παρ'   αὐτῷ
vendremos   y   morada   con   él

ποιησόμεθα. 24 ὁ μὴ ἀγαπῶν με τοὺς
nos haremos.   El que no   ama   me,   las

λόγους μου οὐ τηρεῖ· καὶ ὁ λόγος ὃν
palabras de mí no guarda; y la palabra que

ἀκούετε οὐκ ἔστιν ἐμὸς ἀλλὰ τοῦ
oís   no   es   mía,   sino   del

πέμψαντός με πατρός. 25 Ταῦτα λελάληκα
que envió me Padre.   Estas cosas he hablado

ὑμῖν παρ' ὑμῖν μένων· 26 ὁ δὲ παρά-
os   con vosotros ¹estando;   pero el   con-

κλητος, τὸ πνεῦμα τὸ ἅγιον ὃ πέμψει ὁ
solador, el Espíritu — Santo, al que enviará el

πατὴρ ἐν τῷ ὀνόματί μου, ἐκεῖνος ὑμᾶς
Padre en el nombre de mí,   él   os

διδάξει πάντα καὶ ὑπομνήσει ὑμᾶς πάντα
enseñará todas las cosas y recordará os todas las cosas

ἃ εἶπον ὑμῖν ἐγώ. 27 Εἰρήνην ἀφίημι
que dije os yo.   Paz   dejo

ὑμῖν, εἰρήνην τὴν ἐμὴν δίδωμι ὑμῖν·
os,   paz   la   mía   doy   os;

οὐ καθὼς ὁ κόσμος δίδωσιν ἐγὼ δίδωμι
no como el mundo (la) da, yo   doy

ὑμῖν. μὴ ταρασσέσθω ὑμῶν ἡ καρδία
os.   No   se turbe   de vosotros el corazón

μηδὲ δειλιάτω. 28 ἠκούσατε ὅτι ἐγὼ
ni   tenga miedo.   Oísteis   que   yo

εἶπον ὑμῖν· ὑπάγω καὶ ἔρχομαι πρὸς
dije   os: Voy   y   vengo   a

ὑμᾶς. εἰ ἠγαπᾶτέ με, ἐχάρητε ἂν ὅτι
vosotros. Si amarais me, os alegraríais de que

πορεύομαι πρὸς τὸν πατέρα, ὅτι ὁ πατὴρ
voy   al   Padre,   pues el Padre

μείζων μού ἐστιν. 29 καὶ νῦν εἴρηκα
²mayor que yo es.   Y ahora he dicho (lo)

ὑμῖν πρὶν γενέσθαι, ἵνα ὅταν γένηται
os   antes que suceda, para que cuando suceda

πιστεύσητε. 30 οὐκέτι πολλὰ λαλήσω μεθ'
creáis.   No ya muchas cosas hablaré con

ὑμῶν, ἔρχεται γὰρ ὁ τοῦ κόσμου ἄρχων·
vosotros, porque viene el del mundo gobernante;

καὶ ἐν ἐμοὶ οὐκ ἔχει οὐδέν, 31 ἀλλ'
y en mí no tiene nada,   sino

ἵνα γνῷ ὁ κόσμος ὅτι ἀγαπῶ τὸν
para que conozca el mundo que amo al

πατέρα, καὶ καθὼς ἐνετείλατό μοι ὁ
Padre,   y   como   mandó   me   el

¹ 25. ESTANDO. Lit. *permane-ciendo.*
² 28. MAYOR. En gloria, no en naturaleza. (V. 17:5; Flp. 2:6-7.)

πατήρ,   οὕτως   ποιῶ.   Ἐγείρεσθε,   ἄγωμεν
Padre,   así   hago.   Levantaos,   vayámonos

ἐντεῦθεν.
de aquí.

15 Ἐγώ   εἰμι   ἡ   ἄμπελος   ἡ   ἀληθινή,
Yo   soy   la   vid   —   verdadera,

καὶ   ὁ   πατήρ   μου   ὁ   γεωργός   ἐστιν.
y   el   Padre   de mí   el   labrador   es.

2 πᾶν   κλῆμα   ἐν   ἐμοὶ   μὴ   φέρον   καρπόν,
Todo   pámpano   en   mí   que no   lleva   fruto,

αἴρει   αὐτό,   καὶ   πᾶν   τὸ   καρπὸν   φέρον,
quita   lo,   y   todo el que   el   fruto   lleva,

καθαίρει   αὐτὸ   ἵνα   καρπὸν   πλείονα   φέρῃ.
limpia   lo   para que   fruto   más   lleve.

3 ἤδη   ὑμεῖς   καθαροί   ἐστε   διὰ   τὸν   λόγον
Ya   vosotros   limpios   estáis   [1]a causa de la   palabra

ὃν   λελάληκα   ὑμῖν·   **4** μείνατε   ἐν   ἐμοί,
que   he hablado   os;   permaneced   en   mí,

κἀγὼ   ἐν   ὑμῖν.   καθὼς   τὸ   κλῆμα
y yo   en   vosotros.   Como   el   pámpano

οὐ   δύναται   καρπὸν   φέρειν   ἀφ' ἑαυτοῦ   ἐὰν   μὴ
no   puede   fruto   llevar   de sí mismo   si   no

μένῃ   ἐν   τῇ   ἀμπέλῳ,   οὕτως   οὐδὲ   ὑμεῖς
permanece   en la   vid,   así   ni   vosotros

ἐὰν   μὴ   ἐν   ἐμοὶ   μένητε.   **5** ἐγώ   εἰμι
si   no   en   mí   permanecéis.   Yo   soy

ἡ   ἄμπελος,   ὑμεῖς   τὰ   κλήματα.   ὁ   μένων
la   vid,   vosotros   los   pámpanos.   El que permanece

ἐν   ἐμοὶ   κἀγὼ   ἐν   αὐτῷ,   οὗτος   φέρει
en   mí   y yo   en   él,   éste   lleva

καρπὸν   πολύν,   ὅτι   χωρὶς   ἐμοῦ   οὐ   δύνασθε
fruto   mucho,   pues   aparte   de mí   no   podéis

ποιεῖν   οὐδέν.   **6** ἐὰν   μή   τις   μένῃ   ἐν
hacer   nada.   Si   no   alguno   permanece   en

ἐμοί,   ἐβλήθη   ἔξω   ὡς   τὸ   κλῆμα   καὶ
mí,   fue echado   fuera   como   el   pámpano   y

ἐξηράνθη,   καὶ   συνάγουσιν   αὐτὰ   καὶ   εἰς
se secó,   y   recogen   los   y   al

τὸ   πῦρ   βάλλουσιν,   καὶ   καίεται.   **7** ἐὰν
fuego   echan(los),   y   arden.   Si

μείνητε   ἐν   ἐμοὶ   καὶ   τὰ   ῥήματά   μου
permanecéis   en   mí   y   las   palabras   de mí

ἐν   ὑμῖν   μείνῃ,   ὃ   ἐὰν   θέλητε   αἰτήσασθε,
en   vosotros   permanecen,   cuanto   queráis   pedid,

καὶ   γενήσεται   ὑμῖν.   **8** ἐν   τούτῳ   ἐδοξάσθη
y   [2]sucederá   os.   En   esto   fue glorificado

[1]
3. A CAUSA DE LA PALABRA. Esto es, *por fe* (3:16) *en la palabra* (3:34) *estaban limpios* (13:10).
[2]
7. SUCEDERÁ. O *será hecho*.

ὁ πατήρ μου, ἵνα καρπὸν πολὺν φέρητε
el Padre de mí, [1]en que fruto mucho llevéis

καὶ γενήσεσθε ἐμοὶ μαθηταί. 9 καθὼς
y [2]seréis mis discípulos. Como

ἠγάπησέν με ὁ πατήρ, κἀγὼ ὑμᾶς
amó me el Padre, también yo os

ἠγάπησα· μείνατε ἐν τῇ ἀγάπῃ τῇ ἐμῇ.
amé; permaneced en el amor — mío.

10 ἐὰν τὰς ἐντολάς μου τηρήσητε, μενεῖτε
Si los mandamientos de mí guardáis, permaneceréis

ἐν τῇ ἀγάπῃ μου, καθὼς ἐγὼ τοῦ πατρός
en el amor de mí, como yo del Padre

μου τὰς ἐντολὰς τετήρηκα καὶ μένω
de mí los mandamientos he guardado y permanezco

αὐτοῦ ἐν τῇ ἀγάπῃ. 11 Ταῦτα λελάληκα
de él en el amor. Estas cosas he hablado

ὑμῖν ἵνα ἡ χαρὰ ἡ ἐμὴ ἐν ὑμῖν ᾖ
os para que el gozo — mío en vosotros esté

καὶ ἡ χαρὰ ὑμῶν πληρωθῇ. 12 αὕτη
y el gozo de vosotros sea llenado. Éste

ἐστὶν ἡ ἐντολὴ ἡ ἐμή, ἵνα ἀγαπᾶτε
es el mandamiento — mío, que améis

ἀλλήλους καθὼς ἠγάπησα ὑμᾶς. 13 μείζονα
unos a otros como amé os. Mayor

ταύτης ἀγάπην οὐδεὶς ἔχει, ἵνα τις
que éste amor nadie tiene, que alguien

τὴν ψυχὴν αὐτοῦ θῇ ὑπὲρ τῶν φίλων
la vida de él ponga [3]por los amigos

αὐτοῦ. 14 ὑμεῖς φίλοι μού ἐστε, ἐὰν
de él. Vosotros amigos de mí sois, si

ποιῆτε ὃ ἐγὼ ἐντέλλομαι ὑμῖν. 15 οὐκέτι
hacéis lo que yo mando os. Ya no

λέγω ὑμᾶς δούλους, ὅτι ὁ δοῦλος οὐκ οἶδεν
llamo os siervos, pues el siervo no sabe

τί ποιεῖ αὐτοῦ ὁ κύριος· ὑμᾶς δὲ
qué hace de él el señor; pero os

εἴρηκα φίλους, ὅτι πάντα ἃ ἤκουσα
he llamado amigos, porque todo lo que oí

παρὰ τοῦ πατρός μου ἐγνώρισα ὑμῖν.
de parte del Padre de mí, lo he dado a conocer os.

16 οὐχ ὑμεῖς με ἐξελέξασθε, ἀλλ᾽ ἐγὼ
No vosotros me elegisteis, sino que yo

ἐξελεξάμην ὑμᾶς, καὶ ἔθηκα ὑμᾶς ἵνα
elegí os, y puse os para que

ὑμεῖς ὑπάγητε καὶ καρπὸν φέρητε καὶ
vosotros vayáis y fruto llevéis y

ὁ καρπὸς ὑμῶν μένῃ, ἵνα ὅ τι · ἂν
el fruto de vosotros permanezca, para que todo lo que

1
8. EN QUE. Lit. para que.
2
8. SERÉIS. Lit. llegaréis a
ser.
3
13. POR. Lit. a favor de.

αἰτήσητε τὸν πατέρα ἐν τῷ ὀνόματί
pidáis al Padre en el nombre

μου δῷ ὑμῖν. 17 ταῦτα ἐντέλλομαι ὑμῖν,
de mí, dé(lo) os. Esto mando os,

ἵνα ἀγαπᾶτε ἀλλήλους. 18 Εἰ ὁ κόσμος
que améis unos a otros. Si el mundo

ὑμᾶς μισεῖ, γινώσκετε ὅτι ἐμὲ πρῶτον
os odia, 1conoced que a mí antes que

ὑμῶν μεμίσηκεν. 19 εἰ ἐκ τοῦ κόσμου ἦτε,
a vosotros ha odiado. Si del mundo fuerais,

ὁ κόσμος ἂν τὸ ἴδιον ἐφίλει· ὅτι δὲ
el mundo lo suyo amaría; pero porque

ἐκ τοῦ κόσμου οὐκ ἐστέ, ἀλλ᾽ ἐγὼ
del mundo no sois, sino que yo

ἐξελεξάμην ὑμᾶς ἐκ τοῦ κόσμου, διὰ τοῦτο
elegí os del mundo, por esto

μισεῖ ὑμᾶς ὁ κόσμος. 20 μνημονεύετε
odia os el mundo. Acordaos

τοῦ λόγου οὗ ἐγὼ εἶπον ὑμῖν· οὐκ
de la palabra que yo dije os: No

ἔστιν δοῦλος μείζων τοῦ κυρίου αὐτοῦ.
es un siervo mayor que el señor de él.

εἰ ἐμὲ ἐδίωξαν, καὶ ὑμᾶς διώξουσιν·
Si a mí persiguieron, también os perseguirán;

εἰ τὸν λόγον μου ἐτήρησαν, καὶ τὸν
si la palabra de mí guardaron, también la

ὑμέτερον τηρήσουσιν. 21 ἀλλὰ ταῦτα πάντα
vuestra guardarán. Pero esto todo

ποιήσουσιν εἰς ὑμᾶς διὰ τὸ ὄνομά μου,
harán a vosotros por causa del nombre de mí,

ὅτι οὐκ οἴδασιν τὸν πέμψαντά με.
porque no 2conocen al que envió me.

22 εἰ μὴ ἦλθον καὶ ἐλάλησα αὐτοῖς, ἁμαρτίαν
Si no hubiese venido y hubiese hablado les, pecado

οὐκ εἴχοσαν· νῦν δὲ πρόφασιν οὐκ ἔχουσιν
no tendrían; pero ahora excusa no tienen

περὶ τῆς ἁμαρτίας αὐτῶν. 23 ὁ ἐμὲ
acerca del pecado de ellos. El que me

μισῶν καὶ τὸν πατέρα μου μισεῖ. 24 εἰ
odia, también al Padre de mí odia. Si

τὰ ἔργα μὴ ἐποίησα ἐν αὐτοῖς ἃ οὐδεὶς
las obras no hubiese hecho entre ellos que ningún

ἄλλος ἐποίησεν, ἁμαρτίαν οὐκ εἴχοσαν
otro hizo, pecado no tendrían;

νῦν δὲ καὶ ἑωράκασιν καὶ μεμισήκασιν
pero ahora (las) han visto y (no obstante) han odiado

καὶ ἐμὲ καὶ τὸν πατέρα μου. 25 ἀλλ᾽
tanto a mí como al Padre de mí. Pero (eso es)

1
18. CONOCED. Es decir, tened en cuenta.
2
21. CONOCEN. Lit. saben.

ἵνα   πληρωθῇ   ὁ   λόγος   ὁ   ἐν   τῷ   νόμῳ
para que   se cumpla   la   palabra   —   en   la   ley

αὐτῶν   γεγραμμένος   ὅτι   ἐμίσησάν   με
de ellos   escrita: —   Odiaron   me

δωρεάν.   26 Ὅταν   ἔλθῃ   ὁ   παράκλητος
[1]sin motivo.   Cuando   venga   el   Consolador

ὃν   ἐγὼ   πέμψω   ὑμῖν   παρὰ   τοῦ   πατρός,
a quien yo   enviaré   os   de parte   del   Padre,

τὸ   πνεῦμα   τῆς   ἀληθείας   ὃ   παρὰ   τοῦ
el   Espíritu   de la   verdad,   el cual   del

πατρὸς   ἐκπορεύεται,   ἐκεῖνος   μαρτυρήσει
Padre   procede,   él   testificará

περὶ   ἐμοῦ· 27 καὶ   ὑμεῖς   δὲ   μαρτυρεῖτε,
acerca   de mí;   y   también vosotros   testificaréis,

ὅτι   ἀπ᾽   ἀρχῆς   μετ᾽   ἐμοῦ   ἐστε.
porque   desde   (el) principio   conmigo   estáis.

16 Ταῦτα   λελάληκα   ὑμῖν   ἵνα   μὴ
Estas cosas   he hablado   os   para que   no

σκανδαλισθῆτε. 2 ἀποσυναγώγους   ποιή-
os ofendáis.   Excluidos de la sinagoga

σουσιν   ὑμᾶς· ἀλλ᾽   ἔρχεται   ὥρα   ἵνα   πᾶς   ὁ
harán   os: [2]Más aún, viene   hora   (en) que todo el

ἀποκτείνας   ὑμᾶς   δόξῃ   λατρείαν   προσφέρειν
que mate   os,   piense   que [3]servicio   ofrece

τῷ   θεῷ.   3 καὶ   ταῦτα   ποιήσουσιν   ὅτι
—   a Dios.   Y   esto   harán   porque

οὐκ   ἔγνωσαν   τὸν   πατέρα   οὐδὲ   ἐμέ.
no   conocieron   al   Padre   ni   a mí.

4 ἀλλὰ   ταῦτα   λελάληκα   ὑμῖν   ἵνα   ὅταν
Pero   estas cosas   he hablado   os   para que cuando

ἔλθῃ   ἡ   ὥρα   αὐτῶν   μνημονεύητε   αὐτῶν,
venga   la   hora   de ellas,   recordéis   las,

ὅτι   ἐγὼ   εἶπον   ὑμῖν.   Ταῦτα   δὲ   ὑμῖν
que   yo   dije   os (las).   Pero esto   os

ἐξ   ἀρχῆς   οὐκ   εἶπον,   ὅτι   μεθ᾽   ὑμῶν
desde (el) principio   no   dije,   porque   con   vosotros

ἤμην. 5 νῦν   δὲ   ὑπάγω   πρὸς   τὸν   πέμψαντά
estaba.   Pero ahora   voy   al   que envió

με,   καὶ   οὐδεὶς   ἐξ   ὑμῶν   ἐρωτᾷ   με·
me,   y   ninguno   de   vosotros   pregunta   me:

ποῦ   ὑπάγεις; 6 ἀλλ᾽ ὅτι   ταῦτα   λελάληκα
¿Adónde vas?   Sino que porque   estas cosas   he hablado

ὑμῖν,   ἡ   λύπη   πεπλήρωκεν   ὑμῶν   τὴν
os,   la   tristeza   ha llenado   de vosotros   el

καρδίαν. 7 ἀλλ᾽   ἐγὼ   τὴν   ἀλήθειαν   λέγω
corazón.   Pero   yo   la   verdad   digo

[1]
25. SIN MOTIVO. Lit. *gratis*.
[2]
2. MÁS AÚN. Lit. *pero*.
[3]
2. SERVICIO. Esto es, *acto de culto o de adoración*, como en Ro. 12:1.

ὑμῖν,   συμφέρει   ὑμῖν   ἵνα   ἐγὼ   ἀπέλθω.
os,   conviene   os   que   yo   me vaya.

ἐὰν   γὰρ   μὴ   ἀπέλθω,   ὁ   παράκλητος
Porque si   no   me voy,   el   Consolador

οὐ   μὴ   ἔλθῃ   πρὸς   ὑμᾶς·   ἐὰν   δὲ   πορευθῶ,
de ningún modo vendrá   a   vosotros;   pero si   me voy,

πέμψω   αὐτὸν   πρὸς   ὑμᾶς.   8 καὶ   ἐλθὼν
enviaré   lo   a   vosotros.   Y   al venir

ἐκεῖνος   ἐλέγξει   τὸν   κόσμον   περὶ   ἁμαρτίας
él   redargüirá   al   mundo   acerca   de pecado

καὶ   περὶ   δικαιοσύνης   καὶ   περὶ   κρίσεως·
y   acerca   de justicia,   y   acerca   de juicio;

9 περὶ   ἁμαρτίας   μέν,   ὅτι   οὐ   πιστεύουσιν
acerca   de pecado,   porque   no   creen

εἰς   ἐμέ·   10 περὶ   δικαιοσύνης   δέ,   ὅτι
en   mí;   acerca   de justicia,   porque

πρὸς   τὸν   πατέρα   ὑπάγω   καὶ   οὐκέτι
¹al   Padre   voy   y   ya no

θεωρεῖτέ   με·   11 περὶ   δὲ   κρίσεως,   ὅτι
veis   me;   y acerca   de juicio,   porque

ὁ   ἄρχων   τοῦ   κόσμου   τούτου   κέκριται.
el   gobernante   del   mundo   este   ha sido juzgado.

12 Ἔτι   πολλὰ   ἔχω   ὑμῖν   λέγειν,   ἀλλ'
Aún   muchas cosas   tengo   os   que decir,   pero

οὐ   δύνασθε   βαστάζειν   ἄρτι·   13 ὅταν   δὲ
no   (las) podéis   sobrellevar   ahora;   pero cuando

ἔλθῃ   ἐκεῖνος,   τὸ   πνεῦμα   τῆς   ἀληθείας,
venga   él,   el   Espíritu   de la   verdad,

ὁδηγήσει   ὑμᾶς   εἰς   τὴν   ἀλήθειαν   πᾶσαν·
guiará   os   a   la   verdad   toda;

οὐ   γὰρ   λαλήσει   ἀφ'   ἑαυτοῦ,   ἀλλ'   ὅσα
porque no   hablará   de   sí mismo,   sino que   cuanto

ἀκούει   λαλήσει,   καὶ   τὰ   ἐρχόμενα
oye   hablará,   y   las cosas   venideras

ἀναγγελεῖ   ὑμῖν.   14 ἐκεῖνος   ἐμὲ   δοξάσει,
anunciará   os.   Él   me   glorificará,

ὅτι   ἐκ   τοῦ   ἐμοῦ   λήμψεται   καὶ   ἀναγγελεῖ
porque   de   lo   mío   tomará   y   anunciará

ὑμῖν.   15 πάντα   ὅσα   ἔχει   ὁ   πατὴρ   ἐμά
os (lo).   Todo   cuanto   tiene   el   Padre,   mío

ἐστιν·   διὰ   τοῦτο   εἶπον   ὅτι   ἐκ   τοῦ   ἐμοῦ
es;   por   eso   dije   que   de   lo   mío

λαμβάνει   καὶ   ἀναγγελεῖ   ὑμῖν.   16 Μικρὸν
toma   y   anunciará   os.   ²Un poco

καὶ   οὐκέτι   θεωρεῖτέ   με,   καὶ   πάλιν
y   ya no   veis   me,   y   de nuevo

μικρὸν   καὶ   ὄψεσθέ   με.   17 εἶπαν   οὖν
²un poco   y   veréis   me.   Dijeron,   pues,

1
10. AL PADRE VOY. Su resurrección y ascensión demostrarían que Jesús murió *siendo justo*. Esta "justificación" o vindicación correría a cargo del Espíritu Santo. (V. Hch. 2:33; 1 Ti. 3:16.)
2
16. UN POCO. Lit. *un pequeño* (tiempo).

ἐκ   τῶν μαθητῶν αὐτοῦ πρὸς ἀλλήλους·
(algunos) de los   discípulos   de él   unos   a otros;

τί   ἐστιν τοῦτο   ὃ λέγει ἡμῖν· μικρὸν
¿Qué   es   esto   que dice   nos: Un poco

καὶ οὐ θεωρεῖτέ με, καὶ πάλιν μικρὸν
y   no   veis   me,   y   de nuevo un poco

καὶ ὄψεσθέ με; καί· ὅτι ὑπάγω
y   veréis   me?   ¿Y: Porque me voy

πρὸς τὸν πατέρα; 18 ἔλεγον οὖν· τοῦτο
al   Padre?   Decían, pues: ¿Esto

τί ἐστιν ὃ λέγει τὸ μικρόν; οὐκ οἴδαμεν
qué   es   lo que dice el "un poco"? No   sabemos

τί λαλεῖ. 19 ἔγνω Ἰησοῦς ὅτι ἤθελον
(de) qué habla.   Conoció Jesús   que   deseaban

αὐτὸν ἐρωτᾶν, καὶ εἶπεν αὐτοῖς· περὶ
le   preguntar,   y   dijo   les: ¿Acerca

τούτου ζητεῖτε μετ' ἀλλήλων ὅτι εἶπον·
de esto ¹indagáis unos con otros porque dije:

μικρὸν καὶ οὐ θεωρεῖτέ με, καὶ πάλιν
Un poco   y   no   veis   me,   y   de nuevo

μικρὸν καὶ ὄψεσθέ με; 20 ἀμὴν ἀμὴν
un poco   y   veréis   me?   De cierto, de cierto

λέγω ὑμῖν ὅτι κλαύσετε καὶ θρηνήσετε
digo   os   que lloraréis   y   os lamentaréis

ὑμεῖς, ὁ δὲ κόσμος χαρήσεται· ὑμεῖς
vosotros, y el   mundo   se alegrará;   vosotros

λυπηθήσεσθε, ἀλλ' ἡ λύπη ὑμῶν εἰς
os entristeceréis,   pero   la   tristeza de vosotros en

χαρὰν γενήσεται. 21 ἡ γυνὴ ὅταν τίκτῃ
gozo   se tornará.   La   mujer, cuando   está de parto,

λύπην ἔχει, ὅτι ἦλθεν ἡ ὥρα αὐτῆς·
tristeza tiene,   pues   vino   la   hora   de ella;

ὅταν δὲ γεννήσῃ τὸ παιδίον, οὐκέτι
pero cuando   da a luz   el   niñito,   ya no

μνημονεύει τῆς θλίψεως διὰ τὴν χαρὰν
se acuerda   de la   angustia   a causa del   gozo

ὅτι ἐγεννήθη ἄνθρωπος εἰς τὸν κόσμον.
de que   nació   un ser humano   al   mundo.

22 καὶ ὑμεῖς οὖν νῦν μὲν λύπην ἔχετε·
Y   vosotros, pues, ahora   tristeza   tenéis;

πάλιν δὲ ὄψομαι ὑμᾶς, καὶ χαρήσεται
pero de nuevo   veré   os,   y   se alegrará

ὑμῶν ἡ καρδία, καὶ τὴν χαρὰν ὑμῶν
de vosotros el   corazón,   y   el   gozo   de vosotros

οὐδεὶς αἴρει ἀφ' ὑμῶν. 23 καὶ ἐν ἐκείνῃ τῇ
nadie   quita   de   vosotros.   Y   en   aquel —

ἡμέρᾳ ἐμὲ οὐκ ἐρωτήσετε οὐδέν.
día   me   no   preguntaréis   nada.

---
¹
19. INDAGÁIS. Lit. buscáis.

ἀμὴν ἀμὴν λέγω ὑμῖν, ἄν τι αἰτήσητε
De cierto, de cierto   digo   os,   todo lo que   pidáis

τὸν πατέρα δώσει ὑμῖν ἐν τῷ ὀνόματί
al   Padre,   dará   os   en   el   nombre

μου. 24 ἕως ἄρτι οὐκ ᾐτήσατε οὐδὲν
de mí.   Hasta   ahora   no   pedisteis   nada

ἐν τῷ ὀνόματί μου· αἰτεῖτε, καὶ λήμψεσθε,
en el   nombre   de mí;   pedid,   y   recibiréis,

ἵνα ἡ χαρὰ ὑμῶν ᾖ πεπληρωμένη.
para que el   gozo   de vosotros   sea   completo.

25 Ταῦτα ἐν παροιμίαις λελάληκα ὑμῖν·
Estas cosas   en   parábolas   he hablado   os;

ἔρχεται ὥρα ὅτε οὐκέτι ἐν παροιμίαις
viene   hora   cuando   ya no   en   parábolas

λαλήσω ὑμῖν, ἀλλὰ παρρησίᾳ περὶ τοῦ
hablaré   os,   sino   claramente   acerca   del

πατρὸς ἀπαγγελῶ ὑμῖν. 26 ἐν ἐκείῃ τῇ
Padre   comunicaré   os.   En   aquel   —

ἡμέρᾳ ἐν τῷ ὀνόματί μου αἰτήσεσθε,
día,   en   el   nombre   de mí   pediréis,

καὶ οὐ λέγω ὑμῖν ὅτι ἐγὼ ἐρωτήσω
y   no   digo   os   que   yo   rogaré

τὸν πατέρα περὶ ὑμῶν· 27 αὐτὸς γὰρ
al   Padre   acerca   de vosotros;   porque el

ὁ πατὴρ φιλεῖ ὑμᾶς, ὅτι ὑμεῖς ἐμὲ
Padre mismo   ama   os,   pues   vosotros   me

πεφιλήκατε καὶ πεπιστεύκατε ὅτι ἐγὼ
habéis amado   y   habéis creído   que   yo

παρὰ τοῦ θεοῦ ἐξῆλθον. 28 ἐξῆλθον
de parte   —   de Dios   salí.   Salí

ἐκ τοῦ πατρὸς καὶ ἐλήλυθα εἰς τὸν
del   Padre   y   he venido   al

κόσμον· πάλιν ἀφίημι τὸν κόσμον καὶ
mundo;   de nuevo   dejo   el   mundo   y

πορεύομαι πρὸς τὸν πατέρα. 29 Λέγουσιν
voy   al   Padre.   Dicen

οἱ μαθηταὶ αὐτοῦ· ἴδε νῦν ἐν παρρησίᾳ
los   discípulos   de él: Mira,   ahora   con   claridad

λαλεῖς, καὶ παροιμίαν οὐδεμίαν λέγεις.
hablas,   y   parábola   ninguna   dices.

30 νῦν οἴδαμεν ὅτι οἶδας πάντα καὶ
Ahora   sabemos   que   sabes   todas las cosas y

οὐ χρείαν ἔχεις ἵνα τίς σε ἐρωτᾷ· ἐν
no   necesidad   tienes   de que   alguien   te   pregunte;   en

τούτῳ πιστεύομεν ὅτι ἀπὸ θεοῦ ἐξῆλθες.
esto   creemos   que   de   Dios   saliste.

31 ἀπεκρίθη αὐτοῖς Ἰησοῦς· ἄρτι πιστεύετε;
Respondió   les   Jesús: ¿Ahora   creéis?

32 ἰδοὺ ἔρχεται ὥρα καὶ ἐλήλυθεν ἵνα
Mirad que   viene   (la) hora   y   ha llegado (en) que

σκορπισθῆτε ἕκαστος εἰς τὰ ἴδια κἀμὲ
seréis esparcidos   cada uno   ¹a   la propia (casa) y me

μόνον ἀφῆτε· καὶ οὐκ εἰμὶ μόνος, ὅτι
solo   dejáis;   y   no   estoy   solo,   pues

ὁ πατὴρ μετ' ἐμοῦ ἐστιν. **33** ταῦτα
el Padre   conmigo   está.   Estas cosas

λελάληκα ὑμῖν ἵνα ἐν ἐμοὶ εἰρήνην
he hablado   os para que en   mí   paz

ἔχητε. ἐν τῷ κόσμῳ θλῖψιν ἔχετε·
tengáis.   En el   mundo aflicción   tenéis;

ἀλλὰ θαρσεῖτε, ἐγὼ νενίκηκα τὸν κόσμον.
pero tened ánimo,   yo he vencido   al   mundo.

17 Ταῦτα ἐλάλησεν Ἰησοῦς, καὶ ἐπάρας
Estas cosas   habló   Jesús,   y levantando

τοὺς ὀφθαλμοὺς αὐτοῦ εἰς τὸν οὐρανὸν
los   ojos   de él   al   cielo,

εἶπεν· πάτερ, ἐλήλυθεν ἡ ὥρα· δόξασόν
dijo: Padre,   ha llegado la hora; glorifica

σου τὸν υἱόν, ἵνα ὁ υἱὸς δοξάσῃ σέ,
de ti al Hijo, para que el Hijo glorifique te,

2 καθὼς ἔδωκας αὐτῷ ἐξουσίαν πάσης
como   diste le   autoridad ²sobre toda

σαρκός, ἵνα πᾶν ὃ δέδωκας αὐτῷ δώσῃ
carne, para que todo lo que has dado le,   dé

αὐτοῖς ζωὴν αἰώνιον. **3** αὕτη δέ ἐστιν
les   vida   eterna.   Pues ésta es

ἡ αἰώνιος ζωή, ἵνα γινώσκωσιν σὲ τὸν
la eterna vida,   que conozcan   te,   el

μόνον ἀληθινὸν θεὸν καὶ ὃν ἀπέστειλας
solo verdadero Dios y al que   enviaste

Ἰησοῦν Χριστόν. **4** ἐγώ σε ἐδόξασα
Jesucristo.   Yo te   glorifiqué

ἐπὶ τῆς γῆς, τὸ ἔργον τελειώσας ὃ
en la tierra, la   obra consumando que

δέδωκάς μοι ἵνα ποιήσω· **5** καὶ νῦν
has dado me   que hiciese;   y ahora

δόξασόν με σύ, πάτερ, παρὰ σεαυτῷ
glorifica me tú, Padre, al lado de ti mismo

τῇ δόξῃ ᾗ εἶχον πρὸ τοῦ τὸν κόσμον
con la gloria que tenía   antes que el   mundo

εἶναι παρὰ σοί. **6** Ἐφανέρωσά σου τὸ
existiera, junto a ti.   Manifesté   de ti ·el

ὄνομα τοῖς ἀνθρώποις οὓς ἔδωκάς μοι
nombre a los   hombres   que   diste me

1
32. A LA PROPIA (CASA). Lit.
a las propias cosas.

2
2. SOBRE TODA. Lit. *de toda.*

ἐκ τοῦ κόσμου. σοὶ ἦσαν κἀμοὶ αὐτοὺς
del   mundo.   Tuyos   eran   y me   los

ἔδωκας, καὶ τὸν λόγον σου τετήρηκαν.
diste,   y   la   palabra de ti   han guardado.

7 νῦν ἔγνωκαν ὅτι πάντα ὅσα δέδωκάς
Ahora han conocido que todas cuantas cosas has dado

μοι παρὰ σοῦ εἰσιν· 8 ὅτι τὰ ῥήματα
me, [1]de parte de ti son;   pues las palabras

ἃ ἔδωκάς μοι δέδωκα αὐτοῖς, καὶ αὐτοὶ
que diste me, he dado les,   y   ellos (las)

ἔλαβον, καὶ ἔγνωσαν ἀληθῶς ὅτι παρὰ
recibieron, y conocieron verdaderamente que de parte

σοῦ ἐξῆλθον, καὶ ἐπίστευσαν ὅτι σύ
de ti salí,   y   creyeron   que   tú

με ἀπέστειλας. 9 ἐγὼ περὶ αὐτῶν ἐρωτῶ·
me enviaste.   Yo   acerca de ellos   ruego;

οὐ περὶ τοῦ κόσμου ἐρωτῶ, ἀλλὰ περὶ
no acerca del [2]mundo ruego,   sino acerca de

ὧν δέδωκάς μοι, ὅτι σοί εἰσιν,
los que has dado   me,   pues tuyos   son,

10 καὶ τὰ ἐμὰ πάντα σά ἐστιν καὶ
y   lo   mío   todo,   tuyo   es;   y

τὰ σὰ ἐμά, καὶ δεδόξασμαι ἐν αὐτοῖς.
lo tuyo, mío,   y he sido glorificado en ellos.

11 καὶ οὐκέτι εἰμὶ ἐν τῷ κόσμῳ, καὶ
Y   ya no   estoy en el mundo,   y

αὐτοὶ ἐν τῷ κόσμῳ εἰσίν, κἀγὼ πρὸς
ellos   en el mundo están,   y yo   a

σὲ ἔρχομαι. πάτερ ἅγιε, τήρησον αὐτοὺς
ti   voy.   Padre santo, guarda   los

ἐν τῷ ὀνόματί σου ᾧ δέδωκάς μοι,
en el nombre de ti que has dado   me,

ἵνα ὦσιν ἓν καθὼς ἡμεῖς. 12 ὅτε ἤμην
para que sean [3]uno como nosotros. Cuando estaba

μετ᾽ αὐτῶν, ἐγὼ ἐτήρουν αὐτοὺς ἐν
con ellos,   yo guardaba   los   en

τῷ ὀνόματί σου ᾧ δέδωκάς μοι, καὶ
el nombre de ti que has dado   me,   y

ἐφύλαξα, καὶ οὐδεὶς ἐξ αὐτῶν ἀπώλετο
guardé(los), y ninguno de ellos   se perdió

εἰ μὴ ὁ υἱὸς τῆς ἀπωλείας, ἵνα ἡ
excepto el hijo —   de perdición, para que la

γραφὴ πληρωθῇ. 13 νῦν δὲ πρὸς σὲ
Escritura se cumpliese.   Pero ahora   a   ti

ἔρχομαι, καὶ ταῦτα λαλῶ ἐν τῷ κόσμῳ
voy,   y estas cosas hablo en el mundo

ἵνα ἔχωσιν τὴν χαρὰν τὴν ἐμὴν
para que tengan el gozo   —   mío

---

[1]
7. DE PARTE DE TI SON. Es decir, *de ti proceden.*

[2]
9. MUNDO. Aquí no significa la Humanidad (V. 3:16), sino el sistema mundano que *no conoce a Cristo* (1: 10).

[3]
11. UNO. Lit. *una misma* (sola) *cosa* (neutro, como en 10:30).

πεπληρωμένην ἐν ἑαυτοῖς. **14** ἐγὼ δέδωκα
completo en sí mismos. Yo he dado

αὐτοῖς τὸν λόγον σου, καὶ ὁ κόσμος
les la palabra de ti, y el mundo

ἐμίσησεν αὐτούς, ὅτι οὐκ εἰσὶν ἐκ τοῦ
odió les, porque no son del

κόσμου καθὼς ἐγὼ οὐκ εἰμὶ ἐκ τοῦ
mundo, como yo no soy del

κόσμου. **15** οὐκ ἐρωτῶ ἵνα ἄρῃς αὐτοὺς
mundo. No ruego que quites los

ἐκ τοῦ κόσμου, ἀλλ' ἵνα τηρήσῃς αὐτοὺς
del mundo, sino que guardes los

ἐκ τοῦ πονηροῦ. **16** ἐκ τοῦ κόσμου
[1]del maligno. Del mundo

οὐκ εἰσὶν καθὼς ἐγὼ οὐκ εἰμὶ ἐκ τοῦ
no son, como yo no soy del

κόσμου. **17** ἁγίασον αὐτοὺς ἐν τῇ
mundo. Santifica los [2]en la

ἀληθείᾳ· ὁ λόγος ὁ σὸς ἀλήθειά ἐστιν.
verdad; la palabra — tuya verdad es.

18 καθὼς ἐμὲ ἀπέστειλας εἰς τὸν κόσμον,
Como me enviaste al mundo,

κἀγὼ ἀπέστειλα αὐτοὺς εἰς τὸν κόσμον·
también yo envié los al mundo;

19 καὶ ὑπὲρ αὐτῶν [ἐγὼ] ἁγιάζω ἐμαυτόν,
y [3]por ellos yo [4]santifico a mí mismo,

ἵνα ὦσιν καὶ αὐτοὶ ἡγιασμένοι ἐν ἀληθείᾳ.
para que sean también ellos [5]santificados en (la) verdad.

20 Οὐ περὶ τούτων δὲ ἐρωτῶ μόνον,
Mas no acerca de éstos ruego sólo,

ἀλλὰ καὶ περὶ τῶν πιστευόντων διὰ
sino también acerca de los que creen, mediante

τοῦ λόγου αὐτῶν εἰς ἐμέ, **21** ἵνα πάντες
la palabra de ellos, en mí, para que todos

ἐν ὦσιν, καθὼς σύ, πατήρ, ἐν ἐμοὶ
[6]uno sean, como tú, Padre, en mí

κἀγὼ ἐν σοί, ἵνα καὶ αὐτοὶ ἐν ἡμῖν
y yo en ti, que también ellos en nosotros

ὦσιν, ἵνα ὁ κόσμος πιστεύῃ ὅτι σύ
estén, para que el mundo crea que tú

με ἀπέστειλας. **22** κἀγὼ τὴν δόξαν ἣν
me enviaste. Y yo la gloria que

δέδωκάς μοι δέδωκα αὐτοῖς, ἵνα ὦσιν
has dado me, he dado les, para que sean

ἐν καθὼς ἡμεῖς ἕν· **23** ἐγὼ ἐν αὐτοῖς
[6]uno como nosotros (somos) [6]uno; yo en ellos

καὶ σὺ ἐν ἐμοί, ἵνα ὦσιν τετελειωμένοι
y tú en mí, para que sean perfeccionados (completamente)

1
15. DEL MALIGNO. Más probable que *del mal.*
2
17. EN. O *con.*
3
19. POR. Lit. *a favor de.*
4
19. SANTIFICO. En sentido de *dedicación sacrificial* (la obra de Cristo).
5
19. SANTIFICADOS. En sentido de *dedicación misional* (la obra de los apóstoles).
6
21 y 22. UNO. Lit. *una misma cosa* (neutro, como en vers. 11).

εἰς ἕν, ἵνα γινώσκῃ ὁ κόσμος ὅτι σύ
[1]en uno, para que conozca el mundo que tú

με ἀπέστειλας καὶ ἠγάπησας αὐτοὺς
me enviaste y amaste los

καθὼς ἐμὲ ἠγάπησας. 24 Πατήρ, ὃ
como me amaste. Padre, lo que

δέδωκάς μοι, θέλω ἵνα ὅπου εἰμὶ ἐγὼ
has dado me, deseo que donde estoy yo,

κἀκεῖνοι ὦσιν μετ᾽ ἐμοῦ, ἵνα θεωρῶσιν
también ellos estén conmigo, para que vean

τὴν δόξαν τὴν ἐμήν, ἣν δέδωκάς μοι
la gloria — mía, que has dado me,

ὅτι ἠγάπησάς με πρὸ καταβολῆς κόσμου.
pues amaste me antes de (la) fundación de(l) mundo.

25 πατὴρ δίκαιε, καὶ ὁ κόσμος σε
Padre justo, en verdad el mundo te

οὐκ ἔγνω, ἐγὼ δέ σε ἔγνων, καὶ οὗτοι
no conoció, pero yo te conocí, y éstos

ἔγνωσαν ὅτι σύ με ἀπέστειλας· 26 καὶ
conocieron que tú me enviaste; y

ἐγνώρισα αὐτοῖς τὸ ὄνομά σου καὶ
di a conocer les el nombre de ti y (lo)

γνωρίσω, ἵνα ἡ ἀγάπη ἣν ἠγάπησάς
daré a conocer, para que el amor con que amaste

με ἐν αὐτοῖς ᾖ κἀγὼ ἐν αὐτοῖς.
me en ellos esté, y yo en ellos.

18 Ταῦτα εἰπὼν Ἰησοῦς ἐξῆλθεν σὺν
Estas cosas habiendo dicho Jesús, salió con

τοῖς μαθηταῖς αὐτοῦ πέραν τοῦ χειμάρρου
los discípulos de él al otro lado del torrente

τοῦ Κεδρών, ὅπου ἦν κῆπος, εἰς ὃν
— de Cedrón, donde había un huerto, en el que

εἰσῆλθεν αὐτὸς καὶ οἱ μαθηταὶ αὐτοῦ.
entró él y los discípulos de él.

2 ᾔδει δὲ καὶ Ἰούδας ὁ παραδιδοὺς
Y sabía también Judas, el que entregaba

αὐτὸν τὸν τόπον, ὅτι πολλάκις συνήχθη
le, el lugar, pues muchas veces se reunió

Ἰησοῦς ἐκεῖ μετὰ τῶν μαθητῶν αὐτου.
Jesús allí con los discípulos de él.

3 ὁ οὖν Ἰούδας λαβὼν τὴν σπεῖραν
— Por tanto, Judas, tomando [2]la compañía

καὶ ἐκ τῶν ἀρχιερέων καὶ [ἐκ] τῶν
y de los principales sacerdotes y de los

Φαρισαίων ὑπηρέτας ἔρχεται ἐκεῖ μετὰ
fariseos alguaciles, viene allá con

1
23. EN UNO. Lit. *hacia una misma cosa.*
2
3. LA COMPAÑÍA. Es decir, *una cohorte* o destacamento de soldados.

φανῶν καὶ λαμπάδων καὶ ὅπλων. 4 Ἰησοῦς
linternas   y   lámparas   y   armas.   Jesús,

οὖν εἰδὼς πάντα τὰ ἐρχόμενα ἐπ' αὐτὸν
pues, sabiendo todas las cosas que venían sobre él,

ἐξῆλθεν καὶ λέγει αὐτοῖς· τίνα ζητεῖτε;
salió   y   dice   les: ¿A quién buscáis?

5 ἀπεκρίθησαν αὐτῷ· Ἰησοῦν τὸν
Respondieron   le: A Jesús   el

Ναζωραῖον. λέγει αὐτοῖς· ἐγώ εἰμι.
nazareno.   Dice   les: Yo   soy.

εἰστήκει δὲ καὶ Ἰούδας ὁ παραδιδοὺς
Y estaba   también   Judas,   el   que entregaba

αὐτὸν μετ' αὐτῶν. 6 ὡς οὖν εἶπεν
le,   con   ellos.   Cuando, pues, dijo

αὐτοῖς· ἐγώ εἰμι, ἀπῆλθαν εἰς τὰ ὀπίσω
les: Yo   soy,   [1]retrocedieron

καὶ ἔπεσαν χαμαί. 7 πάλιν οὖν
y   cayeron   en tierra.   De nuevo,   pues,

ἐπηρώτησεν αὐτούς· τίνα ζητεῖτε; οἱ δὲ
interrogó   les: ¿A quién buscáis?   Y ellos

εἶπαν· Ἰησοῦν τὸν Ναζωραῖον. 8 ἀπεκρίθη
dijeron: A Jesús   el   nazareno.   Respondió

Ἰησοῦς· εἶπον ὑμῖν ὅτι ἐγώ εἰμι· εἰ
Jesús: Dije   os   que   yo   soy;   si,

οὖν ἐμὲ ζητεῖτε, ἄφετε τούτους ὑπάγειν·
pues,   me   buscáis,   dejad   que éstos   se vayan;

9 ἵνα πληρωθῇ ὁ λόγος ὃν εἶπεν, ὅτι
para que se cumpliese la palabra que dijo:

οὓς δέδωκάς μοι, οὐκ ἀπώλεσα ἐξ
A los que   has dado   me,   no   perdí   de

αὐτῶν οὐδένα. 10 Σίμων οὖν Πέτρος
ellos   ninguno.   Entonces Simón   Pedro,

ἔχων μάχαιραν εἵλκυσεν αὐτὴν καὶ ἔπαισεν
que tenía una espada,   sacó   la   e   hirió

τὸν τοῦ ἀρχιερέως δοῦλον καὶ ἀπέκοψεν
al   del   sumo sacerdote   siervo   y   cortó

αὐτοῦ τὸ ὠτάριον τὸ δεξιόν· ἦν δὲ
de él   la   oreja   la   derecha·   y tenía

ὄνομα τῷ δούλῳ Μάλχος. 11 εἶπεν οὖν
por nombre el   siervo   Malco.   Dijo,   pues,

ὁ Ἰησοῦς τῷ Πέτρῳ· βάλε τὴν μάχαιραν
—   Jesús   a Pedro: Mete   la   espada

εἰς τὴν θήκην· τὸ ποτήριον ὃ δέδωκέν
en   la   vaina;   la   copa   que   ha dado

μοι ὁ πατήρ, οὐ μὴ πίω αὐτό;
me   el   Padre,   ¿de ningún modo   beberé   la?

12 Ἡ οὖν σπεῖρα καὶ ὁ χιλίαρχος
Entonces [2]la   compañía   y   el   tribuno

[1]
6. RETROCEDIERON. Lit. se
fueron para atrás.
[2]
12. LA COMPAÑÍA. (V. v. 3.)

καὶ οἱ ὑπηρέται τῶν Ἰουδαίων συνέλαβον
y   los alguaciles de los judíos tomaron consigo

τὸν Ἰησοῦν καὶ ἔδησαν αὐτόν, 13 καὶ
— a Jesús y ataron le, 13 y

ἤγαγον πρὸς Ἄνναν πρῶτον· ἦν γὰρ
condujeron(le) a Anás primeramente; porque era

πενθερὸς τοῦ Καϊάφα, ὃς ἦν ἀρχιερεὺς
suegro — de Caifás, que era sumo sacerdote

τοῦ ἐνιαυτοῦ ἐκείνου· 14 ἦν δὲ Καϊάφας
del año aquel; 14 y era Caifás

ὁ συμβουλεύσας τοῖς Ἰουδαίοις ὅτι
el que había aconsejado a los judíos que

συμφέρει ἕνα ἄνθρωπον ἀποθανεῖν ὑπὲρ
conviene que un (solo) hombre muera [1]por

τοῦ λαοῦ. 15 Ἠκολούθει δὲ τῷ Ἰησοῦ
el pueblo. 15 Y seguía — a Jesús

Σίμων Πέτρος καὶ ἄλλος μαθητής. ὁ δὲ
Simón Pedro y otro discípulo. Y el

μαθητὴς ἐκεῖνος ἦν γνωστὸς τῷ ἀρχιερεῖ,
discípulo aquel era conocido del sumo sacerdote,

καὶ συνεισῆλθεν τῷ Ἰησοῦ εἰς τὴν αὐλὴν
y entró con — Jesús en el patio

τοῦ ἀρχιερέως, 16 ὁ δὲ Πέτρος εἱστήκει
del sumo sacerdote; 16 — pero Pedro estaba

πρὸς τῇ θύρᾳ ἔξω. ἐξῆλθεν οὖν ὁ
junto a la puerta afuera. Salió, pues, el

μαθητὴς ὁ ἄλλος ὁ γνωστὸς τοῦ ἀρχιερέως
discípulo — otro, — conocido del sumo sacerdote

καὶ εἶπεν τῇ θυρωρῷ, καὶ εἰσήγαγεν
y [2]habló a la portera, e hizo entrar

τὸν Πέτρον. 17 λέγει οὖν τῷ Πέτρῳ ἡ
— a Pedro. 17 Dice, pues, — a Pedro la

παιδίσκη ἡ θυρωρός· μὴ καὶ σὺ ἐκ
criada — portera: [3]¿No también tú de

τῶν μαθητῶν εἶ τοῦ ἀνθρώπου τούτου;
los discípulos eres del hombre este?

λέγει ἐκεῖνος· οὐκ εἰμί. 18 εἱστήκεισαν δὲ
Dice él: No soy. 18 Y estaban (de pie)

οἱ δοῦλοι καὶ οἱ ὑπηρέται ἀνθρακιὰν
los criados y los alguaciles un fuego
(de carbón)

πεποιηκότες, ὅτι ψῦχος ἦν, καὶ
que habían hecho, pues frío hacía y

ἐθερμαίνοντο· ἦν δὲ καὶ ὁ Πέτρος μετ'
se calentaban; y estaba también — Pedro con

αὐτῶν ἑστὼς καὶ θερμαινόμενος. 19 Ὁ
ellos de pie y calentándose. 19 Y el

οὖν ἀρχιερεὺς ἠρώτησεν τὸν Ἰησοῦν
sumo sacerdote preguntó — a Jesús

[1]
14. POR EL PUEBLO. Lit. *a favor* (o *en beneficio*) *del pueblo.*
[2]
16. HABLÓ. Lit. *dijo.*
[3]
17. ¿NO... O ¿*Acaso...*

περὶ τῶν μαθητῶν αὐτοῦ καὶ περὶ τῆς
acerca de los discípulos de él y acerca de la

διδαχῆς αὐτοῦ. **20** ἀπεκρίθη αὐτῷ Ἰησοῦς·
doctrina de él. Respondió le Jesús:

ἐγὼ παρρησίᾳ λελάληκα τῷ κόσμῳ· ἐγὼ
Yo públicamente he hablado al mundo; yo

πάντοτε ἐδίδαξα ἐν συναγωγῇ καὶ ἐν
siempre enseñé en una sinagoga y en

τῷ ἱερῷ, ὅπου πάντες οἱ Ἰουδαῖοι
el templo, donde todos los judíos

συνέρχονται, καὶ ἐν κρυπτῷ ἐλάλησα
se reúnen, y en secreto hablé

οὐδέν. **21** τί με ἐρωτᾷς; ἐρώτησον
nada. ¿Por qué me preguntas? Pregunta

τοὺς ἀκηκοότας τί ἐλάλησα αὐτοῖς· ἴδε
a los que han oído, qué hablé les; mira,

οὗτοι οἴδασιν ἃ εἶπον ἐγώ. **22** ταῦτα
ésos saben lo que dije yo. Y estas cosas

δὲ αὐτοῦ εἰπόντος εἷς παρεστηκὼς τῶν
él diciendo, uno, que estaba al lado, de los

ὑπηρετῶν ἔδωκεν ῥάπισμα τῷ Ἰησοῦ
alguaciles dio una bofetada — a Jesús,

εἰπών· οὕτως ἀποκρίνῃ τῷ ἀρχιερεῖ;
diciendo: ¿Así respondes al sumo sacerdote?

23 ἀπεκρίθη αὐτῷ Ἰησοῦς· εἰ κακῶς
Respondió le Jesús: Si mal

ἐλάλησα, μαρτύρησον περὶ τοῦ κακοῦ·
hablé, testifica acerca del mal;

εἰ δὲ καλῶς, τί με δέρεις; **24** ἀπέστειλεν
pero si bien, ¿por qué me golpeas? Envió,

οὖν αὐτὸν ὁ Ἄννας δεδεμένον πρὸς
pues, le — Anás atado a

Καϊάφαν τὸν ἀρχιερέα. **25** Ἦν δὲ Σίμων
Caifás el sumo sacerdote. Y estaba Simón

Πέτρος ἑστὼς καὶ θερμαινόμενος. εἶπον
Pedro de pie y calentándose. Dijeron,

οὖν αὐτῷ· μὴ καὶ σὺ ἐκ τῶν μαθητῶν
pues, le: ¹¿No también tú de los discípulos

αὐτοῦ εἶ; ἠρνήσατο ἐκεῖνος καὶ εἶπεν·
de él eres? Negó él y dijo:

οὐκ εἰμί. **26** λέγει εἷς ἐκ τῶν δούλων τοῦ
No soy. Dice uno de los siervos del

ἀρχιερέως, συγγενὴς ὢν οὗ ἀπέκοψεν
sumo sacerdote, pariente que era del que cortó

Πέτρος τὸ ὠτίον· οὐκ ἐγώ σε εἶδον
Pedro la oreja: ¿No yo te vi

ἐν τῷ κήπῳ μετ' αὐτοῦ; **27** πάλιν οὖν
en el huerto con él? De nuevo, pues,

¹ 25. ¿No... O ¿Acaso...

ἠρνήσατο   Πέτρος,   καὶ   εὐθέως   ἀλέκτωρ
negó   Pedro,   y   en seguida   un gallo

ἐφώνησεν.
cantó.

28 Ἄγουσιν   οὖν   τὸν   Ἰησοῦν   ἀπὸ   τοῦ
Conducen,   pues,   —   a Jesús   desde   —

Καϊαφᾶ   εἰς   τὸ   πραιτώριον·   ἦν   δὲ   πρωΐ·
Caifás   al   pretorio;   y era de madrugada;

καὶ   αὐτοὶ   οὐκ   εἰσῆλθον   εἰς   τὸ   πραιτώριον,
y   ellos   no   entraron   en   el   pretorio,

ἵνα   μὴ   μιανθῶσιν   ἀλλὰ   φάγωσιν   τὸ
para   no   contaminarse,   sino   comer   la

πάσχα.   **29** ἐξῆλθεν   οὖν   ὁ   Πιλᾶτος   ἔξω
pascua.   Salió,   pues,   —   Pilato   afuera

πρὸς   αὐτοὺς   καὶ   φησίν·   τίνα   κατηγορίαν
a   ellos   y   dice: ¿Qué   acusación

φέρετε   τοῦ   ἀνθρώπου   τούτου;   **30** ἀπεκρίθησαν
traéis   del   hombre   este?   Respondieron

καὶ   εἶπαν   αὐτῷ·   εἰ   μὴ   ἦν
y   dijeron   le: Si   no   fuese

οὗτος   κακὸν   ποιῶν,   οὐκ   ἄν   σοι
éste   malhechor,   no   te

παρεδώκαμεν   αὐτόν.   **31** εἶπεν   οὖν   αὐτοῖς
habríamos entregado   lo.   Dijo,   pues,   les

ὁ   Πιλᾶτος·   λάβετε   αὐτὸν   ὑμεῖς,   καὶ
—   Pilato: Tomad   le   vosotros,   y

κατὰ   τὸν   νόμον   ὑμῶν   κρίνατε   αὐτόν.
según   la   ley   de vosotros   juzgad   le.

εἶπον   αὐτῷ   οἱ   Ἰουδαῖοι·   ἡμῖν   οὐκ   ἔξεστιν
Dijeron   le   los   judíos: A nosotros   no   es lícito

ἀποκτεῖναι   οὐδένα·   **32** ἵνα   ὁ   λόγος   τοῦ
matar   a nadie;   para que   la   palabra   de

Ἰησοῦ   πληρωθῇ   ὃν   εἶπεν   σημαίνων   ποίῳ
Jesús   se cumpliese,   la que   dijo   significando   [1]con qué

θανάτῳ   ἤμελλεν   ἀποθνήσκειν.   **33** Εἰσῆλθεν
muerte   iba a   morir.   Entró,

οὖν   πάλιν   εἰς   τὸ   πραιτώριον   ὁ   Πιλᾶτος
pues,   de nuevo   en   el   pretorio   —   Pilato

καὶ   ἐφώνησεν   τὸν   Ἰησοῦν   καὶ   εἶπεν
y   llamó   —   a Jesús   y   dijo

αὐτῷ·   σὺ   εἶ   ὁ   βασιλεὺς   τῶν   Ἰουδαίων;
le: ¿Tú   eres   el   Rey   de los   judíos?

34 ἀπεκρίθη   Ἰησοῦς·   ἀφ'   ἑαυτοῦ   σὺ   τοῦτο
Respondió   Jesús: ¿De   ti mismo   tú   esto

λέγεις,   ἢ   ἄλλοι   εἶπόν   σοι   περὶ   ἐμοῦ;
dices,   u   otros   dijeron   te(lo)   acerca   de mí?

35 ἀπεκρίθη   ὁ   Πιλᾶτος·   μήτι   ἐγὼ
Respondió   —   Pilato: ¿Acaso   yo

[1]
32. CON QUÉ. Lit. *con qué clase de.*

Ἰουδαῖός εἰμι; τὸ ἔθνος τὸ σὸν καὶ
judío   soy?   La nación — tuya y

οἱ ἀρχιερεῖς παρέδωκάν σε ἐμοί· τί
los principales sacerdotes entregaron te a mí; ¿qué

ἐποίησας; 36 ἀπεκρίθη Ἰησοῦς· ἡ βασιλεία
hiciste? Respondió Jesús: El reino

ἡ ἐμὴ οὐκ ἔστιν ἐκ τοῦ κόσμου τούτου·
— mío no es del mundo este;

εἰ ἐκ τοῦ κόσμου τούτου ἦν ἡ βασιλεία
si del mundo este fuese el reino

ἡ ἐμή, οἱ ὑπηρέται ἂν οἱ ἐμοὶ ἠγωνίζοντο,
— mío, los servidores — míos lucharían

ἵνα μὴ παραδοθῶ τοῖς Ἰουδαίοις· νῦν
para que no fuese entregado a los judíos; pero ahora

δὲ ἡ βασιλεία ἡ ἐμὴ οὐκ ἔστιν ἐντεῦθεν.
el reino — mío no es de aquí.

37 εἶπεν οὖν αὐτῷ ὁ Πιλᾶτος· οὐκοῦν
Dijo, pues, le Pilato: ¿Luego,

βασιλεὺς εἶ σύ; ἀπεκρίθη [ὁ] Ἰησοῦς·
rey eres tú? Respondió — Jesús:

σὺ λέγεις ὅτι βασιλεύς εἰμι. ἐγὼ εἰς
Tú dices que rey soy. Yo para

τοῦτο γεγέννημαι καὶ εἰς τοῦτο ἐλήλυθα
esto he nacido y para esto he venido

εἰς τὸν κόσμον, ἵνα μαρτυρήσω τῇ
al mundo, para dar testimonio a la

ἀληθείᾳ· πᾶς ὁ ὢν ἐκ τῆς ἀληθείας
verdad; todo el que es de la verdad,

ἀκούει μου τῆς φωνῆς. 38 λέγει αὐτῷ
oye de mí la voz. Dice le

ὁ Πιλᾶτος· τί ἐστιν ἀλήθεια; Καὶ
— Pilato: ¿Qué es verdad? Y

τοῦτο εἰπὼν πάλιν ἐξῆλθεν πρὸς τοὺς
esto diciendo, de nuevo salió a los

Ἰουδαίους, καὶ λέγει αὐτοῖς· ἐγὼ οὐδεμίαν
judíos, y dice les: Yo ningún

εὑρίσκω ἐν αὐτῷ αἰτίαν. 39 ἔστιν δὲ
hallo en él [1]delito. Pero tenéis

συνήθεια ὑμῖν ἵνα ἕνα ἀπολύσω ὑμῖν
costumbre vosotros de que a uno suelte os

ἐν τῷ πάσχα· βούλεσθε οὖν ἀπολύσω
en la pascua; ¿queréis, pues, que suelte

ὑμῖν τὸν βασιλέα τῶν Ἰουδαίων; 40 ἐκραύ-
os al Rey de los judíos? Gritaron,

γασαν οὖν πάλιν λέγοντες· μὴ τοῦτον,
pues, de nuevo, diciendo: No a éste,

ἀλλὰ τὸν Βαραββᾶν. ἦν δὲ ὁ Βαραββᾶς
sino — a Barrabás. Y era — Barrabás

1
38. DELITO. Lit. *causa.*

ληστής. **19** Τότε οὖν ἔλαβεν ὁ Πιλᾶτος
un bandido.   Entonces, pues,   tomó   —   Pilato

τὸν Ἰησοῦν καὶ ἐμαστίγωσεν. **2** καὶ οἱ
—   a Jesús   y   azotó(le).   Y   los

στρατιῶται πλέξαντες στέφανον ἐξ ἀκανθῶν
soldados,   tejiendo   una corona   de   espinas,

ἐπέθηκαν αὐτοῦ τῇ κεφαλῇ, καὶ ἱμάτιον
pusieron(la)   de él   en la   cabeza,   y (con) un manto

πορφυροῦν περιέβαλον αὐτόν, **3** καὶ ἤρχοντο
de púrpura   cubrieron   le,   y   venían

πρὸς αὐτὸν καὶ ἔλεγον· χαῖρε ὁ βασιλεὺς
a   él   y   decían: [1]¡Viva   el   Rey

τῶν Ἰουδαίων· καὶ ἐδίδοσαν αὐτῷ
de los   judíos!   Y   daban   le

ῥαπίσματα. **4** Καὶ ἐξῆλθεν πάλιν ἔξω
bofetadas.   Y   salió   de nuevo   afuera

ὁ Πιλᾶτος καὶ λέγει αὐτοῖς· ἴδε ἄγω
—   Pilato   y   dice   les: Mira,   traigo

ὑμῖν αὐτὸν ἔξω, ἵνα γνῶτε ὅτι οὐδεμίαν
os   lo   fuera, para que   conozcáis   que   ningún

αἰτίαν εὑρίσκω ἐν αὐτῷ. **5** ἐξῆλθεν
delito   hallo   en   él.   Salió,

οὖν ὁ Ἰησοῦς ἔξω, φορῶν τὸν ἀκάνθινον
pues,   —   Jesús   afuera,   portando   la   espinosa

στέφανον καὶ τὸ πορφυροῦν ἱμάτιον. καὶ
corona   y   el   purpúreo   manto.   Y (Pilato)

λέγει αὐτοῖς· ἰδοὺ ὁ ἄνθρωπος. **6** ὅτε
dice   les: [2]¡He aquí   el   hombre!   Cuando,

οὖν εἶδον αὐτὸν οἱ ἀρχιερεῖς καὶ οἱ
pues,   vieron   le   los principales sacerdotes   y   los

ὑπηρέται, ἐκραύγασαν λέγοντες· σταύρωσον
alguaciles,   gritaron,   diciendo: ¡Crucifica(le),

σταύρωσον. λέγει αὐτοῖς ὁ Πιλᾶτος·
crucifica(le)!   Dice   les   —   Pilato:

λάβετε αὐτὸν ὑμεῖς καὶ σταυρώσατε·
Tomad   le   vosotros   y   crucificad(le);

ἐγὼ γὰρ οὐχ εὑρίσκω ἐν αὐτῷ αἰτίαν.
porque yo   no   hallo   en   él   delito.

7 ἀπεκρίθησαν αὐτῷ οἱ Ἰουδαῖοι· ἡμεῖς
Respondieron   le   los   judíos: Nosotros

νόμον ἔχομεν, καὶ κατὰ τὸν νόμον
una ley   tenemos,   y   según   la   ley

ὀφείλει ἀποθανεῖν, ὅτι υἱὸν θεοῦ ἑαυτὸν
debe   morir,   porque   Hijo   de Dios   a sí mismo

ἐποίησεν. **8** Ὅτε οὖν ἤκουσεν ὁ Πιλᾶτος
hizo.   Cuando, pues,   oyó   —   Pilato

τοῦτον τὸν λόγον, μᾶλλον ἐφοβήθη, **9** καὶ
esta   —   palabra,   más   temió,   y

1
3. ¡VIVA...! (o ¡Salud, Rey de los judíos!). Lit. alégrate (fórmula griega de saludo, equivalente a la latina Salve! = ¡Salud!).
2
5. ¡HE AQUÍ... Como diciendo: ¡Mirad cómo está! ¿No ha sufrido ya bastante?

εἰσῆλθεν εἰς τὸ πραιτώριον πάλιν καὶ
entró en el pretorio de nuevo y

λέγει τῷ Ἰησοῦ· πόθεν εἶ σύ; ὁ δὲ
dice — a Jesús: ¿De dónde eres tú? — Pero

Ἰησοῦς ἀπόκρισιν οὐκ ἔδωκεν αὐτῷ.
Jesús respuesta no dio le.

10 λέγει οὖν αὐτῷ ὁ Πιλᾶτος· ἐμοὶ
Dice, pues, le — Pilato: ¿A mí

οὐ λαλεῖς; οὐκ οἶδας ὅτι ἐξουσίαν ἔχω
no hablas? ¿No sabes que autoridad tengo

ἀπολῦσαί σε καὶ ἐξουσίαν ἔχω σταυρῶσαί
para soltar te y autoridad tengo para crucificar

σε; **11** ἀπεκρίθη Ἰησοῦς· οὐκ εἶχες
te? Respondió Jesús: No tendrías

ἐξουσίαν κατ᾽ ἐμοῦ οὐδεμίαν εἰ μὴ ἦν
autoridad contra mí ninguna si no hubiese

δεδομένον σοι ἄνωθεν· διὰ τοῦτο ὁ
sido dada te de arriba; por esto, [1]el que

παραδούς μέ σοι μείζονα ἁμαρτίαν ἔχει.
entregó me a ti, mayor pecado tiene.

12 ἐκ τούτου ὁ Πιλᾶτος ἐζήτει ἀπολῦσαι
Desde esto, — Pilato buscaba soltar

αὐτόν· οἱ δὲ Ἰουδαῖοι ἐκραύγασαν λέγοντες·
le; pero los judíos gritaron, diciendo:

ἐὰν τοῦτον ἀπολύσῃς, οὐκ εἶ φίλος τοῦ
Si a éste sueltas, no eres amigo —

Καίσαρος· πᾶς ὁ βασιλέα ἑαυτὸν ποιῶν
de César; todo el que rey a sí mismo hace,

ἀντιλέγει τῷ Καίσαρι. **13** Ὁ οὖν Πιλᾶτος
se opone a César. — Por tanto, Pilato,

ἀκούσας τῶν λόγων τούτων ἤγαγεν ἔξω
oyendo las palabras estas, condujo afuera

τὸν Ἰησοῦν, καὶ ἐκάθισεν ἐπὶ βήματος
— a Jesús, y se sentó en el tribunal

εἰς τόπον λεγόμενον Λιθόστρωτον, Ἑβραϊστὶ δὲ
en un lugar llamado Enlosado, y en hebreo

Γαββαθά. **14** ἦν δὲ παρασκευὴ τοῦ
Gabbatá. Y era (la) preparación de la

πάσχα, ὥρα ἦν ὡς ἕκτη· καὶ λέγει
pascua, hora era como [2](la) sexta; y dice

τοῖς Ἰουδαίοις· ἴδε ὁ βασιλεὺς ὑμῶν.
a los judíos: Mira, el Rey de vosotros.

15 ἐκραύγασαν οὖν ἐκεῖνοι· ἆρον ἆρον,
Gritaron, pues, ellos: ¡Quita, quita,

σταύρωσον αὐτόν. λέγει αὐτοῖς ὁ Πιλᾶτος·
crucifica le! Dice les — Pilato:

τὸν βασιλέα ὑμῶν σταυρώσω; ἀπεκρίθησαν
¿Al Rey de vosotros crucificaré? Respondieron

[1]
11. EL QUE ENTREGÓ ME A
TI. Es decir, *Caifás.*
[2]
14. SEXTA. *Las seis de la
mañana.* (V. nota a 1:39.)

οἱ   ἀρχιερεῖς·   οὐκ   ἔχομεν   βασιλέα   εἰ
los principales sacerdotes: No   tenemos   rey   si-

μὴ   Καίσαρα.   **16** τότε   οὖν   παρέδωκεν
no   a César.   Así que entonces   entregó

αὐτὸν   αὐτοῖς   ἵνα   σταυρωθῇ.
lo   a ellos   para que   fuese crucificado.

Παρέλαβον   οὖν   τὸν   Ἰησοῦν·   **17** καὶ
Tomaron,   pues,   —   a Jesús;   y

βαστάζων   ἑαυτῷ   τὸν   σταυρὸν   ἐξῆλθεν
cargando   a sí mismo   la   cruz,   salió

εἰς   τὸν   λεγόμενον   κρανίου   τόπον,   ὃ
al   llamado   de (la) Calavera   lugar,   que

λέγεται   Ἑβραϊστὶ   Γολγοθά,   **18** ὅπου   αὐτὸν
se dice   en hebreo   Golgotá,   donde   lo

ἐσταύρωσαν,   καὶ   μετ'   αὐτοῦ   ἄλλους   δύο
crucificaron,   y   con   él   a otros   dos

ἐντεῦθεν   καὶ   ἐντεῦθεν,   μέσον   δὲ   τὸν
a un lado   y   a otro lado,   y en medio   —

Ἰησοῦν.   **19** ἔγραψεν   δὲ   καὶ   τίτλον   ὁ
a Jesús.   Y escribió   también   un título

Πιλᾶτος   καὶ   ἔθηκεν   ἐπὶ   τοῦ   σταυροῦ·
Pilato   y   (lo) puso   sobre   la   cruz;

ἦν   δὲ   γεγραμμένον·   ΙΗΣΟΥΣ   Ο
y estaba   escrito: JESÚS   EL

ΝΑΖΩΡΑΙΟΣ   Ο   ΒΑΣΙΛΕΥΣ   ΤΩΝ
NAZARENO,   EL   REY   DE LOS

ΙΟΥΔΑΙΩΝ.   **20** τοῦτον   οὖν   τὸν   τίτλον
JUDÍOS.   Por tanto, este   —   título

πολλοὶ   ἀνέγνωσαν   τῶν   Ἰουδαίων,   ὅτι
muchos   leyeron   de los   judíos,   pues

ἐγγὺς   ἦν   ὁ   τόπος   τῆς   πόλεως   ὅπου
cerca   estaba   el   lugar   de la   ciudad   donde

ἐσταυρώθη   ὁ   Ἰησοῦς·   καὶ   ἦν   γεγραμμένον
fue crucificado   —   Jesús;   y   estaba   escrito

Ἑβραϊστί,   Ῥωμαϊστί,   Ἑλληνιστί.   **21** ἔλεγον
en hebreo,   latín   (y)   griego.   Decían,

οὖν   τῷ   Πιλάτῳ   οἱ   ἀρχιερεῖς   τῶν   Ἰουδαίων·
pues,   a Pilato   los   principales   de los   judíos:
                       sacerdotes

μὴ   γράφε·   ὁ   βασιλεὺς   τῶν   Ἰουδαίων,
No   escribas: El   Rey   de los   judíos,

ἀλλ'   ὅτι   ἐκεῖνος   εἶπεν·   βασιλεύς   εἰμι
sino   que   él   dijo: Rey   soy

τῶν   Ἰουδαίων.   **22** ἀπεκρίθη   ὁ   Πιλᾶτος·
de los   judíos.   Respondió   —   Pilato:

ὃ   γέγραφα,   γέγραφα.   **23** Οἱ   οὖν
Lo que   he escrito,   ¹he escrito.   Por tanto, los

στρατιῶται,   ὅτε   ἐσταύρωσαν   τὸν   Ἰησοῦν,
soldados,   cuando   crucificaron   —   a Jesús,

¹ 22. HE ESCRITO. Es decir, *escrito tiene que quedar.*

ἔλαβον   τὰ   ἱμάτια   αὐτοῦ   καὶ   ἐποίησαν
tomaron   los   vestidos   de él   e   hicieron

τέσσερα   μέρη,   ἑκάστῳ   στρατιώτῃ   μέρος,
cuatro   partes,   para cada   soldado   una parte,

καὶ   τὸν   χιτῶνα.   ἦν   δὲ   ὁ   χιτὼν   ἄρραφος,
y   la   túnica.   Y   era   la   túnica   sin costura,

ἐκ   τῶν   ἄνωθεν   ὑφαντὸς   δι᾽   ὅλου.   24   εἶπαν
desde   —   arriba   tejida   por   entero.   Dijeron,

οὖν   πρὸς   ἀλλήλους·   μὴ   σχίσωμεν   αὐτόν,
pues,   unos a otros: No   rasguemos   la,

ἀλλὰ   λάχωμεν   περὶ   αὐτοῦ   τίνος   ἔσται·
sino   echemos suertes   acerca   de ella   de quién   será;

ἵνα   ἡ   γραφὴ   πληρωθῇ·   διεμερίσαντο   τὰ
para que la   Escritura   se cumpliese: Repartieron   los

ἱμάτιά   μου   ἑαυτοῖς   καὶ   ἐπὶ   τὸν   ἱματισμόν
vestidos   de mí para ellos mismos   y   sobre   la   ropa

μου   ἔβαλον   κλῆρον.   Οἱ   μὲν   οὖν   στρατιῶται
de mí   echaron   suerte.   Así   pues,   los soldados

ταῦτα   ἐποίησαν.   25   εἱστήκεισαν   δὲ   παρὰ
esto   hicieron.   Y estaban de pie   junto

τῷ   σταυρῷ   τοῦ   Ἰησοῦ   ἡ   μήτηρ   αὐτοῦ
a la   cruz   —   de Jesús   la   madre   de él

καὶ   ἡ   ἀδελφὴ   τῆς   μητρὸς   αὐτοῦ,   Μαρία
y   1la   hermana   de la   madre   de él,   María

ἡ   τοῦ   Κλωπᾶ   καὶ   Μαρία   ἡ   Μαγδαληνή.
la (mujer)   —   de Cleofás   y   María   la   Magdalena.

26   Ἰησοῦς   οὖν   ἰδὼν   τὴν   μητέρα   καὶ
Jesús,   pues,   viendo   a la   (su) madre   y

τὸν   μαθητὴν   παρεστῶτα   ὃν   ἠγάπα,   λέγει
al   discípulo,   que estaba presente, a quien   amaba,   dice

τῇ   μητρί·   γύναι,   ἴδε   ὁ   υἱός   σου.
a la   (su) madre: Mujer,   mira,   el   hijo   de ti.

27   εἶτα   λέγει   τῷ   μαθητῇ·   ἴδε   ἡ   μήτηρ
Después   dice   al   discípulo: Mira,   la   madre

σου.   καὶ   ἀπ᾽   ἐκείνης   τῆς   ὥρας   ἔλαβεν
de ti.   Y   desde   aquella   —   hora,   recibió

ὁ   μαθητὴς   αὐτὴν   εἰς   τὰ   ἴδια.   28   Μετὰ
el   discípulo   la   en   su propia (casa).   Después

τοῦτο   εἰδὼς   ὁ   Ἰησοῦς   ὅτι   ἤδη   πάντα
de esto,   sabiendo   —   Jesús   que   ya   todo

τετέλεσται,   ἵνα   τελειωθῇ   ἡ   γραφή,   λέγει·
ha sido consumado, para que se cumpliese   la Escritura,   dice:

διψῶ.   29   σκεῦος   ἔκειτο   ὄξους   μεστόν·
Tengo sed.   Una vasija   2había   de vinagre   llena;

σπόγγον   οὖν   μεστὸν   τοῦ   ὄξους   ὑσσώπῳ
una esponja,   pues,   llena   del   vinagre   de un hisopo

1
25. LA HERMANA DE LA MA-
DRE DE ÉL. Esto es, *Salomé*.
(V. Mr. 15:40.)
2
29. HABÍA. Lit. *estaba puesta.*

περιθέντες προσήνεγκαν αὐτοῦ τῷ · στόματι.
poniendo alrededor,   acercaron(la)   de él   a la   boca.

30 ὅτε οὖν ἔλαβεν τὸ ὄξος [ὁ] Ἰησοῦς
Cuando, pues,   tomó   el   vinagre,   —   Jesús

εἶπεν· τετέλεσται, καὶ κλίνας τὴν κεφαλὴν
dijo: Ha sido consumado,   e [1]inclinando   la   cabeza,

παρέδωκεν τὸ πνεῦμα.
entregó   el   espíritu.

31 Οἱ οὖν Ἰουδαῖοι, ἐπεὶ παρασκευὴ
Entonces los   judíos,   puesto que   (la) preparación

ἦν, ἵνα μὴ μείνῃ ἐπὶ τοῦ σταυροῦ τὰ
era,   para que no   quedasen   en   la   cruz   los

σώματα ἐν τῷ σαββάτῳ, ἦν γὰρ μεγάλη
cuerpos   en el   sábado,   porque era   grande

ἡ ἡμέρα ἐκείνου τοῦ σαββάτου, ἠρώτησαν
el   día   de aquel   —   sábado,   rogaron

τὸν Πιλᾶτον ἵνα κατεαγῶσιν αὐτῶν τὰ
—   a Pilato   que   fuesen quebradas   de ellos   las

σκέλη καὶ ἀρθῶσιν. **32** ἦλθον οὖν οἱ
piernas   y   fuesen quitados.   Vinieron, pues,   los

στρατιῶται, καὶ τοῦ μὲν πρώτου κατέαξαν
soldados,   y   del   —   primero   quebraron

τὰ σκέλη καὶ τοῦ ἄλλου τοῦ
las   piernas   y   del   otro   —

συσταυρωθέντος αὐτῷ· **33** ἐπὶ δὲ τὸν
que había sido crucificado   con él;   pero cerca de   —

Ἰησοῦν ἐλθόντες, ὡς εἶδον ἤδη αὐτὸν
Jesús   al llegar,   como   vieron que   ya   él

τεθνηκότα, οὐ κατέαξαν αὐτοῦ τὰ σκέλη,
había muerto,   no   quebraron   de él   las   piernas,

34 ἀλλ' εἷς τῶν στρατιωτῶν λόγχῃ αὐτοῦ
sino que   uno   de los   soldados   con una lanza   de él

τὴν πλευρὰν ἔνυξεν, καὶ ἐξῆλθεν εὐθὺς αἷμα
el   costado   hirió,   y   salió   en seguida   sangre

καὶ ὕδωρ. **35** καὶ ὁ ἑωρακὼς μεμαρτύρηκεν,
y   agua.   Y   el que   lo ha visto,   ha dado testimonio,

καὶ ἀληθινὴ αὐτοῦ ἐστιν ἡ μαρτυρία,
y   verdadero   de él   es   el   testimonio,

καὶ ἐκεῖνος οἶδεν ὅτι ἀληθῆ λέγει, ἵνα
y   él   sabe   que   [2]verdad   dice,   para que

καὶ ὑμεῖς πιστεύητε. **36** ἐγένετο γὰρ
también vosotros   creáis.   Porque sucedieron

ταῦτα ἵνα ἡ γραφὴ πληρωθῇ· ὀστοῦν
estas cosas   para que la   Escritura   se cumpliese: Un hueso

οὐ συντριβήσεται αὐτοῦ. **37** καὶ πάλιν
no   será quebrado   de él.   Y   de nuevo

ἑτέρα γραφὴ λέγει· ὄψονται εἰς ὃν
otra   Escritura   dice: Mirarán   al   que

ἐξεκέντησαν. **38** Μετὰ δὲ ταῦτα ἠρώτησεν
traspasaron.   Después de — estas cosas,   rogó

τὸν Πιλᾶτον Ἰωσὴφ ἀπὸ Ἀριμαθαίας,
—   a Pilato   José   de   Arimatea,

ὢν μαθητὴς [τοῦ] Ἰησοῦ κεκρυμμένος
¹que era discípulo — de Jesús, pero ²secretamente

δὲ διὰ τὸν φόβον τῶν Ἰουδαίων, ἵνα
a causa del   miedo de los judíos,   que

ἄρῃ τὸ σῶμα τοῦ Ἰησοῦ· καὶ
³pudiera llevarse el   cuerpo — de Jesús;   y

ἐπέτρεψεν ὁ Πιλᾶτος. ἦλθεν οὖν καὶ ἦρεν
(lo) permitió — Pilato. Vino, pues, y se llevó

τὸ σῶμα αὐτοῦ. **39** ἦλθεν δὲ καὶ Νικόδημος,
el cuerpo de él.   Y vino también Nicodemo,

ὁ ἐλθὼν πρὸς αὐτὸν νυκτὸς τὸ πρῶτον,
el que vino a   él   de noche al principio,

φέρων μίγμα σμύρνης καὶ ἀλόης ὡς
trayendo una mezcla de mirra y áloe como

λίτρας ἑκατόν. **40** ἔλαβον οὖν τὸ σῶμα
libras cien.   Tomaron, pues, el cuerpo

τοῦ Ἰησοῦ καὶ ἔδησαν αὐτὸ ὀθονίοις
— de Jesús y ⁴envolvieron lo con vendas

μετὰ τῶν ἀρωμάτων, καθὼς ἔθος ἐστὶν
con las especias aromáticas, como costumbre tienen

τοῖς Ἰουδαίοις ἐνταφιάζειν. **41** ἦν δὲ
los judíos de sepultar.   Y había

ἐν τῷ τόπῳ ὅπου ἐσταυρώθη κῆπος,
en el lugar donde fue crucificado un huerto,

καὶ ἐν τῷ κήπῳ μνημεῖον καινόν, ἐν
y en el huerto un sepulcro nuevo, en

ᾧ οὐδέπω οὐδεὶς ἦν τεθειμένος· **42** ἐκεῖ
el cual aún no ninguno había sido puesto;   allí,

οὖν διὰ τὴν παρασκευὴν τῶν Ἰουδαίων,
pues, a causa ⁵de la preparación de los judíos,

ὅτι ἐγγὺς ἦν τὸ μνημεῖον, ἔθηκαν τὸν
porque cerca estaba el sepulcro, pusieron —

Ἰησοῦν.
a Jesús.

20 Τῇ δὲ μιᾷ τῶν σαββάτων Μαρία
Y en el ⁶primer (día) de la semana, María

ἡ Μαγδαληνὴ ἔρχεται πρωῒ σκοτίας ἔτι
la Magdalena viene de madrugada, oscuridad aún

οὔσης εἰς τὸ μνημεῖον, καὶ βλέπει τὸν
habiendo, al sepulcro, y ve la

1
38. Que era. Lit. *siendo.*
2
38. Secretamente. Lit. *habiendo estado escondido.*
3
38. Pudiera llevarse. Lit. *llevase.*
4
40. Envolvieron. Lit. *ataron (o sujetaron).*
5
42. De la preparación. Es decir, *de la preparación de la pascua.*
6
1. Primer. Lit. *uno.*

λίθον ἠρμένον ἐκ τοῦ μνημείου.
piedra　　quitada　　del　　　sepulcro.

2 τρέχει οὖν καὶ ἔρχεται πρὸς Σίμωνα
Corre,　pues,　y　viene　a　Simón

Πέτρον καὶ πρὸς τὸν ἄλλον μαθητὴν ὃν
Pedro　y　al　otro　discípulo　al que

ἐφίλει ὁ Ἰησοῦς, καὶ λέγει αὐτοῖς· ἦραν
amaba　—　Jesús,　y　dice　les:　Se llevaron

τὸν κύριον ἐκ τοῦ μνημείου, καὶ οὐκ οἴδαμεν
al Señor　del　sepulcro,　y　no　sabemos

ποῦ ἔθηκαν αὐτόν. **3** Ἐξῆλθεν οὖν ὁ
dónde pusieron　lo.　Salieron,　pues,　—

Πέτρος καὶ ὁ ἄλλος μαθητής, καὶ ἤρχοντο
Pedro　y　el　otro　discípulo,　y　llegaban

εἰς τὸ μνημεῖον. **4** ἔτρεχον δὲ οἱ δύο
al　sepulcro.　Y corrían　los　dos

ὁμοῦ· καὶ ὁ ἄλλος μαθητὴς προέδραμεν
juntamente;　y　el　otro　discípulo　corrió delante

τάχιον τοῦ Πέτρου καὶ ἦλθεν πρῶτος
más aprisa　— que Pedro　y　vino　primero

εἰς τὸ μνημεῖον, **5** καὶ παρακύψας βλέπει
al　sepulcro,　e　inclinándose a mirar,　ve

κείμενα τὰ ὀθόνια, οὐ μέντοι εἰσῆλθεν.
¹colocadas　las　vendas,　sin embargo no　entró.

6 ἔρχεται οὖν καὶ Σίμων Πέτρος ἀκο-
Viene,　pues,　también　Simón　Pedro

λουθῶν αὐτῷ, καὶ εἰσῆλθεν εἰς τὸ
siguiendo　le,　y　entró　al

μνημεῖον· καὶ θεωρεῖ τὰ ὀθόνια κείμενα,
sepulcro;　y　ve　las　vendas　¹colocadas,

7 καὶ τὸ σουδάριον, ὃ ἦν ἐπὶ τῆς
y　el　sudario,　que ²había estado sobre　la

κεφαλῆς αὐτοῦ, οὐ μετὰ τῶν ὀθονίων
cabeza　de él,　no　con　las　vendas

κείμενον ἀλλὰ χωρὶς ἐντετυλιγμένον εἰς
colocado,　sino　aparte　enrollado　en

ἕνα τόπον. **8** τότε οὖν εἰσῆλθεν καὶ
un　lugar.　Entonces,　pues,　entró　también

ὁ ἄλλος μαθητὴς ὁ ἐλθὼν πρῶτος εἰς
el　otro　discípulo,　el que　llegó　primero　al

τὸ μνημεῖον, καὶ εἶδεν καὶ ἐπίστευσεν·
sepulcro,　y　vio　y　creyó;

9 οὐδέπω γὰρ ᾔδεισαν τὴν γραφήν, ὅτι
porque aún no　³habían entendido　la　Escritura,　que

δεῖ αὐτὸν ἐκ νεκρῶν ἀναστῆναι.
es menester que él　de　(los) muertos　resucite.

10 ἀπῆλθον οὖν πάλιν πρὸς αὐτοὺς οἱ
Se fueron,　pues,　de nuevo　⁴a　sus casas　los

1
5 y 6. COLOCADAS. Lit. *ya-
centes* (el mismo verbo de
1 Jn. 5:19 —V. *Rv. 1977*).
2
7. HABÍA ESTADO. Lit. *estaba*.
3
9. HABÍAN ENTENDIDO. Lit.
sabían.
4
10. A SUS CASAS. Lit. *a sí
mismos*.

μαθηταί.   11 Μαρία   δὲ   εἱστήκει   πρὸς
discípulos.   Pero María   estaba de pie   junto

τῷ   μνημείῳ   ἔξω   κλαίουσα.   ὡς   οὖν
al   sepulcro   afuera   llorando.   Mientras,   pues,

ἔκλαιεν,   παρέκυψεν   εἰς   τὸ   μνημεῖον,
lloraba,   se inclinó para mirar   al   sepulcro,

12 καὶ   θεωρεῖ   δύο   ἀγγέλους   ἐν   λευκοῖς
    y   ve   dos   ángeles   con blancas (ropas)

καθεζομένους,   ἕνα   πρὸς   τῇ   κεφαλῇ   καὶ
sentados,   el uno   a   la   cabecera   y

ἕνα   πρὸς   τοῖς   ποσίν,   ὅπου   ἔκειτο   τὸ
el otro   a   los   pies,   donde ¹había yacido   el

σῶμα   τοῦ   Ἰησοῦ.   13 καὶ   λέγουσιν   αὐτῇ
cuerpo   —   de Jesús.   Y   dicen   le

ἐκεῖνοι·   γύναι,   τί   κλαίεις;   λέγει   αὐτοῖς
ellos: Mujer,   ¿por qué   lloras?   Dice   les:

ὅτι   ἦραν   τὸν   κύριόν   μου,   καὶ   οὐκ   οἶδα
Porque se llevaron   al   Señor   de mí,   y   no   sé

ποῦ   ἔθηκαν   αὐτόν.   14 ταῦτα   εἰποῦσα
dónde   pusieron   le.   Estas cosas habiendo dicho,

ἐστράφη   εἰς   τὰ   ὀπίσω,   καὶ   θεωρεῖ   τὸν
se volvió   hacia   atrás,   y   ve   —

Ἰησοῦν   ἑστῶτα,   καὶ   οὐκ   ᾔδει   ὅτι   Ἰησοῦς
a Jesús   de pie,   y   no   sabía   que   Jesús

ἐστιν.   15 λέγει   αὐτῇ   Ἰησοῦς·   γύναι,
es.   Dice   le   Jesús: Mujer,

τί   κλαίεις;   τίνα   ζητεῖς;   ἐκείνη   δοκοῦσα
¿por qué lloras?   ¿A quién   buscas?   Ella,   pensando

ὅτι   ὁ   κηπουρός   ἐστιν,   λέγει   αὐτῷ·   κύριε,
que   el   hortelano   es,   dice   le: Señor,

εἰ   σὺ   ἐβάστασας   αὐτόν,   εἰπέ   μοι   ποῦ
si   tú   llevaste   lo,   di   me   dónde

ἔθηκας   αὐτόν,   κἀγὼ   αὐτὸν   ἀρῶ.   16 λέγει
pusiste   lo,   y yo   lo   llevaré.   Dice

αὐτῇ   Ἰησοῦς·   Μαριάμ.   στραφεῖσα   ἐκείνη
le   Jesús: ¡María!   Volviéndose   ella,

λέγει   αὐτῷ   Ἑβραϊστί·   ῥαββουνί   (ὃ   λέγεται
dice   le   en hebreo: ¡Rabuní!   (que ²quiere decir:

διδάσκαλε).   17 λέγει   αὐτῇ   Ἰησοῦς·   μή
Maestro).   Dice   le   Jesús: No

μου   ἅπτου,   οὔπω   γὰρ   ἀναβέβηκα   πρὸς
me   toques (más),   porque aún no   he subido   al

τὸν   πατέρα·   πορεύου   δὲ   πρὸς   τοὺς
    Padre;   pero vete   a   los

ἀδελφούς   μου   καὶ   εἰπὲ   αὐτοῖς·   ἀναβαίνω
hermanos   de mí   y   di   les: Subo

πρὸς   τὸν   πατέρα   μου   καὶ   πατέρα   ὑμῶν
al   Padre   de mí   y   Padre   de vosotros

---

¹
12. HABÍA YACIDO. Lit. *yacía.*
²
16. QUIERE DECIR. Lit. *se dice.*

καὶ θεόν μου καὶ θεὸν ὑμῶν. **18** ἔρχεται
y (al) Dios de mí y Dios de vosotros. Viene

Μαριὰμ ἡ Μαγδαληνὴ ἀγγέλλουσα τοῖς
María la Magdalena anunciando a los

μαθηταῖς ὅτι ἑώρακα τὸν κύριον, καὶ
discípulos: — He visto al Señor; y que

ταῦτα εἶπεν αὐτῇ.
estas cosas dijo (él) le.

19 Οὔσης οὖν ὀψίας τῇ ἡμέρᾳ ἐκείνῃ
Siendo, pues, (el) atardecer en el día aquel,

τῇ μιᾷ σαββάτων, καὶ τῶν θυρῶν
el 1primero de la semana, y las puertas

κεκλεισμένων ὅπου ἦσαν οἱ μαθηταὶ διὰ
estando cerradas donde estaban los discípulos a causa

τὸν φόβον τῶν Ἰουδαίων, ἦλθεν ὁ Ἰησοῦς
del miedo de los judíos, vino — Jesús

καὶ ἔστη εἰς τὸ μέσον, καὶ λέγει αὐτοῖς·
y se puso en el medio, y dice les:
(en pie)

εἰρήνη ὑμῖν. **20** καὶ τοῦτο εἰπὼν ἔδειξεν
Paz a vosotros. Y esto diciendo, mostró

καὶ τὰς χεῖρας καὶ τὴν πλευρὰν αὐτοῖς.
tanto las manos como el costado les.

ἐχάρησαν οὖν οἱ μαθηταὶ ἰδόντες τὸν
Se alegraron, pues, los discípulos al ver al

κύριον. **21** εἶπεν οὖν αὐτοῖς [ὁ Ἰησοῦς]
Señor. Dijo, pues, les Jesús

πάλιν· εἰρήνη ὑμῖν· καθὼς ἀπέσταλκέν
de nuevo: Paz a vosotros; como ha enviado

με ὁ πατήρ, κἀγὼ πέμπω ὑμᾶς. **22** καὶ
me el Padre, también yo envío os. Y

τοῦτο εἰπὼν ἐνεφύσησεν καὶ λέγει αὐτοῖς·
esto diciendo, sopló y dice les:

λάβετε πνεῦμα ἅγιον. **23** ἄν τινων
Recibid (el) Espíritu Santo. De cuantos

ἀφῆτε τὰς ἁμαρτίας, ἀφέωνται αὐτοῖς·
perdonéis los pecados, han sido les;
perdonados

ἄν τινων κρατῆτε, κεκράτηνται.
de cuantos retengáis(los), han sido retenidos.

24 Θωμᾶς δὲ εἷς ἐκ τῶν δώδεκα,
Pero Tomás, uno de los doce,

ὁ λεγόμενος Δίδυμος, οὐκ ἦν μετ᾽ αὐτῶν
el llamado Mellizo, no estaba con ellos

ὅτε ἦλθεν Ἰησοῦς. **25** ἔλεγον οὖν αὐτῷ
cuando vino Jesús. Decían, pues, le

οἱ ἄλλοι μαθηταί· ἑωράκαμεν τὸν κύριον.
los otros discípulos: Hemos visto al Señor.

19. PRIMERO. Lit. uno.

ὁ δὲ εἶπεν αὐτοῖς· ἐὰν μὴ ἴδω ἐν
Pero él dijo les: A no ser que vea en

ταῖς χερσὶν αὐτοῦ τὸν τύπον τῶν ἥλων
las manos de él la marca de los clavos

καὶ βάλω τὸν δάκτυλόν μου εἰς τὸν
y meta el dedo de mí en el

τόπον τῶν ἥλων καὶ βάλω μου τὴν
lugar de los clavos y meta de mí la

χεῖρα εἰς τὴν πλευρὰν αὐτοῦ, οὐ μὴ
mano en el costado de él, de ningún modo

πιστεύσω. 26 Καὶ μεθ' ἡμέρας ὀκτὼ
creeré. Y después de días ocho,

πάλιν ἦσαν ἔσω οἱ μαθηταὶ αὐτοῦ, καὶ
de nuevo estaban dentro los discípulos de él, y

Θωμᾶς μετ' αὐτῶν. ἔρχεται ὁ Ἰησοῦς
Tomás con ellos. Llega — Jesús

τῶν θυρῶν κεκλεισμένων, καὶ ἔστη εἰς
las puertas estando cerradas, y se puso (en pie) en

τὸ μέσον καὶ εἶπεν· εἰρήνη ὑμῖν. 27 εἶτα
el medio y dijo: Paz a vosotros. Luego

λέγει τῷ Θωμᾷ· φέρε τὸν δάκτυλόν
dice — a Tomás: Trae el dedo

σου ὧδε καὶ ἴδε τὰς χεῖράς μου, καὶ
de ti acá y mira las manos de mí, y

φέρε τὴν χεῖρά σου καὶ βάλε εἰς τὴν
trae la mano de ti y mete(la) en el

πλευράν μου, καὶ μὴ γίνου ἄπιστος
costado de mí, y no sigas siendo incrédulo,

ἀλλὰ πιστός. 28 ἀπεκρίθη Θωμᾶς καὶ
sino fiel. Respondió Tomás y

εἶπεν αὐτῷ· ὁ κύριός μου καὶ ὁ θεός
dijo le: [1]¡El Señor de mí y el Dios

μου. 29 λέγει αὐτῷ ὁ Ἰησοῦς· ὅτι
de mí! Dice le — Jesús: ¿Porque

ἑώρακάς με, πεπίστευκας; μακάριοι οἱ
has visto me, has creído? Dichosos [2]los

μὴ ἰδόντες καὶ πιστεύσαντες.
que no vieron, y creyeron.

30 Πολλὰ μὲν οὖν καὶ ἄλλα σημεῖα
Y muchas ciertamente también otras señales

ἐποίησεν ὁ Ἰησοῦς ἐνώπιον τῶν μαθητῶν,
hizo — Jesús en presencia de los discípulos,

ἃ οὐκ ἔστιν γεγραμμένα ἐν τῷ βιβλίῳ
las que no están escritas en el [3]librito

τούτῳ· 31 ταῦτα δὲ γέγραπται ἵνα
este; pero éstas han sido escritas para que

πιστεύητε ὅτι Ἰησοῦς ἐστιν ὁ χριστὸς ὁ
creáis que Jesús es el Cristo, el

1
28. ¡EL SEÑOR... A pesar de las apariencias gramaticales, la frase está en vocativo. (Comp. con He. 1:8: "... ho Theós...)
2
29. LOS QUE NO VIERON, Y CREYERON. Es decir, los que, sin haber visto, creen (como en LAS GRANDES NUEVAS).
3
30. LIBRITO. Lit. rollo (como en Ap. 5:1ss.).

υἱὸς τοῦ θεοῦ, καὶ ἵνα πιστεύοντες ζωὴν
Hijo — de Dios, y para que creyendo, vida

ἔχητε ἐν τῷ ὀνόματι αὐτοῦ.
tengáis en el nombre de él.

21 Μετὰ ταῦτα ἐφανέρωσεν ἑαυτὸν πάλιν
Después de esto, manifestó a sí mismo de nuevo

'Ιησοῦς τοῖς μαθηταῖς ἐπὶ τῆς θαλάσσης
Jesús a los discípulos junto al mar

τῆς Τιβεριάδος· ἐφανέρωσεν δὲ οὕτως.
de Tiberíades; y manifestó(se) así.

2 ἦσαν ὁμοῦ Σίμων Πέτρος καὶ Θωμᾶς
Estaban juntos Simón Pedro y Tomás

ὁ λεγόμενος Δίδυμος καὶ Ναθαναὴλ ὁ
el llamado Mellizo y Natanael el

ἀπὸ Κανὰ τῆς Γαλιλαίας καὶ οἱ τοῦ
de Caná — de Galilea y los (hijos) —

Ζεβεδαίου καὶ ἄλλοι ἐκ τῶν μαθητῶν
de Zebedeo y otros de los discípulos

αὐτοῦ δύο. **3** λέγει αὐτοῖς Σίμων Πέτρος·
de él dos. Dice les Simón Pedro:

ὑπάγω ἁλιεύειν. λέγουσιν αὐτῷ· ἐρχόμεθα
Me voy a pescar. Dicen le: Vamos

καὶ ἡμεῖς σὺν σοί. ἐξῆλθον καὶ ἐνέβησαν
también nosotros contigo. Salieron y entraron

εἰς τὸ πλοῖον, καὶ ἐν ἐκείνῃ τῇ νυκτὶ
en la barca, y en aquella — noche

ἐπίασαν οὐδέν. **4** πρωΐας δὲ ἤδη γινομένης
[1]pescaron nada. [2]Pero cuando ya estaba amaneciendo

ἔστη 'Ιησοῦς εἰς τὸν αἰγιαλόν· οὐ μέντοι
[3]se presentó Jesús en la playa; sin embargo, no

ᾔδεισαν οἱ μαθηταὶ ὅτι 'Ιησοῦς ἐστιν.
sabían los discípulos que Jesús es.

5 λέγει οὖν αὐτοῖς 'Ιησοῦς· παιδία, μή
Dice, pues, les Jesús: [4]Hijitos, ¿no

τι προσφάγιον ἔχετε; ἀπεκρίθησαν αὐτῷ·
algo para comer tenéis? Respondieron le:

οὔ. **6** ὁ δὲ εἶπεν αὐτοῖς· βάλετε εἰς τὰ
No. Y el dijo les: Echad a las

δεξιὰ μέρη τοῦ πλοίου τὸ δίκτυον, καὶ
derechas partes de la barca la red, y

εὑρήσετε. ἔβαλον οὖν, καὶ οὐκέτι αὐτὸ
hallaréis. Echaron(la), pues, y ya no la

ἑλκύσαι ἴσχυον ἀπὸ τοῦ πλήθους τῶν
arrastrar [5]podían por la multitud de los

ἰχθύων. **7** λέγει οὖν ὁ μαθητὴς ἐκεῖνος
peces. Dice, pues, el discípulo aquel

[1]
3. PESCARON. Lit. *cogieron* (según se entiende este verbo en España).
[2]
4. PERO CUANDO YA ESTABA AMANECIENDO. Lit. *(El) amanecer, empero, ya llegando.*
[3]
4. SE PRESENTÓ. Lit. *se puso en pie.*
[4]
5. HIJITOS. Lit. *niñitos* (como en 1 Jn. 2:18, etc.).
[5]
6. PODÍAN. Lit. *no tenían fuerzas para...*

ὃν ἠγάπα ὁ Ἰησοῦς τῷ Πέτρῳ· ὁ κύριός
al que amaba — Jesús, — a Pedro: El Señor

ἐστιν. Σίμων οὖν Πέτρος, ἀκούσας ὅτι
es. Entonces Simón Pedro, al oír: —

ὁ κύριός ἐστιν, τὸν ἐπενδύτην διεζώσατο,
El Señor es, la ropa se ciñó,

ἦν γὰρ γυμνός, καὶ ἔβαλεν ἑαυτὸν εἰς
porque estaba ¹desnudo, y echó se al

τὴν θάλασσαν· 8 οἱ δὲ ἄλλοι μαθηταὶ
mar; pero los otros discípulos

τῷ πλοιαρίῳ ἦλθον, οὐ γὰρ ἦσαν μακρὰν
en la barquita vinieron, porque no estaban ²lejos

ἀπὸ τῆς γῆς ἀλλὰ ὡς ἀπὸ πηχῶν
de la tierra, sino como a codos

διακοσίων, σύροντες τὸ δίκτυον τῶν ἰχθύων.
doscientos, arrastrando la red de los peces.

9 ὡς οὖν ἀπέβησαν εἰς τὴν γῆν, βλέπουσιν
Cuando, pues, desembarcaron en la tierra, ven

ἀνθρακιὰν κειμένην καὶ ὀψάριον ἐπικείμενον
unas brasas puestas y un pescado puesto encima

καὶ ἄρτον. 10 λέγει αὐτοῖς ὁ Ἰησοῦς·
y pan. Dice les — Jesús:

ἐνέγκατε ἀπὸ τῶν ὀψαρίων ὧν ἐπιάσατε
Traed de los ³peces que ⁴pescasteis

νῦν. 11 ἀνέβη Σίμων Πέτρος καὶ εἵλκυσεν
ahora. Subió Simón Pedro y arrastró

τὸ δίκτυον εἰς τὴν γῆν μεστὸν ἰχθύων
la red a la tierra, llena de peces

μεγάλων ἑκατὸν πεντήκοντα τριῶν· καὶ
grandes ciento cincuenta y tres; y

τοσούτων ὄντων οὐκ ἐσχίσθη τὸ δίκτυον.
tantos siendo, no se rasgó la red.

12 λέγει αὐτοῖς ὁ Ἰησοῦς· δεῦτε ἀριστήσατε.
Dice les — Jesús: Venid, desayunad.

οὐδεὶς ἐτόλμα τῶν μαθητῶν ἐξετάσαι
Ninguno se atrevía de los discípulos a preguntar

αὐτόν· σὺ τίς εἶ; εἰδότες ὅτι ὁ κύριός
le: ¿Tú quién eres?, sabiendo que el Señor

ἐστιν. 13 ἔρχεται Ἰησοῦς καὶ λαμβάνει
es. Viene Jesús y toma

τὸν ἄρτον καὶ δίδωσιν αὐτοῖς, καὶ τὸ
el pan y da les, y el

ὀψάριον ὁμοίως. 14 τοῦτο ἤδη τρίτον
pescado asimismo. Ésta (era) ya la tercera vez

ἐφανερώθη Ἰησοῦς τοῖς μαθηταῖς ἐγερθεὶς
que fue manifestado Jesús a los discípulos resucitado

ἐκ νεκρῶν.
de (los) muertos.

1
7. DESNUDO. Es decir, "en paños menores", como suele decirse.
2
8. LEJOS. Lit. a gran (distancia).
3
10. PECES. Lit. pescados.
4
10. PESCASTEIS. Lit. cogisteis.

15 Ὅτε οὖν ἠρίστησαν, λέγει τῷ
Cuando pues, desayunaron, dice —

Σίμωνι Πέτρῳ ὁ Ἰησοῦς· Σίμων Ἰωάννου,
a Simón Pedro — Jesús: Simón (hijo) de Juan,

ἀγαπᾷς με πλέον τούτων; λέγει αὐτῷ·
¿amas me más que éstos? Dice le:

ναί, κύριε, σὺ οἶδας ὅτι φιλῶ σε. λέγει
Sí, Señor, tú sabes que ¹amo te. Dice

αὐτῷ· βόσκε τὰ ἀρνία μου. **16** λέγει
le (Jesús): Apacienta los corderos de mí. Dice

αὐτῷ πάλιν δεύτερον· Σίμων Ἰωάννου,
le de nuevo por segunda vez: Simón (hijo) de Juan,

ἀγαπᾷς με; λέγει αὐτῷ· ναί, κύριε,
¿amas me? Dice le: Sí, Señor,

σὺ οἶδας ὅτι φιλῶ σε. λέγει αὐτῷ·
tú sabes que ¹amo te. Dice le:

ποίμαινε τὰ προβάτιά μου. **17** λέγει
Pastorea las ovejitas de mí. Dice

αὐτῷ τὸ τρίτον· Σίμων Ἰωάννου, φιλεῖς
le la tercera vez: Simón (hijo) de Juan, ²¿amas

με; ἐλυπήθη ὁ Πέτρος ὅτι εἶπεν αὐτῷ
me? Se entristeció — Pedro de que dijo le

τὸ τρίτον· φιλεῖς με; καὶ εἶπεν αὐτῷ·
por tercera vez: ²¿Amas me? Y dijo le:

κύριε, πάντα σὺ οἶδας, σὺ γινώσκεις
Señor, todas las cosas tú sabes, tú conoces

ὅτι φιλῶ σε· λέγει αὐτῷ Ἰησοῦς· βόσκε
que ¹amo te; dice le Jesús: Apacienta

τὰ προβάτιά μου. **18** ἀμὴν ἀμὴν λέγω
las ovejitas de mí. De cierto, de cierto digo

σοι, ὅτε ἦς νεώτερος, ἐζώννυες σεαυτὸν
te, cuando eras más joven, (te) ceñías a ti mismo

καὶ περιεπάτεις ὅπου ἤθελες· ὅταν δὲ
y andabas donde querías; pero cuando

γηράσῃς, ἐκτενεῖς τὰς χεῖράς σου, καὶ
envejezcas, extenderás las manos de ti, y

ἄλλος ζώσει σε καὶ οἴσει ὅπου οὐ θέλεις.
otro ceñirá te y llevará (a)donde no deseas.

19 τοῦτο δὲ εἶπεν σημαίνων ποίῳ θανάτῳ
Y esto dijo significando ³con qué muerte

δοξάσει τὸν θεόν. καὶ τοῦτο εἰπὼν λέγει
glorificará — a Dios. Y esto diciendo, dice

αὐτῷ· ἀκολούθει μοι. **20** ἐπιστραφεὶς ὁ
le: Sigue me. Volviéndose —

Πέτρος βλέπει τὸν μαθητὴν ὃν ἠγάπα ὁ
Pedro, ve al discípulo al que amaba —

Ἰησοῦς ἀκολουθοῦντα, ὃς καὶ ἀνέπεσεν
Jesús siguiendo(les), ⁴el mismo que se reclinó

1
15, 16 y 17. Amo te. Lit. *te tengo afecto* (nótese el cambio de verbo).
2
17. ¿Amas me? Lit. *¿me tienes afecto?* (aquí el Señor usa el mismo verbo que Pedro).
3
19. Con qué muerte. Lit. *con qué clase de muerte.*
4
20. El mismo que. Lit. *el que también.*

ἐν τῷ δείπνῳ ἐπὶ τὸ στῆθος αὐτοῦ καὶ
en la cena sobre el pecho de él y

εἶπεν· κύριε, τίς ἐστιν ὁ παραδιδούς σε;
dijo: Señor, ¿quién es el que entrega te?

21 τοῦτον οὖν ἰδὼν ὁ Πέτρος λέγει τῷ
A éste, pues, viendo — Pedro, dice —

Ἰησοῦ· κύριε, οὗτος δὲ τί; **22** λέγει
a Jesús: Señor, y éste ¿qué? Dice

αὐτῷ ὁ Ἰησοῦς· ἐὰν αὐτὸν θέλω μένειν
le — Jesús: Si él quiero que permanezca

ἕως ἔρχομαι, τί πρὸς σέ; σύ μοι
hasta que vengo, ¿qué a ti? Tú me

ἀκολούθει. **23** ἐξῆλθεν οὖν οὗτος ὁ λόγος
sigue. [1] Salió, pues, esta — palabra

εἰς τοὺς ἀδελφοὺς ὅτι ὁ μαθητὴς ἐκεῖνος
a los hermanos que el discípulo aquel

οὐκ ἀποθνῄσκει· οὐκ εἶπεν δὲ αὐτῷ ὁ
no muere; pero no dijo le —

Ἰησοῦς ὅτι οὐκ ἀποθνῄσκει, ἀλλ’· ἐὰν
Jesús que no muere, sino: Si

αὐτὸν θέλω μένειν ἕως ἔρχομαι, τί πρὸς
él quiero que permanezca hasta que vengo, ¿qué a

σέ;
ti?

24 Οὗτός ἐστιν ὁ μαθητὴς ὁ μαρτυρῶν
Éste es el discípulo que testifica

περὶ τούτων καὶ ὁ γράψας ταῦτα,
acerca de estas cosas y el que escribió estas cosas,

καὶ οἴδαμεν ὅτι ἀληθὴς αὐτοῦ ἡ μαρτυρία
y sabemos que verídico de él el testimonio

ἐστίν. **25** Ἔστιν δὲ καὶ ἄλλα πολλὰ ἃ
es. Y hay también otras muchas que
cosas

ἐποίησεν ὁ Ἰησοῦς, ἅτινα ἐὰν γράφηται
hizo — Jesús, las cuales si fuesen escritas

καθ’ ἕν, οὐδ’ αὐτὸν οἶμαι τὸν κόσμον
una por una, [2] supongo que ni en el mundo mismo

χωρήσειν τὰ γραφόμενα βιβλία.
cabrían los escritos rollos.

[1]
23. SALIÓ... ESTA PALABRA A. Es decir, *se comenzó a rumorear entre.*
[2]
25. SUPONGO QUE NI EN EL MUNDO MISMO CABRÍAN. Las correspondientes seis palabras del original dicen literalmente: *ni mismo supongo el mundo contener.*

LOS HECHOS
de los Apóstoles

1 Τὸν μὲν πρῶτον λόγον ἐποιησάμην
El — primer relato me hice

περὶ πάντων, ὦ Θεόφιλε, ὧν ἤρξατο
acerca de todas las cosas, oh Teófilo, que comenzó

ὁ Ἰησοῦς ποιεῖν τε καὶ διδάσκειν,
— Jesús a hacer y también a enseñar,

2 ἄχρι ἧς ἡμέρας ἐντειλάμενος τοῖς
hasta el día en que habiendo dado órdenes a los

ἀποστόλοις διὰ πνεύματος ἁγίου οὓς
apóstoles mediante (el) Espíritu Santo, a los que

ἐξελέξατο ἀνελήμφθη· **3** οἷς καὶ παρέστησεν
escogió, fue recibido arriba; a los que también presentóse

ἑαυτὸν ζῶντα μετὰ τὸ παθεῖν αὐτὸν ἐν
a sí mismo vivo después de padecer él, con

πολλοῖς τεκμηρίοις, δι' ἡμερῶν τεσσεράκοντα
muchas pruebas por días cuarenta
convincentes,

ὀπτανόμενος αὐτοῖς καὶ λέγων τὰ περὶ
dejándose ver de ellos y diciendo las cosas acerca

τῆς βασιλείας τοῦ θεοῦ· **4** καὶ συναλιζόμενος
del reino — de Dios; y estando reunido con
(ellos)

παρήγγειλεν αὐτοῖς ἀπὸ Ἱεροσολύμων μὴ
encargó les que de Jerusalén no

χωρίζεσθαι, ἀλλὰ περιμένειν τὴν ἐπαγγελίαν
se ausentasen, sino que aguardasen la promesa

τοῦ πατρὸς ἣν ἠκούσατέ μου· **5** ὅτι
del Padre, la cual oísteis me; pues

Ἰωάννης μὲν ἐβάπτισεν ὕδατι, ὑμεῖς δὲ
Juan, es cierto, bautizó con agua, pero vosotros

ἐν πνεύματι βαπτισθήσεσθε ἁγίῳ οὐ μετὰ
en (el) Espíritu seréis bautizados Santo no después

πολλὰς ταύτας ἡμέρας. **6** Οἱ μὲν οὖν
de muchos estos días. Así pues, los

συνελθόντες ἠρώτων αὐτὸν λέγοντες· κύριε,
reunidos preguntaban le, diciendo: Señor,

εἰ ἐν τῷ χρόνῳ τούτῳ ἀποκαθιστάνεις
¿si en el tiempo este restauras

τὴν βασιλείαν τῷ Ἰσραήλ; **7** εἶπεν πρὸς
el reino — a Israel? Dijo a

αὐτούς· οὐχ ὑμῶν ἐστιν γνῶναι χρόνους
ellos: [1]No de vosotros es conocer tiempos

ἢ καιροὺς οὓς ὁ πατὴρ ἔθετο ἐν τῇ
o sazones que el Padre puso en la

ἰδίᾳ ἐξουσίᾳ, **8** ἀλλὰ λήμψεσθε δύναμιν
propia autoridad, pero recibiréis poder
(suya)

1
7. NO ES DE VOSOTROS. Es decir, *no es de vuestra competencia.*

ἐπελθόντος τοῦ ἁγίου πνεύματος ἐφ᾽ ὑμᾶς,
cuando haya   el   Santo   Espíritu   sobre vosotros
venido (sobre)

καὶ ἔσεσθέ μου μάρτυρες ἔν τε Ἰερουσαλὴμ
y   seréis de mí testigos en no sólo Jerusalén

καὶ ἐν πάσῃ τῇ Ἰουδαίᾳ καὶ Σαμαρείᾳ
sino en toda la   Judea   y   Samaria
también

καὶ ἕως ἐσχάτου τῆς γῆς. 9 καὶ ταῦτα
y   hasta (lo) último de la tierra. Y   esto

εἰπὼν βλεπόντων αὐτῶν ἐπήρθη, καὶ
habiendo viendo(lo)   ellos, fue alzado y
dicho,

νεφέλη ὑπέλαβεν αὐτὸν ἀπὸ τῶν ὀφθαλμῶν
una nube se llevó   le   de los   ojos
         por debajo,

αὐτῶν. 10 καὶ ὡς ἀτενίζοντες ἦσαν εἰς
de ellos.   Y cuando con los ojos fijos estaban en

τὸν οὐρανὸν πορευομένου αὐτοῦ, καὶ ἰδοὺ
el   cielo   mientras se iba   él,   he ahí que

ἄνδρες δύο παρειστήκεισαν αὐτοῖς ἐν ἐσθήσεσι
varones dos se habían puesto junto a ellos con vestiduras

λευκαῖς, 11 οἳ καὶ εἶπαν· ἄνδρες Γαλιλαῖοι,
blancas,   los que también dijeron(les): Varones galileos,

τί ἑστήκατε βλέποντες εἰς τὸν οὐρανόν;
¿por qué estáis   mirando   al   cielo?
        (de pie)

οὗτος ὁ Ἰησοῦς ὁ ἀναλημφθεὶς
Este — Jesús, el que ha sido recibido arriba

ἀφ᾽ ὑμῶν εἰς τὸν οὐρανὸν οὕτως ἐλεύσεται
de vosotros al   cielo,   así   vendrá

ὃν τρόπον ἐθεάσασθε αὐτὸν πορευόμενον
de la manera que ¹visteis   le   yendo

εἰς τὸν οὐρανόν. 12 Τότε ὑπέστρεψαν
al   cielo.   Entonces regresaron

εἰς Ἰερουσαλὴμ ἀπὸ ὄρους τοῦ καλου-
a Jerusalén desde (el) monte — llamado

μένου ἐλαιῶνος, ὅ ἐστιν ἐγγὺς Ἰερουσαλὴμ
del Olivar,   que está cerca de Jerusalén

σαββάτου ἔχον ὁδόν. 13 καὶ ὅτε εἰσῆλθον,
²de un sábado teniendo camino. Y   cuando entraron,

εἰς τὸ ὑπερῷον ἀνέβησαν οὗ ἦσαν
al   aposento alto subieron donde estaban

καταμένοντες, ὅ τε Πέτρος καὶ Ἰωάννης
alojados,   — tanto Pedro como   Juan

καὶ Ἰάκωβος καὶ Ἀνδρέας, Φίλιππος καὶ
y   Jacobo   y   Andrés,   Felipe   y

Θωμᾶς, Βαρθολομαῖος καὶ Μαθθαῖος,
Tomás,   Bartolomé   y   Mateo,

Ἰάκωβος Ἀλφαίου καὶ Σίμων ὁ ζηλωτὴς
Jacobo (hijo) de Alfeo y Simón el ³zelota

1
11. VISTEIS. Lit. contem-
plasteis.
2
12. TENIENDO CAMINO DE UN
SÁBADO. Es decir, la distancia que podía andarse en
sábado.
3
13. ZELOTA. O celador (de
la ley y de la independencia patria).

καὶ Ἰούδας Ἰακώβου. **14** οὗτοι πάντες
y   Judas (hermano)   de Jacobo.   Éstos   todos

ἦσαν προσκαρτεροῦντες ὁμοθυμαδὸν τῇ
estaban   dedicados asiduamente   [1]unánimes   a la

προσευχῇ σὺν γυναιξὶν καὶ Μαριὰμ τῇ
oración   con   (las) mujeres   y   María   la

μητρὶ [τοῦ] Ἰησοῦ καὶ σὺν τοῖς ἀδελφοῖς
madre   —   de Jesús   y   con   los   hermanos

αὐτοῦ.
de él.

15 Καὶ ἐν ταῖς ἡμέραις ταύταις ἀναστὰς
Y   en   los   días   estos,   levantándose

Πέτρος ἐν μέσῳ τῶν ἀδελφῶν εἶπεν·
Pedro   en   medio   de los   hermanos,   dijo

ἦν τε ὄχλος ὀνομάτων ἐπὶ τὸ αὐτὸ·
(y   era   [el] grupo   [2]de personas   reunidas

ὡσεὶ ἑκατὸν εἴκοσι· **16** ἄνδρες ἀδελφοί,
como   ciento   veinte):   Varones   hermanos,

ἔδει πληρωθῆναι τὴν γραφὴν ἣν
era menester   que se cumpliese   la   Escritura   que

προεῖπεν τὸ πνεῦμα τὸ ἁγιον διὰ στόματος
predijo   el   Espíritu   —   Santo   mediante (la)   boca

Δαυὶδ περὶ Ἰούδα τοῦ γενομένου ὁδηγοῦ
de David   acerca   de Judas,   el que   llegó a ser   guía

τοῖς συλλαβοῦσιν Ἰησοῦν, **17** ὅτι κατ-
para los que   prendieron   a Jesús,   pues

ηριθμημένος ἦν ἐν ἡμῖν καὶ ἔλαχεν τὸν
contado   era   entre   nosotros   y   obtuvo   la

κλῆρον τῆς διακονίας ταύτης. **18** οὗτος μὲν οὖν
porción   del   ministerio   este.   Éste,   pues,

ἐκτήσατο χωρίον ἐκ μισθοῦ τῆς
compró   un campo   de(l)   salario

ἀδικίας, καὶ πρηνὴς γενόμενος ἐλάκησεν
de (su) iniquidad   y   de cabeza   cayendo   se reventó

μέσος, καὶ ἐξεχύθη πάντα τὰ σπλάγχνα
por medio,   y   se derramaron   todas   las   entrañas

αὐτοῦ· **19** καὶ γνωστὸν ἐγένετο πᾶσι τοῖς
de él;   y   notorio   se hizo   a todos   los

κατοικοῦσιν Ἰερουσαλήμ, ὥστε κληθῆναι
que habitan (en)   Jerusalén,   de modo que   se llamó

τὸ χωρίον ἐκεῖνο τῇ ἰδίᾳ διαλέκτῳ αὐτῶν
el   campo   aquel   en la   propia   lengua   de ellos

Ἀκελδαμάχ, τοῦτ' ἔστιν χωρίον
Haceldamá,   esto   es,   campo

αἵματος. **20** γέγραπται γὰρ ἐν βίβλῳ
de sangre.   Porque ha sido   escrito   en (el)   libro

ψαλμῶν· γενηθήτω ἡ ἔπαυλις αὐτοῦ ἔρημος
de (los) Salmos: Hágase   la   [3]morada   de él   desierta

[1]
14. UNÁNIMES. Lit. *con el mismo ánimo.*
[2]
15. DE PERSONAS. Lit. *de nombres.*
[3]
20. MORADA. Lit. *habitación.*

καὶ μὴ ἔστω ὁ κατοικῶν ἐν αὐτῇ, καὶ·
y   no   haya quien habite en ella,   y:

τὴν ἐπισκοπὴν αὐτοῦ λαβέτω ἕτερος.
El   oficio   de él   tome(lo)   1otro.

21 δεῖ οὖν τῶν συνελθόντων ἡμῖν ἀνδρῶν
Es menester, pues, de los que anduvieron con   varones
                                   nosotros

ἐν παντὶ χρόνῳ ᾧ εἰσῆλθεν καὶ
en todo (el) tiempo en que entró   y

ἐξῆλθεν ἐφ' ἡμᾶς ὁ κύριος Ἰησοῦς,
salió   entre nosotros el Señor   Jesús,

22 ἀρξάμενος ἀπὸ τοῦ βαπτίσματος
comenzando   desde el   bautismo

Ἰωάννου ἕως τῆς ἡμέρας ἧς ἀνελήμφθη
de Juan hasta el   día   en que fue recibido arriba

ἀφ' ἡμῶν, μάρτυρα τῆς ἀναστάσεως
de nosotros, (que) testigo de la   resurrección

αὐτοῦ σὺν ἡμῖν γενέσθαι ἕνα τούτων.
de él   con nosotros sea hecho uno   de éstos.

23 Καὶ ἔστησαν δύο, Ἰωσὴφ τὸν καλού-
Y   presentaron a dos, a José   el   llamado

μενον Βαρσαββᾶν, ὃς ἐπεκλήθη Ἰοῦστος,
Barsabás,   que tuvo por   Justo,
                          sobrenombre

καὶ Μαθθίαν. **24** καὶ προσευξάμενοι εἶπαν·
y   a Matías.   Y   orando,   dijeron:

σὺ κύριε καρδιογνῶστα πάντων, ἀνάδειξον
Tú, Señor, que conoces el corazón de todos,   muestra

ὃν ἐξελέξω ἐκ τούτων τῶν δύο ἕνα
a quién escogiste de   estos   —   dos, uno

25 λαβεῖν τὸν τόπον τῆς διακονίας ταύτης
que tome el   lugar del ministerio   este

καὶ ἀποστολῆς, ἀφ' ἧς παρέβη Ἰούδας
y   apostolado,   del que se desvió   Judas

πορευθῆναι εἰς τὸν τόπον τὸν ἴδιον.
para irse   al   lugar   — propio (suyo).

26 καὶ ἔδωκαν κλήρους αὐτοῖς, καὶ ἔπεσεν
Y   dieron   suertes   les,   y   cayó

ὁ κλῆρος ἐπὶ Μαθθίαν, καὶ συγκατεψηφίσθη
la suerte sobre Matías,   y   fue reconocido (como tal)

μετὰ τῶν ἕνδεκα ἀποστόλων.
con   los   once   apóstoles.

2 Καὶ ἐν τῷ συμπληροῦσθαι τὴν ἡμέραν
Y   al   τῷ   cumplirse   el   día

τῆς πεντηκοστῆς ἦσαν πάντες ὁμοῦ ἐπὶ
—   de Péntecostés   estaban todos   juntos

τὸ αὐτό· **2** καὶ ἐγένετο ἄφνω ἐκ τοῦ
unánimes;　　　y　　llegó　de repente　　del

οὐρανοῦ ἦχος ὥσπερ φερομένης πνοῆς
cielo　un estruendo　como　de un llevado　viento

βιαίας καὶ ἐπλήρωσεν ὅλον τὸν οἶκον
violento　y　　llenó　　toda　la　casa

οὗ ἦσαν καθήμενοι, **3** καὶ ὤφθησαν αὐτοῖς
donde estaban sentados,　y　fueron vistas　por ellos

διαμεριζόμεναι γλῶσσαι ὡσεὶ πυρός, καὶ
distribuidas　lenguas　como　de fuego,　y

ἐκάθισεν ἐφ᾽ ἕνα ἕκαστον αὐτῶν, **4** καὶ
se posó　sobre cada uno　de ellos,　y

ἐπλήσθησαν πάντες πνεύματος ἁγίου, καὶ
fueron llenos　todos　de(l) Espíritu　Santo,　y

ἤρξαντο λαλεῖν ἑτέραις γλώσσαις καθὼς
comenzaron　a hablar　[1]en otras　lenguas　según

τὸ πνεῦμα ἐδίδου ἀποφθέγγεσθαι αὐτοῖς.
el　Espíritu　daba　que se expresasen　les.

5 Ἦσαν δὲ εἰς Ἰερουσαλὴμ κατοικοῦντες
Y había　en　Jerusalén　habitando

Ἰουδαῖοι, ἄνδρες εὐλαβεῖς ἀπὸ παντὸς ἔθνους
judíos,　varones piadosos　de　toda nación

τῶν ὑπὸ τὸν οὐρανόν· **6** γενομένης
de las de debajo　del　cielo;　y al producirse

δὲ τῆς φωνῆς ταύτης συνῆλθεν τὸ πλῆθος
el　sonido　este,　se reunió　la　multitud

καὶ συνεχύθη, ὅτι ἤκουον εἷς ἕκαστος
y　quedó confusa,　pues　oían　cada　uno

τῇ ἰδίᾳ διαλέκτῳ λαλούντων αὐτῶν.
en la propia (suya)　lengua　[2]que hablaban　ellos.

7 ἐξίσταντο δὲ καὶ ἐθαύμαζον λέγοντες·
[3]Y estaban atónitos　y　se maravillaban　diciendo:

οὐχὶ ἰδοὺ πάντες οὗτοί εἰσιν οἱ λαλοῦντες
[4]Mirad, ¿no　todos　éstos　son　los que　hablan

Γαλιλαῖοι; **8** καὶ πῶς ἡμεῖς ἀκούομεν
galileos?　¿Y　cómo　nosotros　oímos(les)

ἕκαστος τῇ ἰδίᾳ διαλέκτῳ ἡμῶν ἐν ᾗ
cada uno　en la　propia　lengua　de nosotros en la que

ἐγεννήθημεν, **9** Πάρθοι καὶ Μῆδοι καὶ
nacimos,　partos　y　medos　y

Ἐλαμῖται, καὶ οἱ κατοικοῦντες τὴν
elamitas,　y　los　que habitamos　—

Μεσοποταμίαν, Ἰουδαίαν τε καὶ Καππα-
Mesopotamia,　Judea　y también　Capa-

δοκίαν, Πόντον καὶ τὴν Ἀσίαν, **10** Φρυγίαν
docia,　Ponto　y　—　Asia,　Frigia

τε καὶ Παμφυλίαν, Αἴγυπτον καὶ τὰ
y también　Panfilia,　Egipto　y　las

---

[1]
4. OTRAS. Lit. diferentes.
[2]
6. QUE HABLABAN ELLOS. Esto es, les (oían) hablar.
[3]
7. Y ESTABAN ATÓNITOS. Lit. Y estaban fuera de sí.
[4]
7. MIRAD, ¿NO TODOS... Lit. ¿Acaso no, he ahí, todos...

μέρη τῆς Λιβύης τῆς κατὰ Κυρήνην,
regiones — de Libia — frente a Cirene,

καὶ οἱ ἐπιδημοῦντες 'Ρωμαῖοι, 11 'Ιουδαῖοί
y los forasteros romanos, tanto judíos

τε καὶ προσήλυτοι, Κρῆτες καὶ "Αραβες,
como prosélitos, cretenses y árabes

ἀκούομεν λαλούντων αὐτῶν ταῖς ἡμετέραις
estamos oyendo les hablar ellos — en nuestras

γλώσσαις τὰ μεγαλεῖα τοῦ θεοῦ;
lenguas las grandes obras — de Dios?

12 ἐξίσταντο δὲ πάντες καὶ διηποροῦντο,
Y estaban atónitos todos y [1]perplejos

ἄλλος πρὸς ἄλλον λέγοντες· τί θέλει
[2]uno a otro diciendo: ¿Qué quiere

τοῦτο εἶναι; 13 ἔτεροι δὲ διαχλευάζοντες
esto ser? Pero [3]otros burlándose

ἔλεγον ὅτι γλεύκους μεμεστωμένοι εἰσίν.
decían: — De vino dulce llenos están.

14 Σταθεὶς δὲ ὁ Πέτρος σὺν τοῖς ἔνδεκα
Pero puesto en pie — Pedro con los once,

ἐπῆρεν τὴν φωνὴν αὐτοῦ καὶ ἀπεφθέγξατο
alzó la voz de él y dijo rotundamente

αὐτοῖς·
les:

"Ανδρες 'Ιουδαῖοι καὶ οἱ κατοικοῦντες
Varones judíos y los que habitáis

'Ιερουσαλὴμ πάντες, τοῦτο ὑμῖν γνωστὸν
Jerusalén todos, esto os notorio

ἔστω, καὶ ἐνωτίσασθε τὰ ῥήματά μου.
sea, y prestad oídos (a) las palabras de mí.

15 οὐ γὰρ ὡς ὑμεῖς ὑπολαμβάνετε οὗτοι
Porque no, como vosotros suponéis, éstos

μεθύουσιν, ἔστιν γὰρ ὥρα τρίτη τῆς
están ebrios, porque es (la) hora [4]tercera del

ἡμέρας, 16 ἀλλὰ τοῦτό ἐστιν τὸ εἰρημένον
día, sino que esto es lo dicho

διὰ τοῦ προφήτου 'Ιωήλ· 17 καὶ ἔσται
mediante el profeta Joel: Y será

ἐν ταῖς ἐσχάταις ἡμέραις, λέγει ὁ θεός,
en los últimos días, dice — Dios,

ἐκχεῶ ἀπὸ τοῦ πνεύματός μου ἐπὶ
(que) derramaré del Espíritu de mí sobre

πᾶσαν σάρκα, καὶ προφητεύσουσιν οἱ υἱοὶ
toda carne, y profetizarán los hijos

ὑμῶν καὶ αἱ θυγατέρες ὑμῶν, καὶ οἱ
de vosotros y las hijas de vosotros, y los

νεανίσκοι ὑμῶν ὁράσεις ὄψονται, καὶ οἱ
jóvenes de vosotros visiones verán, y los

1
12. PERPLEJOS. Lit. *estaban perplejos.*
2
12. UNO. Lit. *otro.*
3
13. OTROS. Lit. (otros) *diferentes.*
4
15. TERCERA. Es decir, *las nueve de la mañana.*

πρεσβύτεροι ὑμῶν ἐνυπνίοις ἐνυπνιασθήσονται·
más ancianos de vosotros sueños soñarán;

18 καὶ γε ἐπὶ τοὺς δούλους μου καὶ ἐπὶ
y hasta sobre los [1]siervos de mí y sobre

τὰς δούλας μου ἐν ταῖς ἡμέραις ἐκείναις
las [2]siervas de mí en los días aquellos

ἐκχεῶ ἀπὸ τοῦ πνεύματός μου, καὶ
derramaré del Espíritu de mí, y

προφητεύσουσιν. **19** καὶ δώσω τέρατα ἐν
profetizarán. Y daré prodigios en

τῷ οὐρανῷ ἄνω καὶ σημεῖα ἐπὶ τῆς
el cielo arriba y señales sobre la

γῆς κάτω, αἷμα καὶ πῦρ καὶ ἀτμίδα
tierra abajo, sangre y fuego y vapor

καπνοῦ. **20** ὁ ἥλιος μεταστραφήσεται εἰς
de humo. El sol se tornará en

σκότος καὶ ἡ σελήνη εἰς αἷμα, πρὶν
oscuridad y la luna en sangre, antes

ἐλθεῖν ἡμέραν κυρίου τὴν μεγάλην καὶ
que venga (el) día de(l) Señor, el grande y

ἐπιφανῆ. **21** καὶ ἔσται πᾶς ὃς ἐὰν
manifiesto. Y será (que) todo el que

ἐπικαλέσηται τὸ ὄνομα κυρίου σωθήσεται.
invoque el nombre de(l) Señor, será salvo.

22 Ἄνδρες Ἰσραηλῖται, ἀκούσατε τοὺς
Varones israelitas, oíd las

λόγους τούτους· Ἰησοῦν τὸν Ναζωραῖον,
palabras estas: A Jesús el nazareno,

ἄνδρα ἀποδεδειγμένον ἀπὸ τοῦ θεοῦ εἰς
varón acreditado por — Dios entre

ὑμᾶς δυνάμεσι καὶ τέρασι καὶ σημείοις,
vosotros [3]con poderes y prodigios y señales,

οἷς ἐποίησεν δι' αὐτοῦ ὁ θεὸς ἐν μέσῳ
que hizo mediante él — Dios en medio

ὑμῶν, καθὼς αὐτοὶ οἴδατε, **23** τοῦτον
de vosotros, como (vosotros) mismos sabéis, a éste

τῇ ὡρισμένῃ βουλῇ καὶ προγνώσει τοῦ
por el determinado designio y (la) presciencia —

θεοῦ ἔκδοτον διὰ χειρὸς ἀνόμων
de Dios entregado, mediante mano [4]de impíos

προσπήξαντες ἀνείλατε, **24** ὃν ὁ θεὸς
[5]después de atarle matasteis, al cual — Dios

ἀνέστησεν λύσας τὰς ὠδῖνας τοῦ θανάτου,
resucitó soltando los dolores de la muerte,
de parto

καθότι οὐκ ἦν δυνατὸν κρατεῖσθαι αὐτὸν
puesto que no era posible que fuese retenido él

ὑπ' αὐτοῦ. **25** Δαυὶδ γὰρ λέγει εἰς
por ella. Porque David dice (como) a

[1] 18. SIERVOS. Lit. *esclavos.*
[2] 18. SIERVAS. Lit. *esclavas.*
[3] 22. CON PODERES. Es decir, *con obras poderosas* (milagros).
[4] 23. DE IMPÍOS. Lit. *de* (los) *sin ley;* es decir, *gentiles.*
[5] 23. DESPUÉS DE ATARLE. Es decir, *clavarle.* (V. 5:30.)

αὐτόν· προορώμην τὸν κύριον ἐνώπιόν
él: Veía (ante mí)   al   Señor   delante

μου διὰ παντός, ὅτι ἐκ δεξιῶν μού
de mí   siempre,   pues   a (la) diestra   de mí

ἐστιν, ἵνα μὴ σαλευθῶ. 26 διὰ τοῦτο
está,   para que   no   zozobre.   Por   esto

ηὐφράνθη μου ἡ καρδία καὶ ἠγαλλιάσατο
exultó   de mí   el   corazón   y   se regocijó

ἡ γλῶσσά μου, ἔτι δὲ καὶ ἡ σάρξ
la   lengua   de mí,   y aun también   la   carne

μου κατασκηνώσει ἐπ᾽ ἐλπίδι, 27 ὅτι οὐκ
de mí   habitará   en   esperanza,   pues   no

ἐγκαταλείψεις τὴν ψυχήν μου εἰς ἅδην
desampararás   el   alma   de mí   en (el)   Hades

οὐδὲ δώσεις τὸν ὅσιόν σου ἰδεῖν
ni   darás   al   Santo   de ti   ver

διαφθοράν. 28 ἐγνώρισάς μοι ὁδοὺς ζωῆς,
corrupción.   Notificaste   me   caminos   de vida,

πληρώσεις με εὐφροσύνης μετὰ τοῦ προσώ-
llenarás   me   de gozo   [1]con   la   presen-

που σου. 29 Ἄνδρες ἀδελφοί, ἐξὸν εἰπεῖν
cia   de ti.   Varones   hermanos,   está permitido   decir

μετὰ παρρησίας πρὸς ὑμᾶς περὶ τοῦ
con   franqueza   a   vosotros   acerca   del

πατριάρχου Δαυίδ, ὅτι καὶ ἐτελεύτησεν
patriarca   David,   que no sólo   murió, sino

καὶ ἐτάφη, καὶ τὸ μνῆμα αὐτοῦ ἔστιν
que   fue sepultado,   y   el   sepulcro   de él   está

ἐν ἡμῖν ἄχρι τῆς ἡμέρας ταύτης.
entre   nosotros   hasta   el   día   este.

30 προφήτης οὖν ὑπάρχων καὶ εἰδὼς ὅτι
Por tanto, profeta   siendo   y   sabiendo   que

ὅρκῳ ὤμοσεν αὐτῷ ὁ θεὸς ἐκ καρποῦ
con juramento   juró   le   —   Dios   [2]de(l)   fruto

τῆς ὀσφύος αὐτοῦ καθίσαι ἐπὶ τὸν θρόνον
de los   lomos   de él   sentarse (uno)   sobre   el   trono

αὐτοῦ, 31 προϊδὼν ἐλάλησεν περὶ τῆς
de él,   previendo(lo),   habló   acerca   de la

ἀναστάσεως τοῦ Χριστοῦ, ὅτι οὔτε
resurrección   del   Cristo,   que   no

ἐγκατελείφθη εἰς ἅδην οὔτε ἡ σὰρξ
fue desamparado   en (el)   Hades   ni   la   carne

αὐτοῦ εἶδεν διαφθοράν. 32 τοῦτον τὸν
de él   vio   corrupción.   A este   —

Ἰησοῦν ἀνέστησεν ὁ θεός, οὗ πάντες
Jesús   resucitó   —   Dios,   de lo que   todos

ἡμεῖς ἐσμεν μάρτυρες· 33 τῇ δεξιᾷ οὖν
nosotros   somos   testigos;   a la   diestra,   pues,

[1]
28. CON TU PRESENCIA. Lit. con tu rostro.

[2]
30. DEL FRUTO DE LOS LOMOS, etc. Es decir, que uno de sus descendientes se sentaría sobre su trono.

τοῦ   θεοῦ   ὑψωθεὶς   τήν τε   ἐπαγγελίαν
—   de Dios   exaltado   y la   promesa

τοῦ   πνεύματος   τοῦ   ἁγίου   λαβὼν   παρὰ
del   Espíritu   —   Santo   habiendo recibido   de parte

τοῦ   πατρὸς   ἐξέχεεν   τοῦτο   ὃ   ὑμεῖς   καὶ
del   Padre,   derramó   esto   que   vosotros

βλέπετε   καὶ   ἀκούετε.   **34** οὐ   γὰρ   Δαυὶδ
veis y también   oís.   Porque no   David

ἀνέβη   εἰς   τοὺς   οὐρανούς,   λέγει   δὲ   αὐτός·
subió   a   los   cielos,   pero   dice   él:

εἶπεν   κύριος   τῷ   κυρίῳ   μου·   κάθου   ἐκ
Dijo (el)   SEÑOR   al   Señor   de mí: Siéntate a (la)

δεξιῶν   μου,   **35** ἕως   ἂν   θῶ   τοὺς   ἐχθρούς
diestra   de mí,   hasta que   ponga a los   enemigos

σου   ὑποπόδιον   τῶν   ποδῶν   σου.   **36** ἀσφαλῶς
de ti   (por) escabel   de los   pies   de ti.   Con seguridad,

οὖν   γινωσκέτω   πᾶς   οἶκος   Ἰσραὴλ   ὅτι
pues,   conozca   toda (la)   casa   de Israel   que

καὶ   κύριον   αὐτὸν   καὶ   χριστὸν   ἐποίησεν
Señor   a él y también   Cristo   hizo (le)

ὁ   θεός,   τοῦτον   τὸν   Ἰησοῦν   ὃν   ὑμεῖς
—   Dios   a este   —   Jesús   a quien   vosotros

ἐσταυρώσατε.   **37** Ἀκούσαντες   δὲ   κατενύγ-
crucificasteis.   Y al oír (esto),   quedaron [1]pun-

ησαν   τὴν   καρδίαν,   εἶπόν   τε   πρὸς   τὸν
zados   en el   corazón,   y dijeron   a   —

Πέτρον   καὶ   τοὺς   λοιποὺς   ἀποστόλους·
Pedro   y   a los   demás   apóstoles:

τί   ποιήσωμεν,   ἄνδρες   ἀδελφοί;   **38** Πέτρος
¿Qué   haremos,   varones   hermanos?   Y Pedro

δὲ   πρὸς   αὐτούς·   μετανοήσατε,   καὶ
(dijo)   a   ellos: Arrepentíos,   y

βαπτισθήτω   ἕκαστος   ὑμῶν   ἐπὶ   τῷ   ὀνόματι
sea bautizado   cada uno   de vosotros   [2]en el   nombre

Ἰησοῦ   Χριστοῦ   εἰς   ἄφεσιν   τῶν
de Jesucristo   para   perdón   de los

ἁμαρτιῶν   ὑμῶν,   καὶ   λήμψεσθε   τὴν   δωρεὰν
pecados de vosotros,   y   recibiréis   el   [3]don

τοῦ   ἁγίου   πνεύματος.   **39** ὑμῖν   γάρ   ἐστιν
del   Santo   Espíritu.   Porque para vosotros   es

ἡ   ἐπαγγελία   καὶ   τοῖς   τέκνοις   ὑμῶν   καὶ
la   promesa   y   para los   hijos   de vosotros   y

πᾶσιν   τοῖς   εἰς   μακράν,   ὅσους   ἂν
para todos   [4]los (que)   están lejos,   para cuantos

προσκαλέσηται   κύριος   ὁ   θεὸς   ἡμῶν.
llame hacia (sí)   (el) Señor   —   Dios   de nosotros.

40 ἑτέροις   τε   λόγοις   πλείοσιν   διεμαρτύρατο,
Y con otras (diversas)   palabras   más   testificaba solemnemente

[1] 37. PUNZADOS. Es decir, compungidos.
[2] 38. EN. Lit. sobre.
[3] 38. DON. Lit. regalo.
[4] 39. LOS (QUE) ESTÁN LEJOS. Lit. los (que) a larga (distancia).

καὶ   παρεκάλει   αὐτοὺς   λέγων·   σώθητε
y   exhortaba   les   diciendo: Sed salvos

ἀπὸ τῆς γενεᾶς τῆς σκολιᾶς ταύτης. 41 οἱ
de la generación —   perversa   esta. Los que,

μὲν οὖν ἀποδεξάμενοι τὸν λόγον αὐτοῦ
— así pues, acogieron bien   la palabra de él

ἐβαπτίσθησαν,   καὶ   προσετέθησαν   ἐν
fueron bautizados,   y   fueron añadidas   en

τῇ ἡμέρᾳ ἐκείνῃ ψυχαὶ ὡσεὶ τρισχίλιαι·
el día   aquel   ¹almas como   tres mil;

42 ἦσαν δὲ προσκαρτεροῦντες τῇ διδαχῇ
   y estaban   ocupados asiduamente   en la enseñanza

τῶν ἀποστόλων καὶ τῇ κοινωνίᾳ, τῇ
de los   apóstoles   y en la comunión en el
                              (fraternal),
κλάσει τοῦ ἄρτου καὶ ταῖς προσευχαῖς.
partimiento del pan   y   en las   oraciones.

43 Ἐγίνετο δὲ πάσῃ ψυχῇ φόβος· πολλὰ δὲ
   Y sobrevenía a toda ²alma temor;   y muchos

τέρατα καὶ σημεῖα διὰ τῶν ἀποστόλων
prodigios y señales mediante los   apóstoles

ἐγίνετο. 44 πάντες δὲ οἱ πιστεύσαντες
sucedían.   Y todos   los que   creyeron,

ἐπὶ τὸ αὐτὸ εἶχον ἅπαντα κοινά, 45 καὶ
juntamente tenían todo (en) común,   y

τὰ κτήματα καὶ τὰς ὑπάρξεις ἐπίπρασκον
las propiedades y las posesiones vendían

καὶ διεμέριζον αὐτὰ πᾶσιν, καθότι ἄν
y   distribuían las   a todos,   según

τις χρείαν εἶχεν. 46 καθ' ἡμέραν τε
(cada) necesidad tenía.   Y cada   día
uno
προσκαρτεροῦντες ὁμοθυμαδὸν ἐν τῷ ἱερῷ,
estando asiduamente   unánimes   en el   templo,

κλῶντές τε κατ' οἶκον ἄρτον, μετε-
y partiendo   de casa en casa   (el) pan,   ³compar-

λάμβανον τροφῆς ἐν ἀγαλλιάσει καὶ
tían   (el) alimento con   alegría   y

ἀφελότητι καρδίας, 47 αἰνοῦντες τὸν θεὸν
sencillez   de corazón,   alabando — a Dios

καὶ ἔχοντες χάριν πρὸς ὅλον τὸν λαόν.
y   teniendo favor   con todo   el pueblo.

ὁ δὲ κύριος προσετίθει τοὺς σωζομένους
Y el   Señor   añadía   a los   ⁴que eran salvos,

καθ' ἡμέραν ἐπὶ τὸ αὐτό.
cada   día,   ⁵a ellos.

1
41. ALMAS. Es decir, *personas.*
2
43. ALMA. Es decir, *persona.*
3
46. COMPARTÍAN... Lit. *participaban con* (los otros) *del alimento.*
4
47. QUE ERAN SALVOS. Lit. *que iban siendo salvos.*
5
47. A ELLOS. Lit. *a lo mismo.*

3 Πέτρος δὲ καὶ Ἰωάννης ἀνέβαινον
(Una vez) Pedro — y Juan subían

εἰς τὸ ἱερὸν ἐπὶ τὴν ὥραν τῆς προσευχῆς
al templo a la hora de la oración,

τὴν ἐνάτην. **2** καί τις ἀνὴρ χωλὸς ἐκ
¹la novena. Y un varón cojo desde

κοιλίας μητρὸς αὐτοῦ ὑπάρχων ἐβαστάζετο,
(el) vientre de (la) madre de él estando era traído,

ὃν ἐτίθουν καθ' ἡμέραν πρὸς τὴν θύραν
a quien ponían cada día a la puerta

τοῦ ἱεροῦ τὴν λεγομένην ὡραίαν τοῦ
del templo — llamada Hermosa, —

αἰτεῖν ἐλεημοσύνην παρὰ τῶν εἰσπορευομέ-
para pedir limosna a los que entraban

νων εἰς τὸ ἱερόν· **3** ὃς ἰδὼν Πέτρον καὶ
en el templo; el cual, viendo a Pedro y

Ἰωάννην μέλλοντας εἰσιέναι εἰς τὸ ἱερὸν
a Juan que iban a entrar en el templo,

ἠρώτα ἐλεημοσύνην λαβεῖν. **4** ἀτενίσας δὲ
rogaba (una) limosna recibir. Y fijando los ojos

Πέτρος εἰς αὐτὸν σὺν τῷ Ἰωάννῃ εἶπεν·
Pedro en él con — Juan, dijo:

βλέψον εἰς ἡμᾶς. **5** ὁ δὲ ἐπεῖχεν αὐτοῖς
Mira a nosotros. Y él estaba atento les,

προσδοκῶν τι παρ' αὐτῶν λαβεῖν. **6** εἶπεν
aguardando (a) algo de parte de ellos recibir. Y dijo

δὲ Πέτρος· ἀργύριον καὶ χρυσίον οὐχ
Pedro: Plata y oro no

ὑπάρχει μοι· ὃ δὲ ἔχω, τοῦτό σοι δίδωμι·
poseo; pero lo que tengo, esto te doy;

ἐν τῷ ὀνόματι Ἰησοῦ Χριστοῦ τοῦ
en el nombre de Jesucristo el

Ναζωραίου περιπάτει. **7** καὶ πιάσας αὐτὸν τῆς
nazareno, camina. Y asiendo le de la

δεξιᾶς χειρὸς ἤγειρεν αὐτόν· παραχρῆμα
derecha mano, levantó le; y al instante

δὲ ἐστερεώθησαν αἱ βάσεις αὐτοῦ καὶ τὰ
fueron consolidadas las plantas de él y los
de los pies

σφυδρά, **8** καὶ ἐξαλλόμενος ἔστη, καὶ
tobillos, y dando un salto, se puso en pie y

περιεπάτει, καὶ εἰσῆλθεν σὺν αὐτοῖς εἰς
caminaba, y entró con ellos en

τὸ ἱερὸν περιπατῶν καὶ ἁλλόμενος καὶ
el templo, andando y saltando y

αἰνῶν τὸν θεόν. **9** καὶ εἶδεν πᾶς ὁ
alabando — a Dios. Y vio todo el

1· 1. LA NOVENA. Esto es, *las tres de la tarde.*

λαὸς αὐτὸν περιπατοῦντα καὶ αἰνοῦντα
pueblo le caminando y alabando

τὸν θεόν· 10 ἐπεγίνωσκον δὲ αὐτόν, ὅτι
— a Dios. Y reconocían le que

οὗτος ἦν ὁ πρὸς τὴν ἐλεημοσύνην
éste era el (que) para (pedir) — limosna

καθήμενος ἐπὶ τῇ ὡραίᾳ πύλῃ τοῦ ἱεροῦ,
estaba sentado a la Hermosa puerta del templo,

καὶ ἐπλήσθησαν θάμβους καὶ ἐκστάσεως
y se llenaron de asombro y estupor

ἐπὶ τῷ συμβεβηκότι αὐτῷ. 11 Κρατοῦντος δὲ
por lo que había sucedido le. Y teniendo asidos

αὐτοῦ τὸν Πέτρον καὶ τὸν Ἰωάννην
él — a Pedro y — a Juan,

συνέδραμεν πᾶς ὁ λαὸς πρὸς αὐτοὺς
corrió juntamente todo el pueblo a ellos

ἐπὶ τῇ στοᾷ τῇ καλουμένῃ Σολομῶντος
al pórtico — llamado de Salomón

ἔκθαμβοι. 12 ἰδὼν δὲ ὁ Πέτρος ἀπεκρίνατο
llenos de asombro. Y viendo (esto) — Pedro, respondía

πρὸς τὸν λαόν· ἄνδρες Ἰσραηλῖται, τί
al pueblo: Varones israelitas, ¿por qué

θαυμάζετε ἐπὶ τούτῳ, ἢ ἡμῖν τί ἀτενίζετε
os maravilláis de esto, o en nosotros por qué fijáis los ojos,

ὡς ἰδίᾳ δυνάμει ἢ εὐσεβείᾳ πεποιηκόσιν
como por (nuestro) poder o piedad hubiésemos hecho
(si) propio

τοῦ περιπατεῖν αὐτόν; 13 ὁ θεὸς Ἀβραὰμ
— andar a éste? El Dios de Abraham

καὶ Ἰσαὰκ καὶ Ἰακώβ, ὁ θεὸς τῶν
y de Isaac y de Jacob, el Dios de los

πατέρων ἡμῶν, ἐδόξασεν τὸν παῖδα αὐτοῦ
padres de nosotros, glorificó al siervo de él

Ἰησοῦν, ὃν ὑμεῖς μὲν παρεδώκατε καὶ
Jesús, al que vosotros — entregasteis y

ἠρνήσασθε κατὰ πρόσωπον Πιλάτου,
negasteis en presencia de Pilato,

κρίναντος ἐκείνου ἀπολύειν· 14 ὑμεῖς δὲ
cuando había él soltar(le); pero vosotros
decidido

τὸν ἅγιον καὶ δίκαιον ἠρνήσασθε, καὶ
al Santo y Justo negasteis, y

ᾐτήσασθε ἄνδρα φονέα χαρισθῆναι ὑμῖν,
pedisteis que un varón homicida [1]fuese concedido os,

15 τὸν δὲ ἀρχηγὸν τῆς ζωῆς ἀπεκτείνατε,
y al [2]autor-editor de la vida matasteis,

ὃν ὁ θεὸς ἤγειρεν ἐκ νεκρῶν, οὗ ἡμεῖς
a quien — Dios levantó de (los) muertos, de lo que nosotros

[1]
14. FUESE CONCEDIDO. Lit. *se os hiciese el favor de un varón homicida.*
[2]
15. AUTOR-EDITOR. Ésta es la traducción más expresiva del vocablo griego.

μάρτυρές ἐσμεν. 16 καὶ ἐπὶ τῇ πίστει
testigos somos. Y por la fe

τοῦ ὀνόματος αὐτοῦ τοῦτον, ὃν θεωρεῖτε
1en el nombre de él, a éste, a quien veis

καὶ οἴδατε, ἐστερέωσεν τὸ ὄνομα αὐτοῦ,
y 2conocéis, consolidó el nombre de él,

καὶ ἡ πίστις ἡ δι' αὐτοῦ ἔδωκεν αὐτῷ
y la fe, la mediante él dio le
(que) es

τὴν ὁλοκληρίαν ταύτην ἀπέναντι πάντων
la total sanidad ésta delante de todos

ὑμῶν. 17 καὶ νῦν, ἀδελφοί, οἶδα ὅτι
vosotros. Y ahora, hermanos, sé que

κατὰ ἄγνοιαν ἐπράξατε, ὥσπερ καὶ οἱ
3conforme a ignorancia actuasteis, como también los

ἄρχοντες ὑμῶν· 18 ὁ δὲ θεὸς ἃ
gobernantes de vosotros; — pero Dios lo que

προκατήγγειλεν διὰ στόματος πάντων
previamente anunció mediante (la) boca de todos

τῶν προφητῶν, παθεῖν τὸν χριστὸν αὐτοῦ,
los profetas, 4que había el Cristo de él,
de padecer

ἐπλήρωσεν οὕτως. 19 μετανοήσατε οὖν
cumplió así. Arrepentíos, pues,

καὶ ἐπιστρέψατε πρὸς τὸ ἐξαλειφθῆναι
y convertíos para que sean borrados

ὑμῶν τὰς ἁμαρτίας, 20 ὅπως ἂν ἔλθωσιν
de vosotros los pecados, a fin de que vengan

καιροὶ ἀναψύξεως ἀπὸ προσώπου τοῦ
5tiempos de refrigerio de (la) presencia del

κυρίου καὶ ἀποστείλῃ τὸν προκεχειρισμένον
Señor y envíe al previamente designado

ὑμῖν χριστὸν Ἰησοῦν, 21 ὃν δεῖ οὐρανὸν
para a Cristo Jesús, a quien es menester que (el) cielo
vosotros

μὲν δέξασθαι ἄχρι χρόνων ἀποκαταστάσεως
— reserve hasta (los) tiempos de restauración

πάντων ὧν ἐλάλησεν ὁ θεὸς διὰ στόματος
de todas que habló — Dios mediante (la) boca
(las) cosas

τῶν ἁγίων ἀπ' αἰῶνος αὐτοῦ προφητῶν.
de los santos 6desde antiguo de él profetas.

22 Μωϋσῆς μὲν εἶπεν ὅτι προφήτην ὑμῖν
Moisés, en verdad, dijo: — Un profeta para
vosotros

ἀναστήσει κύριος ὁ θεὸς ἐκ τῶν ἀδελφῶν
levantará (el) Señor — Dios de (entre) los hermanos

ὑμῶν ὡς ἐμέ· αὐτοῦ ἀκούσεσθε κατὰ
de como a mí; a él oiréis conforme a
vosotros

1
16. EN EL. Lit. del.
2
16. CONOCÉIS. Lit. sabéis.
3
17. CONFORME A. Es decir, debido a.
4
18. QUE HABÍA DE PADECER. Lit. padecer.
5
20. TIEMPOS. Lit. sazones (v. 1:7).
6
21. DESDE ANTIGUO. Lit. desde (el) siglo.

πάντα ὅσα ἂν λαλήσῃ πρὸς ὑμᾶς.
todo cuanto hable a vosotros.

23 ἔσται δὲ πᾶσα ψυχὴ ἥτις ἐὰν μὴ ἀκούσῃ
Y será (que) toda alma cualquiera que no oiga

τοῦ προφήτου ἐκείνου ἐξολεθρευθήσεται
al profeta aquel será totalmente exterminada

ἐκ τοῦ λαοῦ. **24** καὶ πάντες δὲ οἱ
del pueblo. Y también todos los

προφῆται ἀπὸ Σαμουὴλ καὶ τῶν καθεξῆς
profetas desde Samuel y los sucesivamente

ὅσοι ἐλάλησαν καὶ κατήγγειλαν⁽ᵠᵘᵉ⁾ τὰς ἡμέρας
todos cuantos hablaron, también anunciaron los días

ταύτας. **25** ὑμεῖς ἐστε οἱ υἱοὶ τῶν
estos. Vosotros sois los hijos de los

προφητῶν καὶ τῆς διαθήκης ἧς ὁ θεὸς
profetas y del pacto que — Dios

διέθετο πρὸς τοὺς πατέρας ὑμῶν, λέγων
concertó con los padres de vosotros, diciendo

πρὸς Ἀβραάμ· καὶ ἐν τῷ σπέρματί
a Abraham: Y en la simiente

σου ἐνευλογηθήσονται πᾶσαι αἱ πατριαὶ
de ti ¹serán benditas todas las familias

τῆς γῆς. **26** ὑμῖν πρῶτον ἀναστήσας ὁ
de la tierra. Para vosotros primero habiendo resucitado —

θεὸς τὸν παῖδα αὐτοῦ ἀπέστειλεν αὐτὸν
Dios al Siervo de él, envió le

εὐλογοῦντα ὑμᾶς ἐν τῷ ἀποστρέφειν
para continuar os en el convertirse
bendiciendo

ἕκαστον ἀπὸ τῶν πονηριῶν ὑμῶν.
cada uno de las maldades de vosotros.

4 Λαλούντων δὲ αὐτῶν πρὸς τὸν λαόν,
Y mientras hablaban ellos al pueblo,

ἐπέστησαν αὐτοῖς οἱ ἱερεῖς καὶ ὁ στρατηγὸς
vinieron sobre ellos los sacerdotes y el jefe de la
guardia

τοῦ ἱεροῦ καὶ οἱ Σαδδουκαῖοι, **2** διαπονούμενοι
del templo y los saduceos, muy molestos

διὰ τὸ διδάσκειν αὐτοὺς τὸν λαὸν καὶ
a causa — de enseñar ellos al pueblo y

καταγγέλλειν ἐν τῷ Ἰησοῦ τὴν ἀνάστασιν
anunciar en — Jesús la resurrección

τὴν ἐκ νεκρῶν, **3** καὶ ἐπέβαλον αὐτοῖς
— de (entre los) muertos, y echaron sobre ellos

τὰς χεῖρας καὶ ἔθεντο εἰς τήρησιν εἰς
las manos y (los) pusieron en custodia hasta

τὴν αὔριον· ἦν γὰρ ἑσπέρα ἤδη. **4** πολλοὶ
²el día siguiente; porque era (la) tarde ya. Pero muchos

1
25. SERÁN BENDITAS. Lit. *serán incluidas en bendición.*
2
3. EL DÍA SIGUIENTE. Lit. *el mañana.*

δὲ τῶν ἀκουσάντων τὸν λόγον ἐπίστευσαν,
de los   que oyeron   la   palabra,   creyeron

καὶ ἐγενήθη ἀριθμὸς τῶν ἀνδρῶν ὡς
y   llegó a ser   (el) número   de los   varones   como

χιλιάδες πέντε.
millares   cinco.

5 Ἐγένετο δὲ ἐπὶ τὴν αὔριον
Y sucedió   al   día siguiente

συναχθῆναι αὐτῶν τοὺς ἄρχοντας καὶ τοὺς
que se reunieron   de ellos   los   gobernantes   y   los

πρεσβυτέρους καὶ τοὺς γραμματεῖς ἐν
ancianos   y   los   escribas   en

Ἰερουσαλήμ, **6** καὶ Ἄννας ὁ ἀρχιερεὺς
Jerusalén,   y   Anás   el   sumo sacerdote

καὶ Καϊαφᾶς καὶ Ἰωάννης καὶ Ἀλέξανδρος
y   Caifás   y   Juan   y   Alejandro

καὶ ὅσοι ἦσαν ἐκ γένους ἀρχιερατικοῦ,
y   cuantos   eran   de(l)   linaje   sumo-sacerdotal,

7 καὶ στήσαντες αὐτοὺς ἐν τῷ μέσῳ
y   poniendo   les   en   el   medio,

ἐπυνθάνοντο· ἐν ποίᾳ δυνάμει ἢ ἐν ποίῳ
interrogaban(les):   ¿Con   cuál   poder   o   en   cuál

ὀνόματι ἐποιήσατε τοῦτο ὑμεῖς; **8** τότε
nombre   hicisteis   esto   vosotros?   Entonces

Πέτρος πλησθεὶς πνεύματος ἁγίου εἶπεν
Pedro,   lleno   de(l) Espíritu   Santo,   dijo

πρὸς αὐτούς· ἄρχοντες τοῦ λαοῦ καὶ
a   ellos: Gobernantes   del   pueblo   y

πρεσβύτεροι, **9** εἰ ἡμεῖς σήμερον ἀνα-
ancianos,   si   nosotros   hoy   somos

κρινόμεθα ἐπὶ εὐεργεσίᾳ ἀνθρώπου ἀσθενοῦς,
interrogados   sobre   un beneficio   a un hombre   enfermo,

ἐν τίνι οὗτος σέσωσται, **10** γνωστὸν ἔστω
[1]en (virtud de)   éste   ha sido sanado,   conocido   sea

πᾶσιν ὑμῖν καὶ παντὶ τῷ λαῷ Ἰσραήλ,
quién
de todos vosotros   y   de todo   el   pueblo   de Israel,

ὅτι ἐν τῷ ὀνόματι Ἰησοῦ Χριστοῦ τοῦ
que   en   el   nombre   de Jesucristo   el

Ναζωραίου, ὃν ὑμεῖς ἐσταυρώσατε, ὃν ὁ
Nazareno,   a quien vosotros   crucificasteis,   a quien —

θεὸς ἤγειρεν ἐκ νεκρῶν, ἐν τούτῳ οὗτος
Dios   levantó   de   muertos,   en   este   éste
                                             (los)   (nombre)   (hombre)

παρέστηκεν ἐνώπιον ὑμῶν ὑγιής. **11** οὗτος
se presenta   delante   de vosotros   sano.   Ésta

ἐστιν ὁ λίθος ὁ ἐξουθενηθεὶς ὑφ' ὑμῶν
es   la   piedra   —   desechada   por   vosotros

1
9. EN (VIRTUD DE) QUIÉN.
O en (virtud de) qué.

τῶν   οἰκοδόμων,   ὁ   γενόμενος   εἰς   κεφαλὴν
los   constructores, la que ha venido a ser como cabeza

γωνίας.   12 καὶ   οὐκ   ἔστιν   ἐν   ἄλλῳ   οὐδενὶ
de ángulo.   Y   no   hay   en   ¹otro   ninguno

ἡ   σωτηρία·   οὐδὲ   γὰρ   ὄνομά   ἐστιν   ἕτερον
la   salvación; porque ni   nombre   hay   ²otro

ὑπὸ   τὸν   οὐρανὸν   τὸ   δεδομένον   ἐν
bajo   el   cielo,   —   dado   entre

ἀνθρώποις   ἐν   ᾧ   δεῖ   σωθῆναι   ἡμᾶς.
(los) hombres, en el que sea menester ser salvos nosotros.

13 Θεωροῦντες   δὲ   τὴν   τοῦ   Πέτρου
Y viendo   el   —   de Pedro

παρρησίαν   καὶ   Ἰωάννου,   καὶ   καταλαβόμενοι
denuedo   y   de Juan,   y   percibiendo

ὅτι   ἄνθρωποι   ἀγράμματοί   εἰσιν   καὶ
que   hombres   ³sin letras   son   y

ἰδιῶται,   ἐθαύμαζον,   ἐπεγίνωσκόν   τε   αὐτοὺς
vulgares, se admiraban, y reconocían   les

ὅτι   σὺν   τῷ   Ἰησοῦ   ἦσαν,   14 τόν   τε
que   con   —   Jesús   ⁴habían estado,   y al

ἄνθρωπον   βλέποντες   σὺν   αὐτοῖς   ἑστῶτα   τὸν
hombre   viendo   con   ellos   que estaba en pie —

τεθεραπευμένον,   οὐδὲν   εἶχον   ἀντειπεῖν.
⁵habiendo sido curado, nada   tenían que decir en contra.

15 κελεύσαντες   δὲ   αὐτοὺς   ἔξω   τοῦ   συνεδρίου
Así que ordenando   les   fuera del   sanedrín

ἀπελθεῖν,   συνέβαλλον   πρὸς   ἀλλήλους
irse,   discutían   entre   ellos

16 λέγοντες·   τί   ποιήσωμεν   τοῖς   ἀνθρώποις
diciendo: ¿Qué   haremos   a los   hombres

τούτοις;   ὅτι   μὲν   γὰρ   γνωστὸν   σημεῖον
estos?   Porque de cierto   una notoria señal

γέγονεν   δι' αὐτῶν,   πᾶσιν   τοῖς   κατοικοῦσιν
ha sucedido mediante ellos, a todos los que habitan

Ἰερουσαλὴμ   φανερόν,   καὶ   οὐ   δυνάμεθα
en Jerusalén manifiesta,   y   no   podemos

ἀρνεῖσθαι·   17 ἀλλ'   ἵνα   μὴ   ἐπὶ   πλεῖον
negar(la);   pero   para que no   más

διανεμηθῇ   εἰς   τὸν   λαόν,   ἀπειλησώμεθα
se divulgue entre el   pueblo,   amenacemos

αὐτοῖς   μηκέτι   λαλεῖν   ἐπὶ   τῷ   ὀνόματι
les (para que) no más hablen sobre el   nombre

τούτῳ   μηδενὶ   ἀνθρώπων.   18 καὶ   καλέσαντες
este   a ninguno de (los) hombres.   Y   llamando

αὐτοὺς   παρήγγειλαν   καθόλου   μὴ   φθέγγεσθαι
les   encargaron   que de ninguna manera pronunciasen (palabra)

μηδὲ   διδάσκειν   ἐπὶ   τῷ   ὀνόματι   τοῦ
ni   enseñasen   en   el   nombre   —

1
12. OTRO. Lit. otro (de la misma clase).
2
12. OTRO. Lit. otro (diferente).
3
13. SIN LETRAS. Esto es, que no habían estudiado en ninguna escuela rabínica.
4
13. HABÍAN ESTADO. Lit. estaban.
5
14. HABIENDO SIDO CURADO. Lit. al que había sido curado.

Ἰησοῦ.   **19** ὁ   δὲ   Πέτρος   καὶ   Ἰωάννης
de Jesús.   — Pero   Pedro   y   Juan

ἀποκριθέντες   εἶπον   πρὸς   αὐτούς·   εἰ
respondiendo,   dijeron   a   ellos: Si

δίκαιόν   ἐστιν   ἐνώπιον   τοῦ   θεοῦ,   ὑμῶν
justo   es   delante   —   de Dios,   a vosotros

ἀκούειν   μᾶλλον   ἢ   τοῦ   θεοῦ,   κρίνατε·
oír   más bien   que   —   a Dios,   juzgad;

20 οὐ   δυνάμεθα   γὰρ   ἡμεῖς   ἃ   εἴδαμεν
porque no podemos   nosotros   las cosas que   vimos

καὶ   ἠκούσαμεν   μὴ   λαλεῖν.   **21** οἱ   δὲ
y   oímos   no   hablar.   Entonces ellos

προσαπειλησάμενοι   ἀπέλυσαν   αὐτούς,   μηδὲν
añadiendo amenazas,   soltaron   les,   nada

εὑρίσκοντες   τὸ   πῶς   κολάσωνται   αὐτούς,
hallando   para (ver) cómo   castigar   les,

διὰ   τὸν   λαόν,   ὅτι   πάντες   ἐδόξαζον   τὸν
a causa   del   pueblo,   pues   todos   glorificaban   —

θεὸν   ἐπὶ   τῷ   γεγονότι·   **22** ἐτῶν   γὰρ
a Dios   sobre   lo   acontecido;   porque   de años

ἦν   πλειόνων   τεσσεράκοντα   ὁ   ἄνθρωπος
era   más de   cuarenta   el   hombre

ἐφ'   ὃν   γεγόνει   τὸ   σημεῖον   τοῦτο   τῆς
en   quien   había sucedido   la   señal   esta   de la

ἰάσεως.   **23** Ἀπολυθέντες   δὲ   ἦλθον   πρὸς
curación.   Y [1]puestos en libertad,   vinieron   a

τοὺς   ἰδίους   καὶ   ἀπήγγειλαν   ὅσα   πρὸς
los   suyos   y   refirieron   cuanto   a

αὐτοὺς   οἱ   ἀρχιερεῖς   καὶ   οἱ   πρεσβύτεροι
ellos   los principales sacerdotes y   los   ancianos

εἶπαν.   **24** οἱ   δὲ   ἀκούσαντες   ὁμοθυμαδὸν
[2]habían dicho.   Y ellos,   al oírlo,   unánimes

ἦραν   φωνὴν   πρὸς   τὸν   θεὸν   καὶ   εἶπαν·
alzaron   (la) voz   a   —   Dios   y   dijeron:

δέσποτα,   σὺ   ὁ   ποιήσας   τὸν   οὐρανὸν   καὶ
Soberano   tú   el que   hiciste   el   cielo   y
(Señor),

τὴν   γῆν   καὶ   τὴν   θάλασσαν   καὶ   πάντα
la   tierra   y   el   mar   y   todo

τὰ   ἐν   αὐτοῖς,   **25** ὁ   τοῦ   πατρὸς   ἡμῶν
lo (que) en   ellos (hay),   el (que) del   padre   de nosotros

διὰ   πνεύματος   ἁγίου   στόματος   Δαυὶδ
mediante   (el) Espíritu   Santo   por boca   de David

παιδός   σου   εἰπών·   ἱνατί   ἐφρύαξαν   ἔθνη
siervo   de ti   dijiste: ¿A qué fin   bramaron (las)   naciones

καὶ   λαοὶ   ἐμελέτησαν   κενά;   **26** παρέστησαν
y   (los) pueblos   maquinaron   vanidades?   Acudieron

1
23. PUESTOS EN LIBERTAD. Lit. *soltados*.

2
23. HABÍAN DICHO. Lit. *dijeron*.

οἱ βασιλεῖς τῆς γῆς καὶ οἱ ἄρχοντες
los reyes de la tierra y los gobernantes

συνήχθησαν ἐπὶ τὸ αὐτὸ κατὰ τοῦ κυρίου
se reunieron juntamente contra el Señor

καὶ κατὰ τοῦ χριστοῦ αὐτοῦ.
y contra el Cristo de él.

27 συνήχθησαν γὰρ ἐπ᾽ ἀληθείας ἐν τῇ
Porque se aliaron en verdad en la

πόλει ταύτῃ ἐπὶ τὸν ἅγιον παῖδά σου
ciudad ésta contra el santo Siervo de ti

Ἰησοῦν, ὃν ἔχρισας, Ἡρῴδης τε καὶ
Jesús, a quien ungiste, Herodes y también

Πόντιος Πιλᾶτος σὺν ἔθνεσιν καὶ λαοῖς
Poncio Pilato con gentiles y pueblos

Ἰσραήλ, **28** ποιῆσαι ὅσα ἡ χείρ σου καὶ
de Israel, para hacer cuanto la mano de ti y

ἡ βουλὴ προώρισεν γενέσθαι. **29** καὶ τὰ
el designio predestinó que sucediera. Y (en cuanto a lo de)

νῦν, κύριε, ἔπιδε ἐπὶ τὰς ἀπειλὰς αὐτῶν,
ahora, Señor, fíjate en las amenazas de ellos,

καὶ δὸς τοῖς δούλοις σου μετὰ παρρησίας
y da a los siervos de ti (que) con denuedo

πάσης λαλεῖν τὸν λόγον σου, **30** ἐν τῷ
todo hablen la palabra de ti, [1]mientras

τὴν χεῖρα ἐκτείνειν σε εἰς ἴασιν καὶ
la mano extiendes tú para que curación y

σημεῖα καὶ τέρατα γίνεσθαι διὰ τοῦ
señales y prodigios se hagan mediante el

ὀνόματος τοῦ ἁγίου παιδός σου Ἰησοῦ.
nombre del santo Siervo de ti Jesús.

31 καὶ δεηθέντων αὐτῶν ἐσαλεύθη ὁ τόπος
Y [2]habiendo hecho ellos, fue sacudido el lugar
(esta) súplica

ἐν ᾧ ἦσαν συνηγμένοι, καὶ ἐπλήσθησαν
en el que estaban reunidos, y fueron llenos

ἅπαντες τοῦ ἁγίου πνεύματος, καὶ ἐλάλουν
todos del Santo Espíritu, y hablaban

τὸν λόγον τοῦ θεοῦ μετὰ παρρησίας.
la palabra — de Dios con denuedo.

32 Τοῦ δὲ πλήθους τῶν πιστευσάντων
Y de la multitud de los que creyeron

ἦν καρδία καὶ ψυχὴ μία, καὶ οὐδὲ
era (el) corazón y (el) alma una, y ni

εἷς τι τῶν ὑπαρχόντων αὐτῷ ἔλεγεν
uno algo de las posesiones a él decía que
(pertenecientes)

ἴδιον εἶναι, ἀλλ᾽ ἦν αὐτοῖς πάντα κοινά.
(suyo) era, sino que [3]tenían todo en común.
propio

---

[1]
30. MIENTRAS EXTIENDES TU MANO. Lit. *en el extender tú la mano.*

[2]
31. HABIENDO... Lit. *habiendo requerido.*

[3]
32. TENÍAN TODO EN COMÚN. Lit. *eran para ellos todas las cosas comunes.*

33 καὶ   δυνάμει   μεγάλη   ἀπεδίδουν   τὸ
Y   con poder   grande   daban   el

μαρτύριον   οἱ ἀπόστολοι   τοῦ   κυρίου   Ἰησοῦ
testimonio   los   apóstoles   ¹del   Señor   Jesús

τῆς   ἀναστάσεως,   χάρις   τε   μεγάλη   ἦν
de la   resurrección,   y gracia   grande   había

ἐπὶ   πάντας   αὐτούς.   **34** οὐδὲ   γὰρ   ἐνδεής
sobre   todos   ellos.   Porque ni   necesitado

τις   ἦν   ἐν   αὐτοῖς·   ὅσοι   γὰρ   κτήτορες
alguno   había   entre   ellos;   porque cuantos   propietarios

χωρίων   ἢ   οἰκιῶν   ὑπῆρχον,   πωλοῦντες
de heredades   o   casas   eran,   vendiendo(las)

ἔφερον   τὰς   τιμὰς   τῶν   πιπρασκομένων
traían   los   precios   de las cosas   que eran vendidas

35 καὶ   ἐτίθουν   παρὰ   τοὺς   πόδας   τῶν
y   ponían(los)   a   los   pies   de los

ἀποστόλων·   διεδίδοτο   δὲ   ἑκάστῳ   καθότι ἄν
apóstoles;   y era distribuido   a cada uno   conforme a
(la que)

τις   χρείαν   εἶχεν.   **36** Ἰωσὴφ   δὲ   ὁ
uno   necesidad   tenía.   Y José   el

ἐπικληθεὶς   Βαρναβᾶς   ἀπὸ   τῶν   ἀποστόλων,
(sobre)llamado   Bernabé   por   los   apóstoles,

ὁ ἐστιν   μεθερμηνευόμενον   υἱὸς   παρακλήσεως,
que es,   siendo traducido,   Hijo   de consolación,

Λευίτης,   Κύπριος   τῷ   γένει,   **37** ὑπάρχοντος
levita,   chipriota   — ²de nacimiento   poseyendo

αὐτῷ   ἀγροῦ,   πωλήσας   ἤνεγκεν   τὸ   χρῆμα
él   un campo,   vendiendo(lo),   trajo   el   importe

καὶ   ἔθηκεν   πρὸς   τοὺς   πόδας   τῶν   ἀποστόλων.
y   puso(lo)   a   los   pies   de los   apóstoles.

5 Ἀνὴρ   δέ   τις   Ἀνανίας   ὀνόματι   σὺν
Pero cierto varón,   Ananías   de nombre,   con

Σαπφίρῃ   τῇ   γυναικὶ   αὐτοῦ   ἐπώλησεν
Safira   la   mujer   de él,   vendió

κτῆμα,   **2** καὶ   ἐνοσφίσατο   ἀπὸ   τῆς   τιμῆς,
una propiedad,   y   sustrajo   del   precio,

συνειδυίης   καὶ   τῆς   γυναικός,   καὶ   ἐνέγκας
sabiendo(lo)   también   la   mujer,   y   trayendo

μέρος   τι   παρὰ   τοὺς   πόδας   τῶν   ἀποστόλων
una cierta parte,   a   los   pies   de los   apóstoles

ἔθηκεν.   **3** εἶπεν   δὲ   ὁ   Πέτρος·   Ἀνανία,
puso(la).   Pero dijo   —   Pedro: Ananías,

διὰ   τί   ἐπλήρωσεν   ὁ   σατανᾶς   τὴν   καρδίαν
¿por qué   llenó   —   Satanás   el   corazón

1
33. Es decir, *de la resurrección del Señor Jesús.* (Nótese que el griego —como el latín— ordena las frases de distinto modo que las lenguas modernas.)
2
36. DE NACIMIENTO. Lit. *de raza.*

σου, ψεύσασθαί σε τὸ πνεῦμα τὸ ἅγιον
de ti, para mentir tú al Espíritu — Santo

καὶ νοσφίσασθαι ἀπὸ τῆς τιμῆς τοῦ
y sustraer del precio de la

χωρίου; 4 οὐχὶ μένον σοὶ ἔμενεν καὶ
finca? ¿Acaso no, quedando, para ti quedaba, y

πραθὲν ἐν τῇ σῇ ἐξουσίᾳ ὑπῆρχεν; τί ὅτι
vendida, en — tu potestad estaba? ¿Cómo (es posible) que

ἔθου ἐν τῇ καρδίᾳ σου τὸ πρᾶγμα
pusiste en el corazón de ti la acción

τοῦτο; οὐκ ἐψεύσω ἀνθρώποις ἀλλὰ
esta? No mentiste a hombres, sino

τῷ θεῷ. 5 ἀκούων δὲ ὁ Ἀνανίας
— a Dios. Y al oír Ananías

τοὺς λόγους τούτους πεσὼν ἐξέψυξεν· καὶ
las palabras estas, cayendo, expiró; y

ἐγένετο φόβος μέγας ἐπὶ πάντας τοὺς
1vino un temor grande sobre todos los

ἀκούοντας. 6 ἀναστάντες δὲ οἱ νεώτεροι
que oían (esto). Y levantándose los jóvenes,

συνέστειλαν αὐτὸν καὶ ἐξενέγκαντες ἔθαψαν.
envolvieron le y sacando(lo), sepultaron(le).

7 Ἐγένετο δὲ ὡς ὡρῶν τριῶν διάστημα
Y hubo como de horas tres un intervalo

καὶ ἡ γυνὴ αὐτοῦ μὴ εἰδυῖα τὸ γεγονὸς
y la mujer de él, no sabiendo lo ocurrido,

εἰσῆλθεν. . 8 ἀπεκρίθη δὲ πρὸς αὐτὴν
entró. Y respondió a ella

Πέτρος· εἰπέ μοι, εἰ τοσούτου τὸ χωρίον
Pedro: Di me, ¿si en tanto la finca

ἀπέδοσθε; ἡ δὲ εἶπεν· ναί, τοσούτου.
vendisteis? Y ella dijo: Sí, en tanto.

9 ὁ δὲ Πέτρος πρὸς αὐτήν· τί ὅτι
— Y Pedro a ella: ¿Cómo es que

συνεφωνήθη ὑμῖν πειράσαι τὸ πνεῦμα
2os pusisteis de acuerdo para tentar al Espíritu

κυρίου; ἰδοὺ οἱ πόδες τῶν θαψάντων τὸν
de(l) Señor? Mira, los pies de los que sepultaron al

ἄνδρα σου ἐπὶ τῇ θύρᾳ καὶ ἐξοίσουσίν
marido de ti, a la puerta (están) y sacarán

σε. 10 ἔπεσεν δὲ παραχρῆμα πρὸς τοὺς
te. Y cayó al instante a los

πόδας αὐτοῦ καὶ ἐξέψυξεν· εἰσελθόντες δὲ
pies de él y expiró; y entrando

οἱ νεανίσκοι εὗρον αὐτὴν νεκράν, καὶ
los jóvenes, hallaron la muerta, y

1
5. VINO. Lit. *se hizo.*
2
9. OS PUSISTEIS DE ACUERDO. Lit. *fue acordado por vosotros.*

ἐξενέγκαντες ἔθαψαν πρὸς τὸν ἄνδρα
sacando(la), sepultaron(la) al lado del marido

αὐτῆς. **11** Καὶ ἐγένετο φόβος μέγας
de ella. Y vino temor grande

ἐφ' ὅλην τὴν ἐκκλησίαν καὶ ἐπὶ πάντας
sobre toda la iglesia y sobre todos

τοὺς ἀκούοντας ταῦτα.
los que oían estas cosas.

12 Διὰ δὲ τῶν χειρῶν τῶν ἀποστόλων
Y mediante las manos de los apóstoles

ἐγίνετο σημεῖα καὶ τέρατα πολλὰ ἐν
se hacían señales y prodigios muchos entre

τῷ λαῷ· καὶ ἦσαν ὁμοθυμαδὸν πάντες
el pueblo; y estaban unánimes todos

ἐν τῇ στοᾷ Σολομῶντος· **13** τῶν δὲ
en el pórtico de Salomón; y de los

λοιπῶν οὐδεὶς ἐτόλμα κολλᾶσθαι αὐτοῖς,
demás, nadie se atrevía a unirse a ellos,

ἀλλ' ἐμεγάλυνεν αὐτοὺς ὁ λαός· **14** μᾶλλον
pero engrandecía les el pueblo; y más [1](cada día)

δὲ προσετίθεντο πιστεύοντες τῷ κυρίῳ,
eran añadidos creyentes, al Señor,

πλήθη ἀνδρῶν τε καὶ γυναικῶν· **15** ὥστε
multitudes, tanto de hombres como de mujeres; tanto que

καὶ εἰς τὰς πλατείας ἐκφέρειν τοὺς
hasta a las calles sacaban a los

ἀσθενεῖς καὶ τιθέναι ἐπὶ κλιναρίων καὶ
enfermos y ponían(los) en catres y

κραβάτων, ἵνα ἐρχομένου Πέτρου κἂν ἡ σκιὰ
camillas, para que al venir Pedro, al menos la sombra
(de él)

ἐπισκιάσῃ τινὶ αὐτῶν. **16** συνήρχετο δὲ
cubriese a alguno de ellos. Y concurría

καὶ τὸ πλῆθος τῶν πέριξ πόλεων
también la multitud de las circunvecinas ciudades

Ἰερουσαλήμ, φέροντες ἀσθενεῖς καὶ
de Jerusalén, trayendo enfermos y

ὀχλουμένους ὑπὸ πνευμάτων ἀκαθάρτων,
atormentados por espíritus inmundos,

οἵτινες ἐθεραπεύοντο ἅπαντες.
los cuales eran sanados todos.

17 Ἀναστὰς δὲ ὁ ἀρχιερεὺς καὶ πάντες
Y levantándose el sumo sacerdote y todos

οἱ σὺν αὐτῷ, ἡ οὖσα αἵρεσις τῶν
los que con él, que era (el) [2]partido de los
(estaban)

Σαδδουκαίων, ἐπλήσθησαν ζήλου **18** καὶ
saduceos, se llenaron de celos y

ἐπέβαλον τὰς χεῖρας ἐπὶ τοὺς ἀποστόλους
echaron las manos sobre los apóstoles

1
14. (CADA DÍA). O (cada vez).
2
17. PARTIDO. O secta.

καὶ   ἔθεντο   αὐτοὺς   ἐν   τηρήσει   δημοσίᾳ.
y   pusieron los   en   custodia públicamente.

19 Ἄγγελος   δὲ   κυρίου   διὰ   νυκτὸς
Pero un ángel de(l) Señor durante (la) noche

ἤνοιξε   τὰς   θύρας   τῆς   φυλακῆς   ἐξαγαγών   τε
abrió   las   puertas de la cárcel   y sacando

αὐτοὺς   εἶπεν·   **20** πορεύεσθε   καὶ   σταθέντες
los,   dijo: Id   y   puestos en pie,

λαλεῖτε   ἐν   τῷ   ἱερῷ   τῷ   λαῷ   πάντα
hablad   en   el   templo al   pueblo todas

τὰ   ῥήματα   τῆς   ζωῆς   ταύτης.
las palabras de la vida   esta.

21 ἀκούσαντες   δὲ   εἰσῆλθον   ὑπὸ   τὸν   ὄρθρον
Y habiendo oído (esto), entraron   hacia el   amanecer

εἰς   τὸ   ἱερὸν   καὶ   ἐδίδασκον.   Παραγενόμενος   δὲ
en   el   templo   y   enseñaban.   Y habiéndose presentado

ὁ   ἀρχιερεὺς   καὶ   οἱ   σὺν   αὐτῷ
el   sumo sacerdote y   los que (estaban) con él,

συνεκάλεσαν   τὸ   συνέδριον   καὶ   πᾶσαν   τὴν
convocaron   al   sanedrín   y   a todo   el

γερουσίαν   τῶν   υἱῶν   Ἰσραήλ,   καὶ   ἀπέστειλαν
consejo de   de los hijos   de Israel, y   enviaron
los ancianos

εἰς   τὸ   δεσμωτήριον   ἀχθῆναι   αὐτούς.
a   la   prisión   para que fuesen ellos.
                          traídos

22 οἱ   δὲ   παραγενόμενοι   ὑπηρέται   οὐχ   εὗρον
Pero los   [1]llegados   alguaciles   no   hallaron

αὐτοὺς   ἐν   τῇ   φυλακῇ·   ἀναστρέψαντες   δὲ
los   en   la   cárcel;   y volviendo,

ἀπήγγειλαν   **23** λέγοντες   ὅτι   τὸ   δεσμωτήριον
informaron,   diciendo: — La   prisión

εὕρομεν   κεκλεισμένον   ἐν   πάσῃ   ἀσφαλείᾳ
hallamos   cerrada   con toda   seguridad

καὶ   τοὺς   φύλακας   ἑστῶτας   ἐπὶ   τῶν
y   a los   guardias en pie   a   las

θυρῶν,   ἀνοίξαντες   δὲ   ἔσω   οὐδένα   εὕρομεν.
puertas, pero al abrir, dentro a nadie   hallamos.

24 ὡς   δὲ   ἤκουσαν   τοὺς   λόγους   τούτους
Y cuando   oyeron   las   palabras estas,

ὅ   τε   στρατηγὸς   τοῦ   ἱεροῦ   καὶ   οἱ   ἀρχιερεῖς,
tanto el jefe de la   del   templo   como los principales
         guardia   sacerdotes

διηπόρουν   περὶ   αὐτῶν   τί   ἂν   γένοιτο
estaban perplejos sobre   ellos [2]en qué vendría a parar

τοῦτο.   **25** παραγενόμενος   δέ   τις   ἀπήγγειλεν
esto.   Y habiéndose presentado uno,   informó

αὐτοῖς   ὅτι   ἰδοὺ   οἱ   ἄνδρες,   οὓς
les (diciendo): — Mirad,   los   varones   a quienes

ἔθεσθε   ἐν   τῇ   φυλακῇ,   εἰσὶν   ἐν   τῷ   ἱερῷ
pusisteis en   la   cárcel,   están   en   el   templo

[1]
22. LLEGADOS. Lit. *habién-dose presentado.*
[2]
24. EN QUÉ VENDRÍA A PA-RAR. Lit. *qué llegaría a ser esto.*

ἑστῶτες καὶ διδάσκοντες τὸν λαόν.
de pie y enseñando al pueblo.

26 Τότε ἀπελθὼν ὁ στρατηγὸς σὺν τοῖς
Entonces yendo el jefe de la guardia con los

ὑπηρέταις ἦγεν αὐτούς, οὐ μετὰ βίας,
alguaciles, conducía los no con violencia,

ἐφοβοῦντο γὰρ τὸν λαόν, μὴ λιθασθῶσιν·
porque temían al pueblo, para no ser apedreados.

27 ἀγαγόντες δὲ αὐτοὺς ἔστησαν ἐν τῷ
Y trayendo los, (los) presentaron en el

συνεδρίῳ. καὶ ἐπηρώτησεν αὐτοὺς ὁ
sanedrín. Y preguntó les el

ἀρχιερεὺς **28** λέγων· παραγγελίᾳ παρηγ-
sumo sacerdote, diciendo: ¹Estrictamente

γείλαμεν ὑμῖν μὴ διδάσκειν ἐπὶ
encargamos os no enseñar en

τῷ ὀνόματι τούτῳ, καὶ ἰδοὺ πεπληρώκατε
el nombre ese, y, mira, habéis llenado

τὴν Ἰερουσαλὴμ τῆς διδαχῆς ὑμῶν, καὶ
— a Jerusalén de la enseñanza de vosotros, y

βούλεσθε ἐπαγαγεῖν ἐφ᾽ ἡμᾶς τὸ αἷμα
queréis atraer sobre nosotros la sangre

τοῦ ἀνθρώπου τούτου. **29** ἀποκριθεὶς δὲ
del hombre ese. Y respondiendo

Πέτρος καὶ οἱ ἀπόστολοι εἶπαν· πειθαρχεῖν
Pedro y los apóstoles, dijeron: Obedecer

δεῖ θεῷ μᾶλλον ἢ ἀνθρώποις. **30** ὁ
es menester a Dios más bien que a hombres. El

θεὸς τῶν πατέρων ἡμῶν ἤγειρεν Ἰησοῦν,
Dios de los padres de nosotros levantó a Jesús,

ὃν ὑμεῖς διεχειρίσασθε κρεμάσαντες ἐπὶ
a quien vosotros matasteis colgándo(le) en

ξύλου· **31** τοῦτον ὁ θεὸς ἀρχηγὸν καὶ
un madero; a éste, — Dios (como) Jefe y

σωτῆρα ὕψωσεν τῇ δεξιᾷ αὐτοῦ τοῦ
Salvador exaltó con la diestra de él —

δοῦναι μετάνοιαν τῷ Ἰσραὴλ καὶ ἄφεσιν
para dar arrepentimiento — a Israel y perdón

ἁμαρτιῶν. **32** καὶ ἡμεῖς ἐσμεν μάρτυρες
de pecados. Y nosotros somos testigos

τῶν ῥημάτων τούτων, καὶ τὸ πνεῦμα
de las ²cosas estas, y el Espíritu

τὸ ἅγιον ὃ ἔδωκεν ὁ θεὸς τοῖς
— Santo que dio — Dios a los

πειθαρχοῦσιν αὐτῷ. **33** οἱ δὲ ἀκούσαντες
que obedecen le. Y ellos, al oír(lo),

¹ 28. ESTRICTAMENTE. Lit. Con encargo.
² 32. COSAS. Lit. palabras.

διεπρίοντο   καὶ   ἐβούλοντο   ἀνελεῖν   αὐτούς.
[1]se enfurecían   y   querían   matar   los.

34 Ἀναστὰς δέ   τις   ἐν   τῷ   συνεδρίῳ
Pero levantándose   un(o) en   el   sanedrín

Φαρισαῖος ὀνόματι Γαμαλιήλ, νομοδιδάσκαλος
fariseo   por nombre   Gamaliel,   maestro de la ley,

τίμιος   παντὶ   τῷ   λαῷ,   ἐκέλευσεν   ἔξω
honrado   por todo   el   pueblo,   ordenó   (que) fuera

βραχὺ   τοὺς   ἀνθρώπους   ποιῆσαι, **35** εἰπέν
por unos   a los   hombres   [2]sacasen,   y dijo
momentos

τε   πρὸς   αὐτούς·   ἄνδρες   Ἰσραηλῖται,
      a   ellos: Varones   israelitas,

προσέχετε ἑαυτοῖς ἐπὶ τοῖς ἀνθρώποις τούτοις
atended a vosotros mismos sobre los   hombres   estos

τί   μέλλετε   πράσσειν.   **36** πρὸ   γὰρ
qué   vais a   hacer.   Porque antes

τούτων τῶν ἡμερῶν ἀνέστη Θευδᾶς, λέγων
de estos   —   días   se levantó   Teudas,   diciendo

εἶναί   τινα   ἑαυτόν,   ᾧ   προσεκλίθη   ἀνδρῶν
que era [3]alguien él mismo, a quien se adhirió   de hombres

ἀριθμὸς ὡς τετρακοσίων· ὃς ἀνῃρέθη, καὶ
un número   como   de cuatrocientos; el cual fue muerto   y

πάντες ὅσοι ἐπείθοντο αὐτῷ διελύθησαν
todos   cuantos   obedecían   le,   fueron dispersados

καὶ ἐγένοντο εἰς οὐδέν. **37** μετὰ τοῦτον
y   vinieron   a   nada.   Después   de éste,

ἀνέστη Ἰούδας ὁ Γαλιλαῖος ἐν ταῖς
se levantó   Judas   el   Galileo   en   los

ἡμέραις τῆς ἀπογραφῆς καὶ ἀπέστησεν
días   del   censo   y   [4]arrastró

λαὸν ὀπίσω αὐτοῦ· κἀκεῖνος ἀπώλετο,
pueblo   tras   de sí;   también él   pereció,

καὶ   πάντες   ὅσοι   ἐπείθοντο   αὐτῷ
y   todos   cuantos   obedecían   le

διεσκορπίσθησαν. **38** καὶ τὰ νῦν λέγω
fueron dispersados.   Y   en lo de ahora,   digo

ὑμῖν, ἀπόστητε ἀπὸ τῶν ἀνθρώπων τούτων
os,   apartaos   de   los   hombres   estos

καὶ ἄφετε αὐτούς· ὅτι ἐὰν ᾖ ἐξ ἀνθρώπων
y   dejad   los;   pues si   es [5]de   hombres

ἡ βουλὴ αὕτη ἢ τὸ ἔργον τοῦτο,
el   plan   este   o   la   obra   esta,

καταλυθήσεται· **39** εἰ δὲ ἐκ θεοῦ ἐστιν,
se disolverá;   pero si de   Dios   es,

οὐ δυνήσεσθε καταλῦσαι αὐτούς, μήποτε
no   podréis   destruir   los,   no sea que

1
33. SE ENFURECÍAN. Lit. *eran
aserrados* (con un corte
muy penetrante).
2
34. SACASEN. Lit. *hiciesen.*
3
36. ALGUIEN. Es decir, *un
gran personaje.*
4
37. ARRASTRÓ. O *incitó a
rebelarse.*
5
38. DE HOMBRES. Es decir,
*de procedencia meramente
humana.*

καὶ θεομάχοι εὑρεθῆτε. ἐπείσθησαν δὲ
incluso luchadores seáis hallados. Y [1]obedecieron
contra Dios

αὐτῷ, 40 καὶ προσκαλεσάμενοι τοὺς
le y llamando a los

ἀποστόλους δείραντες παρήγγειλαν μὴ
apóstoles, tras azotar(les) encargaron(les) no

λαλεῖν ἐπὶ τῷ ὀνόματι τοῦ Ἰησοῦ καὶ
hablar en el nombre — de Jesús y

ἀπέλυσαν. 41 Οἱ μὲν οὖν ἐπορεύοντο
soltaron(les). Ellos, por su parte, se fueron

χαίροντες ἀπὸ προσώπου τοῦ συνεδρίου,
gozosos de (la) presencia del sanedrín,

ὅτι κατηξιώθησαν ὑπὲρ τοῦ ὀνόματος
porque fueron tenidos por dignos a favor del Nombre
(de Jesús)

ἀτιμασθῆναι· 42 πᾶσάν τε ἡμέραν ἐν τῷ
de ser afrentados; y todo día en el

ἱερῷ καὶ κατ᾽ οἶκον οὐκ ἐπαύοντο
templo y de casa en casa no cesaban

διδάσκοντες καὶ εὐαγγελιζόμενοι τὸν χριστὸν
enseñando y anunciando la de que el [2]Mesías
buena nueva

Ἰησοῦν.
(es) Jesús.

6 Ἐν δὲ ταῖς ἡμέραις ταύταις
En — los días esos

πληθυνόντων τῶν μαθητῶν ἐγένετο
multiplicándose los discípulos, se produjo

γογγυσμὸς τῶν Ἑλληνιστῶν πρὸς τοὺς
refunfuño de los [3]helenistas contra los

Ἑβραίους, ὅτι παρεθεωροῦντο ἐν τῇ
hebreos, de que eran desatendidas [4]en el

διακονίᾳ τῇ καθημερινῇ αἱ χῆραι αὐτῶν.
servicio — diario las viudas de (entre) ellos.

2 προσκαλεσάμενοι δὲ οἱ δώδεκα τὸ
Y convocando los doce a la

πλῆθος τῶν μαθητῶν εἶπαν· οὐκ ἀρεστόν
multitud de los discípulos, dijeron: no grato

ἐστιν ἡμᾶς καταλείψαντας τὸν λόγον τοῦ
es que nosotros, dejando la palabra —

θεοῦ διακονεῖν τραπέζαις. 3 ἐπισκέψασθε
de Dios, sirvamos a las mesas. Inspeccionad,

δέ, ἀδελφοί, ἄνδρας ἐξ ὑμῶν μαρτυρουμένους
pues, hermanos, varones de (entre) vosotros de (buen) testimonio

ἑπτὰ πλήρεις πνεύματος καὶ σοφίας, οὓς
siete, llenos de Espíritu y sabiduría, a quienes

καταστήσομεν ἐπὶ τῆς χρείας ταύτης·
constituyamos sobre el oficio este;

[1] 39. OBEDECIÉRONLE. O *fueron persuadidos por él.*
[2] 42. MESÍAS. O *Cristo.*
[3] 1. HELENISTAS = *judíos de lengua griega.*
[4] 1. EN EL SERVICIO DIARIO. Esto es, *en el suministro diario* (o provisión) *de alimentos.*

4 ἡμεῖς δὲ τῇ προσευχῇ καὶ τῇ διακονίᾳ
Pero nosotros a la oración y al ministerio

τοῦ λόγου προσκαρτερήσομεν. **5** καὶ ἤρεσεν
de la palabra nos dedicaremos asiduamente. Y agradó

ὁ λόγος ἐνώπιον παντὸς τοῦ πλήθους,
la palabra ante toda la multitud,

καὶ ἐξελέξαντο Στέφανον, ἄνδρα πλήρη
y escogieron a Esteban, varón lleno

πίστεως καὶ πνεύματος ἁγίου, καὶ Φίλιππον
de fe y de(l) Espíritu Santo, y a Felipe

καὶ Πρόχορον καὶ Νικάνορα καὶ Τίμωνα
y a Prócoro y a Nicanor y a Timón

καὶ Παρμενᾶν καὶ Νικόλαον προσήλυτον
y a Pármenas y a Nicolás, prosélito

Ἀντιοχέα, **6** οὓς ἔστησαν ἐνώπιον τῶν
antioqueno, a quienes presentaron ante los

ἀποστόλων, καὶ προσευξάμενοι ἐπέθηκαν
apóstoles y, después de orar, impusieron

αὐτοῖς τὰς χεῖρας.
les las manos.

7 Καὶ ὁ λόγος τοῦ θεοῦ ηὔξανεν, καὶ
Y la palabra — de Dios crecía, y

ἐπληθύνετο ὁ ἀριθμὸς τῶν μαθητῶν ἐν
se multiplicaba el número de los discípulos en

Ἰερουσαλὴμ σφόδρα, πολύς τε ὄχλος τῶν
Jerusalén en gran manera y aun un numeroso grupo de los

ἱερέων ὑπήκουον τῇ πίστει.
sacerdotes obedecían a la fe.

8 Στέφανος δὲ πλήρης χάριτος καὶ
Y Esteban, lleno de gracia y

δυνάμεως ἐποίει τέρατα καὶ σημεῖα μεγάλα
de poder, hacía prodigios y señales grandes

ἐν τῷ λαῷ. **9** ἀνέστησαν δέ τινες τῶν
entre el pueblo. Pero se levantaron algunos de los

ἐκ τῆς συναγωγῆς τῆς λεγομένης
de la sinagoga — llamada

Λιβερτίνων καὶ Κυρηναίων καὶ Ἀλεξ-
de (los) Libertos y de (los) cireneos y alejan-

ανδρέων καὶ τῶν ἀπὸ Κιλικίας καὶ
drinos y de los de Cilicia y

Ἀσίας συζητοῦντες τῷ Στεφάνῳ, **10** καὶ
Asia, discutiendo — con Esteban, y

οὐκ ἴσχυον ἀντιστῆναι τῇ σοφίᾳ καὶ
¹no podían resistir a la sabiduría y

τῷ πνεύματι ᾧ ἐλάλει. **11** τότε ὑπέβαλον
al espíritu con que hablaba. Entonces sobornaron

ἄνδρας λέγοντας ὅτι ἀκηκόαμεν αὐτοῦ
a varones que decían: — Hemos oído le

¹
10. No PODÍAN. Lit. *no tenían fuerza para.*

λαλοῦντος ῥήματα βλάσφημα εἰς Μωϋσῆν
hablando   palabras   blasfemas   contra   Moisés

καὶ τὸν θεόν· 12 συνεκίνησάν τε τὸν
y   —   Dios;   y soliviantaron   al

λαὸν (contra) καὶ τοὺς πρεσβυτέρους καὶ τοὺς
pueblo   y   a los   ancianos   y   a los

γραμματεῖς, καὶ ἐπιστάντες συνήρπασαν
escribas,   y   viniendo sobre (él),   arrebataron

αὐτὸν καὶ ἤγαγον εἰς τὸ συνέδριον,
le   y   condujeron(le)   al   sanedrín,

13 ἔστησάν τε μάρτυρας ψευδεῖς λέγοντας·
y presentaron   testigos   falsos   que decían:

ὁ ἄνθρωπος οὗτος οὐ παύεται λαλῶν
el   hombre   este   no   cesa   hablando

ῥήματα κατὰ τοῦ τόπου τοῦ ἁγίου [τούτου]
palabras   contra   · el   lugar   —   santo   este

καὶ τοῦ νόμου· 14 ἀκηκόαμεν γὰρ αὐτοῦ
y (contra) la   ley;   porque hemos   oído   le

λέγοντος ὅτι Ἰησοῦς ὁ Ναζωραῖος οὗτος
diciendo   que   Jesús   el   nazareno   ese

καταλύσει τὸν τόπον τοῦτον καὶ ἀλλάξει
destruirá   el   lugar   este   y   cambiará

τὰ ἔθη ἃ παρέδωκεν ἡμῖν Μωϋσῆς.
las   costumbres   que   entregó   nos   Moisés.

15 καὶ ἀτενίσαντες εἰς αὐτὸν πάντες οἱ
Y   fijando los ojos   en   él   todos   los

καθεζόμενοι ἐν τῷ συνεδρίῳ εἶδον τὸ
que estaban sentados   en   el   sanedrín,   vieron   el

πρόσωπον αὐτοῦ ὡσεὶ πρόσωπον ἀγγέλου.
rostro   de él   como   un rostro   de ángel.

7 Εἶπεν δὲ ὁ ἀρχιερεύς· εἰ ταῦτα
Y dijo   el   sumo sacerdote: ¿Si   esto

οὕτως ἔχει; 2 ὁ δὲ ἔφη·
así   ¹es?   Y él   dijo:

Ἄνδρες ἀδελφοὶ καὶ πατέρες, ἀκούσατε.
Varones   hermanos   y   padres,   oíd.

Ὁ θεὸς τῆς δόξης ὤφθη τῷ πατρὶ
El   Dios   de la   gloria   ²se apareció   al   padre

ἡμῶν Ἀβραὰμ ὄντι ἐν τῇ Μεσοποταμίᾳ
de nosotros   Abraham   estando   en   —   Mesopotamia

πρὶν ἢ κατοικῆσαι αὐτὸν ἐν Χαρράν,
antes   que   habitase   él   en   ³Harán,

3 καὶ εἶπεν πρὸς αὐτόν· ἔξελθε ἐκ τῆς
y   dijo   a   él: Sal   de   la

γῆς σου καὶ τῆς συγγενείας σου, καὶ
tierra   de ti   y   de la   parentela   de ti,   y

1
1. Es. Lit. *tiene.*
2
2. SE APARECIÓ A. Lit. *fue visto por.*
3
2. HARÁN. Lit. *Jarrán.*

δεῦρο εἰς τὴν γῆν ἣν ἄν σοι δείξω.
ven   a   la tierra que   te   mostraré.

4 τότε ἐξελθὼν ἐκ γῆς Χαλδαίων
Entonces, saliendo de (la) tierra de (los) caldeos,

κατώκησεν ἐν Χαρράν. κἀκεῖθεν μετὰ
habitó   en Harán.   Y de allí, después

τὸ ἀποθανεῖν τὸν πατέρα αὐτοῦ μετώκισεν
— de morir   el   padre de él,   trasladó

αὐτὸν εἰς τὴν γῆν ταύτην εἰς ἣν ὑμεῖς
le (Dios) a la tierra esta   en la que vosotros

νῦν κατοικεῖτε, **5** καὶ οὐκ ἔδωκεν αὐτῷ
ahora habitáis,   y no   dio   le

κληρονομίαν ἐν αὐτῇ οὐδὲ βῆμα ποδός,
herencia   en ella ni asiento de un pie,

καὶ ἐπηγγείλατο δοῦναι αὐτῷ εἰς
y   prometió   dar   le   en

κατάσχεσιν αὐτὴν καὶ τῷ σπέρματι αὐτοῦ
posesión   ella y a la simiente de él

μετ᾽ αὐτόν, οὐκ ὄντος αὐτῷ τέκνου.
después de él, ¹no teniendo él   hijo.

6 ἐλάλησεν δὲ οὕτως ὁ θεός, ὅτι ἔσται
Y habló   así — Dios, que será

τὸ σπέρμα αὐτοῦ πάροικον ἐν γῇ ἀλλοτρίᾳ,
la simiente de él extranjera en tierra ajena,

καὶ δουλώσουσιν αὐτὸ καὶ κακώσουσιν
y esclavizarán   la   y maltratarán(la)

ἔτη τετρακόσια· **7** καὶ τὸ ἔθνος ᾧ ἐὰν
(por) años cuatrocientos; y a la nación a la cual

δουλεύσουσιν κρινῶ ἐγώ, ὁ θεὸς εἶπεν,
servirán como esclavos juzgaré yo, — Dios dijo,

καὶ μετὰ ταῦτα ἐξελεύσονται καὶ
y después de esto,   saldrán   y

λατρεύσουσίν μοι ἐν τῷ τόπῳ τούτῳ.
rendirán culto me en el lugar este.

8 καὶ ἔδωκεν αὐτῷ διαθήκην περιτομῆς·
Y dio   le   pacto   de circuncisión;

καὶ οὕτως ἐγέννησεν τὸν Ἰσαὰκ καὶ
y   así   engendró   — a Isaac   y

περιέτεμεν αὐτὸν τῇ ἡμέρᾳ τῇ ὀγδόῃ,
circuncidó le   en el día — octavo,

καὶ Ἰσαὰκ τὸν Ἰακώβ, καὶ Ἰακὼβ
e Isaac — a Jacob, y Jacob

τοὺς δώδεκα πατριάρχας. **9** Καὶ οἱ
a los doce patriarcas.   Y los

πατριάρχαι ζηλώσαντες τὸν Ἰωσὴφ
patriarcas, estando celosos — de José,

ἀπέδοντο εἰς Αἴγυπτον· καὶ ἦν ὁ θεὸς
vendieron(lo) para Egipto; y estaba — Dios

μετ' αὐτοῦ, 10 καὶ ἐξείλατο αὐτὸν ἐκ
con él, y sacó le de

πασῶν τῶν θλίψεων αὐτοῦ, καὶ ἔδωκεν
todas las aflicciones de él, y dio

αὐτῷ χάριν καὶ σοφίαν ἐναντίον Φαραὼ
le gracia y sabiduría delante de Faraón

βασιλέως Αἰγύπτου, καὶ κατέστησεν αὐτὸν
rey de Egipto, y constituyó le

ἡγούμενον ἐπ' Αἴγυπτον καὶ ὅλον τὸν
1gobernador sobre Egipto y (sobre) toda la

οἶκον αὐτοῦ. 11 ἦλθεν δὲ λιμὸς ἐφ'
casa de él. Pero vino hambre sobre

ὅλην τὴν Αἴγυπτον καὶ Χανάαν καὶ
todo el Egipto y Canaán y

θλῖψις μεγάλη, καὶ οὐχ ηὕρισκον
aflicción grande, y no hallaban

χορτάσματα οἱ πατέρες ἡμῶν. 12 ἀκούσας
provisiones los padres de nosotros. Pero al oír

δὲ Ἰακὼβ ὄντα σιτία εἰς Αἴγυπτον
Jacob que había trigo en Egipto,

ἐξαπέστειλεν τοὺς πατέρας ἡμῶν πρῶτον·
2envió (allá) a los padres de nosotros 3primero;

13 καὶ ἐν τῷ δευτέρῳ ἐγνωρίσθη Ἰωσὴφ
y en el segundo (viaje) se dio a conocer José

τοῖς ἀδελφοῖς αὐτοῦ, καὶ φανερὸν ἐγένετο τῷ
a los hermanos de él, y manifiesta se hizo —

Φαραὼ τὸ γένος Ἰωσήφ. 14 ἀποστείλας δὲ
a Faraón la estirpe de José. Y enviando

Ἰωσὴφ μετεκαλέσατο Ἰακὼβ τὸν πατέρα
José, insistió en llamar a Jacob el padre

αὐτοῦ καὶ πᾶσαν τὴν συγγένειαν ἐν
de él y a toda la parentela en

ψυχαῖς ἑβδομήκοντα πέντε. 15 καὶ κατέβη
4almas setenta y cinco. Y bajó

(número de)

Ἰακὼβ εἰς Αἴγυπτον, καὶ ἐτελεύτησεν
Jacob a Egipto, y murió

αὐτὸς καὶ οἱ πατέρες ἡμῶν, 16 καὶ
él y los padres de nosotros y

μετετέθησαν εἰς Συχὲμ καὶ ἐτέθησαν ἐν
fueron trasladados a Siquem y fueron puestos en

τῷ μνήματι ᾧ ὠνήσατο Ἀβραὰμ τιμῆς
el sepulcro que compró Abraham a precio

ἀργυρίου παρὰ τῶν υἱῶν Ἐμμὼρ ἐν
de plata de los hijos de Emmor en

Συχέμ. 17 Καθὼς δὲ ἤγγιζεν ὁ χρόνος
Siquem. Y conforme se acercaba el tiempo

1
10. GOBERNADOR. Lit. *diri-*
gente.
2
12. ENVIÓ. Lit. *despachó.*
3
12. PRIMERO. Es decir, *en
un primer viaje.*
4
14. ALMAS. Es decir, *personas.*

τῆς ἐπαγγελίας ἧς ὡμολόγησεν ὁ θεὸς
de la   promesa   que   declaró   —   Dios

τῷ Ἀβραάμ, ηὔξησεν ὁ λαὸς καὶ
—   a Abraham,   creció   el   pueblo   y

ἐπληθύνθη ἐν Αἰγύπτῳ, 18 ἄχρι οὗ ἀνέστη
se multiplicó   en   Egipto,   hasta que   se levantó

βασιλεὺς ἕτερος ἐπ' Αἴγυπτον, ὃς οὐκ ᾔδει
un rey   otro   sobre   Egipto,   quien   no   sabía

τὸν Ἰωσήφ. 19 οὗτος κατασοφισάμενος
—   de José.   Éste (rey),   obrando astutamente contra
(nada)

τὸ γένος ἡμῶν ἐκάκωσεν τοὺς πατέρας
el   linaje   de nosotros,   maltrató   a los   padres

τοῦ ποιεῖν τὰ βρέφη ἔκθετα αὐτῶν
—   para hacer   que los   niños de   (fuesen)   de ellos
pecho   expuestos

εἰς τὸ μὴ ζῳογονεῖσθαι. 20 Ἐν ᾧ
a fin de   que no   sobreviviesen.   En el cual

καιρῷ ἐγεννήθη Μωϋσῆς, καὶ ἦν ἀστεῖος
tiempo   nació   Moisés,   y   era   hermoso

τῷ θεῷ· ὃς ἀνετράφη μῆνας τρεῖς ἐν
—   para Dios; el cual   fue criado   (por) meses   tres   en

τῷ οἴκῳ τοῦ πατρός· 21 ἐκτεθέντος δὲ
la   casa   de(l)   padre (suyo);   y siendo expuesto

αὐτοῦ ἀνείλατο αὐτὸν ἡ θυγάτηρ Φαραὼ
él,   recogió   lo   la   hija   de Faraón

καὶ ἀνεθρέψατο αὐτὸν ἑαυτῇ εἰς υἱόν.
y   crió   lo   para ella misma como   hijo.

22 καὶ ἐπαιδεύθη Μωϋσῆς πάσῃ σοφίᾳ
Y   fue educado   Moisés   en toda   sabiduría

Αἰγυπτίων, ἦν δὲ δυνατὸς ἐν λόγοις
de (los) egipcios,   y era   poderoso   en   palabras

καὶ ἔργοις αὐτοῦ. 23 Ὡς δὲ ἐπληροῦτο
y   obras   de él.   Pero cuando   se cumplía

αὐτῷ τεσσερακονταέτης χρόνος, ἀνέβη ἐπὶ
le   de cuarenta años (el)   tiempo,   ¹subió   al

τὴν καρδίαν αὐτοῦ ἐπισκέψασθαι τοὺς
corazón   de él   ²visitar   a los

ἀδελφοὺς αὐτοῦ τοὺς υἱοὺς Ἰσραήλ. 24 καὶ
hermanos   de él,   los   hijos   de Israel.   Y

ἰδών τινα ἀδικούμενον ἠμύνατο, καὶ
viendo   a uno   que era tratado   defendió(le)   y
injustamente,

ἐποίησεν ἐκδίκησιν τῷ καταπονουμένῳ
vindicó   al que   era atormentado

πατάξας τὸν Αἰγύπτιον. 25 ἐνόμιζεν δὲ
hiriendo   al   egipcio.   Y suponía

συνιέναι τοὺς ἀδελφοὺς ὅτι ὁ θεὸς διὰ
que entenderían   los   hermanos   que   —   Dios,   mediante

23. SUBIÓ AL CORAZÓN DE ÉL. Es decir, *le vino el deseo.*
2
23. VISITAR. Lit. *supervisar.*

χειρὸς αὐτοῦ δίδωσιν σωτηρίαν αὐτοῖς·
(la) mano   de él   da   salvación   les;

οἱ δὲ οὐ συνῆκαν. 26 τῇ τε ἐπιούσῃ
pero ellos no entendieron.   Y al   siguiente

ἡμέρα ὤφθη αὐτοῖς μαχομένοις, καὶ
día   se dio a ver   a (unos de)   que estaban   y
                      ellos

συνήλλασσεν αὐτοὺς εἰς εἰρήνην εἰπών·
trató de reconciliar   les   en   paz,   diciendo:

ἄνδρες, ἀδελφοί ἐστε· ἱνατί ἀδικεῖτε
Hombres,   hermanos   sois,   ¿a qué fin   hacéis daño

ἀλλήλους; 27 ὁ δὲ ἀδικῶν τὸν πλησίον
el uno al otro?   Pero el que   hacía daño   al   prójimo,

ἀπώσατο αὐτὸν εἰπών· τίς σε κατέστησεν
empujó   le,   diciendo: ¿Quién te   constituyó

ἄρχοντα καὶ δικαστὴν ἐφ᾽ ἡμῶν; 28 μὴ
gobernante   y   juez   sobre   nosotros?   ¿Acaso

ἀνελεῖν με σὺ θέλεις ὃν τρόπον ἀνεῖλες
matar me   tú   quieres   de la manera que   mataste

ἐχθὲς τὸν Αἰγύπτιον; 29 ἔφυγεν δὲ
ayer   al   egipcio?   Y huyó

Μωϋσῆς ἐν τῷ λόγῳ τούτῳ, καὶ ἐγένετο
Moisés   a(l oír)   la   palabra   esta,   y   se hizo

πάροικος ἐν γῇ Μαδιάμ, οὗ ἐγέννησεν
extranjero   en   tierra   de Madián,   donde   engendró

υἱοὺς δύο. 30 Καὶ πληρωθέντων ἐτῶν
hijos   dos.   Y   cuando se cumplieron   años

τεσσεράκοντα ὤφθη αὐτῷ ἐν τῇ ἐρήμῳ
cuarenta,   se apareció   a él   en   el   desierto

τοῦ ὄρους Σινὰ ἄγγελος ἐν φλογὶ πυρὸς
del   monte   Sinay   un ángel   en   (la) llama   de fuego

βάτου. 31 ὁ δὲ Μωϋσῆς ἰδὼν ἐθαύμαζεν
de una zarza.   — Y   Moisés,   viendo,   se asombró

τὸ ὅραμα· προσερχομένου δὲ αὐτοῦ κατα-
de la visión;   y al acercarse   él   para

νοῆσαι ἐγένετο φωνὴ κυρίου· 32 ἐγὼ ὁ
observar,   ¹hubo   una voz   de(l) Señor: Yo (soy) el

θεὸς τῶν πατέρων σου, ὁ θεὸς Ἀβραὰμ
Dios   de los   padres   de ti,   el   Dios   de Abraham

καὶ Ἰσαὰκ καὶ Ἰακώβ. ἔντρομος δὲ
y   de Isaac   y   de Jacob.   Y tembloroso

γενόμενος Μωϋσῆς οὐκ ἐτόλμα κατανοῆσαι.
hecho   Moisés,   no se atrevía   a observar.

33 εἶπεν δὲ αὐτῷ ὁ κύριος· λῦσον τὸ
Y dijo   le   el   Señor: Suelta   el

ὑπόδημα τῶν ποδῶν σου· ὁ γὰρ τόπος
calzado   de los   pies   de ti;   porque el   lugar

ἐφ' ᾧ ἔστηκας γῆ ἁγία ἐστίν. **34** ἰδὼν
sobre el que estás tierra santa es. Viendo

εἶδον τὴν κάκωσιν τοῦ λαοῦ μου τοῦ
vi el mal trato del pueblo de mí, del
(que está)

ἐν Αἰγύπτῳ, καὶ τοῦ στεναγμοῦ αὐτοῦ
en Egipto, y el gemido de él

ἤκουσα, καὶ κατέβην ἐξελέσθαι αὐτούς·
oí, y bajé a [1]sacarme los;

καὶ νῦν δεῦρο ἀποστείλω σε εἰς Αἴγυπτον.
y ahora ven para enviar te a Egipto.

35 Τοῦτον τὸν Μωϋσῆν, ὃν ἠρνήσαντο
A este — Moisés, a quien negaron

εἰπόντες· τίς σε κατέστησεν ἄρχοντα καὶ
diciendo: ¿Quién te constituyó gobernante y

δικαστήν; τοῦτον ὁ θεὸς καὶ ἄρχοντα
juez?, a éste — Dios (como) gobernante

καὶ λυτρωτὴν ἀπέσταλκεν σὺν χειρὶ
y [2](como) libertador ha enviado con (la) mano
también

ἀγγέλου τοῦ ὀφθέντος αὐτῷ ἐν τῇ βάτῳ.
de(l) ángel — que se apareció le en la zarza.

36 οὗτος ἐξήγαγεν αὐτοὺς ποιήσας τέρατα
Éste condujo afuera los tras hacer prodigios

καὶ σημεῖα ἐν γῇ Αἰγύπτῳ καὶ ἐν
y señales en tierra (de) Egipto y en

ἐρυθρᾷ θαλάσσῃ καὶ ἐν τῇ ἐρήμῳ ἔτη
(el) Rojo Mar y en el desierto (por) años

τεσσεράκοντα. **37** οὗτός ἐστιν ὁ Μωϋσῆς
cuarenta. Éste es el Moisés

ὁ εἴπας τοῖς υἱοῖς Ἰσραήλ· προφήτην
que dijo a los hijos de Israel: Un profeta

ὑμῖν ἀναστήσει ὁ θεὸς ἐκ τῶν ἀδελφῶν
os levantará — Dios de (entre) los hermanos

ὑμῶν ὡς ἐμέ. **38** οὗτός ἐστιν ὁ γενόμενος
de [3]como a mí. Éste es el que ha estado
vosotros

ἐν τῇ ἐκκλησίᾳ ἐν τῇ ἐρήμῳ μετὰ τοῦ
en la congregación en el desierto con el

ἀγγέλου τοῦ λαλοῦντος αὐτῷ ἐν τῷ
ángel — que hablaba le en el

ὄρει Σινὰ καὶ τῶν πατέρων ἡμῶν, ὃς
monte Sinay, y con (los) padres de nosotros, el cual

ἐδέξατο λόγια ζῶντα δοῦναι ὑμῖν, **39** ᾧ
recibió oráculos vivos para dar os(los), a quién

οὐκ ἠθέλησαν ὑπήκοοι γενέσθαι οἱ πατέρες
no quisieron obedientes hacerse los padres

ἡμῶν, ἀλλὰ ἀπώσαντο καὶ ἐστράφησαν
de nosotros, sino que [4]rechazaron(le) y se volvieron

ἐν ταῖς καρδίαις αὐτῶν εἰς Αἴγυπτον,
en los corazones de ellos a Egipto,

1
34. A SACÁRMELOS. Es de-
cir, *a rescatarlos de allí
para mí.*
2
35. LIBERTADOR. O *reden-
tor.*
3
37. COMO A MÍ (me levan-
tó).
4
39. RECHAZARON. Lit. *apartaron de sí a empujones.*

40 εἰπόντες τῷ Ἀαρών· ποίησον ἡμῖν
diciendo — a Aarón: Haz nos
θεοὺς οἳ προπορεύσονται ἡμῶν· ὁ γὰρ
dioses que irán delante de nosotros; porque el
Μωϋσῆς οὗτος, ὃς ἐξήγαγεν ἡμᾶς ἐκ
Moisés este, que condujo afuera nos de (la)
γῆς Αἰγύπτου, οὐκ οἴδαμεν τί ἐγένετο
tierra de Egipto, no sabemos qué sucedió
αὐτῷ. **41** καὶ ἐμοσχοποίησαν ἐν
le. E hicieron una figura de becerro en
ταῖς ἡμέραις ἐκείναις καὶ ἀνήγαγον θυσίαν τῷ
los días aquellos y ofrecieron sacrificio al
εἰδώλῳ, καὶ εὐφραίνοντο ἐν τοῖς ἔργοις
ídolo, y se regocijaban en las obras
τῶν χειρῶν αὐτῶν. **42** ἔστρεψεν δὲ ὁ
de las manos de ellos. Pero se apartó —
θεὸς καὶ παρέδωκεν αὐτοὺς λατρεύειν
Dios y entregó los a dar culto
τῇ στρατιᾷ τοῦ οὐρανοῦ, καθὼς γέγραπται
[1]al ejército del cielo, como ha sido escrito
ἐν βίβλῳ τῶν προφητῶν· μὴ σφάγια
en (el) libro de los profetas: ¿Acaso víctimas
καὶ θυσίας προσηνέγκατέ μοι ἔτη
y sacrificios ofrecisteis me (por) años
τεσσεράκοντα ἐν τῇ ἐρήμῳ, οἶκος Ἰσραήλ,
cuarenta en el desierto, casa de Israel,
43 καὶ ἀνελάβετε τὴν σκηνὴν τοῦ Μόλοχ
y llevasteis en alto el tabernáculo — de Moloc
καὶ τὸ ἄστρον τοῦ θεοῦ Ῥομφά, τοὺς
y la estrella del dios Ronfá, las
τύπους οὓς ἐποιήσατε προσκυνεῖν αὐτοῖς;
figuras que hicisteis para adorar las?
καὶ μετοικιῶ ὑμᾶς ἐπέκεινα Βαβυλῶνος.
Y deportaré os más allá de Babilonia.
44 Ἡ σκηνὴ τοῦ μαρτυρίου ἦν τοῖς
El tabernáculo del testimonio tenían los
πατράσιν ἡμῶν ἐν τῇ ἐρήμῳ, καθὼς
padres de nosotros en el desierto, como
διετάξατο ὁ λαλῶν τῷ Μωϋσῇ ποιῆσαι
ordenó el que hablaba — a Moisés para hacer
αὐτὴν κατὰ τὸν τύπον ὃν ἑωράκει·
lo conforme al modelo que había visto;
45 ἦν καὶ εἰσήγαγον διαδεξάμενοι οἱ
el cual también introdujeron habiendo(lo) recibido los
πατέρες ἡμῶν μετὰ Ἰησοῦ ἐν τῇ κατα-
padres de nosotros con [2]Josué en la toma
σχέσει τῶν ἐθνῶν, ὧν ἐξῶσεν ὁ θεὸς
de posesión de las naciones, a las que echó fuera — Dios

---

[1]
42. AL EJÉRCITO DEL CIELO.
Es decir, *a los astros.*
[2]
45. JOSUÉ. Lit. *Jesús.*

ἀπὸ προσώπου τῶν πατέρων ἡμῶν, ἕως
de (la) presencia   de los   padres   de nosotros, hasta

τῶν ἡμερῶν Δαυίδ· 46 ὃς εὗρεν χάριν
los   días   de David;   quien   halló   gracia

ἐνώπιον τοῦ θεοῦ καὶ ᾐτήσατο εὑρεῖν
delante   —   de Dios   y   pidió   hallar

σκήνωμα τῷ οἴκῳ Ἰακώβ. 47 Σολομὼν δὲ
tabernáculo para la casa   de Jacob.   Pero Salomón

οἰκοδόμησεν αὐτῷ οἶκον. 48 ἀλλ'
edificó   le   casa.   Pero

οὐχ ὁ ὕψιστος ἐν χειροποιήτοις κατοικεῖ·
no   el Altísimo   en (lugares) hechos a mano   habita;

καθὼς ὁ προφήτης λέγει· 49 ὁ οὐρανός
como   el   profeta   dice: El   cielo (es)

μοι θρόνος, ἡ δὲ γῆ ὑποπόδιον τῶν
para mí   trono,   y   la   tierra   escabel   de los

ποδῶν μου· ποῖον οἶκον οἰκοδομήσετέ μοι,
pies   de mí;   ¿qué clase de casa   edificaréis   me,

λέγει κύριος, ἢ τίς τόπος τῆς καταπαύσεώς
dice   (el) Señor,   o   qué   lugar (es)   del   reposo

μου; 50 οὐχὶ ἡ χείρ μου ἐποίησεν ταῦτα
de mí?   ¿No   la   mano   de mí   hizo   estas cosas

πάντα; 51 Σκληροτράχηλοι καὶ ἀπερίτμητοι
todas?   ¡Duros de cuello   e   incircuncisos

καρδίαις καὶ τοῖς ὠσίν, ὑμεῖς ἀεὶ τῷ
de corazones   y   —   de oídos!,   vosotros siempre   al

πνεύματι τῷ ἁγίῳ ἀντιπίπτετε, ὡς οἱ
Espíritu   —   Santo   os oponéis,   como los

πατέρες ὑμῶν καὶ ὑμεῖς. 52 τίνα τῶν
padres   de vosotros, también vosotros.   ¿A quién de los

προφητῶν οὐκ ἐδίωξαν οἱ πατέρες ὑμῶν;
profetas   no   persiguieron los   padres de vosotros?

καὶ ἀπέκτειναν τοὺς προκαταγγείλαντας
Y   mataron   a los que   anunciaron previamente

περὶ τῆς ἐλεύσεως τοῦ δικαίου, οὗ
acerca   de la   venida   del   Justo,   de quien

νῦν ὑμεῖς προδόται καὶ φονεῖς ἐγένεσθε,
ahora   vosotros   traidores   y   asesinos   fuisteis,

53 οἵτινες ἐλάβετε τὸν νόμον εἰς διαταγὰς
quienes   recibisteis   la   ley   [1]en   disposiciones

ἀγγέλων, καὶ οὐκ ἐφυλάξατε.
de ángeles,   y   no   guardasteis(la).

54 Ἀκούοντες δὲ ταῦτα διεπρίοντο ταῖς
Y oyendo   estas cosas   [2]se enfurecían   en los

καρδίαις αὐτῶν καὶ ἔβρυχον τοὺς ὀδόντας
corazones   de ellos   y   rechinaban   los   dientes

ἐπ' αὐτόν. 55 ὑπάρχων δὲ πλήρης
contra   él.   Pero estando (Esteban)   lleno

[1] 53. EN DISPOSICIONES... Es decir, *por ministerio.*
[2] 54. SE ENFURECÍAN. (V. 5: 33.)

πνεύματος ἁγίου ἀτενίσας εἰς τὸν οὐρανὸν
de(l) Espíritu   Santo,   fijando los ojos en el   cielo,

εἶδεν δόξαν θεοῦ καὶ Ἰησοῦν ἑστῶτα ἐκ
vio (la) gloria de Dios y a Jesús de pie a

δεξιῶν   τοῦ θεοῦ, 56 καὶ εἶπεν· ἰδοὺ
(la) diestra — de Dios,   y   dijo: Mirad,

θεωρῶ τοὺς οὐρανοὺς διηνοιγμένους καὶ
veo   los   cielos   abiertos   y

τὸν υἱὸν τοῦ ἀνθρώπου ἐκ δεξιῶν ἑστῶτα
al Hijo del Hombre a (la) diestra, que está en pie,

τοῦ θεοῦ. 57 κράξαντες δὲ φωνῇ μεγάλῃ
— de Dios.   Entonces, gritando con voz grande

συνέσχον τὰ ὦτα αὐτῶν, καὶ ὥρμησαν
[1]taparon los oídos de ellos, y se lanzaron

ὁμοθυμαδὸν ἐπ' αὐτόν, 58 καὶ ἐκβαλόντες
unánimes contra él,   y echando(le)

ἔξω τῆς πόλεως ἐλιθοβόλουν. καὶ οἱ
fuera de la ciudad, apedreaban(le).   Y los

μάρτυρες ἀπέθεντο τὰ ἱμάτια αὐτῶν παρὰ
testigos dejaron las ropas de ellos a

τοὺς πόδας νεανίου καλουμένου Σαύλου.
los pies de un joven llamado Saulo.

59 καὶ ἐλιθοβόλουν τὸν Στέφανον, ἐπικαλ-
Y   apedreaban — a Esteban, invocando

ούμενον καὶ λέγοντα· κύριε Ἰησοῦ, δέξαι
(él a Dios) y diciendo: Señor Jesús, recibe

τὸ πνεῦμά μου. 60 θεὶς δὲ τὰ γόνατα
el espíritu de mí.   Y poniendo las rodillas
(en tierra),

ἔκραξεν φωνῇ μεγάλῃ· κύριε, μὴ στήσῃς
clamó con voz grande: Señor, no pongas

αὐτοῖς ταύτην τὴν ἁμαρτίαν. καὶ τοῦτο
les este — pecado. Y esto

εἰπὼν ἐκοιμήθη. 8 Σαῦλος δὲ ἦν συνευδοκῶν
habiendo [2]se durmió. Y Saulo estaba consintiendo
dicho,

τῇ ἀναιρέσει αὐτοῦ.
en el asesinato de él.

Ἐγένετο δὲ ἐν ἐκείνῃ τῇ ἡμέρᾳ
Y sucedió en aquel — día

διωγμὸς μέγας ἐπὶ τὴν ἐκκλησίαν τὴν
persecución grande contra la iglesia —

ἐν Ἱεροσολύμοις· πάντες [δὲ] διεσπάρησαν
en Jerusalén; y todos fueron esparcidos

κατὰ τὰς χώρας τῆς Ἰουδαίας καὶ
por las regiones — de Judea y

Σαμαρείας πλὴν τῶν ἀποστόλων.
de Samaria, excepto los apóstoles.

2 συνεκόμισαν δὲ τὸν Στέφανον ἄνδρες
Y recogieron — a Esteban unos varones

[1]
57. TAPARON. Lit. *retuvieron* (o *cerraron*).
[2]
60. SE DURMIÓ. Es decir, *murió*.

εὐλαβεῖς καὶ ἐποίησαν κοπετὸν μέγαν
piadosos e hicieron duelo grande

ἐπ' αὐτῷ. 3 Σαῦλος δὲ ἐλυμαίνετο τὴν
sobre él. Pero Saulo asolaba a la

ἐκκλησίαν κατὰ τοὺς οἴκους εἰσπορευόμενος,
iglesia casa por casa entrando,

σύρων τε ἄνδρας καὶ γυναῖκας παρεδίδου
y arrastrando a hombres y a mujeres, entregaba(los)

εἰς φυλακήν.
en (la) cárcel.

4 Οἱ μὲν οὖν διασπαρέντες διῆλθον
Pero, por su parte, los esparcidos pasaban

εὐαγγελιζόμενοι τὸν λόγον. 5 Φίλιππος δὲ
anunciando la palabra de buenas nuevas. Y Felipe,

κατελθὼν εἰς τὴν πόλιν τῆς
bajando a la ciudad —

Σαμαρείας ἐκήρυσσεν αὐτοῖς τὸν Χριστόν.
de Samaria, proclamaba les — a Cristo.

6 προσεῖχον δὲ οἱ ὄχλοι τοῖς
Y prestaban atención las gentes a las

λεγομένοις ὑπὸ τοῦ Φιλίππου ὁμοθυμαδὸν
cosas que eran dichas por — Felipe, unánimes

ἐν τῷ ἀκούειν αὐτοὺς καὶ βλέπειν τὰ
en el oír las y ver las

σημεῖα ἃ ἐποίει. 7 πολλοὶ γὰρ τῶν
señales que hacía. Porque muchos de los

ἐχόντων πνεύματα ἀκάθαρτα βοῶντα φωνῇ
que tenían espíritus inmundos, gritando con voz

μεγάλῃ ἐξήρχοντο· πολλοὶ δὲ παραλελυμένοι
grande salían; y muchos (los espíritus) paralíticos

καὶ χωλοὶ ἐθεραπεύθησαν· 8 ἐγένετο δὲ
y cojos eran sanados; y hubo

πολλὴ χαρὰ ἐν τῇ πόλει ἐκείνῃ. 9 Ἀνὴρ δέ τις
mucho gozo en la ciudad aquella. Y un cierto hombre

ὀνόματι Σίμων προϋπῆρχεν ἐν τῇ
de nombre Simón había estado previamente en la

πόλει μαγεύων καὶ ἐξιστάνων τὸ
ciudad ejerciendo la magia y dejando atónita a la

ἔθνος τῆς Σαμαρείας, λέγων εἶναί τινα
gente — de Samaria, diciendo que era alguien

ἑαυτὸν μέγαν, 10 ᾧ προσεῖχον πάντες
él mismo grande, al que prestaban atención todos

ἀπὸ μικροῦ ἕως μεγάλου λέγοντες· οὗτός
desde (el) pequeño hasta (el) grande, diciendo: Éste

ἐστιν ἡ δύναμις τοῦ θεοῦ ἡ καλουμένη
es el poder — de Dios — llamado

μεγάλη. **11** προσεῖχον δὲ αὐτῷ διὰ τὸ
grande. Y prestaban atención a él a causa de que

ἱκανῷ χρόνῳ ταῖς μαγείαις ἐξεστακέναι
por bastante tiempo con las artes mágicas había tenido atónitos

αὐτούς. **12** ὅτε δὲ ἐπίστευσαν τῷ Φιλίππῳ
les. Pero cuando creyeron — a Felipe

εὐαγγελιζομένῳ περὶ τῆς βασιλείας τοῦ
que anunciaba las acerca del reino —
buenas nuevas

θεοῦ καὶ τοῦ ὀνόματος Ἰησοῦ Χριστοῦ,
de Dios y del nombre de Jesucristo,

ἐβαπτίζοντο ἄνδρες τε καὶ γυναῖκες.
eran bautizados tanto hombres como mujeres.

13 ὁ δὲ Σίμων καὶ αὐτὸς ἐπίστευσεν,
— Y Simón también mismo creyó,

καὶ βαπτισθεὶς ἦν προσκαρτερῶν τῷ
y, tras ser bautizado, estaba adherido asiduamente —

Φιλίππῳ, θεωρῶν τε σημεῖα καὶ δυνάμεις
a Felipe, y viendo las señales y obras poderosas

μεγάλας γινομένας ἐξίστατο. **14** Ἀκούσαντες
grandes que se hacían, estaba atónito. Y al oír

δὲ οἱ ἐν Ἱεροσολύμοις ἀπόστολοι ὅτι
los en Jerusalén apóstoles que

δέδεκται ἡ Σαμάρεια τὸν λόγον τοῦ
ha recibido — Samaria la palabra —

θεοῦ, ἀπέστειλαν πρὸς αὐτοὺς Πέτρον
de Dios, enviaron a ellos a Pedro

καὶ Ἰωάννην, **15** οἵτινες καταβάντες
y a Juan, los cuales, bajando,

προσηύξαντο περὶ αὐτῶν ὅπως λάβωσιν
oraron acerca de ellos a fin de que recibiesen

πνεῦμα ἅγιον· **16** οὐδέπω γὰρ ἦν ἐπ
(el) Espíritu Santo; porque aún no había sobre

οὐδενὶ αὐτῶν ἐπιπεπτωκός, μόνον δὲ
ninguno de ellos [2]descendido, sino que sólo

βεβαπτισμένοι ὑπῆρχον εἰς τὸ ὄνομα τοῦ
bautizados estaban en el nombre del

κυρίου Ἰησοῦ. **17** τότε ἐπετίθεσαν τὰς
Señor Jesús. Entonces imponían las

χεῖρας ἐπ᾽ αὐτούς, καὶ ἐλάμβανον πνεῦμα
manos sobre ellos, y recibían (el) Espíritu

ἅγιον. **18** ἰδὼν δὲ ὁ Σίμων ὅτι διὰ
Santo. Y viendo — Simón que mediante

τῆς ἐπιθέσεως τῶν χειρῶν τῶν ἀποστόλων
la imposición de las manos de los apóstoles

δίδοται τὸ πνεῦμα, προσήνεγκεν αὐτοῖς
es dado el Espíritu, ofreció les

[1]
13. OBRAS PODEROSAS. Lit. *poderes.*
[2]
16. DESCENDIDO. Lit. *caído encima* (con señales manifiestas).

χρήματα   λέγων·   **19** δότε   κἀμοὶ   τὴν
dinero,   diciendo: Dad   también a mí   la

ἐξουσίαν   ταύτην   ἵνα   ᾧ   ἐὰν   ἐπιθῶ   τὰς
potestad   esta   para que   a quienquiera que imponga   las

χεῖρας   λαμβάνῃ   πνεῦμα   ἅγιον.   **20** Πέτρος   δὲ
manos,   reciba   (el) Espíritu Santo.   Pero Pedro

εἶπεν   πρὸς   αὐτόν·   τὸ   ἀργύριόν   σου
dijo   a   él: La   plata   de ti

σὺν   σοὶ   εἴη   εἰς   ἀπώλειαν,   ὅτι   τὴν   δωρεὰν
contigo   sea   para   perdición,   pues   el   ¹don

τοῦ   θεοῦ   ἐνόμισας   διὰ   χρημάτων   κτᾶσθαι.
— de Dios   supusiste que   mediante dinero   se obtiene.

21 οὐκ   ἔστιν   σοι   μερὶς   οὐδὲ   κλῆρος
No   tienes   tú   parte   ni   heredad

ἐν   τῷ   λόγῳ   τούτῳ·   ἡ   γὰρ   καρδία   σου
en   el   asunto   este;   porque el   corazón   de ti

οὐκ   ἔστιν   εὐθεῖα   ἔναντι   τοῦ   θεοῦ.
no   está   recto   delante   —   de Dios.

22 μετανόησον   οὖν   ἀπὸ   τῆς   κακίας   σου
Arrepiéntete,   pues,   de   la   maldad   de ti

ταύτης,   καὶ   δεήθητι   τοῦ   κυρίου   εἰ   ἄρα
esta,   y   pide   al   Señor   si   quizá

ἀφεθήσεταί   σοι   ἡ   ἐπίνοια   τῆς   καρδίας
será perdonado   te   el   pensamiento   del   corazón

σου·   **23** εἰς   γὰρ   χολὴν   πικρίας   καὶ
de ti;   porque en   hiel   de amargura   y

σύνδεσμον   ἀδικίας   ὁρῶ   σε   ὄντα.
atadura   de iniquidad   veo   que tú   estás.

24 ἀποκριθεὶς   δὲ   ὁ   Σίμων   εἶπεν·   δεήθητε
Y respondiendo   —   Simón,   dijo: Pedid

ὑμεῖς   ὑπὲρ   ἐμοῦ   πρὸς   τὸν   κύριον,   ὅπως
vosotros   acerca   de mí   al   Señor,   a fin de que

μηδὲν   ἐπέλθῃ   ἐπ᾽   ἐμὲ   ὧν   εἰρήκατε.
nada   venga   sobre   mí de las cosas que habéis dicho.

25 Οἱ   μὲν   οὖν   διαμαρτυράμενοι   καὶ   λαλή-
Y ellos, por su parte,   tras testificar solemnemente   y   hablar

σαντες   τὸν   λόγον   τοῦ   κυρίου   ὑπέστρεφον
la   palabra   del   Señor,   regresaron

εἰς   Ἱεροσόλυμα,   πολλάς   τε   κώμας   τῶν
a   Jerusalén,   y muchas   aldeas   de los

Σαμαριτῶν   εὐηγγελίζοντο.
samaritanos   evangelizaban.

26 Ἄγγελος   δὲ   κυρίου   ἐλάλησεν   πρὸς
Pero un ángel   de(l) Señor   habló   a

Φίλιππον   λέγων·   ἀνάστηθι   καὶ   πορεύου
Felipe,   diciendo: Levántate   y   ve

κατὰ μεσημβρίαν ἐπὶ τὴν ὁδὸν τὴν
hacia　　(el) sur,　　al　　　 camino

καταβαίνουσαν ἀπὸ Ἰερουσαλὴμ εἰς Γάζαν·
que desciende　　desde　　Jerusalén　　a　　Gaza;

αὕτη ἐστὶν ἔρημος. 27 καὶ ἀναστὰς
[1]éste　 es　 un desierto.　　Y　　levantándose,

ἐπορεύθη. καὶ ἰδοὺ ἀνὴρ Αἰθίοψ εὐνοῦχος
fue.　　Y he ahí que　un varón　etíope,　　eunuco,

δυνάστης Κανδάκης βασιλίσσης Αἰθιόπων,
alto dignatario　de Candace,　　reina　　de los etíopes,

ὃς ἦν ἐπὶ πάσης τῆς γάζης αὐτῆς,
el cual estaba　sobre　todo　el　 tesoro　 de ella,

[ὃς] ἐληλύθει προσκυνήσων εἰς Ἰερουσαλήμ,
el cual　habíá venido　para adorar　 en　 Jerusalén,

28 ἦν δὲ ὑποστρέφων καὶ καθήμενος ἐπὶ
y estaba　　regresando　　y　　 sentado　　 en

τοῦ ἅρματος αὐτοῦ καὶ ἀνεγίνωσκεν τὸν
el　 carruaje　　de él　 y　　 leía　　 al

προφήτην Ἡσαΐαν. 29 εἶπεν δὲ τὸ πνεῦμα
profeta　 Isaías.　　Y dijo　　el　 Espíritu

τῷ Φιλίππῳ· πρόσελθε καὶ κολλήθητι
a Felipe:　　Acércate　　y　　 júntate

τῷ ἅρματι τούτῳ. 30 προσδραμὼν δὲ
al　 carruaje　 este.　　Y cuando se acercó corriendo

ὁ Φίλιππος ἤκουσεν αὐτοῦ ἀναγινώσκοντος
—　 Felipe,　　oyó　　le　　que leía

Ἡσαΐαν τὸν προφήτην, καὶ εἶπεν· ἆρά γε
a Isaías　 el　 profeta,　　y　　dijo:　　Entonces,

γινώσκεις ἃ ἀναγινώσκεις; 31 ὁ δὲ
¿conoces　lo que　estás leyendo?　　Y él

εἶπεν· πῶς γὰρ ἂν δυναίμην ἐὰν μή
dijo:　¿Pero　cómo　　podría　　a no ser que

τις ὁδηγήσει με; παρεκάλεσέν τε τὸν
alguien　guiará　me?　　E invitó　　—

Φίλιππον ἀναβάντα καθίσαι σὺν αὐτῷ.
a Felipe　a que, subiendo,　se sentara　con　 él.

32 ἡ δὲ περιοχὴ τῆς γραφῆς ἦν ἀνεγίνω-
Y el　　pasaje　　de la Escritura　que　 leía

σκεν ἦν αὕτη· ὡς πρόβατον ἐπὶ σφαγὴν
era　 éste:　Como　 oveja　 a　(la) matanza

ἤχθη, καὶ ὡς ἀμνὸς ἐναντίον τοῦ κείροντος
fue conducido　y como　cordero　delante　del　que trasquila

αὐτὸν • ἄφωνος, οὕτως οὐκ ἀνοίγει τὸ
le,　(está) sin voz,　　así　　no　　abre　　la

στόμα αὐτοῦ. 33 Ἐν τῇ ταπεινώσει
boca　 de él.　　En la　　humillación,

ἡ κρίσις αὐτοῦ ἤρθη· τὴν γενεὰν αὐτοῦ
[2]el　 juicio　 de él　 fue quitado;　la　 generación　 de él

1
26. ÉSTE (¿el camino o la ciudad?) ES UN DESIERTO. Es decir, *es un camino poco frecuentado.*
2
33. EL JUICIO DE ÉL FUE QUITADO. Es decir, *no se le hizo justicia.*

τίς   διηγήσεται;   ὅτι   αἴρεται   ἀπὸ   τῆς
¿quién   describirá?;   pues   es quitada   de   la

γῆς   ἡ   ζωὴ   αὐτοῦ.   34 ἀποκριθεὶς   δὲ   ὁ
tierra   la   vida   de él.   Y respondiendo   el

εὐνοῦχος   τῷ   Φιλίππῳ   εἶπεν·   δέομαί   σου,
eunuco   —   a Felipe,   dijo: Pido   te,

περὶ   τίνος   ὁ   προφήτης   λέγει   τοῦτο;
¿acerca   de quién   el   profeta   dice   esto?;

περὶ   ἑαυτοῦ   ἢ   περὶ   ἑτέρου   τινός;
¿acerca   de sí mismo   o   acerca   de otro   alguno?

35 ἀνοίξας   δὲ   ὁ   Φίλιππος   τὸ   στόμα
Y abriendo   —   Felipe   la   boca

αὐτοῦ   καὶ   ἀρξάμενος   ἀπὸ   τῆς   γραφῆς   ταύτης
de él   y   comenzando   desde   la   Escritura   esta,

εὐηγγελίσατο   αὐτῷ   τὸν   Ἰησοῦν.
[1]anunció las buenas nuevas   le   —   (de) Jesús.

36 ὡς   δὲ   ἐπορεύοντο   κατὰ   τὴν   ὁδόν,
Y cuando   iban   por   el   camino,

ἦλθον   ἐπί   τι   ὕδωρ,   καί φησιν ὁ   εὐνοῦχος·
vinieron   a cierta   agua,   y   dice el   eunuco:

ἰδοὺ   ὕδωρ·   τί   κωλύει   με   βαπτισθῆναι;
Mira,   agua;   ¿qué   impide   que yo   sea bautizado?*

38 καὶ   ἐκέλευσεν   στῆναι   τὸ   ἅρμα,   καὶ
Y   mandó   parar   el   carruaje,   y

κατέβησαν   ἀμφότεροι   εἰς   τὸ   ὕδωρ,   ὅ
descendieron   ambos   al   agua,   —

τε   Φίλιππος   καὶ   ὁ   εὐνοῦχος,   καὶ   ἐβάπτισεν
tanto   Felipe   como   el   eunuco,   y   bautizó

αὐτόν.   39 ὅτε   δὲ   ἀνέβησαν   ἐκ   τοῦ   ὕδατος,
le.   Y cuando   subieron   del   agua,

πνεῦμα   κυρίου   ἥρπασεν   τὸν   Φίλιππον,
(el) Espíritu   de(l) Señor   arrebató   —   a Felipe,

καὶ   οὐκ   εἶδεν   αὐτὸν   οὐκέτι   ὁ   εὐνοῦχος,
y   no   vio   le   ya más   el   eunuco,

ἐπορεύετο   γὰρ   τὴν   ὁδὸν   αὐτοῦ   χαίρων.
pues iba   (por) el   camino   de él   alegrándose.

40 Φίλιππος   δὲ   εὑρέθη   εἰς   Ἄζωτον,   καὶ
Pero Felipe   fue hallado   en   Azoto,   y

διερχόμενος   εὐηγγελίζετο   τὰς   πόλεις   πάσας
pasando,   evangelizaba   las   ciudades   todas

ἕως   τοῦ   ἐλθεῖν   αὐτὸν   εἰς   Καισάρειαν.
hasta   llegar   él   a   Cesarea.

1
35. ANUNCIÓ... DE JESÚS.
Lit. *le evangelizó a Jesús.*
*
36. El vers. 37 no aparece
en los principales MSS.

9 Ὁ δὲ Σαῦλος ἔτι ἐμπνέων ἀπειλῆς
— Pero Saulo aún respirando amenaza

καὶ φόνου εἰς τοὺς μαθητὰς τοῦ κυρίου,
y asesinato contra los discípulos del Señor,

προσελθὼν τῷ ἀρχιερεῖ **2** ἠτήσατο παρ'
presentándose al sumo sacerdote, pidió de parte

αὐτοῦ ἐπιστολὰς εἰς Δαμασκὸν πρὸς τὰς
de él cartas a Damasco para las

συναγωγάς, ὅπως ἐάν τινας εὕρῃ τῆς
sinagogas, a fin de que a cualesquiera que hallase del

ὁδοῦ ὄντας, ἄνδρας τε καὶ γυναῖκας, δεδεμένους
[1]Camino que fuesen, tanto hombres como mujeres, atados

ἀγάγῃ εἰς Ἰερουσαλήμ. **3** Ἐν
trajese(los) a Jerusalén. Pero

δὲ τῷ πορεύεσθαι ἐγένετο αὐτὸν ἐγγίζειν
[2]al ir, sucedió que él se acercaba

τῇ Δαμασκῷ, ἐξαίφνης τε αὐτὸν περιήστ-
— a Damasco, y de repente le resplandeció

ραψεν φῶς ἐκ τοῦ οὐρανοῦ, **4** καὶ πεσὼν
alrededor una luz del cielo, y cayendo

ἐπὶ τὴν γῆν ἤκουσεν φωνὴν λέγουσαν
en la tierra, oyó una voz que decía

αὐτῷ· Σαοὺλ Σαούλ, τί με διώκεις;
le: Saúl, Saúl, ¿por qué me persigues?

5 εἶπεν δέ· τίς εἶ, κύριε; ὁ δέ· ἐγώ
Y dijo: ¿Quién eres, Señor? Y él (dijo): Yo

εἰμι Ἰησοῦς ὃν σὺ διώκεις· **6** ἀλλὰ
soy Jesús, a quien tú persigues; pero

ἀνάστηθι καὶ εἴσελθε εἰς τὴν πόλιν,
levántate y entra en la ciudad,

καὶ λαληθήσεταί σοι ὅ τί σε δεῖ ποιεῖν.
y será hablado te lo que tú es menester que hagas.

7 οἱ δὲ ἄνδρες οἱ συνοδεύοντες αὐτῷ
Y los hombres que iban de camino con él

εἱστήκεισαν ἐνεοί, ἀκούοντες μὲν τῆς
[3]se pararon estupefactos, oyendo, sí, [4]la

φωνῆς, μηδένα δὲ θεωροῦντες. **8** ἠγέρθη δὲ
voz, pero a nadie viendo. Y fue levantado

Σαῦλος ἀπὸ τῆς γῆς, ἀνεῳγμένων δὲ
Saulo de la tierra, y estando abiertos

τῶν ὀφθαλμῶν αὐτοῦ οὐδὲν ἔβλεπεν·
los ojos de él, nada veía;

χειραγωγοῦντες δὲ αὐτὸν εἰσήγαγον εἰς
y llevando de la mano le, introdujeron(le) en

Δαμασκόν. **9** καὶ ἦν ἡμέρας τρεῖς μὴ
Damasco. Y estuvo (por) días tres no

2. CAMINO. Con este vocablo suele Lucas designar el cristianismo. (Comp. Jn. 14: 6; Col. 2:6.)
2
3. AL IR. Esto es, *mientras iba.*
3
7. SE PARARON. Lit. *se habían parado.*
4
7. LA VOZ. Es decir, *el sonido, pero no las palabras.* (V. 22:9.)

βλέπων, καὶ οὐκ ἔφαγεν οὐδὲ ἔπιεν.
viendo, y no comió ni bebió.

10 Ἦν δέ τις μαθητὴς ἐν Δαμασκῷ
Y había cierto discípulo en Damasco

ὀνόματι Ἀνανίας, καὶ εἶπεν πρὸς αὐτὸν
de nombre Ananías, y dijo a él

ἐν ὁράματι ὁ κύριος· Ἀνανία. ὁ δὲ
en visión el Señor: Ananías. Y él

εἶπεν· ἰδοὺ ἐγώ, κύριε. **11** ὁ δὲ κύριος
dijo: He aquí yo, Señor. Y el Señor

πρὸς αὐτόν· ἀναστὰς πορεύθητι ἐπὶ τὴν
(dijo) a él: Levantándote, ve a la

ῥύμην τὴν καλουμένην εὐθεῖαν καὶ ζήτησον
calle — llamada Recta, y busca

ἐν οἰκίᾳ Ἰούδα Σαῦλον ὀνόματι Ταρσέα·
en casa de Judas a Saulo de nombre, tarsense;

ἰδοὺ γὰρ προσεύχεται, **12** καὶ εἶδεν ἄνδρα
porque mira, está orando, y vio a un varón

[ἐν ὁράματι] Ἀνανίαν ὀνόματι εἰσελθόντα
en visión, Ananías de nombre, entrando

καὶ ἐπιθέντα αὐτῷ χεῖρας, ὅπως ἀναβλέψῃ.
e imponiendo le (las) manos, a fin de que recobre la vista.

13 ἀπεκρίθη δὲ Ἀνανίας· κύριε, ἤκουσα
Y respondió Ananías: Señor, oí

ἀπὸ πολλῶν περὶ τοῦ ἀνδρὸς τούτου,
de muchos acerca del varón este,

ὅσα κακὰ τοῖς ἁγίοις σου ἐποίησεν
cuántas cosas malas a los santos de ti hizo

ἐν Ἰερουσαλήμ· **14** καὶ ὧδε ἔχει ἐξουσίαν
en Jerusalén; y aquí tiene autoridad

παρὰ τῶν ἀρχιερέων δῆσαι πάντας τοὺς
de parte de los principales [1]para prender a todos los
sacerdotes

ἐπικαλουμένους τὸ ὄνομά σου. **15** εἶπεν
que invocan el nombre de ti. Pero dijo

δὲ πρὸς αὐτὸν ὁ κύριος· πορεύου, ὅτι
a él el Señor: Ve, pues

σκεῦος ἐκλογῆς ἐστίν μοι οὗτος τοῦ
[2]vaso de elección es me éste —

βαστάσαι τὸ ὄνομά μου ἐνώπιον [τῶν]
para llevar el nombre de mí delante de las

ἐθνῶν τε καὶ βασιλέων υἱῶν τε Ἰσραήλ·
naciones y también de reyes y de hijos de Israel;

16 ἐγὼ γὰρ ὑποδείξω αὐτῷ ὅσα δεῖ
porque yo mostraré le cuántas cosas es menester

αὐτὸν ὑπὲρ τοῦ ὀνόματός μου παθεῖν.
que él a favor del nombre de mí padezca.

17 Ἀπῆλθεν δὲ Ἀνανίας καὶ εἰσῆλθεν
Entonces se fue Ananías y entró

[1]
14. PARA PRENDER. Lit. *para atar*.
[2]
15. VASO DE ELECCIÓN. Es decir, *instrumento escogido*.

εἰς τὴν οἰκίαν, καὶ ἐπιθεὶς ἐπ' αὐτὸν
en la casa, e imponiendo sobre él

τὰς χεῖρας εἶπεν· Σαοὺλ ἀδελφέ, ὁ
las manos, dijo: Saúl hermano, el

κύριος ἀπέσταλκέν με, Ἰησοῦς ὁ ὀφθείς σοι
Señor ha enviado me, Jesús el que ¹se apareció a ti

ἐν τῇ ὁδῷ ᾗ ἤρχου, ὅπως ἀναβλέψῃς
en el camino por el que venías, a fin de que recobres la vista

καὶ πλησθῇς πνεύματος ἁγίου. 18 καὶ
y seas llenado de(l) Espíritu Santo. Y

εὐθέως ἀπέπεσαν αὐτοῦ ἀπὸ τῶν ὀφθαλμῶν
al instante cayeron de él de los ojos

ὡς λεπίδες, ἀνέβλεψέν τε, καὶ ἀναστὰς
como escamas, y recobró la vista, y levantándose,

ἐβαπτίσθη, 19 καὶ λαβὼν τροφὴν ἐνίσχυσεν.
fue bautizado, y tomando alimento, recobró fuerzas.

Ἐγένετο δὲ μετὰ τῶν ἐν Δαμασκῷ
Y estuvo con los en Damasco

μαθητῶν ἡμέρας τινάς, 20 καὶ εὐθέως
discípulos (por) días algunos, y en seguida

ἐν ταῖς συναγωγαῖς ἐκήρυσσεν τὸν Ἰησοῦν,
en las sinagogas proclamaba — a Jesús,

ὅτι οὗτός ἐστιν ὁ υἱὸς τοῦ θεοῦ.
que éste es el hijo — de Dios.

21 ἐξίσταντο δὲ πάντες οἱ ἀκούοντες καὶ
Y estaban atónitos todos los que oían, y

ἔλεγον· οὐχ οὗτός ἐστιν ὁ πορθήσας
decían: ¿No éste es el que asolaba

εἰς Ἰερουσαλὴμ τοὺς ἐπικαλουμένους
en Jerusalén a los que invocan

τὸ ὄνομα τοῦτο, καὶ ὧδε εἰς τοῦτο ἐληλύθει,
el nombre este, y acá a esto había venido

ἵνα δεδεμένους αὐτοὺς ἀγάγῃ ἐπὶ τοὺς
para, atados, les traer ante los

ἀρχιερεῖς; 22 Σαῦλος δὲ μᾶλλον ἐνε-
principales sacerdotes? Pero Saulo más era llenado

δυναμοῦτο καὶ συνέχυννεν Ἰουδαίους τοὺς κατ-
de poder y confundía a (los) judíos que

οἰκοῦντας ἐν Δαμασκῷ, συμβιβάζων ὅτι οὗτός
habitaban en Damasco, demostrando que éste

ἐστιν ὁ χριστός. 23 Ὡς δὲ ἐπληροῦντο
es el ²Cristo. Y cuando se cumplieron

ἡμέραι ἱκαναί, 24 συνεβουλεύσαντο
días bastantes, resolvieron

οἱ Ἰουδαῖοι ἀνελεῖν αὐτόν· ἐγνώσθη δὲ
los judíos matar le; pero fue conocido

τῷ Σαύλῳ ἡ ἐπιβουλὴ αὐτῶν. παρετη-
— por Saulo el complot de ellos. Y vigilaban

1
17. SE APARECIÓ A TI. Lit.
fue visto por ti.
2
22. CRISTO. O Mesías.

ροῦντο δὲ καὶ τὰς πύλας ἡμέρας τε καὶ
de cerca   también las puertas tanto de día como

νυκτὸς ὅπως αὐτὸν ἀνέλωσιν· 25 λαβόντες δὲ
de noche a fin de le   matar;   pero tomando

οἱ μαθηταὶ αὐτοῦ νυκτὸς διὰ τοῦ
los discípulos le   de noche, a través del

τείχους καθῆκαν αὐτὸν χαλάσαντες ἐν
muro   bajaron   le   descolgando(le) en

σπυρίδι. 26 Παραγενόμενος δὲ εἰς
un canasto.   Y habiendo llegado   a

Ἰερουσαλὴμ ἐπείραζεν κολλᾶσθαι τοῖς
Jerusalén,   intentó   juntarse   a los

μαθηταῖς· καὶ πάντες ἐφοβοῦντο αὐτόν,
discípulos;   y   todos   temían   le,

μὴ πιστεύοντες ὅτι ἐστὶν μαθητής.
no   creyendo   que   [1]era discípulo.

27 Βαρναβᾶς δὲ ἐπιλαβόμενος αὐτὸν ἤγαγεν
    Pero Bernabé,   [2]acogiendo   le,   (le) condujo

πρὸς τοὺς ἀποστόλους, καὶ διηγήσατο
ante los   apóstoles,   y   refirió

αὐτοῖς πῶς ἐν τῇ ὁδῷ εἶδεν τὸν κύριον
les   cómo en el camino vio   al   Señor

καὶ ὅτι ἐλάλησεν αὐτῷ, καὶ πῶς ἐν
y   que   habló   le,   y   cómo en

Δαμασκῷ ἐπαρρησιάσατο ἐν τῷ ὀνόματι
Damasco   habló con denuedo en el nombre

Ἰησοῦ. 28 καὶ ἦν μετ᾽ αὐτῶν εἰσπορευόμενος
de Jesús.   Y estaba con   ellos,   entrando

καὶ ἐκπορευόμενος εἰς Ἰερουσαλήμ,
y   saliendo,   en   Jerusalén,

παρρησιαζόμενος ἐν τῷ ὀνόματι τοῦ
hablando con denuedo en el nombre   del

κυρίου, 29 ἐλάλει τε καὶ συνεζήτει πρὸς
Señor,   y hablaba y también discutía   con

τοὺς Ἑλληνιστάς· οἱ δὲ ἐπεχείρουν ἀνελεῖν
los [3]helenistas; pero ellos traían entre manos matar

αὐτόν. 30 ἐπιγνόντες δὲ οἱ ἀδελφοὶ
le.   Y enterándose   los   hermanos,

κατήγαγον αὐτὸν εἰς Καισάρειαν καὶ
bajaron   le   a   Cesarea   y

ἐξαπέστειλαν αὐτὸν εἰς Ταρσόν.
[4]enviaron   le   a   Tarso.

31 Ἡ μὲν οὖν ἐκκλησία καθ᾽ ὅλης
    Entretanto,   la iglesia   por   toda

τῆς Ἰουδαίας καὶ Γαλιλαίας καὶ Σαμαρείας
la   Judea   y   Galilea   y   Samaria

εἶχεν εἰρήνην οἰκοδομουμένη καὶ πορευομένη
tenía   paz   siendo edificada   y   andando

26. ERA. Lit. es.
27. ACOGIÉNDOLE. O tomándole.
29. HELENISTAS. Es decir, judíos que hablaban griego.
30. ENVIARON. Lit. despidieron.

τῷ φόβῳ τοῦ κυρίου, καὶ τῇ παρακλήσει
en (el) temor del Señor, y con la ¹consolación

τοῦ ἁγίου πνεύματος ἐπληθύνετο.
del Santo Espíritu se multiplicaba.

32 Ἐγένετο δὲ Πέτρον διερχόμενον διὰ
Y sucedió que Pedro, al pasar por

πάντων κατελθεῖν καὶ πρὸς τοὺς ἁγίους
todos bajó también a los santos
(los lugares)

τοὺς κατοικοῦντας Λύδδα. **33** εὗρεν δὲ
— que habitaban Lida. Y halló

ἐκεῖ ἄνθρωπόν τινα ὀνόματι Αἰνέαν ἐξ
allí a un hombre por nombre Eneas que desde
(hacia)

ἐτῶν ὀκτὼ κατακείμενον ἐπὶ κραβάτου,
años ocho yacía sobre una colchoneta,

ὃς ἦν παραλελυμένος. **34** καὶ εἶπεν αὐτῷ
que estaba paralítico. Y dijo le

ὁ Πέτρος· Αἰνέα, ἰαταί σε Ἰησοῦς Χριστός·
— Pedro: Eneas, sana te Jesucristo;

ἀνάστηθι καὶ στρῶσον σεαυτῷ. καὶ
levántate y haz la cama ²para ti mismo. Y

εὐθέως ἀνέστη. **35** καὶ εἶδαν αὐτὸν
al instante se levantó. Y vieron le

πάντες οἱ κατοικοῦντες Λύδδα καὶ τὸν
todos los que habitaban Lida y —

Σαρῶνα, οἵτινες ἐπέστρεψαν ἐπὶ τὸν κύριον.
Sarón, los cuales se convirtieron al Señor.

Ἐν Ἰόππῃ δέ τις ἦν μαθήτρια ὀνόματι
Y en Jope había cierta discípula de nombre

Ταβιθά, **36** ᾗ διερμηνευομένη λέγεται
Tabitá, que traducida se dice

Δορκάς· αὕτη ἦν πλήρης ἔργων ἀγαθῶν
³Dorcás; ésta estaba llena de obras buenas

καὶ ἐλεημοσυνῶν ὧν ἐποίει. **37** ἐγένετο δὲ
y de limosnas que hacía. Y sucedió que

ἐν ταῖς ἡμέραις ἐκείναις ἀσθενήσασαν
en los días aquellos, enfermando

αὐτὴν ἀποθανεῖν· λούσαντες δὲ ἔθηκαν
ella, murió; y tras lavar(la) pusieron(la)

ἐν ὑπερῴῳ. **38** ἐγγὺς δὲ οὔσης Λύδδας
en un aposento alto. Y cerca estando Lida

τῇ Ἰόππῃ οἱ μαθηταὶ ἀκούσαντες ὅτι
— de Jope, los discípulos, oyendo que

Πέτρος ἐστὶν ἐν αὐτῇ ἀπέστειλαν δύο
Pedro ⁴estaba en ella, enviaron dos

ἄνδρας πρὸς αὐτὸν παρακαλοῦντες· μὴ
hombres a él, rogando(le): No

ὀκνήσῃς διελθεῖν ἕως ἡμῶν. **39** ἀναστὰς δὲ
tardes en pasar hasta nosotros. Y levantándose

1
31. CONSOLACIÓN. O *asistencia*.
2
34. PARA TI MISMO. O *por ti mismo*.
3
36. DORCÁS (palabra griega que significa *gacela*).
4
38. ESTABA. Lit. *está*.

Πέτρος συνῆλθεν αὐτοῖς· ὃν παραγενόμενον
Pedro,   se fue con   ellos;   a quien   habiendo llegado

ἀνήγαγον εἰς τὸ ὑπερῷον, καὶ παρέστησαν
condujeron arriba   al   aposento alto,   y   se acercaron

αὐτῷ πᾶσαι αἱ χῆραι κλαίουσαι καὶ
a él   todas   las   viudas   llorando   y

ἐπιδεικνύμεναι χιτῶνας καὶ ἱμάτια, ὅσα
mostrando   (las) túnicas   y   (los) mantos   cuantos

ἐποίει μετ' αὐτῶν οὖσα ἡ Δορκάς.
hacía   con   ellas   estando   —   Dorcás.

40 ἐκβαλὼν δὲ ἔξω πάντας ὁ Πέτρος
Y sacando   afuera   a todos,   —   Pedro

καὶ θεὶς τὰ γόνατα προσηύξατο, καὶ
y   1puesto de   rodillas,   oró,   y

ἐπιστρέψας πρὸς τὸ σῶμα εἶπεν· Ταβιθά,
volviéndose   hacia   el   2cadáver,   dijo: Tabitá,

ἀνάστηθι. ἡ δὲ ἤνοιξεν τοὺς ὀφθαλμοὺς
levántate.   Y ella   abrió   los   ojos

αὐτῆς, καὶ ἰδοῦσα τὸν Πέτρον ἀνεκάθισεν.
de ella,   y   al ver   —   a Pedro   se incorporó.

41 δοὺς δὲ αὐτῇ χεῖρα ἀνέστησεν αὐτήν·
Y (él) dando   le   (la) mano,   levantó   la;

φωνήσας δὲ τοὺς ἁγίους καὶ τὰς χήρας
y llamando   a los   santos   y   a las   viudas,

παρέστησεν αὐτὴν ζῶσαν. **42** γνωστὸν δὲ
presentó   la   viva.   Y notorio

ἐγένετο καθ' ὅλης τῆς Ἰόππης, καὶ
se hizo   en   toda   —   Jope,   y

ἐπίστευσαν πολλοὶ ἐπὶ τὸν κύριον.
creyeron   muchos   en   el   Señor.

43 Ἐγένετο δὲ ἡμέρας ἱκανὰς μεῖναι ἐν
Y sucedió que   (por) días   bastantes   se quedó   en

Ἰόππῃ παρά τινι Σίμωνι βυρσεῖ.
Jope   con   cierto   Simón,   curtidor.

10 Ἀνὴρ δέ τις ἐν Καισαρείᾳ ὀνόματι
Y cierto   varón   en   Cesarea,   de nombre

Κορνήλιος, ἑκατοντάρχης ἐκ σπείρης τῆς
Cornelio,   centurión   de   (la) cohorte   —

καλουμένης Ἰταλικῆς, **2** εὐσεβὴς καὶ
llamada   Italiana,   piadoso   y

φοβούμενος τὸν θεὸν σὺν παντὶ τῷ οἴκῳ
3temeroso   —   de Dios   con   toda   la   casa

αὐτοῦ, ποιῶν ἐλεημοσύνας πολλὰς τῷ
de él,   que hacía   limosnas   muchas   al

1
40. PUESTO DE RODILLAS.
Lit. *poniendo las rodillas.*
2
40. CADÁVER. Lit. *cuerpo.*
3
2. TEMEROSO DE DIOS. Lit.
temiendo a Dios.

λαῷ καὶ δεόμενος τοῦ θεοῦ διὰ παντός,
pueblo y hacía peticiones — a Dios continuamente.

3 εἶδεν ἐν ὁράματι φανερῶς, ὡσεὶ περὶ
vio en una visión claramente como hacia

ὥραν ἐνάτην τῆς ἡμέρας, ἄγγελον τοῦ
[1](la) hora novena del día que un ángel —

θεοῦ εἰσελθόντα πρὸς αὐτὸν καὶ εἰπόντα
de Dios entraba a(donde) él, y decía

αὐτῷ· Κορνήλιε. **4** ὁ δὲ ἀτενίσας αὐτῷ
le: Cornelio. Y él, fijando la vista en él

καὶ ἔμφοβος γενόμενος εἶπεν· τί ἐστιν,
y atemorizado hecho. dijo: ¿Qué hay,

κύριε; εἶπεν δὲ αὐτῷ· αἱ προσευχαί
Señor? Y dijo le: Las oraciones

σου καὶ αἱ ἐλεημοσύναι σου ἀνέβησαν
de ti y las limosnas de ti subieron

εἰς μνημόσυνον ἔμπροσθεν τοῦ θεοῦ. **5** καὶ
como memorial delante — de Dios. Y

νῦν πέμψον ἄνδρας εἰς Ἰόππην καὶ
ahora envía varones a Jope y

μετάπεμψαι Σίμωνά τινα ὃς ἐπικαλεῖται
haz venir a cierto Simón que es llamado

Πέτρος· **6** οὗτος ξενίζεται παρά τινι
Pedro; éste se hospeda con cierto

Σίμωνι βυρσεῖ, ᾧ ἐστιν οἰκία παρὰ
Simón, curtidor, que tiene una casa junto

θάλασσαν. **7** ὡς δὲ ἀπῆλθεν ὁ ἄγγελος ὁ
a(l) mar. Y cuando se fue el ángel que

λαλῶν αὐτῷ, φωνήσας δύο τῶν οἰκετῶν
hablaba le, llamando a dos de los criados

καὶ στρατιώτην εὐσεβῆ τῶν προσκαρτερούν-
y a un soldado piadoso de los que servían constan-

των αὐτῷ, **8** καὶ ἐξηγησάμενος ἅπαντα
temente le, y explicando todo

αὐτοῖς ἀπέστειλεν αὐτοὺς εἰς τὴν Ἰόππην.
les, envió los a — Jope.

9 Τῇ δὲ ἐπαύριον ὁδοιπορούντων ἐκείνων
Y al día siguiente, viajando ellos

καὶ τῇ πόλει ἐγγιζόντων ἀνέβη Πέτρος
y a la ciudad acercándose, subió Pedro

ἐπὶ τὸ δῶμα προσεύξασθαι περὶ ὥραν
a la azotea a orar hacia [2](la) hora

ἕκτην. **10** ἐγένετο δὲ πρόσπεινος καὶ
sexta. Y llegó a estar hambriento y

ἤθελεν γεύσασθαι· παρασκευαζόντων δὲ
deseaba [3]comer algo: y mientras preparaban

---

[1]
3. LA HORA NOVENA. Es decir, *las tres de la tarde.*
[2]
9. LA HORA SEXTA. Es decir, *las doce del día.*
[3]
10. COMER ALGO. Lit. *gustar.*

αὐτῶν ἐγένετο ἐπ' αὐτὸν ἔκστασις, 11 καὶ
ellos, vino sobre él un éxtasis, y

θεωρεῖ τὸν οὐρανὸν ἀνεῳγμένον καὶ
ve el cielo abierto y

καταβαῖνον σκεῦός τι ὡς ὀθόνην μεγάλην,
que descendía un objeto como un lienzo grande,

τέσσαρσιν ἀρχαῖς καθιέμενον ἐπὶ τῆς γῆς,
por cuatro puntas descolgado sobre la tierra,

12 ἐν ᾧ ὑπῆρχεν πάντα τὰ τετράποδα
en el que había todas las (clases de) cuadrúpedos

καὶ ἑρπετὰ τῆς γῆς καὶ πετεινὰ τοῦ
y reptiles de la tierra y aves del

οὐρανοῦ. 13 καὶ ἐγένετο φωνὴ πρὸς
cielo. Y vino una voz a

αὐτόν· ἀναστάς, Πέτρε, θῦσον καὶ φάγε.
él: Levantándote, Pedro, ¹mata y come.

14 ὁ δὲ Πέτρος εἶπεν· μηδαμῶς, κύριε,
— Pero Pedro dijo: De ningún modo, Señor.

ὅτι οὐδέποτε ἔφαγον πᾶν κοινὸν καὶ
pues jamás comí toda cosa común e

ἀκάθαρτον. 15 καὶ φωνὴ πάλιν ἐκ δευτέρου
inmunda. Y (la) voz de nuevo por segunda vez

πρὸς αὐτόν· ἃ ὁ θεὸς ἐκαθάρισεν σὺ
a él: Lo que — Dios purificó, tú

μὴ κοίνου. 16 τοῦτο δὲ ἐγένετο ἐπὶ
no (lo) tengas por común. Y esto ocurrió en

τρίς, καὶ εὐθὺς ἀνελήμφθη τὸ σκεῦος
tres veces, y seguidamente fue recogido arriba el objeto

εἰς τὸν οὐρανόν. 17 Ὡς δὲ ἐν ἑαυτῷ
al cielo. Y mientras en sí mismo

διηπόρει ὁ Πέτρος τί ἂν εἴη τὸ ὅραμα
estaba perplejo — Pedro (sobre) qué sería la visión

ὃ εἶδεν, ἰδοὺ οἱ ἄνδρες οἱ ἀπεσταλμένοι
que vio, he ahí que los varones — enviados

ὑπὸ τοῦ Κορνηλίου διερωτήσαντες τὴν
por — Cornelio, después de preguntar (por) la

οἰκίαν τοῦ Σίμωνος ἐπέστησαν ἐπὶ τὸν
casa — de Simón, se presentaron en el

πυλῶνα, 18 καὶ φωνήσαντες ἐπυνθάνοντο
pórtico, y llamando, ²preguntaron

εἰ Σίμων ὁ ἐπικαλούμενος Πέτρος ἐνθάδε
si Simón el llamado Pedro aquí

ξενίζεται. 19 Τοῦ δὲ Πέτρου διενθυμουμένου
se hospeda. Y Pedro, estando meditando

περὶ τοῦ ὁράματος εἶπεν τὸ πνεῦμα·
sobre la visión, dijo(le) el Espíritu:

ἰδοὺ ἄνδρες δύο ζητοῦντές σε· 20 ἀλλὰ
Mira varones dos que buscan te; ³así pues,

ἀναστὰς κατάβηθι, καὶ πορεύου σὺν αὐτοῖς
levantándote, baja y ve con ellos

μηδὲν διακρινόμενος, ὅτι ἐγὼ ἀπέσταλκα
nada dudando, pues yo he enviado

αὐτούς. **21** καταβὰς δὲ Πέτρος πρὸς
los. Y bajando Pedro a

τοὺς ἄνδρας εἶπεν· ἰδοὺ ἐγώ εἰμι ὃν
los varones, dijo: Mirad, yo soy el que

ζητεῖτε· τίς ἡ αἰτία δι᾽ ἣν πάρεστε;
buscáis; ¿cuál (es) la causa por la que estáis aquí?

22 οἱ δὲ εἶπαν· Κορνήλιος ἑκατοντάρχης,
Y ellos dijeron: Cornelio (el) centurión,

ἀνὴρ δίκαιος καὶ φοβούμενος τὸν θεόν,
varón justo y temeroso — de Dios,

μαρτυρούμενός τε ὑπὸ ὅλου τοῦ ἔθνους
y acreditado con por toda la nación
(buen) testimonio

τῶν Ἰουδαίων, ἐχρηματίσθη ὑπὸ ἀγγέλου
de los judíos, fue avisado por un ángel

ἁγίου μεταπέμψασθαί σε εἰς τὸν οἶκον
santo para hacer venir te a la casa

αὐτοῦ καὶ ἀκοῦσαι ῥήματα παρὰ σοῦ.
de él y oír palabras de parte de ti.

23 εἰσκαλεσάμενος οὖν αὐτοὺς ἐξένισεν.
Invitando a entrar, pues, a ellos, (les) hospedó.

Τῇ δὲ ἐπαύριον ἀναστὰς ἐξῆλθεν σὺν
Y al día siguiente, levantándose, salió con

αὐτοῖς, καὶ τινες τῶν ἀδελφῶν τῶν
ellos, y algunos de los hermanos —

ἀπὸ Ἰόππης συνῆλθον αὐτῷ. **24** τῇ δὲ
de Jope acompañaron le. Y al

ἐπαύριον εἰσῆλθεν εἰς τὴν Καισάρειαν·
día siguiente entraron en Cesarea;

ὁ δὲ Κορνήλιος ἦν προσδοκῶν αὐτούς,
— y Cornelio estaba aguardando les,

συγκαλεσάμενος τοὺς συγγενεῖς αὐτοῦ καὶ
habiendo convocado a los parientes de él y

τοὺς ἀναγκαίους φίλους. **25** Ὡς δὲ
a los [1]más íntimos amigos. Y cuando

ἐγένετο τοῦ εἰσελθεῖν τὸν Πέτρον,
sucedió el entrar — Pedro,

συναντήσας αὐτῷ ὁ Κορνήλιος πεσὼν
saliendo al encuentro le — Cornelio, cayendo

ἐπὶ τοὺς πόδας προσεκύνησεν. **26** ὁ δὲ
a los pies (de él), adoró. — Pero

Πέτρος ἤγειρεν αὐτὸν λέγων· ἀνάστηθι·
Pedro levantó le, diciendo: Levántate;

καὶ ἐγὼ αὐτὸς ἄνθρωπός εἰμι. **27** καὶ
también yo mismo hombre soy. Y

1
24. MÁS ÍNTIMOS. Lit. *necesarios.*

συνομιλῶν   αὐτῷ   εἰσῆλθεν,   καὶ   εὑρίσκει
conversando   con él,   entró,   y   halla

συνεληλυθότας   πολλούς,   **28** ἔφη   τε   πρὸς
a los que se habían reunido   muchos,   y dijo   a

αὐτούς· ὑμεῖς   ἐπίστασθε   ὡς   ἀθέμιτόν   ἐστιν
ellos: Vosotros comprendéis   cómo   ilícito   es

ἀνδρὶ   Ἰουδαίῳ   κολλᾶσθαι   ἢ   προσέρχεσθαι
a un varón   judío   juntarse   o   acercarse

ἀλλοφύλῳ· κἀμοὶ   ὁ   θεὸς   ἔδειξεν   μηδένα
[1]a un extranjero; y a mí — Dios   mostró   [2]que a ningún

κοινὸν   ἢ   ἀκάθαρτον   λέγειν   ἄνθρωπον·
común   o   impuro   diga   hombre;

29 διὸ   καὶ   ἀναντιρρήτως   ἦλθον   μετα-
por lo que también   sin replicar   vine   al ser

πεμφθείς.   πυνθάνομαι   οὖν,   τίνι   λόγῳ
hecho venir. Pregunto,   pues,   ¿por qué   razón

μετεπέμψασθέ   με;   **30** καὶ   ὁ   Κορνήλιος
hicisteis venir   me?   Y   —   Cornelio

ἔφη· ἀπὸ   τετάρτης   ἡμέρας   μέχρι   ταύτης   τῆς
dijo: [3]Hace   cuatro   días   hasta   esta   —

ὥρας   ἤμην   τὴν   ἐνάτην   προσευχόμενος
hora   estaba (yo) a la   novena (hora)   orando

ἐν   τῷ   οἴκῳ   μου,   καὶ   ἰδοὺ   ἀνὴρ   ἔστη
en   la   casa   de mí,   y   he ahí que   un varón   se puso

ἐνώπιόν   μου   ἐν   ἐσθῆτι   λαμπρᾷ,   **31** καὶ
delante   de mí   con   vestimenta   resplandeciente,   [en pie] y

φησίν· Κορνήλιε,   εἰσηκούσθη   σου   ἡ
dice: Cornelio,   fue escuchada   de ti   la

προσευχὴ   καὶ   αἱ   ἐλεημοσύναι   σου   ἐμνήσθησαν
oración   y   las   limosnas   de ti   fueron recordadas

ἐνώπιον   τοῦ   θεοῦ.   **32** πέμψον   οὖν   εἰς
delante   —   de Dios.   Envía,   pues,   a

Ἰόππην   καὶ   μετακάλεσαι   Σίμωνα   ὃς   ἐπι-
Jope   y   haz llamar   a Simón   que   es

καλεῖται   Πέτρος· οὗτος   ξενίζεται   ἐν   οἰκίᾳ
llamado   Pedro;   éste   se hospeda   en   casa

Σίμωνος   βυρσέως   παρὰ   θάλασσαν.   **33** ἐξαυτῆς
de Simón,   curtidor,   junto   a(l) mar.   En seguida,

οὖν   ἔπεμψα   πρὸς   σέ,   σύ   τε   καλῶς
pues,   envié   por   ti,   y tú   bien

ἐποίησας   παραγενόμενος.   νῦν   οὖν   πάντες
hiciste   en haber venido.   Ahora,   pues,   todos

ἡμεῖς   ἐνώπιον   τοῦ   θεοῦ   πάρεσμεν   ἀκοῦσαι
nosotros   en presencia   —   de Dios   estamos aquí   para oír

πάντα   τὰ   προστεταγμένα   σοι   ὑπὸ   τοῦ
todo   lo que   ha sido ordenado   te   por   el

κυρίου.   **34** Ἀνοίξας   δὲ   Πέτρος   τὸ   στόμα
Señor.   Y abriendo   Pedro   la   boca,

28. A UN EXTRANJERO. Lit.
a uno de otra nación.
2
**28. QUE A NINGÚN... HOM-
BRE.** Esto es, *que a ningún
hombre llame común o im-
puro.*
3
30. HACE CUATRO DÍAS. Lit.
desde (el) *cuarto día.*

εἶπεν· ἐπ' ἀληθείας καταλαμβάνομαι ὅτι
dijo: En   verdad   me percato   de que

οὐκ ἔστιν προσωπολήμπτης ὁ θεός, 35 ἀλλ'
[1]no   es   parcial   —   Dios,   sino que

ἐν παντὶ ἔθνει ὁ φοβούμενος αὐτὸν καὶ
en   toda   nación el que   teme   le   y

ἐργαζόμενος δικαιοσύνην δεκτὸς αὐτῷ ἐστιν·
practica   justicia,   acepto   le   es:

36 τὸν λόγον ὃν ἀπέστειλεν τοῖς υἱοῖς
la   palabra   que   envió   a los   hijos

Ἰσραὴλ εὐαγγελιζόμενος εἰρήνην διὰ Ἰησοῦ
de Israel   anunciando la buena nueva   (de la) paz   mediante

Χριστοῦ· οὗτός ἐστιν πάντων κύριος.
Jesucristo;   éste   es   de todos   Señor.

37 ὑμεῖς οἴδατε τὸ γενόμενον ῥῆμα καθ'
Vosotros   sabéis   [2]la   divulgada   palabra   por

ὅλης τῆς Ἰουδαίας, ἀρξάμενος ἀπὸ τῆς
toda   la   Judea,   comenzando   desde   —

Γαλιλαίας μετὰ τὸ βάπτισμα ὃ ἐκήρυξεν
Galilea   después   del   bautismo   que   proclamó

Ἰωάννης, 38 Ἰησοῦν τὸν ἀπὸ Ναζαρέθ,
Juan,   a Jesús   el   de   Nazaret,

ὡς ἔχρισεν αὐτὸν ὁ θεὸς πνεύματι ἁγίῳ
cómo   ungió   le   —   Dios   con (el) Espíritu   Santo

καὶ δυνάμει, ὃς διῆλθεν εὐεργετῶν καὶ
y   con poder,   quien   pasó   haciendo el bien   y

ἰώμενος πάντας τοὺς καταδυναστευομένους
sanando   a todos   los   tiranizados

ὑπὸ τοῦ διαβόλου, ὅτι ὁ θεὸς ἦν μετ'
por   el   diablo,   pues   —   Dios   estaba   con

αὐτοῦ· 39 καὶ ἡμεῖς μάρτυρες πάντων
él;   y   nosotros   testigos   de todas las
          (somos)   cosas

ὧν ἐποίησεν ἔν τε τῇ χώρᾳ τῶν Ἰουδαίων
que   hizo,   tanto en   la   región   de los   judíos

καὶ Ἰερουσαλήμ· ὃν καὶ ἀνεῖλαν
como   en Jerusalén;   a quien   incluso   mataron

κρεμάσαντες ἐπὶ ξύλου. 40 τοῦτον ὁ
colgando(le)   en   un madero.   A éste   —

θεὸς ἤγειρεν ἐν τῇ τρίτῃ ἡμέρᾳ καὶ
Dios   levantó   en   el   tercer   día   y

ἔδωκεν αὐτὸν ἐμφανῆ γενέσθαι, 41 οὐ
dio   le   visible   hacerse,   no

παντὶ τῷ λαῷ, ἀλλὰ μάρτυσιν τοῖς
a todo   el   pueblo,   sino   a testigos,   a los

προκεχειροτονημένοις ὑπὸ τοῦ θεοῦ, ἡμῖν,
previamente designados   por   —   Dios, a nosotros,

οἵτινες συνεφάγομεν καὶ συνεπίομεν αὐτῷ
quienes   comimos   y   bebimos   con   él

1
34. NO ES PARCIAL. Esto es,
no tiene favoritismos. (Lit.
no es aceptador de perso-
nas.)
2
37. LA DIVULGADA PALABRA.
O la sucedida cosa.

μετὰ τὸ ἀναστῆναι αὐτὸν ἐκ νεκρῶν·
después de resucitar él de entre (los) muertos;

42 καὶ παρήγγειλεν ἡμῖν κηρῦξαι τῷ λαῷ
y encargó nos proclamar al pueblo

καὶ διαμαρτύρασθαι ὅτι οὗτός ἐστιν ὁ
y testificar solemnemente que éste es el

ὡρισμένος ὑπὸ τοῦ θεοῦ κριτὴς ζώντων
destinado por — Dios (como) Juez de vivos

καὶ νεκρῶν. **43** τούτῳ πάντες οἱ προφῆται
y muertos. [1]De éste todos los profetas

μαρτυροῦσιν, ἄφεσιν ἁμαρτιῶν λαβεῖν διὰ
testifican que perdón de pecados recibe mediante

τοῦ ὀνόματος αὐτοῦ πάντα τὸν πιστεύοντα
el nombre de él todo el que cree

εἰς αὐτόν. **44** Ἔτι λαλοῦντος τοῦ Πέτρου
en él. Aún estando hablando — Pedro

τὰ ῥήματα ταῦτα ἐπέπεσεν τὸ πνεῦμα
las palabras estas, cayó el Espíritu

τὸ ἅγιον ἐπὶ πάντας τοὺς ἀκούοντας
— Santo sobre todos los que oían

τὸν λόγον. **45** καὶ ἐξέστησαν οἱ ἐκ
[2]el mensaje. Y quedaron atónitos los de (la)

περιτομῆς πιστοὶ ὅσοι συνῆλθαν τῷ Πέτρῳ,
circuncisión fieles cuantos acompañaron — a Pedro,

ὅτι καὶ ἐπὶ τὰ ἔθνη ἡ δωρεὰ τοῦ ἁγίου
de que también sobre los gentiles el [3]don del Santo

πνεύματος ἐκκέχυται· **46** ἤκουον γὰρ
Espíritu [4]hubiese sido derramado; porque oían

αὐτῶν λαλούντων γλώσσαις καὶ μεγαλυνόν-
les hablando en lenguas y magnificando

των τὸν θεόν. τότε ἀπεκρίθη Πέτρος·
— a Dios. Entonces respondió Pedro:

47 μήτι τὸ ὕδωρ δύναται κωλῦσαί τις
¿Acaso el agua puede impedir alguien

τοῦ μὴ βαπτισθῆναι τούτους, οἵτινες τὸ
para que no sean bautizados éstos, que el

πνεῦμα τὸ ἅγιον ἔλαβον ὡς καὶ ἡμεῖς;
Espíritu — Santo recibieron como también nosotros?

48 προσέταξεν δὲ αὐτοὺς ἐν τῷ ὀνόματι
Y ordenó que ellos en el nombre

Ἰησοῦ Χριστοῦ βαπτισθῆναι. τότε ἠρώτησαν
de Jesucristo fuesen bautizados. Entonces rogaron

αὐτὸν ἐπιμεῖναι ἡμέρας τινάς.
le quedarse (por) días algunos.

[1]
43. DE ÉSTE. Lit. *A éste.*
[2]
44. EL MENSAJE. Lit. *la palabra.*
[3]
45. DON. Lit. *regalo.*
[4]
45. HUBIESE SIDO DERRAMADO. Lit. *ha sido derramado.*

11 Ἤκουσαν δὲ οἱ ἀπόστολοι καὶ οἱ
Y oyeron los apóstoles y los

ἀδελφοὶ οἱ ὄντες κατὰ τὴν Ἰουδαίαν
hermanos — que estaban por (toda) la Judea

ὅτι καὶ τὰ ἔθνη ἐδέξαντο τὸν λόγον
que también los gentiles recibieron la palabra

τοῦ θεοῦ. **2** Ὅτε δὲ ἀνέβη Πέτρος εἰς
— de Dios. Y cuando subió Pedro a

Ἰερουσαλήμ, διεκρίνοντο πρὸς αὐτὸν οἱ
Jerusalén, disputaban con él los

ἐκ περιτομῆς **3** λέγοντες ὅτι εἰσῆλθες
de (la) circuncisión, diciendo: — Entraste

πρὸς ἄνδρας ἀκροβυστίαν ἔχοντας καὶ
a (casa de) varones prepucio que tienen y

συνέφαγες αὐτοῖς. **4** ἀρξάμενος δὲ Πέτρος
comiste con ellos. Y comenzando Pedro

ἐξετίθετο αὐτοῖς καθεξῆς λέγων· **5** ἐγὼ
1explicaba les por orden, diciendo: Yo

ἤμην ἐν πόλει Ἰόππῃ προσευχόμενος, καὶ
estaba en (la) ciudad (de) Jope orando, y

εἶδον ἐν ἐκστάσει ὅραμα, καταβαῖνον
vi en éxtasis una visión, que bajaba

σκεῦός τι ὡς ὀθόνην μεγάλην τέσσαρσιν
un objeto como un lienzo grande por cuatro

ἀρχαῖς καθιεμένην ἐκ τοῦ οὐρανοῦ, καὶ
puntas descolgado del cielo, y

ἦλθεν ἄχρι ἐμοῦ· **6** εἰς ἣν ἀτενίσας
vino hasta mí; en el cual fijando los ojos,

κατενόουν, καὶ εἶδον τὰ τετράποδα τῆς
(lo) observaba y vi los cuadrúpedos de la
atentamente

γῆς καὶ τὰ θηρία καὶ τὰ ἑρπετὰ καὶ τὰ
tierra y las 2fieras y los reptiles y las

πετεινὰ τοῦ οὐρανοῦ. **7** ἤκουσα δὲ καὶ
aves del cielo. Y oí también

φωνῆς λεγούσης μοι· ἀναστάς, Πέτρε,
una voz que decía me: Levantándote, Pedro,

θῦσον καὶ φάγε. **8** εἶπον δέ· μηδαμῶς,
3mata y come. Y dije: De ningún modo,

κύριε, ὅτι κοινὸν ἢ ἀκάθαρτον οὐδέποτε
Señor, pues (cosa) común o impura jamás

εἰσῆλθεν εἰς τὸ στόμα μου. **9** ἀπεκρίθη δὲ
entró en la boca de mí. Y respondió

ἐκ δευτέρου φωνὴ ἐκ τοῦ οὐρανοῦ·
por segunda vez (la) voz del cielo:

ἃ ὁ θεὸς ἐκαθάρισεν σὺ μὴ κοίνου.
Lo que — Dios purificó, tú no (lo) tengas por común.

10 τοῦτο δὲ ἐγένετο ἐπὶ τρίς, καὶ
Y esto ocurrió en tres veces, y

1
4. EXPLICABA. Lit. exponía.
2
6. FIERAS. Es decir, bestias salvajes.
3
7. MATA. Lit. sacrifica.

ἀνεσπάσθη πάλιν ἅπαντα εἰς τὸν οὐρανόν.
fue retirado   de nuevo   todo   al   cielo.

11 καὶ ἰδοὺ ἐξαυτῆς τρεῖς ἄνδρες ἐπέστησαν
    arriba
Y he aquí (que) al punto   tres   varones   se presentaron

ἐπὶ τὴν οἰκίαν ἐν ᾗ ἦμεν, ἀπεσταλμένοι
en   la   casa   en que estaba (yo),   enviados

ἀπὸ Καισαρείας πρός με. 12 εἶπεν δὲ
desde Cesarea   a mí.   Y dijo

τὸ πνεῦμά μοι συνελθεῖν αὐτοῖς μηδὲν
el   Espíritu   me   que acompañara   les   nada

διακρίναντα. ἦλθον δὲ σὺν ἐμοὶ καὶ
dudando.   Y vinieron   conmigo   también

οἱ ἓξ ἀδελφοὶ οὗτοι, καὶ εἰσήλθομεν εἰς
los seis hermanos   estos,   y   entramos   en

τὸν οἶκον τοῦ ἀνδρός. 13 ἀπήγγειλεν δὲ
la   casa   del   varón.   Y refirió

ἡμῖν πῶς εἶδεν τὸν ἄγγελον ἐν τῷ
nos   cómo   vio   al   ángel   en   la

οἴκῳ αὐτοῦ σταθέντα καὶ εἰπόντα·
casa   de él   que estaba en pie   y   dijo:

ἀπόστειλον εἰς Ἰόππην καὶ μετάπεμψαι
Envía   a   Jope   y   haz venir

Σίμωνα τὸν ἐπικαλούμενον Πέτρον, 14 ὃς
a Simón el   llamado   Pedro,   quien

λαλήσει ῥήματα πρὸς σὲ ἐν οἷς σωθήσῃ
hablará   palabras   a ti por las que   seas salvo

σὺ καὶ πᾶς ὁ οἶκός σου. 15 ἐν δὲ
tú   y   toda   la   casa   de ti.   Y al

τῷ ἄρξασθαί με λαλεῖν ἐπέπεσεν τὸ
comenzar   yo   a hablar,   cayó   el

πνεῦμα τὸ ἅγιον ἐπ᾽ αὐτοὺς ὥσπερ καὶ
Espíritu — Santo sobre ellos como también

ἐφ᾽ ἡμᾶς ἐν ἀρχῇ. 16 ἐμνήσθην δὲ τοῦ
sobre nosotros a(l) principio.   Y me acordé   de la

ῥήματος τοῦ κυρίου, ὡς ἔλεγεν· Ἰωάννης
palabra   del   Señor,   cómo   decía: Juan,

μὲν ἐβάπτισεν ὕδατι, ὑμεῖς δὲ βαπτισθήσεσθε
es cierto, bautizó con agua, pero vosotros seréis bautizados

ἐν πνεύματι ἁγίῳ. 17 εἰ οὖν τὴν ἴσην
en (el) Espíritu   Santo.   Si,   pues,   el [1]mismo

δωρεὰν ἔδωκεν αὐτοῖς ὁ θεὸς ὡς καὶ
 [2]don   dio   les — Dios como también

ἡμῖν, πιστεύσασιν ἐπὶ τὸν κύριον Ἰησοῦν
a nosotros que creímos   en   el   Señor   Jesu-

Χριστόν, ἐγὼ τίς ἤμην δυνατὸς κωλῦσαι
cristo,   ¿yo   quién   era,   poderoso   para impedir

τὸν θεόν; 18 ἀκούσαντες δὲ ταῦτα ἡσύχασαν,
— a Dios?   Y al oír   estas cosas,   callaron,

[1]
17. Mismo. Lit. *igual.*
[2]
17. Don. Lit. *regalo.*

καὶ ἐδόξασαν τὸν θεὸν λέγοντες· ἄρα καὶ
y   glorificaron — a Dios, diciendo: Así que también

τοῖς ἔθνεσιν ὁ θεὸς τὴν μετάνοιαν εἰς
a los gentiles — Dios el arrepentimiento para

ζωὴν ἔδωκεν.
vida   dio.

19 Οἱ μὲν οὖν διασπαρέντες ἀπὸ τῆς
Ahora bien, los que fueron dispersados desde la

θλίψεως τῆς γενομένης ἐπὶ Στεφάνῳ
aflicción — ocurrida sobre (lo de) Esteban,

διῆλθον ἕως Φοινίκης καὶ Κύπρου καὶ
pasaron hasta Fenicia y Chipre y

Ἀντιοχείας, μηδενὶ λαλοῦντες τὸν λόγον
Antioquía, a nadie hablando la palabra

εἰ μὴ μόνον Ἰουδαίοις. **20** Ἦσαν δέ
sino sólo a (los) judíos. Pero había

τινες ἐξ αὐτῶν ἄνδρες Κύπριοι καὶ
algunos de ellos, varones chipriotas y

Κυρηναῖοι, οἵτινες ἐλθόντες εἰς Ἀντιόχειαν
cireneos, los cuales, viniendo a Antioquía,

ἐλάλουν καὶ πρὸς τοὺς Ἕλληνας,
hablaban también a los griegos,

εὐαγγελιζόμενοι τὸν κύριον Ἰησοῦν. **21** καὶ ἦν
anunciando la   del Señor Jesús. Y estaba
Buena Nueva

χεὶρ κυρίου μετ' αὐτῶν, πολύς τε
(la) mano de(l) Señor con ellos, y mucho

ἀριθμὸς ὁ πιστεύσας ἐπέστρεψεν ἐπὶ τὸν
número — que creyó, se convirtió al

κύριον. **22** Ἠκούσθη δὲ ὁ λόγος εἰς
Señor. Y fue oída la ¹noticia en

τὰ ὦτα τῆς ἐκκλησίας τῆς οὔσης ἐν
los oídos de la iglesia — que estaba en

Ἰερουσαλὴμ περὶ αὐτῶν, καὶ ἐξαπέστειλαν
Jerusalén acerca de ellos, y ²enviaron

Βαρναβᾶν ἕως Ἀντιοχείας· **23** ὃς παραγεν-
a Bernabé hasta Antioquía; quien habiendo

όμενος καὶ ἰδὼν τὴν χάριν τὴν τοῦ
llegado y viendo la gracia — de

θεοῦ ἐχάρη, καὶ παρεκάλει πάντας τῇ
de Dios, se alegró y exhortaba a todos (a que)

προθέσει τῆς καρδίας προσμένειν τῷ
con propósito — de corazón permaneciesen unidos al

κυρίῳ, **24** ὅτι ἦν ἀνὴρ ἀγαθὸς καὶ
Señor, pues era varón bueno y

πλήρης πνεύματος ἁγίου καὶ πίστεως.
lleno de(l) Espíritu Santo y de fe.

καὶ προσετέθη ὄχλος ἱκανὸς τῷ κυρίῳ.
Y fue agregada una multitud considerable al Señor.

1
22. NOTICIA. Lit. *palabra*.
2
22. ENVIARON. Lit. *despacharon*.

25 ἐξῆλθεν   δὲ   εἰς   Ταρσὸν   ἀναζητῆσαι
Y salió   a   Tarso   para buscar

Σαῦλον, **26** καὶ εὑρὼν ἤγαγεν εἰς Ἀντιόχειαν.
a Saulo,   y hallando(lo) trajo(lo)   a   Antioquía.

ἐγένετο   δὲ   αὐτοῖς   καὶ   ἐνιαυτὸν   ὅλον
Y sucedió   les   también (por) un año   entero

συναχθῆναι ἐν τῇ ἐκκλησίᾳ καὶ διδάξαι
congregarse   en   la   iglesia   y   enseñar a

ὄχλον ἱκανόν, χρηματίσαι τε πρώτως ἐν
una multitud considerable,   y llamar   por primera vez   en

Ἀντιοχείᾳ τοὺς μαθητὰς Χριστιανούς.
Antioquía   a los   discípulos   cristianos.

27 Ἐν ταύταις δὲ ταῖς ἡμέραις κατῆλθον
Y en estos   —   días   bajaron

ἀπὸ Ἱεροσολύμων προφῆται εἰς Ἀντιόχειαν·
de   Jerusalén   unos profetas   a   Antioquía;

28 ἀναστὰς δὲ εἷς ἐξ αὐτῶν ὀνόματι
y levantándose   uno   de   ellos   de nombre

Ἄγαβος ἐσήμαινεν διὰ τοῦ πνεύματος
Ágabo,   daba a entender mediante el   Espíritu

λιμὸν μεγάλην μέλλειν ἔσεσθαι ἐφ' ὅλην τὴν
que un   grande   iba a   haber   sobre   toda   la

οἰκουμένην· ἥτις ἐγένετο ἐπὶ Κλαυδίου.
tierra habitada;   la cual   sucedió   en tiempo   de Claudio.

29 τῶν   δὲ   μαθητῶν   καθὼς   εὐπορεῖτό
Y de los   discípulos   conforme   prosperaba

τις,   ὥρισαν   ἕκαστος αὐτῶν εἰς διακονίαν
alguien,   determinaron   cada uno   de ellos   para   socorro

πέμψαι τοῖς κατοικοῦσιν ἐν τῇ Ἰουδαίᾳ
enviar   a los   que habitaban   en   —   Judea

ἀδελφοῖς· **30** ὃ καὶ ἐποίησαν ἀποστείλαντες
hermanos;   lo cual en efecto hicieron   enviando(lo)

πρὸς   τοὺς   πρεσβυτέρους   διὰ   χειρὸς
a   los   ancianos   mediante   mano

Βαρναβᾶ καὶ Σαύλου.
de Bernabé   y   de Saulo.

12 Κατ' ἐκεῖνον δὲ τὸν καιρὸν ἐπέβαλεν
Y por aquel   —   tiempo   echó encima

Ἡρῴδης ὁ βασιλεὺς τὰς χεῖρας κακῶσαί
Herodes   el   rey   las   manos   para maltratar

τινας τῶν ἀπὸ τῆς ἐκκλησίας. **2** ἀνεῖλεν δὲ
a algunos   de los   de la   iglesia.   Y mató

Ἰάκωβον τὸν ἀδελφὸν Ἰωάννου μαχαίρῃ.
a Jacobo   el   hermano   de Juan   con espada.

3 ἰδὼν δὲ ὅτι ἀρεστόν ἐστιν τοῖς Ἰουδαίοις
Y viendo   que   agradable   es   a los   judíos,

προσέθετο συλλαβεῖν καὶ Πέτρον, ἦσαν δὲ
añadió (el) prender también a Pedro, y eran

ἡμέραι τῶν ἀζύμων, **4** ὃν καὶ πιάσας
(los) días de los panes sin levadura, a quien también apresando,

ἔθετο εἰς φυλακήν, παραδοὺς τέσσαρσιν
puso(le) en (la) cárcel, entregando(lo) a cuatro

τετραδίοις στρατιωτῶν φυλάσσειν αὐτόν,
grupos de cuatro soldados para custodiar le,

βουλόμενος μετὰ τὸ πάσχα ἀναγαγεῖν
proponiéndose después de la Pascua hacer comparecer

αὐτὸν τῷ λαῷ. **5** ὁ μὲν οὖν Πέτρος
le ante el pueblo. — Así que Pedro

ἐτηρεῖτο ἐν τῇ φυλακῇ· προσευχὴ δὲ ἦν
era guardado en la cárcel; pero oración era

ἐκτενῶς γινομένη ὑπὸ τῆς ἐκκλησίας πρὸς
insistentemente hecha por la iglesia a

τὸν θεὸν περὶ αὐτοῦ. **6** Ὅτε δὲ ἤμελλεν
— Dios acerca de él. Y cuando iba a

προαγαγεῖν αὐτὸν ὁ Ἡρῴδης, τῇ νυκτὶ
presentar lo — Herodes, en la noche

ἐκείνῃ ἦν ὁ Πέτρος κοιμώμενος μεταξὺ
aquella estaba — Pedro durmiendo entre

δύο στρατιωτῶν δεδεμένος ἁλύσεσιν δυσίν,
dos de los soldados, atado con cadenas dos,

φύλακές τε πρὸ τῆς θύρας ἐτήρουν τὴν
y (los) guardias delante de la puerta guardaban la

φυλακήν. **7** καὶ ἰδοὺ ἄγγελος κυρίου
cárcel. Y he aquí que un ángel de(l) Señor

ἐπέστη, καὶ φῶς ἔλαμψεν ἐν τῷ οἰκήματι·
se presentó, y una luz resplandeció en la celda;

πατάξας δὲ τὴν πλευρὰν τοῦ Πέτρου
y golpeando el costado — de Pedro,

ἤγειρεν αὐτὸν λέγων· ἀνάστα ἐν τάχει.
[1]despertó le, diciendo: Levántate aprisa.

καὶ ἐξέπεσαν αὐτοῦ αἱ ἁλύσεις ἐκ τῶν
Y se cayeron de él las cadenas de ias

χειρῶν. **8** εἶπεν δὲ ὁ ἄγγελος πρὸς
manos. Y dijo el ángel a

αὐτόν· ζῶσαι καὶ ὑπόδησαι τὰ σανδάλιά
él: Cíñete y cálzate las sandalias

σου. ἐποίησεν δὲ οὕτως. καὶ λέγει
de ti. E hizo(lo) así. Y dice

αὐτῷ· περιβαλοῦ τὸ ἱμάτιόν σου καὶ
le: Envuélvete (en) el manto de ti y

ἀκολούθει μοι. **9** καὶ ἐξελθὼν ἠκολούθει,
sigue me. Y saliendo, seguía(le),

1
7. DESPERTÓ. Lit. *levantó.*

καὶ οὐκ ἤδει ὅτι ἀληθές ἐστιν τὸ
y no sabía que verdadero es lo

γινόμενον διὰ τοῦ ἀγγέλου, ἐδόκει δὲ
que sucedía mediante el ángel, sino que le parecía

ὅραμα βλέπειν. 10 διελθόντες δὲ πρώτην
una visión ver.   Y pasando a través de la primera

φυλακὴν καὶ δευτέραν ἦλθαν ἐπὶ τὴν
guardia y de la segunda, llegaron a la

πύλην τὴν σιδηρᾶν τὴν φέρουσαν εἰς τὴν
puerta la de hierro, la que ¹conduce a la

πόλιν, ἥτις αὐτομάτη ἠνοίγη αὐτοῖς, καὶ
ciudad, la cual ²por sí misma se abrió les, y

ἐξελθόντες προῆλθον ῥύμην μίαν, καὶ
saliendo avanzaron (por) calle una (sola), y

εὐθέως ἀπέστη ὁ ἄγγελος ἀπ' αὐτοῦ.
de pronto se ausentó el ángel de él.

11 καὶ ὁ Πέτρος ἐν ἑαυτῷ γενόμενος
Y — Pedro, en sí mismo vuelto,

εἶπεν· νῦν οἶδα ἀληθῶς ὅτι ἐξαπέστειλεν
dijo: Ahora sé verdaderamente que ³envió

ὁ κύριος τὸν ἄγγελον αὐτοῦ καὶ ἐξείλατό
el Señor el ángel de él y arrebató

με ἐκ χειρὸς 'Ηρῴδου καὶ πάσης τῆς
me de (la) mano de Herodes y de toda la

προσδοκίας τοῦ λαοῦ τῶν 'Ιουδαίων.
expectación del pueblo de los judíos.

12 συνιδών τε ἦλθεν ἐπὶ τὴν οἰκίαν τῆς
Y ⁴consciente, vino a la casa —

Μαρίας τῆς μητρὸς 'Ιωάννου τοῦ
de María, la madre de Juan el

ἐπικαλουμένου Μάρκου, οὗ ἦσαν ἱκανοὶ
(sobre)llamado Marcos, donde estaban bastantes

συνηθροισμένοι καὶ προσευχόμενοι. 13 κρού-
reunidos y orando.   Y al

σαντος δὲ αὐτοῦ τὴν θύραν τοῦ πυλῶνος
llamar él a la puerta del pórtico,

προσῆλθεν παιδίσκη ὑπακοῦσαι ὀνόματι
salió una sirvienta a ⁵atender(le) por nombre

'Ρόδη, 14 καὶ ἐπιγνοῦσα τὴν φωνὴν τοῦ
Rode, y reconociendo la voz —

Πέτρου ἀπὸ τῆς χαρᾶς οὐκ ἤνοιξεν τὸν
de Pedro, de la alegría no abrió el

πυλῶνα, εἰσδραμοῦσα δὲ ἀπήγγειλεν ἑστάναι
pórtico, sino que, corriendo adentro, anunció que estaba
                                                    (en pie)

τὸν Πέτρον πρὸ τοῦ πυλῶνος. 15 οἱ δὲ
— Pedro ante el pórtico.   Pero ellos

πρὸς αὐτὴν εἶπαν· μαίνῃ. ἡ δὲ διϊσχυρίζετο
a ella dijeron: Estás loca. Pero ella insistía

1
10. CONDUCE. Lit. lleva.
2
10. POR SÍ MISMA. Lit. por
sí sola (automáticamente).
3
11. ENVIÓ. Lit. despachó.
4
12. CONSCIENTE (de su situación).
5
13. ATENDER. Lit. obedecer;
es decir, abrir.

οὕτως ἔχειν. οἱ δὲ ἔλεγον· ὁ ἄγγελός
que así era. Así que ellos decían: El ángel

ἐστιν αὐτοῦ. 16 ὁ δὲ Πέτρος ἐπέμενεν
es de él. — Pero Pedro continuaba

κρούων· ἀνοίξαντες δὲ εἶδαν αὐτὸν καὶ
llamando; y al abrir, vieron le y

ἐξέστησαν. 17 κατασείσας δὲ αὐτοῖς τῇ
quedaron atónitos. Y haciendo señas les con la

χειρὶ σιγᾶν διηγήσατο αὐτοῖς πῶς ὁ
mano (para que) refirió les cómo el
callasen,

κύριος αὐτὸν ἐξήγαγεν ἐκ τῆς φυλακῆς,
Señor le condujo afuera de la cárcel,

εἶπέν τε· ἀπαγγείλατε Ἰακώβῳ καὶ τοῖς
y dijo: Comunicad a Jacobo y a los

ἀδελφοῖς ταῦτα. καὶ ἐξελθὼν ἐπορεύθη εἰς
hermanos estas cosas. Y saliendo, se fue a

ἕτερον τόπον. 18 Γενομένης δὲ ἡμέρας ἦν
otro lugar. Y cuando se había día, hubo
hecho (de)

τάραχος οὐκ ὀλίγος ἐν τοῖς στρατιώταις,
un alboroto no pequeño entre los soldados (sobre)

τί ἄρα ὁ Πέτρος ἐγένετο. 19 Ἡρῴδης δὲ
qué, pues — (de) Pedro se hizo. Entonces Herodes,

ἐπιζητήσας αὐτὸν καὶ μὴ εὑρών,
buscando con afán le y no hallando(le),

ἀνακρίνας τοὺς φύλακας ἐκέλευσεν ἀπ-
tras procesar a los guardias, mandó que fuesen

αχθῆναι, καὶ κατελθὼν ἀπὸ τῆς Ἰουδαίας
ejecutados, y bajando de — Judea

εἰς Καισάρειαν διέτριβεν. 20 Ἦν δὲ
a Cesarea, se quedó (allí). Y estaba

θυμομαχῶν Τυρίοις καὶ Σιδωνίοις·
furiosamente enojado con (los) tirios y (los) sidonios;

ὁμοθυμαδὸν δὲ παρῆσαν πρὸς αὐτόν, καὶ
pero unánimes se presentaron ante él, y

πείσαντες Βλάστον τὸν ἐπὶ τοῦ κοιτῶνος
persuadiendo a Blasto el que (estaba) la cámara
sobre

τοῦ βασιλέως ἠτοῦντο εἰρήνην, διὰ τὸ
del rey, pedían paz, a causa de

τρέφεσθαι αὐτῶν τὴν χώραν ἀπὸ τῆς
ser abastecida de ellos la región de la
(región)

βασιλικῆς. 21 τακτῇ δὲ ἡμέρᾳ ὁ Ἡρῴδης
1del rey, Y en señalado día, — Herodes,

ἐνδυσάμενος ἐσθῆτα βασιλικὴν καθίσας ἐπὶ
vestido (con) vestimenta real, sentado en

τοῦ βήματος ἐδημηγόρει πρὸς αὐτούς·
el tribunal, arengaba a ellos;

20. DEL REY. Lit. regia.

22 ὁ δὲ δῆμος ἐπεφώνει· θεοῦ φωνὴ
y la(s) masa(s) aclamaban: De Dios (es) voz

καὶ οὐκ ἀνθρώπου. **23** παραχρῆμα δὲ
y no de hombre. Y al instante

ἐπάταξεν αὐτὸν ἄγγελος κυρίου ἀνθ' ὧν
hirió le un ángel de(l) Señor por cuanto

οὐκ ἔδωκεν τὴν δόξαν τῷ θεῷ, καὶ
no dio la gloria — a Dios, y

γενόμενος σκωληκόβρωτος ἐξέψυξεν.
hecho comida de gusanos, expiró.

24 Ὁ δὲ λόγος τοῦ κυρίου ηὔξανεν
Pero la palabra del Señor crecía

καὶ ἐπληθύνετο. **25** Βαρναβᾶς δὲ καὶ
y se multiplicaba. Y Bernabé y

Σαῦλος ὑπέστρεψαν ἐξ Ἰερουσαλήμ,
Saulo regresaron de Jerusalén,

πληρώσαντες τὴν διακονίαν, συμπαρα-
tras cumplir ¹el servicio, tomando

λαβόντες Ἰωάννην τὸν ἐπικληθέντα Μᾶρκον.
consigo a Juan el llamado Marcos.
(por sobrenombre)

13 Ἦσαν δὲ ἐν Ἀντιοχείᾳ κατὰ τὴν
Y había en Antioquía entre la (allí)

οὖσαν ἐκκλησίαν προφῆται καὶ διδάσκαλοι
existente iglesia profetas y maestros:

ὅ τε Βαρναβᾶς καὶ Συμεὼν ὁ καλούμενος
Bernabé y Simeón el llamado

Νίγερ, καὶ Λούκιος ὁ Κυρηναῖος, Μαναήν τε
Níger, y Lucio el cireneo, y Manaén

Ἡρῴδου τοῦ τετραάρχου σύντροφος
de Herodes el tetrarca ²hermano de leche,

καὶ Σαῦλος. **2** Λειτουργούντων δὲ αὐτῶν
y Saulo. Y mientras estaban dando ellos
culto público

τῷ κυρίῳ καὶ νηστευόντων εἶπεν τὸ
al Señor y ayunando, dijo el

πνεῦμα τὸ ἅγιον· ἀφορίσατε δή μοι
Espíritu — Santo: Separad, pues, ya me

τὸν Βαρναβᾶν καὶ Σαῦλον εἰς τὸ ἔργον
— a Bernabé y a Saulo para la obra

ὃ προσκέκλημαι αὐτούς· **3** τότε νηστεύ-
a que me he llamado los; entonces, tras

σαντες καὶ προσευξάμενοι καὶ ἐπιθέντες
ayunar y orar e imponer

τὰς χεῖρας αὐτοῖς ἀπέλυσαν.
las manos les, ³despidieron(los).

4 Αὐτοὶ μὲν οὖν ἐκπεμφθέντες ὑπὸ τοῦ
Ellos, pues, por su parte, enviados afuera por el

1
25. EL SERVICIO. Es decir, el del socorro de 11:29-30.
2
1. HERMANO DE LECHE. Lit. alimentado con.
3
3. DESPIDIERON. Lit. soltaron. (Estos cuatro primeros vv. constituyen —traducidos con precisión— el mejor compendio de Eclesiología.)

ἁγίου πνεύματος κατῆλθον εἰς Σελεύκειαν,
Santo   Espíritu,   bajaron   a   Seleucia,

ἐκεῖθέν τε ἀπέπλευσαν εἰς Κύπρον, 5 καὶ
y de allí   navegaron   a   Chipre,   y

γενόμενοι ἐν Σαλαμῖνι κατήγγελλον τὸν
llegados   en   Salamina   anunciaban   la

λόγον τοῦ θεοῦ ἐν ταῖς συναγωγαῖς τῶν
palabra — de Dios en   las   sinagogas   de los

'Ιουδαίων· εἶχον δὲ καὶ 'Ιωάννην ὑπηρέτην.
judíos;   y tenían   también   a Juan   (como) ayudante.

6 Διελθόντες δὲ ὅλην τὴν νῆσον ἄχρι
Y pasando a través   de toda   la   isla   hasta

Πάφου εὗρον ἄνδρα τινὰ μάγον ψευδο-
Pafos,   hallaron   a cierto varón,   mago,   falso

προφήτην 'Ιουδαῖον, ᾧ ὄνομα Βαριησοῦς,
profeta,   judío,   que (tenía por) nombre   Barjesús,

7 ὃς ἦν σὺν τῷ ἀνθυπάτῳ Σεργίῳ
quien   estaba   con   el   procónsul   Sergio

Παύλῳ, ἀνδρὶ συνετῷ. οὗτος προσ-
Paulo,   varón   inteligente.   Éste,   habiendo

καλεσάμενος Βαρναβᾶν καὶ Σαῦλον ἐπεζήτησεν
llamado   a Bernabé   y   a Saulo,   buscaba con afán

ἀκοῦσαι τὸν λόγον τοῦ θεοῦ· 8 ἀνθίστατο δὲ
oír   la   palabra — de Dios;   pero se oponía

αὐτοῖς 'Ελύμας ὁ μάγος, οὕτως γὰρ
les   Elimas   el   mago,   pues así

μεθερμηνεύεται τὸ ὄνομα αὐτοῦ, ζητῶν
se traduce   el   nombre   de él,   buscando

διαστρέψαι τὸν ἀνθύπατον ἀπὸ τῆς
desviar   al   procónsul   de   la

πίστεως. 9 Σαῦλος δέ, ὁ καὶ Παῦλος,
fe.   Pero Saulo,   el que también (es)   Pablo,

πλησθεὶς πνεύματος ἁγίου ἀτενίσας εἰς
llenado   de(l) Espíritu   Santo,   fijando los ojos   en

αὐτὸν εἶπεν· 10 ὦ πλήρης παντὸς δόλου
él,   dijo: ¡Oh,   lleno   de todo   engaño

καὶ πάσης ῥᾳδιουργίας, υἱὲ διαβόλου,
y   de todo   fraude,   hijo   de(l) diablo,

ἐχθρὲ πάσης δικαιοσύνης, οὐ παύσῃ
enemigo   de toda   justicia!   ¿No   cesarás

διαστρέφων τὰς ὁδοὺς τοῦ κυρίου τὰς
de trastornar   los   caminos   del   Señor —

εὐθείας; 11 καὶ νῦν ἰδοὺ χεὶρ κυρίου
rectos?   Y   ahora   he aquí   (la) mano de(l) Señor (está)

ἐπὶ σέ, καὶ ἔσῃ τυφλὸς μὴ βλέπων
sobre   ti,   y   estarás   ciego   no   viendo

τὸν ἥλιον ἄχρι καιροῦ. παραχρῆμα δὲ
el   sol   hasta   (cierto) tiempo.   Y al instante

ἔπεσεν ἐπ' αὐτὸν ἀχλὺς καὶ σκότος, καὶ
cayó   sobre   él   oscuridad y   tiniebla;   y

περιάγων ἐζήτει χειραγωγούς.   12 τότε
dando vueltas, buscaba   ¹guías de manos.   Entonces

ἰδὼν   ὁ   ἀνθύπατος   τὸ   γεγονὸς
viendo   el   procónsul   lo   sucedido,

ἐπίστευσεν, ἐκπλησσόμενος ἐπὶ τῇ διδαχῇ
creyó,   ²impresionado   ante la doctrina

τοῦ κυρίου.
del   Señor.

13 Ἀναχθέντες δὲ ἀπὸ τῆς Πάφου οἱ
   Y zarpando   de   —   Pafos   ³los de

περὶ Παῦλον ἦλθον εἰς Πέργην τῆς
alrededor de Pablo vinieron a   Perge   —

Παμφυλίας· Ἰωάννης δὲ ἀποχωρήσας ἀπ'
de Panfilia;   pero Juan,   separándose   de

αὐτῶν ὑπέστρεψεν εἰς Ἱεροσόλυμα.
ellos,   se volvió   a   Jerusalén.

14 Αὐτοὶ δὲ διελθόντες ἀπὸ τῆς Πέργης
   Y ellos,   pasando   desde   —   Perge,

παρεγένοντο εἰς Ἀντιόχειαν τὴν Πισιδίαν,
llegaron   a   Antioquía   la   de Pisidia,

καὶ ἐλθόντες εἰς τὴν συναγωγὴν τῇ
y   yendo   a   la   sinagoga   en el

ἡμέρᾳ τῶν σαββάτων ἐκάθισαν. 15 μετὰ δὲ
día   de los sábados, se sentaron.   Y después

τὴν ἀνάγνωσιν τοῦ νόμου καὶ τῶν
de la lectura   de la   ley   y   de los

προφητῶν ἀπέστειλαν οἱ ἀρχισυνάγωγοι
profetas,   enviaron   los jefes de la sinagoga

πρὸς αὐτοὺς λέγοντες· ἄνδρες ἀδελφοί,
a   ellos   ⁴a decir(les): Varones hermanos,

εἴ τίς ἐστιν ἐν ὑμῖν λόγος παρακλήσεως
si alguna hay en vosotros palabra de exhortación

πρὸς τὸν λαόν, λέγετε.   16 ἀναστὰς δὲ
para   el pueblo, decid(la).   Y levantándose

Παῦλος καὶ κατασείσας τῇ χειρὶ εἶπεν·
Pablo   y   haciendo señal con la mano, dijo:

ἄνδρες Ἰσραηλῖται καὶ οἱ φοβούμενοι τὸν
Varones israelitas   y   los temerosos   —

θεόν, ἀκούσατε. 17 ὁ θεὸς τοῦ λαοῦ
de Dios,   oíd.   El Dios del pueblo

τούτου Ἰσραὴλ ἐξελέξατο τοὺς πατέρας
este,   Israel   escogió   a los   padres

ἡμῶν, καὶ τὸν λαὸν ὕψωσεν ἐν τῇ
de nosotros, y   al pueblo enalteció en   la

παροικίᾳ ἐν γῇ Αἰγύπτου, καὶ μετὰ
residencia como en tierra de Egipto,   y   con
extranjeros

1
11. GUÍAS DE MANOS. Es decir, quienes le condujesen
de la mano.
2
12. IMPRESIONADO. Lit. es-
pantado.
3
13. LOS DE... PABLO. Es decir, los que acompañaban
a Pablo. (Lucas destaca el
protagonismo de Pablo.)
4
15. A DECIR(LES). Lit. diciendo.

βραχίονος ὑψηλοῦ ἐξήγαγεν αὐτοὺς ἐξ
brazo [1]alto, sacó los de

αὐτῆς, **18** καὶ ὡς τεσσερακονταέτη χρόνον
ella, y como (por de) cuarenta años tiempo

ἐτροποφόρησεν αὐτοὺς ἐν τῇ ἐρήμῳ, **19** καὶ
soportó [2]la manera (de) ellos en el desierto, y

καθελὼν ἔθνη ἑπτὰ ἐν γῇ Χανάαν
tras destruir naciones siete en tierra de Canaán,

κατεκληρονόμησεν τὴν γῆν αὐτῶν **20** ὡς
(les) dio en herencia la tierra de ellos como

ἔτεσιν τετρακοσίοις καὶ πεντήκοντα. καὶ
por años cuatrocientos — cincuenta. Y

μετὰ ταῦτα ἔδωκεν κριτὰς ἕως Σαμουὴλ
después de esto, dio jueces hasta Samuel

προφήτου. **21** κἀκεῖθεν ᾐτήσαντο βασιλέα,
profeta. Y [3]después pidieron rey,

καὶ ἔδωκεν αὐτοῖς ὁ θεὸς τὸν Σαοὺλ
y dio les — Dios — a Saúl

υἱὸν Κίς, ἄνδρα ἐκ φυλῆς Βενιαμίν,
hijo de Cis, varón de (la) tribu de Benjamín,

ἔτη τεσσεράκοντα· **22** καὶ μεταστήσας
por años cuarenta; y destituyendo

αὐτὸν ἤγειρεν τὸν Δαυὶδ αὐτοῖς εἰς
le, levantó — a David les para

βασιλέα, ᾧ καὶ εἶπεν μαρτυρήσας·
rey, [4]de quien también, dijo, dando testimonio:

εὗρον Δαυὶδ τὸν τοῦ Ἰεσσαί, ἄνδρα
Hallé a David el (hijo) — de Jesé, varón

κατὰ τὴν καρδίαν μου, ὃς ποιήσει πάντα
según el corazón de mí, quien hará todas

τὰ θελήματά μου. **23** τούτου ὁ θεὸς
las voluntades de mí. De éste, — Dios,

ἀπὸ τοῦ σπέρματος κατ᾽ ἐπαγγελίαν
de la simiente, según promesa,

ἤγαγεν τῷ Ἰσραὴλ σωτῆρα Ἰησοῦν,
suscitó — para Israel (por) Salvador a Jesús,

24 προκηρύξαντος Ἰωάννου πρὸ προσώπου
proclamando previamente Juan [5]antes de la presencia

τῆς εἰσόδου αὐτοῦ βάπτισμα μετανοίας
de la venida de él, un bautismo de arrepentimiento

παντὶ τῷ λαῷ Ἰσραήλ. **25** ὡς δὲ
a todo el pueblo de Israel. Y cuando

ἐπλήρου Ἰωάννης τὸν δρόμον, ἔλεγεν·
completaba Juan la carrera, decía:

τί ἐμὲ ὑπονοεῖτε εἶναι; οὐκ εἰμὶ ἐγώ·
¿Qué yo suponéis que soy? No soy yo (él);

ἀλλ᾽ ἰδοὺ ἔρχεται μετ᾽ ἐμὲ οὗ οὐκ εἰμὶ
pero he aquí que viene después de mí (uno) de quien no soy

---

[1] 17. ALTO. Es decir, *poderoso.*

[2] 18. LA MANERA. Es decir, *el modo de comportarse.*

[3] 21. Y DESPUÉS. Lit. *Y desde allí.*

[4] 22. DE QUIEN. Lit. *a quien.*

[5] 24. ANTES... DE ÉL. Lit. *antes del rostro de la entrada de él.*

ἄξιος τὸ ὑπόδημα τῶν ποδῶ λῦσαι.
digno el calzado de los pies de desatar.

26 Ἄνδρες ἀδελφοί, υἱοὶ γένους Ἀβραὰμ
Varones hermanos, hijos de(l) linaje de Abraham

καὶ οἱ ἐν ὑμῖν φοβούμενοι τὸν θεόν,
y los entre vosotros que teméis — a Dios,

ἡμῖν ὁ λόγος τῆς σωτηρίας ταύτης
a nosotros la palabra de la salvación esta

ἐξαπεστάλη. **27** οἱ γὰρ κατοικοῦντες ἐν
[1]fue enviada. Porque los que habitan en

Ἰερουσαλὴμ καὶ οἱ ἄρχοντες αὐτῶν τοῦτον
Jerusalén y los gobernantes de ellos, a éste

ἀγνοήσαντες καὶ τὰς φωνὰς τῶν προφητῶν τὰς
desconociendo y las voces de los profetas, las que

κατὰ πᾶν σάββατον ἀναγινωσκομένας
cada todo sábado son leídas,

κρίναντες ἐπλήρωσαν, **28** καὶ μηδεμίαν
condenando(le) cumplieron(las), y ninguna

αἰτίαν θανάτου εὑρόντες ᾐτήσαντο Πιλᾶτον
causa de muerte hallando, pidieron a Pilato

ἀναιρεθῆναι αὐτόν· **29** ὡς δὲ ἐτέλεσαν πάντα
para que fuese muerto él; y cuando terminaron todas (de cumplir)

τὰ περὶ αὐτοῦ γεγραμμένα, καθελόντες
las cosas acerca de él escritas, bajando(le)

ἀπὸ τοῦ ξύλου ἔθηκαν εἰς μνημεῖον.
del madero, pusieron(le) en una tumba.

30 ὁ δὲ θεὸς ἤγειρεν αὐτὸν ἐκ νεκρῶν·
— Pero Dios levantó le de (entre los) muertos;

31 ὃς ὤφθη ἐπὶ ἡμέρας πλείους τοῖς
quien [2]se apareció durante días muchos a los

συναναβᾶσιν αὐτῷ ἀπὸ τῆς Γαλιλαίας εἰς
que subieron con él desde — Galilea a

Ἰερουσαλήμ, οἵτινες [νῦν] εἰσιν μάρτυρες
Jerusalén, los cuales ahora son testigos

αὐτοῦ πρὸς τὸν λαόν. **32** καὶ ἡμεῖς
de él ante el pueblo. Y nosotros

ὑμᾶς εὐαγγελιζόμεθα τὴν πρὸς τοὺς
os [3]predicamos la a los

πατέρας ἐπαγγελίαν γενομένην, **33** ὅτι
padres promesa hecha, que

ταύτην ὁ θεὸς ἐκπεπλήρωκεν τοῖς τέκνοις
ésta — Dios ha cumplido(la) a los hijos,

ἡμῖν ἀναστήσας Ἰησοῦν, ὡς καὶ ἐν τῷ
a nosotros, resucitando a Jesús, como también en el

ψαλμῷ γέγραπται τῷ δευτέρῳ· υἱός μου
salmo ha sido escrito — segundo: Hijo de mí

εἶ σύ, ἐγὼ σήμερον γεγέννηκά σε. **34** ὅτι δὲ
eres tú, yo hoy he engendrado te. Y que

1
26. FUE ENVIADA. Lit. *fue despachada.*
2
31. SE APARECIÓ. Lit. *fue visto.*
3
32. PREDICAMOS. Lit. *anunciamos la Buena Nueva.*

ἀνέστησεν αὐτὸν ἐκ νεκρῶν μηκέτι
levantó le de (entre los) muertos, jamás

μέλλοντα ὑποστρέφειν εἰς διαφθοράν, οὕτως
yendo a volver a (la) corrupción, así (lo)

εἴρηκεν ὅτι δώσω ὑμῖν τὰ ὅσια Δαυὶδ τὰ
ha dicho: — Daré os las cosas santas de David, las

πιστά. 35 διότι καὶ ἐν ἑτέρῳ λέγει·
fieles. Por lo que también en otro (salmo) dice:

οὐ δώσεις τὸν ὅσιόν σου ἰδεῖν διαφθοράν.
No darás que el Santo de ti vea corrupción.

36 Δαυὶδ μὲν γὰρ ἰδίᾳ γενεᾷ ὑπηρετήσας
Porque David, a la verdad, [1] a la propia generación habiendo servido,
(suya)

τῇ τοῦ θεοῦ βουλῇ ἐκοιμήθη καὶ προσετέθη
con el — de Dios consejo, se durmió y fue agregado

πρὸς τοὺς πατέρας αὐτοῦ καὶ εἶδεν
a los padres de él y vio

διαφθοράν· 37 ὃν δὲ ὁ θεὸς ἤγειρεν,
corrupción; pero al que — Dios levantó,

οὐκ εἶδεν διαφθοράν. 38 γνωστὸν οὖν
no vio corrupción. Conocido, pues,

ἔστω ὑμῖν, ἄνδρες ἀδελφοί, ὅτι διὰ
sea os, varones hermanos, que mediante

τούτου ὑμῖν ἄφεσις ἁμαρτιῶν καταγγέλ-
éste os perdón de pecados es anunciado,

λεται, καὶ ἀπὸ πάντων ὧν οὐκ ἠδυνήθητε
y que de todas las cosas de las que no pudisteis

ἐν νόμῳ Μωϋσέως δικαιωθῆναι, 39 ἐν
por (la) ley de Moisés ser justificados, [2] en

τούτῳ πᾶς ὁ πιστεύων δικαιοῦται. 40 βλέπετε
éste todo el que cree, es justificado. Mirad,

οὖν μὴ ἐπέλθῃ τὸ εἰρημένον
pues, que no sobrevenga lo que ha sido dicho

ἐν τοῖς προφήταις· 41 ἴδετε, οἱ κατα-
en los profetas: Ved, los menospre-

φρονηταί, καὶ θαυμάσατε καὶ ἀφανίσθητε,
ciadores, y asombraos y desapareced,

ὅτι ἔργον ἐργάζομαι ἐγὼ ἐν ταῖς ἡμέραις
pues una obra obro yo en los días

ὑμῶν, ἔργον ὃ οὐ μὴ πιστεύσητε ἐάν
de vosotros, obra que de ningún modo creeríais si

τις ἐκδιηγῆται ὑμῖν. 42 Ἐξιόντων δὲ
alguien refiriese(la) os. Y al salir

αὐτῶν παρεκάλουν εἰς τὸ μεταξὺ σάββατον
ellos, rogaban(les) que en el siguiente sábado

λαληθῆναι αὐτοῖς τὰ ῥήματα ταῦτα.
fuesen habladas les las palabras estas.

[1] 36. A LA PROPIA... CONSEJO. O en (su) propia generación habiendo servido al de Dios designio.
[2] 39. EN ÉSTE. Es decir, por (la obra de) éste.

43 λυθείσης δὲ τῆς συναγωγῆς ἠκολούθησαν
Y disuelta   la   reunión,   siguieron

πολλοὶ τῶν Ἰουδαίων καὶ τῶν σεβομένων
muchos de los   judíos   y   de los   [1]devotos

προσηλύτων τῷ Παύλῳ καὶ τῷ Βαρναβᾷ,
prosélitos   —   a Pablo   y   —   a Bernabé,

οἵτινες προσλαλοῦντες αὐτοῖς ἔπειθον αὐτοὺς
quienes   conversando   con ellos, persuadían   les

προσμένειν τῇ χάριτι τοῦ θεοῦ.   **44** Τῷ δὲ
a continuar   en la   gracia — de Dios.   Y al

ἐρχομένῳ σαββάτῳ σχεδὸν πᾶσα ἡ
[2]siguiente   sábado,   casi   toda   la

πόλις συνήχθη ἀκοῦσαι τὸν λόγον τοῦ
ciudad   se reunió   para oír   la   palabra   —

θεοῦ.   **45** ἰδόντες δὲ οἱ Ἰουδαῖοι τοὺς
de Dios.   Pero viendo   los   judíos   a las

ὄχλους ἐπλήσθησαν ζήλου, καὶ ἀντέλεγον
multitudes,   se llenaron   de celos,   y   contradecían

τοῖς ὑπὸ Παύλου λαλουμένοις βλασφημοῦντες.
las cosas   por   Pablo   habladas,   blasfemando.

46 παρρησιασάμενοί τε ὁ Παῦλος καὶ ὁ
Y hablando con denuedo   —   Pablo   y también —

Βαρναβᾶς εἶπαν· ὑμῖν ἦν ἀναγκαῖον πρῶτον
Bernabé,   dijeron: A vosotros era   necesario en primer lugar

λαληθῆναι τὸν λόγον τοῦ θεοῦ· ἐπειδὴ
que fuese hablada la   palabra — de Dios;   (pero)
                                                puesto que

ἀπωθεῖσθε αὐτὸν καὶ οὐκ ἀξίους κρίνετε
[3]os desentendéis de ella y   no   dignos juzgáis

ἑαυτοὺς τῆς αἰωνίου ζωῆς, ἰδοὺ στρεφόμεθα
a vosotros de la   eterna   vida, mirad que nos volvemos
mismos

εἰς τὰ ἔθνη.   **47** οὕτως γὰρ ἐντέταλται
a los gentiles.   Porque así   ha mandado

ἡμῖν ὁ κύριος· τέθεικά σε εἰς φῶς
nos el Señor (diciendo): He puesto te   para luz

ἐθνῶν τοῦ εἶναί σε εἰς σωτηρίαν ἕως
de (los) para que seas tú para salvación hasta
gentiles,

ἐσχάτου τῆς γῆς.   **48** ἀκούοντα δὲ τὰ ἔθνη
(lo) último de la tierra.   Y oyendo (esto) los gentiles,

ἔχαιρον καὶ ἐδόξαζον τὸν λόγον τοῦ κυρίου, καὶ
se alegraban y glorificaban la palabra del Señor,   y

ἐπίστευσαν ὅσοι ἦσαν τεταγμένοι εἰς
creyeron   cuantos habían sido [4]dispuestos para

ζωὴν αἰώνιον·   **49** διεφέρετο δὲ ὁ λόγος τοῦ
vida eterna;   y era difundida la palabra del

κυρίου δι᾽ ὅλης τῆς χώρας.   **50** οἱ δὲ
Señor a través de toda la región.   Pero los

Ἰουδαῖοι παρώτρυναν τὰς σεβομένας γυναῖκας
judíos   soliviantaron a las [5]devotas mujeres

---

[1]
43. DEVOTOS. Lit. *adoradores* (de Dios).

[2]
44. SIGUIENTE. Lit. *venidero*.

[3]
46. OS DESENTENDÉIS DE ELLA. Lit. *La apartáis de vosotros*.

[4]
48. DISPUESTOS PARA. Lit. *puestos en formación hacia*.

[5]
50. DEVOTAS. (V. vers. 43.)

τὰς εὐσχήμονας καὶ τοὺς πρώτους τῆς
— distinguidas y a los principales de la

πόλεως, καὶ ἐπήγειραν διωγμὸν ἐπὶ τὸν
ciudad, y provocaron una persecución contra —

Παῦλον καὶ Βαρναβᾶν, καὶ ἐξέβαλον αὐτοὺς
Pablo y Bernabé, y expulsaron los

ἀπὸ τῶν ὁρίων αὐτῶν. 51 οἱ δὲ ἐκτιναξάμενοι
de los confines de ellos. Pero ellos, sacudiendo

τὸν κονιορτὸν τῶν ποδῶν ἐπ' αὐτοὺς ἦλθον
el polvo de los pies contra ellos, vinieron

εἰς Ἰκόνιον, 52 οἵ τε μαθηταὶ ἐπλη-
a Iconio, y los discípulos eran

ροῦντο χαρᾶς καὶ πνεύματος ἁγίου.
llenados de gozo y de(l) Espíritu Santo.

14 Ἐγένετο δὲ ἐν Ἰκονίῳ κατὰ τὸ αὐτὸ
Y sucedió que en Iconio juntos

εἰσελθεῖν αὐτοὺς εἰς τὴν συναγωγὴν
entraron ellos en la sinagoga

τῶν Ἰουδαίων καὶ λαλῆσαι οὕτως ὥστε
de los judíos y hablaron de tal modo que

πιστεῦσαι Ἰουδαίων τε καὶ Ἑλλήνων
creyó, tanto de judíos como de griegos,

πολὺ πλῆθος. **2** οἱ δὲ ἀπειθήσαντες
mucha multitud. Pero los que [1]no creyeron

Ἰουδαῖοι ἐπήγειραν καὶ ἐκάκωσαν τὰς
judíos excitaron y malearon las

ψυχὰς τῶν ἐθνῶν κατὰ τῶν ἀδελφῶν.
almas de los gentiles contra los hermanos.

3 ἱκανὸν μὲν οὖν χρόνον διέτριψαν
(Por) considerable, [2]con todo, tiempo se quedaron (allí)

παρρησιαζόμενοι ἐπὶ τῷ κυρίῳ τῷ μαρ-
hablando con denuedo [3]en el Señor, el que daba

τυροῦντι ἐπὶ τῷ λόγῳ τῆς χάριτος αὐτοῦ,
testimonio a la palabra de la gracia de él,

διδόντι σημεῖα καὶ τέρατα γίνεσθαι διὰ
dando que señales y prodigios se hiciesen mediante

τῶν χειρῶν αὐτῶν. **4** ἐσχίσθη δὲ τὸ
las manos de ellos. Y se dividió la

πλῆθος τῆς πόλεως, καὶ οἱ μὲν ἦσαν
multitud de la ciudad, y unos estaban

σὺν τοῖς Ἰουδαίοις, οἱ δὲ σὺν τοῖς
con los judíos, mientras que otros con los

ἀποστόλοις. **5** ὡς δὲ ἐγένετο ὁρμὴ τῶν
apóstoles (estaban). Pero cuando hubo un asalto de los

ἐθνῶν τε καὶ Ἰουδαίων σὺν τοῖς ἄρχουσιν
gentiles y también de (los) judíos [4]con los gobernantes

1
2. NO CREYERON. Lit. *no fueron persuadidos* (o *desobedecieron*).
2
3. CON TODO. Lit. *a la verdad, pues.*
3
3. EN EL SEÑOR. Lit. *sobre el Señor* (es decir, *apoyados —o confiados— en el Señor*).
4
5. CON. Es decir, *juntamente con.*

αὐτῶν   ὑβρίσαι   καὶ   λιθοβολῆσαι   αὐτούς,
de ellos   para insultar(les)   y   apedrear   les,

6 συνιδόντες   κατέφυγον   εἰς   τὰς   πόλεις
al darse cuenta,   huyeron   a   las   ciudades

τῆς   Λυκαονίας   Λύστραν   καὶ   Δέρβην   καὶ
—   de Licaonia,   a Listra   y   Derbe   y

τὴν   περίχωρον·   7 κἀκεῖ   εὐαγγελιζόμενοι
la   región circundante;   y allí   evangelizando

ἦσαν.   8 Καὶ   τις   ἀνὴρ   ἀδύνατος   ἐν
estaban.   Y   cierto   hombre   imposibilitado   en

Λύστροις   τοῖς   ποσὶν   ἐκάθητο,   χωλὸς   ἐκ
Listra,   de los   pies,   estaba sentado,   cojo   desde

κοιλίας   μητρὸς   αὐτοῦ   ὃς   οὐδέποτε
(el) vientre   de (la) madre   de él,   el cual   nunca

περιεπάτησεν.   9 οὗτος   ἤκουεν   τοῦ   Παύλου
[1]había andado.   Éste   oía   —   a Pablo

λαλοῦντος·   ὃς   ἀτενίσας   αὐτῷ   καὶ   ἰδὼν
que hablaba;   [2]quien   fijando los ojos   en él   y   viendo

ὅτι   ἔχει   πίστιν   τοῦ   σωθῆναι,   10 εἶπεν
que   tiene   fe   —   para ser sanado,   dijo

μεγάλῃ   φωνῇ·   ἀνάστηθι   ἐπὶ   τοὺς   πόδας
con gran   voz: Levántate   sobre   los   pies

σου   ὀρθός.   καὶ   ἤλατο   καὶ   περιεπάτει.
de ti   derecho.   Y   saltó   y   caminaba.

11 οἵ   τε   ὄχλοι   ἰδόντες   ὃ   ἐποίησεν   Παῦλος
Entonces las   gentes,   al ver   lo que   hizo   Pablo,

ἐπῆραν   τὴν   φωνὴν   αὐτῶν   Λυκαονιστὶ
alzaron   la   voz   de ellos,   en Licaonio

λέγοντες·   οἱ   θεοὶ   ὁμοιωθέντες   ἀνθρώποις
diciendo: Los   dioses,   hechos semejantes   a hombres,

κατέβησαν   πρὸς   ἡμᾶς,   12 ἐκάλουν   τε   τὸν
bajaron   hasta   nosotros,   y llamaban

Βαρναβᾶν   Δία,   τὸν   δὲ   Παῦλον   Ἑρμῆν,
a Bernabé   [3]Zeus   —   y   a Pablo   Hermes,

ἐπειδὴ   αὐτὸς   ἦν   ὁ   ἡγούμενος   τοῦ   λόγου.
puesto que   él   era   [4]el   que dirigía   el   mensaje.

13 ὅ   τε   ἱερεὺς   τοῦ   Διὸς   τοῦ   ὄντος   πρὸ
Y el   sacerdote   del   de Zeus   —   que hay   delante
(templo)

τῆς   πόλεως,   ταύρους   καὶ   στέμματα   ἐπὶ
de la   ciudad,   toros   y   guirnaldas   a

τοὺς   πυλῶνας   ἐνέγκας,   σὺν   τοῖς   ὄχλοις
los   portones   trayendo,   con   las   gentes

ἤθελεν   θύειν.   14 ἀκούσαντες   δὲ   οἱ
quería   sacrificar.   Pero, al oír(lo)   los

ἀπόστολοι   Βαρναβᾶς   καὶ   Παῦλος,   διαρ-
apóstoles   Bernabé   y   Pablo,

ρήξαντες   τὰ   ἱμάτια   ἑαυτῶν   ἐξεπήδησαν   εἰς
rasgando   las   ropas   de ellos mismos,   se lanzaron en medio

[1]
8. Había andado. Lit. anduvo.
[2]
9. Quien (Pablo).
[3]
12. Zeus... Hermes. Entre los latinos: Júpiter (padre de los dioses) y Mercurio (intérprete o portavoz de los dioses), respectivamente.
[4]
12. El que... mensaje. Lit. el director de la palabra.

τὸν ὄχλον, κράζοντες **15** καὶ λέγοντες·
de la　　gente,　　gritando　　y　　diciendo:

ἄνδρες, τί ταῦτα ποιεῖτε; καὶ ἡμεῖς
Varones, ¿por qué estas cosas hacéis? También nosotros

ὁμοιοπαθεῖς ἐσμεν ὑμῖν ἄνθρωποι, εὐαγ-
de igual condición somos que vosotros, hombres, que predicamos

γελιζόμενοι ὑμᾶς ἀπὸ τούτων τῶν ματαίων
el evangelio os (para que) de estas — vanidades

ἐπιστρέφειν ἐπὶ θεὸν ζῶντα, ὃς ἐποίησεν
os convirtáis al Dios vivo, que hizo

τὸν οὐρανὸν καὶ τὴν γῆν καὶ τὴν
el cielo y la tierra y el

θάλασσαν καὶ πάντα τὰ ἐν αὐτοῖς· **16** ὃς
mar y todas las cosas en ellos; quien
　　　　　　　　(que hay)

ἐν ταῖς παρῳχημέναις γενεαῖς εἴασεν πάντα
en las pasadas generaciones permitió que todas

τὰ ἔθνη πορεύεσθαι ταῖς ὁδοῖς αὐτῶν·
las naciones se fuesen por los caminos de ellos;

17 καίτοι οὐκ ἀμάρτυρον αὐτὸν ἀφῆκεν
si bien no sin testimonio a sí mismo dejó,

ἀγαθουργῶν, οὐρανόθεν ὑμῖν ὑετοὺς διδοὺς
haciendo bienes, del cielo os lluvias dando

καὶ καιροὺς καρποφόρους, ἐμπιπλῶν τροφῆς
y ¹sazones fructíferas, llenando de sustento

καὶ εὐφροσύνης τὰς καρδίας ὑμῶν. **18** καὶ
y alegría los corazones de vosotros. Y

ταῦτα λέγοντες μόλις κατέπαυσαν τοὺς
estas cosas diciendo a duras penas refrenaron a las

ὄχλους τοῦ μὴ θύειν αὐτοῖς. **19** Ἐπῆλθαν
turbas — para sacrificasen para ellos. Y llegaron
　　　　　que no

δὲ ἀπὸ Ἀντιοχείας καὶ Ἰκονίου Ἰουδαῖοι,
de Antioquía e Iconio unos judíos

καὶ πείσαντες τοὺς ὄχλους καὶ λιθάσαντες
y persuadiendo a las turbas y apedreando

τὸν Παῦλον ἔσυρον ἔξω τῆς πόλεως,
— a Pablo, arrastraban(le) fuera de la ciudad,

νομίζοντες αὐτὸν τεθνηκέναι. **20** κυκλω-
suponiendo que él había muerto. Pero al

σάντων δὲ τῶν μαθητῶν αὐτὸν ἀναστὰς
rodear los discípulos le, levantándose

εἰσῆλθεν εἰς τὴν πόλιν. Καὶ τῇ ἐπαύριον
entró en la ciudad. Y al día siguiente

ἐξῆλθεν σὺν τῷ Βαρναβᾷ εἰς Δέρβην.
salió con — Bernabé a Derbe.

21 εὐαγγελιζόμενοί τε τὴν πόλιν ἐκείνην
Y evangelizando la ciudad aquella

¹ 17. SAZONES. Esto es, *estaciones del año.*

καὶ μαθητεύσαντες ἱκανοὺς ὑπέστρεψαν εἰς
y   haciendo discípulos bastantes, regresaron a

τὴν Λύστραν καὶ εἰς Ἰκόνιον καὶ [εἰς]
—   Listra   y a Iconio   y   a

Ἀντιόχειαν, 22 ἐπιστηρίζοντες τὰς ψυχὰς
Antioquía,   robusteciendo   las almas

τῶν μαθητῶν, παρακαλοῦντες ἐμμένειν τῇ
de los discípulos, exhortando(les) a continuar en la

πίστει, καὶ ὅτι διὰ πολλῶν θλίψεων
fe   y   que a través de muchas aflicciones

δεῖ ἡμᾶς εἰσελθεῖν εἰς τὴν βασιλείαν τοῦ
es menester que entremos en el reino —
nosotros

θεοῦ. 23 χειροτονήσαντες δὲ αὐτοῖς κατ᾽
de Dios. Y ¹designando   les en cada

ἐκκλησίαν πρεσβυτέρους, προσευξάμενοι
iglesia   ancianos,   orando

μετὰ νηστειῶν παρέθεντο αὐτοὺς τῷ κυρίῳ
con   ayunos, encomendaron los   al Señor

εἰς ὃν πεπιστεύκεισαν. 24 καὶ διελθόντες
en quien habían creído.   Y pasando por

τὴν Πισιδίαν ἦλθον εἰς τὴν Παμφυλίαν,
— Pisidia, vinieron a — Panfilia,

25 καὶ λαλήσαντες εἰς τὴν Πέργην τὸν
y   tras hablar   en — Perge   la

λόγον κατέβησαν εἰς Ἀττάλειαν, κἀκεῖθεν
palabra, bajaron a Atalía,   y de allí

ἀπέπλευσαν εἰς Ἀντιόχειαν, 26 ὅθεν ἦσαν
navegaron   a Antioquía,   de donde habían

παραδεδομένοι τῇ χάριτι τοῦ θεοῦ εἰς
sido encomendados a la gracia — de Dios para

τὸ ἔργον ὃ ἐπλήρωσαν. 27 Παραγεν-
la obra que cumplieron.   Y habiendo

όμενοι δὲ καὶ συναγαγόντες τὴν ἐκκλησίαν,
llegado y reuniendo   a la iglesia,

ἀνήγγελλον ὅσα ἐποίησεν ὁ θεὸς μετ᾽
refirieron cuanto hizo — Dios mediante

αὐτῶν, καὶ ὅτι ἤνοιξεν τοῖς ἔθνεσιν
ellos,   y que abrió a los gentiles

θύραν πίστεως. 28 διέτριβον δὲ χρόνον
(la) puerta de (la) fe. Y se quedaban (por) tiempo

οὐκ ὀλίγον σὺν τοῖς μαθηταῖς.
no poco   con los discípulos.

15 Καί τινες κατελθόντες ἀπὸ τῆς
   Y algunos, bajando   de   —

Ἰουδαίας ἐδίδασκον τοὺς ἀδελφοὺς ὅτι
Judea,   enseñaban a los hermanos: —

1
23. DESIGNANDO. Lit. extendiendo la mano (votación
a mano alzada).

ἐὰν μὴ περιτμηθῆτε τῷ ἔθει τῷ Μωϋσέως,
A menos que os circuncidéis según costumbre — de Moisés,

οὐ δύνασθε σωθῆναι. 2 γενομένης δὲ
no podéis ser salvos. Y habiendo surgido

στάσεως καὶ ζητήσεως οὐκ ὀλίγης τῷ
una agitación y discusión no poca —

Παύλῳ καὶ τῷ Βαρναβᾷ πρὸς αὐτούς,
(por parte) y — de Bernabé contra ellos,
de Pablo

ἔταξαν ἀναβαίνειν Παῦλον καὶ Βαρναβᾶν
determinaron que subiesen Pablo y Bernabé

καὶ τινας ἄλλους ἐξ αὐτῶν πρὸς τοὺς
y algunos otros de ellos a los

ἀποστόλους καὶ πρεσβυτέρους εἰς Ἰερουσαλὴμ
apóstoles y ancianos a Jerusalén

περὶ τοῦ ζητήματος τούτου. 3 Οἱ μὲν
acerca de la cuestión esta. Así que ellos

οὖν προπεμφθέντες ὑπὸ τῆς ἐκκλησίας
[1]provistos para el viaje por la iglesia,

διήρχοντο τήν τε Φοινίκην καὶ Σαμάρειαν
pasaban — por Fenicia y también por Samaria

ἐκδιηγούμενοι τὴν ἐπιστροφὴν τῶν ἐθνῶν,
refiriendo en detalle la conversión de los gentiles,

καὶ ἐποίουν χαρὰν μεγάλην πᾶσιν τοῖς
y causaban gozo grande a todos los

ἀδελφοῖς. 4 παραγενόμενοι δὲ εἰς Ἰεροσόλυμα
hermanos. Y habiendo llegado a Jerusalén,

παρεδέχθησαν ἀπὸ τῆς ἐκκλησίας καὶ τῶν
fueron acogidos por la iglesia y los

ἀποστόλων καὶ τῶν πρεσβυτερων, ἀνήγ-
apóstoles y los ancianos, y

γειλάν τε ὅσα ὁ θεὸς ἐποίησεν μετ᾽
refirieron cuanto — Dios hizo con

αὐτῶν. 5 Ἐξανέστησαν δέ τινες τῶν
ellos. Pero se levantaron algunos de los

ἀπὸ τῆς αἱρέσεως τῶν Φαρισαίων
de la secta de los fariseos

πεπιστευκότες, λέγοντες ὅτι δεῖ περιτέμνειν
que habían creído, diciendo: — Es menester circuncidar

αὐτοὺς παραγγέλλειν τε τηρεῖν τὸν νόμον
los y encargar(les) que guarden la ley

Μωϋσέως.
de Moisés.

6 Συνήχθησάν τε οἱ ἀπόστολοι καὶ οἱ
Y se reunieron los apóstoles y los

πρεσβύτεροι ἰδεῖν περὶ τοῦ λόγου τούτου.
ancianos para ver acerca del asunto este.

[1]
3. PROVISTOS PARA EL VIAJE.
O *puestos en camino.*

7 Πολλῆς δὲ ζητήσεως γενομένης ἀναστὰς
Y mucha   discusión   hecha,   levantándose

Πέτρος εἶπεν πρὸς αὐτούς· ἄνδρες ἀδελφοί,
Pedro, dijo   a   ellos: Varones hermanos,

ὑμεῖς ἐπίστασθε ὅτι ἀφ' ἡμερῶν ἀρχαίων
vosotros sabéis muy bien que ¹desde días antiguos

ἐν ὑμῖν ἐξελέξατο ὁ θεὸς διὰ τοῦ στόματός
entre vosotros escogió — Dios mediante la boca
                        (que)

μου ἀκοῦσαι τὰ ἔθνη τὸν λόγον τοῦ
de mí, oyesen los gentiles la palabra del

εὐαγγελίου καὶ πιστεῦσαι. 8 καὶ ὁ
evangelio y creyesen.   Y   el

καρδιογνώστης θεὸς ἐμαρτύρησεν αὐτοῖς
conocedor de corazones Dios, dio testimonio les

δοὺς τὸ πνεῦμα τὸ ἅγιον καθὼς καὶ
dando(les) el Espíritu — Santo como también

ἡμῖν, 9 καὶ οὐθὲν διέκρινεν μεταξὺ ἡμῶν
a nosotros, y nada discriminó entre nosotros

τε καὶ αὐτῶν, τῇ πίστει καθαρίσας τὰς
y también ellos, por la fe purificando los

καρδίας αὐτῶν. 10 νῦν οὖν τί πειράζετε
corazones de ellos. Ahora, pues, ¿por qué tentáis

τὸν θεόν, ἐπιθεῖναι ζυγὸν ἐπὶ τὸν
— a Dios, ²imponiendo un yugo sobre el

τράχηλον τῶν μαθητῶν, ὃν οὔτε οἱ
cuello de los discípulos, el cual ni los

πατέρες ἡμῶν οὔτε ἡμεῖς ἰσχύσαμεν
padres de nosotros ni nosotros fuimos capaces

βαστάσαι; 11 ἀλλὰ διὰ τῆς χάριτος τοῦ
de soportar? Sino que mediante la gracia del

κυρίου Ἰησοῦ πιστεύομεν σωθῆναι καθ'
Señor Jesús creemos ser salvos del

ὃν τρόπον κἀκεῖνοι. 12 Ἐσίγησεν δὲ
mismo modo que también ellos. Y se calló

πᾶν τὸ πλῆθος, καὶ ἤκουον Βαρναβᾶ
toda la multitud, y oían a Bernabé

καὶ Παύλου ἐξηγουμένων ὅσα ἐποίησεν
y a Pablo que referían cuantas hizo

ὁ θεὸς σημεῖα καὶ τέρατα ἐν τοῖς
— Dios señales y prodigios entre los

ἔθνεσιν δι' αὐτῶν. 13 Μετὰ δὲ τὸ σιγῆσαι
gentiles mediante ellos. Y después de callar

αὐτοὺς ἀπεκρίθη Ἰάκωβος λέγων· 14 ἄνδρες
ellos, respondió Jacobo diciendo: Varones

ἀδελφοί, ἀκούσατέ μου. Συμεὼν ἐξηγήσατο
hermanos, oíd me. ³Simeón explicó

1
7. DESDE DÍAS ANTIGUOS. Es decir, *desde el principio* (cap. 10).
2
10. IMPONIENDO. Lit. *para imponer.*
3
14. SIMEÓN. Es decir, *Simón* (Pedro).

καθὼς πρῶτον ὁ θεὸς ἐπεσκέψατο λαβεῖν ἐξ
cómo primeramente — Dios visitó para tomar de entre

ἐθνῶν λαὸν τῷ ὀνόματι αὐτοῦ. 15 καὶ
(los) gentiles un pueblo para el nombre de él. Y

τούτῳ συμφωνοῦσιν οἱ λόγοι τῶν προφητῶν,
con esto concuerdan las palabras de los profetas,

καθὼς γέγραπται· 16 μετὰ ταῦτα
como ha sido escrito: Después de estas cosas,

ἀναστρέψω καὶ ἀνοικοδομήσω τὴν σκηνὴν
volveré y reconstruiré el tabernáculo

Δαυὶδ τὴν πεπτωκυῖαν, καὶ τὰ κατεστραμ-
de David — que se ha caído, y las ruinas

μένα αὐτῆς ἀνοικοδομήσω καὶ ἀνορθώσω
de él reconstruiré y volveré a erigir

αὐτήν, 17 ὅπως ἂν ἐκζητήσωσιν οἱ
lo, de modo que busquen los

κατάλοιποι τῶν ἀνθρώπων τὸν κύριον,
restantes de los hombres al Señor,

καὶ πάντα τὰ ἔθνη ἐφ᾽ οὓς ἐπικέκληται
y todos los gentiles sobre los que ha sido invocado

τὸ ὄνομά μου ἐπ᾽ αὐτούς, λέγει κύριος
el nombre de mí sobre ellos, dice (el) Señor

ποιῶν ταῦτα 18 γνωστὰ ἀπ᾽ αἰῶνος.
que hace (que) estas cosas (sean) conocidas [1]desde (el) siglo.

19 διὸ ἐγὼ κρίνω μὴ παρενοχλεῖν τοῖς
Por lo cual, yo [2]decido que no se moleste a los que

ἀπὸ τῶν ἐθνῶν ἐπιστρέφουσιν ἐπὶ τὸν
de los gentiles se convierten a —

θεόν, 20 ἀλλὰ ἐπιστεῖλαι αὐτοῖς τοῦ
Dios, sino que se escriba por carta les —

ἀπέχεσθαι τῶν ἀλισγημάτων τῶν εἰδώλων
que se abstengan de las contaminaciones de los ídolos

καὶ τῆς πορνείας καὶ πνικτοῦ καὶ τοῦ
y de la [3]fornicación y de (lo) estrangulado y de la

αἵματος. 21 Μωϋσῆς γὰρ ἐκ γενεῶν
sangre. Porque Moisés desde generaciones

ἀρχαίων κατὰ πόλιν τοὺς κηρύσσοντας
antiguas en cada ciudad los que proclaman

αὐτὸν ἔχει ἐν ταῖς συναγωγαῖς κατὰ
lo tiene en las sinagogas en

πᾶν σάββατον ἀναγινωσκόμενος. 22 Τότε
todo sábado siendo leído. Entonces

ἔδοξε τοῖς ἀποστόλοις καὶ τοῖς πρεσ-
pareció (bien) a los apóstoles y a los

βυτέροις σὺν ὅλῃ τῇ ἐκκλησίᾳ ἐκλεξαμένους
ancianos con toda la iglesia escogidos

1
18. DESDE (EL) SIGLO. Es decir, desde la eternidad.
2
19. DECIDO. Lit. juzgo.
3
20. FORNICACIÓN. Se refiere, con toda probabilidad, a las uniones prohibidas en Lv. 18.

άνδρας έξ αυτών πέμψαι εις 'Αντιόχειαν
varones de (entre) ellos   enviar   a   Antioquía

σύν τῷ Παύλῳ καὶ Βαρναβᾷ, 'Ιούδαν
con   —   Pablo   y   Bernabé,   Judas

τὸν καλούμενον Βαρσαββᾶν καὶ Σιλᾶν,
el   llamado   Barsabás   y   Silas,

άνδρας ήγουμένους έν τοῖς άδελφοῖς,
varones   dirigentes   entre   los   hermanos,

23 γράψαντες διὰ χειρὸς αὐτῶν· Οἱ
escribiendo   mediante   mano   de ellos: Los

άπόστολοι καὶ οἱ πρεσβύτεροι άδελφοὶ
apóstoles   y   los   ancianos   hermanos

τοῖς κατὰ τὴν 'Αντιόχειαν καὶ Συρίαν
a los que (residen) en —   Antioquía   y   Siria

καὶ Κιλικίαν άδελφοῖς τοῖς έξ έθνῶν
y   Cilicia   hermanos   — de (entre los) gentiles,

χαίρειν. 24 'Επειδὴ ήκούσαμεν ότι τινὲς
[1]saludos.   Por cuanto   oímos   que   algunos

έξ ήμῶν έτάραξαν ύμᾶς λόγοις άνασκευάζ-
de nosotros   turbaron   os   con palabras   trastor-
(entre)

οντες τὰς ψυχὰς ύμῶν, οἷς οὐ διεστειλάμεθα,
nando   las   almas   de vosotros, a los   no   comisionamos,
cuales

25 έδοξεν ήμῖν γενομένοις ὁμοθυμαδόν,
pareció (bien)   nos   habiendo llegado a ser   unánimes,

έκλεξαμένους άνδρας πέμψαι πρὸς ὑμᾶς
escogidos   varones   enviar   a   vosotros

σύν τοῖς άγαπητοῖς ήμῶν Βαρναβᾷ καὶ
con   los   amados   de nosotros   Bernabé   y

Παύλῳ, 26 άνθρώποις παραδεδωκόσι τὰς
Pablo,   hombres   que han [2]entregado   las

ψυχὰς αὐτῶν ύπὲρ τοῦ ὁνόματος τοῦ
vidas   de ellos   a favor   del   nombre   del

κυρίου ήμῶν 'Ιησοῦ Χριστοῦ. 27 άπεστάλ-
Señor   de nosotros   Jesucristo.   Hemos envia-

καμεν οὖν 'Ιούδαν καὶ Σιλᾶν, καὶ αὐτοὺς
do,   pues,   a Judas   y   Silas,   y   ellos

διὰ λόγου άπαγγέλλοντας τὰ αὐτά.
mediante   palabra   [3]anunciarán   las mismas cosas.

28 έδοξεν γὰρ τῷ πνεύματι τῷ άγίῳ
Porque pareció (bien)   al   Espíritu   —   Santo

καὶ ήμῖν μηδὲν πλέον έπιτίθεσθαι ύμῖν
y   a nosotros   ninguna   más   imponer   os

βάρος πλὴν τούτων τῶν έπάναγκες,
carga   excepto   estas   —   cosas necesarias,

29 άπέχεσθαι είδωλοθύτων καὶ αίματος καὶ
abstenerse   de lo sacrificado a   y   de sangre   y
los ídolos

1
23. SALUDOS. Lit. saludando.
2
26. ENTREGADO. O expuesto.
3
27. ANUNCIARÁN. Lit. anunciando.

πνικτῶν   καὶ   πορνείας·   ἐξ   ὧν   διατηροῦντες
cosas   y   de [1]fornicación;   de las cuales   guardando
estranguladas   cosas

ἑαυτοὺς   εὖ   πράξετε.   Ἔρρωσθε.
a vosotros   bien   haréis.   [2]Pasadlo bien.
mismos,

30 Οἱ   μὲν   οὖν   ἀπολυθέντες   κατῆλθον   εἰς
Así pues,   ellos,   tras ser despedidos,   bajaron   a

Ἀντιόχειαν,   καὶ   συναγαγόντες   τὸ   πλῆθος
Antioquía,   y   reuniendo   a la   multitud,

ἐπέδωκαν   τὴν   ἐπιστολήν.   **31** ἀναγνόντες   δὲ
entregaron   la   carta.   Y al leer(la),

ἐχάρησαν   ἐπὶ   τῇ   παρακλήσει.   **32** Ἰούδας   τε
se gozaron   por   la   consolación.   Y Judas

καὶ   Σιλᾶς,   καὶ   αὐτοὶ   προφῆται   ὄντες,
y   Silas,   también   ellos mismos   profetas   siendo,

διὰ   λόγου   πολλοῦ   παρεκάλεσαν   τοὺς
mediante   discurso   mucho   exhortaron   a los

ἀδελφοὺς   καὶ   ἐπεστήριξαν·   **33** ποιήσαντες   δὲ
hermanos   y   (los) robustecieron;   y después de [3]pasar (allí)

χρόνον   ἀπελύθησαν   μετ'   εἰρήνης   ἀπὸ
(algún) tiempo,   fueron despedidos   con   paz   por

τῶν   ἀδελφῶν   πρὸς   τοὺς   ἀποστείλαντας
los hermanos   (para volver) a   los   que enviaron

αὐτούς.   **35** Παῦλος   δὲ   καὶ   Βαρναβᾶς
les.*   Pero Pablo   y   Bernabé

διέτριβον   ἐν   Ἀντιοχείᾳ,   διδάσκοντες   καὶ
se quedaron   en   Antioquía,   enseñando   y

εὐαγγελιζόμενοι   μετὰ   καὶ   ἑτέρων   πολλῶν
anunciando la buena nueva   con   también   otros   muchos,

τὸν   λόγον   τοῦ   κυρίου.
(de) la   palabra   del   Señor.

36 Μετὰ   δέ   τινας   ἡμέρας   εἶπεν   πρὸς
Y después   de algunos   días,   dijo   a

Βαρναβᾶν   Παῦλος·   ἐπιστρέψαντες   δὴ
Bernabé   Pablo: [4]Volvamos   ya

ἐπισκεψώμεθα   τοὺς   ἀδελφοὺς   κατὰ   πόλιν
(y) visitemos   a los   hermanos   en cada   ciudad

πᾶσαν   ἐν   αἷς   κατηγγείλαμεν   τὸν   λόγον
toda   en   las que   anunciamos   la   palabra

τοῦ   κυρίου,   πῶς   ἔχουσιν.   **37** Βαρναβᾶς
del   Señor,   (para ver) cómo   están.   Y Bernabé

δὲ   ἐβούλετο   συμπαραλαβεῖν   καὶ   τὸν
    quería   llevar con (ellos)   también   —

Ἰωάννην   τὸν   καλούμενον   Μᾶρκον·   **38** Παῦλος
a Juan   el   llamado   Marcos;   pero Pablo

δὲ   ἠξίου,   τὸν   ἀποστάντα   ἀπ'   αὐτῶν
    [5]estimaba que   —   al que se apartó   de   ellos

---

[1]
29. FORNICACIÓN. (V. vers. 20).

[2]
29. PASADLO BIEN. Fórmula de despedida, equivalente a nuestro *adiós*.

[3]
33. PASAR. Lit. *hacer*.

*
33. El vers. 34 falta en los principales MSS.

[4]
36. VOLVAMOS. Lit. *Volviendo*.

[5]
38. ESTIMABA. Lit. *creía digno*.

ἀπὸ Παμφυλίας καὶ μὴ συνελθόντα αὐτοῖς
desde   Panfilia   y   no   fue con   ellos

εἰς τὸ ἔργον, μὴ συμπαραλαμβάνειν τοῦτον.
a la   obra,   no   llevar consigo   a éste.

39 ἐγένετο δὲ παροξυσμός, ὥστε ἀποχωρισ-
Y se produjo   exasperación,   tanta   que se sepa-

θῆναι αὐτοὺς ἀπ' ἀλλήλων, τόν τε
raron   ellos   el uno   del otro,   —   y

Βαρναβᾶν παραλαβόντα τὸν Μᾶρκον
Bernabé   tomó consigo   —   a Marcos

ἐκπλεῦσαι εἰς Κύπρον. **40** Παῦλος δὲ
para zarpar   hacia   Chipre.   Pero Pablo,

ἐπιλεξάμενος Σιλᾶν ἐξῆλθεν, παραδοθεὶς
escogiendo para sí   a Silas,   salió,   encomendado

τῇ χάριτι τοῦ κυρίου ὑπὸ τῶν
a la   gracia   del   Señor   por   los

ἀδελφῶν· **41** διήρχετο δὲ τὴν Συρίαν
hermanos;   y pasaba por   —   Siria

καὶ Κιλικίαν ἐπιστηρίζων τὰς ἐκκλησίας.
y   Cilicia   robusteciendo   las   iglesias.

16 Κατήντησεν δὲ καὶ εἰς Δέρβην καὶ
Y llegó   también   a   Derbe   y

εἰς Λύστραν. καὶ ἰδοὺ μαθητής τις ἦν
a   Listra;   y   he aquí   que un discípulo   había

ἐκεῖ ὀνόματι Τιμόθεος, υἱὸς γυναικὸς
allí   por nombre   Timoteo,   hijo   de una mujer

Ἰουδαίας πιστῆς πατρὸς δὲ Ἕλληνος,
judía   fiel (creyente),   pero de padre   griego,

2 ὃς ἐμαρτυρεῖτο ὑπὸ τῶν ἐν Λύστροις
quien   tenía (buen) (dado) por   los   en   Listra
testimonio;

καὶ Ἰκονίῳ ἀδελφῶν. **3** τοῦτον ἠθέλησεν
e   Iconio   hermanos.   Éste   quiso

ὁ Παῦλος σὺν αὐτῷ ἐξελθεῖν, καὶ λαβὼν
—   Pablo   consigo   que saliera,   y   tomando(le),

περιέτεμεν αὐτὸν διὰ τοὺς Ἰουδαίους τοὺς
circuncidó   le   por causa de los   judíos   —

ὄντας ἐν τοῖς τόποις ἐκείνοις· ᾔδεισαν
que había   en   los   lugares   aquellos;   1porque

γὰρ ἅπαντες ὅτι Ἕλλην ὁ πατὴρ αὐτοῦ
sabían   todos   que   griego   el   padre   de él

ὑπῆρχεν. **4** Ὡς δὲ διεπορεύοντο τὰς
era.   Y conforme   pasaban por   las

3. PORQUE SABÍAN. La construcción griega invierte estos vocablos y dice: *sabían porque.*

πόλεις, παρεδίδοσαν αὐτοῖς φυλάσσειν τὰ
ciudades,   entregaban   les,   para observar(las)   los

δόγματα τὰ κεκριμένα ὑπὸ τῶν ἀποστόλων
acuerdos — que habían sido por los apóstoles
decididos

καὶ πρεσβυτέρων τῶν ἐν Ἱεροσολύμοις.
y ancianos [1]que estaban en Jerusalén.

5 Αἱ μὲν οὖν ἐκκλησίαι ἐστερεοῦντο
Las — pues, iglesias eran consolidadas

τῇ πίστει καὶ ἐπερίσσευον τῷ ἀριθμῷ
en la fe y crecían — en número

καθ' ἡμέραν.
cada día.

6 Διῆλθον δὲ τὴν Φρυγίαν καὶ Γαλατικὴν
Y pasaron por la frigia y (la) gálata

χώραν, κωλυθέντες ὑπὸ τοῦ ἁγίου
región, habiendo sido impedidos por el Santo

πνεύματος λαλῆσαι τὸν λόγον ἐν τῇ
Espíritu de hablar la palabra en —

Ἀσίᾳ· **7** ἐλθόντες δὲ κατὰ τὴν Μυσίαν
Asia; y cuando llegaron frente a — Misia,

ἐπείραζον εἰς τὴν Βιθυνίαν πορευθῆναι,
trataban a — Bitinia de ir,

καὶ οὐκ εἴασεν αὐτοὺς τὸ πνεῦμα Ἰησοῦ·
y no permitió les el Espíritu de Jesús;

8 παρελθόντες δὲ τὴν Μυσίαν κατέβησαν
y pasando cerca — de Misia, bajaron

εἰς Τρῳάδα. **9** καὶ ὅραμα διὰ νυκτὸς
a Tróade. Y una visión durante (la) noche

τῷ Παύλῳ ὤφθη, ἀνὴρ Μακεδών τις
— [2]a Pablo se apareció, un varón macedonio cierto

ἦν ἑστὼς καὶ παρακαλῶν αὐτὸν καὶ
estaba puesto en pie y exhortando le y

λέγων· διαβὰς εἰς Μακεδονίαν βοήθησον
diciendo: Cruzando hacia Macedonia, ayuda

ἡμῖν. **10** ὡς δὲ τὸ ὅραμα εἶδεν, εὐθέως
nos. Y cuando la visión vio, en seguida

ἐζητήσαμεν ἐξελθεῖν εἰς Μακεδονίαν,
procuramos salir hacia Macedonia,

συμβιβάζοντες ὅτι προσκέκληται ἡμᾶς ὁ
concluyendo que [3]había llamado nos —

θεὸς εὐαγγελίσασθαι αὐτούς.
Dios a evangelizar les.

11 Ἀναχθέντες δὲ ἀπὸ Τρῳάδος εὐθυδρο-
Y zarpando de Tróade, [4]navegamos

μήσαμεν εἰς Σαμοθρᾴκην, τῇ δὲ ἐπιούσῃ
directamente a Samotracia, y al día siguiente

εἰς Νέαν πόλιν, **12** κἀκεῖθεν εἰς Φιλίππους,
a Neápolis, y de allí a Filipos,

1
4. QUE ESTABAN EN. Lit. *los* (que) *en Jerusalén.*
2
9. A PABLO. Lit. *fue vista por Pablo.*
3
10. HABÍA LLAMADO. Lit. *ha llamado.*
4
11. NAVEGAMOS DIRECTAMENTE. Lit. *corrimos directamente.*

ἥτις   ἐστὶν   πρώτη   τῆς   μερίδος   Μακεδονίας
la cual   es   (la) primera   de la   parte   de Macedonia

πόλις,   κολωνία.   ⁺Ημεν   δὲ   ἐν   ταύτῃ   τῇ
ciudad,   una colonia   Y estábamos   en   esta   —
(romana).

πόλει   διατρίβοντες   ἡμέρας   τινάς.   13 τῇ   τε
ciudad   ocupando el tiempo   por días   algunos.   Y en el

ἡμέρᾳ   τῶν   σαββάτων   ἐξήλθομεν   ἔξω   τῆς
día   ¹de   reposo   salimos   fuera   de la

πύλης   παρὰ   ποταμὸν   οὗ   ἐνομίζομεν
puerta   junto   a un río   donde   suponíamos

προσευχὴν   εἶναι,   καὶ   καθίσαντες   ἐλαλοῦμεν
que un lugar   había,   y   sentados   hablábamos
de oración

ταῖς   συνελθούσαις   γυναιξίν.   14 καὶ   τις
a las   reunidas   mujeres.   Y   una

γυνὴ   ὀνόματι   Λυδία,   πορφυρόπωλις
mujer   por nombre   Lidia,   negociante en telas
de púrpura,

πόλεως   Θυατίρων,   σεβομένη   τὸν   θεόν,
de (la) ciudad   de Tiatira,   que adoraba   —   a Dios,

ἤκουεν,   ἧς   ὁ   κύριος   διήνοιξεν   τὴν   καρδίαν
escuchaba,   de la cual   el   Señor   abrió   el   corazón

προσέχειν   τοῖς   λαλουμένοις   ὑπὸ   Παύλου.
para prestar   a lo   que era hablado   por   Pablo.
atención

15 ὡς   δὲ   ἐβαπτίσθη   καὶ   ὁ   οἶκος   αὐτῆς,
Y cuando   fue bautizada   y   la   casa   de ella,

παρεκάλεσεν   λέγουσα·   εἰ   κεκρίκατέ   με
rogó,   diciendo: Si   habéis decidido   que yo

πιστὴν   τῷ   κυρίῳ   εἶναι,   εἰσελθόντες   εἰς
fiel   al   Señor   soy,   entrando   en

τὸν   οἶκόν   μου   μένετε·   καὶ   παρεβιάσατο
la   casa   de mí,   quedaos;   y   urgía

ἡμᾶς.   16 Ἐγένετο   δὲ   πορευομένων   ἡμῶν
nos.   Y sucedió que   yendo   nosotros

εἰς   τὴν   προσευχήν,   παιδίσκην   τινὰ   ἔχουσαν
al   lugar   de oración,   cierta muchacha   que tenía

πνεῦμα   πύθωνα   ὑπαντῆσαι   ἡμῖν,   ἥτις
un espíritu   ²de adivinación   salió al encuentro   nos,   la cual

ἐργασίαν   πολλὴν   παρεῖχεν   τοῖς   κυρίοις
ganancia   mucha   producía   a los   ³amos

αὐτῆς   μαντευομένη.   17 αὕτη   κατακολουθοῦσα
de ella   adivinando.   Ésta,   siguiendo de cerca

τῷ   Παύλῳ   καὶ   ἡμῖν   ἔκραζεν   λέγουσα·
—   a Pablo   y   a nosotros,   gritaba   diciendo:

οὗτοι   οἱ   ἄνθρωποι   δοῦλοι   τοῦ   θεοῦ   τοῦ
Estos   —   hombres   siervos   del   Dios   —

ὑψίστου   εἰσίν,   οἵτινες   καταγγέλλουσιν   ὑμῖν
Altísimo   son,   los cuales   anuncian   os

όδὸν σωτηρίας. 18 τοῦτο δὲ ἐποίει ἐπὶ
un camino de salvación.   Y esto   hacía   durante

πολλὰς ἡμέρας. διαπονηθεὶς δὲ Παῦλος
muchos   días.   Y totalmente cansado   Pablo

καὶ ἐπιστρέψας τῷ πνεύματι εἶπεν· παραγ-
y   volviéndose   al   espíritu,   dijo: Encargo

γέλλω σοι ἐν ὀνόματι Ἰησοῦ Χριστοῦ
te   en   nombre   de Jesucristo

ἐξελθεῖν ἀπ' αὐτῆς· καὶ ἐξῆλθεν αὐτῇ
que salgas   de   ella;   y   salió   en la misma

τῇ ὥρᾳ. 19 Ἰδόντες δὲ οἱ κύριοι αὐτῆς
hora.   Mas viendo   los   amos   de ella

ὅτι ἐξῆλθεν ἡ ἐλπὶς τῆς ἐργασίας αὐτῶν,
que   salió   la   esperanza   de la   ganancia   de ellos,

ἐπιλαβόμενοι τὸν Παῦλον καὶ τὸν Σιλᾶν
prendiendo   —   a Pablo   y   —   a Silas,

εἵλκυσαν εἰς τὴν ἀγορὰν ἐπὶ τοὺς ἄρχοντας,
arrastraron(los) hasta   la plaza pública   ante   los   gobernantes,

20 καὶ προσαγαγόντες αὐτοὺς τοῖς στρατηγοῖς
y   presentando   los   a los   magistrados,

εἶπαν· οὗτοι οἱ ἄνθρωποι ἐκταράσσουσιν
dijeron: Estos   —   hombres   perturban

ἡμῶν τὴν πόλιν, Ἰουδαῖοι ὑπάρχοντες,
de nosotros   la   ciudad,   judíos   siendo,

21 καὶ καταγγέλλουσιν ἔθη ἃ οὐκ ἔξεστιν
y   anuncian   costumbres que   no   es lícito

ἡμῖν παραδέχεσθαι οὐδὲ ποιεῖν Ῥωμαίοις
para nosotros   recibir   ni   hacer,   romanos

οὖσιν. 22 καὶ συνεπέστη ὁ ὄχλος κατ'
siendo.   Y se levantó juntamente   la   multitud   contra

αὐτῶν, καὶ οἱ στρατηγοὶ περιρρήξαντες
ellos,   y   los   magistrados   rasgando

αὐτῶν τὰ ἱμάτια ἐκέλευον ῥαβδίζειν,
de ellos   las   ropas,   mandaban azotar(les) con varas,

23 πολλὰς δὲ ἐπιθέντες αὐτοῖς πληγὰς
y muchos   1habiendo dado   les   azotes,

ἔβαλον εἰς φυλακήν, παραγγείλαντες τῷ
(los) echaron   en   prisión,   encargando   al

δεσμοφύλακι ἀσφαλῶς τηρεῖν αὐτούς· 24 ὃς
carcelero   con seguridad   guardar   los;   quien

παραγγελίαν τοιαύτην λαβὼν ἔβαλεν αὐτοὺς
un encargo   tal   recibiendo,   echó   los

εἰς τὴν ἐσωτέραν φυλακὴν καὶ τοὺς
en   la   de adentro   cárcel   y   los

πόδας ἠσφαλίσατο αὐτῶν εἰς τὸ ξύλον.
pies   aseguró   de ellos   en   el   cepo.

25 Κατὰ δὲ τὸ μεσονύκτιον Παῦλος καὶ
Mas hacia   la   medianoche,   Pablo   y

1
23. HABIENDO DADO. Lit. *ha-*
biendo puesto sobre ellos.

Σιλâς προσευχόμενοι ὕμνουν τὸν θεόν,
Silas   orando   cantaban himnos — a Dios,

ἐπηκροῶντο δὲ αὐτῶν οἱ δέσμιοι· 26 ἄφνω δὲ
y escuchaban atentamente les los presos; y súbitamente

σεισμὸς ἐγένετο μέγας, ὥστε σαλευ-
un terremoto se produjo grande, hasta el punto de ser

θῆναι τὰ θεμέλια τοῦ δεσμωτηρίου·
sacudidos los cimientos de la cárcel;

ἠνεῴχθησαν δὲ παραχρῆμα αἱ θύραι πᾶσαι,
y se abrieron de repente las puertas todas,

καὶ πάντων τὰ δεσμὰ ἀνέθη. 27 ἔξυπνος δὲ
y de todos las cadenas fueron soltadas. Y despierto

γενόμενος ὁ δεσμοφύλαξ καὶ ἰδὼν
hecho el carcelero y viendo

ἀνεῳγμένας τὰς θύρας τῆς φυλακῆς,
abiertas las puertas de la cárcel,

σπασάμενος τὴν μάχαιραν ἤμελλεν ἑαυτὸν
desenvainando la espada, iba a sí mismo

ἀναιρεῖν, νομίζων ἐκπεφευγέναι τοὺς
a matarse, suponiendo que se habían escapado los

δεσμίους. 28 ἐφώνησεν δὲ Παῦλος μεγάλῃ
prisioneros. Mas dio voces Pablo con gran

φωνῇ λέγων· μηδὲν πράξῃς σεαυτῷ κακόν,
voz diciendo: Nada hagas a ti mismo malo,

ἅπαντες γάρ ἐσμεν ἐνθάδε. 29 αἰτήσας
porque todos estamos aquí. Y pidiendo

δὲ φῶτα εἰσεπήδησεν, καὶ ἔντρομος
¹una luz, entró corriendo, y ²a temblar

γενόμενος προσέπεσεν τῷ Παύλῳ καὶ
puesto, se postró — Pablo y

Σιλᾷ, 30 καὶ προαγαγὼν ᵃⁿᵗᵉαὐτοὺς ἔξω ἔφη·
Silas, y conduciendo delante los afuera, dijo:

κύριοι, τί με δεῖ ποιεῖν ἵνα σωθῶ;
Señores, ¿qué debo hacer para ser salvo?

31 οἱ δὲ εἶπαν· πίστευσον ἐπὶ τὸν κύριον
Y ellos dijeron: Cree en el Señor

Ἰησοῦν, καὶ σωθήσῃ σὺ καὶ ὁ οἶκός
Jesús, y serás salvo tú y la casa

σου. 32 καὶ ἐλάλησαν αὐτῷ τὸν λόγον
de ti. Y hablaron le la palabra

τοῦ θεοῦ σὺν πᾶσιν τοῖς ἐν τῇ οἰκίᾳ
— de Dios con todos los (que había) en la casa

αὐτοῦ. 33 καὶ παραλαβὼν αὐτοὺς ἐν
de él. Y tomando les en

ἐκείνῃ τῇ ὥρᾳ τῆς νυκτὸς ἔλουσεν ἀπὸ
aquella — hora de la noche, lavó de

¹
29. UNA LUZ. Lit. luces.
²
29. A TEMBLAR PUESTO. Lit. tembloroso hecho.

τῶν   πληγῶν,   καὶ   ἐβαπτίσθη   αὐτὸς   καὶ
las   llagas,   y   fue bautizado   él   y

οἱ αὐτοῦ ἅπαντες παραχρῆμα, 34 ἀναγαγών
los   de él   todos   al instante,   y conduciendo

τε   αὐτοὺς   εἰς   τὸν   οἶκον   παρέθηκεν
les   a   la   casa,   les puso (la)

τράπεζαν,   καὶ   ἠγαλλιάσατο   πανοικεὶ   πεπι-
mesa,   y   se regocijó grandemente   con toda   habiendo
su casa,

στευκὼς   τῷ   θεῷ.   35 Ἡμέρας   δὲ   γενομένης
creído   —   a Dios.   Y cuando el día   llegó,

ἀπέστειλαν   οἱ   στρατηγοὶ   τοὺς   ῥαβδούχους
enviaron   los   magistrados   a los   [1] alguaciles

λέγοντες·   ἀπόλυσον   τοὺς   ἀνθρώπους
diciendo: Suelta   a los   hombres

ἐκείνους.   36 ἀπήγγειλεν   δὲ   ὁ   δεσμοφύλαξ
esos.   Y anunció   el   carcelero

τοὺς   λόγους   τούτους   πρὸς   τὸν   Παῦλον,
las   palabras   estas   a   —   Pablo:

ὅτι   ἀπέσταλκαν   οἱ   στρατηγοὶ   ἵνα   ἀπολυθῆτε.
—   Han enviado   los   magistrados   a que   seáis soltados.

νῦν   οὖν   ἐξελθόντες   πορεύεσθε   ἐν   εἰρήνῃ.
Ahora,   pues,   saliendo   marchad   en   paz.

37 ὁ   δὲ   Παῦλος   ἔφη   πρὸς   αὐτούς·
—   Mas   Pablo   dijo   a   ellos:

δείραντες   ἡμᾶς   δημοσίᾳ   ἀκατακρίτους,
Habiendo azotado   nos   públicamente   sin haber sido condenados,

ἀνθρώπους   Ῥωμαίους   ὑπάρχοντας,   ἔβαλαν
hombres   romanos   siendo,   (nos) echaron

εἰς   φυλακήν·   καὶ   νῦν   λάθρα   ἡμᾶς   ἐκβάλ-
en   prisión;   ¿y   ahora   ocultamente   nos   expul-

λουσιν;   οὐ   γάρ,   ἀλλὰ   ἐλθόντες   αὐτοὶ
san?   ¡No por cierto!   Sino que   viniendo   ellos mismos

ἡμᾶς   ἐξαγαγέτωσαν.   38 ἀπήγγειλαν   δὲ   τοῖς
nos   conduzcan fuera.   Y refirieron   a los

στρατηγοῖς   οἱ   ῥαβδοῦχοι   τὰ   ῥήματα   ταῦτα.
magistrados   los   [1] alguaciles   las   palabras   estas.

ἐφοβήθησαν   δὲ   ἀκούσαντες   ὅτι   Ῥωμαῖοί
Y tuvieron miedo   al oír   que   romanos

εἰσιν,   39 καὶ   ἐλθόντες   παρεκάλεσαν
son,   y   viniendo   rogaron

αὐτούς,   καὶ   ἐξαγαγόντες   ἠρώτων   ἀπελθεῖν
les,   y   conduciendo(les) fuera,   pidieron(les)   que marcharan

[1]
35 y 38. ALGUACILES. Lit.   ἀπὸ   τῆς   πόλεως.   40 ἐξελθόντες   δὲ   ἀπὸ
portadores de varas.   de   la   ciudad.   Y saliendo   de

τῆς   φυλακῆς   εἰσῆλθον   πρὸς   τὴν   Λυδίαν,
la   prisión,   entraron   (en casa de)   Lidia,

καὶ   ἰδόντες   παρεκάλεσαν   τοὺς   ἀδελφοὺς
y   viendo,   exhortaron   a los   hermanos

καὶ   ἐξῆλθαν.
y   salieron.

17 Διοδεύσαντες   δὲ   τὴν   Ἀμφίπολιν   καὶ
Y después de pasar   a través   de Anfípolis,   y

τὴν   Ἀπολλωνίαν   ἦλθον   εἰς   Θεσσαλονίκην,
—   Apolonia,   vinieron   a   Tesalónica,

ὅπου   ἦν   συναγωγὴ   τῶν   Ἰουδαίων.   **2** κατὰ
donde   había   una sinagoga   de los   judíos.   Y según

δὲ   τὸ   εἰωθὸς   τῷ   Παύλῳ   εἰσῆλθεν   πρὸς
la   costumbre   —   de Pablo,   entró   a donde

αὐτούς,   καὶ   ἐπὶ   σάββατα   τρία   διελέξατο
ellos,   y   durante   sábados   tres,   discutió

αὐτοῖς   ἀπὸ   τῶν   γραφῶν,   **3** διανοίγων
con ellos   a base   de las   Escrituras,   ¹explicando

καὶ   παρατιθέμενος   ὅτι   τὸν   χριστὸν   ἔδει
y   presentando (evidencia)   de que   el   Cristo   debía

παθεῖν   καὶ   ἀναστῆναι   ἐκ   νεκρῶν,   καὶ
padecer   y   resucitar   de (los)   muertos,   y

ὅτι   οὗτός   ἐστιν   ὁ   χριστός,   ὁ   Ἰησοῦς,
que   éste   es   el   Cristo,   —   Jesús,

ὃν   ἐγὼ   καταγγέλλω   ὑμῖν.   **4** καί   τινες
a quien   yo   anuncio   os.   Y   algunos

ἐξ   αὐτῶν   ἐπείσθησαν   καὶ   προσεκληρώθησαν
de   ellos   fueron persuadidos   y   ²se unieron

τῷ   Παύλῳ   καὶ   τῷ   Σιλᾷ,   τῶν   τε
—   a Pablo   y   —   a Silas,   no sólo de los

σεβομένων   Ἑλλήνων   πλῆθος   πολύ,   γυναικῶν τε
piadosos   griegos   una multitud   ³grande,   sino también de mujeres

τῶν   πρώτων   οὐκ   ὀλίγαι.   **5** Ζηλώσαντες   δὲ
de las   principales   no   pocas.   Mas movidos de celos

οἱ   Ἰουδαῖοι   καὶ   προσλαβόμενοι   τῶν
los   judíos   y   tomando hacia sí   de los

ἀγοραίων   ἄνδρας   τινὰς   πονηροὺς   καὶ
frecuentadores   a varones   algunos   perversos,   y
de la plaza

ὀχλοποιήσαντες   ἐθορύβουν   τὴν   πόλιν,   καὶ
habiendo reunido una   alborotaban   la   ciudad,   y
multitud,

ἐπιστάντες   τῇ   οἰκίᾳ   Ἰάσονος   ἐζήτουν
asaltando   la   casa   de Jasón,   trataban de

αὐτοὺς   προαγαγεῖν   εἰς   τὸν   δῆμον·   **6** μὴ
les   conducir   a   la masa (del pueblo); mas no

1
3. EXPLICANDO. Lit. *abriendo completamente.*
2
4. SE UNIERON. Lit. *cayeron
en suerte a Pablo y a Silas.*
3
4. GRANDE. Lit. *mucha.*

εὑρόντες δὲ αὐτοὺς ἔσυρον Ἰάσονα καί
encontrando les, arrastraban a Jasón y

τινας ἀδελφοὺς ἐπὶ τοὺς πολιτάρχας,
algunos hermanos a las autoridades de
                                          la ciudad,

βοῶντες ὅτι οἱ τὴν οἰκουμένην ἀναστατώ-
gritando: — Los (que) la tierra [1]han trastornado,

σαντες οὗτοι καὶ ἐνθάδε πάρεισιν, 7 οὓς
éstos también acá han venido, a quienes

ὑποδέδεκται Ἰάσων· καὶ οὗτοι πάντες
ha recibido Jasón; y estos todos

ἀπέναντι τῶν δογμάτων Καίσαρος
contrariamente a los decretos de César

πράσσουσιν, βασιλέα ἕτερον λέγοντες εἶναι
actúan, [2]diciendo que Jesús es otro

Ἰησοῦν. 8 ἐτάραξαν δὲ τὸν ὄχλον καὶ
rey. Y soliviantaron a la multitud y

τοὺς πολιτάρχας ἀκούοντας ταῦτα, 9 καὶ
a las autoridades de la ciudad que oían esto, y

λαβόντες τὸ ἱκανὸν παρὰ τοῦ Ἰάσονος
tomando la fianza de parte — de Jasón

καὶ τῶν λοιπῶν ἀπέλυσαν αὐτούς. 10 Οἱ δὲ
y de los demás, soltaron les. Y los

ἀδελφοὶ εὐθέως διὰ νυκτὸς ἐξέπεμψαν
hermanos en seguida durante (la) noche enviaron fuera

τόν τε Παῦλον καὶ τὸν Σιλᾶν εἰς Βέροιαν,
— tanto a Pablo como — a Silas a Berea,

οἵτινες παραγενόμενοι εἰς τὴν συναγωγὴν
los cuales habiendo llegado, a la sinagoga

τῶν Ἰουδαίων ἀπῄεσαν· 11 οὗτοι δὲ ἦσαν
de los judíos fueron; y éstos eran

εὐγενέστεροι τῶν ἐν Θεσσαλονίκῃ, οἵτινες
más nobles que los [3]de Tesalónica, quienes

ἐδέξαντο τὸν λόγον μετὰ πάσης προθυμίας,
recibieron la palabra con toda buena disposicion,

[τὸ] καθ᾽ ἡμέραν ἀνακρίνοντες τὰς γραφὰς
cada día examinando las Escrituras

εἰ ἔχοι ταῦτα οὕτως. 12 πολλοὶ μὲν
[4]si eran estas cosas así. Por consiguiente,

οὖν ἐξ αὐτῶν ἐπίστευσαν, καὶ τῶν
muchos de ellos creyeron, y de las

Ἑλληνίδων γυναικῶν τῶν εὐσχημόνων καὶ
griegas mujeres — honorables y

ἀνδρῶν οὐκ ὀλίγοι. 13 Ὡς δὲ ἔγνωσαν
de varones no pocos. Mas cuando conocieron

οἱ ἀπὸ τῆς Θεσσαλονίκης Ἰουδαῖοι ὅτι
los de — Tesalónica judíos que

1
6. HAN TRASTORNADO. Lit. *han subvertido.*
2
7. DICIENDO QUE JESÚS ES OTRO REY. Lit. *un rey otro* (diferente) *diciendo que es Jesús.*
3
11. DE TESALÓNICA. Lit. *en Tesalónica.*
4
11. SI ERAN ESTAS COSAS ASÍ. Es decir, *para ver si las cosas eran como Pablo decía.*

καὶ ἐν τῇ Βεροίᾳ κατηγγέλη ὑπὸ τοῦ
también en — Berea fue anunciada por —

Παύλου ὁ λόγος τοῦ θεοῦ, ἦλθον κἀκεῖ
Pablo la palabra — de Dios, vinieron también acá

σαλεύοντες καὶ ταράσσοντες τοὺς ὄχλους.
¹agitando y perturbando a las multitudes.

14 εὐθέως δὲ τότε τὸν Παῦλον ἐξαπέστειλαν
Así que entonces — a Pablo enviaron

οἱ ἀδελφοὶ πορεύεσθαι ἕως ἐπὶ τὴν
los hermanos a marchar hasta junto al

θάλασσαν· ὑπέμεινάν τε ὅ τε Σιλᾶς καὶ
mar; mas se quedaron tanto — Silas como

ὁ Τιμόθεος ἐκεῖ. **15** οἱ δὲ καθιστάνοντες
— Timoteo allí. Y los que conducían

τὸν Παῦλον ἤγαγον ἕως Ἀθηνῶν, καὶ
— a Pablo, (lo) llevaron hasta Atenas, y

λαβόντες ἐντολὴν πρὸς τὸν Σιλᾶν καὶ τὸν
recibiendo ²instrucción para — Silas y —

Τιμόθεον ἵνα ὡς τάχιστα ἔλθωσιν πρὸς
Timoteo de que lo más pronto posible vinieran a

αὐτὸν ἐξῄεσαν.
él, partieron.

16 Ἐν δὲ ταῖς Ἀθήναις ἐκδεχομένου
Y en — Atenas mientras aguardaba

αὐτοὺς τοῦ Παύλου, παρωξύνετο τὸ πνεῦμα
les — Pablo, se exasperaba el espíritu

αὐτοῦ ἐν αὐτῷ θεωροῦντος κατείδωλον
de él dentro de él al contemplar llena de ídolos

οὖσαν τὴν πόλιν. **17** διελέγετο μὲν οὖν
que estaba la ciudad. Así que discutía

ἐν τῇ συναγωγῇ τοῖς Ἰουδαίοις καὶ
en la sinagoga con los judíos y

τοῖς σεβομένοις καὶ ἐν τῇ ἀγορᾷ κατὰ
con los piadosos, y en la plaza pública cada

πᾶσαν ἡμέραν πρὸς τοὺς παρατυγχάνοντας.
día sin dejar uno, con los que caían por allí.

18 τινὲς δὲ καὶ τῶν Ἐπικουρείων καὶ
Mas algunos también de los epicúreos y

Στωϊκῶν φιλοσόφων συνέβαλλον αὐτῷ, καὶ
estoicos filósofos disputaban con él, y

τινες ἔλεγον· τί ἂν θέλοι ὁ σπερμολόγος
algunos decían: ¿Qué querrá el charlatán

οὗτος λέγειν; οἱ δέ· ξένων δαιμονίων
este decir? Y otros: De extrañas divinidades

δοκεῖ καταγγελεὺς εἶναι· ὅτι τὸν Ἰησοῦν
parece anunciador ser; pues — a Jesús

1
13. AGITANDO. Lit. *sacudiendo.*
2
15. INSTRUCCIÓN. Lit. *mandamiento.*

καὶ τὴν ἀνάστασιν εὐηγγελίζετο. 19 ἐπιλα-
y la resurrección predicaba. Y toman-

βόμενοι δὲ αὐτοῦ ἐπὶ τὸν Ἄρειον πάγον
do consigo le al ¹Areópago (le)

ἤγαγον, λέγοντες· δυνάμεθα γνῶναι τίς
llevaron, diciendo: ¿Podemos conocer cuál

ἡ καινὴ αὕτη ἡ ὑπὸ σοῦ λαλουμένη
(es) la nueva esta — por ti hablada

διδαχή; 20 ξενίζοντα γάρ τινα εἰσφέρεις
enseñanza? Porque ciertas cosas extrañas estás trayendo

εἰς τὰς ἀκοὰς ἡμῶν· βουλόμεθα οὖν
a los oídos de nosotros; queremos, pues,

γνῶναι τίνα θέλει ταῦτα εἶναι. 21 Ἀθηναῖοι
conocer ²qué quieren estas cosas ser. Pues (los) atenienses

δὲ πάντες καὶ οἱ ἐπιδημοῦντες ξένοι εἰς
todos y los que están de paso extranjeros en

οὐδὲν ἕτερον ηὐκαίρουν ἢ λέγειν τι ἢ
ninguna otra cosa pasaban el tiempo sino en decir algo u

ἀκούειν τι καινότερον. 22 Σταθεὶς δὲ
oír algo reciente. Y puesto en pie

Παῦλος ἐν μέσῳ τοῦ Ἀρείου πάγου
Pablo en medio del Areópago,

ἔφη· ἄνδρες Ἀθηναῖοι, κατὰ πάντα ὡς
dijo: Varones atenienses, en todos sentidos como

δεισιδαιμονεστέρους ὑμᾶς θεωρῶ. 23 διερχόμενος
extremadamente religiosos os observo. Porque pasando

γὰρ καὶ ἀναθεωρῶν τὰ σεβάσματα ὑμῶν
y observando los objetos de devoción de vosotros,

εὗρον καὶ βωμὸν ἐν ᾧ ἐπεγέγραπτο·
hallé también un altar en el que había sido inscrito:

ΑΓΝΩΣΤΩ ΘΕΩ. ὃ οὖν ἀγνοοῦντες
A UN DESCONOCIDO DIOS. Lo que, pues, desconociendo

εὐσεβεῖτε, τοῦτο ἐγὼ καταγγέλλω ὑμῖν.
adoráis, eso yo anuncio os.

24 ὁ θεὸς ὁ ποιήσας τὸν κόσμον καὶ
El Dios — que hizo el mundo y

πάντα τὰ ἐν αὐτῷ, οὗτος οὐρανοῦ καὶ
todo lo que en él (hay), éste de(l) cielo y de

γῆς ὑπάρχων κύριος οὐκ ἐν χειροποιήτοις
(la) tierra siendo Señor, no en hechos de manos

ναοῖς κατοικεῖ, 25 οὐδὲ ὑπὸ χειρῶν
santuarios habita, ni por manos

ἀνθρωπίνων θεραπεύεται προσδεόμενός
humanas es servido (como) necesitado

τινος, αὐτὸς διδοὺς πᾶσι ζωὴν καὶ πνοὴν
de algo, él dando a todos vida y aliento

καὶ τὰ πάντα· 26 ἐποίησέν τε ἐξ ἑνὸς
y — todas las cosas; e hizo de uno

¹
19. AREÓPAGO. Lit. colina de Marte (dios de la guerra, cuyo nombre griego es Ares).
²
20. QUÉ QUIEREN ESTAS COSAS SER. Es decir, qué significan estas cosas.

πᾶν ἔθνος ἀνθρώπων κατοικεῖν ἐπὶ παντὸς
toda   nación   de hombres   para que habitaran sobre   toda

προσώπου τῆς γῆς, ὁρίσας προστεταγμένους
(la) faz   de la   tierra, determinando   (las) preordenadas

καιροὺς καὶ τὰς ὁροθεσίας τῆς κατοικίας
sazones   y   los   límites   de la   habitación

αὐτῶν, 27 ζητεῖν τὸν θεόν, εἰ ἄρα γε
de ellos,   para que busquen —   a Dios,   por si   tal vez

ψηλαφήσειαν αὐτὸν καὶ εὕροιεν, καὶ γε
pueden topar a tientas   con él   y   hallar(le),   aunque

οὐ μακρὰν ἀπὸ ἑνὸς ἑκάστου ἡμῶν
no   lejos   de   cada   uno   de nosotros

ὑπάρχοντα. 28 ἐν αὐτῷ γὰρ ζῶμεν καὶ
estando.   Porque en   él   vivimos   y

κινούμεθα καὶ ἐσμέν, ὡς καί τινες τῶν
nos movemos   y   existimos,   como también   algunos   de los

καθ᾽ ὑμᾶς ποιητῶν εἰρήκασιν· τοῦ γὰρ
entre   vosotros   poetas   han dicho: Porque de él

καὶ γένος ἐσμέν. 29 γένος οὖν ὑπάρχοντες
también   linaje   somos.   Linaje,   pues,   siendo

τοῦ θεοῦ οὐκ ὀφείλομεν νομίζειν, χρυσῷ
—   de Dios,   no   debemos   suponer,   a(l) oro

ἢ ἀργύρῳ ἢ λίθῳ, χαράγματι τέχνης
o   plata   o   piedra,   a una imagen esculpida   de arte

καὶ ἐνθυμήσεως ἀνθρώπου, τὸ θεῖον εἶναι
y   de ingenio   de hombre,   que lo divino   es

ὅμοιον. 30 τοὺς μὲν οὖν χρόνους τῆς
semejante.   Por lo tanto,   los   tiempos   de la

ἀγνοίας ὑπεριδὼν ὁ θεὸς τὰ νῦν
ignorancia   habiendo pasado —   Dios, —   ahora
(esta),   por alto

ἀπαγγέλλει τοῖς ἀνθρώποις πάντας πανταχοῦ
declara   a los   hombres   todos   en todo lugar

μετανοεῖν, 31 καθότι ἔστησεν ἡμέραν ἐν
que se arrepientan,   puesto que   estableció   un día   en

ᾗ μέλλει κρίνειν τὴν οἰκουμένην ἐν
que   va   a juzgar   la   tierra habitada   con

δικαιοσύνῃ, ἐν ἀνδρὶ ᾧ ὥρισεν, πίστιν
justicia   por medio de un varón   que   designó,   garantía

παρασχὼν πᾶσιν ἀναστήσας αὐτὸν ἐκ
habiendo presentado a todos   al levantar   le   de (los)

νεκρῶν. 32 ἀκούσαντες δὲ ἀνάστασιν
muertos.   Y al oír   de resurrección

νεκρῶν, οἱ μὲν ἐχλεύαζον, οἱ δὲ εἶπαν·
de muertos,   unos   se burlaban,   y otros   dijeron:

ἀκουσόμεθά σου περὶ τούτου καὶ πάλιν.
Oiremos   te   acerca   de esto   también   otra vez.

33 οὕτως ὁ Παῦλος ἐξῆλθεν ἐκ μέσου
Así — Pablo salió de en medio

αὐτῶν. **34** τινὲς δὲ ἄνδρες κολληθέντες
de ellos. Mas algunos varones, adhiriéndose

αὐτῷ ἐπίστευσαν, ἐν οἷς καὶ Διονύσιος
a él, creyeron, entre los cuales — Dionisio

ὁ Ἀρεοπαγίτης καὶ γυνὴ ὀνόματι Δάμαρις
el [1]areopagita, así como una mujer por nombre Dámaris

καὶ ἕτεροι σὺν αὐτοῖς.
y otros con ellos.

18 Μετὰ ταῦτα χωρισθεὶς ἐκ τῶν
Después de esto, partiendo de —

Ἀθηνῶν ἦλθεν εἰς Κόρινθον. **2** καὶ
Atenas, vino a Corinto. Y

εὑρών τινα Ἰουδαῖον ὀνόματι Ἀκύλαν,
hallando a un judío por nombre Aquila,

Ποντικὸν τῷ γένει, προσφάτως ἐληλυθότα
póntico de nacimiento, recientemente venido

ἀπὸ τῆς Ἰταλίας, καὶ Πρίσκιλλαν γυναῖκα
de — Italia, y a Priscila, mujer

αὐτοῦ, διὰ τὸ διατεταχέναι Κλαύδιον
de él, por haber ordenado Claudio

χωρίζεσθαι πάντας τοὺς Ἰουδαίους ἀπὸ
que partieran todos los judíos de

τῆς Ῥώμης, προσῆλθεν αὐτοῖς, **3** καὶ
— Roma, se fue con ellos, y

διὰ τὸ ὁμότεχνον εἶναι ἔμενεν παρ᾽
por del mismo oficio ser, se quedó con

αὐτοῖς, καὶ ἠργάζοντο· ἦσαν γὰρ σκηνοποιοὶ
ellos, y trabajaban; porque eran fabricantes de tiendas

τῇ τέχνῃ. **4** διελέγετο δὲ ἐν τῇ συναγωγῇ
de oficio. Y discutía en la sinagoga

κατὰ πᾶν σάββατον, ἔπειθέν τε Ἰουδαίους
todos los sábados, persuadía tanto a judíos

καὶ Ἕλληνας. **5** Ὡς δὲ κατῆλθον ἀπὸ
como a griegos. Y cuando bajaron de

τῆς Μακεδονίας ὅ τε Σιλᾶς καὶ ὁ
— Macedonia — tanto Silas como —

Τιμόθεος, συνείχετο τῷ λόγῳ ὁ Παῦλος,
Timoteo, se dedicaba del todo a la palabra — Pablo,

διαμαρτυρόμενος τοῖς Ἰουδαίοις εἶναι τὸν
testificando solemnemente a los judíos [2]que era el

χριστὸν Ἰησοῦν. **6** ἀντιτασσομένων δὲ αὐτῶν
Cristo Jesús. Mas oponiéndose ellos

1
34. AREOPAGITA. Esto es, *miembro de la corte ateniense, la cual se reunía en el Areópago.*
2
5. QUE ERA EL CRISTO JESÚS. Esto es, *que Jesús era el Mesías.*

καὶ βλασφημούντων ἐκτιναξάμενος τὰ ἱμάτια
y   blasfemando,   tras sacudirse   las   ropas,

εἶπεν πρὸς αὐτούς· τὸ αἷμα ὑμῶν ἐπὶ
dijo   a   ellos: La   sangre   de vosotros   (sea)

τὴν κεφαλὴν ὑμῶν· καθαρὸς ἐγὼ ἀπὸ
la   cabeza   de vosotros;   limpio   (soy) yo;   desde

τοῦ νῦν εἰς τὰ ἔθνη πορεύσομαι. 7 καὶ
—   ahora   a   los   gentiles   iré.   Y

μεταβὰς ἐκεῖθεν ἦλθεν εἰς οἰκίαν τινὸς
pasando   de allí,   se fue   a   casa   de uno

ὀνόματι Τιτίου Ἰούστου σεβομένου τὸν
por nombre   Ticio   Justo   que adoraba   —

θεόν, οὗ ἡ οἰκία ἦν συνομοροῦσα τῇ
a Dios,   cuya   casa   estaba   contigua   a la

συναγωγῇ. 8 Κρίσπος δὲ ὁ ἀρχισυνάγωγος
sinagoga.   Y Crispo   el   principal de la sinagoga

ἐπίστευσεν τῷ κυρίῳ σὺν ὅλῳ τῷ οἴκῳ
creyó   al   Señor   con   toda   la   casa

αὐτοῦ, καὶ πολλοὶ τῶν Κορινθίων ἀκούοντες
de él,   y   muchos   de los   corintios   oyendo

ἐπίστευον καὶ ἐβαπτίζοντο. 9 Εἶπεν δὲ
creían   y   eran bautizados.   Y dijo

ὁ κύριος ἐν νυκτὶ δι' ὁράματος τῷ
el   Señor   en (la)   noche   por medio de   una visión   —

Παύλῳ· μὴ φοβοῦ, ἀλλὰ λάλει καὶ
a Pablo: Ya no temas,   sino sigue   hablando   y

μὴ σιωπήσῃς, 10 διότι ἐγώ εἰμι μετὰ σοῦ
no   calles,   puesto que   yo   estoy   contigo

καὶ οὐδεὶς ἐπιθήσεταί σοι τοῦ κακῶσαί
y   nadie   atacará   te   para   hacer daño

σε, διότι λαός ἐστί μοι πολὺς ἐν
te,   porque   pueblo   tengo   mucho   en

τῇ πόλει ταύτῃ. 11 Ἐκάθισεν δὲ ἐνιαυτὸν
la   ciudad   esta.   1Y se quedó por   un año

καὶ μῆνας ἓξ διδάσκων ἐν αὐτοῖς τὸν
y   meses   seis   enseñando   entre   ellos   la

λόγον τοῦ θεοῦ. 12 Γαλλίωνος δὲ
palabra   —   de Dios.   Y Galión

ἀνθυπάτου ὄντος τῆς Ἀχαΐας κατεπέστησαν
procónsul   siendo   —   de Acaya,   se levantaron

ὁμοθυμαδὸν οἱ Ἰουδαῖοι τῷ Παύλῳ καὶ
unánimes   los   judíos   contra   Pablo   y

ἤγαγον αὐτὸν ἐπὶ τὸ βῆμα, 13 λέγοντες
condujeron   le   ante   el   tribunal,   diciendo:

ὅτι παρὰ τὸν νόμον ἀναπείθει οἷτος
—   Contra   la   ley   persuade con insistencia   éste

1
11. Y SE QUEDÓ. Lit. *Y se sentó.*

τοὺς   ἀνθρώπους   σέβεσθαι   τὸν   θεόν.
a los   hombres   a adorar   —   a Dios.

14 μέλλοντος δὲ τοῦ Παύλου ἀνοίγειν τὸ
Y cuando iba   —   Pablo   a abrir   la

στόμα   εἶπεν   ὁ   Γαλλίων   πρὸς   τοὺς
boca,   dijo   —   Galión   a   los

'Ιουδαίους·   εἰ   μὲν   ἦν   ἀδίκημά   τι
judíos: Si por cierto fuese   crimen   alguno

ἢ   ῥᾳδιούργημα   πονηρόν,   ὦ   'Ιουδαῖοι,
o   villanía   perversa,   oh   judíos,

κατὰ λόγον ἂν ἀνεσχόμην ὑμῶν· **15** εἰ δὲ ζητή-
conforme a razón   toleraría   os;   pero si cuestio-

ματά ἐστιν περὶ λόγου καὶ ὀνομάτων καὶ
nes   son   de   palabra(s) y   nombres   y

νόμου τοῦ καθ' ὑμᾶς, ὄψεσθε αὐτοί·
de (la) ley que (es) según vosotros, veréis (vosotros) mismos;

κριτὴς ἐγὼ τούτων οὐ βούλομαι εἶναι.
juez   yo   de estas cosas no estoy dispuesto a ser.

16 καὶ ἀπήλασεν αὐτοὺς ἀπὸ τοῦ βήματος.
Y   echó   los   del   tribunal.

17 ἐπιλαβόμενοι δὲ πάντες Σωσθένην τὸν
Pero echando mano todos de Sóstenes,   el

ἀρχισυνάγωγον ἔτυπτον ἔμπροσθεν τοῦ
principal de la sinagoga, golpeaban(le) delante   del

βήματος· καὶ οὐδὲν τούτων τῷ Γαλλίωνι
tribunal;   y   nada de esto   —   a Galión

ἔμελεν. **18** Ὁ δὲ Παῦλος ἔτι προσμείνας
importaba.   —   Y   Pablo   aún habiéndose quedado

ἡμέρας ἱκανάς, τοῖς ἀδελφοῖς ἀποταξάμενος
días   bastantes, de los hermanos   habiéndose despedido

ἐξέπλει εἰς τὴν Συρίαν, καὶ σὺν αὐτῷ
navegó   a   —   Siria,   y   con   él

Πρίσκιλλα καὶ 'Ακύλας, κειράμενος ἐν
Priscila   y   Aquila, habiéndose rapado   en

Κεγχρεαῖς τὴν κεφαλήν· εἶχεν γὰρ εὐχήν.
Cencrea   la   cabeza; porque tenía un voto.

19 κατήντησαν δὲ εἰς Ἔφεσον, κἀκείνους
Y llegaron   a   Éfeso,   y a aquéllos

κατέλιπεν αὐτοῦ, αὐτὸς δὲ εἰσελθὼν εἰς
dejó   allí,   mas él   entrando   en

τὴν συναγωγὴν διελέξατο τοῖς 'Ιουδαίοις.
la   sinagoga,   discutió con los judíos.

20 ἐρωτώντων δὲ αὐτῶν ἐπὶ πλείονα
Y rogando(le)   ellos   por   más

χρόνον μεῖναι οὐκ ἐπένευσεν, **21** ἀλλὰ
tiempo que permaneciera, no consintió,   sino que

ἀποταξάμενος καὶ εἰπών· πάλιν ἀνακάμψω
despidiéndose   y   diciendo: De nuevo   volveré

πρὸς ὑμᾶς τοῦ θεοῦ θέλοντος, ἀνήχθη
a   vosotros, — si Dios   quiere,   zarpó

ἀπὸ τῆς Ἐφέσου, 22 καὶ κατελθὼν εἰς
de — Éfeso,   y tras descender a

Καισάρειαν, ἀναβὰς καὶ ἀσπασάμενος τὴν
Cesarea, habiendo subido y   saludado   a la

ἐκκλησίαν, κατέβη εἰς Ἀντιόχειαν, 23 καὶ
iglesia,   bajó a   Antioquía,   y

ποιήσας χρόνον τινὰ ἐξῆλθεν, διερχόμενος
habiendo pasado tiempo alguno, salió, atravesando

καθεξῆς τὴν Γαλατικὴν χώραν καὶ Φρυγίαν,
por orden la de Galacia región y de Frigia,

στηρίζων πάντας τοὺς μαθητάς.
consolidando a todos los discípulos.

24 Ἰουδαῖος δὲ τις Ἀπολλῶς ὀνόματι,
Y cierto judío,   Apolos de nombre,

Ἀλεξανδρεὺς τῷ γένει, ἀνὴρ λόγιος,
alejandrino — de nacimiento, varón elocuente,

κατήντησεν εἰς Ἔφεσον, δυνατὸς ὢν ἐν
llegó a Éfeso, poderoso siendo en

ταῖς γραφαῖς. 25 οὗτος ἦν κατηχημένος
las Escrituras.   Éste estaba [1]oralmente instruido

τὴν ὁδὸν τοῦ κυρίου, καὶ ζέων τῷ
en el camino del Señor, y ferviente —

πνεύματι ἐλάλει καὶ ἐδίδασκεν ἀκριβῶς
de espíritu, hablaba y enseñaba con esmero

τὰ περὶ τοῦ Ἰησοῦ, ἐπιστάμενος
lo concerniente — a Jesús, estando enterado

μόνον τὸ βάπτισμα Ἰωάννου· 26 οὗτός τε
solamente del bautismo de Juan; y éste

ἤρξατο παρρησιάζεσθαι ἐν τῇ συναγωγῇ.
comenzó a hablar con denuedo en la sinagoga.

ἀκούσαντες δὲ αὐτοῦ Πρίσκιλλα καὶ
Mas al oír   le   Priscila   y

Ἀκύλας προσελάβοντο αὐτὸν καὶ ἀκριβέστε-
Aquila, tomaron aparte le y más exacta-

ρον αὐτῷ ἐξέθεντο τὴν ὁδὸν τοῦ θεοῦ.
mente le [2]explicaron el camino — de Dios.

27 βουλομένου δὲ αὐτοῦ διελθεῖν εἰς τὴν
E intentando   él de pasar a —

Ἀχαΐαν, προτρεψάμενοι οἱ ἀδελφοὶ ἔγραψαν
Acaya, animándo(le) los hermanos, escribieron

τοῖς μαθηταῖς ἀποδέξασθαι αὐτόν· ὃς
a los discípulos que acogieran le; el cual

[1] 25. ORALMENTE INSTRUIDO. Lit. catequizado.
[2] 26. EXPLICARON. Lit. expusieron.

παραγενόμενος συνεβάλετο πολὺ τοῖς
llegando,   ¹contribuyó   mucho   a los

πεπιστευκόσιν διὰ τῆς χάριτος· **28** εὐτόνως
que habían creído ²mediante la gracia; porque vigorosa-

γὰρ τοῖς Ἰουδαίοις διακατηλέγχετο δημοσίᾳ
mente a los judíos refutaba por completo en público,

ἐπιδεικνὺς διὰ τῶν γραφῶν εἶναι τὸν
demostrando mediante las Escrituras ³que es el

χριστὸν Ἰησοῦν.
Cristo Jesús.

19 Ἐγένετο δὲ ἐν τῷ τὸν Ἀπολλῶ
Y aconteció mientras — Apolos

εἶναι ἐν Κορίνθῳ Παῦλον διελθόντα τὰ
estaba en Corinto, que Pablo, tras atravesar las

ἀνωτερικὰ μέρη ἐλθεῖν εἰς Ἔφεσον καὶ
de arriba partes, vino a Éfeso y

εὑρεῖν τινας μαθητάς, **2** εἶπέν τε πρὸς
encontró a algunos discípulos, y dijo a

αὐτούς· εἰ πνεῦμα ἅγιον ἐλάβετε πιστεύσαν-
ellos: — ¿(El) Espíritu Santo recibisteis cuando creís-

τες; οἱ δὲ πρὸς αὐτόν· ἀλλ' οὐδ' εἰ
teis? Y ellos (dijeron) a él: Pero ni ⁴si

πνεῦμα ἅγιον ἔστιν ἠκούσαμεν. **3** εἶπέν τε·
Espíritu Santo hay oímos. Y dijo:

εἰς τί οὖν ἐβαπτίσθητε; οἱ δὲ εἶπαν·
¿En qué, pues, fuisteis bautizados? Y ellos dijeron:

εἰς τὸ Ἰωάννου βάπτισμα. **4** εἶπεν δὲ
En el de Juan bautismo. Y dijo

Παῦλος· Ἰωάννης ἐβάπτισεν βάπτισμα μετα-
Pablo: Juan bautizó (con) un bautismo de arre-

νοίας, τῷ λαῷ λέγων εἰς τὸν ἐρχόμενον
pentimiento, al pueblo diciendo en el que venía

μετ' αὐτὸν ἵνα πιστεύσωσιν, τοῦτ' ἔστιν
después de él que creyesen, esto es,

εἰς τὸν Ἰησοῦν. **5** ἀκούσαντες δὲ ἐβαπτίσ-
en Jesús. Y al oír(lo) fueron bauti-

θησαν εἰς τὸ ὄνομα τοῦ κυρίου Ἰησοῦ.
zados en el nombre del Señor Jesús.

6 καὶ ἐπιθέντος αὐτοῖς τοῦ Παύλου χεῖρας
Y tras imponer les — Pablo (las) manos,

ἦλθε τὸ πνεῦμα τὸ ἅγιον ἐπ' αὐτούς,
vino el Espíritu — Santo sobre ellos,

ἐλάλουν τε γλώσσαις καὶ ἐπροφήτευον.
y hablaban en lenguas y profetizaban.

7 ἦσαν δὲ οἱ πάντες ἄνδρες ὡσεὶ δώδεκα.
Y eran los todos varones unos doce.

1
27. CONTRIBUYÓ MUCHO. Es decir, *fue de gran ayuda.*
2
27. MEDIANTE LA GRACIA. Véase cómo se atribuye a la gracia de Dios la iniciativa en el acto de creer.
3
28. QUE ES... (Véase vers. 5.)
4
2. SI ESPÍRITU SANTO HAY. Esto es, *si ha derramado el Espíritu Santo.*

8 Εἰσελθὼν δὲ εἰς τὴν συναγωγὴν
Y entrando   en   la   sinagoga,

ἐπαρρησιάζετο ἐπὶ μῆνας τρεῖς διαλεγόμενος
hablaba con denuedo por más de meses tres, discutiendo

καὶ πείθων περὶ τῆς βασιλείας τοῦ θεοῦ.
y persuadiendo acerca del reino — de Dios.

9 ὡς δέ τινες ἐσκληρύνοντο καὶ ἠπείθουν
Mas cuando algunos se endurecían y [1]rehusaban creer,

κακολογοῦντες τὴν ὁδὸν ἐνώπιον τοῦ
hablando mal del camino a la vista de la

πλήθους, ἀποστὰς ἀπ' αὐτῶν ἀφώρισεν
multitud, retirándose de ellos, separó

τοὺς μαθητάς, καθ' ἡμέραν διαλεγόμενος
a los discípulos, cada día discutiendo

ἐν τῇ σχολῇ Τυράννου. **10** τοῦτο δὲ
en la escuela de Tirano. Y esto

ἐγένετο ἐπὶ ἔτη δύο, ὥστε πάντας τοὺς
sucedió por años dos, de modo que todos los

κατοικοῦντας τὴν Ἀσίαν ἀκοῦσαι τὸν
habitantes — de Asia oyeron la

λόγον τοῦ κυρίου, Ἰουδαιους τε καὶ
palabra del Señor, tanto judíos como

Ἕλληνας. **11** Δυνάμεις τε οὐ τὰς τυχούσας
griegos. Y [2]milagros no de los corrientes

ὁ θεὸς ἐποίει διὰ τῶν χειρῶν Παύλου,
— Dios hacía por medio de las manos de Pablo,

12 ὥστε καὶ ἐπὶ τοὺς ἀσθενοῦντας
de modo que hasta sobre los enfermos

ἀποφέρεσθαι ἀπὸ τοῦ χρωτὸς αὐτοῦ
eran llevados de la piel de él

σουδάρια ἢ σιμικίνθια καὶ ἀπαλλάσσεσθαι
pañuelos o delantales y se alejaban

ἀπ' αὐτῶν τὰς νόσους, τά τε πνεύματα
de ellos las enfermedades, y los espíritus

τὰ πονηρὰ ἐκπορεύεσθαι. **13** Ἐπεχείρησαν δέ
— malignos se iban fuera. Pero intentaron

τινες καὶ τῶν περιερχομένων Ἰουδαίων
algunos también de los ambulantes judíos

ἐξορκιστῶν ὀνομάζειν ἐπὶ τοὺς ἔχοντας
exorcistas [3]invocar sobre los que tenían

τὰ πνεύματα τὰ πονηρὰ τὸ ὄνομα τοῦ
los espíritus — malignos el nombre del

κυρίου Ἰησοῦ λέγοντες· ὁρκίζω ὑμᾶς τὸν
Señor Jesús, diciendo: Conjuro os por —

1
9. REHUSABAN CREER. O se tornaban desobedientes (no se dejaban persuadir).
2
11. MILAGROS. Lit. poderes (milagrosos).
3
13. INVOCAR. Lit. nombrar. (Aquí, conjurar invocando el nombre de Jesús.)

'Ιησοῦν ὃν Παῦλος κηρύσσει. **14** ἦσαν δέ
Jesús,   a quien Pablo   proclama.   Y estaban

τινος Σκευᾶ 'Ιουδαίου ἀρχιερέως ἑπτὰ
de un tal Esceva, judío principal sacerdote, siete

υἱοὶ τοῦτο ποιοῦντες. **15** ἀποκριθὲν δὲ
hijos esto haciendo.   Y respondiendo

τὸ πνεῦμα τὸ πονηρὸν εἶπεν αὐτοῖς·
el espíritu — maligno, dijo les:

τὸν [μὲν] 'Ιησοῦν γινώσκω καὶ τὸν
— Ciertamente a Jesús conozco y

Παῦλον ἐπίσταμαι· ὑμεῖς δὲ τίνες ἐστέ;
de Pablo estoy enterado, mas vosotros ¿quiénes sois?

16 καὶ ἐφαλόμενος ὁ ἄνθρωπος ἐπ᾽ αὐτούς,
Y abalanzándose el hombre sobre ellos,

ἐν ᾧ ἦν τὸ πνεῦμα τὸ πονηρόν,
en quien estaba el espíritu — maligno,

κατακυριεύσας ἀμφοτέρων ἴσχυσεν κατ᾽
dominando a dos de ellos, prevaleció contra

αὐτῶν, ὥστε γυμνοὺς καὶ τετραυματισμένους
ellos, de modo que desnudos y malheridos

ἐκφυγεῖν ἐκ τοῦ οἴκου ἐκείνου. **17** τοῦτο
huyeron de la casa aquella.   Y esto

δὲ ἐγένετο γνωστὸν πᾶσιν 'Ιουδαίοις τε
llegó a ser conocido de todos tanto judíos

καὶ "Ελλησιν τοῖς κατοικοῦσιν τὴν "Εφεσον,
como griegos — que habitaban — Éfeso,

καὶ ἐπέπεσεν φόβος ἐπὶ πάντας αὐτούς,
y cayó temor sobre todos ellos,

καὶ ἐμεγαλύνετο τὸ ὄνομα τοῦ κυρίου
y era engrandecido el nombre del Señor

'Ιησοῦ· **18** πολλοί τε τῶν πεπιστευκότων
Jesús;   y muchos de los que habían creído

ἤρχοντο ἐξομολογούμενοι καὶ ἀναγγέλλοντες
venían confesando y declarando

τὰς πράξεις αὐτῶν. **19** ἱκανοὶ δὲ τῶν τὰ
las prácticas de ellos.   Y bastantes de los [1]la
que

περίεργα πραξάντων συνενέγκαντες τὰς βίβλους
magia [2]practicaban, reuniendo los libros

κατέκαιον ἐνώπιον πάντων· καὶ συνεψήφισαν
(los) quemaron a la vista de todos; y calcularon

τὰς τιμὰς αὐτῶν καὶ εὗρον ἀργυρίου μυριάδας
los precios de ellos y hallaron piezas de [3]cincuenta
(ser) plata

πέντε. **20** Οὕτως κατὰ κράτος τοῦ κυρίου
mil.   Así con potencia del Señor

ὁ λόγος ηὔξανεν καὶ ἴσχυεν.
la palabra crecía y se hacía fuerte.

1
19. LA MAGIA. Lit. *las obras de entrometimiento* (ocultismo).
2
19. PRACTICABAN. Lit. *practicaron o habían practicado.*
3
19. CINCUENTA MIL. Lit. *diez millares cinco.*

21 Ὡς δὲ ἐπληρώθη ταῦτα, ἔθετο ὁ
Y cuando   se cumplieron   estas cosas,   ¹puso   —

Παῦλος ἐν τῷ πνεύματι διελθὼν τὴν
Pablo   en   el   espíritu,   atravesando   —

Μακεδονίαν καὶ Ἀχαΐαν πορεύεσθαι εἰς
Macedonia   y   Acaya,   ir   a

Ἱεροσόλυμα, εἰπὼν ὅτι μετὰ τὸ γενέσθαι
Jerusalén,   diciendo: —   Después de   estar

με ἐκεῖ δεῖ με καὶ Ῥώμην ἰδεῖν.
yo   allí,   es menester que yo   también   Roma   vea.

22 ἀποστείλας δὲ εἰς Μακεδονίαν δύο
Y habiendo enviado   a   Macedonia   a dos

τῶν διακονούντων αὐτῷ, Τιμόθεον καὶ
de los que   asistían   le,   Timoteo   y

Ἔραστον, αὐτὸς ἐπέσχεν χρόνον εἰς τὴν
Erasto,   él   se quedó   por algún tiempo   en   —

Ἀσίαν. **23** Ἐγένετο δὲ κατὰ τὸν καιρὸν
Asia.   Y se produjo   por   el   tiempo

ἐκεῖνον τάραχος οὐκ ὀλίγος περὶ τῆς
aquel   un tumulto   no   pequeño   acerca   del

ὁδοῦ. **24** Δημήτριος γάρ τις ὀνόματι,
Camino.   Porque un tal Demetrio   de nombre,

ἀργυροκόπος, ποιῶν ναοὺς ἀργυροῦς
platero,   que hacía   templetes   de plata

Ἀρτέμιδος παρείχετο τοῖς τεχνίταις οὐκ
de ²Artemisa,   proporcionaba   a los   artesanos   no

ὀλίγην ἐργασίαν, **25** οὓς συναθροίσας καὶ
poca   ganancia,   a los que   habiendo reunido   y

τοὺς περὶ τὰ τοιαῦτα ἐργάτας εἶπεν·
a los   de (oficios)   como éstos,   obreros,   dijo:

ἄνδρες, ἐπίστασθε ὅτι ἐκ ταύτης τῆς
Varones,   comprendéis   que   de   este   —

ἐργασίας ἡ εὐπορία ἡμῖν ἐστιν, **26** καὶ
negocio   la   prosperidad   tenemos,   y

θεωρεῖτε καὶ ἀκούετε ὅτι οὐ μόνον
estáis contemplando y   oyendo   que   no   sólo

Ἐφέσου ἀλλὰ σχεδὸν πάσης τῆς Ἀσίας
en Éfeso,   sino   casi   en toda   —   Asia

ὁ Παῦλος οὗτος πείσας μετέστησεν ἱκανὸν
el   Pablo   este   habiendo   ha apartado   a una
                                    persuadido,   considerable

ὄχλον, λέγων ὅτι οὐκ εἰσὶν θεοὶ οἱ διὰ
muchedumbre, diciendo que   no   son   dioses los que mediante

χειρῶν γινόμενοι. **27** οὐ μόνον δὲ τοῦτο
manos   son hechos.   Y no   sólo   este

¹
21. PUSO. Es decir, *decidió en su interior.*
²
24. ARTEMISA. La Diana de los romanos.

κινδυνεύει ἡμῖν τὸ μέρος εἰς ἀπελεγμὸν
está en peligro para nosotros el oficio a descrédito

ἐλθεῖν, ἀλλὰ καὶ τὸ τῆς μεγάλης θεᾶς
devenir, sino también el de la gran diosa

'Αρτέμιδος ἱερὸν εἰς οὐθὲν λογισθῆναι,
Artemisa templo en nada sea estimado,

μέλλειν τε καὶ καθαιρεῖσθαι τῆς μεγα-
y que vaya también a ser despojado de la gran-

λειότητος αὐτῆς, ἣν ὅλη ἡ 'Ασία καὶ
deza de ella, a quien toda el Asia y

ἡ οἰκουμένη σέβεται. 28 ἀκούσαντες δὲ
la tierra habitada adoran. Y al oír (esto)

καὶ γενόμενοι πλήρεις θυμοῦ ἔκραζον
y ponerse llenos de cólera, gritaban

λέγοντες· μεγάλη ἡ "Αρτεμις 'Εφεσίων.
diciendo: Grande (es) — Artemisa de los efesios.

29 καὶ ἐπλήσθη ἡ πόλις τῆς συγχύσεως,
Y se llenó la ciudad con la confusión,

ὥρμησάν τε ὁμοθυμαδὸν εἰς τὸ θέατρον,
y se precipitaron como un solo hombre en el teatro,

συναρπάσαντες Γάϊον καὶ 'Αρίσταρχον
arrebatando consigo a Gayo y Aristarco,

Μακεδόνας, συνεκδήμους Παύλου. 30 Παύλου
macedonios, compañeros de viaje de Pablo. Y

δὲ βουλομένου εἰσελθεῖν εἰς τὸν δῆμον
Pablo intentando entrar en la asamblea,
(como Pablo intentase)

οὐκ εἴων αὐτὸν οἱ μαθηταί· 31 τινὲς
no permitieron le los discípulos. Y algunos

δὲ καὶ τῶν 'Ασιαρχῶν, ὄντες αὐτῷ
también de los [1]asiarcas, que eran de él

φίλοι, πέμψαντες πρὸς αὐτὸν παρεκάλουν
amigos, enviando a él (le) rogaban

μὴ δοῦναι ἑαυτὸν εἰς τὸ θέατρον. 32 ἄλλοι
que no diera a sí mismo al teatro. [2]Unos

μὲν οὖν ἄλλο τι ἔκραζον· ἦν γὰρ
a la verdad, pues, otra cosa gritaban; porque estaba

ἡ ἐκκλησία συγκεχυμένη, καὶ οἱ πλείους
la asamblea confundida, y los más

οὐκ ᾔδεισαν τίνος ἕνεκα συνεληλύθεισαν.
no sabían por qué causa se habían reunido.

33 ἐκ δὲ τοῦ ὄχλου συνεβίβασαν 'Αλέξανδρον,
Mas (algunos) de la multitud dieron instrucciones a Alejandro,

προβαλόντων αὐτὸν τῶν 'Ιουδαίων· ὁ δὲ
empujando le los judíos; — y

'Αλέξανδρος κατασείσας τὴν χεῖρα ἤθελεν
Alejandro, agitando la mano, quería

[1]
31. ASIARCAS. Esto es, *jefes de la provincia de Asia.*
[2]
32. UNOS A LA VERDAD. Es decir, *unos gritaban una cosa y otros, otra.*

ἀπολογεῖσθαι τῷ δήμῳ. 34 ἐπιγνόντες δὲ
defenderse   ante la   gente.   Mas al reconocer

ὅτι Ἰουδαῖός ἐστιν, φωνὴ ἐγένετο μία
que   judío   ¹era,   voz   surgió una sola

ἐκ πάντων, ὡς ἐπὶ ὥρας δύο κράζοντες·
de todos, como por horas dos   gritando:

μεγάλη ἡ Ἄρτεμις Ἐφεσίων. 35 κατα-
Grande (es) — Artemisa de los efesios.   Y después de

στείλας δὲ ὁ γραμματεὺς τὸν ὄχλον
calmar   el secretario   a la multitud,

φησίν· ἄνδρες Ἐφέσιοι, τίς γὰρ ἐστιν
dice: Varones efesios, ¿pues quién hay

ἀνθρώπων ὃς οὐ γινώσκει τὴν Ἐφεσίων
de los hombres que no conoce que la de los efesios

πόλιν νεωκόρον οὖσαν τῆς μεγάλης
ciudad guardiana es   de la gran

Ἀρτέμιδος καὶ τοῦ διοπετοῦς; 36 ἀναντιρ-
Artemisa y   de la caída de ²Zeus? Indiscuti-
              (imagen)

ρήτων οὖν ὄντων τούτων δέον ἐστὶν
bles, pues, siendo estas cosas, menester es

ὑμᾶς κατεσταλμένους ὑπάρχειν καὶ μηδὲν
que vosotros aquietados   estéis y   nada

προπετὲς πράσσειν. 37 ἠγάγετε γὰρ τοὺς
precipitado hagáis.   Porque trajisteis a los

ἄνδρας τούτους οὔτε ἱεροσύλους οὔτε
varones estos   ni robadores de templos ni

βλασφημοῦντας τὴν θεὸν ἡμῶν. 38 εἰ
blasfemadores de la diosa de nosotros. Si

μὲν οὖν Δημήτριος καὶ οἱ σὺν αὐτῷ
ciertamente, pues, Demetrio y los que con él

τεχνῖται ἔχουσι πρός τινα λόγον, ἀγοραῖοι
artesanos tienen contra alguno queja, días de foro
(están),

ἄγονται καὶ ἀνθύπατοί εἰσιν, ἐγκαλείτωσαν
se celebran y procónsules hay; presenten demanda

ἀλλήλοις. 39 εἰ δέ τι περαιτέρω ἐπιζητεῖτε,
unos contra otros. Mas si algo más que esto demandáis,

ἐν τῇ ἐννόμῳ ἐκκλησίᾳ ἐπιλυθήσεται.
en la legítima asamblea será decidido.

40 καὶ γὰρ κινδυνεύομεν ἐγκαλεῖσθαι
Porque incluso estamos en peligro de ser demandados

στάσεως περὶ τῆς σήμερον, μηδενὸς
por tumulto acerca de lo de hoy, ninguna

αἰτίου ὑπάρχοντος, περὶ οὗ οὐ δυνησόμεθα
causa habiendo, sobre lo cual no podremos

1
34. Era. Lit. es.
2
35. Zeus. Es decir, Júpiter.

ἀποδοῦναι λόγον περὶ τῆς συστροφῆς
dar cuenta sobre el alboroto

ταύτης. **41** καὶ ταῦτα εἰπὼν ἀπέλυσεν τὴν
este.   Y   esto habiendo dicho, despidió   la

ἐκκλησίαν.
asamblea.

20 Μετὰ δὲ τὸ παύσασθαι τὸν θόρυβον
Y después — de cesar el tumulto,

μεταπεμψάμενος ὁ Παῦλος τοὺς μαθητὰς
habiendo convocado — Pablo a los discípulos

καὶ παρακαλέσας, ἀσπασάμενος ἐξῆλθεν
y habiéndo(les) exhortado, tras despedirse, salió

πορεύεσθαι εἰς Μακεδονίαν. **2** διελθὼν δὲ
para ir a Macedonia.   Y habiendo pasado por

τὰ μέρη ἐκεῖνα καὶ παρακαλέσας αὐτοὺς
las regiones aquellas y habiendo exhortado les

λόγῳ πολλῷ ἦλθεν εἰς τὴν Ἑλλάδα,
[1]largamente, vino a — Grecia,

3 ποιήσας τε μῆνας τρεῖς, γενομένης
y pasando meses tres, habiendo surgido

ἐπιβουλῆς αὐτῷ ὑπὸ τῶν Ἰουδαίων
un complot contra él de parte de los judíos

μέλλοντι ἀνάγεσθαι εἰς τὴν Συρίαν, ἐγένετο
cuando iba a embarcarse para — Siria, fue

γνώμης τοῦ ὑποστρέφειν διὰ Μακεδονίας.
de decisión — de regresar por Macedonia.

4 συνείπετο δὲ αὐτῷ Σώπατρος Πύρρου
Y acompañaron le Sópater, (hijo) de Pirro,

Βεροιαῖος, Θεσσαλονικέων δὲ Ἀρίσταρχος
de Berea, y de (los) tesalonicenses Aristarco

καὶ Σέκουνδος, καὶ Γάϊος Δερβαῖος καὶ
y Segundo, y Gayo de Derbe y

Τιμόθεος, Ἀσιανοὶ δὲ Τύχικος καὶ
Timoteo, y de Asia Tíquico y

Τρόφιμος. **5** οὗτοι δὲ προελθόντες ἔμενον
Trófimo. Y éstos, habiéndose adelantado, esperaban

ἡμᾶς ἐν Τρῳάδι· **6** ἡμεῖς δὲ ἐξεπλεύσαμεν
nos en Tróade; y nosotros nos embarcamos

μετὰ τὰς ἡμέρας τῶν ἀζύμων ἀπὸ
después de los días de los panes sin levadura desde

Φιλίππων, καὶ ἤλθομεν πρὸς αὐτοὺς εἰς
Filipos, y llegamos a ellos a

τὴν Τρῳάδα ἄχρι ἡμερῶν πέντε, ὅπου
— Tróade en días cinco, donde

διετρίψαμεν ἡμέρας ἑπτά. **7** Ἐν δὲ τῇ
pasamos días siete. Y en el

1
2. LARGAMENTE. Lit. *con palabra mucha.*

μιᾷ   τῶν   σαββάτων   συνηγμένων   ἡμῶν
primer día de la   semana,   habiéndonos reunido   nosotros

κλάσαι   ἄρτον   ὁ   Παῦλος   διελέγετο   αὐτοῖς,
para partir   (el) pan, —   Pablo   hablaba   les,

μέλλων   ἐξιέναι   τῇ   ἐπαύριον,   παρέτεινέν   τε
estando para ¹marchar   al   día siguiente,   y alargó

τὸν   λόγον   μέχρι   μεσονυκτίου. 8 ἦσαν   δὲ
el   discurso   hasta   la medianoche.   Y había

λαμπάδες   ἱκαναὶ   ἐν   τῷ   ὑπερῴῳ   οὗ
lámparas   bastantes   en   el   aposento alto   donde

ἦμεν   συνηγμένοι. 9 καθεζόμενος   δέ   τις
estábamos   reunidos.   Y estando sentado   un

νεανίας   ὀνόματι   Εὔτυχος   ἐπὶ   τῆς   θυρίδος,
joven   por nombre   Eutico   en   la   ventana,

καταφερόμενος   ὕπνῳ   βαθεῖ,   διαλεγομένου
dominado   por un sueño   profundo,   al conversar

τοῦ   Παύλου   ἐπὶ   πλεῖον,   κατενεχθεὶς   ἀπὸ
—   Pablo   por más (tiempo),   vencido   por

τοῦ   ὕπνου   ἔπεσεν   ἀπὸ   τοῦ   τριστέγου
el   sueño   cayó   desde   el   tercer piso

κάτω   καὶ   ἤρθη   νεκρός. 10 καταβὰς   δὲ
abajo   y   fue levantado   muerto.   Mas bajando

ὁ   Παῦλος   ἐπέπεσεν   αὐτῷ   καὶ   συμπεριλαβὼν
—   Pablo   se tendió   sobre él   y   después de abrazarle

εἶπεν·   μὴ   θορυβεῖσθε·   ἡ   γὰρ   ψυχὴ   αὐτοῦ
dijo: No os alarméis ya;   porque la ` ²vida   de él

ἐν   αὐτῷ   ἐστιν. 11 ἀναβὰς   δὲ   καὶ   κλάσας
en   él   está.   Y después de subir   y   partir

τὸν   ἄρτον   καὶ   γευσάμενος,   ἐφ'   ἱκανόν   τε
el   pan   y   probarlo,   y por tiempo considerable

ὁμιλήσας   ἄχρι   αὐγῆς,   οὕτως   ἐξῆλθεν.
habiendo   hasta (el)   alba,   así   salió.
conversado

12 ἤγαγον   δὲ   τὸν   παῖδα   ζῶντα,   καὶ
  Y condujeron   al   muchacho   vivo,   y

παρεκλήθησαν   οὐ   μετρίως. 13 Ἡμεῖς   δὲ
fueron consolados   no   moderadamente.   Y nosotros

προελθόντες   ἐπὶ   τὸ   πλοῖον   ἀνήχθημεν
yendo por delante   a   la   nave,   zarpamos

ἐπὶ   τὴν   Ἆσσον,   ἐκεῖθεν   μέλλοντες   ἀνα-
³para —   Asón,   de allí   intentando

1
7. MARCHAR. Lit. *salir.*
2
10. VIDA. O *alma.*
3
13. PARA. Lit. *sobre,* o *has-ta.*

λαμβάνειν   τὸν   Παῦλον·   οὕτως   γὰρ
recoger   —   a Pablo;   porque así

διατεταγμένος   ἦν,   μέλλων   αὐτὸς   πεζεύειν.
concertado   estaba,   intentando   él   ir a pie.

14 ὡς   δὲ   συνέβαλλεν   ἡμῖν   εἰς   τὴν   Ἄσσον,
Y cuando   se encontró   con nosotros   en   —   Asón,

ἀναλαβόντες   αὐτὸν   ἤλθομεν   εἰς   Μιτυλήνην·
recibiendo a bordo   le,   vinimos   a   Mitilene.

15 κἀκεῖθεν   ἀποπλεύσαντες   τῇ   ἐπιούσῃ
Y de allí   zarpando   al   día siguiente,

κατηντήσαμεν   ἄντικρυς   Χίου,   τῇ   δὲ   ἑτέρᾳ
llegamos   frente   a Quío,   y al   otro (día)

παρεβάλομεν   εἰς   Σάμον,   τῇ   δὲ   ἐχομένῃ
cruzamos   hasta   Samos,   y al   próximo (día)

ἤλθομεν   εἰς   Μίλητον.   **16** κεκρίκει   γὰρ   ὁ
llegamos   a   Mileto.   Porque había decidido   —

Παῦλος   παραπλεῦσαι   τὴν   Ἔφεσον,   ὅπως
Pablo   navegar dejando de lado   —   a Éfeso,   de modo

μὴ   γένηται   αὐτῷ   χρονοτριβῆσαι   ἐν   τῇ
que no   aconteciera   le   gastar tiempo   en   —

Ἀσίᾳ·   ἔσπευδεν   γάρ,   εἰ   δυνατὸν   εἴη
Asia;   porque se apresuraba,   si   posible   fuese

αὐτῷ,   τὴν   ἡμέραν   τῆς   πεντηκοστῆς
le,   el   día   —   de Pentecostés

γενέσθαι   εἰς   Ἱεροσόλυμα.
por estar   en   Jerusalén.

17 Ἀπὸ   δὲ   τῆς   Μιλήτου   πέμψας   εἰς
Y desde   —   Mileto   enviando   a

Ἔφεσον   μετεκαλέσατο   τοὺς   πρεσβυτέρους
Éfeso,   mandó llamar   a los   ancianos

τῆς   ἐκκλησίας.   **18** ὡς   δὲ   παρεγένοντο
de la   iglesia.   Y cuando   llegaron

πρὸς   αὐτόν,   εἶπεν   αὐτοῖς·   ὑμεῖς   ἐπίστασθε,
a   él,   dijo   les: Vosotros   sabéis bien

ἀπὸ   πρώτης   ἡμέρας   ἀφ'   ἧς   ἐπέβην   εἰς
desde   (el) primer   día   que   puse el pie   en

τὴν   Ἀσίαν,   πῶς   μεθ'   ὑμῶν   τὸν   πάντα
—   Asia,   cómo   con   vosotros   todo el

χρόνον   ἐγενόμην,   **19** δουλεύων   τῷ   κυρίῳ
tiempo   fui,   sirviendo   al   Señor

μετὰ   πάσης   ταπεινοφροσύνης   καὶ   δακρύων
con   toda   humildad   y   lágrimas

καὶ   πειρασμῶν   τῶν   συμβάντων   μοι   ἐν
y   pruebas   que vinieron sobre   mí   en

ταῖς   ἐπιβουλαῖς   τῶν   Ἰουδαίων,   **20** ὡς
los   complots   de los   judíos,   cómo

οὐδὲν   ὑπεστειλάμην   τῶν   συμφερόντων   τοῦ
nada   retraje   de las   cosas provechosas   —

μὴ   ἀναγγεῖλαι   ὑμῖν   καὶ   διδάξαι   ὑμᾶς
de no   declarar   os   y   enseñar   os

δημοσίᾳ καὶ κατ' οἴκους, 21 διαμαρτυρόμενος
públicamente y   en cada casa,   testificando solemnemente

'Ιουδαίοις τε καὶ Ἕλλησιν τὴν εἰς θεὸν
tanto a judíos   como   a griegos   del para con Dios

μετάνοιαν   καὶ   πίστιν   εἰς   τὸν   κύριον
arrepentimiento y   de (la) fe   para   con el   Señor

ἡμῶν 'Ιησοῦν. 22 καὶ νῦν ἰδοὺ δεδεμένος
de nosotros Jesús.   Y   ahora mirad que, estando atado

ἐγὼ   τῷ   πνεύματι   πορεύομαι   εἰς   'Ιερου-
yo   ¹en el   espíritu,   voy   a   Jerusalén,

σαλήμ,   τὰ   ἐν   αὐτῇ   συναντήσοντα   ἐμοὶ
las cosas que en   ella   ²aguardan   me

μὴ   εἰδώς,   23 πλὴν   ὅτι   τὸ   πνεῦμα   τὸ
no   sabiendo,   excepto   que   el   Espíritu   —

ἅγιον κατὰ πόλιν διαμαρτύρεταί μοι λέγον
Santo   en cada   ciudad   testifica solemnemente   me   diciendo

ὅτι   δεσμὰ   καὶ   θλίψεις   με   μένουσιν.
que   cadenas   y   aflicciones   me   esperan.

24 ἀλλ' οὐδενὸς λόγου ποιοῦμαι τὴν ψυχὴν
Pero   de ninguna estimación   hago   la   vida

τιμίαν ἐμαυτῷ ὡς τελειώσω τὸν δρόμον
valiosa para mí mismo con tal que ³termine   la   carrera

μου   καὶ   τὴν   διακονίαν   ἣν   ἔλαβον   παρὰ
de mí   y   el   ministerio   que   recibí   del

τοῦ   κυρίου   'Ιησοῦ,   διαμαρτύρασθαι   τὸ
Señor   Jesús,   para testificar solemnemente   del

εὐαγγέλιον τῆς χάριτος τοῦ θεοῦ. 25 καὶ
evangelio   de la   gracia   —   de Dios.   Y

νῦν ἰδοὺ ἐγὼ οἶδα ὅτι οὐκέτι ὄψεσθε
ahora, mirad que   yo   sé   que   no más   veréis

τὸ   πρόσωπόν   μου   ὑμεῖς   πάντες   ἐν   οἷς
el   rostro   de mí   vosotros   todos   entre   quienes

διῆλθον κηρύσσων τὴν βασιλείαν. 26 διότι
pasé   proclamando   el   reino.   Por lo cual

μαρτύρομαι   ὑμῖν   ἐν   τῇ   σήμερον   ἡμέρᾳ
doy testimonio   os   en   el   de hoy   día

ὅτι καθαρός εἰμι ἀπὸ τοῦ αἵματος πάντων·
que   limpio   soy   de   la   sangre   de todos;

27 οὐ γὰρ ὑπεστειλάμην τοῦ μὴ ἀναγγεῖλαι
porque no   me retraje   —   de anunciar

πᾶσαν   τὴν   βουλὴν   τοῦ   θεοῦ   ὑμῖν.
todo   el   ⁴propósito   —   de Dios   os.

28 προσέχετε ἑαυτοῖς καὶ παντὶ τῷ
Tened cuidado de vosotros mismos y   de todo   el

ποιμνίῳ,   ἐν   ᾧ   ὑμᾶς   τὸ   πνεῦμα   τὸ
rebaño,   en   que   os   el   Espíritu   —

1
22. EN EL ESPÍRITU. O por
el espíritu.
2
22. AGUARDAN. Lit. van a
salir al encuentro.
3
24. TERMINE. Esto es, lleve
a cabo fielmente.
4
27. PROPÓSITO. O designio.

ἄγιον ἔθετο ἐπισκόπους, ποιμαίνειν τὴν
Santo   puso   por sobreveedores,   para pastorear   la

ἐκκλησίαν τοῦ θεοῦ, ἣν περιεποιήσατο
iglesia   —   de Dios,   que   adquirió

διὰ τοῦ αἵματος τοῦ ἰδίου. 29 ἐγὼ
mediante [1]la   sangre   del   propio (Hijo).   Yo

οἶδα ὅτι εἰσελεύσονται μετὰ τὴν ἄφιξίν
sé   que   entrarán   después   de la   partida

μου λύκοι βαρεῖς εἰς ὑμᾶς μὴ φειδόμενοι
de mí   lobos [2]temibles [3]a vosotros,   no   perdonando

τοῦ ποιμνίου, 30 καὶ ἐξ ὑμῶν αὐτῶν
al   rebaño,   y   de entre vosotros mismos

ἀναστήσονται ἄνδρες λαλοῦντες διεστραμμένα
se levantarán   varones   hablando   cosas perversas

τοῦ ἀποσπᾶν τοὺς μαθητὰς ὀπίσω ἑαυτῶν.
—   para arrastrar a los discípulos   tras   ellos mismos.

31 διὸ γρηγορεῖτε, μνημονεύοντες ὅτι
Por lo cual,   velad,   recordando   que

τριετίαν νύκτα καὶ ἡμέραν οὐκ ἐπαυσάμην
por tres años noche y día   no   cesé

μετὰ δακρύων νουθετῶν ἕνα ἕκαστον.
con   lágrimas de amonestar a cada uno.

32 καὶ τὰ νῦν παρατίθεμαι ὑμᾶς τῷ
Y   — ahora   encomiendo   os   al

κυρίῳ καὶ τῷ λόγῳ τῆς χάριτος αὐτοῦ
Señor   y a la palabra de la   gracia   de él

τῷ δυναμένῳ οἰκοδομῆσαι καὶ δοῦναι τὴν
que puede   edificar   y   dar   la

κληρονομίαν ἐν τοῖς ἡγιασμένοις πᾶσιν.
herencia   entre   los que han sido santificados todos.

33 ἀργυρίου ἢ χρυσίου ἢ ἱματισμοῦ οὐδενὸς
Plata   u   oro   o   ropa   de nadie

ἐπεθύμησα· 34 αὐτοὶ γινώσκετε ὅτι ταῖς
codicié;   (vosotros) mismos conocéis que para las

χρείαις μου καὶ τοῖς οὖσιν μετ᾽ ἐμοῦ
necesidades de mí y de los que estaban   conmigo

ὑπηρέτησαν αἱ χεῖρες αὗται. 35 πάντα
sirvieron las manos estas. (En) todas las cosas

ὑπέδειξα ὑμῖν, ὅτι οὕτως κοπιῶντας δεῖ
mostré   os,   que   así   trabajando   es
menester

ἀντιλαμβάνεσθαι τῶν ἀσθενούντων, μνημονεύειν
socorrer   a los   débiles,   y recordar

τε τῶν λόγων τοῦ κυρίου Ἰησοῦ, ὅτι
las   palabras   del   Señor   Jesús,   pues

αὐτὸς εἶπεν· μακάριόν ἐστιν μᾶλλον διδόναι
él mismo dijo: Dichoso   es   más   dar

---

[1]
28. LA SANGRE DEL PROPIO. O *la sangre propia.*

[2]
29. TEMIBLES. O *feroces.* (Lit. *pesados.*)

[3]
29. A VOSOTROS. Esto es, *entre vosotros* (se introducirán en medio de vosotros).

ἢ λαμβάνειν. **36** καὶ ταῦτα εἰπών,
que   recibir.   Y   estas cosas   habiendo dicho,

θεὶς τὰ γόνατα αὐτοῦ σὺν πᾶσιν αὐτοῖς
[1]puesto de rodillas   con   todos   ellos

προσηύξατο. **37** ἱκανὸς δὲ κλαυθμὸς ἐγένετο
oró.   Y considerable   llanto   hubo

πάντων, καὶ ἐπιπεσόντες ἐπὶ τὸν τράχηλον
de todos,   y   echándose   sobre   el   cuello

τοῦ Παύλου κατεφίλουν αὐτόν, **38** ὀδυνώ-
— de Pablo,   besaban afectuosamente   le,   doloridos

μενοι μάλιστα ἐπὶ τῷ λόγῳ ᾧ εἰρήκει,
sobre todo   por   la   palabra   que   había dicho,

ὅτι οὐκέτι μέλλουσιν τὸ πρόσωπον αὐτοῦ
que   ya no más   iban   el   rostro   de él

θεωρεῖν. προέπεμπον δὲ αὐτὸν εἰς τὸ
a contemplar.   Y [2]acompañaron   le   hasta   el

πλοῖον.
barco.

21 Ὡς δὲ ἐγένετο ἀναχθῆναι ἡμᾶς
Y cuando   llegó   el zarpar   nosotros

ἀποσπασθέντας ἀπ᾽ αὐτῶν, εὐθυδρομήσαντες
después de separarnos   de   ellos,   tomando rumbo directo

ἤλθομεν εἰς τὴν Κῶ, τῇ δὲ ἑξῆς εἰς
vinimos   a   —   Cos,   y al   día siguiente   a

τὴν Ῥόδον κἀκεῖθεν εἰς Πάταρα· **2** καὶ
— Rodas   y de allí   a   Pátara;   y

εὑρόντες πλοῖον διαπερῶν εἰς Φοινίκην,
encontrando   un barco   que cruzaba   hacia   Fenicia,

ἐπιβάντες ἀνήχθημεν. **3** ἀναφάναντες δὲ
embarcándonos,   zarpamos.   Y al avistar

τὴν Κύπρον καὶ καταλιπόντες αὐτὴν
— Chipre   y   después de dejar   la

εὐώνυμον ἐπλέομεν εἰς Συρίαν, καὶ κατήλ-
a la izquierda,   navegamos   hacia   Siria,   y   descen-

θομεν εἰς Τύρον· ἐκεῖσε γὰρ τὸ πλοῖον
dimos   a   Tiro;   porque allí   la   nave

ἦν ἀποφορτιζόμενον τὸν γόμον. **4** ἀνευρ-
estaba   [3]a descargar   la   mercancía.   Y tras

όντες δὲ τοὺς μαθητὰς ἐπεμείναμεν αὐτοῦ
encontrar   a los   discípulos,   nos quedamos   allí

ἡμέρας ἑπτά· οἵτινες τῷ Παύλῳ ἔλεγον
días   siete;   los cuales   a Pablo   decían

διὰ τοῦ πνεύματος μὴ ἐπιβαίνειν εἰς
por   el   Espíritu   que no   subiera   a

Ἱεροσόλυμα. **5** ὅτε δὲ ἐγένετο ἐξαρτίσαι
Jerusalén.   Y cuando   sucedió   que completamos

[1]
36. PUESTO DE RODILLAS. Lit. *poniendo las rodillas de él.*

[2]
38. ACOMPAÑARON. Lit. *escoltaron.*

[3]
3. A DESCARGAR. Lit. *descargando* (presente ingresivo).

ἡμᾶς τὰς ἡμέρας, ἐξελθόντες ἐπορευόμεθα
nosotros los días, saliendo íbamos marchando

προπεμπόντων ἡμᾶς πάντων σὺν γυναιξὶ
acompañando nos todos con (sus) mujeres

καὶ τέκνοις ἕως ἔξω τῆς πόλεως, καὶ
e hijos hasta fuera de la ciudad, y

θέντες τὰ γόνατα ἐπὶ τὸν αἰγιαλὸν
poniendo las rodillas sobre la playa,

προσευξάμενοι 6 ἀπησπασάμεθα ἀλλήλους,
después de orar. nos despedimos unos de otros,

καὶ ἐνέβημεν εἰς τὸ πλοῖον, ἐκεῖνοι δὲ
y entramos en el barco. y aquéllos

ὑπέστρεψαν εἰς τὰ ἴδια. 7 Ἡμεῖς δὲ
regresaron 1a sus hogares. Y nosotros

τὸν πλοῦν διανύσαντες ἀπὸ Τύρου κατηντή-
el viaje tras terminar desde Tiro. llegamos

σαμεν εἰς Πτολεμαΐδα, καὶ ἀσπασάμενοι
a Tolemaida, y después de saludar

τοὺς ἀδελφοὺς ἐμείναμεν ἡμέραν μίαν
a los hermanos, nos quedamos día uno

παρ' αὐτοῖς. 8 τῇ δὲ ἐπαύριον ἐξελθόντες
con ellos. Y al día siguiente, saliendo

ἤλθομεν εἰς Καισάρειαν, καὶ εἰσελθόντες
llegamos a Cesarea, y entrando

εἰς τὸν οἶκον Φιλίππου τοῦ εὐαγγελιστοῦ
en la casa de Felipe el evangelista,

ὄντος ἐκ τῶν ἑπτά, ἐμείναμεν παρ'
que era de los siete, nos quedamos con

αὐτῷ. 9 τούτῳ δὲ ἦσαν θυγατέρες
él. Éste — tenía hijas

τέσσαρες παρθένοι προφητεύουσαι. 10 Ἐπιμεν-
cuatro doncellas que profetizaban. Y detenién-

όντων δὲ ἡμέρας πλείους κατῆλθέν τις
donos días varios, descendió uno

ἀπὸ τῆς Ἰουδαίας προφήτης ὀνόματι
de Judea, profeta, de nombre

Ἄγαβος, 11 καὶ ἐλθὼν πρὸς ἡμᾶς καὶ
Ágabo, y viniendo a nosotros y

ἄρας τὴν ζώνην τοῦ Παύλου, δήσας
tomando el cinto — de Pablo, atando

ἑαυτοῦ τοὺς πόδας καὶ τὰς χεῖρας εἶπεν·
de sí mismo los pies y las manos, dijo:

τάδε λέγει τὸ πνεῦμα τὸ ἅγιον· τὸν
Estas cosas dice el Espíritu — Santo: Al

ἄνδρα οὗ ἐστιν ἡ ζώνη αὕτη οὕτως
varón cuyo es el cinto este así

1
6. A SUS HOGARES. Lit. *a sus propias cosas.*

δήσουσιν ἐν Ἰερουσαλὴμ οἱ Ἰουδαῖοι καὶ
atarán   en   Jerusalén   los   judíos   y

παραδώσουσιν εἰς χεῖρας ἐθνῶν. 12 ὡς
entregarán   en   manos   de gentiles.   Y al

δὲ ἠκούσαμεν ταῦτα, παρεκαλοῦμεν ἡμεῖς
escuchar   esto,   rogábamos   nosotros

τε καὶ οἱ ἐντόπιοι τοῦ μὴ ἀναβαίνειν
así como   los   residentes   —   que no   subiera

αὐτὸν εἰς Ἰερουσαλήμ. 13 τότε ἀπεκρίθη
él   a   Jerusalén.   Entonces   contestó

ὁ Παῦλος τί ποιεῖτε κλαίοντες καὶ
—   Pablo: ¿Qué   hacéis   llorando   y

συνθρύπτοντές μου τὴν καρδίαν; ἐγὼ γὰρ
quebrantando   de mí   el   corazón?   Porque yo

οὐ μόνον δεθῆναι ἀλλὰ καὶ ἀποθανεῖν
no   sólo   a ser atado,   sino   también   a morir

εἰς Ἰερουσαλὴμ ἑτοίμως ἔχω ὑπὲρ τοῦ
en   Jerusalén   dispuesto   estoy   por   el

ὀνόματος τοῦ κυρίου Ἰησοῦ. 14 μὴ
nombre   del   Señor   Jesús.   Y no

πειθομένου δὲ αὐτοῦ ἡσυχάσαμεν εἰπόντες·
siendo persuadido   él,   nos callamos   tras decir:

τοῦ κυρίου τὸ θέλημα γινέσθω.
[1]Del   Señor   la   voluntad   hágase.

15 Μετὰ δὲ τὰς ἡμέρας ταύτας
Y después   de los   días   estos

ἐπισκευασάμενοι ἀνεβαίνομεν εἰς Ἰεροσόλυμα·
después de prepararnos,   subíamos   a   Jerusalén.

16 συνῆλθον δὲ καὶ τῶν μαθητῶν ἀπὸ
Y vinieron   también   de los   discípulos   de

Καισαρείας σὺν ἡμῖν, ἄγοντες παρ᾽ ᾧ
Cesarea   con   nosotros,   conduciendo(nos) con quien

ξενισθῶμεν Μνάσωνί τινι Κυπρίῳ,
hospedarnos,   a Mnasón   un cierto   chipriota,

ἀρχαίῳ μαθητῇ. 17 Γενομένων δὲ ἡμῶν εἰς
antiguo   discípulo.   Y al llegar   nosotros   a

Ἰεροσόλυμα ἀσμένως ἀπεδέξαντο ἡμᾶς οἱ
Jerusalén,   gozosamente   acogieron   nos   los

ἀδελφοί. 18 τῇ δὲ ἐπιούσῃ εἰσῄει ὁ
hermanos.   Y al   día siguiente   [2]fue   —

Παῦλος σὺν ἡμῖν πρὸς Ἰάκωβον, πάντες
Pablo   con   nosotros   a   Jacobo,   y todos

τε παρεγένοντο οἱ πρεσβύτεροι. 19 καὶ
estaban presentes   los   ancianos.   Y

ἀσπασάμενος αὐτοὺς ἐξηγεῖτο καθ᾽ ἓν
después de saludar   les,   refería   una   por

[1]
14. HÁGASE LA VOLUNTAD
DEL SEÑOR. (V. 20:22. ¡No
era un capricho de Pablo!)
[2]
18. FUE. Lit. entraba.

ἕκαστον ὧν ἐποίησεν ὁ θεὸς ἐν τοῖς
cada una de las cosas que   hizo   —   Dios   entre   los

ἔθνεσιν διὰ τῆς διακονίας αὐτοῦ. 20 οἱ
gentiles por medio del   ministerio   de él.   Y ellos

δὲ ἀκούσαντες ἐδόξαζον τὸν θεόν, εἶπάν τε
al oír(lo)   glorificaban   —   a Dios,   y dijeron

αὐτῷ· θεωρεῖς, ἀδελφέ, πόσαι μυριάδες
le: (Ya) ves,   hermano,   cuántas   miríadas

εἰσὶν ἐν τοῖς Ἰουδαίοις τῶν πεπιστευκότων,
hay   entre los   judíos   de los   que han creído,

καὶ πάντες ζηλωταὶ τοῦ νόμου ὑπάρχουσιν·
y   todos   celosos   de la   ley   son;

21 κατηχήθησαν δὲ περὶ σοῦ ὅτι ἀποστα-
y se les ha informado   acerca   de ti   que   aparta-

σίαν διδάσκεις ἀπὸ Μωϋσέως τοὺς κατὰ
miento   enseñas   de   Moisés   a los que   entre

τὰ ἔθνη πάντας Ἰουδαίους, λέγων μὴ
los gentiles (viven)   todos   judíos,   diciendo que no

περιτέμνειν αὐτοὺς τὰ τέκνα μηδὲ τοῖς
circunciden   ellos   a los   hijos   ni (conforme)
                                              a las

ἔθεσιν περιπατεῖν. 22 τί οὖν ἐστιν;
costumbres   anden.   ¿Qué,   pues,   hay?

πάντως ἀκούσονται ὅτι ἐλήλυθας. 23 τοῦτο
Sin duda   oirán   que   has venido.   Esto,

οὖν ποίησον ὅ σοι λέγομεν· εἰσὶν ἡμῖν
pues,   haz   que   te   decimos: Tenemos

ἄνδρες τέσσαρες εὐχὴν ἔχοντες ἐφ᾽ ἑαυτῶν·
varones   cuatro   un voto   que tienen   sobre   sí mismos;

24 τούτους παραλαβὼν ἁγνίσθητι σὺν αὐτοῖς,
a éstos   tomando,   purifícate   con   ellos,

καὶ δαπάνησον ἐπ᾽ αὐτοῖς ἵνα ξυρήσονται
y   gasta   en   ellos   para que   se rasuren

τὴν κεφαλήν, καὶ γνώσονται πάντες ὅτι
la   cabeza,   y   conocerán   todos   que

ὧν κατήχηνται περὶ σοῦ οὐδέν
de lo que   han sido informados   acerca   de ti,   nada

ἐστιν, ἀλλὰ στοιχεῖς καὶ αὐτὸς φυλάσσων τὸν
hay,   sino que ¹vives conforme también tú mismo   guardando   la

νόμον. 25 περὶ δὲ τῶν πεπιστευκότων
ley.   Y en cuanto   a los que   han creído

ἐθνῶν ἡμεῖς ἐπεστείλαμεν κρίναντες φυλάσ-
gentiles,   nosotros   escribimos   habiendo decidido   que

σεσθαι αὐτοὺς τό τε εἰδωλόθυτον καὶ
guardasen   ellos   tanto lo de lo sacrificado a los ídolos,   como

αἷμα καὶ πνικτὸν καὶ πορνείαν. 26 τότε
(lo de)   y   estrangulado   y   fornicación.   Entonces
sangre

¹ 24. VIVES CONFORME. Esto
es, *te comportas ordenadamente.*

ὁ Παῦλος παραλαβὼν τοὺς ἄνδρας τῇ
— Pablo,   tomando consigo   a los   varones,   al

ἐχομένῃ ἡμέρᾳ σὺν αὐτοῖς ἁγνισθεὶς εἰσῄει
siguiente   día   con   ellos   purificado   ¹fue

εἰς τὸ ἱερόν, διαγγέλλων τὴν ἐκπλήρωσιν
al   templo,   notificando   de la   terminación

τῶν ἡμερῶν τοῦ ἁγνισμοῦ, ἕως οὗ
de los   días   de la   purificación,   hasta   que

προσηνέχθη ὑπὲρ ἑνὸς ἑκάστου αὐτῶν ἡ
fuese presentada   por   cada   uno   de ellos   la

προσφορά.
ofrenda.

27 Ὡς δὲ ἔμελλον αἱ ἑπτὰ ἡμέραι
Y cuando   iban   los   siete   días

συντελεῖσθαι, οἱ ἀπὸ τῆς Ἀσίας Ἰουδαῖοι
a cumplirse,   los   de   —   Asia   judíos,

θεασάμενοι αὐτὸν ἐν τῷ ἱερῷ συνέχεον
al ver   le   en   el   templo,   incitaron

πάντα τὸν ὄχλον, καὶ ἐπέβαλαν ἐπ᾽
a toda   la   multitud,   y   echaron   sobre

αὐτὸν τὰς χεῖρας, **28** κράζοντες· ἄνδρες
él   las   manos,   gritando: Varones

Ἰσραηλῖται, βοηθεῖτε· οὗτός ἐστιν ὁ
israelitas,   ayudad(nos);   éste   es   el

ἄνθρωπος ὁ κατὰ τοῦ λαοῦ καὶ τοῦ
hombre   que   contra   el   pueblo   y   la

νόμου καὶ τοῦ τόπου τούτου πάντας
ley   y   el   lugar   este   a todos

πανταχῇ διδάσκων, ἔτι τε καὶ Ἕλληνας
en todas partes   enseña,   y también   hasta   unos griegos

εἰσήγαγεν εἰς τὸ ἱερὸν καὶ κεκοίνωκεν
introdujo   en   el   templo   y   ha profanado

τὸν ἅγιον τόπον τοῦτον. **29** ἦσαν γὰρ
el   santo   lugar   este.   Porque habían

προεωρακότες Τρόφιμον τὸν Ἐφέσιον ἐν
visto anteriormente   a Trófimo   el   efesio   en

τῇ πόλει σὺν αὐτῷ, ὃν ἐνόμιζον ὅτι
la   ciudad   con   él,   al que   suponían   que

εἰς τὸ ἱερὸν εἰσήγαγεν ὁ Παῦλος. **30** ἐκινήθη
en   el templo   introdujo   —   Pablo.   Y se agitó

τε ἡ πόλις ὅλη καὶ ἐγένετο συνδρομὴ
la   ciudad   entera   y   se produjo   un correr conjunto

τοῦ λαοῦ, καὶ ἐπιλαβόμενοι τοῦ Παύλου
del   pueblo,   y   apoderándose   —   de Pablo

εἷλκον αὐτὸν ἔξω τοῦ ἱεροῦ, καὶ εὐθέως
arrastraron   le   fuera   del   templo,   y   en seguida

ἐκλείσθησαν αἱ θύραι. **31** Ζητούντων τε
fueron cerradas   las   puertas.   Y cuando procuraban

---

¹
26. FUE. Lit. *entraba.*

αὐτὸν   ἀποκτεῖναι   ἀνέβη   φάσις   τῷ
le   matar,   subió   una información   al

χιλιάρχῳ   τῆς   σπείρης   ὅτι   ὅλη   συγχύν-
tribuno   de la   cohorte   que   toda   está en

νεται   'Ιερουσαλήμ·   32 ὃς   ἐξαυτῆς   παρα-
confusión   Jerusalén;   el cual   inmediatamente

λαβὼν   στρατιώτας   καὶ   ἑκατοντάρχας
tomando consigo   soldados   y   centuriones,

κατέδραμεν   ἐπ'   αὐτούς·   οἱ   δὲ   ἰδόντες
bajó corriendo   hacia   ellos;   y ellos   al ver

τὸν   χιλίαρχον   καὶ   τοὺς   στρατιώτας
al   tribuno   y   a los   soldados

ἐπαύσαντο   τύπτοντες   τὸν   Παῦλον.   33 τότε
cesaron   de golpear   —   a Pablo.   Entonces

ἐγγίσας   ὁ   χιλίαρχος   ἐπελάβετο   αὐτοῦ
acercándose   el   tribuno,   prendió   le

καὶ   ἐκέλευσεν   δεθῆναι   ἁλύσεσι   δυσί,   καὶ
y   mandó   que fuese atado   con cadenas   dos,   y

ἐπυνθάνετο   τίς   εἴη   καὶ   τί   ἐστιν   πεποιηκώς.
preguntaba   quién   era   y   qué   [1]había   hecho.

34 ἄλλοι   δὲ   ἄλλο   τι   ἐπεφώνουν   ἐν   τῷ
            [2]Unos gritaban una cosa y otros, otra   entre   la

ὄχλῳ·   μὴ   δυναμένου   δὲ   αὐτοῦ   γνῶναι
multitud;   y   no pudiendo   él   conocer

τὸ   ἀσφαλὲς   διὰ   τὸν   θόρυβον,   ἐκέλευσεν
lo   cierto   a causa   del   tumulto,   mandó

ἄγεσθαι   αὐτὸν   εἰς   τὴν   παρεμβολήν.   35 ὅτε
que fuese   él   al   cuartel.   Y cuando
conducido
δὲ   ἐγένετο   ἐπὶ   τοὺς   ἀναβαθμούς,   συνέβη
llegó   a   las   gradas,   sucedió

βαστάζεσθαι   αὐτὸν   ὑπὸ   τῶν   στρατιωτῶν
que era llevado   él   por   los   soldados
(en vilo)

διὰ   τὴν   βίαν   τοῦ   ὄχλου·   36 ἠκολούθει
a causa   de la   violencia   de la   multitud;   porque

γὰρ   τὸ   πλῆθος   τοῦ   λαοῦ   κράζοντες·
seguía   la   multitud   del   pueblo   gritando:

αἶρε   αὐτόν.   37 Μέλλων   τε   εἰσάγεσθαι
Quita de   le.   Y cuando estaba para ser   metido
en medio
εἰς   τὴν   παρεμβολὴν   ὁ   Παῦλος   λέγει   τῷ
en   el   cuartel   —   Pablo   dice   al

χιλιάρχῳ·   εἰ   ἔξεστίν   μοι   εἰπεῖν   τι   πρὸς
tribuno: ¿Si   es lícito   me   decir   algo   a

σέ;   ὁ   δὲ   ἔφη·   'Ελληνιστὶ   γινώσκεις;
ti?   Y él   dijo: ¿En griego   sabes (hablar)?

---

38 οὐκ ἄρα σὺ εἶ ὁ Αἰγύπτιος ὁ πρὸ
Entonces ¿no tú eres el egipcio que antes

τούτων τῶν ἡμερῶν ἀναστατώσας καὶ
de estos — días incitó a una revuelta y

ἐξαγαγὼν εἰς τὴν ἔρημον τοὺς τετρα-
condujo afuera al desierto a los cuatro

κισχιλίους ἄνδρας τῶν σικαρίων; **39** εἶπεν
mil varones de los sicarios? Y

δὲ ὁ Παῦλος· ἐγὼ ἄνθρωπος μέν εἰμι
dijo — Pablo: Yo un hombre a la verdad soy

Ἰουδαῖος, Ταρσεύς, τῆς Κιλικίας ουκ
judío, de Tarso, de Cilicia no

ἀσήμου πόλεως πολίτης· δέομαι δέ σου,
sin importancia ciudad ciudadano; y ruego te,

ἐπίτρεψόν μοι λαλῆσαι πρὸς τὸν λαόν.
permite me hablar al pueblo.

40 ἐπιτρέψαντος δὲ αὐτοῦ ὁ Παῦλος ἑστὼς
Y cuando dio permiso él, — Pablo, puesto en pie

ἐπὶ τῶν ἀναβαθμῶν κατέσεισεν τῇ χειρὶ
sobre las gradas, hizo señal con la mano

τῷ λαῷ· πολλῆς δὲ σιγῆς γενομένης
al pueblo; y mucho silencio cuando se hizo,

προσεφώνησεν τῇ Ἑβραΐδι διαλέκτῳ λέγων·
se dirigió a (ellos) en el hebreo idioma, diciendo:

22 Ἄνδρες ἀδελφοὶ καὶ πατέρες, ἀκούσατέ
Varones hermanos y padres, escuchad

μου τῆς πρὸς ὑμᾶς νυνὶ ἀπολογίας.
de mí la hacia vosotros ahora defensa.

— **2** ἀκούσαντες δὲ ὅτι τῇ Ἑβραΐδι
Y al oír que en el hebreo

διαλέκτῳ προσεφώνει αὐτοῖς μᾶλλον
idioma se dirigía a ellos, más

παρέσχον ἡσυχίαν. καὶ φησίν· — **3** ἐγώ εἰμι
ofrecieron quietud. Y dice: Yo soy

ἀνὴρ Ἰουδαῖος, γεγεννημένος ἐν Ταρσῷ
un varón judío, nacido en Tarso

τῆς Κιλικίας, ἀνατεθραμμένος δὲ ἐν τῇ
— de Cilicia, mas criado en la

πόλει ταύτῃ, παρὰ τοὺς πόδας Γαμαλιὴλ
ciudad esta, a los pies de Gamaliel

πεπαιδευμένος κατὰ ἀκρίβειαν τοῦ πατρῴου
educado conforme a (la) exactitud de la patria

νόμου, ζηλωτὴς ὑπάρχων τοῦ θεοῦ καθὼς
ley, celoso siendo — de Dios, como también

πάντες ὑμεῖς ἐστε σήμερον· **4** ὃς ταύτην
todos   vosotros sois hoy;   que   este

τὴν ὁδὸν ἐδίωξα ἄχρι θανάτου, δεσμεύων
— Camino perseguí [1]a muerte,   encadenando

καὶ παραδιδοὺς εἰς φυλακὰς ἄνδρας τε
y entregando   en prisiones tanto a hombres

καὶ γυναῖκας. **5** ὡς καὶ ὁ ἀρχιερεὺς
como a mujeres.   Como también el sumo sacerdote

μαρτυρεῖ μοι καὶ πᾶν τὸ πρεσβυτέριον·
atestigua para mí y todo el cuerpo de ancianos;

παρ' ὧν καὶ ἐπιστολὰς δεξάμενος πρὸς
de quienes también cartas habiendo recibido para

τοὺς ἀδελφοὺς εἰς Δαμασκὸν ἐπορευόμην,
los hermanos,   a Damasco viajaba,

ἄξων καὶ τοὺς ἐκεῖσε ὄντας δεδεμένους
para aun a los allí que estaban tras haberlos
conducir   atado

εἰς Ἰερουσαλὴμ ἵνα τιμωρηθῶσιν.
a Jerusalén para que fuesen castigados.

6 Ἐγένετο δέ μοι πορευομένῳ καὶ ἐγγίζοντι
Y ocurrió me cuando viajaba y estaba cerca

τῇ Δαμασκῷ περὶ μεσημβρίαν ἐξαίφνης ἐκ
— de Damasco hacia el mediodía de repente de

τοῦ οὐρανοῦ περιαστράψαι φῶς ἱκανὸν
del cielo que brilló en derredor una luz considerable

περὶ ἐμέ, **7** ἔπεσά τε εἰς τὸ ἔδαφος
en torno a mí,   y caí   al suelo

καὶ ἤκουσα φωνῆς λεγούσης μοι· Σαοὺλ
y oí una voz que decía me: [2]Saulo,

Σαούλ, τί με διώκεις; **8** ἐγὼ δὲ ἀπεκρίθην·
Saulo, ¿por qué me persigues? Y yo respondí:

τίς εἶ, κύριε; εἶπέν τε πρὸς ἐμέ· ἐγώ
¿Quién eres, Señor? Y dijo a mí: Yo

εἰμι Ἰησοῦς ὁ Ναζωραῖος, ὃν σὺ διώκεις.
soy Jesús el nazareno,   a quien tú persigues.

9 οἱ δὲ σὺν ἐμοὶ ὄντες τὸ μὲν φῶς
Y los que conmigo estaban la luz, cierto,

ἐθεάσαντο, τὴν δὲ φωνὴν οὐκ ἤκουσαν
vieron,   mas la voz [3]no oyeron

τοῦ λαλοῦντός μοι. **10** εἶπον δέ· τί
del que hablaba me.   Y dije: ¿Qué

ποιήσω, κύριε; ὁ δὲ κύριος εἶπεν πρός
debo hacer, Señor? Y el Señor dijo a

με· ἀναστὰς πορεύου εἰς Δαμασκόν, κἀκεῖ σοι
mí: Levantándote, ve a Damasco,   y allí te

λαληθήσεται περὶ πάντων ὧν τέτακταί
[4]será dicho acerca de todas las cosas que han sido
                                              ordenadas

σοι ποιῆσαι. **11** ὡς δὲ οὐκ ἐνέβλεπον
que tú hagas.   Y como no veía

[1]
4. A MUERTE. Lit. *hasta muerte*.
[2]
7. SAULO, SAULO. Lit. *Saúl, Saúl*.
[3]
9. NO OYERON. Es decir, *no entendieron* lo que la voz decía (comp. con 9:7 y 26:13).
[4]
10. SERÁ DICHO. Lit. *será hablado*.

ἀπὸ τῆς δόξης τοῦ φωτὸς ἐκείνου,
por   el   resplandor de la   luz   aquella,

χειραγωγούμενος ὑπὸ τῶν συνόντων μοι
siendo llevado de la mano por los que estaban conmigo,

ἦλθον εἰς Δαμασκόν. 12 Ἀνανίας δέ τις,
fui   a   Damasco.   Y un cierto Ananías,

ἀνὴρ εὐλαβὴς κατὰ τὸν νόμον, μαρτυρού-
varón devoto conforme a la   ley,   que tenía buen
                                              testimonio

μενος ὑπὸ πάντων τῶν κατοικούντων
por parte de todos   los   que residían (allí)

Ἰουδαίων, 13 ἐλθὼν πρὸς ἐμὲ καὶ ἐπιστὰς
judíos,   viniendo a mí   y   en pie junto
                                              (a mí)

εἰπέν μοι· Σαοὺλ ἀδελφέ, ἀνάβλεψον.
dijo   me: Saulo hermano, recupera la vista.

κἀγὼ αὐτῇ τῇ ὥρᾳ ἀνέβλεψα εἰς αὐτόν.
Y yo en aquella misma hora ¹miré   hacia   él.

14 ὁ δὲ εἶπεν· ὁ θεὸς τῶν πατέρων
   Y él dijo: El Dios de los padres

ἡμῶν προεχειρίσατό σε γνῶναι τὸ θέλημα
de nosotros ²ha designado te para conocer la voluntad
              de antemano

αὐτοῦ καὶ ἰδεῖν τὸν δίκαιον καὶ ἀκοῦσαι
de él   y   ver al Justo   y   oír

φωνὴν ἐκ τοῦ στόματος αὐτοῦ, 15 ὅτι
una voz de la   boca   de él,   pues

ἔσῃ μάρτυς αὐτῷ πρὸς πάντας ἀνθρώπους
serás testigo le   a todos (los) hombres

ὧν ἑώρακας καὶ ἤκουσας. 16 καὶ νῦν
de las cosas que has visto y oíste.   Y ahora,

τί μέλλεις; ἀναστὰς βάπτισαι καὶ ἀπόλου-
³¿por qué demoras? Levantándote, ⁴sé bautizado y sé lavado

σαι τὰς ἁμαρτίας σου, ἐπικαλεσάμενος τὸ
de los pecados   de ti,   invocando   el

ὄνομα αὐτοῦ. 17 Ἐγένετο δέ μοι ὑποστρέ-
nombre de él.   Y aconteció me   cuando

ψαντι εἰς Ἰερουσαλὴμ καὶ προσευχομένου
regresé   a   Jerusalén   y   estando orando

μου ἐν τῷ ἱερῷ γενέσθαι με ἐν ἐκστάσει,
yo en el templo, que fui puesto yo en   éxtasis,

18 καὶ ἰδεῖν αὐτὸν λέγοντά μοι· σπεῦσον
   y   vi   le   que decía me: Apresúrate

καὶ ἔξελθε ἐν τάχει ἐξ Ἰερουσαλήμ,
y   sal   pronto de   Jerusalén,

διότι οὐ παραδέξονταί σου μαρτυρίαν
por cuanto no acogerán   de ti (el) testimonio

περὶ ἐμοῦ. 19 κἀγὼ εἶπον· κύριε, αὐτοὶ
acerca de mí.   Y yo dije: Señor, ellos mismos

13. MIRÉ. Lit. *recobré la vista* (y miré).
2
14. HA DESIGNADO. Lit. *designó*.
3
16. ¿POR QUÉ DEMORAS? O *¿qué esperas?*
4
16. SÉ BAUTIZADO. Lit. *bautízate*. Es decir, *hazte bautizar*. (Lo mismo ocurre con "sé lavado...", a la luz de Ro. 10:13.)

ἐπίστανται ὅτι ἐγὼ ἤμην φυλακίζων καὶ
saben bien   que   yo   estaba   encarcelando   y

δέρων κατὰ τὰς συναγωγὰς τοὺς πιστεύον-
golpeando en cada una de las   sinagogas   a los   que creían

τας ἐπὶ σέ· 20 καὶ ὅτε ἐξεχύννετο τὸ αἷμα
en   ti;   y cuando era   derramada   la   sangre

Στεφάνου τοῦ μάρτυρός σου, καὶ αὐτὸς
de Esteban   el   testigo   de ti,   también   yo mismo

ἤμην ἐφεστὼς καὶ συνευδοκῶν καὶ
estaba   en pie cerca   y   consintiendo   y

φυλάσσων τὰ ἱμάτια τῶν ἀναιρούντων
custodiando   los   mantos   de los   que mataban

αὐτόν. 21 καὶ εἶπεν πρός με· πορεύου,
le.   Y   dijo   a   mí: ¡Ve!,

ὅτι ἐγὼ εἰς ἔθνη μακρὰν ἐξαποστελῶ σε.
porque   yo   a los   gentiles   lejos   enviaré   te.

22 Ἤκουον δὲ αὐτοῦ ἄχρι τούτου τοῦ
Y escuchaban   le   hasta   esta   —

λόγου, καὶ ἐπῆραν τὴν φωνὴν αὐτῶν
palabra,   y   levantaron   la   voz   de ellos

λέγοντες· αἶρε ἀπὸ τῆς γῆς τὸν τοιοῦτον·
diciendo: ¡Quita   de   la   tierra   a   ese tal!,

οὐ γὰρ καθῆκεν αὐτὸν ζῆν. 23 κραυγαζόν-
porque no   es conveniente   que él   viva.   Y como gri-

των τε αὐτῶν καὶ ῥιπτούντων τὰ ἱμάτια
taban   ellos   y   arrojaban   los   mantos

καὶ κονιορτὸν βαλλόντων εἰς τὸν ἀέρα,
y   polvo   echaban   al   aire,

24 ἐκέλευσεν ὁ χιλίαρχος εἰσάγεσθαι αὐτὸν
mandó   el   tribuno   que fuese introducido   él

εἰς τὴν παρεμβολήν, εἴπας μάστιξιν
en   el   cuartel,   diciendo que   con azotes

ἀνετάζεσθαι αὐτόν, ἵνα ἐπιγνῷ δι' ἣν
fuese examinado   él,   para   conocer bien   por qué

αἰτίαν οὕτως ἐπεφώνουν αὐτῷ. 25 ὡς δὲ
causa   así   gritaban contra   él.   Mas cuando

προέτειναν αὐτὸν τοῖς ἱμᾶσιν, εἶπεν πρὸς
estiraron   le   con las   correas,   dijo   al

τὸν ἑστῶτα ἑκατόνταρχον ὁ Παῦλος· εἰ
que estaba (allí)   centurión   —   Pablo: 1¿A

ἄνθρωπον Ῥωμαῖον καὶ ἀκατάκριτον ἔξεστιν
un hombre   romano   y   no condenado   es lícito

ὑμῖν μαστίζειν; 26 ἀκούσας δὲ ὁ ἑκατον-
os   azotar?   Y al oír(lo)   el   centu-

1
25. ¿A UN HOMBRE... Lit.
¿Si a un hombre...

τάρχης προσελθὼν τῷ χιλιάρχῳ ἀπήγγειλεν
rión,   acercándose   al   tribuno,   refirió(lo)

λέγων· τί μέλλεις ποιεῖν; ὁ γὰρ ἄνθρωπος
diciendo: ¿Qué vas a hacer? Porque el hombre

οὗτος Ῥωμαῖός ἐστιν. 27 προσελθὼν δὲ
este romano es. Y acercándose

ὁ χιλίαρχος εἶπεν αὐτῷ· λέγε μοι, σὺ
el tribuno, dijo le: Di me, ¿tú

Ῥωμαῖος εἶ; ὁ δὲ ἔφη· ναί. 28 ἀπεκρίθη
romano eres? Y él dijo: Sí. Y respondió

δὲ ὁ χιλίαρχος· ἐγὼ πολλοῦ κεφαλαίου
el tribuno: Yo con gran suma (de dinero)

τὴν πολιτείαν ταύτην ἐκτησάμην. ὁ δὲ
la ciudadanía esta adquirí. — Y

Παῦλος ἔφη· ἐγὼ δὲ καὶ γεγέννημαι.
Pablo dijo: Mas yo hasta [1]por nacimiento.

29 εὐθέως οὖν ἀπέστησαν ἀπ' αὐτοῦ οἱ
Al instante, pues, se retiraron de él los

μέλλοντες αὐτὸν ἀνετάζειν· καὶ ὁ χιλίαρχος
que iban le a examinar; y el tribuno

δὲ ἐφοβήθη ἐπιγνοὺς ὅτι Ῥωμαῖός ἐστιν
también tuvo miedo al enterarse de que romano es

καὶ ὅτι αὐτὸν ἦν δεδεκώς.
y que le había atado.

30 Τῇ δὲ ἐπαύριον βουλόμενος γνῶναι τὸ
Y al día siguiente, deseando conocer lo

ἀσφαλές, τὸ τί κατηγορεῖται ὑπὸ τῶν
cierto, — por qué [2]era acusado por los

Ἰουδαίων, ἔλυσεν αὐτόν, καὶ ἐκέλευσεν
judíos, soltó le, y mandó

συνελθεῖν τοὺς ἀρχιερεῖς καὶ πᾶν τὸ
reunirse a los principales sacerdotes y todo el

συνέδριον, καὶ καταγαγὼν τὸν Παῦλον
sanedrín, y conduciendo abajo — a Pablo,

ἔστησεν εἰς αὐτούς. 23 ἀτενίσας δὲ
puso(le) ante ellos. Y fijando la vista

ὁ Παῦλος τῷ συνεδρίῳ εἶπεν· ἄνδρες
— Pablo en el sanedrín, dijo: Varones

ἀδελφοί, ἐγὼ πάσῃ συνειδήσει ἀγαθῇ
hermanos, yo con toda conciencia buena

πεπολίτευμαι τῷ θεῷ ἄχρι ταύτης τῆς
me he comportado con Dios hasta este

ἡμέρας. 2 ὁ δὲ ἀρχιερεὺς Ἀνανίας
día. Y el sumo sacerdote Ananías

ἐπέταξεν τοῖς παρεστῶσιν αὐτῷ τύπτειν
ordenó a los que estaban junto a él que golpeasen

αὐτοῦ τὸ στόμα. 3 τότε ὁ Παῦλος πρὸς
le (en) la boca. Entonces — Pablo a

[1]
28. POR NACIMIENTO. Lit. *he nacido* (ciudadano).

[2]
30. ERA ACUSADO. Lit. *es acusado.*

αὐτὸν εἶπεν· τύπτειν σε μέλλει ὁ θεός,
él   dijo: ¡A golpear te   va   —   Dios,

τοῖχε κεκονιαμένε· καὶ σὺ κάθῃ κρίνων
pared blanqueada!   ¿Y   tú te sientas para juzgar

με κατὰ τὸν νόμον, καὶ παρανομῶν
me conforme a la ley,   y contraviniendo a la ley

κελεύεις με τύπτεσθαι; 4 οἱ δὲ παρεστῶτες
mandas que yo sea golpeado? Y los que estaban cerca,

εἶπαν· τὸν ἀρχιερέα τοῦ θεοῦ λοιδορεῖς;
dijeron: ¿Al sumo sacerdote — de Dios injurias?

5 ἔφη τε ὁ Παῦλος· οὐκ ἤδειν, ἀδελφοί,
Y dijo —   Pablo: No   sabía, hermanos,

ὅτι ἐστὶν ἀρχιερεύς· γέγραπται γὰρ ὅτι
que   es   (el) sumo sacerdote; porque está escrito: —

ἄρχοντα τοῦ λαοῦ σου οὐκ ἐρεῖς κακῶς.
De un príncipe del pueblo de ti no dirás malamente.

6 γνοὺς δὲ ὁ Παῦλος ὅτι τὸ ἓν μέρος
Y conociendo — Pablo que la una parte

ἐστὶν Σαδδουκαίων τὸ δὲ ἕτερον Φαρισαίων
es   de saduceos   y la otra   de fariseos,

ἔκραζεν ἐν τῷ συνεδρίῳ· ἄνδρες ἀδελφοί,
gritaba en el sanedrín: Varones hermanos,

ἐγὼ Φαρισαῖός εἰμι, υἱὸς Φαρισαίων· περὶ
yo   fariseo   soy, hijo de fariseos; acerca de

ἐλπίδος καὶ ἀναστάσεως νεκρῶν κρίνομαι.
(la) esperanza y de la resurrección de (los) muertos soy juzgado.

7 τοῦτο δὲ αὐτοῦ λαλοῦντος ἐγένετο
Y esto cuando él decía, se produjo

στάσις τῶν Φαρισαίων καὶ Σαδδουκαίων,
un altercado de los fariseos y de (los) saduceos,

καὶ ἐσχίσθη τὸ πλῆθος. 8 Σαδδουκαῖοι
y se dividió la multitud. Porque (los) sadu-

γὰρ λέγουσιν μὴ εἶναι ἀνάστασιν μήτε
ceos dicen que no hay resurrección ni

ἄγγελον μήτε πνεῦμα, Φαρισαῖοι δὲ
ángel ni espíritu, mas (los) fariseos

ὁμολογοῦσιν τὰ ἀμφότερα. 9 ἐγένετο δὲ
confiesan — ambas cosas. Y hubo

κραυγὴ μεγάλη, καὶ ἀναστάντες τινὲς
un griterío grande, y levantándose algunos

τῶν γραμματέων τοῦ μέρους τῶν Φαρισαίων
de los escribas del partido de los fariseos,

διεμάχοντο λέγοντες· οὐδὲν κακὸν εὑρίσκομεν
argüían con energía diciendo: Nada malo encontramos

ἐν τῷ ἀνθρώπῳ τούτῳ· εἰ δὲ πνεῦμα
en el hombre este; ¿y si un espíritu

ἐλάλησεν αὐτῷ ἢ ἄγγελος —. 10 Πολλῆς δὲ
hablo   le   o   un ángel?   Y mucho

γινομένης στάσεως φοβηθεὶς ὁ χιλίαρχος
produciéndose altercado,   temiendo   el   tribuno

μὴ διασπασθῇ ὁ Παῦλος ὑπ' αὐτῶν,
que fuese despedazado — Pablo   por   ellos,

ἐκέλευσεν τὸ στράτευμα καταβὰν ἁρπάσαι
ordenó   que la tropa   bajase para arrebatar

αὐτὸν ἐκ μέσου αὐτῶν ἄγειν τε εἰς
le   de en medio de ellos y conducir(le) al

τὴν παρεμβολήν. 11 Τῇ δὲ ἐπιούσῃ
cuartel.   Y a la   siguiente

νυκτὶ ἐπιστὰς αὐτῷ ὁ κύριος εἶπεν·
noche, poniéndose cerca de él el Señor,   dijo:

θάρσει· ὡς γὰρ διεμαρτύρω τὰ περὶ
¡Ten ánimo!; porque como ¹testificaste fielmente en lo que concierne

ἐμοῦ εἰς Ἰερουσαλήμ, οὕτω σε· δεῖ καὶ
a mí en Jerusalén,   así que tú es también
                                              menester

εἰς Ῥώμην μαρτυρῆσαι. 12 Γενομένης δὲ
en Roma   des testimonio.   Y cuando se hizo

ἡμέρας ποιήσαντες συστροφὴν οἱ Ἰουδαῖοι
de día, haciendo una conspiración los judíos

ἀνεθεμάτισαν ἑαυτούς, λέγοντες μήτε φαγεῖν
comprometieron a sí mismos, diciendo que ni comerían
bajo juramento

μήτε πεῖν ἕως οὗ ἀποκτείνωσιν τὸν
ni beberían hasta que   matasen   —

Παῦλον. 13 ἦσαν δὲ πλείους τεσσεράκοντα
a Pablo.   Y eran más   de cuarenta

οἱ ταύτην τὴν συνωμοσίαν ποιησάμενοι·
los que este — complot   ²habían hecho;

14 οἵτινες προσελθόντες τοῖς ἀρχιερεῦσιν
los cuales acercándose a los principales sacerdotes

καὶ τοῖς πρεσβυτέροις εἶπαν· ἀναθέματι
y   a los   ancianos,   dijeron: Con solemne
                                          juramento

ἀνεθεματίσαμεν ἑαυτοὺς μηδενὸς γεύσασθαι
hemos comprometido a nosotros mismos a nada gustar

ἕως οὗ ἀποκτείνωμεν τὸν Παῦλον. 15 νῦν
hasta que matemos   —   a Pablo.   Ahora,

οὖν ὑμεῖς ἐμφανίσατε τῷ χιλιάρχῳ σὺν
pues, vosotros informad al   tribuno   con

τῷ συνεδρίῳ ὅπως καταγάγῃ αὐτὸι εἰς
el sanedrín de modo que conduzca abajo le   ante

ὑμᾶς ὡς μέλλοντας διαγινώσκειν ἀκριβέστε-
vosotros como que vais a investigar   más minuciosa-

ρον τὰ περὶ αὐτοῦ· ἡμεῖς δὲ πρὸ τοῦ
mente lo concerniente a él; y nosotros antes que —

1
11. TESTIFICASTE. Lit. testi-
ficabas.
2
13. HABÍAN HECHO. Lit. hicieron.

ἐγγίσαι αὐτὸν ἕτοιμοί ἐσμεν τοῦ ἀνελεῖν
se acerque él, listos estamos para matar

αὐτόν. 16 Ἀκούσας δὲ ὁ υἱὸς τῆς ἀδελφῆς
le. Mas al oír el hijo de la hermana

Παύλου τὴν ἐνέδραν, παραγενόμενος καὶ
de Pablo la emboscada, presentándose y

εἰσελθὼν εἰς τὴν παρεμβολὴν ἀπήγγειλεν
entrando en el cuartel, informó

τῷ Παύλῳ. 17 προσκαλεσάμενος δὲ ὁ
a Pablo. Y llamando hacia sí —

Παῦλος ἕνα τῶν ἑκατονταρχῶν ἔφη· τὸν
Pablo a uno de los centuriones, dijo: Al

νεανίαν τοῦτον ἄπαγε πρὸς τὸν χιλίαρχον,
joven este lleva al tribuno,

ἔχει γὰρ ἀπαγγεῖλαί τι αὐτῷ. 18 ὁ
porque tiene que informar algo le. Él,

μὲν οὖν παραλαβὼν αὐτὸν ἤγαγεν πρὸς
pues, tomando le, condujo(le) al

τὸν χιλίαρχον καὶ φησίν· ὁ δέσμιος
tribuno y dice: El prisionero

Παῦλος προσκαλεσάμενός με ἠρώτησεν
Pablo habiendo llamado, me pidió

τοῦτον τὸν νεανίσκον ἀγαγεῖν πρὸς σέ,
que a este — joven condujese a ti,

ἔχοντά τι λαλῆσαί σοι. 19 ἐπιλαβόμενος
[1]pues tiene algo que hablar te. Y tomándolo

δὲ τῆς χειρὸς αὐτοῦ ὁ χιλίαρχος καὶ
de la mano de él el tribuno y

ἀναχωρήσας κατ᾽ ἰδίαν ἐπυνθάνετο· τί
llevando(le) aparte, (le) preguntaba: ¿Qué

ἐστιν ὃ ἔχεις ἀπαγγεῖλαί μοι; 20 εἶπεν
es lo que tienes que informar me? Y dijo:

δὲ ὅτι οἱ Ἰουδαῖοι συνέθεντο τοῦ ἐρωτῆσαί
— Los judíos han acordado pedir

σε ὅπως αὔριον τὸν Παῦλον καταγάγῃς
te que mañana — a Pablo conduzcas abajo

εἰς τὸ συνέδριον ὡς μέλλον τι ἀκριβέστερον
al sanedrín [2]como que va a algo más a fondo

πυνθάνεσθαι περὶ αὐτοῦ. 21 σὺ οὖν μὴ
investigar sobre él. Tú, pues, no

πεισθῇς αὐτοῖς· ἐνεδρεύουσιν γὰρ αὐτὸν
te dejes por ellos; porque están emboscados contra él
persuadir

ἐξ αὐτῶν ἄνδρες πλείους τεσσεράκοντα,
de ellos varones más de cuarenta,

οἵτινες ἀνεθεμάτισαν ἑαυτοὺς μήτε φαγεῖν
los cuales han comprometido a sí mismos a no comer
bajo juramento

[1]
18. PUES TIENE. Lit. teniendo.
[2]
20. COMO QUE VA (el sanedrín).

μήτε πεῖν ἕως οὗ ἀνέλωσιν αὐτόν, καὶ νῦν
ni beber hasta que maten   lo, y ahora

εἰσιν ἕτοιμοι προσδεχόμενοι τὴν ἀπὸ σοῦ
están listos aguardando   la de ti

ἐπαγγελίαν. **22** ὁ μὲν οὖν χιλίαρχος
promesa. Por consiguiente, el tribuno

ἀπέλυσε τὸν νεανίσκον, παραγγείλας μηδενὶ
despidió al muchacho, encargando(le) que a nadie

ἐκλαλῆσαι ὅτι ταῦτα ἐνεφάνισας πρὸς ἐμέ.
divulgase que estas cosas informaste a mí.

23 Καὶ προσκαλεσάμενός τινας δύο τῶν
Y   llamando hacia sí a unos dos de los

ἑκατονταρχῶν εἶπεν· ἑτοιμάσατε στρατιώτας
centuriones, dijo: Preparad soldados

διακοσίους ὅπως πορευθῶσιν ἕως Καισαρείας,
doscientos para que vayan hasta Cesarea,

καὶ ἱππεῖς ἑβδομήκοντα καὶ δεξιολάβους
y jinetes setenta y lanceros

διακοσίους, ἀπὸ τρίτης ὥρας τῆς νυκτός,
doscientos, a ¹(la) tercera hora de la noche,

24 κτήνη τε παραστῆσαι, ἵνα ἐπιβιβάσαντες
y jumentos tener a disposición, para que montando

τὸν Παῦλον διασώσωσι πρὸς Φήλικα τὸν
— a Pablo, puedan llevar(le) a salvo a Félix el

ἡγεμόνα, **25** γράψας ἐπιστολὴν ἔχουσαν
gobernador, tras escribir una carta que tenía

τὸν τύπον τοῦτον· **26** Κλαύδιος Λυσίας τῷ
el contenido este: Claudio Lisias al

κρατίστῳ ἡγεμόνι Φήλικι χαίρειν. **27** Τὸν
excelentísimo gobernador Félix, saludos. Al

ἄνδρα τοῦτον συλλημφθέντα ὑπὸ τῶν
varón este, cuando había sido arrestado por los

Ἰουδαίων καὶ μέλλοντα ἀναιρεῖσθαι ὑπ'
judíos y estaba para ser matado por

αὐτῶν ἐπιστὰς σὺν τῷ στρατεύματι
ellos, presentando(me) con la tropa, (lo)

ἐξειλάμην, μαθὼν ὅτι Ῥωμαῖός ἐστιν·
rescaté, habiendo aprendido que romano es;

28 βουλόμενός τε ἐπιγνῶναι τὴν αἰτίαν
y queriendo cerciorarme de la causa

δι' ἣν ἐνεκάλουν αὐτῷ, κατήγαγον εἰς
por la que acusaban le, (le) conduje abajo al

τὸ συνέδριον αὐτῶν· **29** ὃν εὗρον ἐγκαλούμενον
sanedrín de ellos; al que hallé que era acusado

περὶ ζητημάτων τοῦ νόμου αὐτῶν, μηδὲν
sobre cuestiones de la ley de ellos, mas

¹ 23. (LA) TERCERA... Esto es, *las nueve de la noche.*

δὲ   ἄξιον   θανάτου   ἢ   δεσμῶν   ἔχοντα
de nada   digno   de muerte   o   prisión   teniendo

ἔγκλημα.   30 μηνυθείσης   δέ   μοι   ἐπιβουλῆς
acusación.   Y habiendo sido informado   me   que un complot

εἰς   τὸν   ἄνδρα   ἔσεσθαι,   ἐξαυτῆς   ἔπεμψα
contra   el   varón   había,   en seguida   envié(le)

πρὸς   σέ,   παραγγείλας   καὶ   τοῖς   κατηγόροις
a   ti,   encargando   también   a los   acusadores

λέγειν   πρὸς   αὐτὸν   ἐπὶ   σοῦ.   31 Οἱ   μὲν
a que digan contra   él   ante   ti.   Así pues, los

οὖν   στρατιῶται   κατὰ   τὸ   διατεταγμένον
      soldados   conforme   a lo   ordenado

αὐτοῖς   ἀναλαβόντες   τὸν   Παῦλον   ἤγαγον
a ellos,   tomando   —   a Pablo   (le) condujeron

διὰ   νυκτὸς εἰς   τὴν   Ἀντιπατρίδα·   32 τῇ   δὲ
de   noche   a   —   Antípatris;   y al

ἐπαύριον   ἐάσαντες   τοὺς   ἱππεῖς   ἀπέρχεσθαι
día siguiente   dejando   a los   jinetes   partir

σὺν   αὐτῷ,   ὑπέστρεψαν   εἰς   τὴν   παρεμβολήν·
con   él,   regresaron   al   cuartel;

33 οἵτινες   εἰσελθόντες   εἰς   τὴν   Καισάρειαν
los cuales,   entrando   en   —   Cesarea

καὶ   ἀναδόντες   τὴν   ἐπιστολὴν   τῷ   ἡγεμόνι,
y   entregando   la   carta   al   gobernador,

παρέστησαν   καὶ   τὸν   Παῦλον   αὐτῷ.
presentaron   también   —   a Pablo   a él.

34 ἀναγνοὺς   δὲ   καὶ   ἐπερωτήσυς   ἐκ   ποίας
Y habiendo leído   y   tras preguntar   de   qué

ἐπαρχείας   ἐστίν,   καὶ   πυθόμενος   ὅτι   ἀπὸ
provincia   es,   y   quedar enterado   de que   de

Κιλικίας,   35 διακούσομαί   σου,   ἔφη,   ὅταν
Cilicia,   oiré   te   —dijo—   cuando

καὶ   οἱ   κατήγοροί   σου   παραγένωνται·
también   los   acusadores   de ti   se presenten;

κελεύσας   ἐν   τῷ   πραιτωρίῳ   τοῦ   Ἡρῴδου
mandando que   en   el   pretorio   —   de Herodes

φυλάσσεσθαι   αὐτόν.
fuese custodiado   él.

24 Μετὰ   δὲ   πέντε   ἡμέρας   κατέβη   ὁ
Y después de   cinco   días,   bajó   el

ἀρχιερεὺς   Ἀνανίας   μετὰ   πρεσβυτέρων   τινῶν
sumo sacerdote   Ananías   con   ancianos   algunos

καὶ   ῥήτορος   Τερτύλλου   τινός,   οἵτινες
y   abogado (llamado)   Tértulo   uno,   los cuales

ἐνεφάνισαν τῷ ἡγεμόνι κατὰ τοῦ Παύλου.
presentaron demanda al gobernador contra — Pablo.

2 κληθέντος δὲ [αὐτοῦ] ἤρξατο κατηγορεῖν
Y cuando fue llamado él, comenzó a acusar(le)

ὁ Τέρτυλλος λέγων· πολλῆς εἰρήνης
— Tértulo, diciendo: Mucha paz

τυγχάνοντες διὰ σοῦ καὶ διορθωμάτων
obteniendo por medio de ti y reformas

γινομένων τῷ ἔθνει τούτῳ διὰ τῆς σῆς
siendo hechas a la nación esta por medio — de tu

προνοίας, **3** πάντῃ τε καὶ πανταχοῦ
prudencia, en todo y por todo (lo)

ἀποδεχόμεθα, κράτιστε Φῆλιξ, μετὰ πάσης
reconocemos, excelentísimo Félix, con toda

εὐχαριστίας. **4** ἵνα δὲ μὴ ἐπὶ πλεῖόν
gratitud. Mas para no más

σε ἐγκόπτω, παρακαλῶ ἀκοῦσαί σε ἡμῶν
te importunar, (te) suplico que escuches tú nos

συντόμως τῇ σῇ ἐπιεικείᾳ. **5** εὑρόντες γὰρ
brevemente — con tu benignidad. Pues habiendo encontrado

τὸν ἄνδρα τοῦτον λοιμὸν καὶ κινοῦντα
que el varón éste (es) una peste y que promueve

στάσεις πᾶσιν τοῖς Ἰουδαίοις τοῖς κατὰ
sediciones entre todos los judíos — en toda

τὴν οἰκουμένην πρωτοστάτην τε τῆς τῶν
la tierra habitada, y un líder de la de los

Ναζωραίων αἱρέσεως, **6** ὃς καὶ τὸ ἱερὸν
nazarenos secta, quien también el templo

ἐπείρασεν βεβηλῶσαι, ὃν καὶ ἐκρατήσαμεν,
intentó profanar, al que también arrestamos.*

8 παρ' οὗ δυνήσῃ αὐτὸς ἀνακρίνας
Del cual podrás tú mismo tras examinarle

περὶ πάντων τούτων ἐπιγνῶναι ὧν ἡμεῖς
acerca de todo esto, conocer a fondo las cosas nosotros
de las que

κατηγοροῦμεν αὐτοῦ. **9** συνεπέθεντο δὲ
acusamos le. Y se unieron en el ataque

καὶ οἱ Ἰουδαῖοι φάσκοντες ταῦτα οὕτως
también los judíos, alegando que esto así

ἔχειν. **10** Ἀπεκρίθη τε ὁ Παῦλος,
¹era. Y respondió — Pablo,

νεύσαντος αὐτῷ τοῦ ἡγεμόνος λέγειν· ἐκ
tras hacer le el gobernador ²para que Desde
una señal hablara:

πολλῶν ἐτῶν ὄντα σε κριτὴν τῷ ἔθνει τούτῳ
muchos años que eres tú juez para la nación esta

6. El vers. 7, así como parte de los verss. 6 y 8, faltan en los principales MSS.
1
9. ERA. Lit. *tenía.*
2
10. PARA QUE HABLARA. Lit. *para que dijera.*

ἐπιστάμενος   εὐθύμως   τὰ   περὶ
[1]Percatado (yo),   con buen ánimo   (en) las cosas   acerca de

ἐμαυτοῦ   ἀπολογοῦμαι,   11 δυναμένου   σου
mí mismo   me defiendo,   pudiendo   tú

ἐπιγνῶναι   ὅτι   οὐ   πλείους   εἰσίν   μοι   ἡμέραι
conocer bien   que   no   más   [2]hace   de días

δώδεκα   ἀφ'   ἧς   ἀνέβην   προσκυνήσων   εἰς
doce   desde el que   subí   para adorar   en (a)

Ἰερουσαλήμ.   12 καὶ   οὔτε   ἐν   τῷ   ἱερῷ
Jerusalén.   Y   ni   en   el   templo

εὑρόν   με   πρός   τινα   διαλεγόμενον   ἢ
encontraron   me   con   alguien   discutiendo   o

ἐπίστασιν   ποιοῦντα   ὄχλου,   οὔτε   ἐν   ταῖς
[3]un tumulto   provocando   de una turba   ni   en   las

συναγωγαῖς   οὔτε   κατὰ   τὴν   πόλιν,   13 οὐδὲ
sinagogas   ni   en   la ciudad (misma)   ni

παραστῆσαι   δύνανταί   σοι   περὶ   ὧν   νυνὶ
probar   pueden   te   acerca   de lo que   ahora

κατηγοροῦσίν   μου.   14 ὁμολογῶ   δὲ   τοῦτό
acusan   me.   Mas confieso   esto

σοι,   ὅτι   κατὰ   τὴν   ὁδὸν   ἣν   λέγουσιν
te,   que   según   el   Camino   que   [4]llaman

αἵρεσιν   οὕτως   λατρεύω   τῷ   πατρῴῳ   θεῷ,
una secta,   así   sirvo   al   patrio   Dios,

πιστεύων   πᾶσι   τοῖς   κατὰ   τὸν   νόμον   καὶ
creyendo   todas   las cosas   conforme   a la   ley   y
                 que (son)

τοῖς   ἐν   τοῖς   προφήταις   γεγραμμένοις,
las cosas   en   los   profetas   están escritas,
que

15 ἐλπίδα   ἔχων   εἰς   τὸν   θεόν,   ἣν   καὶ
esperanza   teniendo   en   —   Dios,   la cual también

αὐτοὶ   οὗτοι   προσδέχονται,   ἀνάστασιν   μέλ-
estos   mismos   aguardan,   que una resurrección   va

λειν   ἔσεσθαι   δικαίων   τε   καὶ   ἀδίκων.
a   haber   tanto de justos   como   de injustos.

16 ἐν   τούτῳ   καὶ   αὐτὸς   ἀσκῶ   ἀπρόσκοπον
Por   esto   también (yo) mismo   ejercito   [5]irreprensible

συνείδησιν   ἔχειν   πρὸς   τὸν   θεὸν   καὶ   τοὺς
una conciencia   tener   para   —   con Dios   y   los

ἀνθρώπους   διὰ   παντός.   17 δι'   ἐτῶν   δὲ
hombres   siempre.   Y después de años

πλειόνων   ἐλεημοσύνας   ποιήσων   εἰς   τὸ
[6]muchos,   limosnas   para hacer   a   la

ἔθνος   μου   παρεγενόμην   καὶ   προσφοράς,
nación   de mí   llegué   y   ofrendas,

---

[1]
10. PERCATADO (YO). El orden es: *Percatado (yo) de que desde (hace) muchos años eres tú juez...*
[2]
11. HACE. Lit. *hay para mí.*
[3]
12. UN TUMULTO PROVOCANDO. Lit. *un motín haciendo.*
[4]
14. LLAMAN. Lit. *dicen.*
[5]
16. IRREPRENSIBLE. Lit. *que no causa ofensa o tropiezo.*
[6]
17. MUCHOS. Lit. *más.*

18 ἐν αἷς εὗρόν με ἡγνισμένον ἐν τῷ
en   las que hallaron · me habiendo sido purificado en   el

ἱερῷ, οὐ μετὰ ὄχλου οὐδὲ μετὰ θορύβου,
templo, no   con una turba ni   con un tumulto,

19 τινὲς δὲ ἀπὸ τῆς ᾿Ασίας ᾿Ιουδαῖοι,
mas algunos de   —   Asia   judíos,

οὓς ἔδει ἐπὶ σοῦ παρεῖναι καὶ κατηγορεῖν
quienes debían ante   ti   estar presentes y   acusar

εἴ τι ἔχοιεν πρὸς ἐμέ. **20** ἢ αὐτοὶ
si algo tienen contra   mí.   O ellos mismos

οὗτοι εἰπάτωσαν τί εὗρον ἀδίκημα στάντος
esos   digan   qué hallaron delito   estando

μου ἐπὶ τοῦ συνεδρίου, **21** ἢ περὶ μιᾶς
yo   ante   el   sanedrín,   excepto acerca de una
                                                    sola

ταύτης φωνῆς ἧς ἐκέκραξα ἐν αὐτοῖς
esta   voz   que   grité   entre ellos

ἑστὼς ὅτι περὶ ἀναστάσεως νεκρῶν ἐγὼ
estando: —   Acerca de (la) resurrección de (los) muertos yo

κρίνομαι σήμερον ἐφ᾿ ὑμῶν. **22** ᾿Ανεβάλετο
soy juzgado hoy   ante vosotros.   Y aplazó

δὲ αὐτοὺς ὁ Φῆλιξ, ἀκριβέστερον εἰδὼς
les   —   Félix, con mayor exactitud sabiendo

τὰ περὶ τῆς ὁδοῦ, εἴπας· ὅταν Λυσίας ὁ
lo concerniente al Camino, diciendo: Cuando Lisias el

χιλίαρχος καταβῇ, διαγνώσομαι τὰ καθ᾿
tribuno   descienda,   determinaré   [1]vuestro

ὑμᾶς· **23** διαταξάμενος τῷ ἑκατοντάρχῃ
caso;   tras ordenar   al   centurión

τηρεῖσθαι αὐτὸν ἔχειν τε ἄνεσιν καὶ
que guardase le   y tuviese indulgencia y

μηδένα κωλύειν τῶν ἰδίων αὐτοῦ ὑπηρετεῖν
a nadie impidiese de los allegados de él servir

αὐτῷ. **24** Μετὰ δὲ ἡμέρας τινὰς παραγενό-
le.   Y después de días algunos, llegando

μενος ὁ Φῆλιξ σὺν Δρουσίλλῃ τῇ ἰδίᾳ
—   Félix con Drusila   la (su) propia

γυναικὶ οὔσῃ ᾿Ιουδαίᾳ μετεπέμψατο τὸν
mujer, que era judía,   mandó traer

Παῦλον, καὶ ἤκουσεν αὐτοῦ περὶ τῆς
a Pablo, y   oyó   le   acerca de la

εἰς Χριστὸν ᾿Ιησοῦν πίστεως. **25** διαλεγομέ-
en Cristo Jesús   fe.   Y al disertar

[1]
22. VUESTRO CASO. Lit. *lo*   νου δὲ αὐτοῦ περὶ δικαιοσύνης καὶ
que atañe a vosotros.   él   sobre (la) justicia y

ἐγκρατείας καὶ τοῦ κρίματος τοῦ μέλλοντος
(el) dominio propio y el juicio — venidero,

ἔμφοβος γενόμενος ὁ Φῆλιξ ἀπεκρίθη·
[1]atemorizado — Félix, respondió:

τὸ νῦν ἔχον πορεύου, καιρὸν δὲ μεταλαβὼν
Por ahora, vete, mas oportunidad cuando tenga

μετακαλέσομαί σε· 26 ἅμα καὶ ἐλπίζων
mandaré llamar te; al mismo tiempo también después, esperando

ὅτι χρήματα δοθήσεται αὐτῷ ὑπὸ τοῦ
que dinero será dado le por —

Παύλου· διὸ καὶ πυκνότερον αὐτὸν
Pablo; por lo cual también con mayor frecuencia le

μεταπεμπόμενος ὡμίλει αὐτῷ. 27 Διετίας δὲ
mandando llamar, conversaba con él. Mas dos años

πληρωθείσης ἔλαβεν διάδοχον ὁ Φῆλιξ
[2]transcurridos, recibió (como) sucesor — Félix

Πόρκιον Φῆστον· θέλων τε χάριτα κατα-
a Porcio Festo; y deseando un favor otor-

θέσθαι τοῖς Ἰουδαίοις ὁ Φῆλιξ κατέλιπε
gar a los judíos — Félix, dejó

τὸν Παῦλον δεδεμένον.
— a Pablo encadenado.

25 Φῆστος οὖν ἐπιβὰς τῇ ἐπαρχείῳ
Festo, pues, llegado a la provincia,

μετὰ τρεῖς ἡμέρας ἀνέβη εἰς Ἱεροσάλυμα
después de tres días subió a Jerusalén

ἀπὸ Καισαρείας, 2 ἐνεφάνισάν τε αὐτῷ
desde Cesarea, e [3]informaron le

οἱ ἀρχιερεῖς καὶ οἱ πρῶτοι τῶν Ἰουδαίων
los principales sacerdotes y los principales de los judíos

κατὰ τοῦ Παύλου, καὶ παρεκάλουν αὐτὸν
contra — Pablo, e instaban le (a Festo)

3 αἰτούμενοι χάριν κατ᾽ αὐτοῦ, ὅπως μετα-
pidiendo un favor contra él, de modo que hiciera

πέμψηται αὐτὸν εἰς Ἱερουσαλήμ, ἐνέδραν
venir le a Jerusalén, una emboscada

ποιοῦντες ἀνελεῖν αὐτὸν κατὰ τὴν ὁδόν.
haciendo para matar le en el camino.

4 ὁ μὲν οὖν Φῆστος ἀπεκρίθη τηρεῖσθαι
Por tanto, Festo respondió que era guardado

τὸν Παῦλον εἰς Καισάρειαν, ἑαυτὸν δὲ
— Pablo en Cesarea, y que él mismo

μέλλειν ἐν τάχει ἐκπορεύεσθαι· 5 οἱ οὖν
iba en breve a partir; los que, pues,

[1]
25. ATEMORIZADO. Lit. *temeroso hecho.*
[2]
27. TRANSCURRIDOS. Literalmente *cumplidos.*
[3]
2. INFORMARON. O *presentaron demanda.*

ἐν ὑμῖν, φησίν, δυνατοὶ συγκαταβάντες,
entre vosotros, dice, (estén) capacitados, bajando conmigo,

εἴ τί ἐστιν ἐν τῷ ἀνδρὶ ἄτοπον,
si algo hay en el hombre impropio,

κατηγορείτωσαν αὐτοῦ. 6 Διατρίψας δὲ ἐν
acusen le. Y después de pasar entre

αὐτοῖς ἡμέρας οὐ πλείους ὀκτὼ ἢ δέκα,
ellos días no más de ocho o diez,

καταβὰς εἰς Καισάρειαν, τῇ ἐπαύριον
descendiendo a Cesarea, al día siguiente

καθίσας ἐπὶ τοῦ βήματος ἐκέλευσεν τὸν
sentándose en el tribunal, mandó —

Παῦλον ἀχθῆναι. 7 παραγενομένου δὲ
que Pablo fuese traído. Y cuando llegó

αὐτοῦ περιέστησαν αὐτὸν οἱ ἀπὸ Ἱεροσο-
él, rodearon de pie le los de Jerusalén

λύμων καταβεβηκότες Ἰουδαῖοι, πολλὰ καὶ
que habían descendido judíos, muchos y

βαρέα αἰτιώματα καταφέροντες, ἃ οὐκ
graves cargos presentando contra (él), los cuales no

ἴσχυον ἀποδεῖξαι, 8 τοῦ Παύλου ἀπολογου-
eran capaces de probar, — Pablo mientras se de-

μένου ὅτι οὔτε εἰς τὸν νόμον τῶν
fendía — Ni contra la ley de los
(diciendo):

Ἰουδαίων οὔτε εἰς τὸ ἱερὸν οὔτε εἰς
judíos, ni contra el templo, ni contra

Καίσαρά τι ἥμαρτον. 9 ὁ Φῆστος δε,
César ¹nada he pecado. — Mas Festo,

θέλων τοῖς Ἰουδαίοις χάριν καταθέσθαι,
deseando a los judíos un favor otorgar,

ἀποκριθεὶς τῷ Παύλῳ εἶπεν· θέλεις εἰς
respondiendo — a Pablo, dijo: ¿Deseas a

Ἱεροσόλυμα ἀναβὰς ἐκεῖ περὶ τούτων
Jerusalén subiendo, allí acerca de estas cosas

κριθῆναι ἐπ᾽ ἐμοῦ; 10 εἶπεν δὲ ὁ Παῦλος·
ser juzgado delante de mí? Y dijo — Pablo:

ἑστὼς ἐπὶ τοῦ βήματος Καίσαρός εἰμι,
En pie ante el tribunal de César estoy,

οὗ με δεῖ κρίνεσθαι. Ἰουδαίους οὐδὲν
donde debo ser juzgado. A (los) judíos en nada

ἠδίκηκα, ὡς καὶ σὺ κάλλιον ἐπιγινώσκεις.
he agraviado, como también tú ²muy bien conoces.

11 εἰ μὲν οὖν ἀδικῶ καὶ ἄξιον θανάτου
Si, por tanto, cometo (algún) delito y digno de muerte

πέπραχά τι, οὐ παραιτοῦμαι τὸ ἀποθανεῖν·
he hecho algo, no rehúso — morir;

1
8. NADA HE PECADO. Lit. *algo pequé.*
2
10. MUY BIEN. Lit. *mejor,* o *bastante bien.*

εἰ δὲ οὐδέν ἐστιν ὧν οὗτοι κατηγοροῦσίν
mas si nada hay de lo que éstos acusan

μου, οὐδείς με δύναται αὐτοῖς χαρίσασθαι·
me, nadie me puede a ellos entregar de regalo.

Καίσαρα ἐπικαλοῦμαι. 12 τότε ὁ Φῆστος
A César apelo. Entonces — Festo,

συλλαλήσας μετὰ τοῦ συμβουλίου ἀπεκρίθη·
habiendo consultado con el consejo, respondió:

Καίσαρα ἐπικέκλησαι, ἐπὶ Καίσαρα πορεύσῃ.
A César has apelado, a César irás.

13 Ἡμερῶν δὲ διαγενομένων τινῶν
Y días pasados algunos,

Ἀγρίππας ὁ βασιλεὺς καὶ Βερνίκη
Agripa el rey y Berenice

κατήντησαν εἰς Καισάρειαν ἀσπασάμενοι
llegaron a Cesarea para saludar

τὸν Φῆστον. 14 ὡς δὲ πλείους ἡμέρας
— a Festo. Y como [1]muchos días

διέτριβον ἐκεῖ, ὁ Φῆστος τῷ βασιλεῖ
pasaban allí, — Festo al rey

ἀνέθετο τὰ κατὰ τὸν Παῦλον λέγων·
presentó [2]el caso — de Pablo, diciendo:

ἀνήρ τίς ἐστιν καταλελειμμένος ὑπὸ
Cierto varón hay que ha sido dejado por

Φήλικος δέσμιος, 15 περὶ οὗ γενομένου
Félix preso, sobre el cual cuando estuve

μου εἰς Ἱεροσόλυμα ἐνεφάνισαν οἱ ἀρχιερεῖς
yo en Jerusalén [3]informaron los principales
sacerdotes

καὶ οἱ πρεσβύτεροι τῶν Ἰουδαίων,
y los ancianos de los judíos,

αἰτούμενοι κατ᾽ αὐτοῦ καταδίκην· 16 πρὸς
pidiendo contra él sentencia; a

οὓς ἀπεκρίθην ὅτι οὐκ ἔστιν ἔθος Ῥωμαίοις
los que respondí que no tienen costumbre (los) romanos

χαρίζεσθαί τινα ἄνθρωπον πρὶν ἢ ὁ
de otorgar la [4]ningún hombre antes que el
entrega de

κατηγορούμενος κατὰ πρόσωπον ἔχοι τοὺς
acusado cara a cara tenga a los

κατηγόρους τόπον τε ἀπολογίας λάβοι
acusadores y lugar de defensa reciba

περὶ τοῦ ἐγκλήματος. 17 συνελθόντων
acerca del cargo. Cuando se reunieron,

οὖν ἐνθάδε ἀναβολὴν μηδεμίαν ποιησάμενος
pues, aquí, demora ninguna habiendo hecho

[1] 14. MUCHOS. Lit. *más.*

[2] 14. EL CASO DE PABLO. Lit. *lo concerniente a Pablo.*

[3] 15. INFORMARON. O *presentaron demanda.*

[4] 16. NINGÚN. Lit. *algún.*

τῇ ἐξῆς καθίσας ἐπὶ τοῦ βήματος ἐκέλευσα
al día siguiente sentado en el tribunal, mandé

ἀχθῆναι τὸν ἄνδρα· 18 περὶ οὗ σταθέντες
que fuese traído el hombre; respecto al cual puestos en pie

οἱ κατήγοροι οὐδεμίαν αἰτίαν ἔφερον ὧν
los acusadores ningún cargo traían de los que

ἐγὼ ὑπενόουν πονηρῶν, 19 ζητήματα δέ
yo sospechaba malvados, sino cuestiones

τινα περὶ τῆς ἰδίας δεισιδαιμονίας εἶχον
algunas acerca de la propia religión tenían

πρὸς αὐτὸν καὶ περί τινος Ἰησοῦ
con él y acerca de un tal Jesús

τεθνηκότος, ὃν ἔφασκεν ὁ Παῦλος ζῆν.
que ha muerto, el cual afirmaba — Pablo que vive.

20 ἀπορούμενος δὲ ἐγὼ τὴν περὶ τούτων
Y estando perplejo yo en la sobre estas cosas

ζήτησιν ἔλεγον εἰ βούλοιτο πορεύεσθαι εἰς
investigación, [1]dije si deseaba ir a

Ἱεροσόλυμα κἀκεῖ κρίνεσθαι περὶ τούτων.
Jerusalén y allí ser juzgado sobre esto.

21 τοῦ δὲ Παύλου ἐπικαλεσαμένου τηρηθῆναι
Mas como Pablo apeló que sea guardado

αὐτὸν εἰς τὴν τοῦ Σεβαστοῦ διάγνωσιν,
él para [2]el del Augusto fallo,

ἐκέλευσα τηρεῖσθαι αὐτὸν ἕως οὗ ἀναπέμψω
mandé que fuese guardado él hasta que envíe

αὐτὸν πρὸς Καίσαρα. 22 Ἀγρίππας δὲ
lo a César. Y Agripa (dijo)

πρὸς τὸν Φῆστον· ἐβουλόμην καὶ αὐτὸς
a — Festo: Desearía también (yo) mismo

τοῦ ἀνθρώπου ἀκοῦσαι. αὔριον, φησίν,
al hombre oír. Mañana, dice (Festo),

ἀκούσῃ αὐτοῦ. 23 Τῇ οὖν ἐπαύριον
oirás le. Así pues, al día siguiente,

ἐλθόντος τοῦ Ἀγρίππα καὶ τῆς Βερνίκης
cuando vino — Agripa y — Berenice

μετὰ πολλῆς φαντασίας καὶ εἰσελθόντων
con mucha pompa y entraron

εἰς τὸ ἀκροατήριον σύν τε χιλιάρχοις
en el auditorio con — (los) tribunos

καὶ ἀνδράσιν τοῖς κατ' ἐξοχὴν τῆς πόλεως,
y varones [3]más prominentes de la ciudad,

καὶ κελεύσαντος τοῦ Φῆστου ἤχθη ὁ
y cuando mandó — Festo, fue traído —

Παῦλος. 24 καί φησιν ὁ Φῆστος· Ἀγρίππα
Pablo. Y dice — Festo: Agripa

[1]
20. DIJE. Lit. *decía*.
[2]
21. EL DEL AUGUSTO FALLO. Es decir, *la decisión de César*.
[3]
23. MÁS PROMINENTES. Lit. *por excelencia*.

βασιλεῦ καὶ πάντες οἱ συμπαρόντες ἡμῖν
rey   y   todos   los   presentes   con nosotros

ἄνδρες, θεωρεῖτε τοῦτον περὶ οὗ ἅπαν τὸ
varones, estáis viendo   a este   acerca de quien   toda   la

πλῆθος τῶν Ἰουδαίων ἐνέτυχόν μοι ἔν τε
multitud   de los   judíos   pidieron   me   tanto en

Ἱεροσολύμοις καὶ ἐνθάδε, βοῶντες μὴ
Jerusalén   como   aquí,   gritando   que no

δεῖν αὐτὸν ζῆν μηκέτι. 25 ἐγὼ δὲ κατε-
debe   él   vivir   ya más.   Mas yo   descu-

λαβόμην μηδὲν ἄξιον αὐτὸν θανάτου
brí   que nada   digno   él   de muerte

πεπραχέναι, αὐτοῦ δὲ τούτου ἐπικαλεσαμένου
ha hecho,   mas este mismo   habiendo apelado

τὸν Σεβαστὸν ἔκρινα πέμπειν. 26 περὶ
al   Augusto,   decidí   enviar(le).   Acerca

οὗ ἀσφαλές τι γράψαι τῷ κυρίῳ οὐκ
del cual cosa cierta   alguna   que escribir   al   Señor   no

ἔχω· διὸ προήγαγον αὐτὸν ἐφ’ ὑμῶν καὶ
tengo; por lo cual   traje   lo   ante   vosotros   y

μάλιστα ἐπὶ σοῦ, βασιλεῦ Ἀγρίππα, ὅπως
especialmente ante   ti,   rey   Agripa,   para que

τῆς ἀνακρίσεως γενομένης σχῶ τί γράψω·
después que el examen   se haga,   tenga (yo) qué   escribir;

27 ἄλογον γάρ μοι δοκεῖ πέμποντα δέσμιον
porque ilógico   me   parece   enviar   a un preso

μὴ καὶ τας κατ’ αὐτοῦ αἰτίας σημᾶναι.
sin   también   los   contra   él   cargos   explicar.

26 Ἀγρίππας δὲ πρὸς τὸν Παῦλον ἔφη·
Y Agripa   a   —   Pablo   dijo:

ἐπιτρέπεταί σοι ὑπὲρ σεαυτοῦ λέγειν.
Es permitido   te   en favor   de ti mismo   [1]hablar.

τότε ὁ Παῦλος ἐκτείνας τὴν χεῖρα
Entonces   —   Pablo,   tras extender   la   mano

ἀπελογεῖτο· 2 Περὶ πάντων ὧν ἐγκαλοῦμαι
[2]comenzó así   Acerca de   todas   de las que   soy acusado
su defensa: las cosas

ὑπὸ Ἰουδαίων, βασιλεῦ Ἀγρίππα, ἥγημαι
por   (los) judíos,   rey   Agripa,   considero

ἐμαυτὸν μακάριον ἐπὶ σοῦ μέλλων σήμερον
a mí mismo   dichoso   ante   ti   de ir   hoy

ἀπολογεῖσθαι, 3 μάλιστα γνώστην ὄντα σε
a presentar mi defensa,   especialmente   un experto   siendo   tú

1
1. HABLAR. Lit. *decir.*
2
1. COMENZÓ ASÍ SU DEFENSA.
Lit. *se defendía.*

πάντων   τῶν   κατὰ   Ἰουδαίους   ἐθῶν   τε
de todas   las   entre   (los) judíos   costumbres   y

καὶ   ζητημάτων·   διὸ   δέομαι   μακροθύμως
también   cuestiones;   por lo cual   ruego que   con paciencia

ἀκοῦσαί   μου.   4 Τὴν   μὲν   οὖν   βίωσίν
escuches   me.   Así pues, la   manera de vivir

μου   ἐκ   νεότητος   τὴν   ἀπ᾽   ἀρχῆς   νενομένην
de mí   desde   (la) juventud   —   desde (el) principio   habiendo sido

ἐν   τῷ   ἔθνει   μου   ἔν   τε   Ἱεροσολύμοις
en   la   nación   de mí   y en   Jerusalén (la)

ἴσασι   πάντες   Ἰουδαῖοι,   5 προγινώσκοντές
saben   todos   (los) judíos,   conociendo previamente

με   ἄνωθεν,   ἐὰν   θέλωσι   μαρτυρεῖν,   ὅτι
me   desde antiguo,   si   quieren   testificar,   que

κατὰ   τὴν   ἀκριβεστάτην   αἵρεσιν   τῆς
según   la   más estricta   secta

ἡμετέρας   θρησκείας   ἔζησα   Φαρισαῖος.   6 καὶ
de nuestra   religión   viví   (como) fariseo.   Y

νῦν   ἐπ᾽   ἐλπίδι   τῆς   εἰς   τοὺς   πατέρας
ahora   por (la)   esperanza   de la   a   los   padres

ἡμῶν   ἐπαγγελίας   γενομένης   ὑπὸ   τοῦ   θεοῦ
de nosotros   promesa   hecha   por   —   Dios

ἔστηκα   κρινόμενος,   7 εἰς   ἣν   τὸ   δωδεκά-
estoy   siendo juzgado,   a   la cual   las   doce

φυλον   ἡμῶν   ἐν   ἐκτενείᾳ   νύκτα   καὶ
tribus   de nosotros   con   celo   noche   y

ἡμέραν   λατρεῦον   ἐλπίζει   καταντῆσαι·   περὶ
día   sirviendo   esperan   llegar;   acerca

ἧς   ἐλπίδος   ἐγκαλοῦμαι   ὑπὸ   Ἰουδαίων,
de la cual esperanza   soy acusado   por   (los) judíos,

βασιλεῦ.   8 τί   ἄπιστον   κρίνεται   παρ᾽
(oh) rey.   ¿Por qué   increíble   se juzga   entre

ὑμῖν   εἰ   ὁ   θεὸς   νεκροὺς   ἐγείρει;   9 ἐγὼ
vosotros   [1]el que   Dios   a (los) muertos   resucite?   Yo,

μὲν   οὖν   ἔδοξα   ἐμαυτῷ   πρὸς   τὸ   ὄνομα
ciertamente, pues,   pensé   para mí mismo   contra   el   nombre

Ἰησοῦ   τοῦ   Ναζωραίου   δεῖν   πολλὰ   ἐναντία
de Jesús   el   nazareno   que debía muchas cosas   contrarias

πρᾶξαι·   10 ὃ   καὶ   ἐποίησα   ἐν   Ἱεροσολύμοις,
hacer;   lo cual también   hice   en   Jerusalén,

καὶ   πολλούς   τε   τῶν   ἁγίων   ἐγὼ   ἐν
y no sólo   a muchos   de los   santos   yo   en

φυλακαῖς   κατέκλεισα   τὴν   παρὰ   τῶν
cárceles   encerré   la   de parte   de los

ἀρχιερέων   ἐξουσίαν   λαβών,   ἀναιρουμένων   τε
principales   autoridad   recibiendo,   [2]sino que cuando eran
sacerdotes   condenados a muerte

1
8. EL QUE DIOS A (LOS)
MUERTOS RESUCITE? Lit. si
el Dios muertos resucita?
2
10. SINO QUE CUANDO ERAN
CONDENADOS A MUERTE. Lit.
sino que cuando eran ma-
tados.

αὐτῶν κατήνεγκα ψῆφον, **11** καὶ κατὰ
ellos, [1]di contra (ellos mi) voto, y por

πάσας τὰς συναγωγὰς πολλάκις τιμωρῶν
todas las sinagogas muchas veces castigando

αὐτοὺς ἠνάγκαζον βλασφημεῖν, περισσῶς τε
los (les) forzaba a blasfemar, y excesivamente

ἐμμαινόμενος αὐτοῖς ἐδίωκον ἕως καὶ εἰς
[2]enfurecido contra ellos, (les) perseguía incluso hasta

τὰς ἔξω πόλεις. **12** Ἐν οἷς πορευόμενος
las de fuera ciudades. En las cuales yendo
cosas (ocupado)

εἰς τὴν Δαμασκὸν μετ᾽ ἐξουσίας καὶ
a — Damasco con autoridad y

ἐπιτροπῆς τῆς τῶν ἀρχιερέων, **13** ἡμέρας
poderes — de los principales sacerdotes, al medio-

μέσης κατὰ τὴν ὁδὸν εἶδον, βασιλεῦ,
día (yendo) de — camino vi, (oh) rey,

οὐρανόθεν ὑπὲρ τὴν λαμπρότητα τοῦ ἡλίου
procedente del superior al brillo del sol
cielo

περιλάμψαν με φῶς καὶ τοὺς σὺν ἐμοὶ
que resplandecía de mí una luz y de los que conmigo
en torno,

πορευομένους· **14** πάντων τε καταπεσόντων
viajaban; y después que todos caímos

ἡμῶν εἰς τὴν γῆν ἤκουσα φωνὴν λέγουσαν
nosotros al suelo, oí una voz que decía

πρός με τῇ Ἑβραΐδι διαλέκτῳ· Σαοὺλ
a mí en el hebreo idioma: Saulo,

Σαούλ, τί με διώκεις; σκληρόν σοι
Saulo, ¿por qué me persigues? Cosa dura te (es)

πρὸς κέντρα λακτίζειν. **15** ἐγὼ δὲ εἶπα·
contra (los) aguijones dar coces. Y yo dije:

τίς εἶ, κύριε; ὁ δὲ κύριος εἶπεν· ἐγώ
¿Quién eres, Señor? Y el Señor dijo: Yo

εἰμι Ἰησοῦς ὃν σὺ διώκεις. **16** ἀλλὰ
soy Jesús a quien tú persigues. Pero

ἀνάστηθι καὶ στῆθι ἐπὶ τοὺς πόδας σου·
levántate y ponte sobre los pies de ti;

εἰς τοῦτο γὰρ ὤφθην σοι, προχειρίσασθαί
porque para esto me aparecí a ti, para designar

σε ὑπηρέτην καὶ μάρτυρα ὧν τε
te ministro y testigo no sólo de las
cosas que

εἶδές με ὧν τε ὀφθήσομαί σοι,
viste me sino también de me apareceré a ti,
(de mí), aquellas en que

17 ἐξαιρούμενός σε ἐκ τοῦ λαοῦ καὶ ἐκ
librando te del pueblo (judío) y de

τῶν ἐθνῶν, εἰς οὓς ἐγὼ ἀποστέλλω σε,
los gentiles, a los que yo envío te,

18 ἀνοῖξαι ὀφθαλμοὺς αὐτῶν, τοῦ ἐπιστρέψαι
para abrir (los) ojos de ellos, — para volver

---

[1]
10. DI CONTRA (ELLOS MI) VOTO. Lit. *deposité* (la) *piedrecita* (que se usaba para votar en el sanedrín).

[2]
11. ENFURECIDO. Lit. *enloquecido*.

ἀπὸ σκότους εἰς φῶς καὶ τῆς ἐξουσίας
de   (la) oscuridad a (la) luz y   del   dominio

τοῦ σατανᾶ ἐπὶ τὸν θεόν, τοῦ λαβεῖν
de Satanás a   —   Dios,   para recibir

αὐτοὺς ἄφεσιν ἁμαρτιῶν καὶ κλῆρον ἐν
ellos   perdón de pecados y heréncia entre

τοῖς ἡγιασμένοις πίστει τῇ εἰς ἐμέ.
los que han sido santificados por (la) fe que (es) en mí.

19 Ὅθεν, βασιλεῦ Ἀγρίππα, οὐκ ἐγενόμην
Por lo cual, rey   Agripa,   no   fui

ἀπειθὴς τῇ οὐρανίῳ ὀπτασίᾳ, **20** ἀλλὰ
desobediente a la celestial visión,   sino que

τοῖς ἐν Δαμασκῷ πρῶτόν τε καὶ
a los que en Damasco primero y también
(estaban)

Ἱεροσολύμοις, πᾶσάν τε τὴν χώραν τῆς
en Jerusalén, y por toda la región   —

Ἰουδαίας καὶ τοῖς ἔθνεσιν ἀπήγγελλον
de Judea y a los gentiles declaraba

μετανοεῖν καὶ ἐπιστρέφειν ἐπὶ τὸν θεόν,
que se arrepintieran y se volvieran a   —   Dios,

ἄξια τῆς μετανοίας ἔργα πράσσοντας.
correspon- al arrepentimiento obras haciendo.
dientes

21 ἕνεκα τούτων με Ἰουδαῖοι συλλαβόμενοι
Por causa de esto me unos judíos, prendiéndome

ἐν τῷ ἱερῷ ἐπειρῶντο διαχειρίσασθαι.
en el templo, trataron   de matar(me).

22 ἐπικουρίας οὖν τυχὼν τῆς ἀπὸ τοῦ
Socorro, pues, habiendo alcanzado — de parte —

θεοῦ ἄχρι τῆς ἡμέρας ταύτης ἔστηκα
de Dios hasta el día éste, [1]continúo

μαρτυρόμενος μικρῷ τε καὶ μεγάλῳ, οὐδὲν
dando testimonio tanto a pequeño como a grande, nada

ἐκτὸς λέγων ὧν τε οἱ προφῆται
aparte diciendo de lo que tanto los profetas

ἐλάλησαν μελλόντων γίνεσθαι καὶ Μωϋσῆς,
hablaron que iba a suceder, como Moisés,

23 εἰ παθητὸς ὁ χριστός, εἰ πρῶτος
[2]que iba a padecer el Cristo, que (el) primero

ἐξ ἀναστάσεως νεκρῶν φῶς μέλλει
de (la) resurrección de (los) muertos una luz va

[1]
22. CONTINÚO. Lit. *estoy en pie.*
[2]
23. QUE IBA A PADECER EL CRISTO. Lit. *si iba a padecer el Cristo, si...*

καταγγέλλειν τῷ τε λαῷ καὶ τοῖς ἔθνεσιν.
a anunciar tanto al pueblo como a los gentiles.

24 Ταῦτα δὲ αὐτοῦ ἀπολογουμένου ὁ Φῆστος
Y mientras estas cosas él decía en su defensa, — Festo

μεγάλη τῇ φωνῇ φησιν· μαίνῃ, Παῦλε·
con gran — voz dice: Estás loco, Pablo;

τὰ πολλά σε γράμματα εἰς μανίαν
las muchas te letras a locura

περιτρέπει. 25 ὁ δὲ Παῦλος· οὐ μαίνομαι,
están volviendo. — Mas Pablo: No estoy loco,

φησίν, κράτιστε Φῆστε, ἀλλὰ ἀληθείας
dice, excelentísimo Festo, sino que de verdad

καὶ σωφροσύνης ῥήματα ἀποφθέγγομαι.
y de cordura palabras estoy pronunciando.

26 ἐπίσταται γὰρ περὶ τούτων ὁ βασιλεύς,
Porque entiende de estas cosas el rey,

πρὸς ὃν καὶ παρρησιαζόμενος λαλῶ·
al cual también con toda franqueza hablo;

λανθάνειν γὰρ αὐτὸν τούτων οὐ πείθομαι
porque se oculta le de esto — estoy persuadido

οὐθέν· οὐ γάρ ἐστιν ἐν γωνίᾳ πεπραγμένον
que nada; porque no es en un rincón habiendo sido hecho

τοῦτο. 27 πιστεύεις, βασιλεῦ Ἀγρίππα,
esto. ¿Crees, rey Agripa,

τοῖς προφήταις; οἶδα ὅτι πιστεύεις. 28 ὁ
a los profetas? Sé que crees. —

δὲ Ἀγρίππας πρὸς τὸν Παῦλον· ἐν
Y Agripa (respondió) a — Pablo: [1]En

ὀλίγῳ με πείθεις Χριστιανὸν ποιῆσαι.
poco me persuades cristiano a hacer(me).

29 ὁ δὲ Παῦλος· εὐξαίμην ἂν τῷ θεῷ
— Y Pablo (dijo): Oraría (yo) a Dios

καὶ ἐν ὀλίγῳ καὶ ἐν μεγάλῳ οὐ μόνον
que tanto en poco como en [2]mucho, no sólo

σὲ ἀλλὰ καὶ πάντας τοὺς ἀκούοντάς
tú sino también todos los que escuchan

μου σήμερον γενέσθαι τοιούτους ὁποῖος
me hoy llegasen a ser tales cual

καὶ ἐγώ εἰμι, παρεκτὸς τῶν δεσμῶν
también yo soy, excepto las cadenas

τούτων. 30 Ἀνέστη τε ὁ βασιλεὺς καὶ
estas. Se levantó tanto el rey como

ὁ ἡγεμὼν ἥ τε Βερνίκη καὶ οἱ συγ-
el gobernador — y Berenice y los que esta-

καθήμενοι αὐτοῖς, 31 καὶ ἀναχωρήσαντες
ban sentados con ellos, y retirándose aparte,

ἐλάλουν πρὸς ἀλλήλους λέγοντες ὅτι οὐδὲν
hablaban unos con otros, diciendo: — Nada

θανάτου ἢ δεσμῶν ἄξιον πράσσει ὁ
de muerte o prisión digno hace el

ἄνθρωπος οὗτος. 32 Ἀγρίππας δὲ τῷ
hombre este. Y Agripa

1
28. EN POCO. Es decir, en poco (tiempo) o con poco (fundamento).
2
29. MUCHO. Lit. grande.

Φήστῳ   ἔφη·   ἀπολελύσθαι   ἐδύνατο
a Festo   dijo: Haber sido soltado   podía

ὁ ἄνθρωπος οὗτος εἰ μὴ ἐπεκέκλητο Καίσαρα.
el   hombre   este   si   no   hubiese apelado   a César.

27 Ὡς δὲ ἐκρίθη τοῦ ἀποπλεῖν ἡμᾶς
Y cuando   fue decidido   —   que zarpáramos   nosotros

εἰς τὴν Ἰταλίαν, παρεδίδουν τόν τε
a   —   Italia,   entregaban   tanto

Παῦλον καί τινας ἑτέρους δεσμώτας
a Pablo   como   algunos   otros   prisioneros

ἑκατοντάρχῃ ὀνόματι Ἰουλίῳ σπείρης
a un centurión   por nombre   Julio   de una cohorte

Σεβαστῆς. **2** ἐπιβάντες δὲ πλοίῳ Ἀδρα-
Augusta.   Y embarcando   en una nave   adra-

μυττηνῷ μέλλοντι πλεῖν εἰς τοὺς κατὰ
mitena   que iba   a zarpar   hacia   los   junto

τὴν Ἀσίαν τόπους ἀνήχθημεν, ὄντος σὺν
al   Asia   lugares,   nos hicimos a la mar,   estando   con

ἡμῖν Ἀριστάρχου Μακεδόνος Θεσσαλονικέως·
nosotros   Aristarco,   un macedonio   de Tesalónica;

3 τῇ τε ἑτέρᾳ κατήχθημεν εἰς Σιδῶνα,
y   al   otro (día)   arribamos   a   Sidón,

φιλανθρώπως τε ὁ Ἰούλιος τῷ Παύλῳ
y con benevolencia   —   Julio   —   a Pablo

χρησάμενος ἐπέτρεψεν πρὸς τοὺς φίλους
tratando,   permitió que   a   los   amigos

πορευθέντι ἐπιμελείας τυχεῖν. **4** κἀκεῖθεν
yendo,   atención   obtuviera.   Y de allí

ἀναχθέντες ὑπεπλεύσαμεν τὴν Κύπρον διὰ
zarpando,   navegamos al abrigo   —   de Chipre ¹porque

τὸ τοὺς ἀνέμους εἶναι ἐναντίους, **5** τό τε
—   los   vientos   eran   contrarios,   y   el

πέλαγος τὸ κατὰ τὴν Κιλικίαν καὶ
mar   —   frente   —   a Cilicia   y

Παμφυλίαν διαπλεύσαντες κατήλθαμεν εἰς
Panfilia   habiendo atravesado,   bajamos   a

Μύρα τῆς Λυκίας. **6** Κἀκεῖ εὑρὼν ὁ
Mira   —   de Licia.   Y allí   encontrando   el

ἑκατοντάρχης πλοῖον Ἀλεξανδρῖνον πλέον
centurión   una nave   alejandrina   que navegaba

εἰς τὴν Ἰταλίαν ἐνεβίβασεν ἡμᾶς εἰς
hacia   —   Italia,   embarcó   nos   en

αὐτό. **7** ἐν ἱκαναῖς δὲ ἡμέραις βραδυπλο-
ella.   Y en considerable número de   días   navegando

¹ 4. PORQUE LOS VIENTOS ERAN CONTRARIOS. Lit. *a causa de los vientos ser contrarios.*

οὖντες   καὶ   μόλις   γενόμενοι   κατὰ   τὴν
lentamente   y   con dificultad   llegados   frente   —

Κνίδον,   μὴ   προσεῶντος   ἡμᾶς   τοῦ   ἀνέμου,
a Cnido,   no   permitiendo   nos   el   viento,

ὑπεπλεύσαμεν   τὴν   Κρήτην   κατὰ   Σαλμώνην,
navegamos al abrigo   —   de Creta   frente   a Salmona,

8 μόλις   τε   παραλεγόμενοι   αὐτὴν   ἤλθομεν
y con dificultad   costeando   la.   llegamos

εἰς   τόπον   τινὰ   καλούμενον   Καλοὺς   λιμένας,
a   un lugar   llamado   Buenos   Puertos,

ᾧ   ἐγγὺς   ἦν   πόλις   Λασαία. **9** Ἱκανοῦ   δὲ
al cual   cercana   estaba (la) ciudad   (de) Lasea.   Y cuando conside-

χρόνου   διαγενομένου   καὶ   ὄντος   ἤδη
rable tiempo   había pasado   y   siendo   ya

ἐπισφαλοῦς   τοῦ   πλοὸς   διὰ   τὸ   καὶ   τὴν
peligrosa   la   navegación,   porque   hasta   [1]el

νηστείαν   ἤδη   παρεληλυθέναι,   παρήνει   ὁ
Ayuno   ya   había pasado,   amonestaba   —

Παῦλος   **10** λέγων   αὐτοῖς·   ἄνδρες,   θεωρῶ
Pablo,   diciendo   les: Varones,   veo

ὅτι   μετὰ   ὕβρεως   καὶ   πολλῆς   ζημίας   οὐ
que   con   daño   y   mucha   pérdida   no

μόνον   τοῦ   φορτίου   καὶ   τοῦ   πλοίου   ἀλλὰ
sólo   del   cargamento   y   de la   nave,   sino

καὶ   τῶν   ψυχῶν   ἡμῶν   μέλλειν   ἔσεσθαι
también de las   vidas   de nosotros   va   a ser

τὸν   πλοῦν.   **11** ὁ   δὲ   ἑκατοντάρχης   τῷ
el   viaje.   Mas el   centurión   por el

κυβερνήτῃ   καὶ   τῷ   ναυκλήρῳ   μᾶλλον
piloto   y   por el   dueño de la nave   más

ἐπείθετο   ἢ   τοῖς   ὑπὸ   Παύλου   λεγομένοις.
era persuadido   que   [2]por lo que   Pablo   decía.

12 ἀνευθέτου   δὲ   τοῦ   λιμένος   ὑπάρχοντος
Y como no adecuado   el   puerto   era

πρὸς   παραχειμασίαν   οἱ   πλείονες   ἔθεντο
para   invernar,   la   mayoría   tomaron

βουλὴν   ἀναχθῆναι   ἐκεῖθεν,   εἴ   πως   δύναιντο
(la) decisión   de hacerse a   desde allí,   por si   podían
la mar

καταντήσαντες   εἰς   Φοίνικα   παραχειμάσαι,
tras llegar   a   Fenice   pasar el invierno,

λιμένα   τῆς   Κρήτης   βλέποντα   κατὰ   λίβα
puerto   —   de Creta   que mira   hacia el suroeste

καὶ   κατὰ   χῶρον.   13 Ὑποπνεύσαντος   δὲ
y   hacia   el noroeste.   Y tras soplar suavemente

νότου   δόξαντες τῆς προθέσεως κεκρατηκέναι,
un viento   creyendo   que el   propósito   habían logrado,
del sur,

ἄραντες   ἆσσον   παρελέγοντο   τὴν   Κρήτην.
levando   anclas,   ¹comenzaron a costear   —   a Creta.

14 μετ᾽   οὐ   πολὺ   δὲ   ἔβαλεν   κατ᾽   αὐτῆς
Mas después de no mucho,   embistió   contra   ella

ἄνεμος   τυφωνικὸς   ὁ   καλούμενος   εὐρακύλων·
un viento   huracanado   —   llamado   euraquilón;

15 συναρπασθέντος   δὲ   τοῦ   πλοίου   καὶ   μὴ
y siendo totalmente arrebatada   la   nave   y   no

δυναμένου   ἀντοφθαλμεῖν   τῷ   ἀνέμῳ   ἐπιδόντες
pudiendo   hacer frente   al   viento,   dejándonos

ἐφερόμεθα.   16 νησίον   δέ   τι   ὑποδραμόντες
éramos llevados   Y de cierta islita   navegando al abrigo,
(a la deriva).

καλούμενον   Κλαῦδα   ἰσχύσαμεν   μόλις
llamada   Clauda,   fuimos capaces   con dificultad

περικρατεῖς   γενέσθαι   τῆς   σκάφης,   17 ἣν
con el control   hacernos   del   bote salvavidas,   el cual

ἄραντες   βοηθείαις   ἐχρῶντο,   ὑποζωννύντες
habiendo   ²amarras   usaban   para ceñir
levantado,

τὸ   πλοῖον·   φοβούμενοί   τε   μὴ   εἰς   τὴν
la   nave;   y temerosos   no (fuese que) en   la

Σύρτιν   ἐκπέσωσιν,   χαλάσαντες   τὸ   σκεῦος,
Sirte   encallasen,   echando al mar   el   aparejo,

οὕτως   ἐφέροντο.   18 σφοδρῶς   δὲ   χειμαζ-
así   eran llevados   Mas como excesivamente éramos sacudidos
(a la deriva).   por la

ομένων   ἡμῶν   τῇ   ἑξῆς   ἐκβολὴν   ἐποιοῦντο,
tormenta   nosotros,   al (día) siguiente   ³comenzaron a   descargar,

19 καὶ   τῇ   τρίτῃ   αὐτόχειρες   τὴν   σκευὴν
y   al   tercer (día)   con sus propias manos   el   aparejo

τοῦ   πλοίου   ἔρριψαν.   20 μήτε   δὲ   ἡλίου
de la   nave   arrojaron.   Y ni   sol

μήτε   ἄστρων   ἐπιφαινόντων   ἐπὶ   πλείονας
ni   estrellas   apareciendo   por   muchos

ἡμέρας,   χειμῶνός τε   οὐκ   ὀλίγου   ἐπικειμένου,
días,   y una tempestad   no   pequeña   echándose encima,

λοιπὸν   περιῃρεῖτο   ἐλπὶς   πᾶσα   τοῦ   σῴζεσθαι
⁴desde ahora   era quitada   esperanza   toda   —   de ser salvados

1
13. COMENZARON A COSTEAR.
Lit. *costeaban.*
2
17. AMARRAS. Lit. *ayudas.*
3
18. COMENZARON A DESCAR-
GAR. Lit. *una descarga hacían.*
4
20. DESDE AHORA. O *por lo
demás.*

ἡμᾶς. **21** Πολλῆς τε ἀσιτίας ὑπαρχούσης
nosotros.   Y mucha   abstinencia habiendo,
                           de alimento

τότε σταθεὶς ὁ Παῦλος ἐν μέσῳ αὐτῶν εἶπεν·
entonces puesto en — Pablo en medio de ellos, dijo:
         pie

ἔδει μέν, ὦ ἄνδρες, πειθαρχήσαντάς
Deberíais, oh varones,   haber obedecido

μοι μὴ ἀνάγεσθαι ἀπὸ τῆς Κρήτης
me para no zarpar   de — Creta

κερδῆσαί τε τὴν ὕβριν ταύτην καὶ τὴν
y ganarnos   el daño   este y la

ζημίαν. **22** καὶ τὰ νῦν παραινῶ ὑμᾶς
pérdida.   Y   ahora exhorto   os

εὐθυμεῖν· ἀποβολὴ γὰρ ψυχῆς οὐδεμία
a tener buen porque pérdida de vida ninguna
ánimo;

ἔσται ἐξ ὑμῶν πλὴν τοῦ πλοίου.
habrá de vosotros, excepto de la nave.

23 παρέστη γάρ μοι ταύτῃ τῇ νυκτὶ
Porque se presentó a mí esta — noche

τοῦ θεοῦ οὗ εἰμι, ᾧ καὶ λατρεύω,
del Dios de quien soy, y a quien sirvo,

ἄγγελος **24** λέγων· μὴ φοβοῦ, Παῦλε·
un ángel,   diciendo: No temas, Pablo;

Καίσαρί σε δεῖ παραστῆναι, καὶ ἰδοὺ
ante César tú debes comparecer, y mira que

κεχάρισταί σοι ὁ θεὸς πάντας τοὺς
ha otorgado te — Dios todos los

πλέοντας μετὰ σοῦ. **25** διὸ εὐθυμεῖτε,
que navegan contigo.   Por lo cual, tened buen
                                     ánimo,

ἄνδρες· πιστεύω γὰρ τῷ θεῷ ὅτι οὕτως
varones; porque creo — a Dios que así

ἔσται καθ' ὃν τρόπον λελάληταί μοι.
será conforme al modo como 1me ha sido dicho.

26 εἰς νῆσον δέ τινα δεῖ ἡμᾶς ἐκπεσεῖν.
Mas en cierta isla debemos encallar.

27 Ὡς δὲ τεσσαρεσκαιδεκάτη νὺξ ἐγένετο
Y cuando la decimocuarta noche llegó,

διαφερομένων ἡμῶν ἐν τῷ Ἀδρίᾳ, κατὰ
cuando éramos nosotros en el Adriático, hacia
llevados (a la deriva)

μέσον τῆς νυκτὸς ὑπενόουν οἱ ναῦται
(la) medianoche suponían los marineros

προσάγειν τινὰ αὐτοῖς χώραν. **28** καὶ
que se acercaba algún a ellos país.   Y

βολίσαντες εὗρον ὀργυιὰς εἴκοσι, βραχὺ δὲ
echando la sonda, hallaron brazas veinte, y un poco

διαστήσαντες καὶ πάλιν βολίσαντες εὗρον
habiéndose alejado   y   de nuevo habiendo echado hallaron
                                        la sonda

ὀργυιὰς δεκαπέντε· 29 φοβούμενοί τε μή
brazas   quince;   y temiendo   que

που κατὰ τραχεῖς τόπους ἐκπέσωμεν,
en algún lugar contra ásperos lugares encallásemos.

ἐκ πρύμνης ῥίψαντες ἀγκύρας τέσσαρας
desde popa   arrojando   anclas   cuatro

ηὔχοντο ἡμέραν γενέσθαι. 30 Τῶν δὲ
ansiaban que de día se hiciera.   Y como los

ναυτῶν ζητούντων φυγεῖν ἐκ τοῦ πλοίου
marineros trataran   de huir de la nave

καὶ χαλασάντων τὴν σκάφην εἰς τὴν
y hubiesen bajado   el bote salvavidas   al

θάλασσαν προφάσει ὡς ἐκ πρώρης ἀγκύρας
mar, bajo pretexto de que desde proa anclas

μελλόντων ἐκτείνειν, 31 εἶπεν ὁ Παῦλος
iban   a tender,   dijo — Pablo

τῷ ἑκατοντάρχῃ καὶ τοῖς στρατιώταις·
al   centurión   y a los   soldados:

ἐὰν μὴ οὗτοι μείνωσιν ἐν τῷ πλοίῳ,
A menos que éstos permanezcan en la nave,

ὑμεῖς σωθῆναι οὐ δύνασθε. 32 τότε
vosotros ser salvados no podéis.   Entonces

ἀπέκοψαν οἱ στρατιῶται τὰ σχοινία τῆς
cortaron los soldados las amarras del

σκάφης καὶ εἴασαν αὐτὴν ἐκπεσεῖν.
bote salvavidas y dejaron que él   cayera.

33 Ἄχρι δὲ οὗ ἡμέρα ἤμελλεν γίνεσθαι,
Y hasta que (el) día iba   a llegar,

παρεκάλει ὁ Παῦλος ἅπαντας μεταλαβεῖν
exhortaba — Pablo a todos   a tomar

τροφῆς λέγων· τεσσαρεσκαιδεκάτην σήμερον
alimento, diciendo: El decimocuarto   hoy

ἡμέραν προσδοκῶντες ἄσιτοι διατελεῖτε,
día (es) aguardando sin comida que continuáis,

μηθὲν προσλαβόμενοι. 34 διὸ παρακαλῶ
nada   habiendo tomado.   Por lo cual, aconsejo

ὑμᾶς μεταλαβεῖν τροφῆς· τοῦτο γὰρ πρὸς
os que toméis   alimento; porque esto para

τῆς ὑμετέρας σωτηρίας ὑπάρχει· οὐδενὸς
la   vuestra salvación   es;   porque de

γὰρ ὑμῶν θρὶξ ἀπὸ τῆς κεφαλῆς ἀπολεῖται.
ninguno de un cabello de la cábeza perecerá.
      vosotros

35 εἴπας δὲ ταῦτα καὶ λαβὼν ἄρτον
Y tras decir esto y tomar pan,

εὐχαρίστησεν τῷ θεῷ ἐνώπιον πάντων
dio gracias — a Dios a la vista de todos

καὶ κλάσας ἤρξατο ἐσθίειν. 36 εὔθυμοι δὲ
y partiendo(lo) comenzó a comer. Y de buen ánimo

γενόμενοι πάντες καὶ αὐτοὶ προσελάβοντο
hechos todos, también ellos tomaron

τροφῆς. 37 ἤμεθα δὲ αἱ πᾶσαι ψυχαὶ
alimento. Y éramos todas las [1]personas

ἐν τῷ πλοίῳ διακόσιαι ἑβδομήκοντα ἕξ.
en la nave doscientas setenta (y) seis.

38 κορεσθέντες δὲ τροφῆς ἐκούφιζον τὸ
Y satisfechos de alimento, aligeraban la

πλοῖον ἐκβαλλόμενοι τὸν σῖτον εἰς τὴν
nave, arrojando el trigo al

θάλασσαν. 39 Ὅτε δὲ ἡμέρα ἐγένετο,
mar. Y cuando de día se hizo,

τὴν γῆν οὐκ ἐπεγίνωσκον, κόλπον δέ
la tierra no reconocían, pero una bahía

τινα κατενόουν ἔχοντα αἰγιαλόν, εἰς ὃν
distinguían que tenía playa, a la cual

ἐβουλεύοντο εἰ δύναιντο ἐξῶσαι τὸ πλοῖον.
decidían, si podían, conducir fuera la nave.

40 καὶ τὰς ἀγκύρας περιελόντες εἴων
Y las anclas soltando (las) dejaban ir

εἰς τὴν θάλασσαν, ἅμα ἀνέντες τὰς
al mar, al mismo tiempo aflojando las

ζευκτηρίας τῶν πηδαλίων, καὶ ἐπάραντες
amarras de los timones, e izando

τὸν ἀρτέμωνα τῇ πνεούσῃ κατεῖχον εἰς
la vela de proa a la brisa, [2]pusieron rumbo a

τὸν αἰγιαλόν. 41 περιπεσόντες δὲ εἰς
la playa. Mas chocando contra

τόπον διθάλασσον ἐπέκειλαν τὴν ναῦν,
un lugar [3]entre dos corrientes, encallaron la nave,

καὶ ἡ μὲν πρῷρα ἐρείσασα ἔμεινεν
y mientras la proa habiéndose clavado permaneció

ἀσάλευτος, ἡ δὲ πρύμνα ἐλύετο ὑπὸ
inmóvil, en cambio la popa se rompía por

τῆς βίας. 42 Τῶν δὲ στρατιωτῶν βουλὴ
la fuerza (de las olas). Y de los soldados, el plan

ἐγένετο ἵνα τοὺς δεσμώτας ἀποκτείνωσιν,
[4]era de a los presos matar,

μή τις ἐκκολυμβήσας διαφύγῃ· 43 ὁ δὲ
para que ninguno nadando se escapara; mas el

ἑκατοντάρχης βουλόμενος διασῶσαι τὸν
centurión queriendo salvar a

Παῦλον ἐκώλυσεν αὐτοὺς τοῦ βουλήματος,
a Pablo impidió les el plan,

1
37. PERSONAS. Lit. almas.
2
40. PUSIERON RUMBO. Lit. dirigían (la nave).
3
41. ENTRE DOS CORRIENTES. Lit. entre dos mares.
4
42. ERA. Lit. fue.

ἐκέλευσέν   τε   τοὺς   δυναμένους   κολυμβᾶν
y mandó   que los que   pudieran   nadar

ἀπορίψαντας   πρώτους   ἐπὶ   τὴν   γῆν
arrojándose por la borda los primeros,   a   la   tierra

ἐξιέναι, 44 καὶ   τοὺς   λοιποὺς   οὓς   μὲν   ἐπὶ
saliesen,   y   los   restantes,   unos   en

σανίσιν,   οὓς   δὲ   ἐπί   τινων   τῶν   ἀπὸ   τοῦ
tablones,   y otros   en   algunas   de las cosas   del

πλοίου.   καὶ   οὕτως   ἐγένετο   πάντας
navío.   Y   así   sucedió   que todos

διασωθῆναι   ἐπὶ   τὴν   γῆν.
llegaron salvos   a   la   tierra.

28 Καὶ   διασωθέντες   τότε   ἐπέγνωμεν   ὅτι
      Y   una vez a salvo,   entonces   nos dimos cuenta de que

Μελίτη   ἡ   νῆσος   καλεῖται. 2 οἵ   τε
Malta   la   isla   se llama.   Y los

βάρβαροι   παρεῖχον   οὐ   τὴν   τυχοῦσαν
[1]nativos   mostraron   no   la   ordinaria

φιλανθρωπίαν   ἡμῖν· ἄψαντες   γὰρ   πυρὰν
amabilidad   nos;   porque habiendo encendido una hoguera,

προσελάβοντο   πάντας   ἡμᾶς   διὰ   τὸν   ὑετὸν
acogieron   a todos   nosotros a causa de   la   lluvia

τὸν   ἐφεστῶτα   καὶ   διὰ   τὸ   ψῦχος. 3 συστρέ-
que   había empezado   y   a causa del   frío.   Y cuando

ψαντος   δὲ   τοῦ   Παύλου   φρυγάνων   τι
había recogido   (a caer)   —   Pablo   de maleza   una

πλῆθος   καὶ   ἐπιθέντος   ἐπὶ   τὴν   πυράν,
brazada   y   (la) había echado   a   la   hoguera,

ἔχιδνα   ἀπὸ   τῆς   θέρμης   ἐξελθοῦσα   καθῆψεν
una víbora   del   calor   saliendo   se prendió

τῆς   χειρὸς   αὐτοῦ. 4 ὡς   δὲ   εἶδον   οἱ
de la   mano   de él.   Y cuando   vieron   los

βάρβαροι   κρεμάμενον   τὸ   θηρίον   ἐκ   τῆς
[1]nativos   colgando   a la   bestia   de   la

χειρὸς   αὐτοῦ,   πρὸς   ἀλλήλους   ἔλεγον·
mano   de él,   unos a otros   decían:

πάντως   φονεύς   ἐστιν   ὁ   ἄνθρωπος   οὗτος,
Sin duda   un asesino   es   el   hombre   este,

ὃν   διασωθέντα   ἐκ   τῆς   θαλάσσης   ἡ   δίκη
al que, aun habiendo   del   mar,   [2]la   Justicia
         sido salvado

1
2 y 4. NATIVOS. Lit. *bárba-ros.*
2
4. LA JUSTICIA. Según ellos, *la diosa Diké, personificación divina de la justicia inmanente.*

ζῆν   οὐκ   εἴασεν. 5 ὁ   μὲν   οὖν   ἀποτινάξας
vivir   no   permitió.   Sin embargo, él habiéndose sacudido

τὸ   θηρίον   εἰς   τὸ   πῦρ   ἔπαθεν   οὐδὲν
la   bestia   al   el   fuego   (no) sufrió   nada

κακόν· **6** οἱ δὲ προσεδόκων αὐτὸν μέλλειν
malo;   y ellos   aguardaban   que él   fuera

πίμπρασθαι ἢ καταπίπτειν ἄφνω νεκρόν.
a hincharse   o   que cayera   súbitamente   muerto.

ἐπὶ πολὺ δὲ αὐτῶν προσδοκώντων καὶ
Mas cuando mucho (tiempo)   ellos   llevaban aguardando   y

θεωρούντων μηδὲν ἄτοπον εἰς αὐτὸν
viendo   que nada   anormal   a   él

γινόμενον, μεταβαλόμενοι ἔλεγον αὐτὸν εἶναι
le estaba   cambiando de parecer   decían   que él   era
sucediendo,

θεόν. **7** Ἐν δὲ τοῖς περὶ τὸν τόπον
un dios.   Y en   los   alrededores   del   lugar

ἐκεῖνον ὑπῆρχεν χωρία τῷ πρώτῳ τῆς
aquel   tenía   unas tierras   el   principal   de la

νήσου ὀνόματι Ποπλίῳ, ὃς ἀναδεξάμενος
isla   por nombre   Publio,   quien   tras acoger

ἡμᾶς ἡμέρας τρεῖς φιλοφρόνως ἐξένισεν.
nos,   por días   tres   amistosamente   (nos) hospedó.

8 ἐγένετο δὲ τὸν πατέρα τοῦ Ποπλίου
Y sucedió   que el   padre   —   de Publio

πυρετοῖς καὶ δυσεντερίῳ συνεχόμενον
de fiebres   y   disentería   sufriendo

κατακεῖσθαι, πρὸς ὃν ὁ Παῦλος εἰσελθὼν
estaba acostado,   al   cual   —   Pablo   tras entrar

καὶ προσευξάμενος, ἐπιθεὶς τὰς χεῖρας
y   orar,   imponiendo   las   manos

αὐτῷ ἰάσατο αὐτόν. **9** τούτου δὲ γενομένου
le,   sanó   le.   Cuando esto   sucedió,

καὶ οἱ λοιποὶ οἱ ἐν τῇ νήσῳ ἔχοντες
también los   demás   que   en   la   isla   tenían

ἀσθενείας προσήρχοντο καὶ ἐθεραπεύοντο,
enfermedades   venían   y   eran sanados,

10 οἳ καὶ πολλαῖς τιμαῖς ἐτίμησαν ἡμᾶς
los cuales también   con muchos   respetos   honraron   nos

καὶ ἀναγομένοις ἐπέθεντο τὰ πρὸς τὰς
y   cuando estábamos   [1]nos suplieron   de   lo
para hacernos a la vela,

χρείας.
necesario.

11 Μετὰ δὲ τρεῖς μῆνας ἀνήχθημεν ἐν
Y después   de tres   meses   nos embarcamos   en

πλοίῳ παρακεχειμακότι ἐν τῇ νήσῳ,
una nave   que había invernado   en   la   isla,

Ἀλεξανδρίνῳ, παρασήμῳ Διοσκούροις. **12** καὶ
alejandrina,   que tenía por   a [2]Dióscuros.   Y
insignia

καταχθέντες εἰς Συρακούσας ἐπεμείναμεν
cuando fuimos   a   Siracusa,   permanecimos
llevados a tierra

---

[1]
10. NOS SUPLIERON DE LO NECESARIO. Lit. *pusieron encima las cosas que pertenecen a las necesidades.*

[2]
11. DIÓSCUROS. Es decir, *los hijos gemelos de Júpiter* (Cástor y Pólux).

ἡμέρας τρεῖς, 13 ὅθεν περιελθόντες κατην-
por días   tres,   de donde ¹siguiendo la costa,   llega-

τήσαμεν εἰς 'Ρήγιον. καὶ μετὰ μίαν
mos   a   Regio.   Y   después   de un

ἡμέραν ἐπιγενομένου νότου δευτεραῖοι
día   habiendo sobrevenido un viento del sur,   al cabo de dos
                                                        días

ἤλθομεν εἰς Ποτιόλους, 14 οὗ εὑρόντες
llegamos   a   Puteoli,   donde   encontrando

ἀδελφοὺς παρεκλήθημεν παρ' αὐτοῖς ἐπιμεῖναι
a unos hermanos, fuimos invitados   por   ellos   a permanecer

ἡμέρας ἑπτά· καὶ οὕτως εἰς τὴν 'Ρώμην
días   siete;   y   así   a   —   Roma

ἤλθαμεν. 15 κἀκεῖθεν οἱ ἀδελφοὶ ἀκούσαντες
llegamos.   Y de allí   los   hermanos   habiendo oído

τὰ περὶ ἡμῶν ἦλθαν εἰς ἀπάντησιν ἡμῖν
lo concerniente a nosotros, vinieron   a(l)   encuentro de nosotros

ἄχρι 'Αππίου φόρου καὶ Τριῶν ταβερνῶν,
hasta (el) de Apio   Foro   y (las)   Tres   Tabernas,

οὓς ἰδὼν ὁ Παῦλος εὐχαριστήσας τῷ
a los cuando vio —   Pablo,   tras dar gracias   —
cuales

θεῷ ἔλαβε θάρσος. 16 Ὅτε δὲ εἰσήλθομεν
a Dios,   tomó   ánimo.   Y cuando   entramos

εἰς 'Ρώμην, ἐπετράπη τῷ Παύλῳ μένειν
en   Roma,   fue permitido —   a Pablo   permanecer

καθ' ἑαυτὸν σὺν τῷ φυλάσσοντι αὐτὸν
aparte   con   el   que custodiaba   le

στρατιώτῃ.
soldado.

17 'Εγένετο δὲ μετὰ ἡμέρας τρεῖς
Y sucedió   después   de días   tres

συγκαλέσασθαι αὐτὸν τοὺς ὄντας τῶν
que convocó   él   a los   que había   de los

'Ιουδαίων πρώτους· συνελθόντων δὲ αὐτῶν
judíos   principales;   y cuando se reunieron   ellos

ἔλεγεν πρὸς αὐτούς· ἐγώ, ἄνδρες ἀδελφοί,
decía   a   ellos: Yo,   varones   hermanos,

οὐδὲν ἐναντίον ποιήσας τῷ λαῷ ἢ τοῖς
nada   contrario habiendo hecho   al   pueblo   o   a las

ἔθεσι τοῖς πατρῴοις, δέσμιος ἐξ 'Ιεροσο-
costumbres —   patrias,   preso   desde   Jerusa-

λύμων παρεδόθην εἰς τὰς χεῖρας τῶν
lén   fui entregado   en   las   manos   de los

'Ρωμαίων, 18 οἵτινες ἀνακρίναντές με ἐβούλοντο
romanos,   los cuales, habiendo examinado me,   querían

1
13. SIGUIENDO LA COSTA. Lit.
yendo alrededor.

ἀπολῦσαι διὰ τὸ μηδεμίαν αἰτίαν θανάτου
poner(me) en   por cuanto —   ninguna   causa   de muerte
libertad,

ὑπάρχειν ἐν ἐμοί· 19 ἀντιλεγόντων δὲ
había   en   mí;   pero como se oponían

τῶν Ἰουδαίων ἠναγκάσθην ἐπικαλέσασθαι
los   judíos,   me vi forzado   a apelar

Καίσαρα, οὐχ ὡς τοῦ ἔθνους μου ἔχων
a César,   no   como si   a la   nación   de mí   tuviese

τι κατηγορεῖν. 20 διὰ ταύτην οὖν τὴν
en algo   que acusar.   Así pues,   por esta

αἰτίαν παρεκάλεσα ὑμᾶς ἰδεῖν καὶ προσ-
causa   llamé   os   para ver(os)   y   ha-

λαλῆσαι· εἵνεκεν γὰρ τῆς ἐλπίδος τοῦ
blar(os);   porque por causa   de la   esperanza   —

Ἰσραὴλ τὴν ἅλυσιν ταύτην περίκειμαι.
de Israel   la   cadena   esta   llevo en torno mío.

21 οἱ δὲ πρὸς αὐτὸν εἶπαν· ἡμεῖς οὔτε
Y ellos   a   él   dijeron: Nosotros   ni

γράμματα περὶ σοῦ ἐδεξάμεθα ἀπὸ τῆς
cartas   acerca   de ti   recibimos   de   —

Ἰουδαίας, οὔτε παραγενόμενός τις τῶν
Judea,   ni   que ha venido   alguno   de los

ἀδελφῶν ἀπήγγειλεν ἢ ἐλάλησέν τι περὶ
hermanos   informó   o   habló   algo   acerca

σοῦ πονηρόν. 22 ἀξιοῦμεν δὲ παρὰ σοῦ
de ti   malo.   Mas creemos conveniente de parte   de ti

ἀκοῦσαι ἃ φρονεῖς· περὶ μὲν γὰρ τῆς
escuchar   lo que   piensas;   porque ciertamente acerca   de la

αἱρέσεως ταύτης γνωστὸν ἡμῖν ἐστιν ὅτι
secta   esta   conocido   nos   es   que

πανταχοῦ ἀντιλέγεται. 23 Ταξάμενοι δὲ
en todas partes   se habla en contra   Y después de fijar
(de ellos).

αὐτῷ ἡμέραν ἦλθον πρὸς αὐτὸν εἰς τὴν
le   un día,   vinieron   a   él   al

ξενίαν πλείονες, οἷς ἐξετίθετο διαμαρτυρ-
hospedaje   más,   a quienes ¹explicaba   testificando

όμενος τὴν βασιλείαν τοῦ θεοῦ, πείθων
solemnemente el   reino   —   de Dios,   y persua-
sobre

τε αὐτοὺς περὶ τοῦ Ἰησοῦ ἀπό τε τοῦ
diendo   les   acerca   —   de Jesús   tanto por   la

νόμου Μωϋσέως καὶ τῶν προφητῶν, ἀπὸ
ley   de Moisés   como   por los   profetas,   desde

πρωῒ ἕως ἑσπέρας. 24 καὶ οἱ μὲν
la mañana   hasta   la tarde.   Y   algunos

ἐπείθοντο τοῖς λεγομένοις, 25 οἱ δὲ
eran persuadidos   por lo   que se decía,   mas otros

---

¹ 23. EXPLICABA. Lit. *exponía*.

ἠπίστουν· ἀσύμφωνοι δὲ ὄντες πρὸς ἀλλή-
no creían;   y en desacuerdo   estando   unos con

λους ἀπελύοντο, εἰπόντος τοῦ Παύλου
otros   se despedían,   tras decir   —   Pablo

ῥῆμα ἕν, ὅτι καλῶς τὸ πνεῦμα τὸ ἅγιον
una palabra: — Bien   el   Espíritu —   Santo
(última)

ἐλάλησεν διὰ Ἠσαΐου τοῦ προφήτου πρὸς
habló   por medio   de Isaías   el   profeta   a

τοὺς πατέρας ὑμῶν 26 λέγων· πορεύθητι
los   padres   de vosotros,   diciendo: Ve

πρὸς τὸν λαὸν τοῦτον καὶ εἰπόν· ἀκοῇ
al   pueblo   este   y   di: Con oído

ἀκούσετε καὶ οὐ μὴ συνῆτε, καὶ βλέποντες
oiréis   y   de ningún modo entenderéis,   y   viendo

βλέψετε καὶ οὐ μὴ ἴδητε· 27 ἐπαχύνθη
veréis   y   de ningún modo percibiréis;   porque se

γὰρ ἡ καρδία τοῦ λαοῦ τούτου, καὶ
endureció el   corazón   del   pueblo   este,   y

τοῖς ὠσὶν βαρέως ἤκουσαν, καὶ τοὺς
con los   oídos   pesadamente   oyeron,   y   los

ὀφθαλμοὺς αὐτῶν ἐκάμμυσαν· μήποτε ἴδωσιν
ojos   de ellos   cerraron;   no sea que   vean
alguna vez

τοῖς ὀφθαλμοῖς καὶ τοῖς ὠσὶν ἀκούσωσιν
con los   ojos   y   con los   oídos   oigan

καὶ τῇ καρδίᾳ συνῶσιν καὶ ἐπιστρέψωσιν,
y   con el   corazón   entiendan   y   se vuelvan,

καὶ ἰάσομαι αὐτούς. 28 γνωστὸν οὖν
y (yo)   sane   les.   Conocido,   pues,

ἔστω ὑμῖν ὅτι τοῖς ἔθνεσιν ἀπεστάλη
sea   a vosotros   que   a los   gentiles   fue enviada

τοῦτο τὸ σωτήριον τοῦ θεοῦ· αὐτοὶ καὶ
esta —   salvación —   de Dios;   y ellos

ἀκούσονται.*
oirán.*

30 Ἐνέμεινεν δὲ διετίαν ὅλην ἐν ἰδίῳ
Y permaneció   por dos años   enteros   en su propio

μισθώματι, καὶ ἀπεδέχετο πάντας τοὺς
local alquilado,   y   recibía   a todos   los que

εἰσπορευομένους πρὸς αὐτόν, 31 κηρύσσων
acudían   a   él,   proclamando

τὴν βασιλείαν τοῦ θεοῦ καὶ διδάσκων
el   reino —   de Dios   y   enseñando

τὰ περὶ τοῦ κυρίου Ἰησοῦ Χριστοῦ
lo   concerniente   al   Señor   Jesucristo

μετὰ πάσης παρρησίας ἀκωλύτως.
con   todo   denuedo,   sin estorbos.

1
27. PESADAMENTE. Es decir, con dificultad.
*
28. El vers. 29 falta en los MSS más importantes.

Carta del apóstol Pablo a los
ROMANOS

1 Παῦλος δοῦλος Χριστοῦ Ἰησοῦ, κλητὸς
Pablo, siervo de Cristo Jesús, llamado

ἀπόστολος ἀφωρισμένος εἰς εὐαγγέλιον
un apóstol, habiendo sido separado para (el) evangelio

θεοῦ, **2** ὃ προεπηγγείλατο διὰ τῶν
de Dios, el cual prometió de antemano mediante los

προφητῶν αὐτοῦ ἐν γραφαῖς ἁγίαις **3** περὶ
profetas de él en (las) Escrituras santas acerca

τοῦ υἱοῦ αὐτοῦ τοῦ γενομένου ἐκ
del Hijo de él — venido a ser de

σπέρματος Δαυὶδ κατὰ σάρκα, **4** τοῦ
(la) simiente de David según (la) carne, —

ὁρισθέντος υἱοῦ θεοῦ ἐν δυνάμει
designado Hijo de Dios en poder

κατὰ πνεῦμα ἁγιωσύνης ἐξ ἀναστάσεως
conforme a(l) Espíritu de santidad a base de (la) resurrección

νεκρῶν, Ἰησοῦ Χριστοῦ τοῦ κυρίου ἡμῶν,
de (los) muertos, Jesucristo el Señor de nosotros,

5 δι᾽ οὗ ἐλάβομεν χάριν καὶ ἀποστολὴν
por medio del cual recibimos (la) gracia y (el) apostolado

εἰς ὑπακοὴν πίστεως ἐν πᾶσιν τοῖς
para obediencia de (la) fe entre todos los

ἔθνεσιν ὑπὲρ τοῦ ὀνόματος αὐτοῦ, **6** ἐν
gentiles por el nombre de él, entre

οἷς ἐστε καὶ ὑμεῖς κλητοὶ Ἰησοῦ Χριστοῦ,
los cuales sois también vosotros llamados de Jesucristo,

7 πᾶσιν τοῖς οὖσιν ἐν Ῥώμῃ ἀγαπητοῖς
a todos los que estáis en Roma amados

θεοῦ, κλητοῖς ἁγίοις· χάρις ὑμῖν καὶ
de Dios, llamados santos: Gracia a vosotros y

εἰρήνη ἀπὸ θεοῦ πατρὸς ἡμῶν καὶ κυρίου
paz de parte de Dios Padre de nosotros y de(l) Señor

Ἰησοῦ Χριστοῦ.
Jesucristo.

8 Πρῶτον μὲν εὐχαριστῶ τῷ θεῷ μου
En primer lugar, doy gracias al Dios de mí

διὰ Ἰησοῦ Χριστοῦ περὶ πάντων ὑμῶν,
por medio de Jesucristo por todos vosotros,

ὅτι ἡ πίστις ὑμῶν καταγγέλλεται ἐν
pues la fe de vosotros es anunciada en

ὅλῳ τῷ κόσμῳ. **9** μάρτυς γάρ μού
todo el mundo. Porque testigo de mí

ἐστιν ὁ θεός, ᾧ λατρεύω ἐν τῷ πνεύματί
es — Dios, a quien sirvo en el espíritu

μου   ἐν   τῷ   εὐαγγελίῳ   τοῦ   υἱοῦ   αὐτοῦ,
de mí   en   el   evangelio   del   Hijo   de él,

ὡς   ἀδιαλείπτως   μνείαν   ὑμῶν   ποιοῦμαι
de cuán   incesantemente   mención   de vosotros   hago

10 πάντοτε   ἐπὶ   τῶν   προσευχῶν   μου,
siempre   en   las   oraciones   de mí,

δεόμενος   εἴ   πως   ἤδη   ποτὲ   εὐοδω-
implorando   si   de algún modo   por fin   una vez   haga un

θήσομαι   ἐν   τῷ   θελήματι   τοῦ   θεοῦ   ἐλθεῖν
(que)
próspero viaje   en   la   voluntad   —   de Dios   para venir

πρὸς   ὑμᾶς.   **11** ἐπιποθῶ   γὰρ   ἰδεῖν   ὑμᾶς,
a   vosotros.   Porque anhelo   ver   os,

ἵνα   τι   μεταδῶ   χάρισμα   ὑμῖν   πνευματικὸν
para   algún   impartir   don   os   espiritual

εἰς   τὸ   στηριχθῆναι   ὑμᾶς,   **12** τοῦτο   δέ
para   que   seáis consolidados   vosotros,   y esto

ἔστιν   συμπαρακληθῆναι   ἐν   ὑμῖν   διὰ   τῆς
es   para ser juntamente animados   entre   vosotros   mediante   la

ἐν   ἀλλήλοις   πίστεως   ὑμῶν   τε   καὶ   ἐμοῦ.
uno en el otro   fe   tanto de vosotros   como   de mí.

13 οὐ   θέλω   δὲ   ὑμᾶς   ἀγνοεῖν,   ἀδελφοί,
Mas no   quiero que   vosotros   ignoréis,   hermanos,

ὅτι   πολλάκις   προεθέμην   ἐλθεῖν   πρὸς   ὑμᾶς,
que   muchas veces   me propuse   venir   a   vosotros,

καὶ   ἐκωλύθην   ἄχρι   τοῦ   δεῦρο,   ἵνα   τινὰ
y   fui impedido   hasta   el   presente,   para   algún

καρπὸν   σχῶ   καὶ   ἐν   ὑμῖν   καθὼς   καὶ
fruto   tener   también   entre   vosotros,   así como   también

ἐν   τοῖς   λοιποῖς   ἔθνεσιν.   **14** Ἕλλησίν
entre   los   demás   gentiles.   Tanto a griegos

τε   καὶ   βαρβάροις,   σοφοῖς   τε   καὶ   ἀνοήτοις
como   a bárbaros,   tanto a sabios   como   a ignorantes

ὀφειλέτης   εἰμί·   **15** οὕτως   τὸ   κατ᾽   ἐμὲ
deudor   soy;   así,   en cuanto está de mi parte

πρόθυμον   καὶ   ὑμῖν   τοῖς   ἐν   Ῥώμῃ
animoso (estoy)   también   a vosotros   los (que estáis)   en   Roma

εὐαγγελίσασθαι.   **16** οὐ   γὰρ   ἐπαισχύνομαι
de predicar el evangelio.   Porque no   me avergüenzo

τὸ   εὐαγγέλιον·   δύναμις   γὰρ   θεοῦ   ἐστιν
del   evangelio;   porque poder   de Dios   es

εἰς   σωτηρίαν   παντὶ   τῷ   πιστεύοντι,   Ἰουδαίῳ
para   salvación   a todo   el que   cree,   a(l) judío

τε   πρῶτον   καὶ   Ἕλληνι.   **17** δικαιοσύνη
primeramente   y también   a(l) griego.   Porque (la) justicia

γὰρ   θεοῦ   ἐν   αὐτῷ   ἀποκαλύπτεται   ἐκ
de Dios   en   él   es revelada   ¹de

πίστεως   εἰς   πίστιν,   καθὼς   γέγραπται·
fe   a   fe,   así como   está escrito:

1
17. DE FE A FE. Esto es, todo el proceso de la salvación (vers. 16), de punta a cabo, es POR FE.

ὁ δὲ δίκαιος ἐκ πίστεως ζήσεται.
El — justo por fe vivirá.
(a base de)
18 Ἀποκαλύπτεται γὰρ ὀργὴ θεοῦ ἀπ'
Porque es revelada (la) ira de Dios desde

οὐρανοῦ ἐπὶ πᾶσαν ἀσέβειαν καὶ ἀδικίαν
(el) cielo contra toda impiedad e injusticia

ἀνθρώπων τῶν τὴν ἀλήθειαν ἐν ἀδικίᾳ
de (los) hombres que la verdad en (con) injusticia

κατεχόντων, **19** διότι τὸ γνωστὸν τοῦ θεοῦ
detienen, por cuanto lo conocido — de Dios

φανερόν ἐστιν ἐν αὐτοῖς· ὁ θεὸς γὰρ αὐτοῖς
manifiesto es entre ellos; — porque Dios se (lo)

ἐφανέρωσεν. **20** τὰ γὰρ ἀόρατα αὐτοῦ
manifestó. Porque las cosas invisibles de él

ἀπὸ κτίσεως κόσμου τοῖς ποιήμασιν
desde (la) creación del mundo por las cosas hechas

νοούμενα καθορᾶται, ἥ τε
entendidas son vistas con claridad, tanto el

ἀΐδιος αὐτοῦ δύναμις καὶ θειότης, εἰς
eterno de él poder como (la) divinidad, para

τὸ εἶναι αὐτοὺς ἀναπολογήτους, **21** διότι
— ser ellos sin excusa, por cuanto

γνόντες τὸν θεὸν οὐχ ὡς θεὸν ἐδόξασαν
habiendo — a Dios, no como a Dios glorificaron
conocido,
ἢ ηὐχαρίστησαν, ἀλλὰ ἐματαιώθησαν ἐν
o dieron gracias, sino que se hicieron vanos en

τοῖς διαλογισμοῖς αὐτῶν, καὶ ἐσκοτίσθη
los razonamientos de ellos, y fue entenebrecido

ἡ ἀσύνετος αὐτῶν καρδία. **22** φάσκοντες
el [1]necio de ellos corazón. [2]Afirmando

εἶναι σοφοὶ ἐμωράνθησαν, **23** καὶ ἤλλαξαν
ser sabios, se hicieron insensatos, y cambiaron

τὴν δόξαν τοῦ ἀφθάρτου θεοῦ ἐν ὁμοιώματι
la gloria del incorruptible Dios en (la) semejanza

εἰκόνος φθαρτοῦ ἀνθρώπου καὶ πετεινῶν
de una de un corruptible hombre y de aves
imagen
καὶ τετραπόδων καὶ ἑρπετῶν· **24** διὸ
y de cuadrúpedos y de reptiles; por lo cual

παρέδωκεν αὐτοὺς ὁ θεὸς ἐν ταῖς
entregó los — Dios en los

ἐπιθυμίαις τῶν καρδιῶν αὐτῶν εἰς ἀκαθαρ-
deseos de los corazones de ellos a (la) impu-

σίαν τοῦ ἀτιμάζεσθαι τὰ σώματα αὐτῶν
reza para ser deshonrados los cuerpos de ellos

ἐν αὐτοῖς. **25** Οἵτινες μετήλλαξαν τὴν
entre ellos. Los cuales cambiaron la

ἀλήθειαν τοῦ θεοῦ ἐν τῷ ψεύδει, καὶ
verdad — de Dios en la mentira, y

[1]
21. NECIO. Lit. *sin discernimiento.*
[2]
22. AFIRMANDO. O *alegando.*

ἐσεβάσθησαν   καὶ   ἐλάτρευσαν   τῇ   κτίσει
adoraron   y   ¹sirvieron   a la   criatura

παρὰ   τὸν   κτίσαντα,   ὅς   ἐστιν   εὐλογητὸς
más bien   ²al   creador,   quien   es   bendito
que

εἰς   τοὺς   αἰῶνας·   ἀμήν.   26 διὰ   τοῦτο
por   los   siglos;   amén.   Por   esto,

παρέδωκεν   αὐτοὺς   ὁ   θεὸς   εἰς   πάθη
entregó   los   —   Dios   a   pasiones

ἀτιμίας·   αἵ   τε   γὰρ   θήλειαι   αὐτῶν
de deshonra;   porque incluso   las féminas   de ellos

μετήλλαξαν   τὴν   φυσικὴν   χρῆσιν   εἰς   τὴν
cambiaron   el   natural   uso   en   el (que es)

παρὰ   φύσιν,   27 ὁμοίως   τε   καὶ   οἱ   ἄρσενες
contra   naturaleza,   e igualmente   también   los   varones,

ἀφέντες   τὴν   φυσικὴν   χρῆσιν   τῆς   θηλείας
dejando   el   natural   uso   de la   hembra,

ἐξεκαύθησαν   ἐν   τῇ   ὀρέξει   αὐτῶν   εἰς
se encendieron   en   el   deseo   de ellos,   unos

ἀλλήλους,   ἄρσενες   ἐν   ἄρσεσιν   τὴν
hacia otros,   varones   entre   varones   la

ἀσχημοσύνην   κατεργαζόμενοι   καὶ   τὴν
ignominia   obrando   y   la

ἀντιμισθίαν   ἣν   ἔδει   τῆς   πλάνης   αὐτῶν
retribución   que era menester   del   error   de ellos

ἐν   ἑαυτοῖς   ἀπολαμβάνοντες.   28 Καὶ
en   ellos mismos   recibiendo.   Y

καθὼς   οὐκ   ἐδοκίμασαν   τὸν   θεὸν   ἔχειν
así como   no   dieron por bueno   —   a Dios   tener

ἐν   ἐπιγνώσει,   παρέδωκεν   αὐτοὺς   ὁ   θεὸς
en   reconocimiento,   entregó   los   —   Dios

εἰς   ἀδόκιμον   νοῦν,   ποιεῖν   τὰ   μὴ   καθήκοντα,
a una   reprobada   mente,   para hacer lo que   no   es conveniente,

29 πεπληρωμένους   πάσῃ   ἀδικίᾳ   πονηρίᾳ
estando llenos   de toda   injusticia,   maldad,

πλεονεξίᾳ   κακίᾳ,   μεστοὺς   φθόνου   φόνου
avaricia,   malicia,   llenos   de envidia,   homicidio,

ἔριδος   δόλου   κακοηθείας,   ψιθυριστάς,
contienda,   engaño,   malignidad,   chismosos,

30 καταλάλους,   θεοστυγεῖς,   ὑβριστάς,   ὑπερ-
detractores,   odiadores de Dios,   insolentes,   arro-

ηφάνους,   ἀλαζόνας,   ἐφευρετὰς   κακῶν,
gantes,   jactanciosos,   inventores   de maldades,

γονεῦσιν   ἀπειθεῖς,   31 ἀσυνέτους,   ἀσυνθέτους,
a (los) progenitores   desobedientes,   sin discernimiento,   desleales,

ἀστόργους,   ἀνελεήμονας·   32 οἵτινες   τὸ
sin afecto natural,   despiadados;   los cuales   el

1
25. SIRVIERON. Lit. *dieron culto.*
2
25. AL CREADOR. Lit. *al que creó.*

δικαίωμα τοῦ θεοῦ ἐπιγνόντες, ὅτι οἱ
decreto — de Dios conociendo, que los que

τὰ τοιαῦτα πράσσοντες ἄξιοι θανάτου
— tales cosas practican dignos de muerte

εἰσίν, οὐ μόνον αὐτὰ ποιοῦσιν, ἀλλὰ
son, no sólo las hacen, sino que

καὶ συνευδοκοῦσιν τοῖς πράσσουσιν.
también dan plena aprobación a los que (las) practican.

2 Διὸ ἀναπολόγητος εἶ, ὦ ἄνθρωπε
Por lo cual, sin excusa eres, oh hombre,

πᾶς ὁ κρίνων· ἐν ᾧ γὰρ κρίνεις τὸν
todo el que juzga; porque en lo que juzgas al

ἕτερον, σεαυτὸν κατακρίνεις· τὰ γὰρ αὐτὰ
otro, a ti mismo condenas; porque las mismas cosas

πράσσεις ὁ κρίνων. **2** οἴδαμεν δὲ ὅτι τὸ
practicas el que juzgas. Mas sabemos que el
(que)

κρίμα τοῦ θεοῦ ἐστιν κατὰ ἀλήθειαν ἐπὶ
juicio — de Dios es conforme a (la) verdad contra

τοὺς τὰ τοιαῦτα πράσσοντας. **3** λογίζῃ
los que — tales cosas practican. ¿Y piensas

δὲ τοῦτο, ὦ ἄνθρωπε ὁ κρίνων τοὺς
esto, oh hombre que juzgas a los que

τὰ τοιαῦτα πράσσοντας καὶ ποιῶν αὐτά,
— tales cosas practican y haces las,

ὅτι σὺ ἐκφεύξῃ τὸ κρίμα τοῦ θεοῦ;
que tú escaparás al juicio — de Dios?

4 ἢ τοῦ πλούτου τῆς χρηστότητος αὐτοῦ
¿O la riqueza de la benignidad de él

καὶ τῆς ἀνοχῆς καὶ τῆς μακροθυμίας
y de la [1]paciencia y de la longanimidad

καταφρονεῖς, ἀγνοῶν ὅτι τὸ χρηστὸν τοῦ
desprecias, ignorando que la benignidad —

θεοῦ εἰς μετάνοιάν σε ἄγει; **5** κατὰ δὲ
de Dios a(l) arrepentimiento te guía? Mas conforme

τὴν σκληρότητά σου καὶ ἀμετανόητον
a la dureza de ti y a(l) no arrepentido

καρδίαν θησαυρίζεις σεαυτῷ ὀργὴν ἐν
corazón, atesoras para ti mismo ira en

ἡμέρᾳ ὀργῆς καὶ ἀποκαλύψεως δικαιοκρισίας
(el) día de (la) ira y de (la) revelación de(l) justo juicio

[1]
4. PACIENCIA. Lit. *aguante*.

τοῦ θεοῦ, **6** ὃς ἀποδώσει ἑκάστῳ κατὰ τὰ
— de Dios, quien pagará a cada uno conforme a las

ἔργα αὐτοῦ· 7 τοῖς μὲν καθ᾽ ὑπομονὴν
obras de él; por una a los que — por (la) perseverancia
parte,

ἔργου ἀγαθοῦ δόξαν καὶ τιμὴν καὶ
de (la) obra buena, gloria y honor e

ἀφθαρσίαν ζητοῦσιν ζωὴν αἰώνιον·
inmortalidad buscan, vida eterna;

8 τοῖς δὲ ἐξ ἐριθείας καὶ ἀπειθοῦσι τῇ
por otra, a los que por ¹egoísmo y que no obedecen a la

ἀληθείᾳ πειθομένοις δὲ τῇ ἀδικίᾳ, ὀργὴ
verdad, mas obedecen a la injusticia, ira

καὶ θυμός. 9 θλῖψις καὶ στενοχωρία ἐπὶ
e indignación. Tribulación y angustia sobre

πᾶσαν ψυχὴν ἀνθρώπου τοῦ κατεργαζομένου
toda alma de hombre — que obra

τὸ κακόν, Ἰουδαίου τε πρῶτον καὶ
el mal, tanto de(l) judío primeramente como

Ἕλληνος· 10 δόξα δὲ καὶ τιμὴ καὶ
de(l) griego; mas gloria y honor y

εἰρήνη παντὶ τῷ ἐργαζομένῳ τὸ ἀγαθόν,
paz a todo el que obra el bien,

Ἰουδαίῳ τε πρῶτον καὶ Ἕλληνι. 11 οὐ
tanto a(l) judío primeramente como a(l) griego. Porque

γάρ ἐστιν προσωπολημψία παρὰ τῷ θεῷ.
no hay acepción de personas con — Dios.

12 Ὅσοι γὰρ ἀνόμως ἥμαρτον, ἀνόμως
Porque cuantos sin ley pecaron, sin ley

καὶ ἀπολοῦνται· καὶ ὅσοι ἐν νόμῳ
también perecerán; y cuantos en (la) ley
(bajo)

ἥμαρτον, διὰ νόμου κριθήσονται· 13 οὐ
pecaron, mediante (la) ley serán juzgados; porque

γὰρ οἱ ἀκροαταὶ νόμου δίκαιοι παρὰ
no los oidores de (la) ley (son) justos ante

[τῷ] θεῷ, ἀλλ᾽ οἱ ποιηταὶ νόμου
— Dios, sino los hacedores de (la) ley

δικαιωθήσονται. 14 ὅταν γὰρ ἔθνη τὰ
serán justificados. Porque cuando (los) gentiles —

μὴ νόμον ἔχοντα φύσει τὰ τοῦ νόμου
que no ley tienen, por naturaleza las cosas de la ley

ποιῶσιν, οὗτοι νόμον μὴ ἔχοντες ἑαυτοῖς
hacen, éstos ley no teniendo, para sí mismos

εἰσιν νόμος· 15 οἵτινες ἐνδείκνυνται τὸ
son ley; los cuales muestran la

ἔργον τοῦ νόμου γραπτὸν ἐν ταῖς καρδίαις
obra de la ley escrita en los corazones

αὐτῶν, συμμαρτυρούσης αὐτῶν τῆς συνει-
de ellos, dando testimonio juntamente de ellos la con-

¹ 8. EGOÍSMO. Lit. *rivalidad.*

δήσεως καὶ μεταξὺ ἀλλήλων τῶν λογισμῶν
ciencia   y entre ellos los unos a los otros los   pensamientos

κατηγορούντων ἢ καὶ ἀπολογουμένων, 16 ἐν
acusando   o también   defendiéndose,   en

ᾗ ἡμέρᾳ κρίνει ὁ θεὸς τὰ κρυπτὰ τῶν
el cual día   juzga — Dios   lo escondido de los

ἀνθρώπων κατὰ τὸ εὐαγγέλιόν μου διὰ
hombres   según   el   evangelio de mí mediante

Χριστοῦ Ἰησοῦ. 17 Εἰ δὲ σὺ Ἰουδαῖος
Cristo   Jesús.   Mas si   tú   judío

ἐπονομάζῃ καὶ ἐπαναπαύῃ νόμῳ καὶ
eres llamado   y   [1]te apoyas   en (la) ley   y

καυχᾶσαι ἐν θεῷ 18 καὶ γινώσκεις τὸ
te jactas   en Dios   y   conoces   la

θέλημα καὶ δοκιμάζεις τὰ διαφέροντα
voluntad   y   apruebas   lo   superior
(de Dios)

κατηχούμενος ἐκ τοῦ νόμου, 19 πέποιθάς τε
siendo instruido a base de la ley,   y has persuadido

σεαυτὸν ὁδηγὸν εἶναι τυφλῶν, φῶς
a ti mismo   de un guía   ser de ciegos,   luz

τῶν ἐν σκότει, 20 παιδευτὴν ἀφρόνων,
de los que en oscuridad,   instructor   de necios,
(están)

διδάσκαλον νηπίων, ἔχοντα τὴν μόρφωσιν
maestro   de niñitos,   que tienes la   [2]esencia

τῆς γνώσεως καὶ τῆς ἀληθείας ἐν τῷ
del conocimiento y   de la   verdad   en la

νόμῳ· 21 ὁ οὖν διδάσκων ἕτερον σεαυτὸν
ley;   el que, pues,   enseñas   a otro,   ¿a ti mismo

οὐ διδάσκεις; ὁ κηρύσσων μὴ κλέπτειν
no   enseñas?   El que proclamas: no   robar,

κλέπτεις; 22 ὁ λέγων μὴ μοιχεύειν
¿robas?   El que dices: no   adulterar,

μοιχεύεις; ὁ βδελυσσόμενος τὰ εἴδωλα
¿adulteras?   El que   abominas   de los   ídolos,

ἱεροσυλεῖς; 23 ὃς ἐν νόμῳ καυχᾶσαι, διὰ
¿saqueas templos? El que en (la) ley   te jactas, ¿mediante

τῆς παραβάσεως τοῦ νόμου τὸν θεὸν
la   transgresión   de la   ley   — a Dios

ἀτιμάζεις; 24 τὸ γὰρ ὄνομα τοῦ θεοῦ
deshonras?   Porque el   nombre — de Dios

δι᾽ ὑμᾶς βλασφημεῖται ἐν τοῖς ἔθνεσιν,
por de vosotros es blasfemado entre los   gentiles,
causa

καθὼς γέγραπται. 25 περιτομὴ μὲν γὰρ
tal como   está escrito.   Porque ciertamente (la) circuncisión

[1]
17. TE APOYAS. Lit. descansas.

[2]
20. ESENCIA. Lit. forma.

ὠφελεῖ ἐὰν νόμον πράσσῃς· ἐὰν δὲ
aprovecha si (la) ley practicas; mas si

παραβάτης νόμου ᾖς, ἡ περιτομή σου
transgresor de (la) ley eres, la circuncisión de ti

ἀκροβυστία γέγονεν. 26 ἐὰν οὖν ἡ ἀκρο-
incircuncisión se ha vuelto. Por tanto, si la incir-

βυστία τὰ δικαιώματα τοῦ νόμου φυλάσσῃ,
cuncisión las ordenanzas de la ley guarda,

οὐχ ἡ ἀκροβυστία αὐτοῦ εἰς περιτομὴν
¿no la incircuncisión de él por circuncisión

λογισθήσεται; 27 καὶ κρινεῖ ἡ ἐκ φύσεως
será tenida? Y juzgará la que es por naturaleza

ἀκροβυστία τὸν νόμον τελοῦσα σὲ τὸν
incircuncisión que la ley cumple a ti el

διὰ γράμματος καὶ περιτομῆς παραβάτην
por (la) letra y (la) circuncisión trangresor

νόμου. 28 οὐ γὰρ ὁ ἐν τῷ φανερῷ
de (la) ley. Porque no el que en lo manifiesto

'Ιουδαῖός ἐστιν, οὐδὲ ἡ ἐν τῷ φανερῷ
judío es, ni la que en lo manifiesto

ἐν σαρκὶ περιτομή· 29 ἀλλ' ὁ ἐν τῷ
en (la) carne circuncisión (es); sino el que en lo

κρυπτῷ 'Ιουδαῖος, καὶ περιτομὴ καρδίας
secreto judío (es), y circuncisión de(l) corazón

ἐν πνεύματι οὐ γράμματι, οὗ ὁ ἔπαινος
(es) en espíritu, no en letra, del cual la alabanza

οὐκ ἐξ ἀνθρώπων ἀλλ' ἐκ τοῦ θεοῦ.
no de (los) hombres, sino de — Dios.
(proviene)

3 Τί οὖν τὸ περισσὸν τοῦ 'Ιουδαίου,
¿Cuál, pues, (es) la ventaja del judío,

ἢ τίς ἡ ὠφέλεια τῆς περιτομῆς; 2 πολὺ
o cuál el provecho de la circuncisión? Mucho

κατὰ πάντα τρόπον. πρῶτον μὲν [γὰρ]
en todo aspecto. Porque, de cierto, primeramente

ὅτι ἐπιστεύθησαν τὰ λόγια τοῦ θεοῦ.
que les fueron confiados los oráculos — de Dios.

3 τί γάρ; εἰ ἠπίστησάν τινες, μὴ ἡ
Pues ¿qué? Si no creyeron algunos, ¿acaso la

ἀπιστία αὐτῶν τὴν πίστιν τοῦ θεοῦ
incredulidad de ellos la fidelidad — de Dios

καταργήσει; 4 μὴ γένοιτο· γινέσθω δὲ
anulará? 1 ¡Jamás!; mas sea

ὁ θεὸς ἀληθής, πᾶς δὲ ἄνθρωπος ψεύστης,
— Dios veraz, y todo hombre mentiroso,

καθάπερ γέγραπται· ὅπως ἂν δικαιωθῇς
conforme está escrito: Para que seas justificado

1
4. ¡JAMÁS! Lit. ¡No suceda!

ἐν τοῖς λόγοις σου καὶ νικήσεις ἐν
en las palabras de ti y venzas al

τῷ κρίνεσθαί σε. 5 εἰ δὲ ἡ ἀδικία
ser juzgado tú. Y si la injusticia

ἡμῶν θεοῦ δικαιοσύνην συνίστησιν, τί
de nosotros, de Dios (la) justicia resalta, ¿qué

ἐροῦμεν; μὴ ἄδικος ὁ θεὸς ὁ ἐπιφέρων
diremos? ¿Acaso (es) injusto — Dios que inflige

τὴν ὀργήν; κατὰ ἄνθρωπον λέγω. 6 μὴ
la ira? [1]En términos humanos hablo. [2]¡Ja-

γένοιτο· ἐπεὶ πῶς κρινεῖ ὁ θεὸς τὸν
más! De otro modo, ¿cómo juzgará — Dios al

κόσμον; 7 εἰ δὲ ἡ ἀλήθεια τοῦ θεοῦ
mundo? Mas si la verdad — de Dios

ἐν τῷ ἐμῷ ψεύσματι ἐπερίσσευσεν εἰς
por — mi mentira abundó para

τὴν δόξαν αὐτοῦ, τί ἔτι κἀγὼ ὡς
la gloria de él, ¿por qué todavía también yo como

ἁμαρτωλὸς κρίνομαι; 8 καὶ μὴ καθὼς
pecador soy juzgado? ¿Y no como

βλασφημούμεθα καὶ καθώς φασίν τινες
somos calumniados y como dicen algunos

ἡμᾶς λέγειν ὅτι ποιήσωμεν τὰ κακὰ
que nosotros decimos: — Hagamos — males

ἵνα ἔλθῃ τὰ ἀγαθά; ὧν τὸ κρίμα
para que vengan — bienes? De los cuales la condenación

ἔνδικόν ἐστιν. 9 Τί οὖν; προεχόμεθα;
justa es. ¿Qué, pues? ¿Somos superiores?

οὐ πάντως· προῃτιασάμεθα γὰρ Ἰουδαίους
De ninguna manera; porque ya hemos denunciado que tanto judíos

τε καὶ Ἕλληνας πάντας ὑφ᾽ ἁμαρτίαν
como griegos, todos bajo pecado

εἶναι, 10 καθὼς γέγραπται ὅτι οὐκ ἔστιν
están, como está escrito: No hay

δίκαιος οὐδὲ εἷς, οὐκ ἔστιν ὁ
justo ni uno, no hay quien

συνίων, 11 οὐκ ἔστιν ὁ ἐκζητῶν τὸν θεόν·
entienda, no hay quien busque — a Dios;

12 πάντες ἐξέκλιναν, ἅμα ἠχρεώθησαν·
todos se desviaron, a una se hicieron inútiles;

οὐκ ἔστιν ὁ ποιῶν χρηστότητα, οὐκ
no hay quien haga bondad, no

ἔστιν ἕως ἑνός. 13 τάφος ἀνεῳγμένος
hay ni siquiera uno. Sepulcro abierto (es)

1
5. EN TÉRMINOS HUMANOS HABLO. Lit. *Conforme a hombre digo.*
2
6. ¡JAMÁS! Lit. *¡No suceda!*

ὁ λάρυγξ αὐτῶν, ταῖς γλώσσαις αὐτῶν
la garganta   de ellos,   con las   lenguas   de ellos

ἐδολιοῦσαν, ἰὸς ἀσπίδων ὑπὸ τὰ χείλη
practicaron   veneno de áspides (hay)   bajo   los   labios
engaño,

αὐτῶν· 14 ὧν τὸ στόμα ἀρᾶς καὶ πικρίας
de ellos;   cuya —   boca   de maldición   y   amargura

γέμει· 15 ὀξεῖς οἱ πόδες αὐτῶν ἐκχέαι
está llena;   veloces (son)   los   pies   de ellos para derramar

αἷμα, 16 σύντριμμα καὶ ταλαιπωρία ἐν
sangre,   ruina   y   miseria (hay)   en

ταῖς ὁδοῖς αὐτῶν, 17 καὶ ὁδὸν εἰρήνης
los   caminos   de ellos,   y   camino   de paz

οὐκ ἔγνωσαν. 18 οὐκ ἔστιν φόβος θεοῦ
no   conocieron.   No   hay   temor   de Dios

ἀπέναντι τῶν ὀφθαλμῶν αὐτῶν. 19 οἴδαμεν
delante   de los   ojos   de ellos.   Mas sabe-

δὲ ὅτι ὅσα ὁ νόμος λέγει τοῖς ἐν τῷ
mos   que   cuanto   la   ley   dice,   a los que   en   la
(están)

νόμῳ λαλεῖ, ἵνα πᾶν στόμα φραγῇ καὶ
ley (lo)   ¹dice,   para que   toda   boca   sea cerrada   y

ὑπόδικος γένηται πᾶς ὁ κόσμος τῷ
responsable   sea hecho   todo   el   mundo   —
ante

θεῷ· 20 διότι ἐξ ἔργων νόμου οὐ
Dios;   por cuanto   a base   de las obras   de (la) ley   no

δικαιωθήσεται πᾶσα σὰρξ ἐνώπιον αὐτοῦ·
será justificada   toda   carne   ante   él;

διὰ γὰρ νόμου ἐπίγνωσις ἁμαρτίας.
porque mediante (la) ley (es)   el pleno   del pecado.
conocimiento

21 Νυνὶ δὲ χωρὶς νόμου δικαιοσύνη
Mas ahora,   aparte   de (la) ley,   (la) justicia

θεοῦ πεφανέρωται, μαρτυρουμένη ὑπὸ τοῦ
de Dios   ha sido manifestada,   atestiguada   por   la

νόμου καὶ τῶν προφητῶν, 22 δικαιοσύνη
ley   y   los   profetas,   justicia

δὲ θεοῦ διὰ πίστεως [Ἰησοῦ] Χριστοῦ,
—   de Dios mediante   (la) fe   ²en Jesucristo,

εἰς πάντας τοὺς πιστεύοντας· οὐ · γάρ
para   todos   los   que creen;   porque no

ἐστιν διαστολή· 23 πάντες γὰρ ἥμαρτον
hay   diferencia;   porque todos   pecaron

καὶ ὑστεροῦνται τῆς δόξης τοῦ θεοῦ,
y   están faltos   de la   gloria   —   de Dios,

24 δικαιούμενοι δωρεὰν τῇ αὐτοῦ χάριτι
siendo justificados   gratis   por la   de él   gracia

διὰ τῆς ἀπολυτρώσεως τῆς ἐν Χριστῷ
mediante la   redención   que (es)   en   Cristo

---

¹
19. DICE. Lit. *habla.*
²
22. EN JESUCRISTO. Lit. *de Jesucristo.*

'Ιησοῦ· 25 ὃν προέθετο ὁ θεὸς ἱλαστήριον
Jesús;   a quien   exhibió — Dios como propiciatorio,

διὰ πίστεως ἐν τῷ αὐτοῦ αἵματι, εἰς
mediante la fe, — por la de él sangre, para

ἔνδειξιν τῆς δικαιοσύνης αὐτοῦ διὰ τὴν
demostración de la justicia de él a causa del

πάρεσιν τῶν προγεγονότων ἁμαρτημάτων
haber pasado los sucedidos anteriormente pecados
por alto

26 ἐν τῇ ἀνοχῇ τοῦ θεοῦ, πρὸς τὴν
en la paciencia — de Dios, para la

ἔνδειξιν τῆς δικαιοσύνης αὐτοῦ ἐν τῷ
demostración de la justicia de él en el

νῦν καιρῷ, εἰς τὸ εἶναι αὐτὸν δίκαιον
presente tiempo, para — ser él justo

καὶ δικαιοῦντα τὸν ἐκ πίστεως 'Ιησοῦ.
y el que justifica al que (es) de (la) fe de Jesús.

27 Ποῦ οὖν ἡ καύχησις; ἐξεκλείσθη. διὰ
¿Dónde, pues, (está) la jactancia? Fue excluida. ¿Mediante

ποίου νόμου; τῶν ἔργων; οὐχί, ἀλλὰ
cuál ley?; ¿(la) de las obras? No, sino

διὰ νόμου πίστεως. 28 λογιζόμεθα γὰρ
mediante (la) ley de (la) fe. Porque sostenemos que

δικαιοῦσθαι πίστει ἄνθρωπον χωρὶς ἔργων
es justificado por fe (el) hombre, aparte de (las) obras

νόμου. 29 ἢ 'Ιουδαίων ὁ θεὸς μόνον;
de (la) ley. ¿O de (los) judíos (es) — Dios sólo?

οὐχὶ καὶ ἐθνῶν; ναὶ καὶ ἐθνῶν, 30 εἴπερ
¿No también de (los) Sí, también de los ya que
(es)   gentiles?   gentiles,

εἰς ὁ θεὸς ὃς δικαιώσει περιτομὴν ἐκ
(hay) un — Dios, el cual justificará a (la) circuncisión a base
solo

πίστεως καὶ ἀκροβυστίαν διὰ τῆς πίστεως.
de fe y a (la) incircuncisión mediante la fe.

31 νόμον οὖν καταργοῦμεν διὰ τῆς
Entonces, ¿(la) ley anulamos por medio de la

πίστεως; μὴ γένοιτο, ἀλλὰ νόμον ἱστάνομεν.
fe? ¹¡Jamás!, sino que (la) ley establecemos.

4 Τί οὖν ἐροῦμεν εὑρηκέναι 'Αβραὰμ
¿Qué, pues, diremos que ha hallado Abraham

τὸν προπάτορα ἡμων κατὰ σάρκα; 2 εἰ
el antepasado de nosotros según (la) carne? Porque

γὰρ 'Αβραὰμ ἐξ ἔργων ἐδικαιώθη, ἔχει
si Abraham a base de obras fue justificado, tiene

καύχημα· ἀλλ' οὐ πρὸς θεόν. 3 τί γὰρ
jactancia; pero no para con Dios. Porque ¿qué

¹
31. ¡JAMÁS! Lit. ¡No suceda!

ἡ γραφὴ λέγει; ἐπίστευσεν δὲ Ἀβραὰμ
la Escritura dice? Y creyó Abraham

τῷ θεῷ, καὶ ἐλογίσθη αὐτῷ εἰς
a Dios, y fue contado le para

δικαιοσύνην. 4 τῷ δὲ ἐργαζομένῳ ὁ
justicia. Mas al que trabaja, el

μισθὸς οὐ λογίζεται κατὰ χάριν ἀλλὰ
salario no es contado como favor, sino

κατὰ ὀφείλημα· 5 τῷ δὲ μὴ ἐργαζομένῳ,
como deuda; mas al que no trabaja,

πιστεύοντι δὲ ἐπὶ τὸν δικαιοῦντα τὸν
pero cree en el que justifica al

ἀσεβῆ, λογίζεται ἡ πίστις αὐτοῦ εἰς
impío, es contada la fe de él para

δικαιοσύνην, 6 καθάπερ καὶ Δαυὶδ λέγει
justicia, como también David dice

τὸν μακαρισμὸν τοῦ ἀνθρώπου ᾧ ὁ
la bendición del hombre a quien —

θεὸς λογίζεται δικαιοσύνην χωρὶς ἔργων·
Dios atribuye justicia sin obras:

7 μακάριοι ὧν ἀφέθησαν αἱ ἀνομίαι
Dichosos (aquellos) de quienes fueron perdonadas las iniquidades

καὶ ὧν ἐπεκαλύφθησαν αἱ ἁμαρτίαι·
y de los que fueron cubiertos los pecados;

8 μακάριος ἀνὴρ οὗ οὐ μὴ λογίσηται
dichoso (el) varón de quien de ningún modo imputará

κύριος ἁμαρτίαν 9 ὁ μακαρισμὸς οὖν
(el) Señor (el) pecado. ¿La bendición, pues,

οὗτος ἐπὶ τὴν περιτομὴν ἢ καὶ ἐπὶ
esta (es) sobre la circuncisión o también sobre

τὴν ἀκροβυστίαν; λέγομεν γάρ· ἐλογίσθη
la incircuncisión? Porque decimos: Fue contada

τῷ Ἀβραὰμ ἡ πίστις εἰς δικαιοσύνην.
a Abraham la fe para justicia.

10 πῶς οὖν ἐλογίσθη; ἐν περιτομῇ ὄντι
¿Cómo, pues, fue contada? ¿En (la) circuncisión estando

ἢ ἐν ἀκροβυστίᾳ; οὐκ ἐν περιτομῇ ἀλλ'
o en (la) incircuncisión? No en (la) circuncisión, sino

ἐν ἀκροβυστίᾳ· 11 καὶ σημεῖον ἔλαβεν
en (la) incircuncisión; y señal recibió

περιτομῆς σφραγῖδα τῆς δικαιοσύνης τῆς
de (la) circuncisión, sello de la justicia de la

πίστεως τῆς ἐν τῇ ἀκροβυστίᾳ, εἰς
fe — en la incircuncisión para
(mientras estaba)

τὸ εἶναι αὐτὸν πατέρα πάντων τῶν
— ser él padre de todos los

πιστευόντων   δι'   ἀκροβυστίας,   εἰς   τὸ
que creen   mediante   (la) incircuncisión,   para   —
               (durante)

λογισθῆναι αὐτοῖς [τὴν] δικαιοσύνην, 12 καὶ
ser imputada   les   (la)   justicia,   y

πατέρα περιτομῆς τοῖς οὐκ ἐκ περιτομῆς
padre   de (la) circuncisión para los que no de (la) circuncisión

μόνον   ἀλλὰ   καὶ   τοῖς   στοιχοῦσιν   τοῖς
sólo,   sino   también para los que   andan   en los

ἴχνεσιν τῆς ἐν ἀκροβυστίᾳ πίστεως τοῦ
pasos   de la en (la) incircuncisión   fe   del

πατρὸς ἡμῶν 'Αβραάμ. 13 Οὐ γὰρ διὰ
padre de nosotros Abraham.   Porque no mediante

νόμου ἡ ἐπαγγελία τῷ 'Αβραὰμ ἢ τῷ
(la) ley la promesa   — a Abraham   o a la
(fue hecha)

σπέρματι αὐτοῦ, τὸ κληρονόμον αὐτὸν
simiente   de él,   de que   heredero   él

εἶναι κόσμου. ἀλλὰ διὰ δικαιοσύνης πίστεως.
era   de(l) mundo,   sino mediante   (la) justicia   de (la) fe.

14 εἰ γὰρ οἱ ἐκ νόμου κληρονόμοι,
  Porque si   los de (la)   ley   (son) herederos,

κεκένωται ἡ πίστις καὶ κατήργηται
ha sido vaciada la   fe   y   ha sido anulada

ἡ ἐπαγγελία· 15 ὁ γὰρ νόμος ὀργὴν
la   promesa;   porque la   ley   ira

κατεργάζεται· οὗ δὲ οὐκ ἔστιν νόμος,
produce;   mas donde   no   hay   ley,

οὐδὲ παράβασις. 16 Διὰ τοῦτο ἐκ πίστεως,
tampoco transgresión.   Por eso (es)   por   fe,
(hay)

ἵνα κατὰ χάριν, εἰς τὸ εἶναι βεβαίαν
para de acuerdo (la) gracia, para que — sea   firme
que (sea)   con

τὴν ἐπαγγελίαν παντὶ τῷ σπέρματι, οὐ
la   promesa   para toda la   descendencia,   no

τῷ ἐκ τοῦ νόμου μόνον ἀλλὰ καὶ τῷ
para la que (es) de la   ley   sólo,   sino   también para la
                                                que

ἐκ πίστεως 'Αβραάμ, ὃς ἐστιν πατὴρ
(es) de (la) fe   de Abraham, quien es   padre

πάντων ἡμῶν, 17 καθὼς γέγραπται ὅτι
de todos nosotros,   como está escrito: —

πατέρα πολλῶν ἐθνῶν τέθεικά σε,
Por padre de muchas naciones he puesto te,

κατέναντι οὗ ἐπίστευσεν θεοῦ τοῦ ζωο-
delante de Aquel al que creyó   Dios   que   vivi-

ποιοῦντος τοὺς νεκροὺς καὶ καλοῦντος
fica   a los   muertos   y   llama

τὰ μὴ ὄντα ὡς ὄντα· 18 ὃς παρ' ἐλπίδα
lo que no existe como existente; el cual más allá de esperanza

ἐπ' ἐλπίδι ἐπίστευσεν, εἰς τὸ γενέσθαι
en esperanza creyó,   para llegar a ser

αὐτὸν πατέρα πολλῶν ἐθνῶν κατὰ τὸ
él   padre de muchas naciones conforme a lo

εἰρημένον· οὕτως ἔσται τὸ σπέρμα σου·
que había sido Así será la simiente de ti.
(le) dicho: (descendencia)
19 καὶ μὴ ἀσθενήσας τῇ πίστει κατενόησεν
   Y no debilitado en la fe,   consideró

τὸ ἑαυτοῦ σῶμα νενεκρωμένον, ἑκατονταέτης
el de sí mismo cuerpo ya muerto,   de cien años

που ὑπάρχων, καὶ τὴν νέκρωσιν τῆς
como (aproxi-siendo, y   la   muerte   de la
madamente)
μήτρας Σάρρας· 20 εἰς δὲ τὴν ἐπαγγελίαν
matriz de Sara;   mas contra la   promesa

τοῦ θεοῦ οὐ διεκρίθη τῇ ἀπιστίᾳ, ἀλλὰ
— de Dios no vaciló — con incredulidad, sino que

ἐνεδυναμώθη τῇ πίστει, δοὺς δόξαν τῷ
fue dotado de poder en la fe, dando gloria —

θεῷ 21 καὶ πληροφορηθεὶς ὅτι ὃ ἐπήγγελται
a Dios, y estando completamente de que lo que ha prometido
           persuadido
δυνατός ἐστιν καὶ ποιῆσαι. 22 διὸ [καὶ]
poderoso es también para hacerlo. Por lo cual también

ἐλογίσθη αὐτῷ εἰς δικαιοσύνην. 23 Οὐκ
fue contado le para justicia.   Y no

ἐγράφη δὲ δι' αὐτὸν μόνον ὅτι ἐλογίσθη
fue escrito a causa de él solo que fue contado

αὐτῷ, 24 ἀλλὰ καὶ δι' ἡμᾶς, οἷς μέλλει
le,   sino también a causa de nosotros, a los que va

λογίζεσθαι, τοῖς πιστεύουσιν ἐπὶ τὸν
a ser contado, a los que creemos en el que

ἐγείραντα Ἰησοῦν τὸν κύριον ἡμῶν ἐκ
levantó a Jesús el Señor de nosotros de

νεκρῶν, 25 ὃς παρεδόθη διὰ τὰ παραπ-
(los) muertos, el cual fue entregado a causa de las trans-

τώματα ἡμῶν καὶ ἠγέρθη διὰ τὴν
gresiones de nosotros y fue levantado a causa de la

δικαίωσιν ἡμῶν.
justificación de nosotros.

5 Δικαιωθέντες οὖν ἐκ πίστεως εἰρήνην
Justificados,   pues, a base   de la fe,   paz

ἔχομεν πρὸς τὸν θεὸν διὰ τοῦ κυρίου
tenemos para con — Dios mediante el Señor

ἡμῶν Ἰησοῦ Χριστοῦ, **2** δι' οὗ καὶ τὴν
de nosotros Jesucristo,   mediante quien también el

προσαγωγὴν ἐσχήκαμεν [τῇ πίστει] εἰς
acceso   hemos tenido   — por fe   a

τὴν χάριν ταύτην ἐν ᾗ ἑστήκαμεν, καὶ
la gracia   esta en que estamos firmes, y

καυχώμεθα ἐπ' ἐλπίδι τῆς δόξης τοῦ
nos gloriamos en (la) esperanza de la gloria —

θεοῦ. **3** οὐ μόνον δέ, ἀλλὰ καὶ καυχώμεθα
de Dios.   Y no sólo (esto), sino que también nos gloriamos

ἐν ταῖς θλίψεσιν, εἰδότες ὅτι ἡ θλῖψις
en las   aflicciones, sabiendo que la aflicción

ὑπομονὴν κατεργάζεται, **4** ἡ δὲ ὑπομονὴ
paciencia   produce,   y la   paciencia

δοκιμήν, ἡ δὲ δοκιμὴ ἐλπίδα· **5** ἡ δὲ
prueba, y la prueba esperanza;   y la

ἐλπὶς οὐ καταισχύνει, ὅτι ἡ ἀγάπη
esperanza [1]no avergüenza,   pues el amor

τοῦ θεοῦ ἐκκέχυται ἐν ταῖς καρδίαις
— de Dios ha sido derramado en los corazones

ἡμῶν διὰ πνεύματος ἁγίου τοῦ δοθέντος
de   mediante (el) Espíritu Santo — dado
nosotros

ἡμῖν· **6** εἴ γε Χριστὸς ὄντων ἡμῶν
a nosotros. Ciertamente, Cristo, [2]siendo nosotros

ἀσθενῶν ἔτι κατὰ καιρὸν ὑπὲρ ἀσεβῶν
débiles   aún, a (su) tiempo por (los) impíos

ἀπέθανεν. **7** μόλις γὰρ ὑπὲρ δικαίου
murió.   Porque a duras penas por un justo

τις ἀποθανεῖται· ὑπὲρ γὰρ τοῦ ἀγαθοῦ
alguien morirá;   porque por un (hombre) bueno

τάχα τις καὶ τολμᾷ ἀποθανεῖν· **8** συνίστησιν
quizás alguien hasta se atreva a morir;   mas [3]muestra

δὲ τὴν ἑαυτοῦ ἀγάπην εἰς ἡμᾶς ὁ θεὸς
el de él mismo amor hacia nosotros — Dios

ὅτι ἔτι ἁμαρτωλῶν ὄντων ἡμῶν Χριστὸς
en que aún pecadores siendo nosotros Cristo

ὑπὲρ ἡμῶν ἀπέθανεν. **9** πολλῷ οὖν μᾶλλον
por nosotros murió.   Por tanto, mucho más

δικαιωθέντες νῦν ἐν τῷ αἵματι αὐτοῦ
habiendo sido ahora por la sangre de él,
santificados

[1]
5. NO AVERGÜENZA. Es decir,
no decepciona.
[2]
6. SIENDO NOSOTROS DÉBILES.
Es decir, *estando nosotros
incapacitados.*
[3]
8. MUESTRA. Lit. *acredita.*

σωθησόμεθα   δι'   αὐτοῦ   ἀπὸ   τῆς   ὀργῆς.
seremos salvos mediante   él   de   la   ira.

10 εἰ   γὰρ   ἐχθροὶ   ὄντες   κατηλλάγημεν
Porque si   enemigos   siendo   fuimos reconciliados

τῷ   θεῷ   διὰ   τοῦ   θανάτου   τοῦ   υἱοῦ   αὐτοῦ,
— Dios mediante la   muerte   del   Hijo   de él,

con
πολλῷ   μᾶλλον   καταλλαγέντες   σωθησόμεθα
mucho   más,   habiendo sido reconciliados,   seremos salvos

ἐν   τῇ   ζωῇ   αὐτοῦ·   **11** οὐ   μόνον   δὲ,   ἀλλὰ
por   la   vida   de él.   Y no   sólo (esto),   sino que

καὶ   καυχώμενοι   ἐν   τῷ   θεῷ   διὰ   τοῦ
también   gloriándonos   en   —   Dios   mediante   el

κυρίου   ἡμῶν   Ἰησοῦ   [Χριστοῦ],   δι'   οὗ
Señor   de nosotros   Jesucristo,   por medio de quien

νῦν   τὴν   καταλλαγὴν   ἐλάβομεν.
ahora   la   reconciliación   recibimos.

12 Διὰ   τοῦτο   ὥσπερ   δι'   ἑνὸς   ἀνθρώπου
Por   esto,   como   mediante   un   hombre

ἡ   ἁμαρτία   εἰς   τὸν   κόσμον   εἰσῆλθεν,
el   pecado   en   el   mundo   entró,

καὶ   διὰ   τῆς   ἁμαρτίας   ὁ   θάνατος,   καὶ
y   mediante   el   pecado   la   muerte,   también

οὕτως   εἰς   πάντας   ἀνθρώπους   ὁ   θάνατος
así   a   todos   (los) hombres   la   muerte

διῆλθεν,   ἐφ'   ᾧ   πάντες   ἥμαρτον·   **13** ἄχρι
pasó,   por cuanto   todos   pecaron;   porque

γὰρ   νόμου   ἁμαρτία   ἦν   ἐν   κόσμῳ,   ἁμαρτία
hasta   (la) ley,   pecado   había   en   (el) mundo,   mas (el)

δὲ   οὐκ   ἐλλογεῖται   μὴ   ὄντος   νόμου·
pecado   no   es imputado   no   habiendo   ley;

14 ἀλλὰ   ἐβασίλευσεν   ὁ   θάνατος   ἀπὸ   Ἀδὰμ
pero   reinó   la   muerte   desde   Adán

μέχρι   Μωϋσέως   καὶ   ἐπὶ   τοὺς   μὴ
hasta   Moisés   aun   sobre   los que   no

ἁμαρτήσαντας   ἐπὶ   τῷ   ὁμοιώματι   τῆς
pecaron   en   la   semejanza   de la

παραβάσεως   Ἀδάμ,   ὅς   ἐστιν   τύπος   τοῦ
transgresión   de Adán,   que   es   figura   del que

μέλλοντος.   **15** Ἀλλ'   οὐχ   ὡς   τὸ   παράπτωμα,
iba a venir.   Pero   no   como   la   transgresión,

οὕτως   [καὶ]   τὸ   χάρισμα·   εἰ   γὰρ   τῷ
así   también   el   don;   porque si   por la

τοῦ   ἑνὸς   παραπτώματι   οἱ   πολλοὶ
de (aquel)   uno   transgresión   ¹los   muchos

ἀπέθανον,   πολλῷ   μᾶλλον   ἡ   χάρις   τοῦ   θεοῦ
murieron,   mucho   más   la   gracia   —   de Dios

καὶ   ἡ   δωρεὰ   ἐν   χάριτι   τῇ   τοῦ   ἑνὸς
y   la   dádiva   en   (la) gracia   —   de (aquel otro)   uno

¹
15. LOS MUCHOS. Es decir,
todos los demás.

ἀνθρώπου Ἰησοῦ Χριστοῦ εἰς τοὺς πολλοὺς
hombre   Jesucristo   para   1los   muchos

ἐπερίσσευσεν. 16 καὶ οὐχ ὡς δι᾽ ἑνὸς
abundó.   Y   no   como mediante   uno

ἁμαρτήσαντος τὸ δώρημα· τὸ μὲν γὰρ
que pecó   (es) la   dádiva;   porque   por un lado

κρίμα ἐξ ἑνὸς εἰς κατάκριμα, τὸ δὲ
(el) juicio (vino) de una   para   condenación,   mas por otro
        (transgresión)   lado

χάρισμα ἐκ πολλῶν παραπτωμάτων εἰς
(el) don (es) a base de   muchas   transgresiones   para

δικαίωμα. 17 εἰ γὰρ τῷ τοῦ ἑνὸς
justificación.   Porque si   por la   del   uno

παραπτώματι ὁ θάνατος ἐβασίλευσεν διὰ
transgresión   la   muerte   reinó   mediante

τοῦ ἑνός, πολλῷ μᾶλλον οἱ τὴν περισσείαν
el   uno,   mucho   más   los que   la   abundancia

τῆς χάριτος καὶ τῆς δωρεᾶς τῆς
de la   gracia   y   de la   dádiva   de la

δικαιοσύνης λαμβάνοντες ἐν ζωῇ βασιλεύ-
justicia   reciben,   en   vida   reina-

σουσιν διὰ τοῦ ἑνὸς Ἰησοῦ Χριστοῦ.
rán   mediante el (otro)   uno,   Jesucristo.

18 Ἄρα οὖν ὡς δι᾽ ἑνὸς παραπτώματος
Así   pues,   como mediante   una   transgresión

εἰς πάντας ἀνθρώπους εἰς κατάκριμα,
a   todos (los)   hombres (fue)   para   condenación,

οὕτως καὶ δι᾽ ἑνὸς δικαιώματος εἰς
así   también mediante   un   acto de justicia   a

πάντας ἀνθρώπους εἰς δικαίωσιν ζωῆς·
todos (los)   hombres (fue)   para   justificación   de vida;

19 ὥσπερ γὰρ διὰ τῆς παρακοῆς τοῦ
porque así como   mediante   la   desobediencia   del

ἑνὸς ἀνθρώπου ἁμαρτωλοὶ κατεστάθησαν
un   hombre,   pecadores   fueron constituidos

οἱ πολλοί, οὕτως καὶ διὰ τῆς ὑπακοῆς
2los   muchos,   así   también mediante   la   obediencia

τοῦ ἑνὸς δίκαιοι κατασταθήσονται οἱ
del (otro)   uno,   justos   serán constituidos   3los

πολλοί. 20 νόμος δὲ παρεισῆλθεν ἵνα
muchos.   Mas (la) ley   se introdujo   para que

πλεονάσῃ τὸ παράπτωμα· οὗ δὲ ἐπλεόνασεν
abundase   la   transgresión;   mas donde   abundó

ἡ ἁμαρτία, ὑπερεπερίσσευσεν ἡ χάρις,
el   pecado,   sobreabundó   la   gracia,

21 ἵνα ὥσπερ ἐβασίλευσεν ἡ ἁμαρτία ἐν
para que   así como   reinó   el   pecado   en

1
15. LOS MUCHOS. Es decir, *todos los demás.*
2 y 3
19. LOS MUCHOS. Es decir, *todos los demás.*

τῷ θανάτῳ, οὕτως καὶ ἡ χάρις βασιλεύσῃ
la   muerte,   así   también la   gracia   reine

διὰ δικαιοσύνης εἰς ζωὴν αἰώνιον διὰ
mediante (la) justicia para vida eterna mediante

'Ιησοῦ Χριστοῦ τοῦ κυρίου ἡμῶν.
Jesucristo   el   Señor   de nosotros.

6 Τί οὖν ἐροῦμεν; ἐπιμένωμεν τῇ
¿Qué, pues, diremos? ¿Continuaremos en el

ἁμαρτίᾳ, ἵνα ἡ χάρις πλεονάσῃ; **2** μὴ
pecado, para que la gracia abunde? 1¡Ja-

γένοιτο. οἵτινες ἀπεθάνομεν τῇ ἁμαρτίᾳ,
más! Los que morimos al pecado,

πῶς ἔτι ζήσομεν ἐν αὐτῇ; **3** ἢ ἀγνοεῖτε
¿cómo aún viviremos en él? ¿O ignoráis

ὅτι ὅσοι ἐβαπτίσθημεν εἰς Χριστὸν
que cuantos fuimos bautizados en Cristo

'Ιησοῦν, εἰς τὸν θάνατον αὐτοῦ ἐβαπτίσ-
Jesús, en la muerte de él fuimos bau-

θημεν; **4** συνετάφημεν οὖν αὐτῷ διὰ τοῦ
tizados? Fuimos sepultados, pues, con él mediante el

βαπτίσματος εἰς τὸν θάνατον, ἵνα ὥσπερ
bautismo en la muerte, para que así como

ἠγέρθη Χριστὸς ἐκ νεκρῶν διὰ τῆς
fue levantado Cristo de (los) muertos mediante la

δόξης τοῦ πατρός, οὕτως καὶ ἡμεῖς ἐν
gloria del Padre, así también nosotros en

καινότητι ζωῆς περιπατήσωμεν. **5** εἰ γὰρ
novedad de vida andemos. Porque si

σύμφυτοι γεγόναμεν τῷ ὁμοιώματι τοῦ
complantados hemos llegado en la semejanza de la
(injertados) a ser

θανάτου αὐτοῦ, ἀλλὰ καὶ τῆς ἀναστάσεως
muerte de él, pero también de la resurrección

ἐσόμεθα· **6** τοῦτο γινώσκοντες, ὅτι ὁ
(lo) seremos; esto conociendo, que el

παλαιὸς ἡμῶν ἄνθρωπος συνεσταυρώθη, ἵνα
viejo de nosotros hombre fue crucificado para que
con (él)

καταργηθῇ τὸ σῶμα τῆς ἁμαρτίας, τοῦ
2sea anulado el cuerpo del pecado, —

μηκέτι δουλεύειν ἡμᾶς τῇ ἁμαρτίᾳ· **7** ὁ
para no más servir nosotros al pecado; porque

γὰρ ἀποθανὼν δεδικαίωται ἀπὸ τῆς
el que murió, ha sido justificado del

ἁμαρτίας. **8** εἰ δὲ ἀπεθάνομεν σὺν Χριστῷ,
pecado. Mas si morimos con Cristo,

1
2. ¡JAMÁS! Lit. ¡No suceda!
2
6. ANULADO. O abolido (legalmente).

πιστεύομεν ὅτι καὶ συζήσομεν αὐτῷ,
creemos que también viviremos con él,

9 εἰδότες ὅτι Χριστὸς ἐγερθεὶς ἐκ νεκρῶν
sabiendo que Cristo levantado de (los) muertos

οὐκέτι ἀποθνήσκει, θάνατος αὐτοῦ οὐκέτι
ya no muere, (la) muerte de él ya no

κυριεύει. 10 ὃ γὰρ ἀπέθανεν, τῇ ἁμαρτίᾳ
se enseñorea. Porque en lo que murió, al pecado

ἀπέθανεν ἐφάπαξ· ὃ δὲ ζῇ, ζῇ τῷ θεῷ.
murió una vez mas en lo que vive, vive — para Dios.
por todas;

11 οὕτως καὶ ὑμεῖς λογίζεσθε ἑαυτοὺς
Así también vosotros haced cuenta que vosotros
mismos

εἶναι νεκροὺς μὲν τῇ ἁμαρτίᾳ ζῶντας
estáis muertos, de cierto, al pecado, mas

δὲ τῷ θεῷ ἐν Χριστῷ Ἰησοῦ. 12 μὴ
vivos — para Dios en Cristo Jesús. Por tanto,

οὖν βασιλευέτω ἡ ἁμαρτία ἐν τῷ θνητῷ
que no reine el pecado en el mortal

ὑμῶν σώματι εἰς τὸ ὑπακούειν ταῖς
de vosotros cuerpo para — obedecer a las

ἐπιθυμίαις αὐτοῦ, 13 μηδὲ παριστάνετε τὰ
concupiscencias de él, ni presentéis los

μέλη ὑμῶν ὅπλα ἀδικίας τῇ ἁμαρτίᾳ,
miembros de vosotros [1]como de iniquidad para el pecado,
instrumentos

ἀλλὰ παραστήσατε ἑαυτοὺς τῷ θεῷ ὡσεὶ
sino presentad a vosotros mismos — a Dios como

ἐκ νεκρῶν ζῶντας καὶ τὰ μέλη ὑμῶν
de (los) muertos vivos y los miembros de vosotros
entre

ὅπλα δικαιοσύνης τῷ θεῷ, 14 ἁμαρτία
[2]como de justicia — para Dios, porque (el)
instrumentos

γὰρ ὑμῶν οὐ κυριεύσει· οὐ γὰρ ἐστε
pecado de vosotros no se enseñoreará; porque no estáis

ὑπὸ νόμον ἀλλὰ ὑπὸ χάριν. 15 Τί οὖν;
bajo (la) ley, sino bajo (la) gracia. ¿Qué, pues?

ἁμαρτήσωμεν, ὅτι οὐκ ἐσμὲν ὑπὸ νόμον
¿Pecaremos, pues no estamos bajo (la) ley,

ἀλλὰ ὑπὸ χάριν; μὴ γένοιτο. 16 οὐκ
sino bajo (la) gracia? [3]¡Jamás! ¿No

οἴδατε ὅτι ᾧ παριστάνετε ἑαυτοὺς δούλους
sabéis que al que presentáis a vosotros [4]como siervos

εἰς ὑπακοήν, δοῦλοί ἐστε ᾧ ὑπακούετε,
para obediencia, [5]siervos sois de aquel a obedecéis,
quien

ἤτοι ἁμαρτίας εἰς θάνατον ἢ ὑπακοῆς
ya sea de(l) pecado para muerte o de la obediencia

1 y 2
13. COMO INSTRUMENTOS. Lit. como armas.
3
15. ¡JAMÁS! Lit. ¡No suceda!
4
16. COMO SIERVOS. Lit. como esclavos.
5
16. SIERVOS. Lit. esclavos.

εἰς δικαιοσύνην, 17 χάρις δὲ τῷ θεῷ
para justicia? Mas gracia(s) — a Dios

ὅτι ἦτε δοῦλοι τῆς ἁμαρτίας, ὑπηκούσατε
que erais esclavos del pecado, mas obedecis-

δὲ ἐκ καρδίας εἰς ὃν παρεδόθητε τύπον
teis de corazón a la que fuisteis entregados forma

διδαχῆς, 18 ἐλευθερωθέντες δὲ ἀπὸ τῆς
de doctrina, y habiendo sido librados del

ἁμαρτίας ἐδουλώθητε τῇ δικαιοσύνῃ.
pecado, fuisteis hechos esclavos de la justicia.

19 ἀνθρώπινον λέγω διὰ τὴν ἀσθένειαν
Humanamente ¹hablo a causa de la debilidad

τῆς σαρκὸς ὑμῶν. ὥσπερ γὰρ παρεστήσατε
de la carne de vosotros. Porque así como presentasteis

τὰ μέλη ὑμῶν δοῦλα τῇ ἀκαθαρσίᾳ καὶ
los miembros de vosotros como a la impureza y
                                    esclavos

τῇ ἀνομίᾳ εἰς τὴν ἀνομίαν, οὕτως νῦν
a la iniquidad para — iniquidad, así ahora

παραστήσατε τὰ μέλη ὑμῶν δοῦλα τῇ
presentad los miembros de vosotros como esclavos a la

δικαιοσύνῃ εἰς ἁγιασμόν. 20 ὅτε γὰρ
justicia para santificación. Porque cuando

δοῦλοι ἦτε τῆς ἁμαρτίας, ἐλεύθεροι ἦτε
esclavos erais del pecado, libres erais

τῇ δικαιοσύνῃ. 21 τίνα οὖν καρπὸν εἴχετε
respecto a la justicia. ¿Qué, pues, fruto teníais

τότε; ἐφ᾽ οἷς νῦν ἐπαισχύνεσθε· τὸ γὰρ
entonces? De las cuales ahora os avergonzáis; porque el
                         cosas

τέλος ἐκείνων θάνατος. 22 νυνὶ δὲ ἐλευ-
fin de esas cosas (es) muerte. Mas ahora habiendo

θερωθέντες ἀπὸ τῆς ἁμαρτίας δουλωθέντες
sido liberados del pecado y hechos escla-

δὲ τῷ θεῷ, ἔχετε τὸν καρπὸν ὑμῶν εἰς
vos — de Dios, tenéis el fruto de vosotros para

ἁγιασμόν, τὸ δὲ τέλος ζωὴν αἰώνιον.
santificación, y el final vida eterna.

23 τὰ γὰρ ὀψώνια τῆς ἁμαρτίας θάνατος,
Porque ²la paga del pecado (es) muerte,

τὸ δὲ χάρισμα τοῦ θεοῦ ζωὴ αἰώνιος
mas el don — de Dios (es) vida eterna

ἐν Χριστῷ Ἰησοῦ τῷ κυρίῳ ἡμῶν.
en Cristo Jesús el Señor de nosotros.

¹
19. HABLO. Lit. digo.
²
23. LA PAGA. Lit. el sueldo
en víveres.

7 Ἢ ἀγνοεῖτε, ἀδελφοί, γινώσκουσιν γὰρ
    ¿O   ignoráis,   hermanos,   porque a los que conocen (la)

νόμον λαλῶ, ὅτι ὁ νόμος κυριεύει τοῦ
  ley   hablo,   que   la   ley   se enseñorea   del

ἀνθρώπου ἐφ' ὅσον χρόνον ζῇ; **2** ἡ γὰρ
  hombre   por   todo el   tiempo que   vive?   Porque la

ὕπανδρος γυνὴ τῷ ζῶντι ἀνδρὶ δέδεται
  casada   mujer   al que   vive   marido   está sujeta

νόμῳ· ἐὰν δὲ ἀποθάνῃ ὁ ἀνήρ, κατήργηται
por (la) ley;   mas si   muere   el   marido,   queda desligada

ἀπὸ τοῦ νόμου τοῦ ἀνδρός. **3** ἄρα οὖν
  de   la   ley   del   marido.   Por consiguiente,

ζῶντος τοῦ ἀνδρὸς μοιχαλὶς χρηματίσει
viviendo   el   marido   adúltera   será llamada

ἐὰν γένηται ἀνδρὶ ἑτέρῳ· ἐὰν δὲ ἀποθάνῃ
si   se allega   a un varón   diferente   mas si   muere
                          (otro);

ὁ ἀνήρ, ἐλευθέρα ἐστὶν ἀπὸ τοῦ νόμου,
el   marido,   libre   es   de   la   ley,

τοῦ μὴ εἶναι αὐτὴν μοιχαλίδα γενομένην
—   para no   ser   ella   adúltera   al haberse allegado

ἀνδρὶ ἑτέρῳ. **4** ὥστε, ἀδελφοί μου, καὶ
a un varón diferente   Así que,   hermanos   de mí,   también
        (otro).

ὑμεῖς ἐθανατώθητε τῷ νόμῳ διὰ τοῦ
vosotros   fuisteis muertos   a la   ley   mediante   el

σώματος τοῦ Χριστοῦ, εἰς τὸ γενέσθαι
  cuerpo   —   de Cristo,   para que   —   llegaseis a ser

ὑμᾶς ἑτέρῳ, τῷ ἐκ νεκρῶν ἐγερθέντι,
vosotros   de otro,   del que   de (los)   muertos   fue levantado,

ἵνα καρποφορήσωμεν τῷ θεῷ. **5** ὅτε
para que   llevemos fruto   —   Dios.   Porque
                          para

γὰρ ἦμεν ἐν τῇ σαρκί, τὰ παθήματα
cuando estábamos   en   la   carne,   las   pasiones

τῶν ἁμαρτιῶν τὰ διὰ τοῦ νόμου ἐνηργεῖτο
de los   pecados   que mediante   la   ley,   actuaban

ἐν τοῖς μέλεσιν ἡμῶν εἰς τὸ καρποφορῆσαι
en   los   miembros (son) de nosotros para   —   llevar fruto

τῷ θανάτῳ· **6** νυνὶ δὲ κατηργήθημεν ἀπὸ
—   muerte;   mas ahora   fuimos desligados   de
para

τοῦ νόμου, ἀποθανόντες ἐν ᾧ κατειχόμεθα,
la   ley,   habiendo muerto a aquello en lo cual éramos retenidos,

ὥστε δουλεύειν [ἡμᾶς] ἐν καινότητι
de modo que   sirvamos   nosotros   en   novedad

πνεύματος καὶ οὐ παλαιότητι γράμματος.
de espíritu   y   no   en antigüedad   de letra.

7 Τί οὖν ἐροῦμεν; ὁ νόμος ἁμαρτία;
¿Qué, pues, diremos? ¿(Es) la ley   pecado?

μὴ γένοιτο· ἀλλὰ τὴν ἁμαρτίαν οὐκ
[1]¡Jamás!   Pero   el   pecado   no

ἔγνων εἰ μὴ διὰ νόμου· τήν τε γὰρ
conocí sino mediante (la) ley; porque también

ἐπιθυμίαν οὐκ ᾔδειν εἰ μὴ ὁ νόμος
la concupiscencia no sabía (yo) si no la ley

ἔλεγεν· οὐκ ἐπιθυμήσεις· **8** ἀφορμὴν δὲ
decía: No   codiciarás;   mas [2]ocasión

λαβοῦσα ἡ ἁμαρτία διὰ τῆς ἐντολῆς
tomando el pecado mediante el mandamiento

κατειργάσατο ἐν ἐμοὶ πᾶσαν ἐπιθυμίαν·
produjo   en mí toda (clase de) concupiscencia;

χωρὶς γὰρ νόμου ἁμαρτία νεκρά. **9** ἐγὼ
porque aparte de (la) ley (el) pecado muerto.   Pues

   (sin)   (está)

δὲ ἔζων χωρὶς νόμου ποτέ· ἐλθούσης δὲ
yo vivía   sin   ley   entonces; mas viniendo

τῆς ἐντολῆς ἡ ἁμαρτία ἀνέζησεν, **10** ἐγὼ
el mandamiento el pecado revivió,   y

δὲ ἀπέθανον, καὶ εὑρέθη μοι ἡ ἐντολὴ
yo morí,   y fue hallado para mí el mandamiento
                 (hallé)   (que)

ἡ εἰς ζωήν, αὕτη εἰς θάνατον· **11** ἡ γὰρ
— para vida, éste (fue) para muerte;   porque el
(que era)

ἁμαρτία ἀφορμὴν λαβοῦσα διὰ τῆς
pecado [3]ocasión tomando mediante el

ἐντολῆς ἐξηπάτησέν με καὶ δι᾽ αὐτῆς
mandamiento, engañó me y mediante él

ἀπέκτεινεν. **12** ὥστε ὁ μὲν νόμος ἅγιος,
(me) mató.   De modo que la — ley (es) santa,

καὶ ἡ ἐντολὴ ἁγία καὶ δικαία καὶ ἀγαθή.
y el mandamiento (es) santo y justo y bueno.

13 Τὸ οὖν ἀγαθὸν ἐμοὶ ἐγένετο θάνατος;
Por tanto, ¿lo bueno, para mí vino a ser muerte?

μὴ γένοιτο· ἀλλὰ ἡ ἁμαρτία, ἵνα φανῇ
[4]¡Jamás! Sino que (fue) el pecado, para aparecer

ἁμαρτία, διὰ τοῦ ἀγαθοῦ μοι κατεργα-
pecado, mediante el bien me produ-

ζομένη θάνατον, ἵνα γένηται καθ᾽ ὑπερβολὴν
ciendo muerte, para llegar a ser excesivamente

ἁμαρτωλὸς ἡ ἁμαρτία διὰ τῆς ἐντολῆς.
pecaminoso el pecado mediante el mandamiento.

[1]
7. ¡JAMÁS! Lit. ¡No suceda!
[2]
8. OCASIÓN. Lit. base de operaciones.
[3]
11. OCASIÓN. Lit. base de operaciones.
[4]
13. ¡JAMÁS! Lit. ¡No suceda!

14 οἴδαμεν γὰρ ὅτι ὁ νόμος πνευματικός
Porque sabemos que la ley espiritual

ἐστιν· ἐγὼ δὲ σάρκινός εἰμι, πεπραμένος
es; mas yo carnal soy, estando vendido

ὑπὸ τὴν ἁμαρτίαν. **15** ὃ γὰρ κατεργάζομαι
bajo el pecado. Porque lo que [1]hago,

οὐ γινώσκω· οὐ γὰρ ὃ θέλω τοῦτο
no [2]entiendo; porque no lo que deseo, esto

πράσσω, ἀλλ' ὃ μισῶ τοῦτο ποιῶ. **16** εἰ
practico, sino lo que odio, esto hago. Mas

δὲ ὃ οὐ θέλω τοῦτο ποιῶ, σύμφημι
si lo que no deseo, esto hago, estoy de acuerdo

τῷ νόμῳ ὅτι καλός. **17** νυνὶ δὲ οὐκέτι
con la ley de que (es) [3]buena. Mas ahora ya no

ἐγὼ κατεργάζομαι αὐτὸ ἀλλὰ ἡ ἐνοικοῦσα
yo [4]hago ello, sino el que habita

ἐν ἐμοὶ ἁμαρτία. **18** οἶδα γὰρ ὅτι οὐκ
en mí pecado. Porque sé que no

οἰκεῖ ἐν ἐμοί, τοῦτ' ἔστιν ἐν τῇ σαρκί
habita en mí, esto es, en la carne

μου, ἀγαθόν· τὸ γὰρ θέλειν παράκειταί
de mí, (lo) bueno; porque el desear está al alcance

μοι, τὸ δὲ κατεργάζεσθαι τὸ καλὸν
de mí, mas el poner por obra lo [5]bueno

οὔ· **19** οὐ γὰρ ὃ θέλω ποιῶ ἀγαθόν,
no; porque no lo que deseo hago bueno,

ἀλλὰ ὃ οὐ θέλω κακὸν τοῦτο πράσσω.
sino lo que no deseo malo, eso practico.

20 εἰ δὲ ὃ οὐ θέλω ἐγὼ τοῦτο ποιῶ,
Mas si lo que no deseo yo, esto hago,

οὐκέτι ἐγὼ κατεργάζομαι αὐτὸ ἀλλὰ ἡ
ya no yo pongo por obra lo, sino el

οἰκοῦσα ἐν ἐμοὶ ἁμαρτία. **21** εὑρίσκω
que habita en mí pecado. Así que hallo

ἄρα τὸν νόμον τῷ θέλοντι ἐμοὶ ποιεῖν
la ley al que quiere, a mí, hacer
(de que) (a mí que quiero)

τὸ καλόν, ὅτι ἐμοὶ τὸ κακὸν παράκειται·
lo [6]bueno, que para mí lo malo está presente;

22 συνήδομαι γὰρ τῷ νόμῳ τοῦ θεοῦ κατὰ
porque me deleito en la ley — de Dios en cuanto

τὸν ἔσω ἄνθρωπον, **23** βλέπω δὲ ἕτερον
al del interior Hombre, mas veo otra

νόμον ἐν τοῖς μέλεσίν μου ἀντιστρατευόμενον
ley en los miembros de mí que hace guerra

τῷ νόμῳ τοῦ νοός μου καὶ αἰχμαλωτίζοντά
contra la ley de la mente de mí y que toma cautivo

[1]
15. HAGO. Lit. *pongo por obra.*

[2]
15. ENTIENDO. Lit. *conozco.*

[3]
17. BUENA. Es decir, *de buena calidad.*

[4]
17. HAGO. Lit. *pongo por obra.*

[5]
18. BUENO. Lit. *de buena calidad.*

[6]
21. BUENO. Lit. *de buena calidad.*

με   ἐν   τῷ   νόμῳ   τῆς   ἁμαρτίας   τῷ   ὄντι
me   con   la   ley   del   pecado   la que   está

ἐν   τοῖς   μέλεσίν   μου.   24 Ταλαίπωρος
en   los   miembros   de mí.   ¡Miserable

ἐγὼ   ἄνθρωπος·   τίς   με   ῥύσεται   ἐκ   τοῦ
yo   hombre (soy)!   ¿Quién   me   ¹libertará   del

σώματος   τοῦ   θανάτου   τούτου;   25 χάρις
cuerpo   de la   muerte   esta?   ¡Gracia(s)

τῷ   θεῷ   διὰ   Ἰησοῦ   Χριστοῦ   τοῦ   κυρίου
—   a Dios   mediante   Jesucristo,   el   Señor

ἡμῶν.   Ἄρα   οὖν   αὐτὸς   ἐγὼ   τῷ   μὲν
de nosotros!   Así   que   yo mismo,   por un lado, con la

νοῒ   δουλεύω   νόμῳ   θεοῦ,   τῇ   δὲ   σαρκὶ
mente   sirvo   a (la) ley   de Dios,   con la   carne
                                        y por otro,

νόμῳ   ἁμαρτίας.   8 οὐδὲν   ἄρα   νῦν   κατάκριμα
a (la) ley   de(l) pecado.   Entonces, ninguna ahora condenación (hay)

τοῖς   ἐν   Χριστῷ   Ἰησοῦ.   2 ὁ   γὰρ   νόμος   τοῦ
para los   en   Cristo   Jesús.   Porque   la ley   del
(que están)

πνεύματος   τῆς   ζωῆς   ἐν   Χριστῷ   Ἰησοῦ
Espíritu   —   de vida   en   Cristo   Jesús

ἠλευθέρωσέν   σε   ἀπὸ   τοῦ   νόμου   τῆς
libertó   te   de   la   ley   del

ἁμαρτίας   καὶ   τοῦ   θανάτου.   3 τὸ   γὰρ
pecado   y   de la   muerte.   Porque lo

ἀδύνατον   τοῦ   νόμου,   ἐν   ᾧ   ἠσθένει   διὰ
imposible   de la   ley,   en   lo que   era débil   mediante

τῆς   σαρκός,   ὁ   θεὸς   τὸν   ἑαυτοῦ   υἱὸν
la   carne,   —   Dios   al   de sí mismo   Hijo

πέμψας   ἐν   ὁμοιώματι   σαρκὸς   ἁμαρτίας
enviando   en   semejanza   de carne   de pecado

καὶ   περὶ   ἁμαρτίας   κατέκρινεν   τὴν   ἁμαρτίαν
y   por (el)   pecado,   condenó   al   pecado
(como ofrenda)

ἐν   τῇ   σαρκί,   4 ἵνα   τὸ   δικαίωμα   τοῦ
en   la   carne,   para que   la   ordenanza   de la

νόμου   πληρωθῇ   ἐν   ἡμῖν   τοῖς   μὴ   κατὰ
ley   se cumpliera   en   nosotros,   los que   no   según

σάρκα   περιπατοῦσιν   ἀλλὰ   κατὰ   πνεῦμα.
(la) carne   andamos,   sino   según   (el) Espíritu.

5 οἱ   γὰρ   κατὰ   σάρκα   ὄντες   τὰ   τῆς
Porque los que   según   (la) carne   son,   en las cosas de la

σαρκὸς   φρονοῦσιν,   οἱ   δὲ   κατὰ   πνεῦμα
carne   ponen su mente,   mas los que   según   (el) Espíritu

¹
24. LIBERTARÁ. Lit. *rescata-*
rá.

τὰ τοῦ πνεύματος. **6** τὸ γὰρ φρόνημα
en las del Espíritu. Porque la manera de
cosas pensar

τῆς σαρκὸς θάνατος, τὸ δὲ φρόνημα
de la carne (es) muerte, mas la manera de pensar

τοῦ πνεύματος ζωὴ καὶ εἰρήνη. **7** διότι
del Espíritu (es) vida y paz. Por lo cual

τὸ φρόνημα τῆς σαρκὸς ἔχθρα εἰς θεόν·
la mentalidad de la carne (es) enemistad contra Dios;

τῷ γὰρ νόμῳ τοῦ θεοῦ οὐχ ὑποτάσσεται,
porque a la ley — de Dios no se somete,

οὐδὲ γὰρ δύναται· **8** οἱ δὲ ἐν σαρκὶ
porque ni puede; y los que en (la) carne

ὄντες θεῷ ἀρέσαι οὐ δύνανται. **9** ὑμεῖς
están, a Dios agradar no pueden. Mas vos-

δὲ οὐκ ἐστὲ ἐν σαρκὶ ἀλλὰ ἐν πνεύματι,
otros no estáis en (la) carne, sino en (el) Espíritu,

εἴπερ πνεῦμα θεοῦ οἰκεῖ ἐν ὑμῖν. εἰ
supuesto que (el) Espíritu de Dios habita en vosotros.

δέ τις πνεῦμα Χριστοῦ οὐκ ἔχει, οὗτος
Mas si alguno (el) Espíritu de Cristo no tiene, éste

οὐκ ἔστιν αὐτοῦ. **10** εἰ δὲ Χριστὸς
no es de él. Mas si Cristo (está)

ἐν ὑμῖν, τὸ μὲν σῶμα νεκρὸν διὰ
en vosotros, el cuerpo ciertamente muerto (está) a causa

ἁμαρτίαν, τὸ δὲ πνεῦμα ζωὴ διὰ
de(l) pecado, mas el espíritu (es) vida a causa

δικαιοσύνην. **11** εἰ δὲ τὸ πνεῦμα τοῦ
de (la) justicia. Mas si el Espíritu del que

ἐγείραντος τὸν Ἰησοῦν ἐκ νεκρῶν οἰκεῖ ἐν
levantó a Jesús de (los) muertos habita en

ὑμῖν, ὁ ἐγείρας ἐκ νεκρῶν Χριστὸν
vosotros, el que levantó de (los) muertos a Cristo

Ἰησοῦν ζωοποιήσει καὶ τὰ θνητὰ σώματα
Jesús, vivificará también los mortales cuerpos

ὑμῶν διὰ τοῦ ἐνοικοῦντος αὐτοῦ πνεύματος
de mediante el que inhabita de él Espíritu
vosotros

ἐν ὑμῖν.
en vosotros.

12 Ἄρα οὖν, ἀδελφοί, ὀφειλέται ἐσμέν,
Así pues, hermanos, deudores somos,

οὐ τῇ σαρκὶ τοῦ κατὰ σάρκα ζῆν. **13** εἰ
no a la carne para según (la) carne vivir. Porque

γὰρ κατὰ σάρκα ζῆτε, μέλλετε ἀποθνήσκειν·
si según (la) carne vivís, vais a morir;

εἰ δὲ πνεύματι τὰς πράξεις τοῦ σώματος
mas si por (el) Espíritu las prácticas del cuerpo

θανατοῦτε, ζήσεσθε. 14 ὅσοι γὰρ πνεύματι
hacéis morir, viviréis. Porque cuantos por (el) Espíritu

θεοῦ ἄγονται, οὗτοι υἱοί εἰσιν θεοῦ.
de Dios son guiados, éstos hijos son de Dios.

15 οὐ γὰρ ἐλάβετε πνεῦμα δουλείας πάλιν
Porque no recibisteis espíritu de esclavitud otra vez

εἰς φόβον, ἀλλὰ ἐλάβετε πνεῦμα υἱοθεσίας,
para temor, sino que recibisteis espíritu de adopción como hijos,

ἐν ᾧ κράζομεν· ἀββὰ ὁ πατήρ. 16 αὐτὸ
en el cual clamamos: ¡Abba, Padre! El Espíritu

τὸ πνεῦμα συμμαρτυρεῖ τῷ πνεύματι ἡμῶν
mismo da conjuntamente testimonio al espíritu de nosotros

ὅτι ἐσμὲν τέκνα θεοῦ. 17 εἰ δὲ τέκνα,
de que somos hijos de Dios. Y si hijos,

καὶ κληρονόμοι· κληρονόμοι μὲν θεοῦ,
también herederos; herederos, sí, de Dios,

συγκληρονόμοι δὲ Χριστοῦ, εἴπερ συμπάσ-
y coherederos con Cristo, si padecemos

χομεν ἵνα καὶ συνδοξασθῶμεν. 18 Λογίζομαι
con (él) para que también seamos glorificados con (él). Porque me hago

γὰρ ὅτι οὐκ ἄξια τὰ παθήματα τοῦ
la cuenta de que no (son) comparables los sufrimientos del

νῦν καιροῦ πρὸς τὴν μέλλουσαν δόξαν
¹presente tiempo con la que va gloria

ἀποκαλυφθῆναι εἰς ἡμᾶς. 19 ἡ γὰρ
a ser revelada a nosotros. Porque el

ἀποκαραδοκία τῆς κτίσεως τὴν ἀποκάλυψιν
anhelo profundo de la creación la revelación

τῶν υἱῶν τοῦ θεοῦ ἀπεκδέχεται. 20 τῇ
de los hijos — de Dios aguarda ansiosamente. Porque

γὰρ ματαιότητι ἡ κτίσις ὑπετάγη, οὐχ
a vanidad la creación fue sometida, no

ἑκοῦσα, ἀλλὰ διὰ τὸν ὑποτάξαντα, ἐφ'
voluntariamente, sino a causa del que (la) sometió en

ἐλπίδι 21 διότι καὶ αὐτὴ ἡ κτίσις
esperanza, por lo que también la creación misma

ἐλευθερωθήσεται ἀπὸ τῆς δουλείας τῆς
será liberada de la esclavitud de la

φθορᾶς εἰς τὴν ἐλευθερίαν τῆς δόξης
corrupción a la libertad de la gloria

τῶν τέκνων τοῦ θεοῦ. 22 οἴδαμεν γὰρ
de los hijos — de Dios. Porque sabemos

ὅτι πᾶσα ἡ κτίσις συστενάζει καὶ
que toda la creación gime a una y

18. Presente. Lit. ahora.

συνωδίνει ἄχρι τοῦ νῦν· 23 οὐ μόνον δέ,
a una sufre hasta el presente; y no sólo (eso),
dolores de parto

ἀλλὰ καὶ αὐτοὶ τὴν ἀπαρχὴν τοῦ πνεύματος
sino que también (nosotros) las primicias del Espíritu
mismos

ἔχοντες [ἡμεῖς] καὶ αὐτοὶ ἐν ἑαυτοῖς
teniendo, también nosotros mismos en nosotros
mismos

στενάζομεν υἱοθεσίαν ἀπεκδεχόμενοι, τὴν
gemimos la adopción de hijos aguardando ansiosamente la

ἀπολύτρωσιν τοῦ σώματος ἡμῶν. 24 τῇ
redención del cuerpo de nosotros. Porque

γὰρ ἐλπίδι ἐσώθημεν· ἐλπὶς δὲ βλεπομένη
en esperanza fuimos salvos; mas (la) esperanza que se ve

οὐκ ἔστιν ἐλπίς· ὃ γὰρ βλέπει τις,
no es esperanza; porque lo que ve alguien,

τί καὶ ἐλπίζει; 25 εἰ δὲ ὃ οὐ βλέπομεν
¿por también (lo) espera? Mas si lo que no vemos,
qué

ἐλπίζομεν, δι᾽ ὑπομονῆς ἀπεκδεχόμεθα.
esperamos, mediante (la) paciencia (lo) aguardamos.

26 ὡσαύτως δὲ καὶ τὸ πνεῦμα συναντιλαμ-
Y de la misma manera también el Espíritu ayuda

βάνεται τῇ ἀσθενείᾳ ἡμῶν· τὸ γὰρ τί
en la debilidad de nosotros; porque qué

προσευξώμεθα καθὸ δεῖ οὐκ οἴδαμεν, ἀλλὰ
oremos conforme es menester no sabemos, pero

αὐτὸ τὸ πνεῦμα ὑπερεντυγχάνει στεναγμοῖς
el Espíritu mismo intercede por (nosotros) con gemidos

ἀλαλήτοις· 27 ὁ δὲ ἐρευνῶν τὰς καρδίας
inexpresables; y el que escudriña los corazones

οἶδεν τί τὸ φρόνημα τοῦ πνεύματος,
sabe cuál (es) [1]la manera de pensar del Espíritu,

ὅτι κατὰ θεὸν ἐντυγχάνει ὑπὲρ ἁγίων.
pues de acuerdo con Dios intercede por (los) santos.

28 οἴδαμεν δὲ ὅτι τοῖς ἀγαπῶσιν τὸν
Y sabemos que a los que aman —

θεὸν πάντα συνεργεῖ [ὁ θεὸς] εἰς ἀγαθόν,
a Dios todas las obra Dios para bien,
cosas juntamente

τοῖς κατὰ πρόθεσιν κλητοῖς οὖσιν. 29 ὅτι
a los conforme propósito llamados son. Pues
que a (su)

οὓς προέγνω, καὶ προώρισεν συμμόρφους
a los de antemano también (los) predestinó [2]conforme
que conoció (a ser hechos)

τῆς εἰκόνος τοῦ υἱοῦ αὐτοῦ, εἰς τὸ
a la imagen del Hijo de él, para que

εἶναι αὐτὸν πρωτότοκον ἐν πολλοῖς
sea él primogénito entre muchos

ἀδελφοῖς· 30 οὓς δὲ προώρισεν, τούτους
hermanos; y a los que predestinó, a éstos

---

[1] 27. LA MANERA DE PENSAR. O *el sentir.*

[2] 29. CONFORME. Lit. *de la misma forma.*

καὶ ἐκάλεσεν· καὶ οὓς ἐκάλεσεν, τούτους
también llamó;   y a los que llamó,   a éstos

καὶ ἐδικαίωσεν· οὓς δὲ ἐδικαίωσεν, τούτους
también justificó; y a los que justificó, a éstos

καὶ ἐδόξασεν. 31 Τί οὖν ἐροῦμεν πρὸς
también glorificó.   ¿Qué, pues, diremos   a

ταῦτα; εἰ ὁ θεὸς ὑπὲρ ἡμῶν, τίς καθ᾽
estas cosas? Si — Dios por nosotros, ¿quién contra

ἡμῶν; ὅς γε τοῦ ἰδίου υἱοῦ οὐκ ἐφείσατο,
nosotros? Quien por al propio Hijo no escatimó,
       cierto   (suyo)
32 ἀλλὰ ὑπὲρ ἡμῶν πάντων παρέδωκεν
sino que por nosotros todos entregó

αὐτόν, πῶς οὐχὶ καὶ σὺν αὐτῷ τὰ πάντα
lo, ¿cómo no también con él — todas las
                                         cosas
ἡμῖν χαρίσεται; 33 τίς ἐγκαλέσει κατὰ
nos otorgará gratis? ¿Quién presentará cargos contra

ἐκλεκτῶν θεοῦ; θεὸς ὁ δικαιῶν· 34 τίς
(los) elegidos de Dios? Dios (es) el que justifica, ¿quién (es)

ὁ κατακρινῶν; Χριστὸς Ἰησοῦς ὁ ἀποθανών,
el que condena? Cristo Jesús (es) el que murió,

μᾶλλον δὲ ἐγερθείς, ὅς ἐστιν ἐν δεξιᾷ
y más aún el que fue el cual está a la diestra
           resucitado,
τοῦ θεοῦ, ὃς καὶ ἐντυγχάνει ὑπὲρ ἡμῶν.
— de Dios, el cual también intercede por nosotros.

35 τίς ἡμᾶς χωρίσει ἀπὸ τῆς ἀγάπης
¿Quién nos separará del amor

τοῦ Χριστοῦ; θλῖψις ἢ στενοχωρία ἢ
de Cristo? ¿Tribulación, o angustia, o

διωγμὸς ἢ λιμὸς ἢ γυμνότης ἢ κίνδυνος
persecución, o hambre, o desnudez, o peligro,

ἢ μάχαιρα; 36 καθὼς γέγραπται ὅτι ἕνεκεν
o espada? Tal como está escrito: — Por causa

σοῦ θανατούμεθα ὅλην τὴν ἡμέραν,
de ti [1]somos matados todo el día,

ἐλογίσθημεν ὡς πρόβατα σφαγῆς. 37 ἀλλ᾽
fuimos considerados como ovejas [2]de matanza. Pero

ἐν τούτοις πᾶσιν ὑπερνικῶμεν διὰ τοῦ
en estas cosas todas somos más que mediante el
                              vencedores
ἀγαπήσαντος ἡμᾶς. 38 πέπεισμαι γὰρ
que amó nos. Porque estoy persuadido

ὅτι οὔτε θάνατος οὔτε ζωὴ οὔτε ἄγγελοι
de que ni muerte ni vida, ni ángeles,

οὔτε ἀρχαὶ οὔτε ἐνεστῶτα οὔτε μέλλοντα
ni [3]principados, ni cosas presentes, ni cosas a punto
                                            de llegar,
οὔτε δυνάμεις 39 οὔτε ὕψωμα οὔτε βάθος
ni poderes, ni altura, ni profundidad,

1
36. SOMOS MATADOS. Es decir, *somos confrontados con la muerte.*
2
36. DE MATANZA. Lit. *de degüello.*
3
38. PRINCIPADOS. O *gobernantes.*

οὔτε   τις   κτίσις   ἑτέρα   δυνήσεται   ἡμᾶς
ni   alguna   criatura   otra   podrá   nos

χωρίσαι   ἀπὸ   τῆς   ἀγάπης   τοῦ   θεοῦ   τῆς
separar   del   amor   —   de Dios   —

ἐν   Χριστῷ   Ἰησοῦ   τῷ   κυρίῳ   ἡμῶν.
[1]en   Cristo   Jesús   el   Señor   de nosotros.

9 Ἀλήθειαν   λέγω   ἐν   Χριστῷ,   οὐ
    Verdad   digo   en   Cristo,   no

ψεύδομαι,   συμμαρτυρούσης   μοι   τῆς
miento,   dando testimonio   conmigo   la

συνειδήσεώς   μου   ἐν   πνεύματι   ἁγίῳ,   **2** ὅτι
conciencia   de mí   en   (el) Espíritu   Santo,   que

λύπη   μοί   ἐστιν   μεγάλη   καὶ   ἀδιάλειπτος
tristeza   tengo   grande   e   incesante

ὀδύνη   τῇ   καρδίᾳ   μου.   **3** ηὐχόμην   γὰρ
dolor   en el   corazón   de mí.   Porque deseaba

ἀνάθεμα   εἶναι   αὐτὸς   ἐγὼ   ἀπὸ   τοῦ   Χριστοῦ
anatema   ser   yo mismo   (separado)   de   —   Cristo

ὑπὲρ   τῶν   ἀδελφῶν   μου   τῶν   συγγενῶν
en favor   de los   hermanos   de mí,   de los   de la raza

μου   κατὰ   σάρκα,   **4** οἵτινές   εἰσιν   Ἰσραη-
de mí   según   (la) carne,   los cuales   son   israeli-

λῖται,   ὧν   ἡ   υἱοθεσία   καὶ   ἡ   δόξα   καὶ
tas,   de los   la adopción de hijos,   y   la   gloria,   y
   cuales son

αἱ   διαθῆκαι   καὶ   ἡ   νομοθεσία   καὶ   ἡ
los   pactos,   y   la promulgación de la ley,   y   el

λατρεία   καὶ   αἱ   ἐπαγγελίαι,   **5** ὧν   οἱ
servicio cultual   y   las   promesas,   de quienes   los
    (son)

πατέρες,   καὶ   ἐξ   ὧν   ὁ   Χριστὸς   τὸ   κατὰ
patriarcas,   y   de quienes   el   Cristo   —   según
    (procede)

σάρκα·   ὁ   ὢν   ἐπὶ   πάντων   θεὸς   εὐλογητὸς
(la) carne;   el que es   sobre todas las cosas,   Dios   bendito

εἰς   τοὺς   αἰῶνας,   ἀμήν.   **6** Οὐχ   οἷον   δὲ
por   los   siglos,   amén.   Y no   es como

ὅτι   ἐκπέπτωκεν   ὁ   λόγος   τοῦ   θεοῦ.   οὐ
si   hubiese fallado   la   palabra   —   de Dios.   Porque

γὰρ   πάντες   οἱ   ἐξ   Ἰσραήλ,   οὗτοι   Ἰσραήλ·
no   todos   los   que   de Israel,   esos (son de)   Israel;
    (proceden)

7 οὐδ'   ὅτι   εἰσὶν   σπέρμα   Ἀβραάμ,   πάντες
ni   porque   son   [2]descendencia   de Abraham,   todos (son)

τέκνα,   ἀλλ'·   ἐν   Ἰσαὰκ   κληθήσεταί   σοι
hijos,   sino que: En   Isaac   será llamada   te

σπέρμα.   **8** τοῦτ'   ἔστιν,   οὐ   τὰ   τέκνα   τῆς
[2]descendencia.   Esto   es,   no   los   hijos   de la

---

[1]
39. EN CRISTO JESÚS. Lit.
el que (es) *en Cristo Jesús.*

[2]
7 y 8. DESCENDENCIA. Lit.
simiente.

σαρκὸς ταῦτα τέκνα τοῦ θεοῦ, ἀλλὰ
carne,   esos (son) hijos   —   de Dios, sino que

τὰ τέκνα τῆς ἐπαγγελίας λογίζεται εἰς
los hijos de la   promesa   son contados por

σπέρμα. 9 ἐπαγγελίας γὰρ ὁ λόγος οὗτος·
descendencia.   Porque de (la) promesa la palabra (es) esta:

κατὰ τὸν καιρὸν τοῦτον ἐλεύσομαι καὶ
De acuerdo con el tiempo   este,   vendré   y

ἔσται τῇ Σάρρᾳ υἱός. 10 οὐ μόνον δέ,
tendrá — Sara un hijo.   Y no sólo (eso),

ἀλλὰ καὶ Ῥεβεκκὰ ἐξ ἑνὸς κοίτην ἔχουσα,
sino que también Rebeca,   de uno   concibiendo,

Ἰσαὰκ τοῦ πατρὸς ἡμῶν· 11 μήπω γὰρ
Isaac el padre de nosotros;   porque aún no

γεννηθέντων μηδὲ πραξάντων τι ἀγαθὸν
habiendo nacido ni   haber hecho nada, bueno

ἢ φαῦλον, ἵνα ἡ κατ' ἐκλογὴν πρόθεσις
o [1]malo, para que el según (su) elección propósito

τοῦ θεοῦ μένῃ, 12 οὐκ ἐξ ἔργων ἀλλ'
— de Dios permanezca,   no a base de obras, sino

ἐκ τοῦ καλοῦντος, ἐρρέθη αὐτῇ ὅτι ὁ
del que llama,   fue dicho a ella: — El

μείζων δουλεύσει τῷ ἐλάσσονι· 13 καθάπερ
mayor servirá al menor;   tal como

γέγραπται· τὸν Ἰακὼβ ἠγάπησα, τὸν δὲ
está escrito: — A Jacob amé, — mas

Ἡσαῦ ἐμίσησα.
a Esaú [2]aborrecí.

14 Τί οὖν ἐροῦμεν; μὴ ἀδικία παρὰ
¿Qué, pues, diremos? ¿Acaso (hay) injusticia con

τῷ θεῷ; μὴ γένοιτο. 15 τῷ Μωϋσεῖ
— Dios? [3]¡Jamás! — Porque a Moisés

γὰρ λέγει· ἐλεήσω ὃν ἂν ἐλεῶ, καὶ
dice: Tendré del que (yo) tenga y
      misericordia   misericordia,

οἰκτιρήσω ὃν ἂν οἰκτίρω. 16 ἄρα οὖν
tendré del que (yo) tenga compasión. Así que
compasión.

οὐ τοῦ θέλοντος οὐδὲ τοῦ τρέχοντος,
no del que quiere ni del que corre,
(depende)

ἀλλὰ τοῦ ἐλεῶντος θεοῦ. 17 λέγει γὰρ
sino del que tiene misericordia, Dios. Porque dice

ἡ γραφὴ τῷ Φαραὼ ὅτι εἰς αὐτὸ τοῦτο
la Escritura — a Faraón: — Para esto mismo

ἐξήγειρά σε, ὅπως ἐνδείξωμαι ἐν σοὶ
levanté te, para así mostrar en ti

1
11. MALO. Lit. *ruin*.
2
13. ABORRECÍ. Es decir, *desatendí*.
3
14. ¡JAMÁS! Lit. *¡No suceda!*

τὴν δύναμίν μου, καὶ ὅπως διαγγελῇ τὸ
el   poder   de mí, y para que así sea publicado el

ὄνομά μου ἐν πάσῃ τῇ γῇ. **18** ἄρα οὖν
nombre de mí en toda la tierra.   Así   que

ὃν θέλει ἐλεεῖ, ὃν δὲ θέλει σκληρύνει.
de quien quiere, tiene y al que quiere, [1]endurece.
quien   misericordia,

19 Ἐρεῖς μοι οὖν· τί ἔτι μέμφεται;
Dirás me, pues: ¿Por qué aún halla faltas?

τῷ γὰρ βουλήματι αὐτοῦ τίς ἀνθέστηκεν;
Porque, ¿a la voluntad de él quién resistió?

20 ὦ ἄνθρωπε, μενοῦν γε σὺ τίς εἶ ὁ
¡Oh hombre! En todo caso, ¿tú quién eres el

ἀνταποκρινόμενος τῷ θεῷ; μὴ ἐρεῖ τὸ
que replicas contra — Dios? ¿Acaso dirá el

πλάσμα τῷ πλάσαντι· τί με ἐποίησας
objeto modelado al que lo modeló: Por qué me hiciste

οὕτως; **21** ἢ οὐκ ἔχει ἐξουσίαν ὁ κεραμεὺς
así? ¿O no tiene autoridad el alfarero

τοῦ πηλοῦ ἐκ τοῦ αὐτοῦ φυράματος
sobre el barro para de la misma masa

ποιῆσαι ὃ μὲν εἰς τιμὴν σκεῦος, ὃ δὲ
hacer a este para honor vaso, y al otro

εἰς ἀτιμίαν; **22** εἰ δὲ θέλων ὁ θεὸς
para deshonor? Mas ¿si queriendo — Dios

ἐνδείξασθαι τὴν ὀργὴν καὶ γνωρίσαι τὸ
mostrar la ira y dar a conocer lo

δυνατὸν αὐτοῦ ἤνεγκεν ἐν πολλῇ μακρο-
poderoso de él, [2]soportó con mucha longani-

θυμίᾳ σκεύη ὀργῆς κατηρτισμένα εἰς
midad (los) vasos de ira preparados para

ἀπώλειαν, **23** καὶ ἵνα γνωρίσῃ τὸν πλοῦτον
destrucción, y para dar a conocer las riquezas

τῆς δόξης αὐτοῦ ἐπὶ σκεύη ἐλέους, ἃ
de la gloria de él sobre vasos de misericordia, que

προητοίμασεν εἰς δόξαν, **24** οὓς καὶ
de antemano preparó para gloria, a los que también

ἐκάλεσεν ἡμᾶς οὐ μόνον ἐξ Ἰουδαίων
llamó nos no sólo de entre (los) judíos,

ἀλλὰ καὶ ἐξ ἐθνῶν; **25** ὡς καὶ ἐν τῷ
sino también de entre (los) gentiles? Como también en —

Ὡσηὲ λέγει· καλέσω τὸν οὐ λαόν μου
Oseas dice: Llamaré al que no (era) pueblo de mí,

λαόν μου καὶ τὴν οὐκ ἠγαπημένην
pueblo de mí y a la que no (era) amada,

ἠγαπημένην· **26** καὶ ἔσται ἐν τῷ τόπῳ
amada; y [3]sucederá (que) en el lugar

1
18. ENDURECE. No directa-
mente, sino conforme a la
dureza ya existente en el
sujeto.
2
22. SOPORTÓ. Lit. *llevó.*
3
26. SUCEDERÁ. Lit. *será.*

ROMANOS 9

633

οὗ ἐρρέθη [αὐτοῖς]· οὐ λαός μου ὑμεῖς,
donde fue dicho les: No (sois) pueblo de mí vosotros,

ἐκεῖ κληθήσονται υἱοὶ θεοῦ ζῶντος.
allí serán llamados hijos de(l) Dios viviente.

27 Ἡσαΐας δὲ κράζει ὑπὲρ τοῦ Ἰσραήλ·
Mas Isaías clama con respecto — a Israel:

ἐὰν ᾖ ὁ ἀριθμὸς τῶν υἱῶν Ἰσραὴλ
[1]Aunque sea el número de los hijos de Israel

ὡς ἡ ἄμμος τῆς θαλάσσης, τὸ ὑπόλειμμα
como la arena del mar, el remanente

σωθήσεται· **28** λόγον γὰρ συντελῶν καὶ
será salvo; porque [2]una sentencia consumando y

συντέμνων ποιήσει κύριος ἐπὶ τῆς γῆς.
abreviando hará (el) Señor sobre la tierra.

29 καὶ καθὼς προείρηκεν Ἡσαΐας· εἰ μὴ
Y conforme ha dicho de antemano Isaías: A no ser que

κύριος σαβαὼθ ἐγκατέλιπεν ἡμῖν σπέρμα,
(el) Señor de los ejércitos dejó nos [3]descendencia,

ὡς Σόδομα ἂν ἐγενήθημεν καὶ ὡς Γόμορρα
como Sodoma habríamos llegado a ser y como Gomorra
(a)

ἂν ὡμοιώθημεν.
habríamos sido semejantes.

30 Τί οὖν ἐροῦμεν; ὅτι ἔθνη τὰ μὴ
¿Qué, pues, diremos? Que (los) gentiles que no

διώκοντα δικαιοσύνην κατέλαβεν δικαιοσύνην,
perseguían justicia, alcanzaron justicia,
(iban tras)

δικαιοσύνην δὲ τὴν ἐκ πίστεως· **31** Ἰσραὴλ
mas una justicia que (es) a base de fe; mas Israel,

δὲ διώκων νόμον δικαιοσύνης εἰς νόμον
que iba tras una ley de justicia, a (esa) ley

οὐκ ἔφθασεν. **32** διὰ τί; ὅτι οὐκ ἐκ
no llegó. ¿Por qué? Porque no por

πίστεως ἀλλ᾿ ὡς ἐξ ἔργων· προσέκοψαν
fe, sino como por obras; tropezaron

τῷ λίθῳ τοῦ προσκόμματος, **33** καθὼς
en la piedra — de tropiezo, tal como

γέγραπται· ἰδοὺ τίθημι ἐν Σιὼν λίθον
está escrito: Mirad (que) pongo en Sión una piedra

προσκόμματος καὶ πέτραν σκανδάλου, καὶ
de tropiezo y roca de escándalo, y

ὁ πιστεύων ἐπ᾿ αὐτῷ οὐ καταισχυνθήσεται.
el que crea en él, no será avergonzado.

[1]
27. AUNQUE. Lit. *Si.*
[2]
28. UNA SENTENCIA. Lit. *una palabra.*
[3]
29. DESCENDENCIA. Lit. *simiente.*

10 Ἀδελφοί, ἡ μὲν εὐδοκία τῆς ἐμῆς
Hermanos, ¹el buen deseo de mi

καρδίας καὶ ἡ δέησις πρὸς τὸν θεὸν
corazón y la petición a — Dios

ὑπὲρ αὐτῶν εἰς σωτηρίαν. **2** μαρτυρῶ
por ellos (es) para salvación. Porque doy

γὰρ αὐτοῖς ὅτι ζῆλον θεοῦ ἔχουσιν, ἀλλ'
testimonio les que celo de Dios tienen, pero

οὐ κατ' ἐπίγνωσιν· **3** ἀγνοοῦντες γὰρ τὴν
no ²con discernimiento; porque ignorando la

τοῦ θεοῦ δικαιοσύνην, καὶ τὴν ἰδίαν
— de Dios justicia, y la (suya) propia

ζητοῦντες στῆσαι, τῇ δικαιοσύνῃ τοῦ θεοῦ
procurando establecer, a la justicia — de Dios

οὐχ ὑπετάγησαν. **4** τέλος γὰρ νόμου
no se sometieron. Porque fin de (la) ley (es)

Χριστὸς εἰς δικαιοσύνην παντὶ τῷ
Cristo para justicia a todo el

πιστεύοντι. **5** Μωϋσῆς γὰρ γράφει ὅτι
que cree. Porque Moisés escribe: —

τὴν δικαιοσύνην τὴν ἐκ νόμου ὁ ποιήσας
La justicia que (es) a base de (la) ley el que haga

ἄνθρωπος ζήσεται ἐν αὐτῇ. **6** ἡ δὲ
hombre, vivirá por ella. Mas la (que es)

ἐκ πίστεως δικαιοσύνη οὕτως λέγει· μὴ
a base de (la) fe justicia, así dice: No

εἴπῃς ἐν τῇ καρδίᾳ σου· τίς ἀναβήσεται
digas en el corazón de ti: ¿Quién subirá

εἰς τὸν οὐρανόν; τοῦτ' ἔστιν Χριστὸν
al cielo? Esto es: para a Cristo

καταγαγεῖν· **7** ἤ· τίς καταβήσεται εἰς
hacer bajar; o, ¿quién descenderá al

τὴν ἄβυσσον; τοῦτ' ἔστιν Χριστὸν ἐκ
abismo? Esto es, para a Cristo de (los)

νεκρῶν ἀναγαγεῖν. **8** ἀλλὰ τί λέγει;
muertos hacer subir. Sino, ¿qué dice?

ἐγγύς σου τὸ ῥῆμά ἐστιν, ἐν τῷ στόματί
Cerca de ti la palabra está, en la boca

σου καὶ ἐν τῇ καρδίᾳ σου· τοῦτ' ἔστιν
de ti y en el corazón de ti; esto es,

τὸ ῥῆμα τῆς πίστεως ὃ κηρύσσομεν.
la palabra de la fe que proclamamos.

9 ὅτι ἐὰν ὁμολογήσῃς ἐν τῷ στόματί
Que si confiesas con la boca

σου κύριον Ἰησοῦν, καὶ πιστεύσῃς ἐν
de ti (como) Señor a Jesús, y crees en

τῇ καρδίᾳ σου ὅτι ὁ θεὸς αὐτὸν ἤγειρεν
el corazón de ti que — Dios le levantó

1
1. EL BUEN DESEO. Lit. *la complacencia.*
2
2. CON DISCERNIMIENTO. Lit. *según pleno conocimiento.*

ἐκ   νεκρῶν,   σωθήσῃ·   10 καρδίᾳ   γὰρ
de entre (los) muertos,   serás salvo;   porque con (el) corazón

πιστεύεται   εἰς   δικαιοσύνην,   στόματι   δὲ
se cree   para   justicia,   y con (la) boca

ὁμολογεῖται   εἰς   σωτηρίαν.   11 λέγει   γὰρ
se confiesa   para   salvación.   Porque dice

ἡ   γραφή·   πᾶς   ὁ   πιστεύων   ἐπ'   αὐτῷ
la   Escritura: Todo el que   cree   en   él,

οὐ   καταισχυνθήσεται.   12 οὐ   γάρ   ἐστιν
no   será avergonzado.   Porque no   hay

διαστολὴ   Ἰουδαίου   τε   καὶ   Ἕλληνος.   ὁ
diferencia   tanto de judío   como   de griego.   Porque

γὰρ   αὐτὸς   κύριος   πάντων,   πλουτῶν   εἰς
el   mismo (es)   Señor   de todos,   rico   para con

πάντας   τοὺς   ἐπικαλουμένους   αὐτόν·   13 πᾶς
todos   los que   invocan   le;   porque

γὰρ   ὃς   ἂν   ἐπικαλέσηται   τὸ   ὄνομα   κυρίου
cualquiera que   invoque   el   nombre   de(l) Señor

σωθήσεται.   14 Πῶς   οὖν   ἐπικαλέσωνται   εἰς
será salvo.   ¿Cómo,   pues,   invocarán   al

ὃν   οὐκ   ἐπίστευσαν;   πῶς   δὲ   πιστεύσωσιν
que   no   creyeron?   ¿Y cómo   creerán

οὗ   οὐκ   ἤκουσαν;   πῶς   δὲ   ἀκούσωσιν
[1]a quien   no   oyeron?   ¿Y cómo   oirán

χωρὶς   κηρύσσοντος;   15 πῶς   δὲ   κηρύξωσιν
[2]sin   predicador?   ¿Y cómo   [3]predicarán

ἐὰν   μὴ   ἀποσταλῶσιν;   καθάπερ   γέγραπται·
si   no   son enviados?   Tal como   está escrito:

ὡς   ὡραῖοι   οἱ   πόδες   τῶν   εὐαγγελιζομένων
¡Cuán hermosos (son) los   pies   de los que   anuncian

ἀγαθά.   16 ἀλλ'   οὐ   πάντες   ὑπήκουσαν   τῷ
buenas nuevas!   Mas   no   todos   obedecieron   al

εὐαγγελίῳ.   Ἠσαΐας   γὰρ   λέγει·   κύριε,
evangelio.   Porque Isaías   dice: Señor,

τίς   ἐπίστευσεν   τῇ   ἀκοῇ   ἡμῶν;   17 ἄρα
¿quién   creyó   al   mensaje   de nosotros?   Así que

ἡ   πίστις   ἐξ   ἀκοῆς,   ἡ   δὲ   ἀκοὴ   διὰ
la   fe (viene)   del   oír,   y el   oír,   mediante

ῥήματος   Χριστοῦ.   18 ἀλλὰ   λέγω,   μὴ
(la) palabra   de Cristo.   Pero   digo,   ¿acaso

οὐκ   ἤκουσαν;   μενοῦν   γε·   εἰς   πᾶσαν
no   oyeron?   Ciertamente que sí: Hasta   toda

τὴν   γῆν   ἐξῆλθεν   ὁ   φθόγγος   αὐτῶν,
la   tierra   salió   la   voz articulada   de ellos,

[1]
14. A QUIEN NO OYERON.
O a aquel de quien no
oyeron.
[2]
15. SIN PREDICADOR. Lit. sin
quien proclame.
[3]
15. PREDICARÁN. Lit. procla-
marán.

καὶ εἰς τὰ πέρατα τῆς οἰκουμένης τὰ
y hasta los confines de la tierra habitada las

ρήματα αὐτῶν. 19 ἀλλὰ λέγω, μὴ Ἰσραὴλ
palabras de ellos. Pero digo, ¿acaso Israel

οὐκ ἔγνω; πρῶτος Μωϋσῆς λέγει· ἐγὼ
no conoció? Primero, Moisés dice: Yo

παραζηλώσω ὑμᾶς ἐπ᾽ οὐκ ἔθνει, ἐπ᾽
provocaré a celos os con no (es) nación, con
(gente que)

ἔθνει ἀσυνέτῳ παροργιῶ ὑμᾶς. 20 Ἠσαΐας
nación sin entendimiento provocaré a ira os. Mas Isaías

δὲ ἀποτολμᾷ καὶ λέγει· εὑρέθην τοῖς
[1]se atreve a decir: Fui encontrado por los
que

ἐμὲ μὴ ζητοῦσιν, ἐμφανὴς ἐγενόμην τοῖς
me no buscaban, manifiesto me hice a los que

ἐμὲ μὴ ἐπερωτῶσιν. 21 πρὸς δὲ τὸν
por mí no preguntaban. Mas a —

Ἰσραὴλ λέγει· ὅλην τὴν ἡμέραν ἐξεπέτασα
Israel dice: Todo el día extendí

τὰς χεῖράς μου πρὸς λαὸν ἀπειθοῦντα
las manos de mí hacia un pueblo desobediente

καὶ ἀντιλέγοντα.
y contradictor.

11 Λέγω οὖν, μὴ ἀπώσατο ὁ θεὸς
Digo, pues, ¿acaso desechó — Dios

τὸν λαὸν αὐτοῦ; μὴ γένοιτο· καὶ γὰρ
al pueblo de él? [2]¡De ninguna manera! Porque también

ἐγὼ Ἰσραηλίτης εἰμί, ἐκ σπέρματος
yo israelita soy, de (la) simiente

Ἀβραάμ, φυλῆς Βενιαμίν. 2 οὐκ ἀπώσατο
de Abraham, de (la) tribu de Benjamín. No desechó

ὁ θεὸς τὸν λαὸν αὐτοῦ ὃν προέγνω.
— Dios al pueblo de él al que conoció de
antemano.

ἢ οὐκ οἴδατε ἐν Ἠλίᾳ τί λέγει ἡ
¿O no sabéis en (lo) de Elías qué dice la

γραφή, ὡς ἐντυγχάνει τῷ θεῷ κατὰ τοῦ
Escritura, cómo [3]suplica — a Dios contra —

Ἰσραήλ; 3 κύριε, τοὺς προφήτας σου
Israel? Señor, a los profetas de ti

ἀπέκτειναν, τὰ θυσιαστήριά σου κατέσκαψαν,
mataron, los altares de ti derribaron,

κἀγὼ ὑπελείφθην μόνος καὶ ζητοῦσιν τὴν
y yo he sido dejado solo y buscan la

ψυχήν μου. 4 ἀλλὰ τί λέγει αὐτῷ ὁ
vida de mí. Pero ¿qué dice le la

1
20. SE ATREVE A DECIR. Lit.
se atreve y dice.
2
1. ¡DE NINGUNA MANERA!
Lit. ¡No suceda!
3
2. SUPLICA. Lit. apela (o re-
curre).

χρηματισμός; κατέλιπον ἐμαυτῷ ἑπτακισ-
respuesta (divina)?   Reservé   para mí mismo   siete

χιλίους ἄνδρας, οἵτινες οὐκ ἔκαμψαν γόνυ
mil   varones,   los cuales   no   doblaron (la) rodilla

τῇ Βάαλ. 5 οὕτως οὖν καὶ ἐν τῷ νῦν
— a Baal.   Así pues, también en el presente

καιρῷ λεῖμμα κατ᾽ ἐκλογὴν χάριτος
tiempo un remanente conforme a (la) elección de (la) gracia

γέγονεν· 6 εἰ δὲ χάριτι, οὐκέτι ἐξ ἔργων,
1ha quedado; y si de gracia, ya no por obras,

ἐπεὶ ἡ χάρις οὐκέτι γίνεται χάρις. 7 Τί
ya que la gracia ya no 2es gracia.   ¿Qué,
(si no)

οὖν; ὃ ἐπιζητεῖ Ἰσραήλ, τοῦτο οὐκ
pues? Lo que busca Israel, esto no (lo)

ἐπέτυχεν, ἡ δὲ ἐκλογὴ ἐπέτυχεν· οἱ δὲ
obtuvo, mas 3la elección obtuvo(lo); mas los

λοιποὶ ἐπωρώθησαν, 8 καθάπερ γέγραπται·
demás 4fueron endurecidos, tal como está escrito:

ἔδωκεν αὐτοῖς ὁ θεὸς πνεῦμα κατανύξεως,
Dio les — Dios un espíritu de sopor,

ὀφθαλμοὺς τοῦ μὴ βλέπειν καὶ ὦτα
ojos — para no ver y oídos

τοῦ μὴ ἀκούειν, ἕως τῆς σήμερον ἡμέρας·
— para no oír, hasta el de hoy día.

9 καὶ Δαυὶδ λέγει· γενηθήτω ἡ τράπεζα
Y David dice: Conviértase la mesa

αὐτῶν εἰς παγίδα καὶ εἰς θήραν καὶ
de ellos en lazo y en trampa y

εἰς σκάνδαλον καὶ εἰς ἀνταπόδομα αὐτοῖς.
en piedra de tropiezo y en retribución para ellos.

10 σκοτισθήτωσαν οἱ ὀφθαλμοὶ αὐτῶν τοῦ
Oscurézcanse los ojos de ellos —

μὴ βλέπειν, καὶ τὸν νῶτον αὐτῶν διὰ
para no ver, y la espalda de ellos para

παντὸς σύγκαμψον.
siempre dobla.

11 Λέγω οὖν, μὴ ἔπταισαν ἵνα πέσωσιν;
Digo entonces, ¿acaso tropezaron para caer?

μὴ γένοιτο· ἀλλὰ τῷ αὐτῶν παραπτώματι
5¡De ninguna manera! Pero por la de ellos transgresión

ἡ σωτηρία τοῖς ἔθνεσιν, εἰς τὸ παραζηλῶσαι
la salvación (vino) a los gentiles, para — provocar a celos

αὐτούς. 12 εἰ δὲ τὸ παράπτωμα αὐτῶν
les. Mas si la transgresión de ellos

πλοῦτος κόσμου καὶ τὸ ἥττημα αὐτῶν
(es) riqueza del mundo y 6el fracaso de ellos

5. HA QUEDADO. Lit. ha llegado a ser.

6. ES. Lit. viene a ser.

7. LA ELECCIÓN. Es decir,
los elegidos.

7. FUERON ENDURECIDOS. (V.
nota a 9:18.)

11. ¡DE NINGUNA MANERA!
Lit. ¡No suceda!

12. EL FRACASO. Lit. la derrota.

πλοῦτος ἐθνῶν, πόσῳ μᾶλλον τὸ πλήρωμα
(es) riqueza de (los) ¡cuánto más la plenitud
gentiles,

αὐτῶν. 13 Ὑμῖν δὲ λέγω τοῖς ἔθνεσιν.
de ellos! Mas a vosotros digo, a los gentiles.

ἐφ᾽ ὅσον μὲν οὖν εἰμι ἐγὼ ἐθνῶν ἀπόστο-
Por cuanto ciertamente, pues, soy yo de (los) apóstol,
gentiles

λος, τὴν διακονίαν μου δοξάζω, 14 εἴ πως
el ministerio de mí glorifico, si en algún modo

παραζηλώσω μου τὴν σάρκα καὶ σώσω
puedo provocar a celos de mí ¹a los compatriotas y salvar

τινὰς ἐξ αὐτῶν. 15 εἰ γὰρ ἡ ἀποβολὴ
a algunos de ellos. Porque si la expulsión

αὐτῶν καταλλαγὴ κόσμου, τίς ἡ πρόσλημψις
de ellos (la) reconciliación del mundo, ¿qué la admisión
(es) (será)

εἰ μὴ ζωὴ ἐκ νεκρῶν; 16 εἰ δὲ ἡ
sino vida de entre (los) muertos? Y si la

ἀπαρχὴ ἁγία, καὶ τὸ φύραμα· καὶ εἰ
primicia (es) santa, también la masa; y si

ἡ ῥίζα ἁγία, καὶ οἱ κλάδοι. 17 Εἰ δέ
la raíz santa, también las ramas. Mas si

τινες τῶν κλάδων ἐξεκλάσθησαν, σὺ δὲ
algunas de las ramas fueron desgajadas, y tú,

ἀγριέλαιος ὢν ἐνεκεντρίσθης ἐν αὐτοῖς
olivo silvestre siendo, fuiste injertado entre ellas

καὶ συγκοινωνὸς τῆς ῥίζης τῆς πιότητος
y partícipe de la raíz de la savia

τῆς ἐλαίας ἐγένου, 18 μὴ κατακαυχῶ
del olivo llegaste a ser, no te jactes contra

τῶν κλάδων· εἰ δὲ κατακαυχᾶσαι, οὐ
las ramas; y si te jactas, no

σὺ τὴν ῥίζαν βαστάζεις ἀλλὰ ἡ ῥίζα σέ.
tú a la raíz sustentas, sino la raíz a ti.

19 ἐρεῖς οὖν· ἐξεκλάσθησαν κλάδοι ἵνα
Dirás, pues: Fueron desgajadas (las) ramas para que

ἐγὼ ἐγκεντρισθῶ. 20 καλῶς· τῇ ἀπιστίᾳ
yo fuese injertado. ¡Bien! Por la incredulidad

ἐξεκλάσθησαν, σὺ δὲ τῇ πίστει ἕστηκας.
fueron desgajadas, y tú por la fe estás en pie.

μὴ ὑψηλὰ φρόνει, ἀλλὰ φοβοῦ· 21 εἰ
No cosas arrogantes pienses, sino teme; porque

γὰρ ὁ θεὸς τῶν κατὰ φύσιν κλάδων
si — Dios a las según naturaleza ramas

οὐκ ἐφείσατο, οὐδὲ σοῦ φείσεται. 22 ἴδε
no eximió, ni a ti eximirá. Mira,

1
14. A LOS COMPATRIOTAS.
Lit. *a la carne.*

οὖν χρηστότητα καὶ ἀποτομίαν θεοῦ· ἐπὶ
pues,   (la) benignidad   y   (la) severidad de Dios; por

μὲν τοὺς πεσόντας ἀποτομία, ἐπὶ δὲ
una para con los que cayeron severidad; por otra,
parte,

σὲ χρηστότης θεοῦ, ἐὰν ἐπιμένῃς τῇ
para (la) benignidad de Dios, si continúas en la
contigo

χρηστότητι, ἐπεὶ καὶ σὺ ἐκκοπήσῃ.
benignidad, ya que (si no), también tú serás cortado.

23 κἀκεῖνοι δέ, ἐὰν μὴ ἐπιμένωσιν τῇ
Y ellos también, si no persisten en la

ἀπιστίᾳ, ἐγκεντρισθήσονται· δυνατὸς γάρ
incredulidad, serán injertados; porque poderoso

ἐστιν ὁ θεὸς πάλιν ἐγκεντρίσαι αὐτούς.
es — Dios para de nuevo injertar los.

24 εἰ γὰρ σὺ ἐκ τῆς κατὰ φύσιν ἐξεκόπης
Porque si tú del que por naturaleza fuiste cortado

ἀγριελαίου καὶ παρὰ φύσιν ἐνεκεντρίσθης
(es) olivo silvestre y contra naturaleza fuiste injertado

εἰς καλλιέλαιον, πόσῳ μᾶλλον οὗτοι οἱ
en buen olivo, ¡cuánto más éstos, los que

κατὰ φύσιν ἐγκεντρισθήσονται τῇ ἰδίᾳ
(son) por naturaleza, serán injertados en el propio

ἐλαίᾳ. **25** Οὐ γὰρ θέλω ὑμᾶς ἀγνοεῖν,
olivo! Porque no quiero que vosotros ignoréis,

ἀδελφοί, τὸ μυστήριον τοῦτο, ἵνα μὴ
hermanos, el misterio este, para que no

ἦτε ἐν ἑαυτοῖς φρόνιμοι, ὅτι πώρωσις
seáis en vosotros mismos sensatos, que endurecimiento

ἀπὸ μέρους τῷ Ἰσραὴλ γέγονεν ἄχρι οὗ
en parte — a Israel ha acontecido hasta que

τὸ πλήρωμα τῶν ἐθνῶν εἰσέλθῃ, **26** καὶ
la plenitud de los gentiles entre, y

οὕτως πᾶς Ἰσραὴλ σωθήσεται, καθὼς
así todo Israel será salvo, conforme

γέγραπται· ἥξει ἐκ Σιὼν ὁ ῥυόμενος,
está escrito: Vendrá de Sión el libertador,

ἀποστρέψει ἀσεβείας ἀπὸ Ἰακώβ. **27** καὶ
apartará (la) impiedad de Jacob. Y

αὕτη αὐτοῖς ἡ παρ' ἐμοῦ διαθήκη, ὅταν
éste para ellos el de parte de mí pacto (será) cuando

ἀφέλωμαι τὰς ἁμαρτίας αὐτῶν. **28** κατὰ
(yo) quite los pecados de ellos. Pues en cuanto

μὲν τὸ εὐαγγέλιον ἐχθροὶ δι' ὑμᾶς,
al evangelio (son) enemigos por causa de vosotros,

κατὰ   δὲ   τὴν   ἐκλογὴν   ἀγαπητοὶ   διὰ
mas en cuanto   a la   elección,   (son) amados   a causa

τοὺς   πατέρας·   **29** ἀμεταμέλητα   γὰρ   τὰ
de los   patriarcas;   porque [1]irrevocables   (son) los

χαρίσματα   καὶ   ἡ   κλῆσις   τοῦ   θεοῦ.
dones   y   el   llamamiento   —   de Dios.

30 ὥσπερ   γὰρ   ὑμεῖς   ποτε   ἠπειθήσατε
Porque como   vosotros   en otro tiempo   fuisteis desobedientes

τῷ   θεῷ,   νῦν   δὲ   ἠλεήθητε   τῇ   τούτων
—   a Dios,   mas ahora   obtuvisteis misericordia   por la de   éstos

ἀπειθείᾳ,   **31** οὕτως   καὶ   οὗτοι   νῦν   ἠπείθησαν
desobediencia,   así   también   éstos   ahora   desobedecieron

τῷ   ὑμετέρῳ   ἐλέει   ἵνα   καὶ   αὐτοὶ   νῦν
—   por vuestra   misericordia,   para que   también   ellos   ahora

ἐλεηθῶσιν.   **32** συνέκλεισεν   γὰρ   ὁ   θεὸς
alcancen misericordia.   Porque encerró   —   Dios

τοὺς   πάντας   εἰς   ἀπείθειαν   ἵνα   τοὺς
a   todos   en   desobediencia   para

πάντας   ἐλεήσῃ.
de todos   tener misericordia.

33 Ὦ   βάθος   πλούτου   καὶ   σοφίας   καὶ
¡Oh   profundidad   de (la) riqueza   y   de (la) sabiduría   y

γνώσεως   θεοῦ·   ὡς   ἀνεξερεύνητα   τὰ   κρίματα
de(l) conocimiento   de Dios!   ¡Cuán   inescrutables (son)   los   juicios

αὐτοῦ   καὶ   ἀνεξιχνίαστοι   αἱ   ὁδοὶ   αὐτοῦ.
de él   e   insondables   los   caminos   de él!

34 τίς   γὰρ   ἔγνω   νοῦν   κυρίου;   ἢ   τίς
Porque, ¿quién   conoció   (la) mente   de(l) Señor?   ¿Ó   quién

σύμβουλος   αὐτοῦ   ἐγένετο;   **35** ἢ   τίς
consejero   de él   llegó a ser?   ¿Ó   quién

προέδωκεν   αὐτῷ,   καὶ   ἀνταποδοθήσεται
dio primero   le,   y   será recompensado

αὐτῷ;   **36** ὅτι   ἐξ   αὐτοῦ   καὶ   δι᾽   αὐτοῦ
le?   Pues   de   él   y   mediante   él

καὶ   εἰς   αὐτὸν   τὰ   πάντα·   αὐτῷ   ἡ   δόξα
y   para   él (son)   —   todas las cosas;   a él (sea)   la   gloria

εἰς   τοὺς   αἰῶνας·   ἀμήν.
por   los   siglos;   amén.

12 Παρακαλῶ   οὖν   ὑμᾶς,   ἀδελφοί,   διὰ
Exhorto,   pues,   os,   hermanos,   por

τῶν   οἰκτιρμῶν   τοῦ   θεοῦ,   παραστῆσαι   τὰ
[2]las   misericordias   —   de Dios,   a presentar   los

σώματα   ὑμῶν   θυσίαν   ζῶσαν   ἁγίαν   τῷ
cuerpos   de vosotros   como sacrificio   vivo,   santo,   —

1
29. IRREVOCABLES. Lit. *sin arrepentimiento.*

2
1. LAS MISERICORDIAS. Lit. *las compasiones.*

θεῷ εὐάρεστον, τὴν λογικὴν λατρείαν
a Dios agradable, (que es) el ¹razonable servicio cultual

ὑμῶν· 2 καὶ μὴ συσχηματίζεσθε τῷ αἰῶνι
de vosotros; y no os adaptéis a la forma del mundo

τούτῳ, ἀλλὰ μεταμορφοῦσθε τῇ ἀνακαινώσει
este, sino transformaos por la renovación

τοῦ νοός, εἰς τὸ δοκιμάζειν ὑμᾶς τί τὸ
de la mente, para que comprobéis vosotros cuál (es) la

θέλημα τοῦ θεοῦ, τὸ ἀγαθὸν καὶ εὐάρεστον
voluntad — de Dios, — ²buena y agradable

καὶ τέλειον.
y perfecta.

3 Λέγω γὰρ διὰ τῆς χάριτος τῆς
Porque digo mediante la gracia —

δοθείσης μοι παντὶ τῷ ὄντι ἐν ὑμῖν,
fue dada me a todo aquel que está entre vosotros, que

μὴ ὑπερφρονεῖν παρ᾽ ὃ δεῖ φρονεῖν,
que no tenga alto concepto más allá de lo que debe pensar,

ἀλλὰ φρονεῖν εἰς τὸ σωφρονεῖν, ἑκάστῳ
sino que piense ³con — cordura, a cada uno

ὡς ὁ θεὸς ἐμέρισεν μέτρον πίστεως.
conforme — Dios repartió (la) medida de fe.

4 καθάπερ γὰρ ἐν ἑνὶ σώματι πολλὰ
Porque así como en un solo cuerpo muchos

μέλη ἔχομεν, τὰ δὲ μέλη πάντα οὐ τὴν
miembros tenemos, mas los miembros todos no la

αὐτὴν ἔχει πρᾶξιν, 5 οὕτως οἱ πολλοὶ
misma tienen función, así los muchos

ἐν σῶμά ἐσμεν ἐν Χριστῷ, τὸ δὲ καθ᾽
un solo cuerpo somos en Cristo, — y cada

εἷς ἀλλήλων μέλη. 6 ἔχοντες δὲ χαρίσματα
uno unos de los miembros. Y teniendo dones,
otros

κατὰ τὴν χάριν τὴν δοθεῖσαν ἡμῖν διάφορα,
según la gracia — que fue dada nos, diferentes,

εἴτε προφητείαν, κατὰ τὴν ἀναλογίαν τῆς
si profecía, (úsese) ⁴según la proporción de la

πίστεως· 7 εἴτε διακονίαν, ἐν τῇ διακονίᾳ·
fe; si servicio, en el servicio;

εἴτε ὁ διδάσκων, ἐν τῇ διδασκαλίᾳ·
si el que enseña, en la enseñanza;

8 εἴτε ὁ παρακαλῶν, ἐν τῇ παρακλήσει·
si el que exhorta, en la exhortación;

ὁ μεταδιδοὺς ἐν ἁπλότητι, ὁ προϊστάμενος
el que ⁵comparte, con sencillez; el que preside,

1
1. RAZONABLE. O espiritual.
2
2. BUENA Y AGRADABLE Y PER-
FECTA. O lo bueno, lo agradable y lo perfecto.
3
3. CON CORDURA. Lit. para
ser cuerdo.
4
6. SEGÚN LA PROPORCIÓN DE
LA FE. Esto es, de acuerdo
con la porción de fe que
posee.
5
8. COMPARTE. O reparte.

ἐν σπουδῇ, ὁ ἐλεῶν ἐν ἱλαρότητι. 9 ἡ
con diligencia; el que hace con alegría. El
        misericordia,

ἀγάπη ἀνυπόκριτος. ἀποστυγοῦντες τὸ
amor (sea) sin fingimiento; aborreciendo lo

πονηρόν, κολλώμενοι τῷ ἀγαθῷ· 10 τῇ
malo, adheridos a lo bueno; —

φιλαδελφίᾳ εἰς ἀλλήλους φιλόστοργοι, τῇ
con amor los unos a los otros amándoos en el
fraternal   entrañablemente;

τιμῇ ἀλλήλους προηγούμενοι, 11 τῇ σπουδῇ
honor unos a otros dando la preferencia; [1]en la diligencia,

μὴ ὀκνηροί, τῷ πνεύματι ζέοντες, τῷ
no perezosos; en el espíritu, fervientes; al

κυρίῳ δουλεύοντες, 12 τῇ ἐλπίδι χαίροντες,
Señor sirviendo; en la esperanza gozosos,

τῇ θλίψει ὑπομένοντες, τῇ προσευχῇ
en la tribulación pacientes, en la oración

προσκαρτεροῦντες, 13 ταῖς χρείαις τῶν
perseverantes, con las necesidades de los

ἁγίων κοινωνοῦντες, τὴν φιλοξενίαν
santos compartiendo, la hospitalidad

διώκοντες. 14 εὐλογεῖτε τοὺς διώκοντας,
siguiendo. Bendecid a los que persiguen (os),

εὐλογεῖτε καὶ μὴ καταρᾶσθε. 15 χαίρειν
bendecid y no maldigáis. Alegraros

μετὰ χαιρόντων, κλαίειν μετὰ κλαιόντων.
con los que están alegres, llorar con los que lloran.

16 τὸ αὐτὸ εἰς ἀλλήλους φρονοῦντες· μὴ
[2]Lo mismo unos con otros sintiendo; no

τὰ ὑψηλὰ φρονοῦντες ἀλλὰ τοῖς ταπεινοῖς
las cosas arrogantes pensando, sino con los [3]humildes

συναπαγόμενοι. μὴ γίνεσθε φρόνιμοι παρ'
condescendiendo. No os hagáis [4]sabios según

ἑαυτοῖς. 17 μηδενὶ κακὸν ἀντὶ κακοῦ
vosotros mismos. A nadie mal por mal

ἀποδιδόντες· προνοούμενοι καλὰ ἐνώπιον
pagando; procurando (lo) bueno delante

πάντων ἀνθρώπων· 18 εἰ δυνατόν, τὸ ἐξ
de todos (los) hombres; si (es) posible, en lo que
                                                     (depende de)

ὑμῶν, μετὰ πάντων ἀνθρώπων εἰρηνεύοντες·
vosotros, con todos (los) hombres estando en paz;

19 μὴ ἑαυτοὺς ἐκδικοῦντες, ἀγαπητοί, ἀλλὰ
no [5]por vosotros vengándoos, amados, sino
        mismos

δότε τόπον τῇ ὀργῇ· γέγραπται γάρ·
dad lugar a la ira; porque está escrito:

ἐμοὶ ἐκδίκησις, ἐγὼ ἀνταποδώσω, λέγει
A mí (la) venganza, yo pagaré, dice

1
11. EN LA DILIGENCIA. Es decir, *en lo que requiere diligencia.*
2
16. LO MISMO UNOS CON OTROS. Es decir, *albergando mutuamente los mismos sentimientos.*
3
16. HUMILDES. No se trata de los que practican la humildad, sino de los que son de modesta —inferior— condición.
4
16. SABIOS. Lit. *sensatos* (o *prudentes*).
5
19. POR VOSOTROS MISMOS VENGÁNDOOS. Lit. *a vosotros mismos vindicando.*

κύριος.   **20** ἀλλὰ   ἐὰν   πεινᾷ   ὁ   ἐχθρός
(e)l Señor.   Sino que   si   tiene hambre   el   enemigo

σου,   ψώμιζε   αὐτόν·   ἐὰν   διψᾷ,   πότιζε
de ti,   da de comer   a él;   si   tiene sed,   da de beber

αὐτόν·   τοῦτο   γὰρ   ποιῶν   ἄνθρακας   πυρὸς
a él;   porque esto   haciendo,   ¹carbones   encendidos

σωρεύσεις   ἐπὶ   τὴν   κεφαλὴν   αὐτοῦ.   **21** μὴ
amontonarás   sobre   la   cabeza   de él.   No

νικῶ   ὑπὸ   τοῦ   κακοῦ,   ἀλλὰ   νίκα
seas vencido   por   el   mal,   sino   vence

ἐν   τῷ   ἀγαθῷ   τὸ   κακόν.   **13** Πᾶσα
con   el   bien   el   mal.   Toda

ψυχὴ   ἐξουσίαις   ὑπερεχούσαις   ὑποτασσέσθω.
²persona   a las autoridades   superiores   sométase.

οὐ   γὰρ   ἔστιν   ἐξουσία   εἰ   μὴ
Porque no   hay   autoridad   sino

ὑπὸ   θεοῦ,   αἱ   δὲ   οὖσαι   ὑπὸ   θεοῦ
(puesta) por Dios,   y las que   existen,   por   Dios

τεταγμέναι   εἰσίν.   **2** ὥστε   ὁ   ἀντιτασσόμενος
ordenadas   están.   De modo que el   que se opone

τῇ   ἐξουσίᾳ   τῇ   τοῦ   θεοῦ   διαταγῇ   ἀνθέστη-
a la   autoridad,   a la   —   de Dios   ordenanza   resistió;

κεν·   οἱ   δὲ   ἀνθεστηκότες   ἑαυτοῖς   κρίμα
y los que   han resistido,   para sí   condenación
mismos

λήμψονται.   **3** οἱ   γὰρ   ἄρχοντες   οὐκ   εἰσὶν
recibirán.   Porque los   magistrados   no   son

φόβος   τῷ   ἀγαθῷ   ἔργῳ   ἀλλὰ   τῷ   κακῷ.
miedo   para   la buena   obra,   sino   para   la mala.

θέλεις   δὲ   μὴ   φοβεῖσθαι   τὴν   ἐξουσίαν;
Mas ¿quieres   no   temer   a la   autoridad?

τὸ   ἀγαθὸν   ποίει,   καὶ   ἕξεις   ἔπαινον   ἐξ
Lo   bueno   haz,   y   tendrás   alabanza   de

αὐτῆς·   **4** θεοῦ   γὰρ   διάκονός   ἐστιν   σοὶ
ella;   porque de Dios   servidor   es   para ti

εἰς   τὸ   ἀγαθόν.   ἐὰν   δὲ   τὸ   κακὸν   ποιῇς,
para   el   bien.   Mas si   lo   malo   haces,

φοβοῦ·   οὐ   γὰρ   εἰκῇ   τὴν   μάχαιραν   φορεῖ·
teme;   porque no   en vano   la   espada   lleva;

θεοῦ   γὰρ   διάκονός   ἐστιν   ἔκδικος   εἰς
porque de Dios   servidor   es,   vengador   ³para

ὀργὴν   τῷ   τὸ   κακὸν   πράσσοντι.   **5** διὸ
ira   al que   lo   malo   practica.   Por lo cual

ἀνάγκη   ὑποτάσσεσθαι,   οὐ   μόνον   διὰ   τὴν
es necesario   someterse,   no   sólo   a causa de   la

ὀργὴν   ἀλλὰ   καὶ   διὰ   τὴν   συνείδησιν.
ira,   sino   también   a causa de   la   conciencia.

¹
20. CARBONES ENCENDIDOS.
Lit. *carbones de fuego*. Es
decir, *estímulo para que re-
flexione y se arrepienta.*
²
1. PERSONA. Lit. *alma.*
³
4. PARA IRA. Es decir, *para
castigar.*

6 διὰ τοῦτο γὰρ καὶ φόρους τελεῖτε·
Porque por esto   también   tributos   pagáis;

λειτουργοὶ γὰρ θεοῦ εἰσιν εἰς αὐτὸ τοῦτο
porque funcionarios de Dios son a   eso mismo

προσκαρτεροῦντες. **7** ἀπόδοτε πᾶσιν τὰς
dedicados continuamente.   Pagad   a todos las

ὀφειλάς, τῷ τὸν φόρον τὸν φόρον,
deudas; al que el tributo, el tributo;

τῷ τὸ τέλος τὸ τέλος, τῷ τὸν φόβον
al que el impuesto, el impuesto; ¹al que el respeto,

τὸν φόβον, τῷ τὴν τιμὴν τὴν τιμήν.
el respeto; al que el honor, el honor.

8 Μηδενὶ μηδὲν ὀφείλετε, εἰ μὴ τὸ
A nadie nada debáis, sino el

ἀλλήλους ἀγαπᾶν· ὁ γὰρ ἀγαπῶν τὸν
los unos a amar; porque el que ama ²al
los otros

ἕτερον νόμον πεπλήρωκεν. **9** τὸ γὰρ
prójimo, (la) ley ha cumplido. Porque lo de:

οὐ μοιχεύσεις, οὐ φονεύσεις, οὐ κλέψεις,
No adulterarás, no cometerás homicidio, no hurtarás,

οὐκ ἐπιθυμήσεις, καὶ εἴ τις ἑτέρα ἐντολή,
no codiciarás, y si (hay) algún otro mandamiento,

ἐν τῷ λόγῳ τούτῳ ἀνακεφαλαιοῦται, [ἐν
en la palabra esta se resume, en

τῷ]· ἀγαπήσεις τὸν πλησίον σου ὡς
lo de: Amarás al prójimo de ti como

σεαυτόν. **10** ἡ ἀγάπη τῷ πλησίον κακὸν
a ti mismo. El amor al prójimo mal

οὐκ ἐργάζεται· πλήρωμα οὖν νόμου ἡ
no produce; (es) cumplimiento, pues, de (la) ley el

ἀγάπη. **11** Καὶ τοῦτο εἰδότες τὸν καιρόν,
amor. Y esto, sabiendo el tiempo,

ὅτι ὥρα ἤδη ὑμᾶς ἐξ ὕπνου ἐγερθῆναι·
que (es) hora ya de que vosotros de(l) sueño seáis levantados;

νῦν γὰρ ἐγγύτερον ἡμῶν ἡ σωτηρία
porque ahora más cercana (está) de nosotros la salvación

ἢ ὅτε ἐπιστεύσαμεν. **12** ἡ νὺξ προέκοψεν,
que cuando creímos. La noche avanzó,

ἡ δὲ ἡμέρα ἤγγικεν. ἀποθώμεθα οὖν
y el día se ha acercado. Desechemos, pues,

τὰ ἔργα τοῦ σκότους, ἐνδυσώμεθα δὲ
las obras de la oscuridad, y vistámonos

τὰ ὅπλα τοῦ φωτός. **13** ὡς ἐν ἡμέρα
las   armas   de la   luz.   Como en (el) día

εὐσχημόνως περιπατήσωμεν, μὴ κώμοις καὶ
decentemente   andemos,   no   en orgías   y

μέθαις, μὴ κοίταις καὶ ἀσελγείαις, μὴ
borracheras, no   en lujurias   y   lascivias,   no

ἔριδι καὶ ζήλῳ· **14** ἀλλὰ ἐνδύσασθε τὸν
en contienda y   celos,   sino   vestíos   del

κύριον Ἰησοῦν Χριστόν, καὶ τῆς σαρκὸς
Señor   Jesucristo,   y   de la   carne

πρόνοιαν μὴ ποιεῖσθε εἰς ἐπιθυμίας.
(la) prudencia ¹no   satisfagáis   para (sus) concupiscencias.

14 Τὸν δὲ ἀσθενοῦντα τῇ πίστει
Y al   débil   en la   fe

προσλαμβάνεσθε, μὴ εἰς διακρίσεις διαλογισ-
recibid,   ²no para   contender   sobre opi-

μῶν. **2** ὃς μὲν πιστεύει φαγεῖν πάντα,
niones.   Pues   uno cree (que puede) comer   de todo,

ὁ δὲ ἀσθενῶν λάχανα ἐσθίει. **3** ὁ ἐσθίων
y otro,   siendo débil, hortalizas come.   El que come,

τὸν μὴ ἐσθίοντα μὴ ἐξουθενείτω, ὁ δὲ
al que no   come   no   menosprecie,   y el que

μὴ ἐσθίων τὸν ἐσθίοντα μὴ κρινέτω,
no   come,   al que   come   no   juzgue,

ὁ θεὸς· γὰρ αὐτὸν προσελάβετο. **4** σὺ
—   porque Dios   le   recibió.   ¿Tú

τίς εἶ ὁ κρίνων ἀλλότριον οἰκέτην; τῷ
quién eres que   juzgas   a(l) ajeno   criado?   —
                                 Para

ἰδίῳ κυρίῳ στήκει ἢ πίπτει· σταθήσεται
(su) propio señor   está en pie,   o   cae;   mas estará firme,

δέ, δυνατεῖ γὰρ ὁ κύριος στῆσαι αὐτόν.
porque es poderoso el   Señor   para sostener   le.

5 ὃς μὲν [γὰρ] κρίνει ἡμέραν παρ'
Porque uno   hace diferencia   entre día y

ἡμέραν, ὃς δὲ κρίνει πᾶσαν ἡμέραν·
día;   y otro   juzga (igual)   todo   día;

ἕκαστος ἐν τῷ ἰδίῳ νοῒ πληροφορείσθω.
cada uno   en   — (su) propia mente   esté plenamente
                                         convencido.

6 ὁ φρονῶν τὴν ἡμέραν κυρίῳ φρονεῖ.
El que   tiene en   el   día,   para (el) Señor   tiene en
      cuenta   (lo)   cuenta.

---

¹
14. No satisfagáis. Lit. *no hagáis.*

²
1. No para contender sobre opiniones. Lit. *no para juicios de razonamientos.*

καὶ ὁ ἐσθίων κυρίῳ ἐσθίει, εὐχαριστεῖ γὰρ
Y el que come, para (el) Señor come, porque da gracias

τῷ θεῷ· καὶ ὁ μὴ ἐσθίων κυρίῳ
— a Dios; y el que no come, para (el) Señor

οὐκ ἐσθίει, καὶ εὐχαριστεῖ τῷ θεῷ.
no come, y da gracias — a Dios.

7 οὐδεὶς γὰρ ἡμῶν ἑαυτῷ ζῇ, καὶ οὐδεὶς
Porque ninguno de nosotros para sí vive, y ninguno
mismo

ἑαυτῷ ἀποθνῄσκει· 8 ἐάν τε γὰρ ζῶμεν,
para sí mismo muere; porque ya sea que vivamos,

τῷ κυρίῳ ζῶμεν, ἐάν τε ἀποθνῄσκωμεν,
para el Señor vivimos; ya sea que muramos,

τῷ κυρίῳ ἀποθνῄσκομεν. ἐάν τε οὖν
para el Señor morimos. Ya sea, pues, que

ζῶμεν ἐάν τε ἀποθνῄσκωμεν, τοῦ κυρίου
vivamos, ya sea que muramos, del Señor

ἐσμέν. 9 εἰς τοῦτο γὰρ Χριστὸς ἀπέθανεν
somos. Porque para esto Cristo murió

καὶ ἔζησεν, ἵνα καὶ νεκρῶν καὶ ζώντων
y vivió para que tanto de muertos como de vivos
(de nuevo),

κυριεύσῃ. 10 σὺ δὲ τί κρίνεις τὸν ἀδελφόν
[1]sea Señor. Mas tú, ¿por qué juzgas al hermano

σου; ἢ καὶ σὺ τί ἐξουθενεῖς τὸν ἀδελφόν
de ti? O también tú, ¿por qué menosprecias al hermano

σου; πάντες γὰρ παραστησόμεθα τῷ
de ti? Porque todos compareceremos ante el

βήματι τοῦ θεοῦ. 11 γέγραπται γάρ·
tribunal — de Dios. Porque está escrito:

ζῶ ἐγώ, λέγει κύριος, ὅτι ἐμοὶ κάμψει
Vivo yo, dice (el) Señor, que ante mí se doblará

πᾶν γόνυ, καὶ πᾶσα γλῶσσα ἐξομολογήσεται
toda rodilla, y toda lengua confesará

τῷ θεῷ. 12 ἄρα [οὖν] ἕκαστος ἡμῶν
— a Dios. Así pues, cada uno de nosotros

περὶ ἑαυτοῦ λόγον δώσει [τῷ θεῷ].
de sí mismo cuenta dará — a Dios.

13 Μηκέτι οὖν ἀλλήλους κρίνωμεν· ἀλλὰ
Ya no, pues, unos a otros juzguemos; sino

τοῦτο κρίνατε μᾶλλον, τὸ μὴ τιθέναι
esto [2]juzgad más bien, — no poner

πρόσκομμα τῷ ἀδελφῷ ἢ σκάνδαλον.
tropiezo al hermano u ocasión de caer.

14 οἶδα καὶ πέπεισμαι ἐν κυρίῳ Ἰησοῦ
Sé y estoy persuadido en (el) Señor Jesús

ὅτι οὐδὲν κοινὸν δι' ἑαυτοῦ· εἰ μὴ
que nada (es) [3]inmundo por sí mismo; excepto

1
9. SEA SEÑOR. Lit. se ense-
ñoree.
2
13. JUZGAD. Esto es, decidid.
3
14. INMUNDO. Lit. común.

τῷ λογιζομένῳ τι κοινὸν εἶναι, ἐκείνῳ
para el que piensa que algo 1inmundo es, para ése

κοινόν. 15 εἰ γὰρ διὰ βρῶμα ὁ ἀδελφός
(es) 2inmundo. Porque si a causa de (la) comida el hermano

σου λυπεῖται, οὐκέτι κατὰ ἀγάπην
de ti es contristado, ya no conforme a(l) amor

περιπατεῖς. μὴ τῷ βρώματί σου ἐκεῖνον
andas. ¡No con la comida de ti, a aquél

ἀπόλλυε, ὑπὲρ οὗ Χριστὸς ἀπέθανεν.
arruines, por quien Cristo murió!

16 μὴ βλασφημείσθω οὖν ὑμῶν τὸ ἀγαθόν.
No sea vituperado, pues, de vosotros el bien.

17 οὐ γὰρ ἐστιν ἡ βασιλεία τοῦ θεοῦ
Porque no es el reino de Dios

βρῶσις καὶ πόσις, ἀλλὰ δικαιοσύνη καὶ
comida y bebida, sino justicia y

εἰρήνη καὶ χαρὰ ἐν πνεύματι ἁγίῳ·
paz y gozo en (el) Espíritu Santo;

18 ὁ γὰρ ἐν τούτῳ δουλεύων τῷ Χριστῷ
porque el que en esto sirve — a Cristo,

εὐάρεστος τῷ θεῷ καὶ δόκιμος τοῖς
agradable (es) — a Dios y aprobado por los

ἀνθρώποις. 19 ἄρα οὖν τὰ τῆς εἰρήνης
hombres. Así pues, 3lo que conduce a la paz

διώκωμεν καὶ τὰ τῆς οἰκοδομῆς τῆς
sigamos y 4a la edificación —

εἰς ἀλλήλους. 20 μὴ ἕνεκεν βρώματος
unos por otros. No por causa de (la) comida

κατάλυε τὸ ἔργον τοῦ θεοῦ. πάντα
disuelvas la obra — de Dios. Todas las cosas,

μὲν καθαρά, ἀλλὰ κακὸν τῷ ἀνθρώπῳ
cierto, limpias (son), pero malo (es) para el hombre

τῷ διὰ προσκόμματος ἐσθίοντι. 21 καλὸν
que mediante tropiezo come. Bueno (es)

τὸ μὴ φαγεῖν κρέα μηδὲ πιεῖν οἶνον
— no comer carne, ni beber vino,

μηδὲ ἐν ᾧ ὁ ἀδελφός σου προσκόπτει.
ni (algo) en lo que el hermano de ti tropieza.

22 σὺ πίστιν ἣν ἔχεις κατὰ σεαυτὸν
Tú (la) fe que tienes para contigo mismo

ἔχε ἐνώπιον τοῦ θεοῦ. μακάριος ὁ
ten(la) delante — de Dios. Dichoso el que

μὴ κρίνων ἑαυτὸν ἐν ᾧ δοκιμάζει·
no juzga a sí mismo en lo que aprueba;

1
14. INMUNDO. Lit. común.
2
15. INMUNDO. Lit. común.
3
19. LO QUE CONDUCE A LA
PAZ. Lit. lo de la paz.
4
19. A LA EDIFICACIÓN. Lit.
lo de la edificación.

23 ὁ δὲ διακρινόμενος ἐὰν φάγῃ κατα-
mas el que   duda,   si   come,   ha sido

κέκριται, ὅτι οὐκ ἐκ πίστεως· πᾶν
condenado,   pues no (es) por   fe;   y todo

δὲ ὃ οὐκ ἐκ πίστεως ἁμαρτία ἐστίν.
lo que no (es) de   fe,   pecado   es.

15 Ὀφείλομεν δὲ ἡμεῖς οἱ δυνατοὶ τὰ
Así que debemos   nosotros, los   fuertes,   las

ἀσθενήματα τῶν ἀδυνάτων βαστάζειν, καὶ
flaquezas   de los no fuertes   [1]soportar,   y

μὴ ἑαυτοῖς ἀρέσκειν.   **2** ἕκαστος ἡμῶν
no a (nosotros) mismos agradar.   Cada uno de nosotros

τῷ πλησίον ἀρεσκέτω εἰς τὸ ἀγαθὸν
al   prójimo   agrade   para lo   bueno

πρὸς οἰκοδομήν· **3** καὶ γὰρ ὁ Χριστὸς
con miras a edificación; porque aun   —   Cristo

οὐχ ἑαυτῷ ἤρεσεν· ἀλλὰ καθὼς γέ-
no   a sí mismo agradó; sino que conforme está

γραπται· οἱ ὀνειδισμοὶ τῶν ὀνειδιζόντων
escrito: Los vituperios de los que vituperan

σε ἐπέπεσαν ἐπ᾽ ἐμέ. **4** ὅσα γὰρ
te,   cayeron   sobre   mí.   Porque cuantas cosas

προεγράφη, εἰς τὴν ἡμετέραν διδασκαλίαν
fueron escritas para la   nuestra   enseñanza
de antemano,

ἐγράφη, ἵνα διὰ τῆς ὑπομονῆς καὶ
fueron escritas, para que mediante la   paciencia   y

διὰ τῆς παρακλήσεως τῶν γραφῶν τὴν
mediante la   consolación   de las Escrituras,   —

ἐλπίδα ἔχωμεν. **5** ὁ δὲ θεὸς τῆς ὑπομονῆς
esperanza tengamos.   Y el Dios de la   paciencia

καὶ τῆς παρακλήσεως δώῃ ὑμῖν τὸ
y   de la   consolación   dé   os   lo

αὐτὸ φρονεῖν ἐν ἀλλήλοις κατὰ Χριστὸν
mismo sentir entre vosotros   según Cristo
mutuamente

Ἰησοῦν, **6** ἵνα ὁμοθυμαδὸν ἐν ἑνὶ στόματι
Jesús,   para que, unánimes,   con una sola boca

δοξάζητε τὸν θεὸν καὶ πατέρα τοῦ
glorifiquéis al Dios   y   Padre   del

κυρίου ἡμῶν Ἰησοῦ Χριστοῦ.
Señor de nosotros Jesucristo.

7 Διὸ προσλαμβάνεσθε ἀλλήλους, καθὼς
Por lo cual acogeos   unos a otros, así como

καὶ ὁ Χριστὸς προσελάβετο ἡμᾶς εἰς
también —   Cristo   acogió   nos   para

1. SOPORTAR. O *sobrellevar.*

δόξαν τοῦ θεοῦ. **8** λέγω γὰρ Χριστὸν
gloria — de Dios. Porque digo que Cristo
διάκονον γεγενῆσθαι περιτομῆς ὑπὲρ
servidor ha llegado a ser de (la) circuncisión a favor

ἀληθείας θεοῦ, εἰς τὸ βεβαιῶσαι τὰς
de (la) verdad de Dios, para — confirmar las
ἐπαγγελίας τῶν πατέρων, **9** τὰ δὲ ἔθνη
promesas de los patriarcas, y (para que) ¹las naciones
ὑπὲρ ἐλέους δοξάσαι τὸν θεόν, καθὼς
por (la) misericordia, glorifiquen — a Dios, conforme

γέγραπται· διὰ τοῦτο ἐξομολογήσομαί σοι
está escrito: Por esto, confesaré te
ἐν ἔθνεσιν καὶ τῷ ὀνόματί σου ψαλῶ.
entre (los) gentiles y al nombre de ti cantaré con
salterio.
10 καὶ πάλιν λέγει· εὐφράνθητε, ἔθνη,
Y de nuevo dice: Alegraos, gentiles,
μετὰ τοῦ λαοῦ αὐτοῦ. **11** καὶ πάλιν·
con el pueblo de él. Y de nuevo:
αἰνεῖτε, πάντα τὰ ἔθνη, τὸν κύριον,
Alabad, todos los gentiles, al Señor,
καὶ ἐπαινεσάτωσαν αὐτὸν πάντες οἱ λαοί.
y ensalcen le todos los pueblos.
12 καὶ πάλιν Ἡσαΐας λέγει· ἔσται
Y otra vez Isaías dice: Habrá

ἡ ῥίζα τοῦ Ἰεσσαί, καὶ ὁ ἀνιστάμενος
la raíz — de Jesé, y el que se levante
ἄρχειν ἐθνῶν· ἐπ' αὐτῷ ἔθνη ἐλπιοῦσιν.
a regir a (los) gentiles; en él (los) gentiles esperarán.
13 Ὁ δὲ θεὸς τῆς ἐλπίδος πληρῶσαι
Y el Dios de la esperanza ²llene
ὑμᾶς πάσης χαρᾶς καὶ εἰρήνης ἐν τῷ
os de todo gozo y paz en el
πιστεύειν, εἰς τὸ περισσεύειν ὑμᾶς ἐν
creer, para — abundar vosotros en

τῇ ἐλπίδι ἐν δυνάμει πνεύματος ἁγίου.
la esperanza por (el) poder de(l) Espíritu Santo.
14 Πέπεισμαι δέ, ἀδελφοί μου, καὶ
Mas me he convencido, hermanos, de mí, aun
αὐτὸς ἐγὼ περὶ ὑμῶν, ὅτι καὶ αὐτοί
yo mismo acerca de vosotros, de que también (vosotros)
mismos
μεστοί ἐστε ἀγαθωσύνης, πεπληρωμένοι
llenos estáis de bondad, habiendo sido llenados
πάσης τῆς γνώσεως, δυνάμενοι καὶ
de todo — conocimiento, capacitados también

1
9. LAS NACIONES. O *los gentiles.*
2
13. LLENE. Lit. *llenar.*

ἀλλήλους νουθετεῖν. **15** τολμηροτέρως δὲ
para unos a otros amonestar.   Y con mayor osadía

ἔγραψα ὑμῖν ἀπὸ μέρους, ὡς ἐπαναμιμνή-
escribí   os   en   parte,   como   haciendo recordar

σκων ὑμᾶς διὰ τὴν χάριν τὴν δοθεῖσάν
os   por   la   gracia   —   que fue dada

μοι ἀπὸ τοῦ θεοῦ **16** εἰς τὸ εἶναί με
me de parte —   de Dios,   para   —   que sea   yo

λειτουργὸν Χριστοῦ Ἰησοῦ εἰς τὰ ἔθνη,
ministro   de Cristo   Jesús   para   los   gentiles,

ἱερουργοῦντα τὸ εὐαγγέλιον τοῦ θεοῦ,
ministrando   el   evangelio   —   de Dios,

ἵνα γένηται ἡ προσφορὰ τῶν ἐθνῶν
para que llegue a ser   la   ofrenda   de los   gentiles

εὐπρόσδεκτος, ἡγιασμένη ἐν πνεύματι
aceptable,   santificada   por   (el) Espíritu

ἁγίῳ. **17** ἔχω οὖν τὴν καύχησιν ἐν
Santo.   Tengo, pues,   la   jactancia   en

Χριστῷ Ἰησοῦ τὰ πρὸς τὸν θεόν· **18** οὐ
Cristo   Jesús   en lo   que   —   a Dios;   [1]porque
                              (se refiere)

γὰρ τολμήσω τι λαλεῖν ὧν οὐ
no   me atreveré   algo   a hablar   de las cosas que no

κατειργάσατο Χριστὸς δι' ἐμοῦ εἰς ὑπακοὴν
llevó a cabo   Cristo   mediante mí   para (la) obediencia

ἐθνῶν, λόγῳ καὶ ἔργῳ, **19** ἐν δυνάμει
de (los)   de palabra   y   obra,   con   poder
gentiles,

σημείων καὶ τεράτων, ἐν δυνάμει πνεύματος·
de señales   y   prodigios,   con   (el) poder   de(l) Espíritu;

ὥστε με ἀπὸ Ἰερουσαλὴμ καὶ κύκλῳ
hasta el   de que yo   desde   Jerusalén   y   [2]alrededor
punto

μέχρι τοῦ Ἰλλυρικοῦ πεπληρωκέναι τὸ
hasta   —   Ilírico   [3]he llenado   el

εὐαγγέλιον τοῦ Χριστοῦ. **20** οὕτως δὲ
evangelio   —   de Cristo.   Y así

φιλοτιμούμενον εὐαγγελίζεσθαι οὐχ ὅπου
ambicionando   evangelizar   no   donde

ὠνομάσθη Χριστός, ἵνα μὴ ἐπ' ἀλλότριον
[4]fue nombrado   Cristo,   para   no   sobre   ajeno

θεμέλιον οἰκοδομῶ, **21** ἀλλὰ καθὼς
fundamento   edificar,   sino   conforme

γέγραπται· ὄψονται οἷς οὐκ ἀνηγγέλη
está escrito: Verán   aquellos a   no   fue anunciado
                      quienes

1
18. Para entender este vers.
es preciso suprimir las dos
negaciones que se encuen-
tran en el original.
2
19. ALREDEDOR. Lit. *en
círculo.*
3
19. HE LLENADO. O *he anunciado plenamente.*
4
20. FUE NOMBRADO CRISTO.
Es decir, *fue proclamado el
evangelio de Cristo.*

περὶ αὐτοῦ, καὶ οἳ οὐκ ἀκηκόασιν
acerca de él, y los que no han oído

συνήσουσιν. **22** διὸ καὶ ἐνεκοπτόμην τὰ
entenderán. Por lo cual también fui impedido —

πολλὰ τοῦ ἐλθεῖν πρὸς ὑμᾶς· **23** νυνὶ
muchas — de ir a vosotros; mas
(veces)

δὲ μηκέτι τόπον ἔχων ἐν τοῖς κλίμασι
ahora ya no lugar teniendo en las regiones

τούτοις, ἐπιποθίαν δὲ ἔχων τοῦ ἐλθεῖν
estas, y deseo teniendo — de ir

πρὸς ὑμᾶς ἀπὸ ἱκανῶν ἐτῶν, **24** ὡς ἂν
a vosotros desde (hace) bastantes años, cuando

πορεύωμαι εἰς τὴν Σπανίαν· ἐλπίζω γὰρ
vaya a España; porque espero

διαπορευόμενος θεάσασθαι ὑμᾶς καὶ ὑφ'
al pasar ver os y por

ὑμῶν προπεμφθῆναι ἐκεῖ, ἐὰν ὑμῶν πρῶτον
vosotros ser encaminado allá, si de vosotros primero

ἀπὸ μέρους ἐμπλησθῶ, **25** — νυνὶ δὲ
en parte [1]puedo disfrutar, mas ahora

πορεύομαι εἰς Ἰερουσαλὴμ διακονῶν τοῖς
voy a Jerusalén para servir a los

ἁγίοις. **26** ηὐδόκησαν γὰρ Μακεδονία καὶ
santos. Porque tuvieron a bien Macedonia y

Ἀχαΐα κοινωνίαν τινὰ ποιήσασθαι εἰς
Acaya [2]una colecta hacer para

τοὺς πτωχοὺς τῶν ἁγίων τῶν ἐν Ἰερου-
los pobres de los santos que (están) en Jeru-

σαλήμ. **27** ηὐδόκησαν γάρ, καὶ ὀφειλέται
salén. Porque les pareció bien, y deudores

εἰσὶν αὐτῶν· εἰ γὰρ τοῖς πνευματικοῖς
son de ellos; porque si de las cosas espirituales

αὐτῶν ἐκοινώνησαν τὰ ἔθνη, ὀφείλουσιν
de ellos participaron los gentiles, deben

καὶ ἐν τοῖς σαρκικοῖς λειτουργῆσαι αὐτοῖς.
también — con las cosas [3]temporales ministrar les.

28 τοῦτο οὖν ἐπιτελέσας, καὶ σφραγισάμενος
Esto, pues, cuando haya [4]y haya asegurado la
concluido, entrega

αὐτοῖς τὸν καρπὸν τοῦτον, **29** ἀπελεύσομαι
a ellos del fruto este, marcharé

δι' ὑμῶν εἰς Σπανίαν· οἶδα δὲ ὅτι
por entre vosotros a España; y sé que

ἐρχόμενος πρὸς ὑμᾶς ἐν πληρώματι
al llegar a vosotros, en (la) plenitud

εὐλογίας Χριστοῦ ἐλεύσομαι. **30** Παρακαλῶ
de (la) bendición de Cristo llegaré. Mas ruego

[1]
24. PUEDO DISFRUTAR. Lit. *puedo ser llenado.*
[2]
26. UNA COLECTA. Lit. *una comunión.*
[3]
27. TEMPORALES. Lit. *carnales.*
[4]
28. Y HAYA ASEGURADO LA ENTREGA A ELLOS DEL FRUTO ESTE. Lit. *y les haya sellado el fruto este.*

δὲ   ὑμᾶς,   [ἀδελφοί],   διὰ   τοῦ   κυρίου
os,   hermanos,   mediante   el   Señor

ἡμῶν   Ἰησοῦ   Χριστοῦ   καὶ   διὰ   τῆς   ἀγάπης
de nosotros   Jesucristo   y   mediante el   amor

τοῦ   πνεύματος,   συναγωνίσασθαί   μοι   ἐν
del   Espíritu,   que luchéis   conmigo   en

ταῖς   προσευχαῖς   ὑπὲρ   ἐμοῦ   πρὸς   τὸν
las   oraciones   por   mí   a   —

θεόν,   31 ἵνα   ῥυσθῶ   ἀπὸ   τῶν   ἀπειθούντων
Dios,   para que sea librado   de   los   desobedientes

ἐν   τῇ   Ἰουδαίᾳ   καὶ   ἡ   διακονία   μου
(que están) en   —   Judea   y   que el   servicio   de mí

ἡ   εἰς   Ἰερουσαλὴμ   εὐπρόσδεκτος   τοῖς
—   en   Jerusalén   aceptable   para los

ἁγίοις   γένηται,   32 ἵνα   ἐν   χαρᾷ   ἐλθὼν
santos   llegue a ser,   para que   con   gozo   llegando

πρὸς   ὑμᾶς   διὰ   θελήματος   θεοῦ   συνανα-
a   vosotros   mediante   (la) voluntad   de Dios   pueda

παύσωμαι   ὑμῖν.   33 ὁ   δὲ   θεὸς   τῆς
descansar   con vosotros.   Y el   Dios   —

εἰρήνης   μετὰ   πάντων   ὑμῶν· ἀμήν.
de paz   con   todos   vosotros (sea);   amén.

16 Συνίστημι   δὲ   ὑμῖν   Φοίβην   τὴν
Y encomiendo   os   a Febe   la

ἀδελφὴν   ἡμῶν,   οὖσαν   [καὶ]   διάκονον   τῆς
hermana   de nosotros,   que es   también   ¹diaconisa   de la

ἐκκλησίας   τῆς   ἐν   Κεγχρεαῖς,   2 ἵνα
iglesia   (que está)   en   Cencrea;   para que

αὐτὴν   προσδέξησθε   ἐν   κυρίῳ   ἀξίως   τῶν
la   acojáis   en (el)   Señor   de un modo digno   de los

ἁγίων,   καὶ   παραστῆτε   αὐτῇ   ἐν   ᾧ   ἂν
santos,   y   que asistáis   la   en   la   que

ὑμῶν   χρῄζῃ   πράγματι· καὶ   γὰρ   αὐτὴ
de vosotros   necesite   cosa;   porque también   ella

προστάτις   πολλῶν   ἐγενήθη   καὶ   ἐμοῦ   αὐτοῦ.
protectora   de muchos   fue   y   de mí   mismo.

3 Ἀσπάσασθε   Πρίσκαν   καὶ   Ἀκύλαν   τοὺς
Saludad   a Prisca   y   Aquila,   los

συνεργούς   μου   ἐν   Χριστῷ   Ἰησοῦ,   4 οἵτινες
colaboradores   de mí   en   Cristo   Jesús,   los cuales

ὑπὲρ   τῆς   ψυχῆς   μου   τὸν   ἑαυτῶν   τράχηλον
por   la   vida   de mí   el   de ellos mismos   cuello

ὑπέθηκαν,   οἷς   οὐκ   ἐγὼ   μόνος   εὐχαριστῶ
arriesgaron,   a los cuales   no   yo   solo   doy gracias

1. DIACONISA. O (más probable) *está al servicio.*

ἀλλὰ καὶ πᾶσαι αἱ ἐκκλησίαι τῶν ἐθνῶν,
sino también todas las iglesias de los gentiles,

5 καὶ τὴν κατ' οἶκον αὐτῶν ἐκκλησίαν.
y   a la   en   casa   de ellos   iglesia.
(que está)

ἀσπάσασθε Ἐπαίνετον τὸν ἀγαπητόν μου,
Saludad   a Epéneto,   el   amado   de mí,

ὅς ἐστιν ἀπαρχὴ τῆς Ἀσίας εἰς Χριστόν.
que es   primicias — de Asia para   Cristo.

6 ἀσπάσασθε Μαρίαν, ἥτις πολλὰ ἐκοπίασεν
Saludad   a María, la cual mucho   trabajó

εἰς ὑμᾶς. **7** ἀσπάσασθε Ἀνδρόνικον καὶ
para vosotros.   Saludad   a Andrónico   y

Ἰουνιᾶν τοὺς συγγενεῖς μου καὶ συναιχμα-
a [1]Junias, los   parientes   de mí   y   compañeros

λώτους μου, οἵτινές εἰσιν ἐπίσημοι ἐν
de prisiones de mí, los cuales son   insignes   entre

τοῖς ἀποστόλοις, οἳ καὶ πρὸ ἐμοῦ γέγοναν
los   apóstoles, los que también [2]antes de mí han sido

ἐν Χριστῷ. **8** ἀσπάσασθε Ἀμπλιᾶτον τὸν
en Cristo.   Saludad   a [3]Ampliato, el

ἀγαπητόν μου ἐν κυρίῳ. **9** ἀσπάσασθε
amado   de mí   en (el) Señor.   Saludad

Οὐρβανὸν τὸν συνεργὸν ἡμῶν ἐν Χριστῷ
a Urbano,   el   colaborador de nosotros en   Cristo,

καὶ Στάχυν τὸν ἀγαπητόν μου. **10** ἀσπάσ-
y a Estaquis, el   amado   de mí.   Saludad

ασθε Ἀπελλῆν τὸν δόκιμον ἐν Χριστῷ.
a Apeles,   el   aprobado   en   Cristo.

ἀσπάσασθε τοὺς ἐκ τῶν Ἀριστοβούλου.
Saludad   a los de los (de la casa) de Aristóbulo.

11 ἀσπάσασθε Ἡρῳδίωνα τὸν συγγενῆ μου.
Saludad   a Herodión,   el   pariente de mí.

ἀσπάσασθε τοὺς ἐκ τῶν Ναρκίσσου τοὺς
Saludad   a los   de (la casa) de Narciso,   —

ὄντας ἐν κυρίῳ. **12** ἀσπάσασθε Τρύφαιναν
que son   en (el) Señor.   Saludad   a Trífena

καὶ Τρυφῶσαν τὰς κοπιώσας ἐν κυρίῳ.
y   Trifosa,   —   que trabajan en (el) Señor.

ἀσπάσασθε Περσίδα τὴν ἀγαπητήν, ἥτις
Saludad   a Pérsida, la   amada,   la cual

πολλὰ ἐκοπίασεν ἐν κυρίῳ. **13** ἀσπάσασθε
mucho   trabajó   en (el) Señor.   Saludad

Ῥοῦφον τὸν ἐκλεκτὸν ἐν κυρίῳ καὶ
a Rufo,   el   escogido   en (el) Señor, y

τὴν μητέρα αὐτοῦ καὶ ἐμοῦ. **14** ἀσπάσασθε
a la madre   de él   y   de mí.   Saludad

Ἀσύγκριτον, Φλέγοντα, Ἑρμῆν, Πατροβᾶν,
a Asíncrito,   a Flegonte,   a Hermes,   a Patrobas,

---

[1]
7. JUNIAS. O *Junia.*

[2]
7. ANTES DE Mí. Esto es, *convertidos antes que yo.*

[3]
8. AMPLIATO. O *Amplias.*

'Ερμᾶν, καὶ τοὺς σὺν αὐτοῖς ἀδελφούς.
a Hermas   y   a los   con   ellos   hermanos.

15 ἀσπάσασθε Φιλόλογον καὶ Ἰουλίαν,
Saludad   a Filólogo   y   a Julia,

Νηρέα καὶ τὴν ἀδελφὴν αὐτοῦ, καὶ
a Nereo   y   a la   hermana   de él,   y

Ὀλυμπᾶν, καὶ τοὺς σὺν αὐτοῖς πάντας
a Olimpas   y   a los   con   ellos   todos

ἁγίους. **16** ἀσπάσασθε ἀλλήλους ἐν φιλήματι
(los) santos.   Saludad   unos a otros   con   beso

ἁγίῳ. ἀσπάζονται ὑμᾶς αἱ ἐκκλησίαι
santo.   Saludan   os   las   iglesias

πᾶσαι τοῦ Χριστοῦ.
todas   —   de Cristo.

17 Παρακαλῶ δὲ ὑμᾶς, ἀδελφοί, σκοπεῖν
Y ruego   os,   hermanos,   que os fijéis

τοὺς τὰς διχοστασίας καὶ τὰ σκάνδαλα
en los que las   divisiones   y   los   tropiezos

παρὰ τὴν διδαχὴν ἣν ὑμεῖς ἐμάθετε
fuera   de la   enseñanza   que   vosotros   aprendisteis

ποιοῦντας, καὶ ἐκκλίνετε ἀπ' αὐτῶν· **18** οἱ
producen,   y   os apartéis   de   ellos;   porque

γὰρ τοιοῦτοι τῷ κυρίῳ ἡμῶν Χριστῷ
los   tales   al   Señor   de nosotros   Cristo

οὐ δουλεύουσιν ἀλλὰ τῇ ἑαυτῶν κοιλίᾳ,
no   están sirviendo,   sino   al de ellos mismos   vientre,

καὶ διὰ τῆς χρηστολογίας καὶ εὐλογίας
y   mediante el   lenguaje suave   y   lisonjero

ἐξαπατῶσιν τὰς καρδίας τῶν ἀκάκων.
engañan   los   corazones   de los   ingenuos.

19 ἡ γὰρ ὑμῶν ὑπακοὴ εἰς πάντας
Porque la   de vosotros   obediencia   a   todos

ἀφίκετο· ἐφ' ὑμῖν οὖν χαίρω, θέλω
llegó;   en   vosotros,   pues,   me gozo,   y deseo

δὲ ὑμᾶς σοφοὺς εἶναι εἰς τὸ ἀγαθόν,
que vosotros   sabios   seáis   para   lo   bueno,

ἀκεραίους δὲ εἰς τὸ κακόν. **20** ὁ δὲ
y ¹puros   para   lo   malo.   Y el

θεὸς τῆς εἰρήνης συντρίψει τὸν σατανᾶν
Dios   de la   paz   aplastará   —   a Satanás

ὑπὸ τοὺς πόδας ὑμῶν ἐν τάχει.
bajo   los   pies   de vosotros en   breve.

Ἡ χάρις τοῦ κυρίου ἡμῶν Ἰησοῦ
La   gracia   del   Señor   de nosotros   Jesús

¹ 19. PUROS. Lit. *no mezcla-dos.*

μεθ' ὑμῶν.
con   vosotros (sea).

21 Ἀσπάζεται ὑμᾶς Τιμόθεος ὁ συνεργός
Saluda os Timoteo, el colaborador

μου, καὶ Λούκιος καὶ Ἰάσων καὶ
de mí, y Lucio y Jasón y

Σωσίπατρος οἱ συγγενεῖς μου. **22** ἀσπάζ-
Sosípater, los parientes de mí. Saludo

ομαι ὑμᾶς ἐγὼ Τέρτιος ὁ γράψας τὴν
os yo, Tercio, que escribí la

ἐπιστολὴν ἐν κυρίῳ. **23** ἀσπάζεται ὑμᾶς
carta, en (el) Señor. Saluda os

Γάϊος ὁ ξένος μου καὶ ὅλης τῆς
Gayo, el hospedador de mí y de toda la

ἐκκλησίας. ἀσπάζεται ὑμᾶς Ἔραστος ὁ
iglesia. Saluda os Erasto, el

οἰκονόμος τῆς πόλεως καὶ Κούαρτος ὁ
tesorero de la ciudad, y Cuarto, el

ἀδελφός.*
hermano.*

25 Τῷ δὲ δυναμένῳ ὑμᾶς στηρίξαι κατὰ
Y al que puede os consolidar según

τὸ εὐαγγέλιόν μου καὶ τὸ κήρυγμα
el evangelio de mí y la proclamación

Ἰησοῦ Χριστοῦ, κατὰ ἀποκάλυψιν μυστηρίου
de Jesucristo, según (la) revelación de(l) misterio

χρόνοις αἰωνίοις σεσιγημένου, **26** φανερω-
en tiempos eternos silenciado, mas mani-

θέντος δὲ νῦν διά τε γραφῶν προφητικῶν
festado ahora y mediante (las) Escrituras proféticas

κατ' ἐπιταγὴν τοῦ αἰωνίου θεοῦ εἰς
según mandamiento del eterno Dios, para

ὑπακοὴν πίστεως εἰς πάντα τὰ ἔθνη
obediencia de (la) fe a todas las gentes

γνωρισθέντος, **27** μόνῳ σοφῷ θεῷ, διὰ
dado a conocer, a(l) único sabio Dios, mediante

Ἰησοῦ Χριστοῦ, ᾧ ἡ δόξα εἰς τοὺς
Jesucristo, al cual la gloria por los
(sea)

αἰῶνας τῶν αἰώνων· ἀμήν.
siglos de los siglos; amén.

*
23. Algunos MSS añaden el vers. 24: *La gracia de nuestro Señor Jesucristo sea con todos vosotros. Amén.*

Primera Carta del apóstol Pablo a los
CORINTIOS

1 Παῦλος κλητὸς ἀπόστολος Χριστοῦ
Pablo, llamado apóstol de Cristo

'Ιησοῦ διὰ θελήματος θεοῦ καὶ Σωσθένης
Jesús por voluntad de Dios, y Sóstenes

ὁ ἀδελφὸς **2** τῇ ἐκκλησίᾳ τοῦ θεοῦ
el hermano, a la iglesia de Dios

τῇ οὔσῃ ἐν Κορίνθῳ, ἡγιασμένοις ἐν
que está en Corinto, (a los) santificados en

Χριστῷ 'Ιησοῦ, κλητοῖς ἁγίοις, σὺν πᾶσιν
Cristo Jesús, [1]llamados santos con todos

τοῖς ἐπικαλουμένοις τὸ ὄνομα τοῦ κυρίου
los que invocan el nombre del Señor

ἡμῶν 'Ιησοῦ Χριστοῦ ἐν παντὶ τόπῳ,
nuestro Jesucristo, en todo lugar,

αὐτῶν καὶ ἡμῶν· **3** χάρις ὑμῖν καὶ
de ellos y nuestro: Gracia a vosotros y

εἰρήνη ἀπὸ θεοῦ πατρὸς ἡμῶν καὶ κυρίου
paz [2]de Dios Padre nuestro y del Señor

'Ιησοῦ Χριστοῦ.
Jesucristo.

4 Εὐχαριστῶ τῷ θεῷ πάντοτε περὶ
Doy gracias a Dios siempre [3]por

ὑμῶν ἐπὶ τῇ χάριτι τοῦ θεοῦ τῇ δοθείσῃ
vosotros por la gracia de Dios que fue dada

ὑμῖν ἐν Χριστῷ 'Ιησοῦ, **5** ὅτι ἐν παντὶ
a vosotros en Cristo Jesús; porque en todo

ἐπλουτίσθητε ἐν αὐτῷ, ἐν παντὶ λόγῳ
fuisteis enriquecidos en él, en toda palabra

καὶ πάσῃ γνώσει, **6** καθὼς τὸ μαρτύριον
y en todo conocimiento; conforme el testimonio

τοῦ Χριστοῦ ἐβεβαιώθη ἐν ὑμῖν, **7** ὥστε
de Cristo fue consolidado en vosotros, de tal
manera que

ὑμᾶς μὴ ὑστερεῖσθαι ἐν μηδενὶ χαρίσματι,
vosotros no estáis faltos en ningún don,

ἀπεκδεχομένους τὴν ἀποκάλυψιν τοῦ κυρίου
esperando la revelación del Señor

ἡμῶν 'Ιησοῦ Χριστοῦ· **8** ὃς καὶ βεβαιώσει
nuestro Jesucristo; quien también confirmará

ὑμᾶς ἕως τέλους ἀνεγκλήτους ἐν τῇ
a vosotros hasta (el) fin irreprensibles en el

ἡμέρᾳ τοῦ κυρίου ἡμῶν 'Ιησοῦ [Χριστοῦ].
día del Señor nuestro Jesús Jesucristo.

9 πιστὸς ὁ θεός, δι' οὗ ἐκλήθητε εἰς
Fiel (es) — Dios, por quien fuisteis llamados a

[1]
2. LLAMADOS SANTOS. Es decir, *llamados a ser santos.*
[2]
3. DE DIOS. Esto es, *de parte de Dios...*
[3]
4. POR VOSOTROS POR... Lit. *acerca de vosotros a causa de...*

κοινωνίαν τοῦ υἱοῦ αὐτοῦ Ἰησοῦ Χριστοῦ
comunión   del Hijo   suyo   Jesucristo

τοῦ κυρίου ἡμῶν.
el Señor nuestro.

10 Παρακαλῶ δὲ ὑμᾶς, ἀδελφοί, διὰ
Exhorto — a vosotros, hermanos, por

τοῦ ὀνόματος τοῦ κυρίου ἡμῶν Ἰησοῦ
el nombre del Señor nuestro Jesu-

Χριστοῦ, ἵνα τὸ αὐτὸ λέγητε πάντες,
cristo, a que lo mismo digáis todos,

καὶ μὴ ᾖ ἐν ὑμῖν σχίσματα, ἦτε δὲ
y no haya entre vosotros ¹cismas, seáis empero

κατηρτισμένοι ἐν τῷ αὐτῷ νοῒ καὶ
unidos enteramente en la misma mente y

ἐν τῇ αὐτῇ γνώμῃ. **11** ἐδηλώθη γάρ μοι
en el mismo parecer. Porque se ha informado me

περὶ ὑμῶν, ἀδελφοί μου, ὑπὸ τῶν
sobre vosotros, hermanos míos, por los

Χλόης, ὅτι ἔριδες ἐν ὑμῖν εἰσιν. **12** λέγω
de Cloé, que contiendas entre vosotros hay. Digo

δὲ τοῦτο, ὅτι ἕκαστος ὑμῶν λέγει· ἐγὼ
empero esto, que cada uno de vosotros dice: Yo

μέν εἰμι Παύλου, ἐγὼ δὲ Ἀπολλῶ,
de veras soy de Pablo, yo empero de Apolo,

ἐγὼ δὲ Κηφᾶ, ἐγὼ δὲ Χριστοῦ.
yo — de Cefas, yo — de Cristo.

13 μεμέρισται ὁ Χριστός; μὴ Παῦλος
¿Está dividido el Cristo? ¿Acaso Pablo

ἐσταυρώθη ὑπὲρ ὑμῶν, ἢ εἰς τὸ ὄνομα
fue crucificado por vosotros? ¿O en el nombre

Παύλου ἐβαπτίσθητε; **14** εὐχαριστῶ ὅτι
de Pablo bautizados fuisteis? Doy gracias que

οὐδένα ὑμῶν ἐβάπτισα εἰ μὴ Κρίσπον
a ninguno de vosotros bauticé, sino a Crispo

καὶ Γάϊον· **15** ἵνα μή τις εἴπῃ ὅτι
y a ²Cayo; para que nadie diga que

εἰς τὸ ἐμὸν ὄνομα ἐβαπτίσθητε. **16** ἐβάπτισα δὲ
en el mío nombre fuisteis bautizados. Bauticé

καὶ τὸν Στεφανᾶ οἶκον· λοιπὸν οὐκ οἶδα
también a los (de) casa de Estéfanas; por lo demás, no sé

εἴ τινα ἄλλον ἐβάπτισα. **17** οὐ
si a algún otro bauticé. ³No,

γὰρ ἀπέστειλέν με Χριστὸς βαπτίζειν
por tanto, envió me Cristo a bautizar,

ἀλλὰ εὐαγγελίζεσθαι, οὐκ ἐν σοφίᾳ λόγου,
sino a evangelizar, no con sabiduría de palabra,

1
10. CISMAS. Esto es, divisiones.
2
14. CAYO. Lit. Gayo.
3
17. NO, POR TANTO. Es decir, porque no.

ἵνα μὴ κενωθῇ ὁ σταυρὸς τοῦ Χριστοῦ.
[1]para no hacer vana la cruz de Cristo.

18 Ὁ λόγος γὰρ ὁ τοῦ σταυροῦ τοῖς
La palabra, en efecto, — de la cruz para los

μὲν ἀπολλυμένοις μωρία ἐστίν, τοῖς
— que se pierden insensatez es; para los

δὲ σῳζομένοις ἡμῖν δύναμις θεοῦ ἐστιν.
empero que se salvan, para nosotros poder de Dios es.

19 γέγραπται γάρ· ἀπολῶ τὴν σοφίαν
Escrito está, en efecto: Destruiré la sabiduría

τῶν σοφῶν, καὶ τὴν σύνεσιν τῶν συνετῶν
de los sabios, y el entendimiento de los inteligentes

ἀθετήσω. **20** ποῦ σοφός; ποῦ γραμματεύς;
desecharé. ¿Dónde sabio? ¿Dónde (el) escriba?
                      (está el)

ποῦ συζητητὴς τοῦ αἰῶνος τούτου; οὐχὶ
¿Dónde (el) polemista del siglo este? ¿No

ἐμώρανεν ὁ θεὸς τὴν σοφίαν τοῦ κόσμου;
aturdió — Dios la sabiduría del mundo?

21 ἐπειδὴ γὰρ ἐν τῇ σοφίᾳ τοῦ θεοῦ
Puesto que en la sabiduría de Dios

οὐκ ἔγνω ὁ κόσμος διὰ τῆς σοφίας
no conoció el mundo por la sabiduría

τὸν θεόν, εὐδόκησεν ὁ θεὸς διὰ τῆς
a Dios, tuvo a bien — Dios por la

μωρίας τοῦ κηρύγματος σῶσαι τοὺς
necedad de la predicación salvar a los

πιστεύοντας. **22** ἐπειδὴ καὶ Ἰουδαῖοι σημεῖα
creyentes. Porque tanto (los) judíos milagros

αἰτοῦσιν καὶ Ἕλληνες σοφίαν ζητοῦσιν,
piden, como (los) griegos sabiduría buscan;

23 ἡμεῖς δὲ κηρύσσομεν Χριστὸν ἐσταυρωμένον,
nosotros, empero, [2]anunciamos a Cristo crucificado,

Ἰουδαίοις μὲν σκάνδαλον, ἔθνεσιν δὲ
para judíos de veras un escándalo, para los empero,
                                      gentiles,

μωρίαν, **24** αὐτοῖς δὲ τοῖς κλητοῖς,
necedad; para aquellos, pero, los llamados,

Ἰουδαίοις τε καὶ Ἕλλησιν, Χριστὸν θεοῦ
judíos tanto como griegos, Cristo de Dios

δύναμιν καὶ θεοῦ σοφίαν. **25** ὅτι τὸ
poder y de Dios sabiduría. Porque la

μωρὸν τοῦ θεοῦ σοφώτερον τῶν ἀνθρώπων
necedad de Dios, más sabia que los hombres

ἐστίν, καὶ τὸ ἀσθενὲς τοῦ θεοῦ ἰσχυρότερον
es, y lo flaco de Dios, más fuerte

---

[1]
17. PARA NO HACER VANA.
Lit. *para que no sea vaciada*
(de eficacia).
[2]
23. ANUNCIAMOS. Lit. *proclamamos.*

τῶν ἀνθρώπων. **26** Βλέπετε γὰρ τὴν
que los   hombres.   Considerad, en efecto,   el

κλῆσιν ὑμῶν, ἀδελφοί, ὅτι οὐ πολλοὶ
llamamiento vuestro, hermanos, porque no muchos

σοφοὶ κατὰ σάρκα, οὐ πολλοὶ δυνατοί,
sabios según la carne, no muchos poderosos,

οὐ πολλοὶ εὐγενεῖς· **27** ἀλλὰ τὰ μωρὰ
no muchos nobles.   Pero   lo   necio

τοῦ κόσμου ἐξελέξατο ὁ θεὸς ἵνα καται-
del mundo escogió — Dios para avergon-

σχύνῃ τοὺς σοφούς, καὶ τὰ ἀσθενῆ τοῦ
zar a los sabios, y lo débil del

κόσμου ἐξελέξατο ὁ θεὸς ἵνα καταισχύνῃ
mundo escogió — Dios para avergonzar

τὰ ἰσχυρά, **28** καὶ τὰ ἀγενῆ τοῦ κόσμου
a lo fuerte; y lo vil del mundo

καὶ τὰ ἐξουθενημένα ἐξελέξατο ὁ θεός,
y lo [1]despreciado escogió — Dios,

τὰ μὴ ὄντα, ἵνα τὰ ὄντα καταργήσῃ,
lo (que) no es, para a lo que es anular,

29 ὅπως μὴ καυχήσηται πᾶσα σὰρξ
para que no se gloríe toda [2]carne

ἐνώπιον τοῦ θεοῦ. **30** ἐξ αὐτοῦ δὲ ὑμεῖς
delante de Dios. De él empero vosotros

ἐστε ἐν Χριστῷ Ἰησοῦ, ὃς ἐγενήθη
sois en Cristo Jesús, el cual se hizo

σοφία ἡμῖν ἀπὸ θεοῦ, δικαιοσύνη τε
sabiduría para nosotros de Dios, justificación también,

καὶ ἁγιασμὸς καὶ ἀπολύτρωσις, **31** ἵνα καθὼς
y santificación y redención; porque como

γέγραπται· ὁ καυχώμενος ἐν κυρίῳ καυχάσθω.
está escrito: El que se gloría, en (el) Señor se gloríe.

2 Κἀγὼ ἐλθὼν πρὸς ὑμᾶς, ἀδελφοί,
Y yo venido a vosotros, hermanos,

ἦλθον οὐ καθ᾽ ὑπεροχὴν λόγου ἢ σοφίας
vine no con superioridad de palabra o sabiduría

καταγγέλλων ὑμῖν τὸ μαρτύριον τοῦ θεοῦ.
al anunciar os el [3]testimonio de Dios.

2 οὐ γὰρ ἔκρινά τι εἰδέναι ἐν ὑμῖν
Pues decidí nada [4]conocer entre vosotros

28. DESPRECIADO. Lit. *tenido en nada.*
2
29. SE GLORÍE TODA CARNE. Es decir, *para que ninguna carne se jacte.* (V. Mt. 24: 22.)
3
1. TESTIMONIO DE DIOS. Muchos MSS ponen *el misterio de Dios.*
4
2. CONOCER. Lit. *saber.*

εἰ μὴ Ἰησοῦν Χριστὸν καὶ τοῦτον
sino   a Jesucristo,   y   a éste

ἐσταυρωμένον. 3 κἀγὼ ἐν ἀσθενείᾳ καὶ
crucificado.   Y yo   en   debilidad   y

ἐν φόβῳ καὶ ἐν τρόμῳ πολλῷ ἐγενόμην
en temor   y   en temblor mucho me llegué

πρὸς ὑμᾶς, 4 καὶ ὁ λόγος μου καὶ τὸ
a vosotros;   y   el discurso mío   y   el

κήρυγμά μου οὐκ ἐν πειθοῖς σοφίας
anuncio mío no (fue) en persuasivas de sabiduría

λόγοις, ἀλλ' ἐν ἀποδείξει πνεύματος καὶ
palabras, sino en demostración de espíritu y

δυνάμεως, 5 ἵνα ἡ πίστις ὑμῶν μὴ ᾖ
de poder, para que la fe vuestra no esté

ἐν σοφίᾳ ἀνθρώπων ἀλλ' ἐν δυνάμει
en sabiduría de hombres, sino en poder

θεοῦ.
de Dios.

6 Σοφίαν δὲ λαλοῦμεν ἐν τοῖς τελείοις,
Sabiduría empero hablamos entre los perfectos;

σοφίαν δὲ οὐ τοῦ αἰῶνος τούτου οὐδὲ
sabiduría empero no ¹del siglo este, ni

τῶν ἀρχόντων τοῦ αἰῶνος τούτου τῶν
de los jefes del siglo este, los

καταργουμένων· 7 ἀλλὰ λαλοῦμεν θεοῦ
que van desapareciendo; sino que hablamos de Dios

σοφίαν ἐν μυστηρίῳ, τὴν ἀποκεκρυμμένην,
sabiduría en misterio, la escondida,

ἣν προώρισεν ὁ θεὸς πρὸ τῶν αἰώνων
que predestinó — Dios antes de las edades

εἰς δόξαν ἡμῶν· 8 ἣν οὐδεὶς τῶν ἀρχόντων
para gloria nuestra, que ninguno de los príncipes

τοῦ αἰῶνος τούτου ἔγνωκεν· εἰ γὰρ
del siglo este ²conoció; porque si (la)

ἔγνωσαν, οὐκ ἂν τὸν κύριον τῆς δόξης
hubieran conocido, no — al Señor de la gloria

ἐσταύρωσαν· 9 ἀλλὰ καθὼς γέγραπται· ἃ
habrían crucificado. Pero como está escrito: Lo que

ὀφθαλμὸς οὐκ εἶδεν καὶ οὖς οὐκ ἤκουσεν
ojo no vio y oído no oyó

καὶ ἐπὶ καρδίαν ἀνθρώπου οὐκ ἀνέβη,
y sobre corazón de hombre ³no ascendió,

ὅσα ἡτοίμασεν ὁ θεὸς τοῖς ἀγαπῶσιν
tales preparó — Dios a los que aman

αὐτόν. 10 ἡμῖν γὰρ ἀπεκάλυψεν ὁ θεὸς
a él.   A nosotros, en efecto, reveló — Dios

1
6. DEL SIGLO. Es decir, del mundo.
2
8. CONOCIÓ. Lit. ha conocido.
3
9. NO ASCENDIÓ SOBRE CORAZÓN DE HOMBRE. Es decir, no se le ha podido ocurrir a nadie.

διὰ τοῦ πνεύματος· τὸ γὰρ πνεῦμα πάντα
por el Espíritu; porque el Espíritu todo

ἐρευνᾷ, καὶ τὰ βάθη τοῦ θεοῦ. 11 τίς
sondea, aun las profundidades de Dios. ¿Quién verda-

γὰρ οἶδεν ἀνθρώπων τὰ τοῦ ἀνθρώπου
deramente conoce de los hombres las cosas del hombre,

εἰ μὴ τὸ πνεῦμα τοῦ ἀνθρώπου τὸ
sino el espíritu del hombre que (está)

ἐν αὐτῷ; οὕτως καὶ τὰ τοῦ θεοῦ οὐδεὶς
en él? Así también las de Dios nadie

ἔγνωκεν εἰ μὴ τὸ πνεῦμα τοῦ θεοῦ.
[1]conoció, sino el Espíritu de Dios.

12 ἡμεῖς δὲ οὐ τὸ πνεῦμα τοῦ κόσμου
Nosotros empero no el espíritu del mundo

ἐλάβομεν ἀλλὰ τὸ πνεῦμα τὸ ἐκ τοῦ θεοῦ,
recibimos, sino el Espíritu — de — Dios,

ἵνα εἰδῶμεν τὰ ὑπὸ τοῦ θεοῦ
para que sepamos lo que por — Dios

χαρισθέντα ἡμῖν· 13 ἃ καὶ λαλοῦμεν οὐκ
gratuitamente a nosotros, lo cual también hablamos, no
fue dado

ἐν διδακτοῖς ἀνθρωπίνης σοφίας λόγοις,
con aprendidas de humana sabiduría palabras,

ἀλλ' ἐν διδακτοῖς πνεύματος, πνευματικοῖς
sino con aprendidas del Espíritu, a lo espiritual

πνευματικὰ συγκρίνοντες. 14 ψυχικὸς δὲ
lo espiritual [2]comparando. [3](El) animal

ἄνθρωπος οὐ δέχεται τὰ τοῦ πνεύματος
hombre no recibe las cosas del Espíritu

τοῦ θεοῦ· μωρία γὰρ αὐτῷ ἐστιν, καὶ
de Dios, necedad, en efecto, para él son, y

οὐ δύναται γνῶναι, ὅτι πνευματικῶς
no puede conocer, porque espiritualmente

ἀνακρίνεται. 15 ὁ δὲ πνευματικὸς ἀνακρίνει
se disciernen. Mas el espiritual discierne,

μὲν πάντα, αὐτὸς δὲ ὑπ' οὐδενὸς
en cambio, todas las él, empero, por nadie
cosas;

ἀνακρίνεται. 16 τίς γὰρ ἔγνω νοῦν
es juzgado. ¿Quién en verdad conoció (la) mente

κυρίου, ὃς συμβιβάσει αὐτόν; ἡμεῖς δὲ
del Señor, que instruya a él? Nosotros empero

νοῦν Χριστοῦ ἔχομεν.
(el) pensamiento de Cristo poseemos.

1
11. Conoció. Lit. *ha conocido.*
2
13. Comparando. O *expresando* (las realidades espirituales con términos espirituales).
3
14. (El) animal. Esto es, *el inconverso* (que no tiene el Espíritu).

3 Κἀγώ,   ἀδελφοί,   οὐκ   ἠδυνήθην   λαλῆσαι
Y yo,   hermanos,   no   pude   hablar

ὑμῖν ὡς πνευματικοῖς ἀλλ' ὡς σαρκίνοις,
os   como a espirituales, sino como a carnales,

ὡς νηπίοις ἐν Χριστῷ. **2** γάλα ὑμᾶς
como ¹a niños en Cristo.   Leche a vosotros

ἐπότισα, οὐ βρῶμα· οὔπω γὰρ ἐδύνασθε.
di a beber, no alimento sólido; porque aún no erais capaces,

ἀλλ' οὐδὲ [ἔτι] νῦν δύνασθε, **3** ἔτι γὰρ
y tampoco aún ahora sois capaces, porque aún

σαρκικοί ἐστε. ὅπου γὰρ ἐν ὑμῖν· ζῆλος
carnales sois; mientras, en (hay) entre vosotros ²celos
                          efecto,

καὶ ἔρις, οὐχὶ σαρκικοί ἐστε καὶ κατὰ
y contiendas, ¿no carnales sois y según

ἄνθρωπον περιπατεῖτε; **4** ὅταν γὰρ λέγῃ
hombre   camináis?   Cuando, en efecto, dice

τις· ἐγὼ μέν εἰμι Παύλου, ἔτερος δέ·
uno: Yo en verdad soy de Pablo; otro, empero:

ἐγὼ Ἀπολλῶ, οὐκ ἄνθρωποί ἐστε; **5** Τί
Yo de Apolos, ¿no ³hombres sois? ¿Qué,

οὖν ἐστιν Ἀπολλῶς; τί δέ ἐστιν Παῦλος;
pues, es Apolos? ¿Qué es Pablo?

διάκονοι δι' ὧν ἐπιστεύσατε, καὶ ἑκάστῳ
Servidores a través de quienes creísteis, y a cada uno

ὡς ὁ κύριος ἔδωκεν. **6** ἐγὼ ἐφύτευσα,
según el Señor dio.   Yo   planté,

Ἀπολλῶς ἐπότισεν, ἀλλὰ ὁ θεὸς ηὔξανεν·
Apolos regó;   mas — Dios obró
                              crecimiento.

7 ὥστε οὔτε ὁ φυτεύων ἐστίν τι οὔτε
De modo que ni el que planta es algo, ni

ὁ ποτίζων, ἀλλ' ὁ αὐξάνων θεός. **8** ὁ
el que riega, sino el que obra el Dios. El que
                         crecimiento,

φυτεύων δὲ καὶ ὁ ποτίζων ἕν εἰσιν,
planta   y el que riega uno son;

ἕκαστος δὲ τὸν ἴδιον μισθὸν λήμψεται
cada cual, empero, la propia paga recibirá

κατὰ τὸν ἴδιον κόπον. **9** θεοῦ γάρ ἐσμεν
según el propio trabajo. De Dios, empero, somos

συνεργοί· θεοῦ γεώργιον, θεοῦ οἰκοδομή
colaboradores; de Dios labranza, de Dios edificio

ἐστε. **10** Κατὰ τὴν χάριν τοῦ θεοῦ τὴν
sois.   Según la gracia — de Dios —

1
1. A NIÑOS. Es decir, *inmaduros.*
2
3. CELOS Y CONTIENDAS. Lit. *celo y contienda.*
3
4. HOMBRES. Es decir, *mundanos.*

δοθεῖσάν   μοι   ὡς   σοφὸς   ἀρχιτέκτων
dada   a mí,   como   sabio   arquitecto

θεμέλιον   ἔθηκα,   ἄλλος   δὲ   ἐποικοδομεῖ.
fundamento   puse;   otro, empero,   sobreedifica;

ἕκαστος   δὲ   βλεπέτω   πῶς   ἐποικοδομεῖ.
mas cada uno   mire   cómo   sobreedifica;

11 θεμέλιον   γὰρ   ἄλλον   οὐδεὶς   δύναται   θεῖναι
fundamento, en efecto,   otro   nadie   puede   poner

παρὰ   τὸν   κείμενον,   ὅς   ἐστιν   Ἰησοῦς
¹fuera   del   puesto,   el cual   es   Jesu-

Χριστός.   **12** εἰ   δέ   τις   ἐποικοδομεῖ   ἐπὶ
cristo.   Si, empero, alguno   edifica   sobre

τὸν   θεμέλιον   χρυσίον,   ἀργύριον,   λίθους
el   fundamento   oro,   plata,   piedras

τιμίους,   ξύλα,   χόρτον,   καλάμην,   **13** ἑκάστου
preciosas,   leña,   heno,   paja,   de cada uno

τὸ   ἔργον   φανερὸν   γενήσεται·   ἡ   γὰρ   ἡμέρα
la   obra   manifiesta   se hará;   porque el   día

δηλώσει,   ὅτι   ἐν   πυρὶ   ἀποκαλύπτεται,
(la) descubrirá,   porque   con   fuego   se revelará,

καὶ   ἑκάστου   τὸ   ἔργον   ὁποῖόν   ἐστιν
y   de cada uno   la   obra   qué tal   sea

τὸ   πῦρ   αὐτὸ   δοκιμάσει.   **14** εἴ   τινος
el   fuego   a ella   probará.   Si   de uno

τὸ   ἔργον   μενεῖ   ὃ   ἐποικοδόμησεν,   μισθὸν
la   obra   permaneciese la que   sobreedificó,   recompensa

λήμψεται·   **15** εἴ   τινος   τὸ   ἔργον   κατακαής-
recibirá.   Si   de uno   la   obra   ardiese,

εται,   ζημιωθήσεται,   αὐτὸς   δὲ   σωθήσεται,
   sufrirá pérdida;   él, empero,   se salvará,

οὕτως   δὲ   ὡς   διὰ   πυρός.   **16** Οὐκ   οἴδατε
mas así   como   por   fuego.   ¿No   sabéis

ὅτι   ναὸς   θεοῦ   ἐστε   καὶ   τὸ   πνεῦμα   τοῦ
que   templo   de Dios   sois   y   el   Espíritu   de

θεοῦ   ἐν   ὑμῖν   οἰκεῖ;   **17** εἴ   τις   τὸν   ναὸν
Dios   en   vosotros   habita?   Si alguien   el   templo

τοῦ   θεοῦ   φθείρει,   φθερεῖ   τοῦτον   ὁ   θεός·
— de Dios   destruye,   destruirá   le   —   Dios;

ὁ   γὰρ   ναὸς   τοῦ   θεοῦ   ἅγιός   ἐστιν,   οἵτινές
porque el   templo   —   de Dios   santo   es,   que

ἐστε   ὑμεῖς.
sois   vosotros.

18 Μηδεὶς   ἑαυτὸν   ἐξαπατάτω·   εἴ   τις
Nadie   a sí mismo   se engañe;   si   alguno

δοκεῖ   σοφὸς   εἶναι   ἐν   ὑμῖν   ἐν   τῷ   αἰῶνι
cree   sabio   ser   entre vosotros   en   el   mundo

τούτῳ,   μωρὸς   γενέσθω,   ἵνα   γένηται
este,   necio   hágase,   para que   se haga

¹
11. FUERA. Esto es, *diferente*. (V. Gá. 1:8-9.)

σοφός. **19** ἡ γὰρ σοφία τοῦ κόσμοι
sabio. Porque la sabiduría del mundo

τούτου μωρία παρὰ τῷ θεῷ ἐστιν.
este, necedad para con — Dios es.

γέγραπται γάρ· ὁ δρασσόμενος τοὺς σοφοὺς
Escrito está, en efecto: [1]Él prende a los sabios

ἐν τῇ πανουργίᾳ αὐτῶν· **20** καὶ πάλιν·
en la astucia [2]propia. Y también:

κύριος γινώσκει τοὺς διαλογισμοὺς τῶν
(El) Señor conoce los razonamientos de los

σοφῶν, ὅτι εἰσὶν μάταιοι. **21** ὥστε μηδεὶς
sabios, que son vanos. Así que nadie

καυχάσθω ἐν ἀνθρώποις· πάντα γὰρ ὑμῶν
se gloríe en hombres; porque todas las cosas vuestras

ἐστιν, **22** εἴτε Παῦλος εἴτε Ἀπολλῶς
son: sea Pablo, sea Apolos,

εἴτε Κηφᾶς, εἴτε κόσμος εἴτε ζωὴ εἴτε
sea Cefas, sea (el) mundo, sea (la) vida, sea

θάνατος, εἴτε ἐνεστῶτα εἴτε μέλλοντα,
(la) muerte, sea (lo) presente, sea (lo) futuro,

πάντα ὑμῶν, **23** ὑμεῖς δὲ Χριστοῦ, Χριστὸς δὲ
todo (es) vuestro; vosotros, empero, de Cristo, Cristo, empero,

θεοῦ. **4** Οὕτως ἡμᾶς λογιζέσθω ἄνθρωπος ὡς
de Dios. Así a nosotros considere (todo) hombre como

ὑπηρέτας Χριστοῦ καὶ οἰκονόμους μυστηρίων
servidores de Cristo y administradores de misterios

θεοῦ. **2** ὧδε λοιπὸν ζητεῖται ἐν τοῖς
de Dios. Aquí, por lo demás, se pide en los

οἰκονόμοις ἵνα πιστός τις εὑρεθῇ. **3** ἐμοὶ
administradores que fiel alguno sea hallado. Para mí

δὲ εἰς ἐλάχιστόν ἐστιν ἵνα ὑφ' ὑμῶν
en poca cosa es que por vosotros

ἀνακριθῶ ἢ ὑπὸ ἀνθρωπίνης ἡμέρας· ἀλλ'
sea juzgado, o por un humano [3]día; pero

οὐδὲ ἐμαυτὸν ἀνακρίνω· **4** οὐδὲν γὰρ
ni a mí mismo me juzgo. (De) nada, en efecto,

ἐμαυτῷ σύνοιδα, ἀλλ' οὐκ ἐν τούτῳ
contra mí tengo conciencia, pero no en esto

δεδικαίωμαι· ὁ δὲ ἀνακρίνων με κύριός
soy justificado; el que juzga me (el) Señor

ἐστιν. **5** ὥστε μὴ πρὸ καιροῦ τι κρίνετε,
es. Así que no antes de tiempo algo juzguéis,

ἕως ἂν ἔλθῃ ὁ κύριος, ὃς καὶ φωτίσει
hasta que venga el Señor, quien también iluminará

[1]
19. ÉL PRENDE. Lit. *El que atrapa.*
[2]
19. PROPIA. Lit. *de ellos.*
[3]
3. HUMANO DÍA. ¿"Día de juicio en tribunal humano"?

τὰ   κρυπτὰ   τοῦ   σκότους   καὶ   φανερώσει
las   cosas ocultas   de las   tinieblas   y   manifestará

τὰς   βουλὰς   τῶν   καρδιῶν·   καὶ   τότε   ὁ
los   designios   de los   corazones;   y   entonces   la

ἔπαινος   γενήσεται   ἑκάστῳ   ἀπὸ   τοῦ   θεοῦ.
alabanza   será hecha   a cada uno   de parte   de   Dios.

6 Ταῦτα   δέ,   ἀδελφοί,   μετεσχημάτισα   εἰς
Estas cosas,   hermanos,   he trasladado figurativamente   a

ἐμαυτὸν   καὶ   'Απολλῶν   δι'   ὑμᾶς,   ἵνα
mí mismo   y   a Apolos   por   vosotros, para que
                          causa de

ἐν   ἡμῖν   μάθητε   τὸ   μὴ   ὑπὲρ   ἃ
en   nosotros   aprendáis   el   no   sobre   lo que
                          (propasarse)

γέγραπται,   ἵνα   μὴ   εἶς   ὑπὲρ   τοῦ   ἑνὸς
está escrito,   para que   no   uno   sobre   el   otro

φυσιοῦσθε   κατὰ   τοῦ   ἑτέρου.   **7** τίς   γάρ   σε
os infléis   contra   el   otro.   ¿Quién, en efecto, te

διακρίνει;   τί   δὲ   ἔχεις   ὃ   οὐκ   ἔλαβες;
distingue?   ¿Qué, en verdad,   tienes   que   no   recibiste?

εἰ   δὲ   καὶ   ἔλαβες,   τί   καυχᾶσαι   ὡς   μὴ
Si, empero, de veras   recibiste,   ¿por qué   te glorías   como   no

λαβών;   **8** ἤδη   κεκορεσμένοι   ἐστέ·   ἤδη
habiendo recibido?   Ya   saciados   estáis,   ya

ἐπλουτήσατε·   χωρὶς   ἡμῶν   ἐβασιλεύσατε·   καὶ
os enriquecisteis,   sin   nosotros   reinasteis;   y

ὄφελόν   γε   ἐβασιλεύσατε,   ἵνα
¡ojalá   —   reinaseis,   para que

καὶ   ἡμεῖς   ὑμῖν   συμβασιλεύσωμεν.   **9** δοκῶ
también nosotros   con vosotros   reinásemos!   Pienso,

γάρ,   ὁ   θεὸς   ἡμᾶς   τοὺς   ἀποστόλους
en efecto,   —   Dios   a nosotros   los   apóstoles
que

ἐσχάτους   ἀπέδειξεν   ὡς   ἐπιθανατίους,   ὅτι
últimos   exhibió,   como   destinados a muerte,   porque

θέατρον   ἐγενήθημεν   τῷ   κόσμῳ   καὶ   ἀγγέλοις
espectáculo   hemos sido hechos   para el   mundo   y   ángeles

καὶ   ἀνθρώποις.   **10** ἡμεῖς   μωροὶ   διὰ
y   hombres.   Nosotros   necios   por

Χριστόν,   ὑμεῖς   δὲ   φρόνιμοι   ἐν   Χριστῷ·
Cristo,   vosotros, empero,   prudentes   en   Cristo;

ἡμεῖς   ἀσθενεῖς,   ὑμεῖς   δὲ   ἰσχυροί·   ὑμεῖς
nosotros   débiles,   vosotros   fuertes;   vosotros

ἔνδοξοι,   ἡμεῖς   δὲ   ἄτιμοι.   **11** ἄχρι   τῆς
gloriosos,   nosotros, empero,   sin honra.   Hasta   la

ἄρτι   ὥρας   καὶ   πεινῶμεν   καὶ   διψῶμεν
presente   hora   también   tenemos hambre   y   padecemos sed,

καὶ   γυμνιτεύομεν   καὶ   κολαφιζόμεθα   καὶ
y   estamos desnudos,   y   somos abofeteados,   y

ἀστατοῦμεν **12** καὶ κοπιῶμεν ἐργαζόμενοι
no tenemos lugar fijo, y nos fatigamos trabajando

ταῖς ἰδίαις χερσίν· λοιδορούμενοι εὐλο-
con las propias manos; ultrajados, bendeci-

γοῦμεν, διωκόμενοι ἀνεχόμεθα, **13** δυσφημού-
mos; sufriendo persecución, aguantamos. Difamados,

μενοι παρακαλοῦμεν· ὡς περικαθάρματα τοῦ
consolamos; como basura del

κόσμου ἐγενήθημεν, πάντων περίψημα ἕως
mundo hemos llegado a ser, de todos desperdicio hasta

ἄρτι.
ahora.

14 Οὐκ ἐντρέπων ὑμᾶς γράφω ταῦτα,
No para sonrojar os escribo estas cosas,

ἀλλ' ὡς τέκνα μου ἀγαπητὰ νουθετῶν.
sino como a hijos míos amados, para amonestar.

15 ἐὰν γὰρ μυρίους παιδαγωγοὺς ἔχητε
Si, en efecto, diez mil pedagogos tuvieseis

ἐν Χριστῷ, ἀλλ' οὐ πολλοὺς πατέρας·
en Cristo, pero no muchos padres,

ἐν γὰρ Χριστῷ Ἰησοῦ διὰ τοῦ εὐαγγελίου
porque en Cristo Jesús por el evangelio

ἐγὼ ὑμᾶς ἐγέννησα. **16** παρακαλῶ οὖν
yo os engendré. Ruego, pues,

ὑμᾶς, μιμηταί μου γίνεσθε. **17** Διὰ τοῦτο
a vosotros, imitadores míos haceos. Por eso

αὐτὸ ἔπεμψα ὑμῖν Τιμόθεον, ὅς ἐστίν
mismo envié a vosotros a Timoteo, que es

μου τέκνον ἀγαπητὸν καὶ πιστὸν ἐν
mi hijo querido y fiel en

κυρίῳ, ὃς ὑμᾶς ἀναμνήσει τὰς ὁδούς
(el) Señor, quien os recordará los caminos

μου τὰς· ἐν Χριστῷ [Ἰησοῦ], καθὼς
míos — en Cristo Jesús, como

πανταχοῦ ἐν πάσῃ ἐκκλησίᾳ διδάσκω.
por doquiera en toda iglesia enseño.

18 ὡς μὴ ἐρχομένου δέ μου πρὸς ὑμᾶς
Como si no viniese ahora yo a vosotros

ἐφυσιώθησάν τινες· **19** ἐλεύσομαι δὲ ταχέως
se inflaron algunos. Vendré, empero, pronto

πρὸς ὑμᾶς, ἐὰν ὁ κύριος θελήσῃ, καὶ
a vosotros, si el Señor quiere, y

γνώσομαι οὐ τὸν λόγον τῶν πεφυσιωμένων
conoceré, no la palabrería de los inflados,

ἀλλὰ τὴν δύναμιν· **20** οὐ γὰρ ἐν λόγῳ
sino el poder. No, en efecto, en palabrería

ἡ βασιλεία τοῦ θεοῦ, ἀλλ' ἐν δυνάμει.
(está el) reino de Dios, sino en poder.

21 τί θέλετε; ἐν ῥάβδῳ ἔλθω πρὸς ὑμᾶς,
¿Qué queréis? ¿Con vara iré a vosotros,

ἢ ἐν ἀγάπῃ πνεύματί τε πραΰτητος;
o con amor en espíritu — de mansedumbre?

5 Ὅλως ἀκούεται ἐν ὑμῖν πορνεία,
1Notoriamente se oye de vosotros fornicación,

καὶ τοιαύτη πορνεία ἥτις οὐδὲ ἐν τοῖς
y tal fornicación que ni entre los

ἔθνεσιν, ὥστε γυναῖκά τινα τοῦ πατρὸς
gentiles; hasta (la) mujer uno del padre

ἔχειν. **2** καὶ ὑμεῖς πεφυσιωμένοι ἐστέ,
tener. Y vosotros inflados estáis,

καὶ οὐχὶ μᾶλλον ἐπενθήσατε, ἵνα ἀρθῇ
¿y no más bien os lamentasteis, para que sea quitado

ἐκ μέσου ὑμῶν ὁ τὸ ἔργον τοῦτο πράξας;
de en medio de vosotros el que la obra esta hizo?

3 ἐγὼ μὲν γάρ, ἀπὼν τῷ σώματι,
Yo de veras, ausente con el cuerpo,

παρὼν δὲ τῷ πνεύματι, ἤδη κέκρικα
presente empero con el espíritu, ya he juzgado

ὡς παρὼν τὸν οὕτως τοῦτο κατεργα-
como presente al que así esto obró.

σάμενον **4** ἐν τῷ ὀνόματι τοῦ κυρίου
En el nombre del Señor

Ἰησοῦ συναχθέντων ὑμῶν καὶ τοῦ ἐμοῦ
Jesús, congregados vosotros y el mío

πνεύματος σὺν τῇ δυνάμει τοῦ κυρίου
espíritu, con el poder del Señor

ἡμῶν Ἰησοῦ **5** παραδοῦναι τὸν τοιοῦτον
nuestro Jesús, entregar al tal

τῷ σατανᾷ εἰς ὄλεθρον τῆς σαρκός,
a Satanás para destrucción de la carne,

ἵνα τὸ πνεῦμα σωθῇ ἐν τῇ ἡμέρᾳ τοῦ
para que el espíritu sea salvo en el día del

κυρίου. **6** Οὐ καλὸν τὸ καύχημα ὑμῶν.
Señor. No (es) buena la jactancia vuestra.

οὐκ οἴδατε ὅτι μικρὰ ζύμη ὅλον τὸ
¿No sabéis que poca levadura toda la

φύραμα ζυμοῖ; **7** ἐκκαθάρατε τὴν παλαιὰν
masa fermenta? Expurgad el viejo

ζύμην, ἵνα ἦτε νέον φύραμα, καθὼς
fermento, para que seáis nueva masa, como

1
1. NOTORIAMENTE. Lit. *Totalmente.*

ἐστε ἄζυμοι. καὶ γὰρ τὸ πάσχα ἡμῶν
sois ácimos; porque la pascua nuestra

ἐτύθη Χριστός. 8 ὥστε ἑορτάζωμεν μὴ
inmolada fue Cristo. Así que celebremos la fiesta, no

ἐν ζύμῃ παλαιᾷ μηδὲ ἐν ζύμῃ κακίας
con levadura vieja, ni con levadura de malicia

καὶ πονηρίας, ἀλλ' ἐν ἀζύμοις εἰλικρινείας
y maldad, sino con ácimos de sinceridad

καὶ ἀληθείας. 9 Ἔγραψα ὑμῖν ἐν τῇ
y verdad. Escribí a vosotros en la

ἐπιστολῇ μὴ συναναμίγνυσθαι πόρνοις,
epístola no mezclaros con fornicarios;

10 οὐ πάντως τοῖς πόρνοις τοῦ κόσμου
no absolutamente con los fornicarios del mundo

τούτου ἢ τοῖς πλεονέκταις καὶ ἅρπαξιν
este, o con los avaros, ni con los estafadores

ἢ εἰδωλολάτραις, ἐπεὶ ὠφείλετε ἄρα ἐκ
o idólatras, porque tendríais entonces del

τοῦ κόσμου ἐξελθεῖν. 11 νῦν δὲ ἔγραψα
— mundo (que) salir. Ahora, empero, escribí

ὑμῖν μὴ συναναμίγνυσθαι ἐάν τις ἀδελφὸς
a vosotros no mezclaros [1]con quien hermano

ὀνομαζόμενος ᾖ πόρνος ἢ πλεονέκτης ἢ
se llama (y) fuese fornicario, o codicioso, o

εἰδωλολάτρης ἢ λοίδορος ἢ μέθυσος ἢ
idólatra, o difamador, o borracho, o

ἅρπαξ, τῷ τοιούτῳ μηδὲ συνεσθίειν. 12 τί
estafador; con ése [2]ni comáis. ¿Qué,

γάρ μοι τοὺς ἔξω κρίνειν; οὐχὶ τοὺς
pues, a mí a los de fuera juzgar? ¿No a los

ἔσω ὑμεῖς κρίνετε; 13 τοὺς δὲ ἔξω
de dentro vosotros juzgáis? A los empero de fuera

ὁ θεὸς κρινεῖ. ἐξάρατε τὸν πονηρὸν ἐξ
— Dios juzgará. Expulsad al malvado de entre

ὑμῶν αὐτῶν.
vosotros mismos.

6 Τολμᾷ τις ὑμῶν πρᾶγμα ἔχων πρὸς
¿Se atreve alguno de vosotros, un negocio teniendo contra

τὸν ἕτερον κρίνεσθαι ἐπὶ τῶν ἀδίκων,
el otro, ser juzgado [3]ante los injustos,

καὶ οὐχὶ ἐπὶ τῶν ἁγίων; 2 ἢ οὐκ οἴδατε
y no ante los santos? ¿O no sabéis

ὅτι οἱ ἅγιοι τὸν κόσμον κρινοῦσιν; καὶ
que los santos al mundo juzgarán? Y

[1]
11. CON QUIEN HERMANO SE LLAMA. Lit. *si alguien hermano llamándose.*
[2]
11. NI COMÁIS. Lit. *ni comer.*
[3]
1. ANTE LOS INJUSTOS. Es decir, *ante los jueces del mundo.*

εἰ ἐν ὑμῖν κρίνεται ὁ κόσμος, ἀνάξιοί
si ¹en vosotros será juzgado el mundo, ¿indignos

ἐστε κριτηρίων ἐλαχίστων; 3 οὐκ οἴδατε
sois de juicios triviales? ¿No sabéis

ὅτι ἀγγέλους κρινοῦμεν, μήτι γε βιωτικά;
que a los ángeles juzgaremos? ¡Cuánto más asuntos de esta vida!

4 βιωτικὰ μὲν οὖν κριτήρια ἐὰν ἔχητε,
En asuntos de de veras — juicios si tenéis
esta vida

τοὺς ἐξουθενημένους ἐν τῇ ἐκκλησίᾳ,
a los que nada representan en la iglesia,

τούτους καθίζετε; 5 πρὸς ἐντροπὴν ὑμῖν
a esos poned por jueces. Para vergüenza vuestra

λέγω. οὕτως οὐκ ἔνι ἐν ὑμῖν οὐδεὶς
digo: Así, ¿no hay entre vosotros ningún

σοφός, ὃς δυνήσεται διακρῖναι ἀνὰ μέσον
sabio que pueda discernir en medio

τοῦ ἀδελφοῦ αὐτοῦ; 6 ἀλλὰ ἀδελφὸς μετὰ
²de los hermanos suyos? Pero hermano contra

ἀδελφοῦ κρίνεται, καὶ τοῦτο ἐπὶ ἀπίστων;
hermano disputa, ¿y esto delante de incrédulos?

7 ἤδη μὲν οὖν ὅλως ἥττημα ὑμῖν ἐστιν
Ya de verdad entonces de todo un fracaso para vosotros es
punto

ὅτι κρίματα ἔχετε μεθ᾽ ἑαυτῶν. διὰ τί
que pleitos tengáis entre vosotros mismos. ¿Por qué

οὐχὶ μᾶλλον ἀδικεῖσθε; διὰ τί οὐχὶ
no mejor sufrís el agravio? ¿Por qué no

μᾶλλον ἀποστερεῖσθε; 8 ἀλλὰ ὑμεῖς ἀδικεῖτε
mejor sois defraudados? Mas vosotros cometéis
injusticias

καὶ ἀποστερεῖτε, καὶ τοῦτο ἀδελφούς.
y defraudáis, y esto a hermanos.

9 ἢ οὐκ οἴδατε ὅτι ἄδικοι θεοῦ βασιλείαν
¿O no sabéis que (los) injustos de Dios (el) reino

οὐ κληρονομήσουσιν; μὴ πλανᾶσθε· οὔτε
no heredarán? No os dejéis engañar; ni

πόρνοι οὔτε εἰδωλολάτραι οὔτε μοιχοὶ
fornicarios, ni idólatras, ni adúlteros,

οὔτε μαλακοὶ οὔτε ἀρσενοκοῖται 10 οὔτε
ni afeminados, ni sodomitas, ni

κλέπται οὔτε πλεονέκται, οὐ μέθυσοι,
ladrones, ni codiciosos, ni borrachos,

οὐ λοίδοροι, οὐχ ἅρπαγες βασιλείαν θεοῦ
ni difamadores, ni estafadores (el) reino de Dios

1
2. EN VOSOTROS. Esto es, por vosotros.
2
5. DE LOS HERMANOS SUYOS. Lit. del hermano suyo.

κληρονομήσουσιν. 11 καὶ ταῦτά τινες ἦτε·
heredarán. Y esto algunos erais;

ἀλλὰ ἀπελούσασθε, ἀλλὰ ἡγιάσθητε, ἀλλὰ
pero　　　　fuisteis lavados,　　pero　fuisteis santificados,　pero

ἐδικαιώθητε ἐν τῷ ὀνόματι τοῦ κυρίου
fuisteis justificados　en　el　nombre　del　Señor

Ἰησοῦ Χριστοῦ καὶ ἐν τῷ πνεύματι
Jesucristo　　y　en　el　Espíritu

τοῦ θεοῦ ἡμῶν.
del　Dios　nuestro.

12 Πάντα μοι ἔξεστιν, ἀλλ' οὐ πάντα
Todas las cosas me　son lícitas,　pero　no　todas

συμφέρει. πάντα μοι ἔξεστιν, ἀλλ' οὐκ
convienen;　todo　me　es lícito,　pero　no

ἐγὼ ἐξουσιασθήσομαι ὑπό τινος. **13** τὰ
yo　seré dominado　por　ninguna.　Los

βρώματα τῇ κοιλίᾳ, καὶ ἡ κοιλία τοῖς
alimentos　para el vientre,　y　el　vientre　para los

βρώμασιν· ὁ δὲ θεὸς καὶ ταύτην καὶ
alimentos;　pero　Dios　también　a éste　y

ταῦτα καταργήσει. τὸ δὲ σῶμα οὐ τῇ
a aquéllos　inutilizará.　El —　cuerpo no (es) para la

πορνείᾳ ἀλλὰ τῷ κυρίῳ, καὶ ὁ κύριος
fornicación,　sino　para el Señor,　y　el　Señor

τῷ σώματι· **14** ὁ δὲ θεὸς καὶ τὸν κύριον
para el cuerpo.　— Y　Dios　también　al　Señor

ἤγειρεν καὶ ἡμᾶς ἐξεγερεῖ διὰ τῆς
resucitó,　y　a nosotros　resucitará　por　el

δυνάμεως αὐτοῦ. **15** οὐκ οἴδατε ὅτι τὰ
poder　suyo.　¿No　sabéis　que　los

σώματα ὑμῶν μέλη Χριστοῦ ἐστιν; ἄρας
cuerpos　vuestros miembros　de Cristo　son? Tomando,

οὖν τὰ μέλη τοῦ Χριστοῦ ποιήσω πόρνης
entonces, los miembros　de　Cristo,　¿haré　de una
　　　　　　　　　　　　　　　　　　　　　prostituta

μέλη; μὴ γένοιτο. **16** ἢ οὐκ οἴδατε ὅτι
miembros? No　suceda (eso).　¿O　no　sabéis　que

ὁ κολλώμενος τῇ πόρνῃ ἓν σῶμά ἐστιν;
quien　se junta　con la prostituta　un　cuerpo　1son?

ἔσονται γάρ, φησίν, οἱ δύο εἰς σάρκα
Serán, en efecto,　dice,　los　dos　en　carne

μίαν. **17** ὁ δὲ κολλώμενος τῷ κυρίῳ
una.　　Quien, empero,　se adhiere　al　Señor

ἓν πνεῦμά ἐστιν. **18** φεύγετε τὴν πορνείαν.
un espíritu　es.　Huid (de)　la　fornicación.

πᾶν ἁμάρτημα ὃ ἐὰν ποιήσῃ ἄνθρωπος
Todo　pecado　que　hiciere　un hombre,

ἐκτὸς τοῦ σώματός ἐστιν· ὁ δὲ πορνεύων
fuera　del　cuerpo　está; el que, empero,　fornica,

16. Son. Lit. *es* (con ella).

εἰς   τὸ   ἴδιον   σῶμα   ἁμαρτάνει.   **19**
[1]contra   el   propio   cuerpo   peca.

οὐκ   οἴδατε   ὅτι   τὸ   σῶμα   ὑμῶν   ναὸς
¿No   sabéis   que   el   cuerpo   vuestro   templo

τοῦ   ἐν   ὑμῖν   ἁγίου   πνεύματός   ἐστιν,
del   en   vosotros   Santo   Espíritu   es,

οὗ   ἔχετε   ἀπὸ   θεοῦ,   καὶ   οὐκ   ἐστὲ   ἑαυτῶν;
que   tenéis   [2]de   Dios,   y   no   sois   vuestros?

20 ἠγοράσθητε   γὰρ   τιμῆς·   δοξάσατε   δὴ
Comprados fuisteis, en efecto, con un precio;   glorificad, pues,

τὸν   θεὸν   ἐν   τῷ   σώματι   ὑμῶν.
a   Dios   en   el   cuerpo   vuestro.

7 Περὶ   δὲ   ὧν   ἐγράψατε,   καλὸν   ἀνθρώπῳ
Acerca, empero, de lo que   escribisteis,   bueno (es)   al hombre

γυναικὸς   μὴ   ἅπτεσθαι·   **2** διὰ   δὲ   τὰς
[3]mujer   no   tocar;   mas a causa de   las

πορνείας   ἕκαστος   τὴν   ἑαυτοῦ   γυναῖκα
fornicaciones,   cada uno   la   propia   mujer

ἐχέτω,   καὶ   ἑκάστη   τὸν   ἴδιον   ἄνδρα
tenga,   y   cada una   el   propio   varón

ἐχέτω.   **3** τῇ   γυναικὶ   ὁ   ἀνὴρ   τὴν   ὀφειλὴν
tenga.   A la   mujer   el   hombre   [4]la   deuda

ἀποδιδότω,   ὁμοίως   δὲ   καὶ   ἡ   γυνὴ   τῷ
pague,   igualmente   también la   mujer   al

ἀνδρί.   **4** ἡ   γυνὴ   τοῦ   ἰδίου   σώματος
hombre.   La   mujer,   del   propio   cuerpo

οὐκ   ἐξουσιάζει   ἀλλὰ   ὁ   ἀνήρ·   ὁμοίως
no   tiene potestad,   sino   el   hombre;   igualmente

δὲ   καὶ   ὁ   ἀνὴρ   τοῦ   ἰδίου   σώματος   οὐκ
también   el   hombre   del   propio   cuerpo   no

ἐξουσιάζει   ἀλλὰ   ἡ   γυνή.   **5** μὴ   ἀποστερεῖτε
tiene potestad,   sino   la   mujer.   No   os privéis

ἀλλήλους,   εἰ   μήτι   ἂν   ἐκ   συμφώνου   πρὸς
el uno del otro,   a no ser   de   acuerdo   por

καιρὸν   ἵνα   σχολάσητε   τῇ   προσευχῇ   καὶ
un tiempo   para   vacar   a la   oración,   y

πάλιν   ἐπὶ   τὸ   αὐτὸ   ἦτε,   ἵνα   μὴ   πειράζῃ
nuevamente   juntos   estéis,   para que no   tiente

ὑμᾶς   ὁ   σατανᾶς   διὰ   τὴν   ἀκρασίαν   [ὑμῶν].
a vosotros —   Satanás   por   la   incontinencia   vuestra.

6 τοῦτο   δὲ   λέγω   κατὰ   συγγνώμην,   οὐ
Esto empero   digo   según   concesión,   no

[1]
18. CONTRA. Lit. *hacia.*
[2]
19. DE DIOS. Es decir, *de parte de Dios.*
[3]
1. MUJER. Como a veces en castellano, "mujer" puede también significar "esposa".
[4]
3. LA DEUDA. Esto es, el *"débito"* conyugal.

κατ' ἐπιταγήν. 7 θέλω δὲ πάντας
según   precepto.   Quisiera empero   que todos
ἀνθρώπους εἶναι ὡς καὶ ἐμαυτόν· ἀλλὰ
(los) hombres   fuesen   como — yo mismo;   pero
ἕκαστος ἴδιον ἔχει χάρισμα ἐκ θεοῦ,
cada uno   propio   tiene   carisma   de   Dios,
ὁ μὲν οὕτως, ὁ δὲ οὕτως.
el   uno   así   el otro   asá.
8 Λέγω δὲ τοῖς ἀγάμοις καὶ ταῖς χήραις,
Digo empero a los solteros y a las viudas,
καλὸν αὐτοῖς ἐὰν μείνωσιν ὡς κἀγώ· 9 εἰ δὲ
bueno para ellos si permanecen así como yo. Si pero
οὐκ ἐγκρατεύονται, γαμησάτωσαν· κρεῖττον
no tienen continencia,   que se casen;   mejor,
γάρ ἐστιν γαμεῖν ἢ πυροῦσθαι. 10 τοῖς
en efecto, es casarse que quemarse.   A los
δὲ γεγαμηκόσιν παραγγέλλω, οὐκ ἐγὼ
casados   ordeno,   no   yo,
ἀλλὰ ὁ κύριος, γυναῖκα ἀπὸ ἀνδρὸς μὴ
sinó el   Señor, que (la) mujer del marido no
χωρισθῆναι, 11 — ἐὰν δὲ καὶ χωρισθῇ,
se separe;   si empero — se separase,
μενέτω ἄγαμος ἢ τῷ ἀνδρὶ καταλλαγήτω,
permanezca sin casarse, o con el hombre se reconcilie,
— καὶ ἄνδρα γυναῖκα μὴ ἀφιέναι. 12 Τοῖς
y (el) marido a (su) mujer no abandone.   A los
δὲ λοιποῖς λέγω ἐγώ, οὐχ ὁ κύριος·
demás digo yo, no el Señor:
εἴ τις ἀδελφὸς γυναῖκα ἔχει ἄπιστον, καὶ
Si algún hermano una mujer tiene no creyente, y
αὕτη συνευδοκεῖ οἰκεῖν μετ' αὐτοῦ, μὴ
ella consiente vivir con él, no
ἀφιέτω αὐτήν· 13 καὶ γυνὴ ἥτις ἔχει
despida a ella. Y una mujer que tenga
ἄνδρα ἄπιστον, καὶ οὗτος συνευδοκεῖ οἰκεῖν
un marido no creyente, y éste consiente habitar
μετ' αὐτῆς, μὴ ἀφιέτω τὸν ἄνδρα.
con ella, no abandone al marido.
14 ἡγίασται γὰρ ὁ ἀνὴρ ὁ ἄπιστος ἐν
¹Santificado, en efecto, el marido — no creyente en
τῇ γυναικί, καὶ ἡγίασται ἡ γυνὴ ἡ
la mujer, y santificada la mujer —
ἄπιστος ἐν τῷ ἀδελφῷ· ἐπεὶ ἄρα τὰ
no creyente en el hermano; porque entonces los
τέκνα ὑμῶν ἀκάθαρτά ἐστιν, νῦν δὲ
hijos vuestros inmundos serían; ahora, en cambio,

¹ 14. SANTIFICADO. En este vers. significa *compartir las bendiciones del cónyuge creyente.*

ἄγιά ἐστιν. 15 εἰ δὲ ὁ ἄπιστος χωρίζ-
1santos   son.   Si empero el no creyente se separa,

εται, χωριζέσθω· οὐ δεδούλωται ὁ
que se separe.   No   ha sido esclavizado   el

ἀδελφὸς ἢ ἡ ἀδελφὴ ἐν τοῖς τοιούτοις·
hermano o la hermana en los (asuntos) estos;

ἐν δὲ εἰρήνῃ κέκληκεν ὑμᾶς ὁ θεός.
pues en paz ha llamado a vosotros — Dios.

16 τί γὰρ οἶδας, γύναι, εἰ τὸν ἄνδρα
¿Qué, en efecto, sabes, mujer, si al marido

σώσεις; ἢ τί οἶδας, ἄνερ, εἰ τὴν
salvarás? ¿O qué sabes, varón, si a la

γυναῖκα σώσεις; 17 Εἰ μὴ ἑκάστῳ ὡς
mujer salvarás?   Sino a cada uno como

μεμέρικεν ὁ κύριος, ἕκαστον ὡς κέκληκεν
ha repartido el Señor, a cada uno como ha llamado

ὁ θεός, οὕτως περιπατείτω. καὶ οὕτως
— Dios, así camine; y así

ἐν ταῖς ἐκκλησίαις πάσαις διατάσσομαι.
en las iglesias todas prescribo.

18 περιτετμημένος τις ἐκλήθη; μὴ
¿Circuncidado alguien fue llamado? No

ἐπισπάσθω· ἐν ἀκροβυστίᾳ κέκληταί τις;
disimule. ¿En incircuncisión ha sido llamado alguno?

μὴ περιτεμνέσθω. 19 ἡ περιτομὴ οὐδέν
No se circuncide. La circuncisión nada

ἐστιν, καὶ ἡ ἀκροβυστία οὐδέν ἐστιν,
es, y la incircuncisión nada es,

ἀλλὰ τήρησις ἐντολῶν θεοῦ. 20 ἕκαστος
sino (la) guarda de mandamientos de Dios. Cada uno

ἐν τῇ κλήσει ᾗ ἐκλήθη, ἐν ταύτῃ
en la vocación en que fue llamado, en esta

μενέτω. 21 δοῦλος ἐκλήθης; μή σοι
permanezca. ¿Esclavo fuiste llamado? No te

μελέτω· ἀλλ' εἰ καὶ δύνασαι ἐλεύθερος
preocupes; pero si también puedes libre

γενέσθαι, μᾶλλον χρῆσαι. 22 ὁ γὰρ ἐν
llegar a ser, más bien aprovéchate. Porque el en

κυρίῳ κληθεὶς δοῦλος ἀπελεύθερος κυρίου
el Señor llamado siervo, liberto del Señor

ἐστίν· ὁμοίως ὁ ἐλεύθερος κληθεὶς δοῦλός
es; asimismo el libre llamado, siervo

ἐστιν Χριστοῦ. 23 τιμῆς ἠγοράσθητε· μὴ
es de Cristo. Por precio fuisteis comprados; no

γίνεσθε   δοῦλοι   ἀνθρώπων.   24 ἕκαστος   ἐν
os hagáis   esclavos   de hombres.   Cada uno   [1]en

ᾧ   ἐκλήθη,   ἀδελφοί,   ἐν   τούτῳ   μενέτω
el que fue llamado,   hermanos,   en   éste   permanezca

παρὰ   θεῷ.
ante   Dios.

25 Περὶ   δὲ   τῶν   παρθένων   ἐπιταγὴν
    Acerca   de las   vírgenes   un precepto

κυρίου   οὐκ   ἔχω,   γνώμην   δὲ   δίδωμι . ὡς
del Señor   no   tengo,   [2]consejo empero   doy,   como

ἠλεημένος   ὑπὸ   κυρίου   πιστὸς   εἶναι.
habiendo obtenido   del   Señor   fiel   para ser.
misericordia

26 Νομίζω   οὖν   τοῦτο   καλὸν   ὑπάρχειν
    Pienso,   entonces,   esto   bueno   ser

διὰ   τὴν   ἐνεστῶσαν   ἀνάγκην,   ὅτι   καλὸν
por   la   inminente   [3]necesidad,   que   bueno

ἀνθρώπῳ   τὸ   οὕτως   εἶναι.   27 δέδεσαι
para el hombre (es) el   así   estar.   ¿Atado estás

γυναικί;   μὴ   ζήτει   λύσιν·   λέλυσαι   ἀπὸ
a mujer?   No   busques   separación. ¿Desamarrado estás   de

γυναικός;   μὴ   ζήτει   γυναῖκα.   28 ἐὰν
mujer?   No   busques   mujer.   Si

δὲ   καὶ   γαμήσῃς,   οὐχ   ἥμαρτες,   καὶ   ἐὰν
pero   también   te casas,   [4]no   pecas,   y   si

γήμῃ   ἡ   παρθένος,   οὐχ   ἥμαρτεν·   θλῖψιν
se casa   la   virgen,   [5]no   peca;   tribulación

δὲ   τῇ   σαρκὶ   ἕξουσιν   οἱ   τοιοῦτοι,   ἐγὼ
empero en la   carne   habrán   los   tales,   yo

δὲ   ὑμῶν   φείδομαι.   29 Τοῦτο   δέ   φημι,
empero   os   [6]la escatimo.   Esto empero   digo,

ἀδελφοί,   ὁ   καιρὸς   συνεσταλμένος   ἐστίν·
hermanos,   el   tiempo   acordado   está;

τὸ   λοιπὸν   ἵνα   καὶ   οἱ   ἔχοντες   γυναῖκας
por lo   demás,   para que   tanto   los que   tienen   mujer

ὡς   μὴ   ἔχοντες   ὦσιν,   30 καὶ   οἱ   κλαίοντες
como   no   teniendo   estén;   y   los que   lloran,

ὡς   μὴ   κλαίοντες,   καὶ   οἱ   χαίροντες   ὡς
como   no   llorando;   y   los que   gozosos,   como

μὴ   χαίροντες,   καὶ   οἱ   ἀγοράζοντες   ὡς
no   gozosos;   y   los que   compran,   como

μὴ   κατέχοντες,   31 καὶ   οἱ   χρώμενοι   τὸν
no   poseyendo;   y   los que   usan   el

κόσμον   ὡς   μὴ   καταχρώμενοι·   παράγει
mundo,   como   no   disfrutándo(lo);   pasa,

[1]
24. EN EL QUE FUE LLAMADO. Esto es, *en el estado en que fue llamado.*

[2]
25. CONSEJO. Lit. *opinión* o *parecer.*

[3]
26. NECESIDAD. Se trata del agobio que se cernía (o ya estaba presente) sobre aquella iglesia.

[4]
28. NO PECAS. Lit. *no pecaste.*

[5]
28. NO PECA. Lit. *no pecó.*

[6]
28. (LA) ESCATIMO. Esto es, *deseo evitárosla.*

γὰρ   τὸ   σχῆμα   τοῦ   κόσμου   τούτου.
en efecto,   la   configuración   del   mundo   este.

32 Θέλω   δὲ   ὑμᾶς   ἀμερίμνους   εἶναι.   ὁ
Quiero empero   que vosotros   sin preocupaciones   estéis.   El

ἄγαμος   μεριμνᾷ   τὰ   τοῦ   κυρίου,   **33** πῶς
soltero   se cuida   de las cosas del   Señor,   cómo

ἀρέσῃ   τῷ   κυρίῳ·   ὁ   δὲ   γαμήσας   μεριμνᾷ
agradar   al   Señor;   el   casado   se cuida

τὰ   τοῦ   κόσμου,   πῶς   ἀρέσῃ   τῇ   γυναικί,
de las   del   mundo,   cómo   agradar   a la   mujer,
cosas

34 καὶ   μεμέρισται.   καὶ   ἡ   γυνὴ   ἡ   ἄγαμος
y   está dividido.   Y   la   mujer —   soltera

καὶ   ἡ   παρθένος   μεριμνᾷ   τὰ   τοῦ   κυρίου,
y   la   virgen   [1]se cuidan de las cosas del   Señor,

ἵνα   ᾖ   ἁγία   καὶ   τῷ   σώματι   καὶ   τῷ
para   sea   santa   tanto   en el   cuerpo   como   en el
que

πνεύματι·   ἡ   δὲ   γαμήσασα   μεριμνᾷ   τὰ
espíritu;   la   casada   se cuida   de las
cosas

τοῦ   κόσμου,   πῶς   ἀρέσῃ   τῷ   ἀνδρί.
del   mundo,   cómo   agradar   al   hombre.

35 τοῦτο   δὲ   πρὸς   τὸ   ὑμῶν   αὐτῶν   σύμφορον
Esto empero   por   la   de vosotros   mismos   ventaja

λέγω,   οὐχ   ἵνα   βρόχον   ὑμῖν   ἐπιβάλω,
digo;   no   para que   un lazo   a vosotros   ponga,

ἀλλὰ   .πρὸς   τὸ   εὔσχημον   καὶ   εὐπάρεδρον
sino   [2]por   lo   honesto   y   asiduo

τῷ   κυρίῳ   ἀπερισπάστως.   **36** Εἰ   δέ   τις
al   Señor   sin distracción.   Si empero   alguien

ἀσχημονεῖν   ἐπὶ   τὴν   παρθένον   αὐτοῦ
no obrar   con   la   virgen (hija)   suya
correctamente

νομίζει,   ἐὰν   ᾖ   ὑπέρακμος,   καὶ   οὕτως
cree,   si   (ella) pasa de la edad núbil,   y   así

ὀφείλει   γίνεσθαι,   ὃ   θέλει   ποιείτω·   οὐχ
conviene   que se haga,   lo que   quiera   haga,   no

ἁμαρτάνει·   γαμείτωσαν.   **37** ὃς   δὲ   ἔστηκεν
peca;   cásense.   Quien empero   está

ἐν   τῇ   καρδίᾳ   αὐτοῦ   ἑδραῖος,   μὴ
en   el   corazón   suyo   firme,   no

ἔχων   ἀνάγκην,   ἐξουσίαν   δὲ   ἔχει   περὶ
teniendo   necesidad,   autoridad   más bien   tiene   sobre

τοῦ   ἰδίου   θελήματος,   καὶ   τοῦτο   κέκρικεν
la   propia   voluntad,   y   esto   [3]decidió

---

[1]
34. SE CUIDAN. Lit. *se cuida.*

[2]
35. POR LO HONESTO Y ASIDUO. Es decir, *a fin de servir honesta y asiduamente.*

[3]
37. DECIDIÓ. Lit. *ha decidido.*

ἐν τῇ ἰδίᾳ καρδίᾳ, τηρεῖν τὴν ἑαυτοῦ
en el propio corazón, guardar la suya

παρθένον, καλῶς ποιήσει. 38 ὥστε καὶ
virgen, bien hará. Así, tanto

ὁ γαμίζων τὴν ἑαυτοῦ παρθένον καλῶς
el que casa a la virgen suya, bien

ποιεῖ, καὶ ὁ μὴ γαμίζων κρεῖσσον ποιήσει.
hace, y el que no (la) casa mejor hace.

39 Γυνὴ δέδεται ἐφ᾽ ὅσον χρόνον ζῇ
(La) mujer ligada está por cuanto tiempo viva

ὁ ἀνὴρ αὐτῆς· ἐὰν δὲ κοιμηθῇ ὁ ἀνήρ,
el marido suyo; si empero ¹durmiese el marido,

ἐλευθέρα ἐστὶν ᾧ θέλει γαμηθῆναι, μόνον
libre es, con quien quiera para casarse, solamente

ἐν κυρίῳ. 40 μακαριωτέρα δέ ἐστιν
en el Señor. Más dichosa empero es

ἐὰν οὕτως μείνῃ, κατὰ τὴν ἐμὴν γνώμην·
si así permanece, según el mío parecer;

δοκῶ δὲ κἀγὼ πνεῦμα θεοῦ ἔχειν.
pienso, pues, también yo Espíritu de Dios tener.

8 Περὶ δὲ τῶν εἰδωλοθύτων, οἴδαμεν
Acerca empero de los sacrificios a los ídolos, sabemos

ὅτι πάντες γνῶσιν ἔχομεν. ἡ γνῶσις
que todos ciencia tenemos. La ciencia

φυσιοῖ, ἡ δὲ ἀγάπη οἰκοδομεῖ· εἴ τις
infla, mas el amor edifica. Si alguno

δοκεῖ ἐγνωκέναι τι, 2 οὔπω ἔγνω καθὼς
piensa haber conocido algo, todavía ²no supo como

δεῖ γνῶναι· 3 εἰ δέ τις ἀγαπᾷ τὸν
conviene conocer. Si empero alguien ama a

θεόν, οὗτος ἔγνωσται ὑπ᾽ αὐτοῦ. 4 Περὶ
Dios, éste ³es conocido por él. Acerca

τῆς βρώσεως οὖν τῶν εἰδωλοθύτων,
del comer, entonces, de los sacrificios a los ídolos,

οἴδαμεν ὅτι οὐδὲν εἴδωλον ἐν κόσμῳ,
sabemos que nada (es) un ídolo en (el) mundo,

καὶ ὅτι οὐδεὶς θεὸς εἰ μὴ εἷς. 5 καὶ
y que ⁴no hay Dios sino uno. Porque

γὰρ εἴπερ εἰσὶν λεγόμενοι θεοὶ εἴτε ἐν
aun cuando hay (los) llamados dioses, ya en

οὐρανῷ εἴτε ἐπὶ γῆς, ὥσπερ εἰσὶν θεοὶ
(el) cielo, ya sobre (la) tierra, como hay dioses

1
39. DURMIESE. Es decir. *muriese.*
2
2. NO SUPO. Es decir, *no aprendió.*
3
3. CONOCIDO. Es decir, en sentido semítico, *amado.*
4
4. NO HAY. Lit. *nadie o ninguno.*

πολλοὶ καὶ κύριοι πολλοί, 6 ἀλλ' ἡμῖν
muchos, también señores muchos; pero para nosotros

εἷς θεὸς ὁ πατήρ, ἐξ οὗ τὰ πάντα καὶ
un Dios — Padre, de quien las cosas todas y

ἡμεῖς εἰς αὐτόν, καὶ εἷς κύριος Ἰησοῦς
nosotros para él; y un Señor Jesu-

Χριστός, δι' οὗ τὰ πάντα καὶ ἡμεῖς
cristo, por quien las cosas todas y nosotros

δι' αὐτοῦ. 7 Ἀλλ' οὐκ ἐν πᾶσιν ἡ
por él. Pero no en todos ¹(hay) la

γνῶσις· τινὲς δὲ τῇ συνηθείᾳ ἕως ἄρτι
ciencia; algunos, por el hábito hasta ahora
(persistente)

τοῦ εἰδώλου ὡς εἰδωλόθυτον ἐσθίουσιν,
del ídolo, como sacrificado a los ídolos comen,

καὶ ἡ συνείδησις αὐτῶν ἀσθενὴς οὖσα
y la conciencia de ellos, débil siendo,

μολύνεται. 8 βρῶμα δὲ ἡμᾶς οὐ παραστήσει
se contamina. (La) comida empero a nosotros no hará recomendables

τῷ θεῷ· οὔτε ἐὰν μὴ φάγωμεν ὑστερούμεθα,
a Dios; ni si no comemos somos menos,

οὔτε ἐὰν φάγωμεν περισσεύομεν. 9 βλέπετε
ni si comemos somos más. Mirad,

δὲ μή πως ἡ ἐξουσία ὑμῶν αὕτη
empero, no sea que la autoridad vuestra esta

πρόσκομμα γένηται τοῖς ἀσθενέσιν. 10 ἐὰν
estorbo llegue a ser a los débiles. Si,

γάρ τις ἴδῃ σὲ τὸν ἔχοντα γνῶσιν ἐν
en efecto, alguno viere a ti, que tienes ciencia, en

εἰδωλείῳ κατακείμενον, οὐχὶ ἡ συνείδησις
lugar de ídolos sentado a la mesa, ¿no la conciencia

αὐτοῦ ἀσθενοῦς ὄντος οἰκοδομηθήσεται εἰς
suya, débil siendo, estimulada será a

τὸ τὰ εἰδωλόθυτα ἐσθίειν; 11 ἀπόλλυται
— de los sacrificios a los comer? Se arruina
ídolos

γὰρ ὁ ἀσθενῶν ἐν τῇ σῇ γνώσει, ὁ
entonces el débil en — tu ciencia, el

ἀδελφὸς δι' ὃν Χριστὸς ἀπέθανεν. 12 οὕτως
hermano por quien Cristo murió. Así

δὲ ἁμαρτάνοντες εἰς τοὺς ἀδελφοὺς καὶ
pues, pecando contra los hermanos e

τύπτοντες αὐτῶν τὴν συνείδησιν ἀσθενοῦσαν
hiriendo de ellos la conciencia débil,

εἰς Χριστὸν ἁμαρτάνετε. 13 διόπερ εἰ
contra Cristo pecáis. Por lo cual, si

βρῶμα σκανδαλίζει τὸν ἀδελφόν μου, οὐ
una comida ofende al hermano mío, nunca

¹ 7. (HAY) LA CIENCIA. Es decir, *hay este conocimiento.*

μὴ   φάγω   κρέα   εἰς   τὸν   αἰῶνα,   ἵνα   μὴ
—   comeré   carne   por   la   eternidad,   para que   no

τὸν   ἀδελφόν   μου   σκανδαλίσω.
el   hermano   mío   se ofenda.

9 Οὐκ   εἰμὶ   ἐλεύθερος;   οὐκ   εἰμὶ   ἀπόστολος;
¿No   soy   libre?   ¿No   soy   apóstol?

οὐχὶ   Ἰησοῦν   τὸν   κύριον   ἡμῶν   ἑόρακα;
¿No   a Jesús   el   Señor   nuestro   he visto?

οὐ   τὸ   ἔργον   μου   ὑμεῖς   ἐστε   ἐν   κυρίῳ;
¿No   la   obra   mía   vosotros   sois   en   (el) Señor?

2 εἰ   ἄλλοις   οὐκ   εἰμὶ   ἀπόστολος,   ἀλλά
Si   para otros   no   soy   apóstol,   sin embargo

γε   ὑμῖν   εἰμι·   ἡ   γὰρ   σφραγίς   μου   τῆς
de   para   soy;   porque el   sello   de mi   —
veras vosotros

ἀποστολῆς   ὑμεῖς   ἐστε   ἐν   κυρίῳ.   **3** Ἡ
apostolado   vosotros   sois   en   (el) Señor.   —

ἐμὴ   ἀπολογία   τοῖς   ἐμὲ   ἀνακρίνουσίν   ἐστιν
Mi   defensa   a los que   me   [1]examinan   es

αὕτη.   **4** μὴ   οὐκ   ἔχομεν   ἐξουσίαν   φαγεῖν
esta: ¿Acaso   no   tenemos   derecho   a comer

καὶ   πεῖν;   **5** μὴ   οὐκ   ἔχομεν   ἐξουσίαν
y   a beber?   ¿Acaso   no   tenemos   derecho

ἀδελφὴν   γυναῖκα   περιάγειν,   ὡς   καὶ   οἱ
una hermana   mujer   [2]a traer,   como   también   los

λοιποὶ   ἀπόστολοι   καὶ   οἱ   ἀδελφοὶ   τοῦ
demás   apóstoles   y   los   hermanos   del

κυρίου   καὶ   Κηφᾶς;   **6** ἢ   μόνος   ἐγὼ   καὶ
Señor   y   Cefas?   ¿O   solamente   yo   y

Βαρναβᾶς   οὐκ   ἔχομεν   ἐξουσίαν   μὴ
Bernabé   no   tenemos   derecho   a no

ἐργάζεσθαι;   **7** Τίς   στρατεύεται   ἰδίοις
trabajar?   ¿Quién   milita   a propios

ὀψωνίοις   ποτέ;   τίς   φυτεύει   ἀμπελῶνα   καὶ
estipendios   jamás?   ¿Quién   planta   una viña   y

τὸν   καρπὸν   αὐτοῦ   οὐκ   ἐσθίει;   ἢ   τίς
el   fruto   de ella   no   come?   ¿O   quién

ποιμαίνει   ποίμνην   καὶ   ἐκ   τοῦ   γάλακτος
apacienta   un rebaño   y   de   la   leche

τῆς   ποίμνης   οὐκ   ἐσθίει;   **8** μὴ   κατὰ
del   rebaño   no   se alimenta?   ¿Acaso   [3]según

ἄνθρωπον   ταῦτα   λαλῶ,   ἢ   καὶ   ὁ   νόμος
hombre   estas cosas   digo,   o   también   la   ley

ταῦτα   οὐ   λέγει;   **9** ἐν   γὰρ   τῷ   Μωϋσέως
estas cosas   no   dice?   Porque en   la   de Moisés

νόμῳ   γέγραπται·   οὐ   κημώσεις   βοῦν
ley   está escrito: No   pondrás bozal   a un buey

1
3. EXAMINAN. Es decir, exigen cuentas.
2
5. A TRAER. El verbo significa llevar consigo en todo el viaje.
3
8. SEGÚN HOMBRE. Esto es, conforme al modo meramente humano.

ἀλοῶντα. μὴ τῶν βοῶν μέλει τῷ θεῷ;
que trilla. ¿Acaso de los bueyes le importa a Dios?

10 ἢ δι' ἡμᾶς πάντως λέγει; δι' ἡμᾶς
¿O por nosotros precisamente (lo) dice? Por nosotros,

γὰρ ἐγράφη, ὅτι ὀφείλει ἐπ' ἐλπίδι
en efecto, fue escrito, porque debe en esperanza

ὁ ἀροτριῶν ἀροτριᾶν, καὶ ὁ ἀλοῶν ἐπ'
el que ara arar, y el que trilla, por

ἐλπίδι τοῦ μετέχειν. **11** εἰ ἡμεῖς ὑμῖν
¹esperanza de participación. Si nosotros en vosotros

τὰ πνευματικὰ ἐσπείραμεν, μέγα εἰ ἡμεῖς
las cosas espirituales sembramos, ¿una gran si nosotros
                                         cosa (será)

ὑμῶν τὰ σαρκικὰ θερίσομεν; **12** εἰ ἄλλοι
de vosotros los bienes carnales recogemos? Si otros

τῆς ὑμῶν ἐξουσίας μετέχουσιν, οὐ
del de vosotros derecho participan, ¿no

μᾶλλον ἡμεῖς; ἀλλ' οὐκ ἐχρησάμεθα
mayormente nosotros? Pero no hicimos uso

τῇ ἐξουσίᾳ ταύτῃ, ἀλλὰ πάντα στέγομεν
del derecho este, sino todo sobrellevamos,

ἵνα μὴ τινα ἐγκοπὴν δῶμεν τῷ εὐαγγελίῳ
para que no algún obstáculo demos al evangelio

τοῦ Χριστοῦ. **13** Οὐκ οἴδατε ὅτι οἱ
de Cristo. ¿No sabéis que los que

τὰ ἱερὰ ἐργαζόμενοι τὰ ἐκ τοῦ ἱεροῦ
en las sagradas trabajan las del templo
cosas

ἐσθίουσιν, οἱ τῷ θυσιαστηρίῳ παρεδρεύοντες
comen, (y) los al altar sirven,
        que

τῷ θυσιαστηρίῳ συμμερίζονται; **14** οὕτως
del altar participan? Así

καὶ ὁ κύριος διέταξεν τοῖς τὸ εὐαγγέλιον
también el Señor ordenó a los que el evangelio

καταγγέλλουσιν ἐκ τοῦ εὐαγγελίου ζῆν.
anuncian del evangelio vivir.

15 ἐγὼ δὲ οὐ κέχρημαι οὐδενὶ τούτων.
Yo empero no he usado nada de esto.

Οὐκ ἔγραψα δὲ ταῦτα ἵνα οὕτως γένηται
No escribí, pues, estas cosas para que así suceda

ἐν ἐμοί· καλὸν γάρ μοι μᾶλλον ἀποθανεῖν
en mí; bueno, en efecto, para mí mejor morir
                            (es)

ἢ — τὸ καύχημά μου οὐδεὶς κενώσει.
que (el que) la gloria mía alguien anulara.

16 ἐὰν γὰρ εὐαγγελίζωμαι, οὐκ ἔστιν
Porque si evangelizo, no es

1
10. ESPERANZA DE PARTICIPA-
CIÓN. Esto es, *con esperanza de tener parte.*

μοι καύχημα· ἀνάγκη γάρ μοι ἐπίκειται·
para mí　gloria;　necesidad, en efecto, sobre mí　pesa;

οὐαὶ γάρ μοί ἐστιν ἐὰν μὴ εὐαγγελίσωμαι.
porque, ¡ay　de mí　—　si　no　predico el evangelio!

17 εἰ γὰρ ἑκὼν τοῦτο πράσσω, μισθὸν
Si, pues,　1queriendo　esto　hago,　salario

ἔχω· εἰ δὲ ἄκων, οἰκονομίαν πεπίστευμαι.
tengo;　si 2involuntariamente,　una　me ha sido confiada.
　　　　　　　administración

18 τίς οὖν μού ἐστιν ὁ μισθός; ἵνα
¿Cuál, entonces,　mi　es　—　galardón?　Que

εὐαγγελιζόμενος ἀδάπανον θήσω τὸ
predicando las buenas nuevas,　de balde　ponga　el

εὐαγγέλιον, εἰς τὸ μὴ καταχρήσασθαι
evangelio,　para　—　no　hacer valer

τῇ ἐξουσίᾳ μου ἐν τῷ εὐαγγελίῳ.
el　derecho　mío　en　el　evangelio.

19 Ἐλεύθερος γὰρ ὢν ἐκ πάντων πᾶσιν
Libre, en efecto,　siendo de　todos　a todos

ἐμαυτὸν ἐδούλωσα, ἵνα τοὺς πλείονας
yo mismo　me esclavicé,　para　a los　más

κερδήσω· **20** καὶ ἐγενόμην τοῖς Ἰουδαίοις
ganar.　Y　me hice　a los　judíos

ὡς Ἰουδαῖος, ἵνα Ἰουδαίους κερδήσω·
como　judío,　para　judíos　ganar;

τοῖς ὑπὸ νόμον ὡς ὑπὸ νόμον, μὴ ὢν
a los　bajo　ley,　como　bajo　ley,　no estando

αὐτὸς ὑπὸ νόμον, ἵνα τοὺς ὑπὸ νόμον
yo mismo　bajo　ley,　para　a los　bajo　ley

κερδήσω· **21** τοῖς ἀνόμοις ὡς ἄνομος,
ganar.　A los　sin ley,　como　sin ley,

μὴ ὢν ἄνομος θεοῦ ἀλλ' ἔννομος Χριστοῦ,
no estando　sin ley　de Dios,　sino dentro de la ley　de Cristo,

ἵνα κερδάνω τοὺς ἀνόμους· **22** ἐγενόμην
para　ganar　a los　sin ley.　Me hice

τοῖς ἀσθενέσιν ἀσθενής, ἵνα τοὺς ἀσθενεῖς
a los　débiles　débil,　para　a los　débiles

κερδήσω· τοῖς πᾶσιν γέγονα πάντα, ἵνα
ganar;　para　todos　me hice　todo,　para

πάντως τινὰς σώσω. **23** πάντα δὲ ποιῶ
de todos　algunos　salvar.　Todo esto empero　hago
modos

διὰ τὸ εὐαγγέλιον, ἵνα συγκοινωνὸς αὐτοῦ
por el　evangelio,　para　copartícipe　de él

1
17. QUERIENDO. Es decir, *por mi propia voluntad.*
2
17. INVOLUNTARIAMENTE. Es decir, *porque me ha sido impuesto.*

γένωμαι.   **24** Οὐκ   οἴδατε   ὅτι   οἱ   ἐν
hacerme.   ¿No   sabéis   que   los que   en

σταδίῳ   τρέχοντες · πάντες   μὲν   τρέχουσιν,
(el) estadio   corren   todos verdaderamente   corren,

εἷς   δὲ   λαμβάνει   τὸ   βραβεῖον;   οὕτως
uno empero   recibe   el   premio?   Así

τρέχετε   ἵνα   καταλάβητε.   **25** πᾶς   δὲ   ὁ
corred   para que   (lo) alcancéis.   Todo, empero, el que

ἀγωνιζόμενος   πάντα   ἐγκρατεύεται,   ἐκεῖνοι
lucha,   en todo   ejercita propio dominio;   ellos,

μὲν   οὖν   ἵνα   φθαρτὸν   στέφανον   λάβωσιν,
en verdad,   para   una corruptible   corona   recibir,

ἡμεῖς   δὲ   ἄφθαρτον.   **26** ἐγὼ   τοίνυν   οὕτως
nosotros, por el   una inmarcesible.   Yo,   por tanto,   así
contrario,

τρέχω   ὡς   οὐκ   ἀδήλως,   οὕτως   πυκτεύω
corro,   como   no   a la ventura;   así   lucho,

ὡς   οὐκ   ἀέρα   δέρων·   **27** ἀλλὰ   ὑπωπιάζω
como   no   aire   golpeando;   sino que   trato severamente

μου   τὸ   σῶμα   καὶ   δουλαγωγῶ,   μή   πως
mi   —   cuerpo   y   (lo) reduzco a esclavitud,   no   sea que

ἄλλοις   κηρύξας   αὐτὸς   ἀδόκιμος   γένωμαι.
a otros   proclamando,   yo mismo   desaprobado   quede.

10 Οὐ   θέλω   γὰρ   ὑμᾶς   ἀγνοεῖν,   ἀδελφοί,
No   quiero, en efecto,   que vosotros   ignoréis,   hermanos,

ὅτι   οἱ   πατέρες   ἡμῶν   πάντες   ὑπὸ   τὴν
que   los   padres   nuestros   todos   bajo   la

νεφέλην   ἦσαν καὶ πάντες   διὰ   τῆς   θαλάσσης
nube   estaban   y   todos   por   el   mar

διῆλθον,   **2** καὶ   πάντες   εἰς   τὸν   Μωϋσῆν
atravesaron;   y   todos   en   —   Moisés

ἐβαπτίσαντο   ἐν   τῇ   νεφέλῃ   καὶ   ἐν   τῇ
fueron bautizados   en   la   nube   y   en   el

θαλάσσῃ,   **3** καὶ   πάντες   τὸ   αὐτὸ   πνευματικὸν
mar,   y   todos   el   mismo   [1]espiritual

βρῶμα   ἔφαγον,   **4** καὶ   πάντες   τὸ   αὐτὸ
alimento   comieron,   y   todos   la   misma

πνευματικὸν   ἔπιον   πόμα·   ἔπινον   γὰρ   ἐκ
espiritual   bebieron   bebida;   bebían, en efecto,   de

πνευματικῆς   ἀκολουθούσης   πέτρας,   ἡ   πέτρα
una espiritual   que seguía(les)   piedra,   la   piedra

δὲ   ἦν   ὁ   Χριστός.   **5** ᾿Αλλ᾿   οὐκ   ἐν   τοῖς
empero   era   —   Cristo.   Mas   no   en   la

πλείοσιν   αὐτῶν   εὐδόκησεν   ὁ   θεός·
mayoría   de ellos   se agradó   —   Dios;

κατεστρώθησαν   γὰρ   ἐν   τῇ   ἐρήμῳ.
quedaron tendidos, en efecto,   en   el   desierto.

1
3. ESPIRITUAL. Llama así al maná por venir "del cielo". (V. Sal. 78:25.)

6 ταῦτα δὲ τύποι ἡμῶν ἐγενήθησαν, εἰς
Todas estas cosas　tipos　de nosotros　fueron,　para

τὸ μὴ εἶναι ἡμᾶς ἐπιθυμητὰς κακῶν,
que no seamos　nosotros　codiciosos　de cosas malas,

καθὼς κἀκεῖνοι ἐπεθύμησαν. **7** μηδὲ
como　ellos　(las) codiciaron.　Tampoco

εἰδωλολάτραι γίνεσθε, καθώς τινες αὐτῶν·
idólatras os hagáis,　como　algunos　de ellos;

ὥσπερ γέγραπται· ἐκάθισεν ὁ λαὸς φαγεῖν
como　escrito está:　Sentóse el pueblo a comer

καὶ πεῖν, καὶ ἀνέστησαν παίζειν. **8** μηδὲ
y a beber,　y　¹se levantó a divertirse.　Ni

πορνεύωμεν, καθώς τινες αὐτῶν ἐπόρνευσαν
forniquemos,　como algunos de ellos fornicaron

καὶ ἔπεσαν μιᾷ ἡμέρᾳ εἴκοσι τρεῖς
y cayeron en un día veintitrés

χιλιάδες. **9** μηδὲ ἐκπειράζωμεν τὸν κύριον,
mil.　Ni　tentemos al Señor,

καθώς τινες αὐτῶν ἐπείρασαν καὶ ὑπὸ
como algunos de ellos (le) tentaron y por

τῶν ὄφεων ἀπώλλυντο. **10** μηδὲ γογγύζετε,
las serpientes perecieron.　Ni murmuréis,

καθάπερ τινὲς αὐτῶν ἐγόγγυσαν, καὶ
como algunos de ellos murmuraron, y

ἀπώλοντο ὑπὸ τοῦ ὀλεθρευτοῦ. **11** ταῦτα δὲ
perecieron por el Exterminador. Estas cosas empero

τυπικῶς συνέβαινεν ἐκείνοις, ἐγράφη δὲ
en tipos sucedieron les, escritas fueron empero

πρὸς νουθεσίαν ἡμῶν, εἰς οὓς τὰ
para amonestación nuestra, para quienes ²el

τέλη τῶν αἰώνων κατήντηκεν. **12** Ὥστε
fin de los siglos ha llegado. Así que

ὁ δοκῶν ἑστάναι βλεπέτω μὴ πέσῃ.
quien piense estar firme mire que no caiga.

13 πειρασμὸς ὑμᾶς οὐκ εἴληφεν εἰ μὴ
Una tentación a vosotros no ha sobrevenido que no (sea)

ἀνθρώπινος· πιστὸς δὲ ὁ θεός, ὃς οὐκ
humana; fiel empero (es) — Dios, que no

ἐάσει ὑμᾶς πειρασθῆναι ὑπὲρ ὃ δύνασθε,
permitirá a vosotros ser tentados sobre lo que podéis,

ἀλλὰ ποιήσει σὺν τῷ πειρασμῷ καὶ τὴν
mas ³dará con la tentación también la

ἔκβασιν τοῦ δύνασθαι ὑπενεγκεῖν.
salida para que podáis soportar.

¹
7. SE LEVANTÓ. Lit. *se levantaron.*
²
11. EL FIN DE LOS SIGLOS. Es decir, *el cumplimiento del tiempo.* (V. Mr. 1:15; Gá. 4:4.)
³
13. DARÁ. Lit. *hará.*

14 Διόπερ, ἀγαπητοί μου, φεύγετε ἀπὸ
Por lo cual, amados míos, huid de

τῆς εἰδωλολατρίας. **15** ὡς φρονίμοις λέγω·
la idolatría. Como a prudentes digo;

κρίνατε ὑμεῖς ὃ φημι. **16** Τὸ ποτήριον
juzgad vosotros lo que digo. El cáliz

τῆς εὐλογίας ὃ εὐλογοῦμεν, οὐχὶ κοινωνία
de la bendición que bendecimos, ¿no comunión

ἐστὶν τοῦ αἵματος τοῦ Χριστοῦ; τὸν
es de la sangre de Cristo? El

ἄρτον ὃν κλῶμεν, οὐχὶ κοινωνία τοῦ
pan que partimos, ¿no comunión del

σώματος τοῦ Χριστοῦ ἐστιν; **17** ὅτι εἷς
cuerpo de Cristo es? Porque (es) un solo

ἄρτος, ἓν σῶμα οἱ πολλοί ἐσμεν· οἱ γὰρ
pan, un cuerpo los muchos somos; porque

πάντες ἐκ τοῦ ἑνὸς ἄρτου μετέχομεν.
todos del un solo pan participamos.

18 βλέπετε τὸν Ἰσραὴλ κατὰ σάρκα·
Mirad al Israel según (la) carne;

οὐχ οἱ ἐσθίοντες τὰς θυσίας κοινωνοὶ
¿no los que comen los sacrificios [1]partícipes

τοῦ θυσιαστηρίου εἰσίν; **19** τί οὖν φημι;
del altar son? ¿Qué, pues, digo?

ὅτι εἰδωλόθυτόν τι ἐστιν; ἢ ὅτι εἴδωλόν
¿Que lo inmolado a los algo es? ¿O que un ídolo
         ídolos

τί ἐστιν; **20** ἀλλ' ὅτι ἃ θύουσιν,
algo es? Más bien, que lo que inmolan,

δαιμονίοις καὶ οὐ θεῷ θύουσιν· οὐ θέλω
a demonios y no a Dios sacrifican; no quiero,
                                empero,

δὲ ὑμᾶς κοινωνοὺς τῶν δαιμονίων γίνεσθαι.
que vosotros en comunión con los demonios [2]estéis.

21 οὐ δύνασθε ποτήριον κυρίου πίνειν
No podéis de una copa del Señor beber

καὶ ποτήριον δαιμονίων· οὐ δύνασθε
y de una copa de (los) demonios; no podéis

τραπέζης κυρίου μετέχειν καὶ τραπέζης
de una mesa del Señor participar y de una mesa

δαιμονίων. **22** ἢ παραζηλοῦμεν τὸν κύριον;
de (los) demonios. ¿O queremos meter en celos al Señor?

μὴ ἰσχυρότεροι αὐτοῦ ἐσμεν;
¿Acaso más fuertes que él somos?

23 Πάντα ἔξεστιν, ἀλλ' οὐ πάντα
Todo (es) lícito, pero no todo

συμφέρει· πάντα ἔξεστιν, ἀλλ' οὐ πάντα
es conveniente. Todo (es) lícito, pero no todo

---

[1]
18. PARTÍCIPES... Esto es, *en comunión con el altar*... (Nótese la diferencia con el verbo *participamos* del versículo 17.)

[2]
20. ESTÉIS. Lit. *os hagáis* o *lleguéis a estar*.

οἰκοδομεῖ.　24 μηδεὶς　τὸ　ἑαυτοῦ　ζητείτω
edifica.　　　　Nadie　lo　de él mismo　busque,

ἀλλὰ　τὸ　τοῦ　ἑτέρου.　25 Πᾶν　τὸ　ἐν
sino　lo　del　otro.　　Todo　lo que　en

μακέλλῳ　πωλούμενον　ἐσθίετε　μηδὲν
carnicería　se vende,　　comed,　　nada

ἀνακρίνοντες　διὰ　τὴν　συνείδησιν·　26 τοῦ
preguntando　por causa de la　conciencia.　　Del

κυρίου　γὰρ　ἡ　γῆ　καὶ　τὸ　πλήρωμα
Señor, en efecto, (es)　la　tierra　y　la　plenitud

αὐτῆς.　27 εἴ　τις　καλεῖ　ὑμᾶς　τῶν　ἀπίστων
de ella.　　Si alguno　llama　a vosotros　de los　incrédulos

καὶ　θέλετε　πορεύεσθαι,　πᾶν　τὸ　παρατι-
y　queréis　ir,　　todo　lo que　presen-

θέμενον　ὑμῖν　ἐσθίετε　μηδὲν　ἀνακρίνοντες
tado sea　a vosotros　comed,　nada　preguntando

διὰ　τὴν　συνείδησιν.　28 ἐὰν　δέ　τις　ὑμῖν
por motivo　de la　conciencia.　　Si, empero, alguien　os

εἴπῃ·　τοῦτο　ἱερόθυτόν　ἐστιν,　μὴ　ἐσθίετε
dijese:　Esto　¹de lo inmolado　es;　no　comáis,

δι᾽　ἐκεῖνον　τὸν　μηνύσαντα　καὶ　τὴν
por　aquel　que　(lo) indicó　y　por la

συνείδησιν·　29 συνείδησιν　δὲ　λέγω　οὐχὶ
conciencia.　　Conciencia, empero,　digo,　no

τὴν　ἑαυτοῦ　ἀλλὰ　τὴν　τοῦ　ἑτέρου.　ἱνατί
la　²tuya,　sino　la　del　otro.　³¿Por qué,

γὰρ　ἡ　ἐλευθερία　μου　κρίνεται　ὑπὸ　ἄλλης
pues,　la　libertad　mía　es juzgada　por　otra

συνειδήσεως;　30 εἰ　ἐγὼ　χάριτι　μετέχω,
conciencia?　　Si　yo　⁴por gracia　participo,

τί　βλασφημοῦμαι　ὑπὲρ　οὗ　ἐγὼ　εὐχαριστῶ;
¿por qué soy ⁵censurado　por lo que　yo　doy gracias?

31 Εἴτε　οὖν　ἐσθίετε　εἴτε　πίνετε　εἴτε
Sea　entonces　(que) comáis,　sea　(que) bebáis,　sea

τι　ποιεῖτε,　πάντα　εἰς　δόξαν　θεοῦ　ποιεῖτε.
lo que hagáis,　todo　para　gloria　de Dios　haced(lo).

32 ἀπρόσκοποι　καὶ　Ἰουδαίοις　γίνεσθε　καὶ
Sin ofensa　tanto　a judíos　estad　como

Ἕλλησιν　καὶ　τῇ　ἐκκλησίᾳ　τοῦ　θεοῦ,
a griegos　y　a la　iglesia　de　Dios,

33 καθὼς　κἀγὼ　πάντα　πᾶσιν　ἀρέσκω,
como　también yo　en todo　a todos　complazco,

μὴ　ζητῶν　τὸ　ἐμαυτοῦ　σύμφορον　ἀλλὰ
no　buscando　lo que　a mí mismo　útil es,　sino

1
28. DE LO INMOLADO. Lit. *de lo ofrecido en sacrificio.*
2
29. TUYA. Lit. *de ti mismo.*
3
29. ¿POR QUÉ...? Lit. *¿A qué fin...?*
4
30. POR GRACIA. Esto es, *dando gracias.*
5
30. CENSURADO. Lit. *blasfemado* (o *se habla mal de mí*).

τὸ τῶν πολλῶν, ἵνα σωθῶσιν. **11** μιμηταί
lo que a los muchos, para que se salven. Imitadores

μου γίνεσθε, καθὼς κἀγὼ Χριστοῦ.
de mí haceos, como también yo de Cristo.

2 Ἐπαινῶ δὲ ὑμᾶς ὅτι πάντα μου
Alabo, empero, a vosotros porque en todo de mí

μέμνησθε καὶ καθὼς παρέδωκα ὑμῖν τὰς
os acordáis y como transmití a vosotros las

παραδόσεις κατέχετε. **3** Θέλω δὲ ὑμᾶς
instrucciones mantenéis. Quiero, empero, que vosotros

εἰδέναι ὅτι παντὸς ἀνδρὸς ἡ κεφαλὴ ὁ
sepáis que de todo hombre la cabeza —

Χριστός ἐστιν, κεφαλὴ δὲ γυναικὸς ὁ
Cristo es, cabeza, empero, de la mujer el

ἀνήρ, κεφαλὴ δὲ τοῦ Χριστοῦ ὁ θεός.
hombre, cabeza de Cristo — Dios.

4 πᾶς ἀνὴρ προσευχόμενος ἢ προφητεύων
Todo varón que ora o profetiza

κατὰ κεφαλῆς ἔχων καταισχύνει τὴν
[1]sobre la cabeza teniendo (algo), afrenta a la

κεφαλὴν αὐτοῦ. **5** πᾶσα δὲ γυνὴ προσ-
cabeza suya. Toda mujer que

ευχομένη ἢ προφητεύουσα ἀκατακαλύπτῳ
ora o profetiza [2]sin velo

τῇ κεφαλῇ καταισχύνει τὴν κεφαλὴν αὐτῆς·
en la cabeza, afrenta la cabeza suya;

ἓν γάρ ἐστιν καὶ τὸ αὐτὸ τῇ ἐξυρημένῃ.
uno, en efecto, es también lo mismo con la que se rapa.

6 εἰ γὰρ οὐ κατακαλύπτεται γυνή, καὶ
Porque si no se cubre (la cabeza) (la) mujer, también

κειράσθω· εἰ δὲ αἰσχρὸν γυναικὶ τὸ
que se trasquile; si empero vergonzoso (es) a una mujer el

κείρασθαι ἢ ξυρᾶσθαι, κατακαλυπτέσθω.
estar trasquilada o rapada, que se cubra.

7 ἀνὴρ μὲν γὰρ οὐκ ὀφείλει κατα-
(El) varón ciertamente, en efecto, no debe cubrir-

καλύπτεσθαι τὴν κεφαλήν, εἰκὼν καὶ δόξα
se la cabeza, imagen y gloria

θεοῦ ὑπάρχων· ἡ γυνὴ δὲ δόξα ἀνδρός
de Dios siendo; la mujer empero gloria del varón

ἐστιν. **8** οὐ γάρ ἐστιν ἀνὴρ ἐκ γυναικός,
es. No ciertamente [3]es (el) varón de mujer,

ἀλλὰ γυνὴ ἐξ ἀνδρός· **9** καὶ γὰρ οὐκ
sino (la) mujer de hombre. Pues no

1
4. SOBRE LA CABEZA. Esto es, *con la cabeza cubierta.*
2
5. SIN VELO EN LA CABEZA. Lit. *con no cubierta la cabeza.*
3
8. Es. Esto es, *procede* (se refiere a Adán).

ἐκτίσθη ἀνὴρ διὰ τὴν γυναῖκα, ἀλλὰ
fue creado (el) varón por causa de la mujer, sino

γυνὴ διὰ τὸν ἄνδρα. 10 διὰ τοῦτο
(la) mujer por causa del hombre. Por tanto,

ὀφείλει ἡ γυνὴ ἐξουσίαν ἔχειν ἐπὶ τῆς
debe la mujer potestad tener sobre la

κεφαλῆς διὰ τοὺς ἀγγέλους. 11 πλὴν
cabeza, por causa de los ángeles. Sin embargo,

οὔτε γυνὴ χωρὶς ἀνδρὸς οὔτε ἀνὴρ χωρὶς
ni mujer sin varón, ni varón sin

γυναικὸς ἐν κυρίῳ· 12 ὥσπερ γὰρ ἡ
mujer en (el) Señor; porque como la

γυνὴ ἐκ τοῦ ἀνδρός, οὕτως καὶ ὁ ἀνὴρ
mujer procede del varón, así también el varón

διὰ τῆς γυναικός· τὰ δὲ πάντα ἐκ τοῦ
por de la mujer; las cosas empero todas (proceden) de
medio

θεοῦ. 13 Ἐν ὑμῖν αὐτοῖς κρίνατε· πρέπον
Dios. En vosotros mismos juzgad: ¿Conveniente

ἐστὶν γυναῖκα ἀκατακάλυπτον τῷ θεῷ
es que (la) mujer [1]sin velo a Dios

προσεύχεσθαι; 14 οὐδὲ ἡ φύσις αὐτὴ
ore? ¿Ni la naturaleza misma

διδάσκει ὑμᾶς ὅτι ἀνὴρ μὲν ἐὰν κομᾷ,
enseña os que (el) varón, por cierto, si cabellera usa

ἀτιμία αὐτῷ ἐστιν, 15 γυνὴ δὲ ἐὰν
un deshonor para él es, (la) mujer empero si

κομᾷ, δόξα αὐτῇ ἐστιν; ὅτι ἡ κόμη
cabellera gloria para ella es?; porque la cabellera
lleva,

ἀντὶ περιβολαίου δέδοται αὐτῇ. 16 Εἰ
en lugar de velo ha sido dada a ella. Si,

δέ τις δοκεῖ φιλόνεικος εἶναι, ἡμεῖς
empero, alguno piensa amigo de discusiones ser, nosotros

τοιαύτην συνήθειαν οὐκ ἔχομεν, οὐδὲ αἱ
tal costumbre no tenemos, ni las

ἐκκλησίαι τοῦ θεοῦ.
iglesias de Dios.

17 Τοῦτο δὲ παραγγέλλων οὐκ ἐπαινῶ
Esto, empero, disponiendo no (os) alabo,

ὅτι οὐκ εἰς τὸ κρεῖσσον ἀλλὰ εἰς τὸ
porque no para lo mejor, sino para lo

ἧσσον συνέρχεσθε. 18 πρῶτον μὲν γὰρ
peor os reunís. Primeramente, en efecto,

συνερχομένων ὑμῶν ἐν ἐκκλησίᾳ ἀκούω
cuando os reunís vosotros [2]en (la) iglesia, oigo que

σχίσματα ἐν ὑμῖν ὑπάρχειν, καὶ μέρος
escisiones entre vosotros hay, y en parte

[1]
13. SIN VELO. Lit. *no cubierta.*
[2]
18. EN IGLESIA. Es decir, *como asamblea o congregación.*

τι πιστεύω. **19** δεῖ γὰρ καὶ αἱρέσεις
alguna creo(lo).   Porque es ¹preciso, sí,   que ²bandos
ἐν ὑμῖν εἶναι, ἵνα [καὶ] οἱ δόκιμοι
entre vosotros   haya, para que también los aprobados
(dįstintos)

φανεροὶ γένωνται ἐν ὑμῖν. **20** Συν-
manifiestos   se hagan entre vosotros.   Cuando
ερχομένων οὖν ὑμῶν ἐπὶ τὸ αὐτὸ οὐκ
os reunís, pues, vosotros   juntamente,   no

ἔστιν κυριακὸν δεῖπνον φαγεῖν· **21** ἕκαστος
es (eso) del Señor (la) cena   comer;   porque cada
γὰρ τὸ ἴδιον δεῖπνον προλαμβάνει ἐν
uno   la   propia (suya) cena   toma antes   en
τῷ φαγεῖν, καὶ ὃς μὲν πεινᾷ, ὃς δὲ
el comer,   y   uno   pasa hambre, y otro
μεθύει. **22** μὴ γὰρ οἰκίας οὐκ ἔχετε
está ebrio.   ¿Acaso, pues, casas   no   tenéis
εἰς τὸ ἐσθίειν καὶ πίνειν; ἢ τῆς ἐκκλησίας
para   comer y   beber? ¿O la   iglesia
τοῦ θεοῦ καταφρονεῖτε, καὶ καταισχύνετε
—, de Dios menospreciáis, y   avergonzáis
τοὺς μὴ ἔχοντας; τί εἴπω ὑμῖν; ἐπαινέσω
a los que no   tienen? ¿Qué diría os?   ¿Alabaré

ὑμᾶς; ἐν τούτῳ οὐκ ἐπαινῶ. **23** Ἐγὼ
os?   En   esto   no   alabo(os).   Porque
γὰρ παρέλαβον ἀπὸ τοῦ κυρίου, ὃ καὶ
yo   recibí   del   Señor, lo que también
παρέδωκα ὑμῖν, ὅτι ὁ κύριος Ἰησοῦς
entregué os, que el Señor   Jesús,
ἐν τῇ νυκτὶ ᾗ παρεδίδοτο ἔλαβεν ἄρτον
en la noche en que era entregado, tomó   pan

24 καὶ εὐχαριστήσας ἔκλασεν καὶ εἶπεν·
y, tras dar gracias,   partió(lo)   y   dijo:
τοῦτό μού ἐστιν τὸ σῶμα τὸ ὑπὲρ
Esto de mí es   el cuerpo — a favor

ὑμῶν· τοῦτο ποιεῖτε εἰς τὴν ἐμὴν
de vosotros; esto   ³haced para —   mi
ἀνάμνησιν. **25** ὡσαύτως καὶ τὸ ποτήριον
recuerdo.   De modo similar, también la   copa
(tomó)
μετὰ τὸ δειπνῆσαι, λέγων· τοῦτο τὸ
después de   cenar, diciendo: Esta   —
ποτήριον ἡ καινὴ διαθήκη ἐστὶν ἐν τῷ
copa   el nuevo   pacto   es   en —
ἐμῷ αἵματι· τοῦτο ποιεῖτε, ὁσάκις ἐὰν
mi sangre; esto ⁴haced cuantas veces

19. PRECISO. Es decir, *inelu-
dible.*
2
19. BANDOS. Lit. *partidos*
(de opinión).
3
24. HACED. Es decir, *continuad haciendo* (el verbo
está en pres.).
4
25. HACED. (V. vers. 24.)

πίνητε, εἰς τὴν ἐμὴν ἀνάμνησιν. **26** ὁσάκις
bebáis (la), para — mi recuerdo. Porque

γὰρ ἐὰν ἐσθίητε τὸν ἄρτον τοῦτον καὶ
cuantas veces comáis el pan este y

τὸ ποτήριον πίνητε, τὸν θάνατον τοῦ
la copa bebáis, la muerte del

κυρίου καταγγέλλετε, ἄχρι οὗ ἔλθῃ.
Señor [1]proclamáis hasta que venga.

27 Ὥστε ὃς ἂν ἐσθίῃ τὸν ἄρτον ἢ
De modo que cualquiera que coma el pan o

πίνῃ τὸ ποτήριον τοῦ κυρίου ἀναξίως,
beba la copa del Señor indignamente,

ἔνοχος ἔσται τοῦ σώματος καὶ τοῦ
reo será del cuerpo y de la

αἵματος τοῦ κυρίου. **28** δοκιμαζέτω δὲ
sangre del Señor. Pero pruebe

ἄνθρωπος ἑαυτόν, καὶ οὕτως ἐκ τοῦ
(el) hombre a sí mismo, y así del

ἄρτου ἐσθιέτω καὶ ἐκ τοῦ ποτηρίου
pan coma y de la copa

πινέτω· **29** ὁ γὰρ ἐσθίων καὶ πίνων
beba; porque el que come y bebe,

κρίμα ἑαυτῷ ἐσθίει καὶ πίνει μὴ διακρίνων
juicio para sí mismo come y bebe, no discerniendo

τὸ σῶμα. **30** διὰ τοῦτο ἐν ὑμῖν πολλοὶ
el cuerpo. Por esto entre vosotros muchos

ἀσθενεῖς καὶ ἄρρωστοι καὶ κοιμῶνται
(están) enfermos y debilitados y [2]duermen

ἱκανοί. **31** εἰ δὲ ἑαυτοὺς διεκρίνομεν,
bastantes. Pero si a nosotros mismos discerniésemos,

οὐκ ἂν ἐκρινόμεθα· **32** κρινόμενοι δὲ ὑπὸ
no seríamos juzgados; pero siendo juzgados, por

τοῦ κυρίου παιδευόμεθα, ἵνα μὴ σὺν
el Señor somos [3]corregidos para que no con

τῷ κόσμῳ κατακριθῶμεν. **33** Ὥστε,
el mundo seamos condenados. Así que,

ἀδελφοί μου, συνερχόμενοι εἰς τὸ φαγεῖν
hermanos de mí, reuniéndoos para — comer,

ἀλλήλους ἐκδέχεσθε. **34** εἴ τις πεινᾷ,
unos a otros aguardad. Si alguno tiene hambre,

ἐν οἴκῳ ἐσθιέτω, ἵνα μὴ εἰς κρίμα
en (su) casa coma, para que no para juicio

συνέρχησθε. τὰ δὲ λοιπὰ ὡς ἂν ἔλθω
os reunáis. Y las demás cosas cuando quiera venga,
que

διατάξομαι.
(las) [4]ordenaré.

[1]
26. PROCLAMÁIS. Es decir, *continuáis proclamando* (presente).
[2]
30. DUERMEN. Es decir, *han muerto*.
[3]
32. CORREGIDOS. Lit. *educados* (como se educa a un niño).
[4]
34. ORDENARÉ. O *las pondré en orden*.

12 Περὶ δὲ τῶν πνευματικῶν, ἀδελφοί,
Y acerca   ¹de los   asuntos espirituales,   hermanos,

οὐ θέλω ὑμᾶς ἀγνοεῖν. **2** Οἴδατε ὅτι
no   quiero que vosotros desconozcáis(los).   Sabéis   que

ὅτε ἔθνη ἦτε πρὸς τὰ εἴδωλα τὰ ἄφωνα
cuando ²paganos erais,   a   los   ídolos   — sin voz

ὡς ἂν ἤγεσθε ἀπαγόμενοι. **3** διὸ γνωρίζω
conforme erais conducidos, siendo desviados   Por lo cual, hago saber
(ibais).

ὑμῖν ὅτι οὐδεὶς ἐν πνεύματι θεοῦ λαλῶν
os   que   nadie   en   (el) Espíritu   de Dios   hablando,

λέγει· ΑΝΑΘΕΜΑ ΙΗΣΟΥΣ, καὶ οὐδεὶς
dice: MALDICIóN (es)   JESÚS,   y   nadie

δύναται εἰπεῖν· ΚΥΡΙΟΣ ΙΗΣΟΥΣ, εἰ μὴ
puede   decir: SEÑOR   JESÚS,   a no ser

ἐν πνεύματι ἁγίῳ.
en   (el) Espíritu   Santo.

4 Διαιρέσεις δὲ χαρισμάτων εἰσίν, τὸ δὲ αὐτὸ
Diversidades   de ³dones   hay,   pero el mismo

πνεῦμα· **5** καὶ διαιρέσεις διακονιῶν εἰσιν, καὶ
Espíritu;   y   diversidades   de ministerios   hay,   y

ὁ αὐτὸς κύριος· **6** καὶ διαιρέσεις ἐνεργημάτων
el   mismo   Señor;   y   diversidades   de actividades

εἰσίν, ὁ δὲ αὐτὸς θεὸς ὁ ἐνεργῶν τὰ
hay,   pero el   mismo   Dios   que   ⁴efectúa   las

πάντα ἐν πᾶσιν. **7** ἑκάστῳ δὲ δίδοται
cosas todas en   todos.   Pero a cada uno   es dada

ἡ φανέρωσις τοῦ πνεύματος πρὸς τὸ
la   manifestación   del   Espíritu   para   lo

συμφέρον. **8** ᾧ μὲν γὰρ διὰ τοῦ πνεύματος
provechoso.   Porque a uno   mediante el   Espíritu

δίδοται λόγος σοφίας, ἄλλῳ δὲ λόγος
es dada   palabra   de sabiduría,   y a otro   palabra

γνώσεως κατὰ τὸ αὐτὸ πνεῦμα, **9** ἑτέρῳ
de conocimiento conforme   al   mismo   Espíritu,   a ⁵otro,

πίστις ἐν τῷ αὐτῷ πνεύματι, ἄλλῳ δὲ
fe   en el   mismo   Espíritu,   y a otro

χαρίσματα ἰαμάτων ἐν τῷ ἑνὶ πνεύματι,
⁶dones   de sanidades en   el uno (solo) Espíritu;

10 ἄλλῳ δὲ ἐνεργήματα δυνάμεων, ἄλλῳ
a otro   ⁷operaciones   de milagros;   a otro,

[δὲ] προφητεία, ἄλλῳ δὲ διακρίσεις πνευ-
profecía,   a otro,   discernimientos   de es-

μάτων, ἑτέρῳ γένη γλωσσῶν, ἄλλῳ δὲ
píritus;   a ⁸otro,   géneros   de lenguas;   a otro,

1
1. DE LOS ASUNTOS. Lit. *de las cosas* (o *de los temas* o *materias*).
2
2. PAGANOS. Lit. *gentiles*.
3
4. DONES. También llamados lit. *carismas* (*gracias* o *dones* divinos para provecho de los demás).
4
6. EFECTÚA. Es decir, *provee de la* ENERGÍA *necesaria* (como en Fil. 2:13).
5
9. OTRO (*diferente*. Nótese el cambio de vocablo en el griego).
6
9. DONES. (V. vers. 4.)
7
10. OPERACIONES DE MILAGROS. Lit. *efectos de poderes* (milagrosos).
8
10. OTRO. (V. vers. 9.)

ἑρμηνεία γλωσσῶν· **11** πάντα δὲ ταῦτα
interpretación de lenguas;   pero todas   estas cosas
(las)
ἐνεργεῖ τὸ ἓν καὶ τὸ αὐτὸ πνεῦμα,
efectúa el uno (solo) y   el mismo   Espíritu,
διαιροῦν ἰδίᾳ ἑκάστῳ καθὼς βούλεται.
distribuyendo en particular a cada uno, conforme le place.

12 Καθάπερ γὰρ τὸ σῶμα ἓν ἐστιν
Porque así como   el   cuerpo uno   es,
καὶ μέλη πολλὰ ἔχει, πάντα δὲ τὰ
y miembros muchos tiene,   pero todos los
μέλη τοῦ σώματος πολλὰ ὄντα ἕν ἐστιν
miembros del   cuerpo,   muchos siendo, un (solo) son
σῶμα, οὕτως καὶ ὁ Χριστός· **13** καὶ γὰρ
cuerpo,   así también el Cristo; porque, a la verdad,
ἐν ἑνὶ πνεύματι ἡμεῖς πάντες εἰς ἓν
[1]en un   Espíritu, nosotros todos   para un
(solo)   (ser) (solo)
σῶμα ἐβαπτίσθημεν, εἴτε Ἰουδαῖοι εἴτε
cuerpo fuimos bautizados, ya (seamos) judíos   ya
Ἕλληνες, εἴτε δοῦλοι εἴτε ἐλεύθεροι, καὶ
griegos;   ya esclavos, ya   libres,   y (a)
πάντες ἓν πνεῦμα ἐποτίσθημεν. **14** καὶ
todos un (solo) Espíritu se nos dio a beber.   Porque
γὰρ τὸ σῶμα οὐκ ἔστιν ἓν μέλος ἀλλὰ
también el cuerpo no   es un (solo) miembro, sino
πολλά. **15** ἐὰν εἴπῃ ὁ πούς· ὅτι οὐκ
muchos.   Si dijese el pie: Pues no
εἰμὶ χείρ, οὐκ εἰμὶ ἐκ τοῦ σώματος,
soy mano, no soy   del   cuerpo,
οὐ παρὰ τοῦτο οὐκ ἔστιν ἐκ τοῦ σώματος.
no por esto   no es   del   cuerpo.
16 καὶ ἐὰν εἴπῃ τὸ οὖς· ὅτι οὐκ εἰμὶ
Y si dijese la oreja: Pues no soy
ὀφθαλμός, οὐκ εἰμὶ ἐκ τοῦ σώματος,
ojo, no soy   del   cuerpo,
οὐ παρὰ τοῦτο οὐκ ἔστιν ἐκ τοῦ σώματος.
no por esto   no es   del   cuerpo.
17 εἰ ὅλον τὸ σῶμα ὀφθαλμός, ποῦ
Si todo el cuerpo (fuese) ojo,   ¿dónde
(estaría)
ἡ ἀκοή; εἰ ὅλον ἀκοή, ποῦ ἡ ὄσφρησις;
el oído? (Y) si todo, oído, ¿dónde el olfato?
18 νῦν δὲ ὁ θεὸς ἔθετο τὰ μέλη, ἓν
Ahora bien, — Dios puso los miembros, uno
(solo)
ἕκαστον αὐτῶν ἐν τῷ σώματι καθὼς
cada uno de ellos en el cuerpo   conforme
ἠθέλησεν. **19** εἰ δὲ ἦν τὰ πάντα ἓν
quiso.   Pero si fuesen — todos un
(solo)
μέλος, ποῦ τὸ σῶμα; **20** νῦν δὲ πολλὰ
miembro, ¿dónde el cuerpo? Ahora bien, muchos,
(estaría)

1
13. Εν. Esto es, con.

μὲν μέλη, ἓν δὲ σῶμα. **21** οὐ δύναται
sí,   miembros,   pero un (solo)   cuerpo.   Y no   puede

δὲ⁽ʰᵃʸ⁾ ὁ ὀφθαλμὸς εἰπεῖν τῇ χειρί· χρείαν
el   ojo   decir   a la   mano: Necesidad

σου οὐκ ἔχω, ἢ πάλιν ἡ κεφαλὴ τοῖς
de ti no tengo; o, ¹a su vez, la cabeza a los

ποσίν· χρείαν ὑμῶν οὐκ ἔχω· **22** ἀλλὰ
pies: Necesidad de vosotros no   tengo;   sino que

πολλῷ μᾶλλον τὰ δοκοῦντα μέλη τοῦ
²más bien, los que parecen miembros del

σώματος ἀσθενέστερα ὑπάρχειν ἀναγκαῖά ἐστιν,
cuerpo más débiles ser, necesarios son,

23 καὶ ἃ δοκοῦμεν ἀτιμότερα εἶναι
y los que pensamos que menos honrosos son

τοῦ σώματος, τούτοις τιμὴν περισσοτέραν
del cuerpo, a éstos de honor más abundante

περιτίθεμεν, καὶ τὰ ἀσχήμονα ἡμῶν
rodeamos, y los no decorosos de nosotros,

εὐσχημοσύνην περισσοτέραν ἔχει, **24** τὰ δὲ
decoro más abundante tienen, pero los

εὐσχήμονα ἡμῶν οὐ χρείαν ἔχει. ἀλλὰ ὁ
decorosos de nosotros, no necesidad tienen. Pero —

θεὸς συνεκέρασεν τὸ σῶμα, τῷ ὑστερουμένῳ
Dios ³compuso el cuerpo, al más carente

περισσοτέραν δοὺς τιμήν, **25** ἵνα μὴ ᾖ
más abundante dando honor, para que no haya

σχίσμα ἐν τῷ σώματι, ἀλλὰ τὸ αὐτὸ
división en el cuerpo, sino que lo mismo

ὑπὲρ ἀλλήλων μεριμνῶσιν τὰ · μέλη.
a favor de unos de otros se preocupen los miembros.

26 καὶ εἴτε πάσχει ἓν μέλος, συμπάσχει
Y ya sea que padece un (solo) miembro, padecen con (él)

πάντα τὰ μέλη· εἴτε δοξάζεται μέλος,
todos los miembros; ya sea que es glorificado un miembro,

συγχαίρει πάντα τὰ μέλη. **27** ὑμεῖς
⁴se congratulan todos los miembros. Y vosotros

δέ ἐστε σῶμα Χριστοῦ καὶ μέλη ἐκ
sois cuerpo de Cristo y miembros ⁵en

μέρους. **28** Καὶ οὓς μὲν ἔθετο ὁ θεὸς
parte. Y a unos, sí, puso — Dios

ἐν τῇ ἐκκλησίᾳ πρῶτον ἀποστόλους, δεύτε-
en la iglesia, primero apóstoles, segundo

ρον προφήτας, τρίτον διδασκάλους, ἔπειτα
profetas, tercero maestros, después

δυνάμεις, ἔπειτα χαρίσματα ἰαμάτων,
poderes después ⁶dones de sanaciones,
(milagrosos),

1
21. A SU VEZ. Lit. *otra vez.*
2
22. MÁS BIEN. Lit. *mucho más.*
3
24. COMPUSO. Lit. *mezcló juntamente.*
4
26. SE CONGRATULAN. Lit. *se alegran con* (él).
5
27. EN PARTE. Lit. *de una parte.*
6
28. DONES. (V. vers. 4.)

ἀντιλήμψεις, κυβερνήσεις, γένη γλωσσῶν,
ayudas (benéficas), dotes de dirección, géneros de lenguas.

29 μὴ πάντες ἀπόστολοι; μὴ πάντες
¿Acaso todos (son) apóstoles? ¿Acaso todos,

προφῆται; μὴ πάντες διδάσκαλοι; μὴ
profetas? ¿Acaso todos, maestros? ¿Acaso

πάντες δυνάμεις; **30** μὴ πάντες χαρίσματα
todos, poderes milagrosos? ¿Acaso todos, [1]dones

ἔχουσιν ἰαμάτων; μὴ πάντες γλώσσαις
tienen de sanaciones? ¿Acaso todos en lenguas

λαλοῦσιν; μὴ πάντες διερμηνεύουσιν;
hablan? ¿Acaso todos interpretan?

31 ζηλοῦτε δὲ τὰ χαρίσματα τὰ μείζονα.
Pero anhelad los [1]dones — mayores.

Καὶ ἔτι καθ’ ὑπερβολὴν ὁδὸν ὑμῖν
Y aún por excelencia (el) camino os

δείκνυμι. **13** Ἐὰν ταῖς γλώσσαις τῶν ἀνθρώπων
muestro. Si en las lenguas de los hombres

λαλῶ καὶ τῶν ἀγγέλων, ἀγάπην δὲ
hablo y de los ángeles, pero amor

μὴ ἔχω, γέγονα χαλκὸς ἠχῶν ἢ
no tengo, me he hecho bronce que resuena o

κύμβαλον ἀλαλάζον. **2** καὶ ἐὰν ἔχω
címbalo que retiñe. Y si tengo

προφητείαν καὶ εἰδῶ τὰ μυστήρια πάντα
profecía y sé los misterios todos

καὶ πᾶσαν τὴν γνῶσιν, κἂν ἔχω πᾶσαν
y toda la [2]ciencia, y si tengo toda

τὴν πίστιν ὥστε ὄρη μεθιστάναι, ἀγάπην
la fe hasta montes trasladar, pero amor

δὲ μὴ ἔχω, οὐθέν εἰμι. **3** κἂν ψωμίσω
no tengo, nada soy. Y si repartiese

πάντα τὰ ὑπάρχοντά μου, καὶ ἐὰν παραδῶ
todas las posesiones de mí, y si entregase

τὸ σῶμά μου ἵνα καυθήσομαι, ἀγάπην
el cuerpo de mí para ser quemado, pero amor

δὲ μὴ ἔχω, οὐδὲν ὠφελοῦμαι. **4** Ἡ
no tengo, de nada me aprovecho. El

ἀγάπη μακροθυμεῖ, χρηστεύεται ἡ ἀγάπη,
amor es longánime, es servicial el amor,

οὐ ζηλοῖ, ἡ ἀγάπη οὐ περπερεύεται,
no tiene celos; el amor no es jactancioso,

οὐ φυσιοῦται, **5** οὐκ ἀσχημονεῖ, οὐ ζητεῖ
no se engríe, no actúa indecorosamente, no busca

τὰ ἑαυτῆς, οὐ παροξύνεται, οὐ λογίζεται
las de sí mismo, no se irrita, no toma en cuenta
cosas

τὸ κακόν, **6** οὐ χαίρει ἐπὶ τῇ ἀδικίᾳ,
el mal, no se goza en la injusticia,

1
30 y 31. DONES. (V. vers. 4.)
2
2. CIENCIA. Lit. *conocimiento* (superior).

συγχαίρει δὲ τῇ ἀληθείᾳ· **7** πάντα στέγει,
pero se congratula de la verdad; todo (lo) excusa,

πάντα πιστεύει, πάντα ἐλπίζει, πάντα
todo (lo) cree, todo (lo) espera, todo (lo)

ὑπομένει. **8** Ἡ ἀγάπη οὐδέποτε πίπτει·
soporta. El amor nunca caduca;

εἴτε δὲ προφητεῖαι, καταργηθήσονται· εἴτε
pero ya sean (las) profecías, serán abolidas; ya sean (las)

γλῶσσαι, παύσονται· εἴτε γνῶσις, κατ-
lenguas, cesarán; ya sea (la) ¹ciencia, será

αργηθήσεται. **9** ἐκ μέρους γὰρ γινώσκομεν
abolida. Porque en parte conocemos

καὶ ἐκ μέρους προφητεύομεν· **10** ὅταν
y en parte profetizamos; pero cuando

δὲ ἔλθῃ τὸ τέλειον, τὸ ἐκ μέρους
venga lo perfecto, lo (que es) en parte

καταργηθήσεται. **11** ὅτε ἤμην νήπιος,
será abolido. Cuando (yo) era niño pequeño,

ἐλάλουν ὡς νήπιος, ἐφρόνουν ὡς νήπιος,
hablaba como niño, pensaba como niño,

ἐλογιζόμην ὡς νήπιος· ὅτε γέγονα ἀνήρ,
razonaba como niño; cuando me he hecho hombre,

κατήργηκα τὰ τοῦ νηπίου. **12** βλέπομεν
he abolido las cosas del niño. Porque vemos

γὰρ ἄρτι δι' ἐσόπτρου ἐν αἰνίγματι,
(aún) ahora ²mediante espejo en enigma,

τότε δὲ πρόσωπον πρὸς πρόσωπον· ἄρτι
pero entonces cara a cara; ahora

γινώσκω ἐκ μέρους, τότε δὲ ἐπιγνώσομαι
conozco en parte, pero entonces conoceré perfectamente

καθὼς καὶ ἐπεγνώσθην. **13** νυνὶ δὲ μένει
conforme también fui conocido Pero ahora permanecen
perfectamente.

πίστις, ἐλπίς, ἀγάπη, τὰ τρία ταῦτα·
(la) fe, (la) esperanza, (el) amor, las tres cosas estas;

μείζων δὲ τούτων ἡ ἀγάπη.
pero (la) mayor de éstas (es) el amor.

14 Διώκετε τὴν ἀγάπην, ζηλοῦτε δὲ
³Perseguid el amor, pero anhelad

τὰ πνευματικά, μᾶλλον δὲ ἵνα προφητεύητε.
⁴las cosas espirituales, y, más bien, que profeticéis.

2 ὁ γὰρ λαλῶν γλώσσῃ οὐκ ἀνθρώποις
Porque el que habla en una lengua, no a hombres

λαλεῖ ἀλλὰ θεῷ· οὐδεὶς γὰρ ἀκούει,
habla, sino a Dios; porque nadie ⁵oye(le),

πνεύματι δὲ λαλεῖ μυστήρια· **3** ὁ δὲ
pero en espíritu habla misterios; pero el

1
8. CIENCIA. (V. vers. 2).
2
12. MEDIANTE ESPEJO EN ENIGMA. Es decir, *indirecta y borrosamente.*
3
1. PERSEGUID. Es decir, *procurad alcanzar.*
4
1. LAS COSAS... (V. 12:1.)
5
2. OYE. Esto es, *entiende.*

προφητεύων ἀνθρώποις λαλεῖ οἰκοδομὴν καὶ
que profetiza,   a hombres   habla   edificación   y

παράκλησιν καὶ παραμυθίαν. 4 ὁ λαλῶν
exhortación   y   consolación.   El que habla

γλώσσῃ ἑαυτὸν οἰκοδομεῖ· ὁ δὲ προφητεύων
en lengua,   a sí mismo   edifica;   pero el que   profetiza,

ἐκκλησίαν οἰκοδομεῖ. 5 θέλω δὲ πάντας
a (la) iglesia   edifica.   Deseo que   todos

ὑμᾶς λαλεῖν γλώσσαις, μᾶλλον δὲ ἵνα
vosotros   habléis   en lenguas;   pero más,   que

προφητεύητε· μείζων δὲ ὁ προφητεύων ἢ
profeticéis;   y mayor (es)   el que   profetiza   que

ὁ λαλῶν γλώσσαις, ἐκτὸς εἰ μὴ διερμηνεύῃ,
el que habla   en lenguas,   a   no ser   que interprete,

ἵνα ἡ ἐκκλησία οἰκοδομὴν λάβῃ. 6 νῦν δέ,
para   la   iglesia   edificación   reciba.   Y ahora,
que

ἀδελφοί, ἐὰν ἔλθω πρὸς ὑμᾶς γλώσσαις
hermanos,   si   vengo   a   vosotros   en lenguas

λαλῶν, τί ὑμᾶς ὠφελήσω, ἐὰν μὴ ὑμῖν
hablando,   ¿qué   os   aprovecharía (yo),   si   no   os

λαλήσω ἢ ἐν ἀποκαλύψει ἢ ἐν γνώσει
hablara   o   con   revelación   o   con   [1]ciencia

ἢ ἐν προφητείᾳ ἢ διδαχῇ; 7 ὅμως τὰ
o   con   profecía   o   enseñanza?   No obstante,   las

ἄψυχα φωνὴν διδόντα, εἴτε αὐλὸς εἴτε
cosas   que sonido   dan,   ya sea   flauta   o
inanimadas

κιθάρα, ἐὰν διαστολὴν τοῖς φθόγγοις μὴ
cítara,   si   distinción   con los   sonidos   no

δῶ, πῶς γνωσθήσεται τὸ αὐλούμενον ἢ
da(n),   ¿cómo   se conocerá   lo que es tocado con la flauta o

τὸ κιθαριζόμενον; 8 καὶ γὰρ ἐὰν ἄδηλον
lo que es tocado con la cítara?   Pues también,   si   confuso

σάλπιγξ φωνὴν δῶ, τίς παρασκευάσεται
una trompeta   sonido   da,   ¿quién   se preparará

εἰς πόλεμον; 9 οὕτως καὶ ὑμεῖς διὰ
para   (la) guerra?   Así   también   vosotros   mediante

τῆς γλώσσης ἐὰν μὴ εὔσημον λόγον
la   lengua   si   no   inteligible   palabra

δῶτε, πῶς γνωσθήσεται τὸ λαλούμενον;
dais,   ¿cómo   se conocerá   lo   hablado?

ἔσεσθε γὰρ εἰς ἀέρα λαλοῦντες. 10 τοσαῦτα
Porque estaréis   a(l)   aire   hablando.   Tantas,

εἰ τύχοι γένη φωνῶν εἰσιν ἐν κόσμῳ,
quizás,   clases   de voces   hay   en   (el) mundo,

καὶ οὐδὲν ἄφωνον· **11** ἐὰν οὖν μὴ εἰδῶ
y   ninguna [1]sin sentido; si, pues, no sé

τὴν δύναμιν τῆς φωνῆς, ἔσομαι τῷ
el poder de la voz, seré para el

λαλοῦντι βάρβαρος καὶ ὁ λαλῶν ἐν ἐμοὶ
que habla un extranjero; y el que habla conmigo,
(será para mí)

βάρβαρος. **12** οὕτως καὶ ὑμεῖς. ἐπεὶ
un extranjero. Así también vosotros. Ya que

ζηλωταί ἐστε πνευμάτων, πρὸς τὴν
anhelosos sois [2]de cosas espirituales, para la

οἰκοδομὴν τῆς ἐκκλησίας ζητεῖτε ἵνα περισ-
edificación de la iglesia procurad que abundéis.

σεύητε. **13** Διὸ ὁ λαλῶν γλώσσῃ προσευχ-
Por lo cual, el que habla en lengua, ore

έσθω ἵνα διερμηνεύῃ. **14** ἐὰν γὰρ προσεύχωμαι
para que interprete. Porque si oro

γλώσσῃ, τὸ πνεῦμά μου προσεύχεται,
en lengua, el espíritu de mí ora,

ὁ δὲ νοῦς μου ἄκαρπός ἐστιν. **15** τί
pero la mente de mí sin fruto está. ¿Qué,

οὖν ἐστιν; προσεύξομαι τῷ πνεύματι,
pues, hay? Oraré con el espíritu,

προσεύξομαι δὲ καὶ τῷ νοΐ· ψαλῶ τῷ
pero oraré también con la mente; [3]cantaré con el

πνεύματι, ψαλῶ δὲ καὶ τῷ νοΐ. **16** ἐπεὶ
espíritu, pero [3]cantaré también con la mente. Ya que

ἐὰν εὐλογῇς [ἐν] πνεύματι, ὁ ἀναπληρῶν
si bendices en espíritu, el que ocupa

τὸν τόπον τοῦ ἰδιώτου πῶς ἐρεῖ τὸ
el lugar del no iniciado, ¿cómo dirá el

ἀμὴν ἐπὶ τῇ σῇ εὐχαριστίᾳ; ἐπειδὴ τί
amén a — tu acción de gracias? Puesto que qué

λέγεις οὐκ οἶδεν· **17** σὺ μὲν γὰρ καλῶς
dices no sabe; porque tú, en verdad, bien

εὐχαριστεῖς, ἀλλ᾽ ὁ ἕτερος οὐκ οἰκοδομεῖται.
das gracias, pero el [4]otro no es edificado.

18 εὐχαριστῶ τῷ θεῷ, πάντων ὑμῶν μᾶλ-
Doy gracias — a Dios, más que todos vos-
(de que)

λον γλώσσαις λαλῶ· **19** ἀλλὰ ἐν ἐκκλησίᾳ
otros en lenguas hablo; pero en (la) iglesia

θέλω πέντε λόγους τῷ νοΐ μου λαλῆσαι,
deseo cinco palabras con la mente de mí hablar,

ἵνα καὶ ἄλλους κατηχήσω, ἢ μυρίους
para también a otros instruir, más que diez mil

[1]
10. SIN SENTIDO. Lit. *sin voz.*
[2]
12. DE COSAS... (V. 12:1.)
[3]
15. CANTARÉ. Lit. *entonaré salmos.*
[4]
17. OTRO. (V. 12:9.)

λόγους ἐν γλώσσῃ. **20** Ἀδελφοί, μὴ
palabras en lengua. Hermanos, no

παιδία γίνεσθε ταῖς φρεσίν, ἀλλὰ τῇ
niños os hagáis en las mentalidades, sino en la

κακίᾳ νηπιάζετε, ταῖς δὲ φρεσὶν τέλειοι
malicia sed infantiles, pero en las mentalidades maduros

γίνεσθε. **21** ἐν τῷ νόμῳ γέγραπται ὅτι
haceos. En la ley ha sido escrito: —

ἐν ἑτερογλώσσοις καὶ ἐν χείλεσιν ἑτέρων
En otras lenguas y con labios de otros

λαλήσω τῷ λαῷ τούτῳ, καὶ οὐδ᾽ οὕτως
hablaré al pueblo este, y ni así

εἰσακούσονταί μου, λέγει κύριος. **22** ὥστε
escucharán me, dice (el) Señor. Así que

αἱ γλῶσσαι εἰς σημεῖόν εἰσιν οὐ τοῖς
las lenguas para señal son, no para los

πιστεύουσιν ἀλλὰ τοῖς ἀπίστοις, ἡ δὲ
creyentes, sino para los incrédulos; pero la

προφητεία οὐ τοῖς ἀπίστοις ἀλλὰ τοῖς
profecía, no para los incrédulos, sino para los

πιστεύουσιν. **23** Ἐὰν οὖν συνέλθῃ ἡ
creyentes. Si, por tanto, se reúne la

ἐκκλησία ὅλη ἐπὶ τὸ αὐτὸ καὶ πάντες
iglesia toda en el mismo (lugar) y todos

λαλῶσιν γλώσσαις, εἰσέλθωσιν δὲ ἰδιῶται
hablan en lenguas, y entran no iniciados

ἢ ἄπιστοι, οὐκ ἐροῦσιν ὅτι μαίνεσθε;
o incrédulos, ¿no dirán que estáis locos?

24 ἐὰν δὲ πάντες προφητεύωσιν, εἰσέλθῃ δέ
Pero si todos profetizan, y entra

τις ἄπιστος ἢ ἰδιώτης, ἐλέγχεται ὑπὸ
algún incrédulo o no iniciado, es redargüido por

πάντων, ἀνακρίνεται ὑπὸ πάντων, **25** τὰ
todos, es juzgado por todos, lo

κρυπτὰ τῆς καρδίας αὐτοῦ φανερὰ γίνεται,
secreto del corazón de él manifiesto se hace,

καὶ οὕτως πεσὼν ἐπὶ πρόσωπον προσκυνή-
y así cayendo sobre (su) rostro, adorará

σει τῷ θεῷ, ἀπαγγέλλων ὅτι ὄντως
— a Dios, declarando que realmente

ὁ θεὸς ἐν ὑμῖν ἐστιν. **26** Τί οὖν ἐστιν,
— Dios entre vosotros está. ¿Qué, pues, hay,

ἀδελφοί; ὅταν συνέρχησθε, ἕκαστος ψαλμὸν
hermanos? Cuando os reunís, cada uno salmo

ἔχει, διδαχὴν ἔχει, ἀποκάλυψιν ἔχει, γλῶσ-
tiene, enseñanza tiene, revelación tiene, lengua

σαν ἔχει, ἑρμηνείαν ἔχει· πάντα πρὸς
tiene, interpretación tiene; todo para

οἰκοδομὴν   γινέσθω.   **27** εἴτε   γλώσσῃ   τις
edificación   se haga.   Si   en lengua   alguno

λαλεῖ,   κατὰ   δύο   ἢ   τὸ   πλεῖστον   τρεῖς,
habla,   que (sean) dos   o,   a lo   más,   tres,

καὶ   ἀνὰ   μέρος,   **28** καὶ   εἰς   διερμηνευέτω·
y   por   turno,   y   uno (solo)   interprete;

ἐὰν   δὲ   μὴ   ᾖ   διερμηνευτής,   σιγάτω   ἐν
pero si   no   hay   intérprete,   cállese   en

ἐκκλησίᾳ,   ἑαυτῷ   δὲ   λαλείτω   καὶ   τῷ
(la) iglesia,   y para sí mismo   hable   y

θεῷ.   **29** προφῆται   δὲ   δύο   ἢ   τρεῖς   λαλεί-
para Dios.   Y profetas   dos   o   tres   hablen

τωσαν,   καὶ   οἱ   ἄλλοι   διακρινέτωσαν·
y   los   otros   disciernan;

30 ἐὰν   δὲ   ἄλλῳ   ἀποκαλυφθῇ   καθημένῳ,   ὁ
y si   a otro   es revelado,   que está sentado,   el

πρῶτος   σιγάτω.   **31** δύνασθε   γὰρ   καθ᾽
primero   cállese.   Porque podéis   uno por

ἕνα   πάντες   προφητεύειν,   ἵνα   πάντες
uno   todos   profetizar,   para que   todos

μανθάνωσιν   καὶ   πάντες   παρακαλῶνται.
aprendan   y   todos   sean exhortados.

32 καὶ   πνεύματα   προφητῶν   προφήταις
Y   (los) espíritus   de (los) profetas   a (los) profetas

ὑποτάσσεται·   **33** οὐ   γὰρ   ἐστιν   ἀκαταστασίας
[1]están subordinados;   porque no   es   de [2]tumulto

ὁ   θεὸς   ἀλλὰ   εἰρήνης.   Ὡς   ἐν   πάσαις
— Dios,   sino   de paz.   Como   en   todas

ταῖς   ἐκκλησίαις   τῶν   ἁγίων,   **34** αἱ   γυναῖκες
las   iglesias   de los   santos,   las   mujeres

ἐν   ταῖς   ἐκκλησίαις   σιγάτωσαν·   οὐ   γὰρ
en   las   iglesias   callen;   porque no

ἐπιτρέπεται   αὐταῖς   λαλεῖν,   ἀλλὰ   ὑποτασ-
es permitido   les   [3]hablar,   sino   estén

σέσθωσαν,   καθὼς   καὶ   ὁ   νόμος   λέγει.
sometidas,   como   también   la   ley   dice.

35 εἰ   δέ   τι   μαθεῖν   θέλουσιν,   ἐν   οἴκῳ
Y si   algo   aprender   desean,   en   casa

τοὺς   ἰδίους   ἄνδρας   ἐπερωτάτωσαν·   αἰσχρὸν
a los   propios   maridos   pregunten;   porque

γὰρ   ἐστιν   γυναικὶ   λαλεῖν   ἐν   ἐκκλησίᾳ.
indecoroso   es   para una mujer   [3]hablar   en   (la) iglesia.

36 ἢ   ἀφ᾽   ὑμῶν   ὁ   λόγος   τοῦ   θεοῦ   ἐξῆλθεν,
¿Acaso de   vosotros   la   palabra   —   de Dios   salió,

ἢ   εἰς   ὑμᾶς   μόνους   κατήντησεν;   **37** Εἴ
o   a   vosotros   solos   llegó?   Si

τις   δοκεῖ   προφήτης   εἶναι   ἢ   πνευματικός,
alguno   piensa   profeta   ser   o   espiritual,

[1]
32. ESTÁN SUBORDINADOS. Es decir, *los profetas son conscientes de lo que dicen y, por tanto, han de controlarse. De lo contrario, será señal de que no es Dios quien les inspira.*
[2]
33. TUMULTO. O *agitación.*
[3]
34 y 35. HABLAR. Esto es, *juzgar, o enseñar en la asamblea.*

ἐπιγινωσκέτω   ἃ   γράφω   ὑμῖν   ὅτι
reconozca   lo que   escribo   os   que

κυρίου   ἐστὶν   ἐντολή·   **38** εἰ   δέ   τις
de(l) Señor   es   mandamiento;   pero si   alguno (lo)

ἀγνοεῖ,   ἀγνοεῖται.   **39** Ὥστε,   ἀδελφοί
ignora,   es ignorado.   Así que,   hermanos

μου,   ζηλοῦτε   τὸ   προφητεύειν,   καὶ   τὸ
de mí,   anhelad   el   profetizar,   y   el

λαλεῖν   μὴ   κωλύετε   γλώσσαις·   **40** πάντα
hablar   no   impidáis   en lenguas;   pero todo

δὲ   εὐσχημόνως   καὶ   κατὰ   τάξιν   γινέσθω.
decorosamente   y   según   orden   hágase.

15 Γνωρίζω   δὲ   ὑμῖν,   ἀδελφοί,   τὸ
Y hago saber   os,   hermanos,   el

εὐαγγέλιον   ὃ   εὐηγγελισάμην   ὑμῖν,   ὃ   καὶ
evangelio   que   prediqué   os,   el cual también

παρελάβετε,   ἐν   ᾧ   καὶ   ἑστήκατε,   **2** δι'
recibisteis,   en   el que también   estáis en pie,   mediante

οὗ   καὶ   σώζεσθε,   τίνι   λόγῳ   εὐηγγελισάμην
el   también   sois salvos,   a la   palabra   que prediqué
    cual,

ὑμῖν   εἰ   κατέχετε,   ἐκτὸς   εἰ   μὴ   εἰκῇ
os   si   os asís,   a no ser que   en vano

ἐπιστεύσατε.   **3** παρέδωκα   γὰρ   ὑμῖν   ἐν
creísteis.   Porque [1]transmití   os   entre

πρώτοις,   ὃ   καὶ   παρέλαβον,   ὅτι   Χριστὸς
las primeras   lo que también   recibí,   que   Cristo
cosas,

ἀπέθανεν   ὑπὲρ   τῶν   ἁμαρτιῶν   ἡμῶν   κατὰ
murió   por   los   pecados   de nosotros,   conforme

τὰς   γραφάς,   **4** καὶ   ὅτι   ἐτάφη,   καὶ   ὅτι
a las   Escrituras,   y   que   fue sepultado,   y   que

ἐγήγερται   τῇ   ἡμέρᾳ   τῇ   τρίτῃ   κατὰ
ha sido resucitado   al   día   —   tercero,   conforme

τὰς   γραφάς,   **5** καὶ   ὅτι   ὤφθη   Κηφᾷ,
a las   Escrituras,   y   que   fue visto   por Cefas,

εἶτα   τοῖς   δώδεκα·   **6** ἔπειτα   ὤφθη   ἐπάνω
luego,   por los   [2]doce;   después   fue visto   por más

πεντακοσίοις   ἀδελφοῖς   ἐφάπαξ,   ἐξ   ὧν   οἱ
de quinientos   hermanos   de una vez,   de   los que los

πλείονες   μένουσιν   ἕως   ἄρτι,   τινὲς   δὲ
más   permanecen   hasta   ahora,   pero algunos

ἐκοιμήθησαν·   **7** ἔπειτα   ὤφθη   Ἰακώβῳ,   εἶτα
[3]se durmieron;   después   fue visto   por Jacobo;   luego,

τοῖς   ἀποστόλοις   πᾶσιν·   **8** ἔσχατον   δὲ
por los   apóstoles   todos;   y último

[1]
3. TRANSMITÍ. Lit. *entregué.*
[2]
5. DOCE. Nótese el número "cerrado", pues entonces eran sólo *once.*
[3]
6. SE DURMIERON. Esto es, *murieron.*

πάντων   ὡσπερεὶ   τῷ   ἐκτρώματι   ὤφθη
todos   como   al   fruto abortivo, fue visto

κἀμοί.   9 Ἐγὼ   γάρ   εἰμι   ὁ   ἐλάχιστος
también por mí.   Porque yo   soy   el   ínfimo

τῶν   ἀποστόλων,   ὃς   οὐκ   εἰμὶ   ἱκανὸς
de los   apóstoles,   que   no   soy   ¹competente

καλεῖσθαι   ἀπόστολος,   διότι   ἐδίωξα   τὴν
para ser llamado   apóstol,   porque   perseguí   a la

ἐκκλησίαν   τοῦ   θεοῦ·   10 χάριτι   δὲ   θεοῦ
iglesia   —   de Dios;   pero por (la) gracia   de Dios

εἰμι   ὅ   εἰμι,   καὶ   ἡ   χάρις   αὐτοῦ   ἡ   εἰς
soy   lo que   soy,   y   la   gracia   de él   —   para

ἐμὲ   οὐ   κενὴ   ἐγενήθη,   ἀλλὰ   περισσότερον
conmigo no   ²vana   fue hecha,   sino que   más abundantemente

αὐτῶν   πάντων   ἐκοπίασα,   οὐκ   ἐγὼ   δὲ
que ellos   todos   trabajé,   pero no   yo,

ἀλλὰ   ἡ   χάρις   τοῦ   θεοῦ   σὺν   ἐμοί.   11 εἴτε
sino   la   gracia   —   de Dios   conmigo.   Ya (sea),
(que está)

οὖν   ἐγὼ   εἴτε   ἐκεῖνοι,   οὕτως   κηρύσσομεν
pues,   yo,   ya (sean)   ellos,   así   proclamamos

καὶ   οὕτως   ἐπιστεύσατε.
y   así   creísteis.

12 Εἰ   δὲ   Χριστὸς   κηρύσσεται   ὅτι   ἐκ
Pero si   Cristo   es proclamado   que de (los)

νεκρῶν   ἐγήγερται,   πῶς   λέγουσιν   ἐν   ὑμῖν
muertos   ha sido resucitado,   ¿cómo   dicen   entre vosotros

τινες   ὅτι   ἀνάστασις   νεκρῶν   οὐκ   ἔστιν;
algunos   que   resurrección   de muertos   no   hay?

13 εἰ   δὲ   ἀνάστασις   νεκρῶν   οὐκ   ἔστιν,
Pero si   resurrección   de muertos   no   hay,

οὐδὲ   Χριστὸς   ἐγήγερται·   14 εἰ   δὲ   Χριστὸς
ni   Cristo   ha sido resucitado;   y si   Cristo

οὐκ   ἐγήγερται,   κενὸν   ἄρα   τὸ   κήρυγμα
no   ha sido resucitado,   ²vana   entonces   la   proclamación

ἡμῶν,   κενὴ   καὶ   ἡ   πίστις   ὑμῶν·   15 εὑρισκ-
de nosotros,   ²vana   también la   fe   de vosotros;   y

όμεθα   δὲ   καὶ   ψευδομάρτυρες   τοῦ   θεοῦ,
somos hallados   también   falsos testigos   —   de Dios,

ὅτι   ἐμαρτυρήσαμεν   κατὰ   τοῦ   θεοῦ   ὅτι
pues   testificamos   ³en contra   —   de Dios   que

ἤγειρεν   τὸν   Χριστόν,   ὃν   οὐκ   ἤγειρεν
resucitó   —   a Cristo,   al cual   no   resucitó

εἴπερ   ἄρα   νεκροὶ   οὐκ   ἐγείρονται.   16 εἰ
si es   que (los)   muertos   no   son resucitados.   Porque

γὰρ   νεκροὶ   οὐκ   ἐγείρονται,   οὐδὲ   Χριστὸς
si (los)   muertos   no   son resucitados,   ni   Cristo

ἐγήγερται·   17 εἰ   δὲ   Χριστὸς   οὐκ   ἐγήγερται,
ha sido resucitado.   Y si   Cristo   no ha sido resucitado,

1
9. COMPETENTE. Lit. *suficiente*.
2
10 y 14. VANA. Lit. *vacía*.
3
15. EN CONTRA DE. O *acerca de*.

ματαία ἡ πίστις ὑμῶν [ἐστιν], ἔτι ἐστὲ
1inútil la fe de vosotros es; aún estáis

ἐν ταῖς ἁμαρτίαις ὑμῶν. 18 ἄρα καὶ οἱ
en los pecados de vosotros. Entonces también los

κοιμηθέντες ἐν Χριστῷ ἀπώλοντο. 19 εἰ
que 2se durmieron en Cristo, perecieron. Si

ἐν τῇ ζωῇ ταύτῃ ἐν Χριστῷ ἠλπικότες
en la vida ésta en Cristo habiendo esperado

ἐσμὲν μόνον, ἐλεεινότεροι πάντων ἀνθρώπων
estamos 3sólo, más dignos de lástima que todos (los) hombres

ἐσμέν. 20 Νυνὶ δὲ Χριστὸς ἐγήγερται
somos. Pero ahora Cristo ha sido resucitado

ἐκ νεκρῶν, ἀπαρχὴ τῶν κεκοιμημένων.
de (los) muertos, primicias de los que se han 4dormido.

21 ἐπειδὴ γὰρ δι' ἀνθρώπου θάνατος, καὶ
Porque ya que mediante un hombre (la) muerte también
(vino),

δι' ἀνθρώπου ἀνάστασις νεκρῶν. 22 ὥσπερ
mediante un hombre (la) resurrección de (los) muertos Porque
(vino).

γὰρ ἐν τῷ Ἀδὰμ πάντες ἀποθνήσκουσιν,
como en — Adán todos mueren,

οὕτως καὶ ἐν τῷ Χριστῷ πάντες ζωοποιη-
así también en — Cristo todos serán

θήσονται. 23 Ἕκαστος δὲ ἐν τῷ ἰδίῳ
vivificados. Pero cada uno en el propio
(suyo)

τάγματι· ἀπαρχὴ Χριστός, ἔπειτα οἱ τοῦ
orden: (Las) primicias, Cristo; después, los —

Χριστοῦ ἐν τῇ παρουσίᾳ αὐτοῦ, 24 εἶτα
de Cristo en la 5venida de él; luego,

τὸ τέλος, ὅταν παραδιδοῖ τὴν βασιλείαν
el final, cuando entregue el reino

τῷ θεῷ καὶ πατρί, ὅταν καταργήσῃ
al Dios y Padre, cuando suprima

πᾶσαν ἀρχὴν καὶ πᾶσαν ἐξουσίαν καὶ
todo principado y toda autoridad y

δύναμιν. 25 δεῖ γὰρ αὐτὸν βασιλεύειν
poder. Porque es menester que él reine

ἄχρι οὗ θῇ πάντας τοὺς ἐχθροὺς ὑπὸ
hasta que ponga a todos los enemigos bajo

τοὺς πόδας αὐτοῦ. 26 ἔσχατος ἐχθρὸς
los pies de él. (El) último enemigo (que)

καταργεῖται ὁ θάνατος· πάντα γὰρ ὑπέταξεν
es suprimido, la muerte (es); porque todo (lo) sometió

ὑπὸ τοὺς πόδας αὐτοῦ. 27 ὅταν δὲ
bajo los pies de él. Y cuando

εἴπῃ ὅτι πάντα ὑποτέτακται, δῆλον ὅτι
dice que todo ha sido sometido(le), claro (está) que

1
17. INÚTIL. O *ilusoria.*
2
18. SE DURMIERON. (V. versículo 6.)
3
19. SÓLO. Esto es, *sólo en esta vida.* (No: "sólo en Cristo".)
4
20. DORMIDO. (V. vers. 6.)
5
23. VENIDA. Lit. *presencia.*

ἐκτὸς τοῦ ὑποτάξαντος αὐτῷ τὰ πάντα.
(es)   el que   sometió   le   las   cosas todas.
exceptuado

28 ὅταν δὲ ὑποταγῇ αὐτῷ τὰ πάντα,
Y cuando   hayan sido sometidas   le   las   cosas todas,

τότε καὶ αὐτὸς ὁ υἱὸς ὑποταγήσεται
entonces   también   [1]el Hijo mismo   se someterá

τῷ ὑποτάξαντι αὐτῷ τὰ πάντα, ἵνα
al que   sometió   le   las   cosas todas, para que

ᾖ ὁ θεὸς πάντα ἐν πᾶσιν. **29** Ἐπεὶ
sea   —   Dios   todas las cosas   en   todos.   De otro modo,

τί ποιήσουσιν οἱ βαπτιζόμενοι ὑπὲρ τῶν
¿qué   harán   los que   se bautizan   [2]en pro   de los

νεκρῶν; εἰ ὅλως νεκροὶ οὐκ ἐγείρονται,
muertos?   Si rotundamente (los) muertos   no   son resucitados,

τί καὶ βαπτίζονται ὑπὲρ αὐτῶν; **30** τί
¿por   en   se bautizan   [2]en pro   de ellos?   ¿Por qué
qué, realidad,

καὶ ἡμεῖς κινδυνεύομεν πᾶσαν ὥραν;
también   nosotros   peligramos   en toda   hora?

31 καθ' ἡμέραν ἀποθνήσκω, νὴ τὴν
Cada   día   [3]muero,   por   —

ὑμετέραν καύχησιν, ἀδελφοί, ἣν ἔχω ἐν
vuestra   jactancia,   hermanos,   que   tengo   en

Χριστῷ Ἰησοῦ τῷ κυρίῳ ἡμῶν. **32** εἰ
Cristo   Jesús,   el   Señor   de nosotros.   Si

κατὰ ἄνθρωπον ἐθηριομάχησα ἐν Ἐφέσῳ,
[4]como   hombre   luché con fieras   en   Éfeso,

τί μοι τὸ ὄφελος; εἰ νεκροὶ οὐκ ἐγείρονται,
¿cuál para   el   provecho?   Si (los) muertos   no   son resucitados,
mí

φάγωμεν καὶ πίωμεν, αὔριον γὰρ ἀποθνή-
comamos   y   bebamos,   porque mañana   nos

σκομεν. **33** μὴ πλανᾶσθε· φθείρουσιν ἤθη
morimos.   No seáis   engañados: Corrompen   a (las)
costumbres

χρηστὰ ὁμιλίαι κακαί. **34** ἐκνήψατε δικαίως
buenas   (las) compañías   malas.   Volved a la sensatez   [5]justamente

καὶ μὴ ἁμαρτάνετε· ἀγνωσίαν γὰρ θεοῦ
y   no   sigáis pecando;   porque desconocimiento   de Dios

τινες ἔχουσιν· πρὸς ἐντροπὴν ὑμῖν λαλῶ.
algunos   tienen;   para   vergüenza   os   hablo.

35 Ἀλλὰ ἐρεῖ τις· πῶς ἐγείρονται οἱ
Pero   dirá   alguno: ¿Cómo   son resucitados   los

νεκροί; ποίῳ δὲ σώματι ἔρχονται; **36** ἄφρων,
muertos?   ¿Y con qué clase de cuerpo   vienen?   Insensato,

σὺ ὃ σπείρεις, οὐ ζωοποιεῖται ἐὰν μὴ
tú   lo que   siembras,   no   es vivificado   si   no

[1]
28. EL HIJO MISMO. Se entiende, *en cuanto hombre y mediador.*
[2]
29. EN PRO DE. Esto es, *a favor de,* o *en lugar de.*
[3]
31. MUERO. Esto es, *estoy a las puertas de la muerte.*
[4]
32. COMO HOMBRE. Esto es, *por motivos humanos.*
[5]
34. JUSTAMENTE. Esto es, *como es justo.*

ἀποθάνῃ 37 καὶ ὃ σπείρεις,　　οὐ τὸ σῶμα
muere;　　　y lo que　siembras,　　　no　el　cuerpo

τὸ γενησόμενον σπείρεις, ἀλλὰ γυμνὸν
que　llegará a ser　　siembras,　　　sino　un desnudo

κόκκον εἰ τύχοι σίτου ἤ τινος τῶν
grano,　　quizá　　de trigo　o　de alguno　de los

λοιπῶν· 38 ὁ δὲ θεὸς δίδωσιν αὐτῷ
restantes (granos);　—　pero Dios　　da　　le

σῶμα καθὼς ἠθέλησεν, καὶ ἑκάστῳ τῶν
un cuerpo　como　quiso,　　y　a cada una　de las

σπερμάτων ἴδιον σῶμα. 39 οὐ πᾶσα
semillas　(su) propio　cuerpo.　　No　toda

σὰρξ ἡ αὐτὴ σάρξ, ἀλλὰ ἄλλη μὲν
carne (es) la　misma　carne,　sino que una, a la verdad,

ἀνθρώπων, ἄλλη δὲ σὰρξ κτηνῶν, ἄλλη δὲ
(es) de hombres;　y otra　carne,　de ganados;　y otra

σὰρξ πτηνῶν, ἄλλη δὲ ἰχθύων. 40 καὶ
carne,　de aves;　y otra,　de peces.　Y (hay)

σώματα ἐπουράνια, καὶ σώματα ἐπίγεια·
cuerpos　celestes,　y　cuerpos　terrestres;

ἀλλὰ ἑτέρα μὲν ἡ τῶν ἐπουρανίων δόξα,
pero　una,　en verdad, la　de los　celestes　[1]gloria,
　　　　　　　　(es)

ἑτέρα δὲ ἡ τῶν ἐπιγείων. 41 ἄλλη
y otra (diferente)　la　de los　terrestres.　Una (es)

δόξα ἡλίου, καὶ ἄλλη δόξα σελήνης,
(la) gloria de(l) sol;　y　otra,　(la) gloria　de (la) luna;

καὶ ἄλλη δόξα ἀστέρων· ἀστὴρ γὰρ
y　otra,　(la) gloria de (las) estrellas;　porque una estrella

ἀστέρος διαφέρει ἐν δόξῃ. 42 οὕτως καὶ
de (otra)　se diferencia en　gloria.　Así　también
estrella

ἡ ἀνάστασις τῶν νεκρῶν. σπείρεται ἐν
la　resurrección　de los　muertos.　Se siembra　en

φθορᾷ, ἐγείρεται ἐν ἀφθαρσίᾳ· 43 σπείρεται
corrupción,　es resucitado　en　incorrupción;　se siembra

ἐν ἀτιμίᾳ, ἐγείρεται ἐν δόξῃ· σπείρεται
en　deshonor,　es resucitado　en　[1]gloria;　se siembra

ἐν ἀσθενείᾳ, ἐγείρεται ἐν δυνάμει· 44 σπείρ-
en　debilidad,　es resucitado　en　poder;　se siembra

εται σῶμα ψυχικόν, ἐγείρεται σῶμα
un cuerpo　[2]natural,　es resucitado　un cuerpo

πνευματικόν Εἰ ἔστιν σῶμα ψυχικόν,
espiritual.　Si　hay　un cuerpo　[2]natural,

ἔστιν καὶ πνευματικόν. 45 οὕτως καὶ
hay　también　espiritual (cuerpo).　Así　también

γέγραπται· ἐγένετο ὁ πρῶτος ἄνθρωπος
ha sido escrito:　Fue hecho　el　primer　hombre,

Ἀδὰμ εἰς ψυχὴν ζῶσαν· ὁ ἔσχατος
Adán,　—　un alma　viviente;　el　último

[1]
40 y 43. GLORIA. Esto es,
resplandor.
[2]
44. NATURAL. Esto es, regido por las leyes de la VIDA meramente natural. (V. 2: 14.)

'Aδὰμ   εἰς   πνεῦμα   ζωοποιοῦν.   **46** ἀλλ'
Adán,   —   espíritu   vivificante.   Pero

οὐ   πρῶτον   τὸ   πνευματικὸν   ἀλλὰ   τὸ
no (es)   primero   lo   espiritual,   sino   lo

ψυχικόν,   ἔπειτα   τὸ   πνευματικόν.   **47** ὁ
natural;   después,   lo   espiritual.   El

πρῶτος   ἄνθρωπος   ἐκ   γῆς   χοϊκός,   ὁ
primer   hombre, (sacado)   de (la)   tierra,   terrestre;   el

δεύτερος   ἄνθρωπος   ἐξ   οὐρανοῦ.   **48** οἷος   ὁ
segundo   hombre, (venido)   de(l)   cielo.   Cual (es) el

χοϊκός,   τοιοῦτοι   καὶ   οἱ   χοϊκοί,   καὶ   οἷος
terrestre,   tales   también   los   terrestres,   y   cual (es)

ὁ   ἐπουράνιος,   τοιοῦτοι   καὶ   οἱ   ἐπουράνιοι·
el   celeste,   tales   también   los   celestes;

49 καὶ   καθὼς   ἐφορέσαμεν   τὴν   εἰκόνα   τοῦ
y   como   portamos   la   imagen   del

χοϊκοῦ,   φορέσομεν   καὶ   τὴν   εἰκόνα   τοῦ
terrestre,   portaremos   también   la   imagen   del

ἐπουρανίου.   **50** Τοῦτο   δέ   φημι,   ἀδελφοί,
celeste.   Pero esto   digo,   hermanos,

ὅτι   σὰρξ   καὶ   αἷμα   βασιλείαν   θεοῦ   κληρο-
que (la) carne   y   (la) sangre   (el) reino   de Dios   here-

νομῆσαι   οὐ   δύναται,   οὐδὲ   ἡ   φθορὰ   τὴν
dar   no   puede(n),   ni   la   corrupción   a la

ἀφθαρσίαν   κληρονομεῖ.   **51** ἰδοὺ   μυστήριον
incorrupción   hereda.   Mirad,   un misterio

ὑμῖν   λέγω·   πάντες   οὐ   κοιμηθησόμεθα,
os   digo: Todos   no   ¹dormiremos,

πάντες   δὲ   ἀλλαγησόμεθα,   **52** ἐν   ἀτόμῳ,
pero todos   seremos cambiados,   en   un instante,

ἐν   ῥιπῇ   ὀφθαλμοῦ,   ἐν   τῇ   ἐσχάτῃ   σάλπιγγι·
²en un pestañeo   de ojo,   a   la   final   trompeta;

σαλπίσει   γάρ,   καὶ   οἱ   νεκροὶ   ἐγερθήσονται
porque sonará la trompeta,   y   los   muertos   serán resucitados

ἄφθαρτοι,   καὶ   ἡμεῖς   ἀλλαγησόμεθα.   **53** Δεῖ
incorruptibles,   y   nosotros   seremos cambiados.   Porque

γὰρ   τὸ   φθαρτὸν   τοῦτο   ἐνδύσασθαι
es menester que lo   corruptible   esto   sea vestido

ἀφθαρσίαν   καὶ   τὸ   θνητὸν   τοῦτο   ἐνδύσασθαι
de incorrupción,   y   que lo   mortal   esto   sea vestido

ἀθανασίαν.   **54** ὅταν   δὲ   τὸ   φθαρτὸν   τοῦτο
de inmortalidad.   Y cuando   lo   corruptible   esto

ἐνδύσηται   ἀφθαρσίαν   καὶ   τὸ   θνητὸν   τοῦτο
se revista   de incorrupción,   y   lo   mortal   esto

ἐνδύσηται   ἀθανασίαν,   τότε   γενήσεται   ὁ
se revista   de inmortalidad,   entonces   ³se cumplirá   la

λόγος   ὁ   γεγραμμένος·   κατεπόθη   ὁ   θάνατος
palabra   —   que ha sido escrita: Fue sorbida   la   muerte

1
51. DORMIREMOS. Esto es, *moriremos.*
2
52. EN UN PESTAÑEO. Lit. *en un rápido movimiento.*
3
54. SE CUMPLIRÁ. Lit. *se hará,* o *llegará a ser.*

εἰς νῖκος. **55** ποῦ σου, θάνατε, τὸ νῖκος;
para victoria.   ¿Dónde de ti, (oh) muerte, la victoria (está?)

ποῦ σου, θάνατε, τὸ κέντρον; **56** τὸ δὲ
¿Dónde de ti, (oh) muerte, el aguijón (está)?   El

κέντρον τοῦ θανάτου ἡ ἁμαρτία, ἡ δὲ
aguijón de la muerte (es) el pecado,   y el

δύναμις τῆς ἁμαρτίας ὁ νόμος· **57** τῷ
poder del pecado (es) la ley;   —

δὲ θεῷ χάρις τῷ διδόντι ἡμῖν τὸ νῖκος
pero a Dios gracia(s), el cual da nos la victoria

διὰ τοῦ κυρίου ἡμῶν Ἰησοῦ Χριστοῦ.
mediante el Señor de nosotros, Jesucristo.

58 Ὥστε, ἀδελφοί μου ἀγαπητοί, ἑδραῖοι
Así que, hermanos de mí amados, firmes

γίνεσθε, ἀμετακίνητοι, περισσεύοντες ἐν τῷ
haceos, inconmovibles, abundando en la

ἔργῳ τοῦ κυρίου πάντοτε, εἰδότες ὅτι
obra del Señor siempre, sabiendo que

ὁ κόπος ὑμῶν οὐκ ἔστιν κενὸς ἐν κυρίῳ.
el trabajo de vosotros no es vacío en (el) Señor.

16 Περὶ δὲ τῆς λογείας τῆς εἰς τοὺς
Y acerca de la colecta — para los

ἁγίους, ὥσπερ διέταξα ταῖς ἐκκλησίαις
santos, conforme ¹ordené a las iglesias

τῆς Γαλατίας, οὕτως καὶ ὑμεῖς ποιήσατε.
— de Galacia, así también vosotros haced.

2 κατὰ μίαν σαββάτου ἕκαστος ὑμῶν
Cada primer día de (la) semana, cada uno de vosotros

παρ' ἑαυτῷ τιθέτω θησαυρίζων ὅ τι ἐὰν
²junto a sí mismo ponga, ahorrando, lo que (él)

εὐοδῶται, ἵνα μὴ ὅταν ἔλθω τότε λογεῖαι
sea prosperado, para que no, cuando venga (yo), entonces colectas

γίνωνται. **3** ὅταν δὲ παραγένωμαι, οὓς
se hagan.   Y cuando (yo) llegue, a quienes

ἐὰν δοκιμάσητε, δι' ἐπιστολῶν τούτους
aprobéis, mediante cartas a éstos

πέμψω ἀπενεγκεῖν τὴν χάριν ὑμῶν εἰς
enviaré para que lleven ³el donativo de vosotros a

Ἰερουσαλήμ· **4** ἐὰν δὲ ἄξιον ᾖ τοῦ κἀμὲ
Jerusalén; y si vale la pena — también yo que

πορεύεσθαι, σὺν ἐμοὶ πορεύσονται.
vaya, conmigo irán.

5 Ἐλεύσομαι δὲ πρὸς ὑμᾶς ὅταν Μακε-
Y vendré a vosotros cuando por Mace-

1
1. ORDENÉ. Esto es, *di instrucciones.*
2
2. JUNTO A SÍ MISMO PONGA. Es decir, *reserve aparte en su casa.*
3
3. EL DONATIVO. Lit. *la gracia.*

δονίαν διέλθω· Μακεδονίαν γὰρ διέρχομαι,
donia   pase;   porque por Macedonia   1paso,

6 πρὸς ὑμᾶς δὲ τυχὸν καταμενῶ ἢ
y con   vosotros,   quizá,   me quedaré   o

καὶ παραχειμάσω, ἵνα ὑμεῖς με προπέμ-
incluso   pasaré el invierno,   para que vosotros   me   encaminéis

ψητε οὗ ἐὰν πορεύωμαι. **7** οὐ θέλω γὰρ
adonde   vaya.   Porque no   quiero

ὑμᾶς ἄρτι ἐν παρόδῳ ἰδεῖν· ἐλπίζω γὰρ
os   ahora de   pasada   ver;   porque espero

χρόνον τινὰ ἐπιμεῖναι πρὸς ὑμᾶς, ἐὰν
por algún tiempo   permanecer   con   vosotros,   si

ὁ κύριος ἐπιτρέψῃ. **8** ἐπιμενῶ δὲ ἐν
el   Señor   (lo) permite.   Pero permaneceré   en

᾽Εφέσῳ ἕως τῆς πεντηκοστῆς· **9** θύρα
Éfeso   hasta   —   Pentecostés;   porque una

γάρ μοι ἀνέῳγεν μεγάλη καὶ ἐνεργής,
puerta para mí   se abrió   grande   y   2efectiva,

καὶ ἀντικείμενοι πολλοί. **10** ᾽Εὰν δὲ
y   los que se oponen (son)   muchos.   Y si

ἔλθῃ Τιμόθεος, βλέπετε ἵνα ἀφόβως
viene   Timoteo,   ved   que   sin temor

γένηται πρὸς ὑμᾶς· τὸ γὰρ ἔργον κυρίου
esté   con   vosotros;   porque la   obra   de(l) Señor

ἐργάζεται ὡς κἀγώ· **11** μή τις οὖν αὐτὸν
trabaja   como también yo.   Que nadie,   pues,   le

ἐξουθενήσῃ. προπέμψατε δὲ αὐτὸν ἐν
menosprecie.   Sino encaminad   le   en

εἰρήνῃ, ἵνα ἔλθῃ πρός με· ἐκδέχομαι γὰρ
paz,   para que venga   a   mí;   porque aguardo

αὐτὸν μετὰ τῶν ἀδελφῶν. **12** Περὶ δὲ
le   con   los   hermanos.   Y acerca de

᾽Απολλῶ τοῦ ἀδελφοῦ, πολλὰ παρεκάλεσα
Apolos   el   hermano,   3mucho   insistí

αὐτὸν ἵνα ἔλθῃ πρὸς ὑμᾶς μετὰ τῶν
le   para que viniese   a   vosotros   con   los

ἀδελφῶν· καὶ πάντως οὐκ ἦν θέλημα
hermanos;   y   totalmente   no   era   (su) voluntad

ἵνα νῦν ἔλθῃ, ἐλεύσεται δὲ ὅταν εὐκαιρήσῃ.
que ahora viniese,   pero vendrá   cuando tenga oportunidad.

13 Γρηγορεῖτε, στήκετε ἐν τῇ πίστει,
Velad,   estad en pie   en   la   fe,

1
5. PASO. Esto es, *voy a pa-*
sar.
2
9. EFECTIVA. Esto es, *pro-*
metedora.
3
12. MUCHO INSISTÍ. Lit. *mu-*
chas cosas exhorté.

ἀνδρίζεσθε, κραταιοῦσθε. **14** πάντα ὑμῶν
portaos   sed fuertes.   Todas las de vosotros
varonilmente,   cosas
ἐν ἀγάπῃ γινέσθω.
en   amor   se hagan.

15 Παρακαλῶ δὲ ὑμᾶς, ἀδελφοί· οἴδατε
Ahora, ¹ruego   os,   hermanos: Sabéis
τὴν οἰκίαν Στεφανᾶ, ὅτι ἐστὶν ἀπαρχὴ
la   ²familia de Estéfanas, que   es   (las) primicias
τῆς 'Αχαΐας καὶ εἰς διακονίαν τοῖς
—   de Acaya   y   ³para ministrar   a los
ἁγίοις ἔταξαν ἑαυτούς· **16** ἵνα καὶ ὑμεῖς
santos han puesto a sí mismos;   que también vosotros

ὑποτάσσησθε τοῖς τοιούτοις καὶ παντὶ τῷ
os sometáis   a los   tales   y   a todo el que
συνεργοῦντι καὶ κοπιῶντι. **17** χαίρω δὲ
colabore   y   trabaje con afán.   Y me alegro
ἐπὶ τῇ παρουσίᾳ Στεφανᾶ καὶ Φορτουνάτου
de la   presencia de Estéfanas   y   de Fortunato
καὶ 'Αχαϊκοῦ, ὅτι τὸ ὑμέτερον ὑστέρημα
y   de Acaico,   pues —   vuestra   ⁴ausencia
οὗτοι ἀνεπλήρωσαν· **18** ἀνέπαυσαν γὰρ τὸ
éstos suplieron;   porque refrigeraron
ἐμὸν πνεῦμα καὶ τὸ ὑμῶν. ἐπιγινώσκετε
mi   espíritu ·   y   el de vosotros.   Reconoced,
οὖν τοὺς τοιούτους.
pues, a los   tales.

19 'Ασπάζονται ὑμᾶς αἱ ἐκκλησίαι τῆς
Saludan   os   las   iglesias
'Ασίας. ἀσπάζεται ὑμᾶς ἐν κυρίῳ πολλὰ
de Asia. Saludos (envía) os   en (el) Señor muchos
'Ακύλας καὶ Πρίσκα σὺν τῇ κατ' οἶκον
Aquila   y   Prisca con la (que) en (la) casa
αὐτῶν ἐκκλησίᾳ. **20** ἀσπάζονται ὑμᾶς οἱ
de ellos (hay) iglesia.   Saludan   os   los
ἀδελφοὶ πάντες. 'Ασπάσασθε ἀλλήλους ἐν
hermanos   todos.   Saludaos   unos a otros con
φιλήματι ἁγίῳ. **21** Ὁ ἀσπασμὸς τῇ
beso   santo.   El   saludo   —
ἐμῇ χειρὶ Παύλου. **22** εἴ τις οὐ φιλεῖ
con mi mano, de Pablo.   Si alguien no ama
τὸν κύριον, ἤτω ἀνάθεμα. μαρὰνα θά.
al   Señor,   sea ⁵anatema.   ⁶Señor, ven.
23 ἡ χάρις τοῦ κυρίου 'Ιησοῦ μεθ' ὑμῶν.
La   gracia   del   Señor   Jesús   con   vosotros
24 ἡ ἀγάπη μου μετὰ πάντων ὑμῶν⁽ˢᵉᵃ⁾ ἐν
El   amor   de mí (sea) con   todos   vosotros   en
Χριστῷ 'Ιησοῦ.
Cristo   Jesús.

1
15. RUEGO. Lit. *exhorto.*
2
15. FAMILIA. Lit. *casa.*
3
15. PARA MINISTRAR. Lit. *para el servicio (o ministerio).*
4
17. AUSENCIA. Lit. *carencia.*
5
22. ANATEMA. Lit. *maldición.*
6
22. SEÑOR, VEN. Lit. *Marana tha* (en arameo).

Segunda Carta del apóstol Pablo a los
CORINTIOS

1 Παῦλος ἀπόστολος Χριστοῦ Ἰησοῦ
Pablo, apóstol de Cristo Jesús

διὰ θελήματος θεοῦ καὶ Τιμόθεος ὁ
mediante (la) voluntad de Dios, y Timoteo el

ἀδελφὸς τῇ ἐκκλησίᾳ τοῦ θεοῦ τῇ οὔσῃ
hermano, a la iglesia — de Dios — que hay

ἐν Κορίνθῳ σὺν τοῖς ἁγίοις πᾶσιν τοῖς
en Corinto, con los santos todos —

οὖσιν ἐν ὅλῃ τῇ Ἀχαΐᾳ· **2** χάρις ὑμῖν καὶ
que hay en toda la Acaya: Gracia a vosotros y

εἰρήνη ἀπὸ θεοῦ πατρὸς ἡμῶν καὶ κυρίου
paz de parte de Dios Padre de nosotros y de(l) Señor

Ἰησοῦ Χριστοῦ.
Jesucristo.

3 Εὐλογητὸς ὁ θεὸς καὶ πατὴρ τοῦ
Bendito (sea) el Dios y Padre del

κυρίου ἡμῶν Ἰησοῦ Χριστοῦ, ὁ πατὴρ
Señor de nosotros Jesucristo, el Padre

τῶν οἰκτιρμῶν καὶ θεὸς πάσης παρακλήσ-
— de compasiones y Dios de toda [1]consolación,

εως, **4** ὁ παρακαλῶν ἡμᾶς ἐπὶ πάσῃ
el que [2]consuela nos en toda

τῇ θλίψει ἡμῶν, εἰς τὸ δύνασθαι ἡμᾶς
la aflicción de nosotros, a fin de poder nosotros

παρακαλεῖν τοὺς ἐν πάσῃ θλίψει διὰ
[2]consolar a los en toda aflicción mediante
(que están)

τῆς παρακλήσεως ἧς παρακαλούμεθα αὐτοὶ
la [1]consolación con que [2]somos consolados (nosotros)
mismos

ὑπὸ τοῦ θεοῦ. **5** ὅτι καθὼς περισσεύει τὰ
por — Dios. Pues así como abundan los

παθήματα τοῦ Χριστοῦ εἰς ἡμᾶς, οὕτως
padecimientos — de Cristo en nosotros, así

διὰ τοῦ Χριστοῦ περισσεύει καὶ ἡ παρά-
mediante — Cristo abunda también la [1]conso-

κλησις ἡμῶν. **6** εἴτε δὲ θλιβόμεθα, ὑπὲρ
lación de nosotros. Pero si somos afligidos, (es)
en pro

τῆς ὑμῶν παρακλήσεως καὶ σωτηρίας· εἴτε
de la de vosotros [1]consolación y salvación; si

παρακαλούμεθα, ὑπὲρ τῆς ὑμῶν παρακλή-
[2]somos consolados, (es) en pro de la de vosotros [1]conso-

σεως τῆς ἐνεργουμένης ἐν ὑπομονῇ τῶν
lación — que [3]actúa en (la) paciencia de los

[1]
3. CONSOLACIÓN. O *ánimo* (y así en toda la porción).
[2]
4. CONSUELA. O *anima* (y así en toda la porción).
[3]
6. ACTÚA. Lit. *se reactiva*.

αὐτῶν παθημάτων ὧν καὶ ἡμεῖς πάσχομεν,
mismos   padecimientos que también nosotros padecemos,

7 καὶ ἡ ἐλπὶς ἡμῶν βεβαία ὑπὲρ ὑμῶν
y   la esperanza de nosotros firme (es) respecto a vosotros,

εἰδότες ὅτι ὡς κοινωνοί ἐστε τῶν παθημά-
sabiendo que como copartícipes sois de los padecimien-

των, οὕτως καὶ τῆς παρακλήσεως. 8 Οὐ
tos, así también de la ¹consolación. Porque

γὰρ θέλομεν ὑμᾶς ἀγνοεῖν, ἀδελφοί, ὑπὲρ
no queremos que vosotros ignoréis, hermanos, acerca

τῆς θλίψεως ἡμῶν τῆς γενομένης ἐν
de la aflicción de nosotros, la sobrevenida en

τῇ 'Ασίᾳ, ὅτι καθ' ὑπερβολὴν ὑπὲρ
— Asia, que excesivamente ²más de lo que

δύναμιν ἐβαρήθημεν, ὥστε ἐξαπορηθῆναι
podíamos fuimos abrumados, hasta desesperar

ἡμᾶς καὶ τοῦ ζῆν· 9 ἀλλὰ αὐτοὶ ἐν
nosotros incluso — de vivir; pero (nosotros) mismos en

ἑαυτοῖς τὸ ἀπόκριμα τοῦ θανάτου ἐσχήκα-
nosotros la sentencia — de muerte hemos
mismos

μεν, ἵνα μὴ πεποιθότες ὦμεν ἐφ' ἑαυτοῖς
tenido, para que no confiados estemos en nosotros
mismos,

ἀλλ' ἐπὶ τῷ θεῷ τῷ ἐγείροντι τοὺς
sino en — Dios el que levanta a los

νεκρούς· 10 ὃς ἐκ τηλικούτου θανάτου
muertos; quien de tan grande muerte

ἐρρύσατο ἡμᾶς καὶ ῥύσεται, εἰς ὃν
libró nos y librará, en quien

ἠλπίκαμεν [ὅτι] καὶ ἔτι ῥύσεται, 11 συν-
hemos esperado que en verdad aún librará, coope-

ὑπουργούντων καὶ ὑμῶν ὑπὲρ ἡμῶν τῇ
rando también vosotros en pro de nosotros con la

δεήσει, ἵνα ἐκ πολλῶν προσώπων τὸ
³oración, para que por muchas personas, (por) el

εἰς ἡμᾶς χάρισμα διὰ πολλῶν εὐχαριστηθῇ
a nosotros ⁴beneficio mediante muchos, gracias sean dadas
(dado)

ὑπὲρ ἡμῶν.
a favor de nosotros.

1
7. CONSOLACIÓN. (V. ver-
sículo 3.)
2
8. MÁS... PODÍAMOS. Lit. sobre (el) poder.
3
11. ORACIÓN. Lit. petición.
4
11. BENEFICIO. Lit. don.

12 Ἡ γὰρ καύχησις ἡμῶν αὕτη ἐστίν,
Porque la jactancia de nosotros ésta es,

τὸ μαρτύριον τῆς συνειδήσεως ἡμῶν, ὅτι
el testimonio de la conciencia de nosotros, pues

ἐν ἁγιότητι καὶ εἰλικρινείᾳ τοῦ θεοῦ,
en santidad y sinceridad — de Dios,

οὐκ ἐν σοφίᾳ σαρκικῇ ἀλλ' ἐν χάριτι
no en sabiduría carnal, sino con gracia

θεοῦ, ἀνεστράφημεν ἐν τῷ κόσμῳ, περισ-
de Dios, nos condujimos en el mundo, y más

σοτέρως δὲ πρὸς ὑμᾶς. 13 οὐ γὰρ ἄλλα
especialmente ante vosotros. Porque no otras cosas

γράφομεν ὑμῖν ἀλλ' ἢ ἃ ἀναγινώσκετε
escribimos os — que las que leéis

ἢ καὶ ἐπιγινώσκετε, ἐλπίζω δὲ ὅτι
o también entendéis, y espero que

ἕως τέλους ἐπιγνώσεσθε, 14 καθὼς καὶ
hasta (el) final entenderéis, como también

ἐπέγνωτε ἡμᾶς ἀπὸ μέρους, ὅτι καύχημα
entendisteis nos en parte, que 1gloria

ὑμῶν ἐσμεν καθάπερ καὶ ὑμεῖς ἡμῶν
de vosotros somos, lo mismo que también vosotros de nosotros

ἐν τῇ ἡμέρᾳ τοῦ κυρίου ἡμῶν Ἰησοῦ.
en el día del Señor de nosotros Jesús.

15 Καὶ ταύτῃ τῇ πεποιθήσει ἐβουλόμην
Y con esta — persuasión determinaba (yo)

πρότερον πρὸς ὑμᾶς ἐλθεῖν ἵνα δευτέραν
anteriormente a vosotros venir para que una segunda

χάριν σχῆτε, 16 καὶ δι' ὑμῶν διελθεῖν
gracia tuvieseis, y mediante vosotros pasar

εἰς Μακεδονίαν, καὶ πάλιν ἀπὸ Μακεδονίας
a Macedonia, y de nuevo desde Macedonia

ἐλθεῖν πρὸς ὑμᾶς καὶ ὑφ' ὑμῶν
venir a vosotros y por vosotros

προπεμφθῆναι εἰς τὴν Ἰουδαίαν. 17 τοῦτο
ser encaminado a — Judea. Esto,

οὖν βουλόμενος μήτι ἄρα τῇ ἐλαφρίᾳ
pues, determinando, ¿acaso, entonces, — de ligereza

ἐχρησάμην; ἢ ἃ βουλεύομαι κατὰ σάρκα
usé? ¿O lo que determino, según (la) carne

βουλεύομαι, ἵνα ᾖ παρ' ἐμοὶ τὸ ναὶ
(lo) determino, para que haya junto a mí el Sí,

ναὶ καὶ τὸ οὒ οὔ; 18 πιστὸς δὲ ὁ
sí, y el No, no? Pero fiel (testigo) —
(es)

θεὸς ὅτι ὁ λόγος ἡμῶν ὁ πρὸς ὑμᾶς
Dios de que la palabra de nosotros — a vosotros

οὐκ ἔστιν ναὶ καὶ οὔ. 19 ὁ τοῦ θεοῦ
no es Sí y No. Porque — de Dios

γὰρ υἱὸς Χριστὸς Ἰησοῦς ὁ ἐν ὑμῖν
el Hijo, Cristo Jesús, el que entre vosotros

1
14. GLORIA. Lit. jactancia.

δι' ἡμῶν κηρυχθείς, δι' ἐμοῦ καὶ Σιλουανοῦ
me-   nosotros fue proclamado, mediante mí   y   Silvano
diante

καὶ Τιμοθέου, οὐκ ἐγένετο ναὶ καὶ οὔ,
y   Timoteo,   no   fue   Sí y   No,

ἀλλὰ ναὶ ἐν αὐτῷ γέγονεν. 20 ὅσαι γὰρ
sino que Sí en él   ha sido.   Porque cuantas

ἐπαγγελίαι θεοῦ, ἐν αὐτῷ τὸ ναί· διὸ
promesas (hay) de Dios, en él (son) el Sí; por lo
                                                  cual

καὶ δι' αὐτοῦ τὸ ἀμὴν τῷ θεῷ πρὸς
también mediante él el Amén   a Dios para
                         (decimos)

δόξαν δι' ἡμῶν. 21 ὁ δὲ βεβαιῶν ἡμᾶς
gloria mediante nosotros. Y el que consolida   nos

σὺν ὑμῖν εἰς Χριστὸν καὶ χρίσας ἡμᾶς
con vosotros en Cristo   y   ungió nos (es)

θεός, 22 ὁ καὶ σφραγισάμενος ἡμᾶς καὶ
Dios,   el que no sólo   selló   nos, sino que
                                              también

δοὺς τὸν ἀρραβῶνα τοῦ πνεύματος ἐν
dio las   arras   del   Espíritu   en

ταῖς καρδίαις ἡμῶν.
los   corazones de nosotros.

23 Ἐγὼ δὲ μάρτυρα τὸν θεὸν ἐπικαλοῦμαι
    Y yo   (por) testigo — a Dios   invoco

ἐπὶ τὴν ἐμὴν ψυχήν, ὅτι φειδόμενος
sobre —   mi   vida,   que siendo indulgente

ὑμῶν οὐκέτι ἦλθον εἰς Κόρινθον. 24 οὐχ ὅτι
con   ¹aún no vine a   Corinto.   No (es) que
vosotros,

κυριεύομεν ὑμῶν τῆς πίστεως, ἀλλὰ συνεργοὶ
nos enseñoreamos ²de de la   fe, sino que colaboradores
              vosotros

ἐσμεν τῆς χαρᾶς ὑμῶν· τῇ γὰρ πίστει
somos del gozo de vosotros; porque por la fe

ἐστήκατε. 2 ἔκρινα δὲ ἐμαυτῷ τοῦτο, τὸ μὴ
estáis en pie. Pero decidí en mí mismo esto, — no

πάλιν ἐν λύπῃ πρὸς ὑμᾶς ἐλθεῖν. 2 εἰ
de nuevo en tristeza a vosotros venir.   Porque

γὰρ ἐγὼ λυπῶ ὑμᾶς, καὶ τίς ὁ εὐφραίνων
si   yo contristo os, entonces ¿quién el   alegra
                                    (es) que

με εἰ μὴ ὁ λυπούμενος ἐξ ἐμοῦ; 3 καὶ
me sino el contristado a causa de mí?   Y

ἔγραψα τοῦτο αὐτὸ ἵνα μὴ ἐλθὼν λύπην
escribí esto mismo para que no, al venir, tristeza

σχῶ ἀφ' ὧν ἔδει με χαίρειν, πεποιθὼς
tenga de parte de los era que me alegraran, confiando
              que menester

¹
23. AÚN NO. O ya no.
²
24. DE VOSOTROS DE LA FE.
Esto es, de vuestra vida
cristiana.
ἐπὶ πάντας ὑμᾶς ὅτι ἡ ἐμὴ χαρὰ πάντων
en todos vosotros que — mi   gozo, de todos

ὑμῶν ἐστιν. 4 ἐκ γὰρ πολλῆς θλίψεως
vosotros es. Porque (movido) de mucha aflicción

καὶ συνοχῆς καρδίας ἔγραψα ὑμῖν διὰ
y angustia de corazón, escribí os a través

πολλῶν δακρύων, οὐχ ἵνα λυπηθῆτε, ἀλλὰ
de muchas lágrimas, no para que fueseis sino
contristados,

τὴν ἀγάπην ἵνα γνῶτε ἣν ἔχω περισ-
el amor para que conocieseis que tengo más abun-

σοτέρως εἰς ὑμᾶς. 5 Εἰ δέ τις λελύπηκεν,
dante hacia vosotros. Y si alguno ha contristado,

οὐκ ἐμὲ λελύπηκεν, ἀλλὰ ἀπὸ μέρους,
no a mí ha contristado, sino en parte,

ἵνα μὴ ἐπιβαρῶ, πάντας ὑμᾶς. 6 ἱκανὸν
para que no agravie (yo), a todos vosotros. Bastante

.τῷ τοιούτῳ ἡ ἐπιτιμία αὕτη ἡ ὑπὸ
(es) para el tal la reprimenda esta la ¹por

τῶν πλειόνων, 7 ὥστε τοὐναντίον μᾶλλον
la mayoría; así que, al contrario, más bien,

ὑμᾶς χαρίσασθαι καὶ παρακαλέσαι, μή πως
que perdonéis (le) y animéis, no sea que
vosotros

τῇ περισσοτέρᾳ λύπῃ καταποθῇ ὁ τοιοῦτος.
por la más abundante tristeza sea sorbido el tal.

8 διὸ παρακαλῶ ὑμᾶς κυρῶσαι εἰς αὐτὸν
Por lo cual ruego os que hagáis hacia él
prevalecer

ἀγάπην· 9 εἰς τοῦτο γὰρ καὶ ἔγραψα,
(vuestro) amor; porque para esto también escribí (os),

ἵνα γνῶ τὴν δοκιμὴν ὑμῶν, εἰ εἰς πάντα
para conocer la prueba de vosotros, sí en todas las
(yo) cosas

ὑπήκοοί ἐστε. 10 ᾧ δέ τι χαρίζεσθε,
obedientes sois. Y al que algo perdonáis,

κἀγώ· καὶ γὰρ ἐγὼ ὃ κεχάρισμαι, εἴ
también yo; porque también yo lo que he perdonado, si

τι κεχάρισμαι, δι᾽ ὑμᾶς ἐν προσώπῳ
algo he perdonado, por causa de vosotros en presencia

Χριστοῦ, 11 ἵνα μὴ πλεονεκτηθῶμεν ὑπὸ
de Cristo, ²para que no seamos defraudados por

τοῦ σατανᾶ· οὐ γὰρ αὐτοῦ τὰ νοήματα
— Satanás; porque no de él los planes

ἀγνοοῦμεν. 12 Ἐλθὼν δὲ εἰς τὴν Τρῳάδα εἰς
ignoramos. Pero viniendo a — Troas para

τὸ εὐαγγέλιον τοῦ Χριστοῦ, καὶ θύρας
el evangelio — de Cristo, y una puerta

μοι ἀνεῳγμένης ἐν κυρίῳ, 13 οὐκ ἔσχηκα
me habiendo sido abierta en (el) Señor, no he tenido

1
6. POR LA MAYORÍA. Esto es, dada al ofensor por la mayoría de los miembros de la congregación.
2
11. PARA QUE NO... Es decir, para que no se aproveche Satanás de nuestras discordias.

ἄνεσιν τῷ πνεύματί μου τῷ μὴ εὑρεῖν
sosiego en el espíritu de mí por no hallar

με Τίτον τὸν ἀδελφόν μου, ἀλλὰ ἀποτα-
yo a Tito el hermano de mí, sino que despi-

ξάμενος αὐτοῖς ἐξῆλθον εἰς Μακεδονίαν.
diéndome de ellos, salí para Macedonia.

14 Τῷ δὲ θεῷ χάρις τῷ πάντοτε
— Pero a Dios gracia(s), quien siempre

θριαμβεύοντι ἡμᾶς ἐν τῷ Χριστῷ καὶ
conduce en triunfo nos en — Cristo y

τὴν ὀσμὴν τῆς γνώσεως αὐτοῦ φανεροῦντι
el olor del conocimiento de él manifiesta

δι' ἡμῶν ἐν παντὶ τόπῳ· **15** ὅτι Χριστοῦ
mediante nosotros en todo lugar; pues de Cristo

εὐωδία ἐσμὲν τῷ θεῷ ἐν τοῖς σῳζομένοις
¹suave olor somos — para Dios en los que se salvan

καὶ ἐν τοῖς ἀπολλυμένοις, **16** οἷς μὲν
y en los que se pierden; para éstos,

ὀσμὴ ἐκ θανάτου εἰς θάνατον, οἷς δὲ
olor de muerte para muerte; para los otros,

ὀσμὴ ἐκ ζωῆς εἰς ζωήν. καὶ πρὸς
olor de vida para vida. Y para

ταῦτα τίς ἱκανός; **17** οὐ γὰρ ἐσμεν
estas cosas ¿quién (es) competente? Porque no somos

ὡς οἱ πολλοὶ καπηλεύοντες τὸν λόγον
como los muchos que trafican con la palabra

τοῦ θεοῦ, ἀλλ' ὡς ἐξ εἰλικρινείας, ἀλλ'
— de Dios, sino como de sinceridad, sino

ὡς ἐκ θεοῦ κατέναντι θεοῦ ἐν Χριστῷ
como de parte de Dios, delante de Dios, en Cristo

λαλοῦμεν.
hablamos.

3 Ἀρχόμεθα πάλιν ἑαυτοὺς συνιστάνειν;
¿Comenzamos de nuevo a nosotros mismos a recomendar?

ἢ μὴ χρήζομεν ὡς τινες συστατικῶν
¿O acaso necesitamos, como algunos, comendaticias

ἐπιστολῶν πρὸς ὑμᾶς ἢ ἐξ ὑμῶν; **2** ἡ
cartas para vosotros o de parte de vosotros? La

ἐπιστολὴ ἡμῶν ὑμεῖς ἐστε, ἐγγεγραμμένη
carta de nosotros vosotros sois, inscrita

ἐν ταῖς καρδίαις ἡμῶν, γινωσκομένη καὶ
en los corazones de vosotros, conocida y

ἀναγινωσκομένη ὑπὸ πάντων ἀνθρώπων,
leída por todos (los) hombres,

3 φανερούμενοι ὅτι ἐστὲ ἐπιστολὴ Χριστοῦ
siendo manifestados que sois carta de Cristo

1
15. SUAVE. Lit. *bueno*.

διακονηθεῖσα ὑφ' ἡμῶν, ἐγγεγραμμένη οὐ
ministrada   por   nosotros,   inscrita   no

μέλανι ἀλλὰ πνεύματι θεοῦ ζῶντος, οὐκ
con tinta,   sino   con (el) Espíritu de(l) Dios   vivo,   no

ἐν πλαξὶν λιθίναις ἀλλ' ἐν πλαξὶν καρδίαις
en   tablas   de piedra,   sino   en   tablas   (que son) corazones

σαρκίναις.
¹de carne.

4 Πεποίθησιν δὲ τοιαύτην ἔχομεν διὰ
   Y confianza   tal   tenemos mediante

τοῦ Χριστοῦ πρὸς τὸν θεόν. **5** οὐχ
—   Cristo   para con   Dios.   No (es)

ὅτι ἀφ' ἑαυτῶν ἱκανοί ἐσμεν λογίσασθαί
que   de nosotros mismos competentes somos   de tener en cuenta

τι ὡς ἐξ ἑαυτῶν, ἀλλ' ἡ ἱκανότης
algo   como   de nosotros mismos, sino que   la   competencia

ἡμῶν ἐκ τοῦ θεοῦ, **6** ὃς καὶ ἱκάνωσεν
de   (proviene) — de Dios,   quien también   capacitó
nosotros

ἡμᾶς διακόνους καινῆς διαθήκης, οὐ
nos (para ser)   ministros   de un nuevo   pacto,   no

γράμματος ἀλλὰ πνεύματος· τὸ γὰρ γράμμα
de letra,   sino   de espíritu;   porque   la letra

ἀποκτείνει, τὸ δὲ πνεῦμα ζωοποιεῖ. **7** Εἰ
mata,   pero el   espíritu   vivifica.   Y

δὲ ἡ διακονία τοῦ θανάτου ἐν γράμμασιν
si el   ministerio   —   de muerte,   con   letras

ἐντετυπωμένη λίθοις ἐγενήθη ἐν δόξῃ,
grabado   en piedras,   fue   con   gloria,

ὥστε μὴ δύνασθαι ἀτενίσαι τοὺς υἱοὺς
hasta el   de no   poder   fijar los ojos   los   hijos
punto

Ἰσραὴλ εἰς τὸ πρόσωπον Μωϋσέως διὰ
de Israel   en   el   rostro   de Moisés   a causa

τὴν δόξαν τοῦ προσώπου αὐτοῦ τὴν
de la   gloria   del   rostro   de él   —

καταργουμένην, **8** πῶς οὐχὶ μᾶλλον ἡ
²pasajera,   ¿cómo   no   más bien   el

διακονία τοῦ πνεύματος ἔσται ἐν δόξῃ;
ministerio   del   Espíritu   será   en   gloria?

9 εἰ γὰρ ἡ διακονία τῆς κατακρίσεως
Porque si   el   ministerio   de la   condenación

δόξα, πολλῷ μᾶλλον περισσεύει ἡ διακονία
(fue) gloria, mucho   más   abunda   el   ministerio

τῆς δικαιοσύνης δόξῃ. **10** καὶ γὰρ οὐ
de la   justicia   en gloria.   Porque incluso   no

δεδόξασται τὸ δεδοξασμένον ἐν τούτῳ
ha sido glorificado   lo   que ha sido glorificado   en   este

1
3. DE CARNE. Esto es, *no de piedra.* (V. Ez. 36:26.)
2
7. PASAJERA. Lit. *que estaba siendo abolida.*

τῷ μέρει εἵνεκεν τῆς ὑπερβαλλούσης δόξης.
respecto   a causa   de la,   que sobrepuja,   gloria.

11 εἰ γὰρ τὸ καταργούμενον διὰ δόξης,
Porque si   lo   ¹pasajero (fue)   mediante   gloria,

πολλῷ μᾶλλον τὸ μένον ἐν δόξῃ.
mucho   más   lo   permanente (es)   en   gloria.

12 Ἔχοντες οὖν τοιαύτην ἐλπίδα πολλῇ
Teniendo,   pues,   tal   esperanza,   de mucha

παρρησίᾳ χρώμεθα, **13** καὶ οὐ καθάπερ
franqueza   usamos,   y   no   como

Μωϋσῆς ἐτίθει κάλυμμα ἐπὶ τὸ πρόσωπον
Moisés   ponía   un velo   sobre   el   rostro

αὐτοῦ, πρὸς τὸ μὴ ἀτενίσαι τοὺς υἱοὺς
de él,   a fin de que   no   fijasen los ojos   los   hijos

Ἰσραὴλ εἰς τὸ τέλος τοῦ καταργουμένου.
de Israel   en   el   final   de lo   ¹pasajero.

14 ἀλλὰ ἐπωρώθη τὰ νοήματα αὐτῶν.
Pero   se embotaron   los   pensamientos   de ellos.

ἄχρι γὰρ τῆς σήμερον ἡμέρας τὸ αὐτὸ
Porque hasta   el   de hoy   día,   el   mismo

κάλυμμα ἐπὶ τῇ ἀναγνώσει τῆς παλαιᾶς
velo   sobre   la   lectura   del   antiguo

διαθήκης μένει, μὴ ἀνακαλυπτόμενον ὅτι
pacto   continúa,   no   siendo descubierto,   pues

ἐν Χριστῷ καταργεῖται. **15** ἀλλ' ἕως
en   Cristo   caduca su vigencia.   Pero   hasta

σήμερον ἡνίκα ἂν ἀναγινώσκηται Μωϋσῆς
hoy,   siempre   que   es leído   Moisés,

κάλυμμα ἐπὶ τὴν καρδίαν αὐτῶν κεῖται·
un velo   sobre   el   corazón   de ellos   está puesto;

16 ἡνίκα δὲ ἐὰν ἐπιστρέψῃ πρὸς κύριον,
pero siempre   que (uno)   se convierte   a(l)   Señor,

περιαιρεῖται τὸ κάλυμμα. **17** ὁ δὲ κύριος
es retirado   el   velo.   Pero el   Señor

τὸ πνεῦμά ἐστιν· οὗ δὲ τὸ πνεῦμα
el   Espíritu   es;   y donde (está)   el   Espíritu

κυρίου, ἐλευθερία. **18** ἡμεῖς δὲ πάντες
de(l) Señor,   (hay) libertad.   Pero nosotros   todos

ἀνακεκαλυμμένῳ προσώπῳ τὴν δόξαν
con descubierto   rostro   la   gloria

κυρίου κατοπτριζόμενοι τὴν αὐτὴν εἰκόνα
de(l) Señor   mirando como en   en la   misma   imagen
          un espejo,

μεταμορφούμεθα ἀπὸ δόξης εἰς δόξαν,
vamos siendo transformados   de   gloria   en   gloria,

καθάπερ ἀπὸ κυρίου πνεύματος.
como   (por la acción) de(l) Señor,   de(l) Espíritu.

---

¹
11 y 13. PASAJERO. (V. versículo 7.)

4 Διὰ   τοῦτο,   ἔχοντες   τὴν   διακονίαν
Por   esto,   teniendo   el   ministerio

ταύτην,   καθὼς   ἠλεήθημεν,   οὐκ   ἐγκακοῦμεν,
este,   conforme a la misericordia que   no   desmayamos,
                    se nos otorgó

2 ἀλλὰ   ἀπειπάμεθα   τὰ   κρυπτὰ   τῆς   αἰσχύνης,
sino que   renunciamos   a las cosas ocultas de la   vergüenza,

μὴ   περιπατοῦντες   ἐν   πανουργίᾳ   μηδὲ
no   andando   en   astucia   ni

δολοῦντες   τὸν   λόγον   τοῦ   θεοῦ,   ἀλλὰ
adulterando   la   palabra   —   de Dios,   sino

τῇ   φανερώσει   τῆς   ἀληθείας   συνιστάνοντες
por la   manifestación   de la   verdad   recomendando

ἑαυτοὺς   πρὸς   πᾶσαν   συνείδησιν   ἀνθρώπων
a nosotros   ante   toda   conciencia   de hombres
mismos

ἐνώπιον   τοῦ   θεοῦ.   **3** εἰ   δὲ   καὶ   ἔστιν
en la presencia   —   de Dios.   Pero si   aún   está

κεκαλυμμένον   τὸ   εὐαγγέλιον   ἡμῶν,   ἐν
encubierto   el   evangelio   de nosotros,   en

τοῖς   ἀπολλυμένοις   ἐστὶν   κεκαλυμμένον,   **4** ἐν
los   que se pierden   está   encubierto,   en

οἷς   ὁ   θεὸς   τοῦ   αἰῶνος   τούτου   ἐτύφλωσεν
los que ¹el   dios   del   ²mundo   este   cegó

τὰ   νοήματα   τῶν   ἀπίστων   εἰς   τὸ   μὴ
los   pensamientos   de los   incrédulos   para   que   no

αὐγάσαι   τὸν   φωτισμὸν   τοῦ   εὐαγγελίου
vean con claridad la   iluminación   del   evangelio

τῆς   δόξης   τοῦ   Χριστοῦ,   ὅς   ἐστιν   εἰκὼν
de la   gloria   —   de Cristo,   quien   es   imagen

τοῦ   θεοῦ.   **5** οὐ   γὰρ   ἑαυτοὺς   κηρύσσομεν
—   de Dios.   Porque no a nosotros mismos proclamamos,

ἀλλὰ   Χριστὸν   Ἰησοῦν   κύριον,   ἑαυτοὺς   δὲ
sino   a Cristo   Jesús (como)   Señor,   y a nosotros
mismos

δούλους   ὑμῶν   διὰ   Ἰησοῦν.   **6** ὅτι   ὁ
(como)   de vosotros en atención   a Jesús.   Pues   el
siervos

θεὸς   ὁ   εἰπών·   ἐκ   σκότους   φῶς   λάμψει,
Dios   que   dijo: De   (la) oscuridad   luz   brillará,

ὃς   ἔλαμψεν   ἐν   ταῖς   καρδίαις   ἡμῶν   πρὸς
(es)   ³brilló   en   los   corazones   de vosotros   para
quien

φωτισμὸν   τῆς   γνώσεως   τῆς   δόξης   τοῦ
iluminación   del   conocimiento   de la   gloria   —

θεοῦ   ἐν   προσώπῳ   Χριστοῦ.
de Dios   en   (el) rostro   de Cristo.

7 Ἔχομεν   δὲ   τὸν   θησαυρὸν   τοῦτον   ἐν
Pero tenemos   el   tesoro   este   en

ὀστρακίνοις   σκεύεσιν,   ἵνα   ἡ   ὑπερβολὴ
de arcilla   ⁴vasijas,   para que   la   excelencia

1
4. EL DIOS DEL MUNDO. Esto es, *el diablo.* (V. Lc. 4:6; Jn. 12:31; 14:30; 16:11; Ef. 2:2.)
2
4. MUNDO. Lit. *siglo.*
3
6. BRILLÓ. Es decir, *hizo brillar.*
4
7. VASIJAS DE ARCILLA. Es decir, *cuerpos frágiles.* (V. Gn. 2:7; Jer. 18:4, 6.)

τῆς δυνάμεως ᾖ τοῦ θεοῦ καὶ μὴ ἐξ
del poder sea — de Dios y no (proveniente) de

ἡμῶν· 8 ἐν παντὶ θλιβόμενοι ἀλλ᾽ οὐ
nosotros; en toda (estamos) atribulados, pero no
(manera)

στενοχωρούμενοι, ἀπορούμενοι ἀλλ᾽ οὐκ
aplastados; apurados, pero no

ἐξαπορούμενοι, 9 διωκόμενοι ἀλλ᾽ οὐκ
desesperados; perseguidos, pero no

ἐγκαταλειπόμενοι, καταβαλλόμενοι ἀλλ᾽ οὐκ
¹desamparados; derribados, pero no

ἀπολλύμενοι, 10 πάντοτε τὴν νέκρωσιν τοῦ
destruidos; siempre ²la condición mortal —

Ἰησοῦ ἐν τῷ σώματι περιφέροντες, ἵνα
de Jesús en el cuerpo llevando de una para que
parte a otra,

καὶ ἡ ζωὴ τοῦ Ἰησοῦ ἐν τῷ σώματι
también la vida — de Jesús en el cuerpo

ἡμῶν φανερωθῇ. 11 ἀεὶ γὰρ ἡμεῖς οἱ
de nosotros se manifieste. Porque siempre nosotros los que

ζῶντες εἰς θάνατον παραδιδόμεθα διὰ
vivimos, a muerte somos entregados por causa

Ἰησοῦν, ἵνα καὶ ἡ ζωὴ τοῦ Ἰησοῦ
de Jesús, para que también la vida — de Jesús

φανερωθῇ ἐν τῇ θνητῇ σαρκὶ ἡμῶν.
se manifieste en la mortal carne de nosotros.

12 ὥστε ὁ θάνατος ἐν ἡμῖν ἐνεργεῖται,
De manera que la muerte en nosotros actúa,

ἡ δὲ ζωὴ ἐν ὑμῖν. 13 ἔχοντες δὲ τὸ
pero la vida en vosotros. Pero teniendo el

αὐτὸ πνεῦμα τῆς πίστεως, κατὰ τὸ
mismo espíritu — de fe, conforme a lo

γεγραμμένον· ἐπίστευσα, διὸ ἐλάλησα, καὶ
que está escrito: Creí, por lo cual hablé, también

ἡμεῖς πιστεύομεν, διὸ καὶ λαλοῦμεν, 14 εἰδότες
nosotros creemos, por también hablamos, sabiendo
lo cual

ὅτι ὁ ἐγείρας τὸν κύριον Ἰησοῦν καὶ
que el que levantó al Señor Jesús, también

ἡμᾶς σὺν Ἰησοῦ ἐγερεῖ καὶ παραστήσει
nos con Jesús levantará y presentará

σὺν ὑμῖν. 15 τὰ γὰρ πάντα δι᾽ ὑμᾶς,
con vosotros. Porque las cosas todas por causa de
(son) vosotros,

ἵνα ἡ χάρις πλεονάσασα διὰ τῶν πλειόνων
para la gracia que se extienda a través — de más y más
que (personas),

1
9. DESAMPARADOS. Es el mismo verbo griego de Mt. 27: 46; Mr. 15.34.
2
10. LA CONDICIÓN MORTAL. Lit. *la mortificación* (el ir muriendo).

τὴν εὐχαριστίαν περισσεύσῃ εἰς τὴν δόξαν
la   acción de gracias   haga abundar   para   la   gloria

τοῦ θεοῦ. **16** Διὸ οὐκ ἐγκακοῦμεν, ἀλλ'
— de Dios.   Por lo cual, no   desmayamos,   sino que,

εἰ καὶ ὁ ἔξω ἡμῶν ἄνθρωπος διαφθείρεται,
aun cuando el exterior de nosotros   hombre   va decayendo,

ἀλλ' ὁ ἔσω ἡμῶν ἀνακαινοῦται ἡμέρᾳ
con todo, el interior de nosotros   se va renovando   día

καὶ ἡμέρᾳ. **17** τὸ γὰρ παραυτίκα ἐλαφρὸν
a   día.   Porque lo   de momento   ligero

τῆς θλίψεως καθ' ὑπερβολὴν εἰς ὑπερβολὴν
de la   aflicción,   [1]con   superioridad —   insuperable

αἰώνιον βάρος δόξης κατεργάζεται ἡμῖν,
un eterno   peso   de gloria   produce   nos,

18 μὴ σκοπούντων ἡμῶν τὰ βλεπόμενα
no   poniendo la mira   nosotros   en las   cosas que se ven,

ἀλλὰ τὰ μὴ βλεπόμενα· τὰ γὰρ βλεπόμενα
sino   en   que   se ven;   porque las   que se ven
       las no

πρόσκαιρα, τὰ δὲ μὴ βλεπόμενα αἰώνια.
(son) temporales,   pero las   que no   se ven   (son) eternas.

5 Οἴδαμεν γὰρ ὅτι ἐὰν ἡ ἐπίγειος
Porque sabemos   que   si   la   terrestre

ἡμῶν οἰκία τοῦ σκήνους καταλυθῇ,
de nosotros   casa   de la tienda de campaña   es deshecha,

οἰκοδομὴν ἐκ θεοῦ ἔχομεν, οἰκίαν ἀχειρο-
edificio (obra)   de   Dios   tenemos,   una casa   no hecha

ποίητον αἰώνιον ἐν τοῖς οὐρανοῖς. **2** καὶ
con manos,   eterna.   en   los   cielos.   Porque

γὰρ ἐν τούτῳ στενάζομεν, τὸ οἰκητήριον
también en esta (tienda)   gemimos,   de la   habitación

ἡμῶν τὸ ἐξ οὐρανοῦ ἐπενδύσασθαι ἐπιπο-
de   — de(l)   cielo   ser revestidos   anhe-
nosotros (que es)

θοῦντες, **3** εἴ γε καὶ ἐνδυσάμενοι οὐ
lando,   si   es   que   vestidos,   no

γυμνοὶ εὑρεθησόμεθα. **4** καὶ γὰρ οἱ
[2]desnudos,   seremos hallados.   Porque, en verdad, los que

ὄντες ἐν τῷ σκήνει στενάζομεν βαρούμενοι,
estamos en   la   tienda de   gemimos   agobiados.
            campaña,

ἐφ' ᾧ οὐ θέλομεν ἐκδύσασθαι ἀλλ'
por   cuanto no   -queremos   ser desvestidos,   sino

ἐπενδύσασθαι, ἵνα καταποθῇ τὸ θνητὸν
revestidos,   para que   sea sorbido   lo   mortal

ὑπὸ τῆς ζωῆς. **5** ὁ δὲ κατεργασάμενος
por   la   vida.   Pero el que   [3]elaboró

---

[1]
17. Con superioridad insuperable. Lit. con exceso
hasta (el) exceso.
[2]
3. Desnudos. Esto es, sin
cuerpo.
[3]
5. Elaboró. (V. Gn. 2:7,
comp. Ef. 2:10.)

ἡμᾶς   εἰς   αὐτὸ   τοῦτο   θεός,   ὁ   δοὺς
nos   para   esto   mismo (es)   Dios,   el que   dio

ἡμῖν   τὸν   ἀρραβῶνα   τοῦ   πνεύματος.   6 Θαρ-
nos   las   arras   del   Espíritu.   Por tanto,

ροῦντες   οὖν   πάντοτε   καὶ   εἰδότες   ὅτι
estando de buen ánimo   siempre   y   sabiendo   que

ἐνδημοῦντες   ἐν   τῷ   σώματι   ἐκδημοῦμεν
residiendo   en   el   cuerpo,   estamos ausentes

ἀπὸ   τοῦ   κυρίου·   7 διὰ   πίστεως   γὰρ
(del hogar) del   Señor;   porque mediante fe

περιπατοῦμεν,   οὐ   διὰ   εἴδους·   8 θαρροῦμεν
estamos andando,   no   mediante   vista;   cobramos ánimo

δὲ   καὶ   εὐδοκοῦμεν   μᾶλλον   ἐκδημῆσαι   ἐκ
entonces y   2preferimos   estar ausentes   del (hogar)

τοῦ   σώματος   καὶ   ἐνδημῆσαι   πρὸς   τὸν
del   cuerpo   y   residir   junto   al

κύριον.   9 διὸ   καὶ   φιλοτιμούμεθα,   εἴτε
Señor.   Por lo cual también   ambicionamos,   ya

ἐνδημοῦντες   εἴτε   ἐκδημοῦντες,   εὐάρεστοι
residentes,   ya   ausentes (del hogar),   agradables

αὐτῷ   εἶναι.   10 τοὺς   γὰρ   πάντας   ἡμᾶς
le   ser.   —   Porque   todos   nosotros

φανερωθῆναι   δεῖ   ἔμπροσθεν   τοῦ   βήματος
que seamos manifestados   es menester   delante   del   tribunal

τοῦ   Χριστοῦ,   ἵνα   κομίσηται   ἕκαστος   τὰ
—   de Cristo,   para que   recoja   cada uno   las cosas

διὰ   τοῦ   σώματος   πρὸς   ἃ   ἔπραξεν,   εἴτε
3mediante el   cuerpo   de acuerdo las cosas que   practicó,   ya (haya sido)

ἀγαθὸν   εἴτε   φαῦλον.
4bueno   o   de baja calidad.

11 Εἰδότες   οὖν   τὸν   φόβον   τοῦ   κυρίου
Sabiendo,   pues,   el   temor   del   Señor,

ἀνθρώπους   πείθομεν,   θεῷ   δὲ   πεφανερώμεθα·
a (los) hombres   persuadimos,   pero a Dios   hemos sido hechos manifiestos;

ἐλπίζω   δὲ   καὶ   ἐν   ταῖς   συνειδήσεσιν
y espero que   también   en   las   conciencias

ὑμῶν   πεφανερῶσθαι.   12 οὐ   πάλιν   ἑαυτοὺς
de vosotros hemos sido hechos manifiestos.   No   de nuevo   a nosotros mismos

συνιστάνομεν   ὑμῖν,   ἀλλὰ   ἀφορμὴν   διδόντες
estamos recomendando   nos,   sino   5ocasión   dando

ὑμῖν   καυχήματος   ὑπὲρ   ἡμῶν,   ἵνα   ἔχητε
os   de jactancia   en pro de nosotros,   para que   tengáis (una respuesta)

1
7. PORQUE MEDIANTE FE. Lit. *mediante fe, en efecto.*
2
8. PREFERIMOS. Lit. *nos complacemos más (en).*
3
10. MEDIANTE EL CUERPO. Es decir, *cuando vivía en este mundo.*
4
10. BUENO, ETC. (V. 1 Co. 3:12-15.)
5
12. OCASIÓN, o PRETEXTO. Lit. *base de abastecimiento.*

πρὸς τοὺς ἐν προσώπῳ καυχωμένους καὶ
para los que en (la) ¹apariencia se jactan y

μὴ ἐν καρδίᾳ. 13 εἴτε γὰρ ἐξέστημεν,
no en (el) corazón. Porque si estamos ²fuera
de nosotros,

θεῷ· εἴτε σωφρονοῦμεν. ὑμῖν. 14 ἡ γὰρ
(es) para si estamos en sano juicio, (es) para Porque el
Dios; vosotros.

ἀγάπη τοῦ Χριστοῦ συνέχει ἡμᾶς, κρίναντας
amor — de Cristo apremia nos, ³juzgando

τοῦτο, ὅτι εἷς ὑπὲρ πάντων ἀπέθανεν·
esto, que uno (solo) en pro de todos murió;

ἄρα οἱ πάντες ἀπέθανον· 15 καὶ ὑπὲρ
entonces — todos murieron; y en pro

πάντων ἀπέθανεν ἵνα οἱ ζῶντες μηκέτι
de todos murió, para que los que viven ya no

ἑαυτοῖς ζῶσιν ἀλλὰ τῷ ὑπὲρ αὐτῶν
para sí mismos vivan, sino para el que en pro de ellos

ἀποθανόντι καὶ ἐγερθέντι. 16 Ὥστε ἡμεῖς
murió y fue resucitado. De modo que nosotros

ἀπὸ τοῦ νῦν οὐδένα οἴδαμεν κατὰ σάρκα·
desde — ahora a nadie ⁴reconocemos según (la) carne;

εἰ καὶ ἐγνώκαμεν κατὰ σάρκα Χριστόν,
y aun si hemos conocido según (la) carne a Cristo,

ἀλλὰ νῦν οὐκέτι γινώσκομεν. 17 ὥστε
pero ahora ya no (le) conocemos (así). De modo que

εἴ τις ἐν Χριστῷ, καινὴ κτίσις· τὰ
si alguien (está) en Cristo, (es) nueva creación; las cosas

ἀρχαῖα παρῆλθεν, ἰδοὺ γέγονεν καινά.
viejas pasaron, he aquí que han sido nuevas.
hechas

18 τὰ δὲ πάντα ἐκ τοῦ θεοῦ τοῦ καταλ-
Y todas las (provienen) — Dios, el cual recon-
cosas de

λάξαντος ἡμᾶς ἑαυτῷ διὰ Χριστοῦ καὶ
cilió nos consigo por medio de Cristo y
mismo

δόντος ἡμῖν τὴν διακονίαν τῆς καταλλαγῆς,
dio nos el ministerio de la reconciliación,

19 ὡς ὅτι θεὸς ἦν ἐν Χριστῷ κόσμον
a saber, que Dios estaba en Cristo a(l) mundo

καταλλάσσων ἑαυτῷ, μὴ λογιζόμενος αὐτοῖς
reconciliando consigo no teniendo en cuenta les
mismo,

τὰ παραπτώματα αὐτῶν, καὶ θέμενος
las transgresiones de ellos, y poniendo

ἐν ἡμῖν τὸν λόγον τῆς καταλλαγῆς.
en nosotros la palabra de la reconciliación.

20 Ὑπὲρ Χριστοῦ οὖν πρεσβεύομεν ὡς
En pro de Cristo, pues, somos embajadores, como si

1
12. APARIENCIA. Lit. rostro.
2
13. FUERA DE NOSOTROS.
Esto es, locos.
3
14. JUZGANDO ESTO. Es de-
cir, llegando a esta conclu-
sión.
4
16. RECONOCEMOS. Lit. sabemos.

τοῦ θεοῦ παρακαλοῦντος δι' ἡμῶν· δεόμεθα
— Dios   estuviese exhortando mediante nosotros;   (os) rogamos

ὑπὲρ Χριστοῦ, καταλλάγητε τῷ θεῷ.
en pro   de Cristo,   sed reconciliados   —   con Dios.

21 τὸν μὴ γνόντα ἁμαρτίαν ὑπὲρ ἡμῶν
Al que   no   conoció   pecado,   en pro de nosotros

ἁμαρτίαν ἐποίησεν, ἵνα ἡμεῖς γενώμεθα
pecado (lo)   hizo,   para que nosotros   llegásemos a ser

δικαιοσύνη θεοῦ ἐν αὐτῷ.
justicia   de Dios   en   él.

6 Συνεργοῦντες δὲ καὶ παρακαλοῦμεν μὴ
Y siendo colaboradores,   también   exhortamos   a que no

εἰς κενὸν τὴν χάριν τοῦ θεοῦ δέξασθαι
en   [1]vano   la   gracia   —   de Dios   acojáis

ὑμᾶς· **2** λέγει γάρ· καιρῷ δεκτῷ ἐπήκουσά
vosotros;   porque dice: En tiempo   aceptable   escuché

σου καὶ ἐν ἡμέρᾳ σωτηρίας ἐβοήθησά
te   y   en   día   de salvación   socorrí

σοι· ἰδοὺ νῦν καιρὸς εὐπρόσδεκτος, ἰδοὺ
te;   mirad que ahora   (es) tiempo   aceptable,   mirad que

νῦν ἡμέρα σωτηρίας· **3** — μηδεμίαν ἐν
ahora   (es) día   de salvación;   ninguna   en

μηδενὶ διδόντες προσκοπήν, ἵνα μὴ
nada   dando   causa de tropiezo,   para que   no

μωμηθῇ ἡ διακονία, **4** ἀλλ' ἐν παντὶ
sea reprochado   el   ministerio,   sino que   en   todo

συνιστάνοντες ἑαυτοὺς ὡς θεοῦ διάκονοι,
recomendando   a nosotros   como   de Dios   ministros,
mismos

ἐν ὑπομονῇ πολλῇ, ἐν θλίψεσιν, ἐν
en   paciencia   mucha,   en   aflicciones,   en

ἀνάγκαις, ἐν στενοχωρίαις, ἐν πληγαῖς,
necesidades,   en   estrecheces,   en   azotes,

5 ἐν φυλακαῖς, ἐν ἀκαταστασίαις, ἐν κόποις,
en   cárceles,   en   tumultos,   en   trabajos
duros,

ἐν ἀγρυπνίαις, ἐν νηστείαις, **6** ἐν ἁγνότητι,
en   noches en vela,   en   ayunos,   en   pureza,

ἐν γνώσει, ἐν μακροθυμίᾳ, ἐν χρηστότητι,
en conocimiento, en   longanimidad,   en   benignidad,

ἐν πνεύματι ἁγίῳ, ἐν ἀγάπῃ ἀνυποκρίτῳ,
en (el)   Espíritu   Santo,   en   amor   sin hipocresía,

7 ἐν λόγῳ ἀληθείας, ἐν δυνάμει θεοῦ·
en   palabra   de verdad,   en   poder   de Dios;

διὰ τῶν ὅπλων τῆς δικαιοσύνης τῶν
mediante las   armas   de la   justicia,   las

δεξιῶν καὶ ἀριστερῶν, **8** διὰ δόξης καὶ
[2]de la mano   y   las de la izquierda,   a través   de gloria   y
derecha

1
1. VANO. Lit. *vacío.*
2
7. DE LA MANO DERECHA Y
DE LA IZQUIERDA. Esto es, *la
espada y el escudo, respectivamente.* (V. Ef. 6:16-17.)

ἀτιμίας,   διὰ   δυσφημίας   καὶ   εὐφημίας·
de deshonor,   a través   de calumnia   y   de buen(os) informe(s);

ὡς   πλάνοι   καὶ   ἀληθεῖς,   9 ὡς   ἀγνοούμενοι
como engañadores,   aun   veraces;   como   desconocidos, (siendo)

καὶ   ἐπιγινωσκόμενοι,   ὡς   ἀποθνήσκοντες   καὶ
y   bien conocidos;   como   moribundos,   y

ἰδοὺ   ζῶμεν,   ὡς   παιδευόμενοι   καὶ   μὴ
he aquí que vivimos;   como   [1]castigados,   y   no

θανατούμενοι,   10 ὡς   λυπούμενοι   ἀεὶ   δὲ
entregados a muerte;   como   entristecidos,   siempre empero

χαίροντες,   ὡς   πτωχοὶ   πολλοὺς   δὲ   πλουτίζ-
gozosos;   como   pobres,   pero a muchos   enrique-

οντες,   ὡς   μηδὲν   ἔχοντες   καὶ   πάντα
ciendo;   como   nada   teniendo,   y todas las cosas

κατέχοντες.
poseyendo.

11 Τὸ   στόμα   ἡμῶν   ἀνέῳγεν   πρὸς   ὑμᾶς,
La   boca   de nosotros   se ha abierto   a   vosotros,

Κορίνθιοι,   ἡ   καρδία   ἡμῶν   πεπλάτυνται·
corintios,   el   corazón   de nosotros   ha sido ensanchado;

12 οὐ   στενοχωρεῖσθε   ἐν   ἡμῖν,   στενοχωρεῖσθε
no   sois estrechados   en   nosotros,   pero sois estre-

δὲ   ἐν   τοῖς   σπλάγχνοις   ὑμῶν·   13 τὴν   δὲ
chados en   las   entrañas   de vosotros;   pero (por) la

αὐτὴν   ἀντιμισθίαν,   ὡς   τέκνοις   λέγω,
misma   [2]correspondencia,   como   a hijos   digo,

πλατύνθητε   καὶ   ὑμεῖς.
sed ensanchados   también   vosotros.

14 Μὴ   γίνεσθε   ἑτεροζυγοῦντες   ἀπίστοις·
No   os hagáis   desigualmente unidos en yugo   con incrédulos;

τίς   γὰρ   μετοχὴ   δικαιοσύνῃ   καὶ   ἀνομίᾳ,
porque ¿qué   [3]asociación (tiene la)   justicia   y   (la) iniquidad?

ἢ   τίς   κοινωνία   φωτὶ   πρὸς   σκότος;   15 τίς
¿O   qué   comunión (tiene la)   luz   con (la)   oscuridad?   ¿Y

δὲ   συμφώνησις   Χριστοῦ   πρὸς   Βελιάρ,
qué   [4]acuerdo   de Cristo   con   Beliar?

ἢ   τίς   μερὶς   πιστῷ   μετὰ   ἀπίστου;   16 τίς
¿O   qué   parte (tiene)   un creyente   con   un incrédulo?   ¿Y

δὲ   συγκατάθεσις   ναῷ   θεοῦ   μετὰ   εἰδώλων;
qué   concordia (el)   santuario de Dios   con   (los) ídolos?

ἡμεῖς   γὰρ   ναὸς   θεοῦ   ἐσμεν   ζῶντος·
Porque vosotros   santuario   de Dios   sois   [5]viviente;

καθὼς   εἶπεν   ὁ   θεὸς   ὅτι   ἐνοικήσω   ἐν
conforme   dijo   —   Dios: —   Habitaré   entre

---

[1]
9. CASTIGADOS. El mismo verbo que vertemos por *corregidos* en 1 Co. 11:32. (Lit. *disciplinados*. V. Ef. 6:4; He. 12:6-11.)

[2]
13. CORRESPONDENCIA. Lit. *recompensa*.

[3]
14. ASOCIACIÓN. Lit. *participación*.

[4]
15. ACUERDO. Lit. *armonía*.

[5]
16. VIVIENTE. (Se refiere a Dios.)

αὐτοῖς καὶ ἐμπεριπατήσω, καὶ ἔσομαι
ellos   y   andaré entre (ellos),   y   seré

αὐτῶν θεός, καὶ αὐτοὶ ἔσονταί μου λαός.
de ellos Dios,   y   ellos   serán   de mí   pueblo.

17 διὸ ἐξέλθατε ἐκ μέσου αὐτῶν καὶ
Por lo cual,   salid   de   en medio   de ellos   y

ἀφορίσθητε, λέγει κύριος, καὶ ἀκαθάρτου
sed separados,   dice   (el) Señor,   y   cosa inmunda

μὴ ἅπτεσθε· **18** κἀγὼ εἰσδέξομαι ὑμᾶς, καὶ
no   toquéis;   y yo   acogeré   os,   y

ἔσομαι ὑμῖν εἰς πατέρα, καὶ ὑμεῖς ἔσεσθέ
seré   os   por   padre,   y   vosotros   seréis

μοι εἰς υἱοὺς καὶ θυγατέρας, λέγει κύριος
me   por   hijos   e   hijas,   dice   (el) Señor

παντοκράτωρ. **7** ταύτας οὖν ἔχοντες τὰς ἐπ-
Todopoderoso.   Estas,   pues,   teniendo   —

αγγελίας, ἀγαπητοί, καθαρίσωμεν ἑαυτοὺς ἀπὸ
promesas,   amados,   limpiemos   a nosotros mismos   de

παντὸς μολυσμοῦ σαρκὸς καὶ πνεύματος,
toda   contaminación   de carne   y   de espíritu,

ἐπιτελοῦντες ἁγιωσύνην ἐν φόβῳ θεοῦ.
perfeccionando   (la) santidad   en   (el) temor   de Dios.

2 Χωρήσατε ἡμᾶς· οὐδένα ἠδικήσαμεν,
¹Abríos a   nosotros;   a nadie   agraviamos,

οὐδένα ἐφθείραμεν, οὐδένα ἐπλεονεκτήσαμεν.
a nadie   corrompimos,   a nadie   defraudamos.

3 πρὸς κατάκρισιν οὐ λέγω· προείρηκα
Para   condenación   no (lo)   digo;   porque he dicho

γὰρ ὅτι ἐν ταῖς καρδίαις ἡμῶν ἐστε
antes   que   en   los   corazones   de nosotros   estáis

εἰς τὸ συναποθανεῖν καὶ συζῆν. **4** πολλή
para   —   morir juntos   y   vivir juntos.   Mucha

μοι παρρησία πρὸς ὑμᾶς, πολλή μοι
²tengo   franqueza   con   vosotros,   mucha   ²tengo

καύχησις ὑπὲρ ὑμῶν· πεπλήρωμαι τῇ
jactancia   acerca   de vosotros;   he sido llenado   —

παρακλήσει, ὑπερπερισσεύομαι τῇ χαρᾷ ἐπὶ
de consolación,   sobreabundo   —   de gozo   en

πάσῃ τῇ θλίψει ἡμῶν. **5** Καὶ γὰρ
toda   la   aflicción   de nosotros.   Porque incluso

ἐλθόντων ἡμῶν εἰς Μακεδονίαν οὐδεμίαν
al venir   nosotros   a   Macedonia   ningún

ἔσχηκεν ἄνεσιν ἡ σὰρξ ἡμῶν, ἀλλ' ἐν
ha tenido   reposo   ³la   carne   de nosotros,   sino   en

παντὶ θλιβόμενοι· ἔξωθεν μάχαι, ἔσωθεν
todo   siendo afligidos;   de fuera,   luchas;   de dentro,

1
2. ABRÍOS A NOSOTROS. Lit. *Haced lugar para nosotros.*
2
4. TENGO. Lit. *para mí* (hay).
3
5. LA CARNE DE NOSOTROS. Es decir, *nuestro cuerpo.*

φόβοι. **6** ἀλλ' ὁ παρακαλῶν τοὺς ταπεινοὺς
temores.   Pero el que   consuela   a los   abatidos,

παρεκάλεσεν ἡμᾶς ὁ θεὸς ἐν τῇ παρουσίᾳ
consoló   nos — Dios   con   la   [1]visita

Τίτου· **7** οὐ μόνον δὲ ἐν τῇ παρουσίᾳ
de Tito;   y no   sólo   con   la   [1]visita

αὐτοῦ, ἀλλὰ καὶ ἐν τῇ παρακλήσει ᾗ
de él,   sino   también   con   la   consolación con que

παρεκλήθη ἐφ' ὑμῖν, ἀναγγέλλων ἡμῖν
fue consolado   sobre   vosotros,   refiriendo   nos

τὴν ὑμῶν ἐπιπόθησιν, τὸν ὑμῶν ὀδυρμόν,
la de vosotros   añoranza,   el de vosotros   pesar,

τὸν ὑμῶν ζῆλον ὑπὲρ ἐμοῦ, ὥστε με
el de vosotros   celo   por   mí,   de modo que yo

μᾶλλον χαρῆναι. **8** Ὅτι εἰ καὶ ἐλύπησα
más   me alegré.   Pues   aun cuando   contristé

ὑμᾶς ἐν τῇ ἐπιστολῇ, οὐ μεταμέλομαι·
os   con   la   carta,   no   me pesa;

εἰ καὶ μετεμελόμην, βλέπω ὅτι ἡ ἐπιστολὴ
aunque   me pesó,   veo   que la   carta

ἐκείνη εἰ καὶ πρὸς ὥραν ἐλύπησεν ὑμᾶς,
aquella,   aunque   por   [2]un tiempo   contristó   os,

9 νῦν χαίρω, οὐχ ὅτι ἐλυπήθητε, ἀλλ'
ahora   me alegro,   no   de que fuisteis contristados,   sino

ὅτι ἐλυπήθητε εἰς μετάνοιαν· ἐλυπήθητε
de que fuisteis contristados   para   arrepentimiento;   porque fuisteis contristados

γὰρ κατὰ θεόν, ἵνα ἐν μηδενὶ ζημιωθῆτε
según   Dios,   para que en   nada   sufráis daño

ἐξ ἡμῶν. **10** ἡ γὰρ κατὰ θεὸν λύπη
de de nosotros.   Porque la que   según   Dios (es) tristeza,
parte

μετάνοιαν εἰς σωτηρίαν ἀμεταμέλητον
arrepentimiento   para   salvación   que no causa pesar

ἐργάζεται· ἡ δὲ τοῦ κόσμου λύπη θάνατον
produce;   pero la   del   mundo   tristeza   muerte

κατεργάζεται. **11** ἰδοὺ γὰρ αὐτὸ τοῦτο
lleva a cabo.   Porque, mirad,   esto   mismo (de)

τὸ κατὰ θεὸν λυπηθῆναι πόσην κατειργά-
—   según   Dios   ser entristecidos, ¡cuán grande   produjo

σατο ὑμῖν σπουδήν, ἀλλὰ ἀπολογίαν, ἀλλὰ
os   diligencia,   [3]y   defensa,   [3]y

ἀγανάκτησιν, ἀλλὰ φόβον, ἀλλὰ ἐπιπόθησιν,
enojo,   [3]y   temor,   [3]y   añoranza,

ἀλλὰ ζῆλον, ἀλλὰ ἐκδίκησιν. ἐν παντὶ
[3]y   celo.   [3]y   vindicación!   En   todo

συνεστήσατε ἑαυτοὺς ἁγνοὺς εἶναι τῷ
[4]mostrasteis   a vosotros mismos   puros   ser   en el

[1]
6. VISITA. Lit. *presencia.*
[2]
8. UN TIEMPO. Lit. *una hora.*
[3]
11. Y. Lit. *pero* (cuán grande)...
[4]
11. MOSTRASTEIS. Lit. *recomendasteis.*

πράγματι. **12** ἄρα εἰ καὶ ἔγραψα ὑμῖν,
asunto.   Así que aun cuando escribí   os,

οὐχ ἔνεκεν τοῦ ἀδικήσαντος οὐδὲ ἔνεκεν
no   por causa del   que agravió   ni   por causa
(fue)

τοῦ ἀδικηθέντος, ἀλλ᾽ ἔνεκεν τοῦ φανερω-
del   que fue agraviado, sino por causa — de ser mani-

θῆναι τὴν σπουδὴν ὑμῶν τὴν ὑπὲρ ἡμῶν
festada la   diligencia de vosotros — a favor de

πρὸς ὑμᾶς ἐνώπιον τοῦ θεοῦ. **13** διὰ
1a   vosotros delante — de Dios.   Por

τοῦτο παρακεκλήμεθα. Ἐπὶ δὲ τῇ
esto   hemos sido consolados.   Pero en cuanto a la

παρακλήσει ἡμῶν περισσοτέρως μᾶλλον
consolación de nosotros abundantemente más

ἐχάρημεν ἐπὶ τῇ χαρᾷ Τίτου, ὅτι ἀναπέ-
nos alegramos por el gozo de Tito, pues ha sido

παυται τὸ πνεῦμα αὐτοῦ ἀπὸ πάντων
tranquilizado el espíritu de él por todos

ὑμῶν· **14** ὅτι εἴ τι αὐτῷ ὑπὲρ ὑμῶν
vosotros;   pues si (de) algo con él acerca de vosotros

κεκαύχημαι, οὐ κατῃσχύνθην, ἀλλ᾽ ὡς
me he jactado, no fui avergonzado, sino que, como

πάντα ἐν ἀληθείᾳ ἐλαλήσαμεν ὑμῖν, οὕτως
todo con verdad hablamos os, así

καὶ ἡ καύχησις ἡμῶν ἐπὶ Τίτου ἀλήθεια
también la jactancia de nosotros 2ante Tito verdad

ἐγενήθη. **15** καὶ τὰ σπλάγχνα αὐτοῦ
resultó.   Y las entrañas de él

περισσοτέρως εἰς ὑμᾶς ἐστιν ἀναμιμνησκομέ-
abundantemente hacia vosotros son, al recordar

νου τὴν πάντων ὑμῶν ὑπακοήν, ὡς μετὰ
la de todos vosotros obediencia, cómo con

φόβου καὶ τρόμου ἐδέξασθε αὐτόν.
temor y temblor acogisteis le.

16 χαίρω ὅτι ἐν παντὶ θαρρῶ ἐν ὑμῖν.
Me gozo de que en todo tengo confianza en vosotros.

8 Γνωρίζομεν δὲ ὑμῖν, ἀδελφοί, τὴν
Y hacemos saber os, hermanos, la

χάριν τοῦ θεοῦ τὴν δεδομένην ἐν ταῖς
gracia — de Dios — que ha sido dada en las

ἐκκλησίαις τῆς Μακεδονίας, **2** ὅτι ἐν πολλῇ
iglesias — de Macedonia,   que en mucha

δοκιμῇ θλίψεως ἡ περισσεία τῆς χαρᾶς
prueba de aflicción la abundancia del gozo

αὐτῶν καὶ ἡ κατὰ βάθους πτωχεία
de ellos y la 3en profundidad pobreza

αὐτῶν ἐπερίσσευσεν εἰς τὸ πλοῦτος τῆς
de ellos abundó para la riqueza de la

ἁπλότητος αὐτῶν· 3 ὅτι κατὰ δύναμιν,
generosidad de ellos; que según (su) poder,

μαρτυρῶ, καὶ παρὰ δύναμιν, αὐθαίρετοι
doy testimonio y más allá de (su) poder, espontáneamente
(de ello),

4 μετὰ πολλῆς παρακλήσεως δεόμενοι ἡμῶν
con mucho ruego pidiendo nos

τὴν χάριν καὶ τὴν κοινωνίαν τῆς διακονίας
¹la gracia y la comunión del ministerio

τῆς εἰς τοὺς ἁγίους, 5 καὶ οὐ καθὼς
— a los santos, y no como

ἠλπίσαμεν, ἀλλὰ ἑαυτοὺς ἔδωκαν· πρῶτον
esperamos, sino que a sí mismos dieron primeramente

τῷ κυρίῳ καὶ ἡμῖν διὰ θελήματος θεοῦ,
al Señor y a nosotros mediante (la) voluntad de Dios,

6 εἰς τὸ παρακαλέσαι ἡμᾶς Τίτον, ἵνα
a fin — de rogar nosotros a Tito, para que,

καθὼς προενήρξατο οὕτως καὶ ἐπιτελέσῃ
conforme comenzó antes, así también acabase

εἰς ὑμᾶς καὶ τὴν χάριν ταύτην. 7 ἀλλ᾽
en vosotros también la gracia esta. Pero,

ὥσπερ ἐν παντὶ περισσεύετε, πίστει καὶ
así como en todo abundáis, en fe y

λόγῳ καὶ γνώσει καὶ πάσῃ σπουδῇ
en palabra y en conocimiento y en toda diligencia

καὶ τῇ ἐξ ἡμῶν ἐν ὑμῖν ἀγάπῃ, ἵνα
y en el (proveniente) de en vosotros amor, (ved) que
nosotros

καὶ ἐν ταύτῃ τῇ χάριτι περισσεύητε.
también en esta — gracia abundéis.

8 Οὐ κατ᾽ ἐπιταγὴν λέγω, ἀλλὰ διὰ
No como un precepto digo (lo), sino mediante

τῆς ἑτέρων σπουδῆς καὶ τὸ τῆς ὑμετέρας
la de otros diligencia también la del vuestro

ἀγάπης γνήσιον δοκιμάζων· 9 γινώσκετε
amor autenticidad poniendo a prueba; porque cono-

γὰρ τὴν χάριν τοῦ κυρίου ἡμῶν Ἰησοῦ
céis la gracia del Señor de nosotros Jesu-

[Χριστοῦ], ὅτι δι᾽ ὑμᾶς ἐπτώχευσεν
cristo, que por causa de nosotros (se) empobreció

πλούσιος ὤν, ἵνα ὑμεῖς τῇ ἐκείνου πτωχείᾳ
rico siendo, para que vosotros con la de él pobreza

πλουτήσητε. 10 καὶ γνώμην ἐν τούτῳ
os hicieseis ricos. Y (mi) opinión en esto

1
4. LA GRACIA... SANTOS. Es decir: *el privilegio de participar en el sostenimiento de los creyentes* pobres de Jerusalén.

δίδωμι· τοῦτο γὰρ ὑμῖν συμφέρει, οἵτινες
doy;   porque esto   os   conviene,   quienes

οὐ μόνον τὸ ποιῆσαι ἀλλὰ καὶ τὸ θέλειν
no sólo   — a hacer, sino también — a querer

προενήρξασθε ἀπὸ πέρυσι· 11 νυνὶ δὲ καὶ
comenzasteis antes desde el año pasado; pero ahora también

τὸ ποιῆσαι ἐπιτελέσατε, ὅπως καθάπερ ἡ
el   hacer(lo) llevad a término, de modo que así como —

προθυμία τοῦ θέλειν, οὕτως καὶ τὸ
(hubo) pronto del querer,   así también (haya) el

ἐπιτελέσαι ἐκ τοῦ ἔχειν. 12 εἰ γὰρ ἡ
llevar a término ¹conforme al tener.   Porque si el

προθυμία πρόκειται, καθὸ ἐὰν ἔχῃ
ánimo pronto está fijo, conforme a lo que (uno) tenga

εὐπρόσδεκτος, οὐ καθὸ οὐκ ἔχει. 13 οὐ
(es) aceptable, no conforme a no tiene.   Porque
                  lo que

γὰρ ἵνα ἄλλοις ἄνεσις, ὑμῖν θλῖψις,
no para que para otros (haya) holgura, (y) para aflicción,
                                        vosotros

ἀλλ' ἐξ ἰσότητος 14 ἐν τῷ νῦν καιρῷ
sino que a base de igualdad, en la presente oportunidad

τὸ ὑμῶν περίσσευμα εἰς τὸ ἐκείνων
la de vosotros abundancia (sea) para la de ellos

ὑστέρημα, ἵνα καὶ τὸ ἐκείνων περίσσευμα
escasez, para que también la de ellos abundancia

γένηται εἰς τὸ ὑμῶν ὑστέρημα, ὅπως
sea   para la de vosotros escasez, de modo que

γένηται ἰσότης, 15 καθὼς γέγραπται· ὁ
haya   igualdad,   conforme ha sido escrito: El que

τὸ πολὺ οὐκ ἐπλεόνασεν, καὶ ὁ τὸ
(recogió) mucho, no sobreabundó, y el que lo
lo

ὀλίγον οὐκ ἠλαττόνησεν. 16 Χάρις δὲ
poco, no escaseó.   Pero gracia(s)

τῷ θεῷ τῷ διδόντι τὴν αὐτὴν σπουδὴν
— a Dios — que da la misma diligencia

ὑπὲρ ὑμῶν ἐν τῇ καρδίᾳ Τίτου, 17 ὅτι
a favor de vosotros en el corazón de Tito, pues

τὴν μὲν παράκλησιν ἐδέξατο, σπουδαιότερος
no sólo el ruego acogió, sino que más diligente

δὲ ὑπάρχων αὐθαίρετος ἐξῆλθεν πρὸς ὑμᾶς.
siendo, espontáneamente salió hacia vosotros.

¹
11. CONFORME AL TENER. Es
decir, conforme a dar de
("ek") lo que tengáis.

18 συνεπέμψαμεν δὲ μετ' αὐτοῦ τὸν
Y enviamos juntamente con él al

ἀδελφὸν οὗ ὁ ἔπαινος ἐν τῷ εὐαγγελίῳ
hermano cuya — alabanza en el evangelio

διὰ πασῶν τῶν ἐκκλησιῶν, 19 οὐ μόνον δὲ
(se extiende) las iglesias, y no sólo (esto),
a través de todas

ἀλλὰ καὶ χειροτονηθεὶς ὑπὸ τῶν ἐκκλησιῶν
sino que también [1]designado por las iglesias (como)

συνέκδημος ἡμῶν ἐν τῇ χάριτι ταύτῃ
compañero de de nosotros en la gracia esta
peregrinación

τῇ διακονουμένῃ ὑφ' ἡμῶν πρὸς τὴν
— que es administrada por nosotros para la

αὐτοῦ τοῦ κυρίου δόξαν καὶ προθυμίαν
del Señor mismo gloria y (el) pronto ánimo

ἡμῶν, 20 στελλόμενοι τοῦτο, μή τις ἡμᾶς
de nosotros, precaviéndonos de esto, [2]que nadie nos

μωμήσηται ἐν τῇ ἁδρότητι ταύτῃ τῇ
desacredite en la abundancia esta —

διακονουμένῃ ὑφ' ἡμῶν· 21 προνοοῦμεν γὰρ
administrada por nosotros; porque atendemos a (las)

καλὰ οὐ μόνον ἐνώπιον κυρίου ἀλλὰ καὶ
cosas no sólo delante de(l) Señor, sino también
buenas

ἐνώπιον ἀνθρώπων. 22 συνεπέμψαμεν δὲ
delante de (los) hombres. Y enviamos con

αὐτοῖς τὸν ἀδελφὸν ἡμῶν, ὃν ἐδοκιμάσαμεν
ellos al hermano de nosotros, el cual comprobamos

ἐν πολλοῖς πολλάκις σπουδαῖον ὄντα, νυνὶ
en muchas cosas muchas veces [3]que diligente es, y ahora

δὲ πολὺ σπουδαιότερον πεποιθήσει πολλῇ
mucho más diligente por (la) confianza mucha

τῇ εἰς ὑμᾶς. 23 εἴτε ὑπὲρ Τίτου, κοινωνὸς
— hacia vosotros. Si en cuanto a Tito, (es) compañero

ἐμὸς καὶ εἰς ὑμᾶς συνεργός· εἴτε ἀδελφοὶ
mío y para vosotros colaborador; si (los) hermanos

ἡμῶν, ἀπόστολοι ἐκκλησιῶν, δόξα Χριστοῦ.
de nosotros, (son) enviados de (las) iglesias, gloria de Cristo.

24 τὴν οὖν ἔνδειξιν τῆς ἀγάπης ὑμῶν
La demostración, pues, del amor de vosotros

καὶ ἡμῶν καυχήσεως ὑπὲρ ὑμῶν εἰς
y de nosotros de (la) jactancia acerca de vosotros a

αὐτοὺς ἐνδεικνύμενοι εἰς πρόσωπον τῶν
ellos [4]mostrad en presencia de las

ἐκκλησιῶν.
iglesias.

1
19. Designado. Lit. nombrado (o votado) a mano ex-
tendida. (V. Hch. 14:23.)
2
20. Que nadie. Lit. que no
alguien.
3
22. Que diligente es. Lit.
diligente siendo.
4
24. Mostrad. Lit. mostrando.

9 Περὶ   μὲν   γὰρ   τῆς   διακονίας   τῆς
Porque, en verdad, acerca   del   ministerio   —

εἰς   τοὺς   ἁγίους   περισσόν   μοί   ἐστιν   τὸ
a   los   santos,   superfluo   me   es   —

γράφειν   ὑμῖν·   **2** οἶδα   γὰρ   τὴν   προθυμίαν
escribir   os;   porque sé   el   pronto ánimo

ὑμῶν   ἣν   ὑπὲρ   ὑμῶν   καυχῶμαι   Μακε-
de   del cual   en pro   de vosotros   me jacto   ante (los)
vosotros   mace-

δόσιν   ὅτι   'Αχαῖα   παρεσκεύασται   ἀπὸ
donios,   que   Acaya   [1]ha hecho preparativos   desde

πέρυσι,   καὶ   τὸ   ὑμῶν   ζῆλος   ἠρέθισεν
el año pasado,   y   el   de vosotros   celo   estimuló

τοὺς   πλείονας.   **3** ἔπεμψα   δὲ   τοὺς   ἀδελφούς,
a los   más.   Pero envié   a los   hermanos,

ἵνα   μὴ   τὸ   καύχημα   ἡμῶν   τὸ   ὑπὲρ
para que no   la   jactancia   de nosotros   —   en pro

ὑμῶν   κενωθῇ   ἐν   τῷ   μέρει   τούτῳ,   ἵνα
de vosotros sea vaciada   en   el   caso   este,   a fin de
                                         que,

καθὼς   ἔλεγον   παρεσκευασμένοι   ἦτε,   **4** μή
como   (yo) decía,   preparados   estéis,   no

πως   ἐὰν   ἔλθωσιν   σὺν   ἐμοὶ   Μακεδόνες
sea que   si   vienen   conmigo   (algunos) macedonios

καὶ   εὕρωσιν   ὑμᾶς   ἀπαρασκευάστους
y   hallan   os   no preparados,

καταισχυνθῶμεν   ἡμεῖς,   ἵνα   μὴ   λέγωμεν
seamos avergonzados   nosotros,   [2]por   no   decir

ὑμεῖς,   ἐν   τῇ   ὑποστάσει   ταύτῃ.   **5** ἀναγκαῖον
vosotros,   en   la   [3]confianza   esta.   Necesario,

οὖν   ἡγησάμην   παρακαλέσαι   τοὺς   ἀδελφοὺς
pues,   pensé (que era)   exhortar   a los   hermanos

ἵνα   προέλθωσιν   εἰς   ὑμᾶς   καὶ   προκαταρτί-
a que viniesen de antemano a   vosotros   y   preparasen con ante-

σωσιν   τὴν   προεπηγγελμένην   εὐλογίαν   ὑμῶν,
lación   la   previamente prometida   bendición de vosotros,

ταύτην   ἑτοίμην   εἶναι   οὕτως   ὡς   εὐλογίαν
ésta   presta   (para) estar   así   como   bendición

καὶ   μὴ   ὡς   πλεονεξίαν.   **6** Τοῦτο   δέ,
y   no   como   algo exigido.   Y esto (digo),

ὁ   σπείρων   φειδομένως   φειδομένως   καὶ
el que   siembra   escasamente,   escasamente   también

θερίσει,   καὶ   ὁ   σπείρων   ἐπ'   εὐλογίαις   ἐπ'
segará,   y   el que   siembra   [4]generosamente,   [4]ge-

εὐλογίαις   καὶ   θερίσει.   **7** ἕκαστος   καθὼς
nerosamente   también   segará.   Cada uno   como

1
2. HA HECHO PREPARATIVOS.
Lit. *se ha preparado.*
2
4. POR NO DECIR. Lit. *para que no digamos.*
3
4. CONFIANZA. Lit. *certeza segura.* (V. He. 11:1.)
4
6. GENEROSAMENTE. Lit. *en bendiciones.*

προήρηται τῇ καρδίᾳ, μὴ ἐκ λύπης ἢ
se propuso   en el   corazón,   no   con   tristeza   o

ἐξ ἀνάγκης· ἱλαρὸν γὰρ δότην ἀγαπᾷ ὁ
por necesidad;   porque a(l) alegre   dador   ama   —

θεός. 8 δυνατεῖ δὲ ὁ θεὸς πᾶσαν χάριν
Dios.   Y puede   —   Dios   toda   gracia

περισσεῦσαι εἰς ὑμᾶς, ἵνα ἐν παντὶ
hacer abundar   en   vosotros,   para que   en   todo

πάντοτε πᾶσαν αὐτάρκειαν ἔχοντες περισ-
siempre   toda   suficiencia   teniendo,   abun-

σεύητε εἰς πᾶν ἔργον ἀγαθόν, 9 καθὼς
déis   para   toda   obra   buena,   conforme

γέγραπται· ἐσκόρπισεν, ἔδωκεν τοῖς πένησιν,
ha sido escrito: Esparció,   dio   a los   pobres,

ἡ δικαιοσύνη αὐτοῦ μένει εἰς τὸν αἰῶνα.
la   justicia   de él   permanece ¹para   —   siempre.

10 ὁ δὲ ἐπιχορηγῶν σπέρμα τῷ σπείροντι
Y el que   suministra   semilla   al que   siembra,

καὶ ἄρτον εἰς βρῶσιν χορηγήσει καὶ
también   pan   para   comida   suministrará   y

πληθυνεῖ τὸν σπόρον ὑμῶν καὶ αὐξήσει
multiplicará   la   sementera de vosotros   y   aumentará

τὰ γενήματα τῆς δικαιοσύνης ὑμῶν· 11 ἐν
los   productos   de la   justicia   de vosotros;   en

παντὶ πλουτιζόμενοι εἰς πᾶσαν ἁπλότητα,
todo   siendo enriquecidos   para   toda   liberalidad,

ἥτις κατεργάζεται δι᾽ ἡμῶν εὐχαριστίαν
la cual   produce   mediante nosotros   acción de gracias

τῷ θεῷ· 12 ὅτι ἡ διακονία τῆς λειτουργίας
— a Dios;   pues el   ministerio   del   ²servicio

ταύτης οὐ μόνον ἐστὶν προσαναπληροῦσα
este   no   sólo   está   supliendo plenamente

τὰ ὑστερήματα τῶν ἁγίων, ἀλλὰ καὶ
las   necesidades   de los   santos,   sino   también

περισσεύουσα διὰ πολλῶν εὐχαριστιῶν τῷ
abundando   a través   de muchas   acciones de gracias   —

θεῷ· 13 διὰ τῆς δοκιμῆς τῆς διακονίας
a Dios;   mediante   la   prueba   del   ministerio

ταύτης δοξάζοντες τὸν θεὸν ἐπὶ τῇ
este   glorificando   —   a Dios   por   la

ὑποταγῇ τῆς ὁμολογίας ὑμῶν εἰς τὸ
sumisión   de la   confesión   de vosotros   al

εὐαγγέλιον τοῦ Χριστοῦ καὶ ἁπλότητι
evangelio   —   de Cristo   y (por la) liberalidad

τῆς κοινωνίας εἰς αὐτοὺς καὶ εἰς πάντας,
de la   comunión   para con   ellos   y   para con   todos,

14 καὶ αὐτῶν δεήσει ὑπὲρ ὑμῶν ἐπιποθούν-
y   de ellos   con (la)   en pro de vosotros,   añoran-
              petición

των   ὑμᾶς   διὰ   τὴν   ὑπερβάλλουσαν   χάριν
do   os   a causa de la   sobreabundante   gracia

τοῦ   θεοῦ   ἐφ'   ὑμῖν.   15 Χάρις   τῷ   θεῷ
—   de Dios   sobre   vosotros.   ¡Gracia(s)   —   a Dios

ἐπὶ   τῇ   ἀνεκδιηγήτῳ   αὐτοῦ   δωρεᾷ.
por   el   indescriptible   de él   [1]don!

10 Αὐτὸς   δὲ   ἐγὼ   Παῦλος   παρακαλῶ
Y yo mismo,   Pablo,   ruego

ὑμᾶς   διὰ   τῆς   πραΰτητος   καὶ   ἐπιεικείας
os   mediante   la   mansedumbre   y   clemencia

τοῦ   Χριστοῦ,   ὃς   κατὰ   πρόσωπον   μὲν
—   de Cristo,   (yo) que   en   presencia,   cierto,
                                            (soy)

ταπεινὸς   ἐν   ὑμῖν,   ἀπὼν   δὲ   θαρρῶ   εἰς
pequeño   entre   vosotros, pero estando ausente soy para con
                                                    atrevido

ὑμᾶς·   2 δέομαι   δὲ   τὸ   μὴ   παρὼν   θαρρῆσαι
vosotros;   pido entonces   — que no, estando sea atrevido
                                            presente,

τῇ   πεποιθήσει   ᾗ   λογίζομαι   τολμῆσαι   ἐπί
con la   confianza   con que   pienso   atreverme   sobre

τινας   τοὺς   λογιζομένους   ἡμᾶς   ὡς   κατὰ
algunos   —   que consideran   nos   como   según

σάρκα   περιπατοῦντας.   3 Ἐν   σαρκὶ   γὰρ
(la) carne   que andamos.   Porque en (la) carne

περιπατοῦντες   οὐ   κατὰ   σάρκα   στρατευόμεθα,
andando,   no   según   (la) carne   militamos,

4 τὰ   γὰρ   ὅπλα   τῆς   στρατείας   ἡμῶν
porque las   armas   de la   milicia   de nosotros

οὐ   σαρκικὰ   ἀλλὰ   δυνατὰ   τῷ   θεῷ   πρὸς
no   (son) carnales, sino   poderosas   —   por Dios   para

καθαίρεσιν   ὀχυρωμάτων,   λογισμοὺς   καθαιροῦν-
destrucción   de fortalezas,   razonamientos   destruyendo

τες   5 καὶ   πᾶν   ὕψωμα   ἐπαιρόμενον   κατὰ
            y   toda   cosa altiva   que se levanta   contra

τῆς   γνώσεως   τοῦ   θεοῦ,   καὶ   αἰχμαλωτίζοντες
el   conocimiento   —   de Dios,   y   llevando cautivo

πᾶν   νόημα   εἰς   τὴν   ὑπακοὴν   τοῦ   Χριστοῦ,
a todo pensamiento   a   la   obediencia   —   de Cristo,

6 καὶ   ἐν   ἑτοίμῳ   ἔχοντες   ἐκδικῆσαι   πᾶσαν
y   en   presteza   estando   para [2]castigar   toda

παρακοήν,   ὅταν   πληρωθῇ   ὑμῶν   ἡ   ὑπακοή.
desobediencia,   cuando   que se complete de vosotros la obediencia.
                    quiera

7 Τὰ   κατὰ   πρόσωπον   βλέπετε.   εἴ   τις
A las cosas según (la) apariencia   miráis.   Si alguien
(que son)

πέποιθεν   ἑαυτῷ   Χριστοῦ   εἶναι,   τοῦτο
ha persuadido   a sí mismo   de Cristo   ser   esto

---

[1] 15. DON. Lit. regalo.

[2] 6. CASTIGAR. Lit. vengar o vindicar.

λογιζέσθω πάλιν ἐφ᾽ ἑαυτοῦ, ὅτι καθὼς
considere   de nuevo   sobre   sí mismo,   que   como

αὐτὸς Χριστοῦ, οὕτως καὶ ἡμεῖς. 8 ἐάν
él (es)   de Cristo,   así   también nosotros.   Porque

τε γὰρ περισσότερόν τι καυχήσωμαι περὶ
aun si   más abundantemente   algo   me jacte   sobre

τῆς ἐξουσίας ἡμῶν, ἧς ἔδωκεν ὁ κύριος
la   autoridad   de nosotros, la cual   dio   el   Señor

εἰς οἰκοδομὴν καὶ οὐκ εἰς καθαίρεσιν
para   edificación   y   no   para   destrucción

ὑμῶν, οὐκ αἰσχυνθήσομαι, 9 ἵνα μὴ δόξω
de vosotros,   no   seré avergonzado,   para que no   parezca

ὡσὰν ἐκφοβεῖν ὑμᾶς διὰ τῶν ἐπιστολῶν.
como que   atemorizo   os   mediante   las   cartas.

10 ὅτι αἱ ἐπιστολαὶ μέν, φησίν, βαρεῖαι
Pues   las   cartas,   es cierto,   dice,   (son) [1]duras

καὶ ἰσχυραί, ἡ δὲ παρουσία τοῦ σώματος
y   fuertes,   pero la   presencia   del   cuerpo (es)

ἀσθενὴς καὶ ὁ λόγος ἐξουθενημένος.
débil   y   la   palabra   despreciable.

11 τοῦτο λογιζέσθω ὁ τοιοῦτος, ὅτι οἷοί
Esto   considere   el   tal,   que   cuales

ἐσμεν τῷ λόγῳ δι᾽ ἐπιστολῶν ἀπόντες,
somos   —   de palabra mediante   cartas,   estando ausentes,

τοιοῦτοι καὶ παρόντες τῷ ἔργῳ. 12 Οὐ
tales (somos)   también   estando   —   de obra.   Porque
                       presentes,

γὰρ τολμῶμεν ἐγκρῖναι ἢ συγκρῖναι
no   nos atrevemos   a equiparar   o   comparar

ἑαυτούς τισιν τῶν ἑαυτοὺς συνιστανόντων·
a nosotros   con algunos   de los   a sí mismos   se recomiendan;
mismos   que

ἀλλὰ αὐτοὶ ἐν ἑαυτοῖς ἑαυτοὺς μετροῦντες
pero   ellos   [2]por   sí mismos   a sí mismos   midiendo

καὶ συγκρίνοντες ἑαυτοὺς ἑαυτοῖς οὐ
y   comparando   a sí mismos   consigo mismos,   no

συνιᾶσιν. 13 ἡμεῖς δὲ οὐκ εἰς τὰ ἄμετρα
se dan cuenta.   Pero nosotros   no   desmedidamente

καυχησόμεθα, ἀλλὰ κατὰ τὸ μέτρον τοῦ
nos jactaremos,   sino   según   la   medida   de la

κανόνος οὗ ἐμέρισεν ἡμῖν ὁ θεὸς μέτρου,
norma   que   asignó   nos   —   Dios   por medida,

ἐφικέσθαι ἄχρι καὶ ὑμῶν. 14 οὐ γὰρ
para llegar   hasta   incluso   vosotros.   Porque no,

ὡς μὴ ἐφικνούμενοι εἰς ὑμᾶς ὑπερεκτείνομεν
como   no   llegando   hasta vosotros,   extralimitamos

ἑαυτούς, ἄχρι γὰρ καὶ ὑμῶν ἐφθάσαμεν
a nosotros   porque hasta   incluso   vosotros   llegamos los
mismos,   primeros

[1]
10. Duras. Lit. pesadas.
[2]
12. Por. Lit. en.

ἐν τῷ εὐαγγελίῳ τοῦ Χριστοῦ, 15 οὐκ
[1]en el evangelio — de Cristo, no

εἰς τὰ ἄμετρα καυχώμενοι ἐν ἀλλοτρίοις
desmedidamente jactándonos en ajenos

κόποις, ἐλπίδα δὲ ἔχοντες αὐξανομένης
trabajos, sino esperanza teniendo al ir creciendo
(de que)

τῆς πίστεως ὑμῶν ἐν ὑμῖν μεγαλυνθῆναι
la fe de vosotros, entre vosotros seamos engrandecidos,

κατὰ τὸν κανόνα ἡμῶν εἰς περισσείαν,
conforme a la norma de nosotros, en abundancia,

16 εἰς τὰ ὑπερέκεινα ὑμῶν εὐαγγελίσασθαι,
para en los lugares más allá de vosotros anunciar el evangelio,

οὐκ ἐν ἀλλοτρίῳ κανόνι εἰς τὰ ἔτοιμα
(para) no en ajena área, en — cosas
dispuestas

καυχήσασθαι. 17 Ὁ δὲ καυχώμενος ἐν
jactarnos. Pero el que se jacta, en (el)

κυρίῳ καυχάσθω· 18 οὐ γὰρ ὁ ἑαυτὸν
Señor se jacte; porque no el que a sí mismo

συνιστάνων, ἐκεῖνός ἐστιν δόκιμος, ἀλλὰ
recomienda, ése es aprobado, sino
(aquel)

ὃν ὁ κύριος συνίστησιν.
a quien el Señor recomienda.

11 Ὄφελον ἀνείχεσθέ μου μικρόν τι
¡Ojalá soportaseis me [2]un poco

ἀφροσύνης· ἀλλὰ καὶ ἀνέχεσθέ μου.
de insensatez! Pero, en verdad, toleráis me.

2 ζηλῶ γὰρ ὑμᾶς θεοῦ ζήλῳ, ἡρμοσάμην
Porque celo os de Dios con celo, porque

γὰρ ὑμᾶς ἑνὶ ἀνδρὶ παρθένον ἁγνὴν
despasé os con un solo marido como virgen pura

παραστῆσαι τῷ Χριστῷ· 3 φοβοῦμαι δὲ
para presentar(os) — a Cristo; pero temo

μή πως, ὡς ὁ ὄφις ἐξηπάτησεν Εὔαν
que de algún como la serpiente engañó a Eva
modo,

ἐν τῇ πανουργίᾳ αὐτοῦ, φθαρῇ τὰ νοήματα
con la astucia de ella, sean [3]seducidos los pensamientos

ὑμῶν ἀπὸ τῆς ἁπλότητος [καὶ τῆς
de vosotros de la sencillez y de la

ἀγνότητος] τῆς εἰς Χριστόν. 4 εἰ μὲν
pureza — [4]hacia Cristo. Porque en verdad

γὰρ ὁ ἐρχόμενος ἄλλον Ἰησοῦν κηρύσσει
si el que viene a otro Jesús proclama

ὃν οὐκ ἐκηρύξαμεν, ἢ πνεῦμα ἔτερον
al que no proclamamos, o un espíritu diferente

1
14. EN. O con.
2
1. UN POCO. Lit. un pequeño.
3
3. SEDUCIDOS. Lit. corrompidos.
4
3. HACIA. O en.

λαμβάνετε ὃ οὐκ ἐλάβετε, ἢ εὐαγγέλιον
recibís   que no   recibisteis, o   un evangelio

ἕτερον ὃ οὐκ ἐδέξασθε, καλῶς ἀνέχεσθε.
diferente que no   acogisteis,   bien   (lo) soportáis.

5 λογίζομαι γὰρ μηδὲν ὑστερηκέναι τῶν
Porque considero que en nada   soy inferior a los

ὑπερλίαν ἀποστόλων. 6 εἰ δὲ καὶ ἰδιώτης
[1]más prominentes apóstoles.   Y si bien   (soy) tosco

τῷ λόγῳ, ἀλλ' οὐ τῇ γνώσει, ἀλλ' ἐν
— de palabra, pero no — en conocimiento, sino en

παντὶ φανερώσαντες ἐν πᾶσιν εἰς ὑμᾶς.
todo   [2]manifiestos en todas las cosas a vosotros.

7 Ἢ ἁμαρτίαν ἐποίησα ἐμαυτὸν ταπεινῶν
¿O   pecado   hice   a mí mismo humillando

ἵνα ὑμεῖς ὑψωθῆτε, ὅτι δωρεὰν τὸ τοῦ
para que vosotros fueseis exaltados, porque de balde el —

θεοῦ εὐαγγέλιον εὐηγγελισάμην ὑμῖν;
de Dios evangelio   prediqué   os?

8 ἄλλας ἐκκλησίας ἐσύλησα λαβὼν ὀψώνιον
A otras   iglesias   robé,   recibiendo salario

πρὸς τὴν ὑμῶν διακονίαν, 9 καὶ παρὼν
para   el de vosotros ministerio,   y   estando
                                            presente

πρὸς ὑμᾶς καὶ ὑστερηθεὶς οὐ κατενάρκησα
con vosotros y estando necesitado, no fui carga

οὐθενός· τὸ γὰρ ὑστέρημά μου προσανε-
a nadie; porque la necesidad   de mí   suplie-

πλήρωσαν οἱ ἀδελφοὶ ἐλθόντες ἀπὸ Μακε-
ron   los hermanos venidos   de   Mace-

δονίας· καὶ ἐν παντὶ ἀβαρῆ ἐμαυτὸν
donia;   y,   en   todo, no gravoso a mí mismo

ὑμῖν ἐτήρησα καὶ τηρήσω. 10 ἔστιν
para vosotros guardé y   guardaré.   Es

ἀλήθεια Χριστοῦ ἐν ἐμοί, ὅτι ἡ καύχησις
(la) verdad de Cristo en mí   que la jactancia

αὕτη οὐ φραγήσεται εἰς ἐμὲ ἐν τοῖς
esta no será impedida en mí en las

κλίμασιν τῆς Ἀχαΐας. 11 διὰ τί; ὅτι
regiones   —   de Acaya.   ¿Por qué? ¿Porque

οὐκ ἀγαπῶ ὑμᾶς; ὁ θεὸς οἶδεν. 12 Ὃ
no amo   os? — Dios (lo) sabe.   Pero

δὲ ποιῶ, καὶ ποιήσω, ἵνα ἐκκόψω τὴν
lo que hago, también (lo) haré, para cortar   el

ἀφορμὴν τῶν θελόντων ἀφορμήν, ἵνα ἐν
pretexto de los que desean un pretexto, para, en

---

[1]
5. MÁS PROMINENTES. En el original es un adverbio, pero se traduce como adjetivo.
[2]
6. MANIFIESTOS. Lit. *habiendo manifestado* (nos).

ᾧ καυχῶνται εὑρεθῶσιν καθὼς καὶ ἡμεῖς.
lo que se jactan, ser hallados como también nosotros.

13 οἱ γὰρ τοιοῦτοι ψευδαπόστολοι, ἐργάται
Porque los tales (son) falsos apóstoles, obreros

δόλιοι, μετασχηματιζόμενοι εἰς ἀποστόλους
fraudulentos, que se disfrazan de apóstoles

Χριστοῦ. 14 καὶ οὐ θαῦμα· αὐτὸς γὰρ
de Cristo. Y no (es) cosa extraña; porque

ὁ σατανᾶς μετασχηματίζεται εἰς ἄγγελον
— Satanás mismo se disfraza de ángel

φωτός. 15 οὐ μέγα οὖν εἰ καὶ οἱ
de luz. No (es) cosa grande, pues, si también los

διάκονοι αὐτοῦ μετασχηματίζονται ὡς
ministros de él se disfrazan como

διάκονοι δικαιοσύνης· ὧν τὸ τέλος ἔσται
ministros de justicia; cuyo — fin será

κατὰ τὰ ἔργα αὐτῶν.
conforme a las obras de ellos.

16 Πάλιν λέγω, μή τίς με δόξῃ ἄφρονα
De nuevo digo, que nadie me piense insensato

εἶναι· εἰ δὲ μή γε, κἂν ὡς ἄφρονα
ser; pero si no (es) así, aun como a insensato

δέξασθέ με, ἵνα κἀγὼ μικρόν τι καυχήσ-
acoged me, para que yo también ¹un poco me jacte.

ωμαι. 17 ὃ λαλῶ, οὐ κατὰ κύριον λαλῶ,
Lo que hablo, no según (el) Señor (lo) hablo,

ἀλλ' ὡς ἐν ἀφροσύνῃ, ἐν ταύτῃ τῇ
sino como en insensatez, con esta

ὑποστάσει τῆς καυχήσεως. 18 ἐπεὶ πολλοὶ
²confianza - de jactancia. Puesto que muchos

καυχῶνται κατὰ [τὴν] σάρκα, κἀγὼ
se jactan según la carne, también yo

καυχήσομαι. 19 ἡδέως γὰρ ἀνέχεσθε τῶν
me jactaré. Porque a gusto soportáis a los

ἀφρόνων φρόνιμοι ὄντες· 20 ἀνέχεσθε γὰρ
insensatos, prudentes siendo; porque soportáis

εἴ τις ὑμᾶς καταδουλοῖ, εἴ τις κατεσθίει,
si alguien os esclaviza, si alguien (os) devora,

εἴ τις λαμβάνει, εἴ τις ἐπαίρεται, εἴ
si alguien ³se aprovecha si alguien se enaltece, si
de vosotros,

τις εἰς πρόσωπον ὑμᾶς δέρει. 21 κατὰ
alguien en (la) cara os golpea. Conforme a

ἀτιμίαν λέγω, ὡς ὅτι ἡμεῖς ἠσθενήκαμεν·
deshonor digo, como que nosotros hemos sido débiles;

ἐν ᾧ δ' ἄν τις τολμᾷ, ἐν ἀφροσύνῃ
pero en lo que alguien se atreve, en insensatez

1
16. UN POCO. Lit. *un pe-*
queño.
2
17. CONFIANZA. (V. 9:4.)
3
20. SE APROVECHA DE VOS-
OTROS. Lit. *toma* (lo vuestro).

λέγω,   τολμῶ   κἀγώ.   **22** Ἑβραῖοί   εἰσιν;
(lo) digo,   me atrevo   también yo.   ¿Hebreos   son?

κἀγώ.   Ἰσραηλῖταί   εἰσιν;   κἀγώ.   σπέρμα
También yo.   ¿Israelitas   son?   También yo.   ¿Simiente

Ἀβραάμ   εἰσιν;   κἀγώ.   **23** διάκονοι   Χριστοῦ
de Abraham   son?   También yo.   ¿Ministros   de Cristo

εἰσιν;   παραφρονῶν   λαλῶ,   ὑπὲρ   ἐγώ·   ἐν
son?   (Como) perdiendo   hablo,   más   yo;   en
           el juicio   (duros)

κόποις   περισσοτέρως,   ἐν   φυλακαῖς   περισ-
trabajos,   más abundantemente;   en   cárceles,   más abun-

σοτέρως,   ἐν   πληγαῖς   ὑπερβαλλόντως,   ἐν
dantemente;   en   azotes,   excesivamente;   en

θανάτοις   πολλάκις.   **24** ὑπὸ   Ἰουδαίων
[1]peligros de muerte, muchas veces.   De parte   de (los) judíos,

πεντάκις   τεσσεράκοντα   παρὰ   μίαν   ἔλαβον,
cinco veces   cuarenta (azotes)   menos   uno   recibí;

25 τρὶς   ἐρραβδίσθην,   ἅπαξ   ἐλιθάσθην,   τρὶς
tres veces   fui azotado con   una vez   fui apedreado;   tres
                varas;   veces

ἐναυάγησα,   **26** νυχθήμερον   ἐν   τῷ   βυθῷ
padecí naufragio;   una noche y un día   en   lo   profundo

πεποίηκα·   ὁδοιπορίαις   πολλάκις,   κινδύνοις
[2]he pasado;   en viajes,   muchas veces;   en peligros

ποταμῶν,   κινδύνοις   λῃστῶν,   κινδύνοις   ἐκ
de ríos,   en peligros   de ladrones,   en peligros   [3]de (los)

γένους,   κινδύνοις   ἐξ   ἐθνῶν,   κινδύνοις   ἐν
de (mi) raza,   en peligros   de   (los) gentiles;   en peligros   en

πόλει,   κινδύνοις   ἐν   ἐρημίᾳ,   κινδύνοις   ἐν
(la) ciudad,   en peligros   en   despoblado,   en peligros   en

θαλάσσῃ,   κινδύνοις   ἐν   ψευδαδέλφοις,   **27** κόπῳ
(el) mar,   en peligros   entre   falsos hermanos,   en trabajo
                                        (duro)

καὶ   μόχθῳ,   ἐν   ἀγρυπνίαις   πολλάκις,   ἐν
y   fatiga;   en   noches en vela,   muchas veces;   en

λιμῷ   καὶ   δίψει,   ἐν   νηστείαις   πολλάκις,
hambre   y   sed;   en   ayunos,   muchas veces;

ἐν   ψύχει   καὶ   γυμνότητι·   **28** χωρὶς   τῶν
en   frío   y   desnudez;   aparte de las cosas

παρεκτὸς   ἡ   ἐπίστασίς   μοι   ἡ   καθ’   ἡμέραν,
[4]exteriores   la aglomeración sobre mí   —   cada   día,

ἡ   μέριμνα   πασῶν   τῶν   ἐκκλησιῶν.   **29** τίς
la   preocupación   por todas   las   iglesias.   ¿Quién

ἀσθενεῖ,   καὶ   οὐκ   ἀσθενῶ;   τίς   σκανδαλίζεται,
está débil,   y   no   estoy débil?   ¿Quién   se ofende,

καὶ   οὐκ   ἐγὼ   πυροῦμαι;   **30** εἰ   καυχᾶσθαι
y   no   yo   me requemo?   Si   jactarse

δεῖ,   τὰ   τῆς   ἀσθενείας   μου   καυχήσομαι.
es me-   de las   de la   debilidad   de mí   me jactaré.
nester,   cosas

1
23. PELIGROS DE MUERTE.
Lit. *muertes.*
2
26. HE PASADO. Lit. *he hecho.*
3
26. DE LOS DE MI RAZA... DE
LOS GENTILES. Esto es, *pro-
venientes de propios y ajenos.* (Nótense las preposiciones.)
4
28. EXTERIORES. Esto es, *que
me vienen de fuera.*

31 ὁ θεὸς καὶ πατὴρ τοῦ κυρίου Ἰησοῦ
El　　Dios　y　Padre　del　Señor　Jesús

οἶδεν, ὁ ὢν εὐλογητὸς εἰς τοὺς αἰῶνας,
sabe,　el que es　bendito　por　los　siglos,

ὅτι οὐ ψεύδομαι. **32** ἐν Δαμασκῷ ὁ
que　no　miento.　　En　Damasco,　el

ἐθνάρχης Ἀρέτα τοῦ βασιλέως ἐφρούρει
etnarca　de Aretas　el　rey　guardaba

τὴν πόλιν Δαμασκηνῶν πιάσαι με, **33** καὶ
la　ciudad　de (los) damascenos　para prender me,　y

διὰ θυρίδος ἐν σαργάνῃ ἐχαλάσθην διὰ
por　una abertura　en　una espuerta　fui descolgado　a través

τοῦ τείχους καὶ ἐξέφυγον τὰς χεῖρας αὐτοῦ.
del　muro　y　escapé　de las　manos　de él.

12 Καυχᾶσθαι δεῖ, οὐ συμφέρον μέν,
Jactarse　es menester; no (es)　provechoso ciertamente,

ἐλεύσομαι δὲ εἰς ὀπτασίας καὶ ἀποκαλύψεις
pero vendré　a (las)　visiones　y　revelaciones

κυρίου. **2** οἶδα ἄνθρωπον ἐν Χριστῷ
de(l) Señor.　Sé (de)　un hombre　en　Cristo

πρὸ ἐτῶν δεκατεσσάρων, — εἴτε ἐν
antes　de años　catorce,　——　si　en

σώματι οὐκ οἶδα, εἴτε ἐκτὸς τοῦ σώματος
(el) cuerpo,　no　sé;　si　fuera　del　cuerpo,

οὐκ οἶδα, ὁ θεὸς οἶδεν, — ἁρπαγέντα
no　sé,　— Dios　(lo) sabe,　—— que fue arrebatado

τὸν τοιοῦτον ἕως τρίτου οὐρανοῦ. **3** καὶ
el　tal　hasta　(el) tercer　cielo.　Y

οἶδα τὸν τοιοῦτον ἄνθρωπον — εἴτε
sé　que el　tal　hombre　——　si

ἐν σώματι εἴτε χωρὶς τοῦ σώματος
en (el)　cuerpo,　(o) si　aparte　del　cuerpo,

[οὐκ οἶδα], ὁ θεὸς οἶδεν, — **4** ὅτι
no　sé,　— Dios　(lo) sabe,　——　que

ἡρπάγη εἰς τὸν παράδεισον καὶ ἤκουσεν
fue arrebatado　al　paraíso　y　oyó

ἄρρητα ῥήματα, ἃ οὐκ ἐξὸν ἀνθρώπῳ
inefables　palabras,　que　no　es permitido　a un hombre

λαλῆσαι. **5** ὑπὲρ τοῦ τοιούτου καυχήσομαι,
hablar.　En pro　del　tal　me jactaré,

ὑπὲρ δὲ ἐμαυτοῦ οὐ καυχήσομαι εἰ
pero en pro　de mí mismo　no　me jactaré,　ex-

μὴ ἐν ταῖς ἀσθενείαις. **6** ἐὰν γὰρ θελήσω
cepto　en　las　debilidades (mías).　Porque si　quisiera

καυχήσασθαι, οὐκ ἔσομαι ἄφρων, ἀλήθειαν
jactarme,　no　seré　insensato,　porque (la)

γὰρ ἐρῶ· φείδομαι δέ, μή τις εἰς ἐμὲ
verdad diré;   pero me abstengo, [1]para que nadie de mí

λογίσηται ὑπὲρ ὃ βλέπει με ἢ ἀκούει
suponga más allá de lo ve [2]en mí u oye

ἐξ ἐμοῦ 7 καὶ τῇ ὑπερβολῇ τῶν ἀποκα-
de mí y por lo extraordinario de las reve-

λύψεων. διὸ ἵνα μὴ ὑπεραίρωμαι, ἐδόθη
laciones. Por lo cual, para que no me exalte demasiado, fue dada

μοι σκόλοψ τῇ σαρκί, ἄγγελος σατανᾶ,
me una espina en la carne, un mensajero de Satanás,

ἵνα με κολαφίζῃ, ἵνα μὴ ὑπεραίρωμαι.
para que me abofetee, a fin de que no me exalte demasiado.

8 ὑπὲρ τούτου τρὶς τὸν κύριον παρεκάλεσα,
En cuanto a esto, tres veces al Señor rogué

ἵνα ἀποστῇ ἀπ' ἐμοῦ. 9 καὶ εἴρηκέν
para que se aparte de mí. Y ha dicho

μοι· ἀρκεῖ σοι ἡ χάρις μου· ἡ γὰρ
me: Basta te la gracia de mí; porque el

δύναμις ἐν ἀσθενείᾳ τελεῖται. Ἥδιστα
poder en (la) debilidad se perfecciona. Con el mayor gusto,

οὖν μᾶλλον καυχήσομαι ἐν ταῖς ἀσθενείαις,
pues, más bien me jactaré en las debilidades,

ἵνα ἐπισκηνώσῃ ἐπ' ἐμὲ ἡ δύναμις τοῦ
para que habite sobre mí el poder —

Χριστοῦ. 10 διὸ εὐδοκῶ ἐν ἀσθενείαις,
de Cristo. Por lo cual me complazco en (las) debilidades,

ἐν ὕβρεσιν, ἐν ἀνάγκαις, ἐν διωγμοῖς
en (los) insultos, en (las) necesidades, en (las) persecuciones

καὶ στενοχωρίαις, ὑπὲρ Χριστοῦ· ὅταν
y [3]dificultades, en pro de Cristo; porque

γὰρ ἀσθενῶ, τότε δυνατός εἰμι.
cuando soy débil, entonces poderoso soy.

11 Γέγονα ἄφρων· ὑμεῖς με ἠναγκάσατε.
Me he hecho insensato; vosotros me obligasteis.

ἐγὼ γὰρ ὤφειλον ὑφ' ὑμῶν συνίστασθαι.
Porque yo debía por vosotros ser recomendado.

οὐδὲν γὰρ ὑστέρησα τῶν ὑπερλίαν
Porque en nada fui inferior a los [4]prominentes

ἀποστόλων, εἰ καὶ οὐδέν εἰμι. 12 τὰ
apóstoles, aunque nada soy. Ciertamente

μὲν σημεῖα τοῦ ἀποστόλου κατειργάσθη
las señales del apóstol fueron efectuadas

ἐν ὑμῖν ἐν πάσῃ ὑπομονῇ, σημείοις τε
entre vosotros en toda paciencia, no sólo con señales,

καὶ τέρασιν καὶ δυνάμεσιν. 13 τί γὰρ
sino con prodigios y obras poderosas. Porque, ¿qué

1
6. PARA QUE NADIE. (V. nota a 8:20.)
2
6. EN MÍ. Lit. me.
3
10. DIFICULTADES. Lit. estrecheces.
4
11. PROMINENTES. (V. 11:5.)

ἐστιν ὃ ἡσσώθητε ὑπὲρ τὰς λοιπὰς
es (en) lo que fuisteis menos que las demás

ἐκκλησίας, εἰ μὴ ὅτι αὐτὸς ἐγὼ οὐ
iglesias, excepto (en) que yo mismo no

κατενάρκησα ὑμῶν; χαρίσασθέ μοι τὴν
fui una carga os? ¡Perdonad me el

ἀδικίαν ταύτην. **14** Ἰδοὺ τρίτον τοῦτο
agravio este! Mirad que (es) la tercera ésta
vez

ἑτοίμως ἔχω ἐλθεῖν πρὸς ὑμᾶς, καὶ
(que) presto estoy para venir a vosotros, y

οὐ καταναρκήσω· οὐ γὰρ ζητῶ τὰ ὑμῶν
no seré una carga; porque no busco las cosas de
vosotros,

ἀλλὰ ὑμᾶς. οὐ γὰρ ὀφείλει τὰ τέκνα
sino a vosotros. Porque no deben los hijos

τοῖς γονεῦσιν θησαυρίζειν, ἀλλὰ οἱ γονεῖς
para los padres atesorar, sino los padres

τοῖς τέκνοις. **15** ἐγὼ δὲ ἥδιστα δαπανήσω
para los hijos. Y yo con el mayor gastaré
gusto

καὶ ἐκδαπανηθήσομαι ὑπὲρ τῶν ψυχῶν
y me desgastaré en pro de las almas

ὑμῶν. εἰ περισσοτέρως ὑμᾶς ἀγαπῶ,
de vosotros. Si más abundantemente os amo,

ἧσσον ἀγαπῶμαι; **16** Ἔστω δέ, ἐγὼ οὐ
¿menos soy amado? Pero ¡sea (así)! Yo no

κατεβάρησα ὑμᾶς· ἀλλὰ ὑπάρχων πανοῦργος
fui gravoso os; sino que, [1]siendo astuto,

δόλῳ ὑμᾶς ἔλαβον. **17** μή τινα ὧν
con engaño os prendí. ¿Acaso alguno de los
que

ἀπέσταλκα πρὸς ὑμᾶς, **18** δι᾽ αὐτοῦ
he enviado a vosotros, mediante él

ἐπλεονέκτησα ὑμᾶς; παρεκάλεσα Τίτον καὶ
me aproveché de vosotros? Rogué a Tito y

συναπέστειλα τὸν ἀδελφόν· μήτι ἐπλεο-
envié con (él) al hermano; ¿acaso se apro-

νέκτησεν ὑμᾶς Τίτος; οὐ τῷ αὐτῷ
vechó de vosotros Tito? ¿No con el mismo

πνεύματι περιεπατήσαμεν; οὐ τοῖς αὐτοῖς
espíritu anduvimos? ¿No con las mismas

ἴχνεσιν;
pisadas?

19 Πάλαι δοκεῖτε ὅτι ὑμῖν ἀπολογούμεθα.
De nuevo pensáis que os presentamos disculpas.

κατέναντι θεοῦ ἐν Χριστῷ λαλοῦμεν· τὰ
Delante de Dios, en Cristo hablamos; —

δὲ πάντα, ἀγαπητοί, ὑπὲρ τῆς ὑμῶν
y todas las cosas, amados, en pro de la de vosotros

1
16. SIENDO ASTUTO... Pablo echa mano aquí de la ironía.

οἰκοδομῆς. **20** φοβοῦμαι γὰρ μή πως ἐλθὼν
edificación.   Porque temo   que   viniendo,

οὐχ οἵους θέλω εὕρω ὑμᾶς, κἀγὼ εὑρεθῶ
no cuales deseo halle os, y yo sea hallado

ὑμῖν οἷον οὐ θέλετε, μή πως ἔρις,
por vosotros cual no deseáis; que (haya) contienda,

ζῆλος, θυμοί, ἐριθεῖαι, καταλαλιαί, ψιθυρισ-
celos, enojos, rivalidades, maledicencias, murmuracio-

μοί, φυσιώσεις, ἀκαταστασίαι· **21** μὴ πάλιν
nes, arrogancias, disturbios; que de nuevo

ἐλθόντος μου ταπεινώσῃ με ὁ θεός μου
viniendo yo, humille me el Dios de mí

πρὸς ὑμᾶς, καὶ πενθήσω πολλοὺς τῶν
ante vosotros, y me lamente por muchos de los

προημαρτηκότων καὶ μὴ μετανοησάντων
que han pecado antes y no se arrepintieron

ἐπὶ τῇ ἀκαθαρσίᾳ καὶ πορνείᾳ καὶ
de la inmundicia y fornicación y

ἀσελγείᾳ ᾗ ἔπραξαν. **13** Τρίτον τοῦτο
lascivia que practicaron. (Es) la tercera ésta
vez

ἔρχομαι πρὸς ὑμᾶς· ἐπὶ στόματος
(que) vengo a vosotros. Por boca

δύο μαρτύρων καὶ τριῶν σταθήσεται
de dos testigos y de tres será hecha firme

πᾶν ῥῆμα. **2** προείρηκα καὶ προλέγω,
toda palabra. He dicho antes y digo de
antemano,

ὡς παρὼν τὸ δεύτερον καὶ ἀπὼν
como estando presente la segunda vez y ausente

νῦν, τοῖς προημαρτηκόσιν καὶ τοῖς
ahora, a los que han pecado antes y a los

λοιποῖς πᾶσιν, ὅτι ἐὰν ἔλθω εἰς τὸ
demás todos, que si vengo ——

πάλιν οὐ φείσομαι, **3** ἐπεὶ δοκιμὴν ζητεῖτε
otra vez, no tendré miramientos, ya que una prueba buscáis

τοῦ ἐν ἐμοὶ λαλοῦντος Χριστοῦ, ὃς εἰς
del que en mí habla Cristo, quien para
con

ὑμᾶς οὐκ ἀσθενεῖ ἀλλὰ δυνατεῖ ἐν ὑμῖν.
vosotros no es débil, sino que es poderoso en vosotros.

4 καὶ γὰρ ἐσταυρώθη ἐξ ἀσθενείας, ἀλλὰ
Porque, es cierto, fue crucificado [1]por debilidad, pero

ζῇ ἐκ δυνάμεως θεοῦ. καὶ γὰρ ἡμεῖς
vive por (el) poder de Dios. Porque también nosotros

ἀσθενοῦμεν ἐν αὐτῷ, ἀλλὰ ζήσομεν σὺν
somos débiles en él, pero viviremos con

[1]
4. POR DEBILIDAD. Esto es, en la condición débil de su naturaleza humana.

αὐτῷ ἐκ δυνάμεως θεοῦ εἰς ὑμᾶς.
él por (el) poder de Dios para con nosotros.

5 Ἑαυτοὺς πειράζετε εἰ ἐστὲ ἐν τῇ
A vosotros mismos examinaos (de) si estáis en la

πίστει, ἑαυτοὺς δοκιμάζετε· ἢ οὐκ
fe, a vosotros mismos probaos; o no

ἐπιγινώσκετε ἑαυτοὺς ὅτι Ἰησοῦς Χριστὸς
reconocéis a vosotros mismos que Jesucristo (está)

ἐν ὑμῖν, εἰ μήτι ἀδόκιμοί ἐστε. **6** ἐλπίζω
en vosotros, a no ser que descalificados estáis. Pero

δὲ ὅτι γνώσεσθε ὅτι ἡμεῖς οὐκ ἐσμὲν
espero que conoceréis que nosotros no estamos

ἀδόκιμοι. **7** εὐχόμεθα δὲ πρὸς τὸν θεὸν
descalificados. Y oramos a — Dios

μὴ ποιῆσαι ὑμᾶς κακὸν μηδέν, οὐχ
que no hagáis vosotros mal ninguno, no

ἵνα ἡμεῖς δόκιμοι φανῶμεν, ἀλλ' ἵνα
para que nosotros aprobados aparezcamos, sino para que

ὑμεῖς τὸ καλὸν ποιῆτε, ἡμεῖς δὲ ὡς
vosotros lo bueno hagáis, y nosotros como

ἀδόκιμοι ὦμεν. **8** οὐ γὰρ δυνάμεθά
descalificados seamos. Porque no podemos (hacer)

τι κατὰ τῆς ἀληθείας, ἀλλὰ ὑπὲρ τῆς
algo contra la verdad, sino en pro de la

ἀληθείας. **9** χαίρομεν γὰρ ὅταν ἡμεῖς
verdad. Porque nos alegramos cuando nosotros

ἀσθενῶμεν, ὑμεῖς δὲ δυνατοὶ ἦτε· τοῦτο
somos débiles, mas vosotros poderosos sois; esto

καὶ εὐχόμεθα, τὴν ὑμῶν κατάρτισιν. **10** Διὰ
también oramos, (por) la de vosotros [1]perfección. Por

τοῦτο ταῦτα ἀπὼν γράφω, ἵνα παρὼν
esto, estas cosas estando escribo, para que estando
ausente presente,

μὴ ἀποτόμως χρήσωμαι κατὰ τὴν ἐξουσίαν
no severamente actúe según la autoridad

ἣν ὁ κύριος ἔδωκέν μοι εἰς οἰκοδομὴν
que el Señor dio me para edificación

καὶ οὐκ εἰς καθαίρεσιν.
y no para destrucción.

11 Λοιπόν, ἀδελφοί, χαίρετε, καταρτίζεσθε,
Por lo demás, hermanos, alegraos, sed perfeccionados,

παρακαλεῖσθε, τὸ αὐτὸ φρονεῖτε, εἰρηνεύετε,
sed [2]exhortados, [3]lo mismo pensad, vivid en paz,

καὶ ὁ θεὸς τῆς ἀγάπης καὶ εἰρήνης
y el Dios — de amor y paz

ἔσται μεθ' ὑμῶν. **12** Ἀσπάσασθε ἀλλήλους
estará con vosotros. Saludaos unos a otros

1
9. PERFECCIÓN (en el sentido de *restauración espiritual*).
2
11. EXHORTADOS. O *estimulados*.
3
11. LO MISMO PENSAD. Es decir, *tened una misma mentalidad*. (Comp. Fil. 2:5.)

ἐν ἁγίῳ φιλήματι. Ἀσπάζονται ὑμᾶς οἱ
con santo beso. Saludan os los

ἅγιοι πάντες.
santos todos.

13 Ἡ χάρις τοῦ κυρίου Ἰησοῦ Χριστοῦ
La gracia del Señor Jesucristo

καὶ ἡ ἀγάπη τοῦ θεοῦ καὶ ἡ κοινωνία
y el amor — de Dios y la comunión

τοῦ ἁγίου πνεύματος μετὰ πάντων ὑμῶν.
del Santo Espíritu (sea) con todos vosotros.

Carta del apóstol Pablo a los
GALATAS

1 Παῦλος ἀπόστολος, οὐκ ἀπ᾽ ἀνθρώπων
Pablo apóstol, no de parte de hombres

οὐδὲ δι᾽ ἀνθρώπου ἀλλὰ διὰ Ἰησοῦ
ni mediante hombre, sino mediante Jesu-

Χριστοῦ καὶ θεοῦ πατρὸς τοῦ ἐγείραντος
cristo y Dios Padre, el que levantó

αὐτὸν ἐκ νεκρῶν, **2** καὶ οἱ σὺν ἐμοὶ
lo de (los) muertos, y los conmigo

πάντες ἀδελφοί, ταῖς ἐκκλησίαις τῆς
todos hermanos, a las (que están) iglesias —

Γαλατίας· **3** χάρις ὑμῖν καὶ εἰρήνη ἀπὸ
de Galacia: Gracia a vosotros y paz de parte

θεοῦ πατρὸς ἡμῶν καὶ κυρίου Ἰησοῦ
de Dios Padre de nosotros y de(l) Señor Jesu-

Χριστοῦ, **4** τοῦ δόντος ἑαυτὸν ὑπὲρ τῶν
cristo, el que dio a sí mismo en pro de los

ἁμαρτιῶν ἡμῶν, ὅπως ἐξέληται ἡμᾶς ἐκ
pecados de nosotros, a fin de librar nos [1]del

τοῦ αἰῶνος τοῦ ἐνεστῶτος πονηροῦ κατὰ
siglo — presente malo, conforme

τὸ θέλημα τοῦ θεοῦ καὶ πατρὸς ἡμῶν,
a la voluntad del Dios y Padre de nosotros,

5 ᾧ ἡ δόξα εἰς τοὺς αἰῶνας τῶν
al cual la gloria por los siglos de los
(sea)

αἰώνων· ἀμήν.
siglos; amén.

[1] 4. DEL SIGLO. Esto es, *del mundo.*

6 Θαυμάζω ὅτι οὕτως ταχέως μετατίθεσθε
Me asombro de que así de rápidamente estéis desertando

ἀπὸ τοῦ καλέσαντος ὑμᾶς ἐν χάριτι
del que llamó os por (la) gracia

Χριστοῦ εἰς ἕτερον εὐαγγέλιον, **7** ὃ οὐκ
de Cristo a un diferente evangelio, que no

ἔστιν ἄλλο· εἰ μή τινές εἰσιν οἱ ταράσ-
es otro; sino que algunos hay — que per-

σοντες ὑμᾶς καὶ θέλοντες μεταστρέψαι
turban os y quieren tergiversar

τὸ εὐαγγέλιον τοῦ Χριστοῦ. **8** ἀλλὰ
el evangelio — de Cristo. Pero

καὶ ἐὰν ἡμεῖς ἢ ἄγγελος ἐξ οὐρανοῦ
incluso si nosotros o un ángel [1]de(l) cielo

εὐαγγελίσηται [ὑμῖν] παρ᾽ ὃ εὐηγγελισάμεθα
predicase un evangelio os [2]junto al que predicamos

ὑμῖν, ἀνάθεμα ἔστω. **9** ὡς προειρήκαμεν,
os, [3]maldito sea. Como hemos dicho antes,

καὶ ἄρτι πάλιν λέγω, εἴ τις ὑμᾶς εὐαγ-
y ahora de nuevo digo, si alguien os predica un

γελίζεται παρ᾽ ὃ παρελάβετε, ἀνάθεμα
evangelio [2]junto al que recibisteis, [3]maldito

ἔστω.
sea.

10 Ἄρτι γὰρ ἀνθρώπους πείθω ἢ τὸν
Porque ahora ¿a hombres [4]persuado o —

θεόν; ἢ ζητῶ ἀνθρώποις ἀρέσκειν; εἰ
a Dios? ¿O busco a (los) hombres agradar? Si

ἔτι ἀνθρώποις ἤρεσκον, Χριστοῦ δοῦλος
aún a (los) hombres agradara, de Cristo siervo

οὐκ ἂν ἤμην. **11** γνωρίζω γὰρ ὑμῖν,
no sería. Porque hago saber os,

ἀδελφοί, τὸ εὐαγγέλιον τὸ εὐαγγελισθὲν
hermanos, el evangelio — predicado

ὑπ᾽ ἐμοῦ ὅτι οὐκ ἔστιν κατὰ ἄνθρωπον
por mí que no es según hombre,

12 οὐδὲ γὰρ ἐγὼ παρὰ ἀνθρώπου παρέλαβον
porque ni yo de parte de hombre recibí

αὐτὸ οὔτε ἐδιδάχθην, ἀλλὰ δι᾽ ἀποκαλύψεως
lo ni me fue enseñado, sino mediante revelación

Ἰησοῦ Χριστοῦ. **13** Ἠκούσατε γὰρ τὴν
de Jesucristo. Porque oísteis —

ἐμὴν ἀναστροφήν ποτε ἐν τῷ Ἰουδαϊσμῷ,
mi conducta entonces en el judaísmo,

ὅτι καθ᾽ ὑπερβολὴν ἐδίωκον τὴν ἐκκλησίαν
que excesivamente perseguía a la iglesia

---

[1]
8. DE(L). Esto es, *procedente del.*
[2]
8 y 9. JUNEO AL QUE. Es decir, *añadido.*
[3]
8 y 9. MALDITO. Lit. *maldición.*
[4]
10. PERSUADO. Es decir, *inclino a mi favor.*

τοῦ θεοῦ καὶ ἐπόρθουν αὐτήν, **14** καὶ
— de Dios   y   devastaba   la,   y

προέκοπτον ἐν τῷ Ἰουδαϊσμῷ ὑπὲρ πολλοὺς
progresaba   en   el   judaísmo   más que   muchos

συνηλικιώτας ἐν τῷ γένει μου, περισ-
coetáneos   en   la   raza   de mí,   abundante-

σοτέρως ζηλωτὴς ὑπάρχων τῶν πατρικῶν
mente   celoso   siendo   de las   patrias

μου παραδόσεων. **15** Ὅτε δὲ εὐδόκησεν
de mí   tradiciones.   Pero cuando   tuvo a bien

ὁ ἀφορίσας με ἐκ κοιλίας μητρός μου
el   que ¹separó   me   desde   (el) vientre   de (la) madre   de mí

καὶ καλέσας διὰ τῆς χάριτος αὐτοῦ
y   (me) llamó   mediante   la   gracia   de él,

16 ἀποκαλύψαι τὸν υἱὸν αὐτοῦ ἐν ἐμοί,
revelar   al   Hijo   de él   en   mí,

ἵνα εὐαγγελίζωμαι αὐτὸν ἐν τοῖς ἔθνεσιν,
para   que predique (yo)   le   entre   los   gentiles,

εὐθέως οὐ προσανεθέμην σαρκὶ καὶ αἵματι,
en seguida   no   consulté   con carne   y   sangre,

17 οὐδὲ ἀνῆλθον εἰς Ἱεροσόλυμα πρὸς
ni   subí   a   Jerusalén   a

τοὺς πρὸ ἐμοῦ ἀποστόλους, ἀλλὰ ἀπῆλθον
los (que) antes   de mí   (eran) apóstoles,   sino   que fui

εἰς Ἀραβίαν, καὶ πάλιν ὑπέστρεψα εἰς
a   Arabia,   y   de nuevo   regresé   a

Δαμασκόν. **18** Ἔπειτα μετὰ τρία ἔτη
Damasco.   Luego,   después   de tres   años,

ἀνῆλθον εἰς Ἱεροσόλυμα ἱστορῆσαι Κηφᾶν,
subí   a   Jerusalén   para visitar   a Cefas,

καὶ ἐπέμεινα πρὸς αὐτὸν ἡμέρας δεκαπέντε·
y   permanecí   con   él   días   quince;

19 ἕτερον δὲ τῶν ἀποστόλων οὐκ εἶδον,
pero a otro   de los   apóstoles   no   vi,

εἰ μὴ Ἰάκωβον τὸν ἀδελφὸν τοῦ κυρίου.
excepto   a Jacobo   el   hermano   del   Señor.

20 ἃ δὲ γράφω ὑμῖν, ἰδοὺ ἐνώπιον τοῦ
Y las cosas que   escribo   os,   ²os aseguro   delante   —

θεοῦ ὅτι οὐ ψεύδομαι. **21** ἔπειτα ἦλθον
de Dios   que   no   miento.   Después   vine

εἰς τὰ κλίματα τῆς Συρίας καὶ τῆς
a   las   regiones   —   de Siria   y   —

Κιλικίας. **22** ἤμην δὲ ἀγνοούμενος τῷ
de Cilicia.   Y era   desconocido   —

προσώπῳ ταῖς ἐκκλησίαις τῆς Ἰουδαίας
de cara   para las   iglesias   —   de Judea

---

¹
15. SEPARÓ. Es decir, *apartó* (predestinó) *para el futuro ministerio.* (Comp. Jer. 1:5.)

²
20. OS ASEGURO. Lit. *mirad.*

ταῖς ἐν Χριστῷ. 23 μόνον δὲ ἀκούοντες
— en Cristo.   Pero sólo   oyendo

ἦσαν) ὅτι ὁ διώκων ἡμᾶς ποτε νῦν
(que eran)
estaban: — El que perseguía nos otrora, ahora

εὐαγγελίζεται τὴν πίστιν ἥν ποτε ἐπόρθει,
predica   la   fe   que antes ¹trataba de
                                        destruir,

24 καὶ ἐδόξαζον ἐν ἐμοὶ τὸν θεόν.
      y   glorificaban en   mí   a Dios.

2 Ἔπειτα διὰ δεκατεσσάρων ἐτῶν πάλιν
Después, tras   catorce   años, de nuevo

ἀνέβην εἰς Ἱεροσόλυμα μετὰ Βαρναβᾶ,
subí   a   Jerusalén con   Bernabé,

συμπαραλαβὼν καὶ Τίτον· 2 ἀνέβην δὲ
tomando con(migo) también a Tito. Y subí

κατὰ ἀποκάλυψιν· καὶ ἀνεθέμην αὐτοῖς
conforme a una revelación; y presenté les

τὸ εὐαγγέλιον ὃ κηρύσσω ἐν τοῖς ἔθνεσιν,
el evangelio que proclamo entre los gentiles;

κατ᾽ ἰδίαν δὲ τοῖς δοκοῦσιν, μή πως
en privado, empero, a los que ²parecían, no sea que

εἰς κενὸν τρέχω ἢ ἔδραμον. 3 ἀλλ᾽
en vano   corro   o   corrí.   Pero

οὐδὲ Τίτος ὁ σὺν ἐμοί, Ἕλλην ὤν,
ni   Tito, el que conmigo, griego siendo,
                    (estaba)

ἠναγκάσθη περιτμηθῆναι· 4 διὰ δὲ τοὺς
fue compelido a ser circuncidado; pero a causa de los

παρεισάκτους ψευδαδέλφους, οἵτινες παρεισ-
intrusos   falsos hermanos, quienes se infil-

ἦλθον κατασκοπῆσαι τὴν ἐλευθερίαν ἡμῶν
traron para espiar   la   libertad   de nosotros

ἣν ἔχομεν ἐν Χριστῷ Ἰησοῦ, ἵνα ἡμᾶς
que tenemos en Cristo Jesús, para nos

καταδουλώσουσιν· 5 οἷς οὐδὲ πρὸς ὥραν
esclavizar; a los que ni por una hora

εἴξαμεν τῇ ὑποταγῇ, ἵνα ἡ ἀλήθεια
nos rendimos — en sumisión, para que la verdad

τοῦ εὐαγγελίου διαμείνῃ πρὸς ὑμᾶς. 6 ἀπὸ
del evangelio permanezca con vosotros. Pero de

δὲ τῶν δοκούντων εἶναί τι, — ὁποῖοί
parte de los que parecían ser algo, — ³cuáles

ποτε ἦσαν οὐδέν μοι διαφέρει· πρόσωπον
entonces eran, nada me importa;   (el) rostro

[ὁ] θεὸς ἀνθρώπου οὐ λαμβάνει — ἐμοὶ
Dios, de(l) hombre ⁴no recibe — a mí,

γὰρ οἱ δοκοῦντες οὐδὲν προσανέθεντο,
pues, los que parecían nada añadieron,

1
23. TRATABA DE DESTRUIR.
Lit. devastaba.
2
2. PARECÍAN. Es decir, a los
prominentes. (V. vers. 6 y
9.)
3
6. CUÁLES. Es decir, de qué
categoría.
4
6. NO RECIBE. Es decir, no
se fija en las apariencias.

7 ἀλλὰ   τοὐναντίον   ἰδόντες   ὅτι   πεπίστευμαι
sino que,   por el contrario,   viendo   que   me ha sido confiado

τὸ   εὐαγγέλιον   τῆς   ἀκροβυστίας   καθὼς
el   evangelio   de la   incircuncisión,   como a

Πέτρος   τῆς   περιτομῆς,   8 ὁ   γὰρ   ἐνεργήσας
Pedro   de la   circuncisión,   pues el   que actuó

Πέτρῳ   εἰς   ἀποστολὴν   τῆς   περιτομῆς
en Pedro   para   (el) apostolado   de la   circuncisión,

ἐνήργησεν   καὶ   ἐμοὶ   εἰς   τὰ   ἔθνη,   9 καὶ
actuó   también   en mí   para con los   gentiles,   y

γνόντες   τὴν   χάριν   τὴν   δοθεῖσάν   μοι,
conociendo   la   gracia   —   dada   a mí,

Ἰάκωβος   καὶ   Κηφᾶς   καὶ   Ἰωάννης,   οἱ
Jacobo   y   Cefas   y   Juan,   los

δοκοῦντες   στῦλοι   εἶναι,   δεξιὰς   ἔδωκαν
que parecían   columnas   ser,   (las manos) derechas   dieron

ἐμοὶ   καὶ   Βαρναβᾷ   κοινωνίας,   ἵνα   ἡμεῖς
a mí   y   a Bernabé   de comunión,   para que   nosotros
                                                              (fuésemos)

εἰς   τὰ   ἔθνη,   αὐτοὶ   δὲ   εἰς   τὴν   περιτομήν·
a   los   gentiles,   y ellos   a   la   circuncisión;

10 μόνον   τῶν   πτωχῶν   ἵνα   μνημονεύωμεν,
(nos pidieron) de los   pobres   que   nos acordásemos,
sólo

ὃ   καὶ   ἐσπούδασα   αὐτὸ   τοῦτο   ποιῆσαι.
lo   en   fui diligente en   eso mismo   hacer.
que, efecto,

11 Ὅτε   δὲ   ἦλθεν   Κηφᾶς   εἰς   Ἀντιόχειαν,
Pero cuando   vino   Cefas   a   Antioquía,

κατὰ   πρόσωπον   αὐτῷ   ἀντέστην,   ὅτι
en (su)   cara   le   resistí,   pues

κατεγνωσμένος   ἦν.   12 πρὸ   τοῦ   γὰρ
hecho reprochable   estaba.   Porque antes de

ἐλθεῖν   τινας   ἀπὸ   Ἰακώβου   μετὰ   τῶν
venir   algunos   de parte   de Jacobo,   con   los

ἐθνῶν   συνήσθιεν·   ὅτε   δὲ   ἦλθον,   ὑπέστελλεν
gentiles   comía;   pero cuando   vinieron,   se retraía

καὶ   ἀφώριζεν   ἑαυτόν,   φοβούμενος   τοὺς
y   separaba   a sí mismo,   temiendo   a los

ἐκ   περιτομῆς·   13 καὶ   συνυπεκρίθησαν   αὐτῷ
de   (la) circuncisión;   y   participaron en el   con él
                                                    fingimiento

[καὶ]   οἱ   λοιποὶ   Ἰουδαῖοι,   ὥστε   καὶ
también   los   demás   judíos,   de modo que incluso

Βαρναβᾶς   συναπήχθη   αὐτῶν   τῇ   ὑποκρίσει.
Bernabé   fue arrastrado   con ellos   en el   fingimiento.

14 ἀλλ'   ὅτε   εἶδον   ὅτι   οὐκ   ὀρθοποδοῦσιν
Pero   cuando   vi   que   no   anda(ba)n rectamente

πρὸς   τὴν   ἀλήθειαν   τοῦ   εὐαγγελίου,   εἶπον
¹con   la   verdad   del   evangelio,   dije

τῷ　Κηφᾷ　ἔμπροσθεν　πάντων·　εἰ　σὺ
a Cefas　　　delante　　de todos:　Si　tú,

'Ιουδαῖος　ὑπάρχων　ἐθνικῶς　καὶ　οὐκ
judío　　　siendo,　como un gentil　y　　no

'Ιουδαϊκῶς　ζῇς,　πῶς　τὰ　ἔθνη　ἀναγκάζεις
como un judío　vives,　¿cómo　a los　gentiles　compeles

ἰουδαΐζειν;　15 'Ημεῖς　φύσει　'Ιουδαῖοι　καὶ
a judaizar?　　Nosotros, por naturaleza　judíos,　　y

οὐκ　ἐξ　ἐθνῶν　ἁμαρτωλοί,　16 εἰδότες　δὲ
no　de entre　gentiles　pecadores,　　y sabiendo
　　　(los)

ὅτι　οὐ　δικαιοῦται　ἄνθρωπος　ἐξ　ἔργων
que　no　es justificado　un hombre　por　obras

νόμου　ἐὰν　μὴ　διὰ　πίστεως　Χριστοῦ
de (la) ley,　1sino　　mediante　(la) fe　de Cristo

'Ιησοῦ,　καὶ　ἡμεῖς　εἰς　Χριστὸν　'Ιησοῦν
Jesús,　también　nosotros　en　Cristo　Jesús

ἐπιστεύσαμεν,　ἵνα　δικαιωθῶμεν　ἐκ　πίστεως
creímos,　para　ser justificados　por　fe

Χριστοῦ　καὶ　οὐκ　ἐξ　ἔργων　νόμου,　ὅτι
2en Cristo　y　　no　por　obras　de (la) ley,　pues

ἐξ　ἔργων　νόμου　οὐ　δικαιωθήσεται　πᾶσα
por　obras　de (la) ley　no　será justificada　toda

σάρξ.　17 εἰ　δὲ　ζητοῦντες　δικαιωθῆναι
carne.　　Pero si　　buscando　ser justificados

ἐν　Χριστῷ　εὑρέθημεν　καὶ　αὐτοὶ　ἁμαρτωλοί,
en　Cristo,　fuimos hallados también　(nosotros)　pecadores,
　　　　　　　　　　　　　　　　mismos

ἆρα　Χριστὸς　ἁμαρτίας　διάκονος;　μὴ
¿(es)　Cristo　de pecado　ministro?　¡No
entonces

γένοιτο.　18 εἰ　γὰρ　ἃ　κατέλυσα　ταῦτα
sea (así)!　　Porque si　lo que　destruí,　eso

πάλιν　οἰκοδομῶ,　παραβάτην　ἐμαυτὸν　συνισ-
de nuevo　edifico,　transgresor　a mí mismo　me

τάνω.　19 ἐγὼ　γὰρ　διὰ　νόμου　νόμῳ
constituyo.　Porque yo　mediante　(la) ley　a (la) ley

ἀπέθανον　ἵνα　θεῷ　ζήσω.　20 Χριστῷ　συνεσ-
morí,　a fin de para　vivir.　Con Cristo　he sido
　　　　Dios

ταύρωμαι·　ζῶ　δὲ　οὐκέτι　ἐγώ,　ζῇ　δὲ
con-crucificado;　y vivo　ya no　yo,　sino que vive

ἐν　ἐμοὶ　Χριστός·　ὃ　δὲ　νῦν　ζῶ　ἐν　σαρκί,
en　mí　Cristo;　y lo que　ahora　vivo en (la)　carne,

ἐν　πίστει　ζῶ　τῇ　τοῦ　υἱοῦ　τοῦ　θεοῦ
por　fe　(lo) vivo　—　del　Hijo　—　de Dios,

τοῦ　ἀγαπήσαντός　με　καὶ　παραδόντος　ἑαυτὸν
—　que amó　me　y　entregó　a sí mismo

1
16. Sino. Lit. excepto.
2
16. En. Lit. de.

ὑπὲρ ἐμοῦ. 21 Οὐκ ἀθετῶ τὴν χάριν
a favor de mí. No soslayo la gracia

τοῦ θεοῦ· εἰ γὰρ διὰ νόμου δικαιοσύνη,
— de Dios; porque si mediante (la) ley (viene la) justicia,

ἄρα Χριστὸς δωρεὰν ἀπέθανεν.
entonces Cristo ¹sin necesidad murió.

3 Ὦ ἀνόητοι Γαλάται, τίς ὑμᾶς
Oh insensatos gálatas, ¿quién os

ἐβάσκανεν, οἷς κατ' ὀφθαλμοὺς Ἰησοῦς
hechizó, a los que ante (los) ojos Jesu-

Χριστὸς προεγράφη ἐσταυρωμένος; 2 τοῦτο
cristo fue presentado (como) crucificado? Esto
claramente

μόνον θέλω μαθεῖν ἀφ' ὑμῶν, ἐξ ἔργων
sólo quiero ²averiguar de vosotros, ¿por obras

νόμου τὸ πνεῦμα ἐλάβετε ἢ ἐξ ἀκοῆς
de (la) ley el Espíritu recibisteis, o por (el) oír

πίστεως; 3 οὕτως ἀνόητοί ἐστε; ἐναρξάμενοι
de fe? ¿Tan necios sois? ¿Habiendo
comenzado,

πνεύματι νῦν σαρκὶ ἐπιτελεῖσθε; 4 τοσαῦτα
por (el) ahora ³por (la) sois perfeccionados? ¿Tantas cosas
Espíritu, carne

ἐπάθετε εἰκῇ; 5 εἴ γε καὶ εἰκῇ. ὁ
padecisteis en vano? Si es que de cierto (fue) El que,
en vano.

οὖν ἐπιχορηγῶν ὑμῖν τὸ πνεῦμα καὶ
pues, suministra os el Espíritu y

ἐνεργῶν δυνάμεις ἐν ὑμῖν ἐξ ἔργων
efectúa ⁴milagros entre vosotros, ¿por obras

νόμου ἢ ἐξ ἀκοῆς πίστεως; 6 Καθὼς
de (la) ley, o por (el) oír de fe (lo hace)? Como

Ἀβραὰμ ἐπίστευσεν τῷ θεῷ, καὶ ἐλογίσθη
Abraham creyó — a Dios, y fue contado

αὐτῷ εἰς δικαιοσύνην. 7 γινώσκετε ἄρα
le para justicia. Conoced, entonces,

ὅτι οἱ ἐκ πίστεως, οὗτοι υἱοί εἰσιν
que los que de fe, ésos hijos son
(son)

Ἀβραάμ. 8 προϊδοῦσα δὲ ἡ γραφὴ ὅτι
de Abraham. Y previendo la Escritura que

ἐκ πίστεως δικαιοῖ τὰ ἔθνη ὁ θεός,
por fe justificaría a los gentiles — Dios,

προευηγγελίσατο τῷ Ἀβραὰμ ὅτι ἐνευλογη-
anunció de antemano la — a Abraham: Que serán
buena nueva

θήσονται ἐν σοὶ πάντα τὰ ἔθνη. 9 ὥστε
bendecidas en ti todas las naciones. De modo que

οἱ ἐκ πίστεως εὐλογοῦνται σὺν τῷ πιστῷ
los que de fe, son bendecidos con el ⁵fiel
(son)

1
21. SIN NECESIDAD. Lit. gratis o de regalo.
2
2. AVERIGUAR. Lit. aprender.
3
3. POR LA CARNE. Es decir, por algo exterior, como es la circuncisión.
4
5. MILAGROS. Lit. poderes.
5
9. FIEL. O creyente (hombre de fe).

'Αβραάμ. **10** Ὅσοι γὰρ ἐξ ἔργων νόμου
Abraham. Porque cuantos de obras de (la) ley

εἰσίν, ὑπὸ κατάραν εἰσίν· γέγραπται γὰρ
son, bajo maldición están; porque ha sido escrito:

ὅτι ἐπικατάρατος πᾶς ὃς οὐκ ἐμμένει
— Maldito todo el que no continúa

πᾶσιν τοῖς γεγραμμένοις ἐν τῷ βιβλίῳ
en todas las cosas que han sido escritas en el rollo

τοῦ νόμου τοῦ ποιῆσαι αὐτά. **11** ὅτι
de la ley — para hacer las. Y que

δὲ ἐν νόμῳ οὐδεὶς δικαιοῦται παρὰ τῷ
por (la) ley nadie es justificado para con —

θεῷ δῆλον, ὅτι ὁ δίκαιος ἐκ πίστεως
Dios, (es) evidente, pues el justo por fe

ζήσεται· **12** ὁ δὲ νόμος οὐκ ἔστιν ἐκ
vivirá; pero la ley no es por

πίστεως, ἀλλ' ὁ ποιήσας αὐτὰ ζήσεται
fe, sino que el que haga las (cosas estas), vivirá

ἐν αὐτοῖς. **13** Χριστὸς ἡμᾶς ἐξηγόρασεν
por ellas. Cristo nos redimió

ἐκ τῆς κατάρας τοῦ νόμου γενόμενος
de la maldición de la ley, hecho

ὑπὲρ ἡμῶν κατάρα, ὅτι γέγραπται·
a favor de nosotros maldición, pues ha sido escrito:

ἐπικατάρατος πᾶς ὁ κρεμάμενος ἐπὶ
Maldito todo el que está colgado en

ξύλου, **14** ἵνα εἰς τὰ ἔθνη ἡ εὐλογία
un madero, para que a los gentiles la bendición

τοῦ 'Αβραὰμ γένηται ἐν 'Ιησοῦ Χριστῷ,
— de Abraham llegase en Jesucristo,

ἵνα τὴν ἐπαγγελίαν τοῦ πνεύματος λάβωμεν
a fin de que la promesa del Espíritu recibiésemos

διὰ τῆς πίστεως. **15** 'Αδελφοί, κατὰ
mediante la fe. Hermanos, según

ἄνθρωπον λέγω. ὅμως ἀνθρώπου κεκυρω-
(normas de) hombre digo(lo). Aunque (sea) de hombre, habiendo sido

μένην διαθήκην οὐδεὶς ἀθετεῖ ἢ ἐπιδια-
ratificado un pacto, nadie (lo) anula o (le) añade.

τάσσεται. **16** τῷ δὲ 'Αβραὰμ ἐρρέθησαν
Ahora bien, a Abraham fueron dichas

αἱ ἐπαγγελίαι καὶ τῷ σπέρματι αὐτοῦ.
las promesas y a la simiente de él.

οὐ λέγει· καὶ τοῖς σπέρμασιν, ὡς ἐπὶ
No dice: Y a las simientes, como respecto

πολλῶν, ἀλλ' ὡς ἐφ' ἑνός· καὶ τῷ
de muchos, sino como respecto de uno: Y a la

σπέρματί σου, ὅς ἐστιν Χριστός. **17** τοῦτο δὲ
simiente de ti, que es Cristo. Y esto

- λέγω· διαθήκην προκεκυρωμένην ὑπὸ
digo: (El) pacto previamente ratificado por

τοῦ θεοῦ ὁ μετὰ τετρακόσια καὶ τριάκοντα
— Dios, la que después cuatrocientos y treinta

ἔτη γεγονὼς ᵈᵉνόμος οὐκ ἀκυροῖ, εἰς τὸ
años ha llegado a ser ley, no (lo) abroga, (como) — para

καταργῆσαι τὴν ἐπαγγελίαν. 18 εἰ γὰρ
abolir la promesa. Porque si

ἐκ νόμου ἡ κληρονομία, οὐκέτι ἐξ
a base de (la) ley la herencia, ya no (es) a base

ἐπαγγελίας· τῷ δὲ ᐟᐟ(ος) Ἀβραὰμ δι᾽ ἐπαγγελίας
de (la) promesa; — pero a Abraham mediante promesa

κεχάρισται ὁ θεός. 19 Τί οὖν ὁ νόμος;
(la) ha otorgado — Dios. ¿Por qué, pues, la ley?

τῶν παραβάσεων χάριν προσετέθη, ἄχρις
Por causa transgresiones fue añadida, hasta

ᵈᵉ ˡᵃˢ ἂν ἔλθῃ τὸ σπέρμα ᾧ ἐπήγγελται,
que viniese la simiente a quien ha sido prometida,

διαταγεὶς δι᾽ ἀγγέλων, ἐν χειρὶ μεσίτου.
¹ordenada mediante ángeles, por mano de un mediador.

20 ὁ δὲ μεσίτης ἑνὸς οὐκ ἔστιν, ὁ
Y el mediador, de uno (solo) no es, —

δὲ θεὸς εἷς ἐστιν. 21 ὁ οὖν νόμος κατὰ
pero Dios uno (solo) es. ¿(Es), pues, la ley contra

τῶν ἐπαγγελιῶν [τοῦ θεοῦ]; μὴ γένοιτο.
las promesas — de Dios? ¡No sea (así)!

εἰ γὰρ ἐδόθη νόμος ὁ δυνάμενος ζωοποι-
Porque si fue dada una ley — que puede vivificar,

ῆσαι, ὄντως ἐκ νόμου ἂν ἦν ἡ δικαιοσύνη·
realmente por (la) ley sería la justicia;

22 ἀλλὰ συνέκλεισεν ἡ γραφὴ τὰ πάντα
pero encerró la Escritura las cosas todas

ὑπὸ ἁμαρτίαν ἵνα ἡ ἐπαγγελία ἐκ πίστεως
bajo pecado, para que la promesa por (la) fe

Ἰησοῦ Χριστοῦ δοθῇ τοῖς πιστεύουσιν.
de Jesucristo fuese dada a los que creen.

23 Πρὸ τοῦ δὲ ἐλθεῖν τὴν πίστιν ὑπὸ
Pero antes de que viniese la fe, bajo

νόμον ἐφρουρούμεθα συγκλειόμενοι εἰς τὴν
(la) ley éramos custodiados, encerrados para la

μέλλουσαν πίστιν ἀποκαλυφθῆναι. 24 ὥστε
que iba fe a ser revelada. De modo que

ὁ νόμος παιδαγωγὸς ἡμῶν γέγονεν εἰς
la ley ayo de nosotros ha sido hacia

¹
19. ORDENADA (la ley).

Χριστόν, ἵνα ἐκ πίστεως δικαιωθῶμεν·
Cristo, para que por fe fuésemos justificados;

25 ἐλθούσης δὲ τῆς πίστεως οὐκέτι ὑπὸ
pero venida la fe, ya no bajo

παιδαγωγόν ἐσμεν. **26** Πάντες γὰρ υἱοὶ
ayo estamos. Porque todos hijos

θεοῦ ἐστε διὰ τῆς πίστεως ἐν Χριστῷ
de Dios sois mediante la fe en Cristo

Ἰησοῦ· **27** ὅσοι γὰρ εἰς Χριστὸν ἐβαπτίσ-
Jesús; porque cuantos en Cristo fuisteis

θητε, Χριστὸν ἐνεδύσασθε. **28** οὐκ ἔνι
bautizados, de Cristo fuisteis revestidos. No hay

Ἰουδαῖος οὐδὲ Ἕλλην, οὐκ ἔνι δοῦλος
judío ni griego; no hay ¹siervo

οὐδὲ ἐλεύθερος, οὐκ ἔνι ἄρσεν καὶ θῆλυ·
ni libre; no hay varón y hembra;

πάντες γὰρ ὑμεῖς εἷς ἐστε ἐν Χριστῷ
porque todos vosotros uno (solo) sois en Cristo

Ἰησοῦ. **29** εἰ δὲ ὑμεῖς Χριστοῦ, ἄρα
Jesús. Y si vosotros (sois) de Cristo, entonces

τοῦ Ἀβραὰμ σπέρμα ἐστέ, κατ' ἐπαγγελίαν
de Abraham simiente sois, conforme a (la) promesa

κληρονόμοι. **4** Λέγω δέ, ἐφ' ὅσον χρόνον ὁ
herederos. Pero digo: Por cuanto tiempo el

κληρονόμος νήπιός ἐστιν, οὐδὲν διαφέρει
heredero niño pequeño es, en nada difiere

δούλου κύριος ᾿πάντων ὤν, **2** ἀλλὰ ὑπὸ
de un esclavo, señor ²de todos siendo, sino que bajo

ἐπιτρόπους ἐστὶν καὶ οἰκονόμους ἄχρι τῆς
tutores está y administradores hasta el

προθεσμίας τοῦ πατρός. **3** οὕτως καὶ
plazo prefijado ³por el padre. Así también

ἡμεῖς, ὅτε ἦμεν νήπιοι, ὑπὸ τὰ στοιχεῖα
nosotros, cuando éramos niños pequeños, bajo ⁴los elementos

τοῦ κόσμου ἤμεθα δεδουλωμένοι· **4** ὅτε
del mundo estábamos esclavizados; pero

δὲ ἦλθεν τὸ πλήρωμα τοῦ χρόνου,
cuando vino la plenitud del tiempo,

ἐξαπέστειλεν ὁ θεὸς τὸν υἱὸν αὐτοῦ,
despachó — Dios al Hijo de él,

γενόμενον ἐκ γυναικός, γενόμενον ὑπὸ
nacido de mujer, nacido bajo

νόμον, **5** ἵνα τοὺς ὑπὸ νόμον ἐξαγοράσῃ,
(la) ley, para a los que bajo (la) ley redimir,
(estaban)

ἵνα τὴν υἱοθεσίαν ἀπολάβωμεν. **6** Ὅτι δέ
a fin la adopción de hijos recibiésemos. Y pues
de que

1
28. SIERVO. O *esclavo*.
2
1. DE TODOS. O *de todas las cosas*.
3
2. POR EL. Lit. *del*.
4
3. LOS... DEL MUNDO. Esto es, *los ritos judaicos*.

έστε νίοί, έξαπέστειλεν ό θεός τό
sois hijos, despachó — Dios al

πνεῦμα τοῦ υίοῦ αὐτοῦ εἰς τὰς καρδίας
Espíritu del Hijo de él a los corazones

ἡμῶν, κρᾶζον· ἀββᾶ ὁ πατήρ. 7 ὥστε
de nosotros, clamando: Abbá, — Padre. De modo que

οὐκέτι εἶ δοῦλος ἀλλὰ νίός· εἰ δὲ νίός,
ya no eres esclavo, sino hijo; y si hijo,

καὶ κληρονόμος διὰ θεοῦ.
también heredero mediante Dios.

8 Ἀλλὰ τότε μὲν οὐκ εἰδότες θεὸν
Pero otrora, es cierto, no ¹conociendo a Dios,

ἐδουλεύσατε τοῖς φύσει μὴ οὖσιν θεοῖς·
servisteis como a los que por no son dioses;
esclavos naturaleza

9 νῦν δὲ γνόντες θεόν, μᾶλλον δὲ
pero ahora, conociendo a Dios, pero más bien

γνωσθέντες ὑπὸ θεοῦ, πῶς ἐπιστρέφετε
conocidos por Dios, ¿cómo os volvéis

πάλιν ἐπὶ τὰ ἀσθενῆ καὶ πτωχὰ στοιχεῖα,
de nuevo a los débiles y pobres elementos,

οἷς πάλιν ἄνωθεν δουλεῦσαι θέλετε;
a los que otra vez de nuevo servir como esclavos queréis?

10 ἡμέρας παρατηρεῖσθε καὶ μῆνας καὶ
(Los) días seguís observando y (los) meses y

καιροὺς καὶ ἐνιαυτούς. 11 φοβοῦμαι ὑμᾶς.
(las) estaciones y (los) años. Temo (por) vosotros,

μή πως εἰκῆ κεκοπίακα εἰς ὑμᾶς.
no sea que en vano he trabajado por vosotros.
duramente

12 Γίνεσθε ὡς ἐγώ, ὅτι κἀγὼ ὡς
Haceos como yo, pues también yo como
(me hice)

ὑμεῖς, ἀδελφοί, δέομαι ὑμῶν. οὐδέν με
vosotros, hermanos, pido os. En nada me

ἠδικήσατε· 13 οἴδατε δὲ ὅτι δι' ἀσθένειαν
agraviasteis; pero sabéis que a causa de una enfermedad

τῆς σαρκὸς εὐηγγελισάμην ὑμῖν τὸ
de la carne anuncié el evangelio os la

πρότερον, 14 καὶ τὸν πειρασμὸν ὑμῶν
primera vez, y la prueba ²de vosotros

ἐν τῇ σαρκί μου οὐκ ἐξουθενήσατε οὐδὲ
en la carne de mí no (la) despreciasteis ni

ἐξεπτύσατε, ἀλλὰ ὡς ἄγγελον θεοῦ ἐδέξασθέ
desdeñasteis, sino que como a un ángel de Dios acogisteis

με, ὡς Χριστὸν Ἰησοῦν. 15 ποῦ οὖν
me, como a Cristo Jesús. ¿Dónde, pues,
(está)

ὁ μακαρισμὸς ὑμῶν; μαρτυρῶ γὰρ ὑμῖν
el sentimiento de de vosotros? Porque testifico os
felicidad

ὅτι εἰ δυνατὸν τοὺς ὀφθαλμοὺς ὑμῶν
que, si posible los ojos de vosotros
(hubiese sido),

1
8. CONOCIENDO. Lit. *sabiendo.*
2
14. DE VOSOTROS. Esto es, *que fue para vosotros.*

ἐξορύξαντες ἐδώκατέ μοι. **16** ὥστε ἐχθρὸς
sacando, (los) habríais dado me. ¿De modo que enemigo

ὑμῶν γέγονα ἀληθεύων ὑμῖν; **17** ζηλοῦσιν
de vosotros me he diciendo la verdad os? Tienen celo
hecho

ὑμᾶς οὐ καλῶς, ἀλλὰ ἐκκλεῖσαι ὑμᾶς
por no bien, sino que ¹alejar os
vosotros,

θέλουσιν, **18** ἵνα αὐτοὺς ζηλοῦτε. καλὸν δὲ
quieren, para que por ellos tengáis celo. Y bueno (es)

ζηλοῦσθαι ἐν καλῷ πάντοτε, καὶ μὴ
tener celo en (lo) bueno siempre, y no

μόνον ἐν τῷ παρεῖναί με πρὸς ὑμᾶς,
sólo en el estar presente yo con vosotros,

19 τέκνα μου, οὓς πάλιν ὠδίνω μέχρις οὗ
hijos de mí, por los de nuevo siento dolores hasta que
que de parto

μορφωθῇ Χριστὸς ἐν ὑμῖν. **20** ἤθελον δὲ
sea formado Cristo en vosotros; y quería

παρεῖναι πρὸς ὑμᾶς ἄρτι καὶ ἀλλάξαι
estar presente con vosotros ahora mismo y cambiar

τὴν φωνήν μου, ὅτι ἀποροῦμαι ἐν ὑμῖν.
la voz de mí, pues estoy perplejo ²acerca de
vosotros.

21 Λέγετέ μοι, οἱ ὑπὸ νόμον θέλοντες
Decid me, los que bajo (la) ley queréis

εἶναι, τὸν νόμον οὐκ ἀκούετε; **22** γέγραπται
estar, ¿la ley no oís? Porque ha sido

γὰρ ὅτι Ἀβραὰμ δύο υἱοὺς ἔσχεν, ἕνα
escrito que Abraham dos hijos tuvo, uno

ἐκ τῆς παιδίσκης καὶ ἕνα ἐκ τῆς ἐλευ-
de la criada y uno de la libre.

θέρας. **23** ἀλλ' ὁ [μὲν] ἐκ τῆς παιδίσκης
Pero el — de la criada

κατὰ σάρκα γεγέννηται, ὁ δὲ ἐκ τῆς
según (la) carne ha nacido; y el de la

ἐλευθέρας διὰ τῆς ἐπαγγελίας. **24** ἅτινά
libre, mediante la promesa. Las cuales cosas

ἐστιν ἀλληγορούμενα· αὗται γάρ εἰσιν
son dichas en alegoría; porque éstas (mujeres) son

δύο διαθῆκαι, μία μὲν ἀπὸ ὄρους Σινά,
dos pactos; uno, por cierto, de(l) monte Sinay,

εἰς δουλείαν γεννῶσα, ἥτις ἐστὶν Ἀγάρ.
para esclavitud que da a luz, la cual es Agar.

25 τὸ δὲ Ἀγὰρ Σινὰ ὄρος ἐστὶν ἐν
Ahora bien, Agar, el monte Sinay es en

τῇ Ἀραβίᾳ· συστοιχεῖ δὲ τῇ νῦν
Arabia; y corresponde a la ³actual

Ἰερουσαλήμ, δουλεύει γὰρ μετὰ τῶν
Jerusalén, porque está en esclavitud con los

1
17. ALEJAR. Lit. *excluir.*
2
20. ACERCA DE. Lit. *en.*
3
25. ACTUAL. Lit. *ahora.*

τέκνων αὐτῆς. **26** ἡ δὲ ἄνω Ἰερουσαλὴμ
hijos   de ella.   Pero la de arriba   Jerusalén

ἐλευθέρα ἐστίν, ἥτις ἐστὶν μήτηρ ἡμῶν·
libre   es,   la cual   es   madre de nosotros;

27 γέγραπται γάρ· εὐφράνθητι, στεῖρα ἡ
porque ha sido escrito: Alégrate,   estéril, la que

οὐ τίκτουσα, ῥῆξον καὶ βόησον, ἡ οὐκ
no   da a luz,   prorrumpe en   y   da voces, la que   no

ὠδίνουσα· ὅτι πολλὰ τὰ τέκνα τῆς ἐρήμου
tiene dolores de   pues muchos (son) los   hijos   de la   yerma
parto;   júbilo

μᾶλλον ἢ τῆς ἐχούσης τὸν ἄνδρα. **28** ὑμεῖς
más   que de la   que tiene   —   marido.   Pero vos-
(los)

δέ, ἀδελφοί, κατὰ Ἰσαὰκ ἐπαγγελίας τέκνα
otros,   hermanos,   conforme   a Isaac,   de (la) promesa   hijos

ἐστέ. **29** ἀλλ᾽ ὥσπερ τότε ὁ κατὰ σάρκα
sois.   Pero,   así como entonces, el   según   (la) carne

γεννηθεὶς ἐδίωκεν τὸν κατὰ πνεῦμα, οὕτως
nacido,   perseguía al (nacido) según   (el) Espíritu,   así

καὶ νῦν. **30** ἀλλὰ τί λέγει ἡ γραφή;
también ahora.   Pero,   ¿qué   dice   la   Escritura?

ἔκβαλε τὴν παιδίσκην καὶ τὸν υἱὸν αὐτῆς·
Expulsa   a la   criada   y   al   hijo   de ella;

οὐ γὰρ μὴ κληρονομήσει ὁ υἱὸς τῆς
porque de ningún modo   heredará   el   hijo   de la

παιδίσκης μετὰ τοῦ υἱοῦ τῆς ἐλευθέρας.
criada   con   el   hijo   de la   libre.

31 διό, ἀδελφοί, οὐκ ἐσμὲν παιδίσκης
Por lo cual,   hermanos,   no   somos   de (la) criada

τέκνα ἀλλὰ τῆς ἐλευθέρας.
hijos,   sino   de la   libre.

5 Τῇ ἐλευθερίᾳ ἡμᾶς Χριστὸς ἠλευθέρωσεν·
Para la   libertad   nos   Cristo   hizo libres;

στήκετε οὖν καὶ μὴ πάλιν ζυγῷ δουλείας
estad firmes,   pues,   y   no   de nuevo a(l) yugo   de (la)
esclavitud

ἐνέχεσθε.
os sujetéis.

2 Ἴδε ἐγὼ Παῦλος λέγω ὑμῖν ὅτι
Mira (que)   yo,   Pablo,   digo   os   que

ἐὰν περιτέμνησθε Χριστὸς ὑμᾶς οὐδὲν
si   os circuncidáis,   Cristo   os   (de) nada

ὠφελήσει. **3** μαρτύρομαι δὲ πάλιν παντὶ
aprovechará.   Y testifico   de nuevo   a todo

ἀνθρώπῳ περιτεμνομένῳ ὅτι ὀφειλέτης ἐστὶν
hombre   que se circuncida,   que   deudor   es

ὅλον τὸν νόμον ποιῆσαι. **4** κατηργήθητε
toda la ley a hacer. Fuisteis desligados

ἀπὸ Χριστοῦ οἵτινες ἐν νόμῳ δικαιοῦσθε,
de Cristo los que por (la) ley sois justificados;

τῆς χάριτος ἐξεπέσατε. **5** ἡμεῖς γὰρ
de la gracia caísteis. Porque nosotros

πνεύματι ἐκ πίστεως ἐλπίδα δικαιοσύνης
en espíritu por fe (la) esperanza de (la) justicia

ἀπεκδεχόμεθα. **6** ἐν γὰρ Χριστῷ Ἰησοῦ
aguardamos. Porque en Cristo Jesús

οὔτε περιτομή τι ἰσχύει οὔτε ἀκροβυστία,
ni (la) circuncisión algo ¹vale ni (la) incircuncisión,

ἀλλὰ πίστις δι' ἀγάπης ἐνεργουμένη.
sino (la) fe que mediante (el) amor se hace activa.

7 Ἐτρέχετε καλῶς· τίς ὑμᾶς ἐνέκοψεν
Corríais bien; ¿quién os obstaculizó (para)

ἀληθείᾳ μὴ πείθεσθαι; **8** ἡ πεισμονὴ οὐκ
por (la) verdad no ser persuadidos? La persuasión (esta) no (es)

ἐκ τοῦ καλοῦντος ὑμᾶς. **9** μικρὰ ζύμη
del que llama os. Una pequeña levadura

ὅλον τὸ φύραμα ζυμοῖ. **10** ἐγὼ πέποιθα
a toda la masa hace fermentar. Yo confío

εἰς ὑμᾶς ἐν κυρίῳ ὅτι οὐδὲν ἄλλο φρο-
respecto de en (el) Señor que ninguna otra cosa

νήσετε· ὁ δὲ ταράσσων ὑμᾶς βαστάσει
pensaréis; pero el que perturba os cargará (con)

τὸ κρίμα, ὅστις ἐὰν ᾖ. **11** Ἐγὼ δέ,
la sentencia, quienquiera que sea. Pero yo,

ἀδελφοί, εἰ περιτομὴν ἔτι κηρύσσω, τί
hermanos, si (la) circuncisión aún proclamo, ¿por qué

ἔτι διώκομαι; ἄρα κατήργηται τὸ
aún soy perseguido? Entonces ha sido abolido el

σκάνδαλον τοῦ σταυροῦ. **12** Ὄφελον καὶ
escándalo de la cruz. ¡Ojalá (que) incluso

ἀποκόψονται οἱ ἀναστατοῦντες ὑμᾶς.
se mutilasen los que perturban os!

13 Ὑμεῖς γὰρ ἐπ' ἐλευθερίᾳ ἐκλήθητε,
Porque vosotros a libertad fuisteis llamados,

ἀδελφοί· μόνον μὴ τὴν ἐλευθερίαν εἰς
hermanos; sólo que no (uséis) la libertad para (dar)

ἀφορμὴν τῇ σαρκί, ἀλλὰ διὰ τῆς ἀγάπης
²oportunidad a la carne, sino mediante el amor

δουλεύετε ἀλλήλοις. **14** ὁ γὰρ πᾶς νόμος
servíos unos a otros. Porque toda la ley

ἐν ἑνὶ λόγῳ πεπλήρωται, ἐν τῷ· ἀγα-
en una (sola) palabra queda cumplida, en ésta:

πήσεις τὸν πλησίον σου ὡς σεαυτόν.
Amarás al prójimo de ti como a ti mismo.

---

¹ 6. VALE. Lit. *tiene fuerza.*
² 13. OPORTUNIDAD. Lit. *base de abastecimiento.*

15 εἰ δὲ ἀλλήλους δάκνετε καὶ κατεσθίετε,
Pero si   unos a otros   mordéis   y   devoráis,

βλέπετε μὴ ὑπ᾽ ἀλλήλων ἀναλωθῆτε.
mirad   que no   unos   por otros   seáis destruidos.

16 Λέγω δέ, πνεύματι περιπατεῖτε καὶ
Mas digo: En (el) Espíritu   andad   y

ἐπιθυμίαν σαρκὸς οὐ μὴ τελέσητε. **17** ἡ
(el) deseo   de (la) carne   de ningún modo llevéis a cabo.

γὰρ σὰρξ ἐπιθυμεῖ κατὰ τοῦ πνεύματος,
Porque la carne   desea   contra   el   espíritu;

τὸ δὲ πνεῦμα κατὰ τῆς σαρκός, ταῦτα
y el   espíritu   contra   la   carne,   porque

γὰρ ἀλλήλοις ἀντίκειται, ἵνα μὴ ἃ ἐὰν
éstos   uno contra otro   se oponen,   para que no   lo que

θέλητε ταῦτα ποιῆτε. **18** εἰ δὲ πνεύματι
querríais,   eso   hagáis.   Pero si   por (el) Espíritu

ἄγεσθε, οὐκ ἐστὲ ὑπὸ νόμον. **19** φανερὰ δέ
sois guiados,   no   estáis   bajo   (la) ley.   Y manifiestas

ἐστιν τὰ ἔργα τῆς σαρκός, ἅτινά ἐστιν
son   las   obras   de la   carne,   las cuales   son

πορνεία, ἀκαθαρσία, ἀσέλγεια, **20** εἰδωλο-
fornicación,   inmundicia,   lascivia,   idola-

λατρία, φαρμακεία, ἔχθραι, ἔρις, ζῆλος,
tría,   hechicería,   enemistades,   contienda,   celos,

θυμοί, ἐριθεῖαι, διχοστασίαι, αἱρέσεις,
arrebatos de ira,   rivalidades,   divisiones,   [1]partidismos,

21 φθόνοι, μέθαι, κῶμοι, καὶ τὰ ὅμοια
envidias,   borracheras,   orgías,   y   las cosas semejantes

τούτοις, ἃ προλέγω ὑμῖν καθὼς προεῖπον,
a éstas,   (de) las que   amonesto   os   como   dije antes,

ὅτι οἱ τὰ τοιαῦτα πράσσοντες βασιλείαν
que   los   que las   tales cosas   practican,   (el) reino

θεοῦ οὐ κληρονομήσουσιν. **22** ὁ δὲ καρπὸς
de Dios   no   heredarán.   Pero el   fruto

τοῦ πνεύματός ἐστιν ἀγάπη, χαρά, εἰρήνη,
del   Espíritu   es   amor,   gozo,   paz,

μακροθυμία, χρηστότης, ἀγαθωσύνη, πίστις,
longanimidad,   benignidad,   bondad,   fe,

23 πραΰτης, ἐγκράτεια· κατὰ τῶν τοιούτων
mansedumbre,   dominio propio;   contra   las   tales cosas

οὐκ ἔστιν νόμος. **24** οἱ δὲ τοῦ Χριστοῦ
no   hay   ley.   Y los que (son) —   de Cristo

Ἰησοῦ τὴν σάρκα ἐσταύρωσαν σὺν τοῖς
Jesús,   la   carne   crucificaron   con   las

παθήμασιν καὶ ταῖς ἐπιθυμίαις. **25** Εἰ
pasiones   y   los   deseos.   Si

ζῶμεν πνεύματι, πνεύματι καὶ στοιχῶμεν.
vivimos   por (el) Espíritu,   por (el) Espíritu también   avancemos (unidos).

[1] 20. PARTIDISMOS. O *sectarismos.*

26 μὴ   γινώμεθα   κενόδοξοι,   ἀλλήλους
No   nos hagamos   vanagloriosos,   unos a otros

προκαλούμενοι,   ἀλλήλοις   φθονοῦντες.
provocando,   unos a otros   envidiando.

6 Ἀδελφοί, ἐὰν καὶ προλημφθῇ ἄνθρω-
Hermanos,   si,   por cierto,   es sorprendido   [1]alguien

πος ἔν τινι παραπτώματι, ὑμεῖς οἱ
en   alguna   [2]falta,   vosotros   los

πνευματικοὶ καταρτίζετε τὸν τοιοῦτον ἐν
espirituales   restaurad   al   tal   con

πνεύματι πραΰτητος, σκοπῶν σεαυτόν, μὴ
espíritu   de mansedumbre, poniendo atención a ti mismo,   no sea

καὶ σὺ πειρασθῇς. **2** Ἀλλήλων τὰ βάρη
también tú   seas tentado.   Unos de otros   las   cargas   que

βαστάζετε, καὶ οὕτως ἀναπληρώσετε τὸν
llevad,   y   así   cumpliréis   la

νόμον τοῦ Χριστοῦ. **3** εἰ γὰρ δοκεῖ
ley   —   de Cristo.   Porque si   piensa

τις εἶναί τι μηδὲν ὤν, φρεναπατᾷ ἑαυτόν.
alguno   ser   algo,   nada   siendo,   engaña   a sí mismo.

4 τὸ δὲ ἔργον ἑαυτοῦ δοκιμαζέτω ἕκαστος,
Pero la   obra   de sí mismo   ponga a prueba   cada uno,

καὶ τότε εἰς ἑαυτὸν μόνον τὸ καύχημα
y   entonces   para   consigo   solo   la   jactancia

ἕξει καὶ οὐκ εἰς τὸν ἕτερον· **5** ἕκαστος
tendrá   y   no   para con   el   otro;   porque cada

γὰρ τὸ ἴδιον φορτίον βαστάσει. **6** Κοινωνείτω δὲ
uno   el   propio   equipaje   llevará.   Y comparta

ὁ κατηχούμενος τὸν λόγον τῷ κατη-
el   que es instruido   (en) la   palabra   con el   que (le)

χοῦντι ἐν πᾶσιν ἀγαθοῖς. **7** Μὴ πλανᾶσθε,
instruye,   en   todas cosas   buenas.   No   seáis engañados, ·

θεὸς οὐ μυκτηρίζεται. ὃ γὰρ ἐὰν σπείρῃ
Dios   no   es burlado.   Porque cuanto   siembre

ἄνθρωπος, τοῦτο καὶ θερίσει· **8** ὅτι ὁ
un hombre,   eso   también   cosechará;   pues   el

σπείρων εἰς τὴν σάρκα ἑαυτοῦ ἐκ τῆς
que siembra   para   la   carne   de él mismo,   de   la

σαρκὸς θερίσει φθοράν, ὁ δὲ σπείρων
carne   cosechará   corrupción,   pero el   que siembra

εἰς τὸ πνεῦμα ἐκ τοῦ πνεύματος θερίσει
para   el   espíritu,   del   Espíritu   cosechará

ζωὴν αἰώνιον. **9** τὸ δὲ καλὸν ποιοῦντες
vida   eterna.   Y lo   bueno   haciendo,

μὴ ἐγκακῶμεν· καιρῷ γὰρ ἰδίῳ
no   desmayemos;   porque en su propio tiempo

1
1. ALGUIEN. Lit. *un ser humano*.
2
1. FALTA. Lit. *caída*.

θερίσομεν μὴ ἐκλυόμενοι. 10 Ἄρα οὖν
cosecharemos, no desfalleciendo. Así, pues,

ὡς καιρὸν ἔχομεν, ἐργαζώμεθα τὸ ἀγαθὸν
mientras oportunidad tenemos, obremos el bien

πρὸς πάντας, μάλιστα δὲ πρὸς τοὺς
para con todos, y mayormente con los

οἰκείους τῆς πίστεως.
familiares de la fe.

11 Ἴδετε πηλίκοις ὑμῖν γράμμασιν
Ved con cuán grandes a vosotros letras

ἔγραψα τῇ ἐμῇ χειρί. 12 Ὅσοι θέλουσιν
escribí — con mi mano. Cuantos desean

εὐπροσωπῆσαι ἐν σαρκί, οὗτοι ἀναγκάζουσιν
ser bien vistos en (la) carne, ésos fuerzan

ὑμᾶς περιτέμνεσθαι, μόνον ἵνα τῷ
os a ser circuncidados, sólo para que por la

σταυρῷ τοῦ Χριστοῦ [Ἰησοῦ] μὴ
cruz — de Cristo Jesús no

διώκωνται. 13 οὐδὲ γὰρ οἱ περιτεμνόμενοι
sean perseguidos. Porque ni los que se circuncidan,

αὐτοὶ νόμον φυλάσσουσιν, ἀλλὰ θέλουσιν
ellos mismos (la) ley guardan, sino que quieren

ὑμᾶς περιτέμνεσθαι ἵνα ἐν τῇ ὑμετέρᾳ
que vosotros os circuncidéis para que en — vuestra

σαρκὶ καυχήσωνται. 14 ἐμοὶ δὲ μὴ γένοιτο
carne se jacten. Pero a mí que no suceda

καυχᾶσθαι εἰ μὴ ἐν τῷ σταυρῷ τοῦ
jactarme sino en la cruz del

κυρίου ἡμῶν Ἰησοῦ Χριστοῦ, δι' οὗ
Señor de nosotros Jesucristo, mediante quien

ἐμοὶ κόσμος ἐσταύρωται κἀγὼ κόσμῳ.
a mí (el) mundo ha sido crucificado, y yo a(l) mundo.

15 οὔτε γὰρ περιτομή τί ἐστιν οὔτε
Porque ni (la) circuncisión algo es ni

ἀκροβυστία, ἀλλὰ καινὴ κτίσις. 16 καὶ
(la) incircuncisión, sino una nueva creación. Y

ὅσοι τῷ κανόνι τούτῳ στοιχήσουσιν,
cuantos con la norma esta avanzarán (unidos),

εἰρήνη ἐπ' αὐτοὺς καὶ ἔλεος, καὶ ἐπὶ τὸν
paz sobre ellos y misericordia, y sobre el

Ἰσραὴλ τοῦ θεοῦ.
Israel — de Dios.

17 Τοῦ λοιποῦ κόπους μοι μηδεὶς
Por lo demás, molestias a mí nadie

παρεχέτω· ἐγὼ γὰρ τὰ στίγματα τοῦ
cause; porque yo las marcas —

Ἰησοῦ ἐν τῷ σώματί μου βαστάζω.
de Jesús en el cuerpo de mí llevo.

18 Ἡ χάρις τοῦ κυρίου ἡμῶν Ἰησοῦ
La gracia del Señor de nosotros Jesu-
Χριστοῦ μετὰ τοῦ πνεύματος ὑμῶν.
cristo (sea) con el espíritu de vosotros,
ἀδελφοί· ἀμήν.
hermanos; amén.

Carta del apóstol Pablo a los
EFESIOS

1 Παῦλος ἀπόστολος Χριστοῦ Ἰησοῦ διὰ
Pablo, apóstol de Cristo Jesús mediante
θελήματος θεοῦ τοῖς ἁγίοις τοῖς οὖσιν
(la) voluntad de Dios, a los santos — que están
[ἐν Ἐφέσῳ] καὶ πιστοῖς ἐν Χριστῷ
en Éfeso y fieles en Cristo
Ἰησοῦ· **2** χάρις ὑμῖν καὶ εἰρήνη ἀπὸ
Jesús: Gracia a vosotros y paz de parte
θεοῦ πατρὸς ἡμῶν καὶ κυρίου Ἰησοῦ
de Dios Padre de nosotros y de(l) Señor Jesu-
Χριστοῦ.
cristo.

3 Εὐλογητὸς ὁ θεὸς καὶ πατὴρ τοῦ
Bendito (sea) el Dios y Padre del
κυρίου ἡμῶν Ἰησοῦ Χριστοῦ, ὁ εὐλογήσας
Señor de nosotros Jesucristo, el que bendijo
ἡμᾶς ἐν πάσῃ εὐλογίᾳ πνευματικῇ ἐν
nos con toda bendición espiritual en
τοῖς ἐπουρανίοις ἐν Χριστῷ, **4** καθὼς
los (lugares) celestiales en Cristo, conforme
ἐξελέξατο ἡμᾶς ἐν αὐτῷ πρὸ καταβολῆς
escogió nos en él antes de (la) fundación
κόσμου, εἶναι ἡμᾶς ἁγίους καὶ ἀμώμους
de(l) mundo, para ser nosotros santos y sin tacha
κατενώπιον αὐτοῦ, ἐν ἀγάπῃ **5** προορίσας
delante de él, en amor predestinando
ἡμᾶς εἰς υἱοθεσίαν διὰ Ἰησοῦ Χριστοῦ
nos para (la) adopción mediante Jesucristo
como hijos
εἰς αὐτόν, κατὰ τὴν εὐδοκίαν τοῦ
para él, conforme al beneplácito de la
θελήματος αὐτοῦ, **6** εἰς ἔπαινον δόξης
voluntad de él, para alabanza de (la) gloria

τῆς   χάριτος   αὐτοῦ,   ἧς   ἐχαρίτωσεν   ἡμᾶς
de la   gracia   de él,   con la que colmó de favores   nos

ἐν   τῷ   ἠγαπημένῳ,   7 ἐν   ᾧ   ἔχομεν   τὴν
en   el   Amado,   en   quien   tenemos   la

ἀπολύτρωσιν   διὰ   τοῦ   αἵματος   αὐτοῦ,   τὴν
redención   mediante   la   sangre   de él,   el

ἄφεσιν   τῶν   παραπτωμάτων,   κατὰ   τὸ
perdón   de los   ¹pecados,   conforme   a la

πλοῦτος   τῆς   χάριτος   αὐτοῦ,   8 ἧς   ἐπερίσ-
riqueza   de la   gracia   de él   que   hizo sobre-

σευσεν   εἰς   ἡμᾶς   ἐν   πάσῃ   σοφίᾳ   καὶ
abundar   hacia   nosotros   en   toda   sabiduría   e

φρονήσει   9 γνωρίσας   ἡμῖν   τὸ   μυστήριον
inteligencia,   dando a conocer   nos   el   misterio

τοῦ   θελήματος   αὐτοῦ,   κατὰ   τὴν   εὐδοκίαν
de la   voluntad   de él,   conforme   al   beneplácito

αὐτοῦ,   ἣν   προέθετο   ἐν   αὐτῷ   10 εἰς
de él,   que   se propuso   en   él   para

οἰκονομίαν   τοῦ   πληρώματος   τῶν   καιρῶν,
(la) ²administración de la   plenitud   de los   tiempos,

ἀνακεφαλαιώσασθαι   τὰ   πάντα   ἐν   τῷ
para recapitular   las   cosas todas   en   —

Χριστῷ,   τὰ   ἐπὶ   τοῖς   οὐρανοῖς   καὶ   τὰ
Cristo,   las   en   los   cielos   y las (que
(que están)						están)

ἐπὶ   τῆς   γῆς·   ἐν   αὐτῷ,   11 ἐν   ᾧ   καὶ
en   la   tierra;   en   él,   en   quien también

ἐκληρώθημεν   προορισθέντες   κατὰ   πρόθεσιν
fuimos escogidos   predestinados   conforme   a(l) propósito
como (su) heredad

τοῦ   τὰ   πάντα   ἐνεργοῦντος   κατὰ   τὴν
del que   las   cosas todas   efectúa   conforme   al

βουλὴν   τοῦ   θελήματος   αὐτοῦ,   12 εἰς   τὸ
designio   de la   voluntad   de él,   a fin de   —

εἶναι   ἡμᾶς   εἰς   ἔπαινον   δόξης   αὐτοῦ
ser   nosotros   para   alabanza   de (la) gloria   de él,

τοὺς   προηλπικότας   ἐν   τῷ   Χριστῷ·   13 ἐν
los que   previamente hemos   en   —   Cristo;   en
esperado

ᾧ   καὶ   ὑμεῖς,   ἀκούσαντες   τὸν   λόγον
quien también   vosotros,   oyendo   la   palabra

τῆς   ἀληθείας,   τὸ   εὐαγγέλιον   τῆς   σωτηρίας
—   de verdad,   el   evangelio   de la   salvación

ὑμῶν,   ἐν   ᾧ   καὶ   πιστεύσαντες   ἐσφραγίσθητε
de vosotros, en quien también   creyendo,   fuisteis sellados

τῷ   πνεύματι   τῆς   ἐπαγγελίας   τῷ   ἁγίῳ,
con el   Espíritu   de la   promesa   —   Santo,

1
7. Pecados. Lit. caídas.
2
10. Administración. O dis-
pensación.

14 ὅς ἐστιν ἀρραβὼν τῆς κληρονομίας
quien es arras de la herencia
ἡμῶν, εἰς ἀπολύτρωσιν τῆς περιποιήσεως,
de nosotros, para (la) redención de la ¹posesión,
εἰς ἔπαινον τῆς δόξης αὐτοῦ.
para alabanza de la gloria de él.
15 Διὰ τοῦτο κἀγώ, ἀκούσας τὴν καθ'
Por esto, también yo, oyendo la entre
ὑμᾶς πίστιν ἐν τῷ κυρίῳ Ἰησοῦ καὶ
vosotros fe en el Señor Jesús y
τὴν ἀγάπην τὴν εἰς πάντας τοὺς ἁγίους,
el amor — para con todos los santos,
16 οὐ παύομαι εὐχαριστῶν ὑπὲρ ὑμῶν
no ceso dando gracias por vosotros,
μνείαν ποιούμενος ἐπὶ τῶν προσευχῶν
mención haciendo en las oraciones
μου, **17** ἵνα ὁ θεὸς τοῦ κυρίου ἡμῶν
de mí, para que el Dios del Señor de nosotros
Ἰησοῦ Χριστοῦ, ὁ πατὴρ τῆς δόξης,
Jesucristo, el Padre — de gloria,
δώῃ ὑμῖν πνεῦμα σοφίας καὶ ἀποκαλύψεως
dé os espíritu de sabiduría y revelación
ἐν ἐπιγνώσει αὐτοῦ, **18** πεφωτισμένους τοὺς
en (el) conocimiento de él, ²habiendo sido iluminados los
ὀφθαλμοὺς τῆς καρδίας [ὑμῶν,] εἰς τὸ
ojos del corazón de vosotros, a fin de —
εἰδέναι ὑμᾶς τίς ἐστιν ἡ ἐλπὶς τῆς
saber vosotros cuál es la esperanza del
κλήσεως αὐτοῦ, τίς ὁ πλοῦτος τῆς δόξης
llamamiento de él, cuál la riqueza de la gloria
τῆς κληρονομίας αὐτοῦ ἐν τοῖς ἁγίοις,
de la herencia de él en los santos,
19 καὶ τί τὸ ὑπερβάλλον μέγεθος τῆς
y cuál la sobrepujante grandeza del
δυνάμεως αὐτοῦ εἰς ἡμᾶς τοὺς πιστεύοντας
poder de él hacia nosotros los que creemos
κατὰ τὴν ἐνέργειαν τοῦ κράτους τῆς
conforme a la actividad de la soberanía de la
ἰσχύος αὐτοῦ, **20** ἣν ἐνήργηκεν ἐν τῷ
fuerza de él, la cual ejercitó en —
Χριστῷ ἐγείρας αὐτὸν ἐκ νεκρῶν, καὶ
Cristo al levantar lo de (los) muertos, y
καθίσας ἐν δεξιᾷ αὐτοῦ ἐν τοῖς ἐπου-
sentar(le) a (la) diestra de él en los lugares
ρανίοις **21** ὑπεράνω πάσης ἀρχῆς καὶ
celestiales, por encima de todo principado y
ἐξουσίας καὶ δυνάμεως καὶ κυριότητος
autoridad y poder y señorío

¹ 14. POSESIÓN. Esto es, *heredad adquirida por Dios.* (Comp. 1 P. 2:9.)
² 18. HABIENDO SIDO ILUMINADOS. Nótese el participio griego en acusativo, como término adicional del verbo *"dé"* (vers. 17).

καὶ παντὸς ὀνόματος ὀνομαζομένου οὐ
y de todo ¹nombre que es nombrado, no

μόνον ἐν τῷ αἰῶνι τούτῳ ἀλλὰ καὶ
sólo en el siglo este, sino también

ἐν τῷ μέλλοντι· 22 καὶ πάντα ὑπέταξεν
en el venidero; y todas las cosas sometió

ὑπὸ τοὺς πόδας αὐτοῦ, καὶ αὐτὸν ἔδωκεν
bajo los pies de él, y lo dio

κεφαλὴν ὑπὲρ πάντα τῇ ἐκκλησίᾳ, 23 ἥτις
(por) cabeza sobre todas las cosas a la iglesia, la cual

ἐστὶν τὸ σῶμα αὐτοῦ, τὸ πλήρωμα
es el cuerpo de él, la plenitud

τοῦ τὰ πάντα ἐν πᾶσιν πληρουμένου.
del que las cosas todas en todas las cosas llena.

2 Καὶ ὑμᾶς ὄντας νεκροὺς τοῖς παραπτώ-
Y a vosotros estando muertos en los deli-

μασιν καὶ ταῖς ἁμαρτίαις ὑμῶν, 2 ἐν
tos y los pecados de vosotros, en

αἷς ποτε περιεπατήσατε κατὰ τὸν αἰῶνα
los que otrora anduvisteis según el curso

τοῦ κόσμου τούτου, κατὰ τὸν ἄρχοντα
del mundo este, conforme al gobernante

τῆς ἐξουσίας τοῦ ἀέρος, τοῦ πνεύματος
de la autoridad del aire, del espíritu

τοῦ νῦν ἐνεργοῦντος ἐν τοῖς υἱοῖς τῆς
que ahora actúa en los hijos —

ἀπειθείας· 3 ἐν οἷς καὶ ἡμεῖς πάντες
de desobediencia; entre los que también nosotros todos

ἀνεστράφημέν ποτε ἐν ταῖς ἐπιθυμίαις
nos comportamos entonces en los deseos

τῆς σαρκὸς ἡμῶν, ποιοῦντες τὰ θελήματα
de la carne de nosotros, poniendo por obra las ²tendencias

τῆς σαρκὸς καὶ τῶν διανοιῶν, καὶ
de la carne y de los pensamientos, y

ἤμεθα τέκνα φύσει ὀργῆς ὡς καὶ οἱ
éramos hijos, por naturaleza, de ira, como también los

λοιποί· 4 ὁ δὲ θεὸς πλούσιος ὢν ἐν
demás; — pero Dios, rico siendo en

ἐλέει, διὰ τὴν πολλὴν ἀγάπην αὐτοῦ
misericordia, a causa del gran amor de él

ἣν ἠγάπησεν ἡμᾶς, 5 καὶ ὄντας ἡμᾶς
con que amó nos, y estando nosotros

νεκροὺς τοῖς παραπτώμασιν συνεζωοποίησεν
muertos en los delitos, (nos) vivificó con

τῷ Χριστῷ, — χάριτί ἐστε σεσωσμένοι,
Cristo, — por gracia habéis sido salvos,

---

¹
21. NOMBRE. Esto es, *título de grandeza.*
²
3. TENDENCIAS. Lit. *voluntades.*

6 καὶ   συνήγειρεν   καὶ   συνεκάθισεν   ἐν
——   y   resucitó(nos) con (él)   y   (nos) sentó con (él)   en

τοῖς   ἐπουρανίοις   ἐν   Χριστῷ   Ἰησοῦ,   **7** ἵνα
los   lugares celestiales   en   Cristo   Jesús,   para

ἐνδείξηται   ἐν   τοῖς   αἰῶσιν   τοῖς   ἐπερχομένοις
mostrar   en   los   siglos   que están llegando

τὸ   ὑπερβάλλον   πλοῦτος   τῆς   χάριτος   αὐτοῦ
la   supereminente   riqueza   de la   gracia   de él

ἐν   χρηστότητι   ἐφ'   ἡμᾶς   ἐν   Χριστῷ
en   (su) benignidad   hacia   nosotros   en   Cristo

Ἰησοῦ.   **8** τῇ   γὰρ   χάριτί   ἐστε   σεσωσμένοι
Jesús.   — Porque por   gracia   habéis   sido salvados

διὰ   πίστεως·   καὶ   τοῦτο   οὐκ   ἐξ   ὑμῶν,
mediante   (la) fe;   y   esto   no (proviene)   de   vosotros,

θεοῦ   τὸ   δῶρον·   **9** οὐκ   ἐξ   ἔργων,   ἵνα   μὴ
de Dios   el   don;   ¹no   de   obras,   para   que
(es)

τις   καυχήσηται.   **10** αὐτοῦ   γάρ   ἐσμεν
nadie   se jacte.   Porque de él   somos

ποίημα,   κτισθέντες   ἐν   Χριστῷ   Ἰησοῦ
hechura,   creados   en   Cristo   Jesús

ἐπὶ   ἔργοις   ἀγαθοῖς,   οἷς   προητοίμασεν
²para   obras   buenas,   que   previamente preparó

ὁ   θεὸς   ἵνα   ἐν   αὐτοῖς   περιπατήσωμεν.
Dios   para que   en   ellas   anduviésemos.

11 Διὸ   μνημονεύετε   ὅτι   ποτὲ   ὑμεῖς   τὰ
Por lo cual,   recordad   que   otrora   vosotros,   los

ἔθνη   ἐν   σαρκί,   οἱ   λεγόμενοι   ἀκροβυστία
gentiles   en   (la) carne,   los   llamados   incircuncisión

ὑπὸ   τῆς   λεγομένης   περιτομῆς   ἐν   σαρκὶ
por   la   llamada   circuncisión   en   (la) carne

χειροποιήτου,   **12** ὅτι   ἦτε   τῷ   καιρῷ   ἐκείνῳ
hecha a mano,   (que) estabais en el   tiempo   aquel

χωρὶς   Χριστοῦ,   ἀπηλλοτριωμένοι   τῆς
separados   de Cristo,   excluidos   de la

πολιτείας   τοῦ   Ἰσραὴλ   καὶ   ξένοι   τῶν
ciudadanía   —   de Israel   y   extranjeros   los
(respecto a)

διαθηκῶν   τῆς   ἐπαγγελίας,   ἐλπίδα   μὴ
pactos   de la   promesa,   esperanza   no

ἔχοντες   καὶ   ἄθεοι   ἐν   τῷ   κόσμῳ.   **13** νυνὶ
teniendo   y   sin Dios   en   el   mundo.   Pero

δὲ   ἐν   Χριστῷ   Ἰησοῦ   ὑμεῖς   οἱ   ποτε
ahora   en   Cristo   Jesús,   vosotros   los que   otrora

ὄντες   μακρὰν   ἐγενήθητε   ἐγγὺς   ἐν   τῷ
estabais   lejos,   fuisteis hechos   cercanos   por   la

αἵματι   τοῦ   Χριστοῦ.   **14** Αὐτὸς   γάρ
sangre   —   de Cristo.   Porque él

¹
9. No de obras. Esto es, *no
con base en obras.*
²
10. Para. Lit. *sobre* (alusión
a seguir las pisadas de Cristo. V. 1 P. 2:21).

ἐστιν ἡ εἰρήνη ἡμῶν, ὁ ποιήσας τὰ
es   la   paz   de nosotros, el que hizo   —

ἀμφότερα ἐν καὶ τὸ μεσότοιχον τοῦ
a ambos uno (solo) y   la   pared intermedia —
(grupos)

φραγμοῦ λύσας, τὴν ἔχθραν, ἐν τῇ σαρκὶ
de partición derribando, la enemistad, en la carne

αὐτοῦ 15 τὸν νόμον τῶν ἐντολῶν ἐν
de él,   la   ley   de los mandamientos en

δόγμασιν καταργήσας, ἵνα τοὺς δύο κτίσῃ
decretos aboliendo, a fin de los   dos crear

ἐν αὐτῷ εἰς ἕνα καινὸν ἄνθρωπον ποιῶν
en él en un (solo) nuevo   hombre,   haciendo

εἰρήνην, 16 καὶ ἀποκαταλλάξῃ τοὺς
(la) paz,   y   reconciliar   —

ἀμφοτέρους ἐν ἑνὶ σώματι τῷ θεῷ διὰ
a ambos   en un (solo) cuerpo — con Dios mediante

τοῦ σταυροῦ, ἀποκτείνας τὴν ἔχθραν ἐν
la   cruz,   matando   la   enemistad en

αὐτῷ· 17 καὶ ἐλθὼν εὐηγγελίσατο εἰρήνην
él;   y   viniendo   predicó   paz

ὑμῖν τοῖς μακρὰν καὶ εἰρήνην τοῖς ἐγγύς·
a vosotros los de lejos y   paz a los de cerca;

18 ὅτι δι' αὐτοῦ ἔχομεν τὴν προσαγωγὴν
pues mediante él   tenemos   —   acceso

οἱ ἀμφότεροι ἐν ἑνὶ πνεύματι πρὸς τὸν
— ambos   por un (solo) Espíritu   al

πατέρα. 19 ἄρα οὖν οὐκέτι ἐστὲ ξένοι
Padre.   Así, pues, ya no sois extranjeros

καὶ πάροικοι, ἀλλὰ ἐστὲ συμπολῖται τῶν
y forasteros, sino que sois conciudadanos de los

ἁγίων καὶ οἰκεῖοι τοῦ θεοῦ, 20 ἐποικοδομη-
santos y familiares — de Dios,   sobreedi-

θέντες ἐπὶ τῷ θεμελίῳ τῶν ἀποστόλων
ficados sobre el fundamento de los apóstoles

καὶ προφητῶν, ὄντος ἀκρογωνιαίου αὐτοῦ
y   profetas, siendo (la) piedra angular (el) mismo

Χριστοῦ Ἰησοῦ, 21 ἐν ᾧ πᾶσα οἰκοδομὴ
Cristo   Jesús,   en quien todo (el) edificio

συναρμολογουμένη αὔξει εἰς ναὸν ἅγιον
bien conjuntado   crece hasta (ser) santuario santo

ἐν κυρίῳ, 22 ἐν ᾧ καὶ ὑμεῖς συνοικοδομεῖσθε
en (el) Señor, en quien también vosotros sois juntamente
                                           edificados

εἰς κατοικητήριον τοῦ θεοῦ ἐν πνεύματι.
para   morada   — de Dios en (el) Espíritu.

3 Τούτου χάριν ἐγὼ Παῦλος ὁ δέσμιος
Por causa de esto, yo Pablo el prisionero

τοῦ Χριστοῦ Ἰησοῦ ὑπὲρ ὑμῶν τῶν
— de Cristo Jesús ¹en pro de vosotros los

ἐθνῶν 2 — εἴ γε ἠκούσατε τὴν οἰκονομίαν
gentiles — si ciertamente oísteis la administración

τῆς χάριτος τοῦ θεοῦ τῆς δοθείσης μοι
de la gracia — de Dios — dada a mí

εἰς ὑμᾶς, 3 ὅτι κατὰ ἀποκάλυψιν ἐγνωρίσθη
para vosotros, que conforme a revelación fue dado a
con conocer

μοι τὸ μυστήριον, καθὼς προέγραψα ἐν
a mí el misterio, como escribí antes en

ὀλίγῳ, 4 πρὸς ὃ δύνασθε ἀναγινώσκοντες
²breve, en relación a lo cual podéis leyendo

νοῆσαι τὴν σύνεσίν μου ἐν τῷ μυστηρίῳ
daros cuenta del entendimiento de mí en el misterio

τοῦ Χριστοῦ, 5 ὃ ἑτέραις γενεαῖς οὐκ
— de Cristo, que en otras generaciones no

ἐγνωρίσθη τοῖς υἱοῖς τῶν ἀνθρώπων ὡς
fue dado a conocer a los hijos de los hombres, como

νῦν ἀπεκαλύφθη τοῖς ἁγίοις ἀποστόλοις
ahora fue revelado a los santos apóstoles

αὐτοῦ καὶ προφήταις ἐν πνεύματι, 6 εἶναι
de él y profetas por (el) Espíritu; ³que son

τὰ ἔθνη συγκληρονόμα καὶ σύσσωμα καὶ
los gentiles coherederos y comiembros del y
cuerpo

συμμέτοχα τῆς ἐπαγγελίας ἐν Χριστῷ
copartícipes de la promesa en Cristo

Ἰησοῦ διὰ τοῦ εὐαγγελίου, 7 οὗ ἐγενήθην
Jesús mediante el evangelio, del que fui hecho

διάκονος κατὰ τὴν δωρεὰν τῆς χάριτος
ministro conforme al ⁴don de la gracia

τοῦ θεοῦ τῆς δοθείσης μοι κατὰ τὴν
— de Dios — dada a mí conforme a la

ἐνέργειαν τῆς δυνάμεως αὐτοῦ. 8 ἐμοὶ
actuación del poder de él. A mí

τῷ ἐλαχιστοτέρῳ πάντων ἁγίων ἐδόθη
el ⁵más mínimo de todos (los) santos fue dada

ἡ χάρις αὕτη, τοῖς ἔθνεσιν εὐαγγελίσασθαι
la gracia esta, a los gentiles predicar

τὸ ἀνεξιχνίαστον πλοῦτος τοῦ Χριστοῦ,
la inescrutable riqueza — de Cristo,

9 καὶ φωτίσαι τίς ἡ οἰκονομία τοῦ
y sacar a luz cuál (es) la administración del

μυστηρίου τοῦ ἀποκεκρυμμένου ἀπὸ τῶν
misterio — escondido desde los

1
1. EN PRO DE VOSOTROS...
*Pablo estaba preso por pre-
dicar salvación para los gentiles.* (V. Hch. 22:21-22; 26:
17-18, entre otros lugares.)
2
3. BREVE. Lit. *poco.*
3
6. QUE SON... *Éste es, según
Pablo, el "misterio" desconocido "en otras generaciones", esto es, en el Antiguo
Testamento.*
4
7. DON. Lit. *regalo* (privilegio concedido a Pablo), *no
"carisma".*
5
8. MÁS MÍNIMO. Nótese la
construcción *anormal* (¡el
comparativo de un superlativo!).

αἰώνων ἐν τῷ θεῷ τῷ τὰ πάντα κτίσαντι,
siglos   en — Dios, que las cosas todas creó,

10 ἵνα γνωρισθῇ νῦν ταῖς ἀρχαῖς καὶ
para que fuese dada a ahora a los principados y
          conocer

ταῖς ἐξουσίαις ἐν τοῖς ἐπουρανίοις διὰ
a las potestades en los lugares celestiales 1mediante

τῆς ἐκκλησίας ἡ πολυποίκιλος σοφία τοῦ
la iglesia la multiforme sabiduría —

θεοῦ, **11** κατὰ πρόθεσιν τῶν αἰώνων ἦν
de Dios conforme (al) propósito 2de los siglos, el cual

ἐποίησεν ἐν τῷ Χριστῷ Ἰησοῦ τῷ κυρίῳ
hizo en — Cristo Jesús el Señor

ἡμῶν, **12** ἐν ᾧ ἔχομεν τὴν παρρησίαν
de nosotros, en quien tenemos la franqueza

καὶ προσαγωγὴν ἐν πεποιθήσει διὰ τῆς
y (el) acceso con confianza mediante la

πίστεως αὐτοῦ. **13** διὸ αἰτοῦμαι μὴ
fe 3en él. Por lo cual, pido(os) no

ἐγκακεῖν ἐν ταῖς θλίψεσίν μου ὑπὲρ
desmayar en las aflicciones de mí en pro

ὑμῶν, ἥτις ἐστὶν δόξα ὑμῶν. **14** Τούτου
de vosotros, que es (la) gloria de vosotros. Por causa

χάριν κάμπτω τὰ γόνατά μου πρὸς
de esto, doblo las rodillas de mí ante

τὸν πατέρα, **15** ἐξ οὗ πᾶσα πατριὰ
el Padre, de quien toda parentela

ἐν οὐρανοῖς καὶ ἐπὶ γῆς ὀνομάζεται,
en (los) cielos y en (la) tierra 4es nombrada,

16 ἵνα δῷ ὑμῖν κατὰ τὸ πλοῦτος τῆς
para que dé os conforme a la riqueza de la

δόξης αὐτοῦ δυνάμει κραταιωθῆναι διὰ
gloria de él, con poder ser vigorizados mediante

τοῦ πνεύματος αὐτοῦ εἰς τὸν ἔσω ἄνθρω-
el Espíritu de él en el de dentro hombre,

πον, **17** κατοικῆσαι τὸν Χριστὸν διὰ τῆς
(para que) habite — Cristo mediante la

πίστεως ἐν ταῖς καρδίαις ὑμῶν, ἐν
fe en los corazones de vosotros, en

ἀγάπῃ ἐρριζωμένοι καὶ τεθεμελιωμένοι,
amor arraigados y cimentados,

18 ἵνα ἐξισχύσητε καταλαβέσθαι σὺν πᾶσιν
a fin de seáis plenamente de comprender con todos
que capaces

τοῖς ἁγίοις τί τὸ πλάτος καὶ μῆκος
los santos cuál (es) 5la anchura y largura

1
10. MEDIANTE LA IGLESIA. Es decir, *los propios ángeles hallan en la iglesia información del "misterio".*

2
11. DE LOS SIGLOS. Esto es, *eterno.*

3
12. EN ÉL. Lit. *de él.*

4
15. ES NOMBRADA. Esto es, *recibe su nombre.*

5
18. LA ANCHURA... *Cuatro "dimensiones" del amor de Cristo, que sobrepasan todo conocimiento.*

καὶ ὕψος καὶ βάθος, **19** γνῶναί τε τὴν
y   altura   y   profundidad,   y de conocer   el

ὑπερβάλλουσαν τῆς γνώσεως ἀγάπην τοῦ
que sobrepasa   al   conocimiento   amor   —

Χριστοῦ, ἵνα πληρωθῆτε εἰς πᾶν τὸ
de Cristo,   para que   seáis llenados   hasta   toda   la

πλήρωμα τοῦ θεοῦ.
plenitud   —   de Dios.

20 Τῷ δὲ δυναμένῳ ὑπὲρ πάντα ποιῆσαι
Y al que   es poderoso   más allá   de todas   para hacer
                            (las) cosas

ὑπερεκπερισσοῦ ὧν αἰτούμεθα ἢ νοοῦμεν
más abundantemente   de lo que   pedimos   o   pensamos

κατὰ τὴν δύναμιν τὴν ἐνεργουμένην ἐν
conforme   al   poder   que   actúa   en

ἡμῖν, **21** αὐτῷ ἡ δόξα ἐν τῇ ἐκκλησίᾳ
nosotros,   a él (sea)   la   gloria   en   la   iglesia

καὶ ἐν Χριστῷ Ἰησοῦ εἰς πάσας τὰς
y   en   Cristo   Jesús   por   todas   las

γενεὰς τοῦ αἰῶνος τῶν αἰώνων· ἀμήν.
generaciones   del   siglo   de los   siglos;   amén.

4 Παρακαλῶ οὖν ὑμᾶς ἐγὼ ὁ δέσμιος
Exhorto,   pues,   os   yo,   el   preso

ἐν κυρίῳ ἀξίως περιπατῆσαι τῆς κλήσεως
en (el) Señor,   a que dignamente   andéis   del   llamamiento

ἧς ἐκλήθητε, **2** μετὰ πάσης ταπεινοφροσύνης
con   fuisteis llamados,   con   toda   humildad
que

καὶ πραΰτητος, μετὰ μακροθυμίας,
y   mansedumbre,   con   longanimidad,

ἀνεχόμενοι ἀλλήλων ἐν ἀγάπῃ, **3** σπου-
[1]soportándoos   unos a otros   en   amor,   solí-

δάζοντες τηρεῖν τὴν ἑνότητα τοῦ πνεύματος
citos   en guardar   la   unidad   del   Espíritu

ἐν τῷ συνδέσμῳ τῆς εἰρήνης· ἓν σῶμα
en   el   vínculo   de la   paz;   un (solo) cuerpo

καὶ ἓν πνεῦμα, **4** καθὼς καὶ ἐκλήθητε
y   un (solo) Espíritu,   como   también fuisteis llamados

ἐν μιᾷ ἐλπίδι τῆς κλήσεως ὑμῶν· **5** εἷς
en una (sola) esperanza   del   llamamiento de vosotros;   un (solo)

κύριος, μία πίστις, ἓν βάπτισμα· **6** εἷς
Señor,   una (sola)   fe,   un (solo)   bautismo;   un (solo)

θεὸς καὶ πατὴρ πάντων, ὁ ἐπὶ πάντων
Dios   y   Padre   de todos,   que (es) sobre   todos

καὶ διὰ πάντων καὶ ἐν πᾶσιν. **7** Ἑνὶ
y   mediante   todos   y   en   todos.   Pero a

δὲ ἑκάστῳ ἡμῶν ἐδόθη ἡ χάρις κατὰ
cada uno   de nosotros   fue dada   la   gracia   conforme a

[1]
2. SOPORTÁNDOOS. O *aguantándoos*.

τὸ   μέτρον   τῆς   δωρεᾶς   τοῦ   Χριστοῦ.
la   medida   del   ¹don   —   de Cristo.

8 διὸ   λέγει·   ἀναβὰς   εἰς   ὕψος   ἠχμαλώτευσεν
Por lo cual dice: Subiendo   a (lo) alto,   llevó cautiva

αἰχμαλωσίαν,   ἔδωκεν   δόματα   τοῖς   ἀνθρώποις.
a (la) cautividad,   dio   dones   a los   hombres.

9 τὸ   δὲ   ἀνέβη   τί   ἐστιν   εἰ   μὴ   ὅτι   καὶ
Y lo de   "subió",   ¿qué   es,   sino   que también

κατέβη   εἰς   τὰ   κατώτερα   μέρη   τῆς   γῆς;
descendió   a   las   más bajas   partes   de la   tierra?

10 ὁ   καταβὰς   αὐτός   ἐστιν   καὶ   ὁ   ἀναβὰς
El que   descendió,   (el) mismo   es   también el que   subió

ὑπεράνω   πάντων   τῶν   οὐρανῶν,   ἵνα
muy por encima   de todos   los   cielos,   para

πληρώσῃ   τὰ   πάντα.   **11** καὶ   αὐτὸς   ἔδωκεν
llenar   las   cosas todas.   Y   él   dio

τοὺς   μὲν   ἀποστόλους,   τοὺς   δὲ   προφήτας,
unos,   apóstoles;   otros,   profetas;

τοὺς   δὲ   εὐαγγελιστάς,   τοὺς   δὲ   ποιμένας
otros,   evangelistas;   y otros,   pastores

καὶ   διδασκάλους,   **12** πρὸς   τὸν   καταρτισμὸν
y   maestros,   con miras   al   ²perfeccionamiento

τῶν   ἁγίων   εἰς   ἔργον   διακονίας,   εἰς
de los   santos   para   (la) obra   de(l) ministerio,   para

οἰκοδομὴν   τοῦ   σώματος   τοῦ   Χριστοῦ,
(la) edificación   del   cuerpo   —   de Cristo,

13 μέχρι   καταντήσωμεν   οἱ   πάντες   εἰς
hasta que   lleguemos   —   todos   a

τὴν   ἑνότητα   τῆς   πίστεως   καὶ   τῆς   ἐπιγνώ-
la   unidad   de la   fe   y   del   conocimiento

σεως   τοῦ   υἱοῦ   τοῦ   θεοῦ,   εἰς   ἄνδρα   τέλειον,
pleno   del   Hijo   —   de Dios,   a   un varón   ³perfecto,

εἰς   μέτρον   ἡλικίας   τοῦ   πληρώματος   τοῦ
a (la)   medida   de (la) ⁴estatura de la   plenitud   —

Χριστοῦ,   **14** ἵνα   μηκέτι   ὦμεν   νήπιοι,
de Cristo,   para que   no más   seamos niños pequeños,

κλυδωνιζόμενοι   καὶ   περιφερόμενοι   παντὶ   ἀνέμῳ
sacudidos por las olas   y   zarandeados   por todo   viento

τῆς   διδασκαλίας   ἐν   τῇ   κυβείᾳ   τῶν   ἀνθρώ-
—   de enseñanza   ⁵por   la   astucia   de los   hombres

πων,   ἐν   πανουργίᾳ   πρὸς   τὴν   μεθοδείαν
(que obran) con   maestría   para   la   asechanza

τῆς   πλάνης,   **15** ἀληθεύοντες   δὲ   ἐν   ἀγάπῃ
del   error,   sino que ⁶hablando verdad   en   amor,

αὐξήσωμεν   εἰς   αὐτὸν   τὰ   πάντα,   ὃς   ἐστιν
crezcamos   hacia   él   en las cosas todas, el cual   es

1
7. DON. Lit. *regalo.*
2
12. PERFECCIONAMIENTO. Lit. *equipamiento.*
3
13. PERFECTO. Esto es, *maduro* (el *"cuerpo"*, que es la *Iglesia*) *conforme a la madurez de Cristo, que es la "cabeza".*
4
13. ESTATURA. (Más probable que *edad.*)
5
14. POR LA ASTUCIA. Lit. *en la maniobra tramposa.*
6
15. HABLANDO. O *haciendo.*

ἡ κεφαλή, Χριστός, 16 ἐξ οὗ πᾶν τὸ
la   cabeza,   Cristo,   del   cual   todo   el

σῶμα συναρμολογούμενον καὶ συμβιβαζόμενον
cuerpo   coordinado   y   coligado

διὰ πάσης ἁφῆς τῆς ἐπιχορηγίας κατ'
mediante   toda   juntura   del   suministro,   conforme a

ἐνέργειαν ἐν μέτρῳ ἑνὸς ἑκάστου μέρους
(la) actividad   en   (la) medida   de   cada una   parte,

τὴν αὔξησιν τοῦ σώματος ποιεῖται εἰς
el   crecimiento   del   cuerpo   [1]lleva a cabo   para

οἰκοδομὴν ἑαυτοῦ ἐν ἀγάπῃ.
edificación   de sí mismo   en   amor.

17 Τοῦτο οὖν λέγω καὶ μαρτύρομαι ἐν
Esto,   pues,   digo   y   testifico   en

κυρίῳ, μηκέτι ὑμᾶς περιπατεῖν καθὼς
(el) Señor,   que no más   vosotros   andéis   como

καὶ τὰ ἔθνη περιπατεῖ ἐν ματαιότητι
también   los   gentiles   andan   en   (la) vanidad

τοῦ νοὸς αὐτῶν, 18 ἐσκοτωμένοι τῇ
de la   mente   de ellos,   entenebrecidos

διανοίᾳ ὄντες, ἀπηλλοτριωμένοι τῆς ζωῆς
de entendimiento siendo,   alienados   de la   vida

τοῦ θεοῦ, διὰ τὴν ἄγνοιαν τὴν οὖσαν
— de Dios,   a causa   de la   ignorancia   —   que hay

ἐν αὐτοῖς, διὰ τὴν πώρωσιν τῆς καρδίας
en   ellos,   a causa de la   dureza   del   corazón

αὐτῶν, 19 οἵτινες ἀπηλγηκότες ἑαυτοὺς
de ellos,   los cuales,   habiendo perdido la   a sí mismos
           sensibilidad,

παρέδωκαν τῇ ἀσελγείᾳ εἰς ἐργασίαν
entregaron   a la   lascivia   para   práctica

ἀκαθαρσίας πάσης ἐν πλεονεξίᾳ. 20 ὑμεῖς
de impureza   toda   con   avidez.   Pero

δὲ οὐχ οὕτως ἐμάθετε τὸν Χριστόν,
vosotros no   así   aprendisteis   —   a Cristo,

21 εἴ γε αὐτὸν ἠκούσατε καὶ ἐν αὐτῷ
si en verdad   (de) él   oísteis   y   en   él

ἐδιδάχθητε καθώς ἐστιν ἀλήθεια ἐν τῷ
fuisteis enseñados   tal como   está   (la) verdad   en

Ἰησοῦ, 22 ἀποθέσθαι ὑμᾶς κατὰ τὴν
Jesús,   que os despojéis   vosotros   en cuanto   a la

προτέραν ἀναστροφὴν τὸν παλαιὸν ἄνθρωπον
anterior   conducta   (d)el   viejo   hombre

τὸν φθειρόμενον κατὰ τὰς ἐπιθυμίας τῆς
—   que se corrompe   conforme a   los   deseos   del

ἀπάτης, 23 ἀνανεοῦσθαι δὲ τῷ πνεύματι
engaño,   y os renovéis   en el   espíritu

1
16. LLEVA A CABO. Lit. *hace para sí.* (El verbo griego está en voz media.)

τοῦ νοὸς ὑμῶν **24** καὶ ἐνδύσασθαι τὸν
de la mente de vosotros y os vistáis (d)el

καινὸν ἄνθρωπον τὸν κατὰ θεὸν κτισθέντα
nuevo hombre que según Dios fue creado

ἐν δικαιοσύνῃ καὶ ὁσιότητι τῆς ἀληθείας.
en justicia y santidad de la verdad.

25 Διὸ ἀποθέμενοι τὸ ψεῦδος λαλεῖτε
Por lo cual, desechando la mentira, hablad

ἀλήθειαν ἕκαστος μετὰ τοῦ πλησίον αὐτοῦ,
verdad cada uno con el prójimo de él,

ὅτι ἐσμὲν ἀλλήλων μέλη. **26** ὀργίζεσθε
pues sois unos de otros miembros. [1]Airaos

καὶ μὴ ἁμαρτάνετε· ὁ ἥλιος μὴ
y no pequéis; el sol no

ἐπιδυέτω ἐπὶ παροργισμῷ ὑμῶν, **27** μηδὲ
se ponga sobre (el) enojo de vosotros, ni

δίδοτε τόπον τῷ διαβόλῳ. **28** ὁ κλέπτων
deis lugar al diablo. El que hurtaba,

μηκέτι κλεπτέτω, μᾶλλον δὲ κοπιάτω
ya no más hurte, sino más bien trabaje

ἐργαζόμενος ταῖς ἰδίαις χερσὶν τὸ ἀγαθόν,
obrando con las propias manos lo bueno,

ἵνα ἔχῃ μεταδιδόναι τῷ χρείαν ἔχοντι.
para que tenga (qué) compartir con el que necesidad tiene.

29 πᾶς λόγος σαπρὸς ἐκ τοῦ στόματος
Toda palabra corrompida de la boca

ὑμῶν μὴ ἐκπορευέσθω, ἀλλὰ εἴ τις
de vosotros no salga, sino si alguna

ἀγαθὸς πρὸς οἰκοδομὴν τῆς χρείας, ἵνα
(es) buena para [2]edificación de la necesidad, para que

δῷ χάριν τοῖς ἀκούουσιν. **30** καὶ μὴ λυπεῖτε
dé gracia a los que oyen. Y no contristéis

τὸ πνεῦμα τὸ ἅγιον τοῦ θεοῦ, ἐν ᾧ
al Espíritu — Santo — de Dios, [3]en el cual

ἐσφραγίσθητε εἰς ἡμέραν ἀπολυτρώσεως.
fuisteis sellados para el día de (la) [4]redención.

31 πᾶσα πικρία καὶ θυμὸς καὶ
Toda amargura y enojo e

ὀργὴ καὶ κραυγὴ καὶ βλασφημία ἀρθήτω
ira y griterío y maledicencia quítese

ἀφ' ὑμῶν σὺν πάσῃ κακίᾳ. **32** γίνεσθε
de vosotros, con toda malicia. Y haceos

δὲ εἰς ἀλλήλους χρηστοί, εὔσπλαγχνοι,
— unos para otros benignos, [5]compasivos,

[1]
26. AIRAOS Y NO PEQUÉIS. Esto es, *que vuestra ira sea sin pecado.* (Comp. Mr. 3:5; Jn. 2:15-17.)
[2]
29. EDIFICACIÓN. Es decir, *mejoramiento o provisión.*
[3]
30. EN. O *con.*
[4]
30. REDENCIÓN. (V. Ro. 8:23.)
[5]
32. COMPASIVOS. Lit. *de buenas entrañas.*

χαριζόμενοι ἑαυτοῖς καθὼς καὶ ὁ θεὸς
[1]perdonando a vosotros mismos como también — Dios

ἐν Χριστῷ ἐχαρίσατο ὑμῖν. 5 Γίνεσθε
en Cristo perdonó os. Haceos,

οὖν μιμηταὶ τοῦ θεοῦ, ὡς τέκνα
pues, imitadores — de Dios, como hijos

ἀγαπητά, 2 καὶ περιπατεῖτε ἐν ἀγάπῃ,
amados, y andad en amor,

καθὼς καὶ ὁ Χριστὸς ἠγάπησεν ὑμᾶς
como también — Cristo amó os

καὶ παρέδωκεν ἑαυτὸν ὑπὲρ ἡμῶν
y entregó a sí mismo en pro de vosotros

προσφορὰν καὶ θυσίαν τῷ θεῷ εἰς ὀσμὴν
(como) ofrenda y sacrificio — a Dios para [2]olor

εὐωδίας. 3 Πορνεία δὲ καὶ ἀκαθαρσία
de fragancia. Pero (la) fornicación y (la) impureza

πᾶσα ἢ πλεονεξία μηδὲ ὀνομαζέσθω ἐν
toda o (la) avaricia [3]ni sea nombrada entre

ὑμῖν, καθὼς πρέπει ἁγίοις, 4 καὶ αἰσχρότης
vosotros, como conviene a santos, y (la) obscenidad

καὶ μωρολογία ἢ εὐτραπελία, ἃ οὐκ
y (el) hablar necio o (la) chocarrería, que no

ἀνῆκεν, ἀλλὰ μᾶλλον εὐχαριστία. 5 τοῦτο
convienen, sino más bien (la) acción de gracias. Porque

γὰρ ἴστε γινώσκοντες, ὅτι πᾶς πόρνος
esto sabed conociendo, que todo fornicario

ἢ ἀκάθαρτος ἢ πλεονέκτης, ὅ ἐστιν
o inmundo o avaro, que es

εἰδωλολάτρης, οὐκ ἔχει κληρονομίαν ἐν τῇ
un idólatra, no tiene herencia en el

βασιλείᾳ τοῦ Χριστοῦ καὶ θεοῦ. 6 Μηδεὶς
reino — de Cristo y de Dios. Nadie

ὑμᾶς ἀπατάτω κενοῖς λόγοις· διὰ ταῦτα
os engañe con vanas palabras; porque a de estas
causa

γὰρ ἔρχεται ἡ ὀργὴ τοῦ θεοῦ ἐπὶ τοὺς
cosas viene la ira — de Dios sobre los

υἱοὺς τῆς ἀπειθείας. 7 μὴ οὖν γίνεσθε
hijos — de desobediencia. No, pues, os hagáis

συμμέτοχοι αὐτῶν· 8 ἦτε γάρ ποτε σκότος,
copartícipes de ellos; porque erais otrora tinieblas,

νῦν δὲ φῶς ἐν κυρίῳ· ὡς τέκνα φωτὸς
pero ahora luz en (el) Señor; como hijos de luz

περιπατεῖτε, 9 — ὁ γὰρ καρπὸς τοῦ
andad, — (porque el) fruto de la

φωτὸς ἐν πάσῃ ἀγαθωσύνῃ καὶ δικαιοσύνῃ
luz (es) en toda bondad y justicia

καὶ ἀληθείᾳ, — 10 δοκιμάζοντες τί ἐστιν
y verdad), —— comprobando qué es

---

32. PERDONANDO. Lit. *haciendo merced (favor generoso)*.

2. OLOR DE FRAGANCIA. (V. Éx. 29:18.)

3. NI SEA NOMBRADA... Esto es, *que no se diga que existe entre vosotros*.

εὐάρεστον τῷ κυρίῳ, **11** καὶ μὴ συγκοι-
agradable   al   Señor,   y   no   compar-

νωνεῖτε τοῖς ἔργοις τοῖς ἀκάρποις τοῦ
táis   las   obras   —   infructuosas   de las

σκότους, μᾶλλον δὲ καὶ ἐλέγχετε, **12** τὰ
tinieblas,   sino más bien   incluso   redargüid(las),   porque

γὰρ κρυφῇ γινόμενα ὑπ' αὐτῶν αἰσχρόν
las   cosas ocultas   hechas   por   ellos   vergonzoso

ἐστιν καὶ λέγειν· **13** τὰ δὲ πάντα ἐλεγχόμενα
es   hasta decir(las);   pero las cosas todas   redargüidas

ὑπὸ τοῦ φωτὸς φανεροῦται· **14** πᾶν γὰρ
por   la   luz,   son manifestadas;   porque todo

τὸ φανερούμενον φῶς ἐστιν. διὸ λέγει·
lo   que es manifestado,   [1]luz   es.   Por lo cual dice:

ἔγειρε, ὁ καθεύδων, καὶ ἀνάστα ἐκ τῶν
Levánta(te),   el   que duerme,   y   ponte en pie de entre   los

νεκρῶν, καὶ ἐπιφαύσει σοι ὁ Χριστός.
muertos,   y   resplandecerá   sobre ti   —   Cristo.

15 Βλέπετε οὖν ἀκριβῶς πῶς περιπατεῖτε,
Mirad,   pues, con [2]diligencia   cómo   andáis,

μὴ ὡς ἄσοφοι ἀλλ' ὡς σοφοί, **16** ἐξαγοραζ-
no como   necios,   sino como   sabios,   [3]redimien-

όμενοι τὸν καιρόν, ὅτι αἱ ἡμέραι πονηραί
do   el   tiempo,   pues   los   días   malos

εἰσιν. **17** διὰ τοῦτο μὴ γίνεσθε ἄφρονες,
son.   Por   esto,   no   os hagáis   insensatos,

ἀλλὰ συνίετε τί τὸ θέλημα τοῦ κυρίου.
sino   entended   cuál (es) la   voluntad   del   Señor.

18 καὶ μὴ μεθύσκεσθε οἴνῳ, ἐν ᾧ ἐστιν
Y   no   os embriaguéis   con vino,   en lo cual   hay

ἀσωτία, ἀλλὰ πληροῦσθε ἐν πνεύματι,
desenfreno,   sino   sed llenos   con   (el) Espíritu,

19 λαλοῦντες ἑαυτοῖς ψαλμοῖς καὶ ὕμνοις
hablando   a vosotros mismos   con salmos   e   himnos

καὶ ᾠδαῖς πνευματικαῖς, ᾄδοντες καὶ
y   cánticos   espirituales,   cantando   y

ψάλλοντες τῇ καρδίᾳ ὑμῶν τῷ κυρίῳ,
entonando salmos [4]en el   corazón   de vosotros · al   Señor,

20 εὐχαριστοῦντες πάντοτε ὑπὲρ πάντων
dando gracias   siempre   en pro   de todos

ἐν ὀνόματι τοῦ κυρίου ἡμῶν Ἰησοῦ
en   (el) nombre   del   Señor   de nosotros   Jesu-

Χριστοῦ τῷ θεῷ καὶ πατρί, **21** ὑποτασ-
cristo   al   Dios   y   Padre,   sometién-

σόμενοι ἀλλήλοις ἐν φόβῳ Χριστοῦ. **22** Αἱ
doos   unos a otros   en (el) temor   de Cristo.   Las

γυναῖκες τοῖς ἰδίοις ἀνδράσιν ὡς τῷ
mujeres   a los   propios   maridos,   como   al

---

[1]
14. LUZ ES. Es decir, *se ve como es en sí, pues ha salido de la oscuridad.* (V. Jn. 3:20-21.)

[2]
15. DILIGENCIA. Lit. *precisión* (o *esmero*).

[3]
16. REDIMIENDO EL TIEMPO. Esto es, *aprovechando bien toda oportunidad.*

[4]
19. EN. O *con*.

κυρίῳ, **23** ὅτι ἀνήρ ἐστιν κεφαλὴ τῆς
Señor,   pues (el) marido es   cabeza   de la

γυναικὸς ὡς καὶ ὁ Χριστὸς κεφαλὴ
mujer,   como también — Cristo   (es) cabeza

τῆς ἐκκλησίας, αὐτὸς σωτὴρ τοῦ σώματος.
de la   iglesia,   él (mismo) Salvador del cuerpo.

24 ἀλλὰ ὡς ἡ ἐκκλησία ὑποτάσσεται τῷ
Pero   como la iglesia   está sometida   —

Χριστῷ, οὕτως καὶ αἱ γυναῖκες τοῖς
a Cristo, así   también las mujeres   a los

ἀνδράσιν ἐν παντί. **25** Οἱ ἄνδρες, ἀγαπᾶτε
maridos   en todo.   Los [1]maridos   amad

τὰς γυναῖκας, καθὼς καὶ ὁ Χριστὸς
a las [2]esposas,   como también — Cristo

ἠγάπησεν τὴν ἐκκλησίαν καὶ ἑαυτὸν
amó   a la iglesia   y   a sí mismo

παρέδωκεν ὑπὲρ αὐτῆς, **26** ἵνα αὐτὴν
entregó   en pro de ella,   para   la

ἁγιάσῃ καθαρίσας τῷ λουτρῷ τοῦ
santificar purificando(la) con el lavamiento del

ὕδατος ἐν ῥήματι, **27** ἵνα παραστήσῃ αὐτὸς
agua   por (la) palabra,   para [3]presentar   él

ἑαυτῷ ἔνδοξον τὴν ἐκκλησίαν, μὴ ἔχουσαν
para sí mismo gloriosa la iglesia,   que no tenga

σπίλον ἢ ῥυτίδα ἤ τι τῶν τοιούτων,
mancha o arruga o algo de las tales cosas,

ἀλλ’ ἵνα ᾖ ἁγία καὶ ἄμωμος. **28** οὕτως
sino para que sea santa y sin tacha.   Así

ὀφείλουσιν [καὶ] οἱ ἄνδρες ἀγαπᾶν τὰς
deben   también los maridos amar a las

ἑαυτῶν γυναῖκας ὡς τὰ ἑαυτῶν σώματα.
de sí mismos mujeres como a los de sí mismos cuerpos.

ὁ ἀγαπῶν τὴν ἑαυτοῦ γυναῖκα ἑαυτὸν
El que ama a la de sí mismo mujer, a sí mismo

ἀγαπᾷ· **29** οὐδεὶς γάρ ποτε τὴν ἑαυτοῦ
ama;   porque nadie jamás a la de sí mismo

σάρκα ἐμίσησεν, ἀλλὰ ἐκτρέφει καὶ θάλπει
carne odió,   sino que nutre y [4]halaga

αὐτήν, καθὼς καὶ ὁ Χριστὸς τὴν ἐκ-
la,   como también — Cristo a la

κλησίαν, **30** ὅτι μέλη ἐσμὲν τοῦ σώματος
iglesia,   pues miembros somos del cuerpo

αὐτοῦ. **31** ἀντὶ τούτου καταλείψει ἄνθρωπος
de él.   Frente a esto, dejará un hombre

[τὸν] πατέρα καὶ [τὴν] μητέρα καὶ
al   padre y a la madre y

[1] 25. MARIDOS. Lit. *varones.*
[2] 25. ESPOSAS. Lit. *mujeres.*
[3] 27. PRESENTAR... *Se trata del día de las bodas.* (V. Ap. 19:7.)
[4] 29. HALAGA. Lit. *abriga* o *calienta.*

προσκολληθήσεται πρὸς τὴν γυναῖκα αὐτοῦ,
¹se unirá   a   la   mujer   de él

καὶ ἔσονται οἱ δύο εἰς σάρκα μίαν.
y   serán   los   dos   ²como   carne   una (sola).

32 τὸ μυστήριον τοῦτο μέγα ἐστίν, ἐγὼ
El   misterio   este   grande   es,   pero yo

δὲ λέγω εἰς Χριστὸν καὶ [εἰς] τὴν
(lo)   digo   respecto   a Cristo   y   respecto   a la

ἐκκλησίαν. **33** πλὴν καὶ ὑμεῖς οἱ
iglesia.   Sin embargo,   también   vosotros   —

καθ᾽ ἕνα ἕκαστος τὴν ἑαυτοῦ γυναῖκα
uno por   uno   cada uno   a la   de él mismo   mujer

οὕτως ἀγαπάτω ὡς ἑαυτόν, ἡ δὲ
así   ame   como   a sí mismo,   y   la

γυνὴ ἵνα φοβῆται τὸν ἄνδρα. **6** Τὰ
mujer   (para) que   ³respete   al   marido.   Los

τέκνα, ὑπακούετε τοῖς γονεῦσιν ὑμῶν
hijos,   obedeced   a los   progenitores   de vosotros

ἐν κυρίῳ· τοῦτο γάρ ἐστιν δίκαιον.
en   (el) Señor;   porque esto   es   justo.

2 τίμα τὸν πατέρα σου καὶ τὴν μητέρα,
Honra   al   padre   de ti   y   a la   madre,

ἥτις ἐστὶν ἐντολὴ πρώτη ἐν ἐπαγγελίᾳ,
que   es   (el) mandamiento   primero   con   promesa,

3 ἵνα εὖ σοι γένηται καὶ ἔσῃ μακρο-
para que bien   te   suceda   y   seas   de larga

χρόνιος ἐπὶ τῆς γῆς. **4** Καὶ οἱ πατέρες,
vida   sobre   la   tierra.   Y   los   padres,

μὴ παροργίζετε τὰ τέκνα ὑμῶν, ἀλλὰ
no   provoquéis a ira   a los   hijos   de vosotros,   sino

ἐκτρέφετε αὐτὰ ἐν παιδείᾳ καὶ νουθεσίᾳ
nutrid   los   en   disciplina   y   corrección

κυρίου. **5** Οἱ δοῦλοι, ὑπακούετε τοῖς
de(l) Señor.   Los   siervos,   obedeced   a los

κατὰ σάρκα κυρίοις μετὰ φόβου (que son) καὶ
según   (la) carne   señores   con   temor   y

τρόμου ἐν ἁπλότητι τῆς καρδίας ὑμῶν
temblor   en   sencillez   del   corazón   de vosotros

ὡς τῷ Χριστῷ, **6** μὴ κατ᾽ ὀφθαλμοδουλίαν
como   —   a Cristo,   no   conforme   a(l) servicio al ojo,

ὡς ἀνθρωπάρεσκοι, ἀλλ᾽ ὡς δοῦλοι Χριστοῦ
como (los) que agradan a hombres,   sino   como   siervos   de Cristo,

ποιοῦντες τὸ θέλημα τοῦ θεοῦ ἐκ ψυχῆς,
haciendo   la   voluntad   —   de Dios   ⁴desde   (el) alma,

7 μετ᾽ εὐνοίας δουλεύοντες ὡς τῷ κυρίῳ
con   buena voluntad   sirviendo   como   al   Señor

καὶ οὐκ ἀνθρώποις, **8** εἰδότες ὅτι ἕκαστος
y   no   a hombres,   sabiendo   que   cada uno

¹
31. SE UNIRÁ. Lit. *se apega-
rá.* (Comp. Lc. 15:15.)
²
31. COMO. Lit. *hacia* o *para.*
³
33. RESPETE. Lit. *tema.*
⁴
6. DESDE EL ALMA. Esto es,
de corazón.

ἐάν τι ποιήσῃ ἀγαθόν, τοῦτο κομίσεται
cuanto   haga   bueno,   esto   recobrará

παρὰ κυρίου, εἴτε δοῦλος εἴτε ἐλεύθερος.
de parte de(l) Señor, ya sea esclavo   o   libre.

9 Καὶ οἱ κύριοι, τὰ αὐτὰ ποιεῖτε πρὸς
Y los señores, lo mismo haced para con

αὐτούς, ἀνιέντες τὴν ἀπειλήν, εἰδότες ὅτι
ellos,   dejando   la   amenaza,   sabiendo   que

καὶ αὐτῶν καὶ ὑμῶν ὁ κύριός ἐστιν
tanto de ellos como de vosotros el Señor está

ἐν οὐρανοῖς, καὶ προσωπολημψία οὐκ
en (los) cielos, y acepción de personas no

ἔστιν παρ᾽ αὐτῷ.
hay   con   él.

10 Τοῦ λοιποῦ, ἐνδυναμοῦσθε ἐν κυρίῳ
Por lo demás, [1]robusteceos en (el) Señor

καὶ ἐν τῷ κράτει τῆς ἰσχύος αὐτοῦ.
y en el vigor de la fuerza de él.

11 ἐνδύσασθε τὴν πανοπλίαν τοῦ θεοῦ
Vestíos   de   toda la armadura — de Dios

πρὸς τὸ δύνασθαι ὑμᾶς στῆναι πρὸς
a fin de — poder vosotros estar firmes frente

τὰς μεθοδείας τοῦ διαβόλου· **12** ὅτι οὐκ
a las artimañas del diablo; pues no

ἔστιν ἡμῖν ἡ πάλη πρὸς αἷμα καὶ σάρκα,
tenemos la lucha contra sangre y carne,

ἀλλὰ πρὸς τὰς ἀρχάς, πρὸς τὰς ἐξουσίας,
sino contra los principados, contra las potestades,

πρὸς τοὺς κοσμοκράτορας τοῦ σκότους
contra los dominadores del mundo de las tinieblas

τούτου, πρὸς τὰ πνευματικὰ τῆς πονηρίας
estas, contra las (huestes) espirituales de la maldad

ἐν τοῖς ἐπουρανίοις. **13** διὰ τοῦτο
[2]en las regiones celestes. Por esto,

ἀναλάβετε τὴν πανοπλίαν τοῦ θεοῦ, ἵνα
tomad la armadura toda — de Dios, para que

δυνηθῆτε ἀντιστῆναι ἐν τῇ ἡμέρᾳ τῇ
podáis resistir en el día —

πονηρᾷ καὶ ἅπαντα κατεργασάμενοι στῆναι.
malo y todas las cosas habiendo llevado a cabo, estar firmes.

14 στῆτε οὖν περιζωσάμενοι τὴν ὀσφὺν
Estad firmes, pues, ceñidos por los lomos

ὑμῶν ἐν ἀληθείᾳ, καὶ ἐνδυσάμενοι τὸν
de vosotros con (la) verdad, y vestidos de la

θώρακα τῆς δικαιοσύνης, **15** καὶ ὑπο-
coraza de la justicia, y cal-

[1]
10. ROBUSTECEOS. Lit. *sed llenos de poder.*
[2]
12. EN LAS REGIONES CELESTES. Esto es, *en el cielo atmosférico.* (Comp. Mt. 13:4, 19 y Ef. 2:2.)

δησάμενοι τοὺς πόδας ἐν ἑτοιμασίᾳ τοῦ
zados   los   pies   con (el) apresto del

εὐαγγελίου τῆς εἰρήνης, 16 ἐν πᾶσιν
evangelio   de la   paz,   en   todo

ἀναλαβόντες τὸν θυρεὸν τῆς πίστεως, ἐν
tomando   el escudo de la   fe,   con

ᾧ δυνήσεσθε πάντα τὰ βέλη τοῦ πονηροῦ
que podáis   todos los dardos del maligno

τὰ πεπυρωμένα σβέσαι· 17 καὶ τὴν
— encendidos   apagar;   y   el

περικεφαλαίαν τοῦ σωτηρίου δέξασθε, καὶ
yelmo   de la salvación   tomad,   y

τὴν μάχαιραν τοῦ πνεύματος, ὅ ἐστιν
¹la espada   del   Espíritu,   que es (la)

ῥῆμα θεοῦ, 18 διὰ πάσης προσευχῆς καὶ
palabra de Dios, mediante toda   oración   y

δεήσεως, προσευχόμενοι ἐν παντὶ καιρῷ
petición,   orando   en   todo   tiempo

ἐν πνεύματι, καὶ εἰς αὐτὸ ἀγρυπνοῦντες
en (el) Espíritu, y   para ello   velando

ἐν πάσῃ προσκαρτερήσει καὶ δεήσει περὶ
con toda   perseverancia   y   petición acerca

πάντων τῶν ἁγίων, 19 καὶ ὑπὲρ ἐμοῦ,
de todos los santos,   y   a favor de mí,

ἵνα μοι δοθῇ λόγος ἐν ἀνοίξει τοῦ
para que me sea dada palabra en (el) abrir de la

στόματός μου, ἐν παρρησίᾳ γνωρίσαι τὸ
boca   de mí, con denuedo para dar a conocer el

μυστήριον τοῦ εὐαγγελίου, 20 ὑπὲρ οὗ
misterio   del evangelio,   en pro del cual

πρεσβεύω ἐν ἁλύσει, ἵνα ἐν αὐτῷ παρ-
soy embajador en cadena(s), para que en él   hable

ρησιάσωμαι ὡς δεῖ με λαλῆσαι.
con denuedo,   como es menester que yo hable.

21 Ἵνα δὲ εἰδῆτε καὶ ὑμεῖς τὰ κατ᾽
Y para que   sepáis también vosotros lo tocante

ἐμέ, τί πράσσω, πάντα γνωρίσει ὑμῖν
a mí, qué estoy haciendo, todo (lo) dará a conocer os

Τύχικος ὁ ἀγαπητὸς ἀδελφὸς καὶ πιστὸς
Tíquico el amado   hermano   y   fıeı

διάκονος ἐν κυρίῳ, 22 ὃν ἔπεμψα πρὸς
ministro en (el) Señor, a quien envié   a

1
17. LA ESPADA. Aquí, *la daga o machete para defen-
derse en la lucha cuerpo a
cuerpo.*

ὑμᾶς εἰς αὐτὸ τοῦτο, ἵνα γνῶτε τὰ
vosotros para esto mismo, para que conozcáis lo

περὶ ἡμῶν καὶ παρακαλέσῃ τὰς καρδίας
concerniente a nosotros y que consuele los corazones

ὑμῶν.
de vosotros.

23 Εἰρήνη τοῖς ἀδελφοῖς καὶ ἀγάπη
Paz a los hermanos y amor

μετὰ πίστεως ἀπὸ θεοῦ πατρὸς καὶ
con fe de parte de Dios Padre y

κυρίου Ἰησοῦ Χριστοῦ. **24** ἡ χάρις μετὰ
de(l) Señor Jesucristo. La gracia (sea) con

πάντων τῶν ἀγαπώντων τὸν κύριον ἡμῶν
todos los que aman al Señor de nosotros

Ἰησοῦν Χριστὸν ἐν ἀφθαρσίᾳ.
Jesucristo ¹con incorruptibilidad.

Carta del apóstol Pablo a los
FILIPENSES

1 Παῦλος καὶ Τιμόθεος δοῦλοι Χριστοῦ
Pablo y Timoteo siervos de Cristo

Ἰησοῦ πᾶσιν τοῖς ἁγίοις ἐν Χριστῷ
Jesús, a todos los santos en Cristo

Ἰησοῦ τοῖς οὖσιν ἐν Φιλίπποις σὺν
Jesús — que están en Filipos con

ἐπισκόποις καὶ διακόνοις· **2** χάρις ὑμῖν
(los) ²obispos y diáconos: Gracia a vosotros

καὶ εἰρήνη ἀπὸ θεοῦ πατρὸς ἡμῶν καὶ
y paz de parte de Dios Padre de nosotros y

κυρίου Ἰησοῦ Χριστοῦ.
de(l) Señor Jesucristo.

3 Εὐχαριστῶ τῷ θεῷ μου ἐπὶ πάσῃ
Doy gracias al Dios de mí en todo

τῇ μνείᾳ ὑμῶν, **4** πάντοτε ἐν πάσῃ
— recuerdo de vosotros, siempre en toda

δεήσει μου ὑπὲρ πάντων ὑμῶν μετὰ
petición de mí en pro de todos vosotros con

χαρᾶς τὴν δέησιν ποιούμενος, **5** ἐπὶ τῇ
gozo la petición haciendo, sobre la

κοινωνίᾳ ὑμῶν εἰς τὸ εὐαγγέλιον ἀπὸ
comunión de vosotros en el evangelio desde

---

24. CON INCORRUPTIBILIDAD. Es decir, *con amor inalterable.*

1. OBISPOS. Lit. *guardianes o supervisores.*

τῆς   πρώτης   ἡμέρας   ἄχρι   τοῦ   νῦν,
el   primer   día   hasta   —   ahora,

6 πεποιθὼς   αὐτὸ   τοῦτο,   ὅτι   ὁ   ἐναρξάμενος
estando persuadido de   esto   mismo,   que el que   comenzó

ἐν   ὑμῖν   ἔργον   ἀγαθὸν   ἐπιτελέσει   ἄχρι
en   vosotros una obra   buena,   (la) completará   hasta

ἡμέρας   Χριστοῦ   Ἰησοῦ·   7 καθώς   ἐστιν
(el) día   de Cristo   Jesús;   como   es

δίκαιον   ἐμοὶ   τοῦτο   φρονεῖν   ὑπὲρ   πάντων
justo   me   esto   ¹sentir   a favor de   todos

ὑμῶν,   διὰ   τὸ   ἔχειν   με   ἐν   τῇ   καρδίᾳ
vosotros a causa —   de tener   yo   en   el   corazón

ὑμᾶς,   ἔν   τε   τοῖς   δεσμοῖς   μου   καὶ   ἐν
os,   y en   las   ²ataduras de mí   y   en

τῇ   ἀπολογίᾳ   καὶ   βεβαιώσει   τοῦ   εὐαγγελίου
la   defensa   y   consolidación del   evangelio

συγκοινωνούς   μου   τῆς   χάριτος   πάντας
copartícipes   de mí   de la   gracia   todos

ὑμᾶς   ὄντας.   8 μάρτυς   γάρ   μου   ὁ   θεός,
vosotros siendo.   Porque testigo de mí (es) —   Dios,

ὡς   ἐπιποθῶ   πάντας   ὑμᾶς   ἐν   σπλάγχνοις
cómo   añoro   a todos   vosotros   en   (las) entrañas

Χριστοῦ   Ἰησοῦ.   9 Καὶ   τοῦτο   προσεύχομαι,
de Cristo   Jesús.   Y   esto   oro:

ἵνα   ἡ   ἀγάπη   ὑμῶν   ἔτι   μᾶλλον   καὶ
que   el   amor   de vosotros aún   más   y

μᾶλλον   περισσεύῃ   ἐν   ἐπιγνώσει   καὶ   πάσῃ
más   abunde   en conocimiento perfecto   y   toda

αἰσθήσει,   10 εἰς   τὸ   δοκιμάζειν   ὑμᾶς   τὰ
percepción,   a fin de que   probéis   vosotros   las

διαφέροντα,   ἵνα   ἦτε   εἰλικρινεῖς   καὶ
cosas ³más   para que seáis   sinceros   y
importantes,

ἀπρόσκοποι   εἰς   ἡμέραν   Χριστοῦ,   11 πεπληρω-
sin causar tropiezo hasta (el) día   de Cristo,   estando llenos

μένοι   καρπὸν   δικαιοσύνης   τὸν   διὰ   Ἰησοῦ
de fruto   de justicia   —   mediante Jesu-

Χριστοῦ,   εἰς   δόξαν   καὶ   ἔπαινον   θεοῦ.
cristo,   para   gloria   y   alabanza   de Dios.

12 Γινώσκειν   δὲ   ὑμᾶς   βούλομαι,   ἀδελφοί,
Que conozcáis   —   vosotros   quiero,   hermanos,

ὅτι   τὰ   κατ᾽   ἐμὲ   μᾶλλον   εἰς   προκοπὴν
que   las concernientes a mí,   más   para   progreso
cosas

1
7. SENTIR. Lit. *pensar*.
2
7. ATADURAS. Esto es, *cadenas*.
3
10. MÁS IMPORTANTES. Lit. *diferentes* (que necesitan discernimiento).

τοῦ εὐαγγελίου ἐλήλυθεν, **13** ὥστε τοὺς
del evangelio han venido, de modo que las

δεσμούς μου φανεροὺς ἐν Χριστῷ γενέσθαι
1ataduras de mí manifiestas en Cristo se hicieron

ἐν ὅλῳ τῷ πραιτωρίῳ καὶ τοῖς λοιποῖς
en todo el pretorio y a los demás

πᾶσιν, **14** καὶ τοὺς πλείονας τῶν ἀδελφῶν
todos, y que la mayoría de los hermanos,

ἐν κυρίῳ πεποιθότας τοῖς δεσμοῖς μου
en (el) Señor confiados por las 1ataduras de mí,

περισσοτέρως τολμᾶν ἀφόβως τὸν λόγον
más abundantemente se atreven sin temor la palabra

τοῦ θεοῦ λαλεῖν. **15** τινὲς μὲν καὶ διὰ
— de Dios a hablar. Cierto que algunos también a causa de

φθόνον καὶ ἔριν, τινὲς δὲ καὶ δι᾽ εὐδοκίαν
envidia y rivalidad, pero algunos también a causa de buena voluntad

τὸν Χριστὸν κηρύσσουσιν· **16** οἱ μὲν ἐξ
— a Cristo proclaman; éstos, por

ἀγάπης, εἰδότες ὅτι εἰς ἀπολογίαν τοῦ
amor, sabiendo que para defensa del

εὐαγγελίου κεῖμαι, **17** οἱ δὲ ἐξ ἐριθείας
evangelio estoy puesto; los otros, por rivalidad

τὸν Χριστὸν καταγγέλλουσιν, οὐχ ἁγνῶς,
— a Cristo anuncian, no con pureza,

οἰόμενοι θλῖψιν ἐγείρειν τοῖς δεσμοῖς μου.
pensando que aflicción levantan a las 1ataduras de mí.

18 Τί γάρ; πλὴν ὅτι παντὶ τρόπῳ,
¿Qué, pues? No obstante, que de toda manera,

εἴτε προφάσει εἴτε ἀληθείᾳ, Χριστὸς
sea por pretensión, sea por verdad, Cristo

καταγγέλλεται, καὶ ἐν τούτῳ χαίρω· ἀλλὰ
es anunciado, y en esto me gozo; y aún

καὶ χαρήσομαι· **19** οἶδα γὰρ ὅτι τοῦτό
también me gozaré; porque sé que esto

μοι ἀποβήσεται εἰς σωτηρίαν διὰ τῆς
me resultará para 2liberación mediante la

ὑμῶν δεήσεως καὶ ἐπιχορηγίας τοῦ
de vosotros petición y (el) suministro del

πνεύματος Ἰησοῦ Χριστοῦ, **20** κατὰ τὴν
Espíritu de Jesucristo, conforme a la

ἀποκαραδοκίαν καὶ ἐλπίδα μου ὅτι ἐν
expectación anhelante y a (la) esperanza de mí que en

οὐδενὶ αἰσχυνθήσομαι, ἀλλ᾽ ἐν πάσῃ παρ-
nada seré avergonzado, sino que con todo denuedo,

ρησίᾳ ὡς πάντοτε καὶ νῦν μεγαλυνθήσεται
como siempre, también ahora será magnificado

1
13, 14 y 17. ATADURAS. (V. vers. 7.)
2
19. LIBERACIÓN. Lit. *salvación*.

Χριστὸς ἐν τῷ σώματί μου, εἴτε διὰ
Cristo   en   el   cuerpo   de mí,   ya sea mediante

ζωῆς εἴτε διὰ θανάτου. 21 ἐμοὶ γὰρ
vida,   ya sea mediante   muerte.   Porque para mí

τὸ ζῆν Χριστὸς καὶ τὸ ἀποθανεῖν κέρδος.
el vivir   (es) Cristo   y   el   morir,   ganancia.

22 εἰ δὲ τὸ ζῆν ἐν σαρκί, τοῦτό μοι
Pero si   el   vivir   en (la) carne,   esto   para mí

καρπὸς ἔργου, καὶ τί αἱρήσομαι οὐ
(es) fruto   de (¿mi?) obra, entonces   qué   escogeré   no

γνωρίζω. 23 συνέχομαι δὲ ἐκ τῶν δύο,
alcanzo a [1]percibir.   Pues soy apremiado   desde   los   dos
                                                      (lados),

τὴν ἐπιθυμίαν ἔχων εἰς τὸ ἀναλῦσαι καὶ
el   deseo   teniendo   de   —   [2]partir   y

σὺν Χριστῷ εἶναι, πολλῷ γὰρ μᾶλλον
con   Cristo   estar,   porque mucho   más (es)

κρεῖσσον· 24 τὸ δὲ ἐπιμένειν τῇ σαρκὶ
mejor;   —   pero   quedar   en la   carne (es)

ἀναγκαιότερον δι' ὑμᾶς. 25 καὶ τοῦτο
más necesario   por causa de vosotros.   Y   esto

πεποιθὼς οἶδα, ὅτι μενῶ καὶ παραμενῶ
confiando,   sé   que   quedaré   y   continuaré

πᾶσιν ὑμῖν εἰς τὴν ὑμῶν προκοπὴν καὶ
con todos vosotros   para   el   de vosotros   progreso   y

χαρὰν τῆς πίστεως, 26 ἵνα τὸ καύχημα
gozo   de la   fe,   para que   la   [3]gloria

ὑμῶν περισσεύῃ ἐν Χριστῷ Ἰησοῦ ἐν
de vosotros   abunde   en   Cristo   Jesús   en

ἐμοὶ διὰ τῆς ἐμῆς παρουσίας πάλιν
mí   mediante   —   mi   presencia   de nuevo

πρὸς ὑμᾶς.
ante   vosotros.

27 Μόνον ἀξίως τοῦ εὐαγγελίου τοῦ
Solamente de manera digna   del   evangelio   —

Χριστοῦ πολιτεύεσθε, ἵνα εἴτε ἐλθὼν καὶ
de Cristo   [4]comportaos,   para que, ya sea   viniendo   y

ἰδὼν ὑμᾶς εἴτε ἀπὼν ἀκούω τὰ περὶ
viendo   os,   ya sea estando ausente,   oiga   (en) lo   concer-
                                                           niente

ὑμῶν, ὅτι στήκετε ἐν ἑνὶ πνεύματι,
a vosotros,   que   estáis firmes   en   un (solo)   espíritu,

μιᾷ ψυχῇ συναθλοῦντες τῇ πίστει τοῦ
con una   alma   luchando juntos   por la   fe   del
(sola)

εὐαγγελίου, 28 καὶ μὴ πτυρόμενοι ἐν
evangelio,   y   no   [5]intimidados   en

[1]
22. PERCIBIR. O *expresar.*
Lit. *doy a conocer.*
[2]
23. PARTIR. Lit. *soltar las amarras.*
[3]
26. GLORIA. Lit. *jactancia.*
[4]
27. COMPORTAOS. Lit. *sed buenos ciudadanos.*
[5]
28. INTIMIDADOS. Lit. *aterrorizados.*

μηδενὶ   ὑπὸ   τῶν   ἀντικειμένων,   ἥτις   ἐστὶν
nada   por   los   que se oponen,   lo cual   es

αὐτοῖς   ἔνδειξις   ἀπωλείας,   ὑμῶν   δὲ
para ellos   indicio   de perdición,   pero de vosotros

σωτηρίας,   καὶ   τοῦτο   ἀπὸ   θεοῦ·   29 ὅτι
de salvación,   y   esto   (viene)   de Dios;   pues

ὑμῖν   ἐχαρίσθη   τὸ   ὑπὲρ   Χριστοῦ,   οὐ
a vosotros   fue dada la   —   en pro   de Cristo,   no
          gracia,

μόνον   τὸ   εἰς   αὐτὸν   πιστεύειν   ἀλλὰ   καὶ
sólo   —   en   él   creer,   sino   también
     (de)

τὸ   ὑπὲρ   αὐτοῦ   πάσχειν,   30 τὸν   αὐτὸν
—   ¹por   él   padecer,   la   misma
(de)

ἀγῶνα   ἔχοντες   οἷον   εἴδετε   ἐν   ἐμοὶ
lucha   teniendo   cual   visteis   en   mí

καὶ   νῦν   ἀκούετε   ἐν   ἐμοί.   2 Εἴ   τις
y   ahora   oís (que hay)   en   mí.   Si   algún,

οὖν   παράκλησις   ἐν   Χριστῷ,   εἴ   τι
pues,   consuelo (hay)   en   Cristo,   si   algún

παραμύθιον   ἀγάπης,   εἴ   τις   κοινωνία
²estímulo   de amor,   si   alguna   comunión

πνεύματος,   εἴ   τις   σπλάγχνα   καὶ   οἰκτιρμοί,
de espíritu,   si   algún   afecto entrañable   y   compasiones,

2 πληρώσατέ   μου   τὴν   χαρὰν   ἵνα   τὸ
completad   de mí   el   gozo (en)   que   lo

αὐτὸ   φρονῆτε,   τὴν   αὐτὴν   ἀγάπην   ἔχοντες,
mismo   ³penséis,   el   mismo   amor   teniendo,

σύμψυχοι,   τὸ   ἓν   φρονοῦντες,   3 μηδὲν   κατ᾽
(siendo) de una   lo uno (solo)   ³pensando,   nada   por
misma alma,   (haciendo)

ἐριθείαν   μηδὲ   κατὰ   κενοδοξίαν,   ἀλλὰ   τῇ
rivalidad   ni   por   vanagloria,   sino   —

ταπεινοφροσύνῃ   ἀλλήλους   ἡγούμενοι   ὑπερ-
en humildad   unos a otros   teniendo   por su-

ἔχοντας   ἑαυτῶν,   4 μὴ   τὰ   ἑαυτῶν   ἕκαστοι
periores   a sí mismos,   no   en lo de sí mismos   cada unos

σκοποῦντες,   ἀλλὰ   καὶ   τὰ   ἑτέρων   ἕκαστοι.
poniendo la mira,   sino   también en lo   de otros   cada unos.

1
29. Por. Lit. *en favor de.*
2
1. Estímulo (o *exhortación,*
o *consolación*).
3
2. Penséis... pensando. (V.
nota a 2 Co. 13:11.)
4
5. Pensad. Esto es, *tened
la mentalidad.*
5
7. Anonadó. Lit. *vació* (no
de la naturaleza —sino de
la gloria— divina).

5 τοῦτο   φρονεῖτε   ἐν   ὑμῖν   ὃ   καὶ   ἐν
Esto   ⁴pensad   entre   vosotros   lo que   también   en

Χριστῷ   Ἰησοῦ,   6 ὃς   ἐν   μορφῇ   θεοῦ
Cristo   Jesús (hubo),   quien   en (la)   forma   de Dios

ὑπάρχων   οὐχ   ἁρπαγμὸν   ἡγήσατο   τὸ   εἶναι
existiendo,   no   rapiña   consideró   el   ser

ἴσα   θεῷ,   7 ἀλλὰ   ἑαυτὸν   ἐκένωσεν   μορφὴν
iguales que Dios,   sino que   a sí mismo   ⁵anonadó,   forma
cosas

δούλου λαβών, ἐν ὁμοιώματι ἀνθρώπων
de esclavo tomando, [1]en semejanza de hombres

γενόμενος· καὶ σχήματι εὑρεθεὶς ὡς
hecho; y en (su) porte exterior hallado como

ἄνθρωπος 8 ἐταπείνωσεν ἑαυτὸν γενόμενος
hombre, se humilló a sí mismo, hecho

ὑπήκοος μέχρι θανάτου, θανάτου δὲ σταυροῦ.
obediente hasta (la) muerte, y muerte de cruz.

9 διὸ καὶ ὁ θεὸς αὐτὸν ὑπερύψωσεν
Por lo que también — Dios le exaltó sobre (todo)

καὶ ἐχαρίσατο αὐτῷ τὸ ὄνομα τὸ ὑπὲρ
y otorgó le el nombre (que está) sobre

πᾶν ὄνομα, 10 ἵνα ἐν τῷ ὀνόματι Ἰησοῦ
todo nombre, para que en el nombre de Jesús

πᾶν γόνυ κάμψῃ ἐπουρανίων καὶ ἐπιγείων
toda rodilla se doble, de (seres) celestiales, y de (los) sobre
la tierra

καὶ καταχθονίων, 11 καὶ πᾶσα γλῶσσα
y de debajo de la tierra, y toda lengua

ἐξομολογήσηται ὅτι κύριος Ἰησοῦς
confiese que Señor (es) Jesu-

Χριστὸς εἰς δόξαν θεοῦ πατρός.
cristo para gloria de Dios Padre.

12 Ὥστε, ἀγαπητοί μου, καθὼς πάντοτε
Así que, amados de mí, como siempre

ὑπηκούσατε, μὴ ὡς ἐν τῇ παρουσίᾳ
obedecisteis, no como en la presencia

μου μόνον ἀλλὰ νῦν πολλῷ μᾶλλον ἐν
de mí sólo, sino ahora mucho más en

τῇ ἀπουσίᾳ μου, μετὰ φόβου καὶ τρόμου
la ausencia de mí, con temor y temblor

τὴν ἑαυτῶν σωτηρίαν κατεργάζεσθε· 13 θεὸς
la de vosotros [2]salvación trabajad; porque
mismos Dios

γάρ ἐστιν ὁ ἐνεργῶν ἐν ὑμῖν καὶ τὸ
Dios es el que [3]produce en vosotros tanto el

θέλειν καὶ τὸ ἐνεργεῖν ὑπὲρ τῆς εὐδοκίας.
querer como el actuar en pro de la buena voluntad
(suya)

14 πάντα ποιεῖτε χωρὶς γογγυσμῶν καὶ
Todas las cosas haced sin refunfuños y

διαλογισμῶν, 15 ἵνα γένησθε ἄμεμπτοι καὶ
discusiones, para que os hagáis irreprensibles y

ἀκέραιοι, τέκνα θεοῦ ἄμωμα μέσον
[4]sencillos hijos de Dios sin mancha en medio

γενεᾶς σκολιᾶς καὶ διεστραμμένης, ἐν
de una tortuosa y [5]depravada, entre
generación

οἷς φαίνεσθε ὡς φωστῆρες ἐν κόσμῳ,
los que brilláis como lumbreras en (el) mundo,

1
7. EN SEMEJANZA DE HOM-
BRES HECHO. Esto es, hecho
uno de nuestros semejantes.
2
12. SALVACIÓN. No se trata
de la justificación personal,
sino de la madurez santa
eclesial.
3
13. PRODUCE. Lit. activa, o
da la energía.
4
15. SENCILLOS. Lit. sin mezcla.
5
15. DEPRAVADA. O extraviada.

16 λόγον ζωῆς ἐπέχοντες, εἰς καύχημα
(la) palabra de vida manteniendo en alto para jactancia

ἐμοὶ εἰς ἡμέραν Χριστοῦ, ὅτι οὐκ εἰς
para mí en (el) día de Cristo, que no en

κενὸν ἔδραμον οὐδὲ εἰς κενὸν ἐκοπίασα.
vano corrí ni en vano trabajé.

17 Ἀλλὰ εἰ καὶ σπένδομαι ἐπὶ τῇ θυσίᾳ
Pero si aun soy derramado en sobre el sacrificio
libación

καὶ λειτουργίᾳ τῆς πίστεως ὑμῶν, χαίρω
y ¹servicio de la fe de vosotros, me alegro

καὶ συγχαίρω πᾶσιν ὑμῖν· **18** τὸ δὲ αὐτὸ
y regocijo con todos vosotros; y lo mismo

καὶ ὑμεῖς χαίρετε καὶ συγχαίρετέ μοι.
también vosotros alegraos y regocijaos conmigo.

19 Ἐλπίζω δὲ ἐν κυρίῳ Ἰησοῦ Τιμόθεον
Pero espero en (el) Señor Jesús a Timoteo

ταχέως πέμψαι ὑμῖν, ἵνα κἀγὼ εὐψυχῶ
en breve enviar os, para que también yo cobre ánimo

γνοὺς τὰ περὶ ὑμῶν. **20** οὐδένα γὰρ
al conocer lo concerniente a vosotros. Porque a nadie

ἔχω ἰσόψυχον, ὅστις γνησίως τὰ περὶ
tengo del mismo ánimo, el cual genuinamente de lo concerniente

ὑμῶν μεριμνήσει· **21** οἱ πάντες γὰρ τὰ
a vosotros se interesará; — porque todos lo

ἑαυτῶν ζητοῦσιν, οὐ τὰ Χριστοῦ Ἰησοῦ.
de sí mismos buscan, no lo de Cristo Jesús.

22 τὴν δὲ δοκιμὴν αὐτοῦ γινώσκετε, ὅτι
Pero el carácter probado de él conocéis, que

ὡς πατρὶ τέκνον σὺν ἐμοὶ ἐδούλευσεν
como a un padre un hijo (sirve), conmigo sirvió

εἰς τὸ εὐαγγέλιον. **23** τοῦτον μὲν οὖν
en el evangelio. A éste, — pues,

ἐλπίζω πέμψαι ὡς ἂν ἀφίδω τὰ περὶ
espero enviar tan pronto como vea claro lo concerniente

ἐμὲ ἐξαυτῆς· **24** πέποιθα δὲ ἐν κυρίῳ
a mí, inmediatamente; y confío en (el) Señor

ὅτι καὶ αὐτὸς ταχέως ἐλεύσομαι. **25** Ἀναγ-
que también (yo) mismo en breve vendré. Pero

καῖον δὲ ἡγησάμην Ἐπαφρόδιτον τὸν
necesario juzgué a Epafrodito el

ἀδελφὸν καὶ συνεργὸν καὶ συστρατιώτην
hermano y colaborador y compañero de milicia

μου, ὑμῶν δὲ ἀπόστολον καὶ λειτουργὸν
de mí, y de vosotros ²apóstol y ³ministro

---

¹ 17. SERVICIO. O *culto.*

² 25. APÓSTOL. Es decir, *enviado.*

³ 25. MINISTRO. Lit. *servidor en el culto.*

τῆς χρείας μου, πέμψαι πρὸς ὑμᾶς,
de la necesidad de mí, enviar a vosotros,

26 ἐπειδὴ ἐπιποθῶν ἦν πάντας ὑμᾶς, καὶ
ya que muy deseoso estaba a todos vosotros, y

ἀδημονῶν, διότι ἠκούσατε ὅτι ἠσθένησεν.
muy afligido, porque oísteis que estuvo enfermo.
(de ver)

27 καὶ γὰρ ἠσθένησεν παραπλήσιον θανάτῳ·
Porque ciertamente estuvo enfermo al borde de (la) muerte;

ἀλλὰ ὁ θεὸς ἠλέησεν αὐτόν, οὐκ αὐτὸν
pero — Dios tuvo misericordia de él, y no de él

δὲ μόνον ἀλλὰ καὶ ἐμέ, ἵνα μὴ λύπην
sólo, sino también de mí, para que no tristeza

ἐπὶ λύπην σχῶ. **28** σπουδαιοτέρως οὖν
sobre tristeza (yo) tuviese. Con mayor solicitud, pues,

ἔπεμψα αὐτόν, ἵνα ἰδόντες αὐτὸν πάλιν
envié le, para que al ver le de nuevo,

χαρῆτε κἀγὼ ἀλυπότερος ὦ. **29** προσδέχεσθε
os alegréis y yo menos triste esté. Acoged,

οὖν αὐτὸν ἐν κυρίῳ μετὰ πάσης χαρᾶς,
pues, le en (el) Señor con todo gozo,

καὶ τοὺς τοιούτους ἐντίμους ἔχετε, **30** ὅτι
y a los tales en alta estima tened, pues

διὰ τὸ ἔργον Χριστοῦ μέχρι θανάτου
por la obra de Cristo hasta el de (la) muerte
causa de borde

ἤγγισεν παραβολευσάμενος τῇ ψυχῇ, ἵνα
estuvo cercano, arriesgando la vida, para

ἀναπληρώσῃ τὸ ὑμῶν ὑστέρημα τῆς πρός
suplir la de vosotros [1]carencia del para

με λειτουργίας.
conmigo servicio.

3 Τὸ λοιπόν, ἀδελφοί μου, χαίρετε ἐν
Por lo demás, hermanos de mí, alegraos en

κυρίῳ. τὰ αὐτὰ γράφειν ὑμῖν ἐμοὶ μὲν
(el) Señor. Las mismas cosas escribir os, a mí ciertamente

οὐκ ὀκνηρόν, ὑμῖν δὲ ἀσφαλές.
no (es) molesto, y a vosotros (es) [2]salvaguardia.

2 Βλέπετε τοὺς κύνας, βλέπετε τοὺς
[3]Guardaos de los [4]perros [3]guardaos de los

κακοὺς ἐργάτας, βλέπετε τὴν κατατομήν.
malos obreros, [3]guardaos de la mutilación.

[1] 30. CARENCIA. Es decir, *ausencia*.
[2] 1. SALVAGUARDIA. Lit. *seguro*.
[3] 2. GUARDAOS DE. Lit. *mirad*.
[4] 2. PERROS... MALOS OBREROS... MUTILACIÓN (indicando "circuncisión"). *Pablo se refiere, en los tres grupos, a los judaizantes.*

3 ἡμεῖς γάρ ἐσμεν ἡ περιτομή, οἱ
Porque nosotros   somos 1la circuncisión, los que

πνεύματι θεοῦ λατρεύοντες καὶ καυχώμενοι
por (el) Espíritu de Dios damos culto y nos jactamos

ἐν Χριστῷ Ἰησοῦ καὶ οὐκ ἐν σαρκὶ
en Cristo Jesús y no en (la) carne

πεποιθότες, **4** καίπερ ἐγὼ ἔχων πεποίθησιν
confiamos, aun cuando yo teniendo confianza

καὶ ἐν σαρκί. Εἴ τις δοκεῖ ἄλλος
también en (la) carne. Si algún 2otro piensa

πεποιθέναι ἐν σαρκί, ἐγὼ μᾶλλον·
tener confianza en (la) carne, yo más;

5 περιτομῇ ὀκταήμερος, ἐκ γένους Ἰσραήλ,
en (la) circuncisión, de ocho días; (del) linaje de Israel;

φυλῆς Βενιαμίν, Ἑβραῖος ἐξ Ἑβραίων,
de (la) tribu de Benjamín, hebreo de hebreos,

κατὰ νόμον Φαρισαῖος, **6** κατὰ ζῆλος
en cuanto a (la) ley, fariseo; en cuanto a celo,

διώκων τὴν ἐκκλησίαν, κατὰ δικαιοσύνην
persiguiendo a la iglesia; en cuanto a (la) justicia,

τὴν ἐν νόμῳ γενόμενος ἄμεμπτος. **7** ἀλλὰ
la de en (la) ley, hecho intachable. Pero

ἅτινα ἦν μοι κέρδη, ταῦτα ἥγημαι διὰ
cuantas eran para mí ganancias, estas cosas he estimado por
cosas   causa

τὸν Χριστὸν ζημίαν. **8** ἀλλὰ μενοῦν γε
— de Cristo (como) pérdida. Pero, de cierto, más aún,

καὶ ἡγοῦμαι πάντα ζημίαν εἶναι διὰ
también estimo que todas (las) pérdida son a causa de
              cosas

τὸ ὑπερέχον τῆς γνώσεως Χριστοῦ Ἰησοῦ
lo 3excelente del conocimiento de Cristo Jesús

τοῦ κυρίου μου, δι᾽ ὃν τὰ πάντα
el Señor de mí, por causa del cual las cosas todas

ἐζημιώθην, καὶ ἡγοῦμαι σκύβαλα ἵνα
perdí, y estimo (como) 4desperdicios para

Χριστὸν κερδήσω **9** καὶ εὑρεθῶ ἐν αὐτῷ,
a Cristo ganar y ser hallado en él,

μὴ ἔχων ἐμὴν δικαιοσύνην τὴν ἐκ νόμου,
no teniendo mi justicia, la de (la) ley,

ἀλλὰ τὴν διὰ πίστεως Χριστοῦ, τὴν
sino la (que es) mediante (la) fe de Cristo, la

ἐκ θεοῦ δικαιοσύνην ἐπὶ τῇ πίστει,
proce- Dios justicia (basada) en la fe,
dente de

1
3. LA CIRCUNCISIÓN. Esto es, la verdadera, la del corazón. (V. Ro. 2:29; Col. 2:11.)
2
4. OTRO PIENSA. Lit. piensa otro.
3
8. EXCELENTE. Lit. sobrepujante.
4
8. DESPERDICIOS. Lit. excrementos (o estiércol).

10 τοῦ   γνῶναι   αὐτὸν   καὶ   τὴν   δύναμιν
del   conocer   le   y   el   poder

τῆς   ἀναστάσεως   αὐτοῦ   καὶ   κοινωνίαν
de la   resurrección   de él   y   (la) comunión

παθημάτων   αὐτοῦ,   συμμορφιζόμενος   τῷ
de (los) padecimientos   de él,   siendo hecho conforme   a la

θανάτῳ   αὐτοῦ,   **11** εἴ   πως   καταντήσω   εἰς
muerte   de él,   si de algún modo   llegase   a

τὴν   ἐξανάστασιν   τὴν   ἐκ   νεκρῶν.   **12** Οὐχ
la   resurrección   —   de entre (los) muertos.   No

ὅτι   ἤδη   ἔλαβον   ἢ   ἤδη   τετελείωμαι,
que   ya   (lo) obtuve   o (que) ya   he sido perfeccionado,

διώκω   δὲ   εἰ   καὶ   καταλάβω,   ἐφ'   ᾧ
pero prosigo   (por) si ciertamente   le agarre,   puesto que

καὶ   κατελήμφθην   ὑπὸ   Χριστοῦ   'Ιησοῦ.
también   fui agarrado   por   Cristo   Jesús.

13 ἀδελφοί,   ἐγὼ   ἐμαυτὸν   οὔπω   λογίζομαι
Hermanos,   yo   ¹a mí mismo   aún no   considero

κατειληφέναι·   ἐν   δέ,   τὰ   μὲν   ὀπίσω
haber(lo) agarrado;   pero una (sola)   las cosas   —   de atrás
    cosa (hago):

ἐπιλανθανόμενος   τοῖς   δὲ   ἔμπροσθεν   ἐπεκ-
olvidando,   y a las   de delante   exten-

τεινόμενος,   **14** κατὰ   σκοπὸν   διώκω   εἰς
diéndome,   hacia   (la) meta   prosigo,   para

τὸ   βραβεῖον   τῆς   ἄνω   κλήσεως   τοῦ   θεοῦ
el   premio   del   de arriba   llamamiento   —   de Dios

ἐν   Χριστῷ   'Ιησοῦ.   **15** Ὅσοι   οὖν   τέλειοι,
en   Cristo   Jesús.   Cuantos,   pues,   ²perfectos
    (somos),

τοῦτο   φρονῶμεν·   καὶ   εἴ   τι   ἑτέρως
esto   ³pensemos;   y   si   algo   de modo
    diferente

φρονεῖτε,   καὶ   τοῦτο   ὁ   θεὸς   ὑμῖν   ἀποκα-
³pensáis,   también   esto   —   Dios   os   revela-

λύψει·   **16** πλὴν   εἰς   ὃ   ἐφθάσαμεν,   τῷ
rá.   No obstante,   a   lo que   llegamos,   en lo

αὐτῷ   στοιχεῖν.   **17** Συμμιμηταί   μου
mismo   ⁴avanzar (juntos).   Imitadores   de mí

γίνεσθε,   ἀδελφοί,   καὶ   σκοπεῖτε   τοὺς   οὕτω
haceos,   hermanos,   y   fijaos   en los que   así

περιπατοῦντας   καθὼς   ἔχετε   τύπον   ἡμᾶς.
andan   como   tenéis   por modelo a nosotros.

18 πολλοὶ   γὰρ   περιπατοῦσιν   οὓς   πολλάκις
Porque muchos   andan,   de los que   muchas veces

ἔλεγον   ὑμῖν,   νῦν   δὲ   καὶ   κλαίων   λέγω,
decía   os,   y ahora   incluso   llorando   digo,

τοὺς   ἐχθροὺς   τοῦ   σταυροῦ   τοῦ   Χριστοῦ,
(que son)   enemigos   de la   cruz   —   de Cristo,
los

1
13. A MÍ MISMO. Lit. *que yo mismo* (lo haya agarrado).
2
15. PERFECTOS. Aquí, *maduros espiritualmente*.
3
15. PENSEMOS, PENSÁIS. En el sentido de *adoptar una actitud*. (V. 2:5.)
4
16. AVANZAR. Es decir, *avancemos*.

19 ὧν τὸ τέλος ἀπώλεια, ὧν ὁ θεὸς
cuyo — final (es) destrucción, cuyo — dios (es)

ἡ κοιλία καὶ ἡ δόξα ἐν τῇ αἰσχύνῃ
el vientre y la gloria en la vergüenza

αὐτῶν, οἱ τὰ ἐπίγεια φρονοῦντες. **20** ἡμῶν
de ellos, los que en lo terrenal ¹piensan. Porque de

γὰρ τὸ πολίτευμα ἐν οὐρανοῖς ὑπάρχει,
nosotros la ciudadanía en (los) cielos está,

ἐξ οὗ καὶ σωτῆρα ἀπεκδεχόμεθα κύριον
de donde también a(l) Salvador aguardamos, a(l) Señor

Ἰησοῦν Χριστόν, **21** ὃς μετασχηματίσει τὸ
Jesucristo, el cual transfigurará el

σῶμα τῆς ταπεινώσεως ἡμῶν σύμμορφον
cuerpo de la humillación de nosotros, (haciéndolo) ²conforme

τῷ σώματι τῆς δόξης αὐτοῦ, κατὰ τὴν
al cuerpo de la gloria de él, conforme a la

ἐνέργειαν τοῦ δύνασθαι αὐτὸν καὶ ὑποτάξαι
eficacia — de poder él incluso someter

αὐτῷ τὰ πάντα. **4** Ὥστε, ἀδελφοί μου
a él (mismo) las cosas todas. Así que, hermanos de mí

ἀγαπητοὶ καὶ ἐπιπόθητοι, χαρὰ καὶ
amados y añorados, gozo y

στέφανός μου, οὕτως στήκετε ἐν κυρίῳ, ἀγαπητοί.
corona de mí, así estad firmes en (el) Señor, amados.

2 Εὐοδίαν παρακαλῶ καὶ Συντύχην
A Evodia ruego y a Síntique

παρακαλῶ τὸ αὐτὸ φρονεῖν ἐν κυρίῳ.
ruego lo mismo ³pensar en (el) Señor.

3 ναὶ ἐρωτῶ καὶ σέ, γνήσιε σύζυγε,
Sí, pido también a ti, genuino ⁴compañero,

συλλαμβάνου αὐταῖς, αἵτινες ἐν τῷ εὐαγ-
ayuda las, las cuales en el evan-

γελίῳ συνήθλησάν μοι μετὰ καὶ Κλήμεντος
gelio lucharon conmigo, tanto con Clemente

καὶ τῶν λοιπῶν συνεργῶν μου, ὧν
como con los demás colaboradores de mí, cuyos

τὰ ὀνόματα ἐν βίβλῳ ζωῆς. **4** Χαίρετε
— nombres (están) en (el) libro de (la) vida. Alegraos

ἐν κυρίῳ πάντοτε· πάλιν ἐρῶ, χαίρετε.
en (el) Señor siempre; de nuevo diré, alegraos.

5 τὸ ἐπιεικὲς ὑμῶν γνωσθήτω πᾶσιν
Lo ⁵mesurado de vosotros sea conocido a todos

ἀνθρώποις. ὁ κύριος ἐγγύς. **6** μηδὲν
(los) hombres. El Señor (está) cerca. Por nada

μεριμνᾶτε, ἀλλ' ἐν παντὶ τῇ προσευχῇ
os inquietéis, sino que en todo — con oración

1
19. PIENSAN. (V. vers. 15.)
2
21. CONFORME. Esto es, de idéntica forma.
3
2. PENSAR. (V. 3:15.)
4
3. COMPAÑERO. Lit. uncido al mismo yugo.
5
5. MESURADO. O clemente. Lit. indulgente.

καὶ   τῇ   δεήσει   μετὰ   εὐχαριστίας   τα
y   —   petición   con   acción de gracias,   las

αἰτήματα   ὑμῶν   γνωριζέσθω   πρὸς   τὸν
demandas   de vosotros   sean dadas a conocer   a   —

θεόν.   7 καὶ   ἡ   εἰρήνη   τοῦ   θεοῦ   ἡ
Dios.   Y   la   paz   —   de Dios   que

ὑπερέχουσα   πάντα   νοῦν   φρουρήσει   τὰς
sobrepasa   a todo   entendimiento,   guardará   los

καρδίας   ὑμῶν   καὶ   τὰ   νοήματα   ὑμῶν
corazones   de vosotros   y   los   pensamientos   de vosotros

ἐν   Χριστῷ   Ἰησοῦ.   8 Τὸ   λοιπόν,   ἀδελφοί,
en   Cristo   Jesús.   Por lo   demás,   hermanos,

ὅσα   ἐστὶν   ἀληθῆ,   ὅσα   σεμνά,   ὅσα   δίκαια,
cuanto   es   verdadero,   cuanto   respetable,   cuanto   justo,

ὅσα   ἀγνά,   ὅσα   προσφιλῆ,   ὅσα   εὔφημα,
cuanto   puro,   cuanto   amable,   cuanto   de buena
                                                      reputación,

εἴ   τις   ἀρετὴ   καὶ   εἴ   τις   ἔπαινος,   9 ταῦτα
si   alguna   virtud   y   si   alguna   alabanza,   esto

λογίζεσθε·   ἃ   καὶ   ἐμάθετε   καὶ   παρελάβετε
considerad;   lo que   aprendisteis   y asimismo   recibisteis

καὶ   ἠκούσατε   καὶ   εἴδετε   ἐν   ἐμοί,   ταῦτα
y   oísteis   y   visteis   en   mí,   eso

πράσσετε·   καὶ   ὁ   θεὸς   τῆς   εἰρήνης   ἔσται
poned por obra;   y   el   Dios   de la   paz   estará

μεθ'   ὑμῶν.
con   vosotros.

10 Ἐχάρην   δὲ   ἐν   κυρίῳ   μεγάλως   ὅτι
    Y me alegré   en   (el) Señor   grandemente   de que

ἤδη   ποτὲ   ἀνεθάλετε   τὸ   ὑπὲρ   ἐμοῦ   φρονεῖν·
ya   por fin   reavivasteis   el   en pro   de mí   [1]pensar;

ἐφ'   ᾧ   καὶ   ἐφρονεῖτε,   ἠκαιρεῖσθε   δέ.
sobre   lo que   ciertamente   [1]pensabais,   pero carecíais de
                                                      oportunidad.

11 οὐχ   ὅτι   καθ'   ὑστέρησιν   λέγω·   ἐγὼ
    No   que   según   escasez   (lo) digo;   porque

γὰρ   ἔμαθον   ἐν   οἷς   εἰμι   αὐτάρκης   εἶναι.
yo   aprendí   en   las   en que   contento a   estar.
            (circunstancias)   estoy,

12 οἶδα   καὶ   ταπεινοῦσθαι,   οἶδα   καὶ   περισ-
    Sé   estar empequeñecido,   y sé   también   estar

σεύειν·   ἐν   παντὶ   καὶ   ἐν   πᾶσιν   μεμύημαι,
abundando;   en   toda   y   en   [2]cada una   he sido iniciado
                                          (circunstancia)

καὶ   χορτάζεσθαι   καὶ   πεινᾶν,   καὶ   περισ-
para   ser saciado,   tanto como para pasar   tanto para   abundar
                                                      hambre,

---

[1]
10. PENSAR y PENSABAIS. (V.
3:15.)

[2]
12. CADA UNA. Lit. *todas*
(distributivamente).

σεύειν   καὶ   ὑστερεῖσθαι.   **13** πάντα   ἰσχύω
como para   sufrir necesidad.   Para todo [1]tengo recursos

ἐν   τῷ   ἐνδυναμοῦντί   με.   **14** πλὴν   καλῶς
en   el   que da el poder   me.   No obstante,   bien

ἐποιήσατε   συγκοινωνήσαντές   μου   τῇ   θλίψει.
hicisteis   al compartir   de mí   la   aflicción.

15 οἴδατε   δὲ   καὶ   ὑμεῖς,   Φιλιππήσιοι,   ὅτι
Y sabéis   también vosotros,   filipenses,   que

ἐν   ἀρχῇ   τοῦ   εὐαγγελίου,   ὅτε   ἐξῆλθον
[2]en   (el) principio   del   evangelio,   cuando   salí

ἀπὸ   Μακεδονίας,   οὐδεμία   μοι   ἐκκλησία
de   Macedonia,   ninguna   conmigo   iglesia

ἐκοινώνησεν   εἰς   λόγον   δόσεως   καὶ   λήμψεως
compartió   en   razón   de dar   y   recibir

εἰ   μὴ   ὑμεῖς   μόνοι,   **16** ὅτι   καὶ   ἐν
excepto   vosotros   solos,   pues   aun   en

Θεσσαλονίκῃ   καὶ   ἅπαξ   καὶ   δὶς   εἰς   τὴν
Tesalónica,   una   y   otra vez,   para   la

χρείαν   μοι   ἐπέμψατε.   **17** οὐχ   ὅτι   ἐπιζητῶ
necesidad   me   enviasteis.   No   que   busque

τὸ   δόμα,   ἀλλὰ   ἐπιζητῶ   τὸν   καρπὸν
la   dádiva,   sino que   busco   el   fruto

τὸν   πλεονάζοντα   εἰς   λόγον   ὑμῶν.   **18** ἀπέχω
—   que crezca   para (la) cuenta de vosotros.   Pero [3]tengo

δὲ   πάντα   καὶ   περισσεύω·   πεπλήρωμαι
(el monto de todo   y   abundo;   he sido llenado
total)

δεξάμενος   παρὰ   Ἐπαφροδίτου   τὰ   παρ’
al recibir   de (manos de)   Epafrodito   lo   de parte

ὑμῶν,   ὀσμὴν   εὐωδίας,   θυσίαν   δεκτήν,
de vosotros,   [4]olor   de fragancia,   sacrificio   aceptable,

εὐάρεστον   τῷ   θεῷ.   **19** ὁ   δὲ   θεός   μου
agradable   a Dios.   Y el   Dios   de mí

πληρώσει   πᾶσαν   χρείαν   ὑμῶν   κατὰ   τὸ
llenará   toda   necesidad   de vosotros   conforme a   la

πλοῦτος   αὐτοῦ   ἐν   δόξῃ   ἐν   Χριστῷ   Ἰησοῦ.
riqueza   de él   en   gloria   en   Cristo   Jesús.

20 τῷ   δὲ   θεῷ   καὶ   πατρὶ   ἡμῶν   ἡ   δόξα
Y al   Dios   y   Padre   de nosotros la   gloria
(sea)

εἰς   τοὺς   αἰῶνας   τῶν   αἰώνων·   ἀμήν.
por   los   siglos   de los   siglos;   amén.

21 Ἀσπάσασθε   πάντα   ἅγιον   ἐν   Χριστῷ
Saludad   a todo   santo   en   Cristo

Ἰησοῦ.   ἀσπάζονται   ὑμᾶς   οἱ   σὺν   ἐμοὶ
Jesús.   Saludan   os   los   conmigo

ἀδελφοί.   **22** ἀσπάζονται   ὑμᾶς   πάντες   οἱ
hermanos.   Saludan   os   todos   los

[1]
13. TENGO RECURSOS. Lit. *tengo fuerza.*
[2]
15. EN EL PRINCIPIO DEL EVANGELIO. Esto es, *cuando comencé a predicar.*
[3]
18. TENGO. O *he recibido.*
[4]
18. OLOR DE FRAGANCIA. (V. Ef. 5:2.)

ἅγιοι, μάλιστα δὲ οἱ ἐκ τῆς Καίσαρος
santos,   y sobre todo los de la de   César

οἰκίας.
casa.

23 Ἡ χάρις τοῦ κυρίου Ἰησοῦ Χριστοῦ
La gracia del Señor Jesucristo (sea)

μετὰ τοῦ πνεύματος ὑμῶν.
con el espíritu de vosotros.

Carta del apóstol Pablo a los
COLOSENSES

1 Παῦλος ἀπόστολος Χριστοῦ Ἰησοῦ διὰ
Pablo,   apóstol de Cristo Jesús mediante

θελήματος θεοῦ καὶ Τιμόθεος ὁ ἀδελφὸς
(la) voluntad de Dios, y Timoteo el hermano,

2 τοῖς ἐν Κολοσσαῖς ἁγίοις καὶ πιστοῖς
a los en Colosas santos y fieles

ἀδελφοῖς ἐν Χριστῷ· χάρις ὑμῖν καὶ
hermanos en Cristo: Gracia a vosotros y

εἰρήνη ἀπὸ θεοῦ πατρὸς ἡμῶν.
paz de parte de Dios, Padre de nosotros.

3 Εὐχαριστοῦμεν τῷ θεῷ πατρὶ τοῦ
Damos gracias — a Dios Padre del

κυρίου ἡμῶν Ἰησοῦ [Χριστοῦ] πάντοτε
Señor de nosotros Jesucristo siempre

περὶ ὑμῶν προσευχόμενοι, **4** ἀκούσαντες
acerca de vosotros orando, al oír

τὴν πίστιν ὑμῶν ἐν Χριστῷ Ἰησοῦ
la fe de vosotros en Cristo Jesús

καὶ τὴν ἀγάπην ἣν ἔχετε εἰς πάντας
y el amor que tenéis para con todos

τοὺς ἁγίους **5** διὰ τὴν ἐλπίδα τὴν
los santos, a causa de la esperanza —

ἀποκειμένην ὑμῖν ἐν τοῖς οὐρανοῖς, ἣν
reservada para vosotros en los cielos, (de) la cual

προηκούσατε ἐν τῷ λόγῳ τῆς ἀληθείας
previamente oísteis en la palabra de la verdad

τοῦ εὐαγγελίου **6** τοῦ παρόντος εἰς ὑμᾶς,
del evangelio que [1]ha llegado a vosotros,

καθὼς καὶ ἐν παντὶ τῷ κόσμῳ ἐστὶν
como también en todo el mundo está

καρποφορούμενον καὶ αὐξανόμενον καθὼς
llevando fruto y creciendo como

1
6. HA LLEGADO. Lit. *está*
presente.

καὶ ἐν ὑμῖν, ἀφ' ἧς ἡμέρας ἠκούσατε
también en vosotros, desde el día que oísteis

καὶ ἐπέγνωτε τὴν χάριν τοῦ θεοῦ ἐν
y conocisteis plenamente la gracia — de Dios en

ἀληθείᾳ· 7 καθὼς ἐμάθετε ἀπὸ Ἐπαφρᾶ
verdad; como aprendisteis de parte de Epafras

τοῦ ἀγαπητοῦ συνδούλου ἡμῶν, ὅς ἐστιν
el amado consiervo de nosotros, quien es

πιστὸς ὑπὲρ ὑμῶν διάκονος τοῦ Χριστοῦ,
fiel en pro de vosotros ministro — de Cristo,

8 ὁ καὶ δηλώσας ἡμῖν τὴν ὑμῶν ἀγάπην
el que también informó nos (d)el de vosotros amor

ἐν πνεύματι.
en (el) Espíritu.

9 Διὰ τοῦτο καὶ ἡμεῖς, ἀφ' ἧς ἡμέρας
Por esto, también nosotros, desde el día que

ἠκούσαμεν, οὐ παυόμεθα ὑπὲρ ὑμῶν
oímos(lo), no cesamos en pro de vosotros

προσευχόμενοι καὶ αἰτούμενοι ἵνα πληρω-
orando y pidiendo para que seáis

θῆτε τὴν ἐπίγνωσιν τοῦ θελήματος αὐτοῦ
llenados (d)el conocimiento pleno de la voluntad de él

ἐν πάσῃ σοφίᾳ καὶ συνέσει πνευματικῇ,
en toda sabiduría e inteligencia espiritual,

10 περιπατῆσαι ἀξίως τοῦ κυρίου εἰς
para andar dignamente del Señor [1]para

πᾶσαν ἀρεσκείαν, ἐν παντὶ ἔργῳ ἀγαθῷ
agradarle en todo, en toda obra buena

καρποφοροῦντες καὶ αὐξανόμενοι τῇ
llevando fruto y creciendo en el

ἐπιγνώσει τοῦ θεοῦ, 11 ἐν πάσῃ δυνάμει
conocimiento pleno — de Dios, con todo poder

δυναμούμενοι κατὰ τὸ κράτος τῆς δόξης
capacitados conforme a la potencia de la gloria

αὐτοῦ εἰς πᾶσαν ὑπομονὴν καὶ μακρο-
de él para toda paciencia y longa-

θυμίαν, μετὰ χαρᾶς 12 εὐχαριστοῦντες τῷ
nimidad, con gozo dando gracias al

πατρὶ τῷ ἱκανώσαντι ὑμᾶς εἰς τὴν μερίδα
Padre — que hizo aptos nos para la parte

τοῦ κλήρου τῶν ἁγίων ἐν τῷ φωτί·
de la herencia de los santos en — luz;

13 ὃς ἐρρύσατο ἡμᾶς ἐκ τῆς ἐξουσίας
quien rescató nos de la potestad

[1]
10. PARA AGRADARLE EN TO-
DO. Lit. *para todo agrado.*

τοῦ   σκότους   καὶ   μετέστησεν   εἰς   τὴν
de las   tinieblas   y   trasladó(nos)   al

βασιλείαν   τοῦ   υἱοῦ   τῆς   ἀγάπης   αὐτοῦ,
reino   del   Hijo   del   amor   de él,

14 ἐν   ᾧ   ἔχομεν   τὴν   ἀπολύτρωσιν,   τὴν
en   quien   tenemos   la   redención,   el

ἄφεσιν   τῶν   ἁμαρτιῶν·   **15** ὅς   ἐστιν   εἰκὼν
perdón   de los   pecados;   el cual   es   imagen

τοῦ   θεοῦ   τοῦ   ἀοράτου,   πρωτότοκος   πάσης
del   Dios   —   invisible,   primogénito   de toda

κτίσεως,   **16** ὅτι   ἐν   αὐτῷ   ἐκτίσθη   τὰ
creación,   pues   en   él   fueron creadas   las

πάντα   ἐν   τοῖς   οὐρανοῖς   καὶ   ἐπὶ   τῆς
cosas todas   en   los   cielos   y   sobre   la

γῆς,   τὰ   ὁρατὰ   καὶ   τὰ   ἀόρατα,   εἴτε
tierra,   las   visibles   y   las   invisibles,   ya (sean)

θρόνοι   εἴτε   κυριότητες   εἴτε   ἀρχαὶ   εἴτε
tronos,   o   dominios,   o   principados,   o

ἐξουσίαι·   τὰ   πάντα   δι'   αὐτοῦ   καὶ   εἰς
potestades;   las   cosas todas   mediante   él   y   para

αὐτὸν   ἔκτισται·   **17** καὶ   αὐτός   ἐστιν   πρὸ
él   han sido creadas;   y   él   es   antes de

πάντων   καὶ   τὰ   πάντα   ἐν   αὐτῷ   συνέστηκεν,
todas (las) cosas,   y   las cosas todas   en   él   mantienen su consistencia,

18 καὶ   αὐτός   ἐστιν   ἡ   κεφαλὴ   τοῦ   σώματος,
y   él   es   la   cabeza   del   cuerpo,

τῆς   ἐκκλησίας·   ὅς   ἐστιν   ἀρχή,   πρωτότοκος
de la   iglesia;   el cual   es   (el) principio,   primogénito

ἐκ   τῶν   νεκρῶν,   ἵνα   γένηται   ἐν   πᾶσιν
de entre los   muertos,   para   ser   en   todas (las) cosas

αὐτὸς   πρωτεύων,   **19** ὅτι   ἐν   αὐτῷ   εὐδόκησεν
él   quien ocupa el primer lugar,   pues   en   él   tuvo a bien (Dios)

πᾶν   τὸ   πλήρωμα   κατοικῆσαι   **20** καὶ   δι'
que toda la   plenitud   habitase   y   mediante

αὐτοῦ   ἀποκαταλλάξαι   τὰ   πάντα   εἰς   αὐτόν,
él   reconciliar   las   cosas todas   consigo,

εἰρηνοποιήσας   διὰ   τοῦ   αἵματος   τοῦ   σταυροῦ
haciendo la paz   mediante   la   sangre   de la   cruz

αὐτοῦ,   δι'   αὐτοῦ   εἴτε   τὰ   ἐπὶ   τῆς   γῆς
de él,   mediante   él,   ya sean las cosas   de sobre   la   tierra,

εἴτε   τὰ   ἐν   τοῖς   οὐρανοῖς.   **21** Καὶ   ὑμᾶς
ya sean las   de   en   los   cielos.   Y   a vosotros

---

1 **21.** EXTRAÑOS. Lit. *hechos extranjeros.*

ποτε   ὄντας   ἀπηλλοτριωμένους   καὶ   ἐχθροὺς
que otrora   erais   ¹extraños   y   enemigos

τῇ διανοίᾳ ἐν τοῖς ἔργοις τοῖς πονηροῖς,
en la　mente　por　las　obras　—　malas,

22 νυνὶ δὲ ἀποκατήλλαξεν ἐν τῷ σώματι
pero ahora　reconcilió (os)　en　el　cuerpo

τῆς σαρκὸς αὐτοῦ διὰ τοῦ θανάτου,
de la　carne　de él　mediante　la　muerte,

παραστῆσαι ὑμᾶς ἁγίους καὶ ἀμώμους
para presentar　os　santos　y　sin tacha

καὶ ἀνεγκλήτους κατενώπιον αὐτοῦ, **23** εἴ
e　irreprochables　delante　de él,　si

γε ἐπιμένετε τῇ πίστει τεθεμελιωμένοι
en verdad permanecéis　en la　fe　fundamentados

καὶ ἑδραῖοι καὶ μὴ μετακινούμενοι ἀπὸ
y　firmes　y　no　siendo removidos　de

τῆς ἐλπίδος τοῦ εὐαγγελίου οὗ ἠκούσατε,
la　esperanza　del　evangelio　que　oísteis,

τοῦ κηρυχθέντος ἐν πάσῃ κτίσει τῇ
—　que fue proclamado　en　toda　(la) creación

ὑπὸ τὸν οὐρανόν, οὗ ἐγενόμην ἐγὼ
bajo　el　cielo,　del que　fui hecho　yo

Παῦλος διάκονος.
Pablo　ministro.

24 Νῦν χαίρω ἐν τοῖς παθήμασιν ὑπὲρ
Ahora　me gozo　en　los　padecimientos　en pro

ὑμῶν, καὶ ἀνταναπληρῶ τὰ ὑστερήματα
de vosotros,　y　estoy completando　[1]lo　que falta

τῶν θλίψεων τοῦ Χριστοῦ ἐν τῇ σαρκί
de las　aflicciones　—　de Cristo　en　la　carne

μου ὑπὲρ τοῦ σώματος αὐτοῦ, ὅ ἐστιν
de mí　en pro　del　cuerpo　de él,　que　es

ἡ ἐκκλησία, **25** ἧς ἐγενόμην ἐγὼ διάκονος
la　iglesia,　de la que　fui hecho　yo　ministro

κατὰ τὴν οἰκονομίαν τοῦ θεοῦ τὴν
conforme　a la　administración　—　de Dios　—
　　　　　　　　　　　　　　　　　　　que

δοθεῖσάν μοι εἰς ὑμᾶς πληρῶσαι τὸν
fue dada　me　para con　vosotros,　[2]para anunciar　la
　　　　　　　　　　　　　　cumplidamente

λόγον τοῦ θεοῦ, **26** τὸ μυστήριον τὸ
palabra　—　de Dios,　el　misterio　—

ἀποκεκρυμμένον ἀπὸ τῶν αἰώνων καὶ
que ha estado oculto　desde　los　siglos　y

ἀπὸ τῶν γενεῶν νῦν δὲ ἐφανερώθη
desde　las　generaciones,　pero ahora　fue manifestado

τοῖς ἁγίοις αὐτοῦ, **27** οἷς ἠθέλησεν ὁ
a los　santos　de él,　a quienes　quiso　—

θεὸς γνωρίσαι τί τὸ πλοῦτος τῆς δόξης
Dios　dar a conocer cuál (es) la　riqueza　de la　gloria

1
24. Lo que falta. Es decir, no a la obra de la Cruz, sino a la extensión del mensaje. Cristo, que vivía en Pablo (Gá. 2:20), sufría también en él. (Comp. Is. 63:9.)

2
25. Para anunciar cumplidamente. Lit. *para cumplir.*

τοῦ   μυστηρίου   τούτου   ἐν   τοῖς   ἔθνεσιν,
del   misterio   este   entre   ios   gentiles,

ὅς   ἐστιν   Χριστὸς   ἐν   ὑμῖν,   ἡ   ἐλπὶς   τῆς
que   es   Cristo   en   vosotros, la   esperanza de la

δόξης·   28 ὃν   ἡμεῖς   καταγγέλλομεν   νου-
gloria;   a quien nosotros   anunciamos,   amo-

θετοῦντες   πάντα   ἄνθρωπον   καὶ   διδάσκοντες
nestando   a todo   hombre   y   enseñando

πάντα   ἄνθρωπον   ἐν   πάσῃ   σοφίᾳ,
a todo   hombre   en   toda   sabiduría,

ἵνα   παραστήσωμεν   πάντα   ἄνθρωπον
para   presentar   a todo   hombre

τέλειον   ἐν   Χριστῷ·   29 εἰς   ὃ   καὶ   κοπιῶ
perfecto   en   Cristo;   para lo cual también trabajo,

ἀγωνιζόμενος   κατὰ   τὴν   ἐνέργειαν   αὐτοῦ
luchando   conforme   a la   energía   de él

τὴν   ἐνεργουμένην   ἐν   ἐμοὶ   ἐν   δυνάμει.
—   que actúa   en   mí   con   poder.

2 Θέλω   γὰρ   ὑμᾶς   εἰδέναι   ἡλίκον   ἀγῶνα
Porque quiero que vosotros sepáis   cuán gran   lucha

ἔχω   ὑπὲρ   ὑμῶν   καὶ   τῶν   ἐν   Λαοδικείᾳ
tengo   en pro de vosotros   y   de los   en   Laodicea

καὶ   ὅσοι   οὐχ   ἑόρακαν   τὸ   πρόσωπόν   μου
y   cuantos   no   han visto   el   rostro   de mí

ἐν   σαρκί,   2 ἵνα   παρακληθῶσιν   αἱ   καρδίαι
en   carne,   para que   sean confortados los   corazones

αὐτῶν,   συμβιβασθέντες   ἐν   ἀγάπῃ   καὶ   εἰς
de ellos,   coligados   en   amor,   y   para

πᾶν   πλοῦτος   τῆς   πληροφορίας   τῆς
toda   riqueza   de la   plena seguridad   de la

συνέσεως,   εἰς   ἐπίγνωσιν   τοῦ   μυστηρίου
inteligencia,   para   conocimiento pleno del   misterio

τοῦ   θεοῦ,   Χριστοῦ,   3 ἐν   ᾧ   εἰσιν   πάντες
—   de Dios,   Cristo,   en   quien están   todos

οἱ   θησαυροὶ   τῆς   σοφίας   καὶ   γνώσεως
los   tesoros   de la   sabiduría   y   de(l) conocimiento

ἀπόκρυφοι.   4 Τοῦτο   λέγω   ἵνα   μηδεὶς
escondidos.   Esto   digo   para   que nadie

ὑμᾶς   παραλογίζηται   ἐν   πιθανολογίᾳ.   5 εἰ
os   engañe   con   sofisma(s).   Porque

γὰρ   καὶ   τῇ   σαρκὶ   ἄπειμι,   ἀλλὰ   τῷ
si   ciertamente en la   carne   estoy ausente, con todo   en el

πνεύματι   σὺν   ὑμῖν   εἰμι,   χαίρων   καὶ
espíritu   con   vosotros   estoy,   gozándome   y

βλέπων ὑμῶν τὴν τάξιν καὶ τὸ στερέωμα
viendo de vosotros el orden y la solidez

τῆς εἰς Χριστὸν πίστεως ὑμῶν.
de la en Cristo fe de vosotros.

6 Ὡς οὖν παρελάβετε τὸν Χριστὸν
Como, pues, recibisteis — a Cristo

Ἰησοῦν τὸν κύριον, ἐν αὐτῷ περιπατεῖτε,
Jesús el Señor, en él andad,

7 ἐρριζωμένοι καὶ ἐποικοδομούμενοι ἐν αὐτῷ
arraigados y sobreedificados en él

καὶ βεβαιούμενοι τῇ πίστει καθὼς ἐδιδάχ-
y consolidados en la fe, como fuisteis

θητε, περισσεύοντες ἐν εὐχαριστίᾳ.
enseñados, abundando en acción de gracias.

8 Βλέπετε μή τις ὑμᾶς ἔσται ὁ συλαγωγῶν
Mirad que nadie a vosotros [1]haya que esté saqueando

διὰ τῆς φιλοσοφίας καὶ κενῆς ἀπάτης
mediante la filosofía y (el) vacío engaño

κατὰ τὴν παράδοσιν τῶν ἀνθρώπων, κατὰ
conforme a la tradición de los hombres, según

τὰ στοιχεῖα τοῦ κόσμου καὶ οὐ κατὰ
los elementos del mundo y no según

Χριστόν· **9** ὅτι ἐν αὐτῷ κατοικεῖ πᾶν
Cristo. Pues en él habita toda

τὸ πλήρωμα τῆς θεότητος σωματικῶς,
la plenitud de la Deidad corporalmente,

10 καὶ ἐστὲ ἐν αὐτῷ πεπληρωμένοι, ὅς
y estáis en él completos, el cual

ἐστιν ἡ κεφαλὴ πάσης ἀρχῆς καὶ ἐξουσίας,
es la cabeza de todo principado y potestad,

11 ἐν ᾧ καὶ περιετμήθητε περιτομῇ
en quien también fuisteis circuncidados con circuncisión

ἀχειροποιήτῳ ἐν τῇ ἀπεκδύσει τοῦ σώματος
no hecha a mano, por el despojarse del cuerpo

τῆς σαρκός, ἐν τῇ περιτομῇ τοῦ Χριστοῦ,
de la carne, en la circuncisión — de Cristo,

12 συνταφέντες αὐτῷ ἐν τῷ βαπτίσματι,
sepultados con él en el bautismo,

ἐν ᾧ καὶ συνηγέρθητε διὰ τῆς πίστεως
en quien también fuisteis resucitados mediante la fe

τῆς ἐνεργείας τοῦ θεοῦ τοῦ ἐγείραντος
[2]en la actuación — de Dios que levantó

αὐτὸν ἐκ νεκρῶν· **13** καὶ ὑμᾶς νεκροὺς
le de entre (los) muertos; y a vosotros, muertos

1
8. HAYA. Lit. *habrá.*
2
12. EN. Lit. *de.*

ὄντας   τοῖς   παραπτώμασιν   καὶ   τῇ   ἀκρο-
estando   en los   delitos   y   en la   incir·

βυστίᾳ   τῆς   σαρκὸς   ὑμῶν,   συνεζωοποίησεν
cuncisión   de la   carne   de vosotros,   convivificó

ὑμᾶς   σὺν   αὐτῷ,   χαρισάμενος   ἡμῖν   πάντα
os   con   él,   [1]perdonando   os   todos

τὰ   παραπτώματα·   14 ἐξαλείψας   τὸ   καθ'
los   delitos;   [2]cancelando   el   contra

ἡμῶν   χειρόγραφον   τοῖς   δόγμασιν   ὃ   ἦν
nosotros   [3]pagaré   —   en decretos,   que   era

ὑπεναντίον   ἡμῖν,   καὶ   αὐτὸ   ἦρκεν   ἐκ
hostil   nos,   y   lo   ha quitado   de

τοῦ   μέσου,   προσηλώσας   αὐτὸ   τῷ   σταυρῷ·
—   en medio,   clavando   lo   en la   cruz;

15 ἀπεκδυσάμενος   τὰς   ἀρχὰς   καὶ   τὰς
despojando   a los   principados   y   a las

ἐξουσίας   ἐδειγμάτισεν   ἐν   παρρησίᾳ,
potestades,   exhibió(los)   en   público,

θριαμβεύσας   αὐτοὺς   ἐν   αὐτῷ.
al triunfar   (sobre) ellos   [4]en   ella.

16 Μὴ   οὖν   τις   ὑμᾶς   κρινέτω   ἐν   βρώσει
Que nadie, pues,   os   juzgue   en   comida

καὶ   ἐν   πόσει   ἢ   ἐν   μέρει   ἑορτῆς   ἢ
y   en   bebida   o   con   respecto   a fiesta   o

νεομηνίας   ἢ   σαββάτων,   17 ἅ   ἐστιν   σκιὰ
luna nueva   o   sábados,   las cuales   son   sombra
                                        cosas

τῶν   μελλόντων,   τὸ   δὲ   σῶμα   τοῦ   Χριστοῦ.
de las   venideras,   pero el   cuerpo (es)   —   de Cristo.
cosas

18 μηδεὶς   ὑμᾶς   καταβραβευέτω   θέλων   ἐν
Nadie   os   prive del premio   deseando   en
                                        (hacerlo)

ταπεινοφροσύνῃ   καὶ   θρησκείᾳ   τῶν   ἀγγέλων,
humildad   y   culto   de los   ángeles,

ἃ   ἑόρακεν   ἐμβατεύων,   εἰκῇ   φυσιούμενος
[5]en.   ha visto   entremetiéndose,   en vano   hinchado
cosas que

ὑπὸ   τοῦ   νοὸς   τῆς   σαρκὸς   αὐτοῦ,   19 καὶ
por   la   mente   de la   carne   de él,   y

οὐ   κρατῶν   τὴν   κεφαλήν,   ἐξ   οὗ   πᾶν
no   asiendo   a la   cabeza,   de   la que   todo

τὸ   σῶμα   διὰ   τῶν   ἁφῶν   καὶ   συνδέσμων
el   cuerpo   mediante   las   junturas   y   ligamentos

ἐπιχορηγούμενον   καὶ   συμβιβαζόμενον   αὔξει
siendo suministrado   y   coligado   crece

τὴν   αὔξησιν   τοῦ   θεοῦ.
(con) el   crecimiento   [6]de   Dios.

[1]
13. PERDONANDO. Es el mismo verbo de Ef. 4:32.
[2]
14. CANCELANDO. Lit. borrando.
[3]
14. PAGARÉ. Es decir, documento de deuda. Lit. escrito a mano.
[4]
15. EN ELLA. Esto es, en la cruz.
[5]
18. EN COSAS QUE HA VISTO. Es decir, en pretendidas visiones.
[6]
19. DE DIOS. Es decir, que da Dios.

20 Εἰ ἀπεθάνετε σὺν Χριστῷ ἀπὸ τῶν στοι-
Si   moristeis   con   Cristo   1a   los   ele-

χείων τοῦ κόσμου, τί ὡς ζῶντες ἐν κόσμῳ
mentos   del   mundo, ¿por qué, como   viviendo   en (el) mundo,

δογματίζεσθε· **21** μὴ ἅψῃ μηδὲ γεύσῃ μηδὲ
os sometéis a preceptos   No agarres,   ni   gustes   ni
(como):

θίγῃς, **22** ἅ ἐστιν πάντα εἰς φθορὰν
toques,   las cuales   son   todas   para   corrupción
         cosas

τῇ ἀποχρήσει, κατὰ τὰ ἐντάλματα καὶ
en el   uso,   conforme   a los   mandatos   y

διδασκαλίας τῶν ἀνθρώπων; **23** ἅτινά ἐστιν
enseñanzas   —   de hombres?   Las cuales cosas están

λόγον μὲν ἔχοντα σοφίας ἐν ἐθελοθρησκίᾳ
reputación en verdad teniendo   de sabiduría   en   culto autoimpuesto

καὶ ταπεινοφροσύνῃ καὶ ἀφειδίᾳ σώματος, οὐκ
y   humildad   y   trato severo   de(l) cuerpo,   no

ἐν τιμῇ τινι πρὸς πλησμονὴν τῆς σαρκός.
con   valor   alguno respecto a (la) satisfacción   de la   carne.

3 Εἰ οὖν συνηγέρθητε τῷ Χριστῷ, τὰ
Si,   pues,   fuisteis conresucitados   —   con Cristo, las cosas

ἄνω ζητεῖτε, οὗ ὁ Χριστός ἐστιν ἐν
de arriba   buscad,   donde   —   Cristo   está   a

δεξιᾷ τοῦ θεοῦ καθήμενος· **2** τὰ ἄνω
la diestra   —   de Dios   sentado;   en las de arriba
                                          cosas

φρονεῖτε, μὴ τὰ ἐπὶ τῆς γῆς. **3** ἀπεθάνετε
poned la mente, no   en sobre   la   tierra.   Porque
                    las de

γάρ, καὶ ἡ ζωὴ ὑμῶν κέκρυπται σὺν
moristeis,   y   la   vida   de vosotros ha sido escondida   con

τῷ Χριστῷ ἐν τῷ θεῷ· **4** ὅταν ὁ Χριστὸς
—   Cristo   en   —   Dios;   cuando   —   Cristo

φανερωθῇ, ἡ ζωὴ ἡμῶν, τότε καὶ ὑμεῖς
sea manifestado,   la   vida   de vosotros, entonces también vosotros

σὺν αὐτῷ φανερωθήσεσθε ἐν δόξῃ.
con   él   seréis manifestados   en   gloria.

5 Νεκρώσατε οὖν τὰ μέλη τὰ ἐπὶ
Haced morir,   pues,   los   miembros   —   sobre
                              (que tenéis)

τῆς γῆς, πορνείαν, ἀκαθαρσίαν, πάθος,
la   tierra, a (la) fornicación,   (la) impureza,   (la) pasión
                                               (desordenada),

ἐπιθυμίαν κακήν, καὶ τὴν πλεονεξίαν ἥτις
(el) deseo   malo   y   la   avaricia,   que

ἐστὶν εἰδωλολατρία, **6** δι' ἃ ἔρχεται ἡ
es   una idolatría,   a causa de las   viene   la
                     cuales cosas

1
20. A. Lit. *de* o *desde.*

ὀργὴ τοῦ θεοῦ· **7** ἐν οἷς καὶ ὑμεῖς
ira — de Dios; en las que también vosotros

περιεπατήσατέ ποτε, ὅτε ἐζῆτε ἐν τούτοις·
anduvisteis otrora, cuando vivíais en estas cosas;

8 νυνὶ δὲ ἀπόθεσθε καὶ ὑμεῖς τὰ πάντα,
pero ahora desechad también vosotros las cosas todas:

ὀργήν, θυμόν, κακίαν, βλασφημίαν, αἰσχρο-
ira, enojo, malicia, maledicencia, conversación

λογίαν ἐκ τοῦ στόματος ὑμῶν· **9** μὴ
obscena de la boca de vosotros; no

ψεύδεσθε εἰς ἀλλήλους, ἀπεκδυσάμενοι τὸν
mintáis unos a otros, habiéndoos despojado (d)el

παλαιὸν ἄνθρωπον σὺν ταῖς πράξεσιν
viejo hombre con las prácticas

αὐτοῦ, **10** καὶ ἐνδυσάμενοι τὸν νέον τὸν
de él, y habiéndoos vestido (d)el nuevo —

ἀνακαινούμενον εἰς ἐπίγνωσιν κατ' εἰκόνα
que es renovado para un conocimiento conforme a (la) imagen
pleno

τοῦ κτίσαντος αὐτόν, **11** ὅπου οὐκ ἔνι
del que creó lo, donde no hay

Ἕλλην καὶ Ἰουδαῖος, περιτομὴ καὶ
griego y judío, circuncisión e

ἀκροβυστία, βάρβαρος, Σκύθης, δοῦλος,
incircuncisión, bárbaro, escita, esclavo,

ἐλεύθερος, ἀλλὰ πάντα καὶ ἐν πᾶσιν
libre, sino que todo y en todos

Χριστός. **12** Ἐνδύσασθε οὖν, ὡς ἐκλεκτοὶ
Cristo (es). Vestíos, pues, como escogidos

τοῦ θεοῦ ἅγιοι καὶ ἠγαπημένοι, σπλάγχνα
— de Dios, santos y amados, (de) entrañas

οἰκτιρμοῦ, χρηστότητα, ταπεινοφροσύνην,
de compasión, benignidad, humildad,

πραΰτητα, μακροθυμίαν, **13** ἀνεχόμενοι ἀλ-
mansedumbre, longanimidad, soportándoos unos

λήλων καὶ χαριζόμενοι ἑαυτοῖς, ἐάν τις
a otros y [1]perdonándoos a vosotros mismos, si alguien

πρός τινα ἔχῃ μομφήν· καθὼς καὶ ὁ
contra alguien tiene queja; como ciertamente el

κύριος ἐχαρίσατο ὑμῖν οὕτως καὶ ὑμεῖς·
Señor [1]perdonó os, así también vosotros;

14 ἐπὶ πᾶσιν δὲ τούτοις τὴν ἀγάπην,
y sobre todas estas cosas, el amor,

ὃ ἐστιν σύνδεσμος τῆς τελειότητος. **15** καὶ
que es [2](el) vínculo — de perfección. Y

ἡ εἰρήνη τοῦ Χριστοῦ βραβευέτω ἐν ταῖς
la paz — de Cristo [3]gobierne en los

1
13. PERDONÁNDOOS... PERDO-
NÓ. El mismo verbo de 2:13.
2
14. EL VÍNCULO DE PERFEC-
CIÓN. Es decir, *el ligamento
perfecto.*
3
15. GOBIERNE. Lit. *actúe como árbitro.*

καρδίαις ὑμῶν, εἰς ἣν καὶ ἐκλήθητε
corazones de vosotros, a la cual ciertamente fuisteis
llamados
ἐν ἑνὶ σώματι· καὶ εὐχάριστοι γίνεσθε.
en un (solo) cuerpo; y agradecidos ¹sed.

16 ὁ λόγος τοῦ Χριστοῦ ἐνοικείτω ἐν
La palabra — de Cristo habite en

ὑμῖν πλουσίως, ἐν πάσῃ σοφίᾳ διδάσκοντες
vosotros ricamente, en toda sabiduría enseñando

καὶ νουθετοῦντες ἑαυτούς, ψαλμοῖς ὕμνοις
y amonestando a vosotros mismos, con salmos, himnos (y)

ᾠδαῖς πνευματικαῖς ἐν τῇ χάριτι ᾄδοντες
cánticos espirituales, con — gracia cantando

ἐν ταῖς καρδίαις ὑμῶν τῷ θεῷ· **17** καὶ
en los corazones de vosotros — a Dios. Y

πᾶν ὅ τι ἐὰν ποιῆτε ἐν λόγῳ ἢ ἐν
todo cuanto hagáis de palabra o de

ἔργῳ, πάντα ἐν ὀνόματι κυρίου Ἰησοῦ,
obra, (haced) todo en (el) nombre de(l) Señor Jesús,

εὐχαριστοῦντες τῷ θεῷ πατρὶ δι' αὐτοῦ.
dando gracias — a Dios Padre mediante él.

18 Αἱ γυναῖκες, ὑποτάσσεσθε τοῖς
Las esposas, someteos a los

ἀνδράσιν, ὡς ἀνῆκεν ἐν κυρίῳ. **19** Οἱ
maridos, como conviene en (el) Señor. Los

ἄνδρες, ἀγαπᾶτε τὰς γυναῖκας καὶ μὴ
maridos, amad a las esposas y no

πικραίνεσθε πρὸς αὐτάς. **20** Τὰ τέκνα,
seáis amargos para con ellas. Los hijos,

ὑπακούετε τοῖς γονεῦσιν κατὰ πάντα,
obedeced a los ²padres en todo;

τοῦτο γὰρ εὐάρεστόν ἐστιν ἐν κυρίῳ.
esto, en efecto, agradable es en (el) Señor.

21 Οἱ πατέρες, μὴ ἐρεθίζετε τὰ τέκνα
Los padres, no exasperéis a los hijos

ὑμῶν, ἵνα μὴ ἀθυμῶσιν. **22** Οἱ δοῦλοι,
de vosotros, para que no se desanimen. Los siervos,

ὑπακούετε κατὰ πάντα τοῖς κατὰ σάρκα
obedeced en todas las cosas a los según (la) carne

κυρίοις, μὴ ἐν ὀφθαλμοδουλίαις ὡς
señores, no con servicio al ojo, como (los)

ἀνθρωπάρεσκοι, ἀλλ' ἐν ἁπλότητι καρδίας
que agradan a hombres, sino en sencillez de corazón

φοβούμενοι τὸν κύριον. **23** ὃ ἐὰν ποιῆτε,
temiendo al Señor. Cuanto hagáis,

1
15. SED. Lit. *haceos.*
2
20. PADRES. Lit. *progenito-res.*

ἐκ ψυχῆς ἐργάζεσθε ὡς τῷ κυρίῳ καὶ
[1]desde (el) alma poned(lo) por obra, como para el Señor y

οὐκ ἀνθρώποις, 24 εἰδότες ὅτι ἀπὸ κυρίου
no para hombres, sabiendo que de parte de(l) Señor

ἀπολήμψεσθε τὴν ἀνταπόδοσιν τῆς κλη-
recibiréis la recompensa de la he-

ρονομίας. τῷ κυρίῳ Χριστῷ δουλεύετε·
rencia. Al Señor Cristo servís;

25 ὁ γὰρ ἀδικῶν κομίσεται ὃ ἠδίκησεν,
porque el que [2]obra mal, recogerá lo que [2]obró mal,

καὶ οὐκ ἔστιν προσωπολημψία. 4 Οἱ κύριοι,
y no hay acepción de personas. Los señores,

τὸ δίκαιον καὶ τὴν ἰσότητα τοῖς δούλοις
lo justo y la equidad a los siervos

παρέχεσθε, εἰδότες ὅτι καὶ ὑμεῖς ἔχετε
suministrad, sabiendo que también vosotros tenéis

κύριον ἐν οὐρανῷ.
un Señor en (el) cielo.

2 Τῇ προσευχῇ προσκαρτερεῖτε, γρηγο-
En la oración perseverad, velan-

ροῦντες ἐν αὐτῇ ἐν εὐχαριστίᾳ, 3 προσευ-
do en ella con acción de gracias, oran-

χόμενοι ἅμα καὶ περὶ ἡμῶν, ἵνα ὁ
do juntamente también acerca de nosotros, para que —

θεὸς ἀνοίξῃ ἡμῖν θύραν τοῦ λόγου,
Dios abra nos una puerta de la palabra,

λαλῆσαι τὸ μυστήριον τοῦ Χριστοῦ, δι
para hablar el misterio — de Cristo, a causa

ὃ καὶ δέδεμαι, 4 ἵνα φανερώσω αὐτὸ
del ciertamente he sido atado, para que (yo) manifieste lo
cual

ὡς δεῖ με λαλῆσαι. 5 Ἐν σοφίᾳ
como es menester que yo hable. Con sabiduría

περιπατεῖτε πρὸς τοὺς ἔξω, τὸν καιρὸν
andad en relación a los de fuera, el tiempo

ἐξαγοραζόμενοι. 6 ὁ λόγος ὑμῶν πάντοτε
redimiendo. La palabra de vosotros siempre (sea)

ἐν χάριτι, ἅλατι ἠρτυμένος, εἰδέναι πῶς
con gracia, con sal sazonada, para saber cómo

δεῖ ὑμᾶς ἐνὶ ἑκάστῳ ἀποκρίνεσθαι.
es que a cada uno respondáis.
menester vosotros

7 Τὰ κατ᾽ ἐμὲ πάντα γνωρίσει ὑμῖν Τύχικος
Lo concerniente a mí todo hará saber os Tíquico,

[1]
23. DESDE EL ALMA. (V. Ef.
6:6.)
[2]
25. OBRA MAL..., OBRÓ MAL.
O hace injusticia..., hizo injustamente.

ὁ ἀγαπητὸς ἀδελφὸς καὶ πιστὸς διάκονος
el   amado   hermano   y   fiel   ministro

καὶ σύνδουλος ἐν κυρίῳ, 8 ὃν ἔπεμψα
y   consiervo   en (el)   Señor,   a quien   envié

πρὸς ὑμᾶς εἰς αὐτὸ τοῦτο, ἵνα γνῶτε
a   vosotros   para   ¹esto   mismo, a fin de que conozcáis

τὰ περὶ ἡμῶν καὶ παρακαλέσῃ τὰς
las cosas acerca   de nosotros   y   que (él) conforte   los

καρδίας ὑμῶν, 9 σὺν 'Ονησίμῳ τῷ πιστῷ
corazones   de vosotros,   con   Onésimo,   el   fiel

καὶ ἀγαπητῷ ἀδελφῷ, ὅς ἐστιν ἐξ ὑμῶν·
y   amado   hermano,   quien   es   de entre vosotros;

πάντα ὑμῖν γνωρίσουσιν τὰ ὧδε.
todo   os   harán saber   lo   de aquí.

10 'Ασπάζεται ὑμᾶς 'Αρίσταρχος ὁ
Saluda   os   Aristarco   el

συναιχμάλωτός μου, καὶ Μάρκος ὁ ἀνεψιὸς
compañero de prisión   de mí,   y   Marcos   el   primo

Βαρναβᾶ, (περὶ οὗ ἐλάβετε ἐντολάς, ἐὰν
de Bernabé   (acerca de quien recibisteis   ²instrucciones;   si

ἔλθῃ πρὸς ὑμᾶς, δέξασθε αὐτόν,) 11 καὶ
viene   a   vosotros,   acoged   le),   y

'Ιησοῦς ὁ λεγόμενος 'Ιοῦστος, οἱ ὄντες
Jesús,   el   llamado   Justo,   los   que son
(procedentes)

ἐκ περιτομῆς οὗτοι μόνοι συνεργοὶ εἰς
de (la) circuncisión,   éstos   solos   colaboradores   para

τὴν βασιλείαν τοῦ θεοῦ, οἵτινες ἐγενή-
el   reino   —   de Dios,   los cuales   fue-

θησάν μοι παρηγορία. 12 ἀσπάζεται ὑμᾶς
ron   para mí   un consuelo.   Saluda   os

'Επαφρᾶς ὁ ἐξ ὑμῶν, δοῦλος Χριστοῦ
Epafras   el de entre vosotros,   siervo   de Cristo
(que es)

'Ιησοῦ, πάντοτε ἀγωνιζόμενος ὑπὲρ ὑμῶν
Jesús,   siempre   luchando   en pro de vosotros

ἐν ταῖς προσευχαῖς, ἵνα σταθῆτε τέλειοι
en   las   oraciones,   para que estéis firmes,   perfectos

καὶ πεπληροφορημένοι ἐν παντὶ θελήματι
y   completamente asegurados   en   toda   voluntad

τοῦ Θεοῦ. 13 μαρτυρῶ γὰρ αὐτῷ ὅτι
—   de Dios.   Porque doy testimonio   de él   que

ἔχει πολὺν πόνον ὑπὲρ ὑμῶν καὶ τῶν
tiene   mucha   preocupación   por   vosotros   y   los
(que están)

ἐν Λαοδικείᾳ καὶ τῶν ἐν 'Ιεραπόλει.
en   Laodicea   y   por los   en   Hierápolis.
(que están)

---

¹
8. ESTO MISMO. En el original, *mismo esto.*
²
10. INSTRUCCIONES. Lit. *mandamientos.*

14 ἀσπάζεται   ὑμᾶς   Λουκᾶς   ὁ   ἰατρὸς   ὁ
Saluda   os   Lucas,   el   médico   —
ἀγαπητὸς   καὶ   Δημᾶς.   **15** Ἀσπάσασθε
amado,   y   Demas.   Saludad
τοὺς   ἐν   Λαοδικείᾳ   ἀδελφοὺς   καὶ   Νύμφαν
a los   en   Laodicea   hermanos   y   a Ninfas
καὶ   τὴν   κατ᾽   οἶκον   αὐτῆς   ἐκκλησίαν.
y   a la   en   (la) casa   de él   iglesia.
16 καὶ   ὅταν   ἀναγνωσθῇ   παρ᾽   ὑμῖν   ἡ
Y   cuando   sea leída   entre   vosotros   la
ἐπιστολή,   ποιήσατε   ἵνα   καὶ   ἐν   τῇ
carta,   haced   que   también   en   la de
Λαοδικέων   ἐκκλησίᾳ   ἀναγνωσθῇ,   καὶ   τὴν
(los) laodicenses   iglesia   sea leída,   y   la
ἐκ   Λαοδικείας   ἵνα   καὶ   ὑμεῖς   ἀναγνῶτε.
de   Laodicea   que   también   vosotros   leáis.

17 καὶ   εἴπατε   Ἀρχίππῳ·   βλέπε   τὴν
Y   decid   a Arquipo: Fíjate   en el
διακονίαν   ἣν   παρέλαβες   ἐν   κυρίῳ,   ἵνα
ministerio   que   recibiste   en   (el) Señor,   para que
αὐτὴν   πληροῖς.
lo   cumplas.
18 Ὁ   ἀσπασμὸς   τῇ   ἐμῇ   χειρὶ   Παύλου.
El   saludo   —   con mi   mano,   de Pablo.
μνημονεύετέ   μου   τῶν   δεσμῶν.   ἡ   χάρις
Acordaos   de mí   de las   ¹cadenas.   La gracia (sea)
μεθ᾽   ὑμῶν.
con   vosotros.

Primera Carta del apóstol Pablo a los TESALONICENSES

1 Παῦλος   καὶ   Σιλουανὸς   καὶ   Τιμόθεος
Pablo   y   Silvano   y   Timoteo
τῇ   ἐκκλησίᾳ   Θεσσαλονικέων   ἐν   θεῷ   πατρὶ
a la   iglesia   de (los) tesalonicenses   en   Dios   Padre
καὶ   κυρίῳ   Ἰησοῦ   Χριστῷ·   χάρις   ὑμῖν
y   (en el) Señor   Jesús   Cristo: Gracia   a vosotros
καὶ   εἰρήνη.
y   paz.

2 Εὐχαριστοῦμεν   τῷ   θεῷ   πάντοτε   περὶ
Damos gracias   —   a Dios   siempre   acerca de

18. CADENAS. Lit. *ataduras.*

πάντων ὑμῶν, μνείαν ποιούμενοι ἐπὶ τῶν
todos vosotros, mención haciendo en las

προσευχῶν ἡμῶν, ἀδιαλείπτως 3 μνημο-
oraciones de nosotros, sin cesar, acordán-

νεύοντες ὑμῶν τοῦ ἔργου τῆς πίστεως
donos de vosotros de la obra de la fe

καὶ τοῦ κόπου τῆς ἀγάπης καὶ τῆς
y del trabajo del amor y de la

ὑπομονῆς τῆς ἐλπίδος τοῦ κυρίου ἡμῶν
paciencia de la esperanza ¹en el Señor de nosotros

Ἰησοῦ Χριστοῦ ἔμπροσθεν τοῦ θεοῦ καὶ
Jesucristo, delante del Dios y

πατρὸς ἡμῶν, 4 εἰδότες, ἀδελφοὶ ἠγαπημένοι
Padre de nosotros, sabiendo, hermanos amados

ὑπὸ [τοῦ] θεοῦ, τὴν ἐκλογὴν ὑμῶν,
por — Dios, la elección de vosotros,

5 ὅτι τὸ εὐαγγέλιον ἡμῶν οὐκ ἐγενήθη
pues el evangelio de nosotros no llegó

εἰς ὑμᾶς ἐν λόγῳ μόνον, ἀλλὰ καὶ ἐν
a vosotros en palabra sólo, sino también en

δυνάμει καὶ ἐν πνεύματι ἁγίῳ καὶ
poder y en (el) Espíritu Santo y

πληροφορίᾳ πολλῇ, ˙καθὼς οἴδατε οἷοι
certidumbre mucha, como sabéis ²cuáles

ἐγενήθημεν ἐν ὑμῖν δι᾿ ὑμᾶς. 6 καὶ
fuimos entre vosotros por causa de vosotros. Y

ὑμεῖς μιμηταὶ ἡμῶν ἐγενήθητε καὶ τοῦ
vosotros imitadores de nosotros llegasteis a ser y del

κυρίου, δεξάμενοι τὸν λόγον ἐν θλίψει
Señor, acogiendo la palabra en una
(medio de) aflicción

πολλῇ μετὰ χαρᾶς πνεύματος ἁγίου, 7 ὥστε
³grande con gozo de(l) Espíritu Santo, hasta

γενέσθαι ὑμᾶς τύπον πᾶσιν τοῖς πιστεύουσιν
llegar a ser vosotros modelo para todos los que creen

ἐν τῇ Μακεδονίᾳ καὶ ἐν τῇ Ἀχαΐᾳ.
en — Macedonia y en — Acaya.

8 ἀφ᾿ ὑμῶν γὰρ ἐξήχηται ὁ λόγος τοῦ
Porque a partir de vosotros ha resonado la palabra del

κυρίου οὐ μόνον ἐν τῇ Μακεδονίᾳ καὶ
Señor, no sólo en — Macedonia y

Ἀχαΐᾳ, ἀλλ᾿ ἐν παντὶ τόπῳ ἡ πίστις
Acaya, sino que en todo lugar la fe

ὑμῶν ἡ πρὸς τὸν θεὸν ἐξελήλυθεν, ὥστε
de vosotros — para con — Dios ⁴se ha extendido, hasta el
punto de

μὴ χρείαν ἔχειν ἡμᾶς λαλεῖν τι˙ 9 αὐτοὶ
no necesidad tener nosotros de hablar algo; porque ellos

1
3. EN EL. Lit. del.
2
5. CUÁLES. Esto es, qué clase de personas.
3
6. GRANDE. Lit. mucha.
4
8. SE HA EXTENDIDO. Lit. ha salido.

γὰρ περὶ ἡμῶν ἀπαγγέλλουσιν ὁποίαν
mismos acerca de nosotros   refieren   qué clase

εἴσοδον ἔσχομεν πρὸς ὑμᾶς, καὶ πῶς
de entrada tuvimos a vosotros, y cómo

ἐπεστρέψατε πρὸς τὸν θεὸν ἀπὸ τῶν
os volvisteis a — Dios desde los

εἰδώλων δουλεύειν θεῷ ζῶντι καὶ ἀληθινῷ,
ídolos para servir a un Dios vivo y verdadero,

10 καὶ ἀναμένειν τὸν υἱὸν αὐτοῦ ἐκ
y esperar anhelantes al Hijo de él (procedente) de

τῶν οὐρανῶν, ὃν ἤγειρεν ἐκ τῶν νεκρῶν,
los cielos, al que levantó de entre los muertos,

Ἰησοῦν τὸν ῥυόμενον ἡμᾶς ἐκ τῆς ὀργῆς
a Jesús que libra nos de la ira

τῆς ἐρχομένης.
— venidera.

2 Αὐτοὶ γὰρ οἴδατε, ἀδελφοί, τὴν
Porque (vosotros) mismos sabéis, hermanos, la

εἴσοδον ἡμῶν τὴν πρὸς ὑμᾶς, ὅτι οὐ
entrada de nosotros — a vosotros, que no

κενὴ γέγονεν, 2 ἀλλὰ προπαθόντες καὶ
vana ha resultado, sino que tras padecer y

ὑβρισθέντες καθὼς οἴδατε ἐν Φιλίπποις
ser maltratados, como sabéis, en Filipos,

ἐπαρρησιασάμεθα ἐν τῷ θεῷ ἡμῶν λαλῆσαι
tuvimos denuedo en el Dios de nosotros para hablar

πρὸς ὑμᾶς τὸ εὐαγγέλιον τοῦ θεοῦ ἐν
a vosotros el evangelio — de Dios en
(medio de)

πολλῷ ἀγῶνι. 3 ἡ γὰρ παράκλησις
1mucha oposición. Porque la exhortación

ἡμῶν οὐκ ἐκ πλάνης οὐδὲ ἐξ ἀκαθαρσίας
de nosotros no (procede) error ni de inmundicia

οὐδὲ ἐν δόλῳ, 4 ἀλλὰ καθὼς δεδοκιμάσμεθα
ni con engaño, de sino que tal como hemos sido aprobados

ὑπὸ τοῦ θεοῦ πιστευθῆναι τὸ εὐαγγέλιον
por — Dios, para que se (nos) confiase el evangelio,

οὕτως λαλοῦμεν, οὐχ ὡς ἀνθρώποις ἀρέ-
así hablamos, no como a (los) hombres agra-

σκοντες, ἀλλὰ θεῷ τῷ δοκιμάζοντι τὰς
dando, sino a Dios que prueba los

καρδίας ἡμῶν. 5 οὔτε γὰρ ποτε ἐν
corazones de nosotros. Porque nunca con

λόγῳ κολακείας ἐγενήθημεν, καθὼς οἴδατε,
palabra de lisonja 2vinimos, como sabéis,

1
2. MUCHA OPOSICIÓN. Lit.
gran lucha.
2
5. VINIMOS. Lit. fuimos o
nos hicimos.

οὔτε ἐν προφάσει πλεονεξίας, θεὸς μάρτυς,
ni con pretexto de avaricia, Dios (es) testigo,

6 οὔτε ζητοῦντες ἐξ ἀνθρώπων δόξαν,
ni buscando (procedente) (los) hombres gloria,
de

οὔτε ἀφ᾽ ὑμῶν οὔτε ἀπ᾽ ἄλλων, **7** δυνάμε-
ni de parte de vosotros ni de parte de otros, pudiendo

νοι ἐν βάρει εἶναι ὡς Χριστοῦ ἀπόστολοι·
[1]con peso estar, como de Cristo apóstoles;

ἀλλὰ ἐγενήθημεν ἤπιοι ἐν μέσῳ ὑμῶν,
sino que fuimos amables en medio de vosotros,

ὡς ἐὰν τροφὸς θάλπῃ τὰ ἑαυτῆς τέκνα·
como si una nodriza cuidase con a los de ella misma hijos.
(maternal) ternura

8 οὕτως ὁμειρόμενοι ὑμῶν ηὐδοκοῦμεν
Así, teniendo un profundo por vosotros, nos complacíamos
afecto

μεταδοῦναι ὑμῖν οὐ μόνον τὸ εὐαγγέλιον
en impartir os, no sólo el evangelio

τοῦ θεοῦ ἀλλὰ καὶ τὰς ἑαυτῶν ψυχάς,
— de Dios, sino también las de nosotros mismos vidas.

διότι ἀγαπητοὶ ἡμῖν ἐγενήθητε. **9** μνημο-
puesto que queridos nos llegasteis a ser. Porque

νεύετε γάρ, ἀδελφοί, τὸν κόπον ἡμῶν
os acordáis, hermanos, del trabajo de nosotros
(duro)

καὶ τὸν μόχθον· νυκτὸς καὶ ἡμέρας
y de la fatiga; noche y día

ἐργαζόμενοι πρὸς τὸ μὴ ἐπιβαρῆσαί τινα
trabajando para — no ser gravosos a alguno

ὑμῶν ἐκηρύξαμεν εἰς ὑμᾶς τὸ εὐαγγέλιον
de vosotros, proclamamos a vosotros el evangelio

τοῦ θεοῦ. **10** ὑμεῖς μάρτυρες καὶ ὁ
— de Dios. Vosotros (sois) testigos y —

θεός, ὡς ὁσίως καὶ δικαίως καὶ ἀμέμπτως
Dios, de cuán santa y justa e intachablemente

ὑμῖν τοῖς πιστεύουσιν ἐγενήθημεν, **11** καθά-
con los creyentes [2]nos comportamos, tal
vosotros

περ οἴδατε ὡς ἕνα ἕκαστον ὑμῶν ὡς
como sabéis cómo a cada uno de vosotros, como

πατὴρ τέκνα ἑαυτοῦ παρακαλοῦντες ὑμᾶς
un padre a (los) hijos de sí mismo, (estábamos) exhortando os

καὶ παραμυθούμενοι **12** καὶ μαρτυρόμενοι εἰς
y animando y [3]testificando para

τὸ περιπατεῖν ὑμᾶς ἀξίως τοῦ θεοῦ
— que andéis vosotros dignamente — de Dios

[1]
7. CON PESO. Probablemente, *con autoridad, o siendo una carga.*
[2]
10. NOS COMPORTAMOS. Lit. *fuimos llegados a ser.*
[3]
12. TESTIFICANDO. Es decir, *encargando.*

τοῦ   καλοῦντος   ὑμᾶς   εἰς   τὴν   ἑαυτοῦ
que   llama   os   al   de sí mismo

βασιλείαν   καὶ   δόξαν.
reino   y   (a la) gloria.

13 Καὶ   διὰ   τοῦτο   καὶ   ἡμεῖς   εὐχαρισ-
Y   por   esto,   también   nosotros   damos

τοῦμεν   τῷ   θεῷ   ἀδιαλείπτως,   ὅτι   παρα-
gracias   a Dios   sin cesar,   de que   al re-

λαβόντες   λόγον   ἀκοῆς   παρ'   ἡμῶν   τοῦ
cibir   (la) palabra   de(l) oír   de parte   de nosotros,   —

θεοῦ   ἐδέξασθε   οὐ   λόγον   ἀνθρώπων   ἀλλὰ
(la) de   (la) acogisteis   no (como) palabra   de hombres,   sino
Dios,

καθὼς   ἀληθῶς   ἐστιν   λόγον   θεοῦ,   ὃς
como   verdaderamente   es,   (como) palabra   de Dios,   la cual

καὶ   ἐνεργεῖται   ἐν   ὑμῖν   τοῖς   πιστεύουσιν.
también   actúa   en   vosotros   los   creyentes.

14 ὑμεῖς   γὰρ   μιμηταὶ   ἐγενήθητε,   ἀδελφοί,
Porque vosotros   imitadores   fuisteis hechos,   hermanos,

τῶν   ἐκκλησιῶν   τοῦ   θεοῦ   τῶν   οὐσῶν   ἐν
de las   iglesias   —   de Dios   —   que están   en

τῇ   Ἰουδαίᾳ   ἐν   Χριστῷ   Ἰησοῦ,   ὅτι   τὰ
—   Judea   en   Cristo   Jesús,   pues   las

αὐτὰ   ἐπάθετε   καὶ   ὑμεῖς   ὑπὸ   τῶν   ἰδίων
mismas   padecisteis   también   vosotros   [1]a manos de los   propios
cosas

συμφυλετῶν,   καθὼς   καὶ   αὐτοὶ   ὑπὸ   τῶν
compatriotas,   como   también   ellos   [1]a manos   de los

Ἰουδαίων,   **15** τῶν   καὶ   τὸν   κύριον
judíos,   de los que   incluso   al   Señor

ἀποκτεινάντων   Ἰησοῦν   καὶ   τοὺς   προφήτας,
mataron   Jesús,   así como   a los   profetas,

καὶ   ἡμᾶς   ἐκδιωξάντων,   καὶ   θεῷ   μὴ
y   a nosotros   expulsaron,   y   a Dios   no

ἀρεσκόντων,   καὶ   πᾶσιν   ἀνθρώποις   ἐναντίων,
agradando,   así como a todos   (los) hombres siendo contrarios,

16 κωλυόντων   ἡμᾶς   τοῖς   ἔθνεσιν   λαλῆσαι
impidiendo   nos   a los   gentiles   hablar

ἵνα   σωθῶσιν,   εἰς   τὸ   ἀναπληρῶσαι   αὐτῶν
para que sean salvos,   para   —   [2]colmar la medida   de ellos

τὰς   ἁμαρτίας   πάντοτε.   ἔφθασεν   δὲ   ἐπ'
(de) los   pecados   siempre.   Pero vino   sobre

αὐτοὺς   ἡ   ὀργὴ   εἰς   τέλος.
ellos   la   ira   hasta (el) extremo.

17 Ἡμεῖς   δέ,   ἀδελφοί,   ἀπορφανισθέντες
Pero nosotros,   hermanos,   al quedar [3]huérfanos

1
14. A MANOS. Lit. *por.*
2
16. COLMAR LA MEDIDA. Lit. *llenar del todo.*
3
17. HUÉRFANOS. Esto es, *ausentes* (como de un ser querido).

ἀφ'   ὑμῶν   πρὸς   καιρὸν   ὥρας   προσώπῳ
de   vosotros   1por   tiempo   de una hora,   2en persona,

οὐ   καρδίᾳ,   περισσοτέρως   ἐσπουδάσαμεν   τὸ
no   de corazón,   más abundantemente   procuramos   el

πρόσωπον   ὑμῶν   ἰδεῖν   ἐν   πολλῇ   ἐπιθυμίᾳ.
rostro   de vosotros   ver,   con   mucho   deseo.

18 διότι   ἠθελήσαμεν   ἐλθεῖν   πρὸς   ὑμᾶς,
Por lo cual,   quisimos   venir   a   vosotros,

ἐγὼ   μὲν   Παῦλος   καὶ   ἅπαξ   καὶ   δίς,
yo   ciertamente,   Pablo,   3no sólo   una vez,   sino   dos,

καὶ   ἐνέκοψεν   ἡμᾶς   ὁ   σατανᾶς.   **19** τίς
y   estorbó   nos   —   Satanás.   Porque, ¿cuál

γὰρ   ἡμῶν   ἐλπὶς   ἢ   χαρὰ   ἢ   στέφανος
(es)   de nosotros   (la) esperanza   o   (el) gozo   o   (la) corona

καυχήσεως   —   ἢ   οὐχὶ   καὶ   ὑμεῖς   —
de jactancia   —   —   acaso no   aun   vosotros   —

ἔμπροσθεν   τοῦ   κυρίου   ἡμῶν   'Ιησοῦ
delante   del   Señor   de nosotros   Jesús

ἐν   τῇ   αὐτοῦ   παρουσίᾳ;   **20** ὑμεῖς   γάρ
en   la   de él   4presencia?   Porque vosotros

ἐστε   ἡ   δόξα   ἡμῶν   καὶ   ἡ   χαρά.
sois   la   gloria   de nosotros   y   el   gozo.

3 Διὸ   μηκέτι   στέγοντες   ηὐδοκήσαμεν
Por lo cual,   ya no más   soportándo(lo),   tuvimos a bien

καταλειφθῆναι   ἐν   'Αθήναις   μόνοι.   **2** καὶ
ser dejados   en   Atenas   solos.   Y

ἐπέμψαμεν   Τιμόθεον,   τὸν   ἀδελφὸν   ἡμῶν
enviamos   a Timoteo,   el   hermano   de nosotros

καὶ   συνεργὸν   τοῦ   θεοῦ   ἐν   τῷ   εὐαγγελίῳ
y   colaborador   —   de Dios   en   el   evangelio

τοῦ   Χριστοῦ,   εἰς   τὸ   στηρίξαι   ὑμᾶς   καὶ
—   de Cristo,   para   —   afianzar   os   y

παρακαλέσαι   ὑπὲρ   τῆς   πίστεως   ὑμῶν   **3** τὸ
exhortar(os)   5respecto a la   fe   de vosotros,   —

μηδένα   σαίνεσθαι   ἐν   ταῖς   θλίψεσιν   ταύταις.
(para) que   se inquiete   por   las   aflicciones   estas.
nadie

αὐτοὶ   γὰρ   οἴδατε   ὅτι   εἰς   τοῦτο   κείμεθα·
Porque (vosotros)   sabéis   que   para   esto   estamos
mismos   6puestos;

4 καὶ   γὰρ   ὅτε   πρὸς   ὑμᾶς   ἦμεν,
porque también   cuando   con   vosotros   estábamos,

προελέγομεν   ὑμῖν   ὅτι   μέλλομεν   θλίβεσθαι,
predecíamos   os: —   Vamos a   sufrir aflicciones,

καθὼς   καὶ   ἐγένετο   καὶ   οἴδατε.   **5** διὰ
como   ciertamente   sucedió   y   sabéis.   Por

1
17. POR TIEMPO DE UNA HORA. Esto es, *por breve tiempo.*
2
17. EN PERSONA, NO DE CORAZÓN. Es decir, *en presencia física, no en espíritu.*
3
18. NO SÓLO... DOS. O *una y otra vez.* Lit. *y una vez y dos veces.*
4
19. PRESENCIA. Es decir, *2.ª Venida.*
5
2. RESPECTO A. Lit. *a favor de.*
6
3. PUESTOS. Esto es, *destinados* o *designados.*

τοῦτο κἀγὼ μηκέτι στέγων ἔπεμψα εἰς
esto, también yo ya no más soportando, envié para

τὸ γνῶναι τὴν πίστιν ὑμῶν, μή πως
— conocer la fe de vosotros, no (fuese) que
de algún modo

ἐπείρασεν ὑμᾶς ὁ πειράζων καὶ εἰς
¹hubiese tentado os el tentador y en

κενὸν γένηται ὁ κόπος ἡμῶν. 6 Ἄρτι
vano fuese el trabajo de nosotros. Pero

δὲ ἐλθόντος Τιμοθέου πρὸς ἡμᾶς ἀφ'
ahora, al venir Timoteo a nosotros desde

ὑμῶν καὶ εὐαγγελισαμένου ἡμῖν τὴν πίστιν
vosotros y dar buenas noticias nos (de) la fe

καὶ τὴν ἀγάπην ὑμῶν, καὶ ὅτι ἔχετε
y (d)el amor de vosotros, y que tenéis

μνείαν ἡμῶν ἀγαθὴν πάντοτε, ἐπιποθοῦντες
recuerdo de nosotros bueno siempre, deseando
ardientemente

ἡμᾶς ἰδεῖν καθάπερ καὶ ἡμεῖς ὑμᾶς,
nos ver, así como también nosotros a vosotros,

7 διὰ τοῦτο παρεκλήθημεν, ἀδελφοί, ἐφ'
por eso fuimos confortados, hermanos, sobre

ὑμῖν ἐπὶ πάσῃ τῇ ἀνάγκῃ καὶ θλίψει
vosotros en todo el aprieto y (la) aflicción

ἡμῶν διὰ τῆς ὑμῶν πίστεως, 8 ὅτι
de nosotros mediante la de vosotros fe, pues

νῦν ζῶμεν ἐὰν ὑμεῖς στήκετε ἐν κυρίῳ.
ahora ²vivimos, si vosotros estáis firmes en (el) Señor.

9 τίνα γὰρ εὐχαριστίαν δυνάμεθα τῷ θεῷ
Porque, ¿qué acción de gracias podemos — a Dios

ἀνταποδοῦναι περὶ ὑμῶν ἐπὶ πάσῃ τῇ
dar en retorno acerca de vosotros sobre todo el

χαρᾷ ᾗ χαίρομεν δι' ὑμᾶς ἔμπροσθεν
gozo con que nos regocijamos a causa de vosotros delante

τοῦ θεοῦ ἡμῶν, 10 νυκτὸς καὶ ἡμέρας
del Dios de nosotros, noche y día

ὑπερεκπερισσοῦ δεόμενοι εἰς τὸ ἰδεῖν ὑμῶν
sobreabundantemente pidiendo para — ver de vosotros

τὸ πρόσωπον καὶ καταρτίσαι τὰ ὑστερήματα
el rostro y ³completar las deficiencias

τῆς πίστεως ὑμῶν; 11 Αὐτὸς δὲ ὁ θεὸς
de la fe de vosotros? Y que el mismo Dios

καὶ πατὴρ ἡμῶν καὶ ὁ κύριος ἡμῶν
y Padre de nosotros y el Señor de nosotros

Ἰησοῦς κατευθύναι τὴν ὁδὸν ἡμῶν πρὸς
Jesús ⁴dirija el camino de nosotros a

1
5. HUBIESE TENTADO. Lit. *tentó.*

2
8. VIVIMOS. Lit. *continuamos viviendo.* (Es como si Pablo se sintiese animado de una nueva vida.)

3
10. COMPLETAR. Es decir, *corregir.*

4
11. DIRIJA. Nótese el singular, dando a entender la unidad de acción del Padre y del Hijo.

ὑμᾶς· **12** ὑμᾶς δὲ ὁ κύριος πλεονάσαι
vosotros; y a vosotros el Señor haga crecer

καὶ περισσεῦσαι τῇ ἀγάπῃ εἰς ἀλλήλους
y abundar en el amor unos hacia otros

καὶ εἰς πάντας, καθάπερ καὶ ἡμεῖς
y hacia todos, así como también nosotros

εἰς ὑμᾶς, **13** εἰς τὸ στηρίξαι ὑμῶν τὰς
hacia vosotros, para — afianzar de vosotros los

καρδίας ἀμέμπτους ἐν ἁγιωσύνῃ ἔμπροσθεν
corazones, intachables en santidad delante

τοῦ θεοῦ καὶ πατρὸς ἡμῶν ἐν τῇ παρουσίᾳ
del Dios y Padre de nosotros en la ¹presencia

τοῦ κυρίου ἡμῶν Ἰησοῦ μετὰ πάντων
del Señor de nosotros Jesús con todos

τῶν ἁγίων αὐτοῦ.
los santos de él.

4 Λοιπὸν οὖν, ἀδελφοί, ἐρωτῶμεν ὑμᾶς
Por lo demás, pues, hermanos, requerimos os

καὶ παρακαλοῦμεν ἐν κυρίῳ Ἰησοῦ, ἵνα
y exhortamos en (el) Señor Jesús, para que

καθὼς παρελάβετε παρ' ἡμῶν τὸ πῶς
así como recibisteis de parte de nosotros — cómo

δεῖ ὑμᾶς περιπατεῖν καὶ ἀρέσκειν θεῷ,
es que vosotros andéis y agradéis a Dios,
menester

καθὼς καὶ περιπατεῖτε, ἵνα περισσεύητε
como ciertamente andáis, que abundéis

μᾶλλον. **2** οἴδατε γὰρ τίνας παραγγελίας
más. Porque sabéis qué instrucciones

ἐδώκαμεν ὑμῖν διὰ τοῦ κυρίου Ἰησοῦ.
dimos os mediante el Señor Jesús.

3 Τοῦτο γάρ ἐστιν θέλημα τοῦ θεοῦ,
Porque ésta es (la) voluntad — de Dios,

ὁ ἁγιασμὸς ὑμῶν, ἀπέχεσθαι ὑμᾶς ἀπὸ
la santificación de vosotros, que os abstengáis vosotros de

τῆς πορνείας, **4** εἰδέναι ἕκαστον ὑμῶν
la fornicación, que sepa cada uno de vosotros

τὸ ἑαυτοῦ σκεῦος κτᾶσθαι ἐν ἁγιασμῷ
el de sí mismo ²vaso poseer en santificación

καὶ τιμῇ, **5** μὴ ἐν πάθει ἐπιθυμίας
y honor, no en pasión de concupiscencia,

καθάπερ καὶ τὰ ἔθνη τὰ μὴ εἰδότα
como ciertamente los gentiles — que no ³conocen

τὸν θεόν, **6** τὸ μὴ ὑπερβαίνειν καὶ
— a Dios, — que no se sobrepase y

---

¹
13. PRESENCIA. Es decir,
2.ª *Venida.*

²
4. VASO. Es difícil determinar si se refiere al *cuerpo* (comp. 2 Co. 4:7) o a la *esposa* (comp. 1 P. 3:7).

³
5. CONOCEN. Lit. *saben.*

πλεονεκτεῖν ἐν τῷ πράγματι τὸν ἀδελφὸν
defraude en el asunto al hermano

αὐτοῦ, διότι ἔκδικος κύριος περὶ πάντων
de él, por cuanto (el) vengador (es el) Señor acerca de todas

τούτων, καθὼς καὶ προείπαμεν ὑμῖν καὶ
estas cosas, como también (lo) dijimos antes os y

διεμαρτυράμεθα. **7** οὐ γὰρ ἐκάλεσεν ἡμᾶς
testificamos solemnemente. Porque no llamó nos

ὁ θεὸς ἐπὶ ἀκαθαρσίᾳ ἀλλ' ἐν ἁγιασμῷ.
— Dios a impureza, sino en santificación.

8 τοιγαροῦν ὁ ἀθετῶν οὐκ ἄνθρωπον
Por lo cual, el que 1rechaza, no a un hombre

ἀθετεῖ ἀλλὰ τὸν θεὸν τὸν καὶ διδόντα
1rechaza, sino — a Dios, el que ciertamente da

τὸ πνεῦμα αὐτοῦ τὸ ἅγιον εἰς ὑμᾶς.
el Espíritu de él — Santo a vosotros.

9 Περὶ δὲ τῆς φιλαδελφίας οὐ χρείαν
Y acerca del amor fraternal no necesidad

ἔχετε γράφειν ὑμῖν· αὐτοὶ γὰρ ὑμεῖς
tenéis escriba os; porque vosotros mismos
(de que yo)

θεοδίδακτοί ἐστε εἰς τὸ ἀγαπᾶν ἀλλήλους·
enseñados por Dios estáis a — amar unos a otros;

10 καὶ γὰρ ποιεῖτε αὐτὸ εἰς πάντας
porque en verdad hacéis lo para con todos

τοὺς ἀδελφοὺς [τοὺς] ἐν ὅλῃ τῇ Μακεδο-
los hermanos — en toda la Macedo-

νίᾳ. Παρακαλοῦμεν δὲ ὑμᾶς, ἀδελφοί,
nia. Pero exhortamos os, hermanos,

περισσεύειν μᾶλλον, **11** καὶ φιλοτιμεῖσθαι
a que abundéis más, y pongáis (vuestra) ambición

ἡσυχάζειν καὶ πράσσειν τὰ ἴδια καὶ
(en) llevar una y practicar las cosas propias y
vida 2tranquila

ἐργάζεσθαι ταῖς χερσὶν ὑμῶν, καθὼς ὑμῖν
trabajar con las manos de vosotros, como os

παρηγγείλαμεν, **12** ἵνα περιπατῆτε εὐσχη-
encargamos, para que andéis decente-

μόνως πρὸς τοὺς ἔξω καὶ μηδενὸς
mente para con los de fuera y de nada

χρείαν ἔχητε.
necesidad tengáis.

13 Οὐ θέλομεν δὲ ὑμᾶς ἀγνοεῖν, ἀδελφοί,
Y no queremos que vosotros ignoréis, hermanos,

1
8. RECHAZA. O *desconsidera.* Lit. *hace a un lado.*
2
11. TRANQUILA. Es decir, *sin turbulencias.*

περὶ τῶν κοιμωμένων, ἵνα μὴ λυπῆσθε
acerca　de los　que duermen,　para　que no os entristezcáis

καθὼς καὶ οἱ λοιποὶ οἱ μὴ ἔχοντες
como,　por cierto, los　demás　—　que no　tienen

ἐλπίδα. **14** εἰ γὰρ πιστεύομεν ὅτι Ἰησοῦς
esperanza.　　Porque si　creemos　que　Jesús

ἀπέθανεν καὶ ἀνέστη, οὕτως καὶ ὁ θεὸς
murió　y　resucitó,　así　también　—　Dios

τοὺς κοιμηθέντας διὰ τοῦ Ἰησοῦ ἄξει
a los　que durmieron　mediante　—　Jesús,　traerá

σὺν αὐτῷ. **15** Τοῦτο γὰρ ὑμῖν λέγομεν
con　él.　　Porque esto　os　decimos

ἐν λόγῳ κυρίου, ὅτι ἡμεῖς οἱ ζῶντες
por　palabra　de(l) Señor,　que　nosotros　los que vivamos,

οἱ περιλειπόμενοι εἰς τὴν παρουσίαν τοῦ
los　que quedemos　hasta　la　[1]presencia　del

κυρίου οὐ μὴ φθάσωμεν τοὺς κοιμηθέντας·
Señor　de ningún hemos de preceder a los　que durmieron;
　　　modo

16 ὅτι αὐτὸς ὁ κύριος ἐν κελεύσματι,
pues　el Señor mismo　con　voz de mando,

ἐν φωνῇ ἀρχαγγέλου καὶ ἐν σάλπιγγι
con　voz　de arcángel　y　con　trompeta

θεοῦ, καταβήσεται ἀπ᾽ οὐρανοῦ, καὶ οἱ
de Dios,　descenderá　de(l)　cielo,　y　los

νεκροὶ ἐν Χριστῷ ἀναστήσονται πρῶτον,
muertos　en　Cristo　resucitarán　primero,

17 ἔπειτα ἡμεῖς οἱ ζῶντες οἱ περιλειπόμενοι
luego　nosotros　los que vivamos, los　que quedemos,

ἅμα σὺν αὐτοῖς ἁρπαγησόμεθα ἐν νεφέλαις
junta-　con　ellos　seremos arrebatados　en　(las) nubes
mente

εἰς ἀπάντησιν τοῦ κυρίου εἰς ἀέρα·
para　(el) encuentro　del　Señor　en　(el) aire;

καὶ οὕτως πάντοτε σὺν κυρίῳ ἐσόμεθα.
y　así　siempre　con　(el) Señor　estaremos.

18 Ὥστε παρακαλεῖτε ἀλλήλους ἐν τοῖς λόγοις
De modo que,　[2]alentaos　unos a otros　con　las　palabras

τούτοις.
estas.

1
15. Presencia. Esto es,
2.ª Venida.
2
18. Alentaos. Lit. confortaos.

5 Περὶ δὲ τῶν χρόνων καὶ τῶν καιρῶν,
Pero acerca   de los   tiempos   y   de las   sazones,

ἀδελφοί, οὐ χρείαν ἔχετε ὑμῖν γράφεσθαι·
hermanos,   no   necesidad   tenéis   de que   se os escriba;

2 αὐτοὶ γὰρ ἀκριβῶς οἴδατε ὅτι ἡμέρα
porque (vosotros)   con precisión   sabéis   que   (el) día
mismos

κυρίου ὡς κλέπτης ἐν νυκτὶ οὕτως
de(l) Señor,   como   ladrón   en   (la) noche,   así

ἔρχεται. **3** ὅταν λέγωσιν· εἰρήνη καὶ
viene.   Cuando   digan: Paz   y

ἀσφάλεια, τότε αἰφνίδιος αὐτοῖς ἐφίσταται
seguridad,   entonces   repentina   les   sobreviene

ὄλεθρος ὥσπερ ἡ ὠδὶν τῇ ἐν γαστρὶ
destrucción,   como   el   dolor   a la que   1encinta
de parto

ἐχούσῃ, καὶ οὐ μὴ ἐκφύγωσιν. **4** ὑμεῖς
está,   y   de ningún modo   han de escapar.   Pero

δέ, ἀδελφοί, οὐκ ἐστὲ ἐν σκότει, ἵνα
vosotros,   hermanos,   no   estáis   en   tinieblas,   para que

ἡ ἡμέρα ὑμᾶς ὡς κλέπτης καταλάβῃ·
el   día   os   como   ladrón   sorprenda;

5 πάντες γὰρ ὑμεῖς υἱοὶ φωτός ἐστε
porque todos   vosotros   hijos   de (la) luz   sois

καὶ υἱοὶ ἡμέρας. Οὐκ ἐσμὲν νυκτὸς
e   hijos   de(l) día.   No   somos   de (la) noche

οὐδὲ σκότους· **6** ἄρα οὖν μὴ καθεύδωμεν
ni   de (las) tinieblas;   así,   pues,   no   2durmamos

ὡς οἱ λοιποί, ἀλλὰ γρηγορῶμεν καὶ
como   los   demás,   sino   velemos   y

νήφωμεν. **7** οἱ γὰρ καθεύδοντες νυκτὸς
seamos sobrios.   Porque los   que duermen,   de noche

καθεύδουσιν, καὶ οἱ μεθυσκόμενοι νυκτὸς
duermen;   y   los   que se embriagan,   de noche

μεθύουσιν· **8** ἡμεῖς δὲ ἡμέρας ὄντες
están ebrios;   pero nosotros,   de(l) día   siendo,

νήφωμεν, ἐνδυσάμενοι θώρακα πίστεως καὶ
seamos sobrios,   vestidos   (de la) coraza   de (la) fe   y

ἀγάπης καὶ περικεφαλαίαν ἐλπίδα σωτηρίας·
de(l) amor   y,   por yelmo,   de (la) esperanza de salvación;

9 ὅτι οὐκ ἔθετο ἡμᾶς ὁ θεὸς εἰς ὀργὴν
pues   no   puso   nos   —   Dios   para   ira,

ἀλλὰ εἰς περιποίησιν σωτηρίας διὰ τοῦ
sino   para   obtención   de (la) salvación mediante   el

κυρίου ἡμῶν Ἰησοῦ Χριστοῦ, **10** τοῦ
Señor   de nosotros   Jesucristo,   el

ἀποθανόντος περὶ ἡμῶν, ἵνα εἴτε γρηγορ-
que murió   por   nosotros, para que,   3ya   estemos

1
3. ENCINTA ESTÁ. Lit. *en el vientre tiene.*
2
6. DURMAMOS. Este verbo indica indolencia o indiferencia espiritual. No es el mismo verbo de 4:13-15.
3
10. YA ESTEMOS EN VELA, YA DURMAMOS. Aquí, estos verbos equivalen, respectivamente, a *estar vivos* y *estar muertos.*

ὦμεν   εἴτε   καθεύδωμεν   ἅμα   σὺν   αὐτῷ
en vela,   ya   durmamos,   juntamente   con   él

ζήσωμεν.   **11** Διὸ   παρακαλεῖτε   ἀλλήλους
vivamos.   Por lo cual,   confortaos   unos a otros

καὶ   οἰκοδομεῖτε   εἰς   τὸν   ἕνα,   καθὼς   καὶ
y   edificaos   (el) uno   al   [1]otro,   como ciertamente

ποιεῖτε.
(lo) hacéis.

12 Ἐρωτῶμεν   δὲ   ὑμᾶς,   ἀδελφοί,   εἰδέναι
Y requerimos   (de) vosotros,   hermanos,   que [2]reconozcáis

τοὺς   κοπιῶντας   ἐν   ὑμῖν   καὶ   προϊσταμένους
a los   que trabajan   entre vosotros   y   [3]presiden

ὑμῶν   ἐν   κυρίῳ   καὶ   νουθετοῦντας   ὑμᾶς,
os   en   (el) Señor   y   amonestan   os,

13 καὶ   ἡγεῖσθαι   αὐτοὺς   ὑπερεκπερισσῶς
y   que tengáis   los   sobreabundantemente

ἐν   ἀγάπῃ   διὰ   τὸ   ἔργον   αὐτῶν.   εἰρηνεύετε
en   amorosa estima   a causa de la   obra   de ellos.   Vivid en paz

ἐν   ἑαυτοῖς.   **14** Παρακαλοῦμεν   δὲ   ὑμᾶς,
entre vosotros mismos.   Y exhortamos   os,

ἀδελφοί,   νουθετεῖτε   τοὺς   ἀτάκτους,   παρα-
hermanos,   amonestad   a los   desordenados,   ani-

μυθεῖσθε   τοὺς   ὀλιγοψύχους,   ἀντέχεσθε   τῶν
mad   a los   pusilánimes,   sostened   a los

ἀσθενῶν,   μακροθυμεῖτε   πρὸς   πάντας.
débiles,   tened paciencia   con   todos.

15 ὁρᾶτε   μή   τις   κακὸν   ἀντὶ   κακοῦ   τινι
Mirad   que   nadie   mal   por   mal   a alguno

ἀποδῷ,   ἀλλὰ   πάντοτε   τὸ   ἀγαθὸν   διώκετε
devuelva,   sino   siempre   lo   bueno   seguid

εἰς   ἀλλήλους   καὶ   εἰς   πάντας.   **16** Πάντοτε
unos   para con otros   y   para con   todos.   Siempre

χαίρετε,   **17** ἀδιαλείπτως   προσεύχεσθε,   **18** ἐν
estad gozosos,   sin cesar   orad,   en

παντὶ   εὐχαριστεῖτε·   τοῦτο   γὰρ   θέλημα
todo   dad gracias;   porque esta   (es la) voluntad

θεοῦ   ἐν   Χριστῷ   Ἰησοῦ   εἰς   ὑμᾶς.   **19** τὸ
de Dios   en   Cristo   Jesús   respecto a vosotros.   El

πνεῦμα   μὴ   σβέννυτε,   **20** προφητείας   μὴ
Espíritu   no   apaguéis,   (ias) profecías   no

ἐξουθενεῖτε·   **21** πάντα   δὲ   δοκιμάζετε,   τὸ
despreciéis;   y todas las cosas   [4]examinad,   lo

καλὸν   κατέχετε·   **22** ἀπὸ   παντὸς   εἴδους
bueno   retened;   de   toda   forma

[1] 11. OTRO. Lit. *uno.*
[2] 12. RECONOZCÁIS. O *apreciéis.* Lit. *sepáis.*
[3] 12. PRESIDEN OS. U *os tienen a su cargo.*
[4] 21. EXAMINAD. O *poned a prueba.*

πονηροῦ ἀπέχεσθε. **23** Αὐτὸς δὲ ὁ θεὸς
de mal   absteneos.   Y el Dios mismo

τῆς εἰρήνης ἁγιάσαι ὑμᾶς ὁλοτελεῖς, καὶ
de la   paz   santifique   os   enteramente   e

ὁλόκληρον ὑμῶν τὸ πνεῦμα καὶ ἡ ψυχὴ
íntegro   de vosotros el   espíritu   y   el alma

καὶ τὸ σῶμα ἀμέμπτως ἐν τῇ παρουσίᾳ
y   el   cuerpo   intachablemente   en   la   ¹presencia

τοῦ κυρίου ἡμῶν Ἰησοῦ Χριστοῦ τηρηθείη.
del   Señor   de nosotros   Jesucristo   sea conservado.

24 πιστὸς ὁ καλῶν ὑμᾶς, ὃς καὶ ποιήσει.
Fiel (es) el que   llama   os,   quien ciertamente (lo) hará.

25 Ἀδελφοί, προσεύχεσθε [καὶ] περὶ
Hermanos,   orad   también   acerca

ἡμῶν.
de nosotros.

26 Ἀσπάσασθε τοὺς ἀδελφοὺς πάντας
Saludad   a los   hermanos   todos

ἐν φιλήματι ἁγίῳ. **27** Ἐνορκίζω ὑμᾶς τὸν
con   beso   santo.   Conjuro   os   (por) el

κύριον ἀναγνωσθῆναι τὴν ἐπιστολὴν πᾶσιν
Señor   a que sea leída   ²esta   carta   a todos

τοῖς ἀδελφοῖς.
los   hermanos.

28 Ἡ χάρις τοῦ κυρίου ἡμῶν Ἰησοῦ
La   gracia   del   Señor   de nosotros   Jesu-

Χριστοῦ μεθ’ ὑμῶν.
cristo (sea)   con   vosotros.

Segunda Carta del apóstol Pablo a los TESALONICENSES

1 Παῦλος καὶ Σιλουανὸς καὶ Τιμόθεος
Pablo   ʼy   Silvano   y   Timoteo

τῇ ἐκκλησίᾳ Θεσσαλονικέων ἐν θεῷ πατρὶ
a la   iglesia   de (los) tesalonicenses   en   Dios   Padre

ἡμῶν καὶ κυρίῳ Ἰησοῦ Χριστῷ· **2** χάρις
de nosotros y   (en el) Señor   Jesucristo: Gracia

ὑμῖν καὶ εἰρήνη ἀπὸ θεοῦ πατρὸς καὶ
a vosotros y   paz   de parte de   Dios   Padre   y

κυρίου Ἰησοῦ Χριστοῦ.
de(l) Señor   Jesucristo.

¹
23. PRESENCIA. (V. 4:15.)
²
27. ESTA. Lit. *la.*

3 Εὐχαριστεῖν ὀφείλομεν τῷ θεῷ πάντοτε
Dar gracias   debemos   —   a Dios   siempre

περὶ   ὑμῶν,   ἀδελφοί,   καθὼς   ἄξιόν   ἐστιν,
acerca de vosotros, hermanos,   como   digno   es,

ὅτι   ὑπεραυξάνει   ἡ   πίστις   ὑμῶν   καὶ
pues   crece sobremanera   la   fe   de vosotros   y

πλεονάζει   ἡ   ἀγάπη   ἑνὸς   ἑκάστου   πάντων
aumenta   el   amor   de   cada uno   de todos

ὑμῶν   εἰς   ἀλλήλους,   4 ὥστε   αὐτοὺς   ἡμᾶς
vosotros   unos   hacia otros,   de tal modo   que nosotros mismos

ἐν   ὑμῖν   ἐγκαυχᾶσθαι   ἐν   ταῖς   ἐκκλησίαις
en   vosotros   nos jactamos   en   las   iglesias

τοῦ   θεοῦ   ὑπὲρ   τῆς   ὑπομονῆς   ὑμῶν   καὶ
—   de Dios   por   la   paciencia   de vosotros   y

πίστεως   ἐν   πᾶσιν   τοῖς   διωγμοῖς   ὑμῶν
(la) fe,   en   todas   las   persecuciones de vosotros

καὶ   ταῖς   θλίψεσιν   αἷς   ἀνέχεσθε,   5 ἔνδειγμα
y   en las   aflicciones   que   soportáis,   clara señal

τῆς   δικαίας   κρίσεως   τοῦ   θεοῦ,   εἰς   τὸ
del   justo   juicio   —   de Dios,   para   —

καταξιωθῆναι   ὑμᾶς   τῆς   βασιλείας   τοῦ
que seáis tenidos   vosotros   del   reino   —
por dignos

θεοῦ,   ὑπὲρ   ἧς   καὶ   πάσχετε,   6 εἴπερ
de Dios,   en pro   del cual ciertamente   padecéis,   puesto que

δίκαιον   παρὰ   θεῷ   ἀνταποδοῦναι   τοῖς
(es) justo   delante   de Dios   retribuir   a los

θλίβουσιν   ὑμᾶς   θλῖψιν   7 καὶ   ὑμῖν   τοῖς
que afligen   os   (con) aflicción,   y   a vosotros   los

θλιβομένοις   ἄνεσιν   μεθ᾽   ἡμῶν,   ἐν   τῇ
que sois atribulados (con) reposo   con   nosotros   en   la

ἀποκαλύψει   τοῦ   κυρίου   Ἰησοῦ   ἀπ᾽
revelación   del   Señor   Jesús   desde

οὐρανοῦ   μετ᾽   ἀγγέλων   δυνάμεως   αὐτοῦ
(el) cielo   con   (los) ángeles   de(l) poder   de él,

8 ἐν   πυρὶ   φλογός,   διδόντος   ἐκδίκησιν   τοῖς
en   fuego   de llama,   dando   plena venganza   a los

μὴ   εἰδόσιν   θεὸν   καὶ   τοῖς   μὴ   ὑπακούουσιν
que no [1]conocen   a Dios   y   a los   que no   obedecen

τῷ   εὐαγγελίῳ   τοῦ   κυρίου   ἡμῶν   Ἰησοῦ,
al   evangelio   del   Señor   de nosotros   Jesús,

9 οἵτινες   δίκην   τίσουσιν   ὄλεθρον   αἰώνιον
los cuales   (como) pena   pagarán   una destrucción   eterna

1
8. CONOCEN. Lit. *saben.*

ἀπὸ προσώπου τοῦ κυρίου καὶ ἀπὸ
lejos   de(l) rostro   del   Señor   y   lejos

τῆς δόξης τῆς ἰσχύος αὐτοῦ, 10 ὅταν
de la   gloria   de la   fuerza   de él,   cuando

quiera que

ἔλθῃ ἐνδοξασθῆναι ἐν τοῖς ἁγίοις αὐτοῦ
venga   a ser glorificado   en   los   santos   de él

καὶ θαυμασθῆναι ἐν πᾶσιν τοῖς πιστεύσασιν,
y   ser admirado   en   todos   los   que creyeron,

ὅτι ἐπιστεύθη τὸ μαρτύριον ἡμῶν ἐφ'
pues   fue creído   el   testimonio   de nosotros   a

ὑμᾶς, ἐν τῇ ἡμέρᾳ ἐκείνῃ. 11 Εἰς ὃ
vosotros,   en   el   día   aquel.   Para lo cual

καὶ προσευχόμεθα πάντοτε περὶ ὑμῶν,
ciertamente   oramos   siempre   acerca   de vosotros,

ἵνα ὑμᾶς ἀξιώσῃ τῆς κλήσεως ὁ θεὸς
para que   os   tenga por dignos   del   llamamiento   el   Dios

ἡμῶν καὶ πληρώσῃ πᾶσαν εὐδοκίαν
de nosotros   y   cumpla   todo   buen deseo

ἀγαθωσύνης καὶ ἔργον πίστεως ἐν δυνάμει,
de bondad   y   (toda) obra   de fe   con   poder;

12 ὅπως ἐνδοξασθῇ τὸ ὄνομα τοῦ κυρίου
de modo que sea glorificado   el   nombre   del   Señor

ἡμῶν Ἰησοῦ ἐν ὑμῖν, καὶ ὑμεῖς ἐν
de nosotros   Jesús   en   vosotros,   y   vosotros   en

αὐτῷ, κατὰ τὴν χάριν τοῦ θεοῦ ἡμῶν
él,   conforme   a la   gracia   del   Dios   de nosotros

καὶ κυρίου Ἰησοῦ Χριστοῦ.
y   de(l) Señor   Jesucristo.

2 Ἐρωτῶμεν δὲ ὑμᾶς, ἀδελφοί, ὑπὲρ
Ahora requerimos   os,   hermanos,   respecto

τῆς παρουσίας τοῦ κυρίου [ἡμῶν] Ἰησοῦ
a la   1presencia   del   Señor   de nosotros   Jesu-

Χριστοῦ καὶ ἡμῶν ἐπισυναγωγῆς ἐπ' αὐτόν,
cristo   y   de nosotros   reunión conjunta   con   él,
(de la)

2 εἰς τὸ μὴ ταχέως σαλευθῆναι ὑμᾶς
—   —   que no   a la ligera   seáis sacudidos   vosotros

ἀπὸ τοῦ νοὸς μηδὲ θροεῖσθαι, μήτε
2del modo de pensar   ni   seáis alarmados,   ni

διὰ πνεύματος μήτε διὰ λόγου μήτε
mediante   3un espíritu,   ni   mediante   palabra,   ni

δι' ἐπιστολῆς ὡς δι' ἡμῶν, ὡς ὅτι
mediante   carta   como mediante   nosotros,   como   que
(si fuese)

ἐνέστηκεν ἡ ἡμέρα τοῦ κυρίου. 3 μὴ
ha llegado   el   día   del   Señor.   4Que

1
1. PRESENCIA. (V. 1 Ts. 4: 15.)
2
2. DEL MODO DE PENSAR. Lit. *de la mente* (vuestra).
3
2. UN ESPÍRITU. Esto es, *una supuesta revelación.*
4
3. QUE NADIE. Lit. *que no alguien.*

τις ὑμᾶς ἐξαπατήσῃ κατὰ μηδένα τρόπον·
nadie os engañe de ninguna manera;

ὅτι ἐὰν μὴ ἔλθῃ ἡ ἀποστασία πρῶτον
pues ¹si no viene la apostasía primero

καὶ ἀποκαλυφθῇ ὁ ἄνθρωπος τῆς ἀνομίας,
y es revelado el hombre — de iniquidad,

ὁ υἱὸς τῆς ἀπωλείας, 4 ὁ ἀντικείμενος
el hijo — de perdición, el que se opone

καὶ ὑπεραιρόμενος ἐπὶ πάντα λεγόμενον
y se exalta sobre todo lo que se llama

θεὸν ἢ σέβασμα, ὥστε αὐτὸν εἰς τὸν
Dios u objeto de culto, tanto que él en el

ναὸν τοῦ θεοῦ καθίσαι, ἀποδεικνύντα ἑαυ-
santuario — de Dios se sienta, mostrando a sí

τὸν ὅτι ἐστὶν θεός. 5 Οὐ μνημονεύετε
mismo que es Dios. ¿No recordáis

ὅτι ἔτι ὢν πρὸς ὑμᾶς ταῦτα ἔλεγον
que aún estando con vosotros estas cosas decía (yo)

ὑμῖν; 6 καὶ νῦν τὸ κατέχον οἴδατε,
os? Y ahora lo que (lo) detiene sabéis,

εἰς τὸ ἀποκαλυφθῆναι αὐτὸν ἐν τῷ
para — ser revelado él en el

αὐτοῦ καιρῷ. 7 τὸ γὰρ μυστήριον ἤδη
de él tiempo. Porque el misterio ya

ἐνεργεῖται τῆς ἀνομίας· μόνον ὁ κατέχων
actúa de la iniquidad; sólo el que detiene(le) (que hay)

ἄρτι ἕως ἐκ μέσου γένηται. 8 καὶ τότε
al hasta que de en medio ²desaparezca. Y entonces presente,

ἀποκαλυφθήσεται ὁ ἄνομος, ὃν ὁ κύριος
será revelado el inicuo, a quien el Señor

[Ἰησοῦς] ἀνελεῖ τῷ πνεύματι τοῦ στό-
Jesús matará con el ³espíritu de la

ματος αὐτοῦ καὶ καταργήσει τῇ ἐπιφανείᾳ
boca de él y (lo) reducirá a la con la aparición
impotencia

τῆς παρουσίας αὐτοῦ, 9 οὗ ἐστιν ἡ
de la ⁴presencia de él, del cual (inicuo) es la

παρουσία κατ᾽ ἐνέργειαν τοῦ σατανᾶ ἐν
presencia conforme a (la) actividad — de Satanás, con

πάσῃ δυνάμει καὶ σημείοις καὶ τέρασιν
todo poder y señales y prodigios

ψεύδους 10 καὶ ἐν πάσῃ ἀπάτῃ ἀδικίας
de mentira, y con todo engaño de injusticia

τοῖς ἀπολλυμένοις, ἀνθ᾽ ὧν τὴν ἀγάπην
para los que se pierden, por cuanto el amor

1
3. SI NO. Hay que suplir: no vendrá SI NO...
2
7. DESAPAREZCA. Lit. se haga.
3
8. ESPÍRITU. O aliento.
4
8. PRESENCIA. (V. 1 Ts. 4: 15.)

τῆς ἀληθείας οὐκ ἐδέξαντο εἰς τὸ σωθῆναι
de la verdad no acogieron para — ser salvados

αὐτούς. 11 καὶ διὰ τοῦτο πέμπει αὐτοῖς
ellos.   Y por esto, envía les

ὁ θεὸς ἐνέργειαν πλάνης εἰς τὸ πιστεῦσαι
— Dios una ¹fuerza de error a fin de — que crean

αὐτοὺς τῷ ψεύδει, 12 ἵνα κριθῶσιν πάντες
ellos a la mentira, para que sean juzgados todos

οἱ μὴ πιστεύσαντες τῇ ἀληθείᾳ ἀλλὰ
los que no creyeron a la verdad, sino que

εὐδοκήσαντες τῇ ἀδικίᾳ.
se complacieron en la injusticia.

13 Ἡμεῖς δὲ ὀφείλομεν εὐχαριστεῖν τῷ
Pero nosotros debemos dar gracias

θεῷ πάντοτε περὶ ὑμῶν, ἀδελφοὶ ἠγαπη-
a Dios siempre acerca de vosotros, hermanos ama-

μένοι ὑπὸ κυρίου, ὅτι εἵλατο ὑμᾶς ὁ
dos por (el) Señor, pues escogió os —

θεὸς ἀπαρχὴν εἰς σωτηρίαν ἐν ἁγιασμῷ
Dios (como) primicias para salvación ²mediante santificación

πνεύματος καὶ πίστει ἀληθείας, 14 εἰς
de(l) Espíritu y fe de (la) verdad, para

ὃ καὶ ἐκάλεσεν ὑμᾶς διὰ τοῦ εὐαγγελίου
lo también llamó os mediante el evangelio
cual

ἡμῶν, εἰς περιποίησιν δόξης τοῦ κυρίου
de nosotros, para obtención de (la) gloria del Señor

ἡμῶν Ἰησοῦ Χριστοῦ. 15 Ἄρα οὖν,
de nosotros Jesucristo. Así, pues,

ἀδελφοί, στήκετε, καὶ κρατεῖτε τὰς
hermanos, estad firmes y retened las

παραδόσεις ἃς ἐδιδάχθητε εἴτε διὰ λόγου
³enseñanzas con que fuisteis ya mediante (la)
adoctrinados palabra

εἴτε δι' ἐπιστολῆς ἡμῶν. 16 Αὐτὸς δὲ
ya mediante carta de nosotros. Y el mismo

ὁ κύριος ἡμῶν Ἰησοῦς Χριστὸς καὶ
— Señor de nosotros Jesucristo y

ὁ θεὸς ὁ πατὴρ ἡμῶν, ὁ ἀγαπήσας
— Dios el Padre de nosotros, el que amó

ἡμᾶς καὶ δοὺς παράκλησιν αἰωνίαν καὶ
nos y (nos) dio consolación eterna y

ἐλπίδα ἀγαθὴν ἐν χάριτι, 17 παρακαλέσαι
esperanza buena por gracia, conforte

ὑμῶν τὰς καρδίας καὶ στηρίξαι ἐν παντὶ
de vosotros los corazones y consolide(los) en toda

ἔργῳ καὶ λόγῳ ἀγαθῷ.
obra y palabra buena.

3 Τὸ λοιπὸν προσεύχεσθε, ἀδελφοί, περὶ
Por lo   demás,   orad,   hermanos,   acerca

ἡμῶν, ἵνα ὁ λόγος τοῦ κυρίου τρέχῃ
de nosotros, para que la   palabra   del   Señor   corra

καὶ δοξάζηται καθὼς καὶ πρὸς ὑμᾶς,
y   sea glorificada, como ciertamente con   vosotros,
                            (lo fue)

2 καὶ ἵνα ῥυσθῶμεν ἀπὸ τῶν ἀτόπων
y   que seamos librados de   los   ¹perversos

καὶ πονηρῶν ἀνθρώπων· οὐ γὰρ πάντων
y   malvados   hombres;   porque no de todos (es)

ἡ πίστις. **3** Πιστὸς δέ ἐστιν ὁ κύριος,
la fe.   Pero fiel   es   el Señor,

ὃς στηρίξει ὑμᾶς καὶ φυλάξει ἀπὸ τοῦ
quien afianzará os   y   guardará   del

πονηροῦ. **4** πεποίθαμεν δὲ ἐν κυρίῳ
maligno.   Y confiamos   en (el) Señor

ἐφ᾽ ὑμᾶς, ὅτι ἃ παραγγέλλομεν [καὶ]
sobre vosotros, que lo que (os) encargamos,   (lo)

ποιεῖτε καὶ ποιήσετε. **5** Ὁ δὲ κύριος
hacéis   y   (lo) haréis.   Y el   Señor

κατευθύναι ὑμῶν τὰς καρδίας εἰς τὴν
dirija   de vosotros los   corazones   al

ἀγάπην τοῦ θεοῦ καὶ εἰς τὴν ὑπομονὴν
amor   — de Dios y a la   paciencia

τοῦ Χριστοῦ.
—   de Cristo.

6 Παραγγέλλομεν δὲ ὑμῖν, ἀδελφοί, ἐν
Encargamos   os,   hermanos, en

ὀνόματι τοῦ κυρίου Ἰησοῦ Χριστοῦ,
(el) nombre del   Señor   Jesucristo,

στέλλεσθαι ὑμᾶς ἀπὸ παντὸς ἀδελφοῦ
que apartéis os   de todo   hermano

ἀτάκτως περιπατοῦντος καὶ μὴ κατὰ τὴν
que desordenadamente ande y   no según la

παράδοσιν ἣν παρελάβετε παρ᾽ ἡμῶν.
²enseñanza   que   recibisteis de parte de nosotros.

7 αὐτοὶ γὰρ οἴδατε πῶς δεῖ μιμεῖσθαι
Porque (vosotros) mismos sabéis cómo es menester imitar

ἡμᾶς, ὅτι οὐκ ἠτακτήσαμεν ἐν ὑμῖν,
nos,   pues no anduvimos desordenadamente entre vosotros,

8 οὐδὲ δωρεὰν ἄρτον ἐφάγομεν παρά τινος,
ni   de balde pan   comimos de parte de alguien,

ἀλλ᾽ ἐν κόπῳ καὶ μόχθῳ νυκτὸς καὶ
sino con trabajo duro y fatiga,   noche y

1
2. PERVERSOS. Lit. *anormales* (en el sentido de *culpables* o *nocivos*).
2
6. ENSEÑANZA. (V. 2:15.)

ἡμέρας ἐργαζόμενοι πρὸς τὸ μὴ ἐπιβαρῆσαί
día   trabajando   para   —   no   ser gravosos

τινα ὑμῶν· 9 οὐχ ὅτι οὐκ ἔχομεν
a alguien de vosotros;   no   que   no   tenemos

ἐξουσίαν, ἀλλ' ἵνα ἑαυτοὺς τύπον δῶμεν
autoridad,   sino   para   a nosotros   por modelo   dar
                              mismos

ὑμῖν εἰς τὸ μιμεῖσθαι ἡμᾶς. 10 καὶ
os   para   —   imitar   nos.   Porque

γὰρ ὅτε ἦμεν πρὸς ὑμᾶς, τοῦτο παρηγ-
incluso cuando estábamos   con   vosotros,   esto   encar-

γέλλομεν ὑμῖν, ὅτι εἴ τις οὐ θέλει
gábamos   os,   que   si   alguien   no   quiere

ἐργάζεσθαι, μηδὲ ἐσθιέτω. 11 ἀκούομεν
trabajar,   1tampoco   coma.   Porque

γάρ τινας περιπατοῦντας ἐν ὑμῖν ἀτάκτως,
oímos que algunos   andan   entre vosotros   desordenada-
                                              mente,

μηδὲν ἐργαζομένους ἀλλὰ περιεργαζομένους·
nada   trabajando,   sino   2entremetiéndose en lo ajeno;

12 τοῖς δὲ τοιούτοις παραγγέλλομεν καὶ
y a los   tales   encargamos   y

παρακαλοῦμεν ἐν κυρίῳ Ἰησοῦ Χριστῷ
exhortamos   en   (el) Señor   Jesucristo

ἵνα μετὰ ἡσυχίας ἐργαζόμενοι τὸν
que   con   3sosiego   trabajando,   el

ἑαυτῶν ἄρτον ἐσθίωσιν. 13 Ὑμεῖς δέ,
de sí mismos   pan   coman.   Y vosotros,

ἀδελφοί, μὴ ἐγκακήσητε καλοποιοῦντες
hermanos,   no   os desalentéis   haciendo el bien.

14 εἰ δέ τις οὐχ ὑπακούει τῷ λόγῳ
Y si   alguien   no   obedece   a la   palabra

ἡμῶν διὰ τῆς ἐπιστολῆς, τοῦτον σημειοῦσθε,
de   mediante la   epístola,   a éste   señalad,
nosotros

μὴ συναναμίγνυσθαι αὐτῷ, ἵνα ἐντραπῇ·
para no   4juntar(os) con   él,   para que sea expuesto a
                                   la vergüenza;

15 καὶ μὴ ὡς ἐχθρὸν ἡγεῖσθε, ἀλλὰ
y   no   como   a enemigo   consideréis(le),   sino

νουθετεῖτε ὡς ἀδελφόν. 16 Αὐτὸς δὲ
amonestad(le)   como   a hermano.   Y el mismo

ὁ κύριος τῆς εἰρήνης δῴη ὑμῖν τὴν
Señor   —   de paz   dé   os   la

εἰρήνην διὰ παντὸς ἐν παντὶ τρόπῳ.
paz   en   todo (tiempo)   en   toda   manera.

ὁ κύριος μετὰ πάντων ὑμῶν.
El Señor (sea)   con   todos   vosotros.

1
10. TAMPOCO. Lit. *ni siquiera* (lo más ordinario).
2
11. ENTREMETIÉNDOSE... El verbo griego es muy expresivo, pues señala a los que van de casa en casa, no trabajando ni dejando trabajar a los demás. (V. el correspondiente adjetivo en 1 Ti. 5:13.)
3
12. SOSIEGO. (V. nota a 1 Ts. 4:11.)
4
14. JUNTAR(OS). Lit. *mezclar(os)*.

17 Ὁ ἀσπασμὸς τῇ ἐμῇ χειρὶ Παύλου,
El   saludo (es)   — de mi   mano,   de Pablo,

ὅ ἐστιν σημεῖον ἐν πάσῃ ἐπιστολῇ·
que   es   (la) señal   en   toda   carta;

οὕτως γράφω. **18** ἡ χάρις τοῦ κυρίου
así   escribo.   La   gracia   del   Señor

ἡμῶν Ἰησοῦ Χριστοῦ μετὰ πάντων ὑμῶν.
de nosotros   Jesucristo (sea)   con   todos   vosotros.

Primera Carta del apóstol Pablo a
TIMOTEO

1 Παῦλος ἀπόστολος Χριστοῦ Ἰησοῦ κατ'
Pablo,   apóstol   de Cristo   Jesús,   conforme

ἐπιταγὴν θεοῦ σωτῆρος ἡμῶν καὶ Χριστοῦ
a(l) mandato   de Dios   Salvador   de nosotros   y   de Cristo

Ἰησοῦ τῆς ἐλπίδος ἡμῶν **2** Τιμοθέῳ
Jesús   la   esperanza   de nosotros,   a Timoteo

γνησίῳ τέκνῳ ἐν πίστει· χάρις, ἔλεος,
1verdadero   hijo   en   (la) fe: Gracia,   misericordia,

εἰρήνη ἀπὸ θεοῦ πατρὸς καὶ Χριστοῦ
paz,   de parte   de Dios   Padre   y   de Cristo

Ἰησοῦ τοῦ κυρίου ἡμῶν.
Jesús   el   Señor   de nosotros.

3 Καθὼς παρεκάλεσά σε προσμεῖναι ἐν
Como   rogué   te   quedarte   en

Ἐφέσῳ, πορευόμενος εἰς Μακεδονίαν, ἵνα
Éfeso,   cuando iba (yo)   a   Macedonia,   para que

παραγγείλῃς τισὶν μὴ ἑτεροδιδασκαλεῖν
encargases   a algunos   que no   enseñen diferente (doctrina)

4 μηδὲ προσέχειν μύθοις καὶ γενεαλογίαις
ni   presten atención   a fábulas   y   genealogías

ἀπεράντοις, αἵτινες ἐκζητήσεις παρέχουσιν
interminables,   las cuales   especulaciones   promueven

μᾶλλον ἢ οἰκονομίαν θεοῦ τὴν ἐν πίστει·
más bien   que   2plan   de Dios, el (que es) en   fe;

5 τὸ δὲ τέλος τῆς παραγγελίας ἐστὶν
y el   objetivo   del   encargo   es

ἀγάπη ἐκ καθαρᾶς καρδίας καὶ συνειδήσεως
(el) (procedente)   puro   corazón   y   de conciencia
amor   de

ἀγαθῆς καὶ πίστεως ἀνυποκρίτου, **6** ὧν
buena   y   de fe   no fingida,   de las cuales
cosas

1
2. VERDADERO. Lit. *genuino*.
2
4. PLAN. Lit. *administración*
(del consejo de Dios para
edificación).

τινες ἀστοχήσαντες ἐξετράπησαν εἰς
algunos, errando el blanco, se desviaron a

ματαιολογίαν, 7 θέλοντες εἶναι νομοδιδάσ-
vana palabrería, queriendo ser doctores de

καλοι, μὴ νοοῦντες μήτε ἃ λέγουσιν
la ley, no entendiendo ni lo que dicen

μήτε περὶ τίνων διαβεβαιοῦνται. 8 οἴδαμεν
ni acerca de qué hacen afirmaciones Pero
categóricas.

δὲ ὅτι καλὸς ὁ νόμος, ἐάν τις αὐτῷ
sabemos que buena (es) la ley, si uno la

νομίμως χρῆται, 9 εἰδὼς τοῦτο, ὅτι
legalmente usa, sabiendo esto, que

δικαίῳ νόμος οὐ κεῖται, ἀνόμοις δὲ
para (el) justo (la) ley no está puesta, sino para los inicuos

καὶ ἀνυποτάκτοις, ἀσεβέσι καὶ ἁμαρτωλοῖς,
e insumisos, para (los) impíos y pecadores,

ἀνοσίοις καὶ βεβήλοις, πατρολῴαις καὶ
para (los) y profanos, para (los) parricidas y
irreligiosos

μητρολῴαις, ἀνδροφόνοις, 10 πόρνοις, ἀρ-
matricidas, para (los) homicidas, fornicarios, so-

σενοκοίταις, ἀνδραποδισταῖς, ψεύσταις, ἐπιόρ-
domitas, secuestradores, mentirosos, per-

κοις, καὶ εἴ τι ἕτερον τῇ ὑγιαινούσῃ
juros, y si alguna otra cosa a la sana

διδασκαλίᾳ ἀντίκειται, 11 κατὰ τὸ εὐαγ-
enseñanza se opone, conforme al evan-

γέλιον τῆς δόξης τοῦ μακαρίου θεοῦ,
gelio de la gloria del bendito Dios,

ὃ ἐπιστεύθην ἐγώ. 12 Χάριν ἔχω τῷ
[1]el cual fue confiado me. Gracia(s) [2]doy al

ἐνδυναμώσαντί. με Χριστῷ Ἰησοῦ τῷ κυρίῳ
que dio poder me, Cristo Jesús el Señor

ἡμῶν, ὅτι πιστόν με ἡγήσατο θέμενος
de nosotros, pues fiel me consideró poniéndo(me)

εἰς διακονίαν, 13 τὸ πρότερον ὄντα
en (el) ministerio, — anteriormente siendo

βλάσφημον καὶ διώκτην καὶ ὑβριστήν·
blasfemo y perseguidor e injuriador;

ἀλλὰ ἠλεήθην, ὅτι ἀγνοῶν ἐποίησα ἐν
pero me fue otorgada pues ignorando (lo) hice en
misericordia,

ἀπιστίᾳ, 14 ὑπερεπλεόνασεν δὲ ἡ χάρις
incredulidad, y sobreabundó la gracia

τοῦ κυρίου ἡμῶν μετὰ πίστεως καὶ
del Señor de nosotros con (la) fe y

ἀγάπης τῆς ἐν Χριστῷ Ἰησοῦ. 15 πιστὸς
(el) amor — en Cristo Jesús. Fiel (es)

11. EL CUAL ME FUE CONFIA-
DO. Lit. *al cual* (evangelio) *fui confiado yo.*
12. DOY. Lit. *tengo.*

ὁ λόγος καὶ πάσης ἀποδοχῆς ἄξιος,
la palabra y de toda aceptación digna,

ὅτι Χριστὸς Ἰησοῦς ἦλθεν εἰς τὸν κόσμον
que Cristo Jesús vino al mundo

ἁμαρτωλοὺς σῶσαι· ὧν πρῶτός εἰμι ἐγώ·
pecadores a salvar, de los que (el) principal soy yo;

16 ἀλλὰ διὰ τοῦτο ἠλεήθην, ἵνα ἐν
pero por esto me fue otorgada para que en
misericordia,

ἐμοὶ πρώτῳ ἐνδείξηται Ἰησοῦς Χριστὸς
mí (el) principal mostrase Jesucristo

τὴν ἅπασαν μακροθυμίαν, πρὸς ὑποτύπωσιν
— toda ¹paciencia, para modelo

τῶν μελλόντων πιστεύειν ἐπ᾽ αὐτῷ εἰς
de los que van a creer en él para

ζωὴν αἰώνιον. 17 Τῷ δὲ βασιλεῖ τῶν
vida eterna. Y al Rey de los

αἰώνων, ἀφθάρτῳ ἀοράτῳ μόνῳ θεῷ, τιμὴ
siglos, incorruptible, invisible, solo Dios, (sea) honor

καὶ δόξα εἰς τοὺς αἰῶνας τῶν αἰώνων·
y gloria por los siglos de los siglos;

ἀμήν. 18 Ταύτην τὴν παραγγελίαν παρα-
amén. Este — encargo enco-

τίθεμαί σοι, τέκνον Τιμόθεε, κατὰ τὰς
miendo te, hijo Timoteo, conforme a las

προαγούσας ἐπὶ σὲ προφητείας, ἵνα
precedentes sobre ti profecías, para que

στρατεύῃ ἐν αὐταῖς τὴν καλὴν στρατείαν,
pelees por ellas la buena lucha,

19 ἔχων πίστιν καὶ ἀγαθὴν συνείδησιν,
teniendo fe y buena conciencia,

ἥν τινες ἀπωσάμενοι περὶ τὴν πίστιν
la cual algunos desechando, en cuanto a la fe

ἐναυάγησαν· 20 ὧν ἐστιν Ὑμέναιος καὶ
naufragaron; de los que ²son Himeneo y

Ἀλέξανδρος, οὓς παρέδωκα τῷ σατανᾷ,
Alejandro, a quienes ³entregué — a Satanás,

ἵνα παιδευθῶσιν μὴ βλασφημεῖν.
para que sean enseñados a no blasfemar.

---

¹
16. PACIENCIA. Lit. *longani-midad.*
²
20. SON. Lit. *es.*
³
20. ENTREGUÉ A SATANÁS. (V. 1 Co. 5:5.)

2 Παρακαλῶ οὖν πρῶτον πάντων
Exhorto, pues, primera(mente) de todas las cosas

ποιεῖσθαι δεήσεις, προσευχάς, ἐντεύξεις,
a que sean hechas peticiones, oraciones, intercesiones,

εὐχαριστίας, ὑπὲρ πάντων ἀνθρώπων,
acciones de gracias, en pro de todos (los) hombres,

2 ὑπὲρ βασιλέων καὶ πάντων τῶν ἐν
en pro de reyes y de todos los que en

ὑπεροχῇ ὄντων, ἵνα ἤρεμον καὶ ἡσύχιον
alta posición están, para que tranquila y sosegada

βίον διάγωμεν ἐν πάσῃ εὐσεβείᾳ καὶ
vida llevemos con toda piedad y

σεμνότητι. **3** τοῦτο καλὸν καὶ ἀπόδεκτον
respetabilidad. Esto (es) bueno y aceptable

ἐνώπιον τοῦ σωτῆρος ἡμῶν θεοῦ, **4** ὃς
delante del Salvador de nosotros Dios, quien

πάντας ἀνθρώπους θέλει σωθῆναι καὶ εἰς
todos (los) hombres quiere que sean salvados y a(l)

ἐπίγνωσιν ἀληθείας ἐλθεῖν. **5** εἷς γὰρ
pleno de (la) verdad vengan. Porque (hay) un (solo)
conocimiento

θεός, εἷς καὶ μεσίτης θεοῦ καὶ ἀνθρώπων,
Dios, un (solo) también mediador de Dios y de (los) hombres,

ἄνθρωπος Χριστὸς Ἰησοῦς, **6** ὁ δοὺς
(el) hombre Cristo Jesús, el que dio

ἑαυτὸν ἀντίλυτρον ὑπὲρ πάντων, τὸ
a sí mismo (en) rescate en pro de todos, el

μαρτύριον καιροῖς ἰδίοις· **7** εἰς ὃ ἐτέθην
testimonio en los tiempos propios; para lo cual fui puesto

ἐγὼ κῆρυξ καὶ ἀπόστολος, ἀλήθειαν λέγω,
yo por heraldo y apóstol, verdad digo,

οὐ ψεύδομαι, διδάσκαλος ἐθνῶν ἐν πίστει
no miento, maestro de (los) gentiles en fe

καὶ ἀληθείᾳ. **8** Βούλομαι οὖν προσεύχεσθαι
y verdad. Deseo, pues, que oren

τοὺς ἄνδρας ἐν παντὶ τόπῳ ἐπαίροντας
los hombres en todo lugar, alzando

ὁσίους χεῖρας χωρὶς ὀργῆς καὶ διαλογισμοῦ.
santas manos, aparte de ira y ¹discusión.

9 Ὡσαύτως γυναῖκας ἐν καταστολῇ κοσμίῳ,
Asimismo que las mujeres con ropa decorosa,

μετὰ αἰδοῦς καὶ σωφροσύνης κοσμεῖν
con pudor y ²modestia adornen

ἑαυτάς, μὴ ἐν πλέγμασιν καὶ χρυσίῳ
a sí mismas, no con peinado ostentoso y con oro

ἢ μαργαρίταις ἢ ἱματισμῷ πολυτελεῖ,
o perlas o vestido costoso,

10 ἀλλ' ὃ πρέπει γυναιξὶν ἐπαγγελλομέναις
sino lo que cae bien a mujeres que profesan

¹
8. DISCUSIÓN. O *duda.*
²
9. MODESTIA. Lit. *sensatez.*

θεοσέβειαν, δι' ἔργων ἀγαθῶν. 11 γυνὴ
reverencia a   mediante   obras   buenas.   (La) mujer
Dios,

ἐν ἡσυχίᾳ μανθανέτω ἐν πάσῃ ὑποταγῇ·
en   silencio   aprenda   con   toda   sumisión;

12 διδάσκειν δὲ γυναικὶ οὐκ ἐπιτρέπω,
pero enseñar   a (la) mujer   no   permito,

οὐδὲ αὐθεντεῖν ἀνδρός, ἀλλ' εἶναι ἐν
ni   ejercer autoridad sobre (el) marido,   sino   estar   en

ἡσυχίᾳ. 13 Ἀδὰμ γὰρ πρῶτος ἐπλάσθη,
silencio.   Porque Adán   primero   fue formado,

εἶτα Εὔα. 14 καὶ Ἀδὰμ οὐκ ἠπατήθη,
después   Eva.   Y   Adán   no   fue engañado,

ἡ δὲ γυνὴ ἐξαπατηθεῖσα ἐν παραβάσει
pero la   mujer,   siendo engañada,   en   transgresión

γέγονεν· 15 σωθήσεται δὲ διὰ τῆς
[1]ha incurrido;   pero [2]será salvada   mediante   el

τεκνογονίας, ἐὰν μείνωσιν ἐν πίστει καὶ
tener hijos,   si   [3]permanecen   en   (la) fe   y

ἀγάπῃ καὶ ἁγιασμῷ μετὰ σωφροσύνης.
(el) amor   y   (la) santificación,   con   [4]modestia.

3 Πιστὸς ὁ λόγος· εἴ τις ἐπισκοπῆς
Fiel (es)   la   palabra: Si   alguno   cargo de
supervisor

ὀρέγεται, καλοῦ ἔργου ἐπιθυμεῖ. 2 δεῖ
anhela,   buena   obra   desea.   Es menester,

οὖν τὸν ἐπίσκοπον ἀνεπίλημπτον εἶναι,
pues,   que el   supervisor   irreprochable   sea,

μιᾶς γυναικὸς ἄνδρα, νηφάλιον, σώφρονα,
de una (sola) mujer   marido,   sobrio,   sensato,

κόσμιον, φιλόξενον, διδακτικόν, 3 μὴ
ordenado,   hospedador,   apto para enseñar,   no

πάροινον, μὴ πλήκτην, ἀλλὰ ἐπιεικῆ,
dado al vino,   no   pendenciero,   sino   indulgente,

ἄμαχον, ἀφιλάργυρον, 4 τοῦ ἰδίου οἴκου
apacible,   [5]no avaro,   la   propia   casa

καλῶς προϊστάμενον, τέκνα ἔχοντα ἐν
bien   dirigiendo,   a (los) hijos   teniendo   en

ὑποταγῇ μετὰ πάσης σεμνότητος, 5 (εἰ
sumisión   con   toda   respetabilidad,   (pero

δέ τις τοῦ ἰδίου οἴκου προστῆναι οὐκ
si   alguno   la   propia   casa   dirigir   no

οἶδεν, πῶς ἐκκλησίας θεοῦ ἐπιμελήσεται;)
sabe,   ¿cómo   de [la] iglesia   de Dios   cuidará?);

---

[1]
14. HA INCURRIDO. Lit. *se ha hecho.*

[2]
15. SERÁ SALVADA. Esto es, *se realizará como mujer* (en compensación a lo decretado en Gn. 3:16).

[3]
15. PERMANECEN. El súbito cambio al plural parece indicar que las cuatro virtudes siguientes han de ser patrimonio de *todas* las mujeres, no sólo de las casadas.

[4]
15. MODESTIA. O *sobriedad*, o *sensatez.*

[5]
3. NO AVARO. Lit. *no amigo de la plata.*

6 μὴ νεόφυτον, ἵνα μὴ τυφωθεὶς εἰς
no   neófito,   para que no,   envanecido,   en

κρίμα ἐμπέσῃ τοῦ διαβόλου. **7** δεῖ δὲ
[1]condenación caiga   del   diablo.   Y es menester

καὶ μαρτυρίαν καλὴν ἔχειν ἀπὸ τῶν
también testimonio bueno tener de parte de los

ἔξωθεν, **7** ἵνα μὴ εἰς ὀνειδισμὸν ἐμπέσῃ
de fuera, para que no en descrédito caiga

καὶ παγίδα τοῦ διαβόλου. **8** Διακόνους
y   lazo   del   diablo.   (Es menester) que
                                               (los) diáconos

ὡσαύτως σεμνούς, μὴ διλόγους, μὴ οἴνῳ
asimismo (sean) respetables, no [2]de doble palabra, no a vino

πολλῷ προσέχοντας, μὴ αἰσχροκερδεῖς,
mucho   adictos,   no amigos de sórdida ganancia,

9 ἔχοντας τὸ μυστήριον τῆς πίστεως ἐν
teniendo el misterio de la fe con

καθαρᾷ συνειδήσει. **10** καὶ οὗτοι δὲ
limpia   conciencia.   Y   éstos también

δοκιμαζέσθωσαν πρῶτον, εἶτα διακονείτωσαν
sean probados primero, después ministren

ἀνέγκλητοι ὄντες. **11** γυναῖκας ὡσαύτως
irreprochables siendo. (Es menester) que asimismo (sean)
                               las [3]mujeres

σεμνάς, μὴ διαβόλους, νηφαλίους, πιστὰς
respetables, no calumniadoras, sobrias, fieles

ἐν πᾶσιν. **12** διάκονοι ἔστωσαν μιᾶς
en todo.   (Los) diáconos sean de una (sola)

γυναικὸς ἄνδρες, τέκνων καλῶς προϊστάμενοι
mujer maridos, a (los) hijos bien dirigiendo

καὶ τῶν ἰδίων οἴκων. **13** οἱ γὰρ καλῶς
y a las propias casas.   Porque los que bien

διακονήσαντες βαθμὸν ἑαυτοῖς καλὸν
ministraron,   posición para sí mismos [4]buena

περιποιοῦνται καὶ πολλὴν παρρησίαν ἐν
obtienen y mucha confianza en

πίστει τῇ ἐν Χριστῷ Ἰησοῦ. **14** Ταῦτά
(la) fe, la (que es) en Cristo Jesús.   Estas cosas

σοι γράφω ἐλπίζων ἐλθεῖν πρὸς σὲ
te escribo, esperando venir a ti

τάχιον· **15** ἐὰν δὲ βραδύνω, ἵνα εἰδῇς
en breve; y si me retraso, para que sepas

[1]
6. CONDENACIÓN. Lit. *juicio.*
[2]
8. DE DOBLE PALABRA. Esto es, *diciendo una cosa a unos, y otra a otros.*
[3]
11. MUJERES. Prob. *las esposas (de los diáconos).*
[4]
13. BUENA. Es decir, *honrosa.*

πῶς δεῖ ἐν οἴκῳ θεοῦ ἀναστρέφεσθαι,
como es menester en (la) casa de Dios comportarse.

ἥτις ἐστὶν ἐκκλησία θεοῦ ζῶντος, στῦλος
la cual es (la) iglesia de(l) Dios viviente, columna

καὶ   ἑδραίωμα   τῆς   ἀληθείας.   16 καὶ
y   baluarte   de la   verdad.   Y,

ὁμολογουμένως μέγα ἐστὶν τὸ τῆς εὐσεβείας
[1]sin lugar a dudas,   grande   es   el   de la   piedad

μυστήριον·   ὃς   ἐφανερώθη   ἐν   σαρκί,
misterio: [2]Quien   fue manifestado   en   carne,

ἐδικαιώθη   ἐν   πνεύματι,   ὤφθη   ἀγγέλοις,
fue [3]justificado   en   (el) Espíritu,   fue visto por (los) ángeles,

ἐκηρύχθη ἐν ἔθνεσιν, ἐπιστεύθη ἐν κόσμῳ,
fue proclamado entre (los) gentiles,   fue creído   en   (el) mundo,

ἀνελήμφθη   ἐν   δόξῃ.
fue recibido arriba en   gloria.

4 Τὸ   δὲ   πνεῦμα   ῥητῶς   λέγει   ὅτι
Pero el   Espíritu   [4]verbalmente   dice   que

ἐν   ὑστέροις   καιροῖς   ἀποστήσονταί   τινες
en   (los) postreros   tiempos,   se apartarán   algunos

τῆς   πίστεως,   προσέχοντες   πνεύμασιν
de la   fe,   atendiendo   a espíritus

πλάνοις καὶ διδασκαλίαις δαιμονίων,   **2** ἐν
engañadores   y   a enseñanzas   de demonios,   [5]en

ὑποκρίσει   ψευδολόγων,   κεκαυστηριασμένων
hipocresía   [6]de los que mienten,   que han sido cauterizados

τὴν   ἰδίαν   συνείδησιν,   **3** κωλυόντων   γαμεῖν,
(en) la   propia   conciencia,   que prohíben   casarse,

ἀπέχεσθαι   βρωμάτων,   ἃ   ὁ   θεὸς   ἔκτισεν
abstenerse   de alimentos,   que   —   Dios   creó

εἰς   μετάλημψιν   μετὰ   εὐχαριστίας   τοῖς
para   recibimiento   con   acción de gracias   por los

πιστοῖς   καὶ   ἐπεγνωκόσι   τὴν   ἀλήθειαν.
fieles   y   (los) que han conocido   la   verdad.
plenamente

4 ὅτι   πᾶν   κτίσμα   θεοῦ   καλόν,   καὶ
Pues   toda   criatura   de Dios   (es) buena,   y

οὐδὲν   ἀπόβλητον   μετὰ   εὐχαριστίας   λαμβαν-
nada   (es) rechazable   con   acción de gracias   toma-

όμενον·   **5** ἁγιάζεται   γὰρ   διὰ   λόγου   θεοῦ
do;   porque es santificado   mediante (la) palabra de Dios

καὶ   ἐντεύξεως.   **6** Ταῦτα   ὑποτιθέμενος
y   (la) oración.   Estas cosas   sugiriendo

τοῖς   ἀδελφοῖς   καλὸς   ἔσῃ   διάκονος   Χριστοῦ
a los   hermanos   bueno   serás   ministro   de Cristo

Ἰησοῦ,   ἐντρεφόμενος   τοῖς   λόγοις   τῆς
Jesús,   siendo nutrido   con las   palabras   de la

1 16. SIN LUGAR A DUDAS. Lit. *por confesión unánime.*
2 16. QUIEN. A saber, *Cristo.* (V. 1 Jn. 4:2.)
3 16. JUSTIFICADO. Es decir, *vindicado.* (V. Mt. 3:16; Mr. 1:10; Lc. 3:22; Jn. 16:10; Hch. 4:27; 10:38.)
4 1. VERBALMENTE. Esto es, *con toda claridad.*
5 2. EN. O *con.*
6 2. DE LOS QUE MIENTEN. Lit. *de mentirosos.*

πίστεως καὶ τῆς καλῆς διδασκαλίας ᾗ
fe   y   de la   buena   doctrina   que

παρηκολούθηκας· 7 τοὺς δὲ βεβήλους καὶ
has seguido;   pero las   profanas   y

γραώδεις μύθους παραιτοῦ. γύμναζε δὲ
¹necias   fábulas   rehúsa (oír).   Y ejercita

σεαυτὸν πρὸς εὐσέβειαν. 8 ἡ γὰρ σωματικὴ
a ti mismo   para   (la) piedad.   Porque el   corporal

γυμνασία πρὸς ὀλίγον ἐστὶν ὠφέλιμος·
ejercicio   para   un poco   es   provechoso;

ἡ δὲ εὐσέβεια πρὸς πάντα ὠφέλιμός
pero la   piedad   para   todo   provechosa

ἐστιν, ἐπαγγελίαν ἔχουσα ζωῆς τῆς νῦν
es,   promesa   teniendo   de vida,   de la de ahora

καὶ τῆς μελλούσης. 9 πιστὸς ὁ λόγος
y   de la   venidera.   Fiel (es)   la   palabra

καὶ πάσης ἀποδοχῆς ἄξιος· 10 εἰς τοῦτο
y   de toda   aceptación   digna;   porque para

γὰρ κοπιῶμεν καὶ ἀγωνιζόμεθα, ὅτι
esto   trabajamos   y   estamos en conflicto,   pues

ἠλπίκαμεν ἐπὶ θεῷ ζῶντι, ὅς ἐστιν
hemos puesto la   en   (el) Dios   viviente,   quien   es
esperanza

σωτὴρ πάντων ἀνθρώπων, μάλιστα πιστῶν.
Salvador   de todos   (los) hombres,   ²especialmente de (los) fieles.

11 Παράγγελλε ταῦτα καὶ δίδασκε.
Encarga   estas cosas   y   enséña(las).

12 μηδείς σου τῆς νεότητος καταφρονείτω,
Nadie   de ti   la   juventud   menosprecie,

ἀλλὰ τύπος γίνου τῶν πιστῶν ἐν λόγῳ,
sino   modelo   hazte   de los   fieles   en   palabra,

ἐν ἀναστροφῇ, ἐν ἀγάπῃ, ἐν πίστει,
en   conducta,   en   amor,   en   fe,

ἐν ἁγνείᾳ. 13 ἕως ἔρχομαι πρόσεχε
en   pureza.   Hasta que   (yo) venga,   atiende

τῇ ἀναγνώσει, τῇ παρακλήσει, τῇ διδασ-
a la   ³lectura,   a la   exhortación,   a la   ense-

καλίᾳ. 14 μὴ ἀμέλει τοῦ ἐν σοὶ
ñanza.   No   descuides   el (que hay)   en   ti

χαρίσματος, ὃ ἐδόθη σοι διὰ προφητείας
don,   que   fue dado   te   mediante   profecía

μετὰ ἐπιθέσεως τῶν χειρῶν τοῦ πρε-
con   imposición   de las   manos   del   consejo

1
7. NECIAS. Lit. propias de
viejas.
2
10. ESPECIALMENTE. Esto es,
con plena efectividad.
3
13. LECTURA. Se refiere a la
lectura en público (de las
Escrituras).

σβυτερίου.　15 ταῦτα　μελέτα,　ἐν　τούτοις
de ancianos.　　En estas cosas　ocúpate,　en　estas cosas

ἴσθι,　ἵνα　σου　ἡ　προκοπὴ　φανερὰ　ᾖ
[1]permanece, para　de ti　el　progreso　manifiesto　sea
que

πᾶσιν.　16 ἔπεχε σεαυτῷ　καὶ τῇ　διδασκαλίᾳ,
a todos.　[2]Ten cuidado de ti mismo　y　de la　enseñanza,

ἐπίμενε　αὐτοῖς·　τοῦτο　γὰρ　ποιῶν　καὶ
persiste　en ello;　porque esto　haciendo,　no sólo

σεαυτὸν　σώσεις καὶ τοὺς　ἀκούοντάς　σου.
a ti mismo　[3]salvarás, sino también a los　que estén oyendo　te.

5 Πρεσβυτέρῳ　μὴ　ἐπιπλήξῃς,　ἀλλὰ
A uno más anciano　no　reprendas,　sino

παρακάλει　ὡς　πατέρα,　νεωτέρους　ὡς
exhórta(le)　como　a padre,　a (los) más jóvenes　como

ἀδελφούς,　2 πρεσβυτέρας　ὡς　μητέρας,
a hermanos,　a (las) más ancianas　como　a madres,

νεωτέρας　ὡς　ἀδελφὰς　ἐν　πάσῃ　ἁγνείᾳ.
a (las) más　como　a hermanas　con　toda　pureza.
jóvenes

3 Χήρας　τίμα　τὰς　ὄντως　χήρας.　4 εἰ δέ
A (las) viudas　honra,　a las　realmente　viudas.　Pero si

τις　χήρα　τέκνα　ἢ　ἔκγονα　ἔχει,　μαν-
alguna　viuda　hijos　o　nietos　tiene,　apren-

θανέτωσαν πρῶτον　τὸν　ἴδιον οἶκον εὐσεβεῖν
dan (éstos)　primero　con la　propia　casa a cumplir con los
deberes religiosos

καὶ　ἀμοιβὰς　ἀποδιδόναι　τοῖς　προγόνοις·
y　(con algunos)　recompensar　a los　[4]progenitores;
pagos

τοῦτο　γὰρ　ἐστιν　ἀπόδεκτον ἐνώπιον　τοῦ
porque esto　es　aceptable　delante　—

θεοῦ.　5 ἡ δὲ ὄντως　χήρα καὶ μεμονωμένη
de Dios.　Pero la　realmente　viuda　y　que ha sido dejada
sola.

ἤλπικεν　ἐπὶ　θεὸν　καὶ　προσμένει　ταῖς
ha puesto su　en　Dios　y　continúa　en las
esperanza

δεήσεσιν καὶ　ταῖς προσευχαῖς νυκτὸς　καὶ
peticiones　y　en las　oraciones　noche　y

ἡμέρας·　6 ἡ δὲ σπαταλῶσα ζῶσα τέθνηκεν.
día;　pero la　que se da a los　viviendo,　ha muerto.
placeres,

7 καὶ ταῦτα παράγγελλε,　ἵνα ἀνεπίλημπτοι
Y　estas cosas　encarga,　para que　irreprensibles

ὦσιν.　8 εἰ δέ τις τῶν ἰδίων καὶ μάλιστα
sean.　Pero si alguien para los (suyos)　y　especialmente
propios

1
15. PERMANECE. Lit. sé, está
o vive.
2
16. TEN CUIDADO DE. O vela
por.
3
16. SALVACIÓN. Se refiere a
la salvación como proceso
continuo. (Comp. Fil. 2:12.)
4
4. PROGENITORES. Lit. antepasados.

οἰκείων οὐ προνοεῖ, τὴν πίστιν ἤρνηται
para (los) de   no   provee,   la   fe   ha negado
(su) casa

καὶ ἔστιν ἀπίστου χείρων.   **9** χήρα
y   es   que un infiel   peor.   Una viuda

καταλεγέσθω μὴ ἔλαττον ἐτῶν ἐξήκοντα
sea puesta en lista   no   menor   de años   sesenta

γεγονυῖα, ἑνὸς ἀνδρὸς γυνή, **10** ἐν ἔργοις
que haya llegado de un   marido   mujer,   por   obras
a ser,

καλοῖς μαρτυρουμένη, εἰ ἐτεκνοτρόφησεν,
buenas   teniendo buen testimonio,   si   crió hijos,

εἰ ἐξενοδόχησεν, εἰ ἁγίων πόδας ἔνιψεν,
si practicó (la) hospitalidad,   si de (los) santos (los) pies   lavó,

εἰ θλιβομένοις ἐπήρκεσεν, εἰ παντὶ ἔργῳ
si   a (los) afligidos   socorrió,   si   a toda   obra

ἀγαθῷ ἐπηκολούθησεν. **11** νεωτέρας δὲ
buena   1se dedicó.   Pero a más jóvenes

χήρας παραιτοῦ· ὅταν γὰρ καταστρηνιάσωσιν
viudas   rehúsa;   porque cuando   son arrastradas por la
    pasión contra

τοῦ Χριστοῦ, γαμεῖν θέλουσιν, **12** ἔχουσαι
—   Cristo,   casarse   quieren,   teniendo

κρίμα ὅτι τὴν πρώτην πίστιν ἠθέτησαν·
2juicio,   pues   3la   primera   fe   dejaron a un lado;

13 ἅμα δὲ καὶ ἀργαὶ μανθάνουσιν
y juntamente   también   ociosas   aprenden (a ser),

περιερχόμεναι τὰς οἰκίας, οὐ μόνον δὲ
vagando   de casa en casa,   y   no sólo

ἀργαὶ ἀλλὰ καὶ φλύαροι καὶ περίεργοι,
ociosas,   sino   también   chismosas   y   entremetidas,

λαλοῦσαι τὰ μὴ δέοντα. **14** βούλομαι
hablando   lo que   no   es debido.   Quiero,

οὖν νεωτέρας γαμεῖν, τεκνογονεῖν,
pues,   que (las) más jóvenes   se casen,   críen hijos,

οἰκοδεσποτεῖν, μηδεμίαν ἀφορμὴν διδόναι
gobiernen sus casas,   ningún   pretexto   den

τῷ ἀντικειμένῳ λοιδορίας χάριν· **15** ἤδη
4al que   se opone   para (hacer)   crítica;   porque

γάρ τινες ἐξετράπησαν ὀπίσω τοῦ σατανᾶ.
ya   algunas   se descarriaron   en pos   —   de Satanás.

16 εἴ τις πιστὴ ἔχει χήρας, ἐπαρκείτω
Si   alguna (mujer) fiel   tiene   viudas,   socorra

αὐταῖς, καὶ μὴ βαρείσθω ἡ ἐκκλησία,
las   y   no   sea gravada   la   iglesia,

1
10. SE DEDICÓ. Lit. *siguió de cerca* (el mismo verbo de 1 P. 2:21).
2
12. JUICIO. Lit. *sentencia.*
3
12. LA PRIMERA FE. Es decir, *las promesas anteriores.*
4
14. AL QUE SE OPONE. Esto es, *al adversario de la fe.*

ἵνα ταῖς ὄντως χήραις ἐπαρκέσῃ. **17** Οἱ
para que a las   realmente   viudas   socorra.   Los que

καλῶς προεστῶτες πρεσβύτεροι διπλῆς
bien   dirigen   ancianos,   1de doble

τιμῆς ἀξιούσθωσαν, μάλιστα οἱ κοπιῶντες
honor   sean tenidos por   especialmente los   que trabajan
            dignos,

ἐν λόγῳ καὶ διδασκαλίᾳ. **18** λέγει γὰρ
en (la) palabra y en (la) enseñanza.   Porque dice

ἡ γραφή· βοῦν ἀλοῶντα οὐ φιμώσεις,
la   Escritura: Al buey   que trilla   no   pondrás bozal,

καὶ· ἄξιος ὁ ἐργάτης τοῦ μισθοῦ αὐτοῦ.
y: Digno (es) el   obrero   del   salario   de él.

19 κατὰ πρεσβυτέρου κατηγορίαν μὴ παρα-
Contra   un anciano   acusación   no   ad-

δέχου, ἐκτὸς εἰ μὴ ἐπὶ δύο ἢ τριῶν
mitas,   excepto   si   (es)   sobre   de dos   o   tres
                        (la base)

μαρτύρων. **20** Τοὺς ἁμαρτάνοντας ἐνώπιον
testigos.   A los que   continúan pecando,   delante

πάντων ἔλεγχε, ἵνα καὶ οἱ λοιποὶ φόβον
de todos redarguye, para que también los demás temor

ἔχωσιν. **21** Διαμαρτύρομαι ἐνώπιον τοῦ
tengan.   Testifico solemnemente   delante   —

θεοῦ καὶ Χριστοῦ Ἰησοῦ καὶ τῶν
de Dios   y   de Cristo   Jesús   y   de los

ἐκλεκτῶν ἀγγέλων ἵνα ταῦτα φυλάξῃς
escogidos   ángeles,   que   estas cosas   guardes

χωρὶς προκρίματος, μηδὲν ποιῶν κατὰ
aparte   de prejuicio(s),   nada   haciendo conforme a

πρόσκλισιν. **22** χεῖρας ταχέως μηδενὶ
parcialidad.   2(Las) manos   a la ligera   a nadie

ἐπιτίθει, μηδὲ κοινώνει ἁμαρτίαις ἀλ-
impongas,   ni   compartas   pecados   aje-

λοτρίαις· σεαυτὸν ἁγνὸν τήρει. **23** Μηκέτι
nos;   a ti mismo   puro   conserva.   Ya no

ὑδροπότει, ἀλλὰ οἴνῳ ὀλίγῳ χρῶ διὰ
bebas agua,   sino   (de) vino   un poco   usa   a causa

τὸν στόμαχον καὶ τὰς πυκνάς σου
del   estómago   y   de las   frecuentes   de ti

ἀσθενείας. **24** Τινῶν ἀνθρώπων αἱ ἁμαρτίαι
enfermedades.   De algunos   hombres   los   pecados

πρόδηλοί εἰσιν προάγουσαι εἰς κρίσιν,
notorios de   son   yendo delante   a   juicio,
antemano

τισὶν δὲ καὶ ἐπακολουθοῦσιν· **25** ὡσαύτως
pero a algunos de cierto van siguiendo de cerca;   asimismo

καὶ τὰ ἔργα τὰ καλὰ πρόδηλα, καὶ
también las obras — buenas (son) notorias, y
τὰ ἄλλως ἔχοντα κρυβῆναι οὐ δύνανται.
las que [1]de otro modo son, ser escondidas no pueden.
6 Ὅσοι εἰσὶν ὑπὸ ζυγὸν δοῦλοι, τοὺς
Cuantos están bajo yugo esclavos, a los
ἰδίους δεσπότας πάσης τιμῆς ἀξίους ἡγείσ-
(suyos) propios amos de todo honor dignos consi-
θωσαν, ἵνα μὴ τὸ ὄνομα τοῦ θεοῦ καὶ
deren, para que no el nombre — de Dios y
ἡ διδασκαλία βλασφημῆται. 2 οἱ δὲ
la doctrina sea(n) blasfemado(s). Y los que
πιστοὺς ἔχοντες δεσπότας μὴ καταφρο-
[2]fieles tienen amos, no (los) menos-
νείτωσαν, ὅτι ἀδελφοί εἰσιν, ἀλλὰ μᾶλλον
precien porque hermanos son, sino mejor (aún)
δουλευέτωσαν, ὅτι πιστοί εἰσιν καὶ
(les) sirvan, pues [2]fieles son y
ἀγαπητοὶ οἱ τῆς εὐεργεσίας ἀντιλαμ-
amados los que del buen servicio se bene-
βανόμενοι.
fician.
Ταῦτα δίδασκε καὶ παρακάλει. 3 εἴ
Estas cosas enseña y exhorta. Si
τις ἑτεροδιδασκαλεῖ καὶ μὴ προσέρχεται
alguien enseña (cosa) diferente y no está de acuerdo
ὑγιαίνουσιν λόγοις τοῖς τοῦ κυρίου ἡμῶν
con las que son sanas palabras, las del Señor de nosotros
Ἰησοῦ Χριστοῦ, καὶ τῇ κατ᾽ εὐσέβειαν
Jesucristo, y con la (que es) conforme a (la) piedad
διδασκαλίᾳ, 4 τετύφωται, μηδὲν ἐπιστά-
enseñanza, se ha envanecido, nada enten-
μενος, ἀλλὰ νοσῶν περὶ ζητήσεις καὶ
diendo, sino que [3]tiene manía por discusiones y
λογομαχίας, ἐξ ὧν γίνεται φθόνος, ἔρις,
contiendas de palabras, de las que resulta(n) envidia, discordia,
βλασφημίαι, ὑπόνοιαι πονηραί, 5 διαπαρα-
maledicencias, sospechas malvadas, constantes
τριβαὶ διεφθαρμένων ἀνθρώπων τὸν νοῦν
rencillas de totalmente corruptos hombres en la mente
καὶ ἀπεστερημένων τῆς ἀληθείας, νομιζ-
y que han sido privados de la verdad, que
όντων πορισμὸν εἶναι τὴν εὐσέβειαν.
suponen que un [4]negocio es la piedad.

[1] 25. DE OTRO MODO. Esto es, *las que no son notorias.*

[2] 2. FIELES. Es decir, *creyentes.*

[3] 4. TIENE MANÍA POR. Lit. *está enfermo acerca de.*

[4] 5. NEGOCIO. Lit. *medio de ganar.*

6 ἔστιν δὲ πορισμὸς μέγας ἡ εὐσέβεια
Pero es ¹negocio grande la piedad

μετὰ αὐταρκείας· **7** οὐδὲν γὰρ εἰσηνέγκαμεν
con contentamiento; porque nada trajimos

εἰς τὸν κόσμον, ὅτι οὐδὲ ἐξενεγκεῖν
al mundo, pues ni sacar

τι δυνάμεθα· **8** ἔχοντες δὲ διατροφὰς καὶ
algo podemos; pero teniendo alimentos y

σκεπάσματα, τούτοις ἀρκεσθησόμεθα. **9** οἱ
ropas, con estas cosas nos contentaremos. Pero

δὲ βουλόμενοι πλουτεῖν ἐμπίπτουσιν εἰς
los que desean ser ricos caen en

πειρασμὸν καὶ παγίδα καὶ ἐπιθυμίας πολλὰς
tentación y lazo y concupiscencias muchas

ἀνοήτους καὶ βλαβεράς, αἵτινες βυθίζουσιν
necias y dañosas, las cuales hunden

τοὺς ἀνθρώπους εἰς ὄλεθρον καὶ ἀπώλειαν.
a los hombres en ruina y destrucción.

10 ῥίζα γὰρ πάντων τῶν κακῶν ἐστιν
Porque raíz de todos los males es

ἡ φιλαργυρία, ἧς τινες ὀρεγόμενοι
el amor al dinero, el cual algunos anhelando

ἀπεπλανήθησαν ἀπὸ τῆς πίστεως καὶ
se extraviaron de la fe y

ἑαυτοὺς περιέπειραν ὀδύναις πολλαῖς. **11** Σὺ
a sí mismos traspasaron con dolores muchos. Pero

δέ, ὦ ἄνθρωπε θεοῦ, ταῦτα φεῦγε· δίωκε
tú, oh hombre de Dios, de estas cosas huye, y ²sigue

δὲ δικαιοσύνην, εὐσέβειαν, πίστιν, ἀγάπην,
(la) justicia, (la) piedad, (la) fe, (el) amor,

ὑπομονήν, πραϋπαθίαν. **12** ἀγωνίζου τὸν
(la) paciencia, (la) mansedumbre. Pelea la

καλὸν ἀγῶνα τῆς πίστεως, ἐπιλαβοῦ τῆς
buena batalla de la fe, ásete de la

αἰωνίου ζωῆς, εἰς ἣν ἐκλήθης καὶ ὡμολό-
eterna vida, a la que fuiste llamado y confe-

γησας τὴν καλὴν ὁμολογίαν ἐνώπιον
saste la buena confesión delante

πολλῶν μαρτύρων. **13** παραγγέλλω ἐνώπιον
de muchos testigos. Encargo(te) delante

τοῦ θεοῦ τοῦ ζῳογονοῦντος τὰ πάντα
de Dios, el que ³da vida a las (cosas) todas,

καὶ Χριστοῦ Ἰησοῦ τοῦ μαρτυρήσαντος
y de Cristo Jesús, el que dio testimonio

ἐπὶ Ποντίου Πιλάτου τὴν καλὴν ὁμολογίαν,
en   de Poncio   Pilato   de la   buena   confesión,
(tiempo)

14 τηρῆσαί σε τὴν ἐντολὴν ἄσπιλον
que guardes   tú   el   mandamiento   sin tacha,

ἀνεπίλημπτον μέχρι τῆς ἐπιφανείας τοῦ
sin reproche,   hasta   la   aparición   del

κυρίου ἡμῶν Ἰησοῦ Χριστοῦ, **15** ἣν
Señor   de nosotros   Jesucristo,   la cual

καιροῖς ἰδίοις δείξει ὁ μακάριος καὶ
en (sus) tiempos propios   mostrará   el   bendito   y

μόνος δυνάστης, ὁ βασιλεὺς τῶν βασιλευ-
solo   Soberano,   el   Rey   de los   que rei-

όντων καὶ κύριος τῶν κυριευόντων, **16** ὁ
nan   y   Señor   de los   que gobiernan,   el

μόνος ἔχων ἀθανασίαν, φῶς οἰκῶν
único   1que posee   inmortalidad,   que (en) luz   habita

ἀπρόσιτον, ὃν εἶδεν οὐδεὶς ἀνθρώπων οὐδὲ
inaccesible,   a quien   vio   ninguno   de (los) hombres   ni

ἰδεῖν δύναται· ᾧ τιμὴ καὶ κράτος αἰώνιον·
ver   puede;   a quien (sea)   y   dominio   sempiterno;
                        honor

ἀμήν. **17** Τοῖς πλουσίοις ἐν τῷ νῦν
amén.   A los   ricos   en   el   2presente

αἰῶνι παράγγελλε μὴ ὑψηλοφρονεῖν, μηδὲ
siglo   encarga   que no   sean altivos,   ni

ἠλπικέναι ἐπὶ πλούτου ἀδηλότητι, ἀλλ᾽
tengan puesta   en   de (la) riqueza   (la) incertidumbre,   sino
la esperanza

ἐπὶ θεῷ τῷ παρέχοντι ἡμῖν πάντα
en   Dios   el que   ofrece   nos   todo

πλουσίως εἰς ἀπόλαυσιν, **18** ἀγαθοεργεῖν,
ricamente   para   disfrute,   que obren el bien;

πλουτεῖν ἐν ἔργοις καλοῖς, εὐμεταδότους
que sean ricos   en   obras   buenas,   prontos a dar

εἶναι, κοινωνικούς, **19** ἀποθησαυρίζοντας
que sean,   prontos a compartir,   atesorando desde (aquí)

ἑαυτοῖς θεμέλιον καλὸν εἰς τὸ μέλλον,
para sí   un fundamento   bueno   para   lo   por venir,
mismos

ἵνα ἐπιλάβωνται τῆς ὄντως ζωῆς. **20** Ὦ
a fin de   se asgan   de la   realmente   vida.   Oh
que   (que es)

Τιμόθεε, τὴν παραθήκην φύλαξον, ἐκτρεπ-
Timoteo,   el   3depósito   guarda,   apartán-

1
16. QUE POSEE. Es decir, *por esencia y como en su fuente.*
2
17. PRESENTE. Lit. *(de) ahora.*
3
20. DEPÓSITO. Es decir, *el tesoro que se te ha encomendado.*

όμενος   τὰς   βεβήλους   κενοφωνίας   καὶ
dote   de las   profanas   pláticas vanas   y

ἀντιθέσεις   τῆς   ψευδωνύμου   γνώσεως,   21 ἥν
de las opiniones   de la   falsamente [1]llamada   ciencia,   la cual
contradictorias

τινες   ἐπαγγελλόμενοι   περὶ   τὴν   πίστιν
algunos   profesando,   acerca de   la   fe

ἠστόχησαν.
[2]se desviaron.

Ἡ   χάρις   μεθ'   ὑμῶν.
La   gracia (sea)   con   vosotros.

Segunda Carta del apóstol Pablo a
TIMOTEO

1 Παῦλος   ἀπόστολος   Χριστοῦ   Ἰησοῦ   διὰ
Pablo,   apóstol   de Cristo   Jesús   mediante

θελήματος   θεοῦ   κατ'   ἐπαγγελίαν   ζωῆς
(la) voluntad   de Dios   según   (la) promesa   de (la) vida,

τῆς   ἐν   Χριστῷ   Ἰησοῦ   **2** Τιμοθέῳ   ἀγαπητῷ
la   en   Cristo   Jesús,   a Timoteo,   amado
(que es)

τέκνῳ·   χάρις,   ἔλεος,   εἰρήνη   ἀπὸ   θεοῦ
hijo: Gracia,   misericordia,   paz   de parte   de Dios

πατρὸς   καὶ   Χριστοῦ   Ἰησοῦ   τοῦ   κυρίου
Padre   y   de Cristo   Jesús   el   Señor

ἡμῶν.
de nosotros.

3 Χάριν   ἔχω   τῷ   θεῷ,   ᾧ   λατρεύω
Gracia(s)   [3]doy   —   a Dios,   a quien   rindo culto

ἀπὸ   προγόνων   ἐν   καθαρᾷ   συνειδήσει,   ὡς
desde   antepasados   con   limpia   conciencia,   de cómo
(mis)

ἀδιάλειπτον   ἔχω   τὴν   περὶ   σοῦ   μνείαν
sin cesar   tengo   la   acerca de   ti   mención

ἐν   ταῖς   δεήσεσίν   μου   νυκτὸς   καὶ   ἡμέρας,
en   las   peticiones   de mí   noche   y   día,

4 ἐπιποθῶν   σε   ἰδεῖν,   μεμνημένος   σου
anhelando   te   ver,   habiendo recordado   de ti

τῶν   δακρύων,   ἵνα   χαρᾶς   πληρωθῶ,
las   lágrimas,   para   de gozo   ser llenado (yo),

5 ὑπόμνησιν   λαβὼν   τῆς   ἐν   σοὶ   ἀνυποκρίτου
[4]al acordarme   de la   en   ti   no fingida
(que hay)

[1]
20. LLAMADA. Lit. *nombrada*.
[2]
21. SE DESVIARON. Lit. *erraron el blanco*.
[3]
3. DOY. Lit. *tengo*.
[4]
5. AL ACORDARME. Lit. *recuerdo suscitando*.

πίστεως, ἥτις ἐνῴκησεν πρῶτον ἐν τῇ
fe,   la cual inhabitó   primero en   la

μάμμῃ σου Λωΐδι καὶ τῇ μητρί σου
abuela de ti Loida y   (en) la madre de ti

Εὐνίκῃ, πέπεισμαι δὲ ὅτι καὶ ἐν σοί.
Eunice, y estoy persuadido de que también en ti.

6 Δι' ἢν αἰτίαν ἀναμιμνῄσκω σε ἀνα-
Por la cual causa   hago recordar   a ti que rea-

ζωπυρεῖν τὸ χάρισμα τοῦ θεοῦ, ὅ ἐστιν
vives el fuego (d)el don — de Dios, que hay

ἐν σοὶ διὰ τῆς ἐπιθέσεως τῶν χειρῶν
en ti mediante la imposición   de las manos

μου. **7** οὐ γὰρ ἔδωκεν ἡμῖν ὁ θεὸς
de mí.   Porque no dio   nos — Dios

πνεῦμα δειλίας, ἀλλὰ δυνάμεως καὶ ἀγάπης
espíritu de cobardía, sino de poder   y   de amor

καὶ σωφρονισμοῦ. **8** μὴ οὖν ἐπαισχυνθῇς
y   [1]de cordura.   Por tanto, no te avergüences

τὸ μαρτύριον τοῦ κυρίου ἡμῶν μηδὲ
del testimonio del Señor de nosotros ni

ἐμὲ τὸν δέσμιον αὐτοῦ, ἀλλὰ συγ-
de mí, el preso   de él,   sino comparte el

κακοπάθησον τῷ εὐαγγελίῳ κατὰ δύναμιν
soporta sufrimientos por el evangelio conforme a(l) poder

θεοῦ, **9** τοῦ σώσαντος ἡμᾶς καὶ καλέσαντος
de Dios, que salvó   nos   y   llamó

κλήσει ἁγίᾳ, οὐ κατὰ τὰ ἔργα ἡμῶν
con   santo, no conforme a las obras de nosotros,
llamamiento

ἀλλὰ κατὰ ἰδίαν πρόθεσιν καὶ χάριν,
sino según (su) propio propósito   y   (la) gracia

τὴν δοθεῖσαν ἡμῖν ἐν Χριστῷ Ἰησοῦ
—   dada   a nosotros en Cristo   Jesús

πρὸ χρόνων αἰωνίων, **10** φανερωθεῖσαν δὲ
antes de (los) tiempos eternos,   pero manifestada

νῦν διὰ τῆς ἐπιφανείας τοῦ σωτῆρος
ahora mediante la aparición del Salvador

ἡμῶν Χριστοῦ Ἰησοῦ, καταργήσαντος μὲν
de nosotros Cristo Jesús,   que abolió   por una
parte

τὸν θάνατον φωτίσαντος δὲ ζωὴν καὶ
la   muerte y sacó a luz, por otra, (la) vida   y

ἀφθαρσίαν διὰ τοῦ εὐαγγελίου, **11** εἰς ὃ
(la) inmortalidad mediante el evangelio,   para el cual

ἐτέθην ἐγὼ κῆρυξ καὶ ἀπόστολος καὶ
fui puesto yo (por) heraldo y   apóstol   y

1
7. CORDURA. O *entereza de ánimo.*

διδάσκαλος· **12** δι' ἢν αἰτίαν καὶ ταῦτα
maestro;   por   la cual causa también estas cosas

πάσχω, ἀλλ' οὐκ ἐπαισχύνομαι, οἶδα γὰρ
padezco, pero no   me avergüenzo,   porque sé

ᾧ πεπίστευκα, καὶ πέπεισμαι ὅτι δυνατός
a quién he creído,   y   estoy persuadido de que poderoso

ἐστιν τὴν παραθήκην μου φυλάξαι εἰς
es para el 1depósito de mí guardar hasta

ἐκείνην τὴν ἡμέραν. **13** ὑποτύπωσιν ἔχε
aquel — día.   (El) 2modelo retén

ὑγιαινόντων λόγων ὧν παρ' ἐμοῦ ἤκουσας
de las que son palabras que de parte de mí oíste
sanas

ἐν πίστει καὶ ἀγάπῃ τῇ ἐν Χριστῷ
en (la) fe y (el) amor — en Cristo
                    (que son)

Ἰησοῦ· **14** τὴν καλὴν παραθήκην φύλαξον
Jesús;   el buen 1depósito guarda

διὰ πνεύματος ἁγίου τοῦ ἐνοικοῦντος ἐν
mediante (el) Espíritu Santo — que inhabita en

ἡμῖν. **15** Οἶδας τοῦτο, ὅτι ἀπεστράφησάν
nosotros. Sabes esto, que se apartaron

με πάντες οἱ ἐν τῇ Ἀσίᾳ, ὧν ἐστιν
de mí todos los en — Asia, de los que es
          (que están)

Φύγελος καὶ Ἑρμογένης. **16** δώῃ ἔλεος
Figelo y Hermógenes.   Dé misericordia

ὁ κύριος τῷ Ὀνησιφόρου οἴκῳ, ὅτι
el Señor a la de Onesíforo casa, pues

πολλάκις με ἀνέψυξεν καὶ τὴν ἅλυσίν
muchas veces me refrigeró y de la cadena

μου οὐκ ἐπαισχύνθη, **17** ἀλλὰ γενόμενος
de mí no se avergonzó, sino que, venido

ἐν Ῥώμῃ σπουδαίως ἐζήτησέν με καὶ
a Roma, diligentemente buscó me y

εὗρεν· — **18** δώῃ αὐτῷ ὁ κύριος εὑρεῖν
halló;   (dé le el Señor hallar

ἔλεος παρὰ κυρίου ἐν ἐκείνῃ τῇ ἡμέρᾳ·
misericordia de parte de[l] Señor en aquel — día);

— καὶ ὅσα ἐν Ἐφέσῳ διηκόνησεν,
y cuantos en Éfeso ministró,
        (servicios)

βέλτιον σὺ γινώσκεις.
mejor tú conoces.

2 Σὺ οὖν, τέκνον μου, ἐνδυναμοῦ ἐν
Tú, pues, hijo de mí, revístete de poder en

τῇ χάριτι τῇ ἐν Χριστῷ Ἰησοῦ, **2** καὶ
la gracia — en Cristo Jesús, y
      (que es)

1
12 y 14. DEPÓSITO (V. 1 Ti.
6:20), aunque se discute el
sentido que tiene en el versículo 12.
2
13. MODELO. Lit. *copia cal-
cada*.

ἃ ἤκουσας παρ' ἐμοῦ διὰ πολλῶν
lo que   oíste   de parte   de mí   ¹delante   de muchos

μαρτύρων, ταῦτα παράθου πιστοῖς ἀνθρώ-
testigos,   esto   encomienda   a fieles   hom-

ποις, οἵτινες ἱκανοὶ ἔσονται καὶ ἑτέρους
bres,   los cuales   idóneos   serán   también   para a otros

διδάξαι.   3 Συγκακοπάθησον ὡς καλὸς
enseñar.   Comparte el soportar sufrimientos como   buen

στρατιώτης Χριστοῦ Ἰησοῦ.   4 οὐδεὶς
soldado   de Cristo   Jesús.   Ninguno

στρατευόμενος ἐμπλέκεται ταῖς τοῦ βίου
que cumple el servicio   se enreda   en los   de la   vida
militar

πραγματείαις, ἵνα τῷ στρατολογήσαντι
negocios,   para   al que   (lo) alistó como soldado

ἀρέσῃ.   5 ἐὰν δὲ καὶ ἀθλῇ τις, οὐ
agradar.   Y si   también lucha como   alguno   no
             atleta,

στεφανοῦται ἐὰν μὴ νομίμως ἀθλήσῃ.
es coronado   si   no conforme a las normas   lucha.

6 τὸν κοπιῶντα γεωργὸν δεῖ πρῶτον τῶν
El   que trabaja   labrador,   debe   (el) primero   (en)
(con esfuerzo)   (ser)   de los

καρπῶν μεταλαμβάνειν.   7 νόει ὃ λέγω·
frutos   participar.   Considera lo que   digo;

δώσει γάρ σοι ὁ κύριος σύνεσιν ἐν
porque dará   te   el   Señor   entendimiento   en

πᾶσιν.   8 μνημόνευε Ἰησοῦν Χριστὸν
todo.   Acuérdate   de Jesucristo

ἐγηγερμένον ἐκ νεκρῶν, ἐκ σπέρματος
que fue resucitado   de entre (los) muertos,   ²de(l)   linaje

Δαυίδ, κατὰ τὸ εὐαγγέλιόν μου·   9 ἐν
de David,   conforme   al   evangelio   de mí;   en

ᾧ κακοπαθῶ μέχρι δεσμῶν ὡς κακοῦργος,
el cual sufro malos   hasta   prisiones   como   un malhechor,

ἀλλὰ ὁ λόγος τοῦ θεοῦ οὐ δέδεται.
pero tratos,   la   palabra   —   de Dios   no   está atada.

10 διὰ τοῦτο πάντα ὑπομένω διὰ τοὺς
Por   tanto,   todo   (lo) soporto   por causa   de los

ἐκλεκτούς, ἵνα καὶ αὐτοὶ σωτηρίας τύχωσιν
escogidos,   para que también   ellos   salvación   obtengan,

τῆς ἐν Χριστῷ Ἰησοῦ μετὰ δόξης
la (que es) en   Cristo   Jesús   con   gloria

αἰωνίου.   11 πιστὸς ὁ λόγος· εἰ γὰρ
eterna.   Fiel (es)   la   palabra: Porque si

1
2. DELANTE DE. Lit. *mediante*.
2
8. DE(L) LINAJE. Lit. *de* (la) *simiente*.

συναπεθάνομεν, καὶ συζήσομεν· **12** εἰ
con (él) morimos, también con (él) viviremos; si

ὑπομένομεν, καὶ συμβασιλεύσομεν· εἰ
soportamos, también con (él) reinaremos; si

ἀρνησόμεθα, κἀκεῖνος ἀρνήσεται ἡμᾶς· **13** εἰ
(le) negáramos, también él negará nos; si

ἀπιστοῦμεν, ἐκεῖνος πιστὸς μένει, ἀρνή-
somos infieles, él fiel permanece, porque

σασθαι γὰρ ἑαυτὸν οὐ δύναται. **14** Ταῦτα
negar a sí mismo no puede. Estas cosas

ὑπομίμνησκε, διαμαρτυρόμενος ἐνώπιον τοῦ
tráe(les) a la testificando solemnemente delante —
memoria,

θεοῦ μὴ λογομαχεῖν, ἐπ᾽ οὐδὲν χρήσιμον,
de Dios que no contiendan sobre (lo que) nada (es) útil,
palabras, para

ἐπὶ καταστροφῇ τῶν ἀκουόντων. **15** σπού-
(sino) para ¹ruina de los que oyen. Pon dili-

δασον σεαυτὸν δόκιμον παραστῆσαι τῷ
gencia (en) a ti mismo aprobado presentarte —

θεῷ, ἐργάτην ἀνεπαίσχυντον, ὀρθοτομοῦντα
a Dios, obrero que no tiene por qué ²que usa correctamente
avergonzarse,

τὸν λόγον τῆς ἀληθείας. **16** τὰς δὲ
la palabra de la verdad. Pero las

βεβήλους κενοφωνίας περιΐστασο· ἐπὶ πλεῖον
profanas ³vanas charlas esquiva; porque a más

γὰρ προκόψουσιν ἀσεβείας, **17** καὶ ὁ λόγος
harán avanzar (de) impiedad, y la palabra

αὐτῶν ὡς γάγγραινα νομὴν ἕξει· ὧν
de ellos como gangrena ⁴se extenderá; de los que

ἔστιν Ὑμέναιος καὶ Φίλητος, **18** οἵτινες
es Himeneo y Fileto, los cuales

περὶ τὴν ἀλήθειαν ἠστόχησαν, λέγοντες
acerca de la verdad ⁵se desviaron, diciendo

ἀνάστασιν ἤδη γεγονέναι, καὶ ἀνατρέπουσιν
que (la) ya ha acontecido, y trastornan
resurrección

τήν τινων πίστιν. **19** ὁ μέντοι στερεὸς
la de algunos fe. Sin embargo, sólido

θεμέλιος τοῦ θεοῦ ἕστηκεν, ἔχων τὴν
(el) fundamento — de Dios está en pie, teniendo el

σφραγῖδα ταύτην· ἔγνω κύριος τοὺς ὄντας
sello este: Conoció (el) Señor a los que son

αὐτοῦ, καὶ· ἀποστήτω ἀπὸ ἀδικίας πᾶς
de él, y: Apártese de (la) iniquidad todo

ὁ ὀνομάζων τὸ ὄνομα κυρίου. **20** ἐν
el que nombra el nombre de(l) Señor. Pero

1
14. RUINA. Lit. *catástrofe*, o *subversión.*
2
15. QUE USA CORRECTAMENTE. Lit. *que corta rectamente;* es decir, *traza bien, sin desvíos, la palabra de Dios.*
3
16. VANAS. Lit. *vacías.*
4
17. SE EXTENDERÁ. Lit. *pasto tendrá.*
5
18. SE DESVIARON. (V. 1 Ti. 6:21.)

μεγάλη δὲ οἰκίᾳ οὐκ ἔστιν μόνον σκεύη
en una gran   casa   no   hay   sólo   vasijas

χρυσᾶ καὶ ἀργυρᾶ, ἀλλὰ καὶ ξύλινα
de oro   y   de plata,   sino   también   de madera

καὶ ὀστράκινα, καὶ ἃ μὲν εἰς τιμὴν ἃ δὲ
y   de barro,   y   unas (son)   para   honor,   pero otras

εἰς ἀτιμίαν· 21 ἐὰν οὖν τις ἐκκαθάρῃ
para   deshonor;   si,   pues,   alguien   limpia

ἑαυτὸν ἀπὸ τούτων, ἔσται σκεῦος εἰς
a sí mismo   de   estas cosas,   será   vasija   para

τιμήν, ἡγιασμένον, εὔχρηστον τῷ δεσπότῃ,
honor,   santificada,   útil   para el   dueño,

εἰς πᾶν ἔργον ἀγαθὸν ἡτοιμασμένον.
para   toda   obra   buena   dispuesta.

22 τὰς δὲ νεωτερικὰς ἐπιθυμίας φεῦγε,
Y de las   juveniles   pasiones   huye,

δίωκε δὲ δικαιοσύνην, πίστιν, ἀγάπην,
pero 1sigue   (la) justicia,   (la) fe,   (el) amor,

εἰρήνην μετὰ τῶν ἐπικαλουμένων τὸν
(la) paz   con   los   que invocan   al

κύριον ἐκ καθαρᾶς καρδίας. 23 τὰς δὲ
Señor   desde   un limpio   corazón.   Pero las

μωρὰς καὶ ἀπαιδεύτους ζητήσεις παραιτοῦ,
necias   y   estúpidas   discusiones   esquiva,

εἰδὼς ὅτι γεννῶσιν μάχας· 24 δοῦλον δὲ
sabiendo   que   engendran   altercados;   y un siervo

κυρίου οὐ δεῖ μάχεσθαι ἀλλὰ ἤπιον
de(l) Señor   no   debe   altercar,   sino   amable

εἶναι πρὸς πάντας, διδακτικόν, ἀνεξίκακον,
ser   para con   todos,   apto para enseñar,   tolerante,

25 ἐν πραΰτητι παιδεύοντα τοὺς ἀντιδιατι-
con   mansedumbre   corrigiendo   a los   que se

θεμένους, μήποτε δῷη αὐτοῖς ὁ θεὸς
oponen,   por si quizá   da   les   —   Dios

μετάνοιαν εἰς ἐπίγνωσιν ἀληθείας, 26 καὶ
arrepentimiento   para   (el) pleno conocimiento   de (la) verdad,   y

ἀνανήψωσιν ἐκ τῆς τοῦ διαβόλου παγίδος,
recuperen el sentido, (escapando)   del   del   diablo   lazo,

ἐζωγρημένοι ὑπ' αὐτοῦ εἰς τὸ ἐκείνου θέλημα.
capturados   por   2él,   para la   de 3aquél   voluntad.

1
22. SIGUE. Lit. persigue.
2
26. ÉL. Prob. el diablo.
3
26. AQUÉL. Prob. Dios.

3 Τοῦτο   δὲ   γίνωσκε,   ὅτι   ἐν   ἐσχάταις
Y esto   conoce: que   en   (los) últimos

ἡμέραις   ἐνστήσονται   καιροὶ   χαλεποί·
días   serán inminentes   tiempos   difíciles;

2 ἔσονται   γὰρ   οἱ   ἄνθρωποι   φίλαυτοι,
porque serán   los   hombres   amadores de sí mismos,

φιλάργυροι, ἀλαζόνες, ὑπερήφανοι, βλάσφημοι,
amigos del dinero, [1]orgullosos, arrogantes, blasfemos,

γονεῦσιν   ἀπειθεῖς,   ἀχάριστοι,   ἀνόσιοι,
a los padres   desobedientes,   ingratos,   malvados,

3 ἄστοργοι,   ἄσπονδοι,   διάβολοι,   ἀκρατεῖς,
sin afecto natural,   implacables,   calumniadores,   intemperantes,

ἀνήμεροι, ἀφιλάγαθοι, **4** προδόται, προπετεῖς,
crueles,   aborrecedores del bien,   traidores,   [2]imprudentes,

τετυφωμένοι,   φιλήδονοι   μᾶλλον   ἢ   φιλόθεοι,
infatuados,   amigos de placeres   más bien   que   amigos de Dios,

5 ἔχοντες   μόρφωσιν   εὐσεβείας   τὴν   δὲ
teniendo   apariencia   de piedad,   pero el

δύναμιν   αὐτῆς   ἠρνημένοι·   καὶ   τούτους
poder   de ella   negando;   y   de éstos

ἀποτρέπου.   **6** ἐκ   τούτων   γάρ   εἰσιν   οἱ
apártate.   Porque de entre éstos   son los (que)

ἐνδύνοντες   εἰς   τὰς   οἰκίας   καὶ   αἰχμαλωτίζ-
se introducen a   en   las   casas   y   llevan cauti-

οντες   hurtadillas γυναικάρια   σεσωρευμένα   ἁμαρτίαις,
vas   a mujeres débiles,   cargadas   de pecados,

ἀγόμενα   ἐπιθυμίαις   ποικίλαις,   **7** πάντοτε
llevadas   por concupiscencias   diversas,   siempre

μανθάνοντα   καὶ   μηδέποτε   εἰς   ἐπίγνωσιν
aprendiendo   y   nunca   a(l) pleno conocimiento

ἀληθείας   ἐλθεῖν   δυνάμενα.   **8** ὃν   τρόπον
de (la) verdad   llegar   pudiendo.   Y de la manera

δὲ   Ἰάννης   καὶ   Ἰαμβρῆς   ἀντέστησαν
que   Janes   y   Jambrés   se opusieron

Μωϋσεῖ,   οὕτως   καὶ   οὗτοι   ἀνθίστανται   τῇ
a Moisés,   así   también   éstos   se oponen   a la

ἀληθείᾳ,   ἄνθρωποι   κατεφθαρμένοι   τὸν   νοῦν,
verdad,   hombres   corruptos   en la   mente,

ἀδόκιμοι   περὶ   τὴν   πίστιν.   **9** ἀλλ'   οὐ
descalificados   en cuanto   a la   fe.   Pero   no

προκόψουσιν   ἐπὶ   πλεῖον·   ἡ   γὰρ   ἄνοια
avanzarán   a   más;   porque la   insensatez

1
2. ORGULLOSOS (con ostentación).
2
4. IMPRUDENTES. En el sentido de *precipitación irreflexiva* o *ímpetu temerario*.

αὐτῶν ἔκδηλος ἔσται πᾶσιν, ὡς καὶ
de ellos notoria será a todos, como también

ἡ ἐκείνων ἐγένετο. **10** Σὺ δὲ παρηκολού-
la de aquellos (lo) fue. Pero tú seguiste de

θησάς μου τῇ διδασκαλίᾳ, τῇ ἀγωγῇ,
cerca de mí la enseñanza, la conducta,

τῇ προθέσει, τῇ πίστει, τῇ μακροθυμίᾳ,
el propósito, la fe, la longanimidad,

τῇ ἀγάπῃ, τῇ ὑπομονῇ, **11** τοῖς διωγμοῖς,
el amor, la paciencia, las persecuciones,

τοῖς παθήμασιν, οἷά μοι ἐγένετο ἐν
los padecimientos, cuales me sucedieron en

Ἀντιοχείᾳ, ἐν Ἰκονίῳ, ἐν Λύστροις· οἵους
Antioquía, en Iconio, en Listra; cuales

διωγμοὺς ὑπήνεγκα, καὶ ἐκ πάντων με
persecuciones soporté, y de todas me

ἐρρύσατο ὁ κύριος. **12** καὶ πάντες δὲ
libró el Señor. Y en verdad todos

οἱ θέλοντες ζῆν εὐσεβῶς ἐν Χριστῷ
los que quieren vivir piadosamente en Cristo

Ἰησοῦ διωχθήσονται. **13** πονηροὶ δὲ ἄν-
Jesús, serán perseguidos. Pero los malos hom-

θρωποι καὶ γόητες προκόψουσιν ἐπὶ τὸ
bres e impostores avanzarán hacia lo

χεῖρον, πλανῶντες καὶ πλανώμενοι. **14** σὺ
peor, engañando y siendo engañados. Pero

δὲ μένε ἐν οἷς ἔμαθες καὶ ἐπιστώθης,
tú continúa en las cosas aprendiste y fuiste persuadido,
que (de las que)

εἰδὼς παρὰ τίνων ἔμαθες, **15** καὶ ὅτι
sabiendo de parte de quiénes aprendiste, y que

ἀπὸ βρέφους ἱερὰ γράμματα οἶδας, τὰ
desde niño de pecho, (las) Letras sabes, las
(que eras) Sagradas

δυνάμενά σε σοφίσαι εἰς σωτηρίαν διὰ
que pueden te hacer sabio para salvación mediante

πίστεως τῆς ἐν Χριστῷ Ἰησοῦ. **16** πᾶσα
(la) fe — en Cristo Jesús. Toda
(que es)

γραφὴ θεόπνευστος καὶ ὠφέλιμος πρὸς
Escritura (es) ¹inspirada por Dios y provechosa para

διδασκαλίαν, πρὸς ἐλεγμόν, πρὸς ἐπανόρ-
enseñanza, para reproche, para correc-

θωσιν, πρὸς παιδείαν τὴν ἐν δικαιοσύνῃ,
ción, para instrucción — en justicia,

17 ἵνα ἄρτιος ᾖ ὁ τοῦ θεοῦ ἄνθρωπος,
para que ²apto sea el — de Dios hombre,

16. INSPIRADA. Lit. *soplada* o *alentada*.

17. APTO. Lit. *cabal* o *equilibrado*.

πρὸς πᾶν ἔργον ἀγαθὸν ἐξηρτισμένος.
para toda obra buena equipado.

4 Διαμαρτύρομαι ἐνώπιον τοῦ θεοῦ καὶ
Testifico solemnemente delante — de Dios y

Χριστοῦ Ἰησοῦ, τοῦ μέλλοντος κρίνειν
de Cristo Jesús, el que está para venir a juzgar

ζῶντας καὶ νεκρούς, καὶ τὴν ἐπιφάνειαν
a (los) vivos y a (los) muertos, tanto por la aparición

αὐτοῦ καὶ τὴν βασιλείαν αὐτοῦ· **2** κήρυξον
de él como por el reino de él: Proclama

τὸν λόγον, ἐπίστηθι εὐκαίρως ἀκαίρως,
la palabra, insta a tiempo, a destiempo,

ἔλεγξον, ἐπιτίμησον, παρακάλεσον, ἐν πάσῃ
redarguye, reprende, exhorta, con toda

μακροθυμίᾳ καὶ διδαχῇ. **3** ἔσται γὰρ
longanimidad y enseñanza. Porque habrá

καιρὸς ὅτε τῆς ὑγιαινούσης διδασκαλίας
un tiempo cuando la que es sana enseñanza

οὐκ ἀνέξονται, ἀλλὰ κατὰ τὰς ἰδίας
no aguantarán, sino que conforme a las propias (suyas)

ἐπιθυμίας ἑαυτοῖς ἐπισωρεύσουσιν διδασ-
concupiscencias para sí mismos acumularán ma-

κάλους κνηθόμενοι τὴν ἀκοήν, **4** καὶ ἀπὸ
estros, sintiendo comezón en el oído, y, por una parte,

μὲν τῆς ἀληθείας τὴν ἀκοὴν ἀποστρέψουσιν,
de la verdad el oído volverán al otro lado,

ἐπὶ δὲ τοὺς μύθους ἐκτραπήσονται. **5** σὺ
y, por otra, hacia las fábulas serán vueltos. Pero

δὲ νῆφε ἐν πᾶσιν, κακοπάθησον, ἔργον
tú sé sobrio en todo, soporta los sufrimientos, obra

ποίησον εὐαγγελιστοῦ, τὴν διακονίαν σου
haz de evangelista, el ministerio de ti

πληροφόρησον. **6** Ἐγὼ γὰρ ἤδη σπένδομαι,
cumple. Porque yo ya estoy siendo [1]derramado

καὶ ὁ καιρὸς τῆς ἀναλύσεώς μου ἐφέστη-
y el tiempo de la [2]partida de mí es inmi-

κεν. **7** τὸν καλὸν ἀγῶνα ἠγώνισμαι,
nente. La buena batalla he peleado,

τὸν δρόμον τετέλεκα, τὴν πίστιν τετήρηκα·
la carrera he consumado, la fe he conservado;

8 λοιπὸν ἀπόκειταί μοι ὁ τῆς δικαιοσύνης
por lo demás, está puesta para mí la — de justicia

στέφανος, ὃν ἀποδώσει μοι ὁ κύριος
corona, (con) que recompensará me el Señor

ἐν ἐκείνῃ τῇ ἡμέρᾳ, ὁ δίκαιος κριτής,
en aquel — día, el justo juez,

---

[1]
6. DERRAMADO. Metáfora que sugiere un *sacrificio de libación.*
[2]
6. PARTIDA. Lit. *disolución* (o *suelta*).

οὐ μόνον δὲ ἐμοὶ ἀλλὰ καὶ πᾶσι τοῖς
y no sólo　a mí,　sino　también a todos　los

ἠγαπηκόσι τὴν ἐπιφάνειαν αὐτοῦ.
que han amado　la　aparición　de él.

9 Σπούδασον ἐλθεῖν πρός με ταχέως·
Procura　venir　a　mí　en breve;

10 Δημᾶς γάρ με ἐγκατέλιπεν ἀγαπήσας
porque Demas　me　ha desamparado,　al amar

τὸν νῦν αἰῶνα, καὶ ἐπορεύθη εἰς Θεσσαλο-
al presente siglo,　y　se fue　a　Tesaló-

νίκην, Κρήσκης εἰς Γαλατίαν, Τίτος εἰς
nica,　Crescente　a　Galacia,　Tito　a

Δαλματίαν· **11** Λουκᾶς ἐστιν μόνος μετ'
Dalmacia.　Lucas　está　solo　con-

ἐμοῦ. Μᾶρκον ἀναλαβὼν ἄγε μετὰ σεαυτοῦ·
migo.　A Marcos　tomando,　trae　contigo mismo;

ἔστιν γάρ μοι εὔχρηστος εἰς διακονίαν.
porque es　me　útil　para　(el) ministerio.

12 Τύχικον δὲ ἀπέστειλα εἰς Ἔφεσον.
Y a Tíquico　envié　a　Éfeso.

13 τὸν φαιλόνην, ὃν ἀπέλιπον ἐν Τρῳάδι
El　capote　que　dejé　en　Tróade

παρὰ Κάρπῳ, ἐρχόμενος φέρε, καὶ τὰ
1con　Carpo,　cuando vengas,　trae,　y　los

βιβλία, μάλιστα τὰς μεμβράνας. **14** Ἀλέξ-
rollos,　especialmente los　pergaminos.　Alejan-

ανδρος ὁ χαλκεὺς πολλά μοι κακὰ
dro　el　calderero　muchos　me　males

ἐνεδείξατο· ἀποδώσει αὐτῷ ὁ κύριος κατὰ
2causó;　retribuirá　le　el　Señor conforme a

τὰ ἔργα αὐτοῦ· **15** ὃν καὶ σὺ φυλάσσου·
las obras　de él;　del cual también tú　guárdate;

λίαν γὰρ ἀντέστη τοῖς ἡμετέροις λόγοις.
porque sobremanera se opuso　—　a nuestras　palabras.

16 Ἐν τῇ πρώτῃ μου ἀπολογίᾳ οὐδείς
En　la　primera　de mí　defensa,　nadie

μοι παρεγένετο, ἀλλὰ πάντες με ἐγκατέ-
estuvo　de mi parte,　sino que todos　me　desampa-

λιπον· μὴ αὐτοῖς λογισθείη· **17** ὁ δὲ
raron;　no　les　sea tenido en cuenta;　pero el

κύριός μοι παρέστη καὶ ἐνεδυνάμωσέν με,
Señor　junto a mí estuvo　y　dio poder　me,

ἵνα δι' ἐμοῦ τὸ κήρυγμα πληροφορηθῇ
para mediante mí　la　proclamación　fuese llevada a cabo
que　　　　(del mensaje)　cumplidamente

καὶ ἀκούσωσιν πάντα τὰ ἔθνη, καὶ
y　(la) oyesen　todos　los　gentiles,　y

1
13. CON. Lit. *junto a.* (Prob. *en casa de.*)
2
14. CAUSÓ. Lit. *mostró.*

ἐρρύσθην ἐκ στόματος λέοντος. **18** ῥύσεταί
fui librado   de   (la) boca   de(l) león.   Librará

με ὁ κύριος ἀπὸ παντὸς ἔργου πονηροῦ
me el Señor de toda obra mala

καὶ σώσει εἰς τὴν βασιλείαν αὐτοῦ τὴν
y salvará para el reino de él, el

ἐπουράνιον· ᾧ ἡ δόξα εἰς τοὺς αἰῶνας
celestial; a quien la gloria por los siglos

τῶν αἰώνων, ἀμήν.
de los siglos, amén.

19 Ἄσπασαι Πρίσκαν καὶ Ἀκύλαν καὶ
Saluda a Prisca y a Aquila y

τὸν Ὀνησιφόρου οἶκον. **20** Ἔραστος
a la de Onesíforo casa. Erasto

ἔμεινεν ἐν Κορίνθῳ, Τρόφιμον δὲ ἀπέλιπον
se quedó en Corinto, y a Trófimo dejé

ἐν Μιλήτῳ ἀσθενοῦντα. **21** Σπούδασον
en Mileto enfermo. Procura

πρὸ χειμῶνος ἐλθεῖν. Ἀσπάζεταί σε
antes de(l) invierno venir. Saluda te

Εὔβουλος καὶ Πούδης καὶ Λίνος καὶ
Eubulo y Pudente y Lino y

Κλαυδία καὶ οἱ ἀδελφοὶ πάντες.
Claudia y los hermanos todos.

22 Ὁ κύριος μετὰ τοῦ πνεύματός σου.
El Señor (sea) con el espíritu de ti,

ἡ χάρις μεθ᾽ ὑμῶν.
la gracia (sea) con vosotros.

Carta del apóstol Pablo a
TITO

1 Παῦλος δοῦλος θεοῦ, ἀπόστολος δὲ
Pablo, siervo de Dios, y apóstol

Ἰησοῦ Χριστοῦ κατὰ πίστιν ἐκλεκτῶν
de Jesucristo conforme a (la) fe de (los) escogidos

θεοῦ καὶ ἐπίγνωσιν ἀληθείας τῆς κατ᾽
de Dios y (el) pleno de (la) verdad, de la según
conocimiento (que es)

εὐσέβειαν **2** ἐπ᾽ ἐλπίδι ζωῆς αἰωνίον,
(la) piedad, sobre (la) esperanza de (la) vida, eterna,

ἣν ἐπηγγείλατο ὁ ἀψευδὴς θεὸς πρὸ
la cual prometió el que no miente Dios antes

χρόνων αἰωνίων, **3** ἐφανέρωσεν δὲ καιροῖς
de (los) tiempos eternos,   pero manifestó   en (los) tiempos

ἰδίοις τὸν λόγον αὐτοῦ ἐν κηρύγματι
propios la   palabra de él   en (la) proclamación

ὃ ἐπιστεύθην ἐγὼ κατ' ἐπιταγὴν τοῦ
1que fue confiada me conforme a(l) mandato del

σωτῆρος ἡμῶν θεοῦ, **4** Τίτῳ γνησίῳ τέκνῳ
Salvador de nosotros Dios,   a Tito, 2verdadero hijo

κατὰ κοινὴν πίστιν· χάρις καὶ εἰρήνη
según (la) común fe: Gracia y   paz

ἀπὸ θεοῦ πατρὸς καὶ Χριστοῦ Ἰησοῦ
de parte de Dios Padre y de Jesucristo

τοῦ σωτῆρος ἡμῶν.
el   Salvador de nosotros.

5 Τούτου χάριν ἀπέλιπόν σε ἐν Κρήτῃ,
Por causa de esto dejé   te en Creta,

ἵνα τὰ λείποντα ἐπιδιορθώσῃ, καὶ
para que lo que quedaba acabases de poner y
                            (por hacer) en orden,

καταστήσῃς κατὰ πόλιν πρεσβυτέρους, ὡς ἐγώ
constituyeses en cada ciudad ancianos,   como yo

σοι διεταξάμην, **6** εἴ τίς ἐστιν ἀνέγκλητος,
te   ordené,   si alguno es irreprensible,

μιᾶς γυναικὸς ἀνήρ, τέκνα ἔχων πιστά,
de una (sola) mujer marido, que hijos tenga fieles,

μὴ ἐν κατηγορίᾳ ἀσωτίας ἢ ἀνυπότακτα.
no 3bajo acusación de libertinaje o   insumisos.

7 δεῖ γὰρ τὸν ἐπίσκοπον ἀνέγκλητον εἶναι
Porque es menester que el supervisor irreprensible sea

ὡς θεοῦ οἰκονόμον, μὴ αὐθάδη, μὴ
como de Dios administrador, no autocomplaciente, no

ὀργίλον, μὴ πάροινον, μὴ πλήκτην, μὴ
iracundo, no dado al vino, no pendenciero, no

αἰσχροκερδῆ, **8** ἀλλὰ φιλόξενον, φιλάγαθον,
amigo de sórdida sino hospedador, amante del bien,
ganancia,

σώφρονα, δίκαιον, ὅσιον, ἐγκρατῆ, **9** ἀντεχ-
sensato,   justo,   santo, dueño de sí,   rete-

όμενον τοῦ κατὰ τὴν διδαχὴν πιστοῦ
nedor de la, conforme a la enseñanza, fiel

λόγου, ἵνα δυνατὸς ᾖ καὶ παρακαλεῖν
palabra, para que capacitado esté, tanto para exhortar

ἐν τῇ διδασκαλίᾳ τῇ ὑγιαινούσῃ καὶ
con la enseñanza — que es sana, como

τοὺς ἀντιλέγοντας ἐλέγχειν. **10** Εἰσὶν γὰρ
para a los que contradicen redargüir.   Porque hay

1
3. QUE ME FUE CONFIADA.
(V. nota a 1 Ti. 1:11.)
2
4. VERDADERO. Lit. *genuino.*
3
6. BAJO. Lit. *en.*

πολλοὶ   ἀνυπότακτοι,   ματαιολόγοι   καὶ
muchos   insumisos,   vanos palabreros   y

φρεναπάται,   μάλιστα   οἱ   ἐκ   τῆς   περιτομῆς,
engañadores,   especialmente   los (proce-   la   circuncisión,
dentes) de

11 οὓς   δεῖ   ἐπιστομίζειν,   οἵτινες   ὅλους
a los que es menester   tapar la boca,   los cuales   enteras

οἴκους   ἀνατρέπουσιν   διδάσκοντες   ἃ   μὴ
casas   trastornan,   enseñando   lo que   no

δεῖ   αἰσχροῦ   κέρδους   χάριν.   **12** εἶπέν
es debido   por amor a sórdida ganancia.   Dijo

τις   ἐξ   αὐτῶν   ἴδιος   αὐτῶν   προφήτης·
uno   de   ellos,   propio   de ellos   profeta:

Κρῆτες   ἀεὶ   ψεῦσται,   κακὰ   θηρία,   γαστέρες
(Los)   (son)   mentirosos,   malas   bestias,   [1]vientres
cretenses siempre

ἀργαί.   **13** ἡ   μαρτυρία   αὕτη   ἐστὶν   ἀληθής.
ociosos.   El   testimonio   este   es   verídico.

δι’   ἣν   αἰτίαν   ἔλεγχε   αὐτοὺς   ἀποτόμως,
Por   la cual   causa,   redarguye   los   severamente,

ἵνα   ὑγιαίνωσιν   ἐν   τῇ   πίστει,   **14** μὴ
para que   sean sanos   en   la   fe,   no

προσέχοντες   ᾽Ιουδαϊκοῖς   μύθοις   καὶ
atendiendo   a judaicas   fábulas   y

ἐντολαῖς   ἀνθρώπων   ἀποστρεφομένων   τὴν
a mandamientos   de hombres   [2]que vuelven la espalda   a la

ἀλήθειαν.   **15** πάντα   καθαρὰ   τοῖς   καθαροῖς·
verdad.   Todas las cosas limpias   para los   limpios;
(son)

τοῖς   δὲ   μεμιαμμένοις   καὶ   ἀπίστοις   οὐδὲν
pero para los   contaminados   e   infieles   nada (es)

καθαρόν,   ἀλλὰ   μεμίανται   αὐτῶν   καὶ   ὁ
limpio,   sino que   están contaminadas   de ellos   tanto   la

νοῦς   καὶ   ἡ   συνείδησις.   **16** θεὸν   ὁμολο-
mente   como   la   conciencia.   A Dios   profe-

γοῦσιν   εἰδέναι,   τοῖς   δὲ   ἔργοις   ἀρνοῦνται,
san   [3]conocer,   pero con las   obras   (le) niegan,

βδελυκτοὶ   ὄντες   καὶ   ἀπειθεῖς   καὶ   πρὸς
abominables   siendo   y   desobedientes   y   para

πᾶν   ἔργον   ἀγαθὸν   ἀδόκιμοι.
toda   obra   buena   descalificados.

[1]
12. VIENTRES OCIOSOS. Esto es, *glotones y holgazanes.*
[2]
14. VUELVEN LA ESPALDA A. O, quizá, *dan la vuelta* (per-vierten) *la.*
[3]
16. CONOCER. Lit. *saber.*

2 Σὺ   δὲ   λάλει   ἃ   πρέπει   τῇ   ὑγιαινούσῃ
Pero tú   habla   lo que   conviene   a la   que es sana

διδασκαλίᾳ.   **2** Πρεσβύτας   νηφαλίους   εἶναι,
enseñanza.   Que los viejos   sobrios   sean,

σεμνούς, σώφρονας, ὑγιαίνοντας τῇ πίστει,
serios,   sensatos,   siendo sanos   en la   fe,

τῇ ἀγάπῃ, τῇ ὑπομονῇ· 3 πρεσβύτιδας
en el amor, en la paciencia;   que las viejas

ὡσαύτως ἐν καταστήματι ἱεροπρεπεῖς, μὴ
asimismo (sean) en   (su) porte   reverentes,   no

διαβόλους, μηδὲ οἴνῳ πολλῷ δεδουλωμένας,
calumniadoras, ni por vino mucho   esclavizadas,

καλοδιδασκάλους, 4 ἵνα σωφρονίζωσιν τὰς
maestras del bien,   para que   entrenen   a las

νέας φιλάνδρους εἶναι, φιλοτέκνους,
jóvenes a amantes de sus maridos ser,   amantes de sus hijos,

5 σώφρονας, ἁγνάς, οἰκουργούς, ἀγαθάς,
sensatas,   puras, dedicadas a las faenas de casa, buenas,

ὑποτασσομένας τοῖς ἰδίοις ἀνδράσιν,
sumisas   a los   propios   maridos,

ἵνα μὴ ὁ λόγος τοῦ θεοῦ βλασφημῆται.
para que no la palabra — de Dios sea blasfemada.

6 Τοὺς νεωτέρους ὡσαύτως παρακάλει
A los más jóvenes   asimismo   exhorta

σωφρονεῖν 7 περὶ πάντα, σεαυτὸν παρ-
a ser sensatos tocante a todas las cosas, a ti mismo   pre-

εχόμενος τύπον καλῶν ἔργων, ἐν τῇ
sentando (por) modelo de buenas obras,   en la

διδασκαλίᾳ ἀφθορίαν, σεμνότητα, 8 λόγον
enseñanza   integridad,   seriedad,   palabra

ὑγιῆ ἀκατάγνωστον, ἵνα ὁ ἐξ ἐναντίας
sana,   irreprensible,   para que el de(l) lado opuesto

ἐντραπῇ μηδὲν ἔχων λέγειν περὶ ἡμῶν
sea expuesto nada   teniendo que decir acerca de nosotros
a la vergüenza,

φαῦλον. 9 Δούλους ἰδίοις δεσπόταις
malo.   Que los esclavos a (sus) propios   amos

ὑποτάσσεσθαι ἐν πᾶσιν, εὐαρέστους εἶναι,
se sometan   en   todo,   que agradables   sean,

μὴ ἀντιλέγοντας, 10 μὴ νοσφιζομένους, ἀλλὰ
no   contradiciendo,   no   sisando,   sino

πᾶσαν πίστιν ἐνδεικνυμένους ἀγαθήν, ἵνα
toda   ¹fe   mostrando   buena,   para que

τὴν διδασκαλίαν τὴν τοῦ σωτῆρος ἡμῶν
la   enseñanza   la   del Salvador de nosotros

10. FE... BUENA. O fidelidad.
²
10. ADORNEN. Esto es, ha-
gan que la fe cristiana aparezca en toda su belleza.

θεοῦ κοσμῶσιν ἐν πᾶσιν. 11 Ἐπεφάνη
Dios ²adornen   en   todo.   Porque ha apa-

γὰρ ἡ χάρις τοῦ θεοῦ σωτήριος πᾶσιν
recido la gracia   — de Dios salvífica   a todos

ἀνθρώποις,   **12** παιδεύουσα   ἡμᾶς,   ἵνα
(los) hombres,   instruyendo   nos   para que,

ἀρνησάμενοι τὴν ἀσέβειαν καὶ τὰς κοσμικὰς
renunciando   a la   impiedad   y   a los   mundanos

ἐπιθυμίας σωφρόνως καὶ δικαίως καὶ
deseos,   sensatamente   y   justamente   y

εὐσεβῶς ζήσωμεν ἐν τῷ νῦν αἰῶνι,
piadosamente   vivamos   en   el   presente   siglo,

13 προσδεχόμενοι τὴν μακαρίαν ἐλπίδα καὶ
aguardando   la   [1]bendita   esperanza ·   y

ἐπιφάνειαν τῆς δόξης τοῦ μεγάλου θεοῦ
(la) aparición   de la   gloria   del   gran   Dios

καὶ σωτῆρος ἡμῶν Χριστοῦ Ἰησοῦ, **14** ὃς
y   [2]Salvador   de nosotros   Cristo   Jesús,   quien

ἔδωκεν ἑαυτὸν ὑπὲρ ἡμῶν ἵνα λυτρώσηται
dio   a sí mismo   en pro de nosotros,   para   redimir

ἡμᾶς ἀπὸ πάσης ἀνομίας καὶ καθαρίσῃ
nos   de   toda   iniquidad   y   limpiar

ἑαυτῷ λαὸν περιούσιον, ζηλωτὴν καλῶν ἔργων.
para sí un pueblo que sea [3]para él   celoso   de buenas   obras.
mismo   solo,

15 Ταῦτα λάλει καὶ παρακάλει καὶ ἔλεγχε
Estas cosas   habla   y   exhorta   y   reprende

μετὰ πάσης ἐπιταγῆς· μηδείς σου περιφρονείτω.
con   toda   autoridad;   nadie   te   desconsidere.

3 Ὑπομίμνησκε αὐτοὺς ἀρχαῖς ἐξουσίαις
Recuerda   les   que a (los)   (y) a (las)
                        gobernantes   autoridades

ὑποτάσσεσθαι, πειθαρχεῖν, πρὸς πᾶν ἔργον
se sometan,   que sean obedientes,   que para   toda   obra

ἀγαθὸν ἑτοίμους εἶναι, **2** μηδένα βλασ-
buena   preparados   estén,   que a nadie   difa-

φημεῖν, ἀμάχους εἶναι, ἐπιεικεῖς, πᾶσαν
men,   que no pendencieros sean,   (que sean) indulgentes,   toda

ἐνδεικνυμένους πραΰτητα πρὸς πάντας
mostrando   mansedumbre   para con   todos

ἀνθρώπους. **3** Ἦμεν γάρ ποτε καὶ ἡμεῖς
(los) hombres.   Porque éramos   otrora   también nosotros

ἀνόητοι, ἀπειθεῖς, πλανώμενοι, δουλεύοντες
insensatos,   desobedientes,   extraviados,   siendo esclavos

ἐπιθυμίαις καὶ ἡδοναῖς ποικίλαις, ἐν κακίᾳ
de concupiscencias   y   placeres   diversos,   en   malicia

καὶ φθόνῳ διάγοντες, στυγητοί, μισοῦντες
y   envidia   pasando la vida,   odiosos,   odiando

ἀλλήλους. **4** ὅτε δὲ ἡ χρηστότης καὶ
unos a otros.   Pero cuando   la   benignidad   y

ἡ φιλανθρωπία ἐπεφάνη τοῦ σωτῆρος ἡμῶν
el amor a los hombres   apareció   del   Salvador de nosotros

[1] 13. BENDITA. O *dichosa*.

[2] 13. SALVADOR. Nótese que, al no llevar artículo, se expresa claramente la deidad de Jesucristo.

[3] 14. PARA ÉL SOLO. Es decir, *posesión exclusiva de Dios y de Cristo*.

θεοῦ, **5** οὐκ ἐξ ἔργων τῶν ἐν δικαιοσύνη
Dios,   no   a base de obras   —   en   justicia

ἃ ἐποιήσαμεν ἡμεῖς, ἀλλὰ κατὰ τὸ
que [1]hubiéramos hecho nosotros, sino conforme a la

αὐτοῦ ἔλεος ἔσωσεν ἡμᾶς διὰ λουτροῦ
de él misericordia salvó nos mediante (el) lavamiento

παλιγγενεσίας καὶ ἀνακαινώσεως πνεύματος
de (la) regeneración y (la) renovación de(l) Espíritu

ἁγίου, **6** οὗ ἐξέχεεν ἐφ’ ἡμᾶς πλουσίως
Santo, que derramó sobre nosotros ricamente

διὰ Ἰησοῦ Χριστοῦ τοῦ σωτῆρος ἡμῶν,
mediante Jesucristo   el   Salvador de nosotros,

7 ἵνα δικαιωθέντες τῇ ἐκείνου χάριτι
para que justificados por la de [2]Aquél gracia,

κληρονόμοι γενηθῶμεν κατ’ ἐλπίδα ζωῆς
herederos lleguemos a ser conforme a (la) esperanza de (la)
                                                        vida

αἰωνίου. **8** Πιστὸς ὁ λόγος, καὶ περὶ
eterna.   Fiel (es) la palabra, y tocante

τούτων βούλομαί σε διαβεβαιοῦσθαι, ἵνα
a estas cosas deseo que tú afirmes con insistencia para que

φροντίζωσιν καλῶν ἔργων προΐστασθαι οἱ
se interesen en buenas obras practicar los que

πεπιστευκότες θεῷ. ταῦτά ἐστιν καλὰ
han creído a Dios. Estas cosas son buenas

καὶ ὠφέλιμα τοῖς ἀνθρώποις· **9** μωρὰς
y provechosas para los hombres; pero (las)

δὲ ζητήσεις καὶ γενεαλογίας καὶ ἔριν
necias discusiones y genealogías y contienda

καὶ μάχας νομικὰς περιΐστασο· εἰσὶν γὰρ
y riñas acerca de la ley esquiva; porque son

ἀνωφελεῖς καὶ μάταιοι. **10** αἱρετικὸν
sin provecho y [3]vanas. A(l) [4]faccioso

ἄνθρωπον μετὰ μίαν καὶ δευτέραν
hombre, después de una y una segunda

νουθεσίαν παραιτοῦ, **11** εἰδὼς ὅτι ἐξέστραπ-
amonestación, desecha, sabiendo que se ha des-

ται ὁ τοιοῦτος καὶ ἁμαρτάνει ὢν αὐτο-
carriado el tal y persiste en pecar, siendo conde-

κατάκριτος.
nado por sí mismo.

12 Ὅταν πέμψω Ἀρτεμᾶν πρὸς σὲ
Cuando envíe a Artemas a ti

ἢ Τύχικον, σπούδασον ἐλθεῖν πρός με
o a Tíquico, apresúrate a venir a mí

---

[1]
5. HUBIÉRAMOS HECHO. Lit.
hicimos.
[2]
7. AQUÉL. Es decir, *Dios.*
[3]
9. VANAS. Lit. *vanos* (los
que las promueven).
[4]
10. FACCIOSO. Esto es, *que
promueve divisiones* (más
bien que *hereje*).

εἰς Νικόπολιν· ἐκεῖ γὰρ κέκρικα παραχειμά-
en   Nicópolis;   porque allí   he decidido   pasar el

σαι. **13** Ζηνᾶν τὸν νομικὸν καὶ Ἀπολλῶν
invierno.   A Zenas   el   [1]abogado   y   a Apolos

σπουδαίως πρόπεμψον, ἵνα μηδὲν αὐτοῖς
diligentemente   provée(les)   para que   nada   les
para el viaje,

λείπῃ. **14** μανθανέτωσαν δὲ καὶ οἱ ἡμέτεροι
falte.   Y aprendan   también   los   nuestros

καλῶν ἔργων προΐστασθαι εἰς τὰς ἀναγ-
en buenas   obras   a [2]ocuparse   para   las   urgen-

καίας χρείας, ἵνα μὴ ὦσιν ἄκαρποι.
tes   necesidades,   a fin de que no   sean   sin fruto.

15 Ἀσπάζονταί σε οἱ μετ᾽ ἐμοῦ πάντες.
Saludan   te   los   conmigo   todos.

ἄσπασαι τοὺς φιλοῦντας ἡμᾶς ἐν πίστει.
Saluda   a los   que aman   nos   en   (la) fe.

Ἡ χάρις μετὰ πάντων ὑμῶν.
La   gracia (sea)   con   todos   vosotros.

Carta del apóstol Pablo a
FILEMON

1 Παῦλος δέσμιος Χριστοῦ Ἰησοῦ καὶ
Pablo,   prisionero   de Cristo   Jesús,   y

Τιμόθεος ὁ ἀδελφὸς Φιλήμονι τῷ ἀγαπητῷ
Timoteo   el   hermano,   a Filemón   el   amado

καὶ συνεργῷ ἡμῶν **2** καὶ Ἀπφίᾳ τῇ
y   colaborador   de nosotros,   y   a Apia   la

ἀδελφῇ καὶ Ἀρχίππῳ τῷ συστρατιώτῃ
hermana   y   a Arquipo   el   compañero de milicia

ἡμῶν καὶ τῇ κατ᾽ οἶκόν σου ἐκκλησίᾳ·
de nosotros   y   a la que   en   casa   de ti (está)   iglesia:

3 χάρις ὑμῖν καὶ εἰρήνη ἀπὸ θεοῦ πατρὸς
Gracia   a vosotros   y   paz   de parte de Dios   Padre

ἡμῶν καὶ κυρίου Ἰησοῦ Χριστοῦ.
de nosotros,   y   de(l) Señor   Jesucristo.

4 Εὐχαριστῶ τῷ θεῷ μου πάντοτε μνείαν
Doy gracias   al   Dios   de mí   siempre,   mención

σου ποιούμενος ἐπὶ τῶν προσευχῶν μου,
de ti   haciendo   en   las   oraciones   de mí,

5 ἀκούων σου τὴν ἀγάπην καὶ τὴν
oyendo   de ti   el   amor   y   la

---

[1]
13. ABOGADO. Lit. *leguleyo* o *experto en la ley.*

[2]
14. OCUPARSE. El verbo griego connota la idea de "*destacarse*" como *modelos de buenas obras.*

πίστιν ἣν ἔχεις πρὸς τὸν κύριον Ἰησοῦν
fe   que tienes hacia   el   Señor   Jesús

καὶ εἰς πάντας τοὺς ἁγίους, 6 ὅπως
y   para con todos   los   santos,   de modo que

ἡ κοινωνία τῆς πίστεώς σου ἐνεργὴς
la comunión de la   fe   de ti   eficaz

γένηται ἐν ἐπιγνώσει παντὸς ἀγαθοῦ τοῦ
llegue a ser en   (el) pleno   de todo   (el) bien   —
              conocimiento   (que hay)

ἐν ἡμῖν εἰς Χριστόν. 7 χαρὰν γὰρ
en nosotros en orden a Cristo.   Porque gozo

πολλὴν ἔσχον καὶ παράκλησιν ἐπὶ τῇ
mucho   tuve   y   consolación   sobre   el

ἀγάπῃ σου, ὅτι τὰ σπλάγχνα τῶν ἁγίων
amor   de ti, pues las   entrañas   de los   santos

ἀναπέπαυται διὰ σοῦ, ἀδελφέ. 8 Διό,
han sido refrigeradas mediante ti,   hermano.   Por lo cual,

πολλὴν ἐν Χριστῷ παρρησίαν ἔχων ἐπιτάσ-
mucha   en   Cristo   franqueza   teniendo   para man-

σειν σοι τὸ ἀνῆκον, 9 διὰ τὴν ἀγάπην
dar   te   lo   conveniente,   por   —   amor

μᾶλλον παρακαλῶ· τοιοῦτος ὢν ὡς Παῦλος
más bien   ruego(te):   tal   siendo como   Pablo

πρεσβύτης, νυνὶ δὲ καὶ δέσμιος Χριστοῦ
(ya) viejo,   y ahora también prisionero   de Cristo

Ἰησοῦ, 10 παρακαλῶ σε περὶ τοῦ ἐμοῦ
Jesús,   ruego   te   acerca de   —   mi

τέκνου, ὃν ἐγέννησα ἐν τοῖς δεσμοῖς,
hijo,   a quien engendré   en   las   prisiones,

Ὀνήσιμον, 11 τόν ποτέ σοι ἄχρηστον,
Onésimo,   el cual otrora te (fue)   inútil,

νυνὶ δὲ καὶ σοὶ καὶ ἐμοὶ εὔχρηστον,
pero ahora tanto a ti como   a mí   [1]útil,

12 ὃν ἀνέπεμψά σοι, αὐτόν, τοῦτ᾽ ἔστιν
quien [2]devuelvo te,   a él,   esto   es,

τὰ ἐμὰ σπλάγχνα· 13 ὃν ἐγὼ ἐβουλόμην
—   mis   entrañas;   a quien yo   deseaba

πρὸς ἐμαυτὸν κατέχειν, ἵνα ὑπὲρ σοῦ
conmigo mismo   retener,   para que en lugar de ti

μοι διακονῇ ἐν τοῖς δεσμοῖς τοῦ εὐαγ-
me   ministrase   en   las   prisiones   del   evan-

γελίου, 14 χωρὶς δὲ τῆς σῆς γνώμης
gelio,   pero aparte —   de tu   opinión

[1]
11. ÚTIL. Pablo alude aquí al propio nombre de Onésimo, que también significa útil.

[2]
12. DEVUELVO. Lit. envié de vuelta.

οὐδὲν ἠθέλησα ποιῆσαι, ἵνα μὴ ὡς κατὰ
nada   quise   hacer,   para que no   como [1]conforme

ἀνάγκην τὸ ἀγαθόν σου ᾖ ἀλλὰ κατὰ
a necesidad   el   bien   de ti   sea,   sino   como

ἑκούσιον. 15 τάχα γὰρ διὰ τοῦτο ἐχωρίσθη
voluntario (siendo).   Porque quizá   por   esto   se ausentó

πρὸς ὥραν, ἵνα αἰώνιον αὐτὸν ἀπέχῃς,
[2]por   una hora,   para que   por siempre   le   recobrases,

16 οὐκέτι ὡς δοῦλον ἀλλὰ ὑπὲρ δοῦλον,
no ya   como   esclavo,   sino (como) más que   esclavo,

ἀδελφὸν ἀγαπητόν, μάλιστα ἐμοί, πόσῳ
(como) hermano   amado,   especialmente   para mí,   y

δὲ μᾶλλον σοὶ καὶ ἐν σαρκὶ καὶ ἐν
cuánto   más   para ti,   tanto   en   (la) carne   como   en

κυρίῳ. 17 εἰ οὖν με ἔχεις κοινωνόν,
(el) Señor.   Si,   pues,   me   tienes   (por) compañero,

προσλαβοῦ αὐτὸν ὡς ἐμέ. 18 εἰ δέ
recibe   le   como   a mí.   Y si

τι ἠδίκησέν σε ἢ ὀφείλει, τοῦτο ἐμοὶ
(en)   perjudicó   te   o   (te) debe,   esto   a mí
algo

ἐλλόγα· 19 ἐγὼ Παῦλος ἔγραψα τῇ ἐμῇ
carga en cuenta;   yo   Pablo   (lo) escribí   —   con mi

χειρί, ἐγὼ ἀποτίσω· ἵνα μὴ λέγω σοι
mano,   yo   repagaré;   por   no   decir   te

ὅτι καὶ σεαυτόν μοι προσοφείλεις. 20 ναί,
que   aun   a ti mismo   me   eres además deudor.   Sí,

ἀδελφέ, ἐγώ σου ὀναίμην ἐν κυρίῳ·
hermano,   yo   de ti   pueda [3]tener ayuda en   (el) Señor;

ἀνάπαυσόν μου τὰ σπλάγχνα ἐν Χριστῷ.
refrigera   de mí   las   entrañas   en   Cristo.

21 Πεποιθὼς τῇ ὑπακοῇ σου ἔγραψά
Confiado   en la   obediencia   de ti,   escribí

σοι, εἰδὼς ὅτι καὶ ὑπὲρ ἃ λέγω ποιήσεις.
te,   sabiendo   que   aun   más de lo que   digo   harás.

22 ἅμα δὲ καὶ ἑτοίμαζέ μοι ξενίαν·
Y al mismo tiempo también   prepara   me   alojamiento;

ἐλπίζω γὰρ ὅτι διὰ τῶν προσευχῶν
porque espero   que   mediante   las   oraciones

ὑμῶν χαρισθήσομαι ὑμῖν.
de vosotros   seré otorgado   a vosotros.

23 Ἀσπάζεταί σε Ἐπαφρᾶς ὁ συναιχμά-
Saluda   te   Epafras,   el   compañero de

1
14. CONFORME A NECESIDAD.
Es decir, por obligación.
2
15. POR UNA HORA. (V. nota
a 1 Ts. 2:17.)
3
20. TENER AYUDA. Pablo usa
un verbo del que es afín el
vocablo "Onésimo".

λωτός μου ἐν Χριστῷ 'Ιησοῦ, **24** Μᾶρκος,
prisión de mí en Cristo Jesús, (también) Marcos,

'Αρίσταρχος, Δημᾶς, Λουκᾶς, οἱ συνεργοί
Aristarco, Demas, Lucas, los colaboradores

μου.
de mí.

25 'Η χάρις τοῦ κυρίου 'Ιησοῦ Χριστοῦ
La gracia del Señor Jesucristo

μετὰ τοῦ πνεύματος ὑμῶν.
(sea) con el espíritu de vosotros.

Carta a los
HEBREOS

1 Πολυμερῶς καὶ πολυτρόπως πάλαι ὁ
En muchos fragmentos y de muchas maneras antiguamente —

θεὸς λαλήσας τοῖς πατράσιν ἐν τοῖς
Dios habiendo hablado a los padres por (en) los

προφήταις **2** ἐπ' ἐσχάτου τῶν ἡμερῶν
profetas, al final de los días

τούτων ἐλάλησεν ἡμῖν ἐν υἱῷ, ὃν ἔθηκεν
estos habló nos por (el) Hijo, al que puso (en)

κληρονόμον πάντων, δι' οὗ καὶ ἐποίησεν
(como) heredero de todo, por del cual también hizo medio

τοὺς αἰῶνας· **3** ὃς ὢν ἀπαύγασμα τῆς
[1]los siglos; el cual siendo (el) destello de la

δόξης καὶ χαρακτὴρ τῆς ὑποστάσεως αὐτοῦ,
gloria y (la) impronta de la realidad sustancial de él,

φέρων τε τὰ πάντα τῷ ῥήματι τῆς
y que [2]sustenta las cosas todas con la palabra del

δυνάμεως αὐτοῦ, καθαρισμὸν τῶν ἁμαρτιῶν
poder de él, purificación de los pecados

ποιησάμενος ἐκάθισεν ἐν δεξιᾷ τῆς
habiendo hecho, se sentó a (la) derecha (mano) de la

μεγαλωσύνης ἐν ὑψηλοῖς, **4** τοσούτῳ
[3]Grandeza en lugares altos, tanto

κρείττων γενόμενος τῶν ἀγγέλων ὅσῳ
mejor hecho que los ángeles cuanto

διαφορώτερον παρ' αὐτοὺς κεκληρονόμηκεν
más excelente que ellos ha heredado

---

[1]
2. LOS SIGLOS. Es decir, *los mundos.*
[2]
3. SUSTENTA. Lit. *lleva.*
[3]
3. GRANDEZA. Es un eufemismo, para no pronunciar el nombre de Yahvé.

ὄνομα. **5** Τίνι γὰρ εἶπέν ποτε τῶν
un nombre. Porque ¿a quién dijo alguna vez de los

ἀγγέλων· υἱός μου εἶ σύ, ἐγὼ σήμερον
ángeles: Hijo de mí eres tú, yo hoy

γεγέννηκά σε; καὶ πάλιν· ἐγὼ ἔσομαι
he engendrado te? ¿Y otra vez: Yo seré

αὐτῷ εἰς πατέρα, καὶ αὐτὸς ἔσται μοι
a él por padre, y él será a mí

εἰς υἱόν; **6** ὅταν δὲ πάλιν εἰσαγάγῃ
por hijo? Y cuando otra vez introduce

τὸν πρωτότοκον εἰς τὴν οἰκουμένην, λέγει·
al Primogénito en la tierra habitada, dice:

καὶ προσκυνησάτωσαν αὐτῷ πάντες ἄγγελοι
Y adoren le todos (los) ángeles

θεοῦ. **7** καὶ πρὸς μὲν τοὺς ἀγγέλους
de Dios. Y ciertamente respecto a los ángeles

λέγει· ὁ ποιῶν τοὺς ἀγγέλους αὐτοῦ
dice: El que hace a los [1]ángeles de él

πνεύματα, καὶ τοὺς λειτουργοὺς αὐτοῦ
[2]espíritus, y a los ministros de él

πυρὸς φλόγα· **8** πρὸς δὲ τὸν υἱόν· ὁ
de fuego llama; mas respecto al Hijo: El

θρόνος σου ὁ θεὸς εἰς τὸν αἰῶνα τοῦ
trono de ti, — Dios, [3]por los siglos de los

αἰῶνος, καὶ ἡ ῥάβδος τῆς εὐθύτητος
siglos, y la vara de la rectitud

ῥάβδος τῆς βασιλείας αὐτοῦ. **9** ἠγάπησας
vara de la realeza de ti. Amaste

δικαιοσύνην καὶ ἐμίσησας ἀνομίαν· διὰ
(la) justicia y odiaste (la) iniquidad; por

τοῦτο ἔχρισέν σε, ὁ θεός, ὁ θεός σου
esto ungió te — Dios, el Dios de ti

ἔλαιον ἀγαλλιάσεως παρὰ τοὺς μετόχους
(con) óleo de alegría [4]sobre los copartícipes

σου. **10** καὶ· σὺ κατ᾽ ἀρχάς, κύριε,
de ti. Y tú a (los) principio(s), Señor,

τὴν γῆν ἐθεμελίωσας, καὶ ἔργα τῶν
la tierra cimentaste, y obras de las

χειρῶν σού εἰσιν οἱ οὐρανοί· **11** αὐτοὶ
manos de ti son los cielos; ellos

ἀπολοῦνται, σὺ δὲ διαμένεις· καὶ πάντες
perecerán, mas tú permaneces; y todos

ὡς ἱμάτιον παλαιωθήσονται, **12** καὶ ὡσεὶ
como un vestido se envejecerán, y como

περιβόλαιον ἑλίξεις αὐτούς, ὡς ἱμάτιον
un manto enrollarás los, como un vestido

1
7. ÁNGELES. O *mensajeros.*
2
7. ESPÍRITUS. O *vientos.*
3
8. POR LOS SIGLOS... Lit. *hasta el siglo del siglo.*
4
9. SOBRE. Es decir, *más que a.*

καὶ ἀλλαγήσονται· σὺ δὲ ὁ αὐτὸς εἶ
también serán cambiados; mas tú el mismo eres

καὶ τὰ ἔτη σου οὐκ ἐκλείψουσιν. 13 πρὸς
y los años de ti no fenecerán. Mas ¿a

τίνα δὲ τῶν ἀγγέλων εἴρηκέν ποτε·
cuál de los ángeles ha dicho alguna vez:

κάθου ἐκ δεξιῶν μου ἕως ἂν θῶ τοὺς
Siéntate a (la) derecha de mí hasta que ponga a los

ἐχθρούς σου ὑποπόδιον τῶν ποδῶν σου;
enemigos de ti por escabel de los pies de ti?

14 οὐχὶ πάντες εἰσὶν λειτουργικὰ πνεύματα
¿Acaso no todos son ministradores espíritus

εἰς διακονίαν ἀποστελλόμενα διὰ τοὺς
para servicio siendo enviados a causa de los

μέλλοντας κληρονομεῖν σωτηρίαν; 2 Διὰ
que van a heredar salvación? Por

τοῦτο δεῖ περισσοτέρως προσέχειν ἡμᾶς
esto es menester que más prestemos atención nosotros
abundantemente

τοῖς ἀκουσθεῖσιν, μήποτε παραρνῶμεν.
a las cosas que han sido oídas, no sea que marchemos a la deriva.

2 εἰ γὰρ ὁ δι᾽ ἀγγέλων λαληθεὶς λόγος
Porque si la por medio de ángeles hablada palabra

ἐγένετο βέβαιος, καὶ πᾶσα παράβασις
fue firme, y toda transgresión

καὶ παρακοὴ ἔλαβεν ἔνδικον μισθαποδοσίαν,
y desobediencia recibió justa retribución,

3 πῶς ἡμεῖς ἐκφευξόμεθα τηλικαύτης
¿cómo nosotros escaparemos tan grande

ἀμελήσαντες σωτηρίας; ἥτις ἀρχὴν λαβοῦσα
habiendo descuidado una salvación? La cual [1]un principio habiendo recibido

λαλεῖσθαι διὰ τοῦ κυρίου, ὑπὸ τῶν
de ser hablada por medio del Señor, por los que

ἀκουσάντων εἰς ἡμᾶς ἐβεβαιώθη, 4 συνεπι-
(la) oyeron hasta nosotros llegó confirmada, apoyán-

μαρτυροῦντος τοῦ θεοῦ σημείοις τε καὶ
do(la) también con — Dios, tanto con señales como
su testimonio

τέρασιν καὶ ποικίλαις δυνάμεσιν καὶ
con prodigios y diversos poderes (milagrosos) y

πνεύματος ἁγίου μερισμοῖς κατὰ τὴν αὐτοῦ
de(l) Espíritu Santo [2]con distribuciones conforme a la de él

θέλησιν.
voluntad.

3. UN PRINCIPIO... Es decir, fue anunciada primeramente por el Señor.
2
4. CON DISTRIBUCIONES. Es decir, con dones distribuidos.

5 Οὐ γὰρ ἀγγέλοις ὑπέταξεν τὴν
Porque no a (los) ángeles sometió la

οἰκουμένην τὴν μέλλουσαν, περὶ ἧς
tierra habitada — venidera, de la que

λαλοῦμεν. **6** διεμαρτύρατο δέ πού τις
estamos hablando.   Mas testificó solemnemente   en cierto   alguien
                                                   lugar

λέγων· τί ἐστιν ἄνθρωπος ὅτι μιμνήσκῃ
diciendo: ¿Qué   es   (el) hombre,   que   te acuerdas

αὐτοῦ; ἤ υἱὸς ἀνθρώπου ὅτι ἐπισκέπτῃ
de él?   ¿O   (el) hijo   de(l) hombre,   que   tomas en
                                                   consideración,

αὐτόν; **7** ἠλάττωσας αὐτὸν βραχύ τι παρ
le?   Hiciste menor   le   un poco   que

ἀγγέλους, δόξῃ καὶ τιμῇ ἐστεφάνωσας
(los) ángeles,   de gloria   y   honor   coronaste

αὐτόν, **8** πάντα ὑπέταξας ὑποκάτω τῶν
le,   todo   sometiste   debajo   de los

ποδῶν αὐτοῦ. ἐν τῷ γὰρ ὑποτάξαι
pies   de él.   Porque en el   someter

[αὐτῷ] τὰ πάντα οὐδὲν ἀφῆκεν αὐτῷ
le   todas   las cosas,   nada   dejó   a él

ἀνυπότακτον. Νῦν δὲ οὔπω ὁρῶμεν
no sometido.   Mas ahora   aún no   vemos

αὐτῷ τὰ πάντα ὑποτεταγμένα· **9** τὸν δὲ
que le   todas   las cosas   estén sometidas;   mas al que

βραχύ τι παρ' ἀγγέλους ἠλαττωμένον
un poco   que   (los) ángeles   hecho menor

βλέπομεν Ἰησοῦν διὰ τὸ πάθημα τοῦ
vemos,   a Jesús,   a causa   del   padecimiento   de la

θανάτου δόξῃ καὶ τιμῇ ἐστεφανωμένον,
muerte,   de gloria   y   de honor   coronado,

ὅπως χάριτι θεοῦ ὑπὲρ παντὸς γεύσηται
para que   por gracia   de Dios   en provecho   de todo   gustase
así   (hombre)

θανάτου. **10** ἔπρεπεν γὰρ αὐτῷ, δι'
(la) muerte.   Porque era apropiado   a aquél   por

ὃν τὰ πάντα καὶ δι' οὗ τὰ πάντα,
cuya   todas   las cosas   y   mediante el cual   todas   las cosas,
causa (son)   (son)

πολλοὺς υἱοὺς εἰς δόξαν ἀγαγόντα τὸν
que muchos   hijos   a (la)   gloria   conduciendo,   al

ἀρχηγὸν τῆς σωτηρίας αὐτῶν διὰ
1autor   de la   salvación   de ellos   mediante

παθημάτων τελειῶσαι. **11** ὅ τε γὰρ
padecimientos   perfeccionase.   Porque tanto   el

ἁγιάζων καὶ οἱ ἁγιαζόμενοι ἐξ ἑνὸς
que santifica   como   los   que son santificados,   de   uno

πάντες· δι' ἥν αἰτίαν οὐκ ἐπαισχύνεται
todos   por   la cual   causa   no   se avergüenza de
(proceden);

ἀδελφοὺς αὐτοὺς καλεῖν, 12 λέγων· ἀπαγ-
hermanos   les   llamar,   diciendo: Anun-

γελῶ τὸ ὄνομά σου τοῖς ἀδελφοῖς μου,
ciaré el nombre de ti a los hermanos de mí,

ἐν μέσῳ ἐκκλησίας ὑμνήσω σε· 13 καὶ
en medio de (la) congregación cantaré himnos te;   y

πάλιν· ἐγὼ ἔσομαι πεποιθὼς ἐπ' αὐτῷ·
otra vez: Yo   estaré   confiado   en   él;

καὶ πάλιν· ἰδοὺ ἐγὼ καὶ τὰ παιδία
y   de nuevo: Heme aquí   y a los [1]hijos

ἅ μοι ἔδωκεν ὁ θεός. 14 Ἐπεὶ οὖν
que me   dio   —   Dios.   Así pues, por cuanto

τὰ παιδία κεκοινώνηκεν αἵματος καὶ
los [1]hijos   han tenido en común sangre   y

σαρκός, καὶ αὐτὸς παραπλησίως μετέσχεν
carne,   también él   igualmente   participó

τῶν αὐτῶν, ἵνα διὰ τοῦ θανάτου
de las mismas, para que por medio de la   muerte

καταργήσῃ τὸν τὸ κράτος ἔχοντα τοῦ
redujese a la   al que el dominio   tenía   de la
impptencia
θανάτου, τοῦτ' ἔστιν τὸν διάβολον, 15 καὶ
muerte,   esto   es,   al   diablo,   y

ἀπαλλάξῃ τούτους, ὅσοι φόβῳ θανάτου
pusiese en libertad a éstos, todos cuantos por miedo a (la) muerte

διὰ παντὸς τοῦ ζῆν ἔνοχοι ἦσαν δουλείας.
durante todo de vivir, incursos estaban en esclavitud.
(el tiempo)

16 οὐ γὰρ δήπου ἀγγέλων ἐπιλαμβάνεται,
   Pues, por supuesto, no de (los) ángeles viene en auxilio,

ἀλλὰ σπέρματος Ἀβραὰμ ἐπιλαμβάνεται.
sino de (la) descendencia de Abraham viene en auxilio.

17 ὅθεν ὤφειλεν κατὰ πάντα τοῖς ἀδελφοῖς
   Por ende debía   en   todo   a los hermanos

ὁμοιωθῆναι, ἵνα ἐλεήμων γένηται καὶ
ser hecho semejante, para misericordioso llegar a ser   y

πιστὸς ἀρχιερεὺς τὰ πρὸς τὸν θεόν,
fiel sumo sacerdote en lo referente —   a Dios,

εἰς τὸ ἱλάσκεσθαι τὰς ἁμαρτίας τοῦ
para — hacer propiciación (por) los pecados   del

λαοῦ. 18 ἐν ᾧ γὰρ πέπονθεν αὐτὸς
pueblo.   Porque en lo que ha padecido   él

13 y 14. HIJOS. Lit. niñitos.
18. PROBADO. O tentado.
18. PROBADOS. O tentados.

πειρασθείς, δύναται τοῖς πειραζομένοις
habiendo sido   puede   a los   que son [3]probados
[2]probado,
βοηθῆσαι.
socorrer.

3 Ὅθεν, ἀδελφοὶ ἅγιοι, κλήσεως
Por tanto, hermanos santos, de un llamamiento

ἐπουρανίου μέτοχοι, κατανοήσατε τὸν
celestial partícipes, considerad al

ἀπόστολον καὶ ἀρχιερέα τῆς ὁμολογίας
Apóstol y sumo sacerdote de la confesión

ἡμῶν Ἰησοῦν, 2 πιστὸν ὄντα τῷ ποιήσαντι
de nosotros, Jesús, fiel que es al que [1]designó

αὐτόν, ὡς καὶ Μωϋσῆς ἐν [ὅλῳ] τῷ
le, como también Moisés en toda la

οἴκῳ αὐτοῦ. 3 πλείονος γὰρ οὗτος δόξης
casa de él. Porque de más éste gloria

παρὰ Μωϋσῆν ἠξίωται καθ᾽ ὅσον πλείονα
que Moisés ha sido tenido en la en que más
por digno, medida

τιμὴν ἔχει τοῦ οἴκου ὁ κατασκευάσας
honor tiene que la casa el que fabricó

αὐτόν. 4 πᾶς γὰρ οἶκος κατασκευάζεται
la. Porque toda casa es fabricada

ὑπό τινος, ὁ δὲ πάντα κατασκευάσας
por alguno, mas el que todo fabricó (es)

θεός. 5 καὶ Μωϋσῆς μὲν πιστὸς ἐν
Dios. Y Moisés, en verdad, (fue) fiel en

ὅλῳ τῷ οἴκῳ αὐτοῦ ὡς θεράπων εἰς
toda la casa de él como un criado para

μαρτύριον τῶν λαληθησομένων, 6 Χριστὸς
testimonio de lo que había de ser [2]anunciado, mas Cristo

δὲ ὡς υἱὸς ἐπὶ τὸν οἶκον αὐτοῦ· οὗ
como un hijo sobre la casa de él; cuya

οἶκός ἐσμεν ἡμεῖς, ἐὰν τὴν παρρησίαν
casa somos nosotros, si la confianza

καὶ τὸ καύχημα τῆς ἐλπίδος [μέχρι
y la ufanía de la esperanza hasta

τέλους βεβαίαν] κατάσχωμεν. 7 Διό,
(el) fin firme retenemos. Por lo cual,

καθὼς λέγει τὸ πνεῦμα τὸ ἅγιον· σήμερον
como dice el Espíritu — Santo: Hoy

ἐὰν τῆς φωνῆς αὐτοῦ ἀκούσητε, 8 μὴ
si la voz de él oís, no

σκληρύνητε τὰς καρδίας ὑμῶν ὡς ἐν
endurezcáis los corazones de vosotros como en

τῷ παραπικρασμῷ κατὰ τὴν ἡμέραν τοῦ
la provocación, [3]como en el día de la

πειρασμοῦ ἐν τῇ ἐρήμῳ, 9 οὗ ἐπείρασαν
tentación en el desierto, donde tentaron

1
2. DESIGNÓ. Lit. *hizo*.
2
6. ANUNCIADO. Lit. *hablado*.
3
8. COMO EN EL DÍA. Lit. *conforme al día*.

οἱ πατέρες ὑμῶν ἐν δοκιμασίᾳ καὶ εἶδον
los padres de vosotros en probación y vieron

τὰ ἔργα μου τεσσεράκοντα ἔτη· 10 διὸ
las obras de mí durante cuarenta años; por lo cual

προσώχθισα τῇ γενεᾷ ταύτῃ καὶ εἶπον·
me irrité contra la generación esta y dije:

ἀεὶ πλανῶνται τῇ καρδίᾳ· αὐτοὶ δὲ
Siempre andan extraviados en el corazón; mas ellos

οὐκ ἔγνωσαν τὰς ὁδούς μου, 11 ὡς
no conocieron los caminos de mí, como

ὤμοσα ἐν τῇ ὀργῇ μου· εἰ εἰσελεύσονται
juré en la ira de mí: ¡Si entrarán

εἰς τὴν κατάπαυσίν μου. 12 Βλέπετε,
en el reposo de mí! Mirad,

ἀδελφοί, μήποτε ἔσται ἔν τινι ὑμῶν
hermanos, no sea que vaya a haber en alguno de vosotros

καρδία πονηρὰ ἀπιστίας ἐν τῷ ἀποστῆναι
un corazón perverso de incredulidad 1para — apartarse

ἀπὸ θεοῦ ζῶντος, 13 ἀλλὰ παρακαλεῖτε
de(l) Dios vivo, sino exhortaos a

ἑαυτοὺς καθ' ἑκάστην ἡμέραν, ἄχρις οὗ
vosotros mismos — cada día mientras

τὸ σήμερον καλεῖται, ἵνα μὴ σκληρυνθῇ
2ese hoy resuena, para que no se endurezca

τις ἐξ ὑμῶν ἀπάτῃ τῆς ἁμαρτίας· 14 μέτ-
ninguno de vosotros por engaño del pecado; porque

οχοι γὰρ τοῦ Χριστοῦ γεγόναμεν, ἐάνπερ
partícipes del Cristo hemos llegado a ser, con tal que

τὴν ἀρχὴν τῆς ὑποστάσεως μέχρι τέλους
el principio de la seguridad hasta (el) fin

βεβαίαν κατάσχωμεν. 15 ἐν τῷ λέγεσθαι·
firme retengamos. Entretanto que se dice:

σήμερον ἐὰν τῆς φωνῆς αὐτοῦ ἀκούσητε,
Hoy si la voz de él oís,

μὴ σκληρύνητε τὰς καρδίας ὑμῶν ὡς
no endurezcáis los corazones de vosotros como

ἐν τῷ παραπικρασμῷ. 16 τίνες γὰρ
en la provocación. Porque, ¿quiénes

ἀκούσαντες παρεπίκραναν; ἀλλ' οὐ πάντες
habiendo oído provocaron? Pero ¿no todos

οἱ ἐξελθόντες ἐξ Αἰγύπτου διὰ
los que salieron de Egipto por mano

Μωϋσέως; 17 τίσιν δὲ προσώχθισεν τεσ-
de Moisés? Mas ¿con quiénes se irritó durante

1
12. PARA APARTARSE. Lit. *en el apartarse.*
2
13. ESE HOY RESUENA. Lit. *el hoy se llama.*

σεράκοντα ἔτη; οὐχὶ τοῖς ἁμαρτήσασιν,
cuarenta   años?   ¿No (fue) con los   que pecaron,

ὧν τὰ κῶλα ἔπεσεν ἐν τῇ ἐρήμῳ;
cuyos   cadáveres   cayeron   en   el   desierto?

18 τίσιν δὲ ὤμοσεν μὴ εἰσελεύσεσθαι εἰς
¿Y a quiénes   juró   que no   entrarían   en

τὴν κατάπαυσιν αὐτοῦ εἰ μὴ τοῖς
el   reposo   de él   sino   a los

ἀπειθήσασιν; **19** καὶ βλέπομεν ὅτι οὐκ
que desobedecieron?   Y   vemos   que   no

ἠδυνήθησαν εἰσελθεῖν δι' ἀπιστίαν.
pudieron   entrar   a causa de (su)   incredulidad.

4 Φοβηθῶμεν οὖν μήποτε καταλειπομένης
Temamos,   pues,   no sea que   [1]estando en vigor

ἐπαγγελίας εἰσελθεῖν εἰς τὴν κατάπαυσιν
la promesa   de entrar   en   el   reposo

αὐτοῦ δοκῇ τις ἐξ ὑμῶν ὑστερηκέναι.
de él,   parezca   alguno   de   vosotros   haber quedado rezagado.

2 καὶ γὰρ ἐσμεν εὐηγγελισμένοι καθάπερ
Porque también   [2]estamos   evangelizados   lo mimo

κἀκεῖνοι· ἀλλ' οὐκ ὠφέλησεν ὁ λόγος
que aquéllos;   pero   no   aprovechó   la palabra

τῆς ἀκοῆς ἐκείνους μὴ συγκεκερασμένος
del   oír   a aquéllos   por no   haber sido mezclada

τῇ πίστει τοῖς ἀκούσασιν. **3** Εἰσερχόμεθα
con la   fe   por los   que (la) oyeron.   Porque entramos

γὰρ εἰς [τὴν] κατάπαυσιν οἱ πιστεύσαντες,
   en   el   reposo   los   que creímos,

καθὼς εἴρηκεν· ὡς ὤμοσα ἐν τῇ ὀργῇ
según   ha dicho: Como   juré   en   la   ira

μου· εἰ εἰσελεύσονται εἰς τὴν κατάπαυσίν
de mí: ¡Si   entrarán   en   el   reposo

μου, καίτοι τῶν ἔργων ἀπὸ καταβολῆς
de mí!   Aunque   las   obras   desde (la)   fundación

κόσμου γενηθέντων. **4** εἴρηκεν γάρ που
de(l) mundo   [3]habían llegado a ser.   Porque ha dicho   en algún lugar

περὶ τῆς ἑβδόμης οὕτως· καὶ κατέπαυσεν
acerca   del   séptimo (día)   así: Y   reposó

ὁ θεὸς ἐν τῇ ἡμέρᾳ τῇ ἑβδόμῃ ἀπὸ
— Dios   en   el   día   —   séptimo   de

πάντων τῶν ἔργων αὐτοῦ· **5** καὶ ἐν
todas   las   obras   de él;   y   en

τούτῳ πάλιν· εἰ εἰσελεύσονται εἰς τὴν
este (lugar)   de nuevo: ¡Si   entrarán   en   el

---

[1] 1. ESTANDO EN VIGOR. Lit. *siendo reservada.*

[2] 2. ESTAMOS EVANGELIZADOS. Lit. *estamos habiéndonos sido anunciada la Buena Noticia.*

[3] 3. HABÍAN LLEGADO A SER. Es decir, *estaban acabadas de crear.*

κατάπαυσίν μου. 6 ἐπεὶ οὖν ἀπολείπεται
reposo   de mí! Puesto que, pues,   falta

τινὰς εἰσελθεῖν εἰς αὐτήν, καὶ οἱ πρότερον
que algunos entren   en   él,   y   los que primeramente

εὐαγγελισθέντες οὐκ εἰσῆλθον δι' ἀπείθειαν,
[1]evangelizados   no   entraron a causa desobediencia,
                                          de (su)

7 πάλιν τινὰ ὁρίζει ἡμέραν, σήμερον, ἐν
de nuevo un fija   día,   hoy,   [2]en

Δαυὶδ λέγων μετὰ τοσοῦτον χρόνον, καθὼς
David diciendo después de tanto   tiempo,   como

προείρηται· σήμερον ἐὰν τῆς φωνῆς αὐτοῦ
ha sido predicho: Hoy   si   la   voz   de él

ἀκούσητε, μὴ σκληρύνητε τὰς καρδίας
oís,   no   endurezcáis   los corazones

ὑμῶν. 8 εἰ γὰρ αὐτοὺς Ἰησοῦς κατέπαυσεν,
de vosotros. Porque si a ellos Josué [3]hubiera hecho
                                          reposar,

οὐκ ἂν περὶ ἄλλης ἐλάλει μετὰ ταῦτα
no   acerca de otro hablaría después de esto

ἡμέρας. 9 ἄρα ἀπολείπεται σαββατισμὸς
día.   Por tanto,   queda   un reposo sabático

τῷ λαῷ τοῦ θεοῦ. 10 ὁ γὰρ εἰσελθὼν
para el pueblo — de Dios. Porque el que   entró

εἰς τὴν κατάπαυσιν αὐτοῦ καὶ αὐτὸς
en   el   reposo   de él también él mismo

κατέπαυσεν ἀπὸ τῶν ἔργων αὐτοῦ,
reposó   de las obras   de él,

ὥσπερ ἀπὸ τῶν ἰδίων ὁ θεός. 11 Σπου-
como de las [4]suyas — Dios.   Esforcé-

δάσωμεν οὖν εἰσελθεῖν εἰς ἐκείνην τὴν
monos,   pues, por entrar en   aquel   —

κατάπαυσιν, ἵνα μὴ ἐν τῷ αὐτῷ τις
reposo,   para que no en   el   mismo alguno

ὑποδείγματι πέσῃ τῆς ἀπειθείας. 12 Ζῶν
ejemplo   caiga — de desobediencia. Porque

γὰρ ὁ λόγος τοῦ θεοῦ καὶ ἐνεργὴς
viva (es) la palabra   — de Dios   y [5]operante

καὶ τομώτερος ὑπὲρ πᾶσαν μάχαιραν
y   más cortante que   toda   espada

δίστομον καὶ διϊκνούμενος ἄχρι μερισμοῦ
de dos filos y que penetra hasta (la) división

ψυχῆς καὶ πνεύματος, ἁρμῶν τε καὶ
de(l) alma y   de(l) espíritu, tanto de las coyunturas como

1
6. Evangelizados. Lit. *se les
anunció la Buena Noticia.*
2
7. En David. Esto es, *por
medio de David.*
3
8. Hubiera hecho reposar.
Lit. *hubiera reposado.*
4
10. Suyas. Lit. *propias.*
5
12. Operante. Lit. *eficiente.*

μυελῶν, καὶ κριτικὸς ἐνθυμήσεων καὶ
de los tuétanos, y capaz de juzgar (los) pensamientos e

ἐννοιῶν καρδίας· **13** καὶ οὐκ ἔστιν κτίσις
intenciones de(l) corazón; y no hay criatura

ἀφανὴς ἐνώπιον αὐτοῦ, πάντα δὲ γυμνὰ
no manifiesta a la vista de él; antes bien todo (está) desnudo

καὶ τετραχηλισμένα τοῖς ὀφθαλμοῖς αὐτοῦ,
y ¹descubierto a los ojos de aquél,

πρὸς ὃν ἡμῖν ὁ λόγος.
a quien nosotros la cuenta.
(tenemos que dar)

14 Ἔχοντες οὖν ἀρχιερέα μέγαν διεληλυ-
Teniendo, pues, un sumo sacerdote grande que ha pasado

θότα τοὺς οὐρανούς, Ἰησοῦν τὸν υἱὸν
a través de los cielos, Jesús, el Hijo

τοῦ θεοῦ, κρατῶμεν τῆς ὁμολογίας. **15** οὐ
— de Dios, aferrémonos ²a la confesión. Porque

γὰρ ἔχομεν ἀρχιερέα μὴ δυνάμενον
no tenemos un sumo sacerdote que no pueda

συμπαθῆσαι ταῖς ἀσθενείαις ἡμῶν, πεπει-
compadecerse de las debilidades de nosotros, sino

ρασμένον δὲ κατὰ πάντα καθ' ὁμοιότητα
que ha sido probado en todo conforme a (nuestra) semejanza,

χωρὶς ἁμαρτίας. **16** προσερχώμεθα οὖν
excluido (el) pecado. Acerquémonos, pues,

μετὰ παρρησίας τῷ θρόνῳ τῆς χάριτος,
con confianza al trono de la gracia,

ἵνα λάβωμεν ἔλεος καὶ χάριν εὕρωμεν
para que recibamos misericordia y gracia hallemos

εἰς εὔκαιρον βοήθειαν.
para (el) oportuno socorro.

5 Πᾶς γὰρ ἀρχιερεὺς ἐξ ἀνθρώπων
Porque todo sumo sacerdote de entre (los) hombres

λαμβανόμενος ὑπὲρ ἀνθρώπων καθίσταται
tomado a favor de (los) hombres es constituido

τὰ πρὸς τὸν θεόν, ἵνα προσφέρῃ δῶρά
en lo que se — a Dios, para que ofrezca tanto
refiere

τε καὶ θυσίας ὑπὲρ ἁμαρτιῶν, **2** μετριο-
dones como sacrificios por (los) pecados, ³de ser

παθεῖν δυνάμενος τοῖς ἀγνοοῦσιν καὶ
indulgente capaz con los ignorantes y

πλανωμένοις, ἐπεὶ καὶ αὐτὸς περίκειται
extraviados, puesto que también él está cercado

13. DESCUBIERTO. Lit. *con el cuello descubierto.*
15. A LA CONFESIÓN. Es decir, *a la fe que profesamos.*
2. DE SER INDULGENTE. Lit. *de sentir compasión en la debida medida.*

ἀσθένειαν, **3** καὶ δι' αὐτὴν ὀφείλει, καθὼς
de debilidad, y a causa de ella debe, como

περὶ τοῦ λαοῦ, οὕτως καὶ περὶ ἑαυτοῦ
por el pueblo, así también por sí mismo

προσφέρειν περὶ ἁμαρτιῶν. **4** καὶ οὐχ
ofrecer por (los) pecados. Y no

ἑαυτῷ τις λαμβάνει τὴν τιμήν, ἀλλὰ
para sí alguien toma el honor, sino
mismo

καλούμενος ὑπὸ τοῦ θεοῦ, καθώσπερ καὶ
siendo llamado por — Dios, así como también

᾿Ααρών. **5** Οὕτως καὶ ὁ Χριστὸς οὐχ
Aarón. Así también — Cristo no

ἑαυτὸν ἐδόξασεν γενηθῆναι ἀρχιερέα, ἀλλ'
a sí mismo glorificó en hacerse sumo sacerdote, sino

ὁ λαλήσας πρὸς αὐτόν· υἱός μου εἶ
el que habló a él: Hijo de mí eres

σύ, ἐγὼ σήμερον γεγέννηκά σε· **6** καθὼς
tú, yo hoy he engendrado te; como

καὶ ἐν ἑτέρῳ λέγει· σὺ ἱερεὺς εἰς τὸν
también en otro dice: Tú (eres) sacerdote [1]hasta el
(lugar)

αἰῶνα κατὰ τὴν τάξιν Μελχισέδεκ. **7** ὃς
siglo según el orden de Melquisedec. El que
(Cristo)

ἐν ταῖς ἡμέραις τῆς σαρκὸς αὐτοῦ δεήσεις
en los días de la carne de él tanto ruegos

τε καὶ ἱκετηρίας πρὸς τὸν δυνάμενον
como súplicas al que podía

σῴζειν αὐτὸν ἐκ θανάτου μετὰ κραυγῆς
salvar le de (la) muerte, con clamor

ἰσχυρᾶς καὶ δακρύων προσενέγκας καὶ
fuerte y lágrimas habiendo ofrecido y

εἰσακουσθεὶς ἀπὸ τῆς εὐλαβείας, **8** καίπερ
siendo escuchado en atención — [2]piedad, y aunque
a (su)

ὢν υἱός, ἔμαθεν ἀφ' ὧν ἔπαθεν τὴν
siendo Hijo, aprendió de lo que sufrió la

ὑπακοήν, **9** καὶ τελειωθεὶς ἐγένετο πᾶσιν
obediencia, y [3]perfeccionado vino a ser para todos

τοῖς ὑπακούουσιν αὐτῷ αἴτιος σωτηρίας
los que obedecen le causante de salvación

αἰωνίου, **10** προσαγορευθεὶς ὑπὸ τοῦ θεοῦ
eterna, proclamado por — Dios

ἀρχιερεὺς κατὰ τὴν τάξιν Μελχισέδεκ.
sumo sacerdote según el orden de Melquisedec.

[1]
6. HASTA EL SIGLO. Es decir, *para siempre.*
[2]
8. PIEDAD. Lit. *sumisión reverente* (o *buena alabanza*).
[3]
9. PERFECCIONADO. Esto es, *en su función de sumo sacerdote.*

11 Περὶ οὗ πολὺς ἡμῖν ὁ λόγος καὶ
Acerca de lo cual [1]tenemos mucho que decir y

δυσερμήνευτος λέγειν, ἐπεὶ νωθροὶ γεγόνατε
difícil de explicar, puesto que tardos os habéis hecho

ταῖς ἀκοαῖς. **12** καὶ γὰρ ὀφείλοντες
en el oír. Porque de cierto debiendo

εἶναι διδάσκαλοι διὰ τὸν χρόνον, πάλιν
ser maestros en razón del tiempo, de nuevo

χρείαν ἔχετε τοῦ διδάσκειν ὑμᾶς τινα
necesidad tenéis de que enseñe os alguien

τὰ στοιχεῖα τῆς ἀρχῆς τῶν λογίων
los rudimentos del principio de los oráculos

τοῦ θεοῦ, καὶ γεγόνατε χρείαν ἔχοντες
— de Dios, y habéis llegado a ser necesidad teniendo

γάλακτος, οὐ στερεᾶς τροφῆς. **13** πᾶς
de leche, no de sólido alimento. Porque

γὰρ ὁ μετέχων γάλακτος ἄπειρος λόγου
todo el que participa de leche (es) inexperto en la palabra

δικαιοσύνης, νήπιος γάρ ἐστιν· **14** τελείων δέ
de justicia, porque niño es; mas de maduros

ἐστιν ἡ στερεὰ τροφή, τῶν διὰ τὴν
es el sólido alimento, de los que a causa de

ἕξιν τὰ αἰσθητήρια γεγυμνασμένα ἐχόντων
(la) costumbre las [2]facultades ejercitadas tienen

πρὸς διάκρισιν καλοῦ τε καὶ κακοῦ.
para discernimiento tanto de(l) bien como de(l) mal.

6 Διὸ ἀφέντες τὸν τῆς ἀρχῆς τοῦ Χριστοῦ
Por lo cual, dejando la del principio de Cristo

λόγον ἐπὶ τὴν τελειότητα φερώμεθα, μὴ
[3]enseñanza hacia la madurez seamos llevados, no

πάλιν θεμέλιον καταβαλλόμενοι μετανοίας
otra vez (el) fundamento echando de(l) arrepentimiento

ἀπὸ νεκρῶν ἔργων, καὶ πίστεως ἐπὶ
de muertas obras, y de (la) fe en

θεόν, **2** βαπτισμῶν διδαχῆς, ἐπιθέσεώς τε
Dios, de abluciones de (la) enseñanza, de (la) imposición

χειρῶν, ἀναστάσεως νεκρῶν, καὶ κρίματος
de manos, de (la) resurrección de (los) muertos, y de(l) juicio

αἰωνίου. **3** καὶ τοῦτο ποιήσομεν, ἐάνπερ
eterno. Y esto haremos, si en verdad

ἐπιτρέπῃ ὁ θεός. **4** Ἀδύνατον γὰρ τοὺς
(lo) permite — Dios. Porque (es) imposible que los que

[1]
11. TENEMOS MUCHO QUE DE-
CIR. Lit. tenemos mucha palabra y difícil de explicar
para decir.
[2]
14. FACULTADES. Lit. medios
(o instrumentos) de percepción.
[3]
1. ENSEÑANZA. Lit. palabra.

ἅπαξ φωτισθέντας γευσαμένους τε τῆς
una vez   fueron iluminados   y gustaron   del

δωρεᾶς τῆς ἐπουρανίου καὶ μετόχους
don   —   celestial   y   partícipes

γενηθέντας πνεύματος ἁγίου 5 καὶ καλὸν
llegaron a ser   de(l) Espíritu   Santo   y   (la) buena

γευσαμένους θεοῦ ῥῆμα δυνάμεις τε
gustaron   de Dios   palabra   y (los) poderes

μέλλοντος αἰῶνος, 6 καὶ παραπεσόντας, πάλιν
de(l) venidero   siglo,   y   que recayeron,   de nuevo

ἀνακαινίζειν εἰς μετάνοιαν, ἀνασταυροῦντας
renovar(los)   para   arrepentimiento,   estando crucificando de

ἑαυτοῖς τὸν υἱὸν τοῦ θεοῦ καὶ παρα-
nuevo por   al   Hijo   —   de Dios   y   exponién-
sí mismos

δειγματίζοντας. 7 γῆ γὰρ ἡ πιοῦσα
do(le) a la pública ignominia.   Porque la tierra   que bebe

τὸν ἐπ' αὐτῆς ἐρχόμενον πολλάκις ὑετὸν
la que   sobre   ella   viene   muchas veces   lluvia

καὶ τίκτουσα βοτάνην εὔθετον ἐκείνοις
y   1produce   planta(s)   provechosa(s)   para aquellos

δι' οὓς καὶ γεωργεῖται, μεταλαμβάνει
a causa de los   también   es labrada,   recibe
cuales

εὐλογίας ἀπὸ τοῦ θεοῦ· 8 ἐκφέρουσα δὲ
bendición   de parte   —   de Dios;   mas la que saca de sí

ἀκάνθας καὶ τριβόλους ἀδόκιμος καὶ
espinos   y   abrojos   (es) desechada   y

κατάρας ἐγγύς, ἧς τὸ τέλος εἰς καῦσιν.
(de) maldición   cerca,   cuyo   fin   (es) para   quema.

9 Πεπείσμεθα δὲ περὶ ὑμῶν, ἀγαπητοί,
Mas hemos sido persuadidos   acerca   de vosotros,   amados,

τὰ κρείσσονα καὶ ἐχόμενα σωτηρίας, εἰ
(de)   cosas mejores   y   que tienen   salvación,   2aun

καὶ οὕτως λαλοῦμεν. 10 οὐ γὰρ ἄδικος
cuando   así   hablamos.   Porque no   (es) injusto

ὁ θεὸς ἐπιλαθέσθαι τοῦ ἔργου ὑμῶν
—   Dios   para olvidarse   de la   obra   de vosotros

καὶ τῆς ἀγάπης ἧς ἐνεδείξασθε εἰς τὸ
y   del   amor   que   mostrasteis   hacia   el

ὄνομα αὐτοῦ, διακονήσαντες τοῖς ἁγίοις
nombre   de él,   habiendo servido   a los   santos

καὶ διακονοῦντες. 11 ἐπιθυμοῦμεν δὲ
y   sirviéndo(les).   Mas deseamos

ἕκαστον ὑμῶν τὴν αὐτὴν ἐνδείκνυσθαι
que cada uno   de vosotros   la   misma   muestre

σπουδὴν πρὸς τὴν πληροφορίαν τῆς ἐλπίδος
solicitud   en orden   a la   plena seguridad   de la   esperanza

---

1
7. PRODUCE. Lit. *da a luz.*
2
9. AUN CUANDO Así. Lit. *si en verdad.*

ἄχρι τέλους, **12** ἵνα μὴ νωθροὶ γένησθε,
hasta (el) fin,   para que no indolentes os hagáis,

μιμηταὶ δὲ τῶν διὰ πίστεως καὶ μακρο-
sino imitadores de los mediante (la) fe y (la) longa-
        que

θυμίας κληρονομούντων τὰς ἐπαγγελίας.
nimidad   heredan   las   promesas.

13 Τῷ γὰρ Ἀβραὰμ ἐπαγγειλάμενος ὁ
   — Porque a Abraham al hacer la promesa —

θεός, ἐπεὶ κατ᾽ οὐδενὸς εἶχεν μείζονος
Dios, puesto que por ninguno tenía mayor

ὀμόσαι, ὤμοσεν καθ᾽ ἑαυτοῦ, **14** λέγων·
que jurar, juró por sí mismo, diciendo:

εἰ μὴν εὐλογῶν εὐλογήσω σε καὶ πληθύνων
De cierto, [1]bendiciendo bendeciré te y [2]multiplicando

πληθυνῶ σε· **15** καὶ οὕτως μακροθυμήσας
multiplicaré te; y así aguardando pacientemente

ἐπέτυχεν τῆς ἐπαγγελίας. **16** ἄνθρωποι γὰρ
alcanzó la promesa.   Porque (los) hombres

κατὰ τοῦ μείζονος ὀμνύουσιν, καὶ πάσης
por — uno mayor juran, y de todo

αὐτοῖς ἀντιλογίας πέρας εἰς βεβαίωσιν ὁ
para ellos litigio término para confirmación (es) el

ὅρκος· **17** ἐν ᾧ περισσότερον βουλόμενος
juramento; por lo cual, más abundantemente queriendo

ὁ θεὸς ἐπιδεῖξαι τοῖς κληρονόμοις τῆς
— Dios mostrar a los herederos de la

ἐπαγγελίας τὸ ἀμετάθετον τῆς βουλῆς
promesa lo inmutable de la resolución

αὐτοῦ ἐμεσίτευσεν ὅρκῳ, **18** ἵνα διὰ
de él, interpuso juramento, para que por
                                        medio

δύο πραγμάτων ἀμεταθέτων, ἐν οἷς ἀδύνατον
de dos cosas inmutables, en las que (es) imposible

ψεύσασθαι θεόν, ἰσχυρὰν παράκλησιν ἔχωμεν
que mienta Dios, un fuerte consuelo tengamos

οἱ καταφυγόντες κρατῆσαι τῆς προκειμένης
[3]los que buscamos refugio para asirnos de la puesta delante
                                            (de nosotros)

ἐλπίδος· **19** ἣν ὡς ἄγκυραν ἔχομεν τῆς
esperanza; la cual como ancla tenemos del

ψυχῆς ἀσφαλῆ τε καὶ βεβαίαν καὶ
alma segura y también firme y

εἰσερχομένην εἰς τὸ ἐσώτερον τοῦ κατα-
que entra hasta lo interior del velo,

πετάσματος, **20** ὅπου πρόδρομος ὑπὲρ ἡμῶν
adonde (como) precursor por nosotros

---

[1]
14. BENDICIENDO... Es decir,
te bendeciré abundante-
mente.

[2]
14. MULTIPLICANDO... Es decir, te multiplicaré grandemente.

[3]
18. LOS QUE BUSCAMOS RE-
FUGIO. Lit. huimos en busca
de refugio.

εἰσῆλθεν Ἰησοῦς, κατὰ τὴν τάξιν Μελχισέ-
entró Jesús, según el orden de Melquisedec

δεκ ἀρχιερεὺς γενόμενος εἰς τὸν αἰῶνα.
sumo sacerdote hecho [1]hasta el siglo.

7 Οὗτος γὰρ ὁ Μελχισέδεκ, βασιλεὺς
Porque este — Melquisedec, rey

Σαλήμ, ἱερεὺς τοῦ θεοῦ τοῦ ὑψίστου,
de Salem, sacerdote del Dios — Altísimo,

ὁ συναντήσας Ἀβραὰμ ὑποστρέφοντι ἀπὸ
que salió al encuentro de Abraham que volvía de

τῆς κοπῆς τῶν βασιλέων καὶ εὐλογήσας
la derrota de los reyes, y que bendijo

αὐτόν, 2 ᾧ καὶ δεκάτην ἀπὸ πάντων
le, a quien también un diezmo de todo

ἐμέρισεν Ἀβραάμ, πρῶτον μὲν ἑρμηνευ-
repartió Abraham, primeramente por una teniendo
parte

όμενος βασιλεὺς δικαιοσύνης, ἔπειτα δὲ καὶ
el significado (de) rey de justicia, y después, por otro
lado,

βασιλεὺς Σαλήμ, ὅ ἐστιν βασιλεὺς εἰρήνης,
rey de Salem, que es: rey de paz,

3 ἀπάτωρ, ἀμήτωρ, ἀγενεαλόγητος, μήτε
[2]sin padre, sin madre, sin genealogía, ni

ἀρχὴν ἡμερῶν μήτε ζωῆς τέλος ἔχων,
principio de días, ni de vida fin teniendo,

ἀφωμοιωμένος δὲ τῷ υἱῷ τοῦ θεοῦ, μένει
sino hecho semejante al Hijo — de Dios, permanece

ἱερεὺς εἰς τὸ διηνεκές. 4 Θεωρεῖτε δὲ
sacerdote a — perpetuidad. Y considerad

πηλίκος οὗτος, ᾧ δεκάτην Ἀβραὰμ
cuán grande (es) éste, a quien (el) diezmo Abraham

ἔδωκεν ἐκ τῶν ἀκροθινίων ὁ πατριάρχης.
dio de lo mejor del botín el patriarca.

5 καὶ οἱ μὲν ἐκ τῶν υἱῶν Λευὶ τὴν
Y en verdad los que de entre los hijos de Leví el

ἱερατείαν λαμβάνοντες ἐντολὴν ἔχουσιν
sacerdocio reciben, mandamiento tienen

ἀποδεκατοῦν τὸν λαὸν κατὰ τὸν νόμον,
de tomar diezmos del pueblo según la ley,

τοῦτ᾽ ἔστιν τοὺς ἀδελφοὺς αὐτῶν, καίπερ
esto es, de los hermanos de ellos, aunque

ἐξεληλυθότας ἐκ τῆς ὀσφύος Ἀβραάμ·
también han salido del(os) lomo(s) de Abraham;

[1]
20. HASTA EL SIGLO. Es decir, *para siempre*.
[2]
3. SIN PADRE, ETC. Esto es, *de quien no se menciona el padre, etc.*

6 ὁ   δὲ   μὴ   γενεαλογούμενος   ἐξ   αὐτῶν
mas el   no   contado en la genealogía   de   ellos

δεδεκάτωκεν   'Αβραάμ,   καὶ   τὸν   ἔχοντα
ha tomado diezmos   de Abraham,   y   al que   tenía

τὰς   ἐπαγγελίας   εὐλόγηκεν.   **7** χωρὶς   δὲ
las   promesas   ha bendecido.   Y fuera

πάσης   ἀντιλογίας   τὸ   ἔλαττον   ὑπὸ   τοῦ
de toda   controversia,   el   menor   por   el

κρείττονος   εὐλογεῖται.   **8** καὶ   ὧδε   μὲν
[1]mejor   es bendecido.   Y   aquí ciertamente

δεκάτας   ἀποθνήσκοντες   ἄνθρωποι   λαμβά-
(los) diezmos   mortales   [2]hombres   reciben,

νουσιν,   ἐκεῖ   δὲ   μαρτυρούμενος   ὅτι   ζῆ.
mas allí,   (uno) de quien se da   que   vive.
testimonio

9 καὶ   ὡς   ἔπος   εἰπεῖν,   δι'   'Αβραὰμ
Y   por   así   decir,   por medio   de Abraham

καὶ   Λευὶς   ὁ   δεκάτας   λαμβάνων   δεδε-
también   Leví   el que   diezmos   recibe   ha pagado

κάτωται·   **10** ἔτι   γὰρ   ἐν   τῇ   ὀσφύϊ   τοῦ
el diezmo;   porque aún   en   el   lomo(s)   del
(los)

πατρὸς   ἦν   ὅτε   συνήντησεν   αὐτῷ   Μελχισέ-
padre   estaba cuando   salió al encuentro   de él   Melqui-

δεκ.   **11** Εἰ   μὲν   οὖν   τελείωσις   διὰ   τῆς
sedec.   Si,   —   pues,   (la) perfección   mediante   el

Λευιτικῆς   ἱερωσύνης   ἦν,   ὁ   λαὸς   γὰρ
levítico   [3]sacerdocio   fuese,   porque el pueblo

ἐπ'   αὐτῆς   νενομοθέτηται,   τίς   ἔτι   χρεία
a base   de él   ha recibido la ley,   ¿qué   aún   necesidad
(habría)

κατὰ   τὴν   τάξιν   Μελχισέδεκ   ἕτερον
(de que)   el   orden   de Melquisedec   otro
según

ἀνίστασθαι   ἱερέα   καὶ   οὐ   κατὰ   τὴν   τάξιν
se levantase   sacerdote   y   no   según   el   orden

'Ααρὼν   λέγεσθαι;   **12** μετατιθεμένης   γὰρ
de Aarón   [4]ser dicho?   Porque, transferido

τῆς   ἱερωσύνης   ἐξ   ἀνάγκης   καὶ   νόμου
el   [3]sacerdocio,   por   fuerza   también   de ley

μετάθεσις   γίνεται.   **13** ἐφ'   ὃν   γὰρ   λέγεται
transferencia   se hace.   Porque sobre el cual   se dicen
(aquel)

ταῦτα,   φυλῆς   ἑτέρας   μετέσχηκεν,   ἀφ'
estas cosas,   de tribu   otra   ha participado,   de

ἧς   οὐδεὶς   προσέσχηκεν   τῷ   θυσιαστηρίῳ·
la cual   nadie   ha estado al servicio   del   altar.

[1]
7. MEJOR. Es decir, *superior.*
[2]
8. HOMBRES MORTALES. Lit. *hombres que van muriendo.*
[3]
11 y 12. SACERDOCIO. Lit. *oficio sacerdotal.*
[4]
11. SER DICHO. Es decir, *ser nombrado.*

14 πρόδηλον γὰρ ὅτι ἐξ Ἰούδα ἀνατέταλκεν
Porque (es) notorio   que   de   Judá   1ha surgido

ὁ κύριος ἡμῶν, εἰς ἣν φυλὴν περὶ ἱερέων
el Señor de nosotros, respecto la tribu acerca de (los)

οὐδὲν Μωϋσῆς ἐλάλησεν. **15** καὶ περισ-
nada Moisés habló.   Y   más abun-   sacerdotes

σότερον ἔτι κατάδηλόν ἐστιν, εἰ κατὰ
dantemente aún totalmente claro es, si conforme

τὴν ὁμοιότητα Μελχισέδεκ ἀνίσταται ἱερεὺς
a la semejanza de Melquisedec se levanta un sacerdote

ἕτερος, **16** ὃς οὐ κατὰ νόμον ἐντολῆς
diferente, el cual no según (la) ley 2de un mandamiento

σαρκίνης γέγονεν ἀλλὰ κατὰ δύναμιν ζωῆς
carnal ha llegado a ser(lo), sino según (el) poder de una vida

ἀκαταλύτου. **17** μαρτυρεῖται γὰρ ὅτι σὺ
indisoluble.   Porque es atestiguado: — Tú

ἱερεὺς εἰς τὸν αἰῶνα κατὰ τὴν τάξιν
(eres) sacerdote 3hasta el siglo según el orden

Μελχισέδεκ. **18** ἀθέτησις μὲν γὰρ γίνεται
de Melquisedec.   Derogación, por un lado, en efecto, se hace

προαγούσης ἐντολῆς διὰ τὸ αὐτῆς ἀσθενὲς
de un anterior mandamiento a causa de la de él debilidad

καὶ ἀνωφελές, **19** οὐδὲν γὰρ ἐτελείωσεν
e inutilidad,   porque nada perfeccionó

ὁ νόμος, ἐπεισαγωγὴ δὲ κρείττονος ἐλπίδος,
la ley, y, por otro lado, (hay) introducción de una mejor esperanza,

δι᾽ ἧς ἐγγίζομεν τῷ θεῷ. **20** καὶ καθ᾽
mediante la cual nos acercamos — a Dios.   Y, por

ὅσον οὐ χωρὶς ὁρκωμοσίας, — οἱ μὲν
cuanto no (fue) sin juramento, —— porque los

γὰρ χωρὶς ὁρκωμοσίας εἰσὶν ἱερεῖς
otros sin juramento son sacerdotes

γεγονότες, **21** ὁ δὲ μετὰ ὁρκωμοσίας διὰ
habiendo llegado a ser, mas éste con juramento mediante

τοῦ λέγοντος πρὸς αὐτόν· ὤμοσεν κύριος,
el que dice a él: Juró (el) Señor,

καὶ οὐ μεταμεληθήσεται· σὺ ἱερεὺς εἰς
y 4no se arrepentirá: Tú (eres) sacerdote 3hasta

τὸν αἰῶνα· — **22** κατὰ τοσοῦτο καὶ
el siglo; —— por otro tanto también
(en la misma proporción)

1
14. HA SURGIDO. Lit. *ha amanecido*. (V. Lc. 1:78.)
2
16. DE UN MANDAMIENTO CARNAL. Es decir, *de una disposición sobre la descendencia*.
3
17 y 21. HASTA EL SIGLO. Es decir, *para siempre*.
4
21. NO SE ARREPENTIRÁ. Lit. *no cambiará de idea* (o *no se volverá atrás*).

κρείττονος διαθήκης γέγονεν ἔγγυος Ἰησοῦς.
de un mejor   pacto   ha llegado a ser   fiador   Jesús.

23 καὶ οἱ μὲν πλείονές εἰσιν γεγονότες
Y además los   otros   más numerosos   son   llegados a ser

ἱερεῖς διὰ τὸ θανάτῳ κωλύεσθαι παραμέ-
sacerdotes a causa   —   por (la) muerte   ser impedidos   de conti-
de

νειν· **24** ὁ δὲ διὰ τὸ μένειν αὐτὸν εἰς
nuar;   mas éste a causa de   —   permanecer   él   [1]hasta

τὸν αἰῶνα ἀπαράβατον ἔχει τὴν ἱερωσύνην·
el   siglo,   intransferible   tiene   el   [2]sacerdocio.

25 ὅθεν καὶ σώζειν εἰς τὸ παντελὲς
Y, por ende,   salvar   [3]hasta   lo   entero

δύναται τοὺς προσερχομένους δι᾽ αὐτοῦ
puede   a los   que se acercan   por medio   de él

τῷ θεῷ, πάντοτε ζῶν εἰς τὸ ἐντυγχάνειν
a Dios,   siempre   viviendo   a fin   —   de interceder

ὑπὲρ αὐτῶν. **26** τοιοῦτος γὰρ ἡμῖν καὶ
por   ellos.   Porque tal   a nosotros ciertamente

ἔπρεπεν ἀρχιερεύς, ὅσιος, ἄκακος, ἀμίαντος,
convenía   sumo sacerdote,   santo,   inocente,   incontaminado,

κεχωρισμένος ἀπὸ τῶν ἁμαρτωλῶν, καὶ
que ha sido [4]separado   de   los   pecadores   y

ὑψηλότερος τῶν οὐρανῶν γενόμενος· **27** ὃς
más encumbrado   que los   cielos   hecho;   el cual

οὐκ ἔχει καθ᾽ ἡμέραν ἀνάγκην, ὥσπερ
no   tiene   cada   día   necesidad,   como

οἱ ἀρχιερεῖς, πρότερον ὑπὲρ τῶν ἰδίων
los   sumos sacerdotes,   primero   por   los   propios

ἁμαρτιῶν θυσίας ἀναφέρειν, ἔπειτα τῶν
pecados   sacrificios   de ofrecer,   después   (por) los

τοῦ λαοῦ· τοῦτο γὰρ ἐποίησεν ἐφάπαξ
del   pueblo;   porque esto   hizo   una vez por todas

ἑαυτὸν ἀνενέγκας. **28** ὁ νόμος γὰρ
a sí mismo   ofreciendo.   Porque la ley

ἀνθρώπους καθίστησιν ἀρχιερεῖς ἔχοντας
a hombres   constituye   sumos sacerdotes   que tienen

ἀσθένειαν, ὁ λόγος δὲ τῆς ὁρκωμοσίας
debilidad,   mas la palabra   del   juramento

τῆς μετὰ τὸν νόμον υἱὸν εἰς τὸν αἰῶνα
—   posterior   a la   ley,   a(l) Hijo [1]hasta   el   siglo

τετελειωμένον.
habiendo sido [5]perfeccionado.

1
24 y 28. HASTA EL SIGLO. Es decir, *para siempre.*
2
24. SACERDOCIO. Lit. *oficio sacerdotal.*
3
25. HASTA LO ENTERO. Es decir, *completamente* o *perpetuamente.*
4
26. SEPARADO. Esto es, *exceptuado.* (V. 4:15.)
5
28. PERFECCIONADO. (V. nota a 5:9.)

8 Κεφάλαιον δὲ ἐπὶ τοῖς λεγομένοις,
Mas lo principal   sobre   lo que   se está diciendo

τοιοῦτον ἔχομεν ἀρχιερέα, ὃς ἐκάθισεν
(es que) tal   tenemos   sumo sacerdote,   que   se sentó

ἐν δεξιᾷ τοῦ θρόνου τῆς μεγαλωσύνης
a (la) diestra   del   trono   de la   [1]Majestad

ἐν τοῖς οὐρανοῖς, **2** τῶν ἁγίων λειτουργὸς
en los   cielos,   de las cosas santas   ministro

καὶ τῆς σκηνῆς τῆς ἀληθινῆς, ἣν ἔπηξεν
y   del   tabernáculo   —   verdadero,   que   erigió

ὁ κύριος, οὐκ ἄνθρωπος. **3** Πᾶς γὰρ
el   Señor,   no   un hombre.   Porque todo

ἀρχιερεὺς εἰς τὸ προσφέρειν δῶρά τε
sumo sacerdote   para   —   ofrecer   tanto dones

καὶ θυσίας καθίσταται· ὅθεν ἀναγκαῖον
como   sacrificios   es constituido;   por ende (es)   necesario

ἔχειν τι καὶ τοῦτον ὃ προσενέγκῃ. **4** εἰ
que tenga algo también   éste   que   ofrezca.   Si

μὲν οὖν ἦν ἐπὶ γῆς, οὐδ᾽ ἂν ἦν ἱερεύς,
por   estuviese sobre (la) tierra,   ni   sería   sacerdote,
consiguiente

ὄντων τῶν προσφερόντων κατὰ νόμον
habiendo   los que   ofrecen   según   (la) ley

τὰ δῶρα· **5** οἵτινες ὑποδείγματι καὶ σκιᾷ
los   dones;   los cuales   a una [2]copia   y   sombra

λατρεύουσιν τῶν ἐπουρανίων, καθὼς
sirven   de las   cosas celestiales,   como

κεχρημάτισται Μωϋσῆς μέλλων ἐπιτελεῖν
ha sido advertido   Moisés   cuando iba   a erigir por completo

τὴν σκηνήν· ὅρα γάρ φησιν, ποιήσεις
el   tabernáculo;   porque, mira,   dice,   harás

πάντα κατὰ τὸν τύπον τὸν δειχθέντα
todo   conforme   al   modelo   —   mostrado

σοι ἐν τῷ ὄρει· **6** νῦν δὲ διαφορωτέρας
a ti   en   el   monte;   mas ahora   un más excelente

τέτυχεν λειτουργίας, ὅσῳ καὶ κρείττονός
ha obtenido   ministerio,   en la medida también   de un mejor
en que

ἐστιν διαθήκης μεσίτης, ἥτις ἐπὶ κρείττοσιν
es   pacto   mediador,   el cual   sobre   mejores
(pacto)

ἐπαγγελίαις νενομοθέτηται. **7** εἰ γὰρ ἡ
promesas   ha sido establecido.   Porque si   el

πρώτη ἐκείνη ἦν ἄμεμπτος, οὐκ ἂν
primero   aquel   fuese   sin defecto,   no

1
1. MAJESTAD. Lit. *grandeza.*
(V. nota a 1:3.)
2
5. COPIA Y SOMBRA. O *figura modélica.*

δευτέρας ἐζητεῖτο τόπος. 8 μεμφόμενος
de un segundo se habría buscado lugar. Pues encontrando
falta

γὰρ αὐτοὺς λέγει· ἰδοὺ ἡμέραι ἔρχονται,
en ellos, dice: Mirad, días vienen,

λέγει κύριος, καὶ συντελέσω ἐπὶ τὸν
dice (el) Señor, y 1efectuaré sobre la

οἶκον Ἰσραὴλ καὶ ἐπὶ τὸν οἶκον Ἰούδα
casa de Israel y sobre la casa de Judá

διαθήκην καινήν, 9 οὐ κατὰ τὴν διαθήκην
un pacto nuevo, no según el pacto

ἣν ἐποίησα τοῖς πατράσιν αὐτῶν· ἐν
que hice a los padres de ellos en

ἡμέρᾳ ἐπιλαβομένου μου τῆς χειρὸς αὐτῶν
(el) día en que tomé yo de la mano de ellos

ἐξαγαγεῖν αὐτοὺς ἐκ γῆς Αἰγύπτου, ὅτι
para conducir a ellos de (la) tierra de Egipto, pues
fuera

αὐτοὶ οὐκ ἐνέμειναν ἐν τῇ διαθήκῃ μου,
ellos no permanecieron en el pacto de mí,

κἀγὼ ἠμέλησα αὐτῶν, λέγει κύριος. 10 ὅτι
y yo me desatendí de ellos, dice (el) Señor. Pues

αὕτη ἡ διαθήκη ἣν διαθήσομαι τῷ οἴκῳ
éste (es) el pacto que pactaré con la casa

Ἰσραὴλ μετὰ τὰς ἡμέρας ἐκείνας, λέγει
de Israel después de los días aquellos, dice

κύριος, διδοὺς νόμους μου εἰς τὴν διάνοιαν
(el) Señor, dando leyes de mí a la mente

αὐτῶν, καὶ ἐπὶ καρδίας αὐτῶν ἐπιγράψω
de ellos, y sobre (el) corazón de ellos inscribiré

αὐτούς, καὶ ἔσομαι αὐτοῖς εἰς θεὸν
las, y seré para ellos por Dios

καὶ αὐτοὶ ἔσονταί μοι εἰς λαόν. 11 καὶ
y ellos serán para mí por pueblo. Y

οὐ μὴ διδάξωσιν ἕκαστος τὸν πολίτην
de ningún modo enseñarán cada uno al conciudadano

αὐτοῦ καὶ ἕκαστος τὸν ἀδελφὸν αὐτοῦ,
de él y cada uno al hermano de él,

λέγων· γνῶθι τὸν κύριον, ὅτι πάντες
diciendo: ¡Conoce al Señor!, pues todos

εἰδήσουσίν με ἀπὸ μικροῦ ἕως μεγάλου
sabrán de mí desde (el) pequeño hasta (el) grande

αὐτῶν. 12 ὅτι ἵλεως ἔσομαι ταῖς ἀδικίαις
de ellos. Pues propicio seré a las injusticias

αὐτῶν, καὶ τῶν ἁμαρτιῶν αὐτῶν οὐ μὴ
de ellos, y de los pecados de ellos de ningún modo

8. EFECTUARÉ. O concertaré.
Lit. llevaré a cabo.

μνησθῶ ἔτι. 13 ἐν τῷ λέγειν καινὴν
me acordaré ya más.   Al   decir   nuevo,

πεπαλαίωκεν τὴν πρώτην· τὸ δὲ παλαι-
ha hecho anticuado   al   primero;   y lo que   está

ούμενον καὶ γηράσκον ἐγγὺς ἀφανισμοῦ.
siendo hecho   y   volviéndose viejo (está) cerca de (la) desaparición.
anticuado

9 Εἶχε μὲν οὖν καὶ ἡ πρώτη δικαι-
Tenía por su parte, pues, también el primer (pacto) [1]normas

ώματα λατρείας τό τε ἅγιον κοσμικόν.
de culto,   así como el   lugar santo   [2]terrenal.

2 σκηνὴ γὰρ κατεσκευάσθη ἡ πρώτη,
Porque [3]un tabernáculo   fue preparado   el   primero,

ἐν ᾗ ἥ τε λυχνία καὶ ἡ τράπεζα καὶ
en el que el   candelabro,   así como la   mesa   y
(estaba)

ἡ πρόθεσις τῶν ἄρτων, ἥτις λέγεται
[4]los   panes   de la   proposición,   el cual   [5]es llamado

Ἅγια· 3 μετὰ δὲ τὸ δεύτερον καταπέτασμα
Santo;   y detrás   del   segundo   velo

σκηνὴ ἡ λεγομένη Ἅγια Ἁγίων, 4 χρυσοῦν
(una)   la   llamada   Santo de (los) Santos,   de oro
estancia,

ἔχουσα θυμιατήριον καὶ τὴν κιβωτὸν τῆς
que tenía [6]un altar del incienso y   el   arca   del

διαθήκης περικεκαλυμμένην πάντοθεν χρυσίῳ,
pacto   recubierta   por todas partes   de oro,

ἐν ᾗ στάμνος χρυσῆ ἔχουσα τὸ μάννα
en la que   una urna   de oro   que tenía   el   maná
(estaba)

καὶ ἡ ῥάβδος Ἀαρὼν ἡ βλαστήσασα
y   la   vara   de Aarón,   la que   retoñó

καὶ αἱ πλάκες τῆς διαθήκης, 5 ὑπεράνω
y   las   tablas   del   pacto,   y por encima

δὲ αὐτῆς Χερουβὶν δόξης κατασκιάζοντα
de ella (el arca)   querubines   de gloria   que cubrían con su
sombra

τὸ ἱλαστήριον· περὶ ὧν οὐκ ἔστιν νῦν
el   propiciatorio;   acerca de lo cual   no   es   ahora
(tiempo)

λέγειν κατὰ μέρος. 6 τούτων δὲ οὕτως
[7]de hablar   en   detalle.   Y estas cosas   así

κατεσκευασμένων εἰς μὲν τὴν πρώτην
habiendo sido preparadas,   ciertamente   a la   primera

σκηνὴν διὰ παντὸς εἰσίασιν οἱ ἱερεῖς
estancia   en   todo tiempo   entran   los   sacerdotes

1
1. NORMAS. Lit. (reglas) justas.
2
1. TERRENAL. Lit. del mundo.
3
2. UN TABERNÁCULO. Es de-
cir, una primera estancia.
4
2. LOS PANES DE LA PROPO-
SICIÓN. Lit. la proposición
de los panes.
5
2. ES LLAMADO. Lit. es dicho.
6
4. UN ALTAR DEL INCIENSO.
O un incensario. (Aunque
no estaba en el Lugar Santísimo, hacía referencia a
él.)
7
5. DE HABLAR EN DETALLE.
Lit. de decir parte por
parte.

τὰς λατρείας ἐπιτελοῦντες, 7 εἰς δὲ τὴν
los servicios desempeñando, mas a la

δευτέραν ἅπαξ τοῦ ἐνιαυτοῦ μόνος ὁ
segunda una vez del año sólo el

ἀρχιερεύς, οὐ χωρὶς αἵματος ὃ προσφέρει
sumo sacerdote, no sin sangre que ofrece

ὑπὲρ ἑαυτοῦ καὶ τῶν τοῦ λαοῦ ἀγνοημά-
por (los) de sí mismo y los del pueblo [1]pecados de

των, 8 τοῦτο δηλοῦντος τοῦ πνεύματος
ignorancia, (con) esto mostrando el Espíritu

τοῦ ἁγίου, μήπω πεφανερῶσθαι τὴν τῶν
— Santo, que aún no había sido manifestado el [2]de los

ἁγίων ὁδὸν ἔτι τῆς πρώτης σκηνῆς
santos camino aún la primera estancia

ἐχούσης στάσιν, 9 ἥτις παραβολὴ εἰς τὸν
estando en pie, la cual (era) una [3]ilustración para el

καιρὸν τὸν ἐνεστηκότα, καθ᾽ ἣν δῶρά
tiempo — presente, conforme a la cual dones

τε καὶ θυσίαι προσφέρονται μὴ δυνάμεναι
así como sacrificios son ofrecidos que no pueden

κατὰ συνείδησιν τελειῶσαι τὸν λατρεύοντα,
respecto a (la) conciencia perfeccionar al que practica el culto,

10 μόνον ἐπὶ βρώμασιν καὶ πόμασιν καὶ
sólo sobre alimentos y bebidas y

διαφόροις βαπτισμοῖς, δικαιώματα σαρκὸς
diversas abluciones, (siendo) normas [4]externas

μέχρι καιροῦ διορθώσεως ἐπικείμενα.
hasta (el) tiempo [5]de la renovación impuestas.

11 Χριστὸς δὲ παραγενόμενος ἀρχιερεὺς
Mas Cristo, habiéndose presentado sumo sacerdote

τῶν γενομένων ἀγαθῶν, διὰ τῆς μείζονος
de los llegados bienes, a través — de mayor

καὶ τελειοτέρας σκηνῆς οὐ χειροποιήτου,
y más perfecto tabernáculo, no hecho a mano,

τοῦτ᾽ ἔστιν οὐ ταύτης τῆς κτίσεως,
esto es no de esta — creación,

12 οὐδὲ δι᾽ αἵματος τράγων καὶ μόσχων,
ni mediante sangre de machos cabríos y de terneros,

διὰ δὲ τοῦ ἰδίου αἵματος εἰσῆλθεν ἐφάπαξ
sino mediante la propia sangre entró de una vez por todas

εἰς τὰ ἅγια, αἰωνίαν λύτρωσιν εὑράμενος.
[6]en los santos, eterna redención habiendo hallado.

[1]
7. PECADOS. Lit. *ignorancias.*
[2]
8. SANTOS... Es decir, *del Lugar Santísimo.*
[3]
9. ILUSTRACIÓN. Lit. *parábola.*
[4]
10. EXTERNAS. Lit. *de carne.*
[5]
10. DE LA RENOVACIÓN. Lit. *del enderezamiento.*
[6]
12. EN LOS SANTOS. Es decir, *en el Lugar Santísimo.*

13 εἰ γὰρ τὸ αἷμα τράγων καὶ ταύρων
Porque si la sangre de machos cabríos y de toros

καὶ σποδὸς δαμάλεως ῥαντίζουσα τοὺς
y (la) ceniza de una ternera cuando rocía a los

κεκοινωμένους ἁγιάζει πρὸς τὴν τῆς
contaminados santifica en orden a la de la

σαρκὸς καθαρότητα, **14** πόσῳ μᾶλλον τὸ
carne purificación, ¡cuánto más la

αἷμα τοῦ Χριστοῦ, ὃς διὰ πνεύματος
sangre — de Cristo, quien mediante (el) Espíritu

αἰωνίου ἑαυτὸν προσήνεγκεν ἄμωμον τῷ
eterno a sí mismo ofreció sin tacha —

θεῷ, καθαριεῖ τὴν συνείδησιν ἡμῶν ἀπὸ
a Dios, purificará la conciencia de nosotros de

νεκρῶν ἔργων εἰς τὸ λατρεύειν θεῷ
muertas obras para — rendir culto a Dios

ζῶντι. **15** καὶ διὰ τοῦτο διαθήκης καινῆς
viviente! Y por esto de un pacto nuevo

μεσίτης ἐστίν, ὅπως θανάτου γενομένου
mediador es, de forma que, muerte ocurrida

εἰς ἀπολύτρωσιν τῶν ἐπὶ τῇ πρώτῃ
para redención de las contra el primer

διαθήκῃ παραβάσεων τὴν ἐπαγγελίαν
pacto transgresiones, la promesa

λάβωσιν οἱ κεκλημένοι τῆς αἰωνίου
reciban, los que han sido llamados, de la eterna

κληρονομίας. **16** Ὅπου γὰρ διαθήκη,
herencia. [1]Porque donde (hay) pacto,

θάνατον ἀνάγκη φέρεσθαι τοῦ διαθεμένου·
muerte (hay) necesidad de ser reportada de lo pactado;

17 διαθήκη γὰρ ἐπὶ νεκροῖς βεβαία, ἐπεὶ
porque un pacto sobre muertas (es) firme, ya que
(víctimas)

μήποτε ἰσχύει ὅτε ζῇ ὁ διαθέμενος.
nunca tiene valor cuando vive la (víctima) pactada.

18 ὅθεν οὐδὲ ἡ πρώτη χωρὶς αἵματος
De donde ni el primer (pacto) sin sangre

ἐγκεκαίνισται. **19** λαληθείσης γὰρ πάσης
ha sido inaugurado. Porque habiendo sido [2]dicho todo

ἐντολῆς κατὰ τὸν νόμον ὑπὸ Μωϋσέως
mandamiento conforme a la ley por Moisés

παντὶ τῷ λαῷ, λαβὼν τὸ αἷμα τῶν
a todo el pueblo, tomando la sangre de los

[1]
16. PORQUE DONDE (HAY) PACTO... Preferimos la traducción dada, a la corriente, por dos razones poderosas: 1.ª, no rompe el hilo del contexto; 2.ª, no comete el grave error de hacer morir al testador-pactante, que es Dios Padre.
[2]
19. DICHO. Lit. *hablado.*

μόσχων καὶ τῶν τράγων μετὰ ὕδατος
terneros y de los machos cabríos con agua

καὶ ἐρίου κοκκίνου καὶ ὑσσώπου, αὐτό
y lana escarlata e hisopo, [1]el mismo

τε τὸ βιβλίον καὶ πάντα τὸν λαὸν
rollo así como a todo el pueblo

ἐρράντισεν, 20 λέγων· τοῦτο τὸ αἷμα τῆς
roció, diciendo: Ésta (es) la sangre del

διαθήκης ἧς ἐνετείλατο πρὸς ὑμᾶς ὁ
pacto que mandó · en orden a vosotros —

θεός. 21 καὶ τὴν σκηνὴν δὲ καὶ πάντα
Dios. Y también el tabernáculo, así como todos

τὰ σκεύη τῆς λειτουργίας τῷ αἵματι
los utensilios del culto, con la sangre

ὁμοίως ἐρράντισεν. 22 καὶ σχεδὸν ἐν
igualmente roció. Y casi en

αἵματι πάντα καθαρίζεται κατὰ τὸν νόμον,
sangre todo es purificado según la (con) ley,

καὶ χωρὶς αἱματεκχυσίας οὐ γίνεται
y sin efusión de sangre no hay

ἄφεσις. 23 ἀνάγκη οὖν τὰ μὲν ὑπο-
[2]remisión. (Hay) necesidad, pues, de que las fi-

δείγματα τῶν ἐν τοῖς οὐρανοῖς τούτοις
guras de lo que en los cielos con estas
(hay) cosas

καθαρίζεσθαι, αὐτὰ δὲ τὰ ἐπουράνια
sean purificadas, mas las mismas cosas [3]celestiales

κρείττοσιν θυσίαις παρὰ ταύτας. 24 οὐ
con mejores sacrificios que éstas. Porque no

γὰρ εἰς χειροποίητα εἰσῆλθεν ἅγια Χριστός,
en un hecho a mano entró [4]Lugar Cristo,
Santísimo

ἀντίτυπα τῶν ἀληθινῶν, ἀλλ᾽ εἰς αὐτὸν
reproducción del verdadero, sino en el mismo

τὸν οὐρανόν, νῦν ἐμφανισθῆναι τῷ προσώπῳ
cielo, ahora para comparecer en la presencia

τοῦ θεοῦ ὑπὲρ ἡμῶν· 25 οὐδ᾽ ἵνα πολ-
— de Dios a favor de nosotros; ni para muchas

λάκις προσφέρῃ ἑαυτόν, ὥσπερ ὁ ἀρχιερεὺς
veces ofrecer a sí mismo, al modo como el sumo sacerdote

εἰσέρχεται εἰς τὰ ἅγια κατ᾽ ἐνιαυτὸν
entra en el Lugar Santísimo cada año

ἐν αἵματι ἀλλοτρίῳ, 26 ἐπεὶ ἔδει αὐτὸν
con sangre ajena, puesto que debería él

πολλάκις παθεῖν ἀπὸ καταβολῆς κόσμου·
muchas veces haber padecido desde (la) fundación de(l) mundo;

[1]
19. EL MISMO... ASÍ COMO. El orden de los vocablos es (lit.) así: *mismo - no sólo - al - rollo - sino también.*

[2]
22. REMISIÓN. Esto es, *perdón.*

[3]
23. CELESTIALES. Esto es, *las realidades espirituales que corresponden a las figuras antiguas.*

[4]
24. LUGAR SANTÍSIMO. Lit. *Santos* (lugares).

νυνὶ δὲ ἅπαξ ἐπὶ συντελείᾳ τῶν αἰώνων
mas ahora una sola vez en la consumación de los siglos

εἰς ἀθέτησιν τῆς ἁμαρτίας διὰ τῆς θυσίας
para anulación del pecado mediante el sacrificio

αὐτοῦ πεφανέρωται. 27 καὶ καθ' ὅσον
de él ha sido manifestado. Y en la misma medida

ἀπόκειται τοῖς ἀνθρώποις ἅπαξ ἀποθανεῖν,
en que está a los hombres una sola vez morir,
reservado

μετὰ δὲ τοῦτο κρίσις, 28 οὕτως καὶ
y después de esto (el) juicio, así también

ὁ Χριστός, ἅπαξ προσενεχθεὶς εἰς τὸ
— Cristo, una sola vez ofrecido para

πολλῶν ἀνενεγκεῖν ἁμαρτίας, ἐκ δευτέρου
de muchos llevar sobre sí (los) pecados, por segunda vez

χωρὶς ἁμαρτίας ὀφθήσεται τοῖς αὐτὸν
¹sin pecado ²se aparecerá a los que le

ἀπεκδεχομένοις εἰς σωτηρίαν.
están aguardando para ³salvación.

10 Σκιὰν γὰρ ἔχων ὁ νόμος τῶν
Porque una sombra teniendo la ley de los

μελλόντων ἀγαθῶν, οὐκ αὐτὴν τὴν εἰκόνα
venideros bienes, no la imagen misma

τῶν πραγμάτων, κατ' ἐνιαυτὸν ταῖς αὐταῖς
de las realidades, cada año con los mismos

θυσίαις ἃς προσφέρουσιν εἰς τὸ διηνεκὲς
sacrificios que ofrecen incesantemente

οὐδέποτε δύναται τοὺς προσερχομένους
nunca puede a los que se acercan

τελειῶσαι· 2 ἐπεὶ οὐκ ἂν ἐπαύσαντο
perfeccionar; puesto que ¿no habrían cesado

προσφερόμεναι, διὰ τὸ μηδεμίαν ἔχειν
de ser ofrecidos, a causa de ninguna tener

ἔτι συνείδησιν ἁμαρτιῶν τοὺς λατρεύοντας
ya conciencia de pecados los que rinden culto

ἅπαξ κεκαθαρισμένους; 3 ἀλλ' ἐν αὐταῖς
de una vez habiendo sido purificados? Pero en ellos (se hace)

ἀνάμνησις ἁμαρτιῶν κατ' ἐνιαυτόν·
un recuerdo de pecados cada año;

4 ἀδύνατον γὰρ αἷμα ταύρων καὶ τράγων
porque incapaz (es la) sangre de toros y de machos cabríos

ἀφαιρεῖν ἁμαρτίας. 5 Διὸ εἰσερχόμενος εἰς
para quitar pecados. Por lo cual, al entrar en

τὸν κόσμον λέγει· θυσίαν καὶ προσφορὰν
el mundo, dice: Sacrificio y ofrenda

οὐκ ἠθέλησας, σῶμα δὲ κατηρτίσω μοι·
no quisiste, mas un cuerpo preparaste me;

1
28. SIN PECADO. Es decir, sin relación con el pecado.
2
28. SE APARECERÁ. Lit. será visto.
3
28. SALVACIÓN. Esto es, la consumación del proceso de la salvación.

6 ὁλοκαυτώματα καὶ περὶ ἁμαρτίας οὐκ
holocaustos   y   por   (el) pecado   no
            (sacrificios)

εὐδόκησας. **7** τότε εἶπον· ἰδοὺ ἥκω,
fueron de tu agrado.   Entonces   dije: ¡He aquí que   vengo,

ἐν κεφαλίδι βιβλίου γέγραπται περὶ ἐμοῦ,
en   cabecera   de un rollo   ha sido escrito   acerca   de mí,

τοῦ ποιῆσαι ὁ θεὸς τὸ θέλημά σου.
—   a hacer,   —   oh Dios,   la   voluntad   de ti!

8 ἀνώτερον λέγων ὅτι θυσίας καὶ προσ-
Más arriba   diciendo: —   Sacrificios   y   ofren-

φορὰς καὶ ὁλοκαυτώματα καὶ περὶ ἁμαρτίας
das   y   holocaustos   y   por   (el) pecado
                      (sacrificios)

οὐκ ἠθέλησας οὐδὲ εὐδόκησας, αἵτινες
no   quisiste   ni   fueron de tu agrado   —los cuales

κατὰ νόμον προσφέρονται, **9** τότε εἴρηκεν·
conforme   ley   son ofrecidos—,   entonces   ha dicho:
a (la)

ἰδοὺ ἥκω τοῦ ποιῆσαι τὸ θέλημά σου.
¡He aquí   vengo   —   a hacer   la   voluntad   de ti!
que

ἀναιρεῖ τὸ πρῶτον ἵνα τὸ δεύτερον
Quita   lo   primero   para   lo   segundo
(abroga)

στήσῃ· **10** ἐν ᾧ θελήματι ἡγιασμένοι ἐσμὲν
establecer;   en la cual   voluntad   santificados   estamos

διὰ τῆς προσφορᾶς τοῦ σώματος Ἰησοῦ
mediante la   ofrenda   del   cuerpo   de Jesu-

Χριστοῦ ἐφάπαξ. **11** Καὶ πᾶς μὲν ἱερεὺς
cristo   de una vez   Y, ciertamente, todo   sacerdote
     por todas.

ἕστηκεν καθ᾽ ἡμέραν λειτουργῶν καὶ τὰς
está en pie,   cada   día   ministrando   y   los

αὐτὰς πολλάκις προσφέρων θυσίας, αἵτινες
mismos   muchas veces   ofreciendo   sacrificios,   los cuales

οὐδέποτε δύνανται περιελεῖν ἁμαρτίας· **12** οὗτος
nunca   pueden   suprimir   pecados;   mas éste

δὲ μίαν ὑπὲρ ἁμαρτιῶν προσενέγκας
—   uno   por   (los) pecados   habiendo ofrecido

θυσίαν εἰς τὸ διηνεκὲς ἐκάθισεν ἐν δεξιᾷ
sacrificio   a   perpetuidad   [1]se sentó   a (la) diestra

τοῦ θεοῦ, **13** τὸ λοιπὸν ἐκδεχόμενος ἕως
—   de Dios,   de ahora en adelante   aguardando   hasta que

1
12. SE SENTÓ. (Dando a entender que ya no se vuelve a ofrecer en sacrificio, en contraste con "está en pie" del v. 11.)

τεθῶσιν   οἱ   ἐχθροὶ   αὐτοῦ   ὑποπόδιον   τῶν
sean puestos los enemigos   de él   (por) pedestal   de los

ποδῶν   αὐτοῦ.   **14** μιᾷ   γὰρ   προσφορᾷ
pies   de él.   Porque con una sola   ofrenda

τετελείωκεν   εἰς   τὸ   διηνεκὲς   τοὺς   ἁγιαζ-
[1]ha perfeccionado para   —   siempre   a los que van siendo

ομένους.   **15** Μαρτυρεῖ   δὲ   ἡμῖν   καὶ
santificados.   Y da testimonio   nos   también

τὸ   πνεῦμα   τὸ   ἅγιον·   μετὰ   γὰρ   τὸ
el   Espíritu   —   Santo;   porque después de   —

εἰρηκέναι·   **16** αὕτη   ἡ   διαθήκη   ἣν   δια-
haber dicho: Este (es)   el   pacto   que   pac-

θήσομαι   πρὸς   αὐτοὺς   μετὰ   τὰς   ἡμέρας
taré   con relación a ellos   después   de los   días

ἐκείνας,   λέγει   κύριος·   διδοὺς   νόμους   μου
aquellos,   dice   (el) Señor: Dando   leyes   de mí

ἐπὶ   καρδίας   αὐτῶν,   καὶ   ἐπὶ   τὴν   διάνοιαν
sobre (los) corazones de ellos   y   sobre   la   mente

αὐτῶν   ἐπιγράψω   αὐτούς,   **17** καὶ   τῶν
de ellos   inscribiré   las,   y   de los

ἁμαρτιῶν   αὐτῶν   καὶ   τῶν   ἀνομιῶν   αὐτῶν
pecados   de ellos   y   de las   iniquidades   de ellos

οὐ   μὴ   μνησθήσομαι   ἔτι.   **18** ὅπου   δὲ
de ningún modo me acordaré   ya más.   Y donde (hay)

ἄφεσις   τούτων,   οὐκέτι   προσφορὰ   περὶ
remisión   de estas cosas,   ya no más   ofrenda (hay)   por

ἁμαρτίας.
(el) pecado.

19 Ἔχοντες   οὖν,   ἀδελφοί,   παρρησίαν   εἰς
Teniendo,   pues,   hermanos,   confianza   para

τὴν   εἴσοδον   τῶν   ἁγίων   ἐν   τῷ   αἵματι
la   entrada   en el Lugar Santísimo por la   sangre

Ἰησοῦ,   **20** ἣν   ἐνεκαίνισεν   ἡμῖν   ὁδὸν
de Jesús,   el cual   inauguró   nos   camino

πρόσφατον   καὶ   ζῶσαν   διὰ   τοῦ   κατα-
recién abierto   y   vivo   a través   del   velo,

πετάσματος,   τοῦτ᾽   ἔστιν   τῆς   σαρκὸς   αὐτοῦ,
esto   es,   de la   carne   de él,

21 καὶ   ἱερέα   μέγαν   ἐπὶ   τὸν   οἶκον   τοῦ
y   un sacerdote grande   sobre   la   casa

θεοῦ,   **22** προσερχώμεθα   μετὰ   ἀληθινῆς
de Dios,   acerquémonos   con   genuino
                                              (sincero)

καρδίας   ἐν   πληροφορίᾳ   πίστεως,   ῥεραν-
corazón   en   plena seguridad   de fe,   habiendo

τισμένοι   τὰς   καρδίας   ἀπὸ   συνειδήσεως
sido rociados   en los   corazones   [2]de   conciencia

[1]
14. HA PERFECCIONADO. Es decir, *ha provisto todo lo necesario para la salvación.*
[2]
22. DE. Aquí, es preposición de alejamiento, no de pertenencia.

πονηρᾶς καὶ λελουσμένοι τὸ σῶμα ὕδατι
malvada y lavados en el cuerpo con agua

καθαρῷ· **23** κατέχωμεν τὴν ὁμολογίαν τῆς
pura; retengamos la confesión de la

ἐλπίδος ἀκλινῆ, πιστὸς γὰρ ὁ ἐπαγ-
esperanza [1]firme, porque fiel (es) el que pro-

γειλάμενος, **24** καὶ κατανοῶμεν ἀλλήλους
metió, y consideremos unos a otros

εἰς παροξυσμὸν ἀγάπης καὶ καλῶν ἔργων,
para estímulo de(l) amor y de (las) buenas obras,

25 μὴ ἐγκαταλείποντες τὴν ἐπισυναγωγὴν
no abandonando la asamblea

ἑαυτῶν, καθὼς ἔθος τισίν, ἀλλὰ παρα-
de vosotros como algunos (tienen) costumbre, sino ex-
mismos,

καλοῦντες, καὶ τοσούτῳ μᾶλλον ὅσῳ
hortándoos, y tanto más cuanto

βλέπετε ἐγγίζουσαν τὴν ἡμέραν. **26** Ἑκουσίως
que veis que se acerca el día. Porque si voluntaria-

γὰρ ἁμαρτανόντων ἡμῶν μετὰ τὸ λαβεῖν
mente continuamos pecando nosotros después — de haber recibido

τὴν ἐπίγνωσιν τῆς ἀληθείας, οὐκέτι περὶ
el pleno conocimiento de la verdad, ya no por (los)

ἁμαρτιῶν ἀπολείπεται θυσία, **27** φοβερὰ
pecados queda sacrificio, sino terrible

δέ τις ἐκδοχὴ κρίσεως καὶ πυρὸς ζῆλος
una expectación de juicio y de fuego [2]ardor

ἐσθίειν μέλλοντος τοὺς ὑπεναντίους.
que a consumir va a los adversarios.

28 ἀθετήσας τις νόμον Μωϋσέως χωρὶς
Si rechaza alguno (la) ley de Moisés, [3]sin

οἰκτιρμῶν ἐπὶ δυσὶν ἢ τρισὶν μάρτυσιν
compasión a base de dos o tres testigos

ἀποθνήσκει· **29** πόσῳ δοκεῖτε χείρονος
muere; ¡de cuánto pensáis peor

ἀξιωθήσεται τιμωρίας ὁ τὸν υἱὸν τοῦ
será tenido por castigo el que al Hijo —
digno

θεοῦ καταπατήσας καὶ τὸ αἷμα τῆς
de Dios pisoteó y la sangre del

διαθήκης κοινὸν ἡγησάμενος, ἐν ᾧ ἡγιάσθη,
pacto (por) inmunda tuvo, en la cual fue santificado

καὶ τὸ πνεῦμα τῆς χάριτος ἐνυβρίσας.
y al Espíritu — de gracia insultó!

[1] 23. FIRME. Lit. *sin inclinar.*
[2] 27. ARDOR. Lit. *celo.*
[3] 28. SIN COMPASIÓN. Lit. *sin compasiones.*

30 οἴδαμεν γὰρ τὸν εἰπόντα· ἐμοὶ
Porque sabemos (quién es) el que dijo: Mía (es la)

ἐκδίκησις, ἐγὼ ἀνταποδώσω· καὶ πάλιν·
venganza, yo retribuiré; y de nuevo:

κρινεῖ κύριος τὸν λαὸν αὐτοῦ. **31** φοβερὸν
Juzgará (el) Señor al pueblo de él. ¡Terrible (es)

τὸ ἐμπεσεῖν εἰς χεῖρας θεοῦ ζῶντος.
el caer en manos de un Dios vivo!

32 Ἀναμιμνῄσκεσθε δὲ τὰς πρότερον ἡμέρας,
Mas recordad continuamente los anteriores días,

ἐν αἷς φωτισθέντες πολλὴν ἄθλησιν
en los que, habiendo sido iluminados, mucho (gran) combate

ὑπεμείνατε παθημάτων, **33** τοῦτο μὲν
aguantasteis de sufrimientos, unas veces

ὀνειδισμοῖς τε καὶ θλίψεσιν θεατριζόμενοι,
a ultrajes y a tribulaciones expuestos públicamente;

τοῦτο δὲ κοινωνοὶ τῶν οὕτως ἀναστρεφ-
otras, solidarios de los que así eran

ομένων γενηθέντες. **34** καὶ γὰρ τοῖς
tratados, hechos. Porque también con los

δεσμίοις συνεπαθήσατε, καὶ τὴν ἁρπαγὴν
presos [1]simpatizabais, y la confiscación

τῶν ὑπαρχόντων ὑμῶν μετὰ χαρᾶς
de las posesiones de vosotros con gozo

προσεδέξασθε, γινώσκοντες ἔχειν ἑαυτοὺς
aceptasteis, conociendo que teníais vosotros mismos

κρείσσονα ὕπαρξιν καὶ μένουσαν. **35** Μὴ
una mejor posesión y permanente. No

ἀποβάλητε οὖν τὴν παρρησίαν ὑμῶν, ἥτις
arrojéis de pues, la confianza de vosotros, la cual
vosotros,

ἔχει μεγάλην μισθαποδοσίαν. **36** ὑπομονῆς
tiene gran recompensa. Porque de paciencia

γὰρ ἔχετε χρείαν ἵνα τὸ θέλημα τοῦ
tenéis necesidad para que la voluntad —

θεοῦ ποιήσαντες κομίσησθε τὴν ἐπαγγελίαν.
de Dios haciendo, obtengáis la promesa.

37 ἔτι γὰρ μικρὸν ὅσον ὅσον, ὁ ἐρχόμενος
Porque aún un poco, [2]muy poco, (y) el que viene
(tiempo),

ἥξει καὶ οὐ χρονίσει· **38** ὁ δὲ δίκαιός
vendrá y no se retrasará; mas el justo

μου ἐκ πίστεως ζήσεται, καὶ ἐὰν ὑπο-
de mí, a base de fe vivirá, y si se vuelve

[1]
34. SIMPATIZABAIS. Es decir, teníais como propios sus sufrimientos.
[2]
37. MUY POCO. Es expresiva la repetición (hóson, hóson) en el original, como diciendo: "¡qué poco, qué poco!".

στείληται, οὐκ εὐδοκεῖ ἡ ψυχή μου
atrás,   no   se complacerá   el   alma   de mí

ἐν αὐτῷ. 39 ἡμεῖς δὲ οὐκ ἐσμὲν ὑποστολῆς
en   él.   Mas nosotros   no   somos   de retirada

εἰς ἀπώλειαν, ἀλλὰ πίστεως εἰς περιποίησιν
para destrucción,   sino   de fe   para   conservación

ψυχῆς.
de(l) alma.

11 Ἔστιν δὲ πίστις ἐλπιζομένων ὑπό-
    Y es (la)   fe,   de lo que se espera   base

στασις, πραγμάτων ἔλεγχος οὐ βλεπομένων.
segura,   de realidades   prueba   que   no se ven;
                         convincente

2 ἐν ταύτῃ γὰρ ἐμαρτυρήθησαν οἱ
porque con ésta fueron   acreditados   los

πρεσβύτεροι. 3 Πίστει νοοῦμεν κατηρτίσθαι
[1]antiguos.   Por fe   entendemos   haber sido
                               [2]formados

τοὺς αἰῶνας ῥήματι θεοῦ, εἰς τὸ μὴ
[3]los   mundos   con una palabra de Dios,   de modo que   no

ἐκ φαινομένων τὸ βλεπόμενον γεγονέναι.
de   cosas que se dejan   lo   que se ve   ha sido hecho
     ver   (ha venido a ser).

4 Πίστει πλείονα θυσίαν Ἄβελ παρὰ
Por fe   un [4]mejor   sacrificio   Abel   que

Κάϊν προσήνεγκεν τῷ θεῷ, δι' ἧς
Caín   ofreció   —   a Dios,   mediante el cual

ἐμαρτυρήθη εἶναι δίκαιος, μαρτυροῦντος ἐπὶ
fue testificado   de ser   justo,   dando testimonio   sobre

τοῖς δώροις αὐτοῦ τοῦ θεοῦ, καὶ δι'
los   dones   de él   —   Dios,   y mediante

αὐτῆς ἀποθανὼν ἔτι λαλεῖ. 5 Πίστει
ella,   habiendo muerto,   aún   habla.   Por fe

Ἐνὼχ μετετέθη τοῦ μὴ ἰδεῖν θάνατον,
Enoc   fue trasladado   —   para no   ver   muerte,

καὶ οὐχ ηὑρίσκετο διότι μετέθηκεν αὐτὸν
y   no   fue hallado   porque   trasladó   le

ὁ θεός. 6 πρὸ γὰρ τῆς μεταθέσεως
—   Dios.   Porque antes   del   traslado

μεμαρτύρηται εὐαρεστηκέναι τῷ θεῷ· χωρὶς
ha obtenido testimonio   de haber agradado   —   a Dios;   mas

δὲ πίστεως ἀδύνατον εὐαρεστῆσαι· πιστεῦσαι
sin   fe   (es) imposible   agradar (a Dios);   [5]porque es

γὰρ δεῖ τὸν προσερχόμενον [τῷ] θεῷ,
menester   que   el que se acerca   —   a Dios, crea

---

[1]
2. ANTIGUOS. Lit. *más ancianos.*

[2]
3. FORMADOS. Lit. *perfectamente ajustados.*

[3]
3. LOS MUNDOS. Lit. *las edades.*

[4]
4. MEJOR. Lit. *más grande.*

[5]
6. PORQUE ES MENESTER... El orden de las palabras en el original es así: *creer porque es menester que el que se acerca a Dios,* etc.

ὅτι   ἔστιν   καὶ   τοῖς   ἐκζητοῦσιν   αὐτὸν
que   existe   y   a los que inquieren   por él

μισθαποδότης   γίνεται.   7 Πίστει   χρηματισ-
galardonador   se hace.   Por fe   advertido

θεὶς Νῶε   περὶ   τῶν   μηδέπω   βλεπομένων,
(por Dios) Noé acerca de lo   que aún   no se veía,

εὐλαβηθεὶς   κατεσκεύασεν   κιβωτὸν   εἰς
siendo devoto   preparó   un arca   para

σωτηρίαν   τοῦ   οἴκου   αὐτοῦ,   δι'   ἧς
salvación   de la   casa   de él,   mediante la que
                                        (la fe)

κατέκρινεν   τὸν   κόσμον,   καὶ   τῆς   κατὰ
1condenó   al   mundo,   y   de la   según
                                        (que es),

πίστιν   δικαιοσύνης   ἐγένετο   κληρονόμος.
(la) fe,   justicia   vino a ser   heredero.

8 Πίστει   καλούμενος   'Αβραὰμ   ὑπήκουσεν
Por fe,   siendo llamado, Abraham   obedeció

ἐξελθεῖν   εἰς   τόπον   ὃν   ἤμελλεν   λαμβάνειν
para salir   a   un lugar que   iba   a recibir

εἰς   κληρονομίαν,   καὶ   ἐξῆλθεν   μὴ   ἐπιστάμε-
por   herencia,   y   salió   no   entendien-
(como)

νος   ποῦ   ἔρχεται.   9 Πίστει   παρῴκησεν
do   adónde 2iba.   Por fe   habitó como
                                        extranjero

εἰς   γῆν   τῆς   ἐπαγγελίας   ὡς   ἀλλοτρίαν,
en   (la) tierra de la   promesa   como   (tierra) ajena

ἐν   σκηναῖς   κατοικήσας,   μετὰ   'Ισαὰκ   καὶ
en   tiendas   morando,   con   Isaac   y

'Ιακὼβ   τῶν   συγκληρονόμων   τῆς   ἐπαγ-
Jacob   los   coherederos   de la   pro-

γελίας   τῆς   αὐτῆς·   10 ἐξεδέχετο   γὰρ   τὴν
mesa   —   misma;   porque aguardaba   la que

τοὺς   θεμελίους   ἔχουσαν   πόλιν,   ἧς   τεχνίτης
los   fundamentos tiene   ciudad, de la que artífice

καὶ   δημιουργὸς   ὁ   θεός.   11 Πίστει   καὶ
y   hacedor (es)   —   Dios.   Por fe   también

αὐτὴ   Σάρρα   δύναμιν   εἰς   καταβολὴν
(la) misma Sara   poder   para   (la) concepción

σπέρματος   ἔλαβεν   καὶ   παρὰ   καιρὸν   ἡλικίας,
de semen   recibió   aun   fuera   de(l) tiempo de (la) edad,

ἐπεὶ   πιστὸν   ἡγήσατο   τὸν   ἐπαγγειλάμενον.
ya que   fiel   consideró   al que   había prometido.

12 διὸ   καὶ   ἀφ'   ἑνὸς   ἐγενήθησαν,   καὶ
Por lo cual también   de   uno   surgieron,   y

ταῦτα   νενεκρωμένου,   καθὼς   τὰ   ἄστρα
respecto a 3ya muerto   como   las   estrellas
estas cosas

1
7. CONDENÓ. Es decir, mostró, con su fe, que era justa
la condenación. (Comp. Mt.
12:41.)
2
8. IBA. Lit. va.
3
12. YA MUERTO. Es decir,
demasiado viejo. (V. Ro. 4:
19.)

τοῦ οὐρανοῦ τῷ πλήθει καὶ ὡς ἡ ἄμμος
del   cielo — en multitud y como la arena

ἡ παρὰ τὸ χεῖλος τῆς θαλάσσης ἡ
que (está) junto a la   orilla   del   mar —

ἀναρίθμητος. 13 Κατὰ πίστιν ἀπέθανον
innumerable.   Conforme a (la) fe   murieron

οὗτοι πάντες, μὴ κομισάμενοι τὰς ἐπαγ-
éstos todos,   no habiendo obtenido las prome-

γελίας, ἀλλὰ πόρρωθεν αὐτὰς ἰδόντες καὶ
sas,   sino   desde lejos las habiendo visto y

ἀσπασάμενοι, καὶ ὁμολογήσαντες ὅτι ξένοι
habiendo saludado, y habiendo confesado que extranjeros

καὶ παρεπίδημοί εἰσιν ἐπὶ τῆς γῆς.
y   peregrinos   ¹eran sobre la tierra.

14 οἱ γὰρ τοιαῦτα λέγοντες ἐμφανίζουσιν
Porque los que tales cosas dicen,   manifiestan

ὅτι πατρίδα ἐπιζητοῦσιν. 15 καὶ εἰ μὲν
que una patria buscan.   Y si, por
                                       cierto,

ἐκείνης ἐμνημόνευον ἀφ' ἧς ἐξέβησαν,
de aquella se acordaban de la que salieron,

εἶχον ἂν καιρὸν ἀνακάμψαι· 16 νῦν
tenían   tiempo de regresar;   mas

δὲ κρείττονος ὀρέγονται, τοῦτ' ἔστιν
ahora a una mejor aspiran,   esto   es,

ἐπουρανίου. διὸ οὐκ ἐπαισχύνεται αὐτοὺς
celestial. Por lo cual no se avergüenza (de) ellos

ὁ θεὸς θεὸς ἐπικαλεῖσθαι αὐτῶν· ἡτοίμασεν
— Dios Dios de ser llamado de ellos; porque preparó

γὰρ αὐτοῖς πόλιν. 17 Πίστει προσενήνοχεν
les una ciudad.   Por fe   ha ofrecido

Ἀβραὰμ τὸν Ἰσαὰκ πειραζόμενος, καὶ
Abraham — a Isaac, siendo probado, y

τὸν μονογενῆ προσέφερεν ὁ τὰς ἐπαγγελίας
al unigénito ofrecía el que las promesas

ἀναδεξάμενος, 18 πρὸς ὃν ἐλαλήθη ὅτι
había recibido, respecto al cual fue hablado: —

ἐν Ἰσαὰκ κληθήσεταί σοι σπέρμα,
En Isaac será llamada te ²descendencia,

19 λογισάμενος ὅτι καὶ ἐκ νεκρῶν ἐγείρειν
teniendo en cuenta que aun de (los) muertos para levantar

δυνατὸς ὁ θεός· ὅθεν αὐτὸν καὶ ἐν
(es) poderoso — Dios; de donde le de cierto ³en

παραβολῇ ἐκομίσατο. 20 Πίστει καὶ περὶ
sentido figurado recibió.   Por fe también acerca
                                           de

---

¹
13. ERAN. Lit. *son*.
²
18. DESCENDENCIA. Lit. *simiente*.
³
19. EN SENTIDO FIGURADO. Lit. *en parábola*.

μελλόντων εὐλόγησεν Ἰσαὰκ τὸν Ἰακὼβ
cosas venideras   bendijo   Isaac   —   a Jacob

καὶ τὸν Ἠσαῦ. **21** Πίστει Ἰακὼβ
y   —   a Esaú.   Por fe   Jacob

ἀποθνήσκων ἕκαστον τῶν υἱῶν Ἰωσὴφ
moribundo   a cada uno de los hijos de José

εὐλόγησεν, καὶ προσεκύνησεν ἐπὶ τὸ ἄκρον
bendijo,   y   adoró   sobre el extremo

τῆς ῥάβδου αὐτοῦ. **22** Πίστει Ἰωσὴφ
del   bordón   de él.   Por fe   José

τελευτῶν περὶ τῆς ἐξόδου τῶν υἱῶν
al finalizar acerca de la salida de los hijos

Ἰσραὴλ ἐμνημόνευσεν καὶ περὶ τῶν
(su vida)
de Israel ¹hizo mención y   acerca de los

ὀστέων αὐτοῦ ἐνετείλατο. **23** Πίστει
huesos   de él   dio orden.   Por fe

Μωϋσῆς γεννηθεὶς ἐκρύβη τρίμηνον ὑπὸ
Moisés, una vez nacido, fue escondido por tres meses por

τῶν πατέρων αὐτοῦ, διότι εἶδον ἀστεῖον
los   padres   de él,   porque vieron (que era)
²hermoso

τὸ παιδίον, καὶ οὐκ ἐφοβήθησαν τὸ
el   niño,   y   no   temieron   el

διάταγμα τοῦ βασιλέως. **24** Πίστει Μωϋσῆς
edicto   del   rey.   Por fe   Moisés,

μέγας γενόμενος ἠρνήσατο λέγεσθαι υἱὸς
³grande hecho,   rehusó   ser dicho   hijo

θυγατρὸς Φαραώ, **25** μᾶλλον ἑλόμενος
de la hija de Faraón,   más bien   escogiendo

συγκακουχεῖσθαι τῷ λαῷ τοῦ θεοῦ ἢ
ser maltratado   con el pueblo — de Dios que

πρόσκαιρον ἔχειν ἁμαρτίας ἀπόλαυσιν,
por algún tiempo tener de(l) pecado disfrute,

26 μείζονα πλοῦτον ἡγησάμενος τῶν
por mayor riqueza   teniendo   que los

Αἰγύπτου θησαυρῶν τὸν ὀνειδισμὸν τοῦ
de Egipto tesoros   el   vituperio

Χριστοῦ· ἐπέβλεπεν γὰρ εἰς τὴν μισθ-
⁴de Cristo; porque ponía la mirada en el galar-

ἀποδοσίαν. **27** Πίστει κατέλιπεν Αἴγυπτον,
dón.   Por fe   abandonó   Egipto,

μὴ φοβηθεὶς τὸν θυμὸν τοῦ βασιλέως·
no temiendo la   cólera del   rey;

τὸν γὰρ ἀόρατον ὡς ὁρῶν ἐκαρτέρησεν.
porque al invisible como viendo perseveró.

28 Πίστει πεποίηκεν τὸ πάσχα καὶ τὴν
Por fe   ha hecho   la   Pascua   y   la

πρόσχυσιν τοῦ αἵματος, ἵνα μὴ ὁ
aspersión de la sangre,   para que no el

1
22. HIZO MENCIÓN. Lit. *recordó*.
2
23. HERMOSO. Lit. *fino* (de porte señoril, lo contrario de pueblerino).
3
24. GRANDE. Es decir, *bien crecido* (40 años de edad).
4
26. DE CRISTO. Esto es, *del Ungido de Dios*. Se nota aquí la identificación del Mesías con Israel. (Comp. Mt. 2:15 con Os. 11:1.)

ὀλεθρεύων τὰ πρωτότοκα θίγῃ αὐτῶν.
exterminador de los primogénitos tocase a ellos.

29 Πίστει διέβησαν τὴν ἐρυθρὰν θάλασσαν
Por fe atravesaron el Rojo Mar

ὡς διὰ ξηρᾶς γῆς, ἧς πεῖραν λαβόντες
como a través de seca tierra, la cual prueba intentando

οἱ Αἰγύπτιοι κατεπόθησαν. **30** Πίστει
los egipcios [1]perecieron ahogados. Por fe

τὰ τείχη Ἰεριχὼ ἔπεσαν κυκλωθέντα ἐπὶ
los muros de Jericó cayeron tras ser rodeados durante

ἑπτὰ ἡμέρας. **31** Πίστει Ῥαὰβ ἡ πόρνη
siete días. Por fe Rahab la ramera

οὐ συναπώλετο τοῖς ἀπειθήσασιν, δεξαμένη
no perició con los que [2]habían habiendo
,desobedecido, acogido

τοὺς κατασκόπους μετ᾽ εἰρήνης. **32** Καὶ
a los espías con paz. ¿Y

τί ἔτι λέγω; ἐπιλείψει με γὰρ διηγούμενον
qué más digo? Porque faltará me para contar

ὁ χρόνος περὶ Γεδεών, Βαράκ, Σαμψών,
el tiempo acerca de Gedeón, Barac, Sansón,

Ἰεφθάε, Δαυίδ τε καὶ Σαμουὴλ καὶ
Jefté, David, así como de Samuel y

τῶν προφητῶν, **33** οἳ διὰ πίστεως
de los profetas, los cuales mediante (la) fe

κατηγωνίσαντο βασιλείας, ἠργάσαντο δι-
conquistaron reinos, efectuaron jus-
(superaron)

καιοσύνην, ἐπέτυχον ἐπαγγελιῶν, ἔφραξαν
ticia, alcanzaron promesas, taparon

στόματα λεόντων, **34** ἔσβεσαν δύναμιν
bocas de leones, apagaron (el) poder

πυρός, ἔφυγον στόματα μαχαίρης, ἐδυναμώ-
de(l) fuego, escaparon (de) filos de espada, fueron revestidos

θησαν ἀπὸ ἀσθενείας, ἐγενήθησαν ἰσχυροὶ
de poder desde (su) debilidad, se hicieron fuertes

ἐν πολέμῳ, παρεμβολὰς ἔκλιναν ἀλλοτρίων.
en guerra, a ejércitos abatieron de extranjeros;

35 ἔλαβον γυναῖκες ἐξ ἀναστάσεως τοὺς
recibieron (unas) mujeres a base de resurrección a los

νεκροὺς αὐτῶν· ἄλλοι δὲ ἐτυμπανίσθησαν,
muertos de ellas; mas otros fueron golpeados hasta morir,

οὐ προσδεξάμενοι τὴν ἀπολύτρωσιν, ἵνα
no aceptando la [3]liberación, para

κρείττονος ἀναστάσεως τύχωσιν· **36** ἕτεροι
una mejor resurrección obtener; y otros

1
30. PERECIERON AHOGADOS. Lit. *fueron tragados.*
2
31. HABÍAN DESOBEDECIDO. Lit. *no se habían dejado persuadir.*
3
35. LIBERACIÓN. Lit. *rescate.*

δὲ ἐμπαιγμῶν καὶ μαστίγων πεῖραν ἔλαβον,
de burlas   y   de azotes   prueba   recibieron,

ἔτι δὲ δεσμῶν καὶ φυλακῆς· 37 ἐλιθάσ-
y aun   de cadenas   y   cárcel;   fueron apedrea-

θησαν, ἐπειράσθησαν, ἐπρίσθησαν, ἐν φόνῳ
dos,   puestos a prueba,   aserrados,   en asesinato

μαχαίρης ἀπέθανον, περιῆλθον ἐν μηλωταῖς,
de espada   murieron,   anduvieron de   en   pieles de oveja,
                      acá para allá

ἐν αἰγείοις δέρμασιν, ὑστερούμενοι,
en   de cabra   pieles,   pasando necesidad,

θλιβόμενοι, κακουχούμενοι, 38 ὧν οὐκ ἦν
atribulados,   maltratados,   de los que no   era

ἄξιος ὁ κόσμος, ἐπὶ ἐρημίαις πλανώμενοι
digno   el   mundo,   en   desiertos   vagando

καὶ ὄρεσιν καὶ σπηλαίοις καὶ ταῖς ὀπαῖς
y   montañas   y   cuevas   y   —   cavernas

τῆς γῆς. 39 Καὶ οὗτοι πάντες μαρτυρη-
de la   tierra.   Y   estos   todos   habiendo obtenido

θέντες διὰ τῆς πίστεως οὐκ ἐκομίσαντο
(buen)   mediante   la   fe,   no   alcanzaron
testimonio,

τὴν ἐπαγγελίαν, 40 τοῦ θεοῦ περὶ ἡμῶν
la   promesa,   —   Dios   respecto a nosotros

κρεῖττόν τι προβλεψαμένου, ἵνα μὴ χωρὶς
algo mejor   habiendo previsto,   para que no   aparte

ἡμῶν τελειωθῶσιν.
de nosotros   fuesen perfeccionados.

12 Τοιγαροῦν καὶ ἡμεῖς, τοσοῦτον ἔχοντες
Así que, por tanto, también nosotros,   tan grande   teniendo

περικείμενον ἡμῖν νέφος μαρτύρων, ὄγκον
1alrededor   de nosotros   nube   de testigos,   impedimenta

ἀποθέμενοι πάντα καὶ τὴν εὐπερίστατον
despojados   de toda   y   del   que (nos) asedia

ἁμαρτίαν, δι' ὑπομονῆς τρέχωμεν τὸν
pecado,   mediante   (la) paciencia   corramos   la

προκείμενον ἡμῖν ἀγῶνα, 2 ἀφορῶντες εἰς
puesta delante   de nosotros   2carrera,   fijando la mirada   en

τὸν τῆς πίστεως ἀρχηγὸν καὶ τελειωτὴν
el   de la   fe   autor   y   consumador

Ἰησοῦν, ὃς ἀντὶ τῆς προκειμένης αὐτῷ
Jesús,   quien   frente   al   puesto delante   de él

χαρᾶς ὑπέμεινεν σταυρὸν αἰσχύνης κατα-
gozo   soportó   (la) cruz,   (la) ignominia   des-

φρονήσας, ἐν δεξιᾷ τε τοῦ θρόνου τοῦ
preciando,   y a (la) diestra   del   trono   —

1. ALREDEDOR. Lit. *puesta en derredor.*

2

1. CARRERA. Lit. *lucha.*

θεοῦ κεκάθικεν. 3 ἀναλογίσασθε γὰρ τὸν
de Dios se ha sentado. Pues considerad bien al que

τοιαύτην ὑπομεμενηκότα ὑπὸ τῶν ἁμαρτω-
tal ha soportado por parte de los pecado-

λῶν εἰς ἑαυτὸν ἀντιλογίαν, ἵνα μὴ κάμητε
res contra él mismo contradicción, para que no os agobie el
cansancio

ταῖς ψυχαῖς ὑμῶν ἐκλυόμενοι. 4 Οὔπω
en las almas de vosotros desfalleciendo. Aún no

μέχρις αἵματος ἀντικατέστητε πρὸς τὴν
hasta sangre resististeis contra el
(derramar)

ἁμαρτίαν ἀνταγωνιζόμενοι, 5 καὶ ἐκλέλησθε
pecado combatiendo, y olvidasteis

τῆς παρακλήσεως, ἥτις ὑμῖν ὡς υἱοῖς
la exhortación, la cual os como a hijos

διαλέγεται· υἱέ μου, μὴ ὀλιγώρει παιδείας
es dirigida; Hijo de mí, no tengas en poco (la) disciplina

κυρίου, μηδὲ ἐκλύου ὑπ᾽ αὐτοῦ ἐλεγχόμενος·
de(l) Señor, ni desmayes por él siendo redargüido;

6 ὃν γὰρ ἀγαπᾷ κύριος παιδεύει, μαστιγοῖ
porque al que ama (el) Señor disciplina, y azota

δὲ πάντα υἱὸν ὃν παραδέχεται. 7 εἰς
a todo hijo al que acoge. Para

παιδείαν ὑπομένετε· ὡς υἱοῖς ὑμῖν
disciplina soportáis; como a hijos os

προσφέρεται ὁ θεός· τίς γὰρ υἱὸς ὃν
trata — Dios; porque ¿qué hijo al que
(hay)

οὐ παιδεύει πατήρ; 8 εἰ δὲ χωρίς ἐστε
no disciplina (su) padre? Mas si sin estáis

παιδείας, ἧς μέτοχοι γεγόνασιν πάντες,
disciplina, de la que partícipes han sido todos,

ἄρα νόθοι καὶ οὐχ υἱοί ἐστε. 9 εἶτα
entonces bastardos y no hijos sois. Además,

τοὺς μὲν τῆς σαρκὸς ἡμῶν πατέρας
a los — de la carne de nosotros padres

εἴχομεν παιδευτὰς καὶ ἐνετρεπόμεθα· οὐ
teníamos (por) correctores y (los) respetábamos; ¿no

πολὺ μᾶλλον ὑποταγησόμεθα τῷ πατρὶ
mucho más nos someteremos al Padre

τῶν πνευμάτων καὶ ζήσομεν; 10 οἱ μὲν
de los espíritus y viviremos? Porque aquellos

γὰρ πρὸς ὀλίγας ἡμέρας κατὰ τὸ δοκοῦν
para unos pocos días según lo que parecía

αὐτοῖς ἐπαίδευον, ὁ δὲ ἐπὶ τὸ συμφέρον
les disciplinaban, mas éste para lo provechoso

εἰς τὸ μεταλαβεῖν τῆς ἁγιότητος αὐτοῦ.
para — participar de la santidad de él.

11 πᾶσα μὲν παιδεία πρὸς μὲν τὸ παρὸν
Es cierto que toda disciplina en cuanto al presente

οὐ δοκεῖ χαρᾶς εἶναι ἀλλὰ λύπης, ὕστερον
no parece de gozo ser, sino de tristeza, mas al final

δὲ καρπὸν εἰρηνικὸν τοῖς δι᾽ αὐτῆς
fruto apacible a los que mediante ella

γεγυμνασμένοις ἀποδίδωσιν δικαιοσύνης.
han sido ejercitados da en retorno de justicia.

12 Διὸ τὰς παρειμένας χεῖρας καὶ τὰ
Por lo cual las fatigadas manos y las

παραλελυμένα γόνατα ἀνορθώσατε, 13 καὶ
paralizadas rodillas enderezad, y

τροχιὰς ὀρθὰς ποιεῖτε τοῖς ποσὶν ὑμῶν,
sendas derechas haced para los pies de vosotros,

ἵνα μὴ τὸ χωλὸν ἐκτραπῇ, ἰαθῇ δὲ
para que no lo cojo se desvíe, sino sea sanado

μᾶλλον. 14 Εἰρήνην διώκετε μετὰ πάντων,
más bien. Paz 1seguid con todos,

καὶ τὸν ἁγιασμόν, οὗ χωρὶς οὐδεὶς
y la santidad, sin la cual nadie

ὄψεται τὸν κύριον, 15 ἐπισκοποῦντες μή
verá al Señor, vigilando de continuo para que

τις ὑστερῶν ἀπὸ τῆς χάριτος τοῦ θεοῦ,
nadie esté falto de la gracia — de Dios,

μή τις ῥίζα πικρίας ἄνω φύουσα ἐνοχλῇ
no que alguna raíz de amargura hacia brotando cause
sea arriba disturbios

καὶ διὰ ταύτης μιανθῶσιν οἱ πολλοί,
y mediante ella sean contaminados 2los demás,

16 μή τις πόρνος ἢ βέβηλος ὡς Ἡσαῦ,
no sea algún fornicario o profano como Esaú,
que (haya)

ὃς ἀντὶ βρώσεως μιᾶς ἀπέδοτο τὰ
quien a cambio de comida una sola se desprendió de los

πρωτοτόκια ἑαυτοῦ. 17 ἴστε γὰρ ὅτι
derechos de de él mismo. Porque sabéis que
primogenitura

καὶ μετέπειτα θέλων κληρονομῆσαι τὴν
incluso después queriendo heredar la

εὐλογίαν ἀπεδοκιμάσθη, μετανοίας γὰρ
bendición fue rechazado, pues 3de arrepentimiento

τόπον οὐχ εὗρεν, καίπερ μετὰ δακρύων
lugar no halló, aunque con lágrimas

ἐκζητήσας αὐτήν. 18 Οὐ γὰρ προσεληλύθατε
procuró encontrar lo. Porque no os habéis acercado
(buscó con insistencia)

1 14. SEGUID. Lit. *perseguid* (id a la caza de).
2 15. LOS DEMÁS. Lit. *los muchos.*
3 17. NO HALLÓ LUGAR (OPORTUNIDAD) DE ARREPENTIMIENTO. Esto es, *no pudo conseguir que Isaac se volviera atrás.*

ψηλαφωμένῳ   καὶ   κεκαυμένῳ   πυρὶ   καὶ
a (un monte)   y   ardiendo   en fuego   y
palpable

γνόφῳ   καὶ   ζόφῳ   καὶ   θυέλλῃ   **19** καὶ
a (la) oscuridad y a (la) tiniebla y a(l) torbellino y

σάλπιγγος   ἤχῳ   καὶ   φωνῇ   ῥημάτων,   ἧς
de trompeta al sonido   y   a (la) voz   de palabras, la cual

οἱ   ἀκούσαντες   παρῃτήσαντο   μὴ   προστεθῆναι
los   que oyeron   suplicaron   que no fuese añadida

αὐτοῖς   λόγον·   **20** οὐκ   ἔφερον   γὰρ   τὸ
a ellos   palabra;   porque no soportaban   lo

διαστελλόμενον·   κἂν   θηρίον   θίγῃ   τοῦ   ὄρους,
que era mandado: Incluso si una   toca   el   monte,
                           bestia

λιθοβοληθήσεται·   **21** καὶ,   οὕτω   φοβερὸν   ἦν
será apedreada;   y   tan   terrible   era

τὸ   φανταζόμενον,   Μωϋσῆς   εἶπεν·   ἔκφοβός
lo   que se dejaba ver, (que) Moisés dijo: Aterrado

εἰμι   καὶ   ἔντρομος·   **22** ἀλλὰ   προσεληλύθατε
estoy   y   tembloroso;   sino que   os habéis acercado

Σιὼν   ὄρει   καὶ   πόλει   θεοῦ   ζῶντος,
Sión a(l) monte y a (la) ciudad de Dios   vivo,

Ἰερουσαλὴμ   ἐπουρανίῳ,   καὶ   μυριάσιν
Jerusalén   (la) celestial,   y   a miríadas

ἀγγέλων,   **23** πανηγύρει   καὶ   ἐκκλησίᾳ
de ángeles,   a (la) asamblea   y   a (la) iglesia

πρωτοτόκων   ἀπογεγραμμένων   ἐν   οὐρανοῖς,
de primogénitos inscritos en el censo en   (los) cielos,

καὶ   κριτῇ   θεῷ   πάντων,   καὶ   πνεύμασι
y   juez   a Dios de todos,   y   a (los) espíritus

δικαίων   τετελειωμένων,   **24** καὶ   διαθήκης
de (los) justos que han sido hechos   y   del pacto
                 perfectos,

νέας   μεσίτῃ   Ἰησοῦ,   καὶ   αἵματι   ῥαντισμοῦ
nuevo mediador a Jesús,   y a (la) sangre de rociamiento

κρεῖττον   λαλοῦντι   παρὰ   τὸν   Ἄβελ.
que mejor cosa   habla   que   la   de Abel.

25 Βλέπετε   μὴ   παραιτήσησθε   τὸν   λαλοῦντα·
Mirad   que no   rechacéis   al que   habla;

εἰ   γὰρ   ἐκεῖνοι   οὐκ   ἐξέφυγον   ἐπὶ   γῆς
porque si   aquéllos   no   escaparon   sobre (la) tierra

παραιτησάμενοι   τὸν   χρηματίζοντα,   πολὺ
rechazando   al que   amonestaba,   [1]con mucho

μᾶλλον   ἡμεῖς   οἱ   τὸν   ἀπ᾽   οὐρανῶν
mayor motivo nosotros los que al que desde   (los) cielos
                                          (amonesta)

[1]
25. CON MUCHO MAYOR. Lit.
mucho más (no escaparemos, etc.).

ἀποστρεφόμενοι· **26** οὗ ἡ φωνὴ τὴν γῆν
volvemos la espalda;   cuya   voz   la   tierra

ἐσάλευσεν τότε, νῦν δὲ ἐπήγγελται λέγων·
sacudió entonces. mas ahora ha prometido diciendo:

ἔτι ἅπαξ ἐγὼ σείσω οὐ μόνον τὴν
Aún una vez yo sacudiré no sólo la

γῆν ἀλλὰ καὶ τὸν οὐρανόν. **27** τὸ δὲ
tierra sino también el cielo.   Y lo de

ἔτι ἅπαξ δηλοῖ τὴν τῶν σαλευομένων
aún una vez indica la de las cosas que son sacudidas

μετάθεσιν ὡς πεποιημένων, ἵνα μείνῃ τὰ
remoción como cosas que han sido para que queden ¹las
                 hechas,

μὴ σαλευόμενα. **28** Διὸ βασιλείαν ἀσάλευτος
que no son sacudidas.   Por lo cual, un reino inconmovible

παραλαμβάνοντες ἔχωμεν χάριν, δι' ἧς
recibiendo,   tengamos gratitud, mediante la
                                              cual
λατρεύωμεν εὐαρέστως τῷ θεῷ, μετὰ
sirvamos de un modo que sea grato — a Dios, con

εὐλαβείας καὶ δέους· **29** καὶ γὰρ ὁ θεὸς
devoción y profundo respeto; porque de cierto el Dios

ἡμῶν πῦρ καταναλίσκον.
de fuego consumidor.
nosotros (es)

13 Ἡ φιλαδελφία μενέτω. **2** τῆς
El amor fraternal permanezca.   De la

φιλοξενίας μὴ ἐπιλανθάνεσθε· διὰ ταύτης
hospitalidad no os olvidéis; porque mediante ésta,

γὰρ ἔλαθόν τινες ξενίσαντες ἀγγέλους.
sin advertirlo, algunos hospedaron a ángeles.

3 μιμνήσκεσθε τῶν δεσμίων ὡς συνδεδεμένοι,
Acordaos continuamente de los presos como coprisioneros,

τῶν κακουχουμένων ὡς καὶ αὐτοὶ ὄντες
de los maltratados como también vosotros estando
                                           mismos,
ἐν σώματι. **4** Τίμιος ὁ γάμος ἐν πᾶσιν
en (el) cuerpo. Honroso (sea) el matrimonio en todos

καὶ ἡ κοίτη ἀμίαντος· πόρνους γὰρ
y el lecho conyugal sin mancilla; porque a (los) fornicarios

καὶ μοιχοὺς κρινεῖ ὁ θεός. **5** Ἀφιλάργυρος
y a (los) adúlteros juzgará — Dios.   Sin amor al dinero

ὁ τρόπος, ἀρκούμενοι τοῖς παροῦσιν·
la conducta, satisfechos ²con lo presente;

1
27. LAS QUE NO SON SACUDI-
DAS. Es decir, *las eternas.*
2
5. CON LO PRESENTE. Esto
es, *con lo que tengáis por
ahora.*

αὐτὸς γὰρ εἴρηκεν· οὐ μή σε ἀνῶ οὐδ'
porque él   ha dicho: De ningún modo te dejaré,   ni

οὐ μή σε ἐγκαταλίπω· **6** ὥστε θαρροῦντας
en modo te desampararé; de modo que podemos
alguno   atrevernos

ἡμᾶς λέγειν· κύριος ἐμοὶ βοηθός, οὐ
nosotros a decir: (El) Señor me (es) ayudador, no

φοβηθήσομαι· τί ποιήσει μοι ἄνθρωπος;
temeré;   ¿qué hará   me   (el) hombre?

7 Μνημονεύετε τῶν ἡγουμένων ὑμῶν,
Acordaos   de los   líderes   de vosotros,

οἵτινες ἐλάλησαν ὑμῖν τὸν λόγον τοῦ
los cuales hablaron os   la   palabra   —

θεοῦ, ὧν ἀναθεωροῦντες τὴν ἔκβασιν τῆς
de Dios, de los considerando el resultado de la
       que

ἀναστροφῆς μιμεῖσθε τὴν πίστιν. **8** Ἰησοῦς
conducta   imitad   la   fe.   Jesu-

Χριστὸς ἐχθὲς καὶ σήμερον ὁ αὐτὸς
cristo (es) ayer   y   hoy   el mismo

καὶ εἰς τοὺς αἰῶνας. **9** Διδαχαῖς ποικίλαις
y por los siglos.   Por enseñanzas varias

καὶ ξέναις μὴ παραφέρεσθε· καλὸν γὰρ
y extrañas no os dejéis llevar; porque bueno es

χάριτι βεβαιοῦσθαι τὴν καρδίαν, οὐ
con (la) gracia ser afianzado el   corazón,   no

βρώμασιν, ἐν οἷς οὐκ ὠφελήθησαν οἱ
con viandas, en las que no sacaron provecho los

περιπατοῦντες. **10** ἔχομεν θυσιαστήριον ἐξ
que andan (por ese camino). Tenemos un altar del

οὗ φαγεῖν οὐκ ἔχουσιν ἐξουσίαν οἱ τῇ
cual a comer no tienen autoridad los que al
                          (derecho)

σκηνῇ λατρεύοντες. **11** ὧν γὰρ εἰσφέρεται
tabernáculo sirven.   Porque de los que es introducida

ζώων τὸ αἷμα περὶ ἁμαρτίας εἰς τὰ
animales la sangre acerca del pecado   en el

ἄγια διὰ τοῦ ἀρχιερέως, τούτων τὰ
Lugar mediante el sumo sacerdote, de éstos los
Santísimo

σώματα κατακαίεται ἔξω τῆς παρεμβολῆς.
cuerpos son quemados fuera del campamento.

12 διὸ καὶ Ἰησοῦς, ἵνα ἁγιάσῃ διὰ
Por lo cual también Jesús, para santificar mediante

τοῦ ἰδίου αἵματος τὸν λαόν, ἔξω τῆς
la propia sangre al pueblo, fuera de la

πύλης ἔπαθεν. **13** τοίνυν ἐξερχώμεθα πρὸς
puerta padeció.   Así que salgamos adonde

αὐτὸν ἔξω τῆς παρεμβολῆς τὸν ὀνειδισμὸν
él   fuera del campamento   el   vituperio

αὐτοῦ φέροντες· 14 οὐ γὰρ ἔχομεν ὧδε
de él llevando;   porque no tenemos aquí

μένουσαν πόλιν, ἀλλὰ τὴν μέλλουσαν
una permanente ciudad, sino que la venidera

ἐπιζητοῦμεν. 15 Δι' αὐτοῦ οὖν ἀναφέρωμεν
buscamos.   Mediante él, pues, ofrezcamos

θυσίαν αἰνέσεως διὰ παντὸς τῷ θεῷ,
sacrificio de alabanza siempre — a Dios,

τοῦτ' ἔστιν καρπὸν χειλέων ὁμολογούντων
esto   es, fruto de labios que confiesan

τῷ ὀνόματι αὐτοῦ. 16 τῆς δὲ εὐποιίας
al nombre de él.   Y del hacer bien

καὶ κοινωνίας μὴ ἐπιλανθάνεσθε· τοιαύταις
y del compartir no os vayáis olvidando; porque en tales

γὰρ θυσίαις εὐαρεστεῖται ὁ θεός. 17 Πεί-
sacrificios se complace — Dios. ¹Obe-

θεσθε τοῖς ἡγουμένοις ὑμῶν καὶ ὑπείκετε·
deced a los líderes de vosotros y ²estad sumisos
(a ellos);

αὐτοὶ γὰρ ἀγρυπνοῦσιν ὑπὲρ τῶν ψυχῶν
porque ellos velan por las almas

ὑμῶν ὡς λόγον ἀποδώσοντες· ἵνα μετὰ
de como cuenta han de rendir; para que con
vosotros quienes

χαρᾶς τοῦτο ποιῶσιν καὶ μὴ στενάζ-
gozo esto hagan y no lamentán-

οντες· ἀλυσιτελὲς γὰρ ὑμῖν τοῦτο.
dose; porque sin provecho (es) para vosotros esto.

18 Προσεύχεσθε περὶ ἡμῶν· πειθόμεθα
Orad por nosotros; porque estamos
persuadidos

γὰρ ὅτι καλὴν συνείδησιν ἔχομεν, ἐν
de que buena conciencia tenemos, en

πᾶσιν καλῶς θέλοντες ἀναστρέφεσθαι.
todo bien deseando ³conducir(nos).

19 περισσοτέρως δὲ παρακαλῶ τοῦτο
Y con mayor insistencia ruego que esto

ποιῆσαι, ἵνα τάχιον ἀποκατασταθῶ ὑμῖν.
hagáis, para que más pronto sea (yo) restituido a vosotros.

20 Ὁ δὲ θεὸς τῆς εἰρήνης, ὁ ἀναγαγὼν
Y el Dios de la paz, que suscitó

ἐκ νεκρῶν τὸν ποιμένα τῶν προβάτων
de (los) muertos al pastor de las ovejas,
entre

¹ 17. OBEDECED A. Lit. *dejaos persuadir por*, etc.
² 17. ESTAD SUMISOS (A ELLOS). Lit. *doblegaos bajo la autoridad (de ellos)*. Es la única vez que este verbo sale en el N.T., y es más fuerte que "hupotasso" = *someter* (lit. *subordinar*), que ocurre 38 veces.
³ 18. CONDUCIR(NOS). O *comportar(nos)*.

τὸν μέγαν ἐν αἵματι διαθήκης αἰωνίου,
el   grande   1por la   sangre   de(l) pacto   eterno,

τὸν κύριον ἡμῶν Ἰησοῦν, **21** καταρτίσαι
al   Señor   de nosotros   Jesús,   equipe

ὑμᾶς ἐν παντὶ ἀγαθῷ εἰς τὸ ποιῆσαι
os   con   toda   cosa buena   a fin   de hacer

τὸ θέλημα αὐτοῦ, ποιῶν ἐν ἡμῖν τὸ
la   voluntad   de él,   haciendo (él)   en   vosotros   lo

εὐάρεστον ἐνώπιον αὐτοῦ διὰ Ἰησοῦ
agradable   delante   de él   mediante   Jesu-

Χριστοῦ, ᾧ ἡ δόξα εἰς τοὺς αἰῶνας
cristo,   a quien   la   gloria   por   los   siglos

τῶν αἰώνων· ἀμήν. **22** Παρακαλῶ δὲ
de los   siglos;   amén.   Y ruego

ὑμᾶς, ἀδελφοί, ἀνέχεσθε τοῦ λόγου τῆς
os,   hermanos,   soportad   la   palabra   —

παρακλήσεως· καὶ γὰρ διὰ βραχέων
de exhortación;   porque ciertamente   mediante breves (palabras)

ἐπέστειλα ὑμῖν. **23** Γινώσκετε τὸν ἀδελφὸν
escribí   os.   Sabed   que el   hermano

ἡμῶν Τιμόθεον ἀπολελυμένον, μεθ᾽ οὗ
de nosotros   Timoteo   ha sido soltado,   con   quien,

ἐὰν τάχιον ἔρχηται ὄψομαι ὑμᾶς.
si   pronto   viene,   veré   os.

24 Ἀσπάσασθε πάντας τοὺς ἡγουμένους
Saludad   a todos   los   líderes

ὑμῶν καὶ πάντας τοὺς ἁγίους. Ἀσπάζονται
de vosotros y   a todos   los   santos.   Saludan

ὑμᾶς οἱ ἀπὸ τῆς Ἰταλίας.
os   los   de   —   Italia.

25 Ἡ χάρις μετὰ πάντων ὑμῶν.
La   gracia (sea)   con   todos   vosotros.

Carta de
SANTIAGO

1 Ἰάκωβος θεοῦ καὶ κυρίου Ἰησοῦ
Jacobo,   de Dios   y   de(l) Señor   Jesu-

Χριστοῦ δοῦλος ταῖς δώδεκα φυλαῖς ταῖς
cristo   siervo,   a las   doce   tribus (que están)   —

ἐν τῇ διασπορᾷ χαίρειν.
en   la   dispersión: Saludos.

1
20. Por. Lit. *en* (es decir, *en virtud de*).
en   la   dispersión: Saludos.

SANTIAGO 1

2 Πᾶσαν χαρὰν ἡγήσασθε, ἀδελφοί μου,
Por todo gozo tened, hermanos de mí,

ὅταν πειρασμοῖς περιπέσητε ποικίλοις,
cuando con pruebas os encaréis diversas,

3 γινώσκοντες ὅτι τὸ δοκίμιον ὑμῶν τῆς
conociendo que la prueba 1de vuestra —

πίστεως κατεργάζεται ὑπομονήν. **4** ἡ δὲ
fe produce paciencia. Y la

ὑπομονὴ ἔργον τέλειον ἐχέτω, ἵνα ἦτε
paciencia obra completa tenga, para que seáis

τέλειοι καὶ ὁλόκληροι, ἐν μηδενὶ λειπόμενοι.
perfectos y cabales, en nada faltos.

5 Εἰ δέ τις ὑμῶν λείπεται σοφίας, αἰτείτω
Mas si alguno de vosotros está falto de sabiduría, pida (la)

παρὰ τοῦ διδόντος θεοῦ πᾶσιν ἁπλῶς
2al que (la) da, Dios, a todos generosamente

καὶ μὴ ὀνειδίζοντος, καὶ δοθήσεται αὐτῷ.
y no reprochando, y será dada le.

6 αἰτείτω δὲ ἐν πίστει, μηδὲν διακριν-
Mas pida con fe, nada dudan-

όμενος· ὁ γὰρ διακρινόμενος ἔοικεν κλύδωνι
do; porque el que duda es como ola

θαλάσσης ἀνεμιζομένῳ καὶ ῥιπιζομένῳ.
de(l) mar, llevada del viento y zarandeada.

7 μὴ γὰρ οἰέσθω ὁ ἄνθρωπος ἐκεῖνος
Porque no suponga el hombre ese

ὅτι λήμψεταί τι παρὰ τοῦ κυρίου, **8** ἀνὴρ
que recibirá algo de parte del Señor, (siendo) hombre

δίψυχος, ἀκατάστατος ἐν πάσαις ταῖς
3de doble ánimo, inestable en todos los

ὁδοῖς αὐτοῦ. **9** Καυχάσθω δὲ ὁ ἀδελφὸς
caminos de él. Mas gloríese el hermano

ὁ ταπεινὸς ἐν τῷ ὕψει αὐτοῦ, **10** ὁ δὲ
— de condición humilde en la altura de él, y el

πλούσιος ἐν τῇ ταπεινώσει αὐτοῦ, ὅτι
rico en la pequeñez de él, pues

ὡς ἄνθος χόρτου παρελεύσεται. **11** ἀνέτειλεν
como flor de hierba pasará. Porque salió

γὰρ ὁ ἥλιος σὺν τῷ καύσωνι καὶ ἐξήρανεν
el sol con el calor abrasador y secó

τὸν χόρτον, καὶ τὸ ἄνθος αὐτοῦ ἐξέπεσεν
la hierba, y la flor de ella cayó,

καὶ ἡ εὐπρέπεια τοῦ προσώπου αὐτοῦ
y la belleza del rostro de ella

1
3. DE VUESTRA FE. Lit. *de vosotros de la fe.*
2
5. AL QUE (LA) DA DIOS. Lit. *de parte de Dios que da.*
3
8. DE DOBLE ÁNIMO. Lit. *de dos almas.*

ἀπώλετο· οὕτως καὶ ὁ πλούσιος ἐν ταῖς
perdeció; así también el rico en los

πορείαις αὐτοῦ μαρανθήσεται. 12 Μακάριος
negocios de él se marchitará. Dichoso

ἀνὴρ ὃς ὑπομένει πειρασμόν, ὅτι δόκιμος
(el) que soporta (la) prueba, pues probado
hombre

γενόμενος λήμψεται τὸν στέφανον τῆς
llegado a ser, recibirá la corona de la

ζωῆς, ὃν ἐπηγγείλατο τοῖς ἀγαπῶσιν αὐτόν.
vida, que prometió a los que aman le.

13 Μηδεὶς πειραζόμενος λεγέτω ὅτι ἀπὸ
Nadie, al ser tentado, diga que de

θεοῦ πειράζομαι· ὁ γὰρ θεὸς ἀπείραστός
Dios es tentado; — porque Dios ¹no puede ser

ἐστιν κακῶν, πειράζει δὲ αὐτὸς οὐδένα.
tentado por el mal, y tienta él a nadie.

14 ἕκαστος δὲ πειράζεται ὑπὸ τῆς ἰδίας
Mas cada uno es tentado por la propia

ἐπιθυμίας ἐξελκόμενος καὶ δελεαζόμενος·
concupiscencia arrastrado y seducido.

15 εἶτα ἡ ἐπιθυμία συλλαβοῦσα τίκτει
Luego la concupiscencia, tras concebir, engendra

ἁμαρτίαν, ἡ δὲ ἁμαρτία ἀποτελεσθεῖσα
pecado, y el pecado, tras ser consumado,

ἀποκύει θάνατον. 16 Μὴ πλανᾶσθε, ἀδελφοί
da a luz muerte. No erréis, hermanos

μου ἀγαπητοί.
de mí, amados.
(míos)

17 Πᾶσα δόσις ἀγαθὴ καὶ πᾶν δώρημα
Toda donación buena y todo regalo

τέλειον ἄνωθέν ἐστιν καταβαῖνον ἀπὸ τοῦ
perfecto de arriba es, descendiendo del

πατρὸς τῶν φώτων, παρ' ᾧ οὐκ ἔνι
Padre de las luces, con quien no hay

παραλλαγὴ ἢ τροπῆς ἀποσκίασμα. 18 βου-
cambio de posición o ²eclipse por el cambio. ³Por su

ληθεὶς ἀπεκύησεν ἡμᾶς λόγῳ ἀληθείας,
designio, ⁴hizo nacer os por mensaje de verdad,

εἰς τὸ εἶναι ἡμᾶς ἀπαρχήν τινα τῶν
a fin de que fueseis vosotros como una primicia de

αὐτοῦ κτισμάτων.
él (sus) criaturas.

19 Ἴστε, ἀδελφοί μου ἀγαπητοί. ἔστω
Sabed hermanos de mí amados. Sea
(esto), (míos)

1
13. NO PUEDE SER TENTADO POR EL MAL. Lit. *no es capaz de ser tentado de cosas malas.*
2
17. ECLIPSE POR EL CAMBIO. Lit. *de cambio sombra.*
3
18. POR SU DESIGNIO. Lit. *Habiéndoselo propuesto (o habiendo resuelto).*
4
18. OS HIZO NACER. Lit. *dio a luz os.*

δὲ πᾶς ἄνθρωπος ταχὺς εἰς τὸ ἀκοῦσαι,
todo		hombre	veloz	para	oír,

βραδὺς εἰς τὸ λαλῆσαι, βραδὺς εἰς ὀργήν·
lento	para	hablar,	lento	para	ira;

20 ὀργὴ γὰρ ἀνδρὸς δικαιοσύνην θεοῦ
porque (la) ira	de(l) hombre	justicia	de Dios

οὐκ ἐργάζεται. **21** διὸ ἀποθέμενοι πᾶσαν
no	produce.	Por lo cual, dando de lado	a toda

ῥυπαρίαν καὶ περισσείαν κακίας ἐν πραΰ-
inmundicia	y	abundancia	de maldad,	con	manse-

τητι δέξασθε τὸν ἔμφυτον λόγον τὸν —
dumbre	recibid	la	implantada	palabra	—

δυνάμενον σῶσαι τὰς ψυχὰς ὑμῶν. **22** γίν-
que puede	salvar	las	almas	de vosotros.	Y llegad

εσθε δὲ ποιηταὶ λόγου, καὶ μὴ ἀκροαταὶ
a ser	hacedores de (la) palabra	y	no	oidores

μόνον παραλογιζόμενοι ἑαυτούς. **23** ὅτι
sólo,	1engañando	a vosotros mismos.	Pues

εἴ τις ἀκροατὴς λόγου ἐστὶν καὶ οὐ
si alguno	oidor	de (la) palabra	es	y	no

ποιητής, οὗτος ἔοικεν ἀνδρὶ κατανοοῦντι
hacedor,	éste	es como	(el) hombre	que considera

τὸ πρόσωπον τῆς γενέσεως αὐτοῦ ἐν
el	rostro	—	2natural	de él	en

ἐσόπτρῳ· **24** κατενόησεν γὰρ ἑαυτὸν καὶ
un espejo;	porque consideró	a sí mismo	y

ἀπελήλυθεν, καὶ εὐθέως ἐπελάθετο ὁποῖος
3se marchó,	y	en seguida	se olvidó	(de) cómo

ἦν. **25** ὁ δὲ παρακύψας εἰς νόμον
era.	Mas el que	mira fijamente	a	(la) ley

τέλειον τὸν τῆς ἐλευθερίας καὶ παραμείνας,
perfecta,	la de la	libertad	y	permanece,

οὐκ ἀκροατὴς ἐπιλησμονῆς γενόμενος ἀλλὰ
no	oidor	olvidadizo	hecho,	sino

ποιητὴς ἔργου, οὗτος μακάριος ἐν τῇ
hacedor	de (la) obra,	éste	feliz	4en	el

ποιήσει αὐτοῦ ἔσται. **26** Εἴ τις δοκεῖ
obrar	de él (suya)	será.	Si alguno	piensa

θρησκὸς εἶναι, μὴ χαλιναγωγῶν γλῶσσαν
religioso	ser,	no	poniendo freno	a la lengua

ἑαυτοῦ ἀλλὰ ἀπατῶν καρδίαν ἑαυτοῦ,
de sí mismo,	sino	engañando	(el) corazón	de él mismo,

τούτου μάταιος ἡ θρησκεία. **27** θρησκεία
de éste	vana (es)	la	religión.	Religión

καθαρὰ καὶ ἀμίαντος παρὰ τῷ θεῷ
pura	y	sin tacha	ante	el	Dios

1
22. Engañando mal a vos-
otros mismos. Lit. *calculan-
do mal para vosotros mis-
mos.*
2
23. Natural. Lit. *del nacimiento.*
3
24. Se marchó. Lit. *se ha
marchado.*
4
25. En el obrar. Lit. *en la
acción.*

καὶ πατρὶ αὕτη ἐστίν, ἐπισκέπτεσθαι
y Padre esta es, visitar

ὀρφανοὺς καὶ χήρας ἐν τῇ θλίψει αὐτῶν,
huérfanos y viudas en la aflicción de ellos,

ἄσπιλον ἑαυτὸν τηρεῖν ἀπὸ τοῦ κόσμου.
(y) sin a sí mismo guardar del mundo.
mancha

2 Ἀδελφοί μου, μὴ ἐν προσωπολημψίαις
Hermanos de mí no en acepción de personas

ἔχετε τὴν πίστιν τοῦ κυρίου ἡμῶν Ἰησοῦ
tengáis la fe del Señor de nosotros Jesu-
(nuestro)

Χριστοῦ τῆς δόξης. 2 ἐὰν γὰρ εἰσέλθῃ
cristo — 1glorioso. Porque si entra

εἰς συναγωγὴν ὑμῶν ἀνὴρ χρυσοδακτύλιος
2en una reunión de vosotros un hombre 3con anillo de oro,

ἐν ἐσθῆτι λαμπρᾷ, εἰσέλθῃ δὲ καὶ πτωχὸς
con ropaje espléndido, (vuestra) y entra también un pobre

ἐν ῥυπαρᾷ ἐσθῆτι, 3 ἐπιβλέψητε δὲ ἐπὶ
con andrajoso ropaje, y os fijáis en

τὸν φοροῦντα τὴν ἐσθῆτα τὴν λαμπρὰν
el que lleva el ropaje — espléndido

καὶ εἴπητε· σὺ κάθου ὧδε καλῶς, καὶ
y decís: Tú siéntate aquí 4bien, y

τῷ πτωχῷ εἴπητε· σὺ στῆθι ἐκεῖ ἢ
al pobre decís: Tú estate en pie allí o

κάθου ὑπὸ τὸ ὑποπόδιόν μου, 4 οὐ
siéntate bajo el estrado de mí (mío), ¿no

διεκρίθητε ἐν ἑαυτοῖς καὶ ἐγένεσθε κριταὶ
hacéis entre vosotros y os hacéis jueces
discriminación mismos

διαλογισμῶν πονηρῶν; 5 Ἀκούσατε, ἀδελφοί
de pensamientos malvados? Oíd, hermanos

μου ἀγαπητοί. οὐχ ὁ θεὸς ἐξελέξατο
de mí amados. ¿No — Dios eligió
(míos)

τοὺς πτωχοὺς τῷ κόσμῳ πλουσίους ἐν
a los pobres según el mundo (para ser) ricos en

πίστει καὶ κληρονόμους τῆς βασιλείας
fe y herederos del reino

ἧς ἐπηγγείλατο τοῖς ἀγαπῶσιν αὐτόν;
que prometió a los que aman le?

6 ὑμεῖς δὲ ἠτιμάσατε τὸν πτωχόν. οὐχ
Mas vosotros 5afrentasteis al pobre. ¿No

οἱ πλούσιοι καταδυναστεύουσιν ὑμῶν, καὶ
los ricos oprimen os, y

αὐτοὶ ἕλκουσιν ὑμᾶς εἰς κριτήρια; 7 οὐκ
ellos arrastran os a (los) tribunales? ¿No

1
1. GLORIOSO. Lit. *de la gloria.*
2
2. EN UNA REUNIÓN. Lit. *en una sinagoga* (¡no se olvide que escribe a israelitas! —1:1).
3
2. CON ANILLO DE ORO. Lit. *con dedo de oro.*
4
3. BIEN. Es decir, *confortablemente.*
5
6. AFRENTASTEIS. O *despreciasteis.*

αὐτοὶ βλασφημοῦσιν τὸ καλὸν ὄνομα τὸ
ellos 1blasfeman el buen nombre —

ἐπικληθὲν ἐφ᾽ ὑμᾶς; 8 εἰ μέντοι νόμον
invocado sobre vosotros? Si en verdad (la) ley

τελεῖτε βασιλικὸν κατὰ τὴν γραφήν·
cumplís 2regia conforme a la Escritura:

ἀγαπήσεις τὸν πλησίον σου ὡς σεαυτόν,
Amarás al prójimo de ti como a ti mismo,
                                        (tuyo)

καλῶς ποιεῖτε· 9 εἰ δὲ προσωπολημπτεῖτε,
bien hacéis; mas si hacéis acepción de personas,

ἁμαρτίαν ἐργάζεσθε, ἐλεγχόμενοι ὑπὸ τοῦ
pecado obráis, siendo redargüidos por la

νόμου ὡς παραβάται. 10 ὅστις γὰρ
ley como transgresores. Porque el que

ὅλον τὸν νόμον τηρήσῃ, πταίσῃ δὲ ἐν
toda la ley guarda, mas ofende en

ἑνί, γέγονεν πάντων ἔνοχος. 11 ὁ γὰρ
una se ha hecho de todos culpable. Porque el
cosa,

εἰπών· μὴ μοιχεύσῃς, εἶπεν καὶ· μὴ
que dijo: No cometerás adulterio, dijo también: No

φονεύσῃς· εἰ δὲ οὐ μοιχεύεις, φονεύεις
cometerás ahora bien, si no cometes adulterio, pero cometes
homicidio;   homicidio,

δέ, γέγονας παραβάτης νόμου. 12 οὕτως
te has hecho transgresor de (la) ley. Así

λαλεῖτε καὶ οὕτως ποιεῖτε ὡς διὰ νόμου
hablad y así haced como mediante una ley
                                     que

ἐλευθερίας μέλλοντες κρίνεσθαι. 13 ἡ γὰρ
3de libertad vais a ser juzgados. Porque el

κρίσις ἀνέλεος τῷ μὴ ποιήσαντι ἔλεος·
juicio sin misericordia para el que no hace misericordia;
(será)

κατακαυχᾶται ἔλεος κρίσεως. 14 Τί τὸ
4se gloría (la) misericordia sobre (el) juicio. ¿Cuál (es) el

ὄφελος, ἀδελφοί μου, ἐὰν πίστιν λέγῃ
provecho, hermanos de mí si fe dice
                        (míos),

τις ἔχειν ἔργα δὲ μὴ ἔχῃ; μὴ δύναται
alguien tener, mas obras no tiene? ¿Acaso puede

ἡ πίστις σῶσαι αὐτόν; 15 ἐὰν ἀδελφὸς
5la fe salvar le? Si un hermano

ἢ ἀδελφὴ γυμνοὶ ὑπάρχωσιν καὶ λειπόμενοι
o una hermana desnudos están y faltos

τῆς ἐφημέρου τροφῆς, 16 εἴπῃ δέ τις
del diario sustento, y dice alguien

αὐτοῖς ἐξ ὑμῶν· ὑπάγετε ἐν εἰρήνῃ,
les de vosotros: Id en paz,

1
7. BLASFEMAN. Es decir, hacen hablar mal.
2
8. LA LEY REGIA. Prob. la ley del reino (v. 5), que es la del amor (v. 8).
3
12. DE LIBERTAD. (V. Gá. 5: 13.)
4
13. SE GLORÍA LA MISERICORDIA SOBRE EL JUICIO. Es decir, el misericordioso se alegra cuando le llega el juicio.
5
14. LA FE. Es decir, tal clase de fe.

θερμαίνεσθε καὶ χορτάζεσθε, μὴ δῶτε
calentaos y saciaos, mas no dais

δὲ αὐτοῖς τὰ ἐπιτήδεια τοῦ σώματος,
les lo necesario del cuerpo,
(para el)

τί τὸ ὄφελος; 17 οὕτως καὶ ἡ πίστις,
¿cuál el provecho? Así también la fe,
(es)

ἐὰν μὴ ἔχῃ ἔργα, νεκρά ἐστιν καθ᾽
¹si no tiene obras, muerta está en cuanto

ἑαυτήν. 18 ἀλλ᾽ ἐρεῖ τις· σὺ πίστιν
a ella misma. Pero dirá alguno: Tú fe

ἔχεις, κἀγὼ ἔργα ἔχω· δεῖξόν μοι τὴν
tienes, y yo obras tengo; muestra me la

πίστιν σου χωρὶς τῶν ἔργων, κἀγώ
fe de ti (tuya) ²sin las obras, y yo

σοι δείξω ἐκ τῶν ἔργων μου τὴν πίστιν.
te mostraré a base de las obras de mí la fe.
(mías)

19 σὺ πιστεύεις ὅτι εἷς ἐστιν ὁ θεός;
¿Tú crees que uno es — Dios?

καλῶς ποιεῖς· καὶ τὰ δαιμόνια πιστεύουσιν
Bien ' haces; también los demonios ³(lo) creen

καὶ φρίσσουσιν. 20 θέλεις δὲ γνῶναι,
y tiemblan. Mas ¿quieres conocer,

ὦ ἄνθρωπε κενέ, ὅτι ἡ πίστις χωρὶς
oh hombre vano, que la fe sin

τῶν ἔργων ἀργή ἐστιν; 21 Ἀβραὰμ ὁ
las obras estéril es? Abraham el

πατὴρ ἡμῶν οὐκ ἐξ ἔργων ἐδικαιώθη,
padre de nosotros ¿no a base de obras ⁴fue justificado,
(nuestro)

ἀνενέγκας Ἰσαὰκ τὸν υἱὸν αὐτοῦ ἐπὶ
al ofrecer a Isaac el hijo de él (suyo) sobre

τὸ θυσιαστήριον; 22 βλέπεις ὅτι ἡ πίστις
el altar? Ves que la fe

συνήργει τοῖς ἔργοις αὐτοῦ, καὶ ἐκ
⁵actuaba con las obras de él (suyas), y a base

τῶν ἔργων ἡ πίστις ἐτελειώθη, 23 καὶ
de las obras la fe fue perfeccionada, y

ἐπληρώθη ἡ γραφὴ ἡ λέγουσα· ἐπίστευσεν
se cumplió la Escritura que dice: Y creyó

δὲ Ἀβραὰμ τῷ θεῷ, καὶ ἐλογίσθη αὐτῷ
Abraham — a Dios, y fue contado le

εἰς δικαιοσύνην, καὶ φίλος θεοῦ ἐκλήθη.
para justicia, y amigo de Dios fue llamado.

24 ὁρᾶτε ὅτι ἐξ ἔργων δικαιοῦται ἄνθρωπος
Veis que a base de obras es justificado un hombre

καὶ οὐκ ἐκ πίστεως μόνον. 25 ὁμοίως
y no a base de fe sólo. Igualmente

1
17. SI NO TIENE OBRAS. Es decir, *si no lleva fruto.*
2
18. SIN. Lit. *aparte de* (o *separada de.* Comp. Jn. 15: 5).
3
19. LO CREEN Y TIEMBLAN. Es decir, *reconocen que hay un Dios, pero sólo les sirve de tormento.* (V. Mt. 8:29.)
4
21. FUE JUSTIFICADO. Esto es, *mostró ser justo.*
5
22. ACTUABA. Lit. *cooperaba* (el mismo verbo de Ro. 8: 28).

δὲ καὶ 'Ραὰβ ἡ πόρνη οὐκ ἐξ ἔργων
también Rahab la ramera, ¿no por obras

ἐδικαιώθη, ὑποδεξαμένη τοὺς ἀγγέλους καὶ
fue justificada, tras acoger a los mensajeros y

ἑτέρᾳ ὁδῷ ἐκβαλοῦσα; 26 ὥσπερ γὰρ τὸ
por otro camino despachar(los)? Porque así como el

σῶμα χωρὶς πνεύματος νεκρόν ἐστιν, οὕτως
cuerpo sin espíritu muerto está, así

καὶ ἡ πίστις χωρὶς ἔργων νεκρά ἐστιν.
también la fe sin obras muerta está.

3 Μὴ πολλοὶ διδάσκαλοι γίνεσθε, ἀδελφοί
No muchos maestros [1]os hagáis, hermanos

μου, εἰδότες ὅτι μεῖζον κρίμα λημψόμεθα.
de mí sabiendo que mayor juicio recibiréis.
(míos),

2 πολλὰ γὰρ πταίομεν ἅπαντες· εἴ τις
Porque (en) muchas cosas ofendemos todos; si alguno

ἐν λόγῳ οὐ πταίει, οὗτος τέλειος ἀνήρ,
en palabra no ofende, éste (es) perfecto varón,

δυνατὸς χαλιναγωγῆσαι καὶ ὅλον τὸ σῶμα.
capaz de poner freno también a todo el cuerpo.

3 εἰ δὲ τῶν ἵππων τοὺς χαλινοὺς εἰς
Y si de los caballos los frenos en

τὰ στόματα βάλλομεν εἰς τὸ πείθεσθαι
las bocas ponemos a fin de que obedezcan

αὐτοὺς ἡμῖν, καὶ ὅλον τὸ σῶμα αὐτῶν
ellos nos, también todo el cuerpo de ellos

μετάγομεν. **4** ἰδοὺ καὶ τὰ πλοῖα, τηλικαῦτα
dirigimos. Mirad también las naves, tan grandes

ὄντα καὶ ὑπὸ ἀνέμων σκληρῶν ἐλαυνόμενα,
siendo y por vientos [2]fuertes siendo impulsadas,

μετάγεται ὑπὸ ἐλαχίστου πηδαλίου ὅπου
son dirigidas por un muy pequeño timón · por donde

ἡ ὁρμὴ τοῦ εὐθύνοντος βούλεται· **5** οὕτως
el impulso del timonel quiere; así

καὶ ἡ γλῶσσα μικρὸν μέλος ἐστὶν καὶ
también la lengua pequeño miembro es y

μεγάλα αὐχεῖ. ἰδοὺ ἡλίκον πῦρ ἡλίκον
de grandes se jacta. ¡Mirad qué pequeño fuego qué gran
cosas

ὕλην ἀνάπτει· **6** καὶ ἡ γλῶσσα πῦρ,
[3]bosque enciende!; también la lengua (es) un fuego,

ὁ κόσμος τῆς ἀδικίας, ἡ γλῶσσα καθίστα-
— un mundo — de iniquidad, la lengua [4]está

ται ἐν τοῖς μέλεσιν ἡμῶν, ἡ σπιλοῦσα
puesta entre los miembros de nosotros la que contamina
(nuestros),

1
1. OS HAGÁIS. Esto es, *por afán humano, sin ser llamados por Dios.*
2
4. FUERTES. Lit. *duros.*
3
5. BOSQUE. Lit. *madera.*
4
6. ESTÁ PUESTA. Lit. *es constituida.*

ὅλον τὸ σῶμα καὶ φλογίζουσα τὸν
todo el cuerpo e inflama el

τροχὸν τῆς γενέσεως καὶ φλογιζομένη
curso ¹de la naturaleza y siendo inflamada

ὑπὸ τῆς γεέννης. 7 πᾶσα γὰρ φύσις
por el infierno. Porque toda naturaleza

θηρίων τε καὶ πετεινῶν, ἑρπετῶν τε
de bestias, así como de aves, reptiles y

καὶ ἐναλίων δαμάζεται καὶ δεδάμασται
también de seres es domada y ha sido domada
marinos

τῇ φύσει τῇ ἀνθρωπίνῃ, 8 τὴν δὲ
por la naturaleza — humana, mas la

γλῶσσαν οὐδεὶς δαμάσαι δύναται ἀνθρώπων·
lengua ninguno domar puede de (los) hombres;

ἀκατάστατον κακόν, μεστὴ ἰοῦ θανατηφόρου.
²un agitado mal, llena de veneno mortífero.

9 ἐν αὐτῇ εὐλογοῦμεν τὸν κύριον καὶ
Con ella bendecimos al Señor y

πατέρα, καὶ ἐν αὐτῇ καταρώμεθα τοὺς
Padre, y con ella maldecimos a los

ἀνθρώπους τοὺς καθ᾽ ὁμοίωσιν θεοῦ
hombres, a los que a semejanza de Dios

γεγονότας· 10 ἐκ τοῦ αὐτοῦ στόματος ἐξέρχεται
han sido hechos; de la misma boca sale

εὐλογία καὶ κατάρα. οὐ χρή, ἀδελφοί
bendición y maldición. No conviene, hermanos

μου, ταῦτα οὕτως γίνεσθαι. 11 μήτι
de mí que esto así suceda. ¿Acaso
(míos),

ἡ πηγὴ ἐκ τῆς αὐτῆς ὀπῆς βρύει τὸ
la fuente por la misma abertura echa lo

γλυκὺ καὶ τὸ πικρόν; 12 μὴ δύναται,
dulce y lo amargo? ¿Acaso puede,

ἀδελφοί μου, συκῆ ἐλαίας ποιῆσαι ἢ
hermanos de mí una higuera olivas producir, o
(míos),

ἄμπελος σῦκα; οὔτε ἁλυκὸν γλυκὺ
una vid higos? ³Ni salada dulce

ποιῆσαι ὕδωρ. 13 Τίς σοφὸς καὶ ἐπιστήμων
(puede) (el) agua. ¿Quién sabio y entendido
producir

ἐν ὑμῖν; δειξάτω ἐκ τῆς καλῆς ἀναστροφῆς
(hay) vosotros? Muestre por la buena conducta
entre

τὰ ἔργα αὐτοῦ ἐν πραΰτητι σοφίας.
las obras de él (suyas) en mansedumbre de sabiduría.

14 εἰ δὲ ζῆλον πικρὸν ἔχετε καὶ ἐριθείαν
Mas si celos amargos tenéis y rivalidad

ἐν τῇ καρδίᾳ ὑμῶν, μὴ κατακαυχᾶσθε
en el corazón de vosotros no os jactéis
(vuestro),

¹
6. DE LA NATURALEZA. Es decir, *de nuestra existencia.*
²
8. UN AGITADO. Lit. *incapaz de ser aquietado.*
³
12. NI SALADA DULCE (PUEDE) PRODUCIR (EL) AGUA. Es decir, *una fuente de agua salada no puede dar agua dulce.*

καὶ ψεύδεσθε κατὰ τῆς ἀληθείας. 15 οὐκ
y   mintáis   contra   la   verdad.   No

ἔστιν αὕτη ἡ σοφία ἄνωθεν κατερχομένη,
es   ésta   la sabiduría que de arriba   desciende,

ἀλλὰ ἐπίγειος, ψυχική, δαιμονιώδης· 16 ὅπου
sino   terrenal,   natural,   demoníaca.   Porque

γὰρ ζῆλος καὶ ἐριθεία, ἐκεῖ ἀκαταστασία
donde celos y rivalidad (hay), allí (hay)   tumulto

καὶ πᾶν φαῦλον πρᾶγμα. 17 ἡ δὲ ἄνωθεν
y   toda   vil   práctica.   Mas la   de arriba

σοφία πρῶτον μὲν ἁγνή ἐστιν, ἔπειτα
sabiduría primeramente — pura es, después

εἰρηνική, ἐπιεικής, εὐπειθής, μεστὴ ἐλέους
pacífica, comprensiva, complaciente, llena de misericordia

καὶ καρπῶν ἀγαθῶν, ἀδιάκριτος, ἀνυπό-
y de frutos buenos, imparcial, since-

κριτος. 18 καρπὸς δὲ δικαιοσύνης ἐν
ra.   Y (el) fruto   de justicia   en

εἰρήνῃ σπείρεται τοῖς ποιοῦσιν εἰρήνην.
paz   1se siembra para los que hacen   paz.

4 Πόθεν πόλεμοι καὶ πόθεν μάχαι ἐν
¿De dónde (surgen) guerras y de dónde luchas entre

ὑμῖν; οὐκ ἐντεῦθεν, ἐκ τῶν ἡδονῶν
vosotros? ¿No es de allí, de los placeres

ὑμῶν τῶν στρατευομένων ἐν τοῖς μέλεσιν
de vosotros —   que batallan   en los miembros

ὑμῶν; 2 ἐπιθυμεῖτε, καὶ οὐκ ἔχετε·
de vosotros? Codiciáis, y no tenéis;
(vuestros).

φονεύετε καὶ ζηλοῦτε, καὶ οὐ δύνασθε
matáis y tenéis celos, y no podéis

ἐπιτυχεῖν· μάχεσθε καὶ πολεμεῖτε. οὐκ
alcanzar; lucháis y guerreáis.   No

ἔχετε διὰ τὸ μὴ αἰτεῖσθαι ὑμᾶς· 3 αἰτεῖτε
tenéis a causa — de que no pedís vosotros; pedís

καὶ οὐ λαμβάνετε, διότι κακῶς αἰτεῖσθε,
y no recibís, por cuanto mal pedís,

ἵνα ἐν ταῖς ἡδοναῖς ὑμῶν δαπανήσητε.
para en los placeres de vosotros gastar.
(vuestros)

4 μοιχαλίδες, οὐκ οἴδατε ὅτι ἡ φιλία
2(Gentes) adúlteras, ¿no sabéis que la amistad

τοῦ κόσμου ἔχθρα τοῦ θεοῦ ἐστιν; ὃς
del mundo enemistad — de Dios es? Cual-

1
18. SE SIEMBRA PARA. O es sembrado por.
2
4. (GENTES) ADÚLTERAS. No se trata de adulterio carnal, sino espiritual.

ἐὰν οὖν βουληθῇ φίλος εἶναι τοῦ κόσμου,
quiera, pues, que quiera amigo ser del mundo,

ἐχθρὸς τοῦ θεοῦ καθίσταται. 5 ἢ δοκεῖτε
en enemigo — de Dios se constituye. ¿O pensáis

ὅτι κενῶς ἡ γραφὴ λέγει· πρὸς φθόνον
que en vano la Escritura dice: [1]Hacia (la) envidia

ἐπιποθεῖ τὸ πνεῦμα ὃ κατῴκισεν ἐν
tiende el espíritu que hizo habitar en

ἡμῖν; 6 μείζονα δὲ δίδωσιν χάριν· διὸ
nosotros? Mas mayor da gracia; por lo cual

λέγει· ὁ θεὸς ὑπερηφάνοις ἀντιτάσσεται,
dice: — Dios a (los) soberbios [2]resiste,

ταπεινοῖς δὲ δίδωσιν χάριν. 7 ὑποτάγητε
mas a (los) humildes da gracia. Someteos.

οὖν τῷ θεῷ· ἀντίστητε δὲ τῷ διαβόλῳ,
pues, — a Dios; mas resistid al diablo,

καὶ φεύξεται ἀφ' ὑμῶν· 8 ἐγγίσατε τῷ
y huirá de vosotros; acercaos —

θεῷ, καὶ ἐγγίσει ὑμῖν. καθαρίσατε
a Dios, y se acercará a vosotros. Limpiad

χεῖρας, ἁμαρτωλοί, καὶ ἁγνίσατε καρδίας,
(las) manos, pecadores, y purificad (los) corazones,

δίψυχοι. 9 ταλαιπωρήσατε καὶ πενθήσατε
[3]los de doble ánimo. Afligíos y lamentad

καὶ κλαύσατε· ὁ γέλως ὑμῶν εἰς πένθος
y llorad; la risa de vosotros en duelo

μετατραπήτω καὶ ἡ χαρὰ εἰς κατήφειαν.
se convierta y el gozo (vuestro) en tristeza.

10 ταπεινώθητε ἐνώπιον κυρίου, καὶ ὑψώσει
Humillaos delante de(l) Señor, y exaltará

ὑμᾶς. 11 Μὴ καταλαλεῖτε ἀλλήλων, ἀδελφοί.
os. No habléis mal unos de otros, hermanos.

ὁ καταλαλῶν ἀδελφοῦ ἢ κρίνων τὸν
El que habla mal de un hermano o juzga al

ἀδελφὸν αὐτοῦ καταλαλεῖ νόμου καὶ κρίνει
hermano de él habla mal de (la) ley y juzga (suyo)

νόμον· εἰ δὲ νόμον κρίνεις, οὐκ εἶ
a (la) ley; mas si a (la) ley juzgas, no eres

ποιητὴς νόμου ἀλλὰ κριτής. 12 εἷς ἐστιν
hacedor de (la) ley, sino juez. Uno es

νομοθέτης καὶ κριτής, ὁ δυνάμενος
(el) Legislador y Juez, el que puede

1
5. HACIA (LA) ENVIDIA TIENDE... O ... celosamente (nos) anhela el Espíritu que (él) ha hecho habitar en nosotros?
2
6. RESISTE. Lit. se enfrenta (como en batalla).
3
8. LOS DE DOBLE ÁNIMO. Lit. Los de dos almas.

σῶσαι καὶ ἀπολέσαι· σὺ δὲ τίς εἶ, ὁ
salvar   y   destruir; ¿mas tú quién eres, el

κρίνων τὸν πλησίον;
que juzgas al prójimo?

13 Ἄγε νῦν οἱ λέγοντες· σήμερον ἢ
¡Vamos ahora! Los que decís: Hoy o

αὔριον πορευσόμεθα εἰς τήνδε τὴν πόλιν
mañana iremos   a   tal   — ciudad

καὶ ποιήσομεν ἐκεῖ ἐνιαυτὸν καὶ ἐμπορευ-
y   [1]estaremos allí un año   y   comercia-

σόμεθα καὶ κερδήσομεν· 14 οἵτινες οὐκ
remos   y   haremos ganancia;   los que   no

ἐπίστασθε τῆς αὔριον ποία ἡ ζωὴ ὑμῶν.
sabéis   [2]del mañana cuál (es) la vida de vosotros
                                        (vuestra).

ἀτμὶς γάρ ἐστε ἡ πρὸς ὀλίγον φαινομένη,
Porque un vapor sois que por un poco aparece,

ἔπειτα καὶ ἀφανιζομένη· 15 ἀντὶ τοῦ
y después   se desvanece;   En vez —

λέγειν ὑμᾶς· ἐὰν ὁ κύριος θελήσῃ, καὶ
de decir vosotros: Si el Señor quiere, —

ζήσομεν καὶ ποιήσομεν τοῦτο ἢ ἐκεῖνο.
viviremos   y   haremos   esto o aquello.

16 νῦν δὲ καυχᾶσθε ἐν ταῖς ἀλαζονείαις
Mas ahora os jactáis en las insolencias

ὑμῶν· πᾶσα καύχησις τοιαύτη πονηρά
de vosotros toda jactancia esta malvada
(vuestras);

ἐστιν. 17 εἰδότι οὖν καλὸν ποιεῖν καὶ
es.   El que sabe, pues, el bien hacer y

μὴ ποιοῦντι, ἁμαρτία αὐτῷ ἐστιν.
no (lo) hace, pecado éste tiene.

5 Ἄγε νῦν οἱ πλούσιοι, κλαύσατε
¡Vamos ahora, los ricos! Llorad

ὀλολύζοντες ἐπὶ ταῖς ταλαιπωρίαις ὑμῶν
aullando sobre las miserias de vosotros
                                  (vuestras)

ταῖς ἐπερχομέναις. 2 ὁ πλοῦτος ὑμῶν
que [3]os sobrevienen. La riqueza de vosotros
                                  (vuestra)

σέσηπεν, καὶ τὰ ἱμάτια ὑμῶν σητόβρωτα
se pudrió, y las ropas de vosotros apolilladas

γέγονεν, 3 ὁ χρυσὸς ὑμῶν καὶ ὁ ἄργυρος
se han hecho; el oro de vosotros y la plata
                        (vuestro)

κατίωται, καὶ ὁ ἰὸς αὐτῶν εἰς μαρτύριον
se han oxidado, y la herrumbre de ellos por testimonio
                          (suya)

ὑμῖν ἔσται καὶ φάγεται τὰς σάρκας
os será y comerá las carnes

13. ESTAREMOS. Lit. *haremos*.
2
14. DEL MAÑANA. Es decir, *qué será de vosotros el día de mañana*.
3
1. OS SOBREVIENEN. Es decir, *se ciernen sobre vosotros*.

ὑμῶν ὡς πῦρ. ἐθησαυρίσατε ἐν ἐσχάταις
de vosotros como fuego. Habéis atesorado en (los) últimos
(vuestras)

ἡμέραις. 4 ἰδοὺ ὁ μισθὸς τῶν ἐργατῶν
días. Mirad: El jornal de los obreros

τῶν ἀμησάντων τὰς χώρας ὑμῶν ὁ
— que segaron las tierras de vosotros —
(vuestras)

ἀφυστερημένος ἀφ᾽ ὑμῶν κράζει, καὶ αἱ
que ha sido retenido por vosotros, clama, y los

βοαὶ τῶν θερισάντων εἰς τὰ ὦτα κυρίου
clamores de los que cosecharon en los oídos de(l) Señor

σαβαὼθ εἰσελήλυθαν. 5 ἐτρυφήσατε ἐπὶ
de los ejércitos han entrado. Vivisteis en deleites sobre

τῆς γῆς καὶ ἐσπαταλήσατε, ἐθρέψατε τὰς
la tierra y fuisteis disolutos, engordasteis los

καρδίας ὑμῶν ἐν ἡμέρᾳ σφαγῆς. 6 κατε-
corazones de vosotros en ¹(el) día de (la) matanza. Conde-
(vuestros)

δικάσατε, ἐφονεύσατε τὸν δίκαιον· οὐκ
nasteis, disteis muerte al justo; no

ἀντιτάσσεται ὑμῖν.
opone resistencia os.

7 Μακροθυμήσατε οὖν, ἀδελφοί, ἕως τῆς
Tened paciencia, pues, hermanos, hasta la

παρουσίας τοῦ κυρίου. ἰδοὺ ὁ γεωργὸς
²Venida del Señor. Mirad (cómo) el labrador

ἐκδέχεται τὸν τίμιον καρπὸν τῆς γῆς,
aguarda el precioso fruto de la tierra,

μακροθυμῶν ἐπ᾽ αὐτῷ ἕως λάβῃ πρόϊμον
teniendo paciencia sobre él hasta recibir (la) temprana
(lluvia)

καὶ ὄψιμον. 8 μακροθυμήσατε καὶ ὑμεῖς,
y (la) tardía. Tened paciencia también vosotros,

στηρίξατε τὰς καρδίας ὑμῶν, ὅτι ἡ
afianzad los corazones de vosotros pues la
(vuestros),

παρουσία τοῦ κυρίου ἤγγικεν. 9 μὴ
²Venida del Señor se ha acercado. No

στενάζετε, ἀδελφοί, κατ᾽ ἀλλήλων ἵνα μὴ
os quejéis, hermanos, unos contra otros para que no

κριθῆτε· ἰδοὺ ὁ κριτὴς πρὸ τῶν θυρῶν
seáis juzgados; mirad que el Juez ante las puertas

ἕστηκεν. 10 ὑπόδειγμα λάβετε, ἀδελφοί,
está. Como ejemplo tomad, hermanos,

τῆς κακοπαθίας καὶ τῆς μακροθυμίας
del sufrimiento y de la paciencia

τοὺς προφήτας, οἳ ἐλάλησαν ἐν τῷ
a los profetas, que hablaron en el

ὀνόματι κυρίου. 11 ἰδοὺ μακαρίζομεν τοὺς
nombre de(l) Señor. Mirad tenemos por dichosos a los
(cómo)

¹
5. (EL) DÍA DE (LA) MATANZA.
Lit. (el) día de degüello.
Prob. no de ellos, sino del
justo (v. 6).
²
7 y 8. VENIDA. Lit. presencia.

ὑπομείναντας· τὴν ὑπομονὴν Ἰὼβ ἠκούσατε,
¹que perseveraron; la paciencia de Job oísteis,

καὶ τὸ τέλος κυρίου εἴδετε, ὅτι πολύ-
y ²el fin de(l) Señor visteis, que rico en

σπλαγχνός ἐστιν ὁ κύριος καὶ οἰκτίρμων.
misericordia es el Señor y compasivo.

12 Πρὸ πάντων δέ, ἀδελφοί μου, μὴ
Mas ante todo, hermanos de mí no
(míos),

ὀμνύετε, μήτε τὸν οὐρανὸν μήτε τὴν
juréis, ni (por) el cielo ni (por) la

γῆν μήτε ἄλλον τινὰ ὅρκον· ἤτω δὲ
tierra, ni (con) otro alguno juramento; sino sea

ὑμῶν τὸ ναὶ ναί, καὶ τὸ οὒ οὔ, ἵνα μὴ
de vosotros el sí, sí, y el no, no, para que no

ὑπὸ κρίσιν πέσητε. **13** Κακοπαθεῖ τις
bajo juicio caigáis. ¿Está afligido alguno

ἐν ὑμῖν; προσευχέσθω· εὐθυμεῖ τις;
entre vosotros? Ore; ¿está alegre alguno?

ψαλλέτω. **14** ἀσθενεῖ τις ἐν ὑμῖν;
Cante salmos. ¿Está enfermo alguno entre vosotros?

προσκαλεσάσθω τοὺς πρεσβυτέρους τῆς
Haga llamar a los ancianos de la

ἐκκλησίας, καὶ προσευξάσθωσαν ἐπ’ αὐτὸν
iglesia, y oren sobre él,

ἀλείψαντες ἐλαίῳ ἐν τῷ ὀνόματι τοῦ
ungiéndo(le) con aceite en el nombre del

κυρίου. **15** καὶ ἡ εὐχὴ τῆς πίστεως
Señor. Y la oración de la fe

σώσει τὸν κάμνοντα, καὶ ἐγερεῖ αὐτὸν
³salvará al enfermo, y levantará lo

ὁ κύριος· κἂν ἁμαρτίας ᾖ πεποιηκώς,
el Señor; y si pecados ha cometido,

ἀφεθήσεται αὐτῷ. **16** ἐξομολογεῖσθε οὖν
serán perdonados le. Confesaos, pues,

ἀλλήλοις τὰς ἁμαρτίας, καὶ προσεύχεσθε
unos a otros los pecados, y orad

ὑπὲρ ἀλλήλων, ὅπως ἰαθῆτε. πολὺ
unos por otros, de modo que seáis sanados. Mucha

ἰσχύει δέησις δικαίου ἐνεργουμένη.
fuerza tiene una petición de un justo hecha eficaz.

17 Ἠλίας ἄνθρωπος ἦν ὁμοιοπαθὴς ἡμῖν,
Elías hombre era semejante en a nosotros,
sentimientos

καὶ προσευχῇ προσηύξατο τοῦ μὴ βρέξαι,
y ⁴fervientemente oró — que no lloviera,

¹
11. QUE PERSEVERARON. Esto
es, *que continuaron firmes
bajo el peso de la adversi-
dad.*
²
11. EL FIN DEL SEÑOR. Es
decir, *lo que al fin le otorgó
Dios.* (V. Job 42:10 y ss.).
³
15. SALVARÁ. Esto es, *hará
que se recobre, se alivie o
se anime.*
⁴
17. FERVIENTEMENTE ORÓ.
Lit. *con oración oró.*

καὶ οὐκ ἔβρεξεν ἐπὶ τῆς γῆς ἐνιαυτοὺς
y   no   llovió   sobre   la   tierra   por años

τρεῖς καὶ μῆνας ἔξ· **18** καὶ πάλιν προσ-
tres y meses seis;   y   de nuevo   oró,

ηύξατο, καὶ ὁ οὐρανὸς ὑετὸν ἔδωκεν καὶ
y   el   cielo   lluvia   dio   y

ἡ γῆ ἐβλάστησεν τὸν καρπὸν αὐτῆς.
la tierra   produjo   el   fruto   de ella (suyo)

19 Ἀδελφοί μου, ἐάν τις ἐν ὑμῖν πλανηθῇ
Hermanos de mí si alguno entre vosotros se extraviara

ἀπὸ τῆς ἀληθείας καὶ ἐπιστρέψῃ τις
de la verdad   y   hace volver   alguien

αὐτόν, **20** γινώσκετε ὅτι ὁ ἐπιστρέψας
le,   [1]sabed   que el que hace volver

ἁμαρτωλὸν ἐκ πλάνης ὁδοῦ αὐτοῦ σώσει
a un pecador de(l) error de(l) camino de él (suyo) salvará

ψυχὴν αὐτοῦ ἐκ θανάτου καὶ καλύψει
(el) alma de él de (la) muerte   y   [2]cubrirá

πλῆθος ἁμαρτιῶν.
una multitud de pecados.

Primera Carta del apóstol PEDRO

1 Πέτρος ἀπόστολος Ἰησοῦ Χριστοῦ
Pedro,   apóstol   de Jesucristo,

ἐκλεκτοῖς παρεπιδήμοις διασπορᾶς Πόντου,
a (los) elegidos, extranjeros de (la) dispersión de(l) Ponto,

Γαλατίας, Καππαδοκίας, Ἀσίας καὶ
Galacia,   Capadocia,   Asia   y

Βιθυνίας, **2** κατὰ πρόγνωσιν θεοῦ πατρός,
Bitinia,   según (la) presciencia de Dios Padre,

ἐν ἁγιασμῷ πνεύματος, εἰς ὑπακοὴν καὶ
en santificación de(l) Espíritu, para obediencia y

ῥαντισμὸν αἵματος Ἰησοῦ Χριστοῦ· χάρις
rociamiento de (la) sangre de Jesucristo: Gracia

ὑμῖν καὶ εἰρήνη πληθυνθείη.
a vosotros y paz sea multiplicada.

3 Εὐλογητὸς ὁ θεὸς καὶ πατὴρ τοῦ
Bendito (sea) el Dios y Padre del

κυρίου ἡμῶν Ἰησοῦ Χριστοῦ, ὁ κατὰ τὸ
Señor de nosotros Jesucristo, el que según la
(nuestro)

[1]
20. SABED. Lit. *conoced.*
[2]
20. CUBRIRÁ... Es decir, *será usado por Dios para traer al pecador al arrepentimiento.* (Comp. Sal. 32:1; Pr. 10:12.)

πολὺ αὐτοῦ ἔλεος ἀναγεννήσας ἡμᾶς εἰς
mucha de él   misericordia hizo renacer   nos   para
(suya)

ἐλπίδα ζῶσαν δι' ἀναστάσεως 'Ιησοῦ
una esperanza viva mediante (la) resurrección de Jesu-

Χριστοῦ ἐκ νεκρῶν, 4 εἰς κληρονομίαν
cristo   de (los) muertos, para (una) herencia

ἄφθαρτον καὶ ἀμίαντον καὶ ἀμάραντον,
incorruptible e incontaminada e inmarcesible,

τετηρημένην ἐν οὐρανοῖς εἰς ὑμᾶς 5 τοὺς
que ha sido [1]guardada en (los) cielos para vosotros, los que

ἐν δυνάμει θεοῦ φρουρουμένους διὰ πίστεως
por (el) poder de Dios sois [2]guardados mediante (la) fe

εἰς σωτηρίαν ἑτοίμην ἀποκαλυφθῆναι ἐν
para (la) salvación, presta   para ser revelada en

καιρῷ ἐσχάτῳ. 6 ἐν ᾧ ἀγαλλιᾶσθε,
(el) tiempo último.   En lo cual os alegráis,

ὀλίγον ἄρτι εἰ δέον λυπηθέντες ἐν
por un poco aún si (es) necesario, siendo afligidos por

ποικίλοις πειρασμοῖς, 7 ἵνα τὸ δοκίμιον
diversas pruebas, para que la prueba

ὑμῶν τῆς πίστεως πολυτιμότερον χρυσίου
[3]de vuestra — fe mucho más valiosa que (el) oro

τοῦ ἀπολλυμένου, διὰ πυρὸς δὲ δοκιμαζ-
— que perece, mas mediante fuego que es

ομένου, εὑρεθῇ εἰς ἔπαινον καὶ δόξαν
probado, sea hallada para alabanza y gloria

καὶ τιμὴν ἐν ἀποκαλύψει 'Ιησοῦ Χριστοῦ·
y honor en (la) revelación de Jesucristo,

8 ὃν οὐκ ἰδόντες ἀγαπᾶτε, εἰς ὃν ἄρτι
a quien no habiendo visto, amáis, en quien aún

μὴ ὁρῶντες πιστεύοντες δὲ ἀγαλλιᾶσθε
no viéndo(lo), mas creyendo, os alegráis

χαρᾷ ἀνεκλαλήτῳ καὶ δεδοξασμένῃ,
con gozo inefable y glorificado,

9 κομιζόμενοι τὸ τέλος τῆς πίστεως
obteniendo el fin de ia fe,

σωτηρίαν ψυχῶν. 10 περὶ ἧς σωτηρίας
(la) salvación de (las) almas.   Acerca de la cual salvación

ἐξεζήτησαν καὶ ἐξηρεύνησαν προφῆται οἱ
investigaron y escudriñaron (los) profetas que

περὶ τῆς εἰς ὑμᾶς χάριτος προφητεύσαντες,
acerca [4]de la gracia destinada a vosotros profetizaron,

11 ἐρευνῶντες εἰς τίνα ἢ ποῖον καιρὸν
averiguando hacia qué o cuál tiempo

ἐδήλου τὸ ἐν αὐτοῖς πνεῦμα Χριστοῦ
indicaba el en ellos Espíritu de Cristo

[1]
4. GUARDADA. Esto es, reservada.
[2]
5. GUARDADOS. Lit. protegidos bajo custodia.
[3]
7. DE VUESTRA FE. Lit. de vosotros de la fe.
[4]
10. DE LA GRACIA DESTINADA A VOSOTROS. Lit. de la para vosotros gracia.

προμαρτυρόμενον τὰ εἰς Χριστὸν παθήματα
que daba testimonio [1]de los padecimientos de Cristo
de antemano

καὶ τὰς μετὰ ταῦτα δόξας. 12 οἷς
y de las glorias después de ellos. A los que

ἀπεκαλύφθη ὅτι οὐχ ἑαυτοῖς ὑμῖν δὲ
fue revelado que no para sí mismos, sino para
vosotros

διηκόνουν αὐτά, ἃ νῦν ἀνηγγέλη ὑμῖν
ministraban esas cosas que ahora fueron anunciadas os

διὰ τῶν εὐαγγελισαμένων ὑμᾶς ἐν
mediante los que predicaron el evangelio os por

πνεύματι ἁγίῳ ἀποσταλέντι ἀπ' οὐρανοῦ,
(el) Espíritu Santo enviado del cielo,

εἰς ἃ ἐπιθυμοῦσιν ἄγγελοι παρακῦψαι.
en las que anhelan (los) ángeles mirar de cerca.

13 Διὸ ἀναζωσάμενοι τὰς ὀσφύας τῆς
Por lo cual, después de ceñir los lomos del

διανοίας ὑμῶν, νήφοντες, τελείως ἐλπίσατε
entendimiento de vosotros, siendo sobrios, perfectamente esperad
(vuestro)

ἐπὶ τὴν φερομένην ὑμῖν χάριν ἐν
[2]en la gracia que os es otorgada en (la)

ἀποκαλύψει Ἰησοῦ Χριστοῦ. 14 ὡς τέκνα
revelación de Jesucristo. Como hijos

ὑπακοῆς, μὴ συσχηματιζόμενοι ταῖς πρότε-
de obediencia, no amoldándoos [3]a los deseos que

ρον ἐν τῇ ἀγνοίᾳ ὑμῶν ἐπιθυμίαις, 15 ἀλλὰ
teníais primero estando en vuestra ignorancia, sino

κατὰ τὸν καλέσαντα ὑμᾶς ἅγιον καὶ
conforme al que llamó os, santo, también

αὐτοὶ ἅγιοι ἐν πάσῃ ἀναστροφῇ γενήθητε,
vosotros santos en toda (la) conducta llegad a ser,
mismos

16 διότι γέγραπται· [ὅτι] ἅγιοι ἔσεσθε,
puesto que está escrito: — Santos seréis,

ὅτι ἐγὼ ἅγιος. 17 καὶ εἰ πατέρα
pues yo (soy) santo. Y si por Padre

ἐπικαλεῖσθε τὸν ἀπροσωπολήμπτως κρίνοντα
invocáis al que sin acepción de personas juzga

κατὰ τὸ ἑκάστου ἔργον, ἐν φόβῳ τὸν
según la de cada uno obra, en temor [4]en

τῆς παροικίας ὑμῶν χρόνον ἀναστράφητε,
el tiempo de vuestra peregrinación conducíos,

18 εἰδότες ὅτι οὐ φθαρτοῖς, ἀργυρίῳ ἢ
sabiendo que no con cosas corruptibles, plata u

[1]
11. De los padecimientos
de Cristo... Lit. de los
(destinados) para Cristo padecimientos y de las des-
pués de éstos glorias.
[2]
13. En la gracia... Lit. en
la traída a vosotros gracia.
[3]
14. A los deseos... Lit. a
los, anteriormente en la ignorancia de vosotros, de-
seos.
[4]
17. En el tiempo de vues-
tra peregrinación. Lit. en
el de la peregrinación de
vosotros tiempo.

χρυσίω, ἐλυτρώθητε ἐκ τῆς ματαίας ὑμῶν
oro, fuisteis rescatados de la vana de vosotros
(vuestra)

ἀναστροφῆς πατροπαραδότου, 19 ἀλλὰ τιμίω
manera de vivir transmitida de vuestros 19 sino con la
padres, preciosa

αἵματι ὡς ἀμνοῦ ἀμώμου καὶ ἀσπίλου
sangre, como de cordero sin defecto y sin tacha,

Χριστοῦ, 20 προεγνωσμένου μὲν πρὸ κατα-
Cristo, 20 ya conocido de antemano — antes de (la) fun-

βολῆς κόσμου, φανερωθέντος δὲ ἐπ' ἐσχάτου
dación de(l) mundo, mas manifestado al final

τῶν χρόνων δι' ὑμᾶς 21 τοὺς δι' αὐτοῦ
de los tiempos a causa de vosotros, 21 los que mediante él

πιστοὺς εἰς θεὸν τὸν ἐγείραντα αὐτὸν
(sois) creyentes en Dios — levantó le
que

ἐκ νεκρῶν καὶ δόξαν αὐτῷ δόντα, ὥστε
de (los) muertos y gloria le dio, de modo que

τὴν πίστιν ὑμῶν καὶ ἐλπίδα εἶναι εἰς
la fe de vosotros y esperanza sean en
(vuestra)

θεόν. 22 Τὰς ψυχὰς ὑμῶν ἡγνικότες
Dios. 22 Las almas de vosotros habiendo
(vuestras) purificado

ἐν τῇ ὑπακοῇ τῆς ἀληθείας εἰς φιλαδελφίαν
en la obediencia de la verdad para un amor fraternal

ἀνυπόκριτον, ἐκ καρδίας ἀλλήλους ἀγαπήσατε
sincero, de corazón unos a otros amaos

ἐκτενῶς, 23 ἀναγεγεννημένοι οὐκ ἐκ σπορᾶς
fervientemente, 23 habiendo renacido no de simiente

φθαρτῆς ἀλλὰ ἀφθάρτου, διὰ λόγου ζῶντος
corruptible, sino incorruptible, mediante (la) palabra viva

θεοῦ καὶ μένοντος. 24 διότι πᾶσα σὰρξ
de Dios y permanente. 24 Puesto que toda carne (es)

ὡς χόρτος, καὶ πᾶσα δόξα αὐτῆς ὡς
como hierba, y toda (la) gloria de ella como

ἄνθος χόρτου· ἐξηράνθη ὁ χόρτος, καὶ
flor de hierba; se secó la hierba, y

τὸ ἄνθος ἐξέπεσεν· 25 τὸ δὲ ῥῆμα κυρίου
la flor cayó; 25 mas la palabra de(l) Señor

μένει εἰς τὸν αἰῶνα. τοῦτο δέ ἐστιν
permanece ¹para — siempre. Y ésta es

τὸ ῥῆμα τὸ εὐαγγελισθὲν εἰς ὑμᾶς.
la palabra — que fue anunciada a vosotros.

2 Ἀποθέμενοι οὖν πᾶσαν κακίαν καὶ
2 Desechando, pues, toda malicia y

πάντα δόλον καὶ ὑποκρίσεις καὶ φθόνους
todo engaño e hipocresías y envidias

καὶ πάσας καταλαλιάς, 2 ὡς ἀρτιγέννητα
y todas (las) detracciones, 2 como recién nacidos

βρέφη τὸ λογικὸν ἄδολον γάλα ἐπιποθήσατε,
1niños la espiritual 2pura leche anhelad,

ἵνα ἐν αὐτῷ αὐξηθῆτε εἰς σωτηρίαν,
para que por ella crezcáis para salvación,
(con)

3 εἰ ἐγεύσασθε ὅτι χρηστὸς ὁ κύριος.
si gustasteis que bueno (es) el Señor.

4 πρὸς ὃν προσερχόμενοι, λίθον ζῶντα,
Al cual acercándoos, piedra viva,

ὑπὸ ἀνθρώπων μὲν ἀποδεδοκιμασμένον παρὰ
por (los) hombres, es cierto, 3desechada, mas

δὲ θεῷ ἐκλεκτὸν ἔντιμον, 5 καὶ
ante Dios escogida preciosa, también

αὐτοὶ ὡς λίθοι ζῶντες οἰκοδομεῖσθε οἶκος
vosotros como piedras vivas sed edificados (como) casa
mismos

πνευματικὸς εἰς ἱεράτευμα ἅγιον, ἀνενέγκαι
espiritual para un sacerdocio santo, para ofrecer

πνευματικὰς θυσίας εὐπροσδέκτους θεῷ διὰ
espirituales sacrificios, aceptables a Dios mediante

Ἰησοῦ Χριστοῦ· 6 διότι περιέχει ἐν γραφῇ·
Jesucristo; puesto que contenía en (la) Escritura:

ἰδοὺ τίθημι ἐν Σιὼν λίθον ἐκλεκτὸν
Mirad que pongo en Sión una piedra escogida,

ἀκρογωνιαῖον ἔντιμον, καὶ ο πιστεύων
4angular, preciosa, y el que crea

ἐπ' αὐτῷ οὐ μὴ καταισχυνθῇ. 7 ὑμῖν
en ella, de ningún modo será avergonzado. Para vosotros,

οὖν ἡ τιμὴ τοῖς πιστεύουσιν· ἀπιστοῦσιν
pues, 5que creéis es el honor; mas para los
incrédulos

δὲ λίθος ὃν ἀπεδοκίμασαν οἱ οἰκοδομοῦντες,
(la) piedra que 6desecharon los edificadores,

οὗτος ἐγενήθη εἰς κεφαλὴν γωνίας 8 καὶ
ésta ha venido a en 7cabeza de ángulo y
convertirse

λίθος προσκόμματος καὶ πέτρα σκανδάλου·
piedra de tropiezo y roca de escándalo;

οἳ προσκόπτουσιν τῷ λόγῳ ἀπειθοῦντες,
los cuales tropiezan en la palabra no creyendo,

9 εἰς ὃ καὶ ἐτέθησαν· ὑμεῖς δὲ γένος
a lo cual también fueron destinados; mas vosotros linaje
(sois)

ἐκλεκτόν, βασίλειον ἱεράτευμα, ἔθνος ἅγιον,
escogido, regio sacerdocio, nación santa,

λαὸς εἰς περιποίησιν, ὅπως τὰς ἀρετὰς
pueblo 8para posesión, para que así las proezas

1
2. NIÑOS. Lit. bebés.
2
2. PURA. Lit. sin engaño.
Esto es, no adulterada.
3
4. DESECHADA. Lit. sometida
a prueba y rechazada.
4
6. ANGULAR. Lit. cimera y
de esquina.
5
7. QUE CREÉIS ES EL HONOR.
Lit. el honor para los que
creéis.
6
7. DESECHARON. (V. vers. 4.)
7
7. CABEZA DE ÁNGULO. Es
decir, piedra clave en la esquina.
8
9. PARA POSESIÓN. Es decir,
para ser peculio exclusivo
de Dios.

ἐξαγγείλητε τοῦ ἐκ σκότους ὑμᾶς καλέ-
anunciéis del que de (la) oscuridad os llamó

σαντος εἰς τὸ θαυμαστὸν αὐτοῦ φῶς·
a la admirable de él (suya) luz;

10 οἵ ποτε οὐ λαός, νῦν δὲ λαός θεοῦ,
los que en un no pueblo, mas ahora pueblo de Dios,
tiempo (erais) (sois)

οἱ οὐκ ἠλεημένοι, νῦν δὲ ἐλεηθέντες.
los no habiendo sido mas ahora compadecidos.
compadecidos,

11 Ἀγαπητοί, παρακαλῶ ὡς παροίκους
Amados, ruego(os) como a extranjeros

καὶ παρεπιδήμους ἀπέχεσθαι τῶν σαρκικῶν
y peregrinos, que os abstengáis de los carnales

ἐπιθυμιῶν, αἵτινες στρατεύονται κατὰ τῆς
deseos, los cuales batallan contra el

ψυχῆς· **12** τὴν ἀναστροφὴν ὑμῶν ἐν τοῖς
alma; la conducta de vosotros entre los
(vuestra)

ἔθνεσιν ἔχοντες καλήν, ἵνα ἐν ᾧ κατα-
gentiles teniendo buena, para que en lo que ca-

λαλοῦσιν ὑμῶν ὡς κακοποιῶν, ἐκ τῶν
lumnian os como a malhechores, a base de las
(de vuestras)

καλῶν ἔργων ἐποπτεύοντες δοξάσωσιν τὸν
buenas obras [1]observando, glorifiquen —

θεὸν ἐν ἡμέρα ἐπισκοπῆς.
a Dios en (el) día de (la) visitación.

13 Ὑποτάγητε πάσῃ ἀνθρωπίνῃ κτίσει
Someteos a toda humana autoridad
instituida

διὰ τὸν κύριον· εἴτε βασιλεῖ ὡς ὑπερέχοντι,
por del Señor; ya sea a(l) rey como a superior,
causa

14 εἴτε ἡγεμόσιν ὡς δι' αὐτοῦ πεμπομένοις
ya sea a (los) como mediante él enviados
gobernadores

εἰς ἐκδίκησιν κακοποιῶν ἔπαινον δὲ
para castigo de malhechores y alabanza

ἀγαθοποιῶν· **15** ὅτι οὕτως ἐστὶν τὸ
de [2]hombres de bien; pues así es la

θέλημα τοῦ θεοῦ, ἀγαθοποιοῦντας φιμοῦν
voluntad — de Dios, que haciendo el bien hagáis
enmudecer

τὴν τῶν ἀφρόνων ἀνθρώπων ἀγνωσίαν·
la de los insensatos hombres ignorancia;

16 ὡς ἐλεύθεροι, καὶ μὴ ὡς ἐπικάλυμμα
como libres, y no como cobertura

ἔχοντες τῆς κακίας τὴν ἐλευθερίαν, ἀλλ'
teniendo de la maldad la libertad, sino

ὡς θεοῦ δοῦλοι. **17** πάντας τιμήσατε,
como de Dios siervos. A todos honrad,

[1]
12. OBSERVANDO. Lit. *teniendo cerca (o sobre) de los ojos.*
[2]
14. HOMBRES DE BIEN. Lit. *hacedores del bien.*

τὴν ἀδελφότητα ἀγαπᾶτε, τὸν θεὸν
la fraternidad amad, — a Dios

φοβεῖσθε, τὸν βασιλέα τιμᾶτε. 18 Οἱ
temed, al rey honrad. —

οἰκέται, ὑποτασσόμενοι ἐν παντὶ φόβῳ
Criados, sometiéndoos con todo temor

τοῖς δεσπόταις, οὐ μόνον τοῖς ἀγαθοῖς
a los amos, no sólo a los buenos

καὶ ἐπιεικέσιν ἀλλὰ καὶ τοῖς σκολιοῖς.
y benignos, sino también a los ásperos.

19 τοῦτο γὰρ χάρις εἰ διὰ συνείδησιν
¹Porque esto es recomendable si a causa de la conciencia

θεοῦ ὑποφέρει τις λύπας πάσχων ἀδίκως.
²ante Dios soporta alguien molestias padeciendo injustamente.

20 ποῖον γὰρ κλέος εἰ ἁμαρτάνοντες καὶ
Porque ¿qué ³gloria (es) si pecando y

κολαφιζόμενοι ὑπομενεῖτε; ἀλλ' εἰ ἀγαθο-
siendo abofeteados, aguantáis? Pero si haciendo

ποιοῦντες καὶ πάσχοντες ὑπομενεῖτε, τοῦτο
el bien y padeciendo, aguantáis, esto (es)

χάρις παρὰ θεῷ. 21 εἰς τοῦτο γὰρ
⁴recomendable ante Dios. Porque para esto

ἐκλήθητε, ὅτι καὶ Χριστὸς ἔπαθεν ὑπὲρ
fuisteis llamados, pues también Cristo padeció por

ὑμῶν, ὑμῖν ὑπολιμπάνων ὑπογραμμὸν ἵνα
vosotros, a vosotros dejando detrás un ejemplo para que
grabado

ἐπακολουθήσητε τοῖς ἴχνεσιν αὐτοῦ· 22 ὃς
sigáis de cerca las huellas de él (suyas); el cual

ἁμαρτίαν οὐκ ἐποίησεν οὐδὲ εὑρέθη δόλος
pecado no hizo ni fue hallado engaño

ἐν τῷ στόματι αὐτοῦ· 23 ὃς λοιδορούμενος
en la boca de él (suya); quien, siendo insultado,

οὐκ ἀντελοιδόρει, πάσχων οὐκ ἠπείλει,
no respondía con insultos; padeciendo, no amenazaba,

παρεδίδου δὲ τῷ κρίνοντι δικαίως· 24 ὃς
sino que se al que juzga justamente; quien
encomendaba

τὰς ἁμαρτίας ἡμῶν αὐτὸς ἀνήνεγκεν ἐν
los pecados de nosotros él mismo llevó en
(nuestros)

τῷ σώματι αὐτοῦ ἐπὶ τὸ ξύλον, ἵνα
el cuerpo de él ⁵al madero, para que
(suyo)

ταῖς ἁμαρτίαις ἀπογενόμενοι τῇ δικαιοσύνῃ
a los pecados habiendo muerto, para la justicia

ζήσωμεν· οὗ τῷ μώλωπι ἰάθητε.
vivamos; por cuya ⁶herida fuisteis sanados.

1
19. PORQUE ESTO ES RECO-
MENDABLE. Lit. *porque esto
(es) gracia.*
2
19. ANTE DIOS. Lit. *de
Dios.*
3
20. GLORIA. Lit. *mérito u
honor.*
4
20. RECOMENDABLE. Lit. *gracia.*
5
24. AL MADERO. Lit. *a sobre
el madero.*
6
24. HERIDA. Lit. *azotaina.*
(V. Is. 53:5.)

25 ἦτε   γὰρ   ὡς   πρόβατα   πλανώμενοι,
Porque estabais   como   ovejas   descarriándoos,

ἀλλὰ   ἐπεστράφητε   νῦν   ἐπὶ   τὸν   ποιμένα
pero   os convertisteis   ahora   al   pastor

καὶ   ἐπίσκοπον   τῶν   ψυχῶν   ὑμῶν.
y   guardián   de las   almas   de vosotros
(vuestras).

3 Ὁμοίως   γυναῖκες,   ὑποτασσόμεναι   τοῖς
Asimismo,   mujeres,   sometiéndoos   a los

ἰδίοις   ἀνδράσιν,   ἵνα   καὶ   εἴ   τινες   ἀπειθοῦσιν
propios   maridos,   para que aun   si   algunos   desobedecen

τῷ   λόγῳ,   διὰ   τῆς   τῶν   γυναικῶν   ἀναστροφῆς
a la   palabra,   mediante   la   de las   esposas   conducta

ἄνευ   λόγου   κερδηθήσονται,   **2** ἐποπτεύσαντες
sin   una palabra   sean ganados,   [1]observando

τὴν   ἐν   φόβῳ   ἁγνὴν   ἀναστροφὴν   ὑμῶν.
la   con   temor   pura   conducta   de vosotras
(vuestra);

3 ὧν   ἔστω   οὐχ   ὁ   ἔξωθεν   ἐμπλοκῆς
de quienes   sea   no   el   exterior,   de trenzado

τριχῶν   καὶ   περιθέσεως   χρυσίων   ἢ   ἐνδύσεως
de cabellos   y   de ponerse en   objetos de oro   o   de vestirse
derredor

ἱματίων   κόσμος,   **4** ἀλλ'   ὁ   κρυπτὸς   τῆς
ropas   adorno,   sino   [2]el   interior   del
(lujosas),

καρδίας   ἄνθρωπος   ἐν   τῷ   ἀφθάρτῳ   τοῦ
corazón   ser humano,   en   el   incorruptible   del
(adorno)

πραέος   καὶ   ἡσυχίου   πνεύματος,   ὅ   ἐστιν
manso   y   apacible   espíritu,   que   es

ἐνώπιον   τοῦ   θεοῦ   πολυτελές.   **5** οὕτως
delante   —   de Dios   de gran valor.   Porque

γὰρ   ποτε   καὶ   αἱ   ἅγιαι   γυναῖκες   αἱ
así   otrora   también   las   santas   mujeres   —

ἐλπίζουσαι   εἰς   θεὸν   ἐκόσμουν   ἑαυτάς,
que esperaban   en   Dios   ataviaban   a sí mismas,

ὑποτασσόμεναι   τοῖς   ἰδίοις   ἀνδράσιν,   **6** ὡς
sometiéndose   a los   propios   maridos,   como

Σάρρα   ὑπήκουσεν   τῷ   Ἀβραάμ,   κύριον
Sara   obedeció   —   a Abraham,   señor

αὐτὸν   καλοῦσα·   ἧς   ἐγενήθητε   τέκνα
le   llamando;   de la cual   vinisteis a ser   hijas

ἀγαθοποιοῦσαι   καὶ   μὴ   φοβούμεναι   μηδεμίαν
haciendo el bien   y   no   temiendo   ninguna

πτόησιν.   **7** Οἱ   ἄνδρες   ὁμοίως,   συνοικοῦντες
amenaza.   —   Maridos,   igualmente,   conviviendo

κατὰ   γνῶσιν   ὡς   ἀσθενεστέρῳ   σκεύει   τῷ
[3]comprensivamente   como   con más débil   vaso   con el

1
2. OBSERVANDO. (V. 2:12.)
2
4. EL INTERIOR. Lit. *el es-*
condido.
3
7. COMPRENSIVAMENTE. Lit.
según conocimiento.

γυναικείῳ, ἀπονέμοντες τιμὴν ὡς καὶ
sexo femenino   asignando(le)   honor   como ¹también

συγκληρονόμοις χάριτος ζωῆς, εἰς τὸ μὴ
a coherederas   de (la) gracia de (la) vida, a fin de que no

ἐγκόπτεσθαι τὰς προσευχὰς ὑμῶν. 8 Τὸ δὲ
sean estorbadas las oraciones de vosotros   ²Y, para
　　　　　　　　　　　　　　　　(vuestras).

τέλος πάντες ὁμόφρονες, συμπαθεῖς,
terminar, (sed) todos de un mismo sentir, compasivos,

φιλάδελφοι, εὔσπλαγχνοι, ταπεινόφρονες,
con amor fraternal, misericordiosos, humildes,

9 μὴ ἀποδιδόντες κακὸν ἀντὶ κακοῦ ἢ
no devolviendo mal por mal, o

λοιδορίαν ἀντὶ λοιδορίας, τοὐναντίον δὲ
maldición por maldición, sino por el contrario,

εὐλογοῦντες, ὅτι εἰς τοῦτο ἐκλήθητε ἵνα
bendiciendo, pues para esto fuisteis llamados para

εὐλογίαν κληρονομήσητε. 10 ὁ γὰρ θέλων
bendición heredar. Porque el que quiere

ζωὴν ἀγαπᾶν καὶ ἰδεῖν ἡμέρας ἀγαθάς,
(la) vida amar y ver días buenos,

παυσάτω τὴν γλῶσσαν ἀπὸ κακοῦ καὶ
refrene la lengua de mal y

χείλη τοῦ μὴ λαλῆσαι δόλον, 11 ἐκκλινάτω
(sus) labios — para no hablar engaño, y apártese

δὲ ἀπὸ κακοῦ καὶ ποιησάτω ἀγαθόν,
de(l) mal y haga (el) bien,

ζητησάτω εἰρήνην καὶ διωξάτω αὐτήν·
busque (la) paz y ³siga la;

12 ὅτι ὀφθαλμοὶ κυρίου ἐπὶ δικαίους καὶ
pues (los) ojos de(l) Señor (están) (los) justos y (los)
　　　　　　　　　　　　　　sobre

ὦτα αὐτοῦ εἰς δέησιν αὐτῶν, πρόσωπον
oídos de él a (la) petición de ellos, mas ⁴(el) rostro
　(suyos)

δὲ κυρίου ἐπὶ ποιοῦντας κακά.
de(l) Señor sobre los que hacen (lo) malo.

13 Καὶ τίς ὁ κακώσων ὑμᾶς ἐὰν τοῦ
¿Y quién el que hará daño os si del
　　(es)

ἀγαθοῦ ζηλωταὶ γένησθε; 14 ἀλλ' εἰ καὶ
bien celosos os hacéis? Pero si hasta

πάσχοιτε διὰ δικαιοσύνην, μακάριοι. τὸν
padecéis a causa de (la) justicia, dichosos (sois). Y

δὲ φόβον αὐτῶν μὴ φοβηθῆτε μηδὲ
el temor de ellos no temáis, ni

ταραχθῆτε, 15 κύριον δὲ τὸν Χριστὸν
os turbéis,   sino como a Señor — a Cristo

1
7. TAMBIÉN A... Es decir, a las que también son.
2
8. Y, PARA TERMINAR. Lit. Y el final.
3
11. SIGA. Lit. persiga.
4
12. EL ROSTRO. Esto es, la ira.

ἁγιάσατε ἐν ταῖς καρδίαις ὑμῶν, ἕτοιμοι
santificad en los corazones de vosotros prestos
(vuestros),

ἀεὶ πρὸς ἀπολογίαν παντὶ τῷ αἰτοῦντι
siempre para defensa ante todo el que pida

ὑμᾶς λόγον περὶ τῆς ἐν ὑμῖν ἐλπίδος,
os razón acerca de la en vosotros esperanza,
(que hay)

16 ἀλλὰ μετὰ πραΰτητος καὶ φόβου,
pero con mansedumbre y ¹temor,

συνείδησιν ἔχοντες ἀγαθήν, ἵνα ἐν ᾧ
conciencia teniendo buena, para que en lo que

καταλαλεῖσθε καταισχυνθῶσιν οἱ ἐπηρεάζον-
sois calumniados sean avergonzados los que ²ofen-

τες ὑμῶν τὴν ἀγαθὴν ἐν Χριστῷ
den de vosotros la buena en Cristo
(vuestra)

ἀναστροφήν. 17 κρεῖττον γὰρ ἀγαθοποι-
conducta. Porque mejor (es) haciendo el

οῦντας, εἰ θέλοι τὸ θέλημα τοῦ θεοῦ,
bien, si (lo) quiere la voluntad — de Dios,

πάσχειν ἢ κακοποιοῦντας. 18 ὅτι καὶ
padecer que haciendo el mal. Pues también

Χριστὸς ἅπαξ περὶ ἁμαρτιῶν ἀπέθανεν,
Cristo una vez por (los) pecados murió,

δίκαιος ὑπὲρ ἀδίκων, ἵνα ὑμᾶς προσαγάγῃ
un justo por injustos, para os conducir hasta

τῷ θεῷ, θανατωθεὶς μὲν σαρκὶ ζωοποιηθεὶς
— Dios, habiendo sufrido — en (su) carne, pero vivificado
la muerte

δὲ πνεύματι· 19 ἐν ᾧ καὶ τοῖς ἐν
en (su) espíritu; en el cual también a los (estaban)
que

φυλακῇ πνεύμασιν πορευθεὶς ἐκήρυξεν,
prisión espíritus yendo ³predicó,

20 ἀπειθήσασίν ποτε ὅτε ἀπεξεδέχετο ἡ
a los que desobedecieron entonces cuando aguardaba la

τοῦ θεοῦ μακροθυμία ἐν ἡμέραις Νῶε
de Dios paciencia en (los) días de Noé

κατασκευαζομένης κιβωτοῦ, εἰς ἣν ὀλίγοι,
cuando se preparaba (el) arca, en la cual pocos,

τοῦτ᾽ ἔστιν ὀκτὼ ψυχαί, διεσώθησαν δι᾽
esto es, ocho ⁴personas fueron salvadas a través

ὕδατος. 21 ὃ καὶ ὑμᾶς ἀντίτυπον νῦν
de(l) agua. El que también nos ⁵como antitipo ahora

σώζει βάπτισμα, οὐ σαρκὸς ἀπόθεσις
salva bautismo, no de (la) carne el quitar

ῥύπου ἀλλὰ συνειδήσεως ἀγαθῆς ἐπερώτημα
(la) suciedad, sino de una conciencia buena (como) ⁶respuesta

1
16. TEMOR. Es decir, res-
peto.
2
16. OFENDEN. Lit. maltratan
(con críticas calumniosas).
3
19. PREDICÓ. Lit. proclamó.
4
20. PERSONAS. Lit. almas.
5
21. COMO ANTITIPO. Es de-
cir, como realidad correspondiente (a aquella figura).
6
21. RESPUESTA. Lit. demanda o apelación.

εἰς θεόν, δι' ἀναστάσεως Ἰησοῦ Χριστοῦ,
hacia Dios, mediante (la) resurrección de Jesucristo,

22 ὅς ἐστιν ἐν δεξιᾷ θεοῦ, πορευθεὶς
que está a (la) derecha de Dios, habiendo ido

εἰς οὐρανόν, ὑποταγέντων αὐτῷ ἀγγέλων
al cielo, estando sometidos a él (los) ángeles

καὶ ἐξουσιῶν καὶ δυνάμεων.
y (las) autoridades y (las) [1]potestades.

4 Χριστοῦ οὖν παθόντος σαρκὶ καὶ ὑμεῖς
Por tanto, Cristo, habiendo padecido en (la) carne, también vosotros

τὴν αὐτὴν ἔννοιαν ὁπλίσασθε, ὅτι ὁ
del mismo pensamiento armaos, pues el que

παθὼν σαρκὶ πέπαυται ἁμαρτίας, **2** εἰς
padeció en (la) carne, [2]ha cesado de pecado, para

τὸ μηκέτι ἀνθρώπων ἐπιθυμίαις ἀλλὰ
— no más de hombres en deseos, sino

θελήματι θεοῦ τὸν ἐπίλοιπον ἐν σαρκὶ
en (la) voluntad de Dios el restante en (la) carne

βιῶσαι χρόνον. **3** ἀρκετὸς γὰρ ὁ παρεληλυ-
vivir tiempo. Porque bastante (es) el pasado

θὼς χρόνος τὸ βούλημα τῶν ἐθνῶν
tiempo para [3]la voluntad de los gentiles

κατειργάσθαι, πεπορευμένους ἐν ἀσελγείαις,
haber obrado, habiendo andado en lascivias,

ἐπιθυμίαις, οἰνοφλυγίαις, κώμοις, πότοις
concupiscencias, embriagueces, orgías, excesos de bebida

καὶ ἀθεμίτοις εἰδωλολατρίαις. **4** ἐν ᾧ
y abominables idolatrías. En lo cual

ξενίζονται μὴ συντρεχόντων ὑμῶν εἰς
se extrañan que no corráis con (ellos) vosotros al

τὴν αὐτὴν τῆς ἀσωτίας ἀνάχυσιν, βλασ-
— mismo — de disolución desenfreno, hablando

φημοῦντες· **5** οἳ ἀποδώσουσιν λόγον τῷ
mal (de vosotros); los cuales darán cuenta al que

ἑτοίμως ἔχοντι κρῖναι ζῶντας καὶ νεκρούς.
[4]preparado está para juzgar a vivos y muertos.

6 εἰς τοῦτο γὰρ καὶ νεκροῖς εὐηγγελίσθη,
Porque para esto también a muertos fue anunciado el evangelio,

ἵνα κριθῶσι μὲν κατὰ ἀνθρώπους
para que sean juzgados — según (los) hombres

σαρκί, ζῶσι δὲ κατὰ θεὸν πνεύματι.
en (la) carne, pero vivan según Dios en (el) espíritu.

[1]
22. POTESTADES. Lit. *poderes*.
[2]
1. HA CESADO DE PECADO. La idea parece ser la misma de Ro. 6:1-11.
[3]
3. LA VOLUNTAD DE LOS GENTILES. Esto es, *lo que agrada a los gentiles*.
[4]
5. PREPARADO ESTÁ. Lit. *prontamente tiene*.

7 Πάντων δὲ τὸ τέλος ἤγγικεν.
Mas de todo   el   fin   se ha acercado.

σωφρονήσατε οὖν καὶ νήψατε εἰς
Sed sensatos,   pues,   y   sed sobrios   para

προσευχάς· **8** πρὸ πάντων τὴν εἰς ἑαυτοὺς
(las) oraciones;   ante   todo,   —   entre   vosotros mismos

ἀγάπην ἐκτενῆ ἔχοντες, ὅτι ἀγάπη
amor   [1]ferviente   teniendo,   pues   (el) amor

καλύπτει πλῆθος ἁμαρτιῶν· **9** φιλόξενοι εἰς
[2]cubre   multitud   de pecados;   hospedadores   unos

ἀλλήλους ἄνευ γογγυσμοῦ· **10** ἕκαστος καθὼς
con otros   sin   murmuración;   cada uno   conforme

ἔλαβεν χάρισμα, εἰς ἑαυτοὺς αὐτὸ διακον-
recibió   (el) don,   a vosotros mismos   lo   minis-

οῦντες ὡς καλοὶ οἰκονόμοι ποικίλης χάριτος
trando   como   buenos   administradores   de la multiforme   gracia

θεοῦ· **11** εἴ τις λαλεῖ, ὡς λόγια θεοῦ·
de Dios;   si   alguno   habla,   como   oráculos   de Dios;

εἴ τις διακονεῖ, ὡς ἐξ ἰσχύος ἧς χορηγεῖ
si   alguno   ministra,   como la virtud de (la) que   suministra
fuerza,

ὁ θεός· ἵνα ἐν πᾶσιν δοξάζηται ὁ θεὸς
—   Dios;   para que en   todo   sea glorificado   —   Dios

διὰ Ἰησοῦ Χριστοῦ, ᾧ ἐστιν ἡ δόξα
mediante   Jesucristo,   cuya   es   la   gloria

καὶ τὸ κράτος εἰς τοὺς αἰῶνας τῶν
y   el   dominio   por   los   siglos   de los

αἰώνων· ἀμήν.
siglos;   amén.

12 Ἀγαπητοί, μὴ ξενίζεσθε τῇ ἐν ὑμῖν
Amados,   no   os sorprendáis   de la   entre vosotros

πυρώσει πρὸς πειρασμὸν ὑμῖν γινομένῃ,
[3]feroz prueba   para   prueba   a vosotros   ocurrida,

ὡς ξένου ὑμῖν συμβαίνοντος, **13** ἀλλὰ
como cosa extraña que   os   sucede,   sino,

καθὸ κοινωνεῖτε τοῖς τοῦ Χριστοῦ
así como   sois partícipes   de los   —   de Cristo

παθήμασιν χαίρετε, ἵνα καὶ ἐν τῇ ἀπο-
padecimientos,   gozaos,   para que también   en   la   reve-

καλύψει τῆς δόξης αὐτοῦ χαρῆτε ἀγαλ-
lación   de la   gloria   de él   os gocéis   ale-

λιώμενοι. **14** εἰ ὀνειδίζεσθε ἐν ὀνόματι
grándoos mucho.   Si   sois vituperados   [4]por el   nombre

Χριστοῦ, μακάριοι, ὅτι τὸ τῆς δόξης
de Cristo,   dichosos (sois),   pues   el   —   de gloria

[1]
8. FERVIENTE. Lit. *intenso y constante.*
[2]
8. CUBRE. (V. Stg. 5:20.)
[3]
12. FEROZ PRUEBA. Lit. *hoguera.*
[4]
14. POR (EL) NOMBRE. Lit. *en nombre.*

καὶ   τὸ   τοῦ   θεοῦ   πνεῦμα   ἐφ'   ὑμᾶς
y   —   —   de Dios Espíritu   sobre   vosotros

ἀναπαύεται.   15 μὴ   γάρ   τις   ὑμῶν   πασχέτω
reposa.   Porque ninguno de vosotros padezca

ὡς   φονεὺς   ἢ   κλέπτης   ἢ   κακοποιὸς   ἢ
como   homicida   o   ladrón   o   malhechor   o

ὡς   ἀλλοτριεπίσκοπος·   16 εἰ   δὲ   ὡς
como   [1]entremetido;   mas si   como

Χριστιανός,   μὴ   αἰσχυνέσθω,   δοξαζέτω   δὲ
cristiano,   no   se avergüence,   sino glorifique

τὸν   θεὸν   ἐν   τῷ   ὀνόματι   τούτῳ.   17 ὅτι
—   a Dios   en   el   nombre   este.   Pues

[ὁ]   καιρὸς   τοῦ   ἄρξασθαι   τὸ   κρίμα   ἀπὸ
(llegó) el tiempo   —   de comenzar   el   juicio   desde

τοῦ   οἴκου   τοῦ   θεοῦ·   εἰ   δὲ   πρῶτον   ἀφ'
la   casa   —   de Dios; y si   primero   desde

ἡμῶν,   τί   τὸ   τέλος   τῶν   ἀπειθούντων
nosotros, ¿cuál (será) el   fin   de los   que desobedecen

τῷ   τοῦ   θεοῦ   εὐαγγελίῳ;   18 καὶ   εἰ   ὁ
al   —   de Dios   evangelio?   Y   si   el

δίκαιος   μόλις   σῴζεται,   ὁ   [δὲ]   ἀσεβὴς
justo   [2]a duras penas se salva,   el   impío

καὶ   ἁμαρτωλὸς   ποῦ   φανεῖται;   19 ὥστε
y   pecador   ¿dónde   aparecerá?   De modo

καὶ   οἱ   πάσχοντες   κατὰ   τὸ   θέλημα   τοῦ
que aun los   que padecen   según   la   voluntad   —

θεοῦ   πιστῷ   κτίστῃ   παρατιθέσθωσαν   τὰς
de Dios, a(l) fiel Creador   encomienden   las

ψυχὰς   αὐτῶν   ἐν   ἀγαθοποιΐᾳ.
almas   de ellos   en   hacer el bien.
          (suyas)

5 Πρεσβυτέρους   οὖν   ἐν   ὑμῖν   παρακαλῶ
A (los) ancianos,   pues,   entre   vosotros,   exhorto

ὁ   συμπρεσβύτερος   καὶ   μάρτυς   τῶν   τοῦ
(yo) el   co-anciano   y   testigo   de los   —

Χριστοῦ   παθημάτων,   ὁ   καὶ   τῆς   μελλούσης
de Cristo   padecimientos, el   también de la   que va
                              (que)

ἀποκαλύπτεσθαι   δόξης   κοινωνός·   2 ποιμάνατε
a ser revelada   gloria   partícipe;   pastoread

τὸ   ἐν   ὑμῖν   ποίμνιον   τοῦ   θεοῦ,   μὴ
la   entre vosotros grey   —   de Dios,   no
(que está)

ἀναγκαστῶς   ἀλλὰ   ἑκουσίως   κατὰ   θεόν,
[3]forzadamente,   sino   voluntariamente según   Dios,

---

[1]
15. ENTREMETIDO. Lit. su-
pervisor de lo ajeno.
[2]
18. A DURAS PENAS. Esto es,
sufriendo la disciplina. (V.
Pr. 11:31.)
[3]
2. FORZADAMENTE. Esto es,
como por obligación. (Comp.
2 Co. 9:7.)

μηδὲ αἰσχροκερδῶς ἀλλὰ προθύμως, 3 μηδ'
ni   por afán de ganancia   sino   con ánimo pronto,   ni
      deshonesta,

ὡς κατακυριεύοντες τῶν κλήρων ἀλλὰ
como enseñoreándoos ¹de las heredades, sino

τύποι γινόμενοι τοῦ ποιμνίου· 4 καὶ
modelos haciéndoos de la grey;   y

φανερωθέντος τοῦ ἀρχιποίμενος κομιεῖσθε
cuando aparezca el Jefe de pastores, recibiréis

τὸν ἀμαράντινον τῆς δόξης στέφανον.
la   inmarcesible   — de gloria   corona.

5 Ὁμοίως, νεώτεροι, ὑποτάγητε πρεσβυτέ-
Asimismo, (los) más jóvenes, someteos a los más ancia-

ροις· πάντες δὲ ἀλλήλοις τὴν ταπεινοφρο-
nos;   y todos unos con otros — de humil-

σύνην ἐγκομβώσασθε, ὅτι ὁ θεὸς ὑπερηφάνοις
dad   ceñíos,   pues — Dios a (los) arrogantes

ἀντιτάσσεται, ταπεινοῖς δὲ δίδωσιν χάριν.
²resiste,   mas a los humildes da   gracia.

6 Ταπεινώθητε οὖν ὑπὸ τὴν κραταιὰν
Humillaos,   pues, bajo la   poderosa

χεῖρα τοῦ θεοῦ, ἵνα ὑμᾶς ὑψώσῃ ἐν
mano   —   de Dios, para que os   exalte a (su)

καιρῷ, 7 πᾶσαν τὴν μέριμναν ὑμῶν
tiempo,   toda   la   ansiedad   de vosotros
                                   (vuestra)

ἐπιρίψαντες ἐπ' αὐτόν, ὅτι αὐτῷ μέλει
echando   sobre   él,   pues   él   se preocupa

περὶ ὑμῶν. 8 Νήψατε, γρηγορήσατε. ὁ
de vosotros.   Sed sobrios,   velad.   El

ἀντίδικος ὑμῶν διάβολος ὡς λέων ὠρυόμενος
³adversario de vosotros (el) diablo, como león que ruge

περιπατεῖ ζητῶν τινα καταπιεῖν· 9 ᾧ
anda rondando en busca de alguien devorar;   al cual
               (a quien)

ἀντίστητε στερεοὶ τῇ πίστει, εἰδότες τὰ
resistid   firmes   en la   fe,   sabiendo   que

αὐτὰ τῶν παθημάτων τῇ ἐν τῷ κόσμῳ
⁴los mismos —   padecimientos en la en el   mundo
                                (que hay)

ὑμῶν ἀδελφότητι ἐπιτελεῖσθαι. 10 Ὁ δὲ
de vosotros hermandad   se cumplen.   Y el
(vuestro)

θεὸς πάσης χάριτος, ὁ καλέσας ὑμᾶς
Dios de toda gracia, el que llamó   os

εἰς τὴν αἰώνιον αὐτοῦ δόξαν ἐν Χριστῷ,
a   la   eterna   de él   gloria   en   Cristo,
                  (suya)

ὀλίγον παθόντας αὐτὸς καταρτίσει, στηρίξει,
⁵un poco después de él mismo (os) perfeccionará, afianzará,
        padecer,

1
3. De las heredades. Es
decir, de la porción de fieles asignados a cada uno.
2
5. Resiste. (V. nota a Stg.
4:6.)
3
8. Adversario. Lit. el actor
(acusador ante los tribunales).
4
9. Los mismos padecimien-
tos. Lit. las mismas cosas
de los padecimientos.
5
10. Un poco después de padecer. Esto es, después de
padecer por un poco de
tiempo.

σθενώσει, θεμελιώσει.   11 αὐτῷ τὸ κράτος
fortalecerá,   cimentará.   Suyo (es) el dominio

εἰς τοὺς αἰῶνας τῶν αἰώνων· ἀμήν.
por los siglos de los siglos;   amén.

12 Διὰ Σιλουανοῦ ὑμῖν τοῦ πιστοῦ
Por medio de Silvano, a vosotros, el fiel

ἀδελφοῦ, ὡς λογίζομαι, δι᾽ ὀλίγων ἔγραψα,
hermano, como (le) considero, mediante pocas escribí,
                                 (palabras)

παρακαλῶν καὶ ἐπιμαρτυρῶν ταύτην εἶναι
exhortándo(os) y atestiguando que ésta es

ἀληθῆ χάριν τοῦ θεοῦ, εἰς ἣν στῆτε.
verdadera gracia — de Dios, en la que estáis.

13 Ἀσπάζεται ὑμᾶς ἡ ἐν Βαβυλῶνι
Saluda os la en Babilonia

συνεκλεκτὴ καὶ Μᾶρκος ὁ υἱός μου.
co-elegida y Marcos el hijo de mí
(iglesia)   (mío).

14 ἀσπάσασθε ἀλλήλους ἐν φιλήματι ἀγάπης.
Saludad unos a otros con beso de amor.

Εἰρήνη ὑμῖν πᾶσιν τοῖς ἐν Χριστῷ.
Paz a vosotros todos los que en Cristo.
                         (estáis)

Segunda Carta del apóstol
PEDRO

1 Συμεὼν Πέτρος δοῦλος καὶ ἀπόστολος
Simón Pedro, siervo y apóstol

Ἰησοῦ Χριστοῦ τοῖς ἰσότιμον ἡμῖν
de Jesucristo, a los que igualmente a la de
                    preciosa nosotros

λαχοῦσιν πίστιν ἐν δικαιοσύνῃ τοῦ θεοῦ
habéis alcanzado fe en (la) justicia del Dios

ἡμῶν καὶ σωτῆρος Ἰησοῦ Χριστοῦ·
de nosotros y Salvador Jesucristo;
(vuestro)

2 χάρις ὑμῖν καὶ εἰρήνη πληθυνθείη ἐν
gracia a vosotros y paz sea multiplicada en

ἐπιγνώσει τοῦ θεοῦ καὶ Ἰησοῦ τοῦ
(el) pleno — de Dios y de Jesús el
conocimiento ἡμῶν.

κυρίου ἡμῶν.
Señor de nosotros
         (nuestro).

3 Ὡς τὰ πάντα ἡμῖν τῆς θείας δυνάμεως
Como las todas cosas nos el divino poder

αὐτοῦ τὰ πρὸς ζωὴν καὶ εὐσέβειαν δεδωρημένης
de él — respecto (la) vida y (la) piedad ¹ha otorgado
(suyo)   a

διὰ τῆς ἐπιγνώσεως τοῦ καλέσαντος ἡμᾶς
mediante el pleno conocimiento del que llamó nos

ἰδίᾳ δόξῃ καὶ ἀρετῇ, 4 δι' ὧν τὰ τίμια
por (su) gloria y virtud, mediante las las preciosas
propia   cuales

καὶ μέγιστα ἡμῖν ἐπαγγέλματα δεδώρηται,
y grandísimas nos promesas ²ha dado,

ἵνα διὰ τούτων γένησθε θείας κοινωνοὶ
para mediante éstas llegaseis a de (la) divina ³partícipes
que   ser

φύσεως, ἀποφυγόντες τῆς ἐν τῷ κόσμῳ
naturaleza, tras haber huido de la en el mundo
                          (que hay)

ἐν ἐπιθυμίᾳ φθορᾶς. 5 καὶ αὐτὸ τοῦτο
por concupiscencia corrupción. Mas también por esto mismo,
(la)

δὲ σπουδὴν πᾶσαν παρεισενέγκαντες
diligencia toda ⁴poniendo,

ἐπιχορηγήσατε ἐν τῇ πίστει ὑμῶν τὴν
suministrad en la fe de vosotros —
                          (vuestra)

ἀρετήν, ἐν δὲ τῇ ἀρετῇ τὴν γνῶσιν,
virtud, y en la virtud — conocimiento,

6 ἐν δὲ τῇ γνώσει τὴν ἐγκράτειαν,
y en el conocimiento — dominio propio,

ἐν δὲ τῇ ἐγκρατείᾳ τὴν ὑπομονήν, ἐν
y en el dominio propio — paciencia, y

δὲ τῇ ὑπομονῇ τὴν εὐσέβειαν, 7 ἐν δὲ
en la paciencia — piedad, y en

τῇ εὐσεβείᾳ τὴν φιλαδελφίαν, ἐν δὲ
la piedad — afecto fraternal, y en

τῇ φιλαδελφίᾳ τὴν ἀγάπην. 8 ταῦτα
el afecto fraternal, — amor. Porque estas

γὰρ ὑμῖν ὑπάρχοντα καὶ πλεονάζοντα
cosas en vosotros estando y abundando,

οὐκ ἀργοὺς οὐδὲ ἀκάρπους καθίστησιν
no ociosos ni sin fruto (os) constituyen

εἰς τὴν τοῦ κυρίου ἡμῶν Ἰησοῦ Χριστοῦ
en el del Señor de nosotros Jesucristo
                (nuestro)

ἐπίγνωσιν· 9 ᾧ γὰρ μὴ πάρεστιν ταῦτα,
conocimiento porque en el que no están presentes estas cosas,
pleno;

τυφλός ἐστιν μυωπάζων, λήθην λαβὼν
ciego es teniendo corta vista, habiendo olvidado

τοῦ καθαρισμοῦ τῶν πάλαι αὐτοῦ ἁμαρτιῶν.
la purificación de los del pasado de él pecados.
                          (sus)

10 διὸ μᾶλλον, ἀδελφοί, σπουδάσατε
Por lo cual, más aún, hermanos, sed diligentes en

1
3. Ha otorgado. Lit. ha regalado.
2
4. Ha dado. Lit. ha regalado.
3
4. Partícipes. El vocablo griego expresa comunión.
4
5. Poniendo. Lit. aportando.

βεβαίαν ὑμῶν τὴν κλῆσιν καὶ ἐκλογὴν
firme de vosotros el llamamiento y (la) elección
(vuestro)

ποιεῖσθαι· ταῦτα γὰρ ποιοῦντες οὐ μὴ
hacer; porque estas cosas haciendo de ningún modo

πταίσητέ ποτε. 11 οὕτως γὰρ πλουσίως
caeréis jamás. Porque así ricamente

ἐπιχορηγηθήσεται ὑμῖν ἡ εἴσοδος εἰς τὴν
será suministrada os la entrada en el

αἰώνιον βασιλείαν τοῦ κυρίου ἡμῶν καὶ
eterno reino del Señor de nosotros y
(nuestro)

σωτῆρος Ἰησοῦ Χριστοῦ.
Salvador Jesucristo.

12 Διὸ μελλήσω ἀεὶ ὑμᾶς ὑπομιμνήσκειν
Por lo cual habré siempre os de recordar

περὶ τούτων, καίπερ εἰδότας καὶ
acerca de estas cosas, aunque sabedores (seáis) y

ἐστηριγμένους ἐν τῇ παρούσῃ ἀληθείᾳ.
afianzados en la presente verdad.

13 δίκαιον δὲ ἡγοῦμαι, ἐφ' ὅσον εἰμὶ
Pues por justo tengo, mientras estoy

ἐν τούτῳ τῷ σκηνώματι, διεγείρειν ὑμᾶς
1en este — tabernáculo, estimular os

ἐν ὑπομνήσει, 14 εἰδὼς ὅτι ταχινή ἐστιν
con recordatorio, sabiendo que inminente es

ἡ ἀπόθεσις τοῦ σκηνώματός μου, καθὼς
el abandono del tabernáculo de mí (mío), como

καὶ ὁ κύριος ἡμῶν Ἰησοῦς Χριστὸς
cierta- el Señor de nosotros Jesucristo
mente (nuestro)

ἐδήλωσέν μοι· 15 σπουδάσω δὲ καὶ
declaró me; y pondré diligencia también

ἑκάστοτε ἔχειν ὑμᾶς μετὰ τὴν ἐμὴν
siempre que tengáis vosotros después — de mi

ἔξοδον τὴν τούτων μνήμην ποιεῖσθαι.
partida la de estas cosas memoria hacer.

16 οὐ γὰρ σεσοφισμένοις μύθοις ἐξακολου-
Porque no ingeniosamente inventadas fábulas habiendo

θήσαντες ἐγνωρίσαμεν ὑμῖν τὴν τοῦ κυρίου
seguido dimos a conocer os el del Señor

ἡμῶν Ἰησοῦ Χριστοῦ δύναμιν καὶ
de nosotros Jesucristo poder y
(nuestro)

παρουσίαν, ἀλλ' ἐπόπται γενηθέντες τῆς
2(la) presencia, sino testigos de vista llegados a ser de la

ἐκείνου μεγαλειότητος. 17 λαβὼν γὰρ
de él (su) majestad. Porque tras recibir

παρὰ θεοῦ πατρὸς τιμὴν καὶ δόξαν
de parte de Dios Padre honor y gloria

φωνῆς ἐνεχθείσης αὐτῷ τοιᾶσδε ὑπὸ τῆς
una voz habiendo sido traída a él tal por la

<hr/>

1
13. EN ESTE TABERNÁCULO.
Es decir, *en este cuerpo.*
2
16. PRESENCIA. Esto es, *Venida.*

μεγαλοπρεποῦς δόξης· ὁ υἱός μου ὁ
magnífica gloria: El Hijo de mí el
(mío)

ἀγαπητός μου οὗτός ἐστιν, εἰς ὃν ἐγὼ
Amado de mí éste es, en el cual yo

εὐδόκησα, — 18 καὶ ταύτην τὴν φωνὴν
puse mi complacencia, y esta — voz

ἡμεῖς ἠκούσαμεν ἐξ οὐρανοῦ ἐνεχθεῖσαν
nosotros oímos del cielo traída

σὺν αὐτῷ ὄντες ἐν τῷ ἁγίῳ ὄρει. 19 καὶ
con él estando en el santo monte. Y

ἔχομεν βεβαιότερον τὸν προφητικὸν λόγον,
tenemos más firme la profética palabra,

ᾧ καλῶς ποιεῖτε προσέχοντες ὡς λύχνῳ
a la cual bien hacéis estando atentos como a una lámpara

φαίνοντι ἐν αὐχμηρῷ τόπῳ, ἕως οὗ
que brilla en un oscuro lugar, hasta que

ἡμέρα διαυγάσῃ καὶ φωσφόρος ἀνατείλῃ
(el) día amanezca y el lucero de la mañana se levante

ἐν ταῖς καρδίαις ὑμῶν· 20 τοῦτο πρῶτον
en los corazones de vosotros esto primero
(vuestros);

γινώσκοντες, ὅτι πᾶσα προφητεία γραφῆς
conociendo, que toda profecía de (la) Escritura

ἰδίας ἐπιλύσεως οὐ γίνεται· 21 οὐ γὰρ
¹por propia solución no se hace; porque no

θελήματι ἀνθρώπου ἠνέχθη προφητεία
por voluntad de hombre fue traída (la) profecía

ποτέ, ἀλλὰ ὑπὸ πνεύματος ἁγίου φερόμενοι
jamás, sino que por (el) Espíritu Santo llevados

ἐλάλησαν ἀπὸ θεοῦ ἄνθρωποι.
hablaron (los) de Dios hombres.

2 Ἐγένοντο δὲ καὶ ψευδοπροφῆται ἐν
Mas hubo también falsos profetas entre

τῷ λαῷ, ὡς καὶ ἐν ὑμῖν ἔσονται
el pueblo, como también entre vosotros habrá

ψευδοδιδάσκαλοι, οἵτινες παρεισάξουσιν
falsos maestros, los cuales introducirán secretamente

αἱρέσεις ἀπωλείας, καὶ τὸν ἀγοράσαντα
herejías de destrucción, y al que compró

αὐτοὺς δεσπότην ἀρνούμενοι, ἐπάγοντες
los Dueño negando, atrayendo

ἑαυτοῖς ταχινὴν ἀπώλειαν· 2 καὶ πολλοὶ
para sí mismos rápida destrucción; y muchos

¹ 20. POR PROPIA (o privada) SOLUCIÓN. Es decir (prob.), según le parezca a cada uno, sin contar con la iluminación del Espíritu Santo. (Comp. 1 Co. 2:10-16.)

ἐξακολουθήσουσιν αὐτῶν ταῖς ἀσελγείαις,
seguirán de ellos las lascivias,

δι' οὓς ἡ ὁδὸς τῆς ἀληθείας βλασφημη-
por cuya el camino de la verdad será blas-
causa

θήσεται· 3 καὶ ἐν πλεονεξίᾳ πλαστοῖς
femado; y en (su) avaricia con fingidas

λόγοις ὑμᾶς ἐμπορεύσονται· οἷς τὸ κρίμα
palabras de vosotros harán mercadería; para los el juicio
cuales

ἔκπαλαι οὐκ ἀργεῖ, καὶ ἡ ἀπώλεια
de antiguo 1no se tarda, y la destrucción

αὐτῶν οὐ νυστάζει. 4 εἰ γὰρ ὁ θεὸς
de ellos no se duerme. Porque si — Dios

ἀγγέλων ἁμαρτησάντων οὐκ ἐφείσατο, ἀλλὰ
a (los) ángeles que pecaron no perdonó, sino que

σιροῖς ζόφου ταρταρώσας παρέδωκεν
en calabozos de oscuridad arrojándo(los) al Tártaro entregó

εἰς κρίσιν τηρουμένους, 5 καὶ ἀρχαίου
para juicio siendo guardados, y a(l) antiguo

κόσμου οὐκ ἐφείσατο, ἀλλὰ ὄγδοον Νῶε
mundo no perdonó, sino que 2al 8.º Noé
(hombre)

δικαιοσύνης κήρυκα ἐφύλαξεν, κατακλυσμὸν
de justicia pregonero guardó, un diluvio

κόσμῳ ἀσεβῶν ἐπάξας, 6 καὶ πόλεις
sobre un mundo de impíos trayendo, y a (las) ciudades

Σοδόμων καὶ Γομόρρας τεφρώσας
de Sodoma y Gomorra habiendo cubierto
de cenizas

καταστροφῇ κατέκρινεν, ὑπόδειγμα μελ-
con destrucción condenó, por ejemplo de los

λόντων ἀσεβεῖν τεθεικώς, 7 καὶ δίκαιον
que iban a vivir impíamente habiendo puesto, y a(l) justo

Λῶτ καταπονούμενον ὑπὸ τῆς τῶν ἀθέσμων
Lot abrumado por la de los libertinos

ἐν ἀσελγείᾳ ἀναστροφῆς ἐρρύσατο· 8 βλέμ-
en lascivia conducta rescató; porque

ματι γὰρ καὶ ἀκοῇ ὁ δίκαιος ἐγκατοικῶν
3al ver y oír el justo que habitaba

ἐν αὐτοῖς ἡμέραν ἐξ ἡμέρας ψυχὴν
entre ellos día tras día (su) alma

δικαίαν ἀνόμοις ἔργοις ἐβασάνιζεν·
justa con (las) impías obras atormentaba;
(de ellos)

9 οἶδεν κύριος εὐσεβεῖς ἐκ πειρασμοῦ
sabe (el) Señor a (los) piadosos de tentación

1
3. NO SE TARDA. Lit. *no está ocioso.*
2
5. AL 8.º HOMBRE. Es decir, *a Noé y a otras siete personas.*
3
8. AL VER Y OÍR. Lit. *con lo que se veía y oía.*

ρύεσθαι, ἀδίκους δὲ εἰς ἡμέραν κρίσεως
rescatar, y a (los) injustos para (el) día de(l) juicio

κολαζομένους τηρεῖν, 10 μάλιστα δὲ τοὺς
siendo castigados reservar, y especialmente a los que

ὀπίσω σαρκὸς ἐν ἐπιθυμίᾳ μιασμοῦ
en pos de (la) carne en concupiscencia de contaminación

πορευομένους καὶ κυριότητος καταφρονοῦντας.
andan y (el) señorío desprecian.

τολμηταὶ αὐθάδεις, δόξας οὐ τρέμουσιν
Atrevidos arrogantes, [1]de las glorias no temen

βλασφημοῦντες, 11 ὅπου ἄγγελοι ἰσχύϊ καὶ
[2]hablar mal, [3]mientras (los) ángeles, en fuerza y
que

δυνάμει μείζονες ὄντες οὐ φέρουσιν κατ'
poder mayores siendo, no [4]pronuncian contra

αὐτῶν παρὰ κυρίῳ βλάσφημον κρίσιν.
ellos ante (el) Señor de maldición juicio.

12 οὗτοι δέ, ὡς ἄλογα ζῷα γεγεννημένα
Mas éstos, como irracionales animales habiendo nacido

φυσικὰ εἰς ἅλωσιν καὶ φθοράν, ἐν οἷς
[5]naturales para caza y corrupción, en lo que

ἀγνοοῦσιν βλασφημοῦντες, ἐν τῇ φθορᾷ
ignoran hablando mal, en la corrupción

αὐτῶν καὶ φθαρήσονται, 13 ἀδικούμενοι
de ellos ciertamente serán corrompidos, [6]recibiendo

μισθὸν ἀδικίας· ἡδονὴν ἡγούμενοι τὴν
(el) pago de (su) injusticia; por placer teniendo la

ἐν ἡμέρᾳ τρυφήν, σπίλοι καὶ μῶμοι
en (pleno) día crápula, inmundicias y manchas

ἐντρυφῶντες ἐν ταῖς ἀπάταις αὐτῶν
recreándose en los errores de ellos
(suyos)

συνευωχούμενοι ὑμῖν, 14 ὀφθαλμοὺς ἔχοντες
mientras banquetean con vosotros, ojos teniendo

μεστοὺς μοιχαλίδος καὶ ἀκαταπαύστους
llenos de adulterio y no cesando en

ἁμαρτίας, δελεάζοντες ψυχὰς ἀστηρίκτους,
(el) pecado, seduciendo a (las) almas inconstantes,

καρδίαν γεγυμνασμένην πλεονεξίας ἔχοντες,
(el) corazón ejercitado (en la) codicia teniendo,

κατάρας τέκνα· 15 καταλείποντες εὐθεῖαν
de maldición hijos; habiendo abandonado (el) recto

ὁδὸν ἐπλανήθησαν, ἐξακολουθήσαντες τῇ
camino, se extraviaron, siguiendo el

ὁδῷ τοῦ Βαλαὰμ τοῦ Βεώρ, ὃς μισθὸν
camino — de Balaam, el (hijo) de Beor, quien (el) pago

1
10. DE LAS GLORIAS. Es decir, *de las potestades superiores.*
2
11. HABLAR MAL. Lit. *blasfemando.*
3
11. MIENTRAS. Lit. *donde.*
4
11. PRONUNCIAN. Lit. *llevan.*
5
12. NATURALES. Es decir, *como por instinto natural.*
6
13. RECIBIENDO (EL) PAGO. Lit. *recibiendo daño.*

ἀδικίας   ἠγάπησεν,   **16** ἔλεγξιν   δὲ   ἔσχεν
de (la) iniquidad   amó,   y reprensión   tuvo

ἰδίας   παρανομίας·   ὑποζύγιον   ἄφωνον   ἐν
de (su) propia transgresión;   una bestia de carga   muda   con

ἀνθρώπου   φωνῇ   φθεγξάμενον   ἐκώλυσεν
de hombre   voz   ¹hablando   refrenó

τὴν   τοῦ   προφήτου   παραφρονίαν.   **17** οὗτοί
la   del   profeta   locura.   Éstos

εἰσιν   πηγαὶ   ἄνυδροι   καὶ   ὁμίχλαι   ὑπὸ
son   fuentes   sin agua   y   brumas   por

λαίλαπος   ἐλαυνόμεναι,   οἷς   ὁ   ζόφος   τοῦ
(la) tormenta   empujadas,   para los que la oscuridad   de la

σκότους   τετήρηται.   **18** ὑπέρογκα   γὰρ
tiniebla   ha sido reservada.   Porque arrogantes (palabras)

ματαιότητος   φθεγγόμενοι   δελεάζουσιν   ἐν
de necedad   pronunciando,   seducen   con

ἐπιθυμίαις   σαρκὸς   ἀσελγείαις   τοὺς   ὀλίγως
concupiscencias   de (la) carne   (en) lascivias   a los que   apenas

ἀποφεύγοντας   τοὺς   ἐν   πλάνῃ   ἀναστρε-
están escapando   de los que   en   (el) error   ²viven:

φομένους,   **19** ἐλευθερίαν   αὐτοῖς   ἐπαγγελ-
libertad   les   prome-

λόμενοι,   αὐτοὶ   δοῦλοι   ὑπάρχοντες   τῆς
tiendo,   ellos mismos   esclavos   siendo   de la

φθορᾶς·   ᾧ   γάρ   τις   ἥττηται,   τούτῳ
corrupción;   porque por quien   alguien   ha sido vencido,   de éste

δεδούλωται.   **20** εἰ   γὰρ   ἀποφυγόντες   τὰ
ha sido hecho esclavo.   Porque si   tras haber escapado   de las

μιάσματα   τοῦ   κόσμου   ἐν   ἐπιγνώσει   τοῦ
contaminaciones   del   mundo   por   (el) conocimiento   del

κυρίου   καὶ   σωτῆρος   Ἰησοῦ   Χριστοῦ,
Señor   y   Salvador   Jesucristo,

τούτοις   δὲ   πάλιν   ἐμπλακέντες   ἡττῶνται,
y por estas cosas   de nuevo   habiendo sido   han sido
enredados   vencidos,

γέγονεν   αὐτοῖς   τὰ   ἔσχατα   χείρονα   τῶν
han llegado   les   las   últimas cosas   peores   que las
a ser

πρώτων.   **21** κρεῖττον   γὰρ   ἦν   αὐτοῖς
primeras.   Porque mejor   era   les

μὴ   ἐπεγνωκέναι   τὴν   ὁδὸν   τῆς   δικαιοσύνης,
no   haber conocido   el   camino   de la   justicia,

ἢ   ἐπιγνοῦσιν   ὑποστρέψαι   ἐκ   τῆς   παρα-
que,   tras conocerlo,   volverse atrás   del   que fue

δοθείσης   αὐτοῖς   ἁγίας   ἐντολῆς.   **22** συμβέ-
entregado   les   santo   mandamiento.   Ha su-

βηκεν   αὐτοῖς   τὸ   τῆς   ἀληθοῦς   παροιμίας·
cedido   les   lo   del   verídico   proverbio:

κύων ἐπιστρέψας ἐπὶ τὸ ἴδιον ἐξέραμα,
(el) perro vuelto sobre el propio (su) vómito,

καὶ· ὗς λουσαμένη εἰς κυλισμὸν βορβόρου.
y: (la) puerca lavada a revolcarse en (el) cieno.

3 Ταύτην ἤδη, ἀγαπητοί, δευτέραν ὑμῖν
Ésta (es) ya, amados, (la) segunda (que) os

γράφω ἐπιστολήν, ἐν αἷς διεγείρω ὑμῶν
escribo carta, en las cuales despierto de vosotros (dos) (vuestro)

ἐν ὑπομνήσει τὴν εἰλικρινῆ διάνοιαν,
con recordatorio el sincero discernimiento,

2 μνησθῆναι τῶν προειρημένων ῥημάτων
para que recordéis las que han sido dichas antes palabras

ὑπὸ τῶν ἁγίων προφητῶν καὶ τῆς τῶν
por los santos profetas y del de los

ἀποστόλων ὑμῶν ἐντολῆς τοῦ κυρίου καὶ
apóstoles de vosotros mandamiento del Señor y (vuestros)

σωτῆρος, **3** τοῦτο πρῶτον γινώσκοντες, ὅτι
Salvador, esto primero conociendo, que

ἐλεύσονται ἐπ᾽ ἐσχάτων τῶν ἡμερῶν ἐν
vendrán en (los) últimos — días con

ἐμπαιγμονῇ ἐμπαῖκται κατὰ τὰς ἰδίας
mofa burladores conforme a las propias

ἐπιθυμίας αὐτῶν πορευόμενοι **4** καὶ λέγοντες·
concupiscencias de ellos andando y diciendo:

ποῦ ἐστιν ἡ ἐπαγγελία τῆς παρουσίας
¿Dónde está la promesa de la venida

αὐτοῦ; ἀφ᾽ ἧς γὰρ οἱ πατέρες ἐκοι-
de él? (suya). Porque ¹desde el día en que los padres dur-

μήθησαν, πάντα οὕτως διαμένει ἀπ᾽
mieron, todo así permanece desde

ἀρχῆς κτίσεως. **5** λανθάνει γὰρ αὐτοὺς
(el) principio de (la) creación. Porque está oculto les

τοῦτο θέλοντας ὅτι οὐρανοὶ ἦσαν ἔκπαλαι
esto deseando, que (los) cielos existían de antiguo

καὶ γῆ ἐξ ὕδατος καὶ δι᾽ ὕδατος
y (la) tierra ²del agua y mediante (el) agua

συνεστῶσα τῷ τοῦ θεοῦ λόγῳ, **6** δι᾽
habiendo adquirido por la — de Dios palabra, mediante consistencia

ὧν ὁ τότε κόσμος ὕδατι κατακλυσθεὶς
las el de entonces mundo por (el) agua inundado cuales cosas

1
4. DESDE EL DÍA EN QUE... Lit. desde el cual (día) los padres.
2
5. DEL AGUA. Es decir, surgida del agua.

ἀπώλετο· 7 οἱ δὲ νῦν οὐρανοὶ καὶ ἡ
pereció;   y los de ahora cielos   y   la

γῆ τῷ αὐτῷ λόγῳ τεθησαυρισμένοι εἰσὶν
tierra por la misma palabra 1habiendo sido guardados están

πυρὶ τηρούμενοι εἰς ἡμέραν κρίσεως καὶ
para (el) reservados para (el) día de(l) juicio y
fuego,

ἀπωλείας τῶν ἀσεβῶν ἀνθρώπων. 8 Ἐν
de (la) perdición de los impíos hombres.   Mas una

δὲ τοῦτο μὴ λανθανέτω ὑμᾶς, ἀγαπητοί,
cosa esta   no   se oculte   os,   amados,

ὅτι μία ἡμέρα παρὰ κυρίῳ ὡς χίλια
que   un   día   para con (el) Señor (es) como mil

ἔτη καὶ χίλια ἔτη ὡς ἡμέρα μία. 9 οὐ
años   y   mil años como día uno (son).   No

βραδύνει κύριος τῆς ἐπαγγελίας, ὡς τινες
retarda (el) Señor la promesa,   como algunos

βραδύτητα ἡγοῦνται, ἀλλὰ μακροθυμεῖ εἰς
por tardanza tienen,   sino que es paciente hacia

ὑμᾶς, μὴ βουλόμενός τινας ἀπολέσθαι
vosotros, no queriendo que algunos perezcan,

ἀλλὰ πάντας εἰς μετάνοιαν χωρῆσαι.
sino que todos a(l) arrepentimiento vengan.

10 Ἥξει δὲ ἡμέρα κυρίου ὡς κλέπτης,
    Mas vendrá (el) día de(l) Señor como un ladrón,

ἐν ᾗ οἱ οὐρανοὶ ῥοιζηδὸν παρελεύσονται,
en el cual los cielos con gran estruendo desaparecerán,

στοιχεῖα δὲ καυσούμενα λυθήσεται, καὶ
y (los) elementos, encendidos, serán disueltos, y

γῆ καὶ τὰ ἐν αὐτῇ ἔργα εὑρεθήσεται.
(la) y las que en ella obras 2quedarán al
tierra   (hay)   descubierto.

11 Τούτων οὕτως πάντων λυομένων
    Estas cosas así   todas siendo disueltas,

ποταποὺς δεῖ ὑπάρχειν [ὑμᾶς] ἐν ἁγίαις
¡qué clase de es menester que seáis vosotros 3en santa
personas

ἀναστροφαῖς καὶ εὐσεβείαις, 12 προσδοκῶντας
conducta   y   piedad,   aguardando

καὶ σπεύδοντας τὴν παρουσίαν τῆς τοῦ
y   apresurando la   venida   del —

θεοῦ ἡμέρας, δι' ἣν οὐρανοὶ πυρούμενοι
de Dios día, a causa del cual (los) cielos encendidos

λυθήσονται καὶ στοιχεῖα καυσούμενα
serán disueltos y (los) elementos quemados

1
7. HABIENDO SIDO GUARDA-
DOS. Lit. habiendo sido ate-
sorados.
2
10. QUEDARÁN AL DESCUBIER-
TO. Lit. serán encontrados.
3
11. EN SANTA CONDUCTA Y
PIEDAD. Lit. en santas con-
ductas y piedades.

τήκεται. **13** καινοὺς δὲ οὐρανοὺς καὶ
¹se derretirán!   Mas unos nuevos   cielos   y

γῆν καινὴν κατὰ τὸ ἐπάγγελμα αὐτοῦ
una tierra nueva   según la   promesa   de él

προσδοκῶμεν, ἐν οἷς δικαιοσύνη κατοικεῖ.
esperamos,   en los que (la) justicia   habita.

14 Διό, ἀγαπητοί, ταῦτα προσδοκῶντες
Por lo cual,   amados,   estas cosas   esperando

σπουδάσατε ἄσπιλοι καὶ ἀμώμητοι αὐτῷ
sed diligentes en   sin mancha e   irreprensibles   por él

εὑρεθῆναι ἐν εἰρήνῃ, **15** καὶ τὴν τοῦ
ser hallados,   en paz,   y la   del

κυρίου ἡμῶν μακροθυμίαν σωτηρίαν ἡγεῖσθε,
Señor de nosotros   paciencia   (como) salvación   considerad,
   (nuestro)

καθὼς καὶ ὁ ἀγαπητὸς ἡμῶν ἀδελφὸς
como también el   amado   de nosotros   hermano
   (nuestro)

Παῦλος κατὰ τὴν δοθεῖσαν αὐτῷ σοφίαν
Pablo   según la   que ha sido dada   le   sabiduría

ἔγραψεν ὑμῖν, **16** ὡς καὶ ἐν πάσαις
escribió   os,   como también   en todas

ἐπιστολαῖς λαλῶν ἐν αὐταῖς περὶ τούτων,
(sus) epístolas, hablando   en ellas   de estas cosas,

ἐν αἷς ἐστιν δυσνόητά τινα, ἃ οἱ
en las cuales hay   difíciles de   algunas que los
   entender   cosas,

ἀμαθεῖς καὶ ἀστήρικτοι στρεβλοῦσιν ὡς
indoctos   e   inconstantes   tuercen   como

καὶ τὰς λοιπὰς γραφὰς πρὸς τὴν ἰδίαν
también las   demás   Escrituras,   para la   propia

αὐτῶν ἀπώλειαν. **17** Ὑμεῖς οὖν, ἀγαπητοί,
de ellos   perdición.   Vosotros,   pues,   amados,
(suya)

προγινώσκοντες φυλάσσεσθε ἵνα μὴ τῇ
conociéndo(lo) de   guardaos   para no   por el
antemano,

τῶν ἀθέσμων πλάνῃ συναπαχθέντες ἐκπέ-
de los   inicuos   error   siendo arrastrados   caer

σητε τοῦ ἰδίου στηριγμοῦ, **18** αὐξάνετε
— de (vuestra) propia   estabilidad,   sino creced

δὲ ἐν χάριτι καὶ γνώσει τοῦ κυρίου
   en (la) gracia   y en (el) conocimiento del   Señor

ἡμῶν καὶ σωτῆρος Ἰησοῦ Χριστοῦ.
de nosotros   y   Salvador   Jesucristo.
(nuestro)

αὐτῷ ἡ δόξα καὶ νῦν καὶ εἰς
²Suya (es) la   gloria   tanto   ahora   como   hasta

ἡμέραν αἰῶνος.
(el) día ³de la eternidad.

1
12. SE DERRETIRÁN. Lit. *se derriten.*
2
18. SUYA (ES). O *A él (sea).*
3
18. DE LA ETERNIDAD. Lit. *de(l) siglo.*

Primera Carta del apóstol
JUAN

1 Ὁ ἦν ἀπ' ἀρχῆς, ὃ ἀκηκόαμεν,
Lo que era desde (el) principio, lo que hemos oído,

ὃ ἑωράκαμεν τοῖς ὀφθαλμοῖς ἡμῶν, ὃ
lo que hemos visto con los ojos de nosotros, lo que

ἐθεασάμεθα καὶ αἱ χεῖρες ἡμῶν ἐψηλάφησαν,
contemplamos y las manos de nosotros tocaron,

περὶ τοῦ λόγου τῆς ζωῆς, — **2** καὶ
acerca del Verbo — de vida, — y

ἡ ζωὴ ἐφανερώθη, καὶ ἑωράκαμεν καὶ
la vida fue manifestada, y (la) hemos visto y

μαρτυροῦμεν καὶ ἀπαγγέλλομεν ὑμῖν τὴν
testificamos y anunciamos os la

ζωὴν τὴν αἰώνιον, ἥτις ἦν πρὸς τὸν
vida — eterna, la cual [1]estaba con el

πατέρα καὶ ἐφανερώθη ἡμῖν, — **3** ὃ
Padre y fue manifestada nos, — lo que

ἑωράκαμεν καὶ ἀκηκόαμεν, ἀπαγγέλλομεν
hemos visto y hemos oído, anunciamos

καὶ ὑμῖν, ἵνα καὶ ὑμεῖς κοινωνίαν ἔχητε
también os, para que también vosotros comunión tengáis

μεθ' ἡμῶν. καὶ ἡ κοινωνία δὲ ἡ ἡμετέρα
con nosotros. Y cierta-la comunión — nuestra (es)
mente

μετὰ τοῦ πατρὸς καὶ μετὰ τοῦ υἱοῦ
con el Padre y con el Hijo

αὐτοῦ Ἰησοῦ Χριστοῦ. **4** καὶ ταῦτα
de él Jesucristo. Y estas cosas

γράφομεν ἡμεῖς ἵνα ἡ χαρὰ ἡμῶν ᾖ
escribimos nosotros para que el gozo [2]de nosotros sea

πεπληρωμένη.
[3]completo.

5 Καὶ ἔστιν αὕτη ἡ ἀγγελία ἣν
Y es éste el mensaje que

ἀκηκόαμεν ἀπ' αὐτοῦ καὶ ἀναγγέλλομεν
hemos oído de parte de él y anunciamos

ὑμῖν, ὅτι ὁ θεὸς φῶς ἐστιν καὶ σκοτία
os, que — Dios luz es y tiniebla

ἐν αὐτῷ οὐκ ἔστιν οὐδεμία. **6** Ἐὰν
en él no hay ninguna. Si

εἴπωμεν ὅτι κοινωνίαν ἔχομεν μετ' αὐτοῦ
dijésemos que comunión tenemos con él

καὶ ἐν τῷ σκότει περιπατῶμεν, ψευδόμεθα
y en las tinieblas continuamos andando, mentimos

---

[1]
2. ESTABA CON EL PADRE. El verbo, la preposición y el artículo son los mismos de Jn. 1:1.

[2]
4. DE NOSOTROS. Juan se incluye a sí mismo en la participación de este gozo.

[3]
4. COMPLETO. Lit. *Habiendo sido completado* (o *cumplido*).

καὶ οὐ ποιοῦμεν τὴν ἀλήθειαν· **7** ἐὰν
y no estamos haciendo la verdad; pero

δὲ ἐν τῷ φωτὶ περιπατῶμεν ὡς αὐτός
si en la luz andamos como él

ἐστιν ἐν τῷ φωτί, κοινωνίαν ἔχομεν
está en la luz, comunión tenemos

μετ' ἀλλήλων καὶ τὸ αἷμα Ἰησοῦ τοῦ
unos con otros y la sangre de Jesús el

υἱοῦ αὐτοῦ καθαρίζει ἡμᾶς ἀπὸ πάσης
Hijo de él limpia nos de todo

ἁμαρτίας. **8** ἐὰν εἴπωμεν ὅτι ἁμαρτίαν
pecado. Si dijésemos que pecado

οὐκ ἔχομεν, ἑαυτοὺς πλανῶμεν καὶ ἡ
no tenemos, a nosotros mismos engañamos y la

ἀλήθεια οὐκ ἔστιν ἐν ἡμῖν. **9** ἐὰν
verdad no está en nosotros. Si

ὁμολογῶμεν τὰς ἁμαρτίας ἡμῶν, πιστός
[1]confesamos los pecados de nosotros, fiel

ἐστιν καὶ δίκαιος, ἵνα ἀφῇ ἡμῖν τὰς
es y justo, para perdonar nos los

ἁμαρτίας καὶ καθαρίσῃ ἡμᾶς ἀπὸ πάσης
pecados y limpiar nos de toda

ἀδικίας. **10** ἐὰν εἴπωμεν ὅτι οὐχ
iniquidad. Si dijésemos que no

ἡμαρτήκαμεν, ψεύστην ποιοῦμεν αὐτὸν
hemos pecado, mentiroso hacemos le

καὶ ὁ λόγος αὐτοῦ οὐκ ἔστιν ἐν ἡμῖν.
y la palabra de él no está en nosotros.

2 Τεκνία μου, ταῦτα γράφω ὑμῖν ἵνα
Hijitos de mí, estas cosas escribo os para

μὴ ἁμάρτητε. καὶ ἐάν τις ἁμάρτῃ,
que no pequéis. Y si alguno peca,

παράκλητον ἔχομεν πρὸς τὸν πατέρα,
abogado tenemos para con el Padre,

Ἰησοῦν Χριστὸν δίκαιον· **2** καὶ αὐτὸς
a Jesucristo (el) justo; y él

ἱλασμός ἐστιν περὶ τῶν ἁμαρτιῶν ἡμῶν,
propiciación es acerca de los pecados de nosotros,

οὐ περὶ τῶν ἡμετέρων δὲ μόνον ἀλλὰ
y no acerca de los nuestros sólo, sino

καὶ περὶ ὅλου τοῦ κόσμου. **3** καὶ ἐν
también acerca de todo el mundo. Y en
de (los)

τούτῳ γινώσκομεν ὅτι ἐγνώκαμεν αὐτόν,
esto conocemos que hemos conocido le,

ἐὰν τὰς ἐντολὰς αὐτοῦ τηρῶμεν. **4** ὁ
si los mandamientos de él guardamos. El

___
9. CONFESAMOS. Lit. *decimos lo mismo* (que dice Dios de nuestros pecados).

λέγων ὅτι ἔγνωκα αὐτόν, καὶ τὰς ἐντολὰς
que dice: — He conocido le, y los mandamientos

αὐτοῦ μὴ τηρῶν, ψεύστης ἐστίν, καὶ
de él no (está) guardando, mentiroso es, y

ἐν τούτῳ ἡ ἀλήθεια οὐκ ἔστιν· 5 ὃς δ'
en éste la verdad no está; pero el

ἂν τηρῇ αὐτοῦ τὸν λόγον, ἀληθῶς ἐν
que guarda de él la palabra, verdaderamente en

τούτῳ ἡ ἀγάπη τοῦ θεοῦ τετελείωται.
éste el amor — de Dios ha sido perfeccionado.

ἐν τούτῳ γινώσκομεν ὅτι ἐν αὐτῷ ἐσμεν.
En esto conocemos que en él estamos.

6 ὁ λέγων ἐν αὐτῷ μένειν ὀφείλει καθὼς
El que dice en él permanecer, debe como

ἐκεῖνος περιεπάτησεν καὶ αὐτὸς οὕτως
aquél anduvo, también él mismo así

περιπατεῖν.
andar.

7 Ἀγαπητοί, οὐκ ἐντολὴν καινὴν γράφω
Amados, no un mandamiento [1]nuevo escribo

ὑμῖν, ἀλλ' ἐντολὴν παλαιὰν ἣν εἴχετε
os, sino un mandamiento antiguo que teníais

ἀπ' ἀρχῆς· ἡ ἐντολὴ ἡ παλαιά ἐστιν
desde (el) principio; el mandamiento — antiguo es

ὁ λόγος ὃν ἠκούσατε. 8 πάλιν ἐντολὴν
la palabra que oísteis. De nuevo un mandamiento

καινὴν γράφω ὑμῖν, ὅ ἐστιν ἀληθὲς
nuevo escribo os, que es verdadero

ἐν αὐτῷ καὶ ἐν ὑμῖν, ὅτι ἡ σκοτία
[2]en él y en vosotros, pues la oscuridad

παράγεται καὶ τὸ φῶς τὸ ἀληθινὸν
está pasando y la luz — auténtica

ἤδη φαίνει. 9 ὁ λέγων ἐν τῷ φωτὶ
ya brilla. El que dice en la luz

εἶναι καὶ τὸν ἀδελφὸν αὐτοῦ μισῶν
estar y al hermano de él (está) odiando,

ἐν τῇ σκοτίᾳ ἐστὶν ἕως ἄρτι. 10 ὁ
en la oscuridad está hasta ahora. El que

ἀγαπῶν τὸν ἀδελφὸν αὐτοῦ ἐν τῷ φωτὶ
ama al hermano de él, en la luz

μένει, καὶ σκάνδαλον ἐν αὐτῷ οὐκ ἔστιν·
permanece, y tropiezo en él no hay;

11 ὁ δὲ μισῶν τὸν ἀδελφὸν αὐτοῦ ἐν
pero el que odia al hermano de él, en

[1]
7. NUEVO. Lit. *reciente.*
[2]
8. EN ÉL. Esto es, *en Cristo.* (V. Jn. 13:1.)

τῇ σκοτίᾳ ἐστὶν καὶ ἐν τῇ σκοτίᾳ
la oscuridad está y en la oscuridad

περιπατεῖ, καὶ οὐκ οἶδεν ποῦ ὑπάγει,
anda, y no sabe adónde va,

ὅτι ἡ σκοτία ἐτύφλωσεν τοὺς ὀφθαλμοὺς
pues la oscuridad cegó los ojos

αὐτοῦ. 12 Γράφω ὑμῖν, τεκνία, ὅτι
de él. Escribo os, hijitos, pues

ἀφέωνται ὑμῖν αἱ ἁμαρτίαι διὰ τὸ ὄνομα
han sido os los pecados a causa del nombre
perdonados

αὐτοῦ. 13 γράφω ὑμῖν, πατέρες, ὅτι
de él. Escribo os, padres, pues

ἐγνώκατε τὸν ἀπ᾽ ἀρχῆς. γράφω ὑμῖν,
habéis al que desde (el) principio. Escribo os,
conocido (es)

νεανίσκοι, ὅτι νενικήκατε τὸν πονηρόν.
jóvenes, pues habéis vencido al maligno.

14 ἔγραψα ὑμῖν, παιδία, ὅτι ἐγνώκατε
Escribí os, niñitos, pues habéis conocido

τὸν πατέρα. ἔγραψα ὑμῖν, πατέρες,
al Padre. Escribí os, padres,

ὅτι ἐγνώκατε τὸν ἀπ᾽ ἀρχῆς. ἔγραψα
pues habéis conocido al desde (el) principio. Escribí
(que es)

ὑμῖν, νεανίσκοι, ὅτι ἰσχυροί ἐστε καὶ
os, jóvenes, pues fuertes sois y

ὁ λόγος τοῦ θεοῦ ἐν ὑμῖν μένει καὶ
la palabra — de Dios en vosotros permanece y

νενικήκατε τὸν πονηρόν. 15 Μὴ ἀγαπᾶτε
habéis vencido al maligno. No améis

τὸν κόσμον μηδὲ τὰ ἐν τῷ κόσμῳ.
1al mundo ni las cosas en el mundo.
(que hay)

ἐάν τις ἀγαπᾷ τὸν κόσμον, οὐκ ἔστιν
Si alguno ama al mundo, no está

ἡ ἀγάπη τοῦ πατρὸς ἐν αὐτῷ· 16 ὅτι
el amor del Padre en él; pues

πᾶν τὸ ἐν τῷ κόσμῳ, ἡ ἐπιθυμία τῆς
todo lo en el mundo, la concupiscencia de la
(que hay)

σαρκὸς καὶ ἡ ἐπιθυμία τῶν ὀφθαλμῶν
carne y la concupiscencia de los ojos

καὶ ἡ ἀλαζονεία τοῦ βίου, οὐκ ἔστιν
y la arrogancia jactanciosa de la 2vida, no es

ἐκ τοῦ πατρός, ἀλλὰ ἐκ τοῦ κόσμου
(prove- del Padre, sino del mundo
niente)

15. AL MUNDO. Esto es, a lo mundano.

16. VIDA = la vida exterior o "tren" de vida.

ἐστίν. **17** καὶ ὁ κόσμος παράγεται καὶ
es.   Y   el   mundo   se pasa   y

ἡ ἐπιθυμία αὐτοῦ· ὁ δὲ ποιῶν τὸ θέλημα
la concupiscencia de él; pero el que hace la voluntad

τοῦ θεοῦ μένει εἰς τὸν αἰῶνα.
— de Dios permanece 1para — siempre.

18 Παιδία, ἐσχάτη ὥρα ἐστίν, καὶ
Niñitos,   2(la) última   hora   es,   y

καθὼς ἠκούσατε ὅτι ἀντίχριστος ἔρχεται,
tal como oísteis que (el) anticristo viene,

καὶ νῦν ἀντίχριστοι πολλοὶ γεγόνασιν·
aun ahora anticristos muchos han surgido;

ὅθεν γινώσκομεν ὅτι ἐσχάτη ὥρα ἐστίν.
de donde conocemos que (la) última hora es.

19 ἐξ ἡμῶν ἐξῆλθαν, ἀλλ᾽ οὐκ ἦσαν
De (entre) nosotros salieron, pero no eran

ἐξ ἡμῶν· εἰ γὰρ ἐξ ἡμῶν ἦσαν, μεμενή-
de nosotros; porque si de nosotros fuesen, habrían

κεισαν ἂν μεθ᾽ ἡμῶν· ἀλλ᾽ ἵνα φανερω-
permanecido con nosotros; pero para que fuesen
                                    (salieron)

θῶσιν ὅτι οὐκ εἰσὶν πάντες ἐξ ἡμῶν.
manifestados que no son todos de nosotros.

20 καὶ ὑμεῖς χρῖσμα ἔχετε ἀπὸ τοῦ
Y vosotros unción tenéis de parte del

ἁγίου, καὶ οἴδατε πάντες. **21** οὐκ ἔγραψα
Santo, y sabéis todos. No escribí

ὑμῖν ὅτι οὐκ οἴδατε τὴν ἀλήθειαν, ἀλλ᾽
os porque no 3sepáis la verdad, sino

ὅτι οἴδατε αὐτήν, καὶ ὅτι πᾶν ψεῦδος
porque sabéis la, y porque toda mentira

ἐκ τῆς ἀληθείας οὐκ ἔστιν. **22** Τίς
de la verdad no es (proveniente). ¿Quién

ἐστιν ὁ ψεύστης εἰ μὴ ὁ ἀρνούμενος
es el mentiroso sino el que niega

ὅτι Ἰησοῦς οὐκ ἔστιν ὁ χριστός; οὗτός
que Jesús — es — el Cristo? Éste

ἐστιν ὁ ἀντίχριστος, ὁ ἀρνούμενος τὸν
es el anticristo, el que niega al

πατέρα καὶ τὸν υἱόν. **23** πᾶς ὁ ἀρνούμενος
Padre y al Hijo. 4Todo el que niega

τὸν υἱὸν οὐδὲ τὸν πατέρα ἔχει· ὁ
al Hijo, ni al Padre tiene; el

ὁμολογῶν τὸν υἱὸν καὶ τὸν πατέρα ἔχει.
que confiesa al Hijo, también al Padre tiene.

24 ὑμεῖς ὃ ἠκούσατε ἀπ᾽ ἀρχῆς, ἐν
Vosotros, lo que oísteis desde (el) principio, en

1
17. PARA SIEMPRE. Lit. *hasta el siglo.*
2
18. LA ÚLTIMA HORA. Es decir, *el tiempo que se extiende hasta la 2.ª Venida de Cristo.*
3
21. SEPÁIS. Lit. *sabéis.*
4
23. TODO EL QUE... Nótese la tremenda lógica de Juan: *Si no hay Hijo, tampoco hay Padre.*

ὑμῖν μενέτω. ἐὰν ἐν ὑμῖν μείνη ὃ ἀπ'
vosotros permanezca. Si en vosotros permaneciere lo que desde

ἀρχῆς ἠκούσατε, καὶ ὑμεῖς ἐν τῷ υἱῷ
(el) principio oísteis, también vosotros (tanto) en el Hijo

καὶ [ἐν] τῷ πατρὶ μενεῖτε. 25 καὶ
como en el Padre permaneceréis. Y

αὕτη ἐστὶν ἡ ἐπαγγελία ἣν αὐτὸς ἐπηγ-
esta es la promesa que él prome-

γείλατο ἡμῖν, τὴν ζωὴν τὴν αἰώνιον.
tió nos, la vida — eterna.

26 Ταῦτα ἔγραψα ὑμῖν περὶ τῶν πλανών-
Estas cosas escribí os acerca de los que en-

των ὑμᾶς. 27 καὶ ὑμεῖς τὸ χρῖσμα
gañan os. Y vosotros la unción

ὃ ἐλάβετε ἀπ' αὐτοῦ μένει ἐν ὑμῖν,
que recibisteis de parte de él permanece en vosotros,

καὶ οὐ χρείαν ἔχετε ἵνα τις διδάσκη
y no necesidad tenéis [1]de que alguien enseñe

ὑμᾶς· ἀλλ' ὡς τὸ αὐτοῦ χρῖσμα διδάσκει
os; sino que, como la de él unción enseña

ὑμᾶς περὶ πάντων, καὶ ἀληθές ἐστιν
os acerca de todas las cosas, y veraz es

καὶ οὐκ ἔστιν ψεῦδος, καὶ καθὼς ἐδίδαξεν
y no es mentira y tal como enseñó

ὑμᾶς, μένετε ἐν αὐτῷ.
os, permaneced en [2]ella.

28 Καὶ νῦν, τεκνία, μένετε ἐν αὐτῷ,
Y ahora, hijitos, permaneced en [3]él,

ἵνα ἐὰν φανερωθῇ σχῶμεν παρρησίαν καὶ
para que si es manifestado, tengamos confianza y

μὴ αἰσχυνθῶμεν ἀπ' αὐτοῦ ἐν τῇ παρουσίᾳ
no seamos [4]de parte de él en la [5]venida
avergonzados

αὐτοῦ. 29 ἐὰν εἰδῆτε ὅτι δίκαιός ἐστιν,
de él. Si sabéis que justo es,

γινώσκετε ὅτι καὶ πᾶς ὁ ποιῶν τὴν
conocéis que también todo el que hace la

δικαιοσύνην ἐξ αὐτοῦ γεγέννηται.
justicia, de él ha nacido.

3 Ἴδετε ποταπὴν ἀγάπην δέδωκεν ἡμῖν
Ved [6]qué clase de amor ha dado nos

ὁ πατὴρ ἵνα τέκνα θεοῦ κληθῶμεν,
el Padre, para que hijos de Dios seamos llamados,

καὶ ἐσμέν. διὰ τοῦτο ὁ κόσμος οὐ
y (lo) somos. Por esto el mundo no

[1] 27. DE QUE. Lit. para que.
[2] 27. ELLA. Es decir, la unción = el Espíritu Santo.
[3] 28. ÉL = Cristo.
[4] 28. DE PARTE DE. O lejos de.
[5] 28. VENIDA. Lit. presencia.
[6] 1. QUÉ CLASE DE. Lit. de qué país.

γινώσκει ἡμᾶς, ὅτι οὐκ ἔγνω αὐτόν.
conoce   nos,   pues no conoció a él.

2 ἀγαπητοί, νῦν τέκνα θεοῦ ἐσμεν, καὶ
Amados, ahora hijos de Dios somos, y

οὔπω ἐφανερώθη τί ἐσόμεθα. οἴδαμεν
aún no fue manifestado qué seremos. Sabemos

ὅτι ἐὰν φανερωθῇ ὅμοιοι αὐτῷ ἐσόμεθα,
que si es manifestado, semejantes a él seremos,

ὅτι ὀψόμεθα αὐτὸν καθώς ἐστιν. **3** καὶ
pues veremos le tal como es. Y

πᾶς ὁ ἔχων τὴν ἐλπίδα ταύτην ἐπ'
todo el que tiene la esperanza esta sobre

αὐτῷ ἁγνίζει ἑαυτὸν καθὼς ἐκεῖνος ἁγνός
él, purifica a sí mismo, tal como aquél puro

ἐστιν. **4** πᾶς ὁ ποιῶν τὴν ἁμαρτίαν
es. Todo el que hace el pecado,

καὶ τὴν ἀνομίαν ποιεῖ, καὶ ἡ ἁμαρτία
también la [1]iniquidad hace, y el pecado

ἐστὶν ἡ ἀνομία. **5** καὶ οἴδατε ὅτι ἐκεῖνος
es — [1]iniquidad. Y sabéis que aquél

ἐφανερώθη ἵνα τὰς ἁμαρτίας ἄρῃ, καὶ
fue manifestado para los pecados quitar, y

ἁμαρτία ἐν αὐτῷ οὐκ ἔστιν. **6** πᾶς ὁ
pecado en él no hay. Todo el que

ἐν αὐτῷ μένων οὐχ ἁμαρτάνει· πᾶς ὁ
en él permanece no continúa pecando; todo el que

ἁμαρτάνων οὐχ ἑώρακεν αὐτὸν οὐδὲ
continúa pecando no ha visto le ni

ἔγνωκεν αὐτόν. **7** Τεκνία, μηδεὶς πλανάτω
ha conocido le. Hijitos, nadie engañe

ὑμᾶς· ὁ ποιῶν τὴν δικαιοσύνην δίκαιός
os; el que hace la justicia justo

ἐστιν, καθὼς ἐκεῖνος δίκαιός ἐστιν· **8** ὁ
es, tal como aquél justo es; el que

ποιῶν τὴν ἁμαρτίαν ἐκ τοῦ διαβόλου
[2]practica el pecado (procedente) del diablo

ἐστίν, ὅτι ἀπ' ἀρχῆς ὁ διάβολος ἁμαρτάνει.
es, pues [3]desde (el) principio el diablo continúa pecando.

εἰς τοῦτο ἐφανερώθη ὁ υἱὸς τοῦ θεοῦ,
Para esto fue manifestado el Hijo — de Dios,

ἵνα λύσῃ τὰ ἔργα τοῦ διαβόλου.
para deshacer las obras del diablo.

9 Πᾶς ὁ γεγεννημένος ἐκ τοῦ θεοῦ
Todo el que ha nacido de — Dios

1
4. INIQUIDAD. Lit. *ilegalidad.*
2
8. PRACTICA. Lit. *continúa haciendo.*
3
8. DESDE EL PRINCIPIO. El diablo fue quien cometió el primer pecado.

ἁμαρτίαν οὐ ποιεῖ, ὅτι σπέρμα αὐτοῦ
pecado   no 1practica, pues (la) simiente de él

ἐν αὐτῷ μένει· καὶ οὐ δύναται ἁμαρτάνειν,
en él   permanece; y   no puede continuar pecando,

ὅτι ἐκ τοῦ θεοῦ γεγέννηται. 10 ἐν
pues de — Dios ha nacido.   En

τούτῳ φανερά ἐστιν τὰ τέκνα τοῦ θεοῦ
esto manifiestos son los hijos — de Dios

καὶ τὰ τέκνα τοῦ διαβόλου· πᾶς ὁ
y   los hijos del diablo: Todo el que

μὴ ποιῶν δικαιοσύνην οὐκ ἔστιν ἐκ
no 1practica justicia no es (prove-
                                  niente) de

τοῦ θεοῦ, καὶ ὁ μὴ ἀγαπῶν τὸν ἀδελφὸν
— Dios, y el que no ama al hermano

αὐτοῦ. 11 ὅτι αὕτη ἐστὶν ἡ ἀγγελία
de él. Pues éste es el mensaje

ἣν ἠκούσατε ἀπ᾽ ἀρχῆς, ἵνα ἀγαπῶμεν
que oísteis desde (el) principio, (para) que amemos

ἀλλήλους· 12 οὐ καθὼς Κάϊν ἐκ τοῦ
unos a otros; no como Caín del —
                    (que procedente)

πονηροῦ ἦν καὶ ἔσφαξεν τὸν ἀδελφὸν
maligno era y asesinó al hermano

αὐτοῦ· καὶ χάριν τίνος ἔσφαξεν αὐτόν;
de él; ¿y a causa de qué asesinó le?

ὅτι τὰ ἔργα αὐτοῦ πονηρὰ ἦν, τὰ δὲ
Porque las obras de él malas eran, y las

τοῦ ἀδελφοῦ αὐτοῦ δίκαια. 13 μὴ
del hermano de él, justas.   No

θαυμάζετε, ἀδελφοί, εἰ μισεῖ ὑμᾶς ὁ
os extrañéis, hermanos, si odia os el

κόσμος. 14 ἡμεῖς οἴδαμεν ὅτι μεταβεβή-
mundo. Nosotros sabemos que nos hemos

καμεν ἐκ τοῦ θανάτου εἰς τὴν ζωήν,
trasladado de la muerte a la vida,

ὅτι ἀγαπῶμεν τοὺς ἀδελφούς· ὁ μὴ
pues amamos a los hermanos; el que no

ἀγαπῶν μένει ἐν τῷ θανάτῳ. 15 πᾶς
ama, permanece en la muerte.   Todo

ὁ μισῶν τὸν ἀδελφὸν αὐτοῦ ἀνθρωποκτόνος
el que odia al hermano de él, homicida

ἐστίν, καὶ οἴδατε ὅτι πᾶς ἀνθρωποκτόνος
es, y sabéis que todo homicida

οὐκ ἔχει ζωὴν αἰώνιον ἐν αὐτῷ μένουσαν.
no tiene vida eterna en él permanente.

10. PRACTICA. (V. ver-
o 8.)

16 ἐν τούτῳ ἐγνώκαμεν τὴν ἀγάπην, ὅτι
En   esto   hemos conocido   el   amor,   (en) que

ἐκεῖνος ὑπὲρ ἡμῶν τὴν ψυχὴν αὐτοῦ
aquél   en pro   de nosotros   la   vida   de él

ἔθηκεν· καὶ ἡμεῖς ὀφείλομεν ὑπὲρ τῶν
puso;   también   nosotros   debemos   en pro   de los

ἀδελφῶν τὰς ψυχὰς θεῖναι. **17** ὃς δ'
hermanos   las   vidas   poner.   Quienquiera que

ἂν ἔχῃ τὸν βίον τοῦ κόσμου καὶ θεωρῇ
tenga   [1]los medios   del   mundo   y   observe
de vida

τὸν ἀδελφὸν αὐτοῦ χρείαν ἔχοντα καὶ
al   hermano   de él   necesidad   que tiene,   y

κλείσῃ τὰ σπλάγχνα αὐτοῦ ἀπ' αὐτοῦ,
cierre   las   entrañas   de él   [2]contra   él,

πῶς ἡ ἀγάπη τοῦ θεοῦ μένει ἐν αὐτῷ;
¿cómo   el   amor   —   de Dios permanece   en   él?

18 Τεκνία, μὴ ἀγαπῶμεν λόγῳ μηδὲ τῇ
Hijitos,   no   amemos   de palabra   ni con (la)

γλώσσῃ, ἀλλὰ ἐν ἔργῳ καὶ ἀληθείᾳ.
lengua,   sino   en   obra   y   de verdad.

19 ἐν τούτῳ γνωσόμεθα ὅτι ἐκ τῆς ἀληθείας
En   esto   conoceremos   que (proce-   la   verdad
dentes) de

ἐσμέν, καὶ ἔμπροσθεν αὐτοῦ πείσομεν
somos,   y   delante   de él   persuadiremos

τὴν καρδίαν ἡμῶν **20** ὅτι ἐὰν καταγινώσκῃ
el   corazón   de nosotros   de que   si   condena (nos)

ἡμῶν ἡ καρδία, ὅτι μείζων ἐστὶν ὁ
de nosotros el   corazón,   (que)   [3]mayor   es   —

θεὸς τῆς καρδίας ἡμῶν καὶ γινώσκει
Dios   que el   corazón   de nosotros   y   conoce

πάντα. **21** Ἀγαπητοί, ἐὰν ἡ καρδία
todas las cosas.   Amados,   si   el   corazón

μὴ καταγινώσκῃ, παρρησίαν ἔχομεν πρὸς
no   (nos) condena,   confianza   tenemos   para con

τὸν θεόν, **22** καὶ ὃ ἐὰν αἰτῶμεν λαμβάν-
—   Dios,   y   todo cuanto   pidamos,   reci-

ομεν ἀπ' αὐτοῦ, ὅτι τὰς ἐντολὰς αὐτοῦ
bimos   de parte   de él,   pues   los   mandamientos   de él

τηροῦμεν καὶ τὰ ἀρεστὰ ἐνώπιον αὐτοῦ
guardamos   y   las cosas agradables   delante   de él

ποιοῦμεν. **23** καὶ αὕτη ἐστὶν ἡ ἐντολὴ
[4]practicamos.   Y   este   es   el mandamiento

αὐτοῦ, ἵνα πιστεύσωμεν τῷ ὀνόματι τοῦ
de él,   (para) que   creamos   al   nombre   del

---

[1]
17. LOS MEDIOS DE VIDA. Lit. *la vida.* (V. 2:16.)
[2]
17. CONTRA. Lit. *desde.*
[3]
20. MAYOR ES DIOS... Juan no escribe esto para asustar, sino para consolar: *Dios excusa al que se acusa a sí mismo.*
[4]
22. PRACTICAMOS. (V. versículo 8.)

υίοῦ αὐτοῦ Ἰησοῦ Χριστοῦ καὶ ἀγαπῶμεν
Hijo de él Jesucristo y amemos

ἀλλήλους καθὼς ἔδωκεν ἐντολὴν ἡμῖν.
unos a otros como dio mandamiento a nosotros.

24 καὶ ὁ τηρῶν τὰς ἐντολὰς αὐτοῦ ἐν
Y el que guarda los mandamientos de él, en

αὐτῷ μένει καὶ αὐτὸς ἐν αὐτῷ· καὶ
él permanece, y ¹él en él; y

ἐν τούτῳ γινώσκομεν ὅτι μένει ἐν ἡμῖν,
en esto conocemos que permanece en nosotros,

ἐκ τοῦ πνεύματος οὗ ἡμῖν ἔδωκεν.
(a base) del Espíritu que nos dio.

4 Ἀγαπητοί, μὴ παντὶ πνεύματι
Amados, no a todo espíritu

πιστεύετε, ἀλλὰ δοκιμάζετε τὰ πνεύματα
creed, sino probad los espíritus

εἰ ἐκ τοῦ θεοῦ ἐστιν, ὅτι πολλοὶ
si (procedentes) Dios son, pues muchos
de

ψευδοπροφῆται ἐξεληλύθασιν εἰς τὸν
falsos profetas han salido al

κόσμον. **2** ἐν τούτῳ γινώσκετε τὸ πνεῦμα
mundo. En esto conoced el Espíritu

τοῦ θεοῦ· πᾶν πνεῦμα ὃ ὁμολογεῖ Ἰησοῦν
de Dios: Todo espíritu que confiesa a Jesu-

Χριστὸν ἐν σαρκὶ ἐληλυθότα ἐκ τοῦ
cristo en carne habiendo venido, (procedente)

θεοῦ ἐστιν, **3** καὶ πᾶν πνεῦμα ὃ μὴ
de Dios es, y todo espíritu que no

ὁμολογεῖ τὸν Ἰησοῦν ἐκ τοῦ θεοῦ οὐκ
confiesa a Jesús, (procedente) de Dios no

ἔστιν· καὶ τοῦτό ἐστιν τὸ τοῦ ἀντιχρίστου,
es; y éste es el del anticristo,

ὃ ἀκηκόατε ὅτι ἔρχεται, καὶ νῦν ἐν
²el habéis oído que viene, y ahora en
cual

τῷ κόσμῳ ἐστὶν ἤδη. **4** ὑμεῖς ἐκ τοῦ
el mundo está ya. Vosotros (procedentes)

θεοῦ ἐστε, τεκνία, καὶ νενικήκατε αὐτούς,
de Dios sois, hijitos, y habéis vencido les,

ὅτι μείζων ἐστὶν ὁ ἐν ὑμῖν ἢ ὁ ἐν
pues ³mayor es el en vosotros que el en
(que está) (que está)

τῷ κόσμῳ. **5** αὐτοὶ ἐκ τοῦ κόσμου
el mundo. Ellos del mundo

<hr>

¹
24. ÉL. Esto es, *Dios*.
²
3. EL CUAL. Esto es, *el espíritu* (propio del anticristo).
³
4. MAYOR ES. Es decir, *el Espíritu Santo es más poderoso que el diablo.*

εἰσίν· διὰ τοῦτο ἐκ τοῦ κόσμου λαλοῦσιν
son;   por   esto   (como)   del   mundo   hablan

καὶ ὁ κόσμος αὐτῶν ἀκούει. **6** ἡμεῖς
y   el   mundo   les   escucha.   Vosotros

ἐκ τοῦ θεοῦ ἐσμεν· ὁ γινώσκων τὸν
(proce-   —   de Dios   sois;   el que   conoce   —
dentes)

θεὸν ἀκούει ἡμῶν, ὃς οὐκ ἔστιν ἐκ
a Dios,   escucha   nos;   quien   no   es   de

τοῦ θεοῦ οὐκ ἀκούει ἡμῶν. ἐκ τούτου
—   Dios   no   escucha   nos.   A base   de esto

γινώσκομεν τὸ πνεῦμα τῆς ἀληθείας καὶ
conocemos   el   espíritu   de la   verdad   y

τὸ πνεῦμα τῆς πλάνης.
el   espíritu   del   error.

7 Ἀγαπητοί, ἀγαπῶμεν ἀλλήλους, ὅτι
Amados,   amemos   unos a otros,   pues

ἡ ἀγάπη ἐκ τοῦ θεοῦ ἐστιν, καὶ πᾶς ὁ
el   amor   (proce-   —   de Dios   es,   y   todo   el
dente)

ἀγαπῶν ἐκ τοῦ θεοῦ γεγέννηται καὶ
que ama,   de   —   Dios   ha nacido   y

γινώσκει τὸν θεόν. **8** ὁ μὴ ἀγαπῶν
conoce   —   a Dios.   El que   no   ama

οὐκ ἔγνω τὸν θεόν, ὅτι ὁ θεὸς ἀγάπη
no   conoció   —   a Dios,   pues   —   Dios   amor

ἐστίν. **9** ἐν τούτῳ ἐφανερώθη ἡ ἀγάπη
es.   En   esto   fue manifestado   el   amor

τοῦ θεοῦ ἐν ἡμῖν, ὅτι τὸν υἱὸν αὐτοῦ
—   de Dios   ¹en   nosotros,   (en) que   al   Hijo   de él

τὸν μονογενῆ ἀπέσταλκεν ὁ θεὸς εἰς
—   Unigénito   ha enviado   —   Dios   a

τὸν κόσμον ἵνα ζήσωμεν δι᾽ αὐτοῦ.
el   mundo   para que   vivamos   mediante   él.

10 ἐν τούτῳ ἐστὶν ἡ ἀγάπη, οὐχ ὅτι
En   esto   ²consiste   el   amor,   no   que

ἡμεῖς ἠγαπήκαμεν τὸν θεόν, ἀλλ᾽ ὅτι
nosotros   hayamos amado   —   a Dios,   sino   que

αὐτὸς ἠγάπησεν ἡμᾶς καὶ ἀπέστειλεν τὸν
él   amó   nos   y   envió   al

υἱὸν αὐτοῦ ἱλασμὸν περὶ τῶν ἁμαρτιῶν
Hijo   de él   (como)   acerca de   los   pecados
propiciación

ἡμῶν. **11** ἀγαπητοί, εἰ οὕτως ὁ θεὸς
de nosotros.   Amados,   si   así   —   Dios

ἠγάπησεν ἡμᾶς, καὶ ἡμεῖς ὀφείλομεν
amó   nos,   también   nosotros   debemos

ἀλλήλους ἀγαπᾶν. **12** θεὸν οὐδεὶς πώποτε
unos a otros   amar.   A Dios   nadie   jamás

τεθέαται· ἐὰν ἀγαπῶμεν ἀλλήλους, ὁ θεὸς
ha contemplado;   si   amamos   unos a otros,   —   Dios

1
9. EN. Esto es, *dentro de*
(o *entre*).
2
10 CONSISTE. Lit. *está*.

ἐν   ἡμῖν   μένει   καὶ   ἡ   ἀγάπη   αὐτοῦ
en   nosotros   permanece   y   el   amor   de él

τετελειωμένη   ἐν   ἡμῖν   ἐστιν.   13 Ἐν
perfeccionado   en   nosotros   está.   En

τούτῳ   γινώσκομεν   ὅτι   ἐν   αὐτῷ   μένομεν
esto   conocemos   que   en   él   permanecemos

καὶ   αὐτὸς   ἐν   ἡμῖν,   ὅτι   ἐκ   τοῦ   πνεύματος
y   él   en   nosotros, (en) que   del   Espíritu

αὐτοῦ   δέδωκεν   ἡμῖν.   14 καὶ   ἡμεῖς
de él   ha dado   nos.   Y   nosotros

τεθεάμεθα   καὶ   μαρτυροῦμεν   ὅτι   ὁ   πατὴρ
hemos ¹observado   y   testificamos   que   el   Padre

ἀπέσταλκεν   τὸν   υἱὸν   σωτῆρα   τοῦ   κόσμου.
ha enviado   al   Hijo (como) Salvador   del   mundo.

15 ὃς   ἐὰν   ομολογήσῃ   ὅτι   Ἰησοῦς   ἐστιν
Todo el que   confiese   que   Jesús   es

ὁ   υἱὸς   τοῦ   θεοῦ,   ὁ   θεὸς   ἐν   αὐτῷ   μένει
el   Hijo —   de Dios, —   Dios   en   él   permanece

καὶ   αὐτὸς   ἐν   τῷ   θεῷ.   16 καὶ   ἡμεῖς
y   él   en —   Dios.   Y   nosotros

ἐγνώκαμεν   καὶ   πεπιστεύκαμεν   τὴν   ἀγάπην
hemos conocido   y   hemos creído   el   amor

ἣν   ἔχει   ὁ   θεὸς   ἐν   ἡμῖν.   Ὁ   θεὸς   ἀγάπη
que   tiene —   Dios   ²hacia nosotros. —   Dios   amor

ἐστίν,   καὶ   ὁ   μένων   ἐν   τῇ   ἀγάπῃ   ἐν
es,   y   el que permanece   en   el   amor,   en

τῷ   θεῷ   μένει   καὶ   ὁ   θεὸς   ἐν   αὐτῷ
—   Dios   permanece,   y —   Dios   en   él

μένει.   17 Ἐν   τούτῳ   τετελείωται   ἡ   ἀγάπη
permanece.   En   esto   ha sido perfeccionado el   amor

μεθ᾽   ἡμῶν,   ἵνα   παρρησίαν   ἔχωμεν   ἐν
con   nosotros,   para que   confianza   tengamos   en

τῇ   ἡμέρᾳ   τῆς   κρίσεως,   ὅτι   καθὼς   ἐκεῖνός
el   día   del   juicio,   pues   como   ³aquél

ἐστιν   καὶ   ἡμεῖς   ἐσμεν   ἐν   τῷ   κόσμῳ
es,   también   nosotros   somos   en   el   mundo

τούτῳ.   18 φόβος   οὐκ   ἔστιν   ἐν   τῇ   ἀγάπῃ,
este.   Miedo   no   hay   en   el   amor,

ἀλλ᾽   ἡ   τελεία   ἀγάπη   ἔξω   βάλλει   τὸν
sino que   el   perfecto   amor   fuera   echa   al

φόβον,   ὅτι   ὁ   φόβος   κόλασιν   ἔχει,   ὁ   δὲ
miedo,   pues   el   miedo   ⁴castigo   tiene,   y el

φοβούμενος   οὐ   τετελείωται   ἐν   τῇ   ἀγάπῃ.
que tiene miedo   no ha sido perfeccionado   en   el   amor.

19 ἡμεῖς   ἀγαπῶμεν,   ὅτι   αὐτὸς   πρῶτος
Nosotros   amamos,   porque   él   primero

[1] 14. OBSERVADO. Es decir, *visto claramente.*

[2] 16. HACIA. Lit. *en.*

[3] 17. AQUÉL. Esto es, *Jesús.*

[4] 18. CASTIGO TIENE. Es decir, *tiene que ver con el castigo.*

ἠγάπησεν ἡμᾶς. **20** ἐάν τις εἴπῃ ὅτι
amó nos. Si alguien dice: —

ἀγαπῶ τὸν θεόν, καὶ τὸν ἀδελφὸν αὐτοῦ
Amo — a Dios, y al hermano de él

μισῇ, ψεύστης ἐστίν· ὁ γὰρ μὴ ἀγαπῶν
odia, mentiroso es; porque el que no ama

τὸν ἀδελφὸν αὐτοῦ ὃν ἑώρακεν, τὸν
al hermano de él a quien ha visto, —

θεὸν ὃν οὐχ ἑώρακεν οὐ δύναται ἀγαπᾶν.
a Dios a quien no ha visto no puede amar.

21 καὶ ταύτην τὴν ἐντολὴν ἔχομεν ἀπ'
Y este — mandamiento tenemos de parte

αὐτοῦ, ἵνα ὁ ἀγαπῶν τὸν θεὸν ἀγαπᾷ
de él, (para) que el que ama — a Dios, ame

καὶ τὸν ἀδελφὸν αὐτοῦ.
también al hermano de él.

5 Πᾶς ὁ πιστεύων ὅτι Ἰησοῦς ἐστιν
Todo el que cree que Jesús es

ὁ χριστὸς ἐκ τοῦ θεοῦ γεγέννηται, καὶ
el Cristo, de — Dios [1]ha nacido, y

πᾶς ὁ ἀγαπῶν τὸν γεννήσαντα ἀγαπᾷ
todo el que ama al que engendró, ama

τὸν γεγεννημένον ἐξ αὐτοῦ. **2** ἐν τούτῳ
al [1]engendrado de él. En esto

γινώσκομεν ὅτι ἀγαπῶμεν τὰ τέκνα τοῦ
conocemos que amamos a los hijos —

θεοῦ, ὅταν τὸν θεὸν ἀγαπῶμεν καὶ τὰς
de Dios, cuando — a Dios amamos y los

ἐντολὰς αὐτοῦ ποιῶμεν. **3** αὕτη γάρ
mandamientos de él practicamos. Porque éste

ἐστιν ἡ ἀγάπη τοῦ θεοῦ, ἵνα τὰς ἐντολὰς
es el amor — de Dios, (para) que los mandamientos

αὐτοῦ τηρῶμεν· καὶ αἱ ἐντολαὶ αὐτοῦ
de él guardemos; y los mandamientos de él

βαρεῖαι οὐκ εἰσίν, **4** ὅτι πᾶν τὸ γεγεν-
gravosos no son, pues todo el que ha

νημένον ἐκ τοῦ θεοῦ νικᾷ τὸν κόσμον·
nacido de — Dios vence al mundo;

καὶ αὕτη ἐστὶν ἡ νίκη ἡ νικήσασα τὸν
y esta es la victoria — que venció al

κόσμον, ἡ πίστις ἡμῶν. **5** Τίς ἐστιν
mundo, la fe de nosotros. ¿Y quién

1
1. HA NACIDO... ENGENDRADO.
Los verbos están en pretérito perfecto, indicando que
"el nacido de Dios" sigue
dependiendo de Él.

[δὲ] ὁ νικῶν τὸν κόσμον εἰ μὴ ὁ
es el que vence al mundo sino el

πιστεύων ὅτι Ἰησοῦς ἐστιν ὁ υἱὸς τοῦ
que cree que Jesús es el Hijo —

θεοῦ; 6 οὗτός ἐστιν ὁ ἐλθὼν δι' ὕδατος
de Dios? Éste es el que vino ¹mediante agua

καὶ αἵματος, Ἰησοῦς Χριστός· οὐκ ἐν
y sangre, Jesucristo; no con

τῷ ὕδατι μόνον, ἀλλ' ἐν τῷ ὕδατι καὶ
el agua sólo, sino con el agua y

ἐν τῷ αἵματι· καὶ τὸ πνεῦμά ἐστιν τὸ
con la sangre; y el Espíritu es el

μαρτυροῦν, ὅτι τὸ πνεῦμά ἐστιν ἡ ἀλήθεια.
que testifica, pues el Espíritu es la verdad.

7 ὅτι τρεῖς εἰσιν οἱ μαρτυροῦντες, 8 τὸ
Pues tres son los que testifican, el

πνεῦμα καὶ τὸ ὕδωρ καὶ τὸ αἷμα, καὶ
Espíritu y el agua y la sangre, y

οἱ τρεῖς εἰς τὸ ἕν εἰσιν. 9 εἰ τὴν
los tres ²de acuerdo están. Si el

μαρτυρίαν τῶν ἀνθρώπων λαμβάνομεν, ἡ
testimonio de los hombres recibimos, el

μαρτυρία τοῦ θεοῦ μείζων ἐστίν, ὅτι
testimonio — de Dios mayor es, pues

αὕτη ἐστὶν ἡ μαρτυρία τοῦ θεοῦ, ὅτι
éste es el testimonio — de Dios, pues

μεμαρτύρηκεν περὶ τοῦ υἱοῦ αὐτοῦ. 10 ὁ
ha testificado acerca del Hijo de él. El

πιστεύων εἰς τὸν υἱὸν τοῦ θεοῦ ἔχει
que cree en el Hijo — de Dios, tiene

τὴν μαρτυρίαν ἐν αὐτῷ. ὁ μὴ πιστεύων
el testimonio en él. El que no cree

τῷ θεῷ ψεύστην πεποίηκεν αὐτόν, ὅτι
— a Dios, mentiroso ha hecho le, pues

οὐ πεπίστευκεν εἰς τὴν μαρτυρίαν ἣν
no ha creído en el testimonio que

μεμαρτύρηκεν ὁ θεὸς περὶ τοῦ υἱοῦ
ha testificado — Dios tocante al Hijo

αὐτοῦ. 11 καὶ αὕτη ἐστὶν ἡ μαρτυρία,
de él. Y este es el testimonio,

ὅτι ζωὴν αἰώνιον ἔδωκεν ὁ θεὸς ἡμῖν,
que vida eterna dio — Dios nos,

καὶ αὕτη ἡ ζωὴ ἐν τῷ υἱῷ αὐτοῦ
y esta — vida en el Hijo de él

¹
6. MEDIANTE (a través de) AGUA Y SANGRE. Esto es, *Jesús era el Cristo ya antes de Su bautismo y continuó siéndolo en la Cruz.*
²
8. DE ACUERDO. Lit. *hacia lo uno* (mismo).

ἐστιν. **12** ὁ ἔχων τὸν υἱὸν ἔχει τὴν
está.   El que tiene al Hijo, tiene la

ζωήν· ὁ μὴ ἔχων τὸν υἱὸν τοῦ θεοῦ
vida; el que no tiene al Hijo — de Dios

τὴν ζωὴν οὐκ ἔχει.
la vida no tiene.

13 Ταῦτα ἔγραψα ὑμῖν ἵνα εἰδῆτε ὅτι
Estas cosas escribí os para que sepáis que

ζωὴν ἔχετε αἰώνιον, τοῖς πιστεύουσιν
vida tenéis eterna, a los que creéis

εἰς τὸ ὄνομα τοῦ υἱοῦ τοῦ θεοῦ. **14** Καὶ
en el nombre del Hijo — de Dios. Y

αὕτη ἐστὶν ἡ παρρησία ἣν ἔχομεν πρὸς
esta es la confianza que tenemos para con

αὐτόν, ὅτι ἐάν τι αἰτώμεθα κατὰ τὸ
él, que si algo pedimos conforme a la

θέλημα αὐτοῦ ἀκούει ἡμῶν. **15** καὶ
voluntad de él, oye nos. Y

ἐὰν οἴδαμεν ὅτι ἀκούει ἡμῶν ὃ ἐὰν
si sabemos que oye nos (en) cuanto

αἰτώμεθα, οἴδαμεν ὅτι ἔχομεν τὰ αἰτήματα
pidamos, sabemos que tenemos las peticiones

ἃ ᾐτήκαμεν ἀπ' αὐτοῦ. **16** Ἐάν τις
que hemos pedido ¹a él. Si alguno

ἴδῃ τὸν ἀδελφὸν αὐτοῦ ἁμαρτάνοντα
ve al hermano de él que está pecando

ἁμαρτίαν μὴ πρὸς θάνατον, αἰτήσει, καὶ
(con un) pecado no para muerte, pedirá, y

δώσει αὐτῷ ζωήν, τοῖς ἁμαρτάνουσιν
dará le vida, a los que pecan

μὴ πρὸς θάνατον. ἔστιν ἁμαρτία πρὸς
no para muerte. Hay ²pecado para

θάνατον· οὐ περὶ ἐκείνης λέγω ἵνα
muerte; no acerca de éste digo (para) que

ἐρωτήσῃ. **17** πᾶσα ἀδικία ἁμαρτία ἐστίν,
³solicite. Toda injusticia pecado es,

καὶ ἔστιν ἁμαρτία οὐ πρὸς θάνατον.
y hay pecado no para muerte.

18 Οἴδαμεν ὅτι πᾶς ὁ γεγεννημένος ἐκ
Sabemos que todo el que ha nacido de

τοῦ θεοῦ οὐχ ἁμαρτάνει, ἀλλ' ὁ γεννηθεὶς
— Dios no continúa pecando, sino que el que fue engendrado

ἐκ τοῦ θεοῦ τηρεῖ αὐτόν, καὶ ὁ πονηρὸς
de — Dios guarda le, y el maligno

οὐχ ἅπτεται αὐτοῦ. **19** οἴδαμεν ὅτι ἐκ
no ⁴agarra le. Sabemos que (procedentes)

1
15. A. Lit. *de parte de.*
2
16. PECADO PARA MUERTE. Prob. el mismo de 1 Co. 11:30 (*duermen*).
3
16. SOLICITE. O *inste.*
4
18. AGARRA. Mejor que *toca.*

τοῦ θεοῦ ἐσμεν, καὶ ὁ κόσμος ὅλος ἐν
— de Dios somos, y el mundo entero en

τῷ πονηρῷ κεῖται. 20 οἴδαμεν δὲ ὅτι
el maligno yace. Y sabemos que

ὁ υἱὸς τοῦ θεοῦ ἥκει, καὶ δέδωκεν
el Hijo — de Dios ha venido y ha dado

ἡμῖν διάνοιαν ἵνα γινώσκωμεν τὸν
nos entendimiento para que conozcamos al

ἀληθινόν· καὶ ἐσμὲν ἐν τῷ ἀληθινῷ,
[1]verdadero; y estamos en el [1]verdadero,

ἐν τῷ υἱῷ αὐτοῦ Ἰησοῦ Χριστῷ. οὗτός
en el Hijo de él Jesucristo. Éste

ἐστιν ὁ ἀληθινὸς θεὸς καὶ ζωὴ αἰώνιος.
es el [1]verdadero Dios y (la) vida eterna.

21 Τεκνία, φυλάξατε ἑαυτὰ ἀπὸ τῶν
Hijitos, guardad a vosotros mismos de los

εἰδώλων.
ídolos.

Segunda Carta del apóstol
JUAN

1 Ὁ πρεσβύτερος ἐκλεκτῇ κυρίᾳ καὶ
El anciano a la elegida señora y

τοῖς τέκνοις αὐτῆς, οὓς ἐγὼ ἀγαπῶ ἐν
a los hijos de ella, a quienes yo amo en

ἀληθείᾳ, καὶ οὐκ ἐγὼ μόνος ἀλλὰ καὶ
(la) verdad, y no yo solo, sino también

πάντες οἱ ἐγνωκότες τὴν ἀλήθειαν, 2 διὰ
todos los que han conocido la verdad, a causa

τὴν ἀλήθειαν τὴν μένουσαν ἐν ἡμῖν,
de la verdad que permanece en nosotros,

καὶ μεθ' ἡμῶν ἔσται εἰς τὸν αἰῶνα.
y con nosotros estará [2]para — siempre.

3 ἔσται μεθ' ἡμῶν χάρις ἔλεος εἰρήνη
Estará con nosotros (la) gracia, (la) misericordia (y la) paz

παρὰ θεοῦ πατρός, καὶ παρὰ Ἰησοῦ
de parte de Dios Padre, y de parte de Jesu-

Χριστοῦ τοῦ υἱοῦ τοῦ πατρός, ἐν ἀληθείᾳ
cristo el Hijo del Padre, en verdad

καὶ ἀγάπῃ.
y amor.

[1]
20. VERDADERO. Es decir, *real, auténtico.*
[2]
2. PARA SIEMPRE. Lit. *hasta el siglo.*

4 Ἐχάρην   λίαν   ὅτι   εὕρηκα   ἐκ   τῶν
Me alegré   muchísimo   de que   he hallado   de entre   los

τέκνων   σου   περιπατοῦντας   ἐν   ἀληθείᾳ,
hijos   de ti   que están andando   en   (la) verdad,

καθὼς   ἐντολὴν   ἐλάβομεν   παρὰ   τοῦ   πατρός.
tal como   mandamiento   recibimos   de parte   del   Padre.

5 καὶ   νῦν   ἐρωτῶ   σε,   κυρία,   οὐχ   ὡς
Y   ahora   ruego   te,   señora,   no   como

ἐντολὴν   γράφων   σοι   καινήν,   ἀλλὰ   ἣν
un mandamiento   escribiendo   te   nuevo,   sino   el que

εἴχομεν   ἀπ'   ἀρχῆς,   ἵνα   ἀγαπῶμεν
teníamos   desde   (el) principio,   (para) que   amemos

ἀλλήλους.   **6** καὶ   αὕτη   ἐστὶν   ἡ   ἀγάπη,
unos a otros.   Y   éste   es   el   amor,

ἵνα   περιπατῶμεν   κατὰ   τὰς   ἐντολὰς
(para) que   andemos   conforme   a los   mandamientos

αὐτοῦ·   αὕτη   ἡ   ἐντολή   ἐστιν,   καθὼς
de él.   Éste   el   mandamiento   es,   tal como

ἠκούσατε   ἀπ'   ἀρχῆς,   ἵνα   ἐν   αὐτῇ
oísteis   desde   (el) principio,   (para) que   en   él

περιπατῆτε.   **7** ὅτι   πολλοὶ   πλάνοι   ἐξῆλθον
andéis.   Pues   muchos   engañadores   salieron

εἰς   τὸν   κόσμον,   οἱ   μὴ   ὁμολογοῦντες
al   mundo,   los   que no   confiesan

Ἰησοῦν   Χριστὸν   ἐρχόμενον   ἐν   σαρκί·
a Jesucristo   viniendo   en   (la) carne;

οὗτός   ἐστιν   ὁ   πλάνος   καὶ   ὁ   ἀντίχριστος.
éste   es   el   engañador   y   el   anticristo.

8 βλέπετε   ἑαυτούς,   ἵνα   μὴ   ἀπολέσητε
Mirad   por vosotros mismos,   para   que no   [1]perdáis

ἃ   ἠργασάμεθα,   ἀλλὰ   μισθὸν   πλήρη
las cosas que efectuamos,   sino que   recompensa   plena

ἀπολάβητε.   **9** πᾶς   ὁ   προάγων   καὶ   μὴ
recibáis.   Todo el que   [2]se sobrepasa   y   no

μένων   ἐν   τῇ   διδαχῇ   τοῦ   Χριστοῦ   θεὸν
permanece   en   la   enseñanza   —   de Cristo,   a Dios

οὐκ   ἔχει·   ὁ   μένων   ἐν   τῇ   διδαχῇ,   οὗτος
no   tiene;   el que permanece   en   la   enseñanza,   éste

καὶ   τὸν   πατέρα   καὶ   τὸν   υἱὸν   ἔχει.
tanto   al   Padre   como   al   Hijo   tiene.

10 εἴ   τις   ἔρχεται   πρὸς   ὑμᾶς   καὶ   ταύτην
Si   alguien   viene   a   vosotros   y   esta

[1]
8. PERDÁIS. O echéis a perder.

[2]
9. SE SOBREPASA. Es decir, marcha alejándose hacia adelante: hacia la "gnosis", más allá de la "fe" sencilla.

τὴν διδαχὴν οὐ φέρει, μὴ λαμβάνετε
— enseñanza no ¹trae, no recibáis

αὐτὸν εἰς οἰκίαν, καὶ χαίρειν αὐτῷ μὴ
le en casa, y ²saludo le no

λέγετε· 11 ὁ λέγων γὰρ αὐτῷ χαίρειν
digáis; porque el que dice le ²saludo,

κοινωνεῖ τοῖς ἔργοις αὐτοῦ τοῖς πονηροῖς.
comparte las obras de él — malas.

12 Πολλὰ ἔχων ὑμῖν γράφειν οὐκ
Muchas cosas teniendo os (que) escribir, no

ἐβουλήθην διὰ χάρτου καὶ μέλανος, ἀλλὰ
quise (hacerlo) mediante papel y tinta, sino que

ἐλπίζω γενέσθαι πρὸς ὑμᾶς καὶ στόμα
espero venir a estar con vosotros y boca

πρὸς στόμα λαλῆσαι, ἵνα ἡ χαρὰ ἡμῶν
a boca hablar, para que el gozo de nosotros

πεπληρωμένη ᾖ. 13 Ἀσπάζεταί σε τὰ
habiendo sido sea. Saludan te los
completado

τέκνα τῆς ἀδελφῆς σου τῆς ἐκλεκτῆς.
hijos de la hermana de ti, de la elegida.

Tercera Carta del apóstol
JUAN

1 Ὁ πρεσβύτερος Γαΐῳ τῷ ἀγαπητῷ,
El anciano a Gayo el amado,

ὃν ἐγὼ ἀγαπῶ ἐν ἀληθείᾳ.
a quien yo amo en (la) verdad.

2 Ἀγαπητέ, περὶ πάντων εὔχομαί σε
Amado, acerca de todas las cosas oro que tú

εὐοδοῦσθαι καὶ ὑγιαίνειν, καθὼς εὐοδοῦταί
prosperes y tengas salud, tal como prospera

σου ἡ ψυχή. 3 ἐχάρην γὰρ λίαν ἐρχομένων
de ti el alma. Porque me alegré muchísimo al venir

ἀδελφῶν καὶ μαρτυρούντων σου τῇ
unos hermanos y al dar testimonio de ti de la

1
10. TRAE. Lit. *lleva.*
2
10 y 11. SALUDO. Lit. *alegrarse.*

ἀληθείᾳ, καθὼς σὺ ἐν ἀληθείᾳ περιπατεῖς.
verdad,　tal como　tú　en　(la) verdad　andas.

4 μειζοτέραν τούτων οὐκ ἔχω χαράν, ἵνα
Una ¹(más) mayor　que estas　no　tengo　alegría, ²el que
　　　　　　cosas

ἀκούω τὰ ἐμὰ τέκνα ἐν τῇ ἀληθείᾳ
oigo　—　que mis　hijos　en　la　verdad

περιπατοῦντα. **5** Ἀγαπητέ, πιστὸν ποιεῖς
están andando.　Amado,　cosa fiel　haces

ὃ ἐὰν ἐργάσῃ εἰς τοὺς ἀδελφοὺς καὶ
(en) cuanto　efectúas　por　los　hermanos, ·　y

τοῦτο ξένους, **6** οἳ ἐμαρτύρησάν σου τῇ
esto　extranjeros,　quienes　dieron testimonio　de ti　del
(siendo)

ἀγάπῃ ἐνώπιον ἐκκλησίας, οὓς καλῶς
amor　delante　de (la) iglesia,　a quienes　bien

ποιήσεις προπέμψας ἀξίως τοῦ θεοῦ·
harás　en ³proveer para el viaje　como es　—　de Dios;
　　　　　　　digno

7 ὑπὲρ γὰρ τοῦ ὀνόματος ἐξῆλθαν μηδὲν
porque en pro　del　Nombre　salieron,　nada

λαμβάνοντες ἀπὸ τῶν ἐθνικῶν. **8** ἡμεῖς
recibiendo　de parte　de los　gentiles.　Nosotros,

οὖν ὀφείλομεν ὑπολαμβάνειν τοὺς τοιούτους,
pues,　debemos　ayudar　a los　tales,

ἵνα συνεργοὶ γινώμεθα τῇ ἀληθείᾳ.
para que colaboradores　nos hagamos　en la　verdad.

9 Ἔγραψά τι τῇ ἐκκλησίᾳ· ἀλλ᾽ ὁ
Escribí　algo　a la　iglesia;　pero　el

φιλοπρωτεύων αὐτῶν Διοτρέφης οὐκ
que apetece ser el primero　de ellos,　Diótrefes,　no

ἐπιδέχεται ἡμᾶς. **10** διὰ τοῦτο, ἐὰν
⁴reconoce　nos.　Por　esto,　si

ἔλθω, ὑπομνήσω αὐτοῦ τὰ ἔργα ἃ ποιεῖ
vengo,　llamaré la atención　de él　las　obras　que　hace
　　　　(sobre)

λόγοις πονηροῖς φλυαρῶν ἡμᾶς, καὶ μὴ
con palabras　malas　denigrando　nos,　y　no

ἀρκούμενος ἐπὶ τούτοις οὔτε αὐτὸς
estando satisfecho　con　estas cosas,　ni　él

ἐπιδέχεται τοὺς ἀδελφοὺς καὶ τοὺς
⁴reconoce　a los　hermanos　y　a los

βουλομένους κωλύει καὶ ἐκ τῆς ἐκκλησίας
que quieren　impide　y　de　la　iglesia
(hacerlo)

ἐκβάλλει.
(los) expulsa.

11 Ἀγαπητέ, μὴ μιμοῦ τὸ κακὸν ἀλλὰ
Amado,　no　imites　lo　malo,　sino

1
4. (MÁS) MAYOR. Juan usa el comparativo del comparativo.
2
4. EL QUE OIGO. Lit. *para que oiga.*
3
6. PROVEER PARA EL VIAJE. Lit. *enviar por delante.*
4
9 y 10. RECONOCE. O *acoge.*

τὸ ἀγαθόν. ὁ ἀγαθοποιῶν ἐκ τοῦ θεοῦ
lo bueno. El que hace el bien, de — Dios

ἐστιν· ὁ κακοποιῶν οὐχ ἑώρακεν τὸν
es; el que hace el mal, no ha visto —

θεόν. 12 Δημητρίῳ μεμαρτύρηται ὑπὸ
a Dios. A favor de Demetrio ha sido dado testimonio por

πάντων καὶ ὑπὸ αὐτῆς τῆς ἀληθείας·
todos y por la misma verdad.

καὶ ἡμεῖς δὲ μαρτυροῦμεν, καὶ οἶδας
Y también nosotros damos testimonio, y sabes

ὅτι ἡ μαρτυρία ἡμῶν ἀληθής ἐστιν.
que el testimonio de nosotros verídico es.

13 Πολλὰ εἶχον γράψαι σοι, ἀλλ' οὐ
Muchas cosas tenía que escribirte, pero no

θέλω διὰ μέλανος καὶ καλάμου σοι
quiero por medio de tinta y de pluma te

γράφειν· 14 ἐλπίζω δὲ εὐθέως σε ἰδεῖν,
escribir; mas espero en breve te ver,

καὶ στόμα πρὸς στόμα λαλήσομεν.
y boca a boca hablaremos.

15 Εἰρήνη σοι. ἀσπάζονταί σε οἱ φίλοι.
Paz a ti. Saludan te los amigos.

ἀσπάζου τοὺς φίλους κατ' ὄνομα.
Saluda a los amigos ¹uno por uno.

Carta del apóstol
JUDAS

1 Ἰούδας Ἰησοῦ Χριστοῦ δοῦλος, ἀδελφὸς
Judas de Jesucristo siervo, y hermano

δὲ Ἰακώβου, τοῖς ἐν θεῷ πατρὶ
²de Jacobo, a los en Dios Padre

ἠγαπημένοις καὶ Ἰησοῦ Χριστῷ
amados y ³para Jesucristo

τετηρημένοις κλητοῖς. 2 ἔλεος ὑμῖν καὶ
guardados, llamados. Misericordia a vosotros y

εἰρήνη καὶ ἀγάπη πληθυνθείη.
paz y amor ⁴sean multiplicados.

3 Ἀγαπητοί, πᾶσαν σπουδὴν ποιούμενος
Amados, toda diligencia haciendo

1
15. UNO POR UNO. Lit. *según* (el) *nombre* (de cada uno).

2
1. DE JACOBO. Esto es, *de Santiago, el autor de la epístola que lleva su nombre.*

3
1. PARA JESUCRISTO. O *por Jesucristo* (más probable).

4
2. SEAN MULTIPLICADOS. Lit. *sea multiplicado* (aunque se refiere a los tres: *misericordia,* sinónimo aquí de *gracia, paz y amor*).

γράφειν   ὑμῖν   περὶ   τῆς   κοινῆς   ἡμῶν
para escribir   os   acerca   de la   común   de nosotros

σωτηρίας,   ἀνάγκην   ἔσχον   γράψαι   ὑμῖν
salvación,   necesidad   tuve   de escribir   os

παρακαλῶν   ἐπαγωνίζεσθαι   τῇ   ἅπαξ
exhortando(os)   a contender   por la   una vez
                                                              por todas

παραδοθείσῃ   τοῖς   ἁγίοις   πίστει.   4 παρεισε-
transmitida   a los   santos   fe.   Porque se han in-

δύησαν   γάρ   τινες   ἄνθρωποι,   οἱ   πάλαι
troducido solapadamente algunos   hombres,   los que   desde
                                                                          antiguo

προγεγραμμένοι   εἰς   τοῦτο   τὸ   κρίμα,
habían sido previamente   para   esta   —   condenación,
escritos

ἀσεβεῖς,   τὴν   τοῦ   θεοῦ   ἡμῶν   χάριτα
impíos   (que) la   del   Dios   de nosotros   gracia

μετατιθέντες   εἰς   ἀσέλγειαν   καὶ   τὸν   μόνον
están convirtiendo   en   libertinaje   y   al   único

δεσπότην   καὶ   κύριον   ἡμῶν   Ἰησοῦν   Χριστὸν
Dueño   y   Señor   de nosotros   Jesucristo

ἀρνούμενοι.   5 Ὑπομνῆσαι   δὲ   ὑμᾶς   βούλομαι,
están negando.   Mas hacer memoria   os   quiero,

εἰδότας   ἅπαξ   πάντα,   ὅτι   κύριος   λαὸν
como a   una vez   de todo,   que   (el) Señor   al pueblo
sabedores

ἐκ   γῆς   Αἰγύπτου   σώσας   τὸ   δεύτερον
de   (la) tierra   de Egipto   habiendo salvado,   —   en segundo
                                                                                      lugar

τοὺς   μὴ   πιστεύσαντας   ἀπώλεσεν,   6 ἀγγέλους
a los que no   creyeron   destruyó,   y a (los) ángeles

τε   τοὺς   μὴ   τηρήσαντας   τὴν   ἑαυτῶν
—   que   no   guardaron   la   de ellos

ἀρχὴν   ἀλλὰ   ἀπολιπόντας   τὸ   ἴδιον
preeminencia,   sino   que abandonaron   la   propia
                                                              (su)

οἰκητήριον   εἰς   κρίσιν   μεγάλης   ἡμέρας
morada,   para   (el) juicio   de(l) gran   día

δεσμοῖς   ἀϊδίοις   ὑπὸ   ζόφον   τετήρηκεν·
en prisiones   perpetuas   bajo   oscuridad   ha guardado;

7 ὡς   Σόδομα   καὶ   Γόμορρα   καὶ   αἱ   περὶ
como   Sodoma   y   Gomorra   y   las   en torno

αὐτὰς   πόλεις,   τὸν   ὅμοιον   τρόπον   τούτοις
de ellas   ciudades,   —   de semejante   manera   a éstos

ἐκπορνεύσασαι   καὶ   ἀπελθοῦσαι   ὀπίσω   σαρκὸς
habiendo fornicado   y   habiendo ido   en pos   de carne

ἑτέρας,   πρόκεινται   δεῖγμα   πυρὸς   αἰωνίου
[1]diferente,   son propuestas   como ejemplo,   de un fuego   eterno

δίκην   ὑπέχουσαι.   8 Ὁμοίως   μέντοι   καὶ
(la) pena   sufriendo.   Sin embargo,   igualmente   también

1
7. DIFERENTE. Es decir, *no
humana, sino de ángeles.*
(V. Gn. 19:1-11.)

οὗτοι ἐνυπνιαζόμενοι σάρκα μὲν μιαίνουσιν,
estos soñadores (la) carne — mancillan,

κυριότητα δὲ ἀθετοῦσιν, δόξας δὲ
(la) autoridad rechazan y de [1]las glorias

βλασφημοῦσιν. 9 Ὁ δὲ Μιχαὴλ ὁ ἀρχάγ-
blasfeman. Mas Miguel el arcán-

γελος, ὅτε τῷ διαβόλῳ διακρινόμενος
gel, cuando con el diablo contendía,

διελέγετο περὶ τοῦ Μωϋσέως σώματος,
discutió acerca del de Moisés cuerpo,

οὐκ ἐτόλμησεν κρίσιν ἐπενεγκεῖν βλασφημίας,
(mas) no se atrevió juicio a proferir de maldición,

ἀλλὰ εἶπεν· ἐπιτιμήσαι σοι κύριος. 10 οὗτοι
sino que dijo: Reprenda te (el) Señor. Mas éstos

δὲ ὅσα μὲν οὐκ οἴδασιν βλασφημοῦσιν,
de todo lo que no saben blasfeman,

ὅσα δὲ φυσικῶς ὡς τὰ ἄλογα ζῷα
y de todo lo que por instinto como los irracionales animales

ἐπίστανται, ἐν τούτοις φθείρονται. 11 οὐαὶ
entienden, en esto se corrompen. ¡Ay

αὐτοῖς, ὅτι τῇ ὁδῷ τοῦ Κάϊν ἐπορεύθησαν,
de ellos, que por el camino — de Caín marcharon,

καὶ τῇ πλάνῃ τοῦ Βαλαὰμ μισθοῦ
y al . extravío — de Balaam por lucro

ἐξεχύθησαν, καὶ τῇ ἀντιλογίᾳ τοῦ Κόρε
se lanzaron, y en la rebelión — de Coré

ἀπώλοντο. 12 Οὗτοί εἰσιν οἱ ἐν ταῖς
perecieron! Éstos son los que en los

ἀγάπαις ὑμῶν σπιλάδες συνευωχούμενοι
ágapes de vosotros, (como) [2]escollos banqueteando con (vosotros)

ἀφόβως, ἑαυτοὺς ποιμαίνοντες, νεφέλαι
sin respeto, a sí mismos apacentando, nubes

ἄνυδροι ὑπὸ ἀνέμων παραφερόμεναι, δένδρα
sin agua, por (los) vientos llevados de acá para allá, árboles

φθινοπωρινὰ ἄκαρπα δὶς ἀποθανόντα
otoñales sin fruto, [3]dos veces muertos,

ἐκριζωθέντα, 13 κύματα ἄγρια θαλάσσης
desarraigados, olas encrespadas de(l) mar

ἐπαφρίζοντα τὰς ἑαυτῶν αἰσχύνας, ἀστέρες
que espuman las de ellos mismos vergüenzas, estrellas

πλανῆται, οἷς ὁ ζόφος τοῦ σκότους
errantes, para las que la oscuridad de la(s) tinieblas

εἰς αἰῶνα τετήρηται. 14 Ἐπροφήτευσεν
[4]para siempre ha sido reservada. Y profetizó

1
8. LAS GLORIAS. Es decir, de las potestades superiores (los ángeles).
2
12. ESCOLLOS. Otros traducen manchas (gr. spiloi).
3
12. DOS VECES MUERTOS. Los impíos, como los árboles, mueren dos veces: cuando se secan y cuando se cortan. (V. Lc. 3:9.)
4
13. PARA SIEMPRE. Lit. para el siglo.

δὲ   καὶ   τούτοις   ἔβδομος   ἀπὸ   ᾿Αδὰμ
también   de éstos,   séptimo   desde   Adán,

῾Ενὼχ   λέγων·   ἰδοὺ   ἦλθεν   κύριος   ἐν
Enoc,   diciendo: He aquí   que vino   (el) Señor   con

ἁγίαις   μυριάσιν   αὐτοῦ,   15 ποιῆσαι   κρίσιν
santas   miríadas   de él,   para hacer   juicio

κατὰ   πάντων   καὶ   ἐλέγξαι   πάντας   τοὺς
contra   todos   y   redargüir   a todos   los

ἀσεβεῖς   περὶ   πάντων   τῶν   ἔργων   ἀσεβείας
impíos   acerca   de todas   las   obras   de impiedad

αὐτῶν   ὧν   ἠσέβησαν   καὶ   περὶ   πάντων
de ellos   que   hicieron impíamente   y   acerca   de todas

τῶν   σκληρῶν   ὧν   ἐλάλησαν   κατ᾿   αὐτοῦ
las   1cosas duras   que   hablaron   contra   él

ἁμαρτωλοὶ   ἀσεβεῖς.   16 Οὗτοί   εἰσιν   γογ-
(los) pecadores   impíos.   Éstos   son   murmu-

γυσταὶ   μεμψίμοιροι,   κατὰ   τὰς   ἐπιθυμίας
radores   querellosos,   según   los   malos deseos (concupiscencias)

αὐτῶν   πορευόμενοι,   καὶ   τὸ   στόμα   αὐτῶν
de ellos   que andan,   y   la   boca   de ellos

λαλεῖ   ὑπέρογκα,   θαυμάζοντες   πρόσωπα
habla   cosas arrogantes,   2adulando   a (las) personas

ὠφελείας   χάριν.
del provecho   a causa.

17 ῾Υμεῖς   δέ,   ἀγαπητοί,   μνήσθητε   τῶν
Mas vosotros,   amados,   recordad   las

ῥημάτων   τῶν   προειρημένων   ὑπὸ   τῶν
palabras   —   que han sido dichas antes   por   los

ἀποστόλων   τοῦ   κυρίου   ἡμῶν   ᾿Ιησοῦ
apóstoles   del   Señor   de nosotros   Jesu-

Χριστοῦ,   18 ὅτι   ἔλεγον   ὑμῖν·   ἐπ᾿   ἐσχάτου
cristo,   que   decían   os: Al   final

τοῦ   χρόνου   ἔσονται   ἐμπαῖκται   κατὰ   τὰς
del   tiempo   habrá   burladores   según   los

ἑαυτῶν   ἐπιθυμίας   πορευόμενοι   τῶν   ἀσεβειῶν.
de ellos   malos deseos   que andan   —   de cosas impías.
mismos   (concupiscencias)

19 Οὗτοί   εἰσιν   οἱ   ἀποδιορίζοντες,   ψυχικοί,
Éstos   son   los   que causan divisiones,   3mundanos,

πνεῦμα   μὴ   ἔχοντες.   20 ὑμεῖς   δέ,   ἀγαπητοί,
4espíritu   que no   tienen.   Mas vosotros,   amados,

ἐποικοδομοῦντες   ἑαυτοὺς   τῇ   ἁγιωτάτῃ   ὑμῶν
sobreedificando   a vosotros   en la   santísima   de vosotros
   mismos

πίστει,   ἐν   πνεύματι   ἁγίῳ   προσευχόμενοι,
fe,   en   (el) Espíritu   Santo   orando,

21 ἑαυτοὺς   ἐν   ἀγάπῃ   θεοῦ   τηρήσατε,
a vosotros mismos   en   (el) amor   de Dios   conservad,

1
15. COSAS DURAS. Es decir, *insolencias.*
2
16. ADULANDO A (LAS) PERSONAS. Lit. *admirando rostros.*
3
19. MUNDANOS. Lit. *naturales* (o *animales*).
4
19. ESPÍRITU. O *el Espíritu.*

προσδεχόμενοι τὸ ἔλεος τοῦ κυρίου ἡμῶν
aguardando   la misericordia del   Señor   de nosotros

'Ιησοῦ Χριστοῦ εἰς ζωὴν αἰώνιον. **22** καὶ
Jesucristo   para   vida   eterna.   Y

οὓς μὲν ἐλεᾶτε διακρινομένους **23** σῴζετε
a unos, — compadeced,   que dudan;   salvad(los)

ἐκ πυρὸς ἁρπάζοντες, οὓς δὲ ἐλεᾶτε
de(l) fuego arrebatando(les), y a otros compadeced

ἐν φόβῳ, μισοῦντες καὶ τὸν ἀπὸ τῆς
con temor, aborreciendo hasta la, de la

σαρκὸς ἐσπιλωμένον χιτῶνα.
carne   contaminada,   túnica.

24 *Τῷ* δὲ δυναμένῳ φυλάξαι ὑμᾶς
Y al   que puede   guardar   os

ἀπταίστους καὶ στῆσαι κατενώπιον τῆς
sin caída   y ¹presentar(os) delante de la

δόξης αὐτοῦ ἀμώμους ἐν ἀγαλλιάσει,
gloria de él sin mancha con gran alegría,

25 μόνῳ θεῷ σωτῆρι ἡμῶν διὰ 'Ιησοῦ
a(l) único Dios Salvador de nosotros mediante Jesu-

Χριστοῦ τοῦ κυρίου ἡμῶν δόξα μεγαλωσύνη
cristo   el   Señor de nosotros (sea)   ²majestad,
                              gloria,

κράτος καὶ ἐξουσία πρὸ παντὸς τοῦ
dominio y autoridad desde antes de todo el

αἰῶνος καὶ νῦν καὶ εἰς πάντας τοὺς
siglo   y ahora y por todos los

αἰῶνας· ἀμήν.
siglos;   amén.

1
24. PRESENTAR(OS). Lit. *poner en pie.*
2
25. MAJESTAD. Lit. *grandeza.*

EL APOCALIPSIS
de San Juan

1 Ἀποκάλυψις Ἰησοῦ Χριστοῦ, ἣν
Revelación   de Jesucristo,   que

ἔδωκεν αὐτῷ ὁ θεός, δεῖξαι τοῖς δούλοις
dio   le   —   Dios,   para mostrar   a los   siervos

αὐτοῦ ἃ δεῖ γενέσθαι ἐν τάχει, καὶ
de él   lo que   debe   suceder   en   breve,   y (la)

ἐσήμανεν ἀποστείλας διὰ τοῦ ἀγγέλου
dio a entender   enviando(la)   mediante   el   ángel

αὐτοῦ τῷ δούλῳ αὐτοῦ Ἰωάννῃ, **2** ὃς
de él   al   siervo   de él   Juan,   el cual

ἐμαρτύρησεν τὸν λόγον τοῦ θεοῦ καὶ
dio testimonio   de la   palabra   —   de Dios   y

τὴν μαρτυρίαν Ἰησοῦ Χριστοῦ, ὅσα εἶδεν.
del   testimonio   de Jesucristo,   de todo cuanto   vio.

3 Μακάριος ὁ ἀναγινώσκων καὶ οἱ
Dichoso   el que   esté leyendo   y   los que

ἀκούοντες τοὺς λόγους τῆς προφητείας
estén oyendo   las   palabras   de la   profecía

καὶ τηροῦντες τὰ ἐν αὐτῇ γεγραμμένα·
y   guarden (observen)   lo que   en   ella   ha sido escrito;

ὁ γὰρ καιρὸς ἐγγύς.
porque el   tiempo   (está) cerca.

4 Ἰωάννης ταῖς ἑπτὰ ἐκκλησίαις ταῖς
Juan   a las   siete   iglesias   (que están)

ἐν τῇ Ἀσίᾳ· χάρις ὑμῖν καὶ εἰρήνη
en   —   Asia: Gracia   a vosotros   y   paz

ἀπὸ ὁ ὢν καὶ ὁ ἦν καὶ ὁ ἐρχόμενος,
de parte   del que es   y   que era   y   que   viene,

καὶ ἀπὸ τῶν ἑπτὰ πνευμάτων ἃ ἐνώπιον
y   de parte de [1]los   siete   espíritus   que (están)   delante

τοῦ θρόνου αὐτοῦ, **5** καὶ ἀπὸ Ἰησοῦ
del   trono   de él,   y   de parte de   Jesu-

Χριστοῦ, ὁ μάρτυς ὁ πιστός, ὁ πρωτότοκος
cristo,   el   testigo   —   fiel,   el   primogénito

τῶν νεκρῶν καὶ ὁ ἄρχων τῶν βασιλέων
de los   muertos   y   el   soberano (gobernante)   de los   reyes

τῆς γῆς. Τῷ ἀγαπῶντι ἡμᾶς καὶ λύσαντι
de la tierra.   Al   que ama   nos   y   liberó

ἡμᾶς ἐκ τῶν ἁμαρτιῶν ἡμῶν ἐν τῷ
nos   de   los   pecados   de nosotros   con   la

1
4. LOS SIETE ESPÍRITUS. Por tratarse, en estos vv., de una fórmula trinitaria, esa expresión sólo puede significar *el Espíritu Santo*. Siete es número de plenitud. (Comp. 5:6.)

αἵματι αὐτοῦ, 6 καὶ ἐποίησεν ἡμᾶς
sangre   de él,   e   hizo   nos

βασιλείαν, ἱερεῖς τῷ θεῷ καὶ πατρὶ
un reino, sacerdotes para el Dios y Padre

αὐτοῦ, αὐτῷ ἡ δόξα καὶ τὸ κράτος
de él; a él la gloria y el dominio
       (sea)

εἰς τοὺς αἰῶνας τῶν αἰώνων· ἀμήν.
por los siglos de los siglos; amén.

7 Ἰδοὺ ἔρχεται μετὰ τῶν νεφελῶν,
Mirad que viene con las nubes,

καὶ ὄψεται αὐτὸν πᾶς ὀφθαλμὸς καὶ
y verá le todo ojo y

οἵτινες αὐτὸν ἐξεκέντησαν, καὶ κόψονται
los que le traspasaron, y harán duelo

ἐπ' αὐτὸν πᾶσαι αἱ φυλαὶ τῆς γῆς.
por él todas las tribus de la tierra.

ναί, ἀμήν.
Sí, amén.

8 Ἐγώ εἰμι τὸ ἄλφα καὶ τὸ ὦ, λέγει
Yo soy el Alfa y la Omega, dice

κύριος ὁ θεός, ὁ ὢν καὶ ὁ ἦν
(el) Señor — Dios, el que es y que era

καὶ ὁ ἐρχόμενος, ὁ παντοκράτωρ.
y que viene, el Todopoderoso.

9 Ἐγὼ Ἰωάννης, ὁ ἀδελφὸς ὑμῶν καὶ
Yo Juan, el hermano de vosotros y

συγκοινωνὸς ἐν τῇ θλίψει καὶ βασιλείᾳ
copartícipe en la tribulación y en (el) reino

καὶ ὑπομονῇ ἐν Ἰησοῦ, ἐγενόμην ἐν
y en (la) paciencia en Jesús, vine a estar en

τῇ νήσῳ τῇ καλουμένῃ Πάτμῳ διὰ
la isla — llamada Patmos a causa

τὸν λόγον τοῦ θεοῦ καὶ τὴν μαρτυρίαν
de la palabra — de Dios y del testimonio

Ἰησοῦ. 10 ἐγενόμην ἐν πνεύματι ἐν
de Jesús. Llegué a estar [1]en espíritu en

τῇ κυριακῇ ἡμέρᾳ, καὶ ἤκουσα ὀπίσω
el del Señor día, y oí detrás

μου φωνὴν μεγάλην ὡς σάλπιγγος
de mí una voz [2]grande como de trompeta,

11 λεγούσης· ὃ βλέπεις γράψον εἰς βιβλίον
que decía: Lo que estás viendo escribe en un rollo

καὶ πέμψον ταῖς ἑπτὰ ἐκκλησίαις, εἰς
y envía(lo) a las siete iglesias, a

1
10. EN ESPÍRITU. O en (el)
Espíritu.
2
10. GRANDE. Es decir, po-
tente.

Ἔφεσον καὶ εἰς Σμύρναν καὶ εἰς Πέργαμον
Éfeso   y   a Esmirna   y   a Pérgamo

καὶ εἰς Θυάτιρα καὶ εἰς Σάρδεις καὶ
y   a Tiatira   y   a Sardis   y

εἰς Φιλαδέλφειαν καὶ εἰς Λαοδίκειαν.
a   Filadelfia   y   a Laodicea.

12 Καὶ ἐπέστρεψα βλέπειν τὴν φωνὴν
Y   me volví 1para ver la voz

ἥτις ἐλάλει μετ' ἐμοῦ· καὶ ἐπιστρέψας
que hablaba conmigo; y, una vez vuelto,

εἶδον ἑπτὰ λυχνίας χρυσᾶς, 13 καὶ ἐν
vi   siete candelabros de oro,   y en

μέσῳ τῶν λυχνιῶν ὅμοιον υἱὸν ἀνθρώπου,
medio de los candelabros a uno como un hijo de hombre,

ἐνδεδυμένον ποδήρη καὶ περιεζωσμένον
vestido de una túnica 2talar y ceñido

πρὸς τοῖς μαστοῖς ζώνην χρυσᾶν· 14 ἡ
3a la altura del pecho de un fajín de oro; y

δὲ κεφαλὴ αὐτοῦ καὶ αἱ τρίχες λευκαὶ
la cabeza de él y los cabellos (eran)
                                        blancos
ὡς ἔριον λευκὸν ὡς χιών, καὶ οἱ ὀφθαλμοὶ
como lana blanca, como nieve, y los ojos

αὐτοῦ ὡς φλὸξ πυρός, 15 καὶ οἱ πόδες
de él como llama de fuego,   y los pies

αὐτοῦ ὅμοιοι χαλκολιβάνῳ ὡς ἐν καμίνῳ
de él semejantes al bronce bruñido como en (un) horno

πεπυρωμένης, καὶ ἡ φωνὴ αὐτοῦ ὡς
habiendo sido encendido, y la voz de él como

φωνὴ ὑδάτων πολλῶν, 16 καὶ ἔχων ἐν
voz de aguas muchas,   y teniendo en

τῇ δεξιᾷ χειρὶ αὐτοῦ ἀστέρας ἑπτά,
la derecha mano de él estrellas siete,

καὶ ἐκ τοῦ στόματος αὐτοῦ ῥομφαία
y   de la boca   de él una espada

δίστομος ὀξεῖα ἐκπορευομένη, καὶ ἡ ὄψις
4de dos filos aguda que salía,   y el aspecto

1
12. PARA VER LA VOZ. Esto
es, *para ver al que hablaba.*
2
13. TALAR. Es decir, *que
llega hasta los pies.*
3
14. A LA ALTURA DEL PECHO.
Lit. *delante de los pechos.*
4
16. DE DOS FILOS. Lit. *de
dos bocas.*
5
16. EN EL PODER DE ÉL. Es
decir, *en todo su esplendor.*
6
17. NO TENGAS MIEDO. Pro-
piamente, *cesa de temer.*

αὐτοῦ ὡς ὁ ἥλιος φαίνει ἐν τῇ δυνάμει
de él como el sol brilla 5en el poder

αὐτοῦ. 17 Καὶ ὅτε εἶδον αὐτόν, ἔπεσα
de él.   Y cuando vi   le,   caí

πρὸς τοὺς πόδας αὐτοῦ ὡς νεκρός· καὶ
a   los   pies de él como muerto; y

ἔθηκεν τὴν δεξιὰν αὐτοῦ ἐπ' ἐμὲ λέγων·
puso   la diestra de él sobre mí, diciendo:

μὴ φοβοῦ· ἐγώ εἰμι ὁ πρῶτος καὶ
6No tengas miedo; yo soy el primero y

ὁ ἔσχατος 18 καὶ ὁ ζῶν, καὶ ἐγενόμην
el último   y el que vive, y llegué a estar

νεκρὸς καὶ ἰδοὺ ζῶν εἰμι εἰς τοὺς
muerto y mira que vivo estoy ¹por los

αἰῶνας τῶν αἰώνων, καὶ ἔχω τὰς κλεῖς
siglos de los siglos, y tengo las llaves

τοῦ θανάτου καὶ τοῦ ᾅδου. 19 γράψον
de la muerte y del Hades.   Escribe,

οὖν ἃ εἶδες καὶ ἃ εἰσὶν καὶ ἃ
pues, lo que viste y lo que hay y lo que

μέλλει γενέσθαι μετὰ ταῦτα. 20 τὸ
va a suceder después de esto.   El

μυστήριον τῶν ἑπτὰ ἀστέρων οὓς εἶδες
misterio de las siete estrellas que viste

ἐπὶ τῆς· δεξιᾶς μου, καὶ τὰς ἑπτὰ
en la diestra de mí, y los siete

λυχνίας τὰς χρυσᾶς· οἱ ἑπτὰ ἀστέρες
candelabros — de oro: Las siete estrellas

ἄγγελοι τῶν ἑπτὰ ἐκκλησιῶν εἰσιν, καὶ
ángeles de las siete iglesias son, y

αἱ λυχνίαι αἱ ἑπτὰ ἑπτὰ ἐκκλησίαι εἰσίν.
los candelabros — siete, siete iglesias son.

2 Τῷ ἀγγέλῳ τῆς ἐν Ἐφέσῳ ἐκκλησίας
Al ángel de la en Éfeso iglesia

γράψον·
escribe:

Τάδε λέγει ὁ κρατῶν τοὺς ἑπτὰ
Esto dice el que ²tiene las siete

ἀστέρας ἐν τῇ δεξιᾷ αὐτοῦ, ὁ περιπατῶν
estrellas en la derecha de él, el que anda

ἐν μέσῳ τῶν ἑπτὰ λυχνιῶν τῶν
en medio de los siete candelabros —

χρυσῶν· 2 οἶδα τὰ ἔργα σου καὶ τὸν
de oro: (Yo) sé las obras de ti y el

κόπον καὶ τὴν ὑπομονήν σου, καὶ ὅτι
trabajo duro y la paciencia de ti, y que

οὐ δύνῃ βαστάσαι κακούς, καὶ ἐπείρασας
no puedes soportar a (los) malos, y pusiste a prueba

τοὺς λέγοντας ἑαυτοὺς ἀποστόλους καὶ
a los que ³se llaman a sí mismos apóstoles y

οὐκ εἰσίν, καὶ εὗρες αὐτοὺς ψευδεῖς·
no (lo) son, y hallaste les mentirosos;

1
18. POR LOS SIGLOS DE LOS SIGLOS. Aquí se ve, no sólo la inmortalidad de Jesús, sino también la eterna permanencia de la unión hipostática.
2
1. TIENE. Lit. sujeta (en señal de dominio).
3
2. SE LLAMAN. Lit. dicen.

3 καὶ ὑπομονὴν ἔχεις, καὶ ἐβάστασας
y paciencia tienes, y aguantaste

διὰ τὸ ὄνομά μου, καὶ οὐ κεκοπίακας.
a causa del nombre de mí, y no has desmayado.

4 ἀλλὰ ἔχω κατὰ σοῦ ὅτι τὴν ἀγάπην
Pero tengo contra ti que el amor

σου τὴν πρώτην ἀφῆκας. **5** μνημόνευε
de ti — primero dejaste. Recuerda,

οὖν πόθεν πέπτωκας, καὶ μετανόησον
pues, de dónde has caído, y arrepiéntete

καὶ τὰ πρῶτα ἔργα ποίησον· εἰ δὲ
y las primeras obras haz; y si

μή, ἔρχομαί σοι καὶ κινήσω τὴν λυχνίαν
no, vengo a ti y removeré el candelabro

σου ἐκ τοῦ τόπου αὐτῆς, ἐὰν μὴ
de ti del lugar de él, a no ser que

μετανοήσῃς. **6** ἀλλὰ τοῦτο ἔχεις, ὅτι
te arrepientas. Pero esto tienes, que

μισεῖς τὰ ἔργα τῶν Νικολαϊτῶν, ἃ
odias las obras de los nicolaítas, las cuales

κἀγὼ μισῶ. **7** Ὁ ἔχων οὖς ἀκουσάτω
también yo odio. El que tenga oído, oiga

τί τὸ πνεῦμα λέγει ταῖς ἐκκλησίαις.
qué el Espíritu dice a las iglesias.

Τῷ νικῶντι δώσω αὐτῷ φαγεῖν ἐκ
Al que venza daré le a comer del

τοῦ ξύλου τῆς ζωῆς, ὅ ἐστιν ἐν τῷ
árbol de la vida, que está en el

παραδείσῳ τοῦ θεοῦ.
paraíso — de Dios.

8 Καὶ τῷ ἀγγέλῳ τῆς ἐν Σμύρνῃ
Y al ángel de la en Esmirna

ἐκκλησίας γράψον·
iglesia escribe:

Τάδε λέγει ὁ πρῶτος καὶ ὁ ἔσχατος,
Esto dice el primero y el último,

ὃς ἐγένετο νεκρὸς καὶ ἔζησεν· **9** οἶδά
que estuvo muerto y ¹volvió a vivir: Sé

σου τὴν θλῖψιν καὶ τὴν πτωχείαν, ἀλλὰ
de ti la tribulación y la pobreza, pero

πλούσιος εἶ, καὶ τὴν βλασφημίαν ἐκ
rico eres, y la ²maledicencia de

τῶν λεγόντων Ἰουδαίους εἶναι ἑαυτούς,
los que dicen que judíos son ellos mismos,

καὶ οὐκ εἰσὶν ἀλλὰ συναγωγὴ τοῦ σατανᾶ.
y no son sino sinagoga — de Satanás.

---

¹
8. VOLVIÓ A VIVIR. Lit. *vivió*.
²
9. MALEDICENCIA. Lit. *blasfemia*.

10 μὴ φοβοῦ ἃ μέλλεις πάσχειν. ἰδοὺ
No tengas miedo de lo que vas a padecer. Mira,

μέλλει βάλλειν ὁ διάβολος ἐξ ὑμῶν
va a echar el diablo (a algunos) de vosotros

εἰς φυλακὴν ἵνα πειρασθῆτε, καὶ ἕξετε
en (la) cárcel para que seáis puestos a prueba y tendréis

θλῖψιν ἡμερῶν δέκα. γίνου πιστὸς ἄχρι
tribulación durante días diez. ¹Sé fiel hasta

θανάτου, καὶ δώσω σοι τὸν στέφανον
(la) muerte, y daré te la corona

τῆς ζωῆς. **11** Ὁ ἔχων οὖς ἀκουσάτω
de la vida. El que tenga oído, oiga

τί τὸ πνεῦμα λέγει ταῖς ἐκκλησίαις.
qué el Espíritu dice a las iglesias.

Ὁ νικῶν οὐ μὴ ἀδικηθῇ ἐκ τοῦ θανάτου
El que venza, de ningún modo sufrirá daño de la muerte

τοῦ δευτέρου.
— segunda.

12 Καὶ τῷ ἀγγέλῳ τῆς ἐν Περγάμῳ
Y al ángel de la en Pérgamo

ἐκκλησίας γράψον·
iglesia escribe:

Τάδε λέγει ὁ ἔχων τὴν ῥομφαίαν τὴν
Esto dice el que tiene la espada —

δίστομον τὴν ὀξεῖαν· **13** οἶδα ποῦ κατοικεῖς·
de dos filos aguda: (Yo) sé dónde moras;

ὅπου ὁ θρόνος τοῦ σατανᾶ· καὶ κρατεῖς
donde el trono — de Satanás; y retienes (está)

τὸ ὄνομά μου, καὶ οὐκ ἠρνήσω τὴν
el nombre de mí, y no has renegado de la

πίστιν μου καὶ ἐν ταῖς ἡμέραις Ἀντιπᾶς
fe de mí y en los días de Antipas

ὁ μάρτυς μου ὁ πιστός μου, ὃς
el testigo de mí el fiel de mí, el que

ἀπεκτάνθη παρ' ὑμῖν, ὅπου ὁ σατανᾶς
fue matado entre vosotros, donde — Satanás

κατοικεῖ. **14** ἀλλ' ἔχω κατὰ σοῦ ὀλίγα,
habita. Pero tengo contra ti unas pocas cosas

ὅτι ἔχεις ἐκεῖ κρατοῦντας τὴν διδαχὴν
que tienes ahí a quienes sostienen la doctrina

Βαλαάμ, ὃς ἐδίδασκεν τῷ Βαλὰκ βαλεῖν
de Balaam, que enseñaba a Balac a poner

σκάνδαλον ἐνώπιον τῶν υἱῶν Ἰσραήλ,
tropiezo ante los hijos de Israel,

φαγεῖν εἰδωλόθυτα καὶ πορνεῦσαι. **15** οὕτως
a comer de lo sacrificado y a fornicar. Así
a los ídolos

ἔχεις καὶ σὺ κρατοῦντας τὴν διδαχὴν
tienes también tú a los que sostienen la doctrina

τῶν Νικολαϊτῶν ὁμοίως. **16** μετανόησον
de los nicolaítas igualmente. Arrepiéntete,

οὖν· εἰ δὲ μή, ἔρχομαί σοι ταχὺ καὶ
pues; y si no, vengo a ti en seguida y

πολεμήσω μετ' αὐτῶν ἐν τῇ ῥομφαίᾳ
pelearé con ellos con la espada

τοῦ στόματός μου. **17** Ὁ ἔχων οὖς
de la boca de mí. El que tenga oído,

ἀκουσάτω τί τὸ πνεῦμα λέγει ταῖς
oiga qué el Espíritu dice a las

ἐκκλησίαις. Τῷ νικῶντι δώσω αὐτῷ
iglesias. Al que venza daré le

τοῦ μάννα τοῦ κεκρυμμένου, καὶ δώσω
del maná — que ha sido escondido, y daré

αὐτῷ ψῆφον λευκήν, καὶ ἐπὶ τὴν ψῆφον
le una piedrecita blanca, y en la piedrecita

ὄνομα καινὸν γεγραμμένον, ὃ οὐδεὶς οἶδεν
un nombre nuevo inscrito, el cual nadie sabe

εἰ μὴ ὁ λαμβάνων.
sino el que (lo) recibe.

18 Καὶ τῷ ἀγγέλῳ τῆς ἐν Θυατίροις
Y al ángel de la ¹en Tiatira

ἐκκλησίας γράψον·
iglesia escribe:

Τάδε λέγει ὁ υἱὸς τοῦ θεοῦ, ὁ ἔχων
Esto dice el Hijo — de Dios, el que tiene

τοὺς ὀφθαλμοὺς [αὐτοῦ] ὡς φλόγα πυρός,
los ojos de él como llama de fuego,

καὶ οἱ πόδες αὐτοῦ ὅμοιοι χαλκολιβάνῳ·
y los pies de él (son) semejantes al bronce bruñido.

19 οἶδά σου τὰ ἔργα καὶ τὴν ἀγάπην
(Yo) sé de ti las obras y el amor

καὶ τὴν πίστιν καὶ τὴν διακονίαν καὶ
y la fe y el servicio y

τὴν ὑπομονήν σου, καὶ τὰ ἔργα σου
la paciencia de ti, y las obras de ti

τὰ ἔσχατα πλείονα τῶν πρώτων. **20** ἀλλὰ
las últimas más numerosas que las primeras. Pero

ἔχω κατὰ σοῦ ὅτι ἀφεῖς τὴν γυναῖκα
tengo contra ti que ²toleras a la mujer

Ἰεζάβελ, ἡ λέγουσα ἑαυτὴν προφῆτιν,
Jezabel, la que se dice a sí misma profetisa,

καὶ διδάσκει καὶ πλανᾷ τοὺς ἐμοὺς
y enseña y extravía — a mis

1
18. En Tiatira. Lit. *en (los) de Tiatira.*
2
20. Toleras. Lit. *permites* (dejas hacer).

δούλους πορνεῦσαι καὶ φαγεῖν εἰδωλόθυτα·
siervos   a fornicar   y   a comer   de lo sacrificado
                                          a los ídolos;

21 καὶ ἔδωκα αὐτῇ χρόνον ἵνα μετανοήσῃ,
y   di   le   tiempo   para que   se arrepintiese,

καὶ οὐ θέλει μετανοῆσαι ἐκ τῆς πορνείας
y   no   quiere   arrepentirse   de   la   fornicación

αὐτῆς. **22** ἰδοὺ βάλλω αὐτὴν εἰς κλίνην,
de ella.   Mira que   arrojo   a ella   en   cama,

καὶ τοὺς μοιχεύοντας μετ' αὐτῆς εἰς
y   a los   que adulteran   con   ella   en

θλῖψιν μεγάλην, ἐὰν μὴ μετανοήσουσιν
tribulación   grande,   a menos que   se arrepientan

ἐκ τῶν ἔργων αὐτῆς· **23** καὶ τὰ τέκνα
de   las   obras   de ella;   y   a los   hijos

αὐτῆς ἀποκτενῶ ἐν θανάτῳ· καὶ γνώσονται
de ella   mataré   [1]con muerte pésima;   y   conocerán

πᾶσαι αἱ ἐκκλησίαι ὅτι ἐγώ εἰμι ὁ
todas   las   iglesias   que   yo   soy el que

ἐρευνῶν νεφροὺς καὶ καρδίας, καὶ δώσω
escudriña   [2]riñones   y   corazones,   y   daré

ὑμῖν ἑκάστῳ κατὰ τὰ ἔργα ὑμῶν.
os   a cada uno   conforme   a las   obras   de vosotros.

24 ὑμῖν δὲ λέγω τοῖς λοιποῖς τοῖς ἐν
Más a vosotros   digo,   a los   demás   —   [3]en
                                          que (están)

Θυατίροις, ὅσοι οὐκ ἔχουσιν τὴν διδαχὴν
Tiatira,   cuantos   no   tienen   la   doctrina

ταύτην, οἵτινες οὐκ ἔγνωσαν τὰ βαθέα
esta,   los cuales   no   conocieron   las profundidades

τοῦ σατανᾶ, ὡς λέγουσιν· οὐ βάλλω
—   de Satanás,   como   dicen: No   echo

ἐφ' ὑμᾶς ἄλλο βάρος· **25** πλὴν ὃ ἔχετε
sobre   vosotros   otra   carga;   no obstante,   lo que tenéis

κρατήσατε ἄχρι οὗ ἂν ἥξω. **26** Καὶ
retened   hasta   que   (yo)   venga.   Y

ὁ νικῶν καὶ ὁ τηρῶν ἄχρι τέλους τὰ
el que venza   y   el que   guarde   hasta   (el) fin   las

ἔργα μου, δώσω αὐτῷ ἐξουσίαν ἐπὶ
obras   de mí,   daré   le   autoridad   sobre

τῶν ἐθνῶν, **27** καὶ ποιμανεῖ αὐτοὺς ἐν
las   naciones,   y   [4]pastoreará   los   con

ῥάβδῳ σιδηρᾷ, ὡς τὰ σκεύη τὰ κεραμικὰ
vara   de hierro,   como   los   vasos   —   de alfarería

συντρίβεται, ὡς κἀγὼ εἴληφα παρὰ
son desmenuzados,   así como   también yo   he recibido   del

τοῦ πατρός μου, **28** καὶ δώσω αὐτῷ τὸν
—   padre   de mí,   y   daré   le   la
(autoridad)

[1]
23. CON MUERTE PÉSIMA. Lit. *con muerte* (lo más probable, *con peste*).
[2]
23. RIÑONES Y CORAZONES. Es decir, *los últimos recovecos del ser* (lo inconsciente y lo subconsciente).
[3]
24. EN TIATIRA. Lit. *entre los de Tiatira*.
[4]
27. PASTOREARÁ. Esto es, *quebrantará* (conforme al hebreo de Sal. 2:9).

ἀστέρα   τὸν   πρωϊνόν.   **29** Ὁ   ἔχων   οὖς
estrella   —   de la mañana.   El que   tenga   oído,

ἀκουσάτω   τί   τὸ   πνεῦμα   λέγει   ταῖς
oiga   qué   el   Espíritu   dice   a las

ἐκκλησίαις
iglesias.

3 Καὶ   τῷ   ἀγγέλῳ   τῆς   ἐν   Σάρδεσιν
Y   al   ángel   de la   en   Sardis

ἐκκλησίας   γράψον·
iglesia   escribe:

Τάδε   λέγει   ὁ   ἔχων   τὰ   ἑπτὰ   πνεύματα
Esto   dice   el que   tiene   los   siete   espíritus

τοῦ   θεοῦ   καὶ   τοὺς   ἑπτὰ   ἀστέρας·   οἶδά
—   de Dios   y   las   siete   estrellas: (Yo) sé

σου   τὰ   ἔργα,   ὅτι   ὄνομα   ἔχεις   ὅτι   ζῇς,
de ti   las   obras,   que   nombre   tienes   de que   vives,

καὶ   νεκρὸς   εἶ.   **2** γίνου   γρηγορῶν,   καὶ
y   muerto   estás.   Hazte   vigilante   y

στήρισον   τὰ   λοιπὰ   ἃ   ἔμελλον   ἀποθανεῖν·
consolida   lo   restante   que   estaba   de morir;
                                    a punto

οὐ   γὰρ   εὕρηκά   σου   ἔργα   πεπληρωμένα
porque no   he hallado   de ti   obras   bien cumplidas

ἐνώπιον   τοῦ   θεοῦ   μου·   **3** μνημόνευε   οὖν
delante   del   Dios   de mí;   recuerda,   pues,

πῶς   εἴληφας   καὶ   ἤκουσας,   καὶ   τήρει
cómo   has recibido   y   oíste,   y   observa(lo)

καὶ   μετανόησον.   ἐὰν   οὖν   μὴ   γρηγορήσῃς,
y   arrepiéntete.   Por   tanto,   si no   velas,

ἥξω   ὡς   κλέπτης,   καὶ   οὐ   μὴ   γνῷς   ποίαν
vendré   como   ladrón,   y   de ningún   conoces   a qué
                                    modo

ὥραν   ἥξω   ἐπὶ   σέ.   **4** ἀλλὰ   ἔχεις   ὀλίγα
hora   vendré   sobre   ti.   Pero   tienes   [1]unos pocos

ὀνόματα   ἐν   Σάρδεσιν   ἃ   οὐκ   ἐμόλυναν   τὰ
nombres   en   Sardis   que   no   ensuciaron   las

ἱμάτια   αὐτῶν,   καὶ   περιπατήσουσιν   μετ'
ropas   de ellos,   y   andarán   con-

ἐμοῦ   ἐν   λευκοῖς,   ὅτι   ἄξιοί   εἰσιν.   **5** Ὁ
migo   en   (vestiduras)   pues   dignos   son.   El que
            blancas,

νικῶν   οὕτως   περιβαλεῖται   ἐν   ἱματίοις
venza,   así   será cubierto   con   vestiduras

λευκοῖς,   καὶ   οὐ   μὴ   ἐξαλείψω   τὸ   ὄνομα
blancas,   y   de ningún modo   borraré   el   nombre

---

[1]
4. UNOS POCOS NOMBRES. Es
decir, *unas pocas personas.*

αὐτοῦ ἐκ τῆς βίβλου τῆς ζωῆς, καὶ
de él   del   libro   de la   vida,   y

ὁμολογήσω τὸ ὄνομα αὐτοῦ ἐνώπιον τοῦ
confesaré   el   nombre   de él   delante   del

πατρός μου καὶ ἐνώπιον τῶν ἀγγέλων
Padre   de mí   y   delante   de los   ángeles

αὐτοῦ. 6 Ὁ ἔχων οὖς ἀκουσάτω τί τὸ
de él.   El que   tenga   oído,   oiga   qué   el

πνεῦμα λέγει ταῖς ἐκκλησίαις.
Espíritu   dice   a las   iglesias.

7 Καὶ τῷ ἀγγέλῳ τῆς ἐν Φιλαδελφείᾳ
Y   al   ángel   de la   en   Filadelfia

ἐκκλησίας γράψον·
iglesia   escribe:

Τάδε λέγει ὁ ἅγιος, ὁ ἀληθινός, ὁ
Esto   dice   el   Santo,   el   Verdadero,   el

ἔχων τὴν κλεῖν Δαυίδ, ὁ ἀνοίγων καὶ
que tiene   1la   llave   de David,   el   que abre   y

οὐδεὶς κλείσει, καὶ κλείων καὶ οὐδεὶς
ninguno   cerrará,   y   que cierra   y   ninguno

ἀνοίγει· 8 οἶδά σου τὰ ἔργα· ἰδοὺ
abre;   (Yo) sé   de ti   las   obras;   mira

δέδωκα ἐνώπιόν σου θύραν ἠνεῳγμένην,
que 2he puesto   delante   de ti   una puerta   abierta,

ἣν οὐδεὶς δύναται κλεῖσαι αὐτήν· ὅτι
la cual   nadie   puede   cerrar   la;   pues

μικρὰν ἔχεις δύναμιν, καὶ ἐτήρησάς μου
pequeño   tienes   poder,   y   guardaste   de mí

τὸν λόγον καὶ οὐκ ἠρνήσω τὸ ὄνομά
la   palabra   y   no   renegaste   del   nombre

μου. 9 ἰδοὺ διδῶ ἐκ τῆς συναγωγῆς
de mí.   Mira que   3entrego   de la   sinagoga
(algunos)

τοῦ σατανᾶ, τῶν λεγόντων ἑαυτοὺς
—   de Satanás,   de los   que dicen   que ellos mismos

Ἰουδαίους εἶναι, καὶ οὐκ εἰσὶν ἀλλὰ
judíos   son,   y   no   (lo) son,   sino que

ψεύδονται· ἰδοὺ ποιήσω αὐτοὺς ἵνα
mienten;   mira   que haré   les   que

ἥξουσιν καὶ προσκυνήσουσιν ἐνώπιον τῶν
vengan   y   se postren   delante   de los

ποδῶν σου, καὶ γνῶσιν ὅτι ἐγὼ ἠγάπησά
pies   de ti,   y   conozcan   que   yo   amé

σε. 10 ὅτι ἐτήρησας τὸν λόγον τῆς
te.   Puesto que   guardaste   la   palabra   de la

1
7. LA LLAVE DE DAVID. Es decir, *las llaves del reino mesiánico.*
2
8. HE PUESTO. Lit. *he dado.*
3
9. ENTREGO. Lit. *doy.*

ὑπομονῆς   μου,   κἀγώ   σε   τηρήσω   ἐκ
paciencia   de mí,   también yo   te   guardaré   de

τῆς   ὥρας   τοῦ   πειρασμοῦ   τῆς   μελλούσης
la   hora   de la   prueba   —   que está para

ἔρχεσθαι   ἐπὶ   τῆς   οἰκουμένης   ὅλης,   πειράσαι
venir   sobre   la   tierra habitada   entera,   para poner a prueba

τοὺς   κατοικοῦντας   ἐπὶ   τῆς   γῆς.   11   ἔρχομαι
a los   que moran   sobre   la   tierra.   Vengo en

ταχύ·   κράτει   ὃ   ἔχεις,   ἵνα   μηδεὶς   λάβῃ
seguida;   retén   lo que tienes,   para que   ninguno   tome

τὸν   στέφανόν   σου.   12   Ὁ   νικῶν,   ποιήσω
la   corona   de ti.   (A)El que venza,   haré

αὐτὸν   στῦλον   ἐν   τῷ   ναῷ   τοῦ   θεοῦ
le   columna   en   el   santuario   del   Dios

μου,   καὶ   ἔξω   οὐ   μὴ   ἐξέλθῃ   ἔτι,   καὶ
de mí,   y   fuera   de ningún modo   saldrá   ya,   y

γράψω   ἐπ'   αὐτὸν   τὸ   ὄνομα   τοῦ   θεοῦ
escribiré   sobre   él   el   nombre   del   Dios

μου   καὶ   τὸ   ὄνομα   τῆς   πόλεως   τοῦ
de mí   y   el   nombre   de la   ciudad   del

θεοῦ   μου,   τῆς   καινῆς   Ἰερουσαλὴμ   ἡ
Dios   de mí,   la   nueva   Jerusalén   —

καταβαίνουσα   ἐκ   τοῦ   οὐρανοῦ   ἀπὸ   τοῦ
[1]que baja   del   cielo,   del

θεοῦ   μου,   καὶ   τὸ   ὄνομά   μου   τὸ   καινόν.
Dios   de mí,   y   el   nombre   de mí   —   nuevo.

13   Ὁ   ἔχων   οὖς   ἀκουσάτω   τί   τὸ   πνεῦμα
El que   tenga   oído,   oiga   qué   el   Espíritu

λέγει   ταῖς   ἐκκλησίαις.
dice   a las   iglesias.

14   Καὶ   τῷ   ἀγγέλῳ   τῆς   ἐν   Λαοδικείᾳ
Y   al   ángel   de la   en   Laodicea

ἐκκλησίας   γράψον·
iglesia   escribe:

Τάδε   λέγει   ὁ   ἀμήν,   ὁ   μάρτυς   ὁ
Esto   dice   el   Amén,   el   testigo   —

πιστὸς   καὶ   ἀληθινός,   ἡ   ἀρχὴ   τῆς   κτίσεως
fiel   y   verdadero,   el   principio   de la   creación

τοῦ   θεοῦ·   15   οἶδά   σου   τὰ   ἔργα,   ὅτι
—   de Dios: (Yo) sé   de ti   las   obras,   que

οὔτε   ψυχρὸς   εἶ   οὔτε   ζεστός.   ὄφελον
ni   frío   eres   ni   caliente.   ¡Ojalá

ψυχρὸς   ἦς   ἢ   ζεστός.   16   οὕτως   ὅτι
frío   fueses   o   caliente!   Así,   porque

χλιαρὸς   εἶ,   καὶ   οὔτε   ζεστὸς   οὔτε   ψυχρός,
tibio   eres,   y   [2]ni   caliente   ni   frío,

[1]
12. QUE BAJA (presente ingresivo. V. 21:2).
[2]
16. NI CALIENTE NI FRÍO. Como si dijera: No sirves ni para bañarse ni para beber.

μέλλω σε ἐμέσαι ἐκ τοῦ στόματός μου.
voy te a vomitar de la boca de mí.

17 ὅτι λέγεις ὅτι πλούσιός εἰμι καὶ
Pues dices: — Rico soy y

πεπλούτηκα καὶ οὐδὲν χρείαν ἔχω, καὶ
me he enriquecido y de nada necesidad tengo, y

οὐκ οἶδας ὅτι σὺ εἶ ὁ ταλαίπωρος
no sabes que tú eres el desventurado

καὶ ἐλεεινὸς καὶ πτωχὸς καὶ τυφλὸς
y miserable y menesteroso y ciego

καὶ γυμνός, **18** συμβουλεύω σοι ἀγοράσαι
y desnudo, aconsejo te que compres

παρ' ἐμοῦ χρυσίον πεπυρωμένον ἐκ πυρὸς
de mí ¹oro que ha sido refinado al fuego

ἵνα πλουτήσῃς, καὶ ἱμάτια λευκὰ ἵνα
para que seas rico, y ²vestiduras blancas para que

περιβάλῃ καὶ μὴ φανερωθῇ ἡ αἰσχύνη
te cubras y no se manifieste la vergüenza

τῆς γυμνότητός σου, καὶ κολλύριον
de la desnudez de ti, y ³colirio

ἐγχρῖσαι τοὺς ὀφθαλμούς σου ἵνα βλέπῃς.
para ungir los ojos de ti para que veas.

19 ἐγὼ ὅσους ἐὰν φιλῶ ἐλέγχω καὶ
Yo a cuantos amo. reprendo y

παιδεύω· ζήλευε οὖν καὶ μετανόησον.
disciplino; ten fervor, pues, y arrepiéntete.

20 Ἰδοὺ ἕστηκα ἐπὶ τὴν θύραν καὶ
Mira que estoy en pie junto a la puerta y

κρούω· ἐάν τις ἀκούσῃ τῆς φωνῆς μου
⁴llamo; si alguno oye la voz de mí

καὶ ἀνοίξῃ τὴν θύραν, εἰσελεύσομαι πρὸς
y abre la puerta, entraré adonde

αὐτὸν καὶ δειπνήσω μετ' αὐτοῦ καὶ
él y cenaré con él y

αὐτὸς μετ' ἐμοῦ. **21** Ὁ νικῶν, δώσω
él conmigo. (A)El que venza, daré

αὐτῷ καθίσαι μετ' ἐμοῦ ἐν τῷ θρόνῳ
le que se siente conmigo en el trono

μου, ὡς κἀγὼ ἐνίκησα καὶ ἐκάθισα
de mí, como también yo vencí y me senté

μετὰ τοῦ πατρός μου ἐν τῷ θρόνῳ
con el Padre de mí en el trono

1
18. ORO REFINADO AL FUEGO. Aquí, *símbolo de amor ferviente.*
2
18. VESTIDURAS BLANCAS. Esto es, *acciones justas* (V. 19:8) *mediante la justicia de Cristo.* (V. 7:14.)
3
18. COLIRIO... Esto es, *la iluminación del Espíritu Santo.* (V. Ef. 1:18.)
4
20. LLAMO. Lit. *golpeo con la mano.*

αὐτοῦ. **22** Ὁ ἔχων οὖς ἀκουσάτω τί
de él.   El que tiene oído,   oiga   qué

τὸ πνεῦμα λέγει ταῖς ἐκκλησίαις.
el Espíritu dice a las   iglesias.

4 Μετὰ ταῦτα εἶδον, καὶ ἰδοὺ θύρα
Después de esto vi,   y he aquí una puerta

ἠνεῳγμένη ἐν τῷ οὐρανῷ, καὶ ἡ φωνὴ
[1]que estaba en el cielo,   y la voz
abierta

ἡ πρώτη ἦν ἤκουσα ὡς σάλπιγγος
— primera que oí como de una trompeta

λαλούσης μετ᾽ ἐμοῦ, λέγων· ἀνάβα ὧδε,
que hablaba conmigo, diciendo: Sube acá,

καὶ δείξω σοι ἃ δεῖ γενέσθαι μετὰ
y mostraré te lo que debe suceder después

ταῦτα. εὐθέως ἐγενόμην ἐν πνεύματι·
de esto. Al instante vine a estar en espíritu;

2 καὶ ἰδοὺ θρόνος ἔκειτο ἐν τῷ οὐρανῷ,
y he aquí un trono estaba colocado en el cielo,

καὶ ἐπὶ τὸν θρόνον καθήμενος, **3** καὶ
y sobre el trono uno sentado,   y

ὁ καθήμενος ὅμοιος ὁράσει λίθῳ ἰάσπιδι
el que estaba sentado, semejante en aspecto a piedra de jaspe

καὶ σαρδίῳ, καὶ ἶρις κυκλόθεν τοῦ
y de sardio, y un arco iris en derredor del

θρόνου ὅμοιος ὁράσει σμαραγδίνῳ. **4** καὶ
trono, semejante en aspecto a una esmeralda. Y

κυκλόθεν τοῦ θρόνου θρόνους εἴκοσι
en derredor del trono, (vi) tronos veinti-

τέσσαρας, καὶ ἐπὶ τοὺς θρόνους εἴκοσι
cuatro, y sobre los tronos veinti-

τέσσαρας πρεσβυτέρους καθημένους περι-
cuatro ancianos sentados cu-

βεβλημένους ἐν ἱματίοις λευκοῖς, καὶ ἐπὶ
biertos de ropas blancas, y sobre

τὰς κεφαλὰς αὐτῶν στεφάνους χρυσοῦς
las cabezas de ellos coronas de oro,

5 καὶ ἐκ τοῦ θρόνου ἐκπορεύονται ἀστραπαὶ
y del trono salen relámpagos

καὶ φωναὶ καὶ βρονταί· καὶ ἑπτὰ λαμπάδες
y voces y truenos; y siete lámparas

πυρὸς καιόμεναι ἐνώπιον τοῦ θρόνου, ἃ
de fuego ardiendo delante del trono, que

εἰσιν τὰ ἑπτὰ πνεύματα τοῦ θεοῦ· **6** καὶ
son los siete espíritus — de Dios; y

[1]
1. QUE ESTABA ABIERTA. Lit.
que ha sido abierta.

ἐνώπιον τοῦ θρόνου ὡς θάλασσα ὑαλίνη
delante del trono como un mar de vidrio

ὁμοία κρυστάλλῳ· καὶ ἐν μέσῳ τοῦ
semejante al cristal; y en medio del

θρόνου καὶ κύκλῳ τοῦ θρόνου τέσσερα
trono y en torno al trono cuatro

ζῷα γέμοντα ὀφθαλμῶν ἔμπροσθεν καὶ
seres llenos de ojos por delante y
vivientes

ὄπισθεν. 7 καὶ τὸ ζῷον τὸ πρῶτον
por detrás. Y el ser viviente — primero,

ὅμοιον λέοντι, καὶ τὸ δεύτερον ζῷον
semejante a un león, y el segundo ser viviente

ὅμοιον μόσχῳ, καὶ τὸ τρίτον ζῷον ἔχων
semejante a un becerro, y el tercer ser que tenía
viviente

τὸ πρόσωπον ὡς ἀνθρώπου, καὶ τὸ
el rostro como de hombre, y el

τέταρτον ζῷον ὅμοιον ἀετῷ πετομένῳ.
cuarto ser viviente, semejante a un águila volando.

8 καὶ τὰ τέσσερα ζῷα, ἓν καθ᾽ ἓν
Y los cuatro seres vivientes uno por uno

αὐτῶν ἔχων ἀνὰ πτέρυγας ἕξ, κυκλόθεν
de ellos que tenían cada uno alas seis, alrededor

καὶ ἔσωθεν γέμουσιν ὀφθαλμῶν· καὶ
y por dentro están llenos de ojos; y

ἀνάπαυσιν οὐκ ἔχουσιν ἡμέρας καὶ νυκτὸς
pausa no tienen día y noche

λέγοντες· ἅγιος ἅγιος ἅγιος κύριος ὁ
diciendo: 1Santo, santo, santo (es el) Señor —

θεὸς ὁ παντοκράτωρ, ὁ ἦν καὶ ὁ ὢν
Dios el Todopoderoso, el que era y que es

καὶ ὁ ἐρχόμενος. 9 Καὶ ὅταν δώσουσιν
y que viene. Y cuando darán

τὰ ζῷα δόξαν καὶ τιμὴν καὶ εὐχαριστίαν
los seres gloria y honor y acción· de gracias
vivientes

τῷ καθημένῳ ἐπὶ τῷ θρόνῳ τῷ ζῶντι
al que está sentado sobre el trono, al que vive

εἰς τοὺς αἰῶνας τῶν αἰώνων, 10 πεσοῦνται
por los siglos de los siglos, caerán

οἱ εἴκοσι τέσσαρες πρεσβύτεροι ἐνώπιον
los veinticuatro ancianos delante

τοῦ καθημένου ἐπὶ τοῦ θρόνου, καὶ
del que está sentado sobre el trono, y

προσκυνήσουσιν τῷ ζῶντι εἰς τοὺς αἰῶνας
adorarán   al que   vive   por   los   siglos

τῶν αἰώνων, καὶ βαλοῦσιν τοὺς στεφάνους
de los   siglos,   y   1arrojarán   las   coronas

αὐτῶν ἐνώπιον τοῦ θρόνου, λέγοντες·
de ellos   delante   del   trono,   diciendo:

11 ἄξιος εἶ, ὁ κύριος καὶ ὁ θεὸς ἡμῶν,
Digno   eres,   el   Señor   y   el   Dios de nosotros,

λαβεῖν τὴν δόξαν καὶ τὴν τιμὴν καὶ
de recibir   la   gloria   y   el   honor   y

τὴν δύναμιν, ὅτι σὺ ἔκτισας τὰ πάντα,
el   poder,   pues   tú   creaste   todas las cosas,

καὶ διὰ τὸ θέλημά σου ἦσαν καὶ
y   por   la   voluntad   de ti   2existen   y

ἐκτίσθησαν.
fueron creadas.

5 Καὶ εἶδον ἐπὶ τὴν δεξιὰν τοῦ
Y   vi   en   la   (mano) derecha   del

καθημένου ἐπὶ τοῦ θρόνου βιβλίον
que estaba sentado   en   el   trono   un rollo

γεγραμμένον ἔσωθεν καὶ ὄπισθεν,
escrito   por dentro   y   por fuera,

κατεσφραγισμένον σφραγῖσιν ἑπτά. **2** καὶ
totalmente sellado   con sellos   siete.   Y

εἶδον ἄγγελον ἰσχυρὸν κηρύσσοντα ἐν
vi   un ángel   fuerte   que proclamaba   con

φωνῇ μεγάλῃ· τίς ἄξιος ἀνοῖξαι τὸ
voz   grande: ¿Quién (es) digno   de abrir   el

βιβλίον καὶ λῦσαι τὰς σφραγῖδας αὐτοῦ;
rollo   y   3desatar   los   sellos   de él?

3 καὶ οὐδεὶς ἐδύνατο ἐν τῷ οὐρανῷ
Y   nadie   podía   en   el   cielo

οὐδὲ ἐπὶ τῆς γῆς οὐδὲ ὑποκάτω τῆς
ni   en   la   tierra   ni   debajo   de la

γῆς ἀνοῖξαι τὸ βιβλίον οὔτε βλέπειν
tierra   abrir   el   rollo   ni   mirar

αὐτό. **4** καὶ ἔκλαιον πολύ, ὅτι οὐδεὶς
lo.   Y   (yo) lloraba   mucho,   pues   nadie

ἄξιος εὑρέθη ἀνοῖξαι τὸ βιβλίον οὔτε
digno   fue hallado   de abrir   el   rollo   ni

βλέπειν αὐτό. **5** καὶ εἷς ἐκ τῶν πρεσ-
de mirar   lo.   Y   uno   de   los   an-

βυτέρων λέγει μοι· μὴ κλαῖε· ἰδοὺ
cianos   dice   me: No   llores más;   mira,

1
10. ARROJARÁN LAS CORONAS. *En señal de sumisión y de que se las deben a Su gracia.*
2
11. EXISTEN. Lit. *eran* (o *existían*).
3
2. DESATAR. Es decir, *romper.*

ἐνίκησεν   ὁ   λέων   ὁ   ἐκ   τῆς   φυλῆς   'Ιούδα,
venció   el   León   —   de   la   tribu   de Judá,

ἡ   ῥίζα   Δαυίδ,   ἀνοῖξαι   τὸ   βιβλίον   καὶ
la   raíz   de David,   para abrir   el   rollo   y

τὰς   ἑπτὰ   σφραγῖδας   αὐτοῦ.   6 Καὶ   εἶδον
los   siete   sellos   de él.   Y   vi

ἐν   μέσῳ   τοῦ   θρόνου   καὶ   τῶν   τεσσάρων
en   medio   del   trono   y   de los   cuatro

ζῴων   καὶ   ἐν   μέσῳ   τῶν   πρεσβυτέρων
seres   y   en   medio   de los   ancianos
vivientes

ἀρνίον   ἑστηκὸς   ὡς   ἐσφαγμένον,   ἔχων
un Cordero   1en pie   como   degollado,   que tenía

κέρατα   ἑπτὰ   καὶ   ὀφθαλμοὺς   ἑπτά,   οἳ
cuernos   siete   y   ojos   siete,   que

εἰσιν   τὰ   ἑπτὰ   πνεύματα   τοῦ   θεοῦ
son   los   siete   espíritus   de Dios,

ἀπεσταλμένοι   εἰς   πᾶσαν   τὴν   γῆν.   7 καὶ
que han sido enviados   a   toda   la   tierra.   Y

ἦλθεν   καὶ   εἴληφεν   ἐκ   τῆς   δεξιᾶς   τοῦ
vino   y   2ha tomado   de   la   diestra   del

καθημένου   ἐπὶ   τοῦ   θρόνου.   8 Καὶ   ὅτε
sentado   en   el   trono.   Y   cuando

ἔλαβεν   τὸ   βιβλίον,   τὰ   τέσσερα   ζῷα
tomó   el   rollo,   los   cuatro   seres
vivientes

καὶ   οἱ   εἴκοσι   τέσσαρες   πρεσβύτεροι   ἔπεσαν
y   los   veinticuatro   ancianos   cayeron

ἐνώπιον   τοῦ   ἀρνίου,   ἔχοντες   ἕκαστος
delante   del   Cordero,   teniendo   cada uno

κιθάραν   καὶ   φιάλας   χρυσᾶς   γεμούσας
una cítara   y   3tazas   de oro   llenas

θυμιαμάτων,   αἵ   εἰσιν   αἱ   προσευχαὶ   τῶν
de incienso(s),   que   son   las   oraciones   de los

ἁγίων.   9 καὶ   ᾄδουσιν   ᾠδὴν   καινὴν
santos.   Y   cantan   un cántico   nuevo

λέγοντες·   ἄξιος   εἶ   λαβεῖν   τὸ   βιβλίον
diciendo: Digno   eres   de tomar   el   rollo

καὶ   ἀνοῖξαι   τὰς   σφραγῖδας   αὐτοῦ,   ὅτι
y   de abrir   los   sellos   de él,   pues

ἐσφάγης   καὶ   ἠγόρασας   τῷ   θεῷ   ἐν   τῷ
fuiste degollado   y   compraste   —   para Dios   con   la

αἵματί   σου   ἐκ   πάσης   φυλῆς   καὶ   γλώσσης
sangre   de ti   de   toda   tribu   y   lengua

καὶ   λαοῦ   καὶ   ἔθνους,   10 καὶ   ἐποίησας
y   pueblo   y   nación,   e   hiciste

αὐτοὺς   τῷ   θεῷ   ἡμῶν   βασιλείαν   καὶ
les   para el   Dios   de nosotros   un reino   y

6. EN PIE COMO DEGOLLADO.
Esto es, *vivo, pero con las
señales del sacrificio.*
2
7. HA TOMADO... Se entiende, *el rollo.*
3
8. TAZAS. Más bien *páteras*
(tazas anchas y muy abiertas, como pebeteros).

ἱερεῖς,   καὶ   βασιλεύσουσιν   ἐπὶ   τῆς   γῆς.
sacerdotes,   y   reinarán   sobre   la   tierra.

11 καὶ   εἶδον,   καὶ   ἤκουσα   φωνὴν   ἀγγέλων
Y   vi,   y   oí   una voz   de ángeles

πολλῶν   κύκλῳ   τοῦ   θρόνου   καὶ   τῶν
muchos   en torno   del   trono   y   de los

ζῴων   καὶ   τῶν   πρεσβυτέρων,   καὶ   ἦν
seres   y   de los   ancianos,   y   era
vivientes

ὁ   ἀριθμὸς   αὐτῶν   μυριάδες   μυριάδων   καὶ
el   número   de ellos   miríadas   de miríadas   y

χιλιάδες   χιλιάδων,   **12** λέγοντες   φωνῇ
millares   de millares,   ¹diciendo   con voz

μεγάλῃ·   ἄξιός   ἐστιν   τὸ   ἀρνίον   τὸ
grande: Digno   es   el   ²Cordero   —

ἐσφαγμένον   λαβεῖν   τὴν   δύναμιν   καὶ   πλοῦτον
degollado   de recibir   el   poder   y   riqueza

καὶ   σοφίαν   καὶ   ἰσχὺν   καὶ   τιμὴν   καὶ
y   sabiduría   y   fuerza   y   honor   y

δόξαν   καὶ   εὐλογίαν.   **13** καὶ   πᾶν   κτίσμα
gloria   y   bendición.   Y   a toda   criatura

ὃ   ἐν   τῷ   οὐρανῷ   καὶ   ἐπὶ   τῆς   γῆς   καὶ
que en   el   cielo   y   sobre   la   tierra   y

ὑποκάτω   τῆς   γῆς   καὶ   ἐπὶ   τῆς   θαλάσσης
debajo   de la tierra   y   en   el   mar

[ἐστίν],   καὶ   τὰ   ἐν   αὐτοῖς   πάντα,   ἤκουσα
está,   y las cosas en   ellos   todas,   oí
(que hay)

λέγοντας·   τῷ   καθημένῳ   ἐπὶ   τῷ   θρόνῳ
que decían: Al que   está sentado   en   el   trono

καὶ   τῷ   ἀρνίῳ   ἡ   εὐλογία   καὶ   ἡ   τιμὴ
y   al   Cordero (sea) la   bendición   y   el   honor

καὶ   ἡ   δόξα   καὶ   τὸ   κράτος   εἰς   τοὺς
y   la   gloria   y   el   dominio   por   los

αἰῶνας   τῶν   αἰώνων.   **14** καὶ   τὰ   τέσσερα
siglos   de los   siglos.   Y   los   cuatro

ζῷα   ἔλεγον·   ἀμήν,   καὶ   οἱ   πρεσβύτεροι
seres   decían: Amén,   y   los   ancianos
vivientes

ἔπεσαν   καὶ   προσεκύνησαν.
cayeron   y   adoraron.

6 Καὶ   εἶδον   ὅτε   ἤνοιξεν   τὸ   ἀρνίον
Y   vi   cuando   abrió   el   Cordero

μίαν   ἐκ   τῶν   ἑπτὰ   σφραγίδων,   καὶ   ἤκουσα
uno   de   los   siete   sellos,   y   oí

ἑνὸς   ἐκ   τῶν   τεσσάρων   ζῴων   λέγοντος
a uno   de   los   cuatro   seres vivientes   que decía

---

12. DICIENDO. Nótese que
los ángeles *no cantan.*

12. CORDERO. Lit. *corderito.*
(Así es llamado siempre que
este vocablo sale en *Apocalipsis.*)

ὡς φωνῇ βροντῆς· ἔρχου. 2 καὶ εἶδον,
como con voz de trueno: Ven. Y vi,

καὶ ἰδοὺ ἵππος λευκός, καὶ ὁ καθήμενος
y he ahí un caballo ¹blanco, y el sentado

ἐπ' αὐτὸν ἔχων τόξον, καὶ ἐδόθη αὐτῷ
sobre él que tenía un arco, y fue dada le

στέφανος, καὶ ἐξῆλθεν νικῶν καὶ ἵνα
una corona, y salió venciendo y para

νικήσῃ. 3 Καὶ ὅτε ἤνοιξεν τὴν σφραγῖδα
vencer. Y cuando abrió el sello

τὴν δευτέραν, ἤκουσα τοῦ δευτέρου ζῴου
— segundo oí al segundo ser
viviente

λέγοντος· ἔρχου. 4 καὶ ἐξῆλθεν ἄλλος
que decía: Ven. Y salió otro

ἵππος πυρρός, καὶ τῷ καθημένῳ ἐπ'
caballo ²rojo, y al que estaba sentado sobre

αὐτὸν ἐδόθη αὐτῷ λαβεῖν τὴν εἰρήνην
él fue dado le ³tomar la paz

ἐκ τῆς γῆς καὶ ἵνα ἀλλήλους σφάξουσιν,
de la tierra y que unos a otros degollasen,

καὶ ἐδόθη αὐτῷ μάχαιρα μεγάλη. 5 Καὶ
y fue dada le una espada grande. Y

ὅτε ἤνοιξεν τὴν σφραγῖδα τὴν τρίτην,
cuando abrió el sello tercero,

ἤκουσα τοῦ τρίτου ζῴου λέγοντος· ἔρχου.
oí al tercer ser viviente que decía: Ven.

καὶ εἶδον, καὶ ἰδοὺ ἵππος μέλας, καὶ
Y vi, y he aquí un caballo ⁴negro, y

ὁ καθήμενος ἐπ' αὐτὸν ἔχων ζυγὸν
el sentado sobre él que tenía una balanza

ἐν τῇ χειρὶ αὐτοῦ. 6 καὶ ἤκουσα ὡς
en la mano de él. Y oí como

φωνὴν ἐν μέσῳ τῶν τεσσάρων ζῴων
una voz en medio de los cuatro seres
vivientes

λέγουσαν· χοῖνιξ σίτου δηναρίου, καὶ τρεῖς
que decía: Un cuartillo de trigo por un denario, y tres

χοίνικες κριθῶν δηναρίου· καὶ τὸ ἔλαιον
cuartillos de cebada por un denario; y al aceite

καὶ τὸν οἶνον μὴ ἀδικήσῃς. 7 Καὶ
y al vino no dañes. Y

ὅτε ἤνοιξεν τὴν σφραγῖδα τὴν τετάρτην,
cuando abrió el sello — cuarto,

1
2. BLANCO. Símbolo de victoria. (V. 13:7.)
2
4. ROJO. Símbolo de violencia.
3
4. TOMAR. Es decir, quitar.
4
5. NEGRO. Señal de mal agüero (hambre).

ἤκουσα φωνὴν τοῦ τετάρτου ζῴου λέγοντος·
οἱ   una voz   del   cuarto   ser viviente   que decía:

ἔρχου.   8 καὶ εἶδον, καὶ ἰδοὺ ἵππος
Ven.   Y   vi,   y   he aquí   un caballo

χλωρός, καὶ ὁ καθήμενος ἐπάνω αὐτοῦ,
1 verde pálido,   y   el   sentado   encima   de él,

ὄνομα αὐτῷ [ὁ] θάνατος, καὶ ὁ ᾅδης
2 tiene por nombre   la   muerte,   y   el   Hades

ἠκολούθει μετ᾽ αὐτοῦ, καὶ ἐδόθη αὐτοῖς
seguía   con   él,   y   fue dada   le

ἐξουσία ἐπὶ τὸ τέταρτον τῆς γῆς,
autoridad   sobre   la   cuarta parte   de la   tierra,

ἀποκτεῖναι ἐν ῥομφαίᾳ καὶ ἐν λιμῷ
para matar   con   espada   y   con   hambre

καὶ ἐν θανάτῳ καὶ ὑπὸ τῶν θηρίων
y   3 con   muerte   y   por   las   fieras

τῆς γῆς. 9 Καὶ ὅτε ἤνοιξεν τὴν πέμπτην
de la   tierra.   Y   cuando   abrió   el   quinto

σφραγῖδα, εἶδον ὑποκάτω τοῦ θυσιαστηρίου
sello,   vi   debajo   4 del   altar

τὰς ψυχὰς τῶν ἐσφαγμένων διὰ τὸν
las   5 almas   de los   degollados   a causa   de la

λόγον τοῦ θεοῦ καὶ διὰ τὴν μαρτυρίαν
palabra   —   de Dios   y   a causa   del   testimonio

ἣν εἶχον. 10 καὶ ἔκραξαν φωνῇ μεγάλῃ
que   tenían.   Y   clamaron   con voz   grande

λέγοντες· ἕως πότε, ὁ δεσπότης ὁ ἅγιος
diciendo: ¿Hasta   cuándo,   —   6 Dueño   —   Santo

καὶ ἀληθινός, οὐ κρίνεις καὶ ἐκδικεῖς
y   verdadero,   no   juzgas   y   vindicas

τὸ αἷμα ἡμῶν ἐκ τῶν κατοικούντων
la   sangre   de nosotros   de   los   que habitan

ἐπὶ τῆς γῆς; 11 καὶ ἐδόθη αὐτοῖς ἑκάστῳ
sobre   la   tierra?   Y   fue dado   les   a cada uno

στολὴ λευκή, καὶ ἐρρέθη αὐτοῖς ἵνα
un vestido   blanco,   y   fue dicho   les   que

ἀναπαύσωνται ἔτι χρόνον μικρόν, ἕως
descansasen   aún   un tiempo   pequeño,   hasta

πληρωθῶσιν καὶ οἱ σύνδουλοι αὐτῶν καὶ
que se completaran   también   los   consiervos   de ellos   y

οἱ ἀδελφοὶ αὐτῶν οἱ μέλλοντες ἀποκτέν-
los   hermanos   de ellos   que   iban   a ser

νεσθαι ὡς καὶ αὐτοί. 12 Καὶ εἶδον
matados   como   también   ellos.   Y   vi

1
8. VERDE PÁLIDO. Esto es, verde oliva o ceniciento, como de cadáver.

2
8. TIENE POR NOMBRE. Lit. nombre para él.

3
8. CON MUERTE. Es decir, con peste.

4
9. DEL ALTAR. Símbolo del altar de los sacrificios.

5
9. ALMAS. Es decir, vidas, porque la vida está en la sangre. (V. Lv. 17:11.)

6
10. DUEÑO. Esto es, Soberano. (V. Hch. 4:24.)

ὅτε   ἤνοιξεν   τὴν   σφραγῖδα   τὴν   ἔκτην,
cuando   abrió   el   sello   —   sexto,

καὶ   σεισμὸς   μέγας   ἐγένετο,   καὶ   ὁ   ἥλιος
y   un terremoto   grande   ocurrió,   y   el   sol

ἐγένετο   μέλας   ὡς   σάκκος   τρίχινος,   καὶ
se volvió   negro   como   un saco   de crin,   y

ἡ   σελήνη   ὅλη   ἐγένετο   ὡς   αἷμα,   13 καὶ
la   luna   entera   se volvió   como   sangre,   y

οἱ   ἀστέρες   τοῦ   οὐρανοῦ   ἔπεσαν   εἰς   τὴν
las   estrellas   del   cielo   cayeron   a   la

γῆν,   ὡς   συκῆ   βάλλει   τοὺς   ὀλύνθους
tierra,   como   una higuera   echa   los   higos sin madurar

αὐτῆς   ὑπὸ   ἀνέμου   μεγάλου   σειομένη,
de ella   por   un viento   grande   [1]sacudida,

14 καὶ   ὁ   οὐρανὸς   ἀπεχωρίσθη   ὡς   βιβλίον
y   el   cielo   desapareció   como   un rollo

ἑλισσόμενον,   καὶ   πᾶν   ὄρος   καὶ   νῆσος
que se enrolla,   y   todo   monte   e   isla

ἐκ   τῶν   τόπων   αὐτῶν   ἐκινήθησαν.   15 καὶ
de   los   lugares   de ellos   fueron removidos.   Y

οἱ   βασιλεῖς   τῆς   γῆς   καὶ   οἱ   μεγιστᾶνες
los   reyes   de la   tierra   y   los   magnates

καὶ   οἱ   χιλίαρχοι   καὶ   οἱ   πλούσιοι   καὶ
y   los   tribunos   y   los   ricos   y

οἱ   ἰσχυροὶ   καὶ   πᾶς   δοῦλος   καὶ   ἐλεύθερος
los   poderosos   y   todo   siervo   y   libre

ἔκρυψαν   ἑαυτοὺς   εἰς   τὰ   σπήλαια   καὶ
se escondieron   a sí mismos   en   las   cuevas   y

εἰς   τὰς   πέτρας   τῶν   ὀρέων,   16 καὶ
en   las   rocas   de los   montes,   y

λέγουσιν   τοῖς   ὄρεσιν   καὶ   ταῖς   πέτραις·
dicen   a los   montes   y   a las   rocas:

πέσετε   ἐφ᾽   ἡμᾶς   καὶ   κρύψατε   ἡμᾶς
Caed   sobre   nosotros   y   esconded   nos

ἀπὸ   προσώπου   τοῦ   καθημένου   ἐπὶ   τοῦ
de(l)   rostró   del   sentado   en   el

θρόνου   καὶ   ἀπὸ   τῆς   ὀργῆς   τοῦ   ἀρνίου,
trono   y   de   [2]la   ira   del   Cordero,

17 ὅτι   ἦλθεν   ἡ   ἡμέρα   ἡ   μεγάλη   τῆς
pues   llegó   el   día   —   grande   de la

ὀργῆς   αὐτῶν,   καὶ   τίς   δύναται   σταθῆναι;
ira   de ellos,   ¿y   quién   puede   sostenerse en pie?

---

[1]
13. SACUDIDA. O *agitada*.
[2]
16. LA IRA DEL CORDERO.
Nótese el tremendo contraste, siendo el cordero un símbolo de mansedumbre. (V. Is. 53:7.)

7 Μετὰ   τοῦτο   εἶδον   τέσσαρας   ἀγγέλους
Después   de esto   vi   cuatro   ángeles

ἑστῶτας   ἐπὶ   τὰς   τέσσαρας   γωνίας   τῆς
en pie   sobre   los   cuatro   ángulos   de la

γῆς,   κρατοῦντας   τοὺς   τέσσαρας   ἀνέμους
tierra,   sujetando   los   cuatro   vientos

τῆς   γῆς,   ἵνα   μὴ   πνέῃ   ἄνεμος   ἐπὶ   τῆς
de la   tierra,   para que   no   sople   viento   sobre   la

γῆς   μήτε   ἐπὶ   τῆς   θαλάσσης   μήτε   ἐπὶ
tierra   ni   sobre   el   mar   ni   sobre

πᾶν   δένδρον.   2 καὶ   εἶδον   ἄλλον   ἄγγελον
todo   árbol.   También   vi   otro   ángel

ἀναβαίνοντα   ἀπὸ   ἀνατολῆς   ἡλίου,   ἔχοντα
que subía   1de   (la) salida   de(l) sol,   que tenía

σφραγῖδα   θεοῦ   ζῶντος,   καὶ   ἔκραξεν   φωνῇ
un sello   de(l) Dios   viviente,   y   clamó   con voz

μεγάλῃ   τοῖς   τέσσαρσιν   ἀγγέλοις   οἷς
grande   a los   cuatro   ángeles   a quienes

ἐδόθη   αὐτοῖς   ἀδικῆσαι   τὴν   γῆν   καὶ
fue dado   les   hacer daño   a la   tierra,   y

τὴν   θάλασσαν,   3 λέγων·   μὴ   ἀδικήσητε
al   mar,   diciendo: No   hagáis daño

τὴν   γῆν   μήτε   τὴν   θάλασσαν   μήτε   τὰ
a la   tierra   ni   al   mar   ni   a los

δένδρα,   ἄχρι   σφραγίσωμεν   τοὺς   δούλους
árboles,   hasta que   hayamos sellado   a los   siervos

τοῦ   θεοῦ   ἡμῶν   ἐπὶ   τῶν   μετώπων   αὐτῶν.
del   Dios   de nosotros   sobre   las   frentes   de ellos.

4 Καὶ   ἤκουσα   τὸν   ἀριθμὸν   τῶν   ἐσφραγισ-
Y   oí   el   número   de los   que habían sido

μένων,   ἑκατὸν   τεσσεράκοντα   τέσσαρες
sellados,   ciento   cuarenta   (y) cuatro

χιλιάδες   ἐσφραγισμένοι   ἐκ   πάσης   φυλῆς
2mil   sellados   de   toda   tribu de

υἱῶν   Ἰσραήλ·   5 ἐκ   φυλῆς   Ἰούδα   δώδεκα
(los) hijos   de Israel;   de   (la) tribu   de Judá   doce

χιλιάδες   ἐσφραγισμένοι,   ἐκ   φυλῆς   Ῥουβὴν
mil   sellados,   de   (la) tribu   de Rubén

δώδεκα   χιλιάδες,   ἐκ   φυλῆς   Γὰδ   δώδεκα
doce   mil,   de   (la) tribu   de Gad   doce

χιλιάδες,   6 ἐκ   φυλῆς   Ἀσὴρ   δώδεκα
mil,   de   (la) tribu   de Aser   doce

χιλιάδες,   ἐκ   φυλῆς   Νεφθαλὶμ   δώδεκα
mil,   de   (la) tribu   de Neftalí   doce

χιλιάδες,   ἐκ   φυλῆς   Μανασσῆ   δώδεκα
mil,   de   (la) tribu   de Manasés   doce

χιλιάδες,   7 ἐκ   φυλῆς   Συμεὼν   δώδεκα
mil,   de   (la) tribu   de Simeón   doce

χιλιάδες,   ἐκ   φυλῆς   Λευὶ   δώδεκα   χιλιάδες,
mil,   de   (la) tribu   de Leví   doce   mil,

1
2. DE LA SALIDA DEL SOL. Es decir, *del oriente*. (Desde Patmos, Palestina está al sudeste.)
2
4. MIL. Lit. *millares* (y así en las doce tribus).

ἐκ φυλῆς Ἰσσαχὰρ δώδεκα χιλιάδες,
de (la) tribu de Isacar doce mil,

8 ἐκ φυλῆς Ζαβουλὼν δώδεκα χιλιάδες,
de (la) tribu de Zabulón doce mil,

ἐκ φυλῆς Ἰωσὴφ δώδεκα χιλιάδες, ἐκ
de (la) tribu de José doce mil, de

φυλῆς Βενιαμὶν δώδεκα χιλιάδες ἐσφραγισ-
(la) tribu de Benjamín doce mil sellados.

μένοι. 9 Μετὰ ταῦτα εἶδον, καὶ ἰδοὺ ὄχλος
Después de esto vi, y he aquí una mul-

πολύς, ὃν ἀριθμῆσαι αὐτὸν οὐδεὶς ἐδύνατο,
titud a la que contar la nadie podía,
grande,

ἐκ παντὸς ἔθνους καὶ φυλῶν καὶ λαῶν
de toda nación y tribus y pueblos

καὶ γλωσσῶν, ἑστῶτες ἐνώπιον τοῦ θρόνου
y lenguas, de pie delante del trono

καὶ ἐνώπιον τοῦ ἀρνίου, περιβεβλημένους
y delante del Cordero, cubiertos de

στολὰς λευκάς, καὶ φοίνικες ἐν ταῖς
ropas blancas, y palmas en las

χερσὶν αὐτῶν· 10 καὶ κράζουσιν φωνῇ
manos de ellos. Y claman con voz

μεγάλῃ λέγοντες· ἡ σωτηρία τῷ θεῷ
grande diciendo: La salvación [1]al Dios

ἡμῶν τῷ καθημένῳ ἐπὶ τῷ θρόνῳ καὶ
de nosotros — sentado en el trono y

τῷ ἀρνίῳ. 11 καὶ πάντες οἱ ἄγγελοι
al Cordero. Y todos los ángeles

εἱστήκεισαν κύκλῳ τοῦ θρόνου καὶ τῶν
estaban en pie alrededor del trono y de los

πρεσβυτέρων καὶ τῶν τεσσάρων ζῴων,
ancianos v de los cuatro seres
vivientes,

καὶ ἔπεσαν ἐνώπιον τοῦ θρόνου ἐπὶ
y cayeron delante del trono sobre

τὰ πρόσωπα αὐτῶν καὶ προσεκύνησαν
los rostros de ellos y adoraron

τῷ θεῷ, 12 λέγοντες· ἀμήν, ἡ εὐλογία
— a Dios, diciendo: Amén, la bendición

καὶ ἡ δόξα καὶ ἡ σοφία καὶ ἡ εὐχαριστία
y la gloria y la sabiduría y la acción de gracias

καὶ ἡ τιμὴ καὶ ἡ δύναμις καὶ ἡ ἰσχὺς
y el honor y el poder y la fuerza,

τῷ θεῷ ἡμῶν εἰς τοὺς αἰῶνας τῶν
al Dios de nosotros por los siglos de los

αἰώνων· ἀμήν. 13 Καὶ ἀπεκρίθη εἰς
siglos; amén. Y [2]tomó la palabra uno

1
10. SALVACIÓN ... AL DIOS. Se suple *pertenece (se debe)*.
2
13. TOMÓ LA PALABRA. Lit. *respondió*.

ἐκ τῶν πρεσβυτέρων λέγων μοι· οὗτοι
de los ancianos diciendo me: Estos

οἱ περιβεβλημένοι τὰς στολὰς τὰς
que están cubiertos de las ropas —

λευκὰς τίνες εἰσὶν καὶ πόθεν ἦλθον;
blancas ¿quiénes son y de dónde vinieron?

14 καὶ εἴρηκα αὐτῷ· κύριέ μου, σὺ
Y he dicho le: Señor de mí, tú

οἶδας. καὶ εἶπέν μοι· οὗτοί εἰσιν οἱ
(lo) sabes. Y dijo me: Éstos son los

ἐρχόμενοι ἐκ τῆς θλίψεως τῆς μεγάλης
que vienen de la tribulación — grande

καὶ ἔπλυναν τὰς στολὰς αὐτῶν καὶ
y lavaron las ropas de ellos y

ἐλεύκαναν αὐτὰς ἐν τῷ αἵματι τοῦ
blanquearon las en la sangre del

ἀρνίου. **15** διὰ τοῦτό εἰσιν ἐνώπιον τοῦ
Cordero. Por esto están delante del

θρόνου τοῦ θεοῦ, καὶ λατρεύουσιν αὐτῷ
trono — de Dios, y [1]sirven le

ἡμέρας καὶ νυκτὸς ἐν τῷ ναῷ αὐτοῦ,
día y noche en el santuario de él,

καὶ ὁ καθήμενος ἐπὶ τοῦ θρόνου σκηνώσει
y el que sentado en el trono [2]extenderá su
está tabernáculo

ἐπ᾽ αὐτούς. **16** οὐ πεινάσουσιν ἔτι οὐδὲ
sobre ellos. No tendrán hambre ya ni

διψήσουσιν ἔτι, οὐδὲ μὴ πέσῃ ἐπ᾽ αὐτοὺς
tendrán sed ya, ni jamás caerá sobre ellos

ὁ ἥλιος οὐδὲ πᾶν καῦμα, **17** ὅτι τὸ
el sol ni todo ardor, pues el

ἀρνίον τὸ ἀνὰ μέσον τοῦ θρόνου ποιμανεῖ
Cordero que (está) en medio del trono pastoreará

αὐτοὺς καὶ ὁδηγήσει αὐτοὺς ἐπὶ ζωῆς
los y guiará los a de vida

πηγὰς ὑδάτων· καὶ ἐξαλείψει ὁ θεὸς
fuentes de aguas; y enjugará — Dios

πᾶν δάκρυον ἐκ τῶν ὀφθαλμῶν αὐτῶν.
toda lágrima de los ojos de ellos.

[1]
15. SIRVEN. Como en otros lugares, el verbo griego significa *dar culto*. (V. He. 10: 2; 13:10; Ap. 22:3.)
[2]
15. EXTENDERÁ SU TABERNÁCULO SOBRE ELLOS. Es decir, *los acogerá en Su propia morada* (V. 21:3), *en la cual hay muchas mansiones.* (V. Jn. 14:2-3.)
[3]
1. MEDIA HORA. Símbolo de breve tiempo, pero cargado de solemnidad.

8 Καὶ ὅταν ἤνοιξεν τὴν σφραγῖδα τὴν
Y cuando abrió el sello —

ἑβδόμην, ἐγένετο σιγὴ ἐν τῷ οὐρανῷ
séptimo, se hizo silencio en el cielo

ὡς ἡμίωρον. **2** Καὶ εἶδον τοὺς ἑπτα
como por [3]media hora. Y vi a los siete

ἀγγέλους οἳ ἐνώπιον τοῦ θεοῦ ἑστήκασιν,
ángeles   que   delante   — de Dios   están,

καὶ ἐδόθησαν αὐτοῖς ἑπτὰ σάλπιγγες.
y ¹fueron dadas les   siete   trompetas.

3 Καὶ ἄλλος ἄγγελος ἦλθεν καὶ ἐστάθη
Y   otro   ángel   vino   y   se paró

ἐπὶ τοῦ θυσιαστηρίου ἔχων λιβανωτὸν
²junto al ³altar   teniendo un incensario

χρυσοῦν, καὶ ἐδόθη αὐτῷ θυμιάματα πολλά,
de oro,   y   fue dado le incienso(s) mucho(s)

ἵνα δώσει ταῖς προσευχαῖς τῶν ἁγίων
para ⁴añadir(lo) a las oraciones de los santos

πάντων ἐπὶ τὸ θυσιαστήριον τὸ χρυσοῦν
todos sobre el   altar   —   de oro

τὸ ἐνώπιον τοῦ θρόνου. **4** καὶ ἀνέβη
que (está) delante del trono.   Y   subió

ὁ καπνὸς τῶν θυμιαμάτων ταῖς προσευχαῖς
el humo del(os) incienso(s) con las oraciones

τῶν ἁγίων ἐκ χειρὸς τοῦ ἀγγέλου ἐνώπιον
de los santos de mano del   ángel   delante

τοῦ θεοῦ. **5** καὶ εἴληφεν ὁ ἄγγελος
— de Dios.   Y ha tomado el   ángel

τὸν λιβανωτόν, καὶ ἐγέμισεν αὐτὸν ἐκ
el incensario,   y   llenó   lo   de

τοῦ πυρὸς τοῦ θυσιαστηρίου καὶ ἔβαλεν
el fuego del   altar   y   (lo) arrojó

εἰς τὴν γῆν· καὶ ἐγένοντο βρονταὶ καὶ
a   la tierra; y   hubo   truenos   y

φωναὶ καὶ ἀστραπαὶ καὶ σεισμός.
voces y relámpagos y un terremoto.

6 Καὶ οἱ ἑπτὰ ἄγγελοι οἱ ἔχοντες
Y   los siete ángeles — que tienen

τὰς ἑπτὰ σάλπιγγας ἡτοίμασαν αὐτοὺς
las siete trompetas prepararon   se

ἵνα σαλπίσωσιν. **7** Καὶ ὁ πρῶτος
para   tocar las trompetas.   Y   el   primero

ἐσάλπισεν· καὶ ἐγένετο χάλαζα καὶ πῦρ
tocó la trompeta; y   hubo   granizo y fuego

μεμιγμένα ἐν αἵματι καὶ ἐβλήθη εἰς
mezclados con sangre y fueron lanzados a

τὴν γῆν· καὶ τὸ τρίτον τῆς γῆς
la tierra; y   la tercera parte de la tierra

κατεκάη, καὶ τὸ τρίτον τῶν δένδρων
fue quemada y   la tercera parte' de los árboles
del todo,

1
2. LES FUERON DADAS. Nótese que, en *Apocalipsis*, todo
es dado por Dios, incluso
al Anticristo. (V. 13:5, 7.)
2
3. JUNTO. Lit. *sobre*.
3
3. ALTAR. Aquí se simboliza *el altar de los perfumes.*
4
3. AÑADIR(LO). Lit. *para que
dará.*

κατεκάη, καὶ πᾶς χόρτος χλωρὸς κατεκάη.
fue quemada   y   toda   hierba   verde   fue quemada
del todo   del todo.

8 Καὶ ὁ δεύτερος ἄγγελος ἐσάλπισεν·
Y   el   segundo   ángel   tocó la trompeta;

καὶ ὡς ὅρος μέγα πυρὶ καιόμενον ἐβλήθη
y   como un monte   grande ¹en llamas ardiendo fue echado
(algo)

εἰς τὴν θάλασσαν· καὶ ἐγένετο τὸ τρίτον
al   mar;   y   se convirtió   la tercera parte

τῆς θαλάσσης αἷμα, **9** καὶ ἀπέθανεν τὸ
del   mar   (en) sangre,   y   murió   la

τρίτον τῶν κτισμάτων τῶν ἐν τῇ θαλάσσῃ,
tercera   de las   criaturas   que   en el   mar
parte   (había)

τὰ ἔχοντα ψυχάς, καὶ τὸ τρίτον τῶν
—   que tenían ²vida,   y   la tercera parte de las

πλοίων διεφθάρησαν. **10** Καὶ ὁ τρίτος
naves   fueron destruidas.   Y   el   tercer

ἄγγελος ἐσάλπισεν· καὶ ἔπεσεν ἐκ τοῦ
ángel   tocó la trompeta;   y   cayó   del

οὐρανοῦ ἀστὴρ μέγας καιόμενος ὡς
cielo   una estrella   grande   ardiendo   como

λαμπάς, καὶ ἔπεσεν ἐπὶ τὸ τρίτον τῶν
una antorcha, y   cayó   sobre   la tercera parte de los

ποταμῶν καὶ ἐπὶ τὰς πηγὰς τῶν ὑδάτων.
ríos   y   sobre   las   fuentes   de las   aguas.

11 καὶ τὸ ὄνομα τοῦ ἀστέρος λέγεται
Y   el   nombre   de la   estrella   ³se llama

ὁ Ἄψινθος. καὶ ἐγένετο τὸ τρίτον τῶν
—   Ajenjo.   Y   se convirtió   la   tercera   de las
                                         parte

ὑδάτων εἰς ἄψινθον, καὶ πολλοὶ τῶν
aguas   en   ajenjo,   y   muchos   de los

ἀνθρώπων ἀπέθανον ἐκ τῶν ὑδάτων ὅτι
hombres   murieron   a causa de las   aguas,   pues

ἐπικράνθησαν. **12** Καὶ ὁ τέταρτος ἄγγελος
se hicieron amargas.   Y   el   cuarto   ángel

ἐσάλπισεν· καὶ ἐπλήγη τὸ τρίτον τοῦ
tocó la trompeta;   y   fue herida   la tercera parte del

ἡλίου καὶ τὸ τρίτον τῆς σελήνης καὶ
sol   y   la tercera parte de la   luna   y

τὸ τρίτον τῶν ἀστέρων, ἵνα σκοτισθῇ
la tercera parte de las estrellas, para que fuese oscurecida

τὸ τρίτον αὐτῶν καὶ ἡ ἡμέρα μὴ φάνῃ
la tercera parte de ellas y   el   día   no   brillase

τὸ τρίτον αὐτῆς, καὶ ἡ νὺξ ὁμοίως.
(en) la tercera de él,   y   la   noche del mismo modo.
parte

8. EN LLAMAS. Lit. *con fue-*
go.
²
9. VIDA. Lit. *almas* (o *vi-das*).
³
11. SE LLAMA. Lit. *se dice.*

13 Καὶ εἶδον, καὶ ἤκουσα ἑνὸς ἀετοῦ
Y vi, y οί un águila

πετομένου ἐν μεσουρανήματι λέγοντος φωνῇ
que volaba ¹en medio del cielo, que decía con voz

μεγάλῃ· οὐαὶ οὐαὶ οὐαὶ τοὺς κατοικοῦν-
grande: ¡Ay, ay, ay de los que moran

τας ἐπὶ τῆς γῆς ἐκ τῶν λοιπῶν φωνῶν
sobre la tierra a causa de las restantes voces

τῆς σάλπιγγος τῶν τριῶν ἀγγέλων τῶν
de la trompeta de los tres ángeles —

μελλόντων σαλπίζειν.
que están a de tocar la
punto trompeta!

9 Καὶ ὁ πέμπτος ἄγγελος ἐσάλπισεν·
Y el quinto ángel tocó la trompeta;

καὶ εἶδον ἀστέρα ἐκ τοῦ οὐρανοῦ πεπτω-
y vi una estrella del cielo que había

κότα εἰς τὴν γῆν, καὶ ἐδόθη αὐτῷ
caído a la tierra, y fue dada le

ἡ κλεὶς τοῦ φρέατος τῆς ἀβύσσου. **2** καὶ
la llave del pozo del abismo. Y

ἤνοιξεν τὸ φρέαρ τῆς ἀβύσσου· καὶ
abrió el pozo del abismo; y

ἀνέβη καπνὸς ἐκ τοῦ φρέατος ὡς
subió un humo del pozo como

καπνὸς καμίνου μεγάλης, καὶ ἐσκοτώθη
humo de un horno grande, y fue oscurecido

ὁ ἥλιος καὶ ὁ ἀὴρ ἐκ τοῦ καπνοῦ
el sol y el aire a causa del humo

τοῦ φρέατος. **3** καὶ ἐκ τοῦ καπνοῦ
del pozo. Y del humo

ἐξῆλθον ἀκρίδες εἰς τὴν γῆν, καὶ ἐδόθη
salieron langostas a la tierra, y fue dado

αὐτοῖς ἐξουσία ὡς ἔχουσιν ἐξουσίαν οἱ
les ²poder como tienen ²poder los

σκορπίοι τῆς γῆς. **4** καὶ ἐρρέθη αὐτοῖς
escorpiones de la tierra. Y fue dicho les

ἵνα μὴ ἀδικήσουσιν τὸν χόρτον τῆς
que no hiciesen daño a la hierba de la

γῆς οὐδὲ πᾶν χλωρὸν οὐδὲ πᾶν δένδρον,
tierra ni a toda cosa verde ni a todo árbol,

εἰ μὴ τοὺς ἀνθρώπους οἵτινες οὐκ ἔχουσιν
sino sólo a los hombres que no tienen

τὴν σφραγῖδα τοῦ θεοῦ ἐπὶ τῶν μετώπων.
el sello — de Dios sobre las frentes.

¹
13. EN MEDIO. Es decir, *en el cenit (en lo más visible y audible para todo el orbe).*
²
3. PODER. Lit. *autoridad.*

5 καὶ ἐδόθη αὐτοῖς ἵνα μὴ ἀποκτείνωσιν
Y fue dado les que no matasen

αὐτούς, ἀλλ' ἵνα βασανισθήσονται μῆνας
los, sino que torturasen(los) (por) meses

πέντε· καὶ ὁ βασανισμὸς αὐτῶν ὡς
[1]cinco; y el tormento de ellos (es) como

βασανισμὸς σκορπίου, ὅταν παίσῃ ἄνθρωπον.
tormento de escorpión, cuando hiere a un hombre.

6 καὶ ἐν ταῖς ἡμέραις ἐκείναις ζητήσουσιν
Y en los días aquellos buscarán

οἱ ἄνθρωποι τὸν θάνατον καὶ οὐ μὴ
los hombres la muerte y de ningún modo

εὑρήσουσιν αὐτόν, καὶ ἐπιθυμήσουσιν
hallarán la, y anhelarán

ἀποθανεῖν καὶ φεύγει ὁ θάνατος ἀπ'
morir y huye la muerte de

αὐτῶν. **7** καὶ τὰ ὁμοιώματα τῶν ἀκρίδων
ellos. Y [2]el parecido de las langostas

ὅμοιοι ἵπποις ἡτοιμασμένοις εἰς πόλεμον,
semejantes a caballos preparados para (la) batalla,

καὶ ἐπὶ τὰς κεφαλὰς αὐτῶν ὡς στέφανοι
y sobre las cabezas de ellas como coronas

ὅμοιοι χρυσῷ, καὶ τὰ πρόσωπα αὐτῶν
semejantes al oro, y los rostros de ellas

ὡς πρόσωπα ἀνθρώπων, **8** καὶ εἶχον
como rostros de hombres, y tenían

τρίχας ὡς τρίχας γυναικῶν, καὶ οἱ
cabellos como cabellos de mujeres, y los

ὀδόντες αὐτῶν ὡς λεόντων ἦσαν, **9** καὶ
dientes de ellas como de leones eran, y

εἶχον θώρακας ὡς θώρακας σιδηροῦς,
tenían corazas como corazas de hierro,

καὶ ἡ φωνὴ τῶν πτερύγων αὐτῶν ὡς
y [3]el ruido de las alas de ellas como

φωνὴ ἁρμάτων ἵππων πολλῶν τρεχόντων
[4]ruido de carros de caballos muchos que corren

εἰς πόλεμον. **10** καὶ ἔχουσιν οὐρὰς ὁμοίας
a (la) batalla. Y tienen colas semejantes

σκορπίοις καὶ κέντρα, καὶ ἐν ταῖς οὐραῖς
a escorpiones y aguijones, y en las colas

αὐτῶν ἡ ἐξουσία αὐτῶν ἀδικῆσαι τοὺς
de ellas [5]el poder de ellas para dañar a los

ἀνθρώπους μῆνας πέντε. **11** ἔχουσιν ἐπ'
hombres (por) meses cinco. Tienen sobre

αὐτῶν βασιλέα τὸν ἄγγελον τῆς ἀβύσσου,
ellos por rey al ángel del abismo,

[1]
5. CINCO MESES: Es el tiempo de vida de las langostas.
[2]
7. EL PARECIDO. Lit. las semejanzas.
[3]
9. EL RUIDO. Lit. la voz.
[4]
9. RUIDO. Lit. voz.
[5]
10. EL PODER. Lit. la autoridad.

ὄνομα αὐτῷ Ἑβραϊστὶ Ἀβαδδών, καὶ
1que tiene por nombre   en hebreo   2Abadón,   y

ἐν τῇ Ἑλληνικῇ ὄνομα ἔχει Ἀπολλύων.
en   el   griego   (por) nombre tiene   Apolión.

12 Ἡ οὐαὶ ἡ μία ἀπῆλθεν· ἰδοὺ ἔρχεται
El   ay — primero   pasó;   he aquí que 3vienen

ἔτι δύο οὐαὶ μετὰ ταυτα.
aún dos   ayes   después   de esto.

13 Καὶ ὁ ἕκτος ἄγγελος ἐσάλπισεν·
Y   el   sexto   ángel   tocó la trompeta;

καὶ ἤκουσα φωνὴν μίαν ἐκ τῶν τεσσάρων
y   oí   voz   una 4de los   cuatro

κεράτων τοῦ θυσιαστηρίου τοῦ χρυσοῦ
cuernos   del   altar   —   de oro

τοῦ ἐνώπιον τοῦ θεοῦ, 14 λέγοντα τῷ
(que está) delante   — de Dios,   que decía   al

ἕκτῳ ἀγγέλῳ, ὁ ἔχων τὴν σάλπιγγα·
sexto   ángel,   el que tenía   la   trompeta:

λῦσον τοὺς τέσσαρας ἀγγέλους τοὺς
Suelta   los   cuatro   ángeles   —

δεδεμένους ἐπὶ τῷ ποταμῷ τῷ μεγάλῳ
que están 5atados   junto   al   río   —   grande

Εὐφράτῃ. 15 καὶ ἐλύθησαν οἱ τέσσαρες
Eufrates.   Y   fueron soltados   los   cuatro

ἄγγελοι οἱ ἡτοιμασμένοι εἰς τὴν ὥραν
ángeles   que había sido preparados   para   la   hora

καὶ ἡμέραν καὶ μῆνα καὶ ἐνιαυτόν,
y   día   y   mes   y   año,

ἵνα ἀποκτείνωσιν τὸ τρίτον τῶν ἀνθρώπων.
para   matar   a la tercera parte de los   hombres.

16 καὶ ὁ ἀριθμὸς τῶν στρατευμάτων τοῦ
Y   el   número   de los   ejércitos   —

ἱππικοῦ δισμυριάδες μυριάδων· ἤκουσα τὸν
de a caballo   (era) 6doscientos   millones;   oí   el

ἀριθμὸν αὐτῶν. 17 καὶ οὕτως εἶδον
número   de ellos.   Y   así   vi

τοὺς ἵππους ἐν τῇ ὁράσει καὶ τοὺς
los   caballos   en   la   visión   y   a los

καθημένους ἐπ᾽ αὐτῶν, ἔχοντας θώρακας
sentados   sobre   ellos,   que tenían   corazas

πυρίνους καὶ ὑακινθίνους καὶ θειώδεις·
de color de fuego y 7de color de jacinto   y   de azufre;

καὶ αἱ κεφαλαὶ τῶν ἵππων ὡς κεφαλαὶ
y   las   cabezas   de los   caballos   como   cabezas

λεόντων, καὶ ἐκ τῶν στομάτων αὐτῶν
de leones,   y   de   las   bocas   de ellos

ἐκπορεύεται πῦρ καὶ καπνὸς καὶ θεῖον.
sale   fuego   y   humo   y   azufre.

1
11. QUE TIENE POR NOMBRE.
Lit. nombre para él.
2
11. ABADÓN... APOLIÓN. Ambos vocablos significan Destructor.
3
12. VIENEN. Lit. viene.
4
13. DE LOS. Es decir, procedente de.
5
14. ATADOS. Esto es, detenidos por la mano de Dios.
6
16. DOSCIENTOS MILLONES. Lit. dos miríadas de miríadas.
7
17. DE COLOR DE JACINTO. Es decir, de color violeta azulado.

18 ἀπὸ τῶν τριῶν πληγῶν τούτων ἀπεκτάν-
A causa de las tres plagas estas, fue muerta

θησαν τὸ τρίτον τῶν ἀνθρώπων, ἐκ
la tercera parte de los hombres, por

τοῦ πυρὸς καὶ τοῦ καπνοῦ καὶ τοῦ
el fuego y el humo y el

θείου τοῦ ἐκπορευομένου ἐκ τῶν στομάτων
azufre — que salía de las bocas

αὐτῶν. **19** ἡ γὰρ ἐξουσία τῶν ἵππων
de ellos. Porque ¹el poder de los caballos

ἐν τῷ στόματι αὐτῶν ἐστιν καὶ ἐν
en la boca de ellos está y en

ταῖς οὐραῖς αὐτῶν· αἱ γὰρ οὐραὶ αὐτῶν
las colas de ellos; porque las colas de ellos

ὅμοιαι ὄφεσιν, ἔχουσαι κεφαλάς, καὶ ἐν
(son) a serpientes, que tienen cabezas, y con
semejantes

αὐταῖς ἀδικοῦσιν. **20** καὶ οἱ λοιποὶ τῶν
ellas dañan. Y los demás de los

ἀνθρώπων, οἳ οὐκ ἀπεκτάνθησαν ἐν ταῖς
hombres, los que no fueron muertos por las

πληγαῖς ταύταις, οὐδὲ μετενόησαν ἐκ
plagas estas, ni se arrepintieron de

τῶν ἔργων τῶν χειρῶν αὐτῶν, ἵνα μὴ
las obras de las manos de ellos, para no

προσκυνήσουσιν τὰ δαιμόνια καὶ τὰ εἴδωλα
adorar a los demonios y a los ídolos

τὰ χρυσᾶ καὶ τὰ ἀργυρᾶ καὶ τὰ χαλκᾶ
— de oro y — de plata y — de bronce

καὶ τὰ λίθινα καὶ τὰ ξύλινα, ἃ οὔτε
y — de piedra y — de madera, que ni

βλέπειν δύνανται οὔτε ἀκούειν οὔτε
ver pueden ni oír ni

περιπατεῖν, **21** καὶ οὐ μετενόησαν ἐκ τῶν
andar; y no se arrepintieron de los

φόνων αὐτῶν οὔτε ἐκ τῶν φαρμακειῶν
homicidios de ellos ni de las hechicerías

αὐτῶν οὔτε ἐκ τῆς πορνείας αὐτῶν
de ellos ni de la fornicación de ellos

οὔτε ἐκ τῶν κλεμμάτων αὐτῶν.
ni de los hurtos de ellos.

10 Καὶ εἶδον ἄλλον ἄγγελον ἰσχυρὸν
Y vi otro ángel fuerte

καταβαίνοντα ἐκ τοῦ οὐρανοῦ, περιβεβλημέ-
que descendía del cielo, que estaba en-

νον νεφέλην, καὶ ἡ ἶρις ἐπὶ τὴν κεφαλὴν
vuelto en una nube, y el arco iris sobre la cabeza
(estaba)

---

¹
19. EL PODER. Lit. *la autoridad.*

αὐτοῦ, καὶ τὸ πρόσωπον αὐτοῦ ὡς ὁ
de él, y el rostro de él como el

ἥλιος, καὶ οἱ πόδες αὐτοῦ ὡς στῦλοι
sol, y los pies de él como columnas

πυρός, 2 καὶ ἔχων ἐν τῇ χειρὶ αὐτοῦ
de fuego, y que tenía en la mano de él

βιβλαρίδιον ἠνεῳγμένον. καὶ ἔθηκεν τὸν
un pequeño rollo que había sido abierto. Y puso el

πόδα αὐτοῦ τὸν δεξιὸν ἐπὶ τῆς θαλάσσης,
pie de él — derecho sobre el mar,

τὸν δὲ εὐώνυμον ἐπὶ τῆς γῆς, 3 καὶ
y el izquierdo sobre la tierra, y

ἔκραξεν φωνῇ μεγάλῃ ὥσπερ λέων μυκᾶται.
gritó con voz grande como un león ruge.

καὶ ὅτε ἔκραξεν, ἐλάλησαν αἱ ἑπτὰ
Y cuando gritó, hablaron los siete

βρονταὶ τὰς ἑαυτῶν φωνάς. 4 Καὶ ὅτε
truenos las de ellos mismos voces. Y cuando

ἐλάλησαν αἱ ἑπτὰ βρονταί, ἤμελλον
hablaron los siete truenos, (yo) iba a

γράφειν· καὶ ἤκουσα φωνὴν ἐκ τοῦ
escribir; y oí una voz del

οὐρανοῦ λέγουσαν· σφράγισον ἃ ἐλάλησαν
cielo que decía: Sella lo que hablaron

αἱ ἑπτὰ βρονταί, καὶ μὴ αὐτὰ γράψῃς.
los siete truenos, y no lo escribas.

5 Καὶ ὁ ἄγγελος, ὃν εἶδον ἑστῶτα
Y el ángel, que vi en pie

ἐπὶ τῆς θαλάσσης καὶ ἐπὶ τῆς γῆς,
sobre el mar y sobre la tierra,

ἦρεν τὴν χεῖρα αὐτοῦ τὴν δεξιὰν εἰς
alzó la mano de él — derecha hacia

τὸν οὐρανόν, 6 καὶ ὤμοσεν ἐν τῷ ζῶντι
el cielo, y juró por el que vive

εἰς τοὺς αἰῶνας τῶν αἰώνων, ὃς ἔκτισεν
por los siglos de los siglos, que creó

τὸν οὐρανὸν καὶ τὰ ἐν αὐτῷ καὶ τὴν
el cielo y lo que en él, y la

γῆν καὶ τὰ ἐν αὐτῇ καὶ τὴν θάλασσαν
tierra y lo que en ella y el mar
(hay)

καὶ τὰ ἐν αὐτῇ, ὅτι χρόνος οὐκέτι
y lo que (hay) en él, que 1tiempo ya no

ἔσται, 7 ἀλλ' ἐν ταῖς ἡμέραις τῆς
habrá, sino que en los días de la

φωνῆς τοῦ ἑβδόμου ἀγγέλου, ὅταν μέλλῃ
voz del séptimo ángel, cuando vaya a

σαλπίζειν,   καὶ   ἐτελέσθη   τὸ   μυστήριον
tocar la trompeta, también 1habrá sido consumado   el   misterio

τοῦ   θεοῦ,   ὡς   εὐηγγέλισεν   τοὺς   ἑαυτοῦ
—   de Dios,   como   anunció   a los   de él mismo

δούλους   τοὺς   προφήτας.   8 Καὶ   ἡ   φωνὴ
siervos   los   profetas.   Y   la   voz

ἣν   ἤκουσα   ἐκ   τοῦ   οὐρανοῦ,   πάλιν
que   oí   del   cielo,   de nuevo

λαλοῦσαν   μετ᾽   ἐμοῦ   καὶ   λέγουσαν·   ὕπαγε
que hablaba   conmigo   y   decía: Ve,

λάβε   τὸ   βιβλίον   τὸ   ἠνεῳγμένον   ἐν   τῇ
toma   el   rollo   —   que está abierto   en   la

χειρὶ   τοῦ   ἀγγέλου   τοῦ   ἑστῶτος   ἐπὶ
mano   del   ángel   —   que está en pie   sobre

τῆς   θαλάσσης   καὶ   ἐπὶ   τῆς   γῆς.   9 καὶ
el   mar   y   sobre   la   tierra.   Y

ἀπῆλθα   πρὸς   τὸν   ἄγγελον,   λέγων   αὐτῷ
fui   hacia   el   ángel,   diciendo   le

δοῦναί   μοι   τὸ   βιβλαρίδιον.   καὶ   λέγει
que diese   me   el   pequeño rollo.   Y   dice

μοι·   λάβε   καὶ   κατάφαγε   αὐτό,   καὶ
me: Toma   y   devora   lo,   y

πικρανεῖ   σου   τὴν   κοιλίαν,   ἀλλ᾽   ἐν   τῷ
2amargará   de ti   el   vientre,   pero   en   la

στόματί   σου   ἔσται   γλυκὺ   ὡς   μέλι.
boca   de ti   será   dulce   como   miel.

10 καὶ   ἔλαβον   τὸ   βιβλαρίδιον   ἐκ   τῆς
Y   tomé   el   pequeño rollo   de   la

χειρὸς   τοῦ   ἀγγέλου   καὶ   κατέφαγον   αὐτό,
mano   del   ángel   y   devoré   lo,

καὶ   ἦν   ἐν   τῷ   στόματί   μου   ὡς   μέλι
y   era   en   la   boca   de mí   como   miel

γλυκύ·   καὶ   ὅτε   ἔφαγον   αὐτό,   ἐπικράνθη
dulce;   y   cuando   comí   lo,   fue amargado

ἡ   κοιλία   μου.   11 καὶ   λέγουσίν   μοι·
el   vientre   de mí.   Y   dicen   me:

δεῖ   σε   πάλιν   προφητεῦσαι   ἐπὶ   λαοῖς
3Debes   de nuevo   profetizar   sobre   pueblos

καὶ   ἔθνεσιν   καὶ   γλώσσαις   καὶ   βασιλεῦσιν
y   naciones   y   lenguas   y   reyes

πολλοῖς.   11 Καὶ   ἐδόθη   μοι   κάλαμος   ὅμοιος
muchos.   Y   fue dada   me   una caña   semejante

ῥάβδῳ,   λέγων·   ἔγειρε   καὶ   μέτρησον   τὸν   ναὸν
a una vara   diciendo: Levántate   y   mide   el   santuario
(de medir),

τοῦ   θεοῦ   καὶ   τὸ   θυσιαστήριον   καὶ   τοὺς
—   de Dios   y   el   altar   y   a los

προσκυνοῦντας   ἐν   αὐτῷ.   2 καὶ   τὴν
que adoran   en   él.   Y   el

1
7. HABRÁ SIDO CONSUMADO. Lit. *fue consumado.*
2
9. AMARGARÁ... DULCE. Esta paradoja ilustra la condición de todo fiel ministro del Señor: el mensaje le es dulce, pero suscita la oposición de los malvados.
3
11. DEBES. Lit. *Es menester que tú.*

αὐλὴν   τὴν   ἔξωθεν   τοῦ   ναοῦ   ἔκβαλε
patio   —   de afuera   del   santuario   ¹déjalo

ἔξωθεν   καὶ   μὴ   αὐτὴν   μετρήσῃς,   ὅτι
fuera   y   no   lo   midas,   pues

ἐδόθη   τοῖς   ἔθνεσιν,   καὶ   τὴν   πόλιν   τὴν
fue dado   a los   gentiles,   y   la   ciudad   —

ἁγίαν   πατήσουσιν   μῆνας   τεσσεράκοντα
santa   hollarán   por meses   cuarenta

[καὶ]   δύο.   3 καὶ   δώσω   τοῖς   δυσὶν
y   dos.   Y   daré   a los   dos

μάρτυσίν   μου,   καὶ   προφητεύσουσιν   ἡμέρας
testigos   de mí,   y   profetizarán   por días

χιλίας   διακοσίας   ἑξήκοντα   περιβεβλημένοι
mil   doscientos   sesenta   cubiertos de

σάκκους.   4 οὗτοί   εἰσιν   αἱ   δύο   ἐλαῖαι
sacos.   Éstos   son   los   dos   olivos

καὶ   αἱ   δύο   λυχνίαι   αἱ   ἐνώπιον   τοῦ
y   los   dos   candelabros   —   delante   del

κυρίου   τῆς   γῆς   ἑστῶτες.   5 καὶ   εἴ   τις
Señor   de la   tierra que están en pie.   Y   si   alguien

αὐτοὺς   θέλει   ἀδικῆσαι,   πῦρ   ἐκπορεύεται·
los   quiere   dañar,   fuego   sale

ἐκ   τοῦ   στόματος   αὐτῶν   καὶ   κατεσθίει
de   la   boca   de ellos   y   devora

τοὺς   ἐχθροὺς   αὐτῶν·   καὶ   εἴ   τις   θελήσῃ
a los   enemigos   de ellos;   y   si   alguien   quiere

αὐτοὺς   ἀδικῆσαι,   οὕτως   δεῖ   αὐτὸν
les   dañar,   así   es menester   que él

ἀποκτανθῆναι.   6 οὗτοι   ἔχουσιν   τὴν   ἐξουσίαν
sea matado.   Éstos   tienen   la   potestad

κλεῖσαι   τὸν   οὐρανόν,   ἵνα   μὴ   ὑετὸς
de cerrar   el   cielo,   para   que no   lluvia

βρέχῃ   τὰς   ἡμέρας   τῆς   προφητείας   αὐτῶν,
²caiga   en los   días   de la   profecía   de ellos,

καὶ   ἐξουσίαν   ἔχουσιν   ἐπὶ   τῶν   ὑδάτων
y   potestad   tienen   sobre   las   aguas

στρέφειν   αὐτὰ   εἰς   αἷμα   καὶ   πατάξαι
de convertir   las   en   sangre   y   herir

τὴν   γῆν   ἐν   πάσῃ   πληγῇ   ὁσάκις   ἐὰν
la   tierra   con   toda   plaga   cuantas   veces

θελήσωσιν.   7 Καὶ   ὅταν   τελέσωσιν   τὴν
quieran.   Y   cuando   hayan acabado   el

μαρτυρίαν   αὐτῶν,   τὸ   θηρίον   τὸ   ἀναβαῖνον
testimonio   de ellos,   ³la   bestia   —   que sube

ἐκ   τῆς   ἀβύσσου   ποιήσει   μετ'   αὐτῶν
del   la   abismo   hará   con   ellos

1
2. DÉJALO FUERA (es decir,
no lo incluyas en la medi-
ción).
2
6. CAIGA. Lit. llueva.
3
7. LA BESTIA. Esto es, el
Anticristo. (V. 13:1.)

πόλεμον   καὶ   νικήσει   αὐτοὺς   καὶ   ἀποκτενεῖ
guerra   y   vencerá   los   y   matará

αὐτούς.   8 καὶ   τὸ   πτῶμα   αὐτῶν   ἐπὶ
los.   Y   el   cadáver   de ellos   sobre

τῆς   πλατείας   τῆς   πόλεως   τῆς   μεγάλης,
la   ¹plaza   de la   ciudad   —   grande,

ἥτις   καλεῖται   πνευματικῶς   Σόδομα   καὶ
la cual   se llama   ²espiritualmente   Sodoma   y

Αἴγυπτος,   ὅπου   καὶ   ὁ   κύριος   αὐτῶν
Egipto,   donde   también   el   Señor   de ellos

ἐσταυρώθη.   9 καὶ   βλέπουσιν   ἐκ   τῶν
fue crucificado.   Y   verán (gentes)   de   los

λαῶν   καὶ   φυλῶν   καὶ   γλωσσῶν   καὶ
pueblos   y   tribus   y   lenguas   y

ἐθνῶν   τὸ   πτῶμα   αὐτῶν   ἡμέρας   τρεῖς
naciones   el   cadáver   de ellos   durante días   tres

καὶ   ἥμισυ,   καὶ   τὰ   πτώματα   αὐτῶν
y   medio,   y   los   cadáveres   de ellos

οὐκ   ἀφίουσιν   τεθῆναι   εἰς   μνῆμα.   10 καὶ
no   permiten   que sean colocados en   un sepulcro.   Y

οἱ   κατοικοῦντες   ἐπὶ   τῆς   γῆς   χαίρουσιν
los   moradores   sobre   la   tierra   se regocijan

ἐπʼ   αὐτοῖς   καὶ   εὐφραίνονται,   καὶ   δῶρα
sobre   ellos   y   ³están muy contentos,   y   regalos

πέμψουσιν   ἀλλήλοις,   ὅτι   οὗτοι   οἱ   δύο
enviarán   unos a otros,   pues   estos   —   dos

προφῆται   ἐβασάνισαν   τοὺς   κατοικοῦντας
profetas   atormentaron   a los   moradores

ἐπὶ   τῆς   γῆς.   11 Καὶ   μετὰ   [τὰς]   τρεῖς
sobre   la   tierra.   Y   después   de los   tres

ἡμέρας   καὶ   ἥμισυ   πνεῦμα   ζωῆς   ἐκ   τοῦ
días   y   medio,   un espíritu   de vida   ⁴de   —

θεοῦ   εἰσῆλθεν   ἐν   αὐτοῖς,   καὶ   ἔστησαν
Dios   entró   en   ellos,   y   se pusieron

ἐπὶ   τοὺς   πόδας   αὐτῶν,   καὶ   φόβος   μέγας
sobre   los   pies   de ellos,   y   miedo   grande

ἐπέπεσεν   ἐπὶ   τοὺς   θεωροῦντας   αὐτούς.
cayó   sobre   los   que contemplaban   los.

12 καὶ   ἤκουσαν   φωνῆς   μεγάλης   ἐκ   τοῦ
Y   oyeron   una voz   grande   del

οὐρανοῦ   λεγούσης   αὐτοῖς·   ἀνάβατε   ὧδε·
cielo   que decía   les: Subid   acá;

καὶ   ἀνέβησαν   εἰς   τὸν   οὐρανὸν   ἐν   τῇ
y   subieron   al   cielo   en   la

νεφέλῃ,   καὶ   ἐθεώρησαν   αὐτοὺς   οἱ   ἐχθροὶ
nube,   y   contemplaron   los   los   enemigos

αὐτῶν.   13 Καὶ   ἐν   ἐκείνῃ   τῇ   ὥρᾳ   ἐγένετο
de ellos.   Y   en   aquella   la   hora   ocurrió

1
8. Plaza. O *calle principal.*
2
8. Espiritualmente. Es decir, *figuradamente.*
3
10. Están muy contentos. O *hacen fiesta.* (Es el mismo verbo griego que sale 4 veces en Lc. 15:23-32.)
4
11. De Dios. Es decir, *enviado por Dios.*

σεισμὸς   μέγας,   καὶ   τὸ   δέκατον   τῆς
un terremoto grande,   y   la   décima parte de la

πόλεως   ἔπεσεν,   καὶ   ἀπεκτάνθησαν   ἐν   τῷ
ciudad   cayó,   y   fueron matados   en   el

σεισμῷ   ὀνόματα   ἀνθρώπων   χιλιάδες   ἑπτά,
terremoto ¹de personas   humanas   millares   siete,

καὶ   οἱ   λοιποὶ   ἔμφοβοι   ἐγένοντο   καὶ
y   los   demás   aterrorizados quedaron   y

ἔδωκαν   δόξαν   τῷ   θεῷ   τοῦ   οὐρανοῦ.
²dieron   gloria   al   Dios   del   cielo.

14 Ἡ   οὐαὶ   ἡ   δευτέρα   ἀπῆλθεν·   ἰδοὺ
El   ay   —   segundo   pasó;   he aquí,

ἡ   οὐαὶ   ἡ   τρίτη   ἔρχεται   ταχύ.
el   ay   —   tercero   viene   rápidamente.

15 Καὶ   ὁ   ἕβδομος   ἄγγελος   ἐσάλπισεν·
Y   el   séptimo   ángel   tocó la trompeta;

καὶ   ἐγένοντο   φωναὶ   μεγάλαι   ἐν   τῷ
y   hubo   voces   grandes   en   el

οὐρανῷ,   λέγοντες·   ἐγένετο   ἡ   βασιλεία
cielo,   diciendo: Ha venido a ser el   reino

τοῦ   κόσμου   τοῦ   κυρίου   ἡμῶν   καὶ   τοῦ
del   mundo,   del   Señor   de nosotros   y   del

χριστοῦ   αὐτοῦ,   καὶ   βασιλεύσει   εἰς   τοὺς
Cristo   de él,   y   reinará   por   los

αἰῶνας   τῶν   αἰώνων.   **16** καὶ   οἱ   εἴκοσι
siglos   de los   siglos.   Y   los   veinti-

τέσσαρες   πρεσβύτεροι,   οἱ   ἐνώπιον   τοῦ
cuatro   ancianos   —   delante   —

θεοῦ   καθήμενοι   ἐπὶ   τοὺς   θρόνους   αὐτῶν,
de Dios,   que estaban   en   los   tronos   de ellos,
           sentados

ἔπεσαν   ἐπὶ   τὰ   πρόσωπα   αὐτῶν   καὶ
cayeron   sobre   los   rostros   de ellos   y

προσεκύνησαν   τῷ   θεῷ,   **17** λέγοντες·
adoraron   —   a Dios,   diciendo:

εὐχαριστοῦμέν   σοι,   κύριε   ὁ   θεὸς   ὁ
Damos gracias   a ti,   Señor   —   Dios   el

παντοκράτωρ,   ὁ   ὢν   καὶ   ὁ   ἦν,   ὅτι
Todopoderoso,   el que   eres   y   ³que   eras,   pues

εἴληφας   τὴν   δύναμίν   σου   τὴν   μεγάλην
has tomado   el   poder   de ti   —   grande

καὶ   ἐβασίλευσας·   **18** καὶ   τὰ   ἔθνη   ὠργίσ-
y   has reinado;   y   las   naciones se aira-

θησαν,   καὶ   ἦλθεν   ἡ   ὀργή   σου   καὶ   ὁ
ron,   y   vino   la   ira   de ti   y   el

καιρὸς   τῶν   νεκρῶν   κριθῆναι   καὶ   δοῦναι
tiempo   de los   muertos   de ser juzgados   y   de dar

¹
13. DE PERSONAS HUMANAS.
Lit. *nombres de hombres.*
²
13. DIERON GLORIA A DIOS.
Es decir, *reconocieron el poder de Dios.* (No significa que se convirtieran. Comp. Mr. 2:12.)
³
17. QUE ERAS. Nótese que no añade (en los mejores MSS) *y que has de venir,* porque la hora de Su Venida ya ha llegado.

τὸν μισθὸν τοῖς δούλοις σου τοῖς προφήταις
el galardón a los siervos de ti los profetas

καὶ τοῖς ἁγίοις καὶ τοῖς φοβουμένοις
y a los santos y a los que temen

τὸ ὄνομά σου, τοῖς μικροῖς καὶ τοῖς
el nombre de ti, a los pequeños y a los

μεγάλοις, καὶ διαφθεῖραι τοὺς διαφθείροντας
grandes, y de destruir a los que destruyen

τὴν γῆν. 19 καὶ ἠνοίγη ὁ ναὸς τοῦ
la tierra. Y fue abierto el santuario —

θεοῦ ὁ ἐν τῷ οὐρανῷ, καὶ ὤφθη ἡ
de Dios — en el cielo, y fue vista el

κιβωτὸς τῆς διαθήκης αὐτοῦ ἐν τῷ
Arca del pacto de él en el

ναῷ αὐτοῦ, καὶ ἐγένοντο ἀστραπαὶ καὶ
santuario de él, y ocurrieron relámpagos y

φωναὶ καὶ βρονταὶ καὶ σεισμὸς καὶ
voces y truenos y un terremoto y

χάλαζα μεγάλη.
granizo grande.

12 Καὶ σημεῖον μέγα ὤφθη ἐν τῷ
Y una señal grande [1]fue vista en el

οὐρανῷ, γυνὴ περιβεβλημένη τὸν ἥλιον,
cielo, una mujer cubierta del sol,

καὶ ἡ σελήνη ὑποκάτω τῶν ποδῶν αὐτῆς,
y la luna debajo de los pies de ella,

καὶ ἐπὶ τῆς κεφαλῆς αὐτῆς στέφανος
y sobre la cabeza de ella una corona

ἀστέρων δώδεκα, 2 καὶ ἐν γαστρὶ ἔχουσα,
de estrellas doce, y [2]encinta estando,

καὶ κράζει ὠδίνουσα καὶ βασανιζομένη
y grita [3]con los dolores y angustias

τεκεῖν. 3 καὶ ὤφθη ἄλλο σημεῖον
del parto. Y [1]fue vista otra señal

ἐν τῷ οὐρανῷ, καὶ ἰδοὺ δράκων μέγας
en el cielo, y he aquí un dragón grande

πυρρός, ἔχων κεφαλὰς ἑπτὰ καὶ κέρατα
rojo, que tenía cabezas siete y cuernos

δέκα καὶ ἐπὶ τὰς κεφαλὰς αὐτοῦ ἑπτὰ
diez y sobre las cabezas de él siete

διαδήματα, 4 καὶ ἡ οὐρὰ αὐτοῦ σύρει
diademas, y la cola de él arrastra

τὸ τρίτον τῶν ἀστέρων τοῦ οὐρανοῦ,
la tercera parte de las estrellas del cielo,

καὶ ἔβαλεν αὐτοὺς εἰς τὴν γῆν. Καὶ
y arrojó las a la tierra. Y

1
1 y 3. FUE VISTA. Es decir, *apareció en el cielo abierto.*
2
2. ENCINTA ESTANDO. Lit. *en vientre teniendo.*
3
2. CON LOS DOLORES Y ANGUSTIAS... Lit. *teniendo dolores de parto y sufriendo el tormento de dar a luz.*

ὁ δράκων ἔστηκεν ἐνώπιον τῆς γυναικὸς
el   dragón   se paró delante de la   mujer

τῆς μελλούσης τεκεῖν, ἵνα ὅταν τέκῃ
— que estaba a dar a luz, para que cuando dé a luz
   punto de

τὸ τέκνον αὐτῆς καταφάγῃ.   5 καὶ
al   hijo   de ella   devore.   Y

ἔτεκεν υἱὸν ἄρσεν, ὃς μέλλει ποιμαίνειν
dio a luz un hijo varón, que   va   a [1]pastorear

πάντα τὰ ἔθνη ἐν ῥάβδῳ σιδηρᾷ· καὶ
a todas las naciones con   vara   de hierro;   y

ἡρπάσθη τὸ τέκνον αὐτῆς πρὸς τὸν
fue arrebatado el   hijo   de ella   hacia   —

θεὸν καὶ πρὸς τὸν θρόνον αὐτοῦ. 6 καὶ
Dios   y   hacia   el   trono   de él.   Y

ἡ γυνὴ ἔφυγεν εἰς τὴν ἔρημον, ὅπου
la mujer   huyó   al   la   desierto,   donde

ἔχει ἐκεῖ τόπον ἡτοιμασμένον ἀπὸ
tiene allí un lugar   preparado   por

τοῦ θεοῦ, ἵνα ἐκεῖ τρέφωσιν αὐτὴν
—   Dios, para que allí   sustenten   la

ἡμέρας χιλίας διακοσίας ἐξήκοντα.
durante días   mil   doscientos   sesenta.

7 Καὶ ἐγένετο πόλεμος ἐν τῷ οὐρανῷ,
  Y   hubo   una batalla en   el   cielo,

ὁ Μιχαὴλ καὶ οἱ ἄγγελοι αὐτοῦ τοῦ
— Miguel   y   los   ángeles   de él   para

πολεμῆσαι μετὰ τοῦ δράκοντος. καὶ ὁ
luchar   con   el   dragón.   Y el

δράκων ἐπολέμησεν καὶ οἱ ἄγγελοι αὐτοῦ,
dragón   luchó   y   los ángeles   de él,

8 καὶ οὐκ ἴσχυσεν, οὐδὲ τόπος εὑρέθη
  y   no   prevaleció,   ni   lugar   fue hallado

αὐτῶν ἔτι ἐν τῷ οὐρανῷ. 9 καὶ ἐβλήθη
de ellos ya en el   cielo.   Y   fue arrojado

ὁ δράκων ὁ μέγας, ὁ ὄφις ὁ ἀρχαῖος,
el dragón — grande, la serpiente — antigua,

ὁ καλούμενος Διάβολος καὶ ὁ Σατανᾶς,
el   llamado   Diablo   y   —   Satanás,

ὁ πλανῶν τὴν οἰκουμένην ὅλην, ἐβλήθη
el que engaña   a la   tierra habitada entera, fue arrojado

εἰς τὴν γῆν, καὶ οἱ ἄγγελοι αὐτοῦ μετ'
a   la   tierra, y   los ángeles   de él   con

αὐτοῦ ἐβλήθησαν. 10 καὶ ἤκουσα φωνὴν
él   fueron arrojados.   Y   oí   una voz

μεγάλην ἐν τῷ οὐρανῷ λέγουσαν ἄρτι
grande   en el   cielo   que decía: Ahora

ἐγένετο ἡ σωτηρία καὶ ἡ δύναμις καὶ
¹ha llegado la salvación y el poder y

ἡ βασιλεία τοῦ θεοῦ ἡμῶν καὶ ἡ ἐξουσία
el reino del Dios de nosotros y la autoridad

τοῦ χριστοῦ αὐτοῦ, ὅτι ἐβλήθη ὁ κατήγωρ
del Cristo de él, pues ha sido el acusador
                              arrojado

τῶν ἀδελφῶν ἡμῶν, ὁ κατηγορῶν αὐτοὺς
de los hermanos de nosotros, el que acusaba los

ἐνώπιον τοῦ θεοῦ ἡμῶν ἡμέρας καὶ
delante del Dios de nosotros día y

νυκτός. 11 καὶ αὐτοὶ ἐνίκησαν αὐτὸν
noche. Y ellos vencieron . le

διὰ τὸ αἷμα τοῦ ἀρνίου καὶ διὰ τὸν
en de la sangre del Cordero y a causa de la
virtud

λόγον τῆς μαρτυρίας αὐτῶν, καὶ οὐκ
palabra del testimonio de ellos, y no

ἠγάπησαν τὴν ψυχὴν αὐτῶν ἄχρι θανάτου.
amaron la vida de ellos ²hasta (la) muerte.

12 διὰ τοῦτο εὐφραίνεσθε, οὐρανοὶ καὶ
Por esto, ³alegraos, cielos y

οἱ ἐν αὐτοῖς σκηνοῦντες· οὐαὶ τὴν
los que en ellos acampáis; ay de la

γῆν καὶ τὴν θάλασσαν, ὅτι κατέβη ὁ
tierra y del mar, pues descendió el

διάβολος πρὸς ὑμᾶς ἔχων θυμὸν μέγαν,
diablo a vosotros teniendo un furor grande,

εἰδὼς ὅτι ὀλίγον καιρὸν ἔχει. 13 Καὶ
sabiendo que ⁴poco tiempo tiene. Y

ὅτε εἶδεν ὁ δράκων ὅτι ἐβλήθη εἰς
cuando vio el dragón que fue arrojado a

τὴν γῆν, ἐδίωξεν τὴν γυναῖκα ἥτις
la tierra, persiguió a la mujer que

ἔτεκεν τὸν ἄρσενα. 14 καὶ ἐδόθησαν
dio a luz al (hijo) varón. Y fueron dadas

τῇ γυναικὶ αἱ δύο πτέρυγες τοῦ ἀετοῦ
a la mujer las dos alas del águila

τοῦ μεγάλου, ἵνα πέτηται εἰς τὴν ἔρημον
— grande, para que volase al desierto

εἰς τὸν τόπον αὐτῆς, ὅπου τρέφεται
al lugar de ella, donde es sustentada

ἐκεῖ καιρὸν καὶ καιροὺς καὶ ἥμισυ καιροῦ
allí por un tiempo y tiempos y medio tiempo

ἀπὸ προσώπου τοῦ ὄφεως. 15 καὶ ἔβαλεν
⁵lejos de la presencia de la serpiente. Y arrojó

ὁ ὄφις ἐκ τοῦ στόματος αὐτοῦ ὀπίσω
la serpiente de la boca de ella detrás

1
10. HA LLEGADO. Lit. ha llegado a ser.
2
11. HASTA (LA) MUERTE. Es
decir, como para retroceder
ante la muerte.
3
12. ALEGRAOS. El verbo griego es el mismo de 11:10.
4
12. POCO. Lit. pequeño.
5
14. LEJOS DE LA PRESENCIA...
Lit. del rostro de la serpiente.

τῆς   γυναικὸς   ὕδωρ   ὡς   ποταμόν,   ἵνα
de la   mujer   agua   como   un río,   para

αὐτὴν   ποταμοφόρητον   ποιήσῃ.   16 καὶ
a ella   arrastrada por el río   hacer.   Y

ἐβοήθησεν   ἡ   γῆ   τῇ   γυναικί,   καὶ   ἤνοιξεν
ayudó   la tierra a la   mujer,   y   abrió

ἡ   γῆ   τὸ   στόμα   αὐτῆς   καὶ   κατέπιεν
la tierra la   boca   de ella   y   tragó

τὸν   ποταμὸν   ὃν   ἔβαλεν   ὁ   δράκων   ἐκ
el   río   que arrojó   el   dragón   de

τοῦ   στόματος   αὐτοῦ.   17 καὶ   ὠργίσθη
la   boca   de él.   Y   se encolerizó

ὁ   δράκων   ἐπὶ   τῇ   γυναικί,   καὶ   ἀπῆλθεν
el   dragón   sobre   la   mujer,   y   fue

ποιῆσαι   πόλεμον   μετὰ   τῶν   λοιπῶν   τοῦ
a hacer   guerra   con   los   restantes   de la

σπέρματος   αὐτῆς,   τῶν   τηρούντων   τὰς
[1]descendencia   de ella,   de los   que guardan   los

ἐντολὰς   τοῦ   θεοῦ   καὶ   ἐχόντων   τὴν
mandamientos —   de Dios   y   tienen   el

μαρτυρίαν   Ἰησοῦ·   (18) καὶ   ἐστάθη   ἐπὶ   τὴν
testimonio   de Jesús;   y   se paró   sobre   la

ἄμμον   τῆς   θαλάσσης.
arena   del   mar.

13 Καὶ   εἶδον   ἐκ   τῆς   θαλάσσης   θηρίον
    Y   vi   del   mar   una bestia

ἀναβαῖνον,   ἔχον   κέρατα   δέκα   καὶ   κεφαλὰς
que subía,   que tenía cuernos   diez   y   cabezas

ἑπτά,   καὶ   ἐπὶ   τῶν   κεράτων   αὐτοῦ   δέκα
siete,   y   [2]sobre   los   cuernos   de ella   diez

διαδήματα,   καὶ   ἐπὶ   τὰς   κεφαλὰς   αὐτοῦ
diademas,   y   sobre   las   cabezas   de ella

ὀνόματα   βλασφημίας.   2 καὶ   τὸ   θηρίον
nombres   de blasfemia.   Y   la   bestia

ὃ   εἶδον   ἦν   ὅμοιον   παρδάλει,   καὶ   οἱ
que vi   era   semejante   a un leopardo,   y   los

πόδες   αὐτοῦ   ὡς   ἄρκου,   καὶ   τὸ   στόμα
pies   de ella   como   de oso,   y   la   boca

αὐτοῦ   ὡς   στόμα   λέοντος.   καὶ   ἔδωκεν
de ella   como   boca   de león.   Y   dio

[1]
17. DESCENDENCIA. Lit. simiente.
[2]
1. SOBRE LOS CUERNOS. (Nótese el contraste con 12:3
sobre las cabezas".)

αὐτῷ ὁ δράκων τὴν δύναμιν αὐτοῦ καὶ
le   el   dragón   el   poder   de él   y

τὸν θρόνον αὐτοῦ καὶ ἐξουσίαν μεγάλην.
el   trono   de él   y   autoridad   grande.

3 καὶ μίαν ἐκ τῶν κεφαλῶν αὐτοῦ ὡς
Y   (vi) una   de   las   cabezas   de ella   como

ἐσφαγμένην εἰς θάνατον, καὶ ἡ πληγὴ
[1]herida   de   muerte,   y   la   herida

τοῦ θανάτου αὐτοῦ ἐθεραπεύθη. καὶ
de   muerte   de ella   fue sanada.   Y

ἐθαυμάσθη ὅλη ἡ γῆ ὀπίσω τοῦ θηρίου,
se maravilló   toda   la tierra   en pos   de la   bestia,

4 καὶ προσεκύνησαν τῷ δράκοντι, ὅτι
y   adoraron   al   dragón,   pues

ἔδωκεν τὴν ἐξουσίαν τῷ θηρίῳ, καὶ
dio   la   autoridad   a la   bestia,   y

προσεκύνησαν τῷ θηρίῳ λέγοντες· τίς
adoraron   a la   bestia   diciendo: ¿Quién

ὅμοιος τῷ θηρίῳ, καὶ τίς δύναται
(es) semejante a la   bestia,   y   quién   puede

πολεμῆσαι μετ᾽ αὐτοῦ; **5** καὶ ἐδόθη αὐτῷ
luchar   con   ella?   Y   fue dada   le

στόμα λαλοῦν μεγάλα καὶ βλασφημίας,
una boca   que hablaba   [2]insolencias   y   blasfemias,

καὶ ἐδόθη αὐτῷ ἐξουσία ποιῆσαι μῆνας
y   fue dada   le   autoridad   para actuar   durante meses

τεσσεράκοντα [καὶ] δύο. **6** καὶ ἤνοιξεν
cuarenta   y   dos.   Y   abrió

τὸ στόμα αὐτοῦ εἰς βλασφημίας πρὸς
la   boca   de ella   en   blasfemias   hacia

τὸν θεόν, βλασφημῆσαι τὸ ὄνομα αὐτοῦ
— Dios,   para blasfemar   del   nombre   de él

καὶ τὴν σκηνὴν αὐτοῦ, τοὺς ἐν τῷ
y   del   tabernáculo   de él,   de los que   en   el

οὐρανῷ σκηνοῦντας. **7** καὶ ἐδόθη αὐτῷ
cielo   acampan.   Y   fue dado   le

ποιῆσαι πόλεμον μετὰ τῶν ἁγίων καὶ
hacer   guerra   con   los   santos   y

νικῆσαι αὐτούς, καὶ ἐδόθη αὐτῷ ἐξουσία
[3]vencer   los,   y   fue dada   le   autoridad

ἐπὶ πᾶσαν φυλὴν καὶ λαὸν καὶ γλῶσσαν
sobre   toda   tribu   y   pueblo   y   lengua

καὶ ἔθνος. **8** καὶ προσκυνήσουσιν αὐτὸν
y   nación.   Y   adorarán   la

πάντες οἱ κατοικοῦντες ἐπὶ τῆς γῆς,
todos   los   moradores   sobre   la   tierra,

οὗ οὐ γέγραπται τὸ ὄνομα αὐτοῦ ἐν
(aquel) no   está escrito   el   nombre   de él   en
de quien

1
3. HERIDA DE MUERTE. Lit. *degollada hasta la muerte.*
2
5. INSOLENCIAS. Lit. *cosas grandes.*
3
7. VENCERLOS (físicamente. Es decir, *matarlos*).

τῷ   βιβλίῳ   τῆς   ζωῆς   τοῦ   ἀρνίου   τοῦ
el   ¹libro   de la   vida   del   Cordero   —

ἐσφαγμένου   ἀπὸ   καταβολῆς   κόσμου.
que ha sido inmolado,   ²desde   (la) fundación   de(l) mundo.

9 Εἴ   τις   ἔχει   οὖς   ἀκουσάτω.   **10** εἴ
Si   alguno   tiene   oído,   oiga.   Si

τις   εἰς   αἰχμαλωσίαν,   εἰς   αἰχμαλωσίαν
alguno   ³(va) a   cautividad,   a   cautividad

ὑπάγει·   εἴ   τις   ἐν   μαχαίρῃ   ἀποκτενεῖ,
⁴irá;   si   alguno   con   espada   matara,

δεῖ   αὐτὸν   ἐν   μαχαίρῃ   ἀποκτανθῆναι.
⁵debe   él   con   espada   ser matado.

Ὧδέ   ἐστιν   ἡ   ὑπομονὴ   καὶ   ἡ   πίστις
Aquí   está   la   paciencia   y   la   fe

τῶν   ἁγίων.
de los   santos.

11 Καὶ   εἶδον   ἄλλο   θηρίον   ἀναβαῖνον
Y   vi   otra   bestia   que subía

ἐκ   τῆς   γῆς,   καὶ   εἶχεν   κέρατα   δύο
de   la   tierra,   y   tenía   cuernos   dos

ὅμοια   ἀρνίῳ,   καὶ   ἐλάλει   ὡς   δράκων.
semejantes   ⁶a un cordero,   y   hablaba   como   un dragón.

12 καὶ   τὴν   ἐξουσίαν   τοῦ   πρώτου   θηρίου
Y   la   autoridad   de la   primera   bestia

πᾶσαν   ποιεῖ   ἐνώπιον   αὐτοῦ.   καὶ   ποιεῖ
toda   ⁷ejerce   delante   de ella.   Y   hace que

τὴν   γῆν   καὶ   τοὺς   ἐν   αὐτῇ   κατοικοῦντας
la   tierra   y   los que   en   ella   moran

ἵνα   προσκυνήσουσιν   τὸ   θηρίον   τὸ   πρῶτον,
—   adoren   a la   bestia   —   primera,

οὗ   ἐθεραπεύθη   ἡ   πληγὴ   τοῦ   θανάτου
de la cual   fue sanada   la   herida   de la   muerte

αὐτοῦ.   **13** καὶ   ποιεῖ   σημεῖα   μεγάλα,
de ella.   Y   hace   ⁸señales   grandes,

ἵνα   καὶ   πῦρ   ποιῇ   ἐκ   τοῦ   οὐρανοῦ
⁹hasta el   fuego   hace   del   cielo
punto de que aun

καταβαίνειν   εἰς   τὴν   γῆν   ἐνώπιον   τῶν
descender   a   la   tierra   delante   de los

ἀνθρώπων.   **14** καὶ   πλανᾷ   τοὺς   κατοι-
hombres.   Y   engaña   a los   mora-

κοῦντας   ἐπὶ   τῆς   γῆς   διὰ   τὰ   σημεῖα
dores   sobre   la   tierra   en virtud de las   señales

ἃ   ἐδόθη   αὐτῷ   ποιῆσαι   ἐνώπιον   τοῦ
que   fue dado   le   hacer   delante   de la

θηρίου,   λέγων   τοῖς   κατοικοῦσιν   ἐπὶ   τῆς
bestia,   diciendo   a los   que moran   sobre   la

1
8. LIBRO. Lit. *rollo.*
2
8. DESDE LA FUNDACIÓN DEL MUNDO. Esta frase ha de conectarse con la "inscripción en el libro" (comp. con 17: 8), no con la "inmolación del Cordero".
3
10. (VA) A CAUTIVIDAD. O *(lleva) a cautividad.*
4
10. IRÁ. Lit. *va.*
5
10. DEBE ÉL. Lit. *es menester que él.*
6
11. A UN CORDERO. Es decir, *a los de un cordero.*
7
12. EJERCE. Lit. *hace.*
8
13. SEÑALES. Esto es, *falsos milagros.*
9
13. HASTA EL PUNTO DE QUE. Lit. *a fin de que.*

γῆς   ποιῆσαι   εἰκόνα   τῷ   θηρίῳ,   ὃς   ἔχει
tierra   que hagan   una imagen   a la   bestia,   que   tiene

τὴν   πληγὴν   τῆς   μαχαίρης   καὶ   ἔζησεν.
la   herida   de la   espada   y   1 vivió.

15 καὶ   ἐδόθη   αὐτῷ   δοῦναι   πνεῦμα   τῇ
Y   fue dado   le   2 dar   aliento   a la

εἰκόνι   τοῦ   θηρίου,   ἵνα   καὶ   λαλήσῃ   ἡ
imagen   de la   bestia,   para que   incluso   hablase   la

εἰκὼν   τοῦ   θηρίου,   καὶ   ποιήσῃ   [ἵνα]
imagen   de la   bestia,   e   hiciese   que

ὅσοι   ἐὰν   μὴ   προσκυνήσωσιν   τῇ   εἰκόνι
cuantos   —   no   adorasen   a la   imagen

τοῦ   θηρίου   ἀποκτανθῶσιν.   16 καὶ   ποιεῖ
de la   bestia   fueran matados.   Y   hace que

πάντας,   τοὺς   μικροὺς   καὶ   τοὺς   μεγάλους,
a todos,   a los   pequeños   y   a los   grandes,

καὶ   τοὺς   πλουσίους   καὶ   τοὺς   πτωχούς,
y   a los   ricos   y   a los   pobres,

καὶ   τοὺς   ἐλευθέρους   καὶ   τοὺς   δούλους,
y   a los   libres   y   a los   esclavos,

ἵνα   δῶσιν   αὐτοῖς   χάραγμα   ἐπὶ   τῆς
que   den   les   una marca   sobre   la

χειρὸς   αὐτῶν   τῆς   δεξιᾶς   ἢ   ἐπὶ   τὸ
mano   de ellos   —   derecha   o   sobre   la

μέτωπον   αὐτῶν,   17 [καὶ]   ἵνα   μή   τις
frente   de ellos,   y   que   nadie

δύνηται   ἀγοράσαι   ἢ   πωλῆσαι   εἰ   μὴ
pueda   comprar   o   vender   excepto

ὁ   ἔχων   τὸ   χάραγμα   τὸ   ὄνομα   τοῦ
el que tenga   la   marca,   el   nombre   de la

θηρίου   ἢ   τὸν   ἀριθμὸν   τοῦ   ὀνόματος
bestia   o   el   número   del   nombre

αὐτοῦ.   18 Ὧδε   ἡ   σοφία   ἐστίν.   ὁ   ἔχων
de ella.   Aquí   3 la   sabiduría   está.   El que tiene

νοῦν   ψηφισάτω   τὸν   ἀριθμὸν   τοῦ   θηρίου·
entendimiento,   calcule   el   número   de la   bestia;

ἀριθμὸς   γὰρ   ἀνθρώπου   ἐστίν.   καὶ   ὁ
porque número   de hombre   es.   Y   el

ἀριθμὸς   αὐτοῦ   ἑξακόσιοι   ἑξήκοντα   ἕξ.
número   de ella   (es) seiscientos   sesenta   (y) seis.

1
14. Vivió. Es decir, *continuó viviendo.*
2
15. Dar aliento. Esto es, *infundir vida.*
3
18. La sabiduría está. Es decir, *se requiere sabiduría.*

---

14 Καὶ   εἶδον,   καὶ   ἰδοὺ   τὸ   ἀρνίον
Y   vi,   y   he ahí   el   Cordero

ἑστὸς   ἐπὶ   τὸ   ὄρος   Σιών,   καὶ   μετ'   αὐτοῦ
en pie   sobre   el   monte   Sión,   y   con   él

ἑκατὸν   τεσσεράκοντα   τέσσαρες   χιλιάδες
ciento   cuarenta   y   cuatro   mil

ἔχουσαι   τὸ   ὄνομα   αὐτοῦ   καὶ   τὸ   ὄνομα
que tenían   el   nombre   de él   y   el   nombre

τοῦ   πατρὸς   αὐτοῦ   γεγραμμένον   ἐπὶ   τῶν
del   Padre   de él   que había sido escrito   sobre   las

μετώπων   αὐτῶν.   2 καὶ   ἤκουσα   φωνὴν
frentes   de ellos.   Y   oí   una voz

ἐκ   τοῦ   οὐρανοῦ   ὡς   φωνὴν   ὑδάτων   πολλῶν
del   cielo   como   voz   de aguas   muchas

καὶ   ὡς   φωνὴν   βροντῆς   μεγάλης,   καὶ
y   como   voz   de un trueno   grande,   y

ἡ   φωνὴ   ἦν   ἤκουσα   ὡς   κιθαρῳδῶν
la   voz   que   oí   como   [1]de arpistas

κιθαριζόντων   ἐν   ταῖς   κιθάραις   αὐτῶν.
que pulsan   en   las   arpas   de ellos.

3 καὶ   ᾄδουσιν   ᾠδὴν   καινὴν   ἐνώπιον   τοῦ
Y   cantan   un cántico   nuevo   delante   del

θρόνου   καὶ   ἐνώπιον   τῶν   τεσσάρων   ζῴων
trono   y   delante   de los   cuatro   seres vivientes

καὶ   τῶν   πρεσβυτέρων·   καὶ   οὐδεὶς   ἐδύνατο
y   de los   ancianos;   y   nadie   podía

μαθεῖν   τὴν   ᾠδὴν   εἰ   μὴ   αἱ   ἑκατὸν
aprender   el   cántico   excepto   los   ciento

τεσσεράκοντα   τέσσαρες   χιλιάδες,   οἱ
cuarenta   y   cuatro   mil,   los que

ἠγορασμένοι   ἀπὸ   τῆς   γῆς.   4 οὗτοί   εἰσιν
han sido comprados   de   la   tierra.   Éstos   son

οἱ   μετὰ   γυναικῶν   οὐκ   ἐμολύνθησαν·
los que   con   mujeres   no   fueron contaminados;

παρθένοι   γάρ   εἰσιν.   οὗτοι   οἱ   ἀκολουθοῦντες
porque [2]vírgenes   son.   Éstos (son) los   que siguen

τῷ   ἀρνίῳ   ὅπου   ἂν   ὑπάγῃ.   οὗτοι   ἠγοράσ-
al   Cordero   dondequiera   que va.   Éstos   fueron

θησαν   ἀπὸ   τῶν   ἀνθρώπων   ἀπαρχὴ   τῷ
comprados   de   los   hombres   como [3]primicias   —

θεῷ   καὶ   τῷ   ἀρνίῳ,   5 καὶ   ἐν   τῷ   στόματι
para Dios y   para el Cordero,   y   en   la   boca

αὐτῶν   οὐχ   εὑρέθη   ψεῦδος·   ἄμωμοί   εἰσιν.
de ellos   no fue   hallada   mentira;   sin mancha   son.

6 Καὶ   εἶδον   ἄλλον   ἄγγελον   πετόμενον
Y   vi   otro   ángel   que volaba

ἐν   μεσουρανήματι,   ἔχοντα   εὐαγγέλιον
en   medio del cielo,   que tenía   un evangelio

αἰώνιον   εὐαγγελίσαι   ἐπὶ   τοὺς   καθημένους
eterno   [4]para anunciar(lo)   sobre   los   sentados
(predicar)

1
2. DE ARPISTAS... Lit. de
citaristas que citarizan en
(o con) las cítaras.
2
4. VÍRGENES (en sentido espiritual. Comp. con Stg.
4:4).
3
4. PRIMICIAS. Prob. del reino milenario.
4
6. PARA ANUNCIAR(LO). Lit.
para evangelizar.

ἐπὶ τῆς γῆς καὶ ἐπὶ πᾶν ἔθνος καὶ
sobre la tierra y sobre toda nación y

φυλὴν καὶ γλῶσσαν καὶ λαόν, 7 λέγων
tribu y lengua y pueblo, que decía

ἐν φωνῇ μεγάλῃ· φοβήθητε τὸν θεὸν
con voz grande: Temed — a Dios

καὶ δότε αὐτῷ δόξαν, ὅτι ἦλθεν ἡ ὥρα
y dad le gloria, pues llegó la hora

τῆς κρίσεως αὐτοῦ, καὶ προσκυνήσατε
del juicio de él, y adorad

τῷ ποιήσαντι τὸν οὐρανὸν καὶ τὴν γῆν
al que hizo el cielo y la tierra

καὶ θάλασσαν καὶ πηγὰς ὑδάτων. 8 Καὶ
y (el) mar y (las) fuentes de las aguas. Y

ἄλλος ἄγγελος δεύτερος ἠκολούθησεν λέγων·
otro ángel segundo siguió(le), diciendo:

ἔπεσεν ἔπεσεν Βαβυλὼν ἡ μεγάλη, ἡ
Cayó, cayó Babilonia la grande, la

ἐκ τοῦ οἴνου τοῦ θυμοῦ τῆς πορνείας
que del vino del furor de la fornicación

αὐτῆς πεπότικεν πάντα τὰ ἔθνη. 9 Καὶ
de ella ha dado de beber a todas las naciones. Y

ἄλλος ἄγγελος τρίτος ἠκολούθησεν αὐτοῖς
otro ángel tercero siguió les

λέγων ἐν φωνῇ μεγάλῃ· εἴ τις προσκυνεῖ
diciendo con voz grande: Si alguien adora

τὸ θηρίον καὶ τὴν εἰκόνα αὐτοῦ, καὶ
a la bestia y a la imagen de ella, y

λαμβάνει χάραγμα ἐπὶ τοῦ μετώπου αὐτοῦ
recibe una marca sobre la frente de él

ἢ ἐπὶ τὴν χεῖρα αὐτοῦ, 10 καὶ αὐτὸς
o sobre la mano de él, también él

πίεται ἐκ τοῦ οἴνου τοῦ θυμοῦ τςῦ
beberá del vino del furor —

θεοῦ τοῦ κεκερασμένου ἀκράτου ἐν τῷ
de Dios — que ha sido mezclado [1]puro en la

ποτηρίῳ τῆς ὀργῆς αὐτοῦ, καὶ βασανισθήσε-
copa de la ira de él, y será atormen-

ται ἐν πυρὶ καὶ θείῳ ἐνώπιον ἀγγέλων
tado con fuego y azufre delante de ángeles

ἁγίων καὶ ἐνώπιον τοῦ ἀρνίου. 11 καὶ
santos y delante del Cordero. Y

ὁ καπνὸς τοῦ βασανισμοῦ αὐτῶν εἰς
el humo del tormento de ellos por

αἰῶνας αἰώνων ἀναβαίνει, καὶ οὐκ ἔχουσιν
siglos de siglos sube, y no tienen

ἀνάπαυσιν ἡμέρας καὶ νυκτὸς οἱ προσκυ-
pausa día y noche los que ado-

[1] 10. PURO. Lit. *sin diluir.*

νοῦντες τὸ θηρίον καὶ τὴν εἰκόνα αὐτοῦ,
ran   a la   bestia   y   a la   imagen   de ella,

καὶ εἴ τις λαμβάνει τὸ χάραγμα τοῦ
y   si   alguien   recibe   la   marca   del

ὀνόματος αὐτοῦ. 12 Ὧδε ἡ ὑπομονὴ
nombre   de ella.   Aquí   la   paciencia

τῶν ἁγίων ἐστίν, οἱ τηροῦντες τὰς
de los   santos   está,   los que   guardan   los

ἐντολὰς τοῦ θεοῦ καὶ τὴν πίστιν Ἰησοῦ.
mandamientos — de Dios   y   la   fe   de Jesús.

13 Καὶ ἤκουσα φωνῆς ἐκ τοῦ οὐρανοῦ
Y   oí   una voz   del   cielo

λεγούσης· γράψον· μακάριοι οἱ νεκροὶ
que decía: Escribe: Dichosos   los   muertos

οἱ ἐν κυρίῳ ἀποθνήσκοντες ἀπ᾽ ἄρτι.
los que en   (el) Señor   van muriendo   desde   ahora.

ναί, λέγει τὸ πνεῦμα, ἵνα ἀναπαήσονται
Sí,   dice   el   Espíritu,   para   que descansen

ἐκ τῶν κόπων αὐτῶν· τὰ γὰρ ἔργα
de   los   trabajos   de ellos;   porque las   obras

αὐτῶν ἀκολουθεῖ μετ᾽ αὐτῶν.
de ellos   siguen   con   ellos.

14 Καὶ εἶδον, καὶ ἰδοὺ νεφέλη λευκή,
Y   vi,   y   he aquí   una nube   blanca,

καὶ ἐπὶ τὴν νεφέλην καθήμενον ὅμοιον
y   sobre   la   nube   (uno) sentado   semejante

υἱὸν ἀνθρώπου, ἔχων ἐπὶ τῆς κεφαλῆς
a hijo   de hombre,   que tenía   sobre   la   cabeza

αὐτοῦ στέφανον χρυσοῦν καὶ ἐν τῇ χειρὶ
de él   una corona   de oro   y   en   la   mano

αὐτοῦ δρέπανον ὀξύ. 15 καὶ ἄλλος ἄγγελος
de él   una hoz   afilada.   Y   otro   ángel

ἐξῆλθεν ἐκ τοῦ ναοῦ, κράζων ἐν φωνῇ
salió   del   santuario,   clamando   con   voz

μεγάλῃ τῷ καθημένῳ ἐπὶ τῆς νεφέλης·
grande   al que   estaba sentado   sobre   la   nube:

πέμψον τὸ δρέπανόν σου καὶ θέρισον,
[1]Mete   la   hoz   de ti   y   siega,

ὅτι ἦλθεν ἡ ὥρα θερίσαι, ὅτι ἐξηράνθη
pues   vino   la   hora   de segar,   pues   [2]está madura

ὁ θερισμὸς τῆς γῆς. 16 καὶ ἔβαλεν
la   cosecha   de la   tierra.   Y   arrojó

ὁ καθήμενος ἐπὶ τῆς νεφέλης τὸ δρέπανον
el que estaba sentado   sobre   la   nube   la   hoz

1
15. METE. Lit. envía (echa).
2
15. ESTÁ MADURA. Lit. fue
secada.

αὐτοῦ ἐπὶ τὴν γῆν, καὶ ἐθερίσθη ἡ
de él   sobre   la   tierra,   y   fue segada   la

γῆ. 17 Καὶ ἄλλος ἄγγελος ἐξῆλθεν ἐκ
tierra.   Y   otro   ángel   salió   del

τοῦ ναοῦ τοῦ ἐν τῷ οὐρανῷ, ἔχων καὶ
santuario que (está) en   el   cielo,   que tenía también

αὐτὸς δρέπανον ὀξύ. 18 καὶ ἄλλος ἄγγελος
él   una hoz   afilada.   Y   otro   ángel

ἐξῆλθεν ἐκ τοῦ θυσιαστηρίου, [ὁ] ἔχων
salió   del   altar,   — que tenía

ἐξουσίαν ἐπὶ τοῦ πυρός, καὶ ἐφώνησεν
autoridad   sobre   el   fuego,   y   [1]habló

φωνῇ μεγάλῃ τῷ ἔχοντι τὸ δρέπανον
con voz   grande   al   que tenía   la   hoz

τὸ ὀξὺ λέγων· πέμψον σου τὸ δρέπανον
— afilada,   diciendo: [2]Mete   de ti   la   hoz

τὸ ὀξὺ καὶ τρύγησον τοὺς βότρυας τῆς
— afilada   y   vendimia   los   racimos   de la

ἀμπέλου τῆς γῆς, ὅτι ἤκμασαν αἱ
vid   de la   tierra,   pues   maduraron   las

σταφυλαὶ αὐτῆς. 19 καὶ ἔβαλεν ὁ ἄγγελος
uvas   de ella.   Y   arrojó   el   ángel

τὸ δρέπανον αὐτοῦ εἰς τὴν γῆν, καὶ
la   hoz   de él   a   la   tierra,   y

ἐτρύγησεν τὴν ἄμπελον τῆς γῆς καὶ
vendimió   la   vid   de la   tierra   y

ἔβαλεν εἰς τὴν ληνὸν τοῦ θυμοῦ τοῦ
(la) echó   en   el   lagar   del   furor   —

θεοῦ τὸν μέγαν. 20 καὶ ἐπατήθη ἡ
de Dios   — grande.   Y   fue pisado   el

ληνὸς ἔξωθεν τῆς πόλεως, καὶ ἐξῆλθεν
lagar   fuera   de la   ciudad,   y   salió

αἷμα ἐκ τῆς ληνοῦ ἄχρι τῶν χαλινῶν
sangre   del   lagar   hasta   los   frenos

τῶν ἵππων, ἀπὸ σταδίων χιλίων ἑξακοσίων.
de los   caballos,   [3]por   de estadios   mil   seiscientos.
   espacio

15 Καὶ εἶδον ἄλλο σημεῖον ἐν τῷ
Y   vi   otra   señal   en   el

οὐρανῷ μέγα καὶ θαυμαστόν, ἀγγέλους
cielo,   grande   y   admirable,   ángeles

ἑπτὰ ἔχοντας πληγὰς ἑπτὰ τὰς ἐσχάτας,
siete   que tenían   plagas   siete   las   últimas,

ὅτι ἐν αὐταῖς ἐτελέσθη ὁ θυμὸς τοῦ
pues   en   ellas   fue consumado   el   furor   —

θεοῦ. 2 Καὶ εἶδον ὡς θάλασσαν ὑαλίνην
de Dios.   Y   vi   como   un mar   de vidrio

---

[1] 18. HABLÓ. Lit. *dio voces.*
[2] 18. METE. Lit. *envía (echa).*
[3] 20. POR ESPACIO DE ESTADIOS... Lit. *desde estadios...*

μεμιγμένην· πυρί, καὶ τοὺς νικῶντας
mezclado con fuego, y a los que [1]vencieron

ἐκ τοῦ θηρίου καὶ ἐκ τῆς εἰκόνος αὐτοῦ
a la bestia y a la imagen de ella

καὶ ἐκ τοῦ ἀριθμοῦ τοῦ ὀνόματος αὐτοῦ
y al número del nombre de ella

ἐστῶτας ἐπὶ τὴν θάλασσαν τὴν ὑαλίνην,
en pie sobre el mar — de vidrio,

ἔχοντας κιθάρας τοῦ θεοῦ. 3 καὶ ᾄδουσιν
teniendo arpas — de Dios. Y cantan

τὴν ᾠδὴν Μωϋσέως τοῦ δούλου τοῦ
el cántico de Moisés el siervo —

θεοῦ καὶ τὴν ᾠδὴν τοῦ ἀρνίου, λέγοντες·
de Dios y el cántico del Cordero, diciendo:

μεγάλα καὶ θαυμαστὰ τὰ ἔργα σου,
Grandes y admirables (son) las obras de ti,

κύριε ὁ θεὸς ὁ παντοκράτωρ· δίκαιαι
Señor — Dios el Todopoderoso; justos (son)

καὶ ἀληθιναὶ αἱ ὁδοί σου, ὁ βασιλεὺς
y verdaderos los caminos de ti, el rey

τῶν ἐθνῶν· 4 τίς οὐ μὴ φοβηθῇ, κύριε,
de las naciones; ¿quién — no . (te) temiera, Señor,

καὶ δοξάσει τὸ ὄνομά σου; ὅτι μόνος
y glorificará el nombre de ti? Pues sólo (tú)

ὅσιος, ὅτι πάντα τὰ ἔθνη ἥξουσιν καὶ
santo (eres), pues todas las naciones vendrán y

προσκυνήσουσιν ἐνώπιόν σου, ὅτι τὰ
adorarán delante de ti, pues los

δικαιώματά σου ἐφανερώθησαν. 5 Καὶ
actos justos de ti fueron manifestados. Y

μετὰ ταῦτα εἶδον, καὶ ἠνοίγη ὁ ναὸς
después de esto vi, y fue abierto el santuario

τῆς σκηνῆς τοῦ μαρτυρίου ἐν τῷ οὐρανῷ,
del tabernáculo del testimonio en el cielo,

6 καὶ ἐξῆλθον οἱ ἑπτὰ ἄγγελοι οἱ ἔχοντες
y salieron los siete ángeles — que tenían

τὰς ἑπτὰ πληγὰς ἐκ τοῦ ναοῦ, ἐνδεδυμένοι
las siete plagas, del santuario, vestidos

λίνον καθαρὸν λαμπρὸν καὶ περιεζωσμένοι
de lino limpio, resplandeciente, y ceñidos

περὶ τὰ στήθη ζώνας χρυσᾶς. 7 καὶ
alrededor de los pechos con fajines de oro. Y

ἓν ἐκ τῶν τεσσάρων ζώων ἔδωκεν τοῖς
uno de los cuatro seres vivientes dio a los

[1]
2. VENCIERON A LA BESTIA.
Lit. *que vencen* (o *vencían*)
de la bestia, etc.
[2]
7. PÁTERAS. Es decir, *tazas
anchas.*

ἑπτὰ ἀγγέλοις ἑπτὰ φιάλας χρυσᾶς
siete ángeles siete [2]páteras de oro

γεμούσας τοῦ θυμοῦ τοῦ θεοῦ τοῦ ζῶντος
llenas   del   furor   —   de Dios   —   que vive

εἰς τοὺς αἰῶνας τῶν αἰώνων.   8 καὶ
por   los   siglos   de los   siglos.   Y

ἐγεμίσθη ὁ ναὸς καπνοῦ ἐκ τῆς δόξης
fue llenado   el   santuario   de humo   de   la   gloria

τοῦ θεοῦ καὶ ἐκ τῆς δυνάμεως αὐτοῦ,
—   de Dios   y   del   poder   de él,

καὶ οὐδεὶς ἐδύνατο εἰσελθεῖν εἰς τὸν
y   nadie   podía   entrar   en   el

ναὸν ἄχρι τελεσθῶσιν αἱ ἑπτὰ πληγαὶ
santuario hasta que   fuesen consumadas   las   siete   plagas

τῶν ἑπτὰ ἀγγέλων.   16 Καὶ ἤκουσα
de los   siete   ángeles.   Y   oí

μεγάλης φωνῆς ἐκ τοῦ ναοῦ λεγούσης τοῖς
una gran   voz   [1]del   santuario,   que decía   a los

ἑπτὰ ἀγγέλοις· ὑπάγετε καὶ ἐκχέετε τὰς ἑπτὰ
siete   ángeles: Id   y   derramad   las   siete

φιάλας τοῦ θυμοῦ τοῦ θεοῦ εἰς τὴν γῆν.
páteras   del   furor   —   de Dios   en   la   tierra.

2 Καὶ ἀπῆλθεν ὁ πρῶτος καὶ ἐξέχεεν τὴν
Y   se fue   el   primero   y   derramó   la

φιάλην αὐτοῦ εἰς τὴν γῆν· καὶ ἐγένετο
pátera   de él   en   la   tierra;   y   [2]se hizo

ἔλκος κακὸν καὶ πονηρὸν ἐπὶ τοὺς ἀνθρώπους
una úlcera [3]maligna   y   dolorosa   sobre   los   hombres

τοὺς ἔχοντας τὸ χάραγμα τοῦ θηρίου καὶ
—   que tenían   la   marca   de la   bestia,   y

τοὺς προσκυνοῦντας τῇ εἰκόνι αὐτοῦ.   3 Καὶ
—   que adoraban   la   imagen   de ella.   Y

ὁ δεύτερος ἐξέχεεν τὴν φιάλην αὐτοῦ
el   segundo   derramó   la   pátera   de él

εἰς τὴν θάλασσαν· καὶ ἐγένετο αἷμα
en   el   mar;   y   se convirtió   en sangre

ὡς νεκροῦ, καὶ πᾶσα ψυχὴ ζωῆς ἀπέθανεν,
como de muerto,   y   [4]todo   ser   vivo   murió,

τὰ ἐν τῇ θαλάσσῃ.   4 Καὶ ὁ τρίτος
los (que en   el   mar.   Y   el   tercero
estaban)

ἐξέχεεν τὴν φιάλην αὐτοῦ εἰς τοὺς
derramó   la   pátera   de él   en   los

ποταμοὺς καὶ τὰς πηγὰς τῶν ὑδάτων·
ríos   y   las   fuentes   de las   aguas;

καὶ ἐγένετο αἷμα.   5 Καὶ ἤκουσα τοῦ
y   se convirtió   en sangre.   Y   oí   al

ἀγγέλου τῶν ὑδάτων λέγοντος· δίκαιος
ángel   de las   aguas   que decía: Justo

1
1. DEL SANTUARIO. Es decir, *procedente del santuario.*

2
2. SE HIZO. Es decir, *sobrevino.*

3
2. MALIGNA Y DOLOROSA. Lit. *mala y maligna.*

4
3. TODO SER VIVO. Lit. *toda alma de vida.*

εἰ, ὁ ὤν καὶ ὁ ἦν, ὁ ὅσιος, ὅτι
eres, el que es y que era, el santo, pues

ταῦτα ἔκρινας, 6 ὅτι αἷμα ἁγίων
estas cosas juzgaste, pues (la) sangre de santos

καὶ προφητῶν ἐξέχεαν, καὶ αἷμα αὐτοῖς
y profetas derramaron, también sangre les

δέδωκας πεῖν· ἄξιοί εἰσιν. 7 Καὶ ἤκουσα
has dado a beber; [1]dignos son. Y oí

τοῦ θυσιαστηρίου λέγοντος· ναί, κύριε
[2]al altar que decía: Sí, Señor

ὁ θεὸς ὁ παντοκράτωρ, ἀληθιναὶ καὶ
— Dios el Todopoderoso, verdaderos y

δίκαιαι αἱ κρίσεις σου. 8 Καὶ ὁ τέταρτος
justos (son) los juicios de ti. Y el cuarto

ἐξέχεεν τὴν φιάλην αὐτοῦ ἐπὶ τὸν ἥλιον·
derramó la pátera de él sobre el sol;

καὶ ἐδόθη αὐτῷ καυματίσαι τοὺς
y fue dado le abrasar a los

ἀνθρώπους ἐν πυρί. 9 καὶ ἐκαυματίσθησαν
hombres con fuego. Y fueron abrasados

οἱ ἄνθρωποι καῦμα μέγα, καὶ ἐβλασ-
los hombres (con) calor grande, y blasfe-

φήμησαν τὸ ὄνομα τοῦ θεοῦ τοῦ ἔχοντος
maron el nombre — de Dios que tenía

τὴν ἐξουσίαν ἐπὶ τὰς πληγὰς ταύτας,
la autoridad sobre las plagas estas,

καὶ οὐ μετενόησαν δοῦναι αὐτῷ δόξαν.
y no se arrepintieron para dar le gloria.

10 Καὶ ὁ πέμπτος ἐξέχεεν τὴν φιάλην
Y el quinto derramó la pátera

αὐτοῦ ἐπὶ τὸν θρόνον τοῦ θηρίου· καὶ
de él sobre el trono de la bestia; y

ἐγένετο ἡ βασιλεία αὐτοῦ ἐσκοτωμένη,
se hizo el reino de él habiendo sido oscurecido,

καὶ ἐμασῶντο τὰς γλώσσας αὐτῶν ἐκ
y se mordían las lenguas de ellos por

τοῦ πόνου, 11 καὶ ἐβλασφήμησαν τὸν θεὸν
el dolor, y blasfemaron del Dios

τοῦ οὐρανοῦ ἐκ τῶν πόνων αὐτῶν καὶ
del cielo por los dolores de ellos y

ἐκ τῶν ἑλκῶν αὐτῶν, καὶ οὐ μετενόησαν
por las úlceras de ellos, y no se arrepintieron

ἐκ τῶν ἔργων αὐτῶν. 12 Καὶ ὁ ἔκτος
de las obras de ellos. Y el sexto

ἐξέχεεν τὴν φιάλην αὐτοῦ ἐπὶ τὸν ποταμὸν
derramó la pátera de él sobre el río

[1]
6. DIGNOS SON. Es decir, se lo tienen merecido.
[2]
7. AL ALTAR. Esto es, una voz que salía del altar.

τὸν μέγαν Εὐφράτην· καὶ ἐξηράνθη τὸ
— grande, Eufrates; y fue secada el

ὕδωρ αὐτοῦ, ἵνα ἑτοιμασθῇ ἡ ὁδὸς τῶν
agua de él, para que fuese preparado el camino de los

βασιλέων τῶν ἀπὸ ἀνατολῆς ἡλίου. 13 Καὶ
reyes — [1]del oriente. Y

εἶδον ἐκ τοῦ στόματος τοῦ δράκοντος
vi (salir) de la boca del dragón

καὶ ἐκ τοῦ στόματος τοῦ θηρίου καὶ
y de la boca de la bestia y

ἐκ τοῦ στόματος τοῦ ψευδοπροφήτου
de la boca del falso profeta

πνεύματα τρία ἀκάθαρτα ὡς βάτραχοι·
espíritus tres inmundos como [2]ranas;

14 εἰσὶν γὰρ πνεύματα δαιμονίων ποιοῦντα
porque son espíritus de demonios que hacen

σημεῖα, ἃ ἐκπορεύεται ἐπὶ τοὺς βασιλεῖς
señales, los cuales salen hacia los reyes

τῆς οἰκουμένης ὅλης, συναγαγεῖν αὐτοὺς
de la tierra habitada entera, para reunir los

εἰς τὸν πόλεμον τῆς ἡμέρας τῆς μεγάλης
a la batalla del día — grande

τοῦ θεοῦ τοῦ παντοκράτορος. 15 Ἰδοὺ
— de Dios el Todopoderoso. Mira que

ἔρχομαι ὡς κλέπτης· μακάριος ὁ γρηγορῶν
vengo como un ladrón; dichoso el que vela

καὶ τηρῶν τὰ ἱμάτια αὐτοῦ, ἵνα μὴ
y guarda las ropas de él, para que no

γυμνὸς περιπατῇ καὶ βλέπωσιν τὴν
desnudo ande y vean la

ἀσχημοσύνην αὐτοῦ. 16 Καὶ συνήγαγεν
vergüenza de él. Y reunió

αὐτοὺς εἰς τὸν τόπον τὸν καλούμενον
los en el lugar — llamado

Ἑβραϊστὶ Ἁρμαγεδών. 17 Καὶ ὁ ἕβδομος
en hebreo Harmagedón. Y el séptimo

ἐξέχεεν τὴν φιάλην αὐτοῦ ἐπὶ τὸν ἀέρα·
derramó la pátera de él sobre el aire;

καὶ ἐξῆλθεν φωνὴ μεγάλη ἐκ τοῦ ναοῦ
y salió una voz grande del santuario,

ἀπὸ τοῦ θρόνου λέγουσα· γέγονεν. 18 καὶ
desde el trono, que decía: [3]Sucedió. Y

ἐγένοντο ἀστραπαὶ καὶ φωναὶ καὶ βρονταί,
hubo relámpagos y voces y truenos,

καὶ σεισμὸς ἐγένετο μέγας, οἷος οὐκ
y un terremoto hubo grande, cual no

1
12. DEL ORIENTE. Lit. *de la salida del sol.*
2
13. RANAS. O *sapos.* Eran animales inmundos. Es probable que el poder seductor de esta "trinidad" maléfica esté simbolizado en el croar de las ranas.
3
17. SUCEDIÓ. Lit. *se ha hecho.* Es decir, ¡se acabó! (Es el acto final de Dios antes de la 2.ª Venida.)

ἐγένετο ἀφ' οὗ ἄνθρωπος ἐγένετο ἐπὶ
(lo) hubo   desde   que   hombre   hubo   sobre

τῆς γῆς, τηλικοῦτος σεισμὸς οὕτω μέγας.
la tierra,   tan enorme   terremoto   así   de grande.

19 καὶ ἐγένετο ἡ πόλις ἡ μεγάλη εἰς
   Y   se hizo   la   ciudad   —   grande   en

τρία μέρη, καὶ αἱ πόλεις τῶν ἐθνῶν
tres   partes,   y   las   ciudades   de las   naciones

ἔπεσαν. καὶ Βαβυλὼν ἡ μεγάλη ἐμνήσθη
cayeron.   Y   Babilonia   la   grande   fue recordada

ἐνώπιον τοῦ θεοῦ δοῦναι αὐτῇ τὸ ποτήριον
delante   — de Dios para dar   le   la   copa

τοῦ οἴνου τοῦ θυμοῦ τῆς ὀργῆς αὐτοῦ.
del   vino   del   furor   de la   ira   de él.

20 καὶ πᾶσα νῆσος ἔφυγεν, καὶ ὄρη
   Y   toda   isla   huyó,   y   montes

οὐχ εὑρέθησαν. **21** καὶ χάλαζα μεγάλη
no   fueron hallados.   Y   un granizo   grande

ὡς ταλαντιαία καταβαίνει ἐκ τοῦ οὐρανοῦ
como   del tamaño de   baja   del   cielo
     un talento,

ἐπὶ τοὺς ἀνθρώπους· καὶ ἐβλασφήμησαν
sobre   los   hombres;   y   blasfemaron

οἱ ἄνθρωποι τὸν θεὸν ἐκ τῆς πληγῆς
los   hombres   —   contra Dios por   la   plaga

τῆς χαλάζης, ὅτι μεγάλη ἐστὶν ἡ πληγὴ
del   granizo,   pues   grande   es   la   plaga

αὐτῆς σφόδρα.
de éste   sobremanera.

17 Καὶ ἦλθεν εἷς ἐκ τῶν ἑπτὰ ἀγγέλων
   Y   vino   uno   de los   siete   ángeles

τῶν ἐχόντων τὰς ἑπτὰ φιάλας, καὶ
de los   que tenían   las   siete   páteras,   y

ἐλάλησεν μετ' ἐμοῦ λέγων· δεῦρο, δείξω
habló   conmigo,   diciendo: Ven,   mostraré

σοι τὸ κρίμα τῆς πόρνης τῆς μεγάλης
te   1el   juicio   de la   ramera   —   grande

τῆς καθημένης ἐπὶ ὑδάτων πολλῶν, **2** μεθ'
— que está sentada   sobre   aguas   muchas,   con

ἧς ἐπόρνευσαν οἱ βασιλεῖς τῆς γῆς,
la que   fornicaron   los   reyes   de la   tierra,

καὶ ἐμεθύσθησαν οἱ κατοικοῦντες τὴν γῆν
y   se embriagaron   los   moradores   de la   tierra

1
1. EL JUICIO. O *la senten-*   ἐκ τοῦ οἴνου τῆς πορνείας αὐτῆς. **3** καὶ
cia.   del   vino   de la   fornicación   de ella.   Y

ἀπήνεγκέν με εἰς ἔρημον ἐν πνεύματι.
llevó me a un desierto en espíritu.

καὶ εἶδον γυναῖκα καθημένην ἐπὶ θηρίον
Y vi una mujer sentada sobre una bestia

κόκκινον, γέμοντα ὀνόματα βλασφημίας,
escarlata, 1llena de nombres de blasfemia,

ἔχοντα κεφαλὰς ἑπτὰ καὶ κέρατα δέκα.
que tenía cabezas siete y cuernos diez.

4 καὶ ἡ γυνὴ ἦν περιβεβλημένη πορφυροῦν
Y la mujer estaba cubierta de púrpura

καὶ κόκκινον, καὶ κεχρυσωμένη χρυσίῳ
y de escarlata, y 2recubierta de joyas de oro

καὶ λίθῳ τιμίῳ καὶ μαργαρίταις, ἔχουσα
y de piedra(s) preciosa(s) y de perlas, teniendo

ποτήριον χρυσοῦν ἐν τῇ χειρὶ αὐτῆς
una copa de oro en la mano de ella,

γέμον βδελυγμάτων καὶ τὰ ἀκάθαρτα
llena de abominaciones y de las inmundicias

τῆς πορνείας αὐτῆς, **5** καὶ ἐπὶ τὸ
de la fornicación de ella, y sobre la

μέτωπον αὐτῆς ὄνομα γεγραμμένον,
frente de ella un nombre escrito,

μυστήριον, ΒΑΒΥΛΩΝ Η ΜΕΓΑΛΗ,
un misterio, BABILONIA LA GRANDE,

Η ΜΗΤΗΡ ΤΩΝ ΠΟΡΝΩΝ ΚΑΙ
LA MADRE DE LAS RAMERAS Y

ΤΩΝ ΒΔΕΛΥΓΜΑΤΩΝ ΤΗΣ ΓΗΣ.
DE LAS ABOMINACIONES DE LA TIERRA.

6 καὶ εἶδον τὴν γυναῖκα μεθύουσαν ἐκ
Y vi a la mujer ebria de

τοῦ αἵματος τῶν ἁγίων καὶ ἐκ τοῦ
la sangre de los santos, y de la

αἵματος τῶν μαρτύρων Ἰησοῦ. Καὶ
sangre de los testigos de Jesús. Y

ἐθαύμασα ἰδὼν αὐτὴν θαῦμα μέγα. **7** καὶ
me asombré viendo la (con) asombro grande. Y

εἶπέν μοι ὁ ἄγγελος· διὰ τί ἐθαύμασας;
dijo me el ángel: ¿Por qué te asombraste?

ἐγὼ ἐρῶ σοι τὸ μυστήριον τῆς γυναικὸς
Yo diré te el misterio de la mujer

καὶ τοῦ θηρίου τοῦ βαστάζοντος αὐτὴν
y de la bestia — que lleva (encima) la

τοῦ ἔχοντος τὰς ἑπτὰ κεφαλὰς καὶ τὰ
— (y) que tiene las siete cabezas y los

δέκα κέρατα. **8** Τὸ θηρίον ὃ εἶδες ἦν
diez cuernos. La bestia que viste era

3. LLENA... QUE TENÍA. (Se refiere, no a la mujer, sino a la bestia. Para mostrar que la bestia, el Anticristo, es un hombre, Juan pone en masculino los participios, a pesar de que *bestia* es neutro en griego.)
2
4. RECUBIERTA DE JOYAS. Lit. *dorada con oro.* e

καὶ   οὐκ   ἔστιν,   καὶ   μέλλει   ἀναβαίνειν
y   no   es,   y   está para subir

ἐκ τῆς ἀβύσσου καὶ εἰς ἀπώλειαν ὑπάγει·
del   abismo   y   a   destrucción   va;

καὶ   θαυμασθήσονται   οἱ   κατοικοῦντες   ἐπὶ
y   se asombrarán   los   moradores   sobre

τῆς   γῆς,   ὧν   οὐ   γέγραπται   τὸ   ὄνομα
la   tierra, de los que no está escrito el   nombre

ἐπὶ   τὸ   βιβλίον   τῆς   ζωῆς   ἀπὸ   καταβολῆς
en   el   libro   de la   vida   desde   (la) fundación

κόσμου,   βλεπόντων   τὸ   θηρίον   ὅτι   ἦν
del mundo,   al ver   a la   bestia,   pues   era

καὶ   οὐκ   ἔστιν   καὶ   παρέσται.   9 ὧδε
y   no   es   y   ¹va a venir.   Aquí

ὁ   νοῦς   ὁ   ἔχων   σοφίαν.   αἱ   ἑπτὰ
²se requiere mente que tenga sabiduría. Las   siete

κεφαλαὶ   ἑπτὰ   ὄρη   εἰσίν,   ὅπου   ἡ   γυνὴ
cabezas   siete   montes son,   donde   la   mujer

κάθηται   ἐπ'   αὐτῶν,   καὶ   βασιλεῖς   ἑπτά
está sentada   sobre   ellos,   y   reyes   siete

εἰσιν·   10 οἱ   πέντε   ἔπεσαν,   ὁ   εἷς   ἔστιν,
son;   los   cinco   cayeron,   el   uno   es,

ὁ   ἄλλος   οὔπω   ἦλθεν,   καὶ   ὅταν   ἔλθῃ
el   otro   aún no   vino,   y   cuando   venga

ὀλίγον   αὐτὸν   δεῖ   μεῖναι.   11 καὶ   τὸ
por un poco ³él   debe permanecer.   Y   la
(de tiempo)

θηρίον   ὃ   ἦν   καὶ   οὐκ   ἔστιν,   καὶ   αὐτὸς
bestia   que era   y   no   es,   también   ella

ὄγδοός   ἐστιν,   καὶ   ἐκ   τῶν   ἑπτά   ἐστιν,
octavo   es,   y   de   los   siete   es,

καὶ   εἰς   ἀπώλειαν   ὑπάγει.   12 καὶ   τὰ
y   a   destrucción   va.   Y   los

δέκα   κέρατα   ἃ   εἶδες   δέκα   βασιλεῖς
diez   cuernos   que viste   diez   reyes

εἰσιν,   οἵτινες   βασιλείαν   οὔπω   ἔλαβον,
son,   los cuales   reino   aún no   recibieron,

ἀλλὰ   ἐξουσίαν   ὡς   βασιλεῖς   μίαν   ὥραν
pero   autoridad   como   reyes   por una   hora

λαμβάνουσιν   μετὰ   τοῦ   θηρίου.   13 οὗτοι
reciben   con   la   bestia.   Éstos

μίαν   γνώμην   ἔχουσιν,   καὶ   τὴν   δύναμιν
un (mismo) objetivo tienen,   y   el   poder

καὶ   ἐξουσίαν   αὐτῶν   τῷ   θηρίῳ   διδόασιν.
y   autoridad   de ellos a la   bestia   dan.

14 οὗτοι   μετὰ   τοῦ   ἀρνίου   πολεμήσουσιν
Éstos   con   el   Cordero   guerrearán

---

8. VA A VENIR. Lit. *está presente* .

9. SE REQUIERE MENTE. Lit. *la mente.*

10. ÉL DEBE PERMANECER. Lit. *es menester que él permanezca.*

καὶ τὸ ἀρνίον νικήσει αὐτούς, ὅτι κύριος
y el Cordero vencerá los, pues Señor

κυρίων ἐστὶν καὶ βασιλεὺς βασιλέων, καὶ
de señores es y Rey de reyes, y

οἱ μετ' αὐτοῦ κλητοὶ καὶ ἐκλεκτοὶ καὶ
los (que con él (son) llamados y escogidos y
están)

πιστοί. 15 Καὶ λέγει μοι· τὰ ὕδατα
fieles. Y dice me: Las aguas

ἃ εἶδες, οὗ ἡ πόρνη κάθηται, λαοὶ
que viste, donde la ramera se sienta, pueblos

καὶ ὄχλοι εἰσὶν καὶ ἔθνη καὶ γλῶσσαι.
y multitudes son y naciones y lenguas.

16 καὶ τὰ δέκα κέρατα ἃ εἶδες καὶ
Y los diez cuernos que viste y

τὸ θηρίον, οὗτοι μισήσουσιν τὴν πόρνην,
la bestia, éstos odiarán a la ramera,

καὶ ἠρημωμένην ποιήσουσιν αὐτὴν καὶ
y desolada harán la y

γυμνήν, καὶ τὰς σάρκας αὐτῆς φάγονται,
desnuda, y las carnes de ella comerán,

καὶ αὐτὴν κατακαύσουσιν [ἐν] πυρί· 17 ὁ
y la abrasarán con fuego; —

γὰρ θεὸς ἔδωκεν εἰς τὰς καρδίας αὐτῶν
porque Dios [1]puso en los corazones de ellos

ποιῆσαι τὴν γνώμην αὐτοῦ, καὶ ποιῆσαι
hacer el designio de él, y hacer

μίαν γνώμην καὶ δοῦναι τὴν βασιλείαν
un solo acuerdo y dar el reino

αὐτῶν τῷ θηρίῳ, ἄχρι τελεσθήσονται οἱ
de ellos a la bestia, hasta que hayan sido cumplidas las

λόγοι τοῦ θεοῦ. 18 καὶ ἡ γυνὴ ἣν
palabras — de Dios. Y la mujer que

εἶδες ἔστιν ἡ πόλις ἡ μεγάλη ἡ ἔχουσα
viste es la ciudad — grande — que tiene

βασιλείαν ἐπὶ τῶν βασιλέων τῆς γῆς.
soberanía sobre los reyes de la tierra.

18 Μετὰ ταῦτα εἶδον ἄλλον ἄγγελον
Después de esto vi otro ángel

καταβαίνοντα ἐκ τοῦ οὐρανοῦ, ἔχοντα
que bajaba del cielo, que tenía

ἐξουσίαν μεγάλην, καὶ ἡ γῆ ἐφωτίσθη
autoridad grande, y la tierra fue iluminada

ἐκ τῆς δόξης αὐτοῦ. 2 καὶ ἔκραξεν
a causa del resplandor de él. Y clamó

1
17. PUSO EN LOS CORAZONES.
Lit. *dio hacia los corazo-*
nes.

ἐν ἰσχυρᾷ φωνῇ λέγων· ἔπεσεν ἔπεσεν
con   fuerte   voz,   diciendo: Cayó,   cayó

Βαβυλὼν ἡ μεγάλη, καὶ ἐγένετο κατοικητή-
Babilonia   la   grande,   y   se convirtió   en mora-

ριον δαιμονίων καὶ φυλακὴ παντὸς
da   de demonios   y   en guarida   de todo

πνεύματος ἀκαθάρτου καὶ φυλακὴ παντὸς
espíritu   inmundo   y   en guarida   de toda

ὀρνέου ἀκαθάρτου καὶ μεμισημένου, 3 ὅτι
ave   inmunda   y   aborrecible,   pues

ἐκ τοῦ οἴνου τοῦ θυμοῦ τῆς πορνείας
del   vino   del   furor   de la   fornicación

αὐτῆς πέπωκαν πάντα τὰ ἔθνη, καὶ
de ella   han bebido   todas   las   naciones,   y

οἱ βασιλεῖς τῆς γῆς μετ' αὐτῆς ἐπόρνευσαν,
los   reyes   de la   tierra   con   ella   fornicaron,

καὶ οἱ ἔμποροι τῆς γῆς ἐκ τῆς δυνάμεως
y   los   mercaderes   de la   tierra   del   poder

τοῦ στρήνους αὐτῆς ἐπλούτησαν. 4 Καὶ
de la   fastuosidad   de ella   se enriquecieron.   Y

ἤκουσα ἄλλην φωνὴν ἐκ τοῦ οὐρανοῦ
oí   otra   voz   [1]del   cielo,

λέγουσαν· ἐξέλθατε ὁ λαός μου ἐξ αὐτῆς,
que decía: Salid,   el   pueblo   de mí,   de   ella,

ἵνα μὴ συγκοινωνήσητε ταῖς ἁμαρτίαις
para que no   [2]seáis cómplices   de los   pecados

αὐτῆς, καὶ ἐκ τῶν πληγῶν αὐτῆς ἵνα
de ella,   y   de las   plagas   de ella   para

μὴ λάβητε· 5 ὅτι ἐκολλήθησαν αὐτῆς αἱ
que no recibáis;   pues   [3]han sido apilados   de ella   los

ἁμαρτίαι ἄχρι τοῦ οὐρανοῦ, καὶ ἐμνημό-
pecados   hasta   el   cielo,   y   se acordó

νευσεν ὁ θεὸς τὰ ἀδικήματα αὐτῆς.
—   Dios   de los   crímenes   de ella.

6 ἀπόδοτε αὐτῇ ὡς καὶ αὐτὴ ἀπέδωκεν,
Retribuid   le   como también   ella   dio,

καὶ διπλώσατε τὰ διπλᾶ κατὰ τὰ ἔργα
y   [4]pagadle   el   doble   conforme   a las   obras

αὐτῆς· ἐν τῷ ποτηρίῳ ᾧ ἐκέρασεν
de ella;   en   la   copa   en que   mezcló

κεράσατε αὐτῇ διπλοῦν· 7 ὅσα ἐδόξασεν
mezclad   le   doble.   Cuanto   glorificó

αὐτὴν καὶ ἐστρηνίασεν, τοσοῦτον δότε
se   y   vivió en molicie,   otro tanto   dad

αὐτῇ βασανισμὸν καὶ πένθος. ὅτι ἐν
le   (de) tormento   y   duelo.   Pues   en

4. DEL CIELO. Es decir, *procedente del cielo*.

2
4. SEÁIS CÓMPLICES DE LOS PECADOS. Lit. *tengáis comunión con los pecados*.

3
5. HAN SIDO APILADOS. Lit. *han sido apegados*.

4
6. PAGADLE EL DOBLE. Lit. *dobladle lo doble*.

τῇ   καρδίᾳ   αὐτῆς   λέγει   ὅτι   κάθημαι
el   corazón   de ella   dice: Me   siento

βασίλισσα   καὶ   χήρα   οὐκ   εἰμὶ   καὶ   πένθος
(como) reina y   viuda   no   soy   y   luto

οὐ   μὴ   ἴδω·   8 διὰ   τοῦτο   ἐν   μιᾷ   ἡμέρᾳ
jamás veré;   por   eso,   en   un solo día

ἥξουσιν   αἱ   πληγαὶ   αὐτῆς,   θάνατος   καὶ
vendrán   las plagas   de ella, muerte   y

πένθος   καὶ   λιμός,   καὶ   ἐν   πυρὶ   κατακαυ-
duelo   y   hambre,   y   con   fuego   será abra-

θήσεται·   ὅτι   ἰσχυρὸς   κύριος   ὁ   θεὸς   ὁ
sada;   pues   fuerte   (es el) Señor — Dios   el

κρίνας   αὐτήν.   9 καὶ   κλαύσουσιν   καὶ
que juzga la.   Y   llorarán   y

κόψονται   ἐπ'   αὐτὴν   οἱ   βασιλεῖς   τῆς
se lamentarán sobre ella   los   reyes   de la

γῆς   οἱ   μετ'   αὐτῆς   πορνεύσαντες   καὶ
tierra los que con   ella   fornicaron   y

στρηνιάσαντες,   ὅταν   βλέπωσιν   τὸν   καπνὸν
vivieron en molicie, cuando   vean   el   humo

τῆς   πυρώσεως   αὐτῆς,   10 ἀπὸ   μακρόθεν
del   incendio   de ella,   desde   lejos

ἑστηκότες   διὰ   τὸν   φόβον   τοῦ   βασανισμοῦ
estando en pie a causa del   temor   del   tormento

αὐτῆς,   λέγοντες·   οὐαὶ   οὐαί,   ἡ   πόλις
de ella, diciendo: ¡Ay,   ay,   la   ciudad

ἡ   μεγάλη,   Βαβυλὼν   ἡ   πόλις   ἡ   ἰσχυρά,
—   grande,   Babilonia,   la   ciudad —   fuerte,

ὅτι   μιᾷ   ὥρᾳ   ἦλθεν   ἡ   κρίσις   σου.   11 καὶ
pues en una hora   vino   el   juicio   de ti!   Y

οἱ   ἔμποροι   τῆς   γῆς   κλαίουσιν   καὶ
los   mercaderes de la ciudad lloran   y

πενθοῦσιν   ἐπ'   αὐτήν,   ὅτι   τὸν   γόμον
hacen duelo sobre   ella,   porque   el   cargamento

αὐτῶν   οὐδεὶς   ἀγοράζει   οὐκέτι,   12 γόμον
de ellos nadie   compra   ya más,   cargamento

χρυσοῦ   καὶ   ἀργύρου   καὶ   λίθου   τιμίου
de oro   y   de plata   y   de piedra(s) preciosa(s)

καὶ   μαργαριτῶν   καὶ   βυσσίνου   καὶ   πορφύρας
y   de perlas   y   de lino fino   y   de púrpura

καὶ   σηρικοῦ   καὶ   κοκκίνου,   καὶ   πᾶν
y   de seda   y   de escarlata,   y   toda

ξύλον   θύϊνον   καὶ   πᾶν   σκεῦος   ἐλεφάντινον
madera olorosa   y   todo   objeto   de marfil

καὶ   πᾶν   σκεῦος   ἐκ   ξύλου   τιμιωτάτου
y   todo   objeto   de   madera   muy valiosa

καὶ χαλκοῦ καὶ σιδήρου καὶ μαρμάρου,
y   de cobre   y   de hierro   y   de mármol,

13 καὶ κιννάμωμον καὶ ἄμωμον καὶ
y   cinamomo   y   especia(s) aromáticas   e

θυμιάματα καὶ μύρον καὶ λίβανον καὶ
incienso   y   mirra   y   olíbano   y

οἶνον καὶ ἔλαιον καὶ σεμίδαλιν καὶ σῖτον
vino   y   aceite   y   flor de harina   y   trigo

καὶ κτήνη καὶ πρόβατα, καὶ ἵππων
y   bestias de carga   y   ovejas,   y   de caballos

καὶ ῥεδῶν καὶ σωμάτων, καὶ ψυχὰς
y   de carros   y   [1]de esclavos   y   almas

ἀνθρώπων. **14** καὶ ἡ ὀπώρα σου τῆς
de hombres.   Y   el   fruto   de ti   de la

ἐπιθυμίας τῆς ψυχῆς ἀπῆλθεν ἀπὸ σοῦ,
codicia   del   alma   se fue (lejos)   de   ti,

καὶ πάντα τὰ λιπαρὰ καὶ τὰ λαμπρὰ
y   todas   las cosas exquisitas   y   —   espléndidas

ἀπώλετο ἀπὸ σοῦ, καὶ οὐκέτι οὐ μὴ
[2]han desaparecido   de   ti,   y   ya no   jamás

αὐτὰ εὑρήσουσιν. **15** οἱ ἔμποροι τούτων,
las   hallarán.   Los   mercaderes   de estas cosas,

οἱ πλουτήσαντες ἀπ᾽ αὐτῆς, ἀπὸ μακρόθεν
los   que se enriquecieron a costa   de ella,   desde   lejos

στήσονται διὰ τὸν φόβον τοῦ βασανισμοῦ
se pararán   a causa   del   temor   del   tormento

αὐτῆς κλαίοντες καὶ πενθοῦντες, **16** λέγοντες·
de ella   llorando   y   haciendo duelo,   diciendo:

οὐαὶ οὐαί, ἡ πόλις ἡ μεγάλη, ἡ περι-
¡Ay,   ay,   la   ciudad   —   grande,   que estaba

βεβλημένη βύσσινον καὶ πορφυροῦν καὶ
cubierta   de lino fino   y   de púrpura   y

κόκκινον, καὶ κεχρυσωμένη ἐν χρυσίῳ
de escarlata,   y   [3]enjoyada   con   oro

καὶ λίθῳ τιμίῳ καὶ μαργαρίτῃ, **17** ὅτι
y   con piedra(s) preciosa(s)   y   con perla(s),   pues

μιᾷ ὥρᾳ ἠρημώθη ὁ τοσοῦτος πλοῦτος.
en una   hora   fue desolada   —   tanta   riqueza!

καὶ πᾶς κυβερνήτης καὶ πᾶς ὁ ἐπὶ
Y   todo   piloto   y   todo   el que   a

τόπον πλέων καὶ ναῦται καὶ ὅσοι τὴν
un lugar viaja en barco   y   marineros,   y   cuantos   [4]en el

θάλασσαν ἐργάζονται, ἀπὸ μακρόθεν ἔστησαν
mar   se ganan la vida,   desde   lejos   se pararon

[1]
13. DE ESCLAVOS. Lit. *de cuerpos.*
[2]
14. HAN DESAPARECIDO. Lit. *han perecido.*
[3]
16. ENJOYADA CON ORO. Lit. *dorada con oro.*
[4]
17. EN EL MAR SE GANAN LA VIDA. Lit. *el mar trabajan.*

18 καὶ   ἔκραζον   βλέποντες   τὸν   καπνὸν
    y   gritaban   viendo   el   humo

τῆς   πυρώσεως   αὐτῆς   λέγοντες·   τίς   ὁμοία
del   incendio   de ella   diciendo: ¿Qué   semejante
                                     (ciudad)

τῇ   πόλει   τῇ   μεγάλῃ;   **19** καὶ   ἔβαλον
a la   ciudad   —   grande?   Y   echaron

χοῦν   ἐπὶ   τὰς   κεφαλὰς   αὐτῶν   καὶ   ἔκραζον
polvo   sobre   las   cabezas   de ellos   y   gritaban

κλαίοντες   καὶ   πενθοῦντες,   λέγοντες·   οὐαὶ
llorando   y   lamentándose,   diciendo: ¡Ay,

οὐαί,   ἡ   πόλις   ἡ   μεγάλη,   ἐν   ᾗ   ἐπλούτησαν
ay,   la   ciudad   —   grande,   en la que se enriquecieron

πάντες   οἱ   ἔχοντες   τὰ   πλοῖα   ἐν   τῇ
todos   los   que tenían   las   naves   en   el

θαλάσσῃ   ἐκ   τῆς   τιμιότητος   αὐτῆς,   ὅτι
mar   de   lo   valioso   de ella,   pues

μιᾷ   ὥρᾳ   ἠρημώθη.   **20** Εὐφραίνου   ἐπ'
en una   hora   fue desolada!   Regocíjate   sobre

αὐτῇ,   οὐρανὲ   καὶ   οἱ   ἅγιοι   καὶ   οἱ   ἀπό-
ella,   cielo,   y   los   santos   y   los   após-

στολοι   καὶ   οἱ   προφῆται,   ὅτι   ἔκρινεν   ὁ
toles   y   los   profetas,   pues   [1]juzgó   —

θεὸς   τὸ   κρίμα   ὑμῶν   ἐξ   αὐτῆς.   **21** Καὶ
Dios   el   juicio   de vosotros   de   ella.   Y

ἦρεν   εἷς   ἄγγελος   ἰσχυρὸς   λίθον   ὡς
levantó   un   ángel   fuerte   una piedra   como

μύλινον   μέγαν,   καὶ   ἔβαλεν   εἰς   τὴν   θά-
piedra de   grande,   y   (la) echó   al   mar,
molino

λασσαν   λέγων·   οὕτως   ὁρμήματι   βληθήσεται
    diciendo: [2]Así   con impetu   será arrojada

Βαβυλὼν   ἡ   μεγάλη   πόλις,   καὶ   οὐ   μὴ
Babilonia   la   gran   ciudad,   y   jamás

εὑρεθῇ   ἔτι.   **22** καὶ   φωνὴ   κιθαρῳδῶν
será hallada   ya.   Y   sonido   de arpistas

καὶ   μουσικῶν   καὶ   αὐλητῶν   καὶ   σαλπιστῶν
y   de músicos   y   de flautistas   y   de trompeteros

οὐ   μὴ   ἀκουσθῇ   ἐν   σοὶ   ἔτι,   καὶ   πᾶς
jamás   se oirá   en   ti   ya,   y   todo

τεχνίτης   πάσης   τέχνης   οὐ   μὴ   εὑρεθῇ
artífice   de todo   oficio   jamás   será hallado

ἐν   σοὶ   ἔτι,   καὶ   φωνὴ   μύλου   οὐ   μὴ
en   ti   ya,   y   sonido   de molino   jamás

ἀκουσθῇ   ἐν   σοὶ   ἔτι,   **23** καὶ   φῶς
se oirá   en   ti   ya,   y   luz

λύχνου   οὐ   μὴ   φάνῃ   ἐν   σοὶ   ἔτι,   καὶ
de lámpara   jamás   brillará   en   ti   ya,   y

---

[1]
20. JUZGÓ DIOS EL JUICIO... Es decir, *Dios la ha juzgado por el modo con que ella os trató.*

[2]
21. ASÍ CON ÍMPETU. Es decir, *con el mismo ímpetu.*

φωνὴ   νυμφίου   καὶ   νύμφης   οὐ   μὴ
voz   de novio   y   de novia   jamás

ἀκουσθῇ   ἐν   σοὶ   ἔτι·   ὅτι   [οἱ]   ἔμποροί
se oirá   en   ti   ya;   pues   los   mercaderes

σου   ἦσαν   οἱ   μεγιστᾶνες   τῆς   γῆς,   ὅτι
de ti   eran   los   magnates   de la   tierra,   pues

ἐν   τῇ   φαρμακείᾳ   σου   ἐπλανήθησαν   πάντα
por   la(s)   hechicería(s)   de ti   fueron engañadas   todas

τὰ   ἔθνη,   24 καὶ   ἐν   αὐτῇ   αἷμα   προφητῶν
las   naciones,   y   en   ella   sangre   de profetas

καὶ   ἁγίων   εὑρέθη   καὶ   πάντων   τῶν
y   de santos   fue hallada   y   de todos   los

ἐσφαγμένων   ἐπὶ   τῆς   γῆς.
que han sido   sobre   la   tierra.
degollados

19 Μετὰ   ταῦτα   ἤκουσα   ὡς   φωνὴν
Después   de esto   oí   como   una voz

μεγάλην   ὄχλου   πολλοῦ   ἐν   τῷ   οὐρανῷ
grande   de multitud   ¹grande   en   el   cielo

λεγόντων·   ἀλληλουϊά·   ἡ   σωτηρία   καὶ   ἡ
que decían: ¡Aleluya!   La   salvación   y   la

δόξα   καὶ   ἡ   δύναμις   τοῦ   θεοῦ   ἡμῶν,
gloria   y   el   poder (son)   del   Dios   de nosotros,

2 ὅτι   ἀληθιναὶ   καὶ   δίκαιαι   αἱ   κρίσεις
pues   verdaderos   y   justos (son)   los   juicios

αὐτοῦ·   ὅτι   ἔκρινεν   τὴν   πόρνην   τὴν
de él;   pues   juzgó   a la   ramera   —

μεγάλην   ἥτις   ἔφθειρεν   τὴν   γῆν   ἐν   τῇ
grande,   la cual   corrompía   la   tierra   con   la

πορνείᾳ   αὐτῆς,   καὶ   ἐξεδίκησεν   τὸ   αἷμα
fornicación   de ella,   y   vindicó   la   sangre

τῶν   δούλων   αὐτοῦ   ἐκ   χειρὸς   αὐτῆς.
de los   siervos   de él   de   mano   de ella.

3 καὶ   δεύτερον   εἴρηκαν·   ἀλληλουϊά·   καὶ
Y   por segunda vez   han dicho: ¡Aleluya!   Y

ὁ   καπνὸς   αὐτῆς   ἀναβαίνει   εἰς   τοὺς
el   humo   de ella   sube   por   los

αἰῶνας   τῶν   αἰώνων.   **4** καὶ   ἔπεσαν   οἱ
siglos   de los   siglos.   Y   cayeron   los

πρεσβύτεροι   οἱ   εἴκοσι   τέσσαρες   καὶ   τὰ
ancianos   —   veinticuatro   y   los

τέσσερα   ζῷα,   καὶ   προσεκύνησαν   τῷ   θεῷ
cuatro   seres   y   adoraron   — a Dios
vivientes,

τῷ   καθημένῳ   ἐπὶ   τῷ   θρόνῳ   λέγοντες·
—   que estaba sentado   sobre   el   trono,   diciendo:

1
1. GRANDE. Lit. *mucha.*

ἀμὴν ἀλληλουϊά. 5 καὶ φωνὴ ἀπὸ τοῦ
¡Amén! ¡Aleluya! Y una voz del

θρόνου ἐξῆλθεν λέγουσα· αἰνεῖτε τῷ θεῷ
trono salió, diciendo: Alabad al Dios

ἡμῶν, πάντες οἱ δοῦλοι αὐτοῦ, οἱ
de nosotros, todos los siervos de él, los

φοβούμενοι αὐτόν, οἱ μικροὶ καὶ οἱ
que teméis le, los pequeños y los

μεγάλοι. 6 Καὶ ἤκουσα ὡς φωνὴν ὄχλου
grandes. Y oí como una voz de una multitud

πολλοῦ καὶ ὡς φωνὴν ὑδάτων πολλῶν
1grande y como sonido de aguas muchas

καὶ ὡς φωνὴν βροντῶν ἰσχυρῶν, λεγόντων·
y como sonido de truenos fuertes, que decían:

ἀλληλουϊά, ὅτι ἐβασίλευσεν κύριος ὁ θεὸς
¡Aleluya!, pues 2reinó (el) Señor — Dios

ἡμῶν ὁ παντοκράτωρ. 7 χαίρωμεν καὶ
de nosotros, el Todopoderoso. Alegrémonos y

ἀγαλλιῶμεν, καὶ δώσομεν τὴν δόξαν αὐτῷ,
3regocijémonos, y demos la gloria a él,

ὅτι ἦλθεν ὁ γάμος τοῦ ἀρνίου, καὶ
pues llegaron las bodas del Cordero, y

ἡ γυνὴ αὐτοῦ ἡτοίμασεν ἑαυτήν, 8 καὶ
la mujer de él preparó a sí misma, y

ἐδόθη αὐτῇ ἵνα περιβάληται βύσσινον
fue dado a ella que sea cubierta de lino fino,

λαμπρὸν καθαρόν· τὸ γὰρ βύσσινον τὰ
brillante, puro; porque el lino fino las

δικαιώματα τῶν ἁγίων ἐστίν. 9 Καὶ
acciones justas de los santos son. Y

λέγει μοι· γράψον· μακάριοι οἱ εἰς τὸ
dice me: Escribe: Dichosos los que al

δεῖπνον τοῦ γάμου τοῦ ἀρνίου κεκλημένοι.
banquete de las bodas del Cordero han sido invitados.

καὶ λέγει μοι· οὗτοι οἱ λόγοι ἀληθινοὶ
Y dice me: Estas — palabras verdaderas

τοῦ θεοῦ εἰσιν. 10 καὶ ἔπεσα ἔμπροσθεν
— de Dios son. Y caí delante

τῶν ποδῶν αὐτοῦ προσκυνῆσαι αὐτῷ.
de los pies de él para adorar le.

καὶ λέγει μοι· ὅρα μή· σύνδουλός σού
Y dice me: Mira que no (lo hagas); consiervo de ti

εἰμι καὶ τῶν ἀδελφῶν σου τῶν ἐχόντων
soy, y de los hermanos de ti — que tienen

1
6. GRANDE. Lit. mucha.
2
6. REINÓ. Es decir, ha establecido su reino.
3
7. REGOCIJÉMONOS. Aquí, el verbo griego no significa hacer fiesta, sino saltar de gozo.

τὴν μαρτυρίαν Ἰησοῦ· τῷ θεῷ προσκύνησον.
el   testimonio   de Jesús; — a Dios   adora;

ἡ γὰρ μαρτυρία Ἰησοῦ ἐστιν τὸ πνεῦμα
porque ¹el   testimonio   de Jesús   es   el   espíritu

τῆς προφητείας.
de la   profecía.

11 Καὶ εἶδον τὸν οὐρανὸν ἠνεῳγμένον,
Y   vi   el   cielo   que había sido abierto,

καὶ ἰδοὺ ἵππος λευκός, καὶ ὁ καθήμενος
y   he aquí   un caballo   blanco,   y   el que estaba sentado

ἐπ' αὐτὸν πιστὸς καλούμενος καὶ ἀληθινός,
sobre   él   (es) fiel   llamado   y   verdadero,

καὶ ἐν δικαιοσύνῃ κρίνει καὶ πολεμεῖ.
y   en   justicia   juzga   y   guerrea.

12 οἱ δὲ ὀφθαλμοὶ αὐτοῦ φλὸξ πυρός,
Y los   ojos   de él   (son como)   de fuego,

καὶ ἐπὶ τὴν κεφαλὴν αὐτοῦ διαδήματα
y   sobre   la   cabeza   de él   llama   diademas

πολλά, ἔχων ὄνομα γεγραμμένον ὃ οὐδεὶς
muchas   teniendo   un nombre   escrito   que   ninguno
(hay),

οἶδεν εἰ μὴ αὐτός, **13** καὶ περιβεβλημένος
sabe   excepto   él,   y   que ha sido cubierto

ἱμάτιον βεβαμμένον αἵματι, καὶ κέκληται
de una ropa   teñida   en sangre,   y   ha sido llamado

τὸ ὄνομα αὐτοῦ ὁ λόγος τοῦ θεοῦ.
el   nombre   de él   EL VERBO —   DE DIOS.

14 καὶ τὰ στρατεύματα τὰ ἐν τῷ οὐρανῷ
Y   los   ejércitos   ²celestiales

ἠκολούθει αὐτῷ ἐφ' ἵπποις λευκοῖς, ἐνδεδυμένοι
seguían   le   sobre   caballos   blancos,   habiendo sido vestidos

βύσσινον λευκὸν καθαρόν. **15** καὶ ἐκ
de lino fino,   blanco,   puro.   Y   de

τοῦ στόματος αὐτοῦ ἐκπορεύεται ῥομφαία
la   boca   de él   sale una   espada

ὀξεῖα, ἵνα ἐν αὐτῇ πατάξῃ τὰ ἔθνη·
aguda,   para   con   ella   herir   a las   naciones;

καὶ αὐτὸς ποιμανεῖ αὐτοὺς ἐν ῥάβδῳ
y   él   ³pastoreará   los   con   vara

σιδηρᾷ· καὶ αὐτὸς πατεῖ τὴν ληνὸν
de hierro;   y   él   pisa   el   lagar

τοῦ οἴνου τοῦ θυμοῦ τῆς ὀργῆς τοῦ
del   vino   del   furor   de la   ira   del

θεοῦ τοῦ παντοκράτορος. **16** καὶ ἔχει
de Dios,   del   Todopoderoso.   Y   tiene

ἐπὶ τὸ ἱμάτιον καὶ ἐπὶ τὸν μηρὸν
sobre   el   manto   y   sobre   el   muslo

1
10. EL TESTIMONIO... Esto es, *el objetivo central del Espíritu en la Biblia es dar testimonio de Cristo.*
2
14. CELESTIALES. Lit. *los (que) en el cielo.*
3
15. PASTOREARÁ. (V. nota a 2:27.)

αὐτοῦ ὄνομα γεγραμμένον· *ΒΑΣΙΛΕΥΣ*
de él un nombre que ha sido escrito: REY

ΒΑΣΙΛΕΩΝ ΚΑΙ ΚΥΡΙΟΣ ΚΥΡΙΩΝ.
DE REYES Y SEÑOR DE SEÑORES.

17 Καὶ εἶδον ἕνα ἄγγελον ἑστῶτα ἐν
Y vi un ángel en pie en

τῷ ἡλίῳ, καὶ ἔκραξεν ἐν φωνῇ μεγάλῃ
el sol y gritó con voz grande

λέγων πᾶσιν τοῖς ὀρνέοις τοῖς πετομένοις
diciendo a todas las aves — que vuelan

ἐν μεσουρανήματι· δεῦτε συνάχθητε εἰς
1en medio del cielo: Venid, congregaos para

τὸ δεῖπνον τὸ μέγα τοῦ θεοῦ, **18** ἵνα
el festín — grande — de Dios, para

φάγητε σάρκας βασιλέων καὶ σάρκας
que comáis carnes de reyes y carnes

χιλιάρχων καὶ σάρκας ἰσχυρῶν καὶ σάρκας
de tribunos y carnes de fuertes y carnes

ἵππων καὶ τῶν καθημένων ἐπ’ αὐτῶν,
de caballos y de los sentados sobre ellos,

καὶ σάρκας πάντων ἐλευθέρων τε καὶ
y carnes de todos, tanto libres como

δούλων καὶ μικρῶν καὶ μεγάλων. **19** Καὶ
esclavos y pequeños y grandes. Y

εἶδον τὸ θηρίον καὶ τοὺς βασιλεῖς τῆς
vi a la bestia y a los reyes de la

γῆς καὶ τὰ στρατεύματα αὐτῶν συνηγμένα
tierra y los ejércitos de ellos, reunidos

ποιῆσαι τὸν πόλεμον μετὰ τοῦ καθημένου
para hacer la guerra con el sentado

ἐπὶ τοῦ ἵππου καὶ μετὰ τοῦ στρατεύματος
sobre el caballo y con el ejército

αὐτοῦ. **20** καὶ ἐπιάσθη τὸ θηρίον καὶ
de él. Y fue apresada la bestia y

μετ’ αὐτοῦ ὁ ψευδοπροφήτης ὁ ποιήσας
con ella el falso profeta que había hecho

τὰ σημεῖα ἐνώπιον αὐτοῦ, ἐν οἷς ἐπλάνη-
las señales delante de ella, con las que enga-

σεν τοὺς λαβόντας τὸ χάραγμα τοῦ
ñó a los que recibieron la marca de la

θηρίου καὶ τοὺς προσκυνοῦντας τῇ εἰκόνι
bestia y a los que adoraban la imagen

αὐτοῦ· ζῶντες ἐβλήθησαν οἱ δύο εἰς
de ella; vivos fueron lanzados los dos al

τὴν λίμνην τοῦ πυρὸς τῆς καιομένης
lago — de fuego — que arde

ἐν θείῳ. 21 καὶ οἱ λοιποὶ ἀπεκτάνθησαν
con azufre. Y los demás fueron matados

ἐν τῇ ῥομφαίᾳ τοῦ καθημένου ἐπὶ τοῦ
con la espada del sentado sobre el

ἵππου τῇ ἐξελθούσῃ ἐκ τοῦ στόματος
caballo (la) que sale de la boca

αὐτοῦ, καὶ πάντα τὰ ὄρνεα ἐχορτάσθησαν
de él, y todas las aves fueron saciadas

ἐκ τῶν σαρκῶν αὐτῶν.
de las carnes de ellos.

20 Καὶ εἶδον ἄγγελον καταβαίνοντα ἐκ
Y vi a un ángel que descendía del

τοῦ οὐρανοῦ, ἔχοντα τὴν κλεῖν τῆς
cielo, teniendo la llave del

ἀβύσσου καὶ ἅλυσιν μεγάλην ἐπὶ τὴν χεῖρα
abismo y una cadena grande en la mano

αὐτοῦ. 2 καὶ ἐκράτησεν τὸν δράκοντα,
de él. Y prendió al dragón,

ὁ ὄφις ὁ ἀρχαῖος, ὅς ἐστιν Διάβολος
la serpiente — antigua, que es Diablo

καὶ ὁ Σατανᾶς, καὶ ἔδησεν αὐτὸν χίλια
y — Satanás, y ató lo por mil

ἔτη, 3 καὶ ἔβαλεν αὐτὸν εἰς τὴν ἄβυσσον,
años, y arrojó lo al abismo,

καὶ ἔκλεισεν καὶ ἐσφράγισεν ἐπάνω αὐτοῦ,
y (lo) encerró y puso el sello encima de él,

ἵνα μὴ πλανήσῃ ἔτι τὰ ἔθνη, ἄχρι
para que no engañase ya a las naciones, hasta

τελεσθῇ τὰ χίλια ἔτη· μετὰ ταῦτα
que se hayan los mil años; después de esto,
cumplido

δεῖ¹ λυθῆναι αὐτὸν μικρὸν χρόνον.
debe ser soltado él por un poco tiempo.

4 Καὶ εἶδον θρόνους, καὶ ἐκάθισαν ἐπ᾽
Y vi tronos, y se sentaron sobre

αὐτούς, καὶ κρίμα ἐδόθη αὐτοῖς, καὶ
ellos, y juicio fue dado les, y

τὰς ψυχὰς τῶν πεπελεκισμένων διὰ τὴν
(vi) las almas de los que habían sido a causa del
decapitados

μαρτυρίαν Ἰησοῦ καὶ διὰ τὸν λόγον
testimonio de Jesús y a causa de la palabra

¹
3. DEBE SER SOLTADO... Lit.
es menester que sea soltado
él por pequeño tiempo.

τοῦ θεοῦ, καὶ οἵτινες οὐ προσεκύνησαν
— de Dios, y los cuales no adoraron

τὸ θηρίον οὐδὲ τὴν εἰκόνα αὐτοῦ καὶ
a la bestia ni a la imagen de ella y

οὐκ ἔλαβον τὸ χάραγμα ἐπὶ τὸ μέτωπον
no recibieron la marca sobre la frente

καὶ ἐπὶ τὴν χεῖρα αὐτῶν· καὶ ἔζησαν
y sobre la mano de ellos; y ¹volvieron
a vivir

καὶ ἐβασίλευσαν μετὰ τοῦ Χριστοῦ χίλια
y reinaron con — Cristo mil

ἔτη. 5 οἱ λοιποὶ τῶν νεκρῶν οὐκ ἔζησαν
años. Los demás de los muertos no ²volvieron
a vivir

ἄχρι τελεσθῇ τὰ χίλια ἔτη. Αὕτη ἡ
hasta que se acabaron los mil años. ³Ésta (es) la

ἀνάστασις ἡ πρώτη. 6 μακάριος καὶ
resurrección — primera. Dichoso y

ἅγιος ὁ ἔχων μέρος ἐν τῇ ἀναστάσει
santo el que tiene parte en la resurrección

τῇ πρώτῃ· ἐπὶ τούτων ὁ δεύτερος θάνατος
— primera; sobre éstos la segunda muerte

οὐκ ἔχει ἐξουσίαν, ἀλλ' ἔσονται ἱερεῖς
no tiene autoridad, sino que serán sacerdotes

τοῦ θεοῦ καὶ τοῦ Χριστοῦ, καὶ βασιλεύ-
— de Dios y — de Cristo, y reina-

σουσιν μετ' αὐτοῦ [τὰ] χίλια ἔτη.
rán con él los mil años.

7 Καὶ ὅταν τελεσθῇ τὰ χίλια ἔτη,
Y cuando se acaben los mil años,

λυθήσεται ὁ σατανᾶς ἐκ τῆς φυλακῆς
será soltado — Satanás de la prisión

αὐτοῦ, 8 καὶ ἐξελεύσεται πλανῆσαι τὰ
de él, y saldrá a engañar a las

ἔθνη τὰ ἐν ταῖς τέσσαρσιν γωνίαις τῆς
naciones (que en los cuatro ángulos de la
están)

γῆς, τὸν Γὼγ καὶ Μαγώγ, συναγαγεῖν
tierra, — a Gog y a Magog, a reunir-

αὐτοὺς εἰς τὸν πόλεμον, ὧν ὁ ἀριθμὸς
los para la batalla, de los cuales el número

αὐτῶν ὡς ἡ ἄμμος τῆς θαλάσσης. 9 καὶ
de ellos como la arena del mar. Y
(es)

ἀνέβησαν ἐπὶ τὸ πλάτος τῆς γῆς, καὶ
subieron sobre la anchura de la tierra, y

ἐκύκλευσαν τὴν παρεμβολὴν τῶν ἁγίων
cercaron el campamento de los santos

καὶ τὴν πόλιν τὴν ἠγαπημένην· καὶ
y la ciudad — amada; y

---

¹ 4. VOLVIERON A VIVIR. Lit. *vivieron.*

² 5. VOLVIERON A VIVIR. Lit. *vivieron.*

³ 5. ÉSTA. Esta frase ha de conectarse con el v. 4, siendo el resto del v. 5 como un paréntesis.

κατέβη   πῦρ   ἐκ   τοῦ   οὐρανοῦ   καὶ   κατέφαγεν
descendió   fuego   del   cielo   y   devoró

αὐτούς·   10   καὶ   ὁ   διάβολος   ὁ   πλανῶν   αὐτοὺς
los;   y   el   diablo   que   engañaba   los

ἐβλήθη   εἰς   τὴν   λίμνην   τοῦ   πυρὸς   καὶ
fue lanzado   al   ¹lago   —   de fuego   y

θείου,   ὅπου   καὶ   τὸ   θηρίον   καὶ   ὁ
azufre,   donde   también   la   bestia   y   el

ψευδοπροφήτης,   καὶ   βασανισθήσονται   ἡμέρας
falso profeta (estaban),   y   serán atormentados   día

καὶ   νυκτὸς   εἰς   τοὺς   αἰῶνας   τῶν   αἰώνων.
y   noche   por   los   siglos   de los   siglos.

11   Καὶ   εἶδον   θρόνον   μέγαν   λευκὸν   καὶ
      Y   vi   un trono   grande   blanco   y

τὸν   καθήμενον   ἐπ’   αὐτὸν   οὗ   ἀπὸ   τοῦ
al   que estaba sentado   sobre   él   del cual   del

προσώπου   ἔφυγεν   ἡ   γῆ   καὶ   ὁ   οὐρανός,
rostro   huyó   la   tierra   y   el   cielo,

καὶ   τόπος   οὐχ   εὑρέθη   αὐτοῖς.   12   καὶ
y   lugar   no   fue hallado   para ellos.   Y

εἶδον   τοὺς   νεκρούς,   τοὺς   μεγάλους   καὶ
vi   a los   muertos,   a los   grandes   y

τοὺς   μικρούς,   ἑστῶτας   ἐνώπιον   τοῦ   θρόνου,
a los   pequeños,   en pie   delante   del   trono,

καὶ   βιβλία   ἠνοίχθησαν·   καὶ   ἄλλο   βιβλίον
y   unos rollos   fueron abiertos;   y   otro   rollo

ἠνοίχθη,   ὅ   ἐστιν   τῆς   ζωῆς·   καὶ   ἐκρίθησαν
fue abierto,   que   es (el)   de la   vida;   y   fueron juzgados

οἱ   νεκροὶ   ἐκ   τῶν   γεγραμμένων   ἐν   τοῖς
los   muertos   por   lo que   había sido escrito   en   los

βιβλίοις   κατὰ   τὰ   ἔργα   αὐτῶν.   13   καὶ
rollos   conforme   a las   obras   de ellos.   Y

ἔδωκεν   ἡ   θάλασσα   τοὺς   νεκροὺς   τοὺς
dio   el   mar   los   muertos que (estaban)

ἐν   αὐτῇ,   καὶ   ὁ   θάνατος   καὶ   ὁ   ᾅδης
en   él,   y   la   muerte   y   el   Hades

ἔδωκαν   τοὺς   νεκροὺς   τοὺς   ἐν   αὐτοῖς,
dieron   los   muertos   —   en   ellos,
                              (que había)

καὶ   ἐκρίθησαν   ἕκαστος   κατὰ   τὰ   ἔργα
y   fueron juzgados   cada uno   conforme   a las   obras

αὐτῶν.   14   καὶ   ὁ   θάνατος   καὶ   ὁ   ᾅδης
de ellos.   Y   la   muerte   y   el   Hades

ἐβλήθησαν   εἰς   τὴν   λίμνην   τοῦ   πυρός.
fueron lanzados   al   lago   —   de fuego.

¹
10. LAGO DE FUEGO Y AZU-
FRE. Es decir, *el Infierno.*

οὗτος   ὁ   θάνατος   ὁ   δεύτερός   ἐστιν,   ἡ
Ésta   la   muerte   —   segunda   es,   el

λίμνη   τοῦ   πυρός.   15 καὶ   εἴ   τις   οὐχ
lago   —   de fuego.   Y   si   alguno   no

εὑρέθη   ἐν   τῇ   βίβλῳ   τῆς   ζωῆς   γεγραμ-
fue hallado   en   el   libro   de la   vida   escrito,

μένος,   ἐβλήθη   εἰς   τὴν   λίμνην   τοῦ   πυρός.
fue lanzado   al   lago   —   de fuego.

21 Καὶ   εἶδον   οὐρανὸν   καινὸν   καὶ   γῆν
Y   vi   un cielo   nuevo   y   una tierra

καινήν·   ὁ   γὰρ   πρῶτος   οὐρανὸς   καὶ   ἡ
nueva;   porque el   primer   cielo   y   la

πρώτη   γῆ   ἀπῆλθαν,   καὶ   ἡ   θάλασσα
primera   tierra   pasaron,   y   el   mar

οὐκ   ἔστιν   ἔτι.   2 καὶ   τὴν   πόλιν   τὴν
no   existe   ya más.   Y   la   ciudad   —

ἁγίαν   Ἰερουσαλὴμ   καινὴν   εἶδον   κατα-
santa,   Jerusalén   nueva   vi   que des-

βαίνουσαν   ἐκ   τοῦ   οὐρανοῦ   ἀπὸ   τοῦ   θεοῦ,
cendía   del   cielo,   desde   —   Dios,

ἡτοιμασμένην   ὡς   νύμφην   κεκοσμημένην
habiendo sido preparada   como   una novia   que había sido adornada

τῷ   ἀνδρὶ   αὐτῆς.   3 καὶ   ἤκουσα   φωνῆς
para el esposo   de ella.   Y   oí   una voz

μεγάλης   ἐκ   τοῦ   θρόνου   λεγούσης·   ἰδοὺ
grande   ¹del   trono   que decía: He aquí

ἡ   σκηνὴ   τοῦ   θεοῦ   μετὰ   τῶν   ἀνθρώπων,
el tabernáculo   —   de Dios   con   los   hombres,

καὶ   σκηνώσει   μετ᾽   αὐτῶν,   καὶ   αὐτοὶ
y   ²morará   con   ellos,   y   ellos

λαοὶ   αὐτοῦ   ἔσονται,   καὶ   αὐτὸς   ὁ   θεὸς
pueblos   de él   serán,   y   él   el   Dios

μετ᾽   αὐτῶν   ἔσται,   4 καὶ   ἐξαλείψει   πᾶν
con   ellos   será,   y   enjugará   toda

δάκρυον   ἐκ   τῶν   ὀφθαλμῶν   αὐτῶν,   καὶ
lágrima   de   los   ojos   de ellos,   y

ὁ   θάνατος   οὐκ   ἔσται   ἔτι,   οὔτε   πένθος
la   muerte   no   existirá   ya,   ni   duelo,

οὔτε   κραυγὴ   οὔτε   πόνος   οὐκ   ἔσται   ἔτι·
ni   clamor   ni   dolor   no   existirán   ya;

ὅτι   τὰ   πρῶτα   ἀπῆλθαν.   5 καὶ   εἶπεν
pues   las   primeras cosas   pasaron.   Y   dijo

ὁ   καθήμενος   ἐπὶ   τῷ   θρόνῳ·   ἰδοὺ   καινὰ
el que estaba sentado   sobre   el   trono: He aquí   nuevas
(en)

ποιῶ   πάντα.   καὶ   λέγει·   γράψον,   ὅτι
hago   todas las cosas.   Y   dice: Escribe,   pues

1
3. DEL TRONO. Es decir,
procedente del trono.
2
3. MORARÁ. Lit. *acampará.*
(V. nota a 7:15.)

οὗτοι οἱ λόγοι πιστοὶ καὶ ἀληθινοί εἰσιν.
estas — palabras fieles y verdaderas son.

6 καὶ εἶπέν μοι· γέγοναν. ἐγὼ τὸ ἄλφα
· Y dijo me: 1Hecho está. Yo (soy) el Alfa

καὶ τὸ ὦ, ἡ ἀρχὴ καὶ τὸ τέλος. ἐγὼ
y la Omega, el principio y el fin. Yo

τῷ διψῶντι δώσω ἐκ τῆς πηγῆς
al que tenga sed, daré de la fuente

τοῦ ὕδατος τῆς ζωῆς δωρεάν. 7 ὁ νικῶν
del agua de la vida gratis. El que venza

κληρονομήσει ταῦτα, καὶ ἔσομαι αὐτῷ
heredará estas cosas, y seré para él

θεὸς καὶ αὐτὸς ἔσται μοι υἱός. 8 τοῖς δὲ
Dios, y él será para mí hijo. Mas para los

δειλοῖς καὶ ἀπίστοις καὶ ἐβδελυγμένοις
cobardes e incrédulos y abominables

καὶ φονεῦσιν καὶ πόρνοις καὶ φαρμακοῖς
y homicidas y fornicarios y hechiceros

καὶ εἰδωλολάτραις καὶ πᾶσιν τοῖς ψευδέσιν
e idólatras y todos 2los mentirosos

τὸ μέρος αὐτῶν ἐν τῇ λίμνῃ τῇ καιομένῃ
la parte de ellos en el lago — que arde

πυρὶ καὶ θείῳ, ὅ ἐστιν ὁ θάνατος ὁ
con fuego y azufre, que es la muerte —

δεύτερος.
segunda (será).

9 Καὶ ἦλθεν εἷς ἐκ τῶν ἑπτὰ ἀγγέλων
Y vino uno de los siete ángeles

τῶν ἐχόντων τὰς ἑπτὰ φιάλας, τῶν
— que tenían las siete páteras, —

γεμόντων τῶν ἑπτὰ πληγῶν τῶν ἐσχάτων,
que estaban de las siete plagas — últimas,
llenas

καὶ ἐλάλησεν μετ᾽ ἐμοῦ λέγων· δεῦρο,
y habló conmigo, diciendo: Ven,

δείξω σοι τὴν νύμφην τὴν γυναῖκα
mostraré te la novia, la esposa

τοῦ ἀρνίου. 10 καὶ ἀπήνεγκέν με ἐν
del Cordero. Y llevó me en

πνεύματι ἐπὶ ὄρος μέγα καὶ ὑψηλόν,
espíritu sobre un monte grande y alto,

καὶ ἔδειξέν μοι τὴν πόλιν τὴν ἁγίαν
y mostró me la ciudad la santa

Ἰερουσαλὴμ καταβαίνουσαν ἐκ τοῦ οὐρανοῦ
Jerusalén, que descendía del cielo

ἀπὸ τοῦ θεοῦ, 11 ἔχουσαν τὴν δόξαν
desde — Dios, teniendo la gloria

1
6. HECHO ESTÁ. (V. nota a 16:17. Aunque el contexto es distinto, en ambos lugares indica la firme determinación de los propósitos divinos.)
2
8. LOS MENTIROSOS. Es decir, *los que obran la mentira* (V. 22:15), en oposición a *los que obran la verdad* (Jn. 3:21).

τοῦ θεοῦ· ὁ φωστὴρ αὐτῆς ὅμοιος λίθῳ
— de Dios; el fulgor de ella semejante a una piedra

τιμιωτάτῳ, ὡς λίθῳ ἰάσπιδι κρυσταλλίζοντι·
muy valiosa, como piedra de jaspe, clara como el cristal;

12 ἔχουσα τεῖχος μέγα καὶ ὑψηλόν,
que tenía un muro grande y alto,

ἔχουσα πυλῶνας δώδεκα, καὶ ἐπὶ τοῖς
(y) tenía puertas doce, y sobre las

πυλῶσιν ἀγγέλους δώδεκα, καὶ ὀνόματά
puertas ángeles doce, y nombres

ἐπιγεγραμμένα, ἅ ἐστιν τῶν δώδεκα
[1]inscritos, que son (los) de las doce

φυλῶν υἱῶν Ἰσραήλ. 13 ἀπὸ ἀνατολῆς
tribus de los hijos de Israel. Desde (el) oriente,

πυλῶνες τρεῖς, καὶ ἀπὸ βορρᾶ πυλῶνες
puertas tres, y desde (el) norte, puertas

τρεῖς, καὶ ἀπὸ νότου πυλῶνες τρεῖς,
tres, y desde (el) sur, puertas tres,

καὶ ἀπὸ δυσμῶν πυλῶνες τρεῖς. 14 καὶ
y desde (el) oeste, puertas tres. Y

τὸ τεῖχος τῆς πόλεως ἔχων θεμελίους
el muro de la ciudad teniendo [2]fundamentos

δώδεκα, καὶ ἐπ᾽ αὐτῶν δώδεκα ὀνόματα
doce, y sobre ellos doce nombres

τῶν δώδεκα ἀποστόλων τοῦ ἀρνίου. 15 Καὶ
de los doce apóstoles del Cordero. Y

ὁ λαλῶν μετ᾽ ἐμοῦ εἶχεν μέτρον κάλαμον
el que hablaba conmigo tenía por medida una caña

χρυσοῦν, ἵνα μετρήσῃ τὴν πόλιν καὶ
de oro, para medir la ciudad y

τοὺς πυλῶνας αὐτῆς καὶ τὸ τεῖχος αὐτῆς.
las puertas de ella y el muro de ella.

16 καὶ ἡ πόλις τετράγωνος κεῖται, καὶ
Y la ciudad (como) un cuadrado está asentada, y

τὸ μῆκος αὐτῆς ὅσον τὸ πλάτος. καὶ
la longitud de ella (es) tanta la anchura. Y
(como)

ἐμέτρησεν τὴν πόλιν τῷ καλάμῳ ἐπὶ
midió la ciudad con la caña a

σταδίων δώδεκα χιλιάδων· τὸ μῆκος καὶ
[3]estadios doce mil; la largura y

τὸ πλάτος καὶ τὸ ὕψος αὐτῆς ἴσα ἐστίν.
la anchura y la altura de ella [4]iguales son.

17 καὶ ἐμέτρησεν τὸ τεῖχος αὐτῆς ἑκατὸν
Y midió el muro de ella [5]ciento

τεσσεράκοντα τεσσάρων πηχῶν, μέτρον
cuarenta (y) cuatro codos, medida

12. INSCRITOS. Lit. que habían sido inscritos.

14. FUNDAMENTOS. O cimientos.

16. DOCE MIL ESTADIOS. Es decir, unos 2.160 km. de perímetro.

16. IGUALES SON. Ello no significa que tenga la forma de un cubo, sino más bien la de una pirámide.

17. CIENTO CUARENTA Y CUATRO CODOS. Es decir, unos 64 m. de altura.

ἀνθρώπου,   ὅ   ἐστιν   ἀγγέλου.   **18** καὶ
de hombre,   1que   es   de ángel.   Y

ἡ   ἐνδώμησις   τοῦ   τείχους   αὐτῆς   ἴασπις,
el   material   del   muro   de ella (era)   jaspe,

καὶ   ἡ   πόλις   χρυσίον   καθαρὸν   ὅμοιον
y   la   ciudad (era)   de oro   puro   semejante

ὑάλῳ   καθαρῷ.   **19** οἱ   θεμέλιοι   τοῦ   τείχους
a vidrio   puro.   Los   2fundamentos   del   muro

τῆς   πόλεως   παντὶ   λίθῳ   τιμίῳ   κεκοσμημένοι·
de la   ciudad   con toda   piedra   preciosa   habiendo sido
(estaban)   adornados;

ὁ   θεμέλιος   ὁ   πρῶτος   ἴασπις,   ὁ   δεύτερος
el   3fundamento   —   primero (era)   jaspe;   el   segundo,

σάπφιρος,   ὁ   τρίτος   χαλκηδών,   ὁ   τέταρτος
zafiro;   el   tercero,   4calcedonia;   el   cuarto,

σμάραγδος,   **20** ὁ   πέμπτος   σαρδόνυξ,   ὁ
esmeralda;   el   quinto,   5sardónica;   el

ἕκτος   σάρδιον,   ὁ   ἕβδομος   χρυσόλιθος,
sexto,   cornalina;   el   séptimo,   crisólito;

ὁ   ὄγδοος   βήρυλλος,   ὁ   ἔνατος   τοπάζιον,
el   octavo,   berilo;   el   noveno,   topacio;

ὁ   δέκατος   χρυσόπρασος,   ὁ   ἐνδέκατος
el   décimo,   crisopraso;   el   undécimo,

ὑάκινθος,   ὁ   δωδέκατος   ἀμέθυστος.   **21** καὶ
jacinto;   el   duodécimo,   amatista.   Y

οἱ   δώδεκα   πυλῶνες   δώδεκα   μαργαρῖται·
las   doce   puertas (eran)   doce   perlas;

ἀνὰ   εἷς   ἕκαστος   τῶν   πυλώνων   ἦν   ἐξ
respectivamente   cada una   de las   puertas   era   de

ἑνὸς   μαργαρίτου.   καὶ   ἡ   πλατεῖα   τῆς
una   margarita.   Y   la   6calle   de la

πόλεως   χρυσίον   καθαρὸν   ὡς   ὕαλος   διαυγής.
ciudad (era)   de oro   puro   como   cristal   transparente.

22 Καὶ   ναὸν   οὐκ   εἶδον   ἐν   αὐτῇ·   ὁ   γὰρ
Y   santuario   no   vi   en   ella;   porque el

κύριος   ὁ   θεὸς   ὁ   παντοκράτωρ   ναὸς   αὐτῆς
Señor   —   Dios   el   Todopoderoso   (el) santuario de ella

ἐστιν,   καὶ   τὸ   ἀρνίον.   **23** καὶ   ἡ   πόλις
es,   y   el   Cordero.   Y   la   ciudad

οὐ   χρείαν   ἔχει   τοῦ   ἡλίου   οὐδὲ   τῆς
no   necesidad   tiene   del   sol   ni   de la

σελήνης,   ἵνα   φαίνωσιν   αὐτῇ·   ἡ   γὰρ
luna,   para que   7iluminen   la;   porque la

δόξα   τοῦ   θεοῦ   ἐφώτισεν   αὐτήν,   καὶ
gloria   —   de Dios   iluminó   la,   y

ὁ   λύχνος   αὐτῆς   τὸ   ἀρνίον.   **24** καὶ
la   lámpara   de ella (es)   el   Cordero.   Y

1
17. QUE ES DE ÁNGEL. Es decir, *la que empleaba el ángel.*
2
19. FUNDAMENTOS. O *cimientos.*
3
19. FUNDAMENTO. O *cimiento.*
4
19. CALCEDONIA. O *ágata.*
5
20. SARDÓNICA. O *sardónice.*
6
21. CALLE DE LA CIUDAD... Es decir, *la calle principal o avenida central.*
7
23. ILUMINEN. Lit. *brillen para ella.*

περιπατήσουσιν τὰ ἔθνη διὰ τοῦ φωτὸς
andarán las naciones mediante la luz

αὐτῆς, καὶ οἱ βασιλεῖς τῆς γῆς φέρουσιν
de ella, y los reyes de la tierra traerán

τὴν δόξαν αὐτῶν εἰς αὐτήν· 25 καὶ οἱ
la gloria de ellos a ella. Y las

πυλῶνες αὐτῆς οὐ μὴ κλεισθῶσιν ἡμέρας,
puertas de ella jamás son cerradas de día,

νὺξ γὰρ οὐκ ἔσται ἐκεῖ· 26 καὶ οἴσουσιν
porque noche no habrá allí; y llevarán

τὴν δόξαν καὶ τὴν τιμὴν τῶν ἐθνῶν
la gloria y el honor de las naciones

εἰς αὐτήν. 27 καὶ οὐ μὴ εἰσέλθῃ εἰς
a ella. Y de ningún modo entrará en

αὐτὴν πᾶν κοινὸν καὶ [ὁ] ποιῶν
ella toda cosa [1]inmunda y el que hace

βδέλυγμα καὶ ψεῦδος, εἰ μὴ οἱ γεγραμ-
abominación y mentira, sino sólo los que han sido

μένοι ἐν τῷ βιβλίῳ τῆς ζωῆς τοῦ ἀρνίου.
escritos en el rollo de la vida del Cordero.

22 Καὶ ἔδειξέν μοι ποταμὸν ὕδατος
Y mostró me un río de agua

ζωῆς λαμπρὸν ὡς κρύσταλλον, ἐκπορευόμε-
de vida, brillante como cristal, que salía

νον ἐκ τοῦ θρόνου τοῦ θεοῦ καὶ τοῦ
del trono — de Dios y del

ἀρνίου. 2 ἐν μέσῳ τῆς πλατείας αὐτῆς
Cordero. En medio de la [2]calle de ella

καὶ τοῦ ποταμοῦ ἐντεῦθεν καὶ ἐκεῖθεν
[3]y del río de aquí y de allí

ξύλον ζωῆς ποιοῦν καρποὺς δώδεκα,
(estaba) de vida [4]que produce frutos doce,
un árbol

κατὰ μῆνα ἔκαστον ἀποδιδοῦν τὸν καρπὸν
cada mes cada uno dando el fruto

αὐτοῦ, καὶ τὰ φύλλα τοῦ ξύλου εἰς
de él, y las hojas del árbol (serán) para

θεραπείαν τῶν ἐθνῶν. 3 καὶ πᾶν κατάθεμα
sanidad de las naciones. Y toda [5]maldición

οὐκ ἔσται ἔτι. καὶ ὁ θρόνος τοῦ θεοῦ
no existirá ya más. Y el trono — de Dios

καὶ τοῦ ἀρνίου ἐν αὐτῇ ἔσται, καὶ οἱ
y del Cordero en ella estará, y los

δοῦλοι αὐτοῦ λατρεύσουσιν αὐτῷ, 4 καὶ
siervos de él [6]servirán le, y

---

[1]
27. INMUNDA. Lit. común.

[2]
2. CALLE DE ELLA. Es decir, la calle principal o avenida central.

[3]
2. Y DEL RÍO... Es decir, y a uno y otro lado del río...

[4]
2. QUE PRODUCE. Lit. que hace.

[5]
3. MALDICIÓN. Lit. execración. (Comp. con Zac. 14: 11, y en oposición a Gn. 3:17.)

[6]
4. SERVIRÁN. O rendirán culto.

ὄψονται τὸ πρόσωπον αὐτοῦ, καὶ τὸ
verán el rostro de él, y el

ὄνομα αὐτοῦ ἐπὶ τῶν μετώπων αὐτῶν.
nombre de él sobre las frentes de ellos (estará).

5 καὶ νὺξ οὐκ ἔσται ἔτι, καὶ οὐκ
Y noche no habrá ya, y no

ἔχουσιν χρείαν φωτὸς λύχνου καὶ φωτὸς
tienen necesidad de luz de lámpara y luz

ἡλίου, ὅτι κύριος ὁ θεὸς φωτίσει ἐπ'
de sol, pues (el) Señor — Dios iluminará sobre

αὐτούς, καὶ βασιλεύσουσιν εἰς τοὺς
ellos, y reinarán por los

αἰῶνας τῶν αἰώνων.
siglos de los siglos.

6 Καὶ εἶπέν μοι· οὗτοι οἱ λόγοι πιστοὶ
Y dijo me: Éstas (son) — palabras fieles

καὶ ἀληθινοί, καὶ ὁ κύριος ὁ θεὸς τῶν
y verdaderas, y el Señor, el Dios de los

πνευμάτων τῶν προφητῶν ἀπέστειλεν τὸν
espíritus de los profetas envió al

ἄγγελον αὐτοῦ δεῖξαι τοῖς δούλοις αὐτοῦ
ángel de él para mostrar a los siervos de él

ἃ δεῖ γενέσθαι ἐν τάχει. **7** καὶ ἰδοὺ
lo que debe suceder en breve. Y mirad

ἔρχομαι ταχύ. μακάριος ὁ τηρῶν τοὺς
(que) vengo en seguida. Dichoso el que guarda las

λόγους τῆς προφητείας τοῦ βιβλίου τούτου.
palabras de la profecía del rollo este.

8 Κἀγὼ Ἰωάννης ὁ ἀκούων καὶ βλέπων
Y yo Juan (soy) el que oía y veía

ταῦτα. καὶ ὅτε ἤκουσα καὶ ἔβλεψα,
estas cosas. Y cuando oí y vi,

ἔπεσα προσκυνῆσαι ἔμπροσθεν τῶν ποδῶν
1caí para adorar delante de los pies

τοῦ ἀγγέλου τοῦ δεικνύοντός μοι ταῦτα.
del ángel — que mostraba me estas cosas.

9 καὶ λέγει μοι· ὅρα μή· σύνδουλός
Y dice me: Mira que no consiervo (lo hagas)

σού εἰμι καὶ τῶν ἀδελφῶν σου τῶν
de ti soy y de los hermanos de ti los

προφητῶν καὶ τῶν τηρούντων τοὺς λόγους
profetas y de los que guardan las palabras

τοῦ βιβλίου τούτου· τῷ θεῷ προσκύνησον.
del rollo este; — a Dios adora.

10 Καὶ λέγει μοι· μὴ σφραγίσῃς τοὺς
Y dice me: No selles las

λόγους τῆς προφητείας τοῦ βιβλίου τούτου·
palabras de la profecía del rollo este;

1
8. CAÍ PARA ADORAR... Es muy probable que se trate de una repetición redaccional de 19:10, pues no se explica que Juan volviese a cometer el mismo error.

ὁ καιρὸς γὰρ ἐγγύς ἐστιν 11 ὁ ἀδικῶν
porque el tiempo cerca está. El que obra injustamente,

ἀδικησάτω ἔτι, καὶ ὁ ῥυπαρὸς ῥυπανθήτω
1obre injustamente aún, y el inmundo, obre inmundamente

ἔτι, καὶ ὁ δίκαιος δικαιοσύνην ποιησάτω
aún, y el justo justicia haga

ἔτι, καὶ ὁ ἅγιος ἁγιασθήτω ἔτι.
aún, y el santo santifíquese aún.

12 Ἰδοὺ ἔρχομαι ταχύ, καὶ ὁ μισθός
Mirad que vengo en seguida, y el galardón

μου μετ' ἐμοῦ, ἀποδοῦναι ἑκάστῳ ὡς
de mí conmigo, para recompensar a cada uno como

τὸ ἔργον ἐστὶν αὐτοῦ. 13 ἐγὼ τὸ ἄλφα
la obra es de él. Yo (soy) el Alfa

καὶ τὸ ὦ, ὁ πρῶτος καὶ ὁ ἔσχατος,
y la Omega, el primero y el último,

ἡ ἀρχὴ καὶ τὸ τέλος. 14 μακάριοι οἱ
el principio y el fin. Dichosos los

πλύνοντες τὰς στολὰς αὐτῶν, ἵνα ἔσται
que lavan las ropas de ellos, 2para que esté

ἡ ἐξουσία αὐτῶν ἐπὶ τὸ ξύλον τῆς
la autoridad de ellos sobre el árbol de la

ζωῆς καὶ τοῖς πυλῶσιν εἰσέλθωσιν εἰς
vida y por las puertas entren a

τὴν πόλιν. 15 ἔξω οἱ κύνες καὶ οἱ φαρμακοὶ
la ciudad. ¡Fuera los 3perros y los hechiceros

καὶ οἱ πόρνοι καὶ οἱ φονεῖς καὶ οἱ
y los fornicarios y los homicidas y los

εἰδωλολάτραι καὶ πᾶς φιλῶν καὶ ποιῶν
idólatras y todo el que ama y hace

ψεῦδος.
mentira!

16 Ἐγὼ Ἰησοῦς ἔπεμψα τὸν ἄγγελόν
Yo, Jesús, envié al ángel

μου μαρτυρῆσαι ὑμῖν ταῦτα ἐπὶ ταῖς
de mí a testificar os estas cosas sobre las
(en)

ἐκκλησίαις. ἐγώ εἰμι ἡ ῥίζα καὶ τὸ
iglesias. Yo soy la raíz y la

γένος Δαυίδ, ὁ ἀστὴρ ὁ λαμπρὸς ὁ
estirpe de David, la estrella — resplandeciente —

πρωϊνός.
de la mañana.

17 Καὶ τὸ πνεῦμα καὶ ἡ νύμφη λέγουσιν·
Y el Espíritu y la esposa dicen:

1
11. OBRE INJUSTAMENTE... OBRE INMUNDAMENTE... No son exhortaciones, sino frases irónicas; como diciendo: *¡Allá ellos, si no hacen caso de este mensaje!* (Comp. con Ez. 3:27.)
2
14. PARA QUE ESTÉ (lit. *estará*)... Es decir, *para que tengan libre acceso al árbol.*
3
15. PERROS. Señala, en general, a gente de vil calaña (comp. Fil. 3:2) y, específicamente, a los que se dedicaban a la prostitución sagrada masculina o *sodomitas.* (V. Dt. 23:18.)

ἔρχου.   καὶ   ὁ   ἀκούων   εἰπάτω·   ἔρχου.
Ven.   Y   el que   oye,   diga: Ven.

καὶ   ὁ   διψῶν   ἐρχέσθω,   ὁ   θέλων   λαβέτω
Y   el que tenga sed,   venga;   el que quiera,   tome

ὕδωρ   ζωῆς   δωρεάν.
agua   de vida   gratis.

18 Μαρτυρῶ   ἐγὼ   παντὶ   τῷ   ἀκούοντι
Testifico   yo   a todo   el que   oye

τοὺς   λόγους   τῆς   προφητείας   τοῦ   βιβλίου
las   palabras   de la   profecía   del   rollo

τούτου·   ἐάν   τις   ἐπιθῇ   ἐπ᾽   αὐτά,   ἐπιθήσει
este: Si alguno añade   a   ellas,   añadirá

ὁ   θεὸς   ἐπ᾽   αὐτὸν   τὰς   πληγὰς   τὰς
—   Dios   a   él   las   plagas   —

γεγραμμένας   ἐν   τῷ   βιβλίῳ   τούτῳ·   **19** καὶ
que han sido escritas en   el   rollo   este;   y

ἐάν   τις   ἀφέλῃ   ἀπὸ   τῶν   λόγων   τοῦ
si   alguien quita   de   las   palabras   del

βιβλίου   τῆς   προφητείας   ταύτης,   ἀφελεῖ
rollo   de la   profecía   ésta,   quitará

ὁ   θεὸς   τὸ   μέρος   αὐτοῦ   ἀπὸ   τοῦ   ξύλου
—   Dios   la   parte   de él   del   árbol

τῆς   ζωῆς   καὶ   ἐκ   τῆς   πόλεως   τῆς   ἁγίας,
de la vida   y   de   la   ciudad   —   santa,

τῶν   γεγραμμένων   ἐν   τῷ   βιβλίῳ   τούτῳ.
de las que han sido escritas en   el   rollo   este.
cosas

20 Λέγει   ὁ   μαρτυρῶν   ταῦτα·   ναί,   ἔρχομαι
Dice el que da testimonio de estas   Sí,   vengo
cosas:

ταχύ.   Ἀμήν,   ἔρχου   κύριε   Ἰησοῦ.
en seguida. Amén;   ven,   Señor   Jesús.

21 Ἡ   χάρις   τοῦ   κυρίου   Ἰησοῦ   μετὰ
La   gracia   del   Señor   Jesús (sea) con

πάντων.
todos.